SV

Hermann Hesse
Die Erzählungen und Märchen

Mit einem Nachwort von
Volker Michels

Suhrkamp Verlag

Erste Auflage 2009
© Suhrkamp Verlag Frankfurt am Main 2009
Alle Rechte vorbehalten, insbesondere das der Übersetzung, des
öffentlichen Vortrags sowie der Übertragung durch Rundfunk und
Fernsehen, auch einzelner Teile. Kein Teil des Werkes darf in irgend-
einer Form (durch Fotografie, Mikrofilm oder andere Verfahren)
ohne schriftliche Genehmigung des Verlages reproduziert oder un-
ter Verwendung elektronischer Systeme verarbeitet, vervielfältigt
oder verbreitet werden.
Umschlaggestaltung: Hermann Michels und Regina Göllner
Druck: CPI – Ebner & Spiegel, Ulm
Printed in Germany
ISBN 978-3-518-42085-0

1 2 3 4 5 6 – 14 13 12 11 10 09

Inhaltsübersicht

Die Erzählungen 7
Die Märchen 1529

Anhang

Nachwort 1723
Zeittafel 1817
Quellennachweis 1823

Inhaltsverzeichnis 1835

Die Erzählungen

Erwin

I

Wie ein dunkler Grenzturm liegt zwischen den Spielplätzen meiner Kindheit und den Gärten und Wildnissen meiner Jünglingszeit das alte Kloster.

Ich sehe seine Mauern und Säulen trotzig stehen und lange Schatten in mein Jugendleben werfen, und muß doch lächeln und kann mich des schnelleren Herzschlags nicht erwehren, wenn mein inneres Auge die festen Mauern des »Paradieses« und die Wölbungen der gotischen Kreuzgänge erblickt. Oft hatte ich Sehnsucht, den Ort meiner ersten Nöte und Träume wieder zu sehen, die Geburtsstätte meines Heimwehs und meiner ersten Lieder.

Das Kloster liegt zwischen mehreren Hügeln im Tal, schwer, von romantischen Schatten umgeben. Ich stand oft am Gitter des Parlatoriums, welches den Mönchen karge beaufsichtigte Gespräche mit besuchenden Anverwandten gestattete, und hatte das Herz voll von Freundschaft und Heimweh, und hatte keinen, dem ich davon reden durfte. Ich schritt oft mit beklommenem Sinn durch die steinernen Dormente, und war allein, und hörte nur den Klang und Widerhall meiner Schritte und aus der Brunnenkapelle den singenden Laut des fallenden Wassers.

In einem der großen Schlafsäle verbrachte ich manche halbe Nacht heiß und wachend, in Zukunftgedanken, in Dichterphantasien, und allen Nöten meiner ratlosen Jugend. Alle Romantik, die ein Knabenherz erfüllen und beschweren kann, war in mir lebendig, ich war erfüllt von allen einander widerstrebenden Idealen der ersten Jugend. Die Helden Homers und die Helden Klopstocks, die Wunder Athens und Altdeutschlands stritten um meine Verehrung. Meine Stimmungen waren im Bann der mondbeschienenen Einsamkeit, der ich viele Abende in den hohen, gewölbten Räumen des Oratoriums und der Dormente mich hingab. Tage lang schlug mein leidenschaftliches Herz den verheißenen Tempeln der Wissenschaft warm entgegen, zu jedem Fleiß und zu jeder Entsagung bereit, und wurde wieder des Nachts von Verachtung und Sehnsucht gequält. Dann träumte ich von

Höhen und glänzenden Möglichkeiten, und schmachtete gefangen, und lernte früh die Sehnsucht nach Freiheit.

Wenn ich in der freien Mittagsstunde den nächsten Hügel erstieg, sah ich die weiten Gebäude des Klosters unter Schieferdächern stattlich beieinander gelagert. Zwei Kirchen mit langen, kreuzförmigen Dächern und festen, steinernen Vorhallen, zwei Refektorien, Oratorium, Hörsaal und Dormente, im Innern die gotischen Kreuzgänge. Dort wartete Livius, Xenophon und der göttliche Homer auf mich, dort war mein Pult und Bett, beide Zeugen ernster und schwärmerischer Gedanken und Phantasien, dort war der Ort unsrer Spiele, Kämpfe und Enttäuschungen. Umschauend sah ich auf der anderen Hügelseite den tiefen See gebreitet, dahinter Feld und Gebirg und Weite. Dort war das Unbekannte, das Größere, die Ferne, die Welt, die Freiheit. Dort lag die helle Bahn, mit anderen in die Weite zu laufen, dort lagen verborgene Ziele, Größe und Untergang, für alle Freien. Dort waren die Freunde, deren ich bedurfte, dort waren Berater und Mitwisser meiner Heimlichkeiten, Genesung und freie Luft für meine stummen Sorgen und Bedrängnisse.

Vielemal bin ich den kurzen Weg mit schwerem Herzen und wunder Seele hinabgestiegen. Wenn ich den Klosterplatz betrat, traf ich die Kameraden bei Turnen und Ballspiel oder lachend und ruhend auf den Bänken im Schatten des Ahorn. Ich suchte oft, und ich fand nirgends den Blick, der mich verstand. Dann griff ich selber zum Ball und sprang allen voraus über den Platz, mit Hallo und heißen Wangen, der Rascheste und Wildeste von allen. Abends, wenn der Weg ins Freie versagt war, führte die Einförmigkeit des Lebens und die Verschiedenheit der vielen Schüler zu vielerlei Zeitvertreib und Spiel. Häufig fanden Raufhändel statt, bei denen ich oft mit Ekel zuschaute und noch öfter mit Ruf und Faust mich beteiligte. Ich führte ein großes Heft, in welches ich die Helden, die uns täglich aus Livius und aus dem Geschichtsunterricht bekannt wurden, mit Bleistift und Wasserfarben nach Art der Moritatenbilder karikierte, dieselben Helden, unter denen ich Freunde, Tröster und Vorbilder verehrte. Ich errichtete ein delphisches Orakel im Verein mit drei Helfern. Von diesem herab gab einer von uns, vermummt und gefeit, den zudrängenden Fragern, in Ratschläge eingewickelt, kräftige Grobheiten zu hören. Von diesen Späßen hielt keiner länger als einige Tage vor, aber ich warf mich auf jeden mit der Leidenschaft meines unbefriedigten Knabensinnes. Die Vornehmeren unter den Mitschülern, denen ich durch Art und Erziehung näher stand, wurden durch meine lauten, ungezähmten Einfälle abgestoßen und liebten mich nicht; der Durchschnitt der übrigen war von Hause aus zu ungeschlacht, um mich anzuziehen oder zu verstehen. Mit diesen verband mich aber die erfinderische Langeweile. Ein literarischer Verein, von einigen Lesern und beginnenden Ästhetikern gegründet, schloß mich aus, der ich in ihren Büchern heimischer war als sie. Alle Neigungen und Bedürfnisse, welche über dem täglichen Spiel und Umgang standen, pflegte ich allein und hielt sie als uneingestandene Liebhabereien geheim. Denn ich fürchtete nichts so sehr als die Roheit und den Spott der andern. Schiller und Shakespeare wurden früh meine Freunde. Ich erinnere mich der Stürme, welche mich erfaßten, als ich Schillers Jugendleben las. *Die Räuber* gewannen Macht über mich, so wenig ich im Grunde an übertriebenen Worten und an Derbheiten Genüge fand. Verse, die ich damals schrieb, zeigen alle Nüancen des Stils und der Stimmung, welche zwischen den Höhepunkten revolutionärer Freiheitsliebe und der uferlosen Sentimentalität Ossians liegen.

In diese Zeit zurückschauend, sehe ich meine wilde, im Vaterhaus verwöhnte Seele voll Ungeduld und Ungenügen nach Fernen und unbekannten Freuden suchen, ich sehe sie eingesperrt im Glashause des Unterrichts und des streng förmlichen Lebens ihre Schmetterlingsflügel regen und sich verzweifelnd an den Wänden müde flattern. Du reiche, unverstandene Jugend! Ein älterer Freund, ein Stückchen Freiheit, ein Winkel Heimat hätte dir genügt, und du sehntest dich krank zwischen roheren Genossen und nüchternen Lehrmeistern! In diesen Schranken verlor ich bald meine lustige Kindlichkeit und lernte den Durst nach Wissen und Genuß, ich lernte zugleich den Weltschmerz, das Sichandersfühlen und die gefährlichste Seelenkrankheit, das Mitleid mit mir selber.

Am Sonntag waren uns mehrere Stunden zu beliebiger Verwendung in unsern Stuben vergönnt, zum Lesen, Schachspielen, Zeichnen, Briefschreiben. Diese Zeit der »stillen Beschäftigung« ersehnte ich die ganze Woche hindurch. Dann saß ich über Shakespeare, über Schiller, Klopstock, Ossian und Schubart und sog mich satt aus den Bechern der Phantasie, der Sehnsucht und des Heimwehs. Diese Stunden lagen wie ein heimliches Asyl in der Reihe unglücklicher Tage, von den Sternen der Dichter und den unbewachten Träumen meines Herzens überglänzt, reich an Empfängnis und Trost.

Dazu gesellte sich die alte Freundin der Sehnsüchtigen und Heimatlosen, die Musik, die mich bis zur Verzückung erregte. Meine Geige am Kinn, allein im kalten Musikzimmer, fühlte ich manchesmal alles Harte und Häßliche sich von meinem Leben lösen und meinen Sinn verwirrt und beglückt von neuen Schönheitsgedanken. Was an frommer Empfindung in mir war, gewann Leben und Macht und trug mich über das Kleine und Widerliche hinüber. Meine Liebe und mein Verlangen nach Freundschaft und Blicken in gütige Augen wuchs an diesen tröstlichen Stunden; ich rettete mich an der Musik und Dichtung mit umklammernden Händen empor aus der Kühle meines kargen Tages.

Unser Kloster war von mehreren kleinen Seen umgeben. Unter diesen war der kleinste, ein brauner, verschilfter Waldweiher, mein Liebling. Eingefaßt von Buchen, Eichen und Erlen lag er unbewegt in ewiger Windstille dunkel im breiten Schilfgürtel, überhängende Äste und ein rundes Stück Himmel spiegelnd. Ein verwildernder Weg war das halbe Jahr von braunem Eichlaub bedeckt.

Dort lag ich an einem Sonntag allein in der Nachmittagssonne. Der Blätterfall hatte begonnen. Die dürren Binsen klirrten zitternd, über der ferneren Waldecke hing der dunkle Habicht. Zuweilen flog ein einzelnes welkes Blatt, sich im Falle drehend, lautlos in den schmalen Wasserspiegel. Zuweilen flog eines neben mir ins fahle Moos. Das sumpfige Ufer atmete in der Sonne einen leichten Geruch von Moder und Fäulnis aus. Lange, verdorrte Gräser standen in den tiefen Radgleisen des verfallenden Uferwegs.

Ich lag müde ausgestreckt, das Kinn auf den Händen, im Auge und im Herzen die Stille und Wildnis dieses Herbstes. Ich wünschte so abseits und ungekannt lange zu liegen und mich in der schwermütigen Müdigkeit des Waldes und Schilfes mit aufzulösen. Ungelesen lag der aufgeschlagene Homer neben mir, er hatte in dieser Todesstille keine Macht über mich.

Ich hörte nicht, wie einer meiner Mitschüler sich leise näherte. Plötzlich stand er neben mir, die grüne Mütze in der Hand tragend. Er war schlank, schön gebaut und hatte ein blasses, feines, veränderliches Gesicht. Er hieß Erwin.

»Was machst du hier?«

»Du siehst doch. Homer lesen.«

Er schlug das Buch mit dem Fuße zu.

»Glaub ich nicht.«

»Ist mir einerlei. Warum fragst du dann?«
»Aus Gewohnheit, Kamelchen. Aber du liegst im Feuchten.«
»Gar nicht. Ist auch meine Sache.«
»Freilich, Grobian.«
»Laß mich in Ruh, sonst erinnere ich dich an den Komment.«
»Wie nett! Du meinst Euern Prügelkomment vom untern Dorment? Ich danke!«
Ich wurde vor Scham und Ärger rot.
»Bist du eigentlich bloß da heraufgestiegen, um mich zu ärgern?«
»Bist du eigentlich bloß da heraufgestiegen, um Homer zu lesen?«
Ich schwieg steif und blieb liegen. Erwin setzte sich neben mich. Lange Zeit blickten wir über den Weiher und horchten auf die kleinen Waldgeräusche. Die Blätter fielen langsam weiter, sonst war keine Bewegung in der engen, mit allen Nüancen von Braun gefärbten Landschaft. Wir Jungen vergaßen unsre Verstimmung und Neckerei. Nach einer langen Stille hörte ich Erwins veränderte und gedämpfte Stimme.
»Hier ist's trist –!«
Wieder nach einem Schweigen fragte er:
»Du hast gedichtet?«
»Nein.«
»Ehrlich?«
»Nein. Wie kommst du drauf?«
»Ach, ich dachte mir's eben. Das heißt, ich weiß, daß du Gedichte machst.«
»Woher weißt du's?«
»Frag nicht viel. Ich weiß eben. Oder ist's anders?«
»Nein. – – Nein.«
Erwin legte sich nun auch lang zu Boden. Er lag auf dem Rücken und sah himmelan, ich blickte vor mich über die aufgestützten Arme. An einem Grashalm kauend begann er wieder: »Gelt, wenn wir jetzt Steine oder Muscheln wären und lägen dort im Wasser drunten!«
»Was dann?«
»Dann? Dann wären wir träg und ruhig und hätten vielerlei nicht nötig, als: Spazierengehen, Händelhaben, Sterngucken und so fort.«
»Freilich. Aber was hätten wir davon, dort zu liegen?«
»Auch nicht viel. Du bist ein Denker. Aber stell dir vor – so eine helle Wolke, die immer weiter reist und die Sonne auf dem Rücken hat und unter sich die Städte und Oberämter und Länder und Erdteile.«

»Das wäre besser. Also eine Wolke.«

»Oder, du – ein Schiff! Oder ein Boot. Ich hab nichts so lieb wie ein Schiff. Weißt du, ein Festschiff, mit Musik auf Deck, am Sonntag. Abends werden die farbigen Lampen an Schnüren aufgehängt und die Mädchen haben weiße Sonntagskleider an. Die Lampen sind alle im Wasser noch einmal zu sehen.«

»Hast du so was schon gesehen?«

»Mehrmals. Es ist das Allerschönste zum Ansehen, besonders wenn man zuhaus ist und Ferien hat.«

Ich schloß die Augen. Er sprach nicht weiter. Durch unsre Knabenseelen zog das laternenbeglänzte Schiff der Zukunft, bekränzt, mit Musik und Mädchen in weißen Sonntagskleidern.

Als wir miteinander durch den lichten Wald zurück schritten und die langen Dächer des Klosters sichtbar wurden, fiel uns beiden die Rückkehr in die lärmerfüllten Stuben und Spielplätze schwer. Erwin fragte noch:

»Du, hilft es dir was?«

»Was denn?«

»Das Dichten. – Ich meine – ist's schön?«

»Je nachdem.«

»Warum tust du's?«

»Ich weiß selber nicht. Es ist so – es kommt so, wie das Pfeifen, wenn man alleine geht.«

»Ich hab's nie getan. Aber gepfiffen schon oft. Das tut mir gut. Ich denke dann immer gleich an etwas viel Schöneres – –«

»Als was?«

»Als alles. Als da drinnen.«

Er deutete auf die erreichte Pforte. Lachen und lautes Gespräch klang innen in den Gängen wider.

Am nächsten Sonntag kam Erwin abends in das Zimmer, in welchem mein Pult neben acht andern Pulten stand. Er ging die Reihe der Pulte entlang, da und dort grüßend und bei Plaudernden oder Schachspielern stehen bleibend. Hinter meinem Platz hielt er wieder an und sah mir über die Schulter.

»Stör ich dich?«

»Du bist's? Nein. Was tust du heute abend?«

»Weiß noch nicht. Wo bist du in der Ausgangszeit gewesen?«

»Zu einem Kaffee eingeladen. Warum willst du's wissen?«

»Ich war am Weiher. Ich dachte, du wärst vielleicht wieder dort.«

Er nahm mich mit in seine Stube. Auf seinem Stuhl stand eine halb ausgepackte Wäschekiste.

»Hilf mir ein bißchen einräumen!«

Ich half gerne. Unsere Kästen standen unter Aufsicht und alle Unordnung darin wurde bestraft.

»Da sind zuviel Göttinger für Einen mitgekommen.«

Erwin suchte ein Pärchen der delikaten kleinen Würste heraus und bot sie mir an.

»Wir können gleich Vesper halten«, meinte er, als wir die Kiste geleert und den Inhalt in die Fächer des Kastens verteilt hatten.

»Hast du nichts zu trinken? Die Würste sind gesalzen.«

»Wasser, wenn du willst.«

Ich erinnerte mich einer halben Flasche Bier, die ich vom Nachmittag übrig hatte. Ich holte sie herbei und wir bewirteten einander fröhlich, bis es zum Prezieren läutete.

Von diesem Sonntag an waren wir befreundet und unzertrennlich. Er suchte bei mir Bücher und allerlei Rat. Ich liebte an ihm eine feine und oft humorvolle Art abgesonderter Lebensführung. Er war sehr begabt, aber weniger als ich ein Freund des Viellesens und Philosophierens. Aus einem reichen Hause brachte er mehrere weltmännische Gewohnheiten mit, war aber gut und sogar streng erzogen. Ich erinnere mich, daß er gerne kleine Geschenke machte. Dagegen fiel mir auf, daß er niemals Geld borgte oder auslieh, was unter uns andern täglich geschah.

Während meine Unzufriedenheit wuchs und meine Stimmung oft zur Schwermut neigte, genoß ich die erste Freundschaft mit der stürmischen Leidenschaft, welche ich sonst für Träume und dichterische Ideale besaß. Ihr stummen Waldwanderungen! Ihr Mittage, die wir in den hohen Ästen der Felseneiche verbrachten! Ihr Mondabende unter den hohen Bogenfenstern des Oratoriums!

Uns beide trieb dasselbe Ungenügen von der Arbeit zum Walde, von da zu unsern Dichtern, von diesen zur Musik und zu eigenem Dichten. Dann eines Tages brachte mir Erwin ein beschriebenes Blatt. Er hatte sich in Hexametern versucht. Ich erstaunte vor seinen sicher und sehr sorgfältig gegossenen Versen und mußte beim Austausch solcher Formversuche mich bald bequemen, mehr der Nehmende als der Geber zu sein. In späteren Jahren fand ich bei meinem Freund ein Gedicht in Hexametern, welches auf unsre Waldgänge und auf Verse, die er damals schrieb, zurückging. Unser Weiher war darin gemalt –

– Furchtsam rauscht aus dem Busch das Reh und bückt sich zu
    trinken,
Oft belauscht' ich dich dort! Und oftmals neigt' ich das eigen
Haupt zum Weiher und schaute mein Bild in ruhigem Wasser
Bleich und verträumt, und trank, und trank ein süßes Vergessen –

Damals fand Erwin eines Tages bei mir jenes Karikaturenheft. Er blätterte darin.
»Soll das der Caeso sein?«
»Freilich. Ist er nicht sehr ähnlich?«
»Wer weiß! – Aber hör, die Dinger sind scheußlich gezeichnet. Darf ich das Heft verbrennen?«
»Warum? Wir haben viel Spaß davon gehabt.«
»Mir gefällt's nicht. Es ist eine frevelhafte Malerei. Gib mirs.«
Ich überließ ihm das Heft, das er wirklich verbrannte. In ihm regte sich damals die erste Liebe zur bildenden Kunst, er begann sich für die Ornamente der Klosterkirche und für die Kupferstiche der Bibliothek zu interessieren. Und ihm war alles, was er liebte und studierte, heilig und unantastbar. Er lehrte mich zuerst den Kult der Schönheit und eine religiöse Verehrung der Kunst.

Wir lasen Preller's Mythologie und einige historische Werke miteinander, welche Lektüre ich ohne seine ruhige Teilnahme nicht bezwungen hätte. Ich las nach wie vor im Stillen Ossian, Schubart, Schiller, mit heißer Stirne und lüstern nach Sensationen.

Den langen, harten Winter hindurch wurde mir das klösterliche Leben täglich mehr verleidet. Ich vermißte immer schwerer, besonders nach dem kurzen Weihnachtsbesuch in der Heimat, alle gefälligen Lebensformen, allerlei Freiheiten und kleine Freuden. Besonders schien es mir immer unerträglicher, zu Schlaf und Arbeit mit andern zusammengesperrt zu sein.

Erwin, dem eine liebenswürdige Resignation eigen war, blieb ruhig in seiner stetigen Arbeit, während ich die Studien über der Lektüre versäumte und mich mit trotziger Genugtuung von den Lehrern getadelt oder vernachlässigt fand. Die Spiele und der ganze Ton unsrer Geselligkeit wurden allmählich ruhiger und ernster, alles Jungenhafte wurde verpönt – wir begannen uns zu erziehen. Es gab anerkannte Lichter und Tugendhelden, es gab dauernde Freundschaften und Feindschaften, die allgemeine ehrliche Ausgelassenheit und Grobheit verschwand. Dagegen wurde ein mathematischer und ein hebräischer Verein gegründet. Zwischen Einzelnen und ganzen Stuben und Gruppen wuchsen Spannungen, welche sich nur noch in witzig scharfer Weise Luft machen durften. Da kam irgendein Erfinder auf eine neue, zündende Idee.

Eines Morgens fanden wir an der Türe des Waschsaals einen Bogen Papier angeheftet, auf welchem mit verstellter Handschrift mehrere »Xenien« geschrieben standen. Eines davon lautete:

> Hermann und Erwin, ihr passet zusammen
> wie Essig und Honig;
> Wäre der Essig nur scharf!
> wäre der Honig nur süß!

Fünfzig Köpfe waren vor dem Papier zusammengedrängt; man las, man schalt, man spottete und lachte, die Getroffenen waren wohlbekannte Unbekannte. Am nächsten Morgen war die Türe von oben bis unten mit Xenien beklebt, kaum einer war verschont oder hatte geschwiegen. Ich glaube, mein Essig war damals scharf.

Der Scherz dauerte einige Tage und hinterließ in mir eine erregte Bitterkeit, die ich vorher nie gekannt hatte. Ich war von mehreren empfindlich verletzt, von den Feinsten am tiefsten. Da der Xenienkrieg nicht lange dauern konnte, setzte sich der stumme Ärger in mir fest und verbitterte mir Arbeit, Tisch und Bett. Erwin hatte vor Ärger und Zorn geweint, war aber bald beruhigt, denn er genoß die Achtung der meisten. Mir leistete er mit rührender Treue Gesellschaft. Er ertrug meine Verschlossenheit so still wie die Ausbrüche meiner Wut; er gab sich sogar Mühe, die Gegner und Lacher zu besänftigen und von mir fernzuhalten.

Für mich begann eine unerquickliche Zeit. Meine Verstimmung schlug völlig in Weltschmerz und Angstgefühl um und verdarb mir vollends allen Fleiß und Erfolg. Ich wurde Nächte lang von Fiebergedanken gequält oder lag wach mit schmerzender Stirne. Erwin tröstete, gab kleine Arzneien, er schlug sogar vor, für mich beim Ephorus um Erleichterung oder Urlaub zu bitten. Manchmal, wenn ich mit ihm in den Ästen der alten Eiche saß, überwältigte mich meine Liebe und Herzensnot. Dann schwieg er freundlich und legte seinen Kopf an meinen und umfaßte mich fest. An jenem verborgenen Ort, nach einem erlösenden Geständnis, gab er mir die feine Hand und schwur mir feierlich Freundschaft für jede Zukunft.

An einem sonnigen Nachmittag stand ich mit ihm in der herrlichen Brunnenkapelle. Das Gärtchen lag mit hellen Knospen im ersten Frühling zwischen den kalten Kreuzgängen. Erwin war fröhlich gestimmt und erschwerte mir eine vertraute Mitteilung. Sie unterblieb. Ich küßte dem Erstaunten die Hand und ging weg, aus Kloster und Dorf, in den weiten Wald, um nicht wieder zu kommen. Voll von Frühling und Sehnsucht lief ich, ein verträumtes und verängstetes Kind, in die unbekannte Welt, und seitdem habe ich das verlorene Tal mit dem dunklen Kloster nicht wieder gesehen, außer in Träumen warmer Frühlingsnächte.

II

Meine Gedanken fliehen gerne zu einem Frühling zurück, der auf meine kurze Klosterzeit folgte. Ich erblicke dort das verwirrende Licht junger Lauben und höre den Wind vom Park her über die großen Büsche des Jasmin und der Syringen laufen. Dorthin gehört das Bild eines blassen Mädchens, das in meinem Traumschloß hängt, nebst einem verschwiegenen Kranze früher Lieder.

An manchen Tagen, wenn ich ruhend im Garten sitze oder wenn die milden Gestalten der Vita Nuova wie Flüchtlinge an meinem Geist vorübergehen, hängt der Kranz jenes Frühlings schwer in drängender Fülle über mir, mit überquellenden Blütenbündeln. Mir aber blieb nur ein Hauch seines Duftes, ein bleiches Band und ein karger Wanderstrauß aus seiner Fülle.

Ein Jahr später, als mein geschmücktes Boot sich vom ersten Schiffbruch wund erhob, kam der erste Brief des Freundes zu mir. Der Zwischenzeit und unsres Schweigens geschah kaum Erwähnung.

»Ungeduldiger!« stand da, »du hast mir hart zu tragen gegeben, und ich bin nicht nur ein Jahr älter geworden. Morgen verlasse ich das Kloster, das mir mehr als dir zum Ekel wurde. Deine Flügel hab ich nicht, aber ich habe die Erlaubnis der Mutter und den Befehl des Arztes. Heute nehmen viele Entsagungen für mich ein Ende – nun will ich auch dich nicht länger entbehren.«

Ein Jahr lang wechselten wir herzliche Briefe. Dann sah ich ihn wieder. Das war ein Sommertag im Schwarzwald. Der Abend hing rot, mit dünnen Nebeln, an den dunklen Bergen. Ich lag im Fenster und sog die starke Luft der Höhe und der Tannenwälder. Das kleine Städtlein lag lustig unter mir mit belebten Gassen. Die Badmusik spielte in der Nähe.

Als ich mich ins dunkelnde Zimmer zurückwandte, stand in der offenen Türe ruhig ein schlanker Mensch, der mich schweigend herantreten und sich betrachten ließ. Er war größer als ich, sehr schlank und aufrecht, mit schönen, ruhigen, vornehmen Gliedern.

Beim zweiten Blick erkannte ich ihn und hielt ihn lange an meine Brust gedrückt.

Erwin war schön geworden. Sein Gesicht, dessen »klassische Nase« im Kloster sprichwörtlich war, hatte eine helle, gleichmäßige Blässe und die Stirne ein klares Licht. Die Lippen waren voll und röter als früher. Seine Augen, in welche ich vormals verliebt gewesen war, hatten einen reinen, gütigen Blick, wie ich ihn nur an Jünglingen kenne, die durch Leiden und fortwährenden Ernst der Gedanken frühreif sind. An diesen großen, verklärten Augen sah ich auch, daß Erwin krank war. Sie hatten den Glanz, aus welchem man gewissen Kindern ein kurzes Leben prophezeit.

Er saß im Dämmer und später in der Dunkelheit neben mir; seine schmale Hand lag leicht in der meinen, und der Klang seiner Stimme fand den Weg in mein Herz durch seine Lieblingserinnerungen.

Wir sprachen nicht davon, aber wir dachten beide an die Herbststunde am Waldweiher. Spät ging er leise weg.

Ich sah ihn dann drei Wochen lang jeden Tag. Wir hatten keine Heimlichkeiten voreinander, nur von seiner Krankheit sprach er nichts, und ich fragte nicht. Eines Morgens fügte es sich im Gespräch, daß er davon reden mußte.

»Laß mich's kurz sagen«, bat er. »Es ist unheilbar; aber es wird vermutlich langsam fortschreiten. Ich habe, denk ich, noch Jahre vor mir.«

Tags darauf kam seine Mutter an. Ich wurde ganz in die kleine Gesellschaft gezogen. Sie war noch schön und ihm ähnlich, aber kräftig und gesund, und hatte herzgewinnende Mutteraugen.

Uns beiden las Erwin, auf der Hängematte sitzend, im Walde eine Dichtung vor, welche er »Steinerne Götter« betitelt hatte.

Das waren feine, rhythmische Sätze und zarte, an die Seele pochende Worte; wir fühlten den weißen Blick der Statuen auf uns haften, und sahen ihre abgebrochenen Hände und Arme, und blickten tiefer in das Rätsel ihrer toten Augen. Erwin erzählte von einem römischen Frühling, den er in diesem Jahr gesehen hatte, von den grünen Albanerbergen und noch mehr von der ewigen Stadt, von jenen schönheitbekränzten Gärten und Villen, deren berühmte Namen schon die Sehnsucht unsrer Knabenzeit mit Ehrfurcht und Verlangen gehört hatte. Er erzählte von südlichen Festen und Gondelfahrten, wobei er oft die Mutter um Bestätigung oder um vergessene Namen der Dörfer und Küsten und Berge bat. Ich aber mußte an die Träume seiner Klosterabende denken, in welchen immer bekränzte Schiffe und buntfarben erhellte Abende vorkamen. Dann nannte er mit Ehrfurcht Sankt Peter, die Sixtina, die Florentiner Paläste und sprach mit dankbarer Liebe von Sandro Botticelli, welcher sein und mein Liebling war.

Des Abends saß er gerne plaudernd abseits vom Kreis des Lampenlichtes, oder zuhörend, wenn ich vorlas. Wir lasen Novalis und knüpften an seine tiefen, wunderbaren Fragmente viele Gespräche und Phantasien. Ein bekannter Sänger kam manchen Abend, der in Erwins Stadthaus ein ständiger Gast war. Er spielte auf dem Klavier alle Lieblingssachen des Kranken, dem das eigene Spiel abends untersagt war. Einige Suiten und Gavotten von Bach, einige Beethovensonaten, zumal die dreiundzwanzigste, und Chopins Nocturnen wurden uns besonders teuer. Vom Singenhören wurde Erwin meistens traurig gestimmt, weil dem Lungenkranken schon lange der Gesang verboten war. Doch liebte er einige ältere Balladen und die Lieder Schumanns. Einmal brachte der Sänger eine bekannte englische Ballade mit. Es war ein schwerer Augustabend, ein Regen stand bevor. Der Musiker war ernst gestimmt und vergaß sich gegen den Kranken. Er ließ in dieser herrlichen Ballade, welche mit der tiefsten Kenntnis des Zaubers der männlichen Stimme erfunden ist, seine schöne Stimme im vollen Brustton sich heben. Aller Zauber der Erinnerung an die Jugend, an die ersten Spiele und Waldgänge, spricht stark und ergreifend aus den Versen dieser Ballade. Mir schlug das Herz heiß und beklemmend vor den schwellenden Tönen, Erwin aber ging leise aus dem Zimmer. Ich hörte sein verhaltenes Schluchzen. Er kam wieder, nachdem der Sänger weggegangen war, und setzte sich zwischen mich und die Mutter.

»Verzeih, Mutter!« sagte er schmeichelnd. »Es war bloß ein Erschrekken, eine plötzliche Hilflosigkeit und Angst. In diesem Lied ist alles das gesungen, was meine Erinnerung am meisten wert hält und was ich am meisten entbehre. Weißt du, Lieber, unsre Ballspiele und Schwimmbäder, das Schlittschuhlaufen und das Reiten ohne Sättel!« Er schwieg und wir wußten keine Antwort. Dann trat allmählich der gewohnte freundliche Ernst wieder auf sein beruhigtes Gesicht.

»Sieh, so kindisch bin ich!« sagte er zu mir, »und ich habe doch das glücklichste Leben, voll von Sonne, und nur dem Kennenlernen der Schönheit gewidmet. Und eine Mutter! Sieh sie nur an, wie sie voll Güte und Trost ist. Sie schenkt mir einen hellen Tag um den andern, sie reist und ruht mit mir...« Er legte die Hand der Abwehrenden zärtlich an seine gerötete Wange.

Wenige Tage darauf war meine Ferienzeit zu Ende und ich kehrte in die ferne Stadt zu meinem Beruf zurück, von dem Leben mit dem Freunde und seiner Mutter innerlich gereinigt und geadelt. Die Geduld des Leidenden war mir seither oft ein Vorbild, und noch mehr sein geläuterter Blick und seine Anbetung des Schönen. Claude Lorrain und die englischen Kupferstecher lernte ich erst durch ihn kennen, auch in der Musik war er noch zuweilen mein Lehrer gewesen. Er schickte mir nach seiner Rückkehr in die Heimat mit der Abschrift der »Steinernen Götter« eine schöne Hermesbüste, einen Zwilling der seinigen, mit einem herzlichen Brief. Durch seine und seiner Mutter Briefe blieb er mir verbunden, bis ich ihn fast zwei Jahre nach jenem Schwarzwaldidyll besuchen konnte.

Er empfing mich mit hellen Augen, noch ruhiger und magerer geworden, aber auf der Höhe seiner graziösen, stillen Liebenswürdigkeit. Ein Gastzimmer war mir bereitet, und ich genoß mehrere Wochen die vornehme Gastfreundschaft des Hauses. Einige von Erwins Freunden, darunter auch ein wiedergefundener Kamerad vom Kloster her, kamen fast täglich zu Besuch. Ich entdeckte im unbewohnten Parterre des reichen Hauses ein hohes Zimmer, welches Erwins Vater vor Zeiten aus Liebhaberei im Stil der späten Renaissance ausgestattet hatte. Dort verbrachten wir in der heitersten Maskerade viele Abende vor dem Flackerfeuer des hohen Kamins mit Erzählen, Lesen und Plaudern, in roter Dämmerung auf geschnitzten Sesseln ruhend, das Auge vom Kaminlicht und von der beleuchteten feinen Arbeit der Simse und Friese erfreut. Ich fand meinen Freund zum Kenner gebildet, im Besitze reicher Kupfermappen, mit welchen er die Vormittage lang sich beschäftigte. Seine Seele schien frei und lächelnd sich mit dem kranken Leibe zu vertragen.

Eines Abends bereitete mir Erwin einen Genuß seltener Art. Zwei ineinandergehende Zimmer mit breiten, deckenhohen Flügeltüren waren in ein kleines Theater verwandelt. Wenige Gäste waren geladen. Von Freunden und wohl vorbereiteten jungen Damen wurde eine Dichtung Erwins aufgeführt, ein Schäferspiel, süß und bunt wie die Verse Tassos und Ariosts, ein wenig sentimental, ein wenig übermütig, ein wenig kokett, ein feiner, geistreicher Scherz eines eleganten Geschmacks. Der junge Dichter, welcher alle Öffentlichkeit, auch den Druck, scheute und verbot, saß lächelnd hinter den Zuschauern, mit einem Gesicht voll Scherz und Glück, den rechten Arm um den Nacken der Mutter gelegt.

Ich erstaunte über die feine Form und den leichten Witz dieses galanten Stückes und sprach tags darauf mit Erwin darüber. Er sagte mit leichtem Lachen: »Ich bin vielleicht gar kein Dichter. Ich habe eure brennenden Leidenschaften nicht und kenne nicht wie ihr das Leben, das hinter dem Vorhang meiner Einsamkeit in Straßen und Häusern wohnt. Aber ich liebe überall das Zarte und mit Kunst Gearbeitete und habe mich viel mit Sprache und mit den geheimen Gesetzen der Formbildung beschäftigt. Und dann fällt es mir leichter als euch, das Reine zu finden, weil mein Leben nur halb ist und schon über der Grenze liegt, an welcher ihr erst die Gewohnheiten und die Sprache des Alltags und des Handwerks ablegt. Ich glaube, daß mein schwächliches, aber ruhiges und reinliches Leben mir diese Technik gab. Sieh, ich habe mich nie im Streit der Straßen und Märkte befunden; ich kenne die letzten Akte und überhaupt die Wirrnisse der Frauenliebe kaum. Ich lebe von einfachen Speisen, ich rauche nicht, ich bin nie betrunken gewesen. Meine Liebe begnügt sich, nächst den Kunstwerken, mit Blumen; mein Wirtshaus ist der Garten, in dem ich einige Blumenbeete selber besorge, mein Theater ist der Park, mein Konzert und Biergarten ist die Verandabank, auf welcher ich die Farben und Beleuchtungen der Baumwipfel genieße. Auch bin ich viel allein. Daß ich trotzdem kein Mönch oder Bücherwurm geworden bin, daran ist allein meine Mutter schuld. Von ihr kommt das, was ich vom Leben weiß; von ihr lerne ich täglich, was Liebe und Geduld ist; auch ist sie das schönste Bild der Gesundheit und rotwangigen Energie, das ich mir denken kann.«

Eine vergrößerte Ruhe fiel mir an Erwin auf. Er war von außen her nur schwer zu berühren und schien jetzt schon sich vom Körperlichen gelöst zu haben, das ihm nur Spiel und Zufall, oder Symbol und Spiegel war. Er hing an mir und suchte manchmal meine Hand, sie zu drücken oder zu streicheln, aber Empfang und Abschied geschah ohne Rührung und heftige Bewegungen oder Worte. Auch war, wenn ich eine tastende Frage seinem Leiden und Mitleidsbedürfnis entgegenreichte, ein glänzendes, schweigendes Anblicken aus überlegenen Augen seine einzige Antwort.

Als ich, nur vom Diener begleitet, sein Haus verließ, stand Erwin in dem hohen Eckfenster seines Arbeitszimmers und bewegte die weiße Hand grüßend gegen mich, bis ich den Garten verließ. Als ich den Hut schwenkte und mit einer lebhaften Gebärde den letzten Abschied nahm, nickte er mit dem schönen Haupte freundlich, und lächelte. Ich fühlte, daß in seiner abseitigen, stillen Welt auch der kommende und gehende Freund wenig Veränderung bringen und keine Lücke hinterlassen konnte. Er sah uns von Sorgen und Freuden und Hoffnungen bewegt, welche ihm fremd und klein erschienen; wir hatten für sein Auge das Interesse vorbeiflügelnder, von Instinkten umgetriebener Vögel. Dennoch verstand er wohl, daß sein Leben für alle Gesunden, seine Mutter nicht ausgenommen, unmöglich und arm sein müßte, denn er sagte mir einmal vertraulich: »Es ist ein Glück für mich, daß ich nicht alt werden kann. Ich würde, wenn ich lange lebte, einmal anfangen müssen zu leiden und am Ungenügen zu kranken. Auch die Kunst für sich, die meine Luft und mein Leben ist, bringt kein Genügen, denn sie ist andrer Art als wir Vergänglichen. Sie ist für uns, die wir Bäumen oder Blumen gleichen, das Licht und die Himmelsluft; in Wahrheit aber sind wir so geschaffen, daß wir uns mehr vom Erdreich nähren müssen. Das ist eben meine Krankheit, daß ich keine Wurzeln habe.«

Ich dachte nachher oft an diese Worte, und wenn ich an Erwin dachte, sah ich ihn an diesem Mangel leiden und verdorren. Er aber klagte in seinen seltenen Briefen nie mehr darüber. Er schrieb von seinem Befinden, berichtete über neue Kunstwerke seiner Sammlung oder über einen neuen Reiz, den er an älteren fand, und am liebsten pflegte er die Erinnerungen aus der frühesten Zeit unsrer Freundschaft.

Ich sah meinen Freund zuletzt ein Jahr nach jenem Besuch. Er lag in seinem Schlafzimmer aufgebahrt, weiß in weißem Linnen, und konnte meine Abschiedsworte nicht mehr hören. Ich kniete neben der stummen Mutter wohl eine Stunde lang bei ihm, dann erst begrüßte sie mich im Aufstehen mit einem Händedruck und mit einem festen, herrlichen Blick. Am nächsten Tag besuchte ich das Zimmer noch einmal.

Das Licht des Nachmittags war von den halbgeschlossenen Jalousien stark gedämpft. Ich fand den Hals des Toten unbekleidet und sah an diesem die länglichen Höhlungen, die einzigen auffallenden Zeichen seiner Krankheit. Das Gesicht war nicht verändert; es war schön und adlig anzusehen mit der starken Stirne und den überzarten Augenlidern. Die Haare waren zurückgekämmt. Ich fuhr mit der Hand darüber, sie waren weich und angenehm zu berühren. Er hatte es oft geduldet, von mir so gestreichelt zu werden, wenn er müde oder gedankenvoll war und nicht gerne sprechen mochte. Die Hände lagen über der Brust, mit den hellen, edlen Gelenken. Ich erinnerte mich eines Morgens, an dem ich ihn in seinem Arbeitszimmer besuchte. Er stand an die Tischkante gelehnt, eine in Kupfer gestochene englische Landschaft betrachtend. Über das Blatt hinweg begrüßten mich seine hellen Augen mit dem wärmeren Glanz, den sie jedesmal vom Anblick einer Schönheit gewannen. Damals zeigte ich ihm lachend seine eigene Hand, an deren Daumen ein kleiner Tintenfleck war. Er wusch diesen sogleich ab und sagte fast betrübt: »Wie schmutzig! Man sollte wahrhaftig nicht schreiben. Da hast du das, was ich unseren Fluch nenne, den Fluch der Dichter. Wir haben Visionen, wir besitzen Wunder und Schätze, aber wir haben in uns zugleich den schwer zu zähmenden Trieb, sie in schwächeren Bildern aufzubewahren, ihre Wirklichkeit zu erproben, indem wir sie betasten und abzuformen versuchen. Dabei gewinnen wir immer an Idealen und Enttäuschungen, aber auf Kosten der schönen Wesenheiten, und zum Schaden unserer reinen Finger.«

Ich dachte noch an andere Worte meines Freundes, an seine Art zu reden und zu schweigen, an seine wenigen geschriebenen Poesien, und ich litt an dem Gefühl eines bitteren Verlustes. Beim Anblick des schönen Kopfes ergriff mich hart das Grausame der Krankheit, welche diesem schlanken, jungen Leib die Blüte und Reife versagt hatte. Sein edles Herz tot, seine feinen Gedanken wie einen silbernen Faden abgeschnitten, seine reine und lebendige Phantasie erloschen zu wissen, war ein bitterer Gedanke voll Leid und voll Frage und Vorwurf gegen das unverständliche Schicksal. Ich ging traurig aus dem Zimmer.

Im Vorraum übergab mir eine Magd einen schmalen Briefumschlag. »Von der gnädigen Frau«.

Ich ging aus und fand die nahe Allee menschenleer, warm und windstill. Ich suchte eine Bank des schattigen Seitenganges, im Gebüsch, und begann dort zu lesen. Der Umschlag enthielt einige Blätter, die der Tote noch in der allerletzten Zeit geschrieben hatte. Sie schienen von einem Liegenden niedergeschrieben, dennoch war die geduldige Handschrift Erwins wenig verändert.

Und ich las:

Vom Krankenbett

Wem soll ich jetzt noch dankbare Worte sagen, nachdem ich in diesen Stunden alle Freunde noch geliebkost und verabschiedet habe und alle Freuden, die am Rande meines kurzen Weges standen? Ich habe der Vormittage gedacht, die mich im Garten mit Vogelrufen und merkwürdigen Spielen der Sonne und des Schattens beschenkten; ich habe mich der Abende erinnert, welche die Freunde mir gewährten, indem sie bei mir waren und meiner Schwäche ihre lauteren Gewohnheiten zum Opfer brachten. Ich habe von meinen Lieblingen unter den Bildern und Dichterwerken Abschied genommen. Aber es ist noch Anhänglichkeit und Dankbarkeit für unbekannte Götter in mir; ich habe noch Abschiedsworte auf meiner Zunge – für wen?

Ich will sie meiner Krankheit schenken. Sie ist meine Lehrerin gewesen. War sie nicht noch anhänglicher und beständiger als alle meine Freuden und Freunde?

Ihr nachmitternächtlichen Stunden, da ich schlaflos still im Dunkeln lag! Ihr Schmerzen, die ihr mich von der Arbeit quältet, um mit mir zu kämpfen und mich an mich selbst zu erinnern! Ich gehe gerne von euch, wie das Kind gern eine harte Schule verläßt, aber ich denke ohne Bitterkeit an eure Strenge. Ihr lehrtet mich die gute Stunde ehren, ihr lehrtet mich Geduld und Bescheidensein, auch habt ihr meine wenigen Lieder durch Nachtwachen und gezwungene Muße am Tage reifer und besonnener gemacht. Nie habe ich mich ernster und tiefer bemüht, meinen Phantasien Verhältnis und reine Formen zu geben, als in schlaflosen Krankennächten. Meine Kunst mußte ich ringend erwerben, im Kampf mit Schmerz und Ermattung. Die Arbeit fiel mir hart, so habe ich vielleicht nie ein müßiges Wort geschrieben. Ich hatte wenig zu pflegen und zu schenken, aber ich tat es mit Opfern und der Liebe, deren mein wenig begütertes Herz fähig ist.

Am meisten aber danke ich dir, meine Krankheit, daß du mir das Fortgehen so leicht machst. Du scheidest von keinem verbitterten Herzen, in deiner Schule lernte ich das Fluchen nicht.

Auch dich grüße ich noch, mein freundliches Gefängnis, du teppichbelegte Krankenstube! Es ist mir schwer geworden, mich in deine Enge zu bequemen, mit Widerstreben gab ich mich gefangen. Nun wirst du mir täglich vertrauter, und ich habe dich mit meinen liebsten Gesellschaftern geschmückt: Mein Auge erfreut die Sonne Claude Lorrains, mein schlanker Hermes ist mir nahe –

Hermes Psychopompos ...

Dies waren die letzten geschriebenen Worte Erwins. Sein Ende war leicht und ruhig.

Sein kluges Krankengesicht blickt noch oft mit glänzenden Augen in meine Träume und Feierabende; das Bild seines friedlichen Lebens liegt im Meere meiner Erinnerungen wie eine still verschlossene Insel, wenigen bekannt, licht und ohne Stürme, gekrönt vom Tempel der steinernen Götter.

(1899/1900)

Der Novalis

Aus den Papieren eines Bücherliebhabers

I

Indem ich mich besinne, in welcher Eigenschaft ich mich dem etwaigen Leser dieser Notizen füglichst vorstelle, fällt mir ein, daß ich mich, dem Inhalt meines Schreibens gemäß, am besten als Bibliophile einführe. Wirklich ist dies auch wohl meine eigentlichste Eigenschaft. Wenigstens habe ich keinen wertvolleren Besitz und keinen, der mich mehr freut und auf den ich stolzer bin, als meine Bibliothek. Auch finde ich mich im Vielerlei der Bücherwelt leichter zurecht als im Wirrwarr des Lebens und bin im Finden und Festhalten schöner alter Bücher besonnener und glücklicher gewesen als in meinen Versuchen, anderer Menschen Schicksale freundlich mit dem meinigen zu verknüpfen.

Immerhin war ich bemüht, immer wieder lebendige Berührung mit allem Menschlichen zu haben, und auch meine Liebhaberei für alte Scharteken ist vielleicht nicht ohne Beziehungen zum Leben, mag sie auch nur wie das Steckenpferd eines alternden Hagestolzes aussehen.

Die Teilnahme und die Freude, die ich an meinen Büchern habe, gilt nicht nur ihrem Inhalt, ihrer Ausstattung und ihrer Seltenheit, sondern es ist mir ein besonderes Bedürfnis und Vergnügen, womöglich auch die Geschichte dieser Bücher zu kennen. Ich meine damit nicht die Geschichte ihrer Entstehung und Verbreitung, sondern die Privatgeschichte des einzelnen, zur Zeit mir gehörigen Exemplares.

Wenn ich in einem älteren Dichter blättere, in einer frühen Ausgabe von Claudius, von Jean Paul, von Tieck oder Hoffmann, und ich fühle das heimelig altmodische, schlichte Druckpapier zwischen Daumen und Zeigefinger, so kann ich mich nie enthalten, der dahingegangenen Geschlechter zu denken, welchen diese altgewordenen Papierblätter einst Gegenwart, Leben, Rührung und Neuheit bedeutet haben. Wenn man doch wissen könnte, in wie vielen vor Begeisterung und Lesefieber zitternden Händen so ein altes Exemplar des Titan oder des Werther gelegen hat, wie oft es in altfränkischen, ampelbeglänzten Zimmern nächtelang eine junge Seele zu Jauchzen und zu Tränen entzündet hat!

Wie sonderbar teuer sind uns schon die Bücher, die sich vom Urahn her durch die Familie auf uns herab geerbt haben, die wir schon als Kinder im alten Spinde stehen sahen und die wir in den aufbewahrten Briefwechseln und Tagebüchern unserer Großeltern erwähnt finden! Und auf manchen aus fremder Hand erworbenen Büchern finden wir fremd klingende Namen ehemaliger Besitzer, Dedikationen aus dem vorvorigen Jahrhundert, und denken uns, so oft wir einen Federstrich, ein eingebogenes Ohr, eine Randglosse oder ein altes Lesezeichen finden, diese seit vielen Jahrzehnten gestorbenen Besitzer dazu, ehrwürdige Männer und Frauen mit ernsten, familiären Gesichtern und in längst veralteten kuriosen Röcken, Manschetten und Krausen, Leute, die das Erscheinen des Werther, Götz, Wilhelm Meister und die Erstaufführungen Beethovenscher Werke erlebt haben.

Unter den alten Lieblingsbänden in meinen Bücherschränken sind viele, deren mutmaßliche Geschichte für mich ein reiches Feld köstlich neugieriger Forschungen und Vermutungen ist. Dabei bin ich im Phantasieren und Erfinden nicht allzu sparsam, teils aus Vergnügungslust, teils in der Überzeugung, daß alles Erfassenwollen der wahren, inneren Geschichte vergangener Zeiten ein Werk der Phantasie und nicht des wissenschaftlichen Erkennens ist. Von den in prachtvoller Antiqua gedruckten aldinischen Oktavbänden der italienischen Renaissance bis zu den Erstausgaben von Mörike, Eichendorff und der Bettina habe ich fast für jeden Band meiner Sammlung einen imaginären ersten Besitzer. Kriege, Feste, Intrigen, Diebstahl, Tod, Mord spielen gelegentlich mit, ein Stück wirklicher Welthistorie und erdichteter Familiengeschichten hängt an den antiquarischen Schwarten, deren Einbände mir, selbst wo sie etwas schadhaft sind, von keinem modernen Buchbinder berührt werden dürfen.

Außerdem aber besitze ich einige Bücher, deren Vergangenheit mir teils ganz, teils wenigstens jahrzehnteweis bekannt ist. Ich weiß die Namen ihrer ehemaligen Leser und den des Buchbinders, der sie seinerzeit gebunden hat; ich weiß von darinstehenden schriftlichen Glossen und Notizen Hand und Jahr, woraus sie stammen. Ich weiß von Städten, Häusern, Zimmern und Schränken, in denen sie standen; ich weiß von Tränen, die auf sie geflossen sind und deren Ursache ich kenne.

Diese paar Bücher schätze ich über alle anderen. Der Umgang mit ihnen hat mir manche melancholische Stunde heller gemacht; denn oft werde ich einsamer Mann mitten unter der schweigsamen Gesellschaft meiner Scharteken von Trauer überfallen, wenn ich sehe, wie schnell alles das, was einmal modern und neu und wichtig war, dem kühlen, mitleidig lächelnden Interesse einer anderen Zeit oder der Vergessenheit anheimfällt und wie schnell das Gedächtnis des einzelnen verlischt.

Dann reden mir diese paar Bände tröstend vom Geheimnis der Liebe, vom Bleibenden im Wechsel der Zeiten. Sie geben mir, wenn ich mir einsam erscheine, zu Nachbarn die aufsteigenden Bildnisse ihrer gestorbenen Freunde, deren Kette ich mich willig und dankbar anschließe. Denn in solchen Zeiten ist das Gefühl, als untergeordnetes und geringes Glied einer festen Gemeinschaft und Folge anzugehören, immer noch besser und tröstlicher als das grausame und sinnlose Alleinsein im Unendlichen.

Von diesen lieben Büchern habe ich nun eines ausgewählt, dessen Geschichte ich erzählen will, damit es dadurch vielleicht einem späteren Besitzer teurer werde.

Unter den verschiedenen Ausgaben des Novalis, die ich allmählich zusammengebracht habe, ist auch eine »vierte, vermehrte« vom Jahre 1837, ein Stuttgarter Nachdruck auf Löschpapier in zwei Bänden. Seit dessen erstem Besitzer, dem Großvater eines meiner Freunde, ist es dauernd in Händen von mir bekannten oder verwandten Leuten geblieben, so daß seine Geschichte mir leicht zu erforschen war.

2

Es war im Frühling des Jahres 1838. Der Chef der Witzgallschen Buchhandlung in Tübingen schnitt ein saures Gesicht. Sein erster Gehilfe stand neben ihm am Stehpult und hielt ein Handbillett des Kandidaten Rettig in den Fingern, während auf dem Pulte das Bücherkonto ebendesselben Kandidaten aufgeschlagen lag. Auf diesem Konto stand in netter Schrift und klaren Zahlen der ganze stattliche Bücherbezug des Studiosen Rettig seit sieben Semestern verzeichnet. Zu Anfang fanden sich je und je einzelne Zahlungen von einigen Gulden gutgeschrieben, seit langer Zeit aber stand auf der Seite des Habens nichts mehr eingetragen, und die Endsumme überstieg nach Abzug jener Gutschriften weit zweihundertfünfzig Gulden. Am Rande des Blattes war mit Bleistift vermerkt: »Will im März 1838 bezahlen.« Heute aber war schon der siebente April, und das Handbillett des Kandidaten lautete:

»Mein wertgeschätzter Herr! Ich las Ihre etwas herb stilisierte Mahnung soeben. Bin ich ein Hund? Bin ich ein Schwindler? Nein, sondern ein Kandidat der Philologie und Mann von Ehre, wenn auch ohne Geld. Beiläufig gesagt, halte ich die Bezeichnung des seelenlosen Metalles als nervus rerum für eine Infamie – Sie nicht auch? Also ich werde Sie bezahlen, nur jetzt nicht. Damit Sie aber einen tätlichen Beweis für meinen guten Willen sehen, schlage ich Ihnen vor, den mir entbehrlichen Teil meiner Bibliothek antiquarisch zurückzunehmen und mir eine angemessene Summe dafür gutzuschreiben. Zu diesem Zweck erwarte ich Sie morgen zwischen zwei und vier Uhr auf meiner Bude, Neckarhalde Nummer 8.«

Der Prinzipal war äußerst ungehalten und trug sich mit dem zornigen Entschlusse, die Eintreibung der alten Schuld dem Gerichtsvollzieher zu übergeben. Doch überredete ihn der kluge Gehilfe, Rettigs Vorschlag anzunehmen. Er rechnete richtig, daß Rettig als Sohn einer achtbaren Familie und als begabter Mensch nach Möglichkeit zu schonen sei, da er ohne Zweifel ein berühmtes Examen machen und vielleicht schon in wenigen Jahren als Philolog und Literat glänzen würde. Es wurde daher beschlossen, die Bücher des Schuldners zu möglichst niederem Preise zurückzunehmen, und der Gehilfe erhielt Auftrag, anderen Tages zur bestimmten Zeit die Schätzung vorzunehmen und das Notwendige mit dem Kandidaten zu vereinbaren.

Während eben dieser Stunde saß Rettig in düsterer Stimmung auf seiner Bude. Sein Fenster blickte über »Stift« und »Hölle« hinweg auf die Alleen und die sanften Bergzüge der Alb, über deren nähergelegenen Hügelrücken schon der erste hellgrüne Hauch des neuen Frühlings zu leuchten begann. Der Tag war föhnklar, blauer Himmel und lichte streifige Wolken glänzten mit starken Farben durch die transparente, überklare Luft. Auf der Straße scholl häufig Gesang von geselligen Liedern, lautes Gespräch, Wagenrollen und Hufschlag vorbeitrabender Reiter, denn es war der erste sonnige Tag des April.

Von dem allem bemerkte Rettig nichts. Der Witzgallsche Handel zwar bekümmerte ihn nicht übermäßig, aber ähnliche und schlimmere Mahnungen waren in diesen Tagen ihm von mehreren Seiten zugegangen, so daß er, im Brennpunkt der Aufmerksamkeit diverser Gläubiger, sich fühlte wie die Mücke im Spinnennetz. Dazu kam die Sorge um das in diesem Semester bevorstehende Examen, die Scheu vor dem nachher drohenden Amt und Philisterium und das Vorgefühl des Abschiedes von Tübingen, an den er mit Qualen dachte.

Kurze, ärgerliche Züge aus der langen Weichselpfeife saugend, saß er halb, halb lag er auf dem zerschlissenen Kanapee und schaute mit gefurchter Stirne den phantastischen Bildungen der Rauchwolken zu, die sich langsam und quirlend gegen das offenstehende Fenster hin bewegten. Zwischen aufgehängten Pfeifen, Lithographien und Silhouettebildnissen stand an der breiten Türwand der hellen Stube ein recht stattlicher Bücherschaft, auf welchem neben Klassikern und Kompendien eine nicht unbedeutende Sammlung von historischen und belletristischen Werken sich befand. Rettig hatte eine starke literarische Ader und beteiligte sich seit kurzem teils durch Rezensionen, teils durch kleinere Zeitschriftenartikel am literarischen Leben.

Seufzend erhob er sich endlich vom bequemen Sitz und begann, die Pfeife in der Linken, mit der Sichtung seiner Bücherei. Die philologische Abteilung, welche ohnehin auf das Notwendigste beschränkt war, mußte unangetastet bleiben. Mit zornigem Schmerze zog der arme Kandidat Buch um Buch aus den unteren Regalen, einen Liebling nach dem andern sich vom Herzen reißend, in manchem lange blätternd und bei jedem die Rücknahme in letzter Stunde sich innerlich vorbehaltend. Die ganzen reichen Semester zogen durch seine Erinnerung, in denen er diese Sammlung Band für Band zusammengebracht hatte, in denen sein lebhafter Geist sich von der naiven Begeisterung des Fuchsen schnell zur selbständigen Kritik des Kenners durchgearbeitet hatte.

Es hatte sich schon ein mäßiger Berg ausgeschiedener Werke auf dem Boden angetürmt, da ging die Tür, und ein großer blonder Mensch trat herein und blieb lachend vor der Unordnung stehen. Es war Rettigs Freund und Kollege Theophil Brachvogel, zurzeit Hauslehrer bei den Söhnen einer Professorenwitwe.

»Prosit, Rettig! Was beim Styx treibst du denn da für Zauber? Du wirst doch nicht schon wieder packen wollen?«

Grimmig ließ der Kandidat seine Bücher liegen und zog den Freund mit sich auf das Kanapee. Unter reichlichen Verwünschungen und klassischen Schwurformeln erzählte er ihm die Bücheraffäre.

Kopfschüttelnd betrachtete der Hauslehrer die zerstörte Bibliothek, um die es auch ihm leid tat. Er stand auf und nahm von dem aufgeschichteten Bändestoß den obersten in die Hand.

»Was?« rief er nun lebhaft. »Auch den Novalis? Ist es dein Ernst, Alter? Den Novalis?«

»Auch ihn, den schönlockigen Seher, ja. Was will ich machen? Jeder Band ist zuviel, den ich behalte.«

»Nicht möglich, Schatz. Den Novalis! Ich wollt ihn eben dieser Tage von dir leihen.«

»Leih ihn vom Witzgall! Ich behalte nichts, nichts. Ohne Wahl zuckt der Strahl.«

»Du, da fällt mir ein: ich kauf ihn dir ab. Die Krämerseele gibt dir doch so gut wie nichts dafür. Was soll er gelten?«

»Ich schenk ihn dir.«

»Unsinn, Knabe. Jetzt auch noch schenken! Sagen wir einen Taler. Einen Gulden geb ich dir jetzt gleich, den Rest am Tag der großen Gelder.«

»Gut, gib her! Da ist der zweite Band.«

Brachvogel, der zu seinen Schülern mußte, nahm die beiden Bändchen unter den Arm und eilte mit wenigen Sätzen die schmale, baufällige Stiege hinunter in die Stadt. Gedankenvoll blickte Rettig durchs Fenster seinem Freunde und seinem Novalis nach. Er sah im Geiste schon seine ganze schöne Sammlung in alle Winde zerstreut.

Am folgenden Tage erschien pünktlich der höfliche Witzgallsche Gehilfe. Er sah alles durch, schätzte Buch für Buch, zog eine magere Summe ab, mit der sich Rettig zornig einverstanden erklärte; alsdann lud ein Knechtlein den ganzen Schatz auf einen Handkarren und führte ihn gleichmütig hinweg. Beim Anblick des Verzeichnisses dieser Bücher würde manchem heutigen Sammler das Herz pochen. Erstausgaben, welche die jetzige Mode mit Talern aufwiegt, gingen für dreißig und vierzig Kreuzer weg, ja billiger.

Traurig und ärgerlich verließ der Kandidat seine entheiligte Bude, bummelte mißmutig durch die Gassen und beschloß diesen schwarzen Tag damit, daß er den gestern empfangenen Novalisgulden einsam im »Löwen« vertrank.

3

Abend. Am schweren Himmel trieb der Föhn die schnellen Wolken vorüber. Im Fenster einer behaglichen Bude lehnte Theophil Brachvogel, die feine rechte Hand um das Fensterkreuz gelegt, und sah dem endlosen scheuen Flug der Wolken zu, hingegeben und ergriffen, die Seele eines großen Gedichtes voll.

Auf dem breiten Studiertische lag neben Heften, Briefbogen und Schreibzeug der zweite Band Novalis aufgeschlagen. Weit frischer als der kritisch veranlagte Rettig hatte der beschaulichere Hauslehrer sich die jugendliche Fähigkeit bewahrt, die Werke der Dichter wie süßen Wein zu genießen, ohne Widerstreben dem berauschenden Fluß ihrer erhabenen Sprache hingegeben, die Seele wie eine bebende Schale bis zum Rande von tiefer Stimmung erfüllt, von welcher je und je ein schwerer voller Tropfen überlaufend als eigenes Gedicht verklang.

Ihn hatte seit einigen Tagen die sanfte Gewalt dieses tiefsten und süßesten Romantikers erfaßt, dessen dunkeltönige, von Duft und Ahnung gesättigte Sprache sein williges Herz in ihre weichen Rhythmen zwang. Das klang so mystisch wohllaut wie ein ferner Strom in tiefer Nacht, von Wolkenflucht und blauem Sternlicht überwölbt, voll scheuen Wissens um alle Geheimnisse des Lebens und alle zarten Heimlichkeiten des Gedankens.

Zum Tisch zurückkehrend, las er nochmals laut den wunderbaren Abschnitt:

»Abwärts wend' ich mich zu der heiligen, unaussprechlichen, geheimnisvollen Nacht. Fernab liegt die Welt, in eine tiefe Gruft versenkt: wüst und einsam ist ihre Stelle. In den Saiten der Brust weht tiefe Wehmut. – Fernen der Erinnerung, Wünsche der Jugend, der Kindheit Träume, des ganzen langen Lebens kurze Freuden und vergebliche Hoffnungen kommen in grauen Kleidern, wie Abendnebel nach der Sonne Untergang.«

Die schwermütige Schönheit der Nachthymnen zog durch die Brust des jungen Schwärmers wie ein Wetterleuchten durch eine dunkle, fruchtbare Frühsommernacht.

Noch eine Stunde blieb er allein im stillen Zimmer, bald lesend, bald hin und wider schreitend, bald durch das Fenster die einbrechende schwarze Aprilnacht betrachtend. Dann trat er aus der Türe, die er offenstehen ließ, auf den dunklen Flur und tastete sich die Wand entlang und die Treppe hinauf. Oben klopfte er leise an eine Tür, hinter welcher sein Freund Hermann Rosius wohnte. Er fand den Fleißigen mit seinem Lieblingsbuch, Bengels Gnomon, beschäftigt. Der fromme, stille Student begrüßte erfreut den älteren Freund, an dem er mit Bewunderung und Zärtlichkeit hing, und räumte ihm eilig einen mit den Resten eines spärlichen Abendessens besetzten Stuhl ab. Brachvogel zog den mitgebrachten Band Novalis aus der Tasche, legte ihn auf den Tisch ins Licht und deutete auf den Titel.

»Kennst du den?« fragte er den Theologen.

Rosius schüttelte den Kopf.

»Nur dem Namen nach«, sagte er. »Ich glaube, er hängt irgendwie mit Schleiermacher zusammen. Liest du ihn jetzt?«

»Ich will dir ein Stück vorlesen.«

Er las den ersten Hymnus an die Nacht. Seine wohllautende Stimme schmiegte sich dem ernsten Pathos der Dichtung schlicht und edel an. Das ist der Augenblick der erhabensten und reinsten Wirkung für jeden Dichter, wenn eine junge, begeisterte Seele sein Werk dem Freunde mitteilt.

Beide Jünglinge enthielten sich des Urteilens. Schweigend ließen sie den in ihnen erweckten tiefen Ton des Heimwehs zu Ende klingen. Die kleine Studierlampe schien rötlich durch das einfache Zimmer.

Endlich brach Rosius das Schweigen. Er redete leise und schüchtern und errötete im Halbdunkel. »Ich glaube, es ist jetzt die rechte Stunde, dir ein Geständnis zu machen.«

Brachvogel gab keine Antwort. Er nickte nur und richtete den Blick auf das verlegen freundliche Gesicht des Freundes. Leise fuhr dieser fort:

»Ich wollte es dir schon lang erzählen, aber der Augenblick ist nie so recht gekommen. – Ich hoffe, mich im Sommer zu verloben.«

»Was du sagst! Eigentlich zwar nimmt mich's nicht wunder, ihr Theologen tretet ja gewöhnlich schon mit Bräuten ins Amt. Aber doch –! Mit wem denn, du?«

»Mit einem Fräulein – –«

»So? Das dachte ich mir ungefähr auch.«

»Helene Elster. Sie ist eine Pflegetochter des Amtmannes in unserem Städtchen. Aber wir wollen nicht zu viel davon reden – es ist ja alles noch so ungewiß.«

»Aber du hast doch schon mit ihr darüber gesprochen? Oder schreibt ihr einander?«

»Was denkst du! Nein, nein. Aber in den Sommerferien will ich sie fragen, und ich glaube fast, sie wird ja sagen. Ich hoffe es sogar bestimmt.«

»Ist sie schön?«

»O ja.«

»Erzähle doch! Ist sie blond? Musikalisch? Singt sie? Groß? Klein? Heldengeist? Sanfte Seele?«

»So bist du immer, Theo!«

»Ja, ja, aber wie sie ist, will ich wissen. Hast du ein Bild von ihr?«

»Ein Bild? Wie sollte ich dazu kommen? Nein. Sie hat braunes Haar und ist ziemlich schlank. Und sie hat ein Herz – ein Gemüt – –«

»Rosius, ein Künstler bist du nicht. Aber ich fange doch allmählich an, ein Bild von ihr zu bekommen.«

»Also ich wollte dir erzählen. Ich sah sie zuerst bei einem Kaffee im Helferhaus. Sie ist nämlich erst seit ein paar Monaten aus dem Institut zurück. Du weißt, wie schüchtern ich mit Mädchen allemal bin. Und nun saß sie am Tisch gerade neben mir! Ich war ganz behext von ihrer Stimme. Sie sprach mit ihrem Gegenüber von Musik, und von einer Reise, und von Mädchengeschichten. Weißt du, eine Stimme – so eine besondere, glockenklar und doch mit einem Schleier drüber. So hab ich die Stimme meiner Mutter in Erinnerung. Und dann war sie so schön! Ich konnte sie ja nicht richtig ansehen, aber ihre linke Hand lag immer neben mir auf dem Tisch. Ich wußte gar nicht, daß so eine bloße Hand auch etwas Schönes sein kann.«

»Was hast du denn mit ihr gesprochen?«

»Du hast gut fragen. Ach Gott, ich wünschte die ganze Zeit, sie möchte mich anreden.«

»Das wäre doch deine Sache gewesen.«

»Ich weiß nicht. Sie sprach von einem Fest. Plötzlich drehte sie sich nach meiner Seite herum und fragte: ›Sind Sie auch dabei gewesen?‹ Ich glaubte, sie meine mich, es galt aber dem Helfer. Ich antwortete: ›Nein‹ – zugleich antwortete der Helfer, und ich sah, daß ich mich geirrt hatte, und schämte mich.«

»Und das ist alles gewesen?«

»Wart nur! Also das war unser erstes Zusammentreffen. Dann war ich beim Amtmann eingeladen und sah sie dort wieder. Da konnte ich mich etwas freier bewegen als im Helferhaus, und es gelang mir, ein Gespräch mit ihr anzuknüpfen. Es ging freilich nicht gerade flott, denn sie redete viel schneller als ich und kam immer mit etwas Neuem, wenn ich gerade über das vorige Thema einen rechten Satz präpariert hatte. Sie ist eine vollkommene Dame. Sie lenkte das Gespräch nur so hin und her, daß ich ganz wirr wurde. Später sah ich sie bei einem Konzert, einem Streichquartett, wo der Amtmann mitspielte und mein Onkel auch. Da plauderte sie vertraulich mit mir, ich war ganz munter und schlagfertig, es war ein guter Tag. Seither hat sie, glaube ich, meine Neigung bemerkt. Sie wurde ein wenig rot, sooft ich sie auf der Straße grüßte, auch ging ich oft an ihrem Haus vorbei. Es scheint, daß sie mich nicht ungern sieht – –.«

Es war noch nicht spät, als der Hauslehrer seinen Novalisband wieder an sich nahm und seine Stube im unteren Stockwerk wieder aufsuchte. Er las dort die Hymnen zu Ende, und las sie noch einmal, bis spät in die Nacht.

Von da an begleitete wochenlang das Saitenspiel des zarten, geheimnisvollen Dichters sein Leben Tag für Tag. Der Frühling kam, die Kastanien der Allee wurden grün, im Schönbuch klang Finkenschlag und Amselruf, und die sich füllenden Wipfel begannen tiefer zu rauschen. Da lag Brachvogel an manchem hellen freien Nachmittag im Walde. Buchenschatten und Sonnenflecken fielen in die aufgeschlagenen Seiten des Lieblingsbuches, eingelegte Blumen und als Lesezeichen benutzte Baumblätter drückten ihre leichten Spuren ein. Am Rande der »Fragmente« entstanden nachdenkliche Notizen, mit leichtem Bleistift eingetragen, und die Daten mehrerer besonders schöner und glücklicher Waldlesetage wurden auf das leere letzte Blatt geschrieben, manche auch in den Text selber. Jetzt noch steht unter anderen auf Seite 79 neben dem Märchen von Rosenblüte und Hyazinth die Bemerkung zu lesen: »Zum erstenmal gelesen den zwölften Mai, am Waldrand über Bebenhausen.« Auf derselben Seite haben sich die feinen Rippen eines eingelegten jungen Buchenblattes in bräunlichen Linien abgedrückt erhalten. Das Blatt selbst ist nicht mehr dabei.

Auch Hermann Rosius las häufig allein oder mit dem Freunde zusammen in den beiden Bänden und gewann den feinen Dichter herzlich lieb. Dennoch konnte sein streng-frommes Gemüt sich den kühneren unter den »Fragmenten« gegenüber der Kritik und des Tadels nicht immer enthalten. Bei zwei Aphorismen religiösen Inhaltes sind von seiner Hand Bibelstellen an den Rand geschrieben. Ich besann mich oft, wer von den späteren Lesern wohl genug Liebe und pietätvolle Neugierde gehabt haben mag, um jene Stellen nachzuschlagen.

4

Unvermutet schnell wie immer war der Sommer herangekommen. Die Studenten reisten nach allen Seiten fort in die Heimat oder auf Vetternreisen. Der fleißige Hauslehrer, obwohl auch er einige Wochen Urlaub erhalten hatte, war in Tübingen geblieben, um zu arbeiten. Der heiße August brannte auf den Dächern und glühte in den engen, gepflasterten Gassen der Stadt. Der Kandidat Rettig hatte sein Examen gemacht und war noch am letzten Tage des Semesters zu Brachvogel gekommen, um den Rest seines Novalistalers zu holen.

Brachvogel bewohnte nun etwas vereinsamt eine Ferienbude in der Münzgasse und saß arbeitsam bald hinter dem Studiertisch, bald in der Bibliothek. Da kam ein Brief von Hermann Rosius und brachte ein frisches Stück Leben in sein stilles Dasein. Der Brief lautete:

»Mein Herzensfreund!

Wie lebst Du in Tübingen? Ich denke es mir dort jetzt sehr still. Fördert Deine Arbeit? Was mich betrifft, so hab ich bis jetzt kaum ein Buch berührt. Jetzt aber spüre ich großes Verlangen, einmal zusammenhängend und mit Muße Novalis zu lesen. Du mußt ihn mir, oder mindestens einen Band davon, mitbringen.

Ja, mitbringen! Denn ich erwarte, daß Du mich nächster Tage besuchst, ich bitte Dich herzlich darum. Die Sache mit dem Mädchen scheint Fortschritte zu machen, und ich möchte Dich hier haben, zunächst damit Du Dich mitfreust, aber auch damit Du mir mit Deiner geschickteren Art und Deiner größeren gesellschaftlichen Erfahrung beistehst. Ich bin in alledem so unbeholfen. Mein lieber Vater hat Raum für einen Gast, wenn wir uns ein bißchen behelfen. Bitte komm gewiß, und so bald als möglich!«

Der Hauslehrer las die Einladung mit Freude und beschloß, ihr ohne Verzug zu folgen. Lachend und Wanderlieder singend, packte er noch am selben Tage sein Ränzel. Den erbetenen Novalis beschloß er nach einigem Zaudern dem Freunde nicht nur mitzubringen, sondern gleich zu dedizieren.

Am folgenden Morgen machte er sich zu Fuß auf den Weg nach dem Heimatstädtchen des Kameraden, das ein paar Meilen weiter neckarabwärts lag. Die weiße Landstraße glänzte hellauf in der Morgensonne, die schönen Neckarufer lagen grün und fruchtbar im Leuchten des Hochsommertages. Von heiß zu ersteigenden Höhen aus sah der Wanderer den blanken, gewundenen Lauf des Flusses durch gilbende Fruchtfelder und schattige Obstgärten sich strecken, oft auch von steilen Weinbergen gesäumt. Kirchturmspitzen funkelten blendend von entfernten Dörfern herüber, in den Feldern und Rebhügeln war rege Arbeit, ruhig und waldig begrenzten die höheren Berge der Alb die Aussicht.

In der frischen, empfänglichen Seele des jungen Reisenden spiegelte sich diese ganze frohe und farbige Welt reich und glücklich wider. Erinnerung, Ahnung und Hoffnung schmolz ihm mit der Schönheit der sichtbaren Welt unvermerkt und wohllaut zusammen, und werdende Lieder bewegten keimend den Sinn des jungen, fröhlichen Menschen. Er war ein geborener Wanderer, rüstig, gelenkig, zäh und bereit, alles Begegnende von der freundlichen Seite zu fassen. Auch war sein Auge offen für alle Schönheiten der Landschaft und empfänglich für die feinen Reize der Berglinien, der Beleuchtung, Laubfarben und der blauen Töne der Ferne.

Während des Dahinschreitens erinnerte er sich mit Vergnügen der Reisebilder im Heinrich von Ofterdingen, den er schon zweimal gelesen hatte. Die geistvoll zarten Verse der »Zueignung« mit ihrem rätselhaft süßen Liebreiz und ihrem innig musikalischen Wohlklang fielen ihm ein. Vielleicht wußte er nicht, wie ähnlich er selbst dem jungen Ofterdingen jener Dichtung war. Was ihm zum Manne noch fehlte, eben das gab seinem Wesen die harmlos liebenswerte Frische. Der Duft der frühen Jugend lag auf ihm, dem noch kein großer Schmerz die Unbefangenheit genommen und dafür die Weihe der Reife gegeben hatte.

Am späten Nachmittag erreichte er das Städtchen, in welchem Rosius auf ihn wartete. Über das Gewirre der alten und neuen Dächer ragte der behagliche Kirchturm, mit einer humoristisch wirkenden Zwiebel gekrönt. Züge von Gänsen und Enten bevölkerten Gassen und Hofwinkel sowie den sanft strömenden Neckar, den eine ehrwürdig graue, steinerne Brücke überspannte.

Der alte Rosius war ein kleiner Kaufmann oder eigentlich ein Krämer gewesen, hatte sich jedoch seit einigen Jahren zur Ruhe gesetzt und wohnte in einem zur Hälfte vermieteten neuen Häuschen, das Brachvogel nach einigem Fragen fand und betrat.

Nun wurde er von dem überraschten Freunde mit Jauchzen empfangen, auch der stille alte Vater drückte ihm die Hand und bewegte die hart gefalteten Lippen zu einem altmodischen Willkommspruch. Darauf brachte Hermann den Gast in die Stube, welche sie teilen sollten. Der Hauslehrer packte unter lustigem Geplauder seinen Marschranzen aus, der neben einiger Leibwäsche und einem Gehrock auch die zwei Bände Novalis enthielt.

»Ah, der Novalis!« rief Rosius erfreut und nahm einen Band in die Hände, in welchen Brachvogel schon in Tübingen die Dedikation geschrieben hatte. Sie fiel ihm sogleich ins Auge, und er umarmte den Spender dankbar.

Weder dieser noch der Beschenkte ist heute mehr am Leben, aber die Widmung von Brachvogels Hand steht noch in dem Bande auf dem inneren Einbanddeckel zu lesen:
»Theophil B. seinem Freunde Hermann Rosius, im Sommer 1838.«
Und darunter:
»Der echte Dichter ist allwissend; er ist eine wirkliche Welt im Kleinen.«
(Novalis)

5

Wenn ich statt der Geschichte meines Novalis diejenige des Theophil Brachvogel und seines Freundes schriebe, so müßte ich nun dessen Ferienaufenthalt, den ersten Besuch und Kaffee beim Herrn Amtmann, Brachvogels erste Begegnung mit jener schönen Helene Elster und viele andere schildern und erzählen, worauf ich nur ungern verzichte. Doch muß ich mir die eingehende Darstellung dieser und anderer Ereignisse versagen. Ich würde sonst Bände brauchen, bis ich meine Geschichte aktenmäßig zu ihrem vorläufigen Ende, das heißt bis auf den heutigen Tag, geführt hätte.

So betrachte ich denn meinen Novalis und suche in ihm weitere Spuren des Lebens von damals.

Die am Ende des vorigen Kapitels zitierte Widmung Brachvogels, die im ersten Bande steht, zeigt Spuren davon, daß ein Versuch gemacht wurde, sie auszuradieren. Die gute Tinte hatte sich jedoch zu tief in das weiche Papier gefressen und widerstand dem Tilgungsversuch. Widmung und Spruch blieb stehen.

Was bedeutet für den Käufer, Besitzer und Leser eines alten Buches der vom Radiermesser zerschabte erste Buchstabe einer vor sechzig Jahren geschriebenen Widmung? Nichts. Eine minimale Verunzierung, der man außerdem leicht durch Überkleben nachhelfen kann.

Ich habe aber jene Stelle nicht überkleben lassen. Sie bedeutet für mich und für unsere Erzählung ein ganzes Kapitel, ein dunkles, schmerzliches, dessen Bericht mir schwerfällt, da ich für die Hände und Schicksale, mit denen mein Buch damals Berührung fand, seit langem eine stille Liebe hege.

Drei Wochen nach jenem vergnügten Abend seiner Ankunft war der Hauslehrer Brachvogel nicht mehr derselbe jugendlich sorglose, naiv heitere Mensch wie zuvor. Er hatte einige von den Dingen erfahren, deren schnelles Erleben älter macht als eine ganze Reihe von stillen Jahren. Er war um ein Glück, eine Schuld und ein Leid reicher und um einen Freund und eine Jugend ärmer geworden. Der Novalis war wieder in seinem Besitze, und er selbst hat jenen Radierversuch an der noch frischen Widmung gemacht.

Er war mit Helene Elster verlobt, und der arme Hermann Rosius hatte seinen Freund und seine Liebste auf denselben Tag verloren. Oder doch nicht am selben Tage; denn nach dem Bruch der Freundschaft war um das schöne Mädchen noch ein kurzes verstecktes und verzweifeltes Ringen gewesen. Dann hatte der hübsche, lebensfrohe Brachvogel den Sieg gewonnen, und die erbitterte Rivalität der entzweiten Herzensfreunde hatte sich, namentlich auf des armen Theologen Seite, in ein herbes, trauriges Verzichten und Verlorengehen verwandelt.

Hatte Theophil eine Untreue begangen? Er selbst litt an dieser Frage, und mußte Ja und Nein zugleich antworten. Ja – denn er hätte am ersten Tage, nachdem er mit dem Mädchen gesprochen hatte, fliehen und dem Freunde seine älteren Rechte lassen können. Später konnte von Untreue oder irgendwelcher bewußten Sünde nicht mehr die Rede sein, da waren Recht und Unrecht und war auch die Freundschaft im Brande der drängenden Leidenschaft geschmolzen und vergessen.

Ich sann manchmal darüber nach, wieviel Schuld ihm beizumessen sei; und nach meiner Meinung ist seine Schuld nicht klein, denn ich weiß nichts so Heiliges und Unantastbares als eine herzliche Freundschaft unter Jünglingen. Aber Theophil war jung, und sein ganzes Wesen mag in jenen Jahren nach der entscheidenden Frauenliebe gedrängt haben. Und wer will rechnen, wie schwer trotz seines Glückes sich die verratene Freundschaft an ihm gerächt hat?

Ich denke mir, daß sein des Leidens und Unrechthabens nicht gewohntes Herz gezittert haben muß, als Rosius ihm das geschenkte Buch mit anderen kleinen Freundschaftsreliquien zurücksandte, dies Buch, über dem sie so viele reiche schwärmerische Stunden miteinander zugebracht hatten. Und ich denke mir, daß sein Herz zitterte, als er wieder allein in Tübingen in seiner Wohnung saß und vergeblich die Widmung vom Deckel des Buches zu tilgen versuchte – so vergeblich, wie das vergiftete Andenken an den ehemaligen Freundesbund aus seinem Herzen. Ich denke mir auch, daß er seiner oft zu Besuch in Tübingen weilenden Braut manchmal eines der

Gedichte oder Märchen von Novalis vorlas, und wie mag da ihm und ihr zumute gewesen sein, als sie zum erstenmal nach dem Buche griff und die Widmung und jenen Namen und den Versuch, ihn auszulöschen, sah?

Rosius fand zwei Jahre später eine andere Liebe, und seine Hochzeit fand wenige Monate nach der Brachvogelschen im Jahre 1842 statt. Beide Freunde nahm das Leben des Amtes und der Familie in Anspruch, die Erinnerungen wurden milder und bleicher, aber sie sahen sich nicht wieder, und einer hörte vom anderen jeweils nur zufällig aus dritter Hand.

Über dem geschäftig zufriedenen häuslichen Leben mag auch der stille Dichter fast vergessen worden sein, er stand viele Jahre lang wenig benützt in der Hausbibliothek Brachvogels. In diesen Jahrzehnten begannen die älteren Verehrer jener frühromantischen Poesie allmählich auszusterben, ohne daß neue ihnen gefolgt wären. Unter der damals heraufkommenden Jugend kannten wenige von Novalis mehr als den Namen, auch der heranwachsende Sohn Brachvogels nicht, der die beiden schlichten Bände, obwohl er sonst ein Leser war, unberührt im väterlichen Bücherschrank stehen ließ. Es schien, als wäre es mit dem Ruhm des seit fünfzig Jahren begrabenen Dichters vorüber. Für ihn schien die trostlose Zeit des Antiquierens gekommen, jenes rasche traurige Sinken vom Lächerlichwerden zum Langweiligwerden und von da vollends zum Vergessenwerden.

So stand unser Buch zehn Jahre und zwanzig Jahre. Seine Blätter bekamen einen leisen Cremebezug, jenen Edelrost alternder Bücher, der dem Vergilben vorangeht. Das vielgeschmähte Löschpapier hielt sich aber vortrefflich. So wenig edel es war, sieht es doch heute noch frischer und weißer aus als die Mehrzahl der jammervollen Drucke aus den siebziger und achtziger Jahren, die einem unter der Hand braun werden.

6

Annähernd zwanzig Jahre standen die beiden einfachen Sedezbände still und von niemandem begehrt im Bücherkasten. Was sind zwanzig Jahre in der Geschichte eines guten Buches! Vielleicht ruhten sie doch nicht vollkommen, vielleicht nahm sie der vielbeschäftigte Lehrer und Hausvater doch noch zuweilen vom Brett und überglitt mit ernsten Augen die schon alternden Blätter, wenn Erinnerung und Jugendheimweh des Nachts am Studiertisch ihn überfielen.

Dann wunderte er sich vielleicht betrübt darüber, wie rasch der zarte Dichter aus dem Andenken der Welt verschwunden und wie selten sein Name noch in jemandes Munde war; er ahnte nicht, daß Jahrzehnte später die ernste Schönheit dieser Dichtung neue Freunde und laute Verehrer und Verkünder finden würde. Ich denke, in einer solchen Stunde des Rückwärtssinnens schrieb er auf eine leere Halbseite des zweiten Bandes den Vers, den ich dort oft mit Bewegung las:

> Wie weht aus deinen süßen Reimen
> Ein Duft der Jugendzeit mich an,
> Die mir in bunten Dichterträumen
> So leicht und unvermerkt zerrann!
> Du bist mir wie aus Maientagen
> Im Herbst ein Gruß von Blumen zart,
> Du willst mir ernst und leise sagen,
> Wie fern mir meine Jugend ward.

Manchmal griff vielleicht auch die schöne Hausfrau nach dem Novalis. Ich weiß es nicht, doch glaube ich es gerne, denn auf ihrem Bilde, das ich in meinen Jünglingszeiten manchmal sah, hat sie jenen geistigen, zarten Träumerzug im vornehmen Gesicht, aus dem wir gern eine rege, dem Schönen zugeneigte Seele erraten. Es macht mir Vergnügen, zu denken, sie habe die hellbraunen Bändchen zuweilen in ihren weißen Fingern gehalten.

Jedenfalls blieb das Buch im Brachvogelschen Hause und war dort noch vorhanden, als der Sohn des Hauses Anno 1862 von Tübingen aus darum schrieb. Er war wie sein Vater Philolog und mochte gelegentlich bei irgendwelchen literarhistorischen Studien auf Novalis aufmerksam geworden sein. Dessen Werke wurden ihm denn nun von Hause zugeschickt.

Unser Exemplar zeigt keine Spuren, die auf einen starken damaligen Gebrauch schließen lassen, vor allem keinerlei Notizen aus den folgenden Jahren. Es scheint, daß der Dichter auf den in jener antiromantischen Zeit erwachsenen Studenten wenig Eindruck gemacht habe. In seinem Besitze schlummerte das Buch, wie ein Edelstein schlummert, solange kein Lichtstrahl seine verborgenen Feuer weckt. Es scheint damals sogar manchmal Mißbrauch gelitten zu haben, denn jenen Tübinger Jahren schreibe ich die Verwahrlosung der Einbände zu, welche manche verwischte Halbkreise und Kreise wie von daraufgestellten Trinkgläsern aufweisen. Dennoch blieb mein Novalis noch manche Jahre im Besitz des jüngeren Brachvogel und erlebte sogar dessen teilweise Bekehrung.

Dieser Brachvogel junior war ein kühler, kritischer Geist und von früh an ein wenig Sonderling. Er hatte kaum sein Tübinger Examen gemacht, als der Vater plötzlich einer kurzen Krankheit erlag. Die Mutter war schon ein Jahr zuvor gestorben, nach einer fünfundzwanzigjährigen Ehe noch schön und von Freunden bewundert. Der junge Gelehrte sah sich plötzlich verwaist und auf sich selbst gestellt. Von seiner Neigung getrieben und durch ein beträchtliches Vermögen unabhängig gemacht, verließ er bald die Heimat und reiste allein nach dem Süden. Wohl nur ein Zufall war es, daß beim Verkauf der väterlichen Bibliothek der Novalis zurückblieb und mit in die Reisekoffer kam.

Über die nun folgenden Jahre gab mir ein Tagebuch genauere Nachricht, das Brachvogel während seiner italienischen Jahre ziemlich fleißig führte. Doch ist nur auf den letzten Blättern desselben flüchtig von unserem Novalis die Rede. Brachvogel hielt sich mehrere Jahre in Rom auf, besuchte Süditalien und Sizilien und schien wenig mehr an die Heimat und Vergangenheit zu denken. Wenigstens berichtet sein Tagebuch nur von italienischen Angelegenheiten, Studien und Reisen, und berührt das Gedächtnis der Eltern fast nur jeweils bei der Wiederkehr ihrer Todestage. Im fünften Jahre seiner Abwesenheit jedoch scheint je und je ein Hauch von Heimweh dem Vereinsamten das Herz bewegt zu haben.

Damals hielt er sich mehrere Monate in Venedig auf, mit Bibliothekstudien beschäftigt, während die Welt von Tag zu Tag lebhafter durch die Nachrichten vom französischen Krieg erregt wurde. Ohne daß ihn diese eben stark erschüttert hätten, ward doch der gelehrte Sonderling mehr als sonst des fernen Vaterlandes erinnert, und es kamen Stunden, in denen Jugendgedenken und Heimaterinnerung ihn überraschten. In einem dieser Augenblicke fiel ihm der ganz vergessene Dichter durch Zufall wieder in die Hand. Schlicht und rauh berichtet davon das Tagebuch:

»Heute fand ich unter den Schmökern im unteren Kasten den alten Novalis und fühlte Lust, nach Jahren wieder einmal etwas der Art zu lesen. Unter den Fragmenten fielen mir einige geistreiche unter vielem Wust von Phantastereien auf. Dann begann ich den sonderbaren Ofterdingen zu lesen.«

Und zehn Tage später:

»Fortsetzung der Novalislektüre bis zum Schluß des ersten Teiles vom

Ofterdingen. Ich hatte lange keinen deutschen Dichter mehr gelesen und kann mich nun dem eigentümlichen Eindruck nicht ganz entziehen.«

7

Es scheint, daß Brachvogel dem Dichter längere Zeit treu geblieben ist. Eines Tages wenigstens nahm er ihn, in Florenz, wieder zur Hand und fand das Märchen von Hyazinth und Rosenblüte. Er fand denn auch jene Stelle, an welcher vor mehr als dreißig Jahren sein Vater das Datum eines Bebenhauser Maitages eingeschrieben hatte, und schrieb daneben: »Settignano bei Florenz, 19. Juni 1873.«

Nun hatte er in Florenz einen Freund. Es war ein Deutscher, namens Hans Geltner, der mit einer Toskanerin verheiratet war. Dieser saß im Winter 1874 im Spital am Krankenbett Brachvogels und sah ihn am 2. März 1875 dort sterben. Er erbte mit ein paar anderen deutschen Büchern auch den Novalis, der nun wieder vergessen und ungebraucht jahrelang im Regal stand.

Während dieser Jahre war in Geltners Hause eine schöne, blonde Tochter herangewachsen, die ich selber noch wohl gekannt habe. Sie war schlank und von ganz deutscher Schönheit, und fand beizeiten manche Verehrer.

Als ich damals nach Florenz kam und die Geltners besuchte, stach auch mir ihr schönes, einfaches Wesen ins Auge, so daß ich sie bald den Madonnen des Quattrocento, denen zuliebe ich hergereist war, ohne Schwanken vorzog. Es fügte sich, daß ich schließlich täglich ins Haus kam, oft mit deutschen Freunden, oft allein.

Da fiel mir denn eines Tages der zweibändige Novalis in die Hände. Geltner war erstaunt, als ich ihm erzählte, daß der scheinbar verschollene Romantiker neuestens in Deutschland wieder verehrt und gelesen werde. Manchen Abend saßen wir nun in dem kleinen, ummauerten Garten um den schattigen Steintisch, und ich las die feinen, tiefen Gedichte des alten Novalis vor. Über dieser Lektüre kam ich oft mit der Tochter Maria ins Gespräch, und in diesen Gesprächen kamen wir einander so nah, daß ich von Tag zu Tag mich selber wunderte, mit ihr noch nicht von Liebe gesprochen zu haben. Es waren schöne Märchentage, wie mir seither keine mehr geworden sind.

Um diese Zeit traf mein Freund Gustav Merkel in Florenz ein. Wir begrüßten uns herzlich und lebten die ersten Tage nur füreinander. Er war ein lieber und flotter Mensch, beweglich, hübsch, geistreich, dabei gutmütig, und wir haben manchen Fiasko Landwein burschikos unter Geplauder und Gesang miteinander ausgetrunken.

Die Sehnsucht nach Maria trieb mich bald wieder in ihr Haus. Ich brachte Merkel mit, der dort gefiel und bald gleich mir fast alltäglich bei Geltners verkehrte.

Eines Abends las ich nun dort die »Lehrlinge zu Sais« vor. In der daran anschließenden Unterhaltung machte Gustav einen wenig ehrerbietigen Witz über Novalis und seine Dichtung, der mir weh tat. Da zu meinem Erstaunen Maria nicht widersprach, sondern sogar mitlachte, hielt ich an mich und schwieg. Als aber Gustav weggegangen war, trat ich im Garten zu ihr und hielt es ihr vor. Sie war ein wenig verlegen und vermied meinen Blick.

»Sie haben ja recht«, sagte sie. »Aber sehen Sie, Ihr Freund ist zu gescheit und vor allem zu witzig, als daß man ihm widersprechen könnte. Ich mußte einfach mitlachen. Und wozu sollte ich auch mit so liebenswürdigen Gästen Streit anfangen?«

»Aber war es nicht wie ein Verrat, Maria?«

»Sie sind komisch!« und dann: »Andiamo!«

Mehr sagte sie nicht. Aber als ich nun gute Nacht sagte und langsam durch den Corso dei Tintori nach Hause ging, war ich froh, daß ich noch nie mit Maria über meine Liebe gesprochen hatte, und hatte eine schlechte Nacht.

Es ging alles rasch und ruhig seinen Gang, und ich sah mit sonderbar gespannter Neugierde zu. Ich sah, wie Gustav immer häufiger zu Tisch geladen wurde und neben Maria zu sitzen kam. Ich sah, wie er abends mit ihr im Garten spazierte, ich sah ihn in der Badia eine Bleistiftkopie des schönen Sankt Bernhardskopfes von Filippino Lippi anfertigen und in den Trödlerläden alte Emailsachen kaufen, die er ihr dann schenkte. Und eines Tages sah ich auch die Einladungskarte zu ihrem Verlobungsfest, von Maria selber geschrieben, vor mir auf meinem Schreibtisch liegen. Draußen klang laut das Straßengetriebe der fröhlichen Stadt Florenz und flogen helle, leichte Wolken zärtlich spielend durch die warme Luft, ich aber saß lang und las immer wieder diese freundlichen, kurzen, entzückend nett geschriebenen Zeilen der Einladungskarte. Am Abend ging ich hin und gratulierte.

Noch einmal tauchte in dieser Umgebung der Novalis auf, das war am folgenden Abend. Ich habe es nicht vergessen. Wir saßen noch beim Obst und plauderten, woran ich freilich wenig teilnahm. Ich schnitzelte seit einer Viertelstunde zerstreut und traurig an einem großen Pfirsich herum, mit einem winzigen Obstmesserchen, dessen bronzener Griff die Form der Florentiner Wappenlilie hatte. Da stand Gustav vom Stuhl auf, holte den Novalis herbei und fing an zu blättern.

»Ich muß doch zeigen«, sagte er lächelnd, »daß ich kein Barbar bin, sondern eurem alten Symbolisten doch auch einen Reiz abgewonnen habe. Ich las dieser Tage in dem Schmöker und fand ein wundervolles Gedicht, das ich euch – und speziell dir, Maria – vorlesen möchte.«

Mir wurde sehr schwül ums Herz, denn ich ahnte wohl, welches Gedicht es sein würde – dasselbe, das ich einst im Sinn gehabt hatte, bei guter Gelegenheit der schönen Maria vorzulesen. Ich hatte es aber nie gewagt.

Richtig, er las es, und Maria hielt den Blick ihrer großen, schönen Augen auf ihn gerichtet und lächelte, und ich Unbeteiligter litt in dieser Minute mehr als in allen den vorhergegangenen Tagen.

Er las:
>   Ich sehe dich in tausend Bildern,
>   Maria, lieblich ausgedrückt,
>   Doch keins von allen kann dich schildern,
>   Wie meine Seele dich erblickt.
>   Ich weiß nur, daß der Welt Getümmel
>   Seitdem mir wie ein Traum verweht
>   Und ein unnennbar süßer Himmel
>   Mir ewig im Gemüte steht.

Meine Chronik geht zu Ende, und ich hätte sie am liebsten mit den lieben Versen jenes schönen Marienliedes beschlossen. Ich muß aber noch berichten, daß schon nach drei Monaten Marias Hochzeit war. Gustav reiste mit ihr in die Schweiz und führte sie im Spätherbst nach Deutschland mit sich.

Ich hatte indessen längst von Florenz und von Maria Abschied genommen und mir von Geltner den Novalis als Andenken erbeten, den er mir gerne überließ. Seither ist er in meinem Besitz geblieben, hat mich auf mancher Reise begleitet und steht jetzt in meiner Romantikersammlung eingereiht, gerade zwischen den Gedichten der Sophie Mereau und den Werken des Malers Philipp Otto Runge.

Es war meine Schuld, daß zwischen Gustav Merkel und mir eine Entfremdung eintrat, zu der die räumliche Trennung noch beitrug. Wenigstens brachte ich es nicht über mich, damals seine Briefe zu beantworten, so daß auch er müde wurde und schwieg.

Doch dauerte das nur anderthalb Jahre. Dann geschah das Schreckliche, daß die schöne Maria mitten im Glücke auf einer sommerlichen Gondellustfahrt verunglückte und umkam. Da kam Gustav zu mir, und wir haben seither die Erinnerung an sie und an jene Florentiner Zeiten und an alles Teure unserer allmählich in die Ferne entrückten Jugendzeiten brüderlich miteinander geteilt.

(um 1900)

Der Dichter

Ein Buch der Sehnsucht

> Wo liegt das Tal? Weit, weit unter goldenem Stern.
> Ich suchte lange, suchte mich müd und matt.
> Ich bin nach Nord und Süd gezogen –
> Aber ich konnte das Tal nicht finden.
> *Hans Bethge*

Die Einsamen
(Als Vorwort)

Es gibt Schüler einer jungen Philosophie, welche Abende lang in festlichen Häusern sich gemeinsam in großer Zahl der Einheit ihrer Erkenntnis freuen und in begeisterter Schar auf gemeinsam erstiegenen Berghöhen die aufsteigende mütterliche Sonne begrüßen. Es gibt Gemeinschaften, in welchen Bauern, Schuhmacher und Tagelöhner zusammen leben, um in ängstlich engen ärmlichen Stuben die Bibel zu lesen und erbauende Auslegungen jüdischer Propheten zu ersinnen. Und es gibt fein erzogene raffinierte Ästheten, welche Abende und Tage gemeinsam zubringen, auf Knieen vor der Schönheit, in Räumen, deren Wände mit blassen, ausgesucht edlen Gobelins geschmückt sind und die von den reinen Takten kunstreicher Verse oder einer auserlesenen Musik ertönen.

Diese alle, die Philosophen der neuen Erkenntnis, die Pietisten und die Ästheten, stehen über dem Leben des Alltags, pflegen den Verkehr mit dem Ewigen und wissen die Schicksale des äußeren Lebens auf eine große Idee, auf ihre Idee zu beziehen.

Aber neben ihnen und neben dem Pöbel des Alltags gibt es noch die große Zahl der Ungemeinsamen, die in Schweigen verborgene Brüderschaft der Einsamen, von welcher nur selten der Schrei einer laut gewordenen ungewöhnlichen Seele Kunde gibt. Auf dem Grund ihres Lebens liegt das Ungenügen, das Heimweh und die Resignation. Der weiche, dunkle Grund raubt allen Bildungen ihres Lebens den Glanz der starken Umrisse, das Feuer der kräftigen Farben und die Tatsächlichkeit der entschiedenen

Bewegung; an deren Stelle aber verleiht er den Zauber des Ungewissen, den blauen Duft der Ferne, die gedämpfte Musik des Helldunkels und die schöne tieftönige Schwermut der Stimmung.

Man könnte viele mit Namen nennen, deren Leben und deren Schöpfungen auf diesen, schweren, traurigschönen Grund gemalt sind und deren wahres Wesen allen Nichteinsamen geheimnisvoll und rätselhaft ist. Man könnte viele Gestalten beschwören von Weisen, Dichtern, Künstlern, Gestalten von wunderbarem Adel, scharfgezeichnete, großartige Häupter mit ernsten Stirnen und tief gefurchten Zügen – Menschen, die ihr Leben lang allein und vom eigenen Herzblut lebten, denen die Gabe der Selbstflucht, der Geselligkeit, ja der Freundschaft versagt war. Entfernte Freunde weinten bei ihrem Tode, der sie einsam traf und späte Geschlechter liebten sie mit Scheu und mit Erstaunen.

Unzählig aber ist die Schar der Einsamen, deren Leben ohne Licht und Ruhm verklingt. Sie sind Fremdlinge in den Gassen ihrer Städte. Sie passen nicht in die Harmonien des äußeren Lebens, und sie wissen nicht, ob sie zu gut oder zu schlecht für dieses Leben sind.

Diese meine Brüder will ich mit meinen Blättern grüßen, alle jene, die zum Orden der Flüchtigen und Heimatlosen gehören, und denen die Ritterschaft des Leides und der Einsamkeit ihren schmerzlich schönen Adel verleiht. Ich weiß, daß unter ihnen einige mich gelten lassen und lieben werden.

Der Dichter

I

Vom Gartentisch warf die Lampe einen Kreis von Licht in den stillen Garten und verband die um den Tisch Sitzenden zu einer vertrauten Gemeinschaft. Ringsum war Dunkelheit, in deren Mitte die kleine Lampe so blendend leuchtete, daß beim Emporblicken auch der hohe Himmel schwarz erschien. Nur wenn man eine Weile den Blick erhoben hielt, konnte man die tiefe Bläue des reinen Himmels fühlen und sah Sterne, wie quellende Lichttropfen aus der weiten Kuppel treten.

Unsichtbar redete der mauerumschlossene Garten von seiner Gegenwart. Duft von Veilchen, Duft von jungen Jasminblättern und von Tannen strömte in feinen Wellen durch die Dunkelheit und vermischte sich mit den leisen Geräuschen des Laubes und der Wipfel zu einem Lied, aus dessen Takten ein Wissen von Frühling, Veilchen und abgeschlossener Gartenschönheit in die Seelen der kleinen Tischgemeinschaft drang.

Diese war sich des Zaubers der lauen Abendstunde wohl bewußt und öffnete sich gerne den Stimmen der Schönheit, des Frühlings und der Weltferne, welche in diesem mauerumschlossenen, mitten in der großen Stadt in beneideter Reinheit und Stille liegenden Garten redeten. Vier Menschengesichter traten im Licht der Lampe hell aus dem dunklen Abend hervor. Der Kopf des Wirtes, ein herbes, doch gütiges Gelehrtenhaupt, mit freier, reger Stirn und ausruhenden, starken Forscheraugen. Daneben das helle Frauengesicht der Wirtin, in dem über den klugen Mund und die sorgende Stirne die liebreichen, geheimnislosen Augen siegten. Dann Elisabeth, ein eleganter, geistreicher schöner Kopf mit lebendig beweglichen Zügen, mit hoher Stirne und kühlen, klugen Augen, mit schmalen Lippen, auf welchen Sinnlichkeit und Skepsis stritten, und mit dem vielbewunderten präraphaelitisch schönen Kinn. Zuletzt der Dichter Martin, auf dessen Stirn mit den Schatten der krausen Haare die Schatten eines lebhaften Faltenspiels sich vermischten.

Der Dichter hatte den »Tod des Tizian« vorgelesen, und die weichen, schwellenden Verse des auserlesenen Gedichts schienen sich langsam und harmonisch in die milde Veilchenluft des Abends aufzulösen. Noch hatte niemand gesprochen.

»Die Sterne!« sagte plötzlich Elisabeth. »Sie sind während des Lesens aufgegangen, und wir sahen es nicht. Die Lampe ist so hell! Sehen Sie, man muß ganz zurückliegen und eine Weile hinaufblicken, dann sieht man sie erst ...«

Alle schauten in die blaue, sterngekrönte Nacht empor. Nur Martin lehnte sich in das Dunkel zurück und ließ seine klaren Augen auf der linken Hand Elisabeths ruhen, welche mit leisem Fingerspielen auf dem Rand des runden Tisches ruhte. Er sah zum ersten Mal die elegante Schönheit dieser Hand, bei deren Anblick ihm ein neues Verständnis für die seltene Kunst der schönen Klavierspielerin aufging. Während er das schlanke Gebilde betrachtete, bewegten sich die schönen Finger, als schlügen sie Tasten an. Martin berührte sie mit einem Veilchenblatt, das neben vielen gepflückten Veilchen auf dem Tische lag. Elisabeth blickte ihn fragend an.

»Ihre Linke will Klavier spielen, Elisabeth. Ein Notturno.«

Sie besann sich einen Augenblick, wobei sie, ohne das Gesicht zu neigen, mit vergrößerten Augen zu Boden sah. Eine Gebärde, die an ihr nicht selten war und sie seltsam schmückte, indem in diesem Augenblick das flügge Spiel der lebhaften Mienen innehielt und die vornehm schmale Form des Gesichtes den Ernst eines Bildnisses annahm.

»Gut, ich spiele. Aber im Dunkeln. Und Sie müssen alle hierbleiben.«

Sie erhob sich langsam und leise. Im Gartensalon stand ein Klavier. Die hellblau gekleidete leichte Gestalt schritt fast lautlos über den Rasen und verschwand in die dunkle Wand des Hauses. Die Bewegung der hellfarbigen Figur brachte ein plötzliches, schwaches Licht in den dunklen Gartenwinkel, dessen Finsternis hinter der Verschwundenen wieder in schwarzen Wellen zusammenschlug. Bald floß durch die offenen Fenster eine einfache, langsam gleitende Musik, ein Abendlied, das keinem der Zuhörer bekannt war. Es konnte von Mozart sein, oder von Haydn. Nach einer sehr kurzen Pause änderte sich die Tonart, und dieselbe Melodie, mit einer leichten, glücklichen Veränderung, wiederholte sich ein wenig tiefer, während die Begleitung sich schnell vereinfachte, so daß die letzten Noten sich ohne markierten Abschluß in die Dunkelheit verloren. Die drei Zuhörer fühlten, daß dieses Notturno nicht von Haydn, sondern von Elisabeth, und daß es ganz die Musik des heutigen Abends war und ganz nur für eben diese drei verstehenden Hörer erfunden. So wurde das schöne Mädchen nicht mit einer Frage, sondern mit einem schweigenden Dank empfangen, als es lautlos an den beleuchteten Tisch zurückkehrte.

»Sollen wir gehen?« fragte sie bald darauf den Hausherrn.

»Noch nicht«, bat dieser, »ich will Ihnen noch eine ganz kleine Geschichte erzählen, oder eigentlich ein Gedicht.«

Man horchte lächelnd auf. Ein kleiner Falter begann um die Ampel zu kreisen. Der Doktor schloß die Augen und erzählte.

Um zu ruhen und die Schönheit der Stunde zu genießen, vereinigte sich Jugend und Alter in der Gartenstille eines warmen Frühsommerabends. Ein Dichter las die wohllauten Verse einer sommerlich schönen Dichtung vor, im Lichterkreise der Lampe entspannen sich streitlose Gespräche über Dinge, deren Herd der Feierabend und die Freundschaft ist. Der Dichter sammelte gepflückte Veilchen zu einem Strauß, und die schweigsam anwesende Muse lehrte die Freunde über den engen Kreis des heimatlichen Ampelscheins hinauf zu den reinen Sternen blicken. Und als die Nacht mit Düften und dunklen Stimmen in die gesellige Rede sich mischte, da antwortete ihr die Muse aus der Tiefe ihrer Kunst mit einem wunderbar schwesterlichen Liede. Die Alten schwiegen und reichten der Muse die Hand, aber der Dichter dankte ihr durch die Gabe der duftenden Veilchen.

Der Doktor erhob sich und gab Elisabeth die Hand, der Dichter gab ihr den Veilchenstrauß, die Hausherrin erhob die Lampe und geleitete beide Gäste zum Tor.

Martin begleitete die Muse durch die stillen Gassen der alten Stadt.

Elisabeth begann zu sprechen.

»Wieviel Menschen, glauben Sie, sind in unsrer Stadt, die es verstehen, einen Sommerabend so zu genießen wie unsre Wirte?«

»Zunächst noch wir beide«, entgegnete Martin.

»Ja, und sonst?«

»Zwei, drei vielleicht.«

»Zwei, drei. Ich weiß, wen Sie meinen. Anderswo hätten Sie den ›Tod des Tizian‹ nicht gelesen. Sie müssen mir das Buch besorgen, wollen Sie? Und Sie? Ich habe seit Monaten keinen Vers von Ihnen gehört.«

»Ich verbrenne täglich ein Blatt davon.«

»Wovon?«

»Verse. Eine Dichtung. Ich arbeite und bin mit mir unzufrieden.«

»Was ist es?«

»Der Titel ist ein Frauenname. Und der Inhalt eine Frau, ein Mädchen. Ihre aparte Schönheit, ihre Stimme, ihre Bewegungen, ihr ungewöhnlich feines geistiges Wesen und etwas von dem außerordentlich regen und wandelbaren Leben ihrer Seele. Ihr Haar, ihr Auge, ihre Art zu lachen, zu gehen und zu sprechen, ihre Lieblingsblumen. Aber die Verse zerbrechen mir in der Hand, und wenn die schöne Dame es wüßte, so würde sie lachen.«

»Wissen Sie denn das?«

»Sie ist kühl und grausam. Sie soll nie geliebt haben.«

»Und Sie sind in dieses Rätsel verliebt. Warum sagen Sie das nicht der Dame selbst?«

»Ich bin nicht für Liebeserklärungen.«

»Komisch. Heißt die Dame Helene?«

»Nein, Sie sind auf der falschen Fährte. Übrigens wissen Sie, daß aus mir kein Geheimnis herauszubringen ist. Geben Sie sich nicht weiter Mühe.«

Eine Laterne beleuchtete für Augenblicke die Gesichter der beiden.

»Sie sind bleich«, sagte Elisabeth. Martin schwieg.

Plötzlich lachte Elisabeth leise auf und sah dem Dichter nochmals ins Gesicht. »Das ist Ihre tragische Maske«, sagte sie, »ich kenne Sie jetzt. Sie sehen zuweilen ganz so aus, wie ich mir als Kind die großen Dichter dachte: schlecht frisiert, wechselnde Wolken auf der Stirn, das Auge groß, die Lippen leicht geschlossen und so blaß!«

Martin lächelte nicht. »Warum spotten Sie, Elisabeth?« fragte er ruhig.

»Ich spotte ja gar nicht. Ich finde sogar, es steht Ihnen vortrefflich. Warum durfte ich das nicht sagen?«

»Ihretwegen, Elisabeth. Weil Ihre Gestalt und Stimme für mich noch diejenige der abendlichen Muse war, deren Musik mich beglückte und der ich die Veilchen übergab.« Es entstand ein kurzes Schweigen, während dessen die Schritte der Gehenden in der engen, gepflasterten Gasse widerklangen.

»Ich muß gestehen«, begann die schlanke Dame wieder, »daß ich den Gegenstand Ihrer neuen Dichtung nicht durchaus beneiden kann. So sehr es mich beglücken würde, meine Erscheinung im Spiegel Ihrer vornehmen und wohllautenden Verse zu erblicken, so wenig beglückend denke ich es mir, die Geliebte eines so strengen, sensiblen und geistigen Mannes zu sein.«

»Aber wenn Sie mir begegneten, wie es jene Dame tut? Sie lacht ja über mich. Würde es Ihnen keine Freude machen, einen zu Ihren Füßen zu sehen, dessen Auge für wählerisch und dessen Geschmack für ausgebildet gilt?«

»Ach ja. Und das Bewußtsein, Sie stimmen zu können, Sie zu quälend traurigen Versen reizen zu können. Wenn man grausam genug ist, muß es glänzend sein, einen Liebhaber zu haben, von dem man weiß, daß seine feinen Nerven auf den leisesten Blick reagieren.«

»Wären Sie aber grausam genug?«

»O ja, oder kennen Sie mich anders?«

»Nein.«

»Warum sagen Sie das so sonderbar?«

»Weil es mir immer noch um die Muse dieses Abends leid tut. Verstehen Sie das wirklich nicht? Oder wollen Sie sagen, daß diese Muse eine Maske war?«

»Nein. Aber man kann nicht die Stimmung eines besonderen Augenblicks künstlich konservieren. Spielen Sie doch nicht den Empfindsamen!«

»Die Rolle wäre ohnehin zu Ende. Wir sind an Ihrem Hause. Gnädiges Fräulein, darf ich die Glocke ziehen?«

»Haben Sie die Güte. Ich wünsche Ihrer Dichtung und Ihnen alles Gute. Auf Wiedersehen!«

Martin hatte keine Lust, nach Hause zu gehen. Er mühte sich, die Erscheinung der schönen Künstlerin, die an diesem Abend als schweigsame Muse im dunklen Garten einen ungewöhnlich vornehmen und geistigen Reiz entfaltet hatte, seiner Erinnerung einzuprägen. Sein Gedanke klammerte sich an jeden winzigen Zug, an jedes leiseste Lächeln dieser Erscheinung, denn er liebte Elisabeth, und er wußte, wie selten solche reinen und verklärten Äußerungen ihres Wesens waren. Er liebte sie, soweit seine flüchtige und einseitig nach künstlerischen Genüssen und Taten durstige Seele der Frauenliebe fähig war, und er war unersättlich, sie in den seltenen Augenblicken zu sehen, in denen sie »ihren Stil gefunden hatte«, wie er sich ausdrückte. Er hatte sich selbst sorgfältig bewacht, damit seine Verehrung ihr verborgen bleibe, er war unzählige Mal ohne ihr Wissen von ihr beleidigt worden, dennoch brannte die leise Flamme der ihm selbst oft rätselhaften Neigung in ihm weiter, und ohne es sich zu gestehen, hoffte er immer auf die Stunde, in der sie sich reiner und persönlicher offenbaren und ihm Gelegenheit geben würde, sie zu beeinflussen. Denn trotz ihres schwankenden und häufig fast herben Wesens war sie die einzige Frau in seiner Umgebung, deren körperliche Schönheit und geistige Kultur ihn zu reizen vermochte.

Martin ließ bald die letzten Laternen hinter sich. Der innere Ring der städtischen Anlagen wimmelte vom Getriebe der Liebespaare. Gesenkten Blickes und mit einem leichten Ekelgefühl entrann er dieser Atmosphäre von Dienstmägden und Ladendienern und schritt einen wenig begangenen Fahrweg entlang. Zur Rechten stand der Saum des Parks in die Höhe, zur Linken wogte in milden Rhythmen die Ebene des freien Feldes. Auf einer von Erlen bestandenen Anhöhe machte der Dichter halt und ließ sich ermüdet auf eine niedere Holzbank nieder.

Indem er lange gedankenlos ruhend über die Felder hinweg blickte, auf denen das matte Licht der Sterne lag, bemächtigte sich seiner langsam eine große, herbe Traurigkeit. Sein stumpfer Sinn erwachte beim Anblick der Ebene, der Sterne und des frühlinghaften Laubes der Bäume, und zum erstenmal seit Jahren traf wieder die frische und zarte Stimme der Natur, der Ton des Windes und der Zweige unverschleiert sein Ohr. Er erinnerte sich mit eigentümlichem Schmerz daran, welche Ströme von Kraft, von Sehnsucht, Trauer, Hoffnung und Sinnlichkeit ehemals in solchen Mainächten durch sein Blut und durch seine Gedanken gebrandet hatten. Von dieser elementaren Kraft und Fülle fand er heute in sich nur einen verglimmend leisen Funken der damaligen Jugendschwermut wieder, sonst nichts, sonst gar nichts, und auch diese Schwermut war herb, unfruchtbar und kühl und hatte nichts mehr von der weichen Schönheit von ehemals.

Für den einsam und ermüdet am Fuß der Erlengruppe Ruhenden war eine der seltenen Stunden gekommen, in denen der Anreiz einer äußeren Stimmung den unterdrückten elementaren Empfindungen in seiner kühlen und unzugänglichen Seele zum Sieg verhalf. Er gab dem Andrang der inneren Erschütterung nicht sogleich nach. Aufspringend stellte er sich mit verschränkten Armen an den Rand des Hügels und überschaute die Landschaft. Er zwang sein geschultes Künstlerauge zum sachlichen Sehen und versuchte, sich über den Aufbau und die Lichtverteilung des Feldbildes klar zu werden. Aber mit dem milden Frühlingsduft, der aus dem begrünten jungen Boden stieg, drang jene beklemmende Schwermut immer wieder auf ihn ein, bis er abgespannt und entwaffnet in den Sitz zurücksank und mit schwachem Widerstreben dem Spiel seiner folgernden Gedanken anheimfiel.

Neben der Trauer um die verlorene sinnliche Frische der ersten Jugend überkam den Dichter eine grausame Bitterkeit gegen alles, was seit Jahren sein Leben erfüllte. Was nach einer kurzen schwelgerischen Zeit wahllos begangener Ausschweifungen ihm von Schwung und Jugend geblieben war, hatte er seither mit zäher Selbsterziehung in den alleinigen Dienst seines brennenden künstlerischen Ehrgeizes gestellt. Er hatte nie das Verlangen nach vulgärem Ruhm gekannt, aber mit peinigender Stärke brannte ihn der Wunsch, in den engen Kreisen ausgewählter Kenner und Freunde sich den beneideten unbestrittenen Rang des unübertroffenen Artisten zu sichern. Ohne völlig im Formalen aufzugehen, hatte er sich gewöhnt, auch sein inneres Leben gleichsam in der Hand zu halten und jede noch so flüchtige Regung seiner Seele schon im Entstehen künstlerisch zu objektivieren. Er konnte mehrere Tage darauf verwenden, einer poetischen Einladung oder Absage den schillernd brillanten Glanz zu geben, den seine subtil experimentierende Technik einem Verse verleihen konnte. Die Mehrzahl seiner nie umfänglichen Dichtungen war nur in wenigen Exemplaren handschriftlich verbreitet, und selbst diese wenigen Exemplare, deren jedes mit persönlicher Dedikation versehen war, unterschieden sich häufig voneinander durch kleine Variationen, mit welchen der Dichter einzelnen begünstigten Lesern zarte persönliche Huldigungen bot. Seine vielseitig und sorgfältig gepflegte Kenntnis der älteren Literatur hatte ihm den Schlüssel zum Rätsel der sprachlichen Wirkung verschafft, und seine Selbstkenntnis täuschte ihn nicht als sie ihm sagte, daß die Gabe des herzlichen, naiven warmen Wortes ihm nicht oder nicht mehr eigen sei. Ergreifend und aus der Tiefe kommend waren nur die wenigen Verse von ihm, in denen er mit verhaltener Trauer von der Leere und Unlust seiner entgötterten Seele redete.

Diese Leere und Unlust quälte ihn heute bis zur Verzweiflung. Der geistreiche und feingeschulte Schauspieler seiner Gefühle sah sich von aufdrängenden Empfindungen bestürmt, deren Zügel er nicht mehr beherrschte. Es schien ihm in dieser Stunde, als hätte er die seltene Gabe des großen Dichters gehabt und nicht benützt. Es schien ihm, als hätte er einmal die Kraft und Größe gehabt, seinem Leben die satte Fülle der naiven Leidenschaft und seinen Werken die großzügige Frische der sorglosen Genialität zu geben, und als hätte er diese Kraft verkauft und verraten. Er ward sich bewußt, daß er die durchdringende und ätzende Kraft seiner blasierten Skepsis nicht mehr wie ein Spielzeug beherrsche, sondern von ihr bis in die ungewollten Regungen des Gefühls und des Traumes vergiftet sei. Für Augenblicke trat das Bild seiner Jugend mit ungebrochenem Licht vor sein Auge, das Bild jener stürmend wilden, von großen Ahnungen und Hoffnungen bewegten, heiß pulsenden Jugend, deren ungemessene Fülle vor wenigen Jahren noch sein Herz in lauten, verliebten Takten hatte schlagen lassen. Einzelne Stunden, Spaziergänge, Liebesgeschichten, einzelne poetische und philosophische Träume jener Zeit fielen ihm ein, hinter welchen allen wie eine rot beleuchtete Wolkenburg die ersehnte Zukunft gestanden war. Jetzt war die Zeit jener Zukunft da und fand ihn kleiner, elender und kälter geworden. Deutlich fühlte der Dichter, daß er schon jenseits der Schwelle stand, auf welcher Entscheidungen und neue Ideale noch möglich waren. Mit diesem Gefühl gewann die gewohnte kühle Selbstbetrachtung wieder in ihm die Oberhand, und er erhob sich mit energischer Bewegung und dem klaren Entschluß, diese trübe Welle niederschlagender Erkenntnisse und Stimmungen um keinen Preis bis zur Selbstverachtung steigen zu lassen. Trotz einer lähmenden Müdigkeit beschleunigte er seine Schritte fast bis zum Lauf und erreichte bald nach Mitternacht seine Wohnung.

Bleich und mit grimmig zusammengepreßten Lippen kam er an, todmüde, verwundet und scheu wie ein der Treibjagd entronnenes Hochwild.

Während Martin auf dem Erlenhügel traurige Viertelstunden verdämmerte, und während in dem mauerumschlossenen Garten des gelehrten Doktors noch die weiche Stimmung jenes Abendliedes sich im geschützten grünen Raume wiegte, hatte sich Elisabeth nach einer kurzen Ruhe zuhause an den Flügel gesetzt. Während ihre Finger eine Reihe von gebrochenen Akkorden griffen und unbewußt zu einer melodielosen Phantasie zusammenschlossen, beschäftigten sich ihre Gedanken mit dem Dichter. Seine schlanke und etwas auffallende Figur mit dem fast immer leicht vorgeneigten bedeutenden Haupt und dem ernsten, heute krankhaft bleichen Gesicht hatte ihr Nachdenken schon oft gefesselt. Sie suchte sich ein Bild der in diesem Haupte wachsenden Ideenwelt und eine Vorstellung von dem Leben dieses sonderbaren Menschen zu machen, aber es gelang ihr nicht. Mit Ausnahme des beinahe gewaltsamen Ehrgeizes, den ihre Künstlernatur verstand, konnte sie keinen typischen Zug seines Seelenlebens finden. Es hätte sie stark gereizt, den Namen der Frau zu wissen, von der Martin gesprochen hatte. An sich selbst dachte sie keinen Augenblick, denn weder hatte er je ein Wort intimer Zuneigung zu ihr geäußert, noch empfand sie irgend eine solche zu seinem verschlossenen und glatten Wesen. Er war ihr zu ruhig, zu wenig kapabel für momentane Aufwallungen, und hätte sie seine Dichtungen nicht genau gekannt, so hätte sie ihm alles tiefe Empfinden abgesprochen. So ahnte sie wohl irgend eine unter der Oberfläche seines Wesens verborgene, vielleicht schmerzliche Tiefe, empfand aber nicht, wie nah verwandt Martins Seele mit der ihren war.

Diese Verwandtschaft beruhte vor allem auf dem beiden gemeinsamen ungewöhnlich starken Widerwillen gegen das gewöhnliche Leben, gegen alles Stillose und Geistlose, und ebensosehr auf einem ewigen Ungenügen und einem rastlosen Bestreben, sich immer rücksichtsloser den Anschauungen der Gesellschaft zu entziehen und in einer selbstgeschaffenen Welt des Stils und der harmonisch getönten Umgebung sich zu isolieren. Beiden war die Unzufriedenheit mit dem eigenen Leben gemeinsam, beide fühlten sich zur Unzeit und im falschen Lande geboren, empfanden das Leben grau und langweilig und hatten das heimlich brennende Bedürfnis, die Röte der Kunst und die Röte der Leidenschaft an seinen bleichen Himmel zu malen.

Dies alles wußte Elisabeth nicht, der Dichter erschien ihr so fremd wie alle andern. Dazu war sie eine von den Frauen, die unsinnlich sind, ohne keusch zu sein, und die der Mangel an Herzenswärme vor der Hingabe schützt, ohne sie innerlich rein zu bewahren. So hatte sie, wie Martin wußte, nie wirklich geliebt und zahlreiche, oft ehrende Anträge abgewiesen und besaß dennoch ganz jenes Wissen vom Mann und jene kühle Flamme im Blick, die die Männer betört.

Mit scheinbarer Lässigkeit glitten ihre schlanken Finger über die Tasten des Flügels. Sie endigte ihr Nachsinnen mit einem lebhaften Schütteln ihres schönen Hauptes, heftete die klugen, aufmerksamen Augen auf die Klaviatur und begann aufs neue zu spielen. Indem sie den ersten Akkord eines Huber'schen Stückes anschlug, fiel von ihrer geschmeidigen Seele alles Unadlige und Momentane ab. In den Stunden, die sie am Flügel zubrachte, ging ihr ganzes vom Leben unbefriedigtes Wesen in das Land des Wohllautes und der reinen Form hinüber. Es war nicht der Rausch der Begeisterung und Rührung, sondern ein ruhiges, selbstverständliches Zuhausesein in einer wohlbekannten sympathischen Region.

2

Martin saß tief zurückgelehnt in einem der alten Sessel des Gartenzimmers. Vor den Fenstern glänzte der jungbelaubte Park in der Junisonne. Am Tische lehnte Burkhard, Martins Freund, und rauchte.

»Du machst mir sonderbare Geständnisse«, sagte er langsam, indem er gegen den Brand seiner Zigarre blies und die Rechte auf den Tischrand stützte. »Eigentlich sind das doch Sentimentalitäten, die man gerade bei dir ...«

»Ja, ja«, unterbrach ihn Martin etwas unwillig. »Du singst mir da eine alte Weise vor, statt mich verstehen zu wollen.« Die zarten Rauchwolken glänzten mit feingeschwungenen Linien in der Sonne. Durch die weitgeöffnete Türe klang Wipfelgeräusch herein und das Hämmern des Spechtes. Martin strich sich mit den Fingern über die gerunzelte Stirn.

»Also nochmals«, begann er wieder, »– sag mir doch ehrlich, ob es nicht ist, wie ich sagte. Ich bin doch einfach ein Artist und Schaumschläger, der jahrelang leer gedroschen hat ...«

»Was du selber nicht glaubst«, entgegnete Burkhard heftig.

»Du bist ein ewiger Schauspieler und hast heute einmal die Laune, dir selber die Tragödie des verlorenen Lebens vorspielen zu wollen. Ich bin aber nicht dafür zu haben, es ist der jämmerlichste Sport, auf den du verfallen konntest.«

Schweigen. Ein Gärtner ging vorüber. Irgendwo sang ein Kind. Burkhard blies dünne Rauchwölkchen in das vielfenstrige Zimmer, ging auf und ab und trat zuletzt vor die Türe. Martin folgte ihm langsam, schob den weißen Sommerhut weiter in die Stirn und schlenderte mit dem Freunde über die Kieswege bis zu einer schattigen Bank. Beide setzten sich. Burkhard pfiff leise vor sich hin.

»Bist du auch einmal achtzehn oder zwanzig Jahre alt gewesen?« fragte Martin leise.

»Natürlich.«

»Gut, so erinnere dich. Das war doch anders! Erinnerst du dich nimmer, diese Fülle, diese fabelhafte Fülle! Die Frauen – das war wie ein italienisches Nachtfest unter den Bäumen eines klassischen Lustgartens, das war wie auf dem neuen Bild von Hierl-Deronco, alles so berauschend, duftend, weich, so atemberaubend und schwelgerisch. Und diese über Lieblingsbüchern verbrachten Nächte! Da gab es noch Dichter, bei deren bloßem Namen mir das Herz schlug. Genau ein solcher Dichter wollte ich werden, einer, bei dessen Versen schöne Frauen den Schlaf vergessen und junge Studenten vor Erregung und Wonne zittern. Dann diese langen stillen Spaziergänge, bald in langen Alleen, bald über die Berge, ein Reclambändchen in der Tasche –. Und dann, noch ein wenig früher, die erste Frau, die man mit den Augen und mit wahnsinnigen Versen verfolgte –«

»Du sagst selber, daß diese damaligen Verse wahnsinnig waren.«

»Aber ja, freilich wahnsinnig! Das war's ja eben, das war ja der Zauber, dieser süße Wahnsinn, der wie eine brausende Blutwelle vom Herzen in die Augen und Gedanken stieg. Tut es dir nicht im Herzen weh, wenn du daran denkst?«

»Du kannst das wirklich nicht verlangen. Jahrelang hat auch dir das Herz nicht weh getan –«

»Burkhard!«

»Nun, verzeih! Aber ich wiederhole dir, das sind Sentimentalitäten. Du hast das Bedürfnis, dich irgendwie zu berauschen, – tu das, aber laß mich wegbleiben.«

»Du hast ja recht. Ich war von einer Art Jugendromantik befallen und bildete mir einen Augenblick ein, die naiven Dinge von damals müßten noch vorhanden sein, so was wie Freundschaft –. Na, schönen Nachmittag!«

Martin schritt schnell dem Hause zu. Erstaunt eilte Burkhard ihm nach. Erst beim Stallgebäude holte er ihn ein, wo Martin nach dem Kutscher klingeln wollte. Der Freund verhinderte ihn eben noch daran.

»Was für Szenen!« flüsterte er ihm zu. »Alles weiß, daß du heute hier bist, auf den Abend kommen die Stadtgäste – außerdem meinte ich's doch nicht so schlimm!«

Martin hatte seinen Arm frei gemacht und schob den Freund mit einem unangenehmen »Bitte« zur Seite. Er klingelte. Dann wandte er sich zu Burkhard: »Empfiehl mich den guten Leuten«, bat er kühl, »ich fahre nach Hause.«

»Aber mein Bester! Es tut mir ja leid, daß ich dir …«

»Es tut auch mir leid, daß ich dir so langweilige Sachen erzählte. Ein andermal was anderes!«

Der Kutscher trat an. »Nach der Stadt«, befahl Martin. Dann ging er, während der Kutscher die Pferde einschirrte, langsam neben Burkhard im Hofe auf und ab. Nach einer peinlichen Pause blieb dieser auf der Mauerseite des geräumigen Hofes stehen. »Vielleicht«, sagte er leise, »weißt du im Augenblick nicht, daß du mich beleidigst.«

Martin antwortete nur mit einem abwartend kühlen Blick.

»Du wirst es vielleicht bereuen«, fuhr Burkhard fort. »Ich werde dich bei meinen Gästen entschuldigen, die Beleidigung nehme ich nicht auf. Du bist erregt und anders als sonst, vielleicht krank. Übermorgen werde ich in der Stadt sein und dich dann besuchen. Ist dir's recht?«

Martin besann sich einen Augenblick. »Ja«, sagte er dann, gab dem Freunde flüchtig die Hand und stieg in den Wagen.

Auf der ganzen Fahrt durch die warmen, hellen Wiesen beherrschte das von ihm beschworene Bild der Jugendfülle seine Gedanken. Den Freund und seinen Ärger über ihn hatte er sogleich wieder vergessen. Es schien ihm, als gäbe es nichts, an was man denken könne, nichts Bemerkenswertes, Anziehendes und Lebendiges als dieses Jenseits der verlorenen Jugend, diese rätselhaft schöne, sternbeglänzte, dunkelgrüne Wildnis, in welcher heiße Jünglingsgedichte von Siegen und Lorbeerkränzen träumen. Und der kühle, silbenwägende Dichter der »Silberlieder« und der »steinernen Götter« lehnte mit geschlossenen Augen tief im Rücksitz des Wagens und summte den ersten Vers des alten Rückert'schen Liedes vor sich hin.

»Aus der Jugendzeit, aus der Jugendzeit« ... Seit dem Abend auf dem Erlenhügel hatte ihn seine innere Unruhe und eine Art von Heimweh nicht mehr verlassen. Jene plötzliche Regung des Überdrusses, der Reue und Jugendsehnsucht bleibt wohl wenigen Männern unbekannt. Während aber die meisten von ihnen die weiche, schmerzliche Stimmung einer solchen Gedenkstunde schnell überwinden, blieb der einsame, an die peinliche Beobachtung seiner Empfindungen gewohnte Dichter ihr tagelang völlig preisgegeben.

Die hellen Wiesen, die von Zweigen überhangenen Mauern und die altmodischen Portalsäulen der herrschaftlichen Landhäuser flogen vorüber, Kornfelder und Raine mit rot brennenden Inseln von wildem Mohn, kleine Bauerngüter, in deren Gärtchen Levkojen, Reseden und Georginen dicht und üppig standen. Martin sah sie nicht, auch nicht die Kinder, die vor den Landhäusern sprangen, die arbeitenden Bauern, die im Tenniskostüm bummelnden Mädchen. Er erinnerte sich jetzt wieder des eben verlassenen Burkhard. Ausgelacht hatte er ihn, Witze hatte er gemacht, »verschon mich mit deinen Nöten«, hatte er gesagt. Und das war sein Freund, der einzige, den er mit diesem Namen nannte. Und jetzt, wo dieser ihn im Stich gelassen hatte, war keiner mehr da, zu dem er hätte gehen können. Einige sehr feine, zu Kennern gebildete Herren, ein Völkchen bewundernder Gänschen, eine kleine Herde von schüchternen, verehrenden Jungen – das war seine Gesellschaft. Mit Bitterkeit erinnerte sich der Dichter seiner Jugendfreunde. Der Beste war ihm untreu geworden, er war zu selbständig gewesen, um ihm in seine egoistische und einseitige Lebensweise zu folgen. Die andern hatte er, einen nach dem andern, sich absichtlich entfremdet, als nach den Studienjahren sein Ehrgeiz erwacht war und der Widerwille gegen alles Dilettantische und Unästhetische ihn immer einsamer und unduldsamer machte. Sie waren jetzt endgültig verscheucht. Also hatte er alle diese Jahre her keinen Freund gebraucht und sah erst heute, daß er keinen hatte.

Martin durchlief die ganze Reihe seiner Bekannten. Es war niemand darunter, den er seine heutige Stimmung hätte wissen lassen mögen. Da trat plötzlich Elisabeth vor seine Gedanken.

Elisabeth! Sie hatte das, was den andern fehlte, sie allein war ihm an Geist und Weltverachtung ebenbürtig und sie allein verstand die Seele eines Künstlers, eines Schaffenden. Sie war tief genug, auch seine trübsten Stimmungen zu verstehen, und war auch ungläubig und verdorben genug, um jedes bittere Lächeln seiner mißbrauchten und entheiligten Seele mitzulächeln. Der Dichter beschloß zu wagen, wovor er lange gezaudert hatte, er beschloß sie zu seiner Vertrauten zu machen und das schöne Weib, von dem man sagte, sie habe nie geliebt, zu erobern.

Erst als sein Wagen eine gepflasterte Straße passierte, erwachte er durch den Lärm der Hufe aus seinen Gedanken und bemerkte, daß er schon die Stadt erreicht habe. In wenigen Minuten war er in seiner Wohnung. Martin wusch sich Gesicht und Hände, wechselte den Rock und trat in sein Arbeitszimmer, das mit einem einzigen großen Fenster auf einen stillen Baumgarten sah. Die zarte Ausdünstung des jungen Kastanienlaubes erfüllte den kleinen, hohen und kühlen Raum. Auf dem Lesetische lag aufgeschnitten und mit mehreren Lesezeichen versehen der »Wacholderbaum« von Bruno Wille. Martin nahm den zweiten Band, blätterte einige schon gelesene Seiten nach und las weiter. Er lächelte wieder, der Klassizist und Formfanatiker, über die frisch naive Sprache dieses philosophischen Romans. »Ein Buch, an dem Novalis seine Freude gehabt hätte«, dachte er. Dann versenkte er sich ganz darein, der fragmentarischen Dialektik des Buches zu folgen und die Logik seiner Weltanschauung zu prüfen. Die Lehre vom Tode schien ihm auch hier die wichtigste Frage offen zu lassen oder doch nur zu modifizieren. Auch fand er die Mehrzahl der Beispiele und Gespräche zu absichtlich nach Art der sokratischen Gespräche in den Dienst des vorausgefundenen Ergebnisses gestellt. Im Grunde war ihm diese erste dichterische Verklärung der monistischen Weltanschauung so wenig ein Erlebnis als die Bekanntschaft mit irgend einer anderen Philosophie. Martin war mit der komplizierten Psychologie des modernen Menschen zu vertraut und war selbst zu unstet, zu schillernd in seinen Stimmungen und viel zu wenig naiv, um an große tröstende Wirkungen der Philosophie auf das Leben des Einzelnen zu glauben. Ihm gehörte alle philosophische Arbeit zur l'art pour l'art, deshalb blieb er ihr nicht fern, aber deshalb war sie ihm auch nicht mehr als die erfreuende Übung einer artistischen Geistesfähigkeit.

In einer Ruhepause fiel sein Blick beim spielenden Umblättern auf die innere Umschlagseite und auf eine Notiz, in welcher der Autor unter Angabe seiner Berliner Adresse alle interessierten Leser zu persönlicher brieflicher Aussprache aufforderte. Martin konnte nicht umhin, sich mit sarkastischem Lächeln diese Briefe vorzustellen, die Dummheiten, Mißverständnisse und Bitten um Aufschlüsse. Dann verglich er die Arbeit dieses

Dichters mit der seinigen. Während er, um die Reinheit seiner Visionen und den kristallenen Schliff seiner Kunst zu schützen, sich in die engsten Kreise zurückzog, ja die Veröffentlichung seiner Werke scheute, arbeitete jener mit sichtlicher Befriedigung für viele, ja gab zweifelhaften Massen von Unbekannten die Möglichkeit, mit ihm über seine Werke zu reden. Mit Schaudern stellte der Dichter sich vor, Besuche von Studenten, Lehrern, Pfarrern und andern fremden Menschen empfangen, oder schlecht stilisierte Briefe von Unbekannten lesen zu müssen. Trotzdem fühlte er, daß jener kühne und liebevolle Schriftsteller eine Art von Befriedigung empfinden müsse, wie seine Arbeit sie nicht geben konnte. Unter jenen Briefen konnte der leidenschaftliche Erguß eines stürmischen und genialen Jüngers sein, der Dank eines Vereinsamten, die Anerkennung eines bisherigen Gegners. Martin verglich damit die Anerkennungen, die ihm zuteil zu werden pflegten, die geistreich lobenden Briefe, die gewählten Glückwünsche, Blumen, sinnvolle und künstlerische Geschenke. Das war feiner, vornehmer, zarter und geschmackvoller, aber ein einziger jener Briefe konnte doch unendlich beglückender sein als dies alles. Der Dichter begann den Verfasser des »Wacholderbaum« um diese Möglichkeiten zu beneiden.

Auf Burkhards Landgut trafen kurz vor Abend die Gäste ein. Hätte Martin gewußt, daß unter ihnen Elisabeth sein würde, so wäre er ohne Zweifel geblieben.

Burkhard, ein schöner, gewandter Lebemann von kaum dreißig Jahren, empfing seine Gäste in demselben Gartenzimmer, in dem er mit Martin die Mittagstunde zugebracht hatte. Als Junggeselle, der außerdem viel auf Reisen war, sah er nur selten Gäste bei sich, die wenigen musikalischen Abende jedoch, die er in seinem Landhause veranstaltete, genossen einen glänzenden Ruf. Heute war die erste Rolle Elisabeth zugedacht.

Die Mahlzeit wurde im Freien eingenommen, in einem prachtvollen Rondell alter Ulmen, zu dem eine leicht ansteigende, festlich breite Allee hinanführte. Während des Abendessens, als die Dämmerung begann, flammten von Baum zu Baum die elektrischen Lichter durch die Zweige, zugleich wurden die bronzenen Öllampen angezündet, die auf schwarzen Sockeln über die Tafel verteilt waren. Es waren vielleicht dreißig Gäste geladen. Die meisten verbargen eine gewisse Enttäuschung darüber nicht, daß Martin fehlte. Nachdem der Wirt den Willkommspruch ausgebracht hatte, gedachte ein alter Akademiker des abwesenden Dichters und man beschloß, ihm einen Gruß zu senden. Eine Schale erster Sommerrosen mit den Karten der Gäste ward einem Boten übergeben.

Die Mahlzeit dauerte nicht lange. Die Gesellschaft ließ sich von den Dienern mit Windlichtern durch den Park begleiten und versammelte sich aufs neue im Saal des Obergeschosses, wo der mit einem Kranz geschmückte Flügel wartete. Während in den Nebenräumen der Mokka gereicht wurde, begann auf die Bitte der Versammlung Burkhard das Konzert mit der Kreutzersonate. Er spielte seine Cremoneser Geige virtuos, der Direktor des Konservatoriums hatte die Klavierpartie. Während des dritten Satzes der Sonate richteten sich alle Blicke auf Elisabeth. Sie war in der Türe eines kleinen Nebensalons erschienen und schritt langsam und leise durch den Saal bis an das dem Flügel zunächst gelegene Fenster. Dort lehnte sie nun regungslos, den Blick über das bleiche Gesicht hinweg zu Boden gesenkt. Man erkannte an ihrer Haltung und an der Spannung des königlichen Antlitzes, daß die große Künstlerin intensiv von einem musikalischen Gedanken beherrscht war. In diesen Augenblicken überflog die künstlerische Inspiration ihr regungslos gespanntes Gesicht mit einem duftigen, visionären Lichte, das die ganze adlige Erscheinung überfloß und der Gegenwart entrückte.

Als die Sonate beendet war und Burkhard dem Klavierspieler gedankt hatte, sandte er einen fragenden Blick zu Elisabeth hinüber. Sie hob das schöne Auge und lächelte. Ohne sich den gespannten Hörern zuzuwenden, trat sie an den Flügel. Burkhard neigte sich zu ihr, um ihr einige schmeichelnde Dankworte zu sagen. Elisabeth wirkte zerstreut.

»Eine Bitte, Maestro«, flüsterte sie. »Sie dürfen mich während des Spiels nicht ansehen. Diese Flügel sind doch abscheuliche Instrumente. Schließen Sie die Augen und denken Sie, es sei eine Harfe, worauf ich spiele. Eine Harfe –.« Sie schwieg plötzlich und dachte diesem Lieblingsgedanken nach – die Tonfülle des Konzertflügels stehend einer großen, drachenköpfigen, goldenen Harfe zu entlocken. Inzwischen waren auch die letzten Zuhörer in den Saal gekommen und saßen oder standen an den Pilastern und Türfüllungen. Elisabeth nahm den Sessel ein und senkte die weiße Stirn. Ehe sie zu spielen begann, machte sie den an ihrer Schulter befestigten Veilchenstrauß los und drückte ihr Gesicht in die kühlen duftenden Blumen. Dann legte sie den Strauß zur Seite, legte beide Hände auf die Tasten und begann mit einem leisen, langsam sterbenden Akkord. Was sie nun spielte, wurde von vielen für altitalienisch gehalten, eine fest, fast herb geführte Melodie mit ebenso herben, gleichsam versteinerten Ranken der Begleitung. Die weich, doch klar anschlagenden schlanken Finger der Künstlerin zauberten Wunder aus dem Instrument. Während sie von der Harfe träumte, schmeichelten diese Finger den Saiten des Flügels so schonend und schwesterlich vertraut, daß diese Saiten, in ihren innersten Geheimnissen belauscht, ihre reinste und seligste Stimme hergaben. Jeder Ton der einfachen, altmodischen Melodie klang durch den Saal wie der Ton aus der Brust einer Sängerin.

Der Fluß der Melodie zerrann bis auf einen dünnen Silberfaden. Der letzte Ton verlor sich in jenes mit Sordino gespielte taktelange, flüsternde Delirieren in Septimenakkorden, das man bei Schumann zuweilen findet. Diese unbestimmte, konturlose Tönewelle wuchs langsam bis zu einem etwas verschleierten, unruhigen Brausen, das den Zuhörer in süßer Folter spannt und auf ihn wirkt wie der Strich einer Frauenhand. Da stockte plötzlich den erregten Gästen der Atem. – Aus dem tönenden, rieselnden Wirrsal stieg plötzlich, wie aus dem Gewirre eines Nachtfestes eine Rakete steigt, eine blendend helle Figur empor, ein doppelt verschlungener Lauf mit atemberaubend ungleichen Intervallen. Die brillante Figur löste sich, wie eine aus großer Höhe fallende Garbenrakete, in der Höhe mit einer schwach angeschlagenen Dissonanz auf und fiel in zahllosen winzigen, zerstäubenden Trillern in die Dämmerung der halbverschleierten, wiegenden unbestimmten Tonflut zurück.

Elisabeth machte eine Pause. Im Saal brach lauter Beifall los. Sie schenkte ihm keine Beachtung. Sie nahm den Veilchenstrauß vor das Gesicht, reckte den linken Arm, schaute einen Augenblick zum Fenster und in die schwarzblaue Parknacht, schüttelte leicht den eleganten Kopf und schlug einen kräftigen Ton an. Der Saal ward still. Aber Elisabeth begann noch nicht wieder zu spielen. Sie besann sich eine ganze Weile. Da kam plötzlich eine ihrer elementar hervorbrechenden Launen über sie. Sie warf den Kopf zurück, lachte leise, holte mit beiden Armen wie zu einem überraschenden Schlage aus und spielte fortissimo in rasendem Tempo eine frenetisch wilde Tanzweise. Die fiebernd rasche Musik im zitternden, hinreißenden Takt riß wie ein Blitz durch den feierlichen Tempel der Musik und erfüllte den Saal mit einem heißen, zehrenden Duft von Sinnlichkeit und Mänadengelächter.

Diesmal entzog sich Elisabeth dem Beifall nicht. Sie ließ sich von Komplimenten und Schmeicheleien umgeben und trank durstig den überschäumenden Becher des Triumphes aus, den ihre Kunst und ihre Schönheit gemeinsam feierten. Der prachtvolle Kranz wurde ihr zu Füßen gelegt, sie brach einen Blütenzweig daraus und steckte ihn in den Gürtel. Von den glückwünschenden und begeisterten Herren umdrängt, begab sie sich in einen ihr zu Ehren geschmückten kleinen Salon, wo beim leisen Klirren der Eisbecher und Champagnergläser der Rest des Abends wie ein geistreicher, auf der Grenze der Sitte schaukelnder Scherz verklang. In den Augen Elisabeths glimmte wieder jene kühle Glut; der geistreich schöne Quattrocentokopf, der vor einer Stunde die verklärte Schönheit einer inspirierten Heiligen hatte, wiegte sich nun schön, frech und berückend wie der Kopf einer hochgeborenen Kurtisane auf dem berühmten Nacken, dessen Linien wie ein Traum des Rossetti waren. Von ihrem Körper strömte der feine betörende Duft des raffinierten Weibes, und auf ihrem blaßroten Mund lag ein nuanciertes Lächeln, in dem von Augenblick zu Augenblick Verlockung, Ironie und Verachtung wechselten.

Martin erhielt am selben Abend noch den Rosengruß des Burkhard'schen Festes. Unter den Karten war diejenige Elisabeths. Diese trug unter dem Namen die mit Bleistift geschriebenen Worte »– grüßt den blassen Dichter«.

Langsam riß Martin das Stückchen Papier entzwei und ließ es zu Boden fallen. Er ergriff eine der Rosen, drehte sie erregt in den Fingern, betastete die weiche, vielblättrige Blüte und zerpflückte sie, daß die hellroten Blütenblätter sich auf dem Teppich zerstreuten. Dann eine zweite, dann noch eine, und wieder eine, bis er voll Unmut aufsprang und die Kerzen auf seinem Lesetisch anzündete. Er öffnete einen niederen Mappenschrank und zog eine Bildermappe mit der Aufschrift »Dante Gabriel Rossetti« hervor. Aus dieser Mappe fiel ihm von selbst eine Gravüre großen Formats entgegen, eine Reproduktion des Bildes »Dantes Traum«. Die Beatrice dieses Bildes hatte im Antlitz eine hervorragende Ähnlichkeit mit der schönen Elisabeth.

Quälende Gedanken beschäftigten den Dichter, während sein Auge auf den Umrissen dieses schönen Hauptes ruhte. Er glaubte genau zu wissen, daß ihn der Sieg über die spröde Künstlerin nicht lange beglücken würde. Zwei Menschen, von denen jeder den naiven Genuß des Lebens verlernt und jeder alle Kräfte seiner unruhigen und zerwühlten Seele einem maßlosen Künstleregoismus untergeordnet hatte – das mußte eine Vereinigung ohne Dauer werden. Dennoch fühlte er die Notwendigkeit dieser Vereinigung, wie man die Notwendigkeit einer letzten Liebe fühlt. Elisabeth stand ebenso wie er an jener Grenze der Jahre und der künstlerischen Reife, welche notwendig entweder der Ruhe eines schauenden und milden Glückes oder dem ersten Schritt zur Selbstverzehrung und zum Untergang ruft. Jetzt glaubte Martin den Augenblick gekommen, sein Leben mit einer gewagten und blendenden Leidenschaft zu krönen, einerlei ob sie ihm neue Kraft oder den Untergang bedeute. Denn er wußte wohl, daß nach Elisabeth keine Frau mehr ihm etwas zu schenken haben würde.

Wieder betrachtete er das Bild seines Lebens, dem er seit Jahren gewaltsam, ehrgeizig und unerbittlich die Form eines strengen, unabhängig in sich selbst ruhenden Kunstgebildes gegeben hatte. Wieder besann er sich, ob es klug war, so viel zu beschneiden und abzuweisen, und wieder fühlte er wohl, daß dieses Besinnen zu spät gekommen war, und daß für ihn der einzige Weg der vorwärts führende war, der Weg der konsequenten Selbstführung, Vereinsamung und Weltverachtung, daß ein peinigendes Ungenügen ihm die Tage vergiftete. Daß er in kranken Stunden und in schlaflosen Nächten oft von einer fast kindischen unstillbaren Sehnsucht nach Trost, nach Religion, Aberglauben, Liebe und Götterverehrung gepeinigt wurde, hielt er zäh vor sich selber geheim. Wenn er nachgab, wenn er wirklich für sein Leben eine außer ihm liegende Stütze bedurfte, und sich das gestand, dann fiel das Gebäude fleißiger Jahre zusammen und riß seinen einzigen Trost, die souveräne Selbstachtung, mit in die Trümmer eines gebrochenen und verlorenen Lebens.

3

Das Gedicht »Elisabeth« war vollendet. Seine Form erinnerte an die huldigenden Gedichte, die an den italienischen Fürstenhöfen der Renaissance entstanden. In die Verse, die von der einsamen, unbefriedigten, grausamen Art der schönen Dame sangen und davon, daß sie nie geliebt habe, – in diese Verse hatte Martin die ganze aufreizend preziöse Kunst seiner vollendet reinen Sprache gelegt. Diese Verse redeten von den unsäglich fein verwirrten, stachelnden Stimmungen einsam schlafloser Nächte, in denen heiße Hände sich auf die heißen Schläfen pressen und jede Bewegung und jeder Gedanke dem verhaltenen, heiseren Schrei der Unlust, der Liebessehnsucht und der Selbstpeinigung gleicht. Die ganze zitternde Qual eines großen, aber verlorenen und unstillbar sehnsüchtigen Künstlerlebens blitzte bleich und schwül durch das Gedicht.

In diesen Tagen besuchte Martin die Künstlerin in ihrem Boudoir. Er hatte das Gedicht in winzigen Buchstaben auf Sedezblätter schreiben lassen und das zierliche Heftchen in einen Blumenstrauß verborgen. Diesen Strauß übergab er nun Elisabeth.

Sie dankte scherzend und begann von ihren Sommerplänen zu sprechen. Sie pflegte seit Jahren jedesmal in den Sommermonaten spurlos zu verschwinden, auf hastige, ziellose Reisen, bei welchen auch die größten Entfernungen sie nicht abschreckten. Man konnte sie dann unvermutet irgendwo im Engadin treffen, sie aus den Augen verlieren und einige Tage darauf einen Gruß von ihr aus Norwegen oder von einer Nordseeinsel erhalten.

»Und Sie?« fragte sie plötzlich, »werden Sie wieder ihr langweiliges Luzern oder Ihren Liebling Zermatt aufsuchen?«

»Nein, Elisabeth.«

»Nicht möglich! Oder Sankt Moritz?«

Martin besann sich einen Augenblick.

»Erinnern Sie sich«, fragte er dann, »noch eines Märchens, das ich im letzten Jahr bei Burkhard vorlas?«

»Ah, das Liebesschloß im nördlichsten Meer, wo die Wikingerfürsten rasende, raubmörderische Feste feiern. Ich erinnere mich wohl daran, an den Turm, der bis zur Zinne von der Brandung überspritzt wird, und an das rote Drachenschiff, – Sie haben nichts geschrieben, was so unmöglich und frech und zugleich so berauschend ist. Aber wie kommen Sie jetzt darauf?«

»Ich gedenke, dieses Schloß im nördlichsten Meer aufzusuchen, und werde morgen die Frau, die ich liebe, auffordern, mich zu begleiten.«

Die klaren Augen des Dichters verschleierten sich seltsam und blickten trübe glühend auf die leichte, adlige Gestalt des Mädchens. Sie verstand ihn nur halb. Doch ward sie befangen und hielt den Blick des Dichters nicht lange aus.

»Sie Märchenpoet!« rief sie mit verlegenem Lachen. Dann begann eine grausame Neugierde sie zu stacheln.

»Wird die Frau aber mitgehen wollen?«

»Ich weiß es nicht.«

»Und wenn sie nicht will?«

Martin war blaß und atmete stark.

»Sie will doch«, rief er erregt. »Sie will, auch wenn sie nein sagen wird. Sie wird gewiß nein sagen. Dann aber werde ich sie zwingen und ihr die Bannformel der alten Wikinger in's Ohr sagen, die den Frauen das Blut berauscht und sie nach Tod und Liebe lüstern macht.«

Der Dichter zitterte und kämpfte mühsam mit der plötzlich lodernden Leidenschaft, die seinen Lippen unmögliche, schreckliche Worte aufdrängte und seine Gedanken in sinnlos tollen Wirbeln verwirrte. Elisabeth betrachtete das scharfe, erregte Gesicht des Dichters, das sie nie anders als glatt, lächelnd und schweigsam gesehen hatte. Alle gebändigte Leidenschaft und aller verborgene Gram der feinen Züge lag jetzt unverhüllt in harten Furchen auf diesem Antlitz.

Langsam ward der Mann seiner Erregung Herr. Er hatte seine Stimme wieder völlig in der Gewalt und stimmte sie nun plötzlich auf den gewohnten, liebenswürdig kühlen Ton.

»Wie Sie sehen, schöne Muse, werde ich gleich König Saul zuweilen von bösen Geistern heimgesucht. Sie kennen die Geschichte, zwar nicht aus dem Alten Testament, aber doch aus einigen berühmten Bildern. Das ganze Alte Testament hat wenig so lieblich zarte Züge wie die Erzählung vom süßen Harfenspiel des Knaben David, das in qualvollen Stunden die schwermütigen Falten von der Stirn des Königs vertrieb. Ich wollte Sie heute bitten, mir diesen Davidsdienst zu tun. Unter Ihren Händen wird ja selbst der poesielos plumpe Flügel zur Harfe, auch ist mir, als könnte selbst jener von Gott begnadete Jude nicht so über die Saiten geherrscht haben, wie Sie mit Ihren schönen, wunderbaren Frauenhänden. Wissen Sie, daß ich Ihre Hände studiert habe? Neulich im Garten unsres allwissenden Historikers, während Sie mit den Sternen redeten. Mir fielen dabei alle schönen Frauenhände ein, von denen die Geschichte und die Sage weiß, namentlich die Hände der Beatrice, lauter Hände von Frauen, deren Adel und Schönheit Tausende von Dichtern und Malern bis zur brennenden Sehnsucht gereizt hat. Von solchen Händen träumten jene schlanken, zärtlichen Florentiner um die Zeit des Filippo Lippi, und sie feierten eine seltsam verklärte Auferstehung in den gemalten Gedichten dieser ätherischen englischen Primitiven, die Sie so gern haben. Darf ich diese Hände bitten, mich zu trösten und mir eine Freude zu machen?«

Elisabeth hatte diese gewaltsame Rückkehr zum schmeichlerischen Plauderton in Erstaunen gesetzt. »Wissen Sie auch«, gab sie zur Antwort, »daß jener Saul den Speer nach seinem Tröster warf? Das ist so recht Männerart, mit der Schönheit und mit der Kunst zu spielen, bis die knabenhafte Lust am Zerstören über sie kommt.«

»Ich antworte darauf nicht, Elisabeth. Sie sind ein Kind, wenn Sie von den Männern reden. Aber ich wiederhole meine Bitte an Ihre schönen Zauberhände.«

Und Elisabeth willfahrte. Sie winkte dem Dichter, sitzen zu bleiben, und begab sich nachdenklich in das Nebenzimmer, in dem ihr Flügel stand, und spielte das Rondo einer Beethovensonate.

Als sie zurückgekehrt war und Martin sich verabschieden wollte, nahm sie nochmals seinen Blumenstrauß in die Hand. Indem sie ihn gegen ihr Gesicht neigte, fiel ihr aus den Blumen die kleine Manuskriptrolle entgegen. Aber ehe sie fragen oder die durch eine Schleife zusammengehaltenen Blätter entfalten konnte, hatte ihr Martin die Hand geküßt und ihre Wohnung verlassen.

Erfreut und neugierig öffnete sie die Rolle und las als Titel ihren Namen. Da überfiel sie eine zitternde Aufregung, und sie wußte plötzlich alles. Sie sank in einen Sessel und starrte lange, ohne ein weiteres Wort zu lesen, auf diesen zierlich geschriebenen Namen. Wie durch einen raschen, erschreckenden Blitz erleuchtet, übersah sie die Wichtigkeit dieser Blätter und dieser Stunde. Der Tag war nun da, von dem sie oft geträumt und an den sie doch kaum mehr geglaubt hatte – der Tag, an dem sie die Sprache der Leidenschaft zum ersten Mal von einem Manne vernahm, den sie nicht verachtete und für den sie sich nicht zu gut erschien. Eine schwere dunkle Woge von halbflüggen, rasch verleuchtenden Gedanken drang auf sie ein, ein Wirbel von Fragen, Zweifeln, Ungewißheit, Stolz, Angst, Freude und Herzweh, dem sie für Augenblicke völlig unterlag. Sie kniete auf einen niederen Polstersitz und drückte Stirn und Brust ratlos stürmisch an die Wand, sie fühlte das Bedürfnis, laut zu schluchzen, und fand doch keine Tränen. Dazwischen stieg plötzlich das Bild jenes grausam schwelgerischen Liebesmärchens vor ihr auf, das rote Schloß am nördlichsten Meer, in dem die Schreie unstillbarer Liebeswut gell und verzweifelt sich in den Donner der ewigen Brandung mischen, und es war ihr, als würde sie willenlos von lachenden, brutalen Räubern nach jenen üppigen Sälen geschleppt, mitten in Angst und Tränen ein wildes, gellend schmerzliches Gelächter lachend.

Mehr als eine Stunde verging, ehe sie sich erhob und fähig war, die Verse

Martins zu lesen. Nun zog sie sich mit den Blättern in eine von lebenden Blumen und Lorbeeren umgebene Nische zurück und las. Eine neue Angst erfüllte sie nun, während sie halblaut sich die geschmeidigen süßen Verspaare vorsagte. Dieser Dichter redete von Dingen, deren Schauplatz die verborgenste Stille ihrer Nächte war, er kannte sie bis in die scheuesten Regungen ihres Lebens und redete von ihrem Körper, als hätte er ihn nackt gesehen. Während des Lesens war ihr beinahe, als hätte sie sich diesem Manne schon ergeben, als wäre nichts mehr an ihr und selbst nichts mehr an ihrer Kunst, was er nicht schon durchschaut und genossen hätte. Dennoch konnte sich Elisabeth dem Zauber der zarten Schmeichelei nicht entziehen, der aus jedem Verse strömte wie ein leiser, aber unentrinnbarer lockender Duft. Der Dichter redete von ihren Träumen und von ihrem leisen Stöhnen im Schlaf, als hätte er Nächte hindurch an ihrem Herzen liegend den Takt ihres Blutes und den Wechsel ihres Atems belauscht. Aber er redete doch von ihr wie von einer Fürstin, und er verstand und teilte ihr verborgenes Ungenügen, ihr Heimweh und ihre Weltverachtung, er goß auch noch über die verdorbensten Tiefen ihrer Seele den reinigenden Zauber ihrer und seiner Kunst. Mit einem Mal begriff sie des Dichters und ihre eigene Sehnsucht, indem sie verstand, warum er sie allein der Huldigung seiner Poesie und seiner Leidenschaft für würdig hielt. Sie sah in seinem ihr bisher noch verborgenen Innern ihre eigenen, allen anderen unverständlichen Wünsche, Leiden und Entbehrungen brennen. Auch schmeichelte es ihr in hohem Grad, daß gerade dieser ungewöhnliche, unzugängliche und mit seiner Meisterschaft kargende Dichter eine so vollendete und kostbare Gabe für sie als einzige Besitzerin und Leserin geschaffen hatte.

Martin brachte den Tag in einem furchtbaren Fieber der Erwartung zu. In der Furcht, Elisabeth möchte plötzlich abreisen, streifte er von Stunde zu Stunde um ihr Haus. Die Ungewißheit der Wirkung seines Geschenkes folterte ihn entsetzlich. Er wußte wohl, daß kaum je in einer so peinlich strengen, perfekten Form eine so rücksichtslos gewagte Indiskretion geschrieben worden war. Und doch empfand er eine Art von Freude darüber, daß jetzt eine Entscheidung notwendig geworden und seiner Willkür entzogen war. Er suchte sich auszumalen, welche Folgen eine Abweisung für ihn haben würde. Das war nicht dasselbe wie eine einfache abgewiesene Liebeserklärung; wenn Elisabeth nein sagte, war jede flüchtigste Begegnung mit ihr für immer verboten und damit Martins bisheriges Leben wie ein Faden abgeschnitten, denn die Kreise, in denen Elisabeth und er die ersten Namen waren, waren dann für ihn unmöglich. Und was dann? Er überlegte sich nochmals alle früher entworfenen Pläne. Eine gewisse Möglichkeit hatten nur zwei davon: Die Rückkehr in das Milieu, das er sich jahrelang konsequent und eisig entfremdet hatte, oder die endgültige Beschränkung auf die eigene Gesellschaft. Irgendwo, etwa in Florenz, eine Wohnung mieten oder ein Haus bauen, viel reisen, seine Schöpfungen entweder verborgen halten oder einem Verleger übergeben. Das Dritte wäre der Revolver oder die Gletscherspalte im Hochgebirge, aber Martin hatte sich den Gedanken des Selbstmords immer mit Strenge ferngehalten, vielleicht im instinktiven Bewußtsein, daß seinem ohnehin verarmten Leben dieser Hintergedanke auch den letzten Glanz, seinen unbeugsamen Stolz, rauben würde. Auch jetzt gewann dieser Gedanke nicht Gewalt über ihn.

Erst gegen Abend wurde Martin ruhiger. Es war keine Nachricht von Elisabeth gekommen, sie hatte keinen Entschluß gefaßt, und ihm blieb die Möglichkeit, sie noch in der letzten Unterredung zu gewinnen. Er beschloß, diese Möglichkeit so besonnen als möglich zu benützen, nahm früh am Abend ein starkes Schlafmittel und erwachte am anderen Tage erst spät.

Auch Elisabeth hatte inzwischen beschlossen, alles dem letzten Besuch Martins anheim zu geben. Am Morgen nach unruhigem Schlummer früh erwacht, bemühte sie sich mit aller Kraft kühl und ihrer Erregung Herrin zu bleiben.

Um dieselbe Stunde wie Tags zuvor ließ sich der Dichter melden. Sie empfing ihn gelassen und freundlich in ihrem Musikraum. Die alltäglichen Fragen und Antworten wurden gewechselt. Der Dichter begann zuerst den Kampf.

»Darf ich fragen, Elisabeth, ob Sie meine Gabe schon gelesen haben?«

»Sie wollen, daß ich Ihnen dafür danke?«

»Ich habe das nicht gesagt. Aber ich schuf die kleine Dichtung mit der zweifelnden Hoffnung, sie möchte von Ihnen verstanden werden. Wissen Sie noch, daß ich Ihnen eines Abends davon erzählte?«

»Ich weiß noch, und ich dachte daran, als ich Ihre Verse las. Auch sage ich Ihnen gerne, daß ich bessere noch nicht gelesen habe. Sie behandeln die Worte und Reime wie ein Goldschmied sein Metall behandelt.«

»Sehr gütig –«

»Daß ich über den Inhalt Ihrer Verse etwas erstaunt war, können Sie wohl begreifen?«

»Ich begreife es, obwohl –«
»Ohne obwohl! Ich wußte nicht, daß es erlaubt ist, Dinge wie die von Ihnen gesagten mehr als zu denken.«
»Und zu denken sind sie erlaubt?«
»Sie sind ein Sophist! Aber meinetwegen: ja, zu denken ist alles erlaubt.«
Es entstand eine Pause. Elisabeth wühlte nervös in einem Stoß von Notenblättern, Martin schritt langsam, aber aufgeregt im Zimmer auf und ab und blieb zuletzt an einem Fenster stehen. Seine Stimme klang scheu und gespannt herüber:
»Elisabeth! Wollen Sie mir eine Frage erlauben?«
»Fragen Sie!«
»Sind jene Verse wahr?«
Auch die Künstlerin verließ nun ihren Sitz und wanderte unstet durch das große Zimmer. Wieder hörte sie Martins Stimme:
»Sie antworten mir nicht?«
»Nein, ich antworte Ihnen darauf nicht.«
»Dann – Wissen Sie, daß es mir nicht möglich sein wird, Sie jemals wieder zu sehen, wenn ich keine Antwort erhalte?«
»Ich weiß das.«
»Und geben mir keine Antwort?«
Sie schwieg.
»Elisabeth! –«
Sie begann wieder auf und ab zu gehen. Er folgte ihr und blieb in ihrer Nähe stehen, während sein Blick sie nötigte, Halt zu machen.
»Ich denke, Sie werden mich nicht in meinem eigenen Hause bedrohen, Herr Martin.«
»Ich weiß nicht. Sie reizen mich so grausam, und Sie wären wehrlos, wenn ich Sie jetzt ergreifen und an mich drücken und mit Küssen …«
»Halt! Schämen Sie sich doch, mir zu drohen.«
»Ich wollte nicht drohen, Sie haben mich unterbrochen. Ich wollte noch eine Frage an Sie richten. Wissen Sie, daß in diesem Augenblick der einzige, der einzige Mensch vor Ihnen steht, der Sie versteht?«
»Ja, ich glaube Ihnen das.«
»Nun, Sie haben damit auch meine erste Frage beantwortet – Und nun die letzte: Spielen Sie jetzt Komödie oder ist es Ihr Ernst, daß Sie den einzigen Menschen, der fähig ist, Ihre Kunst zu verstehen und auf jedes

Lächeln Ihrer Seele zu antworten, – daß Sie diesen von sich weisen? Den, der allein wagen darf, Sie an die Bruderschaft der ungewöhnlichen Seelen zu erinnern? Und außerdem: könnten Sie den als Feind oder Fremden leben wissen, der Sie durch Verwandtschaft und Ebenbürtigkeit bis in jede Heimlichkeit kennt und versteht?«

Martin erschrak fast, als in diesem Augenblick Elisabeth in ein plötzliches, kurzes, lautes Lachen ausbrach. Zugleich traf ihn aus ihren Augen der Blick, auf den er seit Monaten unter Zweifeln hoffte. Er streckte die Arme nach ihr aus, aber sie entwich ihm rasch und wehrte ihn mit beiden Händen ab:

»Laß, laß!« flüsterte sie keuchend. »Ich fürchte dich heute. Laß mich, ich befehl' es dir!«

»Du spielst mit mir, Elisabeth!«

»Nein, nein. Bei Gott, nein! Aber laß mich jetzt allein! Ich schreibe dir morgen, – heute –«

4

Sie schrieb noch am selben Tag ein Billet. »Ich reise morgen und bin bis Montag für niemand vorhanden. Am Montag Nachmittag promeniere ich, wenn ich nicht tot bin, am Schweizerhofquai in Luzern.«

Es freute Martin, daß sie Luzern gewählt hatte. Die Worte »wenn ich nicht tot bin« kamen ihm frauenhaft und lächerlich vor. Er beschloß schon nächsten Tags zu reisen und begann sogleich die Garderobe und einige Bücher auszuwählen, die er mitnehmen wollte.

Während er damit beschäftigt war, ließ sich Burkhard melden und trat gleich hinter dem Diener ein.

»Guten Tag, ich komme etwas später, als ich versprochen hatte.«

Martin begrüßte den Freund und setzte sich mit ihm an einen Rauchtisch.

»Du siehst gut aus«, lobte Burkhard, »und willst schon reisen, wie es scheint? Allein?«

»Allein. In die Schweiz.«

»Luzern?«

»Ich weiß noch nicht.«

»Es ist schade, daß du nicht bei meinem Abend warst. Eure Halbgöttin war da, diese Elisabeth. Sie fragte nach dir.«

»Hat sie gespielt?«

»Fabelhaft. Ich bin jedesmal wieder erstaunt. Wirklich fabelhaft! Im Augenblick ist niemand in Europa, der so auf dem Klavier singen kann. Und sie war schön! Ich wußte das bisher kaum. Raffiniert schön!«

»Na ja. Also sie hat dich geködert.«

»Ja und nein. Man sagt ja, sie sei eiskalt. Aber sie spielte da einen Walzer, eine verwilderte und heiße Musik. Wenn du das gehört hättest! Das war eine Flamme, ein Lustschrei, als wäre sie nackt durch den Saal getanzt. Ich verstand sie wirklich nicht. Sie muß die ganze Weiblichkeit in den Fingerspitzen haben.«

»Und jetzt folgst du errötend ihren Spuren. Leider etwas zu spät, mein Guter. Wie sie mir sagte, reist sie heute und ist dann, wie du weißt, auf Monate verschwunden.«

»Per Baccho! Heute, sagst du?«

»Heute. Es ärgert dich?«

»Noch nicht. Ich mache doch einen Versuch.«

»Viel Vergnügen!«

»Soll ich ihr was von dir sagen?«

Martin lachte. »Meinetwegen. Du kannst ihr sagen, ich hätte dir die Parole mitgegeben: bis dat qui cito dat.«

Burkhard fuhr nach Elisabeths Wohnung. Er fand alles im Wirbel der Reisevorbereitung. Dennoch wurde er angenommen.

»Sie reisen schon, gnädiges Fräulein? Und ohne, daß man eine Ahnung davon hat! Eben im Augenblick, da ich Ihnen —«

»Herr Burkhard, wollen Sie mir eine Liebeserklärung machen oder mich zu einem Konzert engagieren?«

»Beides und noch viel mehr. Ich bin wirklich bestürzt über Ihre raschen Entschlüsse.«

»Ich kann ja wiederkommen, wenn es sich lohnt. Also erst die Liebeserklärung!«

»Ich habe sie wirklich noch nicht einstudiert. So etwas will doch Zeit haben! Ich dachte, Sie jetzt des öfteren bei mir zu sehen.«

»Sie sind reizend. Und das will ein Don Juan sein! Nun, ich bin nicht grausam. Montag nach Mittag bin ich in Luzern für eine Stunde zu sprechen, Schweizerhofterrasse. Auf Wiedersehen?«

»Auf Wiedersehen.«

Eine Viertelstunde später fuhr Burkhard schon wieder bei seinem Freunde vor.

»Fabelhaft, das Weib ist rein verrückt. Fragt mich beim zweiten Wort, ob ich eine Liebeserklärung zu servieren habe. Völlig geschäftsmäßig. Ich verliere für zwei Minuten die Haltung, da verabschiedet sie mich schon und schlägt mir ein Rendezvous in Luzern vor!«

»In Luzern?«

»Montag nach Mittag. Sie hatte mich in der Hand wie ein Schnupftuch.«

»Du gehst natürlich hin?«

»Natürlich.«

Martin stand auf und ging in ein Nebenzimmer. Nach wenigen Minuten kehrte er zurück. Er war blaß wie eine Wand. Einen Augenblick blieb er nachdenkend stehen. Dann schüttelte er heftig den Kopf und trat neben Burkhard an den Tisch, auf den er zwei Revolver legte.

»Na, aber –?« fuhr Burkhard auf.

Martin antwortete nicht, er fühlte sich seiner Stimme nicht sicher.

»Übrigens hübsche Waffen«, sagte Burkhard. Martin faßte sich gewaltsam.

»Nicht wahr?« sagte er. »Du kannst wählen. Wir schießen in diesem Zimmer aufeinander, wenn du mir nicht dein Ehrenwort gibst, am Montag in Luzern zu fehlen.«

»Alle Teufel!« fuhr nun Burkhard heftig auf. Martin lächelte bitter: »Es wäre mir angenehm, wenn du dich etwas gewählter und deutlicher ausdrücktest.«

»Viel verlangt«, meinte jener achselzuckend. »Aber überlegen wir uns die Sache! Es ist immer noch Zeit, auf deine Tapeten zu knallen, für die es übrigens schade wäre. Bei mir auf dem Lande sind passendere Orte für dergleichen Scherze. Vielleicht hast du die Güte, mir eine Disposition der Sachlage zu geben.«

»Natürlich: langsam und gründlich! Nun, meinetwegen: Die Sachlage ist, daß wir ohne deinen freundlichen Bericht am Montag beide zugleich im Schweizerhof erschienen sein würden. Ich allerdings mit älteren und weitergehenden Rechten.«

»Eigentlich eine komische Konkurrenz. Und du hast keine Lust, mich durch Großmut zu beglücken?«

»Allerdings nicht. Ich habe an diese Luzerner Stunde meine ganze Zukunft geknüpft.«

»Nicht möglich! Heiraten?«

»Nein. Wichtigeres, was du aber nicht verstehen würdest.«
»Danke.«
»Es ist mir Ernst damit.«
Burkhard erhob sich und überlegte, während er mit einem der kleinen Ziergewehre spielte. Er konnte zu keiner Entscheidung kommen.
»Du willst morgen reisen«, sagte er zuletzt. »Also noch Zeit genug! Das Schießen müßte doch draußen bei mir erledigt werden. Heute abend hast du meine Einladung dazu oder entsprechende Antwort.«
Ohne Gruß verließ er die Wohnung.

Am nächsten Morgen stieg Martin in den Zug. Er überlas nochmals Burkhards Billet: »Glückliche Reise! Sagen Sie der Musikantin: bis dat qui cito dat. Briefe von ihrer Hand werde ich mich künftig nicht für berechtigt halten zu öffnen.« Martin konnte der Bruch seiner letzten Freundschaft nicht stark betrüben.

In wachsender Erregung sah er auf die vorübergleitenden Landstriche hinaus, bis nach endlos trägen Stunden das neblige Haupt des Pilatus sichtbar wurde. Ein Kommissionär empfing ihn am Luzerner Bahnhof.
»Ist alles besorgt?«
»Wir werden heute fertig. Das Motorboot mußte repariert werden.« –
»Schon gut. Machen Sie mir morgen gegen elf Bericht, im Schweizerhof.«

Der Dichter ging langsam zu Fuß nach dem Hotel. Quai und Brücke wimmelten von Fremden. Der Abend war klar und warm und zeigte die zierliche, helle Stadt mit der farbig wimmelnden Seepromenade in der Beleuchtung, die sie am meisten ziert. Über dem dunkelgrünen Seebusen glitten die farbigen Nachen und die weißen zierlichen Dampfer, hinter der Kuppel des Bahnhofs stieg der schwarze Pilatus auf und jenseits der grüne Rigi, auf den zahlreichen alten Stadttürmen glänzte die späte Sonne. Martin blickte über die Seeweite hinaus. Er hatte bei Vitznau ein Chalet gemietet, für sich und Elisabeth. Während er auf die grüne, silbern sich verlierende Fläche starrte, verwandelte sich vor seinen Augen das harmlos farbige Bild. In greifbarer Deutlichkeit sah er das Meer vor sich, das »nördlichste Meer« seines Märchens, und sah die purpurnblaue Flut an turmhohen Felsen branden.

5

Am nächsten Tag fuhr Martin mit dem Agenten nach Vitznau. Das Chalet, das er gemietet, lag oberhalb des Dorfes hart am See, seitab vom Wege. Mit Ausnahme der noch vorbeifahrenden Dampfer war hier von dem lauten Jahrmarkt des Sommerlebens nichts zu sehen. Gegenüber lag links das Buochser Horn, rechts der Bürgenstock, dazwischen im Hintergrunde das Stanserhorn, während rückwärts hinter der durch dichtes Laub verborgenen Uferstraße die steile weiße Fluh aufstieg. Dieser kleine Gartenwinkel bewahrte auch jetzt, während der Reisesaison, etwas von der herben Schönheit und Frische, welche im Frühling und Spätherbst den See und seine Ufer schmückt. In dieser einfachen, fast idyllischen Landschaft, in dem metallisch herben Farbenwechsel des klaren Wassers und den mit Obstbäumen bepflanzten hellgrünen Uferstrichen fand das verwöhnte Auge des Dichters eine Befriedigung, die er im Hochgebirge und im Süden vergeblich suchte. Während die Form des Gebirges und die Art und Farbe der Vegetation hier schon die undefinierbare alpine Kraft und Reinheit zeigt, hat doch die Landschaft noch etwas von der Idylle des Mittelgebirges, noch Wald, Obstbau und die schlichte Anmut des Kulturbodens. Martin hatte dafür ein scharfes Auge und liebte diese Gegend, weil sie ihn an seine Heimat und an die Zeit erinnerte, in der die Natur und Landschaft noch Macht über ihn hatten. Die Wochen, in welchen er sich in diese grüne Stille zurückzog, gaben ihm jedesmal eine leise Empfindung von wohltuender Traurigkeit, ähnlich der, mit welcher man nach langer Entfernung die Spielplätze der Kinderzeit wieder betritt. In dieser grünen Stille gab er sich ohne Widerstreben der Träumerei und der Rückschau über das eigene Leben hin, und hier füllte sich seine Phantasie mit den zarten, märchenartigen Inspirationen, denen später in der strengen Tätigkeit des Jahres sein Fleiß und sein wählerischer Geschmack die entscheidenden glücklichen Formen zu geben versuchte. In diese Zurückgezogenheit pflegten ihn die Lieblingsdichter zu begleiten, eine kleine Sammlung meist alter Editionen der griechischen Idyllendichter des Longus, des Ariosto und einige Bände italienischer Sonette. Mit eigentümlicher Stimmung betrachtete er heute diese Landschaft und gedachte der nächsten Zeit, welche ihn diesmal statt der träumerischen, empfänglichen Ruhe des einsamen Landlebens eine sein Wesen innerst erregende und mit aller Unersättlichkeit seines ungenügsamen Wesens genossene Leidenschaft füllen sollte.

Ein alter Bootsmann grüßte den Dichter vom See aus mit geschwungenem Hute. »Adieu, Herr Zimmermann«, rief Martin nickend ihm zurück. »Jetzt wird's wieder an's Rudern gehen«, lachte der Alte. »Welches Boot wollen Sie heuer haben?« »Einstweilen keins«, dankte Martin. »Ich werde, denk' ich, Besuch haben. Später dann, Herr Zimmermann.« Enttäuscht fuhr der Alte weiter, der Schifflände zu. Gegen Abend fuhr Martin im Motorboot langsam über den golden leuchtenden See nach Luzern zurück, mit dem Gefühl, daß er heute zum letzten Male dieses ihm lieb gewordene Stückchen Erde in der bisherigen stillen Reinheit genieße. In Luzern empfing ihn das bewegte Leben der Promenadestunde und die lärmende Kurmusik. Auf einem eben abfahrenden Dampfer bemerkte er die Gestalt eines jungen Mannes mit breitrandigem Hut und kurzer Jacke, dem man ansah, daß er zum ersten Mal den See erblickte. Irgend ein deutscher Student oder Maler, der auf der ersten Reise zum Süden die Strecke bis Flüelen auf dem Wasser zurücklegte. Er blickte unverwandt der jetzt völlig mattgoldenen Seefläche entgegen und verriet in Haltung und Gesicht die ungebrochene frische Schaulust und Wanderfreude der ersten Jugend. Der Dichter wandte sich in seinem Fahrzeug um und blickte ihm eine ganze Weile nach, den Wanderer im Grund seiner Seele beneidend.

Gleich darauf empfing ihn der Hotelportier und drängten sich einige Bekannte um ihn, als er, um das Verglühen des Wassers noch zu betrachten, an einem Gartentisch auf der Terrasse Platz nahm.

»Sie sind nachdenklich«, sagte ihm einer derselben, »an was denken Sie?«

»Ich sah eben«, antwortete Martin, »in das Auge eines Mannes, den ich beneide.«

Und am späten Abend stand er noch lange allein vor dem Hotel und blickte über den Seebusen hinweg zum dunklen Pilatus hinüber. Er besann sich, wie das im Lauf der Jahre so gekommen sei, daß eine Freude um die andere ihm erloschen und in das graue Meer der Gleichgültigkeit oder des lieblosen Interesses gesunken war. Und er erzählte sich selber, daß er nun im Begriff stehe, den letzten Reiz, den ihm die Zukunft noch zu haben schien, zu genießen. Den letzten – die Hingabe des einzigen Weibes, dessen geniale Art und Schönheit ihn fesselte –, und dann kam nichts mehr, dann war der Kreis geschlossen und der letzte Weg zur Freude verloren. Martin wunderte sich selbst, daß auch dieser dunkle Gedanke ihn nicht erschütterte, sondern ihn nur wie ein frostiger Schatten überflog. Er überdachte ihn mit ruhiger Neugierde wie ein fremdes Schicksal. Er wog die strenge Selbstführung und die wenn schon kranke Vornehmheit seiner ungewöhnlichen Existenz gegen ihre Freudlosigkeit ab und fand, daß es töricht wäre, sie sich anders zu wünschen. Es war eine notwendige Konsequenz seiner ganzen Anschauungsweise, daß ihm im Grunde jede naive Freude als eine Art von Dilettantismus erschien, er fand den Vergleich, daß er dem Leben, wie etwa einem Gemälde der Kenner gegenüberstehe, der auch die Freude am Stofflichen und Zufälligen längst verlernt hat und der im Betrachten eines Werkes mehr den Genuß seiner alles durchschauenden Kennerschaft sucht als eine Offenbarung. Die souveräne Haltung sich selbst gegenüber, die ruhige Selbstbetrachtung – das mußte ihm den Genuß ersetzen, den andere, vielleicht Glücklichere, an der farbigen Oberfläche des Lebens hatten. Das wenigstens hatte er erreicht: Menschen und Ereignissen gegenüber das selbstverständliche Gefühl der Überlegenheit.

Und während die Gedanken des Ungenügens und der Vereinsamung wie Schatten über die Seele des Dichters zogen, begann schon in dieser Seele die geheimnisvolle Kraft zu arbeiten, welche den flüchtigen Wolkenbildern dieser Empfindungen Kontur und Hintergrund gibt und sie in die Sphäre der künstlerischen Darstellung hinüberhebt. Indem die trübe Stimmung dieses Abends sich in die Stimmung eines zukünftigen Verses verwandelte, verlor sie ihre Schwere und gab den Gedanken des Rastlosen eine neue Wendung. Martin wußte, daß nur wenige Menschen dieses ungeheure Überwiegen des künstlerischen Maßstabs in seiner Seele verstehen würden. Er wußte, wie wenig gerade die Dichter unserer Zeit, zumal seine Landsleute, von dieser alles Stoffliche vernichtenden künstlerischen Fähigkeit besitzen. Und er dachte wieder an die Einzige, von der er wußte, daß sie ihm darin ebenbürtig sei.

Elisabeth kam andern Tags vor Mittag in Luzern an. Martin begegnete ihr auf der Treppe des Hotels.

Bald darauf erschien sie an der Tafel, wo sie den Platz neben Martin einnahm.

Als dieser einigen Bekannten zunickte und mit einem Lächeln die bunte, meist englische Gesellschaft überflog, flüsterte sie ihm zu: »Ich weiß, was du jetzt denkst.«

»Nun?«

»Daß wir in dieser Gesellschaft sitzen wie zwei Paradiesvögel in einem Hühnerhof.«

»Gut geraten! Tatsächlich könnte einen der Gedanke bedrücken, daß diese Masse von Geld und Stumpfsinn wirklich ein Teil der ›besten Gesellschaft‹ ist. Es sind drei, vier hervorragende Menschen darunter, aber auch diese sind noch so grob! Wenn du dir vorstellst, du müßtest heute vor diesen Leuten Musik machen!«

»Ich erwarte noch jemand«, sagte Elisabeth, als sie nach der Siesta den Dichter aufsuchte.
    »Ich weiß«, antwortete Martin. »Burkhard wird nicht kommen.«
    »Woher weißt du denn?«
    »Er sagte mir selbst davon. Er wird nicht kommen.«
    »Wie kam das zustande?«
    »Frag nicht. Er hat verzichtet.«
    »Ganz umsonst? Es sieht ihm nicht ähnlich.«
    »Er tat es gewiß nicht gerne.«
    Martin ließ das Gespräch fallen und schlug Elisabeth eine Bootfahrt vor. Sie bestiegen das hübsche, winzige Fahrzeug Martins und fuhren langsam in den See. Als das Boot sich schon Hertenstein näherte und die weiße Villenstadt Luzern sich dem Anblick entzog, fragte Elisabeth: »Warum so weit? Ich dachte, wir würden etwa Tribschen aufsuchen.«
    »Ein andermal«, lachte Martin und lenkte das Boot der Seemitte zwischen Bürgenstock und Weggis zu. Zugleich begann auf eine leichte Schraubendrehung hin der Motor schneller zu arbeiten, und das Boot glitt wie ein schlanker Pfeil über die sonnige Fläche dahin.
    »Aber wohin denn?« fragte Elisabeth.
    »Mitten in ein Märchen hinein«, antwortete flüsternd der Dichter. Seine leicht verschleierte Stimme vibrierte warm und lebhaft. »Mitten in ein Märchen hinein«, wiederholte er und deutete mit ausgestreckter Hand auf die hellgrüne Seebucht jenseits von Vitznau. »Siehst du dort das rote Haus?«
    »Ja, was ist das?«
    »Das ist das rote Liebesschloß, in welches ich die Frau, die ich liebe, entführe.« Elisabeth wurde blaß. Sie neigte schweigend das schöne Haupt zur Seite und schloß über den großen Augen die weißen Lider. Das Geräusch der Wellen und der Blick des Mannes, den sie auf sich ruhen fühlte, erfüllte sie wieder mit jenem fremden, bangen Gefühl, als entführe sie ein Piratenschiff auf die wilde Insel der Lust und Verzweiflung, wo der Schrei

der Angst und der Schrei der Brunst sich mit dem Lärm der ewigen Brandung vermischt. Sie schrak heftig auf, als Martin mit der Hand ihr Stirn und Haar berührte, und in ihrer unbändigen Seele kämpften die Begierde des Genusses mit dem Widerwillen vor der Unterwerfung einen wilden Kampf. Das Boot eilte rasch über den hellen, glänzenden See, ganz an der Seite der Hammetschwand, bog bei der »Nase«, die Nähe des Dorfes vermeidend, in großer Kurve um, durchschnitt eilig die Seebreite und fuhr leise in den gemauerten Anlegeplatz. Das rote Chalet lag in der hellen Sonne mit blitzenden Fenstern, der schattige Garten duftete von Jasmin und roten Kressen. Langsam, auf den Arm des Dichters gestützt, erstieg Elisabeth die Stufen des Vorgartens, an der Haustüre wandte sie, bevor sie eintrat, das bleiche Gesicht dem Dichter zu und blickte ihn aus ganz verwandelten Augen lang und durchdringend an.

Dann betrat sie mit Martin ein zum Empfang geschmücktes Zimmer des Erdgeschosses, und dann erschauerte sie lachend und schluchzend unter der ersten, wilden Umarmung des geliebten Mannes.

6

Nach dem zügellosen Sturm der ersten Tage genoß der Dichter seine Liebe mit einer gewissen zärtlichen Schonung. Er und auch Elisabeth wußten vom ersten Tage an, daß die Dauer ihres Genusses vom Schatten eines Augenblicks abhinge, von einem Worte, von einem Lächeln, und beide hatten den Wunsch, diesen Tagen allen Glanz eines bewußten künstlerisch geschaffenen Glückes zu geben. Sie reihten die Stunden aneinander wie Verse eines kostbaren Gedichtes.

Früh am Morgen, wenn Elisabeth noch schlief, erhob sich der des Morgenschlafs entwöhnte Martin vom Lager, fuhr über den See an ein waldiges Ufer und brachte von da eine Handvoll Waldblumen mit, die er zurückkehrend seiner Geliebten auf's Bett legte. Der Vormittag, im Garten zugebracht, war von Martin fast ausschließlich der Lektüre gewidmet. In diesen hellen, kühlen Stunden, in der reinen, weltentfernten Stille des Gartens, an dessen Mauern die kleinen Seewellen anschlugen, las er meistens Elisabeth aus Lieblingsdichtern vor, einige Verse des Orlando von Ariost oder ein von ihm übersetztes Kapitel eines Neulateiners. Die kräftige Eleganz dieser Dichtungen eines goldenen Zeitalters beschworen diese Stunden in

Der Dichter. Ein Buch der Sehnsucht 83

den beiden Künstlerseelen, denen der Stil ihrer Zeit im Innern zuwider war, den Glanz und die großartige Freiheit einer unvergleichlichen Kultur herauf, die gelesene Dichtung und die große Stimmung der Stunde gab ihren Gesprächen jene Freiheit und adelnde Würde, die in der Gemeinheit unserer Lebensformen von Grund aus unmöglich geworden scheint und deren erhaltene Andenken aus dem Zeitalter der Renaissancehöfe uns wie die Fragmente eines verlorenen unsterblichen Gedichtes herüberklingen.

Zum erstenmal genoß der Dichter so völlig das Glück, seinen Gedanken im Gespräch die geweihte Form zu geben, die ihm sonst in Gegenwart anderer Menschen im Munde erstickte. Elisabeth redete dann wenig, sie lehnte müßig und lauschend im Sitz und antwortete fast nur durch ihre schöne Gegenwart und durch das Spiel ihrer großen, allwissenden Augen. Sie wuchs in diesen glanzvoll stillen Stunden zur ganzen Höhe ihrer ungewöhnlichen Persönlichkeit aus und gewann die prachtvolle reife Ruhe einer großen Existenz, zugleich gereift und vergeistigt umgab sie der fürstliche Duft ihrer wachsenden Schönheit. Martin sprach eines Tages davon zu ihr.

»Wie schön du heute bist!« sagte er eines Tages. »Auch gestern glaubte ich dich schöner als je zu sehen und fürchtete fast, du müßtest dich über Nacht verwandeln. Und heute wieder übertriffst du alles Gestrige. Das ist, scheint mir, wie in den Tagen des letzten Spätsommers, wo jeden Tag die Luft goldener, die Sonne verklärter und die Ferne weicher, blauer und tiefer wird und wo man täglich die letzte Verklärung der Reife gekommen glaubt und täglich neu beschenkt wird, bis eines Tages der erste wehe Ton des Herbstes in der Luft und auf der Laube liegt.«

»Wir wollen nicht davon reden«, sagte Elisabeth und neigte ihm ihr Gesicht zu, indem sie lächelte.

»Küsse mich, und lies mir noch einmal das Sonett von gestern.«

Gegen Abend pflegte Elisabeth zu spielen. Dann saß Martin am Fenster, durch das die Blätter des Jasmin hereindrangen, und lauschte den Offenbarungen ihrer vornehmen Kunst, wie sie des Morgens seiner Kunst gelauscht hatte, hingegeben, dankbar und jede flüchtigste Wendung verstehend. Meistens spielte sie ihre ungeschriebenen Kompositionen, improvisierte auch zuweilen. Von ihr ging unter Martins Freunden die Sage, sie denke nur in Musik und verstehe es, in drei Akkorden die Stimmung einer bedeutenden Stunde oder die Seele eines Gespräches zu erschöpfen. In dieser abendlichen Musik strömte sie zuweilen ihr innerstes Wesen so berückend und so reinen Flusses aus, als legte sie ihre unverhüllte Seele dem Geliebten in die Hand. An einem solchen Abend geschah es, daß mehrere auf dem See schwimmende Vergnügungsboote sich schweigend um die aus dem See steigende Gartenmauer versammelten und daß auf die Stufen der Landungstreppe vor dem Hause mehrere frische Blumensträuße gelegt wurden.

Die Mittagsstunden vergingen unter Geplauder und Liebkosungen. Zuweilen badeten sie gemeinsam in der gewölbten steinernen Halle, oder zuweilen träumten sie schweigend im Schatten der Feigen, manchmal ruhten sie in einer dichten Laube in der warmen Sommerluft, nackt auf Teppichen, und Martin wurde nicht müde, das Haar und den mattschimmernden prachtvollen Körper Elisabeths mit Blätterkränzen und Blumen zu schmücken. Nachts, wenn auf dem Wasser die große Stille war, fuhren sie manchmal leise im Boot durch die blaue Schönheit der Seenacht, schweigend oder nur leise flüsternd und beide seltsam berührt vom schweigsamen Zauber der großen Natur.

»So wie diese Nacht«, sagte auf einer solchen Fahrt der Dichter, »so wie diese Nacht, Elisabeth, dachte ich mir in meiner Jugend das Glück. Das war mein Lieblingstraum: so durch die dunkelblaue Schönheit einer schwärmerisch lauen Sommernacht zu fahren, nach den Lichtern auf den Berghöhen und nach den Sternen an der schwarzen Wölbung des Himmels zu sehen, eine ohnegleichen fürstlich schöne Frau am Herzen, eine Hand in der Hand der Freundin, die andere das dunkle Wasser streifend. Dazu träumte ich mir das Glück des gekrönten Ehrgeizes, träumte mir, als beneidetster Dichter an der Brust des beneidetsten, adligsten Weibes zu ruhen, auf der Höhe des Lebens und meiner Kunst. Ich glaubte nicht daran, jemals diesen Traum meiner Jugend wahr zu sehen; nun sind jene erhabenen und beneidenswerten Stunden mir doch gekommen – aber spät, Elisabeth! Warum mußten wir jahrelang aneinander vorübergehen, jeder verdürstend nach dem, was der andere ihm geben konnte, und was er jetzt vielleicht zu spät ihm gibt?«

»Sage das nicht!« bat Elisabeth. »Es war nicht zu spät. Warum sollte es zu spät sein?«

»Weil für mich, meine Freundin, schon die Zeit gekommen ist, in der man auch die verlorenste Jugendsehnsucht beneidet und der seligsten Gegenwart vorzöge. Ach, warum konnte ich dich nicht damals finden, zur Zeit jenes sehnsüchtigen Traumes: Da waren die Nächte so anders als jetzt, so prachtvoll tiefblau und voll verborgenen Feuers, da waren alle Blüten farbiger und alle Wolken seliger, weicher, weißer! – Und dennoch, Elisabeth, wenn meine ganze Jugend mir wiederkäme, aber ohne dich, ich wollte sie nicht.«

»Es macht mich traurig, wenn du so redest.«

»Nicht doch, meine Freundin! Wir wollen die Götter anrufen, sie möchten unser Glück beschirmen. An welchen Gott glaubst du, Elisabeth?«

»Spotte nicht, Martin! Du weißt, ich bin so gottlos wie du.«

»Ich aber glaube an dich, und an mich. Und unser Glaube ist der einer anderen Zeit, deren spätgeborene Genossen wir sind. Möchten unsre Zeitgenossen von heute an ihren Göttern zugrunde gehen! Unser Stolz und unsere Einsamkeit ist es, Elisabeth, Träger der Schönheit durch eine wüste und barbarische Zeit zu sein. In uns geht noch einmal die alte Welt unter, und das Ideal der alten Schönheit. Die Kunst der nächsten Zukunft wächst in Berlin und in Rußland, im Schoß der Barbarei und am Herd der Bilderstürmer. Wenn du jemals ein Buch von Tolstoi gelesen hast oder ein modernes Theater gesehen, so weißt du, wie unsre Todfeinde aussehen, schlecht erzogen, schlecht gekleidet, unreinlich und von allen scheußlichen Gewohnheiten des Barbarismus befleckt. – Oh, wenn du wüßtest, wie müde ich es bin, in dieser Zeit zu leben. Ich schreibe meine Dichtungen für zwanzig Menschen, und fast für ebenso wenige machst du deine Musik, für welche ein anderes Jahrhundert dich gekrönt hätte.«

»Ich zweifle, ob du völlig recht hast, Martin. Unsre Zeit ist unsäglich arm, aber die Kluft zwischen Kunst und Leben und die Kluft zwischen Großen und Kleinen ist immer dieselbe. Sokrates, dessen Wesen du mir so göttlich beschrieben hast, war in dem Athen der Glanzzeit vielleicht im Herzen so einsam, als irgend ein Großer von heute in seiner Stadt es ist. Wer das Ideal der unsterblichen Schönheit in der Seele trägt, den befriedigt keine Zeit und kein Leben. Erinnere dich des Michelangelo, dessen Größe in der Zeit der unvergleichlichen Blüte in grenzloser Einsamkeit geblieben ist.«

»Ich danke dir, Elisabeth! Wenn ein Zufall meinen Namen andern Zeiten überliefert, so wird ihn der meiner Freundin und meiner Muse begleiten, und unsren verschwisterten Ruhm wird der Nimbus einer sagenhaften, schwelgerischen Liebe umgeben.«

Die schöne Frau schlug die Augen zu dem Dichter auf und fragte: »Sag mir, was liebst du mehr an mir, meine Schönheit oder meine Kunst?«

»Als ob ohne deine Kunst deine Schönheit dieselbe sein könnte! Doch wenn du sie denn trennen willst, so antworte ich: Ich liebe deine Schönheit mit der Leidenschaft eines Verliebten, mit jener Glut, die alle Kräfte des Augenblicks in sich sammelt, die aber wie alle Leidenschaft ein Raub der Jahre sein muß. Deine Kunst aber liebe ich ebenso wie meine eigene, mit einer eingeborenen verehrenden Liebe, ohne die ich nicht leben könnte. Aber ich wiederhole, man kann das nicht trennen. Deine Schönheit ist gerade in ihrem Eigensten und Berückendsten ein Werk deiner Kunst. Man sieht es deiner Stirne an, daß sie Gedanken voll stilschöner Reinheit beherbergt, man sieht es deinen Augen an, daß sie gewöhnt sind, unter traumgeschlossenen Lidern Visionen zu sehen, und man sieht es deinen Händen an, daß sie gewöhnt sind, die leisesten Erschütterungen der Saiten in allen winzigsten Nuancen hervorzurufen.«

Schon kam der Hochsommer heran. Zwischen den großen Blättern begannen die Feigen sich zu bräunen, warme Regentage kamen dazwischen. Über Vitznau und den Rigi ergoß sich die Flut der Touristen. Der See glänzte in den heißen Stunden schillernd farbig, als schwämme Öl auf der Oberfläche.

Die Jahreszeit näherte sich jenen glänzenden Tagen der überfließenden Fülle, in deren Genuß sich schon der leise Schmerz des nahen Endes mischt. Die späten Abende auf dem See waren von einer lauen, weichen Schönheit und bekränzten die entfernteren Berge mit der sammetweichen duftigen Bläue, die nur der August so reif und tieftönig hervorbringt.

Das war die Zeit, in welcher Martin stets die reichsten Inspirationen empfing. Für seine allem Vollreifen, Vollendeten und Üppigen zugeneigten Sinne war das die Zeit eines kurzen, milden Genusses. Sein Auge badete sich in den tiefer, satter und üppiger werdenden Farben, und sein ganzes Wesen gab sich in leichter, süßer Ermüdung der weichen, von Sonne gesättigten Seeluft hin. In diesen Tagen wurde sein Verkehr mit Elisabeth noch zarter, schonender und stiller, während ihre jüngere Natur diese leise, zärtlich milde Form der Liebe nicht verstand und mit der Reife ihres Körpers die heiße Begierde nach ungemessenem Genusse wuchs. Sie begann ihren Freund mit plötzlichen Liebkosungen zu überraschen, sie suchte ihn durch kleine Herausforderungen in ihrer Haltung und Toilette zu reizen, und ihre Musik hatte statt der klassisch starken Formen jetzt häufig den weichen Duft der Sehnsucht oder die anreizend schalkhafte Grazie der

Verlockung. Martin schien diese Verwandlung ihres fast strengen Wesens kaum zu bemerken, erlag jedoch oft ihrem Zauber.

Elisabeth wurde von einer ihr selbst nicht verständlichen Unersättlichkeit verzehrt. Ihre spät erwachte, langsam gereizte Sinnlichkeit loderte wie ein lang unterdrücktes Feuer in ihrem Blute auf; oft drängte sie sich mit so brennender Kraft an den Geliebten, daß er fast erschrak. Die friedlich schönen, vom Adel der klassischen Kunst geschmückten Lesestunden wurden kürzer und verloren ihre kühle Stille, die Gespräche streiften, trotz Martins Widerstreben, immer zügelloser wie ein von der Flamme gelockter Falter um das enge Gebiet des Liebesgenusses. Einigemal ließen in solchen Gesprächen beide zugleich den Schleier der galanten Konversation von ihren Worten fallen und schwiegen plötzlich nach einem frechen Worte beide still. Dann brach die Frau in ein Gelächter aus, während der Dichter erschrak und von einem wehen Gefühl durchschauert wurde, wie einer, der an einem prachtvoll schönen Hause die ersten Zeichen des Verfalls erblickt. Er fühlte deutlich, daß die schöne Höhe seiner Liebe überschritten war, er empfand das Lachen des wilden Weibes manchmal unschön, sogar gemein, aber ihre rasende Glut riß ihn hin, und er ließ sich in den trüben Wellen dieser Leidenschaft treiben mit dem halben Bewußtsein, diese überschäumende Liebe bis zum letzten Schrei der gefolterten Lust und bis zur Verzweiflung auszukosten.

7

Fast täglich gingen in den Bergen heftige Gewitter nieder. Der See war so warm, daß das Baden kaum mehr eine Erfrischung brachte.

Elisabeth hatte sich in den Vitznauer Wochen verändert. Die schlanken Formen ihrer wundervollen Glieder hatten Fülle und Weichheit bekommen, der Nacken war zugleich dunkler gefärbt und voller, die Brüste drängender geworden. Die ungewohnte Glut verbreitete sich scheinbar von den leise durchschimmernden Adern über die ganze Haut, deren Farbe statt der kühlen Weiße eine goldgetönte, transparente Blässe gewonnen hatte, deren leuchtende Reife die ganze königliche Gestalt mit einer Atmosphäre der üppigen Lust und der herausfordernden Lüsternheit umgab. Die großen, vergeistigten Augen waren warm, träumend und liebekundig geworden und glänzten in einem neuen, feuchten, leicht verschleierten Glanz.

Die Züge des Gesichts und die zarten, schmalen Wangen waren irdischer und süßer geworden, sündig schön durch den verwandelten Ausdruck und durch den Anflug bläulicher Augenschatten. Das ganze Gesicht und besonders der brennende, gierige Mund schien von einem bacchischen Rausch entzündet.

Elisabeth hatte sich bald ihrer jetzigen Macht über den Dichter versichert. Sie dachte nicht an die Möglichkeit des Zuendegehens und schwelgte berauscht im fortwährenden Taumel ihrer Schönheit und ihres Sieges. Rastlos, als müsse sie alle Versäumnis der verlorenen Jahre gutmachen, sog sie lachend und vor Erregung zitternd jede Lust mit allen Poren ein und verdurstete doch nach mehr, nach wilderen Küssen, pressenderen Umarmungen und brünstigeren Spielen. Während der Dichter am Abnehmen seiner Energie und Genußfähigkeit litt, wurde sie von einem unsäglichen Ungenügen gestachelt und erfüllte ihre Phantasie mit den Träumen schrankenloser Genüsse.

Eines Tages bat sie den Dichter, ihr das Liebesmärchen vorzulesen. Er weigerte sich lang und gab doch nach. Er las, an einem schwülen Abend, während ein Wetterleuchten ohne Unterlaß am schwer verwölkten Himmel zuckte. Der Geruch des Wassers, der Blumenduft, das müde Gurgeln der Uferwellen erfüllte die drückende Luft.

Er las, und noch einmal stieg das Bild des Liebesschlosses vor ihm und ihr empor, des roten Schlosses, in welchem das Stöhnen der unersättlichen Liebesgier heiser und verzweifelt durch die tobende Brandung gellt und wo die Opfer eines verzehrenden Liebeszaubers ihre mörderische Lust in feuchten, zerwühlten Scharlachkissen ersticken.

Wer will sagen, was bei diesem Lesen in der Seele des Dichters vorging! Er las und büßte mit wunder Seele die schamlose Schönheit seiner verjährten Dichtung.

Während er vorlas, zitterte an ihn geschmiegt die warme Gestalt des atemlos hörenden Weibes, dessen dunkel brennendes Auge ihm die heißen frechen Worte lüstern vom Munde las. Und als er zu Ende gekommen war, drängte ihr entzündeter Leib sich mit leisem Schrei verzehrend an ihn, fest, zitternd und fiebernd in der ganzen unseligen Leidenschaft der maßlosen Dichtung. Mit schmerzendem Haupt und flimmernd wilden Augen preßte auch er sie an sich, in die schwarze, schwüle, wetterleuchtende Augustnacht mischte sich mit dem gedehnten Stöhnen des Windes und dem gebrochenen Gurgelton des Wassers das erstickende Keuchen

Der Dichter. Ein Buch der Sehnsucht

der beiden Menschen, über deren Häuptern eine uferlos schäumende, zerstörende Leidenschaft zusammenschlug, wie die trübe Welle eines blutig gefärbten Meeres.

Von diesem Abend an sank die Liebe der unstillbar entbrannten Frau und auch die bisher vom Ideal verklärte Liebe des Dichters schnell immer tiefer ins Grausame und buhlerisch Gemeine. Der Genuß war vorüber, statt dessen flackerte die geschändete Leidenschaft in trüben, freudlos wilden, aufregenden Zuckungen fort, mehr phantastische als körperliche Orgien begehend.

Dazu begann nun auch in Elisabeth ein Gefühl wie Reue und eine nach Betäubung lüsterne Verzweiflung aufzusteigen. Die vom Zauber der alten Kunst beglänzten Musikabende waren schon lange zu Ende. Statt dessen spielte sie jetzt oft stundenlang Chopin. Sie wußte, daß Martin diese Musik im Grunde liebte, während er sie aus Furcht vor ihrem schwächenden Einfluß sich fernhielt. Nun fieberte diese atemraubend wilde, stachelnde, unselig geniale Musik des nervösesten Künstlers täglich durch das stille Haus. Martin, der diese raffinierteste, kränkeste Kunst in ihrer ganzen traurigmachenden Schönheit verstand, litt unsäglich an ihr und konnte sich doch dem Zauber nicht entziehen. Diese mädchenhaft rasenden Takte, diese in sinnreich kombinierter Auflösung verflatternden Tönereihen, diese halben, rastlosen, in den zartesten Nerven wühlenden Dissonanzen, dieses fiebernde Wiegen energieloser, namenlos schwermütiger Takte war die einzige Musik, welche in der zitternd schwülen Luft des roten Liebesschlosses noch möglich war.

Einmal, nachdem sie die Berceuse, dieses elfenzarte, duftige, dennoch heimlichst erregende Stück gespielt hatte, brach Elisabeth plötzlich in ein jähes Gelächter und im nächsten Augenblick in ein wehes, erschütterndes Schluchzen aus. Der Dichter stand neben ihr, bleich und mit verglühten Augen und schaute schweigend zu, wie dasselbe Elend, das ihm die Kehle würgte, neben ihm das niedergesunkene, verdorbene Weib in langen Zuckungen folterte.

Als Elisabeth sich wieder erhoben hatte, trocknete sie das Gesicht mit dem Taschentuch, nahm des Dichters Arm und ging mit ihm in den Garten.

»Eine verrückte Musik«, rief sie aus, »Ich glaube, ich habe wirklich geweint.« Sie flocht sich Rosen ins Haar, reife, gelbe Teerosen, deren Blätter sich lösten, ihr über Haar und Schultern fielen und in den Falten ihres

Kleides hängen blieben. Sie riß eine ganze Handvoll Rosen ab und warf sie über den Dichter. So setzten sie sich in die Laube, der Mann, das Weib, Tisch und Boden waren von den losen blaßgelben Rosenblättern bedeckt, deren Duft schon herb und welk war.

»Es ist schwül«, sagte der Dichter.

»Wirklich«, lachte sie laut. Martin ging und brachte Lichter, Obst und Wein herbei.

»Man kann doch nicht schlafen«, sagte er. »Wir wollen hier außen bleiben.«

»Gut, feiern wir ein Sommernachtsfest! Es ist ja so ein lyrisch weicher Abend, wie du sie liebst.«

»Ja, Elisabeth. Und morgen oder übermorgen oder ein paar Tage später ist Herbst.«

»Du sagst das ganz tragisch.«

»Findest du? Es ist doch traurig, wie sich die Rosen schon auflösen.« Elisabeth lachte: »Ach, die armen Rosen! Es werden andere wachsen.«

»Und du wirst andere Liebhaber finden.«

»Martin –!«

»Verzeih, Elisabeth. Ich wollte das nicht sagen.«

»Na, ich bin gläubig.«

»Wirklich nicht, glaube mir! – O Elisabeth, wenn ich noch zu dir reden könnte wie im Anfang dieses Sommers!«

»Es ist doch ein schöner Sommer gewesen.«

»Ja, ein recht schöner Sommer.« Martin unterdrückte einen Seufzer und änderte den Ton seiner Stimme.

»Dieser Chopin ist doch genial. Was meinst du?«

»Er hat ein Pendant unter den Dichtern.«

»Wen meinst du?«

»Dich und dein Liebesmärchen. Du verstehst es reichlich so gut wie Chopin auf die sensibelsten Nerven den Finger zu legen.«

»Ist das ein Lob?«

»Natürlich. Aber wartet nur, ihr Erotiker und Melancholiker, ihr sollt mich nicht umsonst bekehrt haben! Künftig werde ich eine Musik machen, bei der die Don Juans des Parketts sich wie verführte Landmädchen vorkommen sollen.«

»Ich warte darauf.«

»Tu das, mein Lieber! Vor zwei Monaten glaubte ich fest, der vollkommenste Satan zu sein, und nun seh' ich, daß ich damals das reine Lamm war. Ein schneeweißes Lamm mit blauem Halsband und einem Glöckchen daran.«

»Äußerst possierlich! Aber jetzt?«

»Jetzt hat sich alles umgedreht. Damals war die Musik mein Herrgott und ich seine fromme Magd. Jetzt bin ich der Herrgott und meine Kunst soll mir tanzen ... Aber das will ein Nachtfest sein?! Wir sitzen da wie Leichenwächter.«

»An wessen Leiche?«

»Unsinn! Komm, nimm meinen Kopf auf deinen Schoß und gib mir Wein zu trinken! Wir wollen auch singen –«

Während im Garten die Rosenblätter vergilbend in den Beeten lagen, löste sich und verwelkte auch die Liebe des Dichters und der Künstlerin. Es kamen Abende, an denen sie, jeder von einsamen Spaziergängen zurückgekommen, sich stundenlang mit verhaltener Bitterkeit gegenüber saßen, Elisabeth verdrossen und unbefriedigt, der Dichter verbittert und krank bis in den Grund seiner ermüdeten und mißbrauchten Seele.

»Du könntest eigentlich die Geschichte dieses lustigen Sommers aufschreiben«, sagte sie eines Tages. »Wenn du geschickt bist, so gibt es ein Buch, das die Leute verschlingen werden. Ich erlaube dir auch meinen Namen zu nennen, das wirkt. Ach Gott, man will doch einmal berühmt werden, und das Leben ist kurz! Dann werden die Leute auf mich deuten und einander erzählen: das ist die berühmte Geliebte des Dichters Soundso, die er, wenn sie nackt war, mit roten Kressen bekränzte und über deren Nacken er ein eigenes Gedicht gemacht hat. Einen ganzen Monat lang hat er sie eigenhändig aus- und angekleidet.«

»Ich werde das vielleicht tun. Ich bin gemein genug dazu, und du auch.«

»Nun eben! Übrigens will ich nächstens ein Konzert in Baden-Baden geben. Sie haben dieser Tage angefragt. Gehst du mit?«

»Keine Rede! Wann ist das Konzert?«

»In acht Tagen.«

»Und du willst wirklich hingehen?«

»Ich sage heute zu. Freilich werde ich diese Tage noch sehr zum Üben benützen müssen. Einen Tag hin, am zweiten spiele ich, am dritten zurück. Über Luzern – Basel –.«

Martin wußte, daß sie nicht zurückkommen würde. Am Tag vor ihrer Abreise überwältigte ihn noch einmal die dämonische Schönheit ihres Körpers, daß er sie unter Küssen umarmte. Noch einmal flackerte der Rausch von ehemals durch sein ermüdetes Herz, daß er über dem Genuß ihrer wunderbaren Gliederpracht alles Elend vergaß. Dann reiste sie ab.

Und dann las er in einer Zeitung über das Konzert: »Die beiden Vorträge der berühmten Künstlerin setzten alle Kenner in Erstaunen. Abgesehen von der unglaublich brillanten Technik, die wir an der Virtuosin schon früher bewunderten, war es eine durchaus überraschende Wandlung im Programm und Vortrag, die uns bei diesem Konzert entgegentrat. Die Dame spielte die zweite Nocturne von Chopin und eine Improvisation und zeigte in beiden Stücken eine völlig veränderte Richtung. An Stelle der fast herben Klassizität ist ein lebendig bewegter, hinreißender Vortrag getreten. Wir beglückwünschen die große Künstlerin zu diesem Beginn einer neuen, glänzenden Epoche ihres Könnens. —«

So begrüßte die Welt den Abfall einer großen Künstlerseele von ihrem Ideal.

Martin wartete vier Tage, fünf Tage. Elisabeth kam nicht wieder. Den sechsten und siebten Tag schloß sich der Dichter in seinem Arbeitszimmer ein. Im fortwährenden Kampf mit den andrängenden Bildern seiner erkrankten Phantasie und mit einem heftigen Bedürfnis zu schluchzen, brachte er aufreibend trostlose Stunden hin. Das Herz voll Galle, zwang er mit der alten zähen Strenge seine Gedanken zur Ordnung und suchte Beschlüsse für die nächste Zukunft zu fassen. Nur mit Mühe hielt er ein Gefühl des Ekels vor sich selbst nieder. Er fand in seinem Leben, an seinem Leibe und in seinem Denken nichts, was ihm nicht geschändet, befleckt und unwürdig erschienen wäre, die ganze Atmosphäre kam ihm beschmutzt vor durch das Keuchen und den Schweiß der entarteten Liebeslust.

Nun war die Zeit gekommen, vor der er sich seit Monaten gefürchtet hatte. Die einzige Frau, das Kleinod seiner zärtlichsten Träume, war von ihm genommen, war des ganzen adligen Duftes und der ganzen vornehmen Grazie beraubt. Auch ihre und seine eigene Kunst war beschmutzt und erniedrigt. Er würde nie wieder im Genuß ihrer Musik den Traum vom Ideal des Schönen träumen und nie mehr in seinen Versen den herben, schweigsamen Hochmut einer unendlich geläuterten Kunst genießen können.

Noch elender erschien ihm der zukünftige Verkehr mit Elisabeth. Sie würden monatelang aneinander vorübergehen, immer das blasse grinsende Augurenlächeln im Blick. Sie würden sich wieder finden, um in grenzenloser Trauer und Bitterkeit sich des Vergangenen zu erinnern. Sie würden zu irgendeiner Stunde dem Reiz der beschworenen Erinnerung erliegen und noch einmal das ganze erbärmliche Spiel bis zur selben Verzweiflung durchspielen und von neuem auseinander gehen, noch entwürdigter, noch bitterer und vergifteter als das erstemal.

Als Martin nach diesen in trostlosem Kampf verbrachten Tagen sein Zimmer wieder verließ, erschrak sein Diener vor ihm. Und er selbst erschrak, als er sein Gesicht im Spiegel erblickte, das Gesicht eines gebrochenen und vom Dämon gezeichneten Mannes.

Er war seines Entschlusses sicher geworden. Sein Bewunderer, der gelehrte Historiker, in dessen Hause und Garten er Elisabeth oft gesehen hatte, erhielt in diesen Tagen einen Brief von ihm. »Fünf größere Dichtungen von mir«, hieß es darin, »sind, wie Sie wissen, in von mir gezeichneten, fast sämtlich variierenden Exemplaren als Manuskript ausgegeben. Sie erweisen mir einen großen Dienst, wenn Sie mir diese verschaffen können. Man wird sie Ihnen eher als mir überlassen. Die Titel und die Adressen der Besitzer finden Sie auf der mitgegebenen Liste beisammen. Suchen Sie möglichst alle zu bekommen, und legen Sie Ihr Exemplar bei; es ist mir von großer Wichtigkeit, sie vollzählig zu haben. —«

Der Gelehrte unterzog sich bereitwillig dieser Arbeit. Er mochte annehmen, Martin plane ihre Redaktion in der Absicht einer Veröffentlichung. Täglich liefen einige Exemplare bei Martin ein, zierliche, von einem dazu von ihm herangebildeten Schreiber peinlich egal geschriebene Hefte aus Handpapier, mit breitem schwarzem Band geheftet und sämtlich mit seinem Namenszug versehen. Endlich fehlten noch drei Hefte, zwei davon wurden von den Besitzern hartnäckig verweigert, das dritte schien verloren gegangen zu sein. Die Mehrzahl der Schriften waren in elegante lederne oder seidene Mappen eingelegt. Diese kleine Sammlung von schmucken Heftchen lag vor dem Dichter ausgebreitet. Sie waren sein Lebenswerk, Tage und Nächte seiner besten Jahre hatte er darauf verwandt, diesen tadellos schönen Versen ihre brillante Oberfläche und ihre beziehungsreiche, sinnvolle Verknüpfung zu geben. In kostbaren Hüllen waren sie jahrelang von Verehrern aufbewahrt und in guten Stunden von aufmerksamen, fein erzogenen Genießern gelesen worden.

Mit harten Zügen und fest geschlossenen Lippen überschaute und zählte der Dichter die Schriften. Er öffnete keines der Hefte – die lang erwogenen, oft geprüften, unzähligemal überlesenen und neu überarbeiteten Verse hatte sein Gedächtnis fast alle bewahrt.

Als die letzten eingetroffen waren, band Martin die ganze Sammlung zusammen. Am Abend, nach Einbruch der Dämmerung, brachte er das schwere Paket in das Boot und fuhr über das dunkle Wasser gegen Buochs hinüber. In der Mitte des Sees machte er Halt und saß wohl eine Stunde lang gebeugt und regungslos, die Rechte auf das weiße Bündel gelegt, welches die Arbeit seines Lebens enthielt. Ein unsäglich schneidender Schmerz ging in dieser dunklen, schweigenden Stunde durch seine Seele.

Dann erhob er sich langsam, hob das Bündel auf den Rand des sich neigenden Boots, fuhr noch einmal mit der Hand liebkosend darüber und ließ es langsam und lautlos in das Wasser sinken. Quirlend und leise gurgelnd schloß sich darüber die Fläche.

Tags darauf legte er in seinem Ariost an der Stelle, die er mit Elisabeth an einem besonders glücklichen Morgen gelesen hatte, ein rotes Band und einige Rosenblätter und sandte die kostbare Ausgabe der Künstlerin zum Geschenk.

Der Historiker erhielt ein rätselhaftes Billet: »Ich danke für Ihre Mühe! Beim Anblick der vielen Blätter empfand ich wieder stark den alten Schmerz der Künstler – ars longa vita brevis. Sollte ich einmal vor Ihnen sterben, so vermache ich Ihnen meine Bibliothek unter der Bedingung, daß meine Aldinensammlung für ewig beisammen bleibt.«

Martin reiste nach Grindelwald und verscholl spurlos im Hochgebirge.

(1900/01)

Der Kavalier auf dem Eise

Damals sah mir die Welt noch anders aus. Ich war zwölfeinhalb Jahre alt und noch mitten in der vielfarbigen, reichen Welt der Knabenfreuden und Knabenschwärmereien befangen. Nun dämmerte schüchtern und lüstern zum ersten Male das weiche Referneblau der gemilderten, innigeren Jugendlichkeit in meine erstaunte Seele.

Es war ein langer, strenger Winter, und unser schöner Schwarzwaldfluß lag wochenlang hart gefroren. Ich kann das merkwürdige, gruselig-entzückte Gefühl nicht vergessen, mit dem ich am ersten bitterkalten Morgen den Fluß betrat, denn er war tief und das Eis war so klar, daß man wie durch eine dünne Glasscheibe unter sich das grüne Wasser, den Sandboden mit Steinen, die phantastisch verschlungenen Wasserpflanzen und zuweilen den dunklen Rücken eines Fisches sah.

Halbe Tage trieb ich mich mit meinen Kameraden auf dem Eise herum, mit heißen Wangen und blauen Händen, das Herz von der starken rhythmischen Bewegung des Schlittschuhlaufs energisch geschwellt, voll von der wunderbaren gedankenlosen Genußkraft der Knabenzeit. Wir übten Wettlauf, Weitsprung, Hochsprung, Fliehen und Haschen, und diejenigen von uns, die noch die altmodischen beinernen Schlittschuhe mit Bindfaden an den Stiefeln befestigt trugen, waren nicht die schlechtesten Läufer. Aber einer, ein Fabrikantensohn, besaß ein Paar »Halifax«, die waren ohne Schnur oder Riemen befestigt und man konnte sie in zwei Augenblicken anziehen und ablegen. Das Wort Halifax stand von da an jahrelang auf meinem Weihnachtswunschzettel, jedoch erfolglos; und als ich zwölf Jahre später einmal ein Paar recht feine und gute Schlittschuhe kaufen wollte und im Laden Halifax verlangte, da ging mir zu meinem Schmerz ein Ideal und ein Stück Kinderglauben verloren, als man mir lächelnd versicherte, Halifax sei ein veraltetes System und längst nicht mehr das Beste.

Am liebsten lief ich allein, oft bis zum Einbruch der Nacht. Ich sauste dahin, lernte im raschesten Schnellauf an jedem beliebigen Punkte halten oder wenden, schwebte mit Fliegergenuß balancierend in schönen Bogen. Viele von meinen Kameraden benutzten die Zeit auf dem Eise, um den Mädchen nachzulaufen und zu hofieren. Für mich waren die Mädchen nicht vorhanden. Während andere ihnen Ritterdienste leisteten, sie sehnsüchtig und schüchtern umkreisten oder sie kühn und flott in Paaren führten, genoß ich allein die freie Lust des Gleitens. Für die »Mädelesführer« hatte ich nur Mitleid oder Spott. Denn aus den Konfessionen mancher Freunde glaubte ich zu wissen, wie zweifelhaft ihre galanten Genüsse im Grunde waren.

Da, schon gegen Ende des Winters, kam mir eines Tages die Schülerneuigkeit zu Ohren, der Nordkaffer habe neulich abermals die Emma Meier beim Schlittschuhausziehen geküßt. Die Nachricht trieb mir plötzlich das Blut zu Kopfe. Geküßt! Das war freilich schon was anderes als die faden Gespräche und scheuen Händedrücke, die sonst als höchste Wonnen des Mädleführens gepriesen wurden. Geküßt! Das war ein Ton aus einer fremden, verschlossenen, scheu geahnten Welt, das hatte den leckeren Duft der verbotenen Früchte, das hatte etwas Heimliches, Poetisches, Unnennbares, das gehörte in jenes dunkelsüße, schaurig lockende Gebiet, das von uns allen verschwiegen, aber ahnungsvoll gekannt und streifweise durch sagenhafte Liebesabenteuer ehemaliger, von der Schule verwiesener Mädchenhelden beleuchtet war. Der »Nordkaffer« war ein vierzehnjähriger, Gott weiß wie zu uns verschlagener Hamburger Schuljunge, den ich sehr verehrte und dessen fern der Schule blühender Ruhm mich oft nicht schlafen ließ. Und Emma Meier war unbestritten das hübscheste Schulmädchen von Gerbersau, blond, flink, stolz und so alt wie ich.

Von jenem Tage an wälzte ich Pläne und Sorgen in meinem Sinn. Ein Mädchen zu küssen, das übertraf doch alle meine bisherigen Ideale, sowohl an sich selbst, als weil es ohne Zweifel vom Schulgesetz verboten und verpönt war. Es wurde mir schnell klar, daß der solenne Minnedienst der Eisbahn hierzu die einzige gute Gelegenheit sei. Zunächst suchte ich denn mein Äußeres nach Vermögen hoffähiger zu machen. Ich wandte Zeit und Sorgfalt an meine Frisur, wachte peinlich über die Sauberkeit meiner Kleider, trug die Pelzmütze manierlich halb in der Stirn und erbettelte von meinen Schwestern ein rosenrot seidenes Foulard. Zugleich begann ich auf dem Eise die etwa in Frage kommenden Mädchen höflich zu grüßen und glaubte zu sehen, daß diese ungewohnte Huldigung zwar mit Erstaunen, aber nicht ohne Wohlgefallen bemerkt wurde.

Viel schwerer wurde mir die erste Anknüpfung, denn in meinem Leben hatte ich noch kein Mädchen »engagiert«. Ich suchte meine Freunde bei dieser ernsten Zeremonie zu belauschen. Manche machten nur einen

Bückling und streckten die Hand aus, andere stotterten etwas Unverständliches hervor, weitaus die meisten aber bedienten sich der eleganten Phrase: »Hab' ich die Ehre?« Diese Formel imponierte mir sehr, und ich übte sie ein, indem ich zu Hause in meiner Kammer mich vor dem Ofen verneigte und die feierlichen Worte dazu sprach.

Der Tag des schweren ersten Schrittes war gekommen. Schon gestern hatte ich Werbegedanken gehabt, war aber mutlos heimgekehrt, ohne etwas gewagt zu haben. Heute hatte ich mir vorgenommen, unweigerlich zu tun, was ich so sehr fürchtete wie ersehnte. Mit Herzklopfen und todbeklommen wie ein Verbrecher ging ich zur Eisbahn, und ich glaube, meine Hände zitterten beim Anlegen der Schlittschuhe. Und dann stürzte ich mich in die Menge, in weitem Bogen ausholend, und bemüht, meinem Gesicht einen Rest der gewohnten Sicherheit und Selbstverständlichkeit zu bewahren. Zweimal durchlief ich die ganze lange Bahn im eiligsten Tempo, die scharfe Luft und die heftige Bewegung taten mir wohl.

Plötzlich, gerade unter der Brücke, rannte ich mit voller Wucht gegen jemanden an und taumelte bestürzt zur Seite. Auf dem Eise aber saß die schöne Emma, offenbar Schmerzen verbeißend, und sah mich vorwurfsvoll an. Vor meinen Blicken ging die Welt im Kreise.

»Helft mir doch auf!« sagte sie zu ihren Freundinnen. Da nahm ich, blutrot im ganzen Gesicht, meine Mütze ab, kniete neben ihr nieder und half ihr aufstehen.

Wir standen nun einander erschrocken und fassungslos gegenüber, und keines sagte ein Wort. Der Pelz, das Gesicht und Haar des schönen Mädchens betäubten mich durch ihre fremde Nähe. Ich besann mich ohne Erfolg auf eine Entschuldigung und hielt noch immer meine Mütze in der Faust. Und plötzlich, während mir die Augen wie verschleiert waren, machte ich mechanisch einen tiefen Bückling und stammelte: »Hab' ich die Ehre?«

Sie antwortete nichts, ergriff aber meine Hände mit ihren feinen Fingern, deren Wärme ich durch den Handschuh hindurch fühlte, und fuhr mit mir dahin. Mir war zumute wie in einem sonderbaren Traum. Ein Gefühl von Glück, Scham, Wärme, Lust und Verlegenheit raubte mir fast den Atem. Wohl eine Viertelstunde liefen wir zusammen. Dann machte sie an einem Halteplatz leise die kleinen Hände frei, sagte »Danke schön« und fuhr allein davon, während ich verspätet die Pelzkappe zog und noch lange an derselben Stelle stehen blieb. Erst später fiel mir ein, daß sie während der ganzen Zeit kein einziges Wort gesprochen hatte.

Das Eis schmolz, und ich konnte meinen Versuch nicht wiederholen. Es war mein erstes Liebesabenteuer. Aber es vergingen noch Jahre, ehe mein Traum sich erfüllte und mein Mund auf einem roten Mädchenmunde lag.

(1901)

Erlebnis in der Knabenzeit

Der Schlosser Mohr, Hermann Mohrs Vater, den wir Mohrle nannten, wohnte am Eingang der Badgasse in einem alten, merkwürdigen und etwas finsteren Hause, zu dem ein steiler, gepflasterter Aufstieg und dann noch einige Stufen aus rotem Sandstein hinanführten. Neben dem Tor der Schlosserwerkstatt, die ich nie betreten habe, führte dicht hinter der Haustür eine steile, enge Treppe zur Wohnung hinauf, und auch diese Haustür, diese steile Treppe und diese Wohnung habe ich nur ein einzigesmal betreten, es ist lange her. Denn seit Jahrzehnten ist die Familie Mohr aus meiner Vaterstadt weggezogen und verschwunden, und auch ich selber bin seit Jahrzehnten fort und fremd geworden, und die dortigen Dinge, Bilder und Ereignisse gehören der fernen Vorwelt der Jugend und der Erinnerungen an. In Jahrzehnten habe ich Tal und Stadt nur wenigemal für wenige Stunden wiedergesehen, aber nie mehr ist eine andere Stadt in den Ländern, in denen ich seither gewohnt habe und gereist bin, mir so bekannt geworden; noch immer ist die Vaterstadt für mich Vorbild, Urbild der Stadt, und die Gassen, Häuser, Menschen und Geschichten dort Vorbild und Urbild aller Menschenheimaten und Menschengeschicke. Lerne ich in der Fremde Neues kennen, eine Gasse, ein Tor, einen Garten, einen alten Mann, eine Familie, so wird das Neue mir erst in dem Augenblick wirklich und voll lebendig, wo irgendetwas an ihm mich, sei es noch so leise und hauchdünn, an das Dort und Damals erinnert.

Die Familie Mohr war mir nicht eigentlich bekannt. Was ich kannte, das war ihr Haus, vielmehr das Äußere ihres Hauses, mit dem steilen Aufstieg, dessen Pflastersteine wenig Sonne sahen und immer etwas feucht und finster waren. Da war die offenstehende Werkstatt, manchmal sah man hinten durch ihre Schwärze ein kleines Schmiedefeuer sprühen und hörte den schönen vollen Ton des Ambosses, und außen am Hause standen Bündel von dünnen Eisenstangen schräg angelehnt, so wie beim Wagner die geschälten Eschenstämme standen, und es roch hier winklig und streng, etwas nach Feuchte und Stein, etwas nach Ruß und Eisen, und etwas nach Haarwasser und Pomade, von dem kleinen Friseurladen her, der etwas tiefer daneben lag, und wo ich alle Halbjahr das Haar geschoren bekam.

Weiter kannte ich von den Mohrs die drei Söhne. Sie galten alle für gescheit und aufgeweckt, einer war schon in einer Lehre oder studierte, der zweite, ein Jahr älter als ich, ging gleich mir in die Lateinschule, und der dritte, Hermann, der Mohrle, gehörte, noch ehe ich ihn kannte, für mich mit zum Anblick des Hauses, denn selten kam ich dort vorüber, ohne ihn sitzen und irgendwelche Kunstwerke verfertigen zu sehen, er saß entweder hoch über der finsteren Gasse, auf der Mauerbrüstung neben seiner Haustür, oder auch ein Stockwerk höher am Fenster, ein kleiner, sehr blasser, zart und kränklich aussehender Knabe, mehrere Jahre jünger als ich. Und dieser Mohrle galt für noch begabter und merkwürdiger als seine großen Brüder, er schien immer zu Hause zu sitzen und immer allein zu sein, und war jederzeit mit zarten, sinnreichen Handarbeiten beschäftigt. Namentlich tat er sich als Zeichner hervor, er galt für ein Wunderkind, und man sprach in der Nachbarschaft mit Respekt von ihm, obwohl er noch in einer der ersten Schulklassen war. In der Schule wußte man damals nichts von Zeichnen, er hatte sich ohne Lehrer und Vorbild auf diese Kunst geworfen, und was ich davon zu sehen bekam, weckte jedesmal meine Bewunderung und auch meinen Neid. Manchmal brachte sein Bruder eine Zeichnung von ihm mit in die Schule und zeigte sie herum, und alle bewunderten sie, und wenn ich ihn auf der Gassenmauer oder oben im Eckfenster sitzen und zeichnen sah, dann hatte ich nicht das Zutrauen, hinaufzugehen, mich hinter ihn zu stellen und ihm zuzusehen, wie ich es allzu gern gemacht hätte, sondern es schien mir richtig und geboten, die einsame Arbeitsamkeit des Wunderkindes zu achten und seine Stille nicht durch Neugierde zu stören. Wäre er nicht gar so klein gewesen, so hätte ich versucht, ihn zu meinem Freund zu machen. Aber er war vier, fünf Jahre jünger als ich, und mochte er auch ein Genie sein, so verbot es mir doch meine Schülerehre, mich näher mit einem so Kleinen einzulassen. Dennoch liebte ich ihn und blickte gern hinüber, wenn er so schmächtig und gebückt vor seinem Hause saß und an einer Zeichnung strichelte oder eine seiner vielen erfinderischen Arbeiten auf den Knien liegen hatte, etwa das Speichenrad einer kleinen Hammermühle, den Rumpf eines Segelschiffes aus Tannenrinde oder die Hülse einer Schlüsselbüchse. Während wir anderen in Haufen durch die Gassen sprangen, spielten, Lärm machten und viele Streiche verübten, führte der bleiche, kleine Wundermann abseits mit Griffel, Bleistift, Hammer oder Schnitzmesser sein besonderes und abgetrenntes Leben, zufrieden, fleißig und nachdenklich wie ein Alter.

Vielleicht war der kleine Knabe sehr frühreif und war in seiner Seele schon der Leiden und tiefen Wonnen fähig, welche in jungen Jahren dem Künstler seine noch unerprobten Kräfte bescheren, und vielleicht glaubte er an eine glänzende Zukunft, denn trotz seiner Kränklichkeit und Einsamkeit schien er uns und unsere Spiele weder zu beneiden noch zu entbehren, er war zufrieden. Etwas später, als in mir die erste Leidenschaft für die Studien und für die Dichtkunst wach wurde, dachte ich manchmal an ihn, und wäre jetzt vielleicht wirklich sein Freund geworden, aber da war er schon nicht mehr da.

Bald nämlich umgab sich der Mohrle mit einem noch tieferen Geheimnis und entrückte sich unserem Umgang und Verständnis noch völliger. Er sollte nicht die Kämpfe und Enttäuschungen erleben, die auf seinesgleichen warten; er sollte auch nicht an jenen Scheideweg kommen, vor den jeder Künstler einmal gestellt wird, wo es zu wählen gilt zwischen Vorteil und Kunst, zwischen Bequemlichkeit und Kunst, zwischen Treue und Verrat, und wo die meisten untreu werden. Das blieb ihm alles erspart.

Eines Tages fehlte der Mohrle in der Schule, andern Tages fehlte auch sein Bruder, und am nächsten Tag hörte ich, daß er gestorben sei. Die Nachricht bewegte mich wunderlich.

Und dann traf ich auf der Gasse seinen Bruder und war sehr in Verlegenheit, was ich zu ihm sagen solle. Er war nur ein Jahr älter als ich, aber viel reifer und fertiger, ein geschickter und etwas flotter Knabe, und mir zwar nicht an »Kinderstube«, aber an Auftreten und Anpassung weit überlegen.

»Dein Bruder ist ja gestorben«, sagte ich zögernd. »Ist es denn wahr?«

Er erzählte mir, was für eine Krankheit er gehabt habe und wie und warum er gestorben sei, es waren Ausdrücke, die ich alle nicht verstand.

Und zuletzt sagte er etwas, was mich bis ins Herz hinein erschreckte und beängstigte. Er sagte: »Willst du hinaufkommen und ihn sehen?«

Er sagte es in einem Ton, aus dem ich erfuhr, daß er mir damit eine Artigkeit und Ehre erweisen wolle. Ach, aber ich wäre am liebsten auf- und davongelaufen, ich hatte noch niemals einen Toten gesehen und begehrte auch nicht danach. Aber vor dem Blick des älteren Knaben schämte ich mich, ängstlich oder wehleidig zu scheinen, ich durfte und wollte nicht nein sagen, es hätte ihn vielleicht auch beleidigt, und so ging ich schweigend mit. Ich folgte ihm wie ein Verurteilter über die Gasse und am Brunnen und Friseurladen vorbei, die schlüpfrigen Pflastersteine hinan, ins Haus und die steile Treppe empor. Das Herz stand mir still vor Angst, und zugleich spürte ich eine grausige Neugierde, es drang lauter Neues, Feindliches, Wildes auf mich ein, aus den kühlen Worten des Bruders, aus dem Knarren der Treppendielen und am meisten aus dem Geruch, von dem ich nicht wußte, ob er immer in diesem Hause sei, oder ob er von einer Arznei herkomme, oder ob es der Geruch des Todes sei. Es war kein heftiger Geruch, er war herb, essigartig und zog die Kehle etwas zusammen, es schien mir ein fataler, ein böser, liebloser, vernichtender Geruch zu sein, ich roch alles darin voraus, was ich über den Tod und das Sterben noch nicht wußte. Ich ging immer langsamer, die letzten Stufen der Treppe machten mir große Mühe.

Jetzt öffnete Mohrles Bruder leise eine Stubentür, und hinter ihm, von der bösen Macht gezogen, trat ich in die Kammer, wo der kleine Tote aufgebettet lag. Da blieben wir stehen, und der Bruder hatte auf einmal Tränen in den Augen, wollte es verbergen, gab es dann aber auf, und bald lächelte er wieder ein wenig. Ich stand und starrte auf das tote Kind, noch nie hatte ich so etwas gesehen. Das Körperchen sah unscheinbar aus, so dürftig und flach, und vom Gesicht war die untere Hälfte ebenfalls traurig, kümmerlich anzusehen, uralt und zugleich doch kinderhaft. Aber auf Nase und Stirn und Augenlidern lag etwas Schönes und Würdiges, über dem weißen, faden Wachs der starren Haut schimmerte es magisch beseelt. Die feinen, alabasternen Schläfen, bläulich unterlaufen, und die Stirnwölbung hatten ein wunderliches Licht, das ich anstarrte, ohne zu wissen, ob es mich anziehe oder abstoße.

Zu Ehren des Toten waren nebenan auf einem Tische einige Zeichnungen von ihm aufgelegt. Ehe ich sie betrachtete, blickte ich noch einmal scheu auf die weißen, kleinen Knochenhändchen, die diese Striche noch vor Tagen gezogen hatten. Ich brachte es nicht fertig, die Blätter anzufassen, so wenig wie ich den Toten selbst hätte berühren können. Das Ganze, was ich da erlebte, war ein schreckliches Gemisch von Größe und Widrigkeit, von Anklang an Gott und Ewigkeit und elendem Los der Kreatur, es schmeckte bitter und giftig, man konnte es nicht lange ertragen. Die Zeichnungen lenkten ab, ich blieb eine Weile vor ihnen stehen. Es war eine geharnischte Germania auf einem der Blätter gezeichnet, auf einem anderen eine romantische Schloßruine im Wald, aber ich hatte jetzt wenig Aufmerksamkeit für sie, sie waren wertlos geworden, man würde sie aufbewahren und zeigen, und dann vergessen.

Ich lief nach Hause, sobald ich mich hatte losmachen können, es war Abend, ich ging in den Garten, ich roch an den Kapuzinern und Levkojen, um den Todesgeruch loszuwerden, und hatte, bis es nach Tagen verklungen war, ein Gefühl, wie wenn etwas Kleines, ein Zahn oder Knöchlein, in meinem Leibe morsch geworden und ins Bröckeln geraten wäre. Plötzlich aber gelang es mir, das ganze Erlebnis für eine lange Zeit vollkommen zu vergessen.

(1901)

Der Hausierer

Der krumme alte Hausierer, ohne den ich mir die Falkengasse und unser Städtchen und meine Knabenzeit nicht denken kann, war ein rätselhafter Mensch, über dessen Alter und Vergangenheit nur dunkle Vermutungen im Umlauf waren. Auch sein bürgerlicher Name war ihm seit Jahrzehnten abhanden gekommen, und schon unsre Väter hatten ihn nie anders als mit dem mythischen Namen Hotte Hotte Putzpulver gerufen.

Obwohl das Haus meines Vaters groß, schön und herrschaftlich war, lag es doch nur zehn Schritt von einem finsteren Winkel entfernt, in welchem einige der elendesten Armutsgassen zusammenliefen. Wenn der Typhus ausbrach, so war es gewiß dort; wenn mitten in der Nacht sich betrunkenes Schreien und Fluchen erhob und die Stadtpolizei zwei Mann hoch langsam und ängstlich sich einfand, so war es dort; und wenn einmal ein Totschlag oder sonst etwas Grausiges geschah, so war es auch dort. Namentlich die Falkengasse, die engste und dunkelste von allen, übte stets einen besonderen Zauber auf mich aus und zog mich mit gewaltigem Reize an, obwohl sie von oben bis unten von lauter Feinden bewohnt war. Es waren sogar die gefürchtetsten von ihnen, die dort hausten. Man muß wissen, daß in Gerbersau seit Menschengedenken zwischen Lateinern und Volksschülern Zwiespalt und blutiger Hader bestand, und ich war natürlich Lateiner. Ich habe in jener finsteren Gasse manchen Steinwurf und manchen bösen Hieb auf Kopf und Rücken bekommen und auch manchen ausgeteilt, der mir Ehre machte. Namentlich dem Schuhmächerle und den beiden langen Metzgerbuben zeigte ich öfters die Zähne, und das waren Gegner von Ruf und Bedeutung.

Also in dieser schlimmen Gasse verkehrte der alte Hotte Hotte, so oft er mit seinem kleinen Blechkarren nach Gerbersau kam, was sehr häufig geschah. Er war ein leidlich robuster Zwerg mit zu langen und etwas verbogenen Gliedern und dummschlauen Augen, schäbig und mit einem Anstrich von ironischer Biederkeit gekleidet; vom ewigen Karrenschieben war sein Rücken krumm und sein Gang trottend und schwer geworden. Man wußte nie, ob er einen Bart habe oder keinen, denn er sah immer aus, als wenn er sich vor einer Woche rasiert hätte. In jener üblen Gasse bewegte er sich

Der Hausierer

so sicher, als wäre er dort geboren, und vielleicht war er das auch, obwohl er uns immer für einen Fremden galt. Er trat in all diese hohen finstern Häuser mit den niedrigen Türen, er tauchte da und dort an hochgelegenen Fenstern auf, er verschwand in die feuchten, schwarzen, winkligen Flure, er rief und plauderte und fluchte zu allen Erdgeschoß- und Kellerfenstern hinein. Er gab allen diesen alten, faulen, schmutzigen Männern die Hand, er schäkerte mit den derben, ungekämmten, verwahrlosten Weibern und kannte die vielen strohblonden, frechen, lärmigen Kinder mit Namen. Er stieg auf und ab, ging aus und ein und hatte in seinen Kleidern, Bewegungen und Redensarten ganz den starken Lokalduft der lichtlosen Winkelwelt, die mich mit wohligem Grausen anzog und die mir trotz der nahen Nachbarschaft doch seltsam fremd und unerforschlich blieb.

Wir Kameraden aber standen am Ende der Gasse, warteten, bis der Hausierer zum Vorschein kam, und schrien ihm dann jedesmal das alte Schlachtgeheul in allen Tonarten nach: Hotte Hotte Putzpulver! Meistens ging er ruhig weiter, grinste auch wohl verachtungsvoll herüber; zuweilen aber blieb er wie lauernd stehen, drehte den schwerfälligen Kopf mit bösartigem Blick herüber und senkte langsam mit verhaltenem Zorn die Hand in seine tiefe Rocktasche, was eine seltsam tückische und drohende Gebärde ergab.

Dieser Blick und dieser Griff der breiten braunen Hand war schuld daran, daß ich mehreremal von Hotte Hotte träumte. Und die Träume wieder waren schuld daran, daß ich viel an den alten Hausierer denken mußte, Furcht vor ihm hatte und zu ihm in ein seltsames, verschwiegenes Verhältnis kam, von welchem er freilich nichts wußte. Jene Träume hatten nämlich immer irgend etwas aufregend Grausiges und beklemmten mich wie Alpdrücken. Bald sah ich den Hotte Hotte in seine tiefe Tasche greifen und lange scharfe Messer daraus hervorziehen, während mich ein Bann am Platze festhielt und mein Haar sich vor Todesangst sträubte. Bald sah ich ihn mit scheußlichem Grinsen alle meine Kameraden in seinen Blechkarren schieben und wartete gelähmt vor Entsetzen, bis er auch mich ergreifen würde.

Wenn der Alte nun wiederkam, fiel mir das alles beängstigend und aufregend wieder ein. Trotzdem stand ich aber mit den anderen an der Gassenecke und schrie ihm seine Übernamen nach und lachte, wenn er in die Tasche griff und sein unrasiertes, farbloses Gesicht verzerrte. Dabei hatte ich heimlich ein heillos schlechtes Gewissen und wäre, solange er auf dem

Weg war, um keinen Preis allein durch die Falkengasse gegangen, auch nicht am hellen Mittag.

Vom Besuch in einem befreundeten gastlichen Landpfarrhause zurückkehrend, wanderte ich einmal durch den tiefen schönen Tannenforst und machte lange Schritte, denn es war schon Abend, und ich hatte noch gute anderthalb Stunden Weges vor mir. Die Straße begann schon stark zu dämmern und der ohnehin dunkle Wald rückte immer dichter und feindseliger zusammen, während oben an hohen Tannenstämmen noch schräge Strahlen roten Abendlichtes glühten. Ich schaute oft hinauf, einmal aus Freude an dem weichen, schönfarbigen Licht und dann auch aus Trostbedürfnis, denn die rasche Dämmerung im stillen tiefen Walde legte sich bedrückend auf mein elfjähriges Herz. Ich war gewiß nicht feig, wenigstens hätte mir das niemand ungestraft sagen dürfen. Aber hier war kein Feind, keine sichtbare Gefahr, – nur das Dunkelwerden und das seltsam bläuliche, verworrene Schattengewimmel im Waldinnern. Und gar nicht weit von hier, gegen Ernstmühl talabwärts, war einmal einer totgeschlagen worden.

Die Vögel gingen zu Nest; es wurde still, still, und kein Mensch war auf der Straße unterwegs außer mir. Ich ging möglichst leise, Gott weiß warum, und erschrak, so oft mein Fuß wider eine Wurzel stieß und ein Geräusch machte. Darüber wurde mein Gang immer langsamer statt schneller, und meine Gedanken gingen allmählich ganz ins Fabelhafte hinüber. Ich dachte an den Rübezahl, an die »Drei Männlein im Walde«, und an den, der drüben am Ernstmühler Fußweg umgekommen war.

Da erhob sich ein schwaches, schnurrendes Geräusch. Ich blieb stehen und horchte – es machte wieder rrrr – das mußte hinter mir auf der Straße sein. Zu sehen aber war nichts, denn es war unterdessen fast völlig dunkel geworden. Es ist ein Wagen, dachte ich, und beschloß, ihn abzuwarten. Er würde mich schon mitnehmen. Ich besann mich, wessen Gäule wohl um diese Zeit hier fahren könnten. Aber nein, von Rossen hörte man nichts, es mußte ein Handwagen sein, nach dem Geräusch zu schließen, und er kam auch so langsam näher. Freilich, ein Handkarren! Und ich wartete. Vermutlich war es ein Milchkarren, vielleicht vom Lützinger Hof. Aber jedenfalls mußte er nach Gerbersau fahren, vorher lag keine Ortschaft mehr am Wege. Und ich wartete.

Und nun sah ich den Karren, einen kleinen hochgebauten Kasten auf zwei Rädern, und einen Mann gebückt dahinter gehen. Warum bückte sich wohl der so schrecklich tief? Der Wagen mußte schwer sein.

Da war er endlich. »Guten Abend«, rief ich ihn an. Eine klebrige Stimme hüstelte den Gruß zurück. Der Mann schob sein Wägelchen zwei, drei Schritt weiter und stand neben mir.

Gott helfe mir – der Hotte Hotte Putzpulver! Er sah mich einen Augenblick an, fragte: »Nach Gerbersau?« und ging weiter, ich nebenher. Und so eine halbe Stunde lang – wir zwei nebeneinander durch die stille Finsternis. Er sprach kein Wörtlein. Aber er lachte alle paar Minuten in sich hinein, leise, innig und schadenfroh. Und jedesmal ging das böse, halb irre Lachen mir durch Mark und Bein. Ich wollte sprechen, wollte schneller gehen. Es gelang mir nicht. Endlich brachte ich mühsam ein paar Worte heraus.

»Was ist in dem Karren da drin?« fragte ich stockend. Ich sagte es sehr höflich und schüchtern – zu demselben Hotte Hotte, dem ich hundertmal auf der Straße nachgehöhnt hatte. Der Hausierer blieb stehen, lachte wieder, rieb sich die Hände, grinste mich an und fuhr langsam mit der breiten Rechten in die Rocktasche. Es war die hämisch häßliche Geste, die ich so oft gesehen hatte, und deren Bedeutung ich aus meinen Träumen kannte – der Griff nach den langen Messern!

Wie ein Verzweifelter rannte ich davon, daß der finstere Wald widerhallte, und hörte nicht auf zu rennen, bis ich verängstigt und atemlos an meines Vaters Haus die Glocke zog.

Das war der Hotte Hotte Putzpulver. Seither bin ich aus dem Knaben ein Mann geworden, unser Städtlein ist gleichfalls gewachsen, ohne dabei schöner geworden zu sein, und sogar in der Falkengasse hat sich einiges verändert. Aber der alte Hausierer kommt noch immer, schaut in die Kellerfenster, tritt in die feuchten Flure, schäkert mit den verwahrlosten Weibern und kennt alle die vielen ungewaschenen, strohblonden Kinder mit Namen. Er sieht etwas älter aus als damals, doch wenig verändert, und es ist mir seltsam zu denken, daß vielleicht noch meine eigenen Kinder einmal ihn an der Falkenecke erwarten und ihm seinen alten Übernamen nachrufen werden.

(1901)

Ein Knabenstreich

Der Sammetwedel war Besitzer eines stattlichen Kramladens in der Ledergasse. Die Entstehung seines Kosenamens ist von etymologischem Interesse. Er hieß ursprünglich Samuel, und aus diesem Vornamen, den unser Dialekt langsam und nasal ausspricht, und aus der salbungsvoll weichlichen Sanftmut seines Trägers erwuchs diesem der endgültige Spitzname Sammetwedel. Er handelte mit Wein und Rosinenmost, mit Zigarren, Kolonialwaren, Kleiderstoffen und sonst noch mit den verschiedensten nützlichen und gewinnbringenden Artikeln.

Samuel war sehr fromm. Er besuchte nicht nur regelmäßig die Kirche – das taten alle anständigen und klugen Geschäftsleute –, sondern er lief auch zu den Versammlungen und Betstunden der Pietisten in Gerbersau und auf dem Lande. Beim Sprechen rieb er sich demütig und weichlich die blassen Hände aneinander, blickte öfters mit rührendem Augenaufschlag nach oben und pries mit lächelnd-selbstloser Gebärde seine Weine an. Auch seine Kleidung hatte etwas Demütig-Frommes, war altmodisch im Schnitt, dunkelgrau oder schwarz und hielt sich auf der Grenze zwischen sparsam und schäbig.

Der unglückliche Mann war die Zielscheibe unaufhörlicher Neckereien. Wir Zwölfjährigen läuteten an seiner Haustür, schrieben ihm ulkige Briefchen, grüßten ihn mit ironisch übertriebener Hochachtung und belagerten oft ganze Abende lang seine Ladentreppe.

Eines Sommerabends bummelte ich mit drei Kameraden untätig auf dem Marktplatz. Es fing gerade an, ein wenig langweilig zu werden. Wir hatten heute den Polizeidiener gehänselt, an allen Ecken und Haustüren spioniert, den Meßner mit Knallerbsen erschreckt und dem nervösen Apotheker an die Fenster gepocht, nun wußten wir nichts Neues mehr anzufangen.

»Ich geh' heim«, erklärte der Philipp gelangweilt.

»Nein, halt doch!« riefen wir andern und zogen ihn mit uns die schmale, steile Kronengasse hinab. Da kam mir plötzlich ein Gedanke.

»Zum Sammetwedel!« rief ich begeistert. »Wir sind schon eine Ewigkeit nicht mehr bei ihm gewesen.«

Gesagt, getan. Mit wenigen Sätzen hatten wir im Sturm seinen Kaufladen erreicht. Vor dem Schaufenster hielten wir Kriegsrat, und es wurde beschlossen, die Intrige durch einen schlichten Ladenbesuch einzuleiten. Drei Pfennige wurden zusammengeschossen, und mich traf das Los, die Fehde zu eröffnen. Ich sollte in den Laden gehen und nach allerlei Dingen im Preise von drei Pfennig fragen, das Geld aber nur im schlimmsten Notfall ausgeben. Dann würden wir weiter sehen.

Die Klingel ertönte, und mit freundlichem Gruße kam ich in den Laden, in dem schon Licht brannte. Mißtrauisch empfing mich der hinter Bonbongläsern, Zuckerhüten und Kaffeebüchsen nahezu unsichtbare Sammetwedel. Ohne Zweifel ahnte er, da er mich kannte, meine ruchlosen Absichten, aber Frömmigkeit und kaufmännische Diplomatie nötigten ihn zum Höflichsein. Ich pflegte für meine Mama nicht selten einige Pfund Zucker, Salz, Grieß oder Reis bei ihm zu holen, war also ein alter Kunde.

»Was willst haben, Bub?«

»Ich weiß noch nicht bestimmt. – Haben Sie Schneeberger Schnupftabak?«

Während der Krämer nach seiner Schublade ging und mir den Rücken zuwendete, sah ich an der Scheibe der Ladentür meine Kameraden lauern – drei vorsichtig emporgereckte, indianerschlaue Gesichter mit pfiffigen Spionsaugen. Ich zwinkerte ihnen heimlich zu.

Indessen kehrte der Sammetwedel mit leeren Händen zurück. Das Glück war mir hold, es gab keinen Schneeberger mehr!

»Aber bis in vier, fünf Tagen trifft wieder eine Sendung ein, er ist schon bestellt. Dann kannst du ja wiederkommen«, sagte Samuel.

Ich stellte mich entrüstet.

»Das ist aber schade! Gar keinen Schneeberger mehr! – Aber haben Sie andern Schnupftabak?«

»Jawohl, vier- oder fünferlei Sorten.«

Und er stellte mehrere Büchsen vor mir auf. Ich fragte eingehend nach Preis und Güte jeder Sorte, schwankte endlich zwischen zweien, konnte mich nicht entschließen und nahm schließlich eine Prise zum Probieren. Ein vehementes Lachen, das vor der Tür auf der Gasse draußen losbrach, machte mich besorgt. Ich beschloß, mich für diesmal zurückzuziehen.

»Also, danke schön. Ich komme dieser Tage dann nochmals her, wenn es wieder Schneeberger gibt. Ich wollte doch eigentlich Schneeberger haben.«

Mit höflichem Gruß verließ ich den Laden und stattete meinen Spießgesellen Bericht ab, gab ihnen auch ihre zwei Pfennig wieder. Der dritte hatte mir gehört. Auf dem Heimweg lachten wir noch viel und berieten uns eifrig. Dann war unser Schlachtplan entworfen.

Am folgenden Tage erschienen, mit angemessenen Pausen natürlich, etwa dreißig Schuljungen hintereinander beim Sammetwedel, die alle Schneeberger Schnupftabak verlangten. Am zweiten Tage wiederholte und verdoppelte sich dieses Spiel. Der sanftmütige Kaufmann schnitt anfänglich saure Gesichter, dann wurde er grimmig, schließlich aber geriet er in Raserei und schrie: »Hinaus!« sobald er das Wort Schneeberger hörte. Vor der Ladentür aber standen wir alle selig wartend und begrüßten jeden seiner Zornesausbrüche mit Zuruf und Wonnegeschrei.

Am Abend des dritten Tages gelüstete es mich mächtig, selber noch einmal beim Sammetwedel vorzusprechen. Es war doch noch ganz anders, drinnen zu stehen und seine Wut zu sehen, als nur so vom Fenster oder von der Tür aus sich verstohlen darüber zu freuen. Also faßte ich Mut. Ich ging hinein, sagte sittsam »Grüß Gott!« und schwoll vor verhaltenem Lachen.

»Wie ist's nun mit dem Schneeberger?« fragte ich bescheiden. Natürlich glaubte ich bestimmt zu wissen, daß der Tabak unmöglich da sein könne.

Der Mann warf mir einen gesalzenen Zornblick zu. Doch sagte er nichts, sondern stellte zu meinem peinlichsten Erstaunen eine Schachtel vor mich hin, die den soeben eingetroffenen Tabak enthielt. Ich hatte keinen Pfennig im Besitz und fing nun an, mich der Lage nicht mehr gewachsen zu fühlen. Vor der Tür brach das ganze Rudel meiner Kameraden in ein tolles Gelächter aus. Sie hatten jetzt den doppelten Genuß, den Sammetwedel im höchsten Ärger und mich in der Klemme zu sehen. Mir wurde eng ums Herz.

Ich nahm die verwünschte Schachtel in die Hand, roch verlegen an dem Schneeberger und stellte sie dann wieder zurück.

»Es ist doch nicht der richtige«, sagte ich schließlich frech und näherte mich eiligst dem Ausgang.

Da ereignete sich etwas Außerordentliches. Der sanfte Samuel verlor den letzten Rest seiner Würde, sprang schnaubend hinter dem breiten Ladentisch hervor und stürzte mir nach auf die Gasse, mit fliegenden Rockschößen und klappernden Pantoffeln.

»Der Sammetwedel! Oha, der Sammetwedel!« schrien alle Jungen und

Ein Knabenstreich

rannten gaßauf, gaßab davon. Ich aber hatte mich schon um die Hausecke gedrückt und fühlte mich gerettet, während der Wütende meinen Kameraden nachjagte, von denen er natürlich keinen erwischte.

Und nun geschah das Merkwürdige: der Sammetwedel verlor im Rennen einen von seinen Pantoffeln – ich wie der Blitz hinterher, raffe den Pantoffel auf und verschwinde. Und Samuel hinkte halbstrümpfig ins Haus zurück. Es war eine vollständige Niederlage.

Ich habe für diesen Pantoffelraub zwei Trachten Prügel und drei Stunden Arrest bekommen, die eine Tracht zu Hause, die zweite samt Arrest in der Schule. Unter meinen Kameraden aber hatte ich unsterblichen Ruhm erworben.

Eigentlich müßte ich jetzt auch noch erzählen, wie ich – von meinem Vater nach langem, zähem Trotz und Kampf gezwungen – dem Sammetwedel seinen Pantoffel wieder hintragen und selber überreichen mußte. Aber das ist so beschämend.

(1901)

Das Rathaus

Über der hellen geräumigen Stadt und den umgebenden Hügeln, über Türmen, Gärten, Strom und Mauern flutete die warme Luft eines schönen Frühsommertags. Gegen Süden stand wie ein fabelhaftes Gebirge eine steife, plastische Wand hellgrauer Wolken, leichtere, schneeweiße flogen vereinzelt langsam und wohlig an der leuchtenden Wölbung des tiefen Himmels hin. Das Grün der Kastanien war schon von sattem Dunkel, während die später knospenden Bäume im jungen Laub noch die lichte, freudighelle Färbung des Frühlings trugen. Die Obstblüte war nahezu vorüber, schmückte aber an nordseitigen Abhängen noch manchen Garten mit flaumig zarten Farbenwogen von Weiß und Rosenrot. Der Strom hatte schon das tiefere Grün der warmen Jahreszeit angenommen, doch verriet er durch seine noch immer stattliche Wasserfülle, daß in den fernsten und höchsten Bergen seines Gebietes der letzte ergiebige Teil der Schneeschmelze noch nicht beendigt sei. An Stellen von langsamerer Strömung spiegelte er den glänzenden Himmel und mit leicht zitternden Umrissen die blanken Segelwolken, deren strahlende Weiße und da und dort über die Hügel wehende Schatten die lichte Landschaft lebendiger und reicher machten.

In allem Gewächs war das leise Gären der drängenden Jahreszeit lebendig. Auf den verblühten Kirschbäumen trieben an langen Stielen die schon bräunlich angeglänzten Früchte in runden Bündeln hervor. Auf den Wiesen geilte die wilde Blust in starken Farben, gelbe breite Streifen von feisten, großblütigen Butterblumen verkündigten die verborgenen Wasserläufe, nur noch an kühlen Schattenplätzen standen in lichten Gruppen die sonnenscheuen Anemonen. An den höheren Bergen empor verlor sich die satte Buntheit der Farben, um in der starken Kontur der Gipfel und im klaren tiefen Blau der Höhe ein kräftiges Gegengewicht zu finden.

Auch im Innern der Stadt hob das volle Sonnenlicht und die frische Himmelsfarbe die Formen und Linien der Giebel, Mauerkränze und Türme stark und sommerfroh hervor, auch kam das überströmende Leben der gärenden Natur in zahlreichen mauerumschlossenen Gärten zu seinem Recht, während Blumen, Gemüse und früheste Früchte das Bild und den Verkehr der Märkte belebten.

Das Rathaus

Im Garten eines alten Bürgerhauses blühten unter ehrwürdigen, schwer schattenden Kastanien und Ulmen Beete, Hecken und Gebüsche reich zusammen. Neben den heftigen Farben und Düften des Flieders, des Jasmin, der Nelken und Levkojen machte sich die dunkle Schönheit der alten Bäume mit wohltuendem Ernst bemerklich, unterstützt und verstärkt durch das stattliche Alter der Mauern und das kühlend klare Getön eines steinernen Brunnens, dessen großer eiserner Delphin inmitten des lachenden Frühjahrs den stillen Gleichmut einer vieljährigen, bestandenen Sache beibehielt.

Der Garten war, ohne nach Stilregeln angelegt zu sein, doch von einer durchaus typischen Schönheit und Stimmung. Er hatte größere und kleinere Schwestern genug in der Stadt, deren Bürgerhäuser und Gärten sich einer schlichten, kraftvoll schönen Eigenart erfreuten. Um den Kern des sehr alten, aus Kastanien und Ulmen gebildeten Rondells drängte sich ohne sichtbare Ordnung bis zu den Mauern hin das reichlich blühende Gebüsch, von wenigen Wegen durchzogen. Die kleinen Nutzbeete, des Schutzes und der Ordnung bedürftig, schmiegten sich schüchtern und freundlich an die licht bemalte rückwärtige Giebelseite des großen Hauses. Das Haus selbst, dessen Prunkseite gegen die Straße lag, erschien ohne Anspruch einfach als helle Wandfläche, deren Breite, Höhe und gotisch dreigeteilte Fensterordnung aber zugleich die erwärmende Vorstellung eines sichern und wohlversehenen Sitzes erweckten. Nur das auf schön gemeißelten Tierfiguren ruhende Fenstergestäbe und die beiden geschmiedeten, Wolfsleiber vorstellenden Wasserspeier fielen als Zierrate und Zeichen von Reichtum ins Auge.

Eine Gesellschaft von Jünglingen saß plaudernd um den großen steinernen Gartentisch. Es waren die Freunde des jungen Haussohnes, welcher, erst vor wenigen Wochen von längeren Reisen heimgekehrt, sich seiner ehemaligen Beliebtheit schon wieder erfreute und häufig seiner Lust an Gesellschaft und Freundesgespräch Genüge tat. Unter den Versammelten waren mehrere Söhne großer und mächtiger Familien, die Blüte der Bürgerschaft, manche von ihnen dem Gastgeber blutsverwandt. Doch fehlten auch viele, welche teils häuslicher und politischer Feindschaften wegen, teils aus Neid sich dem Kreise des jungen Gerhard entzogen. Statt ihrer fanden sich Freunde und Söhne geringer Familien, deren persönlicher Wert sie dem Rang ihrer Herkunft entrückte und wohlgeborenen Edelbürgern ebenbürtig machte. Unter diesen herrschten Künstler und Kunstfreunde vor; denn je mehr auf den Gebieten der Politik und der Geschäfte Rang und Geburt mit Sorgfalt beobachtet und ausgezeichnet wurde, desto neidloser sah man im Reich der Künste und der Gelehrsamkeit Talente aus unbekannten Dunkelheiten emporsteigen und ihren Platz neben geborenen Herren einnehmen.

Der Kreis von jungen Männern paßte wohl in die schöne sommerliche Gartenwelt. Auf ihren freien Stirnen und in ihren frischen Bewegungen lag Jugend, Wärme und der frohe Ernst reifender Männlichkeit, so daß ein kluger Alter, der wie ein Landmann aus Blüte und Keim auf Herbst und Ernte schließt, beim Anblick dieser kräftigen Jugend sich der Zukunft seiner Stadt vorausschauend freuen konnte. Einem solchen, wenn er die hier versammelte Jugend flüchtig überschaut hätte, wäre vermutlich vor allen übrigen die hübsche Figur des Gastgebers Gerhard ins Auge gefallen, dessen offenes Gesicht unter einer fröhlich glatten Stirn helle Augen und ebenmäßige, herzliche Züge zeigte. Vielleicht aber hätte nach einiger tieferer Prüfung der Beobachter sich mit leiser Enttäuschung andern Gestalten zugewandt, denn diese klaren und guten Augen glänzten in jener Art von Fröhlichkeit, die fast so ständig wie eine Maske ist und nur für ein umfriedetes, sturmloses Dasein genügt. Auch zeigte der schöne junge Herr in Bewegung, Lächeln und Gestalt einen Anflug jener im ersten Grad noch liebenswürdigen Schwächlichkeit, welche in alten Familien oft urplötzlich, bei Söhnen stahlharter Männer, sich einfindet und von da an wie der Wurm im Geschlechte sitzt. So schien dieser Gerhard mehr dazu geboren, den Ruhm und Besitz seines hochgeehrten Hauses in leichter Lebenskunst zu genießen, als neue Steine auf den festen alten Bau zu mauern. Und freilich bedarf ein alther erblühtes Gemeinwesen auch solcher Männer, denn diese sind es, welche fernhin gesehen werden, als Glückliche gelten und Träger des Ruhmes sind, dessen Großteil eigentlich den unberedet gebliebenen Vorgängern und Aufbauern gebührt.

Auf dem geräumigen Tische standen Trinkbecher, lagen Früchte und Brot, daneben abgelegte Mützen, mitgebrachte Bücher, Zeichnungen, Hefte, auch Blumen. Das lebhafte Gespräch bewegte sich um den anwesenden Baumeister Niklas und sein letztes Werk, welches auch außerdem die Aufmerksamkeit der Stadt erregte. Ihm war nämlich, trotz seiner Jugend und trotzdem, daß er kein Ortsheimischer war, zum Ärger vieler Neider der Bau des neuen Rathauses übertragen worden. Seit nun die vor kurzem enthüllte Fassade das öffentliche Urteil herausforderte, war aufs

Das Rathaus

neue Streit und Feindschaft der Bürger darüber entbrannt. Denn nicht nur wich das Werk in der Bauart stark von allem ortsüblich Hergebrachten ab, sondern es war auch die voraus taxierte Summe der Kosten fast ums Doppelte überschritten worden. Außerdem schien der Bau den meisten weitaus zu reichlich und umfänglich im Ganzen und Einzelnen, denn das bisherige freilich höchst schlichte Rathaus hatte nicht die Hälfte dieses Umfanges gehabt. Die Ratspartei aber, welche seinerzeit die Entschlüsse beeinflußt und dem jungen Fremden den großen Auftrag verschafft hatte, war inzwischen in den Hintergrund getreten, so daß dem jetzigen Rat nebst der halben Stadt der fast vollendete Bau ein Ärgernis war. Es war zu erwarten, daß in Kürze die allgemeine Erregung sich verdichten und dem Baumeister handgreiflich zu Leibe rücken würde. Dessen sämtliche Freunde jedoch waren bereit, seine gute Sache zu vertreten und ihm jede Hilfe zu gewähren. Nur er selbst lachte, war so seelenruhig und betrachtete den um sein Werk entstandenen Hader wie eine Balgerei von Knaben.

»Das Haus ist herrlich«, sagte der junge Arzt Ugel, »und wird gewiß bald jedermanns Freude sein. Aber diese enorme Kostenüberschreitung ruft mit Recht Ärger und Tadel hervor. Ich selbst gestehe, daß ich diesen Schritt von dir nicht begreife. Eine Selbsttäuschung war hier unmöglich; du bist ein guter Rechner und mußtest seinerzeit schon genau wissen, daß deine Summe viel zu niedrig angenommen war. Es ist also doch – verzeih! – eine Art von Betrug, den du dir gegen Rat und Stadt erlaubt hast. Ich bin begierig, ob und wie du dich öffentlich rechtfertigen wirst, einstweilen kann ich dir diese Unredlichkeit mit gutem Gewissen nicht verzeihen.«

Die ganze Gesellschaft war verstummt, horchte auf und blickte den Baumeister mit unruhig forschenden Augen an. Der redliche Ugel hatte den meisten aus der Seele gesprochen – der unausgesprochene Verdacht einer begangenen Unehrlichkeit trübte schon seit Wochen ihre Freundschaft mit dem bewunderten Künstler.

Ein Wolkenschatten verdunkelte sekundenlang den Garten. Niklas schaute nachdenklich empor. Sein Gesicht war ernst und blaß geworden, unter den klaren Schläfen arbeitete sichtbar das Geäder, und die feinen Mundwinkel waren starr und leicht verzogen.

Er blickte der ganzen Runde, einem nach dem andern, prüfend ins Gesicht, dann erhob er sich, ein schöner stämmiger Mann, stellte durch eine freundlich befehlende Gebärde Schweigen her und redete:

»Dein Vorwurf, Ugel, ist es allein, der mich zu sprechen zwingt und mich vielleicht auch zu öffentlicher Rechtfertigung treiben wird. Du klagst mich an, die Stadt um einige hunderttausend Taler betrogen zu haben. – Ich hätte nicht geglaubt, daß ich vor euch mich einmal einer solchen Anklage würde erwehren müssen. Doch sehe ich wohl, daß es jetzt notwendig geworden ist. Also hört: Meine anfänglich vorgelegte niedrige Rechnung war falsch, mit meinem Wissen falsch. Ihr erinnert euch der damaligen Umstände? Es hing im Rat an zwei, drei Stimmen, ob mein Bau zustande käme. Keiner von euch zweifelt, daß meine Pläne, hätte ich damals schon die volle Bausumme verlangt, zurückgewiesen worden wären. Meinem Bau zuliebe habe ich also einen Betrug gewagt.

Hört aber weiter! Ihr denkt nun den Ursachen meiner frechen Handlung nach. Ihr sollt sie hören. Ich will euch wie durch klare Fenster in mein Herz sehen lassen und euch die innerste Triebfeder meines Lebens zeigen.

Daß ich keinen Vorteil an Geld bei jenem Handel hatte oder zu haben hoffte, glaubt ihr mir alle, wenn ich es auf meine Ehre versichere. Ich schätze das Geld nicht und verbrauche davon stets genau so viel oder wenig, als ich habe. Daß ich völlig frei von Künstlerehrgeiz war, werdet ihr weder glauben noch darf ich es beschwören. Doch hätte ich der Befriedigung einer privaten Eitelkeit wegen nicht meine Ehre ins Spiel gewagt.«

Niklas atmete tief auf. Sein blitzender Blick überflog forschend die Zuhörer, während er, der Rede ungewohnt, innerlich mit Bildern und Worten rang. Bald aber fuhr er unbekümmert mit fröhlich lauter Stimme fort:

»Ihr Freunde! Eigentlich ist mir ein Blick auf Eure Runde hier genug der Rechtfertigung. Hier ist eine im Kern gesunde, drängende und hoffende Jugend versammelt. Wir spüren, daß unsre Stadt nach langen fleißig nüchternen Jahrzehnten nun eine Blüte treiben und sich der Welt glänzend und schenkend zeigen will. Alle Künste gären hier seit einiger Zeit in plötzlichem Wachstum und streben mit dunklem Trieb nach Vereinigung und neuer Macht. Die Stadt ist reich, seit langer Zeit her reich, und beginnt nun zum Bewußtsein ihres Reichtums zu erwachen.

Und diese Stadt, die in jeder Rücksicht heute rascher als je fortschreitet und vielleicht bald an Macht wie an Umfang sich verdoppeln wird, stand nun vor der Nötigung, ein neues Stadt- und Rathaus zu bauen. Ich sah die sparsamen Alten Bauziffern abwägen, ich sah die Parteien Günstlinge vorschieben und sah Handwerker und Halbkünstler feilschend und gierig sich um den großen Auftrag reißen. Alle Interessen waren flüssig: das des Geldes, des Geizes, der Partei, des Brotneides, nur nicht das der Kunst und das der Liebe. Und ich sah unsre Stadt, welche auf hundert Jahre hinaus nicht wieder einen solchen Bau zu vergeben haben wird, vor einer unverzeihlichen Sünde stehen. Vom Augenblick dieser Erkenntnis an war ich der eifrigste Bewerber um den großen Bau. Er ist nun bald fertig. Die Stadt verliert an ihm ein paar Säcke voll Taler, die schon übers Jahr verschmerzt sein werden. Sie gewinnt an ihm nicht nur einen, wie ich sagen darf, guten Bau, sondern, was mir wichtiger schien, den sichtbaren Ausdruck ihrer stattlichen Macht und zugleich das in fröhlichem Trotz gesetzte Denkmal einer hoffnungsfrohen, lebenstüchtigen Jugend. Mein Bau ist im Kern nichts anderes als ein Wahrzeichen unserer Tage, unsrer von großen Hoffnungen bewegten, jugendlichen Freundschaft, ein Geschenk, das wir Junge aus unserem Geist heraus dieser Stadt gegeben haben. Denn mögen noch so viele Fehler mit unterlaufen sein, im Ganzen ist unser Bau ein Werk, das nur heute und nur von uns Jungen gebaut werden konnte. Ich wüßte nicht, daß jemals die guten alten Vorbilder so frei, persönlich und unabhängig benützt und verändert worden wären. Das hätte auch ein anderer machen können, aber nur einer von uns, nur ein Sohn unsrer Tage und ihres Geistes.

Wir müssen nun aber die Sache umdrehen. Mein oder unser Werk soll ein Anfang, kein Ende sein. So wie ich als Baumeister versuchte, das überkommene Alte neu zu erfassen und mit jungem Leben zu durchströmen, so wollen wir alle, jeder in seinem Teil, verjüngend, bildend und neuschaffend auf unsere Zeit und Umgebung wirken und zur Reife einer neuen, edleren und feineren Kultur und eines geadelten Lebens nach unsern Kräften mithelfen. Wir wollen bauen, schreiben, lehren, malen, vor allem aber Dasein und Leben nicht zwecklos und von Fall zu Fall, sondern im Dienst eines keimenden Lebens, das freier, freudevoller und reiner als das bisherige sein soll. Ihr möget mich nun deshalb lieben oder tadeln; es war Zeit für mich, euch meine Gedanken zu bekennen und Euch zu zeigen, welchen Glaubens ich sei.«

Wie es in bewegten und keimerfüllten Zeitläufen zu geschehen pflegt, daß bei zufälligem Anlaß die nebelnde Ideenmenge sich in einem gelegentlich gesprochenen Worte verdichtet und um diesen Ausdruck sich das junge Bewußtsein der sprossenden Kräfte sammelt und festlegt, so fielen die Worte Niklas' wie der endlich gefundene Name einer allbekannten Sache in die jungen Gemüter. Plötzlich begriffen sie nun auch die Ursache der freundlichen Überlegenheit, welche ihnen allen von jeher an dem

Altersgenossen fühlbar geworden war. Dieser rüstige, aber stille Künstler hatte jahrelang bewußt und rastlos am Denkmal einer Macht gearbeitet, welche unklar und halbverstanden in ihnen allen lebte und mit tastenden Flügeln um sich schlug.

Der Arzt Ugel griff zuerst nach der Hand des Architekten. Dieser hatte sich bescheiden gesetzt und wartete still der Antworten. Ugel drückte ihm die Hand, bat um Verzeihung und wandte sich dann den Freunden zu. »Ich denke recht zu tun«, sagte er, »wenn ich unsrem Freunde in unser aller Namen für seine Worte Dank sage und ihm verspreche, in jeder Widerwärtigkeit ihm mit aller Kraft zur Seite zu stehen. Ich weiß nämlich für sicher, daß im Rat die Stimmung der Unzufriedenen überwiegt, welche darauf dringen, den Rathausbaumeister zur öffentlichen Rechtfertigung seiner, wie sie sagen, leichtfertig geführten Rechnung zu nötigen und ihm schlimmstenfalls die vorausversprochene Ehrengabe zu entziehen. Niklas verlöre damit nicht nur die paar tausend Gulden, sondern wäre um den öffentlichen wohlverdienten Ruhm und um den größern Teil der Freude am eigenen Werk betrogen. Was wir tun können, um diese Sünde zu verhindern, wollen wir gerne und ohne Rücksicht auf unsre persönlichen Interessen tun.«

Lebhaft erhoben sich alle mit lauter Zustimmung. Auf die Spannung der Seelen folgte in plötzlichem Umschlag eine festlich lärmende Lust zu Fröhlichkeit, Gesang und Bewegung. Gerhard versuchte erfolglos, mehrmals das Wort zu gewinnen. Einige stillere Freunde, unter ihnen Ugel, schlugen sich beiseite in die Gartenwege und berieten ernsthaft die Niklas'sche Sache weiter. Niklas selbst war plötzlich nicht mehr zu sehen.

Er hatte unbemerkt Garten und Haus verlassen. Ihm entgegen kamen Familien und Gesellschaften von Städtern, welche, da der Abend nahte, ins Freie nach ihren Gärten oder nach den Spazierwegen, Lustorten und Spielplätzen der unteren Talebene hinausstrebten. Auch in den Straßen der Stadt wurden schon abendliche Töne laut, in den Gassen der ärmeren Quartiere regte sich da und dort Zitherschlag und Gesang; in beweglichen, breiten Reihen Arm in Arm schwärmten die jungen Mädchen umher, Gassen und Höfe mit flüchtigem Leben und Gelächter erfüllend. In offenen Fenstern der Erdgeschosse ruhten Väter und Großväter plaudernd und ausruhend vom Tage oder saßen samt den Weibern draußen auf den niederen Gassenbänken. Niklas schritt langsam hindurch bis zum großen Stadtplatz, der jetzt nach beendeter Marktzeit wenig begangen war, da ihn

Das Rathaus

meist städtische Bauten oder große Kaufhäuser umgaben. In deren Mitte an der Stirnseite des Platzes stand überragend mit breitem, trotzigem Turm, gleich einer Burg, das Rathaus. An der Ecke des Platzes hielt Niklas still und betrachtete den Bau, über dessen Aufbau, Gliederung und Schmuck er seine reichsten, schöpferischsten Tage und Nächte versonnen hatte. Die wuchtige, von einer Idee beherrschte, edel aufstrebende Steinmasse lag im reinen Glanz des Abends vor seinem Auge wie ein Bildnis seiner Jugend und ersten Begeisterung. Der Baumeister fühlte, daß in diesem Werk sein Leben sich erhöht und verewigt habe. Er fühlte auch den alten Zweifel jedes ernsten Künstlers – ob es ihm gegeben sein würde, je wieder so etwas zu machen, ob je wieder in seinem Leben Freude, Hoffnung, Begeisterung, Besonnenheit und klare Selbstprüfung sich so glücklich und förderlich die Waage halten würden. Auch streifte seine Seele der Hauch jener Einsamkeit, die jeden Schöpfer ungewollt umgibt.

Niklas war kein Grübler. Auch in dieser Stunde glitt die flüchtige Trübe einer schwermütigen Stimmung rasch von seinem elastischen Wesen ab. Mit zufriedenem Blick überflog er nochmals den Bau, freute sich über die delikaten Farben der erst jüngst vollendeten Turmdachung und schlenderte, die Hände auf dem Rücken, weiter. Gemächlich durchlief er die Gassen der Altstadt, überschritt die Flußbrücke und erreichte bald durch die breiten Straßen einer neu gebauten Vorstadt das freie Feld. Dort lag inmitten eines wohlgehaltenen Landbesitzes ein Meierhof, in dessen Stalle Niklas ein Reitpferd stehen hatte. Er brachte das kräftige Tier ins Freie, sattelte selbst und ritt im schlanken Trab den Hügeln entgegen, um dort noch irgendwo im Hof einer Landschenke sein Abendbrot zu verzehren und etwa noch einen fröhlichen Ländler mitzutanzen.

Die Freunde in Gerhards Garten hatten mittlerweile das Verschwinden des Kameraden bemerkt und knüpften mancherlei Scherze daran. Dann entspann sich ein ernsthaftes Gespräch über den Abwesenden. Am eifrigsten redete Gerhard, in dessen beweglichem Geist die Worte des Architekten mit schillernden Variationen nachklangen. Ihm verband sich jeder neue Gedanke rasch mit seinem auf Reiz und Glanz gerichteten Lebensideal. So sah er sich voll Vorfreude schon im Mittelpunkt einer heranreifenden glanzvolleren Zeit und im Besitz einer beneidenswerten Stellung, welcher aus Stadt und Familie her die nötige reale Macht, aus dem Kreis der neuen Jugendgenossenschaft aber eine festlich künstlerische Verherrlichung nicht fehlen würde. Vorsichtig, aber zuversichtlich führte er ins

Gespräch gelegentlich den Gedanken einer fester geknüpften Vereinigung ein, beschloß aber, die wichtige Sache, ehe er einen entscheidenden Vorschlag machte, mit Niklas zu beraten, dessen Lob er nun in einem fröhlich aufgenommenen Trinkspruch sang.

Die beiden einzigen, welche Gerhards Stimmung und Absichten herausfühlten und sich darüber Gedanken machten, waren der Arzt Ugel und sein neben ihm sitzender Freund, ein schmaler, klug aussehender junger Mensch. Er hieß Veit, war ein stiller Gelehrter und Dichter und wurde, ohne eben viel zu gelten, von den Freunden oft als Quelle für Auskünfte gelehrter Art benützt. Daß hinter seinem maskenhaft trockenen Gesicht, seiner Ungeselligkeit und Redescheu verborgen eine starke, unersättliche Seele Qualen der Einsamkeit und Sehnsucht litt, wußten außer Ugel nur wenige. Heute wurde ihm, was selten geschah, die Rede flüssig, und alle hörten ihm gerne zu. Mit versteckter Abwehr der von Gerhard angeregten Pläne entwickelte er klar und reinlich aus der großen Geschichte der Welt ein typisches Bild jener Perioden, in denen plötzlich große gesammelte Kräfte und Schätze lebendig geworden waren und umbildend auf Menschen, Städte und Gemeinwesen gewirkt hatten, in denen der Sohn vom Vater durch breitere Klüfte als sonst getrennt schien, in denen mit günstigen Zeitumständen eine unverhältnismäßige Zahl von Talenten sich verband. Er bestritt aus der ganzen Überzeugung seines Herzens jene Meinung, daß fördernde, wohltätig arbeitende Geistesgemeinschaften anderer Bande als der Liebe und des gemeinsamen Glaubens bedürften.

Freundlich, doch mit etwas spöttischem Ton antwortete Gerhard. Er spielte den Lebenskenner und Praktiker gegen den Idealisten aus und hatte als beredter, witziger Sprecher den Beifall der meisten. Da bog Veit seine schmächtige Gestalt zurück und blickte ihm fest in die Augen.

»Wir reden«, sagte er klar und langsam, »über wichtige Dinge, in deren Entscheidung private Interessen und Absichten nicht hereingezogen werden dürfen. Du aber, Gerhard, bist von solchen nicht frei. Du bist reich, von mächtigem Hause und mußt notwendig über kurz oder lang der politischen Tätigkeit und einer Parteiführerschaft zustreben. Du leugnest das nicht! Darum würde eine von dir mitbegründete und beeinflußte Vereinigung tüchtiger Männer für dich einen Hintergrund von Macht und Einfluß bedeuten. Es ist ohnehin auffällig, daß du als erster die heute von Niklas ausgesprochene Auffassung unsrer Freundschaft in diesem praktisch klugen Sinne weiterbilden möchtest. Ich warne dich, denn du hast einen gefährlichen Schritt im Sinn.«

Manche Gesichter wurden ernster, doch wunderte sich niemand über Veits Strenge, denn man kannte ihn, daß er, wenn überhaupt einmal zum Reden gebracht, rücksichtslos und sachlich Menschen und Dinge nach einem Maßstab beurteilte, den das tägliche Leben nicht kennt und nicht brauchen kann oder will. Sagte man doch, das Gefühl der sittlichen Verantwortlichkeit sei in ihm so stark, daß er die Mehrzahl seiner besten Arbeiten nicht in die Öffentlichkeit zu geben wage, da er fürchte, seine schonungslose Art zu urteilen mißverstanden und von Unberufenen mißbraucht zu sehen.

Gerhard rechtfertigte sich gleichmütig. Er glaubte den wenig gekannten, stillen Menschen nicht fürchten zu müssen, brauchte ihn aber häufig und wünschte sehr, ihn zu halten. Als vorgeschrittener Schüler der Lebenskunst fühlte er trotz eines gewissen Mitleids gegen den Büchermenschen doch dessen Wert, ja Überlegenheit und scheute die allzu gründlichen Auseinandersetzungen mit ihm aus guten Gründen. Mit leichter Wendung lenkte er die Rede auf andere Dinge und verabschiedete die Freunde nach einiger Zeit in der heitersten und gütigsten Art. Jeder bekam als Gastgeschenk, so oft er da war, eine Ermunterung, einen gefälligen Scherz, eine feine Anerkennung mitgegeben, und oft war der Sturm eines hart entbrannten Redestreits im letzten Augenblick seiner heiteren Kunst des Versöhnens und unverbindlichen Rechtgebens gewichen.

Nun blieb er allein im Garten zurück. Es dunkelte, und durch die kaum gekühlte Luft kam wieder und wieder der süße Amselruf. Die langsam treibenden Lämmerwolken verwandelten ihre lichte Rosenfarbe in ein schwachleuchtendes, immer blasser werdendes Gelb, die belichteten Beete und Gebüsche sanken langsam in die allgemeine Dämmerung zurück. Am grünlich blauen östlichen Himmel trat ein früher Stern hervor. Und während Licht und Farbe starb, erwachten Düfte und Vogellieder zu tieferem Leben. In trägen, schweren Wolken flog der Duft des Jasmin und Flieders über Beete und Mauer bis weit in die still werdenden Straßen hinaus. Der mauerumschlossene, dichtlaubige Garten genoß jenes reine, milde Ausklingen des Tages, von welchem man sonst in den Städten nichts verspürt.

Ein schwerer, langsamer Männerschritt klang vom Hause her und kam durch die Windungen eines breiten Weges näher. Gerhard erhob sich und ging rasch seinem Vater entgegen. Der greise Herr nahm den Arm des Sohnes und ließ sich von ihm in die südseitig geöffnete Gartenhalle führen, welche Schutz vor dem unmerklich kühlenden Abendwind gewährte. Dort ließ er sich auf eine altmodisch breite Holzbank nieder und zog den Sohn neben sich.

»Erzähle mir doch einmal von deinen Freunden«, sagte er freundlich. »Du hast ja so viele, und ich gönne dir's. Immerhin bin ich etwas erstaunt, so viele Fremde, so viele Künstler und Bücherschreiber darunter zu sehen. Ich schätze diese Leute, wenn auch nach deiner Meinung noch nicht hoch genug. Aber sie sind unseßhaft, morgen verschwunden, und du kannst doch nicht jeden Tag oder jedes Jahr mit neuen anfangen.«

»Vielleicht doch«, sagte Gerhard höflich. »Sieh Vater, was mich mit diesen Künstlern befreundet, sind weniger die einzelnen Persönlichkeiten, als eine Art von Lebensauffassung und geistigem Wesen, welche nun einmal bei diesem Volk heimisch sind. Dann aber ragen unter ihnen auch einige Männer hervor, deren Freundschaft mir jetzt Gewinn ist und später Ruhm sein wird. Wenn es mir gelingt, den einen oder anderen von diesen an unsre Stadt zu fesseln, so wird das nicht der schlechteste Dienst sein, den ich ihr erweisen kann.«

»Nun ja«, gab der Alte zu, »ich wollte nicht auf diese Dinge zu sprechen kommen. Ich weiß, daß deine Wünsche und Absichten andere sind als meine waren; ich bin nicht froh darüber, aber begreife es und kann es nicht ändern. Du hast nicht die Zähigkeit, nicht die Härte, nicht die Geduld deiner Vorgänger, – du hast dafür eine Beweglichkeit des Geistes und ein gewandtes, bestechendes Wesen, das dir im Verkehr mit Menschen helfen kann. So wirst du andere Wege gehen als ich gegangen bin. Aber genug davon! Ich wollte, ehe wir zum Abendtisch gehen, ein wenig mit dir plaudern. Was hattest du heute für Freunde bei dir? Worüber sprachet ihr? Welcher ist dein Liebling? Einen davon, den bekannten Niklas, sah ich vor einer Stunde durchs Haus weggehen. Wie stehst du mit ihm?«

»Einstweilen schätze ich ihn mehr als er mich. Doch hoffe ich ihm nächstens Dienste leisten zu können, falls er wirklich zu einer öffentlichen Rechtfertigung seiner Baukostenrechnung genötigt wird. Er ist ohne Zweifel der Bedeutendste unter meinen Freunden.«

»Wie denkst du für ihn einzutreten?«

»Ich werde meinen freilich geringen Einfluß auf die allgemeine Stimmung zu seinen Gunsten wirken lassen. Nötigenfalls denke ich auch für die ihm vielleicht entgehende Summe des Ehrengeschenks einzustehen.«

»Würde er das denn annehmen wollen?«

»Von mir nicht. Ich müßte eine feine Form der Darbietung erfinden.«

»So viel Künste, um sein Geld los zu werden! Auf mich aber rechne dabei nicht.«

»Ich dachte nicht daran; die Summe ist unbedeutend. Aber ich glaube, du unterschätzt Niklas. Sicher ist, daß die Stadt sich lächerlich macht, wenn sie ihn im Unrecht läßt. Ich fürchte ohnehin, daß er in Bälde zu größeren Arbeiten nach auswärts berufen werden wird. Beim gegenwärtigen raschen Wachstum der Stadt wäre es jammerschade, wenn sie ihren besten Architekten verlöre.«

»Rechnen kann er aber, wie es scheint, nicht.«

»Das bleibt einstweilen ein heikler Punkt. Immerhin sollte bei der Rathausfrage die Bagatelle von Geld nicht so einseitig ins Gewicht fallen.«

»Halt, mein Lieber«, fiel ihm der Vater in die Rede. »Du sprichst von einer Bagatelle, und es sind Hunderttausende. Es schmerzt mich, immer wieder deine übertriebene Geringschätzung des Geldes zu bemerken, denn nichts wäre mir bitterer, als einen Verschwender zum Sohn zu haben. Du magst mich einen Krämer nennen, aber ich weiß aus vielfacher Erfahrung, daß Reichtum ohne Sparsamkeit eine Seifenblase ist. Es gibt kein Vermögen von noch so fabelhafter Ziffer, das man nicht mit einigem Leichtsinn in wenigen Jahren bis zum Boden erschöpfen könnte. Das Vermögen einer ganzen Bürgerschaft vollends muß noch viel peinlicher und strenger verwaltet werden als jedes Privatgut. Die gefährlichsten Zerstörer einer solchen Kasse sind Luxus und voreilige Spekulation. Beide Grundübel finde ich in dieser leidigen Bauverschwendung. Um Ratsbeschlüsse zu fassen braucht man nicht Türme, nicht Höfe mit prachtvollen Treppen, nicht doppelsäulige Wandelhallen. Spekulation aber ist eure ganze Rechnung mit dem sogenannten Wachstum der Stadt. Freilich wächst sie, aber zu ihrem Schaden. Wer kommt denn hierher? Für wen brauchen wir die neuen Häuser und Straßen? Für Fremde, für Herwanderer, für Nichtshaber, kurz, für Leute, welche bei uns nicht Geld verzehren, sondern gewinnen wollen. Ihr irrt, wenn ihr glaubt, Reichtum und Glück einer Stadt müsse mit ihrer Ausdehnung wachsen.«

»Es tut mir leid«, sagte Gerhard, »daß wir uns schon wieder über das alte Thema entzweien. Ich gebe dir in vielem recht, aber nicht in der Hauptsache. Zugegeben, daß eine Stadt durch Zuzug und Vergrößerung nicht ohne weiteres sich bereichere, so gewinnt sie dadurch doch an Ansehen und Macht nach außen, also an Kredit und an Fähigkeit im allgemeinen

Wettbewerb. Außerdem dehnt sich der Handel aus, werden die Arbeitskräfte billiger ...«

»Theorien«, lachte ärgerlich der alte Herr. »Wir können nun einmal einander nicht verstehen noch überzeugen. Wenn ich in Bälde die Geschäfte vollends ganz aus der Hand geben muß, kannst du ja deine spekulativen Ideen wahr zu machen versuchen. Vielleicht kommt dann die Zeit, in der du dankbar sein wirst, daß ich große Teile unsres Besitzes unveräußerlich festgelegt habe.«

Er erhob sich und schritt langsam an Gerhards Arm in das Haus zurück. In seinem stählernen Wesen war die nachgiebige Liebe zu dem anders gearteten Sohn vielleicht die einzige Schwäche. Gerhard war ihm, nachdem gleichzeitig zwei ältere Söhne auf See umgekommen waren, als einziges Kind eines überaus geliebten Weibes geblieben, hatte auch trotz seiner vom Vater mißbilligten Denk- und Lebensart dessen Zärtlichkeit durch sein liebenswürdig anschmiegsames Wesen sich unvermindert bewahrt.

Der Alte war, obwohl er seit Jahren seinen Ratsstuhl verlassen und der politischen Tätigkeit entsagt hatte, immer noch wohl der mächtigste Mann in der Stadt. Er hatte nicht nur jahrzehntelang die Stadtpolitik beeinflußt und den Großrat wie ein kleiner Fürst beherrscht, sondern hielt auch heute noch durch große Geldgeschäfte die halbe Stadt in der Hand. Für seinen Sohn war dies eine wichtige Erbschaft von zweischneidiger Bedeutung, denn neben großen, auf ihn gerichteten Erwartungen erbte er die stattliche, langher angesammelte Feindschaft einer unterdrückten Partei, sowie zahlreicher Familien und Einzelner.

So hing die Zukunft über Gerhard wie ein schwerwolkiger Himmel, Fruchtbarkeit und Wetterschlag im selben schwülen Schoß verbergend. Er aber wanderte, wie ihm schien, eine fröhlich steigende Straße bergan und achtete die Verdunkelungen der Höhe gleich flüchtig ziehenden Sommerwolken, deren leichte Schar dem siegenden Glanz des heranreifenden Mittags weichen muß. Dies war an ihm weniger Leichtsinn oder Unwissenheit als vielmehr ein angeborenes sicheres Vertrauen auf die eigene Fähigkeit zu Anpassung und Überredung. Dazu kam als Bestes die hoffende, ihrer unerprobten Kräfte frohe Beweglichkeit und Lebenslust einer glücklichen und sorgenlosen Jugend.

Ein warmer Vormittag glänzte über der tätigen Stadt. Im Rathaus meißelte, zimmerte und stäubte die zahlreiche Arbeiterschaft emsig durcheinander.

Das Rathaus

Auf breiten Gerüsten saßen an den Wänden der Hofseite die Maler; aus der roten Fläche lachte da und dort der frisch angelegte Umriß einer Figur oder ein farbiges Wappen oder ein Stück Ornament in Blau und Goldgelb. Neben einem der Maler stand Veit, in lebhafter Rede begriffen. Er hatte als geschichtskundiger Kunstkenner bei den Malereien die Prüfung der Kostüme und des heraldischen Schmuckwerks übernommen und gab sich, über seine Aufgabe hinaus, alle Mühe, die Künstler und Gehilfen im frischen Zug zu erhalten, damit nirgends die persönlich lebendige Arbeit durch schablonenhaft Handwerksmäßiges litte oder verdrängt würde. Wo ein Künstler seine eigene, wenn auch abweichende Auffassung hatte und mit Trotz durchsetzte, freute er sich und beharrte mit Absicht in einer anspornenden Opposition. Wo aber einer müdewerdend sich mit gedankenlosem Weitermachen begnügte und sich auf flache Füllsel legte, war er unerbittlich mit Tadel, Spott, ja Grobheit. So förderte er, ohne irgend Ruhm davon zu haben, die Arbeit und half redlich mit, das Niklassche Werk zu reinerer Vollendung zu bringen. Ohne daß man davon wußte, hatte er auch in Niklas' eigenen Zeichnungen im stillen Arbeitszimmer je und je ein Gesimse, eine Türkrönung, einen Treppenhausquerschnitt, ein Ecksteinprofil mit leisem Stiftstrich getadelt und auf seine schärfere, kräftigere Prägung gedrungen. Niklas war ihm dafür dankbar und schätzte den unscheinbaren Menschen als stillen Mitarbeiter hoch.

Die Freundschaft der beiden war von eigentümlicher Art. Aus der Blüte seines kraftvoll naiven, gesunden Lebens heraus bemitleidete Niklas den schmächtigen, schmalbrüstigen Kameraden, dessen geräuschlos fleißiges Bücher- und Gedankendasein ihm fremd, unbegreiflich und fast verächtlich erschien. Sobald ihm aber ein zuverlässiges Urteil fehlte oder eine tiefere Lebensfrage ihn beschäftigte, kam er zu Veit und erstaunte jedesmal über dessen Verständnis und tiefe Auffassung.

In Wirklichkeit war dieses Verhältnis sehr natürlich. Veit hatte in harter Selbsterziehung sich bemüht, seines schwächlichen Körpers Herr zu werden und sein Leben in den Dienst des Geistigen und Guten zu stellen. Dabei hatte er in Geschichte, Kunst und Philosophie mit scharfem Blick Echtes und Gemachtes unterscheiden lernen und so das Ideal eines wertvollen Menschendaseins gewonnen, dessen Verwirklichung seine hoffnungslose Sehnsucht war. Was ihm an Körperkraft, an natürlicher Freude und Lebensfrische fehlte, fand er im Überfluß bei Niklas, dem er wiederum geistig überlegen war. Deshalb liebte er jenen mit herzlicher Bewunderung und sah aus dessen ungebrochener Natur mit Freude Früchte reifen, die er selbst auf ganz anderem Wege erworben hatte und deren Süße für ihn nicht ungetrübt war.

Veit verließ das Malergerüst, um vor Mittag noch mit Niklas eine Unterredung zu suchen. Während er durch die belebten, vom Arbeitsgeräusch erfüllten Räume ging, beobachtete er mit Lust die allwärts im Bau entfaltete rege Tätigkeit. Böden wurden mit Dielen oder Fliesen belegt, Räume wurden von Tischlern, Glasern und Holzschnitzern ausgemessen, Tüncher und Dachdecker stiegen an Leitern auf und ab, Lehrbuben mit Besen, Wassertrögen und Werkzeugen hasteten dazwischen hin und wider; alles sah nach wohlgeleiteter, fröhlich fördernder Arbeit aus.

Ein notdürftig eingerichtetes, noch ungetünchtes Zimmer eines oberen Geschosses war Niklas' Arbeitsraum. Auf langen Zeichnertischen häuften sich Rollen, Vorlagen, Hefte, Rechnungen, Stifte, Bücher, Zirkel und vielerlei notwendiges Kleingerät. Zwischen Kohlenskizzen, Farbenproben und Tabellen saß Niklas, strich am Entwurf eines Prachtkamins für den Großratssaal mit flüchtiger Kohle herum und wurde jeden Augenblick von Handwerkern unterbrochen, die mit Entwürfen, Vorschlägen, Materialproben, Rechnungen und allerlei Anfragen sich herandrängten.

Er schob dem eintretenden Freund einen staubigen Sitzbock zu und verhandelte mit einem Tischlermeister über dessen Vorlagen zum Profil eines Gesimses weiter.

»Was ich hier vorlege«, rühmte der Handwerker, »sind die besten und beliebtesten Muster.«

»Schön, mein Lieber, aber für mich wertlos. Ich sehe, wir müssen die Sache selber machen. Wartet einen Augenblick!«

Er warf mit breitem Kohlestrich einen Querschnitt auf das Blatt.

»Das paßt besser. Nehmt dies Profil! Und daß ja nur das dunklere Eichenholz verwendet wird! Ich behalte die Holzprobe hier. In längstens acht Tagen brauchen wir die Stücke.«

»In acht Tagen? Herr Niklas, das wird fast nicht möglich sein.«

»Lala! Singt mir keine Lieder vor! In acht Tagen, von der Stunde ab gerechnet – sonst mach ich die paar Bretter selber.«

Er gab dem Mann die Hand und schob ihn freundlich hinaus, machte eine Notiz auf ein an die Wand gestecktes Blatt, eine zweite auf das Stückchen Eichenholz und begrüßte nun den Freund, der inzwischen seinen Kaminentwurf betrachtet hatte.

»Laß das!« rief er ihm zu. »Das Ding taugt nichts, ist viel zu schlank. Nun, ich krieg' es schon noch heraus. Ich hatte schon eine gute Skizze, aber die Sache darf nicht viel Geld kosten ... Was führt dich her?«

»Kann ich dich für eine Viertelstunde haben?«

»Meinetwegen; es ist beinah Mittag. Kommst du mit mir zu Tisch?«

»Gut. Ich muß dir allerlei sagen.«

Niklas wischte sich den Staub von den Kleidern, wusch sich die Hände und nahm den Hut zur Hand. Dann verschloß er die Stube und ging mit Veit die schöne Treppe hinab ins Freie.

Jenseits der alten Brücke, hoch über dem Strom am steilen Ufer, stand ein alther angesehenes Gasthaus, in dessen Garten Niklas zu speisen pflegte. Dort kehrte er mit Veit ein und ließ unter einer stämmigen Kastanie auftragen. Während des Essens erzählte ihm Veit die Gespräche des gestrigen Abends.

»Gerhard will nichts anderes«, schloß er, »als unsre freie freundschaftliche Verbindung in eine feste, selbständige Vereinigung verwandeln. Er wird auch dich nächstens zu gewinnen suchen und wird dabei vermutlich seinem Plan lauter zarte, feine Namen geben. Er wird dir beweisen, daß dieser Verein eine Förderung der wahren Kunst bedeute. Er wird dir die Vorteile zeigen, welche jedem von uns daraus erwachsen. Jedenfalls wird er die Nebensachen zu Hauptsachen machen und die schönen Worte nicht sparen. In Wahrheit aber will er nichts, als sich einen stattlichen Hintergrund und Anhang schaffen, denn ihn sticht der Ehrgeiz von vorn und hinten. Wir sollen das Fundament zu einer städtischen Partei bilden, deren Haupt und Fürstlein er spielen möchte. Mir scheint das meiner und eurer unwürdig; außerdem ist der Vorteil, den die Kunst oder Wissenschaft etwa dabei haben könnte, zweifelhaft und unbedeutend.«

Niklas legte einen reinlich geschälten Bratenknochen auf seinen Teller, nahm einen Schluck Wein und sah Veit mit einem nicht sehr verständnisvollen Blicke an. »Ist das alles?« lachte er schließlich.

»Mir scheint es wichtig«, sagte Veit ernst. Niklas schüttelte den Kopf.

»Was dir nicht alles wichtig scheint! Du fragst bei jedem Schritt: was wird für die Weltgeschichte daraus folgen? Du lieber Gott, die Weltgeschichte, oder sagen wir lieber das Leben, geht über unsre Kindereien unbekümmert weg. Was einer von uns taugt oder nicht taugt, muß er schließlich mit oder ohne Verein zeigen. Wenn Gerhard das Zeug dazu hat, so mag er sich doch aufs Organisieren legen! Er ist als Diplomat und Lebenskünstler uns überlegen, hat das Fundament eines großen Namens und Vermögens, also laß ihn doch sich im Leben versuchen! Es gefällt mir an ihm überhaupt, daß er gern aufs Große geht und eine glänzende Rolle zu spielen hofft. Wenn ein Mann wie er obenan kommt, wird es hier bald mehr zu bauen, zu zeichnen, zu pinseln und zu musizieren geben als je – was sollen wir dagegen haben?«

»Aber unsre persönliche Freiheit?« rief Veit heftig.

»Was hat denn die damit zu tun? Wer sie überhaupt hat, der hat sie und wird sie schon zu halten wissen. Wer von Haus aus ein Lump ist, an dem wird auch Gerhard nichts mehr verderben. – Mit seinem Geld, meinst du? Weshalb? Was wir Gutes schaffen, kann er uns nicht zu teuer bezahlen; wir werden, sofern wir etwas taugen, immer quitt mit ihm sein. Du nimmst die ganze Sache wieder viel zu wichtig, verstehst auch Gerhard falsch. Er ist weder so gut noch so schlecht wie du meinst. Was du Eigennutz nennst, ist bei ihm Ehrgeiz und noble Passion. Was du an tiefer Absicht bei ihm vermutest, ist vielleicht nichts als eine Laune. Ich glaube Gerhard genau zu kennen: Sein Talent ist, sich schön zu kleiden. Das ist keine schlechte Kunst. Er will in sein Leben einen gewissen frohen Rhythmus und möglichst viel Freude bringen, und dazu hat er nicht nur die Macht, sondern auch den Geschmack. Er würde ein imponierend harmonisches Leben führen können, wenn nicht der Ehrgeiz ihn triebe, mehr als Privatmann zu sein und sein Leben den größeren heimischen Geschicken zu verbinden.«

Veit runzelte die Stirn. »Er ist, kurz gesagt, ein Egoist«, erwiderte er, »und deshalb liebe ich ihn nicht.«

»Alle Glücklichen sind Egoisten«, scherzte Niklas, »das kannst du an jedem Brautpaar studieren. Wenn du nicht deinen klassischen Edelmut besäßest, würde ich sagen: Du beneidest ihn, deshalb liebst du ihn nicht.«

»Das trifft mich nicht. Aber, um auf Ja und Nein zu dringen, würdest du dieser Gerhardschen Gesellschaft beitreten oder ihre Gründung unterstützen?«

»Unterstützen – nein! Was geht mich die Sache an? Aber beitreten jedenfalls. Wenn doch einmal eine Gesellschaft gegründet werden soll, dürfen wir Gerhard nicht im Stich lassen, müssen vielmehr die Sache dadurch zum Guten wenden, daß wir möglichst viele tüchtige Leute beibringen und ja keine Majorität von Schwätzern aufkommen lassen.«

»Danke. Ich muß mir nun das Ganze nochmals genau überlegen, ehe ich mich entscheide. Nun aber doch noch eine Frage! Nimm an, die Vereinigung käme in deinem Sinn zustande, würde aber für Gerhard zu selbständig und wenig fügsam sein, so daß er bald die Lust daran verlöre. Das ist sogar wahrscheinlich. Was dann?«

»Was für Sorgen! Dann wird eben die Gesellschaft aus Mangel an Existenzberechtigung sich auflösen. Was liegt daran?«

»Halt, Bester! Damit wäre es nicht getan. Gerhard würde ohne Zweifel sich nach anderem Anhang umsehen und ihn schnell finden. Sollen wir dann auseinandergehen und ihm das Feld lassen?«

»Gewiß. Sei doch endlich einmal praktisch! Was sollten wir tun? Du und ich und fast alle unsere tüchtigern Freunde sind Fremde, Wanderer, und werden nicht ewig, nicht einmal lange hier beisammen sein. Ohne den Mittelpunkt eines hier seßhaften und mächtigen Mannes und Hauses könnten wir nicht als Genossenschaft bestehen. Wenn Gerhard uns schließlich nicht haben will, so ist das seine Sache, und er verliert dabei vielleicht mehr als wir. Ich glaube, du faßt seinen Plan zu sehr politisch auf. Was er von uns haben kann und wohl auch haben will, ist mehr Glanz als Macht. Er sieht um sich her ein vielversprechendes geistiges und künstlerisches Leben, dessen Bedeutung er versteht, und dessen Ruhm er daher gerne teilen möchte. Dabei können beide nur gewinnen, er und wir. Lassen wir Gerhard machen und halten wir uns fern, bis er selber mit bestimmten Vorschlägen zu uns kommt.«

»Darin sind wir einig. Schließlich mag es ja sein, daß Gerhard zu jenen Menschen gehört, welche wirken und Geschichte machen, ohne irgend schöpferisch zu sein, lediglich durch eine instinktive Kraft des Sammelns und Anziehens.«

Niklas nahm seinen Becher zur Hand. »Stoß an, mein Lieber«, rief er fröhlich, »und gewöhne dir die unnötigen Sorgen ab! Das Leben ist unser, wenn wir nur fest auf dem eigenen Weg bleiben, mögen die andern machen, was sie wollen. Nun aber zur Arbeit!«

Er sprang auf, winkte dem Schenkmädchen Lebewohl und ging über die Brücke zum Rathaus zurück. Veit blickte ihm nach, der elastisch, rasch und doch bequem davonschritt, der Arbeit, dem Leben, der Zukunft entgegen wie einer, der seiner Sterne sicher ist und einen nahen Fußweg zum Glück erwählt hat. Ein Schatten von Neid überflog Veits Seele, dennoch hing er mit geheimer Freude am Anblick dieses kraftvoll blühenden Menschen, aus dessen Bewegungen die schöne Stärke einer ungebrochen männlichen Lebensfreude hervorlachte. Dem gelehrten Dichter selbst war erst im Umgang mit dieser reichen, warmen Natur das beste Stück seiner Erkenntnis und seiner Freude am Dasein geworden. Niklas war der erste gewesen, dessen Ruhm und dessen Leistungen in ihm den Glauben an das Nahen einer frischen, wertvollen Lebensepoche geweckt hatte. Seither erst war Sinn und Freude in seine Studien und Glut in seine Worte gekommen, denn er fühlte sich kraft eines heiligen Ungenügens und einer gereinigten Weltauffassung als Mitschöpfer am Bau eines neuen Lebens.

Er wußte wohl, daß es keine ohne Ende aufstrebende Bahn gibt, daß Blüten zu Früchten und Früchte zu Staub werden müssen, auch daß die Gesetze des Gleichgewichts jeder Neubildung und Erhebung nicht mehr als einen beschränkten Licht- und Lebenskreis gewähren. Er wußte, daß kein Gutes untergeht, und daß jeder Fortschritt und jede Vertiefung und Veredlung des Lebens unmeßbar über die Zeiten hinaus wirkt – wäre es auch nur, um in späten Geschlechtern beim Zurückschauen Sehnsucht und neues Höherstreben zu entzünden. Darum liebte er seine Zeit und sein eigenes Leben und sah mit einer Art von fast scheuer Zärtlichkeit dem sich entfaltenden Leben seiner jugendlichen Umgebung zu.

Nachdenklich stieg er die große Brückenrampe hinab und schlenderte am Ufer hin stromabwärts. Gegenüber lag zackig, hoch und malerisch mit zahllosen alten Giebeln, von Türmen, Söllern und hohen Erkern gekrönt, die langgestreckte Altstadt, deren graue, unebene Häuserflucht ein schmales Band winziger Gärtchen vom Ufer trennte. Fähren, Barken und kleine Lastschiffe schwammen auf dem raschen, grünen Wasser, über beide Brücken trieb ein bewegter Verkehr von Menschen und Wagen.

Veit verfolgte den Uferweg bis zum Ende, bog dort in einen rasch ansteigenden Feldweg und erreichte bald einen der mit lichten Hainen bestandenen Hügel, von welchem sich eine weite Schau über das breite Tal bis zum Gebirge hin öffnete, aus dessen Wurzeln der Strom als ferner zarter Silberfaden hervorkam. Unten lag die Stadt und fesselte den Blick des Einsamen. An diese Mauern und Türme hatte er seine besten Hoffnungen und den besten Teil seiner Arbeit geknüpft. Und jahrelang würde sie ihn noch festhalten; denn die noch nicht geschriebene Geschichte dieser Stadt war Veits geheimgehaltene Lieblingsarbeit. Vor Jahren im Keim begonnen, war sie wieder ins Dunkel der aufgegebenen Pläne und enttäuschten Hoffnungen zurückgewichen. Jetzt gewann die Aufgabe von allen Seiten her Förderung, Anregung und Reiz. Es galt nicht mehr nur die Ereignisse einiger Jahrhunderte zu erzählen, sondern die Wurzeln und Ursprünge

Das Rathaus

von Fähigkeiten und Lebenskeimen zu zeigen, denen jetzt eben ein reicher neuer Frühling begann.

Während Veits Auge die Häuser und Brücken und Türme streifte, deren Alter und Geschichte ihm so vertraut war, gingen seine Gedanken ungewollt über die Jahre seines Lebens zurück, fragend, forschend, prüfend, dankbar und doch unbefriedigt. Er sah sein eigenes Wesen schwank und bildsam aus kleinen, doch heiteren Verhältnissen herauswachsen, dann mit Gier ins Leben stürzen und unzählige Irrwege gehen, dann vereinsamen, leiden und fast verbluten, um endlich sich zu stiller Fassung und schwer erworbener Sicherheit zu sammeln. Er sah sich suchen nach Wahrheit, nach Vollendung, Schönheit, Licht, er sah sich durch weite Gebiete irren, zwischen allen Wissenschaften und Künsten schwanken, er sah sich am Wert des Lebens und des Geistes verzweifeln und endlich mit schlecht geheilten Flügeln langsam, sehnsüchtig und gläubig neuen beglänzten Höhen entgegenstreben. So stand er nun, am Ende einer innerlich reichen Jugend, auf der ersten Lebenshöhe, dem Gipfel nah, der steil und verlockend über ihm emporstieg. Dort mußte das Glück auf ihn warten, dort mußte jene Fülle und selige Genüge ihm aufbewahrt sein, nach denen er schon so lange die müde werdenden Arme ausstreckte. Und mit ihm würde eine ganze schöne Jugend, eine ganze Stadt, vielleicht ein Volk auf geschmückten Stufen einem höheren, sinnvolleren, edleren Leben entgegengehen.

Wenige Tage darauf war in jedermanns Händen ein kleiner, in rotes Papier gehefteter Traktat, der in klarer und schöner Sprache das künstlerische Wesen, den Organismus, die Entstehung und Vollendung des neuen Rathauses darstellte. In dieser Schrift erschien der Bau nicht als Werk eines willkürlich schaffenden Meisters, es war nicht einmal Niklas' Name darin genannt, das Haus war vielmehr als ein schönes, persönlichen Lebens teilhaftiges Wesen aufgefaßt, dessen Grundriß durch schlichte Klarheit erfreue und dessen Teile in natürlichem, notwendigem und darum schönem Verhältnis zueinander ständen. Erst die letzten Zeilen des Büchleins rührten an persönliche und städtische Verhältnisse. Hier klang ein schneidend scharfer Ton durch die wohl abgemessenen Worte, die Mehrheit des Rates ebenso wie die Masse des Pöbels wurde mit kühlem Hohn angefaßt, und der Schluß klang wie eine ungern verhaltene Drohung.

[»Der Schöpfer des schönen Werkes«, hieß es, »soll nun vom Rat und Volk zur Rechenschaft gezogen werden, angeblich einiger zuviel verbrauchter Taler wegen, in Wirklichkeit auf Grund jenes gehässigen Neides, den von jeher der Krämer- und Kleingeist gegen überlegene Männer und Leistungen trug. Wir wünschen fast, Dummheit und Neid möchten bei dieser Verhandlung Sieger bleiben, denn jede moralische Niederlage der Wohlweisen und Philister gibt dem Geist einer herandrängenden neuen Zeit Nahrung und neue Lebenskraft.«]*

Das Schriftchen, das an allen Ecken verteilt wurde, erregte großes Aufsehen. Sachkundige lobten die Meisterschaft der Darstellung und die Feinheit der formalen Analyse eines Kunstwerks. Das Volk ward stutzig, schimpfte jedoch über die Geringschätzung, mit welcher der unbekannte Verfasser von den Baukosten und vom Unverstand der Menge redete. Immerhin wollte nun mancher zeigen, daß er jener Menge nicht angehöre, und trat sofort in seinem Kreis als kunstverständiger Gönner und Bewunderer des Baues auf. Jedermann war voll neugieriger Vermutungen über die Person des Verfassers. Ein angesehener Ratsherr glaubte die Schrift Niklas zuschreiben zu müssen und gab sich Mühe, diese Ansicht zu verbreiten. Niklas antwortete darauf in einem Brief an den Rat, worin er seine Unwissenheit um die Entstehung der Blätter anzeigte und sich die Verdächtigung dieses Selbstlobs verbat.

Ihm und den meisten Freunden war schon beim ersten Lesen klar geworden, daß nur Veit der Autor sein konnte. Dieser leugnete nicht, bat aber um Schweigen, und so blieb die Masse der Leser im Ungewissen. Im Freundeskreis stieg die Schätzung Veits erheblich, denn die kleine Publikation durfte wohl ein Meisterwerk genannt werden. Niklas selbst gestand, er habe viel aus der Darstellung gelernt und in ihr für manches seinerzeit instinktiv Ausgeführte erst die bewußte Motivierung und Anerkennung gefunden.

Für Veit bedeuteten die Glückwünsche seiner Freunde nicht sonderlich viel; er war seiner Sache sicher und hielt mit wichtigeren Arbeiten im Hinterhalt. Er sagte scherzend, doch nicht ohne Bitterkeit, zu Ugel: »Diese Leute kennen mich nun seit Jahren, wissen, wie ich bin und denke, und machten sich nichts aus mir. Jetzt, wo sie ein paar hübsche Sätze von mir lesen, kommen sie und gratulieren. Es ist kein einziger Gedanke in jenem Heftchen, den ich ihnen nicht schon oft im Gespräch mitgeteilt hätte. Aber so sind sie: zwischen Schreiben und Reden, zwischen Leben und

---

* Im Manuskript gestrichen.

Das Rathaus

Schaffen muß ein Unterschied sein! Rede ich, so lachen sie; erst wenn ich schreibe, glauben sie mich ernst nehmen zu müssen. Die Schwätzer!«

Indessen wunderte er sich und sprach mit Ugel öfters darüber, daß von Gerhards Plänen gar nichts mehr verlautete. Gerhard war unbefangen freundlich und heiter wie immer, gab Gesellschaften, besuchte die Ateliers befreundeter Maler, zeigte sich gelegentlich als Zuschauer im Rathausbau und schien auf der Welt keinerlei Sorgen zu haben als seine Tage heiter zu verbringen. Im stillen aber war er da und dort für Niklas tätig, suchte die Stimmung ihm günstiger zu machen, schmeichelte einigen Ratsherren und empfahl Veits Traktat, wo er konnte. Da sein Vater kränkelte und sich passiv verhielt, nahm mancher dessen stillschweigendes Einverständnis an, und Gerhards Parteinahme für Niklas galt als Ausdruck der Meinung seines Hauses.

Die Einberufung des Großrats zur Abstimmung über die Rathausfrage stand bevor. Es waren mehr Gerhards als Niklas' Feinde, welche auf peinliche Untersuchung der Rechnungen und auf strenge Beurteilung der erheblichen Verschwendung drangen. Man begann in der Stadt zu merken, daß Gerhard die Gelegenheit nicht vorübergehen lassen wollte, seine Person mitten in die städtischen Angelegenheiten zu stellen und sobald als möglich den Kampf um das politische Erbe seines Vaters zu beginnen. Viele, denen Gerhards Vater jahrzehntelang ein Dorn im Auge gewesen war, wünschten ihm nun ein ewiges Leben, da offenbar der Sohn, so lang der Alte lebte, die Rolle des Privatmanns oder doch des Neutralen weiterspielen würde.

Durch schöne Worte, kluge Vorstellung und durch sein gewinnend höfliches Wesen brachte Gerhard eine Anzahl von Anhängern in dieser Sache zusammen. Am Tage vor der Großratssitzung lief beim Bürgermeister ein Schreiben ein, worin etwa zweihundert namentlich unterzeichnete Bürger den Rat vor unkluger Strenge und übereiltem Urteil warnten. Das war Gerhards Arbeit gewesen. Als Niklas davon hörte, schüttelte er den Kopf. Es kam ihm lächerlich vor, daß in der ihn allein betreffenden Sache so viele für und wider schrien und sich mühten, während er selbst die Angelegenheit ihren Weg gehen ließ und keinen Finger rührte. Er arbeitete den Tag durch stetig fort, benahm sich gegen jedermann wie sonst und freute sich abends auf seine Weise des Lebens.

Der wichtige Tag war da. Im Saal des alten Rathauses saß der Großrat versammelt. Der Bürgermeister, ängstlich geworden, mahnte zur Vorsicht.

Die Stimmung schwankte. Mehrere Redner meldeten sich und wurden gehört. Greise Herren erhoben sich und wurden in erregte, leidenschaftliche Wortgefechte verwickelt. Stunden vergingen, ehe an die Abstimmung zu denken war. Endlich, man war schon müde und heiser, wurden die Stimmen gezählt. Der Antrag lautete dahin, daß dem Architekten ohne sonstige Ahndung die ausgesetzte, nach Vollendung des Werkes auszuzahlende Ehrengabe von fünftausend Gulden entzogen und ihm dies nebst einer Rüge seiner Rechnungsführung mitgeteilt werden sollte. Jedermann wußte, daß das Entscheidende nicht die verhältnismäßig kleine Summe, nicht einmal die einem tüchtigen Künstler entzogene Anerkennung sei, sondern daß es sich darum handle, einer neuerdings aufkommenden Lebens- und Geistesrichtung, deren wichtigster Vertreter Gerhard schien, zustimmend oder abweisend zu antworten.

Der Antrag wurde schließlich von der Mehrheit angenommen, die Mitteilung an Niklas aufgesetzt und ihm noch am selben Tag zugeschickt.

Niklas las die Schrift, setzte sich an seinen Arbeitstisch und antwortete: »An den Großrat unserer Stadt.

Euer sehr gütiges Schreiben ist in meinen Händen und soll sogleich beantwortet sein.

Von heute an betrachte ich mich als städtischer Dienste ledig und verzichte auf die mir zukommenden Monatsgelder. Da ich jedoch den Bau notwendig selbst vollenden muß, betreibe ich die Arbeit von heute an freiwillig weiter und werde sämtliche Rechnungsangelegenheiten wöchentlich der Stadtkasse übergeben. Vielleicht vermag der Großrat hieraus zu ersehen, daß ich die ganze Arbeit nicht um Geldes willen unternahm. Sollte der Großrat mit diesem nicht einverstanden sein, so nehme ich mein Anerbieten zurück und werde die heute über mich verhängte Verfügung als ungerecht beim Obergerichtshof anfechten.

Baumeister Niklas.«

Als er die Antwort weggeschickt hatte, ergriff ihn nachträglich die Wut. Er warf Stift und Zirkel auf den Tisch und begab sich in die dunkelste Weinstube der Stadt, von wo er erst spät nachts heimkehrte.

Den Herren Räten erwuchsen neue Schwierigkeiten. Noch waren sie über die unerwartete Antwort des Architekten verärgert und ratlos, da kam ein neues Schreiben Gerhards, der im Namen vieler unterzeichneter Bürger den Ratsbeschluß höflich mißbilligte und zugleich mitteilte, daß

Das Rathaus

jene Ehrensumme dem Baumeister aus Privatmitteln ersetzt werden solle, da man sich allgemein der Kleinlichkeit jenes Beschlusses schäme und die Stadt nicht den schlechten Ruf ihrer Führer und Räte teilen möge.

Wenige Tage darauf fand im Hof des neuen Rathauses eine kleine auserlesene Festlichkeit zu Niklas' Ehren statt, wobei ihm Gerhard sein Bedauern über das Verhalten des Großrats aussprach und ihm im Namen unabhängiger Städter einen Becher samt jener Ehrengabe überreichte. Niklas hatte schon den Ärger wieder vergessen, brachte einen Trinkspruch auf die Stadt aus und nahm das Geschenk mit unverhohlener Freude entgegen. Er führte die Gäste durch die Haupträume des Rathauses, wobei er nicht vergaß, die treue Mitarbeit Veits zu rühmen. Darauf entstand bei Musik und Gespräch im Hof ein heiteres Zechen. Festliche Girlanden wiegten sich in niederen Bogen quer über den schönen Raum und bis tief in die laue Nacht hinein brannten Fackeln und klangen Reden, Lieder und Scherze. Veit verglich das Gelage in dem umstrittenen Gebäude einem Siegesmahl von Eroberern im Hof einer erstürmten Burg und begrüßte die Freunde mit den Versen:

(1901)
[Hier endet das Manuskript.]

Sommeridyll

Den heißen Straßen der Stadt entronnen, wanderten die Freunde Ugel und Veit über ein hochgelegenes Joch den jenseitigen Höhen des Gebirges zu. Hier fiel die schöne Kette grüner Vorberge steil und felsig zum Meere ab, eine entlegene, schwer zugängliche Küste von stiller, ernster Schönheit. Weit voneinander entfernt hingen wenige arme Weiler und Klöster am hohen Bord der Steile, unten am Meer bräunten vereinzelte winzige Fischerhütten im heißen Sande, bewohnt von einem harten zähen Völkchen, dessen mühsames, weltfremdes Leben zwischen Frömmigkeit, Erwerbsnot und Aberglauben schlicht und herb verlief.

Am dritten Wandertage war die letzte Schwellung überwunden und vor den geblendeten Augen der Freunde erschloß die silbrig dampfende Luft fernhin die riesige Rundung des Meerhorizontes. Beide Wanderer blieben aufatmend stehen und blickten schweigend in die große Flut des Lichts hinaus, in welcher See und Himmel sich schimmernd vereinigten. Durch die warme Luft wehte ein Hauch der salzig herben Meerfrische bis in diese Höhen. Der Boden trug zwischen großen Waldungen Flächen voll Heidekraut, Moosen und kurzem dünnen Grase. Hier wuchs nur wenig Korn und gar kein Obst, die Pflanzen dieser Striche waren denen des Hochgebirges ähnlich, straff, herb und ausdauernd, und ihr Grün trug einen seltsam metallischen Anflug von bräunlicher Färbung. Der Himmel stand hoch, klar und tiefblau und war nur auf der Seeseite von weißem, blendigem Dunst bedeckt. Über alledem schlummerte etwas sagenhaft Schönes, eine weltferne und ahnungslose Seltsamkeit wie über den Inseln des Homer. Das schöne, aber unfruchtbare Land schien, zwischen Gebirge und Meer geklemmt, in trotzigem Gleichmut zu niemandes Lust noch Leid seine Tage und Jahrhunderte zu verträumen oder einer Art von Menschen zu harren, welche fähig sein würde, seine verborgenen Kräfte aufzuschließen und glücklich darin zu leben. Was zu dieser Zeit dort wohnte, war ein kleines, armes Volk von uralter Herkunft und gesunder Art, aber in dumpfer Vereinsamung und bettelstolzer Selbstgenügsamkeit versunken. Auch die Klöster, deren mehrere zerstreut an dem hohen Ufer lagen, waren nicht Quellen der Güte, des Wohltuns und der freundlichen Lehre, sondern

Sommeridyll

weltflüchtige, arme vergessene Nester für Schiffbrüchige und Heimatlose.

Immerhin gaben sie dem darbenden Landvolk einen gewissen Halt, eine Zuflucht für Kranke an Leib und Seele und brachten durch Wanderprediger den kleinen kirchenlosen Dörfchen und Höfen einige tröstende und erfrischende Lehre.

In einem dieser Bergklösterchen hatte Veit schon mehrmals Gastfreundschaft genossen und hoffte, dort mit Ugel für einige Wochen Aufnahme zu finden, da an andere Unterkunft in dieser Gegend nicht zu denken war. Es hieß Sankt Theodor und lag auf festem Fels gebaut, trotzig steil über dem tiefen Absturz des Berges, so daß man dort hoch zwischen Meer und Himmel wie im Mastkorb eines Schiffes in den Lüften hing. Das war ein Sitz für Flüchtige, Enttäuschte, vom Leben Mißhandelte, trotzig und traurig in schweigsamer Felsenhöhe gelegen, über das unbewohnte Ufer der See und über dünn bebuschte, zackige Felsstürze blickend. Der dort den ersten Stein zum Einsiedelbau gelegt hatte, der mußte eine herbe, große Seele voll narbiger Wundmale und voll von bitterem Welthaß, aber dennoch voll ungebeugter Freude an Licht und Höhe gehabt haben. Zu den vielen fast verschollenen Sagen des entlegenen, an Geschichte armen Landes gehörte auch der mythische Bericht von jenem Gründer, dessen dunkle und schroffe Gestalt aus einem Gewühl von fabelhaften Abenteuern grell hervortrat. Er sollte ein Pirat und Mörder gewesen sein und in sarazenischer Gefangenschaft das Gelübde getan haben, Mönch zu werden und ein Kloster zu bauen, wenn er entkäme. Und heute noch überglänzte der blutige Nimbus des Abenteurers und Seekönigs den schlichten Ruhm des späteren Büßers und Heiligen und mit den uralten Sturm- und Wolkensagen, wie jedes Küstenland sie hat, verbanden sich düstere Legenden von jenem Piratenmönch, wie er Nächte lang das Meer beschworen und die heraufsteigenden Schatten seiner Opfer winselnd und brüllend um Vergebung und Fürbitte angefleht habe.

Von diesen Märchen erzählte Veit seinem Freund, während sie im Eifer der Erwartung rascher ihrem Ziel entgegenschritten. »Vor sieben Jahren«, sagte er, »war ich zum ersten Mal in dieser Gegend und sammelte, was ich von solchen Sagen bei Waldleuten und Fischern noch leben fand. Damals reizte mich die wilde Piraten- und Asketengeschichte stark zu dichterischer Verwertung. Ich habe das damals Geschriebene mitgebracht, und wir können es gelegentlich lesen. Vielleicht kommt die unfertige Jugendarbeit diesmal zum Abschluß. Wahrscheinlich aber doch nicht; denn der Stoff ist mir fremd geworden.«

»Weshalb?« fragte Ugel. »Ich finde ihn wahrlich eigenartig und tief genug.«

»Das ist er, ja. Aber ich habe jenes jugendliche Gefallen am Abnormen und Übertriebenen nicht mehr. Damals war mir kein Dunkel schwarz und kein Kontrast schroff genug. Heute habe ich das Ideal des harmonischen Menschen. Ein Leben, das unfruchtbar zwischen zwei einander widerstrebenden Leidenschaften verlodert, weckt mehr mein Mitleid als meine Verehrung.«

»Wie weise du bist«, lachte Ugel. »Als ob nicht in dir selber zwei Teufel sich balgten! Nein, du mußt dem Seeräuber sein Recht lassen. In dieser großartig einsamen, verwilderten Landschaft die Schicksale jenes dämonischen Menschen aufzuspüren und auszudichten, muß eine Wonne sein. Außerdem tust du dem Helden Unrecht. Daß er am Ende eines heimatlosen und vergeudeten Lebens noch Kraft und Streben genug besaß, in dieser Einöde zu bauen und zu wirken, und daß er damit Segen gestiftet hat, das macht sein Bild freundlicher, ja liebenswert und versöhnt das Ungebändigte und Zwecklose seines früheren Lebens.«

Veit wollte antworten, blieb aber plötzlich stehen, denn hinter der Biegung des Fußpfads trat soeben Sankt Theodor hervor. Von hier aus sah man das Meer nicht, sondern erblickte nur das kühn gebaute, wetterfarbene Haus gegen den lichten Himmel vorspringend, als läge es am Ende der Welt. Erst vom Kloster selbst wurde der Abgrund und in der Tiefe die weite, köstliche Meerbläue sichtbar. Der schlichte, rohe Bau, aus dem graugelben Kalkstein der Gegend errichtet, wuchs mit energischer Schwellung aus dem Felsen, verjüngte sich im zweiten Stockwerk wenig und gipfelte ohne Giebel in einem vierseitigen Helmdach, das dem einfachen Haus den Anschein einer wetterfesten Burg verlieh. Unter dem schmalen Dachvorsprung nisteten unzählige Schwalben, deren Lehmnester dieselbe gelblich braune Farbe hatten wie die Wände des Hauses, welche nur in den Quaderfugen noch Reste eines ehemaligen Verputzes zeigten. Seit vielen Jahrzehnten hatte der Himmel den Tüncher gemacht und durch Sonne und Regen eine so delikat getönte Altersfarbe geschaffen, wie die geschicktesten Menschenhände es nicht vermocht hätten.

Durch einen geräumigen Garten, in welchem Gemüse, Nußbäume und wenige grobe Äpfel wuchsen, traten die Wanderer vor das Tor. Es stand of-

Sommeridyll

fen und war ohne Wartung, denn hierzuland waren Gäste rar. Ein schmaler Hof führte zur inneren Tür, wo ein Laienbruder mit zwei braunen, halbnackten Buben um ein paar große Fische feilschte.

»Grüß Gott, Bruder Konrad«, rief Veit ihm zu. Erstaunt wandte der Mönch sich um, erkannte den Gast sofort und gab ihm die Hand, die er erst an der groben, kreuz und quer geflickten Kutte abwischte. Dann bezahlte er die Fische, führte die Angekommenen in die Torstube und lief nach dem Prior.

Auch dieser kannte Veit sogleich wieder, den er bei seinen früheren Besuchen lieb gewonnen hatte. Er war ein feiner, freundlicher Mann, den ein hartes Schicksal aus einer lichteren Bahn geworfen und frühzeitig hier herauf in die Stille der Weltverneinung geführt hatte.

»Seid willkommen, Herr Veit«, sagte er herzlich und grüßte auch Ugel mit einer höflichen Neigung des klugen Kopfes. Veit nannte ihm Ugels Namen und der Pater zeigte sich erfreut, einen Arzt zu Gast zu haben. Dann schickte er nach einer Erfrischung. Ein dünner, säuerlicher Wein und ein kräftig duftendes Stück frisches Schwarzbrot wurde ohne unnötige Worte geboten und angenommen.

»Wie gut ihr doch da oben lebt«, scherzte Veit. »Wir Städter würden ein solches Brot mit Gold bezahlen. – Aber nun die Hauptsache! Wir möchten gern beide gegen ein bescheidenes Geld ein paar Wochen hier zu Gast bleiben, wenn es sein kann.«

Der Prior sann einen Augenblick mit krauser Stirn nach.

»Es kann sein«, sagte er dann. »Und Herr Ugel könnte einen Teil der Zehrung dadurch erstatten, daß er gelegentlich nach unsrem Bruder Greiner sähe, der stark gealtert ist und schon seit Wochen immer liegt. Wenn ich es dem Herrn zumuten darf.«

»Natürlich, ich besuche ihn heute noch.«

Ugel schaute sich jetzt in der kleinen Stube um. Boden, Getäfel und Möbel waren von Tannenholz, alles sauber und ärmlich. Der einzige Schmuck war ein älteres, schauderhaftes Madonnenbild geringster Arbeit.

»Nicht wahr«, sagte der Prior, »ein schönes Bildchen! Ihr wundert Euch vielleicht, daß ich es da hängen lasse. Aber die Brüder sind daran gewöhnt, und ich selbst bin hier oben zum Barbaren geworden, dem ein roher Schmuck lieber ist als gar keiner. Auch Ihr, Herr Ugel, werdet unseren Sitten ein Opfer bringen müssen. Ich habe Euch zur Herberge keinen anderen Raum als eine Zelle; »[auch müsset Ihr, so lang Ihr bei uns seid, unser Kleid tragen. Herr Veit hat Euch vielleicht schon davon gesagt. Es ist nicht der Brüder, sondern des mißtrauischen Landvolks wegen.« »Ist das so fremdenscheu?« fragte Ugel. »Ja sehr —«]*

Und doch seid ihr beide diesmal nicht die einzigen Gäste in der Gegend.«

»Wie?« fuhr Veit auf. »Wer hat sich denn hierher verirrt? Wohnt er hier in Sankt Theodor?«

»Nein, er wohnt bei den Fischern unten. Er ist ein Maler, ein scheuer, doch nicht übler Mann. Nun ihr werdet ihm wohl bald begegnen.«

»Es verlangt mich wenig danach. Aber immerhin! Vielleicht, da er als Maler den Tag benutzen muß, läßt er sich abends manchmal zu Besuch bei uns sehen.«

Der Prior brachte nun die Gäste in ihre Zellen, wo sie sich wuschen und ein wenig rasteten. Veit führte darauf den Arzt in den Räumen des Klosters umher, zeigte ihm die wenigen merkwürdigen Gerätstücke, die Kapelle und die lächerlich kleine Bücherei und machte ihn dabei mit den Brüdern bekannt. Darauf besuchte Ugel den kranken Greiner. Veit verließ das Haus und suchte eine Stelle im Garten auf, wo das Gebüsch ein schmales, eben sitzgerechtes Stück der Brüstungsmauer freiließ. Von dort blickte man senkrecht ins Meer hinab, dessen schwache Brandung leise heraufklang. Hierher hatte ihn seit Monaten ein Heimweh gezogen – in die Stille und Schönheit der großen Natur, in diese unberührte Landschaft, wo man in der großen Einsamkeit Wind und Brandung wie Atem und Herzschlag des Ewigen vernahm, und wo Gedanken und Träume über alles menschlich Beengte hinaus in die herrliche Tiefe des Unwandelbaren, Urgewesenen versanken. Lieblingsgedanken früherer Jahre traten ihm hier in heller Jugendlichkeit unverblaßt und herzlich entgegen. Und er begrüßte sie mit Freude; denn die Jugend, deren Bild ihn hier besuchte, lebte ungebrochen, wenn auch stiller geworden, in ihm weiter, und das Heute ging mit dem Ehemals wie eine ältere Schwester freundlich Hand in Hand.

Die Rückkehr an Orte früherer Gedanken und Arbeiten, das Wiedersehen mit Umgebungen, welche uns jünger und anders gesehen haben, ist strebenden Menschen immer wohltuend. Es vertieft, es klärt, es gewährt ein heilsames, nachdenkliches Ausruhen. Er, der lange keine Heimat mehr besaß, hatte sich ein Stück Heimat und die Möglichkeit eines erinnerungs-

---

* Im Manuskript gestrichen.

Sommeridyll

vollen Zuhauseseins hier oben gerettet, und ergab sich nun mit Wohlgefühl den reichen Erinnerungen, die der Ort in ihm beschwor.

Während Ugel die Natur mit dem liebevollen, aber forschenden und zergliedernden Blick des kundigen Arztes betrachtete, stand Veit in ihrem Bann und las Mythen aus Steinen, Wurzeln und Wellen. Oft saß er stundenlang am Ufer, betäubt und ergriffen vom ewig neuen Anlauf des Meeres neben dessen Gewalt und unfaßlicher Größe ihm sein und aller Menschen Leben zufällig, schwach und arm erschien. Oder er folgte mit gebanntem Blick dem Ziehen der hellen Wolken, deren schöne, rastlose Bewegung ihm wie ein Gleichnis aller Menschensehnsucht und ungestillten Liebe zum Ewigen erschien. Aus solchen Träumen heraus schuf er mit neuem Drang am Bilde jenes Abenteurers und Heiligen, dessen unersättliche Seele über Jahre voll Frevel und Gefahr hinweg dem ersehnten Ziel der Erlösung und des Friedens entgegenstrebte und im freiwilligen Zwange der Klausur ringend und leidend verglühte.

Abends, wenn der Prior, seiner Pflichten ledig, im schlichten Frieden seiner engen Wohnung ruhte, wenn vor den Fenstern die Nacht Riff um Riff verschlang, bis nur die geheimnisvolle Dämmerung der Meerferne übrig blieb, und der Seewind lauter und dringender um die Mauern schwoll, dann saßen zumeist die drei Freunde zusammen im Licht der Ampel, erzählend, plaudernd oder vorlesend. Veit entwarf dem klugen Wirt das Bild der jungen Strebungen, in deren Mitte er stand, der Lage und Hoffnungen seiner Stadt, ihres Besitzes an Macht, an Geist, an Kunst, dazwischen holte er Beispiele und Vergleiche aus der heimischen Geschichte, in deren Erzählung er Meister war. Ugel stimmte zu, ergänzte und korrigierte, der Prior folgte mit lebendiger Teilnahme, und häufig kamen tiefe Lebensfragen zwischen den drei ernsten Männern zur Sprache, wobei nicht selten sich ein heftiger Widerstreit der Meinungen ergab. Die beiden Städter hatten die mächtige Waffe der Begeisterung und Jugend zu Händen, der Geistliche war ihnen wiederum durch die milde Reife des Mannes überlegen, den das Leben durch die läuternde Tiefe bitterer Erfahrung geführt hat.

»Fahrt fort«, rief er oft mit Überzeugung aus, »bauet, strebet, dient dem Geist Eurer Zeit und Stadt! Aber glaubt nicht, daß der Friede und das Glück auch nur eines einzigen Menschen auf Eure Arbeit warte. Von dem Tag an, da die schöne Kraft der Jugend Euch verläßt, wird jeder von euch nur zwei Wege vor sich finden: den der Beschränkung auf immer engere und ärmlichere und irdischere Ziele – oder den meinigen, der zur Entsagung und zum Gebet führt.«

Dennoch nahm er an allen einzelnen Fragen und Plänen gern und mit klarer Einsicht teil und zeigte gelegentlich in aller Bescheidenheit eine nicht gewöhnliche Kenntnis weltlicher und menschlicher Dinge.

Nun lag die einsame Küste an der Grenze des der städtischen Republik gehörigen Gebietes, war aber, weil unbevölkert und arm, in jeder Hinsicht sich selbst überlassen und vernachlässigt geblieben. Die Freunde und namentlich Veit, der die Landschaft seit Jahren liebte, besprachen manchmal die Möglichkeit, dies schöne Stück Land zu heben und mit in den Kreis des tätigen Lebens herein zu ziehen. Da die Beschaffenheit des Ufers kaum den Gedanken an Hafenbauten und Seeverkehr erlaubte, zeigte sich als einziger und durchaus nicht unmöglicher Ausweg die Anlage einer Gebirgsstraße, welche in der Entfernung von zwei Tagesreisen mit Überwindung zweier Hochpässe sich der alten Jochstraße anschließen müßte, die seit alters das Gebirge von Norden nach Süden durchschnitt. Alsdann würde das vereinsamte Hochland nicht nur als prachtvolle Villegiatur, sondern als Holzquelle und Steinbruch der Stadt und dem Land zu Nutze sein.

Als zum erstenmal in Gegenwart des Priors hiervon die Rede war, sagte dieser mit einem Lächeln: »Das ist ein gewaltiger Plan, dessen Ausführung unsren Einsiedeleien ein plötzliches unsanftes Ende bereiten würde. Ein Glück, daß ich Derartiges vermutlich nicht mehr erleben werde!«

»Warum nicht?« fiel Ugel lebhaft ein. »Wenn die Entwicklung unsrer städtischen Verhältnisse weiterhin sich gleich bleibt, werden wir vielleicht in zehn Jahren zu Roß und Wagen hierher gelangen können.«

Als immer häufiger die Rede auf dieses Projekt kam, und beide Freunde mit dem Gedanken immer vertrauter wurden, hielt auch der Prior mit seinem entgegengesetzten Urteil nicht mehr zurück. »Dies Unternehmen ist ebenso groß als unfruchtbar und kann euch allen den Hals brechen«, sagte er entschieden. Dagegen mußte er sich den Einwurf, er streite pro domo, gefallen lassen.

Wohl hatte auch Veit gelegentlich Bedenken. Auf einem morgendlichen Gang über das zwischen Fichtenwald und Felsensturz gestreckte breite Heideland sagte er zu Ugel: »Mir ist seltsam zumut, wenn ich mir dies schöne, wilde Land in Städterhänden denke. Denn wir kommen doch hierher nur um zu holen, nicht um zu geben. Wir bringen Häuser, Wege, Steinbrüche, wir bringen den Staub, den Lärm und die Geldsucht der Stadt herauf und

Sommeridyll

nehmen der großartigen Wildnis ihre Schönheit und ihren Frieden. Bei fernerem Wachstum der Stadt wird dies freilich ohnehin nötig werden, und so ist es besser, wir nehmen von Anfang an uns selbst der Unternehmung an, ehe sie in die Hände von Spekulanten fällt.« Am selben Tag schickte er durch einen Boten ausführliche Berichte an Gerhard, um diesen als Finanzmann für den Plan zu gewinnen.

Inzwischen trat auch der vom Prior erwähnte Fremde in den kleinen Kreis. Ohne von den Gästen zu wissen, erschien er eines Abends, um den Prior zu besuchen. Beim Anblick der beiden Fremden ward er scheu und schien wieder flüchten zu wollen, doch gelang es dem gütigen Prior ihn zu halten. Als er Veits Name hörte, maß er diesen mit einem erstaunten prüfenden Blick.

»Seid Ihr der Freund und Mithelfer des Rathausbaumeisters Niklas?«

Da Veit bejahte, gab ihm der Alte die Hand. Und als er selbst nun zögernd seinen Namen nannte, blickten die Freunde erschrocken und mit Ehrfurcht auf. Es war der Name eines weithin berühmten Malers, dessen Werke zu den edelsten der Zeit zählten, der aber dem Gerücht nach in Wahnsinn gefallen und seit Jahren verschollen war.

»Was schaut ihr, junge Leute?« sagte er nicht unfreundlich. »Ihr habt ohne Zweifel gehört, ich sei wahnsinnig geworden und was alles der Mund der Leute noch dazugab? Nun, das Gerücht hatte sein Korn Wahrheit in sich, obwohl ich noch immer meines Verstandes Herr zu sein glaube.«

Während des so angehobenen Verkehrs schloß der Maler sich namentlich an Veit mit Herzlichkeit an, und dieser erfuhr nun seine kurze Geschichte. Im Brüten über die höchsten Probleme seiner Kunst und im Kampf mit mancherlei Mißgeschick war der alternde Mann einer nagenden Schwermut zur Beute gefallen, die ihn seine eigenen lebensfrohen Schöpfungen verachten ließ und sein bis dahin harmlos frisches Gemüt in die trostlosen Irrgänge melancholischer Grübelei über Leben, Tod und Ewigkeit verstrickte. Schließlich hatte sein kraftvolles Wesen der zehrenden Krankheit doch Trotz geboten und seither lebte der Verschollene da und dort in tätiger Einsamkeit, mit neuen künstlerischen Aufgaben großen Stils ringend und nur je und je von Anfällen der ehemaligen Melancholie heimgesucht. Seine Kunst hatte sich von allem Äußerlichen und bloß Dekorativen abgewandt und strebte in zähem Kampf dem verschwiegenen Ideal aller hohen Kunst entgegen, Ausdruck ewiger Ideen zu sein und Unsagbares zu sagen. Vor einigen Monaten hatte er zufällig diese Küste entdeckt und sein Herz an ihren gewaltig ernsten Reiz verloren. Veit stieg mehrmals mit ihm den halsbrechenden Fußweg zum Strande hinab und fand in der Fischerhütte mehrere große begonnene Bilder. Unter ihnen war eine breite Leinwand, welche ihn stets mit gewaltigem Zuge fesselte –: Ohne Ufer streckte sich bis zur Höhe des Bildes das Meer, schmal von einem licht dämmernden Morgenhimmel gesäumt. Das mächtige Gewoge, der Duft der Weite, die feuchte Luft, der leis [auf]hellende Himmel war delikat und wahr gegeben, die starke, verblüffende Wirkung aber lag in der grandios erfaßten Riesenweite des Horizontes, dessen verschleierte Linie das Auge mit ergreifender Täuschung in unbegrenzte Räume zog. An diesem Bild vor allem erkannte Veit, neben der virtuosen Behandlung der Stoffe, welche den großen Künstler von jeher ausgezeichnet hatte, eine Vertiefung, einen Hauch von Seele, die ihn mit verborgenem Zauber anzogen. Er begriff, was im Gemüt des einst so weltfrohen kecken Koloristen hatte vorgehen müssen, ehe er die Natur so sehen und darstellen konnte.

Ein anderes Bild fiel ihm zufällig beim Durchblättern einer Mappe in die Hand. Es war die mit Kreide und Rötel ausgeführte Zeichnung eines jungen Frauenkopfes, dessen Typus und Ausdruck an manche ältere Bilder des Meisters erinnerte. Der hinreißend schöne Blondkopf trug eine fast strenge Vornehmheit zur Schau, die mit eigenartigem Reiz der Üppigkeit der Formen widersprach. Man konnte zweifeln, ob das Bildchen ein Portrait oder der Entwurf eines Idealkopfes sei.

»Sie ist schön, nicht wahr?« lächelte der Künstler. »Es ist meine Tochter, seit Jahren im Ausland verheiratet.«

Bald erfuhr der Alte von Veit auch dessen Pläne und Hoffnungen. Ein leiser Glanz ging über seine gefurchte Stirn, wenn der Junge ihm in lichten Farben den Kreis seiner Freunde und den lockend weiten Horizont der Absichten schilderte. Das geniale Werk des Rathauses, das er kannte, verbürgte ihm die künstlerische Schöpferkraft der heraufsteigenden jungen Generation, obwohl er manche Lieblingssätze der jüngsten Künstlertheorien durchaus mißbilligte. Veit merkte, wie gern der alte Meister seinen Träumen von einer Neugeburt der Künste lauschte, und eines Tages kam ihm plötzlich der fruchtbare Gedanke, der Geist und die Erfahrung des Alten müssen dem fleißigen Streben der Jüngeren zu gute kommen. Vorsichtig legte er ihm den Vorschlag nah, sich in der Stadt niederzulassen, wo nicht nur alle Vorteile eines regen Kunstlebens und reichen Marktes, sondern auch die Rat begehrende Ehrfurcht begabter Schüler und Nacheiferer seiner warten. Der Maler dankte mit freundlicher Ablehnung.

»Ich kann und mag den erregten Wellen dieses sogenannten Kunstlebens mich nicht wieder aussetzen«, sagte er entschieden. »Auch steht mein Plan fest, mich hier am Meere anzubauen und hier meine Tage zu vollenden. Wer aber von euch Jungen hierher kommen, mich besuchen und gelegentlich mich befragen will, der sei willkommen.«

Vor Veits tätigem Geiste stand nun schon das ideale Bild einer freien Künstlerschule, einer Niederlassung von Meistern und Schülern an der stolz und abseits gelegenen Küste, er sah hier Villen und Gärten sich erheben, in deren Wegen und Plätzen Künstler und Kunstfreunde sich in fördernden Gesprächen ergingen. Und er schickte an Gerhard einen zweiten Brief, in dem er auch diese neue Idee darstellte, sie mit den früheren Ansiedlungsvorschlägen verband und Gerhard dringend aufforderte, selbst herzureisen und alles mit ihm an Ort und Stelle zu beschauen und zu beraten.

Nicht immer aber war er im Umgang mit Meister Anselm der Gebende. Oft griff dieser in den Schatz seiner reichen und vertieften Lebenserfahrung und Kunst- und Menschenkenntnis und zwang ungewollt den Hörer zu wachsender Ehrfurcht; denn er hatte eine überaus bescheidene, schlichte Art, ohne Bitterkeit über Großes und Kleines zu urteilen, und war frei genug von der beliebten Künstlereitelkeit, um allem Leben und Geschehen mit offenem Auge und gütiger Teilnahme zu folgen. Oft auch lagen beide, er und Veit, in der rötlichen Heide, wortlos und nachdenklich der Betrachtung des Himmels und des Wolkenflugs hingegeben, und diese Stunden verbanden sie fester als alle Gespräche; denn daß zwei verständnisvolle, gläubige Verehrer der großen Natur zusammen sind und zusammen genießen ohne einander zu stören, das ist seltener als manche andere Form der Freundschaft.

So gingen schöne, harmonisch gleichtönige Tage hin, in fruchtbarer Muße, reich an Frieden und inniger Gemeinschaft. Weniges ist so erfrischend und beneidenswert, als wenn Männern von ungewöhnlichen Gaben und ernster Bildung außerhalb des gemeinen Tages- und Stadtlebens das Ausnahmedasein eines stillen, gleichmäßig genossenen Zusammenseins zu Teil wird.

Nach einiger Zeit traf ein Brief von Gerhard ein. Er hatte vor wenigen Tagen seinen Vater begraben, dessen er mit Ehrfurcht und redlichem Leid gedachte. Nach Abwicklung der ersten dringendsten Geschäfte hoffe er zur Beratung mit Veit und zur eigenen Erholung nach Sankt Theodor kommen zu können. Die Nachricht vom Tode des mächtigen Alten gab den Freunden viel zu denken und zu reden. Gerhard war nun frei, und, obschon noch ganz Privatmann, der wichtigste, jedenfalls reichste Mann der Stadt und Republik. Nun schien die Begründung jener längst von ihm geplanten Gesellschaft, seine Wahl in den Rat und damit eine Reihe von Veränderungen, Kämpfen und Erfolgen dem städtischen Leben nahe bevorzustehen.

Inzwischen mußte Ugel, dem sein Beruf nicht länger Freiheit gewährte, abreisen. Der Prior entließ ihn mit herzlichem Abschied, und Veit begleitete ihn bis zur zweiten Paßhöhe. Ugels Abreise und die Aussicht auf Gerhards baldige Ankunft entriß ihn gewaltsam der träumerischen Idylle und führte alle seine Gedanken zur strengen Gegenwart und zu den persönlichen wie politischen Forderungen der nächsten Zukunft zurück. Die halb vollendete Dichtung und die Beschäftigung mit den Sagen und Rätseln einer fernen Zeit blieb der ungewissen Wiederkehr einer ähnlichen Mußezeit vorbehalten. Mit wunderlich bewegtem Herzen verfolgte er, nachdem Ugel ihn verlassen, die Windungen der weißen Straße, die zur Ebene und Heimat hinab führte. Auf halbem Rückweg holte der Maler ihn ab und fand den Freund ernster und stiller als je. Wohl eine Stunde lang schritt der graue Herr neben dem jungen Mann in tiefem Schweigen hin. Einmal machte er ihn auf einen mächtigen Falken aufmerksam, dessen Flug in schönen reinen Bogen die schon herbstlich goldene Luft durchschnitt. Veit blickte auf, folgte gedankenvoll eine Weile den Kreisen des Raubvogels, redete aber nichts. Endlich fragte ihn Anselm um seine Sorgen.

»Ihr wißt«, sagte Veit, »um die Lage der Dinge in unsrem öffentlichen Wesen. Die Stunde ist da, neue Ideen und größere Pläne einzuleiten, das gesamte Leben unsres Volkes zu einer freieren und schöneren Kultur zu führen. Ich, der ich die Vergangenheit des Gemeinwesens seit Jahren durchforsche und allem Neuen und Wichtigen nachhorche, trete mit großen Wünschen und Zielen in die neue Epoche. Nicht für mich, sondern für's Ganze. Mein Ideal von Gesellschaft und staatlichem Dasein ist Euch zum Teil bekannt. Nun bin ich aber nur ein Horcher, Helfer, Mitarbeiter ohne eigene, persönliche Macht. Desto unbeschränkter liegt solche in den Händen eines reichen, begabten und beliebten Jünglings, eben des Gerhard, den wir nächstens hier sehen werden. In ihm liegen viele Möglichkeiten, aber keinerlei Gewißheit. Wenn er seinen bessern Trieben folgt und seiner selbst wenigstens im politischen Leben vergessen kann, ist alles gewonnen.

Sommeridyll

Geht er andere Wege, dann steht mir und meinen nächsten Freunden der Bruch mit ihm und ein langer, peinlicher und bitterer Kampf bevor. Mehr mag ich heute nicht sagen: Ihr werdet meinen Freund ja bald selbst sehen und hören.«

»Ich verstehe«, erwiderte Anselm, »dennoch ist mir nicht völlig begreiflich, was Euch so eng an jene Stadt fesselt, in der Ihr nicht einmal ortsbürtig seid. Ihr seid Gelehrter, Dichter, meinethalben Politiker – es gibt Orte und Wirksamkeiten genug, die Euch anziehen und erfüllen können, wenn diese erste Bahn Euch nicht zum Erfolg führt. Ihr seid jung, die Welt ist groß –.«

»Gewiß«, fiel Veit ihm ins Wort, »allein Ihr kennt mich eben noch nicht ganz. Das ubi bene ibi patria ist meine Devise nicht. Ihr, der Künstler, streift am Leben hin und erntet, wo es Euch gefällt. Ich aber bin mit meiner Stadt verwachsen. Ich liebe sie, die ich in ihrem Werden und Leben belauscht habe und kenne. Ich liebe sie mehr als ich je einen Menschen liebte; ihr Wesen, ihre Geschichte, alles an ihr kommt meiner Art verwandt und anziehend entgegen. Außerdem aber ist sie jetzt der Herd eines Lebens, dessen reges Keimen ich Euch beschrieb und das so reich und kräftig zur Zeit sich wohl an keinem andern Orte findet. Dieses unbändig strömende Leben in gutem Geiste zu fördern, zu formen und leiten zu helfen, daß es nicht eitel verschäume, darin finde ich Zweck und Lust meines Lebens. Und darum kann ich Gerhard nicht ohne eine Art von Eifersucht sehen. Er steht auf dem Platze, für den ich mein halbes Leben geben würde, ihm ist eine Macht in die Hand gegeben, um die ich ihn so lange beneiden werde, bis ich weiß, daß er sie edel verwendet. So werde ich entweder sein gläubigster und unermüdlichster Freund und Anhänger sein, oder mich gegen ihn wenden müssen.«

Anselm schüttelte das feine greise Haupt. »Warum?«, fragte er fast spöttisch. »Wenn jener die Macht hat, müßt Ihr weichen. Wenn er nicht Eure Wege gehen will, wird doch alles Zanken vergebens sein. Nachgeben ist überall klug, für den Schwachen aber notwendig. Und selbst wenn Ihr Erfolg hättet und Anhang fändet, wozu geborenen Autoritäten widerstreben und die Stadt in aufreibende Kämpfe verwickeln.«

»Wozu?« rief Veit leidenschaftlich. »Besser, eine Stadt leidet im Kampf zwischen Gut und Böse, als sie lebt mißleitet in einem doch nur scheinbaren Gedeihen dahin. Mein Ziel und Beruf ist nicht, ihr ein sorgenloses, unbewußtes Dasein zu bereiten, sondern ihr ganzes Leben dem Zwang alles Scheinbaren und Herkömmlichen zu entreißen und in den freiwilligen Dienst fördernder und edler Gedanken zu leiten. Die Stadt ist reich genug, hat Geltung und Macht genug, ich will sie weder reicher noch mächtiger machen. Sondern ich möchte den besseren, ja womöglich den größeren Teil der Bürgerschaft von den hergebrachten Idealen des Wohlseins und Reichwerdens hinweg zu einer nicht so sehr verfeinerten, als vertieften und vergeistigten Lebensführung bringen. Ich möchte ihren Geist zu jener Art von Bildung erheben, welche alle einseitige Verehrung des Geldes als gemein und alles Protzentum als lächerlich erkennt und verbietet. Ich möchte noch vieles, das mir bis in die Einzelheiten klar und zwingend vor der Seele steht, und das ich Euch jetzt nicht in ein paar Worten darlegen kann.«

Hier legte Anselm gütig und zart seine Hand auf die Schulter des Erregten. »Mein Freund«, sagte er sanft, »ereifert Euch nicht, ich habe Euch wohl verstanden. Ihr wollt ein schweres Amt auf Euch nehmen, das Gott Euch segnen möge.« Und in willkürlicher Regung ließ er seine Hand in einer fast väterlich zärtlichen Weise streichelnd am Arme Veits hinabgleiten. Beide schwiegen wieder und wanderten zwischen Schlehengestrüpp und mooriger Heide auf dem kaum erkennbaren Fußpfade fort. Man fühlte allerwärts den Hereinbruch des Herbstes, der sich schon mit kühlen Nächten, starkem Tau und beginnenden Frühnebeln angekündigt hatte. Der Horizont schien erweitert; abwärts schimmerten die niedrigeren geschützten Waldberge in den satten Farben der Laubwelke, der Blätterfall hatte noch nicht begonnen. Die ferne, hohe Linie des Gebirgskammes schnitt mit herber Kontur in die golden sanfte Form. Wenn der Herbst in dieser rauhen Gegend der üppigen Lust der Obsternte und der ausgelassen fröhlichen Feste der Winzer entbehrte, so fehlten ihm auch die weiten kahlen Stoppelfelder, welche die Ebene um diese Zeit leer und erstorben scheinen lassen. Das kurze Gras der wenigen Wiesen stand noch hellgrün und des letzten Schnittes gewärtig.

Endlich kam Gerhard an, von einem im letzten Dorf der Jochstraße mitgenommenen Führer begleitet. Der Schmerz um den verlorenen Vater und die vielerlei Sorgen des Verwaisten und Erben hatten einige nachdenkliche Schatten in das schöne Gesicht gezeichnet, die Bewegungen der schlanken Glieder gestrafft und der ganzen Gestalt einen Anflug von stiller Energie, ja Würde gegeben.

Sommeridyll

Veit eilte aus seinem hochgelegenen Stübchen herbei, sobald er die wohlbekannte klare Stimme des Freundes vom Hof her vernahm. Während er ihm die Hand reichte und wenige teilnehmende Worte sagte, durchforschte er das etwas abgemagerte Gesicht mit suchendem Auge. Gerhard hängte sich aber sogleich an seinen Arm und ließ sich ins Haus und zum Prior führen, der ihn einfach empfing und in die schlichte Gastlichkeit des Klosters aufnahm. Dann entledigte er sich einiger Aufträge und Grüße, erwies dem Geistlichen Höflichkeit, lobte ihm die Lage und Meeresaussicht des Klosters und überraschte ihn durch ein schönes Geschenk, das der Führer seinem ungefügen Reff* entnahm. Es war ein kleines, einfach gerahmtes Marienbild, mit welchem er, einer Andeutung Veits folgend, dem für das Schöne empfänglichen, vereinsamten Manne keine geringe Freude machte. Das Bildchen war die Arbeit eines jungen, von Gerhard begünstigten Malers, ohne starke Eigenart, aber anmutig und mit Liebe gemalt. Die lebhafte Danksagung des erfreuten und beschämten Wirtes freundlich ablehnend, umschlang Gerhard den Freund und entführte ihn mit kurzer Entschuldigung ins Freie.

Veits Lieblingssitz im Klostergarten zog ihn an. Dort setzten sich beide und Veit begann sachlich und sorgfältig seine Pläne darzulegen. Und wieder, während er redete, ging sein Blick über die Züge des feinen Gesichtes, das halb ab- halb zugewandt neben ihm im reichen Mittagslicht sich wiegte. War dies Lächeln das der Zuversicht und innern Ruhe oder des lenkbaren Gleichmuts? Wohnte hinter dieser Stirn der Geist eines Mannes oder eines Kindes? War dies Auge das des Denkers oder des Schwärmers? Veit las es nicht. Das ebenmäßig blasse Angesicht des Zuhörenden war freundlich, aufmerksam, verständig, aber es war die Freundlichkeit des Weltmannes, und die edel geschwungenen Lippen konnten in ihrem ständigen Lächeln ebensowohl Spott als Güte verbergen. Gerhard hörte zu, nickte bald, bald wiegte er zweifelnd das Haupt und schien den forschenden Blick des Sprechenden nicht zu fühlen.

»Wir werden«, schloß dieser, »heute und morgen die Örtlichkeit besehen, damit du vorläufig eine gründliche Anschauung der Lage bekommst. Dann magst du entscheiden, ob es sich lohnt, Sachverständige herzuschikken. Daß die Nutzbarkeit des Gesteins schon früher geprüft wurde, schrieb ich dir, die Befunde liegen im Archiv der Stadt. Damals vereitelte der dro-

---

* Traggestell der Bergbewohner.

hende Krieg den Beginn des Grabens. – Aber für jetzt genug davon! Ich bin begierig, etwas von deinen Absichten zu hören. Du sprachst im Frühjahr davon, den Kreis deiner Freunde in einer Gesellschaft von fester Form zu vereinigen.«

»Von fester Form? Das sagte ich nicht. Ich dachte an eine freie Vereinigung junger Männer, deren Ziel die gemeinsame Pflege gelehrter, künstlerischer und sonst angehender und löblicher Studien und Beschäftigungen wäre. Der Plan trat während meines Vaters Kranksein zurück, soll aber nächstens Leben gewinnen.«

»Es wäre mir lieb, Näheres darüber zu erfahren.«

»Nun gut! Du weißt, mir liegt die Belebung und Hebung des geistigen Lebens unsrer Stadt am Herzen. In unsrer Gesellschaft würden nicht nur die Künstler und Gelehrten voneinander lernen und Freude an gemeinschaftlicher Arbeit gewinnen, sondern es wären auch jedem strebsamen Laien diese edleren Studien erleichtert; die Künstler würden mehr Gönner und Aufträge, die Liebhaber mehr Verständnis gewinnen. Schon dies wäre ein Erfolg. Außerdem könnte eine Gesellschaft durch öffentliche Darbietungen, Vorträge, Aufführungen den allgemeinen Geschmack ganz anders beeinflussen und die Bürgerschaft unmerklich viel wirksamer erziehen, als Einzelne es je vermögen.«

»Das ist richtig und hat Aussicht auf Erfolg. Aber ist das wirklich alles, was du damit beabsichtigst?«

»Ist das nicht genug?«

»Reichlich genug. Und das Politische soll ganz aus dem Spiel bleiben?«

»Was hat Politik mit Kunst und Bildung zu tun?«

»Sehr viel.«

»Ich meine nicht.«

Hier trafen sich die Blicke der Freunde und Gerhard konnte Veits Frage ungesagt verstehen. Er lachte.

»Ach, deine alten Sorgen! Nein, darüber sei beruhigt. Sollte ich je einmal zum Agitator werden, so würde ich andere Wege wählen. Oder ist es dir lieber, wenn ich Feste, Aufführungen und alles ähnliche statt als Leistungen eines Vereins auf eigene Faust und Kosten den Leuten darbiete?«

Veit schwieg und schien beruhigt, während er in Wahrheit jenem nun doppelt mißtraute. Indes Gerhard sich erhob und mit Lust den Anblick der weiten Aussicht und in vollen Zügen die herbe Meeresluft genoß, schaute der andere leeren Blickes ins Weite und lauschte unentschlossen dem Widerstreit der Regungen in seiner Brust.

Es drängte ihn mächtig, des Freundes Hand zu fassen und ihm mit einer starken Frage ins Gewissen zu greifen, um ihn dann entweder zu umarmen oder von sich zu stoßen. Aber er war erregt, der Gegner kühl und glatt, wie sollte er ihn fassen? War es nicht gefährlich, ihn noch mißtrauischer zu machen?

Gerhard mochte fühlen, daß in Veits Seele ihm etwas widerstrebte, das jetzt zu Worte zu kommen drängte.

»Du wirst mehr und mehr zum Grübler«, scherzte er und schob Veits Arm in den seinen, ihn durch die schmalen Gartenwege mit sich ziehend. »Ich werde mich gewöhnen müssen, dich künftig als Politiker und Moralisten zu verehren – zu meinem und deinem Schaden, denn du standest mir als Dichter wahrhaftig näher. Wie ist's damit – hast du die Muse oder hat sie dich verlassen? Ich wette, diese Sommerwochen haben doch irgend etwas Poetisches gezeitigt.«

»Die Zeit ist ernst«, entgegnete der andere ausweichend, »und hat auch mich ernster gemacht.«

»Zu ernst zum Dichter?« rief Gerhard pathetisch. »Das ist unmöglich. Gibt es denn einen ernsteren Beruf?«

»Du scherzt.«

»Und weshalb soll diese Zeit so ernst sein? Ich finde sie lustig.«

»Du scherzt wieder«, sagte Veit fast schmerzlich. »Verzeih, wenn ich nicht derselben Laune bin.«

»Aber Bester«, koste Gerhard. »Ich will mir Mühe geben, so ernsthaft zu werden wie du, aber es wird Zeit brauchen. Sieh doch das Meer glänzen – so liegt das Leben vor unsern Kielen, hell und weiträumig; lockt es dich nicht?«

Veit blickte dem ausgestreckten Arm des Freundes nach.

»Es sieht nach Sturm aus«, meinte er nach einer Weile. »Desto besser. So werden wir eine großartige Nacht erleben.«

»Ich meinte das andere Meer ...«

»Welches andere?«

»Das so hell vor unsern Kielen liegt ... Werden wir gute Steurer sein, Gerhard?«

»Ei, ich denke wohl. Du wirst mir ja helfen.«

»Vertraust du darauf? Wenn aber unsre Kurse auseinander gingen?«

»Das mag die Zukunft bringen. Mein Schiff ist stark. Doch soll man nicht in den Sternen lesen wollen. – Etwas anderes liegt mir im Augenblick am Herzen. Du schriebst mir von einem Maler, den du hier gefunden hast, und auf den du mich wie auf ein Festgericht einludest. Wer ist es?«

Veit sah mit Trauer, wie der Gewandte an seiner verhüllten Frage immer wieder vorüberging, als hätte er sie nicht bemerkt. »Du mußt dich gedulden«, antwortete er kurz, »nach Tisch werden wir ihn sehen.«

Er stand aber schon im Zimmer, als die zwei, dem Ruf der Mittagsglocke folgend, die Tafel des Priors aufsuchten. Gerhard betrachtete die große Gestalt mit Aufmerksamkeit, der Wirt aber, sei es aus Vergeßlichkeit, sei es, daß er die Gäste durch Veit schon einander bekannt glaubte, unterließ die vermittelnde Nennung der Namen und führte jeden an seinen Platz. Während der Mahlzeit sprach Veit fast ausschließlich mit dem Maler und weidete sich mit harmloser Schadenfreude an Gerhards sichtbarer Spannung. Dieser sah sich im Gespräch auf den Prior beschränkt und mußte seine Ungeduld wohl eine Stunde zügeln. Endlich, da der Prior durch einen Bruder abgerufen ward und den Raum für Augenblicke verließ, ward er erlöst.

»Unser gütiger Wirt«, sagte er aufstehend, »scheint unsre Bekanntschaft vorausgesetzt zu haben, auf deren Genuß ich nun doppelt gespannt bin. Willst du die Güte haben, Veit?«

Der alte Herr kam ihm zuvor. »Ich heiße Anselm«, sagte er schlicht, »und habe das Vergnügen Euch schon durch unsern Freund Veit zu kennen.«

»Das nenne ich eine Überraschung«, rief Gerhard, indem er des Alten Hand mit Ehrfurcht an die Lippen führte.

»Daß ich, seit ich Augen zu sehen habe, Eure Kunst und Euren Namen verehre, wäre nicht nötig zu sagen. Aber ich bin auch so glücklich, zwei Bilder von Euch zu besitzen, das eine als Geschenk eines Freundes, das zweite durch Kauf aus zweiter Hand. Jene unseligen Gerüchte hatten mich der Hoffnung beraubt, Euch je für die Freude zu danken, die jene Gemälde mir Jahre hindurch bereitet haben. Es ist ein heiliger Sebastian und ein Kinderreigen, dieser eines der fröhlichsten und erquickendsten Bilder, die ich kenne.«

»Ich erinnere mich seiner«, sagte Anselm, »Als ich es malte, möget Ihr selbst nicht größer als jene Putten gewesen sein. Inzwischen bin ich alt geworden, und mein Pinsel hat jene lustigen Künste fast verlernt. Doch freut es mich, gerade dieses Stück in so guten Händen zu wissen. Es sind die Köpfe meiner drei Kinder darauf, von denen nur eines noch am Leben ist. Damals dachte ich nicht das blutjunge Völkchen zu überleben.«

Sommeridyll

»Ihr habt sie unsterblich gemacht.«

»Sagt das nicht, lieber Herr. Es ist gut, mit so großen Worten sparsam zu sein. Ich bin nicht der Meinung, meine oder irgend jemandes Bilder müßten die Zeiten überdauern. Wo soll die allzeit aufblühende junge Kunst denn Luft und Raum hernehmen? Es wäre kein Schade, wenn jede dritte Generation ihren Vorrat an antiquierenden Kunstwerken sanft zu Grabe trüge.«

(1901)
[Hier endet das Manuskript.]

Julius Abdereggs erste und zweite Kindheit

Vorrede
(an meinen Freund Ludwig Finckh.)

Das hätten wir beide seinerzeit nicht gedacht, daß ich dir einmal eine derartige Geschichte erzählen würde.

Ich wollte ja schon damals immer einen Roman schreiben, und uns schwebte dabei etwas sagenhaft Großes vor, ein Heinrich von Ofterdingen oder ein Tannhäuser, ein Lied in großen Takten, von Leidenschaft, Schönheit und Dichterweh. Wir saßen in einem der Tübinger Gärten, tranken Bowle und schwärmten wie Nachtfalter auf Flügeln dunkelschöner Träume in die warmen Sommernächte hinaus. »Dem Leben entgegen« sagten wir ernst und begeistert und warteten auf das Leben, daß es uns in heiße mächtige Liebesarme nehme und in Leid und Glück zu Männern und Dichtern und Weisen mache.

Und das Leben kam. Es war dunkelfarben, drückend, ermüdend – keine große Leidenschaft, kein allmächtiges Weh oder Glück, sondern eine lange zähe Kette von kleinen lästigen Kämpfen, Aufgaben und Enttäuschungen. Es begann damit, daß unsere lieben Tübinger Freunde Amtshüte aufsetzten, höflich und fein wurden, und uns langsam und kühl verließen. Es begann damit, dich und mich zu beugen und dich und mich mit Staub zu bedecken, so daß wir selber die schöneren Dichtermienen von ehemals nur in seltenen Stunden aneinander wiedererkennen konnten. Es führte dich auf Schulbänke zurück, dann in Kliniken und an Krankenbetten, mich zu Rechenbüchern, an staubige Pulte und in Geldsorgen und Entmutigungen.

Und beide nahmen wir erschrocken und weinerlich das schöne lyrische Barett vom Scheitel, ließen uns Philisterbärte stehen und hatten das Beste in uns ertränkt und verloren auf dem tiefsten Boden unsres Wesens liegen. Du sagtest der Muse für Jahre Lebewohl; ich schrieb meinen »Lauscher« und mir schien wirklich, als hätte ich mit ihm meine Jugend und meine Poesie begraben und erledigt.

O Ugel, was sind wir für Narren gewesen! Wieviel unnütze Leiden haben wir gelitten, wieviel unnütze Bitterkeit auf uns genommen! Aber es war doch nicht umsonst. Mit vielen Umwegen und in Verzweiflung sind wir nun doch vom Leben zu Männern und zu Dichtern und Weisen gemacht worden, freilich zu kleinen, bescheidenen, aber doch zu solchen, die auf eigenen Beinen stehen und auch im höhern Sinne ihr eigen Brot essen können.

Und nun will ich dir die Geschichte meines Freundes Julius Abderegg erzählen.

Was soll ich dir sagen? An den Ofterdingen und Tannhäuser wirst wohl auch du nimmer denken. Ich will dich lieber unberufen lesen lassen. Du bist ja gewohnt, mit Kranken, Sterbenden und Genesenden, mit schlichten Leuten zu reden und ihr Stück Leben und Wesen lieb und wichtig sein zu lassen. So nimm den Abderegg mit dazu, red' mit ihm und sei freundlich zu ihm. Ein Held ist er nicht – wie sollte ich auch Helden machen können?

Für die Redaktoren und Literaturleute bin ich ja als Ästhet und décadent erledigt und abgetan. Meinem ersten Buch merkten die Kritiker den Einfluß Stefan Georges an, von dem ich damals nicht einmal den Namen kannte. Mein zweites schien ihnen eine Kopie nach Hans Bethge, von dem ich noch keine Zeile gelesen hatte.

[Dies neuste Buch aber ist nicht ohne literarische Einflüsse entstanden, obwohl ich es direkt und warm aus dem Leben nahm. Aber ich las seiner Zeit so viel moderne Romane, und fast überall fand ich darin ein Tosen und Klagen, bald ein Sehnen nach dem Übermenschen, bald ein entsagendes Müdesein. Es schien, als gebe es für ein Mannesleben nur zwei Ziele und Begierden: Weiberliebe und Ruhm. Wer nicht verliebt war, der war Dichter, Maler, Sozialist, Gelehrter und strebte nach auffallender Tätigkeit.]*

I

Das war im Gebiet der großen Rheinecke. Ein schönes Land von Bergen, Gefild und Weingärten, und inmitten der grüne frohe Strom, mit seinem stillen, schnellen, ewigen Ziehen. Er trennt und vereinigt dort gar verschie-

---

* Im Manuskript gestrichen.

dene Völkchen. Da sind die Süd-Schwarzwälder, herb und arm, kräftig knorrige Männer und braunrote, grobschöne Weiber. Und die Markgräfler, in reichen, schönen, ebenen Wein- und Obstdörfern, ein stolzer adliger Schlag, fein und sicher im Wesen, die Bauern frisch, ruhig und tüchtig, die Frauen vornehm schlank, mit aschblondem oder flachslichtem Haar und in alter würdiger Tracht, ein wohlgewachsenes altes Geschlecht. Alsdann die Grenzschweizer, vor allem die Stadtbasler, kluge und ernsthafte Kaufleute und Arbeiter, von bunter Rasse, in Sprache und Gehaben selbstsicher und nicht ohne Beweglichkeit und Witz. Dann die Elsässer, immer den Hut auf dem Kopf, mit verwelschtem Dialekt und prahlerisch im Reden, dabei zutraulich, sogleich zu Handschlag und Herzlichkeit bereit, schnell aufnehmend und schnell vergessend, gesellig, gesprächig und schalkhaft. Trotz aller Verschiedenheiten und Händel gehören diese Leute zwischen Jura, Schwarzwald und Vogesen zusammen. Gestein und Wachstum ihrer Landschaften sind verschieden, aber alle liegen dem großen Strom benachbart und durch alle ist Jahrhunderte lang die große Straße von Nord nach Süden gegangen und hat überall eine rege, bewegliche und reiche Kultur gebracht und zurückgelassen.

Julius Abderegg kann sich niemals seiner Heimat erinnern, ohne daß er den rötlich und grün schimmernden Schwarzwald, den waldigen Jura mit gelben Fluhen und den blauen Zug der Vogesen deutlich und farbig erblickt. Und zugleich sieht er den Rhein entlang Fahrten und Züge – von gewappneten Römern, von deutschen und welschen Kaufleuten des Mittelalters, mit Sängern und Mönchen vermischt; und dann die Züge von heute, die schönen raschen Schnellzüge, die von Frankfurt kommen und über Basel entweder zum Gotthard oder nach Genf hinab reisen. Ihm ist Basel vor allem die Stadt, die zwischen drei Ländern liegt, von wo nichts mehr ferne scheint, wo man in Wagen steigen kann, die man in Mailand, in Paris, in Genf, in Frankfurt wieder verläßt. Eine Stadt, wo zwei, drei Sprachen gesprochen werden, wo man sich mehreren Kulturen nahe und verwandt fühlt. Eine Stadt, deren eigenes Leben fast hinter dem großen Netz von Beziehungen zur Ferne verschwindet. Er liebt sie nicht, aber er hat lang und gerne dort gelebt, weil ihm dort zumut war als säße er an einer Kreuzung vieler Straßen. Und jede Straße, jeder Kreuzweg, jede Brücke und alles, was irgend an Wanderung und Reise erinnerte, ist ihm zeitlebens lieb und anziehend gewesen.

Wenn Abderegg für die Stadt Basel keine eigentliche Liebe hat, so hängt er desto mehr am Boden, auf welchem sie steht, und an der schönen, reichen Grenzlandschaft. Er hat nie das Haus vergessen, in dem seine ersten Jahre vergingen und das vor Basel im Wiesenlande lag, nach allen Seiten auf schöne grüne Nähen und bläulich zarte Bergfernen schauend, von Grün und Fruchtbarkeit umhegt. Wo in Gottes weiter Welt weißt du so satte Wiesen, so dicht und goldgelb umblühte Bachläufe und so blaue, sammetschöne Bergreihen? Glaubst du, er würde seine Heimat so lieb haben, wenn sie nicht so schön wäre? Ich glaube es nicht. Denn weder Vater noch Mutter waren dort heimisch und er selbst ward früh dort weggenommen und hat, da er nach Jahren wiederkam, als Fremder dort gelebt und nie im Leben den Dialekt der Kinderjahre wiedergelernt.

Ich wollte ja erzählen – nun wo beginnen? Mit Eltern und Voreltern, das geht nicht, denn ich weiß wenig oder nichts von ihnen. Nur daß Vater und Mutter schöne und zarte Menschen waren und immer Gottes Wege zu gehen sich bemühten.

Eines warmen Tages erwachte der kleine Julius Abderegg aus dem ersten dumpfen Traum – noch nicht zum Leben, das ihm nie recht vertraut worden ist, aber doch zum Sehen und Schmecken der Dinge und zum Liebhaben dessen, was ihm wohlgefiel. Und fürs erste war wenig da, das ihm nicht wohlgefallen hätte. Noch sah er die weiten Felder, Wiesen, Weingärten und die entfernten Berge nicht. Statt ihrer sah er einstweilen nur eine Weite von Licht und allerlei Farben, deren Dasein ihn freute und ihm notwendig schien. Kinderaugen, so klar und ungebrochen sie blicken, sind immer kurzsichtig und sehen über die nächste Nähe hinaus nicht Bäume noch Berge, sondern nur das Dasein fremder schöner Wesen, deren Kreis mit Wolken und Lüften und Tönen und Gerüchen zusammen wie ein farbiger Dunst daliegt als Zeuge vom Dasein einer Welt und als früheste und schönste Mahnung an das Vorhandensein ferner und jenseitiger Dinge. Woher soll denn auch ein Knäblein, das noch keine tausend Schritte tun kann, ein Gefühl von Ferne und Nähe haben? So lernt jedes Kind zu allererst die schöne Kunst, im Nächsten die Welt zu sehen und sich um das, was es eben im Händlein hat, mehr bekümmern als um die ganze ungesehene und ferne Welt. Die meisten verlernen schon vom ersten Schuljahr an diese Kunst mehr und mehr. Wenige behalten sie unverloren im Gemüt, manche lernen die verlorene mühsam wieder, wenn sie alt werden und ihre Liebe zum Leben sie unbewußt in das sichere Land der Kinderzeit zurückführt. Oder ergeht es nicht auch dir so, wenn du dich genau besinnst, daß du aus jener Zeit her viel schärfere und festere Bilder im Gedächtnis bewahrt hast als aus den viel näher liegenden späteren Jahren? Besinne dich nur! Sicher kannst du dich noch an ein Röcklein erinnern, das du mit fünf Jahren trugst, an eine verschwitzte Knabenmütze, an ein Paar Schlittschuhe aus der Schulzeit. Und später? Da liegen ganze volle Jahre tot und leer wie verschlossene Zimmer da. Du hast einmal darin gewohnt, aber du klopfst vergebens an, ihre Bilder sind verblichen – sie haben sich schon damals dir nicht so fest und treu und sicher eingegraben wie das Röcklein und die Schlittschuhe.

In Julius Abdereggs Gedächtnis grub sich damals das Bild des Vaters, der Mutter, der Dienstmagd und der Katze, das Bild des großen Tisches im Wohnzimmer, an dessen Beine er sich wie an breite starke Säulen anlehnen konnte, das Bild der niedrigen, tief gebuchteten Fensterbrüstung, und des Gartens – aber noch nicht des ganzen Gartens, sondern nur der blumigen Rabatten, der Gemüsebeete, des Sandhaufens und der Efeuwand. Er kann heute noch sich genau vorstellen, wie die Katze vom Tisch herab ihn ansah, daß er nur ihren Kopf und ihre Brust sehen konnte, und wie sie die seidigen, blondhaarigen Vorderpfoten im Spiel zu ihm hinabstreckte, bald die linke, bald die rechte, in leichter wohliger Krümmung, mit rosaroten Sohlen. Er kann heute noch sehen, wie über den grellgelben Kapuzinerblüten sich die großen weißen und die kleinen himmelblauen Falter schaukelten, oder wie die Efeumauer bei Regenwetter aussah, wie die großen harten Blätter das Licht spiegelten und die kleinen hellgrünen Blättlein vor Nässe glänzten und wie die großen klaren Tropfen die Blätter beugten und überrannen und immer wieder kamen und sie beugten.

Er kann auch heute noch sich beide Eltern genau so vorstellen, wie sie damals waren. Von der Mutter freilich hat sich nur das Gesicht, der Blick und die Stimme recht eingeprägt. Diese waren so mächtig schön und fesselnd, daß auch erwachsene Menschen darüber vergaßen, die Gestalt und das übrige Wesen der schönen Frau zu betrachten. Das Gesicht war nicht groß, zart in der Farbe und von sehr beweglichem Mienenspiel. Es wurde ganz von den großen, dunkelbraunen Augen beherrscht, welche niemand vergessen konnte, der sie je angeblickt hatte. Sie drückten wie ein Spiegel das ganze Wesen der Frau aus: ein tüchtiges wohlgehaltenes Wesen, dem weder Verstand noch Frömmigkeit, weder Witz noch Tiefe gebrach, in welchem aber über alle übrigen Tugenden die Liebe siegte und Königin war, eine ganz unverwüstliche, unverletzbar gütige Liebe. Daß sie so unverletzbar sein konnte, hatte seine gute Ursache darin, daß sie vor allem Gott angehörte. In dessen gerechter Hand wußte Frau Abderegg ihr und aller Menschen unbegreifliches Schicksal gewogen und sicher ruhen. Darum konnte sie so freigebig mit ihrem Liebhaben sein, denn jedes Ding und jede Seele war ja von Gott erschaffen und geheiligt. Wenn sie über die Straße ging und einem gebrechlichen alten Mann oder einem arm aussehenden Weibe oder einem Kinde begegnete, dann wandte sie ihm ihren großen, schönen Blick so gütig, leuchtend und liebevoll zu, daß schon dieser Blick ein Geschenk und eine Erleichterung und eine Liebkosung war. Denselben Blick gönnte sie jedem Tier und jeder schönen Pflanze; es ekelte sie weder vor einem kranken Hund noch vor einem schmutzigen Bettler, auch in diesen begrüßte sie den Vater und Sorger Gott mit fröhlicher Ehrfurcht.

Vielleicht war aber ihre Stimme doch das Schönste und Liebenswerteste an ihr. Sie klang nicht groß, sie klang nicht kunstvoll, aber auf ihrem Grunde sang etwas wie ein Vogel mit, das war ihre reine, fromme und fröhliche Seele, die vom Paradies her noch einen göttlich holden Zauber an sich trug. Und wenn diese Stimme und der Blick dieser braunen Augen sich vereinigte, wenn sie irgend jemandem guten Tag wünschte und ihn freundlich anschaute, dann fühlte der einen leisen süßen Strom einladender Güte durch sein Wesen gehen. Bei dieser Frau war gut sein, und man hatte nicht nötig, mit ihr über auserlesene und hohe Gegenstände zu reden; sie war gleich schön und seelenvoll, ob sie über den Garten und die Beete sprach oder ob sie Lieder von Mozart und Schubert sang.

Ja, sie sang auch. Wie hätte sie denn nicht singen sollen, da alles in ihr Wohllaut und Liebe und Hingabe war! Das war ihre Seele, deren verstecktes Heimweh nach dem Paradies laut werden wollte und deren Dankbarkeit und innere Lebensfülle das Leben und seinen Schöpfer lobpreisen mußte. Am liebsten sang sie geistliche Lieder, aber nicht nur Choräle, sondern vor allem jene bescheidenen, alten Liederchen »Schönster Herr Jesu«, »Christ Kyrie« und ähnliche, deren Text und Melodie so etwas Süßes, Heimeliges hat.

> Schön sind die Blumen, schöner sind die Menschen
> In der schönen Jugendzeit;
> Alles muß sterben, alles verderben,
> Du, Jesu, bleibst in Ewigkeit.

Du mußt Julius Abderegg fragen, wie gern und wie schön sie das gesungen hat. Dann lacht er ganz tiefsinnig, summt die schlichte Weise vor sich hin und ist wie verklärt.

Die Mutter sang auch andere Lieder, besonders von Mozart, Schubert und Schumann, wobei sie sich selber auf dem Klavier begleitete. Sie sang diese Sachen nicht wie eine Konzertsängerin, sondern mit einer leisen Befangenheit, aber sicher, rein und herzlich. Neues lernte sie nicht mehr, schon weil der Vater nicht musikalisch war.

Das ist nun auch wieder so ein Wort: unmusikalisch! Vater Abderegg galt dafür und nannte sich selber so, weil er keinen Ton singen und kein Instrument spielen konnte. Zuhören aber konnte er lang und still. Er hatte nicht die Gabe, Melodien im Gedächtnis zu behalten, aber während er zuhörte, gab sein Herz sich gefangen und stand von den Tönen umflutet wie von einem Frühlingssturm. Er sang und dichtete selber mit, im stillen, und verstand die schöne, zarte Einladung der Musik: den Staub dahinten zu lassen und auf reinen Flügeln ins Land der Schönheit und Phantasie zu fliegen. Ist solch ein Mensch unmusikalisch? Und beim letzten Vers der »Zwei Grenadiere« von Schumann sagte er: »Oh, da wird man selber jung und möchte dem Kaiser entgegenreiten!« Ist solch ein Mensch unmusikalisch?

Dennoch war Herr Abderegg kein Gefühlsmensch. Sein Herz war weich und verstand bei andern jedes Überwallen. Unter dem strengen Regiment eines klaren, festen und elastischen Verstandes aber hatte es Bescheidenheit gelernt. Abderegg war so fromm wie seine Frau, doch trug sein Glaube mehr das Gepräge eines langsam und in Kämpfen erworbenen Wissens als einer kindlichen Hingabe. Im Denken und im Leben waren seine Schritte von diesem klaren, rüstigen Geist geleitet.

Von seinem Vater hat Julius ein sehr deutliches Bild bewahrt. Wenn er an ihn denkt, so sieht er einen sehr hohen, mageren und aufrechten Mann, dessen lange und hagere Glieder, namentlich die schmächtigen Hände, lebhafte und schöne Bewegungen lieben. Sein Gesicht, durch die randlose Brille gar nicht geschädigt, war schön und geistvoll wie ein rechter Denkerkopf. Wellige dunkle Haare um eine sehr hohe und noble Stirn mit vertieften, bläulich geäderten Schläfen. Dann ein Paar überlegene, doch gütige hellblaue Forscheraugen, darunter eine kraftvoll geschwungene Nase und ein lieber, leicht lächelnder, rosiger Mund. Das schmale feste Kinn verbarg der dunkle Bart.

Der kleine Knabe fühlte sich von Güte, Frohmut und gutem Beispiel umgeben und sog in sein zartes, schmiegsames Wesen die reine Luft eines gesunden Hauses ein. Er lernte hintereinander weg lächeln, lallen, lachen, sprechen und gehen. Wenn man doch über diese Monate und Jahre seine Mutter hören könnte! Er selber erinnert sich dieser Anfänge nicht. Er sieht nur lauter helle, schöne Dinge aus jener Zeit, Bild an Bild, und an diese müssen wir uns halten. Nächst Vater und Mutter sieht er die Magd Anna, ein bräunlich frisches, rasches Mädchen, das ihn liebhatte und immer voll von Einfällen war. Was fing sie nicht alles mit der geduldigen Katze an! Außerdem konnte sie Hampelmänner aus Papier, Sterne aus Bindfaden, Soldaten aus Lehm und Puppen aus Taschentüchern herstellen. Mohnblüten stülpte sie um und machte tanzende Rotröckchen daraus. Aus ihrem Zeigefinger machte sie einen kleinen Mann, der lief dem Kinde neugierig über Rock, Schürze, Leibchen, Arme und Schulter herauf bis unters Kinn, wo seine Reise mit Gekitzel und Gelächter endete. Wenn das Knäblein laufen sollte, wie gebückt und mühselig und ängstlich floh sie dann kriechend vor ihm davon, und entkam doch immer wieder, bis er müde ward, und dann bekam er sie immer gerade in dem Augenblick zu fassen, wo er ungeduldig und weinerlich hatte werden wollen. Dann schämte sie sich, daß so ein kleiner Junge sie eingeholt hatte, und ließ sich auslachen und war so beschämt und atemlos und müde, daß er sie trösten mußte und ihr einen Kuß aufs Ohr gab. Diesen Kuß aufs Ohr hatte er selber erfunden und wandte ihn nur in ganz besonderen Fällen, zwei- oder dreimal im Tage, an.

Die Mutter hatte wieder eine ganz andere Art. Sie nahm das Kind auf den Arm, sah ihm lang und strahlend in die hellen, stillen Äuglein und begann dann zu singen oder zu erzählen. Wenn nachher der Kleine allein im Garten gelassen wurde, sann er all dem nach und sah im nahen Kornfeld den Heiland wandeln und Maria mit dem Maultier auf der Flucht nach Ägyptenland. Darüber schlief er ein, bis ihm träumte die Mutter sei da und sehe ihn an. Dann schlug er die Augen auf und sah ihren guten, klaren Blick auf sich gesenkt. Mittags und in der Abendstunde war auch der Vater da, strich ihm mit der langen, warmen Hand über die Haare und munterte ihn zum Sprechen auf. Das Kind war stolz auf ihn, sah ihn nachdenklich und verwundert an und war eine kleine Weile scheu, ehe es wagte, die runden rosigen Finger in den schwarzen väterlichen Bart zu kraulen. Und beim Küssen gab der Bart ihm dann jedesmal einen wohligen Schauder, daß er dem fortgehenden Vater lang und befangen nachstaunte.

Nun konnte er schon allein durch den halben Garten gehen, bis zum Erbsenbeet, das seinen Irrfahrten vom Vater als Grenze gesetzt war. Er hielt das Gebot treu und heilig, aber er stand oder saß zuweilen aufmerksam am Erbsenbeet und suchte mit begierigen Blicken etwas von der jenseitigen Herrlichkeit zu erspähen. Eigentlich tat das nicht not und er tat es auch nur selten, denn vom Hause bis zu jenem Beet war schon ein ganzer Wald von Wundern zu durchirren. Zuerst kam die Rabatte mit den Kapuzinern, deren Blätter freudig lichtgrün und flach wie Tische waren und brennend scharf schmeckten. Dort waren auch die meisten Bienen und Schmetterlinge, und ganz am Boden, als Unkraut, wuchsen winzige rotblühende Pflänzlein, die man Paulinchen nannte. Nichts war so lachend rot wie diese Zwergblüten, nicht einmal die Geranien in Vaters Fenster. Neben ihnen gediehen, ebenfalls Unkraut, die schönblauen Katzenaugen oder Ehrenpreis, deren Blüten immer abblätterten, wenn man sie pflückte. Gleich dahinter kam ein großes Beet mit jungen Birnbäumchen und Rosenstöcken. Hier wuchs auch ein breiter schattiger Himbeerstrauch, mit goldgelben Früchten. Diese wurden von Julius, so hoch er eben reichen konnte, abgeweidet; die Früchte der obersten Zweige blieben für den Vater gespart. Nun kam der breite Kiesweg und das große Blumenbeet der Mutter, das so reinlich und wohlgeordnet war und doch aussah, als wäre alles von selber so gewachsen. Hier blühten zwischen einer Menge von anderen Blumen die sammetblauen Pensées und der violette, dunkle Heliotrop, an dessen Duft das Kind sich oft berauschte. Er war süß, voll und gewaltig, stieg wie ein Zaubernebel zu Kopf und löschte alles Fragen und Begehren aus.

Und dann kam das Erbsenbeet, das war doch schließlich das Wunderlichste und Heimlichste, dort Halt zu machen und über die strenge Grenze hinweg in die grüne Wirre des großen Gartens hinein zu staunen, wo hinter dem dichten Rankengewimmel ferne dunkle Baumstämme und dicke Gebüsche standen. Julius saß dann still am Boden und starrte befangen und bewegt in die hellgrüne Wildnis, ohne recht zu wissen was dort hinten wäre und ihn locke; es war das erste stille Grüßen der Ferne, des Weiten und Unbekannten, das sein kleines Herz so wohlig beklemmte. Und er wußte noch immer nicht, daß hinter dem ganzen Garten noch weite flache Wiesen und Felder kamen und dann die grünen sanften Hügel und hinter ihnen die duftblauen Berge.

Meistens begleitete die Katze seine kleinen Gänge. Einmal saßen sie beide im Erbsenbeet. Der Knabe schaute in die Gartentiefe hinein, das Tier saß neben ihm, äugte sorglos umher und glättete sich den blanken Pelz. Da strich ein Vogel durch die Schoten. Julius erschrak, die Katze aber war wie der Wind hinterher und verschwand wie ein Blitz im Erbsenland. Er rief, er summte: bss wss-ss-ss, sie kam nicht wieder. Es kam ihm unerhört vor, daß sie so schlankweg den erlaubten Bezirk verlassen hatte, denn natürlich galt doch Vaters Verbot auch ihr. Und nun überlegte er lang, ob er's dem Vater sagen solle oder nicht. O, er hätte es so gern gesagt! Aber er ahnte, daß dann irgend etwas Schreckliches über Miezi hereinbrechen würde. Er sagte dem Vater nichts. Das war sein allererstes Geheimnis und er besaß es selig und ängstlich wie einen gefährlichen Schatz. Viel später, als Miezi längst nicht mehr lebte und er selbst Garten, Felder, Hügel und Berge überschritten und verlassen hatte, erschien es ihm seltsam, daß seine erste Tat und sein erstes Opfer einem Tierlein gegolten hatte.

2

Mit aller Klugheit und selbst mit aller Liebe können erwachsene Menschen sich doch niemals eine Vorstellung davon machen, was in der Seele eines Kindes vorgeht und wie die Welt in ihr sich spiegelt. Erwachsene sind immer von einer Menge von Gewohnheiten umgeben, deren Dasein ihnen notwendig und keiner Erklärung bedürftig scheint.

So blieb »die Stadt« jahrelang dem Kinde ein Rätsel. In den ersten Jahren wußte er nichts von ihr. Dann erfuhr er allmählich und stets nur zufällig, daß Vaters Haus nahe bei der großen Stadt liege, daß man dorthin gehen könne und daß man eigentlich mit zu ihr gehöre. Die Eltern unterließen es absichtlich, ihn mit hinein zu nehmen; er hatte die Stadt, da sie durch ein Gehölz und einen nahen Damm verborgen war, noch nicht einmal gesehen. Wenn der Vater dorthin ging, sah er ihm zuweilen nach, sah ihn den Zaunweg zwischen Gärten und Matten hinschreiten und bald im Laub der vielen Obstbäume verschwinden. Dadurch, daß er den Vater so häufig dort wußte, beschäftigte die Stadt seine Gedanken. »Die Stadt«! Was sollte er sich dabei denken! Er hatte nur die dunkle Vorstellung von einem ungeheuer großen Platz, auf welchem sich lauter erwachsene Leute herumtrieben und ernsthaft waren – so wie der Vater, wenn er dorthin ging. Aber das war genug, das war für seine Phantasie schon ein grenzenloses Feld, eine lockend leere Fläche, die er schöpferisch mit Figuren und

Geschichten bemalte. Geschichten waren ohnehin seine Leidenschaft und nun verlegte er viele von ihnen dorthinüber in die Stadt. Dort war das Schloß Schneewittchens und lag die Höhle Rübezahls, dort wurde von Moses der Ägypter erschlagen und dort zog Jesus auf einem Maultier durch palmenbestreute Straßen ein. Deshalb ging auch der Vater täglich hinüber, um bei allem dabeizusein.

In diese schöne, ahnungsvolle Dämmerung fiel plötzlich ein grelles Licht. Ein etwas älterer Knabe aus der Nachbarschaft kam zuweilen zum Spielen, war in Gegenwart der Eltern stets entsetzlich schüchtern und diente dafür, sobald er mit Julius allein war, diesem als überlegener und erfahrener Führer durch die Gassen jener fremden Welt. Zugleich erzählte er ihm, als richtiger Gassenjunge, eine Menge Schauergeschichten aus der Stadt – von Bränden, Diebstählen, Zuchthäusern und ähnlichen Dingen. Eines Tages kam die Mutter dahinter und exilierte den Jungen ein für allemal.

Julius war wieder allein. Zum erstenmal war in die reine Stille seiner Tage ein Stück »Welt« gedrungen, zum erstenmal hatte er aus unberufenem Munde etwas von dem Leben gehört, das draußen fiebert, lacht und wütet. Wohl empfand er jene Geschichten als roh und häßlich, doch war er dem Reiz des Neuen und Unerhörten willig erlegen und sann dem Gehörten wochenlang nach. Mit wollüstigem Grauen genoß er sein Wissen um so schreckliche Dinge.

Wachsam war die Mutter bemüht, diese ersten, leichten Trübungen von der Seele ihres Knaben zu waschen. Sie wollte durchaus, daß diese Seele unberührt und mit dem ganzen Adel des Paradieses dem Leben entgegenwachse. Darum nahm sie in dieser Zeit den Kleinen häufiger und näher als sonst an sich. Ihre braunen, tiefen Augen senkten sich immer wieder in seine und mühten sich jede Regung seines Lebens und Wachsens zu begreifen. Oft besann sie sich, ob es gut sei, daß das Kind so ganz ohne Kameraden bleibe. Aber der Versuch mit dem Nachbarsbuben hatte sie ängstlich gemacht. Auch sah sie wohl, daß Julius nichts entbehrte. Er konnte stundenlang allein spielen, träumen, nachdenken und singen.

Ja, singen! Es singen ja alle Kinder. Und es sind ja alle Kinder Dichter. Und es sind ja alle Kinder dem Herzen Gottes und seiner Schöpfung näher als wir Alten.

Als der Knabe zu singen anfing, tat er es zunächst ohne Worte. Er sang sehr leise, mit einer feinen Kopfstimme, in regellosen Takten und ohne Melodie. Das Leben sang aus ihm heraus, wie der Wind und wie der Bach und wie der Wald singt. Er sang um seiner selbst froh zu werden und um in Gottes großem Chor nicht zu fehlen.

Dazu kam aber auch, daß er von der Mutter her die Musik im Blut hatte. Solche Menschen musizieren ihr Leben lang. Es ist nicht nötig, daß sie singen oder geigen oder die Noten kennen. Sie machen und empfinden Musik im Einziehen und Entströmenlassen des Atems, im Gehen, in den Bewegungen der Glieder. Und wenn sie still sitzen, denken, arbeiten oder schlafen, so singt doch ihr Blut immerfort, und sie hören es unbewußt und wissen nicht, daß sie anders als andere sind und eine seligmachende Gabe in sich tragen. Ein solcher Mensch kann stottern und hat beim Sprechen doch das Gefühl, er singe; er kann stumm sein und fühlt doch fortwährend ungehörte Lieder über seine Kehle rinnen. Ich glaube, daß die wenigsten von ihnen im Leben Musiker werden. Wozu auch geigen? Wozu komponieren? Sie spielen und komponieren ja immerfort und sind davon glücklich, ohne es zu wissen.

So war Julius. Und so sang er auch. Und als er einmal ganz still im Bettchen lag und die Mutter kam und fragte: »An was hast du gedacht?« und er sagte: »An nichts, ich habe nur gesungen«, da war sie froh und küßte ihn, denn sie hatte selbst dieselbe Gabe. Wenn sie ihn dann im Hof oder Garten sitzen sah und träumen und große Augen machen, so freute sie sich und dachte: Nun hört er schöne Töne und Gottes Engel berühren ihn mit ihren Flügeln.

Allmählich begann er auch Worte zu singen und Melodien im Gedächtnis zu behalten. Oft hörte man ihn, daß er eine Melodie anfing, immer auf dasselbe Wort, Anna, Mama, oder sonst eins, daß ihn dann das Gedächtnis verließ und daß er, plötzlich viel leiser und langsamer singend, die Melodie selber zu Ende dichtete, unsicher und etwas ratlos und manchmal, wenn sich kein rechter Schluß einfand, verstummend oder nur noch ganz leise weitersummend. Ein paar Kinderlieder konnte er schon ganz sicher, doch ließen ihn die Worte häufig im Stich. Sein Lieblingsvers, doch nur der Melodie wegen, war:

>   Müde bin ich, geh zur Ruh,
>   Schließe meine Äuglein zu;
>   Vater, laß die Augen dein
>   Über meinem Bette sein.

Den Text verstand er nicht, und noch lange betrachtete er jede Zeile als etwas Abgeschlossenes. Was das »Vater laß die Augen dein« bedeute, fragte er mehrmals und vergaß die Erklärung immer wieder. Der Vater sprach einmal mit der Mutter darüber.

»Daß er gar kein Gedächtnis hat! Er ist doch durchaus nicht dumm. Dies Beten ohne Verstand gefällt mir nicht.«

Die Mutter legte ihm die Hand auf seine hagere Schulter.

»Es ist ein Kind, Hans. Er lobt Gott auf seine Weise.«

Doch wachte auch sie darüber, daß der Kleine kein Phantast und Spieler werde und ihr gütig warmes, sicheres Wesen blieb stets die eigentliche Heimat der regen kleinen Seele, zu der sie von allen Märchenländern unverirrt und freiwillig immer wieder heimkehrte.

Freilich hatte sie nichts dagegen, daß er so viel dichtete. Dabei saß oder lag er am Boden, sann großäugig in die Welt hinein und erfand ganze Reihen von Geschichten, die er anhörte, als würden sie von einem andern erzählt. Manche davon blieben ihm fest in der Erinnerung, er erzählte sie der Mutter und Anna wieder; andere, viele, stiegen wie schöne Schatten vor ihm auf und zerflossen wieder ins Reich des Ungeschehenen.

»Erzähl mir was«, sagte die Mutter.

Er schlug die Augen nieder. Er sann. Er erzählte:

»Und dann ist ein furchtbarer Sturm gekommen und hat alle Schiffe umgeworfen. Und der König ist ertrunken. Und alle Bäume sind abgebrochen.«

Er sprach jeden Satz für sich, mit langen Pausen. Er wußte nichts von diesen Pausen. Er glaubte alles zu erzählen, was er sah. Und er sah den Sturm kommen und hörte den König laut um Hilfe schreien und sah ihn ins Meer fallen, und mit ihm schwarze Sklaven und goldene Becher und rote Tücher, und er hörte die Menge der Ertrinkenden zu Gott rufen. Seine Augen waren abwesend, weit und glänzend.

Dann lächelte er plötzlich die Mutter an wie einer, der aus großer Ferne heimkommt. Sie aber hatte alles auch gesehen.

Oft plauderte auch die Natur selber mit ihm, seine Schwester und sein Kamerad.

»Erzähl mir was«, sagte die Mutter.

Er erzählte: »Da flog der Vogel wieder fort und flog auf einen großen Baum. Und dann wollte er wieder fortfliegen. Und dann sagte der Baum zu dem Vogel: Ich habe dich so lieb.«

Plötzlich machte er aber ein schlaues Gesicht und erzählte in einem ganz anderen Ton: »Es war ein kleiner Knabe und der ging immer ins runde Beet hinein. Aber da sagte die Mutter, das darf man nicht.«

»Und das bin ich und die Mutter bist du«, rief er dann und riß sich los und strampelte mit lautem Gelächter um sie herum.

Die Geschichten, welche ihm ungewollt einfielen und die er ohne schlaue Witze erzählte, waren aber stets die schöneren, wie dies ja auch bei anderen Dichtern so ist.

3

Nun war Julius vier Jahre alt und sein Geburtstag wurde gefeiert. Der Vater blieb zu Hause, die Anna war außerordentlich freundlich und die Mutter lächelte fortwährend so froh und verheißungsvoll, daß das ganze Haus voll davon wurde wie von Sonnenschein. Dann ging man im Zug durchs Haus und sang dazu:

> So nimm denn meine Hände
> Und führe mich
> Bis an mein selig Ende
> Und ewiglich.

Und sogar der Vater sang mit halber Stimme mit, immer ein wenig hintendrein, weil er eigentlich nicht singen konnte. Und im letzten Zimmer stand ein weißgedeckter Schemel mit vielen Blumen und darauf ein kleiner Kuchen. Im Kuchen staken vier brennende Lichter, obwohl es heller Morgen war, und Julius sah die rötlichen Flämmlein in den Augen des Vaters und aller andern gespiegelt, die er der Reihe nach küßte.

Das Haus war voll Feiertag. Der Vater blieb den ganzen Tag dabei, im Garten war ein Sandhaufen zum Spielen für Julius angefahren worden, Anna war so lustig wie noch nie, und die Katze umkreiste alle mit stillem Schnurren und geringeltem Schweif. Das Haus, das auch sonst eine kleine Burg des Glückes schien, war heute so von kindlich tiefer Heiterkeit erfüllt, als läge es außerhalb der Menschenwelt und als lebten seine Bewohner außerhalb jener blutigen Kette von Leid und Schuld, die unerbittlich jedes Menschendasein umschließt. In jedes Menschen Erinnerung steht irgendein solcher Kindheitstag mit besonderem Glanz gespiegelt – ein Tag ohne Wolken, ohne Schatten, ohne Leid. An diesem Tage lachte der blaue Himmel so süß wie nur in den Liedern der Dichter, die Blumen leuchteten glanzvoll aus einem Rasen, den du so köstlich dunkelgrün nie wieder sahst, die Fenster blitzten in der Sonne, aus jedem Blatt und Zweig und Stein und aus den Augen der Menschen sprang ein Glanz von tiefer Lust.

Mitten in all dieser Wonne ging Julius Abderegg umher, stolz und selig schon so alt zu sein, als könne er nicht eilig genug seinem jetzigen Glück entwachsen. Die Eltern erzählten ihm, sangen mit ihm, spielten mit ihm, Anna ließ sich von ihm durch den Garten hetzen, die Katze sprang mit und schaute ernsthaft zu, und über alles war der selig blaue Himmel der Kindheit ausgespannt.

Gegen Abend setzte sich die Mutter ans Klavier, spielte ein wenig und begann dann zu singen. In der Dämmerung saß der Vater daneben, den Buben auf dem Schoß, und beide hingen mit stillen Augen an der Mutter und horchten auf ihr Lied, das sich so schlicht und frei emporschwang. Vor den Fenstern versank der Tag schön und verklärt.

Es kam für Julius die Zeit, daß der Erbsenstand aufhörte ihm eine Grenze zu sein. Bäume und wilde Gebüsche, Heckenzäune und Felder und Gärten mit darüber ragenden Dächern taten sich vor ihm auf, die Bergzüge traten ihm näher und redeten ihre fremde, Sehnsucht erweckende Sprache.

Es kam auch der Tag, an dem er zum erstenmal die Stadt mit Augen sah. Da nahm der Vater sein Händchen, es war ein Abend im Frühherbst, und ging mit ihm redend und erklärend die breite Straße durch Obstwiesen und an Gartenzäunen hin, und dann einen Fußweg hügelan, neben niederen Hecken hin. Es war sehr still, in der milden Luft zitterte ein kleiner Mückenschwarm, der grüne Hügelrand hob sich so weich wie kräftig von einem gelblich blassen Himmel ab, in welchen der schmale Fußweg zu münden schien. Die beiden schritten langsam hügelan, der Kleine von Fragen und Ahnungen und der Vater von sorgenden Gedanken bewegt, immer dem lichtgelben Himmel entgegen, an welchem ruhig eine große, feste Wolke hing, während kleinere und lose Wölklein langsam und lässig quer über die breite Wölbung schwammen.

Da war die Anhöhe erreicht und der Blick des Knaben stürzte erstaunt in eine weite, grau dämmernde Ebene hinab.

»Ja, das ist die Stadt«, sagte der Vater.

Da lag in der Ebene etwas Ungeheures wie ein großer dunkler Nebel, so fern wie nah, mit langen Häuserzeilen sich nähernd und rückwärts in Rauch und Ferne sich verbergend. Türme standen da und dort und drangen über die dunkle Ebene hinweg in den Himmel, entfernte, kaum mehr sichtbare Berge überschneidend. Da floß ein Strom und es führten zwei große Brücken darüber, von Lichterreihen bekränzt. Und fortwährend tönte ein schwaches Gebrause herüber, das den Knaben anzog und verwirrte. »Was ist das, was so tönt?« fragte er aufgeregt. Der Vater strich ihm übers Haar und sagte: »Das sind viele, viele Stimmen, und das Ganze ist ein Lied, aber kein schönes. Wir wollen heimgehen.«

Während aber der Vater den Kleinen vor sich her laufen sah und bei sich überlegte, wie er ihm einmal ein guter und treuer Führer durch die brausenden und verwirrten Gassen und ein Deuter ihrer vielfach rufenden und klagenden Stimmen sein möge, wußte er nicht, daß seine eigene Hand schon in der Rechten eines größeren und untrüglichen Führers lag. Der hielt ihn fest und führte ihn durch kurze Schrecken und Klagen und fieberdämmernde Krankentage schnell hinweg – so schnell, daß der kleine Sohn noch kaum begriffen hatte, was geschehen sei, als schon die Mutter mit ihm an einem braunen Grabe kniete und weinte und Rosenstöcke und Efeu in den kleinen Hügel steckte.

Da nun die Blätter von den Bäumen fielen und im Garten der ungestüme Wind an welken Ranken und schwärzlichen, nassen Hecken und Gebüschen zerrte, hatte in den stillen Stuben die Mutter ihren Kleinen beständig um sich her.

Sie wußte, daß ein Kind an einem noch so großen Schmerz nicht lange tragen mag, und wußte auch wohl, daß in späteren Jahren, wenn das Herz dazu reif geworden ist, ein solcher Schmerz ungerufen wiederkommt und sich zu seinem ganzen Rechte hilft. Darum zog sie den Knaben nicht in ein erzwungenes langes Trauern hinein, sondern ließ ihn träumen und weinen und wieder fröhlich werden, trug ihr eigenes großes Weh verschlossen und war hart gegen sich, wenn auch hin und wieder das zerstörte Bild ihres jungen Glückes sie so traurig und vernichtet anblickte, daß sie nachts im Bett weinte und weinte und am Morgen Mühe hatte, sich wieder frisch und heil zu zeigen. Aber sie war keine von denen, die wohl scheinbar eines großen Glückes fähig sind, nach dem Zusammenbruch dagegen sich blind und tot weinen und allen Glanz aus den Augen und aus der Seele verlieren. Wie ihre Augen stets die lebendige Schönheit und Güte behielten, so war auch ihr inneres Wesen zu gut und wohlbeschaffen, um sich in hoffnungslosem Leiden zu verlieren. Wie denn die erste schlimme Zeit vorüber war, sprang da und dort in ihrem Gemüt eine verschüttete Quelle wieder auf. Ohne viel davon zu wissen, übte sie die seltene, höchste Kunst des Lebens, nichts in sich sterben und verdorren zu lassen und das Verlorene nicht nur als Erinnerung, sondern als einen stets noch lebendigen Besitz von Wissen, Kraft und Freude in sich zu tragen.

Dazu besaß sie ihren festen, stillen Glauben, und das ist mehr als alle Lebenskunst. Sein Trost war nicht allein der des Wiedersehens; daran dachte sie kaum. Aber sie hatte das sichere Gefühl, daß sie als Glied und Teil in Gottes Ordnung und Harmonie gehöre und mit allen anderen Gliedern und Teilen, seien sie sichtbar und nahe oder nicht, in einem Bündnis und engen Zusammenhange stehe. So wußte sie auch den Toten stetig um sich wirksam; er hatte nicht nur Teil an ihrem kleinen Sohn und lebte in dessen Wesen mit – sondern in Haus und Garten, in ihre Gedanken und in alles was sie tat, war etwas von ihm übergegangen, von dem sie wußte, daß es unverlierbar war.

Etwas von dem lebhaften und doch strengen Geist des gestorbenen Vaters blieb im Hause und half ratgeben und über dem Kinde wachen.

Julius verwandelte sich allmählich in einen sehr stillen, unauffälligen Knaben. Da außer der Mutter keine fremde Seele auf ihn Einfluß übte, und da auch diese ihn nicht eigentlich erzog, sondern ihn wachsen ließ und nur sorgsam bewachte, blieb ihm noch lange sein Mutterhaus das Bild der Welt, unberührt von Vergleichen und fremden Vorstellungen. Daß dies manche Gefahren in sich trug, blieb der Mutter nicht verborgen. Aber sie hielt dafür, ein rein gebliebenes Gewissen und eine in guten Gewohnheiten und Erinnerungen befestigte Stille des Gemüts werde seinerzeit ein besserer Schild gegen das herandrängende Böse sein als alle vorzeitig angelernte Weltklugheit.

Einstweilen war sie ihres Sohnes sicher, denn er hatte kein Geheimnis vor ihr, und diesem stetigen Aufwachsen in Wahrhaftigkeit und Liebe traute sie auch für spätere Zeiten eine wärmende und reinigende Kraft zu. Wenn sie aber auch anders gewollt hätte, wäre es ihrer ganzen Natur entgegen gewesen, ihren Sohn anders als durch ihr Dabeisein und Beispiel zu erziehen.

Darüber gingen die Monate und Jahreszeiten hin, in den Beeten wechselte still die Folge der Blumen von den Schneeglöckchen bis zu den

Strohblumen, und auf den Wiesen von den Primeln bis zu den Zeitlosen. Der Knabe blieb ohne Kameraden und entbehrte sie nicht, er blieb auch still und gleichmäßig in seinem Wesen, und dennoch ging in dieser Abgeschlossenheit die langsam stetige Wandlung der Kindheit in ihm vor. Kleine Gewohnheiten oder Spiele, nachdem sie ihre Zeit gehabt, fielen ab und verschwanden und machten neuen Platz, wie die Primeln den Anemonen und diese dem Schaumkraut und dieses den Skabiosen Platz machen, unbewußt und unberedet. Vereinzelt und gelegentlich nahm die Mutter je und je an irgendeiner neugierigen Frage wahr, daß neue Dinge ihn bewegten, daß wieder ein Keim durch seine Hülle brach und aufstrebte; und während sie noch mit Freuden dies leise Wachsen belauschte, begann ganz langsam eine leise Sorge in ihr mitzuwachsen, sie fing an, an später zu denken und nachzusinnen, wie sie weiterhin dies kleine schöne Leben bewachen und vor Schaden behüten möge.

Noch dachte Julius nicht daran und wußte es kaum, daß die Schule und das Lernen und der Zwang des Lebens nahe auf ihn warteten; er lernte die Lieder seiner Mutter, liebkoste und plagte die Katze und die geduldige Anna, lief ins Feld und brachte Sträuße mit, saß auf dem hochgedrehten Klavierstuhl und tippte mit Wonne und Neugier auf die Tasten, sah Bilderbücher an und lief hinter Fliegen und Schmetterlingen her. Da war es plötzlich Zeit für die Schule, die unvermutet wie ein großes Gespenst dastand und einen tiefen Riß in die bisherige zufriedene Stille brachte.

4

Zu Frau Abdereggs Verwunderung und Schrecken stellte sich in Bälde heraus, daß der Kleine kein begabter Schüler sei. Es gab Arrest und Strafaufgaben, es gab verbissenen Grimm mit nachfolgenden reichlichen Tränen, es gab Abende an denen das Kind sorgenvoll mit krauser Stirn im Lampenlicht über seinen Heften brütete.

Zum Teil kam es gewiß daher, daß Julius lange, lange brauchte, bis er sich an die Gänge zur Stadt, an die Kameraden, an die Lehrer, an das fremde Schulhaus, an Lärm und Stimmen gewöhnte. Tausend Dinge auf der Straße nahmen seine Gedanken gefangen, Wagen und Menschen, Geräusche, Geräte, Tiere, so daß er es schwer hatte in der Schule noch aufmerksam zu sein, denn auch dort war noch viel Neues und Seltsames um ihn her. Einer von den Knaben hatte nur ein Auge, einer weinte beständig, wieder einer trieb ewig Possen. Einer hatte eine helle hohe Stimme, ein anderer eine dünne klagende, noch ein anderer eine freche und grobe. Einer trug einen blau und weißen Matrosenanzug, einer hatte in der braunen Hose einen gelben Flicken aufgenäht, einer stank immer nach Moder und ein anderer roch nach Apotheke. Und was sie alles schwatzten!

Aber auch später, als man denken konnte, er habe sich nun eingewöhnt, ging es mit dem Lernen und mit den Zeugnissen nicht besser. Daß der Knabe nicht dumm war, wußte Frau Abderegg wohl, sie sah ihn auch sich redlich plagen, also war sie geneigt den Mißerfolg der Schule anzurechnen. Der Schule, die ihr den Kleinen weggenommen hatte und ihm sichtlich nicht gut tat, war sie ohnehin schon gram.

Außergewöhnliches passierte selten. Einmal eine Prügelei mit einer großen Beule, das war eigentlich alles.

In den beiden ersten Jahren, so lange er in der Elementarklasse saß, war »die Stadt« für Julius viel wichtiger als die Schule. Dann kam das Latein und ein schlimmer Lehrer, der mit Ohrfeigen und Donnerworten um sich warf.

Eine Zeitlang brachte er von der Schule stets einen geheimen Zorn und Trotz mit nach Hause. Zuweilen stellte er Fragen an die Mutter, die schwer zu beantworten waren. Was er früher vom Leben gehabt und gewußt hatte, war klar und friedlich gewesen, nun drang die Strenge und Härte und Lieblosigkeit des Schullebens verwirrend und beängstigend auf ihn herein. War der fluchende und hauende Lateinlehrer ein Bösewicht? Warum mußten dann die Buben zu ihm gehen?

Alles was gelehrt wurde und zu lernen war, beschäftigte ihn nicht so sehr wie diese Fragen. Ohne etwas Böses getan zu haben, sah er sich in ein Leben voll Angst und Quälerei versetzt, für dessen Notwendigkeit er keine Gründe finden konnte. Die Mutter half und tröstete nach Kräften, er war ihr auch dankbar dafür, aber er sah auch sie unter diesen Schulnöten seufzen und leiden. Warum mußte das sein?

Solang diese Fragen trotzig und zürnend waren, kam er noch leidlich durch, auch hing er lange Zeit an der heimlichen Hoffnung, der liebe Gott würde bald ein Einsehen haben und auf irgendeine Weise helfen. Dann kam ein großes Aufatmen, als der schreckliche Lehrer überwunden war, und Stille und Ausruhen in den Ferien vor dem Eintritt in die nächste Klasse.

Aber dort ging es zwar anders, doch nicht besser zu. Der Lehrer schlug nicht und fluchte nicht, aber er höhnte und witzelte und kritisierte und behandelte jeden, der eine Antwort schuldig blieb, wie einen Idioten.

Jetzt ging mit Julius eine Änderung vor. Das Trotzen hörte auf, auch das viele Fragen nahm ein Ende. Stattdessen nahm er ein scheues Wesen an, ging beständig wie unter einer drohenden Faust geduckt und verlor den Rest von Kindesfröhlichkeit, der noch dagewesen war. Ein Zug von Sorge und Angst trat in seinem etwas spitzigen Gesicht zutage und was die Mutter am tiefsten betrübte, war sein veränderter Blick, der etwas von Leiden und Altwerden in sich hatte. Traurig und freundlich nahm sie einmal seinen Kopf in beide Hände, sah ihn lang und lächelnd an, ohne daß er wieder lächelte, und fragte dann: »Warum fragst du mich nie mehr was? Ich sehe doch, daß es dir nicht gut geht.«

»Es hilft ja nichts; laß nur«, sagte er leise und sagte es so überzeugt und ergeben, daß sie bis ins Herz erschrak.

»Red nur, vielleicht hilft es doch«, bat sie schmeichelnd. Er schüttelte leise den Kopf, den sie noch immer festhielt, und ohne daß er den Blick abwandte, wurden seine Augen langsam voll von Tränen.

Einen Augenblick war es der Mutter so zumut, als müsse sie sich nun zu ihm setzen und mit ihm weinen, sich recht ausweinen. Aber sie hielt sich wacker aufrecht, tröstete ein wenig und fuhr fort, es dem Knaben unbemerklich möglichst leicht und wohlig im Hause zu machen. Es fiel ihr erst jetzt und von da an immer mehr auf, wie viel er von seinem Vater an sich hatte. Gerade das, daß er im Leid sich abschloß und es allein tragen wollte, war ganz die väterliche Art. Die Mutter sehnte sich danach, mitwissen und mittragen zu dürfen. Er war für jede Aufmerksamkeit empfänglich und dankbar, über seine Sorgen zu reden aber entschloß er sich nie, und sie ließ ihn gewähren, indes dieser vorzeitige Zug von Männlichkeit ihr nicht weniger Sorge als Freude machte.

Zu den ganz schlechten Schülern gehörte Julius Abderegg nicht. Er blieb bei keinem Klassenwechsel sitzen, war auch nie unter den Allerletzten. Bei den Lehrern passierte er als ein mittelmäßiger, doch soweit ordentlicher Bursche. Aber er litt beständig, bald unter der Langeweile des Unterrichts, bald unter den Witzworten oder Scheltreden der Lehrer, bald unter kleinen Ungerechtigkeiten, unter Roheiten der Mitschüler, unter dem Eingesperrtsein in elender Luft, am meisten aber unter einem übertriebenen Verantwortlichkeitsgefühl gegen die Schule und ihre Ansprüche.

Sonntags, mitten beim Spielen oder Plaudern oder Spazierengehen, packte ihn auf einmal die Angst, er lief hin und lernte zum zehntenmal die Vokabeln für morgen. Die Lehrerphrasen von der Wichtigkeit der Lehrfächer, über welche andere Schüler mit Recht entweder hinweghören oder sich lustig machen, nahm er bitter ernst. Er war noch immer gewohnt, im Tun und Reden erwachsener Leute und namentlich der Vorgesetzten Vorbilder und untrügliche Gesetze zu sehen, darum verfiel er nie auf den Gedanken, sich gleich allen andern mit einem schlauen Lügensystem zu helfen. Das sah auch die Mutter und das machte ihr alles Helfen und Trösten fast unmöglich.

Während sie mit tiefem Bedauern zusah, wie dem Kleinen die schönen Knabenjahre geschändet und gestohlen wurden und die Kinderseligkeit aus seinem Gesicht, aus seinem Tun und Gehen und Lachen und Reden und Denken verschwand und ins Innerste zurückfloh, war es ihr einziger Trost, daß sie hoffen konnte, der Knabe, da er nun doch dem Kindertraum entrissen war, werde wenigstens zu einem tüchtig ernsten Wesen und früher Männlichkeit gedeihen. Darauf deutete sein strenges, fast verzweifeltes Arbeiten, seine Ruhe und Verschlossenheit, das früh ausgeprägte, dennoch sanfte Gesicht, sein Verzichten aufs Klagen und Getröstetwerden.

Ein Freund aus der Stadt, den Julius gefunden hatte, kam zwei oder dreimal sonntags zu Besuch, dann blieb er wieder aus und auch die Freundschaft ging ohne Bruch auseinander.

»Du, warum kommt dein Freund gar nimmer?« fragte die Mutter.

Julius zuckte die Achseln.

»Er mag nicht mehr. Ich glaube, es war ihm langweilig.«

Er war ganz von einem einzigen Gedanken beherrscht. Die Schule war ein Feind, eine Prüfung, ein Fegefeuer, in das er unverschuldet hineingeraten war und das er überwinden mußte, um jeden Preis überwinden. Nachher würde etwas anderes kommen, einerlei was; so schlimm wie jetzt konnte es nicht wieder werden.

Einmal eine Arbeit zu tun, von der man wußte, wozu sie diente! Einmal etwas leiden, wovon man wußte, daß es gerecht und notwendig war! Einmal einen Weg und eine Leistung mit dem eigenen Verstande tun, statt von Schritt zu Schritt gestoßen und gezwungen zu werden, ohne daß man sah wohin es gehe und warum es sein müsse!

Einmal war die Verlegung einer Lektion auf eine andere Stunde angeordnet worden und er hatte es überhört; es war in der Vormittagspause mitgeteilt worden, während er Französisch memorierte. Er fehlte also in jener Lektion. Anderntags bestellte ihn der Lehrer um zwölf Uhr zu sich. Julius war erstaunt und erschrocken und hatte den ganzen Morgen Angst. Um zwölf Uhr ging er ins Lehrerzimmer.

»Warum hast du gestern nachmittag gefehlt?«

»Ich weiß nicht. Mittwochs ist ja immer frei.«

»So? Gestern war aber nicht frei. Wenn du Ausreden nötig hast, so erfinde wenigstens bessere; mich lügst du nicht ungestraft an.«

»Ich habe nicht gelogen.«

»Morgen von eins bis zwei hast du Arrest, wegen Schulschwänzerei und Lügen. Adieu.«

»Aber ich habe gewiß nicht gelogen.«

»Dann hast du zwei Stunden Arrest, von eins bis zwei und von vier bis fünf.«

Julius ging hinaus. Er wurde sogleich zurückgerufen.

»Wart, Kerl, ich will dir Manieren beibringen! Warum hast du nicht gegrüßt? Und die Tür hast du zugeschlagen.«

Julius konnte kaum sprechen vor verhaltenem Schluchzen.

»Ich habe die Tür nicht zugeschlagen«, sagte er leise.

»Du bist frech, Kerl. Du hast die Tür lauter zugemacht als nötig war, um mich zu ärgern. Willst du das auch wegleugnen?«

»Ich wollte es nicht tun ...«

»Also einverstanden. Du bist ein heiteres Früchtchen. Den Arrest morgen brauchst du nicht anzutreten, wir wollen nächste Woche einen freien Nachmittag nehmen, daß du's auch spürst. Du bist einer von den ganz Verstockten; geh jetzt, Kerl, und schäm dich.«

Ganz schwindelig ging Julius hinaus. Auf dem weiten Heimweg kam er zum Überlegen, und nun überwog zum erstenmal die Empörung den Respekt. Zu Hause erzählte er den ganzen Vorfall seiner Mutter und erklärte, die Schule nicht mehr besuchen zu wollen. Sie erschrak, redete ihm zu, machte Versprechungen, zankte schließlich. Er blieb dabei.

»Ich gehe nicht hin. Du kannst sagen was du willst, ich geh nicht. Ihr könnt mich ja totschlagen, es wär mir am liebsten.«

Es kam so, daß er richtig nachmittags zu Hause blieb. Die Mutter aber ging um vier Uhr in die Stadt und suchte jenen Lehrer in seiner Wohnung auf.

Nachlässig und ein wenig seufzend empfing dieser die Frau. Es war so lästig, daß immer wieder einzelne Eltern die Grille hatten, sich neben die Autorität der Schule setzen und selber um die Erziehung ihrer Kinder kümmern zu wollen. Lächelnd hörte er Frau Abdereggs Darstellung des Vorfalls an.

»Sie glauben natürlich alles, was der Junge Ihnen erzählt! Sie wissen nicht, wie durchtrieben die Bengels sind.«

»Gewiß glaube ich ihm«, sagte die Mutter. »Ich weiß, daß er mich nie angelogen hat. Sollte er das jetzt anfangen – daheim hat er's nicht gelernt! Oder haben Sie nicht zu ihm gesagt: wenn du Ausreden brauchst, so erfinde doch bessere –?«

»Ich weiß nicht. Vielleicht nicht genau mit diesen Worten. Lieber Gott, was muß unsereiner den Tag durch reden und reden!«

»Also haben Sie es gesagt? Sie haben ihn zum Lügen aufgefordert?«

»Verehrteste Frau, bedenken Sie bitte –«

»Ich habe schon bedacht. Ich will Ihnen ja auch die Worte nicht nachzählen. Aber ich will nicht, daß mein Kind verdorben wird, darum bin ich da.«

»Ach, hat er so geklagt? Sehen Sie, liebe Frau, das tun sie alle, alle. Ach, Sie kennen diese Bürschchen nicht! Glauben Sie mir, ich durchschaue ihn besser, viel besser.«

»So? Sie haben dreißig Buben in der Klasse, jedes Jahr neue, und Sie glauben, daß Sie jeden einzelnen davon besser kennen als seine Mutter ihn kennt?«

Frau Abderegg begann warm zu werden. Ohne zu vergessen, daß sie es zwischen dem Lehrer und Julius nicht vollends verderben dürfe, redete sie sich einen Teil des angesammelten Grolls vom Herzen, wurde dann milder und gab dem Schulmann Gelegenheit, ein wenig zu trösten; und je verlegener er zuhörte und je besser die Frau ihm gefiel, desto seltener unterbrach er sie oder runzelte die Stirn, und am Ende hatte er den Eindruck, wenn der kleine Abderegg auch nur ein Weniges vom Wesen seiner Mama mitbekommen habe, müsse er doch ein sehr ordentlicher Bursche sein. Es wurde beschlossen, die heutige Szene samt der voreilig diktierten Strafe vergessen sein zu lassen und den Knaben möglichst durch Freundlichkeit seinem desparaten Zustande zu entziehen. Nachdem die Mutter eine kleine Weile das Ansehen einer dankbaren Bittstellerin gehabt hatte, war sie zum Schlusse wieder ganz obenan, ließ sich von dem Lehrer durch den Flur und die ganze Stiege hinab bis zur Haustür begleiten und kehrte befriedigt heim.

Daß sie dort Julius nicht vorfand, befremdete sie kaum. Sie kannte ihn, daß er in kritischen Zeiten am liebsten in die Felder lief, wo er die Natur zur Freundin hatte, vor welcher er sich der Verzweiflung und der Tränen nicht zu schämen brauchte. Auch als es Abend wurde und mählich zu nachten begann, wartete sie ohne Sorge und suchte ihn nicht. Sie freute sich zugleich dieser Ruhe als eines Zeichens, daß ihr Kind trotz seines stolzen Trotzes und seiner schämigen Scheu ihr noch unverloren angehöre.

Er kam denn auch, es war schon beinahe Nacht, ermüdet heim und setzte sich still zu seiner Abendmilch. Ohne Hast und ohne viel zu verschweigen, erzählte sie ihm ihren Besuch beim Lehrer und hielt es für erlaubt, auch die paar komischen Züge nicht ganz zu übergehen.

(1901/02)
[Hier endet das Manuskript.]

Grindelwald

Der Schwindsucht zum Trotz hatte mein Freund Petrus Ogilvie fast die ganze Erde bereist, und ich, der ich mein Zigeunerleben auf Europa beschränkte, hatte ihn oftmals auf Reisen angetroffen. Kennen gelernt habe ich ihn, wenn ich nicht irre, in der Bahn zwischen Nürnberg und München, einen hageren Engländer von internationalen Manieren mit einem klugen, etwas bissigen Habichtsprofil und stillen, gutmütig ironischen Augen. Er gehörte zu den Unbefriedigten und trieb sich, da er wohlhabend war, als bescheidener Reisender in der Welt herum, erwarb sich gute Kenntnisse der Länder und Sprachen und hatte Sinn für die schönen, kleinen Abenteuer, die man nicht in Hotels und Bahnhöfen, sondern nur abseits im Volk, in Fischerhütten und Gebirgsherbergen erleben kann. Darin paßte er zu mir, und es traf sich, daß wir uns fast jedes Jahr einmal irgendwo unvermutet wiedersahen. Wir begegneten uns Sommers in Zermatt, wir fuhren einmal zusammen von Venedig nach Fiume, wir haben am Lido und in Rapallo miteinander gebadet und gerudert.

Nun war es über ein Jahr her, daß ich ihn nicht mehr gesehen hatte; ich wußte nicht, ob er noch lebe, und hatte ihn fast vergessen. Da traf mich jenen Winter in Basel ein Briefchen von ihm:

Grindelwald, Hotel Bär.

»Mein Bester! Ich höre, Sie seien in Basel. Wenn das wahr ist, und Sie noch der alte sind, besuchen Sie mich doch für ein paar Tage oder Wochen! Ich war das ganze letzte Jahr so krank, daß der Arzt mir für diesen Winter nur die Wahl zwischen Davos, Grindelwald und dem Tode lassen wollte. Davos ist schrecklich, der Tod ist bitter; also fuhr ich im November hierher, und jetzt befinde ich mich seit Wochen so wohl wie Gott in Frankreich. Ich mache die tollsten Bergschlittenfahrten und bin eine der besseren Nummern auf dem Eisplatz. Aber es fehlt mir Gesellschaft. Hier sind ausschließlich Engländer, und Sie wissen, wie sehr ich meine Landsleute liebe. Die romanische Rasse fehlt durchaus; seit zwei Monaten habe ich kein Wort Französisch oder Italienisch gehört. Deutsch natürlich auch nicht. Also wollen Sie kommen? Wir werden schlitteln und eislaufen und uns amüsieren wie früher manchmal. Mich verlangt sehnlich nach Ihren philosophischen Gesprächen.

Ihr Petrus Ogilvie.«

Ich besann mich nicht lange. Zwei Tage später saß ich morgens im Zug und fuhr so eilig, als es der behagliche Winterfahrplan erlauben wollte, dem Berner Oberland entgegen. Erst von Interlaken an fand ich die Landschaft beschneit.

An einem bleichen Nachmittag mit starkem Schneefall kam ich in dem tief eingeschneiten Bergnest an. Gerade über der obersten schartigen Schroffe des Eiger hing hinter Schneewehen die Sonne weißlich fahl wie ein trüber Mond. Sonst war nichts zu sehen als ein blendendes Schneetreiben, das die Häuser und Hotels von Grindelwald nur wie hinter schweren Schleiern erkennen ließ, verwaschen und wesenlos wie Schatten ... Trotz dieses Wetters fand ich Ogilvie nicht im »Bären«. Er sei wohl schlitteln gegangen. Ich nahm ein Zimmer und versuchte vergebens, mich in dem pompösen Riesenhotel heimisch zu fühlen. Auch ein Gang über die nächste Dorfstraße war unbefriedigend und langweilig. Es waren da, gerade wie im Sommer, die wohlbekannten, scheußlichen Holzbudiken, in deren Schaufenstern Gemshörner, Photographien, Bergstöcke, Holzschnitzereien und Bände der Tauchnitz Edition auslagen. Dieser ganze bunte und ärmliche Trödel sah in der weißen Einsamkeit des Gebirgswinters doppelt affektiert und langweilig aus. In einem dieser Läden wurde meine deutsch vorgebrachte Frage nach einer gewissen Zigarrensorte englisch beantwortet.

Als ich gegen Abend ins Hotel zurückkehrte, war mir der berühmte Sport- und Winterkurort gründlich verleidet. Im Bären war großer Ball angesagt, und ich hatte die heitere Aussicht, die halbe Nacht Tanzmusik, Lärm und Treppengepolter als Wiegenlied hören zu müssen. Wie viel lieber hätte ich die Nacht, gleich so vielen früheren, auf Stroh in einem stillen Bauernhaus zugebracht.

Ich hatte gebeten, mich beim Diner neben Ogilvie zu setzen. Und kaum hatte ich Platz genommen, da erschien mein Freund mit seinem gewohnten raschen Schritt neben mir, grunzte mir ein saures *»bon soir«* entgegen und erkannte mich erst, als ich lachend seine Hand ergriff. Ein froher Blick aus seinen schönen, klugen Habichtsaugen dankte mir und goß einen Hauch von Seele und Güte über sein scharf gefaltetes, herbes Abenteurergesicht.

»Sie da, Hesse?« rief er erfreut und vergaß fast zu essen vor Aufregung und Redeeifer, er sah nicht übel aus, entsetzlich mager zwar, aber zufrieden und frisch. Als ich auf meine unerfreulichen grindelwalder Eindrücke zu sprechen kam, lachte er lustig.

»Warten Sie bis morgen, wo wir vermutlich gutes Wetter haben werden! Und Schlitten gefahren sind Sie auch noch nicht. Übrigens, haben Sie Schlittschuhe mitgebracht?«

Nach der Mahlzeit kamen wir bei einer Partie Billard und später bei einer Flasche Bordeaux zu ruhigerer Aussprache. Nach seiner Gesundheit durfte ich, das wußte ich schon, nicht fragen. Dafür erhielt ich Auskunft über seine vorjährige Reise, über Wanderungen und Ritte auf Sizilien und Korsika, über einige Bekannte, über berühmte Frauen und Pferde. Und dann fing er ganz plötzlich an, vom Sterben zu sprechen.

»Wissen Sie, ich lernte hier allmählich ein paar von den Schwerkranken kennen. Mein Gott, die Leute leben und husten so hin, als stünde nichts dahinter. Aber einer davon ist anders. Ein englischer Pfarrer, lungenkrank, aber noch lange nicht im letzten Stadium. Er leidet an einer unglaublichen Todesfurcht, und jetzt, wo es mir selbst wieder so gutgeht, habe ich ordentlich Mitleid mit ihm. Na! Genug von ihm. Aber den Gedanken ans Sterben bin ich diese ganze Zeit her nie völlig losgeworden. Deshalb bat ich Sie auch zu kommen. *Vous comprenez, n'est-ce pas?* Sie haben mich ja früher gekannt – wann habe ich je an den Tod gedacht? *Jamais de la vie!* Es muß von dem friedlichen Leben herkommen. Unter unsicheren Kameltreibern oder bei Seestürmen – Sie sind ja einmal mitgewesen – hab' ich das nie gefühlt, und bei allerhand Revolverchosen war ich doch auch dabei.«

»Ich weiß noch nicht recht«, sagte ich, »wovon Sie reden. Ist es ein Angstgefühl oder –«

»Angst? O nein! Außerdem bin ich meiner Gesundheit wieder sicher, wohl für Jahre hinaus. Wie soll ich es ausdrücken? Etwa so: ich muß mir von Zeit zu Zeit vorstellen, daß eines schönen Tages der Eiger und das Wetterhorn wie sonst heruntersehen werden, ich aber bin nicht mehr da. Das ist es: nicht mehr da! Was heißt das eigentlich? Ich bin ja wohl noch da, im Sarg unterm Boden, aber der ganze Petrus Ogilvie, der ganze lustige Satan, der ich war, – was ist's damit?«

»Herrgott, Ogilvie, machen Sie sich wirklich darüber Gedanken? Soll ich Ihnen wieder einmal die ganze hübsche Leier vom Werden und Vergehen und Wiederwerden vorsingen? Sie sind doch kein Schuljunge mehr!«

»Allerdings nicht, Sie verstehen mich falsch. Übrigens – ist Ihre ganze schöne Naturphilosophie denn etwas anderes als Phrasendrescherei? Der Zellenstaat löst sich auf – oder: die Würmer fressen mich, das ist doch *tout à fait la même chose!* Ihr Philosophen müßt eine rührende Liebe zum Universum haben, dem ihr im Sterben euch so freundlich übergebt. Ich fühle nur: Herr Ogilvie, der ein flotter Mensch war und zu leben verstand, soll eines Tages nicht mehr leben dürfen.«

»Was heißt nicht mehr leben?«

»Ei, was wird das heißen! Ich weiß wohl, daß die in Herrn Ogilvie vorhandene Summe von Leben und Stoff auch nach seiner Auflösung irgendwie dasein und wirken wird – aber wo ist Herr Ogilvie selbst geblieben?«

»Er ist ein Präteritum geworden, wie König Artur oder Julius Cäsar. Einen mehr als subjektiven Todestrost hat übrigens kein Philosoph je gehabt, auch kein moderner!

Aber bester Ogilvie, es lebe das Präsens! Vor dem Schlafengehen wäre vielleicht noch ein letztes Glas Wein am Platz.«

Wir bestellten noch eine Flasche und trennten uns gegen Mitternacht in der besten Stimmung.

Am nächsten Morgen genoß ich einen Anblick, dessen Schönheit selbst mein durch unzählige Wanderfreuden verwöhntes Auge sättigte und beglückte. Der ganze Himmel war klar und von einem tiefen, fast veilchenfarbenen Blau, in welchem die reinen Umrisse der entferntesten Gipfel scharf und leuchtend hervortraten. Von den Wetterhörnern bis zur Schynigen Platte stand Berg an Berg klar und rein in der frischen, kräftigen Schneeluft; zwischen Wetterhorn und Mettenberg stand die Morgensonne, die niederen Schneefelder zur Rechten vergoldend, während die atlasweißen Mulden und Flächen des Männlichen im kühlen Silberglanz lagen. An dem prachtvollen, schwarzen Kegel des Tschuggen glaubte man die Felsritzen zählen zu können. Ich stieg im Dorfe bergauf, den laublosen, schönen Ahornen der Villa Bellary entgegen, denn von dort aus genießt man die morgendliche Bergaussicht schöner als irgend sonst wo.

Bald sah ich denn auch hinter der riesigen Nordwand des Eiger die schlanke, elegante Pyramide des Silberhorns vortreten, die östliche Seite blendend golden von der Sonne beschienen. Bald darauf sprang der abenteuerliche Tschuggengipfel plötzlich ins Licht, dann folgten die milden, weichen Schneefelder des Männlichen. Diamantlichter blitzten da und dort mit jähem Glanz auf, blasse bläuliche Schatten liefen wie lebendige Adern über den Schnee. Das war der Hochgebirgswinter – Schnee, Felsen, Tannen und Hütten von einem strahlend schönen Himmel überblaut und von intensivem Licht überflutet. Das Licht feierte prahlende Feste auf dem reinen, fleckenlosen, seidig weichen Schnee, es glitt mit flüchtigen Blitzen über geründete Anhöhen, lief mit blankem Lachen über breite Flächen hinweg, schmiegte sich mild in weiche Mulden, drang scheu und spielend in die Tannenhaine und zeichnete lange Reihen von schlanken spitzen Wipfeln als graublaue Schatten auf den weißen Grund. Das ganze Bild war von einem zarten Anhauch reiner Frische überflogen, der mir in die Seele hinein wohl tat. Wer hat in der Stadt oder überhaupt im Tiefland eine Ahnung von diesen weltfernen Winterschönheiten?

Auf dem Rückweg begegnete ich Ogilvie, der auf meine begeisterten Loblieder mit einem zufriedenen Kopfnicken antwortete.

»Ja, da schauen Sie! Und im Januar haben wir es drei Wochen ununterbrochen so blau und klar gehabt wie heute.«

Er brachte mir einen kleinen, leichten Davoser mit. Ich war das Bergschlitteln von der Ostschweiz und vom Schwarzwald her gewohnt. So fuhren wir gleich die beliebteste Sportbahn, deren steiler Abschluß der »Niagara« heißt. Ich beobachtete dabei Ogilvie, der mit gerötetem Gesicht und fliegenden Haaren dahinsauste und um Jahre verjüngt erschien. Er hustete nicht, er spuckte nicht aus, er keuchte kaum, und ich fing selber an, an seine Genesung zu glauben. Später ging ich zum Eisplatz mit, wo mein Freund die Augen der Sportsmen auf sich zog. Ich verstehe nichts vom kunstmäßigen Eislauf, aber er schien mir einer der besten Läufer. Er lief nicht, sondern schwebte wie ein Vogel mit eleganter Balance in schönen, reinen, zuweilen kapriziös gebrochenen Halbbogen, deren Entstehung keine Kraft zu fordern, vielmehr mühelos aus dem straffen, sich wohlig wiegenden Körper zu kommen schien. Es war eine Lust, ihn anzusehen.

Nachmittags besuchten wir den oberen Gletscher, dessen blaugrüne Eiswogen kühl und seltsam unter dem in steifen Bärten über die Klippen hängenden Neuschnee hervorglänzten. Wir fuhren bequem auf unseren Davosern zurück bergabwärts, nahmen den Lunch auf dem Balkon und blieben dort bei einer guten Flasche Wein in der Sonne sitzen, bis uns der kühle, frische Abend ins Zimmer trieb. Petrus sprach diesmal nicht vom Sterben, er machte sogar Witze über unsere gestrige Unterhaltung. Bald aber begann er von Dingen zu sprechen, die mir aus seinem Munde wunderlich fremd und grotesk klangen. Ich hatte ihn über Frauen nie anders sprechen hören wie als über eine Sache, die man gelegentlich kauft, genießt und liegenläßt. Ich wußte von einigen seiner Liebesabenteuer, die zum Teil recht romantisch, aber alle kurz und schneidig waren, und von denen er selten, dann aber mit drastischer Ironie zu reden pflegte. – Und jetzt fand ich ihn verliebt, und zwar in ein Weib, das er schon vor vier Jahren gekannt und genossen hatte.

»Ja, schauen Sie«, sagte er, »das kommt von dem faulen Leben und vom Gesundsein. Es ist mir einfach zu wohl, und da doch der Überschuß irgendwo hinaus mußte, bin ich nun sentimental geworden. – Unterbrechen Sie mich nicht, es ist nicht anders. Seit zwei Monaten denke ich, zumal bei Nacht, an nichts in der Welt so viel, als an eine schöne Frau, in die ich mich vor vier Jahren ums Haar verliebt hätte. Mein Abenteuer mit ihr kennen Sie. Es ist die Florentinerin.«

»Die Mona Lisa?«

»Ja, wie ich sie damals nannte. Sie haben sie ja nicht gekannt. Das ist ein Weib! Weinen könnte man um sie! Seit ich so viel an sie denken muß, hat ihr Wesen für mich etwas so zärtlich Liebes, daß ich oft direkt poetisch werde. Nicht wahr, da lachen Sie?«

»Allerdings, Bester. Daß Sie noch solche Märchen erleben müssen, Petrus? Also, ich kondoliere.«

»Langsam, Verehrtester! Sie wissen ja erst die Hälfte. Es kommt noch viel schlimmer. Das ist so: der Arzt ist ja zwar höchst zufrieden mit mir, hält aber eine erhebliche Einschränkung meiner Reisen für notwendig. Ich müßte also künftig mindestens für die Hälfte des Jahres einen gesunden, ständigen Wohnort haben. Das wäre mir aber auf die Dauer einfach unerträglich, ohne daß, – na, es muß heraus – also, ohne daß ich heirate. Was sagen Sie nun?«

»Ich schweige.«

»Vor Schrecken?«

»Vor Schrecken.«

»Na, so schweigen Sie, Sie Weltweiser!«

Und eine Weile blieben wir still. Ich betrachtete sein kühnes, etwas verwittertes Gesicht, auf dem die Erregung arbeitete, und die hohen, zarten Schläfen, und den schön durchgebildeten, länglichen Schädel.

»So stehen die Dinge«, fuhr er fort. »Sie ist nämlich noch immer Witwe, vermutlich weil längst kein Vermögen mehr da ist. Im Frühjahr reise ich nach Florenz. Sie hat ja damals für mich geschwärmt. Sagte ich Ihnen, daß sie mich gern mit dem englischen Condottiere John Hawkwood verglich?«

Plötzlich brach er ärgerlich lachend ab. Es war indessen Nacht geworden, und er zog mich ans Fenster und wieder hinaus. Über den Fischerhörnern und dem kleineren Gletscher hing der halbe Mond am grünlich lichten Himmel. Es war so hell, daß man auf den Zacken des Wetterhorns zuweilen das gespenstische, silbrige Stäuben der Schneewehen sah. Wir beschlossen, noch einen Gang zu machen, und stiegen ein Stück weiter bergan gegen die Ällfluh. Es war bitter kalt geworden. Scharf und blauschwarz zeichnete das Mondlicht unsere stark verkürzten Schatten auf den Schnee.

Bei unserer Rückkunft ins Hotel fand ich ein Telegramm, das mich eilig nach Bern rief. Ich mußte andertags in der Frühe nach Bern reisen, versprach aber, in längstens drei Tagen wieder hier zu sein.

In Bern hielt mich ein unerquickliches Geschäft immer wieder für einen Tag auf. Ärgerlich und ohne die Sache zum Abschluß gebracht zu haben, reiste ich am sechsten Tag nach Grindelwald zurück.

Ich fand Ogilvie nicht mehr im Hotel Bär. Er war plötzlich erkrankt und nach einem entlegenen Hause im Dorfe überführt worden. Dort lag er, als ich bei ihm eintrat, still im weißen Bett, von einer Krankenschwester gepflegt. Er hatte sich auf jenem kurzen Nachtspaziergang verdorben. Sein Gruß war kurz und fast grob, ich hatte den Eindruck, er schäme sich seines Krankseins. Nach einiger Zeit bat er plötzlich:

»Hören Sie, mein Schlitten steht noch im Bären, den sollen Sie mir holen. Sie sind so gut, nicht wahr? Ich brauche ihn ja jetzt nicht, aber wenn er nicht geholt wird, stiehlt ihn das Pack, darauf können Sie Gift nehmen. O, das Hotelgeschmeiß!«

Ich ging und holte den Schlitten ab. Es war ein hübscher, solider Davoser, und auf der Rückseite des Sitzes standen, in ungleichmäßigen Buchstaben eingebrannt, die Worte: »Gestohlen dem Herrn Petrus Ogilvie.« Ich mußte lachen, und Petrus lachte mit, als ich ihm die schwarzen Buchstaben zeigte.

»Nun wäre es beinahe schon wahr geworden«, sagte er. »Sie stehlen, diese Leute, sie stehlen alle.«

Er schien müde und lag bis gegen Abend im Halbschlummer. Ich ruhte indessen aus und blieb dann die Nacht bei ihm wach. Eine wunderliche

Nacht! Er war so still, lächelte fortwährend und sprach nur zuweilen ein paar Worte – von Florenz. Nur zwei-, dreimal brach durch diese müde Heiterkeit ein Blitz seines früheren Wesens, ein herber Witz oder eine seiner bitter komischen Grimassen. Erst in den letzten Stunden – es war Vormittag geworden – begann er einzusehen, daß er sterben müsse. Der Arzt kam und erbot sich, zu bleiben, obwohl er nichts mehr für den Sterbenden tun könne. Ich bat ihn, zu gehen.

Dann hielt ich noch fast drei Stunden lang seine harte, braune Hand, die ich vor Jahren mehrmals beim Rudern bewundert hatte, einmal bei einem der bösen ligurischen Stürme, wo Ogilvie mitten in der Gefahr ein kleines, drolliges genueser Ulklied gesungen hatte. Wir sprachen wenig mehr. Aber wir sahen einander in die Augen und dachten an die vielen Fahrten und Wanderungen, die wir gemeinsam gemacht hatten, zwei ruhelose, heimatlose Menschen. Und als er zum letzten Male sprach, waren es die Worte:

»Sie sind ein guter Kerl. Wenn Sie gern meinen Schlitten haben wollen und die Schlittschuhe, als Andenken – – –«

Und als ich ihn beruhigen wollte, fuhr er fort: »Lassen Sie, Kamerad. Jetzt bin ich noch Herr Ogilvie und schenke Ihnen meinen Schlitten. Nachher werde ich ein Präteritum sein.«

(1902)

Eine Rarität

Vor einigen Jahrzehnten schrieb ein junger deutscher Dichter sein erstes Büchlein. Es war ein süßes, leises, unüberlegtes Gestammel von blassen Liebesreimen, ohne Form und auch ohne viel Sinn. Wer es las, der fühlte nur ein schüchternes Strömen zärtlicher Frühlingslüfte und sah schemenhaft hinter knospenden Gebüschen ein junges Mädchen lustwandeln. Sie war blond, zart und weiß gekleidet, und sie lustwandelte gegen Abend im lichten Frühlingswalde, – mehr bekam man nicht über sie zu hören.

Dem Dichter schien dieses genug zu sein, und er begann, da er nicht ohne Mittel war, unerschrocken den alten, tragikomischen Kampf um die Öffentlichkeit. Sechs berühmte und mehrere kleinere Verleger, einer nach dem andern, sandten dem schmerzlich wartenden Jüngling sein sauber geschriebenes Manuskript höflich ablehnend zurück. Ihre sehr kurz gefaßten Briefe sind uns erhalten und weichen im Stil nicht wesentlich von den bei ähnlichen Anlässen den heutigen Verlegern geläufigen Antworten ab; jedoch sind sie sämtlich von Hand geschrieben und ersichtlich nicht einem im voraus hergestellten Vorrat entnommen.

Durch diese Ablehnungen gereizt und ermüdet, ließ der Dichter seine Verse nun auf eigene Kosten in vierhundert Exemplaren drucken. Das kleine Buch umfaßt neununddreißig Seiten in französischem Duodez und wurde in ein starkes, rotbraunes, auf der Rückseite rauheres Papier geheftet. Dreißig Exemplare schenkte der Autor an seine Freunde. Zweihundert Exemplare gab er einem Buchhändler zum Vertrieb, und diese zweihundert Exemplare gingen bald darauf bei einem großen Magazinbrand zugrunde. Den Rest der Auflage, hundertsiebzig Exemplare, behielt der Dichter bei sich, und man weiß nicht, was aus ihnen geworden ist. Das Werkchen war totgeboren, und der Dichter verzichtete, vermutlich vorwiegend aus Erwägungen ökonomischer Art, einstweilen völlig auf weitere poetische Versuche.

Etwa sieben Jahre später aber kam er zufällig einmal dahinter, wie man zügige Lustspiele macht. Er legte sich eifrig darauf, hatte Glück und lieferte von da an jährlich seine Komödie, prompt und zuverlässig wie ein guter Fabrikant. Die Theater waren voll, die Schaufenster zeigten Buchausgaben

Eine Rarität

der Stücke, Bühnenaufnahmen und Porträts des Verfassers. Dieser war nun berühmt, verzichtete aber auf eine Neuausgabe seiner Jugendgedichte, vermutlich weil er sich ihrer nun schämte. Er starb in der Blüte der Mannesjahre, und als nach seinem Tode eine kurze, seinem literarischen Nachlaß entnommene Autobiographie herauskam, wurde sie begierig gelesen. Aus dieser Autobiographie aber erfuhr die Welt nun erst von dem Dasein jener verschollenen Jugendpublikation.

Seither sind jene zahlreichen Lustspiele aus der Mode gekommen und werden nicht mehr gegeben. Die Buchausgaben findet man massenhaft und zu jedem Preise, meist als Konvolute, in den Antiquariaten. Jenes kleine Erstlingsbändchen aber, von welchem vielleicht – ja sogar wahrscheinlich – nur noch die dreißig seinerzeit vom Autor verschenkten Exemplare vorhanden sind, ist jetzt eine Seltenheit ersten Ranges, die von Sammlern hoch bezahlt und unermüdlich gesucht wird. Es figuriert täglich in den Desideratenlisten; nur viermal tauchte es im Antiquariatshandel auf und entfachte jedesmal unter den Liebhabern eine hitzige Depeschenschlacht. Denn einmal trägt es doch einen berühmten Namen, ist ein Erstlingsbuch und überdies ein Privatdruck, dann aber ist es für feinere Liebhaber auch interessant und rührend, von einem so berühmten eiskalten Bühnenroutinier ein Bändchen sentimentaler Jugendlyrik zu besitzen.

Kurz, man sucht das kleine Ding mit Leidenschaft, und ein tadelloses, unbeschnittenes Exemplar davon gilt für unbezahlbar, namentlich seit auch einige amerikanische Sammler danach fahnden. Dadurch wurden auch die Gelehrten aufmerksam, und es existieren schon zwei Dissertationen über das rare Büchlein, von welchen die eine es von der sprachlichen, die andere von der psychologischen Seite beleuchtet. Ein Faksimiledruck in fünfundsechzig Exemplaren, der nicht neu aufgelegt werden darf, ist längst vergriffen, und in den Zeitschriften der Bibliophilen sind schon Dutzende von Aufsätzen und Notizen darüber erschienen. Man streitet namentlich über den mutmaßlichen Verbleib jener dem Brand entgangenen hundertsiebzig Exemplare. Hat der Autor sie vernichtet, verloren oder verkauft? Man weiß es nicht; seine Erben leben im Ausland und zeigen keinerlei Interesse für die Sache. Die Sammler bieten gegenwärtig für ein Exemplar weit mehr als für die so seltene Erstausgabe des »Grünen Heinrich«. Wenn zufällig irgendwo einmal die fraglichen hundertsiebzig Exemplare auftauchen und nicht sofort von einem Sammler *en bloc* vernichtet werden, dann ist das berühmte Büchlein wertlos und wird höchstens noch zuweilen neben andern lächerlichen Anekdoten in der Geschichte der Bücherliebhaberei flüchtig und mit Ironie erwähnt werden.

(1902)

Der lustige Florentiner

Nicht weit vom Palazzo Pitti hatte ich eine jener seltenen kleinen Weinstuben entdeckt, die noch den einfachen, aber behaglichen alten Florentiner Typus haben und in denen der Chianti reiner, besser gekellert und billiger ist als in den modernen Osterien. Es war ein schmaler, niedriger Raum im Erdgeschoß, der von Möbeln nichts enthielt als die üblichen Marmortrinktische und zwei Dutzend dreibeinige Holzstühle. Dennoch sah die Stube durchaus nicht leer und nüchtern aus, denn unter der Decke liefen die ganzen Wände entlang zwei tiefe Regale, in denen eine Menge von Fiaschi, Bottiglien, Bottiglietten sowie Würste, Schinken, Körbchen mit Früchten dekorativ und verlockend ins Auge fielen. Die eine Ecke des Raumes war für leere Flaschen reserviert, die in großer Anzahl, teilweise zerbrochen, herumlagen. An der weißgetünchten Wand hing ein tüchtiger Kupferstich, die Badia vorstellend, neben einem lithographierten Porträt des unvermeidlichen Vittorio Emanuele.

Eines Abends brachte ich zwei Bekannte mit in diese Kneipe, einen Dresdener Maler und einen Heidelberger Studenten, der sich ein unmögliches Thema zu seiner kunstgeschichtlichen Dissertation ausgesucht hatte und nun schon seit zwei Monaten in der Toskana bummeln ging, ohne die Belege für seine hinterm Ofen ersonnenen Kombinationen finden zu können. Wir ließen uns einen Fiasko Chianti geben und aßen unsere bescheidenen Salamibrötchen dazu, unser gewöhnliches Abendessen. Nur der Maler, der ein erkleckliches Reisestipendium genoß, leistete sich außerdem ein Gericht *Vermicelli al sugo*. Bei dem ausgezeichneten Wein entspannen sich bald die jugendlichen Gespräche, die seit Jahrzehnten in jedem italienischen Wirtshause alltäglich erklingen – über die Schönheiten der Kunst, über das Elend unserer heutigen Kultur und über die absolute Notwendigkeit, neue Lebensformen im Sinne einer künstlerischen Renaissance zu schaffen. Es wird bei solchen und ähnlichen Gesprächen von jungen Deutschen manche Nacht in Italien verbracht und mancher Fiasko Wein geleert; die klugen und genügsamen Italiener aber sitzen daneben und sehen sich die blonden, meist brillentragenden Reformatoren aus dem Norden mit unverhohlenem Spott und stummer Überlegenheit an.

Während ich zufrieden trank und schwieg und meine Cavour rauchte, und während der Maler, der erst heftig mitgesprochen hatte, die Karikatur einer liegenden Venus auf die blanke marmorne Tischplatte strichelte, redete der Kunsthistoriker allein und eifrig drauf los, schrie uns an, als wären wir an allen Übelständen schuld, und bewies, daß die ganze moderne Kunst einen blauen Teufel wert sei. Dabei richtete er zuweilen den Blick gegen den abseits hantierenden Wirt, der dann jedesmal einen Augenblick stillstand und den Redner mit bekümmerter Miene anstarrte, als hätte er dessen Klagen verstanden.

Ich hatte unterdessen die mit Bleistift und Kohle an die Wand gezeichneten Köpfe und Scherzbilder betrachtet. Unter diesen fiel mir nun plötzlich ein brillant gezeichneter, höchst grotesker Männerkopf auf. Ich trat näher und sah ihn mir genauer an. Eine Mischung von Stumpfsinn und Schlauheit, Gutmütigkeit und Lasterhaftigkeit lag auf den flott hingestrichenen Zügen des Kopfes, die verkniffenen Augen unter der starken Stirn konnten ebensowohl Schelmerei wie Trübsinn ausdrücken, die feste Unterlippe war von einer Holzpfeife links herabgezogen und ließ ein paar robuste Stockzähne sehen, deren auffallendes Hervorgrinsen der ganzen Zeichnung Charakter und Eigenart gab. Ich fragte den Wirt, wer das gezeichnet habe.

»Nicht wahr«, antwortete er, »ein schönes Stück! Wer es gemacht hat? Nun, der Herr Costa, Sie kennen ihn doch? Der berühmte Herr Costa.« Ich erinnerte mich, daß ein Maler dieses Namens allerdings in Florenz große Beliebtheit genoß. »Und schauen Sie, Herr«, fuhr der Wirt fort, »da hinten haben Sie die ganze Figur. Sie stellt einen meiner ältesten Gäste vor.« Die Zeichnung, vor die er mich führte, zeigte wirklich den Inhaber jenes Kopfes in ganzer Figur. Er stand auf kurzen, schinkenartigen Beinchen, in weiter Hose, in deren Taschen die Hände staken. Der Kopf war derselbe, die hölzerne Pfeife zog auch hier die Unterlippe schief, dazu trug er hier einen Hut, der mit grandioser Nonchalance auf dem mächtigen Schädel saß. Der Dresdener war zu mir getreten und lobte die lebendige, offenbar nur leicht karikierende Zeichnung; schließlich kam auch der Kunsthistoriker, dem die sonderbare Figur ein lautes Gelächter entlockte.

In diesem Augenblicke öffnete sich die Tür. Wir beachteten den Eintretenden nicht, der Wirt aber stürzte ihm entgegen und zerrte ihn am Arm zu uns her. »*Ecco, Signori, l'originale!*« rief er mehrmals, während er bald auf die Zeichnung, bald auf den Gast, den er noch immer am Arm festhielt, deutete. Wirklich erkannten wir in ihm sofort das Original des auffallenden Porträts, das uns nun der Wirt mit überschwenglicher Höflichkeit vorstellte. »Herr Ercole Aglietti, mein alter Freund – und hier deutsche Gäste, gelehrte und vornehme Herren.« Während er weiterschwatzte, schüttelten wir einander die Hände und baten den Ankömmling an unsern Tisch. Dort schenkte ich ihm ein Glas Chianti ein. Er dankte und trank langsam und kostend. »Unser Freund Wirt führt keinen schlechten Wein«, sagte er dann schmunzelnd, »aber seinen besten hat er euch nicht vorgesetzt.« Der Wirt beteuerte, ein besserer Wein als der, den wir tränken, sei in der ganzen Toskana nicht aufzutreiben. Herr Aglietti lachte, kniff die schlauen Äuglein zusammen und flüsterte dem Freund etwas ins Ohr. Darauf verschwand derselbe und kehrte mit einer staubigen Flasche zurück.

»Diesen Jahrgang, meine Herren, verkaufe ich an gewöhnlichen Tagen nicht. Sie müssen Herrn Aglietti dafür danken, daß er mich heute überredet hat, eine Flasche davon herauszugeben. Ich selbst, bei der Madonna, wage es kaum, am Feste des Täufers Giovanni ein Gläschen davon zu trinken.« (In der Folge machte er »mir zuliebe« diese Ausnahme jeden Abend.)

Unsere halbleere Flasche wurde zurückgenommen und wir ließen uns den wirklich vorzüglichen »uralten« Chianti kräftig schmecken. Dabei entlockten wir Aglietti allerlei Geständnisse. Wir erfuhren, daß er sechzig Jahre alt und von Geburt Pistojese sei, daß er früher wie eine Nachtigall gesungen habe und daß er noch heute eine Schwäche für guten Wein und schöne Frauen habe. Er war in allem das Urbild des alten, behäbigen Toskaners, der mit einem gelegentlich recht losen Maul eine rührende Gutmütigkeit und mit einem hochmütigen Lokalpatriotismus die zutraulichste Liebenswürdigkeit gegen Fremde, die ihm schmeicheln, verbindet. Auf unsere Bitte begann er denn auch bald, aus seinem Leben zu erzählen, eine Geschichte um die andere, fließend und gewandt, wie ein Novellist von Beruf. Eine davon schrieb ich nachher auf – hier ist sie:

»Wie ihr wißt, findet jedes Jahr am Ostersamstag die große Feierlichkeit des *scoppio del carro* statt, wobei auf dem Domplatz und in allen daranstoßenden Straßen sich teils aus Florenz, teils aus Fiesole, Settignano, Prato und der ganzen Umgebung viele Tausende fromme und neugierige Zuschauer versammeln. Ich hatte die Festlichkeit Jahr für Jahr mitgemacht und ging auch diesmal beizeiten zum Dom. Ein deutscher Herr, welcher damals mein Nachbar und mir gut bekannt war, schloß sich mir an, denn er hatte den Scoppio noch nie gesehen. Da die Stufen der Domtreppe schon alle besetzt waren, überredete ich meinen Begleiter zu der kleinen Ausgabe des Eintrittsgeldes und bestieg mit ihm den Glockenturm des Giotto. Es war ein warmer Tag wie heute, darum stiegen wir bis aufs Dach, das trocken und erwärmt war, und setzten uns auf den schiefen Rand desselben, stemmten die Füße gegen die Brustwehr und hatten so einen bequemen Warteplatz. Man sieht von dieser Höhe aus die ganze Stadt, außerdem die Berge, Fiesole, San Domenico, San Miniato und die Talebene des Arno. Während wir den schönen Anblick genossen und das mitgebrachte Brot mit Limonade verzehrten, erzählte mir der junge Herr eine Liebesangelegenheit, in welcher er mich um Rat und Beistand bat. In Prato drüben hatte er mehrmals ein sehr schönes Mädchen gesehen, hatte auch ihre Wohnung erfragt und ein paar Worte mit ihr gesprochen. Seither hatte er vergeblich sich ihr zu nähern versucht. Ich merkte bald, daß er nicht daran dachte, sie zu heiraten, sondern nur sein Vergnügen im Sinne hatte. Da ich aber an solchen Affären Freude hatte und wußte, daß er dabei gern einige Fünfernoten springen lassen würde, versprach ich, ihm beizustehen.

Indessen begann unten die Prozession und wir sahen zu, bis mit dem Schlag zwölf Uhr alle Glocken einfielen und das am heiligen Wagen reichlich angebrachte Feuerwerk mit großem Lärm und Rauch verbrannte. Vier weiße Stiere mit vergoldeten Hörnern zogen darauf den *carro* hinweg und die ungeheure Volksmenge lief auseinander. Auch wir verließen den Campanile und begaben uns in die Via del Sole, wo damals eine der besten Trattorien war. Nach Tisch beschloß ich, heute noch mir die Sache in Prato anzusehen, da vom Feste her ohne Zweifel viele Besucher dorthin zurückkehren und ich also leicht eine billige Fahrgelegenheit finden würde. So gab mir denn der verliebte Herr einiges Geld, nannte mir genau die Wohnung des Mädchens und ließ mich ziehen. Ich konnte umsonst auf einem stattlichen Wagen mitfahren und war also bald in Prato, ersparte außerdem das erhaltene Fahrgeld und befand mich daher in bester Laune. Deshalb hielt ich, in Prato angekommen, keine besondere Eile für nötig, sondern besuchte erst meinen Freund, welcher nahe beim Rathause wohnte. Ihr wißt, wie berühmt die *biscotti* von Prato sind! Nun, mein Freund fabrizierte solche *biscotti* und machte damit sein gutes Geschäft. Heute hatte er auch wegen des Feiertages die Arbeit eingestellt und freute sich sehr, einen so fröhlichen Gesellschafter zu bekommen. Wir tranken in seinem Gärtchen Kaffee, plauderten und waren guter Dinge. Bald darauf

Der lustige Florentiner

kam auch seine Braut, ein wohlgewachsenes, sauberes Mädchen, jedoch keine sehr auffallende Schönheit. Ich mußte nun Gitarre spielen, singen und Geschichten erzählen, denn darin war ich damals stark und deshalb überall nicht wenig beliebt. Es gab noch *biscotti* und viele andere gute Dinge, so daß ich vor lauter Vergnügen meinen Herrn und seinen Auftrag völlig vergaß.

Gegen Abend, da das Mädchen nach Hause zum Essen zurückkehren mußte, begleiteten wir beide sie bis zu ihrer Türe. Ihre Mutter war Witwe und führte einen kleinen Kramhandel. Zu meinem Erstaunen kam mir hier alles merkwürdig wohlbekannt vor, bis mir plötzlich einfiel, daß ich just vor dem Hause stand, welches der Deutsche mir beschrieben hatte. Das Mädchen, dem er nachstellte, war also Giulia, die Braut des Bäckers, meines Freundes. Kaum hatte ich dies wahrgenommen und ein wenig überdacht, so nahm ich diesen beiseite und erzählte ihm die ganze Sache. Und obwohl er anfangs sehr dagegen war, überredete ich ihn doch, meinen Plan zu unterstützen.

Vier Wochen lang hat es gedauert. Der Verliebte hieß mich jeden Samstag Geschenke kaufen, so daß das schöne Silber mir froh im Sack erklang. Auch schrieb er zärtliche Briefchen und erhielt darauf freundliche, aber zögernde und vertröstende Antworten, die ich selbst verfaßte und von einer Freundin schreiben ließ. Von der ganzen Angelegenheit wußte das Mädchen in Prato kein Wort. Endlich, als mein Herr gar zu ungeduldig wurde, gestattete ich ihm einen Besuch in Prato, wobei ich dafür sorgte, daß er das Mädchen nicht zu sehen bekam. Er war wütend und ich mußte darauf denken, ein Ende zu machen. Vielerlei Pläne überlegte ich mit dem Bäcker, bis einer uns endlich gut schien. Wir beschlossen nämlich, den Liebhaber nächstens zu einem Ständchen zu veranlassen und dafür zu sorgen, daß er dabei Prügel bekäme, dann würde er sich das ganze Unternehmen leichter aus dem Kopfe schlagen. Der Plan war leicht auszuführen. Weil der gute Deutsche weder einen Ton singen, noch Gitarre spielen konnte, erbot ich mich, den Musikanten zu machen; für die Prügel wurden zwei Bekannte des Bäckers bestellt. Und so kamen wir denn eines schönen Abends in den Hof der Signora. Ich stellte mich im Schatten auf und sang so schön, daß der Herr mein Tremolo höchlich bewunderte. Ich sang zwei lange Lieder durch und wollte eben das dritte anstimmen, als die Kellertür sich öffnete und zwei Burschen mit starken Rebstöcken hervorstürzten. Ich nahm mein Instrument unter den Arm und war in derselben Sekunde verschwunden, erwartete aber auf dem Domplatze vor dem Café meinen Herrn, der nach einer Viertelstunde keuchend dahin kam. Er war elend durchgeprügelt worden, blutete an einer Hand und sah im Gesicht schneeweiß aus. Doch verbiß er seinen Schmerz und fragte mich sogar mit Teilnahme, ob ich heil davongekommen sei. Ich antwortete, daß ich zwar einige schmerzliche Hiebe auf den Rücken erhalten hätte, doch unverletzt sei und der Madonna für unsere Rettung danke, da mit den Burschen von Prato bekanntlich nicht gut Kirschen essen sei. Übrigens hörte ich nun zu meiner großen Erleichterung, daß mein braver Herr von der Liebe und dem Prügeln genug habe und in seinem Leben diese Stadt des Unglückes nicht wieder zu sehen begehre. Damit schien mir der ganze Handel erledigt, mit dem ich durchaus zufrieden sein konnte. Das Beste folgte aber noch.

Andern Tages nämlich bekam ich den Auftrag, in der Wohnung des Freundes zu erscheinen. Natürlich glaubte ich, er habe nun die Sache durchschaut, würde mich schnöde behandeln und Rechenschaft über das Geld verlangen, das er mir für die Geschenke gegeben hatte. Aber ich hatte mich getäuscht. Er klopfte mir freundlich auf die Achsel, sagte, er sei für meine gestrige Musik und für die Schläge, die mich getroffen hätten, noch in meiner Schuld und drückte mir ein ganz schönes Stück Geld in die Hand. Bei Gott, so sonderbar wie damals ist mir nie mehr zumute gewesen.

Jawohl, die Deutschen sind gute Leute, wie ich immer sage, deshalb allein, ihr Herren, habe ich euch auch heute den vorzüglichen Wein verschafft, den sonst kein Fremder je zu trinken bekommt.«

(1902)

Eine Billardgeschichte

Herr Oskar Anton Legager war ein vortrefflicher Billardspieler. Wenn er im Storchen unter der Tür erschien, lief stets eine vor Eile und Höflichkeit atemlose Kellnerin herzu, um ihm Hut und Stock abzunehmen, während der Marqueur Herrn Legagers Queue aus dem verschlossenen Wandschrank holte und ihm mit tiefem Bückling überreichte. Sodann brachte er aus einer verschlossenen Schublade Herrn Legagers eigene Elfenbeinbälle, bürstete das für Herrn Legager reservierte Billard ab und zündete das Gaslicht an, während Legager seinen Wein oder Kaffee bestellte und seinen grauen Gehrock ablegte, denn er spielte stets in Hemdärmeln.

Sein Queue war ein Kabinettsstück, dick und doch leicht, nur 260 Gramm, aus dreifarbigem amerikanischem Holz gearbeitet, mit geripptem Griff, ziselierten Ornamenten und weiß auf schwarz eingelegtem Monogramm, in welchem die Buchstaben O. A. L. kunstvoll ineinander verwachsen und von einem weißen Blätterkranz umflochten waren.

Auch seine Bälle waren von erster Qualität. Außerdem führte er eine eigene Sorte von teurer grüner Kreide, in einem praktischen Futteral aus Gummi, ebenfalls mit Monogramm versehen.

Wenn Legager seinen grauen Gehrock abgelegt, die Hände gewaschen und sorgfältig abgetrocknet und die Lederkappe seines Queue peinlich untersucht hatte, pflegte er mit herausfordernden Blicken umherzuschauen, während er die in Gummi gefaßte Kreide aus der Hosentasche zog. Dann kreidete er umständlich und wartete.

Gewöhnlich kam sogleich irgendeiner der Gäste und bot sich als Partner an. Herr Legager gab jedem Spieler fünfzig Punkte auf hundert vor. Außerdem spielte er, wenn sein Gegner schwach war, alle Bälle indirekt und jeden fünften Ball als Vorbänder. Trotzdem gewann er fast immer, pflegte jedoch daraus keinen Vorteil zu ziehen, sondern bezahlte stets die Hälfte des Spielgeldes und wurde äußerst ärgerlich, wenn jemand das nicht annehmen wollte.

»Sie glauben wohl, ich sei Professionsspieler?« sagte er dann mit unendlicher Geringschätzung.

Niemanden auf der Welt verachtete er so tief und leidenschaftlich wie die Billardspieler von Beruf. Er selber tat zwar jahraus jahrein nichts anderes als Billardspielen, aber er war Rentner und trieb das Spiel lediglich zu seinem Vergnügen. Er spielte nachmittags im Kasino, abends im Storchen, schlug jeden Gegner, und machte sich oft ein grimmiges Vergnügen daraus, die prahlerischen Turnierberichte in der Billardzeitung mit bitterem Hohn vorzulesen.

»Kolwanst in Breslau hat eine Serie von zwölfhundert gespielt. Kolwanst! Er soll doch kommen; er kann achthundert auf zweitausend vorhaben. Serien von tausend sind pöbelhaft, die macht jeder Gassenbub, wenn er ein bißchen aufpaßt. Wo soll da das feine Spiel bleiben? Nein, jeder dritte Ball muß zwei Banden haben, so halte ich's.«

Und er machte mit dem Marqueur eine Partie Schindluder, wobei jeder dritte Ball Vorband haben muß und Serien unter neun nicht zählen. Er gab auch dem Marqueur fünfzig auf hundert vor.

Vor sieben Jahren war er zu einem Turnier nach Stößelfingen gefahren, vor vier Jahren nach Quedangerfelden, und beide Male war er erster Sieger gewesen und hatte ein Diplom mitgebracht, über das er sich unter Freunden recht lustig machen konnte.

»Ich kenne Leute«, sagte er, »die keine Serie über vierzig machen und doch viel bessere Spieler sind als diese sogenannten Professoren in Wien oder sonstwo.«

Eines Tages kam Herr Legager von einer kleinen Sommerreise zurück. Er suchte seine bescheidene Zweizimmerwohnung auf, kleidete sich um, steckte seine Kreide in die Tasche und bummelte langsam nach dem Storchen. Es war abends acht Uhr.

Als er lächelnd und mit freundlich herablassendem Willkommnicken die Tür öffnete, stürzte ihm keine Kellnerin und kein Marqueur entgegen. Er blieb erstarrt stehen und blickte fassungslos in das veränderte Lokal. Das beste Billard, sein reserviertes Billard, war nicht frei! Es waren in weitem Abstande zwei Reihen Stühle darum gestellt, die alle von Zuschauern besetzt waren, und am Billard stand ein fremder, etwas korpulenter junger Herr und spielte allein. Dieser Herr hatte ein sehr schönes eigenes Queue, trug eine kleidsame, dünn schwarzseidene Bluse und benahm sich sehr sicher und ein wenig kokett.

Erst als Herr Legager näher trat, bemerkte ihn der Marqueur und eilte auf ihn zu. Ohne auf das bitterböse Gesicht seines Stammgastes zu achten,

Eine Billardgeschichte

zerrte er ihn mit sich und nötigte ihn auf den Stuhl in der ersten Reihe, den er selbst innegehabt hatte.

»Da können Sie was sehen«, flüsterte er; »was Exquisites, Herr Legager. Er spielt gerade seine Fünfhunderterserie in vorgezeichneten Feldern, nie mehr als zwei Bälle im gleichen Feld.«

»Wie heißt denn der Kerl?« fragte Legager scharf.

»Kerkelchen aus Berlin, der berühmte Kerkelchen. Er hat vor acht Tagen Daubenspeck in Zürich glänzend geschlagen. Sie haben es ja gewiß in den Blättern gelesen. Also das ist er. Ein Spiel hat er, ein Spiel! Sehen Sie nur!«

Der Berliner spielte seine Serie ziemlich rasch zu Ende. Legager beobachtete genau. Sein Spiel war tadellos sauber.

Kaum war er fertig, so drängte sich der Marqueur vor.

»Erlauben, Herr Professor, hier ist Herr Legager angekommen, unser erster Spieler. – Herr Legager.«

Herr Legager mußte nun wohl aufstehen und sich zu einer Art von Begrüßung entschließen. Kerkelchen benahm sich gegen den älteren, etwas steifen Herrn sehr nett, wenn auch ein bißchen gönnerhaft. Legager biß sich auf die Lippen.

»Machen wir eine Partie, Herr Legager? Ich gebe zweihundertfünfzig auf fünfhundert vor.«

»Danke schön, ich will nichts vorhaben. Aber ich möchte mit meinen eigenen Bällen spielen.«

»Meinetwegen«, lächelte der Weltmeister. »Sind es elfenbeinerne?«

»Ja, selbstverständlich.«

»O, ich spiele für mich immer mit Benzolinbällen. Sehr empfehlenswert. Das mit dem Elfenbein ist lediglich ein Vorurteil.«

Herr Legager wurde blaß und schwieg. Der Marqueur brachte seine Bälle her, rieb sie mit einem Tüchlein aus weißer Wolle ab und setzte sie aufs Tuch. Kerkelchen nahm einen davon in die Hand.

»Ich dachte mir's«, sagte er ruhig. »Sie sind zu schwer.«

»– zu schwer?«

»Ja, bester Herr. Dieser Ball wiegt mindestens 240 Gramm. 210 oder 200 wäre genug.«

»Mir sind die Bälle bis jetzt recht gewesen«, stieß Legager wütend heraus.

»O, bitte, es liegt ja nicht so viel daran. Wollen Sie beginnen?«

Herr Legager machte ein paar Bälle. Die Zuschauer paßten mit größter Spannung auf. Kerkelchen gewann rasch einen bedeutenden Vorsprung. Beim dritten Fehlstoß legte Legager sein Queue aus der Hand.

»Wenn Sie erlauben, möchte ich aufhören. Ich bin heute durchaus nicht disponiert, komme eben von einer Reise zurück.«

Kerkelchen war einigermaßen erstaunt.

»Na, wie Sie wollen«, sagte er kühl. »Vielleicht spielen wir morgen miteinander. Ich bin immer disponiert.«

Man verabredete das Match auf acht Uhr abends und Herr Legager ging zornig davon, ohne den etwas bestürzten Marqueur, der ihm die Tür aufsperrte, eines Grußes zu würdigen.

Fast den ganzen folgenden Tag war er im Kasino und übte. Er sah etwas reduziert aus, denn der gestrige Ärger war ihm in den Magen gefahren und hatte ihm den ganzen Appetit verdorben. Diese verdammte Berliner Schnauze! Na, man würde ja sehen.

Abends acht Uhr waren alle Plätze im Storchen schon besetzt. Herr Legager wusch sich die Hände, ließ sein Queue abreiben und behandelte die Lederkappe mit einer Glaspapierfeile. Fünf Minuten nach acht Uhr kam Kerkelchen, grüßte fidel und vertauschte seine elegante Sommerjacke mit der schwarzseidenen Bluse. Er legte ein Stück Kreide auf den Billardrand.

»Wenn Sie gern meine gute Kreide mitbenützen wollen, Herr?«

Legager schüttelte nur den Kopf. Er begann zu spielen.

»Also Sie können die Hälfte vorhaben.«

Legager brauste auf. »Zum Teufel mit Ihrem Vorgebenwollen!«

Er hatte die Bedingung gestellt, daß jeder fünfte Ball indirekt und jeder zehnte als Vorbänder gespielt werden solle. Kerkelchen hatte freundlich dazu genickt.

Nach kurzer Zeit bemerkte Legager, daß er zurückblieb. Er war heillos aufgeregt und fand seinen ruhigen Stoß nicht wieder.

Als Kerkelchen auf dreihundert war, fing er an, Kunststückchen zu riskieren. Er erschwerte sich die Stöße, machte Einhänder, Fiedelstöße, Schlangenstöße.

Als er auf vierhundert war, gestattete er sich einige Witze. Legager rollte die Augen unter der geröteten Stirn und biß sich die Lippen wund. Er wußte, daß er schmählich verlieren müsse.

Bei 465 lächelte sein Gegner: »Na, jetzt werden wir's ja gleich haben.«

»Herrgottsternbomben«, schrie Legager außer sich, »lassen Sie die verdammten Witze, oder –!«

»Regen Sie sich doch nicht auf, Verehrtester. 467, 468, 469. So, jetzt der Vorbänder: links aus der Ecke, verkehrtes *effet*, drei Banden. Schön – 470, 471. Aha, der bleibt aus. Es ist an Ihnen.«

Die letzten zehn Bälle machte der Meister sämtlich als Vorbänder. Offenbar wollte er seinen Gegner verhöhnen. Und er blieb so ruhig! Im Publikum wurde mehrmals lebhaft Bravo gerufen. Jetzt war er fertig.

Er machte einen unerhört tiefen Bückling vor dem Besiegten. »Habe die Ehre, mein Herr. Ein andermal wieder. Die Hälfte Vorgabe, wie gesagt.«

Herr Legager war dunkelrot geworden. Als er sah, wie Kerkelchen die Achseln zuckte und lächelte, verlor er alle Haltung. Von verzweifelter Wut übermannt, nahm er seinen Billardstock verkehrt in die Hände, schwang ihn durch die Luft und wollte ihn auf den Schädel des Berliners niedersausen lassen. Aber da hatte man ihn schon von hinten gefaßt und ihm die Stange aus den Händen gewunden.

Sogleich war der gewandte Marqueur zur Hand. »Aber, Herr Legager, beruhigen Sie sich! Lieber Gott, jeder hat schließlich 'nmal Pech. Kommen Sie, nehmen Sie einen Kaffee.«

Aber Legager hatte sich schon losgemacht. Finster schlüpfte er in seinen Gehrock, während der Marqueur das Publikum beruhigte, und verließ den Saal.

Zitternd trat er auf die nächtliche Straße, das Herz von Wut und Scham zerrissen, den Blick am Boden, laut vor sich hintobend und mit Stock und Fäusten agierend.

Ein Schutzmann hielt ihn an. Zornig fuhr er auf: »Was wollen Sie?«

»Schreien Sie gefälligst nicht so. Sie scheinen betrunken zu sein.«

Er riß sich los. Der Schutzmann faßte fester zu. »Wollen Sie wohl –?«

Aber Legager war nicht mehr zu bändigen. Er schlug dem Schutzmann mit der Faust ins Gesicht, dann mit dem Stock auf den Helm, auf die Hände, auf den Rücken. Leute scharten sich um ihn, Hände erhoben sich, Pfiffe ertönten, und nach zwei Minuten wurde Herr Legager, überwältigt, zerschlagen und mit Handschellen gefesselt, von drei Schutzleuten abgeführt.

(um 1902)

Wenkenhof

Eine romantische Jugenddichtung

Die Mitternacht war schon nahe. In dem großen sommerlichen Gesellschaftszimmer des alten Landhauses glänzte die Hängelampe auf die dunklen Bilder und ihre blaß gewordenen Rahmen, auf das offene Klavier, auf welchem ein Strauß Narzissen stand, und auf den runden, eichenen Riesentisch. An diesem saß der Hausherr und die Dame, ihr Sohn und ich, der aus der Stadt zu Gast gekommen war. Auf dem Tische lag neben einem Strauß von Feldblumen aufgeschlagen ein altes Büchlein von Eichendorff und eines von E. Th. A. Hoffmann, mit kleinen rotbraunen Kupfern nach Callot, und über die Bücher hinweg war die Geige des Sohnes gelegt. Durch die geöffneten Flügeltüren des altmodisch ausgebauchten Balkons kam die kühle Luft herein, und der Geruch der blühenden Obstgärten und das schwache weiße Licht der Sterne. Jenseits der Wiesen und schwarzen Felder schienen die Sterne überaus zahlreich, klein und rötlich auf der Erde fort zu glänzen – dort lag mit tausend Lichtern die bleich überdünstete Stadt. Vom Kiesplatz her klang der schwache künstliche Quell des kleinen Fischweihers.

Die kleine, vertraute Gesellschaft gab sich müden Abendträumereien hin und redete wenig; oft war lange kein anderer Laut im Zimmer als unser Atem und der Atem der Nacht, als der Windzug, der die Balkontüren leis bewegte, oder ein halbes Geräusch aus der nahen Stube, in welcher bei offenen Fenstern die Kinder schliefen. In diesen stummen Minuten drang der Glanz der aufsteigenden Venus stärker in das Zimmer, vom Klavier her klangen für Träumerohren die zärtlich-eleganten Takte Mozarts unendlich leise hörbar, und in der braunen Geige rührten sich mit summendem Gedränge die gefangenen Töne. In den entfernten Ecken des zu großen Zimmers saß lauschend die Finsternis.

»Jetzt erzählet!« sagte die Hausfrau, und zugleich löschte sie die Lampe aus. Die Finsternis stürzte hinter dem verglosenden Flämmlein her gierig aus allen Ecken hervor, aber der süße Glanz der Venus drang bis zum Rande des runden Tisches und lag zwischen ihm und dem Balkon wie eine weiße Straße. Gemeinsam mit dem Sohn begann ich nun eine Geschichte zu erzählen, so daß einer den andern in kurzen Pausen ablöste, wie wir es oft getan hatten. Die dunkle Nacht und der erwachende Spätwind und die viel mehr als hundertjährigen Bäume der englischen Allee erzählten in den Pausen mit, und es geschah daher, daß in unserer Geschichte viel von Sternen und nächtlichen Schatten auf mondhellen Pfaden die Rede war, auch von Seufzern, die in bedeutender Stunde aus Gewächs und Geräte steigen, von Doppelgängern und aufsteigenden Schatten Gestorbener.

Mit dem letzten Schlag der Mitternacht war die Geschichte zu Tod und Ende geführt und verklang fremden Tons in der Dunkelheit. Eine Kerze flammte auf, und eine zweite; nebenan ward mir ein kleines Schlafgemach geöffnet, wir gaben einander die Hände und gingen auseinander.

Nach einer kurzen Stunde Schlafs weckte mich eine sanfte Klaviermusik. Leise und sehr behutsam stieg ich aus dem hohen Bett und schob die angelehnte Tür des Gesellschaftszimmers ein wenig weiter zurück. Ein schwaches Flimmerlicht drang ein, und die Musik erklang deutlicher. Ich erkannte ein Menuett von Mozart, von Frauenfingern gespielt. Noch ein vorsichtiger, vorsichtiger Druck an der Türe …

Am Klavier saß ein hübsches Mädchen im Kostüm des Empire, weiß mit lila Schleifen und sehr hoch gegürtet. Sie spielte die delikate Musik so, wie ich glaube, daß sie vor hundert Jahren gespielt wurde, nämlich sehr zierlich und akkurat, nur die kleinen sentimentalen Wendungen ganz leicht übertreibend, und sie lächelte dazu. Nach einer kurzen Weile hielt sie inne. Es entstand Geräusch auf dem Balkon. Ein junger Herr in dunkelblauem Frack stieg über die schöne schmiedeiserne Brüstung. Seine weißen Wadenstrümpfe stachen hell und unerträglich eitel durch die Nacht hervor. Kaum hatte er beide geschmeidige Beine über den leicht erzitternden Eisenbord gebracht, da lag er schon vor dem Klavier der schönen Musikantin zu Füßen. Indes er Liebeswahnsinn stammelte und von ihr mit schnöde lächelnden Mienen ohne Glauben angehört wurde, reizte mich ihr hochmütiges, hübsches Gesicht und der edle Bogen ihrer hochgezogenen Brauen. Sie spielte jeweils einen fröhlichen Takt weiter und hörte sodann wieder heiter, behaglich und grausam dem Knieenden zu, seine Beschwörungen bald mit Schweigen, bald mit Lächeln, bald mit einem Triller beantwortend. Sie schlug erstaunlich tadellose Triller.

Da der Galant heißer und am Ende immer drängender und unabweislicher wurde, ärgerte ich mich doch. Ich brach im Hemde aus meiner Kammer hervor, ergriff den Verliebten mit beiden zornigen Händen, trug ihn – er war nicht schwer – zum Balkon, an welchem noch seine angehakte Leiter hing, und warf den Pudermann köpflings hinunter. Ein verhältnismäßig stattlicher Fall tönte drunten auf dem mondweißen Fliesenboden. Umkehrend verneigte ich mich vor dem weißen Fräulein und schämte mich elend, weil ich im Hemde dastand.

»Mademoiselle, permettez ...«

Sie aber wurde blaß, und wurde schmal, und sank mit einem überaus zarten Seufzer auf dem Stuhl zusammen, und da ich die Hände nach ihr ausstreckte, griff ich eine große, stark duftende Narzisse. Erschrocken und traurig stellte ich die weiße Blüte zu den andern ins hohe Blumenglas und kehrte in das verlassene Bett zurück.

Als ich des Morgens vor dem Abschiednehmen das Klavierzimmer nochmals aufsuchte, war alles wie am vergangenen Abend. Nur ein altes Männerbildnis an der Wand schien mir auffallend rachsüchtig zu blicken, was ich früher nie beachtet hatte. Doch machte mir dies begreiflicherweise keine Sorgen.

Der Wagen war angespannt, und ich fuhr in Begleitung des Hausherrn nach der Stadt zurück. Der gastfreundliche Herr war heute ziemlich verschlossen und sah mich unangenehm und fragend an.

»Es ist vielleicht besser«, sagte er plötzlich, »wenn Sie uns hier draußen nicht mehr besuchen.«

Ich war sprachlos.

»Ja, weshalb denn?« rief ich bestürzt.

Er blickte mich strenge an.

»Ich habe gesehen, was Sie heut nacht getan haben.«

»Und nun?«

»Jener Herr war mein Großvater. Sie wußten es vermutlich nicht, aber einerlei ...«

Ich begann mich zu entschuldigen, aber er rief dem Kutscher zu, schneller zu fahren, winkte abwehrend gegen mich und lehnte sich tief im Sitz zurück, ohne sich mehr auf ein Gespräch einzulassen.

(um 1902)

Peter Bastians Jugend

Ich bin in Zavelstein bei Calw im Schwarzwald geboren. Meine Mutter hieß Anna Bastian, einen Vater hatte ich nicht. Und so ist meine arme Mutter der einzige Mensch, den ich mein Leben lang liebgehabt und nach dem ich zuzeiten Heimweh gehabt habe, obwohl ich sie lang genug versäumt und vergessen habe. Sie hat mich lesen, schreiben und beten gelehrt. Denn ob sie wohl katholisch war, verstand sie doch außer dem Paternoster und dem Ave auch aus dem Herzen zu beten mit Worten, die in keinem Buch vorgezeichnet stehen. So wie ich mich ihrer aus meiner ersten Knabenzeit erinnere, war sie eine junge, schlanke Frau, deren Schönheit nur langsam der Zeit und den Sorgen nachgab.

Weil meine Mutter nicht von Zavelstein gebürtig, sondern eine Fremde war, und weil ich schon früh das kleine Nest verließ, gefiel es mir später, mich für einen Heimatlosen zu halten. Es war mir aber doch nicht ganz Ernst damit, denn als junger Bursch auf Wanderschaft habe ich manchen langen Tag hindurch Heimweh gehabt und auch jetzt, wenn ich das Wort Heimat höre oder sage, sehe ich das kleine Bauernstädtchen vor mir, als hätte ich es erst gestern verlassen. Auch darf ich, da ich ein gutes Stück von der Welt mit meinen Augen gesehen habe, wohl sagen, daß meine Heimat schön ist. Die Berge voll hoher Fichtenwälder, die in der Ferne so blau aussehen, die hochgelegenen Felder und Wiesen, in der Osterzeit voll vom blühenden Krokus, die große alte Burgruine mit dem Blick hinunter auf das stille Teinacher Tal – das alles ist schön und darf sich neben mancher berühmten Touristengegend sehen lassen.

Damals freilich konnte und wollte ich das nicht wissen. Sondern es lag von früh an etwas in mir, das ins Weite wollte und mir keine Ruhe ließ. Daß meine Mutter katholisch und keine Einheimische war, hat vielleicht sein Teil Schuld daran, und daß ich keinen Vater hatte, auch. Ich kam mir anders, nämlich besser vor als meine Heimatkameraden, und hatte mir schon früh in den Kopf gesetzt, dies Nest recht bald zu verlassen und nicht wieder zu kommen. Viel hat dazu die alte Lisabeth beigetragen, die ehemalige Botenfrau, die in ihrem Altenstübchen in des Kronenwirts Haus wohnte und mir den Kopf voll von Geschichten und Sagen und Ideen steckte. Seit ihr Sohn in Amerika verschollen war, gingen ihre Gedanken beständig irgendwo in der Ferne spazieren. Auch las sie viel Gedrucktes und redete vom Meer und von fremden Städten, als wäre sie dort gewesen. Und Geschichten wußte sie mehr als ein Kalender. Von fünfzig, sechzig Jahren her wußte sie jedes Unglück, jeden Brand und jeden Totschlag, die weit in der Gegend herum geschehen und ruchbar geworden waren. Den »Messerkarle« hatte sie selber gekannt, und seine vier Totschläge und sein Ende konnte sie heruntererzählen wie eine Litanei. Die neuerlich geschehenen Morde in Liebenzell und Neuenbürg, ja bis Weilderstadt und Leonberg hinüber hatte sie glatt am Schnürchen. Und sie verstand auch zu erzählen. Ich weiß noch, wie sie mir zum erstenmal die Geschichte vom Postmichel erzählte, und die vom Wildberger Stadtbrand oder die vom Messerkarle.

»Stockrabenschwarze Nacht war's, und der Föhn ging stark. Da geht der Karle aus seinem Versteck heraus, nimmt das Messer zwischen die Zähne und klettert am Birnenspalier in die Herberge. Der Fuhrmann liegt und schläft, und hat sein Felleisen mit ins Bett genommen. Sucht der Karle die ganze Stube durch und findet nichts. Geht ans Bett und tastet und fühlt das Felleisen unterm Kissen neben des Fuhrmanns Kopf. Er zieht's heraus und zieht mit aller Vorsicht eine Viertelstunde lang Ruck für Ruck, damit der Fuhrmann nicht erwacht. Er war frech, der Karle, aber dumm war er nicht! Langsam, langsam zieht er. Da dreht sich der Fuhrmann im Schlaf herum, stößt an des Karle Arm, wacht auf. Der Karle im ersten Schrecken schaudert, läßt sein Messer fallen. Der Fuhrmann nimmt's und zielt auf ihn. Der Karle aber nimmt das schwere Felleisen. Der Fuhrmann fängt an zu schreien, da haut ihm der Karle dreimal mit dem schweren Felleisen über den Kopf, daß er sich streckt und tot liegen bleibt. Derweil schlägt vor dem Haus der Hund an. Der Knecht kommt auf den Hof, zündet die Laterne an, lugt um, horcht. Und der Karle bleibt eine ganze Stunde lang auf dem Bett neben dem erschlagenen Fuhrmann sitzen, bis alles still und sicher ist. Und dann durchs Fenster fort. Es war sein Zweiter.«

Sie kannte aber nicht bloß verstorbene Totschläger und alte Geschichten. Sie kannte noch viel besser die lebenden Menschen, ihre Gewerbe, ihre Meinungen, ihre Geheimnisse, Krankheiten und Schicksale. Sie wußte die Zunftsprüche aller Handwerke, die Gesellengrüße, sie kannte die Sprache der Pennbrüder. Sie kannte auch sehr gut die Rangordnung der Gewerbe, und der fleißigste Schneidermeister wog ihr noch lang keinen

Schlossergesellen oder Zimmermann auf. Und sie wußte von den meisten Menschen genau, unter welchen Sternen ihr Schicksal stand.

»Siehst du«, sagte sie einmal, »der Gerberhannes hat auch gemeint, er könne sich seinen eigenen Adam zurecht drechseln. Ja, Prosit! Ein Bauer hätt er bleiben sollen, weil er dazu geboren war, auch wenn er keinen Hof zu erben hatte. Ich hab's ihm gesagt noch wie er Lehrling war. Aber nein, Gerber mußt er werden! Und später starb das Weib, und das Geschäft ging schlecht, und jetzt ist er wieder Gesell und sitzt an anderer Leute Tisch und frißt aus fremder Schüssel, und seine Kinder hat der Schwager zu sich nehmen müssen. Schau, was ein rechter Handwerker werden will, der muß ein warmes und schnelles Blut im Leib haben, kein Bauernblut. Der muß über Land gehen und reisen und viele Meister gehabt haben, eh daß er selber einer wird. Wo ist denn der Gerberhannes gewesen? In Calw, und ein halb Jahr lang in Horb, und dann wieder in Calw, nicht einmal bis Pforzheim hat er's gebracht. Er ist halt ein Bauer. Und ein Bauer, wenn er mehr als drei Stund zu Fuß lauft, dann wird's ihm schon wunderlich, und geht wieder heim. Und wenn einer vom Militär nicht wieder heim kommt und Unteroffizier wird, so einer ist nie ein echter Bauer gewesen. Und du, Peter, bist auch keiner.«

Ich hörte das gerne, und sie hat, bei Gott, recht gehabt, und mit elf Jahren schon hätte ich mir von keinem sagen lassen, ich sei ein Bauer. Ein Handwerker, und obenein ein Handwerksbursch, ja das war schon besser! Aber da kam der Lehrer zwischenein.

Doch vorher muß ich noch andres erzählen.

Manchmal haben Leute mir gesagt, die Kinderzeit sei doch das Beste im Leben und alles, was nachher kommt, sei nur Enttäuschung und wenig Erfüllung. Mir scheint dies nun nicht richtig, und schließlich ist doch ein kecker junger Mann oder ein kluger, fertiger Meister in seiner Werkstatt etwas anderes als ein kleines unvernünftiges Kind. Trotzdem ist mir zuweilen, wenn ich zurückdenke, wunderlich zumut wie dem Bauer, der über die dritte Stunde hinaus von seinem Dorf weg geht. Nicht daß ich lieber zeitlebens ein Kind geblieben oder als Kind gestorben wäre, nein. Aber es ist mit dem Leben so wie mit einem schönen Spielzeug, das man Kindern verspricht. Nun warten sie und warten und sterben schier vor Begier und Ungeduld nach dem schönen Ding. Und dann bekommen sie es endlich und haben's in Händen, und spielen damit und sind eine Stunde lang wie bezaubert vor Glück, aber die Stunde vergeht und dann sehen sie, daß es eben auch nur ein Ding wie andre war, und der Zauber ist fort. Darum möchte ich wohl zu manchen Zeiten wieder für eine Stunde ein Kind sein können. Nicht der Kindheit wegen – denn Kinder sind auch Menschen und haben nicht so reine Seelen, wie in Büchern von ihnen steht. Aber ich möchte mich noch einmal so auf das Leben freuen und so den Himmel voller Geigen hangen haben. Denn damals, wenn ich über die Berge sah, glaubte ich die Welt wie ein farbiges, zauberhaftes Bilderbuch dahinter aufgeschlagen liegen, voll von prachtvollen Städten, gewaltigen Strömen, kräftigen wilden Männerhänden, Abenteuern und Verlockungen.

Auf diese Dinge machte mich die Lisabeth sehr neugierig. Sie war schon alt und hatte niemals so in die Welt hinein schauen dürfen, wie sie gerne getan hätte. Nun gab sie die ganze Unruhe ihres alten Herzens in mein junges Gemüt herüber und träumte und freute sich mit mir so wie ein Zurückbleibender dem Abreisenden Pläne machen und schwärmen und sich freuen hilft.

Abends gingen wir oft zu ihr hinüber, meine Mutter und ich. Dann war es sonderbar zu sehen, wie meine Mutter über unsre Gespräche freundlich und traurig hinweg lächelte, als wäre für sie die alte, kluge Lisabeth auch nur ein Kind. Meiner lieben Mutter war durch meinen Vater und auch durch meine Geburt, die Jugend genommen worden, und erst manches Jahr später erzählte sie mir, daß sie damals, als sie mit mir schwanger war, am liebsten ins Wasser gegangen wäre und vielleicht bloß um meinetwillen geblieben sei. Damals aber fiel mir ihr stilles Wesen noch nicht auf. Wenn sie mich einmal, wie es beim Schlafengehen nicht selten geschah, an den Schultern mit beiden Händen festhielt und mir lang in die Augen sah, dann erwiderte ich ihren Blick still und ernsthaft, ohne viel zu denken, und schlief dann ein. Vielleicht saß sie alsdann noch lang an meiner Bettstatt und ließ den Blick ihrer braunen Augen auf meinem Bubengesicht ruhen, ihrer Vergangenheit und meiner Zukunft nachdenkend. Manchmal hat sie mir eine Unart scharf verwiesen, mich auch ein paar Male mit Schlägen gestraft, sonst aber ließ sie mich in meiner Art heranwachsen und suchte mehr im stillen durch Gebet und Beispiel auf mich zu wirken.

Mit den Bauernbuben war ich viel zusammen, aber war nicht ihresgleichen. Ich hielt mich für klüger und besser als sie, und sie fühlten mich als Fremden und mißtrauten mir immer ein wenig. Im stillen verachteten sie mich wahrscheinlich, denn ein rechter Bauer verachtet jeden andern Stand von Herzen und glaubt sich dem Oberamtmann so überlegen wie dem

Schulmeister. Wenn ich aber unter den Buben war, so gehorchten sie mir meistens, denn ich war immer ihr Hauptmann und Anführer. Außerdem war ich ein starker Kerl, knochig und groß, und wußte meine Fäuste zu brauchen. Einmal schlug ich im Streit dem Schulzenbuben einen Zahn aus und mußte beim Schulzen dafür bittere Buße tun. Eigentlich lag das Schlagen, Mißhandeln und Grobsein nicht in meiner Natur, ich war eher beschaulich; aber an manchen Tagen war ich bösartig und wie ausgewechselt. Dann widersprach ich auch der Mutter und quälte sie durch mein trotziges Wesen.

Ich weiß noch so einen Tag. Die Mutter hatte mich wegen eines dummen Streiches gescholten. Ich lief weg, es war keine Schule, und trieb mich in den Scheunen herum. Um Mittag kam ich zurück und wollte essen. Da sollte ich erst um Verzeihung bitten und Besserung versprechen. Das war sonst nicht meiner Mutter Art. Ich war trotzig, warf den zinnernen Teller hart auf den Tisch und lief wieder fort, ohne gegessen zu haben. Bis zum Abend schlenderte ich draußen umher oder lag im Wald überm Bach und lauschte auf die Forellen. Am Abend ging meine Mutter mich suchen und rief nach mir durch die Gasse und in der Ruine und bei der Lamm-Linde. Ich hörte sie meinen Namen rufen, gab aber keine Antwort und kam erst zwei Stunden später heim, als es schon ganz Nacht war. Die Mutter saß im finstern Zimmer, ich kam herein und grüßte nicht. Sie stellte mir schweigend mein Essen zurecht, und schweigend aß ich und ging zu Bett, von wo aus ich sie zuerst beten und dann weinen hörte. Mir tat das Herz weh vor Reue und Leid, aber als sie mit der Kerze an mein Bett kam, stellte ich mich schlafend. Aber es war mir sehr schlecht zumute.

Im ganzen war ich ein lebhaftes und gar nicht sanftes, aber gutartiges Kind. Nur sehnte ich mich und wartete im stillen begierig auf die Zeit, da die schöne große Welt mir aufgehen und ich ein freies Leben in meine eigenen Hände nehmen würde. Wenn die Mutter mich gelegentlich einmal, leider allzu selten, in die zwei Stunden entfernte Oberamtsstadt Calw mitnahm, dann lachte mir das Herz. Und in Calw betrachtete ich die Häuser und Schaufenster und Wirtsschilder, ich besah mir die Kaufleute und die Beamten und besonders die staatlichen Handwerker nicht mit der bloß glotzenden Bewunderung des Bauern, der doch im Ernst nichts auf der Welt ernst nimmt als den eigenen Stand, sondern ich beschaute sie mit aufrichtiger Bewunderung und mit der festen Hoffnung, später selbst einmal ihresgleichen zu werden.

In der Schule war ich obenan. Zwar zeigte ich, nachdem ich einmal geläufig lesen gelernt hatte, wenig Eifer mehr; aber die Aufgaben der ländlichen Volksschule waren leicht und meine Altersgenossen waren mir an Gaben unterlegen, so daß ich stets der erste war und ohne Mühe weiterkam. Nebenher las ich Kalender und Volksbüchlein aus dem Vorrat der Boten-Lisabeth, und hie und da eine aus der Stadt her verirrte Zeitung, aus denen ich meine Vorstellung vom Leben erweiterte und neuen Stoff zu unersättlichen Träumen schöpfte. Da aber gereichte mir eben meine Begabung beinah zum Schaden. Der Schullehrer nämlich nahm mich aufs Korn, lobte mich vor jedermann und lief unablässig bald zum Schulzen, bald zu meiner Mutter mit der Mahnung, mich auf die Calwer Lateinschule zu schicken, denn ich müsse studieren.

Damals hatte ich alle Lust dazu. Das heißt, nicht zum Studieren, sondern nach Calw zu gehen, denn das schien mir der erste Schritt ins gelobte Land zu sein. Auch die Lisabeth war auf meiner Seite und hielt mir die Stange. Später aber sah ich ein, daß es nicht wohlgetan war. Es ist und bleibt falsch, daß man für solche, die nicht Buchgelehrte werden sollen, die Schule zur Grundlage der ganzen Ausbildung macht. Außerdem war damals der Lehrplan unsrer kleinen Lateinschulen so altmodisch unpraktisch, daß im spätern Berufsleben meistens die Volksschüler den Lateinern überlegen waren.

Zum Glück war ich schon zu alt, um das Latein rasch genug nachholen zu können, denn Lateinisch begann man damals schon mit acht Jahren. So wurde ich als »Nichtlateiner« in die dritte Klasse nach Calw geschickt, das heißt ich ging, ebenso wie einige Schicksalsgenossen, zwar in die Lateinschule, lernte aber kein Latein, sondern wurde während der Lateinstunden mit etwas Zeichnen, Französisch und dergleichen Sachen beschäftigt. Auch hier lernte ich leicht, ohne aber eigentlich eine Freude daran zu haben. Wir lernten die Stämme Israels und die linken Nebenflüsse des Neckars auswendig, und einige Geschichtszahlen; im übrigen schien unter unsern Lehrern ein stilles Übereinkommen darüber zu bestehen, daß es ja doch unmöglich sei, irgend etwas Nützliches und Wirkliches in der Schule zu lernen, darauf ließen sie sich denn gar nicht ein, und wenn ich gelernt habe einen Ahorn von einer Linde zu unterscheiden und ein Kalb von einem Esel, so verdanke ich es nicht ihnen.

Die Ansicht des Lehrers und meiner Mutter war nun, da es ohne Latein mit dem Studieren doch nichts war, ich solle nach Ablauf der Schuljahre und Erwerbung des Einjährigen-Zeugnisses Kaufmann oder Schreiber werden. Ich ließ sie meinen und reden, ohne viel dazu zu sagen. Ich selber wußte ganz genau, daß ich niemals weder ein Kaufmann noch ein Notar oder Beamter, sondern ein Handwerker werden würde, und zwar war es schon früh das Schlosserhandwerk, auf das ich meine Wünsche richtete. In Calw war ich zu einer Base der Lisabeth für sehr billiges Geld in Kost gegeben, wozu die Gemeinde einen kleinen Zuschuß bewilligte, und von nun an brachte ich nur noch die Samstagnachmittage und Sonntage in Zavelstein zu. Doch kam meine Mutter, die für Calw oft Näharbeiten übernahm, auch zwischenein nicht selten in die Stadt. So hatte ich denn alle Gelegenheit, das Stadtleben kennenzulernen. Zwar ist Calw nur klein und mag einem Großstädter beinah wie ein Dorf erscheinen. Aber es war eben dennoch eine Stadt, das heißt ein Ort, dessen Bewohner nicht von Wald und Ackerbau lebten, sondern von Handwerk und Handel. Deshalb fühlte ich mich dort wohl, denn die Menschen waren beweglicher, weitgereister und freier als auf dem Lande. Man sah allerlei Gewerbe und Industrie, sah schöne Häuser, Eisenbahn, Ratsherren, Polizei, hörte manchmal Musik bei Festen oder an den Tagen der Feuerwehr.

Bald, oder eigentlich schon nach dem ersten Tage, fühlte ich mich hier ganz und gar heimisch. Auch in der Schule galt ich bloß in den ersten Wochen für einen Bauernbuben. Da ich an Leib und Seele beweglich war, auch niemals die schwere Tracht der Walddörfer getragen hatte, und da namentlich der berüchtigte plumpe Gang der Waldbauern, die »Wasserkniee«, mir nicht anhaftete, genoß ich unter den Kameraden bald das Ansehen des Gleichberechtigten. Dafür war ich allerdings jenen ziemlich zahlreichen Bauernbuben, die die Schule besuchten, fremd und fast verhaßt geworden. Mein Ansehen stieg sogar gerade durch ein Ereignis, das ihm leicht hätte schaden können. Ein Lehrer fragte mich eines Tages zufällig, wer und was denn mein Vater gewesen sei. Ich wurde verlegen und mußte antworten, daß ich nie einen gehabt hätte. Die meisten von meinen Klassenkameraden wußten wohl, was das bedeute, und einer davon verhöhnte mich deswegen nach der Lektion im Schulhof. Da ging ich auf ihn zu, faßte ihn langsam und sorgfältig an beiden Ellbogen und drückte ihm Arme und Leib langsam und ruhig, als sei es nur ein freundlicher Scherz, so stark zusammen, daß er bleich wurde und auf der Stirn schwitzte und flehentlich bat, ich möchte ihn loslassen. Dieser Beweis meiner großen Körperkraft verschaffte mir unter den Schulkameraden mehr Achtung, als wenn mein Vater Oberamtmann gewesen wäre.

Unter meinen Klassenkameraden war ein Schlossersohn, Fritz Ziegler, der mir auf meine Bitten öfters Zugang zur Werkstatt seines Vaters verschaffte. Da war ich in meiner wahren Heimat, wenn ich je und je am Abend oder an einem Feiertag mit Fritz mich in der Werkstatt umsehen und darin basteln konnte. Ich lernte schnell die paar mir noch fremden Werkzeuge kennen, und hatte meine zärtliche Freude an den Vorräten von Eisenstangen, Werkzeugstahl, Draht und Messing. Doch war der Vater Ziegler mir nicht gut gesinnt, obwohl ich in seiner Werkstatt nie das geringste verdorben oder entwendet habe – aber einmal machte ich mit Fritz in der Esse Feuer an, um ein Eisen warm zu machen, und daß wir da an den Kohlen und der Esse hantiert hatten, verzieh er mir nicht. Ich war sehr traurig, als er mich eines Tages wegjagte und mir das Wiederkommen für immer verbot. Nun entstand eine Zeit der Langeweile für mich, da ich nicht mehr wußte, was ich mit meinen Freistunden anfangen sollte. Diese Langeweile trieb mich zu allerlei Neuem, das nicht ohne Folgen blieb.

Zunächst, da ich das Bedürfnis nach Gesellschaft und Verkehr empfand, und Fritz Ziegler sich mit mir wegen der Schelterei seines Vaters verzankte, suchte ich meine Kameraden abends auf der Gasse. Ihre Spiele – es ging meistens um Murmeln – waren mir nicht sonderlich wichtig, deshalb fand ich mich bald mit den Wilderen unter ihnen zusammen, deren Hauptvergnügen teils in Schelmenstreichen, teils in Raufhändeln mit den Volksschülern bestand. Zwischen den »Lateinern« nämlich und den Volksschülern, die wir auch »Deutsche« oder »Volkslappen« hießen, war ewiger Krieg. Wir standen im Ruf von Herrensöhnchen, hochmütigen Besserwissern späteren Beamten und Leuteschindern, während wiederum die Lateiner in den »Deutschen« gemeines Volk ohne Schwung und Bildung sahen. In Wirklichkeit war es bloß die natürliche Wildheit des Knabenalters, sowie der Neid und Ehrgeiz zwischen den Elternhäusern, aus denen der ewige Kampf sich nährte. Denn meistens trafen sich der Volkslapp und der Lateiner von heute sofort nach den Schuljahren schon als Lehrlinge im gleichen Kaufhaus oder an der gleichen Drehbank, und die Feindschaft war vergessen. So geschah das Wunderliche, daß ich, der ich innerlich ja viel mehr auf der Seite der Volksschüler stand, in ihnen meine künftigen Kameraden und Kollegen sah, und gewiß kein Herrensöhnchen war, – daß ich gegen eben diese Volksschüler als Lateiner focht und Kriege führte – wobei ich ja spaßigerweise erst noch »Nichtlateiner« war. Ich fühlte oft deutlich das Widersinnige und Komische, das darin lag; aber schließlich kämpften wir ja nicht wegen Rang, Stand und Prinzipien, sondern bloß um zu raufen, und mein unbefriedigtes Gemüt hatte sich nun einmal für eine Weile auf diese Kämpfe geworfen und gab ihnen eine wahre Leidenschaft. Die Reibereien zwischen beiden Schulen, bei denen übrigens meistens die an Zahl überlegenen Gegner die Oberhand behielten, waren uralt, und hatten wiederholt die Lehrer und sogar die Polizei ernstlich beschäftigt. Jetzt kam ein neues Leben in den alten Krieg, denn ich warf mich bald zu einem Rädelsführer auf und trieb die Sache möglichst ins Große. In der steilen, breiten Salzgasse fanden richtige Schlachten statt, in den Rathaus-Arkaden kamen Belagerungen, Überfälle und hitzige Gefechte vor. Mich fürchteten alle, ich war zugleich stark und flink, es kam sehr selten vor, daß ein Einzelner mich angegriffen hätte. Und doch fand ich meinen Meister.

Wir hatten einmal ein halbes Dutzend Volksschüler in einen Gassenwinkel gedrängt und hieben aus vollen Kräften auf sie ein. Da kam ein andrer Volksschüler daher, ein dreizehnjähriger, stiller Bursche, der sich nie an den Kämpfen beteiligte, ein Mensch mit einem ernsten, fast schon erwachsen blickenden Gesicht, er hieß Otto Renner.

»Schäm dich doch!« rief er mir zu, und ich antwortete mit einer verächtlichen Herausforderung.

Da sprang er ins Gedränge, zog mich am Arm heraus und stand mir zornig gegenüber. Ein Schlag von mir begann den Kampf. Wir rangen wohl zehn Minuten, jeder mit voller Kraft. Nie hätte ich den stillen Kerl für so stark gehalten. Nur ganz langsam, langsam gab ich seiner überlegenen Kraft nach, bis ich zerquetscht, verzweifelt und wütend am Boden lag. Im Weggehen rief er mir noch zu, ich möge mir jetzt eine Lehre nehmen, denn so solle es mir jedesmal ergehen, wenn er mich wieder dabei finde, wie ich seine schwächeren Kameraden verhaue.

Ein paar Tage hielt ich Ruhe. Dann wurde eines Nachmittags meine Führerschaft zu einer neuen Schlägerei beansprucht. Ich ging mit. Bei der Metzgergasse hob das Steinewerfen und höhnische Herausfordern an und es ging nicht lange, so waren wir mit einem Dutzend handgemein. Da erschien mein Feind Renner.

»Willst du aufhören oder soll ich dir die Rippen einschlagen?« rief er mir befehlend zu.

Ich ging auf ihn los. Er aber ließ sich diesmal gar nicht aufs Ringen ein, sondern warf mich mit einem plötzlichen furchtbaren Stoß gewaltig gegen den nächsten Prellstein, und ging weg. Mir mußten zwei Kameraden aufhelfen, ich blutete nirgends, fühlte aber einen unheimlichen Schmerz. Ich hatte das Schlüsselbein gebrochen.

Am zweiten Tag meines Krankseins besuchte mich Otto Renner, mein Besieger. Ich empfing ihn mit Verlegenheit; es schien mir sonderbar, daß er sich zeigte.

»Was willst du?« fragte ich, eher feindselig.

»Ich will dir sagen, daß es mir leid tut. Ich habe es nicht gewollt. Ich wäre auch nicht fortgelaufen, wenn ich gewußt hätte, daß du etwas gebrochen hast.«

Ich antwortete nicht. Da setzte er sich unten auf mein Bett.

»Wie alt bist du?« fragte er nach einer Weile.

»Zwölfeinhalb.«

»Willst du Kaufmann werden?«

»Nein.«

»Deine Tante sagt es ja.«

»Sie sagt es, ja. Aber ich will nicht. Nein, ich werde nicht Kaufmann.«

»Was willst du denn werden?«

»Geht's dich was an?«

Er sah mich lächelnd an. »Du, Bastian«, sagte er, »wir haben ja jetzt keine Händel mehr. Oder bist du mir noch bös?«

»Nein. Aber warum hast du dich drein gemischt?«

»Warum soll ich zusehen, wenn du meine Kameraden prügelst? Weißt du, es hat mich geärgert, daß du so den Häuptling spielst. Wenn einer stark ist, braucht er darum doch die andern nicht zu quälen.«

»Ja, ja.«

»Also, sagst du mir jetzt, was du gern werden möchtest?«

»Meinetwegen. Schlosser will ich werden.«

»Im Ernst?« rief er und riß die Augen auf.

»Natürlich. Ich lüge dich nicht an.«

»Ja, aber dazu brauchst du doch nicht zu den Lateinern zu gehen!«

»Nein. Aber man wollte halt, daß ich Kaufmann werde, darum bin ich Lateiner. Ich werd's aber nicht. Ich werde Schlosser, verlaß dich drauf.«

»Die Schlosserei ist aber kein Spaß. Die will gelernt sein. Verstehst du schon was davon?«

»Nein, eigentlich nicht. Das heißt, beim Ziegler bin ich früher manchmal in der Werkstatt gewesen. Aber er läßt mich nicht mehr.«

Da sagte Renner zu meiner großen Verwunderung: »Du kannst ja zu mir kommen, wenn du magst.«

»Zu dir?«

»Jawohl. Der Schlosser Renner ist mein Onkel. Ich bin fast jeden Abend dort.«

Natürlich versprach ich zu kommen, sobald ich wieder gesund wäre. Am nächsten Tage kam er nochmals und brachte mir eine Orange mit, es war die erste in meinem Leben, die ich zu essen bekam. Bei diesem Besuch schloß ich mit ihm eine Freundschaft. Die Renners waren lauter ernsthafte, etwas langsame, tüchtige, brave Menschen, und Otto hatte manche Besonderheiten. Er paßte gut zu mir, da er aber ohne Vater noch Mutter aufgewachsen und in vielem früh auf sich selber angewiesen gewesen war, hatte sein ganzes Wesen etwas vorzeitig Altes an sich. Er war wohl so leidenschaftlich wie ich, aber es ging bei ihm mehr nach innen, so daß er trotz seiner Gescheitheit und trotz seinen kräftigen Gliedern ein sehr stiller und beinah scheuer Knabe war. Mir erschien er schon damals wie ein Mann. Lesen liebte er wohl, aber weniger als ich; dafür war er ein sehr fleißiger Zeichner. Halbe Sonntage saß er am Tisch, einen Fetzen Papier vor sich, und zeichnete Doppelschlösser, Maschinenteile, Schrauben und Eisenkonstruktionen, wobei er nachdenklich die breite Stirn faltete und seufzte, wenn ein Hindernis entstand oder er eine Vorlage nicht ganz begriff. Die Vorlagen holte er aus der Abendschule im Zeichensaal. Auch ich wollte in die Abendschule eintreten, wurde aber nicht angenommen, weil ich noch zu jung sei. Nun begann ich bei ihm zeichnen zu lernen, und er war strenger als ein Schulmeister mit mir. Wenn er mich aber, wie es im Sommer manchmal geschah, des Sonntags nach Zavelstein begleitete und wir uns unterwegs im Wald ins Moos legten, dann hörte er meine Erzählungen ernsthaft und andächtig an. In Zavelstein droben war er dann still und bescheiden und sah zu meiner Mutter hinauf, als wäre es seine eigene. Und ihr gefiel es, daß ich einen so ernsthaften, männlichen Freund mitbrachte. Als ich einmal meiner Mutter laut und heftig widersprach, sah Otto mich über den Tisch weg erschrocken und wehrend an und hörte auf dem ganzen Heimweg nicht auf, mir deswegen Vorwürfe zu machen.

An ihm lag es auch, daß ich wieder häufiger zur Lisabeth kam. Die alte Frau fragte mich zuviel aus und ich hatte angefangen sie zu meiden. Nun bat er mich oft, wir möchten doch zu ihr gehen. So erfuhr sie denn auch bald mein Geheimnis, daß ich nämlich Schlosser werden wolle, und war nach einiger Widerrede ganz damit einverstanden. Mit dem Geheimnis hatte es nun aber ein Ende, denn natürlich lief sie damit gleich zu meiner

Mutter. Vom Lehrer, von der Mutter und ihrer Base wurde mir jetzt arg zugesetzt, von meiner Unvernunft zu lassen und Kaufmann zu werden. Da ich hart blieb, hörte das Reden darüber auf, aber in der Lateinschule wurde ich gelassen. Dort hatte ich wenig Freude mehr. Seit ich von den Raufereien wegblieb, hatte ich in der Klasse keine Freunde mehr. Und als es sich herumsprach, ich wolle Schlosser werden, da begannen einige dieser Knaben mich zu verachten, deren Väter alle selber Handwerksleute waren. Dem Zieglerfritz, der mich darum verhöhnte, obwohl sein eigener Vater Schlosser war (er selber aber sollte studieren), gab ich einen so scharfen Denkzettel, daß er mich in Ruhe ließ. Und auf einmal ging die ganze Klasse und die ganze Schule mich nichts mehr an und ich lief fremd darin herum und es war mir an keinem gelegen, denn seit ich mit Otto umging und abends in die Rennersche Werkstatt kommen durfte, war ich unversehens aus den Kinderschuhen gewachsen und hatte auch an den Knabenspielen kein Vergnügen mehr.

Doch war, wenn ich mit Renner ging oder bei ihm zuhause saß, nicht nur von der Schlosserei und vom Werkzeichnen die Rede. Sondern er hatte eine heimliche Liebe zu Geschichten und noch mehr zu Liedern, die er selber weder erzählen noch singen konnte. Ich mußte ihm oft Geschichten erzählen, und wenn wir durch den Zavelsteiner Wald oder durchs Teinacher Tal marschierten, bat er mich oft, ich möge etwas singen. Da ich ihm gerne den Gefallen tat und meine eigene Freude daran hatte, ist mir von damals her bis heute manches Dutzend Lieder im Kopf geblieben. Dabei freute ich mich immer mit unbestimmter Hoffnung auf die Zeit, da ich einmal als wandernder Geselle durch die Welt ziehen und in fernen fremden Gegenden meine Lieder singen würde. Du lieber Gott, wie schön und verheißungsvoll lag diese Zeit vor mir, wie eine blanke Landstraße, die an unbekannten Städten und Herbergen vorbei in alle Weite führt.

Unter solcherlei Gedanken saß ich den Rest meiner Schulzeit ab. Dann wurde ich entlassen und kämpfte den letzten Kampf mit meiner Mutter, bis sie mich dem Schlosser Renner in die Lehre gab. Mein Freund Otto war schon seit einem Jahr Lehrbub, nun arbeiteten und lernten wir zusammen. Der alte Renner war ein strenger, aber guter Meister, und ich ließ mir bei ihm die Zeit nicht lang werden. Nach einer kurzen Handlangerzeit bekam ich meinen eigenen Schraubstock angewiesen, wurde beizeiten auch an die Drehbank und an das Messing gelassen und durfte vom zweiten Jahre an mehrmals durch Reparaturen, die ich am Feierabend machte, mir ein kleines Sackgeld verdienen. Ich schlief in einer Kammer mit Otto zusammen, neben der Gesellenstube, vier lange, fröhliche Jahre hindurch.

Wer einen tüchtigen Meister gehabt hat, der tut nicht recht, sich über seine Lehrjahre zu beklagen. Wenn auch allerlei Ärger mit unterläuft, es sind doch schöne, ausgefüllte Jahre. Mir steht diese Zeit gar hell und lieb in der Erinnerung, da das Handwerk langsam und stetig seine Geheimnisse und Schwierigkeiten vor mir auftat und ich allmählich auf meiner Hände Arbeit vertrauen lernte. Es ist ein schönes Handwerk und gibt viel zu lernen, wovon ein Studierter sich nicht träumen läßt. Und wer nicht dazu geboren ist, der kommt mit allem guten Willen nie ganz hinein. Mir ist manche Arbeit aus der Hand gegangen, von der ich niemals mit Worten hätte sagen können, wie ich sie gemacht habe. Das oder das soll gemacht werden, das fertige Bild davon steht vor der Einbildung, und nun wächst es mir unter den Händen zusammen. Ich habe meine Freude an einem schönen Stück Werkzeugstahl, an einem frisch gehärteten Meißel, an einer neuen Eisenstange, an einem fertigen Gußstück oder Modell.

Der Meister war ebenso wie sein Brudersohn und wie alle Rennerischen ein kluger, ernsthafter und etwas schwerblütiger Mensch. Er arbeitete viel und gern schwere Arbeit, aber sein Kopf war nicht weniger stark als seine Hände. Er hat manches schwere Stück geschmiedet, das man sonst dem Schmied zu machen gibt, und hat auch manches feine, genaue Werk geschaffen, das des besten Mechanikers würdig war. Dabei dachte er über die Bestimmung seiner Arbeiten und über das Leben der Menschen, mit denen er zu tun hatte und für die er arbeitete, nach und hatte für das innere Wesen der Leute eine feine, sichere Witterung. Auch über mich hörte ich ihn einmal mit seiner Frau reden. »Er ist ans rechte Handwerk gekommen«, sagte er, »das für ihn paßt, und er lernt gut. Daneben ist er aber ein Träumer und wird uns einmal Sorge machen, wenn er erst Gesell ist und zu wandern kommt.« Mir selbst sagte er dergleichen nie, sondern ließ mich nur mit Milde spüren, daß seine Hand über mir war. Sein Weib war fromm, las in der Bibel und im Gesangbuch und hatte eine feierliche, jedoch gutmütige Art zu reden. Er ließ sie gewähren, ging aber seinen eigenen Weg und führte keine Verslein im Munde.

Mein Freund Otto Renner stand mir an der Werkbank treulich bei. Daneben gingen wir in die Abendschule, zeichneten und lasen, und stiegen des Sonntags auf die Berge, bald nach Zavelstein, bald nach Altburg, Hengstett oder Bulach. Mit den Gesellen gingen wir beinahe nie, nur wenige Male nötigten sie uns Sonntagabends mit in eine Wirtschaft. Ich ging ganz gerne mit, denn es schien mir einem braven Schlosser wohl anzustehen, daß er am Wirtstisch mitrede und ein paar Glas Bier vertragen könne. Renner aber schüttelte dazu den großen Kopf und ging nur widerwillig mit. Er arbeitete damals schon an seinem Gesellenstück.

So gern ich mich an jene Jahre in Calw auch erinnere – zu erzählen ist wenig davon. Wenn ein Mensch durch Arbeit und durch Freundschaft glücklich sein kann, so bin ich es damals gewesen. Es war die Zeit, die einen guten Grund in mir gelegt hat, auf dem ich hätte weiter aufbauen sollen. Und das wollte ich auch. Aber wer tut, was er soll und will? Wer weiß, was in Wirklichkeit das Gute ist? Und wer weiß auch nur genau um das, was er nicht bloß in der Einbildung, sondern tatsächlich will und begehrt?

An einem schönen Tag im Frühjahr stieg ich nach Zavelstein, um meiner Mutter die Hand zu geben und Geld und Ratschläge von ihr mit zu nehmen. Ich sah ihr an, daß sie weinen würde, sobald die Tür zwischen uns wäre. Sie hielt sich aber tapfer, war auch sparsam mit den Mahnungen, die wohl jeder Wanderbursche von seinen Alten mitbekommt und die fast jeder in der ersten Herberge am Nagel hangen läßt. »Bleib brav und werde ein rechter Mann!« sagte sie zuletzt. Da mein Herz von Natur nicht hart und damals noch weicher als heute war, zitterte mir die Stimme, als ich Behüt Gott sagte. Und als ich nun die Tür aus der Hand ließ, hinter der meine gute Mutter sitzen blieb, und an den altbekannten Häusern vorbei die breite Gasse hinaus schritt, lag es mir wie ein Flor vor den Augen und wie ein Gewicht in der Kehle. Aus ihrem Fenster winkte die alte Lisabeth her, die Bauern standen vor ihren Misthaufen, der Lammwirt saß in Hemdärmeln in der Tür, und ich sah das alles an wie man ein hübsches Bildchen auf der letzten Seite eines zu Ende gelesenen Buches ansieht.

In Calw erwartete mich mein Freund Renner, der mit mir wandern sollte, aber nur bis Mannheim, wo er schon eine Stelle angenommen hatte, natürlich durch seines Onkels Vermittlung. Der Meister gab mir fünf schöne Taler und auch Empfehlungen an Kollegen im Fränkischen und Hessischen, wo er vor Zeiten lang in Arbeit gestanden war. Dann ging er mit mir allein auf die Lehrbubenkammer, in der ich vier Jahre lang geschlafen hatte, und machte die Tür hinter uns zu. Er ließ sich meinen Ranzen zeigen, ob alles Nötige darin und ob es auch säuberlich gepackt sei. Dann legte er mir seine schwere Hand auf die Schulter und sah mir scharf mit seinen dunklen, strengen Augen ins Gesicht.

»Peter Bastian«, sagte er feierlich, »du bist bei mir nun fertig und ich habe dir einen guten Lehrbrief gegeben. Viel will ich dir nicht mehr dazu sagen. Du wirst bald selber sehen, wie die Menschen sind und auf was es ankommt und was einer draußen zu tun und zu lassen hat. Was du an Gottesfurcht hast und behalten willst, mußt du selber wissen. Ich warne dich aber vor dreierlei Dingen. Erstens vor der Landstreicherei und vor den Landstreichern, denn sie sind Faulpelze und Jugendverderber ohne Ausnahme. Zweitens vor den Weibern, will sagen vor den Mädlesgeschichten. Drittens und strengstens vor dem Wirtshaus. Du weißt was ich meine. Eine fröhliche Gesellschaft und ein Glas Bier in Ehren – ja! Aber nicht jeden Abend! Letztens will ich dir sagen, daß du jederzeit bei mir wieder Arbeit finden kannst an jedem Tag, da du bei mir vorsprechen wirst. Vergiß es nicht – es soll auch gelten, wenn es dir schlecht geht.«

Damit drückte er mir die Hand, daß ich es in allen Fingern spürte, und trat mit mir vors Haus, wo wir Abziehenden der Meisterin und den Gesellen die Hand gaben. Bei seinen Worten war mir feierlich und ängstlich zumut, doch dachte ich mir eigentlich nicht viel dabei. Später fielen sie mir oft wieder ein, und es war mir merkwürdig, wie wissend dieser Mann gewesen sein muß. Denn gerade die drei Dinge, vor denen er mich gewarnt hat, haben nachher mein Leben verändert und vielleicht verdorben.

Und so zogen wir beide über Liebenzell, Reichenbach und Pforzheim in die Fremde. Wir sahen Berge, Hügel und Ebenen fern liegen und nah werden und wieder zurückbleiben, Städtchen und Dörfer aufsteigen und wieder fern werden. Otto verstand die Handwerksburschensprache nicht und ich nur einzelne Worte, manche Fechtbrüder redeten uns an und lachten uns aus, meistens aber gingen sie mit einem kurzen, schneidigen Servus an uns vorüber.

Zum erstenmal in meinem Leben sah ich jetzt, was das Wandern ist, von dem ich mit so viel Begierde und Lust geträumt hatte. Fremde Straßen, fremde Menschen, fremde Nachtlager in fremden Städten, Türme, Marktplätze, Brunnen und Rathäuser. Oft schwoll ich schier über vor großer Lust, wenn wieder eine andere Stadt erreicht war. Im ganzen aber fand ich alles nicht halb so fremd, als ich gedacht hatte. Meine Meinung war gewesen, schon bald vor Calw draußen oder mindestens gegen Pforzheim hin sei alles anders als bei uns daheim, alles sei irgendwie fremd, merkwürdig und erstaunlich. In Wirklichkeit war es anders. Zwar machte Pforzheim als die erste größere Stadt, die ich zu Gesicht bekam, mir Eindruck, aber erst weit im Badischen drin fand ich dann allmählich etwas von jener Fremdheit, nicht daß die Häuser und Bäume andre Gesichter gehabt hätten, aber die Leute redeten anders, aßen und tranken anders, und sahen uns als Fremde an, lachten über unsre Mundart und fragten, woher wir kämen. Und das ist überhaupt eigentlich die »Fremde«: nicht daß man lauter neue und unbekannte Sachen und Menschen um sich hat, sondern daß man selbst überall, wohin man kommt, ein Fremder ist, Lachen oder Verwunderung erweckt, und von den anderen nicht ohne weiteres zugelassen und aufgenommen wird. Zunächst mißfiel mir dort im Badischen das Fremde sehr, ich fand die Sprache der Leute komisch und ihre Manieren geschleckt, sie schienen mir vor allem stolz und eingebildet, und erst viel später merkte ich, daß das überall in der Welt gleich ist, und erinnerte mich, daß wir daheim in Zavelstein einen durchwandernden Fremden mit ungewohnter Kleidung oder Mundart genau so beobachtend, neugierig, mißtrauisch und ein wenig verächtlich angesehen hatten. Wir trafen im Badischen auf gute Herbergen und wurden freundlich behandelt. Nun, wir durften uns auch sehen lassen, zwei stattliche Burschen vom besten Schwarzwälder Schlag, hochgewachsen und stark wie Holländerbaumstämme. Die Kameradengesellschaft gefiel mir nicht gerade sehr gut, und dem Otto gefiel sie noch weniger. Sie hatten fast alle große Mäuler und schimpften über alles, vom letzten Meister, den sie gehabt, bis zum Bett, in dem sie lagen, und dem Brot, das sie kauten. Und wenn ich abends einmal meinte, ob wir nicht eins singen wollten, dann sangen sie komische neumodische Lieder, die ich nicht kannte, und von den alten kannten sie bloß den ersten Vers und dann nach derselben Melodie allerlei selbsterfundene, vertrackte oder unanständige Sachen. Es waren auch einige echte Landstreicher unter ihnen, darunter einer, der sich Schlumberger nannte und sämtliche Wirtshäuser zwischen Köln und Basel zu kennen schien. Das waren meist ältere, wunderlich aussehende Kumpane, trugen große Bärte oder hatten Schnapsnasen und Glatzen, sprachen ein glattes, absonderliches Rotwelsch und sahen uns junges Volk über die Achseln an. Wir hielten uns fern von ihnen.

Mannheim schien mir eine ungeheuer große Stadt zu sein. Ich ging mit Otto zu seinem neuen Meister, lang brauchten wir, bis wir das Haus endlich fanden, der Meister behielt mich zum Mittagsbrot mit da. Darauf packte Renner den Tornister aus und wir liefen den Nachmittag in der Stadt herum. Die schönen geraden Straßen und die neuen hohen Häuser, selbst die schönen blanken Equipagen und Pferde der reichen Juden waren uns aber nicht sehr wichtig, denn uns beiden lag der Abschied wie ein großes Unglück in der Seele. Wir machten aus, daß wir einander öfters schreiben und später, sobald es sich machen ließ, einmal uns zusammen am selben Ort einstellen lassen wollten, am liebsten in einer großen Maschinenfabrik. Dann redeten wir von Calw und Zavelstein, vom Meister Renner und seiner Frau, von meiner Mutter und von der Lisabeth, die alle schon so weit in der Ferne und Vergangenheit zu sein schienen. Dabei trat mir das alles nochmals deutlich vor die Seele, die ganze Heimat, und daß ich von heute an allein sein und niemand mehr haben werde, der mit mir darüber redete. Zugleich mußte ich an die ganze Zeit unsrer Freundschaft denken von dem Tage an, da Renner mich besiegt und mich dann im Krankenbett besucht und mir eine Orange geschenkt hatte. Es kam mir unglaublich vor, daß alles das jetzt ein Ende nehmen und ich mutterseelenallein davonziehen sollte.

Schließlich gaben wir einander die Hand und sahen uns die ganze Straße hindurch noch oft nacheinander um, bis eine Ecke kam und ich zum erstenmal allein auf der Welt stand. Ich wanderte noch denselben Abend aus der Stadt.

Auf dieser meiner ersten Reise begegnete mir nichts von großer Wichtigkeit, außer daß ich eine merkwürdige und für mich bedeutsame Bekanntschaft machte. Auch lernte ich das Leben auf der Landstraße kennen und fand nach einiger Zeit großen Gefallen daran. Eigentlich wollte ich mindestens nach Berlin, doch reiste ich ohne strengen Plan und ließ mich vom Augenblick bestimmen. Die erste Arbeit nahm ich in Darmstadt, wo ich zehn Wochen blieb. Doch zog es mich damals noch, da ich ein unerfahrener Muttersohn war, vornehmlich in die großen berühmten Städte. Darum ging ich bald nach Frankfurt und blieb drei Monate dort in Arbeit. Die Stadt und das Frankfurter Leben gefiel mir vorzüglich, ich fand dort unter Kollegen und auch sonst manche angenehme, hübsche Leute, eignete mir ein wenig von ihrer Sprache an und wurde in meinen Manieren geschmeidiger. Die Arbeit ging mir leicht von der Hand, das erste Heimweh war vorüber. Mit meinen Mitgesellen brachte ich viel lustige Sonntage zu, woran oft auch Frauenzimmer teilnahmen, denen ich mich jedoch fern hielt. Wäre ich nicht auf meiner ersten Wanderschaft und noch voll ungeduldiger Reiselust gewesen, so wäre ich wohl lange da geblieben.

So aber trieb es mich weiter, und da mir der Sinn nach dem Rheinlande stand, beschloß ich über Mainz und Coblenz zu ziehen.

Auf dieser schönen Tour, die wie ein langer, herrlicher Spaziergang gewesen ist, lernte ich eines Nachmittags den Hans Louis Quorm kennen. Er war sehr berühmt und ich hatte da und dort schon von ihm reden hören, nicht wie von einem Kollegen und Kameraden, sondern wie von einem Helden, den unsereiner persönlich anzutreffen niemals Gelegenheit bekommt. Er war nicht bloß durch die halbe Welt gewandert und kannte sich in Landschaften, Städten, Sprachen, Gewerben vieler Art aus, sondern er war auch ein kapitaler Kopf, konnte tausend Geschichten erzählen und war ein Dichter, von dem viele in den Herbergen oft gesungene Verse gedichtet waren. Dabei hatte er, der berühmte Landstreicher, mehrere unheimliche Begebenheiten hinter sich, war auch schon öftere Male gefangen gesessen und man wußte von ihm mehr Geschichten als vom Eulenspiegel.

Eine Stunde vor Bingen rief er mich von hinten an und holte mich ein.

»Servus«, sagte er. »Wohin machst du?«

»Nach Bingen«, sage ich.

»Und weiter?«

»Ich weiß noch nicht. Vielleicht nach Berlin.«

»Zwischen hier und Berlin, Junge, ist manch Mokkum* zwischen. Schlechte Gegend, da kannst du noch manchesmal blaupfeifen**.«

Ich verstand ihn nur halb. Da lachte er.

»Du bist ein ganz Grüner. Kennst die Sprache nicht? Na, wenn erst mal dein schöner neuer Ranzen alt sein wird –. Und mich kennst du natürlich auch nicht, Brüderchen?«

»Nein«, sagte ich schüchtern. »Wer bist du?«

»Hast du schon vom Hans Louis Quorm gehört?«

»Natürlich hab ich. Warum fragst du?«

»Weil ich der Quorm bin, mein Junge.«

Jetzt sah ich ihn erst genauer an. Ich hatte ihn mir anders vorgestellt und geglaubt, er werde ähnlich wie die meisten ältern Landstreicher aussehen. Er konnte etwa vierzig alt sein, hatte blasse, sauber rasierte Wangen und von der schmalen Oberlippe einen dünnen, langen Schnauzbart hängen.

---

* Stadt
** hungern

Seine Augen waren sehr schön. Große, lebhafte, braune Augen, die bis ins Herz blickten, und darüber eine sanfte, noble Stirn und dunkle, recht wohlgepflegte Haare. Sein Anzug war staubig, aber sehr anständig, irgendein Gepäck trug er nicht, nur einen festen weißdörnenen Stecken. Der alte breite Strohhut stand ihm gut zu Gesicht.

»Was hast du für eine Religion?« fragte er.

»Katholisch«, sagte ich, aber da lachte er wieder.

»Das Handwerk meine ich!«

»Jaso. Ich bin Schlosser.«

Sein Sprechen und ganz besonders sein Lachen gefiel mir sehr, ich sah sogleich, daß er kein roher Pennenbruder sei. Allmählich nahm er gegen mich eine fast väterliche Weise an. Und dann fragte er mich plötzlich: »Wenn du Schwarzwälder bist, kannst du doch singen, nicht?«

Ich sagte »Ja«.

»Nun, so sing eins!«

»Was für eins?«

»Einerlei. Sing, was dich freut.«

Da faßte ich mir ein Herz, denn ich schämte mich ein wenig vor ihm, und sang das Lied, das mir seit Mannheim her am meisten im Sinne lag:

> Es ist bestimmt in Gottes Rat
> Daß man vom Liebsten, das man hat,
> Muß scheiden, ja scheiden.

Hans Louis Quorm ging neben mir her und hörte ganz still zu, wobei er mich nicht ansah, sondern den Blick auf die gelb und braunen Weinberge richtete. Beim zweiten und dritten Vers aber sang er ganz leise mit einer schönen tiefen Stimme mit. Sodann fing ich ungefragt »In einem kühlen Grunde« an, und dann »O Täler weit, o Höhen«. Und er sang mit, alle Verse durch, zuletzt ebenso laut wie ich.

Dann nach einer Weile fing er zu reden an. Zuerst von den Liedern.

»In diesen alten, guten Liedern steht mehr Weisheit drin, als in manchem Buch«, sagte er. Und nun sprach er darüber weiter, mit schönen freundlichen Worten, so daß mir recht wohl und vergnügt zumute wurde. Er sprach vom Wandern, von der Fremde, vom Sommer und Winter auf der Landstraße so gut und klug, und so schön, daß es mir war, als wisse er um alle Träume meiner Knabenzeit. Kurz vor Bingen hielten wir am

Wege Rast. Ich mußte ihm von Zavelstein und Calw erzählen, von meiner Mutter und vom Meister Renner, auch eine von den Mordgeschichten der Boten-Lisabeth. Er lag daneben im staubigen Rasen und schaute durch beide hohle Hände in den Himmel.

»Sieh, junger Mensch«, sagte er dann, »da lieg ich nun an der Straße im fremden Land und betrachte mir die Berge und das Wasser, als ob das hier mein eigener Garten wäre. Hab ich denn eine andere Freude auf der Welt, he? Du bist ein fleißiger Schlosser und freust dich an deiner Hände Werk, wirst auch einmal heiraten und Meister werden. Mich aber duldet es an keinem Ort, auch am schönsten nicht. Wenn ich dran denke, daß nun anderwärts weit von hier die Sonne über fremde Berge scheint, dann muß ich fort, dann muß ich Wochen und Monate laufen, als hätt ich Eile, und suche doch nichts in der Welt.«

Und nach einigem Schweigen: »Ich würde sagen: komm mit mir, junger Bruder! Du gefällst mir gut und meistens wandre ich gern zu zweien, und singen kannst du auch. Aber du bist mir zu jung und zu gut dazu, Freundchen. Man sieht viel Schlechtes in diesem Leben, und viel Schlechtes tut man selber – das ist nicht anders. Ich will dich nicht mitnehmen, vielleicht später einmal. Du wirst immer wieder von mir hören. Heut aber wollen wir noch zusammen bleiben und fröhlich sein. Schön ist die Jugend, sie kommt nicht mehr. Du bist heute mein Gast.«

Dann gab er mir noch einen kleinen Rat, nämlich ich möge es immer so halten wie wir beide es soeben hier vor Bingen getan hätten, und möchte mich davor hüten, müde und verstaubt und verschwitzt und mühselig in einem neuen Städtchen anzukommen, sondern lieber mich vorher eine Stunde ins Gras legen, oder ein Bad im Bach oder Fluß nehmen, und dann erst einziehen, frischer und freundlicher. »Man hat dann mehr Freude dran«, sagte er, »und außerdem sind die Leute dann freundlicher mit einem, und darauf muß man sehen.«

So nahm er mich denn mit nach Bingen hinein und in ein Wirtshaus. Wir aßen zu Abend, Brot und Käse, und tranken zwei Schoppen Wein. Auch mein Nachtlager durfte ich nicht selbst bezahlen. Wir hatten zu zweien ein kleines Stübchen. Da lagen wir im offenen Fenster noch bis spät in die warme Nacht hinein.

Da Quorm mir von Berlin abgeraten hatte und ich mich dessen erinnerte, was ich von den sächsischen Fabriken wußte, auch kein Weg mir zu weit war, gedachte ich jetzt möglichst geradenwegs östlich zu gehen, verließ den Rhein bei Coblenz, tat in Wetzlar ein paar Tage Aushilfsarbeit und ließ dort meine Schuhe sohlen, und kam ziemlich mühselig und bei schlechtem Wetter durch eine meist rauhe und arme Hügelgegend allmählich zum Thüringerwald. In Eisenach fand ich Arbeit und blieb neun Wochen, sah auch die berühmte Wartburg und andere Berge. Zuletzt fuhr ich mit der Eisenbahn nach Chemnitz. Da ich aus Calw vom Aufseher einer großen Strickerei eine Empfehlung besaß, fand ich Aufnahme in einer prächtigen Fabrik, wo die großen selbsttätigen Strickmaschinen gemacht werden. Damit war meine erste Reise beendigt, denn ich blieb dort zwei Jahre in Arbeit.

Es gelang mir nämlich, meinem Freund Otto Renner einen Platz in einer andern Chemnitzer Maschinenfabrik zu verschaffen, und er kam von Mannheim her gefahren. Wir mieteten zu zweien eine saubere Schlafkammer, der Verdienst war gut und wir hatten sehr reichlich zu leben. Otto Renner tat hübsch Geld auf die Sparkasse, und auch ich trug manchmal etwas hin, aber wenig, denn ich begann damals mir ein freieres Leben anzugewöhnen. Doch blieb ich mit Renner gut Freund, wir sprachen oft von der Heimat und von unserer Reisezeit miteinander, auch von unserer Arbeit, welche lehrreich und schön war. Er hatte meistens an großen Dampfmaschinen zu tun, zu montieren und zu reparieren, und ich arbeitete an den großen Strickstühlen, die zu den feinsten und verwickeltsten Maschinen gehören und von dort aus in alle Welt gingen. Es sind schöne, künstliche Werke und die Arbeit daran war mir lieb.

Dennoch war ich nicht so recht zufrieden. Seit ich Calw hinter mir hatte, war immer eine wunderliche Unruhe in meinem Wesen. Ich mußte viel über mancherlei Dinge nachdenken, die ich nicht verstand und die mich quälten. Zum Beispiel sehnte ich mich, trotz dem hohen Lohn, oft sehr in die kleinen Handwerksstätten zurück, in denen ich gearbeitet hatte, sprach auch mit Otto darüber. Auch er meinte, daß wir in der Fabrik nicht so glücklich wären, und beide hatten wir im Sinn, später wieder zum kleinen Handwerk zurückzukehren. Dazu kam noch, daß in der Fabrik manche nachdenkliche und belesene Arbeiter waren, über deren Gespräche ich mir immer wieder Gedanken machen mußte. Die organisierten Sozialdemokraten zwar, zu denen die Mehrzahl der Arbeiter schon damals gehörte, überredeten mich nicht, denn ich war stolz auf mein Handwerk und damit zufrieden; immerhin lernte ich dies und jenes bei ihnen. Andre hörte ich öfters über wichtige Dinge reden. Einer namentlich, der viele Bücher las, sagte uns oft: Ihr seid wie Vieh und lebt wie Vieh dahin, weil ihr nicht denken wollt und nichts vom Leben versteht. Er sprach über die Arbeit, über das Trinken, über das Heiraten sehr ernsthaft und wichtig, so daß er auch in mir ein Verlangen erweckte, auf den rechten Weg zu kommen und gute, wahrhaftige Gedanken zu haben. Dann aber kam der Schorsch Bresemann, der eine leichte Haut, aber ein gescheiter und witziger Mensch war. Er sprach so glatt und drollig, daß man gern zuhörte, man lachte über ihn und gab ihm doch meistens recht, und er bewies mir oft, daß das Leben gar nicht des Nachdenkens wert sei, worauf er mich mitnahm und sich Bier von mir zahlen ließ.

Aber auch einem Soldaten der Heilsarmee und einem Guttempler hörte ich häufig zu, wie sie ihre Überzeugungen vortrugen, und während ich immer eifriger ins Grübeln und Denken geriet, wurde die Finsternis immer unergründlicher. Zwar redete Renner mir oft begütigend zu, aber ein guter Redner war er nicht. Zwei wichtige Ereignisse machten der ganzen Quälerei ein vorläufiges Ende.

In einem kleinen Wirtshaus, wohin ich mit Schorsch Bresemann manchmal gekommen war, saß ich eines Montag abends allein an einem Tisch. Am andern Ende der Stube war ein Tisch voll betrunkener Arbeiter, sonst keine Gäste da. Es bediente eine Kellnerin, ein schönes gutgewachsenes Mädchen. Diesem Mädchen wurde am Tisch der Betrunkenen stark zugesetzt, obwohl sie bald einem das vorlaute Maul verhielt, bald einen andern auf die Finger schlug. Zuletzt lief sie in die Kredenz und hielt sich da verschanzt, während drei oder vier von den Männern sie auch dort bedrängten. Plötzlich, als es ihr zu grob wurde, hör ich sie rufen: »Weg jetzt, Lumpenpack, da drüben am Tisch sitzt ja mein Schatz!« Ich denke mir nichts dabei, werfe aber doch einen freundlichen Blick zu ihr hinüber.

Da kommt sie zu mir gelaufen, setzt sich ohne weiteres auf meinen Schoß und beginnt mir schön zu tun. Sie streichelt mir das Gesicht, legt ihren Kopf an meine Wange und sagt mir alles Liebe. Im ersten Augenblick wollte ich sie wegstoßen, da sieht sie mir so fest und zärtlich in die Augen, daß mir anders zumut wird. Ich spürte ihr Haar an meinem Gesicht und ihre leichte Last an mich gedrückt, da zog ich das hübsche Gesicht zu mir her und küßte es fest auf den Mund. Die andern drüben höhnten und krakeelten, mir war es einerlei. Ich hielt die schöne fremde Person im Arm und war ganz von ihrer Wärme und Zärtlichkeit berauscht. Erst als neue Gäste eintraten, lief sie weg, sah aber den ganzen Abend mich zärtlich an und strich mir, so oft sie an meinem Tisch vorüberging, eilig mit der Hand über den Rücken oder übers Haar.

Von diesem Abend an begann eine ganz neue Zeit für mich. Bei Tag und Nacht hatte ich nichts mehr im Sinn als das Weib, meine ganze freie Zeit brachte ich teils in der Kneipe bei ihr, teils mit ihr auf Spaziergängen zu. War die Schänke leer, so saß sie bei mir, waren Gäste da, so umarmte und küßte sie mich im Hausflur. Sie war das erste Mädchen, mit dem ich ernstlich zu tun hatte, und ich war sehr verliebt und lernte die Liebeskunst schnell und begierig von ihr. Otto Renner merkte natürlich bald, wie es um mich stehe, und hielt es mir vor. Ich ließ ihn reden. Allmählich begann er mich eindringlich zu tadeln und gab mir oft böse Worte, auf die ich böse Antwort gab. Auch gegen meine Kollegen wurde ich rauh und reizbar, es gab mehrmals richtige Händel, wobei nur meine große Körperkraft mich schützte. Meine Arbeit tat ich nach wie vor, doch ohne Lust und innere Freude daran zu haben.

Daß jenes schöne Mädchen, welches Agathe hieß, kein Engel war, konnte ich wohl sehen. Wie hätte sie sich mir sonst so nachgeworfen? Aber es war wie ein Schicksal, daß ich ihr anhing und nicht von ihr lassen konnte. Mißbraucht hat sie meine Verliebtheit nicht, weder sprach sie je vom Heiraten noch nahm sie mehr als kleine Geschenke von mir an. Ich ging wie in einer Wolke umher und war vor ungewohnter Lust fast von Sinnen. Wenn sie zum Kuß mir langsam und inbrünstig das glatte Gesicht entgegen bot, dann schien ein wunderbar tiefer Glanz in ihren Augen, dem ich wie einem Zauber verfiel. In dieser Zeit vergaß ich alles Gute, das ich zuhause und von meinem ersten Meister gelernt hatte. Mein Wesen veränderte sich und was Ungutes in mir verborgen lag, kam ans Tageslicht. Namentlich war ich gegen jedermann, die Agathe ausgenommen, unverträglich, hochfahrend und lieblos, plauderte nicht mehr mit den Kameraden am Schraubstock und ging mit Otto Renner scheu und hochmütig um. Daran war natürlich das schlechte Gewissen schuld, das ich hatte, und ich erinnere mich, daß mir eines Tages ganz deutlich vor Augen stand, wie ich nun von den drei Verboten des guten Meisters in Calw zwei schon mit Füßen getreten hatte. Und oft war es mir unbequem, einen so alten und treuen Freund neben mir zu haben, während ich auf schlechten Wegen ging. Ans Trinken hatte ich mich auch längst gewöhnt und saß Abend für Abend am Biertisch.

Dieses ganze unselige Wesen dauerte über drei Monate. Da nahm die Agathe mich eines Abends beiseite, machte ein erschrockenes Gesicht und fing an zu erzählen. Sie hätte irgendwo bei Dresden einen Schatz gehabt, der Kaufmann war, und mit dem sie verlobt gewesen sei. Nun hätte aber wegen diesem und jenem das Warten kein Ende nehmen wollen, darüber sei ihr der Kaufmann allmählich entleidet, denn er sei gar zu gewissenhaft und schulmeisterlich gewesen, auch nicht halb so hübsch wie ich. Darauf ließ sie sich mit einem Posamentier ein, der ein wilder Kunde war, sie oft zum Tanz führte und der, wie sie andeutete, sie verführt und verdorben habe, alles Schlechte habe sie von ihm gelernt. Dem sei sie am Ende, weil er ein gefährlicher, rabiater Bursche und im Zorn zu allem fähig war, davongelaufen und hätte sich in aller Stille hierher nach Chemnitz gemacht. Das wäre nun alles in Ordnung und sie hätte mich zum Sterben lieb. Aber jetzt sei der Posamentier auf ihre Spur gekommen, schon neulich hätte er ihr geschrieben und Reisegeld angeboten, damit sie wieder komme, sie habe aber nicht geantwortet, und jetzt sei er ihr nachgereist, er sei hier in der Stadt und habe geschworen, mich und sie lieber umzubringen als beieinander zu lassen. Und ich möchte doch ja auf meiner Hut sein, auch die nächsten Tage mich nicht bei ihr sehen lassen, da sie ihn gütlich loszuwerden hoffe. Und so weiter.

Ich fluche natürlich und schwor, daß ich niemals vor einem Posamentier mich verkriechen und sie ihm überlassen werde. Trotzdem zwang sie mir das Versprechen ab, zwei Tage nicht zu ihr zu kommen. Die ganze Nacht brachte ich vor Ärger und Wut kein Auge zu. Am andern Tag machte ich am Nachmittag blau und hockte in allerlei Schenken herum, wollte meinen Zorn vertrinken und wurde doch nur immer wilder. Abends um halb zehn Uhr ging ich nachhause.

O, das war ein schrecklicher Abend, ich weiß nicht, wie ich es erzählen soll. Also um halb zehn komme ich nachhaus, steige die Treppe hinauf und höre von unsrer Kammer her ein Lärmen. Wie ich eintrete, steht ein fremder Mensch vor mir, der eben hinaus will. Am Boden liegt der Otto Renner, blutet und zuckt mit den Armen durch die Luft. Ich begreife nichts. Wie ich aber in der Faust des Fremden einen Revolver sehe, wird es mir klar, ich brülle laut hinaus und stürze ihm an die Gurgel. Er drückt auf mich ab, der Schuß geht in die Wand. Aber ich habe ihn schon an der Kehle, reiße ihn zu Boden, kniee auf ihm, haue ihm mit der Faust ins Gesicht, bis alles blutet, und fange an ihn zu würgen. Er schlägt mit Armen und Beinen um sich, aber ich würge und würge weiter, er muß kaputt sein! Langsam wird er stiller, und zuckt nicht mehr. Da kommt der Hauswirt herein, gleich darauf ein Nachbar mit einem Schutzmann. Auf der Treppe höre ich viele Menschen sich drängen.

Ich kniete immer noch auf dem Mann, als der Schutzmann mich wegriß, und plötzlich war auch noch ein zweiter Schutzmann da. Der Fremde war tot, daran hatte ich keinen Zweifel, aber Renner lebte noch. Ich sah nichts davon, mir schimmerte es rot und grün vor den Augen und ich fiel zu Boden. Sobald ich wieder wach war, wurde ich mit Handschellen abgeführt.

Die Verhöre dauerten lang und ich erfuhr folgendes: der Fremde war Agathes Posamentier. Nach einem heftigen Streit mit dem Mädchen, das er auch schon mit Erschießen bedroht hatte, hatte er meine Wohnung erfragt und war in unsre Kammer gedrungen, hatte meinen Freund für mich gehalten und angeschrieen, Renner hatte natürlich nichts begriffen und den Mann hinausgewiesen, darauf hatte der Fremde zweimal auf ihn geschossen. Dann war ich dazu gekommen.

Während der Verhandlungen starb Otto Renner, der noch vom Bett aus als Zeuge hatte dienen müssen, im Spital. Ich saß in meiner Haft allein und kam lange Zeit zu keinem klaren Gedanken. Daß plötzlich ein Totschlag und dazu die Verantwortung für den Tod meines Freundes auf mir lag, das warf einen tiefen Schatten in mein Gemüt. Zugleich mußte ich, obwohl mir dabei graute, mir gestehen, daß ich froh darüber war den Posamentier erwürgt zu haben, nicht Agathes, aber Ottos wegen. Allmählich flossen alle diese verwirrten Gefühle zu einer großen Traurigkeit über den Tod meines Freundes zusammen. Von Agathe wollte ich nichts mehr wissen und war froh, sie nicht mehr sehen zu müssen.

Ein Jahr mußte ich brummen. In dieser langen Zeit setzte sich eine Bitterkeit und ein Haß gegen die Menschen in mir fest, zugleich eine kaum erträgliche Sehnsucht nach der Freiheit, die mich furchtbar quälte. Es kamen Briefe von meiner Mutter, die ich beantwortete, auch um sie tat es mir leid genug, aber auch dieser Schmerz ging in der Bitterkeit und Sehnsucht unter. Mit Wut dachte ich daran, daß die alte Lisabeth in Zavelstein jetzt auch meine Geschichte neben denen vom Messerkarle erzählen könne.

Bei meiner Entlassung erhielt ich eine kleine Summe, den Rest meines Verdienstes in der Fabrik, ausbezahlt und konnte nun gehen wohin ich wollte. Vorher mußte ich mich noch als Rekrut stellen, hatte Glück und wurde frei. Jetzt schien mir die Zeit gekommen, meinem alten Wandertriebe ohne andere Rücksichten nachzugehen, zumal ich als entlassener

Sträfling in der Gegend doch nicht leicht Arbeit gefunden hätte. So verkaufte ich ein paar kleine Habseligkeiten, schnallte den Berliner über die Achseln und verließ Stadt und Land. Mit Lust reckte ich meine Glieder; schon früher hatte ich oft ungewöhnlich große Tagesmärsche gemacht. Die meisten Handwerksburschen und Stromer nämlich sind gehfaul, machen am Tag kaum ihre drei Stunden und verbringen die übrige Zeit teils mit Fechten, teils mit Herumlungern im Feld, in Wirtshäusern, oder liegen und schlafen halbe Tage im Schatten der Bäume. Ich aber bin häufig sieben, acht und mehr Stunden des Tages marschiert, die Stunde zu fünf Kilometer. Wenn die Unruhe über mich kam, dann lief ich große Strecken in wenig Tagen weg.

Zunächst schlug ich mich durchs Fränkische und Bayrische, arbeitete kurze Zeit in Fürth, sah die Stadt Nürnberg, dann beschloß ich durch meine Heimat zu ziehen, um sie wieder zu sehen, und erreichte auch in kurzer Zeit Stuttgart. Diese Stadt sah ich zum erstenmal, obwohl sie so nah bei meiner Heimat liegt. Die Stadt Calw vermied ich und ging über Stammheim und Teinach nach Zavelstein. Dort kam ich am Nachmittag an, lag aber bis zum Dunkelwerden im Wald. Dann suchte ich meine Mutter auf, pochte an ihr Fenster und setzte sie in keinen kleinen Schrecken. Wir saßen die ganze Nacht auf, ich mußte ihr alles genau erzählen. Sie hörte still und erschrocken zu, seufzte und weinte auch dazwischen, dann steckte sie mir Brot und Käse und dürre Pflaumen in den Berliner und zwei Taler in die Tasche, küßte mich zweimal und ließ mich, da ich darauf bestand, am frühen Morgen ziehen.

Da ich meine Mutter wiedergesehen und nirgends in der Welt einen festen Ort hatte, es auch die schönste Frühlingszeit war, folgte ich meinem Verlangen, das mich südlich und in die Schweiz hinzog. Freudenstadt war schnell erreicht, dann konnte ich durchs halbe Murgtal auf einem leeren Metzgerswagen mitfahren. Zum Dank erzählte ich dem Metzger die ganze Chemnitzer Totschlagsaffäre, jedoch so, als ginge die Sache mich selbst nichts an und ich hätte sie bloß vom Hörensagen. Er hörte aufmerksam zu und sagte, es wäre nicht nötig gewesen, den armen Bastian, der seinen Schatz und seinen Freund verloren hatte, auch noch einzulochen. Dann lud er mich ein, mit ihm in Schönmünzach zu übernachten, da ich ihn auf dem langen Wege so kurzweilig unterhalten hätte.

Dieser Metzger war ein ehrenwerter Mann und zeigte sich den ganzen Abend so freundlich zu mir, daß ich ihm vor dem Schlafengehen meine

Papiere zeigte und ihm eröffnete, daß ich selbst der Bastian sei, mit dem sich jene Chemnitzer Sache zugetragen habe. Da sah er mich scharf an, gab mir die Hand und sagte, ich tue ihm leid, möge mir aber das Unglück nicht über den Kopf wachsen lassen. Was geschehen sei, sei nicht zu ändern; ein braver Handwerker aber, wenn er nur wolle, sei immer ein nützlicher Mensch und finde sein Glück und Brot in der Welt. Wir gingen zu Bett und ich schlief sehr gut, da ich in der letzten Zeit zur Nacht nur selten ein richtiges Bett gehabt hatte. Am andern Morgen gab der Metzger mir einen Empfehlungsbrief nach Freiburg im Breisgau mit, wo ein Bruder von ihm Schlosser war. Außerdem schenkte er mir eine Mark und sprach mir nochmals sehr freundlich zu.

Mit guten Vorsätzen machte ich mich auf den Weg. Es schien mir nun wieder, als ob doch noch ein Platz für mich in der Welt und ein Auskommen mit den Menschen in Güte möglich wäre. Ich fand auch den Freiburger Schlosser, doch hatte er keine Arbeit. Er gab mir zu essen, und steckte mir wieder eine Empfehlung an einen Meister in Basel zu, mit dem er befreundet war. Mein Paß war noch gültig und mein Arbeitsbüchlein in Ordnung, so kam ich ungeschoren über die Grenze und nahm in Basel in der Herberge zur Heimat Quartier. Ich war abends angekommen und lief gleich am andern Morgen mit meinem Brief zu dem Meister, dem ich empfohlen war. Aber auch der hatte mir keine Arbeit. Ich beschloß noch einen oder zwei Tage in Basel zu bleiben und Arbeit zu suchen, denn die »Heimat« ist dort sehr gut und Basel eine große wohlhabende Stadt, wie ich oft gehört hatte.

Zu meinem Unglück fiel jetzt ein Landregen ein, der mich vom Wandern abhielt und zehn Tage dauerte. Am Ende dieser zehn Tage hatte ich keine Arbeit gefunden, mein Geld war zu Ende und ich wußte zum erstenmal nicht, was ich essen und wo ich schlafen sollte. Ich begann in der Stadt vorsichtig zu fechten und hielt mich damit noch einige Tage hin. Dann verließ ich Basel und zog ohne Geld in die Schweiz hinein. Ich wäre gern direkt nach Süden gegangen, wagte es aber nicht, weil im Jura meist französische Dörfer sind. Deshalb wendete ich mich gegen Olten und schlug mich sehr kümmerlich bis in die Luzerner Gegend durch. Von da an begann ein neues Leben für mich.

Bei Emmenbrücke nämlich fand ich einen Kunden schlafend an der Straße liegen. Da ich im Sinn hatte, ihn um Weg und Rat zu fragen, ging ich auf ihn zu und erkannte plötzlich den Hans Louis Quorm. Da ich ihn nicht aufzuwecken wagte, setzte ich mich neben ihn ins Gras und hörte seinem ruhigen Atmen zu. Er trug saubere Kleider und sah gesund und rüstig aus.

Als Quorm erwachte, sah er mich einen Augenblick lang mißtrauisch und unfreundlich an. Aber plötzlich, noch ehe ich etwas gesagt hatte, sprang er auf, gab mir die Hand und rief: »Du bist der Schlosser, den ich vor ein paar Jahren einmal drunten bei Bingen getroffen habe.«

Nun war alles gut, ich fühlte mich geborgen.

Seither sind zehn Jahre vergangen und während all dieser Zeit bin ich mit Quorm befreundet geblieben. Als er starb und ich es erfuhr, war mir nicht anders, als wenn ich zugleich einen Vater und einen Freund verloren hätte.

Mehrmals bin ich monatelang mit ihm gewandert. Wir sind in der ganzen Schweiz, in Österreich, im Bayrischen, am Rhein und bis nach Hamburg zusammen gereist, alles zu Fuß und bei allerlei Wetter und Jahreszeit. Wenn ich arbeiten wollte, so verschaffte er mir Arbeit, denn er war auch mit vielen Meistern befreundet; sonst gab oder verschaffte er mir, so oft ich es brauchte, Essen, Kleider und Geld. Es war nicht alles redlich verdient, auch nicht alles gefochten, sondern er hat stets genommen, was ihm nahe lag. Trotzdem ist er aber nie ein Lump gewesen. Er hat gestohlen, aber nie einem Armen und nie mehr als er gerade brauchte. Er hat auch für sich und noch öfter für andre sogenannte »Flebben«, falsche Ausweispapiere gemacht, aber wem konnte das Schaden tun?

Gearbeitet freilich hat er nur in den Zeiten, die er im Arbeitshaus zubrachte, und wohl auch dort nicht viel. Er hatte keine Freude daran und gestand nur ungern, daß er einmal die Schusterei erlernt habe. Noch ehe ich dies wußte, kam ich einmal zufällig mit ihm auf die Schusterei zu sprechen und sprach mich eher geringschätzig über dies Handwerk aus. Da seufzte er und lachte zugleich, wie er es oft an sich hatte, und sagte: »Siehst du wohl: Und ich bin von Religion ein Schuster! Jetzt begreifst du, daß ich mein Handwerk verlernt und verleugnet habe.« Es war auch wirklich seit vielen Jahren kein Pech mehr an seine Finger gekommen.

Es ist nicht mir allein so gegangen, daß ich den Quorm gleich beim ersten Ansehen liebgewann. Er hat unzählige gute Freunde gehabt, auch unter solchen, die seiner nicht bedurften. In seinem Wesen und namentlich in seinem Blick und in seiner Stimme war etwas, das die Menschen ohne Unterschied ihm günstig machte, so daß sogar viele Landjäger und

Polizisten ihn gern hatten und ihm viel durch die Finger sahen. Am meisten hingen jedoch die Weiber an ihm. Fast an allen Orten hatte er Weiberbekanntschaften, auch unter den Schenkmädchen und Wirtinnen, so daß er im Notfall um Speisung und Nachtlager nie in Sorge zu sein brauchte. Wenn er so eine bat, ihm einen Riß zu nähen oder ein neues Band um den Hut zu machen oder ihm ein Hemd zu waschen, so waren sie stolz darauf, für den Quorm zu arbeiten. Du lieber Gott, wie ist er oft mit ihnen umgegangen! – und doch liefen sie ihm sogleich wieder nach. Er hätte auch oft genug gut und mit Geld heiraten können. Aber er wollte nicht.

Vieles habe ich bei diesem merkwürdigen Mann erlebt und gelernt. Aber darüber berichte ich ein andermal.

(1902)

Der Wolf

Noch nie war in den französischen Bergen ein so unheimlich kalter und langer Winter gewesen. Seit Wochen stand die Luft klar, spröde und kalt. Bei Tage lagen die großen, schiefen Schneefelder mattweiß und endlos unter dem grellblauen Himmel, nachts ging klar und klein der Mond über sie hinweg, ein grimmiger Frostmond von gelbem Glanz, dessen starkes Licht auf dem Schnee blau und dumpf wurde und wie der leibhaftige Frost aussah. Die Menschen mieden alle Wege und namentlich die Höhen, sie saßen träge und schimpfend in den Dorfhütten, deren rote Fenster nachts neben dem blauen Mondlicht rauchig trüb erschienen und bald erloschen.

Das war eine schwere Zeit für die Tiere der Gegend. Die kleineren erfroren in Menge, auch Vögel erlagen dem Frost, und die hageren Leichname fielen den Habichten und Wölfen zur Beute. Aber auch diese litten furchtbar an Frost und Hunger. Es lebten nur wenige Wolfsfamilien dort, und die Not trieb sie zu festerem Verband. Tagsüber gingen sie einzeln aus. Da und dort strich einer über den Schnee, mager, hungrig und wachsam, lautlos und scheu wie ein Gespenst. Sein schmaler Schatten glitt neben ihm über die Schneefläche. Spürend reckte er die spitze Schnauze in den Wind und ließ zuweilen ein trockenes, gequältes Geheul vernehmen. Abends aber zogen sie vollzählig aus und drängten sich mit heiserem Heulen um die Dörfer. Dort war Vieh und Geflügel wohlverwahrt, und hinter festen Fensterladen lagen Flinten angelegt. Nur selten fiel eine kleine Beute, etwa ein Hund, ihnen zu, und zwei aus der Schar waren schon erschossen worden.

Der Frost hielt immer noch an. Oft lagen die Wölfe still und brütend beisammen, einer am andern sich wärmend, und lauschten beklommen in die tote Öde hinaus, bis einer, von den grausamen Qualen des Hungers gefoltert, plötzlich mit schauerlichem Gebrüll aufsprang. Dann wandten alle anderen ihm die Schnauze zu, zitterten und brachen miteinander in ein furchtbares, drohendes und klagendes Heulen aus.

Endlich entschloß sich der kleinere Teil der Schar, zu wandern. Früh am Tage verließen sie ihre Löcher, sammelten sich und schnoberten erregt und

Der Wolf

angstvoll in die frostkalte Luft. Dann trabten sie rasch und gleichmäßig davon. Die Zurückgebliebenen sahen ihnen mit weiten, glasigen Augen nach, trabten ein paar Dutzend Schritte hinterher, blieben unschlüssig und ratlos stehen und kehrten langsam in ihre leeren Höhlen zurück.

Die Auswanderer trennten sich am Mittag voneinander. Drei von ihnen wandten sich östlich dem Schweizer Jura zu, die anderen zogen südlich weiter. Die drei waren schöne, starke Tiere, aber entsetzlich abgemagert. Der eingezogene helle Bauch war schmal wie ein Riemen, auf der Brust standen die Rippen jämmerlich heraus, die Mäuler waren trocken und die Augen weit und verzweifelt. Zu dreien kamen sie weit in den Jura hinein, erbeuteten am zweiten Tag einen Hammel, am dritten einen Hund und ein Füllen und wurden von allen Seiten her wütend vom Landvolk verfolgt. In der Gegend, welche reich an Dörfern und Städten ist, verbreitete sich Schrecken und Scheu vor den ungewohnten Eindringlingen. Die Postschlitten wurden bewaffnet, ohne Gewehr ging niemand von einem Dorf zum anderen. In der fremden Gegend, nach so guter Beute, fühlten sich die drei Tiere zugleich scheu und wohl; sie wurden tollkühner als je zu Hause und brachen am hellen Tage in den Stall eines Meierhofes. Gebrüll von Kühen, Geknatter splitternder Holzschranken, Hufegetrampel und heißer, lechzender Atem erfüllten den engen, warmen Raum. Aber diesmal kamen Menschen dazwischen. Es war ein Preis auf die Wölfe gesetzt, das verdoppelte den Mut der Bauern. Und sie erlegten zwei von ihnen, dem einen ging ein Flintenschuß durch den Hals, der andere wurde mit einem Beil erschlagen. Der dritte entkam und rannte so lange, bis er halbtot auf den Schnee fiel. Er war der jüngste und schönste von den Wölfen, ein stolzes Tier von mächtiger Kraft und gelenken Formen. Lange blieb er keuchend liegen. Blutig rote Kreise wirbelten vor seinen Augen, und zuweilen stieß er ein pfeifendes, schmerzliches Stöhnen aus. Ein Beilwurf hatte ihm den Rücken getroffen. Doch erholte er sich und konnte sich wieder erheben. Erst jetzt sah er, wie weit er gelaufen war. Nirgends waren Menschen oder Häuser zu sehen. Dicht vor ihm lag ein verschneiter, mächtiger Berg. Es war der Chasseral. Er beschloß, ihn zu umgehen. Da ihn Durst quälte, fraß er kleine Bissen von der gefrorenen, harten Kruste der Schneefläche.

Jenseits des Berges traf er sogleich auf ein Dorf. Es ging gegen Abend. Er wartete in einem dichten Tannenforst. Dann schlich er vorsichtig um die Gartenzäune, dem Geruch warmer Ställe folgend. Niemand war auf der Straße. Scheu und lüstern blinzelte er zwischen den Häusern hindurch.

Da fiel ein Schuß. Er warf den Kopf in die Höhe und griff zum Laufen aus, als schon ein zweiter Schuß knallte. Er war getroffen. Sein weißlicher Unterleib war an der Seite mit Blut befleckt, das in dicken Tropfen zäh herabrieselte. Dennoch gelang es ihm, mit großen Sätzen zu entkommen und den jenseitigen Bergwald zu erreichen. Dort wartete er horchend einen Augenblick und hörte von zwei Seiten Stimmen und Schritte. Angstvoll blickte er am Berg empor. Er war steil, bewaldet und mühselig zu ersteigen. Doch blieb ihm keine Wahl. Mit keuchendem Atem klomm er die steile Bergwand hinan, während unten ein Gewirr von Flüchen, Befehlen und Laternenlichtern sich den Berg entlangzog. Zitternd kletterte der verwundete Wolf durch den halbdunkeln Tannenwald, während aus seiner Seite langsam das braune Blut hinabrann.

Die Kälte hatte nachgelassen. Der westliche Himmel war dunstig und schien Schneefall zu versprechen.

Endlich hatte der Erschöpfte die Höhe erreicht. Er stand nun auf einem leicht geneigten, großen Schneefeld, nahe bei Mont Crosin, hoch über dem Dorf, dem er entronnen. Hunger fühlte er nicht, aber einen trüben, klammernden Schmerz von der Wunde. Ein leises, krankes Gebell kam aus seinem hängenden Maul, sein Herz schlug schwer und schmerzhaft und fühlte die Hand des Todes wie eine unsäglich schwere Last auf sich drücken. Eine einzeln stehende breitästige Tanne lockte ihn; dort setzte er sich und starrte trübe in die graue Schneenacht. Eine halbe Stunde verging. Nun fiel ein mattrotes Licht auf den Schnee, sonderbar und weich. Der Wolf erhob sich stöhnend und wandte den schönen Kopf dem Licht entgegen. Es war der Mond, der im Südost riesig und blutrot sich erhob und langsam am trüben Himmel höher stieg. Seit vielen Wochen war er nie so rot und groß gewesen. Traurig hing das Auge des sterbenden Tieres an der matten Mondscheibe, und wieder röchelte ein schwaches Heulen schmerzlich und tonlos in die Nacht.

Da kamen Lichter und Schritte nach. Bauern in dicken Mänteln, Jäger und junge Burschen in Pelzmützen und mit plumpen Gamaschen stapften durch den Schnee. Gejauchze erscholl. Man hatte den verendenden Wolf entdeckt, zwei Schüsse wurden auf ihn abgedrückt und beide fehlten. Dann sahen sie, daß er schon im Sterben lag, und fielen mit Stöcken und Knüppeln über ihn her. Er fühlte es nicht mehr.

Mit zerbrochenen Gliedern schleppten sie ihn nach St. Imier hinab. Sie lachten, sie prahlten, sie freuten sich auf Schnaps und Kaffee, sie sangen,

Der Wolf

sie fluchten. Keiner sah die Schönheit des verschneiten Forstes, noch den Glanz der Hochebene, noch den roten Mond, der über dem Chasseral hing und dessen schwaches Licht in ihren Flintenläufen, in den Schneekristallen und in den gebrochenen Augen des erschlagenen Wolfes sich brach.

(1903)

Hans Amstein

Schon gut, junge Leute, quält mich nicht. Ich will euch also etwas aus meinen Studentenjahren erzählen, das von der schönen Salome und meinem lieben Hans Amstein. Nur müßt ihr stillhalten und dürft nicht glauben, es handle sich um so eine Studentenliebelei. Zu lachen ist nichts dabei. Und gebt mir noch ein Glas Wein her! Nein, vom Weißen. Fenster zumachen? Nein, Verehrtester, laß es nur donnern, es paßt mir in die Geschichte. Wetterleuchten, Donner und schwüle Nacht, das ist die Stimmung. Ihr modernen Herren sollt sehen, daß wir seinerzeit auch unser Stück erlebt haben, dick und dünn, wie es kam, und nicht zu wenig. Habt ihr auch zu trinken?

Ich bin schon früh ohne Eltern gewesen und habe fast alle meine Ferien beim Onkel Otto droben verbummelt, in seinem steinigen Schwarzwaldnest, zwischen Obstessen, Räubergeschichten und Forellenangeln, denn in alledem teilte ich als dankbarer Neffe meines Onkels Geschmack vollkommen. Ich kam im Sommer, im Herbst und an Weihnachten, mit schmalem Ranzen und leerem Sack, fraß mich da droben feist und rot, verliebte mich jedesmal ein wenig in die teure Cousine und vergaß es auf Schulen wieder, denn es saß nicht so tief. Ich rauchte mit dem Onkel um die Wette seine giftigen Italiener, ging mit ihm angeln, las ihm aus seiner höchst kriminellen Bibliothek vor und begleitete ihn womöglich abends zum Bier. Das alles war nicht schlecht und kam mir löblich und männlich vor, wenn auch die blonde Cousine zuweilen bittende oder vorwurfsvolle Augen machte; sie war eben eine sanfte Natur und hatte keinen Sinn fürs Martialische.

In den letzten Sommerferien vor der Studentenzeit war ich wieder beim Onkel, großmäulig, hoffärtig und ins Kraut geschossen, wie Abiturienten sein müssen. Da kam eines Tages ein neuer Oberförster. Es war ein guter, stiller Mensch, »unjung und nicht mehr ganz gesund«, der da seinen Altersposten gefunden hatte.

Man sah im Augenblick, er würde wenig von sich reden machen. Er brachte einen schönen Hausrat mit, denn er war reich; ferner wundervolle

Hunde, ein langschwänziges, zartes Pferdchen samt einem zierlichen Gefährt, beide für die Gegend viel zu leicht, ein schönes Gewehr und eine neumodische englische Angelausrüstung, alles sehr nett und sauber und wohlhabend. Das alles wäre ja auch schön und erfreulich gewesen. Aber was außerdem noch mitkam, war eine Adoptivtochter namens Salome, die freilich alles andere in Schatten stellte. Weiß Gott, wie das wilde Kind gerade zu dem ernsten, ruhigen Mann gekommen ist! Sie war eine ganz exotische Pflanze, von einem entfernten Vetter irgendwo aus Brasilien oder Feuerland her, schön und sonderbar anzusehen und von absonderlichen Manieren.

Ihr wollt natürlich wissen, wie sie aussah. Das ist nicht so einfach – sie sah eben vor allem auffallend und exotisch aus. Ziemlich groß, nahe an zwanzig, tadellos gewachsen, so daß vom Nacken bis auf die Füße alles gesund und erfreulich erschien, namentlich Hals, Schultern, Arme und Hände waren kräftig, gedrungen und dabei beweglich und nobel. Das Haar üppig, dick, lang, von einem dunklen Blond, um die Stirn herum ein wenig lockig, hinten in ein großes Bündel geknüpft und mit einem Pfeil durchstochen. Vom Gesicht will ich nicht zu viel sagen, es war vielleicht zu voll und der Mund vielleicht ein wenig groß, aber man blieb immer an den Augen hängen. Sie waren übergroß und goldbraun und standen ein wenig vor. Wenn sie, wie gewöhnlich, vor sich hinstarrte und lächelte und die Augen groß machte, war es wie ein Bild. Aber wenn sie einen ansah, war man verwirrt. Sie schaute so unbekümmert drauf los, bald musternd, bald gleichgültig, ohne irgendeine Spur von Genieren oder Mädchenhaftigkeit. Nicht gerade frech, vielmehr wie ein schönes Tier, unverstellt und ohne alle Geheimnisse.

Und so führte sie sich auch auf. Was ihr gefiel oder nicht gefiel, verhehlte sie nicht; wenn ein Gespräch ihr langweilig war, schwieg sie hartnäckig still und blickte beiseite oder sah einen so ennuyiert an, daß man sich schämte.

Die Folgen sind klar. Die Frauenzimmer fanden sie unmöglich, die Männer waren für sie entflammt. Daß ich mich eiligst in sie verliebte, versteht sich eo ipso. Es verliebten sich in sie aber auch die Forstgehilfen, der Apotheker, die jüngeren Schullehrer, der Vizeamtmann, die Söhne der reichen Holzhändler, des Fabrikanten und des Doktors. Da die schöne Salome sich mit aller Freiheit bewegte, allein spazieren ging, eine Menge Besuche machte und in ihrem zierlichen Wägelein rings im Lande herumkutschierte, war die Annäherung nicht schwer, und sie sammelte in kurzer Zeit eine schöne Zahl von Liebesgeständnissen ein.

Einmal kam sie zu uns, Onkel und Cousine waren nicht da, und sie setzte sich zu mir auf die Gartenbank. Die Dirlitzen waren schon rot, das Beerenzeug reif, und Salome griff behaglich hinter sich in die Stachelbeeren. Nebenher nahm sie am Gespräche teil, und wir waren bald so weit, daß ich mit feuerrotem Gesicht ihr erklärte, ich sei rasend in sie verliebt.

O, das ist nett, war die Antwort. Sie gefallen mir ganz gut.

Kennen Sie den älteren Griebel?

Den Karl? O ja, gut.

Das ist auch ein reizender junger Mann, er hat so schöne Augen. Er ist auch in mich verliebt.

Hat er es Ihnen selber gesagt?

Gewiß, vorgestern. Es war drollig.

Sie lachte laut und legte dabei den Kopf zurück, so daß ich auf ihrem weißen, runden Hals die Adern sich bewegen sah. Ich hätte nun gern ihre Hand genommen, wagte es aber nicht, sondern streckte ihr nur die meine fragend entgegen. Da legte sie mir ein paar Stachelbeeren in die offene Hand, sagte Adieu und ging davon.

Ich sah nun allmählich, wie sie mit allen den Anbetern ihr Spiel hatte und sich über uns amüsierte, und ertrug von da an meine Verliebtheit wie ein Fieber oder eine Seekrankheit, die ich mit vielen andern teilte und von der ich hoffte, sie würde einmal aufhören und mir nicht das Leben kosten. Immerhin hatte ich böse Nächte und Tage ... Ist noch Wein da?

Danke. – Also so standen die Sachen, und zwar nicht nur in jenem Sommer, sondern mehr als ein Jahr lang. Hier und da fiel etwa einer der Liebhaber verdrossen ab und suchte andere Gehege auf, hier und da kam ein neuer dazu, aber Salome blieb unverändert, bald fidel, bald still, bald höhnisch, und schien sich dabei herzlich wohl und belustigt zu fühlen. Und ich gewöhnte mich daran, jedesmal in den Ferien einen Rückfall in die heftigste Verliebtheit wie ein der Gegend eigentümliches Fieber zu bekommen und aushalten zu müssen. Ein Leidensgenosse teilte mir im Vertrauen mit, wir seien Esel gewesen, ihr Erklärungen zu machen, da sie unverhohlen des öftern den Wunsch geäußert habe, alle Männer in sich verliebt zu wissen, und darum den wenigen Standhaften mit äußerstem Entgegenkommen um den Bart gehe.

Hans Amstein

Unterdessen war ich in Tübingen in die Burschenschaft eingetreten und brachte mit Trinken, Schlagen und Bummeln zwei muntere Semester hin. In dieser Zeit war Hans Amstein mein Intimus geworden. Wir waren gleich alt, beide begeisterte Burschenschafter und weniger begeisterte Medizinstudenten, wir trieben beide viel Musik und wurden einander allmählich unentbehrlich trotz mancher Reibereien.

Schon an Weihnachten war Hans mit mir des Onkels Gast gewesen, denn auch er hatte längst keine Eltern mehr. Sehr wider mein Erwarten blieb er aber nicht an der schönen Salome, sondern an meiner blonden Cousine hängen. Auch hatte er schon das Zeug, sich angenehm zu machen. Er war ein feiner und hübscher Mensch, machte gute Musik und war nicht aufs Maul gefallen. So sah ich mit Wohlbehagen zu, wie er sich um das Bäschen bemühte, und wie sie gern nachgab und sich anschickte, den drolligen Kampf mit ihrer bisherigen Sprödigkeit mehr und mehr zum Scheingefecht werden zu lassen. Ich selber lief nach wie vor auf allen Wegen, wo mir etwa die Salome begegnen konnte.

An Ostern kamen wir wieder, und während ich den Onkel beim Angeln festhielt, machte mein Freund rasche Fortschritte bei der Cousine. Diesmal war Salome ziemlich häufig bei uns, versuchte mit Erfolg, mich toll zu machen, und sah dem Spiel zwischen Hans und Berta aufmerksam und mit scheinbarem Wohlwollen zu. Wir machten Waldspaziergänge, fischten, suchten Anemonen, und während die Salome mir den Kopf vollends verdrehte, ließ sie die andern beiden nicht aus den Augen, musterte sie überlegen und spöttisch und gab mir unehrerbietige Bemerkungen über Liebe und Brautglück zum besten. Einmal erwischte ich ihre Hand und küßte sie eilig, da spielte sie die Empörte und wollte Revanche haben.

Ich werde Sie dafür in den Finger beißen. Geben Sie her!

Ich streckte ihr einen Finger hin und spürte ihre großen, gleichmäßigen Zähne im Fleisch.

Soll ich noch fester beißen?

Ich nickte, da floß auch schon Blut in meine Hand, und sie ließ mich mit Gelächter los. Es tat scheußlich weh, und man sah es noch lange.

Als wir wieder in Tübingen saßen, teilte Hans mir mit, er sei mit Berta einig und hoffe, sich im Sommer zu verloben. Ich besorgte in diesem Semester ein paar Briefe hin und her, und im August saßen wir beide wieder an des Onkels Tisch. Mit dem Onkel hatte Hans noch nicht gesprochen, doch schien dieser die Sache schon gerochen zu haben, und es war nicht zu fürchten, daß er Schwierigkeiten machen würde.

Da kam eines Tages die Salome wieder zu uns, ließ ihre scharfen Blicke herumgehen und kam auf den verdammten Einfall, der sanften Berta einen Possen zu spielen. Wie sie dem harmlosen Amstein flattierte, ihn in ihre Nähe nötigte und mit Gewalt verliebt zu machen suchte, war einfach nicht mehr schön. Er ging gutmütig darauf ein und es wäre ein Wunder gewesen, wenn ihm diese Blicke und dies Anschmiegen und Sichergeben nicht heiß gemacht hätten. Doch blieb er fest und hatte schon den Sonntag bestimmt, an dem er den Onkel überrumpeln und Verlobung feiern wollte. Das blonde Kusinchen strahlte schon so bräutlich und verschämt wie möglich.

Wir Freunde schliefen in zwei benachbarten Stübchen im Erdgeschoß mit einem niederen Fenster, durch das man morgens mit einem kleinen Sprung in den Garten kommen konnte.

Eines Nachmittags war die schöne Salome wieder stundenlang da; Berta hatte im Haus zu tun, so nahm jene meinen Freund ganz in Anspruch und brachte mich durch die kühne und doch feine Art, wie sie sich ihm hinwarf, fast zum Platzen, so daß ich schließlich ausriß und sie dummerweise mit ihm allein ließ. Als ich am Abend wiederkam, war sie fort, aber mein armer Freund hatte Falten auf der Stirn, machte schlimme Augen und sprach von Kopfweh, als er sah, daß sein verstörtes Wesen auffiel.

Ja, Kopfweh, dachte ich und schleppte ihn beiseite.

Was ist mit dir? fragte ich ernstlich, ich will's wissen.

Nichts, es kommt von der Hitze, kniff er aus.

Aber ich verbat mir das Anlügen und fragte direkt, ob ihm die Oberförsterstochter den Kopf verdreht habe.

Unsinn, laß mich! sagte er, machte sich von mir los und sah scheußlich elend aus. Ich kannte das ja ungefähr auch, aber er tat mir erbärmlich leid; sein Gesicht war verzogen und zerrissen und der ganze Mensch sah jammervoll verhetzt und leidend aus. Ich mußte ihn in Ruhe lassen. Auch mir war über dem Kokettieren wund und weh um Salome geworden, und ich hätte mir die leidige Verliebtheit gern mit blutenden Wurzeln aus der Seele gerissen. Meine Achtung für Salome war längst dahin, jede Magd kam mir ehrbarer vor als sie, aber da half nichts, sie hatte mich bei den Haaren; sie war zu schön und zu aufreizend, da war kein Loskommen möglich.

Ja, nun donnert's draußen wieder. Es war damals ein ähnlicher Abend, heiß und gewitterig, und wir beide saßen allein in der Laube beisammen, redeten fast nichts und tranken Kaiserstühler.

Namentlich ich war durstig und mißmutig und trank von dem kühlen Weißen Glas für Glas. Hans war elend und starrte traurig und bekümmert in den Wein, das vertrocknende Laub der Büsche roch stark und wurde von einem warmen, bösartigen Wind jeweils geschüttelt. Es wurde neun Uhr und zehn Uhr, kein Gespräch kam auf, wir hockten da und machten alte, sorgenvolle Gesichter, sahen den Wein im großen Glaskrug abnehmen und den Garten dunkel werden, dann gingen wir still auseinander, er zur Haustür, ich durchs Fenster in meine Stube. Dort war es heiß, ich setzte mich im Hemd auf einen Stuhl, steckte eine Pfeife an und sah aufgeregt und melancholisch in die Finsternis hinein. Es hätte Mondschein geben sollen, aber der Himmel stand voll von Wolken, und in der Ferne hörte man zwei Gewitter miteinander zanken.

Es ging so eine schwüle Luft – aber was hilft das schöne Schildern, ich muß nun doch darauf kommen, auf die verdammte Geschichte.

Die Pfeife war mir ausgegangen, und ich hatte mich ganz schlaff aufs Bett gelegt, den Schädel voll von dummen Gedanken. Da gibt's ein Geräusch am Fenster. Eine Gestalt steht da und schaut vorsichtig ins Zimmer hinein. Ich weiß selber nicht, warum ich still liegen blieb und keinen Ton von mir gab.

Die Gestalt verschwindet und geht drei Schritte weiter, an Hansens Stubenfenster. Sie bewegte den Fensterflügel, klirrte ein wenig damit. Dann wieder Stille.

Da rief es leise: Hans Amstein! und mir lief es bis in die Haare hinauf, als ich die Stimme der Salome erkannte. Ich konnte kein Glied mehr rühren und lauschte scharf und wild wie ein Jäger hinüber. Herrgott, Herrgott, was sollte das werden! Und jetzt wieder die Stimme: Hans Amstein! Leise, scharf und eindringlich. Mir lief der Schweiß den Hals hinunter.

In der Stube meines Freundes gab es ein wenig Geräusch. Er stand auf, kleidete sich flüchtig an und ging zum Fenster. Es wurde geflüstert, heftig und heiß, aber unheimlich leise. Herrgott, Herrgott! Mir tat alles weh, ich wollte aufstehen oder schreien, aber ich blieb ruhig liegen und war selber darüber verwundert. Der Durst und der herbe Nachgeschmack vom Wein brachten mich beinahe um.

Und es gab wieder ein kleines Geräusch, und gleich darauf stand Hans Amstein neben dem Mädchen im Garten. Zuerst jedes für sich, dann traten sie zusammen und drückten sich still und schrecklich aneinander, als würden sie mit einem Strick geschnürt. Und so aneinandergepreßt, daß sie kaum die Füße bewegen konnten, gingen sie langsam durch den Garten, an der Laube und am Brunnen vorbei und durch die Pforte gegen den Wald. Ich sah sie, mit angestrengten Augen, und zweimal kam das Wetterleuchten mir zu Hilfe ...

— Seid ihr nicht durstig? So trinkt doch! —
Ja, das ist nun erzählt. Aber weiter! Sie hatte ihn sich geholt, bei Nacht aus dem Bett, und ich wußte, daß er nun nimmermehr von ihr loskäme, da sie ihn da draußen im Wald hatte und mit süßen Worten und kecken Liebkosungen gefangennahm. Ich wußte aber auch, daß Hans bei aller Munterkeit ein Pflichtenmensch war, viel strenger als ich, und daß er da draußen keinen Kuß empfing und gab, ohne daß das Wissen um die betrogene Berta ihm die Seele zerriß. Und zugleich mußte ich daran denken, daß es meine schwere Pflicht war, ihn morgen ins Gebet zu nehmen. Zu dem allem kam die angenehme Vorstellung, meine Angebetete bei Nacht mit einem Mann im Wald zu wissen. Endlich raffte ich mich auf, einen Schluck Wasser zu nehmen, und legte mich dann auf den kühlen Fußboden, bis nach einer Stunde mein Freund leise und langsam zurückkam und durchs Fenster stieg. Ich hörte ihn hart Atem holen und noch lange in Socken auf und ab gehen, bis ich einschlief.

Schon früh erwachte ich wieder, noch vor fünf Uhr, zog mich an und ging vor Hansens Fenster. Er lag im zerwühlten Bett und schlief einen tiefen, schweren Schlaf, er hatte Schweiß auf der Stirn und sah elend aus. Ich lief ins Feld hinaus, sah still und abseits die kleine, schmucke Forstei liegen und Wiesen, Obstgärten, Acker und Wald wie sonst. Mein Kopf war wüster als je nach einer Kneiperei und eine kleine Weile kam mir im Hinschlendern das Geschehene ganz abhanden wie ein Alp, der beim Erwachen fort ist, als wäre nichts gewesen.

Als ich wieder in den Garten kam, stand mein Freund an seinem Fenster im Erdgeschoß, wandte sich aber, als er mich sah, sogleich ins Zimmer zurück. Diese kleine, feige Gebärde des bösen Gewissens tat mir unsäglich weh. Doch half das Bedauern nichts. Ich stieg zu ihm hinein. Als er sich nun mir zuwandte, erschrak ich stark, denn er sah grau und zerfurcht im Gesicht aus und hielt sich so mühsam auf den Beinen wie ein überjagter Gaul.

Was hast du, Hans? fragte ich.
Ach nichts. Ich hab nicht geschlafen. Die Schwüle bringt einen ja um.

Aber er wich meinen Augen aus und ich fühlte noch einmal denselben bösen Schmerz wie vorher, als er vor mir vom Fenster floh. Ich setzte mich aufs Gesims und sah ihn an.

Hans, sagte ich, ich weiß, wer bei dir gewesen ist. Was hat die Salome mit dir angefangen?

Da sah er mich an, hilflos und schmerzlich, wie ein Wild beim Schuß.

Laß gut sein, sagte er, laß nur gut sein. Es hilft ja nichts.

Nein, mußte ich sagen, du bist mir Antwort schuldig. Ich will nichts von der Berta sagen und von ihres Vaters Haus, wo wir zu Gast sind. Das ist nicht die Hauptsache. Aber was soll aus uns werden, aus dir und aus mir und aus dieser Salome? Wirst du nächste Nacht wieder mit ihr da hinausgehen, Hans?

Er stöhnte. Ich weiß nicht. Ich kann jetzt kein Wort sagen. Nachher, nachher.

Da war einstweilen nichts zu wollen. Ich ging zum Kaffee hinauf und sagte droben, Hans schlafe noch. Dann nahm ich meine Rute und wollte in die kühle Schlucht zum Angeln gehen. Es trieb mich aber wider Willen vor die Forstei. Dort legte ich mich am Weg in die Haselbüsche und wartete und spürte kaum, wie gottlos heiß und schwül der Morgen war. Darüber schlief ich ein wenig ein, und als ich aufwachte, war's von Hufschlag und Stimmen. Die schöne Salome fuhr mit einem Forstgehilfen in ihrem kleinen Wagen zum Wald, hatte Angelzeug und Fischkorb mit und lachte wie eine Lerche in den Morgen hinein. Der junge Forstmann hielt einen Sonnenschirm über sie ausgespannt, während sie kutschierte, und lachte ein bißchen verlegen mit. Sie war hell und leicht gekleidet, mit einem riesengroßen dünnen Strohhut und sah so frisch und froh und glücklich aus wie ein Kind am ersten Ferientag. Ich dachte an meinen Hans und an sein graues Armsündergesicht, war verwirrt und erstaunt und hätte sie viel lieber traurig gesehen. Der Wagen fuhr im muntern Trab talabwärts und war bald verschwunden.

Vielleicht wäre es nun gut gewesen, nach Hause zu gehen und nach Hans zu schauen. Mir graute aber davor und ich ging statt dessen dem Wagen nach, zur Schlucht hinunter. Ich glaubte, ich tue es aus Mitleid mit meinem Freund und aus Verlangen nach Kühle und Waldstille, aber wahrscheinlich ist es mehr das schöne, sonderbare Mädchen gewesen, das mich gezogen hat. Wirklich begegnete mir weiter unten ihr umkehrender

Wagen, vom Forstgehilfen langsam kutschiert, und ich wußte nun, daß ich sie am Forellenbach finden würde. Da spürte ich, obwohl ich längst im Waldschatten war, auf einmal die große Schwüle, ich ging langsamer und begann mir den Schweiß aus dem Gesicht zu wischen. Als ich an den Bach kam, sah ich das Mädchen noch nicht, und ich machte eine Rast und steckte den Kopf ins kalte schnelle Wasser, bis ich fror. Dann ging ich behutsam über die Felsen bachabwärts. Das Wasser schäumte und lärmte und ich glitt jeden Augenblick auf den nassen Steinen aus, weil ich fortwährend spionierte, wo Salome wohl sei.

Da stand sie denn auch plötzlich erschreckend nah hinter einem moosigen Block, mit aufgerafften Kleidern und barfuß bis an die Knie. Ich blieb stehen und verlor ganz den Atem darüber, sie so schön und frisch und allein vor mir zu sehen. Einer ihrer Füße stand im Wasser und verschwand im Schaum, der andere trat ins Moos und war weiß und schön geformt.

Guten Morgen, Fräulein.

Sie nickte mir zu und ich stellte mich in nächster Nähe auf, rollte die Schnur vom Stock und fing zu angeln an. Sprechen mochte ich nicht, aber auch die Fischerei war mir nicht wichtig, ich war zu müd und zu dumm im Kopf. Darum ließ ich die Angel hängen und fing keinen Schwanz, und als ich zu merken glaubte, daß Salome sich darüber amüsierte und Grimassen schnitt, legte ich die Rute weg und setzte mich ein wenig beiseite in die moosigen Felsen. Da saß ich nun faul in der Kühle und schaute ihr zu, wie sie hantierte und watete. Es ging nicht sehr lang, da hörte auch sie auf, sich anzustrengen, sie spritzte eine Hand voll Wasser zu mir herüber und fragte: Soll ich auch kommen?

Nun fing sie an ihre Strümpfe und Schuhe anzulegen, und als sie einen anhatte, fragte sie: Warum helfen Sie mir nicht?

Ich halte es für unschicklich, antwortete ich.

Sie fragte naiv: Warum? worauf ich keine Antwort wußte. Es war für mich eine sonderbare Stunde und keineswegs angenehm. Je schöner das Mädchen mir erschien und je vertraulicher sie nun mit mir tat, desto mehr mußte ich an meinen Freund Hans Amstein und an die Berta denken und fühlte einen Zorn gegen Salome in mir anwachsen, die mit uns allen spielte und zu ihrem Zeitvertreib uns drei unglücklich gemacht hatte. Es schien mir jetzt Zeit, gegen mein leidiges Verliebtsein zu kämpfen und der Spielerei womöglich ein Ende zu machen.

Ich fragte: Darf ich Sie nach Hause begleiten?
Ich bleibe noch hier, sagte sie, Sie nicht?
Nein, ich gehe.
O, Sie wollen mich ganz allein lassen? Es wäre so hübsch, noch ein bißchen dazusitzen und zu schwatzen. Sie plaudern oft so lustig.
Ich stand auf. Fräulein Salome, sagte ich, Sie sind gar zu liebenswürdig. Ich muß jetzt gehen. Sie haben ja Männer genug, mit denen Sie spielen können.
Sie lachte hell auf. Dann adieu! rief sie lustig, und ich ging davon wie geschlagen. Es war nicht möglich, dem Mädchen irgendein ernstes Wort abzuzwingen. Unterwegs kam mir noch einmal der Gedanke, sie zu nehmen wie sie einmal war, umzukehren und die Stunde zu benutzen. Aber ihre Art, sich gleichsam wegzuwerfen, war so, daß ich mich schämte, darauf einzugehen. Und wie hätte ich dann noch mit Hans reden sollen?

Als ich nach Hause kam, hatte Hans auf mich gewartet und zog mich gleich in sein Stüblein. Was er mir sagte, war alles ziemlich klar und verständlich, verwirrte mich aber trotzdem. Er war so von Salome besessen, daß von der armen Berta kaum mehr die Rede war. Immerhin sah er ein, daß er nicht länger Gast im Hause sein dürfe, und kündigte auf den Nachmittag seine Abreise an. Das war deutlich und begreiflich und ich konnte nichts dagegen sagen; nur nahm ich ihm das Versprechen ab, ehrlich mit Berta zu reden, ehe er ausreiße. Nun kam aber die Hauptsache. Da Hans vor unklaren und zweideutigen Verhältnissen seiner ganzen Natur nach einen Abscheu hatte, wollte er sogleich die Salome sich sichern und ihr Wort oder das ihres Pflegevaters mitnehmen, da er ohnehin sonst kaum eine Erlaubnis haben werde, unser Nest wieder aufzusuchen.

Vergeblich riet ich ihm, abzuwarten. Er war heillos aufgeregt und erst später fiel mir ein, daß wahrscheinlich sein empfindliches Ehrgefühl darauf bestand, aus der für ihn nicht eben ehrenvollen Verwicklung irgendwie als Sieger hervorzugehen und seine bis jetzt doch nicht schuldlose Leidenschaft durch eine entschiedene Haltung vor sich selber und vor den Leuten zu rechtfertigen.

Ich gab mir alle Mühe, ihn umzustimmen. Ich machte sogar die von mir selber geliebte Salome schlecht, indem ich andeutete, ihre Leidenschaft für ihn sei wohl nicht echt und nur eine kleine Eitelkeit gewesen, über die sie vielleicht schon wieder lache.

Es war umsonst, er hörte kaum zu. Und dann bat er mich flehentlich, mit ihm in die Oberförsterei zu gehen. Er selber war schon im Gehrock. Mir war sonderbar genug dabei zumute. Ich sollte ihm nun das Mädchen freien helfen, in die ich selber seit so und so viel Semestern, wenn schon hoffnungslos, verliebt war.

Es gab keinen kleinen Kampf. Aber schließlich gab ich nach, denn Hans war von einem so ungewohnten, leidenschaftlichen Geist beseelt, als regiere ihn irgendein Dämon, dem nicht zu widerstehen war.

Also zog auch ich den schwarzen Rock an und ging mit Hans Amstein ins Haus des Oberförsters. Der Gang war für uns beide eine Qual, dabei war es höllisch heiß, es ging gegen Mittag, und ich konnte im zugeknöpften Staatsrock kaum mehr Luft bekommen. Meine Aufgabe war, vor allem den Oberförster festzuhalten und Hans eine Unterredung mit Salome zu ermöglichen.

Die Magd führte uns in die schöne Besucherstube; der Oberförster und seine Tochter kamen gleichzeitig herein, und bald ging ich mit dem Alten ins Nebenzimmer, um mir ein paar Jagdflinten zeigen zu lassen. Die beiden andern blieben allein im Besuchszimmer zurück.

Der Oberförster war auf seine feine ruhige Art freundlich gegen mich, und ich besah jede Flinte so umständlich als möglich. Doch war mir gar nicht wohl dabei, denn ich hatte beständig ein Ohr auf das Nebenzimmer gespitzt, und was ich dort vernahm, war nicht geeignet, mich zu beruhigen.

Die anfänglich halblaute Unterhaltung der beiden war bald zu einem Flüstern geworden, das eine gute Weile dauerte, dann wurden einzelne Ausrufe hörbar, und plötzlich, nachdem ich minutenlang in peinlicher Bangigkeit gehorcht und Komödie gespielt hatte, vernahm ich, und leider auch der Oberförster, Hans Amsteins Stimme aufgeregt und mit einem überlauten, fast schreienden Ton.

Was gibt's denn? rief der Oberförster und riß die Tür auf. Salome war aufgestanden und sagte ruhig: Herr Amstein hat mich mit einem Antrag beehrt, Papa. Ich glaubte ihn ablehnen zu müssen – –

Hans war außer sich.

Daß du dich nicht schämst! rief er heftig. Erst hast du mich fast mit Gewalt von der andern weggezogen und jetzt – –

Der Oberförster unterbrach ihn. Sehr kühl und ein wenig hochmütig bat er um Erklärung der Szene. Da nun Hans nach längerem Schweigen mit mühsam gedämpfter, vor Zorn und Aufregung keuchender Stimme zu berichten anfing, sich verwirrte und ins Stocken geriet, glaubte ich einzugreifen zu müssen und habe damit wahrscheinlich die ganze Sache vollends verdorben.

Ich bat den Oberförster um eine kurze Unterredung und erzählte ihm alles, was ich wußte. Ich verschwieg keine von den kleinen Künsten, mit denen Salome meinen Freund an sich gezogen hatte. Ich verschwieg auch nicht, was ich in der Nacht gesehen hatte. Der alte Herr erwiderte keinen Ton, er hörte aufmerksam zu, schloß die Augen und machte ein leidendes Gesicht. Nach fünf Minuten waren wir schon wieder im Besuchszimmer, wo wir Hans allein wartend fanden.

Ich höre da merkwürdige Sachen, sagte der Oberförster mit künstlich fester Stimme, immerhin scheint meine Tochter Ihnen einige Avancen gemacht zu haben. Nur vergaßen Sie, daß Salome noch ein Kind ist.

Ein Kind, sagte er, ein Kind!

Ich werde das Mädchen zur Rede stellen und erwarte Sie morgen um diese Zeit zu einer weiteren Aussprache. Mit einer steifen Gebärde entließ er uns und wir schlichen still und demütig nach Hause. Plötzlich mußten wir aber eilen, denn über unserem Städtchen brach ein tolles Gewitter aus, und trotz aller Sorge im Herzen liefen wir doch wie die Windhunde, um unsere Staatsröcke zu retten.

Beim Mittagessen war mein Onkel von einer gewaltsam heiteren Laune; wir drei jungen Leute hatten aber weder zum Essen noch zum Reden viel Lust. Berta hatte einstweilen nur gefühlt, daß Hans ihr irgendwie entfremdet sei, und blickte nun traurig und angstvoll bald mich, bald den Amstein an, daß es einem bis in die Knochen ging.

Nach dem Essen legten wir uns mit Zigarren auf den Holzbalkon und hörten dem Donnern zu. Auf dem glühenden Erdboden verdampfte der Regen in Schwaden und füllte alle Wiesen und Gärten mit Nebel an, die Luft war voll von Wasserdunst und starkem Grasgeruch. Ich mochte nicht mit Hans sprechen, ein Gefühl von Ärger und Bitterkeit befiel mich gegen ihn, und sooft ich ihn ansah, fiel der Anblick von gestern mir wieder ein, wie er und das Mädchen stumm und mit Gewalt aneinandergepreßt den Garten verließen. Ich machte mir bittere Vorwürfe darüber, daß ich das Nachtabenteuer dem Oberförster verraten hatte, und ich erfuhr, wie schwer man um ein Weib leiden kann, auch wenn man verzichtet hat und sie nicht einmal mehr haben möchte. Plötzlich ging die Balkontür auf, und es trat eine große, dunkle Gestalt herein, von Regen triefend. Erst als sie den langen Mantel auseinanderschlug, erkannte ich die schöne Salome, und ehe noch ein Wort gesprochen war, drückte ich mich an ihr vorbei durch die Tür, die sie sogleich schloß. In der Wohnstube saß Berta bei einer Handarbeit und sah bekümmert aus. Einen Augenblick überwog in mir das Mitleid mit dem verlassenen Mädchen alles andere.

Berta, auf dem Balkon ist die Salome beim Hans Amstein, sagte ich zu ihr.

Da stand sie auf, legte ihre Arbeit weg und wurde weiß im Gesicht. Ich sah, wie sie zitterte, und ich dachte, sie würde nun sogleich in Tränen ausbrechen. Aber sie biß sich in die Lippen und blieb stramm.

Ich muß hinübergehen, sagte sie plötzlich und ging. Ich schaute zu, wie sie sich steif aufrecht hielt, wie sie die Balkontür aufmachte und hinter sich wieder schloß. Eine Weile sah ich die Tür an und versuchte mir vorzustellen, was jetzt da draußen geschehe. Aber ich hatte nichts dabei zu tun. Ich ging in meine Stube hinunter, legte mich auf zwei Stühle, rauchte und hörte dem Regen zu. Ich versuchte mir vorzustellen, was nun droben zwischen den dreien vorgehe, und diesmal war mir's am meisten um die Berta leid.

Der Regen hatte längst aufgehört, und der warme Boden war schon fast überall wieder trocken. Ich ging in die Wohnstube hinauf, wo Berta den Tisch deckte.

Ist die Salome fort? fragte ich.

Schon lange. Wo warst du denn?

Ich habe geschlafen. Wo ist Hans?

Ausgegangen.

Was habt ihr miteinander gehabt?

Ach, laß mich!

Nein, ich ließ sie nicht; sie mußte erzählen. Sie tat es leise und ruhig und sah mich aus einem blassen Gesichtchen heraus mit stiller Festigkeit an. Das sanfte Mädchen war tapferer, als ich geglaubt hatte, und vielleicht tapferer als wir beiden Männer.

Als Berta den Balkon betreten hatte, war Hans vor der hochmütig aufgerichteten Salome gekniet. Die Berta nahm sich mit Gewalt zusammen. Sie zwang den Amstein, aufzustehen und ihr Rechenschaft zu geben. Da berichtete er ihr alles, die Salome aber stand daneben, hörte zu und lachte zuweilen. Als er zu Ende war, entstand ein Schweigen und dauerte so lange, bis die Salome ihren Mantel wieder umnahm und gehen wollte. Da sagte Berta: Du bleibst da! und zu Hans: Sie hat dich eingefangen, jetzt muß sie dich auch haben; zwischen mir und dir ist es ja doch vorbei!

Was die Salome nun antwortete, erfuhr ich nicht genau. Aber es muß bös gewesen sein – sie hat kein Herz im Leib, sagte Berta – und als sie dann zur Tür ging, wurde sie von niemand mehr zurückgehalten und ging unbegleitet die Treppe hinunter. Hans aber bat mein armes Kusinchen um Verzeihung. Er werde noch heute fortgehen, sie möge ihn vergessen, er sei ihrer nicht wert gewesen und dergleichen. Und er war weggegangen.

Als Berta mir das erzählt hatte, wollte ich irgend etwas Tröstendes antworten. Aber ehe ich ein Wort herausbrachte, hatte sie sich über den halbgedeckten Tisch geworfen und wurde von einem unheimlichen Schluchzen geschüttelt. Sie litt keine Berührung und kein Wort, ich konnte nur daneben stehen und zuwarten, bis sie wieder zu sich kam.

Geh, geh doch! sagte sie endlich und ich ging.

Als Hans zum Abendessen noch nicht zurück war und auch auf die Nacht nicht heimkam, war ich nicht sehr erstaunt. Vermutlich war er abgereist. Zwar war sein kleiner Koffer noch da, doch würde er schon darum schreiben. Sehr nobel war diese Flucht nicht, aber durchaus nicht unbegreiflich. Schlimm war nur das, daß ich jetzt genötigt war, dem Onkel die leidigen Affären mitzuteilen. Es gab ein gewaltiges Unwetter, und ich zog mich sehr früh auf meine Bude zurück.

Am andern Morgen weckten mich Gespräch und Geräusch vor dem Haus. Es war kaum fünf Uhr vorbei. Dann wurde die Torglocke gezogen. Ich schlüpfte in die Hosen und ging hinaus.

Auf ein paar Fichtenästen lag Hans Amstein in seinem grauen, wollenen Ferienrock. Ein Waldschütz und drei Holzarbeiter hatten ihn gebracht. Natürlich waren auch schon ein paar Zuschauer da.

Weiter? Nein, mein Bester. Die Geschichte ist aus. Heutzutage sind ja Studentenselbstmorde keine Raritäten mehr, aber damals hatte man Respekt vor Leben und Tod, und man hat von meinem Hans noch lange gesprochen. Und auch ich habe der leichtsinnigen Salome bis heute nicht verziehen.

Na, sie hat wohl ein gutes Teil abgebüßt. Damals nahm sie es nicht schwer, aber es kam auch für sie eine Zeit, wo sie das Leben ernst nehmen mußte. Sie hat keinen leichten Weg gehabt, sie ist auch nicht alt geworden. Das wäre noch eine Geschichte! Aber nicht für heute. Wollen wir noch eine Bouteille anbrechen?

(1903)

Der Erzähler

In einem hochgelegenen Kloster im toskanischen Apennin, dessen Gast er war, saß am Fenster seiner wohnlichen Stube ein greiser geistlicher Herr. Draußen glühte die Frühsommersonne auf den Mauern, auf dem schmalen, festungsartigen Hof, den steinernen Treppen und dem steilen, gepflasterten Fahrweg, der vom grünen Tal heiß und mühsam bergan zum Kloster führte. Weiter hinaus lagen grüne, fruchtbare Täler, in deren Gärten Oliven, Mais, Obst und Reben gediehen, lichte kleine Weiler mit hellen Mauern und schlanken Türmen, dahinter die hohen, kahlen, rötlichen Berge, da und dort mit mauerumschlossenen Meierhöfen und kleinen weißen Landhäusern besetzt.

Auf dem breiten Gesimse hatte der alte Herr ein kleines Buch vor sich liegen. Es war in ein Stück Pergamentmanuskript gebunden, dessen Zinnoberinitialen kräftig leuchteten. Er hatte darin gelesen und strich nun spielend mit der weißen Hand über das Büchlein, nachdenklich lächelnd und mit leisem Kopfschütteln. Das Bändchen war nicht etwa der Klosterbibliothek entnommen, hätte dorthin auch nicht gepaßt; denn es enthielt weder Gebete noch Meditationen noch die *Vitae Patrum*, sondern eine Sammlung von Novellen. Es war ein Novellino in italienischer Sprache, erst kürzlich erschienen, und auf seinen schön gedruckten Blättern stand allerlei Feines und Grobes, zarte Ritter- und Freundschaftshistorien neben durchtriebenen Schelmenstücklein und saftigen Hahnreigeschichten.

Trotz seinem milden Aussehen und trotz seinen höheren kirchlichen Würden hatte Herr Piero keine Ursache, an diesen weltlich derben Geschichten und Schwänken Anstoß zu nehmen. Er hatte selber ein flottes Stück Welt gesehen und genossen, und er war selber ein Verfasser von zahlreichen Novellen, in denen die Heikelkeit der Stoffe mit der Delikatesse der Darstellung wetteiferte. So gut er es in jungen Jahren verstanden hatte, hübschen Frauen den Hof zu machen und verbotene Fenster zu erklimmen, so gut und bündig hatte er später gelernt, seine und fremde Abenteuer zu erzählen. Obwohl er nie ein Buch veröffentlicht hatte, kannte man ihn und seine Geschichten durch ganz Italien. Er liebte eine feinere Art der Darbietung: er ließ seine Opuscula, jedes kleine Stück für sich, zierlich abschreiben und sandte ein solches Blatt oder Heft bald dem, bald jenem von seinen Freunden zum Geschenk, stets mit einer schmeichelhaften oder witzigen Widmung versehen. Diese kostbaren Pergamente gingen zunächst an den Bischofssitzen und Höfen von Hand zu Hand, wurden nacherzählt und wieder und wieder abgeschrieben und fanden ihren Weg in stille, entlegene Kastelle, in Reisewagen und Schiffe, in Klöster und Pfarrhöfe, in Malerwerkstätten und Bauhütten.

Nun war es allerdings schon einige Jahre her, seit die letzte galante Novelle von seinem Pult ins Weite gegangen war, und es gab schon in mehreren Städten Buchdrucker, die gleich den Wölfen auf seinen Tod warteten, um dann sogleich Sammlungen der Novellen zu veranstalten. Herr Piero war alt geworden, und das Schreiben war ihm entleidet. Auch hatte mit dem Altwerden sein Gemüt sich nach und nach von den galanten und witzigen Stoffen abgewandt und neigte zwar nicht zur Askese, aber doch zu einem tieferen, nachdenklichen Betrachten des Ganzen und Einzelnen. Ein glückliches und ausgefülltes Leben hatte bisher seinen Verstand durchaus mit Wirklichkeit gesättigt und vom Grübeln ferngehalten; nun kam gelegentlich eine Stunde, da er statt der kleinen bunten Welt des Zeitlichen die großen Räume des Ewigen ins Auge faßte und über das seltsam und unlöslich ins Unendliche verflochtene Endliche in stille Bewunderung versank. Heiter und freimütig wie sein früheres Denken waren auch diese Betrachtungen; er fühlte ohne Klagen seine Ruhezeit gekommen und den Herbst angebrochen, da die reife Frucht ihres Strebens satt wird und sich, müde werdend, der mütterlichen Erde zuneigt.

So blickte er vom Buche hinweg sinnend und genießend in die heitere Sommerlandschaft. Er sah Bauern im Felde arbeiten, angeschirrte Pferde vor halbbeladenen Wagen an den Toren der Gärten stehen, sah einen struppigen Bettler auf der langen weißen Straße wandern. Lächelnd nahm er sich vor, diesem Bettler etwas zu schenken, wenn er zum Kloster heraufkäme, und aufstehend überblickte er mit spielerischem Mitleiden die Straße mit ihrer großen Windung um Bach und Mühle herum und den steilen warmen Steinweg vor der Pforte, auf dem ein einsames Huhn träumerisch und unstet wandelte und an dessen glühenden Mauern die Eidechsen spielten. Sie liefen hastig, blieben still atmend stehen, bewegten leise und suchend die schönen Hälse und die dunklen harten Augen, sogen die von Wärme zitternde Luft mit Behagen ein und eilten plötzlich wieder, von unbekannten Entschlüssen getrieben, blitzschnell von hinnen, verschwanden in schmale Steinritzen und ließen die langen Schwänze heraushängen. Darüber wandelte den Zuschauer ein Durst an. Er verließ die Stube und schritt durch die kühlen Dormente in den verschlafenen Kreuzgang hinüber. Dienstfertig zog ihm der Bruder Gärtner den schweren Eimer aus der kalten Zisternentiefe, in der die fallenden Tropfen unsichtbar auf eine klingende Wasserfläche schlugen. Er füllte sich einen Becher, pflückte aus den wohlgehaltenen Limonenbüschen eine gelbe reife Frucht und drückte ihren Saft in sein Trinkwasser. Dann trank er in langsamen Zügen.

In seine Stube und an das Fenster zurückgekehrt, ließ er still genießende Blicke über die Täler, Gärten und Bergzüge wandern. Erlangte sein Blick ein sanft am Hange gelegenes Gehöft, so malte er sich im Geist einen sonnigen Torweg aus, unter dem Knechte mit gefüllten Körben, schwitzende Zugpferde und breitmäulige Ochsen, schreiende Kinder, eilige Hühner, freche Gänse, rosige Mägde ein und aus gingen. Kam ihm hoch auf einem Grat ein stattliches, steil emporflammendes Zypressenpaar zu Gesicht, so stellte er sich vor, er säße als ein Wanderer rastend darunter, eine Feder auf dem Hut, ein amüsantes Büchlein in der Tasche und ein Lied auf den Lippen. Wo ein Waldrand seinen gezackten Schatten auf eine lichte Wiese breitete, rastete sein Blick in der Vorstellung einer Sommergesellschaft: er sah junge Leute in den Anemonen lagern und sich die Zeit mit Plauderei und Liebesgetändel vertreiben, sah am Waldrand große flache Körbe mit kalten Speisen und Obst bereitliegen und in die kühle Walderde halb eingesenkt schmalhalsige Weinkrüge, in die man außerdem zu Hause Eisstückchen gelegt hatte.

Er war gewohnt, sich am Betrachten der sichtbaren Welt zu ergötzen, so daß ihm, wenn andere Unterhaltung mangelte, jedes Stück Land oder Welt, vom Fenster oder Reisewagen aus gesehen, zu einem Zeitvertreib wurde, wobei die mannigfaltigen Beschäftigungen und Umtriebe der Menschen ihn als überlegenen Zuschauer zum Lächeln brachten. Denn er gönnte jedem das, was einer besaß und galt, hatte auch gute Gründe zu glauben, daß vor Gottes Augen ein Kirchenfürst wenig mehr als irgendein armer Knecht oder ein Bauernkind bedeute. Und während er, seit kurzem erst der Stadt entronnen, sein Auge an der grünen Freiheit weidete, kehrte sein beweglicher Geist nach mancherlei Flügen heim in die fröhlichen Gefilde der Jugendzeit, als sähe er sie im Bilde der lichten Landschaft zu behaglicher Altersrückschau vor sich ausgebreitet. Mit Nachfreude erinnerte er sich an manchen Tag der Lust, an manche fröhliche Jagd, da er noch keine Röcke trug, an heiße rasche Ritte auf sonnigen Straßen, an Nächte voll Gesang und Geplauder und Bechergeläut, an Donna Maria die Stolze, an Marietta die Müllerin und an die Herbstabende, da er die blonde Giuglietta in Prato besuchte.

Niedersitzend behielt er den rotbraunen Kranz der hohen Berge im Blick, als verweile dort in der Ferne sichtbar noch ein Glanz und Duft von damals, als brenne dort eine lang untergegangene Sonne noch fort. Sein Gedächtnis kehrte in die Zeit zurück, da er kein Knabe mehr und doch noch kein Jüngling war. Dies allein hatte er unrettbar verloren; das war das einzige, was sich nie im Leben wiederholt hatte und was auch die Erinnerung nicht mehr völlig zu beschwören mächtig war – jenes frühlingshafte, sehnsüchtige Werdegefühl. Wie hatte er da nach Wissen gehungert, nach einer sicheren Kunde von der Welt und vom Mannesleben, vom Wesen der Frau und der Liebe! Und wie war er reich und unbewußt glücklich in jenem schmerzlich dürstenden Sehnen gewesen! Was er später sah und genoß, war schön, war süß; aber schöner und süßer und seliger war jenes phantastische Träumen und Ahnen und Sehnen gewesen.

Ein Heimweh dort hinüber beschlich den alten Herrn. Nur eine von den Stunden noch einmal zu haben, da er tastend vor dem Vorhang des Lebens und der Liebe stand, noch unwissend, was er dahinter fände und ob es zu wünschen oder zu fürchten sei! Noch einmal errötend die Gespräche der älteren Freunde zu belauschen und beim Gruß jeder Frau, von deren Liebesleben man irgend etwas wußte oder ahnte, bis ins Herz hinein zu zittern!

Piero war nicht der Mann, um Erinnerungen zu trauern und sein Wohlsein einer Jagd nach Träumen zu opfern. Mit einer plötzlichen Grimasse begann er leise die Melodie einer alten lustigen Canzone durch die Zähne zu pfeifen. Dann griff er von neuem nach dem Novellino und fand seine Freude daran, in dem farbenreichen Dichtergarten zu lustwandeln, wo es von prächtigen Kostümen glänzte, während die Becken der Springbrunnen vom Gekreisch badender Mädchen widerhallten und in den Gebüschen das Gekose verliebter Paare zu hören war. Da und dort nickte er einem guten Wortspiel erkennend und befriedigt zu, da und dort schien ihm eine Pointe gelungen, ein Kraftwort gut angebracht, ein kleiner lasziver Nebensatz geschickt und reizend durch scheinbares Verstecken ins Licht gerückt; je und je auch dachte er mit korrigierender Gebärde: das hätte ich anders gemacht. Manchen Satz las er halblaut, den Tonfall ausprobend. Heiterkeit überflog sein kluges Gesicht und entzündete kleine fröhliche Feuer in seinen Augen.

Wie es aber geschehen kann, daß ungewollt ein Teil unserer Seele, während wir dies oder jenes treiben, durch entlegene Gebiete irrt und bei Vorstellungen verweilt, die mehr als Phantasien und weniger als Erinnerungen sind, so war ein Teil seiner Gedanken, ohne daß er recht darum wußte, in jener fernen Vorfrühlingszeit seiner Jugend geblieben und flatterte unsicher um ihre ruhenden Geheimnisse, wie die Abendfalter um ein erleuchtetes und geschlossenes Fenster schwirren.

Und als nach einer Stunde das lustige Buch von neuem weggeschoben auf dem Stuhle lag, waren diese verirrten Gedanken noch nicht zurückgekehrt, und um sie heimzurufen, ging er ihnen so weit in die Ferne nach, daß es ihn gelüstete, dort nochmals eine Weile zu rasten. Mit spielender Hand ergriff er ein daliegendes Streifchen Papier, nahm vom Schreibtisch einen Kiel und begann feine Linien zu kritzeln. Eine lange schmale Frauengestalt erwuchs auf dem Papier, mit stiller Freude streichelte die weiße weiche Priesterhand liebevoll an Falten und Säumen; nur das Gesicht war und blieb eine blöde Maske, dazu reichte seine Fertigkeit nicht aus. Während er kopfschüttelnd die starren Linien des Mundes und der Augen statt lebendiger nur schwärzer und steifer werden sah, veränderte das Tageslicht sich mehr und mehr, und endlich aufblickend, sah Herr Piero die Berge rot umleuchtet. Er lehnte sich ins Fenster, sah im goldenen Staubgeflimmer der Straße Vieh und Wagen, Bauern und Weiber heimkehren, hörte in nahen Dörfern anhebendes Geläut und, als dies verklungen war, ganz fern und fein noch ein tiefes Summen tönen, aus irgendeiner entfernteren Stadt, vielleicht aus Florenz. Im Tal stand ein rosenfarbener Abendduft, und mit dem Herankommen der Dämmerung wurden die Höhen plötzlich sammetblau und der Himmel opalfarbig. Herr Piero nickte zu den dunkelnden Bergen hinüber, erwog zugleich, daß es nun Zeit zum Abendessen sei, und verfügte sich mit bequemen Schritten treppauf in das Speisezimmer des Abtes.

Sich nähernd, hörte er ungewohnte frohe Töne, die auf Gäste deuteten, und bei seinem Eintritt erhoben sich zwei Fremde aus ihren Sesseln. Der Abt stand gleichfalls auf.

»Du kommst spät, Piero«, sagte er. »Ihr Herren, da ist der Erwartete. Ich bitte dich, Piero – hier ist Herr Luigi Giustiniani aus Venedig und sein Vetter, der junge Herr Giambattista. Die Herrschaften kommen von Rom und Florenz und hätten mein Bergnest schwerlich gefunden, wenn nicht deine berühmte Gegenwart, die man ihnen in Florenz verriet, sie hergezogen hätte.«

»Wirklich?« lachte Piero. »Vielleicht ist es doch anders, und die Herren gehorchten einfach der Stimme ihres Blutes, die sie an keinem Kloster vorübergehen lassen sollte.«

»Warum denn?« fragte der Abt verwundert, und Luigi lachte.

»Herr Piero scheint allwissend«, sagte er fröhlich, »daß er uns so unvermutet mit alten Familiengeschichten bewirtet.«

Nun erzählte er dem Abt in Kürze die merkwürdige Geschichte seines Urahnen. Dieser sah sich nämlich als ganz junger, noch nicht lange eingekleideter Mönch eines Tages als der einzige männliche Träger seines Namens übriggeblieben, da der gesamte männliche Stamm der Giustiniani vor Byzanz zugrunde gegangen war. Damit die Familie nicht absterbe, entband ihn der Papst seines Gelübdes und vermählte ihn mit der Tochter des Dogen. Er bekam mit dieser drei Söhne; aber kaum waren diese erwachsen und an Frauen aus den mächtigsten Häusern verheiratet, so ging der Vater in sein Kloster zurück, wo er in strengster Buße lebte.

Piero hatte sich an seinen Ehrenplatz gesetzt und erwiderte die Artigkeiten, die den weichsprechenden Venezianern wie Öl vom Munde liefen, auf seine vornehme Weise. Er war ein wenig müde, doch ließ er davon nichts merken, und während dem Fisch das Geflügel und dem lichten herben Bologneser ein kraftvoller alter Chianti folgte, ward er zusehends lebhafter.

Als die Schüsseln abgetragen waren und neben den Bechern nur noch der Weinkrug und eine Schale mit Früchten auf dem Tische stand, war es im Zimmer beinahe schon dunkel. Durch die schmalen, schwer gemauerten Fensterbogen blaute der Nachthimmel herein, und auch als die Leuchter angezündet waren, blieb sein Schimmer noch lange sichtbar. Unter den Fenstern ward aus der Taltiefe je und je ein Sommernachtgeräusch hörbar, bald ein fernes Hundegebell, bald von der Mühle ein Gelächter, Gesang oder Lautenschlagen, bald auf der Straße der langsame Doppelschritt eines Liebespaares. In ruhigen Wogen floß die laue, nach den Feldern duftende Luft herein, kleines Nachtgeflügel mit grauen, silberstaubigen Sammetflügeln kreiste irrend um die Kerzen, an denen das Wachs zu dicken Bärten niedertropfte.

Am Tische gingen Scherzreden, Wortspiele und Anekdoten um. Das Gespräch, das mit politischen Neuigkeiten und den neuesten vatikanischen Witzen begonnen, dann eine Wendung zum Literarischen genommen hatte, blieb schließlich bei Liebesfragen und Liebeserlebnissen hängen, wobei die jungen Gäste ein Beispiel ums andere anführten, zu denen der Abt schweigend nickte, Piero aber Anmerkungen und Überblicke gab, deren Wesen ebenso sachkundig gründlich wie ihre Form präzise war. Doch legte er mehr Gewicht auf vergnügliche Abwechslung als auf strenge Konsequenz, und kaum hatte er die Behauptung gewagt, ein kundiger Mann könne auch in der dicksten Finsternis an untrüglichen Merkmalen erkennen, ob eine Frau blond oder dunkel sei, so schien er sich zu widersprechen mit dem nächsten Axiom, daß nämlich bei Weibern und in der Liebe drei gerade und hell dunkel sei.

Die Venezianer brannten darauf, ihm irgendein Histörchen zu entlokken, und wandten alle Künste an, ihn unvermerkt zum Erzählen zu verführen. Der Alte blieb aber ruhig und beschränkte sich darauf, Theorien und Sentenzen ins Gespräch zu werfen, wodurch er den Gästen spielend eine Geschichte um die andere entlockte, deren jede er belustigt dem Schatz eines unheimlich reichen Gedächtnisses einreihte. Er hörte dabei auch manchen ihm längst wohlbekannten Stoff in neuer persönlicher Verkleidung vortragen, ohne den Plagiator zu entlarven; er war alt und klug genug, um zu wissen, daß gute alte Geschichten niemals schöner und lustiger sind, als wenn ein Neuling sie selber erlebt zu haben glaubt.

Am Ende aber wurde der junge Giambattista ungeduldig. Er nahm einen Schluck von dem dunkelroten Wein, stieß den Becher auf den Tisch und wandte sich an den Alten. »Hochwürdiger Herr«, rief er, »Ihr wißt so gut wie ich, daß wir alle vor Begierde sterben, eine Erzählung aus Eurem Munde zu hören. Ihr habt uns nun verlockt, daß wir Euch mindestens schon ein Dutzend Geschichten erzählt haben, immer in der Hoffnung, Ihr würdet eine bessere auftischen, wäre es auch nur, um uns zu beschämen. Tut uns die Liebe und erfreut uns mit irgendeiner alten oder neuen Novelle!«

Piero verzehrte bedächtig einen in Wein getauchten Feigenschnitz und überlegte, während er daran schlürfte. »Ihr vergeßt, werter Herr, daß ich kein leichtsinniger Novellist mehr bin, sondern ein alter Mann, dem nur noch ein Epigramm für seinen Grabstein zu verfassen übrigbleibt.«

»Mit Verlaub«, fiel Giambattista ein, »Ihr habt noch vor Augenblicken Worte über die Liebe gesagt, auf die jeder Jüngling stolz sein dürfte.«

Auch Luigi fing an zu bitten. Piero lächelte sonderbar. Er hatte beschlossen, nachzugeben, jedoch eine Geschichte zu erzählen, von der er erwarten durfte, sie würde die jungen Männer enttäuschen. Ruhig schob er den dreiflammigen Leuchter weiter von sich, besann sich ein wenig, wartete, bis alle still wurden und ihre Becher gefüllt hatten, und begann zu sprechen.

Die Kerzen warfen eckige Schatten auf die breite Tafel, auf der einzelne braune und grüne Feigen und gelbe Limonen verstreut lagen. Durch die hohen Fensterbogen atmete, kühler werdend, die Nacht, die indes den lichten Himmel dunkel gemacht und mit Gestirnen bedeckt hatte. Die drei Zuhörenden hatten sich in die tiefen Sessel zurückgesetzt und blickten vor sich nieder auf den roten Steinboden, auf dem der Schatten des Tafeltuches sich leise wallend bewegte. In der Mühle und weit im Tal war alles verstummt, und es war so still, daß man in weiter Ferne auf der harten Straße ein müdes Pferd im Schritt gehen hörte – so langsam, daß man nicht unterscheiden konnte, ob es näherkomme oder sich entferne.

Piero erzählte:

Wir haben diesen Abend mehrmals über das Küssen gesprochen und darüber gestritten, welche Art des Kusses die beglückendste sei. Es ist die Sache der Jugend, das zu beantworten; wir alten Leute sind über das Versuchen und Erproben hinaus und können über dergleichen wichtige Dinge nur noch unsere trübgewordene Erinnerung befragen. Aus meiner bescheidenen Erinnerung will ich euch also die Geschichte zweier Küsse erzählen, von welchen mir jeder zugleich als der süßeste und bitterste in meinem Leben erschienen ist.

Als ich zwischen sechzehn und siebzehn alt war, besaß mein Vater noch ein Landhaus auf der Bologneser Seite des Apennin, in dem ich den größten Teil meiner Knabenjahre verlebt habe, vor allem jene Zeit zwischen Knabentum und Jünglingtum, die mir heute – möget ihr es verstehen oder nicht – als die schönste im ganzen Leben erscheint. Längst hätte ich jenes Haus einmal wieder aufgesucht oder es als Ruhesitz für mich erworben, wäre es nicht durch eine unerfreuliche Erbschaft an einen meiner Vettern gefallen, mit dem ich beinah schon von Kind auf mich schlecht vertrug und der übrigens eine Hauptrolle in meiner Geschichte spielt.

Es war ein schöner, nicht allzu heißer Sommer, und mein Vater bewohnte mit mir und mit ebenjenem Vetter, den er zu Gast geladen hatte, das kleine Landhaus. Meine Mutter lebte damals schon lange nicht mehr. Der Vater war noch in guten Jahren, ein wohlbeschaffener Edelmann, der uns Jungen im Reiten und Jagen, Fechten und Spielen, in *artibus vivendi et amandi* zum Vorbild diente. Er bewegte sich noch immer leicht und fast jugendlich, war schön und kräftig gewachsen und hat bald nach jener Zeit zum zweitenmal geheiratet.

Der Vetter, der Alvise hieß, war damals dreiundzwanzigjährig und, wie ich gestehen muß, ein schöner junger Mann. Nicht nur war er schlank und gut gebaut, trug schöne lange Locken und hatte ein frisches, rotwangiges Gesicht, sondern er bewegte sich auch mit Eleganz und Anmut, war ein brauchbarer Plauderer und Sänger, tanzte recht gut und genoß schon damals den Ruf eines der beneidetsten Frauengünstlinge unserer Gegend. Daß wir einander durchaus nicht leiden mochten, hatte seine guten Ursachen. Er behandelte mich hochmütig oder mit einem unleidlich ironischen Wohlwollen, und da mein Verstand über meine Jahre entwickelt war, beleidigte mich diese geringschätzige Art, mit mir umzugehen, fortwährend aufs bitterste. Auch hatte ich als ein guter Beobachter manche seiner Intrigen und Heimlichkeiten entdeckt, was natürlich wiederum ihm recht unlieb war. Einigemal versuchte er mich durch ein geheuchelt freundschaftliches Benehmen zu gewinnen, doch ging ich nicht darauf ein. Wäre ich ein klein wenig älter und klüger gewesen, so hätte ich ihn durch verdoppelte Artigkeit eingefangen und bei guter Gelegenheit zu Fall gebracht – erfolgreiche und verwöhnte Leute sind ja so leicht zu täuschen! So aber war ich zwar erwachsen genug, um ihn zu hassen, aber noch zu sehr Kind, um andere Waffen als Sprödigkeit und Trotz zu kennen, und statt ihm seine Pfeile zierlich vergiftet wieder zuzuwerfen, trieb ich sie mir durch meine machtlose Entrüstung nur selber noch tiefer ins Fleisch. Mein Vater, dem unsere gegenseitige Abneigung natürlich nicht verborgen geblieben war, lachte dazu und neckte uns damit. Er hatte den schönen und eleganten Alvise gern und ließ sich durch mein feindliches Verhalten nicht daran hindern, ihn häufig einzuladen.

So lebten wir auch jenen Sommer zusammen. Unser Landhaus lag schön am Hügel und blickte über Weinberge hinweg gegen die entfernte Ebene. Erbaut wurde es, soviel ich weiß, von einem unter der Herrschaft der Albizzi verbannten Florentiner. Ein hübscher Garten lag darum her; mein Vater hatte rund um ihn eine neue Mauer errichten lassen, und sein Wappen war auf dem Portal in Stein ausgehauen, während über der Tür des

Hauses noch immer das Wappen des ersten Besitzers hing, das aus einem brüchigen Stein gearbeitet und kaum mehr kenntlich war. Weiter gegen das Gebirge hinein gab es eine sehr gute Jagd; dort ging oder ritt ich fast alle Tage umher, sei es allein oder mit meinem Vater, der mich damals in der Falkenbeize unterrichtete.

Wie gesagt, ich war beinah noch ein Knabe. Aber doch war ich keiner mehr, sondern stand mitten in jener kurzen, sonderbaren Zeit, da zwischen der verlorenen Kindesheiterkeit und der noch unerfüllten Mannbarkeit die jungen Leute wie zwischen zwei verschlossenen Gärten auf einer heißen Straße wandeln, lüstern ohne Grund, traurig ohne Grund. Natürlich schrieb ich eine Menge Terzinen und dergleichen, war aber noch nie in etwas anderes als in poetische Traumbilder verliebt gewesen, obwohl ich vor Sehnsucht nach einer wirklichen Liebe zu sterben meinte. So lief ich in einem beständigen Fieber herum, liebte die Einsamkeit und kam mir unsäglich unglücklich vor. Es verdoppelte meine Leiden der Umstand, daß ich sie sorgfältig verborgen halten mußte. Denn weder mein Vater noch der verhaßte Alvise hätten mich, wie ich genau wußte, mit ihrem Spott verschont. Auch meine schönen Gedichte verbarg ich vorsorglicher als ein Geizhals seine Dukaten, und wenn mir die Truhe nicht mehr sicher genug erscheinen wollte, trug ich die Kapsel mit den Papieren in den Wald und vergrub sie dort, schaute aber jeden Tag nach, ob sie noch da sei.

Bei einem solchen Schatzgräbergang sah ich einst zufällig meinen Vetter am Rande des Waldes stehen. Ich schlug sogleich eine andere Richtung ein, da er mich noch nicht gesehen hatte, behielt ihn aber im Auge; denn ich hatte mir ebensosehr aus Neugierde wie aus Feindschaft angewöhnt, ihn beständig zu beobachten. Nach einiger Zeit sah ich aus den Feldern eine junge Magd, die zu unserm Haushalt gehörte, hervorkommen und sich dem wartenden Alvise nähern. Er schlang den Arm um ihre Hüfte, drückte sie an sich und verschwand so mit ihr im Wald.

Da erfaßte mich ein gewisses Fieber und zugleich ein glühender Neid gegen den älteren Vetter, den ich Früchte pflücken sah, die für mich noch zu hoch hingen. Bei der Abendmahlzeit faßte ich ihn scharf ins Auge, denn ich glaubte, man müsse es irgendwie seinen Augen oder seinen Lippen ansehen, daß er geküßt und Liebe genossen hatte. Er sah jedoch aus wie sonst und war auch ebenso heiter und gesprächig. Von da an konnte ich weder jene Magd noch Alvise ansehen, ohne einen lüsternen Schauder zu spüren, der mir ebenso wohl wie wehe tat.

Um diese Zeit – es ging gegen den Hochsommer – brachte eines Tages mein Vetter die Nachricht, wir hätten Nachbarn bekommen. Ein reicher Herr aus Bologna mit seiner schönen jungen Frau, die Alvise beide schon seit längerer Zeit kannte, hatten ihr Landhaus bezogen, das keine halbe Stunde von unserm entfernt und etwas tiefer am Berge lag.

Dieser Herr war auch mit meinem Vater bekannt, und ich glaube, er war sogar ein entfernter Verwandter meiner verstorbenen Mutter, die aus dem Hause der Pepoli stammte; doch weiß ich dies nicht gewiß. Sein Haus in Bologna stand nahe beim Collegio di Spagna. Das Landhaus aber war ein Besitztum seiner Frau. Sie und er und auch schon ihre drei Kinder, von denen damals noch keines geboren war, sind nun alle gestorben, wie denn außer mir von allen den damals Versammelten nur noch mein Vetter Alvise am Leben ist, und auch er und ich sind jetzt Greise, ohne daß wir uns freilich deshalb lieber geworden wären.

Schon am folgenden Tage begegneten wir auf einem Ausritt jenem Bolognesen. Wir begrüßten ihn, und mein Vater forderte ihn auf, er möge ihn, samt seiner Frau, in Bälde besuchen. Der Herr schien mir nicht älter als mein Vater zu sein; doch ging es nicht an, diese beiden Männer miteinander zu vergleichen, denn mein Vater war groß und von edelstem Wuchse, jener aber klein und unschön. Er erwies meinem Vater alle Artigkeit, sagte auch zu mir einige Worte und versprach, er wolle uns am nächsten Tage besuchen, worauf mein Vater ihn sogleich aufs freundlichste zu Tische lud. Der Nachbar dankte, und wir schieden mit vielen Komplimenten und in der größten Zufriedenheit voneinander.

Tags darauf ließ mein Vater ein gutes Mahl bestellen und auch, der fremden Dame zu Ehren, einen Blumenkranz auf den Tisch legen. Wir erwarteten unsere Gäste in großer Freude und Spannung, und als sie ankamen, ging mein Vater ihnen bis unter das Tor entgegen und hob die Dame selber vom Pferd. Wir setzten uns darauf alle fröhlich zu Tisch, und ich bewunderte während der Mahlzeit Alvise noch mehr als meinen Vater. Er wußte den Fremden, zumal der Dame, so viele drollige schmeichelhafte und ergötzliche Dinge zu sagen, daß alle vergnügt wurden und das Gespräch und Gelächter keinen Augenblick stockte. Bei diesem Anlaß nahm ich mir vor, diese wertvolle Kunst auch zu lernen.

Am meisten aber beschäftigte mich der Anblick der jungen Edeldame. Sie war ausnehmend schön, groß und schlank, prächtig gekleidet, und ihre Bewegungen waren natürlich und reizend. Genau erinnere ich mich, daß sie an ihrer mir zugewendeten linken Hand drei Goldringe mit großen Steinen und am Hals ein dreifaches goldenes Kettchen mit Platten von florentinischer Arbeit trug. Als das Mahl sich zu Ende neigte und ich sie genugsam betrachtet hatte, war auch ich schon zum Sterben in sie verliebt und empfand zum erstenmal diese süße und verderbliche Leidenschaft, von der ich schon viel geträumt und gedichtet hatte, in aller Wirklichkeit.

Nach aufgehobener Tafel ruhten wir alle eine Weile aus. Alsdann begaben wir uns in den Garten, saßen daselbst im Schatten und ergötzten uns an mancherlei Gesprächen, wobei ich eine lateinische Ode hersagte und ein wenig Lob erntete. Am Abend speisten wir in der Loggia, und als es anfing dunkler zu werden, machten sich die Gäste auf den Heimweg. Ich erbot mich sogleich, sie zu begleiten; aber Alvise hatte schon sein Pferd vorführen lassen. Man verabschiedete sich, die drei Pferde setzten sich in Schritt, und ich hatte das Nachsehen.

An jenem Abend und in jener Nacht hatte ich denn zum erstenmal Gelegenheit, etwas vom Wesen der Liebe zu erfahren. So hochbeglückt ich den ganzen Tag beim Anblick der Dame gewesen war, so elend und untröstlich wurde ich von der Stunde an, da sie unser Haus wieder verlassen hatte. Mit Schmerz und Neid hörte ich nach einer Stunde den Vetter heimkehren, die Pforte verschließen und sein Schlafzimmer aufsuchen. Dann lag ich die ganze Nacht, ohne schlafen zu können, seufzend und unruhig in meinem Bett. Ich suchte mich des Aussehens der Dame genau zu erinnern, ihrer Augen, Haare und Lippen, ihrer Hände und Finger und jedes Wortes, das sie gesprochen hatte. Ich flüsterte ihren Namen Isabella mehr als hundertmal zärtlich und traurig vor mich hin, und es war ein Wunder, daß niemand am folgenden Tage mein verstörtes Aussehen bemerkte. Den ganzen Tag wußte ich nichts anderes zu tun, als mich auf Listen und Mittel zu besinnen, um die Dame wiederzusehen und womöglich irgendeine Freundlichkeit von ihr zu erlangen. Natürlich quälte ich mich vergeblich, ich hatte keine Erfahrung, und in der Liebe beginnt ein jeder, auch der Glücklichste, notwendig mit einer Niederlage.

Einen Tag später wagte ich es, zu jenem Landhaus hinüberzugehen, was ich sehr leicht heimlich tun konnte, denn es lag nahe am Wald. Am Rande des Waldes verbarg ich mich behutsam und spähte mehrere Stunden lang hinüber, ohne etwas anderes zu Gesicht zu bekommen als einen trägen, feisten Pfau, eine singende Magd und einen Flug weißer Tauben. Und nun lief ich jeden lieben Tag dorthin, hatte auch zwei- oder dreimal das Vergnügen, Donna Isabella im Garten lustwandeln oder an einem Fenster stehen zu sehen.

Allmählich wurde ich kühner und drang mehrmals bis in den Garten vor, dessen Tor fast immer geöffnet und durch hohe Gebüsche geschützt war. Unter diesen versteckte ich mich so, daß ich mehrere Wege überschauen konnte, mich auch ganz nahe bei einem kleinen Lusthäuschen befand, worin Isabella sich am Vormittag gerne aufhielt. Dort stand ich halbe Tage, ohne Hunger oder Ermattung zu fühlen, und zitterte jedesmal vor Wonne und Angst, sobald ich die schöne Frau zu sehen bekam.

Eines Tages war mir im Wald der Bolognese begegnet, und ich lief mit doppelter Freude an meinen Posten, da ich ihn nicht zu Hause wußte. Aus demselben Grunde wagte ich mich diesmal auch weiter als sonst in den Garten und verbarg mich dicht neben jenem Pavillon in einem dunklen Lorbeergebüsch. Da ich im Innern Geräusche vernahm, wußte ich, daß Isabella zugegen war. Einmal glaubte ich auch ihre Stimme zu hören, jedoch so leise, daß ich dessen nicht sicher war. Geduldig wartete ich in meinem mühseligen Hinterhalt, bis ich sie zu Gesicht bekäme, und war zugleich beständig in Furcht, ihr Gatte möchte heimkehren und mich zufällig entdecken. Das mir zugewendete Fenster des Lusthäuschens war zu meinem großen Bedauern und Ärger mit einem blauen Vorhang aus Seide verhangen, so daß ich nicht hineinsehen konnte. Dagegen beruhigte es mich ein wenig, daß ich an dieser Stelle von der Villa her nicht gesehen werden konnte.

Nachdem ich länger als eine Stunde gewartet hatte, schien es mir, als finge der blaue Vorhang an, sich zu bewegen, wie wenn jemand dahinter stände und durch die Ritze in den Garten hinauszuspähen versuchte. Ich hielt mich gut verborgen und wartete in größter Erregung, was nun geschehen würde, denn ich war keine drei Schritt von jenem Fenster entfernt. Der Schweiß lief mir über die Stirn, und mein Herz pochte so stark, daß ich fürchtete, man könne es hören.

Was sich nun begab, traf mich schlimmer als ein Pfeilschuß in mein unerfahrenes Herz. Der Vorhang flog mit einem heftigen Ruck beiseite, und blitzschnell, aber ganz leise, sprang ein Mann aus dem Fenster. Kaum hatte ich mich von meiner namenlosen Bestürzung erholt, so fiel ich schon in eine neue; denn im nächsten Augenblick erkannte ich in dem kühnen Manne meinen Feind und Vetter. Wie ein Wetterleuchten kam plötzlich das Verständnis über mich. Ich zitterte vor Wut und Eifersucht und war nahe daran, aufzuspringen und mich auf ihn zu stürzen.

Alvise hatte sich vom Boden aufgerichtet, lächelte und schaute vorsichtig um sich her. Gleich darauf trat Isabella, die den Pavillon vorn durch die Tür verlassen hatte, um die Ecke und auf ihn zu, lachte ihn an und flüsterte leise und zärtlich: »Geh nun, Alvise, geh! Addio!«

Zugleich bog sie sich ihm entgegen, er umfaßte sie und drückte seinen Mund auf den ihren. Sie küßten sich nur ein einziges Mal, aber so lang und begierig und glühend, daß mein Herz in dieser Minute wohl tausend Schläge tat. Nie hatte ich die Leidenschaft, die ich bis dahin eigentlich nur aus Versen und Erzählungen kannte, aus solcher Nähe gesehen, und der Anblick meiner Donna, deren rote Lippen dürstend und gierig am Munde meines Vetters hingen, brachte mich nahezu um den Verstand.

Dieser Kuß, meine Herrschaften, war zugleich für mich süßer und bitterer als irgendeiner, den ich selber je gegeben oder empfangen habe – einen einzigen vielleicht ausgenommen, von dem ihr sogleich auch hören sollt.

Noch am selben Tage, während meine Seele noch wie ein verwundeter Vogel zitterte, wurden wir eingeladen, morgen bei dem Bolognesen zu Gast zu sein. Ich wollte nicht mitgehen, aber mein Vater befahl es mir. So lag ich wieder eine Nacht schlaflos und in Qualen. Dann bestiegen wir die Pferde und ritten gemächlich hinüber, durch das Tor und den Garten, den ich so oft heimlich betreten hatte. Während aber mir höchst bang und elend zumute war, betrachtete Alvise das Gartenhäuschen und die Lorbeergebüsche mit einem Lächeln, das mich toll machte.

Zwar hingen bei Tisch auch diesmal meine Augen ohne Unterlaß an Donna Isabella, aber jeder Blick bereitete mir Höllenpein, denn ihr gegenüber saß der verhaßte Alvise am Tisch, und ich konnte die schöne Dame nicht mehr ansehen, ohne mir aufs deutlichste die Szene von gestern vorzustellen. Dennoch sah ich fortwährend auf ihre reizenden Lippen. Die Tafel war mit Speisen und Weinen vortrefflich besetzt, das Gespräch lief heiter und lebhaft dahin; aber mir schmeckte kein Bissen, und ich wagte an den Unterhaltungen nicht mit einem Wörtchen teilzunehmen. Der Nachmittag kam mir, während alle andern so fröhlich waren, so lang und schlimm wie eine Bußwoche vor.

Während der Abendmahlzeit meldete der Diener, es stehe ein Bote im Hof, der den Hausherrn sprechen wolle. Also entschuldigte sich dieser, versprach, bald zurückzukehren, und ging. Mein Vetter führte wieder hauptsächlich die Unterhaltung. Aber mein Vater hatte, wie ich glaube, ihn und Isabella durchschaut und machte sich das Vergnügen, sie ein wenig durch Anspielungen und sonderbare Fragen zu necken. Unter anderm fragte er die Dame scherzend: »Sagt doch, Donna, welchem von uns dreien würdet Ihr am liebsten einen Kuß geben?«

Da lachte die schöne Frau laut auf und sagte ganz eifrig: »Am liebsten diesem hübschen Knaben dort!« Sie war auch schon von ihrem Sessel aufgestanden, hatte mich an sich gezogen und gab mir einen Kuß – aber er war nicht wie jener gestrige lang und brennend, sondern leicht und kühl.

Und ich glaube, dies war der Kuß, der für mich mehr Lust und Leid als jemals irgendein anderer enthielt, den ich von einer geliebten Frau empfing.

Piero trank seinen Becher aus, stand auf und erwiderte die Höflichkeiten der Venezianer; dann ergriff er einen von den Leuchtern, nickte dem Abt gute Nacht und ging hinaus. Es war ziemlich spät geworden, und auch die beiden Fremden gingen nun sogleich zu Bett.

»Wie gefiel er dir?« fragte Luigi, als sie schon im Dunkeln lagen.

»Schade, er wird alt«, sagte Giambattista und gähnte. »Ich bin wirklich enttäuscht. Statt einer guten Novelle kramt er Kindererinnerungen aus!«

»Ja, das ist bei alten Leuten so«, erwiderte Luigi und streckte sich unterm Linnen. »Immerhin spricht er glänzend, und erstaunlich ist auch, was für ein gutes Gedächtnis er hat.«

Zur selben Zeit begab sich der alte Piero zu Bett. Er war müde geworden. Auch bereute seine Eitelkeit es jetzt, daß er nicht etwas anderes zum besten gegeben hatte, was er ja leicht hätte tun können.

Das eine aber erfreute ihn und machte ihn herzlich lächeln, daß seine Improvisatorgabe doch immer noch ungeschwächt war. Denn seine Geschichte samt Landhaus, Vetter, Magd, Donna, Lorbeergebüsch und beiden Küssen war nichts als eine Fabel gewesen, im Augenblick für den Augenblick erfunden.

(1903)

Karl Eugen Eiselein

Schorsch Eiselein, Kolonialwarenhändler in Gerbersau, besaß einen Kaufladen, von dem er anständig und bequem leben konnte und der ihm wenig Sorgen machte, und eine kluge kleine Frau, mit der er überaus zufrieden war, ferner einen kleinen Sohn, der vom Vater sowohl wie von der Vorsehung zu Höherem bestimmt war und ihm darum viele Sorgen machte.

Dieser Sohn hieß Karl Eugen, und es wollte etwas bedeuten, daß er von klein auf nicht Karl oder Eugen, sondern stets mit dem fürstlichen Doppelnamen Karl-Eugen gerufen ward. Dementsprechend gab der Kleine auch für zwei zu tun und zu sorgen, schrie für zwei und brauchte Windeln und Kleider für zwei, bis er allmählich in das Alter trat, wo die Erzeuger an ihren Sprößlingen eine gewisse Freude zu erleben wünschen. Daran ließ es denn der Knabe auch nicht fehlen; es zeigte sich, daß er nicht zu den Dummen gehöre und wohl einer höhern Ausbildung fähig sei.

Herr Eiselein war sehr glücklich. Ihm selbst waren die Gefilde der klassischen Bildung zu seinem Schmerze unerschlossen geblieben; desto sehnlicher wünschte er, seinen Sohn in dieser fremden Welt sich tummeln zu sehen. Er legte daher eines Tages seinen Festrock, gestickte Weste und reinen Hemdkragen an, strich dem Knäblein zärtlich über den glatten blonden Scheitel und führte es zur Lateinschule, wo er es der Obhut des Kollaborators Wurster übergab.

Von da an ging der junge Karl Eugen den gewohnten Weg eines Gerbersauer Lateiners. Ein Jahr lang regierte ihn der Kollaborator Wurster, ein sanft lächelnder Mann mit altmodischen Löcklein und engen Hosen; dann gab ihn dieser an den Präzeptor Dilger weiter, einen feisten Wüterich mit langem Meerrohr und furchtbarer Stirnrunzel, und wieder nach einem Jahr übernahm ihn Doktor Müller, ein eleganter Stutzer von feinen Manieren.

Der Bub erwies sich als gescheit und kam glatt von einer Klasse in die andere. Nicht so glatt und tadellos ging er aus manchen langwierigen Affären und Untersuchungen hervor, welche Apfeldiebstähle, Unehrerbietigkeiten gegen die Lehrer, Schulschwänzereien und schlechtes Betragen beim Kirchenbesuch zum Gegenstand hatten. Zwar verstand er die Kunst, sich hinter andere zu bergen und einleuchtende mildernde Umstände beizubringen, vortrefflich; trotzdem verbüßte er manchen Mittwochnachmittag im Klassenarrest und kam oft genug geprügelt und gescholten und jammervoll nach Hause, wo der Vater ihn mit Trost und Teilnahme empfing und jedesmal schnell wieder einer freundlicheren Betrachtung des Lebens entgegenführte.

Nichtsdestoweniger war Karl Eugen Eiselein in seinem elften Lebensjahr eines Tages spurlos verschwunden, samt vier Talern aus seines Vaters Ladenkasse, einem halben Zuckerhut und zwei Schulkameraden, deren bestürzte Eltern ihre Klagen mit denen des Kolonialwarenhändlers vereinigten.

Als die Knaben gegen Abend noch immer fehlten, wurden nach allen Seiten Boten ausgesandt, der ganze Fluß ward mit Stangen abgestochen und bei jedem Stich schauderte die zuschauende Kinderschar zusammen, gewärtig, im nächsten Augenblick einen der Ertrunkenen am Spieße zu sehen. Es kam aber keiner zum Vorschein.

Herr Eiselein war in seiner Not den ganzen Abend herumgelaufen. Er kehrte spät und trostlos heim und schob den Suppenteller, den die Frau ihm warmgestellt hatte, traurig zurück. Aber die kleine Frau, so ruhig und nachgiebig sie sonst war, stellte ihm den Teller sogleich wieder hin, zwang ihm den Löffel in die Hand und sagte sehr bestimmt: »Für nix will ich's Essen nicht gewärmt haben, iß du jetzt nur. Der Lausbub wird wohl wiederkommen, wenn er Hunger kriegt. Sei jetzt so gut und iß!« Und der Vater war so gebrochen und widerstandslos, daß er nicht einmal aufbegehrte, sondern ganz still den Löffel nahm und aß, bis nichts mehr da war. Das hatte die Frau doch nicht erwartet, und da sie daraus seine Verzweiflung ersah, wurde jetzt auch sie beklommen und angstvoll, und beide saßen den ganzen Abend beisammen am Tisch, sagten nichts und gaben sich düsteren Gedanken hin.

Nachts nach elf Uhr geschah ein kurzes schwaches Läuten an der Hausglocke und gleich darauf ein stärkeres, kühneres, und an der Pforte stand und wartete und schämte sich Karl Eugen. Nachdem man ihm abgefragt hatte, daß auch seine Kameraden wieder da und noch am Leben seien, ließ man ihn schlafen. Ehe der aufatmende Vater vom Bett aus nach dem Kerzenlöscher griff, hustete seine kühn gewordene Frau und sagte: »Schorsch, wenn du morgen dem Bub nicht eine gesalzene Portion gibst, dann geb ich sie ihm.« Er seufzte, löschte das Licht und konnte noch lang nicht einschlafen.

Am anderen Tag kam alles sauber an das Licht und als Hauptverführer ward der gefährliche Fenimore Cooper entdeckt. Die Knäblein hatten beschlossen, miteinander die langweilige alte Welt zu verlassen und die Heimat der Mohikaner aufzusuchen, wo statt Meerrohr und Grammatik Skalpmesser, Kriegsbeil und Flinte die Begleiter der Jugend sind. Auch wäre alles gut gegangen, aber die Nacht war so kalt und sie hatten im Walde nimmer aus noch ein gewußt, obwohl der eine von ihnen Pfadfinder, der zweite Falkenauge und der dritte Waldläufer hieß. Von den vier Talern waren drei Batzen für eine Blechpistole und sieben für ein grausam langes Sackmesser ausgegeben worden, der Rest fand sich unversehrt vor und nur der Verbleib des Zuckerhutes blieb ein Rätsel.

Diesen ganzen Tag lief Karl Eugens Mutter in Spannung umher, und als bis zum Abendessen noch nichts geschehen war, ging sie zum Vater in den Laden hinunter. »Eh' der Kleine seine Prügel nicht hat, kriegt er auch nix zu essen«, sagte sie mit Nachdruck, und der Gatte sah ein, daß es Pflichten gibt, denen niemand sich entziehen kann, und Weltgesetze, denen wir widerstandslos unterliegen. Gleich darauf machte das Söhnchen dieselbe Erfahrung; während jedoch der Vater sich mit Seufzen begnügte, ließ jener nach Art der Jugend seinen Gefühlen und Tränen freien Lauf, ja erhob ein so erschütterndes Wehegeschrei, daß der Züchtiger schon nach wenigen Streichen innehielt und froh war, als Karl Eugen nur wieder aufstand und sich zum Essen bewegen ließ.

Dieses Abenteuer hatte zur Folge, daß in der Lateinschule über dreißig Indianerbücher konfisziert wurden, daß die drei Amerikaner zuerst vom Klassenlehrer eine angemessene Strafpredigt samt Arrest zugeteilt erhielten und dann noch dem schonungslosen Spott der Schulkameraden anheimfielen, und daß der kleine Eiselein für eine Weile in sich ging und mehrere Wochen lang ein Musterschüler war. Allmählich wurden die kassierten Bücher durch neue ersetzt, die Strafrede und der Arrest verschmerzt, auch der Musterschüler verschwand wieder wie ein Nebelbild und nur der Schülerspott hielt noch lange Zeit vor.

Es kamen die Jahre heran, in welchen es sich zu zeigen pflegt, ob ein Schüler Lust und Beruf zu den höheren Studien habe oder ob es geratener sei, ihn sein Latein in einem Kaufladen oder in einer Schreibstube vergessen zu lassen. Beim jungen Eiselein war es unzweifelhaft, daß er zu ersterem bestimmt sei. Seine Hefte waren sauber und wiesen gute Zeugnisse auf, seine Aufsätze hatten Schwung und Feuer, ebenso seine Deklamationen, und bei der Entlassungsfeier der obersten Klasse trug er, nun fünfzehnjährig, eine selbstgefertigte Rede vor, bei der dem Rektor ein Schmunzeln auf die Lippen und dem andächtig zuhörenden Kolonialwarenhändler eine Träne ins Vaterauge trat. Es war beschlossen, ihn in die Residenz auf das Gymnasium zu tun.

Vorher waren noch ein paar Wochen Ferien, und in dieser Zeit legte Karl Eugen die ersten Zeugnisse seiner Dichterbegabung ab. Es fand nämlich der Geburtstag einer Großtante statt, die Familie Eiselein war eingeladen, und beim Kaffee trat der Jüngling mit einem Gedicht hervor, dessen Schönheit und Länge die ganze Festgesellschaft in Erstaunen setzte. Seinem Vater gab der Bengel auf Befragen zur Antwort, er habe schon seit einem Jahr oder noch länger eine Masse Gedichte gemacht und wisse schon längst, daß er zum Dichter und nur zum Dichter geboren sei. Dies hörte der überraschte Papa mit ebensoviel Befremdung als Stolz. Denn wenn er auch nie an den außerordentlichen Gaben seines Sohnes gezweifelt hatte, so war doch dieser frühe und kühne Flug des jungen Adlers ihm eigentümlich überraschend. Teils um ihn zu belohnen, teils vielleicht auch um ihn in gute Bahnen zu lenken, kaufte und schenkte er dem Jungen Theodor Körners Werke in rotes Leinen gebunden und eine ebenfalls schön gebundene, jedoch im Preis herabgesetzte ältere Lebensbeschreibung Gotthold Ephraim Lessings.

Um die Zeit dieser Ereignisse hatte der inzwischen auch schon konfirmierte Karl Eugen das Äußere eines Knaben vollkommen abgelegt, Pausbacken sowohl wie kurze Hosen, und sich in einen schlanken, stillen und wohlgekleideten Jüngling verwandelt, der etwas auf sich hielt und jedem, der ihn etwa noch als Bub zu behandeln und mit Du anzureden wagte, eine ironische Haltung entgegenzusetzen wußte, deren Wirkung, obwohl er selbst sie überschätzte, nicht zu leugnen war. Seine Schuhe waren stets blank, sein Gang gemessen, sein Scheitel glatt und gepflegt. Das hauptstädtische Gymnasium würde sich seiner nicht zu schämen brauchen. Vorwegnehmend drang er auch schon in den Ferien tief in die homerische Welt ein und las die halbe Odyssee, allerdings in der Vossischen Übersetzung. Er hätte sie ganz gelesen, wenn nicht der rotleinene Körner dazwischen gekommen wäre.

Die Ferienzeit erreichte ihr Ende, diesmal nicht zum Leidwesen Karl Eugens, welcher vielmehr die Reise nach der Stadt und den Eintritt in das Gymnasium mit freudigster Ungeduld erwartete. Während in den letzten

Tagen Herr Eiselein seinen Sohn mit verdoppelter Zärtlichkeit und Sorgfalt behandelte und schon im voraus ein mit Stolz gemischtes Abschiedsweh empfand, war die Mutter still und emsig mit dem Einkaufen und Packen, Waschen und Glätten, Flicken und Bürsten des Notwendigsten beschäftigt. Am vorletzten Tage machte der Gymnasiast in seinem schwarzen Konfirmandenrock eine Reihe von Abschiedsbesuchen bei Verwandten, Gevattern, Lehrern und guten Freunden, nahm Ratschläge, Geschenke und Glückwünsche, Händedrücke und Scherzworte mit manierlichem Lächeln entgegen und trug die Gefühle eines in rühmliche Kriegsdienste abgehenden jungen Fähnrichs in seiner Brust. Der feste Vorsatz, schon in die ersten Ferien verändert, gealtert und vornehmer heimzukommen, verlieh ihm dabei eine zurückhaltende Überlegenheit von delikater Nuance.

Alsdann kam die Stunde des Abschieds und der Abreise. Der Vorsteher einer Knabenpension in der Hauptstadt, in dessen Hause Karl Eugen unterkommen sollte, war gekommen, um ihn abzuholen. Die Mutter lächelte, gab noch einige gute Winke und Ratschläge, sah nach dem Gepäck und warf prüfende Blicke auf den Pensionsherrn. Dieser benahm sich sehr gemessen, sehr höflich und sehr fein. Der Vater hingegen war traurig, seinen Liebling zu verlieren, und doch aber auch stolz, ihn einer glänzenden Laufbahn und Zukunft entgegenschreiten zu sehen, und die Mischung dieser Gefühle arbeitete in seinen Zügen so heftig, daß sein Gesicht ganz bläulich anlief und so mitgenommen aussah, als hätte der brave Herr die unverantwortlichsten Ausschweifungen zu bereuen.

»Also, geehrter Herr, seien Sie ohne Sorgen, Ihr Sohn kommt in gute Hände«, versicherte der fremde höfliche Herr des öftern, wobei Vater Eiselein ihn mit einem Blicke ansah, als hätte jener ihm seine Teilnahme bei einem Todesfall ausgesprochen.

Und der Fremde zog höflich den Hut, und ein letzter inbrünstiger Händedruck machte den Sohn erbeben. Und der Zug hielt an und man stieg ein, und der Zug pfiff und stank nach Rauch und Öl und lief wieder davon, so schnell, daß er schon fast außer Sicht gerückt war, als Vater Eiselein sein farbiges Taschentuch gefunden, herausgezogen und ausgebreitet hatte, um nachzuwinken. Nun flatterte das stattliche Tuch wie ein Fähnlein in den Lüften und sah mit seinem goldgelben Grund und weißen und roten Muster so fröhlich und erquicklich aus, als sei dem Hause Eiselein heute eitel Freude widerfahren. Während sein Knabe im Wagen nicht ohne peinliche Gefühle der Unterhaltung des Herrn standhielt, dessen Höflichkeit und

Lächeln auf dem verlassenen Bahnhof liegengeblieben schienen, wandelten die Eltern langsam und in Gedanken, aber in Gedanken verschiedener Art, in die Stadt und in ihren Spezereiwarenladen zurück.

»Du, der Pensionsherr gefällt mir nicht übel«, sagte sie.

»Ja, ja, er war ja sehr freundlich. Jawohl«, sagte er.

Sie schwieg. Im stillen baute sie aber ihre Hoffnungen durchaus nicht auf die Freundlichkeit jenes Herrn, sondern auf das, was sie von Strenge und schneidiger Art an ihm bemerkt zu haben glaubte. Und als auch sie nun einen Seufzer ausstieß, dachte sie dabei vorwiegend an das sündliche Geld, das ihr Bub nun kosten würde, denn die Pension war nicht billig.

Nach der Abreise des Knaben trat im Hause eine große Ruhe ein und zugleich ein Stillstand in der begonnenen langsamen Verschiebung der Machtverteilung. Seit der Indianergeschichte nämlich hatte sich des öftern der Fall wiederholt, daß Frau Eiselein den Buben männlicher anfaßte als ihr Gemahl und eine Lanze zur Rettung der elterlichen Autorität einlegte. Dabei war von den bis dahin unbestrittenen hausherrlichen Machtbefugnissen jedesmal ein Körnlein der Waagschale ihres Mannes entglitten und auf die ihrige gefallen, so daß das Zünglein unmerklich, aber sicher nach ihrer Seite hinüberstrebte.

Nach acht Tagen kam der erste Brief aus der Hauptstadt. Er enthielt vornehmlich eine Aufzählung der schönsten Straßen und Denkmäler, eine etwas unklare Abhandlung über die Sprache Homers und die Bitte um etwas mehr Taschengeld, da man so mancherlei Kleinigkeiten in und außer der Schule brauche.

Die Mutter fand das unnötig, der Vater aber begriff den Wunsch vollkommen und bestand darauf, daß dem Buben, da er jetzt unter fremden Leuten leben müsse, nicht gleich die erste kleine Bitte abgeschlagen werde. Doch verlangte dafür die Mutter, daß Karl Eugen ein Büchlein über seine Ausgaben führe und monatlich darüber Bericht ablege. Sie schrieb ihm das. Der Gymnasiast antwortete, es sei ihm unmöglich, seine Zeit an eine solche Pfennigklauberei zu wenden, er sei doch kein Krämer. Die Worte Krämer und Pfennigklauberei waren unterstrichen.

Da schrieb die Mama kurz und klar ohne Unterstreichungen zurück, unter diesen Umständen müsse es eben beim alten Betrage bleiben. Es blieb aber nicht dabei, sondern das Söhnlein führte nun sauber Buch und verfehlte nicht, rechtzeitig seine Abrechnungen vorzulegen, deren Inhalt freilich zuweilen Zweifel und Kopfschütteln erregte.

»Mit den Bleistiften und Linealen, die er da wieder gebraucht haben will, könnte man ein Öfele heizen«, seufzte die Mutter.

Sie seufzte noch ganz anders, als im nächsten Frühjahr für den Sohn ein neuer teurer Anzug zu bezahlen war, der das Doppelte von dem kostete, was man zu Hause dafür hätte aufwenden müssen. Karl Eugen hatte ihn ungefragt machen lassen und antwortete auf einen entrüsteten Brief der Mutter sehr ruhig, Kleider seien in unserem nördlichen Klima nun eben einmal etwas Notwendiges und er könnte nicht nackt und auch nicht wie ein Strolch herumlaufen.

Wie ein Strolch sah er auch gar nicht aus, als er bald darauf in die Osterferien heimkam. Den eleganten neuen Anzug vervollständigten ein feiner weicher Hut, ein paar Manschetten und ein steifer Stehkragen. Als die Mama über diese feinen teuren Sachen schalt und Rechenschaft verlangte, zuckte der Schlingel die Achseln und machte ein ergebenes Gesicht. »Was will man machen?« meinte er bedauernd. »Die Sachen sind ja noch recht einfach. In meiner Pension ist einer, der zahlt achtzig und neunzig Mark für jeden Anzug.« Es gelang dem Eleganten denn auch, wenigstens den Papa so zu berücken, daß nicht weiter davon die Rede war. Er führte sich zierlich auf, plauderte und erzählte sehr nett und hatte ordentliche Zeugnisse mitgebracht. Einen großen Teil des Tages dichtete er, jedoch insgeheim und ohne jemand seine Leistungen zu zeigen. Auf der Straße grüßte er alle Bekannten mit einer fast herzlichen Höflichkeit und sah Gassen, Häuser und Leute mit einem freundlich sorglosen Interesse an, ganz wie ein Fremder, den der Zufall für eine kurze Zeit in das altmodische kleine Nest geführt hat.

In diese Ostervakanz fiel auch Karl Eugens merkwürdige erste Verliebtheit. Eines Tages erzählte ihm ein Schulkamerad, es sei bei seiner Schwester ein sechzehnjähriges Mädchen aus Karlsruhe zu Besuch, »was Feines, sag' ich dir, und kolossal schön«. Von da an trachtete er danach, diese Augenweide selbst zu erleben, und war schon im voraus ganz bereit, sich in sie zu verlieben. Doch hatte er Pech, und als die schöne Karlsruherin nach einigen Tagen wieder abreiste, hatte er sie nicht zu sehen bekommen. Aber sein Verlangen war nun einmal erwacht, seine Gedanken hingen nun einmal an jener Fremden, verliebt sein schien ihm ohnehin für einen jungen Dichter löblich und nützlich zu sein, und so verliebte er sich in die Niegesehene nicht schlechter und nicht weniger als andere Buben in ihre Mädchen. Die Versmappe schwoll wie ein Alpenbach im Frühjahr, barst schließlich und mußte durch eine größere ersetzt werden.

»Ich sah dich nicht und dennoch kenn ich dich,
Ich kenn' dich nicht und dennoch lieb' ich dich« – usw.
Einigemal weinte er sogar beim Schreiben. Es war ein Elend. Das fand auch Herr Eiselein, als einige von den Blättern ihm zufällig in die Hände fielen. Zwei davon hatte er schon zum Einwickeln von Salami verwendet, beim dritten fiel ihm die Handschrift auf, er erkannte *ex ungue leonem* und las die Liebesverse seines Sohnes mit steigendem Entsetzen, denn Karl Eugen nannte sich darin einen unseliger Leidenschaft rettungslos Verfallenen, einen tief im Tale des Elends Wandelnden usw. Die Aussprache war für beide Teile peinlich. Der Vater mußte bekennen, daß zwei von diesen Gedichten, wenn auch auf eine seltsam schlichte Weise, den Weg ins Volk gefunden hätten; der Sohn hingegen mußte sich stellen, als seien die feurigen und mit Tränen benetzten Beweise seiner Leidenschaft nichts weiter als Stilübungen. Frau Eiselein erfuhr nichts davon. Als der Dichter den ersten Schrecken überstanden hatte, träumte er hold verschämt davon, wie es wäre, wenn seine Salamigedichte nun doch ihren Weg zu irgendeiner jungen Schönen und Gnade bei ihr fänden, und wäre in diesem Falle sehr gerne bereit gewesen, seine Gefühle auf selbige zu übertragen. Da dies ein Traum blieb, war er froh, als die Ferien zu Ende gingen. Er packte seine schwere Mappe sorgfältig ein und kehrte etwas stiller, als er gekommen war, in die Stadt und Schule zurück.

Seine Briefe begannen in dieser Zeit eine großartige und manchmal schwer verständliche Sprache anzunehmen. Zuzeiten ließen sie auch lange auf sich warten, bis die Mutter mahnte.

Und wieder kam Karl Eugen in die Ferien. Er war jetzt ausgewachsen, trug sich sehr elegant und hatte völlig erwachsene Manieren. Unter anderm kam er gleich am zweiten Tage lächelnd in den Laden herunter, suchte sich mit Umsicht eine Zigarre aus und zündete sie an. »Ja, seit wann rauchst du denn?« fragte der Papa; da war Karl Eugen erstaunt und fast entrüstet, daß man das nicht selbstverständlich fand. Leicht und zierlich schenkte er sich, während der Vater mit ihm sprach, einen Magenbitter aus der Flasche und setzte jenen dadurch vollends so in Erstaunen, daß er verstummte. In seiner Stube lagen die Werke von Heinrich Heine und ein paar moderne Romane herum, statt der dicken Versmappe hatte er ein Heftlein mitgebracht mit dem Titel: »Schlamm. Ein Schauspiel von K. E. Eiselein.« Auf der nächsten Seite stand ein ellenlanges Personenverzeichnis.

Die Ferien verliefen still und heiter. Das folgende Schuljahr aber brachte einen kleinen Sturm. Es kam ein Schreiben des Pensionsherrn – des Inhalts, der Bursche sei auf schlimmen Wegen, habe sich wiederholt nachts aus dem Hause entfernt, sei kürzlich in einer Kneipe getroffen worden und stehe sogar im Verdacht, Umgang mit einer Kellnerin zu haben. Und während die erschrockenen Eltern noch trostlos und ratlos über diese Greuel nachdachten, kam ein Brieflein vom Sohn selber, liederlich auf einen Fetzen gekritzelt, darin stand: »Ich brauche bis Mittwoch zwölf Mark 50 Pf. Wenn Ihr mir's nicht geben könnt, erschieße ich mich. Karl Eugen.«

Das war also der Schlamm. Doch verlief diese Sache ruhiger, als man gedacht hätte. Die Mutter reiste in die Hauptstadt, die Kneipschulden des Buben wurden bezahlt, er selber kam unter strenge Aufsicht, zeigte echte Reue und legte eine Zeitlang eine musterhafte Bescheidenheit an den Tag. Dann fing er allmählich wieder an, den Feinen zu spielen, und bezeichnete gelegentlich in Gesprächen und Briefen jene böse Affäre als einen komischen und verzeihlichen Jugendstreich gleich jener Amerikafahrt.

Je näher der Abschluß der Gymnasialjahre heranrückte, desto häufiger und deutlicher erinnerte Karl Eugen daran, daß er zum Dichter geboren sei und daher unmöglich ein Brotstudium ergreifen könne. Geschichte und Philosophie waren die einzigen Fächer, denen er einen bedingungsweisen Wert zugestehen konnte. Aber hier zeigte sich zum erstenmal der Vater zäh, und auch nachdem er einige Gedichte seines Sohnes gelesen hatte, beharrte er fest dabei, daß dieser ein solides Studium und einen bestimmten Beruf erwähle. Als Karl Eugen sah, daß er diesmal in einen lecken Kübel schöpfe, machte er eine entgegenkommende Schwenkung und erklärte sich bereit, Philologie zu studieren unter der Bedingung, daß er dann in eine Burschenschaft eintreten dürfe. Und obwohl jetzt die Mutter in den Kampf eingriff und sich mächtig dagegen stemmte, drang er dennoch durch. Die Eltern aber machten bekümmerte Gesichter. Das Geschäft rentierte sich neuerdings schlechter als je, seit an jeder Ecke irgendein neues Lädchen aufgegangen war, und der Sohn hatte schon als Schüler so stattlich verbraucht, daß die Eltern sich ziemlich hatten einschränken müssen und mit Sorgen in die kommenden Zeiten blickten.

Das erste Semester mit Kollegiengeldern, Büchern, Burschenschaft, Reitkurs und Hauboden wurde denn auch sträflich teuer. Aber stolz und froh waren die Alten doch, auch die strenge Mutter, als der Student in die ersten Ferien kam, schön und stark, heiter und ritterlich, mit Schnurrbart und Reitstiefeln. Alle Mädchen der Stadt wurden unruhig, und die Bürgergesellschaft, zu deren Kegelabend der Vater ihn mitbrachte, empfing ihn mit Achtung und gratulierte dem Alten zu seinem stattlichen Burschen. Einige schwere Seufzer konnten ihm freilich doch nicht erspart werden, auch nicht eine peinliche, zögernd geführte Unterredung über den starken Geldverbrauch. Ein so kostspieliges Semester durfte nicht wiederkommen, die Geschäfte gingen schwach, und es mußte doch auch für nachher etwas übrig bleiben.

Überhaupt wurde im Verkehr mit den Eltern, mündlich und brieflich, das leidige Geld mehr und mehr zum Kardinal- und Angelpunkt. Daß Herr Eiselein sich stark verrechnet hatte, konnte bald jeder Beobachter merken.

Es gibt kaum etwas so peinlich Rührendes, als wenn ein ehrenhafter Bürger, der bislang zu den Wohlhabenden zählte, allmählich mehr und mehr in ein armseliges Sparen hineingerät. Er könnte sehr gut einen neuen schwarzen Rock brauchen, aber der alte muß weiter dienen und wird nach und nach zum Sinnbild des ganzen rückwärtsgehenden Hauswesens. Er wird immer ein wenig brauner, ein wenig fettiger, die Schulternähte werden deutlicher und schärfer wie zunehmende Sorgenfalten, die Ärmel beginnen auszufransen, bis eine aufgenähte Litze dem Verfall vorläufig Einhalt tut und als erstes Notflickwerk entstellend in den Baustil des Kleides eingreift.

Ganz so weit war es mit Eiselein noch nicht, aber die Vorzeichen häuften sich. Für seinen Stand und sein Städtchen war er wohlhabend gewesen, der Laden hätte auch noch ein paar Kinder bequem mit ernährt, aber der in immer fremdere und großartigere Verhältnisse hineinwachsende Sohn fraß alles auf. Es blieb nicht aus, daß er das stets häufiger zu hören bekam und daß das Verhältnis zwischen Sohn und Eltern allmählich in einen vorsichtigen, zähen, fast erbitterten Krieg ums Geld ausartete.

Unterdessen folgte dem ersten Semester das zweite, dazwischen Ferien voll unbehaglich schwüler Stimmung, und das Geldausgeben nahm eher zu statt ab. Im dritten Semester meldete aber der Sohn plötzlich, er sei aus der Burschenschaft ausgetreten, deren geistloses Leben ihn seinen literarischen Studien zu sehr entzogen und entfremdet habe. Die Reitkurse, Dedikationen, Ausflüge, Mützen und Bänder und dergleichen verschwanden vom Budget und machten starken Buchhändlerrechnungen Platz. Und eines Tages kam unter Kreuzband die neueste Nummer einer merkwürdigen

Zeitschrift und enthielt ein langes Gedicht von Karl Eugen. Das Blatt hieß »Der Abgrund«, erschien zweimal im Monat, kostete jährlich zwanzig Mark und hatte sich die Aufgabe gestellt, bedeutenden jungen Talenten der neuesten literarischen Richtung den Weg in die Öffentlichkeit zu bahnen. Herr Eiselein verstand weder das Gedicht seines Sohnes noch die anderen Beiträge, freute sich aber doch dieses ersten Erfolges und nahm an, daß eine so vornehme, fettgedruckte und teure Zeitschrift jedenfalls ihre Mitarbeiter auch ordentlich bezahlen werde. Er schrieb in diesem Sinne an den Studenten, bekam aber keine Antwort.

Als dieser wieder einmal für ein paar Wochen heimkehrte, hatte er sich erheblich verändert. Die Eleganz der Kleidung war verschwunden und statt ihrer trat eine zwischen stromerhaft und künstlermäßig schwankende geniale Nachlässigkeit zutage. Ein paar große Flecken auf den Rockärmeln schienen ihn gar nicht zu stören, nur auf die Farben und Schlingung seiner großen selbstgeknüpften Flatterschlipse legte er noch Wert. Sein Hut war schwarz und weich und hatte Ränder von mehr als italienischer Breite. Statt der Zigarren rauchte er jetzt grobe, kurze Pfeifchen aus Holz oder Ton. Sein Benehmen war ironisch schlicht. Da auch seine Rechnungen diesmal etwas schlichter waren, fanden die Eltern keinen Grund, diese Veränderung zu tadeln, sondern hofften nun einen bescheidenen und fleißigen Kandidaten aus ihm werden zu sehen. Er hütete sich auch, diese Träume zu stören oder gar zu erzählen, welche Wege die unter dem Titel von Kollegiengeldern bezogenen Summen gegangen waren. Wenn etwa einmal von Examen und dergleichen Dingen die Rede war, schmückte ein ernstes, schwermütiges Lächeln seine Lippen, welche jetzt ein ungepflegter Stoppelbart umrahmte. Alle vierzehn Tage aber brachte die Post den »Abgrund«, und mehrmals enthielt er Gedichte des Studenten. Es war merkwürdig – der junge Mann schien durchaus gesund, verständig und harmlos zu sein, diese Gedichte aber waren zumeist krank, unverständlich und todeselend, als wäre es wirklich ein Abgrund, der ihn verschlungen hätte. Die andern waren nicht besser, alles klang wie ein spukhaft idiotisches Gewinsel, dessen Sinn nur besonderen Eingeweihten zugänglich war. Es tönte darin von Tempeln, Einsamkeiten, wüsten Meeren, Zypressenhainen, welche stets von einem zagen Jüngling unter schweren Seufzern besucht wurden. Man begriff wohl, daß es symbolisch gemeint war, aber damit war wenig gewonnen.

In der Universitätsstadt verbrachte Karl Eugen die Abende, die ihm das

Dichten übrig ließ, meist in derselben kleinen Kneipe in der Nähe der Reitschule, wo bei Wein und Knobelbecher einige fallitgegangene Studentchen ihre Jugend vertrauerten. Es waren lauter geniale Kerle, Leute, die einen ganzen Hörsaal voll Streber aufwogen, die auf Gott und die Welt flöteten und dem Leben seine paar Geheimnisse längst abgezwungen hatten. Eben darum taten sie auch nichts mehr als dasitzen, trinken und knobeln, die Partie um zehn Pfennig.

Der Dichter stand im fünften Semester. Da kam einstmals ein schwüler Tag – Widersacher, Weiber, Schulden –, die Widersacher aber waren die Professoren, denen Karl Eugens längeres Verweilen an der hohen Schule weder notwendig noch erwünscht erschien. Und der Abgründige setzte sich hin und schrieb an Herrn Georg Eiselein, Kolonialwarenhändler in Gerbersau, einen Brief:

Lieber Vater!

Dieser Tage – ich bin schon am Packen – komme ich zu Euch nach Hause und denke längere Zeit zu bleiben. Es ist Zeit für mich, an ein ernstes Schaffen zu gehen, dazu kommt man hier ja nie. Bitte räumt mir meine Ferienstube ein. Führst Du den feineren holländischen Tabak eigentlich noch im Laden, oder muß ich von hier mitbringen? Alles weitere mündlich. Dein Sohn K. E.

Noch nie war ein so sanfter Brief von ihm gekommen, so entschlossen, still und männlich. Der Vater war hoch erfreut, bestellte eine Sendung von dem Tabak, den er nicht mehr hatte führen wollen, und bat Frau Eiselein, die Stube für den Heimkehrenden bereit zu machen. Es wurde gescheuert, gekratzt, gerückt und geklopft, der Lehnstuhl neu überzogen, die Fenster gewaschen und mit frischen Vorhängen versehen. Man konnte sich das jetzt leisten – ein wohlig tiefes Aufatmen ging durch das gedrückte Hauswesen, da seine Kräfte aufhören sollten, für den Entfernten zu verbluten.

Es kam ein Koffer mit Kleidern und zwei schwere Bücherkisten, und am nächsten Tage kam der Sohn selber. Der Alte war ganz gerührt, ihn zu sehen, wie still und ernst er geworden war. Dankbar bezog jener die behagliche Stube, stellte Bücher auf und hängte Pfeifen und Bilder an die Wände, darunter das Porträt eines Dichters, dessen Werke für die Jünger des »Abgrundes« eine Art Bibel waren. Es war ein Brustbild in modernster Schwarzweißmanier, sichtlich gewaltig übertrieben, und stellte einen jungen Mann mit bösartigen Augen, sorgenvoller Stirne und ungemein hochmütigem Munde vor, Kragen und Binde von der allermodischsten Fasson. Im Hintergrund war man erstaunt, die Abbildung eines berühmten Reiterstandbildes aus der schönen wilden Condottierizeit zu erblicken, dessen kühle Kühnheit den vorne abgebildeten Nervenkünstler zu verhöhnen schien. Die umfangreiche Büchersammlung enthielt einige Griechen und Lateiner, ein paar Grammatiken und Wörterbücher aus der Schulzeit her, Zellers Geschichte der griechischen Philosophie und zwei Bände aus dem Handbuch für klassische Philologie, alles andere war »schöne Literatur«. Hier sah man die Werke junger Autoren, die aber schon viel geschrieben hatten, in Umschlägen von dämonisch lodernder Farbe, mit geheimnisvollen Linearkünsten von ebenso jungen und fleißigen Malern bedeckt, und wer die Sprache dieser Farben und Linien nicht verstand, der konnte aus den Titeln auf die Fülle und Tiefe des Inhalts schließen. »Das All. Eine Trilogie« – »Violette Nächte« – »Mysterien der Seele« – »Die vierzehn geheimen Tröstungen der Schönheit«. Das waren einige davon. Die meisten waren mit Widmungen des einen Dichters an den andern versehen, eines aber war der Schlange Zarathustras und ein anderes dem sechsten Erdteil gewidmet. Die paar gewöhnlichen Schweinereien »aus Demimonde« und dergleichen, die sich irgendwie in diese stolzen Kreise verirrt hatten und deren Umschläge minder schön, aber viel deutlicher als die der anderen waren, krochen schmal und schamhaft zusammen. Ein teilweise aufgeschnittener Dante lehnte sich an einen ganz aufgeschnittenen deutschen Boccaccio. Ein paar Bände des Zürchers Meyer erweckten im Beschauer den Verdacht, es möchten sich von den verstorbenen biederen und schlichten Poeten der vormodernen Epoche noch mehrere vorfinden. Dies erwies sich jedoch als unbegründet.

Es war Hochsommer und Karl Eugen ging manchmal, mit einem Buch in der Tasche, in den Tannenwald hinaus, um dort im Schatten zu lesen. Der Wald selber interessierte ihn nicht. Die Freude an der rohen Natur, die von jeher nicht sehr stark in ihm gewesen war, hatte ihm jener Condottiere-Dichter vollends abgewöhnt, und in der feinen Schule des Engländers Oscar Wilde hatte er gelernt, daß die Natur stets nur das Mittelmäßige zu schaffen vermag, im Gegensatz zur Kunst, deren neidische Feindin sie sei. Zu Hause hielt er sich stets beiseite in seinem Zimmer; die Umgebung dort, namentlich der Laden mit seinen Geräuschen und Gerüchen, war allzu stillos und vulgär. Er saß da, rauchte, schrieb und las in jenen Büchern mit den sonderbaren Titeln und Umschlägen. Mit Vorliebe las er die beiden Bücher von Oscar Wilde, die er besaß. Sie waren übersetzt; Englisch konnte er nicht. Das eine davon hatte er noch als Burschenschafter kennengelernt und gekauft, und einst hatte es bittere Händel mit einem Bundesbruder gegeben, der das Buch verrückt fand und den Verfasser eine Zeitlang den »wilden Oskar« nannte. Es war nicht zu sagen, wie viel er diesem Engländer verdankte.

Es mochte von dieser Lektüre herrühren, daß seine eigene Arbeit nicht recht gedeihen wollte. Er hatte die Absicht, ein ausbündig tiefes und feines Buch zu schreiben in einer Art lyrischer Prosa, deren Vorbilder die Lieder im »Zarathustra« waren. Aber die beständige Beschäftigung mit so raffinierten Büchern machte ihn immer wieder unfähig, sie raubte ihm Zeit und Kräfte und machte ihn manchmal ganz mutlos, da es ihm vorkam, das Auserlesenste und Feinste sei alles längst von anderen gesagt. Es fehlte ihm nicht an Gedanken, aber den einen hatte Nietzsche, den andern Dehmel, den dritten Maeterlinck schon ausgesprochen. Und auch seine Stimmungen, seine Leiden, seine Sehnsucht – alles stand schon da und dort in schönen Büchern, gesungen, geseufzt oder gestammelt. Und wenn er sich selber ironisch betrachten wollte, worauf er gut eingeübt war, so kam wieder ein Bild heraus, das auch schon – sei es von Verlaine, sei es von Bierbaum oder einem andern – wiederholt und gut gezeichnet längst vorhanden war. Vielleicht hätte er daraus den Schluß ziehen sollen, daß er eben nichts Neues zu sagen wisse und darum besser tue, das Papier zu sparen und sich auf anderes zu verlegen.

Aber das hatte allerdings einen Haken. Von einer Rückkehr zum Brotstudium konnte wohl nicht die Rede sein, weil keinerlei Anfang da war. Er hatte nie zu studieren begonnen. Und es fror ihn, wenn er an den unentrinnbaren Tag dachte, an dem diese schmerzliche Wahrheit aufhören würde sein Geheimnis zu sein. Bisher hatte er immer gehofft, eines Tages plötzlich mit »seinem Werk« hervorzutreten und dadurch die verbummelten Jahre zu rechtfertigen. Er hoffte es auch jetzt noch, aber mit weniger Zuversicht. Zwar druckte »Der Abgrund« immer wieder Gedichte von ihm ab, aber er zahlte nichts dafür und die Bedingung, daß nur von Abonnenten unter Einsendung der Abonnementsquittung Beiträge aufgenommen wurden, kam ihm neuestens nicht mehr so harmlos vor wie im Anfang. Andere Zeitschriften, an die er sich wandte, gaben keine Antwort oder schickten ihm seine Verse eiligst zurück, manchmal sogar mit höhnischen Glossen.

Wenn er hätte schreiben wollen wie diese altmodischen Romanfabrikanten und derartige Leute, dachte er, würde der Erfolg nicht ausbleiben! Aber wer nur das Eigenste, Innerste, Persönlichste darbot, wer seinen Stolz in die Prägung neuer Formen, in die Pflege einer priesterlich reinen, feiertäglichen Sprache setzte, mußte natürlich zum Märtyrer des Ideals werden. Nein, wenn auch nie Erfolg und Ruhm ihn belohnte, er würde doch niemals von etwas anderem reden und singen als von den erlesenen tiefen Stimmungen und Visionen seiner innerlichsten Stunden.

Eines Tages tauchte eine neue Hoffnung in ihm auf. Er schrieb Briefe an die beiden Dichter, die er am meisten verehrte. Darin schilderte er, wie ihre Werke ihm Offenbarung gewesen seien, drückte seine kniefällige Verehrung aus und schloß mit der Bitte um Rat in seinen Dichternöten, fügte auch eine »Abgrund«-Nummer und einige Gedichte bei.

Und siehe, beide Größen antworteten. Der eine schrieb im feierlichsten Stil, die Kunst sei allerdings ein Martyrium, es sei aber Ehre, die schwere Last tragen zu dürfen, und was heute keine Anerkennung finde, werde vielleicht in einer späteren Epoche erkannt und zum gebührenden Ruhm erhoben werden. Er ermahnte den Jünger, treu zu bleiben und niemals das alte *ars longa, vita brevis* zu vergessen. Der zweite Dichter schrieb einen ganz gewöhnlichen Briefstil. Er danke schön für die herrlichen Worte und sende die hübschen Verse anbei zurück; übrigens scheine Herr Eiselein, wenn er nicht irre, in der angenehmen Lage eines Privatmannes zu sein, der zu seinem Vergnügen dichte und das Elend derer nicht kenne, die davon leben müssen. In diesem Falle möchte er Herrn Eiselein, dessen Brief und Gedichte einen so feinsinnigen Kunstfreund verrieten, um ein Darlehen von zweihundert Mark ersuchen, da er zur Zeit sehr in der Klemme sei. Man könne sich das Leben eines Dichters nicht traurig genug vorstellen; von dem von Herrn Eiselein so enthusiastisch verehrten Buche »Das All. Eine Trilogie« zum Beispiel habe er in den drei Jahren seit seinem Erscheinen an Tantiemen den baren Betrag von 24 Mark 75 Pfg. eingenommen, und wenn er nicht nebenher die Sportberichte für ein Tageblatt besorgen würde, wäre er längst verhungert.

Der enttäuschte Karl Eugen legte beide Briefe zuunterst in die Schublade. Oft hatte er schon früher darüber mitgeschimpft, daß das deutsche Volk seine Dichter darben lasse, doch blickte er in diesen Jammer jetzt zum ersten Mal so nah und klar hinein. Er hatte in seinem Leben noch wenig anderes getan, als Gedichte gemacht – – woher hätte er wissen sollen, daß die meisten Leute, auch wenn sie wirklich Bücher lasen, Wichtigeres kannten und lesen wollten als die Träume und schwankenden Stimmungen von ein paar Schwärmern? Freilich, er glaubte das Leben zu kennen; er wußte es nicht, daß er abseits desselben in einer unfruchtbaren Wüste lebte und daß drüben, im wirklichen Leben, jeder Tag Wunder gebar, neben denen die raffiniertesten Symbolistenkünste harmlos und farblos waren.

Ohne daß er viel tat außer lesen, flossen die Tage weg. Der Sommer wurde braun und neigte zur Welke, Septemberregen wuschen den Staub vom Grünen; es gab schon farbige Blätter, kühle Nächte und neblige Morgenfrühen. Und mit dem fallenden Laub des großen Ahorns wehte ein Brief zur Türe des Ladens herein, lag mit der übrigen Post auf der Tischdecke, ward von Herrn Eiselein mit ins Kontor hineingenommen, gelesen, wieder gelesen, mit einem hoffnungslosen Seufzer weggelegt und schließlich vom Herrn selber zur Mama hinaufgebracht. Der Brief kam von einem Kaufmann in der Universitätsstadt und brachte die Enthüllung, daß Karl Eugen daselbst noch viele Schulden habe, von denen der Vater keine Ahnung gehabt hatte.

Der Sohn war morgens im Laden gewesen, um seinen Tabaksbeutel zu füllen. Er hatte den Brief dort liegen sehen und erkannt, und war stark in Versuchung gekommen, ihn wegzunehmen. Aber schließlich mußte es doch einmal an den Tag kommen und da hatte es ihm besser geschienen, den Zusammenbruch jetzt zu erleben, als noch länger die Angst in sich herumzutragen. Seither saß er in seiner Stube, von Augenblick zu Augenblick das Eintreten der Eltern erwartend und fürchtend, und jede Minute kam ihm so lang wie ein Wintersemester vor. In dieser Stunde fühlte, erlebte und litt er mehr, als in allen seinen Gedichten stand, und seine freie, heitere Künstlermoral schmolz zu einem wehmütigen und gequälten Trotz zusammen. Es kam aber niemand. Es wurde Zeit zum Mittagessen und nach einigem Zögern faßte er Mut und ging ins Eßzimmer hinüber. Dort fand er nur seinen Vater, der schon an der Suppe saß und nicht aufschaute. Die Suppe wurde abgetragen, das Rindfleisch und das Gemüse wurde gebracht und schweigend verzehrt, und Karl Eugen verging fast vor Angst und Spannung.

»Wo ist denn die Mutter?« fragte er schließlich beklommen.

»Verreist.«

»Wohin denn?«

»Wirst's dann schon hören.«

Er fragte nicht weiter. Aber er sah im Geist seine kleine, schneidige Mutter durch die Gassen der Universitätsstadt laufen und seine Versäumnisse, Schandtaten und Schulden aufspüren, eins ums andere. Sie ging in seine ehemalige Wohnung, sie ging zu den Kaufleuten und Gastwirten, zum Buchhändler und zum Juden Werzburger, und ach, sie ging auch zu den Professoren, deren Ausspruch sein Schicksal vollends besiegelte und ihm den Hals abdrehte.

Der arme Versmacher wußte nun, welche Stunde es geschlagen habe. Wenn wenigstens der Vater hingereist wäre! Aber die Mutter! Sie würde nichts vergessen, ihr würde nichts verborgen bleiben, sogar über die vergessenen und vergebenen ersten Semester würden ihr blutrote Lichter aufgehen.

Vier stille, scheue, bange Tage vergingen, voll Mißtrauen und Zweifel für den Vater und voll Spannung und Qual für den Jungen. Sie sprachen nicht miteinander, obwohl beide den Wunsch dazu in sich trugen. Der Sohn mochte nichts sagen, ehe er wußte, wie viele seiner Sünden entdeckt seien. Der Vater war zum ersten Mal unversöhnlich und tief empört, da er auf die scheinbare Besserung Karl Eugens, die sich nun als Komödienspiel erwies, heimlich schon wieder herrliche Hoffnungen gebaut hatte.

Am fünften Tage kam Frau Eiselein zurück, und jede verschwiegene kleine Hoffnung, die der Alte und der Junge etwa noch genährt hatten, sank in Staub und Trümmer. Sie wußte nicht nur genau, wieviel Schulden ihr Sohn noch hatte, sie wußte auch alles andere. Daß es mit dem Studium aus und vorbei und das Geld für all die Semester weggeworfen und verloren war. Daß der Studiosus aus der Burschenschaft nicht ausgetreten, sondern gewimmelt worden war. Daß er sein Zimmer mit einer japanischen Tapete und unzüchtigen Bildwerken geschmückt, daß er Verhältnisse mit schlimmen Weibern gehabt und für eine vom Theater eine Brosche gekauft hatte. Und vieles andere von dieser Art.

Nachdem sie vor dem betretenen Sünder und dem gebrochenen Vater alles sachlich und geläufig berichtet und hergezählt hatte, setzte sich die Mutter auf einen Stuhl, blickte ihren Sohn durch und durch und sagte: »So, was sagst du dazu? Ist's wahr oder nicht?«

»Es ist wahr«, bestätigte er leise.

»Bist du ein Lump oder nicht?«

»Mama —«

»Ja oder nein!«

»Ja«, flüsterte er und wurde fuchsrot.

»Jetzt kannst du mit ihm reden, Schorsch«, sagte sie zum Papa, dessen Entrüstung nun verzweifelt losbrach. Alle Kraftworte, die er früher an dem Buben gespart hatte, stürzten nun verspätet und hitzig hervor, so daß der Malefikant seinen Vater kaum mehr kannte, während zu seinem Erstaunen die Mutter ruhig sitzen blieb und mit merkwürdigem Mienenspiel das Losheulen, Wüten und Verrollen des großen Donnerwetters beobachtete.

»Du kannst uns jetzt allein lassen«, sagte sie ruhig zu Karl Eugen, als der Vater verstummte, in seinen Sessel sank und mit dem Ersticken rang. Wieder hatte sich das Züngchen der Waage bewegt und von diesem Tage an hatte die kluge, entschlossene Frau den Schwerpunkt der häuslichen Macht auf ihre Seite gebracht. Es wurden keine Worte darüber verloren, aber Eiselein senior tat nun vollends gar nichts mehr, ohne sie vorher mit stummer Frage anzublicken, und der Junior witterte und begriff, daß er von nun an seinen Wandel allein vor den Augen der Mutter zu führen und zu rechtfertigen haben werde. Darum fügte er sich ihr schweigend und wartete lautlos, bis die Reihe an ihn käme, mit ihr zu reden.

Das geschah denn auch bald und gründlich. Er bekam nichts geschenkt, vom Indianerzug bis zur japanischen Tapete fand er seine Vergehen und Laster treu gezählt und gebucht, und die Abrechnung schloß für ihn mit einem bodenlosen Minus. Zugleich hielt die Mutter es jetzt für angezeigt, ihm die verschlimmerte Lage des väterlichen Handels und Vermögens zu eröffnen, nicht ohne nachdrücklich darauf hinzuweisen, wie erheblich er, der Sohn, an diesem Rückgang mitschuldig war.

»So stehen die Sachen«, schloß sie endlich, »und an deinen Schulden haben wir mindestens noch vier, fünf Jahre zu büßen. Was soll jetzt mit dir werden?«

Karl Eugen hatte mehrmals Miene gemacht, die lebhafte, aber sachliche Darlegung seiner Mutter zu unterbrechen, war aber streng zur Ruhe verwiesen worden. Nun saß er da, geschlagen und vernichtet, und sollte Antwort geben. Mit finsterer Miene erhob er sich, rückte den Stuhl und sagte: »Ich weiß nichts zu sagen, du würdest mich doch nicht verstehen. Es ist besser, ich gehe jetzt fort; wenn ich mein Ziel erreiche, hört ihr wieder von mir, im andern Falle bin ich nicht der erste, der so zugrunde gegangen ist.«

Und schon näherte er sich der Tür, fast stolz auf sein Elend und auf den tragischen Ton, in dem er seine Worte vorgebracht hatte. Aber die Mutter rief ihn zurück.

»Du bleibst gefälligst sitzen«, sagte sie, »bis ich fertig bin.«
Er nahm leise wieder Platz. Sie lachte vor sich hin.

»Soll denn die Theaterspielerei gar nicht aufhören, dummer Bub? Wo willst du denn hin? Hast du denn Geld? Du bist gar nicht der Mann, mir was vorzuspielen, und für das Verzweifelttun geb ich dir keinen Kreuzer. Oder willst du dir etwa das Leben nehmen? O du! Tust's ja doch nicht, ich kenn' dich schon. Nun, du bist nun einmal leider Gottes unser Bub und wir müssen sehen, daß noch was aus dir wird. Fortgereist wird jetzt nimmer, also mach keine Komödie und sag, was du zu sagen hast. Ob ich's dann versteh oder nicht versteh, ist meine Sache. Warum soll ich dich durchaus nicht verstehen? Du hast doch meiner Seel nicht so viel studiert. Also los!«

Im Herzen war der Jüngling froh, daß sie ihn nicht hatte laufen lassen, und trotz der Beschämung begann er ein wenig Vertrauen zu ihr zu fassen. Er hustete also ein bißchen, seufzte und schnitt die vorbereitenden Grimassen, und dann begann er zu erzählen und zu erklären, daß er von jeher ein Dichter habe werden wollen. Er habe, man möge es glauben oder nicht, genug Studien gemacht und viel gelernt, und er sei jetzt auf dem Sprung, sein erstes Werk zu schaffen. Wenn er jetzt davon ablassen müsse, so wäre all die schöne Zeit doppelt verloren; vielleicht glücke es ihm damit und dann sei alles wettgemacht. Er begann von Schriftstellern zu erzählen, die Landhäuser besitzen und erster Klasse reisen; von den Briefen der beiden Symbolisten sagte er nichts. Sie unterbrach ihn und meinte, er könne schon zufrieden sein, wenn es hinreiche, seine Schulden zu zahlen. Bis wann er denn sein Werk fertigmachen wolle, wenn es in all den Semestern nicht fertig geworden sei? Da wurde er wieder lebhaft und erklärte ihr, welche Reife so etwas erfordere. »Reife!« lächelte sie. Jetzt aber sei er so weit; wenn er nur noch diesen Winter zur Arbeit frei habe, würde er fertig.

»Ich will noch drüber schlafen«, sagte sie, »es kommt jetzt vollends auf einen Tag nimmer an. Wir reden morgen weiter. Daß du Tabak und Schnaps nach Belieben aus dem Laden holst, muß aber schon heut ein Ende haben, denk dran!«

Als der junge Mensch in seiner Stube saß und die Sache überdachte, kam er sich zwar erbärmlich klein und gedemütigt vor und schämte sich fast vor den stolzen Büchertiteln an der Wand; aber froh war er doch, die Angst vom Halse und wieder Boden unter seinen Füßen zu haben. Er zog das dicke Heft hervor, in welchem die paar ersten Zeilen seiner großen

Dichtung standen. »Das Tal der bleichen Seelen« stand auf dem Umschlag, und der Titel schien ihm gut, ein kleines Meisterwerkchen. Er war eine Offenbarung und ihm vor einem Vierteljahr auf dem Heimweg von einer einsamen Kneiperei eingefallen, und seither glaubte er an sein Werk und hatte ein Gefühl, als sei das Schwerste, Entscheidende daran schon getan. Auch die Widmung war schon fertig. Sie war an jenen Dichter, der ihm den Märtyrerbrief geschrieben hatte, gerichtet, kurz und schön, in feiner Mischung von Stolz und Demut, das ehrerbietige Sichneigen vor dem auserwählten Geiste ausdrückend.

Herr Eiselein hatte noch am selben Abend eine zweite Unterredung mit seiner Frau. Er wußte durchaus keinen Rat, stöhnte und fluchte abwechselnd und wurde desto elender, je lebhafter die Frau ihn um Vorschläge drängte.

»Du weißt also nichts?« sagte sie dann am Ende freundlich.

Wütend sprang er auf und lief in der Stube hin und her wie ein Eingesperrter.

»Nach Amerika schick ich ihn, den Gutedel!« schrie er zornig.

»Damit er vollends ein Lump wird? Und meinst du, die Reise kostet nichts? Nein, er soll schön dableiben, bis er seine Streiche abverdienen kann. Man hat schon Schlimmere wieder zuwege gebracht.«

»Ja, aber wie denn?«

»Wenn dir's recht ist, will ich sehen, was zu machen ist. Geduld wird's schon brauchen. Überlaß ihn nur mir!«

Dabei blieb es, denn der Hausherr wehrte sich nicht. Er fühlte, ohne daß sie etwas weiteres sagte, den Sinn dieses Abkommens wohl heraus. »Du hast ihn verlottern lassen«, meinte sie, »ich will ihn wieder kurieren, du aber laß die Finger davon.«

Folgenden Tags rief sie den bange harrenden Sohn zu sich und gab ihm ihre Entschlüsse kund.

»Ich habe mit Papa über dich beraten«, sagte sie. »An deine Dichterei hab ich keinen rechten Glauben. Damit du aber nicht sagen kannst, wir hätten dich mit Gewalt von deinem Glück abgehalten, sollst du deinen Willen noch einmal haben, aber zum letztenmal. Du kannst also diesen Winter dichten so viel du willst. Wir sind jetzt im Oktober, da kannst du bis zum Frühjahr schon was hinter dich bringen. Aber wenn es dann nichts damit ist, hat das Bummeln ein Ende und du mußt dann endlich daran glauben und eine solide Arbeit anfangen. Ist's dir so recht?«

Es war ihm recht und er ließ es nicht an Dankesworten fehlen. Das Herz schlug ihm vor Lust, daß er nun nicht mehr heimlich, sondern erlaubter- und anerkannterweise das Leben eines Dichters führen sollte. Der Druck der Angst und des bösen Gewissens war von ihm genommen, er atmete wieder legitime Lebensluft, nachdem er so lang auf dem dünnen Glasboden einer rechtlosen Scheinexistenz gewandelt war. Nun hoffte er einen neuen Aufschwung und freute sich darauf, tüchtig zu arbeiten. Denn von Arbeiten redet ja niemand lieber als Dichter, Künstler und dergleichen Müßiggänger. Freudig stieg er die schmale Stiege zu seiner Stube hinauf, warf sich aufatmend in den Lehnsessel, steckte eine Pfeife an und griff nach den »Violetten Nächten«, einem seiner Lieblingsbücher, in dessen dunkle, reimlose Verse er sich mit Wollust vertiefte.

Das Tal der bleichen Seelen war einstweilen immer noch ein dickes Quartheft mit weißen Blättern. Der Dichter hütete sich wohl, diese harrende unbeschriebene Fläche zu entweihen. Auf ihr sollte nur etwas Kostbares, Delikates Platz finden, Züge bleicher Seelen sollten über sie hinwegschauern wie Herbstwolken, zart und düster, abwechselnd mit tieftönigen, farbig lodernden Träumen im Stile des Gabriele d'Annunzio, der seit einiger Zeit für Karl Eugen die Rolle des Vermittlers romanischer Kultur spielte. Selber hatte er nie das Glück gehabt, Italien oder italienische Kunstwerke zu sehen, doch hatte die Lektüre dieses Italieners ihn so erzogen, daß er mühelos Vergleiche und Bilder anwenden konnte wie »vornehm gleich den Gesten einer Madonna des Carlo Crivelli« oder »kühn wie eine Form des göttlichen Benvenuto Cellini« oder »ein Lächeln von lionardesker Lieblichkeit«. So häufte er spielend die Schönheiten alter und fremder Kulturen; er gab seinem Stil bald die Glut des d'Annunzio, bald die welke Reife von Huysmans, bald die träumerische Märchenfarbe Maeterlincks oder die weiche Süßigkeit Hofmannsthals. Noch ein wenig Zeit, ein wenig Reife, und es mußte daraus etwas berückend Köstliches entstehen.

Er wartete ab, las in seinen Büchern, liebkoste das leere Papier und setzte sich in Bereitschaft, die bleichen Seelen würdig und feierlich durch symbolische Traumländer zu geleiten. Sie sollten von allem reden, was schön und fern und seltsam ist, und an alles erinnern, was in einsamen Nächten die schauernde Seele eines Ästheten berührt und entzückt und traurig gemacht hat. Von den Wänden schauten erwartungsvoll und segnend die Bücherreihen, die Tabakspfeifen und das Bildnis des Dichters mit dem Condottiere herab. Zuweilen schien es ihm, als seien dies alles Dinge, welche überwunden oder doch überboten werden könnten. Dann strich er sich leise mit der Rechten übers Haar, blickte sinnend und lächelnd vor sich nieder und träumte von den wunderbaren, reichen, schöpferischen Stunden, in denen er im Sinnbilde der bleichen Seelen alles Wunderbare und Unerhörte aus dem Reich der Schönheit erfassen und in adlige Formen schöpfen würde.

Nach einer solchen Stunde war es ihm immer doppelt peinlich, wenn er im Laden, wo er sich mit irgendeiner Stärkung versehen wollte, dem strafenden Blick des Vaters oder gar der Mutter begegnete und unverrichteter Dinge wieder abziehen oder ein paar Zigarren und dergleichen durch lange, demütige Bitten und Reden erkämpfen mußte. Doch wußte er sich in diese Mißlichkeiten fast immer mit Ergebung und freundlicher Ruhe zu finden oder für die Stillung seiner Bedürfnisse unbewachte Minuten zu benützen.

Der November brachte noch eine Reihe von sonnig blauen Tagen, und am Rand der Tannenwälder leuchtete noch immer rot und gelbes Laubgebüsch. Um diese Zeit begann der »Abgrund« seine Leser zur schleunigen Erneuerung ihres Abonnements aufzufordern, was eine Zwiesprache zwischen Mutter und Sohn zur Folge hatte, worin er den kürzeren zog, so daß er sich darein schicken mußte, die Tröstung, sich je und je gedruckt zu sehen, künftig zu entbehren.

Dann kam ein tagelanger schwerer Regen, und eines Morgens lag auf den völlig entblätterten Büschen im Garten der erste leichte Reif.

Kaum hatte den der Dichter erblickt, so stieg er in den Keller und holte sich ein Becken voll Kohlen und einen Arm voll Holz herauf. Das wiederholte er am Nachmittag und acht Tage lang täglich zweimal, bis an einem Abend, während es im Ofen knallte und krachte, Frau Eiselein in die Stube trat.

»Du bist wohl verrückt«, sagte sie und deutete auf den glühenden Ofen. »So heizen kann man zur Not bei zehn Grad Frost. Das ist auch so eine Studentenmode. Du weißt wahrscheinlich nicht, was die Kohlen kosten? Drunten müssen wir jeden Pfennig sauer verdienen und du verbrennst das Zeug da gleich zentnerweise.«

Karl Eugen war aufgestanden und blickte scheu herüber.

»Ungesund ist die übertriebene Heizerei auch noch«, fuhr sie fort. »Frieren sollst du nicht, aber auch nicht das Dreifache verbrennen wie andere Leute. Künftig findest du jeden Morgen ein Becken voll Kohlen und das nötige Holz dazu parat gemacht. Damit kommst du aus, wenn du Vernunft hast. Das Selberholen muß aber aufhören.«

Des Sohnes Vorstellungen waren erfolglos und er blieb schmollend in seiner Stube. Vierzehn Tage lang behalf er sich mit dem zugemessenen Vorrat; da er aber die Gewohnheit hatte, zu überheizen und weit in die Nacht hinein lesend aufzubleiben, reichte er bald damit nicht mehr aus. Morgens einmal, als er noch das ganze Haus schlafend glaubte, stand er fröstelnd auf und schlich in den Keller, fand aber zu seinem nicht geringen Ärger und Schrecken den Kohleverschlag wohlverschlossen. Noch größer war seine Verlegenheit, als er beim Hinaufsteigen in der Tür die Mutter stehen sah, die ihm guten Morgen wünschte.

»Machst dir ein bißchen Bewegung?« rief sie lächelnd. »Ja, ja, Frühaufstehen ist gesund.«

»Du, Mutter«, sagte er flehend, »mit dem Bißchen komm ich nicht aus. Leg ein paar Schaufeln zu!«

»Tut mir leid«, war die Antwort, »tut mir leid, junger Herr. Wer nichts verdient, muß wenigstens sparen können. Wenn du aber durchaus mehr brauchst, so weißt du ja den Weg in den Wald, wo du als Bub schon oft genug Tannenzapfen aufgelesen hast. Wenn du jeden Morgen so zeitig aufstehst wie heute und statt in den Keller in den Wald gehst, kannst du leicht einen Korb voll oder zwei zusammenbringen. Arme Leute heizen mit nichts anderem.«

Am nächsten Morgen blieb er zum Trotz recht lange im Bett liegen. Am übernächsten stand er in der Frühe leise auf, nahm einen Sack mit und ging in den Wald. Das Lesen kam ihm schrecklich mühsam vor, nach einer guten Stunde war der Sack aber voll und er konnte ihn noch heimtragen, ehe die Gassen sich belebten. Von da an ging er täglich und die Mutter tat, als nehme sie keine Notiz davon. Bald kannte er im Walde die guten Reviere, vermied die Kiefernwälder und die jungen Bestände und hielt sich an den alten Tannenforst, wo das dichte Moos voll Zapfen lag. Dabei wurde er immer so warm, daß er nachher kaum mehr zu heizen brauchte. Die harsche Herbstmorgenluft tat ihm sichtlich gut und allmählich lernte er, zum erstenmal seit seiner Schulbubenzeit, auch wieder ein Auge auf das Waldleben zu haben. Er sah die Sonne aus dem Nebel steigen, gewöhnte sich daran, aufs Wetter zu achten, jagte bald einen Hasen, bald ein Wildhuhn aus dem Schlaf, und da er doch einmal mit den verdammten Zapfen zu tun hatte, lernte er sie allmählich nach Form und Herkunft kennen und die dunklen harzreichen von den leichten und dürren, die der Weißtannen von den rottannenen unterscheiden. Anfangs verbarg er sich, sooft ein armes Weiblein, ein Forsthüter oder Bauer daherkam, nach und nach wurde er weniger scheu und schließlich trug er im Notfall, wenn auch ungern, seinen Sack vor jedermanns Augen heim.

Es kam ein Tag, noch im November, da gab er seinen letzten, aus den üppigen Zeiten her übriggebliebenen Batzen aus. Zaghaft wandte er sich an die Mutter um ein wenig Taschengeld.

»Was brauchst du denn?« fragte sie. »Du hast doch alles Nötige.«

Nun ja, er brauchte eigentlich nichts, aber man mußte doch für alle Fälle ein paar Groschen im Sack haben.

»Ach so.« Die Mutter nickte. »Zu einem Glas Bier oder so, nicht wahr? Ist ganz recht. Leider hab' ich für solche Sachen gar nichts übrig – aber wenn dir neben dem Dichten etwa eine Stunde übrigbleibt, kannst du dir ja leicht ein bißchen was verdienen. Für den Sack Tannenzapfen, den du mir bringst, geb' ich fünfzig Pfennig. Oder wenn du morgen vormittag mit dem Vater Kisten packen willst, kannst du auch eine Mark verdienen.«

Er war einverstanden, und wenn er künftig für sein wohlverdientes Geld im Adler oder Sternen einen Schoppen trank oder eine Kegelpartie mitmachte, schmeckte es ihm besser als früher bei manchem Kommers.

Kurz vor Weihnachten fiel ein wenig Schnee und gleich darauf trat Frost ein, so daß es mit der Waldarbeit plötzlich ein Ende hatte. Dem Dichter tat es fast leid um die gewohnte Morgenbeschäftigung, als aber Weihnachten kam und vorüberging, fiel es ihm plötzlich auf die Seele, wie schnell die Zeit verstrich und wie notwendig es nun war, seine Dichtung ernstlich vorwärts zu bringen. Säcke holen, Kisten packen, Holz spalten und dergleichen hatte ihn in der letzten Zeit ganz davon abgehalten.

Als er zum erstenmal »Das Tal der bleichen Seelen« wieder zur Hand nahm, gefiel der Titel ihm nicht mehr so ganz und er suchte einen neuen zu finden, aber es fiel ihm keiner ein. Mißmutig lief er eine Zeitlang herum, ging öfter als sonst zu einem Bier und Billard und sah sich daher bald wieder ohne Taschengeld. Diesmal half er beim Ausschreiben der Neujahrsrechnungen und saß drei Tage beim Papa im Kontor. Er bekam ein paar Mark dafür, aber seine Dichtung wurde davon nicht fett. Vielmehr war es merkwürdig, wie nach jeder solchen Arbeit die Gedanken ausblieben, statt zu kommen. Während er das Widmungsblatt nochmals überlas und sich daran begeistern wollte, geschah es, daß er plötzlich daran denken mußte, daß der reiche Direktor Selbiger seinem Vater die letzte Halbjahresrechnung noch immer schuldig geblieben war. Ob es wohl anging, den Mann zu mahnen? Bei Tische sprach er mit dem Alten darüber, aber der war entschieden fürs Abwarten.

Und immer öfter nahm Eugen mit Verzweiflung wahr, daß er mit jedem Schritt, den er im tätigen Leben machte, seiner Dichtung ferner kam und Abbruch tat. Er zwang sich nun gewaltsam und schrieb ein paar Seiten, die ihn aber nicht befriedigten. Die Sprache war gequält und steif, es kam kein Leben hinein. Ärgerlich warf er das Heft dann in die Schublade und ging zu einem Kartenspiel im »Hecht«, verlor ziemlich und bot sich wieder für zwei Tage zum Mithelfen im Laden an.

Dann suchte er bei seinen Büchern Trost, die er in letzter Zeit vernachlässigt hatte. Und nun erlebte er es zum erstenmal, daß sie ihn im Stich ließen, ihm keine Stimmung gaben und ihm sogar fast langweilig vorkamen. Er hätte jetzt ein Dichterwerk gebraucht, das seine gegenwärtige Not erfaßt und ausgesprochen und tröstlich verklärt hätte. Aber d'Annunzio betrachtete griechische Gemmen und streichelte die Schultern schöner Baronessen, Oscar Wilde roch an exotischen Blumen und analysierte sein Nervenleben, und der Condottiere-Dichter besang eine »blaue Stunde« und einen leierspielenden Knaben.

Eine leise erste Ahnung stieg bitter in ihm auf, daß alle diese schönen Bücher vielleicht eben nur Bücher, nur ein Luxus für Glückliche und Reiche und Zufriedene seien, mit dem Leben und seiner Not aber keine Berührung hatten und haben wollten – Olympier an goldenen Tischen, welche von unten her, aus dem Wirrsal des Menschlichen, kein Klagelaut erreichte. Sie waren schön gewesen, als er sie in üppigen, faulen Zeiten genossen hatte. Und jetzt, da das Leben seine Hände nach ihm ausstreckte, schwiegen sie und wollten nichts von ihm wissen. Der Dichter des »All« fiel ihm ein, der keine Trilogien mehr, sondern Sportberichte für ein Tageblatt schrieb. Und er warf das Buch, das er gerade in der Hand hielt, zornig und traurig an die Wand.

Im Februar tat Frau Eiselein die erste behutsame Frage nach dem Gedeihen der Dichtung. Karl Eugen hatte gerade ein Faß Petroleum hereingerollt. Er drückte sich um die Antwort. Und als sie neugierig war, wenigstens den Titel zu erfahren, rückte und schob er unmutig an dem Faß herum und brummte: »Den Titel macht man immer zuletzt.« Doch wurde er rot dabei.

Ende März klopfte die Mama wieder an, trat zu dem Dichter an den Schreibtisch und verlangte sein Werk zu sehen.

»Es ist nicht fertig«, sagte er in unbehaglichem Ton.

»Dann ist's eben halbfertig«, beharrte sie. »Ich gehe nicht aus der Stube, bis ich's gesehen habe. Sei vernünftig, du kennst mich doch.«

O ja, er kannte sie. Dennoch zögerte er noch eine ganze Weile, ehe er die Lade herauszog und sein Heft vorlegte.

»Das Tal der bleichen Seelen! Schau, jetzt ist ja doch der Titel da, freilich ein komischer.«

Es folgten etwa zehn beschriebene Blätter, auf denen aber das meiste wieder durchgestrichen war.

»Ist das alles?« fragte sie ruhig.

»Das ist alles ... Ich wollte – –«

»Laß nur, 's ist schon gut.«

Da die Frau das schmerzliche Gesicht ihres Sohnes sah, hielt sie an sich und brach erst nachher auf der Treppe in ein kräftiges Gelächter aus.

Als sie später den Dichter auf den Kopf zu fragte, bis wann sein Werk wohl Hoffnung habe, fertig zu werden, senkte er den Kopf und gestand: »Ich glaube, nie.«

Im April trat Karl Eugen in das Geschäft seines Vaters ein. Im nächsten Jahre ging er als Volontär in ein auswärtiges Kaufhaus, von wo er mit guten Zeugnissen zurückkam, und als nach einigen weitern Jahren der alte Herr anfing kränklich zu werden, übernahm er den Laden allein und überließ dem Vater nur noch die Korrespondenzen.

Während dieser Jahre fiel das Geniewesen in aller Stille vollends von ihm ab wie eine Schlangenhaut, und es zeigte sich, daß unter der Hülle recht viel väterliche und mütterliche Erbstücke unverloren geschlummert hatten. Die erstarkten nun und traten bald auch äußerlich zutage. Wie mit dem Lesen und Dichten der Weltschmerz, so war mit dem Schlips und den Geniemanieren auch die falsche Bedeutsamkeit und Wichtigkeit des Auftretens verschwunden und der absonderliche Apfel also doch nahe beim Stamm gefallen. Und der vom milden Stachel täglicher Arbeit aus dem Traum geweckte Jüngling sah allmählich ein, daß seine vermeintliche Frühreife weit eher ein ungewöhnlich langes Kapriolenmachen der Jugendlichkeit gewesen war. Aber desto gründlicher faßte er die Arbeit und Umkehr an.

Die Zeit ging hin, er heiratete und wurde Vater, das Geschäft ging nicht übel und seine Schulden waren alle längst bezahlt. Zuweilen nahm er etwa einmal abends eines der Bücher von damals in die Hand, blätterte darin hin und her, schüttelte nachdenklich den Kopf und stellte es an seinen Ort zurück. Das Dichterbildnis aber hing noch immer an der Wand: der Jüngling im modischen Kragen blickte stolz und verachtend aus dem Rahmen und hinter ihm saß unerschüttert der kühne Condottiere auf seinem ehernen Roß.

(1903)

Aus Kinderzeiten

Der ferne braune Wald hat seit wenigen Tagen einen heiteren Schimmer von jungem Grün; am Lettensteg fand ich heute die erste halberschlossene Primelblüte; am feuchten klaren Himmel träumen die sanften Aprilwolken, und die weiten, kaum gepflügten Äcker sind so glänzend braun und breiten sich der lauen Luft so verlangend entgegen, als hätten sie Sehnsucht, zu empfangen und zu treiben und ihre stummen Kräfte in tausend grünen Keimen und aufstrebenden Halmen zu erproben, zu fühlen und wegzuschenken. Alles wartet, alles bereitet sich vor, alles träumt und sproßt in einem feinen, zärtlich drängenden Werdefieber – der Keim der Sonne, die Wolke dem Acker, das junge Gras den Lüften entgegen. Von Jahr zu Jahr steh ich um diese Zeit mit Ungeduld und Sehnsucht auf der Lauer, als müßte ein besonderer Augenblick mir das Wunder der Neugeburt erschließen, als müsse es geschehen, daß ich einmal, eine Stunde lang, die Offenbarung der Kraft und der Schönheit ganz sähe und begriffe und miterlebte, wie das Leben lachend aus der Erde springt und junge große Augen zum Licht aufschlägt. Jahr für Jahr auch tönt und duftet das Wunder an mir vorbei, geliebt und angebetet – und unverstanden; es ist da, und ich sah es nicht kommen, ich sah nicht die Hülle des Keimes brechen und den ersten zarten Quell im Lichte zittern. Blumen stehen plötzlich allerorten, Bäume glänzen mit lichtem Laub oder mit schaumig weißer Blust, und Vögel werfen sich jubelnd in schönen Bogen durch die warme Bläue. Das Wunder ist erfüllt, ob ich es auch nicht gesehen habe, Wälder wölben sich, und ferne Gipfel rufen, und es ist Zeit, Stiefel und Tasche, Angelstock und Ruderzeug zu rüsten und sich mit allen Sinnen des jungen Jahres zu freuen, das jedesmal schöner ist, als es jemals war, und das jedesmal eiliger zu schreiten scheint. – Wie lang, wie unerschöpflich lang ist ein Frühling vorzeiten gewesen, als ich noch ein Knabe war!

Und wenn die Stunde es gönnt und mein Herz guter Dinge ist, leg ich mich lang ins feuchte Gras oder klettere den nächsten tüchtigen Stamm hinan, wiege mich im Geäst, rieche den Knospenduft und das frische Harz, sehe Zweigenetz und Grün und Blau sich über mir verwirren und trete traumwandelnd als ein stiller Gast in den seligen Garten meiner Knabenzeit. Das gelingt so selten und ist so köstlich, einmal wieder sich dort hinüberzuschwingen und die klare Morgenluft der ersten Jugend zu atmen und noch einmal, für Augenblicke, die Welt so zu sehen, wie sie aus Gottes Händen kam und wie wir alle sie in Kinderzeiten gesehen haben, da in uns selber das Wunder der Kraft und der Schönheit sich entfaltete.

Da stiegen die Bäume so freudig und trotzig in die Lüfte, da sproß im Garten Narziß und Hyazinth so glanzvoll schön; und die Menschen, die wir noch so wenig kannten, begegneten uns zart und gütig, weil sie auf unserer glatten Stirn noch den Hauch des Göttlichen fühlten, von dem wir nichts wußten und das uns ungewollt und ungewußt im Drang des Wachsens abhanden kam. Was war ich für ein wilder und ungebändigter Bub, wieviel Sorgen hat der Vater von klein auf um mich gehabt und wieviel Angst und Seufzen die Mutter! – und doch lag auch auf meiner Stirne Gottes Glanz, und was ich ansah, war schön und lebendig, und in meinen Gedanken und Träumen, auch wenn sie gar nicht frommer Art waren, gingen Engel und Wunder und Märchen geschwisterlich aus und ein.

Mir ist aus Kinderzeiten her mit dem Geruch des frischgepflügten Akkerlandes und mit dem keimenden Grün der Wälder eine Erinnerung verknüpft, die mich in jedem Frühling heimsucht und mich nötigt, jene halbvergessene und unbegriffene Zeit für Stunden wieder zu leben. Auch jetzt denke ich daran und will versuchen, wenn es möglich ist, davon zu erzählen.

In unserer Schlafkammer waren die Läden zu, und ich lag im Dunkel halbwach, hörte meinen kleinen Bruder neben mir in festen, gleichen Zügen atmen und wunderte mich wieder darüber, daß ich bei geschlossenen Augen statt des schwarzen Dunkels lauter Farben sah, violette und trübdunkelrote Kreise, die beständig weiter wurden und in die Finsternis zerflossen und beständig von innen her quellend sich erneuerten, jeder von einem dünnen gelben Streifen umrändert. Auch horchte ich auf den Wind, der von den Bergen her in lauen, lässigen Stößen kam und weich in den großen Pappeln wühlte und sich zuzeiten schwer gegen das ächzende Dach lehnte. Es tat mir wieder leid, daß Kinder nachts nicht aufbleiben und hinausgehen oder wenigstens am Fenster sein dürfen, und ich dachte an eine Nacht, in der die Mutter vergessen hatte, die Läden zu schließen.

Da war ich mitten in der Nacht aufgewacht und leise aufgestanden und mit Zagen ans Fenster gegangen, und vor dem Fenster war es seltsam hell, gar nicht schwarz und todesfinster, wie ich's mir vorgestellt hatte. Es sah alles dumpf und verwischt und traurig aus, große Wolken stöhnten über den ganzen Himmel und die bläulich-schwarzen Berge schienen mitzufluten, als hätten sie alle Angst und strebten davon, um einem nahenden Unglück zu entrinnen. Die Pappeln schliefen und sahen ganz matt aus wie etwas Totes oder Erloschenes, auf dem Hof aber stand wie sonst die Bank und der Brunnentrog und der junge Kastanienbaum, auch sie ein wenig müd und trüb. Ich wußte nicht, ob es kurz oder lang war, daß ich im Fenster saß und in die bleiche verwandelte Welt hinüberschaute; da fing in der Nähe ein Tier zu klagen an, ängstlich und weinerlich. Es konnte ein Hund oder auch ein Schaf oder Kalb sein, das erwacht war und im Dunkeln Angst verspürte. Sie faßte auch mich, und ich floh in meine Kammer und in mein Bett zurück, ungewiß, ob ich weinen sollte oder nicht. Aber ehe ich dazu kam, war ich eingeschlafen.

Das alles lag jetzt wieder rätselhaft und lauernd draußen, hinter den verschlossenen Läden, und es wäre so schön und gefährlich gewesen, wieder hinauszusehen. Ich stellte mir die trüben Bäume wieder vor, das müde, ungewisse Licht, den verstummten Hof, die samt den Wolken fortfliehenden Berge, die fahlen Streifen am Himmel und die bleiche, undeutlich in die graue Weite verschimmernde Landstraße. Da schlich nun, in einen großen, schwarzen Mantel verhüllt, ein Dieb, oder ein Mörder, oder es war jemand verirrt und lief dort hin und her, von der Nacht geängstigt und von Tieren verfolgt. Es war vielleicht ein Knabe, so alt wie ich, der verlorengegangen oder fortgelaufen oder geraubt worden oder ohne Eltern war, und wenn er auch Mut hatte, so konnte doch der nächste Nachtgeist ihn umbringen oder der Wolf ihn holen. Vielleicht nahmen ihn auch die Räuber mit in den Wald, und er wurde selber ein Räuber, bekam ein Schwert oder eine zweiläufige Pistole, einen großen Hut und hohe Reiterstiefel.

Von hier war es nur noch ein Schritt, ein willenloses Sichfallenlassen, und ich stand im Träumeland und konnte alles mit Augen sehen und mit Händen anfassen, was jetzt noch Erinnerung und Gedanke und Phantasie war.

Ich schlief aber nicht ein, denn in diesem Augenblick floß durch das Schlüsselloch der Kammertür, aus der Schlafstube der Eltern her, ein dünner, roter Lichtstrom zu mir herein, füllte die Dunkelheit mit einer schwachen zitternden Ahnung von Licht und malte auf die plötzlich matt aufschimmernde Tür des Kleiderkastens einen gelben, zackigen Fleck. Ich wußte, daß jetzt der Vater ins Bett ging. Sachte hörte ich ihn in Strümpfen herumlaufen, und gleich darauf vernahm ich auch seine gedämpfte tiefe Stimme. Er sprach noch ein wenig mit der Mutter.

»Schlafen die Kinder?« hörte ich ihn fragen.

»Ja, schon lang«, sagte die Mutter, und ich schämte mich, daß ich nun doch wach war. Dann war es eine Weile still, aber das Licht brannte fort. Die Zeit wurde mir lang, und der Schlummer wollte mir schon bis in die Augen steigen, da fing die Mutter noch einmal an.

»Hast auch nach dem Brosi gefragt?«

»Ich hab ihn selber besucht«, sagte der Vater. »Am Abend bin ich dort gewesen. Der kann einem leid tun.«

»Geht's denn so schlecht?«

»Ganz schlecht. Du wirst sehen, wenn's Frühjahr kommt, wird es ihn wegnehmen. Er hat schon den Tod im Gesicht.«

»Was denkst du«, sagt die Mutter, »soll ich den Buben einmal hinschikken? Es könnt vielleicht gut tun.«

»Wie du willst«, meinte der Vater, »aber nötig ist's nicht. Was versteht so ein klein Kind davon?«

»Also gut Nacht.«

»Ja, gut Nacht.«

Das Licht ging aus, die Luft hörte auf zu zittern, Boden und Kastentür waren wieder dunkel, und wenn ich die Augen zumachte, konnte ich wieder violette und dunkelrote Ringe mit einem gelben Rand wogen und wachsen sehen.

Aber während die Eltern einschliefen und alles still war, arbeitete meine plötzlich erregte Seele mächtig in die Nacht hinein. Das halbverstandene Gespräch war in sie gefallen wie eine Frucht in den Teich, und nun liefen schnellwachsende Kreise eilig und ängstlich über sie hinweg und machten sie vor banger Neugierde zittern.

Der Brosi, von dem die Eltern gesprochen hatten, war fast aus meinem Gesichtskreis verloren gewesen, höchstens war er noch eine matte, beinahe schon verglühte Erinnerung. Nun rang er sich, dessen Namen ich kaum mehr gewußt hatte, langsam kämpfend empor und wurde wieder zu einem lebendigen Bild. Zuerst wußte ich nur, daß ich diesen Namen früher einmal oft gehört und selber gerufen habe. Dann fiel ein Herbsttag mir ein, an dem ich von jemand Äpfel geschenkt bekommen hatte. Da erinnerte ich mich, daß das Brosis Vater gewesen sei, und da wußte ich plötzlich alles wieder.

Aus Kinderzeiten

Ich sah also einen hübschen Knaben, ein Jahr älter, aber nicht größer als ich, der hieß Brosi. Vielleicht vor einem Jahre war sein Vater unser Nachbar und der Bub mein Kamerad geworden; doch reichte mein Gedächtnis nimmer dahin zurück. Ich sah ihn wieder deutlich: er trug eine gestrickte blaue Wollkappe mit zwei merkwürdigen Hörnern, und er hatte immer Äpfel oder Schnitzbrot im Sack, und er hatte gewöhnlich einen Einfall und ein Spiel und einen Vorschlag parat, wenn es anfangen wollte, langweilig zu werden. Er trug eine Weste, auch werktags, worum ich ihn sehr beneidete, und früher hatte ich ihm fast gar keine Kraft zugetraut, aber da hieb er einmal den Schmiedsbarzle vom Dorf, der ihn wegen seiner Hörnerkappe verhöhnte (und die Kappe war von seiner Mutter gestrickt), jämmerlich durch, und dann hatte ich eine Zeitlang Angst vor ihm. Er besaß einen zahmen Raben, der hatte aber im Herbst zu viel junge Kartoffeln ins Futter bekommen und war gestorben, und wir hatten ihn begraben. Der Sarg war eine Schachtel, aber sie war zu klein, der Deckel ging nicht mehr drüber, und ich hielt eine Grabrede wie ein Pfarrer, und als der Brosi dabei anfing zu weinen, mußte mein kleiner Bruder lachen; da schlug ihn der Brosi, da schlug ich ihn wieder, der Kleine heulte, und wir liefen auseinander, und nachher kam Brosis Mutter zu uns herüber und sagte, es täte ihm leid, und wenn wir morgen nachmittag zu ihr kommen wollten, so gäbe es Kaffee und Hefekranz, er sei schon im Ofen. Und bei dem Kaffee erzählte der Brosi uns eine Geschichte, die fing mittendrin immer wieder von vorne an, und obwohl ich die Geschichte nie behalten konnte, mußte ich doch lachen, sooft ich daran dachte.

Das war aber nur der Anfang. Es fielen mir zu gleicher Zeit tausend Erlebnisse ein, alle aus dem Sommer und Herbst, wo Brosi mein Kamerad gewesen war, und alle hatte ich in den paar Monaten, seit er nimmer kam, so gut wie vergessen. Nun drangen sie von allen Seiten her, wie Vögel, wenn man im Winter Körner wirft, alle zugleich, ein ganzes Gewölk.

Es fiel mir der glänzende Herbsttag wieder ein, an dem des Dachtelbauers Turmfalk aus der Remise durchgegangen war. Der beschnittene Flügel war ihm gewachsen, das messingene Fußkettlein hatte er durchgerieben und den engen finsteren Schuppen verlassen. Jetzt saß er dem Haus gegenüber ruhig auf einem Apfelbaum, und wohl ein Dutzend Leute stand auf der Straße davor, schaute hinauf und redete und machte Vorschläge. Da war uns Buben sonderbar beklommen zumute, dem Brosi und mir, wie wir mit allen anderen Leuten dastanden und den Vogel anschauten, der still im

Baume saß und scharf und kühn herabäugte. »Der kommt nicht wieder«, rief einer. Aber der Knecht Gottlob sagte: »Fliegen, wann er noch könnt, dann wär er schon lang über Berg und Tal.« Der Falk probierte, ohne den Ast mit den Krallen loszulassen, mehrmals seine großen Flügel; wir waren schrecklich aufgeregt, und ich wußte selber nicht, was mich mehr freuen würde, wenn man ihn finge oder wenn er davonkäme. Schließlich wurde vom Gottlob eine Leiter angelegt, der Dachtelbauer stieg selber hinauf und streckte die Hand nach seinem Falken aus. Da ließ der Vogel den Ast fahren und fing an, stark mit den Flügeln zu flattern. Da schlug uns Knaben das Herz so laut, daß wir kaum atmen konnten; wir starrten bezaubert auf den schönen, flügelschlagenden Vogel, und dann kam der herrliche Augenblick, daß der Falke ein paar große Stöße tat, und wie er sah, daß er noch fliegen konnte, stieg er langsam und stolz in großen Kreisen höher und höher in die Luft, bis er so klein wie eine Feldlerche war und still im flimmernden Himmel verschwand. Wir aber, als die Leute schon lang verlaufen waren, standen noch immer da, hatten die Köpfe nach oben gestreckt und suchten den ganzen Himmel ab, und da tat der Brosi plötzlich einen hohen Freudensatz in die Luft und schrie dem Vogel nach: »Flieg du, flieg du, jetzt bist du wieder frei.«

Auch an den Karrenschuppen des Nachbars mußte ich denken. In dem hockten wir, wenn es so recht herunterregnete, im Halbdunkel beisammengekauert, hörten dem Klingen und Tosen des Platzregens zu und betrachteten den Hofboden, wo Bäche, Ströme und Seen entstanden und sich ergossen und durchkreuzten und veränderten. Und einmal, als wir so hockten und lauschten, fing der Brosi an und sagte: »Du, jetzt kommt die Sündflut, was machen wir jetzt? Also alle Dörfer sind schon ertrunken, das Wasser geht jetzt schon bis an den Wald.« Da dachten wir uns alles aus, spähten im Hof umher, horchten auf den schüttenden Regen und vernahmen darin das Brausen ferner Wogen und Meeresströmungen. Ich sagte, wir müßten ein Floß aus vier oder fünf Balken machen, das würde uns zwei schon tragen. Da schrie mich der Brosi aber an: »So, und dein Vater und die Mutter, und mein Vater und meine Mutter, und die Katz und dein Kleiner? Die nimmst nicht mit?« Daran hatte ich in der Aufregung und Gefahr freilich nicht gedacht, und ich log zur Entschuldigung: »Ja, ich hab mir gedacht, die seien alle schon untergegangen.« Er aber wurde nachdenklich und traurig, weil er sich das deutlich vorstellte, und dann sagte er: »Wir spielen jetzt was anderes.«

Und damals, als sein armer Rabe noch am Leben war und überall herumhüpfte, hatten wir ihn einmal in unser Gartenhaus mitgenommen, wo er auf den Querbalken gesetzt wurde und hin und her lief, weil er nicht herunterkonnte. Ich streckte ihm den Zeigefinger hin und sagte im Spaß: »Da, Jakob, beiß!« Da hackte er mich in den Finger. Es tat nicht besonders weh, aber ich war zornig geworden und schlug nach ihm und wollte ihn strafen. Der Brosi packte mich aber um den Leib und hielt mich fest, bis der Vogel, der in der Angst vom Balken heruntergeflügelt war, sich hinausgerettet hatte. »Laß mich los«, schrie ich, »er hat mich gebissen«, und rang mit ihm.

»Du hast selber zu ihm gesagt: Jakob beiß!« rief der Brosi und erklärte mir deutlich, der Vogel sei ganz in seinem Recht gewesen. Ich war ärgerlich über seine Schulmeisterei, sagte »meinetwegen« und beschloß aber im stillen, mich ein anderes Mal an dem Raben zu rächen.

Nachher, als Brosi schon aus dem Garten und halbwegs daheim war, rief er mir noch einmal und kehrte um, und ich wartete auf ihn. Er kam her und sagte: »Du, gelt, du versprichst mir ganz gewiß, daß du dem Jakob nichts mehr tust?« Und als ich keine Antwort gab und trotzig war, versprach er mir zwei große Äpfel, und ich nahm an, und dann ging er heim.

Gleich darauf wurden auf dem Baum in seines Vaters Garten die ersten Jakobiäpfel reif; da gab er mir die versprochenen zwei Äpfel, von den schönsten und größten. Ich schämte mich jetzt und wollte sie nicht gleich annehmen, bis er sagte: »Nimm doch, es ist ja nicht mehr wegen dem Jakob, ich hätt sie dir auch so gegeben, und dein Kleiner kriegt auch einen.« Da nahm ich sie.

Aber einmal waren wir den ganzen Nachmittag auf dem Wiesenland herumgesprungen und dann in den Wald hineingegangen, wo unter dem Gebüsch weiches Moos wuchs. Wir waren müd und setzten uns auf den Boden. Ein paar Fliegen sumsten über einem Pilz, und allerlei Vögel flogen; von denen kannten wir einige, die meisten aber nicht; auch hörten wir einen Specht fleißig klopfen, und es wurde uns ganz wohl und froh zumute, so daß wir fast gar nichts zueinander sagten, und nur wenn einer etwas Besonderes entdeckt hatte, deutete er dorthin und zeigte es dem andern. In dem überwölbten grünen Raume floß ein grünes mildes Licht, während der Waldgrund in die Weite sich in ahnungsvolle braune Dämmerung verlor. Was sich dort hinten regte, Blättergeräusch und Vogelschlag, das kam aus verzauberten Märchengründen her, klang mit geheimnisvoll fremdem Ton und konnte viel bedeuten.

Weil es dem Brosi zu warm vom Laufen war, zog er seine Jacke aus und dann auch noch die Weste und legte sich ganz ins Moos hin. Da kam es, daß er sich umdrehte, und sein Hemd ging am Halse auf, und ich erschrak mächtig, denn ich sah über seine weiße Schulter eine lange rote Narbe hinlaufen. Gleich wollte ich ihn ausfragen, wo denn die Narbe herkäme, und freute mich schon auf eine rechte Unglücksgeschichte; aber wer weiß, wie es kam, ich mochte auf einmal doch nicht fragen und tat so, als hätte ich gar nichts gesehen. Jedoch zugleich tat mir Brosi mit seiner großen Narbe furchtbar leid, sie hatte sicher schrecklich geblutet und weh getan, und ich faßte in diesem Augenblick eine viel stärkere Zärtlichkeit zu ihm als früher, konnte aber nichts sagen. Also gingen wir später miteinander aus dem Wald und kamen heim, dann holte ich in der Stube meine beste Kugelbüchse aus einem dicken Holderstamm, die hatte mir der Knecht einmal gemacht, und ging wieder hinunter und schenkte sie dem Brosi. Er meinte zuerst, es sei ein Spaß, dann aber wollte er sie nicht nehmen und legte sogar die Hände auf den Rücken, und ich mußte ihm die Büchse in die Tasche stecken.

Und eine Geschichte um die andere, alle kamen sie mir wieder. Auch die vom Tannenwald, der stand auf der anderen Seite vom Bach, und einmal war ich mit meinem Kameraden hinübergegangen, weil wir gern die Rehe gesehen hätten. Wir traten in den weiten Raum, auf den glatten braunen Boden zwischen den himmelhohen geraden Stämmen, aber so weit wir liefen, wir fanden kein einziges Reh. Dafür sahen wir eine Menge große Felsenstücke zwischen den bloßen Tannenwurzeln liegen, und fast alle diese Steine hatten Stellen, wo ein schmales Büschelchen helles Moos auf ihnen wuchs, wie kleine grüne Male. Ich wollte so ein Moosplätzchen abschälen, es war nicht viel größer als eine Hand. Aber der Brosi sagte schnell: »Nein, laß es dran!« Ich fragte warum, und er erklärte mir: »Das ist, wenn ein Engel durch den Wald geht, dann sind das seine Tritte; überall wo er hintritt, wächst gleich so ein Moosplatz in den Stein.« Nun vergaßen wir die Rehe und warteten, ob vielleicht gerade ein Engel käme. Wir blieben stehen und paßten auf; im ganzen Wald war eine Todesstille, und auf dem braunen Boden fackelten helle Sonnenflecken, in der Ferne gingen die senkrechten Stämme wie eine hohe rote Säulenwand zusammen, in der Höhe stand hinter den dichten schwarzen Kronen der blaue Himmel. Ein ganz schwaches kühles Wehen lief unhörbar hin und wieder vorüber. Da wurden wir beide bang und feierlich, weil es so ruhig und einsam war und weil vielleicht bald ein Engel kam, und wir gingen nach einer Weile ganz still und schnell miteinander weg, an den vielen Steinen und Stämmen vorbei und aus dem Wald hinaus. Als wir wieder auf der Wiese und über dem Bach waren, sahen wir noch eine Zeitlang hinüber, dann liefen wir schnell nach Haus.

Später hatte ich noch einmal mit dem Brosi Streit, dann versöhnten wir uns wieder. Es ging schon gegen den Winter hin, da hieß es, der Brosi sei krank und ob ich nicht zu ihm gehen wollte. Ich ging auch ein- oder zweimal, da lag er im Bett und sagte fast gar nichts, und es war mir bang und langweilig, obgleich seine Mutter mir eine halbe Orange schenkte. Und dann kam nichts mehr; ich spielte mit meinem Bruder und mit dem Löhnersnikel oder mit den Mädchen, und so ging eine lange, lange Zeit vorbei. Es fiel Schnee und schmolz wieder und fiel noch einmal; der Bach fror zu, ging wieder auf und war braun und weiß und machte eine Überschwemmung und brachte vom Obertal eine ertrunkene Sau und eine Menge Holz mit; es wurden kleine Hühner geboren, und drei davon starben; mein Brüderlein wurde krank und wurde wieder gesund; es war in den Scheuern gedroschen und in den Stuben gesponnen worden, und jetzt wurden die Felder wieder gepflügt, alles ohne den Brosi. So war er ferner und ferner geworden und am Ende verschwunden und von mir vergessen worden – bis jetzt, bis auf diese Nacht, wo das rote Licht durchs Schlüsselloch floß und ich den Vater zur Mutter sagen hörte: »Wenn's Frühjahr kommt, wird's ihn wegnehmen.«

Unter vielen sich verwirrenden Erinnerungen und Gefühlen schlief ich ein, und vielleicht wäre schon am nächsten Tage im Drang des Erlebens das kaum erwachte Gedächtnis an den entschwundenen Spielgefährten wieder untergesunken und wäre dann vielleicht nie mehr in der gleichen, frischen Schönheit und Stärke zurückgekommen. Aber gleich beim Frühstück fragte mich die Mutter: »Denkst du auch noch einmal an den Brosi, der immer mit euch gespielt hat?«

Da rief ich »ja«, und sie fuhr fort mit ihrer guten Stimme: »Im Frühjahr, weißt du, wäret ihr beide miteinander in die Schule gekommen. Aber jetzt ist er so krank, daß es vielleicht nichts damit sein wird. Willst du einmal zu ihm gehen?«

Sie sagte das so ernsthaft, und ich dachte an das, was ich in der Nacht den Vater hatte sagen hören, und ich fühlte ein Grauen, aber zugleich eine angstvolle Neugierde. Der Brosi sollte, nach des Vaters Worten, den Tod im Gesicht haben, und das schien mir unsäglich grauenhaft und wunderbar.

Ich sagte wieder »ja«, und die Mutter schärfte mir ein: »Denk dran, daß er so krank ist! Du kannst jetzt nicht mit ihm spielen und darfst kein Lärmen vollführen.«

Ich versprach alles und bemühte mich schon jetzt, ganz still und bescheiden zu sein, und noch am gleichen Morgen ging ich hinüber. Vor dem Hause, das ruhig und ein wenig feierlich hinter seinen beiden kahlen Kastanienbäumen im kühlen Vormittagslicht lag, blieb ich stehen und wartete eine Weile, horchte in den Flur hinein und bekam fast Lust, wieder heimzulaufen. Da faßte ich mir ein Herz, stieg schnell die drei roten Steinstufen hinauf und durch die offenstehende Türhälfte, sah mich im Gehen um und klopfte an die nächste Tür. Des Brosi Mutter war eine kleine, flinke und sanfte Frau, die kam heraus und hob mich auf und gab mir einen Kuß, und dann fragte sie: »Hast du zum Brosi kommen wollen?«

Es ging nicht lang, so stand sie im oberen Stockwerk vor einer weißen Kammertür und hielt mich an der Hand. Auf diese ihre Hand, die mich zu den dunkel vermuteten grauenhaften Wunderdingen führen sollte, sah ich nicht anders als auf die eines Engels oder eines Zauberers. Das Herz schlug mir geängstigt und ungestüm wie ein Warner, und ich zögerte nach Kräften und strebte zurück, so daß die Frau mich fast in die Stube ziehen mußte. Es war eine große, helle und behaglich nette Kammer; ich stand verlegen und grausend an der Tür und schaute auf das lichte Bett hin, bis die Frau mich hinzuführte. Da drehte der Brosi sich zu uns herum.

Und ich blickte aufmerksam in sein Gesicht, das war schmal und spitzig, aber den Tod konnte ich nicht darin sehen, sondern nur ein feines Licht, und in den Augen etwas Ungewohntes, gütig Ernstes und Geduldiges, bei dessen Anblick mir ähnlich ums Herz ward wie bei jenem Stehen und Lauschen im schweigenden Tannenwald, da ich in banger Neugierde den Atem anhielt und Engelsschritte in meiner Nähe vorbeigehen spürte.

Der Brosi nickte und streckte mir eine Hand hin, die heiß und trocken und abgezehrt war. Seine Mutter streichelte ihn, nickte mir zu und ging wieder aus der Stube; so stand ich allein an seinem kleinen hohen Bett und sah ihn an, und eine Zeitlang sagten wir beide kein Wort.

»So, bist du's denn noch?« sagte dann der Brosi.

Und ich: »Ja, und du auch noch?«

Und er: »Hat dich deine Mutter geschickt?«

Ich nickte.

Er war müde und ließ jetzt den Kopf wieder auf das Kissen fallen. Ich wußte gar nichts zu sagen, nagte an meiner Mützentroddel und sah ihn nur immer an und er mich, bis er lächelte und zum Scherz die Augen schloß.

Da schob er sich ein wenig auf die Seite, und wie er es tat, sah ich plötzlich unter den Hemdknöpfen durch den Ritz etwas Rotes schimmern, das war die große Narbe auf seiner Schulter, und als ich die gesehen hatte, mußte ich auf einmal heulen.

»Ja, was hast du denn?« fragte er gleich.

Ich konnte keine Antwort geben, weinte weiter und wischte mir die Backen mit der rauhen Mütze ab, bis es weh tat.

»Sag's doch. Warum weinst du?«

»Bloß weil du so krank bist«, sagte ich jetzt. Aber das war nicht die eigentliche Ursache. Es war nur eine Woge von heftiger und mitleidiger Zärtlichkeit, wie ich sie schon früher einmal gespürt hatte, die quoll plötzlich in mir auf und konnte sich nicht anders Luft machen.

»Das ist nicht so schlimm«, sagte der Brosi.

»Wirst du bald wieder gesund?«

»Ja, vielleicht.«

»Wann denn?«

»Ich weiß nicht. Es dauert lang.«

Nach einer Zeit merkte ich auf einmal, daß er eingeschlafen war. Ich wartete noch eine Weile, dann ging ich hinaus, die Stiege hinunter und wieder heim, wo ich sehr froh war, daß die Mutter mich nicht ausfragte. Sie hatte wohl gesehen, daß ich verändert war und etwas erlebt hatte, und sie strich mir nur übers Haar und nickte, ohne etwas zu sagen.

Trotzdem kann es wohl sein, daß ich an jenem Tage noch sehr ausgelassen, wild und ungattig war, sei es, daß ich mit meinem kleinen Bruder händelte oder daß ich die Magd am Herd ärgerte oder im nassen Feld strolchte und besonders schmutzig heimkam. Etwas Derartiges ist jedenfalls gewesen, denn ich weiß noch gut, daß am selben Abend meine Mutter mich sehr zärtlich und ernst ansah – mag sein, daß sie mich gern ohne Worte an heute morgen erinnert hätte. Ich verstand sie auch wohl und fühlte Reue, und als sie das merkte, tat sie etwas Besonderes. Sie gab mir von ihrem Ständer am Fenster einen kleinen Tonscherben voll Erde, darin steckte eine schwärzliche Knolle, und diese hatte schon ein paar spitzige, hellgrüne, saftige junge Blättlein getrieben. Es war eine Hyazinthe. Die gab sie mir und sagte dazu: »Paß auf, das geb ich dir jetzt. Später wird's dann eine große rote Blume. Dort stell ich sie hin, und du mußt darauf achtgeben, man darf sie nicht anrühren und herumtragen, und jeden Tag muß man sie zweimal gießen; wenn du es vergißt, sag ich dir's schon. Wenn es aber eine schöne Blume werden will, darfst du sie nehmen und dem Brosi hinbringen, daß er eine Freude hat. Kannst du dran denken?«

Sie tat mich ins Bett, und ich dachte indessen mit Stolz an die Blume, deren Wartung mir als ein ehrenvoll wichtiges Amt erschien, aber gleich am nächsten Morgen vergaß ich das Begießen, und die Mutter erinnerte mich daran. »Und was ist denn mit dem Brosi seinem Blumenstock?« fragte sie, und sie hat es in jenen Tagen mehr als das eine Mal sagen müssen. Dennoch beschäftigte und beglückte mich damals nichts so stark wie mein Blumenstock. Es standen noch genug andere, auch größere und schönere, im Zimmer und im Garten, und Vater und Mutter hatten sie mir oft gezeigt. Aber es war nun doch das erstemal, daß ich mit dem Herzen dabei war, ein solches kleines Wachstum mit anzuschauen, zu erwünschen und zu pflegen und Sorge darum zu haben.

Ein paar Tage lang sah es mit dem Blümlein nicht erfreulich aus, es schien an irgendeinem Schaden zu leiden und nicht die rechten Kräfte zum Wachsen zu finden. Als ich darüber zuerst betrübt und dann ungeduldig wurde, sagte die Mutter einmal: »Siehst du, mit dem Blumenstock ist's jetzt gerade so wie mit dem Brosi, der so krank ist. Da muß man noch einmal so lieb und sorgsam sein wie sonst.«

Dieser Vergleich war mir verständlich und brachte mich bald auf einen ganz neuen Gedanken, der mich nun völlig beherrschte. Ich fühlte jetzt einen geheimen Zusammenhang zwischen der kleinen, mühsam strebenden Pflanze und dem kranken Brosi, ja ich kam schließlich zu dem festen Glauben, wenn die Hyazinthe gedeihe, müsse auch mein Kamerad wieder gesund werden. Käme sie aber nicht davon, so würde er sterben, und ich trüge dann vielleicht, wenn ich die Pflanze vernachlässigt hätte, mit Schuld daran. Als dieser Gedankenkreis in mir fertig geworden war, hütete ich den Blumentopf mit Angst und Eifersucht wie einen Schatz, in welchem besondere, nur mir bekannte und anvertraute Zauberkräfte verschlossen wären.

Drei oder vier Tage nach meinem ersten Besuch – die Pflanze sah noch ziemlich kümmerlich aus – ging ich wieder ins Nachbarhaus hinüber. Brosi mußte ganz still liegen, und da ich nichts zu sagen hatte, stand ich nahe am Bett und sah das nach oben gerichtete Gesicht des Kranken an, das zart und warm aus weißen Bett-Tüchern schaute. Er machte hin und wieder die Augen auf und wieder zu, sonst bewegte er sich nicht, und ein klügerer und älterer Zuschauer hätte vielleicht etwas davon gefühlt, daß des kleinen Brosi Seele schon unruhig war und sich auf die Heimkehr besinnen wollte. Als gerade eine Angst vor der Stille des Stübleins über mich kommen wollte, trat die Nachbarin herein und holte mich freundlich und leisen Schrittes weg.

Das nächste Mal kam ich mit viel froherem Herzen, denn zu Hause trieb mein Blumenstock mit neuer Lust und Kraft seine spitzigen freudigen Blätter heraus. Diesmal war auch der Kranke sehr munter.

»Weißt du auch noch, wie der Jakob noch am Leben war?« fragte er mich.

Und wir erinnerten uns an den Raben und sprachen von ihm, ahmten die drei Wörtlein nach, die er hatte sagen können, und redeten mit Begierde und Sehnsucht von einem grau und roten Papagei, der sich vorzeiten einmal hierher verirrt haben sollte. Ich kam ins Plaudern, und während der Brosi bald wieder ermüdete, hatte ich sein Kranksein für den Augenblick ganz vergessen. Ich erzählte die Geschichte vom entflogenen Papagei, die zu den Legenden unseres Hauses gehörte. Ihr Glanzpunkt war der, daß ein alter Hofknecht den schönen Vogel auf dem Dach des Schuppens sitzen sah, sogleich eine Leiter anlegte und ihn einfangen wollte. Als er auf dem Dach erschien und sich dem Papagei vorsichtig näherte, sagte dieser: »Guten Tag!« Da zog der Knecht seine Kappe herunter und sagte: »Bitt um Vergebung, jetzt hätt ich fast gemeint, Ihr wäret ein Vogeltier.«

Als ich das erzählt hatte, dachte ich, der Brosi müsse nun notwendig laut hinauslachen. Da er es nicht gleich tat, sah ich ihn ganz verwundert an. Ich sah ihn fein und herzlich lächeln, und seine Backen waren ein wenig röter als vorher, aber er sagte nichts und lachte nicht laut.

Da kam es mir plötzlich vor, als sei er um viele Jahre älter als ich. Meine Lustigkeit war im Augenblick erloschen, statt ihrer befiel mich Verwirrung und Bangigkeit, denn ich empfand wohl, daß zwischen uns beiden jetzt etwas Neues fremd und störend aufgewachsen sei.

Es surrte eine große Winterfliege durchs Zimmer, und ich fragte, ob ich sie fangen solle.

»Nein, laß sie doch!« sagte der Brosi.

Auch das kam mir vor, wie von einem Erwachsenen gesprochen. Befangen ging ich fort.

Auf dem Heimweg empfand ich zum erstenmal in meinem Leben etwas von der ahnungsvollen verschleierten Schönheit des Vorfrühlings, das ich erst um Jahre später, ganz am Ende der Knabenzeiten, wieder gespürt habe.

Was es war und wie es kam, weiß ich nicht. Ich erinnere mich aber, daß ein lauer Wind strich, daß feuchte dunkle Erdschollen am Rande der Äkker aufragten und streifenweise blank erglänzten und daß ein besonderer Föhngeruch in der Luft war. Ich erinnere mich auch dessen, daß ich eine Melodie summen wollte und gleich wieder aufhörte, weil irgend etwas mich bedrückte und still machte.

Dieser kurze Heimweg vom Nachbarhaus ist mir eine merkwürdig tiefe Erinnerung. Ich weiß kaum etwas Einzelnes mehr davon; aber zuweilen, wenn es mir gegönnt ist, mit geschlossenen Augen mich dahin zurückzufinden, meine ich, die Erde noch einmal mit Kindesaugen zu sehen – als Geschenk und Schöpfung Gottes, im leise glühenden Träumen unberührter Schönheit, wie wir Alten sie sonst nur aus den Werken der Künstler und Dichter kennen. Der Weg war vielleicht nicht ganz zweihundert Schritt lang, aber es lebte und geschah auf ihm und über ihm und an seinem Rande unendlich viel mehr als auf mancher Reise, die ich später unternommen habe.

Es streckten kahle Obstbäume verschlungene und drohende Äste und von den feinen Zweigspitzen rotbraune und harzige Knospen in die Luft, über sie hinweg ging Wind und schwärmende Wolkenflucht, unter ihnen quoll die nackte Erde in der Frühlingsgärung. Es rann ein vollgeregneter Graben über und sandte einen schmalen trüben Bach über die Straße, auf dem schwammen alte Birnenblätter und braune Holzstückchen, und jedes von ihnen war ein Schiff, jagte dahin und strandete, erlebte Lust und Pein und wechselnde Schicksale, und ich erlebte sie mit.

Es hing unversehens vor meinen Augen ein dunkler Vogel in der Luft, überschlug sich und flatterte taumelnd, stieß plötzlich einen langen schallenden Triller aus und stob verglitzernd in die Höhen, und mein Herz flog staunend mit.

Ein leerer Lastwagen mit einem ledigen Beipferd kam gefahren, knarrte und rollte fort und fesselte noch bis zur nächsten Krümme meinen Blick, mit seinen starken Rossen aus einer unbekannten Welt gekommen und in sie verschwindend, flüchtige schöne Ahnungen aufregend und mit sich nehmend.

Das ist eine kleine Erinnerung oder zwei und drei; aber wer will die Erlebnisse, Erregungen und Freuden zählen, die ein Kind zwischen einem Stundenschlag und dem andern an Steinen, Pflanzen, Vögeln, Lüften, Farben und Schatten findet und sogleich wieder vergißt und doch mit hinübernimmt in die Schicksale und Veränderungen der Jahre? Eine besondere Färbung der Luft am Horizont, ein winziges Geräusch in Haus oder Garten oder Wald, der Anblick eines Schmetterlings oder irgendein flüchtig herwehender Geruch rührt oft für Augenblicke ganze Wolken von Erinnerungen an jene frühen Zeiten in mir auf. Sie sind nicht klar und einzeln erkennbar, aber sie tragen alle denselben köstlichen Duft von damals, da zwischen mir und jedem Stein und Vogel und Bach ein inniges Leben und Verbundensein vorhanden war, dessen Reste ich eifersüchtig zu bewahren bemüht bin.

Mein Blumenstock richtete sich indessen auf, reckte die Blätter höher und erstarkte zusehends. Mit ihm wuchs meine Freude und mein Glaube an die Genesung meines Kameraden. Es kam auch der Tag, an welchem zwischen den feisten Blättern eine runde rötliche Blütenknospe sich zu dehnen und aufzurichten begann, und der Tag, an dem die Knospe sich spaltete und ein heimliches Gekräusel schönroter Blütenblätter mit weißlichen Rändern sehen ließ. Den Tag aber, an dem ich den Topf mit Stolz und freudiger Behutsamkeit ins Nachbarhaus hinübertrug und dem Brosi übergab, habe ich völlig vergessen.

Dann war einmal ein heller Sonnentag; aus dem dunklen Ackerboden stachen schon feine grüne Spitzen, die Wolken hatten Goldränder, und in den feuchten Straßen, Hofräumen und Vorplätzen spiegelte ein sanfter reiner Himmel. Das Bettlein des Brosi war näher zum Fenster gestellt worden, auf dessen Simsen die rote Hyazinthe in der Sonne prunkte; den Kranken hatte man ein wenig aufgerichtet und mit Kissen gestützt. Er sprach etwas mehr als sonst mit mir, über seinen geschorenen blonden Kopf lief das warme Licht fröhlich und glänzend und schien rot durch seine Ohren. Ich war sehr guter Dinge und sah wohl, daß es nun schnell vollends gut mit ihm werden würde. Seine Mutter saß dabei, und als es ihr genug schien, schenkte sie mir eine gelbe Winterbirne und schickte mich heim. Noch auf der Stiege biß ich die Birne an, sie war weich und honigsüß, und der Saft tropfte mir aufs Kinn und über die Hand. Den abgenagten Butzen warf ich unterwegs in hohem Bogen feldüber.

Tags darauf regnete es, was heruntermochte, ich mußte daheim bleiben und durfte mit sauber gewaschenen Händen in der Bilderbibel schwelgen, wo ich schon viele Lieblinge hatte, am liebsten aber waren mir doch der Paradieslöwe, die Kamele des Elieser und das Mosesknäblein im Schilf. Als es aber am zweiten Tage in einem Strich fortregnete, wurde ich verdrießlich. Den halben Vormittag starrte ich durchs Fenster auf den plätschernden Hof und Kastanienbaum, dann kamen der Reihe nach alle meine Spiele dran, und als sie fertig waren und es gegen Abend ging, bekam ich noch Streit mit meinem Bruder. Das alte Lied: wir reizten einander, bis der Kleine mir ein arges Schimpfwort sagte, da schlug ich ihn, und er floh heulend durch Stube, Öhrn, Küche, Stiege und Kammer bis zur Mutter, der er sich in den Schoß warf und die mich seufzend wegschickte. Bis der Vater heimkam, sich alles erzählen ließ, mich abstrafte und mit den nötigen Ermahnungen ins Bett steckte, wo ich mir namenlos unglücklich vorkam, aber bald unter noch rinnenden Tränen einschlief.

Als ich wieder, vermutlich am folgenden Morgen, in des Brosi Krankenstube stand, hatte seine Mutter beständig den Finger am Mund und sah mich warnend an, der Brosi aber lag mit geschlossenen Augen leise stöhnend da. Ich schaute bang in sein Gesicht, es war bleich und vom Schmerz verzogen. Und als seine Mutter meine Hand nahm und sie auf seine legte, machte er die Augen auf und sah mich eine kleine Weile still an. Seine Augen waren groß und verändert, und wie er mich ansah, war es ein fremder wunderlicher Blick wie aus einer weiten Ferne her, als kenne er mich gar nicht und sei über mich verwundert, habe aber zugleich andere und viel wichtigere Gedanken. Auf den Zehen schlich ich nach kurzer Zeit wieder hinaus.

Am Nachmittag aber, während ihm auf seine Bitte die Mutter eine Geschichte erzählte, sank er in einen Schlummer, der bis an den Abend dauerte und währenddessen sein schwacher Herzschlag langsam einträumte und erlosch.

Als ich ins Bett ging, wußte es meine Mutter schon. Doch sagte sie mir's erst am Morgen, nach der Milch. Darauf ging ich den ganzen Tag traumwandelnd umher und stellte mir vor, daß der Brosi zu den Engeln gekommen und selber einer geworden sei. Daß sein kleiner magerer Leib mit der

Narbe auf der Schulter noch drüben im Hause lag, wußte ich nicht, auch vom Begräbnis sah und hörte ich nichts.

Meine Gedanken hatten viel Arbeit damit, und es verging wohl eine Zeit, bis der Gestorbene mir fern und unsichtbar wurde. Dann aber kam früh und plötzlich der ganze Frühling, über die Berge flog es gelb und grün, im Garten roch es nach jungem Wuchs, der Kastanienbaum tastete mit weich gerollten Blättern aus den aufgesprungenen Knospenhüllen, und an allen Gräben lachten auf fetten Stielen die goldgelben glänzenden Butterblumen.

(1903)

Die Marmorsäge

Es war so ein Prachtsommer, in dem man das schöne Wetter nicht nach Tagen, sondern nach Wochen rechnete, und es war noch Juni, man hatte gerade das Heu eingebracht.

Für manche Leute gibt es nichts Schöneres als einen solchen Sommer, wo noch im feuchtesten Ried das Schilf verbrennt und einem die Hitze bis in die Knochen geht. Diese Leute saugen, sobald ihre Zeit gekommen ist, so viel Wärme und Behagen ein und werden ihres meist ohnehin nicht sehr betriebsamen Daseins so schlaraffisch froh, wie es andern Leuten nie zuteil wird. Zu dieser Menschenklasse gehöre auch ich; darum war mir in jenem Sommeranfang auch so mächtig wohl, freilich mit starken Unterbrechungen, von denen ich nachher erzählen werde.

Es war vielleicht der üppigste Juni, den ich je erlebt habe, und es wäre bald Zeit, daß wieder so einer käme. Der kleine Blumengarten vor meines Vetters Haus an der Dorfstraße duftete und blühte ganz unbändig; die Georginen, die den schadhaften Zaun versteckten, standen dick und hoch und hatten feiste und runde Knospen angesetzt, aus deren Ritzen gelb und rot und lila die jungen Blütenblätter strebten. Der Goldlack brannte so überschwenglich honigbraun und duftete so ausgelassen und sehnlich, als wüßte er wohl, daß seine Zeit schon nahe war, da er verblühen und den dicht wuchernden Reseden Platz machen mußte. Still und brütend standen die steifen Balsaminen auf dicken, gläsernen Stengeln, schlank und träumerisch die Schwertlilien, fröhlich hellrot die verwildernden Rosenbüsche. Man sah kaum eine Handbreit Erde mehr, als sei der ganze Garten nur ein großer, bunter und fröhlicher Strauß, der aus einer zu schmalen Vase hervorquoll, an dessen Rändern die Kapuziner in den Rosen fast erstickten und in dessen Mitte der prahlerisch emporflammende Türkenbund mit seinen großen geilen Blüten sich frech und gewalttätig breitmachte.

Mir gefiel das ungemein, aber mein Vetter und die Bauersleute sahen es kaum. Denen fängt der Garten erst an, ein wenig Freude zu machen, wenn es dann herbstelt und in den Beeten nur noch letzte Spätrosen, Strohblumen und Astern übrig sind. Jetzt waren sie alle tagtäglich von früh bis spät im Feld und fielen am Abend müde und schwer wie umgeworfene

Die Marmorsäge

Bleisoldaten in die Betten. Und doch wird in jedem Herbst und in jedem Frühjahr der Garten wieder treulich besorgt und hergerichtet, der nichts einbringt und den sie in seiner schönsten Zeit kaum ansehen.

Seit zwei Wochen stand ein heißer, blauer Himmel über dem Land, am Morgen rein und lachend, am Nachmittag stets von niederen, langsam wachsenden gedrängten Wolkenballen umlagert. Nachts gingen nah und fern Gewitter nieder, aber jeden Morgen, wenn man – noch den Donner im Ohr – erwachte, glänzte die Höhe blau und sonnig herab und war schon wieder ganz von Licht und Hitze durchtränkt. Dann begann ich froh und ohne Hast meine Art von Sommerleben: kurze Gänge auf glühenden und durstig klaffenden Feldwegen durch warm atmende, hohe gilbende Ährenfelder, aus denen Mohn und Kornblumen, Wicken, Kornraden und Winden lachten, sodann lange, stundenlange Rasten im hohen Gras an Waldsäumen, über mir Käfergoldgeflimmer, Bienengesang, windstill ruhendes Gezweige im tiefen Himmel; gegen Abend alsdann ein wohlig träger Heimweg durch Sonnenstaub und rötliches Ackergold, durch eine Luft voll Reife und Müdigkeit und sehnsüchtigem Kuhgebrüll, und am Ende lange, laue Stunden bis Mitternacht, versessen unter Ahorn und Linde allein oder mit irgendeinem Bekannten bei gelbem Wein, ein zufriedenes, lässiges Plaudern in die warme Nacht hinein, bis fern irgendwo das Donnern begann und unter erschrocken aufrauschenden Windschauern erste, langsam und wollüstig aus den Lüften sinkende Tropfen schwer und weich und kaum hörbar in den dicken Staub fielen.

»Nein, so was Faules wie du!« meinte mein guter Vetter mit ratlosem Kopfschütteln, »daß dir nur keine Glieder abfallen!«

»Sie hängen noch gut«, beruhigte ich. Und ich freute mich daran, wie müde und schweißig und steifgeschafft er war. Ich wußte mich in meinem guten Recht; ein Examen und eine lange Reihe von sauren Monaten lagen hinter mir, in denen ich meine Bequemlichkeit täglich schwer genug gekreuzigt und geopfert hatte.

Vetter Kilian war auch gar nicht so, daß er mir meine Lust nicht gegönnt hätte. Vor meiner Gelehrtheit hatte er tiefen Respekt, sie umgab mich für sein Auge mit einem geheiligten Faltenwurf, und ich warf natürlich die Falten so, daß die mancherlei Löcher nicht gerade obenhin kamen.

Es war mir so wohl wie noch nie. Still und langsam schlenderte ich in Feld und Wiesenland, durch Korn und Heu und hohen Schierling, lag regungslos und atmend wie eine Schlange in der schönen Wärme und genoß die brütend stillen Stunden.

Und dann diese Sommertöne! Diese Töne, bei denen einem wohl und traurig wird und die ich so lieb habe: das unendliche, bis über Mitternacht anhaltende Zikadenläuten, an das man sich völlig verlieren kann wie an den Anblick des Meeres – das satte Rauschen der wogenden Ähren – das beständig auf der Lauer liegende entfernte leise Donnern – abends das Mückengeschwärme und das fernhin rufende, ergreifende Sensendengeln – nachts der schwellende, warme Wind und das leidenschaftliche Stürzen plötzlicher Regengüsse.

Und wie in diesen kurzen, stolzen Wochen alles inbrünstiger blüht und atmet, tiefer lebt und duftet, sehnlicher und inniger lodert! Wie der überreiche Lindenduft in weichen Schwaden ganze Täler füllt, und wie neben den müden, reifenden Kornähren die farbigen Ackerblumen gierig leben und sich brüsten, wie sie verdoppelt glühen und fiebern in der Hast der Augenblicke, bis ihnen viel zu früh die Sichel rauscht!

Ich war vierundzwanzig Jahre alt, fand die Welt und mich selber sehr wohlbeschaffen und betrieb das Leben als eine ergötzliche Liebhaberkunst, vorwiegend nach ästhetischen Gesichtspunkten. Nur das Verliebtsein kam und verlief ganz ohne meine Wahl nach den althergebrachten Regeln. Doch hätte mir das niemand sagen dürfen! Ich hatte mich nach den nötigen Zweifeln und Schwankungen einer das Leben bejahenden Philosophie ergeben und mir nach mehrfachen schweren Erfahrungen, wie mir schien, eine ruhige und sachliche Betrachtung der Dinge erworben. Außerdem hatte ich mein Examen bestanden, ein nettes Taschengeld im Sack und zwei Monate Ferien vor mir liegen.

Es gibt wahrscheinlich in jedem Leben solche Zeiten: weit vor sich sieht man glatte Bahn, kein Hindernis, keine Wolke am Himmel, keine Pfütze im Weg. Da wiegt man sich gar stattlich im Wipfel und glaubt mehr und mehr zu erkennen, daß es eben doch kein Glück und keinen Zufall gibt, sondern daß man das alles und noch eine halbe Zukunft ehrlich verdient und erworben habe, einfach weil man der Kerl dazu war. Und man tut wohl daran, sich dieser Erkenntnis zu freuen, denn auf ihr beruht das Glück der Märchenprinzen ebenso wie das Glück der Spatzen auf dem Mist, und es dauert ja nie zu lange.

Von den zwei schönen Ferienmonaten waren mir erst ein paar Tage durch die Finger geglitten. Bequem und elastisch wie ein heiterer Weiser wandelte ich in den Tälern hin und her, eine Zigarre im Mund, eine Ackerschnalle am Hut, ein Pfund Kirschen und ein gutes Büchlein in

Die Marmorsäge

der Tasche. Ich tauschte kluge Worte mit den Gutsbesitzern, sprach da und dort den Leuten im Felde freundlich zu, ließ mich zu allen großen und kleinen Festlichkeiten, Zusammenkünften und Schmäusen, Taufen und Bockbierabenden einladen, tat gelegentlich am Spätnachmittag einen Trunk mit dem Pfarrer, ging mit den Fabrikherren und Wasserpächtern zum Forellenangeln, bewegte mich maßvoll fröhlich und schnalzte innerlich mit der Zunge, wenn irgend so ein feister, erfahrener Mann mich ganz wie seinesgleichen behandelte und keine Anspielungen auf meine große Jugend machte. Denn wirklich, ich war nur äußerlich so lächerlich jung. Seit einiger Zeit hatte ich entdeckt, daß ich nun über die Spielereien hinausgekommen und ein Mann geworden sei; mit stiller Wonne ward ich stündlich meiner Reife froh und brauchte gern den Ausdruck, das Leben sei ein Roß, ein flottes, kräftiges Roß, und wie ein Reiter müsse man es behandeln, kühn und auch vorsichtig.

Und da lag die Erde in ihrer Sommerschönheit, die Kornfelder fingen an gelb zu werden, die Luft war noch voll Heugeruch, und das Laub hatte noch lichte, heftige Farben. Die Kinder trugen Brot und Most ins Feld, die Bauern waren eilig und fröhlich, und abends liefen die jungen Mädchen in Reihen über die Gasse, ohne Grund plötzlich hinauslachend und ohne Vereinbarung plötzlich ihre wehmütigen Volkslieder anstimmend. Vom Gipfel meiner jungen Mannesreife herab sah ich freundlich zu, gönnte den Kindern und den Bauern und den Mädchen ihre Lust von Herzen und glaubte das alles wohl zu verstehen.

In der kühlen Waldschlucht des Sattelbachs, der alle paar hundert Schritt eine Mühle treiben muß, lag stattlich und sauber ein Marmorsägewerk: Schuppen, Sägeraum, Stellfalle, Hof, Wohnhaus und Gärtchen, alles einfach, solid und erfreulich aussehend, weder verwittert noch allzu neu. Da wurden Marmorblöcke langsam und tadellos in Platten und Scheiben zersägt, gewaschen und geschliffen, ein stiller und reinlicher Betrieb, an dem jeder Zuschauer seine Lust haben mußte. Fremdartig, aber hübsch und anziehend war es, mitten in dem engen und gewundenen Tale zwischen Tannen und Buchen und schmalen Wiesenbändern den Sägehof daliegen zu sehen, angefüllt mit großen Marmorblöcken, weißen, bläulichgrauen und buntgeäderten, mit fertigen Platten von jeder Größe, mit Marmorabfällen und feinem, glänzendem Marmorstaub. Als ich das erstemal diesen Hof nach einem Neugierbesuch verließ, nahm ich ein kleines, einseitig poliertes

Stückchen weißen Marmors in der Tasche mit; das besaß ich jahrelang und hatte es als Briefbeschwerer auf meinem Schreibtisch liegen.

Der Besitzer dieser Marmorschleiferei hieß Lampart und schien mir von jener an Originalen ergiebigen Gegend eines der eigentümlichsten zu sein. Er war früh verwitwet und hatte teils durch sein ungeselliges Leben, teils durch sein eigenartiges Gewerbe, das mit der Umgebung und mit dem Leben der Leute ringsum ohne Berührung blieb, einen besonderen Anstrich bekommen. Er galt für sehr wohlhabend, doch wußte das keiner gewiß, denn es gab weit herum niemand, der irgendein ähnliches Geschäft und einen Einblick in dessen Gang und Ertrag gehabt hätte. Worin seine Besonderheit bestand, hatte ich noch nicht ergründet. Sie war aber da und nötigte einen, mit Herrn Lampart anders als mit anderen Leuten umzugehen. Wer zu ihm kam, war willkommen und fand einen freundlichen Empfang, aber daß der Marmorsäger jemand wiederbesuchte, ist nie vorgekommen. Erschien er einmal – es geschah selten – bei einer öffentlichen Feier im Dorf oder zu einer Jagd oder in irgendeiner Kommission, so behandelte man ihn sehr höflich, tastete aber verlegen nach der rechten Begrüßung, denn er kam so ruhig daher und blickte jedem so gleichmütig ernst ins Gesicht wie ein Einsiedler, der aus dem Wald hervorgekommen ist und bald wieder hineingehen wird.

Man fragte ihn, wie die Geschäfte gingen. »Danke, es tut sich«, sagte er, aber er tat keine Gegenfrage. Man erkundigte sich, ob die letzte Überschwemmung oder der letzte Wassermangel ihn geschädigt habe. »Danke, nicht besonders«, sagte er, aber er fuhr nicht fort: »Und bei Ihnen?«

Nach dem Äußeren zu urteilen, war er ein Mann, der viele Sorgen gehabt hat und vielleicht noch hat, der aber gewohnt ist, sie mit niemand zu teilen.

In jenem Sommer war es mir zu einer Gewohnheit geworden, sehr oft beim Marmormüller einzukehren. Oft trat ich nur im Vorüberbummeln für eine Viertelstunde in den Hof und in die kühle dämmerige Schleiferei, wo blanke Stahlbänder taktmäßig auf und nieder stiegen, Sandkörner knirschten und rieselten, schweigsame Männer am Werk standen und unter dem Boden das Wasser plätscherte. Ich schaute den paar Rädern und Riemen zu, setzte mich auf einen Steinblock, drehte mit den Sohlen eine Holzrolle hin und her oder ließ die Marmorkörner und Splitter unter ihnen knirschen, horchte auf das Wasser, steckte eine Zigarre an, genoß eine kleine Weile die Stille und Kühle und lief wieder weg. Den Herrn traf ich dann fast nie. Wenn ich zu ihm wollte, und das wollte ich sehr oft, dann trat ich in das kleine, immer schlummerstille Wohnhaus, kratzte im Gang die Stiefel ab und hustete dazu, bis entweder Herr Lampart oder seine Tochter herunterkam, die Tür einer lichten Wohnstube öffnete und mir einen Stuhl und ein Glas Wein hinstellte.

Da saß ich am schweren Tisch, nippte am Glas, drehte meine Finger umeinander und brauchte immer eine Weile, bis ein Gespräch im Lauf war; denn weder der Hausherr noch die Tochter, die aber sehr selten beide zugleich da waren, machten je den Anfang, und mir schien diesen Leuten gegenüber und in diesem Haus niemals irgendein Thema, das man sonst etwa vornimmt, am Platze zu sein. Nach einer guten halben Stunde, wenn dann längst eine Unterhaltung beieinander war, hatte ich meistens, trotz aller Behutsamkeit, mein Weinglas leer. Ein zweites wurde nicht angeboten, darum bitten mochte ich nicht, vor dem leeren Glase dazusitzen war mir ein wenig peinlich, also stand ich auf, gab die Hand und setzte den Hut auf.

Was die Tochter betrifft, so war mir im Anfang nichts aufgefallen, als daß sie dem Vater so merkwürdig ähnlich war. Sie war so groß gewachsen, aufrecht und dunkelhaarig wie er, sie hatte seine matten schwarzen Augen, seine gerade, klar und scharf geformte Nase, seinen stillen, schönen Mund. Sie hatte auch seinen Gang, soweit ein Weib eines Mannes Gang haben kann, und dieselbe gute und ernste Stimme. Sie streckte einem die Hand mit derselben Geste entgegen wie ihr Vater, wartete ebenso wie er ab, was man zu sagen habe, und sie gab auf gleichgültige Höflichkeitsfragen ebenso sachlich, kurz und ein wenig wie verwundert Antwort.

Sie war von einer Art Schönheit, die man in alemannischen Grenzlanden öfters antrifft und die wesentlich auf einer ebenmäßigen Kraft und Wucht der Erscheinung beruht, auch unzertrennlich ist von großem, hohem Wuchs und bräunlicher Gesichtsfarbe. Ich hatte sie anfänglich wie ein hübsches Bild betrachtet, dann aber fesselte die Sicherheit und Reife des schönen Mädchens mich mehr und mehr. So fing meine Verliebtheit an, und sie wuchs bald zu einer Leidenschaft, die ich bisher noch nicht gekannt hatte. Sie wäre wohl bald sichtbar geworden, wenn nicht die gemessene Art des Mädchens und die ruhig-kühle Luft des ganzen Hauses mich, sobald ich dort war, wie eine leichte Lähmung umfangen und zahm gemacht hätten.

Wenn ich ihr oder ihrem Vater gegenübersaß, kroch mein ganzes Feuer sogleich zu einem scheuen Flämmlein zusammen, das ich vorsichtig verbarg. Die Stube sah auch durchaus nicht einer Bühne ähnlich, auf der junge Liebesritter mit Erfolg sich ins Knie niederlassen, sondern glich mehr einer Stätte der Mäßigung und Ergebung, wo ruhige Kräfte walten und ein ernstes Stück Leben ernst erlebt und ertragen wird. Trotz alledem spürte ich hinter dem stillen Hinleben des Mädchens eine gebändigte Lebensfülle und Erregbarkeit, die nur selten hervorbrach und auch dann nur in einer raschen Geste oder einem plötzlich aufglühenden Blick, wenn ein Gespräch sie lebhaft mitriß.

Oft genug besann ich mich darüber, wie wohl das eigentliche Wesen des schönen und strengen Mädchens aussehen möge. Sie konnte im Grunde leidenschaftlich sein, oder auch melancholisch, oder auch wirklich gleichmütig. Jedenfalls war das, was man an ihr zu sehen bekam, nicht ganz ihre wahre Natur. Über sie, die so frei zu urteilen und so selbständig zu leben schien, hatte ihr Vater eine unbeschränkte Macht, und ich fühlte, daß ihre wahre innere Natur nicht ungestraft durch den väterlichen Einfluß, wenn auch in Liebe, von früh auf unterdrückt und in andere Formen gezwungen worden war. Wenn ich sie beide beisammen sah, was freilich sehr selten vorkam, glaubte ich diesen vielleicht ungewollt tyrannischen Einfluß mitzufühlen und hatte die unklare Empfindung, es müsse zwischen ihnen einmal einen zähen und tödlichen Kampf geben. Wenn ich aber dachte, daß dies vielleicht einmal um mich geschehen könne, schlug mir das Herz, und ich konnte ein leises Grauen nicht unterdrücken.

Machte meine Freundschaft mit Herrn Lampart keine Fortschritte, so gedieh mein Verkehr mit Gustav Becker, dem Verwalter des Rippacher Hofes, desto erfreulicher. Wir hatten sogar vor kurzem, nach stundenlangen Gesprächen, Brüderschaft getrunken, und ich war nicht wenig stolz darauf, trotz der entschiedenen Mißbilligung meines Vetters. Becker war ein studierter Mann, vielleicht zweiunddreißig alt, und ein gewiegter, schlauer Patron. Von ihm beleidigte es mich nicht, daß er meine schönen Mannesworte meistens mit einem ironischen Lächeln anhörte, denn ich sah ihn mit dem gleichen Lächeln viel älteren und würdigeren Leuten aufwarten. Er konnte es sich erlauben, denn er war nicht nur der selbständige Verwalter und vielleicht künftige Käufer des größten Gutes in der Gegend, sondern auch innerlich den meisten Existenzen seiner Umgebung stark überlegen. Man nannte ihn anerkennend einen höllisch gescheiten Kerl, aber sehr lieb hatte man ihn nicht. Ich bildete mir ein, er fühle sich von den Leuten gemieden und gebe sich deshalb so viel mit mir ab.

Freilich brachte er mich oft zur Verzweiflung. Meine Sätze über das Leben und die Menschen machte er häufig ohne Worte, bloß durch ein grausam ausdrucksvolles Grinsen, mir selber zweifelhaft, und manchmal wagte er es direkt, jede Art von Weltweisheit für etwas Lächerliches zu erklären.

Eines Abends saß ich mit Gustav Becker im Adlergarten bei einem Glas Bier. Wir saßen an einem Tisch gegen die Wiese hin ungestört und ganz allein. Es war so ein trockener, heißer Abend, wo alles voll von goldenem Staub ist, der Lindenduft war fast betäubend, und das Licht schien weder zu- noch abzunehmen.

»Du, du kennst doch den Marmorsäger drüben im Sattelbachtal?« fragte ich meinen Freund.

Er sah nicht vom Pfeifenstopfen auf und nickte nur.

»Ja, sag mal, was ist nun das für ein Mensch?«

Becker lachte und stieß die Pfeifenpatrone in die Westentasche.

»Ein ganz gescheiter Mann ist er«, sagte er dann. »Darum hält er auch immer das Maul. Was geht er dich an?«

»Nichts, ich dachte nur so. Er macht doch einen besonderen Eindruck.«

»Das tun gescheite Leute immer; es gibt nicht so viele.«

»Sonst nichts? Weißt du nichts über ihn?«

»Er hat ein schönes Mädel.«

»Ja. Das mein ich nicht. Warum kommt er nie zu Leuten?«

»Was soll er dort?«

»Ach, einerlei. Ich denke, vielleicht hat er was Besonderes erlebt, oder so.«

»Aha, so was Romantisches? Stille Mühle im Tal? Marmor? Schweigsamer Eremit? Begrabenes Lebensglück? Tut mir leid, aber damit ist's nichts. Er ist ein vorzüglicher Geschäftsmann.«

»Weißt du das?«

»Er hat's hinter den Ohren. Der Mann macht Geld.«

Da mußte er gehen. Es gab noch zu tun. Er zahlte sein Bier und ging direkt über die gemähte Wiese, und als er hinter dem nächsten Bühel schon eine Weile verschwunden war, kam noch ein langer Strich Pfeifenrauch von dorther, denn Becker lief gegen den Wind. Im Stall fingen die Kühe satt und langsam zu brüllen an, auf der Dorfstraße tauchten die ersten Feierabendgestalten auf, und als ich nach einer kleinen Weile um mich schaute, waren die Berge schon blauschwarz, und der Himmel war nicht mehr rot, sondern grünlichblau und sah aus, als müßte jeden Augenblick der erste Stern herauskommen.

Das kurze Gespräch mit dem Verwalter hatte meinem Denkerstolz einen leisen Tritt versetzt, und da es so ein schöner Abend und doch schon ein Loch in meinem Selbstbewußtsein war, kam meine Liebe zu der Marmormüllerin plötzlich über mich und ließ mich fühlen, daß mit Leidenschaften nicht zu spielen sei. Ich trank noch manche Halbe aus, und als nun wirklich die Sterne heraus waren und als von der Gasse so ein rührendes Volkslied herüberklang, da hatte ich meine Weisheit und meinen Hut auf der Bank liegen lassen, lief langsam in die dunkeln Felder hinein und ließ im Gehen die Tränen laufen, wie sie wollten.

Aber durch die Tränen hindurch sah ich das sommernächtige Land daliegen, die mächtige Flucht der Ackerfelder schwoll am Horizont wie eine starke und weiche Woge in den Himmel, seitwärts schlief atmend der weithin gestreckte Wald, und hinter mir lag fast verschwunden das Dorf, mit wenig Lichtlein und wenigen leisen und fernen Tönen. Himmel, Ackerland, Wald und Dorf samt den vielerlei Wiesendüften und dem vereinzelt noch hörbaren Grillengeläut floß alles ineinander und umgab mich lau und sprach zu mir wie eine schöne, froh und traurig machende Melodie. Nur die Sterne ruhten klar und unbewegt in halbdunkeln Höhen. Ein scheues und doch brennendes Begehren, eine Sehnsucht rang sich in mir auf; ich wußte nicht, war es ein Hindrängen zu neuen, unbekannten Freuden und Schmerzen oder ein Verlangen, rückwärts in die Kinderheimat zu wandern, mich an den väterlichen Gartenzaun zu lehnen, die Stimmen der toten Eltern und das Kläffen unseres toten Hundes noch einmal zu hören und mich auszuweinen.

Ohne es zu wollen, kam ich in den Wald und durch dürres Gezweige und schwüle Finsternis, bis es vor mir plötzlich geräumig und hell ward, und dann stand ich lange zwischen den hohen Tannen über dem engen Sattelbachtal, und drunten lag das Lampartsche Anwesen mit den blassen Marmorhaufen und dem dunkel brausenden schmalen Wehr. Bis ich mich schämte und querfeldein den nächsten Heimweg nahm.

Am nächsten Tage hatte Gustav Becker mein Geheimnis schon heraus. »Mach doch keine Redensarten«, sagte er, »du bist ja einfach in die Lampart verschossen. Das Unglück ist ja nicht so groß. Du bist in dem Alter, daß dir dergleichen ohne Zweifel noch öfter passieren wird.«

Mein Stolz regte sich schon wieder mächtig.

»Nein, mein Lieber«, sagte ich, »da hast du mich doch unterschätzt. Über so knabenhafte Liebeleien sind wir hinaus. Ich hab mir alles wohl überlegt und finde, ich könnte gar keine bessere Heirat tun.«

»Heiraten?« lachte Becker. »Junge, du bist reizend.«

Da wurde ich ernstlich zornig, lief aber doch nicht fort, sondern ließ mich darauf ein, dem Verwalter meine Gedanken und Pläne in dieser Sache weitläufig zu erzählen.

»Du vergißt eine Hauptsache«, sagte er dann ernsthaft und nachdrücklich. »Die Lamparts sind nichts für dich, das sind Leute von einem schweren Kaliber. Verlieben kann man sich ja in wen man will, aber heiraten darf man nur jemanden, mit dem man nachher auch fertig werden und Tempo einhalten kann.«

Da ich Gesichter schnitt und ihn heftig unterbrechen wollte, lachte er plötzlich wieder und meinte: »Na, dann tummle dich, mein Sohn, und auch viel Glück dazu!«

Von da an sprach ich eine Zeitlang oft mit ihm darüber. Da er selten von der Sommerarbeit abkommen konnte, führten wir fast alle diese Gespräche unterwegs im Feld oder in Stall und Scheuer. Und je mehr ich redete, desto klarer und abgerundeter stand die ganze Sache vor mir.

Nur wenn ich in der Marmorsäge saß, fühlte ich mich bedrückt und merkte wieder, wie weit ich noch vom Ziele war. Das Mädchen war stets von derselben freundlich stillen Art, mit einem Anflug von Männlichkeit, der mir köstlich schien und mich doch schüchtern machte. Zuweilen wollte es mir scheinen, sie sähe mich gern und habe mich heimlich lieb; sie konnte mich je und je so selbstvergessen und prüfend ansehen, wie etwas, woran man Freude hat. Auch ging sie ganz ernsthaft auf meine klugen Reden ein, schien aber im Hintergrund eine unumstößlich andre Meinung zu haben.

Einmal sagte sie: »Für die Frauen oder wenigstens für mich sieht das Leben doch anders aus. Wir müssen vieles tun und geschehen lassen, was ein Mann anders machen könnte. Wir sind nicht so frei ...«

Ich sprach davon, daß jedermann sein Schicksal in der Hand habe und sich ein Leben schaffen müsse, das ganz sein Werk sei und ihm gehöre.

»Ein Mann kann das vielleicht«, meinte sie. »Das weiß ich nicht. Aber bei uns ist das anders. Auch wir können etwas aus unserm Leben machen, aber es gilt da mehr, das Notwendige mit Vernunft zu tragen, als eigne Schritte zu tun.«

Und als ich nochmals widersprach und eine hübsche kleine Rede losließ, wurde sie wärmer und sagte fast leidenschaftlich:

»Bleiben Sie bei Ihrem Glauben und lassen Sie mir meinen! Sich das Schönste vom Leben heraussuchen, wenn man die Wahl hat, ist keine so große Kunst. Aber wer hat denn die Wahl? Wenn Sie heute oder morgen unter ein Wagenrad kommen und Arme und Beine verlieren, was fangen Sie dann mit Ihren Luftschlössern an? Dann wären Sie froh, Sie hätten gelernt, mit dem, was über Sie verhängt ist, auszukommen. Aber fangen Sie nur das Glück, ich gönne es Ihnen, fangen Sie's nur!«

Sie war nie so lebhaft gewesen. Dann wurde sie still, lächelte sonderbar und hielt mich nicht, als ich aufstand und für heute Abschied nahm. Ihre Worte beschäftigten mich nun öfters und gingen mir meistens in ganz unpassenden Augenblicken wieder durch den Kopf. Ich hatte im Sinn, mit meinem Freunde auf dem Rippacher Hof darüber zu reden; doch wenn ich Beckers kühle Augen und spottbereit zuckende Lippen ansah, verging mir immer die Lust. Überhaupt kam es allmählich so, daß ich, je mehr meine Gespräche mit Fräulein Lampart persönlicher und merkwürdiger wurden, desto weniger über sie mit dem Verwalter sprach. Auch schien die Sache ihm nimmer wichtig zu sein. Höchstens fragte er hie und da, ob ich auch fleißig ins Marmorwerk laufe, neckte mich ein wenig und ließ es wieder gut sein, wie es in seinem Wesen lag.

Einmal traf ich ihn zu meinem Erstaunen in der Lampartschen Einsiedelei. Er saß, als ich eintrat, in der Wohnstube beim Hausherrn, das übliche Glas Wein vor sich. Als er es leer hatte, war es mir eine Art Genugtuung, zu sehen, daß auch ihm kein zweites angeboten wurde. Er brach bald auf, und da Lampart beschäftigt schien und die Tochter nicht da war, schloß ich mich an.

»Was führt denn dich daher?« fragte ich ihn, als wir auf der Straße waren. »Du scheinst den Lampart ja ganz gut zu kennen.«

»'s geht an.«

»Hast du Geschäfte mit ihm?«

»Geldgeschäfte, ja. Und das Lämmlein ist heute nicht dagewesen, wie? Dein Besuch war so kurz.«

»Ach laß doch!«

Die Marmorsäge

Ich war mit dem Mädchen in eine ganz vertrauliche Freundschaftlichkeit gekommen, ohne indessen je mit Wissen etwas von meiner stetig zunehmenden Verliebtheit merken zu lassen. Jetzt nahm sie wider all mein Erwarten plötzlich wieder ein andres Wesen an, das mir fürs erste wieder alle Hoffnung raubte. Scheu war sie eigentlich nicht, aber sie schien einen Weg in das frühere Fremdsein zurück zu suchen und bemühte sich, unsere Unterhaltung an äußere und allgemeine Dinge zu fesseln und den angefangenen herzlichen Verkehr mit mir nicht weiter gedeihen zu lassen.

Ich grübelte nach, lief im Wald herum und kam auf tausend dumme Vermutungen, wurde nun selber noch unsicherer in meinem Benehmen gegen sie und kam in ein kümmerliches Sorgen und Zweifeln hinein, das ein Hohn auf meine ganze Glücksphilosophie war. Mittlerweile war auch mehr als die Hälfte meiner Ferienzeit verstrichen, und ich fing an, die Tage zu zählen und jedem unnütz verbummelten mit Neid und Verzweiflung nachzublicken, als wäre jedesmal gerade der unendlich wichtig und unwiederbringlich.

Zwischenhinein kam ein Tag, an dem ich aufatmend und fast erschrokken alles gewonnen glaubte und einen Augenblick vor dem offenen Tor des Glücksgartens stand. Ich kam bei der Sägerei vorüber und sah Helene im Gärtchen zwischen den hohen Dahlienbüschen stehen. Da ging ich hinein, grüßte und half ihr eine liegende Staude anpfählen und aufbinden. Es war höchstens eine Viertelstunde, daß ich dort blieb. Mein Hereinkommen hatte sie überrascht, sie war viel befangener und scheuer als sonst, und in ihrem Scheusein lag etwas, das ich wie eine deutliche Schrift glaubte lesen zu können. Sie hat mich lieb, fühlte ich durch und durch, und da wurde ich plötzlich sicher und froh, sah auf das große, stattliche Mädchen zärtlich und fast mit Mitleid, wollte ihre Befangenheit schonen und tat, als sähe ich nichts, kam mir auch wie ein Held vor, als ich nach kurzer Zeit ihr die Hand gab und weiterging, ohne nur zurückzusehen. Sie hat mich lieb, empfand ich mit allen Sinnen, und morgen wird alles gut werden.

Es war wieder ein prachtvoller Tag. Über den Sorgen und Aufregungen hatte ich für eine Weile fast den Sinn für die schöne Jahreszeit verloren und war ohne Augen herumgelaufen. Nun war wieder der Wald von Licht durchzittert, der Bach war wieder schwarz, braun und silbern, die Ferne licht und zart, auf den Feldwegen lachten rot und blau die Röcke der Bauernweiber. Ich war so andächtig froh, ich hätte keinen Schmetterling verjagen mögen. Am oberen Waldrande, nach einem heißen Steigen, legte ich mich hin, übersah die fruchtbare Weite bis zum fernen runden Staufen hin, gab mich der Mittagssonne preis und war mit der schönen Welt und mit mir und allem von Herzen zufrieden.

Es war gut, daß ich diesen Tag nach Kräften genoß, verträumte und versang. Abends trank ich sogar im Adlergarten einen Schoppen vom besten alten Roten.

Als ich tags darauf bei den Marmorleuten vorsprach, war dort alles im alten kühlen Zustand. Vor dem Anblick der Wohnstube, der Möbel und der ruhig-ernsten Helene stob meine Sicherheit und mein Siegesmut davon, ich saß da, wie ein armer Reisender auf der Treppe sitzt, und ging nachher davon wie ein nasser Hund, jammervoll nüchtern. Passiert war nichts. Helene war sogar ganz freundlich gewesen. Aber von dem gestrigen Gefühl war nichts mehr da.

An diesem Tage begann die Sache für mich bitter ernst zu werden. Ich hatte eine Ahnung vom Glück vorausgeschmeckt.

Nun verzehrte mich die Sehnsucht wie ein gieriger Hunger, Schlaf und Seelenruhe waren dahin. Die Welt versank um mich her, und ich blieb abgetrennt in einer Einsamkeit und Stille zurück, in der ich nichts vernahm als das leise und laute Schreien meiner Leidenschaft. Mir hatte geträumt, das große, schöne, ernste Mädchen käme zu mir und lege sich an meine Brust; jetzt streckte ich weinend und fluchend die Arme ins Leere aus und schlich bei Tag und Nacht um die Marmormühle, wo ich kaum mehr einzukehren wagte.

Es half nichts, daß ich mir vom Verwalter Becker ohne Widerspruch die spöttische Predigt einer glaubenslosen Nüchternheit gefallen ließ. Es half nichts, daß ich Stunden um Stunden durch die Bruthitze über Feld lief oder mich in die kalten Waldbäche legte, bis mir die Zähne klapperten. Es half auch nichts, daß ich am Samstagabend mich an einem Raufhandel im Dorf beteiligte und den Leib voller Beulen gehauen bekam.

Und die Zeit lief weg wie Wasser. Noch vierzehn Tage Ferien! Noch zwölf Tage! Noch zehn! Zweimal in dieser Zeit ging ich in die Sägerei. Das eine Mal traf ich nur den Vater an, ging mit ihm zur Säge und sah stumpfsinnig zu, wie ein neuer Block eingespannt wurde. Herr Lampart ging in den Vorratsschuppen hinüber, um irgend etwas zu besorgen, und als er nicht gleich wiederkam, lief ich fort und hatte im Sinn, nimmer herzukommen.

Trotzdem stand ich nach zwei Tagen wieder da. Helene empfing mich wie immer, und ich konnte den Blick nicht von ihr lassen. In meiner fahrigen und haltlosen Stimmung kramte ich gedankenlos eine Menge von dummen Witzen, Redensarten und Anekdoten aus, die sie sichtlich ärgerten.

»Warum sind Sie heut so?« fragte sie schließlich und sah mich so schön und offen an, daß mir das Herz zu schlagen begann.

»Wie denn?« fragte ich, und der Teufel wollte, daß ich dabei zu lachen versuchte.

Das mißglückte Lachen gefiel ihr nicht, sie zuckte die Achseln und sah traurig aus. Mir war einen Augenblick, sie habe mich gern gehabt und mir entgegenkommen wollen und sei nun darum betrübt. Eine Minute lang schwieg ich beklommen, da war der Teufel wieder da, daß ich in die vorige Narrenstimmung zurückfiel und wieder ins Geschwätz geriet, von dem jedes Wort mir selber weh tat und das Mädchen ärgern mußte. Und ich war jung und dumm genug, meinen Schmerz und meine widersinnige Narrheit fast wie ein Schauspiel zu genießen und im Bubentrotz die Kluft zwischen mir und ihr wissentlich zu vergrößern, statt mir lieber die Zunge abzubeißen oder Helene um Verzeihung zu bitten.

Dann verschluckte ich mich in der Hast am Wein, mußte husten und verließ Stube und Haus elender als jemals.

Nun waren von meiner Ferienzeit nur noch acht Tage übrig.

Es war ein so schöner Sommer, es hatte alles so verheißungsvoll und heiter angefangen. Jetzt war meine Freude dahin – was sollte ich noch mit den acht Tagen anfangen? Ich war entschlossen, schon morgen abzureisen.

Aber vorher mußte ich noch einmal in ihr Haus. Ich mußte noch einmal hingehen, ihre kraftvoll edle Schönheit anschauen und ihr sagen: Ich habe dich lieb, warum hast du mit mir gespielt?

Zunächst ging ich zu Gustav Becker auf den Rippacher Hof, den ich neuerdings etwas vernachlässigt hatte. Er stand in seiner großen, kahlen Stube an einem lächerlich schmalen Stehpult und schrieb Briefe.

»Ich will dir adieu sagen«, sagte ich, »wahrscheinlich geh ich schon morgen fort. Weißt du, es muß jetzt wieder an ein strammes Arbeiten gehen.«

Zu meiner Verwunderung machte der Verwalter gar keine Witze. Er schlug mir auf die Schulter, lächelte fast mitleidig und sagte: »So, so. Ja, dann geh in Gottes Namen, Junge!«

Und als ich schon unter der Tür war, zog er mich noch einmal in die Stube zurück und sagte: »Du, hör mal, du tust mir leid. Aber daß das mit dem Mädel nichts werden würde, hab ich gleich gewußt. Du hast da so je und je deine Weisheitssprüche verzapft – halte dich jetzt dran und bleib im Sattel, wenn dir auch der Schädel brummt!«

Das war vor Mittag.

Den Nachmittag saß ich im Moos am Abhang, steil über der Sattelbachschlucht, und schaute auf den Bach und die Werke und auch auf das Lampartsche Haus hinunter. Ich ließ mir Zeit, Abschied zu nehmen und zu träumen und nachzudenken, namentlich über das, was Becker mir gesagt hatte. Mit Schmerzen sah ich die Schlucht und die paar Dächer unten liegen, den Bach glänzen und die weiße Fahrstraße im leichten Winde stäuben; ich bedachte, daß ich nun für eine lange Zeit nicht hierher zurückkommen würde, während hier Bach und Mühlwerke und Menschen ihren stetigen Lauf weitergingen. Vielleicht wird Helene einmal ihre Resignation und Schicksalsruhe wegwerfen und ihrem inneren Verlangen nach ein kräftiges Glück oder Leid ergreifen und sich daran sättigen? Vielleicht, wer weiß, wird auch mein eigener Weg noch einmal sich aus Schluchten und Talgewirre hervorwinden und in ein klares, weites Land der Ruhe führen? – Wer weiß?

Ich glaubte nicht daran. Mich hatte zum erstenmal eine echte Leidenschaft in die Arme genommen, und ich wußte keine Macht in mir stark und edel genug, sie zu besiegen.

Es kam mir der Gedanke, lieber abzureisen, ohne noch einmal mit Helene zu sprechen. Das war gewiß das beste. Ich nickte ihrem Haus und Garten zu, beschloß, sie nicht mehr sehen zu wollen, und blieb Abschied nehmend bis gegen den Abend in der Höhe liegen.

Träumerisch ging ich weg, waldabwärts, oft in der Steile strauchelnd, und erwachte erst mit heftigem Erschrecken aus meiner Versunkenheit, als meine Schritte auf den Marmorsplittern des Hofes krachten und ich mich vor der Tür stehen fand, die ich nicht mehr hatte sehen und anrühren wollen. Nun war es zu spät.

Ohne zu wissen, wie ich hereingekommen war, saß ich dann innen in der Dämmerung am Tisch, und Helene saß mir gegenüber, mit dem Rükken gegen das Fenster, schwieg und sah in die Stube hinein. Es kam mir vor, ich sitze schon lange so da und habe schon stundenlang gehockt und geschwiegen. Und indem ich jetzt aufschrak, kam mir plötzlich zum Bewußtsein, es sei das letztemal.

Die Marmorsäge

»Ja«, sagte ich, »ich bin nun am Adieusagen. Meine Ferien sind aus.«

»Ach?«

Und wieder war alles still. Man hörte die Arbeiter im Schuppen hantieren, auf der Straße fuhr ein Lastwagen langsam vorbei, und ich horchte ihm nach, bis er um die Biegung war und verklang. Ich hätte gern dem Wagen noch lange, lange nachgelauscht. Nun riß es mich vom Stuhl auf, ich wollte gehen.

Ich trat zum Fenster hinüber. Auch sie stand auf und sah mich an. Ihr Blick war fest und ernst und wich mir eine ganze lange Weile nicht aus.

»Wissen Sie nimmer«, sagte ich, »damals im Garten?«

»Ja, ich weiß.«

»Helene, damals meinte ich, Sie hätten mich lieb. Und jetzt muß ich gehen.«

Sie nahm meine ausgestreckte Hand und zog mich ans Fenster.

»Lassen Sie sich noch einmal ansehen«, sagte sie und bog mit der linken Hand mein Gesicht in die Höhe. Dann näherte sie ihre Augen den meinen und sah mich seltsam fest und steinern an. Und da mir nun ihr Gesicht so nahe war, konnte ich nicht anders und legte meinen Mund auf ihren. Da schloß sie die Augen und gab mir den Kuß zurück, und ich legte den Arm um sie, zog sie fest an mich und fragte leise: »Schatz, warum erst heut?«

»Nicht reden!« sagte sie. »Geh jetzt fort und komm in einer Stunde wieder. Ich muß drüben nach den Leuten sehen. Der Vater ist heut nicht da.«

Ich ging und schritt davon, talabwärts durch unbekannte, merkwürdige Gegenden, zwischen blendend lichten Wolkenbildern, hörte nur wie im Traum zuweilen den Sattelbach rauschen und dachte an lauter ganz entfernte, wesenlose Dinge – an kleine drollige oder rührende Szenen aus meiner Kleinkinderzeit und dergleichen Geschichten, die aus den Wolken heraus mit halbem Umriß erstanden und, ehe ich sie ganz erkennen konnte, wieder untergingen. Ich sang auch im Gehen ein Lied vor mich hin, aber es war ein gewöhnlicher Gassenhauer. So irrte ich in fremden Räumen, bis eine seltsame, süße Wärme mich wohlig durchdrang und die große, kräftige Gestalt Helenes vor meinen Gedanken stand. Da kam ich zu mir, fand mich weit unten im Tal bei anbrechender Dämmerung und eilte nun schnell und freudig zurück.

Sie wartete schon, ließ mich durch Haustor und Stubentür ein, da setzten wir uns beide auf den Tischrand, hielten unsre Hände ineinander und sprachen kein Wort. Es war lau und dunkel, ein Fenster stand offen, in dessen Höhe über dem Bergwald ein schmaler Strich des blassen Himmels schimmerte, von spitzigen Tannenkronen schwarz durchschnitten. Wir spielten jedes mit des andern Fingern, und mich überlief bei jedem leichten Druck ein Schauer von Glück.

»Helene!«

»Ja?«

»O du!«

Und unsere Finger tasteten aneinander, bis sie stille wurden und ruhig ineinanderlagen. Ich schaute auf den bleichen Himmelsspalt, und nach einer Zeit, als ich mich umwandte, sah ich auch sie dorthin blicken und sah mitten im Dunkel ein schwaches Licht von dorther in ihren Augen und in zwei großen, unbeweglich an ihren Lidern hängenden Tränen widerglänzen. Die küßte ich langsam hinweg und wunderte mich, wie kühl und salzig sie schmeckten. Da zog sie mich an sich, küßte mich lang und mächtig und stand auf.

»Es ist Zeit. Jetzt mußt du gehen.«

Und als wir unter der Tür standen, küßte sie mich plötzlich noch einmal mit heftiger Leidenschaft, und dann zitterte sie so, daß es auch mich schüttelte, und sagte mit einer kaum mehr hörbaren, erstickenden Stimme:

»Geh, geh! Hörst du, geh jetzt!« Und als ich draußen stand: »Adieu, du! Komm nimmer, komm nicht wieder! Adieu!«

Ehe ich etwas sagen konnte, hatte sie die Tür zugezogen. Mir war bang und unklar ums Herz, doch überwog mein großes Glücksgefühl, das mich auf dem Heimweg wie ein Flügelbrausen umgab. Ich ging mit schallenden Tritten, ohne es doch zu spüren, und daheim tat ich die Kleider ab und legte mich im Hemd ins Fenster.

So eine Nacht möchte ich noch einmal haben. Der laue Wind tat mir wie eine Mutterhand; vor dem hochgelegenen Fensterchen flüsterten und dunkelten die großen, runden Kastanienbäume, ein leichter Felderduft wehte hin und wieder durch die Nacht, und in der Ferne flog das Wetterleuchten golden zitternd über den schweren Himmel. Ein leises fernes Donnern tönte je und je herüber, schwach und von fremdartigem Klang, als ob irgendwo, weit weg die Wälder und Berge im Schlafe sich regten und schwere, müde Traumworte lallten. Das alles sah und hörte ich wie ein König von meiner hohen Glücksburg herab, es gehörte mir und war nur da, um meiner tiefen Lust ein schöner Rastort zu sein. Mein Wesen atmete in

Wonne auf und verlor sich wie ein Liebesvers hinströmend und doch unerschöpft in die Nachtweite über das schlafende Land, an die ferne leuchtenden Wolken streifend, von jedem aus der Schwärze sich wölbenden Baum und von jedem matten Hügelfirst wie von Liebeshänden berührt. Es ist nichts, um es mit Worten zu sagen, aber es lebt noch unverloren in mir weiter, und ich könnte, wenn es dafür eine Sprache gäbe, jede in die Dunkelheit verlaufende Bodenwelle, jedes Wipfelgeräusch, die Adern der entfernten Blitze und den geheimen Rhythmus des Donners noch genau beschreiben.

Nein, ich kann es nicht beschreiben. Das Schönste und Innerlichste und Köstlichste kann man ja nicht sagen. Aber ich wollte, jene Nacht käme mir noch einmal wieder.

Wenn ich vom Verwalter Becker nicht schon Abschied genommen hätte, wäre ich gewiß am folgenden Morgen zu ihm gegangen. Stattdessen trieb ich mich im Dorf herum und schrieb dann einen langen Brief an Helene. Ich meldete mich auf den Abend an und machte ihr eine Menge Vorschläge, setzte ihr genau und ernsthaft meine Umstände und Aussichten auseinander und fragte, ob sie es für gut halte, daß ich gleich mit ihrem Vater rede, oder ob wir damit noch warten wollten, bis ich der in Aussicht stehenden Anstellung und damit der nächsten Zukunft sicher wäre. Und abends ging ich zu ihr. Der Vater war wieder nicht da; es war seit einigen Tagen einer seiner Lieferanten in der Gegend, der ihn in Anspruch nahm.

Ich küßte meinen schönen Schatz, zog ihn in die Stube und fragte nach meinem Brief. Ja, sie hatte ihn erhalten. Und was sie denn darüber denke? Sie schwieg und sah mich flehentlich an, und da ich in sie drang, legte sie mir die Hand auf den Mund, küßte mich auf die Stirn und stöhnte leise, aber so jammervoll, daß ich mir nicht zu helfen wußte. Auf all mein zärtliches Fragen schüttelte sie nur den Kopf, lächelte dann aus ihrem Schmerz heraus merkwürdig weich und fein, schlang den Arm um mich und saß wieder mit mir, ganz wie gestern, schweigend und hingegeben. Sie lehnte sich fest an mich, legte den Kopf an meine Brust, und ich küßte sie langsam, ohne etwas denken zu können, auf Haar und Stirn und Wange und Nacken, bis mir schwindelte. Ich sprang auf.

»Also soll ich morgen mit deinem Vater reden oder nicht?«
»Nein«, sagte sie, »bitte, nicht.«
»Warum denn? Hast du Angst?«
Sie schüttelte den Kopf.

»Also warum denn?«

»Laß nur, laß! Rede nicht davon. Wir haben noch eine Viertelstunde Zeit.«

Da saßen wir und hielten uns still umfangen, und während sie sich an mich schmiegte und bei jeder Liebkosung den Atem anhielt und schauerte, ging ihre Bedrücktheit und Schwermut auf mich über. Ich wollte mich wehren und redete ihr zu, an mich und an unser Glück zu glauben.

»Ja, ja«, nickte sie, »nicht davon reden! Wir sind ja jetzt glücklich.«

Darauf küßte sie mich mehrmals mit stummer Kraft und Glut und hing dann erschlaffend und müde in meinem Arm. Und als ich gehen mußte, und als sie mir in der Tür mit der Hand übers Haar strich, sagte sie mit halber Stimme: »Adieu, Schatz. Komm morgen nicht! Komm gar nicht wieder, bitte! Du siehst doch, daß es mich unglücklich macht.«

Mit einem quälenden Zwiespalt im Herzen ging ich heim und vergrübelte die halbe Nacht. Warum wollte sie nicht glauben und glücklich sein? Ich mußte an das denken, was sie mir schon vor einigen Wochen einmal gesagt hatte: »Wir Frauen sind nicht so frei wie ihr; man muß tragen lernen, was über einen verhängt ist.« Was war denn über sie verhängt?

Das mußte ich jedenfalls wissen, und darum schickte ich ihr am Vormittag einen Zettel und wartete abends, als das Werk stillstand und die Arbeiter alle gegangen waren, hinter dem Schuppen bei den Marmorblöcken. Sie kam spät und zögernd herüber.

»Warum bist du gekommen? Laß es jetzt genug sein. Der Vater ist drinnen.«

»Nein«, sagte ich, »du mußt mir jetzt sagen, was du auf dem Herzen hast, alles und alles, ich gehe nicht eher weg.«

Helene sah mich ruhig an und war so blaß wie die Steinplatten, vor denen sie stand.

»Quäl mich nicht«, flüsterte sie mühsam. »Ich kann dir nichts sagen, ich will nicht. Ich kann dir nur sagen – reise ab, heut oder morgen, und vergiß das, was jetzt ist. Ich kann nicht dir gehören.«

Sie schien trotz der lauen Juliabendluft zu frieren, so zitterte sie. Schwerlich habe ich je eine ähnliche Qual empfunden wie in diesen Augenblicken. Aber so konnte ich nicht gehen.

»Sag mir jetzt alles«, wiederholte ich, »ich muß es wissen.« Sie sah mich an, daß mir alles weh tat. Aber ich konnte nicht anders.

»Rede«, sagte ich fast rauh, »sonst geh ich jetzt im Augenblick zu deinem Vater hinüber.«

Sie richtete sich unwillig auf und war in ihrer Blässe bei dem Dämmerlicht von einer traurigen und großartigen Schönheit. Sie sprach ohne Leidenschaft, aber lauter als vorher.

»Also. Ich bin nicht frei, und du kannst mich nicht haben. Es ist schon ein andrer da. Ist das genug?«

»Nein«, sagte ich, »das ist nicht genug. Hast du denn den andern lieb? Lieber als mich?«

»O du!« rief sie heftig. »Nein, nein, ich hab ihn ja nicht lieb. Aber ich bin ihm versprochen, und daran ist nichts zu ändern.«

»Warum nicht? Wenn du ihn nicht magst!«

»Damals wußte ich ja noch nichts von dir. Er gefiel mir; lieb hatte ich ihn nicht, aber er war ein rechter Mann, und ich kannte keinen andern. Da hab ich ja gesagt, und jetzt ist es so und muß so bleiben.«

»Es muß nicht, Helene. So etwas kann man doch zurücknehmen.«

»Ja, schon. Aber es ist nicht um jenen, es ist um den Vater. Dem darf ich nicht untreu werden –«

»Aber ich will mit ihm reden –«

»O du Kindskopf! Verstehst du denn gar nichts –?«

Ich sah sie an. Sie lachte fast.

»Verkauft bin ich, von meinem Vater und mit meinem Willen verkauft, für Geld. Im Winter ist Hochzeit.«

Sie wendete sich ab, ging ein paar Schritte weit und kehrte wieder um. Und sagte: »Schatz, sei tapfer! Du darfst nicht mehr kommen, du darfst nicht –«

»Und bloß ums Geld?« mußte ich fragen.

Sie zuckte die Achseln.

»Was liegt daran? Mein Vater kann nimmer zurück, er ist so fest angebunden wie ich. Du kennst ihn nicht! Wenn ich ihn im Stich lasse, gibt es ein Unglück. Also sei brav, sei gescheit, du Kind!«

Und dann brach sie plötzlich aus: »Versteh doch, du, und bring mich nicht um! – Jetzt kann ich noch, wie ich will. Aber wenn du mich noch einmal anrührst – ich halte das nimmer aus ... Ich kann dir keinen Kuß mehr geben, sonst gehen wir alle verloren.«

Einen Augenblick war alles still, so still, daß man im Haus drüben den Vater auf und ab gehen hörte.

»Ich kann heute nichts entscheiden«, war meine Antwort. »Willst du mir nicht noch sagen – wer es ist?«

»Der andere? Nein, es ist besser, du weißt es nicht. Oh, komm jetzt nicht wieder – mir zulieb!«

Sie ging ins Haus, und ich sah ihr nach. Ich wollte fortgehen, vergaß es aber und setzte mich auf die kühlen weißen Steine, hörte dem Wasser zu und fühlte nichts als ein Gleiten, Gleiten und Hinwegströmen ohne Ende. Es war, als liefe mein Leben und Helenens Leben und viele ungezählte Schicksale an mir vorbei dahin, schluchtabwärts ins Dunkle, gleichgültig und wortlos wie Wasser. Wie Wasser ...

Spät und todmüde kam ich nach Haus, schlief und stand am Morgen wieder auf, beschloß, den Koffer zu packen, vergaß es wieder und schlenderte nach dem Frühstück in den Wald. Es wurde kein Gedanke in mir fertig, sie stiegen nur wie Blasen aus einem stillen Wasser in mir auf und platzten und waren nichts mehr, sobald sie sichtbar geworden waren.

Also jetzt ist alles aus, dachte ich hier und da, aber es war kein Bild, keine Vorstellung dabei; es war nur ein Wort, ich konnte dazu aufatmen und mit dem Kopf nicken, war aber so klug wie vorher.

Erst im Verlauf des Nachmittags wachten die Liebe und das Elend in mir auf und drohten mich zu überwältigen. Auch dieser Zustand war kein Boden für gute und klare Gedanken, und statt mich zu zwingen und eine besonnene Stunde abzuwarten, ließ ich mich fortreißen und legte mich in der Nähe des Marmorwerks auf die Lauer, bis ich den Herrn Lampart das Haus verlassen und talaufwärts auf der Landstraße gegen das Dorf hin verschwinden sah.

Da ging ich hinüber.

Als ich eintrat, schrie Helene auf und sah mich tief verwundet an.

»Warum?« stöhnte sie. »Warum noch einmal?«

Ich war ratlos und beschämt und bin mir nie so jämmerlich vorgekommen wie da. Die Tür hatte ich noch in der Hand, aber es ließ mich nicht fort, so ging ich langsam zu ihr hin, die mich mit angstvollen, leidenden Blicken ansah.

»Verzeih, Helene«, sagte ich nun.

Sie nickte vielemal, blickte zu Boden und wieder auf, wiederholte immer: »Warum? O du! O du!« In Gesicht und Gebärden schien sie älter und reifer und mächtiger geworden zu sein, ich erschien mir daneben fast wie ein Knabe.

»Nun, also?« fragte sie schließlich und versuchte zu lächeln.

»Sag mir noch etwas«, bat ich beklommen, »damit ich gehen kann.«

Ihr Gesicht zuckte, ich glaubte, sie würde jetzt in Tränen ausbrechen. Aber da lächelte sie unversehens, ich kann nicht sagen wie weich und aus Qualen heraus, und richtete sich auf und sagte ganz flüsternd: »Komm doch, warum stehst du so steif da!« Und ich tat einen Schritt und nahm sie in die Arme. Wir hielten uns mit allen Kräften umklammert, und während bei mir die Lust sich immer mehr mit Bangigkeit und Schrecken und verhaltenem Schluchzen mischte, wurde sie zusehends heiter, streichelte mich wie ein Kind, nannte mich mit phantastischen Kosenamen, biß mich in die Hand und war erfinderisch in kleinen Liebestorheiten. In mir kämpfte ein tiefes Angstgefühl gegen die treibende Leidenschaft, ich fand keine Worte und hielt Helene an mich gezogen, während sie mich mutwillig und schließlich lachend liebkoste und neckte.

»Sei doch ein bißchen froh, du Eiszapfen!« rief sie mir zu und zog mich am Schnurrbart.

Und ich fragte ängstlich: »Ja, glaubst du jetzt, daß es doch noch gut wird? Wenn du doch nicht mir gehören kannst –.«

Sie faßte meinen Kopf mit ihren beiden Händen, sah mir ganz nah ins Gesicht und sagte: »Ja, nun wird alles gut.«

»Dann darf ich hierbleiben und morgen wiederkommen und mit deinem Vater sprechen?«

»Ja, dummer Bub, das darfst du alles. Du darfst sogar im Gehrock kommen, wenn du einen hast. Morgen ist sowieso Sonntag.«

»Jawohl, ich hab einen«, lachte ich und war auf einmal so kindisch froh, daß ich sie mitriß und ein paarmal mit ihr durch das Zimmer walzte. Dann strandeten wir an der Tischecke, ich hob sie auf meinen Schoß, sie legte die Stirn an meine Wange, und ich spielte mit ihrem dunkeln, dicken Haar, bis sie aufsprang und zurücktrat und ihr Haar wieder aufsteckte, mir mit dem Finger drohte und rief: »Jeden Augenblick kann der Vater kommen. Sind wir Kindsköpfe!«

Ich bekam noch einen Kuß und noch einen und aus dem Strauß vom Fenstersims eine Resede an den Hut. Es ging gegen den Abend, und da es Samstag war, fand ich im Adler allerlei Gesellschaft, trank einen Schoppen, schob eine Partie Kegel mit und ging dann zeitig heim. Dort holte ich den Gehrock aus dem Schrank, hängte ihn über die Stuhllehne und betrachtete ihn mit Wohlgefallen. Er war so gut wie neu, seinerzeit zum Examen gekauft und seither fast nie getragen. Das schwarze, glänzende Tuch erweckte lauter feierliche und würdevolle Gedanken in mir. Statt ins Bett zu gehen, setzte ich mich hin und überlegte, was ich morgen Helenens Vater zu sagen hätte. Genau und deutlich stellte ich mir vor, wie ich vor ihn treten würde, bescheiden und doch mit Würde, malte mir seine Einwände, meine Erwiderungen, ja auch seine und meine Gedanken und Gebärden aus. Ich sprach sogar laut, wie ein sich übender Prediger, und machte die nötigen Gesten dazu, und noch als ich schon im Bett lag und nahe am Einschlafen war, deklamierte ich einzelne Sätze aus der mutmaßlichen Unterredung von morgen her.

Dann war es Sonntagmorgen. Ich blieb, um nochmals in Ruhe nachzudenken, im Bett liegen, bis die Kirchenglocken läuteten. Während der Kirchzeit zog ich mein Staatskleid an, mindestens so umständlich und peinlich wie damals vor dem Examen, rasierte mich, trank meine Morgenmilch und hatte Herzklopfen. Unruhig wartete ich, bis der Gottesdienst aus war, und schritt, als kaum das Ausläuten vertönt hatte, langsam und ernsthaft und die staubigen Wegstellen vermeidend, durch den schon heißen, dunstigen Vormittag die Straße zum Sattelbach und talabwärts meinem Ziel entgegen. Trotz meiner Behutsamkeit geriet ich in dem Gehrock und hohen Kragen in ein leises Schwitzen.

Als ich die Marmorsäge erreichte, standen im Weg und auf dem Hofe zu meinem Erstaunen und Unbehagen einige Leute aus dem Dorf herum, auf irgend etwas wartend und in kleinen Gruppen leise redend, wie etwa bei einer Gant.

Doch mochte ich niemand fragen, was das bedeute, und ging an den Leuten vorbei zur Haustür, verwundert und beklommen wie in einem ängstlich sonderbaren Traum. Eintretend stieß ich in dem Flur auf den Verwalter Becker, den ich kurz und verlegen grüßte. Es war mir peinlich, ihn da zu treffen, da er doch glauben mußte, ich sei längst abgereist. Doch schien er daran nimmer zu denken. Er sah angestrengt und müde aus, auch blaß.

»So, kommst du auch?« sagte er nickend und mit ziemlich bissiger Stimme. »Ich fürchte, Teuerster, du bist heute hier entbehrlich.«

»Herr Lampart ist doch da?« fragte ich dagegen.

»Jawohl, wo soll er sonst sein?«

»Und das Fräulein?«

Er deutete auf die Stubentür.

»Da drinnen?«

Becker nickte und ich wollte eben anklopfen, als die Tür aufging und ein

Mann herauskam. Dabei sah ich, daß mehrere Besucher in dem Zimmer herumstanden und daß die Möbel teilweise umgestellt waren.

Jetzt wurde ich stutzig.

»Becker, du, was ist hier geschehen? Was wollen die Leute? Und du, warum bist du hier?«

Der Verwalter drehte sich um und sah mich sonderbar an.

»Weißt du's denn nicht?« fragte er mit veränderter Stimme.

»Was denn? Nein.«

Er stellte sich vor mich hin und sah mir ins Gesicht.

»Dann geh nur wieder heim, Junge«, sagte er leise und fast weich und legte mir die Hand auf den Arm. Mir stieg im Hals ein Würgen auf, eine namenlose Angst flog mir durch alle Glieder.

Und Becker sah mich noch einmal so merkwürdig prüfend an. Dann fragte er leise: »Hast du gestern mit dem Mädchen gesprochen?« Und als ich rot wurde, hustete er gewaltsam, es klang aber wie ein Stöhnen.

»Was ist mit Helene? Wo ist sie?« schrie ich angstvoll heraus.

Becker ging auf und ab und schien mich vergessen zu haben. Ich lehnte am Pfosten des Treppengeländers und fühlte mich von fremden, blutlosen Gestalten beengend und höhnisch umflattert. Nun ging Becker wieder an mir vorbei, sagte: »Komm!« und stieg die Treppe hinauf, bis wo sie eine Biegung machte. Dort setzte er sich auf eine Stufe, und ich setzte mich neben ihn, meinen Gehrock rücksichtslos zerknitternd. Einen Augenblick war es totenstill im ganzen Haus, dann fing Becker zu sprechen an.

»Nimm dein Herz in die Hand und beiß auf die Zähne, Kleiner. Also die Helene Lampart ist tot, und zwar haben wir sie heut morgen vor der unteren Stellfalle aus dem Bach gezogen. – Sei still, sag nichts! Und nicht umfallen! Du bist nicht der einzige, dem das kein Spaß ist. Probier's jetzt und drück die Männlichkeit durch. Jetzt liegt sie in der Stube dort und sieht wieder schön genug aus, aber wie wir sie herausgeholt haben – das war bös, du, das war bös …«

Er hielt inne und schüttelte den Kopf.

»Sei still! Nichts sagen! Später ist zum Reden Zeit genug. Es geht mich näher an als dich. – Oder nein, lassen wir's; ich sag dir das alles dann morgen.«

»Nein«, bat ich, »Becker, sag mir's! Ich muß alles wissen.«

»Nun ja. Kommentar und so weiter steht dir jederzeit zu Diensten. Ich kann jetzt nur sagen, es war gut mit dir gemeint, daß ich dich all die Zeit hier ins Haus laufen ließ. Man weiß ja nie vorher. – Also, ich bin mit der Helene verlobt gewesen. Noch nicht öffentlich, aber –«

Im Augenblick meinte ich, ich müsse aufstehen und dem Verwalter mit aller Kraft ins Gesicht schlagen. Er schien es zu merken.

»Nicht so!« sagte er ruhig und sah mich an. »Wie gesagt, zu Erklärungen ist ein andermal Zeit.«

Wir saßen schweigend. Wie eine Gespensterjagd flog die ganze Geschichte zwischen Helene und Becker und mir an mir vorbei, so klar wie schnell. Warum hatte ich das nicht früher erfahren, warum es nicht selber gemerkt? Wieviel Möglichkeiten hätte es da noch gegeben! Nur ein Wort, nur eine Ahnung, und ich wäre still meiner Wege gegangen, und sie läge jetzt nicht dort drinnen.

Mein Zorn war schon erstickt. Ich fühlte wohl, daß Becker die Wahrheit ahnen mußte, und ich begriff, welche Last nun auf ihm lag, da er in seiner Sicherheit mich hatte spielen lassen und nun den größeren Teil der Schuld auf seiner Seele hatte. Jetzt mußte ich noch eine Frage tun.

»Du, Becker – hast du sie lieb gehabt? Ernstlich lieb gehabt?«

Er wollte etwas sagen, aber die Stimme brach ihm ab. Er nickte nur, zweimal, dreimal. Und als ich ihn nicken sah, und als ich sah, wie diesem zähen und harten Menschen die Stimme versagte und wie auf seinem übernächtigten Gesicht die Muskeln so deutlich redend zuckten, da fiel mich das ganze Weh erst an.

Nach einer guten Weile, da ich durch die versiegenden Tränen aufschaute, stand jener vor mir und hielt mir die Hand hingestreckt. Ich nahm sie an und drückte sie, er stieg langsam vor mir her die steile Treppe hinunter und öffnete leise die Tür des Wohnzimmers, in dem Helene lag und das ich mit tiefem Grauen an jenem Morgen zum letztenmal betrat.

(1903)

In der alten Sonne

Wenn im Frühling oder Sommer oder auch noch im Frühherbst ein linder Tag ist und eine angenehme, auch wieder nicht zu heftige Wärme den Aufenthalt im Freien zu einem Vergnügen macht, dann ist die ausschweifend gebogene halbrunde Straßenkehle am Allpacher Weg, vor den letzten hochgelegenen Häusern der Stadt, ein prächtiger Winkel. Auf der berghinan sich schlängelnden Straße sammelt sich die schöne Sonnenwärme stetig an, die Lage ist vor jedem Winde wohl beschützt, ein paar krumme alte Obstbäume spenden ein wenig Schatten, und der Straßenrand, ein breiter, sanfter, rasiger Rain, verlockt mit seiner wohlig sich schmiegenden Krümmung freundlich zum Sitzen oder Liegen. Das weiße Sträßlein glänzt im Licht und hebt sich schön langsam bergan, schickt jedem Bauernwagen oder Landauer oder Postkarren ein dünnes Stäublein nach und schaut über eine schiefe, von Baumkronen da und dort unterbrochene Flucht von schwärzlichen Dächern hinweg gerade ins Herz der Stadt, auf den Marktplatz, der von hier aus gesehen freilich an Stattlichkeit stark verliert und nur als ein sonderbar verschobenes Viereck mit krummen Häusern und herausspringenden Vortreppen und Kellerhälsen erscheint.

An solchen sonnig milden Tagen ist der wohlige Rain jener hohen Bergstraßenkrümmung unwandelbar stets von einer kleinen Schar ausruhender Männer besetzt, deren kühne und verwitterte Gesichter nicht recht zu ihren zahmen und trägen Gebärden passen und von denen der jüngste mindestens ein hoher Fünfziger ist. Sie sitzen und liegen bequem in der Wärme, schweigen oder führen kurze, brummende und knurrende Gespräche untereinander, rauchen kleine schwarze Pfeifenstrünke und spukken häufig weltverächterisch in kühnem Bogen bergabwärts. Die etwa vorübertapernden Handwerksburschen werden von ihnen scharf begutachtet und je nach Befund mit einem wohlwollend zugenickten »Servus, Kunde!« begrüßt oder schweigend verachtet.

Der Fremdling, der die alten Männlein so hocken sah und sich in der nächsten Gasse über das seltsame Häuflein grauer Bärenhäuter erkundigte, konnte von jedem Kinde erfahren, daß dieses die Sonnenbrüder seien, und mancher schaute dann noch einmal zurück, sah die müde Schar träg in die Sonne blinzeln und wunderte sich, woher ihr wohl ein so hoher, wohllautender und dichterischer Name gekommen sei. Das Gestirn aber, nach welchem die Sonnenbrüder genannt wurden, stand längst an keinem Himmel mehr, sondern war nur der Schildname eines ärmlichen und schon vor manchen Jahren eingegangenen Wirtshauses gewesen, dessen Schild und Glanz dahin waren, denn das Haus diente neuerdings als Spittel, das heißt als städtisches Armenasyl, und beherbergte freilich manche Gäste, die das Abendrot der vom Schild genommenen Sonne noch erlebt und sich hinter dem Schenktisch derselben die Anwartschaft auf ihre Bevormundung und jetzige Unterkunft erschöppelt hatten.

Das Häuschen stand, als vorletztes der steilen Gasse und der Stadt, zunächst jenem sonnigen Straßenrand, bot ein windschiefes und ermüdetes Ansehen, als mache das Aufrechtstehen ihm viele Beschwerde, und ließ sich nichts mehr davon anmerken, wieviel Lust und Gläserklang, Witz und Gelächter und flotte Freinächte es erlebt hatte, die fröhlichen Raufereien und Messergeschichten gar nicht zu rechnen. Seit der alte rosenrote Verputz der Vorderseite vollends erblaßt und in rissigen Feldern abgeblättert war, entsprach die alte Lotterfalle in ihrem Äußeren vollkommen ihrer Bestimmung, was bei städtischen Bauten unserer Zeit eine Seltenheit ist. Ehrlich und deutlich gab sie zu erkennen, daß sie ein Unterschlupf und Notdächlein für Schiffbrüchige und Zurückgebliebene war, das betrübliche Ende einer geringen Sackgasse, von wo aus keine Pläne und verborgenen Kräfte mehr ins Leben zurückstreben mögen.

Von der Melancholie solcher Betrachtungen war im Kreis der Sonnenbrüder meistens nur wenig zu finden. Vielmehr lebten sie fast alle nach Menschenart ihre späten Tage hin, als ginge es noch immer aus dem Vollen, bliesen ihre kleinen Gezänke und Lustbarkeiten und Spielereien nach Kräften zu wichtigen Angelegenheiten und Staatsaktionen auf und nahmen zwar nicht einander, aber doch jeder sich selber so ernst wie möglich. Ja, sie taten, als fange jetzt, da sie sich aus den geräuschvollen Gassen des tätigen Lebens beiseite gedrückt hatten, der Hallo erst recht an, und betrieben ihre jetzigen unbedeutenden Affären mit einer Wucht und Zähigkeit, welche sie in ihren früheren Betätigungen leider meist hatten vermissen lassen. Gleich manchem anderen Völklein glaubten sie, obwohl sie vom Spittelvater absolut monarchisch und als rechtlose Scheinexistenzen regiert wurden, eine kleine Republik zu sein, in welcher jeder freie Bürger den andern genau um Rang und Stellung ansah und emsig darauf bedacht war, ja nirgends um ein Haarbreit zu wenig ästimiert zu werden.

In der alten Sonne

Auch das hatten die Sonnenbrüder mit anderen Leuten gemein, daß sie die Mehrzahl ihrer Schicksale, Befriedigungen, Freuden und Schmerzen mehr in der Einbildung als in Wirklichkeit erlebten. Ein frivoler Mensch könnte ja überhaupt den Unterschied zwischen dem Dasein dieser Ausrangierten und Steckengebliebenen und demjenigen der tätigen Bürger als lediglich in der Einbildung begründet hinstellen, indem diese wie jene ihre Geschäfte und Taten mit derselben Wichtigkeit verrichten und schließlich doch vor Gottes Augen so ein armer Spittelgast möglicherweise nicht schlechter dasteht als mancher große und geehrte Herr. Aber auch ohne so weit zu gehen, kann man wohl finden, daß für den behaglichen Zuschauer das Leben dieser Sonnenbrüder kein unwürdiger Gegenstand der Betrachtung sei.

Je näher die Zeiten heranrücken, da das jetzt aufwachsende Geschlecht den Namen der ehemaligen Sonne und der Sonnenbrüder vergessen und seine Armen und Auswürflinge anders und in anderen Räumen versorgen wird, desto wünschenswerter wäre es, eine Geschichte des alten Hauses und seiner Gäste zu haben. Als chronistischer Beitrag zu einer solchen soll auf diesen Blättern einiges vom Leben der ersten Sonnenbrüder berichtet werden.

In den Zeiten, da die heutigen Jungbürger von Gerbersau noch kurze Hosen oder gar noch Röckchen trugen und da über der Haustüre des nachmaligen Spittels noch aus der rosenroten Fassade ein schmiedeeiserner Schildarm mit der blechernen Sonne in die Gasse hinaus prangte, kehrte an einem Tage spät im Herbst Karl Hürlin, ein Sohn des vor vielen Jahren verstorbenen Schlossers Hürlin in der Senfgasse, in seine Heimatstadt zurück. Er war etwas über die Vierzig hinaus, und niemand kannte ihn mehr, da er seinerzeit als ein blutjunges Bürschlein weggewandert und seither nie mehr in der Stadt erblickt worden war. Nun trug er einen sehr guten und reinen Anzug, Knebelbart und kurzgeschnittenes Haar, eine silberne Uhrkette, einen steifen Hut und hohe Hemdkragen. Er besuchte einige von den ehemaligen Bekannten und Kollegen und trat überall als ein fremd und vornehm gewordener Mann auf, der sich seines Wertes ohne Überhebung bewußt ist. Dann ging er aufs Rathaus, wies seine Papiere vor und erklärte, sich hierorts niederlassen zu wollen. Nun entfaltete Herr Hürlin eine geheimnisvolle Tätigkeit und Korrespondenz, unternahm öftere kleine Reisen, kaufte ein Grundstück im Talgrunde und begann daselbst an Stelle einer abgebrannten Ölmühle ein neues Haus aus Backsteinen zu erbauen und neben dem Hause einen Schuppen und zwischen Haus und Schuppen einen gewaltigen backsteinernen Schlot. Zwischendrein sah man ihn in der Stadt gelegentlich bei einem Abendschoppen, wobei er zwar anfangs still und vornehm tat, nach wenigen Gläsern aber laut und mächtig redete und nicht damit hinterm Berge hielt, daß er zwar Geld genug im Sack habe, um sich ein schönes Herrenleben zu gönnen, doch sei der eine ein Faulpelz und Dickkopf, ein anderer aber ein Genie und Geschäftsgeist, und was ihn betreffe, so gehöre er zur letzteren Sorte und habe nicht im Sinn, sich zur Ruhe zu setzen, ehe er sechs Nullen hinter die Ziffer seines Vermögens setzen könne.

Geschäftsleute, bei denen er Kredit zu genießen wünschte, taten sich nach seiner Vergangenheit um und brachten in Erfahrung, daß Hürlin zwar bisher nirgends eine erhebliche Rolle gespielt hatte, sondern da und dort in Werkstätten und Fabriken, zuletzt als Aufseher gearbeitet, vor kurzem hingegen eine erkleckliche Erbschaft gemacht hatte. Also ließ man ihn gewähren und gönnte ihm ein bestimmtes Maß von Respekt, einige unternehmende Leute steckten auch noch Geld in seine Sache, so daß bald eine mäßig große Fabrik samt Wohnhäuschen im Tale erstand, in welcher Hürlin gewisse für die Wollwebeindustrie notwendige Walzen und Maschinenteile herzustellen gedachte. Die Aufträge blieben nicht aus, der große Schlot rauchte Tag und Nacht, und ein paar Jahre lang florierten Hürlin und seine Fabrik auf das erfreulichste und genossen Ansehen und ausgiebigen Kredit.

Damit war sein Ideal erreicht und sein alter Lieblingstraum in Erfüllung gegangen. Wohl hatte er schon in jüngeren Jahren des öfteren Anläufe zum Reichwerden gemacht, aber erst jene ihm fast unerwartet zugefallene Erbschaft hatte ihn flott gemacht und ihm erlaubt, seine alten kühnen Pläne auszuführen. Übrigens war der Reichtum nicht sein einziges Sehnen gewesen, sondern seine heißesten Wünsche hatten zeitlebens dahin gezielt, eine gebietende und große Stellung einzunehmen. Er wäre als Indianerhäuptling oder als Regierungsrat oder auch als berittener Landjäger ganz ebenso in seinem Element gewesen, doch schien ihm nun das Leben eines Fabrikbesitzers sowohl bequemer als selbstherrlicher. Eine Zigarre im Mundwinkel und ein sorgenvoll gewichtiges Lächeln im Gesicht, am Fenster stehend oder am Schreibtisch sitzend allerlei Befehle zu erteilen, Verträge zu unterzeichnen, Vorschläge und Bitten anzuhören, mit der faltigen

Miene des Vielbeschäftigten eine gelassene Behaglichkeit zu vereinigen, bald unnahbar streng, bald gutmütig herablassend zu sein und bei allem stets zu fühlen, daß er ein Hauptkerl sei und daß viel in der Welt auf ihn ankomme, das war seine erst spät zu ihrem vollen Recht gekommene Gabe. Nun hatte er das alles reichlich, konnte tun, was er mochte, Leute anstellen und entlassen, wohlige Seufzer des sorgenschweren Reichtums ausstoßen und sich von vielen beneiden lassen. Das alles genoß und übte er auch mit Kennerschaft und Hingabe, er wiegte sich weich im Glücke und fühlte sich endlich vom Schicksal an den ihm gebührenden Platz gestellt.

Inzwischen hatte aber ein Konkurrent eine neue Erfindung gemacht, nach deren Einführung mehrere der früheren Artikel teils entbehrlich, teils viel wohlfeiler wurden, und da Hürlin trotz seiner Versicherungen eben kein Genie war und nur das Äußerliche seines Geschäftes verstand, sank er anfänglich langsam, dann aber immer schneller von seiner Höhe und konnte am Ende nicht verbergen, daß er abgewirtschaftet habe. Er versuchte es in der Verzweiflung noch mit ein paar waghalsigen Finanzkünsten, durch welche er sich selber und mit ihm eine Reihe von Kreditoren schließlich in einen unsauberen Bankrott hineinritt. Er entfloh, wurde aber eingebracht, verurteilt und ins Loch gesteckt, und als er nach mehreren Jahren wieder in der Stadt erschien, war er ein entwerteter und lahmer Mensch, mit dem nichts mehr anzufangen war.

Eine Zeitlang drückte er sich in unbedeutenden Stellungen herum; doch hatte er schon in den schwülen Zeiten, da er den Krach herankommen sah, sich zum heimlichen Trinker entwickelt, und was damals heimlich gewesen und wenig beachtet worden war, wurde nun öffentlich und zu einem Ärgernis. Aus einer mageren Schreiberstelle wegen Unzuverlässigkeit entlassen, ward er Agent einer Versicherungsgesellschaft, trieb sich als solcher in allen Schenken der Gegend herum, wurde auch da wieder entlassen und fiel, als auch ein Hausierhandel mit Zündhölzern und Bleistiften nichts abwerfen wollte, am Ende der Stadt zur Last. Er war in diesen Jahren schnell vollends alt und elend geworden, hatte aber aus seiner fallitgegangenen Herrlichkeit einen Vorrat kleiner Künste und Äußerlichkeiten herübergerettet, die ihm über das Gröbste hinweghalfen und in geringeren Wirtshäusern noch immer einige Wirkung taten. Er brachte gewisse schwungvoll großartige Gesten und nicht wenige wohltönende Redensarten in die Kneipen mit, die ihm längst nur noch äußerlich anhafteten, auf Grund derer er aber doch noch immer eine Schätzung unter den Lumpen der Stadt genoß.

Damals gab es in Gerbersau noch kein Armenhaus, sondern die Unbrauchbaren wurden gegen eine geringe Entschädigung aus dem Stadtsäckel da und dort in Familien als Kostgänger gegeben, wo man sie mit dem Notwendigsten versah und nach Möglichkeit zu kleinen häuslichen Arbeiten anhielt. Da nun hieraus in letzter Zeit allerlei Unzuträglichkeiten entstanden waren und da den verkommenen Fabrikanten, der den Haß der Bevölkerung genoß, durchaus niemand aufnehmen wollte, sah sich die Gemeinde genötigt, ein besonderes Haus als Asyl zu beschaffen. Und da gerade das ärmliche alte Wirtshaus zur Sonne unter den Hammer kam, erwarb es die Stadt und setzte nebst einem Hausvater als ersten Gast den Hürlin hinein, dem in Kürze mehrere andere folgten. Diese nannte man die Sonnenbrüder.

Nun hatte Hürlin schon lange zur Sonne nahe Beziehungen gehabt, denn seit seinem Niedergang war er nach und nach in immer kleinere und ärmere Schenken gelaufen und schließlich am meisten in die Sonne, wo er zu den täglichen Gästen gehörte und beim Abendschnaps mit manchen Kumpanen am selben Tische saß, die ihm später, als auch ihre Zeit gekommen war, als Spittelbrüder und verachtete Stadtarme in ebendasselbe Haus nachfolgen sollten. Ihn freute es, gerade dorthin zu wohnen zu kommen, und in den Tagen nach der Gant, als Zimmermann und Schreiner das alte Schankhaus für seinen neuen Zweck eilig und bescheiden zurichteten, stand er von früh bis spät dabei und hatte Maulaffen feil.

Eines Morgens, als es schön mild und sonnig war, hatte er sich wieder daselbst eingefunden, stellte sich neben die Haustür und sah dem Hantieren der Arbeiter im Innern zu. Er guckte hingerissen und freudig zu und überhörte gern die bösartigen Bemerkungen der Arbeiter, hielt die Fäuste in den tiefen Taschen seines schmierigen Rockes und warf mit seinen geschenkten, viel zu langen und zu weiten Beinkleidern spiralförmige Falten, in denen seine Beine wie Zapfenzieher aussahen. Der bevorstehende Einzug in die neue Bude, von dem er sich ein bequemes und schöneres Leben versprach, erfüllte den Alten mit glücklicher Neugierde und Unruhe.

Indem er dem Legen der neuen Stiegenbretter zuschaute und stillschweigend die dünnen tannenen Dielen abschätzte, fühlte er sich plötzlich beiseite geschoben, und als er sich gegen die Straße umkehrte, stand da ein Schlossergeselle mit einer großen Bockleiter, die er mit großer Mühe und vielen untergelegten Bretterstücken auf dem abschüssigen Straßenboden aufzustellen versuchte. Hürlin verfügte sich auf die andere Seite der

Gasse hinüber, lehnte sich an den Prellstein und verfolgte die Tätigkeit des Schlossers mit großer Aufmerksamkeit. Dieser hatte nun seine Leiter aufgerichtet und gesichert, stieg hinauf und begann über der Haustüre am Mörtel herumzukratzen, um das alte Wirtsschild hinwegzunehmen. Seine Bemühungen erfüllten den Exfabrikanten mit Spannung und auch mit Wehmut, indem er der vielen unter diesem Wahrzeichen genossenen Schoppen und Schnäpse und der früheren Zeiten überhaupt gedachte. Es bereitete ihm keine kleine Freude, daß der schmiedeeiserne Schildarm so fest in der Wand saß und daß der Schlossergesell sich so damit abmühen mußte, ihn herunterzubringen. Es war doch unter dem armen alten Schilde oft heillos munter zugegangen! Als der Schlosser zu fluchen begann, schmunzelte der Alte, und als jener wieder daran zog und bog und wand und zerrte, in Schweiß geriet und fast von der Leiter stürzte, empfand der Zuschauer eine nicht geringe Genugtuung. Da ging der Geselle fort und kam nach einer Viertelstunde mit einer Eisensäge wieder. Hürlin sah wohl, daß es nun um den ehrwürdigen Zierat geschehen sei. Die Säge pfiff klingend in dem guten Eisen, und nach wenigen Augenblicken bog sich der eiserne Arm klagend ein wenig abwärts und fiel gleich darauf klingend und rasselnd aufs Pflaster.

Da kam Hürlin herüber. »Du, Schlosser«, bat er demütig, »gib mir das Ding! 's hat ja keinen Wert mehr.«

»Warum auch? Wer bist du denn?« schnauzte der Bursch.

»Ich bin doch von der gleichen Religion«, flehte Hürlin, »mein Alter war Schlosser, und ich bin auch einer gewesen. Gelt, gib's her!«

Der Geselle hatte indessen das Schild aufgehoben und betrachtet.

»Der Arm ist noch gut«, entschied er, »das war zu seiner Zeit keine schlechte Arbeit. Aber wenn du das Blechzeug willst, das hat keinen Wert mehr.«

Er riß den grünbemalten blechernen Blätterkranz, in welchem mit kupferig gewordenen und verbeulten Strahlen die goldene Sonne hing, herunter und gab ihn her. Der Alte bedankte sich und machte sich mit seiner Beute davon, um sie weiter oben im dicken Holdergebüsch vor fremder Habgier und Schaulust zu verbergen. So verbirgt nach verlorener Schlacht ein Paladin die Insignien der Herrschaft, um sie für bessere Tage und neue Glorien zu retten.

Wenige Tage darauf fand ohne viel Sang und Klang die Einweihung des dürftig hergerichteten neuen Armenhauses statt. Es waren ein paar Betten beschafft worden, der übrige Haushalt stammte noch von der Wirtsgant her, außerdem hatte ein Gönner in jedes der drei Schlafstüblein einen von gemalten Blumengewinden umgebenen Bibelspruch auf Pappdeckel gestiftet. Zu der ausgeschriebenen Hausvaterstelle hatten sich nicht viele Bewerber gemeldet, und die Wahl war sogleich auf Herrn Andreas Sauberle gefallen, einen verwitweten Wollstricker, der seinen Strickstuhl mitbrachte und sein Gewerbe weiter betrieb, denn die Stelle reichte knapp zum Leben aus, und er hatte keine Lust, auf seine alten Tage einmal selber ein Sonnenbruder zu werden.

Als der alte Hürlin seine Stube angewiesen bekam, unterzog er sie sogleich einer genauen Besichtigung. Er fand ein gegen das Höflein gehendes Fenster, zwei Türen, ein Bett, eine Truhe, zwei Stühle, einen Nachttopf, einen Kehrbesen und einen Staubwischlappen vor, ferner ein mit Wachstuch bezogenes Eckbrett, auf welchem ein Wasserglas, ein blechernes Waschbecken, eine Kleiderbürste und ein Neues Testament lagen und standen. Er befühlte das solide Bettzeug, probierte die Bürste an seinem Hut, hielt Glas und Becken prüfend gegen das Tageslicht, setzte sich versuchsweise auf beide Stühle und fand, es sei alles befriedigend und in Ordnung. Nur der stattliche Wandspruch mit den Blumen wurde von ihm mißbilligt. Er sah ihn eine Weile höhnisch an, las die Worte: »Kindlein, liebet euch untereinander!« und schüttelte unzufrieden den struppigen Kopf. Dann riß er das Ding herunter und hängte mit vieler Sorgfalt an dessen Stelle das alte Sonnenschild auf, das er als einziges Wertstück in die neue Wohnung mitgebracht hatte. Aber da kam gerade der Hausvater wieder herein und gebot ihm scheltend, den Spruch wieder an seinen Platz zu hängen. Die Sonne wollte er mitnehmen und wegwerfen, aber Karl Hürlin klammerte sich ingrimmig daran, trotzte zeternd auf sein Eigentumsrecht und verbarg nachher die Trophäe schimpfend unter der Bettstatt.

Das Leben, das mit dem folgenden Tage seinen Anfang nahm, entsprach nicht ganz seinen Erwartungen und gefiel ihm zunächst keineswegs. Er mußte des Morgens um sieben Uhr aufstehen und zum Kaffee in die Stube des Strickers kommen, dann sollte das Bett gemacht, das Waschbecken gereinigt, die Stiefel geputzt und die Stube sauber aufgeräumt werden. Um zehn Uhr gab es ein Stück Schwarzbrot, und dann sollte die gefürchtete Spittelarbeit losgehen. Es war im Hof eine große Ladung buchenes Holz angefahren, das sollte gesägt und gespalten werden.

Da es noch weit hin bis zum Winter war, hatte es Hürlin mit dem Holz nicht eben eilig. Langsam und vorsichtig legte er ein Buchenscheit auf den Bock, rückte es sorgfältig und umständlich zurecht und besann sich eine Weile, wo er es zuerst ansägen solle, rechts oder links oder in der Mitte. Dann setzte er behutsam die Säge an, stellte sie noch einmal weg, spuckte in die Hände und nahm dann die Säge wieder vor. Nun tat er drei, vier Striche, etwa eine Fingerbreite tief ins Holz, zog aber sogleich die Säge wieder weg und prüfte sie aufs peinlichste, drehte am Strick, befühlte das Sägeblatt, stellte es etwas schiefer, hielt es lange blinzelnd vors Auge, seufzte alsdann tief auf und rastete ein wenig. Hierauf begann er von neuem und sägte einen halben Zoll tief, aber da wurde es ihm unerträglich warm, und er mußte seinen Rock ausziehen. Das vollführte er langsam und mit Bedacht, suchte auch eine gute Weile nach einem sauberen und sicheren Ort, um den Rock dahin zu legen. Als dies doch endlich geschehen war, fing er wieder an zu sägen, jedoch nicht lange, denn nun war die Sonne übers Dach gestiegen und schien ihm gerade ins Gesicht. Also mußte er den Bock und das Scheit und die Säge, jedes Stück einzeln, an einen anderen Platz tragen, wo noch Schatten war; dies brachte ihn in Schweiß, und nun brauchte er sein Sacktuch, um sich die Stirne abzuwischen. Das Tuch war aber in keiner Tasche, und da fiel ihm ein, er habe es ja im Rock gehabt, und so ging er denn dort hinüber, wo der Rock lag, breitete ihn säuberlich auseinander, suchte und fand das farbige Nastuch, wischte den Schweiß ab und schneuzte auch gleich, brachte das Tuch wieder unter, legte den Rock mit Aufmerksamkeit zusammen und kehrte erfrischt zum Sägebock zurück. Hier fand er nun bald, er habe vorher das Sägeblatt vielleicht doch allzu schräg gestellt, daher operierte er von neuem lange daran herum und sägte schließlich unter großem Stöhnen das Scheit vollends durch. Aber nun war es Mittag geworden und läutete vom Turm, und eilig zog er den Rock an, stellte die Säge beiseite und verfügte sich ins Haus zum Essen.

»Pünktlich seid Ihr, das muß man Euch lassen«, sagte der Stricker. Die Lauffrau trug die Suppe herein, danach gab es noch Wirsing und eine Scheibe Speck, und Hürlin langte fleißig zu. Nach Tisch sollte das Sägen wieder losgehen, aber da weigerte er sich entschieden.

»Das bin ich nicht gewöhnt«, sagte er entrüstet und blieb dabei. »Ich bin jetzt todmüd und muß nun auch eine Ruhe haben.«

Der Stricker zuckte die Achseln und meinte: »Tut, was Ihr mögt, aber wer nichts arbeitet, bekommt auch kein Vesper. Um vier Uhr gibt's Most und Brot, wenn Ihr gesägt habt, im anderen Fall nichts mehr bis zur Abendsuppe.«

Most und Brot, dachte Hürlin und besann sich in schweren Zweifeln. Er ging auch hinunter und holte die Säge wieder hervor, aber da graute ihm doch vor der heißen mittäglichen Arbeit, und er ließ das Holz liegen, ging auf die Gasse hinaus, fand einen Zigarrenstumpen auf dem Pflaster, steckte ihn zu sich und stieg langsam die fünfzig Schritte bis zur Wegbiegung hinan. Dort hielt er veratmend an, setzte sich abseits der Straße an den schön erwärmten Rain, sah auf die vielen Dächer und auf den Marktplatz hinunter, konnte im Talgrund auch seine ehemalige Fabrik liegen sehen und weihte also diesen Platz als erster Sonnenbruder ein, an welchem seither bis auf heute so viele von seinen Kameraden und Nachfolgern ihre Sommernachmittage und oft auch die Vormittage und Abende versessen haben.

Die Beschaulichkeit eines von Sorgen und Plagen befreiten Alters, die er sich vom Aufenthalt im Spittel versprochen hatte und die ihm am Morgen bei der sauren Arbeit wie ein schönes Trugbild zerronnen war, fand sich nun allmählich ein. Die Gefühle eines für Lebzeiten vor Sorge, Hunger und Obdachlosigkeit gesicherten Pensionärs im Busen, beharrte er mollig faul im Rasen, fühlte auf seiner welken Haut die schöne Sonnenwärme, überblickte weithin den Schauplatz seiner früheren Umtriebe, Arbeit und Leiden und wartete ohne Ungeduld, bis jemand käme, den er um Feuer für seinen Zigarrenstumpen bitten könnte. Das schrille Blechgehämmer einer Spenglerwerkstatt, das ferne Amboßgeläut einer Schmiede, das leise Knarren entfernter Lastwagen stieg, mit einigem Straßenstaub und dünnem Rauch aus großen und kleinen Schornsteinen vermischt, zur Höhe herauf und zeigte an, daß drunten in der Stadt brav gehämmert, gefeilt, gearbeitet und geschwitzt würde, während Karl Hürlin in vornehmer Entrücktheit darüber thronte.

Um vier Uhr trat er leise in die Stube des Hausvaters, der den Hebel seiner kleinen Strickmaschine taktmäßig hin und her bewegte. Er wartete eine Weile, ob es nicht doch am Ende Most und Brot gäbe, aber der Stricker lachte ihn aus und schickte ihn weg. Da ging er enttäuscht an seinen Ruheplatz zurück, brummte vor sich hin, verbrachte eine Stunde oder mehr im Halbschlaf und schaute dann dem Abendwerden im engen Tale zu. Es war droben noch so warm und behaglich wie zuvor, aber seine gute Stimmung ließ mehr und mehr nach, denn trotz seiner Trägheit überfiel ihn die Langeweile, auch kehrten seine Gedanken unaufhörlich zu dem entgangenen Vesper zurück. Er sah ein hohes Schoppenglas voll Most vor sich stehen, gelb und glänzend und mit süßer Herbe duftend. Er stellte sich vor, wie er es in die Hand nähme, das kühle runde Glas, und wie er es ansetzte, und wie er zuerst einen vollen starken Schluck nehmen, dann aber langsam sparend schlürfen würde. Wütend seufzte er auf, sooft er aus dem schönen Traum erwachte, und sein ganzer Zorn richtete sich gegen den unbarmherzigen Hausvater, den Stricker, den elenden Knauser, Knorzer, Schinder, Seelenverkäufer und Giftjuden. Nachdem er genug getobt hatte, fing er an sich selber leid zu tun und wurde weinerlich, schließlich aber beschloß er, morgen zu arbeiten.

Er sah nicht, wie das Tal bleicher und von zarten Schatten erfüllt und wie die Wolken rosig wurden, noch die abendmilde, süße Färbung des Himmels und das heimliche Blauwerden der entfernteren Berge; er sah nur das ihm entgangene Glas Most, die morgen unabwendbar seiner harrende Arbeit und die Härte seines Schicksals. Denn in derartige Betrachtungen verfiel er jedesmal, wenn er einen Tag lang nichts zu trinken bekommen hatte. Wie es wäre, jetzt einen Schnaps zu haben, daran durfte er gar nicht denken.

Gebeugt und verdrossen stieg er zur Abendessenszeit ins Haus hinunter und setzte sich mürrisch an den Tisch. Es gab Suppe, Brot und Zwiebeln, und er aß grimmig, solange etwas in der Schüssel war, aber zu trinken gab es nichts. Und nach dem Essen saß er verlassen da und wußte nicht, was anfangen. Nichts zu trinken, nichts zu rauchen, nichts zu schwätzen! Der Stricker nämlich arbeitete bei Lampenlicht geschäftig weiter, um Hürlin unbekümmert.

Dieser saß eine halbe Stunde lang am leeren Tisch, horchte auf Sauberles klappernde Maschine, starrte in die gelbe Flamme der Hängelampe und versank in Abgründe von Unzufriedenheit, Selbstbedauern, Neid, Zorn und Bosheit, aus denen er keinen Ausweg fand noch suchte. Endlich überwältigte ihn die stille Wut und Hoffnungslosigkeit. Hoch ausholend hieb er mit der Faust auf die Tischplatte, daß es knallte, und rief: »Himmelsternkreuzteufelsludernoch'nmal!«

»Holla«, rief der Stricker und kam herüber, »was ist denn wieder los? Geflucht wird bei mir fein nicht!«

»Ja, was ins heiligs Teufels Namen soll man denn anfangen?«

»Ja so, Langeweile? Ihr dürft ins Bett.«

»So, auch noch? Um die Zeit schickt man kleine Buben ins Bett, nicht mich.«

»Dann will ich Euch eine kleine Arbeit holen.«

»Arbeit? Danke für die Schinderei, Ihr Sklavenhändler, Ihr!«
»Oha, nur kalt Blut! Aber da, lest was!«
Er legte ihm ein paar Bände aus dem dürftig besetzten Wandregal hin und ging wieder an sein Geschäft. Hürlin hatte durchaus keine Lust zum Lesen, nahm aber doch eins von den Büchern in die Hand und machte es auf. Es war ein Kalender, und er begann die Bilder darin anzusehen. Auf dem ersten Blatt war irgendeine phantastisch gekleidete ideale Frauen- oder Mädchengestalt als Titelfigur abgebildet, mit bloßen Füßen und offenen Locken. Hürlin erinnerte sich sogleich an ein Restlein Bleistift, das er besaß. Er zog es aus der Tasche, machte es naß und malte dem Frauenzimmer zwei große runde Brüste aufs Mieder, die er so lange mit immer wieder benetztem Bleistift nachfuhr, bis das Papier mürb war und zu reißen drohte. Er wendete das Blatt um und sah mit Befriedigung, daß der Abdruck seiner Zeichnung durch viele Seiten sichtbar war. Das nächste Bild, auf das er stieß, gehörte zu einem Märchen und stellte einen Kobold oder Wüterich mit bösen Augen, gefährlich kriegerischem Schnauzbart und aufgesperrtem Riesenmaul vor. Begierig netzte der Alte seinen Bleistift an der Lippe und schrieb mit großen deutlichen Buchstaben neben den Unhold die Worte: »Das ist der Stricker Sauberle, Hausvater.«
Er beschloß, womöglich das ganze Buch so zu vermalen und verschweinigeln. Aber die folgende Abbildung fesselte ihn so stark, und er vergaß sich darüber. Sie zeigte die Explosion einer Fabrik und bestand fast nur aus einem mächtigen Dampf- und Feuerkegel, um welchen und über welchem halbe und ganze Menschenleiber, Mauerstücke, Ziegel, Stühle, Balken und Latten durch die Lüfte sausten. Das zog ihn an und zwang ihn, sich die ganze Geschichte dazu auszudenken und sich namentlich vorzustellen, wie es den Emporgeschleuderten im Augenblick des Ausbruches zumut gewesen sein möchte. Darin lag ein Reiz und eine Befriedigung, die ihn lange in Atem hielten.
Als er seine Einbildungskraft an diesem aufregenden Bilde erschöpft hatte, fuhr er fort zu blättern und stieß bald auf ein Bildlein, das ihn wieder festhielt, aber auf eine ganz andere Art. Es war ein lichter, freundlicher Holzschnitt: eine schöne Laube, an deren äußerstem Zweige ein Schenkenstern aushing, und über dem Stern saß mit geschwelltem Hals und offenem Schnäblein und sang ein kleiner Vogel. In der Laube aber erblickte man um einen Gartentisch eine kleine Gesellschaft junger Männer, Studenten oder Wanderburschen, die plauderten und tranken aus heiteren Glasfla-

schen einen guten Wein. Seitwärts sah man am Rande des Bildchens eine zerfallene Feste mit Tor und Türmen in den Himmel stehen, und in den Hintergrund hinein verlor sich eine schöne Landschaft, etwa das Rheintal, mit Strom und Schiffen und fernhin entschwindenden Höhenzügen. Die Zecher waren lauter junge, hübsche Leute, glatt oder mit jugendlichen Bärten, liebenswürdige und heitere Burschen, welche offenbar mit ihrem Wein die Freundschaft und die Liebe, den alten Rhein und Gottes blauen Sommerhimmel priesen.

Zunächst erinnerte dieser Holzschnitt den einsamen und mürrischen Betrachter an seine besseren Zeiten, da er sich noch Wein hatte leisten können, und an die zahlreichen Gläser und Becher guten Getränkes, die er damals genossen hatte. Dann aber wollte es ihm vorkommen, so vergnügt und herzlich heiter wie diese jungen Zecher sei er doch niemals gewesen, selbst nicht vorzeiten in den leichtblütigen Wanderjahren, da er noch als junger Schlossergeselle unterwegs gewesen war. Diese sommerliche Fröhlichkeit in der Laube, diese hellen, guten und freudigen Jünglingsgesichter machten ihn traurig und zornig; er zweifelte, ob alles nur die Erfindung eines Malers sei, verschönert und verlogen, oder ob es auch in Wirklichkeit etwa irgendwo solche Lauben und so hübsche, frohe und sorgenlose junge Leute gebe. Ihr heiterer Anblick erfüllte ihn mit Neid und Sehnsucht, und je länger er sie anschaute, desto mehr hatte er die Empfindung, er blicke durch ein schmales Fensterlein für Augenblicke in eine andere Welt, in ein schöneres Land und zu freieren und gütigeren Menschen hinüber, als ihm jemals im Leben begegnet waren. Er wußte nicht, in was für ein fremdes Reich er hineinschaue und daß er dieselbe Art von Gefühlen habe wie Leute, die in Dichtungen lesen. Diese Gefühle als etwas Süßes auszukosten, verstand er vollends nicht, also klappte er das Büchlein zu, schmiß es zornig auf den Tisch, brummte unwillig gut Nacht und begab sich in seine Stube hinüber, wo über Bett und Diele und Truhe das Mondzwielicht hingebreitet lag und in dem gefüllten Waschbecken leise leuchtete. Die große Stille zu der noch frühen Stunde, das ruhige Mondlicht und das leere, für eine bloße Schlafstelle fast zu große Zimmer riefen in dem alten Rauhbein ein Gefühl von unerträglicher Vereinsamung hervor, dem er leise murmelnd und fluchend erst spät in das Land des Schlummers entrann.

Es kamen nun Tage, an denen er Holz sägte und Most und Brot bekam, wechselnd mit Tagen, an denen er faulenzte und ohne Vesper blieb. Oft saß er oben am Straßenrain, giftig und ganz mit Bosheit geladen, spuckte auf die Stadt hinab und trug Groll und Verbitterung in seinem Herzen. Das ersehnte Gefühl, bequem in einem sicheren Hafen zu liegen, blieb aus, und stattdessen kam er sich verkauft und verraten vor, führte Gewaltszenen mit dem Stricker auf oder fraß das Gefühl der Zurücksetzung und Unlust und Langeweile still in sich hinein.

Mittlerweile lief der Pensionstermin eines der in Privathäusern versorgten Stadtarmen ab, und eines Tages rückte in der »Sonne« als zweiter Gast der frühere Seilermeister Lukas Heller ein.

Wenn die schlechten Geschäfte aus Hürlin einen Trinker gemacht hatten, war es mit diesem Heller umgekehrt gegangen. Auch war er nicht wie jener plötzlich aus Pracht und Reichtum herabgestürzt, sondern hatte sich langsam und stetig vom bescheidenen Handwerksmann zum unbescheidenen Lumpen heruntergetrunken, wovor ihn auch sein tüchtiges und energisches Weib nicht hatte retten können. Vielmehr war sie, die ihm an Kräften weit überlegen schien, dem nutzlosen Kampf erlegen und längst gestorben, während ihr nichtsnutziger Mann sich einer zähen Gesundheit erfreute. Natürlich war er überzeugt, daß er mit dem Weib so gut wie mit der Seilerei ein unbegreifliches Pech gehabt und nach seinen Gaben und Leistungen ein ganz anderes Schicksal verdient habe.

Hürlin hatte die Ankunft dieses Mannes mit der sehnlichsten Spannung erwartet, denn er war nachgerade des Alleinseins unsäglich müd geworden. Als Heller aber anrückte, tat der Fabrikant vornehm und machte sich kaum mit ihm zu schaffen. Er schimpfte sogar darüber, daß Hellers Bett in seine Stube gestellt wurde, obwohl er heimlich froh daran war.

Nach der Abendsuppe griff der Seiler, da sein Kamerad so störrisch schweigsam war, zu einem Buch und fing zu lesen an. Hürlin saß ihm gegenüber und warf ihm mißtrauisch beobachtende Blicke zu. Einmal, als der Lesende über irgend etwas Witziges lachen mußte, hatte der andere große Lust, ihn danach zu fragen. Aber als Heller im gleichen Augenblick vom Buch aufschaute, offenbar bereit, den Witz zu erzählen, schnitt Hürlin sofort ein finsteres Gesicht und tat, als sei er ganz in die Betrachtung einer über den Tisch hinwegkriechenden Mücke versunken.

So blieben sie hocken, den ganzen langen Abend. Der eine las und blickte zuweilen plaudersüchtig auf, der andere beobachtete ihn ohne Pause, wandte aber den Blick stolz zur Seite, so oft jener herüberschaute. Der Hausvater strickte unverdrossen in die Nacht hinein. Hürlins Mienenspiel wurde immer verbissener, obwohl er eigentlich seelenfroh war, nun nicht mehr allein in der Schlafstube liegen zu müssen. Als es zehn Uhr schlug, sagte der Hausvater: »Jetzt könntet ihr auch ins Bett gehen, ihr zwei.« Beide standen auf und gingen hinüber.

Während die beiden Männlein in der halbdunklen Stube sich langsam und steif entkleideten, schien Hürlin die rechte Zeit gekommen, um ein prüfendes Gespräch anzubinden und über den langersehnten Haus- und Leidensgenossen ins klare zu kommen.

»Also jetzt sind wir zu zweit«, fing er an und warf seine Weste auf den Stuhl.

»Ja«, sagte Heller.

»Eine Saubude ist's«, fuhr der andere fort.

»So? Weißt's gewiß?«

»Ob ich's weiß! – Aber jetzt muß ein Leben reinkommen, sag ich, jetzt! Jawohl.«

»Du«, fragte Heller, »ziehst du's Hemd aus in der Nacht oder behältst's an?«

»Im Sommer zieh ich's aus.«

Auch Heller zog sein Hemd aus und legte sich nackt ins krachende Bett. Er begann laut zu schnaufen. Aber Hürlin wollte noch mehr erfahren.

»Schlafst schon, Heller?«

»Nein.«

»Pressiert auch nicht so. – Gelt, du bist'n Seiler?«

»Gewesen, ja. Meister bin ich gewesen.«

»Und jetzt?«

»Und jetzt – kannst du mich gern haben, wenn du dumme Fragen tust.«

»Jerum, so spritzig! Narr, du bist wohl Meister gewesen, aber das ist noch lange nichts. Ich bin Fabrikant gewesen. Fabrikant, verstanden?«

»Mußt nicht so schreien, ich weiß schon lang. Und nachher, was hast denn nachher fabriziert?«

»Wieso nachher?«

»Frag auch noch! Im Zuchthaus mein ich.«

Hürlin meckerte belustigt.

»Du bist wohl'n Frommer, was. So ein Hallelujazapfen?«

»Ich? Das fehlt gerad noch! Fromm bin ich nicht, aber im Zuchthaus bin ich auch noch nicht gewesen.«

»Hättest auch nicht hineingepaßt. Da sind meistens ganz feine Herren.«

»O jegerle, so feine Herren wie du einer bist? Freilich, da hätt ich mich geniert.«

»'s redet ein jeder, wie er's versteht oder nicht versteht.«

»Ja, das mein ich auch.«

»Also, sei gescheit, du! Warum hast du die Seilerei aufgesteckt?«

»Ach, laß mich in Ruh! Die Seilerei war schon recht, der Teufel ist aber ganz woanders gesessen. Das Weib war schuld.«

»Das Weib? – Hat sie gesoffen?«

»Das hätte noch gefehlt! Nein, gesoffen hab ich, wie's der Brauch ist, und nicht das Weib. Aber sie ist schuld gewesen.«

»So? Was hat sie denn angestellt?«

»Frag nicht so viel!«

»Hast auch Kinder?«

»Ein Bub. In Amerika.«

»Der hat recht. Dem geht's besser als uns.«

»Ja, wenn's nur wahr wär. Um Geld schreibt er, der Dackel! Hat auch geheiratet. Wie er fortgegangen ist, sag ich zu ihm: Frieder, sag ich, mach's gut und bleib gesund; hantier, was du magst, aber wenn du heiratest, geht's Elend los. – Jetzt hockt er drin. Gelt, du hast kein Weib gehabt?«

»Nein. Siehst, man kann auch ohne Weib ins Pech kommen. Was meinst?«

»Danach man einer ist. Ich wär heut noch Meister, wenn die Dundersfrau nicht gewesen wär.«

»Na ja!«

»Hast du was gesagt?«

Hürlin schwieg still und tat so, als wäre er eingeschlafen. Eine warnende Ahnung sagte ihm, daß der Seiler, wenn er erst einmal recht angefangen habe, über sein Weib loszuziehen, kein Ende finden würde.

»Schlaf nur, Dickkopf!« rief Heller herüber. Er ließ sich aber nimmer reizen, sondern stieß eine Weile künstlich große Atemzüge aus, bis er wirklich schlief.

Der Seiler, der mit seinen sechzig Jahren schon einen kürzeren Schlummer hatte, wachte am folgenden Morgen zuerst auf. Eine halbe Stunde blieb er liegen und starrte die weiße Stubendecke an. Dann stieg er, der sonst schwerfällig und steif von Gliedern erschien, leise wie ein Morgenlüftchen aus seinem Bett, lief barfuß und unhörbar zu Hürlins Lagerstatt hinüber und machte sich an dessen über den Stuhl gebreiteten Kleidern zu schaffen. Er durchsuchte sie mit Vorsicht, fand aber nichts darin, als das Bleistiftstümpchen in der Westentasche, das er herausnahm und für sich behielt. Ein Loch im Strumpf seines Schlafkameraden vergrößerte er mit Hilfe beider Daumen um ein Beträchtliches. Sodann kehrte er sachte in sein warmes Bett zurück und regte sich erst wieder, als Hürlin schon erwacht und aufgestanden war und ihm ein paar Wassertropfen ins Gesicht spritzte, da sprang er hurtig auf, kroch in die Hosen und sagte guten Morgen. Mit dem Ankleiden hatte er es gar nicht eilig, und als der Fabrikant ihn antrieb, vorwärts zu machen, rief er behaglich: »Ja, geh nur einstweilen hinüber, ich komm schon auch bald.« Der andere ging, und Heller atmete erleichtert auf. Er griff behende zum Waschbecken und leerte das klare Wasser zum Fenster in den Hof hinaus, denn vor dem Waschen hatte er ein tiefes Grauen. Als er sich dieser ihm widerstrebenden Handlung entzogen hatte, war er im Umsehen mit dem Ankleiden fertig und hatte es eilig, zum Kaffee zu kommen.

Bettmachen, Zimmeraufräumen und Stiefelputzen ward besorgt, natürlich ohne Hast und mit reichlichen Plauderpausen. Dem Fabrikanten schien das alles zu zweien doch freundlicher und bequemer zu gehen als früher allein. Sogar die unentrinnbar bevorstehende Arbeit flößte ihm heute etwas weniger Schrecken ein als sonst, und er ging, wenn auch zögernd, mit fast heiterer Miene auf die Mahnung des Hausvaters mit dem Seiler ins Höflein hinunter.

Trotz heftiger Entrüstungsausbrüche des Strickers und trotz seines zähen Kampfes mit der Unlust des Pfleglings war in den vergangenen paar Wochen an dem Holzvorrat kaum eine wahrnehmbare Veränderung vor sich gegangen. Die Beuge schien noch so groß und so hoch wie je, und das in der Ecke liegende Häuflein zersägter Rollen, kaum zwei Dutzend, erinnerte etwa an die in einer Laune begonnene und in einer neuen Laune liegengelassene spielerische Arbeit eines Kindes.

Nun sollten die beiden Grauköpfe zu zweien daran arbeiten; es galt, sich ineinander zu finden und einander in die Hände zu schaffen, denn es war nur ein einziger Sägbock und auch nur eine Säge vorhanden. Nach einigen vorbereitenden Gebärden, Seufzern und Redensarten überwanden die Leutlein denn auch ihr inneres Sträuben und schickten sich an, das Geschäft in die Hand zu nehmen. Und nun zeigte sich leider, daß Karl Hürlins frohe Hoffnungen eitel Träume gewesen waren, denn sogleich trat in der Arbeitsweise der beiden ein tiefer Wesensunterschied zutage.

Jeder von ihnen hatte seine besondere Art, tätig zu sein. In beider Seelen mahnte nämlich, neben der eingebornen Trägheit, ein Rest von Gewissen schüchtern zum Fleißigsein; wenigstens wollten beide zwar nicht wirklich arbeiten, aber doch vor sich selber den Anschein gewinnen, als seien sie etwas nütze. Dies erstrebten sie nun auf durchaus verschiedene Weise, und es trat hier in diesen abgenützten und scheinbar vom Schicksal zu Brüdern gemachten Männern ein unerwarteter Zwiespalt der Anlagen und Neigungen hervor.

Hürlin hatte die Methode, zwar so gut wie nichts zu leisten, aber doch fortwährend sehr beschäftigt zu sein oder zu scheinen. Ein einfacher Handgriff wurde bei ihm zu einem höchst verwickelten Manöver, indem mit jeder noch so kleinen Bewegung ein sparsam zähes Ritardando verschwistert war; überdies erfand und übte er zwischen zwei einfachen Bewegungen, beispielsweise zwischen dem Ergreifen und dem Ansetzen der Säge, beständig ganze Reihen von wertlosen und mühelosen Zwischentätigkeiten und war immer vollauf beschäftigt, sich durch solche unnütze Plempereien die eigentliche Arbeit möglichst noch ein wenig vom Leibe zu halten. Darin glich er einem Verurteilten, der dies und das und immer noch etwas ausheckt, was noch geschehen und stattfinden und getan und besorgt werden muß, ehe es ans Erleiden des Unvermeidlichen geht. Und so gelang es ihm wirklich, die vorgeschriebenen Stunden mit einer ununterbrochenen Geschäftigkeit auszufüllen und es zu einem Schimmer von ehrlichem Schweiß zu bringen, ohne doch eine nennenswerte Arbeit zu tun.

In diesem eigentümlichen, jedoch praktischen System hatte er gehofft, von Heller verstanden und unterstützt zu werden, und fand sich nun völlig enttäuscht. Der Seiler nämlich befolgte, seinem inneren Wesen entsprechend, eine entgegengesetzte Methode. Er steigerte sich durch krampfhaften Entschluß in einen schäumenden Furor hinein, stürzte sich mit Todesverachtung in die Arbeit und wütete, daß der Schweiß rann und die Späne flogen. Aber das hielt nur Minuten an, dann war er erschöpft, hatte sein Gewissen befriedigt und rastete tatenlos zusammengesunken, bis nach geraumer Zeit der Raptus wieder kam und wieder wütete und verrauchte. Die Resultate dieser Arbeitsart übertrafen die des Fabrikanten nicht erheblich.

Unter solchen Umständen mußte von den beiden jeder dem andern zum schweren Hindernis und Ärgernis werden. Die gewaltsame und hastige, ruckweise einsetzende Art des Heller war dem Fabrikanten im Innersten zuwider, während dessen stetig träges Schäffeln wieder jenem ein Greuel war. Wenn der Seiler einen seiner wütenden Anfälle von Fleiß bekam, zog sich der erschreckte Hürlin einige Schritte weit zurück und schaute verächtlich zu, indessen jener keuchend und schwitzend sich abmühte und doch noch einen Rest von Atem übrigbehielt, um Hürlin seine Faulenzerei vorzuwerfen.

»Guck nur«, schrie er ihn an, »guck nur, faules Luder, Tagdieb du! Gelt, das gefällt dir, wenn sich andere Leut für dich abschinden? Natürlich, der Herr ist ja Fabrikant! Ich glaub, du wärst imstand und tätest vier Wochen am gleichen Scheit herumsägen.«

Weder die Ehrenrührigkeit noch die Wahrheit dieser Vorwürfe regte Hürlin stark auf, dennoch blieb er dem Seiler nichts schuldig. Sobald Heller ermattet beiseite hockte, gab er ihm sein Schimpfen heim. Er nannte ihn Dickkopf, Ladstock, Hauderer, Seilersdackel, Turmspitzenvergolder, Kartoffelkönig, Allerweltsdreckler, Schoote, Schlangenfänger, Mohrenhäuptling, alte Schnapsbouteille und erbot sich mit herausfordernden Gesten, ihm so lang auf seinen Wasserkopf zu hauen, bis er die Welt für ein Erdäpfelgemüs und die zwölf Apostel für eine Räuberbande ansähe. Zur Ausführung solcher Drohungen kam es natürlich nie, sie waren rein oratorische Leistungen und wurden auch vom Gegner als nichts anderes betrachtet. Ein paarmal verklagten sie einander beim Hausvater, aber Sauberle war gescheit genug, sich das gründlich zu verbitten.

»Kerle«, sagte er ärgerlich, »ihr seid doch keine Schulbuben mehr. Auf so Stänkereien laß ich mich nicht ein; fertig, basta!«

Trotzdem kamen beide wieder, jeder für sich, um einander zu verklagen. Da bekam beim Mittagessen der Fabrikant kein Fleisch, und als er trotzig aufbegehrte, meinte der Stricker: »Regt Euch nicht so auf. Hürlin, Strafe muß sein. Der Heller hat mir erzählt, was Ihr wieder für Reden geführt habt.« Der Seiler triumphierte über diesen unerwarteten Erfolg nicht wenig. Aber abends ging es umgekehrt. Heller bekam keine Suppe, und die zwei Schlaumeier merkten, daß sie überlistet waren. Von da an hatte die Angeberei ein Ende.

Untereinander aber ließen sie sich keine Ruhe. Nur selten einmal, wenn sie nebeneinander am Rain droben kauerten und den Vorübergehenden ihre faltigen Hälse nachstreckten, spann sich vielleicht für eine Stunde eine flüchtige Seelengemeinschaft zwischen ihnen an, indem sie miteinander über den Lauf der Welt, über den Stricker, über die Armenpflege und über den dünnen Kaffee im Spittel räsonierten oder ihre kleinen idealen Güter austauschten, welche bei dem Seiler in einer bündigen Psychologie über Weiber, bei Hürlin hingegen aus Wandererinnerungen und phantastischen Plänen zu Finanzspekulationen großen Stils bestanden.

»Siehst du, wenn halt einer heiratet –«, fing es bei Heller allemal an. Und Hürlin, wenn an ihm die Reihe war, begann stets: »Tausend Mark wenn mir einer lehnte –« oder: »Wie ich dazumal in Solingen drunten war ...« Drei Monate hatte er vor Jahren einmal dort gearbeitet, aber es war erstaunlich, was ihm alles gerade in Solingen passiert und zu Gesicht gekommen war.

Wenn sie sich müdgesprochen hatten, nagten sie schweigend an ihren meistens kalten Pfeifen, legten die Arme auf die spitzen Knie, spuckten in ungleichen Zwischenräumen auf die Straße und stierten an den krummen alten Apfelbaumstämmen vorüber in die Stadt hinunter, deren Auswürflinge sie waren und der sie Schuld an ihrem Unglück gaben. Da wurden sie wehmütig, seufzten, machten mutlose Handbewegungen und fühlten, daß sie alt und erloschen seien. Dieses dauerte stets so lange, bis die Wehmut wieder in Bosheit umschlug, wozu meistens eine halbe Stunde hinreichte. Dann war es gewöhnlich Lukas Heller, der den Reigen eröffnete, zuerst mit irgendeiner Neckerei.

»Sieh einmal da drunten!« rief er und deutete talwärts.

»Was denn?« brummte der andere.

»Mußt auch noch fragen! Ich weiß, was ich sehe.«

»Also was, zum Dreihenker?«

»Ich sehe die sogenannte Walzenfabrik von weiland Hürlin und Schwindelmeier, jetzt Dalles und Kompanie. Reiche Leute das, reiche Leute!«

»Kannst mich im ›Adler‹ treffen!« murmelte Hürlin.

»So? Danke schön.«

»Willst mich falsch machen?«

»Tut gar nicht not, bist's schon.«

»Dreckiger Seilersknorze, du!«

»Zuchthäusler!«

»Schnapslump!«

»Selber einer! Du hast's grad nötig, daß du ordentliche Leute schimpfst.«

»Ich schlag dir sieben Zähne ein.«

»Und ich hau dich lahm, du Bankröttler, du naseweiser!«

Damit war das Gefecht eröffnet. Nach Erschöpfung der ortsüblichen Schimpfnamen und Schandwörter erging sich die Phantasie der beiden Hanswürste in üppigen Neubildungen von verwegenem Klange, bis auch dies Kapital aufgebraucht war und die zwei Kampfhähne erschöpft und erbittert hintereinander her ins Haus zurückzottelten.

Jeder hatte keinen anderen Wunsch, als den Kameraden möglichst unterzukriegen und sich ihm überlegen zu fühlen, aber wenn Hürlin der Gescheitere war, so war Heller der Schlauere, und da der Stricker keine Partei nahm, wollte keinem ein rechter Trumpf gelingen. Die geachtetere und angenehmere Stellung im Spittel einzunehmen, war beider sehnliches Verlangen; sie verwandten darauf so viel Nachdenken und Zähigkeit, daß mit der Hälfte davon ein jeder, wenn er sie seinerzeit nicht gespart hätte, sein Schifflein hätte flott erhalten können, anstatt ein Sonnenbruder zu werden.

Unterdessen war die große Holzladung im Hof langsam kleiner geworden. Den Rest hatte man für später liegen lassen und einstweilen andere Geschäfte vorgenommen. Heller arbeitete tagweise in des Stadtschultheißen Garten, und Hürlin war unter hausväterlicher Aufsicht mit friedlichen Tätigkeiten, wie Salatputzen, Linsenlesen, Bohnenschnitzeln und dergleichen, beschäftigt, wobei er sich nicht zu übernehmen brauchte und doch etwas nütze sein konnte. Darüber schien die Feindschaft der Spittelbrüder langsam heilen zu wollen, da sie nicht mehr den ganzen Tag beisammen waren. Auch bildete jeder sich ein, man habe ihm gerade diese Arbeit seiner besonderen Vorzüge wegen zugeteilt und ihm damit über den andern einen Vorrang zugestanden. So zog sich der Sommer hin, bis schon das Laub braun anzulaufen begann.

Da begegnete es dem Fabrikanten, als er eines Nachmittags allein im Torgang saß und sich schläfrig die Welt betrachtete, daß ein Fremder den Berg herunterkam, vor der »Sonne« stehenblieb und ihn fragte, wo es zum Rathaus gehe. Hürlin lief zwei Gassen weit mit, stand dem Fremden Rede und bekam für seine Mühe zwei Zigarren geschenkt. Er bat den nächsten Fuhrmann um Feuer, steckte eine an und kehrte an seinen Schattenplatz bei der Haustüre zurück, wo er mit überschwenglichen Lustgefühlen sich dem lang entbehrten Genusse der guten Zigarre hingab, deren letzten Rest er schließlich noch im Pfeiflein aufrauchte, bis nur noch Asche und ein paar braune Tropfen übrig waren. Am Abend, da der Seiler vom Schulzengarten kam und wie gewöhnlich viel davon zu erzählen wußte, was für feinen Birnenmost und Weißbrot und Rettiche er zum Vesper gekriegt und wie nobel man ihn behandelt hatte, da berichtete Hürlin auch sein Abenteuer mit ausführlicher Beredsamkeit, zu Hellers großem Neide.

»Und wo hast denn jetzt die Zigarren?« fragte dieser alsbald mit Interesse.

»Geraucht hab ich sie«, lachte Hürlin protzig.

»Alle beide?«

»Jawohl, alter Schwed, alle beide.«

»Auf einmal?«

»Nein, du Narr, sondern auf zweimal, eine hinter der anderen.«

»Ist's wahr?«

»Was soll's nicht wahr sein?«

»So«, meinte der Seiler, der es nicht glaubte, listig, »dann will ich dir was sagen. Du bist nämlich ein Rindvieh, und kein kleines.«

»So? Warum denn?«

»Hättest eine aufgehebt, dann hättest morgen auch was gehabt. Was hast jetzt davon?«

Das hielt der Fabrikant nicht aus. Grinsend zog er die noch übrige Zigarre aus der Brusttasche und hielt sie dem neidischen Seiler vors Auge, um ihn vollends recht zu ärgern.

»Siehst was? Ja gelt, so gottverlassen dumm bin ich auch nicht, wie du meinst.«

»So so. Also da ist noch eine. Zeig einmal!«

»Halt da, wenn ich nur müßte!«

»Ach was, bloß ansehen! Ich versteh mich darauf, ob's eine feine ist. Du kriegst sie gleich wieder.«

Da gab ihm Hürlin die Zigarre hin, er drehte sie in den Fingern herum, hielt sie an die Nase, roch daran und sagte, indem er sie ungern zurückgab, mitleidig: »Da, nimm sie nur wieder. Von der Sorte bekommt man zwei für den Kreuzer.«

Es entspann sich nun ein Streiten um die Güte und den Preis der Zigarre, das bis zum Bettgehen dauerte. Beim Auskleiden legte Hürlin den Schatz auf sein Kopfkissen und bewachte ihn ängstlich. Heller höhnte: »Ja, nimm sie nur mit ins Bett! Vielleicht kriegt sie Junge.« Der Fabrikant gab keine Antwort, und als jener im Bett lag, legte er die Zigarre behutsam auf den Fenstersims und stieg dann gleichfalls zu Nest. Wohlig streckte er sich aus und durchkostete vor dem Einschlafen noch einmal in der Erinnerung den Genuß vom Nachmittag, wo er den feinen Rauch so stolz und prahlend in die Sonne geblasen hatte und wo mit dem guten Dufte ein Rest seiner früheren Herrlichkeit und Großmannsgefühle in ihm aufgewacht waren. Und dann schlief er ein, und während der Traum ihm das Bild jener versunkenen Glanzzeit vollends in aller Glorie zurückbeschwor, streckte er schlafend seine gerötete Nase mit der Weltverachtung seiner besten Zeiten in die Lüfte.

Allein mitten in der Nacht wachte er ganz wider alle Gewohnheit plötzlich auf, und da sah er im halben Licht den Seilersmann zu Häupten seines Bettes stehen und die magere Hand nach der auf dem Sims liegenden Zigarre ausstrecken.

Mit einem Wutschrei warf er sich aus dem Bett und versperrte dem Missetäter den Rückweg. Eine Weile wurde kein Wort gesprochen, sondern die beiden Feinde standen einander regungslos und fasernackend gegenüber, musterten sich mit durchbohrenden Zornblicken und wußten selber nicht, war es Angst oder Übermaß der Überraschung, daß sie einander nicht schon an den Haaren hatten.

»Leg die Zigarre weg!« rief endlich Hürlin keuchend.

Der Seiler rührte sich nicht.

»Weg legst sie!« schrie der andere noch einmal, und als Heller wieder nicht folgte, holte er aus und hätte ihm ohne Zweifel eine saftige Ohrfeige gegeben, wenn der Seiler sich nicht beizeiten gebückt hätte. Dabei entfiel demselben aber die Zigarre, Hürlin wollte eiligst nach ihr langen, da trat Heller mit der Ferse drauf, daß sie mit leisem Knistern in Stücke ging. Jetzt bekam er vom Fabrikanten einen Puff in die Rippen, und es begann eine Balgerei. Es war zum erstenmal, daß die beiden handgemein wurden, aber die Feigheit wog den Zorn so ziemlich auf, und es kam nichts Erkleckliches dabei heraus. Bald trat der eine einen Schritt vor und bald der andere, so schoben die nackten Alten ohne viel Geräusch in der Stube herum, als übten sie einen Tanz, und jeder war ein Held, und keiner bekam Hiebe. Das ging so lange, bis in einem günstigen Augenblick dem Fabrikanten seine leere Waschschüssel in die Hand geriet; er schwang sie wild über sich durch die Luft und ließ sie machtvoll auf den Schädel seines unbewaffneten Feindes herabsausen. Dieser Hauptschlag mit der Blechschüssel gab einen so kriegerisch schmetternden Klang durchs ganze Haus, daß sogleich die Türe ging, der Hausvater im Hemd hereintrat und mit Schimpfen und Lachen vor den Zweikämpfern stehenblieb.

»Ihr seid doch die reinen Lausbuben«, rief er scharf, »boxt euch da splitternackt in der Bude herum, so zwei alte Geißböcke! Packt euch ins Bett, und wenn ich noch einen Ton hör, könnt ihr euch gratulieren.«

»Gestohlen hat er« – schrie Hürlin, vor Zorn und Beleidigung fast heulend. Er ward aber sofort unterbrochen und zur Ruhe verwiesen. Die Geißböcke zogen sich murrend in ihre Betten zurück, der Stricker horchte noch eine kleine Weile vor der Türe, und auch als er fort war, blieb in der Stube alles still. Neben dem Waschbecken lagen die Trümmer der Zigarre am Boden, durchs Fenster sah die blasse Spätsommernacht herein, und über den beiden tödlich ergrimmten Taugenichtsen hing an der Wand von Blumen umrankt der Spruch: »Kindlein, liebet euch untereinander!«

Wenigstens einen kleinen Triumph trug Hürlin am andern Tage aus dieser Affäre davon. Er weigerte sich standhaft, fernerhin mit dem Seiler nachts die Stube zu teilen, und nach hartnäckigem Widerstand mußte der Stricker sich dazu verstehen, jenem das andere Stübchen anzuweisen. So war der Fabrikant wieder zum Einsiedler geworden, und so gerne er die Gesellschaft des Seilermeisters los war, machte es ihn doch schwermütig, so daß er zum erstenmal deutlich spürte, in was für eine hoffnungslose Sackgasse ihn das Schicksal auf seine alten Tage gestoßen hatte.

Das waren keine fröhlichen Vorstellungen. Früher war er, ging es wie es mochte, doch wenigstens frei gewesen, hatte auch in den elendesten Zeiten je und je noch ein paar Batzen fürs Wirtshaus gehabt und konnte, wenn er nur wollte, jeden Tag wieder auf die Wanderschaft gehen. Jetzt aber saß er da, rechtlos und bevogtet, bekam niemals einen blutigen Batzen zu sehen und hatte in der Welt nichts mehr vor sich, als vollends alt und mürb zu werden und zu seiner Zeit sich hinzulegen.

Er begann, was er sonst nie getan hatte, von seiner hohen Warte am Straßenrain über die Stadt hinweg das Tal hinab und hinauf zu äugen, die weißen Landstraßen mit dem Blick zu messen und den fliegenden Vögeln und Wolken, den vorbeifahrenden Wagen und den ab- und zugehenden Fußwanderern mit Sehnsucht nachzublicken. Für die Abende gewöhnte er sich nun sogar das Lesen an, aber aus den erbaulichen Geschichten der Kalender und frommen Zeitschriften heraus hob er oft fremd und bedrückt den Blick, erinnerte sich an seine jungen Jahre, an Solingen, an seine Fabrik, ans Zuchthaus, an die Abende in der ehemaligen »Sonne« und dachte immer wieder daran, daß er nun allein sei, hoffnungslos allein.

Der Seiler Heller musterte ihn mit bösartigen Seitenblicken, versuchte

In der alten Sonne

aber nach einiger Zeit doch den Verkehr wieder ins Geleise zu bringen. So daß er etwa gelegentlich, wenn er den Fabrikanten draußen am Ruheplatz antraf, ein freundliches Gesicht schnitt und ihm zurief: »Schönes Wetter, Hürlin! Das gibt einen guten Herbst, was meinst?« Aber Hürlin sah ihn nur an, nickte träg und gab keinen Ton von sich.

Vermutlich hätte sich allmählich trotzdem wieder irgendein Faden zwischen den Trutzköpfen angesponnen, denn aus seinem Tiefsinn und Gram heraus hätte Hürlin doch ums Leben gern nach dem nächsten besten Menschenwesen gegriffen, um nur das elende Gefühl der Vereinsamung und Leere zeitweise loszuwerden. Der Hausvater, dem des Fabrikanten stilles Schwermüteln gar nicht gefiel, tat auch, was er konnte, um seine beiden Pfleglinge wieder aneinander zu bringen.

Da rückten kurz hintereinander im Lauf des September zwei neue Ankömmlinge ein, und zwar zwei sehr verschiedene.

Der eine hieß Louis Kellerhals, doch kannte kein Mensch in der Stadt diesen Namen, da Louis schon seit Jahrzehnten den Beinamen Holdria trug, dessen Ursprung unerfindlich ist. Er war, da er schon viele Jahre her der Stadt zur Last fiel, bei einem freundlichen Handwerker untergebracht gewesen, wo er es gut hatte und mit zur Familie zählte. Dieser Handwerker war nun gestorben, und da der Pflegling nicht zur Erbschaft mitgerechnet werden konnte, mußte ihn jetzt der Spittel übernehmen. Er hielt seinen Einzug mit einem wohlgefüllten Leinwandsäcklein, einem ungeheuren blauen Regenschirm und einem grünbemalten Holzkäfig, darin saß ein sehr feister Sperling und ließ sich durch den Umzug wenig aufregen. Der Holdria kam lächelnd, herzlich und strahlend, schüttelte jedermann die Hand, sprach kein Wort und fragte nach nichts, glänzte vor Wonne und Herzensgüte, sooft jemand ihn anredete oder ansah, und hätte, auch wenn er nicht schon längst eine überall bekannte Figur gewesen wäre, es keine Viertelstunde lang verbergen können, daß er ein ungefährlicher Schwachsinniger war.

Der zweite, der etwa eine Woche später seinen Einzug hielt, kam nicht minder lebensfroh und wohlwollend daher, war aber keineswegs schwach im Kopfe, sondern ein zwar harmloser, aber durchtriebener Pfiffikus. Er hieß Stefan Finkenbein und stammte aus der in der ganzen Stadt und Gegend von alters her wohlbekannten Landstreicher- und Bettlerdynastie der Finkenbeine, deren komplizierte Familie in vielerlei Zweigen in Gerbersau ansässig und anhängig war. Die Finkenbeine waren alle fast ohne Ausnahme helle und lebhafte Köpfe, dennoch hatte es niemals einer von ihnen zu etwas gebracht, denn von ihrem ganzen Wesen und Dasein war die Vogelfreiheit und der Humor des Nichtshabens ganz unzertrennlich.

Besagter Stefan war noch keine sechzig alt und erfreute sich einer fehlerlosen Gesundheit. Er war etwas mager und zart von Gliedern, aber zäh und stets wohlauf und rüstig, und auf welche schlaue Weise es ihm gelungen war, sich bei der Gemeinde als Anwärter auf einen Spittelsitz einzuschmuggeln und durchzusetzen, war rätselhaft. Es gab Ältere, Elendere und sogar Ärmere genug in der Stadt. Allein seit der Gründung dieser Anstalt hatte es ihm keine Ruhe gelassen, er fühlte sich zum Sonnenbruder geboren und wollte und mußte einer werden. Und nun war er da, ebenso lächelnd und liebenswürdig wie der treffliche Holdria, aber mit wesentlich leichterem Gepäck, denn außer dem, was er am Leibe trug, brachte er einzig einen zwar nicht in der Farbe, aber doch in der Form wohlerhaltenen steifen Sonntagshut von altväterischer Form mit. Wenn er ihn aufsetzte und ein wenig nach hinten rückte, war Stefan Finkenbein ein klassischer Vertreter des Typus Bruder Straubinger. Er führte sich als einen weltgewandten, spaßhaften Gesellschafter ein und wurde, da der Holdria schon in Hürlins Stube gesteckt worden war, beim Seiler Heller untergebracht. Alles schien ihm gut und lobenswert zu sein, nur die Schweigsamkeit seiner Kameraden gefiel ihm nicht. Eine Stunde vor dem Abendessen, als alle viere draußen beisammen im Freien saßen, fing der Finkenbein plötzlich an: »Hör du, Herr Fabrikant, ist das bei euch denn allewil so trübselig? Ihr seid ja lauter Trauerwedel.«

»Ach, laß mich.«

»Na, wo fehlt's denn bei dir? Überhaupt, warum hocken wir alle so fad da herum? Man könnte doch wenigstens einen Schnaps trinken, oder nicht?«

Hürlin horchte einen Augenblick entzückt auf und ließ seine müden Äuglein glänzen, aber dann schüttelte er verzweifelt den Kopf, drehte seine leeren Hosentaschen um und machte ein leidendes Gesicht.

»Ach so, hast kein Moos?« rief Finkenbein lachend. »Lieber Gott, ich hab immer gedacht, so ein Fabrikant, der hat's allewil im Sack herumklimpern. Aber heut ist doch mein Antrittsfest, das darf nicht so trocken vorbeigehen. Kommt nur, ihr Leute, der Finkenbein hat zur Not schon noch ein paar Kapitalien im Ziehamlederle.«

Da sprangen die beiden Trauerwedel behend auf die Füße. Den Schwachsinnigen ließen sie sitzen, die drei anderen stolperten im Eilmarsch nach dem »Sternen« und saßen bald auf der Wandbank jeder vor einem Glas Korn. Hürlin, der seit Wochen und Monaten keine Wirtsstube mehr von innen gesehen hatte, kam in die freudigste Aufregung. Er atmete in tiefen Zügen den lang entbehrten Dunst des Ortes ein und genoß den Kornschnaps in kleinen, sparsamen, scheuen Schlucken. Wie einer, der aus schweren Träumen erwacht ist, fühlte er sich dem Leben wiedergeschenkt und von der wohlbekannten Umgebung heimatlich angezogen. Er holte die vergessenen kühnen Gesten seiner ehemaligen Kneipenzeit eine um die andere wieder hervor, schlug auf den Tisch, schnippte mit den Fingern, spuckte vor sich hin auf die Diele und scharrte tönend mit der Sohle darüber. Auch seine Redeweise nahm einen plötzlichen Aufschwung, und die volltönenden Kraftausdrücke aus den Jahren seiner Herrlichkeit klangen noch einmal fast mit der alten brutalen Sicherheit von seinen blauen Lippen.

Während der Fabrikant sich diesermaßen verjüngte, blinzelte Lukas Heller nachdenklich in sein Gläschen und hielt die Zeit für gekommen, wo er dem Stolzen seine Beleidigungen und den entehrenden Blechhieb aus jener Nacht heimzahlen könnte. Er hielt sich still und wartete aufmerksam, bis der rechte Augenblick da wäre.

Inzwischen hatte Hürlin, wie es früher seine Art gewesen war, beim zweiten Glase angefangen ein Ohr auf die Gespräche der Leute am Nebentisch zu haben, mit Kopfnicken, Räuspern und Mienenspiel daran teilzunehmen und schließlich auch zwischenein ein freundschaftliches Jaja oder Soso dareinzugeben. Er fühlte sich ganz in das schöne Ehemals zurückversetzt, und als nun das Gespräch nebenan lebhafter wurde, drehte er sich mehr und mehr dort hinüber, und nach seiner alten Leidenschaft stürzte er sich bald mit Feuer in das Wogen und Aneinanderbranden der Meinungen. Die Redenden achteten im Anfang nicht darauf, bis einer von ihnen, ein Fuhrknecht, plötzlich rief: »Jeses, der Fabrikant! Ja, was willst denn du da, alter Lump? Sei so gut und halt du deinen Schnabel, sonst schwätz ich deutsch mit dir.«

Betrübt wendete der Angeschnauzte sich ab, aber da gab ihm der Seiler einen Ellbogenstoß und flüsterte eifrig: »Laß dir doch von dem Jockel das Maul nicht verbieten! Sag's ihm, dem Drallewatsch!«

Diese Ermunterung entflammte sogleich das Ehrgefühl des Fabrikanten zu neuem Bewußtsein. Trotzig hieb er auf den Tisch, rückte noch mehr gegen die Sprecher hinüber, warf kühne Blicke um sich und rief mit tiefem Brustton: »Nur etwas manierlicher, du, bitt ich mir aus! Du weißt scheint's nicht, was der Brauch ist.«

Einige lachten. Der Fuhrknecht drohte noch einmal gutmütig: »Paß Achtung, Fabrikantle! Dein Maul wenn du nicht hältst, kannst was erleben.«

»Ich brauch nichts zu erleben«, sagte Hürlin, von Heller wieder durch einen Stoß angefeuert, mit Würde und Nachdruck, »ich bin so gut da und kann mitreden wie ein anderer. So, jetzt weißt du's.«

Der Knecht, der seinem Tisch eine Runde bezahlt hatte und dort den Herrn spielte, stand auf und kam herüber. Er war der Kläfferei müde. »Geh heim ins Spittel, wo du hingehörst!« schrie er Hürlin an, nahm den Erschrockenen am Kragen, schleppte ihn zur Stubentüre und half ihm mit einem Tritt hinaus. Die Leute lachten und fanden, es geschehe dem Spektakler recht. Damit war der kleine Zwischenfall abgetan, und sie fuhren mit Schwören und Schreien in ihren wichtigen Gesprächen fort.

Der Seilermeister war selig. Er veranlaßte Finkenbein, noch ein letztes Gläschen zu spenden. Und da er den Wert dieses neuen Genossen erkannt hatte, bemühte er sich nach Kräften, sich mit ihm anzufreunden, was Finkenbein sich lächelnd gefallen ließ. Dieser war vorzeiten einmal im Hürlinschen Anwesen betteln gegangen und von dem Herrn Fabrikanten streng hinausgewiesen worden. Trotzdem hatte er nichts gegen ihn und stimmte den Beschimpfungen, die Heller dem Abwesenden jetzt antat, mit keinem Worte bei. Er war besser als diese aus glücklicheren Umständen Herabgesunkenen daran gewöhnt, der Welt ihren Lauf zu lassen und an den Besonderheiten der Leute seinen Spaß zu haben.

»Laß nur, Seiler«, sagte er abwehrend. »Der Hürlin ist freilich ein Narr, aber noch lang keiner von den übelsten. Da dank ich doch schön dafür, daß wir da droben auch noch Händel miteinander haben sollen.«

Heller merkte sich das und ging gefügig auf diesen versöhnlichen Ton ein. Es war nun auch Zeit zum Aufbrechen, so gingen sie denn und kamen gerade recht zum Nachtessen heim. Der Tisch, an dem nunmehr fünf Leute saßen, bot einen ganz stattlichen Anblick. Obenan saß der Stricker, dann kam auf der einen Seite der rotwangige Holdria neben dem hageren, verfallen und grämlich aussehenden Hürlin, ihnen gegenüber der dünn behaarte, pfiffige Seiler neben dem fidelen, helläugigen Finkenbein. Dieser unterhielt den Hausvater vortrefflich und brachte ihn in gute Laune, zwischenein machte er ein paar Späße mit dem Blöden, der geschmeichelt grinste, und als der Tisch abgeräumt und abgewaschen war, zog er Spielkarten heraus und schlug eine Partie vor. Der Stricker wollte es verbieten, gab es aber am Ende unter der Bedingung zu, daß »um nichts« gespielt werde. Finkenbein lachte laut.

»Natürlich um nichts, Herr Sauberle. Um was denn sonst? Ich bin ja freilich von Haus aus Millionär, aber das ist alles in Hürlinschen Aktien draufgegangen – nichts für ungut, Herr Fabrikant!«

Sie begannen denn, und das Spiel ging auch eine Weile ganz fröhlich seinen Gang, durch zahlreiche Kartenwitze des Finkenbein und durch einen von demselben Finkenbein entdeckten und vereitelten Mogelversuch des Seilermeisters anregend unterbrochen. Aber da stach den Seiler der Hafer, daß er mit geheimnisvollen Andeutungen immer wieder des Abenteuers im »Sternen« gedenken mußte. Hürlin überhörte es zuerst, dann winkte er ärgerlich ab. Da lachte der Seiler auf eine schadenfrohe Art dem Finkenbein zu. Hürlin blickte auf, sah das unangenehme Lachen und Blinzeln, und plötzlich wurde ihm klar, daß dieser an der Hinauswerferei schuld war und sich auf seine Kosten lustig mache. Das ging ihm durch und durch. Er verzog den Mund, warf mitten im Spiel seine Karten auf den Tisch und war nicht zum Weiterspielen zu bewegen. Heller merkte sofort, was los war, er hielt sich vorsichtig still und gab sich doppelt Mühe, auf einem recht brüderlichen Fuß mit Finkenbein zu bleiben.

Es war also zwischen den beiden alten Gegnern wieder alles verschüttet, und desto schlimmer, weil Hürlin überzeugt war, Finkenbein habe um den Streich gewußt und ihn anstiften helfen. Dieser benahm sich unverändert lustig und kameradschaftlich, da aber Hürlin ihn nun einmal beargwöhnte und seine Späße und Titulaturen wie Kommerzienrat, Herr von Hürlin und so weiter ruppig aufnahm, zerfiel in Bälde die Sonnenbrüderschaft in zwei Parteien. Denn der Fabrikant hatte sich als Schlafkamerad schnell an den blöden Holdria gewöhnt und ihn zu seinem Freund gemacht.

Von Zeit zu Zeit brachte Finkenbein, der aus irgendwelchen verborgenen Quellen her immer wieder ein bißchen kleines Geld im Sack hatte, wieder einen gemeinsamen Kneipengang in Vorschlag. Aber Hürlin, so gewaltig die Verlockung für ihn war, hielt sich stramm und ging niemals mehr mit, obwohl es ihn empörte zu denken, daß Heller desto besser dabei wegkomme. Statt dessen hockte er beim Holdria, der ihm mit verklärtem

Lächeln oder mit ängstlich großen Augen zuhörte, wenn er klagte und schimpfte oder darüber phantasierte, was er tun würde, wenn ihm jemand tausend Mark liehe.

Lukas Heller dagegen hielt es klüglich mit dem Finkenbein. Freilich hatte er gleich im Anfang die neue Freundschaft in Gefahr gebracht. Er war des Nachts einmal nach seiner Gewohnheit über den Kleidern seines Schlafkameraden gewesen und hatte dreißig Pfennige darin gefunden und an sich gebracht. Der Beraubte aber, der nicht schlief, sah ruhig durch halbgeschlossene Lider zu. Am Morgen gratulierte er dem Seiler zu seiner Fingerfertigkeit, forderte ihm das Geld wieder ab und tat, als wäre es nur ein guter Scherz gewesen. Damit hatte er vollends Macht über Heller gewonnen, und wenn dieser an ihm einen guten Kameraden hatte, konnte er ihm doch nicht so unverwehrt seine Klagelieder vorsingen wie Hürlin dem seinigen. Namentlich seine Reden über die Weiber wurden dem Finkenbein bald langweilig.

»'s ist gut, sag ich, Seilersmann, 's ist gut. Du bist auch so eine Drehorgel mit einer ewigen Leier, hast keine Reservewalze. Was die Weiber angeht, hast du meinetwegen recht. Aber was zuviel ist, ist zuviel. Mußt dir eine Reservewalze anschaffen – mal was anderes, weißt du, sonst kannst du mir gestohlen werden.«

Vor solchen Erklärungen war der Fabrikant sicher. Und das war zwar bequem, aber es tat ihm nicht gut. Je geduldiger sein Zuhörer war, desto tiefer wühlte er in seinem Elend. Noch ein paarmal steckte ihn die souveräne Lustigkeit des Taugenichts Finkenbein für eine halbe Stunde an, daß er nochmals die großartigen Handbewegungen und Kennworte seiner goldenen Zeit hervorlangte und übte, aber seine Hände waren doch allmählich ziemlich steif geworden, und es kam ihm nimmer von innen heraus. In den letzten sonnigen Herbsttagen saß er zuweilen noch unter den welkenden Apfelbäumen, aber er schaute auf Stadt und Tal nicht mehr mit Neid oder mit Verlangen, sondern fremd, wie wenn all dieses ihn nichts mehr anginge oder ihm fernläge. Es ging ihn auch nichts mehr an, denn er war sichtlich am Abrüsten und hatte hinter sich nichts mehr zu suchen.

Das war merkwürdig schnell über ihn gekommen. Zwar war er schon bald nach seinem Sturze, in den dürftigen Zeiten, da die »Sonne« ihm vertraut zu werden begann, grau geworden und hatte angefangen, die Beweglichkeit zu verlieren. Aber er hätte sich noch jahrelang herumschlagen und manches Mal das große Wort am Wirtstisch oder auf der Gasse führen können. Es war nur der Spittel, der ihm in die Knie geschlagen hatte. Als er damals froh gewesen war, ins Asyl zu kommen, hatte er nicht bedacht, daß er sich damit selber seinen besten Faden abschneide. Denn ohne Projekte und ohne Aussicht auf allerlei Umtrieb und Spektakel zu leben, dazu hatte er keine Gabe, und daß er damals der Müdigkeit und dem Hunger nachgegeben und sich zur Ruhe gesetzt hatte, das war erst sein eigentlicher Bankrott gewesen. Nun blieb ihm nichts mehr, als sein Zeitlein vollends abzuleben.

Es kam dazu, daß Hürlin allzu lange eine Wirtshausexistenz geführt hatte. Alte Gewohnheiten, auch wenn sie Laster sind, legt ein Grauhaariger nicht ohne Schaden ab. Die Einsamkeit und die Händel mit Heller halfen mit, ihn vollends still zu machen, und wenn ein alter Blagueur und Schreier einmal still wird, so ist das schon der halbe Weg zum Kirchhof.

Es war vielerlei, was jetzt an dieser rüden und übel erzogenen Seele zu rütteln und zu nagen kam, und es zeigte sich, daß sie ungeachtet ihrer früheren Starrheit und Selbstherrlichkeit recht wenig befestigt war. Der Hausvater war der erste, der seinen Zustand erkannte. Zum Stadtpfarrer, als dieser einmal seinen Besuch machte, sagte er achselzuckend: »Der Hürlin kann einem schier leid tun. Seit er so drunten ist, zwing ich ihn ja zu keiner Arbeit mehr, aber was hilft's, das sitzt bei ihm anderwärts. Er sinniert und studiert zu viel, und wenn ich diese Sorte nicht kennen täte, würd ich sagen, 's ist das schlechte Gewissen und geschieht ihm recht. Aber weit gefehlt! Es frißt ihn von innen, das ist's, und das hält einer in dem Alter nicht lang aus, wir werden's sehen.« Auf das hin saß der Stadtpfarrer ein paarmal beim Fabrikanten auf seiner Stube neben dem grünen Spatzenkäfig des Holdria und sprach mit ihm vom Leben und Sterben und versuchte irgendein Licht in seine Finsternis zu bringen, aber vergebens. Hürlin hörte zu oder hörte nicht zu, nickte oder brummte, sprach aber nichts und wurde immer fahriger und wunderlicher. Von den Witzen des Finkenbein tat ihm zuzeiten einer gut, dann lachte er leis und trocken, schlug auf den Tisch und nickte billigend, um gleich darauf wieder in sich hinein auf die verworrenen Stimmen zu horchen.

Nach außen zeigte er nur ein stilleres und weinerlich gewordenes Wesen, und jedermann ging mit ihm um wie sonst. Nur dem Schwachsinnigen, wenn er eben nicht ohne Verstand gewesen wäre, hätte ein Licht über Hürlins Zustand und Verfall aufgehen können und zugleich ein Grauen. Denn dieser ewig freundliche und friedfertige Holdria war des Fabrikanten Gesellschafter und Freund geworden. Sie hockten zusammen vor dem Holzkäfig, streckten dem fetten Spatzen die Finger hinein und ließen sich picken, lehnten morgens bei dem jetzt langsam herankommenden Winterwetter am geheizten Ofen und sahen einander so verständnisvoll in die Augen, als wären sie zwei Weise. Man sieht manchmal, daß zwei gemeinsam eingesperrte Waldestiere einander so anblicken.

Was am heftigsten an Hürlin zehrte, das war die auf Hellers Anstiften im »Sternen« erfahrene Demütigung und Schande. An dem Wirtstisch, wo er lange Zeiten fast täglich gesessen war, wo er seine letzten Heller hatte liegenlassen, wo er ein guter Gast und Wortführer gewesen war, da hatten Wirt und Gäste mit Gelächter zugesehen, wie er hinausgeworfen wurde. Er hatte es an den eigenen Knochen erfahren und spüren müssen, daß er nimmer dorthin gehöre, nimmer mitzähle, daß er vergessen und ausgestrichen war und keinen Schatten von Recht mehr besaß.

Für jeden anderen bösen Streich hätte er gewiß an Heller bei der ersten Gelegenheit Rache genommen. Aber diesmal brachte er nicht einmal die gewohnten Schimpfworte, die ihm so locker in der Gurgel saßen, heraus. Was sollte er ihm sagen? Der Seiler war ja ganz im Recht. Wenn er noch der alte Kerl und noch irgend etwas wert wäre, hätte man nicht gewagt, ihn im »Sternen« an die Luft zu setzen. Er war fertig und konnte einpacken.

Und nun schaute er vorwärts, die ihm bestimmte schmale und gerade Straße, an ungezählten Reihen von leeren Tagen vorbei dem Sterben entgegen. Da war alles festgesetzt, angenagelt und vorgeschrieben, selbstverständlich und unerbittlich. Da war nicht die Möglichkeit, eine Bilanz und ein Papierchen zu fälschen, sich in eine Aktiengesellschaft zu verwandeln oder sich in Gottes Namen durch Bankrott und Zuchthaus auf Umwegen wieder ins Leben hineinzuschleichen. Und wenn der Fabrikant auf vielerlei Umstände und Lebenslagen eingerichtet war und sich in sie zu finden wußte, so war er doch auf diese nicht eingerichtet und wußte sich nicht in sie zu finden.

Der gute Finkenbein gab ihm nicht selten ein ermunterndes Wort oder klopfte ihm mit gutmütig tröstendem Lachen auf die Schulter.

»Du, Oberkommerzienrat, studier nicht soviel, du bist allweg gescheit genug, hast soviel reiche und gescheite Leut seinerzeit eingeseift, oder nicht? – Nicht brummen, Herr Millionär, 's ist nicht bös gemeint. Ist das ein Spritzigtun – Mann Gottes, denk doch an den heiligen Vers über deiner Bettlade.«

Und er breitete mit pastoraler Würde die Arme aus wie zum Segnen und sprach mit Salbung: »Kindlein, liebet euch untereinander!«

»Oder paß auf, wir fangen jetzt eine Sparkasse an, und wenn sie voll ist, kaufen wir der Stadt ihren schäbigen Spittel ab und tun das Schild raus und machen die alte ›Sonne‹ wieder auf, daß Öl in die kranke Maschine kommt. Was meinst?«

»Fünftausend Mark wenn wir hätten –«, fing Hürlin zu rechnen an, aber da lachten die anderen; er brach ab, seufzte und fiel in sein Brüten und Stieren zurück.

Er hatte die Gewohnheit angenommen, tagaus, tagein in der Stube hin und her zu traben, einmal grimmig, einmal angstvoll, ein andermal lauernd und tückisch. Sonst aber störte er niemand. Der Holdria leistete ihm häufig Gesellschaft, schloß sich in gleichem Tritt seinen Dauerläufen durchs Zimmer an und beantwortete nach Kräften die Blicke, Gestikulationen und Seufzer des unruhigen Wanderers, der beständig vor dem bösen Geist auf der Flucht war, den er doch in sich trug. Wenn er sein Leben lang schwindelhafte Rollen geliebt und mit wechselndem Glück gespielt hatte, so war er nun dazu verurteilt, ein trauriges Ende mit seinen hanswurstmäßigen Manieren durchspielen zu müssen.

Zu den Sprüngen und Kapriolen des aus dem Geleise Gekommenen gehörte es, daß er neuerdings mehrmals am Tage unter seine Bettstatt kroch, das alte Sonnenschild hervorholte und einen sehnsüchtig närrischen Kultus damit trieb, indem er es bald feierlich vor sich hertrug wie ein heiliges Schaustück, bald vor sich aufpflanzte und mit verzückten Augen betrachtete, bald wütend mit Fäusten schlug, um es dann sogleich wieder sorglich zu wiegen, zu liebkosen und endlich an seinen Ort zurückzubringen. Als er diese symbolischen Possen anfing, verlor er seinen Rest von Kredit bei den Sonnenbrüdern und wurde gleich seinem Freunde Holdria als völliger Narr behandelt. Namentlich der Seiler sah ihn mit unverhohlener Verachtung an, hänselte und demütigte ihn, wo er konnte, und ärgerte sich, daß Hürlin das kaum zu merken schien.

Einmal nahm er ihm sein Sonnenschild und versteckte es in einer anderen Stube. Als Hürlin es holen wollte und nicht fand, irrte er eine Zeit im Haus umher, dann suchte er wiederholt am alten Orte danach, dann bedrohte er der Reihe nach alle Hausgenossen, den Stricker nicht ausgenommen, mit machtlos wütenden Reden und Lufthieben, und als alles das nichts half, setzte er sich an den Tisch, legte den Kopf in die Hände und brach in ein jammervolles Heulen aus, das eine halbe Stunde dauerte. Das war dem mitleidigen Finkenbein zuviel. Er gab dem zu Tod erschrekkenden Seiler einen mächtigen Fausthieb und zwang ihn, das versteckte Kleinod sogleich herbeizubringen.

Der zähe Fabrikant hätte trotz seiner fast weiß gewordenen Haare noch manche Jahre leben können. Aber der Wille zum Sterben, der in ihm arbeitete, fand bald einen Ausweg. In einer Dezembernacht konnte der alte Mann nicht schlafen. Im Bett aufsitzend gab er sich seinen öden Gedanken hin, stierte über die dunklen Wände hin und kam sich verlassener vor als je. In Langeweile, Angst und Trostlosigkeit stand er schließlich auf, ohne recht zu wissen, was er tue, nestelte seinen hanfenen Hosenträger los und hängte sich damit geräuschlos an der Türangel auf. So fanden ihn im Morgen der Holdria und der auf des Narren ängstliches Geschrei herübergekommene Hausvater. Das Gesicht war ein wenig bläulicher geworden, sonst war wenig daran zu entstellen gewesen.

Schrecken und Überraschung waren nicht klein, aber von sehr kurzer Dauer. Nur der Schwachsinnige flennte leise in seinen Kaffeetopf hinein, alle anderen wußten oder fühlten, daß dieses Ende nicht zur unrechten Zeit gekommen war und daß es weder zur Klage noch zur Entrüstung Veranlassung biete. Auch hatte ihn ja niemand lieb gehabt.

Wie seinerzeit der Finkenbein als vierter Gast in den Spittel gekommen war, hatte man in der Stadt einige Klagen darüber vernommen, daß das kaum gegründete Asyl sich so ungehörig rasch bevölkere. Nun war schon einer von den Überzähligen verschwunden. Und wenn es wahr ist, daß die Armenhäusler meistens merkwürdig gedeihen und zu hohen Jahren kommen, so ist es doch ebenso wahr, daß selten ein Loch bleibt, wie es ist, sondern um sich fressen muß. So ging es auch hier; in der kaum erblühten Lumpenkolonie war nun einmal der Schwund ausgebrochen und wirkte weiter.

Zunächst schien freilich der Fabrikant vergessen und alles beim alten zu sein, Lukas Heller führte, soweit Finkenbein es zuließ, das große Wort, machte dem Stricker das Leben sauer und wußte von seinem bißchen Arbeit noch die Hälfte dem willigen Holdria aufzuhalsen. So fühlte er sich wohl und heiter. Er war nun der älteste von den Sonnenbrüdern, fühlte sich ganz heimisch und hatte nie in seinem Leben sich so im Einklang mit seiner Umgebung und Lebensstellung befunden, deren Ruhe und Trägheit ihm Zeit ließ, sich zu dehnen und zu fühlen und sich als ein achtenswerter und nicht unwesentlicher Teil der Gesellschaft, der Stadt und des Weltganzen vorzukommen.

Anders erging es dem Finkenbein. Das Bild, das seine lebhafte Phantasie sich einst vom Leben eines Sonnenbruders erdacht und herrlich ausgemalt hatte, war ganz anders gewesen, als was er in Wirklichkeit hier gefunden und gesehen hatte. Zwar blieb er dem Ansehen nach der alte Leichtfuß und Spaßmacher, genoß das gute Bett, den warmen Ofen und die reichliche Kost und schien keinen Mangel zu empfinden. Er brachte auch immer wieder von geheimnisvollen Ausflügen in die Stadt ein paar Nickel für Schnaps und Tabak mit, an welchen Gütern er den Seiler ohne Geiz teilhaben ließ. Auch fehlte es ihm selten an einem Zeitvertreib, da er gaßauf, gaßab jedes Gesicht kannte und wohlgelitten war, so daß er in jedem Torgang und vor jeder Ladentüre, auf Brücke und Steg, neben Lastfuhren und Schiebkarren her jederzeit mit jedermann sich des Plauderns erfreuen konnte.

Trotzdem aber war ihm nicht recht wohl in seiner Haut. Denn einmal waren Heller und Holdria als tägliche Kameraden von geringem Wert für ihn, und dann drückte ihn je länger je mehr die Regelmäßigkeit dieses Lebens, das für Aufstehen, Essen, Arbeiten und Zubettgehen feste Stunden vorschrieb. Schließlich, und das war die Hauptsache, war dies Leben zu gut und zu bequem für ihn. Er war gewohnt, Hungertage mit Schlemmertagen zu wechseln, bald auf Linnen und bald auf Stroh zu schlafen, bald bewundert und bald angeschnauzt zu werden. Er war gewohnt, nach Belieben umherzustreifen, die Polizei zu fürchten, kleine Geschäfte und Streiche an der Kunkel zu haben und von jedem lieben Tag etwas Neues zu erwarten. Diese Freiheit, Armut, Beweglichkeit und beständige Spannung fehlte ihm hier vollkommen, und bald sah er ein, daß der Eintritt in den Spittel nicht, wie er gemeint hatte, sein Meisterstück, sondern ein dummer Streich mit betrüblichen und lebenslangen Folgen gewesen war.

Freilich, wenn es in dieser Hinsicht dem Finkenbein wenig anders erging als vorher dem Fabrikanten, so war er in allem übrigen dessen fertiges Gegenteil. Vor allem ließ er den Kopf nicht hängen wie jener und ließ die Gedanken nicht ewig auf demselben leeren Felde der Trauer und Ungenüge grasen, sondern hielt sich munter, ließ die Zukunft möglichst außer Augen und tändelte sich leichtfüßig von einem Tag in den andern. Er gewann dem Stricker, dem Simpel, dem Seiler Heller, dem fetten Sperling und der ganzen Sachlage nach Möglichkeit die fidele Seite ab. Und das tat nicht ihm allein, sondern dem ganzen Hause gut, dessen tägliches Leben durch ihn einen Hauch von Freisinn und Heiterkeit bekam. Den konnte es freilich nötig brauchen, denn zur Erheiterung und Verschönerung der gleichförmigen Tage hatten Sauberle und Heller aus eigenen Mitteln ungefähr so wenig wie der gute Holdria beizusteuern.

Es liefen also die Tage und Wochen so leidlich hin. Der Hausvater schaffte und sorgte sich müd und mager, der Seiler genoß eifersüchtig sein billiges Wohlsein, der Finkenbein drückte ein Auge zu und hielt sich an der Oberfläche, der Holdria blühte in ewigem Seelenfrieden und nahm an Liebenswürdigkeit, gutem Appetit und Beleibtheit täglich zu. Das Idyll wäre fertig gewesen. Allein es ging inmitten dieses nahrhaften Friedens der hagere Geist des toten Fabrikanten um. Das Loch mußte um sich fressen.

Und so geschah es an einem Mittwoch im Februar, daß Lukas Heller morgens eine Arbeit im Holzstall zu tun hatte, und da er noch immer nicht anders als ruckweise fleißig sein konnte, kam er in Schweiß, ruhte unter der Türe aus und bekam Husten und Kopfweh. Zu Mittag aß er kaum die Hälfte wie sonst, nachmittags blieb er beim Ofen und zankte, hustete und fluchte, und abends legte er sich schon um acht ins Bett. Am andern Morgen holte man den Doktor. Diesmal aß Heller um Mittag gar nichts, etwas später ging das Fieber los, in der Nacht mußten der Finkenbein und der Hausvater abwechselnd bei ihm wachen. Tags darauf starb der Seiler, und die Stadt war wieder einen Kostgänger losgeworden.

Es brach im März ein ungewöhnlich frühes Sommerwetter und Wachstum an. Die großen Berge und die kleinen Straßengräben wurden grün und jung, die Straße war von plötzlich aufgetauchten Hühnern, Enten und Handwerksburschen fröhlich bevölkert, und durch die Lüfte stürzten sich mit freudigem Schwunge große und kleine Vögel.

Dem Finkenbein war es in der zunehmenden Vereinsamung und Stille des Hauses immer enger und bänglicher ums Herz geworden. Die beiden Sterbefälle schienen ihm bedenklich, und er kam sich immer mehr wie einer vor, der auf einem untersinkenden Schiffe als letzter am Leben blieb. Nun roch und lugte er stündlich zum Fenster hinaus in die Wärme und milde Frühjahrsbläue. Es gärte ihm in allen Gliedern, und sein jung gebliebenes Herz, da es den lieben Frühling witterte, gedachte alter Zeiten.

Eines Tages brachte er aus der Stadt nicht nur ein Päcklein Tabak und einige neueste Neuigkeiten, sondern auch in einem schäbig alten Wachstüchlein zwei neue Papiere mit, welche zwar schöne Schnörkel und feierliche blaue Amtsstempel trugen, aber nicht vom Rathaus geholt waren. Wie sollte auch ein so alter und kühner Landfahrer und Türklinkenputzer die zarte und geheimnisvolle Kunst nicht verstehen, auf sauber geschriebene Papiere beliebige alte oder neue Stempel zu übertragen. Nicht jeder kann und weiß es, und es gehören feine Finger und gute Übung dazu, von einem frischen Ei die dünne innere Haut zu lösen und makellos auszubreiten, die Stempel eines alten Heimatscheins und Wanderpasses darauf abzudrücken und reinlich von der feuchten Haut aufs neue Papier zu übertragen.

Und wieder eines Tages war Stefan Finkenbein ohne Sang und Klang aus Stadt und Gegend verschwunden. Er hatte auf die Reise seinen hohen, steifen Straubingerhut mitgenommen und seine alte Wollenkappe als einziges Andenken zurückgelassen. Die Behörde stellte eine kleine vorsichtige Untersuchung an. Da man aber bald gerüchtweise vernahm, er sei in einem benachbarten Oberamt lebendig und vergnügt in einer beliebten Kundenherberge erblickt worden, und da man kein Interesse daran hatte, ihn ohne Not zurückzuholen, seinem etwaigen Glücke im Weg zu stehen und ihn auf Stadtkosten weiter zu füttern, wurde auf fernere Nachforschungen klug verzichtet, und man ließ den losen Vogel mit den besten Wünschen fliegen, wohin er mochte. Es kam auch nach sechs Wochen eine Postkarte von ihm aus dem Bayrischen, worin er dem Stricker schrieb: »Geehrter Herr Sauberle, ich bin in Bayern. Es ist hier ziemlich kälter. Wissen Sie was? Nehmen Sie den Holdria und seinen Spatz und lassen sie für Geld sehen. Wir können dann mitnander drauf reisen. Wir hängen dann dem Hürlin selig sein Schild raus. Ihr getreuer Stefan Finkenbein, Turmspitzenvergolder.«

Es sind seit Hellers Tode und Finkenbeins Auszug fünfzehn Jahre vergangen, und Holdria haust noch immer feist und rotbackig in der ehemaligen »Sonne«. Er ist zuerst eine Zeitlang allein geblieben. Die Aspiranten hielten sich zurück, denn der schauervolle Tod des Fabrikanten, das schnelle Wegsterben des Seilers und die Flucht Finkenbeins hatten sich zur allbekannten Moritat gestaltet und umgaben etwa ein halbes Jahr lang das Haus mit blutrünstigen Sagen. Allein nach dieser Zeit trieben die Not und die Trägheit wieder manche Gäste in die »Alte Sonne« hinauf, und der Holdria ist von da an nie mehr allein dort gesessen. Kuriose und langweilige Brüder hat er kommen, mitessen und sterben sehen und ist zur Zeit der Senior einer Hausgenossenschaft von sieben Kumpanen, den Hausvater nicht mitgerechnet. An warmen, angenehmen Tagen sieht man sie häufig vollzählig am Rain des Bergsträßleins hocken, kleine Stummelpfeifen rauchen und mit verwitterten Gesichtern auf die inzwischen talauf- und talabwärts etwas größer gewordene Stadt hinunterblicken.

(1904)

Garibaldi

Dieser Tage fuhr ich mit der Eisenbahn von Steckborn nach Konstanz. Durch Obstbäume glänzte mattrot der abendliche Untersee, Bauerngärten mit Geranien, Fuchsien und Georginen leuchteten durch braun und grüne Lattenzäune; jenseits des Wassers lag die Reichenau und über Ried und Rebbergen das hohe Horner Kirchlein golden umleuchtet in der milden Abendklarheit. Es war noch heiß und ich hatte streng rudern müssen, um den Zug zu erreichen. Nun saß ich müde und gedankenlos allein in der Wagenecke und sah durchs offene Fenster die wohlbekannten Berge, Matten und Wasser im roten Abenddunst verglühen.

Der Wagen war fast leer. Ein paar Bänke weiter saßen zwei grauhaarige Herren in lebhaftem Gespräch beisammen. Ich war zu müd und teilnahmslos, um etwas davon zu verstehen; ich hörte nur die einzelnen Worte und nahm wahr, daß der eine von den Redenden ein Thurgauer vom See, der andere aber ein Zürcher sein müsse, der Sprache nach zu urteilen. Dann interessierte mich auch das nicht mehr, ich lehnte mich träg in die Ecke und begann zu gähnen. Ich tat es mit besonderer Hingabe und Wonne, da niemand mich sah und ich den Mund nicht zu bedecken brauchte, was ja meistens diesen Genuß zur Hälfte verdirbt.

Da hörte ich in dem benachbarten Gespräch plötzlich mehrmals den Namen Garibaldi nennen und war verwundert, daß dieses Wort mich so merkwürdig erregte. Was ging mich Garibaldi an?

»Ja wohl, der Garibaldi!« rief da wieder der Thurgauer laut, und die Betonung, mit der er den Namen aussprach, weckte mich aus meiner Stumpfheit und zwang mich, dem lang nicht mehr gehörten Klange folgend lange Erinnerungswege zu wandern, zurück und weiter zurück bis in die Zeiten, in denen jener Name mir vertraut und wichtig gewesen war. Aus kühlen Brunnentiefen ferner Kinderjahre wehte mich ein fremder, starker Heimwehzauber an. Und als ich spät am Abend von Konstanz zurück war und dann langsam durch die bleiche Seenacht meinem Dorf entgegen fuhr, als der leise laue Wind im Segel sang und seltene Rufe aus entfernten Fischerbooten übers glatte Wasser wehten, stand ein Stück Kinderzeit und halbvergessenes, glückliches Ehemals neu und lebendig vor mir auf.

Garibaldi war ein Märchen, ein Phantasiebild, eine Dichtung.

Eigentlich hieß er Schorsch Großjohann, wohnte jenseits unseres gepflasterten Hofes und trieb das dunkle Gewerbe eines Winkelreinigers, das ihn kümmerlich ernährte. Ich wurde aber zehn Jahre alt, ehe ich seinen eigentlichen Namen erfuhr; bis dahin hörte ich ihn nie anders als den Garibaldi nennen und wußte nicht, daß schon dieser Name, der mir so wohl gefiel, eine Dichtung war. Ihn hatte meine Mutter erfunden, und da ich ohne meine Mutter nie zum Träumespinner oder Fabulierer geworden wäre, war es billig, daß sie auch bei jenem Kindermärchen Pate stand. Sie hatte das Bedürfnis und auch die Gabe, ihre ganze Umgebung beständig nach ihrem eigenen, lebhaften Geist zu gestalten und zu benennen, und ich darf von dieser ihrer Zauberkunst nicht zu reden anfangen, da ich sonst kein Ende fände.

So hatte sie auch, schon lang vor meiner Geburt, mit dem alten Winkelreiniger Großjohann, den man täglich mehrmals über unsern Hof gehen sah und mit dem man doch kaum alle Jahr einmal ein Wörtlein sprach, nichts anzufangen gewußt. Dem schmierigen Winkelreiniger half es nichts, daß er eine mächtige, wetterfeste Figur, breite Schultern und ein abenteuerlich kriegerisches Gesicht mit greisem, langem Doppelbart besaß; an ihm war das nur lächerlich. Aber sobald man ihn Garibaldi nannte, war er seines stolzen Äußeren würdig, dann umwitterte ihn statt des Winkelgestankes eine heroische Luft, dann war es jedesmal ein Erlebnis und eine Freude, ihm zu begegnen. Meine Mutter wünschte stets unter Menschen und Sachen zu leben, deren Anblick ihr jedesmal ein Erlebnis und eine Freude war. So nannte sie den alten Nachbarn Garibaldi.

Ich kleiner Bub wußte vom wahren, historischen Garibaldi, dessen Bild und Taten meiner Mutter wohl bekannt waren, damals noch kein Wort. Aber der stattliche welsche Name machte mir großen Eindruck und hüllte den Schorsch Großjohann wie eine sagenhafte Wunderwolke ein.

So weit war Garibaldi die Schöpfung meiner Mutter. Ohne davon eine Ahnung zu haben, dichtete ich nun an ihm weiter und machte ihn zu einem seltsamen Helden, dessen Leben ich mitlebte und dessen Schicksale mich wie eigene Schicksale bewegten, ohne daß ich je ein Wort mit ihm gesprochen hätte. Fast jeden Tag sah ich ihn ein- oder zweimal in seiner Tätigkeit, außerdem abends im Hof oder hinter den niederen Fensterchen seiner Wohnung.

Er war damals schon bald siebzig und, wenn man auf Kleidung und

Reinlichkeit nicht allzu streng achten wollte, ein schöner Greis. Das Kriegerische, das er an sich hatte, bestand neben der großen, sehnigen Gestalt hauptsächlich in der braunen Gesichtsfarbe und in dem langen, gelblichgrauen, stark verwilderten Haar und Bart. Wenn man das Gesicht genauer anschaute und mit dem äußeren Wesen und Lebenswandel des alten Mannes zusammenhielt, kam eher ein milder Charakter heraus. Mund und Nase zwar waren fest, scharf und schneidig geformt, aber die große stille Stirn wies weder Narben noch tiefe Falten auf, sondern glich etwa einer abendlichen Straße, auf welcher das Leben vollends eindämmert oder wo Wanderer, Wagen und Rosse, das sind Gedanken, Hoffnungen und Leidenschaften, schon so lange vorübergebraust und gefahren sind, daß ihre Spuren sich wieder zu glätten beginnen. Dies bestätigten auch die hellgrauen Augen. Sie waren noch klar und scharf und saßen klein und wachsam über der braunen Hakennase, aber der Blick zeigte eine etwas müde Ruhe, als suche er in diesen späten Tagen auf Erden keine Ziele mehr.

Schön und merkwürdig war in diesem gefestigten und stillgewordenen Angesicht ein manchmal auftauchendes, ganz schwaches Lächeln der Ruhe und leidlosen Resignation, wenn der alte Schorsch etwa einem Festzug, einem Kinderauflauf, einer Prügelei oder dergleichen zuschaute. Wenn hinter diesem Lächeln irgend ein bewußter Gedanke stand, so war es der eines ironisch Zuschauenden, überlegen Unbeteiligten, dem die Wichtigkeit dieser kleinen menschlichen Händel schon lange lächerlich und kindlich vorkam.

»Hauet einander nur«, sagte dieses Lächeln, »hauet nur zu! Und meinetwegen könnt ihr ja auch Feste feiern, wenns euch Spaß macht. Was kümmerts mich?«

Mein Verstand war noch viel zu klein, um diese Züge zu lesen und sich einen Reim darauf zu machen. Aber meine Phantasie nahm von dem stillen Alten Besitz und ließ ihn nicht los, sie liebte ihn und schuf ihn zu einem Wesen um, das mir viel ferner und fremder war als er selber und das doch zu mir gehörte und zum Helden meiner Gedanken wurde; während der Schorsch selber jahraus jahrein mir vorüberging und unbekannt blieb. Und wenn ich nun vom alten Garibaldi erzähle, ist es mehr Geträumtes als Gesehenes, aber lauter Erlebtes, und vielleicht ist das Erfundene so wahr wie das Gesehene; vielleicht erlebte meine Phantasie nichts anderes, als was der Alte hätte erleben können und sollen, wenn er nur dazu gekommen wäre.

Vom Hof aus führte eine kaum fußbreite, schadhafte und überhängende steinerne Treppe, ein richtiger Halsbrecher, an der alten, weit ausgebauchten Bergmauer hin in ein winziges Gärtchen hinauf, das dem Nachbar Staudenmeyer gehörte. Gärtchen ist eigentlich schon viel gesagt, denn das zwischen zwei in den Berg hineingebauten Hinterhäusern und einer jähen Terrassenmauer eingeklemmte Stück abschüssigen Bodens war nicht größer als eine tüchtige Stube. Vom Berge her schwemmte jeder Regen eine Menge Sand heran und nahm dafür die gute schwarze Erde mit, und auf der einen Seite stand das Dach des daranstoßenden Hauses so weit über, daß man dort in Wirklichkeit kaum das Gefühl haben konnte, im Freien zu sein. Die Nachbarin hatte, noch außer der Witterung und dem Unkraut, um den Besitz ihres Fleckchens Erde ohne Unterlaß mit einer großen Schar von verwilderten Katzen und mit einer nicht kleineren Horde strohblonder Kinder zu kämpfen. Beide, Kinder und Katzen, entstammten der benachbarten steilen und finstern Armutgasse, wilderten üppig in dem Winkel dort herum, waren nicht auseinander zu kennen und so wenig mit Erfolg zu bekriegen wie ein Mückenschwarm. Allmählich wurde also Frau Staudenmeyer des Kämpfens müde und das Gärtlein fiel ganz den ungebetenen Gästen anheim. Es wucherten nun auf dem verwahrlosten Platze alte Stachelbeerstauden mit einem geilen, niemals Früchte reifenden Erdbeergeschlinge samt vielerlei Unkräutern zu einem grünen Wirrwarr zusammen, aus welchem hier und dort ein Rest der ehemaligen Gartenherrlichkeit, etwa ein himmelhoch aufgeschossener Salatstock oder eine faustgroße Zwiebelblüte, hervorragte.

Im Sommer und Herbst, wenn an schönen Tagen abends noch Sonne dort hinunter kam und die feuchten Mauern erwärmte, dann erschien gegen sieben Uhr der greise Garibaldi im Hof, stieg langsam die schmalen Steinstaffeln zum Gärtchen hinauf und setzte sich auf den ausgetretenen obersten Treppenstein. Dort ruhte er schweigend in der schwachen Spätsonne, tat seltene Züge aus einer schwarzgebrannten, kurzen Holzpfeife und gab nur, wenn etwa ein Nachbar ihn vom Fenster aus anrief, ein kurzes Wort zurück. Sonst redete er keinen Ton, sondern saß regungslos auf dem schmalen Stein und ruhte und rauchte, bis es dunkelte und kühl wurde. Über und unter ihm rumorten die Kinder, rauften und zankten miteinander, fraßen unreife Beeren und erfüllten die goldene Abendluft mit Gelächter, Geschrei und Gewimmer. Sie hieben einander die Köpfe blutig, stahlen einander das Vesperbrot, fielen über die Mauer herab und schrien Mordio. Den Alten berührte es nicht, obwohl er ungezählte Enkel und Großneffen unter der Horde hatte. Wenn einmal etwas Besonderes los war und das Geschrei zum Gebrüll anwuchs, drehte er den verwitterten Kopf vielleicht ein wenig danach hinüber und auf seine schmalen Lippen trat für einen flüchtigen Augenblick das kühle, gleichgültige Lächeln, mit welchem er den Lauf der Ereignisse zu betrachten gewohnt war.

Er hatte an anderes zu denken als an das kleine Zeug um ihn herum. Während sein brauner Daumen die Glut in die Holzpfeife zurückstopfte, verweilte seine Erinnerung weit von hier, in alten Zeiten und fremden Ländern, in wilden Feldzügen und auf weiten, abenteuerlichen Raub- und Wanderfahrten.

Er sah Höfe und Dörfer in Brand stehen und mit langen, unwilligen Flammen durch die Nacht gen Himmel klagen. Er sah auf verlassenen Straßen und auf den Türschwellen verlassener Häuser Erschlagene in schmutzigen Blutlachen liegen, krepierte Pferde und zertrümmerte Wagen, dazwischen herrenlos umherirrendes Vieh und verlaufene, weinende Knaben und Mädchen.

Kam dann etwa eins von seinen strohblonden, verwahrlosten Enkelkindern hergelaufen und bettelte: »Großvater, schenk' mir was!« dann streifte er es mit flüchtigem Blick und setzte, ohne eine Antwort zu geben, sein spöttisch stilles Lächeln auf, und das Kind lief wieder weg. Er aber hörte schnell wieder auf zu lächeln, zog die Knie ein wenig höher, neigte den grauen Kopf ein wenig weiter vor und blickte wieder in die Länder der Erinnerung, der Abenteuer, mit demselben unverwandten, glühenden und auch verschleierten Blick, welchen die in Käfige gesperrten Raubvögel haben. Über seine hohe, braune Stirn fiel in fahlen Strängen das lange Haar und nichts an der ganzen Gestalt hatte Leben und bewegte sich als der schmale, alte Mund, der zuweilen eine dünne Rauchfahne hinausblies, und als sein hagerer Schatten, der über die Mauer hinab und langsam über den ganzen Hof wanderte, immer länger und phantastischer und immer wesenloser werdend, bis er in die allgemeine Dämmerung untertauchte.

So im Dunkelwerden war es mir eine grausige Lust, vom Fenster meiner Knabenkammer aus den Garibaldi dasitzen zu sehen, von Haar und Bart umfilzt, aufrecht und bewegungslos, mit geisterhaft undeutlichen Zügen, bis sein Gesicht vollständig in das Dunkel versank und nur noch die Silhouette eines sitzenden Riesen übrig blieb, hin und wieder von einer spärlichen Rauchwolke umflogen. Die vielen Kinder waren um diese Zeit nicht mehr da, von der überdachten Gartenseite her wuchs die Finsternis heran, die uraltmodisch geschweiften Giebel und krummen Dächer all der Armenhäuser standen schwarz in den noch lichten Himmel, da und dort glühte ein Fensterlein gleich einem trüben roten Auge auf, und damitten kauerte rastend der alte Abenteurer, bis ihn fröstelte, dann verschwand er still in den finsteren Torweg hinein wie in eine unzugänglich fremde Welt.

Der alte Garibaldi hatte zwei Söhne gehabt, junge stramme Riesen von gewaltiger Erscheinung und von übelstem Ruf, aber beide waren eines Tages ohne Abschied verschwunden und man brachte sogleich alle in den letzten Jahren am Ort begangenen und unaufgeklärt gebliebenen Verbrechen mit ihrem Flüchtigwerden in Verbindung. Fast ein Jahr später kam Bericht aus Brasilien, daß beide nicht mehr am Leben seien. Der eine war schon unterwegs auf dem Schiff am Fieber gestorben, der andere nachher in Rio, offenbar im bittersten Elend. Zusammen mit dem dazu beauftragten Polizeidiener besuchte mein Vater den Alten, um ihm die Todesnachricht zu bringen.

»Ihren Söhnen ist's drüben nicht gut gegangen«, fing mein Vater an.

»Wo drüben denn?« fragte der Garibaldi.

»In Brasilien. 's ist ihnen nicht gut gegangen.«

»Wieso?«

»Wieso? Tot und gestorben sind sie«, schrie der Büttel, dem es nicht wohl war, bis er es herausgesagt hatte.

»So so?« machte der Garibaldi und schüttelte den Kopf. Und:

»Alle beide?« fragte er nach einer Weile.

»Ja wohl, alle beide«, sagte mein Vater.

»So so. – So so.«

Und als jetzt mein Vater sich anschickte, einen Anfang mit dem Trösten zu machen, winkte er ab und lächelte verachtungsvoll. Da ging denn mein Vater mit dem Polizeidiener wieder fort und Garibaldi machte sich wie sonst an seine Arbeit.

Am Abend dieses Tages, da jedermann die Nachricht schon wußte, saß er wieder auf seiner Staffel und alle Nachbarn schauten ihn an und alle paar Minuten rief ihn einer vom Fenster oder von der Gasse herüber an: »Mein Beileid auch, du!«

Und er sagte jedesmal »merci«. Da kam der Stadtpfarrer auch noch gegangen und gab ihm die Hand und sagte freundlich: »Wir wollen in Ihre Stube hineingehen, kommen Sie!«

Aber Garibaldi schüttelte den Kopf. »'s ist gut«, sagte er, »und ich sag meinen merci«, und blieb sitzen, und die vielen Herumsteher drückten sich hintereinander und kicherten. Der Stadtpfarrer schien betrübt und es sah aus, wie wenn er noch einiges zu sagen hätte, aber er zog nur den Hut und grüßte wieder freundlich und ging langsam aus dem Hof und fort, und der Garibaldi blies eine große Rauchwolke hinter ihm her.

Von da an, wenn ich ihn des Abends wieder rasten sah, schien mir sein Gesicht ein wenig tiefer gefurcht und noch abwehrender und einsamer als sonst, und ich betrachtete ihn, der zwei starke Söhne im fremden Land verloren hatte, mit vermehrter Scheu.

Außer jenen untergegangenen Söhnen hatte Garibaldi noch drei verheiratete Töchter, deren älteste verwitwet war. Dies war die Lene Voßler, ein wildes und berüchtigtes Weib, groß von Wuchs und von einer seltsam ungelenken, aber längst verwilderten Schönheit. Diese war von allen seinen Kindern das einzige, das zu ihm paßte, und auch das einzige, das in Verkehr und Freundschaft mit ihm stand. Sie kam den Winter über fast jeden Abend zu ihm in seine Hinterhausstube; dort saß sie neben dem Alten, oft bis es spät wurde, und redete kaum ein Wort mit ihm, der seine kleine Pfeife im Munde hielt und ebenfalls schwieg. Ich besann mich oft genug, was die zwei wohl miteinander anstellen möchten, aber sie saßen hinter den alten großblumigen Gardinen aus Wolle und man konnte im Schimmer der schlechten Ölfunzel nur zuweilen ihre ernsten Köpfe sehen.

Und häufig kam zu diesen beiden merkwürdigen, geheimnisvollen Menschen noch eine dritte Fabelgestalt. Dies war der alte Penzler, ein gewesener und verarmter Mühlenbauer, der aus Bayern stammte und den schon seine Herkunft und sein seltenes Handwerk zu etwas besonderem machten. Seit Jahren lebte er einsam und vielbesprochen in der finsteren Hengstettergasse ein ärmliches Sonderlingsleben, drehte ewig an seinem ungeheuren Schnauzbart, redete in alttestamentlichen Wendungen und betrank sich alle paar Wochen einmal, was meistens zu Nachtskandal und schlimmen Szenen führte. Der einzige Mensch, dem er Achtung zeigte und mit dem er eine Freundschaft unterhielt, war Garibaldi. Als dessen Söhne totgesagt wurden, kam Penzler zu ihm, schlug ihm auf die Schulter und rief mit gewaltiger Trösterstimme: »So gehts, alter Prophete! Wir sind allesamt wie Gras und wie des Grases Blüte. Na, die Lausbuben haben jetzt keine Sorgen mehr.«

Winterabends kam der Mühlenbauer sehr oft zum Garibaldi und saß mit ihm und seiner Tochter, der Lene Voßler, in der niedrigen, trüb erhellten Stube, die sich allmählich ganz mit Tabakrauch füllte. Ich schaute immer hinüber und lief manches Mal noch spät nachts von meinem Bett ans Fenster, schaute nach, ob drüben noch Licht sei, und stierte das einsame rote Fenster ahnungsvoll und begierig an, bis mich fror und ich ins Bett zurück mußte.

An einem Abend, es ging schon gegen den April und man brauchte fast nimmer zu heizen, wurde meine Neugierde belohnt und das eigentliche Treiben und Wesen des Alten ward mir klarer. Es fehlte nämlich diesmal der wollene Vorhang hinter seiner Scheibe und ich sah den Garibaldi mit der Lene und dem Penzler am Tische sitzen. Es mochte neun Uhr oder später sein. Eine Blechlampe gab trübes Licht, die beiden grauhaarigen Männer bliesen Rauch aus ihren Pfeifchen und saßen still und vorgebeugt auf ihren Hockern, die Lene Voßler aber hatte über den ganzen Tisch im Viereck ein Kartenspiel ausgebreitet, ein Blatt dicht am andern. Auf diese Karten starrten alle drei. Bald nahm die Lene, bald ihr Vater eine Karte in die Hand und legte sie nachdenklich und zögernd an einen andern Platz; der Mühlenbauer sah mit scharfem Gesichte zu, deutete mit dem Pfeifenstiel hierhin und dorthin, schnitt ernste Grimassen, schüttelte den Kopf oder zuckte mächtig mit den gewaltigen Augenbrauen, die so stark wie Schnurrbärte waren. Gesprochen wurde nichts. Über den drei gebeugten Köpfen wölkte der dichte Rauch und stieg über der Lampenflamme in einer ununterbrochenen Säule in die Höhe.

Zwei Stunden lang schaute ich zu. Penzler schnitt immer schärfere Grimassen, die Lene ordnete ihre Karten immer leidenschaftlicher und legte sie hastig aus, der alte Garibaldi aber saß mir gerade gegenüber und so oft er den Kopf erhob, floh ich in meine Stube zurück, obwohl er mich am dunklen Fenster nicht hätte sehen können. Seine Augen waren auf die Karten gerichtet und brannten in dem braunverwelkten Gesicht mit leiser Glut.

Sie taten also Karten legen und wahrsagen, und es wunderte mich nicht. Aber wer wahrsagen kann, der muß auch zaubern können. Vom Bayern, dem Penzler, wußte man ja schon immer, daß er mit Geistern umging und viele geheime Heilmittel kannte. Ich paßte auf wie ein Jagdhund und brannte vor banger Begierde. Und als die Tage wärmer und die Abende lang und mild wurden, sah ich öftere Male, wie Garibaldi, sobald es zu dunkeln begann, an seinem Staffelplatz vom Penzler abgeholt wurde und mit ihm die Gasse hinab verschwand. Ich wußte genau, daß er nicht ins Wirtshaus ging, dafür hatte ihn meine Mutter oft gerühmt; daß man aber in diesen lauen, stichdunklen Frühjahrsnächten viel Zauber treiben konnte, war gewiß.

Ich sah in meinen Gedanken die zwei alten Hexenmeister die Stadt verlassen, im finstern Walde Kräuter suchen, ein Feuer anfachen und Beschwörungen ausüben. Ich sah sie unter moosigen Felsen beim Lichte kleiner Diebslaternen Schätze aus der feuchten Erde graben. Ich sah sie Wetter machen und Krankheiten beschwören.

Ob wohl die Lene Voßler auch mitging? Nein, sie ging nicht mit. Eines Abends konnte ich der Neugier nicht widerstehen. Sobald ich den Mühlenbauer im Hof erscheinen sah, verließ ich still das Haus durchs Gartentor und schlich mich zwischen den Gärten hindurch auf die Gasse. Garibaldi und Penzler gingen miteinander straßabwärts. Der eine hatte etwas unter dem Arm, was wie ein aufgerollter langer Strick aussah, der andere trug eine Art Kachel oder Kanne. Ich folgte ihnen mit großem Herzklopfen die Gasse hinunter, über den Balkensteg und bis auf den Brühel, wo das letzte Haus der Stadt, ein alter Gasthof, steht und wo der Weg sich teilt. Es führt von dort aus ein Sträßlein eben den Fluß entlang, das andere stark ansteigend bergan in den Wald hinein.

Weiter wagte ich nicht hinterher zu gehen, der Gasthof war schon geschlossen, ringsum brannte keine Laterne, von der Stadt hörte man nichts mehr als vielleicht ein fernes Wagenrollen; vor mir lag kirchenstill der Brühel mit seinen riesigen Linden und Kastanien und durch die alten Kronen stöhnte der feuchte, stürmische Frühlingswind. Und die beiden dunklen Männer, die unter den hohen Bäumen auf einmal klein erschienen, wandelten in die schwarze Stille hinein, gleichmäßig im Schritt und ohne miteinander zu reden, ihre Geräte tragend. Ich sah sie schwer und still schreiten, der Nacht entgegen, mitten in das sich auftuende Reich der Finsternis und der schrecklichen Wunder, wo sie heimisch waren.

Mir wurde todesangst, als der Penzler einmal hinter sich schaute; ich blieb am Brühel stehen und sah nur noch, daß die beiden den Talweg flußabwärts einschlugen. Dann lief ich im Galopp zurück, kam ungesehen wieder durch die Hintertüre ins Haus und als ich dann geborgen im Bett lag, konnte ich noch lange nicht einschlafen, weil mein Herz vom schnellen Laufen und vor Angst nicht aufhören wollte, gewaltig zu schlagen.

Von da an wagte ich dem Garibaldi kaum mehr zu begegnen und wich ihm und dem Penzler auf der Straße ängstlich aus. Und daran tat ich wohl, denn es zeigte sich nicht allzulange darauf, daß sie gefährliche Wege gegangen seien.

An einem Morgen im Sommer – ich hatte Ferien – sprach es sich in der Stadt herum, es sei zu Nacht ein Unglück passiert. Nach einer Stunde erfuhr man, der Mühlenbauer Penzler sei in aller Gottesfrühe tot aus dem Wasser gezogen worden und liege drunten im Gutleuthaus. Alles strömte in großer Aufregung und Neugierde dorthin. Auf den steinernen Korridor des Gutleuthauses waren ein paar Bündel leinene Säcke und darüber eine rote Wolldecke gelegt, darauf lag halb entkleidet eine Gestalt, das war der Mühlenbauer. Aus der Nähe betrachten durfte man ihn nicht, ein Landjäger stand dabei, und mir war es recht, denn das Grausen hätte mich umgebracht.

Der Garibaldi war auch da, ging aber bald wieder weg und hatte sein gleichmütiges Gesicht aufgesetzt, so als gehe die Geschichte ihn nichts an. Als er wegging und die vielen Leute immer noch neugierig herumstanden und die Mäuler offen hatten, lächelte er auf seine stille, verächtliche Art. Und der Penzler war sein einziger Freund gewesen.

Wahrscheinlich war er nachts dabei gewesen, als der andere ins Wasser fiel. Warum hatte er dann nicht sogleich Leute geholt?

– Oder war der Bayer vielleicht mit seinem Wissen und durch seine Schuld ertrunken? Hatten sie Streit gehabt, vielleicht bei der Teilung eines Schatzes?

Man hörte auf von dem Unglück zu reden. Garibaldi tat wie immer seine Arbeit in der Stadt herum und rastete bei gutem Wetter jeden Abend auf der Treppenstaffel über unserem Hof, wo die Kinder lärmten. Der dem Zauberwesen zum Opfer gefallene Mühlenbauer fand keinen Nachfolger. Garibaldis Gesicht wurde je älter desto undurchschaulicher und ich, der einen Teil seiner Geheimnisse kannte, sah hinter seiner gleichmütigen Stirn und hinter seinem ruhig überlegenen Blick eine Welt von dunklen Schicksalen träumen.

Im folgenden Herbst geschah es, daß ihm bei der Arbeit die hohe Leiter eines Gipsers auf die Schulter fiel und ihn beinah erschlagen hätte. Er lag vier Wochen krank im Spittel. Als er von dort wiederkam, war in seinem Wesen eine gewisse Veränderung wahrzunehmen. Er lebte wie sonst, tat seine Arbeit und sprach womöglich noch weniger als früher, aber er hatte jetzt die Gewohnheit, leise mit sich selber zu reden und zuweilen zu lachen, wie wenn ihm alte lustige Geschichten einfielen. An stillen Abenden, wenn die Kinder gerade anderswo tobten oder einem Kunstreiterwagen oder Kamelführer oder Orgelmann nachliefen, hörte man ihn im Höfchen ohne Unterlaß murmeln. Auch saß er nie mehr lange Zeit auf seinem Steine still, sondern ging öfters unruhig auf und ab, was zusammen mit dem Murmeln und dem Kichern etwas Unheimliches hatte.

Ich fühlte damals zum erstenmal Mitleid mit dem alten Hexenmeister, ohne ihn aber deswegen weniger zu fürchten. Sein neuerliches Gebaren schien mir bald auf Gewissensbisse, bald auf neue schlimme Unternehmungen zu deuten.

»Der Garibaldi will auch anfangen alt werden«, sagte einmal meine Mutter beim Nachtessen. Ich verstand das im Augenblick nicht, denn ich hatte ihn nie anders als grau und alt gesehen. Aber ich vergaß das Wörtlein nicht und merkte nach und nach selber, daß Garibaldi wirklich jetzt erst zu altern begann.

Noch einmal machte er von sich reden. Eines Abends war, nach langem Ausbleiben, seine Tochter Lene wieder einmal zu ihm gekommen. Sie waren in der Stube beieinander und ich glaube, die Lene wollte auswandern. Darüber kamen sie in Streit, bis das Weib mit der Faust auf den Tisch schlug und ihm Schimpfworte sagte. Da hub der alte Mann seine Tochter, so groß und stark sie war, jämmerlich zu hauen an und warf sie die Stiege hinunter, daß das Geländer krachte und sie nur mit Mühe und Schmerzen davonhinken konnte.

Von da an blieb Garibaldi ganz einsam und nun brach das Alter plötzlich vollends über ihn herein. Die Pfeife begann ihm im Munde zu wackeln und häufig auszugehen, die Selbstgespräche nahmen kein Ende, die Arbeit wurde ihm sauer. Schließlich gab er sie auf und war fast über Nacht zu einem gebückten und zittrigen Kerlchen geworden.

Für mich hörte er darum nicht auf, wichtig und rätselhaft zu sein. Ich fürchtete ihn mehr als je und konnte es doch nicht lassen, ihm halbe Stunden lang vom sicheren Fenster aus zuzuschauen. Beim Rauchen stützte er jetzt den Ellenbogen aufs Knie und hielt die Pfeife mit der Hand fest, aber auch die war zittrig und hatte keine Kräfte mehr.

Die Tage waren noch kühl und im Walde lag noch ein wenig Schnee, da war eines Tages der Garibaldi gestorben.

Mein Vater bürstete seinen Schwarzen und ging zur Leiche. Ich durfte nicht im Zug mitgehen (wenn man das Dutzend Nachbarn einen Zug heißen will), aber ich stieg auf die Kirchhofmauer und hörte zu und erfuhr dabei zum erstenmal, daß der Tote nicht Garibaldi, sondern Schorsch Großjohann geheißen hatte, was mich in lange Zweifel stürzte, denn fragen mochte ich niemand.

Nachher sagte mein Vater zur Mutter: »Unser Garibaldi war doch ein sonderbarer Mensch, fast unheimlich; weiß Gott, wie er so geworden ist.«

Darüber hätte ich nun mancherlei mitteilen können. Aber ich behielt alles für mich – das Wahrsagen, das Zaubern, die Nachtgänge flußabwärts und das, was ich über den Tod des bayrischen Mühlenbauers vermutete.

(1904)

Aus der Werkstatt

Mein Freund erzählte:
Während ich als zweiter Lehrling in der mechanischen Werkstatt war, gab es einmal einen merkwürdigen Tag in unsrer Bude. Es war gegen Anfang des Winters, an einem Montag, und wir hatten alle drei schwere Köpfe, denn am Sonntag hatte ein Kollege aus der Gießerei seinen Abschied gefeiert, und es war spät geworden und hoch hergegangen mit Bier und Wurst und Kuchen. Jetzt am Montag standen wir schläfrig und verdrossen an unsern Schraubstöcken, und ich weiß noch, wie ich den zweiten Gesellen beneidete, der eine große Schraubenstange auf der englischen Drehbank laufen hatte; ich sah oft zu ihm hinüber, wie er an der Schiene lehnte und blinzelte und so halb im Schlaf die bequeme Arbeit tat. Zu meiner Qual hatte ich eine heikle Beschäftigung, das Nachfeilen von blanken Maschinenteilen, wobei ich jede Minute nachmessen und beständig mit ganzer Aufmerksamkeit dabei sein mußte. Die Augen taten mir weh, und meine Beine waren so unausgeschlafen und weich, daß ich fortwährend den Stand wechselte und mich oft mit der Brust an den oberen Knopf des Schraubstockhebels lehnte. Und den andern ging es nicht besser. Einer hieb an einem Eisensägeblatt schon dreiviertel Stunden, und Fritz, der Jüngste, hatte soeben den Meißel, den er schärfen wollte, in den Schleifsteintrog fallen lassen und sich die Finger dabei aufgerissen. Wir hatten ihn ausgelacht, aber nur schwächlich; wir waren alle zu müd und verstimmt.

Aber der kleine Katzenjammer war das wenigste, das wußten oder spürten wir alle, wenn auch keiner etwas davon sagte. Oft genug war es grade am Morgen nach einer Zecherei in der Werkstatt extra lustig zugegangen. Diesmal hörte man, auch wenn der Meister einmal weg war, nicht einmal die üblichen Anspielungen auf gestrige Heldentaten und Witze. Alle hielten sich still und fühlten, daß etwas Peinliches im Anzug war. Wir waren wie die Schafe, wenn der Himmel schwarz wird und es zu donnern anfängt. Und das Gefühl von Bangigkeit und Gefahr galt unsrem ältesten Gesellen, dem Hannes. Er hatte schon seit acht Tagen auf Schritt und Tritt Reibereien mit dem Meister gehabt, mit dem jungen nämlich, dem Meisterssohn, der neuerdings das Regiment beinah allein führte. Und seit ein paar Tagen konnte man spüren, daß ein Unwetter drohte; die Stimmung in der Werkstatt war schwül und bedrückt, der Meister redete nichts, und die Lehrlinge schlichen scheu und ängstlich herum, als schwebe immer eine ausgestreckte Hand ihnen über den Ohren.

Dieser Hans war einer der tüchtigsten Mechaniker, die ich gekannt habe, er stand seit etwa einem Jahr bei uns in Arbeit. In dieser Zeit hatte er, namentlich solang noch der alte Meister das Heft in der Hand hatte, nicht bloß bestens gearbeitet, sondern auch in jedem schwierigen Fall Rat gewußt und sich richtig unentbehrlich gemacht. Mit dem jungen Meister, der ihm anfangs oft widersprach und sich keinen Gesellen über den Kopf wachsen lassen wollte, hatte es anfangs häufig Zerwürfnisse gegeben, namentlich da Hannes sich gelegentlich Freiheiten erlaubte und im Reden keineswegs vorsichtig war. Dann aber hatten die zwei Männer, die beide in ihrem Beruf mehr als das Gewöhnliche leisteten, einander einigermaßen zu verstehen begonnen. Der Jungmeister arbeitete nämlich insgeheim an einer Erfindung, es handelte sich um einen kleinen Apparat zum automatischen Abstellen der großen Chemnitzer Strickmaschinen, von denen viele in unsrer Stadt arbeiteten, ich glaube es war eine praktische und gute Sache. Daran experimentierte er nun schon eine Weile herum und war oft halbe Nächte damit allein in der Werkstatt. Hannes aber hatte ihn belauscht und war, da ihn das Ding interessierte, zu einer anderen Lösung gekommen, die er dem Meister zeigte. Seither hatten die beiden viel miteinander gearbeitet und verkehrt, beinah wie Freunde. Dann traten wieder Verstimmungen ein, denn der Geselle erlaubte sich gelegentlich manche Freiheiten, blieb Stunden oder auch einen halben Tag aus, kam mit der Zigarre ins Geschäft und dergleichen, lauter Kleinigkeiten, in welchen unser Meister sonst äußerst streng war, und die er ihm nicht immer ungescholten hingehen ließ. Doch kam es nie mehr zu ernstlichem Zank, und eine ganze Weile war völliger Friede im Haus gewesen, bis kürzlich wieder eine Spannung anfing, die uns alle besorgt machte. Einige behaupteten, es gehe um ein Mädchen, wir andern meinten, vermutlich habe Hannes ein Anrecht auf den Mitbesitz der Erfindung erhoben, und der Meister wehre sich dagegen. Sicher wußten wir nur, daß Hannes seit Monaten einen übertrieben hohen Wochenlohn bezog, daß er vor acht Tagen im Modellierraum einen sehr lauten, zornigen Wortwechsel mit dem Jungmeister gehabt hatte, daß seither die beiden einander grimmig nachblickten und einander mit einem bösartigen Schweigen auswichen.

Und nun hatte es Hannes gewagt, heute Blauen zu machen! Es war bei ihm schon lang nicht mehr vorgekommen, und bei uns Jüngeren überhaupt nie; von uns wäre jeder ohne Sang und Klang entlassen worden, wenn er einmal Blauen gemacht hätte.

Wie gesagt, es war kein guter Tag. Der Meister wußte, daß wir die Nacht gefestet hatten, und sah uns scharf auf die Finger. Seine Wut über das Ausbleiben des Gesellen mußte nicht klein sein, außerdem lag wichtige Arbeit da. Er sagte nichts und ließ sich nichts anmerken, aber er war bleich und sein Schritt war unruhig, auch schaute er öfter als nötig auf die Uhr.

»Du, das gibt eine Sauerei«, flüsterte der zweite Geselle mir zu, als er an meinem Platz vorbei zur Esse ging.

»Und keine kleine«, sagte ich.

Schon schrie der Meister herüber, was es da zu schwätzen gebe. Seine Stimme war bös.

»Man wird wohl einander noch etwas fragen dürfen«, meinte Karl. Aber als der Meister einen Schritt näher trat und ihn anfunkelte, duckte er sich und ging zum Feuer.

Die Mittagsstunde war vorbei, und allmählich verging auch der lange Nachmittag, freilich entsetzlich langsam, denn die verhaltene Wut machte den Meister zu einem unerträglichen Arbeitsnachbarn. Er gab sich, obwohl er unsre Arbeiten immer kontrollierte, nicht mit uns ab; er schmiedete sogar ein größeres Stück, statt einen von uns an den Vorschlaghammer zu kommandieren, allein, und dabei lief ihm der Schweiß übers Gesicht und tropfte zischend auf den Amboß. Uns war zumut wie im Theater vor einer Schreckensszene, oder wie vor einem Erdbeben.

Um vier Uhr, während wir unser Vesperbrot aßen, tat der Meister etwas Sonderbares. Er ging an den leeren Platz des Hannes an der Werkbank, nahm zwei Schraubenschlüssel und machte mit vieler Mühe den schweren Schraubstock los, der seit vielen Jahren dort seine Stelle gehabt hatte und gewiß so alt war wie die Werkbank, vielleicht so alt wie die Werkstatt. Was dachte sich der Mann bei dieser seltsamen, unnützen Arbeit? Es sah so aus, als wolle er den Gesellen überhaupt nicht mehr in die Werkstatt lassen, aber jetzt bei der vielen Arbeit war das kaum möglich. Mir machte es einen beinah schauerlichen Eindruck, zu sehen, wie dieser praktische, jeder Spielerei abgeneigte Mann in seinem stillen Grimm auf eine solche symbolische Handlung verfiel.

Abends um fünf Uhr fuhren wir ordentlich zusammen, als die Werkstatt-Tür aufging und der Hannes ganz behaglich hereintrat, noch in Sonntagskleidern und den Hut im Genick, die linke Hand im Hosensack und leise pfeifend. Wir erwarteten mit Angst, daß der Meister ihn nun anreden, ausschelten und anbrüllen, ja vielleicht schlagen werde. Er tat aber nichts davon, sondern blieb stehen, wo er war, sah sich nicht weiter nach dem Eintretenden um und biß sich bloß, wie ich deutlich sah, krampfhaft auf die Lippen. Ich begriff beide nicht, am wenigsten den Hannes, bis ich bemerkte, daß dieser ein wenig angetrunken war. Den Hut auf dem Kopf und die linke Hand im Sack, bummelte er herein und bis vor seinen Platz. Da blieb er stehen und sah, daß sein Schraubstock weggenommen war.

»Der ist ein Lump, der das getan hat«, sagte er laut.

Aber niemand gab Antwort. Darauf redete er einen von uns an, erzählte ihm einen Witz, aber der hütete sich natürlich und wagte nicht aufzusehen oder gar zu lachen. Da ging Hannes in die freigehaltene Ecke der Werkstatt, wo die kleine vom Meister und ihm konstruierte neue Maschine stand; sie war bis auf Kleinigkeiten fertig und provisorisch an eine Eisenschiene angeschraubt. Er nahm die darüber gebreitete Leinwand ab und betrachtete das Werklein eine Weile, spielte mit den zwei zierlichen Hebeln und fingerte an den paar Schrauben herum. Dann wurde es ihm langweilig, er ließ die Maschine unbedeckt stehen, ging an die Esse, ließ einen Hobelspan aufflackern und zündete sich eine Zigarette an. Die behielt er qualmend im Mund und verließ die Werkstatt mit demselben behaglichen Bummlerschritt, mit dem er gekommen war.

Als er draußen war, ging der Meister hin und breitete das Tuch wieder sorgfältig über die Maschine. Er sagte kein Wort und war mir an diesem Abend ein Rätsel. Daß die Angelegenheit nun damit erledigt sei, wagte keiner von uns zu hoffen. Mir aber passierte vor lauter Erregung ein Ungeschick; es brach mir ein feiner Gewindebohrer im Eisen ab, und von diesem Augenblick an fürchtete ich nur noch für meine eigene Haut und dachte an nichts anderes mehr. Es war eine Qual, wie träg die Zeit bis zum Feierabend verging, und sooft der Meister an dem Regal vorüberkam, in dem die Gewindebohrer sauber nach den Nummern geordnet lagen, wurde mir heiß.

Andern Tags, obwohl ich um den zerbrochenen Bohrer noch ein schlechtes Gewissen hatte, überwog auch bei mir wieder der ängstliche Gedanke, wie es mit Hannes gehen würde. Ein wenig frischer und besser ausgeruht als gestern kamen wir ins Geschäft, aber die Schwüle war nicht gewichen, und die sonst üblichen Morgengespräche und Scherze blieben uns in der Kehle stecken. Hannes war zur gewohnten Stunde gekommen, nüchtern und im blauen Schlosserkleid, wie sich's gehörte. Seinen Schraubstock hatte er unter der Werkbank gefunden und ruhig wieder auf dem alten Platz befestigt. Er zog die Muttern an, klopfte und rüttelte, bis alles wieder richtig saß, dann holte er Schmiere und salbte die Schraube gut ein, ließ sie zur Probe ein paarmal spielen und begann alsdann seine Arbeit.

Es dauerte keine halbe Stunde, so kam der junge Meister.

»Morgen«, sagten wir, und er nickte. Nur Hannes hatte nicht gegrüßt. Zu diesem trat er nun, schaute ihm eine Weile zu, während er ruhig weiter feilte, und sagte dann langsam: »Seit wann ist denn der Schraubstock wieder da?«

»Seit einer halben Stunde«, lachte der Geselle. Aber es war künstlich gelacht, voll Trotz und vielleicht auch Besorgnis.

»So«, sagte der Meister. »Und wer hat denn dich geheißen, ihn wieder hinzutun?«

»Niemand. Ich weiß allein, was ich zu tun habe.«

»In dieser Werkstatt hast du nichts zu tun«, rief der Meister nun etwas lauter, »von heute an nichts mehr. Verstanden?«

Hannes lachte. »Meinst, du kannst mich rausschmeißen?«

Der Meister wurde bleich und ballte die Fäuste.

»Seit wann sagst du denn Du zu mir, du Lump?«

»Selber Lump —«

Der Meister vergaß sich. Ein Schlag und ein kurzer Schrei war zu hören, dann wurde es totenstill in der ganzen Werkstatt, denn nun ließen wir alle die Arbeit liegen und hörten mit Entsetzen zu.

Der Meister hatte dem Hannes einen Faustschlag ins Gesicht gegeben. Nun standen sie dicht voreinander, minutenlang regungslos, und dem Geschlagenen schwoll die Haut ums Auge bläulich an. Beide hatten die Fäuste ein wenig vorgestreckt, und beide zitterten ein wenig, der Meister am sichtbarsten. Wir rissen die Augen auf, und keinem fiel es ein, ein Wort zu sagen.

Da geschah es wie ein Blitz, daß Hannes, am Meister vorbei, zur Esse stürzte und mit beiden Händen einen von den schweren Vorschlaghämmern an sich riß. Noch im selben Augenblick stand er wieder vor dem Meister, den Hammer hoch geschwungen, und blickte ihn auf eine Art an, daß uns todesbang wurde.

»Schlag doch zu, wenn du Courage hast«, sagte der Meister. Es klang aber nicht ganz echt, und als jetzt Hannes Miene machte, zuzuhauen, wich der Bedrängte vor ihm zurück, Schritt um Schritt, und Hannes immer hinter ihm her, mit dem riesigen Schmiedehammer zielend. Der Meister war totenblaß, man hörte ihn laut keuchen. Hannes trieb ihn so langsam weiter bis in die Ecke, da stand er an die Wand gedrängt, neben seiner kleinen Maschine, von der das Tuch geglitten war.

Hannes sah schauerlich aus in seiner Wut, und die Spuren des Faustschlags neben seinem Auge standen in dem weißen Gesicht und machten es noch wüster.

Jetzt lüpfte er den Hammer noch ein klein wenig, biß die Zähne zusammen und hieb. – Wir schlossen alle einen Moment die Augen. Dann hörten wir den Gesellen laut und böse lachen. Sein Schlag hatte gedröhnt, als müsse das Haus einfallen, und jetzt schwang er den Hammer hoch und hieb noch einmal. Aber beide Schläge galten nicht dem Meister. Statt dessen war die Maschine, seine Erfindung, scheußlich zertrümmert und lag in geborstenen, verbogenen und plattgeschlagenen Stücken da. Jetzt warf Hannes den Hammer weg und ging ganz langsam in die Mitte der Werkstatt zurück; dort setzte er sich mit verschränkten Armen auf den Amboß, doch zitterte er noch in den Knien und Händen.

Der Meister kam ebenso langsam ihm nach und stellte sich vor ihm auf. Es schien, als seien beide vollständig erschöpft und hätten zu nichts mehr Kraft. Hannes baumelte mit den Beinen, und so saß der eine und stand der andre, sie sahen einander nicht einmal mehr an, und der Meister fuhr sich immer wieder mit der Hand über die Stirne.

Dann nahm er sich plötzlich zusammen und sagte leise und ernst: »Steh jetzt auf, Hannes, und geh, nicht wahr?«

»Ja, ja, freilich«, sagte der Geselle. Und dann noch: »Also adieu denn.«

»Adieu, Hannes.«

Nun ging er hinaus mit dem verschwollenen Auge, und die Hände noch schwarz von Schraubstockschmiere; und wir sahen ihn nicht wieder.

Ich hielt den Augenblick für günstig, ging zum Meister hin und sagte ihm, ich hätte einen von den Gewindebohrern zerbrochen, einen von den feinen. Ängstlich erwartete ich sein Strafgericht. Er sagte aber bloß: »Welche Nummer?«

»Dreidreiviertel«, flüsterte ich.

»Bestell einen neuen«, sagte er, und weiter kein Wort.

(1904)

Sor aqua

So viel mich das Leben umhertrieb und so viel Menschliches allmählich seinen Reiz und Wert für mich verloren hat, meine Liebe zur Natur ist noch jetzt so stark wie nur je in meiner Jugendzeit. Sie begann früh in den Knabenjahren mit Schmetterlingsjagd und Käferfang, erweiterte sich dann zur Lust an Wanderung und Landschaft, zum Trieb in die Ferne, wurde zeitweilig von andern Leidenschaften unterdrückt, erstarkte aber, je einsamer und stiller ich wurde.

Wenn ich nun in schönen Mittagsstunden meinen kleinen Gang tue und dann, auf einer Bank Rast haltend, Himmel, Wolken, Berge und lichte Fluren überschaue, ergreift mich oft diese stumme Schönheit mit wunderlicher Rührung. Ich kann keinen Berg, keine Landstraße, keinen Wald sehen, ohne daß zahllose Erinnerungen mich bestürmen, viel zu reich und mannigfaltig, als daß ich sie alle zugleich liebkosen und beherbergen könnte. Was bin ich nicht in meinem Leben gewandert! Wieviel Gebirge, Ströme, Seen, Meerbusen habe ich gesehen, die ich fast alle des öftern besuchte und deren Andenken mein Gedächtnis zu einem gewaltigen farbigen Bilderbuch macht. Die Schweiz hat wenige Berge, deren Kontur ich nicht treu aus dem Gedächtnis zeichnen könnte, und dann die Umrisse all der Seen und Inseln, die Silhouetten von Städten in Italien, Österreich, im Norden, die Höhenzüge der Vogesen, des Jura, des Harzes, des Odenwaldes, des Apennin, der korsischen Berge!

Wenn ich niemals mit Menschen verkehrt und keinerlei Abenteuer in Haß und Liebe erfahren hätte, so würden diese Wanderungen allein mein Leben erfüllt und reich genug gemacht haben. Freilich waren es keine Eisenbahnreisen, sondern Wanderzüge zu Fuß, zu Schiff, zu Maulesel, zuweilen auch im Postwagen, mit vielen unbeabsichtigten längeren und kürzeren Aufenthalten, die auch zum Kennenlernen fremder Leute und zur Teilnahme an ihnen Zeit und Anlaß gaben. So besitze ich eine Menge schlichter, lieber Freunde in Gasthäusern, Sennhütten, Bauernkaten, in Fischdörfern und Bergnestern und auf einsam gelegenen Höfen. Wir schreiben einander nicht, aber wenn ich heute nach Bozen, nach Sestri, nach Chioggia, nach Sylt, nach Spiez komme, so kennen sie mich, erzählen mir ihre Familiengeschichten, zeigen mir Kinder, Enkel, Bräute, Vieh und Ländereien, bieten mir ihre beste Schlafstube an und fordern keine Fremdenpreise dafür. Auch fände ich bei manchen von ihnen unter Glas oder ohne Glas mein Bild hängen, gezeichnet, daguerreotypiert oder photographiert, das Bild eines Dreißigers, Fünfzigers, Sechzigers – Bilder, die zum Teil mir selbst aus dem Gedächtnis entschwunden sind und auf denen ich noch kräftig, aufrecht und strack aussehe, wie ich es gottlob Jahrzehnte hindurch gewesen bin. An mancher Kalk- und Holzwand fände ich auch eine Zeichnung, eine Karikatur, einen Vers, die ich seiner Zeit darauf gekritzelt habe.

Nun, genug davon! Mehr als das Wandern selbst habe ich stets die Aufenthalte geliebt, Aufenthalte da und dort, kurze und lange, und ich gebe mehr darauf, ein kleines Stück Landschaft durch und durch zu kennen, als viele Länder im Flug gesehen zu haben. Dabei habe ich nie etwa das Hochgebirge oder den Wald oder die Ebene oder Heide bevorzugt; nur ohne *sor aqua*, ohne Schwester Wasser, hielt ich nirgends lange aus. Ein Bach, ein Fluß oder am liebsten ein See oder Meer ist mir immer eine liebe, ja unentbehrliche Nachbarschaft gewesen. Schwimmen, Rudern, Segeln und Angeln war von jeher meine Leidenschaft, und ich hätte eigentlich als Insulaner geboren werden müssen. Daher war ich, als ich zum erstenmal den wunderbaren Lobgesang des heiligen Franziskus las, der alle Elemente und Kreaturen mit geschwisterlicher Liebe umfaßt, entzückt über das zärtliche *sor aqua* und hatte damit den Namen für meine Liebe zu allem Wasser gefunden. Wie eine Schwester liebte ich es, und wie eine Schwester verstand es mich, liebte mich wieder und erschloß mir seine zahllosen geheimen Schönheiten, denen noch nie ein Maler oder Dichter gerecht geworden ist.

Wer sollte auch das Wasser nicht lieben! Es ist beweglich, weich, rein, mächtig, es spiegelt den Himmel und die unsichtbaren Farben der Luft, es redet und singt vom süßen Plauderton bis zum unwiderstehlichen Sturmlied, es zieht in köstlichen Schleiern am Himmel hin. Wie oft stand ich bezaubert in den Anblick des mittäglich leuchtenden Meeres versunken oder der Abendspiegelung eines Bergsees, wie viel Ströme und Gewässer haben mich als Schwimmer und Schiffer getragen, gewiegt und liebkost. Und dann ein Meersturm oder eine stille Seenacht! Mit besonderem Reiz zeigt mir die Erinnerung sodann die Nächte, in denen ich zu Fuß unterwegs war und einen Fluß oder Strom zum Begleiter hatte. Dies dunkle Rauschen des Weggenossen, dies ewige gewaltige Ziehen ohne Rast und Ende, woneben alle meine Wanderschaft nur eine kurze Reise war! In solchen Stunden spürt man den Atem der großen Natur und den Herzschlag der Erde.

Und dann die Fischerei, vom Forellenangeln im kleinen Schwarzwaldbach bis zu den Fischzügen auf dem Meer! Der Hechtfang in den lothringischen Seen, das Felchenschnellen in der Schweiz, die Thunfischjagd auf dem Adriatischen Meer und der stille Karpfenzug in Teichen und Wallgräben der Heimat! Mir schlägt das Herz, wenn ich daran denke. Welche Reihe prachtvoller Tage, zugebracht in Wasserstiefeln im Tümpel eines Bachs, verborgen im Uferlaub eines stillen Flüßchens, barfuß im feuchten Rain oder behaglich rauchend in den Barken fremder Fischerdörfer!

Und die langen, traumhaft stillen, heißen Tage, die ich an sandigen Meerufern einsam verschlief, verträumte, verstaunte, in Sand und Wasser schmorend, die Zigarre im Mund und den Drahtkorb neben mir, der sich langsam mit mühelos gefangener kleiner Seebeute füllte. Da war auf Stunden kein Mensch, kein Lärm, kein Gelächter oder Gespräch, nichts als die Weite von Luft und Meer, die große ruhige Bläue, fern die dunkel dahinfahrenden Schiffe und ich damitten, gebannt und wunschlos einer stillen Gegenwart dahingegeben, in wunderlichen Gesprächen mit *sor aqua*. Da hörte, sah und erlebte ich Märchen, die alle Dichterphantasie überstiegen, belauschte das geheimnisvolle Leben von Fischen, Krabben, Muscheltieren und Seevögeln, horchte auf das Verlaufen der Wellen im Sand, ward plötzlich von großen Möwen erschreckt und erschreckte sie wieder, dachte versunkenen Schiffen und Städten nach, verfolgte den Lauf der lichten Wolken und sog in tiefen Zügen die warme, dampfende Salzluft in mich ein.

Es ist eine alte Wahrheit, daß man geben muß, um zu nehmen. Ich brachte meiner *sor aqua* Liebe, Verehrung, Aufmerksamkeit, Unermüdlichkeit entgegen, ich ließ mir Launen von ihr gefallen, ich sah sie ohne Zorn mehrmals in ausgelassener Grausamkeit mit meinem Leben spielen, aber sie hat mir alles vielfältig bezahlt. Sie verriet mir in guten Stunden köstliche Geheimnisse, ließ mich rare Dinge sehen, unterhielt mich mit Geschwätz, mit Gesang, mit Getöse, warf mir je und je einen auserlesenen Genuß in den Schoß. War ich im Boot unterwegs, so ließ sie mich rechtzeitig aufsteigende Gefahren merken, beim Schwimmen lehrte sie mich manchen kleinen Vorteil, angelte ich, so brachte sie es selten über sich, mich leer ausgehen zu lassen. Sie hat mir zuweilen Streiche gespielt, mich von Kopf zu Fuß durchnäßt, mir das Boot umgeworfen, mir Angelschnüre abgerissen oder allerlei lächerliches Zeug daran gehängt, wie Wasserpflanzen, alte Stiefel und dergleichen, ja einmal hing mir ein ersoffener Hund an der Hechtschnur. Aber wer möchte einer geliebten älteren Schwester solche Scherze nicht gerne verzeihen!

Vielleicht waren es nächst dem Genfer- und Bodensee die Buchten von Neapel und Syrakus, die venezianische Lagune, die Küste der Normandie und die Heimat der Halligen, denen ich die größten Eindrücke verdanke. Aber das wäre ungerecht. Die Frühlingsstürme auf dem Urner See, der Oberrhein, das Rhônetal gaben mir nicht weniger, und schließlich ward mir mancher an kleinen süddeutschen Erlenbächen oder an grünen, tangüberzogenen Karpfenteichen verfischte und verbummelte Nachmittag so lieb oder lieber als irgendeine Seereise oder südliche Barkenfahrt.

Daß ich, wie fast alle meine Fahrten, so auch alle meine Besuche bei *sor aqua* ohne Gesellschaft machte, versteht sich von selbst. Ich liebe Freiheit der Bewegung und Freiheit auch im Rasten, und nicht weniger als die sommerreisenden Philisterschwärme sind mir die in Trikot gekleideten sportsmen der Schwimm- und Rudervereine verdächtig. Das hindert nicht, daß ich auch unter diesen Leuten gelegentlich einen lieben Einzelnen traf. Im ganzen aber fand ich nur einen einzigen wirklichen Kollegen. Es war ein Engländer, vielmehr Halbirländer, der ganz wie ich sein Leben lang als Junggesell und Wandersmann die Welt durchzog, den Reisepöbel mied, ein Einsiedler und Halbnarr war und sich *procul negotiis* am Herzen der Natur allein ganz wohl fühlte. Nur dehnte er, obwohl er so wenig als ich ein Krösus war, seine Reisen auf Indien und Afrika aus und stak, obwohl er gleich mir ohne wissenschaftliche Zwecke reiste, voll von sprachlichen und Realkenntnissen aus aller Herren Ländern. Ich bin ihm in all den Jahren achtmal begegnet und war dann mehrmals tagelang, einmal wochenlang sein Genosse. Mit ihm frühstückte ich in Cannes, schwamm im Meer bei Korsika, mit ihm pilgerte ich über den Simplon und die Gemmi, ein anderes Mal kreuzte er meinen Weg im Haag, und zuletzt sah ich ihn im Montafon. Das ist nun auch schon bald zwanzig Jahre her, wir scherzten beide über unser klägliches Aussehen und klagten einander die Leiden des beginnenden Alters, welche für gewohnte Fußwanderer und Vagabunden doppelt schmerzlich sind.

Wenn jemand dieses liest, so mag er sich wundern, wie ich zu einer so beweglichen und abseitigen Lebensart gekommen sei. Nun, ich wurde mit achtzehn Jahren Architekt, arbeitete da und dort und blieb fünfzehn Jahre im Beruf, der mich namentlich in die Schweiz und nach Österreich führte. Dann ging ich, des einträglichen, aber nicht gerade künstlerischen Arbeitens überdrüssig, zu ausgedehnteren Studien nach Italien, wo ich ein Jahr lang römische Tempel, Theater und Brücken, Kirchen und Renaissancepaläste betrachtete und abzeichnete. Darüber gewöhnte ich mich an ein unstetes Leben; meine Eltern waren beide tot, und ich hatte keine Lust, mein teils geerbtes, teils erspartes Vermögen in einem eigenen »Baugeschäft« umzutreiben. So bin ich eine Art von Bummler geworden und mein Leben lang geblieben. Zwischenein las ich wohl auch über Geschichte und dergleichen, zeichnete oder führte für Freunde kleinere Bauten aus, das Wandern aber und *sor aqua* waren mir wichtiger. Kehren wir zu ihr zurück! Sie hat mich nie gefragt, ob denn bei all dem Schwimmen und Seefahren auch etwas Rechtes aus mir werde, sie hat mich liebgehabt und beherbergt wie ihre Seehunde, kalt und warm, lind und rauh, je nach der Jahreszeit. Sie war mir denn auch interessanter als alle gebauten und vollends ungebauten Häuser der Erde, und wir beide haben es nie bereut, daß ich mir den Magen nicht am Reißbrett geknickt habe und kein Palladio oder moderner Bauunternehmer geworden bin. Freilich lag damals, als ich das Bummeln zu meinem Metier und *sor aqua* zu meinem Liebling machte, die erste schöne Jugend auch schon hinter mir, und ich hatte leider Gründe für mein Tun. Ein andermal davon!

Es war nicht anders möglich, daß ich auf meinen Streifzügen häufig mit Menschen aus der Gattung der Maler zusammentraf, namentlich in früheren Jahren, da das Vedutenmalen noch nicht völlig den Handwerkern überlassen worden war. Während meiner Architektenzeit in Italien gehörte ich selber zu diesem leichten Volk, wanderte in Sommerhut, Plüschjacke und Flatterschlips durch die Albaner Berge und sah aus als wäre ich aus einer Eichendorffschen Novelle entsprungen. Später schwand meine Hochachtung vor den Samtjacken mehr und mehr, doch fand ich noch eine Reihe vortrefflicher Leute unter ihnen und behielt zeitlebens eine gewisse Neigung fürs Handwerk bei. Von Kunst allerdings redete ich nie gern mit ihnen, sie waren damals so dogmatisch verbohrt wie heute, und fast jeder glaubte, seine sichere Landstraße zur Seligkeit unter den Sohlen zu haben. Ich lachte darüber und *sor aqua* auch. Wasser malen konnte nämlich kein einziger. Die Neueren sind darin, wie ich zugeben muß, weiter gekommen, aber streng genommen war der verstorbene Böcklin doch der einzige, der das Meer physikalisch wie poetisch verstanden und dargestellt hat. Wenn auch nur das südliche.

Während nämlich diese Maler keine Katze abbilden wollen, ohne ihre Anatomie zu kennen, sehen sie sämtlich am Wasser nichts als Oberfläche. Ich kannte namhafte Leute unter ihnen, denen die simpelsten Ursachen der Färbung oder Wellenbildung einer Wasserfläche ungelöste Rätsel waren. Die Folge war natürlich, daß ihre Seen und Meere höchstens gute Momentbilder ohne den tieferen, zum Verständnis zwingenden Organismus wurden. Vollends die aus dem Gedächtnis gemalten Meere auf Historienbildern und heroischen Landschaften sind allzumal miserable Traumbilder und haben mit der wahren Natur und Schönheit des Meeres meist keinen Schatten gemeinsam. Daß das weitere und engere Publikum den Schwindel glaubt, kauft und lobpreist, ist mir längst ein Beweis dafür, daß die meisten Kunstkenner der Natur gegenüber blind und Nichtskenner sind.

Im Flur meiner Wohnung steht ein mächtiger Kasten, in dem ich all mein altes Wassergerät verwahre. Da lehnen Angelruten jeder Art, kleine Handhamen und dergleichen, und die Laden sind mit Schnüren, Angeln, künstlichen Fliegen, Fischbüchsen, mit selbstgezeichneten Fluß- und Seekarten, mit Muscheln, getrockneten Seepferdchen und ähnlichem Zeug gefüllt. An den Sachen hängt noch etwas wie Wasserduft, der mich mächtig lockt, und zuweilen ertappe ich mich darüber, wie ich Schnüre drehe und färbe, Darmsaiten öle, Haarfliegen flechte und schadhafte Angelstöcke repariere, die ich vermutlich doch nie mehr brauchen werde. Oder ich nehme die Karten vor, verfolge eine meiner früheren Wasserreisen und zeichne mit leisem Stift eine neue ein, die ich noch ausführen möchte. All das tut mir wohl, und all diese unnütz gewordenen Sachen sind mir doch noch lieb, weil sie ihr Stück eigenen Lebens haben. Heutzutage kauft man Leinen, Korke, Posen, Fliegen, Lote, Karten und alles fertig im Laden. Meine Stücke aber sind eigene Handarbeit, und ihre Herstellung hat mir jeweils fast soviel Freude gemacht wie ihre Verwendung.

Hier ist eine starke hellbraune Leine ohne Rute, mit der ich im Elsaß auf Karpfen zu fischen pflegte. So oft ich sie sehe, fällt mir ein kleines Erlebnis ein. Ich ging damals häufig zum Karpfenfang auf das Gut eines mir befreundeten Landbesitzers. Er hatte einen schönen eigenen Teich und sah es, weil er selbst zu viel beschäftigt oder zu bequem war, gerne, wenn ich die Fische für ihn herauszog.

Dort saß ich denn auch eines Nachmittags im Spätsommer im schadhaften Holzbötchen, die braune Schnur in der Hand. Diese schlichteste Art zu angeln, ohne Stock noch Schwimmer aus freier Hand, ist mir immer lieb gewesen. An jenem Tage war mir das Fischen freilich Nebensache. Es war ein trüber, kühler Tag, der wenig Beute versprach, den ich aber desto lieber an dem schönen, stillen Wasser verträumte. Der nicht große, ovale Weiher war teils von Schilf, teils von Steilufer mit schönem alten Birken- und Erlenbestand umschlossen. In dem tief braungrünen, toten Wasser lagen der bleichgraue Himmel und der Saum von schönen Baumkronen in zartem Licht gespiegelt. Es war still wie in einer Kirche um Mitternacht, nur hin und wieder fiel ein Baumblatt auf den Spiegel oder es stieg eine Luftblase auf. Das Schilf stand so unbeweglich als wäre aller Wind für heute verblasen. In behaglicher Träumerei sog ich den intensiven Teichgeruch ein, starrte ins Röhricht und genoß den tiefen Mittagszauber. Alle meine lieben See- und Wassersagen fielen mir ein, doch wollte keine ganz in meinen Weiher passen. Ich sann nach, wie wohl der Geist und König dieses schweigsamen Gewässers aussehen müßte. Eine Wasserjungfer? Nein. Auch kein Nöck oder Froschkönig. Aber ein ernster, stiller, würdevoller Karpfenfürst mußte es sein. Ich begann mir ihn vorzustellen, vom starren Schwanz bis zur breiten Schnauze, golden glänzend, mit ernsthaften, schwarzen und gelben Augen, der Leib schön breit und fest, die Bauchflossen groß und rosa, der Schädel schwer, doch wohlgeformt. So mußte er hier wohnen und herrschen, uralt, klug, schweigsam und ernsthaft; so mußte er tief im braunen lauen Wasser zwischen den langstieligen, gewundenen Blattpflanzen hin und wieder schwimmen, zwischenein lang und tiefsinnig am selben Fleck stehen, ohne Regung, mit den runden Augen träumerisch Umschau haltend.

Plötzlich empfand ich einen scharfen Ruck, bei welchem ich fast die Balance verlor. Aha! Ich zog rasch an; der Fisch saß. Nun wand ich ihn, der sich kaum wehrte, still und langsam herauf. Bald sah ich ihn breit und golden aufglänzen und gleich darauf hielt ich ihn auch schon fest. Es war ein schöner, vollwüchsiger Teichkarpfen, einer der schwersten, die ich je gezogen. Er wehrte sich wenig, lag vielmehr ruhig in meinen Händen, das breite Maul schmerzlich geöffnet, mit stummer Angst aus den runden Augen blickend – der König seines Teichs, wie ich ihn eben noch mir ausgemalt hatte. Die Angel war zu meinem Erstaunen nicht verschluckt, sondern hing in der starken Oberlippe: der schöne Fisch war also nicht ernstlich verwundet.

Ich machte ihn sorgfältig los, wobei er heftig schauderte; dann folgte ich ohne Besinnen einer starken Regung und ließ das prächtige Tier in seinen Teich zurückgleiten.

Im selben Augenblick erklangen Schritte und Hundegebell.

»Mon Dieu! Qu'est-ce que vous faites?!« schrie mein Freund mich an. Der Bann war gebrochen, und im ersten Augenblick begriff ich selber meine für einen alten Fischer unerhörte Tat nicht mehr. Dann aber verteidigte ich mich, erzählte meine Königsgeschichte und wurde, wie ich mir hätte denken können, absolut nicht verstanden.

»Vous voulez m'en imposer! Ce n'était que votre négligence«, hieß es. Ich ließ es gerne dabei bewenden. Aber dieser Karpfen, der einzige, den ich je absichtlich entwischen ließ, macht mir heute noch mehr Vergnügen, als alle gefangenen und behaltenen zusammen.

Meine lange nicht mehr gebrauchte Forellenrute erinnert mich an die Aare und an manchen Jurabach zwischen Biel und Fribourg, namentlich aber an den Schwarzwald, der vor dreißig Jahren noch prächtige Partien hatte, während er heute zu einem hübschen Vergnügungsetablissement herabgesunken ist. Seine Straßen sind glatt, seine Berge niedriger geworden, schwer zugängliche Schluchten gibt es nicht mehr. Nun, früher brachte ich häufig prächtige Wochen dort zu und habe besonders in dem kleinen Badedorf Teinach viel geangelt. Das Forellenangeln, ohnehin eine interessante Jagd, hatte für mich noch einen besonderen Reiz dadurch, daß ich diesen Fisch nicht nur an der Angel, sondern auch auf der Tafel liebte, während mir sonst der Verbleib meiner Fischbeute meistens gleichgültig war.

In Teinach fand ich einen leidenschaftlichen und ausdauernden Sportgenossen an einem vornehmen Engländer namens Sturrock. Er war älter als ich, kränklich und fast untauglich zum Fischen, das ihm denn auch vom Arzt verboten war. Dennoch entwischte er fast jeden Tag unter allerlei Vorwänden seiner wachsamen Frau und trieb sich mit mir stundenlang am Bach herum, im nassen Gras, in schattig-kalten Gebüschen, im Wasser selbst, pfeifend vor Aufregung und Wonne, um diese Lust dann regelmäßig nachts in bösen Anfällen von Asthma und Gicht zu büßen. Ich glaube kaum, daß er lang mehr gelebt hat, wenigstens sah ich ihn nie wieder, seine hagere Gestalt und sein vornehmes, vom Jagdeifer gerötetes Gesicht mit den klaren, klugen Grauaugen ist mir unvergeßlich geblieben. Einst war ihm sein Vorrat von Angeln und Fliegen ausgegangen, und auf das Flehen seiner Frau schlug ich ihm die Bitte um Aushilfe aus meinem reichlichen Vorrat ab. Er war ganz verzweifelt und vergaß sich schließlich so weit, mir für ein Dutzend meiner Angeln ein Goldstück zu bieten. Als ich ihn darüber kräftig zurechtwies, war er dem Weinen nahe und sah mich so hoffnungslos aus seinen guten Augen an, daß ich ihm eine Angel schenkte unter der Bedingung, es müsse seiner Frau verborgen bleiben. So zogen wir, beide schon Graubärte, nach Tisch auf Umwegen aus und frönten unserer Leidenschaft mit schlechtem Gewissen, aber doppelter Lust bis zum Abend. Bei der Rückkehr ertappte uns aber die Dame, und wir wurden unter der Tür des Gasthauses von ihr abgekanzelt wie zwei unartige Jungen. Dies machte uns vollends zu Freunden, und als Sturrock nach einigen Wochen abreiste, schenkte er mir einen schönen schottischen Plaid, der mir seither schon oft gute Dienste tat, und nahm von mir ein paar selbstgefertigte künstliche Köderfische für den Hechtfang mit. Die Dame aber blieb unversöhnt und sah mich so zürnend und eifersüchtig an wie eine Mutter den Nachbarsjungen, der ihr Schoßkind zu bösen Streichen verleitet hat.

Es ist mit solchen Geschichtchen wie mit dem Sternezählen an einem frühen Abendhimmel. Man entdeckt einen, zwei, drei, dann sieben und zehn, und schließlich sieht das geschärfte Auge plötzlich die unzähligen Mengen wie Goldtropfen hervorperlen, bis es sich verwirrt und geblendet schließt. So brechen nun von allen Seiten Erinnerungen über mich herein, große und kleine, deutliche und dämmernde, frohe und traurige.

Zu den traurigen gehört ein Erlebnis, das ich noch in ganz jungen Jahren am oberen Rhein, nahe bei Rheinfelden, hatte. Ich arbeitete damals kurze Zeit, nicht ganz ein Jahr, als Baugehilfe in Zürich und besuchte von da aus öfters die prächtigen, gerade für Bauleute ergiebigen und anziehenden Orte am Rhein und Bodensee, obenan Konstanz, Stein und Schaffhausen. Gelegentlich besah ich mir natürlich auch die dortige Fischerei, machte waghalsige Weidlingfahrten mit und freute mich mächtig auf den mir noch ganz unbekannten Lachsfang. Zwar hätte ich diesen, statt mit Zughamen, lieber gleich den Nordländern mit dem Spieß oder sonst auf eine recht aparte Weise betrieben, aber auch so war die Lachswanderung eine abenteuerliche und merkwürdige Sache, deren Anblick ich mir nicht entgehen lassen wollte. So erschien ich denn, wie verabredet, eines Tages in Rheinfelden und wurde von einem Kollegen, dem Sohn eines dortigen Gastwirts, mitgenommen. Wir fuhren abends im Wagen ziemlich weit rheinabwärts bis zu einer ihm gehörigen Lachsfalle, das heißt einer kleinen Bretterhütte überm Rhein, von der aus an langer Stange über eine höchst schlichte Holzachse die mit Steinen beschwerten Netze eingesenkt und nach kurzen Pausen wieder aufgezogen wurden. Es war ein rauher Abend, und wir zogen lange Zeit nichts als kleine Weißfische. Dann aber kam der erste Lachs, ein starker, schöner Bursche, heraus. Er wurde mit Geschrei begrüßt, sogleich ausgenommen, zerlegt und ans Feuer gesetzt. Wir hatten Wein, Brot, Butter und Zwiebeln mitgebracht, ein Knecht besorgte das Kochen, ein zweiter half uns am Netz. Wir fingen wenig mehr, desto besser schmeckte uns das einfache Nachtmahl am hellen Feuer. Zuletzt waren wir alle des Ziehens müde und saßen rauchend und trinkend beisammen. Das Netz war im Wasser geblieben, und nach einer halben Stunde des Ausruhens lockte es mich doch wieder zum Zug. Ich ging allein hinüber und zog an. Das Netz widerstrebte. Ich vermutete einen glänzenden Fang, dessen alleinige Ehre ich behalten wollte, und zog mit äußerster Anspannung aller Kräfte die Stange hoch. Das Netz war schwer und voll – von was, das konnte ich im Dunkeln nicht erkennen. Nun rief ich den Freund zu Hilfe, wir brachten das Netz mit Mühe ein und fanden darin den Körper eines etwa fünfjährigen Mädchens. Nun hatte unsere Lustbarkeit ein Ende, wir standen alle vier erschrocken und ratlos vor dem dunkeln, entstellten Körper. Dann fuhren die Knechte eilig heimwärts, um einen zweiten Wagen und Polizeihilfe zu holen, denn ein Arzt, das sahen wir wohl, war hier nicht mehr nötig. Wir zwei jungen Menschen standen und saßen nun die halbe Nacht bei der Toten, versuchten zu sprechen und hörten wieder auf, zündeten immer wieder unsere Pfeifen an und ließen sie immer wieder ausgehen; der Wein stand unberührt, und im Eimer lagen unbesehen die gefangenen Fische. Das Ereignis, das uns sonst vielleicht nur flüchtig berührt hätte, wurde hier in der Einsamkeit und Finsternis, durch das lange, lange Warten und durch den Kontrast zur vorigen Lustigkeit so grausig und traurig, daß ich tagelang darunter litt und es jahrelang niemandem erzählen mochte. Ich habe so viele Menschen gekannt, jahrelang mit ihnen Verkehr gehabt und sie, seit sie tot sind, fast völlig vergessen; und jener junge Leichnam, dessen Herkunft und Schicksale mir so dunkel waren wie der Strom, aus dem ich ihn zog, ist mir unvergeßlich geblieben.

Die rotbraune Schiffermütze, die oben im Kasten hängt, trug ich auf südlichen Meeren, am längsten um Venedig her, wo ich schöne Wochen auf Lagune und Meer verlebte. Dort lernte ich Gondelrudern, Austernfangen und auf venezianisch fluchen, trieb mich mit den Fischern von Chioggia und von der Giudecca herum und erbaute mich am eigentümlichen Gesang ihrer Frauen. Die zwei Sturmfahrten, bei denen ich dem Ertrinken nahe war, sind nichts zum Erzählen; die grellen Stimmungen einer solchen Lage muß man erlebt haben. Eher hätte ich Lust, von einem Abend zu plaudern, den ich mit Matrosen auf der Giudecca vertrank, bis wir Händel bekamen und ich ums Haar erschlagen worden wäre. Zur Ehre Venedigs sei übrigens gesagt, daß die tatkräftigen Burschen nicht Einheimische, sondern Süditaliener waren. Wo mögen sie nun alle sein? Verschollen, gestorben, im Meer ertrunken, oder alt geworden wie ich? Und die Mädchen von Burano und vom Canareggio? Und die flotten, musikalischen Kameraden, mit denen ich damals so oft in den »Tre rose« oder im »Amico Fritz« becherte, sang und um Soldi würfelte? Sie sind tot, und jene fröhlichen, harmlos glücklichen Zeiten sind samt meiner Jugend verschwunden. Nichts hat Bestand gehabt und ist mir treu geblieben als nur *sor aqua*, meine letzte Liebe.

Schau, wer hätte gedacht, daß mich grauen Knaben noch sentimentale Betrachtungen überkämen! Sie kleiden mich schlecht. Aber das dünne, weiße Haar, die tiefen Falten im Gesicht und der vorsichtig zage Gang kleiden auch nicht gut, wenn man gewohnt war, breitbrüstig und schlankbeinig durch die Welt zu pilgern. Ich beginne mich mit Bangen auf das Wiedersehen mit meiner Mutter zu freuen. Der werde ich ein gut Stück zu erzählen haben.

(1904)

Nocturno Es-Dur

Die Kerze ist verlöscht. Das Klavier ist verstummt. Durch die dunkle Stille treibt der süße Duft der Teerose, die im Gürtel der Klavierspielerin hängt. Die Rose ist überreif und beginnt schon zu zerfallen, abgewehte blasse Blätter liegen wie matte helle Flecken am Boden.

Und Stille ... Von der Wand her saust ein summender Saitenton – eine Saite meiner Geige hat nachgelassen.

Und wieder Stille.

Fragend beginnt am Klavier ein halber Akkord.

»Soll ich noch?«

»Ja.«

»Die Nocturne Es-Dur?«

»Ja.«

Chopins Es-Dur-Nocturne beginnt. Das Zimmer verwandelt sich. Die Wände entfernen sich nach allen Seiten, die Fenster wölben hohe Bogen und die hohen runden Bogen sind mit Baumwipfeln und Mondschein gefüllt. Die Wipfel neigen sich alle gegen mich her und jeder fragt: »Kennst du mich noch?« Und das Mondlicht fragt: »Weißt du noch?«

Meine Hand fährt über meine Stirn hin. Aber das ist nicht meine Stirn mehr, die harte, faltige, mit den starken Brauen. Das ist eine feine glatte Kinderstirn mit darüber gekämmten seidigen Kinderhaaren, und meine Hand ist eine kleine, glatte Kinderhand, und draußen rauschen die Bäume im Garten meines Vaters.

In dieser Halle bin ich hundertmal gesessen, diese hohen Bogenfenster und diese hellen, hohen Wände kennen mich wohl. Und aufhorchend erlausche ich leise Klaviermusik – das ist meine Mutter, die in ihrem hohen, duftenden Zimmer spielt. Ich höre zu und nicke und habe kein Verlangen, zu ihr hinüber zu gehen, sie wird bald ungerufen kommen und mich zu Bett bringen. Doch scheint mir die Musik an diesem Abend besonders schön und traurig zu sein. Sie verklingt nun fast ganz, sie wird zaghaft, leise und immer trauriger. Und jetzt ist sie zu Ende – oder nein, sie beginnt schon wieder, verändert, aber nicht weniger traurig. Mich schmerzt der Kopf, ich schließe die Augen. Diese Musik! Ich öffne die Augen wieder, Mondlicht, Park und Kinderzeit sind nicht mehr da.

Nocturno Es-Dur

Wir sind in einem hellen, schmucken Saal, eine Dame am Klavier und ich mit meiner hellbraunen Geige. Wir spielen. Wir spielen rasch im eiligsten Takt und spielen eine fiebernde Tanzmelodie. Das Gesicht der schönen Dame ist vom Spielen schwach gerötet, ihr Mund ist ein wenig geöffnet, in ihren blonden Haaren schimmert das Kerzenlicht. Und ihre feinen, langen Hände greifen leicht und rasch. Ich muß sie küssen, sobald das Spiel zu Ende ist.

Das Spiel ist zu Ende. Die schlanken Frauenhände liegen laß in meinen, und ich küsse sie langsam, erst die linke und dann die rechte, die zarten Gelenke und die dünnen biegsamen Finger. Darüber lächelt stolz und ruhig die Dame, zieht beide Hände langsam zurück und beginnt wieder zu spielen. Brillant, kühl, verächtlich und stolz. Ich bücke mich nieder, bis mein Haar ihr duftendes Haar berührt. Ihr Blick fragt kühl und sonderbar herauf. Ich flüstere lang. Sie schüttelt still den Kopf.

»Sag ja!«

Sie schüttelt den Kopf.

»Du lügst! Sag ja!«

Sie schüttelt den Kopf...

Ich gehe fort und gehe lang – mir scheint durch lauter dunklen Wald, und weiß nicht, warum es mir so sonderbar weh tut, in den Augen, in der Kehle, in der Stirn – und gehe immerzu, bis ich todesmüde bin und rasten muß.

Indem ich raste und nicht weiß, wo ich bin, erklingt Musik. Ein fabelhafter Lauf auf dem Klavier, wunderlich verschlungen, leise, scheu, fieberisch, von wunderbar zarten und gelenken Fingern meisterhaft gespielt. Ich schlage meine müden Augen auf, das Zimmer ist dunkel. Ein starker Teerosenduft ist in der Luft. Der letzte tiefe Ton der Nocturne zerrinnt. Die Dame steht vom Flügel auf.

»Nun?«

»Danke! Danke!«

Ich strecke ihr die Hand entgegen. Sie macht die Rose von ihrem Gürtel los, öffnet die Tür und geht und gibt mir im Weggehen die blasse Rose in die Hand. Dann schlägt die Tür ins Schloß, ein kurzer Zugwind geht durch das Zimmer.

Ich halte einen nackten Rosenstengel in der Hand. Der ganze Boden ist mit Rosenblättern bedeckt.

Sie duften stark und schimmern matt und blaß im Dunkeln.

(1904)

Der Lateinschüler

Mitten in dem enggebauten alten Städtlein liegt ein phantastisch großes Haus mit vielen kleinen Fenstern und jämmerlich ausgetretenen Vorstaffeln und Treppenstiegen, halb ehrwürdig und halb lächerlich, und ebenso war dem jungen Karl Bauer zumute, welcher als sechzehnjähriger Schüler jeden Morgen und Mittag mit seinem Büchersack hineinging. Da hatte er seine Freude an dem schönen, klaren und tückelosen Latein und an den altdeutschen Dichtern und hatte seine Plage mit dem schwierigen Griechisch und mit der Algebra, die ihm im dritten Jahr so wenig lieb war wie im ersten, und wieder seine Freude an ein paar graubärtigen alten Lehrern und seine Not mit ein paar jungen.

Nicht weit vom Schulhaus stand ein uralter Kaufladen, da ging es über dunkelfeuchte Stufen durch die immer offene Tür unablässig aus und ein mit Leuten, und im pechfinsteren Hausgang roch es nach Sprit, Petroleum und Käse. Karl fand sich aber gut im Dunkeln durch, denn hoch oben im selben Haus hatte er seine Kammer, dort ging er zu Kost und Logis bei der Mutter des Ladenbesitzers. So finster es unten war, so hell und frei war es droben; dort hatten sie Sonne, soviel nur schien, und sahen über die halbe Stadt hinweg, deren Dächer sie fast alle kannten und einzeln mit Namen nennen konnten.

Von den vielerlei guten Sachen, die es im Laden in großer Menge gab, kam nur sehr weniges die steile Treppe herauf, zu Karl Bauer wenigstens, denn der Kosttisch der alten Frau Kusterer war mager bestellt und sättigte ihn niemals. Davon aber abgesehen, hausten sie und er ganz freundschaftlich zusammen, und seine Kammer besaß er wie ein Fürst sein Schloß. Niemand störte ihn darin, er mochte treiben, was es war, und er trieb vielerlei. Die zwei Meisen im Käfig wären noch das wenigste gewesen, aber er hatte auch eine Art Schreinerwerkstatt eingerichtet, und im Ofen schmolz und goß er Blei und Zinn, und sommers hielt er Blindschleichen und Eidechsen in einer Kiste – sie verschwanden immer nach kurzer Zeit durch immer neue Löcher im Drahtgitter. Außerdem hatte er auch noch seine Geige, und wenn er nicht las oder schreinerte, so geigte er gewiß, zu allen Stunden bei Tag und bei Nacht.

So hatte der junge Mensch jeden Tag seine Freuden und ließ sich die Zeit niemals lang werden, zumal da es ihm nicht an Büchern fehlte, die er entlehnte, wo er eins stehen sah. Er las eine Menge, aber freilich war ihm nicht eins so lieb wie das andre, sondern er zog die Märchen und Sagen sowie Trauerspiele in Versen allen andern vor.

Das alles, so schön es war, hätte ihn aber doch nicht satt gemacht. Darum stieg er, wenn der fatale Hunger wieder zu mächtig wurde, so still wie ein Wiesel die alten, schwarzen Stiegen hinunter bis in den steinernen Hausgang, in welchen nur aus dem Laden her ein schwacher Lichtstreifen fiel. Dort war es nicht selten, daß auf einer hohen leeren Kiste ein Rest guten Käses lag, oder es stand ein halbvolles Heringsfäßchen offen neben der Tür, und an guten Tagen oder wenn Karl unter dem Vorwand der Hilfsbereitschaft mutig in den Laden selber trat, kamen auch zuweilen ein paar Hände voll gedörrte Zwetschgen, Birnenschnitze oder dergleichen in seine Tasche.

Diese Züge unternahm er jedoch nicht mit Habsucht und schlechtem Gewissen, sondern teils mit der Harmlosigkeit des Hungernden, teils mit den Gefühlen eines hochherzigen Räubers, der keine Menschenfurcht kennt und der Gefahr mit kühlem Stolze ins Auge blickt. Es schien ihm ganz den Gesetzen der sittlichen Weltordnung zu entsprechen, daß das, was die alte Mutter geizig an ihm sparte, der überfüllten Schatzkammer ihres Sohnes entzogen würde.

Diese verschiedenartigen Gewohnheiten, Beschäftigungen und Liebhabereien hätten, neben der allmächtigen Schule her, eigentlich genügen können, um seine Zeit und seine Gedanken auszufüllen. Karl Bauer war aber davon noch nicht befriedigt. Teils in Nachahmung einiger Mitschüler, teils infolge seiner vielen schöngeistigen Lektüre, teils auch aus eignem Herzensbedürfnis betrat er in jener Zeit zum erstenmal das schöne ahnungsvolle Land der Frauenliebe. Und da er doch zum voraus genau wußte, daß sein derzeitiges Streben und Werben zu keinem realen Ziele führen würde, war er nicht allzu bescheiden und weihte seine Verehrung dem schönsten Mädchen der Stadt, die aus reichem Hause war und schon durch die Pracht ihrer Kleidung alle gleichaltrigen Jungfern weit überstrahlte. An ihrem Haus ging der Schüler täglich vorbei, und wenn sie ihm begegnete, zog er den Hut so tief wie vor dem Rektor nicht.

So waren seine Umstände beschaffen, als durch einen Zufall eine ganz neue Farbe in sein Dasein kam und neue Tore zum Leben sich ihm öffneten.

Eines Abends gegen Ende des Herbstes, da Karl von der Schale mit dünnem Milchkaffee wieder gar nicht satt geworden war, trieb ihn der Hunger auf die Streife. Er glitt unhörbar die Treppe hinab und revierte im Hausgang, wo er nach kurzem Suchen einen irdenen Teller stehen sah, auf welchem zwei Winterbirnen von köstlicher Größe und Farbe sich an eine rotgeränderte Scheibe Holländerkäse lehnten.

Leicht hätte der Hungrige erraten können, daß diese Kollation für den Tisch des Hausherrn bestimmt und nur für Augenblicke von der Magd beiseitegestellt worden sei; aber im Entzücken des unerwarteten Anblicks lag ihm der Gedanke an eine gütige Schicksalsfügung viel näher, und er barg die Gabe mit dankbaren Gefühlen in seinen Taschen.

Noch ehe er damit fertig und wieder verschwunden war, trat jedoch die Dienstmagd Babett auf leisen Pantoffeln aus der Kellertüre, hatte ein Kerzenlicht in der Hand und entdeckte entsetzt den Frevel. Der junge Dieb hatte noch den Käse in der Hand; er blieb regungslos stehen und sah zu Boden, während in ihm alles auseinanderging und in einem Abgrund von Scham versank. So standen die beiden da, von der Kerze beleuchtet, und das Leben hat dem kühnen Knaben seither wohl schmerzlichere Augenblicke beschert, aber gewiß nie einen peinlicheren.

»Nein, so was!« sprach Babett endlich und sah den zerknirschten Frevler an, als wäre er eine Moritat. Dieser hatte nichts zu sagen. »Das sind Sachen!« fuhr sie fort. »Ja, weißt du denn nicht, daß das gestohlen ist?«

»Doch, ja.«

»Herr du meines Lebens, wie kommst du denn dazu?«

»Es ist halt dagestanden, Babett, und da hab ich gedacht —«

»Was denn hast gedacht?«

»Weil ich halt so elend Hunger gehabt hab ...«

Bei diesen Worten riß das alte Mädchen ihre Augen weit auf und starrte den Armen mit unendlichem Verständnis, Erstaunen und Erbarmen an.

»Hunger hast? Ja, kriegst denn nichts zu futtern da droben?«

»Wenig, Babett, wenig.«

»Jetzt da soll doch! Nun, 's ist gut, 's ist gut. Behalt das nur, was du im Sack hast, und den Käs auch, behalt's nur, 's ist noch mehr im Haus. Aber jetzt tät ich raufgehen, sonst kommt noch jemand.«

In merkwürdiger Stimmung kehrte Karl in seine Kammer zurück, setzte sich hin und verzehrte nachdenklich erst den Holländer und dann die Birnen. Dann wurde ihm freier ums Herz, er atmete auf, reckte sich und stimmte alsdann auf der Geige eine Art Dankpsalm an. Kaum war dieser beendet, so klopfte es leise an, und wie er aufmachte, stand vor der Tür die Babett und streckte ihm ein gewaltiges, ohne Sparsamkeit bestrichenes Butterbrot entgegen.

So sehr ihn dieses erfreute, wollte er doch höflich ablehnen, aber sie litt es nicht, und er gab gerne nach.

»Geigen tust du aber mächtig schön«, sagte sie bewundernd, »ich hab's schon öfter gehört. Und wegen dem Essen, da will ich schon sorgen. Am Abend kann ich dir gut immer was bringen, es braucht's niemand zu wissen. Warum gibt sie dir's auch nicht besser, wo doch wahrhaftig dein Vater genug Kostgeld zahlen muß.«

Noch einmal versuchte der Bursche schüchtern dankend abzulehnen, aber sie hörte gar nicht darauf, und er fügte sich gerne. Am Ende kamen sie dahin überein, daß Karl an Tagen der Hungersnot beim Heimkommen auf der Stiege das Lied »Güldne Abendsonne« pfeifen sollte, dann käme sie und brächte ihm zu essen. Wenn er etwas andres pfiffe oder gar nichts, so wäre es nicht nötig. Zerknirscht und dankbar legte er seine Hand in ihre breite Rechte, die mit starkem Druck das Bündnis besiegelte.

Und von dieser Stunde an genoß der Gymnasiast mit Behagen und Rührung die Teilnahme und Fürsorge eines guten Frauengemütes, zum erstenmal seit den heimatlichen Knabenjahren, denn er war schon früh in Pension getan worden, da seine Eltern auf dem Lande wohnten. An jene Heimatjahre ward er auch oft erinnert, denn die Babett bewachte und verwöhnte ihn ganz wie eine Mutter, was sie ihren Jahren nach auch annähernd hätte sein können. Sie war gegen vierzig und im Grunde eine eiserne, unbeugsame, energische Natur; aber Gelegenheit macht Diebe, und da sie so unerwartet an dem Jüngling einen dankbaren Freund und Schützling und Futtervogel gefunden hatte, trat mehr und mehr aus dem bisher schlummernden Grunde ihres gehärteten Gemütes ein fast zaghafter Hang zur Weichheit und selbstlosen Milde an den Tag.

Diese Regung kam dem Karl Bauer zugute und verwöhnte ihn schnell, wie denn so junge Knaben alles Dargebotene, sei es auch die seltenste Frucht, mit Bereitwilligkeit und fast wie ein gutes Recht hinnehmen. So kam es auch, daß er schon nach wenigen Tagen jene so beschämende erste Begegnung bei der Kellertüre völlig vergessen hatte und jeden Abend sein »Güldne Abendsonne« auf der Treppe erschallen ließ, als wäre es nie anders gewesen.

Trotz aller Dankbarkeit wäre vielleicht Karls Erinnerung an die Babett nicht so unverwüstlich lebendig geblieben, wenn ihre Wohltaten sich dauernd auf das Eßbare beschränkt hätten. Jugend ist hungrig, aber sie ist nicht weniger schwärmerisch, und ein Verhältnis zu Jünglingen läßt sich mit Käse und Schinken, ja selbst mit Kellerobst und Wein nicht auf die Dauer warmhalten.

Die Babett war nicht nur im Hause Kusterer hochgeachtet und unentbehrlich, sondern genoß in der ganzen Nachbarschaft den Ruf einer tadelfreien Ehrbarkeit. Wo sie dabei war, ging es auf eine anständige Weise heiter zu. Das wußten die Nachbarinnen, und sie sahen es daher gern, wenn ihre Dienstmägde, namentlich die jungen, mit ihr Umgang hatten. Wen sie empfahl, der fand gute Aufnahme, und wer ihren vertrauteren Verkehr genoß, der war besser aufgehoben als im Mägdestift oder Jungfrauenverein.

Feierabends und an den Sonntagnachmittagen war also die Babett selten allein, sondern stets von einem Kranz jüngerer Mägde umgeben, denen sie die Zeit herumbringen half und mit allerlei Rat zur Hand ging. Dabei wurden Spiele gespielt, Lieder gesungen, Scherzfragen und Rätsel aufgegeben, und wer etwa einen Bräutigam oder einen Bruder besaß, durfte ihn gern mitbringen. Freilich geschah das nur sehr selten, denn die Bräute wurden dem Kreise meistens bald untreu, und die jungen Gesellen und Knechte hatten es mit der Babett nicht so freundschaftlich wie die Mädchen. Lockere Liebesgeschichten duldete sie nicht; wenn von ihren Schützlingen eine auf solche Wege geriet und durch ernstes Vermahnen nicht zu bessern war, so blieb sie ausgeschlossen.

In diese muntere Jungferngesellschaft ward der Lateinschüler als Gast aufgenommen, und vielleicht hat er dort mehr gelernt als im Gymnasium. Den Abend seines Eintritts hat er nicht vergessen. Es war im Hinterhof, die Mädchen saßen auf Treppenstaffeln und leeren Kisten, es war dunkel, und oben floß der viereckig abgeschnittene Abendhimmel noch in schwachem mildblauem Licht. Die Babett saß vor der halbrunden Kellereinfahrt auf einem Fäßchen, und Karl stand schüchtern neben ihr an den Torbalken gelehnt, sagte nichts und schaute in der Dämmerung die Gesichter der Mädchen an. Zugleich dachte er ein wenig ängstlich daran, was wohl seine Kameraden zu diesem abendlichen Verkehr sagen würden, wenn sie davon erführen.

Ach, diese Mädchengesichter! Fast alle kannte er vom Sehen schon, aber nun waren sie, so im Halblicht zusammengerückt, ganz verändert und sahen ihn wie lauter Rätsel an. Er weiß auch heute noch alle Namen und alle Gesichter und von vielen die Geschichte dazu. Was für Geschichten! Wieviel Schicksal, Ernst, Wucht und auch Anmut in den paar kleinen Mägdeleben!

Es war die Anna vom Grünen Baum da, die hatte als ganz junges Ding in ihrem ersten Dienst einmal gestohlen und war einen Monat gesessen. Nun war sie seit Jahren treu und ehrlich und galt für ein Kleinod. Sie hatte große braune Augen und einen herben Mund, saß schweigsam da und sah den Jüngling mit kühler Neugierde an. Aber ihr Schatz, der ihr damals bei der Polizeigeschichte untreu geworden war, hatte inzwischen geheiratet und war schon wieder Witwer geworden. Er lief ihr jetzt wieder nach und wollte sie durchaus noch haben, aber sie machte sich hart und tat, als wollte sie nichts mehr von ihm wissen, obwohl sie ihn heimlich noch so lieb hatte wie je.

Die Margret aus der Binderei war immer fröhlich, sang und klang und hatte Sonne in den rotblonden Kraushaaren. Sie war beständig sauber gekleidet und hatte immer etwas Schönes und Heiteres an sich, ein blaues Band oder ein paar Blumen, und doch gab sie niemals Geld aus, sondern schickte jeden Pfennig ihrem Stiefvater heim, der's versoff und ihr nicht danke sagte. Sie hat dann später ein schweres Leben gehabt, ungeschickt geheiratet und sonst vielerlei Pech und Not, aber auch dann ging sie noch leicht und hübsch einher, hielt sich rein und schmuck und lächelte zwar seltener, aber desto schöner.

Und so fast alle, eine um die andre, wie wenig Freude und Geld und Freundliches haben sie gehabt und wieviel Arbeit, Sorge und Ärger, und wie haben sie sich durchgebracht und sind obenan geblieben, mit wenig Ausnahmen lauter wackere und unverwüstliche Kämpferinnen! Und wie haben sie in den paar freien Stunden gelacht und sich fröhlich gemacht mit nichts, mit einem Witz und einem Lied, mit einer Handvoll Walnüsse und einem roten Bandrestchen! Wie haben sie vor Lust gezittert, wenn eine recht grausame Martergeschichte erzählt wurde, und wie haben sie bei traurigen Liedern mitgesungen und geseufzt und große Tränen in den guten Augen gehabt!

Ein paar von ihnen waren ja auch widerwärtig, krittelig und stets zum Nörgeln und Klatschen bereit, aber die Babett fuhr ihnen, wenn es not tat, schon übers Maul. Und auch sie trugen ja ihre Last und hatten es nicht leicht. Die Gret vom Bischofseck namentlich war eine Unglückliche. Sie trug schwer am Leben und schwer an ihrer großen Tugend, sogar im Jungfrauenverein war es ihr nicht fromm und streng genug, und bei jedem kräftigen Wort, das an sie kam, seufzte sie tief in sich hinein, biß die Lippen zusammen und sagte leise: »Der Gerechte muß viel leiden.« Sie litt jahraus, jahrein und gedieh am Ende doch dabei, aber wenn sie ihren Strumpf voll ersparter Taler überzählte, wurde sie gerührt und fing zu weinen an. Zweimal konnte sie einen Meister heiraten, aber sie tat es beidemal nicht, denn der eine war ein Leichtfuß, und der andere war selber so gerecht und edel, daß sie bei ihm das Seufzen und Unverstandensein hätte entbehren müssen.

Die alle saßen da in der Ecke des dunkeln Hofes, erzählten einander ihre Begebenheiten und warteten darauf, was der Abend nun Gutes und Fröhliches bringen würde. Ihre Reden und Gebärden wollten dem gelehrten Jüngling anfänglich nicht die klügsten und nicht die feinsten scheinen, aber bald wurde ihm, da seine Verlegenheit wich, freier und wohler, und er blickte nun auf die im Dunkel beisammenkauernden Mädchen wie auf ein ungewöhnliches, sonderbar schönes Bild.

»Ja, das wäre also der Herr Lateinschüler«, sagte die Babett und wollte sogleich die Geschichte seines kläglichen Hungerleidens vortragen, doch da zog er sie flehend am Ärmel, und sie schonte ihn gutmütig.

»Da müssen Sie sicher schrecklich viel lernen?« fragte die rotblonde Margret aus der Binderei, und sie fuhr sogleich fort: »Auf was wollen Sie denn studieren?«

»Ja, das ist noch nicht ganz bestimmt. Vielleicht Doktor.« Das erweckte Ehrfurcht, und alle sahen ihn aufmerksam an.

»Da müssen Sie aber doch zuerst noch einen Schnurrbart kriegen«, meinte die Lene vom Apotheker, und nun lachten sie teils leise kichernd, teils kreischend auf und kamen mit hundert Neckereien, deren er sich ohne Babetts Hilfe schwerlich erwehrt hätte. Schließlich verlangten sie, er solle ihnen eine Geschichte erzählen. Ihm wollte, soviel er auch gelesen hatte, keine einfallen als das Märchen von dem, der auszog, das Gruseln zu lernen; doch hatte er kaum recht angefangen, da lachten sie und riefen: »Das wissen wir schon lang«, und die Gret vom Bischofseck sagte geringschätzig: »Das ist bloß für Kinder.« Da hörte er auf und schämte sich, und die Babett versprach an seiner Stelle: »Nächstes Mal erzählt er was andres, er hat ja soviel Bücher daheim!« Das war ihm auch recht, und er beschloß, sie glänzend zufriedenzustellen.

Der Lateinschüler

Unterdessen hatte der Himmel den letzten blauen Schimmer verloren, und auf der matten Schwärze schwamm ein Stern.

»Jetzt müßt ihr aber heim«, ermahnte die Babett, und sie standen auf, schüttelten und rückten die Zöpfe und Schürzen zurecht, nickten einander zu und gingen davon, die einen durchs hintere Hoftürlein, die andern durch den Gang und die Haustüre.

Auch Karl Bauer sagte gute Nacht und stieg in seine Kammer hinauf, befriedigt und auch nicht, mit unklarem Gefühl. Denn so tief er in Jugendhochmut und Lateinschülertorheiten steckte, so hatte er doch gemerkt, daß unter diesen seinen neuen Bekannten ein andres Leben gelebt ward als das seinige und daß fast alle diese Mädchen, mit fester Kette ans rührige Alltagsleben gebunden, Kräfte in sich trugen und Dinge wußten, die für ihn so fremd wie ein Märchen waren. Nicht ohne einen kleinen Forscherdünkel gedachte er möglichst tief in die interessante Poesie dieses naiven Lebens, in die Welt des Urvolkstümlichen, der Moritaten und Soldatenlieder hineinzublicken. Aber doch fühlte er diese Welt der seinigen in gewissen Dingen unheimlich überlegen und fürchtete allerlei Tyrannei und Überwältigung von ihr.

Einstweilen ließ sich jedoch keine derartige Gefahr blicken, auch wurden die abendlichen Zusammenkünfte der Mägde immer kürzer, denn es ging schon stark in den Winter hinein, und man machte sich, wenn es auch noch mild war, jeden Tag auf den ersten Schnee gefaßt. Immerhin fand Karl noch Gelegenheit, seine Geschichte loszuwerden. Es war die vom Zundelheiner und Zundelfrieder, die er im Schatzkästlein gelesen hatte, und sie fand keinen geringen Beifall. Die Moral am Schlusse ließ er weg, aber die Babett fügte eine solche aus eignem Bedürfnis und Vermögen hinzu. Die Mädchen, mit Ausnahme der Gret, lobten den Erzähler über Verdienst, wiederholten abwechselnd die Hauptszenen und baten sehr, er möge nächstens wieder so etwas zum besten geben. Er versprach es auch, aber schon am andern Tag wurde es so kalt, daß an kein Herumstehen im Freien mehr zu denken war, und dann kamen, je näher die Weihnacht rückte, andre Gedanken und Freuden über ihn.

Er schnitzelte alle Abend an einem Tabakskasten für seinen Papa und dann an einem lateinischen Vers dazu. Der Vers wollte jedoch niemals jenen klassischen Adel bekommen, ohne welchen ein lateinisches Distichon gar nicht auf seinen Füßen stehen kann, und so schrieb er schließlich nur »Wohl bekomm's!« in großen Schnörkelbuchstaben auf den Deckel, zog die Linien mit dem Schnitzmesser nach und polierte den Kasten mit Bimsstein und Wachs. Alsdann reiste er wohlgemut in die Ferien.

Der Januar war kalt und klar, und Karl ging, so oft er eine freie Stunde hatte, auf den Eisplatz zum Schlittschuhlaufen. Dabei ging ihm eines Tages sein bißchen eingebildete Liebe zu jenem schönen Bürgermädchen verloren. Seine Kameraden umwarben sie mit hundert kleinen Kavalierdiensten, und er konnte wohl sehen, daß sie einen wie den andern mit derselben kühlen, ein wenig neckischen Höflichkeit und Koketterie behandelte. Da wagte er es einmal und forderte sie zum Fahren auf, ohne allzusehr zu erröten und zu stottern, aber immerhin mit einigem Herzklopfen. Sie legte eine kleine, in weiches Leder gekleidete Linke in seine frostrote Rechte, fuhr mit ihm dahin und verhehlte kaum ihre Belustigung über seine hilflosen Anläufe zu einer galanten Konversation. Schließlich machte sie sich mit leichtem Dank und Kopfnicken los, und gleich darauf hörte er sie mit ihren Freundinnen, von denen manche listig nach ihm herüberschielte, so hell und boshaft lachen, wie es nur hübsche und verwöhnte kleine Mädchen können.

Das war ihm zu viel, er tat von da an diese ohnehin nicht echte Schwärmerei entrüstet von sich ab und machte sich ein Vergnügen daraus, künftighin den Fratz, wie er sie jetzt nannte, weder auf dem Eisplatz noch auf der Straße mehr zu grüßen.

Seine Freude darüber, dieser unwürdigen Fesseln einer faden Galanterie wieder ledig zu sein, suchte er dadurch zum Ausdruck zu bringen und womöglich zu erhöhen, daß er häufig in den Abendstunden mit einigen verwegenen Kameraden auf Abenteuer auszog. Sie hänselten die Polizeidiener, klopften an erleuchtete Parterrefenster, zogen an Glockensträngen und klemmten elektrische Drücker mit Zündholzspänen fest, brachten angekettete Hofhunde zur Raserei und erschreckten Mädchen und Frauen in entlegenen Vorstadtgassen durch Pfiffe, Knallerbsen und Kleinfeuerwerk.

Karl Bauer fühlte sich bei diesen Unternehmungen im winterlichen Abenddunkel eine Zeitlang überaus wohl; ein fröhlicher Übermut und zugleich ein beklemmendes Erlebnisfieber machte ihn dann wild und kühn und bereitete ihm ein köstliches Herzklopfen, das er niemand eingestand und das er doch wie einen Rausch genoß. Nachher spielte er dann zu Hause noch lange auf der Geige oder las spannende Bücher und kam sich dabei vor wie ein vom Beutezug heimgekehrter Raubritter, der seinen Sä-

Der Lateinschüler

bel abgewischt und an die Wand gehängt und einen friedlich leuchtenden Kienspan entzündet hat.

Als aber bei diesen Dämmerungsfahrten allmählich alles immer wieder auf die gleichen Streiche und Ergötzungen hinauslief und als niemals etwas von den heimlich erwarteten richtigen Abenteuern passieren wollte, fing das Vergnügen allmählich an, ihm zu verleiden, und er zog sich von der ausgelassenen Kameradschaft enttäuscht mehr und mehr zurück. Und gerade an jenem Abend, da er zum letztenmal mitmachte und nur mit halbem Herzen noch dabei war, mußte ihm dennoch ein kleines Erlebnis blühen.

Die Buben liefen zu viert in der Brühelgasse hin und her, spielten mit kleinen Spazierstöckchen und sannen auf Schandtaten. Der eine hatte einen blechernen Zwicker auf der Nase, und alle vier trugen ihre Hüte und Mützen mit burschikoser Leichtfertigkeit schief auf dem Hinterkopf. Nach einer Weile wurden sie von einem eilig daherkommenden Dienstmädchen überholt, sie streifte rasch an ihnen vorbei und trug einen großen Henkelkorb am Arm. Aus dem Korbe hing ein langes Stück schwarzes Band herunter, flatterte bald lustig auf und berührte bald mit dem schon beschmutzten Ende den Boden.

Ohne eigentlich etwas dabei zu denken, faßte Karl Bauer im Übermut nach dem Bändel und hielt fest. Während die junge Magd sorglos weiterging, rollte das Band sich immer länger ab, und die Buben brachen in ein frohlockendes Gelächter aus. Da drehte das Mädchen sich um, stand wie der Blitz vor den lachenden Jünglingen, schön und jung und blond, gab dem Bauer eine Ohrfeige, nahm das verlorene Band hastig auf und eilte schnell davon.

Der Spott ging nun über den Gezüchtigten her, aber Karl war ganz schweigsam geworden und nahm an der nächsten Straßenecke kurzen Abschied.

Es war ihm sonderbar ums Herz. Das Mädchen, dessen Gesicht er nur einen Augenblick in der halbdunklen Gasse gesehen hatte, war ihm sehr schön und lieb erschienen, und der Schlag von ihrer Hand, so sehr er sich seiner schämte, hatte ihm mehr wohl als weh getan. Aber wenn er daran dachte, daß er dem lieben Geschöpf einen dummen Bubenstreich gespielt hatte und daß sie ihm nun zürnen und ihn für einen einfältigen Ulkmacher ansehen müsse, dann brannte ihn Reue und Scham.

Langsam ging er heim und pfiff auf der steilen Treppe diesmal kein

Lied, sondern stieg still und bedrückt in seine Kammer hinauf. Eine halbe Stunde lang saß er in dem dunkeln und kalten Stüblein, die Stirn an der Fensterscheibe. Dann langte er die Geige hervor und spielte lauter sanfte, alte Lieder aus seiner Kinderzeit und darunter manche, die er seit vier und fünf Jahren nimmer gesungen oder gegeigt hatte. Er dachte an seine Schwester und an den Garten daheim, an den Kastanienbaum und an die rote Kapuzinerblüte an der Veranda, und an seine Mutter. Und als er dann müde und verwirrt zu Bett gegangen war und doch nicht gleich schlafen konnte, da geschah es dem trotzigen Abenteurer und Gassenhelden, daß er ganz leise und sanft zu weinen begann und stille weiter weinte, bis er eingeschlummert war.

Karl kam nun bei den bisherigen Genossen seiner abendlichen Streifzüge in den Ruf eines Feiglings und Deserteurs, denn er nahm nie wieder an diesen Gängen teil. Statt dessen las er den Don Carlos, die Gedichte Emanuel Geibels und die Hallig von Biernatzki, fing ein Tagebuch an und nahm die Hilfsbereitschaft der guten Babett nur selten mehr in Anspruch.

Diese gewann den Eindruck, es müsse etwas bei dem jungen Manne nicht in Ordnung sein, und da sie nun einmal eine Fürsorge um ihn übernommen hatte, erschien sie eines Tages an der Kammertür, um nach dem Rechten zu sehen. Sie kam nicht mit leeren Händen, sondern brachte ein schönes Stück Lyonerwurst mit und drang darauf, daß Karl es sofort vor ihren Augen verzehre.

»Ach laß nur, Babett«, meinte er, »jetzt hab ich gerade keinen Hunger.«

Sie war jedoch der Ansicht, junge Leute müßten zu jeder Stunde essen können, und ließ nicht nach, bis er ihren Willen erfüllt hatte. Sie hatte einmal von der Überbürdung der Jugend an den Gymnasien gehört und wußte nicht, wie fern ihr Schützling sich von jeder Überanstrengung im Studieren hielt. Nun sah sie in der auffallenden Abnahme seiner Eßlust eine beginnende Krankheit, redete ihm ernstlich ins Gewissen, erkundigte sich nach den Einzelheiten seines Befindens und bot ihm am Ende ein bewährtes volkstümliches Laxiermittel an. Da mußte Karl doch lachen und erklärte ihr, daß er völlig gesund sei und daß sein geringerer Appetit nur von einer Laune oder Verstimmung herrühre. Das begriff sie sofort.

»Pfeifen hört man dich auch fast gar nimmer«, sagte sie lebhaft, »und es ist dir doch niemand gestorben. Sag, du wirst doch nicht gar verliebt sein?«

Der Lateinschüler

Karl konnte nicht verhindern, daß er ein wenig rot wurde, doch wies er diesen Verdacht mit Entrüstung zurück und behauptete, ihm fehle nichts als ein wenig Zerstreuung, er habe Langeweile.

»Dann weiß ich dir gleich etwas«, rief Babett fröhlich. »Morgen hat die kleine Lies vom unteren Eck Hochzeit. Sie war ja schon lang genug verlobt, mit einem Arbeiter. Eine bessere Partie hätte sie schon machen können, sollte man denken, aber der Mann ist nicht unrecht, und das Geld allein macht auch nicht selig. Und zu der Hochzeit mußt du kommen, die Lies kennt dich ja schon, und alle haben eine Freude, wenn du kommst und zeigst, daß du nicht zu stolz bist. Die Anna vom Grünen Baum und die Gret vom Bischofseck sind auch da und ich, sonst nicht viel Leute. Wer sollt's auch zahlen? Es ist halt nur so eine stille Hochzeit, im Haus, und kein großes Essen und kein Tanz und nichts dergleichen. Man kann auch ohne das vergnügt sein.«

»Ich bin aber doch nicht eingeladen«, meinte Karl zweifelnd, da die Sache ihm nicht gar so verlockend vorkam. Aber die Babett lachte nur.

»Ach was, das besorg ich schon, und es handelt sich ja auch bloß um eine Stunde oder zwei am Abend. Und jetzt fällt mir noch das Allerbeste ein! Du bringst deine Geige mit. – Warum nicht gar! Ach, dumme Ausreden! Du bringst sie mit, gelt ja, das gibt eine Unterhaltung, und man dankt dir noch dafür.«

Es dauerte nicht lange, so hatte der junge Herr zugesagt.

Am andern Tage holte ihn die Babett gegen Abend ab; sie hatte ein wohlerhaltenes Prachtkleid aus ihren jüngeren Jahren angelegt, das sie stark beengte und erhitzte, und sie war ganz aufgeregt und rot vor Festfreude. Doch duldete sie nicht, daß Karl sich umkleide, nur einen frischen Kragen solle er umlegen, und die Stiefel bürstete sie trotz des Staatskleides ihm sogleich an den Füßen ab. Dann gingen sie miteinander in das ärmliche Vorstadthaus, wo jenes junge Ehepaar eine Stube nebst Küche und Kammer gemietet hatte. Und Karl nahm seine Geige mit.

Sie gingen langsam und vorsichtig, denn seit gestern war Tauwetter eingetreten, und sie wollten doch mit reinen Stiefeln draußen ankommen. Babett trug einen ungeheuer großen und massiven Regenschirm unter den Arm geklemmt und hielt ihren rotbraunen Rock mit beiden Händen hoch heraufgezogen, nicht zu Karls Freude, der sich ein wenig schämte, mit ihr gesehen zu werden.

In dem sehr bescheidenen, weißgegipsten Wohnzimmer der Neuvermählten saßen um den tannenen, sauber gedeckten Eßtisch sieben oder acht Menschen beieinander, außer dem Paare selbst zwei Kollegen des Hochzeiters und ein paar Basen oder Freundinnen der jungen Frau. Es hatte einen Schweinebraten mit Salat zum Festmahl gegeben, und nun stand ein Kuchen auf dem Tisch und daneben am Boden zwei große Bierkrüge. Als die Babett mit Karl Bauer ankam, standen alle auf, der Hausherr machte zwei schamhafte Verbeugungen, die redegewandte Frau übernahm die Begrüßung und Vorstellung, und jeder von den Gästen gab den Angekommenen die Hand.

»Nehmet vom Kuchen«, sagte die Wirtin. Und der Mann stellte schweigend zwei neue Gläser hin und schenkte Bier ein.

Karl hatte, da noch keine Lampe angezündet war, bei der Begrüßung niemand als die Gret vom Bischofseck erkannt. Auf einen Wink Babetts drückte er ein in Papier gewickeltes Geldstück, das sie ihm zu diesem Zwecke vorher übergeben hatte, der Hausfrau in die Hand und sagte einen Glückwunsch dazu. Dann wurde ihm ein Stuhl hingeschoben, und er kam vor sein Bierglas zu sitzen.

In diesem Augenblick sah er mit plötzlichem Erschrecken neben sich das Gesicht jener jungen Magd, die ihm neulich in der Brühelgasse die Ohrfeige versetzt hatte. Sie schien ihn jedoch nicht zu erkennen, wenigstens sah sie ihm gleichmütig ins Gesicht und hielt ihm, als jetzt auf den Vorschlag des Wirtes alle miteinander anstießen, freundlich ihr Glas entgegen. Hierdurch ein wenig beruhigt, wagte Karl sie offen anzusehen. Er hatte in letzter Zeit jeden Tag oft genug an dies Gesicht gedacht, das er damals nur einen Augenblick und seither nicht wieder gesehen hatte, und nun wunderte er sich, wie anders sie aussah. Sie war sanfter und zarter, auch etwas schlanker und leichter als das Bild, das er von ihr herumgetragen hatte. Aber sie war nicht weniger hübsch und noch viel liebreizender, und es wollte ihm scheinen, sie sei kaum älter als er.

Während die andern, namentlich Babett und die Anna, sich lebhaft unterhielten, wußte Karl nichts zu sagen und saß stille da, drehte sein Bierglas in der Hand und ließ die junge Blonde nicht aus den Augen. Wenn er daran dachte, wie oft es ihn verlangt hatte, diesen Mund zu küssen, erschrak er beinahe, denn es schien ihm nun, je länger er sie ansah, desto schwieriger und verwegener, ja ganz unmöglich zu sein.

Er wurde kleinlaut und blieb eine Weile schweigsam und unfroh sitzen. Da rief ihn die Babett auf, er solle seine Geige nehmen und etwas spielen.

Der Lateinschüler

Der Junge sträubte und zierte sich ein wenig, griff dann aber in den Kasten, zupfte, stimmte und spielte ein beliebtes Lied, das, obwohl er zu hoch angestimmt hatte, die ganze Gesellschaft sogleich mitsang.

Damit war das Eis gebrochen, und es entstand eine laute Fröhlichkeit um den Tisch. Eine nagelneue kleine Stehlampe ward vorgezeigt, mit Öl gefüllt und angezündet, Lied um Lied klang in der Stube auf, ein frischer Krug Bier wurde aufgestellt, und als Karl Bauer einen der wenigen Tänze, die er konnte, anstimmte, waren im Augenblick drei Paare auf dem Plan und drehten sich lachend durch den viel zu engen Raum.

Gegen neun Uhr brachen die Gäste auf. Die Blonde hatte eine Straße lang denselben Weg wie Karl und Babett, und auf diesem Wege wagte er es, ein Gespräch mit dem Mädchen zu führen.

»Wo sind Sie denn hier im Dienst?« fragte er schüchtern.

»Beim Kaufmann Kolderer, in der Salzgasse am Eck.«

»So, so.«

»Ja.«

»Ja freilich. So ...«

Dann gab es eine längere Pause. Aber er riskierte es und fing noch einmal an.

»Sind Sie schon lange hier?«

»Ein halb Jahr.«

»Ich meine immer, ich hätte Sie schon einmal gesehen.«

»Ich Sie aber nicht.«

»Einmal am Abend, in der Brühelgasse, nicht?«

»Ich weiß nichts davon. Liebe Zeit, man kann ja nicht alle Leute auf der Gasse so genau angucken.«

Glücklich atmete er auf, daß sie den Übeltäter von damals nicht in ihm erkannt hatte; er war schon entschlossen gewesen, sie um Verzeihung zu bitten.

Da war sie an der Ecke ihrer Straße und blieb stehen, um Abschied zu nehmen. Sie gab der Babett die Hand, und zu Karl sagte sie: »Adieu denn, Herr Student. Und danke auch schön!«

»Für was denn?«

»Für die Musik, für die schöne. Also gut Nacht miteinander.«

Karl streckte ihr, als sie eben umdrehen wollte, die Hand hin und sie legte die ihre flüchtig darein. Dann war sie fort.

Als er nachher auf dem Treppenabsatz der Babett gut Nacht sagte, fragte sie: »Nun, ist's schön gewesen oder nicht?«

»Schön ist's gewesen, wunderschön, jawohl«, sagte er glücklich und war froh, daß es so dunkel war, denn er fühlte, wie ihm das warme Blut ins Gesicht stieg.

Die Tage nahmen zu. Es wurde allmählich wärmer und blauer, auch in den verstecktesten Gräben und Hofwinkeln schmolz das alte graue Grundeis weg, und an hellen Nachmittagen wehte schon Vorfrühlingsahnung in den Lüften.

Da eröffnete auch die Babett ihren abendlichen Hofzirkel wieder und saß, so oft es die Witterung dulden wollte, vor der Kellereinfahrt im Gespräch mit ihren Freundinnen und Schutzbefohlenen. Karl aber hielt sich fern und lief in der Traumwolke seiner Verliebtheit herum. Das Vivarium in seiner Stube hatte er eingehen lassen, auch das Schnitzen und Schreinern trieb er nicht mehr. Dafür hatte er sich ein Paar eiserne Hanteln von unmäßiger Größe und Schwere angeschafft und turnte damit, wenn das Geigen nimmer helfen wollte, bis zur Erschöpfung in seiner Kammer auf und ab.

Drei- oder viermal war er der hellblonden jungen Magd wieder auf der Gasse begegnet und hatte sie jedesmal liebenswerter und schöner gefunden. Aber mit ihr gesprochen hatte er nicht mehr und sah auch keine Aussicht dazu offen.

Da geschah es an einem Sonntagnachmittag, dem ersten Sonntag im März, daß er beim Verlassen des Hauses nebenan im Höflein die Stimmen der versammelten Mägde erlauschte und in plötzlich erregter Neugierde sich ans angelehnte Tor stellte und durch den Spalt hinauspähte. Er sah die Gret und die fröhliche Margret aus der Binderei dasitzen und hinter ihnen einen lichtblonden Kopf, der sich in diesem Augenblick ein wenig erhob. Und Karl erkannte sein Mädchen, die blonde Tine, und mußte vor frohem Schrecken erst veratmen und sich zusammenraffen, ehe er die Tür aufstoßen und zu der Gesellschaft treten konnte.

»Wir haben schon gemeint, der Herr sei vielleicht zu stolz geworden«, rief die Margret lachend und streckte ihm als erste die Hand entgegen. Die Babett drohte ihm mit dem Finger, machte ihm aber zugleich einen Platz frei und hieß ihn sitzen. Dann fuhren die Weiber in ihren vorigen Gesprächen fort. Karl aber verließ sobald wie möglich seinen Sitz und schritt eine Weile hin und her, bis er neben der Tine haltmachte.

»So, sind Sie auch da?« fragte er leise.

»Jawohl, warum auch nicht? Ich habe immer geglaubt, Sie kämen einmal. Aber Sie müssen gewiß alleweil lernen.«

»O, so schlimm ist das nicht mit dem Lernen, das läßt sich noch zwingen. Wenn ich nur gewußt hätte, daß Sie dabei sind, dann wär ich sicher immer gekommen.«

»Ach, gehen Sie doch mit so Komplimenten!«

»Es ist aber wahr, ganz gewiß. Wissen Sie, damals bei der Hochzeit ist es so schön gewesen.«

»Ja, ganz nett.«

»Weil Sie dort gewesen sind, bloß deswegen.«

»Sagen Sie keine so Sachen, Sie machen ja nur Spaß.«

»Nein, nein. Sie müssen mir nicht bös sein.«

»Warum auch bös?«

»Ich hatte schon Angst, ich sehe Sie am Ende gar nimmer.«

»So, und was dann?«

»Dann – dann weiß ich gar nicht, was ich getan hätte. Vielleicht wär ich ins Wasser gesprungen.«

»O je, 's wär schad um die Haut, sie hätt können naß werden.«

»Ja, Ihnen wär's natürlich nur zum Lachen gewesen.«

»Das doch nicht. Aber Sie reden auch ein Zeug, daß man ganz sturm im Kopf könnt werden. Geben Sie Obacht, sonst auf einmal glaub ich's Ihnen.«

»Das dürfen Sie auch tun, ich mein es nicht anders.«

Hier wurde er von der herben Stimme der Gret übertönt. Sie erzählte schrill und klagend eine lange Schreckensgeschichte von einer bösen Herrschaft, die eine Magd erbärmlich behandelt und gespeist und dann, nachdem sie krank geworden war, ohne Sang und Klang entlassen hatte. Und kaum war sie mit dem Erzählen fertig, so fiel der Chor der andern laut und heftig ein, bis die Babett zum Frieden mahnte. Im Eifer der Debatte hatte Tines nächste Nachbarin dieser den Arm um die Hüfte gelegt, und Karl Bauer merkte, daß er einstweilen auf eine Fortführung des Zwiegespräches verzichten müsse.

Er kam auch zu keiner neuen Annäherung, harrte aber wartend aus, bis nach nahezu zwei Stunden die Margret das Zeichen zum Aufbruch gab. Es war schon dämmerig und kühl geworden. Er sagte kurz adieu und lief eilig davon.

Als eine Viertelstunde später die Tine sich in der Nähe ihres Hauses von der letzten Begleiterin verabschiedet hatte und die kleine Strecke vollends allein ging, trat plötzlich hinter einem Ahornbaume hervor der Lateinschüler ihr in den Weg und grüßte sie mit schüchterner Höflichkeit. Sie erschrak ein wenig und sah ihn beinahe zornig an.

»Was wollen Sie denn, Sie?«

Da bemerkte sie, daß der junge Kerl ganz ängstlich und bleich aussah, und sie milderte Blick und Stimme beträchtlich.

»Also, was ist's denn mit Ihnen?«

Er stotterte sehr und brachte wenig Deutliches heraus. Dennoch verstand sie, was er meine, und verstand auch, daß es ihm ernst sei, und kaum sah sie den Jungen so hilflos in ihre Hände geliefert, so tat er ihr auch schon leid, natürlich ohne daß sie darum weniger Stolz und Freude über ihren Triumph empfunden hätte.

»Machen Sie keine dummen Sachen«, redete sie ihm gütig zu. Und als sie hörte, daß er erstickte Tränen in der Stimme hatte, fügte sie hinzu: »Wir sprechen ein andermal miteinander, jetzt muß ich heim. Sie dürfen auch nicht so aufgeregt sein, nicht wahr? Also aufs Wiedersehen!«

Damit enteilte sie nickend, und er ging langsam, langsam davon, während die Dämmerung zunahm und vollends in Finsternis und Nacht überging. Er schritt durch Straßen und über Plätze, an Häusern, Mauern, Gärten und sanftfließenden Brunnen vorbei, ins Feld vor die Stadt hinaus und wieder in die Stadt hinein, unter den Rathausbogen hindurch und am oberen Marktplatz hin, aber alles war verwandelt und ein unbekanntes Fabelland geworden. Er hatte ein Mädchen lieb, und er hatte es ihr gesagt, und sie war gütig gegen ihn gewesen und hatte »auf Wiedersehen« zu ihm gesagt!

Lange schritt er ziellos so umher, und da es ihm kühl wurde, hatte er die Hände in die Hosentaschen gesteckt, und als er beim Einbiegen in seine Gasse aufschaute und den Ort erkannte und aus seinem Traum erwachte, fing er ungeachtet der späten Abendstunde an laut und durchdringend zu pfeifen. Es tönte widerhallend durch die nächtige Straße und verklang erst im kühlen Hausgang der Witwe Kusterer.

Tine machte sich darüber, was aus der Sache werden solle, viele Gedanken, jedenfalls mehr als der Verliebte, der vor Erwartungsfieber und süßer Erregung nicht zum Nachdenken kam. Das Mädchen fand, je länger sie sich das Geschehene vorhielt und überlegte, desto weniger Tadelnswertes an dem hübschen Knaben; auch war es ihr ein neues und köstliches Gefühl, einen so feinen und gebildeten, dazu unverdorbenen Jüngling in sie verliebt zu wissen. Dennoch dachte sie keinen Augenblick an ein Liebesverhältnis, das ihr nur Schwierigkeiten oder gar Schaden bringen und jedenfalls zu keinem soliden Ziele führen konnte.

Hingegen widerstrebte es ihr auch wieder, dem armen Buben durch eine harte Antwort oder durch gar keine weh zu tun. Am liebsten hätte sie ihn halb schwesterlich, halb mütterlich in Güte und Scherz zurechtgewiesen. Mädchen sind in diesen Jahren schon fertiger und ihres Wesens sicherer als Knaben, und eine Dienstmagd vollends, die ihr eigen Brot verdient, ist in Dingen der Lebensklugheit jedem Schüler oder Studentlein weit überlegen, zumal wenn dieser verliebt ist und sich willenlos ihrem Gutdünken überläßt.

Die Gedanken und Entschlüsse der bedrängten Magd schwankten zwei Tage lang hin und wider. So oft sie zu dem Schluß gekommen war, eine strenge und deutliche Abweisung sei doch das Richtige, so oft wehrte sich ihr Herz, das in den Jungen zwar nicht verliebt, aber ihm doch in mitleidig-gütigem Wohlwollen zugetan war.

Und schließlich machte sie es, wie es die meisten Leute in derartigen Lagen machen: sie wog ihre Entschlüsse so lang gegeneinander ab, bis sie gleichsam abgenutzt waren und zusammen wieder dasselbe zweifelnde Schwanken darstellten wie in der ersten Stunde. Und als es Zeit zu handeln war, tat und sagte sie kein Wort von dem zuvor Bedachten und Beschlossenen, sondern überließ sich völlig dem Augenblick, gerade wie Karl Bauer auch.

Diesem begegnete sie am dritten Abend, als sie ziemlich spät noch auf einen Ausgang geschickt wurde, in der Nähe ihres Hauses. Er grüßte bescheiden und sah ziemlich kleinlaut aus. Nun standen die zwei jungen Leute voreinander und wußten nicht recht, was sie einander zu sagen hätten. Die Tine fürchtete, man möchte sie sehen, und trat schnell in eine offenstehende, dunkle Toreinfahrt, wohin Karl ihr ängstlich folgte. Nebenzu scharrten Rosse in einem Stall, und in irgendeinem benachbarten Hof oder Garten probierte ein unerfahrener Dilettant seine Anfängergriffe auf einer Blechflöte.

»Was der aber zusammenbläst!« sagte Tine leise und lachte gezwungen.

»Tine!«

»Ja, was denn?«

»Ach, Tine – –«

Der scheue Junge wußte nicht, was für ein Spruch seiner warte, aber es wollte ihm scheinen, die Blonde zürne ihm nicht unversöhnlich.

»Du bist so lieb«, sagte er ganz leise und erschrak sofort darüber, daß er sie ungefragt geduzt hatte.

Sie zögerte eine Weile mit der Antwort. Da griff er, dem der Kopf ganz leer und wirbelig war, nach ihrer Hand, und er tat es so schüchtern und hielt die Hand so ängstlich lose und bittend, daß es ihr unmöglich wurde, ihm den verdienten Tadel zu erteilen. Vielmehr lächelte sie und fuhr dem armen Liebhaber mit ihrer freien Linken sachte übers Haar.

»Bist du mir auch nicht bös?« fragte er, selig bestürzt.

»Nein, du Bub, du kleiner«, lachte die Tine nun freundlich. »Aber fort muß ich jetzt, man wartet daheim auf mich. Ich muß ja noch Wurst holen.«

»Darf ich nicht mit?«

»Nein, was denkst du auch! Geh voraus und heim, nicht daß uns jemand beieinander sieht.«

»Also gut Nacht, Tine.«

»Ja, geh jetzt nur! Gut Nacht.«

Er hatte noch mehreres fragen und erbitten wollen, aber er dachte jetzt nimmer daran und ging glücklich fort, mit leichten, ruhigen Schritten, als sei die gepflasterte Stadtstraße ein weicher Rasenboden, und mit blinden, einwärtsgekehrten Augen, als komme er aus einem blendend lichten Lande. Er hatte ja kaum mit ihr gesprochen, aber er hatte du zu ihr gesagt und sie zu ihm, er hatte ihre Hand gehalten, und sie war ihm mit der ihren übers Haar gefahren. Das schien ihm mehr als genug, und auch noch nach vielen Jahren fühlte er, sooft er an diesen Abend dachte, ein Glück und eine dankbare Güte seine Seele wie ein Lichtschein erfüllen.

Die Tine freilich, als sie nachträglich das Begebnis überdachte, konnte durchaus nimmer begreifen, wie das zugegangen war. Doch fühlte sie wohl, daß Karl an diesem Abend ein Glück erlebt habe und ihr dafür dankbar sei, auch vergaß sie seine kindliche Verschämtheit nicht und konnte schließlich in dem Geschehenen kein so großes Unheil finden. Immerhin wußte sich das kluge Mädchen von jetzt an für den Schwärmer verantwortlich und nahm sich vor, ihn so sanft und sicher wie möglich an dem angesponnenen Faden zum Rechten zu führen. Denn daß eines Menschen erste Verliebtheit, sie möge noch so heilig und köstlich sein, doch nur ein

Der Lateinschüler

Behelf und ein Umweg sei, das hatte sie, es war noch nicht so lange her, selber mit Schmerzen erfahren. Nun hoffte sie, dem Kleinen ohne unnötiges Wehtun über die Sache hinüberzuhelfen.

Das nächste Wiedersehen geschah erst am Sonntag bei der Babett. Dort begrüßte Tine den Gymnasiasten freundlich, nickte ihm von ihrem Platze aus ein- oder zweimal lächelnd zu, zog ihn mehrmals mit ins Gespräch und schien im übrigen nicht anders mit ihm zu stehen als früher. Für ihn aber war jedes Lächeln von ihr ein unschätzbares Geschenk und jeder Blick eine Flamme, die ihn mit Glanz und Glut umhüllte.

Einige Tage später aber kam Tine endlich dazu, deutlich mit dem Jungen zu reden. Es war nachmittags nach der Schule, und Karl hatte wieder in der Gegend um ihr Haus herum gelauert, was ihr nicht gefiel. Sie nahm ihn durch den kleinen Garten in einen Holzspeicher hinter dem Hause mit, wo es nach Sägespänen und trockenem Buchenholz roch. Dort nahm sie ihn vor, untersagte ihm vor allem sein Verfolgen und Auflauern und machte ihm klar, was sich für einen jungen Liebhaber von seiner Art gebühre.

»Du siehst mich jedesmal bei der Babett, und von dort kannst du mich ja allemal begleiten, wenn du magst, aber nur bis dahin, wo die andern mitgehen, nicht den ganzen Weg. Allein mit mir gehen darfst du nicht, und wenn du vor den andern nicht Obacht gibst und dich zusammennimmst, dann geht alles schlecht. Die Leute haben ihre Augen überall, und wo sie's rauchen sehen, schreien sie gleich Feurio.«

»Ja, wenn ich doch aber dein Schatz bin«, erinnerte Karl etwas weinerlich. Sie lachte.

»Mein Schatz! Was heißt jetzt das wieder! Sag das einmal der Babett oder deinem Vater daheim, oder deinem Lehrer! Ich hab dich ja ganz gern und will nicht unrecht mit dir sein, aber eh du mein Schatz sein könntest, da müßtest du vorher ein eigner Herr sein und dein eignes Brot essen, und bis dahin ist's doch noch recht lang. Einstweilen bist du einfach ein verliebter Schulbub, und wenn ich's nicht gut mit dir meinte, würd ich gar nimmer mit dir darüber reden. Deswegen brauchst du aber nicht den Kopf zu hängen, das bessert nichts.«

»Was soll ich dann tun? Hast du mich nicht gern?«

»O Kleiner! Davon ist doch nicht die Rede. Nur vernünftig sein sollst du und nicht Sachen verlangen, die man in deinem Alter noch nicht haben kann. Wir wollen gute Freunde sein und einmal abwarten, mit der Zeit kommt schon alles, wie es soll.«

»Meinst du? Aber du, etwas hab ich doch sagen wollen –«
»Und was?«
»Ja, sieh – nämlich – –«
»Red doch!«
»– ob du mir nicht auch einmal einen Kuß geben willst.«

Sie betrachtete sein rotgewordenes, unsicher fragendes Gesicht und seinen knabenhaften, hübschen Mund, und einen Augenblick schien es ihr nahezu erlaubt, ihm den Willen zu tun. Dann schalt sie sich aber sogleich und schüttelte streng den blonden Kopf.

»Einen Kuß? Für was denn?«
»Nur so. Du mußt nicht bös sein.«
»Ich bin nicht bös. Aber du mußt auch nicht keck werden. Später einmal reden wir wieder davon. Kaum kennst du mich und willst gleich küssen! Mit so Sachen soll man kein Spiel treiben. Also sei jetzt brav, am Sonntag seh ich dich wieder, und dann könntest du auch einmal deine Geige bringen, nicht?«
»Ja, gern.«

Sie ließ ihn gehen und sah ihm nach, wie er nachdenklich und ein wenig unlustig davonschritt. Und sie fand, er sei doch ein ordentlicher Kerl, dem sie nicht zu weh tun dürfe.

Wenn Tines Ermahnungen auch eine bittere Pille für Karl gewesen waren, er folgte doch und befand sich nicht schlecht dabei. Zwar hatte er vom Liebeswesen einigermaßen andre Vorstellungen gehabt und war anfangs ziemlich enttäuscht, aber bald entdeckte er die alte Wahrheit, daß Geben seliger als Nehmen ist und daß Lieben schöner ist und seliger macht als Geliebtwerden. Daß er seine Liebe nicht verbergen und sich ihrer nicht schämen mußte, sondern sie anerkannt, wenn auch zunächst nicht belohnt sah, das gab ihm ein Gefühl der Lust und Freiheit und hob ihn aus dem engen Kreis seiner bisherigen unbedeutenden Existenz in die höhere Welt der großen Gefühle und Ideale.

Bei den Zusammenkünften der Mägde spielte er jetzt jedesmal ein paar Stücklein auf der Geige vor.

»Das ist bloß für dich, Tine«, sagte er nachher, »weil ich dir sonst nichts geben und zulieb tun kann.«

Der Lateinschüler

Der Frühling rückte näher und war plötzlich da, mit gelben Sternblumen auf zartgrünen Matten, mit dem tiefen Föhnblau ferner Waldgebirge, mit feinen Schleiern jungen Laubes im Gezweige und wiederkehrenden Zugvögeln. Die Hausfrauen stellten ihre Stockscherben mit Hyazinthen und Geranien auf die grünbemalten Blumenbretter vor den Fenstern. Die Männer verdauten mittags unterm Haustor in Hemdärmeln und konnten abends im Freien Kegel schieben. Die jungen Leute kamen in Unruhe, wurden schwärmerischer und verliebten sich.

An einem Sonntag, der mildblau und lächelnd über dem schon grünen Flußtal aufgegangen war, ging die Tine mit einer Freundin spazieren. Sie wollten eine Stunde weit nach der Emanuelsburg laufen, einer Ruine im Wald. Als sie aber schon gleich vor der Stadt an einem fröhlichen Wirtsgarten vorüberkamen, wo eine Musik erschallte und auf einem runden Rasenplatz ein Schleifer getanzt wurde, gingen sie zwar an der Versuchung vorüber, aber langsam und zögernd, und als die Straße einen Bogen machte, und als sie bei dieser Windung noch einmal das süß anschwellende Wogen der schon ferner tönenden Musik vernahmen, da gingen sie noch langsamer und gingen schließlich gar nicht mehr, sondern lehnten am Wiesengatter des Straßenrandes und lauschten hinüber, und als sie nach einer Weile wieder Kraft zum Gehen hatten, war doch die lustig-sehnsüchtige Musik stärker als sie und zog sie rückwärts.

»Die alte Emanuelsburg läuft uns nicht davon«, sagte die Freundin, und damit trösteten sich beide und traten errötend und mit gesenkten Blicken in den Garten, wo man durch ein Netzwerk von Zweigen und braunen, harzigen Kastanienknospen den Himmel noch blauer lachen sah. Es war ein herrlicher Nachmittag, und als Tine gegen Abend in die Stadt zurückkehrte, tat sie es nicht allein, sondern wurde höflich von einem kräftigen, hübschen Mann begleitet.

Und diesmal war Tine an den Rechten gekommen. Er war ein Zimmermannsgesell, der mit dem Meisterwerden und einer Heirat nicht mehr allzu lange zu warten brauchte. Er sprach andeutungsweise und stockend von seiner Liebe und deutlich und fließend von seinen Verhältnissen und Aussichten. Es zeigte sich, daß er unbekannterweise die Tine schon einigemal gesehen und begehrenswert gefunden hatte und daß es ihm nicht nur um ein vorübergehendes Liebesvergnügen zu tun war. Eine Woche lang sah sie ihn täglich und gewann ihn täglich lieber, zugleich besprachen sie alles Nötige, und dann waren sie einig und galten voreinander und vor ihren Bekannten als Verlobte.

Auf die erste traumartige Erregung folgte bei Tine ein stilles, fast feierliches Fröhlichsein, über welchem sie eine Weile alles vergaß, auch den armen Schüler Karl Bauer, der in dieser ganzen Zeit vergeblich auf sie wartete.

Als ihr der vernachlässigte Junge wieder ins Gedächtnis kam, tat er ihr so leid, daß sie im ersten Augenblick daran dachte, ihm die Neuigkeit noch eine Zeitlang vorzuenthalten. Dann wieder schien ihr dies doch nicht gut und erlaubt zu sein, und je mehr sie es bedachte, desto schwieriger kam die Sache ihr vor. Sie bangte davor, sogleich ganz offen mit dem Ahnungslosen zu reden, und wußte doch, daß das der einzige Weg zum Guten war; und jetzt sah sie erst ein, wie gefährlich ihr wohlgemeintes Spiel mit dem Knaben gewesen war. Jedenfalls mußte etwas geschehen, ehe der Junge durch andre von ihrem neuen Verhältnis erfuhr. Sie wollte nicht, daß er schlecht von ihr denke. Sie fühlte, ohne es deutlich zu wissen, daß sie dem Jüngling einen Vorgeschmack und eine Ahnung der Liebe gegeben hatte und daß die Erkenntnis des Betrogenseins ihn schädigen und ihm das Erlebte vergiften würde. Sie hatte nie gedacht, daß diese Knabengeschichte ihr so zu schaffen machen könnte.

Am Ende ging sie in ihrer Ratlosigkeit zur Babett, welche freilich in Liebesangelegenheiten nicht die berufenste Richterin sein mochte. Aber sie wußte, daß die Babett ihren Lateinschüler gern hatte und sich um sein Ergehen sorgte, und so wollte sie lieber einen Tadel von ihr ertragen, als den jungen Verliebten unbehütet alleingelassen wissen.

Der Tadel blieb nicht aus. Die Babett, nachdem sie die ganze Erzählung des Mädchens aufmerksam und schweigend angehört hatte, stampfte zornig auf den Boden und fuhr die Bekennerin mit rechtschaffener Entrüstung an.

»Mach keine schönen Worte!« rief sie ihr heftig zu. »Du hast ihn einfach an der Nase herumgeführt und deinen gottlosen Spaß mit ihm gehabt, mit dem Bauer, und nichts weiter.«

»Das Schimpfen hilft nicht viel, Babett. Weißt du, wenn mir's bloß ums Amüsieren gewesen wär, dann wär ich jetzt nicht zu dir gelaufen und hätte dir's eingestanden. Es ist mir nicht so leicht gewesen.«

»So? Und jetzt, was stellst du dir vor? Wer soll jetzt die Suppe ausfressen, he? Ich vielleicht? Und es bleibt ja doch alles an dem Bub hängen, an dem armen.«

»Ja, der tut mir leid genug. Aber hör mir zu. Ich meine, ich rede jetzt mit ihm und sag ihm alles selber, ich will mich nicht schonen. Nur hab ich wollen, daß du davon weißt, damit du nachher kannst ein Aug auf ihn haben, falls es ihn zu arg plagt. – Wenn du also willst –?«

»Kann ich denn anders? Kind, dummes, vielleicht lernst du was dabei. Die Eitelkeit und das Herrgottspielenwollen betreffend, meine ich. Es könnte nicht schaden.«

Diese Unterredung hatte das Ergebnis, daß die alte Magd noch am selben Tag eine Zusammenkunft der beiden im Hofe veranstaltete, ohne daß Karl ihre Mitwisserschaft erriet. Es ging gegen den Abend, und das Stückchen Himmel über dem kleinen Hofraum glühte mit schwachem Goldfeuer. In der Torecke aber war es dunkel, und niemand konnte die zwei jungen Leute dort sehen.

»Ja, ich muß dir was sagen, Karl«, fing das Mädchen an. »Heut müssen wir einander adieu sagen. Es hat halt alles einmal sein Ende.«

»Aber was denn – – warum –?«

»Weil ich jetzt einen Bräutigam hab –«

»Einen – – –«

»Sei ruhig, gelt, und hör mich zuerst. Siehst, du hast mich ja gern gehabt, und ich hab dich nicht wollen so ohne Hü und ohne Hott fortschicken. Ich hab dir ja auch gleich gesagt, weißt du, daß du dich deswegen nicht als meinen Schatz ansehen darfst, nicht wahr?«

Karl schwieg.

»Nicht wahr?«

»Ja, also.«

»Und jetzt müssen wir ein Ende machen, und du mußt es auch nicht schwer nehmen, es ist die Gasse voll mit Mädchen, und ich bin nicht die einzige und auch nicht die rechte für dich, wo du doch studierst und später ein Herr wirst und vielleicht ein Doktor.«

»Nein du, Tine, sag das nicht!«

»Es ist halt doch so und nicht anders. Und das will ich dir auch noch sagen, daß das niemals das Richtige ist, wenn man sich zum erstenmal verliebt. So jung weiß man ja noch gar nicht, was man will. Es wird nie etwas draus, und später sieht man dann alles anders an und sieht ein, daß es nicht das Rechte war.«

Karl wollte etwas antworten, er hatte viel dagegen zu sagen, aber vor Leid brachte er kein Wort heraus.

»Hast du was sagen wollen?« fragte die Tine.

»O du, du weißt ja gar nicht – –«

»Was, Karl?«

»Ach, nichts. O Tine, was soll ich denn anfangen?«

»Nichts anfangen, bloß ruhig bleiben. Das dauert nicht lang, und nachher bist du froh, daß es so gekommen ist.«

»Du redest, ja, du redest –«

»Ich red nur, was in der Ordnung ist, und du wirst sehen, daß ich ganz recht hab, wenn du auch jetzt nicht dran glauben willst. Es tut mir ja leid, du, es tut mir wirklich so leid.«

»Tut's dir? – Tine, ich will ja nichts sagen, du sollst ja ganz recht haben – – aber daß das alles so auf einmal aufhören soll, alles –«

Er kam nicht weiter, und sie legte ihm die Hand auf die zuckende Schulter und wartete still, bis sein Weinen nachließ.

»Hör mich«, sagte sie dann entschlossen. »Du mußt mir jetzt versprechen, daß du brav und gescheit sein willst.«

»Ich will nicht gescheit sein! Tot möcht ich sein, lieber tot, als so – –«

»Du, Karl, tu nicht so wüst! Schau, du hast früher einmal einen Kuß von mir haben wollen – weißt noch?«

»Ich weiß.«

»Also. Jetzt, wenn du brav sein willst – sieh, ich mag doch nicht, daß du nachher übel von mir denkst; ich möcht so gern im Guten von dir Abschied nehmen. Wenn du brav sein willst, dann will ich dir den Kuß heut geben. Willst du?«

Er nickte nur und sah sie ratlos an. Und sie trat dicht zu ihm hin und gab ihm den Kuß, und der war still und ohne Gier, rein gegeben und genommen. Zugleich nahm sie seine Hand und drückte sie leise, dann ging sie schnell durchs Tor in den Hausgang und davon.

Karl Bauer hörte ihre Schritte im Gang schallen und verklingen; er hörte, wie sie das Haus verließ und über die Vortreppe auf die Straße ging. Er hörte es, aber er dachte an andre Dinge.

Er dachte an eine winterliche Abendstunde, in der ihm auf der Gasse eine junge blonde Magd eine Ohrfeige gegeben hatte, und dachte an einen Vorfrühlingsabend, da im Schatten einer Hofeinfahrt ihm eine Mädchenhand das Haar gestreichelt hatte, und die Welt war verzaubert, und die Straßen der Stadt waren fremde, selig schöne Räume gewesen. Melodien fielen ihm ein, die er früher gegeigt hatte, und jener Hochzeitsabend in

Der Lateinschüler

der Vorstadt mit Bier und Kuchen. Bier und Kuchen, kam es ihm vor, war eigentlich eine lächerliche Zusammenstellung, aber er konnte nicht weiter daran denken, denn er hatte ja seinen Schatz verloren und war betrogen und verlassen worden. Freilich, sie hatte ihm einen Kuß gegeben – einen Kuß ... O Tine!

Müde setzte er sich auf eine von den vielen leeren Kisten, die im Hof herumstanden. Das kleine Himmelsviereck über ihm wurde rot und wurde silbern, dann erlosch es und blieb lange Zeit tot und dunkel, und nach Stunden, da es mondhell wurde, saß Karl Bauer noch immer auf seiner Kiste, und sein verkürzter Schatten lag schwarz und mißgestaltet vor ihm auf dem unebenen Steinpflaster.

Es waren nur flüchtige und vereinzelte Blicke eines Zaungastes gewesen, die der junge Bauer ins Land der Liebe getan hatte, aber sie waren hinreichend gewesen, ihm das Leben ohne den Trost der Frauenliebe traurig und wertlos erscheinen zu lassen. So lebte er jetzt leere und schwermütige Tage und verhielt sich gegen die Ereignisse und Pflichten des alltäglichen Lebens teilnahmslos wie einer, der nicht mehr dazu gehört. Sein Griechischlehrer verschwendete nutzlose Ermahnungen an den unaufmerksamen Träumer; auch die guten Bissen der getreuen Babett schlugen ihm nicht an, und ihr wohlgemeinter Zuspruch glitt ohne Wirkung an ihm ab.

Es waren eine sehr scharfe, außerordentliche Vermahnung vom Rektor und eine schmähliche Arrestrafe nötig, um den Entgleisten wieder auf die Bahn der Arbeit und Vernunft zu zwingen. Er sah ein, daß es töricht und ärgerlich wäre, gerade vor dem letzten Schuljahr noch sitzenzubleiben, und begann in die immer länger werdenden Frühsommerabende hinein zu studieren, daß ihm der Kopf rauchte. Das war der Anfang der Genesung.

Manchmal suchte er noch die Salzgasse auf, in der Tine gewohnt hatte, und begriff nicht, warum er ihr kein einziges Mal begegnete. Das hatte jedoch seinen guten Grund. Das Mädchen war schon bald nach ihrem letzten Gespräch mit Karl abgereist, um in der Heimat ihre Aussteuer fertigzumachen. Er glaubte, sie sei noch da und weiche ihm aus, und nach ihr fragen mochte er niemand, auch die Babett nicht. Nach solchen Fehlgängen kam er, je nachdem, ingrimmig oder traurig heim, stürmte wild auf der Geige oder starrte lang durchs kleine Fenster auf die vielen Dächer hinaus.

Immerhin ging es vorwärts mit ihm, und daran hatte auch die Babett ihren Teil. Wenn sie merkte, daß er einen übeln Tag hatte, dann kam sie nicht selten am Abend heraufgestiegen und klopfte an seine Türe. Und dann saß sie, obwohl sie ihn nicht wissen lassen wollte, daß sie den Grund seines Leides kenne, lange bei ihm und brachte ihm Trost. Sie redete nicht von der Tine, aber sie erzählte ihm kleine drollige Anekdoten, brachte ihm eine halbe Flasche Most oder Wein mit, bat ihn um ein Lied auf der Geige oder um das Vorlesen einer Geschichte. So verging der Abend friedlich, und wenn es spät war und die Babett wieder ging, war Karl stiller geworden und konnte ohne böse Träume schlafen. Und das alte Mädchen bedankte sich noch jedesmal, wenn sie adieu sagte, für den schönen Abend.

Langsam gewann der Liebeskranke seine frühere Art und seinen Frohmut wieder, ohne zu wissen, daß die Tine sich bei der Babett öfters in Briefen nach ihm erkundigte. Er war ein wenig männlicher und reifer geworden, hatte das in der Schule Versäumte wieder eingebracht und führte nun so ziemlich dasselbe Leben wie vor einem Jahre, nur die Eidechsensammlung und das Vögelhalten fing er nicht wieder an. Aus den Gesprächen der Oberprimaner, die im Abgangsexamen standen, drangen verlockend klingende Worte über akademische Herrlichkeiten ihm ins Ohr, er fühlte sich diesem Paradiese wohlig nähergerückt und begann sich nun auf die Sommerferien ungeduldig zu freuen. Jetzt erst erfuhr er auch durch die Babett, daß Tine schon lange die Stadt verlassen habe, und wenn auch die Wunde noch zuckte und leise brannte, so war sie doch schon geheilt und dem Vernarben nahe.

Auch wenn weiter nichts geschehen wäre, hätte Karl die Geschichte seiner ersten Liebe in gutem und dankbarem Andenken behalten und gewiß nie vergessen. Es kam aber noch ein kurzes Nachspiel, das er noch weniger vergessen hat.

Acht Tage vor den Sommerferien hatte die Freude auf die Ferien in seiner noch biegsamen Seele die nachklingende Liebestrauer übertönt und verdrängt. Er begann schon zu packen und verbrannte alte Schulhefte. Die Aussicht auf Waldspaziergänge, Flußbad und Nachenfahrten, auf Heidelbeeren und Jakobiäpfel und ungebunden fröhliche Bummeltage machte ihn so froh, wie er lange nicht mehr gewesen war. Glücklich lief er durch die heißen Straßen, und an Tine hatte er schon seit mehreren Tagen gar nimmer gedacht.

Um so heftiger schreckte er zusammen, als er eines Nachmittags auf

Der Lateinschüler

dem Heimweg von der Turnstunde in der Salzgasse unvermutet mit Tine zusammentraf. Er blieb stehen, gab ihr verlegen die Hand und sagte beklommen grüß Gott. Aber trotz seiner eigenen Verwirrung bemerkte er bald, daß sie traurig und verstört aussah.

»Wie geht's, Tine?« fragte er schüchtern und wußte nicht, ob er zu ihr »du« oder »Sie« sagen solle.

»Nicht gut«, sagte sie. »Kommst du ein Stück weit mit?«

Er kehrte um und schritt langsam neben ihr die Straße zurück, während er daran denken mußte, wie sie sich früher dagegen gesträubt hatte, mit ihm gesehen zu werden. Freilich, sie ist ja jetzt verlobt, dachte er, und um nur etwas zu sagen, tat er eine Frage nach dem Befinden ihres Bräutigams. Da zuckte Tine so jämmerlich zusammen, daß es auch ihm weh tat.

»Weißt du also noch nichts?« sagte sie leise. »Er liegt im Spital, und man weiß nicht, ob er mit dem Leben davonkommt. – Was ihm fehlt? Von einem Neubau ist er abgestürzt und ist seit gestern nicht zu sich gekommen.«

Schweigend gingen sie weiter. Karl besann sich vergebens auf irgendein gutes Wort der Teilnahme; ihm war es wie ein beängstigender Traum, daß er jetzt so neben ihr durch die Straßen ging und Mitleid mit ihr haben mußte.

»Wo gehst du jetzt hin?« fragte er schließlich, da er das Schweigen nimmer ertrug.

»Wieder zu ihm. Sie haben mich mittags fortgeschickt, weil mir's nicht gut war.«

Er begleitete sie bis an das große stille Krankenhaus, das zwischen hohen Bäumen und umzäunten Anlagen stand, und ging auch leise schaudernd mit hinein über die breite Treppe und durch die sauberen Flure, deren mit Medizingerüchen erfüllte Luft ihn scheu machte und bedrückte.

Dann trat Tine allein in eine numerierte Türe. Er wartete still auf dem Gang; es war sein erster Aufenthalt in einem solchen Hause, und die Vorstellung der vielen Schrecken und Leiden, die hinter allen diesen lichtgrau gestrichenen Türen verborgen waren, nahm sein Gemüt mit Grauen gefangen. Er wagte sich kaum zu rühren, bis Tine wieder herauskam.

»Es ist ein wenig besser, sagen sie, und vielleicht wacht er heut noch auf. Also adieu, Karl, ich bleib jetzt drinnen, und danke auch schön.«

Leise ging sie wieder hinein und schloß die Türe, auf der Karl zum hundertstenmal gedankenlos die Ziffer siebzehn las. Seltsam erregt verließ er das unheimliche Haus. Die vorige Fröhlichkeit war ganz in ihm erloschen, aber was er jetzt empfand, war auch nicht mehr das einstige Liebesweh, es war eingeschlossen und umhüllt von einem viel weiteren, größeren Fühlen und Erleben. Er sah sein Entsagungsleid klein und lächerlich werden neben dem Unglück, dessen Anblick ihn überrascht hatte. Er sah auch plötzlich ein, daß sein kleines Schicksal nichts Besonderes und keine grausame Ausnahme sei, sondern daß auch über denen, die er für Glückliche angesehen hatte, unentrinnbar das Schicksal walte.

Aber er sollte noch mehr und noch Besseres und Wichtigeres lernen. In den folgenden Tagen, da er Tine häufig im Spital aufsuchte, und dann, als der Kranke so weit war, daß Karl ihn zuweilen sehen durfte, da erlebte er nochmals etwas ganz Neues.

Da lernte er sehen, daß auch das unerbittliche Schicksal noch nicht das Höchste und Endgültige ist, sondern daß schwache, angstvolle, gebeugte Menschenseelen es überwinden und zwingen können. Noch wußte man nicht, ob dem Verunglückten mehr als das hilflos elende Weiterleben eines Siechen und Gelähmten zu retten sein werde. Aber über diese angstvolle Sorge hinweg sah Karl Bauer die beiden Armen sich des Reichtums ihrer Liebe erfreuen, er sah das ermüdete, von Sorgen verzehrte Mädchen aufrecht bleiben und Licht und Freude um sich verbreiten und sah das blasse Gesicht des gebrochenen Mannes trotz der Schmerzen von einem frohen Glanz zärtlicher Dankbarkeit verklärt.

Und er blieb, als schon die Ferien begonnen hatten, noch mehrere Tage da, bis die Tine selber ihn zum Abreisen nötigte.

Im Gang vor den Krankenzimmern nahm er von ihr Abschied, anders und schöner als damals im Hof des Kustererschen Ladens. Er nahm nur ihre Hand und dankte ihr ohne Worte, und sie nickte ihm unter Tränen zu. Er wünschte ihr Gutes und hatte selber in sich keinen besseren Wunsch, als daß auch er einmal auf die heilige Art lieben und Liebe empfangen möchte wie das arme Mädchen und ihr Verlobter.

(1905)

Anton Schievelbeyn's Ohn-freywillige Reisse nacher Ost-Indien

Ein Plagiat aus dem 17. Jahrhundert

So habe ich, einen Theils zur eewigen Gedächtniß meiner getahnen Sünden, u. eingetrettenen Beßerung, vorauß aber zur Ehre GOttes, des HErrn, alles auffbewahrt u. geschriben, so mir, nach Seiner Fügung, auff meinen merck-würdigen See-Reissen, u. in fremden Gegenden u. Landschafften, begegnet u. auffgestossen ist. Insonderheit die merckenswerthen Woltahten, welcher der HErr in Seiner Barmhertzigkeit an mir großen Sünder u. Elenden außgeübt.

Zu vörderst muß ich in aller Kürtze meiner vorigen Umstende u. Schicksahle gedencken, alss wie ich in gantz zarten Jaren auff See fuhr u. viel seltzahme u. schröckliche Abenteuer gehabt. Alßdann an den Cap de bon Esperance gelangt, woselbst die Niederlendischen ihren, unlengst angefangenen, Wohnsizz ämsig verbeßerten, theils freye, theils unfreye, mich auch auff das Beste auffnamen. Dann war ich derzeiten übel kranck, u. glaubte nicht lenger zu leben. Worauff ich gantz gut genaß, u. sehr frölich war, auch denen Niederlendern gar gerne halff, u. Arbeit taht, auch spehter mein theueres Weib, so damahlen eine Wittib war, geheurahtet. War ein reicher Mann auß mir geworden, u. besaß ein Hauß, u. Acker, u. Waideland, u. zwey hundert africanische Schaafe, weiße u. schwartze.

So bald ich nun bey so erklecklichen Wolstande gelangt war, u. war schon zuvor ein leuchtsinniger Bruder gewest, verfürete mich allso bald der Teuffel, u. fihl allmälig in grossen Hoch-Muth, Freßen u. Sauffen, wolte wol leben, u. wenig arbeiten, Summa war nichts alß Lust, u. Lermen, u. fröliges leben. Hatte gute Freunde genug, u. nur mein Weib blikkte scheel darzu, sties mich offtmalen an, u. sagte, du Fauler u. Bösewicht, sihe bald hohlt dich der Satan, u. mußt verbrennen. Hörte aber nicht darauff. War so gar zornig, u. hette sie geschlagen, förchtete sie aber zu sehr. Sie war über maaßen starck u. ämsig, bettete immer zu GOtt, u. seuffzete jeden Tag, besorgte das gantze Wesen mit Treue, war doch umsonsten, dan alles ward vertahn, u. verzeert. HErr, HErr, verzeye mir in Deiner grossen Gnade, amen.

Maaßen das Weib verstendig genug war, u. keinen anderen Troost erfand, begieng sie amende eine kluge Lißt, wie ich hernacher so gleich erzehlen will. Nehmlich an einem Abend aß, u. tranck ich, mit zwey oder drey guten Brüdern, wie schon offt, u. war nichts, alß Lust, u. Gesang, u. Gelechter im Hauß, gieng auch spät in mein Bette, war ein wenig truncken, u. schlieff so feßt, wie kein Fleissiger. Deßhalben ich ohnmaaßen erschröckte, alß mich gegen den Morgen einer herauß zog, u. fieng an, laut zu schreyen. Aber mein Weib kam herein, u. sagte, sey nur ruhig, es geschiht Alles mit meinem Willen. Da standen vier starcke Männer, die zogen mir meine Kleider an, alles mit der eussersten Schnelle, schleppten mich hinauß, u. sezzten mich auff ein Waagen, wurde so gleich angebunden, u. war in einer grossen Todes Angst, fragte kläglich, was mit mir geschähe. Mein gutes Weib weinte u. sagte mit Schmertzen, du mußt nun abschiedt nemen. Nam abschiedt, küsste sie mit lautem Weinen. Die Männer stiegen nebenst mir auf den Waagen, gaben mir keine Antwortt. Und fuhren im schnellesten Trapp in den Haaffen, entbandten mich von der Bankk, brachten mich auff ein niederlendisches Schiff, gaben mich dem Haubtmann. Sie stekkten mir ein Brieff in die Hand, schryen adieu, giengen an das Land zurück. Ich wolte schnelle nach, aber wurde feßt gehalten, u. blieb in grossem Elende auff dem Schiff. Spähter wurde noch für mich eine kleine Kißte gebracht, u. eine Stunde nach mittag geschah ein Schuss, u. wir lieffen in die See.

Alßbald kamen die Leute, namen mich, u. mußte Dienste tuhn, war ein Matrose auß mir geworden, dergleichen ich in jungen Jahren schon gewesen, u. hatte nie gedacht nochmalen einer zu werden. Diser Tag, welcher mir der traurigste in meinem Leben zu seyn dünckte, war der 23. Maymonaths, im Jar sechszehnhundert 58. Bald erfur ich von meinen Kameraden, daß das Schiff, so auß ihrem Vatterland her gekomen, nacher Batavia bestimmt sey. Wir hatten vatterlendische Wahren an Bort, u. mehrerley Herrschafften, welche zum theil reisslustige, oder auch gelehrte Herren u. Doktores waren, war auch Mr. Walter Schultz auß Amsterdam dabey, ein Artzt, u. gelehrter Herr, welchem spehter mein Leben dancken dorfte.

Kaum daß ich eine freye Stunde hatte, so nam ich meinen Brieff, darauff stand, »an meinen lieben u. werthen Ehe-Herrn, Herrn Anton Schievelbeyn«. Aber innen dem Brieffe stand allso: »Du mußt jetzo abschiedt nemmen, was mich gar betrübt, kann aber nicht anderst. Mit Freßen u. Wollust ist kein Christlich leben, u. musstest bald zur Hellen faren. Dises soll nicht seyn, u. habe dich diserhalb auff ein Schiff geschikkt, daß du nüchtern wirst, u. wider arbeitten lernst. Mit Gottes Hülffe magstu wider gut werden, u. mit großen Freuden heymkehren. Bette fleyssig, u. schreibe mir ein Brieff, wann du nacher Batavien kömmst!«

So sah ich dann wol, daß ich von meinem Weibe war überlistet worden. Dieß gefihl mir nicht, u. fluchte ihr, u. beschloss nicht wider heym zu faren, sondern beschloss in frembde Gegenden zu reißen, u. daselbsten zu bleyben, so lang es mir gefallen mögte. Verstokte allso mein Hertz, u. war guter Dinge, u. nur der schweere Dienst war mir unlieb, u. widerwertig. Darauff schloss ich Freundschaft mitt denen Schiffsleuten, u. war gantz ohn-verzagt. Wie dann ein Jeder guter Seemann, auch wann selbiger lange zu lande war, stäts auffs Neue voll Freude, u. Courage ist, so bald er das feßte Land verleßt, u. wider über Waßer seegelt. Wann ich alles wolte erzehlen, was mir unter Wegs zugestossen, u. erlebt habe, könnte ich leicht kein Ende finden. Will aber nur in größter Kürtze auffzehlen.

Alß wir den 39. oder 40. Grad süder Poli erreicht hatten, fiengen gefehrliche West-Winde an zu wehen. Die Lufft war kalt, u. voll tunckler Wolcken; offt genug stürtzete Haagel auff uns, auch Schnee; doch war der Wind uns günstig, da wir nacher Ost-Indien wolten. Wir furen erschröcklich schnelle, wol 45 Meylen am Tag, bey 14 Tage. Da fihl ein grausahmer Wind, gleich wie vom Himmel, über unser Schiff, welchen man Orcan nennt, u. flog zu Erst rundumb den Compass her. Konnte keiner den andern mehr erhören, wurden alle elend und schryen, wir versincken! Betteten mit sonderbahrem Eyfer, HErr, HErr, hilff uns! u. waren durchauß verzweyflet, biß die lengst erwünschte Morgen-Stunde an brach. Da fasseten wir einigen beßeren Muth, u. der Sturm lies nach. Aber Viele von uns wurden kranck, hatten grosse Hizze, u. Tob-Sucht, u. beyde Wundtärtzte waren bestendig am Werck. Da lag auch ich armer Sünder, in grossen Ängsten, meynte zu sterben. Da wolte ich in mich gehen, seufftzete u. fieng an zu betten. GOtt seegnete aber die Artzeney-mittel, so mir oben bemeldter Mr. Schultz dargereicht, u. genaß nach 6 Tagen, war auch sogleich wider frölig, u. vergass alles. Aber ein reicher Kauffmann-Sohn war auch tobsüchtig, diser stürtzte sich in das Waßer, wurde ämsig nach geforscht, u. blyb aber verlohren.

Unter dessen geriethen wir in die Süd-Ost-Winde, u. konnten nicht in das erwüntschte Batavia kommen, trieben umbher. Kamen in den See-Busem Sillebar, auff Sumatra. Aber ich kann nicht auffzehlen, was dort geschah, will nur erwehnen, daß die Indianer, deren etliche Orankay hiessen, betriegerisch u. treulos gewesen. Daselbst wachsen Indianische Nüsse, Feygen, Pomerantzen, u. dergleichen, bekamen aber nichts, denn nur ein wenig süß Waßer, u. die Indianer erschlugen uns zwey gute Dollmetscher, die waren um Milch, u. Eyer, auff den Marckt geschikkt. Darauff geriethen wir immer wider in widerwertige Winde, mussten bißweylen 7mahl im Tage Ancker werffen, u. war schon im September.

Aber endlich kamen wir am 5. Octobris, in dem weitberühmten Batavia an. Dorten kam sogleich der Herr Fiscal auff das Schiff, ob wir frembde Wahren darauff verborgen hätten. Und kamen viele heydnische Sineser, von denen viel in Batavia wohnen, kaufften Wahren, brachten Klapper-Nüße, Citronen, Feygen, u. ich lag abermahls drei Tage kranck, von zuvilen Eßen. Dann mußten wir das Schiff ausladen, u. solte dasselbe sogleich nach dem Mußkaten-Lande, Banda, seegeln. War auch schon alles bereit, ich wollte aber in dem herrlichen Batavia bleyben, bekam mein Geldt, u. nam abschiedt. Da kam ein Schiffs-Herr, mußte nacher Holland retour fahren, u. wollte mich in Dienst. Da konnte ich heymkeeren, u. zu meinem Weibe gehen, war aber verstokt, u. mogte nicht, schien mir hergegen die Statt Batavia über maaßen köstlich zu seyn, u. beschloss da zu bleyben.

Vorauß erstauneten mich die obgemeldten Sinesen. Selbige tragen das Haar unmenschlich lang, was ein alter Gebrauch bey disem Heyden-Volk ist. Und wann einer sein Haar abschneydet, der verfallt in solchen Hass bey den Sinesen, daß ihm von keinem einige Liebe erwiesen wird. Auch siehet man sie ohne Unterlaß spiehlen u. doppeln, u. verspiehlt mancher, in kurtzer Zeit, Hab u. Guth, Schlaven u. Schlavinnen, ja selbst Weib, u. Kinder, welche der andere zu Schlaven macht, oder die Schönste zur Beyschläfferinn behält. Rauffen sich die Barthaare auß, daß wer sie zu erst erblikkt, meynt er, sie seyen Weibsbilder, wodurch auch viel geyle Schiffsleute sind betrogen worden. Sie begraben ihre Todten an einem besondren Orthe vor der Statt, in gewelbten Mauren, wobei sie ungemeyn viel köstliches Eßen, Gewürtze, nebst bemahltem Papir dem Teuffel auffopfern.

Gantz anders sind die Indianer beschaffen, von welchen offtmahlen einige gemartert, u. von unten auff geredert werden; dann sie geniessen soviel Opium (ein gefehrliches Gewürtz), biß sie gantz rasend werden. Alsdann lauffen sie dorch die Gassen, u. schreyen Amockk, daß bedeutet, daß sie jeglichen umbringen wöllen, der ihnen begegent, u. bringen offt viele um, werden alßdann geredert. Dan die Justitz leydet solche Gottlose Unsinnigkeit nicht.

Nun gedachte ich, was in meinem Brieffe stand, daß ich nehmlich von Batavia einige Nachricht meinem Weibe sollte schikken. Trug auch ihren Brieff stäts bey mir, mogte aber nicht schreiben, zürnte ihr noch immer, u. gedachte sie gantz zu verlaßen. Je mehr ich an mein, früher gehabtes, ergetzliches Wolleben zurükk gedachte, je schlimmer gefihl mir die Lißt, daß sie mich mit Gewalt fortgebracht hatte. Demnach begab ich mich in ein Hauß, allwoselbst viele See-Leute auß mehrerley Lendern, wohnen, u. ein faulles Leben füren, fand daselbst Hollender, Teutsche, u. Frantzosen. Soffort ward ich gutt auff genommen, u. feelte mir an nichts, war auch bald der lustigste von Allen. Spiehlen, Lermen u. Trincken war jeden Tag, gab auch Weibs-Persohnen, Tantz u. viele Freuden aller Art; kamen Indianer, u. Sineser, mit Saitten-Spihl, u. Wunder seltzahmen Täntzen, so wie Comoedie, alles auff's Beßte gezihret, mit heftigem Gesange.

Leyder muss ich bekennen, daß ich, von eim alten Matros verfüret, zwey mal von dem heydnischen Giffte Opium genooß, erkranckte auff das eusserste, genaß aber orntlich, u. lies mir nie mehr daran gelüßten.

In demselben Hauße, wo ich Abstieg genommen hatte, u. welches einem Niederlender gehörte, war eine indianische Magd, hieß Sillah, gar schön, und fein an Gliederen, u. nicht all zu tunckel geferbt, gefihl mir sonderbahr, wolte aber nichts von Matrosen wißen. Dieselbige war türckischen Gläubens, maaßen sie von der Statt Japare gebührtig war.

Offtmahlen gieng ich in der Statt herumb, theyls eintzel, theyls mit denen Kumpanen, besahe viele u. erstaunliche Rariteten, auch Tempel, heyliger Oerther, frembde Bäume u. Pflantzen, Palmen u. Negel-Bäume. Ueber disem vergieng mein Geldt, u. Haabe, nicht anders dann Merzen-Schnee. Wolte aber nicht wider Schiffs-Dienste nemen. Da begegnete mir wider einmahl die selbe Sillah, u. sagte Schmeicheleyen zu ihr, ob sie nemlich mir nicht wölle ein Kuss geben. Antwortete, nein, es sey dan daß ich sie heurathe. Dannenhero ich hefftig lachen musste, lies das Mähdgen lauffen.

Im January giengen aber die mehrsten von mein Kumpanen wider in Dienste, ein jeder auff ein Schiff, verliesen mich, in grosser Freundschafft u. Trehnen. Da blyb ich gantz allein, hatte kein Geldt, u. seuffszete mildiglich, wusste nicht was tuhen, u. wohin gehen.

In dieser betrübten Zeyt kam ich nochmahlen zur Sillah, fragte, ob sie mich heurathen wölle. Dan ich hatte niemanden gesagt, daß ich kein leediger Mensch were, sondern schon lang ein Ehe-Mann. Das Mähdgen sagte, Ja, aber daß wir in Batavia nicht heurathen könnten, sondern müssten auf ein andere Insul wohnen. Darumb suchte ich ein Dienst, nam Handgeldt bey eim Haubtmann, welcher sollte nacher Amboina faren, u. seyn Schiff hieß Henriette Louyse. Auch das Megtelein verdingte sich auff dieses Schiff, maaßen ich den Haubtmann darum baht. Wir fürten Reiß u. Zukker, u. dasselbe Schiff sollte Gewürtz-Negel, benebenst Mosckat-Nüße, nacher Batavia, Retour bringen.

So furen wir am 7. February dahin, verhoffte auff disen Insuln einen guten Dienst zu finden, bey der Hochlöblichen Ost-Indischen Compagnie, welche ambition hernacher auch würcklich erfüllet wurde. Was Alles auff diser Reiße geschah, u. wir gar viel erduldeten, mag ich nicht alles herzehlen, nebenst Ohn-Gewittern, Sturm u. eusserste Gefaren, so wir bey Zunda, und sonsten erleyden mussten; u. kamen öfters in so schweere Noth u. Bedrengniß, daß wir alle betteten (ohne meine Sillah, dann die hatte den Mohren-Glauben) u. so gar die muhtigste Matrosen, u. arge Sünder, u. Flucher, mildiglich zu weynen an fiengen. Verlohren zwölff Persohnen, darunter ein Edelmann. Diser war ein Vetter von dem Gouverneur von Tarnaten, welches eine kleyne Insul ist, und stehet daselbst ein brennender Berg. Er hieß Herr Korss, fihl über Bord in das Wasser.

Summa nach allen disen, schweeren Nöthen lieffen wir am 24. Maymonaths in Amboina an das Land, bei dem Schloss Victoria. Dorten verlies ich samt der Sillah das Schiff, welches nur Waßer und Speise auffnam, u. sogleich biß zu einem andren Haaffen weiter fur. Beriethen uns nun, was zu tun were. Dan das Mähdgen hatte mir schon zuvohr gesagt, daß sie bereit were, im nöthigen Fall das Heydentum abzustreiffen. Hielten es aber nun vor beßer, unseren wahren Stand geheym zu halten. Allso gab ich an, sie were mein Ehe-Weib, haben diser maaßen keinerley Hochzeit begangen, noch leegte Sillah ihren türckischen Glauben nider. Wofor mich GOtt der HErr, in Seiner Gerechtigkeyt, spehter heymgesuchet, u. schweer bestrafft hat.

Meldte mich in dem Schloße Victoria, bei dem Herrn Gouverneur, nahmens Hutsert, baht umb Dienste. Diser Herr, nach dem er meine lügenhaffte Berichte angehöret, wies mir einen Garten und kleynes Schilff-Häußchen an. Dort wohnte ich von nun an, mit meiner Indianerinn.

Die erste Zeit war es gut, wir rueten von den Gefehrlichkeyten auß. Ergieng mir gantz wol, dan die indianische Weiber sind gewohnt, für die Manns-Leute zu sorgen. Hatte jeden Tag genug zu essen, wann ich gessen hatte, lag ich unter der Hütte, plaagte mich wenig. Die Sillah taht im Garten Arbeit, samlete die Cockos-Nüße, auch Sagouw u. Negelckens. Wohnten beysammen faßt ein Jar, in solcher Weise.

Zu jener Zeyt fing es mich an zu gereuhen, daß ich nicht mehr auff meinem Hoffe, am Taffel-Berge, saß, u. sehnete mich, wider heym zu kommen. Nehmlich es fehlte mir wenig, gieng mir gut genug, war aber ohnzufrieden. Bekam eusserst selten etwas anders zu eßen, als Sagouw u. Pynang, auch gesalzte Fische, verdross mich also dieser Speyßen immer mehr. War auch nicht mit Sillah copulieret, machte mir ein schweeren Vorwurff, maaßen selbe eine Gott-lose Heydinn war.

Nachdem ich öfftere mahle umbsonst versucht, stieg ich im Mertzen 1660, ohn-vermercket, allein auff ein niederlendisch Schiff, so mit Mosckat-Nüßen nacher Batavia zurück kehrte. War hertzlich froh, alß wir immer weiter kamen, wünschte der guten Indianerinn Glück und Segen, vermeynete bald wider bey meinem würcklichen Ehe-Weibe zu seyn. Ich hatte aber in meiner Schwachheit nicht an Gottes Fürsehung gedacht. In grosser Bälde stürtzeten ungünstige Winde wider uns, wir konnten die Seegel nicht gebrauchen, warffen bestendig Ancker auß. Diser maaßen war nach einer Zeyt, kein süsses Waßer mehr in dem Schiff, kamen in erschröckliche Noth. Viele wurden kranck, winsleten, und klaagten elendiglich. In disen forchtbahren Jammer erblicketen wir ein Insul, warffen Ancker, sezzten eilig ein Boht auß, darinn bey fünfzehn Mann giengen, u. war ich mit dabey. Ruderten mit Macht gegen die Küßte, aber funden selbige steyl, u. gebürgigt, u. keine Hofnung, an das Land zu kommen, maaßen die Seestürtzung so entsezzlich war, daß wir beförchteten, daß an denen Felsen das Bootgen zerbrechen, u. das unterste oben gekehrt werden mögte. Alßbald sanck unsere Hofnung gäntzlich. Aber eynige von uns, u. auch ich selbsten, weill wir schwimmen konnten, sprungen über Bort, u. kamen glükklich durch die Stürtzung auff das Land, nur Einer gieng dabey verlohren. Alßbald lieffen wir zu eim klaaren Bache, lobten GOtt u. trancken ein jeder soviel er konnte. Darnach wollten wir an den Strand zurükke lauffen, u. denen in dem Bohte zu ruffen. Da sahen wir, zu unserem grössesten Schrekken, daß kein Boht mehr da war, u. wussten nicht, ob es vom Wind vertriben, oder gantz versunken were. Rieffen u. schryen mit eussersten Krafft, war umbsonsten. In disem entsezzligen Augen-Blikk erschracken wir so sehr, daß wir zu Booden fiehlen, u. gleichsahm ent-seelt da lagen, dann unsere Umbstende waren so armseelig, daß wir nicht erhoffen konnten, lang zu leben, u. wider in bewohnte Lender zu kommen.

Biß auff disen Tag habe ich niemahls erfahren, wohin unser Boht gekommen sey, glaube, es sey ertruncken. Wir waren fünff Männer, schryen noch bey zwey Stunden, u. blikkten auff das stürmende Waßer, weyneten laut, u. rieffen umb Hülffe. Beriehten sodann, was wir tuhn sollten, wussten kein Rath, verblyben die Nacht u. einen Tag an dem Orthe, u. weren bald for Hunger gestorben, dann wir funden nichts zu eßen. Nach diser Zeyt sagte einer, der hieß Köllen, er möge nicht lenger da bleyben, wir sollten mit ihm gehen, umb nicht gar zu verhungern. Ich war bereit, und noch einer, der hieß Karlsen, aber die übrige zwey wolten nicht, vermeynende, daß unser Boht zurük kommen würde. Allso trenneten wir uns, unter vielen Trehnen, auff das zärtligste, liessen die Beyden an dem Uffer, u. giengen in das Land. Es waren aber steyle, schröckliche Gebürge auf allen Seiten, wir assen Bleter von eim unbekannten Baum, umb uns zu erkrefften. Darauff fiengen wir an die mühsählige Höhen zu ersteygen, kamen an Schauderhaffte Felsen, u. Klüffte, höreten wilde Stürzt-Bäche braußen, u. blyben am zweyten Tage gantz entkrefftet liegen, konnten nicht weiter dringen. Der Hunger plahgte uns entsezzlich, ich were gar danckbahr gewesen, wan ich eine Schüßel Pinang, von der guten Sillah, jetzt hätte haben können.

Wir lagen die gantze Nacht auff denen Felsen, sahen den sichren Todt vor unsren Augen, rieffen zu GOtt, in tieffester Bedrengniß. Niemahls ist ein Christliches Gebet vergeebens, auch, wann es gantz fruchtlooß zu seyn scheinet. Der barmhertzige Vatter erhörete unser Winselen in der Einöde. Wir faßten neuen Muth, u. schlugen eine andere Richtung ein, damit wir kein Erlöösungs-Mittel verseumen mögten. Funden einige Wurtzeln, u. Kräutter, trancken aus den gefehrlichen Bächen, nicht wissend, ob Crocodillen darin seyen. In dem neherten wir uns wider der Küßte, aber an eim anderen Plazz.

Unterdessen wir also in der größten Gefahr schweebten, wurden wir am Uffer eines kleynen Fischer-Schiffgens gewahr, Canoa genannt, worüber wir uns zum höchsten erfreueten. In Kürtze entdekkten wir auch ein Fußpfad, welchem wir mit sonderbahrem Eiffer folgten. Bald hernach, funden wir eine kleyne Fischers-Hütte, in dem dikken Gebüsche, darinn war ein alter indianischer Einsideler, welcher sich in diser Wüßte vom Fischfang ernehrte. Da derselbe uns sah, erstarrte er gleichsahm für Schrekken, dan wir waren so durchauß erschöpfft, u. krafftloß, daß wir ähnlicher todten, alß lebendigen Menschen schienen; über dem hatte er (nach allem Vermuhten) noch niemals einige weisse Menschen gesehen. Einer von uns, Nahmens Karlsen, redte ihn auff's höfligste, in der malaischen Sprache an, erzehlte unser beklägliches Unglükk. Der Einsiedeler sezzte uns gedorrete Fische, u. Reiß vor, u. nöthigte uns zu essen. Wir bedanckten uns hertzlich, lobten GOtt für solche ohn-verhoffte Gnaade. Wir fiengen an zu eßen, jedoch fürsichtig, in Betrachtung, daß unser Inngeweyde von Faßten, gleichsahm verdörret war. Bezeigten uns recht dienstwillig, giengen, nach empfangener Belehrung, auff die Jagd, in eim kleynen Canoa, was uns herrlich glükkte. Bey disem guten Indianer bliben wir mehre Monathe, fiengen Fische, u. trokkneten sie auff denen Felsen, pflantzten ein wenig Reiß, u. litten keine Noth. Wurden aber mit jedem Tage trauriger, dan wir funden keine Hoffnung, von disem Orth hinweg, u. in andere Lender, oder in unser Vatterland, zu gelangen. Unsere Kleider fihlen gantz auß einander, unsere Haare u. Barth wurden immer lenger, Summa, man hette uns eher vor Indianer, oder vor Wilde u. Wald-Teuffel, alß vor etliche Christliche Persohnen angesehen. Offt genug sprach keiner ein eintziges Wort, saßen viel mehr gantz still bey einander, weineten sanfft, u. wussten keinen Trohst.

An einem Abend, da ein starker Sturmwind, u. Reegen war, lagen wir alle in der Hütte, konnten nicht schaffen, u. hatten ein kleynes Feuer angebrennt. Da stund einer auff, warff ein Stükk Holtz in die Gluth, u. sagte, jeder von uns soll seine Geschichte u. Erlebniß erzehlen, begann auch selber darmit, u. erzehlte alles, was er wusste. Darnach der Zweyte, darnach ich, u. habe in meinem Leben niemahls so viele, u. schröckliche Historien gehöret, alß an diesem Abend. Dann jeder von uns hatte vielerley erlidten, Schiff-Bruch, Gefahren, Hunger, Krankheyt, auch fremde Völker u. Stätte gesehen, in allen Lendern.

Als ich aber alle meine Sachen treulich hergezehlet hatte, fiehlen Beyde mit Worten auff mich her, u. rieffen, du Bösewicht, du Gottloßer Mensch, was hast du getahn, hast zwey mahl die Ehe gebrochen. Ich schrye wider, war trotzig, u. wolte nichts hören. Hernach ward ich aber sehr traurig, erkannte plözzlich meine Laßter, u. Verbrechen, kniete nider, weinte u. bettete heftig. Da knieeten auch die Zweye nebenst mir auff die Erde, wir klaagten laut, u. bahten inbrünnstig, daß wir wider von der Insul, u. unter Christen-Leute in unser Vatterland kommen mögten, maaßen wir so viel

Armuth, Kummer u. Ungemachligkeyten erduldet hatten. Die Erkänntniß meiner Übeltahten drükkte mein Hertz alß wie ein Gebürge, ich baht meine Freundte, verzeyet mir meine Sünden, um welche GOtt uns alle so hart bestraffet. Da tröhsteten sie mich auffs liebligste, verzyen mir beyde, u. halffen mir recht mit Betten und Seuffzen.

Hin u. wider erforschten wir öffters dise Gegend, funden aber kein Ausweeg, oder Rettung, auch waagten wir nicht, in dem ärmlichen Canoa oder Böötgen weiters auff das Meer zu gehen. Zwei mahl erblikkten wir ein Schiff, da lobten wir GOtt, schryen u. winckten, zündten ein grosses Feuer an, war alles vergeebens. Warffen uns verzweyfflendt auff die Erde, vergoßen heisse Trehnen, Weh-klaageten. Und alß wir waren eine lange Zeyt dorten gewesen, so starb der alte Indianer, zu gröstem Schmertze, u. begruben ihn, bedenckend, wie das wir alle ihm allein unser Leben schuldig waren. Sezzten auch ein Ebenhöltzerne Taffel auff das Grab, maaßen in disem Lande viel solche Höltzer funden werden.

In unserer Noth, dann keiner von uns lenger in diser frembden, u. wilden Gegend bleyben wolte, stiegen wir nach vielen hertzlichen Gebetten in das kleyne Canoa, wol wissent, daß wir geringe Hoffnung hetten, lebendig über das Meer zu kommen; wolten es dennoch versuchen, weill sonsten keine andere Rettung war. Allso begaben uns, in das Schiffgen, nahmen trokkene Fische, u. Reiß, u. Sagouw zu Eßen mitt, hatten ein kleynes Seegel auff gezogen. So fuhren wir in das weite Meer hinauß, war aber keine Aussicht, an ein ander Land zu faren, hofften aber und vermeynten, wir mögten eim anderen Schiff begegnen, das uns, in seinem bey sich habenden Boot, abhohlen u. erlösen dörfte.

Alß wir zwey Tage geseegelt u. gerudert hatten, sahen wir ungeheure, schwartze u. braune Wolcken entstehen, welches Waßerziehende Wolcken waren, alß welche das Waßer auß der See an sich reissen, auch Waßer-Hoose genennet. Bey disem greulichen Anblikk verlohren wir allen Muht, warffen uns in dem Bohte nider, klaagten u. rieffen umb Hülffe. Und GOtt erbarmete sich, in Seiner Gnaade, u. sendete ein engellendisches Schiff. Jedoch kaum hatten wir dises Werckzeug Seiner Barmhertzigkeyt entdekkt, da fihl eine Wolcke auff uns, mit einem ohn-beschreyblichen Sturm, u. Getöse, so daß das Canoa umbher gewirblet, u. zu underst gekerrt, u. gantz in kleyne Stükke geschlagen u. zertrümmert ward. Und ich hörete meinen Freundt Köllen laut ruffen, Jezzt sey GOtt uns gnädig, wir sind alle des Todes!

In solcher, eusserster Angst, u. Todesgefahr, sezzte das frembde Schiff ein Ruder-Booth hinauß, mit fünff Männern, die erretteten uns mit Gefahr des eygenen Leibes, aber nur mich u. den Köllen. Der dritte, nahmens Karlsen, war schon ertruncken, u. war die Wellen-Stürtzung so gross, daß wir nichts mehr von ihm sehen konnten. Wir beyde waren völlig erschöpfft, wurden auff das Schiff transportirt, welches ein engellendisches Fluyt-Schiff war. Danckten disen Leuten von Hertzen, knyeten nider, lobten GOtt. Sofort wurden wir in ein Bette gebracht, bekamen Wein u. Artzneyen, u. am nächsten Tag war ich wider gantz bey Krefften gekommen. Da gieng ich auff dem engellendischen Schiff herumb. Aber plözzlich erschrakk ich auff das hefftigste, dan bey denen Passagiren erblikkte ich meine Sillah, welche ich vordem auff Amboina treu-looß verlaßen hatte. Sie erkannte mich aber nicht wider, maaßen mein Bahrt biß an den Gürttel hieng, auch war mein Gesicht schwartz u. wild geworden, u. hette mich, wie auch meinen Kameraden, Niemand for ein Christen-Menschen angesehen. Verhielt mich also gantz stille, versteckte mich vor ihr.

Seyne Mayestet der König von Engelland war aber zu diser Zeyt nicht im Frieden mit denen Niederlendern, diser maaßen konnte das Schiff nicht in Batavia zu Haven gehen. Ich erzehlete dem Haubtmann alles, was uns widerfahren, u. ergangen war, u. fihlen alle, auch eynige fürneme Persohnen, in ein nicht geringes Erstaunen, auch Mittleiden, alß sie dis alles erfuhren. Da bat ich den Haubtmann gantz hertzlich, nemet mich biß nach dem Cap mitt, wo meine Heimath ist, erboht auch freywillig meine Dienste. Diser gute Herr gab mir Erlaubniß, schikkte mich also gleich in eine Kammer, befal mich zu scheeren, u. wider in etwas zu einem Menschen, wie zuvor, zu machen. Danach hatte ich lengst Verlangen gehabt, gehorchte dennoch wider-willig, dann ich fürchtete, daß mich alsdann die Sillah wieder kennen werd. Hatte große Furcht vor diesem indianischen Mähdgen. Gehorchte aber, u. sie kannte mich nicht, dann mein Eusseres sich so sehr verwechslet hatte.

Auff diser grossen, u. überauß gefehrlichen Reisse, geschah uns noch viel Widerwertigkeyt u. Unglükk, was ich verschweygen will, maaßen schon so lang, u. vielerley berichtet, u. geschriben habe, damit ich mehr alß genug getahn. Kamen endlich an das Cap, u. ich sahe den Taffel-Berg nach so langer Zeyt wider, weynte hefftig, wußte auch nicht, ob mein Weib, u. meine Freundte noch bey Leben seyen, zitterte sehr. Nam mit vielem Danksagen Abschiedt, küsste u. umarmbte den guten Köllen, in großer

Treue u. Schmertz. Dann gieng ich auff das Land, war fünff Jahre fort gewesen. In der Statt kannte mich Niemand, war da eine grosse Strasse neu erbaut, viele andere Verwechslungen, u. Neuigkeyten nicht zu rechnen. Ich lieff durch die Statt, u. alle Gassen, alß were ich ein Frembder, u. hette selbe noch nie erblikkt. Darnach gieng ich auff das Feldt, auff der selbigen Strasse, darauff vor fünff Jaren ich war hinweg füret, weinte von großer Freude, u. Bangigkeyt. Da sah ich, daß meine Lendereyen u. Besizz in beßten Stand waren, auch Wein u. Maiß, u. sehnete mich von Hertzen, dises wider zu besizzen, auch mein theures Weib wider zu sehen, u. an mein Busem zu drükken.

Nach einiger Zeyt erreichte ich mein Hauß, musste still stehen, vor Angst und Zittern. Da hörete ich viele, klähgliche u. jämmerliche Töne, Weinen, u. Geschrey, in dem Hauße, wusste nicht, was es sey. In dem ich noch allso stand, u. mich nicht getrauete, gieng auff einmal das Tohr auff, u. trat mein Weib herauß, weinte hefftig, sahe mich aber nicht. Da gieng ich zu ihr hin, u. strekkte meine Hand hin. Da rieff sie, wer bistu? Ich sagte, siehe mich an, ich bin dein Gemal, u. bin fünff Jar auff Reissen gewesen! Da kennte sie mich auch, u. erschröckte sich. Fragte ich, Weib warum weinstu so, u. bist traurig? Sie hieß mich aber schweygen, füret mich in das Hauß, fürete mich aber nicht in die Stuben, sondern in ein Magazin, auf dem oberen Booden. Da verschloß sie die Tühre auff das sorgfeltigste, befal mir, daß ich alle meine gehabte Begegniße treulich, u. wahrhafftig erzelete. Ich erzelete ihr alles, nur daß ich, auß mehren guten Ursachen, nichts von der Sillah aussagte, noch von dem Opium. Sie sagte, warum hastu mir nicht geschrieben? Hernacher weinte sie wieder auff's Neue, sagte, höre mich an!

Da erzehlte sie mir alles, was geschehen war. Sie hatte aber zwey Jar auff mich geharret, in guter Treue, alßdann hatte sie ein andren Mann genommen. Der selbige hiess nahmens Ehlers, dem gehörte nun mein Weib, u. Hoff u. Guth, u. alles, was zu vorigen Zeyten, war mein Eygenthum gewesen. Aber jezzt lag diser Hr. Ehlers im Sterben, darum hatte die Frau so laut geklaagt, u. geschluchtzet. Sie sagte, bleybe hier versteckt, biß er gestorben ist. Und ich blieb in dem Magazin verborgen, fünff Tage u. Nächte, in grosser Bedrengniß u. Jammer; lobete aber den HErrn in meinem Hertzen, vor Seine wunderbahrliche, gnädige Führungen, dankete ihm mit grossem Fleisse. Da nam ER bald den Hrn. Ehlers zu sich, in Seine Himmlische Wohnungen.

Hernacher gieng ich mit Sorgfalt auß diser schlechten Kammer hervor, zog ein schönes Kleidt an, war wider gäntzlich ein Ehe-Mann, u. reicher Herr, worden, hertzete mein frommes Weib mit Freuden, tröhstete sie, in ihrem Kummer. Fihl herentgegen niemahlen in die vorige Laßter zurükk, als Hoch-Muth, u. wüßte Völlerey, lebte in guten Züchten. Darinnen helffe mir GOtt fürders in Seiner ohn-erschöpfflichen Gnaade. Amen. HErr hilff, o HErr, lass wol gelingen! Amen.

(1905)

Der Schlossergeselle

Ich war damals zwischen sechzehn und siebzehn Jahre alt. Als ich mit meinem ersten Lehrjahr in der mechanischen Werkstätte fertig war, trat ein neuer Geselle namens Zbinden bei uns ein. Er war auf der Wanderschaft und nahm, obwohl es im schönsten Frühling war, die Arbeit, die unser Meister ihm bot, willig an.

Als er mit dem Handwerksgruß hereintrat, fiel uns gleich seine Haltung auf. Sie gefiel uns nicht. Die Schlosser und gar die Maschinenbauer verleugneten damals auf Wanderschaft selten den Stolz ihrer Zunft; sie zeigten gern im Auftreten etwas Schneidiges, auch Schnoddriges, wußten auch zu reden und sich hinzustellen. Dieser aber kam herein wie ein armer Sünder, sagte kein Wort als den alten Handwerksgruß »Fremder Schlosser spricht um Arbeit zu« und blickte nur den Meister an, ohne uns Kollegen auch nur zuzunicken. Und als er eingestellt wurde, ging er gleich in der ersten Viertelstunde ins Geschirr, noch ehe ihm ein Imbiß angeboten worden war. Wie gesagt, er gefiel uns nicht.

Er hieß Zbinden und stammte, glaube ich, aus dem Solothurnischen, kam aber nicht von dort, er war schon lange Zeit im Reich auf Arbeit. Jetzt kam er von Frankfurt her und war vier Wochen unterwegs, hatte aber noch einen zweiten Anzug und sogar Bargeld. Sein Arbeits- und Wanderbüchlein war tadellos in Ordnung, er hatte sogar noch ein Zeugnis von der Lehrlingsprüfung. Wie alt er war, konnte man ihm schwer ansehen. Ich schätzte etwa siebenundzwanzig, wenn er auch älter aussah. Er hatte nämlich, wie man das bei Querköpfen manchmal sieht, junge Gebärden und ein altes Gesicht. Es gibt ja solche.

Meinem Freund Christian war der Zbinden vom ersten Tag an ein Dorn im Auge.

»Sag was du willst«, sagte er zu mir, »der Fremde ist ein Duckmäuser, ich kenne die Sorte. Fehlt nur, daß er es gegen uns mit dem Alten hält. Und wenn er mittwochs zu den Pietisten in die Stunde läuft, so soll's mich nicht wundern.«

Das stimmte nun und stimmte auch nicht. Wenigstens ging der Neue nicht zu den Pietisten. Am ersten Abend wurde er, wie es der Brauch ist, von uns eingeladen und ging auch mit in den »Schwanen«. Aber um halb zehn Uhr stand er auf, zahlte seine zwei Glas Hanauer und ging heim. Der Christian, als er um elf Uhr ins Bett ging, sah ihn gerade noch ein Buch weglegen, in dem er gelesen hatte.

»Die, die so nachts lesen«, sagte Christian, »und dann das Buch verstecken, wenn man kommt, das sind mir grade die Rechten.«

Auch ich war seiner Meinung. Zu was soll die Leserei nachts noch gut sein? Das Tagblatt und die Mechanikerzeitung konnte er beim Vesper und über Mittag in der Werkstatt lesen.

Beim Schmieden stand er einmal dem Christian ungeschickt im Weg.

»Mach Platz, du Heimtücker!« rief Christian ihm zu.

»Ich stehe gut, stell du dich anders«, sagte der Zbinden.

Der Christian wurde gleich wild. »Jetzt gehst weg!« schrie er, »oder du kriegst den Hammer auf den Schädel.«

Da wurde der Zbinden blaß und ging weg. Als dann ausgeschmiedet war, ging er zu Christian hin und sagte: »Du, das hättest du nicht sagen sollen. Nimm's zurück.«

»Einen Dreck nehm ich zurück«, lachte der Christian.

»Nimm's zurück! Es könnte dir leid tun.«

Jetzt war mein guter Freund aber zornig. »Leid tun?« schrie er ihn an. »Du Hinterrückser, du Schleicher! Wenn's dir bei uns nicht gefällt, kannst ja gehen, es hält dich keiner!«

Von da an war der Schweizer noch stiller als schon zuvor, und wir mochten ihn alle nicht leiden.

Um diese Zeit trat beim Dreher Kusterer ein neuer Geselle ein, und weil der Dreher uns öfter Holzrollen und Modellteile lieferte, lernten wir den Gesellen auch bald kennen. Da sagte er einmal zu mir: »Du, seit wann habt ihr denn den Kerl da, den Zbinden?«

»Seit April«, sagte ich.

»So so. Da habt ihr aber einen Schönen erwischt.«

»So, warum denn?«

»Ein Verhältnis hat er gehabt mit der Frau vom Werkführer, und erwischt haben sie ihn, und rausgeschmissen haben sie ihn. Mit einer verheirateten Frau!«

Ich war damals noch unschuldig und hatte nicht gewußt, daß solche Sachen passieren können. Ich glaubte es auch nicht beim erstenmal und erzählte die dumme Geschichte nicht weiter. Ein Lehrling muß das Maul halten können. Aber bald wußten es auch die andern. Und der Christian schoß natürlich gleich los damit.

Eines Morgens, der Meister war gerade nicht da, traf er mit Zbinden am Schleifstein zusammen.

»Drehstahl schleifen?« fragte der Christian und lachte.

»Nein, bloß den Meißel da«, sagte der Zbinden.

Da lachte der Christian noch lauter, so daß wir nun alle zuhörten, und fragte: »Du, Zbinden, ist sie recht schön gewest, die Frau vom Werkführer?«

Der andere fuhr zusammen. Dann fragte er: »Von was redest du?«

»Tu nicht so«, lachte der Christian, »man kennt deine Streiche schon. Aber hier haben wir keinen Werkführer, dem du die Frau verführen kannst.«

Da hob der Zbinden seinen Arm auf und sah aus, wie wenn er jetzt den Christian augenblicklich niederschlagen würde, denn stark genug war er dazu. Der Christian floh schnell zurück und ließ ihn in Ruhe.

Nun wäre es gut gewesen, und vielleicht hätte mein Freund Christian genug gehabt und nie mehr so etwas gesagt. Aber der Zbinden, der Teufel muß ihn geritten haben, tut wieder etwas ganz Unbegreifliches: er kommt mittags in der Eßzeit her und sagt ganz süß: »Es tut mir leid, Christian, daß ich dich erschreckt habe. Sei so gut und rede nichts mehr von diesen Sachen, sonst gibt es noch ein Unglück.«

Für den Augenblick sagte der Christian vor Erstaunen gar nichts. Er sah aber natürlich den Gesellen jetzt nur noch ganz verächtlich an. So oft er konnte, machte er Witze über ihn, und wir lachten dann alle mit, während Zbinden an seinem Schraubstock stehenblieb und bloß auf die Zähne biß, weil er ja alles hören konnte. Nur einmal wartete er am Feierabend vor der Werkstatt auf mich und sagte dann zu mir: »Es wäre besser, du würdest nicht auch mitlachen, wenn der Christian so wüst redet! Du weißt ja nicht, was du tust, und du weißt auch nicht, wie es mir tut. Weißt du, der Christian ist selber kein guter Mensch, und was der höhnt und witzelt, das spür ich nicht. Aber du bist noch nicht verdorben, und du bist auch noch Lehrbub, von dir hör ich's nicht gern.«

Ich begriff ihn gar nicht. Er war Gesell und ich war Lehrbub. Er hätte mich ruhig hauen dürfen, kein Hahn hätte danach gekräht. Aber so wunderlich ist er gewesen.

Am Abend las er immer. Zuerst ging er spazieren, und im Anfang dachten wir, er laufe zu einem Mädchen, aber er ging nur allein vor die Stadt hinaus, und dann, wenn er wiederkam, setzte er sich in der Kammer hin und las. Der Meister wollte schimpfen, aber Zbinden zahlte das Erdöl selber. Zwei von seinen Büchern hatte der Seiffert einmal gesehen, die waren beide von Tolstoi. Der Seiffert erzählte es uns, und der Christian sagte: »So so, von Tolstoi? Also für das braucht der Lump sein Geld.«

Dennoch wollte der Christian jetzt diese Bücher auch selber sehen, aber sie wurden immer eingeschlossen. Nur das Neue Testament lag manchmal da.

»Das schließt er nicht ein«, sagte der Christian, »das legt er natürlich offen hin, der scheinheilige Bruder. Der wird viel in der Bibel lesen!«

Da war es an einem heißen Abend, daß der Fremde spazierenging und vergessen hatte, seinen Koffer abzuschließen. Der Christian ging wieder in seine Kammer und stöberte: da fand er alles offen und machte sich darüber her. Außer den Büchern von Tolstoi kam eine Gedichtsammlung und eine Schreibmappe zum Vorschein, ferner ein Buch »Der Weg zur Erkenntnis oder Licht aus dem Osten«. In dem Gedichtbuch stand auf dem ersten Blatt ein Vers geschrieben und darunter: »Zur Erinnerung an unsere Herbstabende. Mathilde.« In der Mappe waren ein paar Briefe, auch mit Mathilde unterschrieben, und eine Photographie dieser Frau, die sehr fein aussah, aber nicht mehr ganz jung. Ich sah das Bild später dann selbst. Der Christian schaute sich alles gut an, dann nahm er einen Bleistift, machte ihn naß und schrieb etwas Unanständiges auf die Rückseite der Photographie.

Am andern Tag konnte er es nicht lassen, den Zbinden mit seiner Entdeckung aufzuziehen. »Du«, sagte er ihm, »das sind sicher recht schöne Herbstabende gewesen, mit Mathilde?«

Da hatte ihn der andere schon an der Gurgel. »Satan du!« schrie er laut, und wir glaubten, er wolle ihn umbringen. Aber dann ließ er ihn plötzlich los und sagte nur: »Das war dein letztes wüstes Wort, Christian. Wenn ich noch so eins von dir höre, bist du kaputt.« Und stieß ihn weg. Wenn er ihn nur geprügelt hätte! Aber nein, er schluckte immer alle Wut in sich hinein.

Abends ging dann die Wüstenei vollends los. Der Zbinden setzte sich, ganz gegen alle Gewohnheit, in eine Wirtschaft und trank. Dann kam er spät heim, die andern lagen alle schon im Bett. Wahrscheinlich hat er da noch seinen Koffer aufgemacht und das Bild angesehen und Christians Zote darauf entdeckt.

Gleich darauf kam er in die Kammer gestürmt, wo neben Seiffert der Christian lag. Er war noch wach, und als der Fremde so wütend auf sein Bett losstürmte, zog er sich schnell die Decke über den Kopf. Der Zbinden hatte ein starkes Stänglein Schmiedeeisen in Händen, mit dem schlug er zweimal aus aller Kraft auf den Versteckten los. Dann schrie er so laut auf, daß der Seiffert davon aufwachte, und lief davon, zur Kammer und zum Haus hinaus.

Jetzt kam alles auf die Beine. Der Christian, wie sich zeigte, war ohne Besinnung; er hatte aber bloß ein Schlüsselbein gebrochen. Nach vierzehn Tagen lief er schon wieder herum. Aber den Zbinden fand man erst nach zwei Tagen, im hintern Stadtwald. Dort saß er, wie wenn er müde wäre, im Gebüsch auf dem Moosboden, aber er atmete nicht mehr. Er hatte sich beide Pulsadern aufgeschnitten.

Von da an ging meine Freundschaft mit Christian immer mehr auseinander, und er ging auch bald auf Wanderschaft, obwohl der Sommer schon fast zu Ende war.

(1905)

Heumond

Das Landhaus Erlenhof lag nicht weit vom Wald und Gebirge in der hohen Ebene.

Vor dem Hause war ein großer Kiesplatz, in den die Landstraße mündete. Hier konnten die Wagen vorfahren, wenn Besuch kam. Sonst lag der viereckige Platz immer leer und still und schien dadurch noch größer, als er war, namentlich bei gutem Sommerwetter, wenn das blendende Sonnenlicht und die heiße Zitterluft ihn so anfüllten, daß man nicht daran denken mochte, ihn zu überschreiten.

Der Kiesplatz und die Straße trennten das Haus vom Garten. »Garten« sagte man wenigstens, aber es war vielmehr ein mäßig großer Park, nicht sehr breit, aber tief, mit stattlichen Ulmen, Ahornen und Platanen, gewundenen Spazierwegen, einem jungen Tannendickicht und vielen Ruhebänken. Dazwischen lagen sonnige, lichte Rasenstücke, einige leer und einige mit Blumenrondells oder Ziersträuchern geschmückt, und in dieser heiteren, warmen Rasenfreiheit standen allein und auffallend zwei große einzelne Bäume.

Der eine war eine Trauerweide. Um ihren Stamm lief eine schmale Lattenbank, und ringsum hingen die langen, seidig zarten, müden Zweige so tief und dicht herab, daß es innen ein Zelt oder Tempel war, wo trotz des ewigen Schattens und Dämmerlichtes eine stete, matte Wärme brütete.

Der andere Baum, von der Weide durch eine niedrig umzäunte Wiese getrennt, war eine mächtige Blutbuche. Sie sah von weitem dunkelbraun und fast schwarz aus. Wenn man jedoch näher kam oder sich unter sie stellte und emporschaute, brannten alle Blätter der äußeren Zweige, vom Sonnenlicht durchdrungen, in einem warmen, leisen Purpurfeuer, das mit verhaltener und feierlich gedämpfter Glut wie in Kirchenfenstern leuchtete. Die alte Blutbuche war die berühmteste und merkwürdigste Schönheit des großen Gartens, und man konnte sie von überallher sehen. Sie stand allein und dunkel mitten in dem hellen Graslande, und sie war hoch genug, daß man, wo man auch vom Park aus nach ihr blickte, ihre runde, feste, schöngewölbte Krone mitten im blauen Luftraum stehen sah, und je heller und blendender die Bläue war, desto schwärzer und feierlicher ruhte der Baumwipfel in ihr. Er konnte je nach der Witterung und Tageszeit sehr verschieden aussehen. Oft sah man ihm an, daß er wußte, wie schön er sei, und daß er nicht ohne Grund allein und stolz weit von den anderen Bäumen stehe. Er brüstete sich und blickte kühl über alles hinweg in den Himmel. Oft auch sah er aber aus, als wisse er wohl, daß er der einzige seiner Art im Garten sei und keine Brüder habe. Dann schaute er zu den übrigen, entfernten Bäumen hinüber, suchte und hatte Sehnsucht. Morgens war er am schönsten, und auch abends, bis die Sonne rot wurde, aber dann war er plötzlich gleichsam erloschen, und es schien an seinem Orte eine Stunde früher Nacht zu werden als sonst überall. Das eigentümlichste und düsterste Aussehen hatte er jedoch an Regentagen. Während die anderen Bäume atmeten und sich reckten und freudig mit hellerem Grün erprangten, stand er wie tot in seiner Einsamkeit, vom Wipfel bis zum Boden schwarz anzusehen. Ohne daß er zitterte, konnte man doch sehen, daß er fror und daß er mit Unbehagen und Scham so allein und preisgegeben stand.

Früher war der regelmäßig angelegte Lustpark ein strenges Kunstwerk gewesen. Als dann aber Zeiten kamen, in welchen den Menschen ihr mühseliges Warten und Pflegen und Beschneiden verleidet war und niemand mehr nach den mit Mühe hergepflanzten Anlagen fragte, waren die Bäume auf sich selber angewiesen. Sie hatten Freundschaft untereinander geschlossen, sie hatten ihre kunstmäßige, isolierte Rolle vergessen, sie hatten sich in der Not ihrer alten Waldheimat erinnert, sich aneinandergelehnt, mit den Armen umschlungen und gestützt. Sie hatten die schnurgeraden Wege mit dickem Laub verborgen und mit ausgreifenden Wurzeln an sich gezogen und in nährenden Waldboden verwandelt, ihre Wipfel ineinander verschränkt und festgewachsen, und sie sahen in ihrem Schutze ein eifrig aufstrebendes Baumvolk aufwachsen, das mit glatteren Stämmen und lichteren Laubfarben die Leere füllte, den brachen Boden eroberte und durch Schatten und Blätterfall die Erde schwarz, weich und fett machte, so daß nun auch die Moose und Gräser und kleinen Gesträuche ein leichtes Fortkommen hatten.

Als nun später von neuem Menschen herkamen und den einstigen Garten zu Rast und Lustbarkeit gebrauchen wollten, war er ein kleiner Wald geworden. Man mußte sich bescheiden. Zwar wurde der alte Weg zwischen den zwei Platanenreihen wiederhergestellt, sonst aber begnügte man sich damit, schmale und gewundene Fußwege durch das Dickicht zu ziehen, die heidigen Lichtungen mit Rasen zu besäen und an guten Plätzen grüne Sitzbänke aufzustellen. Und die Leute, deren Großväter die Platanen nach der Schnur gepflanzt und beschnitten und nach Gutdünken gestellt und geformt hatten, kamen nun mit ihren Kindern zu ihnen zu Gast und waren froh, daß in der langen Verwahrlosung aus den Alleen ein Wald geworden war, in welchem Sonne und Winde ruhen und Vögel singen und Menschen ihren Gedanken, Träumen und Gelüsten nachhängen konnten.

Paul Abderegg lag im Halbschatten zwischen Gehölz und Wiese und hatte ein weiß und rot gebundenes Buch in der Hand. Bald las er darin, bald sah er übers Gras hinweg den flatternden Bläulingen nach. Er stand eben da, wo Frithjof über Meer fährt, Frithjof der Liebende, der Tempelräuber, der von der Heimat Verbannte. Groll und Reue in der Brust, segelt er über die ungastliche See, am Steuer stehend; Sturm und Gewoge bedrängen das schnelle Drachenschiff, und bitteres Heimweh bezwingt den starken Steuermann.

Über der Wiese brütete die Wärme, hoch und gellend sangen die Grillen, und im Innern des Wäldchens sangen tiefer und süßer die Vögel. Es war herrlich, in dieser einsamen Wirrnis von Düften und Tönen und Sonnenlichtern hingestreckt in den heißen Himmel zu blinzeln, oder rückwärts in die dunkeln Bäume hineinzulauschen, oder mit geschlossenen Augen sich auszurecken und das tiefe, warme Wohlsein durch alle Glieder zu spüren. Aber Frithjof fuhr über Meer, und morgen kam Besuch, und wenn er nicht heute noch das Buch zu Ende las, war es vielleicht wieder nichts damit, wie im vorigen Herbst. Da war er auch hier gelegen und hatte die Frithjofsage angefangen, und es war auch Besuch gekommen, und mit dem Lesen hatte es ein Ende gehabt. Das Buch war dageblieben, er aber ging in der Stadt in seine Schule und dachte zwischen Homer und Tacitus beständig an das angefangene Buch und was im Tempel geschehen würde, mit dem Ring und der Bildsäule.

Er las mit neuem Eifer, halblaut, und über ihm lief ein schwacher Wind durch die Ulmenkronen, sang das Gevögel und flogen die gleißenden Falter, Mücken und Bienen. Und als er zuklappte und in die Höhe sprang, hatte er das Buch zu Ende gelesen, und die Wiese war voll Schatten, und am hellroten Himmel erlosch der Abend. Eine müde Biene setzte sich auf seinen Ärmel und ließ sich tragen. Die Grillen sangen noch immer. Paul ging schnell davon, durchs Gebüsch und den Platanenweg und dann über die Straße und den stillen Vorplatz ins Haus. Er war schön anzusehen, in der schlanken Kraft seiner sechzehn Jahre, und den Kopf hatte er mit stillen Augen gesenkt, noch von den Schicksalen des nordischen Helden erfüllt und zum Nachdenken genötigt.

Die Sommerstube, wo man die Mahlzeiten hielt, lag zuhinterst im Hause. Sie war eigentlich eine Halle, vom Garten nur durch eine Glaswand getrennt, und sprang geräumig als ein kleiner Flügel aus dem Hause vor. Hier war nun der eigentliche Garten, der von alters her »am See« genannt wurde, wenngleich statt eines Sees nur ein kleiner, länglicher Teich zwischen den Beeten, Spalierwänden, Wegen und Obstpflanzungen lag. Die aus der Halle ins Freie führende Treppe war von Oleandern und Palmen eingefaßt, im übrigen sah es »am See« nicht herrschaftlich, sondern behaglich ländlich aus.

»Also morgen kommen die Leutchen«, sagte der Vater. »Du freust dich hoffentlich, Paul?«

»Ja, schon.«

»Aber nicht von Herzen? Ja, mein Junge, da ist nichts zu machen. Für uns paar Leute ist ja Haus und Garten viel zu groß und für niemand soll doch die ganze Herrlichkeit nicht da sein! Ein Landhaus und ein Park sind dazu da, daß fröhliche Menschen drin herumlaufen, und je mehr, desto besser. Übrigens kommst du mit solenner Verspätung. Suppe ist nicht mehr da.«

Dann wandte er sich an den Hauslehrer.

»Verehrtester, man sieht Sie ja gar nie im Garten. Ich hatte immer gedacht, Sie schwärmen fürs Landleben.«

Herr Homburger runzelte die Stirn.

»Sie haben vielleicht recht. Aber ich möchte die Ferienzeit doch möglichst zu meinen Privatstudien verwenden.«

»Alle Hochachtung, Herr Homburger! Wenn einmal Ihr Ruhm die Welt erfüllt, lasse ich eine Tafel unter Ihrem Fenster anbringen. Ich hoffe bestimmt, es noch zu erleben.«

Der Hauslehrer verzog das Gesicht. Er war sehr nervös.

»Sie überschätzen meinen Ehrgeiz«, sagte er frostig. »Es ist mir durchaus einerlei, ob mein Name einmal bekannt wird oder nicht. Was die Tafel betrifft –«

»O, seien Sie unbesorgt, lieber Herr! Aber Sie sind entschieden zu bescheiden. Paul, nimm dir ein Muster!«

Der Tante schien es nun an der Zeit, den Kandidaten zu retten. Sie kannte diese Art von höflichen Dialogen, die dem Hausherrn so viel Vergnügen machten, und sie fürchtete sie. Indem sie Wein anbot, lenkte sie das Gespräch in andere Gleise und hielt es darin fest.

Es war hauptsächlich von den erwarteten Gästen die Rede. Paul hörte kaum darauf. Er aß nach Kräften und besann sich nebenher wieder einmal darüber, wie es käme, daß der junge Hauslehrer neben dem fast grauhaarigen Vater immer aussah, als sei er der Ältere.

Vor den Fenstern und Glastüren begannen Garten, Baumland, Teich und Himmel sich zu verwandeln, vom ersten Schauer der heraufkommenden Nacht berührt. Die Gebüsche wurden schwarz und rannen in dunkle Wogen zusammen, und die Bäume, deren Wipfel die ferne Hügellinie überschnitten, reckten sich mit ungeahnten, bei Tage nie gesehenen Formen dunkel und mit einer stummen Leidenschaft in den lichteren Himmel. Die vielfältige, fruchtbare Landschaft verlor ihr friedlich buntes zerstreutes Wesen mehr und mehr und rückte in großen, fest geschlossenen Massen zusammen. Die entfernten Berge sprangen kühner und entschlossener empor, die Ebene lag schwärzlich hingebreitet und ließ nur noch die stärkeren Schwellungen des Bodens durchfühlen. Vor den Fenstern kämpfte das noch vorhandene Tageslicht müde mit dem herabfallenden Lampenschimmer.

Paul stand in dem offenen Türflügel und schaute zu, ohne viel Aufmerksamkeit und ohne viel dabei zu denken. Er dachte wohl, aber nicht an das, was er sah. Er sah es Nacht werden. Aber er konnte nicht fühlen, wie schön es war. Er war zu jung und lebendig, um so etwas hinzunehmen und zu betrachten und sein Genüge daran zu finden. Woran er dachte, das war eine Nacht am nordischen Meer. Am Strande zwischen schwarzen Bäumen wälzt der düster lodernde Tempelbrand Glut und Rauch gen Himmel, an den Felsen bricht sich die See und spiegelt wilde rote Lichter, im Dunkel enteilt mit vollen Segeln ein Wikingerschiff.

»Nun, Junge«, rief der Vater, »was hast du denn heut wieder für einen Schmöker draußen gehabt?«

»O, den Frithjof!«

»So, so, lesen das die jungen Leute noch immer? Herr Homburger, wie denken Sie darüber? Was hält man heutzutage von diesem alten Schweden? Gilt er noch?«

»Sie meinen Esajas Tegner?«

»Ja, richtig, Esajas. Nun?«

»Ist tot, Herr Abderegg, vollkommen tot.«

»Das glaub ich gerne! Gelebt hat der Mann schon zu meinen Zeiten nicht mehr, ich meine damals, als ich ihn las. Ich wollte fragen, ob er noch Mode ist.«

»Ich bedaure, über Mode und Moden bin ich nicht unterrichtet. Was die wissenschaftlich-ästhetische Wertung betrifft —«

»Nun ja, das meinte ich. Also die Wissenschaft — —?«

»Die Literaturgeschichte verzeichnet jenen Tegner lediglich noch als Namen. Er war, wie Sie sehr richtig sagten, eine Mode. Damit ist ja alles gesagt. Das Echte, Gute ist nie Mode gewesen, aber es lebt. Und Tegner ist, wie ich sagte, tot. Er existiert für uns nicht mehr. Er scheint uns unecht, geschraubt, süßlich ...«

Paul wandte sich heftig um.

»Das kann doch nicht sein, Herr Homburger!«

»Darf ich fragen, warum nicht?«

»Weil es schön ist! Ja, es ist einfach schön.«

»So? Das ist aber doch kein Grund, sich so aufzuregen.«

»Aber Sie sagen, es sei süßlich und habe keinen Wert. Und es ist doch wirklich schön.«

»Meinen Sie? Ja, wenn Sie so felsenfest wissen, was schön ist, sollte man Ihnen einen Lehrstuhl einräumen. Aber wie Sie sehen, Paul — diesmal stimmt Ihr Urteil nicht mit der Ästhetik überein. Sehen Sie, es ist gerade umgekehrt wie mit Thucydides. Den findet die Wissenschaft schön, und Sie finden ihn schrecklich. Und den Frithjof —«

»Ach, das hat doch mit der Wissenschaft nichts zu tun.«

»Es gibt nichts, schlechterdings nichts in der Welt, womit die Wissenschaft nicht zu tun hätte. — Aber, Herr Abderegg, Sie erlauben wohl daß ich mich empfehle.«

»Schon?«

»Ich sollte noch etwas schreiben.«

»Schade, wir wären gerade so nett ins Plaudern gekommen. Aber über alles die Freiheit! Also gute Nacht!«

Herr Homburger verließ das Zimmer höflich und verlor sich geräuschlos im Korridor.

»Also die alten Abenteuer haben dir gefallen, Paul?« lachte der Hausherr. »Dann laß sie dir von keiner Wissenschaft verhunzen, sonst geschieht's dir recht. Du wirst doch nicht verstimmt sein?«

»Ach, es ist nichts. Aber weißt du, ich hatte doch gehofft, der Herr Homburger würde nicht mit aufs Land kommen. Du hast ja gesagt, ich brauche in diesen Ferien nicht zu büffeln.«

»Ja, wenn ich das gesagt habe, ist's auch so, und du kannst froh sein. Und der Herr Lehrer beißt dich ja nicht.«

»Warum mußte er denn mitkommen?«

»Ja, siehst du, Junge, wo hätt er denn sonst bleiben sollen? Da, wo er daheim ist, hat er's leider nicht sonderlich schön. Und ich will doch auch mein Vergnügen haben! Mit unterrichteten und gelehrten Männern verkehren, ist Gewinn, das merke dir. Ich möchte unsern Herrn Homburger nicht gern entbehren.«

»Ach, Papa, bei dir weiß man nie, was Spaß und was Ernst ist!«

»So lerne es unterscheiden, mein Sohn. Es wird dir nützlich sein. Aber jetzt wollen wir noch ein bißchen Musik machen, nicht?«

Paul zog den Vater sogleich freudig ins nächste Zimmer. Es geschah nicht häufig, daß Papa unaufgefordert mit ihm spielte. Und das war kein Wunder, denn er war ein Meister auf dem Klavier, und der Junge konnte, mit ihm verglichen, nur eben so ein wenig klimpern.

Tante Grete blieb allein zurück. Vater und Sohn gehörten zu den Musikanten, die nicht gerne einen Zuhörer vor der Nase haben, aber gerne einen unsichtbaren, von dem sie wissen, daß er nebenan sitzt und lauscht. Das wußte die Tante wohl. Wie sollte sie es auch nicht wissen? Wie sollte ihr irgendein kleiner, zarter Zug an den beiden fremd sein, die sie seit Jahren mit Liebe umgab und behütete und die sie beide wie Kinder ansah.

Sie saß ruhend in einem der biegsamen Rohrsessel und horchte. Was sie hörte, war eine vierhändig gespielte Ouvertüre, die sie gewiß nicht zum erstenmal vernahm, deren Namen sie aber nicht hätte sagen können; denn so gern sie Musik hörte, verstand sie doch wenig davon. Sie wußte, nachher würde der Alte oder der Bub beim Herauskommen fragen: »Tante, was war das für ein Stück?« Dann würde sie sagen »von Mozart« oder »aus Carmen« und dafür ausgelacht werden, denn es war immer etwas anderes gewesen.

Sie horchte, lehnte sich zurück und lächelte. Es war schade, daß niemand es sehen konnte, denn ihr Lächeln war von der echten Art. Es geschah weniger mit den Lippen als mit den Augen; das ganze Gesicht, Stirn und Wangen glänzten innig mit, und es sah aus wie ein tiefes Verstehen und Liebhaben.

Sie lächelte und horchte. Es war eine schöne Musik, und sie gefiel ihr höchlich. Doch hörte sie keineswegs die Ouvertüre allein, obwohl sie ihr zu folgen versuchte. Zuerst bemühte sie sich herauszubringen, wer oben sitze und wer unten. Paul saß unten, das hatte sie bald erhorcht. Nicht daß es gehapert hätte, aber die oberen Stimmen klangen so leicht und kühn und sangen so von innen heraus, wie kein Schüler spielen kann. Und nun konnte sich die Tante alles vorstellen. Sie sah die zwei am Flügel sitzen. Bei prächtigen Stellen sah sie den Vater zärtlich schmunzeln. Paul aber sah sie bei solchen Stellen mit geöffneten Lippen und flammenden Augen sich auf dem Sessel höher recken. Bei besonders heiteren Wendungen paßte sie auf, ob Paul nicht lachen müsse. Dann schnitt nämlich der Alte manchmal eine Grimasse oder machte so eine burschikose Armbewegung, daß es für junge Leute nicht leicht war, an sich zu halten.

Je weiter die Ouvertüre vorwärtsgedieh, desto deutlicher sah das Fräulein ihre beiden vor sich, desto inniger las sie in ihren vom Spielen erregten Gesichtern. Und mit der raschen Musik lief ein großes Stück Leben, Erfahrung und Liebe an ihr vorbei.

Es war Nacht, man hatte einander schon »Schlaf wohl« gesagt, und jeder war in sein Zimmer gegangen. Hier und dort ging noch eine Tür, ein Fenster auf oder zu. Dann ward es still.

Was auf dem Lande sich von selber versteht, die Stille der Nacht, ist doch für den Städter immer wieder ein Wunder. Wer aus seiner Stadt heraus auf ein Landgut oder in einen Bauernhof kommt und den ersten Abend am Fenster steht oder im Bett liegt, den umfängt diese Stille wie ein Heimatzauber und Ruheport, als wäre er dem Wahren und Gesunden nähergekommen und spüre ein Wehen des Ewigen.

Es ist ja keine vollkommene Stille. Sie ist voll von Lauten, aber es sind dunkle, gedämpfte, geheimnisvolle Laute der Nacht, während in der Stadt die Nachtgeräusche sich von denen des Tages so bitter wenig unterscheiden. Es ist das Singen der Frösche, das Rauschen der Bäume, das Plätschern des Baches, der Flug eines Nachtvogels, einer Fledermaus. Und wenn etwa einmal ein verspäteter Leiterwagen vorüberjagt oder ein Hofhund anschlägt, so ist es ein erwünschter Gruß des Lebens und wird majestätisch von der Weite des Luftraums gedämpft und verschlungen.

Der Hauslehrer hatte noch Licht brennen und ging unruhig und müde in der Stube auf und ab. Er hatte den ganzen Abend bis gegen Mitternacht gelesen. Dieser junge Herr Homburger war nicht, was er schien oder scheinen wollte. Er war kein Denker. Er war nicht einmal ein wissenschaftlicher Kopf. Aber er hatte einige Gaben, und er war jung. So konnte es ihm, in dessen Wesen es keinen befehlenden und unausweichlichen Schwerpunkt gab, an Idealen nicht fehlen.

Zur Zeit beschäftigten ihn einige Bücher, in welchen merkwürdig schmiegsame Jünglinge sich einbildeten, Bausteine zu einer neuen Kultur aufzutürmen, indem sie in einer weichen, wohllauten Sprache bald Ruskin, bald Nietzsche um allerlei kleine, schöne, leicht tragbare Kleinode bestahlen. Diese Bücher waren viel amüsanter zu lesen als Ruskin und Nietzsche selber, sie waren von koketter Grazie, groß in kleinen Nuancen und von seidig vornehmem Glanze. Und wo es auf einen großen Wurf, auf Machtworte und Leidenschaft ankam, zitierten sie Dante oder Zarathustra.

Deshalb war auch Homburgers Stirn umwölkt, sein Auge müde wie vom Durchmessen ungeheurer Räume und sein Schritt erregt und ungleich. Er fühlte, daß an die ihn umgebende schale Alltagswelt allenthalben Mauerbrecher gelegt waren und daß es galt, sich an die Propheten und Bringer der neuen Seligkeit zu halten. Schönheit und Geist würden ihre Welt durchfluten, und jeder Schritt in ihr würde von Poesie und Weisheit triefen.

Vor seinen Fenstern lag und wartete der gestirnte Himmel, die schwebende Wolke, der träumende Park, das schlafend atmende Feld und die ganze Schönheit der Nacht. Sie wartete darauf, daß er ans Fenster trete und sie schaue. Sie wartete darauf, sein Herz mit Sehnsucht und Heimweh zu verwunden, seine Augen kühl zu baden, seiner Seele gebundene Flügel zu lösen. Er legte sich aber ins Bett, zog die Lampe näher und las im Liegen weiter.

Paul Abderegg hatte kein Licht mehr brennen, schlief aber noch nicht, sondern saß im Hemd auf dem Fensterbrett und schaute in die ruhigen Baumkronen hinein. Den Helden Frithjof hatte er vergessen. Er dachte überhaupt an nichts Bestimmtes, er genoß nur die späte Stunde, deren reges Glücksgefühl ihn noch nicht schlafen ließ. Wie schön die Sterne in der Schwärze standen! Und wie der Vater heute wieder gespielt hatte! Und wie still und märchenhaft der Garten da im Dunkeln lag!

Die Juninacht umschloß den Knaben zart und dicht, sie kam ihm still entgegen, sie kühlte, was noch in ihm heiß und flammend war. Sie nahm ihm leise den Überfluß seiner Jugend ab, bis seine Augen ruhig und seine Schläfen kühl wurden, und dann blickte sie ihm lächelnd als eine gute

Mutter in die Augen. Er wußte nicht mehr, wer ihn anschaue und wo er sei, er lag schlummernd auf dem Lager, atmete tief und schaute gedankenlos hingegeben in große, stille Augen, in deren Spiegel Gestern und Heute zu wunderlich verschlungenen Bildern und schwer zu entwirrenden Sagen wurden.

Auch des Kandidaten Fenster war nun dunkel. Wenn jetzt etwa ein Nachtwanderer auf der Landstraße vorüberkam und Haus und Vorplatz, Park und Garten lautlos im Schlummer liegen sah, konnte er wohl mit einem Heimweh herüberblicken und sich des ruhevollen Anblicks mit halbem Neide freuen. Und wenn es ein armer, obdachloser Fechtbruder war, konnte er unbesorgt in den arglos offenstehenden Park eintreten und sich die längste Bank zum Nachtlager aussuchen.

Am Morgen war diesmal gegen seine Gewohnheit der Hauslehrer vor allen andern wach. Munter war er darum nicht. Er hatte sich mit dem langen Lesen bei Lampenlicht Kopfweh geholt; als er dann endlich die Lampe gelöscht hatte, war das Bett schon zu warmgelegen und zerwühlt zum Schlafen, und nun stand er nüchtern und fröstelnd mit matten Augen auf. Er fühlte deutlicher als je die Notwendigkeit einer neuen Renaissance, hatte aber für den Augenblick zur Fortsetzung seiner Studien keine Lust, sondern spürte ein heftiges Bedürfnis nach frischer Luft. So verließ er leise das Haus und wandelte langsam feldeinwärts.

Überall waren schon die Bauern an der Arbeit und blickten dem ernst Dahinschreitenden flüchtig und, wie es ihm zuweilen scheinen wollte, spöttisch nach. Dies tat ihm weh, und er beeilte sich, den nahen Wald zu erreichen, wo ihn Kühle und mildes Halblicht umflossen. Eine halbe Stunde trieb er sich verdrossen dort umher. Dann fühlte er eine innere Öde und begann zu erwägen, ob es nun wohl bald einen Kaffee geben werde. Er kehrte um und lief an den schon warm besonnten Feldern und unermüdlichen Bauersleuten vorüber wieder heimwärts.

Unter der Haustür kam es ihm plötzlich unfein vor, so heftig und happig zum Frühstück zu eilen. Er wandte um, tat sich Gewalt an und beschloß, vorher noch gemäßigten Schrittes einen Gang durch die Parkwege zu tun, um nicht atemlos am Tisch zu erscheinen. Mit künstlich bequemem Schlenderschritt ging er durch die Platanenallee und wollte soeben gegen den Ulmenwinkel umwenden, als ein unvermuteter Anblick ihn erschreckte.

Auf der letzten, durch Holundergebüsche etwas versteckten Bank lag ausgestreckt ein Mensch. Er lag bäuchlings und hatte das Gesicht auf die Ellbogen und Hände gelegt. Herr Homburger war im ersten Schreck geneigt, an eine Greueltat zu denken, doch belehrte ihn bald das feste tiefe Atmen des Daliegenden, daß er vor einem Schlafenden stehe. Dieser sah abgerissen aus, und je mehr der Lehrersmann erkannte, daß er es mit einem vermutlich ganz jungen und unkräftigen Bürschlein zu tun habe, desto höher stiegen der Mut und die Entrüstung in seiner Seele. Überlegenheit und Mannesstolz erfüllten ihn, als er nach kurzem Zögern entschlossen nähertrat und den Schläfer wachschüttelte.

»Stehen Sie auf, Kerl! Was machen Sie denn hier?«

Das Handwerksbürschlein taumelte erschrocken empor und starrte verständnislos und ängstlich in die Welt. Er sah einen Herrn im Gehrock befehlend vor sich stehen und besann sich eine Weile, was das bedeuten könne, bis ihm einfiel, daß er zu Nacht in einen offenen Garten eingetreten sei und dort genächtigt habe. Er hatte mit Tagesanbruch weiterwollen, nun war er verschlafen und wurde zur Rechenschaft gezogen.

»Können Sie nicht reden, was tun Sie hier?«

»Nur geschlafen hab ich«, seufzte der Angedonnerte und erhob sich vollends. Als er auf den Beinen stand, bestätigte sein schmächtiges Gliedergerüst den unfertig jugendlichen Ausdruck seines fast noch kindlichen Gesichts. Er konnte höchstens achtzehn Jahre alt sein.

»Kommen Sie mit mir!« gebot der Kandidat und nahm den willenlos folgenden Fremdling mit zum Hause hinüber, wo ihm gleich unter der Türe Herr Abderegg begegnete.

»Guten Morgen, Herr Homburger, Sie sind ja früh auf! Aber was bringen Sie da für merkwürdige Gesellschaft?«

»Dieser Bursche hat Ihren Park als Nachtherberge benützt. Ich glaubte, Sie davon unterrichten zu müssen.«

Der Hausherr begriff sofort. Er schmunzelte.

»Ich danke Ihnen, lieber Herr. Offen gestanden, ich hätte kaum ein so weiches Herz bei Ihnen vermutet. Aber Sie haben recht, es ist ja klar, daß der arme Kerl zum mindesten einen Kaffee bekommen muß. Vielleicht sagen Sie drinnen dem Fräulein, sie möchte ein Frühstück für ihn herausschicken? Oder warten Sie, wir bringen ihn gleich in die Küche. – Kommen Sie mit, Kleiner, es ist schon was übrig.«

Am Kaffeetisch umgab sich der Mitbegründer einer neuen Kultur mit einer majestätischen Wolke von Ernst und Schweigsamkeit, was den alten Herrn nicht wenig freute. Es kam jedoch zu keiner Neckerei, schon weil die heute erwarteten Gäste alle Gedanken in Anspruch nahmen.

Die Tante hüpfte immer wieder sorgend und lächelnd von einer Gaststube in die andere, die Dienstboten nahmen maßvoll an der Aufregung teil oder grinsten zuschauend, und gegen Mittag setzte sich der Hausherr mit Paul in den Wagen, um zur nahen Bahnstation zu fahren.

Wenn es in Pauls Wesen lag, daß er die Unterbrechungen seines gewohnten, stillen Ferienlebens durch Gastbesuche fürchtete, so war es ihm ebenso natürlich, die einmal Angekommenen nach seiner Weise möglichst kennenzulernen, ihr Wesen zu beobachten und sie sich irgendwie zu eigen zu machen. So betrachtete er auf der Heimfahrt im etwas überfüllten Wagen die drei Fremden mit stiller Aufmerksamkeit, zuerst den lebhaft redenden Professor, dann mit einiger Scheu die beiden Mädchen.

Der Professor gefiel ihm, schon weil er wußte, daß er ein Duzfreund seines Vaters war. Im übrigen fand er ihn ein wenig streng und ältlich, aber nicht zuwider und jedenfalls unsäglich gescheit. Viel schwerer war es, über die Mädchen ins reine zu kommen. Die eine war eben schlechthin ein junges Mädchen, ein Backfisch, jedenfalls ziemlich gleich alt wie er selber. Es würde nur darauf ankommen, ob sie von der spöttischen oder gutmütigen Art war, je nachdem würde es Krieg oder Freundschaft zwischen ihm und ihr geben. Im Grunde waren ja alle jungen Mädchen dieses Alters gleich, und es war mit allen gleich schwer zu reden und auszukommen. Es gefiel ihm, daß sie wenigstens still war und nicht gleich einen Sack voll Fragen auskramte.

Die andere gab ihm mehr zu raten. Sie war, was er freilich nicht zu berechnen verstand, vielleicht drei- oder vierundzwanzig und gehörte zu der Art von Damen, welche Paul zwar sehr gerne sah und von weitem betrachtete, deren näherer Umgang ihn aber scheu machte und meist in Verlegenheiten verwickelte. Er wußte an solchen Wesen die natürliche Schönheit durchaus nicht von der eleganten Haltung und Kleidung zu trennen, fand ihre Gesten und ihre Frisuren meist affektiert und vermutete bei ihnen eine Menge von überlegenen Kenntnissen über Dinge, die ihm tiefe Rätsel waren.

Wenn er genau darüber nachdachte, haßte er diese ganze Gattung. Sie sahen alle schön aus, aber sie hatten auch alle die gleiche demütigende

Zierlichkeit und Sicherheit im Benehmen, die gleichen hochmütigen Ansprüche und die gleiche geringschätzende Herablassung gegen Jünglinge seines Alters. Und wenn sie lachten oder lächelten, was sie sehr häufig taten, sah es oft so unleidlich maskenhaft und verlogen aus. Darin waren die Backfische doch viel erträglicher.

Am Gespräch nahm außer den beiden Männern nur Fräulein Thusnelde – das war die ältere, elegante – teil. Die kleine blonde Berta schwieg ebenso scheu und beharrlich wie Paul, dem sie gegenübersaß. Sie trug einen großen, weich gebogenen, ungefärbten Strohhut mit blauen Bändern und ein blaßblaues, dünnes Sommerkleid mit losem Gürtel und schmalen weißen Säumen. Es schien, als sei sie ganz in den Anblick der sonnigen Felder und heißen Heuwiesen verloren.

Aber zwischenein warf sie häufig einen schnellen Blick auf Paul. Sie wäre noch einmal so gern mit nach Erlenhof gekommen, wenn nur der Junge nicht gewesen wäre. Er sah ja sehr ordentlich aus, aber gescheit, und die Gescheiten waren doch meistens die Widerwärtigsten. Da würde es gelegentlich so heimtückische Fremdwörter geben und auch solche herablassende Fragen, etwa nach dem Namen einer Feldblume, und dann, wenn sie ihn nicht wußte, so ein unverschämtes Lächeln, und so weiter. Sie kannte das von ihren zwei Vettern, von denen einer Student und der andere Gymnasiast war, und der Gymnasiast war eher der schlimmere, einmal bubenhaft ungezogen und ein andermal von jener unausstehlich höhnischen Kavaliershöflichkeit, vor der sie so Angst hatte.

Eins wenigstens hatte Berta gelernt, und sie hatte beschlossen, sich auch jetzt auf alle Fälle daran zu halten: weinen durfte sie nicht, unter keinen Umständen. Nicht weinen und nicht zornig werden, sonst war sie unterlegen. Und das wollte sie hier um keinen Preis. Es fiel ihr tröstlich ein, daß für alle Fälle auch noch eine Tante da sein würde; an die wollte sie sich dann zum Schutz wenden, falls es nötig werden sollte.

»Paul, bist du stumm?« rief Herr Abderegg plötzlich.

»Nein, Papa. Warum?«

»Weil du vergißt, daß du nicht allein im Wagen sitzt. Du könntest dich der Berta schon etwas freundlicher zeigen.«

Paul seufzte unhörbar. Also nun fing es an.

»Sehen Sie, Fräulein Berta, dort hinten ist dann unser Haus.«

»Aber Kinder, ihr werdet doch nicht Sie zueinander sagen!«

»Ich weiß, nicht, Papa – ich glaube doch.«

»Na, dann weiter! Ist aber recht überflüssig.«
Berta war rot geworden, und kaum sah es Paul, so ging es ihm nicht anders. Die Unterhaltung zwischen ihnen war schon wieder zu Ende, und beide waren froh, daß die Alten es nicht merkten. Es wurde ihnen unbehaglich, und sie atmeten auf, als der Wagen mit plötzlichem Krachen auf den Kiesweg einbog und am Hause vorfuhr.
»Bitte, Fräulein«, sagte Paul und half Berta beim Aussteigen. Damit war er der Sorge um sie fürs erste entledigt, denn im Tor stand schon die Tante, und es schien, als lächle das ganze Haus, öffne sich und fordere zum Eintritt auf, so gastlich froh und herzlich nickte sie und streckte die Hand entgegen und empfing eins um das andere und dann jedes noch ein zweites Mal. Die Gäste wurden in ihre Stuben begleitet und gebeten, recht bald und recht hungrig zu Tisch zu kommen.

Auf der weißen Tafel standen zwei große Blumensträuße und dufteten in die Speisengerüche hinein. Herr Abderegg tranchierte den Braten, die Tante visierte scharfäugig Teller und Schüsseln. Der Professor saß wohlgemut und festlich im Gehrock am Ehrenplatz, warf der Tante sanfte Blicke zu und störte den eifrig arbeitenden Hausherrn durch zahllose Fragen und Witze. Fräulein Thusnelde half zierlich und lächelnd beim Herumbieten der Teller und kam sich zu wenig beschäftigt vor, da ihr Nachbar, der Kandidat, zwar wenig aß, aber noch weniger redete. Die Gegenwart eines altmodischen Professors und zweier junger Damen wirkte versteinernd auf ihn. Er war im Angstgefühl seiner jungen Würde beständig auf irgendwelche Angriffe, ja Beleidigungen gefaßt, welche er zum voraus durch eiskalte Blicke und angestrengtes Schweigen abzuwehren bemüht war.
Berta saß neben der Tante und fühlte sich geborgen. Paul widmete sich mit Anstrengung dem Essen, um nicht in Gespräche verwickelt zu werden, vergaß sich darüber und ließ es sich wirklich besser schmecken als alle anderen.
Gegen das Ende der Mahlzeit hatte der Hausherr nach hitzigem Kampf mit seinem Freund das Wort an sich gerissen und ließ es sich nicht wieder nehmen. Der besiegte Professor fand nun erst Zeit zum Essen und holte maßvoll nach. Herr Homburger merkte endlich, daß niemand Angriffe auf ihn plane, sah aber nun zu spät, daß sein Schweigen unfein gewesen war, und glaubte sich von seiner Nachbarin höhnisch betrachtet zu wissen. Er senkte deshalb den Kopf so weit, daß eine leichte Falte unterm Kinn

entstand, zog die Augenbrauen hoch und schien Probleme im Kopf zu wälzen.

Fräulein Thusnelde begann, da der Hauslehrer versagte, ein sehr zärtliches Geplauder mit Berta, an welchem die Tante sich beteiligte.

Paul hatte sich inzwischen vollgegessen und legte, indem er sich plötzlich übersatt fühlte, Messer und Gabel nieder. Aufschauend erblickte er zufällig gerade den Professor in einem komischen Augenblick: er hatte eben einen stattlichen Bissen zwischen den Zähnen und noch nicht von der Gabel los, als ihn gerade ein Kraftwort in der Rede Abdereggs aufzumerken nötigte. So vergaß er für Augenblicke die Gabel zurückzuziehen und schielte großäugig und mit offenem Munde auf seinen sprechenden Freund hinüber. Da brach Paul, der einem plötzlichen Lachreiz nicht widerstehen konnte, in ein mühsam gedämpftes Kichern aus.

Herr Abderegg fand im Drang der Rede nur Zeit zu einem eiligen Zornblick. Der Kandidat bezog das Lachen auf sich und biß auf die Unterlippe. Berta lachte mitgerissen ohne weiteren Grund plötzlich auch. Sie war so froh, daß Paul diese Jungenhaftigkeit passierte. Er war also wenigstens keiner von den Tadellosen.

»Was freut Sie denn so?« fragte Fräulein Thusnelde.

»O, eigentlich gar nichts.«

»Und dich, Berta?«

»Auch nichts. Ich lache nur so mit.«

»Darf ich Ihnen noch einschenken?« fragte Herr Homburger mit gepreßtem Ton.

»Danke, nein.«

»Aber mir, bitte«, sagte die Tante freundlich, ließ jedoch den Wein alsdann ungetrunken stehen.

Man hatte abgetragen, und es wurden Kaffee, Kognak und Zigarren gebracht.

Paul wurde von Fräulein Thusnelde gefragt, ob er auch rauche.

»Nein«, sagte er, »es schmeckt mir gar nicht.«

Dann fügte er, nach einer Pause, plötzlich ehrlich hinzu: »Ich darf auch noch nicht.«

Als er das sagte, lächelte Fräulein Thusnelde ihm schelmisch zu, wobei sie den Kopf etwas auf die Seite neigte. In diesem Augenblick erschien sie dem Knaben charmant, und er bereute den vorher auf sie geworfenen Haß. Sie konnte doch sehr nett sein.

Der Abend war so warm und einladend, daß man noch um elf Uhr unter den leise flackernden Windlichtern im Garten draußen saß. Und daß die Gäste sich von der Reise müde gefühlt hatten und eigentlich früh zu Bett hatten gehen wollen, daran dachte jetzt niemand mehr.

Die warme Luft wogte in leichter Schwüle ungleich und träumend hin und wider, der Himmel war ganz in der Höhe sternklar und feuchtglänzend, gegen die Berge hin tiefschwarz und golden vom fiebernden Geäder des Wetterleuchtens überspannt. Die Gebüsche dufteten süß und schwer, und der weiße Jasmin schimmerte mit unsicheren Lichtern fahl aus der Finsternis.

»Sie glauben also, diese Reform unserer Kultur werde nicht aus dem Volksbewußtsein kommen, sondern von einem oder einigen genialen Einzelnen?«

Der Professor legte eine gewisse Nachsicht in den Ton seiner Frage.

»Ich denke es mir so –«, erwiderte etwas steif der Hauslehrer und begann eine lange Rede, welcher außer dem Professor niemand zuhörte.

Herr Abderegg scherzte mit der kleinen Berta, welcher die Tante Beistand leistete. Er lag voll Behagen im Stuhl zurück und trank Weißwein mit Sauerwasser.

»Sie haben den ›Ekkehard‹ also auch gelesen?« fragte Paul das Fräulein Thusnelde.

Sie lag in einem sehr niedriggestellten Klappstuhl, hatte den Kopf ganz zurückgelegt und sah geradeaus in die Höhe.

»Jawohl«, sagte sie. »Eigentlich sollte man Ihnen solche Bücher noch verbieten.«

»So? Warum denn?«

»Weil Sie ja doch noch nicht alles verstehen können.«

»Glauben Sie?«

»Natürlich.«

»Es gibt aber Stellen darin, die ich vielleicht besser als Sie verstanden habe.«

»Wirklich? Welche denn?«

»Die lateinischen.«

»Was Sie für Witze machen!«

Paul war sehr munter. Er hatte zu Abend etwas Wein zu trinken bekommen, nun fand er es köstlich, in die weiche, dunkle Nacht hineinzureden, und wartete neugierig, ob es ihm gelänge, die elegante Dame ein wenig aus ihrer trägen Ruhe zu bringen, zu einem heftigeren Widerspruch oder zu einem Gelächter. Aber sie schaute nicht zu ihm herüber. Sie lag unbeweglich, das Gesicht nach oben, eine Hand auf dem Stuhl, die andre bis zur Erde herabhängend. Ihr weißer Hals und ihr weißes Gesicht hoben sich matt schimmernd von den schwarzen Bäumen ab.

»Was hat Ihnen denn im ›Ekkehard‹ am besten gefallen?« fragte sie jetzt, wieder ohne ihn anzusehen.

»Der Rausch des Herrn Spazzo.«

»Ach?«

»Nein, wie die alte Waldfrau vertrieben wird.«

»So?«

»Oder vielleicht hat mir doch das am besten gefallen, wie die Praxedis ihn aus dem Kerker entwischen läßt. Das ist fein.«

»Ja, das ist fein. Wie war es nur?«

»Wie sie nachher Asche hinschüttet —«

»Ach ja. Ja, ich weiß.«

»Aber jetzt müssen Sie mir auch sagen, was Ihnen am besten gefällt.«

»Im ›Ekkehard‹?«

»Ja, natürlich.«

»Dieselbe Stelle. Wo Praxedis dem Mönch davonhilft. Wie sie ihm da noch einen Kuß mitgibt und dann lächelt und ins Schloß zurückgeht.«

»Ja – ja«, sagte Paul langsam, aber er konnte sich des Kusses nicht erinnern.

Des Professors Gespräch mit dem Hauslehrer war zu Ende gegangen. Herr Abderegg steckte sich eine Virginia an, und Berta sah neugierig zu, wie er die Spitze der langen Zigarre über der Kerzenflamme verkohlen ließ. Das Mädchen hielt die neben ihr sitzende Tante mit dem rechten Arm umschlungen und hörte großäugig den fabelhaften Erlebnissen zu, von denen der alte Herr ihr erzählte. Es war von Reiseabenteuern, namentlich in Neapel, die Rede.

»Ist das wirklich wahr?« wagte sie einmal zu fragen.

Herr Abderegg lachte.

»Das kommt allein auf Sie an, kleines Fräulein. Wahr ist an einer Geschichte immer nur das, was der Zuhörer glaubt.«

»Aber nein?! Da muß ich Papa drüber fragen.«

»Tun Sie das!«

Die Tante streichelte Bertas Hand, die ihre Taille umfing.

»Es ist ja Scherz, Kind.«

Sie hörte dem Geplauder zu, wehrte die taumelnden Nachtmotten von ihres Bruders Weinglas ab und gab jedem, der sie etwa anschaute, einen gütigen Blick zurück. Sie hatte ihre Freude an den alten Herren, an Berta und dem lebhaft schwatzenden Paul, an der schönen Thusnelde, die aus der Gesellschaft heraus in die Nachtbläue schaute, am Hauslehrer, der seine klugen Reden nachgenoß. Sie war noch jung genug und hatte nicht vergessen, wie es der Jugend in solchen Gartensommernächten warm und wohl sein kann. Wieviel Schicksal noch auf alle diese schönen Jungen und klugen Alten wartete! Auch auf den Hauslehrer. Wie jedem sein Leben und seine Gedanken und Wünsche so wichtig waren! Und wie schön Fräulein Thusnelde aussah! Eine wirkliche Schönheit.

Die gütige Dame streichelte Bertas rechte Hand, lächelte dem etwas vereinsamten Kandidaten liebreich zu und fühlte von Zeit zu Zeit hinter den Stuhl des Hausherrn, ob auch seine Weinflasche noch im Eise stehe.

»Erzählen Sie mir etwas aus Ihrer Schule!« sagte Thusnelde zu Paul.

»Ach, die Schule! Jetzt sind doch Ferien.«

»Gehen Sie denn nicht gern ins Gymnasium?«

»Kennen Sie jemand, der gern hineingeht?«

»Sie wollen aber doch studieren?«

»Nun ja. Ich will schon.«

»Aber was möchten Sie noch lieber?«

»Noch lieber? – Haha –. Noch lieber möcht ich Seeräuber werden.«

»Seeräuber?«

»Jawohl, Seeräuber. Pirat.«

»Dann könnten Sie aber nimmer soviel lesen.«

»Das wäre auch nicht nötig. Ich würde mir schon die Zeit vertreiben.«

»Glauben Sie?«

»O gewiß. Ich würde –«

»Nun?«

»Ich würde – ach, das kann man gar nicht sagen.«

»Dann sagen Sie es eben nicht.«

Es wurde ihm langweilig. Er rückte zu Berta hinüber und half ihr zuhören. Papa war ungemein lustig. Er sprach jetzt ganz allein, und alles hörte zu und lachte.

Da stand Fräulein Thusnelde in ihrem losen, feinen englischen Kleide langsam auf und trat an den Tisch.

»Ich möchte gute Nacht sagen.«

Nun brachen alle auf, sahen auf die Uhr und konnten nicht begreifen, daß es wirklich schon Mitternacht sei.

Auf dem kurzen Weg bis zum Hause ging Paul neben Berta, die ihm plötzlich sehr gut gefiel, namentlich seit er sie über Papas Witze so herzlich hatte lachen hören. Er war ein Esel gewesen, sich über den Besuch zu ärgern. Es war doch fein, so des Abends mit Mädchen zu plaudern.

Er fühlte sich als Kavalier und begann zu bedauern, daß er sich den ganzen Abend nur um die andere gekümmert hatte. Die war doch wohl ein Fratz. Berta war ihm viel lieber, und es tat ihm leid, daß er sich heute nicht zu ihr gehalten hatte. Und er versuchte, ihr das zu sagen. Sie kicherte.

»O, Ihr Papa war so unterhaltend! Es war reizend.«

Er schlug ihr für morgen einen Spaziergang auf den Eichelberg vor. Es sei nicht weit und so schön. Er kam ins Beschreiben, sprach vom Weg und von der Aussicht und redete sich ganz in Feuer.

Da ging gerade Fräulein Thusnelde an ihnen vorüber, während er im eifrigsten Reden war. Sie wandte sich ein wenig um und sah ihm ins Gesicht. Es geschah ruhig und etwas neugierig, aber er fand es spöttisch und verstummte plötzlich. Berta blickte erstaunt auf und sah ihn verdrießlich werden, ohne zu wissen warum.

Da war man schon im Hause. Berta gab Paul die Hand. Er sagte gute Nacht. Sie nickte und ging.

Thusnelde war vorausgegangen, ohne ihm gute Nacht zu sagen. Er sah sie mit einer Handlampe die Treppe hinaufgehen, und indem er ihr nachschaute, ärgerte er sich über sie.

Paul lag wach im Bett und verfiel dem feinen Fieber der warmen Nacht. Die Schwüle war im Zunehmen, das Wetterleuchten zitterte beständig an den Wänden. Zuweilen glaubte er, es in weiter Ferne leise donnern zu hören. In langen Pausen kam und ging ein schlaffer Wind, der kaum die Wipfel rauschen machte.

Der Knabe überdachte halb träumend den vergangenen Abend und fühlte, daß er heute anders gewesen sei als sonst. Er kam sich erwachsener vor, vielmehr schien ihm die Rolle des Erwachsenen heute besser geglückt als bei früheren Versuchen. Mit dem Fräulein hatte er sich doch ganz flott unterhalten und nachher auch mit Berta.

Es quälte ihn, ob Thusnelde ihn ernstgenommen habe. Vielleicht hatte sie eben doch nur mit ihm gespielt. Und das mit dem Kuß der Praxedis mußte er morgen nachlesen. Ob er das wirklich nicht verstanden oder nur vergessen hatte?

Er hätte gern gewußt, ob Fräulein Thusnelde wirklich schön sei, richtig schön. Es schien ihm so, aber er traute weder sich noch ihr. Wie sie da beim schwachen Lampenlicht im Stuhl halb saß und halb lag, so schlank und ruhig, mit der auf den Boden niederhängenden Hand, das hatte ihm gefallen. Wie sie lässig nach oben schaute, halb vergnügt und halb müde, und der weiße schlanke Hals – im hellen, langen Damenkleid –, das könnte geradeso auf einem Gemälde vorkommen.

Freilich, Berta war ihm entschieden lieber. Sie war ja vielleicht ein wenig sehr naiv, aber sanft und hübsch, und man konnte doch mit ihr reden ohne den Argwohn, sie mache sich heimlich über einen lustig. Wenn er es von Anfang an mit ihr gehalten hätte, statt erst im letzten Augenblick, dann könnten sie möglicherweise jetzt schon ganz gute Freunde sein. Überhaupt begann es ihm jetzt leid zu tun, daß die Gäste nur zwei Tage bleiben wollten.

Aber warum hatte ihn, als er beim Heimgehen mit der Berta lachte, die andere so angesehen?

Er sah sie wieder an sich vorbeigehen und den Kopf umwenden, und er sah wieder ihren Blick. Sie war doch schön. Er stellte sich alles wieder deutlich vor, aber er kam nicht darüber hinweg – ihr Blick war spöttisch gewesen, überlegen spöttisch. Warum? Noch wegen des »Ekkehard«? Oder weil er mit der Berta gelacht hatte?

Der Ärger darüber folgte ihm noch in den Schlaf.

Am Morgen war der ganze Himmel bedeckt, doch hatte es noch nicht geregnet. Es roch überall nach Heu und nach warmem Erdstaub.

»Schade«, klagte Berta beim Herunterkommen, »man wird heute keinen Spaziergang machen können?«

»O, es kann sich noch den ganzen Tag halten«, tröstete Herr Abderegg.

»Du bist doch sonst nicht so eifrig fürs Spazierengehen«, meinte Fräulein Thusnelde.

»Aber wenn wir doch nur so kurz hier sind!«

»Wir haben eine Luftkegelbahn«, schlug Paul vor. »Im Garten. Auch ein Krocket. Aber Krocket ist langweilig.«

»Ich finde Krocket sehr hübsch«, sagte Fräulein Thusnelde.

»Dann können wir ja spielen.«

»Gut, nachher. Wir müssen doch erst Kaffee trinken.«

Nach dem Frühstück gingen die jungen Leute in den Garten; auch der Kandidat schloß sich an. Fürs Krocketspielen fand man das Gras zu hoch, und man entschloß sich nun doch zu dem andern Spiel. Paul schleppte eifrig die Kegel herbei und stellte auf.

»Wer fängt an?«

»Immer der, der fragt.«

»Also gut. Wer spielt mit?«

Paul bildete mit Thusnelde die eine Partei. Er spielte sehr gut und hoffte, von ihr dafür gelobt oder auch nur geneckt zu werden. Sie sah es aber gar nicht und schenkte überhaupt dem Spiel keine Aufmerksamkeit. Wenn Paul ihr die Kugel gab, schob sie unachtsam und zählte nicht einmal, wieviel Kegel fielen. Statt dessen unterhielt sie sich mit dem Hauslehrer über Turgenjew. Herr Homburger war heute sehr höflich. Nur Berta schien ganz beim Spiel zu sein. Sie half stets beim Aufsetzen und ließ sich von Paul das Zielen zeigen.

»König aus der Mitte!« schrie Paul. »Fräulein, nun gewinnen wir sicher. Das gilt zwölf.«

Sie nickte nur.

»Eigentlich ist Turgenjew gar kein richtiger Russe«, sagte der Kandidat und vergaß, daß es an ihm war zu spielen. Paul wurde zornig.

»Herr Homburger, Sie sind dran!«

»Ich?«

»Ja doch, wir warten alle.«

Er hätte ihm am liebsten die Kugel ans Schienbein geschleudert. Berta, die seine Verstimmung bemerkte, wurde nun auch unruhig und traf nichts mehr.

»Dann können wir ja aufhören.«

Niemand hatte etwas dagegen. Fräulein Thusnelde ging langsam weg, der Lehrer folgte ihr. Paul warf verdrießlich die noch stehenden Kegel mit dem Fuße um.

»Sollen wir nicht weiterspielen?« fragte Berta schüchtern.

»Ach, zu zweien ist es nichts. Ich will aufräumen.«

Sie half ihm bescheiden. Als alle Kegel wieder in der Kiste waren, sah er sich nach Thusnelde um. Sie war im Park verschwunden. Natürlich, er war ja für sie nur ein dummer Junge.

»Was nun?«

»Vielleicht zeigen Sie mir den Park ein wenig?«

Da schritt er so rasch durch die Wege voran, daß Berta außer Atem kam und fast laufen mußte, um nachzukommen. Er zeigte ihr das Wäldchen und die Platanenallee, dann die Blutbuche und die Wiesen. Während er sich beinahe ein wenig schämte, so grob und wortkarg zu sein, wunderte er sich zugleich, daß er sich vor Berta gar nicht mehr geniere. Er ging mit ihr um, wie wenn sie zwei Jahre jünger wäre. Und sie war still, sanft und schüchtern, sagte kaum ein Wort und sah ihn nur zuweilen an, als bäte sie für irgend etwas um Entschuldigung.

Bei der Trauerweide trafen sie mit den beiden andern zusammen. Der Kandidat redete noch fort, das Fräulein war still geworden und schien verstimmt. Paul wurde plötzlich gesprächiger. Er machte auf den alten Baum aufmerksam, schlug die herabhängenden Zweige auseinander und zeigte die um den Stamm laufende Rundbank.

»Wir wollen sitzen«, befahl Fräulein Thusnelde.

Alle setzten sich nebeneinander auf die Bank. Es war hier sehr warm und dunstig, die grüne Dämmerung war schlaff und schwül und machte schläfrig. Paul saß rechts neben Thusnelde.

»Wie still es da ist!« begann Herr Homburger.

Das Fräulein nickte.

»Und so heiß!« sagte sie. »Wir wollen eine Weile gar nichts reden.«

Da saßen alle vier schweigend. Neben Paul lag auf der Bank Thusneldes Hand, eine lange und schmale Damenhand mit schlanken Fingern und feinen, gepflegten, mattglänzenden Nägeln. Paul sah beständig die Hand an. Sie kam aus einem weiten hellgrauen Ärmel hervor, so weiß wie der bis übers Gelenk sichtbare Arm, sie bog sich vom Gelenk etwas nach außen und lag ganz still, als sei sie müde.

Und alle schwiegen. Paul dachte an gestern abend. Da war dieselbe Hand auch so lang und still und ruhend herabgehängt und die ganze Gestalt so regungslos halb gesessen, halb gelegen. Es paßte zu ihr, zu ihrer Figur und zu ihren Kleidern, zu ihrer angenehm weichen, nicht ganz freien Stimme, auch zu ihrem Gesicht, das mit den ruhigen Augen so klug und abwartend und gelassen aussah.

Herr Homburger sah auf die Uhr.

»Verzeihen Sie, meine Damen, ich sollte nun an die Arbeit. Sie bleiben doch hier, Paul?«

Er verbeugte sich und ging.

Die andern blieben schweigend sitzen. Paul hatte seine Linke langsam und mit ängstlicher Vorsicht wie ein Verbrecher der Frauenhand genähert und dann dicht neben ihr liegen lassen. Er wußte nicht, warum er es tat. Es geschah ohne seinen Willen, und dabei wurde ihm so drückend bang und heiß, daß seine Stirn voll von Tropfen stand.

»Krocket spiele ich auch nicht gerne«, sagte Berta leise, wie aus einem Traum heraus. Durch das Weggehen des Hauslehrers war zwischen ihr und Paul eine Lücke entstanden, und sie hatte sich die ganze Zeit besonnen, ob sie herrücken solle oder nicht. Es war ihr, je länger sie zauderte, immer schwerer vorgekommen, es zu tun, und nun fing sie, nur um sich nicht länger ganz allein zu fühlen, zu reden an.

»Es ist wirklich kein nettes Spiel«, fügte sie nach einer langen Pause mit unsicherer Stimme hinzu. Doch antwortete niemand.

Es war wieder ganz still. Paul glaubte, sein Herz schlagen zu hören. Es trieb ihn, aufzuspringen und irgend etwas Lustiges oder Dummes zu sagen oder wegzulaufen. Aber er blieb sitzen, ließ seine Hand liegen und hatte ein Gefühl, als würde ihm langsam, langsam die Luft entzogen, bis zum Ersticken. Nur war es angenehm, auf eine traurige, quälende Art angenehm.

Fräulein Thusnelde blickte in Pauls Gesicht, mit ihrem ruhigen und etwas müden Blick. Sie sah, daß er unverwandt auf seine Linke schaute, die dicht neben ihrer Rechten auf der Bank lag.

Da hob sie ihre Rechte ein wenig, legte sie fest auf Pauls Hand und ließ sie da liegen.

Ihre Hand war weich, doch kräftig und von trockener Wärme. Paul erschrak wie ein überraschter Dieb und fing zu zittern an, zog aber seine Hand nicht weg. Er konnte kaum noch atmen, so stark arbeitete sein Herzschlag, und sein ganzer Leib brannte und fror zugleich. Langsam wurde er blaß und sah das Fräulein flehend und angstvoll an.

»Sind Sie erschrocken?« lachte sie leise. »Ich glaube, Sie waren eingeschlafen?«

Er konnte nichts sagen. Sie hatte ihre Hand weggenommen, aber seine lag noch da und fühlte die Berührung noch immer. Er wünschte, sie wegzuziehen, aber er war so matt und verwirrt, daß er keinen Gedanken oder Entschluß fassen und nichts tun konnte, nicht einmal das.

Plötzlich erschreckte ihn ein ersticktes, ängstliches Geräusch, das er hinter sich vernahm. Er wurde frei und sprang tiefatmend auf. Auch Thusnelde war aufgestanden.

Da saß Berta tiefgebückt an ihrem Platz und schluchzte.

»Gehen Sie hinein«, sagte Thusnelde zu Paul, »wir kommen gleich nach.«

Und als Paul wegging, setzte sie noch hinzu: »Sie hat Kopfweh bekommen.«

»Komm, Berta. Es ist zu heiß hier, man erstickt ja vor Schwüle. Komm, nimm dich zusammen! Wir wollen ins Haus gehen.«

Berta gab keine Antwort. Ihr magerer Hals lag auf dem hellblauen Ärmel des leichten Backfischkleidchens, aus dem der dünne, eckige Arm mit dem breiten Handgelenk herabhing. Und sie weinte still und leise schluckend, bis sie nach einer langen Weile rot und verwundert sich aufrichtete, das Haar zurückstrich und langsam und mechanisch zu lächeln begann.

Paul fand keine Ruhe. Warum hatte Thusnelde ihre Hand so auf seine gelegt? War es nur ein Scherz gewesen? Oder wußte sie, wie seltsam weh das tat? So oft er es sich wieder vorstellte, hatte er von neuem dasselbe Gefühl; ein erstickender Krampf vieler Nerven oder Adern, ein Druck und leichter Schwindel im Kopf, eine Hitze in der Kehle und ein lähmend ungleiches, wunderliches Wallen des Herzens, als sei der Puls unterbunden. Aber es war angenehm, so weh es tat.

Er lief am Haus vorbei zum Weiher und in den Obstgängen auf und ab. Indessen nahm die Schwüle stetig zu. Der Himmel hatte sich vollends ganz bezogen und sah gewitterig aus. Es ging kein Wind, nur hin und wieder im Gezweig ein feiner, zager Schauer, vor dem auch der fahle, glatte Spiegel des Weihers für Augenblicke kraus und silbern erzitterte.

Der kleine alte Kahn, der angebunden am Rasenufer lag, fiel dem Jungen ins Auge. Er stieg hinein und setzte sich auf die einzige noch vorhandene Ruderbank. Doch band er das Schifflein nicht los: es waren auch schon längst keine Ruder mehr da. Er tauchte die Hände ins Wasser, das war widerlich lau.

Unvermerkt überkam ihn eine grundlose Traurigkeit, die ihm ganz fremd war. Er kam sich wie in einem beklemmenden Traume vor – als könnte er, wenn er auch wollte, kein Glied rühren. Das fahle Licht, der dunkel bewölkte Himmel, der laue dunstige Teich und der alte, am Boden moosige Holznachen ohne Ruder, das sah alles unfroh, trist und elend aus, einer schweren, faden Trostlosigkeit hingegeben, die er ohne Grund teilte.

Er hörte Klavierspiel vom Hause herübertönen, undeutlich und leise. Nun waren also die andern drinnen, und wahrscheinlich spielte Papa ihnen vor. Bald erkannte Paul auch das Stück, es war aus Griegs Musik zum »Peer Gynt«, und er wäre gern hineingegangen. Aber er blieb sitzen, starrte über das träge Wasser weg und durch die müden, regungslosen Obstzweige in den fahlen Himmel. Er konnte sich nicht einmal wie sonst auf das Gewitter freuen, obwohl es sicher bald ausbrechen mußte, und das erste richtige in diesem Sommer sein würde.

Da hörte das Klavierspiel auf, und es war eine Weile ganz still. Bis ein paar zarte, wiegend laue Takte aufklangen, eine scheue und ungewöhnliche Musik. Und nun Gesang, eine Frauenstimme. Das Lied war Paul unbekannt, er hatte es nie gehört, er besann sich auch nicht darüber. Aber die Stimme kannte er, die leicht gedämpfte, ein wenig müde Stimme. Das war Thusnelde. Ihr Gesang war vielleicht nichts Besonderes, aber er traf und reizte den Knaben ebenso beklemmend und quälend wie die Berührung ihrer Hand. Er horchte, ohne sich zu rühren, und während er noch saß und horchte, schlugen die ersten trägen Regentropfen lau und schwer in den Weiher. Sie trafen seine Hände und sein Gesicht, ohne daß er es spürte. Er fühlte nur, daß etwas Drängendes, Gärendes, Gespanntes um ihn her oder auch in ihm selber sich verdichte und schwelle und Auswege suche. Zugleich fiel ihm eine Stelle aus dem »Ekkehard« ein, und in diesem Augenblick überraschte und erschreckte ihn plötzlich die sichere Erkenntnis. Er wußte, daß er Thusnelde lieb habe. Und zugleich wußte er, daß sie erwachsen und eine Dame war, er aber ein Schuljunge, und daß sie morgen abreisen würde.

Da klang – der Gesang war schon eine Weile verstummt – die helltönige Tischglocke, und Paul ging langsam zum Hause hinüber. Vor der Türe wischte er sich die Regentropfen von den Händen, strich das Haar zurück und tat einen tiefen Atemzug, als sei er im Begriff, einen schweren Schritt zu tun.

»Ach, nun regnet es doch schon«, klagte Berta. »Nun wird also nichts daraus?«

»Aus was denn?« fragte Paul, ohne vom Teller aufzublicken.

»Wir hatten ja doch – – Sie hatten mir versprochen, mich heut auf den Eichelberg zu führen.«

»Ja so. Nein, das geht bei dem Wetter freilich nicht.«

Halb sehnte sie sich danach, er möchte sie ansehen und eine Frage nach ihrem Wohlsein tun, halb war sie froh, daß er's nicht tat. Er hatte den peinlichen Augenblick unter der Weide, da sie in Tränen ausgebrochen war, völlig vergessen. Dieser plötzliche Ausbruch hatte ihm ohnehin wenig Eindruck gemacht und ihn nur in dem Glauben bestärkt, sie sei doch noch ein recht kleines Mädchen. Statt auf sie zu achten, schielte er beständig zu Fräulein Thusnelde hinüber.

Diese führte mit dem Hauslehrer, der sich seiner albernen Rolle von gestern schämte, ein lebhaftes Gespräch über Sportsachen. Es ging Herrn Homburger dabei wie vielen Leuten; er sprach über Dinge, von denen er nichts verstand, viel gefälliger und glatter als über solche, die ihm vertraut und wichtig waren. Meistens hatte die Dame das Wort, und er begnügte sich mit Fragen, Nicken, Zustimmen und pausenfüllenden Redensarten. Die etwas kokette Plauderkunst der jungen Dame enthob ihn seiner gewohnten dickblütigen Art; es gelang ihm sogar, als er beim Weineinschenken daneben goß, selber zu lachen und die Sache leicht und komisch zu nehmen. Seine mit Schlauheit eingefädelte Bitte jedoch, dem Fräulein nach Tisch ein Kapitel aus einem seiner Lieblingsbücher vorlesen zu dürfen, wurde zierlich abgelehnt.

»Du hast kein Kopfweh mehr, Kind?« fragte Tante Grete.

»O nein, gar nimmer«, sagte Berta halblaut. Aber sie sah noch elend genug aus.

»O ihr Kinder!« dachte die Tante, der auch Pauls erregte Unsicherheit nicht entgangen war. Sie hatte mancherlei Ahnungen und beschloß, die zwei jungen Leutchen nicht unnötig zu stören, wohl aber aufmerksam zu sein und Dummheiten zu verhüten. Bei Paul war es das erstemal, dessen war sie sicher. Wie lang noch, und er würde ihrer Fürsorge entwachsen sein und seine Wege ihrem Blick entziehen! – O ihr Kinder!

Draußen war es beinahe finster geworden. Der Regen rann und ließ nach mit den wechselnden Windstößen, das Gewitter zögerte noch, und der Donner klang noch meilenfern.

»Haben Sie Furcht vor Gewittern?« fragte Herr Homburger seine Dame.

»Im Gegenteil, ich weiß nichts Schöneres. Wir könnten nachher in den Pavillon gehen und zusehen. Kommst du mit, Berta?«

»Wenn du willst, ja, gern.«

»Und Sie also auch, Herr Kandidat? – Gut, ich freue mich darauf. Es ist in diesem Jahr das erste Gewitter, nicht?«

Gleich nach Tisch brachen sie mit Regenschirmen auf, zum nahen Pavillon. Berta nahm ein Buch mit.

»Willst du dich denen nicht anschließen, Paul?« ermunterte die Tante.

»Danke, nein. Ich muß eigentlich üben.«

Er ging in einem Wirrwarr von quellenden Gefühlen ins Klavierzimmer. Aber kaum hatte er zu spielen begonnen, er wußte selbst nicht was, so kam sein Vater herein.

»Junge, könntest du dich nicht um einige Zimmer weiter verfügen? Brav, daß du üben wolltest, aber alles hat seine Zeit, und wir älteren Semester möchten bei dieser Schwüle doch gern ein wenig zu schlafen versuchen. Auf Wiedersehen, Bub!«

Der Knabe ging hinaus und durchs Eßzimmer, über den Gang und zum Tor. Drüben sah er gerade die andern den Pavillon betreten. Als er hinter sich den leisen Schritt der Tante hörte, trat er rasch ins Freie und eilte mit unbedecktem Kopf, die Hände in den Taschen, durch den Regen davon. Der Donner nahm stetig zu, und erste scheue Blitze rissen zuckend durch das schwärzliche Grau.

Paul ging um das Haus herum und gegen den Weiher hin. Er fühlte mit trotzigem Leid den Regen durch seine Kleider dringen. Die noch nicht erfrischte, schwebende Luft erhitzte ihn, so daß er beide Hände und die halbentblößten Arme in die schwer fallenden Tropfen hielt. Nun saßen die andern vergnügt im Pavillon beisammen, lachten und schwatzten, und an ihn dachte niemand. Es zog ihn hinüber, doch überwog sein Trotz; hatte er einmal nicht mitkommen wollen, so wollte er ihnen auch nicht hinterdrein nachlaufen. Und Thusnelde hatte ihn ja überhaupt nicht aufgefordert. Sie hatte Berta und Herrn Homburger mitzukommen aufgefordert und ihn nicht. Warum ihn nicht?

Ganz durchnäßt kam er, ohne auf den Weg zu achten, ans Gärtnerhäuschen. Die Blitze jagten jetzt fast ohne Pause herab und quer durch den Himmel in phantastisch kühnen Linien, und der Regen rauschte lauter. Unter der Holztreppe des Gärtnerschuppens klirrte es auf, und mit verhaltenem Grollen kam der große Hofhund heraus. Als er Paul erkannte, drängte er sich fröhlich und schmeichelnd an ihn. Und Paul, in plötzlich überwallender Zärtlichkeit, legte ihm den Arm um den Hals, zog ihn in den dämmernden Treppenwinkel zurück und blieb dort bei ihm kauern und sprach und koste mit ihm, er wußte nicht wie lang.

Im Pavillon hatte Herr Homburger den eisernen Gartentisch an die gemauerte Rückwand geschoben, die mit einer italienischen Küstenlandschaft bemalt war. Die heiteren Farben, Blau, Weiß und Rosa paßten schlecht in das Regengrau und schienen trotz der Schwüle zu frieren.

»Sie haben schlechtes Wetter für Erlenhof«, sagte Herr Homburger.

»Warum? Ich finde das Gewitter prächtig.«

»Und Sie auch, Fräulein Berta?«

»O, ich sehe es ganz gerne.«

Es machte ihn wütend, daß die Kleine mitgekommen war. Gerade jetzt, wo er anfing, sich mit der schönen Thusnelde besser zu verstehen.

»Und morgen werden Sie wirklich schon wieder reisen?«

»Warum sagen Sie das so tragisch?«

»Es muß mir doch leid tun.«

»Wahrhaftig?«

»Aber gnädiges Fräulein —«

Der Regen prasselte auf dem dünnen Dach und quoll in leidenschaftlichen Stößen aus den Mündungen der Traufen.

»Wissen Sie, Herr Kandidat, Sie haben da einen lieben Jungen als Schüler. Es muß ein Vergnügen sein, so einen zu unterrichten.«

»Ist das Ihr Ernst?«

»Gewiß. Er ist doch ein prächtiger Junge – Nicht, Berta?«

»O, ich weiß nicht, ich sah ihn ja kaum.«

»Gefällt er dir denn nicht?«

»Ja, das schon. – O ja.«

»Was stellt das Wandbild da eigentlich vor, Herr Kandidat? Es scheint eine Rivieravedute?«

Paul war nach zwei Stunden ganz durchnäßt und todmüde heimgekommen, hatte ein kaltes Bad genommen und sich umgekleidet. Dann wartete er bis die drei ins Haus zurückkehrten, und als sie kamen und als Thusneldes Stimme im Gang laut wurde, schrak er zusammen und bekam Herzklopfen. Dennoch tat er gleich darauf etwas, wozu er sich selber noch einen Augenblick zuvor den Mut nicht zugetraut hätte.

Als das Fräulein allein die Treppe heraufstieg, lauerte er ihr auf und überraschte sie im oberen Flur. Er trat auf sie zu und streckte ihr einen kleinen Rosenstrauß entgegen. Es waren wilde Heckenröschen, die er im Regen draußen abgeschnitten hatte.

»Ist das für mich?« fragte Thusnelde.

»Ja, für Sie.«

»Womit hab ich denn das verdient? Ich fürchtete schon, Sie könnten mich gar nicht leiden.«

»O, Sie lachen mich ja nur aus.«

»Gewiß nicht, lieber Paul. Und ich danke schön für die Blumen. Wilde Rosen, nicht?«

»Hagrosen.«

»Ich will eine davon anstecken, nachher.«

Dann ging sie weiter nach ihrem Zimmer.

Am Abend blieb man diesmal in der Halle sitzen. Es hatte schön abgekühlt, und draußen fielen noch die Tropfen von den blankgespülten Zweigen. Man hatte im Sinn gehabt zu musizieren, aber der Professor wollte lieber die paar Stunden noch mit Abderegg verplaudern. So saßen nun alle bequem in dem großen Raum, die Herren rauchten, und die jungen Leute hatten Limonadebecher vor sich stehen.

Die Tante sah mit Berta ein Album an und erzählte ihr alte Geschichten. Thusnelde war guter Laune und lachte viel. Den Hauslehrer hatte das lange erfolglose Reden im Pavillon stark mitgenommen, er war wieder nervös und zuckte leidend mit den Gesichtsmuskeln. Daß sie jetzt so lächerlich mit dem Büblein Paul kokettierte, fand er geschmacklos, und er suchte wählerisch nach einer Form, ihr das zu sagen.

Paul war der lebhafteste von allen. Daß Thusnelde seine Rosen im Gürtel trug und daß sie »lieber Paul« zu ihm gesagt hatte, war ihm wie Wein zu Kopf gestiegen. Er machte Witze, erzählte Geschichten, hatte glühende Backen und ließ den Blick nicht von seiner Dame, die sich seine Huldigung so graziös gefallen ließ. Dabei rief es im Grund seiner Seele ohne Unterlaß: »Morgen geht sie fort! Morgen geht sie fort!« und je lauter und schmerzlicher es rief, desto sehnlicher klammerte er sich an den schönen Augenblick, und desto lustiger redete er darauf los.

Herr Abderegg, der einen Augenblick herüberhorchte, rief lachend: »Paul, du fängst früh an!«

Er ließ sich nicht stören. Für Augenblicke faßte ihn ein drängendes Verlangen, hinauszugehen, den Kopf an den Türpfosten zu lehnen und zu schluchzen. Aber nein, nein!

Währenddessen hatte Berta mit der Tante »Du« gemacht und gab sich dankbar unter ihren Schutz. Es lag wie eine Last auf ihr, daß Paul allein von ihr nichts wissen wollte, daß er den ganzen Tag kaum ein Wort an sie gerichtet hatte, und müde und unglücklich überließ sie sich der gütigen Zärtlichkeit der Tante.

Die beiden alten Herren überboten einander im Aufwärmen von Erinnerungen und spürten kaum etwas davon, daß neben ihnen junge unausgesprochene Leidenschaften sich kreuzten und bekämpften.

Herr Homburger fiel mehr und mehr ab. Daß er hin und wieder eine schwach vergiftete Pointe ins Gespräch warf, wurde kaum beachtet, und je mehr die Bitterkeit und Auflehnung in ihm wuchs, desto weniger wollte es ihm gelingen, Worte zu finden. Er fand es kindisch, wie Paul sich gehen ließ, und unverzeihlich, wie das Fräulein darauf einging. Am liebsten hätte er gute Nacht gesagt und wäre gegangen. Aber das mußte aussehen wie ein Geständnis, daß er sein Pulver verschossen habe und kampfunfähig sei. Lieber blieb er da und trotzte. Und so widerwärtig ihm Thusneldes ausgelassen spielerisches Wesen heute abend war, so hätte er sich doch vom Anblick ihrer weichen Gesten und ihres schwach geröteten Gesichtes jetzt nicht trennen mögen.

Thusnelde durchschaute ihn und gab sich keine Mühe, ihr Vergnügen über Pauls leidenschaftliche Aufmerksamkeiten zu verbergen, schon weil sie sah, daß es den Kandidaten ärgerte. Und dieser, der in keiner Hinsicht ein Kraftmensch war, fühlte langsam seinen Zorn in jene weibisch trübe, faule Resignation übergehen, mit der bis jetzt fast alle seine Liebesversuche geendet hatten. War er denn je von einem Weib verstanden und nach seinem Wert geschätzt worden? O, aber er war Künstler genug, um auch die Enttäuschung, den Schmerz, das Einsambleiben mit allen verborgensten Reizen zu genießen. Wenn auch mit zuckender Lippe, er genoß es doch; und wenn auch verkannt und verschmäht, er war doch der Held in der Szene, der Träger einer stummen Tragik, lächelnd mit dem Dolch im Herzen.

Man trennte sich erst spät. Als Paul in sein kühles Schlafzimmer trat, sah er durchs offene Fenster den beruhigten Himmel mit stillstehenden, milchweißen Flaumwölkchen bedeckt; durch ihre dünnen Flöre drang das Mondlicht weich und stark und spiegelte sich tausendmal in den nassen Blättern der Parkbäume. Fern über den Hügeln, nicht weit vom dunklen Horizont, leuchtete schmal und langgestreckt wie eine Insel ein Stück reinen Himmels feucht und milde, darin ein einziger blasser Stern.

Der Knabe blickte lange hinaus und sah es nicht, sah nur ein bleiches

Wogen und fühlte reine, frisch gekühlte Lüfte um sich her, hörte niegehörte, tiefe Stimmen wie entfernte Stürme brausen und atmete die weiche Luft einer anderen Welt. Vorgebeugt stand er am Fenster und schaute, ohne etwas zu sehen, wie ein Geblendeter, und vor ihm ungewiß und mächtig ausgebreitet, lag das Land des Lebens und der Leidenschaften, von heißen Stürmen durchzittert und von dunkelschwülem Gewölk verschattet.

Die Tante war die letzte, die zu Bett ging. Wachsam hatte sie noch Türen und Läden revidiert, nach den Lichtern gesehen und einen Blick in die dunkle Küche getan, dann war sie in ihre Stube gegangen und hatte sich beim Kerzenlicht in den altmodischen Sessel gesetzt. Sie wußte ja nun, wie es um den Kleinen stand, und sie war im Innersten froh, daß morgen die Gäste wieder reisen wollten. Wenn nur auch alles gut abliefe! Es war doch eigen, so ein Kind von heut auf morgen zu verlieren. Denn daß Pauls Seele ihr nun entgleiten und mehr und mehr undurchsichtig werden müsse, wußte sie wohl, und sie sah ihn mit Sorge seine ersten, knabenhaften Schritte in den Garten der Liebe tun, von dessen Früchten sie selber zu ihrer Zeit nur wenig und fast nur die bitteren gekostet hatte. Dann dachte sie an Berta, seufzte und lächelte ein wenig und suchte dann lange in ihren Schubladen nach einem tröstenden Abschiedsgeschenk für die Kleine. Dabei erschrak sie plötzlich, als sie sah, wie spät es schon war.

Über dem schlafenden Haus und dem dämmernden Garten standen ruhig die milchweißen, flaumig dünnen Wolken, die Himmelsinsel am Horizont wuchs langsam zu einem weiten, reinen, dunkelklaren Felde, zart von schwachglänzenden Sternen durchglüht, und über die entferntesten Hügel lief eine milde, schmale Silberlinie, sie vom Himmel trennend. Im Garten atmeten die erfrischten Bäume tief und rastend, und auf der Parkwiese wechselte mit dünnen, wesenlosen Wolkenschatten der schwarze Schattenkreis der Blutbuche.

Die sanfte, noch von Feuchtigkeit gesättigte Luft dampfte leise gegen den völlig klaren Himmel. Kleine Wasserlachen standen auf dem Kiesplatz und auf der Landstraße, blitzten golden oder spiegelten die zarte Bläue. Knirschend fuhr der Wagen vor, und man stieg ein. Der Kandidat machte mehrere tiefe Bücklinge, die Tante nickte liebevoll und drückte noch einmal allen die Hände, die Hausmädchen sahen vom Hintergrund des Flurs der Abfahrt zu.

Paul saß im Wagen Thusnelde gegenüber und spielte den Fröhlichen. Er lobte das gute Wetter, sprach rühmend von köstlichen Ferientouren in die Berge, die er vorhabe, und sog jedes Wort und jedes Lachen des Mädchens gierig ein. Am frühen Morgen war er mit schlechtem Gewissen in den Garten geschlichen und hatte in dem peinlich geschonten Lieblingsbeet seines Vaters die prächtigste halboffene Teerose abgeschnitten. Die trug er nun, zwischen Seidenpapier gelegt, versteckt in der Brusttasche und war beständig in Sorge, er könnte sie zerdrücken. Ebenso bang war ihm vor der Möglichkeit einer Entdeckung durch den Vater.

Die kleine Berta war ganz still und hielt den blühenden Jasminzweig vors Gesicht, den ihr die Tante mitgegeben hatte. Sie war im Grunde fast froh, nun fortzukommen.

»Soll ich Ihnen einmal eine Karte schicken?« fragte Thusnelde munter.

»O ja, vergessen Sie es nicht! Das wäre schön.«

Und dann fügte er hinzu: »Aber Sie müssen dann auch unterschreiben, Fräulein Berta.«

Sie schrak ein wenig zusammen und nickte.

»Also gut, hoffentlich denken wir auch daran«, sagte Thusnelde.

»Ja, ich will dich dann erinnern.«

Da war man schon am Bahnhof. Der Zug sollte erst in einer Viertelstunde kommen. Paul empfand diese Viertelstunde wie eine unschätzbare Gnadenfrist. Aber es ging ihm sonderbar; seit man den Wagen verlassen hatte und vor der Station auf und ab spazierte, fiel ihm kein Witz und kein Wort mehr ein. Er war plötzlich bedrückt und klein, sah oft auf die Uhr und horchte, ob der kommende Zug schon zu hören sei. Erst im letzten Augenblick zog er seine Rose hervor und drückte sie noch an der Wagentreppe dem Fräulein in die Hand. Sie nickte ihm fröhlich zu und stieg ein. Dann fuhr der Zug ab, und alles war aus.

Vor der Heimfahrt mit dem Papa graute ihm, und als dieser schon eingestiegen war, zog er den Fuß wieder vom Tritt zurück und meinte: »Ich hätte eigentlich Lust, zu Fuß heimzugehen.«

»Schlechtes Gewissen, Paulchen?«

»O nein, Papa, ich kann ja auch mitkommen.«

Aber Herr Abderegg winkte lachend ab und fuhr allein davon.

»Er soll's nur ausfressen«, knurrte er unterwegs vor sich hin, »umbringen wird's ihn nicht.« Und er dachte, seit Jahren zum erstenmal, an sein erstes Liebesabenteuer und war verwundert, wie genau er alles noch wußte. Nun war also schon die Reihe an seinem Kleinen! Aber es gefiel ihm, daß der Kleine die Rose gestohlen hatte. Er hatte sie wohl gesehen.

Zu Hause blieb er einen Augenblick vor dem Bücherschrank im Wohnzimmer stehen. Er nahm den Werther heraus und steckte ihn in die Tasche, zog ihn aber gleich darauf wieder heraus, blätterte ein wenig darin herum, begann ein Lied zu pfeifen und stellte das Büchlein an seinen Ort zurück.

Mittlerweile lief Paul auf der warmen Landstraße heimwärts und war bemüht, sich das Bild der schönen Thusnelde immer wieder vorzustellen. Erst als er heiß und erschlafft die Parkhecke erreicht hatte, öffnete er die Augen und besann sich, was er nun treiben solle. Da zog ihn die plötzlich aufblitzende Erinnerung unwiderstehlich zur Trauerweide hin. Er suchte den Baum mit heftig wallendem Verlangen auf, schlüpfte durch die tiefhängenden Zweige und setzte sich auf dieselbe Stelle der Bank, wo er gestern neben Thusnelde gesessen war und wo sie ihre Hand auf seine gelegt hatte. Er schloß die Augen, ließ die Hand auf dem Holze liegen und fühlte noch einmal den ganzen Sturm, der gestern ihn gepackt und berauscht und gepeinigt hatte. Flammen wogten um ihn, und Meere rauschten, und heiße Ströme zitterten sausend auf purpurnen Flügeln vorüber.

Paul saß noch nicht lange auf seinem Platz, so klangen Schritte, und jemand trat herzu. Er blickte verwirrt auf, aus hundert Träumen gerissen und sah den Herrn Homburger vor sich stehen.

»Ah, Sie sind da, Paul? Schon lange?«

»Nein, ich war ja mit an der Bahn. Ich kam zu Fuß zurück.«

»Und nun sitzen Sie hier und sind melancholisch.«

»Ich bin nicht melancholisch.«

»Also nicht. Ich habe Sie zwar schon munterer gesehen.«

Paul antwortete nicht.

»Sie haben sich ja sehr um die Damen bemüht.«

»Finden Sie?«

»Besonders um die eine. Ich hätte eher gedacht, Sie würden dem jüngeren Fräulein den Vorzug geben.«

»Dem Backfisch? Hm.«

»Ganz richtig, dem Backfisch.«

Da sah Paul, daß der Kandidat ein fatales Grinsen aufgesetzt hatte, und ohne noch ein Wort zu sagen, kehrte er sich um und lief davon, mitten über die Wiese.

Mittags bei Tisch ging es sehr ruhig zu.

»Wir scheinen ja alle ein wenig müde zu sein«, lächelte Herr Abderegg. »Auch du, Paul. Und Sie, Herr Homburger? Aber es war eine angenehme Abwechslung, nicht?«

»Gewiß, Herr Abderegg.«
»Sie haben sich mit dem Fräulein gut unterhalten? Sie soll ja riesig belesen sein.«
»Darüber müßte Paul unterrichtet sein. Ich hatte leider nur für Augenblicke das Vergnügen.«
»Was sagst du dazu, Paul?«
»Ich? Von wem sprecht ihr denn?«
»Von Fräulein Thusnelde, wenn du nichts dagegen hast. Du scheinst einigermaßen zerstreut zu sein –«
»Ach, was wird der Junge sich viel um die Damen gekümmert haben«, fiel die Tante ein.

Es wurde schon wieder heiß. Der Vorplatz strahlte Hitze aus, und auf der Straße waren die letzten Regenpfützen vertrocknet. Auf ihrer sonnigen Wiese stand die alte Blutbuche, von warmem Licht umflossen, und auf einem ihrer starken Äste saß der junge Paul Abderegg, an den Stamm gelehnt und ganz von rötlich dunkeln Laubschatten umfangen. Das war ein alter Lieblingsplatz des Knaben, er war dort vor jeder Überraschung sicher. Dort auf dem Buchenast hatte er heimlicherweise im Herbst vor drei Jahren die »Räuber« gelesen, dort hatte er seine erste halbe Zigarre geraucht, und dort hatte er damals das Spottgedicht auf seinen früheren Hauslehrer gemacht, bei dessen Entdeckung sich die Tante so furchtbar aufgeregt hatte. Er dachte an diese und andere Streiche mit einem überlegenen, nachsichtigen Gefühl, als wäre das alles vor Urzeiten gewesen. Kindereien, Kindereien!
Mit einem Seufzer richtete er sich auf, kehrte sich behutsam im Sitze um, zog sein Taschenmesser heraus und begann am Stamm zu ritzen. Es sollte ein Herz daraus werden, das den Buchstaben T umschloß, und er nahm sich vor, es schön und sauber auszuschneiden, wenn er auch mehrere Tage dazu brauchen sollte.
Noch am selben Abend ging er zum Gärtner hinüber, um sein Messer schleifen zu lassen. Er trat selber das Rad dazu. Auf dem Rückweg setzte er sich eine Weile in das alte Boot, plätscherte mit der Hand im Wasser und suchte sich auf die Melodie des Liedes zu besinnen, das er gestern von hier aus hatte singen hören. Der Himmel war halb verwölkt, und es sah aus, als werde in der Nacht schon wieder ein Gewitter kommen.

(1905)

Aus den Erinnerungen eines alten Junggesellen

Das nachstehende Kapitel entstammt dem Nachlaß eines im Alter von neunzig Jahren gestorbenen Mannes, eines Sonderlings und Einspänners vielleicht, der aber bis in seine letzten Jahre im Herzen jung geblieben und mir ein verehrter, lieber Freund gewesen ist. Seine umfangreichen Aufzeichnungen sind so rein persönlich und so gar nicht aktuell, daß ich heute diesen typischen Abschnitt dem Druck übergebe. Vielleicht finden Freunde einer stillen, dankbaren und heiteren Lebensbetrachtung sympathische Züge darin, wie denn mir selbst der Umgang mit dem Verfasser nicht nur lieb und wertvoll, sondern in mancher Hinsicht fürs Leben bestimmend gewesen ist. H.H.

Meine Mutter

Neben dem ganz eingesunkenen Hügel, dessen eisernes Kreuz meines Großvaters Namen trägt, liegt das schmale, mit Efeu überwachsene Grab, in das meine Mutter am 11. April des Jahres 1836 gelegt wurde. Sie soll lächelnd und lieblich im Sarg gelegen und ihre letzten Leidenstage soll sie wie einen Triumph der erlösten Seele begangen haben. Ich aber war damals in der Fremde, weit von Hause, und saß am Tag ihrer Beerdigung mit lustigen Kameraden im Wirtshaus; denn ich wußte noch nichts von ihrem Tode, dessen Kunde erst einen Tag später zu mir gelangte und bitteres Weh über mein unerfahrenes junges Gemüt brachte. Damals fühlte ich dunkel, daß mit ihr das beste Stück Heimat und Kindheit mir entrissen und in den tiefen Märchenbrunnen der Erinnerung und Sehnsucht gefallen sei. Ich fühle heute dasselbe, nur daß der Mutter seither noch viele Lieben und meine ganze Jugend nachfolgten, welches alles jetzt in goldenem Glanze fernab und unerreichbar liegt und mir beim Hinüberschauen das Herz mit wunderlich zartem Schmerz berückt.

O meine liebe Mutter! Ich habe von ihr ein kleines goldenes Medaillon mit meinem eigenen Haar darin, dem weichen lichtblonden eines Vierjährigen, dann noch zwei Bücher und ein paar Bilder, sonst nichts mehr als das Gefühl unverminderter Dankbarkeit und die Erinnerung an ihr überaus gütiges und edles Wesen. So will ich denn mir selbst zu einem Abendtrost das Wenige aufschreiben, das ich von ihr und zu ihren Ehren zu sagen weiß.

Als sich meine Mutter Charlotte, vermutlich ihrem Vater zuliebe, im Jahre 1800 zum erstenmal in ihrem Leben malen ließ, ist sie keinem Genie von Maler in die Hände gefallen, und das ist schade. Doch hat auch jener Handwerker oder Dilettant, der das blaßfarbene Aquarell damals anfertigte, die edle Form von Kopf, Hals und Schultern nicht ganz entstellen können. Ja, obwohl er die Fläche des Gesichts nicht zu modellieren verstand, blieb doch von der ungewöhnlichen Anmut und Lebendigkeit desselben ein Schimmer in seiner Arbeit zurück. Mit mehr Sorgfalt und Glück ist die Frisur à la Charlotte Corday, die rosaseidene Taille mit apfelgrünen Schulterschleifen und die schmale krause Rüsche, die den zarten Hals umschließt, zur Darstellung gekommen.

Das Urbild dieser schwächlichen Malerei war damals nicht nur der Stolz des Vaters, sondern auch Augenweide und umworbener Liebling der jungen Männerwelt, ebenso durch Schönheit und Witz wie durch ihren herrlichen Gesang stadtbekannt. Zu jener Zeit drängten sich im Hause des wohlhabenden Vaters bei zahlreichen Mittags- und Abendgesellschaften, musikalischen und literarischen Kränzchen die jungen Herren in farbigen Leibröcken, seidenen Westen und Wadenstrümpfen, mit Flötenetuis und Violinkästen, mit den neuesten Almanachen und Romanen um die schöne Tochter. Neben allen den inzwischen verschollenen Modepièces wurden die süßen Sonaten Mozarts gespielt und wurde der Wilhelm Meister, der Titan, der Sternbald und der Alamontade gelesen. Man trieb, was eben Mode wurde, Kunstgeschichte nicht weniger als Physik, Theaterspielen so gut wie Schleiermachersche Religion. Bei allem Tändeln hatte die gut bürgerliche Geselligkeit jener Zeit eine seither völlig verschwundene wirkliche Eleganz, die im Vergleich mit heutigen Sitten oder Unsitten etwas fast Aristokratisches an sich hatte. Heute ist es guter Ton, daß reiche Leute sich Häuser in einer Art von Bauernstil bauen lassen, bald mehr englisch, bald mehr norwegisch; damals aber baute man noch Herrenhäuser, mit großem Entree und Lambris. Man legte Wert auf Geschmack in Kleidung, Sprache, Geste und Haltung – eine Sorgfalt, deren die heutige Welt zu ihrem Nachteil entraten zu können glaubt.

Meines Großvaters Haus war zwar nicht neu, aber mit seiner Louis-XV-Fassade und seinen festlich hohen Räumen herrschaftlich genug. Im

Innern gab es Zimmer mit schweren polierten und eingelegten Möbeln, Büfetts mit imponierender Silbergalerie, Stuben mit schmalen hohen Spiegeln und schlanken, schweifbeinigen Spieltischen, oval gerahmten Porträts und muschelförmigen Genrestücken, Schlafgemächer mit hohen gewaltigen Bettladen aus Eichenholz, darüber an bronzierten Rahmen blaue Betthimmel hingen, Korridore mit schön geschmiedeten Wandleuchtern, mit Stukkatur am Plafond und Büsten auf den Konsolen. Dort bewegten sich neben perückentragenden und würdevollen Alten junge Herren mit natürlichem Haar, ausschweifend frisierte Damen, sauber livrierte Diener und haubentragende Mägde, über allen der Großvater selbst, den ich wohl bis in mein sechzehntes Jahr gekannt habe und der mir doch nun so alt und sagenhaft erscheint, als hätte ich nur von ihm gelesen oder sein Porträt einmal in einer Galerie des achtzehnten Jahrhunderts gesehen. Er trug einen kurzen gepuderten Zopf, dunkelblaue oder rostbraune Röcke, dunkle oder auch gelblich-weiße Beinkleider, schwarze Wadenstrümpfe und zierliche Schuhe mit großen silbernen Schnallen.

Dem Umstand, daß meine Mutter anno 1803 eine freilich bald wieder aufgelöste Verlobung einging, verdanke ich das Vorhandensein eines zweiten, besseren Bildnisses, welches für den Bräutigam angefertigt wurde und zwar kein Meisterwerk, doch auch kein schlechtes Porträt ist. Der Maler war ein französischer Monsieur Barbéza, der sich als Bildnismaler und Zeichenlehrer im Lande herum ernährte. Das stark nachgedunkelte Ölbild zeigt meine Mutter in halber Figur, in einen leichten weißen Stoff gekleidet und hoch gegürtet, in der sorgfältig gemalten Hand ein paar Nelken lose haltend. Das Gesicht der damals Vierundzwanzigjährigen ist klein, vornehm und schön; namentlich blicken die etwas großen rehbraunen Augen mit den dunkelblonden, nicht hohen Brauen noch heute seelenvoll und jugendfrisch aus dem etwas trüb gewordenen Bilde heraus. Das Kinn ist jugendlich weich und hat noch nicht den energisch schönen Umriß, wie ich ihn an ihr kannte.

Weshalb jene Verlobung zurückgehen mußte, konnte ich nie erfahren. Der Bräutigam, ein Herr Lukas Silber, war wenig älter als die Braut und aus reichem Hause. Vielleicht zeigte sich schon damals das Vermögen meines Großvaters nicht mehr fest begründet – wenn dieses der Grund zur Trennung war, so ist sie gewiß für beide kein Unglück gewesen. Lukas Silber kam einige Jahre später elend genug ums Leben, indem ihn bei Gelegenheit einer großen Einquartierung ein napoleonischer Dragoner überritt.

Mehr weiß ich von dem Leben im großväterlichen Hause nicht. Im Jahre 1808 brach der Wohlstand des Großvaters plötzlich und unheilbar zusammen. Die schönen Möbel wurden verkauft, das Haus bald darauf auch, und so hatten sowohl musikalische als literarische Abendgesellschaften ein Ende. Großvater nahm seine blauen und braunen Kostüme, seine Puderquaste und seinen silberbeschlagenen Spazierstock mit und blieb nicht nur der Tracht, sondern auch dem würdigen Anstand seiner bessern Jahre bis ans Ende treu. Er bezog ein paar kleine Zimmer bei Freunden und bezwang bis zu seinem Tode durch die Unwandelbarkeit seines zierlich vornehmen Auftretens die öffentliche Meinung, welche sonst verarmten Leuten die Achtung entzieht. Er wurde noch fast zwei Jahrzehnte lang auf der Straße ganz mit dem ehemaligen Respekt gegrüßt und bot dem Bürgermeister seine Dose mit derselben scherzhaften Höflichkeit an wie vormals, da er ihn noch allmonatlich einmal zum Souper bei sich gesehen hatte. In die häuslichen Entbehrungen aber, in den Mangel an Gesellschaft im eigenen Hause, an Bedienung und Equipage, an Raum und Komfort fügte er sich schlicht und ohne viel Murren. Und als er im Sommer 1827 in hohem Alter starb, zeigte sich die Achtung und Anhänglichkeit der Bürgerschaft in dem stattlichen Leichengefolge und in der Menge von schönen Kränzen, die den Sarg bedeckten. Ja, ein alter Freund hatte dem der Familie zugehörigen Ruheplatz auf dem Friedhof einen Raum für zwei Gräber zugekauft und umgittern lassen.

Dort ruht er nun, und neben ihm meine Mutter, und schon an jenem Tage, da ich als Knabe seiner Beerdigung beiwohnte, tat es mir leid, daß nicht auch ich später einmal daneben würde liegen dürfen. Daß ich selber einmal so alt, ja älter als der verehrte Großvater werden sollte, dachte ich damals nicht.

Anno 1810 heiratete Charlotte einen hübschen, tüchtigen Schweizer, der sich seit kurzem als Kunstdrechsler und Elfenbeinschnitzer in der Stadt niedergelassen hatte. Ich war ihr erstes Kind und bin heute wie damals das einzige, da ich alle meine Geschwister überlebte. Trotz der ungünstigsten Zeitläufe brachte sich mein Vater durch seine Kunstfertigkeit und Erfindungsgabe nicht nur durch, sondern legte, als nur erst die schwierigsten Jahre überstanden waren, den Grund zu einem mehr als auskömmlichen Wohlstand. Er war ein feiner und kluger Mann, und meine Mutter nahm von den Traditionen ihrer glänzenden Jugendzeit so viel ins neue Leben mit, als eben tunlich und erfreulich schien, und so ward mir das Glück einer überaus heiteren Kindheit zuteil. Durch den Großvater und dessen Erzählungen mit der Heimatstadt verwachsen und mit dem festigenden Gefühl bürgerlicher Zugehörigkeit versehen, war ich doch nicht durch den Besitz unzähliger Verwandter beängstigt, der gutbürgerliche Häuser oft mit einem kleinlichen Familiengeist erfüllt und den Kindern die Freiheit der Entfaltung und des Anschlusses an die Mitwelt verkümmert. Die Mutter hatte keine Geschwister, der Vater alle Verwandten in weiter Ferne, und ich darf sagen, daß der Mangel an Tanten, Onkeln, Cousinen und Cousins unserm Hause und mir zu keinem Nachteil geriet.

Von meinem vierten oder fünften Lebensjahr an kann ich mir das Bild meiner Mutter aus eigener Erinnerung vorstellen, und dieses Bild hat mit jenen zierlichen Mädchenporträts wenig mehr gemein. Weit näher kommt ihm die schöne Kreidezeichnung, die mein Vater anno siebzehn gemacht hat. In kräftigen Linien tritt der Umriß des feinen Kopfes heraus, im Profil, von einer Fülle wolligen Haares überwallt, mit leichtem Lächeln nach vorn gesenkt, wie ich sie unzähligemal gesehen habe, wenn sie erzählend und scherzend über einer Näharbeit saß. Das Bildchen, zu dem mein Vater einen hübschen schmalen Rahmen geschnitzt hat, hängt in meinem Zimmer und ist von mir, ehe ich diese Zeilen schrieb, lang und aufmerksam betrachtet worden. Darüber geschah es, daß ich die Feder weglegte und im Anschauen des mütterlichen Bildnisses verloren, Zeit und Arbeit vergaß. Meine Seele flog ins Reich der Heimat und Kinderzeit zurück und badete die bestaubten Flügel in der Flut von Frieden, dessen Glanz auch auf den geliebten Zügen des teuren Bildes liegt. Und nun, da ich erwache, liegt das rote Licht der Abendsonne im Zimmer, auf Wand, Diele und Tisch und auf meinen welken Händen. Wie lang ist das alles her – so lang, daß es mir wie eine ferne beglänzte Höhe erscheint, an welcher ich nichts Einzelnes unterscheiden kann und die mich doch mit dem Zauber einer mächtigen Sehnsucht anzieht, der ich keine Worte weiß ...

Unvergeßlich sind mir die Stunden, in denen ich zuerst den Gesang meiner Mutter hörte. Es wurden zuweilen des Abends einige Freunde ins Haus gebeten, denen ein Glas Wein vorgesetzt ward und mit denen die Eltern plauderten, Bilder besahen und musizierten. Mit den Kränzchen von ehemals hatte das nichts mehr zu tun, auch nahm keine einzige Exzellenz oder sonstige Standesperson daran teil, vielmehr waren es schlicht häusliche Freundschaftsabende und das Gläschen Wein die einzige Bewirtung. Nur ein ältlicher Buchdrucker, den mein Vater sehr hoch schätzte, verlangte jedesmal einen Bissen Brot oder Zwieback dazu, da er »den Wein nicht so trocken hinuntertrinken könne«. Ich kleiner Bursche wurde zu Bett gebracht, ehe die Gäste kamen. Dann ertönte nach einer Weile das kleine Klavier des Vaters, das mich trotz seines mageren Tones mächtig anzog. Und dann plötzlich erhob sich über die verschlungenen Töne des Instruments die Stimme meiner Mutter, klar, mächtig, weich und voll wie ein warmer Strom von Liebe und Schönheit. Ich stiller Lauscher lag in mein Bettlein gekauert, ohne Regung vor atemlosem Entzücken, das mich bei jedem neuen Einsatz wie ein Schauder überrann. Einmal duldete es mich vor Wonne nicht länger in den Kissen; ich stand auf, schlich leise durch die Schlafkammer und schmiegte mich im Hemd an die Stubentür, um keinen Ton zu verlieren. Zufällig ward ich entdeckt, von jenem Buchdrucker zu meiner Beschämung in die Stube gezerrt und von den Eltern ausgescholten. Mama war ungehalten, mich, der sonst ihr Stolz war, so als unartigen Störenfried im Hemd vor ihren Gästen stehen zu sehen, und verbot mir solche Extravaganzen mit Nachdruck. Der Vater sagte nicht viel dazu, war aber vernünftig und gestattete mir in der Folge, diesen Singabenden wohlangekleidet als stummer Teilhaber beizuwohnen. Gewiß hat meine Mutter nie einen begeisterteren Zuhörer gehabt. Ihre Stimme, ein mäßig hoher Sopran, schwebt mir noch jetzt als etwas beglückend Schönes vor – nicht nur weil sie meine geliebte Mutter und weil diese Stimme mir Lehrer, Tröster und Prediger war, sondern ebenso ihrer prächtigen Reinheit und Wärme wegen, die in früher Kindheit mein Ohr verwöhnte und erzog. Meine Mutter sang noch in ihrem fünfzigsten Jahr große und schwierige Stücke fast ohne Ermüdung und traf auch schwierige Intervalle stets mit einer selbstverständlichen Sicherheit und Reinheit, an der die gute Schule das wenigste war.

Während der Vater mir manche realen Kenntnisse beibrachte und namentlich das Verständnis für bildende Kunst in mir erzog – er war selbst ein vortrefflicher Zeichner und Modelleur –, blieb die Pflege meiner kleinen bildsamen Seele fast ganz der Mutter überlassen. Die Gaben der Phantasie, der treuen Erinnerung, des musikalischen Gefühls, der Freude an Dichtwerken verdanke ich ihr und ihr auch das Wenige, was von religiöser Saat in meinem Gemüt Boden fand. Bei großer Weitherzigkeit und Duldung war sie von einem starken, unwandelbaren Gottesglauben erfüllt, der ihrem Wesen eine besondere, vielleicht nicht angeborene Milde gab und nicht nur ihr Leben, sondern mehr und mehr auch ihr Gesicht verklärte und heiligte. In ihren letzten Jahren, als ihr Haar zu ergrauen begann und die Furchen im Gesicht sich vertieften, nahm der gütige Zug um den Mund und der unwiderstehlich liebevolle Blick der braunen großen Augen noch immer zu, als besäße ihre gläubige Seele das Geheimnis der ewigen Jugend. In der monatelangen Krankheit, die ihrem Ende voranging und ihr schwere, ununterbrochene Qualen auferlegte, redete sie nie von sich selbst, klagte selten und nur vor den allernächsten Freunden, fragte regelmäßig nach allen entfernten Lieben und sorgte sich um sie; dabei war sie von einer so lebendigen Zuversicht erfüllt, daß selbst der Arzt und die gemietete Wärterin sie mit einer Art von Ehrfurcht bewunderten. Es war ihr ein Kummer, daß ich ihrem Glauben ferne stand, und heute noch würde sie meine Beichte mit schmerzlichem Lächeln aufnehmen und mich einen Heiden nennen, obwohl ich ihr das wesentlichste Stück meines Glaubens verdanke.

Der Tod meiner Mutter nämlich und meine späteren Erfahrungen haben mir den Glauben an die persönliche Fortdauer geschenkt. Als ich die Todesbotschaft erhielt, drohte mein ganzes Wesen aus dem Gleichgewicht zu kommen. Ich konnte mich in den Verlust durchaus nicht finden und lief verstört und elend umher. Aber da kam, nachdem der erste Jammer sich ausgeweint hatte, ein so durchdringendes Gefühl von der Existenz und Nähe der Verstorbenen über mich, daß ich wunderbar getröstet, mein gewohntes Leben wieder aufnehmen konnte. Und seither lebt sie mir, unsichtbar wohl, aber geliebt und liebend, und hat in mancher schweren Stunde ihre Hände über mich gehalten. Ich besitze mehr an ihr als an allen meinen lebenden Freunden, und sie allein hat noch Macht über mein altgewordenes und eigensinniges Herz, daß es zuweilen sich selbst überwindet und Gutes statt Bösem tut.

Dies alles sind keine Theorien und keine Schwärmereien; Verzückung und Aberglaube haben nichts damit zu tun, so wenig als die fröhliche Frömmigkeit meiner Mutter Schwärmerei gewesen ist. Sie war vielmehr das Realste, was es geben kann, nämlich die beglückende Macht eines starken, liebevollen Gemütes, das die Fäden seines Lebens und Mitgefühls über Tag und Nähe hinaus dem Ewigen verbunden wissen will.

Das ist in wenig Strichen ihr Bildnis, wie es mir vor Augen steht. Sie war nicht die leidenschaftlichste, aber die mächtigste und edelste Liebe meines langen Lebens, trotz Freundschaft und Frauendienst, und ihr gebührt das erste Blatt meiner Erinnerungen. Wenn ich aus so vielen Verirrungen und Leidenschaften immer wieder den Weg zu meinem gesunden Selbst zurückfand, so danke ich es ihr. Und wenn ich trotz aller Eigenliebe und Sonderlichkeit ein leidlich gesitteter Mensch geblieben und noch der Liebe zu meinen Mitmenschen fähig hin, ist es auch ihr Verdienst.

Außer jenen schon beschriebenen besitze ich noch ein viertes Bild von der Seligen. Das hängt nicht an der Wand, sondern ruht wohlverwahrt in einer eigenen kleinen Mappe und wird von mir nur selten und in feierlichen Stunden hervorgenommen. Etwa wenn ich stärker als sonst die Leiden des Greisenalters spüre und die stille Erscheinung des Schnitters Tod an mir vorübergeht. Es ist eine kleine Zeichnung von der Hand meines Vaters. Auf einigen nur leicht angedeuteten Kissen liegt die Mutter mit geschlossenen Augen tot, und über den schönen schmalen Zügen ruht Gottes Friede rein und wunderbar. Ich habe dies heilige Bild in Ehren gehalten und nicht durch die Gewohnheit häufiger Betrachtung entweiht. Es ruht still in seiner Mappe und Lade als ein sicherer Schatz, und ich habe es nie jemandem gezeigt. Wenn ich es je und je einmal ansehe, so ist es in feiertäglicher Stimmung. Dann aber ist mir, sie ruhe wirklich vor meinen Augen und warte mit stiller Gewißheit auf mich, der ich noch für Augenblicke diesseits weile ...

Nun will ich noch ohne Zusammenhang einige Erinnerungen festzuhalten versuchen, die mir meine liebe Mutter in besonders klarem Lichte zeigen, kleine und wenig wichtige Erlebnisse und Szenen, die mir aber teurer sind als das Gedächtnis mancher größeren, später und ohne sie erlebten Dinge.

Ein Gespräch

Ich war zwanzig Jahre alt, hatte ein wenig Schelling gelesen, freilich noch mehr Romane und Schauspiele, und stritt gelegentlich mit der Mutter über Gegenstände ihres Glaubens. So auch an einem wundervollen Sommerabend im Garten. Der Vater saß lesend auf seiner Bank, indes ich mit allem Stolz eines jungen Philosophen gegen die Mutter meinen Unglauben ins Feld führte. Sie hörte meine Prahlereien geduldig an, bis ich schließlich sagte: »Und wenn es auch diese Art von Unsterblichkeit gäbe, was soll sie mir? Ich verzichte darauf!« Es war mein stärkster Satz, und ich war doch etwas bange, wie ihn die liebe Frau aufnehmen würde ...

Aber siehe da, sie lachte. »Mein bester junger Herr«, sagte sie mit Zuversicht, »du bist wie einer, der während des Frühstücks aufs Mittagessen verzichten kann. Wenn er aber ein paar Stunden gehungert hat, kommt er still gegangen und ist froh, wenn er noch etwas kalte Küche vorfindet. Und wenn du auch dabei beharren und mit Gewalt verzichten wolltest, es hülfe dir nichts. In diesem deinem Leibe steckt nun einmal etwas, das weiterleben muß – du magst wollen oder nicht!«

Ein Traum

Meine Mutter erzählte: Ich hatte heute nacht einen Traum. Unser Heiland ging mit mir eine lange stille Landstraße entlang, die langsam immer aufwärts führte und schließlich höher als alle Berge hinlief.

»Du willst doch mit mir in den Himmel kommen?« sagte er freundlich.

»O ja«, sagte ich und war froh; denn vor uns stand ein schöner großer Garten mit einem Heckenzaun und einem Gatter dran, und ich wußte, daß das der Himmel war.

»Aber kannst du auch schön singen?« fragte der Heiland. »Ohne das kannst du nicht hereinkommen!«

Da mußte ich ihm ein Lied vorsingen. Und ich sang also auch, aber keinen Choral, sondern eines von den Mozartschen. Er war zufrieden.

»Du singst ganz gut«, sagte er. »Warte jetzt nur ein klein wenig, ich muß vorher noch hineingehen und nach etwas sehen; aber ich komme bald und hole dich ab.«

Er ging durchs Gatter und war fort. Und ich saß nun da mutterseelenallein auf einem Prellstein und wartete. Es ging lang, und als mehr denn eine halbe Stunde verging, wurde ich recht ungeduldig.

Da höre ich jemand auf der Straße laufen. Ich wende mich um, da kommt der Herr Lukas Silber dahergelaufen und bleibt vor mir stehen. Er hatte ganz staubige Stiefel, und ich wunderte mich, daß er da war; denn er war ja doch von dem Dragoner zu Tod geritten worden.

»Hast du mich lieb, Charlotte?« fragte er und gab mir die Hand.

Ich war ganz erschrocken und sagte: »Nein, Lukas, das ist vorbei! Warum bist du mir auch damals untreu geworden? Ich kann dich nie mehr lieb haben!« – Da ging er langsam weg.

Gleich darauf hörte ich in dem Garten, der der Himmel war, Schritte herkommen und dachte: »Nun kommt endlich der Heiland und holt mich ab.« Indem aber ruft mir, Gott weiß woher, mein Vater, als ob er noch am Leben und ganz in der Nähe wäre: »Lottchen, komm doch schnell herüber; die Westenknöpfe wollen wieder nicht!«

»Ich kann nicht, Papa«, rief ich hastig; »gerade jetzt kommt der Heiland und holt mich ab!«

Da kam er denn auch wirklich wieder aus dem Garten hervor und ging auf mich zu. Nur schien er mir ein bißchen weniger froh als vorher zu sein.

»Komm jetzt nur!« sagte er und klopfte mir auf die Schulter. Aber gerade vor dem Gatter hält er noch einmal an und sagt: »Kannst du denn auch schön singen?«

»Ja«, sagte ich, »du hast mich ja vorhin gehört!«

»Ja, wahrhaftig«, antwortete er. »Nun, du könntest immerhin noch einmal singen; das schadet nichts.«

Ich besann mich nun, was ich singen sollte, und besann mich immer mehr; aber es fiel mir kein einziges Lied ein.

»Es will mir nichts einfallen«, sagte ich da.

»Nun«, meint der Heiland, »vielleicht kannst du das Lied: ›Blühe, liebes Veilchen‹ singen?«

Das kannte ich nun freilich und war froh. Aber wie ich nun frischweg singen will, ist es, als hätte ich einen Brocken im Hals, und ich bringe keinen Ton heraus.

»Wie ist denn das?« sagte nun der Heiland. »Ich dachte doch, du könntest singen?«

Ich wußte keine Antwort und konnte bloß weinen.

»Was ist denn passiert, solang ich fortgegangen war?« fragte er wieder und sah mich merkwürdig an.

»Nichts«, sagte ich. »Nur der Lukas war einen Augenblick da!« Und nun mußte ich alles genau erzählen, auch daß mein Vater mich gerufen habe.

Da wurde der Heiland ganz traurig und sprach: »Nun kann ich dich nicht in den Himmel nehmen, du. Wenn ich dir auch den Lukas verzeihe, so hast du doch deinen Vater nach dir rufen hören und bist nicht gegangen, ihm zu helfen. Wir müssen warten, bis du liebreicher wirst und auch wieder singen kannst!«

Auf dem Siebenberg

Das ist, wenn ich nicht irre, anno einunddreißig gewesen. Ich junger Tunichtgut trug stolz den ersten Schnauzbart und war so lange den hübschen Mädchen nachgelaufen, bis ich hängen blieb und in ein zierliches Dämchen von achtzehn Jahren zum Sterben verliebt war. Sie hieß Käthchen Stoll, war brünett und schwarzhaarig und hatte große, lebhafte Feueraugen. Meine Anbetung kam ihr gelegen; sie duldete mich um sich, ließ gelegentlich merken, daß es später nur einmal auf mich ankäme, um Ernst zu machen, und behandelte mich wie ein Hündlein, das man zum Spaß aufwarten läßt und wieder fortschickt. Diese Sache dauerte schon einige Wochen und fing an, mich unleidlich zu quälen. Ich dichtete viel und schlief wenig; ich war blaß, scheu und empfindlich wie ein bleichsüchtiger Backfisch und ließ sogar meine sonst täglich gebrauchte Angelrute liegen und verstauben.

Eines Tages nun forderte meine Mutter mich auf, mit ihr spazieren zu gehen. Gut, ich ging mit. Zu meiner Verwunderung war sie, sonst durchaus keine eifrige Fußgängerin, heute unermüdlich und marschierte viel weiter, als ihre Gewohnheit war. Wir kamen bis zum Fuß des Siebenberges, eines nahe der Stadt gelegenen Hügels, den man etwa an schönen Sonntagen aufsuchte. Mir schien es nun genug und ich wartete von Augenblick zu Augenblick auf die Umkehr: denn ich war scheußlicher Laune und zu keinerlei Gespräch aufgelegt.

»Ich glaube gar, du willst vollends auf den Siebenberg«, sagte ich schließlich mürrisch.

»Nun«, lachte meine Mutter fröhlich, »warum denn nicht? Es ist heut ein prächtiger Tag!«

In Wirklichkeit war das Wetter windig und zweifelhaft. Wir stiegen langsam und schweigend und brauchten fast eine Stunde, bis wir oben waren. Mama war denn auch ordentlich müde und mußte sich setzen.

»Warum mußten wir eigentlich gerade heute den weiten Weg machen?« fragte ich ruppig.

»Das will ich dir jetzt eben sagen, mein Sohn«, erklärte sie im behaglichsten Ton, als hätte sie mein gereiztes Wesen gar nicht bemerkt.

»Da drunten«, fuhr sie fort und deutete gegen die Stadt hin, »kann man nicht so recht miteinander reden, wie man wohl möchte, und ich habe Lust, heute einmal ordentlich in Ruhe mit dir zu sprechen.«

»Das klingt ja feierlich«, versuchte ich beklommen zu spotten.
»Feierlich? Ich wüßte nicht«, meinte sie unbeirrt. »Ich dachte nur, du hättest mir vielleicht etwas mitzuteilen, was du drunten vor Papa und den andern nicht sagen mochtest. Nicht?«
»Kein Gedanke!« lachte ich und wich ihrem Blick beharrlich aus.
»Na, sei vernünftig!« schmeichelte Mama. »Sieh mal, mein Sohn, hier ist der Siebenberg, und dort drunten ist die Stadt. Und dort ist dir etwas passiert, das am besten hier in freier Luft besprochen wird. Das wollen wir denn besorgen. Nachher, wenn wir wieder drunten sind, weiß keine Seele und wir selber nicht, was hier auf dem Berg besprochen wurde ...«
Es entstand eine klägliche Pause.
»Also, was wolltest du mich fragen?« stieß ich endlich heraus.
»O, fragen wollte ich dich gar nichts! Ich weiß schon genug!«
»Wieso? Was denn?«
»Zum Beispiel, daß du heute recht grob bist und es schon seit einiger Zeit warst. Ferner, daß du nicht mehr angelst, sondern selber geangelt worden bist. Sodann, daß du lamentabel aussiehst und keinen Appetit hast. Schließlich und letztens, daß du in Käthchen Stoll verliebt bist und ihr wie ein Pudel nachläufst!«
»Woher weißt du das?«
»Was? Daß du grob warst?«
»Ach laß doch! Ich meine das mit der Stoll!«
»Richtig. Ja, das weiß ich eben!«
»Doch nicht von ihr – von ihr selber?«
Sie lachte.
»Nein, guter Junge; aber nimm an, jemand habe mir gesagt, du seiest in sie verliebt, lassest dich von ihr gängeln und solltest dich dessen schämen. Was sagtest du dazu? Ich möchte die Geschichte nun doch auch in deiner Auffassung hören.«
Da stand ich denn wie ein kleiner Junge, der seinen Napf verschüttet hat. Was tun? Ich bekannte mich freimütig zu meiner Liebe und sagte, ich fände daran nichts zu tadeln und würde zeitlebens dabei bleiben.
»So, das hoffte ich zu hören«, sagte die merkwürdige Frau zu meinem Erstaunen. »Jetzt mußt du aber auch bei deiner Noblesse bleiben und mir versprechen, daß du mit einem ernsthaften Antrag so lange wartest, bis du auf eigenen Füßen stehst. Das ist nicht mehr, als ich von jedem ehrenhaften Liebhaber erwarte.«

»Gut«, sagte ich, »ich verspreche es. Aber unter der Bedingung, daß ich mit Käthchen wie bisher in Ehren verkehren darf und daß du mit niemand darüber redest ...«

»Den Papa ausgenommen«, fiel sie ein.

»Den Papa ausgenommen, meinetwegen.«

Ich gab ihr die Hand und kam mir wie ein rechter Mann vor. Wir stiegen den Berg hinab und kamen ganz vergnügt daheim an, wo der Vater uns längst vermißt hatte.

Ich wunderte mich nun, daß die Mutter wirklich nie mehr auf diese Sache zu sprechen kam. Sie aber als eine kluge und scharfäugige Frau wußte von Anfang an, daß auf die Dauer Käthchen und ich gar nicht zusammen paßten und daß ich nur in Leichtsinn und knabenhafter Übereilung mich von den hübschen Augen des Mädchens hatte fangen lassen. Sie ließ ruhig meine eigene gesunde Natur walten und hatte nur den Druck des Geheimnisses, der die Leidenschaft verdoppelte, von mir nehmen und mich namentlich vor einer unüberlegten Verlobung bewahren wollen. Es verging kaum ein Vierteljahr, da war ich jener flüchtigen Verblendung ledig und hatte mich von Käthchen Stoll in allem Frieden getrennt.

Nun aber erlaubte ich mir eine scherzhafte Feier. Ich bestellte vor unser Haus einen hübschen Mietwagen und lud meine Mutter zu einer Spazierfahrt ein, was sie verwundert annahm. Der vorher instruierte Kutscher führte uns auf Umwegen auf den Siebenberg. Die Mutter tadelte anfangs meine Üppigkeit, schloß sich aber meiner ausgelassen fröhlichen Stimmung an und war voll versteckter Neugierde, was dies bedeute. Wir schwatzten darauf los und kamen oben so vergnügt wie zwei entlaufene Schulknaben an.

Droben ward ich plötzlich ernst, schickte den Kutscher beiseite und bat die Mutter, auf der Bank Platz zu nehmen. Sie saß am selben Fleck wie damals.

»Leider«, hob ich an, »muß ich dir eine traurige und für mich beschämende Mitteilung machen. Ich bedaure nun, daß ich unterwegs so lustig schien; es geschah weiß Gott mehr aus Verzweiflung ...«

»Was soll nun das wieder sein?« rief Mama bestürzt.

»Die alte dumme Geschichte«, sagte ich traurig, »die wir schon einmal hier besprochen haben. Ich habe leider damals mehr versprochen, als ich werde halten können!«

»Mein Junge! Und jetzt? Sprich, ich bitte dich!«

»Nun ja, es handelte sich doch um Käthchen Stoll, und ich sollte um sie anhalten, aber erst, wenn ich ein selbständiger Mann wäre?«
»Ja, ja.«
»Mutter«, fuhr ich düster fort, »diesen Antrag ...«
»Sprich, Kind, um Gottes willen! Weiter!«
»Diesen Antrag werde ich nie an sie richten – es sei denn, daß du absolut darauf bestündest ...«
In diesem Augenblick gab mir meine gute Mutter eine Ohrfeige und gleich darauf einen Kuß. Vergnügter als auf der Rückfahrt sind wir beide in unserm Leben nicht gewesen.

(1905)

Der Städtebauer

Es war, glaube ich, früher doch schöner als heute – früher, damit meine ich jene Jahre des Wartens und Hungerns, da unser einziger Besitz ein Paket ungedruckter Gedichte, abgewiesener Baupläne oder unleserlicher Artikel war. Jetzt sind wir Freunde von damals, soweit wir noch leben, alle »etwas geworden«, der eine Redakteur, der andere Professor, der dritte Zeichenlehrer und so weiter. Wir haben geheiratet, wir zahlen unsere Steuer und Miete und essen jeden lieben Tag satt und gut, wir genießen sogar das, was wir früher »Anerkennung« nannten und was so anders, so viel saurer und fader schmeckt als wir uns damals träumten. Ja, wir sind zum Teil geradezu berühmte Herren geworden.

Damals! Damals waren wir noch Lumpen, aufgegebene und von inneren Missionaren aufgesuchte Verlorene, Stammgäste billiger Volksküchen und kleiner, namenloser Weinkneipen, Hungerleider und Schuldenmacher. Da gab es noch den »Klub der Entgleisten«, der obdachlos und von Gläubigern verfolgt von einem Wirtshäuslein ins andere flüchtete, um überall nach rasch erschöpftem Kredit wieder zu verschwinden. Wir waren Lumpen und Zigeuner, aber wir waren keine »*bohémiens*«, wir lagen nicht mit langen Locken und verlogenen Gesichtern in den Kaffeehäusern herum und spielten nicht im Interesse kleiner Anpumpereien die verkannten Genies. Denn so wüst wir zuzeiten auch taten, es war uns doch das Elendsein noch nicht zur Pose geworden, und jeder von uns saß in guten Stunden an seiner heimlichen Arbeit und verlor im stillen nie ganz die Zuversicht, er werde sich doch noch herausbeißen und die Welt zur Anerkennung zwingen.

Damals saß ich eines Abends in meiner kleinen, finsteren Stube und öffnete einen dicken Brief, in welchem mir eine Münchener Zeitschrift zwei Novellen und einige Gedichte mit freundlichstem Dank für die liebenswürdige Einsendung als leider nicht verwendbar zurückschickte. Es lag mir fern, dem Redakteur darob zu grollen, denn ich war an dergleichen gewöhnt, auch lebte in unserem Kreise die Anschauung, ein Gedicht müsse schon schandbar schlecht sein, um von einer beliebten und honorarzahlenden Zeitschrift aufgenommen zu werden. Mit etwas bitterem Stolz legte ich meine Manuskripte in die Schublade zurück, zu den anderen. Ich hatte an jenem Tage außer einem Teller Kartoffeln keinerlei leibliche Genüsse gehabt, und je länger ich meinen Zustand bedachte, desto notwendiger schien es mir, heute abend noch einen rechtschaffenen Schoppen Wein zu trinken. Im »Helm« stand ich aus üppigeren Zeiten her noch in Ansehen, ich hatte dort nur unbedeutende Zechschulden und beschloß, diese heute um ein kleines zu vermehren. So lief ich in den »Helm« und ahnte nicht, welcher Freude ich damit entgegen ging.

In der engen, altmodischen Elsässer Weinstube fand ich beim Eintreten den von mir bevorzugten Tisch auf seltsame Weise besetzt. Es saß an der Breitseite ein junger, schmaler Mensch und hatte vor sich die ganze Tischfläche mit gewaltigen Papierstücken bedeckt, auf denen er eifrig zeichnete. Die Blätter bestanden aus braunem Packpapier, und kaum hatte ich sie gesehen, so wußte ich woran ich war und klopfte dem Zeichner fröhlich auf die Schulter.

»Städtebauer, was tust du hier?«

Der Städtebauer zog zuerst eine Linie zu Ende, eh er aufblickte. Dann glänzten mich seine guten, großen Kinderaugen freundlich an.

»Ich arbeite da etwas«, sagte er schüchtern.

»Ja, das seh ich. Aber wo kommst du her? Ich dachte, du wärest jetzt ungefähr in Rom.«

»Ach Rom! Nach Rom hat michs nie gezogen, weißt du. Ich bin bis Mailand gekommen, und da waren meine Stiefel kaputt. Ein elendes Nest, das Mailand, weißt du, nichts als Kitsch. Ich kam auch mit dem Italienischen nicht recht zuweg.«

»Und da bist du umgekehrt?«

»Nun ja – das heißt, laß mich erst ausreden! Also Mailand war nichts. Aber da ist ja in der Nähe diese sogenannte Certosa, so zwischen Mailand und Pavia, bloß ein paar Stunden weit, mit einer furchtbar berühmten Fassade, sie soll das Schönste in ganz Oberitalien sein. Das wollte ich doch noch sehen. Ich lief also hin, die staubigste, flachste und langweiligste Landstraße der Welt, verirrte mich auch noch und kam also endlich in das Dorf. Torre heißt es, und die Certosa liegt so zehn Minuten davon. Na, die Fassade – was soll ich sagen? Romanisch oder so, sagt man. Sie ist auch ganz gut, im Ganzen, aber sonst der reine Raritätenkasten, mit lauter solchen klassischen Figuren und Porträtreliefs und Ornamenten. Alles klein, zierlich, miniatürlich, und dahinter kommt dann eine protzige Kirche und das Kloster. Ich dachte, so ein Kloster in Italien, so ein großes, reiches, da muß schon was dran sein. Aber nichts! Ein Geschachtel und Gewinkel, Kreuzgänge wie Kasernenhöfe, groß und flach und tot und langweilig. Und ich hatte noch einen Franken gezahlt fürs Ansehen.« Er lachte ärgerlich.

»Da bin ich umgekehrt und über den Simplon heim. Es war ein Umweg, aber die Seen und all das malerische Zeug dort in Oberitalien hatte ich über. Im Wallis wars dann schön! Und jetzt bin ich wieder da.«

»Und sonst hast du von Italien nichts gesehen?«

»Nein, eigentlich nicht. Weißt du, die Architektur – das war mir verleidet, das meiste ist ja solche Renaissance. Und zu Fuß kommt man eben nicht recht vorwärts. Eins hätte ich gern gesehen, das Meer! Ich denke mir so eine Felsenküste, gelb und steil, es muß was drin stecken, etwas von Kampf und Versöhnung, Wucht, Stil. Aber es war noch weit, und dort um Genua herum ist doch alles versaut und verbaut mit Hotelnestern, da gab ichs lieber auf.«

»Ja. Und jetzt?«

»Ja so, ich will da Platz machen, daß wir trinken können.«

»Du hast schon wieder Arbeit vor?«

»Natürlich. Jetzt war ich doch zwölf Wochen unterwegs und kam zu nichts.«

»Was machst du denn Neues?«

»Ach, laß nur!«

»Nein, her damit! Wieder eine Stadt?«

»Mach doch keine Scherze, du! Ich kann ja schließlich nicht immer bloß Städte entwerfen.«

»Also was?«

Er lächelte und genierte sich, wie immer. Dann sagte er leise: »Ein Kloster.«

»Herrgott, Mann! Ein Kloster!«

»Ja, warum nicht?«

»Warum nicht! Man baut doch keine Klöster mehr.«

»Nicht? Aber das wäre doch einerlei. Man könnte es ja als Schule oder so verwenden, als Universität oder Institut, nicht?«

»Kann schon sein.«

»Nicht wahr? – Siehst du, das Schönste wäre ja, eine ganze Stadt oder ein Dorf zu machen, aber dazu kommt man doch nie! Ein einzelnes Haus ist ja nichts! Nun wäre so etwas wie ein Kloster die einzige Möglichkeit. Da könnte man etwas Ganzes, Überlegtes und Abgeschlossenes bauen, einen durchdachten Komplex, wuchtig und eins aus dem andern.«

»Wie bist du denn darauf gekommen?«

»Nun, wir sprachen ja davon. Dort bei Mailand.«

»Bei der Certosa?«

»Ja freilich. Man kann so etwas viel schöner machen. Schade, daß du nichts von Grundrissen verstehst. Ich habe da einen, der macht mir eine Riesenfreude.«

»Wir sehen ihn später an. Jetzt könnten wir aber einen Elsässer trinken. Hast du Geld?«

»Geld? Eine Menge. Ich hatte ja dreihundert Mark für die Reise, weißt du!«

»Ist davon noch was übrig?«

»Wo solls denn geblieben sein? Ich habe mindestens noch hundert Mark im Sack.«

»Dann bestell nur einen Liter.«

Die Blätter wurden abgeräumt und weggelegt, der Liter fuhr auf, und wir stießen an. Da stieg mir des Geldes wegen doch ein Argwohn auf. Der Städtebauer hatte von einer Stipendienverwaltung ganz unerwartet dreihundert Mark zu einem Studienausflug bekommen. Aber nun hatte er ja nur eine Fußreise von zwölf Wochen gemacht, nichts studiert und außer der Certosa und Mailand nicht einmal etwas gesehen.

»Du, das gibt aber noch Stänkereien mit der Kommission«, warnte ich.

»Du mußt doch Studien vorlegen.«

»Das tu ich auch. Morgen gehts dran.«

»Hast du denn unterwegs gezeichnet?«

»Das nicht. Aber ich weiß doch, wie so ein Renaissancepalast ausschaut! Was anderes wollen die Herren nicht. Da mach ich nun eben in aller Ruhe daheim eine kleine Mappe voll, ein paar malerische Ansichten, ein paar Portale, Gesimse, Ornamente und Fensterbögen, und das wird vorgelegt.«

Ich war beruhigt und wir tranken unsern Liter in Frieden, der Städtebauer ließ mir sogar eine Portion Schinken bringen, und als ich merken ließ, daß ich noch durstig sei, bestellte er, obwohl er selber gar kein Zecher war, ohne Widerrede auch den zweiten Liter. Der solide Elsässer glänzte matt in den fußlosen Gläsern, mein Freund war lebhaft geworden und kam ins Reden. Er packte seine Papierstücke wieder aus, legte sie nebeneinander

Der Städtebauer 503

und zeigte mir den Plan seines Klosters. Seine Kinderaugen glänzten, seine hageren Finger fuhren leidenschaftlich über den Grundriß und ließen in drastischen Gebärden den ganzen Bau vor mir aufwachsen. Zwei aneinander lehnende Kirchen, eine große und eine kleinere, bildeten die Mitte und schlossen von zwei Seiten den nicht sehr großen Kreuzgang ein. Vorhallen, Refektorien, Lehrsäle, Wohnungen, Wirtschaftsgebäude und zwei Brunnen schlossen sich an, zwei gewaltige Türme schützten und zierten den Eingang, und hinten schloß ein ummauerter Park das Ganze ab.

Solange wir über den Plänen saßen, wollte es mir selber unbegreiflich scheinen, daß man heutzutage keine Klöster mehr baue. Mein Freund entwickelte aber nicht nur seine Baupläne. Er sprach von dem Leben, das in einer solchen klosterartigen Kolonie möglich wäre, die er sich von Künstlern und Gelehrten mit ihren Schülern bevölkert dachte. Er träumte von universal gebildeten, reineren Menschen, von edleren Bündnissen und Freundschaften, von schönerer und zarterer Geselligkeit, von lebendigerer Arbeit und bunteren, freudevolleren Festen als man sie heute kennt.

Ich vergesse nie, wie er dabei leuchtete und wie zart und ernst und eifrig seine leise Stimme klang! Das waren die Stunden, in denen er wahrhaft lebte. Wieviel phantastisch ungeheure Pläne hatte er gezeichnet, von Städten, von Dörfern, von künstlichen Inseln und Lagunenbauten! Und alle waren nur aus dem Trieb entstanden, seinen Kulturidealen und Zukunftsträumen eine sichtbare Folie zu geben; sie waren nur Rahmen zu Traumbildern, nur beiläufige Illustrationen zu seinem Lebensgedanken. Und noch nie war ihm eingefallen, dem Weltlauf nachzugeben, sein Ideal zu beschneiden, seine Pläne aufs Mögliche und Nützliche zu reduzieren. Lieber litt er Not, lebte von Zeichnungen für Zeitschriften, von Aushilfstunden und gelegentlichen Beiträgen in Fachblättern, als daß er der Wirklichkeit nachgab und schlechthin Architekt wurde, wie er hätte sein sollen. Was lag ihm daran, »einzelne Häuser« zu bauen!

Wir blieben bis spät in die Nacht beisammen. Er erzählte von seiner Reise, von Fußwanderungen durch Waldtäler und über Hochpässe, von Art und Lebensweise der Leute in fremden Gegenden.

Dann trennten wir uns fröhlich, und als wir uns nach einiger Zeit wiedersahen, war der Rest seines kleinen Reichtums dahin und er lebte wieder in der alten Enge. Ich war zu ihm gekommen, um einen Kaffee zu erlangen, aber er hatte auch keinen mehr und wußte selbst noch nicht, wo er heute würde essen können. Etwas enttäuscht wollte ich weiter gehen, da hielt er mich am Arm zurück und nahm mir den Hut ab.

»Nein, Junge, so ganz leer sollst du doch nicht abziehen. Warte mal!«
Und er holte ein Buch, zwang mich zu sitzen und las mir ein paar schöne Seiten aus Wolfram von Eschenbachs Parzival vor.

Ich möchte wissen, wo alle seine Zeichnungen und Entwürfe hingekommen sind. Er selber starb früh und unter traurigen Umständen, und ich erfuhr es erst, als er schon unterm Boden war. Oft, wenn ich an jene schönen kecken Jahre denke, sehe ich ihn und höre seine eifrige Stimme und habe das Gefühl, er sei uns allen ein guter Geist gewesen. Auch jetzt noch, wenn ich müde und in Gefahr bin nachzugeben und unsere Hoffnungen von damals Träume zu schelten, brauche ich nur an ihn zu denken – dann weiß ich wieder, daß wir doch recht hatten und daß es besser ist, sich treu zu bleiben und Zukunftsstädte zu träumen, als »einzelne Häuser zu bauen«.

(1905)

Ein Erfinder

Mein Freund Konstantin Silbernagel stand mit allen Mädchen der Nachbarschaft gut, aber er hatte keinen Schatz. Wo er eine stehen und gehen sah, war er mit einem Gruß, mit einem Witz oder mit einer Freundlichkeit und vertraulichen Neckerei zur Hand, und die Mädchen standen dann, sahen ihm nach und hatten ihr Wohlgefallen an ihm; er hätte jede von ihnen haben können. Aber er wollte nicht. Und so oft in der Werkstatt von Mädeln und Liebesgeschichten die Rede war, zuckte er die Achseln, und wenn ihn einer von uns Mitgesellen fragte, was er davon halte, lachte er und meinte:

»Nur drauf los, nur drauf los, ihr Schlecker! Ich erleb's noch, daß ihr alle heiratet.«

»Ja, warum denn nicht«, rief da mancher, »ist denn Heiraten so ein Unglück?«

»Kannst's ja probieren. Aber ich nicht. Ich nicht!«

Wir lachten ihn oft darum aus, namentlich weil er ja kein Weiberfeind war. Einen Schatz hatte er freilich nie, aber wo im Vorübergehen ein kurzes Geschäker, ein leichtes Zugreifen und ein schnell gestohlener Kuß zu haben war, ließ der Silbernagel sich nichts entgehen. Auch glaubten wir nicht fehlzuraten, wenn wir annahmen, er habe irgendwo in der Ferne ein Mädel sitzen und werde wohl der erste von uns sein, dem es zum Heiraten reichte. Denn er verdiente gut und konnte Meister werden, sobald er wollte, auch hieß es, er habe ein fettes Sparkassenbuch.

Im übrigen war Konstantin ein Mensch, den alle gern hatten. Er ließ uns nie merken, daß er geschickter war und mehr verstand als wir Kollegen; nur wenn einer ihn um Rat fragte, half er gern und griff mit zu. Sonst war er wie ein Kind, leicht zum Lachen zu bringen und leicht zu rühren, launisch, aber harmlos, und ich habe nie gesehen, daß er etwa einen Lehrbuben geschlagen oder ungerechterweise angeschnauzt hätte.

Damals glaubte ich noch, es in der Maschinenschlosserei zu etwas Rechtem bringen zu können, und so schloß ich mich immer mehr an den Silbernagel an, der an Begabung und Erfahrung allen Kameraden weit überlegen war und es wohl auch leicht mit dem Meister aufgenommen hätte.

Wenn man ihn arbeiten sah, dann ging einem recht die Lust am Handwerk auf, so leicht und fröhlich und unfehlbar ging ihm alles von der Hand. Er hatte stets nur feine Arbeit zu machen, bei der man nicht schlafen und dösen kann und immer alle Aufmerksamkeit beisammen haben muß, und er hat nie ein Stück verdorben. Die meiste Freude hatte er am Montieren neuer Maschinen; auch solche Konstruktionen, die er noch nie selber gearbeitet hatte, brachte er zusammen und in Gang wie ein Kinderspiel, und dabei sah er so edel und besonders aus, daß ich damals zum erstenmal recht begriff, was das heißt, daß der Geist den Stoff beherrscht und daß der Wille stärker ist als alle tote Masse.

Allmählich entdeckte ich denn auch, daß mein Kamerad Konstantin sich nicht mit der aufgetragenen Handarbeit begnügte. Es fiel mir auf, daß er zuzeiten nach Feierabend verschwunden war und sich nirgends zeigte, und bald kam ich dahinter, daß er dann in seinem gemieteten Stüblein in der Senfgasse saß und zeichnete. Anfangs meinte ich, er wolle sich üben und die Künste von der Abendschule nicht einrosten lassen, aber dann ging ich einmal hin, und da sah ich zufällig, daß er am Lösen einer Konstruktionsaufgabe war, und als ich weiter redete und fragte, erfuhr ich bald von ihm, daß er an einer Erfindung arbeite. Seitdem ich das wußte, kam ich in ein vertraulicheres Verhältnis zu ihm, und nach einiger Zeit kannte ich alle seine Geheimnisse. Er hatte zwei Maschinen erfunden, von denen eine erst auf dem Papier, die andere auch schon im Modell fertig war. Es war ein Vergnügen, seine Zeichnungen anzuschauen, so tadellos sauber und scharf waren sie ausgeführt.

Mein abendlicher Verkehr mit Konstantin erlitt eine Unterbrechung, als ich im Herbst die Fränze Brodbeck kennen lernte und ein Verhältnis mit ihr anfing. Damals fing ich wieder stark zu dichten an, was ich seit meiner Lateinschulzeit unterlassen hatte, und das hübsche, leichtsinnige Mädchen hat mich mehr gekostet, als sie vielleicht wert war, obwohl ich noch mit einem blauen Auge davon kam.

Eines Abends, nachdem ich lange weggeblieben war, kam ich wieder einmal zum Silbernagel auf seine Mansardenstube und sagte Grüßgott. Da schaute er mich bedenklich an und wusch mir wegen der Weibergeschichte gründlich den Kopf, so daß ich fast wieder fortgelaufen wäre. Aber ich blieb doch da, denn in seiner zornigen Rede war etwas vorgekommen, das meiner jungen Eitelkeit gewaltig schmeichelte.

»Du bist zu gut für so ein Weib«, hatte er gesagt, »und überhaupt zu gut für die Frauenzimmer. Ein großer Mechaniker wirst du nicht, wenn du das auch nicht gerne hörst. Aber etwas steckt in dir, das wird schon noch herauskommen, wenn du ihm nicht vorher mit Liebesgeschichten und dergleichen selber das Kreuz abdrehst.«

Und nun fragte ich ihn, warum er eigentlich so grimmig auf Liebe und Heiraten zu sprechen sei. Er sah mich eine Weile streng an, dann legte er los:

»Das kann ich dir gleich sagen. Zum Erzählen ist's zwar eigentlich nicht, es ist nur so eine Erfahrung oder eine Episode oder wie man das heißt. Aber du wirst es schon begreifen, wenn du nicht bloß mit den Ohrlappen zuhörst. Nämlich, ich bin einmal ganz nahe am Heiraten vorbeigestreift, und von dem hab' ich auf lang hinaus *multum* viel genug. Heiraten soll wer will, aber ich nicht. Ich nicht! Verstanden?

In Cannstatt bin ich zwei Jahre in Arbeit gestanden. War auch Gießerei dabei, ein schöner Betrieb, und viel zu lernen. Kurz vorher hatte ich ein Maschinelchen erfunden für Holzbearbeitung, Zapfen, Spunden und dergleichen, ganz nett, aber es war nicht praktisch, brauchte zu viel Kraft, und da hab' ich den ganzen Kram wieder kaputt gemacht. Jetzt wollte ich noch etwas Ordentliches lernen, und das tat ich auch, und nach ein paar Monaten fing ich schon wieder was an, die kleine Waschmaschine dort; die wird gut. Da wohnte ich bei einer Heizerswitwe, eine kleine Mansarde, und da bin ich fast jeden Abend gesessen und hab gezeichnet und gerechnet. Das war eine schöne Zeit. Du lieber Gott, was hat man sonst vom Leben, als daß man was schafft und aus seinem Kopf heraus was in die Welt setzen kann?

Aber im gleichen Haus hat eine gewohnt, eine Näherin, und die hieß Lene Kolderfinger und war eine schöne Figur, nicht groß, aber wohlgeschaffen und nett. Die kannte ich natürlich bald, und weil es in der Natur so ist, daß junge Burschen gern mit den Mädchen einen Spaß haben, lachte ich ihr zu und sagte ihr manchmal etwas Lustiges, und sie lachte wieder, und es ging nicht lang, da waren wir gute Bekannte und hatten ein Verhältnis miteinander. Und weil sie ein anständiges Mädchen war und mir nichts Unrechtes erlaubte, hingen wir um so fester aneinander. Am Feierabend sind wir in den Anlagen spazieren gegangen und am Sonntag auf ein Dorf ins Wirtshaus oder zum Tanzen. Einmal beim Regenwetter kam sie auch zu mir in mein Stüblein, und da zeigte ich ihr meine Zeichnungen zu der Waschmaschine und erklärte ihr alles, weil sie natürlich in solchen Sachen kuhdumm war. Und wie ich mitten im Reden und Erklären und ganz im Eifer war, da sah ich auf einmal, wie sie hinter der Hand gähnte und gar nicht aufs Papier hinschaute, sondern unter den Tisch auf ihre Stiefel. Da hörte ich plötzlich auf und tat die Zeichnungen in die Schublade, aber sie merkte gar nichts und fing gleich zu spielen und zu küssen an. Das war das erstemal, daß ich im Sinn drinnen mit ihr uneinig war und mich ärgerte.

Nachher dachte ich mir dann aber, warum soll das Mädchen sich um deine Zeichnerei bekümmern, wo sie doch nichts davon versteht. Nicht wahr? Und da nahm ich mich zusammen, und es war auch wirklich zuviel verlangt. Nun, das war also gut. Sie hatte mich gern, und lang dauerte es nicht, so fingen wir an, vom Heiraten zu reden. Meine Aussichten waren ja nicht schlecht, ich hätte es bald zum Aufseher bringen können, und die Lene hatte eine ordentliche Aussteuer beinander und auch noch ein paar hundert Mark Gespartes. Und seit wir einander das gesagt hatten und immer strenger ans Hochzeitmachen dachten, ist sie immer zärtlicher geworden, und auch ich hatte nichts anderes mehr im Kopf als meine Verliebtheit.

Über all dem Zeug bin ich natürlich nimmer ans Zeichnen gekommen, weil ich die ganze Zeit bei der Lene war und den Kopf ganz voll hatte von der Heiraterei. Es war auch ganz schön, und ich war recht glücklich, wie es einem Bräutigam ansteht, ließ mir Ausweispapiere aus meiner Heimat kommen und wartete eigentlich nur noch auf meine Aufbesserung im Geschäft; die konnte nimmer lang ausbleiben, vielleicht nur noch vier oder sechs Wochen.

Soweit war alles in Ordnung. Bis die Ausstellung eröffnet wurde. O Sternsakrament, Junge! Es war eine Gewerbeausstellung, nur ziemlich klein, und wurde an einem Sonntag eröffnet. Von der Fabrik hatte ich eine Eintrittskarte gekriegt und für die Lene hatte ich noch eine dazugekauft. Wir hatten Ermäßigung. Da war großer Klimbim, kannst du dir denken. Musik und Spektakel und eine Masse Leute, ich habe dem Mädchen einen Sonnenschirm gekauft, aus einem Stoff wie Seide, in allen Farben, und da gingen wir herum und waren vergnügt. Im Freien spielte eine Militärkapelle aus Ludwigsburg, es war auch das schönste Wetter und alles voll. Später hab' ich sagen hören, sie hätten Defizit gemacht, aber das kann ich nicht glauben.

Wir liefen überall herum und sahen uns die Sachen an, und die Lene ist jeden Augenblick irgendwo stehengeblieben und ich mit. Da kamen wir auch an die Maschinen, und wie ich die sehe, fällt mir auf einmal ein, daß ich so viele Wochen lang nimmer an meiner Waschmaschine geschafft habe. Und auf einmal plagte es mich so stark, daß ich am liebsten gleich im Augenblick heimgelaufen wäre. Das kann man gar nicht erzählen, wie es mir da zu Mute war.

›Komm, laß die langweiligen Maschinen‹, sagte die Lene und wollte mich fortziehen.

Und wie sie da an meinem Arme zieht, kommt mir's auf einmal so vor, als müsse ich mich schämen und als wolle sie mich von allem fortzerren, was mir früher wichtig und lieb gewesen war. Ich spürte ganz deutlich, wie in einem Traum: entweder heiratest du und gehst inwendig kaputt oder du gehst wieder an deine Waschmaschine. Da sagte ich der Lene, ich wolle noch ein Weilchen hier in der Maschinenhalle bleiben, da zankte sie und ging dann allein weg.

Jawohl, Junge, so ist's und so war's. Am Abend saß ich wie ein Wilder am Zeichenbrett, am Montag morgens hab' ich in meiner Fabrik gekündigt, und vierzehn Tage drauf war ich schon weit fort. Und jetzt werden Maschinen gemacht, eine hab' ich schon im Kopf, und für die da krieg ich's Patent, so gewiß ich Silbernagel heiße.«

(1905)

Erinnerung an Mwamba

Seit das graue Wetter herrschte und seit der vergnügte, schwindsüchtige Engländer in Port Said ausgestiegen war, wurden uns die Tage lang, die vielen Tage und Wochen an Bord, eine dumme Melancholie und fade Zerstreuungssucht und eine gewisse Globetrotter-Verkommenheit kam auf, ungern denke ich an jene zwei oder drei Wochen.

Eines Tages standen wir wieder etwas fröstelnd auf Deck herum, horchten auf die See und auf das Stampfen der Maschine. Der Himmel war von dicht gedrängten, wolligen, bleigrauen Wolkenschichten bedeckt, das Meer umgab uns von allen Seiten, leise in langen Dünungen wogend, fahl und traurig.

Vor uns auf einer Tonne saß Mwamba, der Neger, dessen Amt an Bord es war, uns in faden Stunden etwas zu unterhalten durch Geschichtenerzählen und durch kleine Frechheiten, die er sagte, und durch sein drolliges Nigger-Englisch, das er absichtlich hie und da noch mit grotesken Fehlern schmückte. Er saß und rauchte Zigarren, wiegte sich im Takt der Maschine, rollte die Augen und erzählte in kleinen, geizigen Portionen. Für jede Geschichte bekam er eine Zigarre, was meistens gut bezahlt war, denn viele von seinen Geschichten taugten gar nichts, und unter anderen Umständen hätte kein Mensch ihm zugehört. So aber umstanden wir ihn zuhörend und ermunternd, alle gelangweilt, alle verdrießlich.

»Erzähle!« rief alle paar Minuten einer von uns und reichte ihm eine Zigarre.

»Danke, Herr. Ich erzähle. Ein Mann war krank und hatte Schmerzen in seinem Bauch, auf beiden Seiten, es tat ihm sehr weh. Er schrie immerfort, weil er Schmerzen hatte, dieser Mann. Da kam ein anderer Mann zu ihm, der brachte ihm zwei Pfund Affenschmalz. Und der kranke Mann aß das Affenschmalz auf. Es wurde ihm übel und er mußte erbrechen. Aber dann war er wieder ganz gesund.«

Er schwieg. Das war seine ganze Geschichte.

»Dummes Zeug erzählst du«, rief einer. »Hier, nimm, und jetzt erzähl uns was Besseres, etwas von deinen eigenen Streichen, weißt du.«

»Gut. Ich erzähle. Vor langer Zeit, als ich noch ein schlechter Mensch war, habe ich, Mwamba, manche Streiche verübt. Jetzt ist Mwamba gut, und erzählt den weißen Männern viele Geschichten. Als ich noch ein Knabe war, da wollte ich nicht gern Mais mahlen und nicht gern den Sack tragen. Das Arbeiten schien mir keine gute Sache zu sein. Mein Vater war unzufrieden und gab mir nichts zu essen. Da ging ich im Dorf herum und nahm dies und jenes, und die süße Milch trank ich heimlich aus den Gefäßen oder auch von den Ziegen, aus den Gefäßen trank ich sie listig, von ferne, ich saß im Versteck und sog sie durch ein trockenes Schilfrohr. Als ich elf Jahre alt war, hörte mein Vater von einem Dieb, der in einem anderen Dorf wohnte. Er war ein Meisterdieb, berühmt in seinem Gewerbe, und mein Vater beschloß, daß ich zu diesem Dieb kommen sollte, um sein Gewerbe zu lernen. Er brachte mich zu ihm und versprach ihm ein Lehrgeld zu geben, wenn er mich zu einem guten Dieb mache. Sie wurden einig, spuckten auf die Erde und schlugen einander auf den Rücken, und ich blieb bei dem Manne.«

Mwamba hielt inne, baumelte mit den Beinen und sah uns an.

»Weiter!« rief man ihm zu.

»Weiter, bitte«, sagte nun auch er, und streckte die Hand aus, bis ich eine kleine Münze darauf legte.

»Danke, Herr, Mwamba ist dankbar. Ich erzähle von dem Diebsmeister. Er war ein berühmter Meister, sagten die Leute. Ich blieb bei ihm, und er lehrte mich stehlen; aber ich lernte von ihm nichts Neues. Wir gingen umher und stahlen, aber oft ging es uns schlecht, und wir hatten wenig zu essen. Da liefen wir einmal umher und kamen auf den Weg, der durch den Wald führt. Wir sahen von fern einen Mann kommen, der eine Ziege am Strick hinter sich führte. Und wir verbargen uns an der Seite des Weges. Der Meister seufzte sehr und sagte: ›Wenn ich nur die Ziege bekommen könnte! Aber wie sollte ich sie bekommen? Niemals wird die Ziege mein werden!‹ Da lachte ich ihn aus und sagte zu ihm: ›Ich werde machen, daß die Ziege dein wird.‹ Da war er froh und tröstete sich. Und ich sagte zu ihm: ›Gehe hinter diesem Mann auf der Straße, bis du sehen wirst, daß er sein Tier anbindet und stehen läßt. Dann stiehl es und treibe es schnell aus dem Wald.‹ Der Meister gehorchte mir. Ich aber ging in den Wald hinein und versteckte mich, und als der Mann mit der Ziege kam, fing ich so an zu schreien wie ein Ziegenbock schreit. Der Mann hörte es und dachte, es habe sich ein Bock im Walde verlaufen, und um den Bock zu fangen, band er seine Ziege an einen Baum und verließ die Straße. Dann lockte ich ihn solange mit meinem Meckern im Walde, bis mein Meister die angebundene Ziege losgemacht und weggeführt hatte.

An einem entlegenen Orte traf ich den Diebsmeister an. Wir töteten unsere Ziege und zogen ihr das Fell ab, und da tat es mir leid, daß ich sie dem Meister überlassen und nicht für mich selbst gestohlen hatte. Alles ist wahr, was Mwamba sagt. Nun schickte mich der Meister an den Fluß hinüber, damit ich das Fleisch und das Fell wasche. Es war Abend geworden und dunkel. Und ich ging an den Fluß. Dort nahm ich das Ziegenfell und schlug mit einem Stock darauf los, daß es klatschte, und zugleich erhob ich ein lautes Jammergeschrei. Wollt ihr hören, wie Mwamba geschrien hat? Nicht? – Also nicht!

Mein Meister schrie herüber und fragte, was es gebe. Ich antwortete ihm klagend und rief um Hilfe und sagte, der Besitzer der Ziege sei mit noch einem Mann über mich hergefallen und drohe, mich tot zu schlagen, und er möge schnell kommen und mir helfen. Der Meister aber, als er das hörte, lief davon, um sich zu retten. Da brachte ich das Fell und das Fleisch der Ziege nach Hause zu meinem Vater.«

Er schwieg. Wir drängten ihn, weiter zu sprechen.

»Ich habe Durst«, sagte er. Ein Whisky wurde ihm versprochen.

»Ich fahre fort. Ich werde Whisky kriegen. O Herren, am folgenden Tag kam der Diebsmeister in unser Haus, um nach mir zu fragen. Als ich ihn kommen sah, bestrich ich mein Gesicht mit Ziegenblut und legte mich auf das Lager. Dann kam er und fragte, wie es mir ergangen sei, und ich beklagte mich sehr, aber das Fleisch hatten wir versteckt. Mein Vater sagte, er solle mich wieder mitnehmen. Aber der Meister klagte, er könne mir nichts zu essen geben, und ich habe ohnehin genug gelernt. Aber daß ich ihn auch um die Ziege betrogen hatte, wußte er nicht. Da bezahlte ihm mein Vater etwas Lehrgeld, aber nur die Hälfte von dem Vereinbarten, und wir hatten die Ziege, und der Meister ging in sein Dorf zurück.«

»Ist das deine ganze Geschichte, Mwamba?«

»Es ist alles. Ich habe erzählt. Ich bekomme einen Whisky.«

So erzählte der Schwarze, und wir hörten ihm zu, lachten ein wenig über seine Ziegengeschichte und schenkten ihm einen Whisky. Er sah lustig aus, wie er uns dankbar angrinste, seinen lächerlichen Melonenhut schwang und mit den gelb und braun karierten Beinen an der Tonne trommelte. Seine Schuhe waren von rotem Segeltuch mit lackierten Riemen. Strümpfe trug er nicht. Oft tat er mir leid. Oft schämte ich mich für ihn, und ebenso oft schämte ich mich für uns. Oft machte er sich sichtlich über uns lustig. Ach Mwamba, wie oft habe ich später an dich gedacht! Und wie oft noch trieb mich die Unrast in ferne Länder, und wie oft noch stieß ich auf die selbe Enttäuschung, daß auch Reise, Fremde und neue Bilderfülle nicht heilen kann, was die Heimat krank gemacht hat!

Wir nickten unserem Nigger zu, und jeder von uns meinte es wahrscheinlich im Herzen ein wenig besser, gab sich aber Mühe, dem guten Mwamba gegenüber jenen häßlichen Ton einzuhalten, in welchem Weiße mit Schwarzen in den Kolonien sprechen. Und wir reckten unsere faulen Glieder, schlenderten ein wenig an Deck auf und ab, rieben uns die kühlen Hände und starrten dann wieder lange schweigend und mißmutig in die öde Weite, auf den wollig bewölkten Himmel und das graugläserne, fahl in der Ferne verdämmernde Meer.

(1905)

Das erste Abenteuer

Sonderbar, wie Erlebtes einem fremd werden und entgleiten kann! Ganze Jahre, mit tausend Erlebnissen, können einem verloren gehen. Ich sehe oft Kinder in die Schule laufen und denke nicht an die eigene Schulzeit, ich sehe Gymnasiasten und weiß kaum mehr, daß ich auch einmal einer war. Ich sehe Maschinenbauer in ihre Werkstätten und windige Kommis in ihre Büros gehen und habe vollkommen vergessen, daß ich einst die gleichen Gänge tat, die blaue Bluse und den Schreibersrock mit glänzigen Ellenbogen trug. Ich betrachte in der Buchhandlung merkwürdige Versbüchlein von Achtzehnjährigen, im Verlag Pierson in Dresden erschienen, und ich denke nicht mehr daran, daß ich auch einmal derartige Verse gemacht habe und sogar demselben Autorenfänger auf den Leim gegangen bin.

Bis irgend einmal auf einem Spaziergang oder auf einer Eisenbahnfahrt oder in einer schlaflosen Nachtstunde ein ganzes vergessenes Stück Leben wieder da ist und grell beleuchtet wie ein Bühnenbild vor mir steht, mit allen Kleinigkeiten, mit allen Namen und Orten, Geräuschen und Gerüchen. So ging es mir vorige Nacht. Ein Erlebnis trat wieder vor mich hin, von dem ich seinerzeit ganz sicher wußte, daß ich es nie vergessen würde, und das ich doch jahrelang spurlos vergessen hatte. Ganz so wie man ein Buch oder ein Taschenmesser verliert, vermißt und dann vergißt, und eines Tages liegt es in einer Schublade zwischen altem Kram und ist wieder da und gehört einem wieder.

Ich war achtzehnjährig und am Ende meiner Lehrzeit in der Maschinenschlosserei. Seit kurzem hatte ich eingesehen, daß ich es in dem Fache doch nicht weit bringen würde, und war entschlossen, wieder einmal umzusatteln. Bis sich eine Gelegenheit böte, dies meinem Vater zu eröffnen, blieb ich noch im Betrieb und tat die Arbeit halb verdrossen, halb fröhlich wie einer, der schon gekündigt hat und alle Landstraßen auf sich warten weiß.

Wir hatten damals einen Volontär in der Werkstatt, dessen hervorragendste Eigenschaft darin bestand, daß er mit einer reichen Dame im Nachbarstädtchen verwandt war. Diese Dame, eine junge Fabrikantenwit-

Das erste Abenteuer

we, wohnte in einer kleinen Villa, hatte einen eleganten Wagen und ein Reitpferd und galt für hochmütig und exzentrisch, weil sie nicht an den Kaffeekränzchen teilnahm und statt dessen ritt, angelte, Tulpen züchtete und Bernhardiner hielt. Man sprach von ihr mit Neid und Erbitterung, namentlich seit man wußte, daß sie in Stuttgart und München, wohin sie häufig reiste, sehr gesellig sein konnte.

Dieses Wunder war, seit ihr Neffe oder Vetter bei uns volontierte, schon dreimal in der Werkstatt gewesen, hatte ihren Verwandten begrüßt und sich unsere Maschinen zeigen lassen. Es hatte jedesmal prächtig ausgesehen und großen Eindruck auf mich gemacht, wenn sie in feiner Toilette mit neugierigen Augen und drolligen Fragen durch den rußigen Raum gegangen war, eine große hellblonde Frau mit einem Gesicht so frisch und naiv wie ein kleines Mädchen. Wir standen in unseren öligen Schlosserblusen und mit unseren schwarzen Händen und Gesichtern da und hatten das Gefühl, eine Prinzessin habe uns besucht. Zu unseren sozialdemokratischen Ansichten paßte das nicht, was wir nachher jedesmal einsahen.

Da kommt eines Tags der Volontär in der Vesperpause auf mich zu und sagt: »Willst du am Sonntag mit zu meiner Tante kommen? Sie hat dich eingeladen.«

»Eingeladen? Du, mach keine dummen Witze mit mir, sonst steck' ich dir die Nase in den Löschtrog.« Aber es war Ernst. Sie hatte mich eingeladen auf Sonntagabend. Mit dem Zehnuhrzug konnten wir heimkehren, und wenn wir länger bleiben wollten, würde sie uns vielleicht den Wagen mitgeben.

Mit der Besitzerin eines Luxuswagens, der Herrin eines Dieners, zweier Mägde, eines Kutschers und eines Gärtners Verkehr zu haben, war nach meiner damaligen Weltanschauung einfach ruchlos. Aber das fiel mir erst ein, als ich schon längst mit Eifer zugesagt und gefragt hatte, ob mein gelber Sonntagsanzug gut genug sei.

Bis zum Samstag lief ich in einer heillosen Aufregung und Freude herum. Dann kam die Angst über mich. Was sollte ich dort sagen, wie mich benehmen, wie mit ihr reden? Mein Anzug, auf den ich immer stolz gewesen war, hatte auf einmal so viele Falten und Flecken, und meine Krägen hatten alle Fransen am Rand. Außerdem war mein Hut alt und schäbig, und alles das konnte durch meine drei Glanzstücke – ein Paar nadelspitze Halbschuhe, eine leuchtend rote, halbseidene Krawatte und einen Zwicker mit Nickelrändern – nicht aufgewogen werden.

Am Sonntagabend ging ich mit dem Volontär zu Fuß nach Settlingen, krank vor Aufregung und Verlegenheit. Die Villa ward sichtbar, wir standen an einem Gitter vor ausländischen Kiefern und Zypressen, Hundegebell vermischte sich mit dem Ton der Torglocke. Ein Diener ließ uns ein, sprach kein Wort und behandelte uns geringschätzig, kaum daß er geruhte, mich vor den großen Bernhardinern zu schützen, die mir an die Hose wollten. Ängstlich sah ich meine Hände an, die seit Monaten nicht so peinlich sauber gewesen waren. Ich hatte sie am Abend vorher eine halbe Stunde lang mit Petroleum und Schmierseife gewaschen.

In einem einfachen, hellblauen Sommerkleid empfing uns die Dame im Salon. Sie gab uns beiden die Hand und hieß uns Platz nehmen, das Abendessen sei gleich bereit.

»Sind Sie kurzsichtig?« fragte sie mich.

»Ein klein wenig.«

»Der Zwicker steht Ihnen gar nicht, wissen Sie.« Ich nahm ihn ab, steckte ihn ein und machte ein trotziges Gesicht.

»Und Sozi sind Sie auch?« fragte sie weiter.

»Sie meinen Sozialdemokrat? Ja, gewiß.«

»Warum eigentlich?«

»Aus Überzeugung.«

»Ach so. Aber die Krawatte ist wirklich nett. Na, wir wollten essen. Ihr habt doch Hunger mitgebracht?«

Im Nebenzimmer waren drei Couverts aufgelegt. Mit Ausnahme der dreierlei Gläser gab es wider mein Erwarten nichts, was mich in Verlegenheit brachte. Eine Hirnsuppe, ein Lendenbraten, Gemüse, Salat und Kuchen, das waren lauter Dinge, die ich zu essen verstand, ohne mich zu blamieren. Und die Weine schenkte die Hausfrau selber ein. Während der Mahlzeit sprach sie fast nur mit dem Volontär, und da die guten Speisen samt dem Wein mir angenehm zu tun gaben, wurde mir bald wohl und leidlich sicher zumute.

Nach der Mahlzeit wurden uns die Weingläser in den Salon gebracht, und als mir eine feine Zigarre geboten und zu meinem Erstaunen an einer rot und goldenen Kerze angezündet war, stieg mein Wohlsein bis zur Behaglichkeit. Nun wagte ich auch die Dame anzusehen, und sie war so fein und schön, daß ich mich mit Stolz in die seligen Gefilde der noblen Welt versetzt fühlte, von der ich aus einigen Romanen und Feuilletons eine sehnsüchtig vage Vorstellung gewonnen hatte.

Das erste Abenteuer

Wir kamen in ein ganz lebhaftes Gespräch, und ich wurde so kühn, daß ich über Madames vorige Bemerkungen, die Sozialdemokratie und die rote Krawatte betreffend, zu scherzen wagte.

»Sie haben ganz recht«, sagte sie lächelnd. »Bleiben Sie nur bei Ihrer Überzeugung. Aber Ihre Krawatte sollten sie weniger schief binden. Sehen Sie, so –«

Sie stand vor mir und bückte sich über mich, faßte meine Krawatte mit beiden Händen und rückte an ihr herum. Dabei fühlte ich plötzlich mit heftigem Erschrecken, wie sie zwei Finger durch meine Hemdspalte schob und mir leise die Brust betastete. Und als ich entsetzt aufblickte, drückte sie nochmals mit den beiden Fingern und sah mir dabei starr in die Augen.

O Donnerwetter, dachte ich, und bekam Herzklopfen, während sie zurücktrat und so tat, als betrachte sie die Krawatte. Statt dessen aber sah sie mich wieder an, ernst und voll, und nickte langsam ein paarmal mit dem Kopf.

»Du könntest droben im Eckzimmer den Spielkasten holen«, sagte sie zu ihrem Neffen, der in einer Zeitschrift blätterte. »Ja, sei so gut.«

Er ging und sie kam auf mich zu, langsam, mit großen Augen.

»Ach du!« sagte sie leise und weich. »Du bist lieb.«

Dabei näherte sie mir ihr Gesicht, und unsre Lippen kamen zusammen, lautlos und brennend, und wieder, und noch einmal. Ich umschlang sie und drückte sie an mich, die große schöne Dame, so stark, daß es ihr weh tun mußte. Aber sie suchte nur nochmals meinen Mund, und während sie küßte, wurden ihre Augen feucht und mädchenhaft schimmernd.

Der Volontär kam mit den Spielen zurück, wir setzten uns und würfelten alle drei um Pralinés. Sie sprach wieder lebhaft und scherzte bei jedem Wurf, aber ich brachte kein Wort heraus und hatte Mühe mit dem Atmen. Manchmal kam unter dem Tisch ihre Hand und spielte mit meiner oder lag auf meinem Knie.

Gegen zehn Uhr erklärte der Volontär, es sei Zeit für uns zu gehen.

»Wollen Sie auch schon fort?« fragte sie mich und sah mich an.

Ich hatte keine Erfahrung in Liebessachen und stotterte, ja es sei wohl Zeit, und stand auf.

»Na, denn«, rief sie, und der Volontär brach auf. Ich folgte ihm zur Tür, aber eben als er über die Schwelle war, riß sie mich am Arm zurück und zog mich noch einmal an sich. Und im Hinausgehen flüsterte sie mir zu: »Sei gescheit, du, sei gescheit!« Auch das verstand ich nicht.

Wir nahmen Abschied und rannten auf die Station. Wir nahmen Billette, und der Volontär stieg ein. Aber ich konnte jetzt keine Gesellschaft brauchen. Ich stieg nur auf die erste Stufe, und als der Zugführer pfiff, sprang ich wieder ab und blieb zurück. Es war schon finstere Nacht.

Betäubt und traurig lief ich die lange Landstraße heim, an ihrem Garten und an dem Gitter vorbei wie ein Dieb. Eine vornehme Dame hatte mich lieb! Zauberländer taten sich vor mir auf, und als ich zufällig in meiner Tasche den Nickelzwicker fand, warf ich ihn in den Straßengraben.

Am nächsten Sonntag war der Volontär wieder eingeladen zum Mittagessen, aber ich nicht. Und sie kam auch nicht mehr in die Werkstatt.

Ein Vierteljahr lang ging ich noch oft nach Settlingen hinüber, sonntags oder spät abends, und horchte am Gitter und ging um den Garten herum, hörte die Bernhardiner bellen und den Wind durch die ausländischen Bäume gehen, sah Licht in den Zimmern und dachte: Vielleicht sieht sie mich einmal; sie hat mich ja lieb. Einmal hörte ich im Haus Klaviermusik, weich und wiegend, und lag an der Mauer und weinte.

Aber nie mehr hat der Diener mich hinaufgeführt und vor den Hunden beschützt, und nie mehr hat ihre Hand die meine und ihr Mund den meinen berührt. Nur im Traum geschah mir das noch einigemal, im Traum. Und im Spätherbst gab ich die Schlosserei auf und legte die blaue Bluse für immer ab und fuhr weit fort in eine andere Stadt.

(1905)

Liebesopfer

Drei Jahre arbeitete ich als Gehilfe in einer Buchhandlung. Anfangs bekam ich achtzig Mark im Monat, dann neunzig, dann fünfundneunzig, und ich war froh und stolz, daß ich mein Brot verdiente und von niemand einen Pfennig anzunehmen brauchte. Mein Ehrgeiz war, im Antiquariat vorwärtszukommen. Da konnte man wie ein Bibliothekar in alten Büchern leben, Wiegendrucke und Holzschnitte datieren, und es gab in guten Antiquariaten Stellen, die mit zweihundertfünfzig Mark und mehr bezahlt wurden. Allerdings, bis dahin war der Weg noch weit, und es galt zu arbeiten, zu arbeiten – –

Sonderbare Käuze gab es unter meinen Kollegen. Oft kam es mir vor, als sei der Buchhandel ein Asyl für Entgleiste jeder Art. Ungläubig gewordene Pfarrer, verkommene ewige Studenten, stellenlose Doktoren der Philosophie, unbrauchbar gewordene Redakteure und Offiziere mit schlichtem Abschied standen neben mir am Kontorpult. Manche hatten Weib und Kinder und liefen in trostlos abgetragenen Kleidern herum, andere lebten fast behaglich, die meisten aber haben es im ersten Drittel des Monats geschwollen, um die übrige Zeit sich mit Bier und Käse und prahlerischen Reden zu begnügen. Alle aber hatten aus glänzenderen Zeiten her Reste von feinen Manieren und gebildeter Redeweise bewahrt und waren überzeugt, sie seien nur durch unerhörtes Pech auf ihre bescheidenen Plätze heruntergekommen.

Sonderbare Leute, wie gesagt. Aber einen Mann wie den Columban Huß hatte ich doch noch nie gesehen. Er kam eines Tages bettelnd ins Kontor und fand zufällig eine geringe Schreiberstelle offen, die er dankbar annahm und über ein Jahr lang behielt. Eigentlich tat und sagte er nie etwas Auffallendes und lebte äußerlich nicht anders als andere arme Büroangestellte. Aber man sah ihm an, daß er nicht immer so gelebt hatte. Er konnte wenig über fünfzig sein und war schön gewachsen wie ein Soldat. Seine Bewegungen waren nobel und großzügig, und sein Blick war so, wie ich damals glaubte, daß Dichter ihn haben müssen.

Es kam vor, daß Huß mit mir ins Wirtshaus ging, weil er witterte, daß ich ihn heimlich bewunderte und liebte. Dann tat er überlegene Reden über das Leben und erlaubte mir, seine Zeche zu zahlen. Und folgendes sagte er mir eines Abends im Juli. Da ich Geburtstag hatte, war er mit mir zu einem kleinen Abendessen gegangen, wir hatten Wein getrunken und waren dann durch die warme Nacht flußaufwärts durch die Allee spaziert. Da stand unter der letzten Linde eine steinerne Bank, auf der streckte er sich aus, während ich im Grase lag. Und da erzählte er.

»Sie sind ein junger Dachs, Sie, und wissen noch nichts vom Leben in der Welt. Und ich bin ein altes Rindvieh, sonst würde ich Ihnen das nicht erzählen, was ich jetzt sage. Wenn Sie ein anständiger Kerl sind, behalten Sie es für sich und machen keinen Klatsch daraus. Aber wie Sie wollen.

Wenn Sie mich anschauen, sehen Sie einen kleinen Schreiber mit krummen Fingern und geflickten Hosen. Und wenn Sie mich totschlagen wollten, hätte ich nichts dagegen. An mir ist wenig mehr totzuschlagen. Und wenn ich Ihnen sage, daß mein Leben ein Sturmwind und eine Flamme gewesen ist, so lachen Sie nur, bitte! Aber Sie werden vielleicht auch nicht lachen, Sie junger Dachs, wenn Ihnen ein alter Mann in der Sommernacht ein Märchen erzählt.

Sie sind schon verliebt gewesen, nicht wahr? Einigemal, nicht wahr? Ja, ja. Aber Sie wissen noch nicht, was Lieben ist. Sie wissen es nicht, sage ich. Vielleicht haben Sie einmal eine ganze Nacht geweint? Und einen ganzen Monat schlecht geschlafen? Vielleicht haben Sie auch Gedichte gemacht und auch einmal ein bißchen mit Selbstmordgedanken gespielt? Ja, ich kenne das schon. Aber das ist nicht Liebe, Sie. Liebe ist anders.

Noch vor zehn Jahren war ich ein respektabler Mann und gehörte zur besten Gesellschaft. Ich war Verwaltungsbeamter und Reserveoffizier, war wohlhabend und unabhängig, ich hielt ein Reitpferd und einen Diener, wohnte bequem und lebte gut. Logensitze im Theater, Sommerreisen, eine kleine Kunstsammlung, Reitsport und Segelsport, Junggesellenabende mit weißem und rotem Bordeaux und Frühstücke mit Sekt und Sherry.

All das Zeug war ich jahrelang gewohnt, und doch entbehre ich es ziemlich leicht. Was liegt schließlich am Essen und Trinken, Reiten und Fahren, nicht wahr? Ein bißchen Philosophie, und alles wird entbehrlich und lächerlich. Auch die Gesellschaft und der gute Ruf und daß die Leute den Hut vor einem ziehen, ist schließlich unwesentlich, wenn auch entschieden angenehm.

Wir wollten ja von der Liebe sprechen, he? Also was ist Liebe? Für eine geliebte Frau zu sterben, dazu kommt man ja heutzutage selten. Das wäre freilich das Schönste. – Unterbrechen Sie mich nicht, Sie! Ich rede nicht von der Liebe zu zweien, vom Küssen und Beisammenschlafen und Heiraten. Ich rede von der Liebe, die zum einzigen Gefühl eines Lebens geworden ist. Die bleibt einsam, auch wenn sie, wie man sagt, ›erwidert‹ wird. Sie besteht darin, daß alles Wollen und Vermögen eines Menschen mit Leidenschaft einem einzigen Ziel entgegenstrebt und daß jedes Opfer zur Wollust wird. Diese Art Liebe will nicht glücklich sein, sie will brennen und leiden und zerstören, sie ist Flamme und kann nicht sterben, ehe sie das letzte irgend Erreichbare verzehrt hat.

Über die Frau, die ich liebte, brauchen Sie nichts zu wissen. Vielleicht war sie wunderbar schön, vielleicht nur hübsch. Vielleicht ein Genie, vielleicht keines. Was liegt daran, lieber Gott! Sie war der Abgrund, in dem ich untergehen sollte, sie war die Hand Gottes, die eines Tages in mein unbedeutendes Leben griff. Und von da an war dies unbedeutende Leben groß und fürstlich, begreifen Sie, es war auf einmal nicht mehr das Leben eines Mannes von Stande, sondern eines Gottes und eines Kindes, rasend und unbesonnen, es brannte und loderte.

Von da an wurde alles lumpig und langweilig, was mir vorher wichtig gewesen war. Ich versäumte Dinge, die ich nie versäumt hatte, ich erfand Listen und unternahm Reisen, nur um jene Frau einen Augenblick lächeln zu sehen. Für sie war ich alles, was sie gerade erfreuen konnte, für sie war ich froh und ernst, gesprächig und still, korrekt und verrückt, reich und arm. Als sie bemerkte, wie es mit mir stand, hat sie mich auf unzählige Proben gestellt. Mir war es eine Lust, ihr zu dienen, sie konnte unmöglich etwas erfinden, einen Wunsch ausdenken, den ich nicht wie eine Kleinigkeit erfüllte. Dann sah sie ein, daß ich sie mehr liebte als irgendein anderer Mann, und es kamen stille Zeiten, in denen sie mich verstand und meine Liebe annahm. Wir sahen uns tausendmal, wir reisten zusammen, wir taten Unmögliches, um beisammen zu sein und die Welt zu täuschen.

Jetzt wäre ich glücklich gewesen. Sie hatte mich lieb. Und eine Zeitlang war ich auch glücklich, vielleicht.

Aber meine Bestimmung war nicht, diese Frau zu erobern. Als ich eine Weile jenes Glück genoß und keine Opfer mehr zu bringen brauchte, als ich ohne Mühe ein Lächeln und einen Kuß und eine Liebesnacht von ihr bekam, begann ich unruhig zu werden. Ich wußte nicht, was mir fehlte, ich hatte mehr erreicht, als meine kühnsten Wünsche jemals begehrt hatten. Aber ich war unruhig. Wie gesagt, meine Bestimmung war nicht, diese

Frau zu erobern. Daß mir das geschah, war ein Zufall. Meine Bestimmung war, an meiner Liebe zu leiden, und als der Besitz der Geliebten anfing, dies Leiden zu heilen und zu kühlen, kam die Unruhe über mich. Eine gewisse Zeit hielt ich es aus, dann trieb es mich plötzlich weiter. Ich verließ die Frau. Ich nahm Urlaub und machte eine große Reise. Mein Vermögen war damals schon stark angegriffen, aber was lag daran? Ich reiste und kam nach einem Jahr zurück. Eine sonderbare Reise! Kaum war ich fort, so fing das frühere Feuer wieder an zu brennen. Je weiter ich fuhr und je länger ich fort war, desto peinigender kehrte meine Leidenschaft zurück, und ich sah zu und freute mich und reiste weiter, ein Jahr lang immerzu, bis die Flamme unerträglich geworden war und mich wieder in die Nähe meiner Geliebten nötigte.

Da stand ich dann, war wieder daheim und fand sie zornig und bitter gekränkt. Nicht wahr, sie hatte sich mir hingegeben und mich beglückt, und ich hatte sie verlassen! Sie hatte wieder einen Liebhaber, aber ich sah, daß sie ihn nicht liebte. Sie hatte ihn angenommen, um sich an mir zu rächen.

Ich konnte ihr nicht sagen oder schreiben, was es war, das mich von ihr weg und nun wieder zu ihr zurückgetrieben hatte. Wußte ich es selber? Also fing ich wieder an, um sie zu werben und zu kämpfen. Ich tat wieder weite Wege, versäumte Wichtiges und gab große Summen, um ein Wort von ihr zu hören oder um sie lächeln zu sehen. Sie entließ den Liebhaber, nahm aber bald einen andern, da sie mir nicht mehr traute. Dennoch sah sie mich zuzeiten gern. Manchmal in einer Tischgesellschaft oder im Theater sah sie über ihre Umgebung weg plötzlich zu mir herüber, sonderbar mild und fragend.

Sie hatte mich immer für sehr, sehr reich gehalten. Ich hatte diesen Glauben in ihr geweckt und hielt ihn am Leben, nur um immer wieder etwas für sie tun zu dürfen, was sie einem Armen nicht erlaubt hätte. Früher hatte ich ihr Geschenke gemacht, das war nun vorüber, und ich mußte neue Wege finden, ihr Freude machen und Opfer bringen zu können. Ich veranstaltete Konzerte, in denen von Musikern, die sie schätzte, ihre Lieblingsstücke gespielt und gesungen wurden. Ich kaufte Logen auf, um ihr ein Premierenbillett anbieten zu können. Sie gewöhnte sich wieder daran, mich für tausend Dinge sorgen zu lassen.

Ich war in einem unaufhörlichen Wirbel von Geschäften für sie. Mein Vermögen war erschöpft, nun fingen die Schulden und Finanzkünste an.

Liebesopfer

Ich verkaufte meine Gemälde, mein altes Porzellan, mein Reitpferd, und kaufte dafür ein Automobil, das zu ihrer Verfügung stehen sollte.

Dann war es so weit, daß ich das Ende vor mir sah. Während ich Hoffnung hatte, sie wiederzugewinnen, sah ich meine letzten Quellen erschöpft. Aber ich wollte nicht aufhören. Ich hatte noch mein Amt, meinen Einfluß, meine angesehene Stellung. Wozu, wenn es ihr nicht diente? So kam es, daß ich log und unterschlug, daß ich aufhörte, den Gerichtsvollzieher zu fürchten, weil ich Schlimmeres fürchten mußte. Aber es war nicht umsonst. Sie hatte auch den zweiten Liebhaber weggeschickt, und ich wußte, daß sie jetzt keinen mehr oder mich nehmen würde.

Sie nahm mich auch, ja. Das heißt, sie ging in die Schweiz und erlaubte mir, ihr zu folgen. Am folgenden Morgen reichte ich ein Gesuch um Urlaub ein. Statt der Antwort erfolgte meine Verhaftung. Urkundenfälschung, Unterschlagung öffentlicher Gelder. Sagen Sie nichts, es ist nicht nötig. Ich weiß schon. Aber wissen Sie, daß auch das noch Flamme und Leidenschaft und Liebeslohn war, geschändet und gestraft zu werden und den letzten Rock vom Leibe zu verlieren? Verstehen Sie das, Sie junger Verliebter?

Ich habe Ihnen ein Märchen erzählt, junger Mann. Der Mensch, der es erlebt hat, bin nicht ich. Ich bin ein armer Buchhalter, der sich von Ihnen zu einer Flasche Wein einladen läßt. Aber jetzt will ich heimgehen. Nein, bleiben Sie noch, ich gehe allein. Bleiben Sie!«

(1906)

Liebe

Herr Thomas Höpfner, mein Freund, ist ohne Zweifel unter allen meinen Bekannten der, der am meisten Erfahrung in der Liebe hat. Wenigstens hat er es mit vielen Frauen gehabt, kennt die Künste des Werbens aus langer Übung und kann sich sehr vieler Eroberungen rühmen. Wenn er mir davon erzählt, komme ich mir wie ein Schulbub vor. Allerdings meine ich zuweilen ganz im stillen, vom eigentlichen Wesen der Liebe verstehe er auch nicht mehr als unsereiner. Ich glaube nicht, daß er oft in seinem Leben um eine Geliebte Nächte durchwacht und durchweint hat. Er hat es jedenfalls selten nötig gehabt, und ich will es ihm gönnen, denn ein fröhlicher Mensch ist er trotz seiner Erfolge nicht. Vielmehr sehe ich ihn nicht selten von einer leichten Melancholie befangen, und sein ganzes Auftreten hat etwas resigniert Ruhiges, Gedämpftes, was nicht wie Sättigung aussieht.

Nun, das sind Vermutungen und vielleicht Täuschungen. Mit Psychologie kann man Bücher schreiben, aber nicht Menschen ergründen, und ich bin auch nicht einmal Psycholog. Immerhin scheint es mir zuzeiten, mein Freund Thomas sei nur darum ein Virtuos im Liebesspiel, weil ihm zu der Liebe, die kein Spiel mehr ist, etwas fehle, und er sei deshalb ein Melancholiker, weil er jenen Mangel an sich selber kenne und bedaure. – Lauter Vermutungen, vielleicht Täuschungen.

Was er mir neulich über Frau Förster erzählte, war mir merkwürdig, obwohl es sich nicht um ein eigentliches Erlebnis oder gar Abenteuer, sondern nur um eine Stimmung handelte, eine lyrische Anekdote.

Ich traf mit Höpfner zusammen, als er eben den »Blauen Stern« verlassen wollte, und überredete ihn zu einer Flasche Wein. Um ihn zum Spendieren eines besseren Getränkes zu nötigen, bestellte ich eine Flasche gewöhnlichen Mosel, den ich selber sonst nicht trinke. Unwillig rief er den Kellner zurück.

»Keinen Mosel, warten Sie!«

Und er ließ eine feine Marke kommen. Mir war es recht, und bei dem guten Wein waren wir bald im Gespräch. Vorsichtig brachte ich die Unterhaltung auf die Frau Förster, eine schöne Frau von wenig über dreißig Jahren, die noch nicht sehr lange in der Stadt wohnte und im Ruf stand, viele Liebschaften gehabt zu haben.

Der Mann war eine Null. Seit kurzem wußte ich, daß mein Freund bei ihr verkehrte.

»Also die Förster«, sagte er endlich nachgebend, »wenn sie dich denn so heftig interessiert. Was soll ich sagen? Ich habe nichts mit ihr erlebt.«

»Gar nichts?«

»Na, wie man will. Nichts, was ich eigentlich erzählen kann. Man müßte ein Dichter sein.«

Ich lachte.

»Du hältst sonst nicht viel von den Dichtern.«

»Warum auch? Dichter sind meistens Leute, die nichts erleben. Ich kann dir sagen, mir sind im Leben schon tausend Sachen passiert, die man hätte aufschreiben sollen. Immer dachte ich, warum erlebt nicht auch einmal ein Dichter so was, damit es nicht untergeht. Ihr macht immer einen Mordslärm um Selbstverständlichkeiten, jeder Dreck reicht für eine ganze Novelle — —«

»Und das mit der Frau Förster? Auch eine Novelle?«

»Nein. Eine Skizze, ein Gedicht. Eine Stimmung, weißt du.«

»Also, ich höre.«

»Nun, die Frau war mir interessant. Was man von ihr sagt, weißt du. Soweit ich aus der Ferne beobachten konnte, mußte sie viel Vergangenheit haben. Es schien mir, sie habe alle Arten von Männern geliebt und kennengelernt und keinen lang ertragen. Dabei ist sie schön.«

»Was nennst du schön?«

»Sehr einfach, sie hat nichts Überflüssiges, nichts zuviel. Ihr Körper ist ausgebildet, beherrscht, ihrem Willen dienstbar. Nichts an ihm ist undiszipliniert, nichts versagt, nichts ist träge. Ich kann mir keine Situation denken, der sie nicht noch das äußerst Mögliche von Schönheit abgewinnen würde. Eben das zog mich an, denn für mich ist das Naive meist langweilig. Ich suche bewußte Schönheit, erzogene Formen, Kultur. Na, keine Theorien!«

»Lieber nicht.«

»Ich ließ mich also einführen und ging ein paarmal hin. Einen Liebhaber hatte sie zur Zeit nicht, das war leicht zu bemerken. Der Mann ist eine Porzellanfigur. Ich fing an, mich zu nähern. Ein paar Blicke über Tisch, ein leises Wort beim Anstoßen mit dem Weinglas, ein zu lang dauernder Handkuß. Sie nahm es hin, abwartend, was weiter käme. Also machte ich einen Besuch zu einer Zeit, wo sie allein sein mußte, und wurde angenommen.

Als ich ihr gegenübersaß, merkte ich schnell, daß hier keine Methode am Platz sei. Darum spielte ich *va banque* und sagte ihr einfach, ich sei verliebt und stehe zu ihrer Verfügung. Daran knüpfte sich ungefähr folgender Dialog:

›Reden wir von Interessanterem.‹

›Es gibt nichts, was mich interessieren könnte, als Sie, gnädige Frau. Ich bin gekommen, um Ihnen das zu sagen. Wenn es Sie langweilt, gehe ich.‹

›Nun denn, was wollen Sie von mir?‹

›Liebe, gnädige Frau!‹

›Liebe! Ich kenne Sie kaum und liebe Sie nicht.‹

›Sie werden sehen, daß ich nicht scherze. Ich biete Ihnen alles an, was ich bin und tun kann, und ich werde vieles tun können, wenn es für Sie geschieht.‹

›Ja, das sagen alle. Es ist nie etwas Neues in euren Liebeserklärungen. Was wollen Sie denn tun, das mich hinreißen soll? Würden Sie wirklich lieben, so hätten Sie längst etwas getan.‹

›Was zum Beispiel?‹

›Das müßten Sie selber wissen. Sie hätten acht Tage fasten können oder sich erschießen, oder wenigstens Gedichte machen.‹

›Ich bin nicht Dichter.‹

›Warum nicht? Wer so liebt, wie man einzig lieben sollte, der wird zum Dichter und zum Helden um ein Lächeln, um einen Wink, um ein Wort von der, die er lieb hat. Wenn seine Gedichte nicht gut sind, sind sie doch heiß und voll Liebe –‹

›Sie haben recht, gnädige Frau. Ich bin kein Dichter und kein Held, und ich erschieße mich auch nicht. Oder wenn ich das täte, so geschähe es aus Schmerz darüber, daß meine Liebe nicht so stark und brennend ist, wie Sie sie verlangen dürfen. Aber statt alles dessen habe ich eines, einen einzigen kleinen Vorzug vor jenem idealen Liebhaber: ich verstehe Sie.‹

›Was verstehen Sie?‹

›Daß Sie Sehnsucht haben wie ich. Sie verlangen nicht nach einem Geliebten, sondern Sie möchten lieben, ganz und sinnlos lieben. Und Sie können das nicht.‹

›Glauben Sie?‹
›Ich glaube es. Sie suchen die Liebe, wie ich sie suche. Ist es nicht so?‹
›Vielleicht.‹
›Darum können Sie mich auch nicht brauchen, und ich werde Sie nicht mehr belästigen. Aber vielleicht sagen Sie mir noch, ehe ich gehe, ob Sie einmal, irgend einmal, der wirklichen Liebe begegnet sind.‹
›Einmal, vielleicht. Da wir so weit sind, können Sie es ja wissen. Es ist drei Jahre her. Da hatte ich zum erstenmal das Gefühl, wahrhaftig geliebt zu werden.‹
›Darf ich weiter fragen?‹
›Meinetwegen. Da kam ein Mann und lernte mich kennen und hatte mich lieb. Und weil ich verheiratet war, sagte er es mir nicht. Und als er sah, daß ich meinen Mann nicht liebte und einen Günstling hatte, kam er und schlug mir vor, ich solle meine Ehe auflösen. Das ging nicht, und von da an trug dieser Mann Sorge um mich, bewachte uns, warnte mich und wurde mein guter Beistand und Freund. Und als ich seinetwegen den Günstling entließ und bereit war, ihn anzunehmen, verschmähte er mich und ging und kam nicht wieder. Der hat mich geliebt, sonst keiner.‹
›Ich verstehe.‹
›Also gehen Sie nun, nicht? Wir haben einander vielleicht schon zu viel gesagt.‹
›Leben Sie wohl. Es ist besser, ich komme nicht wieder.‹«

Mein Freund schwieg, rief nach einer Weile den Kellner, zahlte und ging. Und aus dieser Erzählung unter anderm schloß ich, ihm fehle die Fähigkeit zur richtigen Liebe. Er hatte es ja selber ausgesprochen. Und doch muß man den Menschen dann am wenigsten glauben, wenn sie von ihren Mängeln reden. Mancher hält sich für vollkommen, nur weil er geringe Ansprüche an sich stellt. Das tat mein Freund nicht, und es mag sein, daß gerade sein Ideal einer wahren Liebe ihn so hat werden lassen, wie er ist. Vielleicht hat der kluge Mann mich auch zum besten gehabt, und möglicherweise war jenes Gespräch mit Frau Förster einfach seine Erfindung. Denn er ist ein heimlicher Dichter, so sehr er sich auch dagegen verwahrt.
Lauter Vermutungen, vielleicht Täuschungen.

(1906)

Brief eines Jünglings

Verehrte gnädige Frau!
   Sie haben mich eingeladen, Ihnen einmal zu schreiben. Sie dachten, für einen jungen Mann mit literarischer Begabung müßte es köstlich sein, Briefe an eine schöne und gefeierte Dame schreiben zu dürfen. Sie haben recht, es ist köstlich.
   Und außerdem haben Sie auch bemerkt, daß ich weit besser schreiben als sprechen kann. Also schreibe ich. Es ist für mich die einzige Möglichkeit, Ihnen ein kleines Vergnügen zu machen, und das möchte ich so gerne tun. Denn ich habe Sie lieb, gnädige Frau. Erlauben Sie mir, ausführlich zu sein! Es ist notwendig, weil Sie mich sonst mißverstehen würden, und es ist vielleicht berechtigt, weil dieser Brief an Sie mein einziger sein wird. Und nun genug der Einleitungen!

Als ich sechzehn Jahre alt war, sah ich mit einer sonderbaren und vielleicht frühreifen Schwermut die Freuden der Knabenzeit mir fremd werden und verlorengehen. Ich sah meinen kleinern Bruder Sandkanäle anlegen, mit Lanzen werfen und Schmetterlinge fangen und beneidete ihn um die Lust, die er dabei empfand und an deren leidenschaftliche Innigkeit ich mich noch so gut erinnern konnte. Mir war sie abhanden gekommen, ich wußte nicht wann und nicht warum, und an ihre Stelle war, da ich die Genüsse der Erwachsenen noch nicht recht teilen konnte, Unbefriedigtsein und Sehnsucht getreten.
   Mit heftigem Eifer, aber ohne Ausdauer trieb ich bald Geschichte, bald Naturwissenschaften, machte eine Woche lang alltäglich bis in die Nacht hinein botanische Präparate und tat dann wieder vierzehn Tage lang nichts als Goethe lesen. Ich fühlte mich einsam und von allen Beziehungen zum Leben wider meinen Willen abgetrennt, und diese Kluft zwischen dem Leben und mir suchte ich instinktiv durch Lernen, Wissen, Erkennen zu überbrücken. Zum ersten Mal begriff ich unsern Garten als einen Teil der Stadt und des Tales, das Tal als einen Einschnitt im Gebirge, das Gebirge als ein deutlich begrenztes Stück der Erdoberfläche.
   Zum ersten Mal betrachtete ich die Sterne als Weltkörper, die Formen

der Berge als notwendig entstandene Produkte der Erdkräfte, und zum ersten Mal erfaßte ich damals die Geschichte der Völker als einen Teil der Erdgeschichte. Ausdrücken und mit Namen nennen konnte ich das damals noch nicht, aber es war in mir und lebte.

Kurz, ich begann in jener Zeit zu denken. Also erkannte ich mein Leben als etwas Bedingtes und Begrenztes, und damit erwachte in mir jener Wunsch, den das Kind noch nicht kennt, der Wunsch, aus meinem Leben das möglichst Gute und Schöne zu machen. Vermutlich erleben alle jungen Leute annähernd dasselbe, aber ich erzähle es, als wäre es ein ganz individuelles Erleben gewesen, das es ja für mich auch war.

Unbefriedigt und von der Sehnsucht nach Unerreichbarem verzehrt, lebte ich einige Monate hin, fleißig und doch unstet, glühend und doch nach Wärme verlangend. Mittlerweile war die Natur klüger als ich und löste das peinliche Rätsel meines Zustandes. Eines Tages war ich verliebt und hatte unverhofft alle Beziehungen zum Leben wieder, stärker und mannigfaltiger als je vorher.

Seitdem habe ich größere und köstlichere Stunden und Tage gehabt, aber nie mehr solche Wochen und Monate, so warm und so erfüllt von einem stetig strömenden Gefühl. Die Geschichte meiner ersten Liebe will ich Ihnen nicht erzählen, es liegt nichts daran, und die äußeren Umstände hätten ebensogut ganz andere sein können. Aber das Leben, das ich damals lebte, möchte ich ein wenig zu schildern versuchen, wenn ich auch weiß, daß es mir nicht gelingen wird. Das hastige Suchen hatte ein Ende. Ich stand plötzlich mitten in der lebendigen Welt und war durch tausend wurzelnde Fasern mit der Erde und den Menschen verbunden. Meine Sinne schienen verändert, schärfer und lebhafter. Namentlich die Augen. Ich sah ganz anders als früher. Ich sah heller und farbiger, wie ein Künstler, ich empfand Freude am reinen Anschauen.

Der Garten meines Vaters stand in sommerlicher Pracht. Da standen blühende Gesträuche und Bäume mit dichtem Sommerlaub gegen den tiefen Himmel, Efeu wuchs die hohe Stützmauer hinan, und darüber ruhte der Berg mit rötlichen Felsen und blauschwarzem Tannenwald. Und ich stand und sah es an und war ergriffen davon, daß jedes Einzelne so wunderlich schön und lebendig, farbig und strahlend war. Manche Blumen wiegten sich auf ihren Stengeln so zart und blickten aus den farbigen Kelchen so rührend fein und innig, daß ich sie lieb hatte und sie genoß wie Lieder eines Dichters. Auch viele Geräusche, die ich früher nie beachtet hatte, fielen mir jetzt auf und sprachen zu mir und beschäftigten mich: der Laut des Windes in den Tannen und im Gras, das Läuten der Grillen auf den Wiesen, der Donner entfernter Gewitter, das Rauschen des Flusses am Wehr und die vielen Stimmen der Vögel. Abends sah und hörte ich die Schwärme der Fliegen im goldenen Spätlicht und lauschte den Fröschen am Teich. Tausend nichtige Dinge wurden mir auf einmal lieb und wichtig und berührten mich wie Erlebnisse. Zum Beispiel wenn ich morgens zum Zeitvertreib ein paar Beete im Garten begoß und die Erde und die Wurzeln so dankbar und gierig tranken. Oder ich sah einen kleinen blauen Schmetterling im Mittagsglanz wie betrunken taumeln. Oder ich beobachtete die Entfaltung einer jungen Rose. Oder ich ließ abends vom Nachen aus die Hand ins Wasser hängen und spürte das weiche laue Ziehen des Flusses an den Fingern.

Während die Pein einer ratlosen ersten Liebe mich plagte und während unverstandene Not, tägliche Sehnsucht und Hoffnung und Enttäuschung mich bewegten, war ich trotz Schwermut und Liebesangst doch jeden Augenblick im innersten Herzen glücklich. Alles, was um mich war, war mir lieb und hatte mir etwas zu sagen, es gab nichts Totes und keine Leere in der Welt. Ganz ist mir das nie mehr verlorengegangen, aber es ist auch nie mehr so stark und stetig wiedergekommen. Und das noch einmal zu erleben, es mir zueigen zu machen und festzuhalten, das ist jetzt meine Vorstellung vom Glück.

Wollen Sie weiter hören? Seit jener Zeit bis auf diesen Tag bin ich eigentlich immer verliebt gewesen. Mir schien von allem, was ich kennenlernte, doch nichts so edel und feurig und hinreißend wie die Liebe zu Frauen. Nicht immer hatte ich Beziehungen zu Frauen oder Mädchen, auch liebte ich nicht immer mit Bewußtsein eine bestimmte Einzelne, aber immer waren meine Gedanken irgendwie mit Liebe beschäftigt, und meine Verehrung des Schönen war eigentlich eine beständige Anbetung der Frauen.

Liebesgeschichten will ich Ihnen nicht erzählen. Ich habe einmal eine Geliebte gehabt, einige Monate lang, und ich habe gelegentlich einen Kuß und einen Blick und eine Liebesnacht halb ungewollt im Vorbeigehen geerntet, aber wenn ich wirklich liebte, war es immer unglücklich. Und wenn ich mich genau besinne, so waren die Leiden einer hoffnungslosen Liebe, die Angst und die Zaghaftigkeit und die schlaflosen Nächte eigentlich weit schöner als alle kleinen Glücksfälle und Erfolge.

Wissen Sie, daß ich sehr in Sie verliebt bin, gnädige Frau? Ich kenne Sie

Brief eines Jünglings

seit bald einem Jahr, wenn ich auch nur viermal in Ihr Haus gekommen bin. Als ich Sie zum ersten Mal sah, trugen Sie auf einer hellgrauen Bluse eine Brosche mit der Florentiner Lilie. Einmal sah ich Sie am Bahnhof in den Pariser Schnellzug steigen. Sie hatten ein Billett nach Straßburg. Damals kannten Sie mich noch nicht.

Dann kam ich mit meinem Freund zu Ihnen, ich war damals schon in Sie verliebt. Sie bemerkten es erst bei meinem dritten Besuch, an jenem Abend mit der Schubertmusik. Wenigstens schien es mir so. Sie scherzten zuerst über meine Ernsthaftigkeit, dann über meine lyrischen Ausdrücke, und beim Adieusagen waren Sie gütig und ein wenig mütterlich. Und das letzte Mal, nachdem Sie mir Ihre Sommeradresse genannt hatten, haben Sie mir erlaubt, Ihnen zu schreiben. Und das habe ich also heut getan, nach langem Überlegen.

Wie soll ich nun den Schluß finden? Ich sagte Ihnen ja, daß dieser erste Brief von mir auch mein letzter sein würde. Nehmen Sie meine Konfessionen, die vielleicht etwas Lächerliches haben, von mir als das einzige, was ich Ihnen geben und womit ich Ihnen zeigen kann, daß ich Sie hochschätze und liebe. Indem ich an Sie denke und mir gestehe, daß ich Ihnen gegenüber die Rolle des Verliebten sehr schlecht gespielt habe, fühle ich doch etwas von dem Wunderbaren, von dem ich Ihnen schrieb.

Es ist schon Nacht, die Grillen singen noch immer vor meinem Fenster im feuchten Grasgarten, und vieles ist wieder wie in jenem märchenhaften Sommer. Vielleicht, denke ich mir, darf ich das alles einst wieder haben und nochmals erleben, wenn ich dem Gefühl treu bleibe, aus dem ich diesen Brief geschrieben habe. Ich möchte auf das verzichten, was für die meisten jungen Leute aus dem Verliebtsein folgt und was ich selber mehr als genug kennengelernt habe – auf das halb echte, halb künstliche Spiel der Blicke und Gebärden, auf das kleinliche Benützen einer Stimmung und Gelegenheit, auf das Berühren der Füße unterm Tisch und den Mißbrauch eines Handkusses.

Es gelingt mir nicht, was ich meine, richtig auszudrücken. Wahrscheinlich verstehen Sie mich trotzdem. Wenn Sie so sind, wie ich Sie mir gerne vorstelle, dann können Sie über mein konfuses Schreiben herzlich lachen, ohne mich darum geringzuschätzen. Möglich, daß ich selber einmal darüber lachen werde; heute kann ich es nicht und wünsche es mir auch nicht.

In treuer Verehrung Ihr ergebener   B.

(1906)

Abschiednehmen

Lieber Theo!

Bitte, lies diesen Brief aufmerksam, auch wenn er ein wenig lang und eintönig ausfallen sollte, und sage niemand etwas von ihm. Wenn ich hinzufüge, daß es vermutlich mein letzter Brief an Dich sein wird, so soll Dich das nicht erschrecken, denn ich habe weder im Sinn zu sterben, noch Dir untreu zu werden.

Es ist eine recht peinliche Sache. Ich bin, um es gleich deutlich zu sagen, im Begriff blind zu werden. Vor acht Tagen war ich zum letztenmal in der Stadt beim Augenarzt, und seither weiß ich und muß mich damit abzufinden suchen, daß meine schwachen Augen längstens noch etwa ein Jahr vorhalten werden. Die Kur, die ich diesen Winter durchmachte, ist ohne Erfolg geblieben.

Nimm mir's nicht übel, daß ich nun gerade zu Dir komme! Klagen will ich ja nicht, aber ein bißchen darüber zu reden, ist mir doch ein Bedürfnis. Hier habe ich, wie Du weißt, niemand als meine Frau, und der wollte ich einstweilen nichts davon sagen. Wir hatten mein Augenleiden als eine vorübergehende Ermüdung betrachtet, und ich möchte ihr nun die Wahrheit nicht früher sagen, als bis ich selber mich einigermaßen darein gefunden habe. Sonst säßen wir einander gar zu trostlos gegenüber. Auch würde sie, wenn ich es ihr sagte, mir entweder einreden wollen, ich sehe zu schwarz und es sei nicht so schlimm, oder sie würde schon jetzt, noch vor der Zeit, mich mit Mitleid und Fürsorge wie einen Blinden behandeln, und beides wäre mir wahrscheinlich gleich unerträglich.

So suche ich Dich auf, um Dir von meinem Zustand und von den Gedanken, die mich zur Zeit beschäftigen, zu erzählen, so wie wir früher manche Erlebnisse geteilt und miteinander besprochen haben. Und da das Schreiben mir nun doch bald nicht mehr möglich sein wird, sollst Du der letzte sein, mit dem ich mich auf diese Art unterhalte.

Sorge sollst Du um mich nicht haben. Vielleicht werde ich ja auch später noch arbeiten können, mit Hilfe von Vorlesen, Diktieren usw., und auch wenn das nicht gehen sollte, werde ich doch nicht in Not geraten.

Bis jetzt habe ich nichts aufgeben müssen als das Lesen. Das war ja freilich sonst meine Hauptbeschäftigung, doch habe ich, Gott sei Dank, viel Schönes und Erbauliches im Kopf behalten und bin auch wohl nie so sehr Stubenhocker gewesen, daß ich ohne Bücher nimmer leben könnte. Bedauerlich ist es ja, und wenn ich an meinen vielen Büchern vorbeigehe, kann ich oft nicht widerstehen und nehme einen Band heraus, um mir eine halbe Stunde von meiner Frau vorlesen zu lassen. Natürlich darf ich das nicht allzu häufig tun, damit sie nicht merkt, wie es mit mir steht. Übrigens sind meine Augen noch immer so, daß ich selber noch lesen könnte; aber lang würde das doch nimmer dauern, so spare ich sie lieber für Wichtigeres.

Das ist es, wovon ich Dir eigentlich erzählen wollte. Ich lebe seit meiner Verurteilung hier wie einer, der Abschied nimmt. Ein merkwürdiger Zustand, der zu manchen Gedanken anregt und sonderbarerweise nicht nur Schmerzliches bringt. Du kennst unsere Gegend, unseren Hügel und mein Häuschen mit dem Blick auf das weite Kornland und die Wiesen. Das alles sehe ich mir jetzt an und merke, wie vieles mir doch in allen den Jahren davon unbekannt geblieben ist. Denn, nicht wahr, jetzt muß ich es alles recht gut und genau kennenlernen, um nachher nicht in einer Fremde leben zu müssen, sondern auch ohne Augen darin heimisch sein zu können. Ich gehe herum und bin oft verwundert, wie viel es zu sehen gibt, wenn man einmal wirklich trinkt, »was die Wimper hält«. Dabei genieße ich sogar noch eine vielleicht lächerliche Eitelkeit. Denn schau, ich kann mir nicht helfen, aber bei diesem Abschiednehmen und dieser letzten, gierigen Augenlust will es mir immer mehr so vorkommen, als sei ein rechter Künstler an mir verlorengegangen, als verstehe ich das Schauen ganz besonders. Oder vielleicht sehe ich jetzt, in meinem betrüblichen Ausnahmezustand, die Welt so an, wie ein Künstler sie immer sieht. Und daran habe ich, wenn auch unter Schmerzen, meine Freude.

Ein Haferfeld und ein Erlenbaum, von dem ich weiß, daß ich ihn in ein paar Monaten nimmer werde sehen können, sieht ganz anders aus, als er mir früher erschien. Alles und wieder alles, bis auf das Wurzelnetzwerk auf einem Lehmweg am Waldrand, hat auf einmal einen Wert, ist köstlich und eine Lust anzusehen. Jeder Buchenast und jeder fliegende Kiebitz ist schön und erstaunlich, drückt einen Schöpfungsgedanken aus, existiert, lebt, ist da und rechtfertigt durchs bloße Dasein seine Existenz, daß es ein Wunder und eine Freude ist. Und indem ich daran denke, daß diese Dinge mir alle bald entschwinden sollen, werden sie mir zu Bildern, verlieren ihre kurzweilige Zufälligkeit und wachsen zu Symbolen, werden Ideen und gewinnen den Ewigkeitswert von Kunstwerken. Das ist so seltsam und großartig, daß mir darüber die Furcht und das Jämmerliche meines Zustandes oft für Stunden ganz verlorengeht. Manchmal sehe ich eine weite, vielfältige Landschaft so zusammengefaßt, so aufs Wesentliche vereinfacht, wie sie vielleicht nur ein großer Maler darstellen könnte. Und manchmal betrachte ich kleines Zeug, Gräser und Insekten, eine Baumrinde oder einen Kieselstein, und habe nicht weniger große Eindrücke davon, ich sehe Farben und studiere sie fast wie ein Maler, ich sehe Körper und genieße dieses ergreifende Schauen wie ein wertvolles Talent.

Häufig prüfe ich auch mein Bildergedächtnis, und wenn ich dabei auch unendlich viel Vergessenes mit Trauer verloren geben muß, so bin ich doch froh darüber, daß ich vieles ungewollt so gut bewahrt habe. Ich kann mir manches Dorf, durch das ich vor Jahren gewandert bin, noch als ein frisches Bild wieder vorstellen, und manchen Wald und manche schöne Stadt, und ich habe auch noch einen Tizian und ein paar Antiken und manche andere Kunstwerke unverloren im Gedächtnis. Ich weiß noch, wie die Fäden des Löwenzahnsamens aussehen, wenn sie im Wind segeln, und ich weiß noch von vielen fernen Jugendtagen her, wie damals die Morgensonne in einem Bergbach spiegelte, oder wie ein Gewitter aufzog, oder wie eine Reihe von Dorfmädchen abends Arm in Arm in der Gasse flanierte. Wenn das noch so gut sitzt und noch so lebendig ist, wird auch das, was ich jetzt noch aufnehmen kann, nicht gar so schnell verlorengehen, denke ich.

Freilich darf ich solche Proben mit meiner Umgebung noch nicht anstellen, wenn ich nicht mein bißchen Heiterkeit verlieren will. Wenn ich zuweilen meine Frau betrachte, ihre Gestalt, ihr Kleid, ihr Gesicht, ihre Hände, und dann zu grübeln anfange, wie wohl ihr Bildnis später hinter meinen erblindeten Augen leben wird, so verläßt mich alle Vernunft, und mein Schicksal kommt mir scheußlich dumm, sinnlos und grausam vor.

Aber davon wollte ich Dir nicht schreiben.

Ich will Dir lieber sagen, daß ich Dich und Deine Freundschaft, unsere vielen lieben Erinnerungen und alles das, was mir sonst in unzufriedenen Zeiten tröstlich gewesen ist, jetzt noch inniger empfinde und näher mit mir verwandt und verbunden weiß. Ich schaue jetzt, wie Du begreifen wirst, mit einer gewissen Angst nach Dingen aus, die einem erschütterten Leben zu Trost und neuen Kraftquellen werden können, und ich glaube, es gibt ihrer genug, um gegen die Verzweiflung aufzukommen. Da ich jetzt

Abschiednehmen

blind werden soll, scheint mir natürlich das Augenlicht und alles mit den Augen Genießbare besonders wertvoll und herrlich zu sein. Doch weiß ich immerhin, daß es noch anderes gibt.

Musik treibe ich jetzt gar nicht. Einmal bin ich nicht ruhig genug, dann beschäftigt mich auch jenes Abschiednehmen zu ausschließlich, und endlich möchte ich mir das für die Zeit sparen, wo ich es nötiger haben werde. Ich bin ja nur Dilettant und habe recht wenig Kenntnisse auf diesem Gebiet, aber ich kenne doch einiges, das mir auch in bösen Zeiten gut getan hat und teuer war, und das ich dorthinüber mitnehmen werde. Ein paar Sätze von Beethoven und namentlich auch ein paar Melodien von Schubert – an die denke ich, wie ein Schlafloser an Morphium denkt.

Außerdem gibt es ja noch so viel Feines und Schönes zu hören, ganz abgesehen von der Musik. Ich achte darauf jetzt besonders lebhaft. Ich suche Vögel am Gesang und bekannte Menschen an Gang und Stimme recht sicher erkennen zu lernen, ich horche nachts auf den Wind und denke mir, daß man gewiß aus seinem Ton zuweilen Wetter und Jahreszeit heraushören kann. Und ich freue mich, daß doch manches Angenehme auf Erden nur fürs Ohr und nicht für das Auge da ist, wie Nachtigallen, Zikaden usw.

Trotz allem beschäftige ich mich freilich vorwiegend mit den sichtbaren Dingen. Was man verlieren soll, schätzt man zehnfach, und was ich jetzt noch in meinem Auge spiegeln und mit dem Auge empfangen und mir zu eigen machen kann, das nehme ich wie eine Beute mit.

Als ich erfahren hatte, wie es mit mir stehe, und als die anfängliche Betäubung vorüber war, kam mir der Gedanke, eine größere Reise zu machen, vielleicht mit Dir, und noch einmal mit Bewußtsein und mit vollem Hunger mich an den Schönheiten der Welt zu laben, noch einmal ins Hochgebirg und noch einmal nach Rom und noch einmal ans Meer zu gehen. Aber ich wäre doch schon ein Kranker gewesen, es hätte jemand für mich die Fahrpläne lesen und manche Dinge besorgen müssen, während ich hier noch immer ein freier Mann bin und keine verdächtige Hilfe brauche. Das kommt alles noch früh genug. Immerhin hätte ich Dich gern noch einmal recht angesehen, alter Theo, ehe die wirkliche Dämmerung beginnt. Nicht wahr, Du kommst dann, mir zuliebe? Jetzt ist es noch zu früh, es ließe sich vor meiner Frau doch nicht verbergen, daß wir ein peinliches Geheimnis haben. Aber sobald ich so weit bin, daß ich es ihr ohne Jammer sagen kann, mußt du kommen, gelt?

Nun habe ich meine Bitte vom Herzen. Und rede mit niemand davon, sonst habe ich die Anfragen und Kondolationen auf dem Hals. Es muß noch diese kleine Weile so aussehen, als sei es mit mir beim alten. Ich habe noch nicht einmal meine Zeitschriften abbestellt, und die Buchhändler schicken mir ihre Novitätenpakete noch wie immer zu.

Nun bin ich wieder ins Aktuelle geraten, und wollte doch nichts, als noch einmal in alter Weise schriftlich mit Dir plaudern. Falls Du meine Briefe aufbewahrt und zusammengelegt hast, wie ich Deine, muß es ein ganz stattliches Bündel sein. Es werden auch, hoffe ich, noch recht viele dazu kommen, denn später kann ich ja dann diktieren. Aber von den *manu propria* geschriebenen dürfte es der letzte, und mithin eine Art Autographenrarität sein. Genug denn, Du, und auch heute wieder wie immer treuen Dank für Deine Liebe. Dein alter Franz.

(1906)

Eine Sonate

Frau Hedwig Dillenius kam aus der Küche, legte die Schürze ab, wusch und kämmte sich und ging dann in den Salon, um auf ihren Mann zu warten.

Sie betrachtete drei, vier Blätter aus einer Dürermappe, spielte ein wenig mit einer Kopenhagener Porzellanfigur, hörte vom nächsten Turme Mittag schlagen und öffnete schließlich den Flügel. Sie schlug ein paar Töne an, eine halbvergessene Melodie suchend, und horchte eine Weile auf das harmonische Ausklingen der Saiten. Feine, verhauchende Schwingungen, die immer zarter und unwirklicher wurden, und dann kamen Augenblicke, in denen sie nicht wußte, klangen die paar Töne noch nach oder war der feine Reiz im Gehör nur noch Erinnerung.

Sie spielte nicht weiter, sie legte die Hände in den Schoß und dachte. Aber sie dachte nicht mehr wie früher, nicht mehr wie in der Mädchenzeit daheim auf dem Lande, nicht mehr an kleine drollige oder rührende Begebenheiten, von denen immer nur die kleinere Hälfte wirklich und erlebt war. Sie dachte seit einiger Zeit an andere Dinge. Die Wirklichkeit selber war ihr schwankend und zweifelhaft geworden. Während der halbklaren, träumenden Wünsche und Erregungen der Mädchenzeit hatte sie oft daran gedacht, daß sie einmal heiraten und einen Mann und ein eigenes Leben und Hauswesen haben werde, und von dieser Veränderung hatte sie viel erwartet. Nicht nur Zärtlichkeit, Wärme und neue Liebesgefühle, sondern vor allem eine Sicherheit, ein klares Leben, ein wohliges Geborgensein vor Anfechtungen, Zweifeln und unmöglichen Wünschen. So sehr sie das Phantasieren und Träumen geliebt hatte, ihre Sehnsucht war doch immer nach einer Wirklichkeit gegangen, nach einem unbeirrten Wandeln auf zuverlässigen Wegen.

Wieder dachte sie darüber nach. Es war anders gekommen, als sie es sich vorgestellt hatte. Ihr Mann war nicht mehr das, was er ihr während der Brautzeit gewesen war, vielmehr sie hatte ihn damals in einem Licht gesehen, das jetzt erloschen war. Sie hatte geglaubt, er sei ihr ebenbürtig und noch überlegen, er könne mit ihr gehen bald als Freund, bald als Führer, und jetzt wollte es ihr häufig scheinen, sie habe ihn überschätzt. Er war brav, höflich, auch zärtlich, er gönnte ihr Freiheit, er nahm ihr kleine häusliche Sorgen ab. Aber er war zufrieden, mit ihr und mit seinem Leben, mit Arbeit, Essen, ein wenig Vergnügen, und sie war mit diesem Leben nicht zufrieden. Sie hatte einen Kobold in sich, der necken und tanzen wollte, und einen Träumergeist, der Märchen dichten wollte, und eine beständige Sehnsucht, das tägliche kleine Leben mit dem großen herrlichen Leben zu verknüpfen, das in Liedern und Gemälden, in schönen Büchern und im Sturm der Wälder und des Meeres klang. Sie war nicht damit zufrieden, daß eine Blume nur eine Blume und ein Spaziergang nur ein Spaziergang sein sollte. Eine Blume sollte eine Elfe, ein schöner Geist in schöner Verwandlung sein, und ein Spaziergang nicht eine kleine pflichtmäßige Übung und Erholung, sondern eine ahnungsvolle Reise nach dem Unbekannten, ein Besuch bei Wind und Bach, ein Gespräch mit den stummen Dingen. Und wenn sie ein gutes Konzert gehört hatte, war sie noch lang in einer fremden Geisterwelt, während ihr Mann längst in Pantoffeln umherging, eine Zigarette rauchte, ein wenig über die Musik redete und ins Bett begehrte.

Seit einiger Zeit mußte sie ihn nicht selten erstaunt ansehen und sich wundern, daß er so war, daß er keine Flügel mehr hatte, daß er nachsichtig lächelte, wenn sie einmal recht aus ihrem inneren Leben heraus mit ihm reden wollte.

Immer wieder kam sie zu dem Entschluß, sich nicht zu ärgern, geduldig und gut zu sein, es ihm in seiner Weise bequem zu machen. Vielleicht war er müde, vielleicht plagten ihn Dinge in seinem Amt, mit denen er sie verschonen wollte. Er war so nachgiebig und freundlich, daß sie ihm danken mußte. Aber er war nicht ihr Prinz, ihr Freund, ihr Herr und Bruder mehr, sie ging alle lieben Wege der Erinnerung und Phantasie wieder allein, ohne ihn, und die Wege waren dunkler geworden, da an ihrem Ende nicht mehr eine geheimnisvolle Zukunft stand.

Die Glocke tönte, sein Schritt erklang im Flur, die Türe ging, und er kam herein. Sie ging ihm entgegen und erwiderte seinen Kuß.

»Geht's gut, Schatz?«

»Ja, danke, und dir?«

Dann gingen sie zu Tisch.

»Du«, sagte sie, »paßt es dir, daß Ludwig heut abend kommt?«

»Wenn dir dran liegt, natürlich.«

»Ich könnte ihm nachher telefonieren. Weißt du, ich kann es kaum mehr erwarten.«

»Was denn?«

»Die neue Musik. Er hat ja neulich erzählt, daß er diese neuen Sonaten studiert hat und sie jetzt spielen kann. Sie sollen so schwer sein.«

»Ach ja, von dem neuen Komponisten, nicht?«

»Ja, Reger heißt er. Es müssen merkwürdige Sachen sein, ich bin schrecklich gespannt.«

»Ja, wir werden ja hören. Ein neuer Mozart wird's auch nicht sein.«

»Also heut abend. Soll ich ihn gleich zum Essen bitten?«

»Wie du willst, Kleine.«

»Bist du auch neugierig auf den Reger? Ludwig hat so begeistert von ihm gesprochen.«

»Nun, man hört immer gern was Neues. Ludwig ist vielleicht ein bißchen sehr enthusiastisch, nicht? Aber schließlich muß er von Musik mehr verstehen als ich. Wenn man den halben Tag Klavier spielt!«

Beim schwarzen Kaffee erzählte ihm Hedwig Geschichten von zwei Buchfinken, die sie heute in den Anlagen gesehen hatte. Er hörte wohlwollend zu und lachte.

»Was du für Einfälle hast! Du hättest Schriftstellerin werden können!«

Dann ging er fort, aufs Amt, und sie sah ihm vom Fenster aus nach, weil er das gern hatte. Darauf ging auch sie an die Arbeit. Sie trug die letzte Woche im Ausgabenbüchlein nach, räumte ihres Mannes Zimmer auf, wusch die Blattpflanzen ab und nahm schließlich eine Näharbeit vor, bis es Zeit war, wieder nach der Küche zu sehen.

Gegen acht Uhr kam ihr Mann und gleich darauf Ludwig, ihr Bruder. Er gab der Schwester die Hand, begrüßte den Schwager und nahm dann nochmals Hedwigs Hände.

Beim Abendessen unterhielten sich die Geschwister lebhaft und vergnügt. Der Mann warf hie und da ein Wort dazwischen und spielte zum Scherz den Eifersüchtigen. Ludwig ging darauf ein, sie aber sagte nichts dazu, sondern wurde nachdenklich. Sie fühlte, daß wirklich unter ihnen dreien ihr Mann der Fremde war. Ludwig gehörte zu ihr, er hatte dieselbe Art, denselben Geist, die gleichen Erinnerungen wie sie, er sprach dieselbe Sprache, begriff und erwiderte jede kleine Neckerei. Wenn er da war, umgab sie eine heimatliche Luft; dann war alles wieder wie früher, dann war alles wieder wahr und lebendig, was sie von Hause her in sich trug und was von ihrem Mann freundlich geduldet, aber nicht erwidert und im Grunde vielleicht auch nicht verstanden wurde.

Man blieb noch beim Rotwein sitzen, bis Hedwig mahnte. Nun gingen sie in den Salon, Hedwig öffnete den Flügel und zündete die Lichter an, ihr Bruder legte die Zigarette weg und schlug sein Notenheft auf. Dillenius streckte sich in einen niederen Sessel mit Armlehnen und stellte den Rauchtisch neben sich. Hedwig nahm abseits beim Fenster Platz.

Ludwig sagte noch ein paar Worte über den neuen Musiker und seine Sonate. Dann war es einen Augenblick ganz stille. Und dann begann er zu spielen.

Hedwig hörte die ersten Takte aufmerksam an, die Musik berührte sie fremd und sonderbar. Ihr Blick hing an Ludwig, dessen dunkles Haar im Kerzenlicht zuweilen aufglänzte. Bald aber spürte sie in der ungewohnten Musik einen starken und feinen Geist, der sie mitnahm und ihr Flügel gab, daß sie über Klippen und unverständliche Stellen hinweg das Werk begreifen und erleben konnte.

Ludwig spielte, und sie sah eine weite dunkle Wasserfläche in großen Takten wogen. Eine Schar von großen, gewaltigen Vögeln kam mit brausenden Flügelschlägen daher, urweltlich düster. Der Sturm tönte dumpf und warf zuweilen schaumige Wellenkämme in die Luft, die in viele kleine Perlen zerstäubten. In dem Brausen der Wellen, des Windes und der großen Vogelflügel klang etwas Geheimes mit, da sang bald mit lautem Pathos, bald mit feiner Kinderstimme ein Lied, eine innige, liebe Melodie.

Wolken flatterten schwarz und in zerrissenen Strähnen, dazwischen gingen wundersame Blicke in golden tiefe Himmel auf. Auf großen Wogen ritten Meerscheusale von grausamer Bildung, aber auf kleinen Wellen spielten zarte rührende Reigen von Engelbüblein mit komisch dicken Gliedern und mit Kinderaugen. Und das Gräßliche ward vom Lieblichen mit wachsendem Zauber überwunden, und das Bild verwandelte sich in ein leichtes, luftiges, der Schwere enthobenes Zwischenreich, wo in einem eigenen, mondähnlichen Lichte ganz zarte, schwebende Elfenwesen Luftreigen tanzten und dazu mit reinen, kristallenen, körperlosen Stimmen selig leichte, leidlos verwehende Töne sangen.

Nun aber wurde es, als seien es nicht mehr die engelhaften Lichtelfen selber, die im weißen Scheine sangen und schwebten, sondern als sei es ein Mensch, der von ihnen erzähle oder träume. Ein schwerer Tropfen Sehnsucht und unstillbares Menschenleid rann in die verklärte Welt des wunschlos Schönen, statt des Paradieses erstand des Menschen Traum vom Paradiese, nicht weniger glänzend und schön, aber von tiefen Lauten unstillbaren Heimwehs begleitet. So wird Menschenlust aus Kinderlust; das faltenlose Lachen ist dahin, die Luft aber ist inniger und schmerzlich süßer geworden.

Langsam zerrannen die holden Elfenlieder in das Meeresbrausen, das wieder mächtig schwoll. Kampfgetöse, Leidenschaft und Lebensdrang. Und mit dem Wegrollen einer letzten hohen Woge war das Lied zu Ende. Im Flügel klang die Flut in leiser, langsam sterbender Resonanz nach, und klang aus, und eine tiefe Stille entstand. Ludwig blieb in gebückter Haltung lauschend sitzen, Hedwig hatte die Augen geschlossen und lehnte wie schlafend im Stuhl.

Endlich stand Dillenius auf, ging ins Speisezimmer zurück und brachte dem Schwager ein Glas Wein.

Ludwig stand auf, dankte und nahm einen Schluck.

»Nun, Schwager«, sagte er, »was meinst du?«

»Zu der Musik? Ja, es war interessant, und du hast wieder großartig gespielt. Du mußt ja riesig üben.«

»Und die Sonate?«

»Siehst du, das ist Geschmackssache. Ich bin ja nicht absolut gegen alles Neue, aber das ist mir doch zu ›originell‹. Wagner laß ich mir noch gefallen – –«

Ludwig wollte antworten. Da war seine Schwester zu ihm getreten und legte ihm die Hand auf den Arm.

»Laß nur, ja? Es ist ja wirklich Geschmackssache.«

»Nicht wahr?« rief ihr Mann erfreut. »Was sollen wir streiten? Schwager, eine Zigarre?«

Ludwig sah etwas betroffen der Schwester ins Gesicht. Da sah er, daß sie von der Musik ergriffen war, und daß sie leiden würde, wenn weiter darüber gesprochen würde. Zugleich aber sah er zum erstenmal, daß sie ihren Mann schonen zu müssen glaubte, weil ihm etwas fehlte, das für sie notwendig und ihr angeboren war. Und da sie traurig schien, sagte er vor dem Weggehen heimlich zu ihr: »Hede, fehlt dir was?«

Sie schüttelte den Kopf.

»Du mußt mir das bald wieder spielen, für mich allein. Willst du?« Dann schien sie wieder vergnügt zu sein, und nach einer Weile ging Ludwig beruhigt heim.

Sie aber konnte diese Nacht nicht schlafen. Daß ihr Mann sie nicht verstehen könne, wußte sie, und sie hoffte, es ertragen zu können. Aber sie hörte immer wieder Ludwigs Frage: »Hede, fehlt dir was?« und dachte daran, daß sie ihm mit einer Lüge hatte antworten müssen, zum erstenmal mit einer Lüge.

Und nun, schien es ihr, hatte sie die Heimat und ihre herrliche Jugendfreiheit und alle leidlose, lichte Fröhlichkeit des Paradieses erst ganz verloren.

(1906)

Walter Kömpff

Über den alten Hugo Kömpff ist wenig zu sagen, als daß er in allem ein echter Gerbersauer von der guten Sorte war. Das alte, feste und große Haus am Marktplatz mit dem niedrigen und finsteren Kaufladen, der aber für eine Goldgrube galt, hatte er von Vater und Großvater übernommen und führte es im alten Sinne fort. Nur darin war er einen eigenen Weg gegangen, daß er seine Braut von auswärts geholt hatte. Sie hieß Kornelie und war eine Pfarrerstochter, eine hübsche und ernste Dame ohne das geringste bare Vermögen. Das Erstaunen und Reden darüber dauerte seine Weile, und wenn man die Frau auch später noch ein wenig seltsam fand, gewöhnte man sich doch zur Not an sie. Kömpff lebte in einer sehr stillen Ehe und bei guten Geschäftszeiten unauffällig nach der väterlichen Art dahin, war gutmütig und wohlangesehen, dabei ein vortrefflicher Kaufmann, so daß es ihm an nichts fehlte, was hierorts zum Glück und Wohlsein gehört. Zur rechten Zeit stellte sich ein Söhnlein ein und wurde Walter getauft; er hatte das Gesicht und den Gliederbau der Kömpffe, aber keine graublauen, sondern von der Mutter her, braune Augen. Nun war ein Kömpff mit braunen Augen freilich noch nie gesehen worden, aber genau betrachtet schien das dem Vater kein Unglück, und der Bub ließ sich auch nicht an wie ein aus der Art Geschlagener. Es lief alles seinen leisen, gesunden Gang, das Geschäft ging vortrefflich, die Frau war zwar immer noch ein wenig anders, als man gewohnt war, aber das war kein Schade, und der Kleine wuchs und gedieh und kam in die Schule, wo er zu den Besten gehörte. Nun fehlte dem Kaufmann noch, daß er in den Gemeinderat kam, aber auch das konnte nimmer lang auf sich warten lassen, und dann wäre seine Höhe erreicht und alles wie beim Vater und Großvater gewesen.

Es kam aber nicht dazu. Ganz wider die Kömpffsche Tradition legte sich der Hausherr schon mit vierundvierzig Jahren zum Sterben nieder. Es nahm ihn langsam genug hinweg, daß er alles Notwendige noch in Ruhe bestimmen und ordnen konnte. Und so saß denn eines Tages die hübsche dunkle Frau an seinem Bett, und sie besprachen dies und jenes, was zu geschehen habe und was die Zukunft etwa bringen könnte. Vor allem war natürlich von dem Buben Walter die Rede, und in diesem Punkte waren sie, was sie beide nicht überraschte, keineswegs derselben Gesinnung und gerieten darüber in einen stillen, doch zähen Kampf. Freilich, wenn jemand an der Stubentüre gehorcht hätte, der hätte nichts von einem Streit gemerkt.

Die Frau hatte nämlich vom ersten Tage der Ehe an darauf gehalten, daß auch an unguten Tagen Höflichkeit und sanfte Rede herrsche. Mehr als einmal war der Mann, wenn er bei irgendwelchem Vorschlag oder Entschluß ihren stillen, aber festen Widerstand spürte, in Zorn geraten. Aber dann verstand sie ihn beim ersten scharfen Wort auf eine Art anzusehen, daß er schnell einzog und seinen Groll wenn nicht abtat, so doch in den Laden oder auf die Gasse trug und die Frau damit verschonte, deren Willen dann meistens ohne weitere Worte bestehen blieb und erfüllt wurde. So ging auch jetzt, da er schon nah am Tode war und seinem letzten und stärksten Wunsch ihr festes Andersmeinen gegenüberstand, das Gespräch in Maß und Zucht seine Bahn. Doch sah das Gesicht des Kranken so aus, als wäre es mühsam gebändigt und könne von Augenblick zu Augenblick die Haltung verlieren und Zorn oder Verzweiflung zeigen.

»Ich bin an mancherlei gewöhnt, Kornelie«, sagte er, »und du hast ja gewiß auch manchmal gegen mich recht gehabt, aber du siehst doch, daß es sich diesmal um eine andre Sache handelt. Was ich dir sage, ist mein fester Wunsch und Wille, der seit Jahren feststeht, und ich muß ihn jetzt deutlich und bestimmt aussprechen und darauf bestehen. Du weißt, daß es sich hier nicht um eine Laune handelt und daß ich den Tod vor Augen habe. Wovon ich sprach, das ist ein Stück von meinem Testament, und es wäre besser, du würdest es in Güte hinnehmen.«

»Es hilft nichts«, erwiderte sie, »soviel drüber zu reden. Du hast mich um etwas gebeten, was ich nicht gewähren kann. Das tut mir leid, aber zu ändern ist nichts daran.«

»Kornelie, es ist die letzte Bitte eines Sterbenden. Denkst du daran nicht auch?«

»Ja, ich denke schon. Aber ich denke noch mehr daran, daß ich über das ganze Leben des Buben entscheiden soll, und das darf ich so wenig, wie du es darfst.«

»Warum nicht? Es ist etwas, was jeden Tag vorkommt. Wenn ich gesund geblieben wäre, hätte ich aus Walter doch auch gemacht, was mir recht geschienen hätte. Jetzt will ich wenigstens dafür sorgen, daß er auch ohne mich Weg und Ziel vor sich hat und zu seinem Besten kommt.«

»Du vergißt nur, daß er uns beiden gehört. Wenn du gesund geblieben wärst, hätten wir beide ihn angeleitet, und wir hätten es abgewartet, was sich als das Beste für ihn gezeigt hätte.«

Der kranke Herr verzog den Mund und schwieg. Er schloß die Augen und besann sich auf Wege, doch noch in Güte zum Ziel zu kommen. Allein er fand keine, und da er Schmerzen hatte und nicht sicher sein konnte, ob er morgen noch das Bewußtsein haben werde, entschloß er sich zum letzten.

»Sei so gut und bring ihn her«, sagte er ruhig.

»Den Walter?«

»Ja, aber sogleich.«

Frau Kornelie ging langsam bis an die Tür. Dann kehrte sie um.

»Tu es lieber nicht!« sagte sie bittend.

»Was denn?«

»Das, was du tun willst, Hugo. Es ist gewiß nicht das Rechte.«

Er hatte die Augen wieder zugemacht und sagte nur noch müde: »Bring ihn her!«

Da ging sie hinaus und in die große, helle Vorderstube hinüber, wo Walter über seinen Schulaufgaben saß. Er war zwischen zwölf und dreizehn, ein zarter und gutwilliger Knabe. Im Augenblick war er freilich verscheucht und aus dem Gleichgewicht, denn man hatte ihm nicht verheimlicht, daß es mit dem Vater zu Ende gehe. So folgte er der Mutter verstört und mit einem inneren Widerstreben kämpfend in die Krankenstube, wo der Vater ihn einlud, neben ihm auf dem Bettrand zu sitzen.

Der kranke Mann streichelte die warme, kleine Hand des Knaben und sah ihn gütig an.

»Ich muß etwas Wichtiges mit dir sprechen, Walter. Du bist ja schon groß genug, also hör gut zu und versteh mich recht. In der Stube da ist mein Vater und mein Großvater gestorben, im gleichen Bett, aber sie sind viel älter geworden als ich, und jeder hat schon einen erwachsenen Sohn gehabt, dem er das Haus und den Laden und alles hat ruhig übergeben können. Das ist nämlich eine wichtige Sache, mußt du wissen. Stell dir vor, daß dein Urgroßvater und dann der Großvater und dann dein Vater jeder viele Jahre lang hier geschafft hat und Sorgen gehabt hat, damit das Geschäft auch in gutem Stand an den Sohn komme. Und jetzt soll ich sterben und weiß nicht einmal, was aus allem werden und wer nach mir der Herr im Hause sein soll. Überleg dir das einmal. Was meinst du dazu?«

Der Junge blickte verwirrt und traurig vor sich nieder; er konnte nichts sagen und konnte auch nicht nachdenken, der ganze Ernst und die feierliche Befangenheit dieser sonderbaren Stunde in dem dämmernden Zimmer umgab ihn wie eine schwere, dicke Luft. Er schluckte, weil ihm das Weinen nahe war, und blieb in Trauer und Verlegenheit still.

»Du verstehst mich schon«, fuhr der Vater fort und streichelte wieder seine Hand. »Mir wär es sehr lieb, wenn ich nun ganz gewiß wissen könnte, daß du, wenn du einmal groß genug bist, unser altes Geschäft weiterführst. Wenn du mir also versprechen würdest, daß du Kaufmann werden und später da drunten alles übernehmen willst, dann wäre mir eine große Sorge abgenommen, und ich könnte viel leichter und froher sterben. Die Mutter meint —«

»Ja, Walter«, fiel die Frau Kornelie ein, »du hast gehört, was der Vater gesagt hat, nicht wahr? Es kommt jetzt ganz auf dich an, was du sagen willst. Du mußt es dir nur gut überlegen. Wenn du denkst, es wäre vielleicht besser, daß du kein Kaufmann wirst, so sag es nur ruhig; es will dich niemand zwingen.«

Eine kleine Weile schwiegen alle drei.

»Wenn du willst, kannst du hinübergehen, und es noch bedenken, dann ruf ich dich nachher«, sagte die Mutter. Der Vater heftete die Blicke fest und fragend auf Walter, der Knabe war aufgestanden und wußte nichts zu sagen. Er fühlte, daß die Mutter nicht dasselbe wolle wie der Vater, dessen Bitte ihm nicht gar so groß und wichtig schien. Eben wollte er sich abwenden, um hinauszugehen, da griff der Leidende noch einmal nach seiner Hand, konnte sie aber nicht erreichen. Walter sah es und wandte sich ihm zu, da sah er in des Kranken Blick die Frage und die Bitte und fast eine Angst, und er fühlte plötzlich mit Mitleid und Schrecken, daß er es in der Hand habe, seinem sterbenden Vater weh oder wohl zu tun. Dies Gefühl von ungewohnter Verantwortung drückte ihn wie ein Schuldbewußtsein, er zögerte, und in einer plötzlichen Regung gab er dem Vater die Hand und sagte leise unter hervorbrechenden Tränen: »Ja, ich verspreche es.«

Dann führte ihn die Mutter ins große Zimmer zurück, wo es nun auch zu dunkeln begann; sie zündete die Lampe an, gab dem Knaben einen Kuß auf die Stirn und suchte ihn zu beruhigen. Darauf ging sie zu dem Kranken zurück, der nun erschöpft tief in den Kissen lag und in einen leichten Schlummer sank. Die großgewachsene, schöne Frau setzte sich in einen Armstuhl am Fenster und suchte mit müden Augen in die Dämmerung hinaus, über den Hof und die unregelmäßigen, spitzigen Dächer der Hinterhäuser hinweg an den bleichen Himmel blickend. Sie war noch in guten Jahren und war noch eine Schönheit, nur daß an den Schläfen die blasse Haut gleichsam ermüdet war.

Sie hätte wohl auch einen Schlummer nötig gehabt, doch schlief sie nicht ein, obwohl alles an ihr ruhte. Sie dachte nach. Es war ihr eigen, daß sie entscheidende, wichtige Zeiten ungeteilt bis auf die Neige durchleben mußte, sie mochte wollen oder nicht. So hielt es sie auch jetzt, der Ermattung zum Trotz, mitten in dem unheimlich stillerregten, überreizten Lebendigsein dieser Stunden fest, in denen alles wichtig und ernst und unabsehbar war. Sie mußte an den Knaben denken und ihn in Gedanken trösten, und sie mußte auf das Atmen ihres Mannes horchen, der dort lag und schlummerte und noch da war und doch eigentlich schon nicht mehr hierher gehörte. Am meisten aber mußte sie an diese vergangene Stunde denken.

Das war nun ihr letzter Kampf mit dem Mann gewesen, und sie hatte ihn wieder verloren, obwohl sie sich im Recht wußte. Alle diese Jahre hatte sie den Gatten überschaut und ihm ins Herz gesehen in Liebe und in Streit, und hatte es durchgeführt, daß es ein stilles und reinliches Miteinanderleben war. Sie hatte ihn lieb, heute noch wie immer, und doch war sie immer allein geblieben. Sie hatte es verstanden, in seiner Seele zu lesen, aber er hatte die ihre nicht verstehen können, auch in Liebe nicht, und war seine gewohnten Wege gegangen. Er war immer an der Oberfläche geblieben mit dem Verstand wie mit der Seele, und wenn es Dinge gab, in denen es ihr nicht erlaubt und möglich war, sich ihm zu fügen, hatte er nachgegeben und gelächelt, aber ohne sie zu verstehen.

Und nun war das Schlimmste doch geschehen. Sie hatte über das Kind mit ihm nie ernstlich reden können, und was hätte sie ihm auch sagen sollen? Er sah ja nicht ins Wesen hinein. Er war überzeugt, der Kleine habe von der Mutter die braunen Augen und alles andere von ihm. Und sie wußte seit Jahren jeden Tag, daß das Kind die Seele von ihr habe und daß in dieser Seele etwas lebe, was dem väterlichen Geist und Wesen widersprach. Gewiß, er hatte viel vom Vater, er war ihm fast in allem ähnlich. Aber den innersten Nerv, dasjenige, was eines Menschen wahres Wesen ausmacht und geheimnisvoll seine Geschicke schafft, diesen Lebensfunken hatte das Kind von ihr, und wer in den innersten Spiegel seines Herzens hätte sehen können, in die leise wogende, zarte Quelle des Persönlichen und Eigensten, hätte dort die Seele der Mutter gespiegelt gefunden.

Behutsam stand Frau Kömpff auf und trat ans Bett, sie bückte sich zu dem Schlafenden und sah ihn an. Sie wünschte sich noch einen Tag, noch ein paar Stunden für ihn, um ihn noch einmal recht zu sehen. Er hatte sie nie ganz verstanden, aber ohne seine Schuld, und eben die Beschränktheit seiner kräftigen und klaren Natur, die auch ohne inneres Verstehen sich ihr so oft gefügt hatte, erschien ihr liebenswert und ritterlich. Überschaut hatte sie ihn schon in der Brautzeit, damals nicht ohne einen feinen Schmerz.

Später war der Mann in seinen Geschäften und unter seinen Kameraden freilich um ein weniges derber, gewöhnlicher und spießbürgerlich beschränkter geworden, als ihr lieb war, aber der Grund seiner ehrenhaft festen Natur war doch geblieben, und sie hatten ein Leben miteinander geführt, an dem nichts zu bereuen war. Nur hatte sie gedacht, den Knaben so zu leiten, daß er frei bleibe und seiner eingeborenen Art unbehindert folgen könne. Und jetzt ging ihr vielleicht mit dem Vater auch das Kind verloren.

Der Kranke konnte bis spät in die Nacht hinein schlafen. Dann erwachte er mit Schmerzen, und gegen Morgen hin war es deutlich zu sehen, daß er abnahm und die letzten Kräfte rasch verlor. Doch gab es dazwischen noch einen Augenblick, wo er klar zu reden vermochte.

»Du«, sagte er. »Du hast doch gehört, daß er es mir versprochen hat?«

»Ja, freilich. Er hat es versprochen.«

»Dann kann ich darüber ganz ruhig sein?«

»Ja, das kannst du.«

»Das ist gut. – Du, Kornelie, bist du mir böse?«

»Warum?«

»Wegen Walter.«

»Nein, du, gar nicht.«

»Wirklich?«

»Ganz gewiß. Und du mir auch nicht, nicht wahr?«

»Nein, nein. O du! Ich dank dir auch.«

Sie war aufgestanden und hielt seine Hand. Die Schmerzen kamen, und er stöhnte leise, eine Stunde um die andere, bis er am Morgen erschöpft und still mit halb offenen Augen lag. Er starb erst zwanzig Stunden später.

Die schöne Frau trug nun schwarze Kleider und der Knabe ein schwarzes Florband um den Arm. Sie blieben im Hause wohnen, der Laden aber wurde verpachtet. Der Pächter hieß Herr Leipolt und war ein kleines Männlein von einer etwas aufdringlichen Höflichkeit. Zu Walters Vormund war ein gutmütiger Kamerad seines Vaters bestimmt, der sich selten im Hause zeigte und vor der strengen und scharfblickenden Witwe einige Angst hatte. Übrigens galt er für einen vorzüglichen Geschäftsmann. So war fürs erste alles nach Möglichkeit wohlbestellt, und das Leben im Hause Kömpff ging ohne Störungen weiter.

Nur mit den Mägden, mit denen schon zuvor eine ewige Not gewesen war, haperte es wieder mehr als je, und die Witwe mußte sogar einmal drei Wochen lang selber kochen und das Haus besorgen. Zwar gab sie nicht weniger Lohn als andere Leute, sparte auch am Essen der Dienstboten und an Geschenken zu Neujahr keineswegs, dennoch hatte sie selten eine Magd lang im Hause. Denn während sie in vielem fast freundlich war und namentlich nie ein grobes Wort hören ließ, zeigte sie in manchen Kleinigkeiten eine kaum begreifliche Strenge. Vor kurzem hatte sie ein fleißiges, anstelliges Mädchen, an der sie sehr froh gewesen war, wegen einer winzigen Notlüge entlassen. Das Mädchen bat und weinte, doch war alles umsonst. Der Frau Kömpff war die geringste Ausrede oder Unoffenheit unerträglicher als zwanzig zerbrochene Teller oder verbrannte Suppen.

Da fügte es sich, daß die Holderlies nach Gerbersau heimkehrte. Die war längere Jahre auswärts in Diensten gewesen, brachte ein ansehnliches Erspartes mit und war hauptsächlich gekommen, um sich nach einem Vorarbeiter aus der Deckenfabrik umzusehen, mit dem sie vorzeiten ein Verhältnis gehabt und der seit langem nicht mehr geschrieben hatte. Sie kam zu spät und fand den Ungetreuen verheiratet, was ihr so nahe ging, daß sie sogleich wieder abreisen wollte. Da fiel sie durch Zufall der Frau Kömpff in die Hände, ließ sich trösten und zum Dableiben überreden und ist von da an volle dreißig Jahre im Hause geblieben.

Einige Monate war sie als fleißige und stille Magd in Stube und Küche tätig. Ihr Gehorsam ließ nichts zu wünschen übrig, doch scheute sie sich auch gelegentlich nicht, einen Rat unbefolgt zu lassen oder einen erhaltenen Auftrag sanft zu tadeln. Da sie es in verständiger und gebührlicher Weise und immer mit voller Offenheit tat, ließ die Frau sich darauf ein, rechtfertigte sich und ließ sich belehren, und so kam es allmählich, daß unter Wahrung der herrschaftlichen Autorität die Magd zu einer Mitsorgerin und Mitarbeiterin herangedieh. Dabei blieb es jedoch nicht. Sondern eines Abends kam es wie von selber, daß die Lies ihrer Herrin am Tisch bei der Lampe und feierabendlichen Handarbeit ihre ganze sehr ehrbare, aber nicht sehr fröhliche Vergangenheit erzählte, worauf Frau Kömpff eine solche Achtung und Teilnahme für das ältliche Mädchen faßte, daß sie ihre Offenherzigkeit erwiderte und ihr selber manche von ihren streng behüteten Erinnerungen mitteilte. Und bald war es beiden zur Gewohnheit geworden, miteinander über ihre Gedanken und Ansichten zu reden.

Dabei geschah es, daß unvermerkt vieles von der Denkart der Frau auf die Magd überging. Namentlich in religiösen Dingen nahm sie viele Ansichten von ihr an, nicht durch Bekehrung, sondern unbewußt, aus Gewohnheit und Freundschaft. Frau Kömpff war zwar eine Pfarrerstochter, aber keine ganz orthodoxe, wenigstens galt ihr die Bibel und ihr angeborenes Gefühl weit mehr als die Norm der Kirche. Peinlich achtete sie darauf, ihr tägliches Tun und Leben stets im Einklang mit ihrer Ehrfurcht vor Gott und den ihr gefühlsmäßig innewohnenden Gesetzen zu halten. Dabei entzog sie sich den natürlichen Begebnissen und Forderungen des Tages nicht, nur bewahrte sie sich ein stilles Gebiet im Innern, wohin Begebnisse und Worte nicht reichen durften und wo sie in sich selber ausruhen oder in unsicheren Lagen ihr Gleichgewicht suchen konnte.

Es konnte nicht ausbleiben, daß von den beiden Frauen und der Art des Zusammenhausens auch der kleine Walter beeinflußt wurde. Doch nahm ihn fürs erste die Schule zu sehr in Anspruch, als daß er viel für sonstige Gespräche und Belehrungen übrig gehabt hätte. Auch ließ ihn die Mutter gern in Ruhe, und je sicherer sie seines innersten Wesens war, desto unbefangener beobachtete sie, wie viele Eigenschaften und Eigentümlichkeiten des Vaters nach und nach in dem Kinde zum Vorschein kamen. Namentlich in der äußeren Gestalt wurde er ihm immer ähnlicher.

Aber wenn auch vorerst niemand etwas Besonderes an ihm fand, so war der Knabe doch von recht ungewöhnlicher Natur. So wenig die braunen Augen in sein Kömpffsches Familiengesicht paßten, so unverschmelzbar schienen in seinem Gemüt väterliches und mütterliches Erbteil nebeneinander zu liegen. Einstweilen spürte selbst die Mutter nur selten etwas davon. Doch war Walter nun schon in die späteren Kinderjahre getreten, in welchen allerlei Gärungen und seltsame Rösselsprünge vorkommen und wo die jungen Leute sich beständig zwischen empfindlicher Schamhaftigkeit und derbem Wildtun hin und wider bewegen. Da war es immerhin gelegentlich auffallend, wie schnell oft seine Erregungen wechselten und wie leicht seine Gemütsart umschlagen konnte. Ganz wie sein Vater fühlte er nämlich das Bedürfnis, sich dem Durchschnitt und herrschenden Ton anzupassen, war also ein guter Klassenkamerad und Mitschüler, auch von den Lehrern gern gesehen. Und doch schienen daneben andre Bedürfnisse in ihm mächtig zu sein. Wenigstens war es einmal, als besänne er sich auf sich selbst und lege eine Maske ab, wenn er sich von einem tobenden Spiel beiseite schlich und sich entweder einsam in seine Dachbodenkammer setzte oder mit ungewohnter, stummer Zärtlichkeit zur Mutter kam. Gab sie ihm dann gütig nach und erwiderte sein Liebkosen, so war er unknabenhaft gerührt und weinte sogar zuweilen. Auch hatte er einst an einer kleinen Rachehandlung der Klasse gegen den Lehrer teilgenommen und fühlte sich, nachdem er sich zuvor laut des Streiches gerühmt hatte, nachher plötzlich sehr zerknirscht, daß er aus eigenem Antrieb hinging und um Verzeihung bat.

Das alles war erklärlich und sah harmlos aus. Es zeigte sich dabei zwar eine gewisse Schwäche, aber auch das gute Herz Walters, und niemand hatte Schaden davon. So verlief die Zeit bis zu seinem fünfzehnten Jahr in Stille und Zufriedenheit für Mutter, Magd und Sohn. Auch Herr Leipolt gab sich um Walter Mühe, suchte wenigstens seine Freundschaft durch öfteres Überreichen von kleinen, für Knaben erfreulichen Ladenartikeln zu erwerben. Dennoch liebte Walter den allzu höflichen Ladenmann gar nicht und wich ihm nach Kräften aus.

Am Ende des letzten Schuljahrs hatte die Mutter eine Unterredung mit dem Söhnlein, wobei sie zu erkunden suchte, ob er auch wirklich entschlossen und ohne Widerstreben damit einverstanden sei, nun Kaufmann zu werden. Sie traute ihm eher Neigung zu weiteren Schul- und Studienjahren zu. Aber der Jüngling hatte gar nichts einzuwenden und nahm es für selbstverständlich hin, daß er jetzt ein Ladenlehrling werde. So sehr sie im Grunde darüber erfreut sein mußte und auch war, kam es ihr doch fast wie eine Art von Enttäuschung vor. Zwar gab es noch einen ganz unerwarteten Widerstand, indem der Junge sich hartnäckig weigerte, seine Lehrzeit im eignen Hause unter Herrn Leipolt abzudienen, was das einfachste und für ihn auch das leichteste gewesen wäre und bei Mutter und Vormund längst für selbstverständlich gegolten hatte. Die Mutter fühlte nicht ungern in diesem festen Widerstand etwas von ihrer eignen Art, sie gab nach, und es wurde in einem andern Kaufhaus eine Lehrstelle für den Knaben gefunden.

Walter begann seine neue Tätigkeit mit dem üblichen Stolz und Eifer, wußte täglich viel davon zu erzählen und gewöhnte sich schon in der ersten Zeit einige bei den Gerbersauer Geschäftsleuten übliche Redensarten und Gesten an, zu denen die Mutter freundlich lächelte. Allein dieser fröhliche Anfang dauerte nicht sehr lange.

Schon nach kurzer Zeit wurde der Lehrling, der anfangs nur geringe Handlangerdienste tun oder zusehen durfte, zum Bedienen und Verkaufen am Ladentisch herangezogen, was ihn zunächst sehr froh und stolz machte, bald aber in einen schweren Konflikt führte. Kaum hatte er nämlich ein paarmal selbständig einige Kunden bedient, so deutete sein Lehrherr ihm an, er möge vorsichtiger mit der Waage umgehen. Walter war sich keines Versäumnisses bewußt und bat um eine genauere Anweisung.

»Ja, weißt du denn das nicht schon von deinem Vater her?« fragte der Kaufmann.

»Was denn? Nein, ich weiß nichts«, sagte Walter verwundert.

Nun zeigte ihm der Prinzipal, wie man beim Zuwägen von Salz, Kaffee, Zucker und dergleichen durch ein nachdrückliches letztes Zuschütten die Waage scheinbar zugunsten des Käufers niederdrücken müsse, indessen tatsächlich noch etwas am Gewicht fehle. Das sei schon deshalb notwendig, da man zum Beispiel am Zucker ohnehin fast nichts verdiene. Auch merke es ja niemand.

Walter war ganz bestürzt.

»Aber das ist ja unrecht«, sagte er schüchtern.

Der Kaufmann belehrte ihn eindringlich, aber er hörte kaum zu, so überwältigend war ihm die Sache gekommen. Und plötzlich fiel ihm die vorige Frage des Prinzipals wieder ein. Mit rotem Kopf unterbrach er zornig dessen Rede und rief: »Und mein Vater hat das nie getan, ganz gewiß nicht.«

Der Herr war unangenehm erstaunt, unterdrückte aber klüglich eine heftige Zurechtweisung und sagte mit Achselzucken: »Das weiß ich besser, du Naseweis. Es gibt keinen vernünftigen Laden, wo man das nicht tut.«

Der Junge war aber schon an der Tür und hörte nicht mehr auf den Mann, sondern ging in hellem Zorn und Schmerz nach Hause, wo er durch sein Erlebnis und seine Klagen die Mutter in nicht geringe Bestürzung brachte. Sie wußte, mit welcher gewissenhaften Ehrerbietung er seinen Lehrherrn betrachtet hatte und wie sehr es seiner Art widerstrebte, Auffallendes zu tun und Szenen zu machen. Aber sie verstand Walter diesmal sehr gut und freute sich trotz aller augenblicklichen Sorge, daß sein empfindliches Gewissen stärker als Gewohnheit und Rücksicht gewesen war. Sie suchte nun zunächst selbst den Kaufmann auf und sprach beruhigend mit ihm; dann mußte der Vormund zu Rate gezogen werden, dem nun wieder Walters Auflehnung unbegreiflich war und der durchaus nicht verstand, daß ihm die Mutter auch noch recht gebe. Auch er ging zum Prinzipal und sprach mit ihm. Dann schlug er der Mutter vor, den Jungen ein paar Tage in Ruhe zu lassen, was auch geschah. Doch war dieser auch nach drei und nach vier und nach acht Tagen nicht zu bewegen, wieder in jenen Laden zu gehen. Und wenn wirklich jeder Kaufmann es nötig habe, zu betrügen, sagte er, so wolle er auch keiner werden.

Nun hatte der Vormund in einem weiter talaufwärts gelegenen Städtchen einen Bekannten, der ein kleines Ladengeschäft betrieb und für einen Frömmler und Stundenbruder galt, als welchen auch er ihn gering geschätzt hatte. Diesem schrieb er in seiner Ratlosigkeit, und der Mann antwortete in Bälde, er halte zwar sonst keinen Lehrling, sei aber bereit, Walter versuchsweise bei sich aufzunehmen. So wurde Walter nach Deltingen gebracht und jenem Kaufmann übergeben.

Der hieß Leckle und wurde in der Stadt »der Schlotzer« geheißen, weil er in nachdenklichen Augenblicken seine Gedanken und Entschlüsse aus dem linken Daumen zu saugen pflegte. Er war zwar wirklich sehr fromm und Mitglied einer kleinen Sekte, aber darum kein schlechter Kaufmann. Er machte sogar in seinem Lädchen vorzügliche Geschäfte und stand trotz seinem stets schäbigen Äußeren im Ruf eines wohlhabenden Mannes. Er nahm Walter ganz zu sich ins Haus, und dieser fuhr dabei nicht übel; denn war der Schlotzer etwas knapp und krittlig, so war Frau Leckle eine sanfte Seele voll unnötigen Mitleids und suchte, soweit es in der Stille geschehen konnte, den Lehrling durch Trostworte und Tätscheln und gute Bissen nach Kräften zu verwöhnen.

Im Leckleschen Laden ging es zwar genau und sparsam zu, aber nicht auf Kosten der Kunden, denen Zucker und Kaffee gut und vollwichtig zugewogen wurden. Walter Kömpff begann daran zu glauben, daß man auch als Kaufmann ehrlich sein und bleiben könne, und da es ihm an Geschick zu seinem Beruf nicht fehlte, war er selten einem Verweis seines strengen Lehrherrn ausgesetzt. Doch war die Kaufmannschaft nicht das einzige, was er in Deltingen zu lernen bekam. Der Schlotzer nahm ihn fleißig in die »Stunden« mit, die manchmal sogar in seinem Hause stattfanden. Da saßen Bauern, Schneider, Bäcker, Schuster beisammen, bald mit, bald ohne Weiber, und suchten den Hunger ihres Geistes und ihrer Gemüter an Gebet, Laienpredigt und gemeinschaftlicher Bibelauslegung zu stillen. Zu diesem Treiben steckt im dortigen Volk ein starker Zug, und es sind meistens die besseren und höher angelegten Naturen, die sich ihm anschließen.

Im ganzen war Walter, ob ihm auch das Bibelerklären manchmal zu viel wurde, diesem Wesen von Natur nicht abgeneigt und brachte es öfters zu wirklicher Andacht. Aber er war nicht nur sehr jung, sondern auch ein Gerbersauer Kömpff; als ihm daher nach und nach auch einiges Lächerliche an der Sache aufstieß und als er immer öfter Gelegenheit hatte, andre junge Leute sich über sie lustig machen zu hören, da wurde er mißtrauisch und hielt sich möglichst zurück. Wenn es auffällig und gar lächerlich war, zu den Stundenbrüdern zu gehören, so war das nichts für ihn, dem trotz allen widerstrebenden Regungen das Verharren im bürgerlich Hergebrachten ein tiefes Bedürfnis war. Immerhin blieb von dem Stundenwesen und vom Geist des Leckleschen Hauses genug an ihm hängen.

Er hatte sich schließlich sogar so eingewöhnt, daß er nach Abschluß seiner Lehrzeit sich scheute, fortzugehen, und trotz allen Mahnungen des Vormundes noch zwei volle Jahre bei dem Schlotzer blieb. Endlich nach zwei Jahren gelang es dem Vormund, ihn zu überzeugen, daß er notwendig noch ein Stück Welt und Handelschaft kennenlernen müsse, um später einmal sein eigenes Geschäft führen zu können. So ging denn Walter am Ende in die Fremde, ungern und zweifelnd, nachdem er zuvor seine Militärzeit abgedient hatte. Ohne diese rauhe Vorschule hätte er es vermutlich nicht lange im fremden Leben draußen ausgehalten. Auch so fiel es ihm nicht leicht, sich durchzubringen. An sogenannten guten Stellen fehlte es ihm freilich nicht, da er überall mit guten Empfehlungen ankam. Aber innerlich hatte er viel zu schlucken und zu flicken, um sich oben zu halten und nicht davonzulaufen. Zwar mutete ihm niemand mehr zu, beim Wägen zu mogeln, denn er war nun meist in den Kontors großer Geschäfte tätig, aber wenn auch keine beweisbaren Unredlichkeiten geschahen, kam ihm doch der ganze Umtrieb und Wettbewerb ums Geld oft unleidlich roh und grausam und nüchtern vor, besonders da er nun keinen Umgang mehr mit Leuten von des Schlotzers Art hatte und nicht wußte, wo er die unklaren Bedürfnisse seiner Phantasie befriedigen sollte.

Trotzdem biß er sich durch und fand sich allmählich mit müde gewordener Ergebung darein, daß es nun einmal so sein müsse, daß auch sein Vater es nicht besser gehabt habe und daß alles mit Gottes Willen geschehe. Die geheime, sich selber nicht verstehende Sehnsucht nach der Freiheit eines klaren, in sich begründeten und befriedigten Lebens starb allerdings niemals in ihm ab, nur wurde sie stiller und glich ganz jenem feinen Schmerze, mit dem jeder tief veranlagte Mensch am Ende der Jünglingsjahre sich in die Ungenüge des Lebens findet.

Seltsam war es nun, daß es wieder die größte Mühe kostete, ihn nach Gerbersau zurückzubringen. Obwohl er einsah, daß es sein Schade sei, das heimische Geschäft länger als nötig in fremder Pacht zu lassen, wollte er durchaus nicht heimkommen. Es war nämlich, je näher diese Notwendigkeit rückte, eine wachsende Angst in ihn gefahren. Wenn er erst einmal im eigenen Haus und Laden saß, sagte er sich, dann gab es vollends kein Entrinnen mehr. Es graute ihm davor, nun auf eigne Rechnung Geschäfte zu treiben, da er zu wissen glaubte, daß das die Leute schlecht mache. Wohl kannte er manche große und kleine Handelsleute, die durch Rechtlichkeit und edle Gesinnung ihrem Stand Ehre machten und ihm verehrte Vorbilder waren; aber das waren sämtlich kräftige, scharfe Persönlichkeiten, denen Achtung und Erfolg von selbst entgegenzukommen schienen, und soweit kannte sich Kömpff, daß er wußte, diese Kraft und Einheitlichkeit gehe ihm völlig ab.

Fast ein Jahr lang zog er die Sache hin. Dann mußte er wohl oder übel kommen, denn Leipolts schon einmal verlängerte Pachtzeit war nächstens wieder abgelaufen, und dieser Termin konnte ohne erheblichen Verlust nicht versäumt werden.

Er gehörte schon nicht mehr ganz zu den Jungen, als er gegen Winteranfang mit seinem Koffer in der Heimat anlangte und das Haus seiner Väter in Besitz nahm. Äußerlich glich er nun fast ganz seinem Vater, wie derselbe zur Zeit seiner Verheiratung ausgesehen hatte. In Gerbersau nahm man ihn überall mit der ihm zukommenden Achtung als den heimkehrenden Erben und Herrn eines respektablen Hauses und Vermögens auf, und Kömpff fand sich leichter, als er gedacht hatte, in seine Rolle. Die Freunde seines Vaters gönnten ihm wohlwollende Grüße und hielten darauf, daß er sich ihren Söhnen anschließe. Die ehemaligen Schulkameraden schüttelten ihm die Hand, wünschten ihm Glück und führten ihn an die Stammtische im Hirschen und im Anker. Überall fand er durch das Vorbild und Gedächtnis seines Vaters nicht nur einen Platz offen, sondern auch einen unausweichlichen Weg vorgezeichnet und wunderte sich nur zuweilen, daß ihm ganz dieselbe Wertschätzung wie einst dem Vater zufiel, während er fest überzeugt war, daß jener ein ganz andrer Kerl gewesen sei.

Da Herrn Leipolts Pachtzeit schon beinahe abgelaufen war, hatte Kömpff in dieser ersten Zeit vollauf zu tun, sich mit den Büchern und dem Inventar bekannt zu machen, mit Leipolt abzurechnen und sich bei Lieferanten und Kunden einzuführen. Er saß oft nachts noch über den Büchern und war im stillen froh, gleich so viel Arbeit angetroffen zu haben, denn er vergaß darüber zunächst die tiefersitzenden Sorgen und konnte sich, ohne daß es auffiel, noch eine Zeitlang den Fragen der Mutter entziehen. Er fühlte wohl, daß für ihn wie für sie ein gründliches Aussprechen notwendig sei, und das schob er gern noch hinaus. Im übrigen begegnete er ihr mit einer ehrlichen, etwas verlegenen Zärtlichkeit, denn es war ihm plötzlich wieder klargeworden, daß sie doch der einzige Mensch in der Welt sei, der zu ihm passe und ihn verstehe und in der rechten Weise liebhabe.

Als endlich alles im Gange und der Pächter abgezogen war, als Walter die meisten Abende und auch den Tag über manche halbe Stunde bei der Mutter saß, erzählte und sich erzählen ließ, da kam ganz ungesucht und ungerufen auch die Stunde, in der Frau Kornelie sich das Herz ihres Sohnes erschloß und wieder wie zu seinen Knabenzeiten seine etwas scheue Seele offen vor sich sah. Mit wunderlichen Empfindungen fand sie ihre alte Ahnung bestätigt: ihr Sohn war, allem Anschein zum Trotz, im Herzen kein Kömpff und kein Kaufmann geworden, er stak nur, innerlich ein Kind geblieben, in der aufgenötigten Rolle und ließ sich verwundert treiben, ohne daß er lebendig mit dabei war. Er konnte rechnen, buchführen, einkaufen und verkaufen wie ein andrer, aber es war eine erlernte, unwesentliche Fertigkeit. Und nun hatte er die doppelte Angst, entweder seine Rolle schlecht zu spielen und dem väterlichen Namen Unehre zu machen oder am Ende in ihr zu versinken und schlecht zu werden und seine Seele ans Geld zu verlieren.

Es kam nun eine Reihe von stillen Jahren. Herr Kömpff merkte allmählich, daß die ehrenvolle Aufnahme, die er in der Heimatstadt gefunden hatte, zu einem Teil auch seinem ledigen Stande galt. Daß er trotz vielen Verlockungen älter und älter wurde, ohne zu heiraten, war – wie er selbst mit schlechtem Gewissen fühlte – ein entschiedener Abfall von den hergebrachten Regeln der Stadt und des Hauses. Doch vermochte er nichts dagegen zu tun. Denn es ergriff ihn mehr und mehr eine peinliche Scheu vor allen wichtigen Entschlüssen. Und wie hätte er eine Frau und gar Kinder behandeln sollen, er, der sich selber oft wie ein Knabe vorkam mit seiner Herzensunruhe und seinem mangelnden Zutrauen zu sich selber? Manchmal, wenn er am Stammtisch in der Honoratiorenstube seine Altersgenossen sah, wie sie auftraten und sich selber und einer den andern ernst nahmen, wollte es ihn wundern, ob diese wirklich alle in ihrem Innern sich so sicher und männlich gefestigt vorkamen, wie es den Anschein hatte. Und wenn das so war, warum nahmen sie ihn dann ernst, und warum merkten sie nicht, daß es mit ihm ganz anders stand?

Doch sah das niemand, kein Kunde im Laden und kein Kollege und Kamerad auf dem Markt oder beim Schoppen, außer der Mutter. Diese mußte ihn freilich genau kennen, denn bei ihr saß das große Kind immer wieder, klagend, Rat haltend und fragend, und sie beruhigte ihn und beherrschte ihn, ohne es zu wollen. Die Holderlies nahm bescheiden daran teil. Die drei merkwürdigen Leute, wenn sie abends beisammen waren, sprachen ungewöhnliche Dinge miteinander. Sein immerfort unruhiges Gewissen trieb den Kaufmann in neue und wieder neue Fragen und Gedanken, über die man zu Rate saß und aus der Erfahrung und aus der Bibel Aufschlüsse suchte und Anmerkungen machte. Der Mittelpunkt aller Fragen war der Übelstand, daß Herr Kömpff nicht glücklich war und es gern gewesen wäre.

Ja, wenn er eben geheiratet hätte, meinte die Lies seufzend. O nein, bewies der Herr, wenn er geheiratet hätte, wäre es eher noch schlimmer; er wußte viele Gründe dafür. Aber wenn er etwa studiert hätte, oder er wäre Schreiber oder Handwerker geworden. Da wäre es so und so gegangen. Und der Herr bewies, daß er dann wahrscheinlich erst recht im Pech wäre. Man probierte es mit dem Schreiner, Schullehrer, Pfarrer, Arzt, aber es kam auch nichts dabei heraus.

»Und wenn es auch vielleicht ganz gut gewesen wäre«, schloß er traurig, »es ist ja doch alles anders, und ich bin Kaufmann wie der Vater.«

Zuweilen erzählte Frau Kornelie vom Vater. Davon hörte er immer gern. Ja, wenn ich ein Mann wäre, wie der einer gewesen ist! dachte er dabei und sagte es auch bisweilen. Darauf lasen sie ein Bibelkapitel oder auch irgendeine Geschichte, die man aus der Bürgervereinsbibliothek dahatte. Und die Mutter zog Schlüsse aus dem Gelesenen und sagte: »Man sieht, die wenigsten Leute treffen es im Leben gerade so, wie es gut für sie wäre.

Es muß jeder genug durchmachen und leiden, auch wenn man's ihm nicht ansieht. Der liebe Gott wird es schon wissen, zu was es gut ist, und einstweilen muß man es eben auf sich nehmen und Geduld haben.«

Dazwischen trieb Walter Kömpff seinen Handel, rechnete und schrieb Briefe, machte da und dort einen Besuch und ging in die Kirche, alles pünktlich und ordentlich, wie es das Herkommen erforderte. Im Lauf der Jahre schläferte ihn das auch ein wenig ein, doch niemals ganz; in seinem Gesicht stand immer etwas, was einem verwunderten und bekümmerten Sichbesinnen ähnlich sah.

Seiner Mutter war anfangs dies Wesen ein wenig beängstigend. Sie hatte gedacht, er würde vielleicht noch weniger zufrieden, aber mannhafter und entschiedener werden. Dafür rührte sie wieder die gläubige Zuversicht, mit der er an ihr hing und nicht müde wurde, alles mit ihr zu teilen und gemeinsam zu haben. Und wie die Zeiten dahinliefen und alles beim Gleichen blieb, gewöhnte sie sich daran und fand nicht viel Beunruhigendes mehr an seinem bekümmerten und ziellosen Wesen.

Walter Kömpff war nun nahe an vierzig und hatte nicht geheiratet und sich wenig verändert. In der Stadt ließ man sein etwas zurückgezogenes Leben als eine Junggesellenschrulle hingehen.

Daß in dies resignierte Leben noch eine Änderung kommen könnte, hätte er nie gedacht.

Sie kam aber plötzlich, indem Frau Kornelie, deren langsames Altern man kaum bemerkt hatte, auf einem kurzen Krankenlager vollends ganz weiß wurde, sich wieder aufraffte und wieder erkrankte, um nun schnell und still zu sterben. Am Totenbett, von dem der Stadtpfarrer eben weggegangen war, standen der Sohn und die alte Magd.

»Lies, geh hinaus«, sagte Herr Kömpff.

»Ach, aber lieber Herr –!«

»Geh hinaus, sei so gut!«

Sie ging hinaus und saß ratlos in der Küche. Nach einer Stunde klopfte sie, bekam keine Antwort und ging wieder. Und wieder kam sie nach einer Stunde und klopfte vergebens. Sie klopfte noch einmal.

»Herr Kömpff! O Herr!«

»Sei still, Lies!« rief es von drinnen.

»Und mit dem Nachtessen?«

»Sei still, Lies! Iß du nur!«

»Und Sie nicht?«

»Ich nicht. Laß jetzt gut sein! Gute Nacht!«
»Ja, darf ich denn gar nimmer hinein?«
»Morgen dann, Lies.«
Sie mußte davon abstehen. Aber nach einer schlaflosen Kummernacht stand sie morgens schon um fünf Uhr wieder da.
»Herr Kömpff!«
»Ja, was ist?«
»Soll ich gleich Kaffee machen?«
»Wie du meinst.«
»Und dann, darf ich dann hinein?«
»Ja, Lies.«
Sie kochte ihr Wasser und nahm die zwei Löffel gemahlenen Kaffee und Zichorie, ließ das Wasser durchlaufen, trug Tassen auf und schenkte ein. Dann kam sie wieder.

Er schloß auf und ließ sie hereinkommen. Sie kniete ans Bett und sah die Tote an und rückte ihr die Tücher zurecht. Dann stand sie auf und sah nach dem Herrn und besann sich, wie sie ihn anreden solle. Aber wie sie ihn ansah, kannte sie ihn kaum wieder. Er war blaß und hatte ein schmales Gesicht und machte große merkwürdige Augen, als wolle er einen durch und durch schauen, was sonst gar nicht in seiner Art war.

»Sie sind gewiß nicht wohl, Herr – –«
»Ich bin ganz wohl. Wir können ja jetzt Kaffee trinken.«
Das taten sie, ohne daß ein Wort gesprochen wurde.

Den ganzen Tag saß er allein in der Stube. Es kamen ein paar Trauerbesuche, die er sehr ruhig empfing und sehr bald und kühl wieder verabschiedete, ohne daß er jemand die Tote sehen ließ. Nachts wollte er wieder bei ihr wachen, schlief aber auf dem Stuhle ein und wachte erst gegen Morgen auf. Erst jetzt fiel es ihm ein, daß er sich schwarz anziehen müsse. Er holte selber den Gehrock aus dem Kasten. Abends war die Beerdigung, wobei er nicht weinte und sich sehr ruhig benahm. Desto aufgeregter war die Holderlies, die in ihrem weiten Staatskleid und mit rotgeweintem Gesicht den Zug der Weiber anführte. Über das nasse Sacktuch hinweg äugte sie fortwährend, vor Tränen blinzelnd, nach ihrem Herrlein hinüber, um das sie Angst hatte. Sie fühlte, daß dieses kalte und ruhige Gebaren nicht echt war und daß die trotzige Verschlossenheit und Einsiedlerei ihn verzehren müsse.

Doch gab sie sich vergebens Mühe, ihn seiner Erstarrung zu entreißen.

Er saß daheim am Fenster und lief ruhelos durch die Zimmer. An der Ladentür verkündete ein Zettel, daß das Geschäft für drei Tage geschlossen sei. Es blieb aber auch am vierten und fünften Tag zu, bis einige Bekannte ihn dringend mahnten.

Kömpff stand nun wieder hinter dem Ladentisch, wog, rechnete und nahm Geld ein, aber er tat es, ohne dabei zu sein. An den Abenden der Bürgergesellschaft und der Hirschengäste erschien er nicht mehr, und man ließ ihn gewähren, da er ja in Trauer war. In seiner Seele war es leer und still. Wie sollte er nun leben? Eine tödliche Ratlosigkeit hielt ihn wie ein Krampf bestrickt, er konnte nicht stehen noch fallen, sondern fühlte sich ohne Boden im Leeren schweben.

Nach einiger Zeit begann es ihn unruhig zu treiben; er fühlte, daß irgend etwas geschehen müsse, nicht von außen her, sondern aus ihm selbst heraus, um ihn zu befreien. Damals fingen nun auch die Leute an, etwas zu merken, und die Zeit begann, in der Walter Kömpff zum bekanntesten und meistbesprochenen Mann in Gerbersau wurde.

Wie es scheint, hatte der sonderbare Kaufmann in diesen Zeiten, da er sein Schicksal der Reife nahe fühlte, ein starkes Bedürfnis nach Einsamkeit und ein Mißtrauen gegen sich selbst, das ihm gebot, sich von gewohnten Einflüssen zu befreien und sich eine eigene, abschließende Atmosphäre zu schaffen. Wenigstens fing er nun an, allen Verkehr zu meiden, und suchte sogar die treue Holderlies zu entfernen.

»Vielleicht kann ich dann die selige Mutter eher vergessen«, sagte er und bot der Lies ein beträchtliches Geschenk an, daß sie in Frieden abgehe. Die alte Dienerin lachte jedoch nur und erklärte, sie gehöre nun einmal ins Haus und werde auch bleiben. Sie wußte gut, daß ihm nicht daran gelegen war, seine Mutter zu vergessen, daß er vielmehr ihrem Andenken stündlich nachhing und keinen geringsten Gegenstand vermissen mochte, der ihn an sie erinnerte. Und vielleicht verstand die Holderlies ihres Herrn Gemütszustände ahnungsweise schon damals; jedenfalls verließ sie ihn nicht, sondern sorgte mütterlich für sein verwaistes Hauswesen.

Es muß nicht leicht für sie gewesen sein, in jenen Tagen bei dem Sonderling auszuharren. Walter Kömpff begann damals zu fühlen, daß er zu lange das Kind seiner Mutter geblieben war. Die Stürme, die ihn nun bedrängten, waren schon jahrelang in ihm gewesen, und er hatte sie dankbar von der Mutterhand beschwören und besänftigen lassen. Jetzt schien ihm aber, es wäre besser gewesen, beizeiten zu scheitern und neu zu beginnen, statt erst jetzt, da er nicht mehr bei Jugendkräften und durch jahrelange Gewohnheit hundertfach gefesselt und gelähmt war. Seine Seele verlangte so leidenschaftlich wie jemals nach Freiheit und Gleichgewicht, aber sein Kopf war der eines Kaufmanns, und sein ganzes Leben lief eine feste, glatte Bahn abwärts, und er wußte keinen Weg, aus diesem sicheren Gleiten sich auf neue, bergan führende Pfade zu retten.

In seiner Not besuchte er mehrmals die abendlichen Versammlungen der Pietisten. Eine Ahnung des Trostes und der Erbauung wachte dort zwar in ihm auf, doch mißtraute er heimlich der inneren Wahrhaftigkeit dieser Männer, die ganze Abende mit kleinlichen Versuchen einer untheologischen Bibelauslegung verbrachten, viel verbissenen Autodidaktenstolz an den Tag legten und selten recht einig untereinander waren. Es mußte eine Quelle des Vertrauens und der Gottesfreude geben, eine Möglichkeit der Heimkehr zur Kindeseinfalt und in Gottes Arme; aber hier war sie nicht. Diese Leute hatten doch alle, so schien ihm, irgendeinmal einen Kompromiß geschlossen und hielten in ihrem Leben eine irgendeinmal angenommene Grenze zwischen Geistlichem und Weltlichem inne. Ebendas hatte Kömpff selber sein Leben lang getan, und eben das hatte ihn müde und traurig gemacht und ohne Trost gelassen.

Das Leben, das er sich dachte, müßte in allen kleinsten Regungen Gott hingegeben und von herzlichem Vertrauen erleuchtet sein. Er wollte keine noch so geringe Tätigkeit mehr verrichten, ohne dabei mit sich und mit Gott einig zu sein. Und er wußte genau, daß dies süße und heilige Gefühl ihm bei Rechnungsbuch und Ladenkasse niemals zuteil werden könnte. In seinem Sonntagsblättlein las er zuweilen von großen Laienpredigern und gewaltigen Erweckungen in Amerika, in Schweden oder Schottland, von Versammlungen, in denen Dutzende und Hunderte, vom Blitz der Erkenntnis getroffen, sich gelobten, fortan ein neues Leben im Geist und in der Wahrheit zu führen. Bei solchen Berichten, die er mit Sehnsucht verschlang, hatte Kömpff ein Gefühl, als steige Gott selber zuzeiten auf die Erde herab und wandle unter den Menschen, da oder dort, in manchen Ländern, aber niemals hier, aber niemals in seiner Nähe.

Die Holderlies erzählt, er habe damals jämmerlich ausgesehen. Sein gutes, ein wenig kindliches Gesicht wurde mager und scharf, die Falten tiefer und härter. Auch ließ er, der bisher das Gesicht glatt getragen hatte, jetzt den Bart ohne Pflege stehen, einen dünnen, farblos blonden Bart, wegen dem ihn die Buben auslachten. Nicht weniger vernachlässigte er seine Kleidung, und ohne die zähe Fürsorge der bekümmerten Magd wäre er schnell vollends zum Kindergespött geworden. Den ölfleckigen alten Ladenrock trug er meistens auch bei Tisch und auch abends, wenn er auf seine langen Spaziergänge ausging, von denen er oft erst gegen Mitternacht heimkam.

Nur den Laden ließ er nicht verkommen. Das war das letzte, was ihn mit der früheren Zeit und mit dem Althergebrachten verband, und er führte seine Bücher peinlich weiter, stand selber den ganzen Tag im Geschäft und bediente. Freude hatte er nicht daran, obwohl die Geschäfte erfreulich gingen. Aber er mußte eine Arbeit haben, er mußte sein Gewissen und seine Kraft an eine feste, immerwährende Pflicht binden, und wußte genau, daß mit dem Aufgeben seiner gewohnten Tätigkeit ihm die letzte Stütze entgleiten und er rettungslos den Mächten verfallen würde, die er nicht weniger fürchtete als verehrte.

In kleinen Städtlein gibt es immer irgendeinen Bettler und Tunichtgut, einen alten Säufer oder entlassenen Zuchthäusler, der jedermann zum Spott und Ärgernis dient und als Entgelt für die spärliche Wohltätigkeit der Stadt den Kinderschreck und verachteten Auswürfling abgeben muß. Als solcher diente zu jenen Zeiten ein Alois Beckeler, genannt Göckeler, ein schnurriger, alter Taugenichts und weltkundiger Herumtreiber, der nach langen Landstreicherjahren hier hängengeblieben war. Sobald er etwas zu beißen oder zu trinken hatte, tat er großartig und gab in den Kneipen eine drollige Faulpelzerphilosophie zum besten, nannte sich Fürst von Ohnegeld und Erbprinz von Schlaraffia, bemitleidete jedermann, der von seiner Hände Arbeit lebte, und fand immer ein paar Zuhörer, die ihn protegierten und ihm manchen Schoppen zahlten.

Eines Abends, als Walter Kömpff einen seiner langen, einsamen und hoffnungslosen Spaziergänge unternahm, stieß er auf diesen Göckeler, welcher der Quere nach in der Straße lag und einen kleinen Nachmittagsrausch soeben ausgeschlafen hatte.

Kömpff erschrak zuerst, als er unvermutet den Daliegenden zu Gesicht bekam, auf den er im Halbdunkel beinahe getreten wäre. Doch erkannte er rasch den Vagabunden und rief ihn vorwurfsvoll an:

»He Beckeler, was macht Ihr da?«

Der Alte richtete sich auf, blinzelte vernügt und meinte: »Ja, und Ihr, Kömpff, was macht denn Ihr da, he?«

Dem so Angeredeten wollte es mißfallen, daß der Lump ihn weder mit Herr noch mit Sie titulierte.

»Könnt Ihr nicht höflicher sein, Beckeler?« fragte er gekränkt.

»Nein, Kömpff«, grinste der Alte, »das kann ich nicht, so leid mir's tut.«

»Und warum denn nicht?«

»Weil mir niemand was dafür gibt, und umsonst ist der Tod. Hat mir vielleicht der hochgeehrte Herr von Kömpff irgendeinmal was geschenkt oder zugewendet? O nein, der reiche Herr von Kömpff hat das noch nie getan, der ist viel zu fein und zu stolz, als daß er ein Aug auf einen armen Teufel könnte haben. Ist's so, oder ist's nicht so?«

»Ihr wißt gut, warum. Was fangt Ihr an mit einem Almosen? Vertrinken, weiter nichts, und zum Vertrinken hab ich kein Geld und geb auch keins.«

»So, so. Na, denn gute Nacht, und angenehme Ruhe, Bruderherz.«

»Wieso Bruderherz?«

»Sind nicht alle Menschen Brüder, Kömpff. He? Ist vielleicht der Heiland bloß für dich gestorben und für mich nicht?«

»Redet nicht so, mit diesen Sachen treibt man keinen Spaß.«

»Hab ich Spaß getrieben?«

Kömpff besann sich. Die Worte des Lumpen trafen mit seinen grüblerischen Gedanken zusammen und regten ihn wunderlich auf.

»Gut denn«, sagte er freundlich, »steh einmal auf. Ich will Euch gern etwas geben.«

»Ei, schau!«

»Ja, aber Ihr müßt mir versprechen, daß Ihr's nicht vertrinkt. Ja?«

Beckeler zuckte die Achseln. Er war heute in seiner freimütigen Laune.

»Versprechen kann ich's schon, aber Halten steht auf einem andern Blatt. Geld, wenn ich's nicht verbrauchen darf, wie ich will, ist so gut wie kein Geld.«

»Es ist zu Eurem Besten, was ich sage, Ihr dürft mir's glauben.«

Der Trinker lachte. »Ich bin jetzt vierundsechzig Jahre alt. Glaubt Ihr wirklich, daß Ihr besser wißt, was mir gut ist, als ich selber? Glaubt Ihr?«

Mit dem schon hervorgezogenen Geldbeutel in der Hand stand Kömpff verlegen da. Er war im Reden und Antwortenkönnen nie stark gewesen und fühlte sich diesem vogelfreien Menschen gegenüber, der ihn Bruderherz nannte und sein Wohlwollen verschmähte, hilflos und unterlegen.

Schnell und fast ängstlich nahm er einen Taler heraus und streckte ihn dem Beckeler hin.

»Nehmt also ...«

Erstaunt nahm Alois Beckeler das große Geldstück hin, hielt es vors Auge und schüttelte den struppigen Kopf. Dann begann er, sich demütig, umständlich und beredt zu bedanken. Kömpff war über die Höflichkeit und Selbsterniedrigung, zu der ein Stück Geld den Philosophen vermocht hatte, beschämt und traurig und lief schnell davon.

Dennoch empfand er eine Erleichterung und kam sich vor, als hätte er eine Tat vollbracht. Daß er dem Beckeler einen Taler zum Vertrinken geschenkt hatte, war für ihn eine abenteuerliche Extravaganz, mindestens so kühn und unerhört, als wenn er selber das Geld verludert hätte. Er kehrte an diesem Abend so zeitig und zufrieden heim wie seit Wochen nicht mehr.

Für den Göckeler brach jetzt eine gesegnete Zeit an. Alle paar Tage gab ihm Walter Kömpff ein Stück Geld, bald eine Mark, bald einen Fünfziger, so daß das Wohlleben kein Ende nahm. Einmal, als er am Kömpffschen Laden vorüberkam, rief ihn der Herr herein und schenkte ihm ein Dutzend gute Zigarren. Die Holderlies war zufällig dabei und trat dazwischen.

»Aber Sie werden doch dem Lumpen nicht von den teuren Zigarren geben!«

»Sei ruhig«, sagte der Herr, »warum soll er's nicht auch einmal gut haben?«

Und der alte Taugenichts blieb nicht der einzige Beschenkte. Den einsamen Grübler befiel eine zunehmende Lust am Weggeben und Freudemachen. Armen Weibern gab er im Laden das doppelte Gewicht oder nahm kein Geld von ihnen, den Fuhrleuten gab er am Markttag überreiche Trinkgelder, und Bauernfrauen legte er gern bei ihren Einkäufen ein Extrapäckchen Zichorie oder eine Handvoll Korinthen in den Korb.

Das konnte nicht lange dauern, ohne aufzufallen. Zuerst bemerkte es die Holderlies, und sie machte dem Herrn schwere, unablässige Vorwürfe, die zwar erfolglos blieben, ihn aber nicht wenig beschämten und quälten, so daß er allmählich seine Verschwendungslust vor ihr verstecken lernte. Darüber wurde die treue Seele mißtrauisch und begann sich aufs Spionieren zu legen, und das alles brachte den Hausfrieden ins Wanken.

Nächst der Lies und dem Göckeler waren es die Kinder, denen des Kaufmanns sonderbare Freigebigkeit auffiel. Sie kamen immer öfter mit einem

Pfennig daher, verlangten Zucker, Süßholz oder Johannisbrot und bekamen davon, soviel sie wollten. Und wenn die Lies aus Scham und der Bekkeler aus Klugheit schwieg, die Kinder taten es nicht, sondern verbreiteten die Kunde von Kömpffs großartiger Laune in der ganzen Stadt.

Merkwürdig war es, daß er selber wider diese Freigebigkeit kämpfte und sich vor ihr fürchtete. Nachdem er tagsüber Pfunde verschenkt und verschwendet hatte, befiel ihn abends beim Geldzählen und beim Buchführen Entsetzen über diese liederliche, unkaufmännische Wirtschaft. Angstvoll rechnete er nach und versuchte seinen Schaden zu berechnen, sparte beim Bestellen und Einkaufen, forschte nach wohlfeilen Quellen, und alles nur, um andern Tages von neuem zu vergeuden und seine Freude am Geben zu haben. Die Kinder jagte er bald scheltend fort, bald belud er sie mit guten Sachen. Nur sich selber gönnte er nichts, er sparte am Haushalt und an der Kleidung, gewöhnte sich den Nachmittagskaffee ab und ließ das Weinfäßchen im Keller, als es leer war, nicht mehr füllen.

Die mißlichen Folgen ließen nicht lange auf sich warten. Kaufleute beschwerten sich mündlich und in groben Briefen bei ihm, daß er ihnen mit seinem sinnlosen Dreingeben und Schenken die Kunden weglocke. Manche solide Bürger und auch schon mehrere seiner Kunden vom Lande, die an seinem veränderten Wesen Anstoß nahmen, mieden seinen Laden und begegneten ihm, wo sie ihm nicht ausweichen konnten, mit unverhohlenem Mißtrauen. Auch stellten ihn die Eltern einiger Kinder, denen er Leckereien und Feuerwerk gegeben hatte, ärgerlich zur Rede. Sein Ansehen unter den Honoratioren, mit dem es schon einige Zeit her nicht glänzend mehr ausgesehen hatte, schwand dahin und ward ihm durch eine zweifelhafte Beliebtheit bei den Geringen und Armen doch nicht ersetzt. Ohne diese Veränderungen im einzelnen allzu schwer zu nehmen, hatte Kömpff doch das Gefühl eines unaufhaltsamen Gleitens ins Ungewisse. Es kam immer häufiger vor, daß er von Bekannten mit spöttischer oder mitleidiger Gebärde begrüßt wurde, daß auf der Straße hinter ihm gesprochen und gelacht ward, daß ernste Leute ihm mit Unbehagen auswichen. Die paar alten Herren, die zur Freundschaft seines Vaters gehört hatten und einigemal mit Vorwürfen, Rat und Zuspruch zu ihm gekommen waren, blieben bald aus und wandten sich ärgerlich von ihm ab. Und immer mehr verbreitete sich in der Stadt die Ansicht, Walter Kömpff sei im Kopf nimmer recht und gehöre bald ins Narrenhaus.

Mit der Kaufmannschaft war es jetzt zu Ende, das sah der gequälte Mann selber am besten ein. Aber ehe er die Bude endgültig zumachte, beging er noch eine Tat unkluger Großmut, die ihm viele Feinde machte.

Eines Montags verkündete er durch eine Anzeige im Wochenblatt, von heute an gebe er jede Ware zu dem Preis, den sie ihn selber koste.

Einen Tag lang war der Laden voll wie noch nie. Die feinen Leute blieben aus, sonst aber kam jedermann, um von dem offenbar übergeschnappten Händler seinen Vorteil zu ziehen. Die Waage kam den ganzen Tag nicht zum Stillstand, und das Ladenglöcklein schellte sich heiser. Körbe und Säcke voll spottbillig erworbener Sachen wurden fortgetragen. Die Holderlies war außer sich. Da ihr Herr nicht auf sie hörte und sie aus dem Laden verwies, stellte sie sich in der Haustür auf und sagte jedem Käufer, der aus dem Laden kam, ihre Meinung. Es gab einen Skandal über den andern, aber die verbitterte Alte hielt aus und suchte jedem, der nicht ganz dickfellig war, seinen wohlfeilen Einkauf ordentlich zu versalzen.

»Willst nicht auch noch zwei Pfennig geschenkt haben?« fragte sie den einen, und zum andern sagte sie: »Das ist nett, daß Ihr wenigstens den Ladentisch habt stehenlassen.«

Aber zwei Stunden vor Feierabend erschien der Bürgermeister in Begleitung des Amtsdieners und befahl, daß der Laden geschlossen werde. Kömpff weigerte sich nicht und machte sogleich die Fensterläden zu. Tags darauf mußte er aufs Rathaus und wurde nur auf seine Erklärung, daß er sein Geschäft aufzugeben entschlossen sei, mit Kopfschütteln wieder laufen gelassen.

Den Laden war er nun los. Er ließ seine Firma aus dem Handelsregister streichen, da er sein Geschäft weder verpachten noch verkaufen wollte. Die noch vorhandenen Vorräte, soweit sie dazu paßten, verschenkte er wahllos an arme Leute. Die Lies wehrte sich um jedes Stück und brachte Kaffeesäcke und Zuckerhüte und alles, wofür sie irgend Raum fand, für den Haushalt beiseite.

Ein entfernter Verwandter stellte den Antrag, Walter Kömpff zu entmündigen, doch sah man nach längeren Verhandlungen davon ab, teils weil nahverwandte, namentlich minderjährige Erbberechtigte nicht vorhanden waren, teils weil Kömpff nach der Aufgabe seines Geschäfts unschädlich und der Bevogtung nicht bedürftig erschien.

Es sah aus, als kümmere sich keine Seele um den entgleisten Mann. Zwar redete man in der ganzen Gegend von ihm, meistens mit Hohn und

Mißfallen, manchmal auch mit Bedauern; in sein Haus aber kam niemand, etwa nach ihm zu sehen. Es kamen nur mit großer Schnelligkeit alle Rechnungen, die noch offenstanden, denn man fürchtete, hinter der ganzen Geschichte stecke am Ende ein ungeschickt eingeleiteter Bankrott. Doch brachte Kömpff seine Bücher richtig und notariell zum Abschluß und zahlte alle Schulden bar. Freilich nahm dieses übereilte Abschließen nicht nur seine Börse, sondern noch mehr seine Kräfte unmäßig in Anspruch, und als er fertig war, fühlte er sich elend und dem Zusammenbrechen nahe.

In diesen bösen Tagen, als er nach einer überhitzten Arbeitszeit plötzlich vereinsamt und unbeschäftigt sich selbst überlassen blieb, kam wenigstens einer, um ihm zuzusprechen, das war der Schlotzer, Kömpffs ehemaliger Lehrherr aus Deltingen. Der fromme Handelsmann, den Walter früher noch einigemal besucht, nun aber seit Jahren nicht mehr gesehen hatte, war alt und weiß geworden, und es war eine Heldentat von ihm, daß er noch die Reise nach Gerbersau gemacht hatte.

Er trug einen langschößigen braunen Gehrock und führte ein ungeheueres, blau und gelb gemustertes Schnupftuch bei sich, auf dessen breitem Saum Landschaften, Häuser und Tiere abgebildet waren.

»Darf man einmal reinsehen?« fragte er beim Eintritt in die Wohnstube, wo der Einsame gerade müd und ratlos in der großen Bibel blätterte. Dann nahm er Platz, legte den Hut und das Schnupftuch auf den Tisch, zog die Rockschöße über den Knien zusammen und schaute seinem alten Lehrling prüfend in das blasse, unsichere Gesicht.

»Also Sie sind jetzt Privatier, hört man sagen?«

»Ich habe das Geschäft aufgegeben, ja.«

»So, so. Und darf man fragen, was Sie jetzt vorhaben? Sie sind ja, vergleichsweise gesprochen, noch ein junger Mann.«

»Ich wäre froh, wenn ich's wüßte. Ich weiß nur, daß ich nie ein rechter Kaufmann gewesen bin, drum hab ich aufgehört. Ich will jetzt sehen, was sich noch gutmachen läßt an mir.«

»Wenn ich sagen darf, was ich meine, so scheint mir, das sei zu spät.«

»Kann es zum Guten auch zu spät sein?«

»Wenn man das Gute kennt, nicht. Aber so ins Ungewisse den Beruf aufgeben, den man gelernt hat, ohne daß man weiß, was nun anfangen, das ist unrecht. Ja, wenn Sie das als junger Bursch getan hätten!«

»Es hat eben lang gebraucht, bis ich zum Entschluß gekommen bin.«

»Es scheint so. Aber ich meine, für so lange Entschlüsse ist das Leben zu kurz. Sehen Sie, ich kenne Sie doch ein wenig und weiß, daß Sie es schwer gehabt haben und nicht ganz ins Leben hineinpassen. Es gibt mehr solche Naturen. Sie sind Kaufmann geworden Ihrem Vater zulieb, nicht wahr? Jetzt haben Sie Ihr Leben verpfuscht und haben das, was Ihr Vater wollte, doch nicht getan.«

»Was sollte ich machen?«

»Was? Auf die Zähne beißen und aufrecht bleiben. Ihr Leben schien Ihnen verfehlt und war es vielleicht, aber ist es jetzt im Gleis? Sie haben ein Schicksal, das Sie auf sich genommen hatten, von sich geworfen, und das war feig und unklug. Sie sind unglücklich gewesen, aber Ihr Unglück war anständig und hat Ihnen Ehre gemacht. Auf das haben Sie verzichtet, nicht etwas Besserem zulieb, sondern bloß, weil Sie es müde waren. Ist es nicht so?«

»Vielleicht wohl.«

»Also. Und darum bin ich hergereist und sage Ihnen: Sie sind untreu geworden. Aber bloß zum Schelten hätte ich mit meinen alten Beinen den Weg hierher doch nicht gemacht. Drum sage ich, machen Sie's wieder gut, so bald wie möglich.«

»Wie soll ich das?«

»Hier in Gerbersau können Sie nicht wieder anfangen, das sehe ich ein. Aber anderswo, warum nicht? Übernehmen Sie wieder ein Geschäft, es braucht ja kein großes zu sein, und machen Sie Ihres Vaters Namen wieder Ehre. Von heut auf morgen geht's ja nicht, aber wenn Sie wollen, helfe ich suchen. Soll ich?«

»Danke vielmals, Herr Leckle. Ich will bedenken.«

Der Schlotzer nahm weder Trank noch Essen an und fuhr mit dem nächsten Zug wieder heim.

Kömpff war ihm dankbar, aber er konnte seinen Rat nicht annehmen.

In seiner Muße, an die er nicht gewöhnt war und die er nur schwer ertrug, machte der Exkaufmann zuweilen melancholische Gänge durch die Stadt. Dabei war es ihm jedesmal wunderlich und bedrückend, zu sehen, wie Handwerker und Kaufleute, Arbeiter und Dienstboten ihren Geschäften nachgingen, wie jeder seinen Platz und seine Geltung und jeder sein Ziel hatte, während er allein ziellos und unberechtigt umherging.

Der Arzt, den er wegen Schlafmangels um Rat fragte, fand seine Untätigkeit verhängnisvoll. Er riet ihm, sich ein Stückchen Land vor der Stadt draußen zu kaufen und dort Gartenarbeit zu tun. Der Vorschlag gefiel ihm, und er erwarb an der Leimengrube ein kleines Gut, schaffte sich Geräte an und begann eifrig zu graben und zu hacken. Treulich stach er seinen Spaten in die Erde und fühlte, während er sich in Schweiß und Ermüdung arbeitete, seinen verwirrten Kopf leichter werden. Aber bei schlechtem Wetter und an den langen Abenden saß er wieder grübelnd daheim, las in der Bibel und gab sich erfolglosen Gedanken über die unbegreiflich eingerichtete Welt und über sein elendes Leben hin. Daß er mit der Aufgabe seiner Geschäfte Gott nicht nähergekommen sei, spürte er wohl, und in verzweifelten Stunden kam es ihm vor, als sei Gott unerreichbar fern und sehe auf sein törichtes Gebaren mit Strenge und Spott herab.

Bei seiner Gartenarbeit fand er meistens einen zuschauenden Gesellschafter. Das war Alois Beckeler. Der alte Taugenichts hatte seine Freude daran, wie ein so reicher Mann sich plagte und abschaffte, während er, der Bettler, zuschaute und nichts tat. Zwischenein, wenn Kömpff ausruhte, hatten sie Diskurs über alle möglichen Dinge miteinander. Dabei spielte Beckeler je nach Umständen bald den Großartigen, bald war er kriechend höflich.

»Wollt Ihr nicht mithelfen?« fragte Kömpff etwa.

»Nein, Herr, lieber nicht. Sehen Sie, ich vertrage das nicht gut. Es macht einen dummen Kopf«

»Mir nicht, Beckeler.«

»Freilich, Ihnen nicht. Und warum? Weil Sie zu Ihrem Vergnügen arbeiten. Das ist Herrengeschäft und tut nicht weh. Außerdem sind Sie noch in guten Jahren, und ich bin ein Siebziger. Da hat man seine Ruhe wohl verdient.«

»Aber, neulich habt Ihr gesagt, Ihr wäret vierundsechzig, nicht siebzig.«

»Hab ich vierundsechzig gesagt? Ja, das war im Dusel gesprochen. Wenn ich ordentlich getrunken habe, komm ich mir immer viel jünger vor.«

»Also seid Ihr wirklich siebzig?«

»Wenn ich's nicht bin, so kann wenig daran fehlen. Nachgezählt hab ich nicht.«

»Daß Ihr auch das Trinken nicht lassen könnt! Liegt's Euch denn nicht auf dem Gewissen?«

»Nein. Was das Gewissen anlangt, das ist bei mir gesund und mag was aushalten. Wenn nur sonst nichts fehlt, möcht ich leicht nochmal so alt werden.«

Es gab auch Tage, an denen Kömpff finster und ungesprächig war. Der

Göckeler hatte dafür eine feine Witterung und merkte schon beim Herankommen, wie es mit dem närrischen Lustgärtner stehe. Dann blieb er, ohne hereinzutreten, am Zaun stehen und wartete etwa eine halbe Stunde, eine Art schweigende Anstandsvisite. Er lehnte stillvergnügt am Gartenzaun, sprach keinen Ton und betrachtete sich seinen sonderbaren Gönner, der seufzend hackte, grub, Wasser schleppte oder junge Bäume pflanzte. Und schweigend ging er wieder, spuckte aus, steckte die Hände in die Hosensäcke und grinste und zwinkerte lustig vor sich hin.

Schwere Zeiten hatte jetzt die Holderlies. Sie war allein in dem unbehaglich gewordenen Hause geblieben, besorgte die Stuben, wusch und kochte. Anfangs hatte sie dem neuen Wesen ihres Herrn böse Gesichter und grobe Worte entgegengesetzt. Dann war sie davon abgekommen und hatte beschlossen, den übel Beratenen eine Weile machen und laufen zu lassen, bis er müde wäre und wieder auf sie hören würde. So war es ein paar Wochen gegangen.

Am meisten ärgerte sie sein kameradschaftlicher Umgang mit dem Göckeler, dem sie die feinen Zigarren von damals nicht vergessen hatte. Aber gegen den Herbst hin, als wochenlang Regenwetter war und Kömpff nicht in den Garten konnte, kam ihre Stunde. Ihr Herr war trübsinniger als je.

Da kam sie eines Abends in die Stube, hatte ihren Flickkorb mit und setzte sich unten an den Tisch, an dem der Hausherr beim Lampenlicht seine Monatsrechnung studierte.

»Was willst, Lies?« fragte er erstaunt.

»Dasitzen will ich und flicken, jetzt wo man wieder die Lampe braucht.«

»Du darfst schon.«

»So, ich darf? Früher, wie die Frau selig noch da war, hab ich immer meinen Platz hier gehabt, ungefragt.«

»Ja, ja.«

»Freilich, es ist ja seither manches anders worden. Mit den Fingern zeigen die Leute auf einen.«

»Wieso, Lies?«

»Soll ich Ihnen was erzählen?«

»Ja, also.«

»Gut. Der Göckeler, wissen Sie, was der tut? Am Abend sitzt er in den Wirtshäusern herum und verschwätzt Sie.«

»Mich? Wie denn?«

»Er macht Sie nach, wie Sie im Garten schaffen, und macht sich lustig darüber und erzählt, was Sie allemal mit ihm für Gespräche führen.«

»Ist das auch wahr, Lies?«

»Ob's wahr ist! Mit Lügen geb ich mich nicht ab, ich nicht. So macht's der Göckeler also, und dann gibt es Leute, die dabeisitzen und lachen und stacheln ihn an und zahlen ihm Bier dafür, daß er so von Ihnen redet.«

Kömpff hatte aufmerksam und traurig zugehört. Dann hatte er die Lampe von sich weggeschoben, so weit sein Arm reichte, und als die Lies nun aufschaute und auf eine Antwort wartete, sah sie mit wunderlichem Schrecken, daß er die Augen voll Tränen hatte.

Sie wußte, daß ihr Herr krank war, aber diese widerstandslose Schwäche hätte sie ihm nicht zugetraut. Sie sah nun auch plötzlich, wie gealtert und elend er aussah. Schweigend machte sie an ihrer Flickarbeit weiter und wagte nicht mehr aufzublicken, und er saß da, und die Tränen liefen ihm über die Wangen und durch den dünnen Bart. Die Magd mußte selber schlucken, um Herr über ihre Bewegung zu bleiben. Bisher hatte sie den Herrn für überarbeitet, für launisch und kurios gehalten. Jetzt sah sie, daß er hilflos, seelenkrank und im Herzen wund war.

Die beiden sprachen an diesem Abend nicht weiter. Kömpff nahm nach einer Weile seine Rechnung wieder vor, die Holderlies strickte und stopfte, schraubte ein paarmal am Lampendocht und ging zeitig mit leisem Gruß hinaus.

Seit sie wußte, daß er so elend und hilflos war, verschwand der eifersüchtige Groll aus ihrem Herzen. Sie war froh, ihn pflegen und sanft anfassen zu dürfen, sie sah ihn auf einmal wieder wie ein Kind an, sorgte für ihn und nahm ihm nichts mehr übel.

Als Walter bei schönem Wetter wieder einmal in seinem Garten herumbosselte, erschien mit freudigem Gruß Alois Beckeler. Er kam durch die Einfahrt herein, grüßte nochmals und stellte sich am Rand der Beete auf.

»Grüß Gott«, sagte Kömpff, »was wollt Ihr?«

»Nichts, nur einen Besuch machen. Man hat Sie lang nimmer draußen gesehen.«

»Wollt Ihr sonst etwas von mir?«

»Nein. Ja, wie meinen Sie das? Ich bin doch sonst auch schon dagewesen.«

»Es ist aber nicht nötig, daß Ihr wiederkommt.«

»Ja, Herr Kömpff, warum denn aber?«

»Es ist besser, wir reden darüber nicht. Geht nur, Beckeler, und laßt mir meine Ruhe.«

Der Göckeler nahm eine beleidigte Miene an.

»So, dann kann ich ja gehen, wenn ich nimmer gut genug bin. Das wird wohl auch in der Bibel stehen, daß man so mit alten Freunden umgehen soll.«

Kömpff war betrübt.

»Nicht so, Beckeler!« sagte er freundlich.

»Wir wollen im Guten voneinander, 's ist immer besser. Nehmt das noch mit, gelt.«

Er gab ihm einen Taler, den jener verwundert nahm und einsteckte.

»Also meinen Dank, und nichts für ungut! Ich bedank mich schön. Adieu, denn, Herr Kömpff, adieu denn!«

Damit ging er fort, vergnügter als je. Als er jedoch nach wenigen Tagen wiederkam und diesmal entschieden verabschiedet wurde, ohne ein Geschenk zu bekommen, ging er zornig weg und schimpfte draußen über den Zaun herein: »Sie großer Herr, Sie, wissen Sie, wo Sie hingehören? Nach Tübingen gehören Sie, dort steht das Narrenhaus, damit Sie's wissen.«

Der Göckeler hatte nicht unrecht. Kömpff war in den Monaten seiner Vereinsamung immer weiter in die Sackgasse seiner selbstquälerischen Spekulationen hineingeraten und hatte sich in seiner Verlassenheit in fruchtlosem Nachdenken aufgerieben. Als nun mit dem Einbrechen des Winters seine einzige gesunde Arbeit und Ablenkung, das Gartengeschäft, ein Ende hatte, kam er vollends nicht mehr aus dem engen, trostlosen Kreislauf seiner kränkelnden Gedanken heraus. Von jetzt an ging es schnell mit ihm bergab, wenn auch seine Krankheit noch Sprünge machte und mit ihm spielte.

Zunächst brachte das Müßigsein und Alleinleben ihn darauf, daß er immer wieder sein vergangenes Leben durchstöberte. Er verzehrte sich in Reue über vermeintliche Sünden früherer Jahre. Dann wieder klagte er sich verzweifelnd an, seinem Vater nicht Wort gehalten zu haben. Oft stieß er in der Bibel auf Stellen, von denen er sich wie ein Verbrecher getroffen fühlte.

In dieser qualvollen Zeit war er gegen die Holderlies weich und fügsam wie ein schuldbewußtes Kind. Er gewöhnte sich an, sie wegen Kleinigkeiten flehentlich um Verzeihung zu bitten, und brachte sie damit nicht wenig in Angst. Sie fühlte, daß sein Verstand am Erlöschen sei, und doch wagte sie es nicht, jemand davon zu sagen.

Eine Weile hielt sich Kömpff ganz zu Hause. Gegen Weihnachten hin wurde er unruhig, erzählte viel aus alten Zeiten und von seiner Mutter, und da die Ruhelosigkeit ihn wieder oft aus dem Hause trieb, fingen jetzt manche Unzuträglichkeiten an. Denn inzwischen hatte er seine Unbefangenheit den Menschen gegenüber verloren. Er merkte, daß er auffiel, daß man von ihm sprach und auf ihn zeigte, daß Kinder ihm nachliefen und ernste Leute ihm auswichen.

Nun fing er an, sich unsicher zu fühlen. Manchmal zog er vor Leuten, denen er begegnete, den Hut übertrieben tief. Auf andre trat er zu, bot ihnen die Hand und bat herzlich um Entschuldigung, ohne zu sagen wofür. Und einem Knaben, der ihn durch Nachahmung seines Ganges verhöhnte, schenkte er seinen Spazierstock mit elfenbeinernem Griff.

Einem seiner früheren Bekannten und Kunden, der damals auf seine ersten kaufmännischen Torheiten hin sich von ihm entfernt hatte, machte er einen Besuch und sagte, es tue ihm leid, bitter leid, er möge ihm doch vergeben und ihn wieder freundlich ansehen.

Eines Abends, kurz vor Neujahr, ging er – seit mehr als einem Jahr zum erstenmal – in den Hirschen und setzte sich an den Honoratiorentisch. Er war früh gekommen und der erste Abendgast. Allmählich trafen die andern ein, und jeder sah ihn mit Erstaunen an und nickte verlegen, und einer um den andern kam, und mehrere Tische wurden besetzt. Nur der Tisch, an dem Kömpff saß, blieb leer, obwohl es der Stammtisch war. Da bezahlte er den Wein, den er nicht getrunken hatte, grüßte traurig und ging heim.

Ein tiefes Schuldbewußtsein machte ihn gegen jedermann unterwürfig. Er nahm jetzt sogar vor Alois Beckeler den Hut ab, und wenn Kinder ihn aus Mutwillen anstießen, sagte er Pardon. Viele hatten Mitleid mit ihm, aber er war der Narr und das Kindergespött der Stadt.

Man hatte Kömpff vom Arzt untersuchen lassen. Der hatte seinen Zustand als primäre Verrücktheit bezeichnet, ihn übrigens für harmlos erklärt und befürwortet, daß man den Kranken daheim und bei seinem gewohnten Leben lasse.

Seit dieser Untersuchung war der arme Kerl mißtrauisch geworden.

Auch hatte er sich gegen die Entmündigung, die nun doch über ihn verfügt werden mußte, verzweifelt gesträubt. Von da an nahm seine Krankheit eine andere Form an.

»Lies«, sagte er eines Tages zur Haushälterin, »Lies, ich bin doch ein Esel gewesen. Aber jetzt weiß ich, wo ich dran bin.«

»Ja, und wie denn auf einmal?« fragte sie ängstlich, denn sein Ton gefiel ihr nicht.

»Paß auf, Lies, du kannst was lernen. Also nicht wahr, ein Esel hab ich gesagt. Da bin ich mein Leben lang gelaufen und hab mich abgehetzt und mein Glück versäumt um etwas, was es gar nicht gibt!«

»Das versteh ich nun wieder nicht.«

»Stell dir vor, einer hat von einer schönen, prächtigen Stadt in der Ferne gehört. Er hat ein großes Verlangen, dorthin zu kommen, wenn es auch noch so weit ist. Schließlich läßt er alles liegen, gibt weg, was er hat, sagt allen guten Freunden adieu und geht fort, immer fort und fort, tagelang und monatelang, durch dick und dünn, so lange er noch Kräfte hat. Und dann, wie er so weit ist, daß er nimmer zurück kann, fängt er an zu merken, daß das von der prächtigen Stadt in der Ferne ein Lug und Märchen war. Die Stadt ist gar nicht da und ist niemals dagewesen.«

»Das ist traurig. Aber das tut ja niemand, so was.«

»Ich, Lies, ich doch! Ich bin so einer gewesen, das kannst du sagen, wem du willst. Mein Leben lang, Lies.«

»Ist nicht möglich, Herr! Was ist denn das für eine Stadt?«

»Keine Stadt, das war nur so ein Vergleich, weißt du. Ich bin ja immer hier geblieben. Aber ich habe auch ein Verlangen gehabt und darüber alles versäumt und verloren. Ich habe ein Verlangen nach Gott gehabt – nach dem Herrgott, Lies. Den hab ich finden wollen, dem bin ich nachgelaufen, und jetzt bin ich so weit, daß ich nimmer zurück kann – verstehst du? Nimmer zurück. Und alles ist ein Lug gewesen.«

»Was denn? Was ist ein Lug gewesen?«

»Der liebe Gott, du. Er ist nirgends, es gibt keinen.«

»Herr, Herr, sagen Sie keine solche Sachen! Das darf man nicht, wissen Sie. Das ist Todsünde.«

»Laß mich reden. – Nein, still. Oder bist du dein Leben lang ihm nachgelaufen? Hast du hundert und hundert Nächte in der Bibel gelesen? Hast du Gott tausendmal auf den Knien gebeten, daß er dich höre, daß er dein Opfer annehme und dir ein klein wenig Licht und Frieden dafür gebe?

Hast du das? Und hast du deine Freunde verloren – um Gott näher zu kommen, und deinen Beruf und deine Ehre hingeworfen, um Gott zu sehen? – Ich habe das getan, alles das und viel mehr, und wenn Gott lebendig wäre und hätte auch nur so viel Herz und Gerechtigkeit wie der alte Beckeler, so hätte er mich angeblickt.«

»Er hat Sie prüfen wollen.«

»Das hat er getan, das hat er. Und dann hätte er sehen müssen, daß ich nichts wollte als ihn. Aber er hat nichts gesehen. Nicht er hat mich geprüft, sondern ich ihn, und ich habe gefunden, daß er ein Märlein ist.«

Von diesem Thema kam Walter Kömpff nicht mehr los. Er fand beinahe einen Trost darin, daß er nun eine Erklärung für sein verunglücktes Leben hatte. Und doch war er seiner neuen Erkenntnis keineswegs sicher. Sooft er Gott leugnete, empfand er ebensoviel Hoffnung wie Furcht bei dem Gedanken, der Geleugnete könnte gerade jetzt ins Zimmer treten und seine Allgegenwart beweisen. Und manchmal lästerte er sogar, nur um vielleicht Gott antworten zu hören, wie ein Kind vor dem Hoftor Wauwau ruft, um zu erfahren, ob drinnen ein Hund ist oder nicht.

Das war die letzte Entwicklung in seinem Leben. Sein Gott war ihm zum Götzen geworden, den er reizte und dem er fluchte, um ihn zum Reden zu zwingen. Damit war der Sinn seines Daseins verloren, und in seiner kranken Seele trieben zwar noch schillernde Blasen und Traumgebilde, aber keine lebendigen Keime mehr. Sein Licht war ausgebrannt, und es erlosch schnell und traurig.

Eines Nachts hörte ihn die Holderlies noch spät reden und hin und wider gehen, ehe es in seiner Schlafstube ruhig wurde. Am Morgen gab er auf kein Klopfen Antwort. Und als die Magd endlich leise die Tür aufmachte und auf den Zehen in sein Zimmer schlich, schrie sie plötzlich auf und rannte verstört davon, denn sie hatte ihren Herrn an einem Kofferriemen erhängt aufgefunden.

Eine Zeitlang machte sein Ende die Leute noch viel reden. Aber wenige empfanden etwas von dem, was sein Schicksal gewesen war. Und wenige dachten daran, wie nahe wir alle bei dem Dunkel wohnen, in dessen Schatten Walter Kömpff sich verirrt hatte.

(1906)

Casanovas Bekehrung

I

In Stuttgart, wohin der Weltruf der luxuriösen Hofhaltung Karl Eugens ihn gezogen hatte, war es dem Glücksritter Jakob Casanova nicht gut ergangen. Zwar hatte er, wie in jeder Stadt der Welt, sogleich eine ganze Reihe von alten Bekannten wiedergetroffen, darunter die Venetianerin Gardella, die damalige Favoritin des Herzogs, und ein paar Tage waren ihm in der Gesellschaft befreundeter Tänzer, Tänzerinnen, Musiker und Theaterdamen heiter und leicht vergangen. Beim österreichischen Gesandten, bei Hofe, sogar beim Herzog selber schien ihm gute Aufnahme gesichert. Aber kaum warm geworden, ging der Leichtfuß eines Abends mit einigen Offizieren zu Weibern, es wurde gespielt und Ungarwein getrunken, und das Ende des Vergnügens war, daß Casanova viertausend Louisdor in Marken verspielt hatte, seine kostbaren Uhren und Ringe vermißte und in jämmerlicher Verfassung sich im Wagen nach Hause bringen lassen mußte. Daran hatte sich ein unglücklicher Prozeß geknüpft, es war so weit gekommen, daß der Waghals sich in Gefahr sah, unter Verlust seiner gesamten Habe als Zwangssoldat in des Herzogs Regimenter gesteckt zu werden. Da hatte er es an der Zeit gefunden, sich dünn zu machen. Er, den seine Flucht aus den venetianischen Bleikammern zu einer Berühmtheit gemacht hatte, war auch seiner Stuttgarter Haft schlau entronnen, hatte sogar seine Koffer gerettet und sich über Tübingen nach Fürstenberg in Sicherheit gebracht.

Dort rastete er nun im Gasthaus. Seine Gemütsruhe hatte er schon unterwegs wiedergefunden; immerhin hatte ihn aber dies Mißgeschick stark ernüchtert. Er sah sich an Geld und Reputation geschädigt, in seinem blinden Vertrauen zur Glücksgöttin enttäuscht und ohne Reiseplan und Vorbereitungen über Nacht auf die Straße gesetzt.

Dennoch machte der bewegliche Mann durchaus nicht den Eindruck eines vom Schicksal Geschlagenen. Im Gasthof ward er seinem Anzug und Auftreten entsprechend als ein Reisender erster Klasse bewirtet. Er trug eine mit Steinen geschmückte goldene Uhr, schnupfte bald aus einer goldenen Dose, bald aus einer silbernen, stak in überaus feiner Wäsche, zartseidenen Strümpfen, holländischen Spitzen, und der Wert seiner Kleider, Steine, Spitzen und Schmucksachen war erst kürzlich von einem Sachverständigen in Stuttgart auf hunderttausend Franken geschätzt worden. Deutsch sprach er nicht, dafür ein tadelfreies Pariser Französisch, und sein Benehmen war das eines reichen, verwöhnten, doch wohlwollenden Vergnügungsreisenden. Er machte Ansprüche, sparte aber auch weder an der Zeche noch an Trinkgeldern.

Nach einer überhetzten Reise war er abends angekommen. Während er sich wusch und puderte, wurde ihm auf seine Bestellung ein vorzügliches Abendessen bereitet, das ihm nebst einer Flasche Rheinwein den Rest des Tages angenehm und rasch verbringen half. Darauf ging er zeitig zur Ruhe und schlief ausgezeichnet bis zum Morgen. Erst jetzt ging er daran, Ordnung in seine Angelegenheiten zu bringen.

Nach dem Frühstück, das er während des Ankleidens zu sich nahm, klingelte er, um Tinte, Schreibzeug und Papier zu bestellen. In Bälde erschien ein hübsches Mädchen mit guten Manieren und stellte die verlangten Sachen auf den Tisch. Casanova bedankte sich artig, zuerst in italienischer Sprache, dann auf französisch, und es zeigte sich, daß die hübsche Blonde diese zweite Sprache verstand.

»Sie können kein Zimmermädchen sein«, sagte er ernst, doch freundlich. »Gewiß sind Sie die Tochter des Hoteliers.«

»Sie haben es erraten, mein Herr.«

»Nicht wahr? Ich beneide Ihren Vater, schönes Fräulein. Er ist ein glücklicher Mann.«

»Warum denn, meinen Sie?«

»Ohne Zweifel. Er kann jeden Morgen und Abend der schönsten, liebenswürdigsten Tochter einen Kuß geben.«

»Ach, geehrter Herr! Das tut er ja gar nicht.«

»Dann tut er Unrecht und ist zu bedauern. Ich an seiner Stelle wüßte ein solches Glück zu schätzen.«

»Sie wollen mich in Verlegenheit bringen.«

»Aber Kind! Seh' ich aus wie ein Don Juan? Ich könnte Ihr Vater sein, den Jahren nach.«

Dabei ergriff er ihre Hand und fuhr fort: »Auf eine solche Stirne den Kuß eines Vaters zu drücken, muß ein Glück voll Rührung sein.«

Er küßte sie sanft auf die Stirn.

»Gestatten Sie das einem Manne, der selbst Vater ist. Übrigens muß ich Ihre Hand bewundern.«

»Meine Hand?«

»Ich habe Hände von Prinzessinnen geküßt, die sich neben den Ihren nicht sehen lassen dürften. Bei meiner Ehre!«

Damit küßte er ihre Rechte. Er küßte sie zuerst leise und achtungsvoll auf den Handrücken, dann drehte er sie um und küßte die Stelle des Pulses, darauf küßte er jeden Finger einzeln.

Das rot gewordene Mädchen lachte auf, zog sich mit einem halb spöttischen Knicks zurück und verließ das Zimmer.

Casanova lächelte und setzte sich an den Tisch. Er nahm einen Briefbogen und setzte mit leichter, eleganter Hand das Datum darauf: »Fürstenberg, 6. April 1760.« Dann begann er nachzudenken. Er schob das Blatt beiseite, zog ein kleines silbernes Toilettenmesserchen aus der Tasche des samtnen Gilets und feilte eine Weile an seinen Fingernägeln.

Alsdann schrieb er rasch und mit wenigen Pausen einen seiner flotten Briefe. Er galt jenen Stuttgarter Offizieren, die ihn so schwer in Not gebracht hatten. Darin beschuldigte er sie, sie hätten ihm im Tokayer einen betäubenden Trank beigebracht, um ihn dann im Spiel zu betrügen und von den Dirnen seiner Wertsachen berauben zu lassen. Und er schloß mit einer schneidigen Herausforderung. Sie möchten sich binnen drei Tagen in Fürstenberg einfinden, er erwarte sie in der angenehmen Hoffnung, sie alle drei im Duell zu erschießen und dadurch seinen Ruhm in Europa zu verdoppeln.

Diesen Brief kopierte er in drei Exemplaren und adressierte sie einzeln nach Stuttgart. Während er dabei war, klopfte es an der Tür. Es war wieder die hübsche Wirtstochter. Sie bat sehr um Entschuldigung, wenn sie störe, aber sie habe vorher das Sandfaß mitzubringen vergessen. Ja, und da sei es nun, und er möge entschuldigen.

»Wie gut sich das trifft!« rief der Kavalier, der sich vom Sessel erhoben hatte. »Auch ich habe vorher etwas vergessen, was ich nun gutmachen möchte.«

»Wirklich? Und das wäre?«

»Es ist eine Beleidigung Ihrer Schönheit, daß ich es unterließ, Sie auch noch auf den Mund zu küssen. Ich bin glücklich, es nun nachholen zu können.«

Ehe sie zurückweichen konnte, hatte er sie um das Mieder gefaßt und zog sie an sich. Sie kreischte und leistete Widerstand, aber sie tat es mit so wenig Geräusch, daß der erfahrene Liebhaber seinen Sieg sicher sah. Mit einem feinen Lächeln küßte er ihren Mund, und sie küßte ihn wieder. Er setzte sich in den Sessel zurück, nahm sie auf den Schoß und sagte ihr die tausend zärtlich neckischen Worte, die er in drei Sprachen jederzeit zur Verfügung hatte. Noch ein paar Küsse, ein Liebesscherz und ein leises Gelächter, dann fand die Blonde es an der Zeit, sich zurückzuziehen.

»Verraten Sie mich nicht, Lieber. Auf Wiedersehn!«

Sie ging hinaus. Casanova pfiff eine venetianische Melodie vor sich hin, rückte den Tisch zurecht und arbeitete weiter. Er versiegelte die drei Briefe und brachte sie dem Wirt, daß sie per Eilpost wegkämen. Zugleich tat er einen Blick in die Küche, wo zahlreiche Töpfe überm Feuer hingen. Der Gastwirt begleitete ihn.

»Was gibt's heute Gutes?«

»Junge Forellen, gnädiger Herr.«

»Gebacken?«

»Gewiß, gebacken.«

»Was für Öl nehmen Sie dazu?«

»Kein Öl, Herr Baron. Wir backen mit Butter.«

»Ei so. Wo ist denn die Butter?«

Sie wurde ihm gezeigt, er roch daran und billigte sie.

»Sorgen Sie täglich für ganz frische Butter, so lange ich da bin. Auf meine Rechnung natürlich.«

»Verlassen Sie sich darauf.«

»Sie haben eine Perle von Tochter, Herr Wirt. Gesund, hübsch und sittsam. Ich bin selbst Vater, das schärft den Blick.«

»Es sind zwei, Herr Baron.«

»Wie, zwei Töchter? Und beide erwachsen?«

»Gewiß. Die Sie bedient hat, war die Ältere. Sie werden die andere bei Tisch sehen.«

»Ich zweifle nicht, daß sie Ihrer Erziehung nicht weniger Ehre machen wird als die Ältere. Ich schätze an jungen Mädchen nichts höher als Bescheidenheit und Unschuld. Nur wer selbst Familie hat, kann wissen, wie viel das sagen will und wie sorgsam die Jugend behütet werden muß.«

Die Zeit vor der Mittagstafel widmete der Reisende seiner Toilette. Er rasierte sich selbst, da sein Diener ihn auf der Flucht aus Stuttgart nicht hatte begleiten können. Er legte Puder auf, wechselte den Rock und vertauschte die Pantoffeln mit leichten, feinen Schuhen, deren goldene Schnallen die Form einer Lilie hatten und aus Paris stammten. Da es noch nicht ganz

Essenszeit war, holte er aus einer Mappe ein Heft beschriebenes Papier, an dem er mit dem Bleistift in der Hand sogleich zu studieren begann.

Es waren Zahlentabellen und Wahrscheinlichkeitsrechnungen. Casanova hatte in Paris den arg zerrütteten Finanzen des Königs durch Inszenierung von Lottobüros aufgeholfen und dabei ein Vermögen verdient. Sein System zu vervollkommnen und in geldbedürftigen Residenzen, etwa in Berlin oder Petersburg einzuführen, war eine von seinen hundert Zukunftsplänen. Rasch und sicher überflog sein Blick die Zahlenreihen, vom deutenden Finger unterstützt, und vor seinem inneren Auge balancierten Summen von Millionen und Millionen.

Bei Tische leiteten die beiden Töchter die Bedienung. Man aß vorzüglich, auch der Wein war gut, und unter den Mitgästen fand Casanova wenigstens einen, mit dem ein Gespräch sich lohnte. Es war ein mäßig gekleideter, noch junger Schöngeist und Halbgelehrter, der ziemlich gut italienisch sprach. Er behauptete, auf einer Studienreise durch Europa begriffen zu sein und zur Zeit an einer Widerlegung des letzten Buches von Voltaire zu arbeiten.

»Sie werden mir Ihre Schrift senden, wenn sie gedruckt ist, nicht wahr? Ich werde die Ehre haben, mich mit einem Werk meiner Mußestunden zu revanchieren.«

»Es ist mir eine Ehre. Darf ich den Titel erfahren?«

»Bitte. Es handelt sich um eine italienische Übersetzung der Odyssee, an der ich schon längere Zeit arbeite.«

Und er plauderte fließend und leichthin viel Geistreiches über Eigentümlichkeit, Metrik und Poetik seiner Muttersprache, über Reim und Rhythmus, über Homer und Ariosto, den göttlichen Ariosto, von dem er etwa zehn Verse deklamierte.

Doch fand er daneben auch noch Gelegenheit, den beiden hübschen Schwestern etwas Freundliches zu sagen. Und als man sich vom Tisch erhob, näherte er sich der Jüngeren, sagte ein paar respektvolle Artigkeiten und fragte sie, ob sie wohl die Kunst des Frisierens verstehe. Als sie bejahte, bat er sie, ihm künftig morgens diesen Dienst zu erweisen.

»O, ich kann es ebensogut«, rief die Ältere.

»Wirklich? Dann wechseln wir ab.« Und zur Jüngeren: »Also morgen nach dem Frühstück, nicht wahr?«

Nachmittags schrieb er noch mehrere Briefe, namentlich an die Tänzerin Binetti in Stuttgart, die seiner Flucht assistiert hatte und die er nun bat, sich um seinen zurückgebliebenen Diener zu bekümmern. Dieser Diener hieß Leduc, galt für einen Spanier und war ein Taugenichts, aber von großer Treue, und Casanova hing mehr an ihm, als man bei seiner Leichtfertigkeit für möglich gehalten hätte.

Einen weiteren Brief schrieb er an seinen holländischen Bankier und einen an eine ehemalige Geliebte in London. Dann fing er an zu überlegen, was weiter zu unternehmen sei. Zunächst mußte er die drei Offiziere erwarten, sowie Nachrichten von seinem Diener. Beim Gedanken an die bevorstehenden Pistolenduelle wurde er ernst und beschloß, morgen sein Testament nochmals zu revidieren. Wenn alles gut abliefe, gedachte er auf Umwegen nach Wien zu gehen, wohin er manche Empfehlungen hatte.

Nach einem Spaziergang nahm er seine Abendmahlzeit ein, dann blieb er lesend in seinem Zimmer wach, da er um elf Uhr den Besuch der älteren Wirtstochter erwartete.

Ein warmer Föhn blies um das Haus und führte kurze Regenschauer mit. Casanova brachte die beiden folgenden Tage ähnlich zu wie den vergangenen, nur daß jetzt auch das zweite Mädchen ihm öfters Gesellschaft leistete. So hatte er neben Lektüre und Korrespondenz genug damit zu tun, der Liebe froh zu werden und beständig drohende Überraschungs- und Eifersuchtsszenen zwischen den beiden Blonden umsichtig zu verhüten. Er verfügte weise abwägend über die Stunden des Tages und der Nacht, vergaß auch sein Testament nicht und hielt seine schönen Pistolen mit allem Zubehör bereit.

Allein die drei geforderten Offiziere kamen nicht. Sie kamen nicht und schrieben nicht, am dritten Wartetag so wenig wie am zweiten. Der Abenteurer, bei dem der erste Zorn längst abgekühlt war, hatte im Grunde nicht viel dagegen. Weniger ruhig war er über das Ausbleiben Leducs, seines Dieners. Er beschloß, noch einen Tag zu warten. Mittlerweile entschädigten ihn die verliebten Mädchen für seinen Unterricht in der *ars amandi* dadurch, daß sie ihm, dem endlos Gelehrigen, ein wenig Deutsch beibrachten.

Am vierten Tage drohte Casanovas Geduld ein Ende zu nehmen. Da kam, noch ziemlich früh am Vormittag, Leduc auf keuchendem Pferde dahergesprengt, von den kotigen Vorfrühlingswegen über und über bespritzt. Froh und gerührt hieß ihn sein Herr willkommen und Leduc begann, noch ehe er über Brot, Schinken und Wein herfiel, eilig zu berichten.

»Vor allem, Herr Ritter«, begann er, »bestellen Sie Pferde und lassen Sie uns noch heute die Schweizer Grenze erreichen. Zwar werden keine Offiziere kommen, um sich mit Ihnen zu schlagen, aber ich weiß für sicher, daß Sie hier in Bälde von Spionen, Häschern und bezahlten Mördern würden belästigt werden, wenn Sie dableiben. Der Herzog selber soll empört über Sie sein und Ihnen seinen Schutz versagen. Also eilen Sie!«

Casanova überlegte nicht lange. In Aufregung geriet er nicht, das Unheil war ihm zu anderen Zeiten schon weit näher auf den Fersen gewesen. Doch gab er seinem Spanier recht und bestellte Pferde für Schaffhausen.

Zum Abschiednehmen blieb ihm wenig Zeit. Er bezahlte seine Zeche, gab der älteren Schwester einen Schildpattkamm zum Andenken und der jüngeren das heilige Versprechen, in möglichster Bälde wiederzukommen, packte seine Reisekoffer und saß, kaum drei Stunden nach dem Eintritt seines Leduc, schon mit diesem im Postwagen. Tücher wurden geschwenkt und Abschiedsworte gerufen, dann bog der wohlbespannte Eilwagen aus dem Hof auf die Straße und rollte schnell auf der nassen Landstraße davon.

II

Angenehm war es nicht, so Hals über Kopf ohne Vorbereitungen in ein wildfremdes Land entfliehen zu müssen. Auch mußte Leduc dem Betrübten mitteilen, daß sein schöner, vor wenigen Monaten gekaufter Reisewagen in den Händen der Stuttgarter geblieben sei. Dennoch kam er gegen Schaffhausen hin wieder in gute Laune, und da die Landesgrenze überschritten und der Rhein erreicht war, nahm er ohne Ungeduld die Nachricht entgegen, daß zur Zeit in der Schweiz die Einrichtung der Extraposten noch nicht bestehe.

Es wurden also Mietpferde zur Weiterreise nach Zürich bestellt, und bis diese bereit waren, konnte man in aller Ruhe eine gute Mahlzeit einnehmen.

Dabei versäumte der weltgewandte Reisende nicht, sich in aller Eile einigermaßen über Lebensart und Verhältnisse des fremden Landes zu unterrichten. Es gefiel ihm wohl, daß der Gastwirt hausväterlich an der Wirtstafel präsidierte und daß dessen Sohn, obwohl er den Rang eines Hauptmanns bei den Reichstruppen besaß, sich nicht schämte, aufwartend hinter seinem Stuhl zu stehen und ihm die Teller zu wechsln. Dem raschlebigen Weltbummler, der viel auf erste Eindrücke gab, wollte es scheinen, er sei in ein gutes Land gekommen, wo unverdorbene Menschen sich eines schlichten, doch behaglichen Lebens erfreuten. Auch fühlte er sich hier vor dem Zorn des Stuttgarter Tyrannen geborgen und witterte, nachdem er lange Zeit an Höfen verkehrt und in Fürstendiensten gestanden hatte, lüstern die Luft der Freiheit.

Rechtzeitig fuhr der bestellte Wagen vor, die beiden stiegen ein und weiter ging es, einem leuchtend gelben Abendglanz entgegen, nach Zürich.

Leduc sah seinen Herrn in der nachdenksamen Stimmung der Verdauungsstunde im Polster lehnen, wartete längere Zeit, ob er etwa ein Gespräch beliebe, und schlief dann ein. Casanova achtete nicht auf ihn.

Er war, teils durch den Abschied von den Fürstenbergerinnen, teils durch das gute Essen und die neuen Eindrücke in Schaffhausen, wohlig gerührt und im Ausruhen von den vielen Erregungen dieser letzten Wochen fühlte er mit leiser Ermattung, daß er doch nicht mehr jung sei. Zwar hatte er noch nicht das Gefühl, daß der Stern seines glänzenden Zigeunerlebens sich zu neigen beginne. Doch gab er sich Betrachtungen hin, die den Heimatlosen stets früher befallen als andere Menschen, Betrachtungen über das unaufhaltsame Näherrücken des Alters und des Todes. Er hatte sein Leben ohne Vorbehalt der unbeständigen Glücksgöttin anvertraut, und sie hatte ihn bevorzugt und verwöhnt, sie hatte ihm mehr gegönnt als tausend Nebenbuhlern. Aber er wußte genau, daß Fortuna nur die Jugend liebt, und die Jugend war flüchtig und unwiederbringlich, er fühlte sich ihrer nicht mehr sicher und wußte nicht, ob sie ihn nicht vielleicht schon verlassen habe.

Freilich, er war nicht mehr als fünfunddreißig Jahre alt. Aber er hatte vierfältig und zehnfältig gelebt. Er hatte nicht nur hundert Frauen geliebt, er war auch in Kerkern gelegen, hatte qualvolle Nächte durchwacht, Tage und Wochen im Reisewagen verlebt, die Angst des Gefährdeten und Verfolgten gekostet, dann wieder aufregende Geschäfte betrieben, erschöpfende Nächte mit heißen Augen an den Spieltischen aller Städte verbracht, Vermögen gewonnen und verloren und zurückgewonnen. Er hatte Freunde und Feinde, die gleich ihm als kühne Heimatlose und Glücksjäger über die Erde irrten, in Not und Krankheit, Kerker und Schande geraten sehen. Wohl hatte er in fünfzig Städten dreier Länder Freunde und Frauen, die an ihm hingen, aber würden sie sich seiner erinnern wollen, wenn er je einmal krank, alt und bettelnd zu ihnen käme?«

»Schläfst du, Leduc?«
Der Diener fuhr auf.
»Was beliebt?«
»In einer Stunde sind wir in Zürich.«
»Kann schon sein.«
»Kennst du Zürich?«
»Nicht besser als meinen Vater, und den hab' ich nie gesehen. Es wird eine Stadt sein wie andere, jedoch vorwiegend blond, wie ich sagen hörte.«
»Ich habe genug von den Blonden.«
»Ei so. Seit Fürstenberg wohl? Die zwei haben Ihnen doch nicht weh getan?«
»Sie haben mich frisiert, Leduc.«
»Frisiert?«
»Frisiert. Und mir Deutsch beigebracht, sonst nichts.«
»War das zu wenig?«
»Keine Witze jetzt! – Ich werde alt, du.«
»Heute noch?«
»Sei vernünftig. Es wäre auch für dich allmählich Zeit, nicht?«
»Zum Altwerden, nein. Zum Vernünftigwerden, ja, wenn es mit Ehren sein kann.«
»Du bist ein Schwein, Leduc.«
»Mit Verlaub, das stimmt nicht. Verwandte fressen einander nicht auf, und mir geht nichts über frischen Schinken. Der in Fürstenberg war übrigens zu stark gesalzen.«

Diese Art von Unterhaltung war nicht, was der Herr gewollt hatte. Doch schalt er nicht, dazu war er zu müde und in zu milder Stimmung. Er schwieg nur und winkte lächelnd ab. Er fühlte sich schläfrig und konnte seine Gedanken nimmer beisammen halten. Und während er in einen ganz leichten, halben Schlummer sank, glitt seine Erinnerung in die Zeiten der ersten Jugend zurück. Er träumte in lichten, verklärten Farben und Gefühlen von einer Griechin, die er einst als blutjunger Fant im Schiffe vor Ancona getroffen hatte, und von seinen ersten, phantastischen Erlebnissen in Konstantinopel und auf Korfu.

Darüber eilte der Wagen weiter und rollte, als der Schläfer emporfuhr, über Steinpflaster und gleich darauf über eine Brücke, unter welcher ein schwarzer Strom rauschte und rötliche Lichter spiegelte. Man war in Zürich vor dem Gasthaus zum Schwert angekommen.

Casanova war im Augenblicke munter. Er reckte sich und stieg aus, von einem höflichen Wirt empfangen.

»Also Zürich«, sagte er vor sich hin. Und obwohl er gestern noch die Absicht gehabt hatte, nach Wien zu reisen, und nicht im mindesten wußte, was ungefähr er in Zürich treiben solle, blickte er fröhlich um sich, folgte dem Gastwirt ins Haus und suchte sich ein bequemes Zimmer mit Vorraum im ersten Stockwerk aus.

Nach dem Abendessen kehrte er bald zu seinen früheren Betrachtungen zurück. Je geborgener und wohler er sich fühlte, desto bedenklicher kamen ihm nachträglich die Bedrängnisse vor, denen er soeben entronnen war. Sollte er sich freiwillig wieder in solche Gefahren begeben? Sollte er, nachdem das stürmische Meer ihn ohne sein Verdienst an einen friedlichen Strand geworfen hatte, sich ohne Not noch einmal den Wellen überlassen?

Wenn er genau nachrechnete, betrug der Wert seines Besitzes an Geld, Kreditbriefen und fahrender Habe ungefähr hunderttausend Taler. Das genügte für einen Mann ohne Familie, sich für immer ein stilles und bequemes Leben zu sichern.

Mit diesen Gedanken legte er sich zu Bett und erlebte in einem langen ungestörten Schlafe eine Reihe friedvoll glücklicher Träume. Er sah sich als Besitzer eines schönen Landsitzes, frei und heiter lebend, fern von Höfen, Gesellschaft und Intrigen, in immer neuen Bildern voll ländlicher Anmut und Frische.

Diese Träume waren so schön und so gesättigt von reinem Glücksgefühl, daß Casanova das Erwachen am Morgen fast schmerzlich ernüchternd empfand. Doch beschloß er sofort, diesem letzten Wink seiner guten Glücksgöttin zu folgen und seine Träume wahr zu machen. Sei es nun, daß er sich in der hiesigen Gegend ankaufe, sei es, daß er nach Italien, Frankreich oder Holland zurückkehren würde, jedenfalls wollte er von heute an auf Abenteuer, Glücksjagd und äußeren Lebensglanz verzichten und sich so bald wie möglich ein ruhiges, sorglos unabhängiges Leben schaffen.

Gleich nach dem Frühstück befahl er Leduc die Obhut über seine Zimmer und verließ allein und zu Fuß das Hotel. Ein lang nicht mehr gefühltes Bedürfnis zog den Vielgereisten seitab auf das Land zu Wiesen und Wald. Bald hatte er die Stadt hinter sich und wanderte ohne Eile den See entlang. Milde, zärtliche Frühlingsluft wogte lau und schwellend über graugrünen Matten, auf denen erste gelbe Blümlein strahlend lachten und an deren

Rande die Hecken voll rötlich warmer, strotzender Blattknospen standen. Am feuchtblauen Himmel schwammen weich geballt, lichte Wolken hin, und in der Ferne stand über den mattgrauen und tannenblauen Vorbergen weiß und feierlich der zackige Halbkreis der Alpen.

Einzelne Ruderboote und Frachtkähne mit großem Dreiecksegel waren auf der nur schwach bewegten Seefläche unterwegs, und am Ufer führte ein guter, reinlicher Weg durch helle, meist aus Holz gebaute Dörfer. Fuhrleute und Bauern begegneten dem Spaziergänger, und manche grüßten ihn freundlich. Das alles ging ihm lieblich ein und bestärkte seine tugendhaften und klugen Vorsätze. Am Ende einer stillen Dorfstraße schenkte er einem weinenden Kinde eine kleine Silbermünze, und in einem Wirtshaus, wo er nach beinahe dreistündigem Gehen Rast hielt und einen Imbiß nahm, ließ er den Wirt leutselig aus seiner Dose schnupfen.

Casanova hatte keine Ahnung, in welcher Gegend er sich nun befinde, und mit dem Namen eines wildfremden Dorfes wäre ihm auch nicht gedient gewesen. Er fühlte sich wohl in der leise durchsonnten Luft. Von den Strapazen der letzten Zeit hatte er sich genügend ausgeruht, auch war sein ewig verliebtes Herz zur Zeit still und hatte Feiertag, so wußte er im Augenblick nichts Schöneres, als dieses sorglose Lustwandeln durch ein fremdes, schönes Land. Da er immer wieder Gruppen von Landleuten begegnete, hatte es mit dem Verirren keine Gefahr.

Im Sicherheitsgefühl seiner neuesten Entschlüsse genoß er nun den Rückblick auf sein bewegtes Vagantenleben wie ein Schauspiel, das ihn rührte oder belustigte, ohne ihn doch in seiner jetzigen Gemütsruhe zu stören. Sein Leben war gewagt und oft liederlich gewesen, das gab er sich selber zu, aber nun er es so im Ganzen überblickte, war es doch ohne Zweifel ein hübsch buntes, flottes und lohnendes Spiel gewesen, an dem man Freude haben konnte.

Indessen führte ihn, da er anfing ein wenig zu ermüden, der Weg in ein breites Tal zwischen hohen Bergen. Eine große, prächtige Kirche stand da, an die sich weitläufige Gebäude anschlossen. Erstaunt bemerkte er, daß das ein Kloster sein müsse, und freute sich, unvermutet in eine katholische Gegend gekommen zu sein.

Er trat entblößten Hauptes in die Kirche und nahm mit zunehmender Verwunderung Marmor, Gold und kostbare Stickereien wahr. Es wurde eben die letzte Messe gelesen, die er mit Andacht anhörte. Darauf begab er sich neugierig in die Sakristei, wo er eine Anzahl Benediktinermönche sah. Der Abt, erkenntlich durch das Kreuz vor der Brust, war dabei und erwiderte den Gruß des Fremden durch die höfliche Frage, ob er die Sehenswürdigkeiten der Kirche betrachten wolle.

Gern nahm Casanova an und wurde vom Abte selbst in Begleitung zweier Brüder umhergeführt und sah alle Kostbarkeiten und Heiligtümer mit der diskreten Neugier des gebildeten Reisenden an, ließ sich die Geschichte und Legenden der Kirche erzählen und war nur dadurch ein wenig in Verlegenheit gebracht, daß er nicht wußte, wo er eigentlich sei und wie Ort und Kloster heiße.

»Wo sind Sie denn abgestiegen?« fragte schließlich der Abt.

»Nirgends, Hochwürden. Zu Fuß von Zürich her angekommen, trat ich sogleich in die Kirche.«

Der Abt, über den frommen Eifer des Wallfahrers entzückt, lud ihn zu Tisch, was jener dankbar annahm. Nun, da der Abt ihn für einen bußfahrenden Sünder hielt, der weite Wege gemacht, um hier Trost zu finden, konnte Casanova vollends nicht mehr fragen, wo er sich denn befinde. Übrigens sprach er mit dem geistlichen Herrn, da es mit dem Deutschen nicht so recht gehen wollte, lateinisch.

»Unsere Brüder haben Fastenzeit«, fuhr der Abt fort, »da habe ich ein Privileg vom heiligen Vater Benedikt dem Vierzehnten, das mir gestattet, täglich mit drei Gästen auch Fleischspeisen zu essen. Wollen Sie gleich mir von dem Privilegium Gebrauch machen, oder ziehen Sie es vor zu fasten?«

»Es liegt mir fern, hochwürdiger Herr, von der Erlaubnis des Papstes wie auch von Ihrer gütigen Einladung keinen Gebrauch zu machen. Es möchte arrogant aussehen.«

»Also speisen wir!«

Im Speisezimmer des Abtes hing wirklich jenes päpstliche Breve unter Glas gerahmt an der Wand. Es waren zwei Couverts aufgelegt, zu denen ein Bedienter in Livree sogleich ein drittes fügte.

»Wir speisen zu dreien, Sie, ich und mein Kanzler. Da kommt er ja eben.«

»Sie haben einen Kanzler?«

»Ja. Als Abt von Maria-Einsiedeln bin ich Fürst des römischen Reiches und habe die Verpflichtungen eines solchen.«

Endlich wußte also der Gast, wo er hingeraten sei, und freute sich, das weltberühmte Kloster unter so besonderen Umständen und ganz unverhofft kennengelernt zu haben. Indessen nahm man Platz und begann zu tafeln.

»Sie sind Ausländer?« fragte der Abt.

»Venetianer, doch schon seit längerer Zeit auf Reisen.«

Daß er verbannt sei, brauchte er ja einstweilen nicht zu erzählen.

»Und reisen Sie weiter durch die Schweiz? Dann bin ich gerne bereit, Ihnen einige Empfehlungen mitzugeben.«

»Ich nehme das dankbar an. Ehe ich jedoch weiterreise, wäre es mein Wunsch, eine vertraute Unterredung mit Ihnen haben zu dürfen. Ich möchte Ihnen beichten und Ihren Rat über manches, was mein Gewissen beschwert, erbitten.«

»Ich werde nachher zu Ihrer Verfügung stehen. Es hat Gott gefallen, Ihr Herz zu erwecken, so wird er auch Frieden für das Herz haben. Der Menschen Wege sind vielerlei, doch sind nur wenige so weit verirrt, daß ihnen nicht mehr zu helfen wäre. Wahre Reue ist das erste Erfordernis der Umkehr, wenn auch die echte, gottgefällige Zerknirschung noch nicht im Zustand der Sünde, sondern erst in dem der Gnade eintreten kann.«

So redete er eine Weile weiter, während Casanova sich mit Speise und Wein bediente. Als er schwieg, nahm jener wieder das Wort.

»Verzeihen Sie meine Neugierde, Hochwürdiger, aber wie machen Sie es möglich, um diese Jahreszeit so vortreffliches Wild zu haben?«

»Nicht wahr? Ich habe dafür ein Rezept. Wild und Geflügel, die Sie hier sehen, sind sämtlich sechs Monate alt.«

»Ist es möglich?«

»Ich habe eine Einrichtung, mittels der ich die Sachen so lange vollkommen luftdicht abschließe.«

»Darum beneide ich Sie.«

»Bitte. Aber wollen Sie gar nichts vom Lachs nehmen?«

»Wenn Sie ihn mir eigens anbieten, gewiß.«

»Ist er doch eine Fastenspeise!«

Der Gast lachte und nahm vom Lachs.

III

Nach Tisch empfahl sich der Kanzler, ein stiller Mann, und der Abt zeigte seinem Gast das Kloster. Alles gefiel dem Venetianer sehr wohl. Er begriff, daß ruhebedürftige Menschen das Klosterleben erwählen und sich darin wohlfühlen konnten. Und schon begann er zu überlegen, ob dies nicht auch für ihn am Ende der beste Weg zum Frieden des Leibes und der Seele sei.

Einzig die Bibliothek befriedigte ihn wenig.

»Ich sehe da«, bemerkte er, »zwar Massen von Folianten, aber die neuesten davon scheinen mir mindestens hundert Jahre alt zu sein, und lauter Bibeln, Psalter, theologische Exegese, Dogmatik und Legendenbücher. Das alles sind ja ohne Zweifel vortreffliche Werke –«

»Ich vermute es«, lächelte der Prälat.

»Aber Ihre Mönche werden doch auch andere Bücher haben, über Geschichte, Physik, schöne Künste, Reisen und dergleichen.«

»Wozu? Unsere Brüder sind fromme, einfache Leute. Sie tun ihre tägliche Pflicht und sind zufrieden.«

»Das ist ein großes Wort. – Aber dort hängt ja, sehe ich eben, ein Bildnis des Kurfürsten von Köln.«

»Der da im Bischofsornat, jawohl.«

»Sein Gesicht ist nicht ganz gut getroffen. Ich habe ein besseres Bild von ihm. Sehen Sie!«

Er zog aus einer inneren Tasche eine schöne Dose, in deren Deckel ein Miniaturporträt eingefügt war. Es stellte den Kurfürsten als Großmeister des deutschen Ordens vor.

»Das ist hübsch. Woher haben Sie das?«

»Vom Kurfürsten selbst.«

»Wahrhaftig?«

»Ich habe die Ehre, sein Freund zu sein.«

Mit Wohlgefallen nahm er wahr, wie er zusehends in der Achtung des Abtes stieg, und steckte die Dose wieder ein.

»Ihre Mönche sind fromm und zufrieden, sagten Sie. Das möchte einem beinahe Lust nach diesem Leben erwecken.«

»Es ist eben ein Leben im Dienst des Herrn.«

»Gewiß, und fern von den Stürmen der Welt.«

»So ist es.«

Nachdenklich folgte er seinem Führer und bat ihn nach einer Weile, nun seine Beichte anzuhören, damit er Absolution erhalten und morgen die Kommunion nehmen könne.

Der Herr führte ihn zu einem kleinen Pavillon, wo sie eintraten. Der Abt setzte sich und Casanova wollte niederknien, doch gab jener das nicht zu.

»Nehmen Sie einen Stuhl«, sagte er freundlich, »und erzählen Sie mir von Ihren Sünden.«

»Es wird lange dauern.«
»Bitte, beginnen Sie nur. Ich werde aufmerksam sein.«
Damit hatte der gute Mann nicht zuviel versprochen. Die Beichte des Chevaliers nahm, obwohl er möglichst gedrängt und rasch erzählte, volle drei Stunden in Anspruch. Der hohe Geistliche schüttelte anfangs ein paar Mal den Kopf oder seufzte, denn eine solche Kette von Sünden war ihm doch noch niemals vorgekommen, und er hatte eine unglaubliche Mühe, die einzelnen Frevel so in der Geschwindigkeit einzuschätzen, zu addieren und im Gedächtnis zu behalten. Bald genug gab er das völlig auf und horchte nur mit Erstaunen dem fließenden Vortrag des Italieners, der in zwangloser, flotter, fast künstlerischer Weise sein ganzes Leben erzählte. Manchmal lächelte der Abt und manchmal lächelte auch der Beichtende, ohne jedoch innezuhalten. Seine Erzählung führte in fremde Länder und Städte, durch Krieg und Seereisen, durch Fürstenhöfe, Klöster, Spielhöllen, Gefängnis, durch Reichtum und Not, sie sprang vom Rührenden zum Tollen, vom Harmlosen zum Skandalösen, vorgetragen aber wurde sie nicht wie ein Roman und nicht wie eine Beichte, sondern unbefangen, ja manchmal heiter-geistreich und stets mit der selbstverständlichen Sicherheit dessen, der Erlebtes erzählt und weder zu sparen noch dick aufzutragen braucht.

Nie war der Abt und Reichsfürst besser unterhalten worden. Besondere Reue konnte er im Ton des Beichtenden nicht wahrnehmen, doch hatte er selbst bald vergessen, daß er als Beichtvater und nicht als Zuschauer eines aufregenden Theaterstücks hier sitze.

»Ich habe Sie nun lang genug belästigt«, schloß Casanova endlich. »Manches mag ich vergessen haben, doch kommt es ja wohl auf ein wenig mehr oder minder nicht an. Sind Sie ermüdet, Hochwürden?«

»Durchaus nicht. Ich habe kein Wort verloren.«

»Und darf ich die Absolution erwarten?«

Noch ganz benommen sprach der Abt die heiligen Worte aus, durch welche Casanovas Sünden vergeben waren und die ihn des Sakramentes würdig erklärten.

Jetzt wurde ihm ein Zimmer angewiesen, damit er die Zeit bis morgen in frommer Betrachtung ungestört verbringen könnte. Den Rest des Tages verwendete er dazu, sich den Gedanken ans Mönchwerden zu überlegen. So sehr er Stimmungsmensch und rasch im Ja- oder Neinsagen war, hatte er doch zuviel Selbsterkenntnis und viel zu viel rechnende Klugheit, um

Casanovas Bekehrung

sich nicht voreilig die Hände zu binden und des Verfügungsrechts über sein Leben zu begeben.

Er malte sich also sein zukünftiges Mönchsdasein bis in alle Einzelheiten aus und entwarf einen Plan, um sich für jeden möglichen Fall einer Reue oder Enttäuschung offene Tür zu halten. Den Plan wandte und drehte er um und um, bis er ihm vollkommen erschien, und dann brachte er ihn sorgfältig zu Papier.

In diesem Schriftstück erklärte er sich bereit, als Novize in das Kloster Maria-Einsiedeln zu treten. Um jedoch Zeit zur Selbstprüfung und zum etwaigen Rücktritt zu behalten, erbat er ein zehnjähriges Noviziat. Damit man ihm diese ungewöhnlich lange Frist gewähre, hinterlegte er ein Kapital von zehntausend Franken, das nach seinem Tode oder Wiederaustritt aus dem Orden dem Kloster zufallen sollte. Ferner erbat er sich die Erlaubnis, Bücher jeder Art auf eigene Kosten zu erwerben und in seiner Zelle zu haben; auch diese Bücher sollten nach seinem Tode Eigentum des Klosters werden.

Nach einem Dankgebet für seine Bekehrung legte er sich nieder und schlief gut und fest als einer, dessen Gewissen rein wie Schnee und leicht wie eine Feder ist. Und am Morgen nahm er in der Kirche die Kommunion.

Der Abt hatte ihn zur Schokolade eingeladen. Bei dieser Gelegenheit übergab Casanova ihm sein Schriftstück mit der Bitte um eine günstige Antwort.

Jener las das Gesuch sogleich, beglückwünschte den Gast zu seinem Entschluß und versprach, ihm nach Tisch Antwort zu geben.

»Finden Sie meine Bedingungen zu selbstsüchtig?«

»O nein, Herr Chevalier, ich denke, wir werden wohl einig werden. Mich persönlich würde das aufrichtig freuen. Doch muß ich Ihr Gesuch zuvor dem Konvent vorlegen.«

»Das ist nicht mehr als billig. Darf ich Sie bitten, meine Eingabe freundlich zu befürworten?«

»Mit Vergnügen. Also auf Wiedersehn bei Tische!«

Der Weltflüchtige machte nochmals einen Gang durchs Kloster, sah sich die Brüder an, inspizierte einige Zellen und fand alles nach seinem Herzen. Freudig lustwandelte er durch Einsiedeln, sah Wallfahrer mit einer Fahne einziehen und Fremde in Züricher Mietwagen abreisen, hörte nochmals eine Messe und steckte einen Taler in die Almosenbüchse.

Während der Mittagstafel, die ihm diesmal ganz besonders durch vorzügliche Rheinweine Eindruck machte, fragte er, wie es mit seinen Angelegenheiten stehe.

»Seien Sie ohne Sorge«, meinte der Abt, »obwohl ich Ihnen im Augenblick noch keine entscheidende Antwort habe. Der Konvent will noch Bedenkzeit.«

»Glauben Sie, daß ich aufgenommen werde?«

»Ohne Zweifel.«

»Und was soll ich inzwischen tun?«

»Was Sie wollen. Gehen Sie nach Zürich zurück und erwarten Sie dort unsere Antwort, die ich Ihnen übrigens persönlich bringen werde. Heut über vierzehn Tage muß ich ohnehin in die Stadt, dann suche ich Sie auf, und wahrscheinlich werden Sie dann sogleich mit mir hierher zurückkehren können. Paßt Ihnen das?«

»Vortrefflich. Also heut über vierzehn Tage. Ich wohne im Schwert. Man ißt dort recht gut; wollen Sie dann zu Mittag mein Gast sein?«

»Sehr gerne.«

»Aber wie komme ich heute nach Zürich zurück? Sind irgendwo Wagen zu haben?«

»Sie fahren nach Tisch in meiner Reisekutsche.«

»Das ist allzuviel Güte. —«

»Lassen Sie doch! Es ist schon Auftrag gegeben. Sehen Sie lieber zu, sich noch ordentlich zu stärken. Vielleicht noch ein Stückchen Kalbsbraten?«

Kaum war die Mahlzeit beendet, so fuhr des Abtes Wagen vor. Ehe der Gast einstieg, gab ihm jener noch zwei versiegelte Briefe an einflußreiche Züricher Herren mit. Herzlich nahm Casanova von dem gastfreien Herrn Abschied, und mit dankbaren Gefühlen fuhr er in dem sehr bequemen Wagen durch das lachende Land und am See entlang nach Zürich zurück.

Als er vor seinem Gasthaus vorfuhr, empfing ihn der Diener Leduc mit unverhohlenem Grinsen.

»Was lachst du?«

»Na, es freut mich nur, daß Sie in dieser fremden Stadt schon Gelegenheit gefunden haben, sich volle zwei Tage außer dem Haus zu amüsieren.«

»Dummes Zeug. Geh jetzt und sag dem Wirt, daß ich vierzehn Tage hier bleibe und für diese Zeit einen Wagen und einen guten Lohndiener haben will.«

Casanovas Bekehrung

Der Wirt kam selber und empfahl einen Diener, für dessen Redlichkeit er sich verbürgte. Auch besorgte er einen offenen Mietwagen, da andere nicht zu haben waren.

Am folgenden Tage gab Casanova seine Briefe an die Herren Orelli und Pestalozzi persönlich ab. Sie waren nicht zu Hause, machten ihm aber beide nach Mittag einen Besuch im Hotel und luden ihn für morgen und übermorgen zu Tisch und für heute abend ins Konzert ein. Er sagte zu und fand sich rechtzeitig ein.

Das Konzert, das einen Taler Eintrittsgeld kostete, gefiel ihm gar nicht. Namentlich mißfiel ihm die langweilige Einrichtung, daß Männer und Frauen abgesondert je in einem Teil des Saales saßen. Sein scharfes Auge entdeckte unter den Damen mehrere Schönheiten, und er begriff nicht, warum die Sitte ihm verbiete, ihnen den Hof zu machen. Nach dem Konzert wurde er den Frauen und Töchtern der Herren vorgestellt und fand besonders in Fräulein Pestalozzi eine überaus hübsche und liebenswürdige Dame. Doch enthielt er sich jeder leichtfertigen Galanterie.

Obwohl ihm dies Benehmen nicht ganz leicht fiel, schmeichelte es doch seiner Eitelkeit. Er war seinen neuen Freunden in den Briefen des Abtes als ein bekehrter Mann und angehender Büßer vorgestellt worden und er merkte, daß man ihn mit fast ehrerbietiger Achtung behandelte, obwohl er meist mit Protestanten verkehrte. Diese Achtung tat ihm wohl und ersetzte ihm teilweise das Vergnügen, das er seinem ernsten Auftreten opfern mußte.

Und dieses Auftreten gelang ihm so gut, daß er bald sogar auf der Straße mit einer gewissen Ehrerbietung gegrüßt wurde. Ein Geruch von Askese und Heiligkeit umwehte den merkwürdigen Mann, dessen Leumund so wechselnd war wie sein Leben.

Immerhin konnte er es sich nicht versagen, vor seinem Rücktritt aus dem Weltleben dem Herzog von Württemberg noch einen unverschämt gesalzenen Brief zu schreiben. Das wußte ja niemand. Und es wußte auch niemand, daß er manchmal im Schutz der Dunkelheit abends ein Haus aufsuchte, in dem weder Mönche wohnten noch Psalmen gesungen wurden.

IV

Die Vormittage widmete der fromme Herr Chevalier dem Studium der deutschen Sprache. Er hatte einen armen Teufel von der Straße aufgelesen, einen Genuesen namens Giustiniani. Der saß nun täglich in den Morgenstunden bei Casanova und brachte ihm Deutsch bei, wofür er jedesmal sechs Franken Honorar bekam.

Dieser entgleiste Mann, dem sein reicher Schüler übrigens die Adresse jenes Hauses verdankte, unterhielt seinen Gönner hauptsächlich dadurch, daß er über Mönchtum und Klosterleben in allen Tonarten schimpfte und lästerte. Er wußte nicht, daß sein Schüler im Begriffe stand, Benediktinerbruder zu werden, sonst wäre er zweifellos vorsichtiger gewesen. Casanova nahm ihm jedoch nichts übel. Der Genuese war vor Zeiten Kapuzinermönch gewesen und der Kutte wieder entschlüpft. Nun fand der merkwürdige Bekehrte ein Vergnügen darin, den armen Kerl seine klosterfeindlichen Ergüsse vortragen zu lassen.

»Es gibt aber doch auch gute Leute unter den Mönchen«, wandte er etwa einmal ein.

»Sagen Sie das nicht! Keinen gibt es, keinen einzigen! Sie sind ohne Ausnahme Tagdiebe und faule Bäuche.«

Sein Schüler hörte lachend zu und freute sich auf den Augenblick, in dem er das Lästermaul durch die Nachricht von seiner bevorstehenden Einkleidung verblüffen würde.

Immerhin begann ihm bei dieser stillen Lebensweise die Zeit etwas lang zu werden, und er zählte die Tage bis zum vermutlichen Eintreffen des Abtes mit Ungeduld. Nachher, wenn er dann im Klosterfrieden säße und in Ruhe seinem Studium obläge, würden Langeweile und Unrast ihn schon verlassen. Er plante eine Homerübersetzung, ein Lustspiel und eine Geschichte Venedigs und hatte, um einstweilen doch etwas in diesen Sachen zu tun, bereits einen starken Posten gutes Schreibpapier gekauft.

So verging ihm die Zeit zwar langsam und unlustig, aber sie verging doch, und am Morgen des 23. April stellte er aufatmend fest, daß dies sein letzter Wartetag sein sollte, denn andern Tages stand die Ankunft des Abtes bevor.

Er schloß sich ein und prüfte noch einmal seine weltlichen wie geistlichen Angelegenheiten, bereitete auch das Einpacken seiner Sachen vor und freute sich, endlich dicht vor dem Beginn eines neuen, friedlichen Lebens zu stehen. An seiner Aufnahme in Maria-Einsiedeln zweifelte er nicht, denn nötigenfalls war er entschlossen, das versprochene Kapital zu verdoppeln. Was lag in diesem Falle an zehntausend Franken?

Gegen sechs Uhr abends, da es im Zimmer leis zu dämmern begann, trat er ans Fenster und schaute hinaus. Er konnte von dort den Vorplatz des Hotels und die Limmatbrücke übersehen.

Eben fuhr ein Reisewagen an und hielt vor dem Gasthaus. Casanova schaute neugierig zu. Der Kellner sprang herzu und öffnete den Schlag. Heraus stieg eine in Mäntel gehüllte ältere Frau, dann noch eine, hierauf eine dritte, lauter matronenhaft ernste, ein wenig säuerliche Damen.

»Die hätten auch anderswo absteigen dürfen«, dachte der am Fenster.

Aber diesmal kam das schlanke Ende nach. Es stieg eine vierte Dame aus, eine hohe schöne Figur in einem Kostüm, das damals viel getragen und Amazonenkleid genannt wurde. Auf dem schwarzen Haar trug sie eine kokette, blauseidene Mütze mit einer silbernen Quaste.

Casanova stellte sich auf die Zehen und schaute vorgebeugt hinab. Es gelang ihm, ihr Gesicht zu sehen, ein junges, schönes, brünettes Gesicht mit schwarzen Augen unter stolzen, dichten Brauen. Zufällig blickte sie am Hause hinauf, und da sie den im Fenster Stehenden gewahr wurde und seinen Blick auf sich gerichtet fühlte, seinen Casanovablick, betrachtete sie ihn einen kleinen Augenblick mit Aufmerksamkeit – einen kleinen Augenblick.

Dann ging sie mit den andern ins Haus. Der Chevalier eilte in sein Vorzimmer, durch dessen Glastür er auf den Korridor schauen konnte. Richtig kamen die Viere, und als letzte die Schöne in Begleitung des Wirtes die Treppe herauf und an seiner Türe vorbei. Die Schwarze, als sie sich unversehens von demselben Manne fixiert sah, der sie soeben vom Fenster aus angestaunt hatte, stieß einen leisen Schrei aus, faßte sich aber sofort und eilte kichernd den anderen nach.

Casanova glühte. Seit Jahren glaubte er nichts Ähnliches gesehen zu haben.

»Amazone, meine Amazone!« sang er vor sich hin und warf seinen Kleiderkoffer ganz durcheinander, um in aller Eile große Toilette zu machen. Denn heute mußte er unten an der Tafel speisen, mit den Neuangekommenen! Bisher hatte er sich im Zimmer servieren lassen, um sein weltfeindliches Auftreten zu wahren. Nun zog er hastig eine Sammethose, neue weißseidene Strümpfe, eine goldgestickte Weste, den Gala-Leibrock und seine Spitzenmanschetten an. Dann klingelte er dem Kellner.

»Sie befehlen?«

»Ich speise heute an der Tafel, unten.«

»Ich werde es bestellen.«

»Sie haben neue Gäste?«

»Vier Damen.«

»Woher?«

»Aus Solothurn.«

»Spricht man in Solothurn französisch?«

»Nicht durchwegs. Aber diese Damen sprechen es.«

»Gut. – Halt, noch was. Die Damen speisen doch unten?«

»Bedaure. Sie haben das Souper auf ihr Zimmer bestellt.«

»Da sollen doch dreihundert junge Teufel! Wann servieren Sie dort?«

»In einer halben Stunde.«

»Danke. Gehen Sie!«

»Aber werden Sie nun an der Tafel essen oder –?«

»Gottesdonner, nein! Gar nicht werde ich essen. Gehen Sie.«

Wütend stürmte er im Zimmer auf und ab. Es mußte heut abend etwas geschehen. Wer weiß, ob die Schwarze nicht morgen schon weiterfuhr. Und außerdem kam ja morgen der Abt. Er wollte ja Mönch werden. Zu dumm! Zu dumm!

Aber es wäre seltsam gewesen, wenn der Lebenskünstler nicht doch eine Hoffnung, einen Ausweg, ein Mittel, ein Mittelchen gefunden hätte. Seine Wut dauerte nur Minuten. Dann sann er nach. Und nach einer Weile schellte er den Kellner wieder herauf.

»Was beliebt?«

»Ich möchte dir einen Louisdor zu verdienen geben.«

»Ich stehe zu Diensten, Herr Baron.«

»Gut. So geben Sie mir Ihre grüne Schürze.«

»Mit Vergnügen.«

»Und lassen Sie mich die Damen bedienen.«

»Gerne. Reden Sie bitte mit Leduc, da ich unten servieren muß, habe ich ihn schon gebeten, mir das Aufwarten da oben abzunehmen.«

»Schicken Sie ihn sofort her. – Werden die Damen länger hierbleiben?«

»Sie fahren morgen früh nach Einsiedeln, sie sind katholisch. Übrigens hat die Jüngste mich gefragt, wer Sie seien.«

»Gefragt hat sie? Wer ich sei? Und was haben Sie ihr gesagt?«
»Sie seien Italiener, mehr nicht.«
»Gut. Seien Sie verschwiegen!«
Der Kellner ging und gleich darauf kam Leduc herein, aus vollem Halse lachend.
»Was lachst du, Schaf.«
»Über Sie als Kellner.«
»Also weißt du schon. Und nun hat das Lachen ein Ende oder du siehst nie mehr einen Sou von mir. Hilf mir jetzt die Schürze umbinden. Nachher trägst du die Platten herauf und ich nehme sie dir unter der Tür der Damen ab. Vorwärts!«
Er brauchte nicht lange zu warten. Die Kellnerschürze über der Goldweste umgebunden, betrat er das Zimmer der Fremden.
»Ist's gefällig, meine Damen?«
Die Amazone hatte ihn erkannt und schien vor Verwunderung starr. Er servierte tadellos und hatte Gelegenheit, sie genau zu betrachten und immer schöner zu finden. Als er einen Kapaun künstlerisch tranchierte, sagte sie lächelnd: »Sie servieren gut. Dienen Sie schon lange hier?«
»Sie sind gütig, darnach zu fragen. Erst drei Wochen.«
Als er ihr nun vorlegte, bemerkte sie seine zurückgeschlagenen, aber noch sichtbaren Manschetten. Sie stellte fest, daß es echte Spitzen seien, berührte seine Hand und befühlte die feinen Spitzen. Er war selig.
»Laß das doch!« rief eine der älteren Frauen tadelnd, und sie errötete. Sie errötete! Kaum konnte Casanova sich halten.
Nach der Mahlzeit blieb er, so lange er irgendeinen Vorwand dazu fand, im Zimmer. Die drei Alten zogen sich ins Schlafkabinett zurück, die Schöne aber blieb da, setzte sich wieder und fing zu schreiben an.
Er war endlich mit dem Aufräumen fertig und mußte schlechterdings gehen. Doch zögerte er in der Türe.
»Auf was warten Sie noch?« fragte die Amazone.
»Gnädige Frau, Sie haben die Stiefel noch an und werden schwerlich mit ihnen zu Bett gehen wollen.«
»Ach so, Sie wollen sie ausziehen? Machen Sie sich nicht so viel Mühe mit mir!«
»Das ist mein Beruf, gnädige Frau.«
Er kniete vor ihr auf den Boden und zog ihr, während sie scheinbar weiterschrieb, die Schnürsenkel auf, langsam und sorglich.

»Es ist gut. Genug, genug! Danke.«
»Ich danke vielmehr Ihnen.«
»Morgen abend sehen wir uns ja wieder, Herr Kellner.«
»Sie speisen wieder hier?«
»Gewiß. Wir werden vor Abend von Einsiedeln zurück sein.«
»Danke, gnädige Frau.«
»Also gute Nacht, Kellner.«
»Gute Nacht, Madame. Soll ich die Stubentür schließen oder auflassen?«
»Ich schließe selbst.«
Das tat sie denn auch, als er draußen war, wo ihn Leduc mit ungeheurem Grinsen erwartete.
»Nun?« sagte sein Herr.
»Sie haben Ihre Rolle großartig gespielt. Die Dame wird Ihnen morgen einen Dukaten Trinkgeld geben. Wenn Sie mir aber den nicht überlassen, verrate ich die ganze Geschichte.«
»Du kriegst ihn schon heute, Scheusal.«
Am folgenden Morgen fand er sich rechtzeitig mit den geputzten Stiefeln wieder ein. Doch erreichte er nicht mehr, als daß die Amazone sich diese wieder von ihm anziehen ließ.
Er schwankte, ob er ihr nicht nach Einsiedeln nachfahren sollte. Doch kam gleich darauf ein Lohndiener mit der Nachricht, der Herr Abt sei in Zürich und werde sich die Ehre geben, um zwölf Uhr mit dem Herrn Chevalier allein auf seinem Zimmer zu speisen.
Herrgott, der Abt! An den hatte der gute Casanova nicht mehr gedacht. Nun, mochte er kommen. Er bestellte ein höchst luxuriöses Mahl, zu dem er selber in der Küche einige Anweisungen gab. Dann legte er sich, da er vom Frühaufstehen müde war, noch zwei Stunden aufs Bett und schlief.
Am Mittag kam der Abt. Es wurden Höflichkeiten gewechselt und Grüße ausgerichtet, dann setzten sich beide zu Tisch. Der Prälat war über die prächtige Tafel entzückt und vergaß über den guten Platten für eine halbe Stunde ganz seine Aufträge. Endlich fielen sie ihm wieder ein.
»Verzeihen Sie«, sagte er plötzlich, »daß ich Sie so ungebührlich lange in der Spannung ließ! Ich weiß gar nicht, wie ich das so lang vergessen konnte.«
»O bitte.«
»Nach allem, was ich in Zürich über Sie hörte – ich habe mich be-

greiflicherweise ein wenig erkundigt –, sind Sie wirklich durchaus würdig, unser Bruder zu werden. Ich heiße Sie willkommen, lieber Herr, herzlichst willkommen. Sie können nun über Ihre Tür schreiben: *Inveni portum. Spes et fortuna valete!*«

»Zu deutsch: Lebe wohl, Glücksgöttin; ich bin im Hafen! Der Vers stammt aus Euripides und ist wirklich sehr schön, wenn auch in meinem Falle nicht ganz passend.«

»Nicht passend? Sie sind zu spitzfindig.«

»Der Vers, Hochwürden, paßt nicht auf mich, weil ich nicht mit Ihnen nach Einsiedeln kommen werde. Ich habe gestern meinen Vorsatz geändert.«

»Ist es möglich?«

»Es scheint so. Ich bitte Sie, mir das nicht übel zu nehmen und in aller Freundschaft noch dies Glas Champagner mit mir zu leeren.«

»Auf Ihr Wohl denn! Möge Ihr Entschluß Sie niemals reuen! Das Weltleben hat auch seine Vorzüge.«

»Die hat es, ja.«

Der freundliche Abt empfahl sich nach einer Weile und fuhr in seiner Equipage davon. Casanova aber schrieb Briefe nach Paris und Anweisungen an seinen Bankier, verlangte auf den Abend die Hotelrechnung und bestellte für morgen einen Wagen nach Solothurn.

(1906)

Maler Brahm

Unter den Verehrern der schönen Sängerin Lisa war Reinhard Brahm, der bekannte Maler, jedenfalls der merkwürdigste.

Als er Lisa kennen lernte, war er vierundvierzig Jahre alt und hatte seit mehr als zehn Jahren das Leben eines weltfremden Einsiedlers geführt. Nach einigen Jahren zielloser Bummelei und unruhiger Genußsucht war er in eine asketische Einsamkeit untergetaucht, und im Kampf um seine Kunst schien ihm jedes Verhältnis zum täglichen Leben verlorengegangen zu sein. Fieberhaft arbeitend, vergaß er Geselligkeit und Gespräch, versäumte Mahlzeiten, ließ sein Äußeres verwahrlosen und war bald genug vergessen. Indessen malte er verzweifelt. Er malte fast nichts andres als die Stunde der Dämmerung, das Untergehen der Formen, den Kampf der Umrisse mit der vernichtenden Finsternis.

Er malte eine kaum mehr sichtbare Flußbrücke, auf der eben die erste Laterne aufflammte. Er malte eine Pappel, die im Abenddämmern verschwand und nur noch mit dem äußersten Wipfel in den matten Späthimmel stand. Und schließlich malte er eine Vorstadtstraße bei Einbruch der Herbstnacht, ein ungemein schlichtes Bild von dunkler Gewalt. Damit wurde er bekannt, und von da an galt er für einen Meister, doch schien er sich wenig daraus zu machen.

Immerhin kamen nun öfters Menschen zu ihm, und da er kein Talent zum Grobsein hatte, geriet er langsam und mit Widerstreben allmählich wieder in eine kleine, doch recht auserlesene Gesellschaft, an welcher er meist schweigend teilnahm. Sein Atelier blieb für jedermann verschlossen. Nun war ihm vor einigen Wochen Lisa begegnet, und der schon ein wenig alternde Einsiedler hatte sich in die merkwürdige Schönheit mit später Leidenschaft verliebt. Sie war etwa fünfundzwanzigjährig, schlank und von ausgesprochen keltischer Schönheit.

So kühl und hochmütig die verwöhnte Sängerin war, das Außerordentliche dieser Liebe begriff sie doch und wußte es zu schätzen. Ein Mann mit berühmtem Namen, der für unnahbar und fast apathisch galt, war in sie verliebt.

Sie fragte ihn, ob sie sein Atelier sehen dürfe. Und er lud sie ein. Er

empfing sie in dem Raum, den in zehn Jahren außer ihm und dem Diener niemand betreten hatte. Studien und Bilder, die er niemand gezeigt hatte, besah sie mit ihrem klugen, aparten, hochmütigen Gesicht.
»Gefällt Ihnen etwas davon?« fragte Brahm.
»O, alles.«
»Sie verstehen es? Ich meine, Sie begreifen, um was mir zu tun war? Es sind ja schließlich nur Bilder, aber ich habe mich viel damit geplagt ...«
»Die Bilder sind wundervoll.«
»Nun, die paar Bilder! Dafür, daß ein halbes Leben an sie verbraucht worden ist, sind sie recht wenig. Ein halbes Leben! Aber einerlei –«
»Sie können stolz sein, Herr Brahm.«
»Stolz? Das ist viel gesagt. Befriedigt sein wäre schon viel. Aber man ist nie zufrieden. Die Kunst befriedigt nie. Doch, wie gesagt, gefällt Ihnen etwas davon? Ich möchte es Ihnen nämlich gern schenken.«
»Was denken Sie? Ich könnte ja nicht –«
»Fräulein Lisa, alle diese Sachen hab' ich doch nur für mich selber gemalt. Es war niemand da, dem ich damit eine Freude hätte machen wollen. Und nun sind Sie da, und gerade Ihnen würde ich gern eine kleine Freude machen, ein kleiner Gruß – verstehen Sie – ein Künstler dem andern. Darf ich das wirklich nicht? Es wäre doch schade.« Verwundert gab sie nach, und noch am gleichen Tage schickte er ihr das Bild mit der Pappel, seinen Liebling.

Von da an verkehrte er bei ihr. Er besuchte sie je und je, und zuweilen bat er sie, ihm etwas zu singen. Dann war er einmal gekommen und in der Hilflosigkeit seiner Leidenschaft zudringlich geworden. Sie hatte die Entrüstete gespielt, er war darauf demütig und traurig geworden und hatte um Verzeihung gebeten, fast unter Tränen, und seither beherrschte und quälte sie ihn mit allen Launen einer Schönheit, die hundert Verehrer hat. Und seither wußte er, daß die, die er liebte, ihm nicht ähnlich war, nicht eine einfache und gute Natur wie er, nicht eine ehrliche und unverbogene Künstlerseele wie er, sondern ein Weib voll launischer Eitelkeit, eine Komödiantin. Aber er liebte sie, und mit jedem Flecken, den er an ihr wahrnehmen mußte, wuchs sein Schmerz, wuchs aber auch seine Liebe. Er mied sie zuweilen, aber nur um sie zu schonen, und behandelte sie im übrigen mit einer ungewandten, aber rührenden Rücksicht und Zartheit. Und sie ließ ihn warten. Während sie ihn im persönlichen Umgang sich fern hielt und quälte, behandelte sie ihn vor andern doch wie einen begünstigten Verehrer, und er wußte nicht, geschah das aus Eitelkeit oder aus uneingestandener Neigung. Es kam vor, daß sie in irgendeiner Gesellschaft unvermutet »lieber Brahm« zu ihm sagte, seinen Arm nahm und vertraulich mit ihm tat. In ihm stritt dann Dankbarkeit mit Mißtrauen. Ein paarmal tat sie ihm auch schön und sang ihm zu Hause vor. Dann hatte er, wenn er ihr die Hand küßte und Dank sagte, Tränen in den Augen. Das ging ein paar Wochen. Dann wurde es Brahm zuviel. Die unwürdige Rolle eines dekorativen Verehrers wurde ihm zum Ekel. Mißmut machte ihm die Arbeit unmöglich, und leidenschaftliche Erregung raubte ihm den Schlaf. Eines Herbstabends packte er Malgerät und Wäsche in einen Koffer und reiste am folgenden Morgen fort. In einem oberrheinischen Dorfe stieg er im Wirtshaus ab. Tagsüber wanderte er am Rhein entlang und auf den Hügeln umher, abends saß er am Wirtstisch vor einem Glas Landwein und rauchte eine Zigarre um die andre.

Nach acht und nach zehn Tagen hatte er noch immer nicht begonnen zu arbeiten. Dann zwang er sich und spannte eine Leinwand auf. Aber zwei, drei angefangene Studien warf er wieder weg. Es ging nicht. Die einseitige, asketische Hingabe an die Arbeit, das gespannte, einsame Lauern auf verschwimmende Linien, brechende Lichter, aufgelöste Formen, die ganze einsiedlerische Künstlerschaft vieler Jahre war erschüttert, unterbrochen, vielleicht verloren. Es gab nun andres, was ihn beschäftigte, andres, wovon er träumte, andres, wonach er begehrte. Es mochte Menschen geben, die sich teilen konnten, deren Fähigkeiten und Leben vielfältig war; er aber hatte nur eine Seele, nur eine Liebe, nur eine Kraft.

Die Sängerin war zufällig allein zu Hause, als Reinhart Brahm sich melden ließ. Sie erschrak, als er hereinkam und ihr die Hand entgegenstreckte. Er sah alt und vernachlässigt aus, und als sie seinem leidend glühenden Blick begegnete, sah sie ein, daß es gefährlich gewesen war, mit diesem Menschen zu spielen.

»Sie sind zurück, Herr Brahm?«

»Ja, ich bin gekommen, um mit Ihnen zu reden, Fräulein Lisa. Verzeihen Sie, ich hätte es gern vermieden, aber es geht nun doch nicht anders. Ich muß Sie bitten, mich anzuhören.«

»Nun denn, wenn Sie darauf bestehen. Obschon –«

»Danke. Meine Sache ist bald erzählt. Sie wissen, daß ich Sie liebe. Ich habe Ihnen früher einmal gesagt, daß ich nicht mehr ohne Sie leben könnte. Jetzt weiß ich, daß das wahr ist. Ich habe inzwischen den Versuch gemacht, ohne Sie zu leben. Ich kehrte zu meiner Arbeit zurück. Zehn Jahre lang, ehe ich Sie kannte, habe ich gemalt, nichts getan als gemalt. Das wollte ich nun wieder tun, still sein und malen, nichts denken und nichts begehren, als Bilder zu malen. Und es ist nicht gegangen.«

»Nicht gegangen?«

»Nein. Es fehlte am Gleichgewicht, verstehen Sie. Früher war das Malen mein Einziges, meine Sorge und meine Liebe, meine Sehnsucht und meine Befriedigung. Es schien mir, mein Leben wäre schön und reich genug, wenn es mir gelänge, noch eine Anzahl Bilder von der Art zu malen, die kein andrer machen könnte. Darum war meine Arbeit gut. Und jetzt geht mein Verlangen nach anderem. Jetzt weiß ich nichts zu wünschen als Sie, und es gibt nichts, was ich nicht für Sie gern hingäbe. Darum bin ich nochmals gekommen, Lisa. Wenn Sie mir gehören wollten, wäre mir das bißchen Malerei einerlei. – Geben Sie mir also eine Antwort! So wie es war, kann es nicht bleiben. Ich biete mich Ihnen an, wie Sie mich wollen. Wenn Sie nicht heiraten mögen, dann ohne Heirat. Das liegt bei Ihnen.«

»Also ein Heiratsantrag!«

»Wenn Sie wollen, ja. Ich bin nicht mehr jung, aber ich habe nie in meinem Leben geliebt. Was ich von Wärme und Sorge und Treue zu geben habe, gehört Ihnen allein. – Ich bin reich. –«

»O –«

»Verzeihen Sie. Ich meine nur, ich brauche nicht vom Malen zu leben. Lisa, verstehen Sie mich wirklich nicht? Sehen Sie nicht, daß ich mein Leben in Ihre Hand lege? Sagen Sie mir ein Wort!«

Es entstand ein peinliches Schweigen. Sie wagte nicht, ihn anzusehen, sie hielt ihn für halb krank. Endlich redete sie, schonend und freundlich. Aber er verstand beim ersten Wort. Sie stellte ihm vor, wie sehr er sie überrascht habe, wie wichtig seine Frage auch für ihr ganzes Leben sei, sie redete ihm zu wie einem ungestümen Knaben, dem man einen Herzenswunsch nicht mit einem Wort abschlagen will. Er lächelte.

»Sie sind so gütig«, sagte er. »Nicht wahr, Sie haben Angst für mich, und auch ein wenig Angst vor mir?«

Betroffen sah sie ihn an. Er fuhr fort.

»Ich danke Ihnen, Fräulein Lisa. Sie wollten nicht so geradezu Nein sagen. Aber ich habe schon verstanden. Also danke schön, und leben Sie wohl!«

Sie wollte ihn zurückhalten.

»Nein«, sagte er, »lassen Sie nur! Ich gehe nicht, um Gift zu nehmen. Wirklich nicht. Leben Sie wohl!«

Sie gab ihm die Hand. Er hielt sie fest, führte sie an die Lippen, ohne sich zu bücken, besann sich einen Augenblick, gab sie dann plötzlich frei und ging hinaus. Im Gang gab er sogar dem Mädchen ein Trinkgeld.

Brahm hatte nun eine schwere Zeit. Er wußte genau, daß nur Arbeit ihn ins Leben zurückführen konnte, aber lange Zeit verzweifelte er daran, je wieder die selbstlose Vergessenheit seiner guten Jahre zu gewinnen. In jenem Dorf am Oberrhein hatte er sich eingemietet und strich in der Gegend umher, sah immer wieder in den vom Herbstnebel bis zur Unwirklichkeit verwischten Uferstrichen und Baumgruppen künftige Bilder und konnte doch keine paar Stunden stillsitzen und das vergessen, was er durchaus vergessen wollte. Gesellschaft hatte er nicht, er hätte bei seinen sonderlinghaften Einsiedlergewohnheiten auch nichts mit ihr anzufangen gewußt.

Eines Abends, nachdem er in trostlosem Hinbrüten seine gewohnte Flasche Wein getrunken hatte, fürchtete er das frühe Zubettgehen und ließ sich, ohne viel dabei zu denken, eine zweite Flasche geben. Mit schweren Gliedern legte er sich dann ziemlich berauscht nieder, schlief wie ein Stein und erwachte spät am andern Tage mit einem sonderbar ungewohnten Gefühl müder Willenlosigkeit, das ihn den halben Tag verträumen ließ.

Zwei Tage später, als das alte Leidwesen wieder mächtig werden wollte, probierte er dasselbe Mittel, und dann mehrmals wieder. Eines Tages spannte er, trotz der nassen Kühle, draußen eine neue Leinwand auf. Eine Reihe Studien entstand. Große Pakete aus Karlsruhe und München kamen an, Sendungen von Kartons, Holztafeln, Farben. Innerhalb sechs Wochen wurde nahe beim Stromufer ein primitives Atelier gebaut. Und bald nach Weihnachten war ein großes Bild fertig, »Erlen im Nebel«, und gilt jetzt für eines der besten Werke des Malers.

Auf diese erregte, köstlich fieberische Arbeitszeit folgte ein Rückschlag. Tagelang trieb sich Brahm draußen herum, bei Schnee und Sturm, um schließlich irgendwo in einer Dorfschenke nach einer stillen Zecherei betrunken ins Bett geschafft zu werden. Tagelang lag er auch im Atelier auf ein paar Decken, mit wüstem Kopf und voll Jammer und Ekel.

Aber im Frühjahr malte er wieder.

So trieb er es nun Jahr um Jahr. Öfters gelang es ihm, wochenlang müßig zu sein und doch zu arbeiten. Dann kam wieder ein Umfall. Und schließlich brachte er einmal, nach einem zornig vertrunkenen Tage, eine kalte Märznacht auf dem freien Feld zu, erkältete sich schwer und starb einsam und schlecht verpflegt. Er war schon begraben, als auf die Notiz einer Zeitung hin ein Verwandter hergereist kam, um nach ihm zu sehen. Unter den Bildern, die er hinterließ, war ein merkwürdiges Selbstporträt aus seiner letzten Zeit. Ein gründlich und rücksichtslos studierter Kopf, häßlich verwahrloste Züge eines alternden Trinkers, leicht grinsend, und ein unentschlossen trauriger Blick. Aus irgendeinem Grunde hatte Brahm jedoch über das fertig ausgeführte, gewiß nicht ohne peinliche Selbstironie gemalte Bild kreuzweis zwei dicke rote Pinselstriche gezogen.

(1906)

Eine Fußreise im Herbst

Seeüberfahrt

Ein sehr kühler Abend, feucht, ungastlich und früh dunkelnd. Auf einem steilen Sträßlein, zum Teil lehmiger Hohlweg, war ich vom Berge herabgestiegen und stand am Seeufer allein und fröstelnd. Nebel rauchte jenseits von den Hügeln, der Regen hatte sich erschöpft, und es fielen nur noch einzelne Tropfen, kraftlos und vom Winde vertrieben.

Am Strande lag ein flaches Boot halb auf den Kies gezogen. Es war gut imstande, sauber gemalt, kein Wasser am Boden, und die Ruder schienen ganz neu zu sein. Daneben stand eine Wartehütte aus Tannenbrettern, unverschlossen und leer. Am Türpfosten hing ein altes messingenes Horn, mit einer dünnen Kette befestigt. Ich blies hinein. Ein zäher, unwilliger Ton kam heraus und flog träge dahin. Ich blies noch einmal, länger und stärker. Dann setzte ich mich ins Boot und wartete, ob jemand käme.

Der See war nur leicht bewegt. Ganz kleine Wellen schlugen mit schwächlichem Klatschen an die dünnen Bootswände. Mich fror ein wenig, und ich wickelte mich fest in meinen weiten, regenfeuchten Mantel, steckte die Hände unter die Achseln und betrachtete die Seefläche.

Eine kleine Insel, dem Anschein nach nur ein stattlicher Felsen, ragte in der Seemitte schwärzlich aus dem bleifarbenen Wasser. Ich würde, wenn sie mein wäre, einen Turm darauf bauen lassen, mit wenigen Zimmern und quadratischem Grundriß. Ein Schlafzimmer, ein Wohnzimmer, ein Eßzimmer und eine Bibliothek.

Dann würde ich einen Wärter hineinsetzen, der müßte alles in Ordnung halten und jede Nacht im obersten Zimmer Licht brennen. Ich aber würde weiterreisen und wüßte nun zu jeder Zeit eine Zuflucht und Ruhestätte auf mich warten. In fernen Städten würde ich jungen Frauen von meinem Turm im See erzählen.

»Ist auch ein Garten dabei?« würde vielleicht eine fragen. Und ich: »Ich weiß nicht mehr, ich war so lange nimmer dort. Wollen Sie, daß wir hinreisen?«

Sie würde lachen, und der Blick ihrer hellbraunen Augen würde sich plötzlich verändern. Möglich auch, daß ihre Augen blau sind oder schwarz, und ihr Gesicht und Nacken bräunlich, und ihr Kleid dunkelrot mit Pelzbesätzen.

Wenn es nur nicht so kühl gewesen wäre! Eine Verdrießlichkeit wuchs in mir herauf.

Was geht mich die schwarze Felseninsel an? Sie ist lächerlich klein, wenig besser als ein Vogeldreck, und man könnte auf ihr überhaupt nicht bauen. Wozu auch, bitte? Und was liegt daran, ob eine junge Frau, die ich mir erdenke und der ich möglicherweise, falls sie wirklich existierte, mein Turmschloß zeigen würde, falls ich eines hätte – ob diese junge Frau blond ist oder braun und ob ihr Kleid einen Pelzbesatz hat oder Spitzen oder gewöhnliche Litzen? Wären mir Litzen etwa nicht gut genug?

Gott bewahre, ich gab den Pelzbesatz, den Turm und die Insel preis, rein um des Friedens willen. Meine Verdrießlichkeit kassierte die Bilder mürrisch, schwieg und nahm zu statt ab.

»Bitte«, fragte sie nach einer Weile wieder, »wozu sitzt du eigentlich hier, an einem weltfremden Ort, in der Nässe am Strand und frierst?«

Da knirschte der Kies, und eine tiefe Stimme rief mich an. Es war der Fährmann.

»Lang gewartet?« fragte er, während ich ihm das Boot ins Wasser schieben half.

»Gerade lang genug, scheint mir. Jetzt also los!«

Wir hängten zwei Paar Ruder ein, stießen ab, drehten und probierten den Takt aus, dann arbeiteten wir schweigend mit starken Schlägen. Mit dem Erwärmen der Glieder und mit der flotten, taktfesten Bewegung kam ein anderer Geist in mir auf und machte dem fröstelnd trägen Unmut ein rasches Ende.

Der Schiffsmann war graubärtig, groß und mager. Ich kannte ihn, er hatte mich vor Jahren mehrmals gerudert; doch erkannte er mich nicht wieder.

Wir hatten eine halbe Stunde zu rudern, und während wir unterwegs waren, ward es vollends Nacht. Mein linkes Ruder rieb in seiner Öse bei jedem Zuge mit rostig knarrendem Ton, unter dem Vorderteil des Bootes schlug das schwache Gewoge unregelmäßig mit hohlem Geräusch an den Schiffsboden. Ich hatte zuerst den Mantel, dann auch noch die Jacke ausgezogen und neben mich gelegt, und als wir uns dem jenseitigen Ufer näherten, war ich leicht in Schweiß geraten.

Jetzt spielten vom Strande her Lichter auf dem dunkeln Wasser, zuckten springend in gebrochenen Linien und blendeten mehr, als sie leuchteten. Wir stießen ans Land, der Fährmann warf seine Bootskette um einen dikken Pfahl. Aus dem schwarzen Torbogen trat der Zöllner mit einer Laterne. Ich gab dem Schiffsmann seinen kleinen Lohn, ließ den Zöllner an meinem Mantel schnuppern und zog mir die Hemdärmel unter der Jacke zurecht.

Im Augenblick, da ich wegging, fiel mir der vergessene Name des Schiffers wieder ein. »Gut Nacht, Hans Leutwin«, rief ich ihm zu und ging davon, während er, die Hand vorm Auge, mir erstaunt und brummend nachglotzte.

Im Goldenen Löwen

In dem alten Städtlein, das ich nun vom Seegestade her durch einen hohen Torbogen betrat, begann erst eigentlich meine Lustreise. In diesen Gegenden hatte ich vorzeiten eine Weile gelebt und mancherlei Sanftes und Herbes erfahren, wovon ich jetzt da oder dort noch einen Nachklang anzutreffen hoffte.

Ein Gang durch nächtige Straßen, von erleuchteten Fenstern her spärlich bestrahlt, an alten Giebelformen und Vortreppen und Erkern vorüber. In der schmalen, krummen Maiengasse hielt mich vor einem altmodischen Herrenhause ein Oleanderbaum mit ungestümer Mahnung fest. Ein Feierabendbänklein vor einem andern Hause, ein Wirtsschild, ein Laternenpfahl taten dasselbe, und ich war erstaunt, wieviel längst Vergessenes in mir doch nicht vergessen war. Zehn Jahre hatte ich das Nest nimmer gesehen, und nun wußte ich plötzlich alle Geschichten jener merkwürdigen Jünglingszeit wieder.

Da kam ich auch am Schloß vorbei, das stand mit schwarzen Türmen und wenigen roten Fensterviereckern kühn und verschlossen in der regnerischen Herbstnacht. Damals als junger Kerl ging ich abends selten dran vorüber, ohne daß ich mir im obersten Turmzimmer eine Grafentochter einsam weinend dachte, und schlich mich mit Mantel und Strickleiter über halsbrechenden Mauern, bis an ihr Fenster empor.

»Mein Retter«, stammelte sie freudig erschrocken.

»Vielmehr Ihr Diener«, antwortete ich mit einer Verbeugung. Dann trug ich sie sorgsam die ängstlich schaukelnde Leiter hinab – ein Schrei, der Strick war gerissen – ich lag mit gebrochenem Bein im Graben, und neben mir rang die Schöne ihre schlanken Hände.

»O Gott, was nun? Wie soll ich Ihnen helfen?«

»Retten Sie sich, Gnädigste, ein treuer Knecht wartet Ihrer bei der hintern Pforte.«

»Aber Sie?«

»Eine Kleinigkeit, seien Sie unbesorgt! Ich bedaure nur, Sie für heute nicht weiter begleiten zu können.«

Es hatte seither, wie ich aus der Zeitung wußte, im Schloß gebrannt; doch sah man, wenigstens jetzt bei Nacht, keine Spuren davon, es war alles wie früher. Ich betrachtete mir den Umriß des alten Gebäudes eine kleine Weile, dann bog ich in die nächste Gasse ein. Und da hing auch noch derselbe groteske Blechlöwe im Schild des ehrwürdigen Wirtshauses. Hier beschloß ich einzukehren und um Nachtlager zu fragen.

Ein gewaltiger Lärm schlug mir aus dem weiten Portal entgegen, Musik, Geschrei, Hin und Wider der Dienerschaft, Gelächter und Pokulieren, und im Hof standen abgeschirrte Wagen, an denen Kränze und Girlanden aus Tannenreis und Papierblumen hingen. Beim Eintreten fand ich den Saal, die Wirtsstube und sogar noch das Nebenzimmer von einer fröhlichen Hochzeitsgesellschaft besetzt. An ein ruhiges Abendessen, eine beschaulich erinnerungsselige Dämmerstunde beim einsamen Schoppen und ein frühes, friedliches Schlafengehen war da nicht zu denken.

Indem ich die Saaltüre öffnete, drang ein ausgesperrter kleiner Hund zwischen meinen Beinen durch in den Raum, ein schwarzer Spitzerhund, und stürzte mit wütendem Freudengebell unter den Tischen hindurch seinem Herrn entgegen, den er sogleich erblickt hatte, denn er stand gerade aufrecht an der Tafel und hielt eine Rede.

»– und also, meine verehrten Herrschaften«, rief er mit rotem Gesicht und überlaut, da fuhr wie ein Sturm der Hund an ihm hinauf, kläffte freudig und unterbrach die Rede. Gelächter und Scheltworte erklangen durcheinander, der Redner mußte seinen Hund hinausbringen, die verehrten Herrschaften grinsten schadenfroh und tranken einander zu. Ich drückte mich beiseite, und als der Herr des Spitzerhundes wieder an seinem Platz und wieder in seiner Rede war, hatte ich das Nebenzimmer erreicht, legte Hut und Mantel weg und setzte mich ans Ende eines Tisches.

An vortrefflichen Speisen fehlte es heute nicht. Und schon während ich am Hammelbraten arbeitete, erfuhr ich von meinem Tischnachbarn das Nötigste über die Hochzeit. Das Paar war mir nicht bekannt, wohl aber eine große Zahl der Gäste – Gesichter, die mir vor Jahren vertraut gewesen waren und die mich nun, viele schon im halben Rausch, beim Schein der Lampen umgaben, mehr oder minder verändert und gealtert. Einen feinen Bubenkopf mit ernsten Augen, mager und zart geschnitten, sah ich wieder – erwachsen, lachend, schnurrbärtig, eine Zigarre im Mund, und ehemalige junge Burschen, denen das Leben um einen Kuß und die Welt um einen Narrenstreich feil gewesen war, staken nun in Backenbärten, hatten die Hausfrau bei sich und regten sich in Philistergesprächen über Bodenpreise und Änderungen des Eisenbahnfahrplans auf.

Alles war verändert und doch noch lächerlich kenntlich, und am wenigsten verändert war erfreulicherweise die Wirtsstube und der gute weiße Landwein. Der floß noch wie je so herb und freudig, blinkte gelblich im fußlosen Glase und weckte in mir das schlummernde Gedächtnis zahlreicher Kneipnächte und Kneipenstreiche. Mich aber kannte niemand wieder, und ich saß im Getümmel und nahm am Gespräch teil als ein zufällig hereinverschlagener Fremder.

Gegen Mitternacht, nachdem auch ich einen Becher oder zwei über den Durst genossen hatte, gab es einen Streit. Um eine Bagatelle, die ich schon am andern Tag vergessen hatte, ging es los, hitzige Worte klangen, und drei, vier halbberauschte Männer schrien zornig auf mich ein. Da hatte ich genug und stand auf.

»Danke, meine Herren, an Händeln liegt mir nichts. Übrigens sollte der Herr da sich nicht so unnötig erhitzen, er hat ja ein Leberleiden.«

»Woher wissen Sie das?« rief er noch barsch, aber verblüfft.

»Ich sehe es Ihnen an, ich bin Arzt. Sie sind fünfundvierzig Jahre alt, nicht wahr?«

»Stimmt.«

»Und haben vor etwa zehn Jahren eine schwere Lungenentzündung durchgemacht?«

»Herrgott, ja. An was sehen Sie denn das?«

»Ja, das sieht man eben, wenn man geübt ist. Also gute Nacht, Ihr Herren!«

Sie grüßten alle ganz höflich, der Leberleidende machte sogar eine Verbeugung. Ich hätte ihm auch noch seinen Vor- und Zunamen und den seiner Frau sagen können, ich kannte ihn gut und hatte früher manches Feierabendgespräch mit ihm gehabt.

In meiner Schlafkammer wusch ich mir das heiße Gesicht, schaute vom Fenster über die Dächer weg auf den blassen See hinüber und ging dann zu Bett. Eine Zeitlang hörte ich noch dem langsam abnehmenden Festlärmen zu, dann überkam mich die Müdigkeit, und ich schlief bis zum Morgen.

Sturm

Am verstürmten Himmel trieben zerfaserte Wolkenbänder, grau und lila, und ein heftiger Wind empfing mich, als ich am nächsten Vormittag nicht zu früh meine Weiterreise antrat. Bald war ich oben auf dem Hügelkamm und sah das Städtchen, das Schloß, die Kirche und den kleinen Bootshafen eng und spielzeughaft am Gestade unter mir liegen. Schnurrige Geschichten aus der Zeit meines früheren Hierseins fielen mir ein und machten mich lachen. Das konnte ich brauchen, denn je näher ich dem Ziel meiner Wanderung rückte, desto befangener und schwüler wurde mir, ohne daß ich es mir gestehen mochte, das Herz.

Das Gehen in der kühlen sausenden Luft tat mir wohl. Ich hörte dem ungestümen Wind zu und sah im Vorwärtsschreiten auf dem Gratsteig mit aufregender Wonne die Landschaft weiter und gewaltiger werden. Von Nordost her hellte der Himmel auf, dorthinüber war die Aussicht frei und zeigte lange, bläuliche Gebirgszüge in großartiger Ordnung aufgebaut.

Der Wind nahm zu, je höher ich kam. Er sang herbstlich toll, mit Stöhnen und mit Lachen, fabelhafte Leidenschaften andeutend, neben denen unsere nur Kindereien wären. Er schrie mir niegehörte, urweltliche Worte ins Ohr, wie Namen alter Götter. Er strich über den ganzen Himmel hinweg die irrenden Wolkentrümmer zu parallelen Streifen aus, in deren Linie etwas widerwillig Gebändigtes lag und unter welchen die Berge sich zu bücken schienen.

Dem Brausen der Lüfte und dem Anblick der weiten Bergländer wich die leise Befangenheit und Bänglichkeit meiner Seele. Daß ich einem Wiedersehen mit meiner Jugendzeit und einem Kreise noch ungewisser Erregungen entgegenging, war nicht mehr so wichtig und beherrschend, seit Weg und Wetter mir lebendig geworden waren.

Bald nach Mittag stand ich ausruhend auf dem höchsten Punkte des Höhenweges, und mein Blick flog suchend und bestürzt über das ungeheuer ausgebreitete Land hinweg. Grüne Berge standen da und weiter entfernt blaue Waldberge und gelbe Felsberge, tausendfach gefaltete Hügelgelände, dahinter das Hochgebirg mit jähen Steinzacken und bleichen Schneepyramiden. Zu Füßen in seiner ganzen Fläche der große See, meerblau mit weißen Wellenschäumen, zwei vereinzelte flüchtige Segel darauf, geduckt hingleitend, an den grün und braunen Ufern lodernd gelbe Weinberge, farbige Wälder, blanke Landstraßen, Bauerndörfer in Obstbäumen, kahlere Fischerdörfer, hell und dunkel getürmte Städte. Über alles weg bräunliche Wolken fegend, dazwischen Stücke eines tief klaren, grünblau und opalfarben durchleuchteten Himmels, Sonnenstrahlen fächerförmig aufs Gewölk gemalt. Alles bewegt, auch die Bergreihen wie hinflutend und die ungleich beleuchteten Alpengipfel jäh, unstet und springend.

Mit dem Sturm- und Wolkentreiben flog auch mein Fühlen und Begehren ungestüm und fiebernd über die Weite, ferne Schneezacken umarmend und flüchtig in hellgrünen Seebuchten rastend. Alte, betörende Wandergefühle liefen wechselnd und farbig wie Wolkenschatten über meine Seele, Empfindung der Trauer über Versäumtes, Kürze des Lebens und Fülle der Welt, Heimatlosigkeit und Heimatsuchen, wechselnd mit einem hinströmenden Gefühl der völligen Loslösung von Raum und Zeit.

Langsam verrannen die Wogen, sangen und schäumten nicht mehr, und mein Herz wurde still und ruhte unbewegt, wie ein Vogel in großen Höhen.

Da sah ich mit Lächeln und wiederkehrender Wärme Straßenkrümmen, Waldkuppen und Kirchtürme der vertrauten Nähe; das Land meiner schönen Jünglingsjahre blickte mich unverändert mit den alten Augen an. Wie ein Soldat auf seiner Landkarte den Feldzug von damals aufsucht und überliest, von Rührung so sehr wie vom Gefühl der Geborgenheit erwärmt, las ich in der herbstfarbenen Landschaft die Geschichte vieler wundervoller Torheiten und die schon fast zur Sage verklärte Geschichte einer gewesenen Liebe.

Erinnerungen

In einem ruhigen Winkel, wo mir ein breiter Felsen den Sturm abhielt, aß ich zu Mittag, Schwarzbrot, Wurst und Käse. – Nach ein paar Stunden Bergaufmarsch bei starkem Winde der erste Biß in ein belegtes Brot – das ist eine Lust, fast die einzige, die noch das ganze durchdringend Köstliche, bis zur Sättigung Beglückende der echten Knabenfreuden hat.

Morgen werde ich vielleicht an der Stelle im Buchenwald vorüberkommen, an der ich den ersten Kuß von Julie bekam. Auf einem Ausflug des Bürgervereins Konkordia, in den ich Julies wegen eingetreten war. Am Tag nach jenem Ausflug trat ich wieder aus.

Und übermorgen vielleicht, wenn es glückt, werde ich sie selber wiedersehen. Sie hat einen wohlhabenden Kaufmann namens Herschel geheiratet, und sie soll drei Kinder haben, von denen eins ihr auffallend gleicht und auch Julie heißt. Mehr weiß ich nicht, es ist auch mehr als genug.

Aber ich weiß noch genau, wie ich ihr ein Jahr nach meiner Abreise aus der Fremde schrieb, daß ich keine Aussicht auf Stellung und Geldverdienst habe und daß sie nicht auf mich warten möge. Sie schrieb zurück, ich solle mir und ihr das Herz nicht unnötig schwer machen; sie werde da sein, wenn ich wiederkäme, sei es bald oder spät. Und ein halbes Jahr später schrieb sie doch wieder und bat sich frei, für jenen Herschel, und im Leid und Zorn der ersten Stunde schrieb ich keinen Brief, sondern telegraphierte ihr mit meinem letzten Geld, vier oder fünf geschäftsmäßige Worte. Die gingen übers Meer und waren nicht zu widerrufen.

Es geht so närrisch im Leben zu! War es Zufall oder Schicksalshohn, oder kam es vom Mut der Verzweiflung – kaum lag das Liebesglück in Scherben, da kam Erfolg und Gewinn und Geld wie hergezaubert, da war das nimmer Erhoffte im Spiel erreicht und war doch wertlos. Das Schicksal hat Mucken, dachte ich, und vertrank mit Kameraden in zwei Tagen und Nächten eine Brusttasche voll Banknoten.

Doch an diese Geschichten dachte ich nicht lange, als ich nach der Mahlzeit mein leeres Wurstpapier dem Winde hinwarf und, in den Mantel gewickelt, Mittagsrast hielt. Ich dachte lieber an meine damalige Liebe und an Julies Gestalt und Gesicht, das schmale Gesicht mit den noblen Brauen und großen dunkeln Augen. Und dachte lieber an den Tag im Buchenwald, wie sie langsam und widerstrebend mir nachgab und dann bei meinen Küssen zitterte und dann endlich wiederküßte und ganz leise, wie aus einem Traum hervor, lächelte, während noch Tränen an ihren Wimpern glänzten.

Vergangene Dinge! Das Beste daran war aber nicht das Küssen und nicht das abendliche Zusammenpromenieren und Heimlichtun. Das Beste war die Kraft, die mir aus jener Liebe floß, die fröhliche Kraft, für sie zu leben, zu streiten, durch Feuer und Wasser zu gehen. Sich wegwerfen können für einen Augenblick, Jahre opfern können für das Lächeln einer Frau, das ist Glück. Und das ist mir unverloren.

Pfeifend stand ich auf und ging weiter.

Als die Straße jenseits vom Hügelkamm abwärts sank und ich genötigt war, vom Anblick der Seeweite Abschied zu nehmen, lag eben die Sonne, schon dem Untergehen nah, im Kampf mit trägen, gelben Wolkenmassen, die sie langsam umschleierten und verschlangen. Ich hielt inne und schaute rastend den fabelhaften Vorgängen am Himmel zu:

Hellgelbe Lichtbündel strahlten vom Rande einer schweren Wolkenbank in die Höhe und gegen Osten. Rasch entzündete sich der ganze Himmel gelbrot, glühend purpurne Streifen durchschnitten den Raum, zur gleichen Zeit wurden alle Berge dunkelblau, an den Seeufern brannte das rötlich welke Ried wie Heidefeuer. Dann verschwand alles Gelb, und das rote Licht wurde warm und milde, spielte paradiesisch um traumzarte, hingehauchte Schleierwölkchen und lief in tausend feinen Adern rosenrot durch mattgraue Nebelwände, deren Grau sich langsam mit dem Rot zu einem unsäglich schönen Lilaton vermischte. Der See wurde tiefblau und nahezu schwarz, die Untiefen in der Nähe der Ufer traten hellgrün mit scharfen Rändern hervor.

Als der fast schmerzlich schöne Farbenkampf erlosch, dessen Feuer und rapide Flüchtigkeit an großen Horizonten immer etwas hinreißend Kühnes hat, wandte ich mich landeinwärts und blickte erstaunt in eine schon völlig abendklare, gekühlte Tälerlandschaft. Unter einem großen Nußbaum trat ich auf eine bei der Lese vergessene Frucht, hob sie auf und schälte mir die frische, lichtbraune, feuchte Nuß heraus. Und als ich sie zerbiß und den scharfen Geruch und Geschmack verspürte, überraschte mich unversehens eine Erinnerung. Wie von einem Stück Spiegelglas ein Lichtstrahl reflektiert und in einen dunkeln Raum geworfen wird, so blitzt oft mitten im Gegenwärtigen, durch eine Nichtigkeit entzündet, ein vergessenes, längst gewesenes Stückchen Leben auf, erschreckend und unheimlich.

Das Erlebnis, an das ich in jenem Augenblick nach vielleicht zwölf oder mehr Jahren zum erstenmal wieder dachte, war mir ebenso peinlich wie teuer. Als ich mit etwa fünfzehn Jahren auswärts in einem Gymnasium war, besuchte mich eines Tages im Herbst meine Mutter. Ich hielt mich sehr kühl und stolz, wie es mein Gymnasiastenhochmut forderte, und tat ihr mit hundert Kleinigkeiten weh. Andern Tages reiste sie wieder ab, kam aber vorher noch ans Schulhaus und wartete unsere Morgenpause ab. Als wir lärmend aus den Klassenzimmern hervorbrachen, stand sie bescheiden und lächelnd draußen, und ihre schönen gütigen Augen lachten mir schon von weitem entgegen. Mich aber genierte die Gegenwart meiner Herren Mitschüler, darum ging ich ihr nur langsam entgegen, nickte ihr leichthin zu und trat so auf, daß sie ihre Absicht, mir einen Abschiedskuß und Segen zu geben, aufgeben mußte. Betrübt, aber tapfer lächelte sie mich an, und plötzlich lief sie schnell über die Straße zur Bude eines Fruchthändlers, kaufte ein Pfund Nüsse und gab mir die Tüte in die Hand. Dann ging sie fort, zur Eisenbahn, und ich sah sie mit ihrer kleinen altmodischen Ledertasche um die Straßenecke verschwinden. Kaum war sie mir aus den Augen, so tat mir alles bitter leid, und ich hätte ihr meine törichte Bubenroheit unter Tränen abbitten mögen. Da kam einer meiner Kameraden vorbei, mein Hauptrivale in Angelegenheiten des *savoir vivre*. »Bonbons von Mamachen?« fragte er boshaft lächelnd. Ich, sofort wieder stolz, bot ihm die Tüte an, und da er nicht annahm, verteilte ich alle Nüsse, ohne eine für mich zu behalten, an die Kleinen von der vierten Klasse.

Zornig biß ich auf meine Nuß, warf die Schalen ins schwärzliche Laub, das den Boden bedeckte, und wanderte auf der bequemen Straße unter einem grünblau und golden verhauchenden Späthimmel hin zu Tal und bald darauf an herbstgelben Birken und fröhlichen Vogelbeerbüschen vorbei in die bläuliche Dämmerung junger Tannenstände und dann in die tiefen Schatten eines hohen Buchenwaldes hinein.

Das stille Dorf

Zwei Stunden später am Abend hatte ich mich, nach langem, sorglosem Schlendern, in einem Gewimmel schmaler, finsterer Waldwege verlaufen und suchte, je dunkler und kühler es wurde, desto ungeduldiger nach einem Ausgang. Mich geradeaus durch den Laubwald zu schlagen, ging nicht an, der Wald war dicht und der Boden stellenweise sumpfig, auch wurde es allmählich stockfinster.

Stolpernd und müde tastete ich in der wunderlichen Aufregung des nächtlichen Verirrtseins weiter. Häufig blieb ich stehen, um zu rufen und dann lang zu lauschen. Es blieb alles still, und die kühle Feierlichkeit und dichte Schwärze des lautlosen Waldinnern umgab mich von allen Seiten, wie Vorhänge von dickem Sammet. So töricht und eitel es war, machte mir doch der Gedanke Freude, daß ich um ein Wiedersehen mit einer fast vergessenen Geliebten in dem fremdgewordenen Land mich durch Wald und Nacht und Kälte schlage. Ich fing leise meine alten Liebeslieder zu singen an:

> Mein Blick erstaunt und muß sich senken,
> mein Herz schließt alle Tore zu,
> dem Wunder heimlich nachzudenken –
> so schön bist du!

Dazu war ich durch Länder gewandert und hatte mir in langen Kämpfen den Leib und die Seele voll Narben geholt, um nun die alten dummen Verse zu singen und den Schatten lang verblaßter Knabentorheiten nachzulaufen! Aber es machte mir nicht wenig Freude, und während ich mühsam den gewundenen Pfad verfolgte, sang ich weiter, dichtete und phantasierte, bis ich müde ward und still weiterlief. Suchend tastete ich an dicke Buchenstämme, die von Efeuästen umklammert waren und deren Zweige und Wipfel unsichtbar im Finstern schwammen. So ging es noch eine halbe Stunde, und ich begann endlich kleinlaut zu werden. Da erlebte ich etwas unvergeßlich Köstliches.

Urplötzlich war der Wald zu Ende, und ich stand zwischen den letzten Stämmen hoch an einer steilen Bergwand, und unter mir schlief ein weites Waldtal in der Nachtbläue, und mitten darin zu meinen Füßen lag still und heimlich mit sechs, sieben kleinen rotleuchtenden Fenstern ein Dörflein. Die niederen Häuser, von denen ich fast nur die breiten, leise schimmernden Schindeldächer sah, lehnten sich eng aneinander, in einer leichten Biegung, und zwischen ihnen lief schmal und dunkel die schattige Gasse, und an ihrem Ende stand ein großer Dorfbrunnen. Weiter oben, am halben Berge gegenüber, lag allein zwischen vielen dämmernden Kirchhofskreuzen die Kapelle. In ihrer Nähe lief auf einem steilen Hügelweg bergan ein Mann mit einer Laterne.

Und drunten im Dörflein, in irgendeinem Hause, sangen ein paar Mädchen mit kräftigen, hellen Stimmen ein Lied.

Ich wußte nicht, wo ich war und wie das Dorf heiße, und ich nahm mir vor, auch nicht danach zu fragen.

Mein bisheriger Weg verlor sich am Waldrand bergaufwärts, so stieg ich behutsam ohne Pfad durch steile Weiden hinab, dem Dorf entgegen. Ich geriet in Gärten und auf schmale Steinstaffeln, fiel über eine Stützmauer und mußte schließlich einen Zaun überklettern und durch den seichten

Bach springen, dann aber war ich im Dorf und trat am ersten Gehöft vorbei in die krumme, schlafende Gasse. Bald fand ich das Wirtshaus, das hieß »zum Ochsen« und war noch nicht geschlossen.

Das Erdgeschoß war still und dunkel, aus dem gepflasterten Flur führte eine alte verschwenderisch gebaute Treppe mit bauchigen Geländersäulen, von einer am Strick aufgehängten Laterne erleuchtet, empor in einen Fliesengang und zur Gästestube. Diese war reichlich groß, und der von einer Hängelampe beschienene Tisch beim Ofen, an dem drei Bauern vor ihren Weingläsern saßen, lag wie eine Lichtinsel in dem halbdunkeln, großen Raum.

Der Ofen war geheizt, ein würfelförmiges Gebäude mit dunkelgrünen Kacheln; in den Kacheln spiegelte warm das matte Lampenlicht, unterm Ofen lag ein schwarzer Hund und schlief. Die Wirtin sagte »Grüß Gott«, als ich hereinkam, und einer von den Bauern schaute prüfend her.

»Was ist das für einer?« fragte er zweifelnd.

»Weiß nicht«, sagte die Wirtin.

Ich setzte mich an den Tisch, grüßte und ließ Wein kommen. Es gab nur Heurigen, einen hellroten jungen Most, der schon stark im Reißen war und mir prächtig warm machte. Dann fragte ich nach einem Nachtlager.

»Das ist so eine Sache«, meinte die Frau und zuckte die Achseln. »Wir haben schon ein Zimmer, freilich, aber da ist gerade heut ein Herr drin. Es wäre auch ein zweites Bett in der Stube, aber der Herr schläft schon. Wenn Sie hinaufgehen und mit ihm reden wollen –?«

»Nicht gern. Und sonst gibt's keinen Platz?«

»Platz schon, aber kein Bett mehr.«

»Und wenn ich mich da zum Ofen lege?«

»Ja, wenn Sie das wollen, freilich. Ich geb Ihnen dann eine Decke, und wir legen ein paar Scheiter nach, so müssen Sie nicht frieren.«

Nun ließ ich mir Eier kochen und eine Wurst geben, und während des Essens fragte ich, wie weit ich noch von meinem Reiseziel sei.

»Sagen Sie, wie lang geht man von hier nach Ilgenberg?«

»Fünf Stunden. Der Herr droben, der die Stube hat, will morgen auch wieder hinüber. Er ist dort daheim.«

»So so. Und was treibt er denn hier?«

»Holz kaufen. Er kommt jedes Jahr.«

Die drei Bauern mischten sich nicht in unser Gespräch. Es waren, dachte ich mir, die Waldbesitzer und Fuhrleute, mit denen der Ilgenberger

Händler den Holzkauf abgeschlossen hatte. Mich hielten sie offenbar für einen Geschäftemacher oder Beamten und trauten mir nicht. So ließ ich sie auch in Ruhe.

Kaum hatte ich gegessen und lehnte mich im Sessel zurecht, da fing der Mädchengesang von vorher plötzlich wieder an, ganz laut und nahe. Sie sangen das Lied von der schönen Gärtnersfrau, und beim dritten Vers stand ich auf und ging an die Küchentür und klinkte leise auf. Da saßen zwei junge Dirnen und eine ältere Magd am weißen tannenen Tisch bei einem Kerzenstumpf, hatten einen Berg Bohnen zum Ausschoten vor sich und sangen. Wie die ältere aussah, weiß ich nicht mehr. Aber von den jungen war die eine rötlichblond, breit und blühend, und die zweite war eine schöne Braune mit ernstem Gesicht. Sie hatte die Zöpfe in einem sogenannten »Nest« rund um den Kopf gewunden und sang selbstvergessen mit einer hellen Kinderstimme vor sich hin, während das sich spiegelnde Kerzenflämmlein in ihren Augen blitzte.

Als sie mich in der Tür stehen sahen, lachte die Alte, die Rötliche schnitt eine Fratze, und die Braune sah mir eine Weile ins Gesicht, dann senkte sie den Kopf, wurde ein wenig rot und sang lauter. Sie fingen gerade einen neuen Vers an, und ich fiel mit ein, so gut ich es vermochte. Dann holte ich meinen Wein herüber, nahm einen dreibeinigen Schemel her und setzte mich singend mit an den Küchentisch. Die Rotblonde schob mir eine Handvoll Bohnen zu, und ich half denn mit aushülsen.

Als alle die vielen Strophen ausgesungen waren, sahen wir einander an und mußten lachen, was der Braunen überaus prächtig zu Gesichte stand. Ich bot ihr mein Glas hin, doch nahm sie es nicht an.

»Sie sind aber eine Stolze«, sagte ich betrübt. »Sind Sie denn etwa von Stuttgart?«

»Nein. Warum von Stuttgart?«

»Weil es heißt:

> Stuegert isch e schöne Stadt,
> Stuegert lit im Tale,
> wo's so schöne Mädle hat,
> aber so brutale.«

»Er ist ein Schwab«, sagte die Alte zur Blonden.

»Ja, er ist einer«, bestätigte ich. »Und Sie sind vom Oberland, wo die Schlehen wachsen.«

Eine Fußreise im Herbst

»Kann sein«, meinte sie und kicherte.

Ich sah aber immer die Braune an, und ich setzte aus Bohnen den Buchstaben M zusammen und fragte sie, ob sie so heiße. Sie schüttelte den Kopf, und ich machte nun ein A. Da nickte sie, und ich begann nun zu raten.

»Agnes?«

»Nein.«

»Anna?«

»Nichts.«

»Adelheid?«

»Auch nicht.«

Und soviel ich riet, es war alles falsch; sie aber wurde ganz fröhlich darüber und rief schließlich: »O, Sie Unvernunft!« Als ich sie dann sehr bat, sie möchte mir jetzt ihren Namen sagen, schämte sie sich eine kleine Zeit, dann sagte sie schnell und leise: »Agathe« und wurde rot dabei, wie wenn sie ein Geheimnis preisgegeben hätte.

»Sind Sie auch ein Holzhändler?« fragte die Blonde.

»Nein, das nicht. Seh ich denn so aus?«

»Oder ein Geometer, nicht?«

»Auch nicht. Warum soll ich Geometer sein?«

»Warum? Darum.«

»Ihr Schatz wird einer sein, gelt?«

»Mir wär's schon recht.«

»Singen wir noch eins, zum Schluß?« fragte die Schöne, und während die letzten Schoten uns durch die Finger gingen, sangen wir das Lied »Steh ich in finstrer Mitternacht«. Als das zu Ende war, standen die Mädchen auf und ich auch.

»Gut Nacht«, sagte ich zu jeder und gab jeder die Hand, und zu der Braunen sagte ich: »Gut Nacht, Agathe.«

In der Wirtsstube brachen jetzt auch die drei Rauhbeine auf. Sie nahmen keinerlei Notiz von mir, tranken langsam ihre Reste aus und zahlten nichts, waren also jedenfalls für diesen Abend die Gäste des Ilgenbergers gewesen.

»Gute Nacht auch«, sagte ich, als sie gingen, bekam aber keine Antwort und schlug hinter den Dickköpfen die Türe zu. Gleich darauf kam die Wirtin mit Pferdedecken und einem Bettkissen. Wir bauten aus der Ofenbank und drei Stühlen ein leidliches Nachtlager, und zum Trost teilte die

Frau mir beim Weggehen mit, das Übernachten solle mich nichts kosten. Das war mir auch recht.

Halb ausgekleidet und mit meinem Mantel zugedeckt, lag ich am Ofen, der noch wohlig wärmte, und dachte an die braune Agathe. Ein Vers aus einem alten frommen Liede, das ich in Kinderzeiten oft mit meiner Mutter gesungen hatte, fiel mir ein:

> Schön sind die Blumen,
> schöner sind die Menschen
> in der schönen Jugendzeit – – –

So eine war Agathe, schöner als Blumen und doch mit ihnen verwandt. Es gibt überall, in allen Ländern, einzelne solche Schönheiten, doch sind sie nicht allzu häufig, und so oft ich eine sah, hat es mir wohlgetan. Sie sind wie große Kinder, so scheu wie zutraulich, und haben in ihren ungetrübten Augen den Blick eines schönen Tieres oder einer Waldquelle. Man sieht sie an und hat sie lieb, ohne ihrer zu begehren, und während man sie ansieht, will es einem weh tun, daß diese feinen Bilder der Jugend und Menschenblüte auch einmal altern und vergehen müssen.

Bald schlief ich ein, und es mag von der Ofenwärme gekommen sein, daß mir träumte, ich liege am Felsgestade einer südlichen Insel, spüre die heiße Sonne auf meinem Rücken brennen und sähe einem braunen Mädchen zu, das allein in einer Barke seewärts ruderte und langsam ferner und kleiner wurde.

Morgengang

Erst als der Ofen erkaltet war und mir die Füße starr wurden, wachte ich frierend auf, und da war es auch schon Morgen, und nebenzu in der Küche hörte ich jemand den Herd anheizen. Draußen lag, zum erstenmal in diesem Herbst, ein dünner Reif auf den Wiesen. Ich war vom harten Liegen steif und mitgenommen, aber gut ausgeschlafen. In der Küche, wo die alte Magd mich begrüßte, wusch ich mich am Wasserstein und bürstete meine Kleider aus, die gestern bei dem windigen Wetter sehr staubig geworden waren.

Kaum saß ich in der Stube beim heißen Kaffee, da kam der Gast aus der

Stadt herein, grüßte höflich und setzte sich zu mir an den Tisch, wo schon für ihn gedeckt war. Er tat aus einer flachen Reiseflasche ein wenig alten Kirschgeist in seine Tasse und bot auch mir davon an.

»Danke«, sagte ich, »ich trinke keinen Schnaps.«

»Wirklich? Sehen Sie, ich muß es tun, weil ich die Milch sonst nicht vertragen kann, leider. Jeder hat ja so seine Bresten.«

»Na, wenn Ihnen sonst nichts fehlt, dürfen Sie nicht klagen.«

»Gewiß, ja. Ich klage auch nicht. Es liegt mir fern —«

Er gehörte zu den Leuten, denen es ein Bedürfnis ist, sich ohne Ursache zu entschuldigen. Im übrigen machte er einen anständigen Eindruck, etwas zu höflich, aber intelligent und offen. Gekleidet war er kleinstädtisch, sehr solid und sauber, aber schwerfällig.

Auch er musterte mich, und da er mich in Kniehosen sah, fragte er, ob ich auf dem Velociped gekommen sei.

»Nein, zu Fuß.«

»So, so. Eine Fußtour, ich verstehe. Ja, der Sport ist eine schöne Sache, wenn man Zeit hat.«

»Sie haben Holz gekauft?«

»O, eine Kleinigkeit, nur für den eigenen Bedarf.«

»Ich dachte, Sie wären Holzhändler.«

»Nein, doch nicht. Ich habe ein Tuchgeschäft. Das heißt einen Tuchladen, wissen Sie.«

Wir aßen Butterbrot zum Kaffee, und während er sich Butter nahm, fielen mir seine wohlgebildeten langen und schmalen Hände auf.

Den Weg nach Ilgenberg schätzte er auf sechs Stunden. Er hatte seinen Wagen da und lud mich freundlich zum Mitfahren ein, doch nahm ich nicht an. Ich fragte nach Fußwegen und bekam leidliche Auskunft. Dann rief ich die Wirtin und zahlte meine kleine Zeche, steckte Brot in die Tasche, sagte dem Kaufmann Adieu und ging die Treppe hinab und durch den gepflasterten Flur in den kalten Morgen hinaus.

Vor dem Hause stand des Tuchhändlers Gefährt, eine leichte zweisitzige Kutsche, und eben zog ein Knecht den Gaul aus dem Stall, ein kleines fettes Rößlein, das weiß und rötlich wie eine Kuh gefleckt war.

Der Weg führte talaufwärts, eine Strecke den Bach entlang, dann ansteigend gegen die Waldhöhen. Indem ich allein dahinmarschierte, fiel mir ein, daß ich im Grunde alle meine Wege so einsam gemacht habe, und nicht nur die Spaziergänge, sondern alle Schritte meines Lebens. Freunde und Verwandte, gute Bekannte und Liebschaften waren ja immer dabei, aber sie umfaßten mich nie, erfüllten mich nie, rissen mich nie in andere Bahnen, als die ich selber einschlug. Vielleicht ist jedem Menschen, er sei wie er wolle, wie einem geschleuderten Ball seine Wurfbahn vorgezeichnet, und er folgt einer längst bestimmten Linie, während er das Schicksal zu zwingen oder zu hänseln meint. Jedenfalls aber ruht das »Schicksal« in uns und nicht außer uns, und damit bekommt die Oberfläche des Lebens, das sichtbare Geschehen, eine gewisse Unwichtigkeit. Was man gewöhnlich schwer nimmt und gar tragisch nennt, wird dann oft zur Bagatelle. Und dieselben Leute, die vor dem Anschein des Tragischen in die Knie sinken, leiden und gehen unter an Dingen, die sie nie beachtet haben.

Ich dachte: was treibt mich jetzt, mich freien Mann, nach dem Städtlein Ilgenberg, wo Häuser und Menschen mich nichts mehr angehen und wo ich kaum anderes als Enttäuschung und vielleicht Leid zu finden hoffen kann? Und ich sah mir selber verwundert zu, wie ich ging und ging und zwischen Humor und Bangigkeit hin und wider schwankte.

Es war ein schöner Morgen, die herbstliche Erde und Luft vom ersten Winterduft gestreift, dessen herbe Klarheit mit dem Steigen des Tages abnahm. Große Starenzüge strichen in keilförmiger Ordnung mit lautem Schwirren über die Felder. Im Tale zog langsam die Herde eines Wanderschäfers hin, und mit ihrem leichten Staub vermischte sich der dünne blaue Rauch aus des Schäfers Pfeife. Das alles, samt den Bergzügen, farbigen Waldrücken und weidenbestandenen Bachläufen stand in der glasklaren Luft frisch wie ein gemaltes Bild, und die Schönheit der Erde redete ihre leise, sehnsüchtige Sprache, unbekümmert wer sie höre.

Das ist mir immer wieder sonderbar, unbegreiflich und hinreißender als alle Fragen und Taten des Tages und Menschengeistes: wie ein Berg sich in den Himmel reckt und wie die Lüfte lautlos in einem Tale ruhen, wie gelbe Birkenblätter vom Zweige gleiten und Vogelzüge durch die Bläue fahren. Da greift einem das ewig Rätselhafte so beschämend und so süß ans Herz, daß man allen Hochmut ablegt, mit dem man sonst über das Unerklärliche redet, und daß man doch nicht erliegt, sondern alles dankbar annimmt und sich bescheiden und stolz als Gast des Weltalls fühlt.

Am Saum des Waldes flog mit lautklatschendem Flügelschlag ein Wildhuhn vor mir aus dem Unterholz. Braune Brombeerblätter an langen Ranken hingen über den Weg herein, und auf jedem Blatt lag seidig der durchsichtig dünne Reif, silbrig flimmernd wie die feinen Härchen auf einem Stück Sammet.

Als ich nach längerem Steigen im Wald eine Höhe und eine aussichtsreiche freie Halde erreichte, kannte ich mich bald wieder in der Landschaft aus. Den Namen des Dörfleins, in dem ich genächtigt hatte, wußte ich aber nicht und habe auch nicht nach ihm gefragt.

Mein Weg führte am Rand des Waldes weiter, der hier die Wetterseite hatte, und ich fand meine Kurzweil an den kühnen, bedeutungsvoll grotesken Formen der Stämme, Äste und Wurzeln. Nichts kann die Phantasie stärker und inniger beschäftigen. Zuerst herrschen meistens komische Eindrücke vor: Fratzen, Spottgestalten, und Karikaturen bekannter Gesichter werden in Wurzelverschlingungen, Erdspalten, Astgebilden, Laubmassen erkennbar. Dann ist das Auge geschärft und sieht, ohne zu suchen, ganze Heere von wunderlichen Formen. Das Komische verschwindet, denn alle diese Gebilde stehen so entschlossen, keck und unverrückbar da, daß ihre schweigende Schar bald Gesetzmäßigkeit und ernste Notwendigkeit verkündet. Und endlich werden sie unheimlich und anklagend. Es ist nicht anders, der wandelbare und maskentragende Mensch erschrickt, sobald er ernsthaft zusieht, vor den Zügen jedes natürlich Gewachsenen.

Ilgenberg

Das Dorf, das ich nach zwei Stunden auf Fußwegen erreichte, hieß Schluchtersingen und war mir von einem früheren Besuch her bekannt. Als ich durch die Dorfgasse schritt, sah ich vor einem neugebauten Gasthof einen Wagen stehen und erkannte sofort das Gefährt des Kaufmanns aus Ilgenberg und sein kleines, sonderbar geflecktes Pferd.

Er selber trat gerade aus der Türe, um wieder einzusteigen, als er mich daherkommen sah. Sogleich grüßte er lebhaft und winkte mir zu.

»Ich habe hier noch Geschäfte gehabt, fahre jetzt aber direkt nach Ilgenberg. Wollen Sie nicht mitkommen? Das heißt, wenn Sie nicht lieber zu Fuß gehen.«

Er sah so gutmütig aus, und mein Verlangen nach dem Ziel meiner Reise war allmählich so gespannt, daß ich annahm und einstieg. Er gab dem Hausknecht ein Trinkgeld, nahm die Zügel und fuhr los. Der Wagen lief leicht und bequem auf der guten Straße, und mir tat nach tagelangem Fußgängertum das herrschaftliche Gefühl des Fahrens wohl.

Wohl tat mir auch, daß der Kaufmann keine Versuche machte, mich auszufragen. Ich wäre sonst sogleich wieder ausgestiegen. Er fragte nur, ob ich auf einer Erholungsreise sei und ob ich die Gegend schon kenne.

»Wo steigt man denn jetzt in Ilgenberg am besten ab?« fragte ich. »Früher war der Hirschen gut; der Besitzer hieß Böliger.«

»Der lebt nimmer. Die Wirtschaft hat jetzt ein Fremder, ein Bayer, und sie soll zurückgegangen sein. Doch will ich das nicht beschwören, ich hab's vom Hörensagen.«

»Und wie ist's mit dem Schwäbischen Hof? Da war seinerzeit einer namens Schuster drauf.«

»Der ist noch da, und das Haus gilt für gut.«

»Dann will ich dort einkehren.«

Mehrmals machte mein Begleiter Miene, sich mir vorzustellen, doch ließ ich es nicht dazu kommen. So fuhren wir durch den lichten, farbigen Tag.

»Es geht so doch ringer als zu Fuß«, meinte der Ilgenberger. »Aber zu Fuß ist es gesünder.«

»Wenn man gute Stiefel hat. Übrigens ist Ihr Gaul ein lustiger Patron, mit seinen Flecken.«

Er seufzte ein wenig und lachte dann.

»Fällt's Ihnen auch auf? Freilich, die Flecken sind gespäßig. In der Stadt haben sie ihn mir ›die Kuh‹ getauft, und man soll die Leute spotten lassen, aber es ärgert mich doch.«

»Gehalten ist das Tier gut.«

»Nicht wahr? Es geht ihm nichts ab. Sehen Sie, ich hab das Rößlein gern. Jetzt spitzt es schon die Ohren, weil wir von ihm reden. Es ist sieben Jahr alt.«

In der letzten Stunde redeten wir wenig mehr. Mein Begleiter schien ermüdet, und mir nahm der Anblick der mit jedem Schritt vertrauter werdenden Gegend alle Gedanken gefangen. Ein bang-köstliches Gefühl, Orte der Jugendzeit wiederzusehen! Erinnerungen blitzen in verwirrender Menge auf, man lebt ganze Entwicklungen in traumhafter Sekundeneile wieder durch, unwiederbringlich Verlorenes blickt uns heimatlich und schmerzlich an.

Eine schwache Erhöhung, über die unser Wagen im Trabe lief, öffnete den Blick auf die Stadt. Zwei Kirchen, ein Mauerturm, der hohe Rathausgiebel lachten aus dem Gewirr der Häuser, Gassen und Gärten herüber. Daß ich den humoristischen Zwiebelturm einmal mit Rührung und klopfendem Herzen begrüßen würde, hätte ich damals nicht gedacht. Er schielte mich mit seinem heimlichen Kupferglanz behaglich an, als kenne er mich noch und als habe er schon ganz andere Ausreißer und Weltstürmer als bescheidene und stille Leute heimkommen sehen.

Noch sah ich die unvermeidlichen Veränderungen, Neubauten und Vorstadtstraßen nicht, alles sah aus wie vorzeiten, und mich überfiel beim Anblick die Erinnerung wie ein heißer Südsturm. Unter diesen Türmen und Dächern hatte ich die märchenhafte Jugendzeit gelebt, sehnsuchtsvolle Tage und Nächte, wunderbare schwermütige Frühlinge und lange, in der schlecht geheizten Mansarde verträumte Winter. In diesen Gartensträßchen war ich nachts in Liebeszeiten brennend und verzweifelnd umhergewandert, den heißen Kopf voll von abenteuerlichen Plänen. Und hier war ich glücklich gewesen über den Gruß eines Mädchens und über die ersten schüchternen Gespräche und Küsse unserer Liebe.

»Ja, es zieht sich noch«, sagte der Kaufmann, »aber in zehn Minuten sind wir daheim.«

Daheim! dachte ich. Du hast gut reden.

Garten um Garten, Bild um Bild glitt an mir vorüber, Dinge, an die ich nie mehr gedacht hatte und die mich nun empfingen, als sei ich nur für Stunden fortgewesen. Ich hielt es nimmer im Wagen aus.

»Bitte, halten Sie einen Augenblick, ich gehe von hier vollends zu Fuß hinein.«

Etwas erstaunt zog er die Zügel an und ließ mich absteigen. Ich hatte ihm schon gedankt und die Hand gedrückt und wollte gehen, da hustete er und sagte: »Vielleicht sehen wir uns noch, wenn Sie im Schwäbischen Hof wohnen wollen. Darf ich um Ihren Namen bitten?«

Zugleich stellte er sich vor. Er hieß Herschel und war, ich konnte nicht zweifeln, Julies Mann.

Ich hätte ihn am liebsten erschlagen, doch nannte ich meinen Namen, zog den Hut und ließ ihn weiterfahren. Also das war Herr Herschel. Ein angenehmer Mann, und wohlhabend. Wenn ich an Julie dachte, was für ein stolzes und prächtiges Mädchen sie gewesen war und wie sie meine damaligen phantastisch kühnen Ansichten und Lebenspläne verstanden und geteilt hatte, dann würgte es mich im Hals. Mein Zorn war augenblicks verflogen. Gedankenlos in tiefer Traurigkeit ging ich durch die alte, kahle Kastanienallee in das Städtchen hinein.

Im Gasthaus war gegen früher alles ein wenig feiner und modern geworden, es gab sogar ein Billard und vernickelte Serviettenbehälter, die wie Globusse aussahen. Der Wirt war noch derselbe, Küche und Keller waren einfach und gut geblieben. Im alten Hof stand noch der schlanke Ahornbaum und lief noch der zweiröhrige Trogbrunnen, in deren kühler Nachbarschaft ich manche warme Sommerabende bei einem Bier vertrödelt hatte.

Nach dem Essen machte ich mich auf und schlenderte langsam durch die wenig veränderten Straßen, las die alten wohlbekannten Namen auf den Ladenschildern, ließ mich rasieren, kaufte einen Bleistift, sah an den Häusern hinauf und strich an den Zäunen hin durch die ruhigen Gartenwege der Vorstadt. Eine Ahnung beschlich mich, daß meine Ilgenberger Reise eine große Torheit gewesen sei, und doch schmeichelten mir Luft und Boden heimatlich und wiegten mich in schöne Erinnerungen. Ich ließ keine einzige Gasse unbesucht, stieg auf den Kirchturm, las die ins Gebälk des Glockenstuhls geschnitzten Lateinschülernamen, stieg wieder hinunter und las die öffentlichen Anschläge am Rathaus, bis es anfing zu dunkeln.

Dann stand ich auf dem unverhältnismäßig großen, öden Marktplatz, schritt die lange Reihe der alten Giebelhäuser ab, stolperte über Vortreppen und Pflasterlücken und hielt am Ende vor dem Herschelschen Hause an. Am kleinen Laden wurden gerade die Rolläden heruntergelassen, im ersten Stockwerk hatten vier Fenster Licht. Ich stand unschlüssig da und schaute am Haus hinauf, müde und beklommen. Ein kleiner Junge marschierte den Platz herauf und pfiff den Jungfernkranz; als er mich dastehen sah, hörte er zu pfeifen auf und sah mich beobachtend an. Ich schenkte ihm zehn Pfennig und hieß ihn weitergehen. Dann kam ein Lohndiener und bot sich mir an.

»Danke«, sagte ich, und plötzlich hatte ich den Glockenzug in der Hand und schellte kräftig.

Julie

Die schwere Haustür ging zögernd auf, im Spalt erschien das Gesicht einer jungen Dienstmagd. Ich fragte nach dem Hausherrn und wurde eine dunkle Treppe hinaufgeführt. Im Gang oben brannte ein Öllicht, und während ich meine angelaufene Brille abnahm, kam Herschel heraus und begrüßte mich.

»Ich wußte, daß Sie kommen würden«, sagte er halblaut.
»Wie konnten Sie das wissen?«
»Durch meine Frau. Ich weiß, wer Sie sind. Aber legen Sie, bitte, ab. Hier, wenn ich bitten darf. – Es ist mir ein Vergnügen. O, bitte. So, ja.«
Es war ihm offenbar nicht sonderlich wohl, und mir auch nicht. Wir traten in ein kleines Zimmer, wo auf dem weißgedeckten Tisch eine Lampe brannte und zum Abendessen serviert war.
»Hier also. Meine Bekanntschaft von heute morgen, Julie. Darf ich vorstellen, Herr – –«
»Ich kenne Sie«, sagte Julie und erwiderte meine Verbeugung durch ein Nicken, ohne mir die Hand zu geben.
»Nehmen Sie Platz.«
Ich saß auf einem Rohrsessel, sie auf dem Diwan. Ich sah sie an. Sie war kräftiger, schien aber kleiner als früher. Ihre Hände waren noch jung und fein, das Gesicht frisch, aber voller und härter, noch immer stolz, aber gröber und glanzlos. Ein Schimmer von der ehemaligen Schönheit war noch vorhanden, an den Schläfen und in den Bewegungen der Arme, ein leiser Schimmer – –
»Wie kommen Sie denn nach Ilgenberg?«
»Zu Fuß, gnädige Frau.«
»Haben Sie Geschäfte hier?«
»Nein, ich wollte nur die Stadt wieder einmal sehen.«
»Wann waren Sie denn zuletzt hier?«
»Vor zehn Jahren. Sie wissen ja. Übrigens fand ich die Stadt nicht allzusehr verändert.«
»Wirklich? Sie hätte ich kaum wiedererkannt.«
»Ich Sie sofort, gnädige Frau.«
Herr Herschel hustete.
»Wollen Sie nicht zum Abendessen bei uns vorliebnehmen?«
»Wenn es Sie nicht stört –«
»Bitte sehr, nur ein Butterbrot.«
Es gab jedoch kalten Braten mit Gallerte, Bohnensalat, Reis und gekochte Birnen. Getrunken wurde Tee und Milch. Der Hausherr bediente mich und machte ein wenig Konversation. Julie sprach kaum ein Wort, sah mich aber zuweilen hochmütig und mißtrauisch an, als möchte sie herausbringen, warum ich eigentlich gekommen sei. Wenn ich es nur selber gewußt hätte!

»Haben Sie Kinder?« fragte ich, und nun wurde sie ein wenig gesprächiger. Schulsorgen, Krankheiten, Erziehungssorgen, alles im besseren Philisterstil.

»Ein Segen ist ja die Schule trotz alledem doch«, sagte Herschel dazwischen.

»Wirklich? Ich dachte immer, ein Kind sollte möglichst lange ausschließlich von den Eltern erzogen werden.«

»Man sieht, Sie selber haben keine Kinder.«

»Ich bin nicht so glücklich.«

»Aber Sie sind verheiratet?«

»Nein; Herr Herschel, ich lebe allein.«

Die Bohnen würgten mich, sie waren schlecht entfädet.

Als das Essen abgetragen war, schlug der Mann eine Flasche Wein vor, was ich nicht ablehnte. Wie ich gehofft hatte, ging er selber in den Keller, und ich blieb eine Weile mit der Frau allein.

»Julie«, sagte ich.

»Was beliebt?«

»Sie haben mir noch nicht einmal die Hand gegeben.«

»Ich hielt es für richtiger –«

»Wie Sie wollen. – Es freut mich zu sehen, daß es Ihnen gut geht. Es geht Ihnen doch gut?«

»O ja, wir können zufrieden sein.«

»Und damals – sagen Sie mir, Julie, denken Sie nie mehr an damals?«

»Was wollen Sie von mir? Lassen wir doch die alten Geschichten ruhen! Es ist gekommen, wie es kommen mußte und wie es für uns alle gut war, meine ich. Sie haben schon damals nicht recht nach Ilgenberg hereingepaßt, mit allen Ihren Ideen, und es wäre nicht das Richtige gewesen –«

»Gewiß, Julie. Ich will nichts Geschehenes ungeschehen wünschen. Sie sollen nicht an mich denken, gewiß nicht, aber an alles andere, was dazumal schön und lieb war. Es ist doch unsere Jugendzeit gewesen, und die wollte ich noch einmal aufsuchen und ihr ins Auge sehen.«

»Bitte, reden Sie von anderem. Für Sie mag es anders sein, aber für mich liegt zuviel dazwischen.«

Ich sah sie an. Alle Schönheit von damals hatte sie verlassen, sie war nur noch Frau Herschel.

»Allerdings«, sagte ich grob und hatte nichts dagegen, als nun der Mann mit zwei Flaschen Wein zurückkam.

Es war schwerer Burgunder, und Herschel, der sichtlich kein Weintrinker war, begann schon beim zweiten Glase anders zu werden. Er fing an, seine Frau mit mir zu necken. Als sie nicht darauf einging, lachte er und stieß sein Glas an meines.

»Zuerst wollte sie Sie gar nicht ins Haus haben«, vertraute er mir an.

Julie stand auf.

»Entschuldigen Sie, ich muß nach den Kindern sehen. Das Mädel ist nicht ganz wohl.«

Damit ging sie hinaus, und ich wußte, sie würde nicht zurückkommen. Ihr Mann machte zwinkernd die zweite Flasche auf.

»Sie hätten das vorher nicht sagen dürfen«, warf ich ihm vor.

Er lachte nur.

»Lieber Gott, so grätig ist sie schließlich nicht, daß sie das übelnimmt. Trinken Sie doch! Oder schmeckt Ihnen der Wein nicht?«

»Der Wein ist gut.«

»Nicht wahr? Ja, sagen Sie, wie war denn das nun damals mit Ihnen und meiner Frau? Kindereien, was?«

»Kindereien. Doch tun Sie besser, nicht davon zu reden.«

»Gewiß – freilich – ich will ja nicht indiskret sein. Zehn Jahre ist es her, nicht?«

»Verzeihen Sie, ich muß es vorziehen, jetzt zu gehen.«

»Warum denn schon?«

»Es ist besser. Vielleicht sehen wir uns ja morgen noch.«

»Na, wenn Sie durchaus gehen wollen –. Warten Sie, ich leuchte Ihnen. Und wann kommen Sie morgen?«

»Nach Mittag, denke ich.«

»Also gut, zum schwarzen Kaffee. Ich begleite Sie ins Hotel. Nein, ich bestehe darauf. Wir können ja dort noch etwas zusammen nehmen.«

»Danke, ich will zu Bett, ich bin müde. Empfehlen Sie mich Ihrer Frau, bis morgen.«

Vor der Haustür schob ich ihn ab und ging allein davon, über den großen Marktplatz und durch die stillen dunkeln Straßen. Ich lief noch lange in der kleinen Stadt herum, und wenn von irgendeinem alten Dach ein Ziegel gefallen wäre und hätte mich erschlagen, so wäre es mir auch recht gewesen. Ich Narr! Ich Narr!

Nebel

Am Morgen wachte ich zeitig auf und beschloß, sogleich weiterzuwandern. Es war kalt, und ein Nebel lag so dicht, daß man kaum über die Straße sah. Frierend trank ich Kaffee, bezahlte Zeche und Nachtlager und ging mit langen Schritten in die dämmernde Morgenstille hinein.

Rasch erwarmend, ließ ich Stadt und Gärten hinter mir und drang in die schwimmende Nebelwelt. Das ist immer wunderlich ergreifend zu sehen, wie der Nebel alles Benachbarte und scheinbar Zusammengehörige trennt, wie er jede Gestalt umhüllt und abschließt und unentrinnbar einsam macht. Es geht auf der Landstraße ein Mann an dir vorbei, er treibt eine Kuh oder Ziege oder schiebt einen Karren oder trägt ein Bündel, und hinter ihm her trabt wedelnd sein Hund. Du siehst ihn herkommen und sagst grüß Gott, und er dankt; aber kaum ist er an dir vorbei und du wendest dich und schaust ihm nach, so siehst du ihn alsbald undeutlich werden und spurlos ins Graue hinein verschwinden. Nicht anders ist es mit den Häusern, Gartenzäunen, Bäumen und Weinberghecken. Du glaubtest die ganze Umgebung auswendig zu kennen und bist nun eigentümlich erstaunt, wie weit jene Mauer von der Straße entfernt steht, wie hoch dieser Baum und wie niedrig jenes Häuschen ist. Hütten, die du eng benachbart glaubtest, liegen einander nun so fern, daß von der Türschwelle der einen die andere dem Blick nicht mehr erreichbar ist. Und du hörst in nächster Nähe Menschen und Tiere, die du nicht sehen kannst, gehen und arbeiten und Rufe ausstoßen. Alles das hat etwas Märchenhaftes, Fremdes, Entrücktes, und für Augenblicke empfindest du das Symbolische darin erschreckend deutlich. Wie ein Ding dem andern und ein Mensch dem andern, er sei wer er wolle, im Grunde unerbittlich fremd ist, und wie unsere Wege immer nur für wenige Schritte und Augenblicke sich kreuzen und den flüchtigen Anschein der Zusammengehörigkeit, Nachbarlichkeit und Freundschaft gewinnen.

Verse fielen mir ein, und ich sagte im Gehen leise vor mich hin:

> Seltsam, im Nebel zu wandern!
> Einsam ist jeder Busch und Stein,
> Kein Baum sieht den andern,
> Jeder ist allein.

Voll von Freunden war mir die Welt,
Als noch mein Leben licht war;
Nun, da der Nebel fällt,
Ist keiner mehr sichtbar.

Wahrlich, keiner ist weise,
Der nicht das Dunkel kennt,
Das unentrinnbar und leise
Von allen ihn trennt.

Seltsam, im Nebel zu wandern!
Leben ist Einsamsein.
Kein Mensch kennt den andern,
Jeder ist allein.

(1906)

In einer kleinen Stadt

Esser werden nicht alt. So wohl der Notar Trefz mit seinen sechzig Jahren aussah und so sehr er am Leben hing, eines Mittags im Mai traf ihn der Schlag, und am nächsten Morgen trug schon der Leichenbitter mit seinem Gehilfen die Nachricht von seinem Tode durch die erstaunte Stadt. »Ja lieber Gott, der Trefz«, hieß es überall. »Man darf doch keinem mehr trauen. Überhaupt, die alten guten Bürgersleute sterben halt allmählich weg, erst voriges Jahr noch der Schiffwirt, und jetzt der Notar Trefz!«

An diesem Vormittag hatte es die Witwe nicht ruhig. Zwei alte Freundinnen, die ihr beizustehen gekommen waren, brachten die verzagte Frau durch die Aufzählung aller Verpflichtungen und alles dessen, was durchaus nicht vergessen werden durfte, in Verwirrung und taten selber wenig als reden und trösten. Und eben dieses wäre entbehrlich gewesen, denn die Frau Notarin hatte keinen Grund, untröstlich zu sein, und war es auch nicht. Aber sie war vom schnellen Erleben betäubt, von den plötzlich entstandenen Witwenpflichten und Trauersorgen beängstigt und bewegte sich in der ungewohnten Freiheit nur schüchtern und traumbefangen, während nebenan im Schlafzimmer ihr Tyrann und Quälgeist stillag, dessen Tod und Ungefährlichkeit sie immer wieder für Augenblicke vergaß und dessen ärgerlich befehlende Stimme wieder zu hören sie immerzu gewärtig war. Erschrocken und beklommen ging sie hin und wider, und so lebhaft es im Hause war, schien es ihr doch seltsam still zu sein. Der Notar war nicht leicht gestorben. Als ein kräftiger und stolzgesinnter Mensch, der sein Leben lang befohlen hatte und an gute Tage gewöhnt war, hatte er sich dem Tod nicht ohne Groll und Fluchen ergeben und war schließlich in wahrer Verzweiflung gestorben, da er nicht einsah, warum er nun, wo die wahrhaft guten Zeiten der Altersruhe bevorstanden, mitten aus seinem Leben und Besitz hinweg solle. Obwohl seine laute Stimme schon gebrochen und sein Blick schon getrübt war, hatte er bis zum letzten Augenblick gezürnt und gescholten und sein Weib für alles verantwortlich gemacht.

Im Erdgeschoß des zweistöckigen schönen Hauses war es feierlich still. Dort lag die Amtsstube des Verstorbenen, die nun geschlossen war, und der Gehilfe und der Lehrling gingen in Sonntagskleidern, verlegen-froh über den unerwartet eingetroffenen Feiertag, in der Stadt spazieren.

In einer kleinen Stadt

Die ganze Stadt wußte nun von dem Todesfall, und wer über den oberen Markt ging, unterließ es nicht, aufmerksam und neugierig nach dem Trauerhause zu schauen, das seit Jahrzehnten dastand und das alle tausendmal gesehen hatten und an dem heute doch jeder einen Schein von Ungewohntem, von Feierlichkeit und großem Ereignis wahrnehmen konnte. Im übrigen war an dem Haus nichts Auffallendes zu bemerken als die geschlossenen Läden des Erdgeschosses, die ihm etwas halbschlafend Sonntägliches gaben. Die helle, beinahe sommerliche Sonne schien klar und weiß auf den Marktplatz und auf die Häuser, auf die Brunnen und Bänke, und malte treulich neben jeden Fensterladen, neben jede Vortreppe, jedes Scharreisen einen kleinen Schatten. Der große Neufundländerhund von der oberen Apotheke hatte seinen vornehmen Platz neben dem alten, vorgeneigten Prellstein an der Marktecke inne, an den Läden des Buchhändlers und des Hutmachers waren die neumodischen Markisen herabgelassen, hoch vom Bühel herab aus den Schulhäusern klang Knabengesang dünn und leicht durch die fröhliche Luft.

Gegen Mittag, noch ehe die Schulen sich auftaten und den sonnigen, stillen Platz überfluteten, kam um die Ecke vom Flusse her ein Mann oder Herr in gutem Anzug mit einer hellbraunen Ledertasche in der Hand in ruhigem Schritte gegangen, schaute blinzelnd den lichten Platz hinauf, rückte spielend am steifen Hut und schritt sicher über den ganzen Markt dem Trefzischen Hause zu, in dessen Tor er verschwand. Im kühlen Flur rüttelte er an beiden Türen und schien ärgerlich darüber, daß keiner der Angestellten da war. Dann stieg er rasch die Treppe empor, läutete an der Glastüre und trat, als ihm aufgemacht war, sogleich ins Wohnzimmer, das eben erst von den beiden Trösterinnen verlassen war. Er nahm den Hut vom blonden Kopfe, blickte um sich und rief: »Mama, wo bist du denn?«

»Gleich, gleich!« rief sie von hinten her. »Ach grüß Gott, Hermann!«

»Grüß Gott.«

Er nahm die Hand, die sie ihm entgegengestreckt hatte, und nach einem verlegenen Husten fragte er mit veränderter, leiser Stimme: »Lebt er noch?«

Die Frau, die seit dem frühen Morgen im Zeuge und noch zu keinem Seufzer gekommen war, sank plötzlich auf einen Sessel, brach in Tränen aus und schüttelte den kleinen Kopf. Verwirrt und etwas unmutig tat der Sohn ein paar Schritte. Die Frau war schnell wieder aufrecht.

»Willst du zu ihm?« fragte sie.
»Nachher. Wann ist er denn – –?«
»Heut nacht, oder eigentlich, es war schon Morgen.« Und da sie ihn ärgerlich werden sah, fügte sie schnell hinzu: »Ich habe dir gleich nochmals telegraphiert.«
»So, so«, sagte er. »Ja, ich will einmal hinübergehen. Ist er im Schlafzimmer?«

Sie ging mit ihm, und als sie das verdunkelte Schlafzimmer betraten, nahm sie seine Hand. Leise führte sie ihn zu des Vaters Bett, wo er schweigend stehenblieb, und stieß alsdann einen Fensterladen auf. Da kam ein Streifen von goldenem Tageslicht in die Düsternis und schien bis zum Lager des Toten hinüber. Dieser lag steif mit geradegerichteten Gliedern und festem Gesicht, und der Sohn beugte sich über ihn. Er fühlte, daß ihm nun eine Traurigkeit wohl anstünde, und er hätte gern eine Träne gezeigt. Doch als er eine kleine Zeit in das väterliche Gesicht geblickt hatte, fand er es seinem eigenen so ähnlich, daß ihm war, er sehe sich selber alt und tot, und darüber faßte ihn ein Grauen, so daß er einige Zeit bewegungslos verharrte und den Blick nicht von dem Toten trennen konnte. Darauf ging er behutsam, zog den Laden wieder zu und winkte der Mutter, hinauszukommen.

Das heutige Mittagessen im Hause Trefz war nicht bedeutend, und der Sohn, der seines Vaters Natur hatte, mußte an sich halten, um nicht ein Wort des Tadels zu sagen. Und die Witwe spürte es und merkte wohl, daß sie statt des alten Tyrannen, der drüben lag, nun einen jungen habe. Freilich, sie konnte wegziehen, konnte sich losmachen, niemand konnte sie zwingen, die Magd im Hause zu bleiben. Allein sie wußte wohl, sie würde doch bleiben und das alte Leben würde weitergehen, nicht besser und nicht schlimmer. Wer einmal nachgegeben und ein halbes Leben lang einen fremden Willen über sich gehabt hatte, der muß stärker im Rückgrat sein als die Frau Trefz, wenn er nochmals ein eigenes und freies Leben beginnen will.

Nach Tisch kam Besuch. Zuerst der Aktuar Kleinschmied, dann der Oberamtmann. Gegen den Aktuar benahm sich der Herr Dr. Trefz freundlich, doch würdevoll, für den Oberamtmann aber hüllte er sich in Verbindlichkeit und feine Lebensart. Er war gesonnen, seine Zugehörigkeit zum obersten Rang der städtischen Gesellschaft von allem Anfang an zu betonen.

Am späteren Nachmittag erschienen, noch immer mit schwarzen Rökken angetan, der Gehilfe und der Schreiberknabe, die der Doktor hatte holen lassen. Sie mußten im Hinterstüblein die soeben vom Drucker gekommenen Todesanzeigen falzen, in schwarzrandige Umschläge stecken und adressieren. Sie taten ihre Feiertagsröcke ab, arbeiteten in Hemdärmeln und taten widerwillig und beschämt ihre Pflicht, wie Hündlein, die einen unerlaubten Ausgang taten und nun zurückgepfiffen, sich ihrer Abhängigkeit erinnern. Unwillig durchlas der Gehilfe den ersten Trauerbogen, der ihm in die Finger kam: »Nach Gottes unerforschlichem Ratschluß entschlief heute früh gegen sechs Uhr unser heißgeliebter Gatte und Vater, Schwager und Oheim Anton Friedrich Trefz, Notar« usw.

Wenn der feierlich traurige Ton dieser Trauerbotschaft nicht völlig echt war, so waren es dafür auch die Kundgebungen der Besucher und Tröster nicht alle. Man wußte wohl, daß die kleine verblühte Frau Notar es unter dem harten Regiment des seligen Trefz nicht herrlich gehabt habe, und man wußte ebensowohl, wie günstig der unerwartet frühe Hingang des Vaters für die Pläne und Aussichten des Jungen war. Der war dreißig Jahre alt und hätte eigentlich der Mitarbeiter und Teilhaber seines Alten werden sollen. Aber der junge Trefz hatte an der Universität studiert und fühlte sich seinem altmodischen und weniger gebildeten Vater so sehr überlegen, daß die beiden nicht miteinander hatten auskommen können. So war der Sohn, künftiger Zeiten harrend, einstweilen fern von der Heimat im Büro eines Advokaten untergeschlüpft und hatte darauf gewartet, daß sein Vater alt werde und ihn doch noch brauchen und holen müsse. Stattdessen konnte er nun, weit über die blühendsten Hoffnungen hinaus, sich geradezu ins warme Nest setzen.

Überaus prächtig war das Begräbnis des Notars am dritten Tag nach seinem Tode. Es gab wohl keinen, der den Verstorbenen geliebt hatte. Aber die Teilnahme und Neugier der Menschen drängen sich gerne zu so raschen, unerwarteten Todesfällen. Der gesunde, wenig nachdenkende Bürger, wenn er vernimmt, es sei der und der ganz plötzlich weggestorben, zuckt zusammen und fühlt, es könnte wohl auch ihm einmal so gehen. Er tritt zum Nachbar, sagt: »Weißt du schon?« und knüpft an den Todesfall ernsthaft einige gangbare Betrachtungen über die Hinfälligkeit des menschlichen Lebens.

Die meisten aber waren zum Begräbnis gekommen, weil sie heimlich fühlten, daß der Notar Trefz eine von den guten, weithin sichtbaren, unentbehrlichen Figuren ihrer Vaterstadt gewesen war. Es gibt in jeder Stadt ein Dutzend solche, ohne die man sich die Gasse und das Rathaus und die Kegelbahn gar nicht denken möchte, Männer von auffallender großer Statur mit großen Bärten, oder glattrasierte vornehme Gesichter, oder spitze, hagere Alte mit Schnupfdosen und Stöcken. Es sind nicht immer die tüchtigsten und für das gemeine Wohl besorgtesten Männer, aber es sind Charakterfiguren, deren Erscheinung zum Bilde der Stadt gehört, deren Anblick befriedigt und deren Gruß man schätzt. Ein solcher war Trefz gewesen, zudem ein demokratischer Parteimann und Besitzer eines stattlichen Vermögens. So kam es, daß seine Allernächsten wenig um ihn zu trauern fanden, während er der ganzen Stadt zu fehlen schien und niemand bei der Beerdigung eines so bedeutenden Mannes fehlen wollte.

Die bescheidene Mutter hatte kein Auge dafür, sie wünschte bang und ermüdet sich aus dem Lärm und Geschäft und Redenmüssen dieser Trauertage heraus. Desto stolzer blickte der junge Dr. Trefz auf die gewaltige Zahl der Leidtragenden und nahm den seinem Vater und seinem Haus dargebrachten Ehrenzoll wie ein Feldherr entgegen, zuerst heimlich vom Fenster aus, dann öffentlich und kühn, als er neben der Mutter feierlich hinter dem Sarge her aus dem Hause trat. Der Leichenwagen war glänzend geschmückt und der Sarg mit Kränzen ganz bedeckt. Angesichts der Menge und des langsam anziehenden und hinwegfahrenden Sargwagens fing die Witwe still zu weinen an, der Dekan trat an ihre Seite, und der Zug begann sich feierlich zu entfalten, während noch der halbe Markt voll Wartender stand.

Der nächste Weg zum Kirchhof wäre der durch die Kronengasse gewesen, aber diese war gar steil, und es sah auch weit besser aus, daß der Zug, eine Schneckenlinie um den Ort seines Entstehens beschreibend, sich über den ganzen langen Marktplatz hin entwickelte, dessen mäßige Schräge das Übersehen erleichterte. Als der reichlich geschmückte Leichenwagen unten gegen die Gerbergasse hin um die Marktecke schwenkte, blickte der hinterherschreitende junge Notar einen Augenblick zurück und weidete sein ernstes Auge am Anblick des großen Platzes, der rings vom wogenden Trauerzuge umschritten und von schwarzer Feierlichkeit erfüllt war. Im Zuge schritten die Männer voran, fast alle mit Zylinderhüten bekleidet, deren manche sich im Sonnenschein ihrer Blankheit erfreuten, während andre, ältere von vergessenen Formen, in ihrer wohlmeinenden Rauheit dem spiegelnden Licht trotzten und nur die vordrängenden Büschel ihrer Hasenhaare leise silbern erschimmern ließen.

Beim Durchwandeln des Kirchhofeinganges an der grasigen Mauer vorbei fing die Witwe abermals zu weinen an. Es erging ihr wie den meisten, daß hier beim Eintritt in die kühle Feierabendluft der Gräberstatt und beim Rauschen des vermoosten Friedhofbrunnens manche frühere Gänge zum selben traurigen Ziele ihr einfielen, vom Gang hinter dem Sarg der Großmutter her bis zu dem mit dem eigenen Kinde.

Hoch über dieser ganzen Feierlichkeit aber, auf halber Höhe des Berges im Grase, lag derjenige, dem wir die meisten unserer Gerbersauer Kenntnisse verdanken, der junge Hermann Lautenschlager, und sah der ganzen Sache nachdenklich zu. Er nahm, trotz seiner Aufmerksamkeit für alle heimischen Ereignisse, selten an ihnen selber teil, da er sich unter vielen Leuten nicht wohlfühlte, auch mangelten ihm die für solche Gelegenheiten vom Brauche geforderten Kleider, die er sich als ein einsam lebender Mensch ohne Familie lediglich der Begräbnisse wegen nicht kaufen mochte. Desto genauer beobachtete er, was zu seinen Füßen vorging, und war vielleicht der einzige, der die ganze Bedeutung dieser Vorgänge kannte. Denn er liebte seine kleine Stadt und wußte wohl, was jeder alte Weißbart und jeder grünschillernde alte Gehrock in einem solchen Gemeinwesen bedeuteten. So nahm er an dem Begräbnis des alten Trefz in seiner Weise herzlich teil und hätte, wäre es darauf angekommen, wohl mehr als jeder andre Mitbürger dafür gegeben, den prächtigen Herrn wieder lebendig in den Straßen wandeln zu sehen. Es tat ihm leid um diese vortreffliche Figur, und da er sie dem Leben verloren wußte, tat er das Seine, sie dem Andenken zu retten, und zeichnete den Notar Trefz aus dem Gedächtnis in sein Taschenbuch, worin schon viele solche Figuren standen und wandelten. Er nahm bei dieser Gelegenheit, da er den Alten fertig hatte, auch gleich den Jungen vor, der ihm in seiner Würde und ansehnlichen Trauer kaum minder gefiel. Er zeichnete mit leichten Strichen, die ihm keine Arbeit waren, die breite Gestalt vom glänzenden Zylinder bis zu dem Faltenwurf der schwarzen Hose, vergaß auch den leichten Fettwulst am saftigen Nacken nicht und nicht das dicke, etwas schweinerne Augenlid; ja er tat diesen auszeichnenden Besonderheiten so viel Ehre an, daß sie bald die Hauptsache an dem Manne zu sein schienen. Und da nun die ganze Figur trotz der ernsttraurigen Haltung etwas durchaus Frohes, ja Feistglückliches erhalten hatte, gab er dem so gezeichneten Manne statt des Gesangbuches eine ungeheure Pfingstrose in die Hand. Es wird später Zeit sein, dem Zeichner diese Neigung zu gelegentlichen Roheiten näher anzumerken.

Inzwischen verlief unten im schattigen Gottesacker die schöne Feier mit allem Glanze. Es sprachen, nach der Rede des Dekans, der Stadtschultheiß und der Vorstand des demokratischen Gesangvereins, es sprach der Senior des Gemeinderates, und wer irgend sich zu den Berechtigten zählen durfte, versäumte die feierliche Handlung nicht, an das offene Grab zu treten, hinabzublicken und eine kleine Handvoll Tannenzweige hinunter zu werfen, worauf er mit erschütterten Mienen zurücktrat, um sich die grünen Nadeln vom Gehrock zu wischen. Manche zeigten in diesem Tun eine bedeutende Übung und Beherrschung der Formen, manche hatten auch Unglück und stolperten oder trugen die aufgerafften Zweige wieder mit sich hinweg. Der alte Seelsorger sah dem allem in seiner Güte ernsthaft zu, legte der Witwe tröstlich die Hand auf den Arm und er sah bald den Augenblick, zum Schlußverse zu ermahnen, der aus so vielen alten und jungen Kehlen schön und mächtig emporstieg und sich in der lauen Mailuft leise berganwärts verlor.

Für den in seiner grünen Höhe verweilenden Hermann Lautenschlager war es nun ein schöner Anblick, die dunkle Menge in Haufen und zögernden Gruppen den Friedhof verlassen und über den Brühel und die Brücke hin sich stadteinwärts verlieren zu sehen. Gar manche von den Trauergängern nahmen den Anlaß wahr, die Gräber der eigenen Angehörigen zu besuchen und noch ein wenig in dem vertrauten Raume zwischen den schiefen, grünen Mauern zu verweilen. Alte Frauen bückten sich über frische oder verwahrloste Kreuze, Kinder tasteten auf Grabsteinen den alten Inschriften nach, junge Frauen bogen an lieben Gräbern eine Rosenranke und einen verwilderten Efeuzweig zurecht und kamen darüber ins Gespräch mit dem Friedhofsgärtner, der sich während der Feier verloren hatte, nun aber wieder in der grünen Schürze mit dem Grasrechen seiner Tätigkeit oblag.

Schön war es auch zu sehen, wie nach dem Verlaufen der letzten Zögerer der alte Kirchhof wieder in seine schattige Ruhe versank, wie über dem frischen, gelben Grabhügel der Gärtner die vielen Kränze ordnete, wie die Meisen und Amseln zurückkehrten und der grüne Winkel sein altes, verzaubert schlafendes Aussehen wiedergewann. Auch der Brühel, die Brühelstraße und die untere Brücke lagen jetzt wieder in ihrer Stille; die

In einer kleinen Stadt

Kastanien, schon zum Blühen gerüstet, hatten ihr Vogelleben in den Ästen und ihre schweren Schatten um sich her.

Lautenschlager war mit seiner heutigen Arbeit zufrieden und sonnte sich an seinem Grashang, sah über die spitzgieblige, steilgebaute Stadt und das enge Wiesental hinweg und blätterte zwischenein in seinem Taschenbuch, worin er das Leben dieser Stadt aufzuzeichnen pflegte. Der junge Mensch war sonderbarerweise einer von den ganz wenigen Gerbersauern, die von ihren Mitbürgern mit Mißtrauen und fast mit Gehässigkeit betrachtet wurden und nicht richtig mit ihnen zu leben und zu reden verstanden, obwohl er seine Heimatstadt besser kannte und mehr liebte als irgendeiner. Schon daß er ein Künstler geworden war, paßte der Stadt nicht; doch verzieh man es ihm, da er neuerdings als Zeichner in großen Zeitschriften einen gewissen Namen gewonnen hatte. Warum er aber, da er nun doch mit seiner Kunst Glück zu haben schien, immer hier daheim saß, statt in Neapel oder Spanien viel schönere Gegenden zu malen oder in Kunststädten mit seinesgleichen zu leben, das verstand man nicht und deutete daran mit Mißtrauen. Ferner schuf er sich Verächter und bittere Feinde dadurch, daß er seit mehreren Jahren keine großen, schönen Bilder mit Burgen und Rittern mehr malte, wie er früher mehrere hier ausgestellt hatte, sondern statt dessen nichts anderes trieb als die Winkel seiner Vaterstadt und die Figuren ihrer Bürger auf kleine Blätter zu zeichnen. Das Schlimmste freilich war aber, daß er diese Figuren mit einer leisen, grausamen Übertreibung ins Komische zog und schon ganze Reihen von grotesken Philisterkarikaturen, deren jede man in Gerbersau wohl kannte, in Blättern veröffentlicht hatte. Jeder Betroffene zwar hatte sich getröstet und dadurch gerettet gefühlt, daß bald nach ihm selber sein Nachbar daran gekommen war; aber man fand diese ganz unwürdige Tätigkeit weder für den Maler noch für die Stadt ehrenvoll und konnte diese seltsame Art von Anhänglichkeit und Heimatliebe nicht begreifen. Es war auch schwer mit ihm umzugehen. Oft sprach er wochenlang kaum mit einem Menschen und trieb sich in der Gegend umher, dann erschien er plötzlich wieder bei einem Abendschoppen, tat freundschaftlich und schien gar nicht zu wissen, wie wenig man ihn liebte.

In Wirklichkeit wußte er das wohl. Er wußte genau, daß Behagen und Gleichberechtigung für ihn hier in der Bürgerschaft niemals zu finden waren, daß seine Freuden und Gedanken niemand verstand und daß man seine Karikaturen für die Missetaten des Vogels ansah, der sein eigenes

Nest beschmutzt. Dennoch kehrte er, so oft er es eine Zeitlang mit dem Leben anderwärts versucht hatte, immer wieder nach Gerbersau zurück. Er liebte die Stadt, er liebte die Landschaft, er liebte diese enggiebligen, alten Häuser und klobig gepflasterten Gassen, er liebte diese Bürger und ihre Frauen und Kinder, die Alten und Jungen, die Reichen und Armen. Hier in der Vaterstadt gab es keinen Stein und kein Gesicht, keinen Gruß und keine Gebärde, die er nicht im Innersten verstand. Hier hatte er seit frühen Knabenjahren gelernt, Menschen zu beobachten und die vielfältigen, lieben Wunderlichkeiten des Lebens mit Aufmerksamkeit zu betrachten, hier wußte er von jedem Hause und jeder Person hundert Geschichten, hier war alles kleinste Leben bis in die letzte Falte hinein ihm vertraut und durchsichtig. Er hatte auch an anderen Orten gelebt und Menschen und Städte angeschaut, er war in Rom und München und Paris gewesen, hatte sich an den Umgang mit gereisten und verwöhnten Menschen gewöhnt, deren hier keine zu finden waren. Er hatte auch in Rom und in Paris gezeichnet, und manches gute Blatt, aber nirgends ging sein Bleistift jeder launigen Geringfügigkeit so treu und aufmerksam und so beglückt nach, nirgends gewannen die Blätter einen so reinen, gesättigten Ausdruck, sprachen nirgends so rein und innig die besondere Mundart des Ortes. Er wußte nicht genau, wieviel Gerbersauer Philistertum in ihm selber stecke, doch wußte er wohl, daß seine unerbittliche und liebevolle Kenntnis des hiesigen Lebens gerade das war, was ihn von den Mitbürgern schied und ihnen fremd machte. Um es kurz zu sagen: sein ganzes Tun hier war Selbstbeobachtung und Selbstironie, und wenn er den alten Herrn Tapezierer Linkenheil oder den jungen Friseur Wackenhut karikierte, so schnitt er mit jedem Striche weit mehr ins eigene Fleisch als in das des Gezeichneten. Und so war dieser Sonderling von Künstler, der den Ruf eines erdkräftigen Autochthonen und naiven Heimatkünstlers besaß, in aller Heimlichkeit ein ganz verdorbener Mensch, da er sich über einen schönen und zufriedenen Lebenszustand lustig machte, den er im Herzen liebte und beneidete. Er hatte die feindselige Abneigung gegen alles intellektuelle Treiben, das nur die Gewohnheitssünder desselben Lasters haben.

Dieser junge Mann, der träg auf seiner Matte lag und das schöne, heitere Flußtal betrachtete, war dieses Genusses gar nicht wert, und doch war er leider der einzige Gerbersauer, der dieses selben Genusses wirklich fähig war. Und indem er die Karikatur des jungen Trefz nochmals begutachtete, blieb ihm nicht verborgen, daß dieser Mann ein ebenso echter und gesunder Gerbersauer war wie er selbst ein entarteter, und daß es der Zweck und der Wille der Natur sei, an diesem Orte Wesen zu erzeugen und zu hegen, die dem jungen Notarssohne glichen und nicht dem zeichnenden Ironiker. Und wenn er jeden Prellstein der Stadt aufs treulichste abzeichnete, er konnte sich mit alledem niemals das urtümliche Heimatrecht erwerben, das er heimlich entbehrte und das der Notar zu jeder Stunde seines Lebens besaß und unbedenklich ausübte.

Dem jungen Lautenschlager konnte, als heimlichem Beobachter und Chronisten des Lebens seiner Stadt, nicht verborgen bleiben, was ohnehin von der Bürgerschaft beachtet und viel besprochen wurde, daß nämlich der junge Dr. Trefz, noch über die Erbschaft des väterlichen Ansehens hinaus, mit Eifer darauf bedacht war, in der Vaterstadt Ehre zu gewinnen. Er übernahm seines Vaters Notariatsgeschäft. Das alte messingene Schildlein mit dem väterlichen Namen ließ er wegmachen und hängte dafür ein großes Emailschild mit seinem eigenen Namen auf, wobei er auf den Zusatz des Doktortitels verzichtete. Einige Kollegen und Mißgönner schlossen daraus, dieser Titel stehe dem Sohne Trefz überhaupt nicht zu; doch fand sich niemand, der das untersucht hätte, und die seit Jahren daran gewöhnte Bürgerschaft redete nach wie vor den studierten Notar mit dem schönen Ehrentitel an.

Mochte er nun Doktor sein oder nicht, jedenfalls nahm er seine Sache in die Hand wie ein Mann, der Pläne hat und nicht gesonnen ist, auf den kleinsten davon zu verzichten. Vor allem gab er sich Mühe, seine bedeutende gesellschaftliche Stellung von allem Anfang an zu betonen und zu sichern. Das war nun keineswegs leicht und forderte manches Opfer, denn es gehörte zur Erbschaft seines Alten nicht nur das schöne Haus, Gut und Amt, sondern auch der alte Ruf eines heimlichen Königs in der demokratischen Partei, den jedermann bereit war, auch dem Sohn zu gönnen. Der aber neigte im Herzen weit mehr zur Beamtenschaft hinüber, er wäre sehr gern Reserveoffizier geworden und hätte die Laufbahn eines Richters eingeschlagen, wäre er davon nicht kurzerhand durch seinen Vater abgehalten worden. Nun stand er am Scheideweg, heimlich voll Sehnsucht nach der Welt der Titel und Orden, von der Umgebung jedoch wie von der eigenen Vergangenheit auf eine bürgerliche Rolle hingewiesen. Diese wählte er denn auch und tat nichts dagegen, daß jedermann die achtundvierziger Taten seines Großvaters und die vielen Wahlreden seines seligen Vaters als ein selbstverständliches Guthaben auf seine Person übertrug. Dagegen gab er in seinem Auftreten eine unwandelbare Achtung vor Macht und Ehre kund, entfaltete eine mäßige, doch strenge Eleganz in der Kleidung und drückte nicht jede Hand, die sein Vater gedrückt hatte. Er wohnte bei der Mutter und genoß so den Vorteil, von Anfang an als Herr einer standesgemäßen Haushaltung dazustehen, wie er denn auch Besuche meist mit der Mutter gemeinsam machte und empfing. Ohne das Geschäft irgend zu vernachlässigen, tat er allen Anforderungen der Trauerzeit Genüge und brachte jedes Opfer, das die Sitte verlangte.

So lenkte Hermann Trefz die Augen seiner Mitbürger auf sich und umgab sich mit der schützenden Mauer eines tadellosen Rufes, während seine große und breite Gestalt gleich der seines Vaters Achtung gebot und baldige Unentbehrlichkeit ahnen ließ.

Mancher Altersgenosse sah mit Neid zu, wie er von Tag zu Tag gedieh und Glück hatte. Man sah: dies war ein Mann, dessen Weg zu städtischen und gesellschaftlichen Ehren führte, zur Mitgliedschaft vieler Vereinsvorstände und Ausschüsse, zum Hauptmann der Feuerwehr, zum Gemeinderat und vielleicht noch weiter hinauf. Neidlose Zuschauer hatten ihre Wonne an diesem Aufstieg eines künftigen Großen und genossen in seinem Anblick den Glanz der Heimat, sie empfanden diesen Sieger als ihresgleichen, als einen glänzenden Vertreter ihrer Rasse und Art, und bei dem großen Kreis dieser Gutgesinnten ward er mit den Jahren, wie es einst sein Vater gewesen war, zum Symbol und schönen Ausdruck echten Gerbersauertums.

Bedauerlicherweise ergab sich zwischen ihm und dem Künstler Lautenschlager, der ihn schätzte und beinahe bewunderte, kein freundschaftliches Verhältnis. Die beiden waren nahezu Altersgenossen, sie kannten sich von den Schuljahren her und hatten sich bei den seltenen Anlässen, da sie einander etwa wieder begegnet waren, geduzt und als Schulkameraden begrüßt. Nun aber, da Trefz diesen Menschen zum Mitbürger haben und ihm täglich auf der Gasse begegnen sollte, trat eine tiefe Abneigung gegen ihn zutage, wie er sie kaum gegen einen andern Landsmann empfand. Er hatte eine Begrüßung mit ihm vermieden und ihn, so oft sie sich unterwegs begegneten, mit gemessenem Gruß abgetan, und Lautenschlager war darauf eingegangen, er hatte genau in derselben Weise zurückgegrüßt, sogar mit einer Note von Hochachtung, aber er hatte dabei seinen kühlen, untersuchenden Malerblick nicht abstellen können, und eben dieser Blick war dem Notar im Herzen zuwider. Er fand ihn spöttisch oder doch zu prüfend und heimlich überlegen, obwohl er nicht so gemeint war, und er stellte sich öffentlich ohne Rückhalt zu denen, die den Künstler als einen meinetwegen begabten, aber verbummelten und nicht ernstzunehmenden Menschen bezeichneten.

Nun geschah es an einem Wintertag kurz vor Weihnachten, daß Dr. Trefz zur gewohnten Stunde den kleinen Salon des Barbiers Ölschläger betrat, sich in seinen Sessel niederließ und, da es Sonnabend war, den an diesem Tage stets aus der Hauptstadt eintreffenden »Hans Sachs« verlangte, ein beliebtes Witzblatt, das zu halten in den guten Familien nicht wohl anging, das die jüngeren Herren aber im Wirtshaus oder beim Friseur zu finden und zu betrachten gewohnt waren. Der Barbier, der dem vornehmen Kunden zuliebe einen Reisenden, dessen Bedienung er eben begonnen, dem Gehilfen überlassen hatte, riß lächelnd den grauen Papierumschlag von einer daliegenden Postsendung, schälte das Witzblatt heraus und übergab es dem Doktor. »Sie sind der erste, der es liest, Herr Doktor, es ist erst vor zehn Minuten angekommen.«

Trefz, dem diese Viertelstunde beim Friseur immer eine erwünschte Ruhepause war, legte seine Zigarette auf den Rand des marmornen Tisches und entfaltete, während Ölschläger ihm die Serviette umband, mit Behagen den neuen ›Hans Sachs‹. Der Barbier arbeitete behende mit Seifenpinsel und Schale, stets bedacht, den Gast nicht zu stören, und dieser beschaute mit Vergnügen das Titelblatt, das einen bekannten Politiker als Wöchnerin karikiert darstellte. Weiter kam eine Gerichtsszene, die einen wider das Witzblatt schwebenden Prozeß darstellte und worin die Figur des Hans Sachs als Verurteilter zu sehen war, jämmerlich nach gefallenem Spruch sich zum Henker wendend, der ihn grinsend erwartete. Und wieder kam ein politisches Blatt, und dann kam eine Seite, darunter stand ›Eleganz in Krähwinkel‹, und kaum hatte Trefz das Blatt übersehen, so faltete er es zusammen und steckte es in seine Tasche. Der Barbier, über die heftige Bewegung erschrocken, wich mit dem Rasiermesser vorsichtig zurück und erlaubte sich einen fragenden Blick.

Herr Trefz aber erklärte sich nicht. Nur beim Weggehen bat er um die Erlaubnis, das Blatt mitzunehmen, die der Meister wohl oder übel gewähren mußte. Die Zeichnung aber, die von diesem Augenblick an den Notar, den Barbier und die Stadt interessierte, stellte den Dr. Trefz dar, im Gehrock dekorativ allein in weißer Fläche stehend, in der linken Hand eine große Pfingstrose, in der rechten den Zylinderhut haltend. Als Witz war diese Zeichnung weiter nicht bedeutend, sie zeigte nur leise angedeutet in einigen komischen Falten einen stillen Widerstreit der sehr tadellosen Kleidung mit dem Körperbau und den Bewegungen ihres Trägers, dieser selbst aber war als Typus feister Bürgerlichkeit schön und lustig, mit mehr Liebe als Bosheit dargestellt, und das Blatt war von Hermann Lautenschlager gezeichnet.

Die Stadt hatte nun wieder eine Gelegenheit, sich über den frivolen Künstler zu erzürnen und dabei verschwiegen sich über den Streich zu freuen, der diesmal einen Angesehenen und Allbekannten traf, und die Nummer des ›Hans Sachs‹ ging überall von Hand zu Hand, wo der Betroffene nicht in der Nähe war. Dieser selbst bekam nichts davon zu hören und konnte mit aller Bemühung nicht feststellen, welches die Meinung der Mitbürger über die Ungeheuerlichkeit sei. Denn wagte er es, im Gespräch darauf leise anzuspielen, so wollte man entweder gar nichts wissen, oder man lächelte leicht und tat so, als sei diese Sache doch nicht wert, daß davon gesprochen werde.

Dennoch reiste Trefz eines Tages nach der Hauptstadt, unter Mitnahme der schlimmen Zeichnung, und sprach bei einem angesehenen Rechtsanwalt vor, der ihn kollegial empfing und dem er seinen Wunsch mitteilte, den Zeichner dieses ehrenrührigen Bildes wegen gerichtlich zu belangen. Der Rechtsanwalt lächelte ganz leicht, als er das Blatt betrachtete, und sagte: »Ja, das habe ich auch gesehen. Übrigens ein prachtvoller Zeichner. Und Sie meinen also, er habe Sie persönlich in beleidigender Absicht karikiert? Ein gewisser Anklang von Ähnlichkeit ist ja vorhanden, gewiß. Aber das kann für Sie ebensogut eine Ehre sein. Der Reichskanzler ist schon zwanzigmal im ›Hans Sachs‹ karikiert worden und hat noch nie geklagt.«

Der Anwalt schloß damit, daß er von der Klage ernstlich abriet, und Trefz als kluger Mann sah wohl, daß er durch öffentliches Verhandeln die Sache nicht besser machen könne. So ließ er davon ab, behielt aber im Herzen einen bitteren Haß gegen den schändlichen Maler, dessen höflichen Gruß er von nun an nicht mehr erwiderte. Mehrmals noch nahm der Künstler beim Begegnen seinen Hut vor dem Doktor ab, bald ehrfurchtsvoll, bald ironisch, dann gab auch er es auf, mit dem Manne in ein Verhältnis zu kommen, und ließ ihn laufen.

In einer kleinen Stadt

Es war Hochsommer geworden, und die in dem engen, tiefen Flußtal unbeweglich hängende Schwüle machte den empfindlichen Maler so krank, daß er tagelang zu Hause liegenblieb und kaum zu den Mahlzeiten ausging. Er litt häufig an solchen Depressionen, die ihn manchmal zum Wein in die Gasthäuser und zu einem recht unfeinen Zecherleben, manchmal auch auf ziellose Ausflüge ins Gebirge trieben, von welchen er verwahrlost und abgerissen wiederzukehren pflegte, und diese Unregelmäßigkeiten hatten viel zu seinem schlechten Ruf beigetragen.

Nach einigen schlaflosen Nächten und mutlos kranken Tagen raffte Lautenschlager sich eines Abends auf und verließ seine Wohnung in der hochgelegenen Vorstadt. Er trug seinen gewöhnlichen leichten Sommeranzug und hatte einen alten Lodenkragen auf dem Arm, dazu eine große blecherne Botanisierbüchse auf dem Rücken, und in der Hand einen altmodischen, seltsamen Spazierstock, den er von seinem Vater geerbt hatte und der, von oben bis unten aus einem gelben starken Holz geschnitzt, einen auf einem Bein stehenden schlanken Storch darstellte, welcher den Kopf nach unten bog und den spitzen Schnabel nachdenklich auf die Brust gedrückt hielt.

Mit dieser Ausrüstung hatte der Sonderling seit seinen einsamen und unbehüteten Jugendjahren viele seiner schönsten und auch übelsten Zeiten hingebracht. Stock und Blechbüchse, Mantel und Wanderhut waren ihm Freund und voll von Erinnerungen. Langsam und schwerfällig stieg er an den letzten Häusern der Stadt vorüber bergan und ins Freie, wo er bald im abendlichen Walde verschwand.

Er ging nicht den Wegen nach, sondern quer durch Wald und Schluchten, die er von Kind auf kannte, und im Bergansteigen fühlte er mit dem Tannengeruch und Abendwind tröstlich die Erinnerungen an hundert solche Waldnächte heraufsteigen. Aufatmend sah er von der letzten Höhe auf die Stadt zurück, wie sie klein und gedrückt in ihrem engen Kessel lag, und er wußte wie jedesmal: ob seine Flucht ihn bis in ferne Länder oder nur bis zum nächsten Hügelzug führen werde, ob sie Tage oder Wochen dauerte, er würde doch wieder heimkehren, in Gerbersau leben und alle Kraft seines armen und unzufriedenen Lebens daran setzen, diese wunderliche Stadt und ihre Bürger abzuzeichnen. Auf die Wanderung aber hatte er keinerlei Malzeug und nicht einmal ein Skizzenbuch mitgenommen.

Während der zwei Wochen, die er ausblieb, ging in Gerbersau mancherlei vor, das ihn zu anderen Zeiten interessiert hätte. Unter anderem beging die Witwe Kimmerlen in der Diakonengasse ihre längst bekannte Quartalsfeier. Diese Frau lebte seit dem Tode ihres Mannes als Besitzerin eines kleinen Hauses in auskömmlichen, ja reichlichen Verhältnissen, die sie jedoch aus Vorsicht und anerzogener Sklaventugend nicht genoß. Vielmehr vermietete sie das Haus bis auf drei Zimmer und lebte wie eine arme Frau oder Dienstmagd, mit Waschen und anderen niederen Arbeiten beschäftigt und in alten, geringen Kleidern gehend. Sie war jedoch eine Art von Quartalssäuferin und bekam einigemal im Jahre ihren Anfall, wobei sie sich in plötzlich ausbrechendem Leichtsinn ihrer vergnüglichen Umstände erinnerte, die schönen Kleider ihrer besten Tage hervorsuchte und sich in eine Art von Dame verwandelte. Sie blieb alsdann am Morgen herrschaftlich lange liegen, legte dann die feinen Kleider an und frisierte sich mit Hoffart, darauf bereitete sie ein gutes Mittagsmahl und legte sich nach diesem auf dem Kanapee eine Stunde oder zwei zur Ruhe. Gestärkt trat sie sodann den Weg nach dem Keller an, trug zwei oder drei Flaschen Wein herauf und setzte in der sonntäglichen Suppenschüssel eine Bowle an, die sie reichlich zuckerte und stundenlang mit öfterem Kosten betreute, bis der höchste Wohlgeschmack erreicht war. Mit dieser Bowle setzte sie sich nun auf einen guten Platz am Fenster in den Lehnstuhl, trank langsam den Vorrat aus und schaute dazu hochmütig auf die Straße hinab, wo häufig die Kinder sich ansammelten, um sie bei ihrem einsamen Tun zu beobachten, wie sie dasaß, zuweilen ein Glas leerte und mit dem einbrechenden Abend allmählich rot und starr im Gesicht wurde. War die Schüssel leer, so war das Tagwerk beendet und die Witwe suchte ohne Licht ihr Lager auf, um den folgenden Tag genau auf dieselbe Weise zu beginnen und hinzubringen, bis sie genug hatte und mit Seufzen zum gewohnten ärmlichen Leben zurückkehrte. Lautenschlager hatte sie einmal gezeichnet, wie sie starr und gespenstisch an ihrem Fenster saß, schön gekleidet und hoch frisiert, einsam mit der großen Bowle beschäftigt. Er hatte eine Vorliebe für die sonderbare Frau, deren geheime Leiden und Fehler er wohl zu verstehen glaubte, und hatte sich schon oft vorgenommen, einmal bei ihr Wohnung zu nehmen und sie besser kennenzulernen. Es war aber nie dazu gekommen, denn der Künstler hatte zwar schon seit Jahren im Sinn, seine bisherige Wohnung zu verlassen, und hatte auch mehrmals gekündigt, war aber am Ende doch immer sitzengeblieben, wo er schon seit Jahren saß. Der Dr. Trefz wurde während Lautenschlagers Abwesenheit in den Gemeinderat gewählt. Es hatte ihm wenig Mühe gemacht, das zu erreichen, eine andere Sache aber beschäftigte ihn zur Zeit sehr stark.

Es lebten in Gerbersau, neben anderen Nachklängen versunkener Zeiten, auch einige Reste des uralten Zunftwesens fort. Die Mehrzahl der alten Zünfte freilich war eingeschlafen oder in gewöhnliche Vereine verwandelt worden. Zwei wirkliche Zünfte aber waren noch vorhanden, direkte Erben solcher mittelalterlicher Institutionen. Davon war es die eine, die »Zunft zu den Färbern«, die dem Notar so viel zu denken und zu wünschen gab. Diese Zunft war vor Jahrhunderten eine patrizische und sehr vornehme gewesen, im Lauf der Zeiten aber nahezu ausgestorben, so daß sie zur Zeit nur noch aus drei ziemlich bejahrten Herren bestand, die zufällig alle drei Hagestolze waren. Diese drei hielten nach altem Brauch mehrmals im Jahr Zusammenkünfte, gaben jährlich ein Zunftessen und einen Fastnachtsball und hatten in ihrem eigenen Hause, das im übrigen vermietet war, eine besondere Zunftstube bewahrt, wo am alten Getäfel die Bildnisse, Wappen und Andenken verschollener Geschlechter hingen und wo die drei Spätlinge bei ihren seltenen Zusammenkünften an einem gewaltigen, eichenen Tische saßen, der Raum für dreißig Gedecke bot. Das Aussterben der Färberzunft war eine vielbesprochene Sache in Gerbersau, denn diese Gemeinschaft besaß außer ihrem Haus ein stattliches Vermögen, dessen jährliche Zinsen teils an die Erhaltung des Hauses und der Zunftstube, teils an den Ball und das berühmte üppige Jahresmahl, teils an Armenspenden und Unterstützungsgelder verwendet wurden; beim einstmaligen Aufhören der Zunft aber sollte das gesamte Kapital samt dem Haus der Stadt zufallen.

Dies unnütz lagernde Vermögen nun, dessen Zinsen auf eine so wenig zeitgemäße Art vergeudet wurden und dessen Verwaltung zu einem Teil in seinen Händen lag, hatte dem Notar Trefz längst in die Augen gestochen. Seit langem hatte er die Gesetze der Färberzunft studiert und eine Liste der wenigen Familien angelegt, deren Angehörige dort aufnahmefähig waren. Hielt man sich genau an den Wortlaut der Urkunden, so gab es zur Zeit außer den drei Mitgliedern in der ganzen Stadt nur einen einzigen Mann, dem das Recht des Beitrittes zugestanden wäre. Das war der reiche Fabrikant Werner, der aus Stolz sowohl, um nicht des Interesses an den Zunftgeldern verdächtigt zu werden, wie auch aus Abneigung gegen die derzeitigen Mitglieder auf sein Recht verzichtet hatte.

Dem Notar wollte es nun seltsam und ungeheuerlich scheinen, daß das uralte, schöne Zunftvermögen so lächerlich brachliege und die Zinsen von drei launigen Junggesellen alljährlich leichtfertig vergeudet wurden.

Er hegte längst den Plan, sich den Zutritt zur Zunft zu ermöglichen und alsdann Ordnung in deren Angelegenheiten zu bringen. Als Beirat in der Vermögensverwaltung kannte er die drei Zünftler wohl und hatte Gelegenheit gehabt zu beobachten, daß ihr Anführer der jüngste von ihnen, der ledige Rentier Julius Dreiß war. Der hatte, entgegen der soliden Art seiner alten Familie, nicht nur nicht geheiratet und sehr früh sich als berufloser Privatmann zur Ruhe gesetzt, sondern leider auch seit seiner Knabenzeit eine Neigung zu Wohlleben und Bequemlichkeit an den Tag gelegt, welche in Gerbersau niemand gewillt war als ein Talent zu betrachten, und die man ihm nur darum halb und halb verzieh, weil er ein spaßiger Herr war und das besaß, was die Gerbersauer einen goldenen Humor nannten.

Diesem Julius Dreiß suchte sich der Dr. Trefz nun bei jeder Gelegenheit zu nähern und zu befreunden. Dreiß hatte nichts dagegen und ließ sich die Freundlichkeiten des geachteten Mannes gerne gefallen, doch meinte er schon nach kurzer Zeit, diese Aufmerksamkeiten nicht mehr der Anziehungskraft seiner Person zuschreiben zu dürfen, sondern sah als Ziel der Trefzischen Bemühungen die Aufnahme in die Färberzunft und die Teilnahme an deren schönem Besitztum sich verbergen. Von dem Augenblick dieser Entdeckung an machte sich Dreiß ein Vergnügen daraus, den durchschauten Notar mehr und mehr mit einer gönnerhaften Leutseligkeit zu behandeln, die den Doktor zwar zuweilen aufs äußerste reizte, die er aber in Geduld ertrug. Häufig sah man die beiden Herren im Nebenzimmer des Adlers bei einer Flasche Pfälzer oder bei einem Kaffee und Kartenspiel zusammensitzen, den Doktor aufmerksam und schmeichlerisch um Dreißens Gunst bemüht, den frohen Junggesellen in wohlgespielter Ahnungslosigkeit.

Das Schauspiel dieser eigentümlichen Freundschaft zwischen dem korrekten, stolzen Notar und dem als Witzbold bekannten Zünftler dauerte lange genug, daß auch Hermann Lautenschlager sich dessen noch erfreuen konnte.

Der Maler kehrte eines Tages, da der Hochsommer sich abgekühlt hatte, mit sonnverbranntem Gesicht und staubigen Kleidern aus seiner Verwilderung heim. Wohlgemut zog er durch die Salzgasse und über den Marktplatz in der Heimat ein, suchte seine ebenfalls verstaubte und verwahrloste Wohnung auf und packte vor allem die große blecherne Botanisierbüchse aus. Der Hohlraum dieser Büchse war in zwei Hälften geteilt. In der einen waren Nachthemd, Schwamm, Seife und Zahnbürste des Wanderers untergebracht, die andre war erfüllt von einem geheimnisvollen Überfluß und Reichtum an Glasfläschchen, Korken, Papierschachteln, Wattepäckchen und anderen wunderlichen Geräten, zwischen denen einige auf Schnüre gezogene Kränze von getrockneten Apfelschnitzen auffielen. Alle diese Dinge legte der Maler sorglos beiseite, dann zog er aus den Brusttaschen seines Mantels und Rockes mehrere Schachteln, die er mit einer zärtlichen, juwelierhaften Sorglichkeit in die Finger nahm und der Reihe nach öffnete.

Da zeigte sich dann in den Schachteln, auf feine Nadeln gespießt, die gesamte Beute des sommerlichen Wanderzuges, ein paar Dutzend neu gefangener Schmetterlinge und Käfer, und einen um den andern hob Lautenschlager an seiner Nadel bedächtig heraus, drehte ihn begutachtend vor seinen Augen und legte ihn zur weiteren Behandlung beiseite. Dabei ging in seinem scharfen Malerblick eine knabenhafte Freude und beglückte Kindlichkeit auf, die niemand dem einsamen und oft boshaften Menschen zugetraut hätte, und über sein mageres, ironisches Gesicht lief wie Morgenlicht ein leiser Glanz von Güte und Dankbarkeit.

Wie es ein jeder rechte Künstler nötig hat, er sei sonst von welcher Art er möge, so hatte auch Lautenschlager durch alles Gestrüpp seines unbefriedigten und flackernden Lebens sich einen Weg bewahrt, auf dem er jederzeit für Augenblicke in das Land seiner Kinderjahre zurückkehren konnte, wo für ihn wie für jeden Menschen Morgenglanz und Quelle aller Kräfte verborgen lag, und das er niemals ohne Andacht betrat. Für ihn war es der zauberhafte Farbenschmelz frischer Schmetterlingsflügel und golden gleißender Käferschilder, der ihm mit Schlüsseln der Erinnerung das Paradiestor öffnete und dessen Anblick seinen Augen für Stunden die Frische und dankbare Empfänglichkeit der Knabenzeiten wiedergab.

Vorsichtig trug er seinen Schatz in das kleine Nebenzimmer, wo in zwei großen Wandschränken seine ganze Insektensammlung aufbewahrt ruhte und dessen Arbeitstisch mit Spannbrettern, Nadelkartons, Steckkissen, Papierstreifen, Pinzetten, Scheren, Benzingläschen, kleinsten Zangen und anderen Werkzeugen eines wohlausgerüsteten Insektensammlers bedeckt war. Er ging sogleich daran, die gespießten Käfer in die Kästen der Sammlung einzureihen, die Schmetterlinge aber mit geduldiger Sorgfalt auf Spannbrettern auszuspannen. Da blickten ihn entfaltet die wunderbaren Flügel an, braune und graue, wollige mit matt gepuderten Farben, silbern weiße mit kristallenen Adern und frohfarbige mit metallen leuchtendem

Email. Für seine Augen waren diese Schmetterlingsflügel das Schönste von allem, was ein Auge sehen kann, wie andre empfängliche Menschen etwa Blumen oder Moose oder die Farben der Meeresoberfläche allem anderen Augengenuß vorziehen, und bei ihrem Anblick gewann er das, was ihm seit Jahren fehlte, für Augenblicke wieder, nämlich das kindlich zufriedene Wohlgefallen an den Gegenständen der Natur, das Gefühl von Zugehörigkeit und Schöpfungsnähe, das man nur im Lieben und genauen Verstehen natürlicher Dinge zu finden vermag.

Als indessen der Abend kam, versorgte er seine Beute in einigen Blechkästen zwischen befeuchteten Papierblättern, um sie geschmeidig zu erhalten, dann holte er sich eine Flasche Wein aus dem Keller, Brot und Käse nebenan im Laden, aß auf dem Fensterbrett sitzend mit dem Blick auf die abendliche Gasse und zündete sodann die kleine Studierlampe an. Über ein volles Skizzenbuch gebeugt, ging er künftigen Arbeitsplänen nach, wie ja solche gute Stunden nach der Heimkehr von einer befreienden Wanderung oft die besten Gedankenbringer sind.

In seinem Skizzenbuch fand sich die Gestalt des Dr. Trefz vier- oder fünfmal wieder, sie war ihm unvermeidlich geworden, und er fühlte mit Befriedigung, daß er in ihr den reinen Typ des Gerbersauer Philisters gefunden habe. Indem nun seine Gedanken, an keinem vereinzelten Bilde haftend und durch die friedliche Abendbeschäftigung gegen das Tal der Jugenderinnerungen gerichtet, die heimatlichen Figuren liebevoll umspielten, stand plötzlich mit überraschender Deutlichkeit das Bild des jungen Trefz vor ihm auf, wie er als Schulknabe gewesen war, ja er vermochte sich seiner noch aus der Zeit zu erinnern, da der jetzige Notar die ersten Hosen getragen hatte.

Oft schon hatte der Maler bis zur Verzweiflung darunter gelitten, daß eine zähe Anhänglichkeit ihn immer wieder und wieder nötigte, die kleinbürgerliche Welt seiner Vaterstadt in einzelnen Figuren festzuhalten, ohne daß es ihm je gelungen war, in einer irgendwie abschließenden Arbeit diese Welt für immer zu bezwingen und sich vom Hals zu schaffen, und mehrmals im Laufe der Jahre hatten ihn Pläne beschäftigt, die darauf zielten, ihn in einer gesteigerten Leistung von diesem Zwang zu befreien. Nun stand ein solcher Plan ungesucht vor seiner Vorstellung, aus hundert Quellen der Beobachtung und Erinnerung bis in Kinderjahre zurück genährt und bestimmt, verlockend und schwierig, und er griff alsbald mit ganzer Seele danach.

Der Baumeister, der nach mühsamen Versuchen im guten Augenblick den klaren Grundriß des Hauses, das er bauen will, gefunden hat, und der Musiker, dem aus zwanzig wirren Skizzenblättern plötzlich das Gefüge einer Symphonie schön und organisch entgegenblickt, fühlt augenblicks alle Kräfte seines Wesens nach dieser Aufgabe hin drängen, sie sei groß oder klein, und sieht sich von einem süß quälenden Fieber ergriffen, das nicht zu stillen ist als durch die Vollendung des im Innern geschauten Werkes, und diese Ergriffenheit und quälende Begierde ist von derselben Art und aus derselben Quelle wie die Liebe eines jungen Mannes zu einer Frau. Gesteigert und überklar stehen Entschlüsse da wie Träume, in welchen unerfüllte heimliche Wünsche in der Tiefe des Unbewußten ihre Erlösung finden. So war der Zustand des Malers, als er beim Schein der Lampe ungesucht seinen Plan vor sich stehen sah. Er wollte in einer Reihe von Zeichnungen das Epos des Gerbersauer Bürgers erzählen, und dieser Bürger mußte der Notar Trefz sein.

Man sollte ihn sehen, wie er als Neugeborner seinem Papa dargereicht, vom Stadtpfarrer getauft, als Dreijähriger mit der ersten Hose geschmückt, als Sechsjähriger zur Schule gebracht wurde. Er sollte vom ersten Apfeldiebstahl bis zur ersten Liebschaft, von der Taufe bis zur Konfirmation und Hochzeit, er sollte als Schüler, als halbreifer Gymnasiast, als Student, als Kandidat, als Bräutigam, als Gemeinderat und Beamter, als Redner und als Jubilar, als Vereinsvorstand und schließlich als Bürgermeister dargestellt werden, stets derselbe Trefz, der Typus des strebsamen Bürgers, der mit großer Energie und großem Stolze kleinen Zielen nachgeht und sie alle erreicht, der beständig zu tun hat und niemals fertig und niemals begnügt ist und doch von der ersten Hose bis zum Begräbnis derselbe bleibt, dessen Unersetzlichkeit jeder tief empfindet und der doch als tröstlichen Ersatz einen Nachwuchs hinterläßt, in welchem von der Nasenwurzel bis zum Fuß, von der Mundart bis zur Denkart der aus Urzeiten heraufgezüchtete Typ des Vaters wohlerhalten und bedeutsam fortgebildet erscheint.

Als Hermann Lautenschlager, von der großen Idee bewegt und nach keinem Schlaf verlangend, ziemlich spät in guter Laune noch den Adler aufsuchte und sich zu einem Schoppen Traminer setzte, sah er dort den Dr. Trefz bei seinem neuen Freunde Julius Dreiß sitzen und hatte seine Freude an ihm, als sei er sein Eigentum und laufe lediglich zu seiner Belustigung auf der Welt umher. Trefz hatte sich bei seinem Eintreten verstimmt abgewandt. Desto vergnügter begrüßte ihn der Herr Dreiß, ja er bat, als merke er nichts von Trefzens Abneigung, den Ankömmling aufs freundschaftlichste, an seinem Tisch Platz zu nehmen.

Der Maler fühlte einen Augenblick Lust, die Einladung anzunehmen und den gekränkten Jugendfreund in Verlegenheit zu bringen. Doch war er in allzu versöhnlicher Stimmung, als daß er es getan hätte.

»Die Herren haben miteinander zu reden«, sagte er dankend, »und ich bleibe ohnehin nicht lang. Prosit, Herr Dreiß!«

»Prosit, Herr Lautenschlager«, rief Dreiß herüber. »Ihre letzten Zeichnungen haben uns allen einen Heidenspaß gemacht – nicht wahr, Herr Doktor?«

Trefz gab keine Antwort. Er sog mißvergnügt an seinem Wein und spürte zum erstenmal eine Ahnung davon, daß dieser unsympathische Julius Dreiß ein Bundesgenosse des widerlichen Malers sei und daß beide, ohne es gerade zu wissen und zu wollen, seine Feinde seien. Und in der Tat kam Dreiß mit dem Maler zur Zeit recht häufig zusammen, und was der Notar heut abend mit Dreiß geplaudert hatte, kam morgen schon zu Lautenschlagers Ohren.

Als der Sommer zu Ende ging, begann Dr. Trefz auf die Früchte seines freundschaftlichen Umganges mit Herrn Dreiß ungeduldig zu werden. Er lud den Freund zu einem Sonntagsausflug ein und eröffnete ihm in der Goldenen Krone zu Krüglingen bei einer Flasche Affenthaler seine geheimen Wünsche.

»Sehen Sie«, sagte er eindringlich, »es wäre doch unverantwortlich, eine so altehrwürdige Vereinigung wie Ihre Färberzunft einfach aussterben zu lassen, nur weil von den eigentlich zunftfähigen Familien keine Nachkommenschaft mehr da ist. Sie sollten den einen und andern tüchtigen Mann zulassen, der Leben und Regsamkeit in die Zunft brächte, sich der Geschäfte annähme und die Geselligkeit anregte. So bin ich zum Beispiel, wie Sie wissen, mit einem Teil der Verwaltung Ihres Zunftvermögens betraut und habe einen Einblick in Ihre Geschäfte. Als Mitglied der Zunft nun würde ich nicht nur auf die Gebühren verzichten, die ich für die kleine Arbeit der Verwaltung anzusprechen habe; ich würde auch den etwas altmodischen Gang Ihrer Geschäfte zu verbessern wissen und die Rentabilität Ihrer Kapitalien bedeutend erhöhen können. Überhaupt, da ich in der letzten Zeit das Vergnügen hatte, Sie näher kennenzulernen und in einen so freundschaftlichen Umgang mit Ihnen zu kommen, wäre es mir eine

Freude, auch Ihrer Zunft mit anzugehören, und ich darf doch wohl hoffen, daß mein Aufnahmegesuch Ihre Befürwortung fände?«

»Gewiß«, antwortete Dreiß nachdenklich, »aber Sie werden ja wohl wissen, welches die Vorbedingungen einer Aufnahme sind. Meines Wissens sind Sie mit keiner von den zunftberechtigten Familien nahe genug verwandt.«

»Das weiß ich«, gab Trefz ohne weiteres zu. »Aber immerhin ist meine Mutter eine Rothfuß und mit den Dreißen Ihres Stammes vervettert. Und außerdem weiß ich, daß im Laufe der Jahrhunderte zweimal die Zunftmitgliedschaft an Nichtberechtigte verliehen worden ist. Einmal sogar an einen Auswärtigen, der sich das Bürgerrecht nur erkauft hatte. Sie können doch nicht im Ernst eines Zufalls wegen Ihre ganze Zunft eingehen lassen.«

»Das haben wir auch nicht im Sinn. Zunächst sind wir noch drei lebende Mitglieder, mit deren Absterben es ja nicht so sehr pressiert. Und schließlich wäre das Aufhören der Zunft gar kein so großes Unglück. Einen rechten Sinn hat sie doch schon lange nicht mehr, und bei ihrer Auflösung ginge ihr Vermögen an die Stadt über, die es schon brauchen könnte. Wir zahlen Steuern genug, da würde eine kleine Aufbesserung nichts schaden.«

Das konnte Trefz als Mitglied des Gemeinderats nicht leugnen. Er wiederholte nur, wie schade es wäre, wenn man eine so alte und schöne Institution müßte erlöschen sehen, und bat, den andern seinen Antrag um Aufnahme zu überbringen.

Darauf nun hatte Dreiß schon lange gewartet. Er versprach eine schnelle Antwort und freute sich, diesen Philister in seinen Händen zu wissen und ihm einen Denkzettel zu geben. Denn als Philister erschien ihm der Notar, obwohl Dreiß selber kein kleinerer war. Er hatte als bequemer Junggeselle eine Abneigung gegen alle Streber und Umtriebler, es war jedoch nur seine Trägheit und seine Lust am Witzemachen, die ihn seine tüchtigern Mitbürger als Philister verachten ließ. In den Jahren seiner Zugehörigkeit zur Zunft hatte er dort das große Wort geführt und sich namentlich als Veranstalter des jährlichen Fastnachtsfestes hervorgetan, und da ihn sonst keine Arbeit oder Sorge beschäftigte, war ihm das Spaßmachen allmählich zum Beruf geworden.

Nun war in der Zunft eine lange Weile nichts richtig Lustiges mehr passiert, und Dreiß begrüßte diesen Anlaß zu einem Narrenstreich mit

Freuden. Gleich allen Müßiggängern und unernsten Menschen war ihm nichts willkommener, als gelegentlich einen andern von sich abhängig zu sehen und seine zufällige Macht zu mißbrauchen. So berief er alsbald eine Zunftsitzung ein, die er im Einverständnis mit den gleichgültigen Mitgliedern zu einem schönen, festlichen Abendessen gestaltete. Von einem Kellner sorgfältig bedient, unter demütiger Leitung des Hirschwirtes, saßen die drei nichtsnutzigen Junggesellen an dem zehnmal zu großen Zunfttische beisammen, aßen, was ihnen gut schien, und tranken Rotwein dazu, hatten die alten silbernen Becher der Väter vor sich stehen und kamen sich drollig und wichtig vor. In einer lustigen Rede erzählte Dreiß von dem Anliegen des Dr. Trefz, worüber wenig Verwunderung entstand, da ähnliche Gesuche nicht eben selten an sie gelangten. Statt jedoch den Antragsteller einfach und sachlich abzuweisen, beschloß Dreiß ihn erst ein wenig zum besten zu halten, und der Maler Lautenschlager gab ihm vortreffliche Ratschläge dazu. Und so erhielt denn nach einigen Tagen der Notar ein feierliches Schreiben von der Färberzunft, worin er bedeutet wurde, sein Anliegen schriftlich mit ausführlicher Begründung und unter Beifügung eines übersichtlichen Stammbaumes zu wiederholen. Die Aufforderung war übrigens so höflich abgefaßt, daß der Notar trotz einer leisen Witterung des Gegenteils sie ernstnahm und mit der Herstellung einer schönen Kopie seines Stammbaumes viele fleißige Abendstunden hinbrachte.

Diesen Stammbaum samt einem langen Schreiben ließ er dem ehrenwerten Vorstande der Zunft übergeben und wartete sodann eine gute Weile vergebens auf Antwort, indessen die Zunftherren den Anlaß zu mehreren Sitzungen, Frühstücken und kleinen Gelagen wahrnahmen.

Endlich aber bekam Trefz einen zierlichen, prachtvoll kalligraphierten Brief mit dem schweren Zunftsiegel. Begierig schloß er sich in seiner Schreibstube ein, entfaltete und las, und war selbst jetzt noch einen Augenblick im Ungewissen, ob es sich um Ernst oder Spaß handle. Dann aber wurde ihm klar, daß er zum Narren gehabt worden sei, und es gab fortan in Gerbersau keinen heftigeren Gegner der Zunft als ihn. Das Schreiben hatte gelautet:

»Hochgeehrter Herr Doktor!
Ihr Antrag ist der wohledlen Zunft von Färbern zu Händen gekommen und fühlen wir die Ehre wohl, die uns damit angetan wird. Mit großem Vergnügen wären wir bereit, Ihrem werten Ansuchen zu entsprechen, wenn

nicht früher gefaßte Entschließungen uns dies leider erschweren würden.

Unsre wohledle Zunft von Färbern besteht, wie Ihnen wohl bekannt, zur Zeit aus nur drei Mitgliedern, welche alle drei sich des Ehestandes enthalten haben, so daß nach ihrem einstigen Ableben die Zunft erlischt und ihre Habe der Stadt Gerbersau zufällt. Dies ist unser aller Meinung und Wille, und was nun Ihre werte Anfrage betrifft, so sind wir mit Freuden bereit, Sie, hochgeehrter Herr, in unsre Zunft aufzunehmen, wenn wir die Gewißheit haben, daß hierdurch unsere früheren Absichten nicht geschädigt werden.

Wir haben daher die Ehre Ihnen mitzuteilen, daß Ihrer Aufnahme nichts entgegensteht, sofern Sie bei erfolgendem Eintritt sich schriftlich und eidlich verpflichten, niemals in den Ehestand zu treten. Sollte diese einzige Bedingung Ihren Beifall nicht haben, so müßten wir allerdings zu unserem Bedauern auf die Ehre verzichten, die Ihr Beitritt uns andernfalls bedeuten würde.«

Seit im ›Hans Sachs‹ seine von Lautenschlager gezeichnete Karikatur erschienen war, hatte Trefz einen solchen Ärger nicht mehr erlebt. Den Gruß des Herrn Dreiß, der ihm andern Tags begegnete und mit dem freundlichsten Lächeln den Hut zog, hätte er am liebsten mit einem Faustschlag beantwortet.

(1906/07)
[Hier endet das Manuskript.]

Hans Dierlamms Lehrzeit

I

Der Lederhändler Ewald Dierlamm, den man seit längerer Zeit nicht mehr als Gerber anreden durfte, hatte einen Sohn namens Hans, an den er viel rückte und der die höhere Realschule in Stuttgart besuchte. Dort nahm der kräftige und muntere junge Mensch zwar an Jahren, aber nicht an Weisheit und Ehren zu. Indem er jede Klasse zweimal absitzen mußte, sonst aber ein zufriedenes Leben mit Theaterbesuchen und Bierabenden führte, erreichte er schließlich das achtzehnte Jahr und war schon zu einem ganz stattlichen jungen Herrn gediehen, während seine derzeitigen Mitschüler noch bartlose und unreife Jünglinglein waren. Da er nun aber auch mit diesem Jahrgang nicht lange Schritt hielt, sondern den Schauplatz seines Vergnügens und Ehrgeizes durchaus in einem unwissenschaftlichen Welt- und Herrenleben suchte, ward seinem Vater nahegelegt, er möge den leichtsinnigen Jungen von der Schule nehmen, wo er sich und andre verderbe. So kam Hans eines Tages im schönsten Frühjahr mit seinem betrübten Vater heim nach Gerbersau gefahren, und es war nun die Frage, was mit dem Ungeratenen anzufangen sei. Denn um ihn ins Militär zu stecken, wie der Familienrat gewünscht hatte, dazu war es für diesen Frühling schon zu spät.

Da trat der junge Hans selber zu der Eltern Erstaunen mit dem Wunsch hervor, man solle ihn als Praktikanten in eine Maschinenwerkstätte gehen lassen, da er Lust und Begabung zu einem Ingenieur in sich verspüre. In der Hauptsache war es ihm damit voller Ernst, daneben hegte er aber noch die verschwiegene Hoffnung, man werde ihn in eine Großstadt tun, wo die besten Fabriken wären und wo er außer dem Beruf auch noch manche angenehme Gelegenheiten zum Zeitvertreib und Vergnügen zu finden dachte. Damit hatte er sich jedoch verrechnet. Denn nach den nötigen Beratungen teilte der Vater ihm mit, er sei zwar gesonnen, ihm seinen Wunsch zu erfüllen, halte es aber für rätlich, ihn einstweilen hier am Orte zu behalten, wo es vielleicht nicht die allerbesten Werkstätten und Lehrplätze, dafür aber auch keine Versuchungen und Abwege gebe. Das letztere war nun freilich auch nicht vollkommen richtig, wie sich später zeigen sollte, aber es war wohlgemeint, und so mußte Hans Dierlamm sich entschließen, den neuen Lebensweg unter väterlicher Beaufsichtigung im Heimatstädtchen anzutreten. Der Mechaniker Haager fand sich bereit, ihn aufzunehmen, und etwas befangen ging jetzt der flotte Jüngling täglich seinen Arbeitsweg von der Münzgasse bis zur unteren Insel, angetan mit einem blauen Leinenanzug, wie alle Schlosser einen tragen. Diese Gänge machten ihm anfangs einige Beschwerde, da er vor seinen Mitbürgern bisher in ziemlich feinen Kleidern zu erscheinen gewohnt gewesen war. Doch wußte er sich bald dareinzufinden und tat, als trage er sein Leinenkleid gewissermaßen zum Spaß wie einen Maskenanzug. Die Arbeit selbst aber tat ihm, der so lange Zeit unnütz in Schulen herumgesessen war, sehr gut, ja sie gefiel ihm sogar und regte erst die Neugierde, dann den Ehrgeiz, schließlich eine ehrliche Freude in ihm auf.

Die Haagersche Werkstatt lag dicht am Flusse, zu Füßen einer größeren Fabrik, deren Maschinen mit Instandhalten und Reparaturen dem jungen Meister Haager hauptsächlich zu arbeiten und zu verdienen gaben. Die Werkstätte war klein und alt, bis vor wenigen Jahren hatte der Vater Haager dort geherrscht und gutes Geld verdient, ein beharrlicher Handwerksmann ohne jede Schulbildung. Der Sohn, der jetzt das Geschäft besaß und führte, plante wohl Erweiterungen und Neuerungen, fing jedoch als vorsichtiger Sohn eines altmodisch strengen Handwerkers bescheiden beim Kleinen an und redete zwar gerne von Dampfbetrieb, Motoren und Maschinenhallen, werkelte aber fleißig im alten Stil weiter und hatte außer einer englischen Eisendrehbank noch keine nennenswerten neuen Einrichtungen angeschafft. Er arbeitete mit zwei Gesellen und einem Lehrbuben und hatte für den neuen Volontär gerade noch einen Platz an der Werkbank und einen Schraubstock frei. Mit den fünf Leuten war der enge Raum reichlich angefüllt, und durchwandernde landfahrende Kollegen brauchten beim Zuspruch um Arbeit nicht zu fürchten, daß man sie beim Wort nehme.

Der Lehrling, um von unten auf anzufangen, war ein ängstliches und gutwilliges Bürschlein von vierzehn Jahren, das der neueintretende Volontär kaum zu beachten nötig fand. Von den Gehilfen hieß einer Johann Schömbeck, ein schwarzhaariger magerer Mensch und sparsamer Streber. Der andre Gehilfe war ein schöner, gewaltiger Mensch von achtundzwanzig Jahren, er hieß Niklas Trefz und war ein Schulkamerad des Meisters, zu dem er daher ›du‹ sagte. Niklas führte in aller Freundschaftlichkeit, als könne es nicht anders sein, das Regiment im Hause mit dem Meister gemeinsam; denn er war nicht bloß stark und ansehnlich von Gestalt und Auftreten, sondern auch ein gescheiter und fleißiger Mechaniker, der wohl das Zeug zum Meister hatte. Haager selber, der Besitzer, trug ein sorgenvoll-geschäftiges Wesen zur Schau, wenn er unter Leute kam, fühlte sich aber ganz zufrieden und machte auch an Hans sein gutes Geschäft, denn der alte Dierlamm mußte ein recht anständiges Lehrgeld für seinen Sohn erlegen.

So sahen die Leute aus, deren Arbeitsgenosse Hans Dierlamm geworden war, oder so erschienen sie ihm wenigstens. Zunächst nahm ihn die neue Arbeit mehr in Anspruch als die neuen Menschen. Er lernte ein Sägblatt hauen, mit Schleifstein und Schraubstock umgehen, die Metalle unterscheiden, er lernte die Esse feuern, den Vorhammer schwingen, die erste grobe Feile führen. Er zerbrach Bohrer und Meißel, würgte mit der Feile an schlechtem Eisen herum, beschmutzte sich mit Ruß, Feilspänen und Maschinenöl, hieb sich mit dem Hammer den Finger wund oder verklemmte sich an der Drehbank, alles unter dem spöttischen Schweigen seiner Umgebung, die den schon erwachsenen Sohn eines reichen Mannes mit Vergnügen zu solcher Anfängerschaft verurteilt sah. Aber Hans blieb ruhig, schaute den Gesellen aufmerksam zu, stellte in den Vesperpausen Fragen an den Meister, probierte und regte sich, und bald konnte er einfache Arbeiten sauber und brauchbar abliefern, zum Vorteil und Erstaunen des Herrn Haager, der wenig Vertrauen zu den Fähigkeiten des Praktikanten gehabt hatte.

»Ich meinte allweil, Sie wollten bloß eine Weile Schlosser spielen«, sagte er einst anerkennend. »Aber wenn Sie so weitermachen, können Sie wirklich einer werden.«

Hans, dem in seinen Schulzeiten Lob und Tadel der Lehrer ein leeres Geräusch gewesen waren, kostete diese erste Anerkennung wie ein Hungriger einen guten Bissen. Und da auch die Gesellen ihn allmählich gelten ließen und nicht mehr wie einen Hanswurst anschauten, wurde ihm frei und wohl, und er fing an, seine Umgebung mit menschlicher Teilnahme und Neugierde zu betrachten.

Am besten gefiel ihm Niklas Trefz, der Obergesell, ein ruhiger dunkelblonder Riese mit gescheiten grauen Augen. Es dauerte aber noch einige Zeit, bis dieser den Neuen an sich herankommen ließ. Einstweilen war er still und ein wenig mißtrauisch gegen den Herrensohn. Desto zugänglicher zeigte sich der zweite Gesell Johann Schömbeck. Er nahm von Hans je und je eine Zigarre und ein Glas Bier an, wies ihm zuweilen kleine Vorteile bei der Arbeit und gab sich Mühe, den jungen Mann für sich einzunehmen, ohne doch seiner Gesellenwürde etwas zu vergeben.

Als Hans ihn einmal einlud, den Abend mit ihm zu verbringen, nahm Schömbeck herablassend an und bestellte ihn auf acht Uhr in eine kleine Beckenwirtschaft an der mittleren Brücke. Dort saßen sie dann; durch die offenen Fenster hörte man das Flußwehr brausen, und beim zweiten Liter Unterländer wurde der Gesell gesprächig. Er rauchte zu dem hellen, milden Rotwein eine gute Zigarre und weihte Hans mit gedämpfter Stimme in die Geschäfts- und Familiengeheimnisse der Haagerschen Werkstatt ein. Der Meister tue ihm leid, sagte er, daß er so vor dem Trefz unterducke, vor dem Niklas. Das sei ein Gewalttätiger, und früher habe er einmal bei einem Streit den Haager, der damals noch unter seinem Vater arbeitete, windelweich gehauen. Ein guter Arbeiter sei er schon, wenigstens wenn es ihm gerade darum zu tun sei, aber er tyrannisiere die ganze Werkstatt und sei stolzer als ein Meister, obwohl er keinen Pfennig besitze.

»Aber er wird wohl einen hohen Lohn kriegen«, meinte Hans.

Schömbeck lachte und schlug sich aufs Knie. »Nein«, sagte er blinzelnd, »er hat nur eine Mark mehr als ich, der Niklas. Und das hat seinen guten Grund. Kennen Sie die Maria Testolini?«

»Von den Italienern im Inselviertel?«

»Ja, von der Bagage. Die Maria hat schon lang ein Verhältnis mit dem Trefz, wissen Sie. Sie schafft in der Weberei uns gegenüber. Ich glaube nicht einmal, daß sie ihm gar so anhänglich ist. Er ist ja ein fester großer Kerl, das haben die Mädel alle gern, aber extra heilig hat sie's nicht mit der Verliebtheit.«

»Aber was hat das mit dem Lohn zu tun?«

»Mit dem Lohn? Ja so. Nun, der Niklas hat also ein Verhältnis mit ihr und könnte schon längst eine viel bessere Stellung haben, wenn er nicht ihretwegen hier bliebe. Und das ist des Meisters Vorteil. Mehr Lohn zahlt er nicht, und der Niklas kündigt nicht, weil er nicht von der Testolini fort will. In Gerbersau ist für einen Mechaniker nicht viel zu holen, länger als dies Jahr bleib ich auch nimmer da, aber der Niklas hockt und geht nicht weg.«

Im weiteren erfuhr Hans Dinge, die ihn weniger interessierten. Schömbeck wußte gar viel über die Familie der jungen Frau Haager, über ihre Mitgift, deren Rest der Alte nicht herausgeben wolle, und über die daraus entstandene Ehezwietracht. Das alles hörte Hans Dierlamm geduldig an, bis es ihm an der Zeit schien, aufzubrechen und heimzugehen. Er ließ Schömbeck beim Rest des Weines sitzen und ging fort.

Auf dem Heimweg durch den lauen Maiabend dachte er an das, was er soeben von Niklas Trefz erfahren hatte, und es fiel ihm nicht ein, diesen für einen Narren zu halten, weil er einer Liebschaft wegen angeblich sein Fortkommen versäume. Vielmehr schien ihm das sehr einleuchtend. Er glaubte nicht alles, was der schwarzhaarige Gesell ihm erzählt hatte, aber er glaubte an diese Mädchengeschichte, weil sie ihm gefiel und zu seinen Gedanken paßte. Denn seit er nicht mehr so ausschließlich mit den Mühen und Erwartungen seines neuen Berufes beschäftigt war wie in den ersten Wochen, plagte ihn an den stillen Frühlingsabenden der heimliche Wunsch, eine Liebschaft zu haben, nicht wenig. Als Schüler hatte er auf diesem Gebiete einige erste Weltmannserfahrungen gesammelt, die freilich noch recht unschuldig waren. Nun aber, da er einen blauen Schlosserkittel trug und zu den Tiefen des Volkstums hinabgestiegen war, schien es ihm gut und verlockend, auch von den einfachen und kräftigen Lebenssitten des Volkes seinen Teil zu haben. Aber damit wollte es nicht vorwärtsgehen. Die Bürgermädchen, mit denen er durch seine Schwester Bekanntschaft hatte, waren nur in Tanzstuben und etwa auf einem Vereinsball zu sprechen und auch da unter der Aufsicht ihrer strengen Mütter. Und in dem Kreis der Handwerker und Fabrikleute hatte Hans es bis jetzt noch nicht dahin gebracht, daß sie ihn als ihresgleichen annahmen.

Er suchte sich auf jene Maria Testolini zu besinnen, konnte sich ihrer aber nicht erinnern. Die Testolinis waren eine komplizierte Familiengemeinschaft in einer traurigen Armutgegend und bewohnten mit mehreren Familien welschen Namens zusammen in einer unzählbaren Schar ein altes, elendes Häuschen an der Insel. Hans erinnerte sich aus seinen Knabenjahren, daß es dort von kleinen Kindern gewimmelt hatte, die an Neujahr und manchmal auch zu andern Zeiten bettelnd in seines Vaters Haus gekommen waren. Eines von jenen verwahrlosten Kindern war nun wohl die Maria, und er malte sich eine dunkle, großäugige und schlanke Italienerin aus, ein wenig zerzaust und nicht sehr sauber gekleidet. Aber unter den jungen Fabrikmädchen, die er täglich an der Werkstatt vorübergehen sah und von denen manche ihm recht hübsch erschienen waren, konnte er sich diese Maria Testolini nicht denken.

Sie sah auch ganz anders aus, und es vergingen kaum zwei Wochen, so machte er unerwartet ihre Bekanntschaft.

Zu den ziemlich baufälligen Nebenräumen der Werkstatt gehörte ein halbdunkler Verschlag an der Flußseite, wo allerlei Vorräte lagerten. An einem warmen Nachmittag im Juni hatte Hans dort zu tun, er mußte einige hundert Stangen nachzählen und hatte nichts dagegen, eine halbe oder ganze Stunde hier abseits von der warmen Werkstatt im Kühlen zu verbringen. Er hatte die Eisenstangen nach ihrer Stärke geordnet und fing nun das Zählen an, wobei er von Zeit zu Zeit die Summe mit Kreide an die dunkle Holzwand schrieb. Halblaut zählte er vor sich hin: dreiundneunzig, vierundneunzig – –. Da rief eine leise, tiefe Frauenstimme mit halbem Lachen: »Fünfundneunzig – hundert – tausend –«

Erschrocken und unwillig fuhr er herum. Da stand am niederen, scheibenlosen Fenster ein stattliches blondes Mädchen, nickte ihm zu und lachte.

»Was gibt's?« fragte er blöde.

»Schön Wetter«, rief sie. »Gelt, du bist der neue Volontär da drüben?«

»Ja. Und wer sind denn Sie?«

»Jetzt sagt er ›Sie‹ zu mir! Muß es immer so nobel sein?«

»O, wenn ich darf, kann ich schon auch ›du‹ sagen.«

Sie trat zu ihm hinein, schaute sich in dem Loche um, netzte ihren Zeigefinger und löschte ihm seine Kreidezahlen aus.

»Halt!« rief er. »Was machst du?«

»Kannst du nicht so viel im Kopf behalten?«

»Wozu, wenn es Kreide gibt? Jetzt muß ich alles noch einmal durchzählen.«

»O je! Soll ich helfen?«

»Ja, gern.«

»Das glaub ich dir, aber ich hab andres zu tun.«

»Was denn? Man merkt wenig davon.«

»So? Jetzt wird er auf einmal grob. Kannst du nicht auch ein bißchen nett sein?«

»Ja, wenn du mir zeigst, wie man's macht.«

Sie lächelte, trat dicht zu ihm, fuhr ihm mit ihrer vollen, warmen Hand übers Haar, streichelte seine Wange und sah ihm nahe und immer lächelnd in die Augen. Ihm war so etwas noch nie geschehen und es wurde ihm beklommen und schwindlig.

»Bist ein netter Kerl, ein lieber«, sagte sie.

Er wollte sagen: »Und du auch.« Aber er brachte vor Herzklopfen kein Wort heraus. Er hielt ihre Hand und drückte sie.

»Au, nicht so fest!« rief sie leise. »Die Finger tun einem ja weh.«

Da sagte er: »Verzeih.« Sie aber legte für einen kurzen Augenblick ihren Kopf mit dem blonden, dichten Haar auf seine Schulter und schaute zärtlich schmeichelnd zu ihm auf. Dann lachte sie wieder mit ihrer warmen, tiefen Stimme, nickte ihm freundlich und unbefangen zu und lief davon. Als er vor die Tür trat, ihr nachzusehen, war sie schon verschwunden.

Hans blieb noch lange zwischen seinen Eisenstangen. Anfangs war er so verwirrt und heiß und befangen, daß er nichts denken konnte und schwer atmend vor sich hin stierte. Bald aber war er über das hinweg, und nun kam eine erstaunte, unbändige Freude über ihn. Ein Abenteuer! Ein schönes großes Mädchen war zu ihm gekommen, hatte ihm schöngetan, hatte ihn liebgehabt! Und er hatte sich nicht zu helfen gewußt, er hatte nichts gesagt, wußte nicht einmal ihren Namen, hatte ihr nicht einmal einen Kuß gegeben! Das plagte und erzürnte ihn noch den ganzen Tag. Aber er beschloß grimmig und selig, das alles wiedergutzumachen und das nächste Mal nicht mehr so dumm und blöde zu sein.

Er dachte jetzt an keine Italienerinnen mehr. Er dachte beständig an »das nächste Mal«. Und am folgenden Tage benutzte er jede Gelegenheit, auf ein paar Minuten vor die Werkstatt zu treten und sich überall umzusehen. Die Blonde zeigte sich aber nirgends. Statt dessen kam sie gegen Abend mit einer Kameradin zusammen ganz unbefangen und gleichgültig in die Werkstatt, brachte eine kleine Stahlschiene, das Stück einer Webmaschine, und ließ sie abschleifen. Den Hans schien sie weder zu kennen noch zu sehen, scherzte dagegen ein wenig mit dem Meister und trat dann zu Niklas Trefz, der das Schleifen besorgte und mit dem sie sich leise unterhielt. Erst als sie wieder ging und schon Adieu gesagt hatte, schaute sie unter der Türe nochmals zurück und warf Hans einen kurzen warmen Blick zu. Dann runzelte sie die Stirn ein wenig und zuckte mit den Lidern, wie um zu sagen, sie habe ihr Geheimnis mit ihm nicht vergessen und er solle es gut verwahren. Und fort war sie.

Johann Schömbeck ging gleich darauf an Hansens Schraubstock vorüber, grinste still und flüsterte.

»Das war die Testolini.«

»Die Kleine?« fragte Hans.

»Nein, die große Blonde.«

Der Volontär beugte sich über seine Arbeit und feilte heftig drauflos. Er feilte, daß es pfiff und daß die Werkbank zitterte. Das war also sein Abenteuer! Wer war jetzt betrogen, der Obergesell oder er? Und was jetzt tun? Er hätte nicht gedacht, daß eine Liebesgeschichte gleich so verwickelt anfangen könne. Den Abend und die halbe Nacht konnte er an nichts andres denken. Eigentlich war seine Meinung von Anfang an, er müsse nun verzichten. Aber nun hatte er sich vierundzwanzig Stunden mit lauter verliebten Gedanken an das hübsche Mädchen beschäftigt, und das Verlangen, sie zu küssen und sich von ihr liebhaben zu lassen, war mächtig groß in ihm geworden. Ferner war es das erste Mal, daß eine Frauenhand ihn so gestreichelt und ein Frauenmund ihm so schön getan hatte. Verstand und Pflichtgefühl erlagen der jungen Verliebtheit, die durch den Beigeschmack eines schlechten Gewissens nicht schöner, aber auch nicht schwächer ward. Mochte es nun gehen, wie es wollte, die Maria hatte ihn gern und er wollte sie wieder gernhaben.

Wohl war ihm allerdings nicht dabei. Als er das nächste Mal mit Maria zusammentraf im Treppenhaus der Fabrik, sagte er sogleich: »Du, wie ist das mit dem Niklas und dir? Ist er wirklich dein Schatz?«

»Ja«, meinte sie lachend. »Fällt dir sonst nichts ein, was du mich fragen kannst?«

»Doch, gerade. Wenn du ihn gernhast, kannst du doch nicht auch noch mich gernhaben.«

»Warum nicht? Der Niklas ist mein Verhältnis, verstehst du, das ist schon lang so und soll so bleiben. Aber dich hab ich gern, weil du so ein netter kleiner Bub bist. Der Niklas ist gar streng und herb, weißt du, und dich will ich zum Küssen und Liebsein haben, kleiner Bub. Hast du was dagegen?«

Nein, er hatte nichts dagegen. Er legte still und andächtig seine Lippen auf ihren blühenden Mund, und da sie seine Unerfahrenheit im Küssen bemerkte, lachte sie zwar, schonte ihn aber und gewann ihn noch lieber.

II

Bis jetzt war Niklas Trefz, als Obergesell und Duzfreund des jungen Meisters, aufs beste mit diesem ausgekommen, ja er hatte eigentlich in Haus und Werkstatt meistens das erste Wort gehabt. Neuerdings schien dies gute

Einvernehmen etwas gestört zu sein, und gegen den Sommer hin wurde Haager in seinem Benehmen gegen den Gesellen immer spitziger. Er kehrte zuweilen den Meister gegen ihn heraus, fragte ihn nicht mehr um Rat und ließ bei jeder Gelegenheit merken, daß er das frühere Verhältnis nicht fortzusetzen wünsche.

Trefz war gegen ihn, dem er sich überlegen fühlte, nicht empfindlich. Anfangs wunderte ihn diese kühle Behandlung als eine ungewohnte Schrulle des Meisters. Er lächelte und nahm es ruhig hin. Als aber Haager ungeduldiger und launischer wurde, legte Trefz sich aufs Beobachten und glaubte bald hinter die Ursache der Verstimmung gekommen zu sein.

Er sah nämlich, daß zwischen dem Meister und seiner Frau nicht alles in Ordnung war. Es gab keine lauten Händel, dafür war die Frau zu klug. Aber die Eheleute wichen einander aus, die Frau ließ sich nie in der Werkstatt blicken, und der Mann war abends selten zu Hause. Ob die Uneinigkeit, wie Johann Schömbeck wissen wollte, daher rührte, daß der Schwiegervater sich nicht bereden ließ, mehr Geld herauszurücken, oder ob persönliche Zwistigkeiten dahinterstaken, jedenfalls war eine schwüle Luft im Hause, die Frau sah oft verweint und verärgert aus, und auch der Mann schien vom Baum einer schlimmen Erkenntnis gekostet zu haben.

Niklas war überzeugt, daß dieser häusliche Unfrieden an allem schuld sei, und ließ den Meister seine Reizbarkeit und Grobheit nicht entgelten. Was ihn heimlich plagte und zornig machte, war die leise schlaue Art, mit der Schömbeck sich die Verstimmung zunutze machte. Dieser war nämlich, seit er den Obergesellen in Ungnade gefallen sah, mit einer unterwürfig-süßen Beflissenheit bemüht, sich dem Meister zu empfehlen, und daß Haager darauf einging und den Schleicher sichtlich begünstigte, war für Trefz ein empfindlicher Stich.

In dieser unbehaglichen Zeit nahm Hans Dierlamm entschieden für Trefz Partei. Einmal imponierte ihm Niklas durch seine gewaltige Kraft und Männlichkeit, alsdann war ihm der schmeichlerische Schömbeck allmählich verdächtig und zuwider geworden, und schließlich hatte er das Gefühl, durch sein Verhalten eine uneingestandene Schuld gegen Niklas gutzumachen. Denn wenn auch sein Verkehr mit der Testolini sich auf kurze hastige Zusammenkünfte beschränkte, wobei es über einiges Küssen und Streicheln nicht hinausging, wußte er sich doch auf verbotenem Wege und hatte kein sauberes Gewissen. Desto entschiedener wies er dafür Schömbecks Klatschereien zurück und trat mit ebensoviel Bewunderung wie Mitleid für Niklas ein. Es dauerte denn auch nicht lange, bis dieser das fühlte. Er hatte sich bisher kaum um den Volontär gekümmert und in ihm einfach ein unnützes Herrensöhnchen gesehen. Jetzt schaute er ihn freundlicher an, richtete zuweilen das Wort an ihn und duldete, daß Hans in den Vesperpausen sich zu ihm setzte.

Schließlich lud er ihn sogar eines Abends zum Mitkommen ein. »Heut ist mein Geburtstag«, sagte er, »da muß ich doch mit jemand eine Flasche Wein trinken. Der Meister ist verhext, den Schömbeck kann ich nicht brauchen, den Lump. Wenn Sie wollen, Dierlamm, so kommen Sie heut mit mir. Wir könnten uns nach dem Nachtessen an der Allee treffen. Wollen Sie?«

Hans war hocherfreut und versprach, pünktlich zu kommen.

Es war ein warmer Abend, Anfang Juli. Hans aß daheim sein Abendbrot mit Hast, wusch sich ein wenig und eilte zur Allee, wo Trefz schon wartete.

Dieser hatte seinen Sonntagsanzug angelegt, und als er Hans im blauen Arbeitskleid kommen sah, fragte er mit gutmütigem Vorwurf: »So, Sie sind noch in der Uniform?«

Hans entschuldigte sich, er habe es so eilig gehabt, und Niklas lachte: »Nun, keine Redensarten! Sie sind halt Volontär und haben Spaß an dem dreckigen Kittel, weil Sie ihn doch nicht lang tragen. Unsereiner legt ihn gern ab, wenn er am Feierabend ausgeht.«

Sie schritten nebeneinander die dunkle Kastanienallee hinunter vor die Stadt hinaus. Hinter den letzten Bäumen trat plötzlich eine hohe Mädchengestalt hervor und hängte sich an des Gesellen Arm. Es war Maria. Trefz sagte kein Wort des Grußes zu ihr und nahm sie ruhig mit, und Hans wußte nicht, war sie von ihm herbestellt oder unaufgefordert gekommen. Das Herz schlug ihm ängstlich.

»Da ist auch der junge Herr Dierlamm«, sagte Niklas.

»Ach ja«, rief Maria lachend, »der Volontär. Kommen Sie auch mit?«

»Ja, der Niklas hat mich eingeladen.«

»Das ist lieb von ihm. Und auch von Ihnen, daß Sie kommen. So ein feiner junger Herr!«

»Dummes Zeug!« rief Niklas. »Der Dierlamm ist mein Kollege. Und jetzt wollen wir Geburtstag feiern.«

Sie hatten das Wirtshaus zu den drei Raben erreicht, das dicht am Flusse in einem kleinen Garten lag. Drinnen hörte man Fuhrleute sich unterhalten und Karten spielen, draußen war kein Mensch. Trefz rief dem Wirt durchs Fenster hinein, er solle Licht bringen. Dann setzte er sich an einen der vielen ungehobelten Brettertische. Maria nahm neben ihm und Hans gegenüber Platz. Der Wirt kam mit einer schlecht brennenden Flurlampe heraus, die er überm Tisch an einem Draht aufhängte. Trefz bestellte einen Liter vom besten Wein, Brot, Käse und Zigarren.

»Hier ist's aber öd«, sagte das Mädchen enttäuscht. »Wollen wir nicht hineingehen? Es sind ja gar keine Leute da.«

»Wir sind Leute genug«, meinte Niklas ungeduldig.

Er schenkte Wein in die dicken Kübelgläser, schob Maria Brot und Käse zu, bot Hans Zigarren an und zündete sich selber eine an. Sie stießen miteinander an. Darauf spann Trefz, als wäre das Mädchen gar nicht da, ein weitläufiges Gespräch über technische Dinge mit Hans an. Er saß vorgebeugt, den einen Ellbogen auf dem Tische, Maria aber lehnte sich neben ihm ganz in die Bank zurück, verschränkte die Arme vor der Brust und schaute aus der Dämmerung unverwandt, mit ruhigen, zufriedenen Augen in Hansens Gesicht. Dem wurde dadurch nicht behaglicher, und er umgab sich aus Verlegenheit mit dicken Rauchwolken. Daß sie drei einmal an einem Tisch beieinandersitzen würden, hätte er nicht gedacht. Er war froh, daß die beiden vor seinen Augen keine Zärtlichkeiten wechselten, und er vertiefte sich geflissentlich in die Unterhaltung mit dem Gesellen.

Über den Garten schwammen blasse Nachtwolken durch den gestirnten Himmel, im Wirtshause klang zuweilen Gespräch und Gelächter, nebenzu lief mit leisem Rauschen der dunkle Fluß talab. Maria saß regungslos im Halbdunkel, hörte die Reden der beiden dahinrinnen und hielt den Blick auf Hans geheftet. Er empfand ihn, auch wenn er nicht hinübersah, und bald schien er ihm verlockend zu winken, bald spöttisch zu lachen, bald kühl zu beobachten.

So verging wohl eine Stunde, und die Unterhaltung ward allmählich langsamer und träger, endlich schlief sie ein, und eine kurze Weile redete niemand ein Wort. Da richtete die Testolini sich auf. Trefz wollte ihr einschenken, sie zog aber ihr Glas weg und sagte kühl: »Ist nicht nötig, Niklas.«

»Was gibt's denn?«

»Einen Geburtstag gibt's. Und dein Schatz sitzt dabei und kann einschlafen. Kein Wort, keinen Kuß, nichts als ein Glas Wein und ein Stück Brot! Wenn mein Schatz der steinerne Mann wär, könnt es nicht schöner sein.«

»Ach, geh weg!« lachte Niklas unzufrieden.

»Ja, geh weg! Ich geh auch noch weg. Am Ende gibt's andre, die mich noch ansehen mögen.«

Niklas fuhr auf. »Was sagst?«

»Ich sag, was wahr ist.«

»So? Wenn's wahr ist, dann sag lieber gleich alles. Ich will jetzt wissen, wer das ist, der nach dir schaut.«

»O, das tun manche.«

»Ich will den Namen wissen. Du gehörst mir, und wenn einer dir nachläuft, ist er ein Lump und hats mit mir zu tun.«

»Meinetwegen. Wenn ich dir gehör, mußt du aber auch mir gehören und nicht so ruppig sein. Wir sind nicht verheiratet.«

»Nein, Maria, leider nicht, und ich kann nichts dafür, das weißt du wohl.«

»Gut denn, so sei auch wieder freundlicher und nicht gleich so wild. Weiß Gott, was du seit einer Zeit hast!«

»Ärger hab ich, nichts als Ärger. Aber wir wollen jetzt noch ein Glas austrinken und vergnügt sein, sonst meint der Dierlamm, wir seien immer so ungattig. He, Rabenwirt! Heda! Noch eine Flasche!«

Hans war ganz ängstlich geworden. Nun sah er erstaunt den plötzlich aufgeflammten Streit ebenso schnell wieder beruhigt und hatte nichts dagegen, noch ein letztes Glas in fröhlichem Frieden mitzutrinken.

»Also prosit!« rief Niklas, stieß mit beiden an und leerte in einem langen Zug sein Glas. Dann lachte er kurz und sagte mit verändertem Ton: »Nun ja, nun ja. Aber ich kann euch sagen, an dem Tag, wo mein Schatz sich mit einem andern einläßt, gibt's ein Unglück.«

»Dummerle«, rief Maria leise, »was fällt dir auch ein?«

»Es ist nur so geredet«, meinte Niklas ruhig. Er lehnte sich wohlig zurück, knöpfte die Weste auf und fing zu singen an:

»A Schlosser hot an G'sella g'het ...«

Hans fiel eifrig ein. Im stillen aber hatte er beschlossen, er wolle mit Maria nichts mehr zu tun haben. Er hatte Furcht bekommen.

Auf dem Heimweg blieb das Mädchen an der unteren Brücke stehen.

»Ich geh heim«, sagte sie. »Kommst du mit?«

»Also denn«, nickte der Geselle und gab Hans die Hand.

Dieser sagte Gutenacht und ging aufatmend allein weiter. Ein peinliches Grauen war diesen Abend in ihn gefahren. Er mußte sich immer wieder ausmalen, wie es gegangen wäre, wenn ihn der Obergeselle einmal mit Maria überrascht hätte. Nachdem diese gräßliche Vorstellung seine Entschlüsse bestimmt hatte, wurde es ihm leicht, sie sich selber in einem verklärenden moralischen Lichte darzustellen. Er bildete sich schon nach einer Woche ein, er habe auf die Spielerei mit Maria nur aus Edelmut und aus Freundschaft für Niklas verzichtet. Die Hauptsache war, daß er nun das Mädchen wirklich mied. Erst nach mehreren Tagen traf er sie unvermutet allein, und da beeilte er sich, ihr zu sagen, er könne nicht mehr zu ihr kommen. Sie schien darüber betrübt zu sein, und ihm wurde das Herz schwer, als sie sich an ihn hängte und ihn mit Küssen zu bekehren suchte. Doch gab er ihr keinen zurück, sondern machte sich mit erzwungener Ruhe los. Sie aber ließ ihn nicht eher los, bis er in seiner Herzensangst drohte, dem Niklas alles zu sagen. Da schrie sie auf und sagte:

»Du, das tust du nicht. Das wär mein Tod.«

»Hast du ihn also doch lieb?« fragte Hans bitter.

»Ach was!« seufzte sie. »Dummer Bub, du weißt wohl, daß ich dich viel lieber hab. Nein, aber der Niklas würde mich umbringen. So ist er. Gib mir die Hand darauf, daß du ihm nichts sagst!«

»Gut, aber du mußt mir auch versprechen, daß du mich in Ruhe lassen willst.«

»Hast mich schon so satt?«

»Ach, laß! Aber ich kann die Heimlichkeit vor ihm nimmer haben, ich kann nicht, begreif doch. Also versprich's mir, gelt.«

Da gab sie ihm die Hand, aber er sah ihr dabei nicht in die Augen. Er ging still davon, und sie sah ihm mit Kopfschütteln und innigem Ärger nach. »So ein Hanswurst!« dachte sie.

Für den kamen jetzt wieder schlimme Tage. Sein durch Maria heftig erregtes und immer nur für den Augenblick beschwichtigtes Liebesbedürfnis ging nun wieder heiße, unbefriedigte Wege aufwühlender Sehnsucht, und nur die strenge Arbeit half ihm von Tag zu Tag durch. Sie machte ihn jetzt bei der zunehmenden Sommerhitze doppelt müde. In der Werkstatt war es heiß und schwül, anstrengende Arbeiten wurden halbnackt ausgeführt, und den dumpfen ewigen Ölgeruch durchdrang der scharfe Dunst des Schweißes. Am Abend nahm Hans, zuweilen mit Niklas zusammen, ein Bad oberhalb der Stadt im kühlen Fluß, nachher fiel er todmüde ins Bett, und morgens hatte man Mühe, ihn zur Zeit wachzubringen.

Auch für die andern, Schömbeck vielleicht ausgenommen, war es jetzt in der Werkstatt ein böses Leben. Der Lehrling bekam Scheltworte und Ohrfeigen, der Meister war fortwährend barsch und erregt, und Trefz hatte Mühe, sein launisch-hastiges Wesen zu ertragen. Er fing allmählich auch an, brummig zu werden. Eine kurze Weile noch ließ er es gehen, wie es mochte, dann war seine Geduld erschöpft, und er stellte eines Mittags nach dem Essen den Meister im Hof.

»Was willst?« fragte Haager unfreundlich.

»Mit dir reden will ich einmal. Du weißt schon warum. Ich tue meine Arbeit, so gut du's verlangen kannst, oder nicht?«

»Ja, schon.«

»Also. Und du behandelst mich fast wie einen Lehrbuben. Es muß doch etwas dahinterstecken, daß ich dir auf einmal nichts mehr gelte. Sonst sind wir doch immer gut ausgekommen.«

»Lieber Gott, was soll ich sagen? Ich bin halt, wie ich bin, und kann mich nicht anders machen. Du hast auch deine Schrullen.«

»Jawohl, Haager, aber bei der Arbeit nicht, das ist der Unterschied. Ich kann dir nur sagen, du verdirbst dir selber dein Geschäft.«

»Das sind meine Sachen, nicht deine.«

»Na, dann tust du mir leid. Da will ich nicht weiterreden. Vielleicht wird's einmal von selber wieder anders.«

Er ging fort. An der Haustür traf er auf Schömbeck, der zugehört zu haben schien und leise lachte. Er hatte Lust, den Kerl zu verprügeln, aber er nahm sich zusammen und ging ruhig an ihm vorbei.

Er verstand jetzt, daß zwischen Haager und ihm etwas andres stehen müsse als nur eine Verstimmung, und er nahm sich vor, dem auf die Spur zu kommen. Freilich, am liebsten hätte er noch heute gekündigt, statt unter solchen Verhältnissen weiterzuarbeiten. Aber er konnte und mochte Gerbersau nicht verlassen, Marias wegen. Dagegen sah es aus, als läge dem Meister wenig daran, ihn zu behalten, obgleich sein Weggang ihm schaden mußte. Ärgerlich und traurig ging er, als es ein Uhr schlug, in die Werkstatt hinüber.

Am Nachmittag war in der Webfabrik drüben eine kleine Reparatur zu machen. Das kam häufig vor, da der Fabrikant mit einigen umgebauten alten Maschinen Versuche anstellte, an denen Haager beteiligt war. Früher waren diese Reparaturen und Änderungen meistens von Niklas Trefz ausgeführt worden. Neuerdings aber ging der Meister immer selbst hinüber, und wenn ein Gehilfe nötig war, nahm er Schömbeck oder den Volontär mit. Niklas hatte nichts dawider gesagt, doch kränkte es ihn wie ein Zeichen von Mißtrauen. Er hatte drüben bei diesen Gelegenheiten immer die Testolini getroffen, die in jenem Saal arbeitete, und nun mochte er sich nicht zur Arbeit drängen, damit es nicht aussehe, als tue er es ihretwegen.

Auch heute ging der Meister mit Schömbeck hin und überließ dem Niklas die Beaufsichtigung der Werkstatt. Eine Stunde verging, dann kam Schömbeck mit einigen Werkzeugen zurück.

»An welcher Maschine seid ihr?« fragte Hans, den die Versuche dort interessierten.

»An der dritten, beim Eckfenster«, sagte Schömbeck und sah zu Niklas hinüber. »Ich hab alles allein machen müssen, weil sich der Meister so gut unterhalten hat.«

Niklas wurde aufmerksam, denn an jener Maschine hatte die Testolini Dienst. Er wollte an sich halten und sich mit dem Gesellen nicht einlassen, doch fuhr ihm wider seinen Willen die Frage heraus: »Mit wem denn? Mit der Maria?«

»Richtig geraten«, lachte Schömbeck. »Er macht ihr nach Noten den Hof. Es ist ja auch kein Wunder, so nett wie sie ist.«

Trefz gab ihm keine Antwort mehr. Er mochte Marias Namen aus diesem Munde und in diesem Ton nicht hören. Wuchtig setzte er die Feile wieder ein und maß, als er absetzen mußte, mit dem Kaliber so peinlich nach, als sei er mit allen Gedanken bei seiner Arbeit. Es lag ihm jedoch andres im Sinn. Ein böser Verdacht plagte ihn, und je mehr er daran herumsann, desto besser schien ihm alles Vergangene zu dem Verdacht zu passen. Der Meister stellte Maria nach, darum ging er seit einiger Zeit immer selber in die Fabrik hinüber und duldete ihn nimmer dort. Darum hatte er ihn so sonderbar grob und gereizt behandelt. Er war eifersüchtig, und er wollte es dahin treiben, daß er kündige und fortginge.

Aber er wollte nicht gehen, jetzt gerade nicht.

Am Abend suchte er Marias Wohnung auf. Sie war nicht da, und er wartete vor dem Hause bis zehn Uhr auf der Bank unter den Weibern und Burschen, die sich da den Abend vertrieben. Als sie kam, ging er mit ihr hinauf.

»Hast du gewartet?« fragte sie unterwegs auf der Treppe.

Er gab aber keine Antwort. Stillschweigend ging er hinter ihr her bis in ihre Kammer und machte die Türe hinter ihr zu.

Sie drehte sich um und fragte: »Na, bist wieder letz? Wo fehlt's denn?«

Er sah sie an. »Wo kommst du her?«

»Von draußen. Ich bin mit der Lina und der Christiane gewesen.«

»So.«

»Und du?«

»Ich hab drunten gewartet. Ich muß was mit dir reden.«

»Auch schon wieder! Also red.«

»Wegen meinem Meister, du. Ich glaub, er lauft dir nach.«

»Der? Der Haager? Liebe Zeit, so laß ihn laufen.«

»Das laß ich ihn nicht, nein. Ich will wissen, was damit ist. Er geht jetzt immer selber, wenn's bei euch zu tun gibt, und heut war er wieder den halben Nachmittag bei dir an der Maschine. Jetzt sag, was hat er mit dir?«

»Nichts hat er. Er schwätzt mit mir, und das kannst du ihm nicht verbieten. Wenn's auf dich ankäme, müßt ich immer in einem Glaskasten sitzen!«

»Ich mache keinen Spaß, du. Gerade was er schwätzt, wenn er bei dir ist, möcht ich wissen.«

Sie seufzte gelangweilt und setzte sich aufs Bett.

»Laß doch den Haager!« rief sie ungeduldig. »Was wird's mit ihm sein? Verliebt ist er ein bißchen und macht mir den Hof.«

»Hast du ihm keine Maulschelle gegeben?«

»Herrgott, warum soll ich ihn nicht lieber gleich zum Fenster rausgeworfen haben! Ich laß ihn halt reden und lach ihn aus. Heut hat er gesagt, er wolle mir eine Brosche schenken —«

»Was? Hat er? Und du, was hast du ihm gesagt?«

»Daß ich keine Broschen brauche, und er solle zu seiner Frau heimgehen. — Jetzt aber Punktum! Ist das eine Eifersucht! Du glaubst doch selber nicht im Ernst an das Zeug.«

»Ja, ja. Also denn gut Nacht, ich muß heim.«

Er ging, ohne sich mehr aufhalten zu lassen. Aber er war nicht beruhigt, obwohl er dem Mädchen eigentlich nicht mißtraute. Allein er wußte nicht, fühlte es aber dunkel, daß ihre Treue zur Hälfte Furcht vor ihm sei. Solange er da war, konnte er vielleicht sicher sein. Aber wenn er wandern mußte, nicht. Maria war eitel und hörte gern schöne Worte, sie hatte auch gar jung schon mit der Liebe angefangen. Und Haager war Meister und hatte Geld. Er konnte ihr Broschen anbieten, so sparsam er sonst war.

Niklas lief wohl eine Stunde lang in den Gassen herum, wo ein Fenster ums andre dunkel ward und schließlich nur noch die Wirtshäuser Licht hatten. Er suchte daran zu denken, daß ja noch gar nichts Schlimmes geschehen war. Aber es war ihm angst vor der Zukunft, vor morgen und vor jedem Tag, an dem er neben dem Meister stehen und mit ihm arbeiten und reden mußte, während er wußte, daß der Mensch Maria nachstellte. Wie sollte das werden?

Müde und verstört trat er in eine Wirtschaft, bestellte eine Flasche Bier und trank Kühlung und Linderung mit jedem rasch geleerten Glase. Er trank selten, meistens nur im Zorn oder wenn er ungewöhnlich heiter war, und er hatte wohl ein Jahr lang keinen Rausch mehr gehabt. Jetzt überließ er sich halb unbewußt einem rechenschaftslosen Kneipen und war stark betrunken, als er das Wirtshaus wieder verließ. Doch hatte er noch so viel Besinnung, daß er es vermied, in diesem Zustand ins Haagersche Haus zu gehen. Er wußte unterhalb der Allee eine Wiese, die gestern geschnitten worden war. Dorthin ging er mit ungleichen Schritten und warf sich in das zur Nacht in Haufen getürmte Heu, wo er sogleich einschlief.

III

Als Niklas am folgenden Morgen müde und bleich, doch pünktlich zur rechten Zeit in die Werkstatt kam, war der Meister mit Schömbeck zufällig schon da. Trefz ging still an seinen Platz und griff nach der Arbeit. Da rief der Meister ihm zu:

»So, kommst auch endlich?«

»Ich bin auf die Minute dagewesen wie immer«, sagte Niklas mit mühsam gespielter Gleichgültigkeit. »Da droben hängt die Uhr.«

»Und wo bist die ganze Nacht gesteckt?«

»Geht's dich was an?«

»Ich will's meinen. Du wohnst bei mir im Haus, und da will ich Ordnung haben.«

Niklas lachte laut. Jetzt war es ihm einerlei, was kommen würde. Er hatte Haager und sein dummes Rechthabenwollen und alles satt.

»Was lachst du?« rief der Meister zornig.

»Ich muß eben lachen, Haager. Das kommt mir so, wenn ich was Lustiges höre.«

»Hier gibt's nichts Lustiges. Nimm dich in acht.«

»Vielleicht doch. Weißt du, Herr Meister, das mit der Ordnung hast du gut gesagt. ›Ich will Ordnung im Hause haben!‹ Schneidig hast du's gesagt. Aber es macht mich halt lachen, wenn einer von Ordnung redet und hat selber keine.«

»Was? Was hab ich?«

»Keine Ordnung im Haus. Mit uns zankst du und tust wüst um jedes Nichtslein. Aber wie ist's denn mit deiner Frau zum Beispiel?«

»Halt! Hund du! Hund, sag ich.«

Haager war herbeigesprungen und stand drohend vor dem Gesellen. Trefz aber, der dreimal stärker war, blinzelte ihn beinahe freundlich an.

»Ruhig!« sagte er langsam. »Beim Reden muß man höflich sein. Du hast mich vorher nicht ausreden lassen. Deine Frau geht mich freilich nichts an, wenn sie mir auch leid tut –«

»Dein Maul hältst du, oder –«

»Später dann, wenn ich fertig bin. Also deine Frau, sag ich, geht mich nichts an, und es geht mich auch nichts an, wenn du den Fabrikmädchen nachläufst, du geiler Aff. Aber die Maria geht mich was an, das weißt du so gut wie ich. Und wenn du mir die mit einem Finger anrührst, geht's dir elend schlecht, darauf kannst du dich verlassen. – So, jetzt hab ich meine Sache gesagt.«

Der Meister war blaß vor Erregung, aber er wagte es nicht, Hand an Niklas zu legen.

Auch waren mittlerweile Hans Dierlamm und der Lehrling gekommen und standen am Eingang, erstaunt über das Geschrei und die bösen Worte, die hier schon in den ersten nüchternen Morgenstunden tobten. Er hielt es für besser, keinen Skandal aufkommen zu lassen. Darum kämpfte und schluckte er eine kleine Weile, um seiner zitternden Stimme Herr zu werden.

Dann sagte er laut und ruhig: »Also genug jetzt. Du kannst nächste Woche gehen, ich habe schon einen neuen Gesellen in Aussicht. – Ans Geschäft, Leute, vorwärts!«

Niklas nickte nur und gab keine Antwort. Sorgfältig spannte er eine blanke Stahlwelle in die Drehbank, probierte den Drehstahl, schraubte ihn wieder ab und ging zum Schleifstein. Auch die andern gingen mit großer Beflissenheit ihren Geschäften nach, und den ganzen Vormittag wurden in der Werkstatt keine zehn Worte gewechselt. Nur in der Pause suchte Hans den Obergesellen auf und fragte ihn leise, ob er wirklich gehen werde.

»Versteht sich«, sagte Niklas kurz und wandte sich ab.

Die Mittagsstunde verschlief er, ohne zu Tisch zu gehen, auf einem Hobelspansack in der Lagerkammer. Die Kunde von seiner Entlassung kam aber durch Schömbeck über Mittag unter die Arbeiter aus der Weberei, und die Testolini erfuhr sie gleich am Nachmittag von einer Freundin.

»Du, der Niklas geht weg. Es ist ihm gekündigt worden.«

»Der Trefz? Nein!«

»Jawohl, der Schömbeck hat's brühwarm herumerzählt. 's ist schad um ihn, nicht?«

»Ja, wenn's wahr ist. Aber der Haager ist doch ein Hitziger, der! Er hat ja schon lang mit mir anbändeln wollen.«

»Geh, dem würd ich auf die Hand spucken. Mit einem Verheirateten soll eine überhaupt nicht gehen, das gibt bloß dumme Geschichten und nachher nimmt dich keiner mehr.«

»Das wär das wenigste. Heiraten hätt ich schon zehnmal können, sogar einen Aufseher. Wenn ich nur möchte!«

Mit dem Meister wollte sie es drauf ankommen lassen, der war ihr einstweilen sicher. Aber den jungen Dierlamm wollte sie haben, wenn der Trefz fort war. Der Dierlamm war so nett und frisch und hatte so gute Manieren. Daß er auch noch eines reichen Mannes Sohn war, daran dachte sie nicht. Geld konnte sie dann schon von Haager oder sonstwo bekommen. Aber den Volontär hatte sie gern, der war hübsch und stark und doch noch fast ein Bub. Niklas tat ihr leid, und sie fürchtete sich vor den nächsten Tagen, bis er fort wäre. Sie hatte ihn liebgehabt und fand ihn noch immer wundervoll stattlich und schön, aber er hatte gar viele Launen und unnötige Sorgen, träumte immerfort vom Heiraten und war neuerdings so eifersüchtig, daß sie eigentlich wenig an ihm verlor.

Am Abend wartete sie auf ihn in der Nähe des Haagerschen Hauses. Gleich nach dem Abendessen kam er gegangen, sie grüßte und hängte bei ihm ein, und sie spazierten langsam vor die Stadt hinaus.

»Ist's wahr, daß er dir gekündigt hat?« fragte sie, da er nicht davon anfing.

»So, du weißt es auch schon?«

»Ja. Und was hast du im Sinn?«

»Ich fahre nach Eßlingen, dort ist mir schon lange eine Stelle angeboten. Und wenn's dort nichts ist, auf die Wanderschaft.«

»Und denkst nicht auch an mich?«

»Mehr als gut ist. Ich weiß nicht, wie ich's aushalten soll. Ich meine immer, du solltest halt mitkommen.«

»Ja, das wäre schon recht, wenn's ginge.«
»Warum geht's denn nicht?«
»Ach, sei doch gescheit! Du kannst doch nicht mit einem Frauenzimmer wandern gehen wie die Vagabunden.«
»Das nicht, aber wenn ich die Stelle habe –.«
»Ja, wenn du sie hast. Das ist's gerade. Wann willst du denn verreisen?«
»Am Sonntag.«
»Also dann schreibst du vorher noch und meldest dich an. Und wenn du dort unterkommst und es geht dir gut, dann schreibst du mir einen Brief und wir schauen dann weiter.«
»Du mußt dann nachkommen, gleich.«
»Nein, zuerst mußt du dort schauen, ob die Stelle gut ist und ob du bleiben kannst. Und dann geht es vielleicht, daß du mir auch eine Stelle dort besorgst, gelt? Und dann kann ich ja kommen und dich wieder trösten. Wir müssen halt jetzt eine Weile Geduld haben.«
»Ja, wie's in dem Lied heißt: ›Was steht den jungen Burschen wohl an? Geduld, Geduld, Geduld!‹ – Der Teufel hol's! Aber du hast recht, das ist wahr.«

Es gelang ihr, ihn zuversichtlicher zu machen, sie sparte die guten Worte nicht. Zwar dachte sie nicht daran, ihm jemals nachzureisen, aber einstweilen mußte sie ihm recht Hoffnung machen, sonst wurden diese nächsten Tage unerträglich. Und während sie ihn eigentlich schon fahren gelassen hatte und während sie überzeugt war, er werde in Eßlingen oder anderswo sie bald vergessen und eine andere finden, ward sie dennoch im Vorgefühl des Abschiednehmens in ihrem beweglichen Herzen zärtlicher und wärmer, als sie seit langer Zeit gegen ihn gewesen war. Er wurde schließlich beinahe vergnügt.

Das dauerte jedoch nur so lange, als Maria bei ihm war. Kaum saß er daheim auf dem Rand seiner Bettstatt, so war alle Zuversicht verflogen. Wieder quälte er sich mit angstvoll mißtrauischen Gedanken. Es fiel ihm plötzlich auf, daß sie eigentlich über die Nachricht von der Kündigung gar nicht betrübt gewesen war. Sie hatte es ganz leichtgenommen und nicht einmal gefragt, ob er nicht doch noch dableiben könne. Zwar konnte er das nicht, aber sie hätte doch fragen sollen. Und ihre Zukunftspläne schienen ihm jetzt auch nicht mehr so einleuchtend.

Er hatte den Brief nach Eßlingen heute noch schreiben wollen. Aber sein Kopf war jetzt leer und elend und die Müdigkeit überkam ihn so plötzlich, daß er beinahe in den Kleidern eingeschlafen wäre. Er stand willenlos auf, zog sich aus und legte sich ins Bett. Doch hatte er keine ruhige Nacht. Die Schwüle, die schon seit mehreren Tagen in dem engen Flußtal zögerte, wuchs von Stunde zu Stunde, ferne Donnerwetter zankten jenseits der Berge, und der Himmel zuckte in beständigem Wetterleuchten, ohne daß doch ein Gewitter oder Platzregen Luft und Kühle bringen wollte.

Am Morgen war Niklas müde, nüchtern und mißvergnügt. Auch sein gestriger Trotz war zum größeren Teil vergangen. Ein jämmerliches Vorgefühl von Heimweh fing an, ihn zu beklemmen. Überall sah er Meister, Gesellen, Lehrlinge, Fabrikler und Fabrikweiber gleichmütig in ihre Geschäfte und abends wieder heraus laufen, ja ein jeder Hund schien sich seines Rechtes auf Heimat und Haus zu freuen. Er aber sollte wider seinen Willen und wider alle Vernunft seine Arbeit, die ihm lieb war, und sein Städtchen verlassen und anderwärts um das bitten und sich bemühen, was er hier so lange Zeit unangefochten besessen hatte.

Der starke Mensch wurde weichmütig. Still und gewissenhaft ging er seiner Arbeit nach, sagte dem Meister und sogar Schömbeck freundlich guten Morgen, und wenn Haager an ihm vorüberging, sah er ihn beinahe flehentlich an und meinte jeden Augenblick, es tue dem Haager leid und er werde die Kündigung zurücknehmen, da er sich so willfährig zeige. Allein Haager wich seinen Blicken aus und tat, als sei er schon nimmer da und zu Haus und zu Werkstatt gehörig. Nur Hans Dierlamm hielt sich zu ihm und gab durch ein revolutionäres Gebärdenspiel zu verstehen, daß er auf den Meister und auf Schömbeck pfeife und mit den Zuständen durchaus nicht einverstanden sei. Aber damit war dem Niklas nicht geholfen.

Auch die Testolini, zu der Trefz am Abend traurig und mißmutig ging, gab ihm keinen Trost. Zwar hätschelte sie ihn mit Liebkosungen und guten Worten, aber auch sie redete von seinem Fortgehen recht gleichmütig als von einer beschlossenen und unabänderlichen Sache; und als er auf die Trostgründe und auf die Vorschläge und Pläne zu sprechen kam, die sie gestern selber vorgebracht hatte, ging sie zwar darauf ein, schien aber doch alles nicht so ernst genommen zu haben und hatte sogar einige ihrer eignen Vorschläge offenbar schon wieder vergessen. Er hatte die Nacht bei ihr bleiben wollen, änderte aber seinen Sinn und ging zeitig weg.

In seiner Betrübnis wanderte er ziellos in der Stadt umher. Beim Anblick des kleinen Vorstadthauses, in dem er als Waisenkind bei fremden Leuten aufgewachsen war und wo jetzt eine andre Familie wohnte, fiel ihm flüchtig die Schulzeit und die Lehrlingszeit und manches Schöne von damals ein, aber es schien unendlich weit zurück zu liegen und berührte ihn nur mit leisem Anklang an Verlorenes und Fremdgewordenes. Schließlich ward die ungewohnte Hingabe an solche Gefühlsregungen ihm selber zuwider. Er zündete sich eine Zigarre an, machte ein unbekümmertes Gesicht und trat in eine Gartenwirtschaft, wo er sogleich von einigen Arbeitern aus der Weberei erkannt und angerufen wurde.

»Was ist«, rief ihm einer entgegen, der schon angeheitert war, »du wirst doch auch einen Abschied feiern und was zahlen, nicht?«

Niklas lachte und setzte sich unter die kleine Gesellschaft. Er versprach, für jeden zwei Schoppen Bier zu spenden, und bekam dafür von allen Seiten zu hören, wie schade es um ihn sei, daß er fort wolle, so ein netter und beliebter Kerl, und ob er nicht doch noch am Ende dableibe. Er tat nun auch, als sei die Kündigung von ihm ausgegangen, und prahlte mit guten Stellungen, die er in Aussicht habe. Ein Lied wurde gesungen, man stieß mit den Gläsern an, lärmte und lachte, und Niklas geriet in eine künstliche laute Fröhlichkeit hinein, die ihm übel anstand und deren er sich eigentlich schämte. Doch wollte er nun einmal den muntern Bruder spielen, und um ein übriges zu tun, ging er ins Haus und kaufte drinnen ein Dutzend Zigarren für seine Kameraden.

Wie er wieder in den Wirtsgarten trat, hörte er an jenem Tisch seinen Namen nennen. Die meisten dort waren leicht betrunken, sie schlugen beim Reden auf den Tisch und lachten unbändig. Niklas merkte, daß von ihm die Rede war, er blieb hinter einem Baum verborgen stehen und hörte zu. Als er das wüste Gelächter, das ihm zu gelten schien, gehört hatte, war seine Ausgelassenheit unversehens verdampft. Aufmerksam und bitter stand er im Dunkeln und horchte, wie über ihn geredet wurde.

»Ein Narr ist er schon«, meinte einer von den Stilleren, »aber vielleicht ist der Haager doch der Dümmere. Der Trefz ist vielleicht froh, daß er bei der Gelegenheit die Welsche los wird.«

»Da kennst du den schlecht«, meinte ein andrer. »Der hängt an der Person wie eine Klette. Und so vernagelt wie er ist, weiß er vielleicht nicht einmal, wohin der Hase läuft. Nachher wollen wir's mal probieren und ihn ein bißchen kitzeln.«

»Paß aber auf! Der Niklas kann ungemütlich werden.«

»Ach, der! Der merkt ja nichts. Gestern abend ist er mit ihr spazierengelaufen, und kaum ist er heim in's Bett, so kommt der Haager und geht mit ihr. Die nimmt ja einen jeden. Ich möcht nur wissen, wen sie heut bei sich hat.«

»Ja, mit dem Dierlamm hat sie auch angebändelt, mit dem Volontärbuben. Es muß scheint's doch allemal ein Schlosser sein.«

»Oder er muß Geld haben! Aber von dem kleinen Dierlamm hab ich's nicht gewußt. Hast du's selber gesehen?«

»Und ob. In der Sackkammer und einmal auf der Stiege. Sie haben einander verküßt, daß mir's ganz gegraust hat. Der Bube fängt beizeiten an, gerade wie sie auch.«

Niklas hatte genug. Wohl spürte er Lust, mit einem Donnerwetter zwischen die Kerle zu fahren. Doch tat er es nicht, sondern ging still davon.

Auch Hans Dierlamm hatte in den letzten Nächten nicht gut geschlafen. Die Liebesgedanken, der Ärger in der Werkstatt und die schwüle Hitze plagten ihn, und morgens kam er öfters eine Weile zu spät ins Geschäft.

Am folgenden Tage, nachdem er hastig Kaffee getrunken hatte und die Treppe hinabgeeilt war, kam ihm zu seinem Erstaunen Niklas Trefz entgegen.

»Grüß Gott«, rief Hans, »was gibt's Neues?«

»Arbeit in der Sägemühle draußen, du sollst mitkommen.«

Hans war verwundert, teils über den ungewohnten Auftrag, teils darüber, daß Trefz ihn auf einmal duzte. Er sah, daß dieser einen Hammer und einen kleinen Werkzeugkasten trug. Er nahm ihm den Kasten ab, und sie gingen miteinander flußaufwärts, zur Stadt hinaus, zuerst an Gärten, dann an Wiesen hin. Der Morgen war dunstig und heiß, in der Höhe schien ein Westwind zu gehen, unten im Tal aber herrschte völlige Windstille.

Der Geselle war finster und sah mitgenommen aus, wie nach einer argen Kneipnacht. Hans fing nach einer Weile zu plaudern an, bekam aber keine Antwort. Niklas tat ihm leid, doch wagte er nichts mehr zu sagen.

Auf halbem Wege zur Sägmühle, wo der gewundene Flußlauf eine kleine, mit jungen Erlen bestandene Halbinsel umschloß, machte Niklas plötzlich halt. Er ging zu den Erlen hinab, legte sich ins Gras und winkte Hans, er solle auch kommen. Der folgte gern, und sie lagen nun eine längere Zeit nebeneinander ausgestreckt, ohne ein Wort zu reden.

Am Ende schlief Dierlamm ein. Niklas beobachtete ihn, und als er eingeschlafen war, beugte er sich über ihn und schaute ihm mit großer Aufmerksamkeit ins Gesicht, eine gute Weile. Er seufzte dazu und sprach murmelnd mit sich selber.

Schließlich sprang er zornig auf und gab dem Schläfer einen Fußtritt. Erschreckt und verwirrt taumelte Hans auf.

»Was ist?« fragte er unsicher. »Hab ich so lang geschlafen?«

Niklas sah ihn an, wie er ihn vorher angesehen hatte, mit merkwürdig verwandelten Augen. Er fragte: »Bist du wach?« Hans nickte ängstlich.

»Also, paß auf! Da neben mir liegt ein Hammer. Siehst du ihn?«

»Ja.«

»Weißt du, für was ich ihn mitgenommen hab?«

Hans sah ihm in die Augen und erschrak unsäglich. Furchtbare Ahnungen drängten in ihm auf. Er wollte fortlaufen, aber Trefz hielt ihn mit einem mächtigen Griff fest.

»Nicht fortlaufen! Du mußt mir zuhören. Also den Hammer, den hab ich mitgenommen, weil ich – –. Oder so ... den Hammer ...«

Hans begriff alles und schrie in Todesangst auf. Niklas schüttelte den Kopf.

»Mußt nicht schreien. Willst du mir jetzt zuhören?«

»Ja –.«

»Du weißt ja schon, von was ich rede. Also ja, den Hammer hab ich dir auf den Kopf hauen wollen. – Sei ruhig! Hör mich! – Aber es ist nicht gegangen. Ich kann's nicht. Und es ist auch nicht recht ehrlich, vollends im Schlaf! Aber jetzt bist du wach, und den Hammer hab ich dahin gelegt. Und jetzt sag ich dir: Wir wollen miteinander ringen, du bist ja auch stark. Wir ringen, und wer den andern drunten hat, der kann den Hammer nehmen und zuschlagen. Du oder ich, einer muß dran glauben.«

Aber Hans schüttelte den Kopf. Die Todesangst war von ihm gewichen, er fühlte nur eine schneidend herbe Trauer und ein beinahe unerträgliches Mitleid.

»Warten Sie noch«, sagte er leise. »Ich will vorher reden. Wir können ja noch einmal hinsitzen, nicht?«

Und Niklas folgte. Er fühlte, daß Hans etwas zu sagen habe und daß nicht alles so sei, wie er es gehört und sich ausgedacht hatte.

»Es ist wegen der Maria?« fing Hans an, und Trefz nickte. Nun erzählte Hans alles. Er verschwieg nichts und suchte nichts von sich abzuwälzen, er schonte aber auch das Mädchen nicht, denn er fühlte wohl, daß alles darauf ankam, ihn von ihr abzubringen. Er sprach von jenem Abend, da Niklas Geburtstag gefeiert hatte, und von seiner letzten Zusammenkunft mit Maria.

Als er schwieg, gab Niklas ihm die Hand und sagte: »Ich weiß, daß Sie nicht gelogen haben. Sollen wir jetzt in die Werkstatt zurück?«

»Nein«, meinte Hans, »ich schon, aber Sie nicht. Sie sollten gleich jetzt verreisen, das wär am besten.«

»Ja, schon. Aber ich brauche mein Arbeitsbuch und ein Zeugnis vom Meister.«

»Das besorge ich. Kommen Sie am Abend zu mir, da bring ich Ihnen alles. Sie können einstweilen Ihre Sachen einpacken, nicht?«

Niklas besann sich. »Nein«, sagte er dann, »es ist doch nicht das Richtige. Ich gehe mit in die Werkstatt und bitte den Haager, daß er mich schon heute gehen läßt. Ich danke schön, daß Sie das alles für mich haben ausfressen wollen, aber es ist besser, ich geh selber.«

Sie kehrten miteinander um. Als sie zurückkamen, war mehr als der halbe Vormittag verstrichen, und Haager empfing sie mit heftigen Vorwürfen. Niklas bat ihn aber, zum Abschied noch einmal in Güte und Ruhe mit ihm zu reden, und nahm ihn mit vor die Türe. Als sie wiederkamen, gingen sie beide ruhig an ihre Plätze und nahmen eine Arbeit vor. Aber am Nachmittag war Niklas nimmer da, und in der nächsten Woche stellte der Meister einen neuen Gesellen ein.

(1907)

Schön ist die Jugend

Eine Sommeridylle

Sogar mein Onkel Matthäus hatte auf seine Art eine Freude daran, mich wiederzusehen. Wenn ein junger Mann ein paar Jahre lang in der Fremde gewesen ist und kommt dann eines Tages wieder und ist etwas Anständiges geworden, dann lächeln auch die vorsichtigsten Verwandten und schütteln ihm erfreut die Hand.

Der kleine braune Koffer, in dem ich meine Habe trug, war noch ganz neu, mit gutem Schloß und glänzenden Riemen. Er enthielt zwei saubere Anzüge, Wäsche genug, ein neues Paar Stiefel, einige Bücher und Photographien, zwei schöne Tabakspfeifen und eine Taschenpistole. Außerdem brachte ich meinen Geigenkasten und einen Rucksack voll Kleinigkeiten mit, zwei Hüte, einen Stock und einen Schirm, einen leichten Mantel und ein Paar Gummischuhe, alles neu und solid, und überdies trug ich in der Brusttasche vernäht über zweihundert Mark Erspartes und einen Brief, in dem mir auf den Herbst eine gute Stelle im Ausland zugesagt war. An alledem hatte ich stattlich zu tragen und kehrte nun mit dieser Ausrüstung nach längerer Wanderzeit als ein Herr in meine Heimat zurück, die ich als schüchternes Sorgenkind verlassen hatte.

Vorsichtig langsam fuhr der Zug in großen Windungen den Hügel abwärts, und mit jeder Windung wurden Häuser, Gassen, Fluß und Gärten der unten liegenden Stadt näher und deutlicher. Bald konnte ich die Dächer unterscheiden und die bekannten darunter aussuchen, bald auch schon die Fenster zählen und die Storchennester erkennen, und während aus dem Tale mir Kindheit und Knabenzeit und tausendfache köstliche Heimaterinnerung entgegenwehten, schmolz mein übermütiges Heimkehrgefühl und meine Lust, den Leuten da drunten recht zu imponieren, langsam dahin und wich einem dankbaren Erstaunen. Das Heimweh, das mich im Lauf der Jahre verlassen hatte, kam nun in der letzten Viertelstunde mächtig in mir herauf, jeder Ginsterbusch am Bahnsteig und jeder wohlbekannte Gartenzaun ward mir wunderlich teuer, und ich bat ihn um Verzeihung dafür, daß ich ihn so lang hatte vergessen und entbehren können.

Als der Zug über unserm Garten hinwegfuhr, stand im obersten Fenster des alten Hauses jemand und winkte mit einem großen Handtuch; das mußte mein Vater sein. Und auf der Veranda standen meine Mutter und die Magd mit Tüchern, und aus dem obersten Schornstein floß ein leichter blauer Rauch vom Kaffeefeuer in die warme Luft und über das Städtchen hinweg. Das gehörte nun alles wieder mir, hatte auf mich gewartet und hieß mich willkommen.

Am Bahnhof lief der alte bärtige Portier mit derselben Aufregung wie früher auf und ab und drängte die Leute vom Geleise weg, und unter den Leuten sah ich meine Schwester und meinen jüngeren Bruder stehen und erwartungsvoll nach mir ausblicken. Mein Bruder hatte für mein Gepäck den kleinen Handwagen mitgebracht, der die ganzen Bubenjahre hindurch unser Stolz gewesen war. Auf den luden wir meinen Koffer und Rucksack, Fritz zog an, und ich ging mit der Schwester hinterdrein. Sie tadelte es, daß ich mir jetzt die Haare so kurz scheren lasse, fand meinen Schnurrbart hingegen hübsch und meinen neuen Koffer sehr fein. Wir lachten und sahen uns in die Augen, gaben einander von Zeit zu Zeit wieder die Hände und nickten dem Fritz zu, der mit dem Wägelchen vorausfuhr und sich öfters umdrehte. Er war so groß wie ich und stattlich breit geworden. Während er vor uns herging, fiel mir plötzlich ein, daß ich ihn als Knabe mehrmals bei Streitereien geschlagen hatte, ich sah sein Kindergesicht wieder und seine beleidigten oder traurigen Augen und fühlte etwas von derselben peinlichen Reue, die ich auch damals immer gespürt hatte, sobald der Zorn vertobt war. Nun schritt Fritz groß und erwachsen einher und hatte schon blonden Flaum ums Kinn.

Wir kamen durch die Allee von Kirschen- und Vogelbeerbäumen, am oberen Steg vorbei, an einem neuen Kaufladen und vielen alten unveränderten Häusern vorüber. Dann kam die Brückenecke, und da stand wie immer meines Vaters Haus mit offenen Fenstern, durch die ich unsern Papagei pfeifen hörte, daß mir vor Erinnerung und Freude das Herz heftig schlug. Durch die kühle, dunkle Toreinfahrt und den großen steinernen Hausgang trat ich ein und eilte die Treppe hinauf, auf der mir der Vater entgegenkam. Er küßte mich, lächelte und klopfte mir auf die Schulter, dann führte er mich still an der Hand bis zur oberen Flurtüre, wo meine Mutter stand und mich in die Arme nahm.

Darauf kam die Magd Christine gelaufen und gab mir die Hand, und in der Wohnstube, wo der Kaffee bereitstand, begrüßte ich den Papagei

Polly. Er kannte mich sogleich wieder, stieg vom Rand seines Käfigdaches auf meinen Finger herüber und senkte den schönen grauen Kopf, um sich streicheln zu lassen. Die Stube war frisch tapeziert, sonst war alles gleich geblieben, von den Bildern der Großeltern und dem Glasschrank bis zu der mit altmodischen Lilablumen bemalten Standuhr. Die Tassen standen auf dem gedeckten Tisch, und in der meinen stand ein kleiner Resedenstrauß, den ich herausnahm und ins Knopfloch steckte.

Mir gegenüber saß die Mutter und sah mich an und legte mir Milchwekken hin; sie ermahnte mich, über dem Reden das Essen nicht zu versäumen, und stellte doch selber eine Frage um die andere, die ich beantworten mußte. Der Vater hörte schweigend zu, strich seinen grau gewordenen Bart und sah mich durch die Brillengläser freundlich prüfend an. Und während ich ohne übertriebene Bescheidenheit von meinen Erlebnissen, Taten und Erfolgen berichtete, fühlte ich wohl, daß ich das Beste von allem diesen beiden zu danken habe.

An diesem ersten Tag wollte ich gar nichts sehen als das alte Vaterhaus, für alles andere war morgen und später noch Zeit genug. So gingen wir nach dem Kaffee durch alle Stuben, durch Küche, Gänge und Kammern, und fast alles war noch wie einstmals, und einiges Neue, das ich entdeckte, kam den andern auch schon alt und selbstverständlich vor, und sie stritten, ob es nicht schon zu meinen Zeiten so gewesen sei.

In dem kleinen Garten, der zwischen Efeumauern am Bergabhange liegt, schien die Nachmittagssonne auf saubere Wege und Tropfsteineinfassungen, auf das halbvolle Wasserfaß und auf die prächtig farbigen Beete, daß alles lachte. Wir setzten uns auf der Veranda in bequeme Stühle; dort floß das durch die großen transparenten Blätter des Pfeifenstrauches eindringende Sonnenlicht gedämpft und warm und lichtgrün, ein paar Bienen sumsten schwer und trunken dahin und hatten ihren Weg verloren. Der Vater sprach zum Dank für meine Heimkehr mit entblößtem Haupt das Vaterunser, wir standen still und hatten die Hände gefaltet, und obwohl die ungewohnte Feierlichkeit mich ein wenig bedrückte, hörte ich doch die alten heiligen Worte mit Freude und sprach das Amen dankbar mit.

Dann ging Vater in seine Studierstube, und die Geschwister liefen weg, es ward ganz still, und ich saß allein mit meiner Mutter an dem Tisch. Das war ein Augenblick, auf den ich mich schon gar lang gefreut und auch gefürchtet hatte. Denn wenn auch meine Rückkehr erfreulich und willkommen war, so war doch mein Leben in den letzten Jahren nicht durchaus sauber und durchsichtig gewesen.

Nun schaute mich die Mutter mit ihren schönen, warmen Augen an und las auf meinem Gesicht und überlegte sich vielleicht, was sie sagen und wonach sie fragen sollte. Ich hielt befangen still und spielte mit meinen Fingern, auf ein Examen gefaßt, das im ganzen zwar nicht allzu unrühmlich, im einzelnen jedoch recht beschämend ausfallen würde.

Sie sah mir eine Weile ruhig in die Augen, dann nahm sie meine Hand in ihre feinen, kleinen Hände.

»Betest du auch noch manchmal?« fragte sie leise.

»In der letzten Zeit nicht mehr«, mußte ich sagen, und sie blickte mich ein wenig bekümmert an.

»Du lernst es schon wieder«, meinte sie dann. Und ich sagte: »Vielleicht.«

Dann schwieg sie eine Weile und fragte schließlich: »Aber gelt, ein rechter Mann willst du werden?«

Da konnte ich ja sagen. Sie aber, statt nun mit peinlichen Fragen zu kommen, streichelte meine Hand und nickte mir auf eine Weise zu, die bedeutete, sie habe Vertrauen zu mir, auch ohne eine Beichte. Und dann fragte sie nach meinen Kleidern und meiner Wäsche, denn in den letzten zwei Jahren hatte ich mich selber versorgt und nichts mehr zum Waschen und Flicken heimgeschickt.

»Wir wollen morgen alles miteinander durchsehen«, sagte sie, nachdem ich Bericht erstattet hatte, und damit war das ganze Examen zu Ende.

Bald darauf holte die Schwester mich ins Haus. Im »schönen Zimmer« setzte sie sich ans Klavier und holte die Noten von damals heraus, die ich lang nimmer gehört und gesungen und doch nicht vergessen hatte. Wir sangen Lieder von Schubert und Schumann und nahmen dann den Silcher vor, die deutschen und ausländischen Volkslieder, bis es Zeit zum Nachtessen war. Da deckte meine Schwester den Tisch, während ich mich mit dem Papagei unterhielt, der trotz seines Namens für ein Männchen galt und der »Polly« hieß. Er sprach mancherlei, ahmte unsere Stimmen und unser Lachen nach und verkehrte mit jedem von uns auf einer besonderen, genau eingehaltenen Stufe von Freundschaftlichkeit. Am engsten war er mit meinem Vater befreundet, den er alles mit sich anfangen ließ, dann kam der Bruder, dann Mama, dann ich und zuletzt die Schwester, gegen die er ein Mißtrauen hegte.

Polly war das einzige Tier in unserm Hause und gehörte seit zwanzig Jahren wie ein Kind zu uns. Er liebte Gespräch, Gelächter und Musik, aber nicht in nächster Nähe. Wenn er allein war und im Nebenzimmer lebhaft sprechen hörte, lauschte er scharf, redete mit und lachte auf seine gutmütig ironische Art. Und manchmal, wenn er ganz unbeachtet und einsam auf seinem Klettergestäbe saß und Stille herrschte und die Sonne warm ins Zimmer schien, dann fing er in tiefen, wohligen Tönen an, das Leben zu preisen und Gott zu loben, in flötenähnlichen Lauten, und es klang feierlich, warm und innig, wie das selbstvergessene Singen eines einsam spielenden Kindes.

Nach dem Abendessen brachte ich eine halbe Stunde damit zu, den Garten zu gießen, und als ich naß und schmutzig wieder hereinkam, hörte ich vom Gang aus eine halb bekannte Mädchenstimme drinnen sprechen. Schnell wischte ich die Hände am Sacktuch ab und trat ein, da saß in einem lila Kleide und breitem Strohhut ein großes schönes Mädchen, und als sie aufstand und mich ansah und mir die Hand hinstreckte, erkannte ich Helene Kurz, eine Freundin meiner Schwester, in die ich früher einmal verliebt gewesen war.

»Haben Sie mich denn noch gekannt?« fragte ich vergnügt.

»Lotte hat mir schon gesagt, Sie seien heimgekommen«, sagte sie freundlich. Aber mich hätte es mehr gefreut, wenn sie einfach ja gesagt hätte. Sie war hoch gewachsen und gar schön geworden, ich wußte nichts weiter zu sagen und ging ans Fenster zu den Blumen, während sie sich mit der Mutter und Lotte unterhielt.

Meine Augen gingen auf die Straße, und meine Finger spielten mit den Blättern der Geranienstöcke, meine Gedanken aber waren nicht dabei. Ich sah einen blaukalten Winterabend und lief auf dem Flusse zwischen den hohen Erlenstauden Schlittschuh und verfolgte von ferne in scheuen Halbkreisen eine Mädchengestalt, die noch nicht richtig Schlittschuh laufen konnte und sich von einer Freundin führen ließ.

Nun klang ihre Stimme, viel voller und tiefer geworden als früher, mir nahe und mir doch fast fremd; sie war eine junge Dame geworden, und ich kam mir nicht mehr gleichstehend und gleichaltrig vor, sondern wie wenn ich immer noch fünfzehnjährig wäre. Als sie ging, gab ich ihr wieder die Hand, verbeugte mich aber unnötig und ironisch tief und sagte: »Gute Nacht, Fräulein Kurz.«

»Ist die denn wieder daheim?« fragte ich nachher.

»Wo soll sie denn sonst sein?« meinte Lotte, und ich mochte nicht weiter davon reden.

Pünktlich um zehn Uhr wurde das Haus geschlossen, und die Eltern gingen ins Bett. Beim Gutenachtkuß legte der Vater mir den Arm um die Schulter und sagte leise: »Das ist recht, daß wir dich wieder einmal zu Hause haben. Freut's dich auch?«

Alles ging zu Bett, auch die Magd hatte schon vor einer Weile gute Nacht gesagt, und nachdem noch ein paar Türen einigemal auf und zu gegangen waren, lag das ganze Haus in tiefer Nachtstille.

Ich aber hatte mir zuvor ein Krüglein Bier geholt und kaltgestellt, das setzte ich in meinem Zimmer auf den Tisch, und da in den Wohnstuben bei uns nicht geraucht werden durfte, stopfte ich mir jetzt eine Pfeife und zündete sie an. Meine beiden Fenster gingen auf den dunklen, stillen Hof, von dem eine Steintreppe bergauf in den Garten führte. Dort droben sah ich die Tannen schwarz am Himmel stehen und darüber Sterne schimmern.

Länger als eine Stunde blieb ich noch auf, sah die kleinen wolligen Nachtflügler um meine Lampe geistern und blies langsam meine Rauchwolken gegen die geöffneten Fenster. In langen stillen Zügen gingen unzählige Bilder meiner Heimat- und Knabenzeit an meiner Seele vorüber, eine große, schweigende Schar, aufsteigend und erglänzend und wieder verschwindend wie Wogen auf einer Seefläche.

Am Morgen legte ich meinen besten Anzug an, um meiner Vaterstadt und den vielen alten Bekannten zu gefallen und einen sichtbaren Beweis dafür zu geben, daß es mir wohl ergangen und daß ich nicht als armer Teufel heimgekommen sei. Über unserm engen Tal stand der Sonnenhimmel glänzend blau, die weißen Straßen stäubten leicht, vor dem benachbarten Posthaus standen die Botenwagen aus den Walddörfern, und auf der Gasse spielten die kleinen Kinder mit Klickern und wollenen Bällen.

Mein erster Gang war über die alte steinerne Brücke, das älteste Bauwerk des Städtleins. Ich betrachtete die kleine gotische Brückenkapelle, an der ich früher tausendmal vorbeigelaufen war, dann lehnte ich mich auf die Brüstung und schaute den grünen, raschen Fluß hinauf und hinab. Die behagliche alte Mühle, an deren Giebelwand ein weißes Rad gemalt gewesen war, die war verschwunden, und an ihrem Platze stand ein neuer großer Bau aus Backsteinen, im übrigen war nichts verändert, und wie früher trieben sich unzählige Gänse und Enten auf dem Wasser und an den Ufern herum.

Jenseits der Brücke begegnete mir der erste Bekannte, ein Schulkamerad von mir, der Gerber geworden war. Er trug eine leuchtend orangegelbe Schürze und sah mich ungewiß und suchend an, ohne mich recht zu erkennen. Ich nickte ihm vergnügt zu und schlenderte weiter, während er mir nachschaute und sich noch immer besann. Am Fenster seiner Werkstatt begrüßte ich den Kupferschmied mit seinem prachtvollen weißen Bart – und schaute dann auch gleich zum Drechsler hinein, der seine Radsaite schnurren ließ und mir eine Prise anbot. Dann kam der Marktplatz mit seinem großen Brunnen und mit der heimeligen Rathaushalle. Dort war der Laden des Buchhändlers, und obwohl der alte Herr mich vor Jahren in übeln Ruf gebracht, weil ich Heines Werke bei ihm bestellt hatte, ging ich doch hinein und kaufte einen Bleistift und eine Ansichtspostkarte. Von hier war es nicht mehr weit bis zu den Schulhäusern, ich sah mir daher im Vorübergehen die alten Kästen an, witterte an den Toren den bekannten ängstlichen Schulduft und entrann aufatmend zur Kirche und dem Pfarrhaus.

Als ich noch einige Gassen abgestreift und mich beim Barbier hatte rasieren lassen, war es zehn Uhr und damit die Zeit, meinen Besuch beim Onkel Matthäus zu machen. Ich ging durch den stattlichen Hof in sein schönes Haus, stäubte mir im kühlen Gang die Hosen ab und klopfte an die Wohnstubentüre. Drinnen fand ich die Tante und beide Töchter beim Nähen, der Onkel war schon im Geschäft. Alles in diesem Hause atmete einen reinlichen, altmodisch tüchtigen Geist, ein wenig streng und zu deutlich aufs Nützliche gerichtet, aber auch heiter und zuverlässig. Was dort beständig gefegt, gekehrt, gewaschen, genäht, gestrickt und gesponnen wurde, ist nicht zu sagen, und dennoch fanden die Töchter noch die Zeit, um gute Musik zu machen. Beide spielten Klavier und sangen, und wenn sie die neueren Komponisten auch nicht kannten, so waren sie im Händel, Bach, Haydn und Mozart desto heimischer.

Die Tante sprang auf und mir entgegen, die Töchter machten ihren Stich noch fertig und gaben mir dann die Hand. Zu meinem Erstaunen wurde ich ganz als ein Ehrengast behandelt und in die feine Besuchsstube geführt. Ferner ließ Tante Berta sich durch keine Widerrede davon abhalten, mir ein Glas Wein und Backwerk vorzusetzen. Dann nahm sie mir gegenüber in einem der Staatsstühle Platz. Die Töchter blieben draußen bei der Arbeit.

Das Examen, mit dem meine gute Mutter mich gestern verschont hatte, brach nun zum Teil doch noch über mich herein. Doch kam es mir hier auch nicht darauf an, den ungenügenden Tatsachen durch meine Darstellung etwas mehr Glanz zu verleihen. Meine Tante hatte ein lebhaftes Interesse für die Persönlichkeiten geschätzter Kanzelredner, und sie fragte mich nach den Kirchen und Predigern aller Städte, in denen ich gelebt hatte, gründlich aus. Nachdem wir einige kleine Peinlichkeiten mit gutem Willen überwunden hatten, beklagten wir gemeinsam den vor zehn Jahren erfolgten Hingang eines berühmten Prälaten, den ich, falls er noch am Leben gewesen wäre, in Stuttgart hätte predigen hören können.

Darauf kam die Rede auf meine Schicksale, Erlebnisse und Aussichten, und wir fanden, ich hätte Glück gehabt und sei auf gutem Wege.

»Wer hätte das vor sechs Jahren gedacht!« meinte sie.

»Stand es eigentlich damals so traurig mit mir?« mußte ich nun doch fragen.

»Das nicht gerade, das nicht. Aber es war damals doch eine rechte Sorge für deine Eltern.«

Ich wollte sagen »für mich auch«, aber sie hatte im Grunde recht, und ich wollte die Streitigkeiten von damals nicht wieder aufwärmen.

»Das ist schon wahr«, sagte ich deshalb und nickte ernst.

»Du hast ja auch allerlei Berufe probiert.«

»Ja freilich, Tante. Und keiner davon reut mich. Ich will auch in dem, den ich jetzt habe, nicht immer bleiben.«

»Aber nein! Ist das dein Ernst? Wo du gerade eine so gute Anstellung hast? Fast zweihundert Mark im Monat, das ist ja für einen jungen Mann glänzend.«

»Wer weiß, wie lang's dauert, Tante.«

»Wer redet auch so! Es wird schon dauern, wenn du recht dabeibleibst.«

»Nun ja, wir wollen hoffen. Aber jetzt muß ich noch zu Tante Lydia hinauf und nachher zum Onkel ins Kontor. Also auf Wiedersehen, Tante Berta.«

»Ja, adieu. Es ist mir eine Freude gewesen. Zeig dich auch einmal wieder!«

»Ja, gern.«

In der Wohnstube sagte ich den beiden Mädchen adieu und unter der Zimmertür der Tante. Dann stieg ich die breite helle Treppe hinauf, und wenn ich bisher das Gefühl gehabt hatte, eine altmodische Luft zu atmen, so kam ich jetzt in eine noch viel altmodischere.

Droben wohnte in zwei Stüblein eine achtzigjährige Großtante, die mich mit der Zärtlichkeit und Galanterie einer vergangenen Zeit empfing. Da gab es Aquarellporträts von Urgroßonkeln, aus Glasperlen gestickte Deckchen und Beutel mit Blumensträußen und Landschaften drauf, ovale Bilderrähmchen und einen Duft von Sandelholz und altem, zartem Parfüm.

Tante Lydia trug ein dunkelviolettes Kleid von ganz einfachem Schnitt, und außer der Kurzsichtigkeit und dem leisen Zittern des Kopfes war sie erstaunlich frisch und jung. Sie zog mich auf ein schmales Kanapee und fing nicht etwa an, von großväterlichen Zeiten zu reden, sondern fragte nach meinem Leben und meinen Ideen und hatte für alles Aufmerksamkeit und Interesse. So alt sie war und so entlegen urväterisch es bei ihr roch und aussah, sie war doch bis vor zwei Jahren noch öfters auf Reisen gewesen und hatte von der heutigen Welt, ohne sie durchaus zu billigen, eine deutliche und nicht übelwollende Vorstellung, die sie gerne frisch hielt und ergänzte. Dabei besaß sie eine artige und liebenswerte Fertigkeit in der Konversation; wenn man bei ihr saß, floß das Gespräch ohne Pausen und war immer irgendwie interessant und angenehm.

Als ich ging, küßte sie mich und entließ mich mit einer segnenden Gebärde, die ich bei niemand sonst gesehen habe.

Den Onkel Matthäus suchte ich in seinem Kontor auf, wo er über Zeitungen und Katalogen saß. Er machte mir die Ausführung meines Entschlusses, keinen Stuhl zu nehmen und recht bald wieder zu gehen, nicht schwer.

»So, bist du auch wieder im Land?« sagte er.

»Ja, auch wieder einmal. 's ist lang her.«

»Und jetzt geht's dir gut, hört man?«

»Recht gut, danke.«

»Mußt auch meiner Frau grüß Gott sagen, gelt?«

»Ich bin schon bei ihr gewesen.«

»So, das ist brav. Na, dann ist ja alles gut.«

Damit senkte er das Gesicht wieder in sein Buch und streckte mir die Hand hin, und da er annähernd die Richtung getroffen hatte, ergriff ich sie schnell und ging vergnügt hinaus.

Nun waren die Staatsbesuche gemacht, und ich ging zum Essen heim, wo es mir zu Ehren Reis und Kalbsbraten gab. Nach Tisch zog mich mein Bruder Fritz beiseite in sein Stübchen, wo meine frühere Schmetterlingssammlung unter Glas an der Wand hing. Die Schwester wollte mitplaudern und streckte den Kopf zur Türe herein, aber Fritz winkte wichtig ab und sagte: »Nein, wir haben ein Geheimnis.«

Dann sah er mich prüfend an, und da er auf meinem Gesicht die genügende Spannung wahrnahm, zog er unter seiner Bettstatt eine Kiste hervor, deren Deckel mit einem Stück Blech belegt und mit mehreren tüchtigen Steinen beschwert war.

»Rat, was da drinnen ist«, sagte er leise und listig.

Ich besann mich auf unsere ehemaligen Liebhabereien und Unternehmungen und rief: »Eidechsen.«

»Nein.«

»Ringelnattern?«

»Nichts.«

»Raupen?«

»Nein, nichts Lebendiges.«

»Nicht? Warum ist dann die Kiste so gut verwahrt?«

»Es gibt gefährlichere Sachen als Raupen.«

»Gefährlich? Aha – Pulver?«

Statt der Antwort nahm er den Deckel ab, und ich erblickte in der Kiste ein bedeutendes Arsenal von Pulverpaketchen von verschiedenem Korn, Holzkohle, Zunder, Zündschnüren, Schwefelstückchen, Schachteln mit Salpeter und Eisenfeilspänen.

»Nun, was sagst du?«

Ich wußte, daß mein Vater keine Nacht mehr hätte schlafen können, wenn ihm bekannt gewesen wäre, daß im Bubenzimmer eine Kiste solchen Inhaltes lagerte. Aber Fritz leuchtete so vor Wonne und Überrascherfreude, daß ich diesen Gedanken nur vorsichtig andeutete und mich bei seinem Zureden sofort beruhigte. Denn ich selber war moralisch schon mitschuldig geworden und freute mich auf die Feuerwerkerei wie ein Lehrling auf den Feierabend.

»Machst du mit?« fragte Fritz.

»Natürlich. Wir können's ja abends hie und da in den Gärten loslassen, nicht?«

»Freilich können wir. Neulich hab ich im Anger draußen einen Bombenschlag mit einem halben Pfund Pulver gemacht. Es hat geklöpft wie ein Erdbeben. Aber jetzt hab ich kein Geld mehr, und wir brauchen noch allerlei.«

»Ich geb einen Taler.«

»Fein, du! Dann gibt's Raketen und Riesenfrösche.«
»Aber vorsichtig, gelt?«
»Vorsichtig! Mir ist noch nie was passiert.«

Das war eine Anspielung auf ein böses Mißgeschick, das ich als Vierzehnjähriger beim Feuerwerken erlebt hatte und das mich um ein Haar Augenlicht und Leben gekostet hätte.

Nun zeigte er mir die Vorräte und die angefangenen Stücke, weihte mich in einige seiner neuen Versuche und Erfindungen ein und machte mich auf andere neugierig, die er mir vorführen wollte und einstweilen noch geheimhielt. Darüber verging seine Mittagstunde, und er mußte ins Geschäft. Und kaum hatte ich nach seinem Weggehen die unheimliche Kiste wieder bedeckt und unterm Bett verstaut, da kam Lotte und holte mich zum Spaziergang mit Papa ab.

»Wie gefällt dir Fritz?« fragte der Vater. »Nicht wahr, er ist groß geworden?«

»O ja.«

»Und auch ordentlich ernster, nicht? Er fängt doch an, aus den Kindereien herauszukommen. Ja, nun habe ich lauter erwachsene Kinder.«

Es geht an, dachte ich und schämte mich ein wenig. Aber es war ein prächtiger Nachmittag, in den Kornfeldern flammte der Mohn und lachten die Kornraden, wir spazierten langsam und sprachen von lauter vergnüglichen Dingen. Wohlbekannte Wege und Waldränder und Obstgärten begrüßten mich und winkten mir zu, und die früheren Zeiten kamen wieder herauf und sahen so hold und strahlend aus, als wäre damals alles gut und vollkommen gewesen.

»Jetzt muß ich dich noch was fragen«, fing Lotte an. »Ich habe im Sinn gehabt, eine Freundin von mir für ein paar Wochen einzuladen.«

»So, von woher denn?«

»Von Ulm. Sie ist zwei Jahre älter als ich. Was meinst du? Jetzt, wo wir dich da haben, bist du die Hauptsache, und du mußt es nur sagen, wenn der Besuch dich genieren würde.«

»Was ist's denn für eine?«

»Sie hat das Lehrerinnenexamen gemacht –«

»O je!«

»Nicht o je. Sie ist sehr nett und gar kein Blaustrumpf, sicher nicht. Sie ist auch nicht Lehrerin geworden.«

»Warum denn nicht?«

»Das mußt du sie selber fragen.«
»Also kommt sie doch?«
»Kindskopf! Es kommt auf dich an. Wenn du meinst, wir bleiben lieber unter uns, dann kommt sie später einmal. Drum frag ich ja.«
»Ich will's an den Knöpfen abzählen.«
»Dann sag lieber gleich ja.«
»Also, ja.«
»Gut. Dann schreib ich heute noch.«
»Und einen Gruß von mir.«
»Er wird sie kaum freuen.«
»Übrigens, wie heißt sie denn?«
»Anna Amberg.«
»Amberg ist schön. Und Anna ist ein Heiligenname, aber ein langweiliger, schon weil man ihn nicht abkürzen kann.«
»Wär dir Anastasia lieber?«
»Ja, da könnte man Stasi oder Stasel draus machen.«

Mittlerweile hatten wir die letzte Hügelhöhe erreicht, die von einem Absatz zum andern nahe geschienen und sich hingezögert hatte. Nun sahen wir von einem Felsen über merkwürdig verkürzte, abschüssige Felder hinweg, durch die wir gestiegen waren, tief im engen Tal die Stadt liegen. Hinter uns aber stand auf welligem Lande stundenweit der schwarze Tannenwald, hin und wieder von schmalen Wiesen oder von einem Stück Kornland unterbrochen, das aus der bläulichen Schwärze heftig hervorleuchtete.

»Schöner als hier ist's eigentlich doch nirgends«, sagte ich nachdenklich.

Mein Vater lächelte und sah mich an.

»Es ist deine Heimat, Kind. Und schön ist sie, das ist wahr.«

»Ist deine Heimat schöner, Papa?«

»Nein, aber wo man ein Kind war, da ist alles schön und heilig. Hast du nie Heimweh gehabt, du?«

»Doch, hie und da schon.«

In der Nähe war eine Waldstelle, da hatte ich in Bubenzeiten manchmal Rotkehlchen gefangen. Und etwas weiter mußten noch die Trümmer einer Steinburg stehen, die wir Knaben einst gebaut hatten. Aber der Vater war müde, und nach einer kleinen Rast kehrten wir um und stiegen einen anderen Weg bergab.

Gern hätte ich über die Helene Kurz noch einiges erfahren, doch wagte ich nicht davon anzufangen, da ich durchschaut zu werden fürchtete. In der unbeschäftigten Ruhe des Daheimseins und in der frohen Aussicht auf mehrere müßiggängerische Ferienwochen wurde mein junges Gemüt von beginnender Sehnsucht und von Liebesplänen bewegt, für die es nur noch eines günstigen Ausgangspunktes bedurfte. Aber der fehlte mir gerade, und je mehr ich innerlich mit dem Bild der schönen Jungfer beschäftigt war, desto weniger fand ich die Unbefangenheit, um nach ihr und ihren Umständen zu fragen.

Im langsamen Heimspazieren sammelten wir an den Feldrändern große Blumensträuße, eine Kunst, die ich lange Zeit nicht mehr geübt hatte. In unserem Haus war von der Mutter her die Gewohnheit, in den Zimmern nicht nur Topfblumen zu halten, sondern auch auf allen Tischen und Kommoden immer frische Sträuße stehen zu haben. Zahlreiche einfache Vasen, Gläser und Krüge hatten sich in den Jahren angesammelt, und wir Geschwister kehrten kaum von einem Spaziergang zurück, ohne Blumen, Farnkräuter oder Zweige mitzubringen.

Mir schien, ich hätte jahrelang gar keine Feldblumen mehr gesehen. Denn diese sehen gar anders aus, wenn man sie im Dahinwandern mit malerischem Wohlgefallen als Farbeninseln im grünen Erdreich betrachtet, als wenn man kniend und gebückt sie einzeln sieht und die schönsten zum Pflücken aussucht. Ich entdeckte kleine verborgene Pflanzen, deren Blüten mich an Ausflüge in der Schulzeit erinnerten, und andere, die meine Mutter besonders gern gehabt oder mit besonderen, von ihr selbst erfundenen Namen bedacht hatte. Die gab es alle noch, und mit jeder von ihnen ging mir eine Erinnerung auf, und aus jedem blauen oder gelben Kelche schaute meine freudige Kindheit mir ungewohnt lieb und nahe in die Augen.

Im sogenannten Saal unseres Hauses standen viele hohe Kästen aus rohem Tannenholz, in denen stand und lag ein konfuser Bücherschatz aus großväterlichen Zeiten ungeordnet und einigermaßen verwahrlost umher. Da hatte ich als kleiner Knabe in vergilbten Ausgaben mit fröhlichen Holzschnitten den Robinson und den Gulliver gefunden und gelesen, alsdann alte Seefahrer- und Entdeckergeschichten, später aber auch viele schöngeistige Literatur, wie »Siegwart, eine Klostergeschichte«, »Der neue Amadis«, »Werthers Leiden« und den Ossian, alsdann viele Bücher von Jean Paul, Stilling, Walter Scott, Platen, Balzac und Victor Hugo sowie die kleine

Ausgabe von Lavaters Physiognomik und zahlreiche Jahrgänge niedlicher Almanache, Taschenbücher und Volkskalender, alte mit Kupferstichen von Chodowiecki, spätere, von Ludwig Richter illustrierte, und schweizerische mit Holzschnitten von Disteli.

Aus diesem Schatze nahm ich abends, wenn nicht musiziert wurde oder wenn ich nicht mit Fritz über Pulverhülsen saß, irgendeinen Band mit in meine Stube und blies den Rauch meiner Pfeife in die gelblichen Blätter, über denen meine Großeltern geschwärmt, geseufzt und nachgedacht hatten. Einen Band des »Titan« von Jean Paul hatte mein Bruder zu Feuerwerkszwecken ausgeweidet und verbraucht. Als ich die zwei ersten Bände gelesen hatte und den dritten suchte, gestand er es und gab vor, der Band sei ohnehin defekt gewesen.

Diese Abende waren immer schön und unterhaltsam. Wir sangen, die Lotte spielte Klavier, und Fritz geigte, Mama erzählte Geschichten aus ihrer Kinderzeit, Polly flötete im Käfig und weigerte sich, zu Bett zu gehen. Der Vater ruhte am Fenster aus oder klebte an einem Bilderbuch für kleine Neffen.

Doch empfand ich es keineswegs als eine Störung, als eines Abends Helene Kurz wieder für eine halbe Stunde zum Plaudern kam. Ich sah sie immer wieder mit Erstaunen an, wie schön und vollkommen sie geworden war. Als sie kam, brannten gerade noch die Klavierkerzen, und sie sang bei einem zweistimmigen Liede mit. Ich aber sang nur ganz leise, um von ihrer tiefen Stimme jeden Ton zu hören. Ich stand hinter ihr und sah durch ihr braunes Haar das Kerzenlicht golden flimmern, sah, wie ihre Schultern sich beim Singen leicht bewegten, und dachte, daß es köstlich sein müßte, mit der Hand ein wenig über ihr Haar zu streichen.

Ungerechtfertigterweise hatte ich das Gefühl, mit ihr von früher her durch gewisse Erinnerungen in einer Art von Verbindung zu sein, weil ich schon im Konfirmationsalter in sie verliebt gewesen war, und ihre gleichgültige Freundlichkeit war mir eine kleine Enttäuschung. Denn ich dachte nicht daran, daß jenes Verhältnis nur von meiner Seite bestanden hatte und ihr durchaus unbekannt geblieben war.

Nachher, als sie ging, nahm ich meinen Hut und ging bis zur Glastüre mit.

»Gut Nacht«, sagte sie. Aber ich nahm ihre Hand nicht, sondern sagte: »Ich will Sie heimbegleiten.«

Sie lachte.

»O, das ist nicht nötig, danke schön. Es ist ja hier gar nicht Mode.«

»So?« sagte ich und ließ sie an mir vorbeigehen. Aber da nahm meine Schwester ihren Strohhut mit den blauen Bändern und rief: »Ich geh auch mit.«

Und wir stiegen zu dritt die Treppe hinunter, ich machte eifrig das schwere Haustor auf, und wir traten in die laue Dämmerung hinaus und gingen langsam durch die Stadt, über Brücke und Marktplatz und in die steile Vorstadt hinauf, wo Helenes Eltern wohnten. Die zwei Mädchen plauderten miteinander wie die Stare, und ich hörte zu und war froh, dabei zu sein und zum Kleeblatt zu gehören. Zuweilen ging ich langsamer, tat, als schaue ich nach dem Wetter aus, und blieb einen Schritt zurück, dann konnte ich sie ansehen, wie sie den dunkeln Kopf frei auf dem steilen, hellen Nacken trug und wie sie kräftig ihre ebenmäßigen schlanken Schritte tat.

Vor ihrem Hause gab sie uns die Hand und ging hinein, ich sah ihren Hut noch im finstern Hausgang schimmern, ehe die Tür zuschnappte.

»Ja«, sagte Lotte. »Sie ist doch ein schönes Mädchen, nicht? Und sie hat etwas so Liebes.«

»Jawohl. – Und wie ist's jetzt mit deiner Freundin, kommt sie bald?«

»Geschrieben hab ich ihr gestern.«

»So so. Ja, gehen wir den gleichen Weg heim?«

»Ach so, wir könnten den Gartenweg gehen, gelt?«

Wir gingen den schmalen Steig zwischen den Gartenzäunen. Es war schon dunkel, und man mußte aufpassen, da es viele baufällige Knüppelstufen und heraushängende morsche Zaunlatten gab.

Wir waren schon nahe an unserem Garten und konnten drüben im Haus die Wohnstubenlampe lange brennen sehen.

Da machte eine leise Stimme: »Bst! Bst!« und meine Schwester bekam Angst. Es war aber unser Fritz, der sich dort verborgen hatte und uns erwartete.

»Paßt auf und bleibt stehen!« rief er herüber. Dann zündete er mit einem Schwefelholz eine Lunte an und kam zu uns herüber.

»Schon wieder Feuerwerk?« schalt Lotte.

»Es knallt fast gar nicht«, versicherte Fritz. »Paßt nur auf, es ist eine Erfindung von mir.«

Wir warteten, bis die Lunte abgebrannt war. Dann begann es zu knistern und kleine unwillige Funken zu spritzen, wie nasses Schießpulver. Fritz glühte vor Lust.

»Jetzt kommt es, jetzt gleich, zuerst weißes Feuer, dann ein kleiner Knall und eine rote Flamme, dann eine schöne blaue!«

Es kam jedoch nicht so, wie er meinte. Sondern nach einigem Zucken und Sprühen flog plötzlich die ganze Herrlichkeit mit einem kräftigen Paff und Luftdruck als eine weiße Dampfwolke in die Lüfte.

Lotte lachte, und Fritz war unglücklich. Während ich ihn zu trösten suchte, schwebte die dicke Pulverwolke feierlich langsam über die dunkeln Gärten hinweg.

»Das Blaue hat man ein wenig sehen können«, fing Fritz an, und ich gab es zu. Dann schilderte er mir fast weinerlich die ganze Konstruktion seines Prachtfeuers, und wie alles hätte gehen sollen.

»Wir machen's noch einmal«, sagte ich.

»Morgen?«

»Nein, Fritz. Nächste Woche dann.«

Ich hätte geradesogut morgen sagen können. Aber ich hatte den Kopf voller Gedanken an die Helene Kurz und war in dem Wahn befangen, es könnte morgen leicht etwas Glückliches geschehen, vielleicht daß sie am Abend wieder käme oder daß sie mich auf einmal gut leiden könnte. Kurz, ich war jetzt mit Dingen beschäftigt, die mir wichtiger und aufregender vorkamen als alle Feuerwerkskünste der ganzen Welt.

Wir gingen durch den Garten ins Haus und fanden in der Wohnstube die Eltern beim Brettspiel. Das war alles einfach und selbstverständlich und konnte gar nicht anders sein. Und ist doch so anders geworden, daß es mir heute unendlich fern zu liegen scheint. Denn heute habe ich jene Heimat nicht mehr. Das alte Haus, der Garten und die Veranda, die wohlbekannten Stuben, Möbel und Bilder, der Papagei in seinem großen Käfig, die liebe alte Stadt und das ganze Tal ist mir fremd geworden und gehört nicht mehr mir. Mutter und Vater sind gestorben, und die Kinderheimat ist zu Erinnerung und Heimweh geworden; es führt keine Straße mich mehr dorthin.

Nachts gegen elf Uhr, da ich über einem dicken Band Jean Paul saß, fing meine kleine Öllampe an, trübe zu werden. Sie zuckte und stieß kleine ängstliche Töne aus, die Flamme wurde rot und rußig, und als ich nachschaute und am Docht schraubte, sah ich, daß kein Öl mehr drin war. Es tat mir leid um den schönen Roman, an dem ich las, aber es ging nicht an, jetzt noch im dunkeln Hause umherzutappen und nach Öl zu suchen.

So blies ich die qualmende Lampe aus und stieg unmutig ins Bett. Draußen hatte sich ein warmer Wind erhoben, der mild in den Tannen und im Syringengebüsch wehte. Im grasigen Hof drunten sang eine Grille. Ich konnte nicht einschlafen und dachte nun wieder an Helene. Es kam mir völlig hoffnungslos vor, von diesem so feinen und herrlichen Mädchen jemals etwas anderes gewinnen zu können als das sehnsüchtige Anschauen, das ebenso wehe wie wohl tat. Mir wurde heiß und elend, wenn ich mir ihr Gesicht und den Klang ihrer tiefen Stimme vorstellte und ihren Gang, den sicheren und energischen Takt der Schritte, mit dem sie am Abend über die Straße und den Marktplatz gegangen war.

Schließlich sprang ich wieder auf, ich war viel zu warm und unruhig, als daß ich hätte schlafen können. Ich ging ans Fenster und sah hinaus. Zwischen strähnigen Schleierwolken schwamm blaß der abnehmende Mond; die Grille sang noch immer im Hof. Am liebsten wäre ich noch eine Stunde draußen herumgelaufen. Aber die Haustür wurde bei uns um zehn Uhr geschlossen, und wenn es etwa einmal passierte, daß sie nach dieser Stunde noch geöffnet und benutzt werden mußte, so war das in unserm Haus stets ein ungewöhnliches, störendes und abenteuerliches Ereignis. Ich wußte auch gar nicht, wo der Hausschlüssel hing.

Da fielen mir vergangene Jahre ein, da ich als halbwüchsiger Bursche das häusliche Leben bei den Eltern zeitweilig als Sklaverei empfunden und mich nächtlich mit schlechtem Gewissen und Abenteurertrotz aus dem Hause geschlichen hatte, um in einer späten Kneipe eine Flasche Bier zu trinken. Dazu hatte ich die nur mit Riegeln geschlossene Hintertüre nach dem Garten zu benützt, dann war ich über den Zaun geklettert und hatte auf dem schmalen Steig zwischen den Nachbargärten hindurch die Straße erreicht.

Ich zog die Hose an, mehr war bei der lauen Luft nicht nötig, nahm die Schuhe in die Hand und schlich barfuß aus dem Hause, stieg über den Gartenzaun und spazierte durch die schlafende Stadt langsam talaufwärts den Fluß entlang, der verhalten rauschte und mit kleinen zitternden Mondspiegellichtern spielte.

Bei Nacht im Freien unterwegs zu sein, unter dem schweigenden Himmel, an einem still strömenden Gewässer, das ist stets geheimnisvoll und regt die Gründe der Seele auf. Wir sind dann unserm Ursprung näher, fühlen Verwandtschaft mit Tier und Gewächs, fühlen dämmernde Erinnerungen an ein vorzeitliches Leben, da noch keine Häuser und Städte gebaut waren und der heimatlos streifende Mensch Wald, Strom und Gebirg, Wolf und Habicht als seinesgleichen, als Freunde oder Todfeinde lieben und hassen konnte. Auch entfernt die Nacht das gewohnte Gefühl eines gemeinschaftlichen Lebens; wenn kein Licht mehr brennt und keine Menschenstimme mehr zu hören ist, spürt der etwa noch Wachende Vereinsamung und sieht sich losgetrennt und auf sich selber gewiesen. Jenes furchtbarste menschliche Gefühl, unentrinnbar allein zu sein, allein zu leben und allein den Schmerz, die Furcht und den Tod schmecken und ertragen zu müssen, klingt dann bei jedem Gedanken leise mit, dem Gesunden und Jungen ein Schatten und eine Mahnung, dem Schwachen ein Grauen.

Ein wenig davon fühlte auch ich, wenigstens schwieg mein Unmut und wich einem stillen Betrachten. Es tat mir weh, daran zu denken, daß die schöne, begehrenswerte Helene wahrscheinlich niemals mit ähnlichen Gefühlen an mich denken werde wie ich an sie; aber ich wußte auch, daß ich am Schmerz einer unerwiderten Liebe nicht zugrunde gehen würde, und ich hatte eine unbestimmte Ahnung davon, daß das geheimnisvolle Leben dunklere Schlünde und ernstere Schicksale berge als die Ferienleiden eines jungen Mannes.

Dennoch blieb mein erregtes Blut warm und schuf ohne meinen Willen aus dem lauen Winde Streichelhände und braunes Mädchenhaar, so daß der späte Gang mich weder müde noch schläfrig machte. Da ging ich über die bleichen Öhmdwiesen zum Fluß hinunter, legte meine leichte Kleidung ab und sprang ins kühle Wasser, dessen rasche Strömung mich sogleich zu Kampf und kräftigem Widerstand nötigte. Ich schwamm eine Viertelstunde flußaufwärts, Schwüle und Wehmut rannen mit dem frischen Flußwasser von mir ab, und als ich gekühlt und leicht ermüdet meine Kleider wieder suchte und naß hineinschlüpfte, war mir die Rückkehr zu Haus und Bett leicht und tröstlich.

Nach der Spannung der ersten Tage kam ich allmählich in die stille Selbstverständlichkeit des heimatlichen Lebens hinein. Wie hatte ich mich draußen herumgetrieben, von Stadt zu Stadt, unter vielerlei Menschen, zwischen Arbeit und Träumereien, zwischen Studien und Zechnächten, eine Weile von Brot und Milch und wieder eine Weile von Lektüre und Zigarren lebend, jeden Monat ein anderer! Und hier war es wie vor zehn und wie vor zwanzig Jahren, hier liefen die Tage und Wochen in einem heiter stillen, gleichen Takt dahin. Und ich, der ich fremd geworden und an ein unstetes und vielfältiges Erleben gewöhnt war, paßte nun wieder da hinein, als wäre ich nie fort gewesen, nahm Interesse an Menschen und Sachen, die ich jahrelang durchaus vergessen gehabt hatte, und vermißte nichts von dem, was die Fremde mir gewesen war.

Die Stunden und Tage liefen mir leicht und spurlos hinweg wie Sommergewölk, jeder ein farbiges Bild und jeder ein schweifendes Gefühl, aufrauschend und glänzend und bald nur noch traumhaft nachklingend. Ich goß den Garten, sang mit Lotte, pulverte mit Fritz, ich plauderte mit der Mutter über fremde Städte und mit dem Vater über neue Weltbegebenheiten, ich las Goethe und las Jacobsen, und eines ging ins andere über und vertrug sich mit ihm, und keines war die Hauptsache.

Die Hauptsache schien mir damals Helene Kurz und meine Bewunderung für sie zu sein. Aber auch das war da wie alles andere, bewegte mich für Stunden und sank für Stunden wieder unter, und ständig war nur mein fröhlich atmendes Lebensgefühl, das Gefühl eines Schwimmers, der auf glattem Wasser ohne Eile und ohne Ziel mühelos und sorglos unterwegs ist. Im Walde schrie der Häher und reiften die Heidelbeeren, im Garten blühten Rosen und feurige Kapuziner, ich nahm teil daran, fand die Welt prächtig und wunderte mich, wie es sein würde, wenn auch ich einmal ein richtiger Mann und alt und gescheit wäre.

Eines Nachmittags kam ein großes Floß durch die Stadt gefahren, darauf sprang ich und legte mich auf einen Bretterhaufen und fuhr ein paar Stunden lang mit flußabwärts, an Höfen und Dörfern vorbei und unter Brücken durch, und über mir zitterte die Luft und kochten schwüle Wolken mit leisem Donner, und unter mir schlug und lachte frisch und schaumig das kühle Flußwasser. Da dachte ich mir aus, die Kurz wäre mit, und ich hätte sie entführt, wir säßen Hand in Hand und zeigten einander Herrlichkeiten der Welt von hier bis nach Holland hinunter.

Als ich weit unten im Tal das Floß verließ, sprang ich zu kurz und kam bis an die Brust ins Wasser, aber auf dem warmen Heimweg trockneten mir die dampfenden Kleider auf dem Leib. Und als ich bestaubt und müde nach langem Marsch die Stadt wieder erreichte, begegnete mir bei den ersten Häusern Helene Kurz in einer roten Bluse. Ich zog den Hut, und sie nickte, und ich dachte an meinen Traum, wie sie mit mir Hand in Hand den Fluß hinabreiste und du zu mir sagte, und diesen Abend lang schien mir wieder alles hoffnungslos, und ich kam mir wie ein dummer Plänemacher und Sterngucker vor. Dennoch rauchte ich vor dem Schlafengehen meine schöne Pfeife, auf deren Kopf zwei grasende Rehe gemalt waren, und las im Wilhelm Meister bis nach elf Uhr.

Und am folgenden Abend ging ich gegen halb neun Uhr mit meinem Bruder Fritz auf den Hochstein hinauf. Wir hatten ein schweres Paket mit, das wir abwechselnd trugen und das ein Dutzend starker Frösche, sechs Raketen und drei große Kanonenschläge samt allerlei kleinen Sachen enthielt.

Es war lau, und die bläuliche Luft hing voll feiner, leise hinwehender Florwölkchen, die über Kirchturm und Berggipfel hinwegflogen und die blassen ersten Sternbilder häufig verdeckten. Vom Hochstein herab, wo wir zuerst eine kleine Rast hielten, sah ich unser enges Flußtal in bleichen abendlichen Farben liegen. Während ich die Stadt und das nächste Dorf, Brücken und Mühlwehre und den schmalen, vom Gebüsch eingefaßten Fluß betrachtete, beschlich mich mit der Abendstimmung wieder der Gedanke an das schöne Mädchen, und ich hätte am liebsten einsam geträumt und auf den Mond gewartet. Das ging jedoch nicht an, denn mein Bruder hatte schon ausgepackt und überraschte mich von hinten durch zwei Frösche, die er, mit einer Schnur verbunden und an eine Stange geknüpft, dicht an meinen Ohren losließ.

Ich war ein wenig ärgerlich. Fritz aber lachte so hingerissen und war so vergnügt, daß ich schnell angesteckt wurde und mitmachte. Wir brannten rasch hintereinander die drei extra starken Kanonenschläge ab und hörten die gewaltigen Schüsse talauf und talhinab in langem, rollendem Widerhall vertönen. Dann kamen Frösche, Schwärmer und ein großes Feuerrad, und zum Schlusse ließen wir langsam eine nach der andern unserer schönen Raketen in den schwarzgewordenen Nachthimmel steigen.

»So eine rechte, gute Rakete ist eigentlich fast wie ein Gottesdienst«, sagte mein Bruder, der zuzeiten gern in Bildern redete, »oder wie wenn man ein schönes Lied singt, nicht? Es ist so feierlich.«

Unsern letzten Frosch warfen wir auf dem Heimweg am Schindelhof zu dem bösen Hofhund hinein, der entsetzt aufheulte und uns noch eine Viertelstunde lang wütend nachbellte. Dann kamen wir ausgelassen und mit schwarzen Fingern heim, wie zwei Buben, die eine lustige Lumperei verübt haben. Und den Eltern erzählten wir rühmend von dem schönen Abendgang, der Talaussicht und dem Sternenhimmel.

Eines Morgens, während ich am Flurfenster meine Pfeife reinigte, kam Lotte gelaufen und rief: »So, um elfe kommt meine Freundin an.«
»Die Anna Amberg?«
»Jawohl. Gelt, wir holen sie dann ab?«
»Mir ist's recht.«
Die Ankunft des erwarteten Gastes, an den ich gar nimmer gedacht hatte, freute mich nur mäßig. Aber zu ändern war es nicht, also ging ich gegen elf Uhr mit meiner Schwester an die Bahn. Wir kamen zu früh und liefen vor der Station auf und ab.
»Vielleicht fährt sie zweiter Klasse«, sagte Lotte.
Ich sah sie ungläubig an.
»Es kann schon sein. Sie ist aus einem wohlhabenden Haus, und wenn sie auch einfach ist —«
Mir graute. Ich stellte mir eine Dame mit verwöhnten Manieren und beträchtlichem Reisegepäck vor, die aus der zweiten Klasse steigen und mein behagliches Vaterhaus ärmlich und mich selber nicht fein genug finden würde.
»Wenn sie Zweiter fährt, dann soll sie lieber gleich weiterfahren, weißt du.«
Lotte war ungehalten und wollte mich zurechtweisen, da fuhr aber der Zug herein und hielt, und Lotte lief schnell hinüber. Ich folgte ihr ohne Eile und sah ihre Freundin aus einem Wagen dritter Klasse aussteigen, ausgerüstet mit einem grauseidenen Schirm, einem Plaid und einem bescheidenen Handkoffer.
»Das ist mein Bruder, Anna.«
Ich sagte »Grüß Gott«, und weil ich trotz der dritten Klasse nicht wußte, wie sie darüber denken würde, trug ich ihren Koffer, so leicht er war, nicht selber fort, sondern winkte den Packträger herbei, dem ich ihn übergab. Dann schritt ich neben den beiden Fräulein in die Stadt und wunderte mich, wieviel sie einander zu erzählen hatten. Aber Fräulein Amberg gefiel mir gut. Zwar enttäuschte es mich ein wenig, daß sie nicht sonderlich hübsch war, doch dafür hatte sie etwas Angenehmes im Gesicht und in der Stimme, das wohltat und Vertrauen erweckte.
Ich sehe noch, wie meine Mutter die beiden an der Glastüre empfing. Sie hatte einen guten Blick für Menschengesichter, und wen sie nach dem ersten prüfenden Anschauen mit einem Lächeln willkommen hieß, der konnte sich auf gute Tage gefaßt machen. Ich sehe noch, wie sie der Am-

berg in die Augen blickte und wie sie ihr dann zunickte und beide Hände gab und sie ohne Worte gleich vertraut und heimisch machte. Nun war meine mißtrauische Sorge wegen des fremden Wesens vergangen, denn der Gast nahm die dargebotene Hand und Freundlichkeit herzhaft und ohne Redensarten an und war von der ersten Stunde an bei uns heimisch.

In meiner jungen Weisheit und Lebenskenntnis stellte ich noch an jenem ersten Tage fest, das angenehme Mädchen besitze eine harmlose, natürliche Heiterkeit und sei, wenn auch vielleicht wenig lebenserfahren, jedenfalls ein schätzbarer Kamerad. Daß es eine höhere und wertvollere Heiterkeit gebe, die einer nur in Not und Leid erwirbt und mancher nie, das ahnte ich zwar, doch war es mir keine Erfahrung. Und daß unser Gast diese seltene Art versöhnlicher Fröhlichkeit besaß, blieb meiner Beobachtung einstweilen verborgen.

Mädchen, mit denen man kameradschaftlich umgehen und über Leben und Literatur reden konnte, waren in meinem damaligen Lebenskreise Seltenheiten. Die Freundinnen meiner Schwester waren mir bisher stets entweder Gegenstände des Verliebens oder gleichgültig gewesen. Nun war es mir neu und lieblich, mit einer jungen Dame ohne Geniertheit umgehen und mit ihr wie mit meinesgleichen über mancherlei plaudern zu können. Denn trotz der Gleichheit spürte ich in Stimme, Sprache und Denkart doch das Weibliche, das mich warm und zart berührte.

Nebenher merkte ich mit einer leisen Beschämung, wie still und geschickt und ohne Aufsehen Anna unser Leben teilte und sich in unsere Art fand. Denn alle meine Freunde, die schon als Feriengäste dagewesen waren, hatten einigermaßen Umstände gemacht und Fremdheit mitgebracht; ja ich selber war in den ersten Tagen nach der Heimkehr lauter und anspruchsvoller als nötig gewesen.

Zuweilen war ich erstaunt, wie wenig Rücksichtnahme Anna von mir verlangte; im Gespräch konnte ich sogar fast grob werden, ohne sie verletzt zu sehen. Wenn ich dagegen an Helene Kurz dachte! Gegen diese hätte ich auch im eifrigsten Gespräch nur behutsame und respektvolle Worte gehabt.

Übrigens kam Helene dieser Tage mehrmals zu uns und schien die Freundin meiner Schwester gern zu haben. Einmal waren wir alle zusammen bei Onkel Matthäus in den Garten eingeladen. Es gab Kaffee und Kuchen und nachher Stachelbeerwein, zwischenein machten wir gefahrlose Kinderspiele oder lustwandelten ehrbar in den Gartenwegen umher, deren akkurate Sauberkeit von selbst ein gesittetes Benehmen vorschrieb.

Da war es mir sonderbar, Helene und Anna beisammen zu sehen und gleichzeitig mit beiden zu reden. Mit Helene Kurz, die wieder wundervoll aussah, konnte ich nur von oberflächlichen Dingen sprechen, aber ich tat es mit den feinsten Tönen, während ich mit Anna auch über das Interessanteste ohne Aufregung und Anstrengung plauderte. Und indem ich ihr dankbar war und in der Unterhaltung mit ihr ausruhte, und mich sicher fühlte, schielte ich doch von ihr weg beständig nach der Schöneren hinüber, deren Anblick mich beglückte und doch immer ungesättigt ließ.

Mein Bruder Fritz langweilte sich elend. Nachdem er genug Kuchen gegessen hatte, schlug er einige derbere Spiele vor, die teils nicht zugelassen, teils schnell wieder aufgegeben wurden. Zwischenein zog er mich auf die Seite und beklagte sich bitter über den Nachmittag. Als ich die Achseln zuckte, erschreckte er mich durch das Geständnis, daß er einen Pulverfrosch in der Tasche habe, den er später bei dem üblichen längeren Abschiednehmen der Mädchen loszulassen gedenke. Nur durch inständiges Bitten brachte ich ihn von diesem Vorhaben ab. Darauf begab er sich in den entferntesten Teil des großen Gartens und legte sich unter die Stachelbeerbüsche. Ich aber beging Verrat an ihm, indem ich mit den andern über seinen knabenhaften Unmut lachte, obwohl er mir leid tat und ich ihn gut verstand.

Mit den beiden Kusinen war leicht fertig zu werden. Sie waren unverwöhnt und nahmen auch Bonmots, die längst nicht mehr den Glanz der Neuheit hatten, dankbar und begierig auf. Der Onkel hatte sich gleich nach dem Kaffee zurückgezogen. Tante Berta hielt sich zumeist an Lotte und war, nachdem ich mit ihr über die Zubereitung von eingemachtem Beerenobst konversiert hatte, von mir befriedigt. So blieb ich den beiden Fräulein nahe und machte mir in den Pausen des Gespräches Gedanken darüber, warum mit einem Mädchen, in das man verliebt ist, es sich so viel schwieriger reden lasse als mit andern. Gern hätte ich der Helene irgendeine Huldigung dargebracht, allein es wollte mir nichts einfallen. Schließlich schnitt ich von den vielen Rosen zwei ab und gab die eine Helene, die andere der Anna Amberg.

Das war der letzte ganz harmlose Tag meiner Ferien. Am nächsten Tage hörte ich von einem gleichgültigen Bekannten in der Stadt, die Kurz verkehre neuestens viel in dem und dem Hause, und es werde wohl bald eine Verlobung geben. Er erzählte das nebenher unter andern Neuigkeiten, und ich hütete mich, mir etwas anmerken zu lassen. Aber wenn es auch nur ein

Gerücht war, ich hatte ohnehin von Helene wenig zu hoffen gewagt und war nun überzeugt, sie sei mir verloren. Verstört kam ich heim und floh in meine Stube.

Wie die Umstände lagen, konnte bei meiner leichtlebigen Jugend die Trauer nicht gar lange anhalten. Doch war ich mehrere Tage für keine Lustbarkeit zu haben, lief einsame Wege durch die Wälder, lag lange gedankenlos traurig im Haus herum und phantasierte abends bei geschlossenen Fenstern auf der Geige.

»Fehlt dir etwas, mein Junge?« sagte mein Papa zu mir und legte mir die Hand auf die Schulter.

»Ich habe schlecht geschlafen«, antwortete ich, ohne zu lügen. Mehr brachte ich nicht heraus. Er aber sagte nun etwas, das mir später oft wieder einfiel.

»Eine schlaflose Nacht«, sagte er, »ist immer eine lästige Sache. Aber sie ist erträglich, wenn man gute Gedanken hat. Wenn man daliegt und nicht schläft, ist man leicht ärgerlich und denkt an ärgerliche Dinge. Aber man kann auch seinen Willen brauchen und Gutes denken.«

»Kann man?« fragte ich. Denn ich hatte in den letzten Jahren am Vorhandensein des freien Willens zu zweifeln begonnen.

»Ja, man kann«, sagte mein Vater nachdrücklich.

Die Stunde, in der ich nach mehreren schweigsamen und bitteren Tagen zuerst wieder mich und mein Leid vergaß, mit andern lebte und froh war, ist mir noch deutlich in Erinnerung. Wir saßen alle im Wohnzimmer beim Nachmittagskaffee, nur Fritz fehlte. Die andern waren munter und gesprächig, ich aber hielt den Mund und nahm nicht teil, obwohl ich im geheimen schon wieder ein Bedürfnis nach Rede und Verkehr spürte. Wie es jungen Leuten geht, hatte ich meinen Schmerz mit einer Schutzmauer von Schweigen und abwehrendem Trotz umgeben, die andern hatten mich nach dem guten Brauch unseres Hauses in Ruhe gelassen und meine sichtbare Verstimmung respektiert, und nun fand ich den Entschluß nicht, meine Mauer einzureißen, und spielte, was eben noch echt und notwendig gewesen war, als eine Rolle weiter, mich selber langweilend und auch beschämt über die kurze Dauer meiner Kasteiung.

Da schmetterte unversehens in unsere stille Kaffeetischbehaglichkeit eine Trompetenfanfare hinein, eine kühn und aggressiv geblasene, blitzende Reihe kecker Töne, die uns alle augenblicks von den Stühlen aufriß.

»Es brennt!« rief meine Schwester erschrocken.

»Das wäre ein komisches Feuersignal.«

»Dann kommt Einquartierung.«

Indessen waren wir schon alle im Sturm an die Fenster gestürzt. Wir sahen auf der Straße, gerade vor unserem Haus, einen Schwarm von Kindern und mitten darin auf einem großen weißen Roß einen feuerrot gekleideten Trompeter, dessen Horn und Habit in der Sonne gleißend prahlten. Der Wundermensch blickte während des Blasens zu allen Fenstern empor und zeigte dabei ein braunes Gesicht mit einem ungeheuren ungarischen Schnauzbart. Er blies fanatisch weiter, Signale und allerlei spontane Einfälle, bis alle Fenster der Nachbarschaft voll Neugieriger waren. Da setzte er das Instrument ab, strich den Schnurrbart, stemmte die linke Hand in die Hüfte, zügelte mit der rechten das unruhige Pferd und hielt eine Rede. Auf der Durchreise und nur für diesen einen Tag halte seine weltberühmte Truppe sich im Städtlein auf, und dringenden Wünschen nachgebend werde er heute abend auf dem Brühel eine »Galavorstellung in dressierte Pferde, höhere Equilibristik sowie eine große Pantomime« geben. Erwachsene bezahlen zwanzig Pfennig, Kinder die Hälfte. Kaum hatten wir gehört und alles gemerkt, so stieß der Reiter von neuem in sein blinkendes Horn und ritt davon, vom Kinderschwarm und von einer Staubwolke begleitet.

Das Gelächter und die fröhliche Erregung, die der Kunstreiter mit seiner Verkündigung unter uns geweckt hatte, kam mir zustatten, und ich benützte den Augenblick, meine finstere Schweigsamkeit fahrenzulassen und wieder ein Fröhlicher unter den Fröhlichen zu sein. Sogleich lud ich die beiden Mädchen zur Abendvorstellung ein, der Papa gab nach einigem Widerstreben die Erlaubnis, und wir drei schlenderten sogleich nach dem Brühel hinunter, um uns den Spektakel einmal von außen anzusehen. Wir fanden zwei Männer damit beschäftigt, eine runde Arena abzustecken und mit einem Strick zu umzäunen, danach begannen sie den Aufbau eines Gerüstes, während nebenan auf der schwebenden Treppe eines grünen Wohnwagens eine schreckliche dicke Alte saß und strickte. Ein hübscher weißer Pudel lag ihr zu Füßen. Indem wir uns das betrachteten, kehrte der Reiter von seiner Stadtreise zurück, band den Schimmel hinterm Wagen an, zog sein rotes Prachtkleid ab und half in Hemdärmeln seinen Kollegen beim Aufbauen.

»Die armen Kerle!« sagte Anna Amberg. Ich wies jedoch ihr Mitleid zurück, nahm die Partei der Artisten und rühmte ihr freies, geselliges Wanderleben in hohen Tönen. Am liebsten, erklärte ich, ginge ich selber mit ihnen, stiege aufs hohe Seil und ginge nach den Vorstellungen mit dem Teller herum.

»Das möchte ich sehen«, lachte sie lustig.

Da nahm ich statt des Tellers meinen Hut, machte die Gesten eines Einsammelnden nach und bat gehorsamst um ein kleines Douceur für den Clown. Sie griff in die Tasche, suchte einen Augenblick unschlüssig und warf mir dann ein Pfennigstück in den Hut, das ich dankend in die Westentasche steckte.

Die eine Weile unterdrückte Fröhlichkeit kam wie eine Betäubung über mich, ich war jenen Tag kindisch ausgelassen, wobei vielleicht die Erkenntnis der eigenen Wandelbarkeit im Spiele war.

Am Abend zogen wir samt Fritz zur Vorstellung aus, schon unterwegs erregt und lustbarlich entzündet. Auf dem Brühel wogte eine Menschenmenge dunkel treibend umher, Kinder standen mit großen erwartenden Augen still und selig, Lausbuben neckten jedermann und stießen einander den Leuten vor die Füße, Zaungäste richteten sich in den Kastanienbäumen ein, und der Polizeidiener hatte den Helm auf. Um die Arena war eine Sitzreihe gezimmert, innen im Kreis stand ein vierarmiger Galgen, an dessen Armen Ölkannen hingen. Diese wurden jetzt angezündet, die Menge drängte näher, die Sitzreihe füllte sich langsam, und über den Platz und die vielen Köpfe taumelte das rot und rußig flammende Licht der Erdölfackeln.

Wir hatten auf einem der Sitzbretter Platz gefunden. Eine Drehorgel ertönte, und in der Arena erschien der Direktor mit einem kleinen schwarzen Pferd. Der Hanswurst kam mit und begann eine durch viele Ohrfeigen unterbrochene Unterhaltung mit jenem, die großen Beifall fand. Es fing so an, daß der Hanswurst irgendeine freche Frage stellte. Mit einer Ohrfeige antwortend, sagte der andere: »Hältst du mich denn für ein Kamel?«

Darauf der Clown: »Nein, Herr Prinzipal. Ich weiß den Unterschied genau, der zwischen einem Kamel und Ihnen ist.«

»So, Clown? Was denn für einer?«

»Herr Prinzipal, ein Kamel kann acht Tage arbeiten, ohne etwas zu trinken. Sie aber können acht Tage trinken, ohne etwas zu arbeiten.«

Neue Ohrfeige, neuer Beifall. So ging es weiter, und während ich mich über die Naivität der Witze und über die Einfalt der dankbaren Zuhörer belustigt wunderte, lachte ich selber mit.

Das Pferdchen machte Sprünge, setzte über eine Bank, zählte auf zwölf und stellte sich tot. Dann kam ein Pudel, der sprang durch Reifen, tanzte auf zwei Beinen und exerzierte militärisch. Dazwischen immer wieder der Clown. Es folgte eine Ziege, ein sehr hübsches Tier, die auf einem Sessel balancierte.

Schließlich wurde der Clown gefragt, ob er denn gar nichts könne als herumstehen und Witze machen. Da warf er schnell sein weites Hanswurstkleid von sich, stand im roten Trikot da und bestieg das hohe Seil. Er war ein hübscher Kerl und machte seine Sache gut. Und auch ohne das war es ein schöner Anblick, die vom Flammenschein beleuchtete rote Gestalt hoch oben am dunkelblauen Nachthimmel schweben zu sehen.

Die Pantomime wurde, da die Spielzeit schon überschritten sei, nicht mehr aufgeführt. Auch wir waren schon über die übliche Stunde ausgeblieben und traten unverweilt den Heimweg an.

Während der Vorstellung hatten wir uns beständig lebhaft unterhalten. Ich war neben Anna Amberg gesessen, und ohne daß wir anderes als Zufälliges zueinander gesagt hätten, war es so gekommen, daß ich schon jetzt beim Heimgehen ihre warme Nähe ein wenig vermißte.

Da ich in meinem Bett noch lange nicht einschlief, hatte ich Zeit, mir darüber Gedanken zu machen. Sehr unbequem und beschämend war mir dabei die Erkenntnis meiner Treulosigkeit. Wie hatte ich auf die schöne Helene Kurz so schnell verzichten können? Doch legte ich mit einiger Sophistik an diesem Abend und in den nächsten Tagen mir alles reinlich zurecht und löste alle scheinbaren Widersprüche befriedigend.

Noch in derselben Nacht machte ich Licht, suchte in meiner Westentasche das Pfennigstück, das mir Anna heute im Scherz geschenkt hatte, und betrachtete es zärtlich. Es trug die Jahreszahl 1877, war also so alt wie ich. Ich wickelte es in weißes Papier, schrieb die Anfangsbuchstaben A. A. und das heutige Datum darauf und verbarg es im innersten Fach meines Geldbeutels, als einen Glückspfennig.

Die Hälfte meiner Ferienzeit – und bei Ferien ist immer die erste Hälfte die längere – war längst vorüber, und der Sommer fing nach einer heftigen Gewitterwoche schon langsam an, älter und nachdenklicher zu werden. Ich aber, als sei sonst nichts in der Welt von Belang, steuerte verliebt mit flatternden Wimpeln durch die kaum merkbar abnehmenden Tage, belud jeden mit einer goldenen Hoffnung und sah im Übermut jeden kommen und leuchten und gehen, ohne ihn halten zu wollen und ohne ihn zu bedauern.

An diesem Übermut war nächst der unbegreiflichen Sorglosigkeit der Jugend zu einem kleinen Teil auch meine liebe Mutter schuld. Denn ohne ein Wort darüber zu sagen, ließ sie es merken, daß meine Freundschaft mit Anna ihr nicht mißfiel. Der Umgang mit dem gescheiten und wohlgesitteten Mädchen hat mir in der Tat gewiß wohlgetan, und mir schien, es würde auch ein tieferes und näheres Verhältnis mit ihr die Billigung meiner Mama finden. So brauchte es keine Sorge und kein Heimlichtun, und wirklich lebte ich mit Anna nicht anders als mit einer geliebten Schwester.

Allerdings war ich damit noch lange nicht am Ziel meiner Wünsche, und nach einiger Zeit bekam dieser unverändert kameradschaftliche Verkehr gelegentlich etwas fast Peinliches für mich, da ich aus dem klar umzäunten Garten der Freundschaft in das weite freie Land der Liebe hin begehrte und durchaus nicht wußte, wie ich unvermerkt meine arglose Freundin auf diese Wege locken könnte. Doch entstand gerade hieraus für die letzte Zeit meiner Ferien ein köstlich freier, schwebender Zustand zwischen Zufriedensein und Mehrverlangen, der mir wie ein großes Glück im Gedächtnis steht.

So verlebten wir in unserm glücklichen Hause gute Sommertage. Zur Mutter war ich inzwischen wieder in das alte Kindesverhältnis gekommen, so daß ich mit ihr ohne Befangenheit über mein Leben reden, Vergangenes beichten und Pläne für später besprechen konnte. Ich weiß noch, wie wir einmal vormittags in der Laube saßen und Garn wickelten. Ich hatte erzählt, wie es mir mit dem Gottesglauben gegangen war, und hatte mit der Behauptung geendet, wenn ich wieder gläubig werden sollte, müßte erst jemand kommen, dem es gelänge, mich zu überzeugen.

Da lächelte meine Mutter und sah mich an, und nach einigem Besinnen sagte sie: »Wahrscheinlich wird der niemals kommen, der dich überzeugen wird. Aber allmählich wirst du selber erfahren, daß es ohne Glauben im Leben nicht geht. Denn das Wissen taugt ja nichts. Jeden Tag kommt es vor, daß jemand, den man genau zu kennen glaubte, etwas tut, was einem zeigt, daß es mit dem Kennen und Gewißwissen nichts war. Und doch braucht der Mensch ein Vertrauen und eine Sicherheit. Und da ist es immer besser, zum Heiland zu gehen als zu einem Professor oder zum Bismarck oder sonst zu jemand.«

»Warum?« fragte ich. »Vom Heiland weiß man ja auch nicht so viel Gewisses.«

»O, man weiß genug. Und dann, – es hat im Lauf der Zeiten hie und da einen einzelnen Menschen gegeben, der mit Selbstvertrauen und ohne Angst gestorben ist. Das erzählt man vom Sokrates und von ein paar andern; viele sind es nicht. Es sind sogar sehr wenige, und wenn sie ruhig und getrost haben sterben können, so war es nicht wegen ihrer Gescheitheit, sondern weil sie rein im Herzen und Gewissen waren. Also gut, diese paar Leute sollen, jeder für sich, recht haben. Aber wer von uns ist wie sie? Gegen diese wenigen aber siehst du auf der andern Seite Tausende und Tausende, arme und gewöhnliche Menschen, die trotzdem willig und getrost haben sterben können, weil sie an den Heiland glaubten. Dein Großvater ist vierzehn Monate in Schmerzen und Elend gelegen, ehe er erlöst wurde, und hat nicht geklagt und hat die Schmerzen und den Tod fast fröhlich gelitten, weil er am Heiland seinen Trost hatte.«

Und zum Schluß meinte sie: »Ich weiß gut, daß das dich nicht überzeugen kann. Der Glaube geht nicht durch den Verstand, so wenig wie die Liebe. Du wirst aber einmal erfahren, daß der Verstand nicht zu allem hinreicht, und wenn du so weit bist, wirst du in der Not nach allem langen, was wie ein Trost aussieht. Vielleicht fällt dir dann manches wieder ein, was wir heute geredet haben.«

Dem Vater half ich im Garten, und oft holte ich ihm auf Spaziergängen in einem Säcklein Walderde für seine Topfblumen. Mit Fritz erfand ich neue Feuerkünste und verbrannte mir die Finger beim Loslassen. Mit Lotte und Anna Amberg brachte ich halbe Tage in den Wäldern zu, half Beeren pflücken und Blumen suchen, las Bücher vor und entdeckte neue Spaziergänge.

Die schönen Sommertage gingen einer um den andern hin. Ich hatte mich daran gewöhnt, fast immer in Annas Nähe zu sein, und wenn ich daran dachte, daß es nun bald sein Ende haben müsse, zogen schwere Wolken über meinen blauen Ferienhimmel.

Und wie denn alles Schöne und auch das Köstlichste nur zeitlich ist und sein gesetztes Ziel hat, so entrann Tag um Tag auch dieser Sommer, der mir in der Erinnerung meine ganze Jugend zu beschließen scheint. Man begann von meiner baldigen Abreise zu sprechen. Die Mutter nahm noch einmal meinen Besitz an Wäsche und Kleidern prüfend durch, flickte einiges und schenkte mir am Tage des Einpackens zwei Paar guter grauwollener Socken, die sie selber gestrickt hatte und von denen wir beide nicht wußten, daß sie ihr letztes Geschenk an mich waren.

Lang gefürchtet und doch überraschend kam endlich der letzte Tag herauf, ein hellblauer Spätsommertag mit zärtlich flatternden Spitzenwölklein und einem sanften Südostwinde, der im Garten mit den noch zahlreich blühenden Rosen spielte und schwer mit Duft beladen gegen Mittag müd wurde und einschlief. Da ich beschlossen hatte, noch den ganzen Tag auszunützen und erst spät am Abend abzureisen, wollten wir Jungen den Nachmittag noch auf einen schönen Ausflug verwenden. So blieben die Morgenstunden für die Eltern übrig, und ich saß zwischen beiden auf dem Kanapee in Vaters Studierstube. Der Vater hatte mir noch einige Abschiedsgaben aufgespart, die er mir nun freundlich und mit einem scherzhaften Ton, hinter dem er seine Bewegung verbarg, überreichte. Es war ein kleines altmodisches Beutelein mit einigen Talern, eine in der Tasche tragbare Schreibfeder und ein nett eingebundenes Heftlein, das er selber hergestellt und worin er mir ein Dutzend guter Lebenssprüche mit seiner strengen lateinischen Schrift geschrieben hatte. Mit den Talern empfahl er mir zu sparen, aber nicht zu geizen, mit der Feder bat er mich, recht oft heimzuschreiben, und wenn ich einen neuen guten Spruch an mir bewährt fände, ihn ins Heftlein zu den andern zu notieren, die er im eigenen Leben brauchbar und wahr befunden habe.

Zwei Stunden und darüber saßen wir beisammen, und die Eltern erzählten mir manches aus meiner eigenen Kindheit, aus ihrer und ihrer Eltern Leben, das mir neu und wichtig war. Vieles habe ich vergessen, und da meine Gedanken zwischenrein immer wieder zu Anna entrannen, mag ich manches ernste und wichtige Wort nur halb gehört und geachtet haben. Geblieben aber ist mir eine starke Erinnerung an diesen Morgen im Studierzimmer, und geblieben ist mir eine tiefe Dankbarkeit und Verehrung für meine beiden Eltern, die ich heute in einem reinen, heiligen Lichte sehe, das für meine Augen keinen andern Menschen umgibt.

Damals aber ging mir der Abschied, den ich am Nachmittag zu nehmen hatte, weit näher. Bald nach dem Mittagessen machte ich mich mit den beiden Mädchen auf den Weg, über den Berg nach einer schönen Waldschlucht, einem schroffen Seitental unseres Flusses.

Anfangs machte meine bedrückte Stimmung auch die andern nachdenklich und schweigsam. Erst auf der Berghöhe, von wo zwischen hohen roten Föhrenstämmen das schmale gewundene Tal und ein weites waldgrünes Hügelland zu sehen war und wo hochstielige Kerzenblumen im Winde schwankten, riß ich mich mit einem Juchzer aus der Befangenheit los. Die

Mädchen lachten und stimmten sofort ein Wanderlied an; es war »O Täler weit, o Höhen«, ein altes Lieblingslied unserer Mutter, und beim Mitsingen fielen mir eine Menge fröhlicher Waldausflüge aus Kinderzeiten und vergangenen Feriensommern ein. Von diesen und von der Mutter fingen wir denn auch wie verabredet zu sprechen an, sobald der letzte Vers verklungen war. Wir sprachen von diesen Zeiten mit Dank und Stolz, denn wir haben eine herrliche Jugend- und Heimatzeit gehabt, und ich ging mit Lotte Hand in Hand, bis Anna sich lachend anschloß. Da schritten wir die ganze den Bergrücken entlang führende Straße händeschwingend zu dreien in einer Art von Tanz dahin, daß es eine Freude war.

Dann stiegen wir auf einem steilen Fußpfad seitwärts in die finstere Schlucht eines Baches hinab, der von weitem hörbar über Geröll und Felsen sprang. Weiter oben am Bach lag eine beliebte Sommerwirtschaft, in welche ich die beiden zu Kaffee und Eis und Kuchen eingeladen hatte. Bergab und den Bach entlang mußten wir hintereinander gehen, und ich blieb hinter Anna, betrachtete sie und sann auf eine Möglichkeit, sie heute noch allein zu sprechen.

Schließlich fiel mir eine List ein. Wir waren unserm Ziel schon nahe an einer grasigen Uferstelle, die voll von Bachnelken stand. Da bat ich Lotte, vorauszugehen und Kaffee zu bestellen und einen hübschen Gartentisch für uns decken zu lassen, während ich mit Anna einen großen Waldstrauß machen wolle, da es gerade hier so schön und blumig sei. Lotte fand den Vorschlag gut und ging voraus. Anna setzte sich auf ein moosiges Felsstück und begann Farnkraut zu brechen.

»Also das ist mein letzter Tag«, fing ich an.

»Ja, es ist schade. Aber Sie kommen ja sicher bald einmal wieder heim, nicht?«

»Wer weiß? Jedenfalls im nächsten Jahr nicht, und wenn ich auch wiederkomme, so ist doch nicht mehr alles wie diesmal.«

»Warum nicht?«

»Ja, wenn Sie dann auch gerade wieder da wären!«

»Das wäre schließlich nicht unmöglich. Aber meinetwegen sind Sie ja doch auch diesmal nicht heimgekommen.«

»Weil ich Sie noch gar nicht gekannt habe, Fräulein Anna.«

»Allerdings. Aber Sie helfen mir gar nicht! Geben Sie mir wenigstens ein paar von den Bachnelken dort.«

Da nahm ich mich zusammen.

»Nachher so viel Sie wollen. Aber im Augenblick ist mir etwas anderes zu wichtig. Sehen Sie, ich habe jetzt ein paar Minuten mit Ihnen allein, und darauf hab ich den ganzen Tag gewartet. Denn – weil ich doch heute reisen muß, wissen Sie – also kurz, ich wollte Sie fragen, Anna –«

Sie sah mich an, ihr gescheites Gesicht war ernst und beinahe bekümmert.

»Warten Sie!« unterbrach sie meine hilflose Rede. »Ich glaube, ich weiß schon, was Sie mir sagen wollen. Und jetzt bitte ich Sie herzlich, sagen Sie's nicht!«

»Nicht?«

»Nein, Hermann. Ich kann Ihnen jetzt nicht erzählen, warum das nicht sein darf, doch dürfen Sie es gern wissen. Fragen Sie später einmal Ihre Schwester, die weiß alles. Unsere Zeit ist jetzt zu kurz, und es ist eine traurige Geschichte, und heut wollen wir nicht traurig sein. Wir wollen jetzt unsern Strauß machen, bis Lotte wiederkommt. Und im übrigen wollen wir gute Freunde bleiben und heute noch miteinander fröhlich sein. Wollen Sie?«

»Ich wollte schon, wenn ich könnte.«

»Nun dann, so hören Sie. Mir geht es wie Ihnen; ich habe einen lieb und kann ihn nicht bekommen. Aber wem es so geht, der muß alle Freundschaft und alles Gute und Frohe, was er sonst etwa haben kann, doppelt festhalten, nicht wahr? Drum sage ich, wir wollen gut Freund bleiben und wenigstens noch diesen letzten Tag einander fröhliche Gesichter zeigen. Wollen wir?«

Da sagte ich leise ja, und wir gaben einander die Hände darauf. Der Bach lärmte und jubelte und spritzte feine Tropfen zu uns herauf, unser Strauß wurde groß und farbig, und es dauerte nicht lange, da sang und rief meine Schwester uns schon wieder entgegen. Als sie bei uns war, tat ich, als wollte ich trinken, kniete am Bachrand hin und tauchte Stirn und Augen eine kleine Weile in das kalt strömende Wasser. Dann nahm ich den Strauß zur Hand, und wir gingen miteinander den kurzen Weg bis zur Wirtschaft.

Dort stand unter einem Ahornbaum ein Tisch für uns gedeckt, es gab Eis und Kaffee und Biskuits, die Wirtin hieß uns willkommen, und zu meiner eigenen Verwunderung konnte ich sprechen und Antwort geben und essen, als wäre alles gut. Ich wurde fast fröhlich, hielt eine kleine Tischrede und lachte ohne Zwang mit, wenn gelacht wurde.

Ich will es Anna nicht vergessen, wie einfach und lieb und tröstlich sie mir über das Demütigende und Traurige an jenem Nachmittag hinweggeholfen hat. Ohne merken zu lassen, daß etwas zwischen ihr und mir vorgefallen sei, behandelte sie mich mit einer schönen Freundschaftlichkeit, die mir meine Haltung bewahren half und mich nötigte, ihr älteres und tieferes Leid und die Art, wie sie es heiter trug, hoch zu achten.

Das enge Waldtal füllte sich mit frühen Abendschatten als wir aufbrachen. In der Höhe aber, die wir rasch erstiegen, holten wir die sinkende Sonne wieder ein und schritten noch eine Stunde lang in ihrem warmen Licht, bis wir sie beim Niederstieg zur Stadt nochmals aus den Augen verloren. Ich sah ihr nach, wie sie schon groß und rötlich zwischen schwarzen Tannenwipfeln stand, und dachte daran, daß ich sie morgen weit von hier an fremden Orten wiedersehen würde.

Abends, nachdem ich vom ganzen Hause Abschied genommen hatte, gingen Lotte und Anna mit mir auf den Bahnhof und winkten mir nach, als ich im Zug war und der eingebrochenen Finsternis entgegenfuhr.

Ich stand am Wagenfenster und schaute auf die Stadt hinaus, wo schon Laternen und helle Fenster leuchteten. In der Nähe unseres Gartens nahm ich eine starke, blutrote Helle wahr. Da stand mein Bruder Fritz und hatte in jeder Hand ein bengalisches Licht, und in dem Augenblick, da ich winkte und an ihm vorbeifuhr, ließ er eine Rakete senkrecht aufsteigen. Hinauslehnend sah ich sie steigen und innehalten, einen weichen Bogen beschreiben und in einem roten Funkenregen vergehen.

(1907)

Ein Briefwechsel

Theodor an Hans:

Lieber Hansel! Ja das sind jetzt wahrhaftig bald vier Wochen, daß ich Dir antworten will und nie dazu komme. Aber heute soll es endlich geschehen, wenn auch meine Zeit wie immer recht knapp ist. Dein letzter Brief war so nett und hat mich sehr gefreut. Wenn ich ebenso ausführlich von meinem hiesigen Leben erzählen wollte, gäbe es ein ganzes Buch. München gefällt mir, und ich mache fast jeden Tag neue Bekanntschaften, zum Teil reizende Leute, meistens Künstler. Mit einigen habe ich mich gut angefreundet, auch interessante Damen sind dabei. Vorgestern saßen wir bis morgens vier Uhr im Ratskeller. Unsre einstigen Kneipereien in Tübingen waren bescheidener, aber dafür braucht man hier auch unheimlich viel Geld.

Und Du hockst immerfort in Deinem stillen Nest daheim! Manchmal könnte ich Dich ungelogen drum beneiden. Man kommt hier zu keiner Ruhe. Um Dein sonstiges Dasein allerdings beneide ich Dich weniger. Hauslehrer sein, denke ich mir grauenhaft, vollends für einen, der wie Du frisch vom Studentenleben kommt. Hoffentlich findest Du bald einen bequemeren Platz. Falls ich hier von etwas Passendem höre, gebe ich Dir Bericht. Freilich ist das wenig wahrscheinlich.

Schade, daß wir nicht bald wieder einmal zusammensitzen und plaudern können! Unsre Abende auf Deiner Bude waren allemal so nett; ich denke noch oft mit Vergnügen daran.

Wenn Du Emma G. einmal siehst, so sag ihr meinen Gruß.

Dein alter Theodor.

Hans an Theodor:

Mein lieber Theo! Es war lieb von Dir, daß Du mir wieder einmal geschrieben hast. Ich fürchtete schon, es könnte Dir zu mühsam und langweilig werden, um so mehr, als Du mitten im großen Leben schwimmst, während ich hier abseits sitze.

Daß auch Du noch manchmal an unsre Tübinger Zeiten denkst, freut mich herzlich. Für mich ist es eine tiefe und unvergeßliche Erinnerung, denn Deine Freundschaft ist wohl das Schönste und Beste gewesen, was ich bis jetzt gehabt und erlebt habe. Dafür muß ich Dir immer danken. Du hattest ja Freunde genug, Du warst so viel älter und lebenskundiger, während ich mit meiner unbeholfenen Art nirgends ankam. Jetzt kann ich ja von manchem reden, was mir damals nicht über die Lippen gekommen wäre. An dem Abend, nachdem Du so unerwartet mir das Du angeboten hattest, war ich ganz närrisch und kam mir wie erlöst vor, da ich so lang allein und traurig herumgelaufen war.

Jetzt fehlst Du mir jeden Tag sehr. Oft, wenn ich ungeduldig oder gedrückt bin, meine ich, es wäre alles gut, wenn ich schnell zu Dir kommen und mit Dir reden und Dein Lachen hören könnte. Doch ich will nicht klagen. Ich weiß ja, daß Du auch in Deinem neuen, bunteren und reicheren Leben noch an mich denkst und mir gut bist. – Im Gymnasium und in den beiden ersten Studienjahren war ich beständig im stillen auf der Suche nach einem Freund und war beständig ein wenig traurig, weil ich keinen fand. Ich hatte wohl manchen gern, aber ich fand nie den Mut, ihn an mich zu ziehen. Nun glaube ich, es war ein Glück für mich, daß Du nicht früher kamst. Jugendfreundschaften gehen oft so leicht in Scherben, und von der unseren hoffe ich, daß sie mit uns männlicher und reifer wird und fürs Leben vorhält.

Gern täte ich einmal einen Blick in Dein Münchner Leben, das ich mir herrlich frei und köstlich denke. Aber vielleicht hast Du recht, wenn Du mich um die Stille meiner hiesigen Tage beneidest. So gern ich auch einmal ein wenig vom großen Leben sähe und atmete, im Grund passe ich doch wohl besser in kleine Verhältnisse. Das enge Zusammenleben mit wenigen Menschen in einem so kleinen Städtchen mag etwas Beschränktes haben, aber wer wie ich sich schwer anschließt, der schlägt dann auch gern Wurzeln, und am Ende findet vielleicht jeder überall in der Welt doch stets denselben ihm gemäßen Mikrokosmos.

Was Du übrigens über meinen Beruf sagst, kann ich nicht gelten lassen. Ich bin ganz gerne Hauslehrer. Es hat seine Schwierigkeiten, namentlich die Stellung zwischen Eltern und Kind, aber wenn man ein einziges Kind unterrichtet und erziehen hilft, lernt man es auch genau kennen, und so ein junges Pflänzlein in allen Regungen zu beobachten und zu pflegen, ist doch etwas Köstliches. Ich habe meinen Buben sehr gern. Er ist elfjährig und etwas kränklich, und ohne unbegabt zu sein, lernt er schwer. Wo es gelingt, ihn lebhaft zu interessieren, da macht er recht gute Fortschritte. Er ist ziemlich groß und schlank für sein Alter und hat liebe braune Augen. Im ganzen kann er mich gut leiden, doch ist er manchmal noch scheu, und ich muß ihn fast jeden Tag wieder erobern.

Deinen Gruß an Emma habe ich gestern ausgerichtet. Ich sehe sie ziemlich oft, und wir sind ganz gute Freunde geworden. Sie hat viel Liebes und Sympathisches, und ich begreife, daß Du sie lieb hast. Doch scheint irgendeine Verstimmung zwischen Euch zu sein, nicht? Verzeih, wenn ich unberufen davon rede, aber sie klagte mir, Du schriebest ihr gar nicht. Sie spricht gern und viel von Dir, und ich dachte, ich wollte Dir das sagen, für alle Fälle, ohne mich natürlich weiter in Deine Angelegenheit zu mischen.

Wenn ich nur auch von mir etwas Frauliches berichten könnte! Du weißt von unserem damaligen Nachtspaziergang in der Platanenallee her, wie es mit mir steht. Ich hab Else B. seither nur zweimal gesehen, das letztemal in Stuttgart bei einem Besuch im Haus ihrer Eltern, aber von irgendeinem Verhältnis zwischen uns darf ich noch nicht reden, wenn ich auch nicht ohne Hoffnung bin.

So, jetzt ist der Bogen voll. Lieber Theo, bleib mir gut wie ich Dir, und wenn ich bitten darf, schreib mir hie und da etwas mehr von Dir und Deinen Erlebnissen, daß ich ein bißchen mitleben kann, wie ich so gern möchte.

In Treue herzlich Dein Hans.

Theodor an Hans:

Lieber Hans! Dein letzter Brief hat mich gefreut und auch ein wenig belustigt. Ein bißchen Schulmeister bist Du ja eigentlich immer gewesen, nun hast Du also Deinen Beruf nicht verfehlt. Aber was Du über unsere Freundschaft sagtest, hat mich gerührt.

Nun eine Frage. Ich brauche Geld und möchte wissen, ob Du mir etwas geben kannst und wieviel. Ich lebe hier einstweilen über meine Verhältnisse, da ich alles kennen lernen will. Sparen wäre da verfehlt. Auch habe ich Aussichten auf eine sehr nobel bezahlte Stellung. Doch davon später, wenn ich selber erst genauer weiß, wie ich daran bin.

Schade, daß Du nicht näher bei München wohnst, so daß man sich etwa einmal sehen und sprechen könnte. Ich hätte viel Interessantes und Amüsantes zu erzählen, aber zum Schreiben komme ich in diesem Trubel schwer. Zurzeit nimmt mich eine Aufführung des dramatischen Vereins in Anspruch, bei der ich mitwirken soll. Es ist so ein modernes Sittenstück, furchtbar toll und eigentlich ziemlich dumm, aber man verspricht sich viel davon. Gott weiß warum.

Heut abend werde ich vielleicht ein paar hiesige Berühmtheiten kennen lernen, im Atelier meines Freundes Max Berlinger. Er war vorzeiten zwei Jahre lang mein Schulkamerad, und wir standen ganz gut miteinander, obwohl er immer etwas eigensinnig und langweilig gewesen ist. Er wurde Maler, und ich traf ihn hier unvermutet wieder. Es scheint, er fängt an etwas zu gelten, er hat zwei Bilder im Glaspalast gehabt und soll viel können.

Also bitte um ein paar Zeilen. Mit Grüßen Dein alter Theodor.

Hans an Theodor:

Lieber Theo! Leider kann ich erst gegen Ende nächsten Monats, also in etwa fünf Wochen, Geld bekommen. Ich habe alles überlegt, aber früher geht es nicht. Dann aber werde ich mindestens etwa fünfzig Mark übrig haben, die Dir natürlich zur Verfügung stehen. Bitte schreib mir, ob Dir dann noch damit gedient ist. Es ärgert mich, daß ich Dir nicht mehr anbieten kann. Ich bekomme hier zwar monatlich 120 Mark, aber ich mußte mir notwendig sogleich zwei Anzüge machen lassen, da ich ziemlich abgerissen hierher kam, und dann muß ich jeden Monat fünfundzwanzig Mark an den dummen Tübinger Schulden abzahlen.

Sonst kann ich zufrieden sein. Mein Bub macht ganz nette Fortschritte und bekommt allmählich Vertrauen zu mir, und das bißchen hiesige Geselligkeit ist mir gerade genug. Auch Emma sah ich neulich wieder. In Deinem letzten Brief stand kein Wort über sie. Vielleicht denkst Du zu wenig daran, wie allein sie hier ist und wie sehr sie an Dir hängt?

Vor meinem Fenster singen und zanken die Spatzen in der Morgensonne, die noch nicht lange herauf ist. So ein Herbstmorgen ist doch wie ein Kleinod, so licht und durchsichtig zartblau! In Tübingen bin ich, so oft ich konnte, um diese Zeit ausgeritten. Das geht hier nicht, aber schön ist

es nicht weniger. Der Tannenwald ist duftig blauschwarz und von einem Kranz von Gebüschen eingefaßt, die in allen Herbstfarben leuchten. Dazu höre ich das Flußwehr in der Nähe rauschen. Diese stille, klare Morgenstunde, die ich für mich ganz allein habe, genieße ich jeden Tag wie ein liebes Geschenk. Wenn Du da wärest, würden wir jetzt miteinander durch den Garten bergauf an den Waldrand gehen, wo man das ganze Tal übersieht. Überhaupt – wenn Du da wärest!
Treulich Dein Hans.

Theodor an Hans:

Lieber Hans! Also mit dem Geld ist einstweilen nichts. Nun, wenn Du mir dann das Angebotene schicken kannst, komme ich schon durch, obwohl es nicht ganz ausreicht. Den Rest bringe ich wohl hier zusammen. Jedenfalls wird es nicht lang dauern, bis Du Dein Geld samt jenem früheren zurückbekommst.

Solche Morgenstunden wie Du habe ich leider nicht. In der großen Stadt und bei dem vielen Abend- und Nachtleben kommt man dazu gar nicht, so schade es ist. Doch fühle ich mich sonst wohl wie der Fisch im Wasser, das Vielerlei tut mir gut.

Wegen Emma sollst Du Dir keine Sorgen machen. Gerade weil ich mit ihr ja nicht offiziell verlobt bin, kann ich jetzt, während meine ganzen Verhältnisse so schwebend sind, nichts tun als warten und schweigen. Krisen gibt es in jedem Liebesverhältnis, und ich stecke jetzt so tief in Plänen, daß ich wirklich den Kopf nicht zu Auseinandersetzungen delikater Art frei genug habe. Doch wird das vielleicht schon bald ein anderes Gesicht bekommen. An einem großen Unternehmen, das im Entstehen begriffen ist, hoffe ich einen wichtigen Posten zu bekommen. Doch sind das Dinge, über die ich einstweilen lieber nicht zu viel sage.

Laß wieder von Dir hören und bleib gesund!
Dein Theodor.

Hans an Theodor:

Lieber Freund! Deine Andeutungen machen mich immer gespannter. Hoffentlich ist es mit Deinen Plänen bald soweit, daß Du mir alles mitteilen kannst. Ich zweifle nicht, daß Du mit Deiner geschickten und flotten Art schnell vorwärts kommst, und jedenfalls verlierst Du nicht viel, wenn Du auf den Staatsdienst daheim verzichtest. Sehr interessieren würde es mich, über Deine neuen Freunde mehr zu hören. Denk nur, der hiesige Amtsrichter war diesen Sommer in München und erinnert sich, die zwei Bilder von Max Berlinger gesehen zu haben. Er malt selber und ist ein gescheiter, feiner Mensch, einer von den Besten hier.

Wie ist es denn mit den »Berühmtheiten« gegangen, die Du damals kennenlernen solltest? Du lebst so im Vollen, daß ich fast fürchten könnte, ich käme dabei zu kurz. Aber wenn ich an alle unsre schönen Zeiten denke, namentlich an die letzte herrliche Albtour in den Ferien, kann ich wieder nicht glauben, daß einer von uns jemals den andern vergessen wird, und ich schäme mich, an eine solche Möglichkeit gedacht zu haben.

Was Du über Dein Verhältnis zu Emma sagst, ist mir zwar nicht ganz klar, doch verstehe ich im Ganzen Deine Stimmung wohl. Da ich ja ohnehin – als der einzige, der von Eurer Sache weiß und mit dem sie über Dich reden kann – bei ihr als eine Art Gesandter Kavalierdienste tue, will ich gerne versuchen, sie zu beruhigen. Sie ist eben zu viel allein und überhaupt ein wenig sensibel, so daß sie sich vielleicht manche unnötige Sorge macht.

Nimm vorlieb, es reicht heute nicht weiter. Gleich fängt unsre Grammatikstunde (*amo, amas, amat!*) an, für Lehrer und Schüler die unerquicklichste. Bleibe gut Deinem getreuen Hans.

Theodor an Hans:

Lieber Hans! Nochmals eine Bitte. Um mich einzurichten, sollte ich möglichst genau wissen, *wann* Du mir Moneten schicken kannst und wieviel. Sonst nichts Wichtiges. Bald denke ich Dir nun einmal ausführlicher über alle meine Erlebnisse und Aussichten zu schreiben, wie Du es wünschest. Schön, daß Du Emma tröstest! Aber gelt, mit Vorsicht! Sie ist, wie ich ja wissen muß, gefährlich, und mich schaudert bei der Vorstellung, daß es zwischen uns alten Freunden etwa einmal Eifersucht geben könnte!

Und was macht Dein armer Tropf von Schüler?

Mit Gruß Dein Theodor.

Hans an Theodor:

Lieber Theo! Dein letztes kurzes Brieflein hat mir weh getan. Wie kommst Du auf solche Einfälle? Ich bitte Dich ernstlich und herzlich, diesen Ton nicht mehr anzuschlagen. Ich weiß nicht, ob ich zu einsiedlerisch und damit zu empfindlich geworden bin, aber ich muß Dir gestehen, Dein Witz hat mich so peinlich und fremd berührt, daß ich ganz erschrocken bin. Bist Du denn anders geworden? Alle Deine Briefe sind so kurz und eilig, und manchmal kam es mir beinahe so vor, als hättest Du Dich zum Schreiben zwingen müssen.

Sieh, ich möchte gewiß nicht zu viel von Dir verlangen. Ich weiß, ich bin nicht Dein einziger Freund wie Du mein einziger bist. Du bist vielseitiger, geselliger, und Du lebst in neuen Verhältnissen, die Dich stark in Anspruch nehmen. Trotzdem und so sehr ich Dir alles und alles gönne, sehne ich mich oft nach einem einzigen herzlichen Wort von Dir. Es ist irgend etwas zwischen uns nicht mehr so wie früher. Von Stuttgart aus schriebst Du mir noch ganz anders als jetzt, ausführlicher und wärmer. Jetzt machen Deine Briefe mich oft traurig, sie haben etwas Kühles und Zerstreutes, Du redest, und ich höre zu, aber Du siehst mich dabei nicht an, ich spüre Dein Wesen kaum mehr in Deinen Worten. Hast Du Sorgen, die Du mir verbirgst? Verzeih mir, wenn ich Dir Vorwürfe zu machen scheine, aber laß mich nicht in dieser Ungewißheit. Oder habe ich, ohne es zu wissen, irgend etwas getan oder geschrieben, was Dich verletzt hat? Das wäre mir leid, und ich würde herzlich gern Abbitte tun.

Das Geld kann ich Mitte nächster Woche schicken, wahrscheinlich sechzig Mark, jedenfalls nicht weniger.

Mein Schüler ist krank, er hat Gliederweh und muß still liegen, vielleicht für mehrere Wochen. Der arme Kerl ist mir rührend dankbar, weil ich viel bei ihm sitze. Ich lese ihm Swifts Gulliver vor, an dem ich dabei selber wieder mein Vergnügen habe.

Und was machst Du, Theo? Vielleicht hätte ich diesen Brief nicht schreiben sollen. Aber ich bin traurig und habe das Gefühl, Du wollest mir entgleiten, während ich in verlangender Anhänglichkeit die Arme nach Dir ausstrecke.

Dein Hans.

Theodor an Hans:

Lieber Junge! Da ich morgen früh für zwei Tage nach Nürnberg reise, schreibe ich Dir in Eile noch schnell diesen Gruß. Jenen dummen Witz mit dem Mädchen hast Du doch gar zu ernst genommen! Geschrieben sieht so etwas, was man im Gespräch leicht sagt und leicht hinnimmt, schlimmer aus. Boshaft gemeint war es gewiß nicht.

Wenn Du zusehen könntest, wie ich zurzeit lebe, würdest Du mich verstehen und Deine Vorwürfe zurücknehmen. Ich bin der alte geblieben, und oft genug wünsche ich Dich lebhaft hierher. Aber bei dem Tempo, in dem jetzt meine Tage und oft auch die Nächte hingehen, komme ich kaum zu mir selber, viel weniger zum Briefschreiben, worin ich ohnehin nie exzelliert habe. Den Winter gehe ich vielleicht nach Berlin, was sagst Du dazu?

Soviel für heute, damit Du nicht weiter Grillen fängst, alter Hansel.

Dein Theodor.

Hans an Theodor:

Lieber Theo! Danke für Deine freundlichen Zeilen. Es fällt mir schwer, darauf zu antworten. Noch schwerer wird mir's, das zu sagen, was ich gestern erfuhr und worüber ich Dich fragen muß.

Um es kurz zu machen – Emma hat mir von dem Brief erzählt, den sie dieser Tage von Dir bekam. Gesehen habe ich den Brief natürlich nicht, aber im Wesentlichen kenne ich seinen Ton und Inhalt, denn Emma hat mir in der Erregung mehr über sich selbst und Dich und Euer Verhältnis mitgeteilt, als mir lieb sein konnte. Mir ist noch ganz elend davon.

Was hast Du gemacht, Theo? Die Art, wie Du mit Emma umgegangen bist, ist häßlich. Ich bitte Dich, erkläre mir, wie all das möglich war! Das Mädchen ist krank vor Schmerz. Ich begreife Dich nicht. Selbst wenn Du nichts mehr wolltest, als sie loswerden, durftest Du nicht so schreiben.

Von diesen Zeilen darf Emma nichts wissen, darum muß ich bitten. Sie hat kein Wort gesagt, das ich als eine Aufforderung, Dir zu schreiben, hätte auffassen können. Aber wie kann ich anders? Ich erwarte bald eine Antwort.

Hans.

Theodor an Hans:

Lieber Hans! Dein Geld ist angekommen, Dank dafür! Und leider auch Dein aufgeregter Brief, der nicht notwendig war. Denn mich vor Dir zu verantworten, muß ich ablehnen. Mir scheint, Du tust Dich mit Emma eigens gegen mich zusammen. Schon daß sie Dir von meinem Brief sagte, war recht indiskret.

Sei gescheit und denke Dir: wohin wollte ich kommen, wenn ich jedem Bekannten über jeden meiner Schritte beliebig Rede stehen müßte? Vollends in solchen Affären. Was zwischen mir und Emma in all der Zeit gewesen ist, darüber könnte ich ein Buch schreiben, und Du willst, ich soll die ganze heikle und komplizierte Sache in drei Worten »erklären«. Und dann – glaubst Du wirklich, ich habe ohne gute Gründe nur so drauf los gehandelt und müsse jetzt auf Deine freundliche Bitte hin erst anfangen, mir mein Tun zu überlegen?

Hansel, ich rate Dir zu warten, bis Du selber einmal Ähnliches erlebt hast. Schließlich bin ich immerhin ein paar Jahre älter als Du und könnte allenfalls eher mir einbilden, ich vermöge Dein Leben und Treiben zu übersehen und zu kontrollieren, als umgekehrt. Und nun stehst Du plötzlich als entrüsteter Richter da und willst mich verhören, dazu noch in Dingen, die Dich wirklich nichts angehen.

Überlege Dir das alles, wenn Du es inzwischen nicht schon getan hast, und begreife dann, daß Dein übereifriges Eingreifen ein Schulmeisterstreich gewesen ist, über den wir beide später einmal lachen können.

Dein Theodor.

Hans an Theodor:

Lieber Freund! Verzeih, wenn ich Deinen Brief nicht so leichthin annehmen kann, wie Du dachtest und wie ich es früher vielleicht getan hätte.

Ein Briefwechsel

Schon neulich hast Du eine ernste Frage von mir als Bagatelle behandelt. Nun muß ich endgültig wissen, ob Du noch mein Freund bist und sein kannst oder nicht. Denn bis jetzt bin ich doch nicht wie »jeder Bekannte« für Dich gewesen.

Dein letztes Verhalten gegen Emma ist, wenn Du es mir nicht überzeugend anders erklären kannst, unehrenhaft. Und wenn mein Freund etwas Unehrenhaftes tut, muß ich ihn zur Rede stellen, nicht? Entweder gibt er mir dann recht oder verteidigt sich hinreichend, dann läßt sich weiter reden. Oder weicht er mir aus, dann ist er mein Freund nicht mehr.

Seit Du in München bist, hatte ich aus Deinen seltenen kurzen Mitteilungen manchmal den bitteren Eindruck, Du seiest mir verlorengegangen. Manchmal schien es mir sogar, ich hätte mich in Dir getäuscht und etwas für Freundschaft genommen, was Deinerseits nur eine bedeutungslose Geste war. Du warst ja immer von »Freunden« umgeben, während ich nur Dich hatte. Wenn es Dir nun doch ernst gewesen ist, so hast Du heute Gelegenheit, es mir zu beweisen. Es wird mir nicht leicht, so mit Dir zu reden. Immer warst Du der, dem ich dankbar war, an dem ich emporsah, der Ältere, Glücklichere, Lebensklügere. Das war ja auch in Ordnung. Aber jetzt ist es so weit, daß ich wissen muß, ob meine Freundschaft je etwas anderes war als eine Einbildung, mit der ich spielte. Ich verlange nicht, daß Du für Deinen Freund ins Feuer gehst, aber ich verlange, daß Du ihn anerkennst und ernst nimmst. Tust Du das, Theo?

Mit Emma stehst Du, wie ich genau zu erraten glaube, so: Du hattest ein Verhältnis mit ihr, dessen Form und Ton ihr die Vorstellung eines Verlöbnisses geben mußte, und so war es auch von Dir seinerzeit gemeint. Inzwischen bist Du kühler geworden, ihre Briefe fingen an Dir lästig zu werden, und nun schreibst Du ihr, wie man einer Maitresse schreiben mag, vermutlich um sie loszuwerden. Dabei nehme ich immer noch an, jener Brief von Dir sei in einer Stunde übler Laune entstanden. Er muß Dir ja leid tun. Ist es nicht so?

Oder aber: Du willst Emma nicht loswerden, ihr aber den Gedanken an Heirat usw. abgewöhnen. Das wäre in jedem Falle nicht schön, ihr gegenüber aber unverzeihlich.

Wenn ich etwas tun kann, um Deinen letzten Brief an sie quasi aus der Welt zu schaffen und zu einer Versöhnung oder aber zu einer ehrlichen Lossage mitzuhelfen, so verfüge über mich. Ich würde gern Peinlicheres übernehmen, um Dir meine Freundschaft zu zeigen.

Ich möchte noch so vieles sagen, ehe ich diesen Brief absende, der für mich eine Entscheidung bedeutet. Doch ist jetzt keine Zeit für »schöne Gefühle«, wie Du dergleichen früher zu bezeichnen pflegtest. Darum schreibe ich nicht weiter, sondern schließe und warte auf Deine Antwort, wie ich noch nie auf einen Brief gewartet habe.

Hans.

Theodor an Hans:

Mein lieber Hans! Auf Deinen Brief ist schwer zu antworten. Eigentlich kann ich nur wiederholen, was ich neulich schrieb: werde älter und lerne verstehen, daß nicht alle Dinge sich in Worten und Briefen erklären lassen. Speziell was den Verkehr mit Frauen betrifft, bleibt Dir noch einiges zu lernen übrig.

Schau, Du regst Dich über Dinge auf, die es nicht wert sind. Und warum? Aus Freundschaft, sagst Du. Aber ist das Freundschaft, daß ich, weil ich Dich gern hatte und noch immer gern habe, mich nun plötzlich von Dir tyrannisieren lassen soll?

Über die Geschichte mit Emma kann ich Dir nur das eine sagen, daß ich an eine Heirat nicht denken kann. Wie ich im weiteren mit ihr zurecht oder auseinander komme, ist doch wirklich rein meine Sache. Ich bin überzeugt, auch im schlimmsten Falle nimmt sie die Sache nicht so tragisch wie Du.

Über kurz oder lang wirst Du einsehen, daß Dein pathetischer Brief zum mindesten unnötig war. Oder wolltest Du mir Angst machen?

Nächsten Monat geh ich nach Berlin. Da solltest Du mitkommen, um Dir die Grillen zu vertreiben. Es wäre lustiger, als bei Deinem kranken Buben zu sitzen, meinst Du nicht?

Wie immer Dein Theodor.

Hans an Theodor:

Lieber Theo! Du bist ein Lebenskünstler, aber ich nicht. Leider nicht. Da Du mich nicht verstehen willst, hat mein weiteres Schreiben keinen Zweck. Du wirst mich auslachen, aber darauf kommt es jetzt nicht mehr an. Du suchst bei mir etwas, was ich nicht habe, und mir ist es mit Dir ähnlich gegangen.

Für Berlin wünsche ich Dir alles Gute. Vielleicht ist Dein Weg der richtige, wenn ich es auch nicht glauben mag. Mitgehen kann ich ihn jedenfalls nicht mehr, und mich wundert, daß ich es so lange gekonnt habe. Ich muß jetzt wieder allein gehen, wie ich es früher gewohnt war, einen weiten, dunklen Weg allein.

Hans.

(1907)

Von der alten Zeit

In meiner Heimat wohnt ein alter Gymnasialprofessor, einer von den guten, der schreibt mir alle Jahre einmal einen Brief. Er wohnt in seinem Einsiedlerhäuschen und Garten still und nachdenklich dahin, und wenn in der Stadt jemand begraben wird, so ist es meist ein früherer Schüler von ihm. Dieser alte Herr hat mir kürzlich wieder geschrieben. Und obwohl ich selbst einer ganz anderen Meinung bin und ihm in meiner Antwort kräftig widersprochen habe, scheint mir seine Betrachtung über die alte und neue Zeit doch lesenswert, so daß ich dieses Stück aus seinem Briefe hier mitteile. Es heißt:

»... Es will mir nämlich vorkommen, die heutige Welt sei von der, die zu meinen jungen Zeiten noch bestand und galt, durch eine größere Kluft getrennt, als sonst Generationen voneinander getrennt sind. Wissen kann ich es nicht, und die Geschichtschreibung scheint zu lehren, meine Ansicht sei ein Irrtum, dem jedes alternde Geschlecht verfalle. Denn der Fluß der Entwicklungen ist ein stetiger, und zu allen Zeiten sind die Väter von den Söhnen überwunden und nicht mehr verstanden worden. Dennoch kann ich mein Gefühl nicht ändern, es sei – wenigstens in unserem Volk und Land – in den letzten Jahrzehnten alles viel gründlicher anders geworden und als habe unsere Geschichte eine viel raschere Gangart angenommen als in früheren Zeiten.

Soll ich bekennen, was mir an diesem Umschwung des Zeitgeistes als das Wesentlichste erscheint? Da ist, um es kurz zu sagen, ein überall spürbares Abnehmen der Ehrfurcht und der Keuschheit. Ich will die alten Zeiten nicht loben. Ich weiß, daß es jederzeit nur eine kleine Minderheit von Guten und Brauchbaren gegeben hat, einen Denker auf tausend Redner, einen Frommen auf tausend Seelenlose, einen Freien auf tausend Philister. Im Grunde war vielleicht nichts Einzelnes früher besser als heute. Aber im Ganzen war, scheint mir, bis vor einigen Jahrzehnten in unserem allgemeinen Lebenshabitus mehr Anstand und Bescheidenheit als heute. Jetzt wird alles mit größerem Getöse und größerer Eigenliebe getan, und die Welt hallt von der Überzeugung wider, sie stehe an der Schwelle der goldenen Zeit, während doch niemand zufrieden ist.

Ringsum ergeht ein Reden, Predigen und Schreiben von Wissenschaft, von Kultur, von Schönheit, von Persönlichkeit! Aber die Einsicht, daß alle diese wertvollen Dinge nur in Stille und nächtlichem Wachstum gedeihen können, scheint durchaus vergessen zu sein. Jede Wissenschaft und Erkenntnis hat es so eilig, gleich auch Früchte zu tragen und sichtbare Erfolge sehen zu wollen.

Das Erkennen eines natürlichen Gesetzes, an sich ein so erhabenes und inniges Ereignis, wird mit bedenklicher Hast in die Praxis gezogen – als ob man einen Baum zu schnellerem Wachstum nötigen könnte, wenn man das Gesetz seines Wachsens erkannt hat. Und so ist überall ein Wühlen an den Wurzeln, ein Experimentieren und Goldmachen am Werk, dem ich mißtrauen möchte. Es gibt weder für die Gelehrten noch für die Dichter mehr Dinge, über welche man schweigt. Es wird alles besprochen, bloßgelegt und beleuchtet, und jedes Forschen will gleich ein Wissen sein. Eine neue Erkenntnis, ein neuer Fund eines Forschers steht, noch ehe der Mann damit ganz fertig ist, schon popularisiert und ausgebeutet in den Zeitungen. Und jedes Fündlein eines Anatomen oder Zoologen bringt gleich auch die Geisteswissenschaft ins Zittern! Eine Spezialstatistik beeinflußt Philosophen, eine mikroskopische Entdeckung die Seelenlehren der Theologen. Und gleich ist auch ein Dichter da, der den Roman dazu schreibt. Alle jene alten, heiligen Fragen um die Wurzeln unseres Lebens sind aktuelle Unterhaltungsstoffe, von jedem Hauch der Mode in Wissenschaft und Kunst berührt und beeinflußt. Es scheint kein Schweigen, kein Wartenkönnen, auch keinen Unterschied zwischen Großem und Kleinem mehr zu geben.

Im sichtbaren täglichen Leben ist es ebenso. Lebensregeln, Gesundheitslehren, Häuser- und Möbelformen und andere Gegenstände längeren Gebrauchs, denen sonst eine gewisse Stabilität anhaftete, wechseln heute so eilig wie Kleidermoden. Jedes Jahr ist auf jedem Gebiet der Gipfel erklommen und das Endgültige geleistet. Im Leben der einzelnen Familien führt das alles zu einem argen Riß zwischen innen und außen, zwischen Schauseite und Innenseite, und damit zu einem Verfall der Sitte und Lebenskunst, dessen Grundzug ein erstaunlicher Mangel an Phantasie ist.

Beinahe scheint mir das die eigentliche Krankheit der Zeit zu sein. Phantasie ist die Mutter der Zufriedenheit, des Humors, der Lebenskunst. Und Phantasie gedeiht nur auf dem Grunde eines innigen Einverständnisses zwischen dem Menschen und seiner sachlichen Umgebung. Diese

Umgebung braucht nicht schön, nicht eigentümlich, nicht reizend zu sein. Wir müssen nur Zeit haben, mit ihr zu verwachsen, und daran fehlt es heute überall. Wer nur nagelneue Kleider trägt, die er sehr häufig wechseln und erneuern muß, dem geht dadurch ein Stücklein Boden für die Phantasie verloren. Er weiß nicht, wie lebendig, lieb, freundlich, drollig, erinnerungsreich und anregend ein alter Hut, eine alte Reithose, ein altes Wams sein kann: Und ebenso ein alter Tisch und Stuhl, ein vertrauter, treuer Schrank, Ofenschirm oder Stiefelknecht. Ferner die Tasse, aus der einer seit Kinderzeiten trank, die großväterliche Kommode, die alte Uhr!

Gewiß ist es nicht notwendig, immerzu am selben Ort und in denselben Räumen und mit denselben Gegenständen zu leben. Es kann jemand sein Leben lang auf Reisen und heimatlos sein und dennoch die reichste Phantasie haben. Aber auch er wird sicherlich irgendein liebes Stücklein mit sich herumtragen, wovon er sich niemals trennen mag, und sei es nur ein Fingerring, eine Taschenuhr, ein altes Messer oder ein Geldbeutel.

Nun, ich gerate auf Abwege. Ich wollte sagen, daß die heutige Veränderungslust arm macht und die Seelenkraft schädigt, indem sie von der Weltanschauung bis zum Hausgerät eine Abneigung gegen das Stabile hat; man macht schon den Kindern das Dichten, Schaffen und eigene Mitleben mit den Dingen schwer, indem man sie durch viel zu viel Spielsachen und Bilderbücher reizt. Und man macht den Erwachsenen jedes Glauben, jedes innige Erfassen und Festhalten so schwer, indem man gar zu bequem und wohlfeil in jeder Bude darbietet, was langsam und mit Hingabe erworben werden sollte. Nun meint jeder alles erraffen zu müssen, und nichts ist ihm leichter gemacht, als von der Kirche zur Religionslosigkeit, von da zu Darwin, von da zu Buddha, von da zu Nietzsche oder Haeckel oder sonstwohin überzugehen, ohne daß er sich viel zu bemühen und zu studieren braucht. Es ist so leicht geworden, Bescheid zu wissen, ohne lernen zu müssen.

Gewiß wird die Menschheit nicht daran zugrunde gehen. Und ebenso gewiß werden auch heute wie immer die innerlich Tüchtigen auf alle bequemen Wege und Erfolge verzichten. Aber es ist ihnen schwerer gemacht. Und das Leben im ganzen, der Durchschnitt des häuslichen und alltäglichen Lebens und Verkehrs ist gesunken. Es war vielleicht spielerisch und töricht, wenn früher viele Hausväter angenehme Allotria trieben, wenn einer die Flöte blies, einer Kalligraphenkünste übte, einer Uhren auseinandernahm und wieder zusammensetzte, ein anderer Klebearbeiten aus

Papier und Pappdeckel machte. Aber es war unschädlich und sie waren zufrieden. Und wenn für das Genie, für den strebenden Einzelnen eine ewig dürstende Ungenüge notwendig und heilsam ist, so ist für die große Menge der Unbedeutenden Zufriedenheit nicht minder notwendig und heilsam, wenn das Ganze im Gleichgewicht bleiben soll.

Es gab früher für Familien und selbst für größere Verbände eine Gemeinsamkeit der intimen Erinnerungen, eine Anhänglichkeit an kleine Dinge der Außenwelt, die mit geheimer Gewalt fortwirkte und ein köstliches Heimgefühl entstehen ließ. Es gab ein Kennen kleinster Züge aneinander, das für Verstandesmenschen gefährlich sein müßte, für Phantasiemenschen aber eine Quelle innigeren Zusammenhaltens und daneben noch eine Fundgrube für Scherz und Laune wurde. Es gab so viele sogenannte Originale, weil man Lust an kleinen Sonderlichkeiten und Aufmerksamkeit für sie hatte, und da dies gegenseitig geübt wurde, entstand daraus ein heiterer, launig wohler Ton im Verkehr und in der Unterhaltung. Natürlich hat auch heute noch jede rechte Familie ihren Ton, ihre Geheimnisse, Neckereien und Geheimsprache, und das wird immer so bleiben. Aber über die Familie hinaus fehlt es zumeist heutigen Gesellschaften an solcher Farbe und Laune, und was an Behagen fehlt, kann der Aufwand in Kleidern, Speisen, in Raum und Gefühl nicht ersetzen ...«

So schrieb mir mein alter Lehrer. Wie gesagt, bin ich nicht ganz seiner Meinung. Aber es ist doch etwas daran, will mir scheinen.

(1907)

Berthold

I

Die ersten Jahre seines Lebens sind in Bertholds Erinnerung völlig verlorengegangen. Wenn er in seinen Mannesjahren jener Zeit gedachte, sah er sie nur als ein zerrinnendes Traumbild gestaltlos in goldenen Nebeln schweben, dem Erwachten ferne und unbegreiflich. Geschah es, daß er verlangende Arme des Heimwehs danach ausstreckte, so klang ihm wohl ein sehnlich lindes Wehen aus dem verlorenen Lande herüber, an versunkene Gebilde und Namen rührend, deren aber keines und keiner mehr in seiner Seele Leben hatte. Auch das Bildnis der jung gestorbenen Mutter ruhte schattenhaft und unwiederbringlich in dieser dämmernden Tiefe.

Bertholds Erinnerungen begannen mit der Zeit seines sechsten oder siebenten Jahres.

Da lag im grünen Flußtal die Stadt, von Mauern umfangen, eine kleine deutsche Stadt, deren Namen weiter draußen im Reich niemand kannte, ein verlorenes und ärmliches Nest, das doch seinen Bürgern und Kindern eine Welt war und Reihen von Geschlechtern Raum zum Leben und Raum zum Begraben bot. Die Kirche, in einer früheren wohlhabenderen Zeit erbaut und nicht dem Anfang gemäß vollendet, sondern notdürftig bedacht und nur mit einem sparsamen Holzturm versehen, der auf dem Dache ritt, stand in ihrer Verwahrlosung und unnötigen Größe gleich einer Ruine inmitten der kleinen Häuser, trauerte mit ihren schön gemeißelten, hohen Portalen und predigte Vergänglichkeit. Davor auf dem Marktplatz, der groß und sauber gepflastert war, spiegelten sich die bescheidenen, aus Fachwerk oder auch ganz aus Holz gebauten Bürgerhäuser mit spitzigen Giebeln in der gewaltigen steinernen Schale des Marktbrunnens.

Von den Toren war das südliche gering und niedrig, das nach Norden schauende aber stattlich und hochgebaut, und hier wohnte in Ermangelung eines Kirchturmes der Feuerwächter und Türmer. Man sah ihn zuweilen, einen müden und schweigsamen Mann, in seiner Höhe still und ungesellig die schmale Galerie abschreiten und wieder in sein Gehäuse verschwinden, und es war Bertholds erster Knabenwunsch gewesen, einmal an dieses Mannes Stelle zu sein und mit dem Horn am Gürtel Türmerdienst zu tun.

Mitten durch das Städtlein rann der schmale, schnelle Fluß. Sein oberes Tal war eng, zwischen zwei Züge waldiger Berge gedrängt, und bot nur für einige flache Äcker, eine alte stille Landstraße und berganwärts für wenige, abschüssige und magere Wiesen Platz. Dort draußen hatten nur einige Häusler ihre hölzernen Hütten stehen, auch lag dort nahe am Wasser, verfallend und von den Städtern mit großer Scheu gemieden, ein Pesthaus, vor langer Zeit bei einer großen Seuche gebaut.

Flußabwärts hingegen führte ein wohlgehaltener Weg bald dicht am Ufer, bald durch Kornland und Wiesen das Tal hinab, das nach kurzer Weile breiter und fruchtbarer wurde. Die Berge flohen auf beiden Seiten zurück, einem breiteren und fetteren Boden Raum gebend, und bald tat sich eine schöne, sonnige Talebene auf, durch eine Krümme vor dem Nordwind beschützt. Während oberhalb sowie auch schon eine kleine Stunde weiter abwärts das Tal arm und rauh war und der ganze Reichtum des Landes in den Bergwäldern bestand, prangte hier still und abgeschlossen ein kleines Land mit Frucht und Obst wie ein Paradiesgärtlein zwischen den grünen Bergen. Inmitten lag breit und satt in wohligem Frieden ein Kloster samt Meierei und Mühle, und wer müde auf der Talstraße vorüberwanderte und hinüberschaute und in dem erhöht gelegenen Garten unter laubigen Bäumen die Brüder in weißen Kutten langsam wandeln sah, dem mochte der friedsame Ort eine köstliche und gesegnete Zuflucht scheinen.

Den fröhlichen Wiesenweg von der Stadt zum Kloster hinab wanderte in seinen Knabenjahren Berthold fast jeden Tag. Er ging im Kloster zur Schule, und es war von seinem Vater bestimmt, daß der Knabe in den geistlichen Stand treten sollte. Denn nach dem frühen Tod der Mutter hatte er seinen ersten Sohn vorzeitig in die Fremde gelassen, die den unbändigen Jüngling verlockte, und er war, statt seinem Handwerk nachzugehen, verwahrlost und in der Ferne bei schlimmen Händeln zugrunde gegangen. Darauf hatte der Vater, seiner eigenen unsteten Jugendzeiten und ihren Verfehlungen gedenkend, sich gelobt, den zweiten Knaben besser zu bewahren und womöglich einen Priester aus ihm werden zu lassen.

Eines Tages im Spätsommer kam Berthold, noch ein kleiner Schulknabe, vom Kloster her heimwärts gegen die Stadt gegangen und besann sich auf Ausreden für seine Verspätung; denn er hatte unterwegs sich eine gute Stunde lang im Beobachten der Wildenten vergessen. Die Sonne war schon hinterm Berg und der Himmel rot. Und während der Knabe auf seine Entschuldigung bedacht war, ging sein junger Verstand gleichzeitig andere Wege. Der Lehrer, ein alter Gelehrter und Sonderling, hatte ihm heute von Gottes Gerechtigkeit erzählt und sie zu beschreiben und zu erklären unternommen. Diese Gerechtigkeit schien dem Berthold eine wunderbare und verwickelte Sache zu sein, und die Beispiele und Erklärungen des Paters genügten seinem Bedürfnis nicht. Zum Beispiel um die Tiere schien Gott sich nur wenig zu bekümmern, oder warum fraß der Marder die jungen Vögel, die doch auch Gottes Geschöpfe und unschuldiger als der Marder waren?

Und warum wurden die Verbrecher gehängt oder enthauptet, wenn doch die Sünde ihren Lohn in sich selber trug; und wenn doch alles, was geschah, seine Wurzel und Zulassung in Gottes Gerechtigkeit hatte, warum war es dann nicht ganz einerlei, was einer tat oder unterließ?

Aber alle diese kindlichen Zweifel und Gedankenversuche erloschen spurlos wie die Spiegelbilder der Dinge in einem plötzlich vom Wind bestrichenen Teich, als Berthold das Tor erreichte und mit schnell ermunterten Sinnen wahrnahm, daß in der Stadt etwas Ungewöhnliches geschehen sei.

Noch wußte er nichts und sah nur die wohlbekannte Torgasse im warmen Widerschein des glühenden Abendhimmels liegen; aber so stark ist im Menschen die Macht der Gewöhnung und der Gemeinschaftlichkeit, daß selbst ein Kind jede Störung hergebrachter Ordnung sofort mit feinen Sinnen erfühlt, noch ehe es die Ursache erfahren oder mit Augen gesehen hat. So bemerkte Berthold im Augenblick, es sei in der Stadt etwas Besonderes im Gang, obwohl er nur das Fehlen der Kinder und Frauen erkannte, die sonst die abendliche Gasse mit Spielen und Geplauder zu erfüllen pflegten.

Doch wenige Augenblicke später vernahm er schon entferntes, leis tosendes Wogen vieler Stimmen, undeutliche Rufe und trommelndes Geklapper von Pferdehufen, unbekannte und erregende Töne einer Trompete. Ohne mehr an seine Verspätung und an die Heimkehr zu denken, lief er trabend durch eine enge, steile und schon dunkelnde Nebengasse zum Marktplatz hinauf. Hastig mit heißem Kopf und stürmisch schlagendem Herzen trat er zwischen den hohen Häusern auf den noch ganz lichten Platz hinaus, von wo ihm vielfältiger Lärm entgegenscholl. Ungewohnte Bilder traten gehäuft und hinreißend seinem gierigen Blick entgegen, und ihm schien aus Reichen der Sage her alle Mannigfaltigkeit und alles Abenteuer der Welt plötzlich zauberhaft mitten in das alltägliche Leben gedrungen zu sein.

Auf dem Marktplatz, wo an anderen Tagen um diese Feierabendstunde nur spielende Knaben, wassertragende Mägde und rastend auf den steinernen Vorbänken ihrer Häuser sitzende Bürger zu sehen waren, gärte jetzt ein grelles, heftiges Leben. Es war eine Schar fremdes Kriegsvolk angekommen, Landsknechte und berittene Offiziere, Troßbuben, Marketender, buntes Weibervolk. Das trieb sich umher, verlangte Quartier, Brot, Ställe, Betten, Wein, fluchte, kreischte, sprach fremde Mundarten und fremde Sprachen, rannte umher oder lag schon satt und lachend als Zuschauer in den Wohnstubenfenstern der wohlhabendsten Markthäuser. Offiziere befahlen, Feldwebel schimpften, Bürger redeten auf die Leute ein, der Bürgermeister lief erregt und ängstlich hin und wider, Pferde wurden abgeführt. Angst und Gelächter, Krieg und Scherz klangen durcheinander.

Dieses Getümmel, das Berthold mit Wonne, Angst und brennender Neugierde betrachtete, riß den zufrieden engen Kreis seiner kleinen Knabenwelt mit einemmal gewaltsam auseinander und öffnete zum erstenmal die Welt seinen Blicken. Er hatte wohl von der Fremde, von Fürsten, fernen Ländern, von Soldaten, Krieg und Schlachten reden hören und sich davon kühne, farbige Vorstellungen gemacht; doch war für ihn zwischen diesen Dingen und den schönen Märchen kein Unterschied gewesen, und er hatte nicht gewußt, ob das alles wirklich und wesenhaft vorhanden oder nur ein Ergötzen der Gedanken und hübsches Gleichnis wäre. Nun aber sah er mit Augen Kriegsvolk, Pferde und Waffen, Spieße, Schwerter und Abzeichen, schön aufgezäumte Pferde und unheimliche Feuerrohre. Er sah Männer mit fremden, braunen und bärtigen Gesichtern, fremdartige heftige Weiber, hörte rauhe Stimmen unbekannte Sprachen reden und trank begierig den starken Duft des Neuen, Wilden, Unheimischen in seine unbeschwerte Knabenseele ein.

Behutsam ging er zwischen dem wilden Volk umher, damit er alles sehe, machte sich aus Flüchen und einigen Rippenstößen nichts und tat seiner ersten Schaulust Genüge, ehe er ans Heimgehen dachte. Er bestaunte Arkebusen und Fähnlein, betastete einen Spieß, bewunderte hochschäftige Reiterstiefel mit scharfen Sporen und hatte seine Lust an dem freien, kriegerischen Wesen der Leute, an ihren barschen, kecken, prahlerischen

Worten und Gebärden. Da waren Glanz, Kühnheit, Stolz und Wildheit, lodernde Farben, wallende Federbüsche, Zauber des Kriegs und Heldentums.

Betäubt und glühend kam Berthold spät nach Hause. Der Vater war in Furcht um ihn gewesen und empfing ihn mit liebevollem Schelten. Aber der erregte Knabe hörte nichts, er wollte kaum essen und sprudelte von Fragen über, was das für Leute seien, woher sie kämen, wer ihr Feldherr sei, ob es nun eine Schlacht gebe. Er erfuhr allerlei, was er nicht verstand, von Welschen, Kaiserlichen, von Durchzug, Quartier, Plünderung, und der Vater wußte selber durchaus nicht Bescheid. Als er dagegen erzählte, es seien auch bei ihm drei Leute in Quartier, sprang Berthold auf und begehrte sie zu sehen. Wie auch der Vater wehrte und schalt, er war nicht zu bändigen und stürmte hinaus, die Stiege hinauf und zu der Kammer. An der Türe blieb er atemlos stehen und lauschte. Er hörte Schritte und Reden, doch nichts Gefährliches, und so faßte er Mut, öffnete behutsam die Tür und trat auf den Zehen hinein. Dabei stieß er fast auf einen der Soldaten, einen hageren, großen Menschen in schlechten Kleidern und mit einem ungefügen Pflaster auf der Wange, der sich sofort umwandte, den Kleinen grimmig anschaute und mit drohender Gebärde wieder gehen hieß. Aber ehe Berthold Folge leisten konnte, tat ein anderer lachend Fürsprache und winkte den verzagten Knaben zu sich.

»Hast noch nie Landsknechte gesehen?« fragte er ganz freundlich, und da der Kleine den Kopf schüttelte, lachte er und fragte ihn nach seinem Namen. Als er den schüchtern sagte, brummte der Hagere: »Berthold? So heiß ich auch«, und musterte ihn mit einem aufmerksamen und scharfen Blick, als suche er das Bild seiner eigenen Kindertage in dem hübschen Knabengesicht. Ein anderer machte einen Witz, den Berthold nicht verstand, dann ließen sie den Buben unbeachtet. Zwei begannen ein Spiel mit alten, unsäuberlichen Karten, der dritte schenkte sich Wein in den Becher und machte sich gemächlich daran, eine aufgegangene Naht an seinem Lederzeug mit gepichtem Zwirn zu flicken. Bald rief drunten der Vater, und Berthold verließ mit Bedauern und ungestillter Neugierde die Soldatenkammer. Am andern Morgen half er der Magd mit Eifer die schweren Schaftstiefel der Leute putzen.

Dann mußte er sehr gegen seine Wünsche wie immer ins Kloster zur Schule gehen, und als er von da eilig und begierig zurückkam, waren Landsknechte, Offiziere, Gäule und Standarten zu seinem bitteren Schmerz schon wieder weit fortgezogen. Er konnte sie nimmer vergessen, und auch andere dachten noch lange an sie; denn es waren in der einen Nacht ein Totschlag, einige Verwundungen und mancherlei Raub und Gewalttat in der Stadt geschehen. In der folgenden Zeit ergingen noch je und je Gerüchte von solchen Durchzügen in der Gegend; die Stadt aber blieb für lange Zeit verschont, und der Kriegslärm, der anwachsend das halbe Reich erfüllte, brauste fern an ihrer Stille vorbei.

Die Knaben aber spielten seit jener Einquartierung fleißig Soldaten, und zu seines Vaters Leidwesen geschah es, daß Berthold seine vorige träumerische Stille ganz von sich tat und bald der Hitzigste und Anführer der Buben wurde. Seine große Körperkraft, deren er sich jetzt wie nach einem Schlummer bewußt ward, machte ihn unter seinesgleichen berühmt und gefürchtet, und da den Übungen in Kampf und Tapferkeit bald auch andere, weniger edle Taten und Streiche folgten, erwuchs dem Alten mit der Zeit nicht wenig Ärger und Sorge. Denn wie im Kommandieren und Fechten, so tat der Knabe Berthold sich auch in Prügeleien, Schabernack und Apfeldiebstählen hervor.

Indes er aber auf diese Art den Leuten, dem Vater und seinem guten Lehrer Ärgernis gab, war es ihm selber in seiner wilden Haut nicht etwa unterschiedslos wohl, sondern er wurde nicht selten vom bösen Gewissen geplagt und kam sich oft mitten im fröhlichsten Getümmel wie ein Bezauberter vor, der nicht seinem eigenen Willen folgt. Sein eigener Wille, schien ihm, lag gefangen und betäubt, und wenn er sich in bangen Stunden regte und zu mahnen begann, schuf er ihm Qual.

Freilich geschah ihm das nur hin und wieder. An den meisten Tagen ließ er sich unbefangen treiben und beging seine Streiche, wie jeder Knabe die seinen begeht. Es war auch gar nicht sein Wille, der bei diesem Treiben unterlag und zu kurz kam, sondern ein zeitweilig schlummernder Teil seiner Seele, nämlich der Trieb zum Nachdenken und Erkennen. Dem half der Ausbruch anderer, gröberer Begierden und Regungen zu einem Schlaf, in welchem er sich nur selten schwer und traumbefangen bewegte. Das erkannte sein kluger Lehrer, der anfänglich über die Gemütsänderung des Knaben sehr erschrocken war, bald mit Beruhigung.

»Der Knabe hat früher zu viel gesonnen«, sagte er zu Bertholds Vater. »Jetzt will die Erbsünde ihr Recht und auch der kräftige Körper das seine haben, und es ist viel besser, sie toben jetzt aus, als sie melden sich erst in späteren und gefährlicheren Jahren. Unterdrücken hilft nichts, lassen wir das Böcklein nur stoßen!«

Die Erbsünde büßte denn auch ihre Lust, und das Böcklein stieß, bis es ihm weh tat. Das geschah eines Nachmittags im Winter, bei einer großen Knabenschlacht im Schnee. Zwei Heere beschossen einander mit Schneeballen, und eines hatte den Berthold zum Anführer. Sie kamen einander immer näher, und am heftigsten bekämpften sich die beiden Anführer. Der feindliche Feldherr wagte sich weit vor, mit einigem Vorrat an Geschossen, und traf den Berthold mehrmals aus nächster Nähe mit scharfen Würfen ins Gesicht, so daß der in Zorn geriet und Rache beschloß. Und als nun sein Feind ihn mit einem Schneeball traf, der einen Stein enthielt und eine Beule gab, hielt er sich nicht mehr zurück, sprang den Gegner an und nötigte ihn zum Ringkampf. Beide Heere gaben sogleich den Kampf auf und stellten sich im Kreis um die Brust an Brust Ringenden auf, um das Schauspiel zu genießen.

Der Feind kam bald in Bedrängnis und half sich, da die Kraft seiner Arme nicht ausreichte, durch einen Biß in des Gegners Ohr. Nun hatte Berthold genug. In Zorn und Schmerz warf er mit verzweifelter Kraft den Beißer von sich, ohne zu schauen wohin, und schleuderte ihn so, daß er wider einen Prellstein flog und sofort regungslos liegenblieb. Sein Gesicht wurde zusehends weiß und schmal, aus den Haaren her rann über die Stirn ein Faden roten Blutes, floß über ein geschlossenes, nicht mehr zuckendes Augenlid und blieb vertrocknend auf der Wange stehen.

Die Knabenschar, die eben noch jeden Griff der Ringer begutachtet und auch noch den letzten Gewaltwurf Bertholds mit Jubel bewundert hatte, verstummte plötzlich. Nur ein ganz kleines Bürschlein, das eigentlich noch zur Mutter gehörte, rief entsetzt mit einer hohen Kinderstimme: »Er hat ihn umgebracht!« Minutenlang starrten sie alle glotzend auf den bewegungslos, zerbrochen hingestreckten Körper. Dann wurde es ihnen unheimlich, und fast alle verschwanden lautlos, teils um sich in Sicherheit zu bringen und das Grauen zu vergessen, teils um das Ereignis eilig in der Stadt zu verkünden. Auch die Zurückgebliebenen wichen unbehaglich aus Bertholds Nähe und ließen ihn allein stehen.

Nach dem heftigen Wurf, in dem sein Zorn sich erschöpft hatte, war er einen kurzen Augenblick voll Siegergefühl und ruhiger Sättigung gewesen, gewillt, den tückischen Stein im Schneeball und den Biß ins Ohr zu vergessen. Der harte Fall und das bißchen Blut hatten ihn nicht erschreckt, da sein Gewissen von keiner Schuld wußte. Da aber der Gefallene nicht wieder aufstand und sein Gesicht weiß und steinern wurde, stockte dem Sieger Atem und Herzschlag, sein Blick hing starr an dem Blutfleck, und als der Schrei des kleinen Knaben erscholl, begann Berthold zu zittern. Trotz Schwindelgefühl und Unbehagen bemerkte er mit unheimlicher Klarheit nicht nur die Todesstarre des Dahingestreckten, die blauen Schatten unter seinen Augen und das auf seiner Wange gerinnende Blut, sondern auch das Grauen und die feige Abwendung der Kameraden, die ihm soeben noch bewundernd zugerufen hatten. Er sah sich als Mörder gemieden und von Schrecken umgeben, von den Freunden im Stich gelassen, von denen gewiß keiner für ihn einstehen würde. Zum erstenmal in seinem Leben fühlte er sich von Einsamkeit wie von einem grauenvollen Bannkreis umgeben und sein warmes Herz von Verzweiflung und Tod eisig angefaßt.

Minutenlang blieb er an dem Anblick des Erschlagenen haften. Dann überfiel ihn plötzlich der Gedanke an Strafe; in schrecklichen Vorstellungen sah er sich von Verhör und Richter, von Schmach und Todesstrafe bedroht. Darüber vergaß er sofort alles andere, sein Leben bangte vor dem unbestimmten Kommenden und setzte sich mit allen Fibern zur Wehr.

Wie ein scheuendes Roß, nachdem die erste, kurze Betäubung und Lähmung des Erschreckens sich gelöst hat, in besinnungslosem Drang, sich zu retten, davonrennt und mit verzweifeltem Galopp das Weite sucht, so riß sich Berthold aus dem dumpfen Banne los und lief nun wie gehetzt von dem Unglücksort weg, zur Stadt hinaus und bergan in den Wald; die erste und sicherste Zuflucht jedes Flüchtigen. Seine Einbildung sah Häscher nach ihm ausziehen, Arme nach ihm greifen, Fäuste nach ihm geballt. In unnützem Laufen irrte er heiß und zagend abseits der Wege, versank in Schneewehen und zerriß Haut und Kleider im winterlichen Gestrüpp.

Es wurde Abend, der Schnee leuchtete blaß in der Dämmerung. Der Flüchtling war todmüde und halb erfroren, er dachte im Schnee umkommen zu müssen oder dem Wolf zur Beute zu fallen und strebte mit versagenden Kräften, durch die Büsche ins Freie zu kommen. Der aufsteigende Mond half ihm mit schwachem Trost. Endlich fand er sich erschöpft und taumelnd am Rande des Waldes und sah über steile Abhänge hinweg im weißen Schnee- und Mondlicht nicht eine unwirtliche und weglose Fremde, wie er gemeint hatte, sondern das wohlbekannte schöne Tal und im Grunde beschneit und friedvoll das Kloster liegen.

Der Anblick erweckte Trauer und Scham in ihm, noch tiefer im Gemüt aber Trost und frohe Rettungsahnung. Auf frierenden und müden Füßen klomm er das steile Land hinab, oft fallend und wieder aufstehend, erreichte mühevoll die Straße, die Brücke und schließlich das Klostertor, dessen schweren Pocher er mit letzter Kraft hob und auf die Eisenplatte fallen ließ. Aber während der Schall ertönte und den erstaunten Pförtner aus der warmen Halle rief, sank der Zuflüchtling still in den Schnee. Der Bruder hob ihn auf, fand ihn in einem Zustand zwischen Schlaf und Ohnmacht, sah seine Finger und Ohren blau gefroren und trug ihn hinein; denn er hatte den Schüler erkannt.

Berthold erwachte erst spät am andern Tage, sah sich in einem fremden Raum und Bett liegen, und noch ehe er die Erinnerung wiederhatte, trat sein Lehrer ein, und hinter ihm sein Vater. Da gab es ein langes Reden, und als man ihn gesund fand, ein Schelten, Klagen und Fragen. Doch hörte er von allem nur die Nachricht, daß der Erschlagene gar nicht tot und schon gestern wieder zum Bewußtsein gekommen sei.

Da tat seine verdunkelte Seele zagende Augen auf, sah den Weg wieder offen und ihre Flügel beschädigt, doch ungebrochen. In erlösenden Tränen rann die Verzweiflung und Todesangst, die auch seine Träume nicht verlassen hatte, dahin.

Zugleich aber war auch das wilde und stößige Wesen, das Anführer- und Soldatentum abgetan wie eine Maske, und dahinter trat das Gesicht des alten Berthold, des Grüblers und Einspänners, hervor, zu seines Vaters Freude. Eine Woche und zwei Wochen traute er der Stille nicht und war stets gewärtig, den Unhold wieder hervorbrechen zu sehen, während er mit Seufzen jeden Tag der Mutter des verwundeten Knaben, der noch eine gute Weile krank lag, ein Schmerzensgeld bezahlte. Berthold schien jedoch gründlich bekehrt zu sein, er hatte keinen Umgang mehr mit Buben seines Alters, vermied die Gasse und die Spielplätze, lernte gewaltig Latein und neigte mehr als je zu Betrachtungen über Gott und Menschenleben. Was er von der Vergänglichkeit irdischen Ruhmes schon bei dem schlimmen Ausgang jener Knabenschlacht erfahren hatte, fand er nun bestätigt, indem die früheren Kameraden ihn bald nicht mehr vermißten. Sie folgten neuen Feldherren, und Berthold wurde von ihnen zuerst eine Weile gemieden und geschont, dann eine Weile gehänselt und dann vergessen. Niemand sprach mehr von seinen Heldentaten; seines Lateins und seiner Bestimmung zum Priester wegen wurde er wieder wie früher teils neidisch, teils verächtlich der heilige Berthold genannt, und nur das Unglück, daß er einmal beinah einen Kameraden zum Tod gebracht hätte, wurde ihm nicht vergessen. Und er kam sich selber, wie seinem Vater, verwandelt und bekehrt vor, indes doch nur seine angeborene Ungeduld und unbefriedigte Lebenslust ihr ungenügsames Wesen auf etwas andere Weise trieb.

Was der Alte und der Knabe selbst nicht erkannten, blieb dem Lehrer nicht verborgen. Der Pater Paul sah mit Sorgen das lebhafte Kind zwar still und sittsam geworden; aber sein neuer Eifer im Bereuen, Frommsein und Lernen schien ihm nicht minder übertrieben und wild zu sein als das vorherige Toben. Er sah in dem noch dämmernden Leben der jungen Seele die Ahnung von der Ungenüge und Zweifelhaftigkeit unseres Lebens wie einen Abendschatten unaufhaltsam wachsen, allzudunkel und allzufrüh, und er wußte wohl, daß gegen diesen Schaden kein Kraut in den Gärten wächst. Er wußte es; denn er gehörte selber zur stillen Gemeinde der Unzufriedenen, die niemals wissen, ob es ihre eigene Unzulänglichkeit oder die der ganzen Weltordnung ist, daran sie krank sind. Darum liebte er den hübschen, unruhigen Knaben und fürchtete für ihn.

»Wenn also Gott gerecht ist und wenn alles in der Welt nach seinem Gesetz und mit seinem Willen geschieht«, sagte Berthold, »wie ist es dann, daß es Krieg und Schlachten gibt und daß man den Stand der Soldaten eingerichtet hat, deren Beruf nichts anderes ist, als daß sie Menschen töten? Und man ehrt sie dafür noch, und die Feldherren werden Helden geheißen.«

Der Pater Paul gab Antwort: »Sie sind Werkzeuge Gottes. Wohl soll uns jedes Menschen Leben heilig sein, doch ist es nichts Vollkommenes, und Gott selber läßt ja einen jeden sterben, den einen jung, den andern alt, den einen an Krankheit, den andern durchs Schwert oder durch andere Gewalt. So sehen wir, daß das leibliche Leben an sich selber von geringem Wert und nur ein Gleichnis und Vorbild ist. Daraus sollten wir lernen, schon dieses hinfällige leibliche Leben in Gottes Dienst zu stellen.«

»Ja, aber die Soldaten und Mörder stehen ja auch, wie du sagst, in Gottes Dienst, und sind doch böse.«

»Wenn ein Schmied ein Pferd beschlagen will, so kann er es nicht gut allein tun, nicht wahr?«

»Ja.«

»Gut. Er braucht aber nicht nur einen Gesellen, sondern er muß auch einen Hammer haben.«

»Ja.«

»Nun, der Geselle ist aber mehr als der Hammer, er ist ein lebendiger Mensch und hat nicht nur Kräfte, sondern auch Verstand. So ist auch ein Unterschied zwischen Gottes Dienern und Gottes Werkzeugen. Jeder Mensch, auch der Mörder, ist ein Werkzeug, er muß – ob er es will und weiß oder nicht – Gottes Willen vollführen helfen und hat keinerlei Verdienst dabei. Gottes Diener sein aber ist etwas ganz anderes: das heißt mit Willen und Wissen sich ihm untergeben, auch wenn es weh tut und dem eigenen Gelüst zuwider geht. Wer das erkannt hat, der darf nie mehr damit zufrieden sein, daß er ein Werkzeug ist, sondern muß allezeit ein Diener sein wollen. Und wenn er dessen vergißt und dennoch seinem irdischen Trieb und Gelüst nachgeht, ist er ein größerer Sünder als alle Räuber und Totschläger. Du hast gesagt, die Soldaten seien alle böse. Wie willst du denn wissen, was böse ist? Wer in Torheit und Unwissenheit Arges tut, der sündigt vielleicht weniger, als wer das Gute weiß und tut es nicht.«

»Warum läßt aber Gott so viele in Unwissenheit?«

»Das werden wir nie erforschen. Warum läßt er manche Blumen rot und andere gelb oder blau im Feld wachsen? Und ob vor ihm ein Verständiger von einem Unwissenden und ein Böser von einem Guten gar so sehr verschieden ist, das weiß ich nicht. Aber daß der, dem Gott Erkenntnis gegeben hat, auch größere Pflichten und größere Verantwortung habe, dessen sei versichert!«

So gab es häufige Unterredungen des klugen und geduldigen Paters mit dem fragelustigen Schüler. Berthold lernte viel und wuchs an Erkenntnis; nicht minder jedoch wuchs in aller Stille sein heimlicher Stolz. Er schaute mit Hochmut auf seine ehemaligen Kameraden, ja auf den eigenen Vater, und je besser er von Gott und göttlichen Dingen zu reden und disputieren lernte, desto mehr ging seiner unzufriedenen Seele die rechte Ehrfurcht und Scham verloren. Er gewöhnte sich daran, in Gedanken an allem zu zweifeln und über alles zu urteilen. Seinem Lehrer ging es dabei sonderbar. Er sah wohl, daß er den Verstand, nicht das Herz des Knaben bilde und erziehe, aber er hatte die Zügel verloren. Und während er sich darüber tadelte, tat es ihm doch wohl, einen so gescheiten Schüler zu haben, mit dem er schließlich besser disputieren konnte als mit allen Brüdern des Klosters.

In seinem Hochmut merkte Berthold kaum, wie er die Jahre der Kindheit unkindlich hinbrachte und sich um Unwiederbringliches betrog. Seit er mit Büchern umzugehen wußte und vom Pater Paul mit solchen versehen wurde, führte er ein stilles, doch gieriges Schattenleben im blassen Lande der Buchstaben und vergaß darüber die Welt, der er angehörte und die ihm zustand. Die Gesellschaft der Altersgenossen vermißte er nicht, da er diese alle mehr und mehr verachtete, und wenn der Vater oder ein Onkel gelegentlich sagte, er sehe bleich und überstudiert aus, so freute es ihn wie eine Auszeichnung. Nicht selten überfiel ihn zwar der alte Hunger und das alte wilde Verlangen nach einem gesättigten, vollen, blühenden Leben, wie er's als kleiner Bub in Soldatenspielen gesucht hatte, aber seine Gier ging jetzt in die Zukunft, wo er Herrschaft und Ehre erreichbar meinte, und in die Gedankenwelt, wo er mit vorzeitiger Lüsternheit sich gewöhnt hatte, mit dem Unerforschlichen ein aufregendes Spiel zu haben. Er glaubte sich edel und ausgezeichnet, weil sein Streben geistigen Gütern zugewendet war, und niemand sagte ihm, daß sein Streben nach Wissen eben auch nur der schlimme Hunger eines Unersättlichen war, den alles Wissen nicht gestillt habe, da er darin nur sich selber suchte.

Da Pater Paul fand, es sei nächstens an der Zeit, den jungen Menschen auswärts auf Studien zu senden, fand Bertholds Vater seine Hoffnung, den Jungen im Ornat zu sehen, der Erfüllung nahe und gab mit Freuden seine Zustimmung. Noch mehr freute sich Berthold selbst, der jetzt fünfzehn Jahre alt war und sehnlich in die Weite begehrte.

Durch des Paters Vermittlung, der aus den Rheinlanden stammte und dort noch Freunde besaß, fand sich im prächtigen Köln, das von alten und jungen Klerikern wimmelte, eine Unterkunft für das Studentlein, wo es im Haus eines Domkapitulars wohnen und in guter Gesellschaft die geistliche Schule besuchen sollte. Das Notwendige war bald besorgt, und eines kühlen Morgens im Herbst zog Berthold mit einer günstigen Fahrgelegenheit, auf die er zwei Wochen lang mit Ungeduld gewartet hatte, landeinwärts, von vielen Segenswünschen begleitet und mit einem recht stattlichen Reisegeld und Proviantsack versehen. Ihm entgegen reisten große herbstliche Vogelzüge am hellblauen Himmel, die Rosse trabten frisch die glatte Straße talabwärts, bald ward die Gegend fremd und neu, und nach einigen Stunden war das Flußtal zu Ende und öffnete sich gegen die weite, herbstfarbig prangende Fremde.

2

In Köln erlebte Berthold ein gutes und zufriedenes Jahr. Der Anfang freilich hatte Schwierigkeiten. Im Hause des Domkapitulars wohnten außer dem neuen Ankömmling schon zwei ältere Schüler, Adam und Johannes, die machten ihm in den ersten Tagen oft heiß mit ihrem Spott und Besserwissen. Der Fremdling aus der kleinen Stadt, des Umgangs mit abgeschliffenen Leuten und der feinen rheinischen Sitten ungewohnt, wurde in aller Höflichkeit erbarmungslos gehänselt und mit wohlwollender Überlegenheit als eine Art Hanswurst behandelt, was ihn grimmig verdroß und sogar nachts im Bett zum Weinen brachte, obwohl der muntere und behagliche Hausherr ihn freundlich in Schutz nahm.

Das dauerte sechs, acht Tage, dann hatte Berthold es satt. Als eines Morgens beim Aufstehen die Widersacher aufs neue anfingen und ihn mit boshaften Fragen in die Klemme brachten, erinnerte er sich seines früheren Heldentums, ging zum Angriff über und prügelte alle beide so nachdrücklich, daß sie um Gnade bitten mußten und künftig große Achtung vor ihm empfanden. Als es sich nun auch noch zeigte, daß er im Latein einer der ersten in der Schule war, stieg seine Geltung rasch, und es fehlte ihm nicht an Freunden.

Das Latein spielte überhaupt eine große Rolle an der Priesterschule und galt weit mehr als die eigentlichen heiligen Wissenschaften. Der Kirchendienst wurde zwar genau gelehrt und geübt, auch die Bücher der Bibel und einiger Kirchenväter durchgenommen, und namentlich fehlte es nicht an Belehrung über die alten, und noch mehr die neuen, lutherischen und anderen Ketzerlehren, sonst aber lebte und studierte man auf eine behaglich weltmännische Weise und legte auf besondere Frömmigkeit keinen Wert. Es dauerte lange, bis Berthold von den Reliquien der elftausend Jungfrauen hörte, die in der Stadt waren, und der sie ihm schließlich zeigte, machte wenig Aufhebens davon.

Von seinen Freunden war ihm bald jener Johannes der liebste, und von ihm lernte er auch am meisten. Johannes war ein schöner, feiner Jüngling, zwar von geringer Herkunft aus dem Luxemburgischen, aber an Wuchs und Benehmen jedem Grafensohn ebenbürtig. Er konnte Französisch und ein wenig Italienisch, er spielte die Zither, er verstand sich auf Weine, auf Frauenkleider, Juwelen, Gemälde. Was er jedoch am besten und meisterhaft verstand, war das Erzählen. Er wußte tausend Geschichten, und sie fielen ihm immer in der rechten Stunde ein. Oft am Abend saßen die drei Schüler in ihrer Schlafkammer oder im Garten, Johannes erzählte, und seine Geschichten flossen unermüdet und wohllautend hin wie unten durch die Stadt der strömende Rhein.

Er erzählte vom Wassermann, wie er schöngekleidet am Sommerabend den Tanz bei der Linde besucht und vornehmer ist und feiner tanzt als irgendeiner, nur seine Hände sind eiskalt, und mit der schönsten Jungfrau tanzt er von der Linde fort und weiter in schönen Touren bis zur Brücke, da nimmt er sie in den Arm und springt mit ihr hinab. Darauf erzählte Johannes von dem Fischer bei Speyer, wie er nachts von ganz kleinen Männlein angerufen ward und mußte sie über den Rhein setzen, einen Kahn voll um den andern, die ganze Nacht, und am Morgen fand er seinen Hut, den er am Strand gelassen hatte, voll von kleinen Goldmünzen.

Johannes erzählte, wie einstmals zwei geistliche Schüler einen dritten mit auf einen hohen Kirchturm nahmen, um droben Krähennester auszunehmen. Die zwei legten ein Brett zum Schalloch hinaus und hielten es fest, der dritte stieg hinaus und nahm ein Nest an der Mauer aus. Da er sich alle Taschen voll Eier steckte, wollten die beiden drinnen auch etwas haben, aber er meinte, sie sollten selber heraussteigen, wenn sie Mut hätten. Da drohten sie ihm, wenn er ihnen keine Eier gäbe, würden sie das Brett loslassen. Er dachte, das täten sie doch nicht, und gab ihnen nichts; da ließen sie das Brett los, und der Schüler stürzte in die unermeßliche Tiefe. Aber siehe, die Luft fing sich in seinem langen, zugeknöpften Mantel und blies ihn auf wie eine Glocke, und so schwebte er zum Erstaunen der Leute ganz sanft und langsam wie ein großer schwarzer Vogel auf den Marktplatz hinab.

Teufelsgeschichten wußte er einen ganzen Sack voll. Zum Beispiel die von den drei Gesellen, die in der Kirche während des Gottesdienstes dem Kartenspiel frönten. Da setzte sich der Teufel als vierter dazu und spielte mit. Der eine merkte es und machte sich davon, und bald auch der zweite, der dritte aber war in der Spielwut und merkte nichts, sondern spielte mit dem Teufel weiter. Auf einmal scholl ein grausiger Notschrei durch die Kirche, daß die Gemeinde auffuhr und entsetzt davonlief. An der Stelle aber, wo der Spieler gesessen war, fand man hernach einen großen Blutfleck, und so viel man reiben und schaben mochte, der Fleck war nie mehr wegzubringen.

Weiter erzählte Johannes von der Findung und Hebung von Schätzen, von den unerlösten Seelen Ermordeter, die nachts vor den Häusern standen und wehklagten, kinderkleine Gestalten in roten Hemden; von freundlichen, gutartigen Hausgeistern, von Kobolden und Schlangenkönigen.

Er wußte auch noch andere Geschichten, von denen Berthold nichts hören durfte und die er nur seinem Kameraden Adam mitteilte. Mit diesem Adam hatte er, zu Bertholds Leid, ein fortwährendes Heimlichtun, ja sogar eine besondere, von ihnen erfundene Sprache, von der er auf Bertholds dringende Fragen behauptete, es sei die Sprache der Magier.

Von dieser kleinen Eifersucht auf Adam abgesehen, hatte Berthold gute Tage. Als Lateiner glänzte er in der Schule, als gefürchteter Ringer genoß er Achtung, und die kleinen Künste der feineren Lebensart machten ihm, als er sie nur kühn versuchte, bald kein Herzklopfen mehr, sah er doch im Hause oft vornehme geistliche und weltliche Herren, die er zuweilen bei der Tafel bedienen helfen mußte. Er merkte wohl, daß Schüchternheit es zu nichts bringe, und gewöhnte sich das Rotwerden und Scheusein gründlich ab. Die große, prächtige Stadt gefiel ihm sehr, er lernte die Gassen und Plätze kennen, sah mit Vergnügen schöne Häuser und Paläste, Wagen und Reiter, geputzte Leute, Uniformen, Gaukler, Musikanten. Er gewöhnte sich manche Ausdrücke der hiesigen Mundart an, und wenn er zuweilen an seine Heimat und an sein Vaterhaus dachte, freute er sich darauf, dort einmal als ein feiner und gereister Mann ehrenvoll zu Gast zu sein, um dann beizeiten wieder in die glänzende Welt zurückzukehren.

Auch das Disputieren verlernte er nicht. Nur war es ihm dabei jetzt nicht mehr um das Erklären banger Rätsel zu tun, sondern um ein elegantes Fechten mit den blanken, spielerischen Waffen der Dialektik, deren Glanz und wunderbare Magie ihn stark anzog. Er lernte mit Logik, mit Schlüssen, Beweisen, Zitaten, Bibelstellen umgehen und konnte bald, falls nicht sein Gegner ein noch besserer Dialektiker war, jeden Einfall beweisen und jede Wahrheit widerlegen. Besonders mit Johannes übte er diese Künste oft.

Nach Hause schrieb er jedes Vierteljahr einen Brief in vortrefflichem Latein, den sein Vater dann ins Kloster tragen mußte, um ihn sich vom Pater Paul übersetzen zu lassen. Aber auf den dritten oder vierten dieser Briefe kam, nach langer Pause, als Bote ein Fuhrmann aus der Heimat, der meldete, Bertholds Vater sei gestorben. Von seiten des Oheims, der das Erbe für ihn verwalten sollte, brachte der Bote ein Beutelchen Geld und für den Hausherrn zwei fette junge Gänse mit. Als Berthold ihn nach Neuigkeiten aus der Heimat fragte, berichtete er, der Bürgermeister sei vor drei Monaten gestorben, und vor zwei Monaten der alte Türmer, und das alte Pesthaus vor der Stadt sei von Buben angezündet worden und abgebrannt. Der Mann wurde in der Küche mit Wein gestärkt und nahm bald Abschied, Berthold aber wunderte sich, wieviel daheim seit seinem Weggehen passiert sei, und versuchte, sich seinen toten Vater vorzustellen. Der Hausherr klopfte ihn auf die Schulter und sagte etwas Tröstendes, versprach auch, einige Messen für den Entschlafenen zu halten. Darauf teilte Berthold seines Vaters Tod den Freunden mit. Sie machten ernsthafte Gesichter, und Johannes drückte ihm feierlich die Hand. Adam fragte, wie alt der Vater denn geworden sei, und da Berthold es nicht wußte und sich dessen schämte, log er und sagte: »Sechzig.«

Nach einiger Zeit, als er den Boten und die Heimat und den Vater schon ganz vergessen hatte, erhielt er einen Brief von Pater Paul, dessen Latein er zwar anerkannte, dessen Ermahnungen und Fragen ihm jedoch zudringlich schienen, so daß er keine Antwort gab. Es machten ihm damals ganz andere Dinge zu schaffen.

Daß er keine rechte Kindheit gehabt hatte, daß ihm Kinderzeit, Vaterhaus und Heimat so leicht und schnell verlorengingen und in Vergessenheit sanken, war nicht seine eigene Schuld. Den älteren Bruder hatte er kaum gekannt und war allein mit dem Vater aufgewachsen. Nun fehlt aber einem Knaben, der ohne eine Mutter und ohne Geschwister, zumal ohne Schwestern heranwächst, die halbe Kindheit, und mehr als die halbe, wenn ihm nicht etwa sonst ein naher Umgang mit Frauengemütern zuteil wird. Mag man im übrigen die Frauen hochschätzen oder nicht, als Hüterinnen und Bewahrerinnen der Kindheit haben sie ihr heiliges Amt, in dem niemand sie ersetzen kann.

Berthold war ohne diese Hut und ohne diese unzähligen, feinen, zarten Einflüsse geblieben. Er hatte nur eine strenge, ungütige Tante und die groben oder gleichgültigen Mägde seines Vaters gekannt und wußte vom Frauenwesen weniger als vom Mond. So unabhängig und weltkühl er sonst geworden war, gegen Frauen hatte er noch immer eine spröd abwehrende Schüchternheit behalten, auch hatte er in Köln außer den Mägden des Hauses keine Frauen gesehen als die ihm auf der Gasse vorübergingen. Nun war ihm freilich nicht verborgen geblieben, daß bei diesen fremden Wesen einem Jüngling erhebliche Freuden blühen können, doch war ihm dieser Garten verschlossen, und er wußte mit allem Latein keinen Schlüssel dazu zu finden.

Hingegen war er in der letzten Zeit dahintergekommen, daß Johannes und Adam in ihren heimlichen Unterhaltungen gerade von diesen Sachen redeten. Auch vernahm er gerüchtweise von Unvorsichtigen manches über

Vergnügungen und Liebschaften der hohen wie niederen Geistlichkeit, was er anfangs für boshaftes Gerede hielt, dessen mögliche Wahrheit ihm jedoch mit zunehmendem Verstande mehr und mehr einleuchtete, denn je länger ihn diese Fragen beschäftigten, desto weniger traute er sich selbst und anderen die Tugend zu, einer ernstlichen Versuchung dieser Art zu widerstehen.

Denn, um die Wahrheit zu sagen, seit einigen Monaten war seine bisherige Zufriedenheit an der Wärme solcher Gedanken dahingeschmolzen und beinahe ganz zerronnen. Von allen Dingen der unvollkommenen Welt schien ihm jetzt nicht mehr Ehre und Auszeichnung, Gelehrsamkeit und künftige Würde das Begehrenswerteste, sondern weit eher Gunst und Kuß eines schönen Mädchens, doch ohne daß er sein Begehren einer Bestimmten zugewendet hätte.

An einem dunkeln Abend gegen Weihnachten saß er mit seinen beiden Stubenkameraden beim dünnen Kerzenlicht. Adam las schläfrig im Graduale Romanum, Berthold hörte dem Johannes zu. Sie hatten von Rom und dem päpstlichen Hofhalt gesprochen, aber so ergiebig diese Materie war, war doch bei dem Geheul des Schneewindes im Dachgebälk und bei der zuckenden Dämmerung in der großen Kammer Johannes allmählich tief ins Erzählen ängstlicher Geschichten hineingeraten und reihte eine an die andere. Er berichtete unter anderm darüber, wie die Baumeister beim Errichten großer Bauten, namentlich bei Festungen und Brücken, eine völlige Sicherheit der Fundamente nur durch ein Menschenopfer zu erreichen wüßten, indem sie einen lebendigen Menschen mit einmauerten, und am besten sei hierzu ein Kind oder eine Jungfrau geeignet.

In Thüringen, erzählte er, wurde eine Feste erbaut, und um sie sicher zu machen, kauften die Baumeister für viel Geld einer Mutter ihr kleines Kind ab. Das setzten sie in eine Mauernische und begannen schnell ringsherum feste Mauern aufzuführen, und die Mutter stand dabei.

Nach einer Weile rief das Kind: »Mutter, ich seh dich noch.« Und nach einer Weile: »Mutter, ich seh dich noch ein klein wenig.« Und wieder nach einer Weile: »Mutter, jetzt seh ich dich nimmermehr.«

Und bei einem andern Burgbau gab ein Maurermeister sein eigenes Kind, einen Knaben, für Geld her, damit es eingemauert werde. Ja, er übernahm es sogar selber, das zu tun, und ging sogleich daran. Er errichtete rings um das Kind Mauern, die er höher und höher führte, so daß er bald eine Leiter brauchte, und der Kleine saß geduldig, ohne zu begreifen, was ihm geschehen. Als aber die Mauern immer höher wurden, rief das Kind herauf: »Vater, Vater, wie wird es so finster!« Das ging dem grausamen Mann plötzlich ins Herz, er ließ im Grausen die Leiter los und fiel zur Erde, wo er tot liegenblieb.

»Geschieht ihm recht!« rief Berthold laut, doch tat er es weniger aus Freude an der Gerechtigkeit, als um das stille Grauen zu vertreiben, das ihn bei diesen Geschichten allmählich erfaßt hatte.

Johannes sah ihn aus seinen klugen, mädchenhaften Augen blinzelnd an und fuhr fort: »Bei uns im Luxemburgischen war einmal ein Baumeister ...« Da unterbrach ihn Berthold und bat: »Du, erzähl was anderes!«

»Was denn?« fragte Johannes.

Berthold zögerte und wurde verlegen. Dann faßte er Mut und sagte: »Erzähl mir, wie das ist, wenn ihr zu den Mädchen geht! – Nein, du mußt nicht leugnen, ich weiß es ja wohl.«

Und da er sah, wie Johannes mißtrauisch wurde und Gefahr witterte, nahm er eine gleichgültige Miene an und sagte: »Nun, wie du willst. Ich kann ja einmal mit dem Alten darüber reden.«

Adam hatte zugehört, nun sprang er auf, packte den Berthold am Arm und schrie: »Wenn du das tust, bist du ein Hund! Wir bringen dich um, du!«

Berthold lachte: »Da möchte ich auch dabei sein!« und faßte Adams Hand, die er mit einer Faust zusammendrückte. Adam schrie und ließ los. »Also, was willst du denn?« rief er ängstlich.

Berthold sah ihn an. »Mitgehen will ich, wenn ihr wieder die Kirche schwänzt. Ich möchte auch eine Liebschaft haben, jawohl!«

Johannes sah ihn listig an und brach in ein leises Gelächter aus. Dann sagte er schmeichelnd: »Ja, mein Berthold, bist du denn verliebt? Und in wen denn? Wenn ich das weiß, kann ich dir vielleicht helfen.«

Mißtrauisch sah ihn Berthold an. Dann stieß er verwirrt hervor: »Ich bin nicht verliebt, ich weiß von diesen Geschichten nichts. Aber ich will auch einmal ein Mädchen kennenlernen und ihr einen Kuß geben, und wenn ihr mir nicht helft und wenn ihr mich auslacht, will ich's euch schon vertreiben.«

Er sah so gefährlich aus, daß Johannes nicht mehr lachte. Er besann sich ein wenig und sagte dann gleichmütig: »Du bist ein sonderbarer Bruder, daß du mich fragst, in wen du dich verlieben sollst. Da kann ich nicht raten. Aber wenn du durchaus einen Kuß haben willst, so merke dir die

Köchin gegenüber bei dem Seidenhändler, ich glaube, die kann dir helfen.«

»Die magere, mit dem schwarzen Haar?« fragte Berthold schnell.

»Eben die. Versuch's nur!«

»Ja, wie soll ich das anfangen?«

»Junge, das ist deine Sache. Wenn du noch eine Kindsmagd brauchst, mußt du eben nicht mit Mädchen anbändeln wollen.«

»Aber was soll ich denn tun? Was soll ich zu ihr sagen?«

»Sag einfach: ich möcht einen Kuß, aber ich hab keine Courage. Im Ernst, du brauchst ja gar nichts zu sagen! Du mußt sie bloß so anschauen, daß sie merkt, sie gefällt dir. Dann kommt alles andere von selber, verlaß dich drauf.«

Nun mochte er nicht weiterfragen, da Adam grunzte und Johannes das Wetterleuchten in seinen schönen Mädchenaugen spielen ließ. Er beschloß bei sich, dem Rat zu folgen, und wenn er sich als übel erwiese, es dem Ratgeber einzutränken. Und ruhig bat er: »Jetzt erzähl noch etwas!«

Johannes lächelte, leckte sich die hellroten Lippen, blinzelte ein wenig mit den langen braunen Wimpern und fing an. »Es waren einmal«, sagte er, »drei Brüder, die hingen mit herzlicher Treue aneinander und hatten sich über die Maßen lieb. Da geschah einst in ihrer Stadt ein Totschlag, und einer von ihnen kam unschuldig in Verdacht, wurde festgenommen und ins Gefängnis gesteckt. Er beteuerte seine Unschuld auch auf der Folter, aber es nützte ihm nichts, und der Richter sprach ihm das Leben ab. Als das seine Brüder hörten, liefen sie beide her und jeder gab sich an, er selber habe den Mord verübt. Aber als der Gefangene es vernahm, rief er sogleich, nein, er sei der Mörder und wolle jetzt gestehen. Denn die Brüder hatten einander so lieb, daß jeder von ihnen lieber sterben als den andern sterben sehen wollte. So hatte der Richter auf einmal drei Mörder, von denen jeder der rechte sein wollte, und kam in Verlegenheit. Da tat er den Spruch, es solle ein jeder von den dreien eine junge Linde pflanzen, aber mit dem Wipfel in die Erde und den Wurzeln in die Luft, und wessen Lindenbaum dennoch wüchse, der solle unschuldig sein und freigelassen werden. Da pflanzte jeder sein Bäumlein, es war in der Frühlingszeit, und nach ein paar Wochen schlugen alle drei Linden fröhlich aus und gediehen so, daß sie noch heute stehen. Daran erkannte der Richter, daß alle drei unschuldig waren.«

Um dem Berthold zu gefallen, erzählte Johannes vor dem Schlafengehen auch noch eine verfängliche Historie, nämlich von dem Heidengott Vulkanus, dessen Ehefrau eine Liebschaft mit dem Gotte Mars unterhielt, und wie Vulkanus es merkte, und wie er die beiden, als sie zärtlich beieinander waren, in einem künstlichen Drahtnetz einfing und in ihrer Schmach allen andern Göttern zur Schau stellte, so daß sie vor Lachen und die beiden vor Scham hätten sterben mögen.

Diese Anekdote war um soviel von des Johannes früheren Geschichten unterschieden, daß Berthold ihr noch eine gute Stunde nachdenken mußte, ehe er endlich einschlafen konnte, und sie machte ihm sogar noch im Traum zu schaffen. Mit beklemmendem Zauber umfing den harten Knaben die geheimnisvolle Ahnung der Liebeslust, und der Venusgarten zeigte dem befangenen Neuling nur seine herrliche Seite, wo die Rosen keine Dornen und die Pfade keine Schlangen haben. In selig schwebenden Träumen wurde seine Beklemmung zu lächelnd erlöstem, flügelschlagendem Glück, das alle Härte und alle Ungenüge aus seiner hochmütigen Seele nahm und sie zu einem Kinde machte, das im Grase spielt, und zu einem Vöglein, das in den Lüften jauchzt.

Am kalten Morgen erwachte Berthold frierend und fühlte sich traurig von den schönen Träumen genarrt. Im Traum hatte er mit einem großen, feinen Mädchen süßen Wein getrunken, sie hatte ihm Liebes gesagt, und er hatte ihr ohne Scheu geantwortet, hatte du zu ihr gesagt und sie ohne Bangen auf den warmen frischen Mund geküßt. Jetzt aber war es kalt, in einer halben Stunde mußte er zur Frühmesse in die dunkle Kirche, und dann in die Schule, und wenn ihm unterwegs auch sieben von den schönsten Prinzessinnen begegneten, so würde er doch kaum die Augen aufzuschlagen wagen und vor lauter Herzklopfen froh sein, wenn sie nur vorüber wären.

Still und traurig stand er auf, wusch sich mit dem kalten Wasser den süßen Schlaf aus den Augen, schlüpfte ins kühle schwarze Gewand und begann den gewohnten Tag. Auf dem Weg zur Messe verfehlte er zwar nicht, am Hause des Seidenhändlers emporzuschauen, ob etwa die schwarzhaarige Köchin da sei, aber sie war in dieser Frühe noch nicht zu sehen, und er ging verdrießlich seinen Weg.

Als sie gegen Mittag heimkehrten und Berthold vor dem Haus des Seidenhändlers wieder unruhig zögerte und spähte, stieß Adam den Johannes in die Seite und grinste belustigt. Zufällig sah es Berthold, er sagte nichts, aber er sah den Spötter mit einem Blick an, daß Adam erschrak und schnell weiterging. Er beschloß in diesem Augenblick, das Abenteuer auszuführen, und wenn es sein Leben kostete, und den nächsten, der ihn verhöhnte, zu erwürgen.

So schaute er denn diesen und den nächsten Tag fleißig nach dem Nachbarhaus hinüber. Zweimal sah er auch die schlanke Magd, aber so sehr er wollte, er konnte sie nicht keck betrachten, sondern mußte den Blick immer schnell wieder abwenden und wurde rot und verwirrt. Er wäre, trotz seiner festen Vorsätze, nie um einen Schritt weiter gekommen. Allein sie, die ein feines Auge hatte, merkte gar schnell, wohin dieser Hase laufe, und aus einer Rührung über die unverdorbene Schämigkeit des Knaben wie auch aus Wohlgefallen an seiner breiten, kräftigen Gestalt ward sie willens, diesem scheuen Kinde von seinen Sorgen zu helfen. Wie das zu geschehen habe, war ihr kein Rätsel, da sie es mit den jungen geistlichen Schülern von jeher gut gemeint hatte.

Dieser Neue machte es ihr aber wirklich schwer. Als er andern Tages wieder am Hause vorüberkam und wie ein Verurteilter dreinschaute, trat sie aus dem Tor, und als er halb erschrocken aufblickte und ihr eine Sekunde ins Gesicht sah, erleuchtete sie ihm zu Ehren ihr gutes Gesicht mit einem wonnevollen Lächeln. Er sah es, schlug tief errötend die Augen nieder und lief mit Schritten wie ein Verbrecher die Straße hinab und davon, daß das lange Mäntelein ihm an den Waden rauschte und daß die wohlmeinende Magd aus ihrem Lächeln ein Lachen machen mußte. Doch trug der Flüchtige in seiner Verwirrung einen warmen Liebesstrahl mit sich davon, sein roter Kopf war voll süßer Träume und sein Trotz schwand wie Frühlingsschnee vor einer sonderbaren Ergriffenheit und Milde.

Trotzdem hoffte die Magd Barbara vergebens, ihr Schüler werde nach diesem Anfang rasche Fortschritte machen. Wohl hing sie täglich ihr hübsches Schildlein aus, und der Liebhaber verfehlte niemals zu erröten und innig aufzuglänzen, aber daß er einmal stehenblieb, ein Wort sagte, ein Zeichen machte oder kühn ins Haus trat, das wollte sich nie begeben. Nachdem drei, vier Wochen auf diese Art vertändelt waren, fing die nutzlose Mühe sie zu reuen an, und wenn Berthold das nächstemal vorüberkam, im voraus rot und selig bänglich, schickte sie ihm einen bösen, kühlen Blick, der ihm seinen ganzen blauen Himmel schwer verwölkte. Am andern Tag, da sie nach der Wirkung ausschaute, fand sie den Getreuen todesunglücklich. Er flehte sie aus feuchten, bangen, leidvollen Augen jämmerlich an, so daß sie wohl sah, diesen gefangenen Vogel würde sie nicht mehr loswerden.

Also änderte sie ihren Plan und tat entschlossen das, was eigentlich er hätte tun müssen. Sie wartete, bis er allein vorüberging und niemand in der Gasse war, da trat sie rasch hinaus, ging hart an ihm vorbei, ohne ihn anzusehen, und sagte leise: »Willst du nicht einmal zu mir kommen? Heut abend um achte.«

Diese Anrede traf den Schüchternen wie ein Blitz. Er sah das Paradies offen, und er sah auch, daß er mit seiner Angst und Quälerei ein Esel gewesen war. Wochenlang hatte er von Tag zu Tag auf einen Blick von ihr gewartet, sie zu erzürnen gefürchtet, ihrer Freundlichkeit nicht zu trauen gewagt, sich immer wieder zu täuschen geglaubt und sich Sorgen über Sorgen gemacht. Er hatte sich müde gesonnen, wie er ihr etwa ein Brieflein, ein Geschenk zukommen lassen könnte, und alles war ihm zu gewagt, zu frech, zu gefährlich erschienen. Und jetzt war alles so leicht und einfach!

Nur eines war nicht leicht: den ganzen langen Tag hinzubringen, das ungeheure Geheimnis in der Brust zu tragen und dabei die Stunden gehen zu lassen wie sonst, und dabei immerfort daran denken zu müssen, wie es sein würde, was heut abend geschehn würde. Berthold lief umher wie einer, der noch heute eine Reise nach China antreten will, und dem schlauen Beobachter Johannes, der Bertholds Treiben seit Wochen mit stillem Vergnügen zusah, entging es nicht, daß jetzt endlich das Abenteuer im Gange sei. Er wunderte sich nicht, als Berthold nachmittags mit ernstem und geheimnisvollem Gesicht ihn auf die Seite zog und ihm eröffnete, er müsse diesen Abend in sehr wichtiger Angelegenheit das Haus verlassen und rechne auf seine Verschwiegenheit und nötigenfalls auf seinen Beistand. Ernsthaft gab er sein Versprechen und beeilte sich dann, das Ereignis Adam mitzuteilen, den es nicht minder freute.

»Die gute Bärbel!« rief er lachend. »Nun muß sie auch diesem Knollen die Weihen geben!«

So unendlich der kurze Wintertag schien, es wurde doch einmal Abend, und der Anfänger hatte Glück. Er fand um acht Uhr die Pforte noch unverschlossen, schlüpfte lautlos hinaus und näherte sich unschlüssig dem Haus des Seidenhändlers. Sein Herz schlug wie noch niemals und seine Knie zitterten. Da glitt in der Finsternis ein Schatten an ihm vorbei und eine leise Stimme flüsterte ihm zu: »Halte dich hinter mir, ich gehe voraus.« Und kaum konnte er folgen, so eilig schwand sie im Schatten der hohen Häuser davon und um die Gassenecke. Es ging durch eine enge Seitengasse, über einen wüsten Hinterhof, durch ein ganz kleines kahles Gärtchen, dessen Hälfte mit tiefem Schnee im Mondlicht gleißte, und durch einen Winkel voll alter Weinfässer, von denen Berthold in der Hast eines umwarf, daß es hohl und schallend durch die Nachtstille dröhnte. Jetzt öffnete die Magd ein Türlein, das sie hinter ihrem Begleiter wieder leise schloß, ging vor ihm her einen steinernen Gang entlang und eine schmale, finstere Stiege hinauf und trat oben mit ihm in eine halbleere Kammer, die nach Heu und Leder roch.

»Hast du Angst gehabt?« fragte sie kichernd.

»Ich habe nie Angst«, sagte Berthold feierlich. »Wo sind wir denn?«

»In unserem Hinterhaus. Das ist die Geschirrkammer, da kommt den ganzen Winter kein Mensch her. Gelt, du heißt Berthold? Ja, ich weiß schon. Willst du mir keinen Kuß geben?«

Das wollte er gerne, und er war erstaunt, wie wenig Worte und Nachdenken das alles brauchte. Es war ihm eine große Sorge gewesen, was er denn zu dem Mädchen sagen solle, nun aber saß er mit ihr auf einem Bänklein, darüber sie eine alte wollene Roßdecke gelegt hatte, und es begann ein ganz glattes einfaches Gespräch zwischen ihnen anzuglimmen. Sie fragte ihn nach seiner Herkunft und bewunderte ihn, daß er aus so weiter Ferne herkomme, und fragte nach dem Gesinde im Haus seines Gastherrn, und die Rede kam auf Essen, Trinken und andere vertraute Dinge. Dazu lehnte sie ihre Wange an die seine, und wenn ihm das nebst dem Küssen auch wunderlich neu war und ihm vor banger Lust fast weh tun wollte, ließ er doch den Mut nicht sinken, sondern bestand das Abenteuer ohne Tadel, so daß das Erstaunen nun an die Barbara kam, die in dem gar so verschämten Knaben weit eher einen empfindsamen und ängstlichen Zauderer als einen so entschlossenen Mann zu finden gedacht hatte. Denn kaum hatte sie während des ruhigen Gesprächs seinen unsicheren Händen einige stille Wege gewiesen, so fand er ohne große Umschweife sich von selber zurecht. Und als er sie verließ und allein den ganzen krummen Weg über Treppe, Winkel, Gärtchen, Hof und Gäßlein zurückfand, da wußte die verwunderte Schwarzhaarige, daß sie diesen Sonderling nichts mehr zu lehren habe.

Es war nicht gut für Berthold, und es ist für keinen gut, das Wunder der Liebe auf diese unechte Art kennenzulernen. Zunächst aber und äußerlich nahm sein Wesen von jenem Abend an einen plötzlichen Aufschwung. Die Scheu und Gedrücktheit, die Kameraden und Lehrer in letzter Zeit an ihm wahrgenommen hatten, verschwand wie ein flüchtiges Unwohlsein, sein

Blick war wieder frei und strahlend, er hatte an Turnieren des Geistes und Leibes wieder sein Vergnügen und schien zu gleicher Zeit verjüngt und reifer geworden zu sein.

Johannes und Adam sahen, er sei jetzt kein Kind mehr, und zeichneten ihn auf ihre Weise aus, indem sie ihn auch in das männliche Vergnügen des Weintrinkens einweihten. Was Berthold dabei genoß, war fürs erste nur die Lust am Verbotenen. Es dünkte ihn herrlich, zu stiller Stunde mit Heimlichkeit in den finstern Keller hinabzusteigen, im Dunkeln das richtige Faß zu ertasten und den langweiligen Wasserkrug am seufzenden Hahnen mit hellem, sacht rinnendem Wein zu füllen. Die Gefahr scheute er nicht, sie war auch nicht allzu groß, denn an des Hausherrn Tafel, die häufig Gäste sah, wurde das Jahr hindurch viel Wein verbraucht und ein Mangel kam nicht leicht zutage, wenn nur das kleine Fäßlein mit des Herrn Lieblingswein verschont blieb. Dieses ließen sie denn auch nur bei festlichen Anlässen und nur sparsam bluten, eigentlich bloß Johannes zuliebe, der in so jungen Jahren schon ein Schmecker war und zuweilen das Bedürfnis nach einem feinen Tropfen zu spüren behauptete.

Wenn dem Berthold früher jemand gesagt hätte, er werde in Köln das Stehlen, Lügen, den Trunk und die Wollust erlernen, würde er sich bekreuzt haben. Jetzt trieb er dieses Leben ganz ohne Bedenken, fühlte sich herrlich wohl dabei und fand, ohne die Studien gerade zu vernachlässigen, ein nie gekanntes Genügen an diesen Leibesfreuden. Er gedieh auch und blühte, der schon vorher ein stattlicher Bursche gewesen war, in die Höhe und Breite zu einem schönen Recken auf, den man gern an einer tüchtigen Arbeit gesehen hätte und dem heute das Hemd von vorgestern nicht mehr paßte.

Zweimal in der Woche, am Montag und Donnerstag abend hatte er seine Zusammenkünfte mit der Magd Barbara. Seiner List und Kraft vertrauend, besuchte er sie in ihrer eigenen Kammer, was noch keiner ihrer jungen Liebhaber gewagt hatte, und da sie ihn meistens nicht nur mit Liebkosungen, sondern auch mit guten Bissen aus ihrer Küche, mit Braten und Kuchen bewirtete, wozu er den Wein in einer Flasche mitbrachte, blieb er oft halbe und ganze Nächte dort.

Immerhin trat ihm nach einiger Zeit der Gedanke nahe, sie sei ihm doch erstaunlich willig entgegengekommen. Auch geschah es mehrmals, daß er an anderen als an den von ihr bestimmten Tagen sich bei ihr anmelden wollte, und da entging ihm nicht, daß sie heftig wurde und ihn mit allzu beflissenem Eifer davon abhielt. Erst jetzt begann ihn auch die Frage zu plagen, warum wohl sein Freund Johannes ihn damals gerade an die Barbara gewiesen habe. Er nahm ihn deshalb dringlich ins Gebet, und Johannes, der zuerst Ausflüchte brauchen wollte, erzählte ihm schließlich in seiner gefällig leichten Art, was er von dem Mädchen wußte. Sie war nach seiner Darstellung eine gute Seele, jedoch übermäßig dem Umgang mit jungen Knaben, besonders aber Schwarzröcken, zugetan. Und so hatte sie den Johannes, den Adam, den Berthold und eine unbekannte Zahl von Vorgängern in ihren willigen Armen zur Liebe erzogen, eine freundliche und selbstlose Lehrerin. Sie habe freilich die bittere Erfahrung gemacht, daß Dankbarkeit und Treue seltene Tugenden sind, und pflege dem Verlust ihres jeweiligen Lieblings, wenn es wirklich nur einer sei, stets mit ängstlichem Schmerz entgegenzusehen.

Der geschickte Erzähler verteidigte die Schwarzhaarige, während er sie preisgab, und zum Schluß empfahl er dem finster gewordenen Zuhörer, auch er möge milde denken und über einer gewissen Enttäuschung die schuldige Dankbarkeit nicht vergessen. Berthold gab ihm darauf keine Antwort. Er hatte nie geglaubt, Barbaras erster Liebhaber zu sein. Aber daß sie die Jünglinge seines Alters gewohnheitsmäßig an sich zog und wahrscheinlich auch jetzt neben ihm andere Besucher hatte, verletzte ihn schwer.

Er stellte Nachforschungen an. Mehrere Abende war er draußen und umkreiste das Haus des Seidenhändlers. Er spähte in den Nebengassen, im Hof, im Gärtchen, und zweimal sah er seinen Schatz das Hinterhaus mit einem ihm bekannten Schüler betreten. Er zitterte vor Wut, hielt sich aber zurück und beschloß nach einer schlaflosen Nacht, schweigende Verachtung zu üben. Völlig konnte er sich freilich nicht beherrschen. Als er das nächste Mal der Magd ohne Zeugen begegnete und sie ihn mit freundlichem Vorwurf ansah, denn er war nun zweimal beim Stelldichein ausgeblieben, da schnitt er eine Grimasse und streckte ihr die Zunge heraus. Das war sein Abschied von seiner ersten Geliebten.

Da Berthold nun wieder ein unzufriedenes und widerhaariges Wesen annahm, auch mehrmals betrunken angetroffen wurde, ohne sich durch Strafe und Ermahnung zur Einkehr bringen zu lassen, ward auf den Rat eines wohlwollenden Lehrers beschlossen, ihn im Frühjahr für kurze Zeit seinen Verwandten in der Heimat zum Besuch zu schicken. Ihm kam das gar nicht willkommen, da er sich gerade in den Ostertagen zum erstenmal verliebt hatte. Er mußte jedoch gehorchen und reiste denn an einem blauen Tage zu Ende des April auf einem Schiff den Rhein hinauf.

In der Heimat fand er sich fremd und unbehaglich. Der Oheim nahm ihn mit Güte und selbst mit einer gewissen Ehrfurcht auf, und jedermann begrüßte ihn als nahezu ausgeschlüpften Priester mit freundlicher Achtung. Doch mutete ihn dieses enge, harmlose Leben schal und lustlos an, die Basen waren langweilig und scheu, und seine Sehnsucht stand nach den blonden Haaren einer Kölner Kaufmannstochter, die er mehrmals im Dom gesehen und mit hoffnungsloser Verehrung betrachtet hatte. Denn diese, das sah er wohl, würde niemals, selbst wenn sie ihn liebte, ihn von der Gasse weg zu ihres Vaters Hinterhauspforte hereinrufen.

Die alte Zeit sprach in der Heimatstadt nirgends einladend zu ihm. Wohl erinnerte er sich der Knabenzeit, der Soldatenschlachten, jenes vermeintlichen Totschlags und seiner Flucht in den Wald, aber das alles lag fern, gleichgültig und abgetan in der Vergangenheit, die für junge Leute so wenig Sinn hat, und zeigte ihm nur, daß er diesem Leben und diesen Orten fremd geworden sei und hier nichts mehr zu suchen habe.

Nachdem er einige Tage in solchen unfrohen Gedanken herumgezogen war, zog ihn ein leiser Drang talabwärts nach dem Kloster, bei dessen Anblick ihm die frühere Zeit stärker und inniger heraufgrüßte. Nicht ohne Bewegung trat er ein und fragte nach seinem alten Lehrer. Er wurde zum Pater Paul gebracht, der in seiner Zelle schrieb und ihn, den er sofort erkannte, mit der alten Munterkeit lateinisch begrüßte. Doch fand er ihn stark gealtert und gelb im Gesicht geworden.

Im Gespräch mit dem Pater tauchte, sobald die erste Neugierde gestillt war, bald wieder die alte Philosophenfrage auf.

»Nun, mein Sohn, wie schaust du denn jetzt das Leben an? Sind es noch die alten Rätsel oder sind neue draus geworden?«

»Ich weiß nicht«, sagte Berthold zögernd. »Ich habe nicht mehr viel an diese Sachen gedacht, und ich bin überhaupt kein Philosoph. Schließlich muß ja ich die Weltordnung nicht verantworten. Aber daß sie vollkommen sei, kann ich nicht glauben.«

»Hast du dort in Köln solche Erfahrungen gemacht?«

»Keine besonderen. Ich habe nur gesehen, daß Gelehrsamkeit nicht fröhlich macht, und daß man ein Schelm und Lump und dabei doch Priester, Abt, Kapitelherr und alles mögliche sein kann.«

»Was soll ich dazu sagen? Das Kleid und Amt kann nichts dafür, daß auch Schelme darin stecken. Und es ist schwer zu urteilen. Gott braucht sie alle, auch die Schlimmen, zu seinen Zwecken. Es haben schon Unwürdige viel Gutes gestiftet, und Heilige haben schon viel Jammer in die Welt gebracht. Denk an den Pater Girolamo in Florenz, von dem ich dir früher erzählte!«

»Ja, ja, wohl. Ich wollte damit eigentlich nichts weiter sagen, es steht mir auch kein Urteil zu. Es wird auch wohl so sein, daß die ganze Welt in guter Ordnung ist und daß es nur bei mir fehlt.«

»Schon wieder so bitter? Kannst du mir nicht sagen, wo es dir eigentlich fehlt? Vielleicht ist ja doch ein Rat möglich.«

»Ihr seid gütig, ich danke Euch. Aber ich habe nichts zu sagen. Ich weiß nur, daß das Menschenleben Besseres in sich haben muß, als was ich davon kenne, sonst ist es nicht der Mühe wert, davon zu reden und es zu leben.«

»Vielleicht hättest du nicht Geistlicher werden sollen.«

»Vielleicht ...«

Berthold wurde mißtrauisch. Er hatte nicht im Sinn, des Alten Rat zu suchen, und noch weniger, ihm zu beichten. Aber während dieses Gespräches erhob sich Sehnsucht, Ungestüm und wilde Lebensbegierde in ihm heißer und hoffnungsloser als jemals. Er sah dem Kölner Wohlleben bei gestohlenem Wein und gefälschter Liebeslust, das ihm so süß eingegangen war, auf den trüben Grund seiner törichten Wüstheit und spürte sein ganzes vergangenes und gegenwärtiges Leben als einen widrigen Geschmack im Mund. Da war er nun siebzehn Jahre alt, groß und stark, gesund und auch nicht dumm, und wußte nichts Besseres zu tun als mit bleichen Buben Latein zu lesen und Scholastik zu lernen, ihre kleinen dummen Streiche mitzumachen und bestenfalls einmal ein entbehrlicher Pfaff zu werden, der seine Messen liest, eine gute Tafel hält und von der Liebe die Brocken frißt, die andere übriglassen, oder sich am sauren Ruhm einer unfreiwilligen Heiligkeit genügen läßt. Er vergaß, daß das durchaus nicht jedes Priesters notwendiges Los ist, er übertrieb mit mißmutiger Selbstquälerei und fand eine bittere Lust darin, sich selbst, sein Leben, seinen Beruf und alles, was ihn anging, schlecht und lächerlich zu machen.

Vom Pater nahm er höflichen, doch kühlen Abschied und hielt sein Versprechen, ihn bald wieder aufzusuchen, nicht. In verdrossenem Plänemachen beschloß er bald, davonzulaufen und alles Gewesene liegenzulassen, bald auch, nach Köln zurückzukehren, um nur die schöne Blonde, sei es auch ohne Hoffnung, wiederzusehen.

3

Als Berthold am Urbanstag nach Köln zurückkehrte, konnte man dort nicht finden, daß der Besuch in der Heimat gute Früchte getragen habe. Da er zu der schwarzen Barbara unter keinen Umständen mehr gehen wollte, schuf die Unterbrechung des gewohnten Vergnügens ihm je länger je mehr Qual, und da ihn zugleich die blonde Kirchgängerin mit allem grausamen Reiz des Unerreichbaren anzog und beschäftigte, ließ er die Schule Schule sein und hörte allen Mahnungen, strengen wie sanften, teilnahmslos zu, so daß er in kurzer Zeit seinen Lateinerruhm verlor und unter die mäßigen, ja schlechten Schüler geriet. Seine brachliegende Kraft bedrückte ihn, und die hübsche Kaufmannstochter ging an seiner stummen Leidenschaft vorbei, hübsch und geschmückt in die Kirche und aus der Kirche, ohne ihn nur zu sehen. Der leichte Sieg über die Magd, das sah er nun, war kein Sieg gewesen.

In dieser Zeit schloß er sich wieder dem eleganten Johannes an, der in seiner höflichen, unverbindlichen Freundlichkeit immer zugänglich war. Eines Tages hatten sie wieder einmal philosophiert, mehr zum Zeitvertreib als aus Bedürfnis. Da sagte Berthold: »Ach, was reden wir! Das hat ja alles keinen Sinn und ist dir so wenig ernst wie mir. Ob es Cicero heißt oder Thomas von Aquin, es ist alles Gefasel. Sag du mir lieber, was du eigentlich vom Leben denkst! Du bist ja so zufrieden, warum eigentlich? Was versprichst du dir vom Leben?«

Johannes schaute ihn interessiert aus seinen lang bewimperten, kühlschönen Augen an. »Vom Leben verspreche ich mir viel – oder wenig, wie du willst. Ich bin arm, ein Kind sine patre, und ich habe im Sinn, reich und mächtig zu werden. Vor allem mächtig. Ich werde mich nie in eine Pfarre setzen, sondern in Hofdienste gehen, wo man gebildete und verschwiegene Leute braucht, und werde Macht über Menschen gewinnen. Ich werde mich so lange bücken, bis man sich wird vor mir bücken müssen. Dann werde ich auch reich sein und Häuser, Jagd, Seidenkleider, Frauen, Gemälde, Pferde, Diener haben. Aber das ist Nebensache, die Hauptsache ist Macht. Wer mich liebt, soll Geschenke haben; wer mich haßt, soll sterben. Das ist, was ich haben will und haben werde; ich weiß nicht, ist es viel oder wenig.«

»Es ist wenig«, sagte Berthold. »Du teilst dein Leben in zwei Hälften:

eine Zeit der Dienstbarkeit, eine Zeit der Herrschaft. Die erste wird lang sein, die zweite kurz, und deine Jugend geht unterwegs verloren.«

»Jung bleiben kann keiner. Und ich bin auch gar nicht jung. Ich habe keine Eltern, keine Heimat, keine Freiheit gehabt, ich bin immer andern zu Dienst gewesen, das ist keine Jugend. Ich habe seit meinem zehnten Jahr keinen anderen Gedanken gehabt, als mächtig zu werden und meine Dienstbarkeit auszulöschen. Ich bin ein guter Schüler, ein guter Kamerad, ich bin den Lehrern gefällig, dem Alten gefällig, Adam gefällig, dir gefällig.«

»Aber du bist auch mit uns im Keller gewesen.«

»Ich war auch mit euch im Keller. Ich habe auch bei der Dame des reichen Prälaten Arnulf geschlafen, was mich den Hals hätte kosten können, nicht weil ich es wollte, sondern weil sie es wollte.«

»Und das erzählst du mir!«

»Ja. Du wirst es niemand sagen, das weiß ich. Ich kenne dich. Du bist nicht gut, du bist vielleicht sogar schlechter als ich, aber du wirst es nicht weitersagen. Ich bin mit Adam besser befreundet als mit dir, aber ich würde ihm nie so etwas sagen.«

»Es ist wahr!« rief Berthold verwundert. Staunen und beinahe Schrecken kam ihn an, daß dieser Mensch, neben dem er zwei Jahre gelebt hatte und der ihm als ein kluger, doch leicht zufriedener Bursche erschienen war, innen so aussah.

»Johannes«, rief er ergriffen, »ich habe dich ja gar nicht gekannt. Ich dachte immer, ich allein sei mit dem ganzen Leben unzufrieden und mache mir schwere Gedanken. Wie hast du das nur so allein mit dir tragen können?«

Johannes sah ihn lächelnd an, mit dem leichten Spott im Blick, der ihn nie verließ. »Durch Reden wird nichts anders. Ich habe auch nicht zu klagen, es geht manchem andern schlimmer. Du bist ein Kind, Berthold. Und verliebt bist du auch, nicht? Laß uns ein wenig davon reden.«

»Ach wozu? Du kannst mir doch nicht helfen.«

»Wer weiß? Vielleicht brauchst du einmal einen Boten, oder einen Spion. Du weißt ja, ich bin dienstwillig.«

»Warum eigentlich, wo es dir doch nichts nützt! Von mir hast du doch keinen Vorteil zu erwarten.«

»O, das weiß man nie. Du bist zum Beispiel sehr stark, das ist schon viel wert. Aber im Ernst, erzähl mir ein wenig!«

Berthold widerstand nicht. Er gab Bericht von dem blonden Bürgerkind, beschrieb ihr Aussehen und ihren gewohnten Platz in der Kirche. Ihren Familiennamen wußte er, den Vornamen nicht.

»Ich kenne sie nicht«, meinte Johannes, »du mußt sie mir einmal zeigen. Ich fürchte, da wird wenig zu machen sein, Bürgertöchter lassen sich selten auf Liebschaften mit unsereinem ein, die wollen heiraten. Nachher, als Frauen, sind sie nimmer so genau.«

»Rede nicht so«, bat Berthold. »Ich will nicht von der Frau eines andern geliebt werden, das ist kaum besser als man hält es mit der Barbara. Warum soll ich nicht, wie alle jungen Leute, ein liebes Mädchen für mich allein haben?«

»Warum soll ein feines, schönes Mädchen sich dir an den Hals werfen, da du sie nicht heiraten und ihr nicht einmal Geschenke machen kannst? Die müßte ja toll sein. Du verlangst zu viel, Junge. Außerdem ist es eine schöne Sache, Liebhaber oder Ehemänner eifersüchtig zu machen, es ist vielleicht so schön wie die Liebe selber. Du darfst dich nicht mit anderen ›jungen Leuten‹ vergleichen. Man kommt zu Schaden, wenn man Tatsachen übersieht. Wir tragen den schwarzen Rock und haben davon so viel Vorteile, daß wir die paar Nachteile schon in den Kauf nehmen können.«

»Die paar Nachteile, sagst du, wenn man auf die Liebe verzichten soll!«

»Nun, was haben denn die Weltlichen für eine Liebe? Sie haben das Vorrecht, ihre Geliebte heiraten zu dürfen oder zu müssen und sie dann samt allen Kindern zeitlebens bei sich haben zu müssen. Im übrigen haben sie nichts vor uns voraus. Wenn deine Blonde dich nicht mag, so kannst du geistlich oder weltlich sein, es hilft dir nichts. Und wenn du meinst, es liege am Heiraten – da müßtest du erst noch erklecklich Geld haben. Einem armen Manne bleibt nichts übrig, als entweder die zu nehmen, die kein anderer haben will, oder ledig zu bleiben.«

»Man kann doch auch einander liebhaben und an das Geld und all das Zeug gar nicht denken.«

»Gewiß, das tun sogar die meisten Verliebten. Aber woran sie nicht denken, daran denken desto pünktlicher der Vater und die Mutter, der Oheim, die Tante, der Vormund oder Vetter. Du bist der falschen Meinung, es gehe anderen Leuten besser als dir, und was dir an Verstand oder Glück fehlte, legst du deinem Stand zur Last. Damit kommst du nicht weit. Und was die Liebe betrifft, so könnte man geradezu sagen, daß nur der Ehelose die wahre Liebe kennenlernt. Wenn eine Frau den liebt, von dem sie nicht

Geld, nicht Heirat, nicht Versorgung, nicht guten Namen für sich und ihre Kinder zu erwarten hat, so liebt sie ihn wirklich. Der andere, der ihr das alles bietet, kann niemals wissen, ob seine Frau ihn um seiner selbst willen oder nur wegen dieser Vorteile liebt.«

An diesen Konstruktionen hatte Berthold kein Gefallen. Sie trösteten ihn nicht und sie widersprachen dem, was er selber von der Liebe dachte, im tiefsten Grunde. Er ging nicht darauf ein.

»Du, Johannes«, sagte er nachdenklich, »du hast gesagt, du seiest kein guter Mensch und ich selber sei vielleicht noch schlechter. Was hast du damit eigentlich gemeint? Gibt es wohl überhaupt Menschen, von denen man sagen kann, sie seien gut?«

»O ja, die gibt es, und ich kenne manche. Unser Lehrer Eulogius, so lächerlich er ist, ist ein durchaus guter Mensch, und unter uns Schülern ist der Konrad aus Trier ein solcher. Hast du das nie bemerkt?«

»Du hast recht. Glaubst du, daß diese Leute nun glücklicher sind als wir?«

»Siehst du das nicht? Gewiß sind sie glücklicher, obgleich sie sich kaum ein Vergnügen gönnen. Das liegt in ihrer Natur, und wenn sie ein Verdienst dabei haben, so kann es nur das der Prädestination sein.«

»Glaubst du daran wirklich? Mir ist die Prädestination immer als eine ausgesucht dumme Vorstellung erschienen.«

»Das wäre sie auch, wenn die Welt von der Logik regiert würde. Aber die Logik, die Gerechtigkeit und alle diese scheinbar gesetzmäßigen und tadellosen Dinge sind Erfindungen der Menschen und kommen in der Natur nicht vor. Die Prädestination aber, auf deutsch der Zufall, ist gerade das eigentliche Weltgesetz. Warum wird ein Rindvieh reich und adlig geboren, und ein feiner und tüchtiger Kopf kommt im Armutwinkel zur Welt? Warum bin ich so geschaffen, daß ich ohne Frauen nicht leben könnte, da doch der einzige Stand, in dem ich meine Gaben brauchen kann, der geistliche ist? Warum sind manche schlechte Mädchen schön wie die Engel? Was können die häßlichen, denen niemand Liebe gönnt, dafür, daß sie häßlich sind? Warum bist du, mit deinem starken Herkulesleib, in der Seele unfest und schwermütig? Hat das alles einen Sinn? Ist das nicht alles dumm, Zufall, Prädestination?«

Berthold erschrak. »Aber«, sagte er, »wo bleibt dann Gott?«

Johannes lächelte resigniert. »Das mußt du mich nicht fragen. Das gehört in die Schule, in die theologische Lektion de Deo.«

»Johannes! Soll das heißen, daß du Gott leugnest?«

»Leugnen? Nein, Lieber, ich leugne nie eine Autorität, nicht einmal den zweifelhaftesten Heiligen. Was hat Gott mit der Philosophie zu tun! Wenn ich über das Leben philosophiere, so ist das nicht eine dogmatische, sondern natürlich nur eine müßige Verstandesübung.«

»Aber es kann doch nur *eine* Wahrheit geben!«

»Nach der Logik, meinst du? Ja. Du bist ein guter und getreuer Logiker. Aber warum soll es nicht drei oder zehn Wahrheiten geben, so gut wie eine?«

»Verzeih, das ist Unsinn. Wenn das Wahre zugleich falsch sein kann, dann ist es eben nicht wahr.«

»Ja, da ist nichts zu machen. Dann gibt es eben weder eine noch zwei, sondern gar keine Wahrheit. Es läuft auch wirklich auf eins hinaus.«

Von da an geschah es häufig, daß die beiden miteinander solche Gespräche hatten. Johannes ging auf Bertholds Fragen stets gelassen und liebenswürdig ein, sobald ihn jedoch Berthold bei einem Bekenntnis festhalten wollte, stellte er alles, was er gesagt hatte, als dialektische Versuche hin und legte keinen Wert darauf, recht zu haben oder ernstgenommen zu werden. Berthold war immer wieder erstaunt, diesen Mädchenfreund und Plauderer, den launigen Geschichtenerzähler und guten Kameraden seine Meinung über die Welt und Menschen darlegen zu hören, die vollkommen skeptisch, kühl und frei von jeder Schwärmerei war wie ein mathematisches Lehrbuch. Johannes ließ jeden Menschen gelten, gute und böse, gescheite und dumme, und sprach jedem einen Wert oder Unwert nur in Beziehung auf sich und seine eigenen Pläne zu. Er verteidigte den geistlichen Stand, ließ es aber dahingestellt sein, ob ein Gott auch außerhalb der Phantasie einiger Kirchenlehrer existiere. Berthold bewunderte bald diese leidenschaftslose Gleichmütigkeit, bald ärgerte er sich über sie, und während er im Herzen immer deutlicher fühlte, daß diese Weltbetrachtung seinem Wesen fremd und feindlich zuwider sei, gewann er doch diese Unterhaltung lieb und gewöhnte sich daran, Johannes als seinen Liebling, ja als seinen einzigen Freund zu betrachten.

Seine Verliebtheit suchte ihm Johannes auszureden. Er lachte Berthold aus, nahm ihn auf lustige Ausflüge mit, empfahl ihm gefällige Mädchen. Jener aber ließ sich nicht trösten. Das blonde Jüngferlein, dessen Namen Agnes er endlich erfahren hatte, schien ihm begehrenswerter als alle Lust der Erde, er verfolgte sie in den Kirchen mit stummer Glut, träumte von ihr, betete zu ihr und hätte ihr zuliebe ohne Besinnen nicht bloß den schwarzen Rock an den nächsten Nagel gehängt, sondern auch jede gute oder schlimme Tat getan. Er verzichtete auf die flüchtige Liebeslust, die er bei anderen haben konnte, und sah darin ein gern gebrachtes Opfer. Er unterzog sich freiwilligem Fasten, nur um seiner Liebe einen Ausdruck zu geben. Einmal sagte er zu Johannes: »Du weißt ja gar nicht, was Liebhaben ist. Sieh, ich glaube, daß manche Priester ihr Leben lang völlig keusch bleiben, weil sie eine Frau wirklich lieben, die sie nicht haben können und in unehrenhafter Weise auch nicht haben wollen.«

»Das kann schon sein«, meinte Johannes, »es gibt Heilige aller Art, und viele wunderliche. Daß ein Mann einer Frau zulieb, die nichts davon weiß und hat, auf alles mögliche verzichtet, ist schon oft vorgekommen. Sie heiratet, kriegt Kinder, hat Liebhaber, und er darbt und verzehrt sich ohne Sinn. Es kommt vor, gewiß, aber es ist darum nicht weniger lächerlich. Es ist eine Art von Madonnenkultus, und es gibt ja Priester, die wirklich die Madonna wie eine unerreichbare Geliebte verehren. Manche behaupten ganz ernstlich, die Frauen seien überhaupt bessere, heiligere Wesen als wir. Das ist aber falsch, und wenn du mir und aller Erfahrung nicht glauben magst, so sieh dir die Lehren unserer heiligen Kirche an. Manche von den älteren Kirchenvätern haben den Frauen sogar den Besitz einer Seele abgesprochen, und auch die anderen stimmen darin überein, daß das Weib ein minderes Geschöpf und häufig ein Werkzeug des Teufels sei. Ich finde das grausam und bin überhaupt kein Frauenverächter, das weißt du, aber sie nun zu Engeln zu machen und für heilig zu achten, ist doch ein bißchen närrisch.«

Das alles konnte Berthold nicht widerlegen, aber es tat ihm weh und schien ihm falsch und ungerecht. Er hörte auf, mit Johannes von seiner Liebe zu reden, und sah dessen vielen, feinen und geschickten Liebesabenteuern, die er mit tausend Listen anknüpfte und ausführte, mit Wehmut, doch ohne Neid zu. Er trug seine Liebe wie ein auszeichnendes Martyrium, und in den Heiligen und Engeln der Gemälde alter kölnischer Meister sah er Geschwister und Ebenbilder der schönen, zierlichen Agnes, deren Blondhaar und feiner, schmaler Mund durch alle seine Gedanken leuchtete. Oft umschlich er das Haus ihres Vaters, der einen kleinen Handel hatte und ein bescheidener Mann mit einem guten, behaglichen Weinschmeckergesicht war. Er streifte viel durch jene Gassen, erkundete den kleinen

Gemüsegarten, sah Freundinnen bei der Agnes ein und aus gehen. Wenn er nun statt eines Klerikers ein junger Kaufmann, ein Schreiberlein, ein Baumeister oder Silberschmied oder nur ein tüchtiger Küfergeselle wäre, dachte er, so könnte er in Ehren ihre Bekanntschaft suchen. So aber war keine Annäherung möglich, da bei seinem Stand jede eine Beleidigung für sie wäre. In seiner Not versuchte er sogar einmal zu dichten. Er begann einen Vers:

> Ich weiß ein Mägdelein,
> Das ist Agnes geheißen – –

Aber weiter kam er nicht und riß das Blatt in Fetzen.

Unterdessen hatte Johannes das Täubchen, wie er die Agnes Berthold gegenüber immer nannte, sich in aller Ruhe und Stille mehrmals betrachtet und den Eindruck gewonnen, das hübsche blonde Köpfchen werde wohl auch für andere als fromme Gedanken zugänglich sein. Sie gefiel ihm nicht übel, und er nahm sich vor, einen Versuch mit ihr zu wagen. Ging es gut, so dachte er den Gönner zu spielen und sie dem unbeholfenen Berthold zuzuführen. Gelang das nicht, so war doch der Versuch und vielleicht eine angenehme neue Mädchenbekanntschaft die kleine Mühe wert. Fäden zu spinnen und Brücken zu schlagen, wo es schwierig schien, machte ihm als einem geborenen Spion und Glücksritter immer ein Vergnügen.

Er stellte mit Vorsicht und ohne Hast Erkundigungen und Untersuchungen an, überzeugt, es werde auch in die Stille dieses kleinen Mädchenlebens irgendein Faden reichen, dessen anderes Ende ihm erreichbar wäre. Er beobachtete die Ahnungslose, erforschte ihre Verwandtschaft, die Zustände in ihrem Vaterhaus, ihre Pflichten und Gewohnheiten. Durch Kameraden, durch Mägde, durch Freundinnen erfuhr er, was er wollte, denn Johannes hinterließ bei seinen Abenteuern überall Freunde, nie Feinde, und hatte an jedem Finger einen, der ihm gern einen erwiesenen Dienst durch einen ähnlichen vergalt, und sein wohlgeordnetes Gedächtnis vergaß keinen.

Der Faden fand sich denn auch hier. Agnes hatte mehrere Freundinnen, und von denen war eine dem Johannes flüchtig bekannt, und eine andere unterhielt ein Verhältnis mit einem seiner Schulfreunde. Johannes kannte diese Art von Freundschaften zwischen Schülern und Bürgermädchen genau. Es waren keine Liebesverhältnisse, sondern Vorstufen und Anfänge von solchen, die selten lange dauerten und noch seltener zu Ergebnissen führten. Die jungen Leute trafen sich, häufig von willfährigen Dienstboten unterstützt, allein oder auch zu mehreren Paaren auf entlegenen Spazierwegen oder in Gärten, unterhielten sich anständig und waren mit dem schüchternen Genuß dieses heimlichen Sichtreffens zufrieden, wobei das Glück und Wagnis eines Kusses schon für etwas Erkleckliches galt. Es war eine erste schüchterne Umschau im äußersten Vorhof der Liebe, halb schon Abenteuer und halb noch Kinderspiel.

Nun traf Johannes seine Vorbereitungen. Es glückte alles, und er schaute dem Zusammentreffen mit Agnes, obwohl er für Berthold nichts und für sich wenig dabei erwartete, mit einer leichten wohligen Spannung entgegen. Von seinen Plänen hatte er aus Vorsicht niemand etwas gesagt. Mit Adam aber, der sonst in solchen Sachen sein Vertrauter und Helfer war, hatte er gerade vor einigen Tagen Zank gehabt, so daß er mit ihm in einem trotzigen Schweigverhältnis stand, das er wie frühere Male bald und leicht zu kurieren dachte.

Eben dieser Spannung wegen hatte ihn aber Adam beobachtet und wußte zwar nicht genau, doch annähernd, was er im Schilde führe. Er wußte auch, daß es nichts Schlimmes sein konnte; denn daß Johannes ein Bürgerkind aus immerhin gutem Hause zu verführen denke, widersprach dessen vorsichtigen Gewohnheiten, vollends da er den gefährlichen Berthold in sie verliebt wußte. Und wenn er das auch im Sinn gehabt hätte, so würde er es nicht auf diese Weise betreiben, die zu nichts führen konnte und Mitwisser brauchte.

Da also die Sache harmlos schien und Adam doch gern die Gelegenheit wahrnahm, dem Kameraden, mit dem er trutzte, etwas einzubrocken, machte er sich an Berthold, reizte ihn durch Andeutungen und gab ihm schließlich, da er ihn anbeißen sah, sein Geheimnis preis, daß Johannes morgen nachmittag an dem und dem Ort mit Mädchen zusammenkommen werde. Und es werde, meine er, eine dabei sein, die auch den Berthold angehe.

Dieser sah es ungern, daß Adam von seiner Liebe zu wissen schien, mochte aber dessen etwaige Vermutungen nicht noch bekräftigen und enthielt sich darum des Fragens. Er wußte, daß Adam gegen Johannes verstimmt war und nahm seinen Hinweis nicht allzu ernst. Doch sind Verliebte, namentlich unglückliche, immer mißtrauisch, und er konnte sich wirklich eines Argwohns, den er freilich als ein Unrecht gegen Johannes empfand, nicht ganz erwehren. Darum beschloß er, ohne dem Adam indessen für seine Mitteilung zu danken, sich die Sache morgen anzusehen.

Als Johannes andern Tages zu dem Stelldichein ging, folgte ihm Berthold aus der Ferne. Er sah ihn an einer Ecke warten, sah einen Kameraden zu ihm stoßen und die beiden plaudernd weitergehen, bis an den Rhein hinab. Dort verschwanden sie in einem ummauerten Garten, dessen Tor sie hinter sich schlossen. Berthold wartete eine Weile, dann erstieg er die Mauer an einer Stelle, wo sie vom Garten her von einem hohen Holunderbaum überragt wurde.

Da saß er geschützt in der Höhe, von der er den Garten leicht überblicken konnte. Die beiden Schüler sah er nicht, auch sonst niemanden, doch merkte er bald, daß die Gesellschaft sich in einem Gartenhäuschen befand, das von Laub umwachsen war und keinen Blick einließ. Er hörte von dort her Stimmen, unter denen er die des Johannes erkannte, doch waren die Gespräche nicht zu verstehen, und nur hin und wieder klang ein leises Lachen herüber. Ein großer Birnbaum nahm die Mitte des Gartens ein, in schmalen Beeten wuchsen Bohnen, Lattich und Gurken, von denen einige, groß und nahezu reif, auf den Sandweg heraushingen. Weiterhin standen junge Obstbäume in einem kleinen Grasgelände und da und dort ein Beetchen voll Blumen, Rosen, Levkojen und Rosmarin, die den stillen Raum mit einem leisen, sonnenwarmen Duft erfüllten.

Berthold saß geduldig auf seiner Mauer, vom Holunder geborgen, und sah müßig in den Gartenfrieden hinab. In der Sonnenwärme kauernd, schaute er die Beete und Blumen, die jungen Bäume und ihre stillen Schatten an, roch den Blumenduft und atmete vertrauliche Gartenlüfte, die ihn leise an die Heimat und frühe Kindheit erinnerten. Es kam eine Müdigkeit über ihn, die in seinem Herzen zur Wehmut wurde. Da hing er allein und ausgeschlossen, ein ungebetener Zuschauer, auf seiner Mauer, indessen drinnen sein Freund Johannes und andere frohe junge Leute ihr Vergnügen hatten.

Eine gute Weile verging so, und er dachte daran, sich zu entfernen, da er sich dieses traurigen und wenig ehrenhaften Lauerns zu schämen anfing. Allein jetzt klangen die Stimmen lauter, er hörte, daß man sich in der Laube erhob, und nun trat jener Schüler heraus und neben ihm ein Mädchen, das ihm nicht unbekannt erschien. Bald erinnerte er sich, daß es eine von Agnesens Freundinnen war, und er erschrak und wunderte sich, sie hier zu sehen. Denn er wußte nur, daß Johannes, in Liebesgenüssen erfahren, es bei seinen Unternehmungen nicht auf harmlose süße Reden absehe. Gespannt und atemlos lauschend, spähte er hinab.

Und er hatte kaum einige Augenblicke gewartet, da trat aus der Laube auch sein Freund hervor und neben ihm rot und ängstlich ein schlankes Mädchen mit blondem Haar, und da sie sich zur Seite wandte, sah er ihr Gesicht und erkannte Agnes. Das Herz stand ihm still, und er meinte zu fühlen, wie es ihm von einer fremden Hand aus der Brust genommen ward.

Erblaßt und kaum noch seines Bewußtseins mächtig, hielt er doch mit Gewalt an sich, verbarg sich sorgfältiger und beobachtete mit brennenden Augen. Er sah Johannes mit zierlichen Bewegungen, mit seinen lang bewimperten Augen und seinem fein lächelnden, frauenhaften Munde zu Agnes gewendet, die still und schüchtern neben ihm schritt. Er sah seinen lächelnden Blick höflich und überlegen auf ihrem zarten, verwirrten Angesicht ruhen und sah, wie er mit leisen Worten auf sie einredete. Und er mußte, so wenig ihm jetzt an Gleichnissen lag, an die Schlange denken, den Verführer von Anbeginn.

Dann ließ er sich lautlos außen an der Mauer hinabgleiten, schaute sich um und versteckte sich in der Nähe hinter einem alten Boot, das geborsten nicht weit vom Ufer im Trockenen lag. Da hörte er das Wasser ziehen und die Rufe der Schiffsleute, sah Eidechsen im Gras und kleine wimmelnde Asseln im faulenden Boden des Nachens spielen, aber es war alles unwesenhaft und nicht wirklich und ging an seinen Sinnen wie ein Traum oder Bildnis vorbei. Der Strom floß dahin und mit ihm floß Bertholds Vergangenheit, alles schattenhaft und nur im Traum gelebt, von gleitenden Wellen gleichgültig hinabgespült, zu Nichts geworden und keines Nachdenkens wert. Sein Entschluß war gefaßt, und außer ihm war nichts Lebendiges und Wirkliches mehr vorhanden.

Es ging eine Zeit hin, vielleicht eine Stunde, vielleicht viel weniger, da tat sich die Gartenpforte auf. Der Kamerad des Johannes kam heraus, schaute sich um und ging davon. Berthold lag geduckt auf der Lauer. Nach einer kleinen Weile öffnete sich das Tor von neuem und es kamen die beiden Mädchen, machten befangene Gesichter, lächelten aufatmend und gingen miteinander stadteinwärts. Berthold sah ihnen nach und verfolgte die schmale Gestalt der Agnes mit einem langen Blick. Dann schaute er rings umher. Es war kein Mensch in der Nähe.

Und wieder ging die Pforte auf, und Johannes kam heraus. Er zog das Tor zu, verschloß es und steckte den Schlüssel in die Tasche. In diesem Augenblick warf sich Berthold über ihn, mit einem weiten Sprung, und hatte ihn mit beiden Händen an der Kehle, noch ehe er schreien konnte. Er zog ihn zu Boden, sah ihm ins Gesicht und drückte die Hände fester zu. Er sah ihn blaß werden, rot werden, sah seine Augen groß und stier hervortreten und auf seinem Munde das alte Lächeln erstarren und zu einer dummen Grimasse werden. Berthold hielt ihn, der verzweifelt um sich schlug und mit allen Gliedern rasend zuckte, mit ruhigen Händen fest, er sagte kein Wort und schlug nicht und tat keine unnütze Bewegung, er spannte nur die Finger fest um den zuckenden, schwellenden Hals und hielt wartend fest, bis es genug war.

Dann blickte er um sich und überlegte, wohin er den Körper tun müsse. In den Rhein, dachte er, aber da wäre er zu schnell gesehen worden. So trug er ihn zu dem alten Boot und legte ihn darunter, und dann ging er heim.

Es war ihm ganz anders zumute als damals in der Knabenzeit, da er den Spielkameraden getötet zu haben glaubte. Seine heutige Tat war ein wirklicher Totschlag mit Willen und Überlegung vollbracht, und er bereute sie nicht. Wohl tat es ihm bitter leid, daß es gerade seinen einzigen Freund hatte treffen müssen. Aber da nun doch sein bisheriges Leben zerstört war, tat es ihm fast wohl, daß es so gründlich und an der Wurzel geschehen war und kein ungelöster Rest hinter ihm blieb. Sein Freund war falsch gewesen, seine Liebe falsch und töricht, sein Beruf verfehlt, und er hatte alles, eines wie das andere, mit eigenen Händen erwürgt und von sich getan. Jetzt galt es zu leben und eine neue Bahn zu finden, vielleicht dieses Mal die rechte.

Vor allem galt es aber, am Leben zu bleiben und sich zu retten. Berthold wußte genau, was auf ihn wartete, wenn ihm die Rettung mißlang. Er wußte, vom Augenblick der Entdeckung an gab es für ihn nur noch Feinde, und sein Tod war ihm sicher. Johannes selber hatte ihm oft genug Gefangennehmungen, peinliche Verhöre und schimpfliche Hinrichtungen mit allen scheußlichen Einzelheiten in seinen Geschichten vorgemalt. Im ersten Augenblick freilich, als ihm der Tote in den Armen hing und die Gartenszene mit der schönen Agnes ihn noch ganz erfüllte, hatte er daran gedacht, alles seinen Gang gehen zu lassen, seine Festnehmung zu erwarten, nicht zu leugnen und lieber den Tod zu leiden als ein Flüchtlingsleben, mit diesen Erinnerungen beladen, hinzuschleppen. Da ihn alles getäuscht und verlassen hatte, schien ihm das Leben keiner Anstrengungen und Opfer mehr wert. Aber das war spurlos erloschen, sobald er von dem Leichnam weg stadteinwärts gegangen war und ihm überall das Leben mit dem vertrauten Gesicht in die Augen blickte. Wenn jetzt die Büttel ihm schon auf den Fersen und an kein Entrinnen mehr zu denken gewesen wäre, er hätte sich doch zur Wehr gesetzt und das nackte Leben mit den Zähnen verteidigt.

Ein verzweifelt kühler Mut machte ihn besonnen und vorsichtig. Er war entschlossen, falls sein schnell gefaßter Plan mißlänge, jeden Feind seine Kraft fühlen zu lassen und sein Leben teuer zu verkaufen. Darüber ward er ruhig und besorgte das Notwendige mit kühler Miene und ohne Hast.

Es war noch nicht Abend, da wanderte er gemächlich aus der Stadt, mit seinem schwarzen Röcklein angetan, darunter aber in einem bäuerischen Leinengewand und mit zwei Talern versehen. Rheinaufwärts wehte ein kräftiger Abendwind, und als in Köln die Glocken zu läuten begannen und Berthold einen Augenblick zurückschaute, sah er die Türme der Stadt schon grau und geisterhaft im abendlichen Dunste stehen. Der schwarze Rock lag längst, um einen guten Kieselstein gewickelt, im Strom. Sein Weg aber ging nach Westfalen, wo er Werber zu finden hoffte, um im Schatten der Fahnen und im Getöse des großen Krieges zu verschwinden.

Hier, wo Berthold den Weg in die Abenteuer des Dreißigjährigen Krieges antritt, bricht die Handschrift ab.

(um 1907)

Freunde

Der niedere Kneipsaal war voll Rauch, Biergeruch, Staub und Getöse. Ein paar Füchse fuchtelten mit Schlägern gegeneinander und hieben flüchtige Wirbel in den dicken Tabaksrauch; ein schwer Betrunkener saß auf dem Fußboden und lallte ein sinnloses Lied; einige ältere Semester knobelten am Ende der Tafel.

Hans Calwer winkte seinem Freunde Erwin Mühletal und ging zur Tür.

»He, schon fort?« rief einer der Spieler herüber.

Hans nickte nur und ging, Mühletal folgte. Sie stiegen die alte, steile Holzstiege hinab und verließen das schon still werdende Haus. Kalte Winternachtluft und blaues Sternenlicht empfing sie auf dem leeren, weiten Marktplatz. Aufatmend und den eben zugeknöpften Mantel wieder öffnend, schlug Hans den Weg nach seiner Wohnung ein. Der Freund folgte ein Stück weit schweigend, er pflegte Calwer fast jeden Abend nach Hause zu begleiten. Bei der zweiten Gasse aber blieb er stehen. »Ja«, sagte er, »dann Gutnacht. Ich geh ins Bett.«

»Gutnacht«, sagte Hans unfreundlich kurz und ging weiter. Doch kehrte er nach wenigen Schritten wieder um und rief den Freund an.

»Erwin!«

»Ja?«

»Du, ich geh noch mit dir.«

»Auch recht. Ich geh aber ins Bett, ich schlafe schon halb.«

Hans kehrte um und nahm Erwins Arm. Er führte ihn aber nicht nach Hause, sondern zum Fluß hinab, über die alte Brücke und in die lange Platanenallee, und Erwin ging ohne Widerspruch mit. »Also was ist los?« fragte er endlich. »Ich bin wirklich müde.«

»So? Ich auch, aber anders.«

»Na?«

»Kurz und gut, das war meine letzte Mittwochskneipe.«

»Du bist verrückt.«

»Nein, du bist's, wenn dir der Betrieb noch Spaß macht. Lieder brüllen, sich auf Kommando vollsaufen, idiotische Reden anhören und sich von zwanzig Simpeln angrinsen und auf die Schulter klopfen lassen, das mach ich nicht mehr mit. Eingetreten bin ich seinerzeit, wie jeder, im Rausch. Aber hinaus gehe ich vernünftig und aus guten Gründen. Und zwar gleich morgen.«

»Ja aber —«

»Es ist beschlossen, und damit fertig. Du bist der einzige, der es schon vorher erfährt; du bist auch der einzige, den es etwas angeht. Ich wollte dich nicht um Rat bitten.«

»Dann nicht. Also du trittst aus. Ganz ohne Skandal geht es ja nicht.«

»Vielleicht doch.«

»Vielleicht. Nun, das ist deine Sache. Es wundert mich ja eigentlich nicht besonders, geschimpft hast du immer, und es geht ja auch bei uns soso zu. Nur, weißt du, anderwärts ist es kein Haar besser. Oder willst du in ein Korps, mit deinem bißchen Wechsel?«

»Nein. Meinst du, ich springe heut aus und morgen irgendwo anders wieder ein? Dann könnte ich ja gleich bleiben, nicht? Korps oder Burschenschaft oder Landsmannschaft, das ist eins wie das andere. Ich will mein eigener Herr sein und nimmer der Hanswurst von drei Dutzend Bundesbrüdern. Das ist alles.«

»Ja, das ist alles. Ich müßte dir ja eigentlich abraten, aber bei dir gewöhnt man sich das ab. Wenn es dir nach drei Wochen leid tut —«

»Du mußt wirklich Schlaf haben. Dann geh also in dein Bett und verzeih, daß ich deine kostbare Zeit mit solchen Dummheiten in Anspruch nahm. Gutnacht, ich geh noch spazieren.«

Erwin lief ihm erschrocken und etwas ärgerlich nach. »Es ist wahrhaftig schwer, mit dir zu reden. Wenn ich doch nichts dazu sagen darf, warum teilst du mir dann sowas mit?«

»Ach, ich dachte, es würde dich vielleicht interessieren.«

»Herrgott, Hans, jetzt sei vernünftig! Was soll die Reizerei zwischen uns?«

»Du hast mich eben nicht verstanden.«

»Ach schon wieder! Jetzt sei doch gescheit! Du sagst sechs Worte, und kaum geb ich Antwort, so hab ich dich nicht verstanden! Jetzt sag deutlich, was hast du eigentlich gewollt?«

»Dir mitteilen, daß ich morgen aus der Verbindung austrete.«

»Und weiter?«

»Das weitere ist wohl mehr deine Sache.«

Erwin begann zu begreifen.

»Ach so?« sagte er mit erzwungener Ruhe. »Du trittst morgen aus, nachdem du dir's lange genug überlegt hast, und nun meinst du, ich soll Hals über Kopf nachrennen. Aber weißt du, die sogenannte Tyrannei in der Verbindung drückt mich nicht so heftig, und es sind Leute dabei, die sind mir einstweilen gut genug. Die Freundschaft in Ehren, aber dein Pudel mag ich doch nicht sein.«

»Nun ja. Wie gesagt, es tut mir leid, daß ich dich bemüht hab. Grüß Gott.«

Er ging langsam davon, mit einem nervösen, künstlich leichten Schritt, den Erwin gut kannte. Er sah ihm nach, anfangs mit der Absicht, ihn zurückzurufen, von Augenblick zu Augenblick ward das aber schwerer. Da ging er fort!

»Geh nur! Geh nur!« grollte er halblaut und sah Hans nach, bis er im Dunkel und bläulichen Schneenachtlicht verschwunden war. Da kehrte er um und ging langsam die ganze Allee zurück, die Brückentreppe hinauf und seiner Wohnung zu. Schon tat ihm alles leid, und sein Herz schlug unbeirrt dem alten Freunde nach. Aber er dachte zugleich an die letzten Wochen, wie Hans immer schwerer zu befriedigen, immer stolzer und herrischer geworden war. Und jetzt wollte er ihn durch zwei Worte zu einem wichtigen Schritt bestimmen, wie er als Schulknabe ihn ohne weiteres und ungefragt zum Handlanger bei seinen Streichen angestellt hatte. Nein, das war doch zu viel. Er hatte recht, daß er Hans laufen ließ, es war vielleicht sein Heil. Ihm schien jetzt, während ihrer ganzen Freundschaft sei er immer der Geduldete, Mitgenommene, Untergebene gewesen; auch die Bundesbrüder hatten ihn oft genug damit aufgezogen.

Sein Schritt wurde schneller, ein unechtes Triumphgefühl trieb ihn an, er kam sich mutig und entschlossen vor. Schnell schloß er das Tor auf, stieg die Treppe hinauf und trat in sein Stübchen, wo er ohne Licht zu Bett ging. Zum Fenster sah der Stiftskirchenturm in einem blauen Sternenkranz hinein, im Ofen glomm müde eine verspätete Glut. Erwin konnte nicht schlafen.

Zornig suchte er eine Erinnerung um die andere hervor, die ihm in seine trotzige Stimmung paßte. Er stellte einen Anwalt in sich auf, der ihm recht geben und Hans verurteilen mußte, und der Anwalt hatte vielen Stoff gesammelt. Zuweilen war der Anwalt unfein in seinen Mitteln, er brachte sogar Spitznamen und Scheltworte ins Gefecht, die die Bundesbrüder gelegentlich auf Hans gemünzt hatten, und wiederholte die Argumente früherer empörter Stunden, deren Erwin sich nachher stets geschämt hatte. Er schämte sich auch jetzt ein wenig und fiel dem Anwalt gelegentlich ins Wort, wenn er gehässig wurde. Aber was hatte es schließlich für einen Sinn, jetzt noch Schonung zu üben und die Worte zu wägen? Bitter und grimmig schuf er das Bild seiner Freundschaft um, bis es nichts mehr darstellte als eine Vergewaltigung, die Hans sich an ihm hatte zuschulden kommen lassen.

Er wunderte sich über die Menge von Erinnerungen, die ihm zu Hilfe kamen. Da waren Tage, an denen er mit Sorgen und ernsten Gedanken zu Hans gekommen war, und der hatte ihn gar nicht ernstgenommen, hatte ihm Wein vorgesetzt oder ihn auf einen Ball mitgeschleppt. Andere Male, wenn er recht vergnügt und voller genußsüchtiger Pläne war, hatte Hans mit einem Blick und ein paar Worten ihn dahin gebracht, daß er sich selber seiner Lustigkeit schämte. Einmal hatte Hans sogar geradezu beleidigend über das Mädchen gesprochen, in das Erwin damals verliebt war. Ja, und schließlich war es seinerzeit nur auf Hansens Zureden und Hans zuliebe geschehen, als er in die Verbindung eintrat. Eigentlich hätte es ihm bei der Burschenschaft besser gefallen.

Erwin fand keine Ruhe. Er mußte immer mehr Verborgenes ans Licht ziehen, bis auf sagenhaft ferne, vergessene Abenteuer früher Schuljahre zurück. Immer und immer war er der Gutmütige, Geduldige, Dumme gewesen, und sooft es ein Zerwürfnis gegeben hatte, war immer er zuerst gekommen und hatte um Verzeihung gebeten oder Vergessen geheuchelt. Nun ja, er war eben einmal ein guter Kerl. Aber wozu das alles? Was war denn schließlich an diesem Hans Calwer, daß man ihm nachlaufen mußte? Ja, ein bißchen Witz und eine gewisse Sicherheit im Auftreten, das hatte er wohl, und er konnte geistreich sein, entschieden. Aber auf der andern Seite war er recht eingebildet, spielte den Interessanten, sah auf alle Leute herunter, vergaß Verabredungen und Versprechungen und wurde selber wütend, wenn man ihm einmal nicht wörtlich Wort hielt. Nun, das mochte hingehen, Hans war eben immer etwas nervös, aber dieser Stolz, diese Sicherheit, diese immer souveräne, verächtlich tuende, unbefriedigte Hochnäsigkeit, die war unverzeihlich.

Von den alten, törichten Erinnerungen war eine besonders hartnäckig. Sie waren damals beide dreizehn oder vierzehn Jahre alt und hatten bisher jeden Sommer von einem Baum, der Erwins Nachbarn gehörte, Frühpflaumen gestohlen. Auch diesmal hatte Erwin den Baum beobachtet und von Zeit zu Zeit untersucht, und nun war er eines Abends glücklich und geheimnisvoll zu Hans gekommen und hatte gesagt: »Du, sie sind reif.« »Was denn?« hatte Hans gefragt und ein Gesicht gemacht, als verstehe er nichts und denke an ganz anderes. Und dann, als Erwin ihn erstaunt und lachend an die Pflaumen erinnerte, hatte ihn Hans ganz fremd und mitleidig angesehen und gesagt: »Pflaumen? Ach, du meinst, ich solle Pflaumen stehlen? Nein, danke.«

Ah, der Großhans! Wie er sich immer interessant machte! So war es mit den Pflaumen gewesen, und genau so ging es mit dem Turnen, mit dem Deklamieren, mit den Mädchen, mit dem Radfahren. Was gestern noch selbstverständlich gewesen war, wurde heute mit einem Achselzucken und einem Blick des Nichtmehrkennens abgetan. Gerade wie jetzt wieder mit dem Ausspringen aus der Verbindung! Erwin hatte damals zur Burschenschaft gewollt, aber nein, Hans wollte das nun gerade nicht, und Erwin hatte nachgegeben. Und jetzt war mit keinem Wort mehr davon die Rede, daß es damals einzig und allein Hans gewesen war, der sich für die Verbindung entschied. Freilich hatte er Hans manchmal recht geben müssen, wenn er sich über das Verbindungsleben lustig machte oder darüber klagte. Aber darum ging man doch nicht hin und brach sein Wort und sprang wieder aus, einfach aus Langeweile. Er jedenfalls würde es nicht tun und Hans zuliebe erst recht nicht.

Die Stunden klangen vom Kirchturm durch die Nachtkühle, die Glut im Ofen war erloschen. Erwin beruhigte sich langsam, die Erinnerungen wurden wirr und verloren sich, die Argumente und Anklagen waren erschöpft, der strenge Anwalt verstummt, und doch konnte er nicht einschlafen. Er war ärgerlich. Warum nur? Erwin hätte nur sein Herz zu fragen brauchen. Das war unermüdlicher als alles andere und schlug, ob der Kopf zürnte und anklagte oder müde schwieg, unbeirrt und traurig nach dem Freund, der im blassen Schneelicht unter den Platanen weggegangen war.

Indessen ging Hans in den Anlagen flußabwärts, von Allee zu Allee. Sein unruhiger Schritt wurde im längeren Gehen gleichmäßig, da und dort blieb er stehen und sah aufmerksam in den dunklen Fluß und auf die dunkle, eingeschlafene Stadt. Er dachte nimmer an Erwin. Er überlegte, was morgen zu tun sei, was er sagen und wie er sich halten müsse. Es war unangenehm, seinen Austritt aus der Verbindung zu erklären, denn seine Gründe dafür waren derart, daß er sie nicht aussprechen und sich nicht auf

Antworten und Zureden einlassen konnte. Er sah keinen anderen Weg, als auf alle Rechtfertigung zu verzichten und die Wölfe hinter sich her heulen zu lassen. Nur keine Auseinandersetzung, nur keine Erklärungen über Dinge, die ihn allein angingen, und mit Leuten, die ihn doch nicht verstanden. Er überlegte Wort für Wort das, was er sagen wollte. Zwar wußte er wohl, daß er morgen doch anders sprechen würde, aber je gründlicher er die Situation im voraus erschöpfte, desto ruhiger würde er bleiben. Und darauf kam alles an: ruhig zu bleiben, ein paar Mißverständnisse einzustecken, ein paar Vorwürfe zu überhören, vor allem aber Diskussionen abzulehnen, nicht den Unverstandenen, nicht den Leidenden, auch nicht den Ankläger oder Besserwisser oder Reformator zu spielen.

Hans suchte sich die Gesichter des Seniors und der anderen vorzustellen, besonders die ihm unsympathischen, von denen er fürchtete, sie könnten ihn reizen und aus der Ruhe bringen. Er sah sie erstaunt und unwillig werden, sah sie die Mienen des Richters, des beleidigten Freundes, des wohlwollenden Zusprechers annehmen und sah sie kalt werden, abweisen, nicht begreifen, beinahe hassen.

Schließlich lächelte er, als hätte er das alles schon hinter sich. Er dachte mit verwunderter und neugieriger Erinnerung an die Zeit seines Eintritts in die Verbindung, an das ganze merkwürdige erste Semester. Er war eigentlich ziemlich kühl hergekommen, wenn auch mit vielen Hoffnungen. Aber dann geriet er in jenen sonderbaren Rausch, der acht Tage dauerte, wo er von älteren Studenten liebenswürdig behandelt, aufmerksam ins Gespräch gezogen wurde. Man fand ihn aufgeweckt und geistreich und sagte ihm das, man rühmte seine geselligen Gaben, an denen er immer gezweifelt hatte, man fand ihn originell. Und in diesem Rausch ließ er sich täuschen. Ihm schien, er käme aus der Fremde und Einsamkeit zu seinesgleichen, an einen Ort und zu Menschen, wo er sich zugehörig fühlen könne, ja er sei überhaupt nicht so zum Sonderling bestimmt, wie er vorher geglaubt hatte. Ihm schien die oft vermißte Geselligkeit, das oft bitter entbehrte Aufgehen in einer Gemeinschaft hier nahe, möglich, erreichbar, ja selbstverständlich. Das hielt eine Weile an. Er fühlte sich wohl und gerettet, er war dankbar und offen gegen alle, drückte allen die Hand, fand alle lieb, lernte die Kneipsitten mit humoristischem Vergnügen und konnte bei manchen philosophisch-stumpfsinnigen Liedern ganz gerührt mitsingen.

Sehr lange dauerte es allerdings nicht. Er merkte bald, wie wenige den

Stumpfsinn fühlten, wie stereotyp die Witzreden und wie konventionell die nachlässig-herzlichen Umgangsformen der Brüderschaft waren. Er konnte bald nicht mehr mit wirklichem Ernst von der Würde und Heiligkeit der Verbindung, ihres Namens, ihrer Farben, ihrer Fahne, ihrer Waffen reden hören, und sah mit neugieriger Grausamkeit das Gebaren alter Philister an, die bei einem Besuch in der Universitätsstadt bei ihren jungen Bundesbrüdern vorsprachen, mit Bier gefüllt wurden und mit verjährten Gesten in die junge Lustigkeit einstimmten, die noch die gleiche war wie zu ihren Zeiten. Er sah und hörte, wie seine Kameraden vom Studium, vom wissenschaftlichen Betrieb, vom künftigen Amt oder Beruf redeten und dachten. Er beobachtete, was sie lasen, wie sie die Lehrer beurteilten; gelegentlich kam ihm auch ihr Urteil über ihn selbst zu Ohren. Da sah er, es war alles wie früher und wie überall, und er paßte in diese Gemeinschaft so wenig wie in eine andere.

Von da bis heute hatte es gedauert, bis sein Entschluß reif geworden war. Ohne Erwin wäre es schneller gegangen. Der hatte ihn noch gehalten, teils durch seine alte herzliche Art, teils durch ein Verantwortungsgefühl, da jener ihm in die Verbindung gefolgt war. Es würde sich zeigen, wie Erwin sich nun hielt. Wenn ihm dort drüben wohler war, hatte Hans kein Recht, ihn wieder mit sich in ein anderes Leben zu ziehen. Er war reizbar und unfreundlich gewesen, auch heute wieder; aber warum ließ Erwin sich alles gefallen?

Erwin war kein Durchschnittsmensch, aber er war unsicher und schwach. Hans erinnerte sich ihrer Freundschaft bis in die ersten Jahre zurück, da Erwin ihn nach längeren schüchternen Bemühungen erobert hatte. Seither war alles von Hans ausgegangen: Spiele, Streiche, Moden, Sport, Lektüre. Erwin war den sonderbarsten Einfällen und rücksichtslosesten Gedanken seines Freundes mit Bewunderung und Verständnis gefolgt, er hatte ihn eigentlich nie allein gelassen. Aber selber hatte er wohl wenig getan und gedacht, meinte Hans. Er hatte ihn fast immer verstanden, ihn immer bewundert, er war auf alles eingegangen. Aber sie hatten nicht ein gemeinsames, aus zwei einzelnen Leben zusammengewachsenes Leben miteinander geführt, sondern Erwin hatte eben seines Freundes Leben mitgelebt. Das fiel Hans jetzt ein, und der Gedanke erschreckte ihn, daß er selbst in dieser jahrelangen Freundschaft gar nicht, wie er immer geglaubt hatte, der Durchschauende und Wissende gewesen war. Im Gegenteil, Erwin kannte ihn besser als sonst irgendein Mensch, aber er kannte Erwin kaum. Der war immer nur sein Spiegel, sein Nachahmer gewesen. Vielleicht hatte er in all den Stunden, in denen er nicht mit Hans zusammen war, ein ganz anderes eigenes Leben geführt. Wie gut hatte er sich mit manchen Schulkameraden und jetzt mit manchen Bundesbrüdern gestellt, zu denen Hans nie in ein Verhältnis, nicht einmal in das der Abneigung gekommen war! Es war traurig. Hatte er also wirklich gar keinen Freund gehabt, kein fremdes Leben mitbesessen? Er hatte einen Begleiter gehabt, einen Zuhörer, Jasager, Handlanger, mehr nicht.

Erwins letztes Wort an diesem ärgerlichen Abend fiel ihm ein: »Dein Pudel mag ich nicht sein.« Also hatte Erwin selber gefühlt, wie ihr Verhältnis war; er hatte sich zeitweilig zum Pudel hergegeben, weil er Hans bewunderte und gern hatte. Und gewiß hatte er das schon früher gefühlt und sich zuzeiten dagegen empört, es ihm aber verheimlicht. Er hatte ein zweites, eigenes, ganz anderes Leben geführt, an dem der Freund nicht teilhatte, von dem er nichts wußte, in das er nicht hineinpaßte.

In unwilliger Betrübnis suchte sich Hans von diesen Gedanken abzuwenden, die seinem Stolz weh taten und ihn arm machten. Er brauchte jetzt Besonnenheit und Kraft für anderes, um Erwin wollte er sich nicht kümmern. Und doch fühlte er erst jetzt, daß für ihn beim Austritt aus seiner Verbindung eigentlich nur die Frage und Sorge noch wesentlich war, ob Erwin mitkäme oder ihn im Stich ließe. Das andere war ja nur noch ein Abschluß, ein letzter formaler Schritt, innerlich längst abgetan. Ein Wagnis und eine Kraftprobe wurde es nur durch Erwin. Wenn dieser bei den andern blieb und auf ihn verzichtete, dann hatte Hans die Schlacht verloren, dann war sein Wesen und Leben wirklich weniger wert als das der anderen, dann konnte er nimmer hoffen, jemals einen anderen Menschen an sich zu fesseln und festzuhalten. Und wenn es so war, dann kam eine böse Zeit für ihn, viel böser als alles Bisherige.

Wieder ergriff ihn, wie schon manchesmal, ein hilfloser, kläglicher Zorn über all den Schwindel in der Welt und über sich selber, daß er ihm immer wieder trotz allem Besserwissen vertraut hatte. So war es auch mit der Universität und vor allem mit dem Studentenwesen. Die Universität war eine veraltete, schlecht organisierte Schule; sie gewährte dem Schüler eine scheinbar fast grenzenlose Freiheit, um ihn nachher durch ein mechanisch-formelhaftes Prüfungswesen wieder desto gründlicher einzufangen, ohne doch gegen Ungerechtigkeiten von der wohlwollenden Protektion bis zur Bestechung eine Sicherheit zu geben. Nun, das plagte ihn wenig.

Aber das Studentenleben, die Abstufung der Gesellschaften nach Herkunft und Geld, die komische Uniformierung, das fahnenweihmäßige, an bürgerliche Männergesangvereine erinnernde Redenhalten, zu-Fahnen- und-Farben-Schwören, die schäbig und sinnlos gewordene Romantik mit Altheidelberg und Burschenfreiheit, während man zugleich der Bügelfalte huldigte, das alles existierte nicht nur fort, er war sogar selber in die lächerliche Falle gegangen!

Hans mußte an einen Studenten denken, der mehrmals in einer Vorlesung über orientalische Religionswissenschaft sein Banknachbar gewesen war. Der trug einen dicken, urgroßväterlichen Lodenmantel, schwere Bauernstiefel, geflickte Hosen und ein derbes, gestricktes Halstuch und war vermutlich ein theologiestudierender Bauernsohn. Dieser hatte für die ihm unbekannten, einer andern Welt zugehörigen, eleganten Kollegen mit Mützen und Bändern, feinen Überziehern und Galoschen, goldenen Zwickern und strohdünnen Modespazierstöckchen immer ein ganz feines, gutes, beinah anerkennendes und doch überlegenes Lächeln. Seine etwas komische Figur hatte für Hans öfters etwas Rührendes, manchmal auch Imponierendes gehabt. Nun dachte er, dieser Unscheinbare stehe ihm doch viel näher als alle bisherigen Kameraden, und er beneidete ihn ein wenig um die zufriedene Ruhe, mit der er seine Absonderung und seine groben Rohrstiefel trug. Da war einer, der gleich ihm ganz allein stand und der doch Frieden zu haben schien und der offenbar das beschämende Bedürfnis, den andern wenigstens äußerlich gleich zu sein, gar nicht kannte.

Hans Calwer quittierte aufatmend das kleine vom Vereinsdiener gebrachte Paketlein, das einen lakonischen letzten Brief des Schriftführers und sein Kommersbuch nebst einigen in der Kneipe liegengebliebenen Kleinigkeiten seines Besitzes enthielt. Der Diener war sehr steif und wollte anfangs nicht einmal ein Trinkgeld annehmen, es war ihm gewiß eigens verboten worden. Als Hans ihm aber einen Taler hinbot, nahm er ihn doch, dankte lebhaft und sagte wohlwollend:

»Das hätten Sie aber nicht tun sollen, Herr Calwer.«

»Was denn?« fragte Hans. »Den Taler hergeben?«

»Nein, austreten hätten Sie nicht sollen. Das ist immer bös, wissen Sie. Na, ich wünsch gute Zeit, Herr Calwer.«

Hans war froh, diese peinliche Sache hinter sich zu haben.

Von seinen drei Mützen hatte er schon gestern zwei verschenkt und die dritte als Andenken in seinen Reisekorb gelegt, dazu ein Band und ein paar Photographien von Bundesbrüdern. Nun legte er das mit einem dreifarbigen Schild geschmückte Kommersbuch an denselben Ort, schloß den Korb zu und wunderte sich, wie schnell man das alles loswerden konnte. Der Auftritt im Konvent war ja ein bißchen aufregend und ehrenrührig gewesen, aber jetzt war alles schön erledigt.

Er schaute nach der Tür. Darunter hatte er am meisten gelitten, daß ihm zu allen Tageszeiten bummelnde Bundesbrüder in die Wohnung gelaufen kamen, seine Bilder anschauten und kritisierten, den Tisch und Boden voll Zigarrenasche warfen und ihm seine Zeit und Ruhe stahlen, ohne irgend etwas dafür mitzubringen und ohne seine Andeutungen, daß er arbeiten und allein sein wolle, ernst zu nehmen. Einer hatte sogar eines Morgens, während Hans nicht da war, sich an seinem Tisch niedergelassen und in der Schublade ein Manuskript gefunden. Es war seine erste größere Arbeit und hatte den etwas eitlen Titel »Paraphrasen über das Gesetz von der Erhaltung der Kraft«, und Hans hatte sich nachher förmlich verteidigen und herauslügen müssen, um den Verdacht unheimlichen Strebertums von sich zu wälzen. Jetzt hatte er Ruhe und brauchte nimmer zu lügen. Er schämte sich jener widerwärtigen Augenblicke, da er atemlos hinter verschlossener Türe stand und sich still hielt, während ein Kamerad draußen klopfte, oder da er lachend und seine Verwunderung verbergend, zuhörte, wie über eine ihm wichtige Frage im Kneipjargon gewitzelt wurde. Das war vorüber. Jetzt wollte er seine Freiheit und Ruhe wie ein Schwelger genießen und ungestört an den Paraphrasen arbeiten. Auch ein Klavier wollte er wieder mieten. Er hatte im ersten Monat eins gehabt, es aber zurückgegeben, weil es Besuche anzog und weil einer seiner Bundesbrüder fast alle Tage gekommen war und Walzer gespielt hatte. Nun hoffte er wieder manchen guten, stillen Abend zu erleben, mit Lampenschein, Zigarettenduft, lieben Büchern und guter Musik. Auch üben wollte er wieder, um die verlorenen Monate einzubringen.

Da fiel ihm noch eine versäumte Pflicht ein. Der Professor für orientalische Sprachen, den er als Alten Herrn und Mitbegründer der Verbindung kennengelernt hatte und dessen Haus er oft besuchte, wußte noch nichts von seinem Austritt. Er ging noch am gleichen Tage hin.

Das einfache, vorstädtisch still gelegene Häuschen empfing ihn mit der wohlbekannten wohligen Sauberkeit, mit den kleinen, behaglichen Zimmern voller Bücher und alter Bilder und dem Duft von wohnlich stillem, doch gastfreiem Leben feiner, gütiger Menschen.

Der Professor empfing ihn im Studierzimmer, einem durch Ausbrechen einer Wand gewonnenen, großen Raum mit unzähligen Büchern. »Guten Tag, Herr Calwer. Was führt Sie her? Ich empfange Sie hier, weil ich die Arbeit nicht lange unterbrechen kann. Aber da Sie zu ungewohnter Zeit kommen, haben Sie wohl auch einen besonderen Grund, nicht?«

»Allerdings. Erlauben Sie mir ein paar Worte, da ich nun doch leider schon gestört habe.«

Er nahm auf die Einladung des Professors Platz und erzählte seine Sache.

»Ich weiß nicht, wie Sie es auffassen, Herr Professor, und ob Sie meine Gründe gelten lassen. Zu ändern ist nichts mehr daran, ich bin ausgetreten.«

Der schlanke, magere Gelehrte lächelte.

»Lieber Herr, was soll ich dazu sagen? Wenn Sie getan haben, was Sie tun mußten, ist ja alles in Ordnung. Über das Verbindungsleben denke ich allerdings anders als Sie. Mir scheint es gut und wünschenswert, daß die Studentenfreiheit sich in diesen Gesellschaften selber Gesetze gibt und, meinetwegen im Spiel, eine Art von Organisation oder Staat schafft, dem der Einzelne sich unterordnet. Und gerade für etwas einsiedlerische, nicht sehr gesellige Naturen halte ich das für wertvoll. Was später jeder, und oft unter peinlichen Opfern, lernen muß, an das kann er hier sich unter bequemeren Formen gewöhnen: mit anderen zusammenzuleben, einer Gemeinschaft anzugehören, anderen zu dienen und sich doch selbständig zu halten. Das muß wohl jeder einmal lernen, und eine gesellschaftliche Vorschule erleichtert das nach meiner Erfahrung wesentlich. Ich hoffe, Sie finden andere Wege dahin und bauen sich nicht vorzeitig in eine gelehrten- oder künstlerhafte Einsamkeit hinein. Wo die nötig ist, kommt sie von selber, man muß sie nicht rufen. Zunächst sehe ich in Ihrem Entschluß nur die Notwehr und Reaktion eines empfindlichen Menschen auf die Enttäuschung, die jedes gesellschaftliche Leben einmal bringt. Mir scheint, Sie sind ein wenig Neurastheniker, da ist es doppelt begreiflich. Eine weitere Kritik steht mir nicht zu.«

Es gab eine Pause, Hans sah verlegen und unbefriedigt aus. Da schaute der Mann ihn aus den etwas müden grauen Augen gütig an.

»Daß Ihr Entschluß«, sagte er lächelnd, »mein Urteil über Sie wesentlich ändern oder meine Achtung mindern könnte, haben Sie doch nicht geglaubt? – Also gut, soweit haben Sie mich doch gekannt.«

Hans erhob sich und dankte herzlich. Dann errötete er leicht und sagte: »Noch eine Frage, Herr Professor! Es ist das, was mich hauptsächlich hergeführt hat. Muß ich meinen Verkehr in Ihrem Haus nun einstellen oder einschränken? Ich bin darüber nicht im klaren und hoffe, daß Sie die Frage nicht falsch deuten, nicht etwa als Bitte. Ich möchte nur einen Wink haben.«

Der Professor gab ihm die Hand.

»Also ich winke, aber nicht hinaus. Kommen Sie nur wie bisher. Die Montagabende freilich nicht; sie sind zwar ›offen‹, aber es kommen doch regelmäßig Bundesbrüder her. Genügt das?«

»Ja, danke vielmals. Ich bin so froh, daß Sie mir nicht zürnen. Adieu, Herr Professor.«

Hans ging hinaus, die Treppe hinab und durch den dünn und zart beschneiten Garten auf die Straße. Er hatte eigentlich nichts anderes erwartet, und doch war er dankbar für diese Freundlichkeit. Wenn dies Haus ihm nimmer offengestanden wäre, hätte ihn nichts mehr an die Stadt gefesselt, die er doch nicht verlassen konnte. Der Professor und seine Frau, für die Hans eine fast verliebte Verehrung hatte, schienen ihm vom ersten Besuch an seiner Art verwandt. Er glaubte zu wissen, daß diese beiden zu den Menschen gehörten, die alles schwernehmen und eigentlich unglücklich sein müßten. Und doch sah er, daß sie es nicht waren, obwohl der Frau ihre Kinderlosigkeit sichtlich leid tat. Ihm wollte es so scheinen, als hätten diese Leute etwas erreicht, was zu erreichen vielleicht auch ihm nicht verwehrt war: einen Sieg über sich und die Welt und damit eine zarte, seelenvolle Wärme des Lebens, wie man sie bei Kranken findet, die nur noch körperlich krank sind und ihrer gefährdeten Seele über alles Leid hinaus ein geläutertes, schönes Leben gewonnen haben. Das Leiden, das andere hinabzieht, hat sie gut gemacht.

Mit Befriedigung dachte Hans daran, daß es jetzt die Zeit zum Dämmerschoppen in der Krone war und daß er nicht hingehen mußte. Er ging nach Hause, schob ein paar Schaufeln voll Kohlen in den Ofen, ging leise summend auf und ab und sah dem frühen Dunkelwerden zu. Ihm war wohl, und er meinte eine gute Zeit vor sich zu sehen, ein bescheiden fleißiges Arbeiten, schönen Zielen entgegen, und die ganze genügsame Zufriedenheit eines Gelehrtenlebens, dem das persönliche Dasein beinahe unbemerkt hinrinnt, da Leidenschaft und Kampf und Unruhe des Herzens sich ungeteilt auf dem unirdischen Boden der Spekulation umtreiben und verbluten können. Da er nun einmal kein Student war, wollte er desto mehr ein Studierender sein, nicht um ein Examen und irgendein Amt zu erarbeiten, sondern um seine Kraft und Sehnsucht an großen Gegenständen zu messen und zu steigern.

Er brach die Melodie ab, zündete die Lampe an und setzte sich, die Fäuste an den Ohren, über einen stark gelesenen, mit Bleistiftstrichen und Verweisen gefüllten Band Schopenhauer. Er begann bei dem schon doppelt angestrichenen Satz: »Dieses eigentümliche Genügen an Worten trägt mehr als irgend etwas bei zur Perpetuierung der Irrtümer. Denn gestützt auf die von seinen Vorgängern überkommenen Worte und Phrasen geht jeder getrost an Dunkelheiten oder Problemen vorbei, wodurch diese sich unbeachtet Jahrhunderte hindurch von Buch zu Buch fortpflanzen und der denkende Kopf, zumal in der Jugend, in Zweifel gerät, ob etwa nur er unfähig ist, das zu verstehen, oder ob hier wirklich nicht Verständliches vorliege.«

Hans war, wie die meisten höher begabten Menschen, scheinbar vergeßlich. Ein neuer Zustand, ein neuer Gedankenkreis konnte ihn zeitweilig so erfüllen und mitnehmen, daß er darüber Naheliegendes, eben noch gegenwärtig und lebendig Gewesenes, völlig vergaß. Das dauerte jeweils so lange, bis er das Neue ganz erfaßt und zu eigen genommen hatte. Dann war nicht nur seine peinlich gepflegte Erinnerung an den gesamten Zusammenhang seines Lebens wieder da, sondern es drängten sich ihm Erinnerungsbilder von großer Deutlichkeit in oft lästiger Fülle auf. In diesen Zeiten litt er die bittere Pein aller Selbstbeobachter, die nicht schöpferische Künstler sind.

Für den Augenblick hatte er Erwin ganz vergessen. Er brauchte ihn jetzt nicht, er fühlte sich in der wiedererworbenen Freiheit und Stille befriedigt und dachte weder voraus noch zurück, sondern stillte sein seit Monaten zum wahren Hunger gewordenes Verlangen nach Einsamkeit, Lektüre und Arbeit und fühlte die Zeit des Lärmens und der vielen Kameraden beinahe spurlos hinter sich versunken.

Erwin ging es anders. Er hatte eine Begegnung mit Hans vermieden und die Nachricht von seinem Austritt und die ärgerlichen, zum Teil auch bedauernden Bemerkungen der Bundesbrüder mit trotzigem Gleichmut angehört. Als Intimus des Ausreißers war er in den ersten Tagen manchen Anspielungen ausgesetzt, die seinen Ärger steigerten und seine Abwendung von Hans bestärkten. Denn er wollte diesmal durchaus nicht nachgeben.

Doch konnte sein Wille nicht hindern, daß jedes unbillige und gehässige Wort über den Ausgeschiedenen ihm weh tat. Da er aber nicht gesonnen war, unnötig um den Undankbaren zu leiden, vermied er aus Instinkt Alleinsein und Nachdenken, war den ganzen Tag mit Kameraden zusammen und redete und trank sich in eine törichte Lustigkeit hinein.

Und eben dadurch überwand er die Sache nicht und wurde den lästigen Freund im Herzen nicht los. Vielmehr folgte dem künstlichen Rausch eine tiefe Beschämung und Niedergeschlagenheit. Zu der Trauer um den verlorenen Freund kam die Selbstanklage und reuige Erkenntnis seiner Feigheit und seiner unredlichen Versuche, ihn zu vergessen.

Eines Tages, zehn Tage nach Hansens Austritt aus der Verbindung, nahm Erwin an einem Straßenbummel teil. Es war ein sonniger Wintervormittag mit hellblauem Himmel und frischer, trockener Luft. Auf den Gassen der alten, engen Stadt leuchteten die farbigen Mützen der bummelnden Studenten in fröhlicher Pracht, flotte Reiter im Wichs trabten mit hellem Getön über den harten, trockenen Winterboden.

Erwin war mit einem Dutzend Kameraden unterwegs, alle in prahlend ziegelroten Mützen. Sie flanierten langsam durch die paar Hauptstraßen, begrüßten andersfarbige Bekannte mit großer Beflissenheit und Würde, nahmen demütige Grüße von Dienern, Wirten und Geschäftsleuten nachlässig-stolz entgegen, betrachteten Schaufenster, hielten stehend an belebten Straßenecken Rast und unterhielten sich laut und ungezwungen über vorübergehende Frauen und Mädchen, Professoren, Reiter und Pferde.

Als sie eben vor einer Buchhandlung Stand gefaßt hatten und ausgehängte Bilder, Bücher und Plakate flüchtig betrachteten, ging die Ladentür auf, und Hans Calwer trat heraus. Alle zwölf oder fünfzehn Rotmützen wandten sich verächtlich ab oder bemühten sich, mit starren Gesichtern und überhoch gezogenen Brauen Nichterkennung, Abweisung, Verachtung, vollständige Ignorierung, ja Vernichtung auszudrücken.

Erwin, der beinahe mit Hans zusammengeprallt wäre, wurde dunkelrot und wandte sich scheu mit fliehender Gebärde dem Schaufenster zu. Hans ging mit unbewegtem Gesicht und ohne künstliche Eile vorüber; er hatte Erwin nicht bemerkt und fühlte sich vor den andern keineswegs befangen. Im Weitergehen freute er sich darüber, daß der Anblick der allzu bekannten Mützen und Gesichter ihn kaum erregt hatte, und dachte mit Erstaunen daran, daß er noch vor zwei Wochen zu diesen gehört habe.

Erwin gelang es nicht, seine Bewegung und Verlegenheit zu verbergen.

»Mußt dich nicht aufregen!« sagte sein Leibbursch gutmütig. Ein anderer schimpfte: »So ein hochnäsiger Kerl! Kaum daß er ausgewichen ist! Am liebsten hätt ich ihn gehauen.«

»Dummes Zeug«, beruhigte der Senior. »Er hat sich eigentlich sehr tadellos benommen. N'en parlons plus.«

Noch eine Straße weit ging Erwin mit, dann machte er sich mit kurzer Entschuldigung los und lief nach Hause. Er hatte bisher gar nicht daran gedacht, daß er ja Hans jeden Augenblick auf der Straße begegnen konnte, und wirklich hatte er ihn in diesen zehn Tagen nie gesehen. Er wußte nicht, ob Hans ihn bemerkt und erkannt habe, aber er hatte über diese lächerlich unwürdige Situation kein gutes Gewissen. Es war auch zu dumm; da ging zwei Schritte von ihm sein Herzensfreund vorbei, und er durfte ihm nicht einmal guten Morgen sagen. In den ersten trotzigen Tagen hatte er sogar seinem Leibburschen das Versprechen gegeben, keinen »inoffiziellen Verkehr« mit Hans Calwer zu pflegen. Er begriff das jetzt selbst nicht mehr und hätte sich nichts daraus gemacht, dies Wort zu brechen.

Aber Hans hatte gar nicht ausgesehen wie einer, der um einen verlorenen Schulfreund trauert. Sein Gesicht und sein Gang waren frisch und ruhig gewesen. Er sah dieses Gesicht so deutlich: die gescheiten, kühlen Augen, den schmalen, etwas hochmütigen Mund, die festen, rasierten Wangen und die helle, zu große Stirn. Es war der alte Kopf, wie in jenen ersten Schulknabenzeiten, als er ihn so sehr bewunderte und kaum zu hoffen wagte, daß dieser feine, sichere, still leidenschaftliche Knabe einmal sein Freund werden könnte. Nun war er's gewesen, und Erwin hatte ihn im Stich gelassen.

Da Erwin seinem Schmerz um den Bruch mit Hans Gewalt angetan und sich selber mit einem lustigen Gebaren betrogen hatte, fand die Selbstanklage ihn nun vollkommen schuldig. Er vergaß, daß Hans es ihm oft schwer genug gemacht hatte, sein Freund zu bleiben, daß er selber früher schon oft an Hansens Freundschaft gezweifelt hatte, daß Hans ihn längst hätte aufsuchen oder ihm schreiben können; er vergaß auch, daß er wirklich gewünscht hatte, das ungleiche Verhältnis zu brechen, daß er nimmer der Pudel hatte sein mögen. Er vergaß alles und sah nur noch seinen Verlust und seine Schuld. Und während er verzweifelt an seinem kleinen, unbequemen Schreibtisch saß, brachen ihm unvermutet reichliche Tränen aus den Augen und fielen auf seine Hand, auf die gelben Handschuhe und die rote Mütze.

Richtig betrachtet, war es Hans gewesen, der ihn einst Schritt für Schritt aus dem Kinderland ins Reich der Erkenntnis und der Verantwortung mit sich gezogen hatte. Nun aber wollte es Erwin scheinen, als habe ihn erst seit diesem Verlust die erste, ungebrochene Lebensfreude verlassen. Er dachte an alle Torheiten und Versäumnisse seiner Studentenzeit und kam sich befleckt und gefallen vor. Und so sehr er im Schmerz der schwachen Stunde übertrieb, indem er das alles in unklare Beziehung zu Hans brachte, es war doch eine gewisse Wahrheit darin. Denn Hans war, ohne es zu wollen und ganz zu wissen, sein Gewissen gewesen.

So fiel für Erwin wirklicher Schmerz und wirkliche Schuld mit seiner ersten Anwandlung von Heimweh nach der Kinderzeit zusammen, die fast alle jungen Leute gelegentlich befällt und je nach den Umständen alle Formen vom einfachen Katzenjammer bis zum echten, töricht sinnvollen Jugend-Weltschmerz annehmen kann. Das unbewehrte, widerstandslose Gemüt des Jungen beklagte in dieser Stunde den Freund, seine Verschuldung, seinen Leichtsinn, das verlorene Kinderparadies, alles miteinander, und es fehlte an einem wachen, kühlen Verstand, der ihm gesagt hätte, aller Übel Wurzel sei in seinem eigenen, weichen, leicht vertrauenden, allzu haltlosen Wesen zu suchen.

Eben darum dauerte die Anwandlung auch nicht lange. Tränen und Verzweiflung machten ihn müde; er ging früh zu Bett und tat einen langen, festen Schlaf. Und als in der animalisch-wohligen, ausgeschlafenen Stimmung des neuen Tages sich die Erinnerung an das Gestrige erheben und neue Schatten um sich verbreiten wollte, da war Erwin Mühletal schon wieder Kind genug, sich bei Kameraden und einem Likörfrühstück in der Konditorei Trost zu suchen. Von frischen Gesichtern umgeben und von lustigen Gesprächen, im Glanz der Farben, von einem hübschen und schlagfertigen Mädchen wortreich bedient, lehnte er wehmütig-froh im bequemen Stuhl, führte kleine Brötchen zum Munde und mischte sich aus verschiedenen Likörflaschen ein sonderbares Getränk zusammen, das zwar nicht eigentlich gut schmeckte, aber ihm und den anderen doch viel Vergnügen machte und im Kopf statt der Gedanken einen leichten, schwimmenden, behaglichen Nebel verbreitete. Auch die Bundesbrüder fanden, Mühletal sei heut ein feiner Kerl.

Nachmittags war ein Kolleg, in dem Erwin ein wenig schlummerte, dann machte die Reitstunde ihn wieder ganz munter, so daß er in den Roten Ochsen ging, um der neuen Kellnerin den Hof zu machen. Und da er dort kein Glück hatte, vielmehr die Begehrte von einem Rudel von Einjährigen in Anspruch genommen fand, beendete er den Tag schließlich zufrieden im Café.

So trieb er es eine gute Weile, ganz wie ein Kranker, der in klaren Stunden sein Übel genau erkennt, es aber durch Vergessen und Aufsuchen angenehmer Reize vor sich selbst verbirgt. Er kann lachen, reden, tanzen, trinken, arbeiten, lesen, aber ein dumpfes, selten bis zur Oberfläche des Bewußtseins herauf dringendes Gefühl wird er nicht los, und für Augenblicke kommt ihm deutlich die Erinnerung daran zurück, daß der Tod in seinem Leibe sitzt und im geheimen arbeitet und wächst.

Er ging spazieren, ritt, focht, kneipte und ging ins Theater, ein gesunder, schneidiger Bursch. Aber er war nicht mit sich einig und trug ein Übel in sich verborgen, von dem er wußte, daß es auch in seinen guten Stunden da war und an ihm fraß. Auf der Straße bangte er oft plötzlich vor der Möglichkeit, Hans zu begegnen. Und nachts, wenn er ermüdet schlief, ging seine unruhige Seele Erinnerungswege und wußte wieder genau, daß die Freundschaft mit Hans ihr bester Besitz gewesen war und daß es nichts half, das zu leugnen und zu vergessen.

Einmal machte ein Kamerad in Erwins Gegenwart die anderen lachend darauf aufmerksam, daß dieser so viele Ausdrücke brauche, die von Hans stammten. Erwin sagte nichts, konnte aber nicht mitlachen und ging bald weg. Also jetzt noch war er von Hans abhängig und konnte nicht verleugnen, daß er ihm angehörte und ganze Teile seines Lebens ihm verdankte.

In den Vorlesungen des Orientalisten war Hans Calwer seither jenem bäurisch aussehenden Zuhörer regelmäßig begegnet und hatte häufig neben ihm gesessen. Er hatte ihn aufmerksam betrachtet, und seine ganze Art gefiel ihm trotz dem hilflosen Äußeren mehr und mehr. Er hatte gesehen, daß jener die Vorträge sauber und mühelos stenographierte, und ihn um diese Kunst beneidet, die er aus Abneigung nie hatte lernen mögen.

Einst saß er wieder in seiner Nähe und beobachtete, ohne den Vortrag außer acht zu lassen, den fleißigen Mann. Mit Befriedigung sah er in dessen Gesicht das Aufmerken und Verstehen ausgedrückt und in leisen Bewegungen lebend. Er sah ihn einigemal nicken, einmal lächeln, und während er dies lebendige Gesicht beobachtete, empfand er nicht nur Achtung, sondern Bewunderung und Zuneigung. Er beschloß, den Studenten kennenzulernen. Als die Vorlesung zu Ende war und die Zuhörer den kleinen Raum verließen, folgte Hans dem Lodenmantel aus der Ferne, um zu sehen, wo er wohne. Zu seinem Erstaunen machte der Unbekannte aber in keiner der alten Gassen halt, wo die meisten wohlfeilen Mietzimmer zu finden waren, sondern ging auf einen neueren, weit angelegten Stadtteil zu, wo Gärten, Privathäuser und Villen lagen und nur wohlhabende Leute wohnten. Nun wurde Hans neugierig und folgte in kleinerer Entfernung. Der im Lodenmantel schritt weiter und weiter, schließlich an den äußersten Villen und letzten Gartentoren vorbei, wo die bis dahin stattliche und gepflegte Straße in einen Feldweg verlief, der über einige kleine Bodenwellen, vermutlich Ackerland, hinweg in eine wenig besuchte, Hans völlig unbekannte Gegend hinaus führte.

Noch eine Viertelstunde oder länger ging Hans hinterher, dem Vorausschreitenden immer näher kommend. Nun hatte er ihn beinahe erreicht, jener hörte seine Schritte und wandte sich um. Er sah Hans fragend an, mit einem ruhigen Blick aus klaren, offenen, braunen Augen. Hans zog den Hut und sagte guten Tag. Der andere grüßte wieder, und beide blieben stehen.

»Sie gehen spazieren?« fragte Hans schließlich.

»Ich gehe heim.«

»Ja, wo wohnen Sie denn? Gibt es hier draußen noch Häuser?«

»Hier nicht, aber eine halbe Stunde weiter. Da liegt ein Dorf, Blaubachhausen, und da wohne ich. Aber Sie sind ja wohl hier schon lange bekannt?«

»Nein, ich bin zum erstenmal hier draußen«, sagte Hans. »Darf ich ein Stück mitgehen? Mein Name ist Calwer.«

»Ja, es freut mich. Ich heiße Heinrich Wirth. Aus dem Buddha-Kolleg her kenne ich Sie ja schon länger.«

Sie gingen nebeneinander weiter, und unwillkürlich richtete Hans seinen Schritt nach dem festeren seines Nachbarn. Nach einigem Schweigen sagte Wirth: »Sie haben früher immer so eine rote Kappe aufgehabt.«

Hans lachte: »Ja«, sagte er. »Aber das ist jetzt vorbei. Es war ein Mißverständnis, hat aber doch anderthalb Semester gedauert. Und winters bei der Kälte ist ein Hut auch besser.«

Wirth sah ihn an und nickte. Fast verlegen sagte er dann: »Es ist komisch, aber denken Sie, das freut mich.«

»Warum denn?«

»O, es hat keinen besonderen Grund. Ich hatte aber manchmal ein Gefühl, daß Sie nicht da hineinpassen.«

»Haben Sie mich denn beobachtet?«

»Nicht gerade. Aber man sieht einander doch. Im Anfang genierte es mich eigentlich, wenn Sie neben mir saßen. Ich dachte: das ist auch so ein Tadelloser, den man nicht anschauen darf, ohne daß er wild wird. Es gibt ja solche, nicht?«

»Ja, es gibt solche. O ja.«

»Also. Und dann sah ich, ich hatte Ihnen unrecht getan. Ich merkte ja, daß Sie wirklich zum Hören und Lernen herkamen.«

»Nun, das tun die andern doch wohl auch.«

»Meinen Sie? Ich glaube, nicht viele. Die meisten wollen eben einmal ein Examen machen, weiter nichts.«

»Dazu muß man doch aber auch lernen.«

»Auch, ja, aber nicht viel. Aber man muß dagewesen sein, die Vorlesung belegt haben und so weiter. Was man in einem Kolleg über Buddha lernen kann, kommt im Examen nicht vor.«

»Allerdings. Aber – erlauben Sie – zu einer Art von Erbauung sind eigentlich die Hochschulen auch wieder nicht da. Das Unwissenschaftliche, religiös Wertvolle an Buddha zum Beispiel kann man in einem Reclambändchen haben.«

»Das wohl. Das meine ich auch nicht. Ich bin übrigens nicht eine Art Buddhist, wie Sie vielleicht meinen, wenn ich die Inder auch gerne habe. – Sagen Sie, kennen Sie Schopenhauer?«

»Ja, ich glaube.«

»Also. Dann kann ich Ihnen das schnell erklären: Ich bin einmal beinah Buddhist gewesen, so wie ich's damals verstand. Und dabei hat Schopenhauer mir geholfen.«

»Ganz verstehe ich das nicht.«

»Nun, die Inder sehen das Heil im Erkennen, nicht wahr? Auch ihre Ethik ist nichts als eine Ermahnung zur Erkenntnis. Das hat mich angelockt. Aber nun saß ich da und wußte nicht, war das Erkennen überhaupt nicht der Weg zum Richtigen, oder hatte nur ich noch nicht genug erkannt. Und das wäre natürlich immer weiter gegangen und hätte mich kaputt gemacht. Da fing ich denn noch einmal mit Schopenhauer an, und dessen letzte Weisheit ist schließlich doch die, daß die Tätigkeit des Erkennens nicht die höchste ist, also auch nicht allein zum Ziele führen kann.«

»Zu welchem Ziel?«

»Ja, das ist viel gefragt.«

»Nun ja, ein andermal davon. Aber mir ist nicht recht klar, warum das Ihnen geholfen hat. Wie konnten Sie denn wissen, ob Schopenhauer recht hat oder die indische Lehre? Eins steht gegen das andere. Es war also einfach Ihre Wahl.«

»Doch nicht. Die Inder haben es im Erkennen ja weit gebracht, aber sie hatten keine Erkenntnistheorie. Die hat erst Kant gebracht, und wir können es nimmer ohne sie machen.«

»Das ist richtig.«

»Gut. Und Schopenhauer geht ja ganz von Kant aus. Ich mußte also zu ihm Vertrauen haben, gerade wie ein Luftschiffer zu Zeppelin mehr Vertrauen hat als zum Schneider von Ulm, einfach weil seither reale Fortschritte gemacht worden sind. Also stand die Waage doch nicht ganz gleich, sehen Sie. Aber die Hauptsache lag freilich anderswo. Es stand meinetwegen eine Wahrheit gegen die andere. Aber die eine konnte ich nur mit dem Verstand fassen, für den war sie fehlerlos. Die andere aber fand in mir Resonanz, ich konnte sie durch und durch fassen, nicht nur mit dem Kopf.«

»Ja, ich begreife. Darüber soll man auch nicht streiten. Und seither sind Sie also mit Schopenhauer zufrieden?«

Heinrich Wirth blieb stehen.

»Mensch, Mensch!« rief er lebhaft, doch lächelnd. »Mit Schopenhauer zufrieden! Was soll nun das bedeuten? Man ist einem Wegweiser dankbar, der einem viele Umwege gespart hat, aber man fragt doch den nächsten wieder. Ja, wenn man mit einem Philosophen zufrieden sein könnte! Dann wäre man ja am Ende.«

»Aber nicht am Ziel?«

»Nein, wahrhaftig nicht.«

Sie sahen einander an und hatten Freude aneinander. Sie nahmen das philosophische Gespräch nicht wieder auf, da sie beide fühlten, es sei dem andern nicht um Worte zu tun und sie müßten sich erst besser kennen, um weiter von solchen Dingen zu sprechen. Hans war es zumute, als hätte er unversehens einen Freund gefunden, doch wußte er nicht, ob der andere ihn ebenso ernst nahm, er hatte sogar ein mißtrauisches Gefühl, als sei Wirth trotz seiner sorglosen Offenheit viel zu sicher und fest, um sich leicht hinzugeben.

Es war das erstemal, daß er vor einem beinahe Gleichaltrigen eine solche Achtung hatte und sich als den Nehmenden fühlte, ohne sich darüber zu empören.

Hinter schwarzen, mit Schnee befleckten Ackerfurchen stiegen jetzt zwischen kahlen Obstbäumen helle Giebel eines Weilers auf. Dreschertakt und ein Kuhgebrüll tönte durch die Stille der leeren Felder herüber.

»Blaubachhausen«, sagte Wirth und deutete auf das Dörfchen. Hans wollte Abschied nehmen und umkehren. Er nahm an, sein Bekannter wohne ärmlich und möge das nicht zeigen, oder das Dorf sei vielleicht seine Heimat und er hause dort bei Vater und Mutter.

»Nun sind Sie gleich zu Hause«, sagte er, »und ich will nun auch umkehren und sehen, daß ich zum Mittagessen komme.«

»Tun Sie das nicht«, meinte Wirth freundlich. »Kommen Sie vollends mit und sehen Sie, wo ich wohne und daß ich kein Landstreicher bin, sondern eine ganz stattliche Bude habe. Essen können Sie im Dorf auch haben, und wenn Sie mit Milch zufrieden sind, können Sie mein Gast sein.«

Es war so unbefangen angeboten, daß er gerne annahm. Sie stiegen jetzt einen Hohlweg zwischen Dornengestrüpp zum Dorf hinab. Beim ersten Haus war ein Brunnentrog, ein Knabe stand davor und wartete, bis seine Kuh genug getrunken habe. Das Tier wandte den Kopf mit den schönen, großen Augen nach den Herankommenden um, und der Knabe lief hinüber und gab Wirth die Hand. Sonst war die Gasse winterlich leer und still. Es war Hans wunderlich, aus den Straßen und Hörsälen der Stadt unvermutet in diesen Dorfwinkel zu treten, und er wunderte sich auch über seinen Begleiter, der hier und dort lebte und heimisch schien und der den stillen, weiten Weg zur Stadt tagtäglich ein- oder mehrmals ging.

»Sie haben weit in die Stadt«, sagte er.

»Eine Stunde. Wenn man dran gewöhnt ist, kommt es einem viel weniger vor.«

»Und Sie leben wohl ganz einsam da draußen?«

»Nein, gar nicht. Ich wohne bei Bauersleuten und kenne das halbe Dorf.«

»Ich meine, Sie werden wenig Besuch da haben – Studenten, Freunde –«

»Diesen Winter sind Sie der erste, der mich besucht. Aber im Sommersemester kam öfter einer heraus, ein Theolog. Er wollte Plato mit mir lesen, und wir haben auch angefangen und es drei, vier Wochen getrieben. Dann blieb er allmählich aus. Der Weg war ihm doch zu weit, er hatte ja auch in der Stadt noch Freunde, da verleidete es ihm. Für den Winter ist er jetzt in Göttingen.«

Er sprach ruhig, fast gleichgültig, und Hans hatte den Eindruck, diesem Einsiedler könne Gesellschaft, Freundschaft, Bruch der Freundschaft wenig mehr anhaben.

»Sind Sie nicht auch Theolog?« fragte er.

»Nein. Ich bin als Philolog eingetragen. Ich höre, außer dem indischen Kolleg, griechische Kulturgeschichte und Althochdeutsch. Nächstes Jahr, hoffe ich, gibt es ein Sanskrit-Seminar, da will ich teilnehmen. Sonst arbeite ich privatim und bin drei Nachmittage in der Woche auf der Bibliothek.«

Sie waren vor Wirths Wohnung angekommen. Das Bauernhaus lag still und sauber mit weißem Verputz und rotgemaltem Fachwerk, von der Straße durch einen Obstgarten getrennt. Hühner liefen umher, jenseits des Hofes wurde auf einer großen Tenne Korn gedroschen. Wirth ging seinem Besucher voran ins Haus und die schmale Treppe hinauf, die nach Heu und getrocknetem Obst roch. Oben öffnete er in der halben Finsternis des fensterlosen Flurs eine Tür und machte den Gast auf die altväterisch hohe Schwelle aufmerksam, damit er nicht falle.

»Kommen Sie herein«, sagte Wirth, »hier ist meine Wohnung.«

Der Raum war, trotz seiner bäuerlichen Einfachheit, weit größer und behaglicher als Hansens Stadtzimmer. Es war eine sehr große Stube mit zwei breiten Fenstern. In einer ziemlich dunklen Ecke stand ein Bett und ein kleiner Waschtisch mit einem ungeheuren, grau und blauen Wasserkrug aus Steingut. Nahe bei den Fenstern und von beiden her beleuchtet, stand ein sehr großer Schreibtisch aus Tannenholz, mit Büchern und Heften bedeckt, eine schlichte Holzstabelle dabei. Die eine, äußere Wand ward ganz von drei hohen, bis oben gefüllten Bücherständern eingenommen, an der Wand gegenüber stand ein gewaltiger braungelber Kachelofen, der reichlich geheizt war. Sonst war nur noch ein Kleiderschrank da und ein zweiter, kleiner Tisch. Auf diesem stand ein irdener Hafen voll Milch, daneben lag ein Holzteller mit einem Brotlaib. Wirth brachte einen zweiten Schemel herbei und bat Hans zu sitzen. »Wenn Sie mit mir halten wollen«, meinte er einladend, »so essen wir gleich. Die kalte Luft macht Hunger. Sonst bringe ich Sie ins Wirtshaus, ganz wie Sie wollen.«

Hans zog es vor, dazubleiben. Er bekam einen blau- und weißgestreiften Napf ohne Henkel, einen Teller und ein Messer. Wirth schenkte ihm Milch ein und schnitt ihm ein Stück Brot vom Laib, danach versorgte er sich selber. Er schnitt sein Brot in lange Streifen, die er in die Milch tauchte. Da er sah, daß seinem Besuch diese Art zu essen ungewohnt war, lief er nochmals hinaus und kam mit einem Löffel, den er ihm hinlegte.

Sie aßen schweigend, Hans nicht ohne Befangenheit. Als er fertig war und nichts mehr nehmen wollte, ging Wirth an den Schrank, brachte eine prächtige Birne und bot sie an: »Da hab ich noch etwas für Sie, damit Sie mir nicht hungrig bleiben. Nehmen Sie nur, ich habe noch einen ganzen Korb voll. Sie sind von meiner Mutter, die schickt mir alle Augenblicke so was Gutes.«

Calwer kam nicht aus der Verwunderung. Er war überzeugt gewesen, der Mann sei ein armer Schlucker und Stipendientheolog, nun hatte er erfahren, daß er lauter brotlose Künste treibe, und sah außerdem an dem stattlichen Bücherschatz, daß er nicht arm sein könne. Denn es war nicht eine ererbte oder aus zufälligen Geschenken entstandene Verlegenheitsbibliothek, die man mit sich schleppt und beibehält, ohne sie zu brauchen, sondern eine Sammlung guter, zum Teil ganz neuer Bücher in einfachen, anständigen Einbänden, alles offenbar in wenigen Jahren erworben. Der eine Ständer enthielt Dichter aller Völker und Zeiten bis zu Hebbel und sogar Ibsen, nebst den antiken Autoren. Alles andere war Wissenschaft, aus verschiedenen Gebieten, ein Fach voll ungebundener Sachen enthielt vieles von Tolstoi, eine Masse Broschüren und Reclambändchen.

»Wieviel Bücher Sie haben!« rief Hans bewundernd. »Auch einen Shakespeare. Und Emerson. Und da ist Rhodes ›Psyche‹! Das ist ein Schatz.«

»Nun ja. Wenn Sachen dabei sind, die Sie lesen möchten und nicht selber haben, dann nehmen Sie nur mit! Es wäre ja schöner, wenn man ohne Bücher leben könnte, aber man kann es doch nicht.«

Nach einer Stunde brach Hans auf. Wirth hatte ihm geraten, einen anderen, schöneren Weg nach der Stadt zurückzugehen, und begleitete ihn nun eine kleine Strecke, damit er nicht irrgehe. Als sie auf die untere Dorfstraße kamen, schien Hans die Umgebung bekannt, als sei er schon einmal hier gewesen. Und als sie an einem modernen Wirtshaus mit einem großen Kastaniengarten vorübergingen, fiel jener Tag ihm plötzlich wieder ein. Es war in seiner ersten Zeit gewesen, gleich nach seinem Eintritt in die Verbindung, sie waren in Landauern herausgefahren und hatten hier im Garten gesessen, alles fidel und schon angetrunken, in einer lärmigen Fröhlichkeit. Er schämte sich. Damals war vielleicht jener Theolog, der nachher untreu wurde, bei Wirth gewesen, und sie hatten Plato gelesen.

Beim Abschied wurde er zum Wiederkommen aufgefordert, was er gerne versprach. Erst nachher fiel ihm ein, daß er seine Adresse nicht angegeben habe. Doch war er ja sicher, seinen neuen Bekannten im indischen

Kolleg wieder zu treffen. Während des ganzen Heimwegs machte er sich neugierige Gedanken über ihn. Seine plumpe Kleidung, sein Wohnen da draußen bei Bauern, sein Mittagsmahl von Brot und Milch, seine Mutter, die ihm Birnen schickte, das alles paßte gut zusammen, aber es paßte nicht zu den vielen Büchern und nicht zu Wirths Reden. Gewiß war er auch älter als er aussah und hatte schon manches erlebt und erfahren. Seine einfache, unbefangen freie Art zu sprechen, Bekanntschaft zu machen, sich im Gespräch herzugeben und doch in Reserve zu bleiben, war im Gegensatz zu seiner sonstigen Erscheinung beinahe weltmännisch. Unvergeßlich aber war sein Blick, der ruhige, klare, sichere Blick aus schönen, warmen, braunen Augen.

Auch was er über Schopenhauer und die indische Philosophie gesagt hatte, war zwar nicht neu, aber es klang ganz und gar erlebt, nicht wie gelesen oder auswendig gelernt. In Hansens Erinnerung klang noch mit unbestimmt erregendem, mahnendem Ton wie das Nachsummen einer tiefen Saite das Wort, das jener von seinem »Ziel« gesagt hatte.

Was war das für ein Ziel? Vielleicht dasselbe, das ihm selber noch so dunkel und doch als Ahnung schon da war, während jener es schon erkannt hatte und mit Bewußtsein verfolgte? Aber Hans meinte zu wissen, daß jeder Mensch sein eigenes Ziel habe, jeder ein anderes und daß scheinbare Übereinstimmungen hier nur Täuschungen sein könnten. Immerhin war es möglich, daß zwei Menschen große Wegstrecken gemeinsam gingen und Freunde waren. Und er fühlte, daß er dieses Menschen Freundschaft begehrte, daß er zum erstenmal bereit war, sich einem andern unterzuordnen und hinzugeben, eine fremde Überlegenheit willig und dankbar gelten zu lassen.

Etwas müde und durchfroren kam er in die Stadt zurück, als es schon dämmerte. Er ging nach Hause und ließ sich Tee machen; da erzählte ihm seine Wirtin, es sei zweimal ein Student dagewesen und habe nach ihm gefragt. Das zweitemal habe er sich Hansens Zimmer öffnen lassen und dort länger als eine Stunde auf ihn gewartet. Hinterlassen habe er nichts. Die Frau wußte seinen Namen nicht, beschrieb ihn aber so, daß Hans wußte, es sei Erwin gewesen.

Tags darauf begegnete er ihm am Eingang der Aula. Erwin sah blaß und übernächtigt aus. Er war in Couleur und in Gesellschaft von Bundesbrüdern, und als er Hans erkannte, wandte er das Gesicht und sah geflissentlich von ihm weg.

Hans überlegte sich, ob er ihn besuchen solle, kam aber zu keinem Entschluß. Er kannte Erwins Schwäche und Bestimmbarkeit wohl und zweifelte nicht daran, daß es nur auf ihn ankäme, um ihn wieder unter seinen Einfluß zu bringen. Doch wußte er selbst nicht, ob das für sie beide gut wäre. Daß Erwin ihn allmählich vergäße und im Umgang mit so vielen anderen selbständiger würde, war vielleicht doch die beste Lösung. Es tat ihm leid, keinen Freund mehr zu haben, und es war ihm sonderbar peinlich, daran zu denken, daß ein ihm fremd Gewordener ihn so gut kennen und so viele Erinnerungen mit ihm gemeinsam haben solle. Aber lieber das, als ein so einseitiges Verhältnis gewaltsam weiterführen! Er gestand sich, daß es ihm ein wenig wohl tat, die Verantwortung für den allzu unselbständigen Freund los zu sein.

Dabei vergaß er, daß er noch vor vierzehn Tagen ganz anders gedacht hatte. Damals kam es ihm wie eine beschämende Niederlage vor, wenn Erwin das Bleiben in der Verbindung seiner Freundschaft vorzog, jetzt ließ ihn das kühl. Das beruhte zwar zum Teil einfach auf seiner augenblicklichen Zufriedenheit mit dem Leben, die ihn ruhig machte, weit mehr aber noch und mehr als er selbst wußte, auf seiner jungen Bewunderung für Heinrich Wirth und auf seiner Hoffnung, an ihm einen neuen, ganz anders geliebten Freund zu bekommen. Erwin war ein Spielkamerad gewesen, der andere aber konnte ein wirklicher Teilnehmer an seinem Denken und Leben, ein Ratgeber, Führer und Weggefährte sein.

Indessen war es Erwin nicht wohl. Seine Kameraden mußten sein ungleiches, erregtes Wesen bemerken, und einige fühlten heraus, daß Hans die Ursache war. Das ließ man ihn gelegentlich merken, und einer, ein grober Patron, machte sich den Spaß, Erwins Freundschaft mit Hans eine »Liebschaft« zu nennen und ihn zu fragen, ob er sich jetzt, da Hans Gott sei Dank weg sei, nicht endlich in ein Weib verlieben wolle, wie es unter gesunden Jungen Sitte sei. Die rasende Wut, in die Erwin darüber geriet, hätte beinah zu einer blutigen Rauferei geführt. Er stürzte sich auf den Spötter, den man ihm mit Gewalt entreißen mußte, und die älteren Kameraden fanden kein Mittel, ihn zu beruhigen, als daß sie den Ungezogenen zwangen, Erwin um Verzeihung zu bitten. Da die Verzeihung so erzwungen war und so wenig von Herzen kam wie die Bitte darum, blieb der Riß klaffen, und Erwin hatte nicht nur einen Feind, den er täglich sehen mußte, sondern fühlte sich auch von den anderen mit einem gewissen

Mitleid behandelt, das ihm alle Unbefangenheit nahm. Nun spielte er den Forschen nicht mehr nur sich selber, sondern ebensosehr den anderen vor, und es gelang ihm schlecht.

Am Tag jener Beleidigung hatte er die beiden Fehlgänge zu Hans getan. Nun nahm er ihm übel, daß er nicht zu finden gewesen war, und sah mit einer traurigen Genugtuung den Augenblick verpaßt, in welchem Beleidigung und frischer Zorn ihm einen kühnen und befreienden Schritt erleichtert hätten. Er ließ jetzt alles wieder gehen wie es mochte, und es ging schlecht genug. Unter den Augen der Kameraden hielt er sich mit Gewalt aufrecht, indem er sich auf dem Hauboden und in der Reitschule besondere Mühe gab. Weiter reichte seine Kraft nicht, und da er sich bei den Kameraden beobachtet oder geschont fühlte und es doch zu Hause, bei der Arbeit oder auf einsamen Spaziergängen nicht lange aushielt, gewöhnte er sich daran, zu beliebigen Tagesstunden die Cafés und Trinkstuben aufzusuchen, da ein paar Gläser Bier, dort einen Schoppen Wein, hier ein Glas Likör zu nehmen, so daß er nahezu den größten Teil seiner Zeit in einer wüsten Betäubung umherlief. Richtig betrunken sah man ihn nie, aber auch selten vollkommen nüchtern, und in kürzester Zeit hatte er einige von den bekannten Trinkergewohnheiten und Gebärden angenommen, die gelegentlich so komisch drollig, auf die Dauer aber traurig und scheußlich sind. Ein in Freude oder Zorn getrunkener Rausch kann befreiend, lustig, liebenswürdig sein, während der halbwache Dusel des Wirtshausbruders, der sein Leben auf eine bequeme, langsame, träge Weise zerstört, stets ein Jammer und Ekel ist.

Eine heilsame Unterbrechung brachten die Weihnachtsferien. Erwin reiste nach Hause und blieb, da er sich krank fühlte, noch eine Woche länger, ließ sich von der Mutter und Schwester pflegen und erfreute sie, die anfangs über sein verändertes Wesen erschrocken waren, durch eine fast knabenhaft hervorbrechende Zärtlichkeit, die einer Reue über seine Dummheiten und einem Zufluchtbedürfnis seines unbeständigen Gemüts entsprach.

Er hatte einigermaßen damit gerechnet, Hans Calwer würde die Feiertage ebenfalls im Heimatstädtchen zubringen und es werde sich hier eine Versöhnung oder doch eine Aussprache ergeben. Dann sah er sich enttäuscht. Calwer, dessen Eltern nicht mehr lebten, hatte die Ferien zu einer Reise benutzt. Erwin in seiner krankhaften Unselbständigkeit ließ es dabei bewenden und begann nach der Rückkehr zur Universität das alte Leben.

Es war ihm in nüchternen Stunden ganz klar, daß sein Zustand unhaltbar sei, und er war eigentlich längst entschlossen, die rote Mütze abzulegen und sich zu Hans zu bekennen. Doch ließ er sich, in seinem Zustand von Selbstbedauern und Schwäche, immer wieder treiben und erwartete von außen, was er nur in sich selber finden konnte. Dazu kam noch eine neue Torheit, die ihn bald gefährlich festhielt.

Nach der Art verbummelnder Studenten, denen es sowohl an richtiger Arbeit wie an rechten Freunden fehlte, suchte er seine Zerstreuung immer mehr außerhalb seiner Gesellschaft und fand in geringen Kneipen, deren Besuch ihm eigentlich verboten war, den Umgang armer Teufel, entgleister Studenten und Sumpfhühner. Bei diesen Leuten gab es, neben gänzlichem Stumpfsinn, auch manche begabte und originelle Köpfe, die im Dunkel liederlicher Trinkstuben ein melancholisch-revolutionäres Geniewesen trieben und den Eindruck bedeutender Originalität machen konnten, da sie nichts anderes taten als ihrem sinnlosen Leben einen erklügelten Sinn unterzulegen. Hier blühten boshafter Witz, frappierend kecke Redensarten und ein unverhüllter Zynismus.

Als Erwin in einer kleinen, schäbigen Vorstadtkneipe zum erstenmal einige dieser Leute kennenlernte – es war bald nach Weihnachten –, ging er mit Begier auf dies Unwesen ein. Er fand den Ton hier weit geistreicher als den Komment seiner Verbindung, und dabei merkte er doch, daß er hier als Mitglied einer angesehenen, farbentragenden Verbindung, trotz allen darüber gemachten Witzen, einen gewissen Respekt genoß.

Natürlich wurde er gleich beim erstenmal geschröpft. Man fand ihn »verhältnismäßig genießbar«, wenn auch einen »noch sehr jungen Hund«, und man tat ihm die Ehre an, ihn die Zeche für die kleine Tafelrunde bezahlen zu lassen.

Das alles war am Ende nicht schlimm und hätte ihn kaum länger als einige Abende gefesselt. Aber man nahm ihn, sobald er sich als guter Kerl und gelegentlicher Spendierer erwiesen hatte, in ein merkwürdiges Café »Zum blauen Husaren« mit, wo man ihm unerhörte Genüsse in Aussicht gestellt hatte. Mit diesen Herrlichkeiten sah es nun zwar nicht allzu glänzend aus; die Bude war dunkel und schmierig, ein elendes, lichtscheues Loch mit einem alten Billard und schlechten Weinen, und die gefälligen Kellnerinnen waren nicht halb so verführerisch, als der arme Mühletal sich gedacht hatte. Immerhin atmete er hier eine diabolisch verdorbene Luft und genoß das mäßige und doch für Harmlose anziehende Vergnügen, mit schlechtem Gewissen an einem verpönten Ort zu weilen.

Und dann lernte er bei seinem zweiten Besuch im »Blauen Husaren«
auch die Tochter der Wirtin kennen. Sie hieß Fräulein Elvira und führte
das Regiment im Hause. Eine Art von bedauerlicher, gewissenloser Schönheit verlieh ihr Macht über die jungen Männer, die wie Fliegen auf den
Leim gingen und über die sie unbedingt herrschte. Wenn ihr einer gefiel,
setzte sie sich ihm auf den Schoß und küßte ihn, und wenn er arm war,
gewährte sie ihm freie Zeche. War sie aber nicht bei Laune, so durfte auch
der sonst Wohlgelittene sich keinen Scherz und keine Liebkosung erlauben. Wer ihr nicht paßte, den schickte sie fort und verbot ihm ganz oder
zeitweise das Haus. Schwerbetrunkene ließ sie nicht herein, auch nicht,
wenn es Freunde waren. Anfänger, die noch den Eindruck schüchterner
Unschuld machten, behandelte sie mütterlich; sie duldete nicht, daß ein
solcher sich betrank oder von den anderen um Geld gebracht oder gehänselt wurde. Zuzeiten war ihr wieder alles verleidet, dann war sie den ganzen
Tag unsichtbar oder saß unnahbar in einem Polstersessel und las Romane,
wobei niemand sie stören durfte. Ihre Mutter fügte sich in alle ihre Launen
und war froh, wenn es ohne Stürme abging.

Als Erwin Mühletal sie zum ersten Male sah, saß Fräulein Elvira in ihrem gepolsterten Schmollsessel, hatte einen schlecht gebundenen Jahrgang
einer illustrierten Zeitschrift vor sich liegen, in dem sie unaufmerksam
und nervös blätterte, und schenkte den Gästen und ihrem Treiben keinen
Blick. Ihre nur scheinbar nachlässige Frisur ließ das gepflegte, schöne geschmeidige Haar weit über die Schläfen in das blasse, bewegliche und launische Gesicht hängen, schmale Lider mit langen Wimpern bedeckten die
Augen. Ihre unbeschäftigte linke Hand lag auf dem Rücken einer großen,
grauen Katze, die aus grünen, schrägen Augen schläfrig starrte.

Erst als Erwin mit seinen Begleitern längst mit Wein bedient und mit
einem Würfelspiel beschäftigt waren, hob das Fräulein die Lider und betrachtete die neuen Gäste. Sie sah namentlich den Neuling an, und Erwin
wurde verlegen unter ihrem unverhüllten, prüfenden Blick. Doch zog sie
sich bald wieder hinter den Folianten zurück.

Aber als Erwin nach einer Stunde unbefriedigt aufstand, um zu gehen,
erhob sie sich, zeigte ihre schlanke, biegsame Gestalt und nickte ihm, als er
zum Abschied grüßte, fast unmerklich lächelnd und einladend zu.

Er ging verwirrt davon und konnte ihren zärtlichen, ironischen, ver-
sprechenden Blick und ihre feine, damenhafte Figur nicht vergessen. Er
hatte nicht mehr den unbeirrt unschuldigen Blick, dem nur das fehlerlos

Gesunde gefällt, und war doch unerfahren genug, das Gespielte für echt zu nehmen und in dem katzenhaften Fräulein zwar keinen Engel, aber dafür ein anziehend dämonisches Weib zu sehen.

Von da an suchte er, so oft er abends sich unkontrolliert seiner Gesellschaft entziehen konnte, den »Blauen Husaren« auf, um je nach der Laune Elviras ein paar aufregend glückliche Stunden oder Demütigung und Ärger zu haben. Sein Freiheitsverlangen, dem er seine einzige Freundschaft geopfert hatte und das auch die Gesetze und Pflichten seiner studentischen Vereinigung auf die Dauer lästig fand, unterwarf sich jetzt ohne Widerstand den Einfällen und Stimmungen eines koketten und herrschsüchtigen Mädchens, das dazu noch in einer widerwärtigen Höhle heimisch war und kein Geheimnis daraus machte, daß es zwar durchaus nicht jeden Beliebigen, aber doch mehrere, sei es nacheinander oder nebeneinander, lieben könne.

So ging Erwin den Weg, den schon mancher Besucher des »Blauen Husaren« gegangen war. Einmal forderte das Fräulein Elvira ihn auf, sie mit Champagner zu traktieren, ein andermal schickte sie ihn heim, da er Schlaf brauche; einmal war sie zwei, drei Tage unsichtbar, ein andermal bewirtete sie ihn mit guten Sachen und lieh ihm Geld.

Zwischenein empörten sich sein Herz und Verstand und schufen ihm verzweifelte Tage mit oft wiederholten Selbstanklagen und mit Entschlüssen, von denen er wußte, sie würden nicht zur Tat werden.

Eines Abends, nachdem er Elvira ungnädig gefunden hatte und unglücklich durch die Gassen strich, kam er an Hansens Wohnung vorbei und sah Licht in dessen Fenster. Er blieb stehen und sah mit Heimweh und Scham hinauf. Hans saß oben am Klavier und spielte aus dem Tristan; die Musik drang in die ruhige, dunkle Gasse heraus und hallte in ihr wider, und Erwin ging auf und ab und hörte zu, wohl eine Viertelstunde lang. Nachher, als das Klavier verstummt war, fehlte nicht viel, so wäre er hinaufgegangen. Da erlosch das Licht im Fenster, und bald darauf sah er seinen Freund, wie er in Begleitung eines großen, unfein gekleideten jungen Menschen das Haus verließ. Erwin wußte, daß Hans nicht jedem Beliebigen Tristan vorspielte.

Also hatte er schon wieder einen Freund gefunden!

In der Wohnung des Studiosus Wirth in Blaubachhausen saß Hans am braunen Kachelofen, indes Wirth in der geräumigen, niederen Stube auf und ab ging.

»Nun denn«, sagte Wirth, »das ist bald erzählt. Ich bin ein Bauernsohn, wie Sie wohl schon gemerkt haben. Aber allerdings war mein Vater ein besonderer Bauer. Er hat einer bei uns verbreiteten Sekte angehört und sein ganzes Leben, soweit ich davon weiß, damit hingebracht, den Weg zu Gott und zu einem richtigen Leben zu suchen. Er war wohlhabend, fast reich und besorgte seine große Wirtschaft gut genug, daß sie trotz seiner Gutmütigkeit und Wohltätigkeit eher zu- als abnahm. Das war ihm aber nicht die Hauptsache. Viel wichtiger war ihm das, was er das geistliche Leben nannte. Das nahm ihn beinahe ganz in Anspruch. Er ging zwar regelmäßig in die Kirche, war aber mit dieser nicht einverstanden, sondern fand seine Erbauung bei Sektenbrüdern in Laienpredigt und Bibelauslegung. In seiner Stube hatte er eine ganze Reihe Bücher: kommentierte Bibeln, Betrachtungen über die Evangelien, eine Kirchengeschichte, eine Weltgeschichte und eine Menge erbaulicher, zum Teil mystischer Literatur. Böhme und Eckart kannte er nicht, aber die deutsche Theologie, einige Pietisten des XVII. Jahrhunderts, namentlich Arnold, und dann noch einiges von Swedenborg.

Es war beinah ergreifend, wie er mit ein paar Glaubensbrüdern sich einen Weg durch die Bibel suchte, immer einem geahnten Licht nachspürend und immer im Gestrüpp irrgehend, und wie er mit zunehmendem Alter immer besser spürte, daß zwar sein Ziel das richtige, sein Weg aber der falsche sei. Er fühlte, daß es ohne methodisches Studieren nicht gehe, und da ich schon früh auf seine Sache einging, setzte er auf mich seine Hoffnung und dachte, wenn er mich studieren ließe, müßten andächtiges Suchen und wirkliche Wissenschaft zusammen doch zu einem Ziel führen. Es tat ihm leid um seinen Hof, und der Mutter noch mehr, aber er brachte das Opfer doch und schickte mich in städtische Schulen, obwohl ich als einziger Sohn den Hof hätte übernehmen müssen. Schließlich starb er, noch ehe ich Student war, und es war ihm vielleicht besser, als wenn er es erlebt hätte, daß ich weder ein Reformator und Schriftausleger, noch auch nur ein richtiger Christ in seinem Sinn wurde. In einem etwas anderen Sinn bin ich es ja, aber er hätte das kaum verstanden.

Nach seinem Tod wurde der Hof verkauft. Die Mutter machte vorher noch Versuche, mich wieder zum Bauer zu überreden, aber ich war schon entschieden, und so gab sie sich ungern darein. Sie zog zu mir in die Stadt, hielt es aber kaum ein Jahr lang aus. Seither lebt sie daheim in unserem Dorf bei Verwandten, und ich besuche sie jedes Jahr für ein paar Wochen.

Ihr Schmerz ist jetzt, daß ich kein Brotstudium treibe und daß sie keine Aussicht hat, mich bald als Pfarrer oder Doktor oder Professor zu sehen. Aber sie weiß noch vom Vater her, daß denen, die der Geist treibt, nicht mit Bitten und nicht mit Gründen zu helfen ist. Sooft ich ihr davon erzähle, daß ich den Leuten hier bei der Ernte oder beim Mosten oder Dreschen geholfen habe, wird sie nachdenklich und stellt sich mit Seufzen vor, wie schön es wäre, wenn ich das als Herr auf unserem Hof täte, statt so bei fremden Leuten ein ungewisses Leben zu führen.«

Er lächelte und blieb stehen. Dann seufzte er leicht und sagte: »Ja, es ist sonderbar. Und schließlich weiß ich nicht einmal, ob ich nicht doch einmal als Bauer sterbe. Vielleicht kommt es doch noch so, daß ich eines Tages ein Stück Land kaufe und das Pflügen wieder lerne. Wenn einmal ein Beruf sein muß und wenn man nicht gerade ein Ausnahmemensch ist, gibt es doch am Ende nichts Besseres als das Feld bestellen.«

»Warum denn?« rief Hans.

»Warum? Weil der Bauer sein Brot selber sät und erntet und der einzige Mensch ist, der direkt von seiner Hände Arbeit leben kann, ohne Tag für Tag seine Arbeit in Geld und das Geld wieder auf Umwegen in Nahrung und Kleidung zu verwandeln. Und auch darum, weil seine Arbeit immer einen Sinn hat. Was der Bauer tut, das ist fast alles notwendig. Was andere Leute tun, ist selten notwendig, und die meisten könnten gerade so gut etwas anderes treiben. Ohne Frucht und Brot kann niemand leben. Aber ohne die meisten Handwerke, Fabriken, auch ohne Wissenschaft und Bücher, könnte man ganz gut leben, viele wenigstens.«

»Ja nun. Aber schließlich läuft der Bauer, wenn ihm was fehlt, zum Arzt, und die Bäuerin, wenn sie einen Trost haben muß, zum Pfarrer.«

»Manche schon, aber nicht alle. Jedenfalls brauchen sie den Tröster mehr als den Arzt. Ein gesunder Bauernschlag kennt nur ganz wenige Krankheiten, und für die gibt es Hausmittel, und schließlich stirbt man eben. Aber den Pfarrer oder statt seiner einen andern Ratgeber, das brauchen die meisten. Darum will ich auch nicht wieder Bauer werden, ehe ich nicht Rat geben kann, mindestens mir selber.«

»Das ist also Ihr Ziel?«

»Ja. Haben Sie ein anderes? Dem Unverständlichen gewachsen sein, den Tröster in sich selber haben, das ist alles. Dem einen hilft Erkennen, dem andern Glauben und mancher braucht beides, und den meisten hilft beides nicht viel. Mein Vater hat es auf seine Art probiert und ist fehlgegangen, wenigstens hat er eine vollkommene Ruhe nie erreicht.«

»Ich glaube, die erreicht niemand.«
»O doch. Denken Sie an Buddha! Und dann an Jesus. Was die erreicht haben, meine ich, dazu sind sie auf so menschlichen Wegen gekommen, daß man denken sollte, es müsse jedem möglich sein. Und ich glaube, es haben schon sehr viele Menschen das erreicht, ohne daß man davon weiß.«
»Glauben Sie wirklich?«
»Gewiß. Die Christen haben Heilige und Selige. Und die Buddhisten haben ja auch viele Buddhas, die für ihre Person die Buddhaschaft, die Vollendung und vollkommene Erlösung, gewonnen haben. Sie stehen darin dem großen Buddha ganz gleich, nur hat er das weitere getan, daß er seinen Erlösungsweg der Welt mitgeteilt hat. Ebenso hat Jesus seine Seligkeit und innere Vollendung nicht für sich behalten, sondern seine Lehre gegeben und ihr sein Leben zum Opfer gebracht. Wenn er der vollkommenste Mensch war, so wußte er auch, was er damit tat, und er wie jeder von den großen Lehrern hat ausdrücklich das Mögliche gelehrt, nicht das Unmögliche.«
»Nun ja. Ich habe darüber wenig nachgedacht. Man kann ja dem Leben diesen oder jenen Sinn beilegen, um sich zu trösten. Aber es ist doch eine Selbsttäuschung.«
»Lieber Herr Calwer, damit kommen wir nicht weit. Selbsttäuschung ist ein Wort, Sie können stattdessen Mythus, Religion, Ahnung, Weltanschauung sagen. Was ist denn wirklich? Sie, ich, das Haus, das Dorf. Warum? Diese Rätsel sind unlösbar, selbstverständlich, aber sind sie denn so wichtig? Wir fühlen uns selbst, wir stoßen mit dem Körper an andere Körper und mit dem Verstand an Rätsel. Es gilt nicht, die Wand wegzuschaffen, sondern die Tür zu finden. Der Zweifel an der Realität der Dinge ist ein Zustand; man kann in ihm verharren, aber man tut es nicht, wenn man denkt. Denn Denken ist kein Verharren, sondern Bewegung. Und für uns kommt es nicht darauf an, das als unlösbar Erkannte zu lösen.«
»Ja, wenn wir aber doch einmal die Welt nicht erklären können, wozu dann noch denken?«
»Wozu? Um zu tun, was möglich ist. Wenn jeder sich so bescheiden wollte, dann hätten wir keinen Kopernikus und keinen Newton, auch keinen Plato und Kant. Es ist Ihnen ja auch nicht ernst damit.«
»Allerdings, so nicht. Ich meine nur, von allen Theorien sind die über die Ethik am gefährlichsten.«

»Ja. Aber ich sprach nicht von Theorien, sondern von Menschen, deren Leben eine Problemlösung, also eine Erlösung bedeutet. Aber wir sind noch zu weit auseinander; wir müssen uns erst besser kennen, dann findet sich schon ein Boden, auf dem wir uns richtig verstehen.«

»Ja, das hoffe ich. Wir sind wirklich weit auseinander, das heißt, Sie sind mir weit voraus. Sie fangen schon an zu bauen, und ich bin noch am Einreißen und Platzschaffen. Ich habe noch nichts gelernt als mißtrauisch sein und analysieren und weiß noch nicht, ob ich je etwas anderes können werde.«

»Wer weiß? Sie haben mir gestern vorgespielt und aus ein paar Proben und Stücken mir eine Vorstellung von einem Kunstwerk gegeben, so daß ich wirklich etwas davon hatte. Das ist nicht mehr Analyse. – Aber kommen Sie jetzt, wir wollen noch hinausgehen, eh es dunkel wird.«

Sie traten miteinander aus dem Hause in den kalten, sonnenlosen Januarnachmittag und suchten auf rauh gefrorenen Feldwegen einen Hügel auf, wo fein verästelte Birken standen und eine Aussicht auf zwei Bachtäler, die nahe Stadt und entfernte Dörfer und Höhen sich auftat.

Als die beiden wieder ins Sprechen kamen, war es über persönliche Angelegenheiten. Hans erzählte von seinen Eltern, von seiner burschikosen Zeit, von seinen bisherigen Studien. Sie stellten fest, daß Wirth beinahe vier Jahre älter war als Hans. Dieser ging neben Wirth her mit dem beinahe ängstlichen Gefühl, daß dieser Mensch ihm zum Freund bestimmt und daß es doch noch nicht und vielleicht noch lange nicht Zeit sei, davon zu reden. Er empfand, daß sein Bekannter ihm im Wesen unähnlich sei und daß eine Freundschaft mit ihm nicht auf Annäherung und Vermischung, sondern nur darauf beruhen könne, daß jeder im Bewußtsein seiner eigenen Art dem andern in Freiheit sich näherte und Rechte zugestand.

Und dabei fühlte Hans sich seiner selbst weniger sicher als jemals. Seit dem Erwachen seines Bewußtseins war er sich als ein nicht zur Menge gehörender, von allen andern genau unterschiedener sehr deutlich geprägter Mensch erschienen; es war ihm auch immer lästig gewesen, sich so jung zu wissen. Stattdessen kam er sich jetzt, Wirth gegenüber, unfertig und wirklich jung vor. Er merkte nun auch wohl, daß seine Überlegenheit über Erwin Mühletal und andere Kameraden ihm eine falsche Sicherheit verliehen hatte und von ihm mißbraucht worden war. Diesem Heinrich Wirth gegenüber genügte es nicht, ein wenig geistreich und dialektisch geschickt zu sein. Hier mußte er sich selbst ernster nehmen, bescheidener sein, seine

Hoffnungen nicht wie Erfüllungen hinstellen. Diese Freundschaft würde denn auch kein Spiel und Luxus mehr sein, sondern ein Zusammenfassen und beständiges Messen seiner Kraft und seines Wertes am anderen. Wirth war ein Mensch, dem alle Probleme im Denken und Leben schließlich zu ethischen Aufgaben wurden, und Hans empfand nicht ohne Peinlichkeit, daß das eine ganz andere Rüstung war als sein geistiger Habitus, der allzuviel Schöngeisterei an sich hatte.

Wirth machte sich weniger Gedanken. Er spürte wohl, daß Hans ein Bedürfnis nach Freundschaft habe, und hieß ihn im Herzen willkommen. Aber Hans war nicht der erste, der sich ihm so näherte, und er machte sich im voraus darauf gefaßt, eines Tages auch ihn wieder abfallen zu sehen. Vielleicht war Calwer auch einer von den vielen, die »sich für seine Ziele interessierten«, und Interesse war nicht das, was Wirth brauchte, sondern lebendiges Mitleben, Opfer, Hingabe. Was er sonst von niemand beanspruchte, würde er von einem Freund verlangen müssen. Doch zog ihn immerhin eine absichtslose, sanft zwingende Neigung zu Hans. Der hatte etwas, was Wirth fehlte und darum doppelt hoch schätzte, ein angeborenes Verhältnis zum Schönen, keinem Zwecke Dienenden, zur Kunst. Die Kunst war das einzige Gebiet des höheren Lebens, dem er mit Bedauern fremd geblieben war und von dem er doch ahnte, es berge Erlösung. Darum sah er in Hans nicht einen Schüler, der ihm einiges ablernen und dann weitergehen würde, sondern fühlte die Möglichkeit und Hoffnung, selbst von ihm zu lernen und einen Wegweiser an ihm zu haben.

Gedankenvoll nahmen sie voneinander Abschied, ohne einen herzlichen Ton zu finden. Sie waren sich allzu schnell nahe gekommen und empfanden beide ein instinktives Widerstreben vor der Hingabe und dem Augenblick vollkommener Offenheit, ohne den keine Bekanntschaft zur Freundschaft wird.

Nach hundert Schritten wendete Hans sich um und sah dem anderen nach, in der halben Hoffnung, auch er möchte zurückschauen. Aber dieser ging mit gleichmäßigem Schritt davon, seinem Dorf und der frühen Abenddämmerung entgegen, und sah ganz aus wie ein bewährter Mann, der seinen harten Weg allein so sicher geht wie zu zweien und sich von Neigungen und Wünschen nicht leicht beirren läßt.

»Er geht wie in einer Rüstung«, dachte Hans und spürte ein brennendes Verlangen, diesen wohl Bewehrten dennoch heimlich zu treffen und durch einen unbewachten Spalt zu verwunden. Und er beschloß zu warten und zu schweigen, bis auch dieser Zielbewußte einmal schwach und menschlich und liebebedürftig wäre. Seine Hoffnung und sein Verlangen und Leiden war, ohne daß er es wußte oder daran dachte, beinahe genau von derselben Art wie vor langer Zeit, in Knabenzeiten, die Werbung und sehnliche Geduld, mit der ihn damals Erwin verfolgt hatte. An ihn dachte Hans heute nicht und überhaupt nicht mehr viel. Er wußte nicht, daß einer um ihn und durch seine Schuld litt und in der Irre ging.

Erwin war noch immer in das Fräulein Elvira verliebt oder glaubte es zu sein. Trotzdem lag er seinem Lasterleben mit einer gewissen Vorsicht ob und hatte neuerdings wieder häufig Stunden der Abrechnung und der guten Vorsätze. Sein eigentliches Wesen, so sehr es im Augenblick betäubt und hilflos lag, wehrte sich heimlich gegen die unsäuberliche Umgebung mit einem moralischen Übelbefinden. Die launenhafte Elvira erleichterte ihm das, indem sie sich meistens spröd und bissig zeigte und zwei, drei andern Stammgästen vor ihm den Vorzug gab.

In manchen Augenblicken meinte Erwin, das alles schon hinter sich zu haben und den Rückweg zu Selbstachtung und Behagen zu wissen. Es brauchte ja nur einen kräftigen Entschluß, eine kurze Zeit standhafter Enthaltung, vielleicht eine Beichte. Allein das alles kam keineswegs von selber, und der noch gar zu knabenhafte Entgleiste mußte zu seinem Schrecken erfahren, daß begonnene üble Gewohnheiten sich nicht wechseln lassen wie ein Hemd und daß das Kind sich erst schmerzlich verbrannt haben muß, ehe es das Feuer kennt und meidet. Er glaubte allerdings verbrannt genug zu sein und Elend genug gekostet zu haben, aber darin täuschte er sich sehr. Es waren ihm noch Bitternisse vorbehalten, die er sich nicht vorgestellt hatte.

Eines Tages besuchte ihn, als er noch im Bett lag, sein Leibbursch, ein flotter und eleganter Student, den er anfangs gerngehabt hatte. In der letzten Zeit war aber sein Verhältnis zur ganzen Gesellschaft so gespannt und künstlich geworden, daß ein persönlicher Verkehr auch mit einzelnen kaum mehr bestanden hatte. Darum erweckte ihm der unerwartete Besuch Unbehagen und Mißtrauen.

»Servus, Leibbursch«, rief er, künstlich gähnend, und setzte sich im Bett aufrecht.

»Wie geht's denn, Kleiner? Noch im Bett?«

»Ja, ich steh gleich auf. Ist denn heut Hauboden?«

»Das mußt du selber wissen.«

»Na ja.«

»Nun hör mal zu, Kleiner! Mir scheint, es gibt einige Sachen, die du zu meinem Erstaunen nicht selber weißt. Da muß ich mal ein bißchen revidieren.«

»Gerade jetzt?«

»Es wird am besten sein. Ich hätte dir's schon dieser Tage gesagt, aber du bist ja nie zu Haus. Und im ›Goldenen Stern‹ möchte ich dich doch nicht aufsuchen.«

»Im ›Goldenen Stern‹? Wieso?«

»Junge, mach keine unnötigen Sprünge! Du bist zweimal im ›Goldenen Stern‹ gesehen worden, und du weißt, daß dir das Lokal verboten ist.«

»Ich war nie in Couleur dort.«

»Das will ich hoffen! Du sollst aber überhaupt nicht hingehen, und auch nicht in den ›Walfisch‹. Und du sollst auch nicht mit stud. med. Häseler verkehren, den kein anständiger Mensch mehr ansieht, und auch nicht mit dem stud. phil. Meyer, der vor drei Semestern bei den Rhenanen wegen Falschspiels gewimmelt worden ist und bei zwei Forderungen gekniffen hat.«

»Herrgott, das konnte ich ja nicht wissen.«

»Desto besser, wenn du's nicht gewußt hast. Die Tatsache, daß du den Umgang dieser Herren dem mit deinen Bundesbrüdern vorziehst, wird für uns dadurch ein bißchen weniger beschämend.«

»Du weißt ganz gut, warum ich mich von den Kameraden ferngehalten habe.«

»Ja, die Geschichte mit Calwer –«

»Und die Art, wie ich bei euch beleidigt worden bin –«

»Bitte, das war einer, zugegeben ein Grobian, und er hat Abbitte getan.«

»Ja, was soll ich denn tun? Dann trete ich eben aus.«

»Das ist schnell gesagt. Aber wenn du ein anständiger Kerl bist, tust du das nicht. Du mußt nicht vergessen, daß du nicht Calwer bist. Bei dem lag der Fall anders. Sein Austritt war uns ja peinlich, aber – alle Achtung – der Mensch war einwandfrei. Bei dir steht es ein wenig anders.«

»So? Bin ich nicht einwandfrei?«

»Nein, Kleiner, es tut mir leid. Übrigens laß jetzt das Heftigwerden womöglich, mir zulieb. Mein Besuch ist nicht offiziell, wie du vielleicht meinst, ich kam ganz freundschaftlich. Also sei gescheit! – Siehst du, wenn du jetzt bei uns austreten wolltest, wäre es nicht sehr fein von dir, denn du hast Dummheiten gemacht und solltest das zuerst wieder in Ordnung bringen. Dazu gehört nicht viel. Ein paar Wochen tadellose Haltung, weiter nichts. Dann vergehen dir auch die unnützen Gedanken. Schau, es ist schon vielen so gegangen wie dir, deine kleinen Exzesse sind ja noch harmlos, und es sind viel bösere Sachen schon wieder in Ordnung gebracht worden. – Und dann, um auch das zu sagen, könnte es für dich peinlich werden, wenn du jetzt austreten wolltest.«

»Warum?«

»Begreifst du nicht? Man könnte dir dann zuvorkommen.«

»Du meinst, mich hinausschmeißen? Weil ich ein paarmal im ›Goldenen Stern‹ war?«

»Ja, es wäre ja eigentlich kein Grund. Aber weißt du, im Notfall würde man es vielleicht doch tun. Es wäre schroff, auch ungerecht, aber du könntest nichts dagegen tun. Und dann wärst du fertig. Es mag ja Spaß machen, gelegentlich mit so ein paar defekten Existenzen einen Schoppen zu trinken, aber auf sie angewiesen sein – nein, das wäre schlimm, auch für robustere Naturen als deine.«

»Aber was soll ich denn tun?«

»Gar nichts, als den Verkehr dort abbrechen. Du brauchst auch kein Verhör zu fürchten. Ich werde sagen, du habest eingesehen, daß dein Verhalten in letzter Zeit zu wünschen übrig ließ, und mir versprochen, es sofort und gründlich gutzumachen. Dann ist alles erledigt.«

»Wenn ich aber doch nicht zu euch passe und mich bei euch nicht wohl fühle?«

»Das ist deine Sache. Ich weiß nur, es ist schon vielen so gegangen und sie sind es vollkommen wieder losgeworden. So wird's dir auch gehen. Und wenn es schließlich nicht anders geht, kannst du immer noch austreten. Aber jetzt nicht, unter keinen Umständen.«

»Das sehe ich ein. Ich bin dir auch dankbar, daß du mir helfen willst, wirklich. Also ich werde nimmer in den ›Stern‹ gehen und mir Mühe geben, euch zufriedenzustellen. Genügt das?«

»Meinetwegen. Nur mußt du, bitte, daran denken, daß ich – – ich wollte sagen, ich habe die dumme Sache jetzt quasi auf mich genommen, damit dir eine offizielle Mahnung erspart bleibt. Natürlich kann ich das nur einmal tun, das siehst du ja ein. Wenn du je wieder –«

»Selbstverständlich. Du hast jetzt schon mehr getan, als du tun mußtest.«

»Nun gut. Jetzt nimm dich eben ein wenig zusammen: zeig dich häufiger bei uns, auch wenn nichts Offizielles los ist, geh öfter mit ins Café und zum Bummeln und gib dir auf dem Hauboden Mühe. Dann ist ja alles gut.«

Das war freilich Erwins Ansicht nicht. Er fand, es sei alles schlimmer geworden, und hatte weder die Hoffnung noch die Absicht, eine befriedigende Laufbahn als Couleurstudent zu vollenden. Er nahm sich vor, nur noch so lange in der Verbindung zu bleiben, bis er mit Anstand und Ehren freiwillig gehen könnte, etwa bis zum Schluß des Semesters.

Erwin vermied denn auch, ohne sie zu vermissen, jene verbotenen Kneipen und ihre Stammgäste von nun an vollkommen. Allerdings mit Ausnahme des »Blauen Husaren«. Den suchte er schon nach wenigen Tagen wieder auf, wenn auch mit der halben Absicht, es einen Abschiedsbesuch sein zu lassen. Da hatte er aber nicht mit Elvira gerechnet. Die merkte sofort, wie es um ihn stand, und war an jenem Tage so lieb und zugänglich, daß er gleich am folgenden wiederkam. Da lockte sie ihm das Geheimnis seiner Sorgen ohne Mühe ab. Sie riet ihm sehr dringend, ja in seiner Verbindung zu bleiben, sonst möge sie ihn gar nimmer sehen.

So stahl er sich mit Diebesgefühlen immer wieder in das schlimme Haus und geriet so tief wie je unter die Gewalt des Mädchens. Und kaum war sie seiner wieder ganz sicher, da waren auch alle Launen wieder da. Darauf machte er in Zorn und wirklicher Erbitterung ihr eine heftige Szene, jedoch mit üblem Erfolg. Sie ließ ihn toben und brachte still ein kleines, unsauberes Büchlein zum Vorschein, in dem waren seine Zechschulden und die gelegentlich erhaltenen baren Darlehen, an die er längst nimmer gedacht und deren früher von ihm angebotene Rückzahlung sie damals lachend abgelehnt hatte, Summe auf Summe gebucht und machten einen ganz erstaunlich hohen Betrag aus. Es war oft an vergnügten Abenden Champagner und teurer Wein getrunken worden, ohne daß er ihn ausdrücklich bestellt hätte, und die Zechbrüder hatten fleißig mitgehalten und ihn einschenken lassen. Auch diese Flaschen und Bouteillen standen alle wohlgezählt hier in dem kleinen Büchlein und blickten ihn treulos grinsend an. Die ganze Summe war viel zu groß, als daß er sie, wenn auch allmählich, aus seinem monatlichen Gelde hätte abzahlen können, und außerdem waren das leider nicht seine einzigen Schulden.

»Stimmt das oder nicht?« fragte Fräulein Elvira mit stiller Majestät. Sie war ganz darauf gefaßt, daß er protestieren werde, und hätte äußerstenfalls einen guten Teil wieder gestrichen. Allein Erwin protestierte nicht.

»Ja, es wird schon so sein«, sagte er ergeben und kleinmütig. »Verzeih, ich hatte daran im Augenblick gar nicht gedacht. Natürlich will ich es so bald wie möglich bezahlen. Kannst du noch ein wenig warten?«

Dieser Erfolg übertraf ihre Erwartungen so sehr, daß sie gerührt wurde und ihn mütterlich streichelte.

»Siehst du«, sagte sie mild, »es ist nicht bös gemeint. Ich wollte dich nur daran erinnern, daß ich nicht bloß Schimpfworte bei dir zugute habe. Wenn du brav bist, dann bleibt das Büchlein ruhig, wo es ist, ich brauche das Geld nicht, und wenn es mir einfällt, werf ich's ins Feuer. Aber wenn du nimmer zufrieden bist und mich aufregst, dann könnte es passieren, daß ich einmal über deine Rechnung mit den Herren von deiner Verbindung rede.«

Erwin wurde blaß und starrte sie an.

»Na«, lachte sie, »du mußt keine Angst haben.«

Das kam zu spät. Er hatte Angst, er wußte nun, daß er im Garn war und seine Tage von der Gnade einer Spekulantin fristete.

»Ja, ja«, sagte er und lächelte blöde. Und dann ging er demütig und traurig fort. Sein bisheriges Elend, das sah er jetzt wohl, war eine Kinderei gewesen und seine Verzweiflung lächerlich. Nun wußte er plötzlich, wohin ein bißchen Leichtsinn und Torheit führen kann, und sah die Umgebung, in die er mit ebensoviel Harmlosigkeit wie bösem Gewissen geraten war, auf einmal in unbarmherzig grellem Licht.

Jetzt mußte etwas geschehen. Mit der Schlinge um den Hals herumlaufen konnte er nicht. Und alles Unsäuberliche und Verfehlte dieser paar Monate, das gestern noch einen Schein von Liebenswürdigkeit und Unverbindlichkeit getragen hatte, umgab ihn jetzt unversehens scheußlich und übermächtig, wie der Sumpf einen umgibt, in den man nach ein paar tastenden Schritten plötzlich bis zum Halse einsinkt.

Früher hatte Erwin, wie jeder junge Mensch von einigem Leichtsinn, gelegentlich in Katerstunden den Gedanken vor sich spielen lassen, daß man ja, wenn alle Freude zu Ende wäre, einen Revolver nehmen und ein Ende machen könne. Jetzt, wo die Not da war, war auch dieser schlechte Trost verflogen und tauchte nicht einmal als Möglichkeit mehr auf. Es galt jetzt nicht, eine letzte Feigheit zu begehen, sondern eine schlimme, ärgerliche Reihe von dummen Streichen mit aller Verantwortung auf sich zu nehmen und womöglich abzubüßen. Er war aus einem traumhaften, verantwortungslosen, unbegreiflichen Dämmerzustand erwacht und dachte keinen Augenblick daran, wieder einzuschlafen.

Die Nacht verbrachte er mit Pläneschmieden. Allein so notwendig es war, nach Hilfe zu suchen, noch mächtiger trieb es ihn dazu, immer wieder und immer noch einmal mit Verwunderung und Grausen das Unbegreifliche zu betrachten. War er denn in ein paar Wochen ein ganz anderer Mensch geworden? War er blind gewesen? Er spürte ein Grausen darüber, aber er wußte, es war ein nachträglicher Schrecken, die Gefahr war vorbei. Nur mußte um jeden Preis diese Geldschuld sofort abgetan werden, alles andere würde von selber kommen.

Am Morgen war sein Plan fertig.

Er ging zu seinem Leibburschen, den er beim Rasieren antraf. Der erschrak über sein Aussehen und fürchtete, es sei ein Unglück im Gang. Erwin bat ihn, er möchte ihn für einen oder zwei Tage entschuldigen, da er sofort verreisen müsse.

»Ist dir jemand gestorben?« fragte der andere teilnehmend, und Erwin nahm in der Eile die so angebotene Notlüge willig an. »Ja«, sagte er rasch. »Aber ich kann jetzt keine Auskunft geben. Spätestens übermorgen bin ich wieder da. Sei so gut und entschuldige mich in der Fechtstunde! Später erzähl ich dir dann. Also danke schön und adieu!«

Er lief fort und zur Eisenbahn. Nachmittags kam er im Heimatstädtchen an und ging schnell, auf Umwegen das Haus seiner Mutter vermeidend, in die Schreibstube seines Schwagers. Der war Teilhaber an einer kleinen Fabrik und der einzige Mensch, an den sich Erwin zur Zeit um Geld wenden konnte.

Der Schwager war nicht wenig überrascht, ihn da zu sehen, und wurde ziemlich kühl, als er sofort erklärte, er sei in eine Geldverlegenheit gekommen. Dann setzten sie sich beide in einem Nebenzimmer einander gegenüber, und Erwin sah dem Mann seiner Schwester, für den er nie viel Interesse gehabt hatte, mit Verlegenheit in das bescheidene, solide Gesicht. Aber einmal mußte er sich doch weh tun und büßen, also tat er es lieber gleich jetzt, und nach einigem Atemholen gab er sich preis und legte dem erstaunten Kaufmann eine vollkommene Beichte ab. Sie dauerte, mit kurzen Zwischenfragen, eine gute Stunde.

Darauf folgte eine peinliche Pause. Schließlich fragte der Schwager: »Und was tust du, wenn ich dir das Geld nicht geben kann?«

Erwin hatte sich in seiner Beichte so weit hergegeben, daß er der Grenze nahe war und seine Offenheit schon fast bereute. Nun hätte er am liebsten gesagt: »Das geht dich nichts an.« Aber er hielt an sich und schluckte es hinunter. Schließlich sagte er zögernd: »Es gibt nur einen Weg. Wenn du nicht willst oder kannst, muß ich zu meiner Mutter gehen und ihr alles sagen. Du weißt, wie weh ihr das tun wird. Es wird ihr auch schwerfallen, das Geld gleich aufzubringen, obwohl sie es sicher tun wird. Ich könnte vielleicht auch zu einem Geldverleiher gehen, aber vorher wollte ich doch zu Haus anfragen.« Der Schwager stand auf und nickte ein paarmal nachdenklich.

»Ja«, sagte er zögernd, »ich gebe dir natürlich das Geld, zum gewöhnlichen Zinsfuß. Du kannst nachher im Büro den Schein unterschreiben. Ich kann dir keine Ratschläge geben, nicht wahr? Es tut mir leid, daß es dir so gegangen ist. Trinkst du nachher den Tee bei uns?«

Erwin dankte ihm verlegen, nahm aber die Einladung nicht an. Er wollte noch vor Abend wieder reisen. Das schien auch dem Schwager das Klügste zu sein.

»Ja, wie du meinst«, sagte er. »Den Wechsel kannst du dann gleich mitnehmen.«

Die philosophischen »Paraphrasen über das Gesetz von der Erhaltung der Kraft« waren zwar den ursprünglichen Gedanken nach ausgeführt worden, machten aber ihrem Autor kein rechtes Vergnügen mehr. Hans Calwer stand schon stark unter dem Einfluß des bäurischen Denkers Wirth, dessen Art, Probleme anzufassen, allerdings zwar einseitiger, aber weit zielsicherer und folgerichtiger war als die seine. Er hatte daran gedacht, sein Manuskript ihm vorzulesen, hatte aber sofort wieder auf dieses Vorhaben verzichtet, denn er glaubte genau zu wissen, daß jener seine Arbeit schöngeistig und unnütz finden würde. Und allmählich kam sie ihm selber so vor. Er fand, sie sei zu sehr auf das Interessante gerichtet, fast feuilletonmäßig und im Stil zu selbstgefällig. Vernichten mochte er die sorgfältig geschriebenen Blätter nicht, die er soeben nochmals gelesen hatte, aber er rollte sie zusammen, verschnürte sie und legte sie in die Ecke eines Schrankes, um sie nicht so bald wiederzusehen.

Es war Abend. Die Lektüre und die peinliche Selbstkritik hatten ihn erregt und schließlich traurig gemacht. Denn er sah wohl, daß er noch nicht dazu reif sei, etwas wirklich Wertvolles zu leisten, und doch plagte ihn der Trieb, sich heimlich auszusprechen und seinen Meditationen und Einfällen eine abschließende, sorgfältige Form zu geben. So hatte er als Schüler Gedichte und Aufsätze gemacht und ein-, zweimal im Jahr alles wieder durchgesehen und vernichtet, während doch sein Verlangen, etwas Bleibenderes zu leisten, immer sehnlicher wurde. Er warf seine ausgerauchte Zigarette in den Ofen, stand eine Weile am Fenster und ließ die Winterluft herein und ging schließlich ans Klavier. Eine Weile tastete er phantasierend. Dann nahm er nach kurzem Überlegen die dreiundzwanzigste Sonate von Beethoven vor und spielte sie mit wachsender Sorgfalt und Innigkeit durch.

Als er fertig war und noch geneigt auf dem Klavierstuhl saß, klopfte es an der Tür. Er stand auf und öffnete. Erwin Mühletal kam herein.

»Du, Erwin?« rief Hans erstaunt und etwas befangen.

»Ja, darf ich?«

»Natürlich. Komm herein!«

Er streckte ihm die Hand entgegen.

Sie setzten sich beide an den Tisch, bei Lampenlicht, und nun sah Hans das bekannte Gesicht verändert und merkwürdig älter geworden. »Wie geht's dir?« fragte er, um einen Anfang zu finden. Erwin sah ihn an und lächelte.

»Nun, es geht so. Ich weiß ja nicht, ob mein Besuch dir lieb ist, aber ich wollte es einmal versuchen. Ich wollte dir ein wenig erzählen und dich vielleicht auch um einen Dienst bitten.«

Hans hörte der wohlbekannten Stimme zu und war darüber verwundert, wie wohl sie ihm tat und wieviel verlorenes, kaum mehr vermißtes Behagen sie ihm brachte. Er bot ihm nochmals, über den Tisch hinweg, die Hand.

»Es ist lieb von dir«, sagte er herzlich. »Wir haben uns so lange nicht gesehen. Eigentlich hätte ich vielleicht zu dir kommen sollen, ich hatte dir weh getan. Nun, jetzt bist du da. Nimm dir eine Zigarette.«

»Danke. Es ist behaglich bei dir. Ein Klavier hast du ja auch wieder. Und noch die gleichen guten Zigaretten. – Bist du mir bös gewesen?«

»Ach bös! Weiß Gott, wie das gegangen ist. Die dumme Verbindung – ja so, verzeih!«

»Nur zu. Ich bleibe wohl auch nicht mehr lang.«

»Meinst du? Aber doch nicht meinetwegen? Natürlich, du hast ja durch mich gewiß viel Unangenehmes gehabt. Nicht?«

»Das auch, aber das ist schon lange vorbei. Wenn du Zeit hast, erzähl ich dir meine res gestae.«

»Sei so gut. Und schone mich nur nicht.«

»O, du kommst fast gar nicht darin vor, wenn ich auch die ganze Zeit an dich gedacht habe. Ich hätte damals mit dir austreten sollen. Du warst ja in jenen Tagen etwas kurz angebunden, und ich war trotzig und wollte nicht so durch dick und dünn mitgehen. Na, das weißt du schon. Es ist mir seither nicht gutgegangen, und ich war selber schuld daran.«

Er fing nun zu erzählen an, und Hans bekam zu seinem Erstaunen und Schrecken zu hören, wie es seinem Freund gegangen war, während er wenig an ihn gedacht und sich gut ohne ihn beholfen hatte.

»Ich weiß nicht recht, wie das kam«, hörte er ihn sagen. »Eigentlich sind ja solche Sachen gar nichts für mich. Aber ich war eben damals nie ganz bei mir. Ich lief immerfort in einem leichten Dusel herum und ließ es gehen, wie es mochte. Und jetzt kommt das Hauptkapitel. Es spielt im Café zum ›Blauen Husaren‹, von dessen Existenz du wohl nichts gewußt hast.«

Und nun kam die Geschichte mit dem Fräulein Elvira. Die erschien Hans so traurig und doch so lächerlich, daß Erwin über sein Gesicht lachen mußte.

»Und was jetzt?« fragte Hans zum Schluß. »Natürlich brauchst du Geld. Aber woher nehmen? Meines steht ja zur Verfügung, aber es reicht nicht.«

»Danke schön, das Geld ist schon da«, sagte Erwin fröhlich und berichtete auch noch das, worauf Hans seinen Schwager einen anständigen Kerl nannte.

»Aber womit kann ich dir helfen?« fragte er dann. »Du sprachst doch von so etwas.«

»Jawohl. Du kannst mir einen großen Dienst tun. Nämlich, wenn du morgen früh dorthin gehen und mir die dumme Rechnung einlösen wolltest.«

»Hm, ja, natürlich kann ich das besorgen. Ich frage mich nur, ob du das nicht selber tun solltest. Es wäre doch ein kleiner Triumph für dich und ein tadelloser Abgang.«

»Das wohl, Hans. Aber ich meine, ich verzichte darauf. Es ist nicht Feigheit, dessen bin ich ziemlich sicher, sondern einfach Widerwillen, daß ich die Bude und die ganze Gasse nicht mehr sehen mag. Und dann dachte ich, wenn du hingehst, siehst du das Milieu auch einmal, als Illustration zu meinem Bericht, und wir haben dann eine gemeinsame Erinnerung an diese Zeit und an den ›Blauen Husaren‹.«

Das leuchtete Hans ein, und er nahm den Auftrag nun mit ziemlicher Neugierde an. Als Erwin die Scheine und Goldstücke herauszog und auf den Tisch zählte, rief Hans lachend: »Herrgott, ist das ein Haufen Geld!« Und er fügte ernsthaft hinzu: »Weißt du, eigentlich ist es eine Schande und Dummheit, das alles zu zahlen. Die Elvira hat dir ja sicher das Dreifache angekreidet und ist froh und macht ein gutes Geschäft, wenn sie die Hälfte vom Ganzen kriegt. So ein Sündengeld! Das geht nicht. Ich kann ja für alle Fälle einen Schutzmann mitnehmen.« Aber davon wollte Erwin durchaus nichts wissen.

»Du magst ganz recht haben«, sagte er ruhig, »und übrigens hab ich mir's auch schon überlegt. Aber ich mag nicht. Sie soll ihr Geld haben, und wenn sie es vollständig und mit Zinsen kriegt, habe ich auch meine ganze Freiheit wieder. Und wenn das jetzt auch gründlich vorbei ist, ich war doch eine Zeitlang in sie verliebt.«

»Ach, Einbildung!« zürnte Hans.

»Meinetwegen. Ich war's doch. Und ich will, daß sie mich für einen Dummkopf und anständigen Kerl hält, aber nicht für ihresgleichen.«

»Nun denn«, gab Hans zu, »eine Donquichotterie ist freilich immer das Nobelste. Es ist dumm von dir, aber fein. Also besorge ich's morgen. Ich gebe dir dann Bericht.«

Sie trennten sich vergnügt, und Hans war froh, etwas für den Freund tun und damit einen kleinen Teil seiner Schuld abtragen zu können. Er ging am nächsten Morgen in den »Blauen Husaren«, wo ihn Elvira erst nach längerem Wartenlassen und mit großem Mißtrauen empfing. Einen unsicheren Versuch, sie über die Unlauterkeit ihres Manövers zur Rede zu stellen, gab er ihrer großartigen Miene gegenüber sofort wieder auf und begnügte sich damit, ihr das Sündengeld zu übergeben und eine Quittung dafür zu verlangen, die er denn auch bekam und der Sicherheit wegen auch noch von Elviras Mutter unterschreiben ließ. Mit diesem Dokument ging er zu Erwin, der es ihm aufatmend und lachend abnahm.

»Darf ich jetzt noch etwas fragen?« fing dieser dann befangen an.

»Ja, was denn?«

»Wer ist denn der Student, der manchmal abends bei dir war und dem du aus dem Tristan vorgespielt hast?«

Hans war verlegen und gerührt, wie er sah, daß Erwin sich so um sein Leben bekümmerte und sogar vor seinem Fenster gelauscht hatte.

»Der heißt Heinrich Wirth«, sagte er langsam, »vielleicht lernst du ihn auch noch kennen.«

»Habt ihr Freundschaft geschlossen?«

»Ein wenig, ja. Ich kannte ihn vom Kolleg her. Das ist ein bedeutender Mensch.«

»So? Nun, ich sehe ihn vielleicht einmal bei dir. Oder stört's dich?«

»Was denkst du! Ich freu mich, daß du wieder zu mir kommst.«

Ganz im stillen störte es ihn aber doch ein wenig. Ein leiser Ton der Eifersucht war in Erwins Frage gewesen, der gefiel ihm nicht, denn er hatte nicht im Sinn, Erwin Einfluß auf sein Verhältnis zu Wirth einzuräumen. Doch sprach er das nicht aus, und seine Freude über die Versöhnung war echt genug, um fürs erste keine Sorgen in ihm aufkommen zu lassen.

Es kam nun eine ruhige Zeit, zumal für Erwin, der mit dem Glücksgefühl eines Genesenen umherging und nun auch seine Kameraden und ihre Ansprüche an ihn milder und gerechter betrachtete. Er glaubte zu wissen, daß sein erneuter Umgang mit Calwer seinen Bundesbrüdern nicht verborgen geblieben sei, und freute sich, daß man ihn nicht darüber zur Rede stellte. Desto lieber gab er sich Mühe, seine Pflichten zu erfüllen. Er fehlte bei keiner Zusammenkunft, schloß sich seinem Leibburschen wieder freundlich an, machte die Exkneipen der älteren Semester mit, und da er das alles nimmer verdrossen und gelangweilt tat, sondern mit Laune und gutem Willen, fand man ihn bald hinlänglich gebessert und kam ihm mit neuer Freundlichkeit entgegen. Dabei wurde ihm wohl; er fand Gleichgewicht und Humor wieder, und es dauerte nicht lange, so war die Gesellschaft mit ihm und er mit sich selbst ganz zufrieden. Sein Austritt schien ihm durchaus keine Notwendigkeit mehr zu sein, jedenfalls hatte er es damit nicht mehr eilig.

Auch Hans befand sich dabei wohl. Erwin besuchte ihn zwei-, dreimal in der Woche, und wenn er selbständiger geworden war und keine Miene machte, sich wieder in die alte Abhängigkeit zu begeben, so blieb dafür Hans selber freier und empfand das lockerer gewordene Verhältnis nur angenehm.

Gegen Ende des Semesters kam Erwin einmal zu ihm und begann von seinem Verbindungsleben zu sprechen. Er meinte, jetzt sei der Augenblick, um entweder auszutreten, was er nun in allen Ehren tun könnte, oder aber aus freiem Entschluß Couleurstudent zu bleiben, da er jetzt zum Burschen vorrücken werde.

Und als ihm Hans lächelnd erklärte, er finde, die Farben stünden ihm gut, und er rate ihm, sie weiter zu tragen, rief er lebhaft: »Du hast recht! Sieh, wenn du ein Wort gesagt hättest, wär ich sofort ausgesprungen; du bist mir immer noch lieber als der ganze Rummel dort. Aber Spaß macht es mir doch, und da ich jetzt die Fuchsenzeit ausgehalten habe, wäre es dumm, wegzugehen, wo das eigentlich Lustige erst anfängt. Also wenn du mir's nicht übel nimmst, bleib ich dabei.«

So war zwar die alte Unzertrennlichkeit dahin, aber es gab auch keine Mißverständnisse, Händel und Stürme mehr; das leidenschaftliche Verhältnis von ehemals war friedlich, behaglich und ein wenig oberflächlicher geworden. Man ließ einander gelten, sprach nicht mehr alles zusammen durch, gönnte einander Ruhe und fühlte beim Zusammensein doch, daß man zueinander gehöre.

Erwin hatte sich freilich anfangs etwas mehr versprochen, doch gab ihm die muntere Geselligkeit in der Verbindung Ersatz für manches Vermißte, und ein unbewußter Stolz in ihm empfand sein allmähliches Freiwerden von Hansens Einfluß als einen Fortschritt. Und Hans war mit diesem Zustand um so mehr zufrieden, da ihm Heinrich Wirth mehr und mehr zu schaffen machte.

Kurz vor Semesterschluß traf eines Abends Erwin in Hansens Wohnung mit Wirth zusammen. Er betrachtete den Mann, auf den er eifersüchtig war, mit Aufmerksamkeit, und obwohl ihm jener freundlich entgegenkam, gefiel er ihm nicht sonderlich. Es störte ihn schon das Äußere des bäurischen Weisen, der ihm mit seiner unjugendlichen Würde und mit seinem vegetarischen Lebenswandel wenig imponierte, was Hans nicht ohne Ärger wahrnahm. Er versuchte sogar, den Fremdling ein wenig aufzuziehen, und redete mit übertriebenem Interesse von studentischen Dingen. Und da Wirth ihn geduldig anhörte und ihn sogar durch Fragen ermunterte, ging er auf anderes über und fing an, über Abstinenz und Vegetarismus zu sprechen.

»Was haben Sie nun eigentlich für Vorteile von diesem Asketenleben?« fragte er. »Andere trinken und essen gut und haben doch keine Beschwerden.«

Wirth lachte gutmütig. »Nun ja, dann trinken Sie eben weiter! Die Beschwerden werden später schon kommen. Aber es hätte auch jetzt schon Vorteile für Sie, wenn Sie anders leben würden.«

»Welche zum Beispiel? Sie meinen, daß ich viel Geld sparen könnte? Daran liegt mir wenig.«

»Warum auch? Aber ich denke an anderes. Ich lebe zum Beispiel seit drei Jahren auf meine Art, die Sie asketisch nennen, und habe kaum ein Bedürfnis nach Frauen. Früher habe ich darunter viel gelitten, und es geht wohl allen Studenten so. Was sie durch Reiten und Fechten an Gesundheit und Widerstandskraft gewinnen, geben sie auf der Kneipe wieder aus, und das finde ich schade.«

Erwin war etwas verlegen geworden und verzichtete auf eine Fortsetzung des Disputes. Er sagte nur noch: »Man könnte meinen, wir seien lauter Krüppel. Ich halte nicht viel von einer Gesundheit, an die man immerfort denken muß. Junge Leute sollten doch etwas vertragen können.«

Hans machte dem Gespräch ein Ende, indem er das Klavier öffnete.

»Was soll ich spielen?« fragte er Wirth.

»O, ich verstehe ja nichts von Musik, leider. Aber wenn Sie so gut sein wollen, möchte ich sehr gern noch einmal die Sonate von neulich hören.«

Hans nickte und schlug einen Band Beethoven auf. Während er spielte und wie er im Spielen zuweilen umschaute und Wirths Blick suchte, konnte Erwin wohl bemerken, daß er für diesen allein spiele und mit seiner Musik um ihn werbe. Er sah es, und er beneidete den Bauernlümmel darum. Aber als das Spiel zu Ende und wieder ein Gespräch im Gang war, zeigte er sich höflich und bescheiden. Er sah, daß dieser Mann Macht über seinen Freund gewonnen habe, und er sah auch, daß Hans bei einer Wahl ihn selber, nicht den andern preisgeben würde. Auf diese Wahl wollte er es nicht ankommen lassen.

Ihm schien der Einfluß, den Wirth auf Hans ausübte, nicht gut. Ihm schien, er ziehe seinen Freund noch mehr auf die andere Seite hinüber, zu der er schon zuviel neigte, in ein Grüblertum und Sonderlingswesen, das ihm halb lächerlich, halb unheimlich war. Früher hatte Hans wohl etwas vom Schwärmer und Denker gehabt, doch war er dabei immer ein frischer, eleganter Kerl gewesen, dem alles Lächerliche unmöglich war. Nun aber, fand Erwin, verführte ihn dieser Wirth und ging darauf aus, ihn mehr und mehr zu einem Stubenhocker und Problemwälzer zu machen.

Wirth blieb ganz harmlos, während Hans die Stimmung fühlte und auf Erwin ärgerlich wurde. Er ließ es ihn auch merken und fiel im Gespräch mit ihm in den alten überlegenen Ton, den Erwin jetzt nicht mehr ertrug, so daß er frühzeitig Abschied nahm und gereizt fortging.

»Warum waren Sie denn so ruppig mit Ihrem Freund?« sagte Wirth nachher tadelnd. »Er hat mir gut gefallen.«

»Wirklich? Ich fand ihn heut unausstehlich. Was braucht er Sie so dumm aufzuziehen!«

»Das war doch nicht schlimm. Ich kann schon einen Spaß vertragen. Wenn es mich geärgert hätte, wäre ja ich der Dumme gewesen.«

»Es galt auch gar nicht Ihnen, es galt mir. Er meint, ich dürfe mit niemand Umgang haben als mit ihm. Dabei läuft er den ganzen Tag mit zwanzig Bundesbrüdern herum.«

»Aber Mann, Sie ärgern sich ja wirklich! Das sollten Sie verlernen, wenigstens Freunden gegenüber. Es war Ihrem Freund unangenehm, Sie nicht allein zu finden, und er hat uns das ein bißchen merken lassen. Aber sonst finde ich ihn nett und liebenswürdig; ich möchte ihn gern besser kennenlernen.«

»Nun lassen wir's gut sein. Ich begleite Sie noch ein Stück weit hinaus, wenn ich darf.«

Sie gingen in die dunkle Gasse hinab, durch die Stadt, die da und dort von Chorgesang widerhallte, und langsam ins freie Feld hinaus, wo die milde, sternlose Märznacht leise wehte. Von nördlichen Hügelabhängen schimmerte hie und da noch ein schmaler Streifen Schnee mit blassem Schein herüber. Die Luft ging weich und lässig durch das kahle Gesträuch, die Ferne lag schwarz in undurchdringlicher Nacht. Heinrich Wirth schritt wie immer ruhig und kräftig aus; Hans ging erregt neben ihm her, wechselte oft den Schritt, blieb manchmal stehen und sah in die bläuliche Nachtschwärze.

»Sie sind unruhig«, meinte Wirth. »Lassen Sie doch den kleinen Ärger fahren!«

»Es ist nicht deswegen.«

Wirth gab keine Antwort.

Eine kleine Weile gingen sie schweigend weiter. Ganz fern in einem Gehöft schlugen Hunde an. Im nächsten Gebüsch sang eine Amsel.

Wirth hob den Finger auf. »Hören Sie?«

Hans nickte nur und schritt schneller aus. Dann blieb er plötzlich stehen.

»Herr Wirth, wie denken Sie eigentlich über mich?«

»Das kann ich Ihnen nicht sagen.«

»Ich meine – wollen Sie nicht mein Freund sein?«

»Ich denke, das bin ich.«

»Noch nicht ganz. Ach, ich glaube, ich brauche Sie, ich brauche einen Führer und Kameraden. Können Sie das nicht verstehen?«

»Ich kann schon. Sie wollen etwas anderes als die anderen; Sie suchen sich einen Weg, und Sie denken, ich könnte vielleicht den rechten wissen. Aber den weiß ich nicht, und ich glaube, es muß jeder seinen eigenen finden. Wenn ich Ihnen dazu helfen kann, dann gut! Dann müssen Sie eben eine Strecke weit meinen Weg mitgehen. Es ist nicht Ihrer, und ich glaube, die Strecke wird nicht lang sein.«

»Wer weiß? Aber wie soll ich es anfangen, Ihren Weg zu gehen? Wohin führt er? Wie finde ich ihn?«

»Das ist einfach. Leben Sie, wie ich lebe, es wird Ihnen gut tun.«

»Wie denn?«

»Suchen Sie viel an der Luft zu sein, womöglich draußen zu arbeiten. Ich weiß Gelegenheit dazu. Weiter, essen Sie kein Fleisch, trinken Sie keinen Alkohol, auch nicht Kaffee und Tee, und rauchen Sie nicht mehr. Leben Sie von Brot, Milch und Früchten. Das ist der Anfang.«

»Ich soll also ganz Vegetarier werden? Und warum?«

»Damit Sie sich das ewige Fragen nach dem Warum abgewöhnen. Wenn man vernünftig lebt, wird sehr vieles selbstverständlich, was vorher problematisch aussah.«

»Meinen Sie? Es kann ja sein. Aber ich finde, die Praxis sollte das Ergebnis des Nachdenkens sein, nicht umgekehrt. Sobald ich einsehe, wozu dies Leben gut ist, kann ich es damit versuchen. Aber so ins Blaue hinein —«

»Ja, das ist Ihre Sache. Sie haben mich um Rat gefragt, und ich habe meinen Rat gegeben, den einzigen, den ich weiß. Sie wollten mit dem Denken anfangen und mit dem Leben aufhören, ich tue das Gegenteil. Das ist der Weg, von dem ich sprach.«

»Und wenn ich den nicht gehe, wollen Sie nicht mein Freund sein?«

»Es wird nicht gehen. Wir können ja trotzdem Gespräche führen und miteinander philosophieren, es ist eine angenehme Übung. Ich will Sie auch gar nicht bekehren. Aber wenn Sie mein Freund sein wollen, muß ich Sie ernst nehmen können.«

Sie gingen weiter. Hans war verwirrt und enttäuscht. Statt eines warmen Zuspruches, statt einer herzlichen Freundschaft wurde ihm eine Art von naturheilmäßigem Rezept geboten, das ihm nebensächlich und fast lächerlich vorkam. »Iß kein Fleisch mehr, so bin ich dein Freund.« Wenn er aber an seine früheren Unterhaltungen mit Wirth und an dessen ganzes Wesen dachte, dessen Ernst und Sicherheit ihn so mächtig angezogen hatte, konnte er ihn doch nicht für einen bloßen Apostel Tolstois oder des Vegetarismus halten.

Trotz seiner Ernüchterung begann er sich Wirths Vorschlag zu überlegen und dachte daran, wie verlassen er sein werde, wenn auch dieser einzige Mensch, der ihn anzog und von dem er sich Förderung versprach, ihn allein ließ.

Sie waren weit gegangen und standen schon vor den ersten Häusern von Blaubachhausen: da gab Hans seinem Freunde die Hand und sagte: »Ich will es mit Ihrem Rat versuchen.«

Hans begann sein neues Leben gleich am nächsten Morgen. Er tat es mehr, um sich Wirth willfährig zu zeigen als aus Überzeugung, und es fiel ihm weniger leicht als er gedacht hatte.

»Frau Ströhle«, sagte er morgens zu seiner Hausfrau, »ich trinke von jetzt an keinen Kaffee mehr. Bitte besorgen Sie mir jeden Tag einen Liter Milch.«

»Ja sind Sie denn krank?« fragte Frau Ströhle verwundert.

»Nicht gerade, aber Milch ist doch gesünder.«

Schweigend tat sie, was er wünschte; es gefiel ihr aber nicht. Bei ihrem Zimmerherrn war ein Sparren los, das sah sie wohl. Das viele Bücherlesen bei einem so jungen Studenten, das einsame Klavierspielen, der Austritt aus einer so stattlichen Gesellschaft, der Verkehr mit dem schäbig aussehenden Philologen und jetzt die Milchtrinkerei, das war nicht in Ordnung. Anfangs hatte sie sich ja gefreut, einen so stillen und bescheidenen Mietherrn zu haben, aber das ging zu weit, und sie hätte es lieber gesehen, wenn er wie die anderen zuweilen einen rechten Rausch heimgebracht und sich auf der Treppe schlafen gelegt hätte. Sie beobachtete ihn von jetzt an mit Mißtrauen, und was sie sah, freute sie keineswegs. Sie bemerkte, daß er nicht mehr ins Gasthaus zum Essen ging, dafür täglich verschämte Pakete heimbrachte, und als sie nachschaute, fand sie eine Tischlade voll von Brotresten, Nüssen, Äpfeln, Orangen und gedörrten Pflaumen.

»O je!« rief sie bei dieser Entdeckung, und um ihre Achtung vor Hans Calwer war es geschehen. Der war entweder verrückt oder bekam keinen Wechsel mehr. Und als er einige Tage später mitteilte, er werde im nächsten Semester die Wohnung wechseln, zuckte sie die Achseln und sagte nur: »Wie Sie wollen, Herr Calwer.«

Inzwischen hatte Hans eine Bauernstube in Blaubachhausen, in Wirths nächster Nähe, gemietet, die er nach den Ferien beziehen wollte.

Das Milchtrinken und Obstessen focht ihn wenig an, doch kam er sich bei diesem Leben wie in einer aufgenötigten Rolle vor. Seine Zigaretten aber entbehrte er schmerzlich, und mindestens einmal im Tag kam eine Stunde, in der er trotz allem eine anzündete und mit schlechtem Gewissen beim offenen Fenster rauchte. Nach einigen Tagen schämte er sich aber dessen und verschenkte alle seine Zigaretten, eine große Schachtel voll, an einen Austräger, der ihm eine Zeitschrift gebracht hatte.

Während Hans so seine Tage hinbrachte und nicht allzu heiter war, ließ Erwin sich nimmer sehen. Er war von jenem Abend her verstimmt und wollte durchaus mit Wirth nicht wieder zusammentreffen. Dazu war, da schon in einer Woche die Ferien beginnen sollten, seine Zeit sehr ausgefüllt, denn er wurde jetzt als vielversprechender Jungbursch behandelt und bereitete sich darauf vor, aus dem Fuchsentum in die Reihe der Angesehenen und Tonangebenden zu treten.

So kam es, daß er Hans erst am letzten Tage vor der Abreise wieder besuchte. Er fand ihn am Packen und sah sogleich, daß er die Wohnung nicht behalten wollte, da das Klavier weggeschafft und die Bilder von den Wänden genommen waren.

»Willst du ausziehen?« rief er überrascht.

»Ja. Nimm Platz!«

»Hast du schon eine neue Bude? Ja? Wo denn?«

»Vor der Stadt draußen, für den Sommer.«

»So – und wo?«

»In Blaubachhausen.«

Erwin sprang auf. »Wirklich? Nein, du machst ja Spaß.«

Hans schüttelte den Kopf.

»Also im Ernst?«

»Ja doch.«

»Nach Blaubachhausen! Zu dem Wirth hinaus, gelt? Zu dem Kohlrabifresser. – Du, sei gescheit und tu das nicht.«

»Ich habe schon gemietet und werde hinausziehen. Was geht's dich an?«

»Aber Hans! Laß doch den seine Grillen allein fangen! Das mußt du noch einmal überlegen. Hast du mir eine Zigarette?«

»Nein, ich rauche nimmer.«

»Aha. Also darum! Und jetzt ziehst du zu dem Waldmenschen hinaus und wirst sein Jünger? Du bist bescheiden geworden, muß ich sagen.«

Hans hatte sich vor dem Augenblick gefürchtet, wo er Erwin seinen

Entschluß würde mitteilen müssen. Jetzt half ihm der Zorn über die Verlegenheit weg.

»Danke für dein freundliches Urteil«, sagte er kühl, »ich konnte mir das ja denken. Übrigens bin ich nicht gewohnt, mir von dir Ratschläge geben zu lassen.«

Erwin wurde heftig. »Nein, leider nicht. Dann mach eben deine Dummheiten allein!«

»Mit Vergnügen.«

»Ich meine es im Ernst. Wenn du da draußen mit deinem schmierigen Heiligen lebst, darf ich mich nimmer in deiner Nähe sehen lassen.«

»Das ist ja auch nicht nötig. Geh du nur zu deinen Couleuraffen.«

Nun hatte Erwin genug. Er hätte Hans schlagen können, wenn er ihm nicht immer noch ein wenig leid getan hätte. Ohne Abschied lief er hinaus, schlug die Türe hinter sich zu und war fort. Hans rief ihn nicht zurück, obwohl seine Erregung schon nachließ.

Er hatte sich nun einmal hingegeben, um diesen eigensinnigen, stillen Wirth durch Unterwerfung zu erobern; nun hieß es aushalten und dabei bleiben. Im Herzen begriff er Erwin sehr wohl; diese Jüngerschaft war ihm selber fast lächerlich. Aber er wollte nun einmal diesen beschwerlichen Weg gehen; er wollte einmal seinen Willen gefangen geben und auf seine Freiheit verzichten, einmal von unten auf dienen. Vielleicht war das der Weg, der ihm fehlte, vielleicht führte hier die schmale Brücke zur Erkenntnis und zur Zufriedenheit. Wie einst, als er im Rausch einer Gesellschaft beigetreten war, zu der er nicht paßte, so trieb ihn auch jetzt Schwäche und Unzufriedenheit, wieder einen Halt und eine Gemeinschaft zu suchen.

Übrigens war er überzeugt, Erwin würde nach einigem Schmollen schon wieder zu ihm kommen. Darin täuschte er sich freilich. Nach dem, was Erwin in der Zeit nach seinem Austritt seinetwegen durchgemacht hatte, hätte er ihn von neuem fester an sich fesseln müssen, um ihn für immer zu halten. Jener hatte sich von seiner Rückkehr zu Hans mehr versprochen. Und außerdem hatte er im »Blauen Husaren«, im Kontor seines Schwagers und namentlich bei seinen Bundesbrüdern seither einiges gelernt, was Hans nicht ahnte und was die frühere bedingungslose Herrschaft Hansens über ihn zu Fall gebracht hatte. Er war, trotz allen Burschentorheiten, in aller Stille zu einem Mann geworden, und ohne selbst darüber im klaren zu sein, hatte er damit Hansens frühere Überlegenheit überwunden und sehen gelernt, daß der bewunderte Freund mit all seinem Geist doch kein Held sei.

Kurz, Erwin nahm sich den neuen Bruch mit ihm nicht übermäßig zu Herzen. Leid tat es ihm wohl, und er fühlte sich nicht ganz ohne Schuld; im Grunde aber fand er, es geschehe Hans recht, und bald dachte er an diese Sache gar nicht mehr. Es kam jetzt anderes über ihn.

Als er, vom Stiftungsfest und den Nachfeiern angenehm ermüdet, nach Hause in die Osterferien gekommen war, hatte er in seiner neuen Burschenherrlichkeit auf die Mama und die Schwestern einen sehr guten Eindruck gemacht. Er war zufrieden, strahlend, liebenswürdig und launig, machte in einem feinen, neuen Sommeranzug Besuche, spielte mit der Mutter Domino und brachte den Schwestern Blumen mit, gewann die Herzen der Tanten durch kleine Dienste und befliß sich nach allen Seiten einer angenehmen Tadellosigkeit.

Das hatte seinen guten Grund. Erwin Mühletal hatte sich gleich am ersten Ferientage verliebt. Bei seinem Onkel war ein junges Mädchen, eine Freundin der Cousinen, zu Besuch. Die war hübsch, lebhaft, neckisch, spielte Tennis, sang, sprach von den Berliner Theatern und ließ sich von dem jungen Studenten, obschon sie ihn recht gern sah, nicht im mindesten imponieren. Desto mehr gab er sich Mühe und erschöpfte sich in Liebenswürdigkeit und Diensteifer, bis die Stolze gnädig und schließlich weich wurde und er die schönen Ferien mit einer heimlichen Verlobung krönend abschließen konnte.

Von Hans war nie die Rede. Als Erwins Mutter einmal nach ihm fragte, meinte er kurz: »Der Calwer! Ach, der ist ja nicht gescheit. Das Neueste ist, daß er zu den Abstinenten geht und mit einem Sonderling zusammenlebt, der Buddhist oder Theosoph oder so etwas ist und sich die Haare nur alle Jahre einmal schneiden läßt.«

Das Sommersemester fing prächtig an. Die Anlagen blühten und erfüllten die ganze Stadt mit dem süßen Duft von Flieder und Jasmin; die Tage waren glänzend blau und die Nächte schon sommerlich mild. Farbige Studentenhaufen zogen prahlend durch die Straßen, ritten, kutschierten und führten die grünen Keilfüchse spazieren. In den Nächten scholl Gesang aus offenen Fenstern und Gärten.

Von diesem Freudenleben bekam Hans nur wenig zu sehen. Er war in Blaubachhausen eingezogen, ging jeden Morgen mit Heinrich Wirth in die Stadt zu einem Sanskritkolleg, tunkte mittags Brot in seine Milch, ging spazieren oder versuchte bei ländlichen Arbeiten mitzuhelfen und fiel jeden Abend todmüde in sein hartes Strohsackbett, ohne doch gut zu schlafen.

Sein Freund machte es ihm nicht leicht. Er glaubte an seinen Ernst immer noch nur halb und hatte sich vorgenommen, ihn eine rauhe Schule durchmachen zu lassen. Ohne je aus seiner heiteren Ruhe zu fallen und ohne je zu befehlen, zwang er ihn, in allem nach seiner eigenen Weise zu leben. Er las mit ihm in den Upanishads der Veden, trieb mit ihm Sanskrit, lehrte ihn eine Sense in die Hände nehmen und Gras schneiden. War Hans ermüdet oder ärgerlich, so zuckte er die Achseln und ließ ihn in Ruhe. Fing Hans räsonierend über dies Leben zu reden an, so lächelte er und schwieg, auch wenn Hans wütend und beleidigend wurde.

»Es tut mir leid«, sagte er einmal, »daß es dir so schwer fällt. Aber ehe du die Not des Lebens nicht am eigenen Leib erfahren hast und begreifen lernst, was Unabhängigkeit von Lust und Reizen des äußeren Lebens bedeutet, kannst du nicht vorwärts kommen. Du gehst denselben Weg, den Buddha ging und den jeder gegangen ist, dem es mit der Erkenntnis ernst war. Die Askese selber ist wertlos und hat noch keinen Heiligen gemacht, aber als Vorstufe ist sie notwendig. Die alten Inder, deren Weisheit wir verehren und zu deren Büchern und Lehren jetzt Europa zurückkehren möchte, die haben vierzig und mehr Tage fasten können. Erst wenn die leiblichen Bedürfnisse ganz überwunden und nebensächlich geworden sind, kann ein ernstliches geistiges Leben anfangen. Du sollst kein indischer Büßer werden, aber du sollst den Gleichmut lernen, ohne den keine reine Betrachtung möglich ist.«

Nicht selten war Hans so erschöpft und verstimmt, daß es ihm unmöglich war, mit zur Arbeit zu gehen oder auch nur mit Heinrich zusammen zu sein. Dann ging er hinter seinem Hause über die Matten zu einem Weidehügel, wo ein paar breitästige Kiefern Schatten gaben, warf sich ins Gras und blieb lange Stunden so liegen. Er hörte die Geräusche der bäuerlichen Arbeiten herübertönen, das helle, scharfe Sensendengeln und das weiche Schneiden des Grases, hörte Hunde bellen und kleine Kinder schreien, zuweilen auch Studenten in Wagen durchs Dorf fahren und lärmend singen. Und er hörte geduldig und müde zu und beneidete sie alle, die Bauern, die Kinder, die Hunde, die Studenten. Er beneidete das Gras um sein stilles Wachsen und um seinen leichten Tod, die Vögel um ihr Schweben, den Wind um seinen lässigen Flug. Wie lebte das alles leicht und selbstverständlich dahin, als wäre das Leben ein Vergnügen!

Zuweilen suchte ihn ein wehmütig schöner Traum heim – das waren seine besten Tage. Dann dachte er an die Abende, die er früher im Haus des Professors zugebracht hatte, und an dessen schöne, stille Frau, deren Bild fein und sehnsuchtweckend in ihm wohnte, und dann wollte es ihm scheinen, in jenem Hause werde ein ernsthaftes, wahrhaftiges Leben gelebt, mit notwendigen, sinnvollen Opfern und Leiden, während er selber sich ohne Not künstliche Leiden und Opfer schaffe, um dem Sinn des Lebens näher zu kommen.

Diese Gedanken kamen und gingen mit dem Wind, traumartig und ungewollt. Sobald die Müdigkeit und Seelenstille nachließ, stand wieder Heinrich Wirth in der Mitte seiner Gedanken und hielt das ruhige, stumm befehlende Auge fragend auf ihn gerichtet. Er kam von diesem Manne nicht los, ob er es auch vielleicht zuzeiten schon wünschte.

Lange verhehlte er es vor sich selber, daß er anderes von Wirth erwartet habe und enttäuscht sei. Das spartanische Essen, die Feldarbeit, der Verzicht auf alle Bequemlichkeit tat ihm zwar weh, hätte ihn aber nicht sobald ernüchtert. Am meisten vermißte er die stillen Abendstunden beim Klavier, die langen, behaglichen Lesetage und die Dämmerstunden mit der Zigarette. Es schienen ihm Jahre vergangen, seit er zuletzt gute Musik gehört hatte, und manchmal hätte er alles darum gegeben, eine Stunde frisch und wohlgekleidet unter feinen Leuten zu sitzen. Wohl hätte er das leicht haben können, er brauchte nur in die Stadt und etwa zum Professor zu gehen. Aber er wollte und konnte nicht. Er wollte nicht von dem, worauf er feierlich verzichtet hatte, dennoch naschen. Außerdem war er beständig müde und lustlos, das ungewohnte Leben bekam ihm schlecht, wie jede Gewaltkur schlecht bekommt, wenn sie nicht aus eigenem Antrieb und innerer Notwendigkeit unternommen wird.

Am schwersten litt er darunter, daß sein Meister und Freund alle seine Anstrengungen mit stiller Ironie betrachtete. Er spottete nie, aber er sah zu und schwieg und schien wohl zu merken, daß Hans auf falschem Wege sei und sich unnütz abquäle.

Nach zwei heißen, sauren Monaten wurde der Zustand unerträglich. Hans hatte sich das Räsonieren abgewöhnt und schwieg verdrossen. An der Arbeit nahm er seit einigen Tagen nicht mehr teil, sondern lag, wenn er gegen Mittag vom Kolleg zurückkam, den Rest des Tages auf seiner Wiese, untätig und hoffnungslos. Da fand Wirth es an der Zeit, ein Ende zu machen.

Eines Morgens erschien er, der stets früh auf den Beinen war, bei Hans, der noch im Bett lag, setzte sich zu ihm und sah ihn mit seinem stillen Lächeln an.

»Nun, Hans?«

»Was ist? Schon Zeit ins Kolleg?«

»Nein, es ist kaum fünf Uhr. Ich wollte ein bißchen mit dir plaudern. Stört dich's?«

»Eigentlich ja, um diese Zeit. Ich habe wenig geschlafen. Was ist denn los?«

»Nichts. Laß uns ein wenig reden. Sag, bist du nun eigentlich zufrieden?«

»Nein, gar nicht.«

»Man sieht es. Ich glaube, für dich wäre es jetzt das Beste, du würdest dir in der Stadt eine nette Stube mieten, mit einem Klavier – –«

»Ach, laß die Scherze!«

»Ich weiß, es ist dir nicht zum Scherzen zumute. Mir auch nicht. Ich meine es ernst. – – Sieh, du hast meinen Weg gehen wollen, und ich muß sagen, du hast dir's sauer werden lassen. Es will aber nicht gehen, und ich denke, du solltest der Quälerei ein Ende machen, nicht? Du hast dich jetzt drein verbissen und deine Ehre drein gesetzt, nicht nachzulassen, aber es hat ja keinen Sinn mehr.«

»Ja, mir scheint es auch so. Es war eine Dummheit, die mich einen schönen Sommer gekostet hat. Und du hast zugesehen und deinen Spaß daran gehabt. O du Held! Und jetzt, wo es dir genug scheint und langweilig wird, winkst du gnädig ab und schickst mich wieder fort.«

»Nicht schimpfen, Hans! Es kommt dir vielleicht so vor, aber du weißt doch, die Sachen sind immer anders, als sie uns vorkommen. Ich habe mir zwar gedacht, es würde so gehen, aber meinen Spaß habe ich nicht daran gehabt. Ich meinte es gut und glaube, du hast doch dabei gelernt.«

»O ja, gelernt genug.«

»Vergiß nicht, daß es dein Wille war. Warum sollte ich dich nicht machen lassen, solange es nicht gefährlich schien? Aber jetzt ist's genug. Das Bisherige können wir beide noch verantworten, scheint mir.«

»Und was jetzt?«

»Das mußt du wissen. Ich hatte gehofft, du könntest vielleicht mein Leben zu deinem machen. Das ist nicht gegangen – was bei mir freiwillig war, ist für dich ein trauriger Zwang, bei dem du verkommst. Ich will nicht sagen, dein Wille habe nicht ausgereicht, obwohl ich an den freien Willen glaube. Du bist anders als ich, du bist schwächer, aber auch feiner, für dich sind Dinge Bedürfnis, die für mich Luxus sind. Wenn zum Beispiel deine Musik bloß Einbildung oder Getue gewesen wäre, würde sie dir jetzt nicht so fehlen.«

»Getue! Du denkst nett von mir.«

»Verzeih! Der Ausdruck war nicht so schlimm gemeint. Sagen wir statt dessen Selbsttäuschung. So war es mit deinen philosophischen Gedanken. Du warst mit dir unzufrieden, du hast deinen Freund, den guten Kerl, mißbraucht und tyrannisiert. Du hast es mit der roten Mütze probiert, dann mit Buddhastudien, schließlich mit mir. Aber das Opfer deiner selbst hast du nie ganz gebracht. Du hast dir Mühe gegeben, es zu tun, aber es ging nicht. Du hast dich selber noch zu lieb. Erlaube, daß ich alles sage! Du glaubtest, in einer großen Not zu sein, und warst bereit, alles dranzugeben, um deinen Frieden zu finden. Aber dich selbst hast du nicht drangeben können und kannst es vielleicht nie. Du hast versucht, das größte Opfer zu bringen, weil du mich dabei glücklich sahst. Du wolltest meinen Weg gehen und wußtest nicht, daß er nach Nirwana führt. Du wolltest dein persönliches Leben steigern und erhöhen, dazu konnte ich dir nicht helfen, weil es mein Ziel ist, kein persönliches Leben mehr zu haben und im Ganzen aufzugehen. Ich bin das Gegenteil von dir und kann dich nichts lehren. Denke, du seist in ein Kloster gegangen und enttäuscht worden.«

»Du hast recht, so ähnlich ist es.«

»Darum gehst du jetzt wieder hinaus und suchst dein Heil anderswo. Es war eben ein Umweg.«

»Und das Ziel?«

»Das Ziel ist Friede. Vielleicht bist du stark und Künstler genug – dann wirst du deine Ungenügsamkeit lieben lernen und Leben aus ihr schöpfen. Ich kann das nicht. Oder, wer weiß, kommst du doch noch einmal dahin, dich ganz zu opfern und wegzugeben, dann bist du wieder auf meinem Weg, ob du ihn nun Askese, Buddha, Jesus, Tolstoi oder sonstwie nennen wirst. Der steht dir immer wieder offen.«

»Ich danke dir, Heinrich, du meinst es gut. Sag mir nur noch: wie denkst du dir dein Leben weiter? Wohin führt schließlich dein Weg?«

»Ich hoffe, er führt zum Frieden. Ich hoffe, er führt dazu, daß ich einmal mich meines Bewußtseins freuen und doch unbekümmert in Gottes Hand ruhen kann wie ein Vogel und eine Pflanze. Wenn ich kann, werde ich einmal anderen von meinem Leben und Wissen mitteilen, sonst aber suche ich nichts, als daß ich für mich den Tod und die Furcht überwinde. Das kann ich nur, wenn ich mein Leben nicht mehr als ein Einzelnes und Losgetrenntes fühle, erst dann wird jeder Augenblick meines Lebens seinen Sinn haben.«

»Das ist viel.«

»Das ist alles. Das ist das einzige, was ein Wünschen und ein Leben lohnt.«

Am Abend des nächsten Tages klopfte es an Erwins Tür. Er rief herein und dachte, es sei ein Bundesbruder, den er erwartete. Als er sich umwandte, stand Hans vor ihm. Er sah ihn verlegen und überrascht an. »Du?«

»Ja, verzeih! Ich will nicht stören. Wir sind das letztemal ohne Abschied auseinander gegangen.«

»Ja, ich weiß. Nun — —«

»Es tut mir leid, ich war schuld. Bist du mir noch böse?«

»Ach nein. Aber verzeih, ich erwarte Besuch ...«

»Nur einen Augenblick! Ich reise morgen fort; ich bin etwas krank, und im nächsten Sommer komme ich jedenfalls nicht mehr hierher.«

»Schade. Was fehlt dir denn. Doch nichts Schlimmes?«

»Nein, Kleinigkeiten. Ich wollte nur hören, wie dir's geht. Gut, nicht?«

»O ja. Aber du weißt ja gar nicht —«

»Was?«

»Ich bin verlobt, schon seit dem Frühjahr. Es war bis jetzt noch nicht öffentlich, aber nächste Woche fahre ich nach Berlin zur Verlobungsfeier. Meine Braut ist nämlich Berlinerin.«

»Da gratuliere ich. Du bist doch ein Glückskerl! Jetzt wirst du dich auch heftig hinter deine Medizin setzen.«

»Es geht an. Aber vom nächsten Semester an wird geschuftet. Und was hast du im Sinn?«

»Vielleicht Leipzig. Aber gelt, ich störe dich?«

»Na, wenn du's nicht übel nimmst — ich erwarte einen Bundesbruder. Du begreifst, es wäre ja auch für dich peinlich — —«

»Ja so! Daran hatte ich gar nicht mehr gedacht. Nun, bis wir uns wiedersehen, sind diese Geschichten wohl vergessen. Leb wohl, Erwin!«

»Adieu, Hans, und nichts für ungut! Es war nett von dir, daß du gekommen bist. Schreibst du mir einmal? — Danke. Und gute Reise!«

Hans ging die Treppe hinab. Er wollte dem Professor, mit dem er gestern eine lange Unterredung gehabt hatte, noch einen Abschiedsbesuch machen. Draußen sah er noch einmal an Erwins Fenster hinauf.

Im Weggehen dachte er an die fleißigen Bauern, an die Dorfkinder, an die Verbindung mit den ziegelroten Mützen, an Erwin und an alle die Glücklichen, denen die Tage leicht und unbedauert durch die Finger gleiten, und dann an Heinrich Wirth und an sich selber und an alle, denen das Leben zu schaffen macht und die er im Herzen als seine Freunde und Brüder begrüßte.

(1907/08)

Abschied

Ein Landwirt, der in meiner Nachbarschaft ein Gut besaß, und den ich als einen stillen, etwas schüchternen Menschen mit einem schönen, zugleich traurigen und schamhaften Blick in Erinnerung habe, nahm sich eines Tages, kaum mehr als dreißigjährig, das Leben. Und wie das manchmal so gehen kann – kaum hatte ich die Nachricht vernommen, so schien es mir, als sei dieser Tod für diesen Mann der natürliche und wahrscheinliche gewesen, ja als habe ich diesen Tod für ihn immer ahnungsweise vorausgewußt. Später bekam ich durch den Arzt noch einige Auskünfte über den Nachbarn, und durch eben diesen Arzt kam auch das Schreiben in meine Hände, in welchem der Selbstmörder Abschied nahm und seinen Entschluß zu erklären versuchte. Das Dokument, das ich mir damals abgeschrieben habe, ist, wie mir scheint, der Beachtung und der Mitteilung wert. Es lautet so:

»Wenn jemand eine ganz besondere Leidenschaft für irgendeine Kunst oder einen Sport zeigt, ohne doch das geringste Geschick dazu zu haben, so findet man ihn mit Recht lächerlich. Über einen Halbblinden, der sich mit Scheibenschießen abgibt, und über einen Stotterer, der gerne Tischreden hält, kann man nur lachen. Es gibt solche Leute. Sie scheinen durchaus überflüssig zu sein und sind wahrscheinlich meistens sehr unglücklich; dennoch lacht der halbblinde Schütze mit, wenn er den Stotterer reden hört, und umgekehrt. Ich weiß es, weil ich selbst das Unglück habe, zu dieser Sorte von Menschen zu gehören.

Ich wäre nämlich um mein Leben gern ein Denker geworden. Mit nichts habe ich mich zu jeder Zeit so viel und so eifrig abgegeben wie mit dem Denken, und doch weiß ich seit langem genau, daß ich dafür ganz unbegabt bin und es nie zu nennenswerten eigenen Gedanken bringen werde. Wozu nun wurde dieses Bedürfnis nach Erkenntnis in mich gelegt, wenn mir die Erfüllung versagt ist? Eine Katze kann klettern und ist damit zufrieden. Ein Vogel kann fliegen und ist damit zufrieden. Ich aber bin mit dem, was von Natur leicht fällt, nicht zufrieden und strebe immerzu nach etwas, was zu erreichen meiner Natur unmöglich ist.

Jedermann hat ein gewisses dumpfes Interesse für philosophische Fragen.

Es gehört ja auch zur Bildung. Er erstaunt vielleicht manchmal darüber, wie wenig man weiß. Aber er hat nicht das Gefühl, ohne Wissen nicht leben zu können, und er verzweifelt nicht am Leben, weil er das Leben nicht verstehen und es theoretisch nicht rechtfertigen kann. Ich aber habe dieses Gefühl, und ich habe diese Verzweiflung.

Natürlich habe ich viel gelesen. Ich weiß längst, daß es keine allgemein gültige Wahrheit gibt. Ich weiß, daß jedes System nur eine einmalige und vergängliche Form ist und daß eine Weltanschauung nicht das Ergebnis einer Forschergabe, sondern das Werk eines Kombinationstalents oder eines Künstlergeistes ist. Und eben dieses fehlt mir. Ich kann irgendeine Lehre studieren und alles einzelne in ihr verstehen und billigen, aber diese Lehre im ganzen als Trost und Wahrheit hinnehmen, das kann ich nicht. Jede Lehre hat zum Mittelpunkt den Lehrer, einen Menschen also, welcher Mut, Selbstvertrauen und Pathos genug besaß, sich selbst als Zentrum der Welt zu setzen und von da aus Sinn und Ordnung in die Vielheit der Erscheinungen zu bringen. Ein Denker nun, der dies Pathos und Selbstvertrauen aufbringt, kann ein System bauen, er kann Freude an seinem Denken haben. Es gehört dazu nicht einmal ein sehr großer Geist – ich habe Systeme kennengelernt, die recht albern waren und die dennoch den Reiz eines Ganzen hatten und ihren Schöpfern sicherlich Freude gemacht haben.

Ich wollte Vieles sagen, aber schon jetzt merke ich, daß ich lauter Selbstverständlichkeiten niederschreibe. Nach mehr als zehnjährigem Nachdenken ist dies das Resultat! Aber dies eine muß ich doch noch sagen: daß ich nicht aus Hochmut so spreche, nur aus Verzweiflung. Es liegt mir fern, jene Männer verächtlich machen zu wollen, die es unternahmen, von ihrem Punkt aus die Welt zu deuten. Ich sage nur: es gehört dazu Selbstvertrauen, unter Umständen auch eine gewisse Beschränktheit. Jedenfalls gehört dazu etwas, was ich nicht habe. Gewiß, auch aus tiefster Demut kann ein Denker sein Gebäude bauen, dann aber ist nicht er der Mittelpunkt seiner Weltansicht, sondern Gott. Und wer von uns Heutigen, der durch die Schule der neueren Philosophen gegangen ist, wäre dazu fähig? Ach nein, zu Gott haben wir alle kein anderes Verhältnis als das einer ungeheuren Furcht und einer ungeheuren Sehnsucht. Dies Verhältnis, der eigentliche Ausdruck unserer Gottlosigkeit, ist denn auch wohl der Kern und Grund meiner Verzweiflung.

Einerlei! Wenn einer sich selbst porträtieren will, ist es schließlich dasselbe, ob er seine Lebensphilosophie darlegt oder ob er eine Anekdote erzählt. Man wird aus beidem sein Wesen spüren, es wird aus beidem seine Tauglichkeit oder Minderwertigkeit abzulesen sein. Er wird seine Minderwertigkeit mit allen Darstellungskünsten nicht verbergen können. Dies ist mein Fall. Also gehe ich zu den Anekdoten über. Ich könnte ebensogut die Feder weglegen und verzichten. Aber das Gefühl, daß meine Person und mein Leben, die mir einstmals so ungemein wichtig schienen, tatsächlich wertlos sind, beschäftigt mich noch allzu stark. Wenn einem Bauern sein Hof abbrennt, kann er oft geradezu geschwätzig werden, so sehr erfüllt ihn sein Verlust und die Erinnerung an das, was er einst besaß und was ihm jetzt noch viel wertvoller und schöner erscheint, als es war.

Ich sagte schon, daß ich weiß, wie lächerlich ich bin. Vielleicht ist das Lächerlichste noch, daß ich jetzt das Bedürfnis fühle, mein Leben zu erklären – denn mein Leben scheitert ja eben an meinem Unvermögen, das Leben überhaupt zu erklären.

Jetzt also meine Anekdote: In meinen Knabenjahren, ehe noch meine spätere Grübelsucht entwickelt war, hatte ich eine kaum minder starke Leidenschaft. Das war meine Liebe zur Musik. Eine ältere Schwester von mir spielte Klavier, und ich weiß noch genau, mit welcher fast peinigenden Wollust ich vom Nebenzimmer aus zuhörte, wenn sie abends spielte. Damals schien mir Musik das Herrlichste, was es geben konnte. Beim Anhören jenes Spiels empfand ich ein gesteigertes Leben, heroische Entschlüsse und großzügige Zukunftspläne stiegen in mir auf, während ich sonst auch innerlich schüchtern und wenig begehrlich war. Jedesmal, wenn ich Musik hörte, hatte ich die Empfindung, ich schaue durch ein plötzlich geöffnetes Tor in ein wunderbares Land, wo Wiese und Wald viel üppiger, Wolken und Lüfte weicher, farbiger und beglückender wären als man sie alltäglich sieht.

Auf das Gefühl, daß ich ein Fremdling im Leben sei, habe ich damals sogar einen gewissen jugendlichen Stolz gehabt. Ich weiß noch, daß dies Gefühl mir ebenso teuer wie schmerzlich war und daß ich nie daran dachte, dies Gefühl könnte eine Krankheit, könnte etwas Minderwertiges und im Grunde Schmähliches sein. Darauf kam ich erst viel später, erst in den letzten Jahren.

Also in meinen Knabenjahren schien die Musik mir das Tor, durch das ich der mißliebigen Nüchternheit der alltäglichen Dinge entrinnen und in ein Jenseits entfliehen könnte, wo ich die Lebensbedingungen für meine besondere Natur zu finden dachte. Ich wußte nicht, daß es für Schwerkranke keine Lebensbedingungen gibt.

Ich sehe ein, daß dies keine Erzählung ist. Um es denn kurz zu melden: Mit zwölf Jahren setzte ich es durch, daß ich Musikunterricht bekam. Ich wollte durchaus Violine spielen, also ließ mein Vater einen Lehrer kommen. Nach etwa einem Jahr, in dem ich mich jämmerlich abgequält hatte, gab der Lehrer den Unterricht als hoffnungslos auf. Wenn ich ihn spielen hörte, zitterte ich vor Ungeduld, es auch so weit zu bringen, und in meine Geige war ich ganz verliebt, aber zum Spielen fehlte mir alles, namentlich brachte das Zählen der Takte mich fast zur Verzweiflung.

Es folgte eine trübe Pause und dann ein neuer, verzweifelter Versuch mit dem Klavier, der ebenso endete. Damals war ich nahe daran, wirklich zur Selbsterkenntnis zu kommen. Ein sehr freundlicher Pastor, der mich zur Konfirmation vorbereitete, brachte mich dann auf andere Gedanken. Ich war eine Weile fast abergläubisch fromm, fand aber mit der Zeit gerade in meiner religiösen Lektüre die ersten Verlockungen der Philosophie.

Das ist nun bald fünfzehn Jahre her. Und jetzt bin ich endlich mit der Philosophie so weit, wie ich es damals mit dem Klavier und der Geige war.

Seit mein Tod beschlossen ist, hat die erdrückende Bangigkeit der letzten Monate mich ein wenig losgelassen. Fröhlich bin ich nicht, ich bin weit eher traurig, aber es ist eine Trauer ohne große Unruhe. Man ist nur unruhig, solange man noch Hoffnungen hat. Meine Rechnung ist abgeschlossen, und sie stimmt genau, es sind keine Sentimentalitäten mehr da.

Ein Denkerleben, ein geistiges Leben – das weiß ich heute – ist nur in Gott möglich. Wir Gottlosen haben hier nichts zu suchen.

Wenn ich jetzt die Menschen um mich her in ihrer Sorglosigkeit leben sehe, betrachte ich sie mit dem selben bewundernden Neid, wie damals meinen Violinlehrer, der auf seinen vier Saiten alles Schöne so rein und sicher herunterspielte, während ich mit aller Qual keinen sauberen Strich herausbrachte.

Wieviel Virtuosität überall! Wie klingt und lacht und lockt es allerwärts, das liebe Lied des Lebens! Jeder von meinen Taglöhnern und jede von meinen Stallmägden spielt das Lied so keck und meisterhaft und denkt nicht daran, wieviel Klippen da sind, wieviel Sechzehntel zu zählen, wieviel Fehler zu vermeiden. Ihr Lied stimmt, ihr Takt ist in Ordnung, es geht alles wie von selber, es ist alles kinderleicht. Ein Narr, wer es schwierig finden und gar eine Kunst darin sehen wollte! Es gibt jedoch solche Narren, und ich bin einer von ihnen, und um das zu erkennen, habe ich dreißig Jahre gebraucht.«

(1908)

Die Wunder der Technik

Unser Freund Olaf ist ein guter, aber etwas sonderbarer Kerl, der uns schon manche Sorge gemacht hat. Zu seinen vielen Eigentümlichkeiten gehört auch eine bis ins Phantastische übertriebene Abneigung gegen kleine praktische Erfindungen und Erzeugnisse der modernen Technik. Er wird wild, wenn er ein vernickeltes Taschenfeuerzeug sieht, und jene kleinen Wunder der Technik wie elektrische Miniaturlaternen hält er direkt für Erzeugnisse des Satans. Diese Abneigung lag von jeher in seinem Wesen und seiner Denkart begründet, zum vollen Ausbruch aber kam sie erst in neuerer Zeit unter dem Druck mehrerer Erfahrungen, deren eine mich besonders interessiert, da ich unschuldigerweise an ihrem Zustandekommen beteiligt bin. Ich erspare mir alle weiteren Einleitungen und teile ohne jeden Kommentar die traurige Geschichte mit, wie sie mir Olaf damals in einem langen Brief aus Rapallo geschrieben hat:

»Rapallo, den 15. März
Ich lebe also noch und will dir in Kürze erzählen, wie es mir auf dieser Reise ergangen ist. Anfangs war ich sehr enttäuscht und trostlos darüber, aber jetzt hat sich das Gröbste gesetzt und ich kann zur Not an die Geschichte denken, ohne mit dem Kopf gegen die Wände zu rennen. Ich beginne sogar schon aus meinen traurigen Schicksalen zu lernen.

Was das Reisen betrifft, so habe ich ja damit niemals viel Glück gehabt. Schon als ganz junger Mensch, als ich noch Schopenhauer las, habe ich mir einmal folgende Reisesprüche ins Notizbuch geschrieben:

1) Suche jegliche Reise, auch die kleinste, zu vermeiden!

2) Jener Zeitungsmensch, der zum erstenmal das Wort ›Vergnügungsreise‹ in unsere beklagenswerte Sprache eingeführt hat, muß wahnsinnig gewesen sein. Reisen und Vergnügen sind zwei Begriffe, die einander schlechthin ausschließen.

3) Verliebe dich niemals, am wenigsten aber auf Reisen!

Ich bin jetzt in der Lage, diesen Sprüchen aus neuester Erfahrung einige neue hinzu zu fügen. Ich will sie dir nicht alle aufzählen, aber einer davon heißt: ›Hüte dich vor allen Apparaten, Maschinen und Gebrauchsgegenständen, welche von Erfindern erfunden, von Verkäufern empfohlen und von kaiserlichen, königlichen oder republikanischen Ämtern patentiert worden sind!‹ Ich gestehe, daß ich dabei leider auch an den Füllfederhalter denken muß, den du mir vor der Reise geschenkt hast. Es war lieb von dir, und deine Absichten mögen die edelsten gewesen sein, aber ich muß dir sagen: ich habe den Federhalter und dich mit furchtbaren Worten verflucht. Hoffentlich bist du gesund geblieben.

Aber genug, ich muß erzählen.

Also du weißt ja schon halb und halb, warum ich neulich diese unselige Reise angetreten habe. Ich kann es jetzt ruhig gestehen, es geschah lediglich wegen Meta Hagemann. Ihr habt mir ja die Sache durch guten Rat zu versalzen gesucht und das hübsche Mädchen ein gefährliches Flirtfüllen gescholten. Na, ich wußte also, daß ihre Eltern mit ihr nach Rapallo fahren wollten, und ich wußte auch, mit welchem Zug. Ich ging also an meine Reisevorbereitungen, kaufte einen neuen Anzug und einen neuen Hut, versetzte mein Motorrad und rüstete mich so gut als möglich aus. Ich habe, wie du weißt, einen fabelhaften Respekt vor jenen beneidenswerten jungen Leuten, die immerzu so tip top und tadellos sind, und ich machte wieder einmal einige Anläufe in diese Richtung. Ich wußte ja freilich: ich konnte tun was ich wollte und es würde doch immer etwas mißglücken und fehlen; aber diesmal wollte ich das Schicksal herausfordern. Als ich mich kurz vor der Reise einmal beim Rasieren schnitt, fiel es mir ein, ich müsse einen modernen Patent-Rasier-Apparat haben, und ich kaufte die Marke ›Siegfried‹. Es war ein geheimnisvoller versilberter Apparat in einem feinen schwarzen Lederetui. Auf dem Etui war ein eleganter junger Mann abgebildet, genau so einer wie ich auch immer gern einer geworden wäre; dieser Jüngling saß in einem fahrenden Automobil und rasierte sich mit kaltblütigem Lächeln. Darunter standen in Golddruck die Worte: ›Wir Deutsche fürchten Gott und sonst nichts auf der Welt.‹ Nachher fiel mir noch ein, daß jene patenten jungen Herren immer eine kurze englische Pfeife im Mund oder in der Hand haben. Ich wußte zwar, wie scheußlich das Rauchen aus solchen Dingern schmeckt, und daß eigentlich nur Engländer und Amerikaner es aushalten können, aber ich war bereit, Opfer zu bringen, und kaufte mir eine verwegene Sportspfeife, so kurz, daß mir der Rauch direkt in die Augen stieg. In demselben Laden, wo ich sie kaufte, ließ ich mich dann auch zu einem mechanischen Zigarrenabschneider verlocken, deutsches Reichspatent. Eine seidene Reisemütze hatte ich

Die Wunder der Technik

auch, und dann die goldene Uhrkette, und für etwaige besonders festliche Ansprüche nahm ich mein Vereinsabzeichen vom Vorarlberger Skiklub mit.

So erschien ich am Bahnhof. Ich hasse jene scheußliche Hast, die in den Momenten vor der Abreise die meisten Menschen ergreift, darum hatte ich mir das Rundreisebillett schon am Tag vorher besorgt. Die bestellte Droschke kam pünktlich, der Dienstmann schulterte meinen Koffer und turnte mit ihm davon, ich aber nahm – es waren noch zwanzig Minuten Zeit – in aller Ruhe am Büffet eine Tasse Kaffee. Als dann der Zug dastand, ging ich langsam und gelassen hinüber. Der Koffer war versorgt, ich hatte nichts als Stock und Schirm zu tragen und konnte mir jetzt mit Muße den besten Platz im ganzen Zug aussuchen – ich kam mir fast wie ein Lebenskünstler vor. Da kam die Perronsperre und mir fehlte das Billett! Ich erschrak – also war alle Vorsicht umsonst, es fing auch diese Reise gleich mit Kalamitäten an! Manteltasche, Brusttasche, Westentaschen, Hosentaschen ergaben nichts. Endlich glaubte ich mich zu erinnern, daß das Billett im Koffer liege. Der aber war schon längst im Zug. Es dauerte eine bange Viertelstunde, bis ich ihn wieder hatte. Der Beamte am Perronschalter blickte meiner immer wachsenden Aufregung mit unsäglicher Verachtung zu; der Träger, der meinen Koffer wieder hatte holen müssen, gab mir unter dem Beifall der Umstehenden den freundlichen Rat, ich möchte doch das nächstemal meine Mama mitnehmen, wenn ich verreise.

Während ich nun meinen armen Koffer aufriß, auf dem schmutzigen Zementboden mitten unter den Leuten, während ich Wäsche und Pantoffel, Bücher und Haarbürste herauswühlte, um das Billett zu finden, während mir der Schweiß übers Gesicht lief und die Reisenden mich mit höhnischem Interesse umstanden, kam gerade auch die Familie Hagemann, und ich sah, wie die Damen lachten. Doch hoffte ich unerkannt geblieben zu sein. Eben kam unter meinen verzweifelt wühlenden Händen der Rasierapparat ans Tageslicht, sprang aus der Tasche und rollte über den glatten Perron dahin. ›Aha, Marke Siegfried‹, rief ein Geschäftsreisender, und alles lachte.

In der letzten halben Minute kam ich samt meinem Koffer doch noch in den Zug. Schweißbedeckt und zu Tod erschöpft zerrte ich das schwere Ding durch den Gang, schob die nächste Coupeetüre auf und zwängte den Koffer vor mir her und zwischen den Knieen der Passagiere hindurch. Mit meinen letzten Kräften versuchte ich ihn in einem verzweifelten Schwung ins Gepäcknetz zu spedieren, schwang aber etwas zu kurz und rannte den Koffer einem Herrn vor die Brust, der entsetzt hintenüber sank, so daß ich ihn einen Augenblick für tot hielt. Er stand aber sofort wieder auf und schrie mich entrüstet an, und da erkannte ich ihn, es war Herr Hagemann. Es war ja nicht angenehm, aber immerhin, man kannte sich und entschuldigte sich und schloß grollend wieder Frieden. Dann begrüßte ich die Damen und merkte erst jetzt, wie schlecht ich mit meinem verbeulten Hut, meinem verschwitzten Gesicht, den herabgerutschten Manschetten und den vom Knieen auf dem Perron beschmutzten Kleidern aussehe; denn die Damen empfingen mich kühl und befremdet.

Da Herr Hagemann sich jetzt eine Zigarre ansteckte, bat auch ich um die Erlaubnis zum Rauchen. Ich zog meine neue Sportspfeife hervor und den Tabak, und stopfte sorgfältig, und die glänzende Patentpfeife sowie der ganze umständliche Apparat des Stopfens und Anzündens interessierte das Fräulein. Aber die Pfeife zog nicht und stank erbärmlich, und als sie nach Vergeudung meiner ganzen Lungenkraft und unzähliger Zündhölzer noch immer keine Luft bekam und ich verzweifelt hinein blies, da flog der ganze Inhalt von Tabak, Asche, Ruß und Feuer explosiv in die Lüfte und erfüllte das Coupee mit einem infernalischen Aschenregen. Durch seine grauen Schleier konnte ich noch sehen, wie Frau Hagemann sich verzweifelt beide Augen rieb und wie ihr Gatte mit einem Hustenanfall kämpfte, während die Tochter mit den Fingern einige glühende Tabakreste zu entfernen suchte, die auf ihre creme-farbenen Stoffschuhe gefallen waren. Ich stotterte ein Wort der Entschuldigung und floh, mich selbst und die Pfeife und das Reisen verfluchend, auf den Gang hinaus.

Das war der Anfang meiner italienischen Reise. Ich kenne aus langer Erfahrung die Tücke und Hartnäckigkeit, mit welcher an solchen Tagen das erbitterte Schicksal seine Opfer verfolgt, und ich beschloß für heute zu resignieren. Ich bin ganz überzeugt: wäre ich in mein Coupee zurückgekehrt, so wären weitere Unglücksfälle Schlag auf Schlag gefolgt und ich hätte mich auf ewig bei der Familie unmöglich gemacht. Ich wäre der Mutter auf die Zehen getreten und hätte der Tochter den Ellbogen ins Auge gestoßen, dem Vater aber statt eines Cognac die Flasche mit Birkenhaarwasser angeboten. Oder ich hätte beim Versuch, für die Damen ein Fenster zu öffnen, versehentlich an der Notleine gezogen und Skandal bekommen, ich hätte mich und die unschuldige Familie in Schande, Gefahr und endlose Verlegenheit gestürzt. Ich kenne das.

Die Wunder der Technik

Darum verlor ich mich lautlos im Seitengang und stahl mich in ein anderes Coupee, wo ich die zwölf Stunden bis Mailand allein und traurig zwischen kartenspielenden Geschäftsreisenden hinbrachte, aber doch keinen neuen Schaden anrichtete. Die englische Pfeife warf ich samt dem Tabak zum Fenster hinaus. Erst bei der Zollrevision sah ich die Hagemanns einen Augenblick wieder. Die Alten ignorierten mich und sahen noch immer erbittert aus, das Mädchen aber schenkte mir einen teilnehmenden Blick und lächelte mitfühlend, als sie meine Trauer und Zerknirschung sah. Ich gab noch nicht alles verloren. Schließlich hatte ich doch manchmal mit ihr getanzt und manches kleine Zeichen freundlicher Gesinnung von ihr erhalten. Ich setzte meine Hoffnung auf Rapallo. Schließlich mußte ja mein Reisepech auch einmal ein Ende nehmen.

Aber ich dachte nicht daran, daß ich des Teufels Werkzeuge im eigenen Koffer mit mir führte. Die englische Pfeife war ich glücklich los, aber ich hätte ihr gleich auch den Rasierapparat, den Zigarrenabschneider, den Füllfederhalter nachwerfen sollen. Nun, es kam alles, wie es kommen mußte.

In Rapallo nahm ich ein Zimmer und packte aus. Am ersten Morgen wollte ich nun vor allem den Siegfriedapparat benützen, den neuen Hut und Anzug einweihen und mir ein anständiges Debut sichern. Aber wie es nun ging – sei es daß der Apparat falsch zusammengesetzt war, sei es daß er beim Sturz aus dem Koffer Not gelitten hatte – mein Versuch mit dem Patent ›Siegfried‹ lief nicht gut ab. Ich las noch einmal den Wahlspruch: ›Wir Deutsche fürchten Gott usw.‹, dann begann ich zu arbeiten. Es gab eine furchtbare Katastrophe. Von oben bis unten blutend, zerschnitten und wundgescheuert sah mein Gesicht mir aus dem schäbigen Hotelspiegel entgegen. Unter Schmerzen mußte ich einige Tage das Zimmer hüten. Dann kroch ich entstellt und mutlos wieder hervor und machte gegen Abend meinen ersten Spaziergang, noch mit einigen Heftpflastern im Gesicht.

Aber siehe, jetzt kam das Glück. Am Strande begegnete mir Herr Hagemann mit seiner Tochter, ohne Mama, und sie fanden die Landschaft so schön und waren so befriedigt und guter Laune, daß sie mich mit der größten Freundlichkeit begrüßten. Fräulein Meta war noch nie so nett mit mir gewesen. Sie merkte offenbar mit instinktiver Ahnung, daß ich nur ihretwegen in Rapallo sei, und sie kam meinem stummen Werben so offen entgegen, daß ich alles Ungemach im Augenblick vergaß.

Es war ein wunderschöner Abend und die Herrschaften wollten sich aufs

Meer hinaus rudern lassen. Da ich Italienisch konnte, nahmen sie meine Hilfe dankbar an und luden mich ein, mitzukommen. Ich verhandelte mit dem Bootsmann und gab ihm insgeheim sechs Franken, während ich dem entzückten Herrn Hagemann vorlog, ich hätte ihn auf zwei heruntergehandelt. Jetzt war ich beinah zum Helden und jedenfalls zum anerkannten Hausfreund geworden.

Eine kleine Störung dieses Glückes muß ich allerdings erwähnen. Während wir auf dem blauen Wasser spazieren fuhren, bereitete sich Metas Vater auf einen ganz besonderen Genuß vor. Er hatte, wie er mir weitläufig erzählte, ein paar feine Importzigarren mit über die Grenze geschmuggelt, und die letzte davon hatte er bis zur Stunde aufgespart. Jetzt wollte er sie rauchen. Aber er hatte sein Taschenmesser vergessen und konnte nicht abschneiden. Das war Wasser auf meine Mühle. Begeistert zog ich meinen Patent-Zigarrenabschneider aus der Tasche und bot ihn an. Herr Hagemann betrachtete das neumodische Instrument und äußerte Mißtrauen, bat mich aber dann, ihm die Zigarre abzuschneiden. Ich erinnerte mich genau der Anweisung, steckte die Zigarre mit der Spitze in den kleinen Trichter, hielt sie fest und warf einen triumphierenden Blick auf Hagemann, der mit Spannung zuschaute. Dann drückte ich, genau nach der Vorschrift, mit der rechten Hand die Feder rasch zusammen. Der Erfolg war schrecklich. Die schöne Zigarre spaltete sich der Länge nach und war verloren, mir aber schwoll der mit eingezwickte Zeigefinger unter heftigen Schmerzen bläulich an.

Ich muß sagen, mein Freund benahm sich glänzend. Natürlich war er wütend, aber er tat sich Gewalt an und brachte ein saures Lachen zustande, und Meta stimmte mit hellem Kichern ein. Ich verbiß meinen Schmerz, der mich nur noch mehr blamiert hätte, und die Fahrt ging weiter. Die Sonne sank ins Meer, und alles war violett und golden, und hinter dem Rücken des Vaters hatte sich plötzlich Metas Hand in meine gefunden, und meinetwegen konnte jetzt die ganze Welt untergehen, so glücklich war ich. Es wurde dämmerig, ich hielt Metas Hand und spielte mit ihren Fingern, und als nun Herr Hagemann erklärte, er wolle selber ein wenig rudern, da half ich ihm auf die Ruderbank hinüber und instruierte den Bootsknecht mit meinem besten Italienisch. Jetzt saß ich ungetrennt neben Meta, und ihr weißes Kleid schimmerte matt in der dunkeln Bläue, und als ich ihr die Jacke umlegte, küßte ich sie rasch und heimlich aufs Haar.

Der Alte saß uns in der Dämmerung gegenüber und wir mußten vor-

Die Wunder der Technik

sichtig sein. Anfangs hielt ich mich stramm von dem Mädchen getrennt und hielt die Hände in den Rocktaschen, wo ich aus Erregung mit dem Portemonnaie und mit der Zündholzschachtel und dann mit einem runden Stäbchen spielte, das mir in die Finger geriet und das ich dem Gefühl nach für einen Bleistift hielt.

Als es aber dunkler wurde und wir uns schon wieder bedauerlich dem Lande näherten, konnte ich nicht länger an mich halten. Ich nahm die Hände aus der Tasche, tat als wollte ich mir den Rockkragen hochstellen und legte dann den rechten Arm von hinten sacht um Metas Taille. So fuhren wir selig dahin und fühlten uns im Paradiese, aber der erleuchtete Strand kam näher und näher, und endlich mußten wir aufstehen und aussteigen. Ich half dem Mädchen über die Bänke und den Steg ans Land, der Alte bezahlte dem Knecht seine zwei Lire und ich blieb bei den beiden, um sie noch bis zu ihrem Hotel zu begleiten.

Wir kamen eben an einem hell erleuchteten Schaufenster vorüber, da blieb ein aus dem Laden kommender Herr auffallend stehen und starrte Meta an, und dann mich, und dann wieder Meta. Sie merkte es, wurde unruhig und blickte an sich hinunter. Einen Augenblick blieb sie erbleichend stehen, dann zog sie in wilder Aufregung ihre Jacke enger zusammen, warf mir aus dem hübschen erbleichten Gesicht einen Blick voll Zorn und tödlicher Verachtung zu und begann zu laufen, zu laufen, was sie konnte. Ihr Vater, der wohl dachte, sie fühle sich krank, sah ihr hilflos nach und begann dann gleichfalls zu traben. Ich blieb erstarrt und fassungslos zurück. Was war nun das wieder?!

Da näherte sich mir jener Herr, der Meta so erschreckt hatte, und wies mit diskretem Lächeln auf meine rechte Hand. Mein Gott, sie war rabenschwarz, und ich dachte zuerst an eine furchtbare Strafe des Himmels, bis mir langsam der ganze traurige Zusammenhang klar wurde. Das Ding, mit dem ich in nervöser Unachtsamkeit in meiner Rocktasche gespielt hatte, war mein Füllfederhalter, und er war leck geworden, und meine Hand und Manschette war voll unzerstörbarer blauschwarzer Patenttinte, und meine Tintenhand war um Metas Taille gelegen, und dort stand nun jeder zärtliche Fingerdruck schwarz auf weiß verewigt!

Ich sank am nächsten Marmortischchen nieder und ließ mir einen Vermouth geben, und dann noch einen, und darauf ging ich zum Bootshafen hinüber und blickte lange und grimmig in das dunkle Meer hinaus. Dann fischte ich den tropfenden Federhalter aus der nassen Rocktasche und schleuderte ihn in die Wellen. Ich wollte, ich läge bei ihm, mir wäre besser zu Mut.

Die Familie Hagemann ist abgereist, und ich wäre auch längst nicht mehr hier, aber ich habe noch nicht den Mut gefunden, mich wieder einer Eisenbahn anzuvertrauen.«

(um 1908)

Aus dem Briefwechsel eines Dichters

Hans Schwab an den Verlagsbuchhändler E. W. Mundauf

B., 15. April 06

Hochgeehrter Herr Verleger!

Dieses Paket enthält ein Werk von mir, den Roman »Paul Weigel«. Ich weiß nicht, ob die Bezeichnung »Roman« eigentlich recht paßt; das Buch ist weniger erzählend als idyllisch-lyrisch. Fürs große Publikum wird es keine Speise sein, und erhebliche Geschäfte werden sich nicht damit machen lassen; aber eine kleine bescheidene Leserzahl findet sich vielleicht doch zusammen, namentlich wenn das Buch in einem guten Verlag wie dem Ihren erscheint. Das wäre mir eine große Freude und Ehre. Ich habe bisher nur ein Bändchen Gedichte herausgegeben, die ganz unbeachtet geblieben sind.

Um ganz ehrlich zu sein, muß ich gestehen, daß das Manuskript bereits einem andern Verleger zur Prüfung vorgelegen hat. Ich sandte es an die Firma L. Biersohn und bekam die Antwort, die Arbeit sei brauchbar und habe Aussicht auf gute Aufnahme, doch sei Herrn Biersohn das Risiko des Druckes immerhin zu groß, und er schlage mir daher vor, drei Viertel der Druckkosten selber zu tragen. Ich war dazu nicht in der Lage und möchte das auch Ihnen im voraus mitteilen, falls Sie mir ähnliche Vorschläge zu machen gesonnen wären.

Auf Ihre Antwort bin ich nun sehr gespannt. Die Sonntage und stillen Nachtstunden, in denen das Büchlein entstanden ist, liegen hinter mir und sind mir fremd und wesenlos geworden, während das Manuskript daliegt und mich unglücklich anschaut, wie ein illegitim Geborenes den leichtsinnigen Vater. Auf alle Fälle möchte ich Sie herzlich bitten, mir über die Arbeit Ihr Urteil recht offen mitzuteilen; ich kann Kritik vertragen und bin, wie ich hoffe, ziemlich frei von Autoreneitelkeit.

In Hochachtung Ihr sehr ergebener
Hans Schwab

Hans Schwab an die Redaktion der Zeitschrift »Dichterlust«

B., 25. April 06

Hochgeschätzter Herr Redakteur!

Vor zwei Jahren waren Sie so freundlich, in Ihrem Blatt ein Gedicht von mir abzudrucken. Sie schrieben mir damals, daß Sie Gutes von mir erwarteten, und machten mir Hoffnung, ich könnte später etwa auch Honorar für meine Mitarbeit erhalten, während Sie jenes Gedicht als Talentprobe honorarlos abdrucken wollten.

Ich wagte es nicht, Sie schon bald wieder zu belästigen. Jetzt aber glaube ich, manche Fehler der Anfängerschaft überwunden zu haben und sicherer, namentlich aber einfacher und knapper in der Form geworden zu sein. Ich habe inzwischen eine Art von Roman geschrieben (er liegt zur Prüfung bei einem Berliner Verleger) und glaube durch die intensive Beschäftigung mit der Prosa und einer andern Kunstform etwas gelernt zu haben. Wenigstens bin ich, nachdem ich längere Zeit gar keine Verse mehr gemacht hatte, mit neuer Lust und hoffentlich bereichert zur Lyrik zurückgekommen.

Hier sind nun drei Gedichte, alle aus der letzten Zeit, die ich Ihnen anbieten möchte. Es würde mich freuen, wenn sie Ihren Beifall fänden. Doch möchte ich, falls Sie noch nicht geneigt sind, die Sachen zu honorieren, lieber um Rücksendung bitten, da ich in ziemlich mageren Umständen lebe und zur Zeit weniger auf Ehre als auf Geld bedacht sein muß. Auch ein bescheidenes Honorar wäre mir willkommen, da jede Mark für mich einen ersehnten und wertvollen Verdienst bedeutet.

In Hochschätzung ergebenst
Hans Schwab

Die Redaktion der »Dichterlust« an Hans Schwab

L., 4. Mai 06

Sehr geehrter Herr!

Anbei senden wir Ihnen die eingesandten Gedichte mit Dank zurück. Gerne hätten wir eines oder das andere davon zum Abdruck gebracht; doch sind wir nicht in der Lage, völlig unbekannten Verfassern Honorare für Lyrik zu bezahlen.

Etwaigen weitern Einsendungen bitten wir gefl. Rückporto beizufügen.

Ergebenst
Redaktion der »Dichterlust«

Die Redaktion der »Neuzeit« an Hans Schwab

München, 8. Mai 06

Werter Herr Schwab!

Danke für die freundlich eingesandte Novelle. Es hat uns interessiert zu hören, daß Sie sich neuerdings mehr der Prosadichtung widmen wollen. Doch sind wir unsererseits der Meinung, daß die Lyrik doch Ihr eigentliches Gebiet ist. Die eingesandte Novelle hat gewiß manche Reize, ist aber doch wohl allzu lyrisch und dürfte sich für unsern Leserkreis kaum eignen. Vielleicht versuchen Sie es damit anderwärts. Wir senden das Manuskript gleichzeitig eingeschrieben an Sie retour.

Honorar für Ihr letztes hübsches Gedicht folgt Anfang nächsten Monats. Wir würden uns freuen, wenn Sie uns bald wieder etwas Lyrisches zur Prüfung einsenden.

Ergebenst
Redaktion der »Neuzeit«

Der Verlag E. W. Mundauf an Hans Schwab

Berlin, den 23. Juli 06

Sehr geehrter Herr Schwab!

Es hat etwas lange gedauert, bis wir Zeit fanden, Ihr im Frühjahr uns eingesandtes Roman-Manuskript zu prüfen. Bitte die Verzögerung freundlichst zu entschuldigen.

Die Arbeit hat uns, trotz gewisser Mängel, die ja allen Erstlingsarbeiten anhaften, recht wohl gefallen, und wir machen uns ein Vergnügen daraus, sie in unserem Verlage zu publizieren. Sie haben eine gewisse erdgeborene Kraft der Anschauung und des Ausdrucks, die mit manchen technischen und formalen Mängeln versöhnt, und es wäre nicht unmöglich, daß Ihr Buch einen guten Erfolg fände. Jedenfalls werden wir uns Mühe geben, das unsere zu tun. Über das Geschäftliche werden wir uns, denke ich, leicht einigen. Ein Verlagskontrakt geht Ihnen dieser Tage zu. Sollte Ihnen mit einem kleinen Vorschuß gedient sein, so bitte, sagen Sie es nur offen.

So viel für heute. Die Drucklegung möchten wir gerne sogleich beginnen und bitten Sie daher, etwaige Vorschläge betreffs der Ausstattung uns sofort mitzuteilen.

Mit besten Grüßen ergebenst Ihr
Verlag E. W. Mundauf

Hans Schwab an den Verleger E. W. Mundauf

B., den 30. Juli 06

Hochgeehrter Herr!

Danke herzlichst für Ihren freundlichen Brief und für den Verlagskontrakt, mit dem ich natürlich durchaus einverstanden bin, und den ich hier unterschrieben beilege.

Es ist mir eine Ehre und Freude, nun zu den Autoren Ihres Verlags zu zählen. Hoffentlich erleben Sie keine allzu große Enttäuschung mit mir! Denn offen gestanden, ich kann an die Möglichkeit eines Erfolges bei der ganzen Art meines Buches nicht glauben. Auch plagen mich schon jetzt, da das Manuskript einige Monate aus meinen Händen ist, die vielen Fehler und Ungeschicklichkeiten, die darin stehen. Und doch könnte ich es, wenigstens jetzt, nicht besser machen. Einige kleinere Korrekturen kann ich wohl während des Drucks noch ausführen, der Hauptfehler des Buches aber ist leider unkorrigierbar. Nun, ein Schelm gibt mehr als er hat, wennschon das eine schlechte Ausrede ist.

Ihr Anerbieten, mir einen Vorschuß zu gewähren, nehme ich dankbar an. Die Höhe desselben sei Ihnen überlassen. Ich bin einigermaßen in Not und könnte etwa 50 bis 100 Mark wohl brauchen, falls das nicht zu unbescheiden ist.

Mit schönsten Grüßen und nochmaligem Dank
Ihr sehr ergebener
Hans Schwab

Der Verleger E. W. Mundauf an Hans Schwab

Berlin, den 1. September 06

Mein lieber Herr Schwab!

Danke für die rasche Erledigung der Korrekturen! Das Buch wird nun bald fertig gedruckt sein. Haben Sie irgendwelche besonderen Wünsche wegen der Versendung der Rezensionsexemplare? Falls Sie Bekannte bei der Presse haben, bitte uns die Adressen zu nennen.

Dann noch eine Frage. Sie schreiben sich einfach Hans Schwab. Haben Sie nicht Lust, das Hans, wie es jetzt bei Autoren Sitte ist, mit zwei »n«, also Hanns zu schreiben? Und haben Sie nicht ein gutes Porträt von sich, das wir in den Reklameprospekten reproduzieren könnten?

Ich verspreche mir, trotz Ihres Mißtrauens, einen schönen Erfolg von dem »Paul Weigel«. Die Presse beginnt schon, sich dafür zu interessieren, und ich glaube, wir werden mit der Kritik zufrieden sein können. Wahrscheinlich drucke ich gleich eine zweite Auflage. Machen Sie sich also wegen des kleinen Vorschusses keine Sorgen und sagen Sie es unbedenklich, wenn Sie einen weiteren brauchen sollten!

Mit besten Grüßen Ihr
E. W. Mundauf

Der Verleger E. W. Mundauf an Hans Schwab

Berlin, den 20. September 06

Lieber Herr Schwab!

Danke schön für Ihren Brief vom 4. h., der uns gefreut und belustigt hat. Natürlich haben wir nicht das Geringste dagegen, daß Sie Ihren Namen in der alten Weise schreiben, und vielleicht haben Sie recht, wenn Sie jene Sitte etwas hart als eine »dumme Interessantmacherei« bezeichnen. Daß Sie Ihr Porträt nicht hergeben wollen, tut mir leid. Vielleicht lernen Sie darüber mit der Zeit anders denken.

Von Ihrem »Paul Weigel« ist nun also die zweite Auflage im Druck. Ich schicke Ihnen heute als Drucksache vier Kritiken großer Blätter über die erste Auflage. Sie wird überall mit wahrer Begeisterung aufgenommen! Gewiß wird es nicht bei diesen zwei Auflagen bleiben. Wenn auch Sie selbst in übertriebener Selbstkritik sehr bescheiden von dem Werke denken, wir Fachleute sind andrer Ansicht und halten es für eine bedeutende, ja meisterhafte Leistung.

Mit herzlichen Grüßen
E. W. Mundauf

Die Redaktion der »Dichterlust« an Hans Schwab

L., 28. November 06

Hochgeschätzter Herr Schwab!

Sie werden sich kaum mehr daran erinnern, daß vor bald drei Jahren ein sehr schönes Gedicht von Ihnen in unserer Zeitschrift stand. Wir forderten Sie damals auf, uns doch bald wieder Einsendungen zu machen, und heute möchten wir, da Sie uns vergessen zu haben scheinen, diese Aufforderung dringend wiederholen. Gewiß haben Sie manches schöne Gedicht, das Sie uns senden könnten.

Wir freuen uns und sind stolz darauf, schon vor Jahren, als Sie noch unbekannt und noch nicht der berühmte Verfasser des »Paul Weigel« waren, unsern Lesern einen Beitrag aus Ihrer geschätzten Feder gebracht zu haben. Hoffentlich gestalten sich unsere Beziehungen nun zu recht guten und dauernden.

Soweit wir uns erinnern, blieb jenes Gedicht von Ihnen seinerzeit unhonoriert. Es sind eben wenige Blätter in der Lage, lyrische Beiträge von unbekannten Urhebern zu honorieren, so bedauerlich das auch sein mag. Es ist wohl unnötig zu bemerken, daß selbstverständlich jede Einsendung von Ihnen nicht nur mit Vergnügen angenommen und baldmöglichst gedruckt, sondern auch anständig honoriert werden wird.

In aufrichtiger Hochschätzung
Ihre sehr ergebene
Redaktion der »Dichterlust«

Aus dem Briefwechsel eines Dichters

Schriftsteller Fedor Pappenau an Hans Schwab

Würstlingen, den 15. Dezember 06

Geehrter Herr!

Dieser Tage erhielt ich von Ihrem Verleger den Roman »Paul Weigel« zur Rezension überschickt. Ich habe das Buch gelesen und muß sagen, ich war über die Ruhe und Kühnheit erstaunt, mit der Sie Gedanken und Stimmungen, ja sogar einzelne Figuren meines vor zwei Jahren im »Courier« erschienenen Romans »Sintflut« benützt haben.

Immerhin, Gedanken sind zollfrei, und es liegt mir ferne, kleinlich mit Ihnen rechten zu wollen, falls Sie sich geneigt zeigen, auch Ihrerseits mir entgegenzukommen. Die »Sintflut« erscheint soeben in Buchform bei dem Verleger Biersohn, der sie Ihnen zusenden wird. Ich denke, es wird Ihnen ein Leichtes sein, das Buch in einer größern Zeitung oder Zeitschrift empfehlend und ausführlich zu besprechen. Sobald dies geschehen sein wird, soll auch meinerseits im hiesigen »Beobachter« Ihr Roman eine eingehende Würdigung erfahren.

Ergebenst
Fedor Pappenau, Schriftsteller

Die Redaktion der »Neuzeit« an Hans Schwab

München, 18. Januar 07

Hochgeschätzter Herr Schwab!

Es ist schon manche Monate her, seit Sie uns zuletzt durch Einsendung von Gedichten erfreut haben. Dürfen wir hoffen, bald wieder solche von Ihnen zu erhalten? Sie werden uns wie immer willkommen sein.

Und dann haben wir diesmal einen neuen Vorschlag. Schon früher haben wir manchmal beim Lesen Ihrer Gedichte gedacht, Ihr bedeutendes Talent werde sich vermutlich auch auf dem Gebiet des Romans und der Novelle betätigen. Wie recht wir damit hatten, das beweist uns Ihr prächtiger Roman »Paul Weigel«, von dessen Lektüre wir eben kommen. Gewiß haben Sie auch andere, noch unveröffentlichte Erzählungen geschrieben, die Sie uns anbieten könnten. Bezüglich des Honorars sehen wir Ihren Vorschlägen entgegen.

In alter Verehrung ergebenst Ihre
Redaktion der »Neuzeit«

Die Redaktion des »Komet« an Hans Schwab

H., den 16. Februar 07
Sehr geehrter Herr!
Wir haben mit ungeteiltem Vergnügen Ihren Roman »Paul Weigel« gelesen und möchten Ihnen nun den Vorschlag machen, uns Ihre nächste Arbeit zum Vorabdruck zu überlassen. Für einen neuen Roman von ähnlichem Umfang würden wir Ihnen ein Honorar von 3000 Mark anbieten.
In der Hoffnung, keine Fehlbitte getan zu haben, und mit dem Ausdruck aufrichtiger Hochachtung
Ihre ergebene
Redaktion des »Komet«

Die Redaktion des »Familienonkel« an Hans Schwab

S., den 11. März 07
Verehrter Herr!
Wir haben mit ungeteiltem Vergnügen Ihren Roman »Paul Weigel« gelesen und möchten Ihnen nun den Vorschlag machen, uns Ihre nächste Arbeit zum Vorabdruck zu überlassen. Für einen Roman von etwa demselben Charakter und Umfang würden wir Ihnen ein Honorar von 4000 Mk. anbieten.
In der angenehmen Hoffnung, keine Fehlbitte getan zu haben, begrüßen wir Sie, verehrter Herr, als Ihre sehr ergebene
Redaktion des »Familienonkel«

Der Verleger E. W. Mundauf an Hans Schwab

Berchtesgaden, den 2. Juni 07
Lieber und verehrter Herr Schwab!
Aus der majestätischen Pracht des Hochgebirges sollen diese Zeilen Ihnen meine Grüße übermitteln. Ich muß Ihnen nämlich das Geständnis machen, daß ich Ihren herrlichen »Paul Weigel« erst hier gelesen habe. War ich auch nach dem Urteil meiner Herren Lektoren und nach dem

überraschenden Erfolg des Buches – wir drucken eben die achtzehnte Auflage – von dem hohen Werte Ihrer Arbeit durchaus überzeugt, so hat die Lektüre mich doch ergriffen und zu Ihrem Bewunderer gemacht. Ich werde mich nun mit verdoppeltem Eifer für das Buch verwenden. Namentlich die prächtige Figur des alten Bauern hat mir imponiert!

Sie schrieben kürzlich, daß Sie an der Fertigstellung eines neuen Buches arbeiten. Darf ich Näheres erfahren? Wann? Welcher Umfang? Welches Genre? Wir würden die Novität wohl vorbereiten und im voraus Stimmung für das neue Werk machen können.

Beste Grüße von Ihrem aufrichtig ergebenen
E. W. Mundauf

Hans Schwab an den Verleger E. W. Mundauf

B., den 10. Juni 07

Werter Herr Mundauf!

Danke schön für Ihre freundlichen Zeilen über den »Paul Weigel«. Es kommt zwar kein alter Bauer darin vor, doch ist ja daran wenig gelegen. Ich muß mich heute kurz fassen, meine Zeit wird immer knapper, namentlich nimmt mich die viele Korrespondenz sehr in Anspruch. Zwar sind die meisten Briefe verlogen und bezwecken nichts als ein Geschäft, doch mache ich gute Miene dazu und habe gelegentlich meinen Spaß an der merkwürdigen Beliebtheit, die ich gewonnen habe, und die mit den Auflagen des Weigel Schritt hält. Dabei ist der Erfolg des Buches mir immer noch ein Rätsel; der Roman ist weder gut noch auch schlecht genug für so viele Auflagen, und seine Beliebtheit kommt mir immer mehr wie ein Mißverständnis vor.

Genug davon. Mein neues Buch kriegt allmählich Form und Ordnung. Fertig ist es längst, doch macht die Anordnung und Durchsicht mir noch viel Arbeit. Es ist nämlich ein Band Gedichte. Ich glaube damit mein Bestes zu geben, jedenfalls weit mehr als mit dem Weigel, und hoffe, das Buch werde auch Sie nicht enttäuschen. Könnte man es etwa diesen Winter herausgeben? Den Umfang kann ich noch nicht recht schätzen, es werden wohl zehn Bogen werden.

Mit Grüßen ergebenst Ihr
Hans Schwab

Der Verleger E. W. Mundauf an Hans Schwab

Berchtesgaden, den 3. Juli 07

Lieber Herr Schwab!

Es tut mir leid zu hören, daß Sie gerade jetzt einen Band Gedichte herausgeben wollen. Natürlich mache ich mir ein Vergnügen und eine Ehre daraus, das Buch zu verlegen, falls Sie darauf bestehen wollen. Vorher aber möchte ich Sie bitten, sich das nochmals gut zu überlegen! Es wird Ihr Schade nicht sein, wenn Sie in dieser Sache fachmännischen Rat annehmen.

Der schöne Erfolg Ihres Romans ist, um ein Bild zu gebrauchen, ein Fundament, eine erste Stufe, auf der wir weiter bauen müssen. Nun wäre es sehr falsch, wenn wir das Publikum, dessen Vertrauen Sie sich eben erst erworben haben, durch eine so unerwartete und wenig hoffnungsvolle Publikation scheu machen würden. Bringen Sie bald wieder einen neuen Roman, am liebsten ganz wieder im Genre des ersten, ich garantiere Ihnen einen noch größeren Erfolg als den bisherigen. Und später, sagen wir in fünf, sechs Jahren, wenn Sie Ihrer Gemeinde sicher sind und fest im Sattel sitzen, können Sie ja Gedichte oder was immer bringen, ohne damit etwas zu riskieren. Nur jetzt nicht! Überlegen Sie sich das bitte, recht gut, und geben Sie mir ohne Eile Antwort.

In alter Hochachtung bestens grüßend Ihr
E. W. Mundauf

(um 1908)

Taedium vitae

Erster Abend

Es ist Anfang Dezember. Der Winter zögert noch, Stürme heulen und seit Tagen fällt ein dünner, hastiger Regen, der sich manchmal, wenn es ihm selber zu langweilig wird, für eine Stunde in nassen Schnee verwandelt. Die Straßen sind ungangbar, der Tag dauert nur sechs Stunden.

Mein Haus steht allein im freien Feld, umgeben vom heulenden Westwind, von Regendämmerung und Geplätscher, von dem braunen, triefenden Garten und schwimmenden bodenlos gewordenen Feldwegen, die nirgendshin führen. Es kommt niemand, es geht niemand, die Welt ist irgendwo in der Ferne untergegangen. Es ist alles, wie ich mir's oft gewünscht habe – Einsamkeit, vollkommene Stille, keine Menschen, keine Tiere, nur ich allein in einem Studierzimmer, in dessen Kamin der Sturm jammert und an dessen Fensterscheiben Regen klatscht.

Die Tage vergehen so: Ich stehe spät auf, trinke Milch, besorge den Ofen. Dann sitze ich im Studierzimmer, zwischen dreitausend Büchern, von denen ich zwei abwechselnd lese. Das eine ist die »Geheimlehre« der Frau Blavatsky, ein schauerliches Werk. Das andere ist ein Roman von Balzac. Manchmal stehe ich auf, um ein paar Zigarren aus der Schublade zu holen, zweimal um zu essen. Die »Geheimlehre« wird immer dicker, sie wird nie ein Ende nehmen und mich ins Grab begleiten. Der Balzac wird immer dünner, er schwindet täglich, obwohl ich nicht viel Zeit an ihn wende.

Wenn mir die Augen weh tun, setze ich mich in den Lehnstuhl und schaue zu, wie die dürftige Tageshelle an den bücherbedeckten Wänden hinstirbt und versiegt. Oder ich stelle mich vor die Wände und schaue die Bücherrücken an. Sie sind meine Freunde, sie sind mir geblieben, sie werden mich überleben; und wenn auch mein Interesse für sie im Schwinden begriffen ist, muß ich mich doch an sie halten, da ich nichts anderes habe. Ich schaue sie an, diese stummen, zwangsweise treu gebliebenen Freunde, und denke an ihre Geschichten. Da ist ein griechischer Prachtband, in Leyden gedruckt, irgendein Philosoph. Ich kann ihn nicht lesen, ich kann schon lang kein Griechisch mehr. Ich kaufte ihn in Venedig, weil er billig war und weil der Antiquar ganz überzeugt war, ich lese Griechisch geläufig. So kaufte ich ihn aus Verlegenheit, und schleppte ihn in der Welt herum, in Koffern und Kisten, sorgfältig eingepackt und ausgepackt, bis hierher, wo ich nun festsitze und wo auch er seinen Stand und seine Ruhe gefunden hat.

So vergeht der Tag, und der Abend vergeht bei Lampenlicht, Büchern, Zigarren, bis gegen zehn Uhr. Dann steige ich im kalten Nebenzimmer ins Bett, ohne zu wissen warum, denn ich kann wenig schlafen. Ich sehe das Fensterviereck, den weißen Waschtisch, ein weißes Bild überm Bett in der Nachtblässe schwimmen, ich höre den Sturm im Dach poltern und an den Fenstern zittern, höre das Stöhnen der Bäume, das Fallen des gepeitschten Regens, meinen Atem, meinen leisen Herzschlag. Ich mache die Augen auf, ich mache sie wieder zu; ich versuche an meine Lektüre zu denken, doch gelingt es mir nicht. Statt dessen denke ich an andere Nächte, an zehn, an zwanzig vergangene Nächte, da ich ebenso lag, da ebenso das bleiche Fenster schimmerte und mein leiser Herzschlag die blassen, wesenlosen Stunden abzählte. So vergehen die Nächte.

Sie haben keinen Sinn, so wenig wie die Tage, aber sie vergehen doch, und das ist ihre Bestimmung. Sie werden kommen und vergehen, bis sie wieder irgendeinen Sinn erhalten oder auch bis sie zu Ende sind, bis mein Herzschlag sie nimmer zählen kann. Dann kommt der Sarg, das Grab, vielleicht an einem hellblauen Septembertag, vielleicht bei Wind und Schnee, vielleicht im schönen Juni, wenn der Flieder blüht.

Immerhin sind meine Stunden nicht alle so. Eine, eine halbe von hundert ist doch anders. Dann fällt mir plötzlich das wieder ein, an was ich eigentlich immerfort denken will und was mir die Bücher, der Wind, der Regen, die blasse Nacht immer wieder verhüllen und entziehen. Dann denke ich wieder: Warum ist das so? Warum hat Gott dich verlassen? Warum ist deine Jugend von dir gewichen? Warum bist du so tot?

Das sind meine guten Stunden. Dann weicht der erdrückende Nebel. Geduld und Gleichgültigkeit fliehen fort, ich schaue erwacht in die scheußliche Öde und kann wieder fühlen. Ich fühle die Einsamkeit wie einen gefrorenen See um mich her, ich fühle die Schande und Torheit dieses Lebens, ich fühle den Schmerz um die verlorene Jugend grimmig flammen. Es tut weh, freilich, aber es ist doch Schmerz, es ist doch Scham, es ist doch Qual, es ist doch Leben, Denken, Bewußtsein.

Warum hat Gott dich verlassen? Wo ist deine Jugend hin? Ich weiß es nicht, ich werde es nie erdenken. Aber es sind doch Fragen, es ist doch Auflehnung, es ist doch nicht mehr Tod.

Und statt der Antwort, die ich doch nicht erwarte, finde ich neue Fragen. Zum Beispiel: Wie lang ist es her? Wann war's das letzte Mal, daß du jung gewesen bist?

Ich denke nach, und die erfrorene Erinnerung kommt langsam in Fluß, bewegt sich, schlägt unsichere Augen auf und strahlt unversehens ihre klaren Bilder aus, die unverloren unter der Todesdecke schliefen.

Anfangs will es mir scheinen, die Bilder seien ungeheuer alt, zum mindesten zehn Jahre alt. Aber das taub gewordene Zeitgefühl wird zusehends wacher, legt den vergessenen Maßstab auseinander, nickt und mißt. Ich erfahre, daß alles viel näher beieinander liegt, und nun tut auch das entschlafene Identitätsbewußtsein die hochmütigen Augen auf und nickt bestätigend und frech zu den unglaublichsten Dingen. Es geht von Bild zu Bild und sagt: »Ja, das war ich«, und jedes Bild rückt damit sofort aus seiner kühlschönen Beschaulichkeit heraus und wird ein Stück Leben, ein Stück meines Lebens. Das Identitätsbewußtsein ist eine zauberhafte Sache, fröhlich zu sehen, und doch unheimlich. Man hat es, und man kann doch ohne es leben und tut es oft genug, wenn nicht meistens. Es ist herrlich, denn es vernichtet die Zeit; und ist schlimm, denn es leugnet den Fortschritt.

Die erwachten Funktionen arbeiten, und sie stellen fest, daß ich einmal an einem Abend im vollen Besitz meiner Jugend war, und daß es erst vor einem Jahr gewesen ist. Es war ein unbedeutendes Erlebnis, viel zu klein, als daß es sein Schatten sein könnte, in dem ich nun so lange lichtlos lebe. Aber es war ein Erlebnis, und da ich seit Wochen, vielleicht Monaten vollkommen ohne Erlebnisse war, dünkt es mir eine wunderbare Sache, schaut mich wie ein Paradieslein an und tut viel wichtiger, als nötig wäre. Allein mir ist das lieb, ich bin dafür unendlich dankbar. Ich habe eine gute Stunde. Die Bücherreihen, die Stube, der Ofen, der Regen, das Schlafzimmer, die Einsamkeit, alles löst sich auf, zerrinnt, schmilzt hin. Ich rege, für eine Stunde, befreite Glieder.

Das war vor einem Jahr, Ende November, und es war ein ähnliches Wetter wie jetzt, nur war es fröhlich und hatte einen Sinn. Es regnete viel, aber melodisch schön, und ich hörte nicht vom Schreibtisch aus zu, sondern ging im Mantel und auf leisen, elastischen Gummischuhen draußen umher und betrachtete die Stadt. Ebenso wie der Regen war mein Gang und meine Bewegungen und mein Atem, nicht mechanisch, sondern schön, freiwillig, voller Sinn. Auch die Tage schwanden nicht so totgeboren hin, sie verliefen im Takt, mit Hebungen und Senkungen, und die Nächte waren lächerlich kurz und erfrischend, kleine Ruhepausen zwischen zwei Tagen, nur von den Uhren gezählt. Wie herrlich ist es, so seine Nächte zu verbringen, ein Drittel seines Lebens guten Mutes zu verschwenden, statt dazuliegen und die Minuten nachzuzählen, von denen doch keine den geringsten Wert hat.

Die Stadt war München. Ich war dorthin gereist, um ein Geschäft zu besorgen, das ich aber nachher brieflich abtat, denn ich traf so viele Freunde, sah und hörte so viel Hübsches, daß an Geschäfte nicht zu denken war. Einen Abend saß ich in einem schönen, wundervoll erleuchteten Saal und hörte einen kleinen, breitschultrigen Franzosen namens Lamond Stücke von Beethoven spielen. Das Licht glänzte, die schönen Kleider der Damen funkelten freudevoll, und durch den hohen Saal flogen große, weiße Engel, verkündeten Gericht und verkündeten frohe Botschaft, gossen Füllhörner der Lust aus und weinten schluchzend hinter vorgehaltenen, durchsichtigen Händen.

Eines Morgens fuhr ich, nach einer durchgezechten Nacht, mit Freunden durch den Englischen Garten, sang Lieder und trank beim Aumeister Kaffee. Einen Nachmittag war ich ganz von Gemälden umgeben, von Bildnissen, von Waldwiesen und Meerufern, von denen viele wunderbar erhöht und paradiesisch atmeten wie eine neue, unbefleckte Schöpfung. Abends sah ich den Glanz der Schaufenster, der für Landleute unendlich schön und gefährlich ist, sah Photographien und Bücher ausgestellt, und Schalen voll fremdländischer Blumen, teure Zigarren in Silberpapier gewickelt und feine Lederwaren von lachender Eleganz. Ich sah elektrische Lampen in den feuchten Straßen spiegelnd blitzen und die Helme alter Kirchentürme in der Wolkendämmerung verschwinden.

Mit alledem verging die Zeit schnell und leicht, wie ein Glas leer wird, aus dem jeder Schluck Vergnügen macht. Es war Abend, ich hatte meinen Koffer gepackt und mußte morgen abreisen, ohne daß es mir leid tat. Ich freute mich schon auf die Eisenbahnfahrt an Dörfern, Wäldern und schon beschneiten Bergen vorbei, und auf die Heimkehr.

Für den Abend war ich noch eingeladen, in einem schönen neuen Hause in einer vornehmen Schwabinger Straße, wo es mir bei lebhaften Gesprächen und feinen Speisen wohl erging. Es waren auch einige Frauen da, doch bin ich im Verkehr mit solchen schamhaft und behindert, so daß ich mich lieber zu den Männern hielt. Wir tranken Weißwein aus dünnen Kelchgläsern, und rauchten gute Zigarren, deren Asche wir in silberne, innen vergoldete Becher fallen ließen. Wir sprachen von Stadt und Land, von der Jagd und vom Theater, auch von der Kultur, die uns nahe herbeigekommen schien. Wir sprachen laut und zart, mit Feuer und mit Ironie, ernst und witzig, und schauten uns klug und lebhaft in die Augen.

Erst spät, als der Abend beinahe vorüber war und das Männergespräch sich zur Politik wandte, wovon ich wenig verstehe, sah ich mir die eingeladenen Damen an. Sie wurden von einigen jungen Malern und Bildhauern unterhalten, die zwar arme Teufel, aber sämtlich mit großer Eleganz gekleidet waren, so daß ich ihnen gegenüber nicht Mitleid fühlen konnte, sondern Achtung und Respekt empfinden mußte. Doch ward ich auch von ihnen liebenswürdig geduldet, ja als zugereister Gast vom Lande freundlich ermuntert, so daß ich meine Schüchternheit ablegte und auch mit ihnen ganz brüderlich ins Reden kam. Daneben warf ich neugierige Blicke auf die jungen Damen.

Unter ihnen entdeckte ich nun eine ganz junge, vielleicht neunzehn Jahre alt, mit hellblonden, kinderhaften Haaren und einem blauäugigen, schmalen Mädchengesicht. Sie trug ein helles Kleid mit blauen Besätzen und saß horchend und zufrieden auf ihrem Sessel. Ich sah sie kaum, da ging auch schon ihr Stern mir auf, daß ich ihre feine Gestalt und innige, unschuldige Schönheit im Herzen begriff und die Melodie erfühlte, in welche eingehüllt sie sich bewegte. Eine stille Freude und Rührung machte meinen Herzschlag leicht und schnell, und ich hätte sie gerne angeredet, doch wußte ich nichts Stichhaltiges zu sagen. Sie selber sprach wenig, lächelte nur, nickte und sang kurze Antworten mit einer leichten, hold schwebenden Stimme. Über ihr dünnes Handgelenk fiel eine Manschette aus Spitzen, daraus die Hand mit den zarten Fingern kindlich und beseelt hervorschaute. Ihr Fuß, den sie spielend schaukelte, war mit einem feinen, hohen Stiefel aus braunem Leder bekleidet, und seine Form und Größe stand, wie auch die ihrer Hände in einem richtigen, wohlgefälligen Verhältnis zu der ganzen Gestalt.

»Ach du!« dachte ich mir und sah sie an, »du Kind, du schöner Vogel du! Wohl mir, daß ich dich in deinem Frühling sehen darf.«

Es waren noch andere Frauen da, glänzendere und verheißungsvolle in reifer Pracht, und kluge mit durchdringenden Augen, doch hatte keine einen solchen Duft und keine war so von sanfter Musik umflossen. Sie sprachen und lachten und führten Krieg mit Blicken aus Augen aller Farben. Sie zogen auch mich gütig und neckend ins Gespräch und erwiesen mir Freundlichkeit, doch gab ich nur wie im Schlummer Antwort und blieb mit dem Gemüt bei der Blonden, um ihr Bild in mich zu fassen und die Blüte ihres Wesens nicht aus der Seele zu verlieren.

Ohne daß ich darauf achtete, wurde es spät, und plötzlich waren alle aufgestanden und unruhig geworden, gingen hin und her und nahmen Abschied. Da erhob auch ich mich schnell und tat dasselbe. Draußen zogen wir Mäntel und Kragen an, und ich hörte einen von den Malern zu der Schönen sagen: »Darf ich Sie begleiten?« Und sie sagte: »Ja, aber das ist ein großer Umweg für Sie. Ich kann ja auch einen Wagen nehmen.«

Da trat ich rasch hinzu und sagte: »Lassen Sie mich mitgehen, ich habe den gleichen Weg.«

Sie lächelte und sagte: »Gut, danke schön.« Und der Maler grüßte höflich, sah mich verwundert an und ging davon.

Nun schritt ich neben der lieben Gestalt die nächtliche Straße hinab. An einer Ecke stand eine späte Droschke und schaute uns aus müden Laternen an. Sie sagte: »Soll ich nicht lieber die Droschke nehmen? Es ist eine halbe Stunde weit.« Ich bat sie jedoch, es nicht zu tun. Nun fragte sie plötzlich: »Woher wissen Sie denn, wo ich wohne?«

»O, das ist ja gleichgültig. Übrigens weiß ich es gar nicht.«

»Sie sagten doch, Sie hätten den gleichen Weg?«

»Ja, den habe ich. Ich wäre ohnehin noch eine halbe Stunde spazieren gegangen.«

Wir schauten an den Himmel, der war klar geworden und stand voll von Sternen, und durch die weiten, stillen Straßen strich ein frischer, kühler Wind.

Anfangs war ich in Verlegenheit, da ich durchaus nichts mit ihr zu reden wußte. Sie schritt jedoch frei und unbefangen dahin, atmete die reine Nachtluft mit Behagen und tat nur hie und da, wie es ihr einfiel, einen Ausruf oder eine Frage, auf die ich pünktlich Antwort gab. Da wurde auch ich wieder frei und zufrieden, und es ergab sich im Takt unserer Schritte ein ruhiges Plaudern, von dem ich heute kein Wort mehr weiß.

Wohl aber weiß ich noch, wie ihre Stimme klang; sie klang rein, vogelleicht und dennoch warm, und ihr Lachen ruhig und fest. Ihr Schritt nahm meinen gleichmäßig mit, ich bin nie so froh und schwebend gegangen, und die schlafende Stadt mit Palästen, Toren, Gärten und Denkmälern glitt still und schattenhaft an uns vorüber.

Es begegnete uns ein alter Mann in schlechten Kleidern, der nicht mehr gut zu Fuß war. Er wollte uns ausweichen, doch nahmen wir das nicht an, sondern machten ihm zu beiden Seiten Platz, und er drehte sich langsam um und blickte uns nach.

»Ja, schau du nur!« sagte ich, und das blonde Mädchen lachte vergnügt.

Von hohen Türmen schollen Stundenschläge, flogen klar und frohlokkend im frischen Winterwind über die Stadt und vermischten sich fern in den Lüften zu einem verhallenden Brausen. Ein Wagen fuhr über einen Platz, die Hufschläge tönten klappernd auf dem Pflaster, die Räder aber hörte man nicht, sie liefen auf Gummireifen.

Neben mir schritt heiter und frisch die schöne junge Gestalt, die Musik ihres Wesens umschloß auch mich, mein Herz schlug denselben Takt wie ihres, meine Augen sahen alles, was ihre Augen sahen. Sie kannte mich nicht, und ich wußte ihren Namen nicht, aber wir waren beide sorgenlos und jung, wir waren Kameraden wie zwei Sterne und wie zwei Wolken, die denselben Weg ziehen, dieselbe Luft atmen und sich ohne Worte wunschlos wohlfühlen. Mein Herz war wieder neunzehn Jahre alt und unversehrt.

Mir schien, wir beide müßten ohne Ziel und unermüdet weiter wandern. Mir schien, wir gingen schon unausdenklich lange nebeneinander, und es könnte nie ein Ende nehmen. Die Zeit war ausgelöscht, ob auch die Uhren schlugen.

Da aber blieb sie unvermutet stehen, lächelte, gab mir die Hand und verschwand in einem Haustor.

Zweiter Abend

Ich habe den halben Tag gelesen und meine Augen schmerzen, ohne daß ich weiß, warum ich sie eigentlich so anstrenge. Aber auf irgendeine Art muß ich die Zeit doch hinbringen. Jetzt ist es wieder Abend, und indem ich überlese, was ich gestern schrieb, richtet sich jene vergangene Zeit wieder auf, blaß und entrückt, aber doch erkennbar. Ich sehe Tage und Wochen, Ereignisse und Wünsche, Gedachtes und Erlebtes schön verknüpft und in sinnvoller Folge aneinander gereiht, ein richtiges Leben mit Kontinuität und Rhythmus, mit Interessen und Zielen, und mit der wunderbaren Berechtigung und Selbstverständlichkeit eines gewöhnlichen, gesunden Lebens, was alles mir seither so völlig abhanden gekommen ist.

Also ich war, am Tag nach jenem schönen Abendgang mit dem fremden Mädchen, abgereist und in meine Heimat gefahren. Ich saß fast ganz allein im Wagen und freute mich über den guten Schnellzug und über die fernen Alpen, die eine Zeitlang klar und glänzend zu sehen waren. In Kempten aß ich am Büffet eine Wurst und unterhielt mich mit dem Schaffner, dem ich eine Zigarre kaufte. Später wurde das Wetter trüb, und den Bodensee sah ich grau und groß wie ein Meer im Nebel und leisem Schneegerieselliegen.

Zu Hause in demselben Zimmer, in dem ich auch jetzt sitze, machte ich mir ein gutes Feuer in den Ofen und ging mit Eifer an meine Arbeit. Es kamen Briefe und Bücherpakete und gaben mir zu tun, und einmal in der Woche fuhr ich ins Städtchen hinüber, machte meine paar Einkäufe, trank ein Glas Wein und spielte eine Partie Billard.

Dabei merkte ich doch allmählich, daß die freudige Munterkeit und zufriedene Lebenslust, mit der ich noch kürzlich in München umhergegangen war, sich anschickte zur Neige zu gehen und durch irgendeinen kleinen, dummen Riß zu entrinnen, so daß ich langsam in einen minder hellen, träumerischen Zustand hineingeriet. Im Anfang dachte ich, es werde ein kleines Unwohlsein sich ausbrüten, darum fuhr ich in die Stadt und nahm ein Dampfbad, das jedoch nichts helfen wollte. Ich sah auch bald ein, daß dieses Übel nicht in den Knochen und im Blut steckte. Denn ich begann jetzt, ganz wider oder doch ohne meinen Willen, zu allen Stunden des Tages mit einer gewissen hartnäckigen Begierde an München zu denken, als ob ich in dieser angenehmen Stadt etwas Wesentliches verloren hätte. Und ganz allmählich nahm dieses Wesentliche für mein Bewußtsein Gestalt an, und es war die liebliche schlanke Gestalt der neunzehnjährigen Blonden. Ich merkte, daß ihr Bildnis und jener dankbar frohe abendliche Gang an ihrer Seite in mir nicht zur stillen Erinnerung, sondern zu einem Teil meiner selbst geworden war, der jetzt zu schmerzen und zu leiden anfing.

Es ging schon leis in den Frühling hinein, da war die Sache reif und brennend geworden und ließ sich auf keine Weise mehr unterschlagen. Ich wußte jetzt, daß ich das liebe Mädchen wiedersehen müsse, ehe an anderes zu denken war. Wenn alles stimmte, so durfte ich den Gedanken nicht scheuen, meinem stillen Leben Fahrwohl zu sagen und mein harmloses

Schicksal mitten in den Strom zu lenken. War es auch bisher meine Absicht gewesen, meinen Weg allein als ein unbeteiligter Zuschauer zu gehen, so schien doch jetzt ein ernsthaftes Bedürfnis es anders zu wollen.

Darum überlegte ich mir alles Notwendige gewissenhaft und kam zu dem Schluß, es sei mir durchaus möglich und erlaubt, mich einem jungen Mädchen anzutragen, falls es dazu kommen sollte. Ich war wenig über dreißig Jahre alt, auch gesund und gutartig, und besaß so viel Vermögen, daß eine Frau, wenn sie nicht zu sehr verwöhnt war, sich mir ohne Sorge anvertrauen konnte. Gegen Ende März fuhr ich denn wieder nach München, und diesmal hatte ich auf der langen Eisenbahnfahrt recht viel zu denken. Ich nahm mir vor, zunächst die nähere Bekanntschaft des Mädchens zu machen und hielt es nicht für völlig unmöglich, daß dann vielleicht mein Bedürfnis sich als minder heftig und überwindbar erweisen könnte. Vielleicht, meinte ich, werde das bloße Wiedersehen meinem Heimweh Genüge tun und das Gleichgewicht in mir sich dann von selber wiederherstellen.

Das war nun allerdings die törichte Annahme eines Unerfahrenen. Ich erinnere mich nun wieder wohl daran, mit wieviel Vergnügen und Schlauheit ich diese Reisegedanken spann, während ich im Herzen schon fröhlich war, da ich mich München und der Blonden nahe wußte.

Kaum hatte ich das vertraute Pflaster wieder betreten, so stellte sich auch ein Behagen ein, das ich wochenlang vermißt hatte. Es war nicht frei von Sehnsucht und verhüllter Unruhe, aber doch war mir längere Zeit nicht mehr so wohl gewesen. Wieder freute mich alles, was ich sah, und hatte einen wunderlichen Glanz, die bekannten Straßen, die Türme, die Leute in der Trambahn mit ihrer Mundart, die großen Bauten und stillen Denkmäler. Ich gab jedem Trambahnschaffner einen Fünfer Trinkgeld, ließ mich durch ein feines Schaufenster verleiten, mir einen eleganten Regenschirm zu kaufen, gönnte mir auch in einem Zigarrenladen etwas Feineres, als eigentlich meinem Stande und Vermögen entsprach, und fühlte mich in der frischen Märzluft recht unternehmungslustig.

Nach zwei Tagen hatte ich schon in aller Stille mich nach dem Mädchen erkundigt und nicht viel anderes erfahren, als ich ungefähr erwartet hatte. Sie war eine Waise und aus gutem Hause, doch arm, und besuchte eine kunstgewerbliche Schule. Mit meinem Bekannten in der Leopoldstraße, in dessen Haus ich sie damals gesehen hatte, war sie entfernt verwandt.

Dort sah ich sie auch wieder. Es war eine kleine Abendgesellschaft, fast alle Gesichter von damals tauchten wieder auf, manche erkannten mich wieder und gaben mir freundlich die Hand. Ich aber war sehr befangen und erregt, bis endlich mit anderen Gästen auch sie erschien. Da wurde ich still und zufrieden, und als sie mich erkannte, mir zunickte und mich sogleich an jenen Abend im Winter erinnerte, fand sich bei mir das alte Zutrauen ein, und ich konnte mit ihr reden und ihr in die Augen sehen, als wäre seither keine Zeit vergangen und wehte noch derselbe winterliche Nachtwind um uns beide. Doch hatten wir einander nicht viel mitzuteilen, sie fragte nur, wie es mir seither gegangen sei und ob ich die ganze Zeit auf dem Land gelebt habe. Als das besprochen war, schwieg sie ein paar Augenblicke, sah mich dann lächelnd an und wendete sich zu ihren Freunden, während ich sie nun aus einiger Ferne nach Lust betrachten konnte. Sie schien mir ein wenig verändert, doch wußte ich nicht wie und in welchen Zügen, und erst nachher, als sie fort war und ich ihre beiden Bilder in mir streiten fühlte und vergleichen konnte, fand ich heraus, daß sie ihr Haar jetzt anders aufgesteckt hatte und auch zu etwas volleren Wangen gekommen war. Ich betrachtete sie still und hatte dabei dasselbe Gefühl der Freude und Verwunderung, daß es etwas so Schönes und innig Junges gebe und daß es mir erlaubt war, diesem Menschenfrühling zu begegnen und in die hellen Augen zu sehen.

Während des Abendessens und nachher beim Moselwein ward ich in die Herrengespräche hineingezogen, und wenn auch von anderen Dingen die Rede war als bei meinem letzten Hiersein, schien mir das Gespräch doch wie eine Fortsetzung des damaligen, und ich nahm mit einer kleinen Genugtuung wahr, daß diese lebhaften und verwöhnten Stadtleute doch auch trotz aller Augenlust und Neuigkeiten einen gewissen Zirkel haben, in dem ihr Geist und Leben sich bewegt, und daß bei allem Vielerlei und Wechsel doch auch hier der Zirkel unerbittlich und verhältnismäßig eng ist. Obschon mir in ihrer Mitte recht wohl war, fühlte ich mich doch durch meine lange Abwesenheit im Grunde um nichts betrogen und konnte die Vorstellung nicht ganz unterdrücken, diese Herrschaften seien alle noch von damals her sitzen geblieben und redeten noch am selben Gespräch von damals fort. Dieser Gedanke war natürlich ungerecht und kam nur daher, daß meine Aufmerksamkeit und Teilnahme diesmal häufig von der Unterhaltung abwich.

Ich wandte mich auch, sobald ich konnte, dem Nebenzimmer zu, wo die

Damen und jungen Leute ihre Unterhaltung hatten. Es entging mir nicht, daß die jungen Künstler von der Schönheit des Fräuleins stark angezogen wurden und mit ihr teils kameradschaftlich, teils ehrerbietig umgingen. Nur einer, ein Bildnismaler namens Zündel, hielt sich kühl bei den älteren Frauen und schaute uns Schwärmern mit einer gutmütigen Verachtung zu. Er sprach lässig und mehr horchend als redend mit einer schönen, braunäugigen Frau, von der ich gehört hatte, sie stehe im Ruf großer Gefährlichkeit und vieler gehabter oder noch schwebender Liebesabenteuer.

Doch nahm ich alles das nur nebenbei mit halben Sinnen wahr. Das Mädchen nahm mich ganz in Anspruch, doch ohne daß ich mich ins allgemeine Gespräch mischte. Ich fühlte, wie sie in einer lieblichen Musik befangen lebte und sich bewegte, und der milde, innige Reiz ihres Wesens umgab mich so dicht und süß und stark wie der Duft einer Blume. So wohl mir das jedoch tat, so konnte ich doch unzweifelhaft spüren, daß ihr Anblick mich nicht stillen und sättigen könne und daß mein Leiden, wenn ich jetzt wieder von ihr getrennt würde, noch weit quälender werden müsse. Mir schien in ihrer zierlichen Person mein eigenes Glück und der blühende Frühling meines Lebens mich anzublicken, daß ich ihn fasse und an mich nehme, der sonst nie wieder käme. Es war nicht eine Begierde des Blutes nach Küssen und nach einer Liebesnacht, wie es manche schöne Frau schon für Stunden in mir erweckt und mich damit erhitzt und gequält hatte. Vielmehr war es ein frohes Vertrauen, daß in dieser lieben Gestalt mein Glück mir begegnen wolle, daß ihre Seele mir verwandt und freundlich und mein Glück auch ihres sein müsse.

Darum beschloß ich, ihr nahe zu bleiben und zur rechten Stunde meine Frage an sie zu tun.

Dritter Abend

Es soll nun einmal erzählt sein, also weiter!

Ich hatte nun in München eine schöne Zeit. Meine Wohnung lag nicht weit vom Englischen Garten, den suchte ich jeden Morgen auf. Auch in die Bildersäle ging ich häufig, und wenn ich etwas besonders Herrliches sah, war es immer wie ein Zusammentreffen der äußeren Welt mit dem seligen Bilde, das ich in mir bewahrte.

Eines Abends trat ich in ein kleines Antiquariat, um mir etwas zum

Lesen zu kaufen. Ich stöberte in staubigen Regalen und fand eine schöne, zierlich eingebundene Ausgabe des Herodot, die ich erwarb. Darüber kam ich mit dem Gehilfen, der mich bediente, in ein Gespräch. Es war ein auffallend freundlicher, still höflicher Mann mit einem bescheidenen, doch heimlich durchleuchteten Gesicht, und in seinem ganzen Wesen lag eine sanfte, friedliche Güte, die man sofort spürte und auch aus seinen Zügen und Gebärden lesen konnte. Er zeigte sich belesen, und da er mir so gut gefiel, kam ich mehrmals wieder, um etwas zu kaufen und mich eine Viertelstunde mit ihm zu unterhalten. Ohne daß er dergleichen gesagt hätte, hatte ich von ihm den Eindruck eines Mannes, der die Finsternis und Stürme des Lebens vergessen oder überwunden habe und ein friedvolles und gutes Leben führe.

Nachdem ich den Tag in der Stadt bei Freunden oder in Sammlungen hingebracht, saß ich abends vor dem Schlafengehen stets noch eine Stunde in meinem Mietzimmer, in die Wolldecke gehüllt, las im Herodot oder ließ meine Gedanken hinter dem schönen Mädchen hergehen, dessen Namen Maria ich nun auch erfahren hatte.

Beim nächsten Zusammentreffen mit ihr gelang es mir, sie etwas besser zu unterhalten, wir plauderten ganz vertraulich, und ich erfuhr manches über ihr Leben. Auch durfte ich sie nach Hause begleiten, und es war mir wie im Traum, daß ich wieder mit ihr denselben Weg durch die ruhigen Straßen ging. Ich sagte ihr, ich habe oft an jenen Heimweg gedacht und mir gewünscht, ihn noch einmal gehen zu dürfen. Sie lachte vergnügt und fragte mich ein wenig aus. Und schließlich, da ich doch am Bekennen war, sah ich sie an und sagte: »Ich bin nur Ihretwegen nach München gekommen, Fräulein Maria.«

Ich fürchtete sogleich, das möchte zu dreist gewesen sein, und wurde verlegen. Aber sie sagte nichts darauf und sah mich nur ruhig und ein wenig neugierig an. Nach einer Weile sagte sie dann: »Am Donnerstag gibt ein Kamerad von mir ein Atelierfest. Wollen Sie auch kommen? Dann holen Sie mich um acht Uhr hier ab.«

Wir standen vor ihrer Wohnung. Da dankte ich und nahm Abschied.

So war ich denn von Maria zu einem Fest eingeladen worden. Eine große Freudigkeit kam über mich. Ohne daß ich mir von diesem Fest allzuviel versprach, war es mir doch ein wunderlich süßer Gedanke, von ihr dazu aufgefordert zu sein und ihr etwas zu verdanken. Ich besann mich, wie ich ihr dafür danken könne, und beschloß, ihr am Donnerstag einen schönen Blumenstrauß mitzubringen.

In den drei Tagen, die ich noch warten mußte, fand ich die heiter zufriedene Stimmung nicht wieder, in der ich die letzte Zeit gewesen war. Seit ich ihr das gesagt hatte, daß ich ihretwegen hierher gereist sei, war meine Unbefangenheit und Ruhe verloren. Es war doch so gut wie ein Geständnis gewesen, und nun mußte ich immer denken, sie wisse um meinen Zustand und überlege sich vielleicht, was sie mir antworten solle. Ich brachte diese Tage meist auf Ausflügen außerhalb der Stadt zu, in den großen Parkanlagen von Nymphenburg und von Schleißheim oder im Isartal in den Wäldern.

Als der Donnerstag gekommen war und es Abend wurde, zog ich mich an, kaufte im Laden einen großen Strauß rote Rosen und fuhr damit in einer Droschke bei Maria vor. Sie kam sogleich herab, ich half ihr in den Wagen und gab ihr die Blumen, aber sie war aufgeregt und befangen, was ich trotz meiner eigenen Verlegenheit wohl bemerkte. Ich ließ sie denn auch in Ruhe, und es gefiel mir, sie so mädchenhaft vor einer Festlichkeit in Aufregung und Freudenfieber zu sehen. Bei der Fahrt im offenen Wagen durch die Stadt überkam auch mich allmählich eine große Freude, indem es mir scheinen wollte, als bekenne damit Maria, sei es auch nur für eine Stunde, sich zu einer Art von Freundschaft und Einverständnis mit mir. Es war mir ein festtägliches Ehrenamt, sie für diesen Abend unter meinem Schutz und meiner Begleitung zu haben, da es ihr hierzu doch gewiß nicht an anderen erbötigen Freunden gefehlt hätte.

Der Wagen hielt vor einem großen kahlen Miethaus, dessen Flur und Hof wir durchschreiten mußten. Dann ging es im Hinterhause unendliche Treppen hinauf, bis uns im obersten Korridor ein Schwall von Licht und Stimmen entgegenbrach. Wir legten in einer Nebenstube ab, wo ein eisernes Bett und ein paar Kisten schon mit Mänteln und Hüten bedeckt waren, und traten dann in das Atelier, das hell erleuchtet und voll von Menschen war. Drei oder vier waren mir flüchtig bekannt, die andern samt dem Hausherrn aber alle fremd.

Diesem stellte mich Maria vor und sagte dazu: »Ein Freund von mir. Ich durfte ihn doch mitbringen?«

Das erschreckte mich ein wenig, da ich glaubte, sie habe mich angemeldet. Aber der Maler gab mir unbeirrt die Hand und sagte gleichmütig: »Ist schon recht.«

Es ging in dem Atelier recht lebhaft und freimütig zu. Jeder setzte sich, wo er Platz fand, und man saß nebeneinander, ohne sich zu kennen. Auch nahm sich jedermann nach Belieben von den kalten Speisen, die da und dort herumstanden, und vom Wein oder Bier, und während die einen erst ankamen oder ihr Abendbrot aßen, hatten andere schon die Zigarren angezündet, deren Rauch sich allerdings anfänglich in dem sehr hohen Raume leicht verlor.

Da niemand nach uns sah, versorgte ich Maria und dann auch mich mit einigem Essen, das wir ungestört an einem kleinen niederen Zeichentisch verzehrten, zusammen mit einem fröhlichen, rotbärtigen Mann, den wir beide nicht kannten, der uns aber munter und anfeuernd zunickte. Hie und da griff jemand von den später Gekommenen, für die es an Tischen fehlte, über unsre Schultern hinweg nach einem Schinkenbrot, und als die Vorräte zu Ende waren, klagten viele noch über Hunger, und zwei von den Gästen gingen aus, um noch etwas einzukaufen, wozu der eine von seinen Kameraden kleine Geldbeiträge erbat und erhielt.

Der Gastgeber sah diesem munteren und etwas lärmigen Wesen gleichmütig zu, aß stehend ein Butterbrot und ging mit diesem und einem Weinglas in den Händen plaudernd bei den Gästen hin und wider. Auch ich nahm an dem ungebundenen Treiben keinen Anstoß, doch wollte es mir im stillen leid tun, daß Maria sich hier anscheinend wohl und heimisch fühlte. Ich wußte ja, daß die jungen Künstler ihre Kollegen und zum Teil sehr achtenswerte Leute waren, und hatte keinerlei Recht, etwas anders zu wünschen. Dennoch war es mir ein leiser Schmerz und fast eine kleine Enttäuschung, zu sehen, wie sie diese immerhin robuste Geselligkeit befriedigt hinnahm. Ich blieb bald allein, da sie nach der kurzen Mahlzeit sich erhob und ihre Freunde begrüßte. Den beiden ersten stellte sie mich vor und suchte mich mit in ihre Unterhaltung zu ziehen, wobei ich freilich versagte. Dann stand sie bald da, bald dort bei Bekannten, und da sie mich nicht zu vermissen schien, zog ich mich in einen Winkel zurück, lehnte mich an die Wand und schaute mir die lebhafte Gesellschaft in Ruhe an. Ich hatte nicht erwartet, daß Maria sich den ganzen Abend in meiner Nähe halten würde, und war damit zufrieden, sie zu sehen, etwa einmal mit ihr zu plaudern und sie dann wieder nach Hause zu begleiten. Trotzdem kam allmählich ein Mißbehagen über mich, und je munterer die andern wurden, desto unnützer und fremder stand ich da, nur selten von jemand flüchtig angeredet.

Unter den Gästen bemerkte ich auch jenen Porträtmaler Zündel sowie jene schöne Frau mit den braunen Augen, die mir als gefährlich und etwas übel berufen bezeichnet worden war. Sie schien in diesem Kreis wohlbekannt und ward von den meisten mit einer gewissen lächelnden Vertrautheit, doch ihrer Schönheit wegen auch mit freimütiger Bewunderung betrachtet. Zündel war ebenfalls ein hübscher Mensch, groß und kräftig, mit scharfen dunklen Augen und von einer sichern, stolzen und überlegenen Haltung wie ein verwöhnter und seines Eindrucks gewisser Mann. Ich betrachtete ihn mit Aufmerksamkeit, da ich von Natur für solche Männer ein merkwürdiges, mit Humor und auch mit etwas Neid vermischtes Interesse habe. Er versuchte den Gastgeber wegen der mangelhaften Bewirtung aufzuziehen.

»Du hast ja nicht einmal genug Stühle«, meinte er geringschätzig. Aber der Hausherr blieb unangefochten. Er zuckte die Achseln und sagte: »Wenn ich mich einmal zum Porträtmalen hergeb', wird's bei mir schon auch fein werden.« Dann tadelte Zündel die Gläser: »Aus den Kübeln kann man doch keinen Wein trinken. Hast du nie gehört, daß zum Wein feine Gläser gehören?« Und der Gastgeber antwortete unverzagt: »Vielleicht verstehst du was von Gläsern, aber vom Wein verstehst du nichts. Mir ist alleweil ein feiner Wein lieber als ein feines Glas.«

Die schöne Frau hörte lächelnd zu, und ihr Gesicht sah merkwürdig zufrieden und selig aus, was kaum von diesen Witzen herrühren konnte. Ich sah denn auch bald, daß sie unterm Tisch ihre Hand tief in den linken Rockärmel des Malers gesteckt hielt, während sein Fuß leicht und nachlässig mit ihrem spielte. Doch schien er mehr höflich als zärtlich zu sein, sie aber hing mit einer unangenehmen Inbrunst an ihm, und ihr Anblick wurde mir bald unerträglich.

Übrigens machte sich auch Zündel nun von ihr los und stand auf. Es war jetzt ein starker Rauch im Atelier, auch Frauen und Mädchen rauchten Zigaretten, Gelächter und laute Gespräche klangen durcheinander, alles ging auf und ab, setzte sich auf Stühle, auf Kisten, auf den Kohlenbehälter, auf den Boden. Eine Pikkoloflöte wurde geblasen, und mitten in dem Getöse las ein leicht angetrunkener Jüngling einer lachenden Gruppe ein ernsthaftes Gedicht vor.

Ich beobachtete Zündel, der gemessen hin und wider ging und völlig ruhig und nüchtern blieb. Dazwischen sah ich immer wieder zu Maria hinüber, die mit zwei andern Mädchen auf einem Diwan saß und von jungen Herren unterhalten wurde, die mit Weingläsern in den Händen dabeistanden. Je länger die Lustbarkeit dauerte und je lauter sie wurde, desto mehr kam eine Trauer und Beklemmung über mich. Es schien mir, ich sei mit meinem Märchenkind an einen unreinen Ort geraten, und ich begann darauf zu warten, daß sie mir winke und fortzugehen begehre.

Der Maler Zündel stand jetzt abseits und hatte sich eine Zigarre angezündet. Er beschaute sich die Gesichter und blickte auch aufmerksam zu dem Diwan hin. Da hob Maria den Blick, ich sah es genau, und sah ihm eine kleine Weile in die Augen. Er lächelte, sie aber blickte ihn fest und gespannt an, und dann sah ich ihn ein Auge schließen und den Kopf fragend heben, sie aber leise nicken.

Da wurde mir schwül und dunkel im Herzen. Ich wußte ja nichts, und es konnte ein Scherz, ein Zufall, eine kaum gewollte Gebärde sein. Allein ich tröstete mich damit nicht. Ich hatte gesehen, es gab ein Einverständnis zwischen den beiden, die den ganzen Abend kein Wort miteinander gesprochen und sich fast auffallend voneinander fern gehalten hatten.

In jenem Augenblick fiel mein Glück und meine kindische Hoffnung zusammen, es blieb kein Hauch und kein Glanz davon übrig. Es blieb nicht einmal eine reine, herzliche Trauer, die ich gern getragen hätte, sondern nur eine Scham und Enttäuschung, ein widerwärtiger Geschmack und Ekel. Wenn ich Maria mit einem frohen Bräutigam oder Liebhaber gesehen hätte, so hätte ich ihn beneidet und mich doch gefreut. Nun aber war es ein Verführer und Weiberheld, dessen Fuß noch vor einer halben Stunde mit dem der braunäugigen Frau gespielt hatte.

Trotzdem raffte ich mich zusammen. Es konnte immer noch eine Täuschung sein, und ich mußte Maria Gelegenheit geben, meinen bösen Verdacht zu widerlegen.

Ich ging zu ihr und sah ihr betrübt in das frühlinghafte, liebe Gesicht. Und ich fragte: »Es wird spät Fräulein Maria, darf ich Sie nicht heimbegleiten?«

Ach, da sah ich sie zum erstenmal unfrei und verstellt. Ihr Gesicht verlor den feinen Gotteshauch, und auch ihre Stimme klang verhüllt und unwahr. Sie lachte und sagte laut: »O verzeihen Sie, daran hatte ich gar nicht gedacht. Ich werde abgeholt. Wollen Sie schon gehen?«

Ich sagte: »Ja, ich will gehen. Adieu, Fräulein Maria.«

Ich nahm von niemand Abschied und wurde von niemand aufgehalten. Langsam ging ich die vielen Treppen hinunter, über den Hof und durch das Vorderhaus. Draußen besann ich mich, was nun zu tun sei, und kehrte wieder um und verbarg mich im Hof hinter einem leeren Wagen. Dort wartete ich lang, beinahe eine Stunde. Dann kam der Zündel, warf einen Zigarrenrest weg und knöpfte seinen Mantel zu, ging durch die Einfahrt hinaus, kam aber bald wieder und blieb am Ausgang stehen.

Es dauerte fünf, zehn Minuten, und immerfort verlangte es mich, hervorzutreten, ihn anzurufen, ihn einen Hund zu heißen und an der Kehle zu packen. Aber ich tat es nicht, ich blieb still in meinem Versteck und wartete. Und es dauerte nicht lang, da hörte ich wieder Schritte auf der Treppe, und die Türe ging, und Maria kam heraus, schaute sich um, schritt zum Ausgang und legte still ihren Arm in den des Malers. Rasch gingen sie miteinander fort, ich sah ihnen nach und machte mich dann auf den Heimweg.

Zu Hause legte ich mich ins Bett, konnte aber keine Ruhe finden, so daß ich wieder aufstand und in den Englischen Garten ging. Dort lief ich die halbe Nacht herum, kam dann wieder in mein Zimmer und schlief nun fest bis in den Tag hinein.

Ich hatte mir nachts vorgenommen, gleich am Morgen fortzureisen. Dafür war ich nun aber zu spät erwacht und hatte also noch einen Tag hinzubringen. Ich packte und zahlte, nahm von meinen Freunden schriftlich Abschied, aß in der Stadt und setzte mich in ein Kaffeehaus. Die Zeit wollte mir lang werden, und ich sann nach, womit ich den Nachmittag verbringen könne. Dabei fing ich an, mein Elend zu fühlen. Seit Jahren war ich nicht mehr in dem scheußlichen und unwürdigen Zustand gewesen, daß ich die Zeit fürchtete und verlegen war, wie ich sie umbringe. Spazierengehen, Gemälde sehen, Musik hören, ausfahren, eine Partie Billard spielen, lesen, alles lockte mich nicht, alles war dumm, fad, sinnlos. Und wenn ich auf der Straße um mich blickte, sah ich Häuser, Bäume, Menschen, Pferde, Hunde, Wagen, alles unendlich langweilig, reizlos und gleichgültig. Nichts sprach zu mir, nichts machte mir Freude, erweckte mir Teilnahme oder Neugierde.

Während ich eine Tasse Kaffee trank, um die Zeit hinter mich zu bringen und eine Art von Pflicht zu erfüllen, fiel mir ein, ich müsse mich umbringen. Ich war froh, diese Lösung gefunden zu haben, und überlegte sachlich das Notwendige. Allein meine Gedanken waren zu unstet und haltlos, als daß sie länger als für Minuten bei mir geblieben wären. Zerstreut zündete ich mir eine Zigarre an, warf sie wieder weg, bestellte die zweite oder dritte Tasse Kaffee, blätterte in einer Zeitschrift und schlenderte schließlich weiter. Es kam mir wieder in den Sinn, daß ich hatte abreisen wollen, und ich nahm mir vor, es morgen gewiß zu tun. Plötzlich machte mich der Gedanke an meine Heimat warm, und für Augenblicke fühlte ich statt des elenden Ekels eine rechte, reinliche Trauer. Ich erinnerte mich daran, wie schön es in der Heimat war, wie dort die grünen und blauen Berge weich aus dem See emporstiegen, wie der Wind in den Pappeln tönte und wie die Möwen kühn und launisch flogen. Und mir schien, ich müsse nur aus dieser verfluchten Stadt hinaus und wieder in die Heimat kommen, damit der böse Zauber breche und ich die Welt wieder in ihrem Glanze sehen, verstehen und liebhaben könne.

Im Hinschlendern und Denken verlor ich mich in den Gassen der Altstadt, ohne genau zu wissen, wo ich war, bis ich unversehens vor dem Laden meines Antiquars stand. Im Fenster hing ein Kupferstich ausgestellt, das Bildnis eines Gelehrten aus dem siebzehnten Jahrhundert, und ringsum standen alte Bücher in Leder, Pergament und Holz gebunden. Das weckte in meinem ermüdeten Kopf eine neue, flüchtige Reihe von Vorstellungen, in denen ich eifrig Trost und Ablenkung suchte. Es waren angenehme, etwas träge Vorstellungen von Studien und mönchischem Leben, von einem stillen, resignierten und etwas staubigen Winkelglück bei Leselampe und Büchergeruch. Um den flüchtigen Trost noch eine Weile festzuhalten, trat ich in den Laden und wurde sogleich von jenem freundlichen Gehilfen empfangen. Er führte mich eine enge Wendeltreppe hinauf in das obere Stockwerk, wo mehrere große Räume ganz mit wandhohen Bücherschäften gefüllt waren. Die Weisen und Dichter vieler Zeiten schauten mich traurig aus blinden Bücheraugen an, der schweigsame Antiquar stand wartend da und sah mich bescheiden an.

Da geriet ich auf den Einfall, diesen stillen Mann um Trost zu fragen. Ich sah in sein gutes, offenes Gesicht und sagte: »Bitte nennen Sie mir etwas, was ich lesen soll. Sie müssen doch wissen, wo etwas Tröstliches und Heilsames zu finden ist; Sie sehen gut und getröstet aus.«

»Sind Sie krank?« fragte er leise.

»Ein wenig«, sagte ich.

Und er: »Ist es schlimm?«

»Ich weiß nicht. Es ist *taedium vitae*.«

Da nahm sein einfaches Gesicht einen großen Ernst an. Er sagte ernst und eindringlich: »Ich weiß einen guten Weg für Sie.«

Und als ich ihn mit den Augen fragte, fing er an zu reden und erzählte mir von der Gemeinde der Theosophen, zu der er gehörte. Manches davon war mir nicht unbekannt, doch war ich nicht fähig, ihm mit rechter Aufmerksamkeit zuzuhören. Ich vernahm nur ein mildes, wohlgemeintes, herzliches Sprechen, Sätze von Karma, Sätze von der Wiedergeburt, und als er innehielt und beinah verlegen schwieg, wußte ich gar keine Antwort. Schließlich fragte ich, ob er mir Bücher zu nennen wisse, in denen ich diese Sache studieren könne. Sofort brachte er mir einen kleinen Katalog theosophischer Bücher.

»Welches soll ich lesen?« fragte ich unsicher.

»Das grundlegende Buch über die Lehre ist von Madame Blavatsky«, sagte er entschieden.

»Geben Sie mir das!«

Wieder wurde er verlegen. »Es ist nicht hier, ich müßte es für Sie kommen lassen. Aber allerdings – – das Werk hat zwei starke Bände, es braucht Geduld zum Lesen. Und leider ist es sehr teuer, es kostet über fünfzig Mark. Soll ich versuchen, es Ihnen leihweise zu verschaffen?«

»Nein danke, bestellen Sie es mir!«

Ich schrieb ihm meine Adresse auf, bat ihn, das Buch gegen Nachnahme dahin zu schicken, nahm Abschied von ihm und ging.

Ich wußte schon damals, daß die »Geheimlehre« mir nicht helfen würde. Ich wollte nur dem Antiquar eine kleine Freude machen. Und warum sollte ich nicht ein paar Monate hinter den Blavatskybänden sitzen?

Ich ahnte auch, daß meine anderen Hoffnungen nicht haltbarer sein würden. Ich ahnte, daß auch in meiner Heimat alle Dinge grau und glanzlos geworden seien, und daß es überall so sein würde, wohin ich ginge.

Diese Ahnung hat mich nicht getäuscht. Es ist etwas verlorengegangen, was früher in der Welt war, ein gewisser unschuldiger Duft und Liebreiz, und ich weiß nicht, ob das wiederkommen kann.

(1908)

Die Verlobung

In der Hirschengasse gibt es einen bescheidenen Weißwarenladen, der gleich seiner Nachbarschaft noch unberührt von den Veränderungen der neuen Zeit dasteht und hinreichenden Zuspruch hat. Man sagt dort noch beim Abschied zu jedem Kunden, auch wenn er seit zwanzig Jahren regelmäßig kommt, die Worte: »Schenken Sie mir die Ehre ein andermal wieder«, und es gehen dort noch zwei oder drei alte Käuferinnen ab und zu, die ihren Bedarf an Band und Litzen in Ellen verlangen und auch im Ellenmaß bedient werden. Die Bedienung wird von einer ledig gebliebenen Tochter des Hauses und einer angestellten Verkäuferin besorgt, der Besitzer selbst ist von früh bis spät im Laden und stets geschäftig, doch redet er niemals ein Wort. Er kann nun gegen siebzig alt sein, ist von sehr kleiner Statur, hat nette rosige Wangen und einen kurz geschnittenen grauen Bart, auf dem vielleicht längst kahlen Kopfe aber trägt er allezeit eine runde steife Mütze mit stramingestickten Blumen und Mäandern. Er heißt Andreas Ohngelt und gehört zur echten, ehrwürdigen Altbürgerschaft der Stadt.

Dem schweigsamen Kaufmännlein sieht niemand etwas Besonderes an, es sieht sich seit Jahrzehnten gleich und scheint ebensowenig älter zu werden, als jemals jünger gewesen zu sein. Doch war auch Andreas Ohngelt einmal ein Knabe und ein Jüngling, und wenn man alte Leute fragt, kann man erfahren, daß er vorzeiten »der kleine Ohngelt« geheißen wurde und eine gewisse Berühmtheit wider Willen genoß. Einmal, vor etwa fünfunddreißig Jahren, hat er sogar eine »Geschichte« erlebt, die früher jedem Gerbersauer geläufig war, wenn sie auch jetzt niemand mehr erzählen und hören will. Das war die Geschichte seiner Verlobung.

Der junge Andreas war schon in der Schule aller Rede und Geselligkeit abgeneigt, er fühlte sich überall überflüssig und von jedermann beobachtet und war ängstlich und bescheiden genug, jedem andern im voraus nachzugeben und das Feld zu räumen. Vor den Lehrern empfand er einen abgründigen Respekt, vor den Kameraden eine mit Bewunderung gemischte Furcht. Man sah ihn nie auf der Gasse und auf den Spielplätzen, nur selten beim Bad im Fluß, und im Winter zuckte er zusammen und duckte sich,

Die Verlobung

sobald er einen Knaben eine Handvoll Schnee aufheben sah. Dafür spielte er daheim vergnügt und zärtlich mit den hinterbliebenen Puppen seiner älteren Schwester und mit einem Kaufladen, auf dessen Waage er Mehl, Salz und Sand abwog und in kleine Tüten verpackte, um sie später wieder gegeneinander zu vertauschen, auszuleeren, umzupacken und wieder zu wiegen. Auch half er seiner Mutter gern bei leichter Hausarbeit, machte Einkäufe für sie oder suchte im Gärtlein die Schnecken vom Salat.

Seine Schulkameraden plagten und hänselten ihn zwar häufig, aber da er nie zornig wurde und fast nichts übelnahm, hatte er im ganzen doch ein leichtes und ziemlich zufriedenes Leben. Was er an Freundschaft und Gefühl bei seinesgleichen nicht fand und nicht weggeben durfte, das gab er seinen Puppen. Den Vater hatte er früh verloren, er war ein Spätling gewesen, und die Mutter hätte ihn wohl anders gewünscht, ließ ihn aber gewähren und hatte für seine fügsame Anhänglichkeit eine etwas mitleidige Liebe.

Dieser leidliche Zustand hielt jedoch nur so lange an, bis der kleine Andreas aus der Schule und aus der Lehre war, die er am obern Markt im Dierlammschen Geschäft abdiente. Um diese Zeit, etwa von seinem siebzehnten Jahre an, fing sein nach Zärtlichkeiten dürstendes Gemüt andere Wege zu gehen an. Der klein und schüchtern gebliebene Jüngling begann mit immer größeren Augen nach den Mädchen zu schauen und errichtete in seinem Herzen einen Altar der Frauenliebe, dessen Flamme desto höher loderte, je trauriger seine Verliebtheiten verliefen.

Zum Kennenlernen und Beschauen von Mädchen jeden Alters war reichliche Gelegenheit vorhanden, denn der junge Ohngelt war nach Ablauf seiner Lehrzeit in den Weißwarenladen seiner Tante eingetreten, den er später einmal übernehmen sollte. Da kamen Kinder, Schulmädchen, junge Fräulein und alte Jungfern, Mägde und Frauen tagaus, tagein, kramten in Bändern und Linnen, wählten Besätze und Stickmuster aus, lobten und tadelten, feilschten und wollten beraten sein, ohne doch auf Rat zu hören, kauften und tauschten das Gekaufte wieder um. Alledem wohnte der Jüngling höflich und schüchtern bei, er zog Schubladen heraus, stieg die Bockleiter hinauf und herunter, legte vor und packte wieder ein, notierte Bestellungen und gab über Preise Auskunft, und alle acht Tage war er in eine andere von seinen Kundinnen verliebt. Errötend pries er Litzen und Wolle an, zitternd quittierte er Rechnungen, mit Herzklopfen hielt er die Ladentür und sagte den Spruch vom Wiederbeehren, wenn eine schöne Junge hoffärtig das Geschäft verließ.

Um seinen Schönen recht gefällig und angenehm zu sein, gewöhnte Andreas sich feine und sorgfältige Manieren an. Er frisierte sein hellblondes Haar jeden Morgen sorgfältig, hielt seine Kleider und Leibwäsche sehr sauber und sah dem allmählichen Erscheinen eines Schnurrbärtchens mit Ungeduld entgegen. Er lernte beim Empfang seiner Kunden elegante Verneigungen machen, lernte beim Vorlegen der Zeuge sich mit dem linken Handrücken auf den Ladentisch stützen und auf nur anderthalb Beinen stehen und brachte es zur Meisterschaft im Lächeln, das er bald vom diskreten Schmunzeln bis zum innig glücklichen Strahlen beherrschte. Außerdem war er stets auf der Jagd nach neuen schönen Phrasen, die zumeist aus Umstandsworten bestanden und deren er immer neue und köstlichere erlernte und erfand. Da er von Hause aus im Sprechen unbeholfen und ängstlich war und schon früher nur selten einen vollkommenen Satz mit Subjekt und Prädikat ausgesprochen hatte, fand er nun in diesem sonderbaren Wortschatz eine Hilfe und gewöhnte sich daran, unter Verzicht auf Sinn und Verständlichkeit sich und andern eine Art von Sprechvermögen vorzutäuschen.

Sagte jemand: »Heut ist aber ein Prachtswetter«, so antwortete der kleine Ohngelt: »Gewiß – o ja – denn, mit Verlaub – allerdings –.« Fragte eine Käuferin, ob dieser Leinenstoff auch haltbar sei, so sagte er: »O bitte, ja, ohne Zweifel, sozusagen, ganz gewiß.« Und erkundigte sich jemand nach seinem Befinden, so erwiderte er: »Danke gehorsamst – freilich wohl – sehr angenehm –.« In besonders wichtigen und ehrenvollen Lagen scheute er auch vor Ausdrücken wie »nichtsdestoweniger, aber immerhin, keinesfalls hingegen« nicht zurück. Dabei waren alle seine Glieder vom geneigten Kopf bis zur wippenden Fußspitze ganz Aufmerksamkeit, Höflichkeit und Ausdruck. Am ausdrucksvollsten aber sprach sein verhältnismäßig langer Hals, der mager und sehnig und mit einem erstaunlich großen und beweglichen Adamsapfel ausgestattet war. Wenn der kleine schmachtende Ladengehilfe eine seiner Antworten im Stakkato gab, hatte man den Eindruck, er bestehe zu einem Drittel aus Kehlkopf.

Die Natur verteilt ihre Gaben nicht ohne Sinn, und wenn der bedeutende Hals des Ohngelt in einem Mißverhältnis zu dessen Redefähigkeit stehen mochte, so war er als Eigentum und Wahrzeichen eines leidenschaftlichen Sängers desto berechtigter. Andreas war in hohem Grade ein Freund des Gesanges. Auch beim wohlgelungensten Kompliment, bei der feinsten kaufmännischen Gebärde, beim gerührtesten »Immerhin« und

Die Verlobung

»Wennschon« war ihm vielleicht im Innersten der Seele nicht so schmelzend wohl wie beim Singen. Dieses Talent war in den Schulzeiten verborgen geblieben, kam aber nach vollendetem Stimmbruch zu immer schönerer Entfaltung, wenn auch nur im Geheimen. Denn es hätte zu der ängstlich scheuen Befangenheit Ohngelts nicht gepaßt, daß er seiner heimlichen Lust und Kunst anders als in der sichersten Verborgenheit froh geworden wäre.

Am Abend, wenn er zwischen Mahlzeit und Bettgehen ein Stündlein in seiner Kammer verweilte, sang er im Dunkeln seine Lieder und schwelgte in lyrischen Entzückungen. Seine Stimme war ein ziemlich hoher Tenor, und was ihm an Schulung gebrach, suchte er durch Temperament zu ersetzen. Sein Auge schwamm in feuchtem Schimmer, sein schön gescheiteltes Haupt neigte sich rückwärts zum Nacken, und sein Adamsapfel stieg mit den Tönen auf und nieder. Sein Lieblingslied war »Wenn die Schwalben heimwärts ziehn«. Bei der Strophe »Scheiden, ach Scheiden tut weh« hielt er die Töne lang und zitternd aus und hatte manchmal Tränen in den Augen.

In seiner geschäftlichen Laufbahn kam er mit schnellen Schritten vorwärts. Es hatte der Plan bestanden, ihn noch einige Jahre nach einer größeren Stadt zu schicken. Nun aber machte er sich im Geschäft der Tante bald so unentbehrlich, daß diese ihn nicht mehr fortlassen wollte, und da er später den Laden erblich übernehmen sollte, war sein äußeres Wohlergehen für alle Zeiten gesichert. Anders stand es mit der Sehnsucht seines Herzens. Er war für alle Mädchen seines Alters, namentlich für die hübschen, trotz seiner Blicke und Verbeugungen nichts als eine komische Figur. Der Reihe nach war er in sie alle verliebt, und er hätte jede genommen, die ihm nur einen Schritt entgegen getan hätte. Aber den Schritt tat keine, obwohl er nach und nach seine Sprache um die gebildetsten Phrasen und seine Toilette um die angenehmsten Gegenstände bereicherte.

Eine Ausnahme gab es wohl, allein er bemerkte sie kaum. Das Fräulein Paula Kircher, das Kircherspäule genannt, war immer nett gegen ihn und schien ihn ernst zu nehmen. Sie war freilich weder jung noch hübsch, vielmehr einige Jahre älter als er und ziemlich unscheinbar, sonst aber ein tüchtiges und geachtetes Mädchen aus einer wohlhabenden Handwerkerfamilie. Wenn Andreas sie auf der Straße grüßte, dankte sie nett und ernsthaft, und wenn sie in den Laden kam, war sie freundlich, einfach und bescheiden, machte ihm das Bedienen leicht und nahm seine geschäftsmännischen Aufmerksamkeiten wie bare Münze hin. Daher sah er sie nicht ungern und hatte Vertrauen zu ihr, im übrigen aber war sie ihm recht gleichgültig, und sie gehörte zu der geringen Anzahl lediger Mädchen, für die er außerhalb seines Ladens keinen Gedanken übrig hatte.

Bald setzte er seine Hoffnungen auf feine, neue Schuhe, bald auf ein nettes Halstuch, ganz abgesehen vom Schnurrbart, der allmählich sproßte und den er wie seinen Augapfel pflegte. Endlich kaufte er sich von einem reisenden Handelsmann auch noch einen Ring aus Gold mit einem großen Opal daran. Damals war er sechsundzwanzig Jahre alt.

Als er aber dreißig wurde und noch immer den Hafen der Ehe nur in sehnsüchtiger Ferne umsegelte, hielten Mutter und Tante es für notwendig, fördernd einzugreifen. Die Tante, die schon recht hoch in den Jahren war, machte den Anfang mit dem Angebot, sie wolle ihm noch zu ihren Lebzeiten das Geschäft abtreten, jedoch nur am Tage seiner Verheiratung mit einer unbescholtenen Gerbersauer Tochter. Dies war denn auch für die Mutter das Signal zum Angriff. Nach manchen Überlegungen kam sie zu dem Befinden, ihr Sohn müsse in einen Verein eintreten, um mehr unter Leute zu kommen und den Umgang mit Frauen zu lernen. Und da sie seine Liebe zur Sangeskunst wohl kannte, dachte sie ihn an dieser Angel zu fangen und legte ihm nahe, sich beim Liederkranz als Mitglied anzumelden.

Trotz seiner Scheu vor Geselligkeit war Andreas in der Hauptsache einverstanden. Doch schlug er statt des Liederkranzes den Kirchengesangverein vor, weil ihm die ernstere Musik besser gefalle. Der wahre Grund war aber der, daß dem Kirchengesangverein Margret Dierlamm angehörte. Diese war die Tochter von Ohngelts früherem Lehrprinzipal, ein sehr hübsches und fröhliches Mädchen von wenig mehr als zwanzig Jahren, und in sie war Andreas seit neuestem verliebt, da es schon seit geraumer Zeit keine ledigen Altersgenossinnen mehr für ihn gab, wenigstens keine hübschen.

Die Mutter hatte gegen den Kirchengesangverein nichts Triftiges einzuwenden. Zwar hatte dieser Verein nicht halb soviel gesellige Abende und Festlichkeiten wie der Liederkranz, dafür war aber die Mitgliedschaft hier viel wohlfeiler, und Mädchen aus guten Häusern, mit denen Andreas bei Proben und Aufführungen zusammenkommen würde, gab es auch hier genug. So ging sie denn ungesäumt mit dem Herrn Sohn zum Vorstand, einem greisen Schullehrer, der sie freundlich empfing.

»So, Herr Ohngelt«, sagte er, »Sie wollen bei uns mitsingen?«

Die Verlobung

»Ja, gewiß, bitte —«
»Haben Sie denn schon früher gesungen?«
»O ja, das heißt, gewissermaßen —«
»Nun, machen wir eine Probe. Singen Sie irgendein Lied, das Sie auswendig können.«

Ohngelt wurde rot wie ein Knabe und wollte um alles nicht anfangen. Aber der Lehrer bestand darauf und wurde schließlich fast böse, so daß er am Ende doch sein Bangen überwand und mit einem resignierten Blick auf die ruhig dasitzende Mutter sein Leiblied anstimmte. Es riß ihn mit, und er sang den ersten Vers ohne Stocken.

Der Dirigent winkte, es sei genug. Er war wieder ganz höflich und sagte, das sei allerdings sehr nett gesungen und man merke, daß es con amore geschehe, allein vielleicht wäre er doch mehr für weltliche Musik veranlagt, ob er es nicht etwa beim Liederkranz probieren wolle. Schon wollte Herr Ohngelt eine verlegene Antwort stammeln, da legte seine Mutter sich für ihn ins Zeug. Er singe wirklich schön, meinte sie, und sei jetzt nur ein wenig verlegen gewesen, und es wäre ihr gar so lieb, wenn er ihn aufnähme, der Liederkranz sei doch etwas ganz anderes und nicht so fein, und sie gebe auch jedes Jahr für die Kirchenbescherung, und kurz, wenn der Herr Lehrer so gut sein wollte, wenigstens für eine Probezeit, man werde ja alsdann schon sehen. Der alte Mann versuchte noch zweimal begütigend davon zu reden, daß das Kirchensingen kein Spaß sei und daß es ohnehin schon so eng hergehe auf dem Orgelpodium, aber die mütterliche Beredtsamkeit siegte zuletzt doch. Es war dem bejahrten Dirigenten noch nie vorgekommen, daß ein Mann von über dreißig Jahren sich zum Mitsingen gemeldet und seine Mutter zum Beistand mitgebracht hatte. So ungewohnt und eigentlich unbequem ihm dieser Zuwachs zu seinem Chore war, machte ihm die Sache im stillen doch ein Vergnügen, wenn auch nicht um der Musik willen. Er bestellte Andreas zur nächsten Probe und ließ die beiden lächelnd ziehen.

Am Mittwoch abend fand sich der kleine Ohngelt pünktlich in der Schulstube ein, wo die Proben abgehalten wurden. Man übte einen Choral für das Osterfest. Die allmählich ankommenden Sänger und Sängerinnen begrüßten das neue Mitglied sehr freundlich und hatten alle ein so aufgeräumtes und heiteres Wesen, daß Ohngelt sich selig fühlte. Auch Margret Dierlamm war da, und auch sie nickte dem Neuen mit freundlichem Lächeln zu. Wohl hörte er manchmal hinter sich leise lachen, doch war er ja gewöhnt, ein wenig komisch genommen zu werden, und ließ es sich nicht anfechten. Was ihn hingegen befremdete, war das zurückhaltend ernste Betragen des Kircherspäule, das ebenfalls anwesend war und, wie er bald bemerkte, sogar zu den geschätzteren Sängerinnen gehörte. Sie hatte sonst immer eine wohltuende Freundlichkeit gegen ihn gezeigt, und jetzt war gerade sie merkwürdig kühl und schien beinahe Anstoß daran zu nehmen, daß er hier eingedrungen war. Aber was ging ihn das Kircherspäule an?

Beim Singen verhielt sich Ohngelt überaus vorsichtig. Wohl hatte er von der Schule her noch eine leise Ahnung vom Notenwesen, und manche Takte sang er mit gedämpfter Stimme den andern nach, im ganzen aber fühlte er sich seiner Kunst wenig sicher und hegte bange Zweifel daran, ob das jemals anders werden würde. Der Dirigent, den seine Verlegenheit lächerte und rührte, schonte ihn und sagte beim Abschied sogar: »Es wird mit der Zeit schon gehen, wenn Sie sich dranhalten.« Den ganzen Abend aber hatte Andreas das Vergnügen, in Margrets Nähe sein und sie häufig anschauen zu dürfen. Er dachte daran, daß bei dem öffentlichen Singen vor und nach dem Gottesdienst auf der Orgel die Tenöre gerade hinter den Mädchen aufgestellt waren, und malte sich die Wonne aus, am Osterfest und bei allen künftigen Anlässen so nahe bei Fräulein Dierlamm zu stehen und sie ungescheut betrachten zu können. Da fiel ihm zu seinem Schmerz wieder ein, wie klein und niedrig er gewachsen war und daß er zwischen den andern Sängern stehend nichts würde sehen können. Mit großer Mühe und vielem Stottern machte er einem der Mitsinger diese seine künftige Notlage auf der Orgel klar, natürlich ohne den wahren Grund seines Kummers zu nennen. Da beruhigte ihn der Kollege lachend und meinte, er werde ihm schon zu einer ansehnlichen Aufstellung verhelfen können.

Nach dem Schluß der Probe lief alles davon, kaum daß man einander grüßte. Einige Herren begleiteten Damen nach Hause, andere gingen miteinander zu einem Glas Bier. Ohngelt blieb allein und kläglich auf dem Platze vor dem finstern Schulhaus stehen, sah den andern und namentlich der Margret beklommen nach und machte ein enttäuschtes Gesicht, da kam das Kircherspäule an ihm vorbei, und als er den Hut zog, sagte sie: »Gehen Sie heim? Dann haben wir ja einen Weg und können miteinander gehen.« Dankbar schloß er sich an und lief neben ihr her durch die feuchten, märzkühlen Gassen heimwärts, ohne mehr Worte als den Gutenachtgruß mit ihr zu tauschen.

Am nächsten Tag kam Margret Dierlamm in den Laden, und er durfte sie bedienen. Er faßte jeden Stoff an, als wäre er Seide, und bewegte den Maßstab wie einen Fiedelbogen, er legte Gefühl und Anmut in jede kleine Dienstleistung, und leise wagte er zu hoffen, sie würde ein Wort von gestern und vom Verein und von der Probe sagen. Richtig tat sie das auch. Gerade noch unter der Türe fragte sie: »Es war mir ganz neu, daß Sie auch singen, Herr Ohngelt. Singen Sie denn schon lang?« Und während er unter Herzklopfen hervorstieß: »Ja – vielmehr nur so – mit Verlaub«, entschwand sie leicht nickend in die Gasse.

»Schau, schau!« dachte er bei sich und spann Zukunftsträume, ja er verwechselte beim Einräumen zum erstenmal in seinem Leben die halbwollenen Litzen mit den reinwollenen.

Indessen kam die Osterzeit immer näher, und da sowohl am Karfreitag wie am Ostersonntag der Kirchenchor singen sollte, gab es mehrmals in der Woche Proben. Ohngelt erschien stets pünktlich und gab sich alle Mühe, nichts zu verderben, wurde auch von jedermann mit Wohlwollen behandelt. Nur das Kircherspäule schien nicht recht mit ihm zufrieden zu sein, und das war ihm nicht lieb, denn sie war schließlich doch die einzige Dame, zu der er ein volles Vertrauen hatte. Auch fügte es sich regelmäßig, daß er an ihrer Seite nach Hause ging, denn der Margret seine Begleitung anzutragen, war wohl stets sein stiller Wunsch und Entschluß, doch fand er nie den Mut dazu. So ging er denn mit dem Päule. Die ersten Male wurde auf diesem Heimgang kein Wort geredet. Das nächstemal nahm die Kircher ihn ins Gebet und fragte, warum er nur so wortkarg sei, ob er sie denn fürchte.

»Nein«, stammelte er erschrocken, »das nicht – vielmehr – gewiß nicht – im Gegenteil.«

Sie lachte leise und fragte: »Und wie geht's denn mit dem Singen? Haben Sie Freude dran?«

»Freilich ja – sehr – jawohl.«

Sie schüttelte den Kopf und sagte leise: »Kann man denn mit Ihnen wirklich nicht reden, Herr Ohngelt? Sie drücken sich auch um jede Antwort herum.«

Er sah sie hilflos an und stotterte.

»Ich meine es doch gut«, fuhr sie fort. »Glauben Sie das nicht?«

Er nickte heftig.

»Also denn! Können Sie denn gar nichts reden als wieso und immerhin und mit Verlaub und dergleichen Zeug?«

»Ja, schon, ich kann schon, obwohl – allerdings.«
»Ja obwohl und allerdings. Sagen Sie, am Abend mit Ihrer Frau Mutter und mit der Tante reden Sie doch auch deutsch, oder nicht? Dann tun Sie's doch auch mit mir und mit andern Leuten. Man könnte dann doch ein vernünftiges Gespräch führen. Wollen Sie nicht?«
»Doch ja, ich will schon – gewiß –«
»Also gut, das ist gescheit von Ihnen. Jetzt kann ich doch mit Ihnen reden. Ich hätte nämlich einiges zu sagen.«

Und nun sprach sie mit ihm, wie er es nicht gewöhnt war. Sie fragte, was er denn im Kirchengesangverein suche, wenn er doch nicht singen könne und wo fast nur Jüngere als er seien. Und ob er nicht merke, daß man sich dort manchmal über ihn lustig mache und mehr von der Art. Aber je mehr der Inhalt ihrer Rede ihn demütigte, desto eindringlicher empfand er die gütige und wohlmeinende Art ihres Zuredens. Etwas weinerlich schwankte er zwischen kühler Ablehnung und gerührter Dankbarkeit. Da waren sie schon vor dem Kircherschen Hause. Paula gab ihm die Hand und sagte ernsthaft:

»Gute Nacht, Herr Ohngelt, und nichts für ungut. Nächstesmal reden wir weiter, gelt?«

Verwirrt ging er heim, und so weh ihm war, wenn er an ihre Enthüllungen dachte, so neu und tröstlich war es ihm, daß jemand so freundschaftlich und ernst und wohlgesinnt mit ihm gesprochen hatte.

Auf dem Heimweg von der nächsten Probe gelang es ihm schon, in ziemlich deutscher Sprache zu reden, etwa wie daheim mit der Mutter, und mit dem Gelingen stieg sein Mut und sein Vertrauen. Am folgenden Abend war er schon so weit, daß er ein Bekenntnis abzulegen versuchte, er war sogar halb entschlossen, die Dierlamm mit Namen zu nennen, denn er versprach sich Unmögliches von Päules Mitwisserschaft und Hilfe. Aber sie ließ ihn nicht dazu kommen. Sie schnitt seine Geständnisse plötzlich ab und sagte: »Sie wollen heiraten, nicht wahr? Das ist auch das Gescheiteste, was Sie tun können. Das Alter haben Sie ja.«

»Das Alter, ja das schon«, sagte er traurig. Aber sie lachte nur, und er ging ungetröstet heim. Das nächstemal kam er wieder auf diese Angelegenheit zu sprechen. Das Päule entgegnete bloß, er müsse ja wissen, wen er haben wolle; gewiß sei nur, daß die Rolle, die er im Gesangverein spiele, ihm nicht förderlich sein könnte, denn junge Mädchen nähmen schließlich bei einem Liebhaber alles lieber in Kauf als Lächerlichkeit.

Die Verlobung

Die Seelenqualen, in welche ihn diese Worte versetzt hatten, wichen endlich der Aufregung und den Vorbereitungen zum Karfreitag, an welchem Ohngelt zum erstenmal im Chor auf der Orgeltribüne sich zeigen sollte. Er kleidete sich an diesem Morgen mit besonderer Sorgfalt an und kam mit gewichstem Zylinder frühzeitig in die Kirche. Nachdem ihm sein Platz angewiesen worden war, wandte er sich nochmals an jenen Kollegen, der ihm bei der Aufstellung behilflich zu sein versprochen hatte. Wirklich schien dieser die Sache nicht vergessen zu haben, er winkte dem Orgeltreter, und dieser brachte schmunzelnd ein kleines Kistlein, das wurde an Ohngelts Stehplatz hingesetzt und der kleine Mann daraufgestellt, so daß er nun im Sehen und Gesehenwerden dieselben Vorteile genoß wie die längsten Tenöre. Nur war das Stehen auf diese Art mühevoll und gefährlich, er mußte sich genau im Gleichgewicht halten und vergoß manchen Tropfen Schweiß bei dem Gedanken, er könnte umfallen und mit gebrochenen Beinen unter die an der Brüstung postierten Mädchen hinabstürzen, denn der Orgelvorbau neigte sich in schmalen, stark abfallenden Terrassen niederwärts gegen das Kirchenschiff. Dafür hatte er aber das Vergnügen, der schönen Margret Dierlamm aus beklemmender Nähe in den Nacken schauen zu können. Da der Gesang und der ganze Gottesdienst vorüber war, fühlte er sich erschöpft und atmete tief auf, als die Türen geöffnet und die Glocken gezogen wurden.

Tags darauf warf ihm das Kircherspäule vor, sein künstlich erhobener Standpunkt sehe recht hochmütig aus und mache ihn lächerlich. Er versprach, sich späterhin seines kurzen Leibes nicht mehr zu schämen, doch wollte er morgen am Osterfeste ein letztesmal das Kistlein benutzen, schon um den Herrn, der es ihm angeboten, nicht zu beleidigen. Sie wagte nicht zu sagen, ob er denn nicht sehe, daß jener die Kiste nur hergebracht habe, um sich einen Spaß mit ihm zu machen. Kopfschüttelnd ließ sie ihn gewähren und war über seine Dummheit so ärgerlich wie über seine Arglosigkeit gerührt.

Am Ostersonntag ging es im Kirchenchor noch um einen Grad feierlicher zu als neulich. Es wurde eine schwierige Musik aufgeführt, und Ohngelt balancierte tapfer auf seinem Gerüste. Gegen den Schluß des Chorals hin nahm er jedoch mit Entsetzen wahr, daß sein Standörtlein unter seinen Sohlen zu wanken und unfest zu werden begann. Er konnte nichts tun, als stillhalten und womöglich den Sturz über die Terrasse vermeiden. Dieses gelang ihm auch, und statt eines Skandals und Unglücks ereignete sich nichts, als daß der Tenor Ohngelt unter leisem Krachen sich langsam verkürzte und mit angsterfülltem Gesicht abwärtssinkend aus der Sichtbarkeit verschwand. Der Dirigent, das Kirchenschiff, die Emporen und der schöne Nacken der blonden Margret gingen nacheinander seinem Blick verloren, doch kam er heil zu Boden, und in der Kirche hatte außer den grinsenden Sangesbrüdern nur ein Teil der nahe sitzenden männlichen Schuljugend den Vorgang wahrgenommen. Über die Stätte seiner Erniedrigung hinweg jubilierte und frohlockte der kunstreiche Osterchoral.

Als unterm Kehraus des Organisten das Volk die Kirche verließ, blieb der Verein auf seiner Tribüne noch auf ein paar Worte beieinander, denn morgen, am Ostermontag, sollte wie jedes Jahr ein festlicher Vereinsausflug unternommen werden. Auf diesen Ausflug hatte Andreas Ohngelt von Anfang an große Erwartungen gestellt. Er fand jetzt sogar den Mut, Fräulein Dierlamm zu fragen, ob sie auch mitzukommen gedenke, und die Frage kam ohne viel Anstoß über seine Lippen.

»Ja, gewiß gehe ich mit«, sagte das schöne Mädchen mit Ruhe, und dann fügte sie hinzu: »Übrigens, haben Sie sich vorher nicht weh getan?« Dabei stieß sie das verhaltene Lachen so, daß sie auf keine Antwort mehr wartete und davonlief. In demselben Augenblick schaute das Päule herüber, mit einem mitleidigen und ernsthaften Blick, der Ohngelts Verwirrung noch steigerte. Sein flüchtig aufgeloderter Mut war nicht minder eilig wieder umgeschlagen, und wenn er von dem Ausflug nicht schon mit seiner Mama geredet und diese nicht schon zum Mitgehen aufgefordert gehabt hätte, so wäre er jetzt am liebsten vom Ausflug, vom Verein und von allen seinen Hoffnungen zurückgetreten.

Der Ostermontag war blau und sonnig, und um zwei Uhr kamen fast alle Mitglieder des Gesangvereins mit mancherlei Gästen und Verwandten oberhalb der Stadt in der Lärchenallee zusammen. Ohngelt brachte seine Mutter mit. Er hatte ihr am vergangenen Abend gestanden, daß er in Margret verliebt sei, und zwar wenig Hoffnungen hege, dem mütterlichen Beistand aber und dem Ausflugsnachmittage doch noch einiges zutraue. So sehr sie ihrem Kleinen das Beste gönnte, so schien ihr doch Margret zu jung und zu hübsch für ihn zu sein. Man konnte es ja versuchen; die Hauptsache war, daß Andreas bald eine Frau bekam, schon des Ladens wegen.

Man rückte ohne Gesang aus, denn der Waldweg ging ziemlich steil und beschwerlich bergauf. Frau Ohngelt fand trotzdem Sammlung und Atem

Die Verlobung

genug, um ernstlich ihrem Sohn die letzten Verhaltungsmaßregeln für die kommenden Stunden einzuschärfen und hernach ein aufgeräumtes Gespräch mit Frau Dierlamm anzufangen. Margrets Mutter bekam, während sie Mühe hatte, im Bergansteigen Luft für die notwendigsten Antworten zu erübrigen, eine Reihe angenehmer und interessanter Dinge zu hören. Frau Ohngelt begann mit dem prächtigen Wetter, ging von da zu einer Würdigung der Kirchenmusik, einem Lob für Frau Dierlamms rüstiges Aussehen und einem Entzücken über das Frühlingskleid der Margret über, sie verweilte bei Angelegenheiten der Toilette und gab schließlich eine Darstellung von dem erstaunlichen Aufschwung, den der Weißwarenladen ihrer Schwägerin in den letzten Jahren genommen habe. Frau Dierlamm konnte auf dieses hin nicht anders, als auch des jungen Ohngelt lobend zu erwähnen, der so viel Geschmack und kaufmännische Fähigkeiten zeige, was ihr Mann schon vor manchen Jahren während Andreas' Lehrzeit bemerkt und anerkannt habe. Auf diese Schmeichelei antwortete die entzückte Mutter mit einem halben Seufzer. Freilich, der Andreas sei tüchtig und werde es noch weit bringen, auch sei der prächtige Laden schon so gut wie sein Eigentum, ein Jammer aber sei es mit seiner Schüchternheit gegen die Frauenzimmer. Seinerseits fehle es weder an Lust noch an den wünschenswerten Tugenden für das Heiraten, wohl aber an Zutrauen und Unternehmungsmut.

Frau Dierlamm begann nun die besorgte Mutter zu trösten, und wenn sie dabei auch weit davon entfernt war, an ihre Tochter zu denken, versicherte sie doch, daß eine Verbindung mit Andreas für jede ledige Tochter der Stadt nur willkommen sein könnte. Diese Worte sog die Ohngelt wie Honig ein.

Unterdessen war Margret mit anderen jungen Leuten der Gesellschaft weit vorangeeilt, und diesem kleinen Kreise der Jüngsten und Lustigsten schloß sich auch Ohngelt an, obwohl er alle Not hatte, mit seinen kurzen Beinen nachzukommen.

Wieder waren alle ausnehmend freundlich gegen ihn, denn für diese Spaßvögel war der ängstliche Kleine mit seinen verliebten Augen ein gefundenes Fressen. Auch die hübsche Margret tat mit und zog den Anbeter je und je mit scheinbarem Ernst ins Gespräch, so daß er vor glücklicher Erregung und verschluckten Satzteilen ganz heiß wurde.

Allein das Vergnügen dauerte nicht lange. Allmählich merkte der arme Teufel doch, daß er hinterrücks ausgelacht wurde, und wenn er sich auch darein zu schicken wußte, so ward er doch niedergeschlagen und ließ die Hoffnung wieder sinken. Äußerlich ließ er sich jedoch möglichst wenig anmerken. Die Ausgelassenheit der jungen Leute stieg mit jeder Viertelstunde, und er lachte angestrengt desto lauter mit, je deutlicher er alle Witze und Andeutungen als auf sich selber gemünzt erkannte. Schließlich endete der Keckste von den Jungen, ein baumlanger Apothekergehilfe, die Neckereien durch einen recht groben Scherz.

Man kam gerade an einer schönen alten Eiche vorüber, und der Apotheker bot sich an, zu versuchen, ob er den untersten Ast des hohen Baumes mit den Händen erreichen könne. Er stellte sich auf und sprang mehrmals in die Höhe, aber es reichte nicht ganz, und die im Halbkreis umherstehenden Zuschauer begannen ihn auszulachen. Da kam er auf den Einfall, sich durch einen Witz wieder in Ehren und einen andern an die Stelle des Ausgelachten zu bringen. Plötzlich griff er den kleinen Ohngelt um den Leib, hob ihn in die Höhe und forderte ihn auf, den Ast zu fassen und sich daran zu halten. Der Überraschte war empört und wäre gewiß nicht darauf eingegangen, hätte er nicht in seiner schwebenden Lage Furcht vor einem Sturz gehabt. So packte er denn zu und klammerte sich an; sobald sein Träger dies aber bemerkte, ließ er ihn los, und Ohngelt hing nun unter dem Gelächter der Jugend hilflos hoch am Ast, mit den Beinen zappelnd und zornige Schreie ausstoßend.

»Herunter!« schrie er heftig. »Nehmen Sie mich sofort wieder herunter, Sie!«

Seine Stimme überschlug sich, er fühlte sich vollkommen vernichtet und ewiger Schande preisgegeben. Der Apotheker aber meinte, nun müsse er sich loskaufen, und alle jubelten Beifall.

»Sie müssen sich loskaufen«, rief auch Margret Dierlamm.

Da konnte er doch nicht widerstehen.

»Ja, ja«, rief er, »aber schnell!«

Sein Peiniger hielt nun eine kleine Rede des Inhalts, daß Herr Ohngelt schon seit drei Wochen Mitglied des Kirchengesangvereins wäre, ohne daß jemand ihn habe singen hören. Nun könne er nicht eher aus seiner hohen und gefährlichen Lage befreit werden, als bis er der Versammlung ein Lied vorgesungen habe.

Kaum hatte er gesprochen, so begann Andreas auch schon zu singen, denn er fühlte sich von seinen Kräften verlassen. Halb schluchzend fing er an: »Gedenkst du noch der Stunde« – und war noch nicht mit der ersten

Strophe fertig, so mußte er loslassen und stürzte mit einem Schrei herab. Alle waren nun doch erschrocken, und wenn er ein Bein gebrochen hätte, wäre er gewiß eines reumütigen Mitleids sicher gewesen. Aber er stand zwar blaß, doch unversehrt wieder auf, griff nach seinem Hut, der neben ihm im Moos lag, setzte ihn sorgfältig wieder auf und ging schweigend davon – denselben Weg zurück, den sie gekommen waren. Hinter der nächsten Wegbiegung setzte er sich am Straßenrand nieder und suchte sich zu erholen.

Hier fand ihn der Apotheker, der ihm mit schlechtem Gewissen nachgeschlichen war. Er bat um Verzeihung, ohne eine Antwort zu erhalten.

»Es tut mir wirklich sehr leid«, sagte er nochmals bittend, »ich hatte gewiß nichts Böses im Sinn. Bitte verzeihen Sie mir, und kommen Sie wieder mit!«

»Es ist schon gut«, sagte Ohngelt und winkte ab, und der andere ging unbefriedigt davon.

Wenig später kam der zweite Teil der Gesellschaft mit den älteren Leuten und den beiden Müttern dabei langsam angerückt. Ohngelt ging zu seiner Mutter hin und sagte:

»Ich will heim.«

»Heim? Ja warum denn? Ist was passiert?«

»Nein. Aber es hat doch keinen Wert, ich weiß es jetzt gewiß.«

»So? Hast du einen Korb gekriegt?«

»Nein. Aber ich weiß doch –«

Sie unterbrach ihn und zog ihn mit.

»Jetzt keine Faxen! Du kommst mit, und es wird schon recht werden. Beim Kaffee setz ich dich neben die Margret, paß auf.«

Er schüttelte bekümmert den Kopf, gehorchte aber und ging mit. Das Kircherspäule versuchte eine Unterhaltung mit ihm anzufangen und mußte es wieder aufgeben, denn er blickte schweigend geradeaus und hatte ein so gereiztes und verbittertes Gesicht, wie es niemand an ihm je gesehen hatte.

Nach einer halben Stunde erreichte die Gesellschaft das Ziel des Ausflugs, ein kleines Walddorf, dessen Wirtshaus durch seinen guten Kaffee bekannt war und in dessen Nähe die Ruinen einer Raubritterburg lagen. Im Wirtsgarten war die schon länger angekommene Jugend lebhaften Spielen hingegeben. Jetzt wurden Tische aus dem Hause gebracht und zusammengerückt, die jungen Leute trugen Stühle und Bänke herbei; frisches

Tischzeug wurde aufgelegt und die Tafeln mit Tassen, Kannen, Tellern und Backwerk bestellt. Frau Ohngelt gelang es richtig, ihren Sohn an Margrets Seite zu bringen. Er aber nahm seines Vorteils nicht wahr, sondern dämmerte im Gefühl seines Unglücks trostlos vor sich hin, rührte gedankenlos mit dem Löffel im erkaltenden Kaffee und schwieg hartnäckig trotz allen Blicken, die seine Mutter ihm sandte.

Nach der zweiten Tasse beschlossen die Anführer der Jungen, einen Gang nach der Burgruine zu tun und dort Spiele zu machen. Lärmend erhob sich die Jungmannschaft samt den Mädchen. Auch Margret Dierlamm stand auf, und im Aufstehen übergab sie dem mutlos verharrenden Ohngelt ihr hübsches perlenbesticktes Handtäschlein mit den Worten:

»Bitte bewahren Sie mir das gut, Herr Ohngelt, wir gehen zum Spielen.«

Er nickte und nahm das Ding zu sich. Die grausame Selbstverständlichkeit, mit der sie annahm, er werde bei den Alten bleiben und sich nicht an den Spielen beteiligen, wunderte ihn nicht mehr. Ihn wunderte nur noch, daß er das alles nicht von Anfang an bemerkt hatte, die merkwürdige Freundlichkeit bei den Proben, die Geschichte mit dem Kistlein und alles andere.

Als die jungen Leute gegangen waren und die Zurückgebliebenen weiter Kaffee tranken und Gespräche spannen, verschwand Ohngelt unvermerkt von seinem Platz und ging hinterm Garten übers Feld dem Walde zu. Die hübsche Tasche, die er in der Hand trug, glitzerte freudig im Sonnenlicht. Vor einem frischen Baumstrunk machte er halt. Er zog sein Taschentuch heraus, breitete es über das noch lichte, feuchte Holz und setzte sich darauf. Dann stützte er den Kopf in die Hände und brütete über traurigen Gedanken, und als sein Blick wieder auf die bunte Tasche fiel und als zugleich mit einem Windzug die Schreie und Freudenrufe der Gesellschaft herüberklangen, neigte er den schweren Kopf tiefer und begann lautlos und kindlich zu weinen.

Wohl eine Stunde lang blieb er sitzen. Seine Augen waren wieder trocken und seine Erregung verflogen, aber das Traurige seines Zustandes und die Hoffnungslosigkeit seiner Bestrebungen waren ihm jetzt noch klarer als zuvor. Da hörte er einen leichten Schritt sich nähern, ein Kleid rauschen, und ehe er von seinem Sitz aufspringen konnte, stand die Paula Kircher neben ihm.

»Ganz allein?« fragte sie scherzend. Und da er nicht antwortete und sie ihn genauer anschaute, wurde sie plötzlich ernst und fragte mit frauenhafter Güte: »Wo fehlt es denn? Ist Ihnen ein Unglück geschehen?«

»Nein«, sagte Ohngelt leise und ohne nach Phrasen zu suchen. »Nein. Ich habe nur eingesehen, daß ich nicht unter die Leute passe. Und daß ich ihr Hanswurst gewesen bin.«

»Nun, so schlimm wird es nicht sein —«

»Doch, gerade so. Ihr Hanswurst bin ich gewesen, und besonders noch den Mädchen ihrer. Weil ich gutmütig gewesen bin und es redlich gemeint habe. Sie haben recht gehabt, ich hätte nicht in den Verein gehen sollen.«

»Sie können ja wieder austreten, und dann ist alles gut.«

»Austreten kann ich schon, und ich tu es lieber heut als morgen. Aber damit ist noch lange nicht alles gut.«

»Warum denn nicht?«

»Weil ich zum Spott für sie geworden bin. Und weil jetzt vollends keine mehr —«

Das Schluchzen übernahm ihn beinahe. Sie fragte freundlich: »— und weil jetzt keine mehr —?«

Mit zitternder Stimme fuhr er fort: »Weil jetzt vollends kein Mädchen mehr mich achtet und mich ernst nehmen will.«

»Herr Ohngelt«, sagte das Päule langsam, »sind Sie jetzt nicht ungerecht? Oder meinen Sie, ich achte Sie nicht und nehme Sie nicht ernst?«

»Ja, das wohl. Ich glaube schon, daß Sie mich noch achten. Aber das ist es nicht.«

»Ja, was ist es denn?«

»Ach Gott, ich sollte gar nicht davon reden. Aber ich werde ganz irr, wenn ich denke, daß jeder andere es besser hat als ich, und ich bin doch auch ein Mensch, nicht? Aber mich — mich will — mich will keine heiraten!«

Es entstand eine längere Pause. Dann fing das Päule wieder an:

»Ja, haben Sie denn schon die eine oder andre gefragt, ob sie will oder nicht?«

»Gefragt! Nein, das nicht. Zu was auch? Ich weiß ja vorher, daß keine will.«

»Dann verlangen Sie also, daß die Mädchen zu Ihnen kommen und sagen: ach Herr Ohngelt, verzeihen Sie, aber ich möchte so schrecklich gern haben, daß Sie mich heiraten! Ja, auf das werden Sie freilich noch lang warten können.«

»Das weiß ich wohl«, seufzte Andreas. »Sie wissen schon, wie ich's meine, Fräulein Päule. Wenn ich wüßte, daß eine es so gut mit mir meint und mich ein wenig gut leiden könnte, dann —«

»Dann würden Sie vielleicht so gnädig sein und ihr zublinzeln oder mit dem Zeigefinger winken! Lieber Gott, Sie sind – Sie sind –«

Damit lief sie davon, aber nicht etwa mit einem Gelächter, sondern mit Tränen in den Augen. Ohngelt konnte das nicht sehen, doch hatte er etwas Sonderbares in ihrer Stimme und in ihrem Davonlaufen bemerkt, darum rannte er ihr nach und als er bei ihr war und beide keine Worte fanden, hielten sie sich plötzlich umarmt und gaben sich einen Kuß. Da war der kleine Ohngelt verlobt.

Als er mit seiner Braut verschämt und doch tapfer Arm in Arm in den Wirtsgarten zurückkehrte, war alles schon zum Aufbruch bereit und hatte nur noch auf die zwei gewartet. In dem allgemeinen Tumult, Erstaunen, Kopfschütteln und Glückwünschen trat die schöne Margret vor Ohngelt und fragte: »Ja, wo haben Sie denn meine Handtasche gelassen?«

Bestürzt gab der Bräutigam Auskunft und eilte in den Wald zurück, und das Päule lief mit. An der Stelle, wo er so lang gesessen und geweint hatte, lag im braunen Laub der schimmernde Beutel und die Braut sagte: »Es ist gut, daß wir noch einmal herüber sind. Da liegt ja auch noch dein Sacktuch.«

(1908)

Ladidel

Erstes Kapitel

Der junge Herr Alfred Ladidel wußte von Kind auf das Leben leicht zu nehmen. Es war sein Wunsch gewesen, sich den höheren Studien zu widmen, doch als er mit einiger Verspätung die zu den oberen Gymnasialklassen führende Prüfung nur notdürftig bestanden hatte, entschloß er sich nicht allzu schwer, dem Rat seiner Lehrer und Eltern zu folgen und auf diese Laufbahn zu verzichten. Und kaum war dies geschehen und er als Lehrling in der Schreibstube eines Notars untergebracht, so lernte er einsehen, wie sehr Studententum und Wissenschaft doch meist überschätzt werden und wie wenig der wahre Wert eines Mannes von bestandenen Prüfungen und akademischen Semestern abhänge. Gar bald schlug diese Ansicht Wurzel in ihm, überwältigte sein Gedächtnis und veranlaßte ihn manchmal, unter Kollegen zu erzählen, wie er nach reiflichem Überlegen gegen den Wunsch der Lehrer diese scheinbar einfachere Laufbahn erwählt habe und daß dies der klügste Entschluß seines Lebens gewesen sei, wenn er ihn auch ein Opfer gekostet habe. Seinen Altersgenossen, die in der Schule geblieben waren und die er jeden Tag mit ihren Büchermappen auf der Gasse antraf, nickte er mit Herablassung zu und freute sich, wenn er sie vor ihren Lehrern die Hüte ziehen sah. Tagsüber stand er geduldig unter dem Regiment seines Notars, der es den Anfängern nicht leicht machte. Am Abend übte er mit Kameraden die Kunst des Zigarrenrauchens und des sorglosen Flanierens durch die Gassen, auch trank er im Notfall unter seinesgleichen ein Glas Bier, obwohl er seine von der Mama erbettelten Taschengelder lieber zum Konditor trug, wie er denn auch im Kontor, wenn die andern zum Vesper ein Butterbrot mit Most genossen, stets etwas Süßes verzehrte, sei es nun an schmalen Tagen nur ein Brötchen mit Eingemachtem oder in reichlichern Zeiten ein Mohrenkopf, Butterteigkipfel oder Makrönchen.

Indessen hatte er seine erste Lehrzeit abgebüßt und war mit Stolz nach der Hauptstadt verzogen, wo es ihm überaus wohl gefiel. Erst hier kam der höhere Schwung seiner Natur zur vollen Entfaltung. Schon früher hatte sich der Jüngling zu den schönen Künsten hingezogen gefühlt und nach

Schönheit und Ruhm Begierde getragen. Jetzt galt er unter seinen jüngeren Kollegen und Freunden unbestritten für einen famosen Bruder und begabten Kerl, der in Angelegenheiten der Geselligkeit und des Geschmacks als Führer galt und um Rat gefragt wurde. Denn hatte er schon als Knabe mit Kunst und Liebe gesungen, gepfiffen, deklamiert und getanzt, so war er in allen diesen schönen Übungen seither zum Meister geworden, ja er hatte neue dazu gelernt. Vor allem besaß er eine Gitarre, mit der er Lieder und spaßhafte Verslein begleitete und bei jeder Geselligkeit Beifall erntete, ferner machte er zuweilen Gedichte, die er aus dem Stegreif nach bekannten Melodien zur Gitarre vortrug, und ohne die Würde seines Standes zu verletzen, wußte er sich auf eine Art zu kleiden, die ihn als etwas Besonderes, Geniales kennzeichnete. Namentlich schlang er seine Halsbinden mit einer kühnen, freien Schleife, die keinem andern so gelang, und wußte sein hübsches braunes Haar edel und kavaliermäßig zu kämmen.

Wer den Alfred Ladidel sah, wenn er an einem geselligen Abend des Vereins Quodlibet tanzte und die Damen unterhielt oder wenn er im Verein Fidelitas, im Sessel zurückgelehnt, seine kleinen lustigen Liedlein sang und dazu auf der am grünen Bande hängenden Gitarre mit zärtlichen Fingern harfte, und wie er dann abbrach und den lauten Beifall bescheidentlich abwehrte und sinnend leise auf den Saiten weiterfingerte, bis alles stürmisch um einen neuen Gesang bat, der mußte ihn hochschätzen, ja beneiden. Da er außer seinem kleinen Monatsgehalt von Hause ein anständiges Sackgeld bezog, konnte er sich diesen gesellschaftlichen Freuden ohne Sorgen hingeben und tat es mit Zufriedenheit und ohne Schaden, da er trotz seiner Weltfertigkeit in manchen Dingen fast noch ein Kind geblieben war. So trank er noch immer lieber Himbeerwasser als Bier und nahm, wenn es sein konnte, statt mancher Mahlzeit lieber eine Tasse Schokolade und ein paar Stücklein Kuchen beim Zuckerbäcker. Die Streber und Mißgünstigen unter seinen Kameraden, an denen es natürlich nicht fehlte, nannten ihn darum das Baby und nahmen ihn trotz aller schönen Künste nicht ernst. Dies war das einzige, was ihm je und je betrübte Stunden machte.

Mit der Zeit kam dazu allerdings noch ein anderer Schatten. Seinem Alter gemäß begann der junge Herr Ladidel den hübschen Mädchen sinnend nachzuschauen und war beständig in die eine oder andere verliebt. Das bereitete ihm aber bald mehr Pein als Lust, denn während sein Liebesverlangen wuchs, sanken sein Mut und Unternehmungsgeist auf diesem Gebiet immer mehr. Wohl sang er daheim in seinem Stüblein zum Saitenspiel viele verliebte und gefühlvolle Lieder, in Gegenwart schöner Mädchen aber entfiel ihm der Mut. Wohl war er immer ein vorzüglicher Tänzer, aber seine Unterhaltungskunst ließ ihn im Stich, wenn er versuchen wollte, einiges von seinen Gefühlen kundzutun. Desto gewaltiger redete und sang und glänzte er dann freilich im Kreis seiner Freunde, allein er hätte ihren Beifall und alle seine Lorbeeren gerne für einen Kuß vom Mund eines schönen Mädchens hingegeben.

Diese Schüchternheit, die zu seinem übrigen Wesen nicht recht zu passen schien, hatte ihren Grund in einer Unverdorbenheit des Herzens, welche ihm seine Freunde gar nicht zutrauten. Diese fanden, wenn ihre Begierde es wollte, ihr Liebesvergnügen da und dort in kleinen Verhältnissen mit Dienstmädchen und Köchinnen, wobei es zwar verliebt zuging, von Leidenschaft und idealer Liebe oder gar von ewiger Treue und künftigem Ehebund aber keine Rede war. Und ohne dies alles mochte der junge Herr Ladidel sich die Liebe nicht vorstellen.

Dabei sahen ihn, ohne daß er es zu bemerken wagte, die Mädchen gern. Ihnen gefiel sein hübsches Gesicht, seine Tanzkunst und sein Gesang, und sie hatten auch das schüchterne Begehren an ihm gern und fühlten, daß unter seiner Schönheit und zierlichen Bildung ein unverbrauchtes und halb kindliches Herz sich verbarg.

Allein von diesen geheimen Sympathien hatte er einstweilen nichts, und wenn er auch in der Fidelitas noch immer Bewunderung genoß, ward doch der Schatten tiefer und bänglicher und drohte sein Leben allmählich fast zu verdunkeln. In solchen üblen Zeiten legte er sich mit gewaltsamem Eifer auf seine Arbeit, war zeitweilig ein musterhafter Notariatsgehilfe und bereitete sich abends mit Fleiß auf das Amtsexamen vor, teils um seine Gedanken auf andere Wege zu zwingen, teils um desto eher und sicherer in die ersehnte Lage zu kommen, als ein Werber, ja mit gutem Glück als ein Bräutigam auftreten zu können. Allerdings währten diese Zeiten niemals lange, da Sitzleder und harte Kopfarbeit seiner Natur nicht angemessen waren. Hatte der Eifer ausgetobt, so griff der Jüngling wieder zur Gitarre, spazierte zierlich und sehnsüchtig in den hauptstädtischen Straßen oder schrieb Gedichte in sein Heftlein. Neuerdings waren diese meist verliebter und gefühlvoller Art, und sie bestanden aus Worten und Versen, Reimen und hübschen Wendungen, die er in Liederbüchlein da und dort gelesen und behalten hatte. Diese setzte er zusammen, ohne weiteres dazu zu tun, und so entstand ein sauberes Mosaik von gangbaren Ausdrücken beliebter Liebesdichter. Es bereitete ihm Vergnügen, diese Verslein mit sauberer Kanzleihandschrift ins Reine zu schreiben, und er vergaß darüber oft für eine Stunde seinen Kummer ganz. Auch sonst lag es in seiner glücklichen Natur, daß er in guten wie bösen Zeiten gern ins Spielen geriet und darüber Wichtiges und Wirkliches vergaß. Schon das tägliche Herstellen seiner äußeren Erscheinung gab einen hübschen Zeitvertreib, das Führen des Kammes und der Bürste durch das halblange braune Haar, das Wichsen und sonstige Liebkosen des kleinen, lichten Schnurrbärtchens, das Schlingen des Krawattenknotens, das genaue Abbürsten des Rockes und das Reinigen und Glätten der Fingernägel. Weiterhin beschäftigte ihn häufig das Ordnen und Betrachten seiner Kleinodien, die er in einem Kästchen aus Mahagoniholz verwahrte. Darunter befanden sich ein Paar vergoldeter Manschettenknöpfe, ein in grünen Sammet gebundenes Büchlein mit der Aufschrift »Vergißmeinnicht«, worein er seine nächsten Freunde ihre Namen und Geburtstage eintragen ließ, ein aus weißem Bein geschnitzter Federhalter mit filigranfeinen gotischen Ornamenten und einem winzigen Glassplitter, der, wenn man ihn gegen das Licht hielt und hineinsah, eine Ansicht des Niederwalddenkmals enthielt, des weiteren ein Herz aus Silber, das man mit einem unendlich kleinen Schlüsselchen aufschließen konnte, ein Sonntagstaschenmesser mit elfenbeinerner Schale und eingeschnitzten Edelweißblüten, endlich eine zerbrochene Mädchenbrosche mit mehreren zum Teil ausgesprungenen Granatsteinen, welche der Besitzer später bei einer festlichen Gelegenheit zu einem Schmuckstück für sich selber verarbeiten zu lassen gedachte. Daß es ihm außerdem an einem dünnen, eleganten Spazierstöcklein nicht fehlte, dessen Griff den Kopf eines Windhundes darstellte, sowie an einer Busennadel in Form einer goldenen Leier, versteht sich von selbst.

Wie der junge Mann seine Kostbarkeiten und Glanzstücke verwahrte und wert hielt, so trug er auch sein kleines, ständig brennendes Liebesfeuerlein getreu mit sich herum, besah es je nachdem mit Lust oder Wehmut und hoffte auf eine Zeit, da er es würdig verwenden und von sich geben könne.

Mittlerweile kam unter den Kollegen ein neuer Zug auf, der Ladidel nicht gefiel und seine bisherige Beliebtheit und Autorität stark erschütterte. Irgendein junger Privatdozent der Technischen Hochschule begann abendliche Vorlesungen über Volkswirtschaft zu halten, die namentlich von den Angestellten der Schreibstuben und niedern Ämter fleißig besucht wurden. Ladidels Bekannte gingen alle hin, und in ihren Zusammenkünften erhoben sich nun feurige Debatten über soziale Angelegenheiten und innere Politik, an welchen Ladidel weder teilnehmen wollte noch konnte. Er langweilte und ärgerte sich dabei, und da über dem neuen Geiste seine früheren Künste von den Kameraden fast vergessen und kaum mehr begehrt wurden, sank er mehr und mehr von seiner einstigen Höhe herab in ein ruhmloses Dunkel. Anfangs kämpfte er noch und nahm mehrmals Bücher mit nach Hause, allein er fand sie hoffnungslos langweilig, legte sie mit Seufzen wieder weg und tat auf die Gelehrsamkeit wie auf den Ruhm Verzicht.

In dieser Zeit, da er den hübschen Kopf weniger hoch trug, vergaß er eines Freitags, sich rasieren zu lassen, was er immer an diesem Tage sowie am Dienstag zu besorgen pflegte. Darum trat er auf dem abendlichen Heimweg, da er längst über die Straße hinausgegangen war, wo sein Barbier wohnte, in der Nähe seines Speisehauses in einen bescheidenen Friseurladen, um das Versäumte nachzuholen; denn ob ihn auch Sorgen bedrückten, mochte er dennoch keiner Gewohnheit untreu werden. Auch war ihm die Viertelstunde beim Barbier immer ein kleines Fest; er hatte nichts dagegen, wenn er etwa warten mußte, sondern saß alsdann vergnügt auf seinem Sessel, blätterte in einer Zeitung und betrachtete die mit Bildern geschmückten Anpreisungen von Seifen, Haarölen und Bartwichsen an der Wand, bis er an die Reihe kam und mit Genuß den Kopf zurücklegte, um die vorsichtigen Finger des Gehilfen, das kühle Messer und zuletzt die zärtliche Puderquaste auf seinen Wangen zu fühlen.

Auch jetzt flog ihn die gute Laune an, da er den Laden betrat, den Stock an die Wand stellte und den Hut aufhängte, sich in den weiten Frisierstuhl lehnte und das Rauschen des duftenden Seifenschaumes vernahm. Es bediente ihn ein junger Gehilfe mit aller Aufmerksamkeit, rasierte ihn, wusch ihn ab, hielt ihm den ovalen Handspiegel vor, trocknete ihm die Wangen, fuhr spielend mit der Puderquaste darüber und fragte höflich: »Sonst nichts gefällig?« Dann folgte er dem aufstehenden Gaste mit leisem Tritt, bürstete ihm den Rockkragen ab, empfing das wohlverdiente Rasiergeld und reichte ihm Stock und Hut. Das alles hatte den jungen Herrn in eine gütige und zufriedene Stimmung gebracht, er spitzte schon die Lippen, um mit einem wohligen Pfeifen auf die Straße zu treten, da hörte er den Friseurgehilfen, den er kaum angesehen hatte, fragen: »Verzeihen Sie, heißen Sie nicht Alfred Ladidel?«

Er faßte den Mann ins Auge und erkannte sofort seinen ehemaligen Schulkameraden Fritz Kleuber in ihm. Nun hätte er unter andern Umständen diese Bekanntschaft mit wenig Vergnügen anerkannt und sich gehütet, einen Verkehr mit einem Barbiergehilfen anzufangen, dessen er sich vor Kollegen zu schämen gehabt hätte. Allein er war in diesem Augenblick gut gestimmt, und außerdem hatten sein Stolz und Standesgefühl in dieser Zeit bedeutend nachgelassen. Darum geschah es ebenso aus guter Laune wie aus einem Bedürfnis nach Freundschaftlichkeit und Anerkennung, daß er dem Friseur die Hand hinstreckte und rief. »Schau, der Fritz Kleuber! Wir werden doch noch Du zueinander sagen? Wie geht dir's?« Der Schulkamerad nahm die dargebotene Hand und das Du fröhlich an, und da er im Dienst war und keine Zeit hatte, verabredeten sie eine Zusammenkunft für den Sonntagnachmittag.

Auf diese Stunde freute der Barbier sich sehr, und er war dem alten Kameraden dankbar, daß er trotz seinem vornehmern Stande sich ihrer Schulfreundschaft hatte erinnern mögen. Fritz Kleuber hatte für den Nachbarssohn und Klassengenossen immer eine gewisse Verehrung gehabt, da jener ihm in allen Lebenskünsten überlegen gewesen war, und Ladidels zierliche Erscheinung hatte ihm auch jetzt wieder tiefen Eindruck gemacht. Darum bereitete er sich am Sonntag, sobald sein Dienst getan war, mit Sorgfalt auf den Besuch vor und legte seine besten Kleider an. Ehe er in das Haus trat, in dem Ladidel wohnte, wischte er die Stiefel mit einer Zeitung ab, dann stieg er freudig die Treppen empor und klopfte an die Türe, an der er Alfreds Visitenkarte leuchten sah.

Auch dieser hatte sich ein wenig vorbereitet, da er seinem Landsmann und Jugendfreund gern einen glänzenden Eindruck machen wollte. Er empfing ihn mit großer Herzlichkeit und hatte einen vortrefflichen Kaffee mit Gebäck auf dem Tische stehen, zu dem er Kleuber burschikos einlud.

»Keine Umstände, alter Freund, nicht wahr? Wir trinken unsern Kaffee zusammen und machen nachher einen Spaziergang, wenn dir's recht ist.«

Gewiß, es war ihm recht, er nahm dankbar Platz, trank Kaffee und aß Kuchen, bekam alsdann eine Zigarette und zeigte über diese schöne Gastlichkeit eine unverstellte Freude. Sie plauderten bald im alten heimatlichen Ton von den vergangenen Zeiten, von den Lehrern und Mitschülern und was aus diesen allen geworden sei. Der Friseur mußte ein wenig erzählen, wie es ihm seither gegangen und wo er überall herumgekommen sei, dann hub der andre an und berichtete ausführlich über sein Leben und seine

Aussichten. Und am Ende nahm er die Gitarre von der Wand, stimmte und zupfte, fing zu singen an und sang Lied um Lied, lauter lustige Sachen, daß dem Friseur vor Lachen die Tränen in den Augen standen. Sie verzichteten auf den Spaziergang und beschauten stattdessen einige von Ladidels Kostbarkeiten, und darüber kamen sie in ein Gespräch über das, was jeder von ihnen sich unter einer feinen Lebensführung vorstellte. Da waren freilich des Barbiers Ansprüche an das Glück um vieles bescheidener als die seines Freundes, aber am Ende spielte er ganz ohne Absicht einen Trumpf aus, mit dem er dessen Achtung und Neid gewann. Er erzählte nämlich, daß er eine Braut in der Stadt habe, und lud den Freund ein, bald einmal mit ihm in ihr Haus zu gehen, wo er willkommen sein werde.

»Ei sieh«, rief Ladidel, »du hast eine Braut! So weit bin ich leider noch nicht. Wißt ihr denn schon, wann ihr heiraten könnt?«

»Noch nicht ganz genau, aber länger als zwei Jahre warten wir nimmer, wir sind schon über ein Jahr versprochen. Ich habe ein Muttererbe von dreitausend Mark, und wenn ich dazu noch ein oder zwei Jahre fleißig bin und was erspare, können wir wohl ein eigenes Geschäft aufmachen. Ich weiß auch schon wo, nämlich in Schaffhausen in der Schweiz, da habe ich zwei Jahre gearbeitet, der Meister hat mich gern und ist alt und hat mir noch nicht lang geschrieben, wenn ich soweit sei, überlasse er mir seine Sache am liebsten und nicht zu teuer. Ich kenne ja das Geschäft gut von damals her, es geht recht flott und ist gerade neben einem Hotel, da kommen viele Fremde, und außer dem Geschäft ist ein Handel mit Ansichtskarten dabei.«

Er griff in die Brusttasche seines braunen Sonntagsrockes und zog eine Brieftasche heraus, darin hatte er sowohl den Brief des Schaffhauser Meisters wie auch eine in Seidenpapier eingeschlagene Ansichtskarte mitgebracht, die er seinem Freund zeigte.

»Ah, der Rheinfall!« rief Alfred, und sie schauten das Bild zusammen an. Es war der Rheinfall in einer purpurnen bengalischen Beleuchtung, der Friseur beschrieb alles, kannte jeden Fleck darauf und erzählte davon und von den vielen Fremden, die das Naturwunder besuchen, kam dann wieder auf seinen Meister und dessen Geschäft, las seinen Brief vor und war voller Eifer und Freude, so daß sein Kamerad schließlich auch wieder zu Wort kommen und etwas gelten wollte. Darum fing er an vom Niederwalddenkmal zu sprechen, das er selber zwar nicht gesehen hatte, wohl aber ein Onkel von ihm, und er öffnete seine Schatztruhe, holte den beinernen

Federhalter heraus und ließ den Freund durch das kleine Gläslein schauen, das die Pracht verbarg. Fritz Kleuber gab gerne zu, daß das eine nicht mindere Schönheit sei als sein roter Wasserfall, und überließ bescheiden dem andern wieder das Wort, der sich nun nach dem Gewerbe seines Gastes erkundigte. Das Gespräch ward lebhaft, Ladidel wußte immer Neues zu fragen, und Kleuber gab gewissenhaft und treulich Auskunft. Es war vom Schliff der Rasiermesser, von den Handgriffen beim Haarschneiden, von Pomaden und Ölen die Rede, und bei dieser Gelegenheit zog Fritz eine kleine Porzellandose mit feiner Pomade aus der Tasche, die er seinem Freund und Wirt als ein bescheidenes Gastgeschenk anbot. Nach einigem Zögern nahm dieser die Gabe an, die Dose ward geöffnet und berochen, ein wenig probiert und endlich auf den Waschtisch gestellt.

Mittlerweile war es Abend geworden, Fritz wollte bei seiner Braut speisen und nahm Abschied, nicht ohne sich für das Genossene freundlich zu bedanken. Auch Alfred fand, es sei ein schöner und wohlverbrachter Nachmittag gewesen, und sie wurden einig, sich am Dienstag- oder Mittwochabend wieder zu treffen.

Zweites Kapitel

Inzwischen fiel es Fritz Kleuber ein, daß er sich für die Sonntagseinladung und den Kaffee bei Ladidel revanchieren und auch ihm wieder eine Ehre antun müsse. Darum schrieb er ihm montags einen Brief mit goldenem Rand und einer ins Papier gepreßten Taube und lud ihn ein, am Mittwochabend mit ihm bei seiner Braut, dem Fräulein Meta Weber in der Hirschengasse, zu speisen.

Auf diesen Abend bereitete Alfred Ladidel sich mit Sorgfalt vor. Er hatte sich über das Fräulein Meta Weber erkundigt und in Erfahrung gebracht, daß sie neben einer ebenfalls noch ledigen Schwester von einem lang verstorbenen Kanzleischreiber Weber abstammte, also eine Beamtentochter war, so daß er mit Ehren ihr Gast sein konnte. Diese Erwägung und auch der Gedanke an die noch ledige Schwester veranlaßten ihn, sich besonders schön zu machen und auch im voraus ein wenig an die Konversation zu denken.

Wohlausgerüstet erschien er gegen acht Uhr in der Hirschengasse und hatte das Haus bald gefunden, ging aber nicht hinein, sondern auf der Gasse auf und ab, bis nach einer Viertelstunde sein Freund Kleuber daherkam. Dem schloß er sich an, und sie stiegen hintereinander in die hochgelegene Wohnung der Jungfern hinauf. An der Glastüre empfing sie die Witwe Weber, eine schüchterne kleine Dame mit einem besorgten alten Leidensgesicht, das dem Notariatskandidaten wenig Frohes zu versprechen schien. Er grüßte, ward vorgestellt und in den Gang geführt, wo es dunkel war und nach der Küche duftete. Von da ging es in eine Stube, die war so groß und hell und fröhlich, wie man es nicht erwartet hätte; und vom Fenster her, wo Geranien im Abendschein tief wie Kirchenfenster leuchteten, traten munter die zwei Töchter der Witwe. Diese waren ebenfalls freudige Überraschungen und überboten das Beste, was sich von der kleinen alten Frau erwarten ließ, um ein Bedeutendes.

»Grüß Gott«, sagte die eine und gab dem Friseur die Hand.

»Meine Braut«, sagte er zu Ladidel, und dieser näherte sich dem hübschen Mädchen mit einer Verbeugung ohne Tadel, zog die hinterm Rücken versteckte Hand hervor und bot der Jungfer einen Maiblumenstrauß dar, den er unterwegs gekauft hatte. Sie lachte und sagte Dank und schob ihre Schwester heran, die ebenfalls lachte und hübsch und blond war und Martha hieß. Dann setzte man sich unverweilt an den gedeckten Tisch zum Tee und einer mit Kressensalat bekränzten Eierspeise. Während der Mahlzeit wurde fast kein Wort gesprochen, Fritz saß neben seiner Braut, die ihm Butterbrote strich, und die alte Mutter schaute mühsam kauend um sich, mit dem unveränderlichen kummervollen Blick, hinter dem es ihr recht wohl war, der aber auf Ladidel einen beängstigenden Eindruck machte, so daß er wenig aß und sich bedrückt und still verhielt.

Nach Tisch blieb die Mutter zwar im Zimmer, verschwand jedoch in einem Lehnstuhl am Fenster, dessen Gardinen sie zuvor geschlossen hatte, und schien zu schlummern. Die Jugend blühte dafür munter auf, und die Mädchen verwickelten den Gast in ein neckendes und kampflustiges Gespräch, wobei Fritz seinen Freund unterstützte. Von der Wand schaute der selige Herr Weber aus einem kirschholzenen Rahmen hernieder, außer seinem Bildnis aber war alles in dem behaglichen Zimmer hübsch und frohgemut, von den in der Dämmerung verglühenden Geranien bis zu den Kleidern und Schühlein der Mädchen und bis zu einer an der Schmalwand hängenden Mandoline. Auf diese fiel, als das Gespräch ihm anfing heiß zu machen, der Blick des Gastes, er äugte heftig hinüber und drückte sich um eine fällige Antwort, die ihm Not machte, indem er sich erkundigte, welche von den Schwestern denn musikalisch sei und die Mandoline spiele. Das blieb nun an Martha hängen, und sie wurde sogleich von Schwester und Schwager ausgelacht, da die Mandoline seit den Zeiten einer längst verwehten Backfischschwärmerei her kaum mehr Töne von sich gegeben hatte. Dennoch bestand Herr Ladidel darauf, Martha müsse etwas vorspielen, und bekannte sich als einen unerbittlichen Musikfreund. Da das Fräulein durchaus nicht zu bewegen war, griff schließlich Meta nach dem Instrument und legte es vor sie hin, und da sie abwehrend lachte und rot wurde, nahm Ladidel die Mandoline an sich und klimperte leise mit suchenden Fingern darauf herum.

»Ei, Sie können es ja«, rief Martha. »Sie sind ein Schöner, bringen andre Leute in Verlegenheit und können es nachher selber besser.«

Er erklärte bescheiden, das sei nicht der Fall, er habe kaum jemals so ein Ding in Händen gehabt, hingegen spiele er allerdings seit mehreren Jahren die Gitarre.

»Ja«, rief Fritz, »ihr solltet ihn nur hören! Warum hast du auch das Instrument nicht mitgebracht? Das mußt du nächstes Mal tun, gelt!«

Der Abend ging hin wie auf Flügeln. Als die beiden Jünglinge Abschied nahmen, erhob sich am Fenster klein und sorgenvoll die vergessene Mutter und wünschte eine gute Nacht. Fritz ging noch ein paar Gassen weiter mit Ladidel, der des Vergnügens und Lobes voll war.

In der stillgewordenen Weberschen Wohnung wurde gleich nach dem Weggang der Gäste der Tisch geräumt und das Licht gelöscht. In der Schlafstube hielten wie gewöhnlich die beiden Mädchen sich still, bis die Mutter eingeschlafen war. Alsdann begann Martha, anfänglich flüsternd, das Geplauder.

»Wo hast du denn deine Maiblumen hingetan?«

»Du hast's ja gesehen, ins Glas auf dem Ofen.«

»Ach ja. Gut Nacht!«

»Ja, bist müd?«

»Ein bißchen.«

»Du, wie hat dir denn der Notar gefallen? Ein bissel geschleckt, nicht?«

»Warum?«

»Na, ich habe immer denken müssen, mein Fritz hätte Notar werden sollen und dafür der andere Friseur. Findest du nicht auch? Er hat so was Süßes.«

»Ja, ein wenig schon. Aber er ist doch nett und hat Geschmack. Hast du seine Krawatte gesehen?«

»Freilich.«

»Und dann, weißt du, er hat etwas Unverdorbenes. Anfangs war er ja ganz schüchtern.«

»Er ist auch erst zwanzig Jahr. – Na, gut Nacht also!«

Martha dachte noch eine Weile, bis sie einschlief, an den Alfred Ladidel. Er hatte ihr gefallen, und sie ließ eine kleine Kammer in ihrem Herzen für den hübschen Jungen offen, falls er eines Tages Lust hätte, einzutreten und Ernst zu machen. Denn an einer bloßen Liebelei war ihr nicht gelegen, teils weil sie diese Vorschule schon vor Zeiten hinter sich gebracht hatte (woher noch die Mandoline rührte), teils weil sie nicht Lust hatte, noch lange neben der um ein Jahr jüngeren Meta unverlobt einherzugehen.

Auch dem Notariatskandidaten war das Herz nicht unbewegt geblieben. Zwar lebte er noch in dem dumpfen Liebesdurst eines kaum flügge Gewordenen und verliebte sich in jedes hübsche Töchterlein, das er zu sehen bekam; und es hatte ihm eigentlich Meta besser gefallen. Doch war diese nun einmal schon Fritzens Braut und nicht mehr zu haben, und Martha konnte sich neben jener wohl auch zeigen; so war Alfreds Herz im Laufe des Abends mehr und mehr nach ihrer Seite geglitten und trug ihr Bildnis mit dem hellen, schweren Kranz von blonden Zöpfen in unbestimmter Verehrung davon.

Bei solchen Umständen dauerte es nur wenige Tage, bis die kleine Gesellschaft wieder in der abendlichen Wohnstube beisammensaß; nur daß diesmal die jungen Herren später gekommen waren, da der Tisch der Witwe eine so häufige Bewirtung von Gästen nicht vermocht hätte. Dafür brachte Ladidel seine Gitarre mit, die ihm Fritz mit Stolz vorantrug. Der Musikant wußte es so einzurichten, daß zwar seine Kunst zur Geltung kam und reichen Beifall erweckte, er aber doch nicht allein blieb und alle Kosten trug. Denn nachdem er einige Lieder vorgetragen und in Kürze die Kunst seines Gesanges und Saitenspiels entfaltet hatte, zog er die andern mit ins Spiel und stimmte lauter Weisen an, die gleich beim ersten Takt von selber zum Mitsingen verlockten.

Das Brautpaar, von der Musik und der festlichen Stimmung erwärmt und benommen, rückte nahe zusammen und sang nur leise und strophenweise mit, dazwischen plaudernd und sich mit verstohlenen Fingern streichelnd, wogegen Martha dem Spieler gegenüber saß, ihn im Auge behielt und alle Verse freudig mitsang. Als beim Abschiednehmen in dem schlecht erleuchteten Gang das Brautpaar seine Küsse tauschte, standen die beiden andern eine Minute lang verlegen wartend da. Im Bett brachte sodann Meta die Rede wieder auf den Notar, wie sie ihn immer nannte, dieses Mal voller Anerkennung und Lob. Aber die Schwester sagte nur ja, ja, legte den blonden Kopf auf beide Hände und lag lange still und wach, ins Dunkle schauend und tief atmend. Später als die Schwester schon schlief, stieß Martha einen langen, leisen Seufzer aus, der jedoch keinem gegenwärtigen Leide galt, sondern nur einem dumpfen Gefühl für die Unsicherheit aller Liebeshoffnungen entsprang und den sie nicht wiederholte. Vielmehr entschlief sie bald darauf mit einem Lächeln auf dem frischen Mund.

Der Verkehr gedieh behaglich weiter, Fritz Kleuber nannte den eleganten Alfred mit Stolz seinen Freund. Meta sah es gerne, daß ihr Verlobter nicht allein kam, sondern den Musikanten mitbrachte, und Martha gewann den Gast desto lieber, je mehr sie seine fast noch kindliche Harmlosigkeit erkannte. Ihr schien, dieser hübsche und lenksame Jüngling wäre recht zu einem Mann für sie geschaffen, mit dem sie sich zeigen und auf den sie stolz sein könnte, ohne ihm doch jegliche Herrschaft überlassen zu müssen.

Auch Alfred, der mit seinem Empfang bei den Weberschen sehr zufrieden war, spürte in Marthas Freundlichkeit eine Wärme, die er bei aller Schüchternheit wohl zu schätzen wußte. Eine Liebschaft und Verlobung mit dem schönen, stattlichen Mädchen wollte ihm in kühnen Stunden nicht ganz unmöglich, zu allen Zeiten aber begehrenswert und lockend erscheinen.

Dennoch geschah von beiden Seiten nichts Entscheidendes, und das hatte manche Gründe. Vor allem hatte Martha an dem jungen Mann im längeren Umgang manches Unreife und Knabenhafte entdeckt und es rätlich gefunden, einem noch so unerfahrenen Jüngling den Weg zum Glück nicht allzusehr zu erleichtern. Sie sah wohl, daß es ihr ein leichtes wäre, ihn an sich zu nehmen und festzuhalten, aber es erschien ihr billig, daß der junge Herr es nicht allzu leicht habe und nicht am Ende gar den Eindruck gewänne, sie habe sich ihm nachgeworfen. Immerhin war es ihr Wille, ihn zu bekommen, und sie beschloß, ihn einstweilen wohl im Auge zu behalten und gerüstet den Zeitpunkt zu erwarten, da er seines Glückes würdig sein würde.

Bei Ladidel waren es andere Bedenken, die ihm die Zunge banden. Da war zuerst seine Schüchternheit, die ihn immer wieder dazu brachte, seinen Beobachtungen zu mißtrauen und an der Einbildung, er werde geliebt und begehrt, zu verzweifeln. Sodann fühlte er sich dem Mädchen gegenüber sehr jung und unfertig – nicht mit Unrecht, obwohl sie kaum drei oder vier Jahre älter sein konnte als er. Und schließlich erwog er in ernsthaften Stunden mit Bangen, auf welch unfesten Grund seine äußere Existenz gebaut war. Je näher nämlich das Jahr heranrückte, in dem er die bisherige untergeordnete Tätigkeit beenden und im Staatsexamen seine Fähigkeit und Wissenschaft kundtun mußte, desto dringender wurden seine Zweifel. Wohl hatte er alle hübschen, kleinen Übungen und Äußerlichkeiten des Amtes rasch und sicher erlernt, er machte im Büro eine gute Figur und spielte den beschäftigten Schreiber vortrefflich; aber das Studium der Gesetze fiel ihm schwer, und wenn er an alles das dachte, was im Examen verlangt wurde, brach ihm der Schweiß aus.

Zuweilen sperrte er sich verzweifelt in seiner Stube ein und beschloß, den steilen Berg der Wissenschaft im Sturm zu nehmen. Kompendien, Gesetzbücher und Kommentare lagen auf seinem Tisch, er stand morgens früh auf und setzte sich fröstelnd hin, er spitzte Bleistifte und machte sich genaue Arbeitspläne für Wochen voraus. Aber sein Wille war schwach, er hielt niemals lange aus, er fand immer andres zu tun, was im Augenblick nötiger und wichtiger schien; und je länger die Bücher dalagen und ihn anschauten, desto bitterer ward ihr Inhalt.

Inzwischen wurde seine Freundschaft mit Fritz Kleuber immer fester. Es geschah zuweilen, daß Fritz ihn abends aufsuchte und, wenn es eben nötig schien, sich erbot, ihn zu rasieren. Dabei fiel es Alfred ein, diese Hantierung selber zu probieren, und Fritz ging mit Vergnügen darauf ein. Auf seine ernsthafte und beinah ehrerbietige Art zeigte er dem hochgeschätzten Freund die Handgriffe, lehrte ihn ein Messer tadellos abziehen und einen guten, haltbaren Seifenschaum schlagen. Alfred zeigte sich, wie der andre vorausgesagt hatte, überaus gelehrig und fingerfertig. Bald vermochte er nicht nur sich selber schnell und fehlerlos zu barbieren, sondern auch seinem Freund und Lehrmeister diesen Dienst zu tun, und er fand darin ein Vergnügen, das ihm manchen von den Studien verbitterten Tag auf den Abend noch rosig machte. Eine ungeahnte Lust bereitete es ihm, als Fritz ihn auch noch in das Haarflechten einweihte. Er brachte ihm nämlich, von seinen schnellen Fortschritten entzückt, eines Tages einen künstlichen Zopf aus Frauenhaar mit und zeigte ihm, wie ein solches Kunstwerk entstehe. Ladidel war sofort begeistert für dieses zarte Handwerk und machte sich mit geduldigen Fingern daran, die Strähne zu lösen und wieder ineinander zu flechten. Es gelang ihm bald, und nun kam Fritz mit schwereren und feineren Arbeiten, und Alfred lernte spielend, zog das lange seidne Haar mit Feinschmeckerei durch die Finger, vertiefte sich in die Flechtarten und Frisurstile, ließ sich bald auch das Lockenbrennen zeigen und hatte nun bei jedem Zusammensein mit dem Freund lange Unterhaltungen über fachmännische Dinge. Er schaute nun auch die Frisuren aller Frauen und Mädchen, denen er begegnete, mit prüfendem und lernendem Auge an und überraschte Kleuber durch manches treffende Urteil.

Nur bat er ihn wiederholt und dringend, den beiden Fräulein Weber nichts von diesem Zeitvertreib zu sagen. Er fühlte, daß er mit dieser neuen Kunst dort wenig Ehre ernten würde. Und dennoch war es sein Lieblingstraum und verstohlener Herzenswunsch, einmal die langen blonden Haare der Jungfer Martha in seinen Händen zu haben und ihr neue, kunstvolle Zöpfe zu flechten.

Darüber vergingen die Tage und Wochen des Sommers. Es war in den letzten Augusttagen, da nahm Ladidel an einem Spaziergang der Familie Weber teil. Man wanderte das Flußtal hinauf zu einer Burgruine und ruhte in deren Schatten auf einer schrägen Bergwiese vom Gehen aus. Martha war an diesem Tag besonders freundlich und vertraulich mit Alfred umgegangen, nun lag sie in seiner Nähe auf dem grünen Hang, ordnete einen Strauß von späten Feldblumen, tat ein paar silbrige zitternde Grasblüten hinzu und sah gar lieb und reizend aus, so daß Alfred den Blick nicht von ihr lassen konnte. Da bemerkte er, daß etwas an ihrer Frisur aufgegangen war, rückte ihr nahe und sagte es, und zugleich wagte er es, streckte seine Hände nach den blonden Zöpfen aus und erbot sich, sie in Ordnung zu bringen. Martha aber, einer solchen Annäherung von ihm ganz ungewohnt, wurde rot und ärgerlich, wies ihn kurz ab und bat ihre Schwester, das Haar aufzustecken. Alfred schwieg betrübt und ein wenig verletzt, schämte sich und nahm später die Einladung, bei Frau Weber zu speisen, nicht an, sondern ging nach der Rückkehr in die Stadt sogleich seiner Wege.

Es war die erste kleine Verstimmung zwischen den Halbverliebten, und sie hätte wohl dazu dienen können, ihre Sache zu fördern und in Gang zu bringen. Doch ging es umgekehrt, und es kamen andere Dinge dazwischen.

Drittes Kapitel

Martha hatte es mit ihrem Verweis nicht schlimm gemeint und war nun erstaunt, als sie wahrnahm, daß Alfred eine Woche und länger ihr Haus mied. Er tat ihr ein wenig leid, und sie hätte ihn gerne wiedergesehen. Als er aber acht und zehn Tage ausblieb und wirklich zu grollen schien, besann sie sich darauf, daß sie ihm das Recht zu einem so liebhabermäßigen Betragen niemals eingeräumt habe. Nun begann sie selber zu zürnen. Wenn er wiederkäme und den gnädig Versöhnten spielen würde, wollte sie ihm zeigen, wie sehr er sich getäuscht habe.

Indessen war sie selbst im Irrtum, denn Ladidels Ausbleiben hatte nicht Trotz, sondern Schüchternheit und Furcht vor Marthas Strenge zur Ursache. Er wollte einige Zeit vergehen lassen, bis sie ihm seine damalige Zudringlichkeit vergeben und er selber die Dummheit vergessen und die Scham überwunden habe. In dieser Bußzeit spürte er deutlich, wie sehr er sich schon an den Umgang mit Martha gewöhnt hatte und wie sauer es ihn ankommen würde, auf die warme Nähe eines lieben Mädchens wieder zu verzichten. Er hielt es denn auch nicht länger als bis in die Mitte der zweiten Woche aus, rasierte sich eines Tages sorgfältig, schlang eine neue Binde um und sprach bei den Weberschen vor, diesmal ohne Fritz, den er nicht zum Zeugen seiner Beschämtheit machen wollte.

Um nicht mit leeren Händen und lediglich als Bettler zu erscheinen, hatte er sich einen Plan ausgedacht. Es stand für die letzte Woche des September ein großes Fest- und Preisschießen bevor, worauf die ganze Stadt schon rüstete. Zu dieser Lustbarkeit gedachte Alfred Ladidel die beiden Fräulein Weber einzuladen und hoffte damit eine hübsche Begründung seines Besuches wie auch gleich einen Stein im Brett bei Martha zu gewinnen.

Ein freundlicher Empfang hätte den Verliebten, der seit Tagen seiner Einsamkeit übersatt war, getröstet und zum treuen Diener gemacht. Nun hatte aber Martha, durch sein Ausbleiben verletzt, sich hart und streng gemacht. Sie grüßte kaum, als er die Stube betrat, überließ Empfang und Unterhaltung ihrer Schwester und ging, mit Abstauben beschäftigt, im Zimmer ab und zu, als wäre sie allein. Ladidel war sehr eingeschüchtert und wagte erst nach einer Weile, da sein verlegenes Gespräch mit Meta versiegte, sich an die Beleidigte zu wenden und seine Einladung vorzubringen.

Die aber war jetzt nicht mehr zu fangen. Alfreds demütige Ergebenheit bestärkte nur ihren Beschluß, das Bürschlein diesmal in die Kur zu nehmen und ihm die Krallen zu stutzen. Sie hörte kühl zu und lehnte die Einladung ab mit der Begründung, es stehe ihr nicht zu, mit jungen Herren Feste zu besuchen, und was ihre Schwester angehe, so sei diese verlobt und es sei Sache ihres Bräutigams, sie einzuladen, falls er dazu Lust habe.

Da griff Ladidel nach seinem Hut, verbeugte sich kurz und ging davon wie ein Mann, der bedauert, an einer falschen Türe angeklopft zu haben, und nicht im Sinn hat, wiederzukommen. Meta versuchte zwar, ihn zurückzuhalten und ihm zuzureden, Martha aber hatte seine Verbeugung mit einem Nicken kühl erwidert, und Alfred war es nicht anders zumute, als hätte sie ihm für immer abgewinkt.

Einen geringen Trost gewährte ihm der Gedanke, daß er sich in dieser Sache männlich und stolz gezeigt habe. Zorn und Trauer überwogen jedoch; grimmig lief er nach Hause, und als am Abend Fritz Kleuber ihn besuchen wollte, ließ er ihn an der Tür klopfen und wieder gehen, ohne sich zu zeigen. Die Bücher sahen ihn ermahnend an, die Gitarre hing an der Wand, aber er ließ alles liegen und hängen, ging aus und trieb sich den Abend in den Gassen herum, bis er müde war. Dabei fiel ihm alles ein, was er je Böses über die Falschheit und Wandelbarkeit der Weiber hatte sagen hören und was ihm früher als ein leeres und scheelsüchtiges Geschwätz erschienen war. Jetzt begriff er alles und fand auch die bittersten Worte zutreffend.

Es vergingen einige Tage, und Alfred hoffte beständig, gegen seinen Stolz und Willen, es möchte etwas geschehen, ein Brieflein oder eine Botschaft durch Fritz kommen, denn nachdem der erste Groll vertan war, schien ihm eine Versöhnung doch nicht ganz außer der Möglichkeit, und sein Herz wandte sich über alle Gründe hinweg zu dem bösen Mädchen zurück. Allein es geschah nichts, und es kam niemand. Das große Schützenfest jedoch rückte näher, und ob es dem betrübten Ladidel gefiel oder nicht, er mußte tagaus tagein sehen und hören, wie jedermann sich bereitmachte, die glänzenden Tage zu feiern. Es wurden Bäume errichtet und Girlanden geflochten, Häuser mit Tannenzweigen geschmückt und Torbögen mit Inschriften, die große Festhalle am Wasen war fertig und ließ schon Fahnen flattern, und dazu tat der Herbst seine schönste Bläue auf.

Obwohl Ladidel sich wochenlang auf das Fest gefreut hatte und obwohl ihm und seinen Kollegen ein freier Tag oder gar zwei bevorstanden, verschloß er sich doch der Freude gewaltsam und hatte fest im Sinn, die Festlichkeiten mit keinem Auge zu betrachten. Mit Bitterkeit sah er Fahnen und Laubgewinde, hörte da und dort hinter offenen Fenstern die Musikkapellen Proben halten und die Mädchen bei der Arbeit singen, und je mehr die Stadt von Erwartung und Vorfreude scholl und tönte, desto feindseliger ging er in dem Getümmel seinen finstern Weg, das Herz voll grimmiger Entsagung. In der Schreibstube hatten die Kollegen schon seit einiger Zeit von nichts als dem Fest gesprochen und Pläne ausgeheckt, wie sie der Herrlichkeit recht schlau und gründlich froh werden wollten. Zuweilen gelang es Ladidel, den Unbefangenen zu spielen und so zu tun, als freue auch er sich und habe seine Absichten und Pläne; meistens aber saß er schweigend an seinem Pult und trug einen wilden Fleiß zur Schau. Dabei brannte ihm die Seele nicht nur um Martha und den Verdruß mit ihr, sondern mehr und mehr auch um die große Festlichkeit, auf die er so lang und freudig gewartet hatte und von der er nun nichts haben sollte.

Seine letzte Hoffnung fiel dahin, als Kleuber ihn aufsuchte, wenige Tage vor dem Beginn des Festes. Dieser machte ein betrübtes Gesicht und erzählte, er wisse gar nicht, was den Mädchen zu Kopf gestiegen sei, sie hätten seine Einladung zum Fest abgelehnt und erklärt, in ihren Verhältnissen könne man keine Lustbarkeiten mitmachen. Nun machte er Alfred den Vorschlag, mit ihm zusammen sich frohe Festtage zu schaffen, es geschehe den spröden Jungfern ganz recht, wenn er nun eben ohne sie den einen oder andern Taler draufgehen lasse. Allein Ladidel widerstand auch dieser Versuchung. Er dankte freundlich, erklärte aber, er sei nicht recht wohl und wolle auch die freie Zeit dazu benutzen, um in seinen Studien weiterzukommen. Von diesen Studien hatte er seinem Freunde früher so viel erzählt und so viel Kunstausdrücke und Fremdwörter dabei angewendet, daß Fritz in tiefem Respekt keine Einwände wagte und traurig wieder ging.

Indessen kam der Tag, da das Schützenfest eröffnet werden sollte. Es war Sonntag, und das Fest sollte die ganze Woche dauern. Die Stadt hallte von Gesang, Blechmusik, Böllerschießen und Freudenrufen wider, aus allen Straßen her kamen und sammelten sich Züge, Vereine aus dem ganzen Lande waren angekommen. Allenthalben schallte Musik, und die Ströme der Menschen und die Weisen der Musikkapellen trafen am Ende alle vor der Stadt am Schützenhaus zusammen, wo das Volk seit dem Morgen zu Tausenden wartend stand. Schwarz drängte der Zug in dickem Fluß heran, schwer wankten die Fahnen darüber und stellten sich auf, und eine Musikbande um die andere schwenkte rauschend auf den gewaltigen Platz. Auf alle diese Pracht schien eine heitere Sonntagssonne hernieder. Die Bannerträger hatten dicke Tropfen auf den geröteten Stirnen, die Festordner schrien heiser und rannten wie Besessene umher, von der Menge gehänselt und durch Zurufe angefeuert; wer in der Nähe war und Zutritt fand, nahm die Gelegenheit wahr, schon um diese frühe Stunde an den wohlversehenen Trinkhallen einen frischen Trunk zu erkämpfen.

Ladidel saß in seiner Stube auf dem Bett und hatte noch nicht einmal Stiefel an, so wenig schien ihm an der Freude gelegen. Er trug sich jetzt, nach langen ermüdenden Nachtgedanken, mit dem Vorsatz, einen Brief an Martha zu schreiben. Nun zog er aus der Tischlade sein Schreibzeug und einen Briefbogen mit seinem Monogramm hervor, steckte eine neue Feder ins Rohr, machte sie mit der Zunge naß, prüfte die Tinte und schrieb alsdann in einer runden, elegant ausholenden Kanzleischrift zunächst die Adresse, an das wohlgeborene Fräulein Martha Weber in der Hirschgasse, zu eigenen Händen. Mittlerweile stimmte ihn das aus der Ferne herübertönende Geblase und Festgelärme elegisch, und er fand es gut, seinen Brief mit der Schilderung dieser Stimmung anzufangen. So begann er mit Sorgfalt:

»Sehr geehrtes Fräulein!
Erlauben Sie mir, mich an Sie zu wenden. Es ist Sonntagmorgen, und die Musik spielt von ferne, weil das Schützenfest beginnt. Nur ich kann an demselben nicht teilnehmen und bleibe daheim.«

Er überlas die Zeilen, war zufrieden und besann sich weiter. Da fiel ihm noch manche schöne und treffende Wendung ein, mit welcher er seinen betrübten Zustand schildern konnte. Aber was dann? Es wurde ihm klar, daß dies alles nur insofern einen Wert und Sinn haben konnte, als es die Einleitung zu einer Liebeserklärung und Werbung wäre. Und wie konnte er dies wagen? Was er auch dachte und ausfand, es hatte alles keinen Wert, solange er nicht sein Examen und damit die Berechtigung zur Werbung hatte.

Also saß er wieder unschlüssig und verzweifelt. Eine Stunde verging, und er kam nicht weiter. Das ganze Haus lag in tiefer Ruhe, da alles draußen war, und über die Dächer hinweg jubelte die ferne Musik. Ladidel hing seiner Trauer nach und bedachte, wieviel Freude und Lust ihm heute verlorenging und daß er kaum in langer Zeit, ja vielleicht niemals wieder Gelegenheit haben würde, eine so große und glänzende Festlichkeit zu sehen. Darüber überfiel ihn ein Mitleid mit sich selber und ein unüberwindliches Trostbedürfnis, dem die Gitarre nicht zu genügen vermochte.

Darum tat er gegen Mittag das, was er durchaus nicht hatte tun wollen. Er zog seine Stiefel an und verließ das Haus, und während er nur hin und wider zu wandeln meinte und bald wieder daheim sein und an den Brief und an sein Elend denken wollte, zogen ihn Musik und Lärm und Festzauber von Gasse zu Gasse, wie der Magnetberg ein Schiff, und unversehens stand er beim Schützenhaus. Da wachte er auf und schämte sich seiner Schwäche und meinte seine Trauer verraten zu haben, doch währte alles dies nur Augenblicke, denn die Menge trieb und toste betäubend, und Ladidel war nicht der Mann, in diesem Jubel fest zu bleiben oder wieder zu gehen.

Ladidel trieb ohne Ziel und ohne Willen umher, von der Menge mitgenommen, und sah und hörte und roch und atmete so viel Erregendes ein, daß ihm wohlig schwindelte. Es rauschte aus Trompeten und Hörnern da und dort und überall feurige Blechmusik, und in Pausen drang von der Ferne her, wo das Tafeln begonnen hatte, eindringlich und süß die weichere Musik von Geigen und Flöten. Außerdem geschah auf Schritt und Tritt in der Menge des Volkes viel Sonderbares, Erheiterndes und Erschreckendes, es wurden Pferde scheu, Kinder fielen um und schrien, ein vorzeitig Betrunkener sang unbekümmert, als wäre er allein, sein Lied. Händler zogen rufend umher mit Orangen und Zuckerwaren, mit Luftballons für die Kinder, mit Backwerk und mit künstlichen Blumensträußen für die Hüte der Burschen, abseits drehte sich unter heftiger Orgelmusik ein Karussell. Hier hatte ein Hausierer laute Händel mit einem Käufer, der nicht zahlen wollte, dort führte ein Polizeidiener ein verlaufenes Büblein an der Hand.

Dieses heftige Leben sog der betäubte Ladidel in sich und fühlte sich beglückt, an einem solchen Treiben teilzunehmen und Dinge mit Augen zu sehen, von denen man noch lange im ganzen Lande reden würde. Es war ihm wichtig, zu hören, um welche Stunde man den König erwarte, und als es ihm gelungen war, in die Nähe der Ehrenhalle zu dringen, wo die Tafel auf einer fahnengeschmückten Höhe stattfand, sah er mit Bewunderung und Verehrung den Oberbürgermeister, die Stadtvorstände und andre Würdenträger mit Orden und Abzeichen zumitten des Ehrentisches sitzen und speisen und weißen Wein aus geschliffenen Gläsern trinken.

Flüsternd nannte man die Namen der Männer, und wer etwas Weiteres über sie wußte oder gar schon mit ihnen zu tun gehabt hatte, fand dankbare Zuhörer. Daß das alles vor seinen Augen vor sich ging und soviel Glück zu schauen ihm vergönnt war, machte einen jeden glücklich. Auch der kleine Ladidel staunte und bewunderte und fühlte sich groß und bedeutend als Zuschauer solcher Dinge; er sah ferne Tage voraus, da er Leuten, die weniger glücklich waren und nicht hatten dabei sein können, die ganze Herrlichkeit genau beschreiben würde.

Das Mittagessen vergaß er ganz, und als er nach einigen Stunden Hunger verspürte, setzte er sich in das Zelt eines Zuckerbäckers und verzehrte ein paar Stücke Kuchen. Dann eilte er, um ja nichts zu versäumen, wieder ins Gewühl und war so glücklich, den König zu sehen, wenn auch nur von hinten. Nun erkaufte er sich den Eintritt zu den Schießständen, und wenn er auch vom Schießwesen nichts verstand, sah er doch mit Vergnügen und Spannung den Schützen zu, ließ sich einige berühmte Helden zeigen und betrachtete mit Ehrfurcht das Mienenspiel und Augenzwinkern der Schießenden. Alsdann suchte er das Karussell auf und sah ihm eine Weile zu, wandelte unter den Bäumen in der frohen Menschenflut, kaufte eine Ansichtskarte mit dem Bildnis des Königs, hörte alsdann lange Zeit einem Marktschreier zu, der seine Waren ausrief und einen Witz um den andern machte, und weidete seine Augen am Anblick der geputzten Volksscharen. Errötend entwich er von der Bude eines Photographen, dessen Frau ihn zum Eintritt eingeladen und unter dem Gelächter der Umstehenden einen entzückenden jungen Don Juan genannt hatte. Und immer wieder blieb er stehen, um einer Musik zuzuhören, bekannte Melodien mitzusummen und sein Stöcklein im Takt dazu zu schwingen.

Über dem allem wurde es Abend, das Schießen hatte ein Ende, und es begann da und dort ein Zechen in Hallen oder unter Bäumen. Während der Himmel noch in zartem Lichte schwamm und Türme und ferne Berge in der Herbstabendklarheit standen, glommen hier und dort schon Lichter und Laternen auf. Ladidel ging in seinem Rausch dahin und bedauerte das Sinken des Tages. Die Bürgerschaft eilte nun heimwärts zum Abendessen, müdgewordene Kinder ritten taumelnd auf den Schultern der Väter, die eleganten Wagen verschwanden. Dafür regten sich Lust und Übermut der Jugend, die sich auf Tanz und Wein freute, und wie es auf dem Platz und den Gassen leerer ward, tauchte da und dort und an jeder Ecke ein Liebespaar auf, Arm in Arm voll Ungeduld und Ahnung nächtlicher Lust.

Um diese Stunde begann die Fröhlichkeit Ladidels sich zu verlieren wie das hinschwindende Tageslicht. Ergriffen und traurig werdend, strich der einsame Jüngling durch den Abend. Es kicherte kein Liebespaar an ihm vorbei, dem er nicht nachsah, und als nun in einem Garten unter hohen schwarzen Kastanien mit lockender Pracht Reihen von roten Papierampeln aufglühten und aus eben diesem Garten her eine weiche, sehnliche Musik ertönte, da folgte er dem Ruf der heißen, flüsternden Geigen und trat ein. An langen Tischen aß und trank viel junges Volk, dahinter wartete ein großer Tanzplan erst halb erleuchtet. Der junge Mann nahm am leeren Ende eines Tisches Platz und verlangte Wein und Essen. Dann ruhte er aus, atmete die Gartenluft und horchte auf die Musik, aß ein weniges und trank langsam in kleinen Schlucken den ungewohnten Wein. Je länger er in die roten Lampen schaute, die Geigen spielen hörte und den Duft der Festnacht atmete, desto einsamer und elender kam er sich vor. Wohin er blickte, sah er rote Wangen und begierige Augen leuchten, junge Burschen in Sonntagskleidern mit kühnen und herrischen Blicken, Mädchen im Putz mit verlangenden Augen und tanzbereiten, unruhigen Füßen. Und er war noch nicht lange mit seinem Abendessen fertig, als die Musik mit erneuter Wucht und Süße anstimmte, der Tanzplatz von hundert Lichtern strahlte und Paar auf Paar in Eile sich zum Tanze drängte.

Ladidel sog langsam an seinem Wein, um noch eine Weile dableiben zu können, und als der Wein doch schließlich zu Ende war, konnte er sich nicht entschließen, heimzugehen. Er ließ nochmals ein kleines Fläschchen kommen und saß und starrte und fiel in eine stachelnde Unruhe, als müsse allem zum Trotz an diesem Abend ihm ein Glück blühen und etwas vom Überfluß der Wonne auch für ihn abfallen. Und wenn es nicht geschah, so schrieb er sich in Leid und Trotz das Recht zu, wenigstens dem Fest und seinem Unglück zu Ehren den ersten Rausch seines Lebens zu trinken. Und so stiegen, je heftiger rings um ihn die Freude tobte, sein Unglück sowohl wie sein Trostbedürfnis höher und rissen den Unbeschützten zur Übertreibung und zum Rausche hin.

Viertes Kapitel

Während Ladidel vor seinem Weinglas am Tisch saß und mit heißen Augen in das Tanzgewühl blickte, vom roten Licht der Ampeln und vom raschen Takt der Musik bezaubert und seines Kummers bis zur Verzweiflung überdrüssig, hörte er plötzlich neben sich eine leise Stimme, die fragte: »Ganz allein?«

Schnell wandte er sich um und sah über die Lehne der Bank gebeugt ein hübsches Mädchen mit schwarzen Haaren, mit einem weißen linnenen Hütlein und einer roten leichten Bluse angetan. Sie lachte mit einem hellroten Mund, während ihr um die erhitzte Stirn und die dunkeln Augen ein paar lose Locken hingen. »Ganz allein?« fragte sie mitleidig und schelmisch, und er gab Antwort: »Ach ja, leider.« Da nahm sie sein Weinglas, fragte mit einem Blick um Erlaubnis, sagte Prosit und trank es in einem durstigen Zug aus. Er sah dabei ihren schlanken Hals, der bräunlich aus dem roten leichten Stoff emporstieg, und indessen sie trank, fühlte er mit heftig klopfendem Herzen, daß sich hier ein Abenteuer anspinne.

Um doch etwas zur Sache zu tun, schenkte Ladidel das leere Glas wieder voll und bot es dem Mädchen an. Aber sie schüttelte den Kopf und blickte rückwärts nach dem Tanzplatz, wo soeben eine neue Musik erscholl.

»Tanzen möcht ich«, sagte sie und sah dem Jüngling in die Augen, der augenblicklich aufstand, sich vor ihr verbeugte und seinen Namen nannte.

»Ladidel heißen Sie? Und mit dem Vornamen? Ich heiße Fanny.«

Sie nahm ihn an sich, und beide tauchten in den Strom und Schwall des Walzers, den Ladidel noch nie so ausgezeichnet getanzt hatte. Früher war er beim Tanzen lediglich seiner Geschicklichkeit, seiner flinken Beine und feinen Haltung froh geworden und hatte dabei stets daran gedacht, wie er aussehe, und ob er auch einen guten Eindruck mache. Jetzt war daran nicht zu denken. Er flog in einem feurigen Wirbel mit, hingeweht und wehrlos, aber glücklich und im Innersten erregt. Bald zog und schwang ihn seine Tänzerin, daß ihm Boden und Atem verlorengingen, bald lag sie still und eng an ihn gelehnt, daß ihre Pulse an seinen schlugen und ihre Wärme die seine entfachte.

Als der Tanz zu Ende war, legte Fanny ihren Arm in den ihres Begleiters und zog ihn mit sich weg. Tief atmend wandelten sie langsam einen Laubengang entlang, zwischen vielen anderen Paaren, in einer Dämmerung voll warmer Farben. Durch die Bäume schien tief der Nachthimmel mit blanken Sternen herein, von der Seite her spielte, von beweglichen Schatten unterbrochen, der rote Schein der Festampeln, und in diesem ungewissen Licht bewegten sich plaudernd die ausruhenden Tänzer, die

Mädchen in weißen und hellfarbigen Kleidern und Hüten, mit bloßen Hälsen und Armen, manche mit Fächern versehen, die gleich Pfauenrädern spielten. Ladidel nahm das alles nur als einen farbigen Nebel wahr, der mit Musik und Nachtluft zusammenfloß und daraus nur hin und wieder im nahen Vorbeistreifen ein helles Gesicht mit funkelnden Augen, ein offener lachender Mund mit glänzenden Zähnen, ein zärtlich gebogener weißer Arm für Augenblicke deutlich hervorschimmerte.

»Alfred!« sagte Fanny leise.

»Ja, was?«

»Gelt, du hast auch keinen Schatz? Meiner ist nach Amerika.«

»Nein, ich hab keinen.«

»Willst du nicht mein Schatz sein?«

»Ich will schon.«

Sie lag ganz in seinem Arm und bot ihm den feuchten Mund. Liebestaumel wehte in den Bäumen und Wegen; Ladidel küßte den roten Mund und küßte den weißen Hals und den bräunlichen Nacken, die Hand und den Arm seines Mädchens. Er führte sie, oder sie ihn, an einen Tisch abseits im tiefen Schatten, ließ Wein kommen und trank mit ihr aus einem Glas, hatte den Arm um ihre Hüfte gelegt und fühlte Feuer in allen Adern. Seit einer Stunde war die Welt und alles Vergangene hinter ihm versunken und ins Bodenlose gefallen, um ihn wehte allmächtig die glühende Nacht, ohne Gestern und ohne Morgen.

Auch die hübsche Fanny freute sich ihres neuen Schatzes und ihrer blühenden Jugend, jedoch weniger rückhaltlos und gedankenlos als ihr Liebster, dessen Feuer sie mit der einen Hand zu mehren, mit der andern abzuwehren bemüht war. Der schöne Tanzabend gefiel auch ihr wohl, und sie tanzte ihre Touren mit heißen Wangen und blitzenden Augen; doch war sie nicht gesonnen, darüber ihre Absichten und Zwecke zu vergessen.

Darum erfuhr Ladidel im Laufe des Abends, zwischen Wein und Tanz, von seiner Geliebten eine lange traurige Geschichte, die mit einer kranken Mutter begann und mit Schulden und drohender Obdachlosigkeit endete. Sie bot dem bestürzten Liebhaber diese bedenklichen Mitteilungen nicht auf einmal dar, sondern mit vielen Pausen, während deren er sich stets wieder erholen und neue Glut fassen konnte, sie bat ihn sogar, nicht allzuviel daran zu denken und sich den schönen Abend nicht verderben zu lassen, bald aber seufzte sie wieder tief auf und wischte sich die Augen. Bei dem guten Ladidel wirkte denn auch, wie bei allen Anfängern, das Mitleid eher entflammend als niederschlagend, so daß er das Mädchen gar nicht mehr aus den Armen ließ und ihr zwischen Küssen goldene Berge für die Zukunft versprach.

Sie nahm es hin, ohne sich getröstet zu zeigen, und fand dann plötzlich, es sei spät, und sie dürfe ihre arme kranke Mutter nicht länger warten lassen. Ladidel bat und flehte, wollte sie dabehalten oder zumindest begleiten, schalt und klagte und ließ auf alle Weise merken, daß er die Angel geschluckt habe und nimmer entrinnen könne.

Mehr hatte Fanny nicht gewollt. Sie zuckte hoffnungslos die Achseln, streichelte Ladidels Hand und bat ihn, nun für immer von ihr Abschied zu nehmen. Denn wenn sie bis morgen abend nicht im Besitz von hundert Mark sei, so werde sie samt ihrer armen Mama auf die Straße gesetzt werden und könne für das, wozu die Verzweiflung sie dann treiben würde, nicht einstehen. Ach, sie wollte ja gern lieb sein und ihrem Alfred jede Gunst gewähren, da sie ihn nun einmal so schrecklich liebe, aber unter diesen Umständen sei es doch besser, auseinanderzugehen und sich mit der ewigen Erinnerung an diesen schönen Abend zu begnügen.

Dieser Meinung war Ladidel nicht. Ohne sich viel zu besinnen, versprach er, das Geld morgen abend herzubringen, und schien fast zu bedauern, daß sie seine Liebe auf keine größere Probe stelle.

»Ach, wenn du das könntest!« seufzte Fanny. Dabei schmiegte sie sich an ihn, daß er beinahe den Atem verlor.

»Verlaß dich drauf«, sagte er. Und nun wollte er sie nach Hause begleiten, aber sie war so scheu und hatte plötzlich eine so furchtbare Angst, man möchte sie sehen und ihr guter Ruf möchte notleiden, daß er mitleidig nachgab und sie allein ziehen ließ.

Darauf schweifte er noch wohl eine Stunde lang umher. Da und dort tönte aus Gärten und Zelten noch nächtliche Festlichkeit. Erhitzt und müde kam er endlich nach Hause, ging zu Bett und fiel sogleich in einen unruhigen Schlaf, aus dem er schon nach einer Stunde wieder erwachte. Da brauchte er lange, um sich aus einem zähen Wirrwarr verliebter Träume zurechtzufinden. Die Nacht stand bleich und grau im Fenster, die Stube war dunkel und alles still, so daß Ladidel, der nicht an schlaflose Nächte gewöhnt war, verwirrt und ängstlich in die Finsternis blickte und den noch nicht verwundenen Rausch des Abends im Kopf rumoren fühlte. Irgend etwas, was er vergessen hatte und woran zu denken ihm doch notwendig schien, quälte ihn eine gute Weile. Am Ende klärte sich jedoch die peinigende Trübe, und der ernüchterte Träumer wußte wieder, um was es sich handle. Und nun drehten seine Gedanken sich die ganze lange Nacht hindurch um die Frage, woher das Geld kommen solle, das er seinem Schätzchen versprochen hatte. Er begriff nicht mehr, wie er das Versprechen hatte geben können, es mußte in einer Bezauberung geschehen sein. Auch trat ihm der Gedanke, sein Wort zu brechen, nahe und sah gar friedlich aus. Doch gewann er den Sieg nicht, zum Teil, weil eine ehrliche Gutmütigkeit den Jüngling abhielt, eine Notleidende umsonst auf die zugesagte Hilfe warten zu lassen. Noch mächtiger freilich war die Erinnerung an Fannys Schönheit, an ihre Küsse und die Wärme ihres Leibes, und die sichere Hoffnung, das alles schon morgen ganz zu eigen zu haben. Darum entschlug und schämte er sich des Gedankens, ihr untreu zu werden, und wandte allen Scharfsinn daran, einen Weg zu dem versprochenen Geld zu ersinnen. Allein je mehr er sann und spann, desto größer ward in seiner Vorstellung die Summe und desto unmöglicher ihre Erlangung.

Als Ladidel am Morgen grau und müde, mit verwachten Augen und schwindelndem Kopf, ins Kontor trat und sich an seinen Platz setzte, wußte er noch immer keinen Ausweg. Er war in der Frühe schon bei einem Pfandleiher gewesen und hatte seine Uhr und Uhrkette samt allen seinen kleinen Kostbarkeiten versetzen wollen, doch war der saure und beschämende Gang vergeblich gewesen, denn man hatte ihm für das Ganze nicht mehr als zehn Mark geben wollen. Nun bückte er sich traurig über seine Arbeit und brachte eine öde Stunde über Tabellen hin, da kam mit der Post, die ein Lehrling brachte, ein kleiner Brief für ihn. Erstaunt öffnete er das zierliche Kuvert, steckte es in die Tasche und las heimlich das kleine rosenrote Billett, das er darin gefunden hatte. »Liebster, gelt du kommst heut abend? Mit Kuß deine Fanny.«

Das gab den Ausschlag. Ladidel beschloß, um jeden Preis sein Versprechen zu halten. Das Brieflein verbarg er in der Brusttasche und zog es je und je heimlich hervor, um daran zu riechen, denn es hatte einen feinen warmen Duft, der ihm wie Wein zu Kopfe stieg.

Schon in den Überlegungen der vergangenen Nacht war der Gedanke in ihm aufgestiegen, im Notfall das Geld auf eine verbotene Weise an sich zu bringen, doch hatte er diesen Plänen keinen Raum in sich gegönnt. Nun kamen sie wieder und waren stärker und schmeichelnder geworden. Ob ihm auch vor Diebstahl und Betrug im Herzen graute, so wollte ihm doch der Gedanke, es handle sich dabei nur um eine erzwungene Anleihe, deren

Erstattung ihm heilig sein würde, mehr und mehr einleuchten. Über die Art der Ausführung aber zerbrach er sich vergeblich den Kopf. Er brachte den Tag verstört und bitter hin, sann und plante, und er wäre am Ende betrübt, doch unbefleckt, aus dieser Prüfung hervorgegangen, wenn ihn nicht am Abend, in der letzten Stunde, eine allzu verlockende Gelegenheit doch noch zum Schelm gemacht hätte.

Der Prinzipal gab ihm Auftrag, da und dahin einen Wertbrief zu senden, und zählte ihm die Banknoten hin. Es waren sieben Scheine, die er zweimal durchzählte. Da widerstand er nicht, brachte mit zitternder Hand eines von den Papieren an sich und siegelte die sechse ein, die denn auch zur Post kamen und abreisten.

Die Tat wollte ihn reuen, schon als der Lehrling den Siegelbrief wegtrug, dessen Aufschrift nicht mit seinem Inhalt stimmte. Von allen Arten der Unterschlagung schien ihm diese nun die törichteste und gefährlichste, da im besten Fall nur Tage vergehen konnten, bis das Fehlen des Geldes entdeckt und Bericht darüber einlaufen würde. Als der Brief fort und nichts zu bessern war, hatte der im Bösen unbewanderte Ladidel das Gefühl eines Selbstmörders, der den Strick um den Hals und den Schemel schon weggestoßen hat, nun aber gern doch noch leben möchte. Drei Tage kann es dauern, dachte er, vielleicht aber auch nur einen, dann bin ich meines guten Rufes, meiner Freiheit und Zukunft ledig, und alles um die hundert Mark, die nicht einmal für mich sind. Er sah sich verhört, verurteilt, mit Schande fortgejagt und ins Gefängnis gesteckt und mußte zugeben, daß das alles durchaus verdient und in Ordnung sei.

Erst auf dem Weg zum Abendessen fiel ihm ein, es könnte am Ende auch besser ablaufen. Daß die Sache gar nicht entdeckt werden würde, wagte er zwar nicht zu hoffen; aber wenn nun das Geld auch fehlte, wie wollte man beweisen, daß er der Dieb war? Mit dem Sonntagsrock und seiner besten Wäsche angetan, erschien er eine Stunde später auf dem Tanzplatz. Unterwegs war seine Zuversicht zurückgekehrt, oder es hatten doch die wieder erwachten heißen Wünsche seiner Jugend die Angstgefühle übertäubt.

Es ging auch an diesem Abend lebhaft zu, doch fiel es Ladidel heute auf, daß der Ort nicht von der guten Bürgerschaft, sondern zumeist von geringeren Leuten und auch von manchen verdächtig Aussehenden besucht war. Als er sein Viertel Landwein getrunken hatte und Fanny noch nicht gekommen war, befiel ihn ein Mißbehagen an dieser Gesellschaft, und er verließ den Garten, um draußen hinterm Zaun zu warten. Da lehnte er in der Abendkühle an einer finstern Stelle des Geheges, sah in das Gewühl und wunderte sich, daß er gestern inmitten derselben Leute und bei derselben Musik so glücklich gewesen war und so ausgelassen getanzt hatte. Heute wollte ihm alles weniger gefallen; von den Mädchen sahen viele frech und liederlich aus, die Burschen hatten üble Manieren und unterhielten selbst während des Tanzes ein lärmendes Einverständnis durch Schreie und Pfiffe. Auch die roten Papierlaternen sahen weniger festlich und leuchtend aus, als sie ihm gestern erschienen waren. Er wußte nicht, ob nur Müdigkeit und Ernüchterung, oder ob sein schlechtes Gewissen daran schuld sei; aber je länger er zuschaute und wartete, desto weniger wollte der Festrausch wieder kommen, und er nahm sich vor, mit Fanny, sobald sie käme, von diesem Ort wegzugehen.

Als er wohl eine Stunde gewartet hatte, sah er am jenseitigen Eingang des Gartens sein Mädchen ankommen, in der roten Bluse und mit dem weißen Segeltuchhütchen, und betrachtete sie neugierig. Da er so lang hatte warten müssen, wollte er nun auch sie ein wenig necken und warten lassen, auch reizte es ihn, sie so aus dem Verborgenen zu belauschen.

Die hübsche Fanny spazierte langsam durch den Garten und suchte; und da sie Ladidel nicht fand, setzte sie sich beiseite an einen Tisch. Ein Kellner kam, doch winkte sie ihm ab. Dann sah Ladidel, wie sich ein Bursche näherte, der ihm schon gestern als ein vorlauter Patron aufgefallen war. Er schien sie gut zu kennen, und soweit Ladidel sehen konnte, fragte sie ihn eifrig nach etwas, wohl nach ihm, und der Bursche zeigte nach dem Ausgang und schien zu erzählen, der Gesuchte sei dagewesen, aber wieder fortgegangen.

Nun begann Ladidel Mitleid zu haben und wollte zu ihr eilen, doch sah er in demselben Augenblick mit Schrecken, wie der unangenehme Bursche die Fanny ergriff und mit ihr zum Tanz antrat. Aufmerksam beobachtete er sie beide, und wenn ihm auch ein paar grobe Liebkosungen des Mannes das Blut ins Gesicht trieben, so schien doch das Mädchen gleichgültig zu sein, ja ihn abzuwehren.

Kaum war der Tanz zu Ende, so ward Fanny von ihrem Begleiter einem andern zugeschoben, der den Hut vor ihr zog und sie höflich zur neuen Tour aufforderte. Ladidel wollte ihr zurufen, wollte über den Zaun zu ihr hinein, doch kam er nicht dazu, und er mußte in trauriger Betäubung zusehen, wie sie dem Fremden zulächelte und mit ihm den Schottischen begann. Und während des Schottischen sah er sie schön mit dem andern tun und seine Hände streicheln und sich an ihn lehnen, gerade wie sie es gestern ihm selbst getan hatte, und er sah den Fremden warm werden und sie fester umfassen und am Schluß des Tanzes mit ihr durch die dunkleren Laubengänge wandeln, wobei das Paar dem Lauscher peinlich nahe kam und er ihre Worte und Küsse gar deutlich hören konnte.

Da ging Alfred Ladidel heimwärts, mit tränenden Augen, das Herz voll Scham und Wut und dennoch froh, der Hure entgangen zu sein. Junge Leute kehrten von den Festplätzen heim und sangen, Musik und Gelächter drang aus den Gärten; ihm aber klang alles wie ein Hohn auf ihn und alle Lust, und wie vergiftet. Als er heimkam, war er todmüde und hatte kein Verlangen mehr als schlafen. Und da er seinen Sonntagsrock auszog und gewohnterweise seine Falten glatt strich, knisterte es in der Tasche, und er zog unversehrt den blauen Geldschein hervor. Unschuldig lag das Papier im Kerzenschein auf dem Tisch; er sah es eine Weile an, schloß es dann in die Schublade und schüttelte den Kopf dazu. Um das zu erleben, hatte er nun gestohlen und sein Leben verdorben.

Gegen eine Stunde lag er noch wach, doch dachte er in dieser Zeit nicht mehr an Fanny und nicht mehr an die hundert Mark, sondern er dachte an Martha Weber und daran, daß er sich nun alle Wege zu ihr verschüttet habe.

Fünftes Kapitel

Was er jetzt zu tun habe, wußte Ladidel genau. Er hatte erfahren, wie bitter es ist, sich vor sich selber schämen zu müssen, und stand sein Mut auch tief, so war er dennoch fest entschlossen, mit dem Geld und einem ehrlichen Geständnis zu seinem Prinzipal zu gehen und von seiner Ehre und Zukunft zu retten, was noch zu retten wäre.

Darum war es ihm nicht wenig peinlich, als am folgenden Tage der Notar nicht ins Kontor kam. Er wartete bis Mittag und vermochte seinen Kollegen kaum in die Augen zu blicken, da er nicht wußte, ob er morgen noch an diesem Platz stehen und als ihresgleichen gelten werde.

Nach Tisch erschien der Notar wieder nicht, und es verlautete, er sei unwohl und werde heut nimmer ins Geschäft kommen. Da hielt Ladidel es nicht länger aus. Er ging unter einem Vorwand weg und geradenwegs in die Wohnung seines Prinzipals. Man wollte ihn nicht vorlassen, er bestand aber mit Verzweiflung darauf, nannte seinen Namen und begehrte in einer wichtigen Sache den Herrn zu sprechen. So wurde er in ein Vorzimmer geführt und aufgefordert zu warten.

Die Dienstmagd ließ ihn allein, er stand in Verwirrung und Angst zwischen plüschbezogenen Stühlen, lauschte auf jeden Ton im Hause und hatte das Sacktuch in der Hand, da ihm ohne Unterlaß der Schweiß über die Stirne lief. Auf einem ovalen Tisch lagen goldverzierte Bücher, Schillers Glocke und der Siebziger Krieg, ferner stand dort ein Löwe aus grauem Stein und in Stehrahmen eine Menge von Photographien. Es sah hier feiner, doch ähnlich aus wie in der schönen Stube von Ladidels Eltern, und alles mahnte an Ehrbarkeit, Wohlstand und Würde. Die Photographien stellten lauter wohlgekleidete Leute vor, Brautpaare im Hochzeitsstaat, Frauen und Männer von guter Familie und zweifellos bestem Rufe, und von der Wand schaute ein wohl lebensgroßer Mannskopf herab, dessen Züge und Augen Ladidel an das Bildnis des verstorbenen Vaters bei den Weberschen Damen erinnerten. Zwischen so viel bürgerlicher Würde sank der Sünder in seinen eigenen Augen von Augenblick zu Augenblick tiefer, er fühlte sich durch seine Übeltat von diesem Kreise ausgeschlossen und unter die Ehrlosen geworfen, von denen keine Photographien gemacht und unter Glas gespannt und in den guten Stuben aufgestellt werden.

Eine große Wanduhr von der Art, die man Regulatoren nennt, schwang ihren messingenen Perpendikel hin und wider, und einmal, nachdem Ladidel schon recht lang gewartet hatte, räusperte sie sich leise und tat sodann einen tiefen, schönen, vollen Schlag. Der arme Jüngling schrak auf, und in demselben Augenblick trat ihm gegenüber der Notar durch die Türe. Er beachtete Ladidels Verbeugung nicht, sondern wies sogleich befehlend auf einen Sessel, nahm selber Platz und sagte: »Was führt Sie her?«

»Ich wollte«, begann Ladidel, »ich hatte, ich wäre –« Dann aber schluckte er energisch und stieß heraus: »Ich habe Sie bestehlen wollen.«

Der Notar nickte und sagte ruhig: »Sie haben mich sogar wirklich bestohlen, ich weiß es schon. Es ist vor einer Stunde telegraphiert worden. Sie haben also wirklich einen von den Hundertmarkscheinen genommen?«

Statt der Antwort zog Ladidel den Schein aus der Tasche und streckte ihn dar. Erstaunt nahm der Herr ihn in die Finger, spielte damit und sah Ladidel scharf an.

»Wie geht das zu? Haben Sie schon Ersatz geschafft?«

»Nein, es ist derselbe Schein, den ich weggenommen hatte. Ich habe ihn nicht gebraucht.«

»Sie sind ein Sonderling, Ladidel. Daß Sie das Geld genommen hätten, wußte ich sofort. Es konnte ja sonst niemand sein. Und außerdem wurde mir gestern erzählt, man habe Sie am Sonntagabend auf dem Festplatz in einer etwas verrufenen Tanzbude gesehen. Oder hängt es nicht damit zusammen?«

Nun mußte Ladidel erzählen, und so sehr er sich Mühe gab, das Beschämendste zu unterdrücken, es kam wider seinen Willen doch fast alles heraus. Der alte Herr unterbrach ihn nur zwei-, dreimal durch kurze Fragen, im übrigen hörte er gedankenvoll zu und sah zuweilen dem Beichtenden ins Gesicht, sonst aber zu Boden, um ihn nicht zu stören.

Am Ende stand er auf und ging in der Stube hin und wider. Nachdenklich nahm er eine von den Photographien in die Hand. Plötzlich bot er das Bild dem Übeltäter hin, der in seinem Sessel ganz zusammengebrochen kauerte.

»Sehen Sie«, sagte er, »das ist der Direktor einer großen Fabrik in Amerika. Er ist ein Vetter von mir, Sie brauchen es ja nicht jedermann zu erzählen, und er hat als junger Mensch in einer ähnlichen Lage wie Sie tausend Mark entwendet. Er wurde von seinem Vater preisgegeben, mußte hinter Schloß und Riegel und ging nachher nach Amerika.«

Er schwieg und wanderte wieder umher, während Ladidel das Bild des stattlichen Mannes ansah und einigen Trost daraus zog, daß also auch in dieser ehrenwerten Familie ein Fehltritt vorgekommen sei und daß der Sünder es doch noch zu etwas gebracht habe und nun gleich den Gerechten gelte und sein Bild zwischen den Bildern unbescholtener Leute stehen dürfe.

Inzwischen hatte der Notar seine Gedanken zu Ende gesponnen und trat zu Ladidel, der ihn schüchtern anschaute.

Er sagte fast freundlich: »Sie tun mir leid, Ladidel. Ich glaube nicht, daß Sie schlecht sind, und hoffe, Sie kommen wieder auf rechte Wege. Am Ende würde ich es sogar wagen und Sie behalten. Aber das wäre für uns beide unerquicklich und ginge gegen meine Grundsätze. Und einem Kollegen kann ich Sie auch nicht empfehlen, wenn ich auch an Ihre guten Vorsätze gern glauben will. Wir wollen also die Sache zwischen uns für getan ansehen, ich werde niemand davon sagen. Aber bei mir bleiben können Sie nicht.«

Ladidel war zwar überfroh, die böse Sache so menschlich behandelt zu sehen. Da er sich aber nun ans Freie gesetzt und so ins Ungewisse geschickt fand, verzagte er doch und klagte: »Ach, was soll ich aber jetzt anfangen?«

»Etwas Neues«, rief der Notar, und unversehens lächelte er. »Seien Sie ehrlich, Ladidel, und sagen Sie: wie wäre es Ihnen wohl nächstes Frühjahr im Staatsexamen gegangen? Schauen Sie, Sie werden rot. Nun, wenn Sie auch schließlich den Winter über noch manches hätten nachholen können, so hätte es doch schwerlich gereicht, und ich hatte ohnehin schon seit einiger Zeit die Absicht, darüber mit Ihnen zu reden. Jetzt ist ja die beste Gelegenheit dazu. Meine Überzeugung, und vielleicht im stillen auch Ihre, ist die, daß Sie Ihren Beruf verfehlt haben. Sie passen nicht zum Notar und überhaupt nicht ins Amtsleben. Nehmen Sie an, Sie seien im Examen durchgefallen, und suchen Sie recht bald einen anderen Beruf, in dem Sie es weiterbringen können.

Am besten fahren Sie gleich morgen nach Hause. Und jetzt adieu. Wenn Sie mir später einmal Bericht geben, wird es mich freuen. Nur jetzt den Kopf nicht hängen lassen und keine neuen Dummheiten machen! – Adieu denn, und grüßen Sie den Herrn Vater von mir!«

Er gab dem Bestürzten die Hand, drückte ihm die seine kräftig und schob ihn, der noch reden wollte, zur Tür.

Damit stand unser Freund auf der Gasse. Er hatte im Kontor nur ein paar schwarze Ärmelschoner zurückgelassen, an denen war ihm nichts gelegen, und er zog es vor, sich dort nicht mehr zu zeigen. Allein so betrübt er war und so sehr ihm vor der Heimfahrt und dem Vater graute, auf dem Grund seiner Seele war er doch dankbar und beinahe vergnügt, der furchtbaren Angst vor Polizei und Schande ledig zu sein; und während er langsam durch die Straßen ging, schlich auch der Gedanke, daß er nun kein Examen mehr vor sich habe, als ein tröstlicher Lichtstrahl in sein Gemüt, das von den vielen Erlebnissen dieser Tage auszuruhen und aufzuatmen begehrte.

So begann ihm beim Dahinwandeln allmählich auch das ungewohnte Vergnügen, werktags um diese Tageszeit frei durch die Stadt zu spazieren, recht wohl zu gefallen. Er blieb vor den Auslagen der Kaufleute stehen, betrachtete die Kutschpferde, die an den Ecken warteten, schaute auch zum zartblauen Herbsthimmel hinan und genoß für eine Stunde ein unverhofftes Feriengefühl. Dann kehrten seine Gedanken in den alten Kreis zurück, und als er in der Nähe seiner Wohnung um eine Gassenecke bog, mußte ihm gerade eine hübsche junge Dame begegnen, die der Martha

Weber ähnlich sah. Da fiel ihm alles wieder recht aufs Herz, und er mußte sich vorstellen, was wohl die Martha denken und sagen würde, wenn sie seine Geschichte erführe. Erst jetzt fiel ihm ein, daß sein Fortgehen von hier ihn nicht nur von Amt und Zukunft, sondern auch aus der Nähe des geliebten Mädchens entführe. Und alles um diese Fanny.

Je mehr ihm das klar wurde, desto stärker wurde sein Verlangen, nicht ohne einen Gruß an Martha fortzugehen. Schreiben mochte er ihr nicht, es blieb ihm nur der Weg durch Fritz Kleuber. Darum kehrte er, kurz vor dem Hause, um und suchte Kleuber in seiner Rasierstube auf.

Der gute Fritz hatte eine ehrliche Freude, ihn wiederzusehen. Doch deutete Ladidel ihm nur in Kürze an, er müsse aus besonderen Gründen seine Stelle verlassen und wegreisen.

»Nein, aber!« rief Fritz betrübt. »Da müssen wir aber wenigstens noch einmal zusammensein, wer weiß, wann man sich wieder sieht! Wann mußt du denn reisen?«

Alfred überlegte. »Morgen muß ich doch noch packen. Also übermorgen.«

»Dann mache ich mich morgen abend frei und komme zu dir, wenn dir's recht ist.«

»Ja, gut. Und gelt, wenn du wieder zu deiner Braut kommst, sagst du viele Grüße von mir – an alle!«

»Ja, gern. Aber willst du nicht selber noch hingehen?«

»Ach, das geht jetzt nimmer. – Also morgen!«

Trotzdem überlegte er diesen und den ganzen folgenden Tag, ob er es nicht doch tun solle. Allein er fand nicht den Mut dazu. Was hätte er sagen und wie seine Abreise erklären sollen? Ohnehin überfiel ihn heute eine heillose Angst vor der Heimreise und vor seinem Vater, vor den Leuten daheim und der Schande, der er entgegenging. Und er packte nicht, er fand nicht einmal den Mut, seiner Wirtin die Stube zu kündigen. Statt all dies Notwendige zu tun, saß er und füllte Bogen mit Entwürfen zu einem Brief an seinen Vater.

»Lieber Vater! Der Notar kann mich nicht mehr brauchen –«

»Lieber Vater! Da ich doch zum Notar nicht recht passe –.« Es war nicht leicht, das Schreckliche sanft und doch deutlich zu sagen. Aber es war immerhin leichter, diesen Brief zusammenzudichten als heimzufahren und zu sagen: Da bin ich wieder, man hat mich fortgejagt. Und so ward denn bis zum Abend der Brief wirklich fertig.

Am Abend war er mürbe und mitgenommen, und Kleuber fand ihn so milde und weich wie noch nie. Er hatte ihm, als ein Abschiedsgeschenk, eine kleine geschliffene Glasflasche mit edlem Odeur mitgebracht. Die bot er ihm hin und sagte: »Darf ich dir das zum Andenken mitgeben? Es wird schon noch in den Koffer gehen.« Indessen sah er sich um und rief verwundert: »Du hast noch gar nicht gepackt! Soll ich dir helfen?«

Ladidel sah ihn unsicher an und meinte: »Ja, ich bin noch nicht so weit. Ich muß noch auf einen Brief warten.«

»Das freut mich«, sagte Fritz, »so hat man doch Zeit zum Adieusagen. Weißt du, wir könnten eigentlich heut abend miteinander zu den Webers gehen. Es wäre doch schade, wenn du so wegreisen würdest.«

Dem armen Ladidel war es, als ginge eine Tür zum Himmel auf und würde im selben Augenblick wieder zugeschlagen. Er wollte etwas sagen, schüttelte aber nur den Kopf, und als er sich zwingen wollte, würgten die Worte ihn in der Kehle, und unversehens brach er vor dem erstaunten Fritz in ein Schluchzen aus.

»Ja, lieber Gott, was hast du?« rief er erschrocken. Ladidel winkte schweigend ab, aber Kleuber war darüber, daß er seinen bewunderten und stolzen Freund in Tränen sah, so ergriffen und gerührt, daß er ihn in die Arme nahm wie einen Kranken, ihm die Hände streichelte und ihm in unbestimmten Ausdrücken seine Hilfe anbot.

»Ach, du kannst mir nicht helfen«, sagte Alfred, als er wieder reden konnte. Doch ließ Kleuber ihm keine Ruhe, und schließlich kam es Ladidel wie eine Erlösung vor, einer so wohlmeinenden Seele zu beichten, so daß er nachgab. Sie setzten sich einander gegenüber, Ladidel wandte sein Gesicht ins Dunkle und fing an: »Weißt du, damals als wir zum erstenmal miteinander zu deiner Braut gegangen sind —« und erzählte weiter, von seiner Liebe zu Martha, von ihrem Streit und Auseinanderkommen, und wie leid ihm das tue. Sodann kam er auf das Schützenfest zu sprechen, auf seine Verstimmung und Verlassenheit, von der Tanzwirtschaft und der Fanny, von dem Hundertmarkschein, und wie dieser unverwendet geblieben sei, endlich von dem gestrigen Gespräch mit dem Notar und seiner jetzigen Lage. Er gestand auch, daß er das Herz nicht habe, so vor seinen Vater zu kommen, daß er ihm geschrieben habe und nun mit Schrecken des Kommenden warte.

Dem allen hörte Fritz Kleuber still und aufmerksam zu, betrübt und in der Seele aufgewühlt durch solche Ereignisse. Als der andre schwieg und das Wort an ihm war, sagte er leise und schüchtern: »Da tust du mir leid.« Und obschon er selber gewiß niemals im Leben einen Pfennig veruntreut hatte, fuhr er fort: »Es kann ja jedem so etwas passieren, und du hast ja das Geld auch wieder zurückgebracht. Was soll ich da sagen? Die Hauptsache ist jetzt, was du anfangen sollst.«

»Ja, wenn ich das wüßte! Ich wollt, ich wär tot.«

»So darfst du nicht reden«, rief Fritz. »Weißt du denn wirklich nichts?«

»Gar nichts. Ich kann jetzt Steinklopfer werden.«

»Das wird nicht nötig sein. – Wenn ich nur wüßte, ob es dir keine Beleidigung ist – –«

»Was denn?«

»Ja, ich hätte einen Vorschlag. Ich fürchte nur, es ist eine Dummheit von mir, und du nimmst es übel.«

»Aber sicher nicht! Ich kann mir's gar nicht denken.«

»Sieh, ich denke mir so – du hast ja hie und da dich für meine Arbeiten interessiert und hast selber zum Vergnügen es damit probiert. Du hast auch viel Genie dafür und könntest es bald besser als ich, weil du geschickte Finger hast und so einen feinen Geschmack. Ich meine, wenn sich vielleicht nicht gleich etwas Besseres findet, ob du es nicht mit unserem Handwerk probieren möchtest?«

Ladidel war erstaunt; daran hatte er nie gedacht. Das Gewerbe eines Barbiers war ihm bisher zwar nicht schimpflich, doch aber wenig edel vorgekommen. Nun aber war er von jener hohen Stufe herabgesunken und hatte wenig Grund mehr, irgendein ehrliches Gewerbe gering zu achten. Das fühlte er auch; und daß Fritz sein Talent so rühmte, tat ihm wohl. Er meinte nach einigem Besinnen: »Das wäre vielleicht gar nicht das Dümmste. Aber weißt du, ich bin doch schon erwachsen, und auch an einen andern Stand gewöhnt; da würde ich schwer tun, noch einmal als Lehrbub bei irgendeinem Meister anzufangen.«

Fritz nickte. »Wohl, wohl. So ist es auch nicht gemeint!«

»Ja, wie denn sonst?«

»Ich meine, du könntest bei mir lernen, was noch zu lernen ist. Entweder warten wir, bis ich mein eigenes Geschäft habe, das dauert nimmer lang. Du könntest aber auch schon jetzt zu mir kommen. Mein Meister nähme ganz gern einen Volontär, der geschickt ist und keinen Lohn will. Dann würde ich dich anleiten, und sobald ich mein eigenes Geschäft anfange, kannst du bei mir eintreten. Es ist ja vielleicht nicht leicht für dich,

dich dran zu gewöhnen; aber wenn man eine gute Kundschaft hat, ist es doch kein übles Geschäft.«

Ladidel hörte mit angenehmer Verwunderung zu und spürte, daß hier sein Schicksal sich entschied. War es auch vom Notar zum Friseur ein gewisser Rückschritt, so empfand er doch die innige Befriedigung eines Mannes, der seinen wahren Beruf entdeckt und den ihm bestimmten Weg gefunden hat.

»Du, das ist ja großartig«, rief er glücklich und streckte Kleuber die Hand hin. »Jetzt ist mir erst wieder wohl in meiner Haut. Mein Alter wird ja vielleicht nicht gleich einverstanden sein, aber er muß es ja einsehen. Gelt, du redest dann auch ein Wort mit ihm?«

»Wenn du meinst –«, sagte Fritz schüchtern.

Nun war Ladidel so entzückt von seinem zukünftigen Beruf und so voll Eifers, daß er begehrte, augenblicklich eine Probe abzulegen. Kleuber mochte wollen oder nicht, er mußte sich hinsetzen und sich von seinem Freund rasieren, den Kopf waschen und frisieren lassen. Und siehe, es glückte alles vorzüglich, kaum daß Fritz ein paar kleine Ratschläge zu geben hatte. Ladidel bot ihm Zigaretten an, holte den Weingeistkocher und setzte Tee an, plauderte und setzte seinen Freund durch diese rasche Heilung von seinem Trübsinn nicht wenig in Erstaunen. Fritz brauchte länger, um sich in die veränderte Stimmung zu finden, doch riß Alfreds Laune ihn endlich mit, und wenig fehlte, so hätte dieser wie in früheren vergnügten Zeiten die Gitarre ergriffen und Schelmenlieder angestimmt. Es hielt ihn davon nur der Anblick des Briefes an seinen Vater ab, der noch auf dem Tische lag und ihn am spätern Abend nach Kleubers Weggehen noch lang beschäftigte. Er las ihn wieder durch, war nicht mehr mit ihm zufrieden und faßte am Ende den Entschluß, nun doch heimzufahren und seine Beichte selber abzulegen. Nun wagte er es, da er einen Ausweg aus der Trübsal wußte.

Sechstes Kapitel

Als Ladidel von dem Besuch bei seinem Vater wiederkehrte, war er zwar etwas stiller geworden, hatte aber seine Absicht erreicht und trat für ein halbes Jahr als Volontär bei Kleubers Meister ein. Fürs erste sah er damit seine Lage bedeutend verschlechtert, da er nichts mehr verdiente und das

Monatsgeld von zu Hause sehr sparsam bemessen war. Er mußte seine hübsche Stube aufgeben und eine geringe Kammer nehmen, auch sonst trennte er sich von manchen Gewohnheiten, die seiner neuen Stellung nicht mehr angemessen schienen. Nur die Gitarre blieb bei ihm und half ihm über vieles weg, auch konnte er seiner Neigung zu sorgfältiger Pflege seines Haupthaares und Schnurrbartes, seiner Hände und Fingernägel jetzt ohne Beschränkung frönen. Er schuf sich nach kurzem Studium eine Frisur, die jedermann bewunderte, und ließ seiner Haut mit Bürsten, Pinseln, Salben, Seifen, Wassern und Pudern das Beste zukommen. Was ihn jedoch mehr als dies alles beglückte, war die Befriedigung, die er im neuen Berufe fand, und die innerliche Gewißheit, nunmehr ein Metier zu betreiben, das seinen Talenten entsprach und in dem er Aussicht hatte, Bedeutendes zu leisten.

Anfänglich ließ man ihn freilich nur untergeordnete Arbeiten tun. Er mußte Knaben die Haare schneiden, Arbeiter rasieren und Kämme und Bürsten reinigen, doch erwarb er durch seine Fertigkeit im Flechten künstlicher Zöpfe bald seines Meisters Vertrauen und erlebte nach kurzem Warten den Ehrentag, da er einen wohlgekleideten, vornehm aussehenden Herrn bedienen durfte. Dieser war zufrieden und gab ein Trinkgeld, und nun ging es Stufe für Stufe vorwärts. Ein einziges Mal schnitt er einem Kunden in die Wange und mußte Tadel über sich ergehen lassen, im übrigen erlebte er beinahe nur Anerkennung und Erfolge. Besonders war es Fritz Kleuber, der ihn bewunderte und nun erst recht für einen Auserwählten ansah. Denn wenn er selber auch ein tüchtiger Arbeiter war, so fehlte ihm doch sowohl die Erfindungskraft, die für jeden Kopf die entsprechende Frisur zu schaffen weiß, wie auch das leichte, unterhaltende, angenehme Wesen im Umgang mit der Kundschaft. Hierin war Ladidel bedeutend, und nach einem Vierteljahr begehrten schon die verwöhnteren Stammgäste immer von ihm bedient zu werden. Er verstand es auch, nebenher seine Herren zum häufigeren Ankauf neuer Pomaden, Bartwichsen und Seifen, teurer Bürstchen und Kämme zu überreden; und in der Tat mußte in diesen Dingen jedermann seinen Rat willig und dankbar hinnehmen, denn er selbst sah beneidenswert tadellos und wohlbestellt aus.

Da die Arbeit ihn so in Anspruch nahm und befriedigte, trug er jede Entbehrung leichter, und so hielt er auch die lange Trennung von Martha Weber geduldig aus. Ein Schamgefühl hatte ihn gehindert, sich ihr in seiner neuen Gestalt zu zeigen, ja er hatte Fritz inständig gebeten, seinen neuen

Stand vor den Damen zu verheimlichen. Dies war allerdings nur eine kurze Zeit möglich gewesen. Meta, der die Neigung ihrer Schwester zu dem hübschen Notar nicht unbekannt geblieben war, hatte sich hinter Fritz gesteckt und bald alles herausbekommen. So konnte sie der Schwester nach und nach ihre Neuigkeiten enthüllen, und Martha erfuhr nicht nur den Berufswechsel ihres Geliebten, den er jedoch aus Gesundheitsrücksichten vorgenommen habe, sondern auch seine unverändert treue Verliebtheit. Sie erfuhr ferner, daß er sich seines neuen Standes vor ihr schämen zu müssen meine und jedenfalls nicht eher sich wieder zeigen möge, als bis er es zu etwas gebracht und begründete Aussichten für die Zukunft habe.

Eines Abends war in dem Mädchenstübchen wieder vom »Notar« die Rede. Meta hatte ihn über den Schellenkönig gelobt, Martha aber sich wie immer spröde verhalten und es vermieden, Farbe zu bekennen.

»Paß auf«, sagte Meta, »der macht so schnell voran, daß er am Ende noch vor meinem Fritz ans Heiraten kommt.«

»Meinetwegen, ich gönn's ihm ja.«

»Und dir aber auch, nicht? Oder tust du's unter einem Notar durchaus nicht?«

»Laß mich aus dem Spiel! Der Ladidel wird schon wissen, wo er sich eine zu suchen hat.«

»Das wird er, hoff ich. Bloß hat man ihn zu spröd empfangen, und jetzt ist er scheu und findet den Weg nimmer recht. Dem, wenn man einen Wink gäbe, er käm auf allen vieren gelaufen.«

»Kann schon sein.«

»Wohl. Soll ich winken?«

»Willst denn du ihn haben? Du hast doch deinen Bartscherer, mein ich.«

Meta schwieg nun und lachte in sich hinein. Sie sah wohl, wie ihrer Schwester ihre vorige Schärfe leid tat. Sie sann auf Wege, den Scheugewordenen wieder herzulocken, und hörte Marthas verheimlichten Seufzern mit einer kleinen Schadenfreude zu.

Mittlerweile meldete sich von Schaffhausen her Fritzens alter Meister wieder und ließ wissen, er wünsche nun bald sich einen Feierabend zu gönnen. Da frage er an, wie es mit Kleubers Absichten stehe. Zugleich nannte er die Summe, um welche sein Geschäft ihm feil sei, und wieviel davon er angezahlt haben müsse. Diese Bedingungen waren billig und wohlmeinend, jedoch reichten Kleubers Mittel dazu nicht hin, so daß er in Sorgen umherging und diese gute Gelegenheit zum Selbständigwerden und Heiratenkönnen zu versäumen fürchtete. Und endlich überwand er sich und schrieb ab, und erst dann erzählte er die ganze Sache Ladidel.

Der schalt ihn, daß er ihn das nicht habe früher wissen lassen, und machte sogleich den Vorschlag, er wolle die Angelegenheit vor seinen Vater bringen. Wenn der zu gewinnen sei, könnten sie ja das Geschäft gemeinsam übernehmen.

Der alte Ladidel war überrascht, als die beiden jungen Leute mit ihrem Anliegen zu ihm kamen, und wollte nicht sogleich daran. Doch hatte er zu Fritz Kleuber, der sich seines Sohnes in einer entscheidenden Stunde so wohl angenommen hatte, ein gutes Vertrauen, auch hatte Alfred von seinem jetzigen Meister ein überaus lobendes Zeugnis mitgebracht. Ihm schien, sein Sohn sei jetzt auf gutem Wege, und er zögerte, ihm nun einen Stein darauf zu werfen. Nach einigen Tagen des Hin- und Widerredens entschloß er sich und fuhr selber nach Schaffhausen, um sich alles anzusehen.

Der Kauf kam zustande, und die beiden Kompagnons wurden von allen Kollegen beglückwünscht. Kleuber beschloß im Frühjahr Hochzeit zu halten und bat sich Ladidel als ersten Brautführer aus. Da war ein Besuch im Hause Weber nicht mehr zu umgehen. Ladidel kam in Fritzens Gesellschaft daher und konnte vor Herzklopfen kaum die vielen Treppen hinaufkommen. Oben empfing ihn der gewohnte Duft und das gewohnte Halbdunkel. Meta begrüßte ihn lachend, und die alte Mutter schaute ihn ängstlich und bekümmert an. Hinten in der hellen Stube aber stand Martha ernsthaft und etwas blaß in einem dunklen Kleide, gab ihm die Hand und war diesmal kaum minder verwirrt als er selber. Man tauschte Höflichkeiten, fragte nach der Gesundheit, trank aus kleinen altmodischen Kelchgläsern einen hellroten süßen Stachelbeerwein und besprach dabei die Hochzeit und alles dazu Gehörige. Herr Ladidel bat sich die Ehre aus, Fräulein Marthas Kavalier sein zu dürfen, und wurde eingeladen, sich nun auch wieder fleißiger im Hause zu zeigen. Beide sprachen miteinander nur höfliche und unbedeutende Worte, sahen einander aber heimlich an, und jedes fand den andren auf eine nicht auszudrückende, doch reizende Art verändert. Ohne es einander zu sagen, wußten und spürten sie, daß auch der andre in dieser Zeit gelitten habe, und beschlossen heimlich, einander nicht wieder ohne Grund weh zu tun. Zugleich merkten sie auch beide mit Verwunderung, daß die lange Trennung und das Trotzen sie einander nicht entfremdet, sondern näher gebracht habe, und es wollte ihnen scheinen, nun sei die Hauptsache zwischen ihnen in Ordnung.

So war es denn auch, und dazu trug nicht wenig bei, daß Meta und Fritz die beiden nach schweigendem Übereinkommen wie ein versprochenes Paar ansahen. Wenn Ladidel ins Haus kam, so schien es allen selbstverständlich, daß er Marthas wegen komme und vor allem mit ihr zusammensein wolle. Ladidel half treulich bei den Vorbereitungen zur Hochzeit mit und tat es so eifrig und mit dem Herzen, als gälte es seine eigene Heirat. Verschwiegen aber und mit unendlicher Kunst erdachte er sich für Martha eine herrliche neue Frisur.

Einige Tage vor der Hochzeit nun, da es im Hause drüber und drunter ging, erschien er eines Tages feierlich, wartete einen Augenblick ab, da er mit Martha allein war, und eröffnete ihr, es liege ihm eine gewagte Bitte an sie auf dem Herzen. Sie ward rot und glaubte alles zu ahnen, und wenn sie den Tag auch nicht gut gewählt fand, wollte sie doch nichts versäumen und gab bescheiden Antwort, er möge nur reden. Ermutigt brachte er dann seine Bitte vor, die auf nichts andres zielte als auf die Erlaubnis, dem Fräulein für den Festtag mit einer neuen von ihm ausgedachten Frisur aufwarten zu dürfen.

Verwundert willigte Martha ein, daß eine Probe gemacht werde. Meta mußte helfen, und nun erlebte Ladidel den Augenblick, daß sein alter Wunsch in Erfüllung ging und er Marthas lange blonde Haare in den Händen hielt. Zu Anfang wollte diese zwar haben, daß Meta allein sie frisiere und er nur mit Rat beistehe. Doch ließ dieses sich nicht durchführen, sondern bald mußte er mit eigener Hand zugreifen und verließ nun den Posten nicht mehr. Als das Haargebäude seiner Vollendung nahe war, ließ Meta die beiden allein, angeblich nur für einen Augenblick, doch blieb sie lange aus. Inzwischen war Ladidel mit seiner Kunst fertig geworden. Martha sah sich im Spiegel königlich verschönt, und er stand hinter ihr, da und dort noch bessernd. Da überkam ihn die Ergriffenheit, daß er dem schönen Mädchen mit leiser Hand liebkosend über die Schläfe strich. Und da sie sich beklommen umwandte und ihn still mit nassen Augen ansah, geschah es von selbst, daß er sich über sie beugte und sie küßte und, von ihr in Tränen festgehalten, vor ihr kniete und als ihr Liebhaber und Bräutigam wieder aufstand.

»Wir müssen es der Mama sagen«, war alsdann ihr erstes schmeichelndes Wort, und er stimmte zu, obwohl ihm vor der betrübten alten Witwe ein wenig bange war. Als er jedoch vor ihr stand und Martha an der Hand führte und um ihre Hand anhielt, schüttelte die alte Frau nur ein wenig den Kopf, sah sie beide ratlos und bekümmert an und hatte nichts dafür und nichts dagegen zu sagen. Doch rief sie Meta herbei, und nun umarmten sich die Schwestern, lachten und weinten, bis Meta plötzlich stehenblieb, die Schwester mit beiden Armen von sich schob, sie dann festhielt und begierig ihre Frisur bewunderte.

»Wahrhaftig«, sagte sie zu Ladidel und gab ihm die Hand, »das ist Ihr Meisterstück. Aber gelt, wir sagen jetzt du zueinander?«

Am vorbestimmten Tag fand mit Glanz die Hochzeit und zugleich die Verlobungsfeier statt. Darauf reiste Ladidel in Eile nach Schaffhausen, während die Kleubers in derselben Richtung ihre Hochzeitsreise antraten. Der alte Meister übergab Ladidel das Geschäft, und der fing sofort an, als hätte er nie etwas anderes getrieben. In den Tagen bis zu Kleubers Ankunft half der Alte mit, und es war nötig, denn die Ladentür ging fleißig. Ladidel sah bald, daß hier sein Weizen blühe, und als Kleuber mit seiner Frau auf dem Dampfschiff von Konstanz her ankam und er ihn abholte, packte er schon auf dem Heimweg seine Vorschläge zur künftigen Vergrößerung des Geschäfts aus.

Am nächsten Sonntag spazierten die Freunde samt der jungen Frau zum Rheinfall hinaus, der um diese Jahreszeit reichlich Wasser führte. Hier saßen sie zufrieden unter jungbelaubten Bäumen, sahen das weiße Wasser strömen und zerstäuben und redeten von der vergangenen Zeit.

»Ja«, sagte Ladidel nachdenklich und schaute auf den tobenden Strom hinab, »nächste Woche wäre mein Examen gewesen.«

»Tut dir's nicht leid?« fragte Meta. Ladidel gab keine Antwort. Er schüttelte nur den Kopf und lachte. Dann zog er aus der Brusttasche ein kleines Paket, machte es auf und brachte ein halbes Dutzend feine kleine Kuchen hervor, von denen er den andern anbot und sich selber nahm.

»Du fängst gut an«, lachte Fritz Kleuber. »Meinst du, das Geschäft trage schon so viel?«

»Es trägt's«, nickte Ladidel im Kauen. »Es trägt's und muß noch mehr tragen.«

(1908)

Ein Mensch mit Namen Ziegler

Einst wohnte in der Brauergasse ein junger Herr mit Namen Ziegler. Er gehörte zu denen, die uns jeden Tag und immer wieder auf der Straße begegnen und deren Gesicht wir uns nie recht merken können, weil sie alle miteinander dasselbe Gesicht haben: ein Kollektivgesicht.

Ziegler war alles und tat alles, was solche Leute immer sind und tun. Er war nicht unbegabt, aber auch nicht begabt, er liebte Geld und Vergnügen, zog sich gern hübsch an und war ebenso feige wie die meisten Menschen: sein Leben und Tun wurde weniger durch Triebe und Bestrebungen regiert als durch Verbote, durch die Furcht vor Strafen. Dabei hatte er manche honette Züge und war überhaupt alles in allem ein erfreulich normaler Mensch, dem seine eigene Person sehr lieb und wichtig war. Er hielt sich, wie jeder Mensch, für eine Persönlichkeit, während er nur ein Exemplar war, und sah in sich, in seinem Schicksal den Mittelpunkt der Welt, wie jeder Mensch es tut. Zweifel lagen ihm fern, und wenn Tatsachen seiner Weltanschauung widersprachen, schloß er mißbilligend die Augen.

Als moderner Mensch hatte er außer vor dem Geld noch vor einer zweiten Macht unbegrenzte Hochachtung: vor der Wissenschaft. Er hätte nicht zu sagen gewußt, was eigentlich Wissenschaft sei, er dachte dabei an etwas wie Statistik und auch ein wenig an Bakteriologie, und es war ihm wohl bekannt, wieviel Geld und Ehre der Staat für die Wissenschaft übrig habe. Besonders respektierte er die Krebsforschung, denn sein Vater war an Krebs gestorben, und Ziegler nahm an, die inzwischen so hoch entwickelte Wissenschaft werde nicht zulassen, daß ihm einst dasselbe geschähe.

Äußerlich zeichnete sich Ziegler durch das Bestreben aus, sich etwas über seine Mittel zu kleiden, stets im Einklang mit der Mode des Jahres. Denn die Moden des Quartals und des Monats, welche seine Mittel allzusehr überstiegen hätten, verachtete er natürlich als dumme Afferei. Er hielt viel auf Charakter und trug keine Scheu, unter seinesgleichen und an sichern Orten über Vorgesetzte und Regierungen zu schimpfen. Ich verweile wohl zu lange bei dieser Schilderung. Aber Ziegler war wirklich ein reizender junger Mensch, und wir haben viel an ihm verloren. Denn er fand ein frühes und seltsames Ende, allen seinen Plänen und berechtigten Hoffnungen zuwider.

Bald nachdem er in unsre Stadt gekommen war, beschloß er einst, sich einen vergnügten Sonntag zu machen. Er hatte noch keinen rechten Anschluß gefunden und war aus Unentschiedenheit noch keinem Verein beigetreten. Vielleicht war dies sein Unglück. Es ist nicht gut, daß der Mensch allein sei.

So war er darauf angewiesen, sich um die Sehenswürdigkeiten der Stadt zu kümmern, die er denn gewissenhaft erfragte. Und nach reiflicher Prüfung entschied er sich für das Historische Museum und den Zoologischen Garten. Das Museum war an Sonntagvormittagen unentgeltlich, der Zoologische nachmittags zu ermäßigten Preisen zu besichtigen.

In seinem neuen Straßenanzug mit Tuchknöpfen, den er sehr liebte, ging Ziegler am Sonntag ins Historische Museum. Er nahm seinen dünnen, eleganten Spazierstock mit, einen vierkantigen, rotlackierten Stock, der ihm Haltung und Glanz verlieh, der ihm aber zu seinem tiefsten Mißvergnügen vor dem Eintritt in die Säle vom Türsteher abgenommen wurde.

In den hohen Räumen war vielerlei zu sehen, und der fromme Besucher pries im Herzen die allmächtige Wissenschaft, die auch hier ihre verdienstvolle Zuverlässigkeit erwies, wie Ziegler aus den sorgfältigen Aufschriften an den Schaukästen schloß. Alter Kram, wie rostige Torschlüssel, zerbrochene grünspanige Halsketten und dergleichen, gewann durch diese Aufschriften ein erstaunliches Interesse. Es war wunderbar, um was alles die Wissenschaft sich kümmerte, wie sie alles beherrschte, alles zu bezeichnen wußte – o nein, gewiß würde sie schon bald den Krebs abschaffen und vielleicht das Sterben überhaupt.

Im zweiten Saal fand er einen Glasschrank, dessen Scheibe so vorzüglich spiegelte, daß er in einer stillen Minute seinen Anzug, Frisur und Kragen, Hosenfalte und Krawattensitz mit Sorgfalt und Befriedigung kontrollieren konnte. Froh aufatmend schritt er weiter und würdigte einige Erzeugnisse alter Holzschnitzer seiner Aufmerksamkeit. Tüchtige Kerle, wenn auch reichlich naiv, dachte er wohlwollend. Und auch eine alte Standuhr mit elfenbeinernen, beim Stundenschlag Menuett tanzenden Figürchen betrachtete und billigte er geduldig. Dann begann die Sache ihn etwas zu langweilen, er gähnte und zog häufig seine Taschenuhr, die er wohl zeigen durfte, sie war schwer golden und ein Erbstück von seinem Vater.

Es blieb ihm, wie er bedauernd sah, noch viel Zeit bis zum Mittagessen übrig, und so trat er in einen andern Raum, der seine Neugierde wieder zu fesseln vermochte. Er enthielt Gegenstände des mittelalterlichen Aberglaubens, Zauberbücher, Amulette, Hexenstaat und in einer Ecke eine ganze alchimistische Werkstatt mit Esse, Mörsern, bauchigen Gläsern, dürren Schweinsblasen, Blasebälgen und so weiter. Diese Ecke war durch ein wollenes Seil abgetrennt, eine Tafel verbot das Berühren der Gegenstände. Man liest ja aber solche Tafeln nie sehr genau, und Ziegler war ganz allein in dem Raum.

So streckte er unbedenklich den Arm über das Seil hinweg und betastete einige der komischen Sachen. Von diesem Mittelalter und seinem drolligen Aberglauben hatte er schon gehört und gelesen; es war ihm unbegreiflich, wie die Leute sich damals mit so kindischem Zeug befassen konnten, und daß man den ganzen Hexenschwindel und all das Zeug nicht einfach verbot. Hingegen die Alchimie mochte immerhin entschuldigt werden können, da aus ihr die so nützliche Chemie hervorgegangen war. Mein Gott, wenn man so daran dachte, daß diese Goldmachertiegel und all der dumme Zauberkram vielleicht doch notwendig gewesen waren, weil es sonst heute kein Aspirin und keine Gasbomben gäbe!

Achtlos nahm er ein kleines dunkles Kügelchen, etwas wie eine Arzneipille, in die Hand, ein vertrocknetes Ding ohne Gewicht, drehte es zwischen den Fingern und wollte es eben wieder hinlegen, als er Schritte hinter sich hörte. Er wandte sich um, ein Besucher war eingetreten. Es genierte Ziegler, daß er das Kügelchen in der Hand hatte, denn er hatte die Verbotstafel natürlich doch gelesen. Darum schloß er die Hand, steckte sie in die Tasche und ging hinaus.

Erst auf der Straße fiel ihm die Pille wieder ein. Er zog sie heraus und dachte sie wegzuwerfen, vorher aber führte er sie an die Nase und roch daran. Das Ding hatte einen schwachen, harzartigen Geruch, der ihm Spaß machte, so daß er das Kügelchen wieder einsteckte.

Er ging nun ins Restaurant, bestellte sich Essen, schnüffelte in einigen Zeitungen, fingerte an seiner Krawatte und warf den Gästen teils achtungsvolle, teils hochmütige Blicke zu, je nachdem sie gekleidet waren. Als aber das Essen eine Weile auf sich warten ließ, zog Herr Ziegler seine aus Versehen gestohlene Alchimistenpille hervor und roch an ihr. Dann kratzte er sie mit dem Zeigefingernagel, und endlich folgte er naiv einem kindlichen Gelüst und führte das Ding zum Mund; es löste sich im Mund rasch auf, ohne unangenehm zu schmecken, so daß er es mit einem Schluck Bier hinabspülte. Gleich darauf kam auch sein Essen.

Um zwei Uhr sprang der junge Mann vom Straßenbahnwagen, betrat den Vorhof des Zoologischen Gartens und nahm eine Sonntagskarte. Freundlich lächelnd, ging er ins Affenhaus und faßte vor dem großen Käfig der Schimpansen Stand. Der große Affe blinzelte ihn an, nickte ihm gutmütig zu und sprach mit tiefer Stimme die Worte: »Wie geht's, Bruderherz?«

Angewidert und wunderlich erschrocken wandte sich der Besucher schnell hinweg und hörte im Fortgehen den Affen hinter sich her schimpfen: »Auch noch stolz ist der Kerl! Plattfuß, dummer!«

Rasch trat Ziegler zu den Meerkatzen hinüber. Die tanzten ausgelassen und schrien: »Gib Zucker her, Kamerad!«, und als er keinen Zucker hatte, wurden sie bös, ahmten ihn nach, nannten ihn Hungerleider und bleckten die Zähne gegen ihn. Das ertrug er nicht; bestürzt und verwirrt floh er hinaus und lenkte seine Schritte zu den Hirschen und Rehen, von denen er ein hübscheres Betragen erwartete.

Ein großer herrlicher Elch stand nahe beim Gitter und blickte den Besucher an. Da erschrak Ziegler bis ins Herz. Denn seit er die alte Zauberpille geschluckt hatte, verstand er die Sprache der Tiere. Und der Elch sprach mit seinen Augen, zwei großen braunen Augen. Sein stiller Blick redete Hoheit, Ergebung und Trauer, und gegen den Besucher drückte er eine überlegen ernste Verachtung aus, eine furchtbare Verachtung. Für diesen stillen, majestätischen Blick, so las Ziegler, war er samt Hut und Stock, Uhr und Sonntagsanzug nichts als ein Geschmeiß, ein lächerliches und widerliches Vieh.

Vom Elch entfloh Ziegler zum Steinbock, von da zu den Gemsen, zum Lama, zum Gnu, zu den Wildsäuen und Bären. Insultiert wurde er von diesen allen nicht, aber er wurde von allen verachtet. Er hörte ihnen zu und erfuhr aus ihren Gesprächen, wie sie über die Menschen dachten. Es war schrecklich, wie sie über sie dachten. Namentlich wunderten sie sich darüber, daß ausgerechnet diese häßlichen, stinkenden, würdelosen Zweibeiner in ihren geckenhaften Verkleidungen frei umherlaufen durften.

Er hörte einen Puma mit seinem Jungen reden, ein Gespräch voll Würde und sachlicher Weisheit, wie man es unter Menschen selten hört. Er hörte einen schönen Panther sich kurz und gemessen in aristokratischen Ausdrücken über das Pack der Sonntagsbesucher äußern. Er sah dem blonden

Löwen ins Auge und erfuhr, wie weit und wunderbar die wilde Welt ist, wo es keine Käfige und keine Menschen gibt. Er sah einen Turmfalken trüb und stolz in erstarrter Schwermut auf dem toten Ast sitzen und sah die Häher ihre Gefangenschaft mit Anstand, Achselzucken und Humor ertragen.

Benommen und aus allen seinen Denkgewohnheiten gerissen, wandte sich Ziegler in seiner Verzweiflung den Menschen wieder zu. Er suchte ein Auge, das seine Not und Angst verstünde, er lauschte auf Gespräche, um irgend etwas Tröstliches, Verständliches, Wohltuendes zu hören, er beachtete die Gebärden der vielen Gäste, um auch bei ihnen irgendwo Würde, Natur, Adel, stille Überlegenheit zu finden.

Aber er wurde enttäuscht. Er hörte die Stimmen und Worte, sah die Bewegungen, Gebärden und Blicke, und da er jetzt alles wie durch ein Tierauge sah, fand er nichts als eine entartete, sich verstellende, lügende, unschöne Gesellschaft tierähnlicher Wesen, die von allen Tierarten ein geckenhaftes Gemisch zu sein schienen.

Verzweifelt irrte Ziegler umher, sich seiner selbst unbändig schämend. Das vierkantige Stöcklein hatte er längst ins Gebüsch geworfen, die Handschuhe hinterdrein. Aber als er jetzt seinen Hut von sich warf, die Stiefel auszog, die Krawatte abriß und schluchzend sich an das Gitter des Elchstalls drückte, ward er unter großem Aufsehen festgenommen und in ein Irrenhaus gebracht.

(1908)

Die Heimkehr

Die Gerbersauer wandern nicht ungern, und es ist Herkommen, daß ein junger Mensch ein Stück Welt und fremde Sitte sieht, ehe er sich selbständig macht, heiratet und sich für immer in den Bann der heimischen Gewohnheiten begibt. Doch pflegen die meisten schon nach kurzen Wanderzeiten die Vorzüge der Heimat einzusehen und wiederzukehren, und es ist eine Rarität, daß einer bis in die höheren Mannesjahre oder gar für immer in der Fremde hängenbleibt. Immerhin kommt es je und je einmal vor und macht den, der es tut, zu einer widerwillig anerkannten, doch vielbesprochenen Berühmtheit in der Heimatstadt.

Ein solcher war August Schlotterbeck, der einzige Sohn des Weißgerbers Schlotterbeck an der Badwiese. Er ging wie andere junge Leute auf Wanderschaft, und zwar als Kaufmann, denn er war als Knabe schwächlich gewesen und für die Gerberei untauglich befunden worden. Später freilich zeigte sich, daß die Zartheit und Schwäche nur eine Laune der Wachstumsjahre gewesen und dieser August ein recht kräftiger und zäher Bursche war. Jedoch hatte er nun schon den Handelsberuf ergriffen und schaute im Schreibstubenrock auf die Handwerker mit einigem Mitleid herab, seinen Vater nicht ausgenommen. Und sei es nun, daß der alte Schlotterbeck dadurch an Vaterzärtlichkeit verlor, sei es, daß er in Ermangelung weiterer Söhne doch einmal darauf verzichten mußte, die alte Schlotterbecksche Gerberei der Familie zu erhalten – kurz, er begann gegen seine alten Tage das Geschäft sichtlich zu vernachlässigen und es sich wohl sein zu lassen und endete damit, daß er seinem einzigen Sohn das Geschäft so verschuldet hinterließ, daß August froh sein mußte, es um ein Geringes an einen jungen Gerber loszuwerden.

Vielleicht war dies die Ursache, daß August länger als nötig in der Fremde verblieb, wo es ihm übrigens gut erging, und schließlich überhaupt nimmer an die Heimkehr dachte. Als er etwas über dreißig Jahre alt war und weder zur Begründung eines eigenen Geschäftes noch zu einer Heirat Veranlassung gefunden hatte, erfaßte ihn spät ein Reisedurst. Er hatte die letzten Jahre bei gutem Gehalt in einer Fabrikstadt der Ostschweiz gearbeitet, nun gab er diese Stellung auf und begab sich nach England, um

Die Heimkehr 933

mehr zu lernen und nicht einzurosten. Obwohl ihm England und die Stadt Glasgow, in der er Arbeit genommen hatte, nicht sonderlich gefiel, geschah es doch, daß er dort sich an ein Weltbürgertum und eine unbeschränkte Freizügigkeit gewöhnte und das Zugehörigkeitsgefühl zur Heimat verlor oder auf die ganze Welt ausdehnte. Und da ihn nichts hielt, kam ihm ein Angebot aus Chicago, als Direktor eine Fabrik zu leiten, ganz gelegen, und er war bald in Amerika so heimisch oder so wenig heimisch geworden wie an den früheren Orten. Längst sah ihm niemand mehr den Gerbersauer an, und wenn er einmal Landsleute traf, was alle paar Jahre vorkam, begrüßte und behandelte er sie nett und höflich wie andere Leute auch, wodurch ihm in der Heimat der Ruf erwuchs, er sei zwar reich und gewaltig, aber auch hochmütig und amerikanisch geworden.

Als er nach Jahren in Chicago genug gelernt und genug gespart zu haben meinte, folgte er seinem einzigen Freunde, einem Deutschen aus Südrußland, in dessen Heimat und tat dort in Bälde eine kleine Fabrik auf, die ihn ernährte und einen guten Ruf genoß. Er heiratete die Tochter seines Freundes und dachte nun für den Rest seines Lebens unter Dach zu sein. Aber das Weitere ging nicht nach seinem Sinn. Zunächst verdroß und bekümmerte es ihn, daß er ohne Kinder blieb, worüber seine Ehe an Frieden und Genüge viel verlor. Dann starb die Frau, was ihm trotz allem weh tat und den rüstigen Mann etwas älter und nachdenklicher machte. Nach einigen weiteren Jahren begannen die Geschäfte sich zu verschlechtern und infolge von politischen Unruhen am Ende bedenklich zu stocken. Als aber wiederum ein Jahr später auch noch sein Freund und Schwiegervater starb und ihn ganz allein ließ, war es um die Ruhe und Seßhaftigkeit des Mannes geschehen. Er merkte, daß doch nicht ein guter Fleck Erde gleich dem andern ist, wenigstens nicht für einen, dessen Jugend und Glückszeit sich gegen das Ende neigt. Er dachte mehr und mehr daran, wie er sich noch eines zufriedenen Alters versichern möchte, und da die Geschäfte wenig Lockung mehr für ihn hatten, andrerseits der Wandertrieb und die Schwungkraft der früheren Jahre sich verloren hatten, kreiste die Sehnsucht und Hoffnung des alternden Fabrikanten zu seiner eigenen Verwunderung immer enger und begehrlicher um das Heimatland und um das Städtlein Gerbersau, dessen er in Jahrzehnten nur selten und ohne Rührung gedacht hatte.

Eines Tages faßte er mit der Schnelligkeit und Ruhe seiner früheren Zeiten den Beschluß, die kaum noch rentierende Fabrik aufzugeben und das Land zu verlassen. Ohne Übereilung betrieb er den Verkauf seines Geschäftes, dann den des Hauses und endlich des gesamten Hausrats, brachte das ledig gewordene Vermögen vorläufig in süddeutschen Banken unter, brach sein Zelt ab und reiste über Venedig und Wien nach Deutschland.

Mit Behagen trank er an einer Grenzstation das erste bayrische Bier seit vielen Jahren, aber als die Namen der Städte heimatlicher zu tönen begannen und als die Mundart der Mitreisenden immer deutlicher nach Gerbersau hinwies, ergriff den Weltreisenden eine starke Unruhe, bis er, über sich selber verwundert, beinahe mit Herzklopfen die Stationen ausrufen hörte und in den Gesichtern der Einsteigenden lauter wohlbekannte und fast verwandtschaftlich anmutende Züge fand. Und endlich fuhr der Zug die letzte steile Strecke in langen Windungen talabwärts, und unten lag zuerst klein und von Windung zu Windung größer und näher und wirklicher das Städtlein am Fluß, zu Füßen der Tannenwaldberge. Dem Reisenden lag ein starker Druck auf dem Herzen. Das Nochvorhandensein dieser ganzen Welt, des Flusses und des Rathaustürmchens, der Gassen und Gärten bedrückte ihn mit einer Art von Tadel, daß er das alles so lang vernachlässigt und vergessen und aus dem Herzen verloren hatte. Doch dauerte diese Rührung nicht lange, und am Bahnhof stieg Herr Schlotterbeck aus und ergriff seine gelblederne Reisetasche wie ein Mann, der in Geschäften unterwegs ist und sich freut, bei der Gelegenheit einen von früher her bekannten Ort einmal wiederzusehen. Er fand an der Station die Knechte von drei Gasthöfen, was ihm einen Eindruck von Fortschritt und Entwicklung machte, und da der eine auf seiner Mütze den Namen des alten Gasthauses zum Schwanen trug, dessen sich Schlotterbeck aus der Vergangenheit her erinnerte, gab er diesem sein Gepäck und ging allein zu Fuß stadteinwärts.

Der Fremde zog bei seinem langsamen Dahinschreiten manche Blicke auf sich, ohne darauf zu achten. Er hatte die alte beobachtungsfrohe Reiselaune wiedergefunden und betrachtete das alte Nest mit Aufmerksamkeit, ohne es mit Begrüßungen und Fragen und Auftritten des Wiedererkennens eilig zu haben. Zunächst wandelte er durch die etwas veränderte Bahnhofstraße dem Flusse zu, auf dessen grünem Spiegel wie sonst die Gänse schwammen und dem wie ehemals die Häuser ihre ungepflegten Rückseiten und winzigen Hintergärtchen zukehrten. Dann schritt er über den oberen Steg und durch unveränderte, arme enge Gassen der Gegend zu, wo einst die Schlotterbecksche Weißgerberei gewesen war. Da

Die Heimkehr

suchte er jedoch das hohe Giebelhaus und den großen Grasgarten mit den Lohgruben vergebens. Das Haus war verschwunden und der Garten und Gerberplatz überbaut. Etwas betreten und unwillig wandte er sich ab und weiter, um den Marktplatz zu besuchen, den er im alten Zustand fand, nur schien er kleiner geworden, und auch das stattliche Rathaus war weniger ansehnlich, als er es in der Erinnerung getragen hatte.

Der Heimgekehrte hatte nun fürs erste genug gesehen und fand ohne Mühe den Weg zum Schwanen, wo er ein gutes Essen verlangte und auf die erste Erkennungsszene gefaßt war. Doch fand er die frühere Wirtsfamilie nicht mehr und ward ganz wie ein willkommener, doch fremder Gast behandelt. Jetzt bemerkte er auch erst, daß seine Redeweise und Aussprache, die er in allen den Jahren immer für gut schwäbisch und kaum verändert gehalten hatte, hier fremd und sonderbar klang und von der Kellnerin mit einiger Mühe verstanden wurde. Es fiel auch auf, daß er beim Essen den Salat zurückwies und neuen verlangte, den er sich selbst anmachte, und daß er statt der süßen Mehlspeise, aus der in Gerbersau jedes Dessert besteht, Eingemachtes verlangte, von dem er dann einen ganzen Topf ausaß. Und als er nach Tisch sich einen zweiten Stuhl heranzog und die Füße auf ihn legte, um ein wenig zu ruhen, waren Wirtsleute und Mitgäste darüber heftigst erstaunt. Ein Gast am Nebentisch, den diese fremde Sitte aufregte, stand auf und wischte seinen Stuhl mit dem Sacktuch ab, wobei er sagte: »Ich hab ganz vergessen abzuwischen. Wie leicht könnt einer seine drekkigen Stiefel drauf gehabt haben!« Man lachte leise, Schlotterbeck drehte aber nur den Kopf hinüber und schnell wieder zurück, dann legte er die Hände zusammen und pflegte der Verdauung.

Eine Stunde später machte er sich auf und streifte nochmals durch die ganze Stadt. Neugierig schaute er durch die Scheiben in manchen Laden und manche Werkstatt, um zu sehen, ob da oder dort etwa noch einer von den ganz Alten, die zu seiner Zeit schon die Alten gewesen waren, übrig wäre. Von diesen sah er jedoch fürs erste einzig einen Lehrer, bei dem er einstmals sein erstes Alphabet auf die Tafel gemalt hatte, auf der Straße vorübergehen. Der Mann mußte zumindest hoch in den Siebzig sein und ging, altgeworden und wohl schon lange außer Amtes, doch noch deutlich am Schwung der Nase und sogar an den Bewegungen erkennbar, noch leidlich aufrecht und zufrieden einher. Schlotterbeck hatte Lust, ihn anzusprechen, doch hielt ihn immer noch eine leise Angst vor dem Sturm der Begrüßungen und Händedrücken zurück. Er ging weiter, ohne jemand zu grüßen, von vielen betrachtet, doch von keinem erkannt, und brachte so diesen ersten Tag in der Heimat als ein Fremder und Unbekannter zu.

Wenn es nun auch an menschlicher Bewillkommnung mangelte, sprach doch die Stadt selbst desto deutlicher und eindringlicher zu ihrem heimgekehrten Kinde. Wohl gab es überall Veränderungen und Neues, das Angesicht des Städtleins aber war nicht älter noch anders geworden und sah den Ankömmling vertraut und mütterlich an, so daß es ihm wohl und geborgen zu Mute ward und die Jahrzehnte der Fremde und Reisen und Abenteuer wunderlich zusammengingen und einschmolzen, als wären sie nur ein Abstecher und kleiner Umweg gewesen. Geschäfte gemacht und Geld verdient hatte er da und dort, er hatte auch in der Ferne ein Weib genommen und verloren, sich wohl gefühlt und Leid erfahren, allein zugehörig und daheim war er doch nur hier, und während er für einen Fremden galt und sogar als Ausländer betrachtet wurde, kam er sich selber ganz zu Hause und gleichartig mit diesen Leuten, Gassen und Häusern vor.

Die Neuerungen in der Stadt gefielen ihm nicht übel. Er fand, es sei auch hier Arbeit und Bedürfnis gewachsen, wenn auch mit Maß, und sowohl die Gasanstalt wie das neue Volksschulhaus fanden seine Billigung. Die Bevölkerung schien ihm, der dafür in der Welt ein Auge bekommen hatte, recht wohlerhalten, ob auch nicht mehr so ungemischt einheimisch wie vor Zeiten, da die Enkel von Zugewanderten noch durchaus für Fremde gegolten hatten. Die ansehnlicheren Geschäfte schienen alle noch in den Händen von ortsbürtigen Leuten zu sein, der Zuwachs aus Eindringlingen war nur unter der Arbeiterschaft deutlich zu spüren. Es mußte also das bürgerliche Leben von einstmals noch wohlerhalten fortbestehen, und es war zu hoffen, daß ein Heimkommender auch nach langer Abwesenheit sich bald zurechtfinden und wieder heimisch machen könne.

Kurz, dem Manne kam die Heimat, die er sich nicht in den Zeiten der Fremde durch Heimweh und Erinnerungslust unnütz verklärt hatte, nun lieblich vor und atmete einen Zauber, dem er nicht widerstand. Als er zeitig am Abend in das Gasthaus zurückkehrte, war er in guter Stimmung und bereute nicht, diese Reise getan zu haben. Er nahm sich vor, zunächst einige Zeit hier zu bleiben und abzuwarten, und wenn dann die Befriedigung anhielte, sich am Ort niederzulassen.

Wunderlich war es ihm, so wie in einer Maske zwischen lauter Schulfreunden, Jugendgenossen und Verwandten einherzugehen. Aber das behaglich erwartungsvolle Inkognito des alten Weltfahrers nahm bald sein

Die Heimkehr

Ende. Nach dem Abendessen brachte der Schwanenwirt seinem Gaste das Logierbuch und ersuchte ihn höflich, die Rubriken auszufüllen. Er tat es weniger, weil es unbedingt notwendig war, als weil er selber es satt hatte, sich über Herkunft und Rang des Fremdlings den Kopf zu zerbrechen. Und der Gast nahm das dicke Buch, las eine Weile die Namen vormaliger Gäste durch, nahm dann dem wartenden Wirt die eingetauchte Feder aus der Hand und schrieb mit kräftigen, deutlichen Buchstaben, alle Fächlein gewissenhaft ausfüllend. Der Wirt sagte Dank, streute Sand auf und entfernte sich mit dem Folianten wie mit einer Beute, um hinter der Türe sofort seine Neugierde zu stillen. Er las: Schlotterbeck, August – aus Rußland – auf Geschäftsreisen. Und wenn er auch die Herkunft und Geschichte des Mannes nicht kannte, so schien der Name Schlotterbeck doch auf einen Gerbersauer hinzudeuten. In die Gaststube zurückkehrend, fing der Wirt mit dem Fremden ein respektvolles Gespräch an. Er begann mit dem Gedeihen und Wachstum der hiesigen Stadt, kam auf Straßenverbesserungen und neue Eisenbahnanschlüsse zu sprechen, berührte die Stadtpolitik, äußerte sich über die letztjährige Dividende der Wollspinnerei-Aktiengesellschaft und schloß nach einem Viertelstündchen mit der harmlosen Frage, ob der Herr nicht Verwandte am Orte habe. Darauf antwortete Schlotterbeck gelassen, ja, er habe Verwandte hier, fragte aber nach keinem und zeigte so wenig Neugier, daß das Gespräch bald in sich selbst versank und der Wirt sich zurückziehen mußte. Der Gast las unberührt von den Gesprächen des Nachbartisches eine Zeitung und suchte früh seine Schlafstube auf.

Inzwischen taten der Eintrag ins Fremdenbuch und die Unterhaltung mit dem Schwanenwirt in aller Stille ihre Wirkung, und während August Schlotterbeck ahnungslos und zufrieden in dem guten, auf heimische Art geschichteten Wirtsbette den ersten Schlaf und Traum im Vaterland tat, machte das Gerücht von seiner Ankunft manche Leute munter und gesprächig und einen sogar schlaflos. Dieser war Augusts leiblicher Vetter und nächster Verwandter, der Kaufmann Lukas Pfrommer aus der Spitalgasse. Eigentlich war er Buchbinder und hatte früher lange Zeit den Schulkindern ihre ruinierten Fibeln wieder geflickt und der Frau Amtsrichter halbjährlich die Gartenlaube eingebunden, auch Schreibhefte hergestellt und Haussegen eingerahmt, vom Untergang bedrohte Holzschnitte durch Hinterkleben und Aufziehen der Welt erhalten und den Kanzleien graue und grüne Aktendeckel, Mappen und Kartonbände geliefert. Dabei hatte er unmerklich etwas erspart und hinter sich gebracht, jedenfalls keine Sorgen gehabt. Alsdann hatten die Zeiten sich verändert, die kleinen Handwerker hatten fast alle irgendein Ladengeschäft angefangen, die größeren waren Fabrikanten geworden. Da hatte auch Pfrommer die Vorderwand seines Häusleins durchschlagen und ein Schaufenster eingesetzt, sein Erspartes von der Bank genommen und einen Papier- und Galanteriewarenladen eröffnet, wo seine Frau den Verkauf betrieb und Haushalt und Kinder drüber zu kurz kommen ließ, indessen der Mann weiter in seiner Werkstatt schaffte. Doch war der Laden jetzt die Hauptsache, wenigstens vor den Leuten, und wenn er nicht mehr einbrachte als das Handwerk, so kostete er doch mehr und machte mehr Sorgen. So war Pfrommer Kaufmann geworden. Mit der Zeit gewöhnte er sich an diese geachtete und stattlichere Stellung, zeigte sich in Straßen nicht mehr in der grünen Schürze, sondern stets im guten Rock, lernte mit Kredit und Hypotheken arbeiten und konnte sich zwar in Ehren halten, hatte die Ehre aber weit teurer als früher. Die Vorräte an unverkäuflich gewordenen Neujahrskarten, Bildchen, Alben, an abgelegenen Zigarren und im Schaufenster verbleichtem Trödelkram wuchsen und kamen ihm nicht selten im Traum vor. Und seine Frau, die früher ein lustiges und erfreuliches Weibchen gewesen war, verwandelte sich allmählich in eine unruhige Sorgerin, der das seßhaft gewordene süße Ladenlächeln gar nimmer in das altgewordene Gesicht paßte.

Schlotterbecks Vetter hatte gestern abend gegen neun Uhr, als er mit der Zeitung bei der Lampe saß, zu seiner großen Überraschung einen Besuch des Schwanenwirtes erhalten. Er hatte ihn erstaunt empfangen, jener aber hatte nicht Platz nehmen wollen, sondern erklärt, er müsse sofort zu seinen Gästen zurück, unter denen er übrigens den Herrn Pfrommer in letzter Zeit leider nur selten habe sehen dürfen. Aber er sei der Meinung, unter Mitbürgern und Nachbarn sei ein kleiner Liebesdienst selbstverständlich und Ehrensache, darum wolle er ihm in allem Vertrauen mitteilen, daß bei ihm seit heute ein fremder Herr logiere, mit wohlhabenden Manieren, der sich Schlotterbeck schreibe und aus Rußland zu kommen vorgebe. Da war Lukas Pfrommer aufgesprungen und hatte der Frau gerufen, die schon im Bett war, nach Stiefeln, Stock und Sonntagshut gekeucht und sich sogar in aller Eile noch die Hände gewaschen, um dann im Laufschritt hinter dem Wirte her in den Schwanen zu eilen. Dort hatte er aber den russischen Vetter nicht mehr im Gastzimmer angetroffen, und ihn in der Schlafstube aufzusuchen, wagte er doch nicht, denn er mußte sich sagen, wenn der

Die Heimkehr

Vetter extra seinetwegen die große Reise getan hätte, so hätte er ihn wohl schon bei sich gesehen. So trank er denn erregt und halb enttäuscht einen halben Liter Heilbronner zu sechzig, um dem Wirt eine Ehre anzutun, lauschte auf die Unterhaltung einiger Stammgäste und hütete sich, etwas von dem eigentlichen Zweck seines Hierseins zu verraten.

Am Morgen war Schlotterbeck kaum zum Kaffee heruntergekommen, als ein älterer Mann von kleinem Wuchs, der offenbar schon eine gute Weile bei seinem Gläschen Kirschengeist gewartet hatte, sich seinem Tisch in Befangenheit näherte und ihn mit einem schüchternen Kompliment begrüßte. Schlotterbeck sagte guten Morgen und fuhr fort, sein Butterbrot mit Honig zu bestreichen; der Besucher aber blieb stehen, sah zu und räusperte sich wie ein Redner, ohne doch etwas Deutliches herauszubringen. Erst als ihn der Fremde fragend anblickte, entschloß er sich, mit einem zweiten Kompliment an den Tisch heranzutreten und mit seinen Eröffnungen zu beginnen.

»Mein Name ist Lukas Pfrommer«, sagte er und schaute den Rußländer erwartungsvoll an.

»So«, sagte dieser, ohne sich aufzuregen. »Sind Sie Buchbinder, wenn ich fragen darf?«

»Ja, Kaufmann und Buchbinder, an der Spitalgasse. Sind Sie – –«

Schlotterbeck sah ein, daß er jetzt preisgegeben sei, und suchte nicht länger hinterm Berg zu halten.

»Dann bist du mein Vetter«, sagte er einfach. »Hast du schon gefrühstückt?«

»Also doch!« rief Pfrommer triumphierend. »Ich hätte dich kaum mehr gekannt.«

Er streckte mit plötzlicher Freudigkeit dem Vetter die Hand entgegen und konnte erst nach manchen Gebärden der Ergriffenheit am Tische Platz nehmen.

»Ja, du lieber Gott«, rief er bewegt, »wer hätt es gedacht, daß wir dich einmal wiedersehen würden. Aus Rußland! Ist es eine Geschäftsreise?«

»Ja, nimmst du eine Zigarre? Was hat dich eigentlich hergeführt?«

Ach, den Buchbinder hatte vieles hergeführt, wovon er jedoch vorerst schwieg. Er hatte ein Gerücht gehört, der Vetter sei wieder im Land, und da habe er keine Ruhe mehr gehabt. Gott sei Dank, nun habe er ihn gesehen und begrüßt; es hätte ihm sein Leben lang leid getan, wenn ihm jemand zuvorgekommen wäre. Der Vetter sei doch wohl? Und was denn die liebe Familie mache?

»Danke. Meine Frau ist vor vier Jahren gestorben.«
Entsetzt fuhr Pfrommer zurück. »Nein, ist's möglich?« rief er mit tiefem Schmerz. »Und wir haben gar nichts gewußt und haben nicht einmal kondolieren können! Meine herzliche Teilnahme, Vetter!«
»Laß nur, es ist ja schon lang her. Und wie geht's bei dir? Du bist Kaufmann geworden?«
»Ein bißchen. Man sucht sich eben über Wasser zu halten und womöglich was für die Kinder auf die Seite zu tun. Ich führe auch recht gute Zigarren. – Und du? Was macht die Fabrik?«
»Die hab ich aufgegeben.«
»Im Ernst? Ja warum denn?«
»Die Geschäfte sind nimmer gegangen. Wir haben Hungersnot und Aufstände gehabt.«
»Ja, dieses Rußland! Ich habe mich immer ein bißchen gewundert, daß du gerade in Rußland ein Geschäft angefangen hast. Schon dieser Despotismus, und dann die Nihilisten, und die Beamtenwirtschaft muß ja arg sein. Ich habe mich immer ein bißchen auf dem laufenden gehalten, du begreifst, wenn ich doch einen Verwandten dort wußte. Der Pobjedonoszeff – –«
»Ja, der lebt auch noch. Aber verzeih, von Politik verstehst du sicher mehr als ich.«
»Ich? Man liest ja so ein bißchen im Blatt, aber – – Nun, und was machst du denn jetzt für Geschäfte? Hast du viel verloren?«
»Ja, tüchtig.«
»Das sagt er so ruhig! Mein Beileid, Vetter! – Wir haben hier ja keine Ahnung gehabt.«
Schlotterbeck lächelte ein wenig.
»Ja«, sagte er nachdenklich, »ich dachte damals in der schlimmsten Zeit daran, mich vielleicht an euch hier zu wenden. Nun, es ist schließlich auch so gegangen. Es wäre auch dumm gewesen. Wer wird einem so entfernten Verwandten, den man kaum mehr kennt, noch Geld in die Pleite nachwerfen.«
»Ja, du mein Gott – Pleite, sagst du?«
»Nun ja, es hätte so kommen können. Wie gesagt, ich fand dann anderwärts Hilfe …«
»Das war wirklich nicht recht von dir! Sieh, wir sind ja arme Teufel und brauchen unser Bißchen nötig genug; aber daß wir dich hätten stek-

ken lassen, nein, es ist nicht recht von dir, daß du das hast meinen können.«

»Na, tröste dich, es ist ja besser so. Wie geht's denn deiner Frau?«

»Danke, gut. Ich Esel, fast hätt ich's in der Freude vergessen, ich soll dich ja zum Mittagessen einladen. Du kommst doch?«

»Gut. Danke schön. Ich hab unterwegs einige Kleinigkeiten für die Kinder eingekauft, das könntest du mitnehmen und deine Frau einstweilen von mir grüßen.«

Damit wurde er ihn los. Der Buchbinder zog erfreut mit einem Paketchen nach Hause, und da der Inhalt sich als recht nobel erwies, nahm seine Meinung von des Vetters Geschäften wieder einen Aufschwung. Dieser war indessen froh, den gesprächigen Mann vom Hals zu haben, und begab sich aufs Rathaus, um seinen Paß vorzulegen und sich zu einem hiesigen Aufenthalt für unbestimmte Zeit anzumelden.

Es hätte dieser Anmeldung nicht bedurft, um Schlotterbecks Heimkehr in der Stadt bekannt zu machen. Dies geschah ohne sein Bemühen durch eine geheimnisvolle drahtlose Telegraphie, so daß er jetzt auf Schritt und Tritt angerufen, begrüßt oder zumindest angeschaut und durch Lüften der Hüte bewillkommnet wurde. Man wußte schon gar viel von ihm, namentlich aber nahm sein Vermögen in der Leute Mund schnell einen fürstlichen Umfang an. Einige verwechselten beim Weiterberichten in der Eile Chicago mit San Franzisko und Rußland mit der Türkei, nur das mit unbekannten Geschäften erworbene Vermögen blieb ein fester Glaubenssatz, und in den nächsten Tagen wimmelte es in Gerbersau von Lesarten, die zwischen einer halben und zehn Millionen und zwischen den Erwerbsarten vom Kriegslieferanten bis zum Sklavenhändler, je nach Temperament und Phantasie der Erzähler, auf und nieder spielten. Man erinnerte sich des längstverstorbenen alten Weißgerbers Schlotterbeck und der Jugendgeschichte seines Sohnes, es fanden sich solche, die ihn als Lehrling und als Schulbuben und als Konfirmanden noch im Gedächtnis hatten, und eine verstorbene Fabrikantenfrau wurde zu seiner unglücklichen Jugendliebe ernannt.

Er selber bekam, da es ihn nicht interessierte, wenig von diesen Historien zu hören. An jenem Tage, da er bei seinem Vetter zu Tisch geladen war, hatte ihn vor dessen Frau und Kindern ein unüberwindliches Grauen erfaßt, so übel maskiert war ihm die Spekulation auf den Erbvetter entgegengetreten. Er hatte um des Friedens willen dem Verwandten, der viel zu klagen gewußt hatte, ein mäßiges Darlehn gewährt, zugleich aber war er sehr kühl und wortkarg geworden und hatte sich für weitere Einladungen einstweilen im voraus freundlich bedankt. Die Frau war enttäuscht und gekränkt, doch ward im Hause Pfrommer von dem Vetter vor Zeugen nur ehrerbietig geredet.

Dieser blieb noch ein paar Tage im Schwanen wohnen. Dann fand er ein Quartier, das ihm zusagte. Es war oberhalb der Stadt gegen die Wälder hin eine neue Straße entstanden, vorerst nur für den Bedarf einiger Steinbrüche, die weiter oben lagen. Doch hatte ein Baumeister, der in dieser etwas beschwerlich zu erreichenden, doch wunderschönen Lage künftige Geschäfte witterte, auf dem noch für wenige Kreuzer käuflichen Boden am Beginn des neuen Weges drei kleine Häuschen gebaut, weiß verputzt mit braunem Gebälk. Man schaute von hier aus hoch auf die Altstadt hinab, weiterhin sah man talabwärts den Fluß durch die Wiesen laufen und gegenüber die roten Felsenhöhen hängen, und rückwärts hatte man in nächster Nähe den Tannenwald. Von den drei Spekulantenhäuslein stand eines fertig, doch leer, eines hatte schon vor drei Jahren ein pensionierter Gerichtsvollzieher gekauft, und das dritte war noch im Bau. Der Gerichtsvollzieher war schon nicht mehr da. Er hatte das untätige Leben nicht ertragen und war einem alten Leiden, das er bis dahin manche Jahrzehnte lang mit Arbeit und Humor überwunden hatte, nach kurzer Zeit erlegen. In dem Häuschen saß nun ganz allein mit einer ältlichen Schwägerin die Witwe des Gerichtsvollziehers, ein recht frisches und sauberes Frauchen, von welcher noch zu reden sein wird.

In dem mittleren Haus, das je hundert Schritt von dem Witwensitz und dem Neubau entfernt lag, richtete nun Schlotterbeck sich ein. Er mietete den unteren Stock, der drei Zimmer und eine Küche enthielt, und da er keine Lust hatte, seine Mahlzeiten hier oben in völliger Einsamkeit einzunehmen, kaufte und mietete er nur Bett, Tische, Stühle, Kanapee, ließ die Küche leer und dingte zur täglichen Aufwartung eine Frau, die zweimal des Tages kam. Den Kaffee kochte er sich am Morgen, wie früher in langen Junggesellenjahren, selber auf Weingeist, mittags und abends aß er in der Stadt. Die kleine Einrichtung gab ihm eine Weile angenehm zu tun, auch trafen nun seine Koffer aus Rußland ein, deren Inhalt die leeren Wandschränke füllte. Täglich erhielt und las er einige Zeitungen, darunter zwei ausländische, auch ein lebhafter Briefwechsel kam in Gang, und dazwischen machte er da und dort in der Stadt seine Besuche, teils bei

Die Heimkehr 943

Verwandten und alten Bekannten, teils bei den Geschäftsleuten, namentlich in den Fabriken. Denn er suchte ohne Hast, doch aufmerksam nach einer Gelegenheit, sich mit Geld und Arbeit an einem gewerblichen Unternehmen zu beteiligen. Dabei trat er allmählich auch zu der bürgerlichen Gesellschaft seiner Vaterstadt wieder in einige Beziehung. Er wurde da und dort eingeladen, auch zu den geselligen Vereinen und an die Stammtische der Honoratioren. Freundlich und mit den Manieren eines gereisten Mannes von Vermögen nahm er da und dort teil, ohne sich fest zu verpflichten, aber auch ohne zu wissen, wieviel Kritik hinter seinem Rücken an ihm geübt wurde.

August Schlotterbeck war trotz seines offenen Blickes in einer Täuschung über sich selbst befangen. Er meinte zwar ein wenig über seinen Landsleuten zu stehen, lebte aber doch in dem Gefühl, ein Gerbersauer zu sein und in allem Wesentlichen recht wieder an den alten Ort zu passen. Und das stimmte nicht so ganz. Er wußte nicht, wie sehr er in der Sprache und Lebensweise, in Gedanken und Gewohnheiten von seinen Mitbürgern abstach. Diese empfanden das desto besser, und wenn auch Schlotterbecks guter Ruf im Schatten seines Geldbeutels Sicherheit genoß, wurde doch im einzelnen gar viel über ihn gesprochen, was er nicht gern gehört hätte. Manches, was er ahnungslos in alter Gewohnheit tat, erregte hier Kritik und Mißfallen, man fand seine Sprache zu frei, seine Ausdrücke zu fremd, seine Anschauungen amerikanisch und sein ungezwungenes Benehmen mit jedermann anspruchsvoll und unfein. Er sprach mit seiner Aufwärterin wenig anders als mit dem Stadtschultheißen, er ließ sich zu Tisch laden, ohne innerhalb sieben Tagen eine Verdauungsvisite abzustatten. Er machte zwar im Männerkreis kein Zotenflüstern mit, sagte aber Dinge, die ihm natürlich schienen, auch in Familien in Gegenwart der Damen harmlos heraus. Namentlich in den Beamtenkreisen, die in der Stadt zuoberst standen und den Ton angaben, in der Sphäre zwischen Oberamtmann und Oberpostmeister, machte er keine Eroberungen. Diese kleine, ängstlich behütete Welt amtlicher Machthaber und ihrer Frauen, voll von gegenseitiger Hochachtung und Rücksicht, wo jeder des anderen Verhältnisse bis auf den letzten Faden kennt und jeder in einem Glashaus sitzt, hatte an dem heimgekehrten Weltfahrer keine Freude, um so mehr, da sie von seinem sagenhaften Reichtum doch keinen Vorteil zu ziehen hoffen konnte. Und in Amerika hatte Schlotterbeck sich angewöhnt, Beamte einfach für Angestellte zu halten, die wie andere Leute für Geld ihre

Arbeit tun, während er sie in Rußland als eine schlimme Kaste kennengelernt hatte, bei der nur Geld etwas vermochte. Da war es schwer für ihn, dem niemand Anweisungen gab, die Heiligkeit der Titel und die ganze zarte Würde dieses Kreises richtig zu begreifen, am rechten Ort Eifersucht zu zeigen, Obersekretäre nicht mit Untersekretären zu verwechseln und im geselligen Verkehr überall den rechten Ton zu treffen. Als Fremder kannte er auch die verwickelten Familiengeschichten nicht, und es konnte gelegentlich ohne seine Schuld passieren, daß er im Hause des Gehenkten vom Strick redete. Da sammelten sich denn unter der Decke unverwüstlicher Höflichkeit und verbindlichsten Lächelns die kleinen Posten seiner Verfehlungen zu säuberlich gebuchten Summen an, von denen er keine Ahnung hatte, und wer konnte, sah mit Schadenfreude zu. Auch andere Harmlosigkeiten, die Schlotterbeck mit dem besten Gewissen beging, wurden ihm übelgenommen. Er konnte jemand, dessen Stiefel ihm gefielen, ohne lange Einleitungen nach ihrem Preis fragen. Und eine Advokatenfrau, die zu ihrem Kummer unbekannte Sünden der Vorfahren dadurch büßen mußte, daß ihr von Geburt an der linke Zeigefinger fehlte, und dies Gebrechen mit Kunst und Eifer zu verbergen suchte, wurde von ihm mit aufrichtigem Mitleid gefragt, wann und wo sie denn ihres Fingers verlustig geworden sei. Der Mann, der Jahrzehnte in mancherlei Ländern sich seiner Haut gewehrt und seine Geschäfte getrieben hatte, konnte nicht wissen, daß man einen Amtsrichter nicht fragen darf, was seine Hosen kosten. Er hatte wohl gelernt, im Gespräch mit jedermann höflich zu sein, er wußte, daß manche Völker kein Schweinefleisch oder keine Taube verzehren, daß man zwischen Russen, Armeniern und Türken es vermeidet, sich zu einer allein wahren Religion zu bekennen; aber daß mitten in Europa es große Gesellschaftskreise und Stände gab, in welchen es für roh gilt, von Leben und Tod, Essen und Trinken, Geld und Gesundheit freiweg zu reden, das war diesem entarteten Gerbersauer unbekannt geblieben.

Auch konnte es ihm im Grunde einerlei sein, ob man mit ihm zufrieden sei, da er wenig Ansprüche an die Menschen machte, viel weniger als sie an ihn. Er ward zu allerlei guten Zwecken um Beiträge angegangen und gab sie jeweils nach seinem Ermessen. Man dankte dafür höflichst und kam bald mit neuen Anliegen wieder, doch war man auch hier nur halb zufrieden und hatte Gold und Banknoten erwartet, wo er Silber gab.

Bei jedem Gang in die Stadt hinab, also täglich mehrere Male, kam Herr Schlotterbeck an dem netten kleinen Haus der Frau Entriß vorbei, der

Witwe des Gerichtsvollziehers, die hier in Gesellschaft einer schweigsamen und etwas blöden Schwägerin ein sehr stilles Leben führte.

Diese noch wohlerhaltene und dem Leben nicht abgestorbene Witwe hätte im Genuß ihrer Freiheit und eines kleinen Vermögens ganz angenehme und unterhaltsame Tage haben können. Es hinderte sie daran aber sowohl ihr eigener Charakter wie auch der Ruf, den sie sich im Lauf ihrer Gerbersauer Jahre erworben hatte. Sie stammte aus dem Badischen, und man hatte sie einst, schon aus Rücksicht auf ihren in der Stadt wohlbeliebten Mann, freundlich und erwartungsvoll aufgenommen. Doch hatte mit der Zeit sich ein abfälliger Leumund über sie gebildet, dessen eigentliche Wurzel ihre übertriebene Sparsamkeit war. Daraus machte das Gerede einen giftigen Geiz, und da man einmal kein Gefallen an der Frau gefunden hatte, hängte sich beim Plaudern eins ans andre, und sie wurde nicht nur als ein Geizkragen und eine Pfennigklauberin, sondern auch als Hausdrache verrufen. Der Gerichtsvollzieher selber war nun nicht der Mann, der über die eigene Frau schlecht gesprochen hätte, aber immerhin blieb es nicht verborgen, daß der heitere und gesellige Mann seine Freude und Erholung weniger daheim bei der Frau als im Rößle oder Schwanen bei abendlichen Biersitzungen suchte. Nicht daß er ein Trinker geworden wäre, Trinker gab es in Gerbersau unter der angesehenen Bürgerschaft überhaupt nicht. Aber doch gewöhnte er sich daran, einen Teil seiner Mußezeit im Wirtshaus hinzubringen und auch tagsüber zwischenein gelegentlich einen Schoppen zu nehmen. Trotz seiner schlechten Gesundheit setzte er dieses Leben so lange fort, bis ihm vom Arzt und auch von der Behörde nahegelegt ward, sein anstrengendes Amt aufzugeben und im Ruhestand seiner bedürftigen Gesundheit zu leben. Doch war es nach seiner Pensionierung eher schlimmer gegangen, und jetzt war alles darüber einig, daß die Frau ihm das Haus verleidet und von Anfang an den Untergang des braven Mannes verschuldet habe. Sie blieb allein mit der Schwägerin sitzen und fand weder Frauentrost noch männliche Beschützer, obwohl außer dem schuldenfreien Haus auch noch einiges Vermögen vorhanden war.

Die unbeliebte Witwe schien jedoch unter der Einsamkeit nicht unerträglich zu leiden. Sie hielt Haus und Hausrat, Bankbüchlein und Garten in bester Ordnung und hatte damit genug zu tun, denn die Schwägerin litt an einer leisen Verdunkelung des Verstandes und tat nichts anderes als zuschauen und sich die stillen Tage mit Murmeln, Reiben der Nase und häufigerem Betrachten eines alten Bilderalbums vertreiben. Die Gerbersauer, damit das Gerede über die Frau auch nach des Mannes Tode nicht aufhöre, hatten sich ausgedacht, sie halte das arme Wesen zu kurz, ja in furchtbarer Gefangenschaft. Es hieß, die Gemütskranke leide Hunger, werde zu schwerer Arbeit angehalten und werde das alles sicherlich nimmer lange aushalten, was ja auch im Interesse der Entriß liege und ihre Absicht sei. Da diese Gerüchte immer offener hervortraten, mußte schließlich von Amts wegen etwas getan werden, und eines Tages erschien im Haus der erstaunten Frau der Stadtschultheiß mit dem Oberamtsarzt, sagte ernstlich mahnende Worte über die Verantwortung, verlangte zu sehen, wie die Kranke wohne und schlafe, was sie arbeite und esse, und schloß mit der Drohung, wenn nicht alles einwandfrei befunden werde, müsse die Gestörte in einem staatlichen Krankenhaus versorgt werden, natürlich auf Kosten der Frau Entriß. Diese verhielt sich kühl und gab zur Antwort, man möge nur alles untersuchen. Ihre Schwägerin sei harmlos und ungefährlich, und wenn man die Kranke anderwärts versorgen wolle, könne es ihr nur lieb sein, es müsse das aber auf Kosten der Stadt geschehen, und sie zweifle, ob das arme Geschöpf es dann besser haben werde als bei ihr. Die Untersuchung ergab, daß die Kranke keinerlei Mangel litt und bei der wohlwollenden Frage, ob sie etwa gern anderswo leben möchte, wo sie es sehr gut haben werde, furchtbar erschrak und flehentlich sich an ihrer Schwägerin festhielt. Der Arzt fand sie wohlgenährt und ohne alle Spuren harter Arbeit, und er ging samt dem Stadtschultheiß verlegen wieder fort.

Was nun den Geiz der Frau Entriß betrifft, so kann man darüber verschieden urteilen. Es ist leicht, Charakter und Lebensführung einer schutzlosen Frau zu tadeln. Daß sie sparsam war, steht fest. Sie hatte nicht nur vor dem Gelde, sondern vor jeder Habe und jedem noch so kleinen Werte eine tiefe Hochachtung, so daß es ihr schwerfiel, etwas auszugeben, und unmöglich war, etwas wegzuwerfen oder umkommen zu lassen. Von dem Geld, das ihr Mann seinerzeit in die Wirtshäuser getragen hatte, tat ihr ein jeder Kreuzer heute noch leid wie ein unsühnbares Unrecht, und es mag wohl sein, daß darüber die Eintracht ihrer Ehe entzweigegangen war. Desto eifriger hatte sie, was der Mann so leichtfertig vertat, durch genaue Rechnung im Hause und durch fleißige Arbeit einzubringen gesucht. Und nun, da er gestorben war, da kein Taler mehr unnütz aus dem Hause ging und ein Teil der Zinsen jährlich zum Kapital geschlagen werden konnte, erlebte die gute Haushälterin ein spätes Behagen. Nicht daß sie sich irgend etwas über das Notwendige gegönnt hätte, sie sparte eher mehr als früher, aber das Bewußtsein, daß es Früchte trug und sich langsam summierte, verlieh ihr eine Zufriedenheit, die sie nimmer aufs Spiel zu setzen entschlossen war.

Eine ganz besondere Freude und Genugtuung empfand Frau Entriß, wenn sie irgend etwas Wertloses zu Wert bringen, etwas finden oder erobern konnte, etwas Weggeworfenes doch noch brauchen und etwas Verachtetes verwerten. Diese Leidenschaft war keineswegs nur auf den baren Nutzen gerichtet, sondern hier verließ ihr Denken und Begehren den engen Kreis des Notwendigen und erhob sich in das Gebiet des Ästhetischen. Die Frau Gerichtsvollzieher war dem Schönen und dem Luxus nicht abgeneigt, sie mochte es auch gerne hübsch und wohlig haben, nur durfte das kein bares Geld kosten. So war ihre Kleidung bescheiden, aber sauber und nett, und seit sie mit dem Häuslein auch ein kleines Stück Boden besaß, hatte ihr Bedürfnis nach Schönem und Erfreulichem ein lohnendes Ziel gefunden. Sie wurde eine eifrige Gärtnerin.

Wenn August Schlotterbeck am Zaun seiner Nachbarin vorüberschritt, schaute er jedesmal mit Freude und einem leisen Neid in die kleine Gartenpracht der Witwe. Nett bestellte Gemüsebeete waren appetitlich von Rabatten mit Schnittlauch und Erdbeeren, aber auch mit Blumen eingefaßt, und Rosen, Levkojen, Goldlack und Reseden schienen ein anspruchsloses Glück zu verkünden.

Es war nicht leicht gewesen, auf dem steilen Gelände und in dem Sandboden einen solchen Wuchs zu erzielen. Hier hatte Frau Entrißens Leidenschaft Wunder getan und tat sie noch immer. Sie brachte mit eigenen Händen aus dem Wald schwarze Erde und Laub herbei, sie ging des Abends auf den Spuren der schweren Steinbruchwagen und sammelte mit zierlichem Schäufelein den goldeswerten Dung, den die Pferde liegen ließen. Hinterm Haus tat sie jeden Abfall und jede Kartoffelschale sorgsam auf den Haufen, der im nächsten Frühling durch seine Verwesung das Land schwerer und reicher machen mußte. Sie brachte aus dem Walde auch wilde Rosen und Setzlinge von Maiblumen und Schneeglöckchen mit, und den Winter hindurch zog sie im Zimmer und Keller ihre Ableger mit Sorgfalt auf. Ein ahnungsvolles Begehren nach Schönheit, das in jedem Menschengemüt verborgen duftet, eine Freude am Nutzen des Brachliegenden und Verwenden des umsonst zu Habenden und vielleicht unbewußt auch ein Rest unbefriedigter Weiblichkeit machten sie zu einer vortrefflichen Gartenmutter.

Ohne von der Nachbarin etwas zu wissen, tat Herr Schlotterbeck täglich mehrmals anerkennende Blicke in die von jedem Unkraut reinen Beete und Wegchen, labte seine Augen an dem frohen Grün der Gemüse, dem zarten Rosenrot und den lustigen Farben der Winden, und wenn ein leichter Wind ging und ihm beim Weitergehen eine Handvoll süßen Gartenduftes nachwehte, freute er sich dieser lieblichen Nachbarschaft mit einer zunehmenden Dankbarkeit. Denn es gab immerhin Stunden, in denen er ahnte, daß der Heimatboden ihm das Wurzelfassen nicht eben leicht mache, und er sich einigermaßen vereinsamt und betrogen vorkam.

Als er sich gelegentlich bei Bekannten nach der Gartenbesitzerin erkundigte, bekam er die Geschichte des seligen Gerichtsvollziehers und viel arge Urteile über seine Witwe zu hören, so daß er nun eine Zeitlang das friedvolle Haus im Garten mit einem Erstaunen darüber betrachtete, daß die anmutende Lieblichkeit der Wohnsitz einer so verworfenen Seele sein müsse.

Da begab es sich, daß er sie eines Morgens zum erstenmal hinter ihrem niederen Zaun sah und anredete. Bisher war sie stets, wenn sie ihn von weitem daherkommen sah, ins Haus gewichen. Diesmal hatte sie ihn, über ein Beet gebückt, im Arbeitseifer nicht kommen hören, und nun stand er am Zaune, hielt höflich den Hut in der Hand und sagte guten Morgen. Sie gab den Gruß zurück, und er hatte es nicht eilig, sondern fragte sie: »Schon fleißig, Frau Nachbarin?«

»Ein bißchen«, sagte sie, und er fuhr ermunternd fort: »Was Sie für einen schönen Garten haben.«

Sie gab darauf keine Antwort, und er schaute sie, die schon wieder an ihren Gräslein zupfte, verwundert an. Er hatte sie sich, jenem Gerede nach, mehr furienmäßig vorgestellt, und nun war sie zu seinem angenehmen Erstaunen recht gefällig von Gestalt, das Gesicht ein wenig streng und ungesellig, aber frisch und ohne Hinterhalt, und so im ganzen eine gar nicht unerquickliche Erscheinung.

»Ja, dann will ich weitergehen«, sagte er freundlich. »Adieu, Frau Nachbarin.«

Sie blickte auf und nickte, wie er den Hut schwang, sah ihm drei, vier Schritte weit nach und fuhr darauf in ihrer Arbeit fort, ohne sich über den Nachbarn Gedanken zu machen. Dieser aber dachte noch eine Weile an sie. Es war ihm wunderlich, daß diese Person ein solches Greuel sein solle, und er nahm sich vor, sie ein wenig zu beobachten. Er nahm wahr, wie sie

Die Heimkehr

ihre paar Einkäufe in der Stadt ohne langes Herumschweifen und Reden besorgte, er sah sie den Garten pflegen und ihre Wäsche sonnen, stellte fest, daß sie keine Besuche empfing, und belauschte das kleine, einsame Leben der fleißigen Frau mit Hochachtung und Rührung. Auch ihre etwas scheuen abendlichen Gänge nach den Roßäpfeln, um die sie sehr verschrien war, blieben ihm nicht verborgen. Doch fiel es ihm nicht ein, darüber zu spotten, wenn er auch darüber lächeln mußte. Er fand sie ein wenig scheu geworden, aber ehrenwert und tapfer, und er dachte sich, es sei schade, daß so viel Sorge und Achtsamkeit an so kleine Zwecke gewendet werde. Zum erstenmal begann er jetzt, durch diesen Fall stutzig geworden, dem Urteil der Gerbersauer zu mißtrauen und manches faul zu finden, was er bislang gläubig hingenommen hatte.

Inzwischen traf er die Frau Nachbarin je und je wieder und wechselte ein paar Worte mit ihr. Er redete sie jetzt mit ihrem Namen an, und auch sie wußte ja, wer er sei, und sagte Herr Schlotterbeck zu ihm. Er wartete gern mit dem Ausgehen, bis er sie im Freien sah, und ging dann nicht vorüber, ohne ein kleines Gespräch über Witterung und Gartenaussichten anzuknüpfen und sich an ihren ehrlichen und gescheiten Antworten zu freuen.

Einst brachte er einen seiner Bekannten abends im Adler auf die Frau zu sprechen. Er erzählte, wie der saubere Garten ihm aufgefallen sei, wie er die Frau in ihrem stillen Leben beobachtet habe und nicht begreifen könne, daß sie in so üblem Ruf stehe. Der Mann hörte ihm höflich zu, dann meinte er: »Sehen Sie, Sie haben ihren Mann nicht gekannt. Ein Prachtkerl, wissen Sie, immer witzig, ein lieber Kamerad, und so gut wie ein Kind! Und den hat sie einfach auf dem Gewissen.«

»An was ist er denn gestorben?«

»An einem Nierenleiden. Aber das hat er schon jahrelang gehabt und ist fidel dabei gewesen. Dann nach seiner Pensionierung, statt daß ihm die Frau es jetzt nett und freundlich daheim gemacht hätte, ist er ganz hausscheu geworden. Manchmal ist er schon zum Mittagessen ausgegangen, weil sie ihm zu schlecht gekocht hat! Ein bißchen leichtsinnig mag er ja von Natur gewesen sein, aber daß er am Ende gar zu viel geschöppelt hat, daran ist allein sie schuld gewesen. Sie ist ein Ripp, wissen Sie. Da hat sie zum Beispiel eine Schwägerin im Haus, ein armes krankes Ding, das seit Jahren tiefsinnig ist. Die hat sie wahrhaftig so behandelt und hungern lassen, daß die Behörde sich darum bekümmern und sie kontrollieren mußte.«

Schlotterbeck traute dem Erzähler nicht recht, aber die Sache ward ihm überall bestätigt, wo er darum anklopfte. Es schien ihm wunderlich und wollte ihm leid tun, daß er sich in der Frau so hatte täuschen können. Aber sooft er sie wiedersah und einen Gruß mit ihr wechselte, schwand aller Verdacht wieder dahin. Er entschloß sich und ging zum Stadtschultheiß, um etwas Sicheres zu erfahren. Er wurde mit Freundlichkeit aufgenommen; als er jedoch seine Frage vorbrachte, wie es denn mit der Frau Entriß und ihrer Schwägerin stehe, ob sie wirklich im Verdacht der Mißhandlung und unter Kontrolle sei, da meinte der Stadtschultheiß abweisend: »Es ist ja nett, daß Sie sich für Ihre Nachbarin so interessieren, aber ich glaube doch, daß diese Sachen Sie eigentlich wenig angehen. Ich denke, Sie können es uns ruhig überlassen, daß wir zum Rechten sehen. Oder haben Sie eine Beschwerde vorzubringen?«

Da wurde Schlotterbeck eiskalt und schneidig, wie er es in Amerika manchmal hatte sein müssen. Er ging leise und machte die Tür zu, setzte sich dann wieder und sagte: »Herr Stadtschultheiß, Sie wissen, wie über die Frau Entriß geredet wird, und da Sie selber bei ihr waren, müssen Sie auch wissen, was wahr daran ist. Ich brauche ja keine Antwort mehr, es ist alles verlogen und böswilliger Klatsch. Oder nicht? – Also. Warum dulden Sie das?«

Der Herr war anfangs erschrocken, hatte sich aber schnell wieder gefaßt. Er zuckte die Achseln und sagte: »Lieber Herr, ich habe anderes zu tun, als mich mit solchen Sachen zu befassen. Es kann sein, daß da und dort der Frau etwas nachgeredet wird, was nicht recht ist, aber dagegen muß sie sich selber wehren. Sie kann ja klagen.«

»Gut«, sagte Schlotterbeck, »das genügt mir. Sie geben mir also die Versicherung, daß die Kranke dort Ihres Wissens in guter Behandlung ist?«

»Ihretwegen, ja, Herr Schlotterbeck. Aber wenn ich Ihnen raten darf, lassen Sie die Finger davon! Sie kennen die Leute hier nicht und machen sich bloß mißliebig, wenn Sie sich in ihre Sachen mischen.«

»Danke, Herr Stadtschultheiß. Ich will mir's überlegen. Aber einstweilen, wenn ich wieder einen so über die Frau reden höre, werde ich ihn einen Ehrabschneider heißen und mich dabei auf Ihr Zeugnis berufen.«

»Tun Sie das nicht! Der Frau nutzen Sie damit doch nichts, und Sie haben nur Verdruß davon. Ich warne Sie, weil es mir leid täte, wenn –«

»Ja, ich danke schön.«

Die Folge dieses Besuches war zunächst, daß Schlotterbeck von seinem

Die Heimkehr

Vetter Pfrommer aufgesucht wurde. Es hatte sich herumgeredet, daß er ein merkwürdiges Interesse für die schlimme Witwe zeige, und Pfrommer war von einer Angst ergriffen worden, der verrückte Vetter möchte auf seine alten Tage noch Torheiten machen. Wenn es zum Schlimmsten käme und er die Frau heiratete, würden seine Kinder von den ganzen Millionen keinen Taler kriegen. Mit Vorsicht unterhielt er seinen Vetter von der hübschen Lage seiner Wohnung, kam langsam auf die Nachbarschaft zu sprechen und ließ vermuten, er wisse viel über die Frau Entriß zu erzählen, falls es den Vetter interessiere. Der winkte jedoch gleichmütig ab, bot dem Buchbinder einen vortrefflichen Kognak an und ließ ihn zu alledem, was er hatte sagen wollen, gar nicht kommen.

Aber noch am selben Nachmittag sah er seine Nachbarin im Garten erscheinen und ging hinüber. Zum erstenmal hatte er ein langes, vertrauliches Gespräch mit ihr. Sie ging klug und bescheiden darauf ein, des eigentlichen Plauderns ungewohnt und doch mit frauenhafter Anpassung und, wie es schien, auch Anmut.

Diese Unterhaltungen wiederholten sich von jetzt an täglich, immer über den Staketenzaun hinweg, denn seine Bitte, ihn auch einmal im Garten selber oder gar im Hause zu empfangen, lehnte sie mit Entschiedenheit ab.

»Das geht nicht«, sagte sie lächelnd. »Wir sind ja beide keine jungen Leute mehr, aber die Gerbersauer haben immer gern was zu plappern, und es wäre schnell ein dummes Gerede beieinander. Ich bin ohnehin übel angeschrieben, und Sie gelten auch für eine Art Sonderling, wissen Sie.«

Ja, das wußte er jetzt, im zweiten Monat seines Hierseins, und seine Freude an Gerbersau und den Landsleuten hatte schon bedeutend nachgelassen. Es belustigte ihn, daß man sein Vermögen weit überschätzte, und die ängstliche Beflissenheit seines Vetters Pfrommer und anderer Angelkünstler machte ihm einen gewissen Spaß, aber für die beginnende Enttäuschung konnte ihn das nicht entschädigen, und er hatte den Wunsch, sich dauernd hier niederzulassen, heimlich schon wieder zurückgenommen. Vielleicht wäre er einfach wieder abgereist und hätte nochmals wie in jungen Jahren die Wanderschaft gekostet, wovor ihm nicht bange war. Es hielt ihn aber jetzt ein feiner Dorn zurück, sodaß er spürte, er werde nicht gehen können, ohne sich zu verletzen und ein Stücklein von sich hängen zu lassen.

Darum blieb er, wo er war, und ging häufig an dem kleinen, weiß und braunen Nachbarhaus vorüber. Das Schicksal der Frau Entriß war ihm jetzt nicht mehr so dunkel, da er sie besser kannte und sie ihm auch manches erzählt hatte. Namentlich vermochte er sich den seligen Gerichtsvollzieher jetzt recht deutlich vorzustellen, von dem die Witwe ohne Tadel sprach, der aber doch ein Windbeutel gewesen sein mußte, daß er es nicht verstanden hatte, unter der Herbe und Strenge dieser Frau den köstlichen Kern aufzuspüren und ans Licht zu bringen: Herr Schlotterbeck war überzeugt, daß sie neben einem verständigen Manne, vollends in reichlichen Verhältnissen, eine Perle abgeben mußte.

Je mehr er die Frau kennenlernte, desto besser begriff er, daß sie in Gerbersau unmöglich verstanden werden konnte. Denn auch der Gerbersauer Charakter schien ihm nun verständlicher geworden, wenn auch dadurch nicht lieber. Jedenfalls erkannte er, daß er selber diesen Charakter nicht oder nicht mehr habe und hier ebensowenig gedeihen und sich entfalten könne wie die Frau Entriß. Diese Gedanken waren aber lauter spielende Paraphrasen zu seinem stillen Verlangen nach einem nochmaligen Ehebund und Versuch, sein einsam gebliebenes Leben doch noch fruchtbar und unsterblich zu machen.

Der Sommer hatte seine Höhe erreicht, und der Garten der Witwe duftete mitten in der sandigen und glühenden Umgebung triumphierend weit über seinen niederen Zaun hinaus, besonders am Abend, wenn vom nahen Waldrand die Vögel den schönen Tag lobten und aus dem Tal in der Stille nach dem Schluß der Fabriken der Fluß leise heraufrauschte. An einem solchen Abend kam August Schlotterbeck zu Frau Entriß und trat ungefragt nicht nur in den Garten, sondern auch in die Haustüre, wo eine dünne, erschrockene Glocke ihn anmeldete und die Hausfrau ihn verwundert und fast ein wenig ungehalten ansprach. Er erklärte aber, heute durchaus hereinkommen zu müssen, und ward denn von ihr in die Stube geführt, wo er sich umblickte und es allerdings etwas kahl und schmucklos, doch reinlich und abendsonnig fand. Die Frau legte schnell ihre Schürze ab, setzte sich auf einen Stuhl beim Fenster und hieß auch ihn sich setzen.

Da fing Herr Schlotterbeck eine lange, hübsche Rede an. Er erzählte sein ganzes Leben, seine erste kurze Ehe nicht ausgenommen, mit einfacher Trockenheit, schilderte dann etwas wärmer seine Heimkehr nach Gerbersau, seine erste Bekanntschaft mit ihr und erinnerte sich an manche Gespräche, in denen sie einander so gut verstanden hätten. Und nun sei er da, sie wisse schon warum, und hoffe, sie sei nicht gar zu sehr überrascht.

Die Heimkehr

»Ich bin kein Millionär, wie die Leute hier herumreden, aber etwas wird schon da sein. Im übrigen meine ich, wir seien beide noch zu jung und kräftig, als daß es schon Zeit wäre, Verzicht zu leisten und sich einzuspinnen. Was soll eine Frau wie Sie schon allein sitzen und sich mit dem Gärtlein bescheiden, statt noch einmal anzufangen und vielleicht hereinzubringen, was früher am rechten Glück gefehlt hat?«

Die Frau Entriß hatte beide Hände still auf ihren Knien liegen und hörte aufmerksam dem Freier zu, der allmählich warm wurde und wiederholt seine rechte Hand ausstreckte, als fordere er sie auf, sie zu nehmen und festzuhalten. Sie tat aber nichts dergleichen, sie saß ganz still und genoß es, ohne es wirklich mit den Gedanken zu erfassen, daß hier jemand gekommen war, um ihr Freundlichkeit und Liebe zu zeigen. Da sie weder Antwort gab noch aus ihrem seltsamen Traumgefühle aufsah, fuhr Schlotterbeck nach einer Pause zu reden fort. Gütig und hoffnungsvoll stellte er ihr vor, wie es sein und werden könnte, wenn sie einverstanden wäre, wie da an einem andern, neuen Orte ohne unliebe Erinnerungen sich ein friedlich fleißiges Leben führen ließe, etwas mehr aus dem Vollen, mit einem größeren Garten und einem reichlicheren Monatsgeld, wobei dennoch jährlich zurückgelegt würde. Er sprach, von ihrem Anblick besänftigt und von dem rotgelben Abendscheine leicht und wohlig geblendet, recht mild mit halber Stimme, zufrieden, daß sie wenigstens zuhörte. Und sie hörte und schwieg, von einer angenehmen Müdigkeit in der Seele leicht gelähmt. Es ward ihr nicht völlig bewußt, daß das eine Werbung und eine Entscheidung für ihr Leben bedeute, auch schuf dieser Gedanke ihr weder Erregung noch Qual, denn sie dachte keine Sekunde daran, das für ernst zu nehmen. Aber die Minuten gingen so gleitend und leicht und wie von einer Musik getragen, daß sie benommen lauschte und keines Entschlusses fähig war, auch nicht des kleinen, den Kopf zu schütteln oder aufzustehen.

Wieder hielt Schlotterbeck inne, sah sie fragend an und sah sie unverändert mit niedergeschlagenen Augen und fein geröteten Wangen verharren, als lausche sie einer Musik. Ihre Bewegung verstand er nicht, denn er deutete sie zu seinen Gunsten, aber er fühlte doch den selben hingenommenen und traumhaften Zustand und hörte gleich ihr die merkwürdigen Augenblicke wie auf wohllautend rauschenden Flügeln durch das abendhelle Stüblein und durch sein Gemüt reisen.

Beiden schien es später, sie seien eine lange Zeit so halb verzaubert beieinander gesessen, doch waren es nur Minuten, denn die Sonne stand noch immer nah am Rand der jenseitigen Berge, als sie aus dieser Stille jäh erweckt wurden.

Im Nebenzimmer hatte sich die kranke Schwägerin aufgehalten und war, schon durch den ungewohnten Besuch in einige Angst geraten, bei dem langen, leisen Gespräch und Beisammensein der beiden von argen Ahnungen und Wahnvorstellungen befallen worden. Es schien ihr Ungewöhnliches und Gefährliches vorzugehen, und allmählich ergriff sie, die nur an sich selber zu denken vermochte, eine wachsende Furcht, der fremde Mann möchte gekommen sein, um sie fortzuholen. Denn eine argwöhnische Angst hiervor war das Ergebnis jenes Besuches der Magistratsherren gewesen, und seither konnte nichts noch so Geringes im Hause vorfallen, ohne daß die arme Jungfer mit Entsetzen an eine gewaltsame Hinwegführung denken mußte.

Darum kam sie jetzt, nachdem sie eine Weile gegen das Grauen gekämpft hatte, gewaltsam schluchzend in die Stube gelaufen, warf sich vor ihrer Schwägerin nieder und umfaßte ihre Knie unter Stöhnen und zuckendem Weinen, so daß Schlotterbeck erschrocken auffuhr und die Frau Entriß, plötzlich aus ihrer Benommenheit gerissen, alles wieder mit nüchternem Verstande wahrnahm und sich der vorigen Verlorenheit unwillig schämte.

Sie stand eilig auf, zog die Kniende mit sich empor, fuhr ihr mit tröstender Hand übers Haar und redete halblaut und eintönig auf sie ein wie auf ein heulendes Kind.

»Nein, nein Seelchen, nicht weinen! Gelt, du weinst jetzt nicht mehr? Komm, Kindchen, komm, wir sind vergnügt und kriegen was Gutes zum Nachtessen. Hast gemeint, er will dich fortnehmen? O, Dummes du, es nimmt dich niemand fort; nein, nein, darfst mir's glauben, kein Mensch darf dir was tun. Nimmer weinen, Dummerlein, nimmer weinen!«

August Schlotterbeck sah mit Verlegenheit und auch mit Rührung zu, die Kranke weinte schon ruhiger und fast mit einem kindlichen Genuß, wiegte den Kopf hin und wider, klagte mit abnehmender Stimme und verzog ihr verzweifeltes Gesicht unter den noch laufenden Tränen unversehens zu einem blöden Kleinkinderlächeln. Doch kam sich der Besucher bei dem allem entbehrlich vor, er hustete darum ein wenig und sagte: »Das tut mir leid, Frau Entriß, hoffentlich geht es gut vorbei. Ich werde so frei sein und morgen wiederkommen, wenn ich darf.«

Erst in diesem Augenblick fiel der Frau alles aufs Herz, wie er um sie geworben und sie ihm zugehört und es geduldet habe, ohne daß sie doch willens war, ihn zu erhören. Sie erstaunte über sich selber, es konnte ja aussehen, als habe sie mit ihm gespielt. Nun durfte sie ihn nicht fortgehen und die Täuschung mitnehmen lassen, das sah sie ein, und sie sagte: »Nein, bleiben Sie da, es ist schon vorüber. Wir müssen reden.« Ihre Stimme war ruhig und ihr Gesicht unbewegt, aber die Röte der Sonne und die Röte der lieblichen Erregung war verglüht, und ihre Augen schauten klug und kühl, doch mit einem kleinen bangen Glanz von Trauer auf den Werber, der mit dem Hut in den Händen wieder niedersaß.

Sie setzte indessen die Schwägerin auf einen Stuhl und kehrte an ihren vorigen Platz zurück. »Wir müssen sie im Zimmer lassen«, sagte sie leise, »sonst wird sie wieder unruhig und macht Dummheiten. – Ich habe Sie vorher reden lassen, Herr Nachbar, ich weiß selber nicht warum, ich bin ein wenig müd gewesen. Hoffentlich haben Sie es nicht falsch gedeutet. Es ist nämlich schon lange mein fester Entschluß, mich nicht mehr zu verändern. Ich bin fast vierzig Jahre alt, und Sie werden gewiß reichlich fünfzig sein, in diesem Alter heiraten vorsichtige Leute nicht mehr. Daß ich Ihnen als einem freundlichen Nachbarn gut und dankbar bin, wissen Sie ja, und wenn Sie wollen, können wir es weiter so haben. Aber damit wollen wir zufrieden sein, wir könnten sonst den Schaden haben.«

Herr Schlotterbeck sah sie betrübt, doch freundlich an. Unter Umständen, dachte er, würde er jetzt ruhig abziehen und ihr recht geben. Allein der Glanz, den sie vor einer Viertelstunde im Gesicht gehabt hatte, war ihm noch wie ein ernsthaft schöner Spätsommerflor im Gedächtnis und hielt sein Begehren mit Macht am Leben. Wäre der Glanz nicht gewesen, er wäre betrübt, doch ohne Stachel im Herzen seiner Wege gegangen; so aber schien ihm, er habe das Glück schon wie einen zutraulichen Vogel auf dem Finger sitzen gehabt und nur den Augenblick des Zugreifens verpaßt. Und Vögel, die man schon so nahe gehabt, läßt man nicht ohne grimmige Hoffnung auf eine neue Gelegenheit zum Fang entrinnen. Außerdem, und trotz des Ärgers über ihr Entwischen, nachdem sie schon so fromm über seine Freiersrede erglüht war, hatte er sie jetzt viel lieber als noch vor einer Stunde. Bis dahin war es seine Meinung gewesen, eine angenehme und ersprießliche Vernunftheirat zu betreiben, nun aber hatte diese Abendstunde ihn vollends wahrhaft verliebt gemacht.

»Frau Entriß«, sagte er deshalb entschlossen, »Sie sind jetzt erschreckt worden und vielleicht von meinem Vorschlag zu sehr überrascht. Ich habe Sie lieb, und da Sie nur mit dem Verstand Widerstand leisten, kann ich mich nicht zufrieden geben wie ein Handelsmann, den man ein Haus weiterschickt. Sondern es ist meine Meinung, diesen Krieg weiterzuführen und Sie nach meinen Kräften zu belagern, damit es sich zeigt, wer der Stärkere ist.«

Auf diesen Ton war sie nicht gefaßt gewesen, er klang warm und schmeichelhaft in ihr Frauengemüt und tat ihr im Innern wohl wie ein erster Amselruf im Februar, wenn sie es auch nicht wahrhaben wollte. Doch war sie nicht gewohnt, so dunklen Regungen Macht zu gönnen, und fest entschlossen, den Angriff abzuwehren und ihre liebgewordene Freiheit zu behalten.

Sie sagte: »Sie machen mir ja Angst, Herr Nachbar! Die Männer bleiben eben länger jung als unsereins, und es tut mir leid, daß Sie mit meinem Bescheid nicht zufrieden sein wollen. Ich kann mich nicht wieder jung machen und verliebt tun, es käme nicht von Herzen. Auch ist mir mein Leben, so wie es jetzt ist, lieb und gewohnt geworden, ich habe meine Freiheit und keine Sorgen. Und da ist auch das arme Ding, meine Schwägerin, die mich braucht und die ich nicht im Stich lasse, das hab ich ihr versprochen und will dabei bleiben. – Aber was rede ich lang, wo nichts zu sagen ist! Ich will nicht, und ich kann nicht, und wenn Sie es gut mit mir meinen, so lassen Sie mir meinen Frieden und drohen mir nicht mit Belagerungen und dergleichen. Wenn Sie wollen, so vergessen wir das Heutige und bleiben gute Nachbarn. Im andern Fall kann ich Sie nimmer sehen.«

Schlotterbeck stand auf, verabschiedete sich jedoch noch nicht, sondern ging in erregten Gedanken, als wäre er im eigenen Hause, heftig auf und ab, um einen Weg aus dieser Not zu finden. Sie sah ihm eine Weile zu, ein wenig belustigt, ein wenig gerührt und ein wenig beleidigt, bis es ihr zu viel ward. Da rief sie ihn an: »Seien Sie nicht töricht, Herr Nachbar: wir wollen jetzt zu Nacht essen, und für Sie wird es auch Zeit sein.«

Aber er hatte eben jetzt seinen Entschluß gefunden. Er nahm seinen Hut, den er in der Aufregung weggelegt hatte, manierlich in die linke Hand, verbeugte sich und sagte: »Gut, ich gehe jetzt, Frau Entriß. Ich sage Ihnen jetzt adieu und werde Sie eine Zeitlang nimmer belästigen. Sie sollen mich nicht für gewalttätig halten. Aber ich komme wieder, sagen wir in vier, fünf Wochen, und ich bitte um nichts, als daß Sie in der Zeit sich diese Sache noch einmal in Gedanken betrachten. Ich reise fort, wenn ich wiederkomme, ist es nur, um Ihre Antwort zu holen. Wenn Sie dann nein sagen, verspreche ich, damit zufrieden zu sein und werde dann Sie auch von meiner Nachbarschaft befreien. Sie sind das einzige, was mich noch in Gerbersau halten könnte. Also leben Sie recht wohl, und auf Wiedersehen.«

Er nahm den Türgriff in die Hand, warf einen Blick ins Zimmer zurück, den nur die Schwägerin erwiderte, und trat unbegleitet aus dem Haus in die noch lichte Dämmerung. Er schüttelte seine Faust gegen die schwach-heraustönende Stadt, welcher er alle Schuld an Frau Entrißens Verstocktheit zuschrieb, und beschloß, sie so bald wie möglich für immer zu verlassen, sei es nun mit oder ohne Frau. Langsam tat er den kurzen Gang zu seiner Wohnung hinüber, nicht ohne mehrmals nach dem Nachbarhäuschen zurückzuschauen. Ganz fern stand am verglühten Himmel noch eine kleine Wolke, kaum ein Hauch, und blühte hinsterbend in einem sanften rosigen Golddufte dem ersten Stern entgegen. Bei ihrem Anblick fühlte der Mann noch einmal die feine Erregung der vergangenen Stunde vorüberziehen und schüttelte lächelnd den alten Kopf zu den Wünschen seines Herzens. Dann betrat er sein einsames Haus und fing noch am selben Abend an, sich für die Reise zu rüsten.

Am Nachmittag des andern Tages war er fertig, übergab die Schlüssel seiner Aufwärterin und den Koffer einem Dienstmann, seufzte befreit und ging davon, in die Stadt hinunter und dem Bahnhof zu, ohne im Vorbeigehen einen Blick in den Garten und die Fenster der Frau Entriß zu wagen. Sie aber sah ihn wohl, wie er vom Kofferträger begleitet, dahinging. Er tat ihr leid, und sie wünschte ihm von Herzen gute Erholung.

Für Frau Entriß begannen nun stille Tage. Ihr bescheidenes Leben glitt wieder in die vorige Einsamkeit zurück, es kam niemand zu ihr, und es schaute niemand mehr über ihren Gartenzaun herein. In der Stadt aber wußte man genau, daß sie mit allen Künsten nach dem reichen Rußländer geangelt habe, und gönnte ihr seine Abreise, die natürlich keinen Tag verborgen blieb. Sie kümmerte sich nach ihrer Art um das alles nicht, sondern ging ruhig ihren Pflichten und Gewohnheiten nach. Es tat ihr leid, daß es mit Herrn Schlotterbeck so gegangen war. Doch war sie sich keiner Schuld bewußt und in langen Jahren an das Alleinleben so gewöhnt, daß sein Fortgehen ihr keinen ernstlichen Kummer machte. Sie sammelte Blumensamen von den verblühenden Beeten, goß am Morgen und Abend, erntete das Beerenobst, machte ein und tat mit zufriedener Emsigkeit die vielen Sommerarbeiten. Und dann machte ihr die Schwägerin unverhofft zu schaffen.

Diese hatte sich seit jenem Abend still verhalten, schien aber seither noch mehr als früher mit einer Angst zu kämpfen, welche eine Art von Verfolgungswahnsinn war und in einem mißtrauischen Träumen von Entführung und Gewalttaten bestand. Der heiße Sommer, der ungewöhnlich viel Gewitter brachte, tat ihr auch nicht gut, und schließlich konnte Frau Entriß kaum mehr auf eine halbe Stunde zu Einkäufen ausgehen, da die Kranke das Alleinbleiben nicht mehr ertrug. Das elende Wesen fühlte sich nur in der nächsten Nähe der Pflegerin sicher und umgab die geplagte Frau mit Seufzen, Händeringen und scheuen Blicken einer grundlosen Furcht. Am Ende mußte sie den Arzt holen, vor dem die Kranke in neues Entsetzen geriet und der nun alle paar Tage zur Beobachtung wiederkam. Für die Gerbersauer war das wieder ein Grund, von erneuter Mißhandlung und behördlicher Kontrolle zu erzählen.

Unterdessen war August Schlotterbeck nach Wildbad gefahren, wo es ihm jedoch zu heiß und zu lebhaft wurde, so daß er bald wieder aufpackte und weiterfuhr, diesmal nach Freudenstadt, das ihm von Jugendzeiten her bekannt war. Dort gefiel es ihm recht wohl, er fand die Gesellschaft eines schwäbischen Fabrikanten, mit dem er gut Freund wurde und über technische und kaufmännische Dinge seiner Erfahrung reden konnte. Mit diesem Manne, der Viktor Trefz hieß und gleich ihm selber weit in der Welt herumgekommen war, machte er täglich lange Spaziergänge in den kühlen Wäldern. Herr Trefz besaß im Osten des Landes eine Lederwarenfabrik von altem und bekanntem Ruf. Es entstand zwischen den beiden eine höfliche Vertrautheit und gegenseitige Hochschätzung, denn Schlotterbeck zeigte in der Lederbranche vortreffliche Kenntnisse und außerdem eine Bekanntschaft mit dem Weltmarkt, die für einen Privatier erstaunlich war. So währte es nicht lange, bis er dem Fabrikanten seine Geschichte und Lage genauer mitteilte, und es wollte beiden scheinen, sie könnten unter Umständen einmal auch in Geschäften recht gute Kameraden werden.

Die erhoffte Erholung fand Schlotterbeck also reichlich; er vergaß sogar für halbe Tage seinen schwebenden Handel mit der Witwe in Gerbersau. Den alten Geschäftsmann belebte und erregte die Unterhaltung mit einem gewiegten Kollegen und die Aussicht auf etwaige neue Unternehmungen nicht wenig, und die Bedürfnisse seines Herzens zogen sich, da er ihnen nie allzuvielen Raum gegönnt hatte, bescheidentlich zurück. Nur wenn er allein war, etwa abends vor dem Einschlafen, suchte ihn das Bild der Frau Entriß heim und machte ihn wieder warm. Doch auch dann schien ihm die Angelegenheit nicht mehr gar so gewichtig. Er dachte an jenen Abend im Häuschen der Nachbarin und fand schließlich, sie habe nicht völlig unrecht gehabt. Er sah ein, daß der Mangel an Arbeit und das Alleinhausen zu einem großen Teil an seinen Heiratsgedanken schuld gewesen seien.

Auf einem Spaziergang wurde er von Herrn Trefz eingeladen, diesen Herbst ihn zu besuchen und seinen Betrieb anzuschauen. Es war noch mit keinem Wort von geschäftlichen Beziehungen die Rede gewesen, doch wußten beide, wie es stand und daß der Besuch sehr wohl zu einer Teilhaberschaft und Vergrößerung des Geschäfts führen könnte. Schlotterbeck nahm dankend an und nannte dem Freunde die Bank, bei der er sich über ihn erkundigen könne.

»Danke, es ist gut«, sagte Trefz, »das Weitere besprechen wir dann, falls Sie Lust haben, an Ort und Stelle.«

Damit fühlte sich August Schlotterbeck dem Leben wiedergewonnen. Fröhlich stieg er an jenem Tag in sein Bett und schlief ein, ohne heut ein einziges Mal an seine Witwe gedacht zu haben. Er ahnte nicht, daß diese eben jetzt eine recht üble Zeit habe und seinen Beistand hätte brauchen können. Die Schwägerin war unter der Beobachtung des Oberamtsarztes noch scheuer und unheimlicher geworden und machte das kleine Häuschen zu einem Ort des Jammers, indem sie bald schrie wie am Spieß, bald rastlos und schwer seufzend die Treppen auf und ab stieg und durch die Stuben wanderte, bald auch sich in ihrer Kammer einschloß und eingebildete Belagerungen unter Gebet und Winseln bestand. Das arme Geschöpf mußte immerfort bewacht werden, und der geängstigte Doktor drängte zur Fortschaffung und Versorgung in einer Anstalt. Frau Entriß widersetzte sich dem, solange sie konnte. Sie hatte sich an die Nähe der schwermütigen Jungfer in langen Jahren gewöhnt, auch hoffte sie, es werde dieser schlimme Zustand nicht lange dauern, und schließlich fürchtete sie die bedenklichen Kosten, die ihr entstehen könnten. Sie wollte gern der Unglücklichen ihr Leben lang kochen, waschen und aufwarten, ihre Launen ertragen und sich um sie sorgen; aber die Aussicht, es möchte für dies zerstörte Leben vielleicht jahrelang ihr Erspartes dahingehen und in einen Sack ohne Boden rinnen, war ihr furchtbar. So hatte sie außer der täglichen Sorge um die Gemütskranke auch noch diese Angst und Last zu tragen, und sie fing trotz ihrer Zähigkeit an, etwas vom Fleisch zu fallen und im Gesicht ein wenig zu altern.

Von dem allem wußte Schlotterbeck kein Wort. Er war der Meinung, die Witwe sitze vergnügt in ihrem kleinen Hause und sei womöglich froh, den lästigen Bewerber für eine Weile loszusein.

Dies stimmte aber nun schon nicht mehr. Zwar hatte die Abreise des Herrn Schlotterbeck nicht die Folge gehabt, ihr nach dem Entfernten Sehnsucht zu wecken und ihr sein Bild zärtlich zu verklären, doch wäre sie jetzt in ihrer Not ganz froh gewesen, einen Freund und Berater zu haben. Ja sie hätte, falls es mit der Schwägerin schlimm gehen sollte, sich wohl auch die Bewerbung des reichen Mannes noch einmal näher und freundlicher angesehen.

In Gerbersau war unterdessen das Gespräch über die Abreise Schlotterbecks und ihre vermutliche Bedeutung und Dauer verstummt, da man jetzt an der Witwe Entriß wieder für eine Weile die Mäuler voll hatte. Und während unter den Tannenbäumen von Freudenstadt die beiden Geschäftsleute sich immer besser verstanden und schon deutlicher von künftigen gemeinsamen Unternehmungen miteinander plauderten, saß daheim in der Spitalgasse der Buchbinder Pfrommer zwei lange Abende an einem Schreiben an seinen Vetter, dessen Wohl und Zukunft ihm gar sehr am Herzen lag. Einige Tage später hielt August Schlotterbeck diesen Brief, der auf das beste Papier mit einem goldenen Rand geschrieben war, verwundert in den Händen und las ihn langsam zweimal durch. Er lautete:

»Lieber und werter Vetter Schlotterbeck!

Der Herr Aktuar Schwarzmantel, der neulich eine Schwarzwaldtour gemacht hat, hat uns berichtet, daß er Dich in Freudenstadt gesehen und daß Du wohl bist und in der Linde logierst. Das hat uns gefreut, und möchte ich Dir an diesem schönen Ort eine gute Erholung wünschen. Wenn man es vermag, ist ja eine solche Sommerkur immer sehr gut, ich war auch einmal ein paar Tage in Herrenalb, weil ich krank gewesen war, und hat mir vorzügliche Dienste getan. Wünsche also nochmals besten Erfolg, und wird unser heimatlicher Schwarzwald mit seinem Tannenrauschen auch Dir gewiß nur gut gefallen.

Lieber Vetter, wir haben alle Sehnsucht nach Dir, und wenn Du nach guter Erholung wieder heimkommst, wird es Dir gewiß in Gerbersau wieder recht gut gefallen. Der Mensch hat doch nur eine Heimat, und wenn es auch draußen in der Welt viel Schönes geben mag, kann man doch bloß in der Heimat wirklich glücklich sein. Du hast Dich auch in der Stadt sehr beliebt gemacht, alle freuen sich, bis Du wiederkommst.

Die Heimkehr

Es ist nur gut, daß Du gerade jetzt verreist bist, wo es in Deiner Nachbarschaft wieder so arg zugeht. Ich weiß es nicht, ob es Dir schon bekannt ist. Die Frau Entriß hat jetzt also doch ihre kranke Schwägerin hergeben müssen. Sie war so mit ihr umgegangen, daß das unglückliche Geschöpf es nimmer hat aushalten können und hat Tag und Nacht um Hilfe gerufen, bis man den Oberamtsarzt geholt hat. Da hat sich gezeigt, daß es mit der kranken Jungfer furchtbar stand, und trotzdem hat die Entriß darauf bestehen und sie um jeden Preis dabehalten wollen, man kann sich denken warum. Aber jetzt ist ihr das Handwerk gelegt, man hat ihr die Schwägerin weggenommen, und vielleicht muß sie sich noch anderswo verantworten. Dieselbe ist im Narrenhaus in Zwiefalten untergebracht worden, und die Entriß muß tüchtig für sie zahlen. Warum hat sie früher so an der Kranken gespart!

Wie man das arme Ding fortgebracht hat, das hättest Du sehen sollen, es war ein Jammer. Sie hatten einen Wagen genommen, da saß die Entriß, der Oberamtsarzt, ein Wärter aus Zwiefalten drin und die Patientin. Da fing sie an und hat den ganzen Weg geschrien wie verrückt, daß alles nachgelaufen ist, bis auf den Bahnhof. Auf dem Heimweg hat die Entriß dann allerlei zu hören gekriegt, ein Bub hat ihr sogar einen Stein nachgeworfen.

Lieber Vetter, falls ich Dir hier irgend etwas besorgen kann, tue ich es sehr gern. Du bist ja dreißig Jahre lang von der Heimat fortgewesen, aber das macht nichts, und für meine Verwandten ist mir, wie Du weißt, nichts zuviel. Meine Frau läßt Dich auch grüßen.

Ich wünsche Dir gutes Wetter für Deine Sommerfrische. In dem Freudenstadt droben wird es schon kühler sein als hier in dem engen Loch, wir haben sehr heiß und viel Gewitter. Im Bayrischen Hof hat es vorgestern eingeschlagen, aber kalt.

Wenn Du etwas brauchst, stehe ich ganz zur Verfügung. In alter Treue Dein Vetter und Freund

Lukas Pfrommer.«

Herr Schlotterbeck las diesen Brief aufmerksam durch, steckte ihn in die Tasche, zog ihn wieder heraus und las ihn nochmals, übersetzte ihn aus dem Gerbersauerischen ins Deutsche und suchte sich die geschilderten Begebenheiten vor Augen zu denken. Dabei ergriff ihn Scham und Zorn, er sah das arme Frauchen verhöhnt und preisgegeben, mit Tränen kämpfen und ohne Trost allein sitzen. Je mehr er es überlegte und je deutlicher er alles sah und begriff, desto mehr schwand sein stilles Schmunzeln über den briefschreibenden Vetter dahin. Er war über ihn und über ganz Gerbersau herzlich empört und wollte schon Rache beschließen, da fiel ihm allmählich ein, wie wenig er selber in dieser letzten Zeit an die Frau Entriß gedacht hatte. Er hatte Pläne geschmiedet und sich gute Tage gegönnt, und währenddessen war es der lieben Frau übel gegangen, sie hatte es schwer gehabt und vielleicht auf seinen Beistand gehofft.

Indem er das bedachte, begann er sich zu schämen. Was war jetzt zu tun? Jedenfalls wollte er sofort heimreisen. Ohne Verzug rief er den Wirt, ordnete für morgen früh seine Abreise an und teilte dies auch dem Herrn Trefz mit. Während er seinen Koffer packte, vergaß er die Scham und den Zorn und alle Bedenken und verfiel in eine Heiterkeit, die ihn den ganzen Abend nicht mehr verließ. Es war ihm klargeworden, daß alle diese Geschichten nur Wasser auf seine Mühle seien. Die Schwägerin war fort, Gott sei Dank, die Frau Entriß saß vereinsamt und traurig und hatte wohl auch Geldsorgen, da war es Zeit, daß er nochmals vor sie trat und in dem abendsonnigen Stüblein ihr sein Angebot wiederholte. Vergnügt verbrachte er den Abend mit Herrn Trefz bei einem guten Markgräfler Wein. Die Männer stießen auf ein gutes Wiedersehen und eine weiterdauernde Freundschaft an, der Wirt trank ein Glas mit und hoffte, beide gute Gäste im nächsten Jahr wiederzusehen.

Am anderen Morgen stand Schlotterbeck zeitig an der Eisenbahn und erwartete den Zug. Der Wirt hatte ihn begleitet und drückte ihm nochmals die Hand, der Hausknecht hob den Koffer in den Wagen und bekam sein Trinkgeld, der Zug fuhr dahin, und nach einigen ungeduldigen Stunden war die Reise getan und Schlotterbeck wandelte an dem grüßenden Stationsvorstand vorbei in die Stadt hinein.

Er nahm nur ein kurzes Frühstück im Adler, der am Weg lag, ließ sich dort den Rock abbürsten und ging alsdann geraden Weges zu Frau Entriß hinauf. Das Tor war verschlossen, und er mußte ein paar Augenblicke warten, bis die Hausfrau daherkam und mit einem fragenden Gesicht – denn sie hatte ihn nicht kommen sehen – die Tür auftat. Da sie ihn erkannte, wurde sie rot und versuchte, ein strenges Gesicht zu machen, er trat aber mit freundlichem Gruß herein, und sie führte ihn in die Stube.

Sein Kommen hatte sie überrascht. Sie hatte in der vergangenen Zeit wenig an ihn denken können, doch war seine Wiederkunft ihr immerhin kein Schrecken mehr, sondern eher ein Trost. Er sah das auch, trotz ihrer

Stille und künstlichen Kühle, sehr wohl und machte ihr und sich selber die Sache leicht, indem er sie herzhaft an beiden Schultern faßte, ihr halb lachend ins rote Gesicht schaute und fragte: »Es ist jetzt recht, nicht wahr?«

Da wollte sie lächeln und noch ein wenig spröddeln und Worte machen; aber unversehens übernahm sie die Bewegung, die Erinnerung an so viel Sorge und Bitterkeit dieser Wochen, die sie bis zum Augenblick tapfer und trocken durchgemacht hatte, und sie brach zu seinem und ihrem Schrecken plötzlich in Tränen aus. Bald hernach aber erschien auf ihren Wangen wieder der schüchterne Glücksschein, den Herr Schlotterbeck vom letztenmal her kannte, sie lehnte sich an ihn, ließ sich von ihm umfangen, und als nach einem sanften Kusse der Bräutigam sie auf einen Stuhl niedersetzte, sagte er wohlgemut: »Gott sei Dank, das stimmt also. Aber auf den Herbst wird das Häusel verkauft, oder willst du um jeden Preis in dem Nest hier bleiben?«

(1909)

Haus zum Frieden

Aufzeichnungen eines Herrn im Sanatorium

Das Haus »Zum Frieden«, in dem ich seit etwa einem Jahr wohne, führt den bescheidenen und freundlichen Namen »Kuranstalt« und hält etwa die Mitte zwischen Hotel und Sanatorium. Es beherbergt denn auch hauptsächlich solche Gäste, welche für das Leben in einem richtigen Hotel nicht mehr frisch und widerstandsfähig, für den Entschluß aber, in ein richtiges Sanatorium zu gehen, noch nicht mutig oder verzweifelt genug sind. In diesem Sinne wird das Haus von seinen geschickten und erfahrenen Besitzerinnen geführt: man genießt Achtung als Gast, fein gefärbt durch zurückhaltende Teilnahme und unmerklich leise Beaufsichtigung auf den Korridoren; vor unseren sehr freundlichen Zimmern mischt sich unter die rücksichtsvoll gedämpften, doch gröberen Schritte der Dienstboten der leise, beruhigend milde Gang der Krankenschwester. Wer, so wie ich zum Beispiel, nicht eine spezielle strengere, etwa diätetische oder Liege- oder Entziehungskur gebraucht, dem ist in diesem Hause nur durch das Rauchverbot und den Zehnuhrschluß der Haustür eine gelinde Freiheitsbeschränkung auferlegt, in welche – wie es natürlich ist – sich jedermann still und willig fügt. Nur einer meiner Mitgäste, den ich nicht nennen will, pflegte in der ersten Zeit nach seiner Ankunft auf einem halbdunkeln Absatz der Dienerschaftstreppe heimlich Zigarren zu rauchen, stand jedoch auf die freundlichen Vorstellungen unserer Wirtinnen hin von dieser Übung ab. Geistige Getränke sind nicht beliebt, doch ist ein Glas Wein bei Tisch gestattet.

Unsere Kuranstalt nimmt nur höchstens zwanzig Gäste auf. Fünf oder sechs schwerer Kranke leben ausschließlich in ihren Zimmern; diese kenne ich nicht und habe einige von ihnen noch nie zu Gesicht bekommen; wir anderen sind fast alle einander vorgestellt und pflegen untereinander eine etwas gedämpfte, sanfte Art von Geselligkeit, ohne einander zu stören und ohne Opfer voneinander zu verlangen. Feste Gruppen haben sich wohl kaum gebildet, soweit ich es beobachten kann, außer etwa unter den Frauen; doch gibt es eine deutlich erkennbare Oberschicht oder Aristokratie derer, die schon lange Zeit im Hause und von dessen Ton und Geist einander angeähnelt sind, und eine etwas unsichere und schüchterne Art von Zusammengehörigkeitsgefühl unter den erst in jüngster Zeit Angekommenen. Mag dies auch anderwärts, ja in vielen gewöhnlichen Hotels sich so verhalten, so spielt doch hier im Verkehr der Gäste untereinander die Zeit ihres Hierweilens eine besondere Rolle, da unser Haus »Zum Frieden« eben seine ganz eigene Atmosphäre und Stimmung hat und eine besondere seelische und geistige Angewöhnung und Schulung von seinen Gästen fordert oder doch wünscht. Allein hiervon kann erst später die Rede sein.

Um grundsätzliche Irrtümer auszuschließen, sei es gleich gesagt: unsere distinguierte kleine Kuranstalt ist nicht irgendeiner medizinischen Spezialität, einer bestimmten Krankheit oder Gruppe von Krankheiten gewidmet; unsere Doktoren sind weder Lungen- noch Herz-Spezialisten, auch nicht etwa Psychiater, sondern es leben hier kränkliche, schonungs- und stärkungsbedürftige Menschen jeder Art. Sie finden hier Ruhe, Waldluft, Bäder, freundliche Pflege, bequeme Spazierwege, mildes Klima, sowie eine gute, klug geführte, anpassungsfähige Küche, und es sind hier schon alle möglichen Arten von Patienten, vom Fettleibigen bis zur Bleichsüchtigen, vom Rheumatiker bis zum nervösen Melancholiker zu Gast gewesen.

Das Leben, das wir Gäste und Patienten hier führen, ist vielleicht wenig von dem in andern klimatischen Kurorten verschieden; sein Hauptmerkmal ist die zeitweilige oder dauernde Abgeschiedenheit vom sogenannten Alltag und normalen Leben, von der Tätigkeit, den Berufen, Erregungen und Mühsalen des Erwerbslebens, Geschäfte werden hier nicht gemacht und besprochen, man weiß nichts von Börse und Industrie, spricht nur selten und ohne Leidenschaft von Politik. Die Internationalität unserer Gesellschaft ergibt von selbst Mehrsprachigkeit und eine ganz mechanische, räumliche, doch angenehme Erweiterung des Unterhaltungshorizontes. Neben dem Deutschen ist die vorherrschende Sprache nicht Englisch, sondern Französisch. Kinder sind nicht im Hause.

Was nun den Geist unseres Hauses betrifft, so ist er der unseres Oberarztes, des Professors, dessen Assistent sein Schüler und Gesinnungsgenosse ist. Die wissenschaftliche und ärztliche Eigenart und Weltanschauung des Professors zu umschreiben, darf ich natürlich nicht wagen, dazu müßte ich ja zumindest seines Ranges sein; ich begnüge mich mit einigen Notizen über meine Beobachtungen und Eindrücke. Unser Professor sucht und sieht und behandelt nicht Krankheiten, sondern Menschen. Es liegt ihm nicht so sehr daran, die abnormen Herzgeräusche eines Herzkranken, das Loch in der Lunge eines Schwindsüchtigen zu bekämpfen und wegzuschaffen, als vielmehr diesen Kranken das Leben zu erleichtern, ihnen innerhalb der Bedingungen ihrer beschränkten oder geschädigten Natur eine möglichst günstige und erträgliche Lebensweise zu bieten oder anzuerziehen. Er scheut nicht vor Unheilbaren zurück, er gibt Schwerbedrohte nicht auf, er sucht nicht minder die Minuten des Sterbenden wie die Jahre des Leichtkranken erträglich und womöglich freundlich zu machen. Er will die Naturen nicht zwingen und vergewaltigen, er will nicht zarte Leute robust und hagere fett machen, sondern er will nur einem jeden das Verharren in seiner Haut und Person, auch wenn sie noch zu krank ist, ermöglichen und erleichtern. Dazu gehört nun vor allem, daß er jedem Leidenden die Einsicht in sein eigenes Wesen und Leiden eröffne und erhelle, daß er jeden lehre, sein eigenes Leben innerlich zu verstehen, ernst zu nehmen und zu achten. Er beschleicht und erlegt die Zerstörer der Lust und des Lebens, indem er in der Vernunft und im Gemüt des Kranken selber dem Leiden Feinde und Gegenkräfte erzieht. Hierin sehe ich den Angelpunkt seiner Kunst, die er mit allen Listen, Vorteilen und Werkzeugen der Wissenschaft und medizinischen Technik emsig unterstützt. Eine vorurteilslose, edle Achtung vor allen Erscheinungen der lebendigen Natur, eine nahezu moralfreie Beurteilung jedes menschlichen Zustandes, aller Lebenslagen, Leidenschaften, Verirrungen – das ist sein Fundament. Und sein Ideal, so möchte ich glauben, ist ein Zustand der Menschheit, in welchem jeder Geringste auf diesem Boden stünde und wo leidenschaftslose Vernunft die Gedanken, Urteile und Taten der Menschen und Völker leiten würde.

Wir Gäste sind übrigens nicht, wie man etwa denken möchte, lauter müde Menschen. Es sind einige prächtige, naive, ungebrochen lebensfrohe Leute dabei, zum Beispiel ein sehr schwerer Herr aus Breslau, welchem es um eine Verminderung seines Leibesumfangs und Gewichtes zu tun ist. Ich empfinde immer eine gewisse Freude, wenn ich ihn sehe oder draußen seine Stimme höre oder seinen zugleich schweren und elastischen Schritt auf den Treppen. Ich denke manchmal über ihn nach, doch würde es mir nie gelingen, ihn zu beschreiben. Es ist nicht allzu schwer, komplizierte Charaktere intellektueller Menschen zu beschreiben, da man diese analysieren und auseinanderlegen kann; nur ein großer Künstler aber vermag das Einfache, Unzerlegbare, naiv Urtümliche wiederzugeben. Der Herr aus

Breslau hat komplizierte und intellektuelle Menschen nicht ungern; er hat sich mit zwei solchen, wohl den Gebildetsten und Klügsten von uns, befreundet, wandelt mit ihnen spazieren, sitzt neben ihnen bei Tisch und hat eine sichtliche Freude daran, ihren Gesprächen und geistvollen Streitereien zuzuhören. Bei solchen Diskussionen sitzt oder geht er neben ihnen, ohne selber je ein Wort zu äußern, aber mit einem beinah leidenschaftlichen Interesse, einer innigen Freude und Hingabe zuhörend, wobei sein breites Riesengesicht vor Genugtuung über die Wort- und Geistesturniere seiner Nachbarn und vor Wohlwollen für beide Parteien richtig strahlen kann. Diese naiven, einfachen Menschen bleiben aber leider alle nicht gar lange hier. Sie werden einfach wieder gesund, sie legen ihre Leiden ab wie einen alten Hut, oder aber, wenn äußere Mittel nicht anschlagen und unser Professor in seiner psychischen Behandlung aktiver zu werden beginnt, schrecken sie zurück und reisen entschlossen davon. Ich fürchte sehr, auch unser fettleibiger Gast gehöre zu dieser Gattung; wir verlören viel an ihm, wenn er ginge. Allein schon der Klang seiner Stimme im Speisesaal oder Garten bringt einen Hauch von Frische, Harmlosigkeit und froher Vitalität in unser Haus.

Reist ein solcher Gast nun ab, so bedauern wir es zwar, aber wir empfinden sein Gesundwerden und Abreisen als durchaus natürlich und richtig; man hat bei seinem letzten Händedruck das Gefühl, er sei ohne alle Zweifel und Sorgen in bezug auf den Ort, wohin er reist, und das Leben, das er dort führen wird; er kehrt ins Glück zurück, ins Normale und Gültige, man braucht nichts für ihn zu fürchten. Ganz anders ist es, wenn einer der Schwierigen, Komplizierten und Problematischen seinen Abschied nimmt, sei es, daß es ihm nicht mehr gefällt, sei es, daß er die Kosten für die Pension nicht mehr aufzubringen vermag, sei es, daß er gesonnen ist, zu einem Laster zurückzukehren, das er hier sich völlig abzugewöhnen nicht imstande war. Wenn ein solcher abreist, dann trauern wir um ihn zwar weit weniger als um jene Naiven und Normalen, aber wir fühlen uns bedrückt, bedroht, von Ahnungen und Mahnungen angerührt, mit denen wir uns nicht gerne auseinandersetzen.

Ein anderer von unsern Hausgenossen, der mich eine Zeitlang recht sehr interessierte, ist ein bekannter Schriftsteller. In der ersten Zeit nach seiner Ankunft umgab er sich mit einer trotzigen und rührenden Einsamkeit, welche wir alle der Überarbeitung und einem tiefen Ruhebedürfnis zuschrieben und entsprechend respektierten. Dies war jedoch ein Irrtum. Der noch ziemlich junge Herr stellte sich niemandem vor, speiste allein an einem kleinen Extratisch und vermied jede Teilnahme an unsern nachbarlichen Gesprächen. Es sah wie Müdigkeit aus, so als möge er sein Gehirn schon gar nicht mehr benützen, oder auch wie Stolz, als fürchte er sich davor, seine erhabene Gedankenwelt mit unserer niederen zu vermischen. Er sah sehr reserviert und auch ein wenig scheu aus, und mit Ausnahme einiger Frauen, denen er leid tat, hielten wir alle im stillen diesen Einsiedler für einen recht hochmütigen Mann, den wir gern in Ruhe ließen.

Es zeigte sich, daß wir ihm unrecht getan hatten. Bei einer geringfügigen Gelegenheit, wo er mit einer älteren Dame im Hause ins Gespräch geriet und nicht entrinnen konnte – er hatte ihren Liegestuhl im Garten mit dem seinen verwechselt –, bei dieser Gelegenheit legte er nicht nur eine gutmütige, zartfühlende, jedoch gänzlich formlose Höflichkeit an den Tag, sondern gab auch, da die Dame ihn zur Fortführung des Gesprächs ermunterte, ein erstaunlich reges, offenbar bisher mit Anstrengung unterdrücktes Bedürfnis nach Geselligkeit zu erkennen. Es war ihm nicht etwa peinlich, das Eis seiner stolzen Isolierung gebrochen zu sehen, vielmehr trat er tief aufatmend wie aus einem luftleeren Raum hervor und näherte sich von jenem Tag an auch uns andern mit Zutrauen.

Die eine Ursache dieser Verwandlung konnten wir alle nun sehr bald erkennen: der berühmte Mann war ohne gesellschaftliche Erziehung und wußte sich, zumal im Gefühl seiner innern Überlegenheit über die durchschnittliche Gesellschaftswelt, seines Mangels nicht anders zu erwehren als durch sein schroffes und finsteres Auftreten, das seinem Wesen nicht entsprach und unter welchem er selber litt.

Nun kam aber noch ein Zweites hinzu. Als Träger eines bekannten Namens, dessen Umgang vielen erwünscht gewesen wäre und dem man selbst einen noch höheren Grad von Formlosigkeit wohl hätte hingehen lassen, sah er sich einem Interesse ausgesetzt, das ihm unverdient und auf Mißverständnissen zu beruhen schien. Er verdankte seinen noch ziemlich jungen Ruhm einem Theaterstück, dessen Erfolg ihn über Nacht aus Armut und dunkler Einsamkeit gerissen hatte und dessen Titel jedem Gebildeten geläufig war. Dieses erfolgreiche Drama war aber nicht etwa eine neue Arbeit des Verfassers, sondern ein frühes Jugendwerk, das manche Jahre unveröffentlicht bei ihm gelegen hatte. Er war mit dieser Dichtung, die ein ihm befreundeter Schauspieler entdeckt und halb wider seinen Willen herausgebracht hatte, nicht mehr einverstanden und hätte sie am liebsten verleugnet. So war sein Erfolg und Emporkommen für ihn schon von allem Anfang an eine zweischneidige Sache gewesen und hatte ihm den Genuß und das Hochgefühl niemals gebracht, um die jedermann ihn beneidete. Er hatte deshalb auch nicht, wie es nahe zu liegen schien, sein äußeres Glück dazu benützt, Versäumtes nachzuholen und sich als begünstigter Neuling in die Welt des Wohlstandes und der guten Formen zu begeben, wozu er längst noch jung und beweglich genug gewesen wäre. Vielmehr hatte er sich aus der früheren unfreiwilligen Vereinsamung in eine neue, selbstgewählte hinübergeflüchtet, deren Innehaltung ihm Mühe und Sorgen machte. So galt er für selbstzufrieden oder genügsam, während er sich nach den Wundern der Welt und Weite sehnte, und galt für grob und eingebildet, während er sehr verwundbar und innerlich bescheiden war. Seine Hoffnung war gewesen, sich durch neue, reifere Werke den vorweggenommenen Kranz und das gute Gewissen dazu erst zu verdienen. Aber jenem Erstlingswerk gegenüber, das nun eben ein Schlager gewesen war, konnten seine folgenden Arbeiten es nur zu leidlichen Achtungserfolgen bringen; er war und blieb für alle Welt einzig der Verfasser jenes ersten Stückes.

Noch während ich mit meinen Gedanken mit dem so einfachen Rätsel dieses scheinbar komplizierten Menschen suchend beschäftigt war, erweckte ein kleines Erlebnis mein wirkliches Mitgefühl für den Schriftsteller. Er lag eines Nachmittags im entferntesten Winkel des Gartens in seinem Liegestuhl allein, und ich konnte ihn von meiner Hängematte aus sehr wohl sehen und beobachten, ohne daß er meine Nähe ahnte. Die schickliche Zeit, ihn darauf aufmerksam zu machen, daß er nicht ungesehen allein sei, hatte ich schon versäumt, und da er ganz ruhig lag, erschien meine ungewollte Horcherschaft mir verzeihlich. Der hagere Mann ruhte still ausgestreckt, hatte die Brille abgenommen und blickte mit kurzsichtigen, doch ziemlich klaren Augen lange Zeit regungslos ins Grüne. Ich unterließ es, ihn weiter zu beobachten und glaubte ihn längst eingeschlummert, da kein Laut von ihm zu hören war, als ich ihn nach etwa einer Stunde unvermutet tief aufseufzen hörte. Ich blickte unwillkürlich hinüber und sah ihn noch immer in genau derselben Haltung verharren, er blickte starr ins Grüne, seufzte noch mehrmals, schüttelte den kantigen Kopf, und nun sagte er laut und langsam vor sich hin: »Lieber Gott! Lieber Gott!« Mehr geschah nicht, seine Züge blieben unverändert, resigniert und gleichsam etwas erstaunt, wie die eines tief Leidenden. Aber die zwei klagenden oder flehenden Worte schienen viel zu sagen und klangen außerordentlich traurig und hoffnungslos wie eine Art von fragender Anklage an das Leben und ohne die geringste Erwartung einer Antwort. Bei einem alten Manne hätten sie mir wenig Eindruck gemacht, aber bei diesem noch nicht Vierzigjährigen überraschte und erschreckte mich allein schon die Tatsache, daß er laut mit sich selber sprach, und dann dieser Ton, dieser klagende Klang voll Traurigkeit und Verzicht, als wäre in die beiden kindlichen Worte Irrsal und bange Auswegslosigkeit eines unverstandenen Schicksals geflossen.

Von damals an dauerte es nicht mehr lange, bis ich diesen armen Menschen vollends verstand oder doch zu verstehen glaubte. Vielleicht ist das der Grund, daß er mich neuestens wenig mehr interessiert, obwohl er im Gespräch zuweilen sehr gescheite Dinge sagen kann. Vielleicht aber – ich weiß es nicht – ziehen meine Gedanken sich aus einer Art von Scheu und Selbstschutz wieder mehr von ihm zurück, seit ich sein Problem erfühlt und die Gefährdung dieses Lebens erspürt habe. Mir scheint, er ist zwar ohne Zweifel ein ungewöhnlicher und sehr begabter Mensch, jedoch nicht der, den man seiner Berühmtheit nach in ihm sucht und erwartet, sein Ruf, sein Name ist größer als er, er füllt ihn nicht aus. Und vielleicht ist wirklich jenes erste Werk, für das er kaum noch verantwortlich sein will, sein bestes gewesen, das er weder überbieten noch vergessen machen kann. Vielleicht ... Denn gewiß ist er seit der Zeit, in der er es einst geschrieben hat, feiner, gescheiter, weiter geworden, aber möglicherweise ist ihm damit doch viel von seiner Kraft und Ursprünglichkeit verlorengegangen.

Er selbst, so scheint mir, denkt nicht so. Ich glaube, er denkt und hofft jetzt nicht mehr, durch ein neues und besseres Werk ein zweites Mal seine Zeitgenossen anzurufen und Erfolg und Einfluß zu gewinnen. Er denkt, scheint mir, jetzt an die Welt und an seine Wirkung in ihr zu wenig, und zu viel an sich selbst, an seine Sorge, an sein Seelenheil. Er glaubt wahrscheinlich an sein künftiges Werk und an seine Kraft dazu noch immer, nur will er es jetzt gewissermaßen nur für sich selbst machen, als Rechtfertigung seines Daseins und Rechtfertigung seiner frühern Erfolge, und hat die Gedanken an seine Wirkung nach außen für eine Weile, oder auch für immer, beiseite gelegt.

Die vorzügliche Methode unseres Professors hat sich nämlich an dem Dramendichter bisher zwar schön bewährt, es scheint mir aber ihre weitere Wirkung an einem toten Punkt steckenzubleiben. Der Glaube des Literaten, es liege seinem Übelbefinden, seiner Schlaflosigkeit und seinen mancherlei Beschwerden ein körperliches Leiden zugrunde, dieser Glaube war ein Wahn, und der Wahn ist durch den Arzt aufgedeckt und zerstört worden. Der Leidende hat eingesehen, daß teils seine ganze seelische Veranlagung, teils das Besondere seines inneren Schicksals, teils aber auch seine eigene Charakterschwäche, sein Mangel an Erziehung und Selbsterziehung, an Einordnung und Anpassung, die einzigen Ursachen seines wenig erfreulichen Zustandes sind, und er schien anfänglich auf gutem Wege zur endgültigen Erkenntnis und damit zum endgültigen gelassenen Hinnehmen seines Lebens zu sein. In diesem Weg ist er aber wieder irre geworden und bleibt zögernd stehen. Soweit ist mein Wissen um ihn einwandfrei. Darüber hinaus kann ich nur Vermutungen und Ahnungen haben. Und da will mir scheinen, unser Mann zögere aufgrund eines vielleicht richtigen instinktiven Gefühles, er scheue nämlich vor der Bahn der reinen Erkenntnis und der Lebensklugheit deswegen zurück, weil seine innere Stimme ihm sagt, er werde mit den unbeherrschten dunklen Regungen seiner Seele auch die schöpferische Kraft als Künstler verlieren. Er hat die Wahl, entweder seine Gedanken- und Seelenstruktur zu Ende zu führen und damit ein stetigeres, leidloseres, wenn auch gedämpftes Lebensgefühl zu gewinnen, oder aber seinen Dämon fernerhin im Dunkeln walten zu lassen und zugunsten seltener trunkener und gehobener Stunden auf jenes stabilere Glück der Ruhe zu verzichten. Er wird von Apollo abfallen und zu Dionysos zurückkehren.

Wenn ich dies bedenke und betrachte, dann kommen mir betrübliche Gedanken. Unser Mitpatient steht auf einem gefährlichen Boden, es ist mir bange um ihn. Obwohl er noch ziemlich jung und ohne ernste körperliche Leiden ist, kann ich mich nicht meinen Gedanken über ihn hingeben, ohne daß sie ein unangenehmes Thema streifen – ja, und da fällt mir ein: dies ist wohl die eigentliche Ursache, warum ich mich, nachdem ich eine gewisse Stufe der Einsicht erlangt habe, wieder von der Beschäftigung mit diesem Manne abzuwenden begann. Ja, so ist es. Ich sagte, er stehe auf einem gefährlichen Boden. Während sein Betragen noch wie zu Anfang zwischen einer beinah kindlichen Hingenommenheit und Beeinflußbarkeit und zwischen einem Insichversinken und blinden Starren ins Bodenlose schwankt, scheint er doch im Erkennen fortgeschritten zu sein.

Es steht hinter ihm nicht nur der Professor, von dessen überlegener Intelligenz und gütiger Teilnahme er abhängig geworden ist. Es steht hinter ihm noch ein anderer. Und es würde mir ein Schmerz zwar, aber keine

Überraschung sein, wenn der unsichere Mensch sich eines Tages gewaltsam vom Leben befreien sollte. Ich könnte auch, wenn ich es wirklich so kommen sähe, ihn nicht daran zu hindern versuchen.

Und obwohl ich den Dichter um dieser kindlichen Unsicherheit wegen ein wenig verachten muß, ich, der ich mein Leben bis zu seinem natürlichen Ende zu tragen mich entschlossen und fähig weiß, so muß ich doch in diesem unglücklichen Mann eine göttliche Gabe und Macht verehren, die ich, um ehrlich zu sein, weit über meine geringe Weisheit und vielleicht auch noch höher als die des Professors stellen muß. Ich habe einigermaßen gelernt, den Erscheinungen des Lebens unbefangen und erkennend ins Gesicht zu sehen, aber von der geheimnisvollen und wunderbaren Gabe des Künstlers, vor allem des Dichters, von seiner Magie, von seiner Schöpferkraft, von seiner Fähigkeit, Menschen zu gestalten, statt sie nur zu studieren und zu verstehen, habe ich nichts in mir, und ich halte von dieser Gabe außerordentlich viel. Ich muß sie ehren, auch wo sie mir in trübem Gefäß begegnet.

Was übrigens den Selbstmord betrifft, so haben wir da eine wunderliche Figur in unserem merkwürdigen Hause, eine verwöhnte Dame, die eigentlich ganz gesund ist und dank ihrer gesellschaftlichen Stellung und ihres Vermögens sich des Lebens zu freuen allen Anlaß und alle Möglichkeiten hätte. Aber sie lebt von ihrem Mann getrennt, es heißt die Ehescheidung werde vorbereitet, und so ist sie zeitweilig gewissermaßen von ihrem normalen Leben abgetrennt und macht eine Zeit der Kasteiung oder doch des Übergangs zu neuen Lebensstufen durch, was ihr große Mühe und täglichen Verdruß bereitet.

Diese Dame nun, die vermutlich bald wieder obenauf schwimmen und das Versäumte hemmungslos nachholen wird, hat sich entweder in unsern Professor verliebt, oder möchte ihn doch auf eine beinah gewaltsame, eifersüchtige und ausschließliche Weise um ihre Person und ihr Wohlbefinden bemüht sehen. Sie hat noch nicht gemerkt, daß sie ihm dann am liebsten, oder am wenigsten unlieb ist, wenn sie sich vergißt und ihre harmlos heitere, genießerische Natur zum Vorschein kommt, was nicht selten der Fall ist. Sie hat sich nun aber in eine Rolle hineingespielt und gesteigert, deren Durchführung ihr Pflicht erscheint, in die Rolle der Unglücklichen, Unverstandenen, unschuldig Leidenden und äußerst Hilfsbedürftigen. Allmählich hat sie diese Rolle mit vielen reichen Einzelheiten und Ziera-

Haus zum Frieden

ten ausgebaut, und greift immer einmal wieder zu einem ihrer derbsten und wenigst diskreten Mittel, um ihre Person und Notlage in den Augen der Umwelt und namentlich des verehrten Arztes zur Geltung zu bringen. Dies Mittel ist die Drohung mit dem Selbstmord. Immer wieder findet die gutmütige Krankenschwester im Zimmer dieser Dame, wo sie eigentlich ganz entbehrlich wäre, aber täglich mit allerlei Handreichungen beschäftigt wird, an auffälliger Stelle ein Fläschchen oder Röhrchen stehen, dessen Etikett Unheil droht und womöglich mit einem Totenkopf geschmückt ist. Man läßt das jeweils eine Weile unbeachtet, bis sie ungeduldig wird und entweder wirklich irgend etwas Unbekömmliches zu sich nimmt oder doch durch im Bett bleiben, Verweigern der Mahlzeiten und stöhnendes Elend andeutet, daß sie es getan habe. Es sind dies die einzigen Anlässe, bei welchen man unsern Professor schon ernstlich ärgerlich und ungeduldig hat werden sehen. Einmal soll er ihr gedroht haben, sie bei nächstem Anlaß wegzuschicken.

»Wir brauchen unsre Zimmer und unsre Pflegerin für wirklich Kranke«, soll er ihr neulich gesagt haben. Dann weint sie und verspricht, gehorsam und vernünftig zu sein. Und zwischenhinein, an manchen Tagen, geht ihre eigentliche, gesunde und gute Natur mit ihr durch, sie vergißt die Rolle und gewinnt unsre Sympathien zurück durch die Harmlosigkeit ihres Lachens oder die Frische ihres Appetits.

Mit weit größerem Erfolg als bei dem Schriftsteller hat die Weisheit unseres Wohltäters sich an einem Manne bewährt, der früher ganz im Bann eines bedenklichen Dämons stand und der zwar für immer an den Folgen seiner Schwäche zu tragen haben wird, den Dämon selbst aber vollkommen überwunden hat. Das ist der Archivar B. aus Schweden.

Dieser kleine, schwächlich aussehende Herr, mit dem etwas schwer beweglichen, stillen, heiteren, guten Blick, der seit langer Zeit hier lebt und in seiner strengen Diät noch niemals eine Versündigung begangen hat, besitzt das erstaunlichste Gedächtnis, das ich je bei einem Menschen angetroffen habe. Früher mag ihm dies auf dem Gebiet der historischen Wissenschaften zugute gekommen sein. Mich interessiert dabei nur die außerordentliche Klarheit der Erinnerung, mit welcher Herr B. sein eigenes Leben umfaßt. Man sollte nicht glauben, daß er bis vor einigen Jahren Alkoholiker, eine Art Quartalsäufer, gewesen ist.

Im äußeren Lebensgang des Archivars ist wenig Auffallendes und Eigentümliches gewesen, mit Ausnahme jener zeitweiligen Trunksucht. Er lernte das Trinken als junger Mensch in einem Kreise bohemisierender Künstler und Müßiggänger, mit dem ihn nichts verband als seine unglückliche Liebe zu einer hübschen zweideutigen Frau, die sich in jener bunten und munteren Umgebung als umworbene Emanzipierte gefiel. Diesen Kreis unordentlicher Existenzen verließ er in Bälde wieder, doch verfolgte ihn seine Leidenschaft für die schöne Person noch lange und ließ ihn nicht zu einem gesicherten Leben kommen; denn nach Pausen der guten Haltung, der Selbstüberwindung und verhältnismäßigen Wohlbefindens, ergriff ihn immer wieder Einsamkeitsgefühl und Elend, und dann trank er. Einmal vertrank er sein Vierteljahresgehalt mit ein paar zufällig aufgelesenen Kumpanen innerhalb weniger Tage mit Champagner und Likören. Doch hielt er sich im Amt, viele Jahre lang und oftmals seiner Familie wie seiner Begabung wegen verschont, bis ein besonders wilder Anfall auch dem ein Ende machte. Der Trinker war wieder in üble Gesellschaft geraten, demolierte in der Trunkenheit, von einem Schiffsheizer und zwei Matrosen unterstützt, Fenster und Buffet eines eleganten Cafés, das ihn nicht hatte einlassen wollen, und schlug sich bis aufs Blut mit der Polizei herum. Da erhielt er seine Entlassung, doch wurde ihm eine Pension zugestanden, von welcher er seither lebt.

Bekannte empfahlen ihn an unsern Professor, dem es gelang, ihm das Trinken vollkommen zu verleiden. Indessen stellten sich lästige Folgen des Lasters und jahrelanger Vernachlässigung ein und hinderten ihn, wieder ein Amt oder eine ständige Arbeit zu übernehmen. Nun lebt er also seit langem hier, unser ältester Gast, oft recht leidend und zeitweilig unfähig zu gehen. Aber er ist heiter und überlegen; er hat gelernt, seinem leiblichen Befinden als einem unwichtigen Geschehen nachsichtig zuzuschauen. Niemals kann er einen Wagen nehmen, niemals Blumen kaufen, oder sich kleine Erleichterungen und Vergnügungen verschaffen; sein Geld reicht nur eben hin, um das kleinste Zimmerchen des Hauses und die Kost zu bezahlen. Doch wird er nicht schlechter bedient als der Reichste, denn alle haben ihn gern. An seinen guten Tagen, wenn er die kleine Strecke bis zum Kurpark gehen kann, bittet er in der Küche um Brotreste, welche er den Goldfischen, den Schwänen und Rehen mitbringt.

Wenn ich einmal in die Lage käme, einen Freund zu brauchen, so würde ich ohne Besinnen zu dem Herrn Archivar gehen. Er steht am höchsten von uns allen, den Professor vielleicht ausgenommen. Wir alten Gäste und

Patienten sind nicht sehr gesprächig, wir sind zufrieden, einander zuzunikken und dieselbe leichte Luft einer gemeinsamen Erkenntnis und Schulung um uns zu fühlen. Nur zuweilen, wenn der Archivar längere Zeit an sein Kämmerchen gefesselt ist, setze ich mich für Stunden zu ihm. Er weiß, daß ich ihn gern erzählen höre, und er berichtet mir klar und lückenlos in schönen Bilderreihen, von den verschiedensten Zeiten seines Lebens, nicht viel anders, als blättere er in der Geschichte langverblichener Könige untergegangener Völker. Er hat gelernt, zeitlos zu denken. Er ist, außer dem Professor, der einzige Mensch auf Erden, vor dem ich eine ganz reine, ganz vollkommene Verehrung empfinden kann.

Den Grad von Seelenheiterkeit, den der schwedische Gelehrte erreicht hat, finde ich bei keinem Menschen wieder, leider am wenigsten bei mir selber, trotz aller Bemühungen um dies edle Gut der Güter. Einzig unsere gute Schwester Sophie, die Krankenpflegerin, kommt ihm nahe. Da ich körperlicher Pflege selten bedarf, stehe ich ihr weniger nahe als manche andre Gäste; doch glaube ich nicht, daß irgendeiner für sie mehr Bewunderung und Dankbarkeit empfinden kann als ich. Tadellos, sauber und lächelnd geht sie in ihrer Tracht mit dem leisen Pflegerinnenschritt durch das Haus, rotwangig mit hellen lieben Augen, und ohne daß man mit ihr redet, tut ihr Vorübergehen, ihre Nähe, ihr Morgengruß, ihr vertrauliches Zunicken, einem wohl. Den Schriftsteller kann sie an seinen unleidlichsten Tagen durch ein paar freundliche Fragen in ihrem schwäbischen Dialekt gefügig und gut machen. Nur der Schwede ist ihr noch überlegen; wenn sie ihn an seinen Leidenstagen besucht hat, kommt sie aus seinem Zimmer so heiter und dankbar zurück wie von einem Sonntagsausflug. Er ist auch der einzige, dem sie manchmal ihre Klagen und Sorgen zuträgt. Er schaut sich ihre Angelegenheiten an, redet mit ihr darüber auf seine bedächtigheitere Weise, erklärt, rückt die Sachen an ihren Platz, zeigt, was groß und was klein, was dringend und was läßlich ist, und was eben noch Last und Bleigewicht war, fliegt als Schmetterling und Seifenblase davon. Auch von unserer Wirtin und Hausmutter ließe sich Gutes sagen, und noch mehr vom Assistenzarzt, aber das kann ein andermal geschehen.

Das Schreiben dieser Aufzeichnungen, das ich neulich in einer guten Stunde mit wahrem Vergnügen begann, fängt an, mir schwerzufallen, mir etwas von meiner Ruhe zu nehmen; ich fühle, daß es bald ein Ende damit nehmen wird. Wenn ich nachmittags meine zwei Stunden in der Halle liege, so muß ich beständig an diese Schreiberei denken, mich über unser Haus und über uns alle besinnen, und finde kaum mehr jene tiefe Gedankenruhe wieder, die ich sonst in diesen Stunden fast immer erreichte.

»Wer aber sind Sie denn?« wird man fragen. »Wer sind Sie, der Sie dies schreiben, der Sie über Menschen und Schicksale sich ein Urteil erlauben?«

Noch vor einigen Monaten hätte ich auf die Frage bereitwillig und ausführlich Antwort gegeben. Denn im ersten halben Jahr meines Hierseins tat ich wenig anderes als über mich selber nachdenken, ich darf wohl sagen bis zu unangenehmer Klarheit. Seither jedoch ist mein Interesse an mir selbst bedeutend gesunken, ich finde jeden andern Gegenstand des Nachdenkens würdiger und befriedigender.

So könnte ich denn die Feder hinlegen, könnte es gut sein lassen und die Spielerei aufgeben. Aber je mehr ich die Nutzlosigkeit, ja vielleicht Albernheit dieser Beschäftigung einsehe und empfinde, desto klarer wird mir, daß sie nichts andres ist als eine verkappte Ketzerei und Konfessionslust, also im Grunde einfach ein neuer, hoffentlich letzter Rückfall in Zweifelsucht und Sentimentalität.

Denn so sehr ich es anfangs vor mir selbst zu verbergen trachtete, mein tiefstes, mein echtestes und heißestes Interesse gilt nicht unserem Leben im Haus »Zum Frieden«, sondern geht den verbotenen Weg nach außen, in die Welt. Und mir scheint, mit Ausnahme des Schweden geht es uns allen so, obwohl keiner davon reden mag. Ich schließe es aus den Mienen meiner Mitgäste, wenn sie Bücher lesen oder Post bekommen, und aus den Blicken, mit welchen sie manchmal einem Trupp Feldarbeiter, ein paar Kindern, einem Heuwagen, ja einem Hund auf der Straße nachsehen.

Und ich muß sagen: Wir alle, die wir mit voller Einsicht uns der Resignation und der Vernunft befleißigen, wir alle, die wir unsere Unfähigkeit zum alltäglichen und gesunden Leben wohl kennen und deren Ideal ein Leben der Vernunft und Einsicht und klugen Milde ist – ach, wir hungern alle nach der Welt draußen, nach dem dummen, sinnlosen, törichten, grausamen Alltagsleben. Da draußen ist keine Einsicht, keine Resignation, keine Milde, keine Weisheit, da ist Unvernunft, Triebleben und Ziellosigkeit, Zufall, Rausch und Sünde, Wahn, Irrsal und Lärm. Aber das alles lieben wir, nach alledem hungern wir – denn es ist das Leben! Und wenn es wirklich die höchste Stufe des Menschentums ist, Erkenntnis höher als Tat zu schätzen, dann sind wir noch Kinder und auf den untersten Stufen.

Und nun möchte ich wohl wissen, was ich nie erfahren werde: Ist es unsrem großen Lehrer und Wohltäter, dem Professor, wirklich ernst mit seinem Ideal? Oder ist seine Methode und sein ganzes Ideal am Ende nichts andres als eine Art von Morphium, eine Betäubung und Ablenkung für uns Kranke, Verirrte, zum rechten Leben unfähig Gewordene?

(1909)

Wärisbühel

Hawang ist ein kleines Dorf, von dem man nie gehört hätte, wenn nicht neuerdings eine große Dampfziegelei dort entstanden wäre. Diese Ziegelei war auch schuld, daß die von Bitrolfingen nach Kempflisheim führende Lokalbahn schließlich bis Hawang weitergeführt wurde. Und da ich früher eine Vorliebe für kleine Orte hatte, die am Ende von unbekannten Lokalbahnen liegen, traf ich eines Tages gegen den Sommer hin in Hawang ein, mietete bei Bauern eine Kammer und richtete mich aufs Bleiben ein. Ich wollte ein Werk schreiben, das nur in der Stille und Ungestörtheit eines solchen Landaufenthaltes gedeihen konnte, und dessen verschiedene Dispositionen und Anfänge ich heute noch als ein Andenken an schöne Jugendjahre aufbewahre.

Natürlich zeigte es sich bald, daß auch Hawang nicht der Ort war, an dem mein Werk fertig werden konnte. Aber sonst gefiel mir die Gegend, und da das Einpacken, Aufbrechen und Abschiednehmen immer eine unerfreuliche Sache ist, blieb ich fürs erste, wo ich war, und beschloß, in Hawang um einen schönen Sommer älter zu werden. Ich lag viel am Waldrand und sah den Bauern bei den Juniarbeiten zu, fischte heimlicherweise im Tälisbach, besah mir den Betrieb der Dampfziegelei und erzählte abends den müden Hausleuten von meinen Reisen und Plänen, bis sie es satt hatten und nicht mehr zuhörten.

Alsdann entstand eine Zeit der Langeweile. Wenn ich morgens aus dem Bett war, so um 7 Uhr, wanderte ich durchs Dorf und besann mich lange, welchen Weg ich einschlagen solle. Manchmal ging ich dem Wald zu bergan, manchmal links talabwärts gegen die Ziegelei, manchmal talauf um zu angeln, und zuweilen kehrte ich auch am Ende der Dorfstraße wieder um, ging heim und setzte mich in den Obstgarten, wo ich die kleinen, grünen Äpfel im Laube reifen sah und die Bienen und Hummeln im Kraut sumsen hörte. Einigemale ging ich auch zum Bahnhof, einem drei Meter langen Gebäude aus Wellblech, sah den einzigen täglichen Zug ankommen und abfahren, jemand aussteigen oder niemand aussteigen, wie es sich traf, und gerade hier am Bahnhof überkam mich das Bewußtsein der Langeweile am meisten. Einst fing ich ein Gespräch mit dem Vorstand an, erfuhr die

Frachttarife der Bahn und die Entfernungen aller Stationen in Kilometern und fragte schließlich, nur weil der Tag so lang war und ich die Unterhaltung nicht schon wieder eingehen lassen wollte, ob es auf dieser Bahn auch Abonnementsbillette gebe. Der Stationsvorsteher gab mir genaue Auskunft. Es gab Billette von hier nach Bitrolfingen, die für vierundzwanzig Fahrten galten und so und so viel kosteten. Die Ermäßigung gegenüber den gewöhnlichen Billetten war, wie mir der Vorstand ausrechnete, ganz bedeutend, und jeder, der hier wohnte und zuweilen in Bitrolfingen zu tun hatte, besaß selbstverständlich ein solches Abonnement. Ich weiß nicht mehr genau, wie es ging, aber am Ende fühlte ich, schon weil ich den höflichen Beamten so lange in Anspruch genommen hatte, die Verpflichtung, mir ein Abonnement zu kaufen. Und nun konnte ich jeden Tag, wenn ich Lust hatte, nach Bitrolfingen fahren, nur heute nicht mehr, denn der Zug war schon abgegangen.

Am folgenden Mittag erschien ich mit dem angenehmen Gefühl, etwas zu tun und ein Ziel vor mir zu haben, auf dem Bahnhof und wartete auf die Abfahrt des Zuges. Reisende waren außer mir nicht da, aber es wurden zwei Wagen Ziegel angehängt, und nachdem mein Wagen schön von der Mittagssonne durchwärmt war, fuhren wir mit Getöse ab. Der Schaffner erschien sogleich, machte das erste Loch in meine gelbe Abonnementskarte und ließ sich, da ich nun Stammgast war, in ein Gespräch mit mir ein, das mich bis Kempflisheim aufs beste unterhielt. Dort hielten wir eine Rast und nahmen zwei Passagiere auf. Der eine schlief sogleich in seiner Ecke ein. Der andere, den ich auf einen Viehhändler taxierte, nahm den Schaffner in Beschlag, und dieser ging, meiner nicht mehr achtend, auf die Unterhaltung mit dem älteren Stammgast so eifrig ein, daß ich die Hoffnung aufgab, ihn nochmals an mich zu fesseln, und zum Fenster hinausschaute.

Da lernte ich mancherlei Neues kennen. Die Namen der Stationen bis Bitrolfingen, deren nicht wenige sind, könnte ich jetzt noch auswendig hersagen. Die Bahnhöfe waren zum Teil auch wieder aus Wellblech, doch gab es auch drei steinerne, namentlich den von Wärisbühel, von dem noch zu reden sein wird. Allmählich wurde unser Wagen recht voll, doch setzte sich niemand zu mir, da ich fremd war, und ich fuhr fort, die Fluren, Wälder und Ortschaften anzuschauen. Bei jedem Bahnhof stand ein Wirtshaus, und an jedem hing dasselbe Schild »Gasthaus zur Eisenbahn«. An jeder Station war ein Vorstand mit roter Kappe, und hinter der kleinen, staubigen Fensterscheibe seines Quadratmeterstübleins sah man einen Telegraphenapparat: ein Messingrädchen mit einem unendlichen, schmalen Papierstreifen darüber.

Ich sah viel auf dieser Fahrt, was ich nicht alles beschreiben kann. Einiges habe ich wieder vergessen, anderes sitzt schon locker und wird wohl mit der Zeit auch verstauben und versinken – eins aber habe ich nicht vergessen und werde es wohl auch nie vergessen. Das ist der Bahnhof von Wärisbühel.

Dieser Bahnhof fiel schon dadurch auf, daß er aus Stein gebaut war und nicht nur ein Erdgeschoß wie die andern, sondern ein oberes Stockwerk mit vier Fenstern besaß. Unten stand der Vorstand, hinter seiner Glastür glänzte geheimnisvoll das kleine Messingrad, neben der Tür hing ein Briefkasten und darunter saß am Boden ein kleiner Bub mit einem weißen Spitzerhund. Dies alles nahm ich aber nur mit einem flüchtigen Blick wahr. Dann wandte ich den Blick nach oben, wo die vier Fenster lachten. Es war eine Freude, sie zu sehen, auf jedem der Simse standen wohl sechs grüne Töpfe, und daraus hingen ganze Mengen von Nelken herunter, in allen Farben, namentlich aber weiße und rote. Man meinte sogar, durch die staubige, dicke Bahnhofsluft ihren Duft zu spüren.

Es war das Hübscheste, das ich auf der ganzen Fahrt gesehen hatte. Seit einigen Stationen war eine gewisse Schwere und Beklemmung über mich gekommen, welche der in Hawang zurückgelassenen Langeweile unheimlich ähnlich sah, und ich hatte mit Kummer an die dreiundzwanzig Billette gedacht, die ich noch zu verfahren hatte. Beim Anblick des stattlichen Bahnhofs und der nelkengeschmückten Fenster nun stieg wieder Freude und Lebenslust in meiner Seele auf, ich spann menschenfreundliche Phantasien und gab nichts mehr verloren.

Und wie denn eine Freude selten allein kommt, ging mir auch hier hinter dem Nelkenwunder noch ein anderer Zauber auf, obwohl es eine gute Weile dauerte, bis ich ihn entdeckte. Zum Glück hielten wir an dieser bedeutenden Station über eine Viertelstunde, und nachdem ich mein Auge mit Muße an den lieben Blumen gelabt hatte, tat sich mir noch etwas Schöneres kund. Nämlich im dritten Fenster, halb hinter den Blumentöpfen verborgen, stand geheimnisvoll in der dunklen Stube ein schönes Mädchen mit schwarzem Haar und hellen Wangen, die schaute aufmerksam und neugierig zu uns herunter. Das liebe Kind, dachte ich, da steht sie nun und schaut herab, vielleicht bei jedem Zug, und langweilt sich und sucht ein neues Gesicht und einen kurzen Schimmer von draußen, um nachher den langen stillen Tag daran zu denken und etwas zum Sinnen zu haben. Sie gefiel mir und tat mir leid, obwohl ich nichts von ihr wußte, und ich hatte mein Vergnügen daran, wie sie hinter ihrem hängenden Gärtlein hervorschaute.

Indem fiel ihr Blick auch auf mich, und ich zog den meinen bescheiden zurück, wagte aber nach einiger Weile doch wieder hinzusehen, und da stand sie immer noch und sah mich an, gerade mich, und ich konnte nicht gleich wieder wegsehen, sondern sah ein paar Sekunden lang gerade in ihre dunklen Augen hinein. Sie blieb regungslos stehen und hielt den Blick aus, ohne zu blinzeln, so daß ich der erste war, der verlegen ward und wegschaute. Da fuhr auch der Zug wieder munter davon und tat eilig, und ich saß still auf meinem Bänklein und dachte lauter schöne Sachen. Der Tag und die Fahrt und das Abonnement freute mich jetzt wieder. Ich besann mich, ob ihr Haar schwarz oder vielleicht doch nur braun gewesen sei, und dachte mir aus, was sie jetzt wohl tun möge, etwa die Blumen gießen und einen Strauß davon auf ihren Tisch stellen, wo sie ihre Nähsachen und kleinen Besitztümer hat, ein Buch und ein paar Photographien, ein Nadelbüchslein aus Elfenbein und einen Mops oder Löwen aus Marmorstein.

Stationen gingen vorüber, und ich merkte es kaum, als wär es ein Schnellzug. Am Ende kamen wir nach Bitrolfingen und mußten alle aussteigen. Da hatte ich drei Stunden Zeit, mir das Städtlein anzusehen, ein Bier zu trinken und zu erfahren, daß die Sakristei mit den alten Schnitzereien heut geschlossen und der Mesner nicht zu Hause sei. Was lag daran, ich würde ja bald wieder herkommen. Mein Bier trank ich in einem Wirtsgarten unter runden Kastanienkronen, und um die Heimkehr nicht zu versäumen, ging ich zeitig zum Bahnhof zurück, wo ich durchs Fensterlein dem Beamten beim Telegraphieren zusah. Doch merkte ich bald, daß hier die Verhältnisse großartiger waren. Der Vorstand schickte mehrmals unwillige Blicke heraus, da mein Zuschauen ihn ärgerte, und da ich noch stehen blieb, riß er das Fenster auf und rief: »Was gibt's? Wollen Sie ein Billett? Der Zug geht erst in einer halben Stunde!«

Ich zog den Hut und sagte: »Nein, danke. Ich habe ein Abonnement.« Da wurde er höflicher und duldete mich weiter am Fenster, während er seinen Papierstreifen punktierte. Die Zeit verging, man konnte einsteigen. Es wurde schon abendlich, als wir dahinfuhren, aber die Tage sind im Juni lang, und als wir nach Wärisbühel kamen, stand noch immer die Sonne am

Himmel und schien gar golden und warm auf die Bahnhoffenster und die farbigen Nelkenstöcke. Das Mädchen, nach dem ich diesmal ohne Zeitversäumnis ausschaute, war nicht da, und da schien mir der ganze Glanz überflüssig und verschwendet. Aber gerade als es vorne wieder schnob und zischte, und der Schaffner, dem nahen Feierabend entgegen, mit verdoppeltem Eifer die Türen zuschlug, da erschien am dritten Fenster groß und schön das dunkelhaarige Mädchen, lächelte auf den abdampfenden Zug herunter und machte das Freudenflämmlein in mir wieder hoch aufgehen. Mir schien diesmal, ihr Haar sei doch nicht ganz schwarz, sondern habe einen hellen, ja fast goldenen Schein in sich verborgen, doch mochte das auch vielleicht nur von der Abendsonne herkommen.

Zufrieden mit meiner Reise und dem so hingebrachten halben Tag kam ich in Hawang an, wo ich wieder der einzige Fahrgast war und vom Vorstand mit einer ermunternden Art von Kollegialität begrüßt wurde, als hinge ich durch mein Abonnement nun nahe mit dem Eisenbahnwesen zusammen. Daheim in meiner Bauernkammer sah mich alles ein wenig trostlos an, als sei ich recht lange Zeit fort gewesen, und vor dem Einschlafen nahm ich mir vor, am anderen Tag wieder nach Bitrolfingen zu reisen. Dann wäre vermutlich die Sakristei mit den kunstgeschichtlichen Raritäten geöffnet, das Bier würde unter den schattigen Kastanien wieder vortrefflich schmecken, der dortige Bahnbeamte würde den Stammgast in mir erkennen und freundlicher sein, mir vielleicht sogar das Telegraphieren zeigen, worauf ich längst neugierig war. Möglicherweise würde auch in Wärisbühel das Fräulein wieder hinter den Nägelein stehen, auf alle Fälle aber würden die Nelken da sein, und die Fahrt kostete mich ja gewissermaßen nichts.

Dennoch aber blieb ich den anderen Tag in Hawang. Es war mir eingefallen, jenes Fräulein könnte doch am Ende finden, ich komme ihretwegen schon wieder, und möchte beleidigt sein oder mich sonst falsch beurteilen. So blieb ich denn da, besuchte die Dampfziegelei und lag den Nachmittag mit einem Reclamheftchen im Heu, bis der Hunger mich ins Dorf trieb.

Am nächsten Mittag jedoch schien mir die Reise doch angängig. Ich konnte ja, falls das schöne Mädchen kein freundliches Gesicht machte, mich in den Wagen zurückziehen und sie nur verstohlen betrachten. Auch wollte ich nun die Altertümer von Bitrolfingen entschieden einmal sehen und auch sonst die Gelegenheit benutzen, mit meinem Billett diese Gegend recht kennen zu lernen und mancherlei Beobachtungen und Studien zu machen. Darum reiste ich mit gutem Gewissen ab, sah den Schläfer und den Viehhändler und die meisten anderen Mitreisenden von vorgestern wieder einsteigen, gab dem Schaffner eine Zigarre und fühlte mich in dem Zug schon recht eingebürgert und zugehörig. Etwas vor Wärisbühel stellte ich mich auf die Lauer und sah bald das steinerne Gebäude, den Briefkasten und die Blumenfenster auftauchen, wo ich mir im Herzen eine kleine Heimat und Gedankenherberge errichtet hatte. Auch wich ich gar nicht vom Platz, als an ihrem alten Orte das Mädchen erschien und sich den Zug ansah. Sie schaute zuerst nach dem kleinen Coupé im vorderen Wagen, unserer zweiten Klasse, die jedoch leer war, dann nach unseren Fenstern, und da entdeckte sie mich richtig, sah mir wieder ins Gesicht, und mir schien, sie habe ein ganz kleines, schönes Lächeln darin aufgetan, das ich zwar keineswegs auf mich beziehen durfte, das ich aber als ein schönes und fröhliches Ereignis in der Stille unbedenklich mitfeierte. Sie stand wieder etwas in der Stube zurück, daß nicht jeder sie sehen konnte, und ihr Haar sah jetzt wieder völlig schwarz aus, auch die Augen im hellen, blassen Gesicht dunkelten tief. Im Abfahren schaute ich immer noch hinauf und behielt sie im Auge, und auch sie blieb stehen, und ich sah sie noch, als sie schon ganz klein und undeutlich wurde. Mir kam es vor, sie lächle jetzt überaus lieb und herzlich, gerade auf mich zu, doch war das mehr ein Spiel meiner Einbildung als Wahrheit, denn ihr Gesicht war in solcher Entfernung nur noch als ein lichter Fleck zu erkennen.

Da ich nicht wußte, wie sie hieß, und mich auch nicht getraute, jemand zu fragen, konnte ich mich auf der ganzen Fahrt darüber besinnen und schöne Namen für sie ausdenken. Hedwig schien mir anfänglich das Richtige und Schönste, doch sah ich bald wieder ein, daß Gertrud doch weit schöner und passender war, und nun hatte sie bei mir den Namen Gertrud, und wenn ich zu meinen Gedanken von vorgestern die heutigen Vorstellungen und den Namen tat, so hatte ich von der Unbekannten schon ein recht gutes Bild.

In Bitrolfingen sah ich die Sakristei und die alten geschnitzten Stuhllehnen und gemeißelten Grabtafeln verwichener Herren und Kleriker, hielt jedoch nicht allzu lange dabei aus und war beizeiten wieder auf der Station, wo unsere Lokomotive geölt wurde und Wasser bekam. Der Vorstand erwiderte meinen Gruß höflich und fragte sogar, ob ich aus Wärisbühel komme. Als ich sagte, nein, aus Hawang, rühmte er die Entwicklung der dortigen Ziegelei und sprach die Vermutung aus, ich sei dort angestellt.

Ich ließ ihn bei diesem Glauben, der mir nur förderlich sein konnte, und da ich in den Zug stieg, war mir's, als täte ich das schon zum hundertsten Male, und als hätte ich wirklich auf der Lokalbahn und in der Gegend etwas zu suchen.

Die Sonne schien abendlich und golden über die Wiesen und roten Dächer, als wir nach Wärisbühel kamen, der kleine Bub war auch wieder da, diesmal ohne den Spitzerhund, und droben stand schon wartend das Mädchen, hatte einen Sonnenstrahl in den Haaren und auch einen Abglanz davon auf dem Gesicht, so daß ich sie recht deutlich betrachten konnte. Ich schätzte sie auf zwanzig Jahre. Und dieses Mal war es keine Einbildung – als der Zug anzog und ins Rollen kam, glühte auf ihrem hellroten Mund ein klares, herziges Lächeln auf, und mit diesem Lächeln im Gesicht sah sie mir in die Augen, daß mir das Herz lachte und zitterte. Schau, dachte ich, sie kennt dich noch und nimmt dir nichts übel! Und es tat mir in der Seele wohl, daß ich mir nun vorstellen durfte, sie denke vielleicht auch an mich, wie ich an sie und mache sich Gedanken über den fremden jungen Mann.

Nun war ich also, wenn auch nicht zum erstenmale verliebt, und dieser Zustand gefiel mir äußerst wohl. Die Langeweile war vollständig vergangen, und ich schämte mich vor mir selber, daß ich in der schönen Gegend noch kürzlich so taub und faul umhergetrottet war. Die Wälder lagen jetzt am Morgen so königlich und friedvoll hinter den hellen Feldern, wie der herrlichste Dichter es nicht sagen konnte, und die Berge in der Ferne schauten so still und gedankenvoll herüber, daß ich beständig zu schauen und zu denken hatte und mir der nächste Tag schnell und leicht verging wie noch keiner in diesem Dorf. Überall war Gottes Schöpfung am Werk und alles glänzte von Licht und Lebenswonne.

Dennoch genügte die Pracht mir nicht lange, und ich fuhr schon nach zwei Tagen wieder den alten Weg. Ja, sie war am Fenster, und wenn ich recht sah, so hatte sie beinah auf mich gewartet und war nun froh, mich wiederzusehen. Wenigstens machte sie ein stilles Freudengesicht und sah mich aus den dunklen Augen auf eine solche Weise an, daß es mir über die Haut ging, wie wenn sie mir einen Kuß gegeben hätte. Und kaum hatte ich das gedacht, da stach mich auch schon die Lust, und ich nahm mir im Herzen vor, früh oder spät von diesem schönen Geschöpf einen Kuß zu erhalten, was mir als äußerster Hort der Seligkeit und dennoch vielleicht nicht allzu kühn gewünscht erschien. Von einem schönen, ernsthaften

Mädchen auf den Mund geküßt zu werden, das war mir immer schon als ein wunderlicher Traum vor der Seele gestanden, doch hatte es sich nie ereignen wollen. Jetzt aber schien mir alles möglich, und ich empfand, daß diese Sache im Begriff war, ein richtiges Abenteuer zu werden. Wohl hätte ich ihr gleich jetzt zunicken oder heimlich winken können, doch schien mir das immerhin viel gewagt, und ich beschloß die Rückfahrt abzuwarten und mir diesen Schritt bis dahin zu bedenken.

Damit hatte ich für die Fahrt und für den Aufenthalt in Bitrolfingen und noch für die Rückreise genug zu sinnen, und am Ende blieb es bei dem Entschluß, sie heute durch irgendein Zeichen oder Winken zu grüßen. Wenn sie dann Antwort gab, so war es gut, und ich konnte weiter sehen, wenn nicht, so konnte sie mich eben nicht leiden, und ich mochte dann weitere Jahre ungeküßt herumlaufen.

Es gelang mir auch, den Entschluß auszuführen. In Wirklichkeit hatte ich kaum die Gertrud erblickt, so nickte ich ihr zu und machte eine grüßende Bewegung mit der Hand. Es geschah beides sehr vorsichtig und wenig deutlich, doch entging es ihr nicht, und sie gab zu meiner Freude Antwort, indem sie lächelte und zweimal mit dem Kopfe nickte.

Nun wäre ich am liebsten sofort ausgestiegen und durch die Tür und die Treppe zu ihr hinauf gesprungen. Ich schaute ihr nochmals fragend ins Gesicht, und sie steckte abermals ihr leuchtendes Lächeln wie eine festliche Freudenfahne aus. Da verbreitete sich die Gewißheit, daß sie mich wohl leiden und meine Verehrung gerne dulden möge, über mein Gemüt wie ein herzhafter Morgenschein, und ich war bereit, auf ihren Wunsch mich unter die Räder zu legen. Indem fuhr der Zug wieder ab, ich nahm mit einem stillen Gruße Abschied und reiste durch die Abendpracht heimwärts wie durch ein verklärtes Land.

Das war eine schöne Stunde, wohl eine von den schönsten, an die ich zu denken weiß. Sie lachte in ihrem goldenen Schein, erwärmte mir das junge Herz und gab meinen Gedanken rosige Flügel, damit ich leicht und selig in alle Jugendparadiese flog. Und sie neigte sich, ohne daß ich dessen achtnahm, und war vorbei, ehe ich es wußte, wie jedes Glück.

Nun hatte das Abenteuer mich entzündet, und auf das stille Gefühl des Glücks und der Erfüllung folgte ein Pläneschmieden und Mehrbegehren und zugleich eine Angst und Verzagtheit, denn ich hatte in Liebessachen keinerlei Erfahrung. Zwei Tage gingen mir mit fruchtlosem Nachsinnen verloren. Mein Wunsch war, nun nach Wärisbühel zu fahren, dort auszusteigen und auf irgendeine Weise mit ihr zusammenzukommen. Ohne mir allzu kühne Hoffnungen zu machen, meinte ich doch es erleben zu sollen, daß mich ein schönes Mädchen freundlich empfange und mir einen Kuß gebe. Doch, sobald ich mir ausdachte, wie es alsdann wäre, wenn ich dort am Bahnhof stünde, wie ich zu ihr kommen und was ich zu ihr sagen solle, daß ihr Vater und vielleicht ihre Mutter da sein würden, dann stand alles wie ein Berg vor mir und erschien mir unmöglich. Auch meine Gewißheit verließ mich wieder ganz. Wohl hatte sie mir freundlich zugenickt und mich angelächelt, ja, aber was wollte das bedeuten? Am Ende hatte sie das schon manchem Vorüberreisenden getan, in aller Unschuld, und wenn ich nun käme und stünde da und begehrte mehr, wie würde das aussehen? Sie wußte ja nichts von mir, noch viel weniger als ich von ihr. War sie denn für meine frechen Träume verantwortlich? Ach, sie hatte mir gegeben, was sie gern gab, einen Gruß und einen Abglanz ihrer Lieblichkeit, und ich wollte jetzt kommen und Ansprüche machen!

Am dritten Tage wußte ich mir keinen Rat, als wiederum zu reisen. Dann konnte ich immer noch in Wärisbühel aussteigen oder weiterfahren, wie es sich gab. Unruhig ging ich an die Station und wartete den Zug ab. Ich stieg ein, der Schaffner grüßte vertraulich und machte mir ein neues rundes Löchlein in mein Abonnement, der Viehhändler kam auch wieder, und vor den Scheiben zogen die wohlbekannten Bilder vorbei, von denen mir immer eines glückbringend und das nächste verhängnisvoll vorkommen wollte.

Wir kamen am Ende, so lang es mir auch dauerte, nach Wärisbühel. Da wollte mir der Herzschlag stehen bleiben, als ich die Gertrud in einem braunen Kleid am Bahnhof stehen sah, eine große Tasche in der Hand, und bei ihr den Vorstand und den kleinen Buben und eine kleine, magere Frau, wohl die Mutter. Sie und die Tochter waren in Reisekleidern, und das Mädchen hatte rote Augen und Tränen auf den Backen stehen.

Sie gab dem Vorstand einen Kuß in seinen blonden Bart und stieg mit der Mutter ein. Und sie stiegen in meinen Wagen, nahmen ganz in meiner Nähe Platz. Ich wagte nicht, sie anzusehen, bis der Zug im Fahren war, und sie aus dem offenen Fenster zurückwinkte. Da konnte ich sie betrachten und sehen, daß sie wahrhaftig wunderschön war. Ihre Haare waren dunkelbraun, und ihre Augen ebenso, aus den Abschiedstränen lächelte sie schon wieder mit demselben hellroten Munde, mit dem sie damals mir zugelächelt hatte. Sie setzte sich nun und plauderte mit der Mutter; mich sah sie nicht oder schien mich doch nicht zu kennen. Und ich hörte das halbe Gespräch, und daß sie wirklich die Tochter war, und dann sprach sie von einem Robert, und dann von ihrem Mann, und ich begriff allmählich, daß sie verheiratet und bei den Alten zu Besuch gewesen war.

In Bitrolfingen verschwand sie mit ihrer Mutter im Wartesaal, und zwar im Wartesaal zweiter Klasse, obschon sie in der dritten fuhr, und mir fiel ein, wie oft ich mich darüber geärgert hatte, Reisende der dritten Klasse im Wartesaal der zweiten warten zu sehen. Freilich war sie die Tochter eines Bahnbeamten.

Als ich das nächstemal denselben Weg fuhr, hatte ich meinen Koffer mit und reiste weiter, in eine andere Gegend. Das Abonnement hatte ich meinem Hauswirt geschenkt. Und es kamen andere Zeiten, ich vergaß das meiste, nur die Namen der Stationen nicht, und nicht die Nelkenfenster. Ich blieb weiterhin ungeküßt, und wenn auch das inzwischen anders geworden ist, so wollte doch die schöne Gertrud und meine törichte Reisephantasie nicht ganz aus meiner Seele weichen, sondern blieb verborgen darin wohnen und sieht mich noch heute zu manchen Stunden fast wie eine wirkliche Jugendliebe und wie ein wirkliches Jugendglück an.

(1909)

Die Stadt

»Es geht vorwärts!« rief der Ingenieur, als auf der gestern neugelegten Schienenstrecke schon der zweite Eisenbahnzug voll Menschen, Kohlen, Werkzeugen und Lebensmitteln ankam. Die Prärie glühte leise im gelben Sonnenlicht, blaudunstig stand am Horizont das hohe Waldgebirge. Wilde Hunde und erstaunte Präriebüffel sahen zu, wie in der Einöde Arbeit und Getümmel anhob, wie im grünen Lande Flecken von Kohlen und von Asche und von Papier und von Blech entstanden. Der erste Hobel schrillte durch das erschrockene Land, der erste Flintenschuß donnerte auf und verrollte am Gebirge hin, der erste Amboß klang helltönig unter raschen Hammerschlägen auf. Ein Haus aus Blech entstand, und am nächsten Tag eines aus Holz, und andere, und täglich neue, und bald auch steinerne. Die wilden Hunde und Büffel blieben fern, die Gegend wurde zahm und fruchtbar, es wehten schon im ersten Frühjahr Ebenen voll grüner Feldfrucht, Höfe und Ställe und Schuppen ragten daraus auf, Straßen schnitten durch die Wildnis.

Der Bahnhof wurde fertig und eingeweiht, und das Regierungsgebäude, und die Bank, mehrere kaum um Monate jüngere Schwesterstädte erwuchsen in der Nähe. Es kamen Arbeiter aus aller Welt, Bauern und Städter, es kamen Kaufleute und Advokaten, Prediger und Lehrer, es wurde eine Schule gegründet, drei religiöse Gemeinschaften, zwei Zeitungen. Im Westen wurden Erdölquellen gefunden, es kam großer Wohlstand in die junge Stadt. Noch ein Jahr, da gab es schon Taschendiebe, Zuhälter, Einbrecher, ein Warenhaus, einen Alkoholgegnerbund, einen Pariser Schneider, eine bayrische Bierhalle. Die Konkurrenz der Nebenstädte beschleunigte das Tempo. Nichts fehlte mehr, von der Wahlrede bis zum Streik, vom Kinotheater bis zum Spiritistenverein. Man konnte französischen Wein, norwegische Heringe, italienische Würste, englische Kleiderstoffe, russischen Kaviar in der Stadt haben. Es kamen schon Sänger, Tänzer und Musiker zweiten Ranges auf ihren Gastreisen in den Ort.

Und es kam auch langsam die Kultur. Die Stadt, die anfänglich nur eine Gründung gewesen war, begann eine Heimat zu werden. Es gab hier eine Art, sich zu grüßen, eine Art, sich im Begegnen zuzunicken, die sich von den Arten in andern Städten leicht und zart unterschied. Männer, die an der Gründung der Stadt teilgehabt hatten, genossen Achtung und Beliebtheit, ein kleiner Adel strahlte von ihnen aus. Ein junges Geschlecht wuchs auf, dem erschien die Stadt schon als eine alte, beinahe von Ewigkeit stammende Heimat. Die Zeit, da hier der erste Hammerschlag erschollen, der erste Mord geschehen, der erste Gottesdienst gehalten, die erste Zeitung gedruckt worden war, lag fern in der Vergangenheit, war schon Geschichte.

Die Stadt hatte sich zur Beherrscherin der Nachbarstädte und zur Hauptstadt eines großen Bezirkes erhoben. An breiten, heiteren Straßen, wo einst neben Aschenhaufen und Pfützen die ersten Hütten aus Brettern und Wellblech gestanden hatten, erhoben sich ernst und ehrwürdig Amtshäuser und Banken, Theater und Kirchen. Studenten gingen schlendernd zur Universität und Bibliothek, Krankenwagen fuhren leise zu den Kliniken, der Wagen eines Abgeordneten wurde bemerkt und begrüßt; in zwanzig gewaltigen Schulhäusern aus Stein und Eisen wurde jedes Jahr der Gründungstag der ruhmreichen Stadt mit Gesang und Vorträgen gefeiert. Die ehemalige Prärie war von Feldern, Fabriken, Dörfern bedeckt und von zwanzig Eisenbahnlinien durchschnitten, das Gebirge war nahegerückt und durch eine Bergbahn bis ins Herz der Schluchten erschlossen. Dort, oder fern am Meer, hatten die Reichen ihre Sommerhäuser.

Ein Erdbeben warf, hundert Jahre nach ihrer Gründung, die Stadt bis auf kleine Teile zu Boden. Sie erhob sich von neuem, und alles Hölzerne ward nun Stein, alles Kleine groß, alles Enge weit. Der Bahnhof war der größte des Landes, die Börse die größte des ganzen Erdteils, Architekten und Künstler schmückten die verjüngte Stadt mit öffentlichen Bauten, Anlagen, Brunnen, Denkmälern. Im Laufe dieses neuen Jahrhunderts erwarb sich die Stadt den Ruf, die schönste und reichste des Landes und eine Sehenswürdigkeit zu sein. Politiker und Architekten, Techniker und Bürgermeister fremder Städte kamen gereist, um die Bauten, Wasserleitungen, die Verwaltung und andere Einrichtungen der berühmten Stadt zu studieren. Um jene Zeit begann der Bau des neuen Rathauses, eines der größten und herrlichsten Gebäude der Welt, und da diese Zeit beginnenden Reichtums und städtischen Stolzes glücklich mit einem Aufschwung des allgemeinen Geschmacks, der Baukunst und Bildhauerei vor allem, zusammentraf, ward die rasch wachsende Stadt ein keckes und wohlgefälliges Wunderwerk. Den innern Bezirk, dessen Bauten ohne Ausnahme aus einem edlen, hellgrauen

Stein bestanden, umschloß ein breiter grüner Gürtel herrlicher Parkanlagen, und jenseits dieses Ringes verloren sich Straßenzüge und Häuser in weiter Ausdehnung langsam ins Freie und Ländliche. Viel besucht und bewundert wurde ein ungeheures Museum, in dessen hundert Sälen, Höfen und Hallen die Geschichte der Stadt von ihrer Entstehung bis zur letzten Entwicklung dargestellt war. Der erste, ungeheure Vorhof dieser Anlage stellte die ehemalige Prärie dar, mit wohlgepflegten Pflanzen und Tieren und genauen Modellen der frühesten elenden Behausungen, Gassen und Einrichtungen. Da lustwandelte die Jugend der Stadt und betrachtete den Gang ihrer Geschichte, vom Zelt und Bretterschuppen an, vom ersten unebenen Schienenpfad bis zum Glanz der großstädtischen Straßen. Und sie lernten daran, von ihren Lehrern geführt und unterwiesen, die herrlichen Gesetze der Entwicklung und des Fortschritts begreifen, wie aus dem Rohen das Feine, aus dem Tier der Mensch, aus dem Wilden der Gebildete, aus der Not der Überfluß, aus der Natur die Kultur entstehe.

Im folgenden Jahrhundert erreichte die Stadt den Höhepunkt ihres Glanzes, der sich in reicher Üppigkeit entfaltete und eilig steigerte, bis eine blutige Revolution der unteren Stände dem ein Ziel setzte. Der Pöbel begann damit, viele von den großen Erdölwerken, einige Meilen von der Stadt entfernt, anzuzünden, so daß ein großer Teil des Landes mit Fabriken, Höfen und Dörfern teils verbrannte, teils verödete. Die Stadt selbst erlebte zwar Gemetzel und Greuel jeder Art, blieb aber bestehen und erholte sich in nüchternen Jahrzehnten wieder langsam, ohne aber das frühere flotte Leben und Bauen je wieder zu vermögen. Es war während ihrer üblen Zeit ein fernes Land jenseits der Meere plötzlich aufgeblüht, das lieferte Korn und Eisen, Silber und andere Schätze mit der Fülle eines unerschöpften Bodens, der noch willig hergibt. Das neue Land zog die brachen Kräfte, das Streben und Wünschen der alten Welt gewaltsam an sich, Städte blühten dort über Nacht aus der Erde, Wälder verschwanden, Wasserfälle wurden gebändigt.

Die schöne Stadt begann langsam zu verarmen. Sie war nicht mehr Herz und Gehirn einer Welt, nicht mehr Markt und Börse vieler Länder. Sie mußte damit zufrieden sein, sich am Leben zu erhalten und im Lärm neuer Zeiten nicht ganz zu erblassen. Die müßigen Kräfte, soweit sie nicht nach der fernen neuen Welt fortschwanden, hatten nichts mehr zu bauen und zu erobern und wenig mehr zu handeln und zu verdienen. Statt dessen keimte in dem nun alt gewordenen Kulturboden ein geistiges Leben, es gingen

Gelehrte und Künstler von der stillwerdenden Stadt aus, Maler und Dichter. Die Nachkommen derer, welche einst auf dem jungen Boden die ersten Häuser erbaut hatten, brachten lächelnd ihre Tage in stiller, später Blüte geistiger Genüsse und Bestrebungen hin, sie malten die wehmütige Pracht alter moosiger Gärten mit verwitternden Statuen und grünen Wassern und sangen in zarten Versen vom fernen Getümmel der alten heldenhaften Zeit oder vom stillen Träumen müder Menschen in alten Palästen.

Damit klangen der Name und Ruhm dieser Stadt noch einmal durch die Welt. Mochten draußen Kriege die Völker erschüttern und große Arbeiten sie beschäftigen, hier wußte man in verstummter Abgeschiedenheit den Frieden walten und den Glanz versunkener Zeiten leise nachdämmern: stille Straßen, von Blütenzweigen überhangen, wetterfarbene Fassaden mächtiger Bauwerke über lärmlosen Plätzen träumend, moosbewachsene Brunnenschalen in leiser Musik von spielenden Wassern überronnen.

Manche Jahrhunderte war die alte träumende Stadt für die jüngere Welt ein ehrwürdiger und geliebter Ort, von Dichtern besungen und von Liebenden besucht. Doch drängte das Leben der Menschheit immer mächtiger nach anderen Erdteilen hin. Und in der Stadt selbst begannen die Nachkommen der alten einheimischen Familien auszusterben oder zu verwahrlosen. Es hatte auch die letzte geistige Blüte ihr Ziel längst erreicht, und übrig blieb nur verwesendes Gewebe. Die kleineren Nachbarstädte waren seit längeren Zeiten ganz verschwunden, zu stillen Ruinenhaufen geworden, zuweilen von ausländischen Malern und Touristen besucht, zuweilen von Zigeunern und entflohenen Verbrechern bewohnt.

Nach einem Erdbeben, das indessen die Stadt selbst verschonte, war der Lauf des Flusses verschoben und ein Teil des verödeten Landes zu Sumpf, ein anderer dürr geworden. Und von den Bergen her, wo die Reste uralter Steinbrücken und Landhäuser zerbröckelten, stieg der Wald, der alte Wald, langsam herab. Er sah die weite Gegend öde liegen und zog langsam ein Stück nach dem andern in seinen grünen Kreis, überflog hier einen Sumpf mit flüsterndem Grün, dort ein Steingeröll mit jungem, zähem Nadelholz.

In der Stadt hausten am Ende keine Bürger mehr, nur noch Gesindel, unholdes, wildes Volk, das in den schiefen, einsinkenden Palästen der Vorzeit Obdach nahm und in den ehemaligen Gärten und Straßen seine mageren Ziegen weidete. Auch diese letzte Bevölkerung starb allmählich in Krankheiten und Blödsinn aus, die ganze Landschaft war seit der

Versumpfung von Fieber heimgesucht und der Verlassenheit anheimgefallen.

Die Reste des alten Rathauses, das einst der Stolz seiner Zeit gewesen war, standen noch immer sehr hoch und mächtig, in Liedern aller Sprachen besungen und ein Herd unzähliger Sagen der Nachbarvölker, deren Städte auch längst verwahrlost waren und deren Kultur entartete. In Kinder-Spukgeschichten und melancholischen Hirtenliedern tauchten entstellt und verzerrt noch die Namen der Stadt und der gewesenen Pracht gespenstisch auf, und Gelehrte ferner Völker, deren Zeit jetzt blühte, kamen zuweilen auf gefährlichen Forschungsreisen in die Trümmerstädte, über deren Geheimnisse die Schulknaben entfernter Länder sich begierig unterhielten. Es sollten Tore von reinem Gold und Grabmäler voll von Edelsteinen dort sein, und die wilden Nomadenstämme der Gegend sollten aus alten fabelhaften Zeiten her verschollene Reste einer tausendjährigen Zauberkunst bewahren.

Der Wald aber stieg weiter von den Bergen her in die Ebene, Seen und Flüsse entstanden und vergingen, und der Wald rückte vor und ergriff und verhüllte langsam das ganze Land, die Reste der alten Straßenmauern, der Paläste, Tempel, Museen, und Fuchs und Marder, Wolf und Bär bevölkerten die Einöde.

Über einem der gestürzten Paläste, von dem kein Stein mehr am Tage lag, stand eine junge Kiefer, die war vor einem Jahr noch der vorderste Bote und Vorläufer des heranwachsenden Waldes gewesen. Nun aber schaute auch sie schon wieder weit auf jungen Wuchs hinaus.

»Es geht vorwärts!« rief ein Specht, der am Stamme hämmerte, und sah den wachsenden Wald und den herrlichen, grünenden Fortschritt auf Erden zufrieden an.

(1910)

Doktor Knölges Ende

Herr Doktor Knölge, ein ehemaliger Gymnasiallehrer, der sich früh zur Ruhe gesetzt und privaten philologischen Studien gewidmet hatte, wäre gewiß niemals in Verbindung mit den Vegetariern und dem Vegetarismus gekommen, wenn nicht eine Neigung zu Atemnot und Rheumatismen ihn einst zu einer vegetarischen Diätkur getrieben hätte. Der Erfolg war so ausgezeichnet, daß der Privatgelehrte von da an alljährlich einige Monate in irgendeiner vegetarischen Heilstätte oder Pension zubrachte, meist im Süden, und so trotz seiner Abneigung gegen alles Ungewöhnliche und Sonderbare in einen Verkehr mit Kreisen und Individuen geriet, die nicht zu ihm paßten und deren seltene, nicht ganz zu vermeidende Besuche in seiner Heimat er keineswegs liebte.

Manche Jahre hatte Doktor Knölge die Zeit des Frühlings und Frühsommers oder auch die Herbstmonate in einer der vielen freundlichen Vegetarierpensionen an der südfranzösischen Küste oder am Lago Maggiore hingebracht. Er hatte vielerlei Menschen an diesen Orten kennengelernt und sich an manches gewöhnt, an Barfußgehen und langhaarige Apostel, an Fanatiker des Fastens und an vegetarische Gourmands. Unter den letzteren hatte er manche Freunde gefunden, und er selbst, dem sein Leiden den Genuß schwerer Speisen immer mehr verbot, hatte sich zu einem bescheidenen Feinschmecker auf dem Gebiete der Gemüse und des Obstes ausgebildet. Er war keineswegs mit jedem Endiviensalat zufrieden und hätte niemals eine kalifornische Orange für eine italienische gegessen. Im übrigen kümmerte er sich wenig um den Vegetarismus, der für ihn nur ein Kurmittel war, und interessierte sich höchstens gelegentlich für alle die famosen sprachlichen Neubildungen auf diesem Gebiete, die ihm als einem Philologen merkwürdig waren. Da gab es Vegetarier, Vegetarianer, Vegetabilisten, Rohkostler, Frugivoren und Gemischtkostler!

Der Doktor selbst gehörte nach dem Sprachgebrauch der Eingeweihten zu den Gemischtkostlern, da er nicht nur Früchte und Ungekochtes, sondern auch gekochte Gemüse, ja auch Speisen aus Milch und Eiern zu sich nahm. Daß dies den wahren Vegetariern, vor allem den reinen Rohkostlern strenger Observanz, ein Greuel war, entging ihm nicht. Doch hielt er sich den fanatischen Bekenntnisstreitigkeiten dieser Brüder fern und gab seine Zugehörigkeit zur Klasse der Gemischtkostler nur durch die Tat zu erkennen, während manche Kollegen, namentlich Österreicher, sich ihres Standes auf den Visitenkarten rühmten.

Wie gesagt, Knölge paßte nicht recht zu diesen Leuten. Er sah schon mit seinem friedlichen, roten Gesicht und der breiten Figur ganz anders aus als die meist hageren, asketisch blickenden, oft phantastisch gekleideten Brüder vom reinen Vegetarismus, deren manche die Haare bis über die Schultern hinab wachsen ließen und deren jeder als Fanatiker, Bekenner und Märtyrer seines speziellen Ideals durchs Leben ging. Knölge war Philolog und Patriot, er teilte weder die Menschheitsgedanken und sozialen Reformideen noch die absonderliche Lebensweise seiner Mitvegetarier. Er sah so aus, daß an den Bahnhöfen und Schiffhaltestellen von Locarno oder Pallanza ihm die Diener der weltlichen Hotels, die sonst jeden »Kohlrabiapostel« von weitem rochen, vertrauensvoll ihre Gasthäuser empfahlen und ganz erstaunt waren, wenn der so anständig aussehende Mensch seinen Koffer dem Diener einer Thalysia oder Ceres oder dem Eselsführer des Monte Verità übergab.

Trotzdem fühlte er sich mit der Zeit in der ihm fremden Umgebung ganz wohl. Er war ein Optimist, ja beinahe ein Lebenskünstler, und allmählich fand er unter den Pflanzenessern aller Länder, die jene Orte besuchten, namentlich unter den Franzosen, manchen friedliebenden und rotwangigen Freund, an dessen Seite er seinen jungen Salat und seinen Pfirsich ungestört in behaglichen Tischgesprächen verzehren konnte, ohne daß ihm ein Fanatiker der strengen Observanz seine Gemischtkostlerei oder ein reiskauender Buddhist seine religiöse Indifferenz vorwarf.

Da geschah es, daß Doktor Knölge erst durch die Zeitungen, dann durch direkte Mitteilungen aus dem Kreise seiner Bekannten von der großen Gründung der Internationalen Vegetarier-Gesellschaft hörte, die ein gewaltiges Stück Land in Kleinasien erworben hatte und alle Brüder der Welt bei mäßigsten Preisen einlud, sich dort besuchsweise oder dauernd niederzulassen. Es war eine Unternehmung jener idealistischen Gruppe deutscher, holländischer und österreichischer Pflanzenesser, deren Bestrebungen eine Art von vegetarischem Zionismus waren und dahin zielten, den Anhängern und Bekennern ihres Glaubens ein eigenes Land mit eigener Verwaltung irgendwo in der Welt zu erwerben, wo die natürlichen Bedingungen zu einem Leben vorhanden wären, wie es ihnen als Ideal

Doktor Knölges Ende

vor Augen stand. Ein Anfang dazu war diese Gründung in Kleinasien. Ihre Aufrufe wandten sich »an alle Freunde der vegetarischen und vegetabilistischen Lebensweise, der Nacktkultur und Lebensreform«, und sie versprachen so viel und klangen so schön, daß auch Herr Knölge dem sehnsüchtigen Ton aus dem Paradiese nicht widerstand und sich für den kommenden Herbst als Gast dort anmeldete.

Das Land sollte Obst und Gemüse in wundervoller Zartheit und Fülle liefern, die Küche des großen Zentralhauses wurde vom Verfasser der »Paradiese« geleitet, und als besonders angenehm empfanden viele den Umstand, daß es sich dort ganz ungestört ohne den Hohn der argen Welt würde leben lassen. Jede Art von Vegetarismus und von Kleidungsreformbestrebung war zugelassen, und es gab kein Verbot als das des Genusses von Fleisch und Alkohol.

Und aus allen Teilen der Welt kamen flüchtige Sonderlinge, teils, um dort in Kleinasien endlich Ruhe und Behagen in einem ihrer Natur gemäßen Leben zu finden, teils, um von den dort zusammenströmenden Heilsbegierigen ihren Vorteil und Unterhalt zu ziehen. Da kamen flüchtig gegangene Priester und Lehrer aller Kirchen, falsche Hindus, Okkultisten, Sprachlehrer, Masseure, Magnetopathen, Zauberer, Gesundbeter. Dieses ganz kleine Volk exzentrischer Existenzen bestand weniger aus Schwindlern und bösen Menschen als aus harmlosen Betrügern im Kleinen, denn große Vorteile waren nicht zu gewinnen, und die meisten suchten denn auch nichts anderes als ihren Lebensunterhalt, der für einen Pflanzenesser in südlichen Ländern sehr wohlfeil ist.

Die meisten dieser in Europa und Amerika entgleisten Menschen trugen als einziges Laster die so vielen Vegetariern eigene Arbeitsscheu mit sich. Sie wollten nicht Gold und Genuß, Macht und Vergnügen, sondern sie wollten vor allem ohne Arbeit und Belästigung ihr bescheidenes Leben führen können. Mancher von ihnen hatte zu Fuß ganz Europa wiederholt durchmessen als bescheidener Türklinkenputzer bei wohlhabenden Gesinnungsgenossen oder als predigender Prophet oder als Wunderdoktor, und Knölge fand bei seinem Eintreffen in Quisisana manchen alten Bekannten, der ihn je und je in Leipzig als harmloser Bettler besucht hatte.

Vor allem aber traf er Größen und Helden aus allen Lagern des Vegetariertums. Sonnenbraune Männer mit langwallenden Haaren und Bärten schritten alttestamentlich in weißen Burnussen auf Sandalen einher, andere trugen Sportkleider aus heller Leinwand. Einige ehrwürdige Männer gingen nackt mit Lendentüchern aus Bastgeflecht eigener Arbeit. Es hatten sich Gruppen und sogar organisierte Vereine gebildet, an gewissen Orten trafen sich die Frugivoren, an anderen die asketischen Hungerer, an anderen die Theosophen oder Lichtanbeter. Ein Tempel war von Verehrern des amerikanischen Propheten Davis erbaut, eine Halle diente dem Gottesdienst der Neo-Swedenborgisten.

In diesem merkwürdigen Gewimmel bewegte sich Doktor Knölge anfangs nicht ohne Befangenheit. Er besuchte die Vorträge eines früheren badischen Lehrers namens Klauber, der in reinem Alemannisch die Völker der Erde über die Geschehnisse des Landes Atlantis unterrichtete, und bestaunte den Yogi Vishinanda, der eigentlich Beppo Cinari hieß und es in jahrzehntelangem Streben dahin gebracht hatte, die Zahl seiner Herzschläge willkürlich um etwa ein Drittel vermindern zu können.

In Europa zwischen den Erscheinungen des gewerblichen und politischen Lebens hätte diese Kolonie den Eindruck eines Narrenhauses oder einer phantastischen Komödie gemacht. Hier in Kleinasien sah das alles ziemlich verständig und gar nicht unmöglich aus. Man sah zuweilen neue Ankömmlinge in Verzückung über diese Erfüllung ihrer Lieblingsträume mit geisterhaft leuchtenden Gesichtern oder in hellen Freudentränen umhergehen, Blumen in den Händen, und jeden Begegnenden mit dem Friedenskuß begrüßend.

Die auffallendste Gruppe war jedoch die der reinen Frugivoren. Diese hatten auf Tempel und Haus und Organisation jeder Art verzichtet und zeigten kein anderes Streben als das, immer natürlicher zu werden und, wie sie sich ausdrückten, »der Erde näher zu kommen«. Sie wohnten unter freiem Himmel und aßen nichts, als was von Baum oder Strauch zu brechen war. Sie verachteten alle anderen Vegetarier unmäßig, und einer von ihnen erklärte dem Doktor Knölge ins Gesicht, das Essen von Reis und Brot sei genau dieselbe Schweinerei wie der Fleischgenuß, und zwischen einem sogenannten Vegetarier, der Milch zu sich nehme, und irgendeinem Säufer und Schnapsbruder könne er keinen Unterschied finden.

Unter den Frugivoren ragte der verehrungswürdige Bruder Jonas hervor, der konsequenteste und erfolgreichste Vertreter dieser Richtung. Er trug zwar ein Lendentuch, doch war es kaum von seinem behaarten braunen Körper zu unterscheiden, und er lebte in einem kleinen Gehölz, in dessen Geäste man ihn mit gewandter Hurtigkeit sich bewegen sah. Seine Daumen und große Zehen waren in einer wunderbaren Rückbildung begriffen, und sein ganzes Wesen und Leben stellte die beharrlichste und gelungenste Rückkehr zur Natur vor, die man sich denken konnte. Wenige Spötter nannten ihn unter sich den Gorilla, im übrigen genoß Jonas die Bewunderung und Verehrung der ganzen Provinz.

Auf den Gebrauch der Sprache hatte der große Rohkostler Verzicht getan. Wenn Brüder oder Schwestern sich am Rande seines Gehölzes unterhielten, saß er zuweilen auf einem Ast zu ihren Häupten, grinste ermunternd oder lachte mißbilligend, gab aber keine Worte von sich und suchte durch Gebärden anzudeuten, seine Sprache sei die unfehlbare der Natur und werde später die Weltsprache aller Vegetarier und Naturmenschen sein. Seine nächsten Freunde waren täglich bei ihm, genossen seinen Unterricht in der Kunst des Kauens und Nüsseschälens und sahen seiner fortschreitenden Vervollkommnung mit Ehrfurcht zu, doch hegten sie die Besorgnis, ihn bald zu verlieren, da er vermutlich binnen kurzem, ganz eins mit der Natur, sich in die heimatliche Wildnis der Gebirge zurückziehen werde.

Einige Schwärmer schlugen vor, diesem wundersamen Wesen, das den Kreislauf des Lebens vollendet und den Weg zum Ausgangspunkt der Menschwerdung zurückgefunden hatte, göttliche Ehren zu erweisen. Als sie jedoch eines Morgens bei Aufgang der Sonne in dieser Absicht das Gehölz aufsuchten und ihren Kult mit Gesang begannen, erschien der Gefeierte auf seinem großen Lieblingsast, schwang sein gelöstes Lendentuch höhnisch in Lüften und bewarf die Anbeter mit harten Pinienzapfen.

Dieser Jonas der Vollendete, dieser »Gorilla«, war unserem Doktor Knölge im Innersten seiner bescheidenen Seele zuwider. Alles, was er in seinem Herzen je gegen die Auswüchse vegetarischer Weltanschauung und fanatisch-tollen Wesens schweigend bewegt hatte, trat ihm in dieser Gestalt schreckhaft entgegen und schien sogar sein eigenes maßvolles Vegetariertum grell zu verhöhnen. In der Brust des anspruchslosen Privatgelehrten erhob sich gekränkt die Würde des Menschen, und er, der so viele Andersmeinende gelassen und duldsam ertragen hatte, konnte an dem Wohnort des Vollkommenen nicht vorübergehen, ohne Haß und Wut gegen ihn zu empfinden. Und der Gorilla, der auf seinem Ast alle Arten von Gesinnungsgenossen, Verehrern und Kritikern mit Gleichmut betrachtet hatte, fühlte ebenfalls wider diesen Menschen, dessen Haß sein Instinkt wohl witterte, eine zunehmende tierische Erbitterung. Sooft der Doktor vorüber kam, maß er den Baumbewohner mit vorwurfsvoll beleidigten Blicken, die dieser mit Zähnefletschen und zornigem Fauchen erwiderte.

Schon hatte Knölge beschlossen, im nächsten Monat die Provinz zu verlassen und nach seiner Heimat zurückzukehren, da führte ihn, beinahe wider seinen Willen, in einer strahlenden Vollmondnacht ein Spaziergang in die Nähe des Gehölzes. Mit Wehmut dachte er früherer Zeiten, da er noch in voller Gesundheit als ein Fleischesser und gewöhnlicher Mensch unter seinesgleichen gelebt hatte, und im Gedächtnis schöner Jahre begann er unwillkürlich ein altes Studentenlied vor sich hin zu pfeifen.

Da brach krachend aus dem Gebüsch der Waldmensch hervor, durch die Töne erregt und wild gemacht. Bedrohlich stellte er sich vor dem Spaziergänger auf, eine ungefüge Keule schwingend. Aber der überraschte Doktor war so erbittert und erzürnt, daß er nicht die Flucht ergriff, sondern die Stunde gekommen fühlte, da er sich mit seinem Feinde auseinandersetzen müsse. Grimmig lächelnd verbeugte er sich und sagte mit so viel Hohn und Beleidigung in der Stimme, als er aufzubringen vermochte: »Sie erlauben, daß ich mich vorstelle. Doktor Knölge.«

Da warf der Gorilla mit einem Wutschrei seine Keule fort, stürzte sich auf den Schwachen und hatte ihn im Augenblick mit seinen furchtbaren Händen erdrosselt. Man fand ihn am Morgen, manche ahnten den Zusammenhang, doch wagte niemand etwas gegen den Affen Jonas zu tun, der gleichmütig im Geäste seine Nüsse schälte. Die wenigen Freunde, die sich der Fremde während seines Aufenthaltes im Paradiese erworben hatte, begruben ihn in der Nähe und steckten auf sein Grab eine einfache Tafel mit der kurzen Inschrift: Dr. Knölge, Gemischtkostler aus Deutschland.

(1910)

Emil Kolb

Die geborenen Dilettanten, aus welchen ein so großer Teil der Menschheit zu bestehen scheint, könnte man als Karikaturen der Willensfreiheit bezeichnen. Indem sie nämlich die ursprüngliche Fähigkeit jedes originellen Menschen entbehren, den Ruf der Natur im eigenen Innern zu vernehmen, treiben sie leichtsinnig und unentschlossen in einem Leben scheinbarer Willkür dahin.

Zu diesen Vielen gehörte auch der Knabe Emil Kolb in Gerbersau, und der Zufall (da man bei solchen Menschen doch wohl nicht vom Schicksal reden darf) brachte es dahin, daß er mit seinem Dilettantentum nicht gleich vielen anderen zu Ehren und Wohlstand, sondern zu Unehre und Elend kam, obwohl er um nichts schlimmer war als Tausende seiner Art.

Emil Kolbs Vater war ein Flickschuster. Es war diesem Manne die Gabe versagt, im Walten der Natur und in der Entfaltung menschlicher Schicksale das unabänderlich Notwendige zu erkennen und anzuerkennen; deshalb hielt er denn auch, was seinem Tun und Leben versagt war, wenigstens seinen Wünschen und müßigen Träumen für erlaubt und schwelgte gerne in Vorstellungen eines anderen, reicheren, schöneren Lebens, soweit seine auf das Materielle gerichtete Phantasie dessen fähig war.

Kaum hatte diesem Flickschuster sein Weib einen leidlich rüstigen Knaben geboren, so übertrug er seine Schwärmereien auf dessen Zukunft, und damit rückte dies alles, was bisher nur Gedankensünde und Fabelvergnügen gewesen war, in ein bestimmtes Licht des Möglichen. Der junge Emil Kolb spürte diese väterlichen Wünsche und Träume schon früh als eine warme und treibende Luft um sich und gedieh darin wie der Kürbis im Dünger, er nahm sich gleich in den ersten Schuljahren vor, der Messias seiner armen Familie zu werden und später einmal unerbittlich alles zu ernten, was das Glück ihm nach so langen Entbehrungen der Eltern und Vorfahren schuldete. Emil Kolb fühlte den Mut in sich, einmal das Schicksal eines Gewaltigen auf sich zu nehmen, eines Bürgermeisters oder Millionärs, und wäre heute schon eine goldene Kutsche mit vier Schimmeln bei seines Vaters Hause vorgefahren, so hätte keine Schüchternheit ihn abgehalten, sich hineinzusetzen und die ehrerbietigen Grüße der Mitbürger einzustreichen.

Schon früh erschienen ihm die wenigen originellen Menschen, die er kennenlernte, lächerlich und geradezu närrisch, daß sie es vorzogen, Idealen zu opfern und einen nutzlosen Ehrgeiz zu pflegen, statt ihre Gaben einem glatten baren Lohne dienstbar zu machen. So zeigte er auch für alle jene Fächer der Schulwissenschaft reichlichen Eifer, die von den Dingen dieser Erde handeln, wogegen ihm die Beschäftigung mit Geschichten und Sagen der Vorzeit, mit Gesang, Turnen und anderen ähnlichen Dingen als ein reiner Zeitvertreib erschien.

Eine besondere Hochachtung jedoch hatte der junge Streber vor der Kunst der Sprache, worunter er aber nicht die Torheiten der Dichter verstand, sondern die Pflege des Ausdruckes zugunsten realer geschäftlicher Handlungen und Vorteile. Er las alle Dokumente geschäftlicher oder rechtlicher Natur, von der einfachen Rechnung oder Quittung bis zum öffentlichen Anschlag oder Zeitungsaufruf, mit reiner Bewunderung. Denn er sah gar wohl, daß die Sprache solcher Kunsterzeugnisse, von der gemeinen Sprache der Gasse ebenso weit entfernt wie nur irgendeine tolle Dichtung, geeignet sei, Eindruck zu machen, Macht zu üben und über Unverständige Vorteile zu erlangen. In seinen Schulaufsätzen strebte er diesen Vorbildern beharrlich nach und brachte manche Blüte hervor, die einer Kanzlei kaum unwürdig gewesen wäre.

Eben diese Vorliebe für den feinen Kanzleistil gab den Anlaß und Ankergrund für Emil Kolbs einzige Freundschaft. Der Lehrer hatte seine Klasse einst einen Aufsatz über den Frühling verfassen und mehrere dieser Arbeiten von ihren Urhebern vorlesen lassen. Da tat mancher zwölfjährige Schüler seine ersten scheuen Flüge in das Land der schaffenden Phantasie, und frühe Bücherleser schmückten ihre Aufsätze mit begeisterten Nachbildungen der Frühlingsschilderungen gangbarer Dichter. Es war von Amselruf und von Maifesten die Rede, und ein besonders Belesener hatte sogar das Wort Philomele gebraucht. Alle diese Schönheiten aber hatten den zuhörenden Emil nicht zu rühren vermocht, er fand das alles blöd und töricht. Da kam, vom Lehrer aufgerufen, der Sohn des Kannenwirts, Franz Remppis, an die Reihe, seinen Aufsatz vorzulesen. Und gleich bei den ersten Worten: »Es ist nicht zu bestreiten, daß der Frühling immerhin eine sehr angenehme Jahreszeit genannt zu werden verdient« – merkte Kolb mit entzücktem Ohre den Klang einer ihm verwandten Seele, lauschte scharf und beifällig und ließ sich kein Wort entgehen. Dies war der Stil, in welchem das Wochenblatt seine Berichte aus Stadt und Land abzufassen pflegte und den Emil selbst schon mit einiger Sicherheit anzuwenden wußte.

Nach dem Schluß der Schule sprach Kolb dem Mitschüler seine Anerkennung aus, und von der Stunde ab hatten die beiden Knaben das Gefühl, einander zu verstehen und zueinander zu gehören.

Emil begann damit, daß er die Gründung einer gemeinschaftlichen Sparkasse vorschlug. Er wußte die Vorteile des Zusammenlegens und der gegenseitigen Ermunterung zur Sparsamkeit so beredt darzulegen, daß Franz Remppis darauf einging und sich bereit erklärte, sein Erspartes dieser Kasse anzuvertrauen. Doch war er klug genug, darauf zu bestehen, daß das Geld so lange in seinen Händen bleibe, bis auch der Freund eine bare Einlage gemacht habe, und da es hierzu niemals kommen wollte, versank der Plan, ohne daß Emil an ihn erinnert oder Franz ihm den Versuch der Überlistung übelgenommen hätte. Ohnehin fand Kolb sehr bald einen Weg, seine kümmerlichen Umstände vorteilhaft mit den weit besseren des Wirtssohnes zu verknüpfen, indem er seinen Kameraden gegen kleine Geschenke und eßbare Gaben in manchen Schulfächern mit seinen Fähigkeiten aushalf. Das dauerte bis zum Ende der Schulzeit, und gegen das Versprechen eines Honorars von fünfzig Pfennigen lieferte Emil Kolb dem Franz die mathematische Arbeit im Abgangsexamen, welches sie auf diese Weise beide wohl bestanden. Emil hatte sogar so gute Zeugnisse eingeheimst, daß sein Vater darauf schwor, an dem Jungen sei ein Gelehrter verlorengegangen. Allein an fernere Studien war nicht zu denken. Doch gab sich der Vater Kolb jede Mühe und tat manchen sauren Bittgang, um seinem Sohne einen besonderen Platz im Leben zu verschaffen und seine Hoffnungen auf eine glänzende Zukunft nach Kräften zu fördern. Und es gelang ihm, seinen Knaben als Lehrling im Bankgeschäft der Brüder Dreiß unterzubringen. Damit schien ihm ein bedeutender Schritt nach oben hin getan und eine Gewähr für die Erfüllung weit kühnerer Träume gegeben.

Für junge Gerbersauer, die sich dem Kaufmannsberuf widmen wollten, gab es keine hoffnungsreichere Eröffnung dieser Laufbahn als die Lehrlingsschaft bei den Brüdern Dreiß. Deren Bank und Warengeschäft war alt und hochangesehen, und die Herren hatten jedes Jahr die Wahl unter den besten Schülern der obersten Klassen, deren sie jährlich einen oder zwei als Lehrlinge in ihr Geschäft aufnahmen. So hatten sie stets, da die Lehrzeit dreijährig war, zwischen vier und sechs junger Leute in der Lehre, welche zwar die Kost, sonst aber für ihre Arbeit keine Entschädigung erhielten. Dafür konnten sie dann den Lehrbrief des alten ehrwürdigen Hauses als eine überall im Lande gültige Empfehlung ins Leben mitnehmen.

Dieses Jahr war Emil Kolb der einzige neu eintretende Lehrling. Er fand jedoch die Ehre gering und recht teuer bezahlt; denn als jüngster Lehrbub war er derjenige, an welchem alle älteren, auch schon die vom vorigen Jahr, die Stiefel glaubten abreiben zu müssen. Wo etwas im Hause zu tun war, das zu tun sich jeder scheute und zu gut hielt, da rief man nach Emil, dessen Name immerzu gleich einer Dienstbotenglocke durchs Haus erschallte, so daß der junge Mensch nur selten Zeit fand, in einer Kellerecke hinter den Erdölfässern oder auf dem Dachboden bei den leeren Kisten eine kurze Weile seinen Träumen vom Glanz der Zukunft nachzuhängen. Es entschädigte ihn für dies rauhe Leben nur die Rechnung auf den Glanz späterer Tage und die gute reichliche Kost des Hauses. Die Brüder Dreiß, die mit ihrem Lehrlingswesen gute Geschäfte machten und sich außerdem noch einen gut zahlenden Volontär hielten, pflegten an allem zu sparen, nur am Essen für ihre Leute nicht. So konnte der junge Kolb sich jeden Tag dreimal vollständig satt essen, was er mit Eifer tat, und wenn er trotzdem in Bälde lernte, über die Verpflegung zu schimpfen, so war das nur eine zum Brauch der Lehrlinge gehörende Übung, welcher er mit derselben Treue oblag wie dem Stiefelwichsen am Morgen und dem Rauchen gestohlener Zigaretten am Abend.

Ein Kummer war es ihm gewesen, daß er beim Eintritt in diese Vorhölle seines Berufes sich von dem Freund hatte trennen müssen. Franz Remppis wurde von seinem Vater in eine auswärtige Lehrstelle verdingt und erschien eines Tages, um von Emil Abschied zu nehmen. Franzens Trost, daß sie beide einander fleißig schreiben wollten, leuchtete dem armen Emil wenig ein; denn er wußte nicht, woher er das Geld für die Briefmarken hätte nehmen sollen.

Wirklich kam schon bald ein Brief aus Lächstetten, worin Remppis von seinem Einstand am neuen Ort berichtete. Dieses Schreiben regte Emil zu einer langen, sorgfältigen Antwort an, mit deren Abfassung er mehrere Abende hinbrachte, deren Absendung ihm jedoch fürs erste nicht möglich war. Endlich gelang es ihm doch, und er sah es vor sich selbst als eine halbe Rechtfertigung an, daß sein erster Fehltritt dem edlen Gefühle der Freundschaft entsprang. Er mußte nämlich einige Briefe zur Post tragen, und da es eben eilte, gab der Oberlehrling ihm die Briefmarken dazu in die Hand, die er unterwegs aufkleben solle. Diese Gelegenheit nahm Emil wahr. Er beklebte den Brief an Franz, den er in der Brusttasche bei sich trug, mit einer der hübschen neuen Briefmarken und steckte dafür einen von den Geschäftsbriefen ohne Marke in den Postkasten.

Mit dieser Tat begab er sich über eine Grenze, die für ihn besonders gefährlich und lockend war. Wohl hatte er auch zuvor schon je und je, gleich den anderen Lehrbuben, Kleinigkeiten zu sich gesteckt, die seinen Herren gehörten, etwa ein paar gedörrte Zwetschgen oder eine Zigarre. Allein diese Näschereien verübte ein jeder mit heilem Gewissen, sie stellten eine flotte Gebärde dar, womit der Täter vor sich selber prahlte und seine Zugehörigkeit zum Hause und dessen Vorräten dartat. Hingegen war mit dem Diebstahl der Briefmarke etwas anderes geschehen, etwas Schwereres, ein heimlicher Raub an Geldeswert, den keine Gewohnheit und kein Beispiel entschuldigten. Es schlug denn auch dem jungen Missetäter das Herz, und einige Tage lang war er zu jeder Stunde darauf gefaßt, daß sein Vergehen entdeckt werde. Es ist selbst für leichtsinnige Menschen und auch für solche, die schon im Vaterhaus genascht haben, dennoch der erste richtige Diebstahl ein unheimliches Erlebnis, und mancher trägt schwerer daran als an weit größeren Sünden.

Emil litt einige Angst vor der möglichen Entdeckung, aber als die Tage gingen und die Sonne wieder schien und die Geschäfte ihren Gang dahinliefen, als wäre nichts geschehen und als habe er nichts zu verantworten, da erschien ihm diese Möglichkeit, in allem Frieden aus fremder Tasche Nutzen zu ziehen, als ein Ausweg aus hundert Nöten, ja vielleicht als der ihm bestimmte Weg zum Glück. Denn da ihn die Arbeit und Geschäfte nur als ein mühsamer Umweg zum Erwerb und Vergnügen zu freuen vermochten, da er stets nur das Ziel und nie den Weg bedachte, mußte die Erfahrung, daß man unter Umständen sich ungestraft allerlei Vorteile erstehlen könne, ihn gewaltig in Versuchung führen.

Und dieser Versuchung widerstand er nicht. Es gibt für einen Menschen seines Alters hundert kleine schwer entbehrte Dinge, welchen ein Kind armer Eltern stets einen doppelten Wert beimißt. Sobald Emil Kolb begonnen hatte, mit der Vorstellung weiteren unredlichen Erwerbs zu spielen, sobald der Besitz eines Nickelstücks, ja einer Silbermünze ihm keine Unmöglichkeit mehr schien, richtete sich sein Verlangen lüstern auf viele kleine Sachen, an die er zuvor kaum gedacht hatte. Da besaß sein Mitlehrling Färber ein Taschenmesser mit einer Säge und einem Stahlrädchen zum Glasschneiden daran, und obwohl das Sägen und Glasschneiden ihm durchaus kein Bedürfnis war, wollte ihm doch der Besitz eines solchen Prachtstücks überaus wünschenswert vorkommen. Und nicht übel wäre es auch, am Sonntag eine solche blau und braun gefärbte Krawatte zu tragen, wie sie jetzt bei den feineren Lehrjungen die Mode waren. Sodann war es ärgerlich genug zu sehen, wie die vierzehnjährigen Fabrikbuben am Feierabend schon zum Bier gingen, während ein Kaufmannslehrling, schon um ein Jahr älter und im Rang so viel höher als jene, jahraus jahrein kein Wirtshaus von innen zu sehen bekam. Und war es nicht ebenso mit den Mädchen? Sah man nicht manchen halbwüchsigen Stricker oder Weber aus den Fabriken schon am Sonntag mit den Kolleginnen Arm in Arm gehen? Und ein junger Kaufmann sollte seine ganze drei- oder vierjährige Lehrzeit erst abwarten müssen, ehe er imstande wäre, einem hübschen Mädel das Karussellfahren zu bezahlen und eine Brezel anzubieten?

Diesen Übelständen beschloß der junge Kolb ein Ende zu machen. Es war weder sein Gaumen für die herbe Würze des Bieres noch sein Herz und Auge für die Reize der Mädchen reif, aber er strebte selbst im Vergnügen fremden Zielen nach und wünschte nichts, als so zu sein und zu leben wie die angesehenen und flotten unter seinen Kollegen.

Bei aller Torheit war Emil aber gar nicht dumm. Er bedachte seine Diebeslaufbahn nicht minder sorgfältig, als er zuvor seine erste Berufswahl bedacht hatte, und es blieb seinem Nachdenken nicht verborgen, daß auch dem besten Dieb stets ein Feind am Wege lauere. Es durfte durchaus nicht geschehen, daß er je erwischt wurde, darum wollte er lieber einige Mühe daran wenden und die Sache weitläufig vorbereiten, als einem verfrühten Genuß zuliebe den Hals wagen. So überlegte und untersuchte er alle Wege zum verbotenen Gelde, die ihm etwa offenstanden, und fand am Ende, daß er sich bis zum nächsten Jahr gedulden müsse. Er wußte nämlich, wenn er sein erstes Lehrjahr tadelfrei abdiene, so würden die Herren ihm die sogenannte Portokasse übertragen, welche stets der zweitjüngste Lehrling zu führen hatte. Um also seine Herren im kommenden Jahre bequemer bestehlen zu können, diente ihnen der Jüngling nun mit der größten Aufmerksamkeit. Er wäre darüber beinahe seinem Entschluß untreu und wieder ehrlich geworden; denn der ältere von seinen Prinzipalen, der seinen Eifer bemerkte und mit dem armen Schustersöhnlein Mitleid hatte, gab ihm gelegentlich einen Zehner oder wandte ihm solche Besorgungen zu, welche ein Trinkgeld abzuwerfen versprachen. So kam er zuweilen in den Besitz kleinen Geldes und brachte es dazu, noch mit ehrlich verdientem Geld sich eine von den braun und blau gescheckten Krawatten zu kaufen, womit die Feinen unter seinen Kollegen sich am Sonntag schmückten.

Mit dieser Halsbinde angetan, tat der junge Herr seinen ersten Schritt in die Welt der Erwachsenen und feierte sein erstes Fest. Bisher hatte er sich wohl des Sonntags manchmal den Kameraden angeschlossen, wenn sie langsam und unentschlossen durch die sonnigen Gassen bummelten, vorübergehenden Kollegen ein Witzwort nachriefen und recht heimatlos und verstoßen sich umhertrieben, aus der farbigen Kinderwelt ohne Gnade entlassen und in die Welt der Männer noch nicht aufgenommen.

Nun aber sollte auch er zum erstenmal seit der Schulzeit einen festlichen Sonntag mitfeiern. Sein Freund Remppis hatte in Lächstetten, wie es schien, mehr Glück gehabt als Emil daheim. Und neulich hatte er einen Brief geschrieben, der den Freund Kolb zum Kauf der feinen Halsbinde veranlaßt hatte:

»Lieber, sehr geehrter Freund!

Im Besitz Deines Werten vom 12. hujus bin in der angenehmen Lage, Dich für kommenden Sonntag, 23. hj., zu kleiner Fidelität einzuladen. Unser Verein jüngerer Angehöriger des Handelsstandes macht am Sonntag seinen Jahresausflug und möchte nicht verfehlen, Dich dazu herzlich einzuladen. Erwarte Dich bald nach Mittag, da erst noch bei meinem Chef essen muß. Werde Sorge tragen, daß alles Deine Anerkennung findet, und bitte, Dich sodann ganz als meinen Gast betrachten zu dürfen. Selbstverständlich sind auch Damen eingeladen! Zusagendenfalls erbitte Antwort wie sonst poste restante Merkur 01137. Deinem Werten mit Vergnügen entgegensehend empfiehlt sich mit Gruß Dein

Franz Remppis, Mitglied des V.j.A.d.H.«

Sofort hatte Emil Kolb geantwortet:

»Lieber, sehr geehrter Freund!

In umgehender Beantwortung Deines Geschätzten von gestern sage für Deine gütige Einladung besten Dank, und wird es mir ein Vergnügen sein, derselben Folge zu leisten. Die Aussicht auf die Bekanntschaft mit den werten Herren und Damen Eures löblichen Vereins ist mir so wertvoll wie schmeichelhaft, und kann ich nicht umhin, Dich zu dem regen gesellschaftlichen Leben von Lächstetten zu beglückwünschen. Alles Weitere auf unser demnächstiges mündliches Zusammentreffen verschiebend, verbleibe mit besten Grüßen Dein ergebener Freund

Emil Kolb.

P. S. In Eile erlaube mir noch speziellen Dank für die geschäftliche Seite Deiner Einladung, von welcher dankbar Gebrauch machen werde, da zur Zeit meine Kasse größeren Ansprüchen nicht gewachsen sein dürfte.
                 Dein treuer Obiger.«

 Nun war dieser Sonntag gekommen. Es war gegen Ende Juni, und da seit einigen Tagen heißes Sommerwetter eingetreten war, sah man überall die Heuernte im vollem Gange. Emil hatte für den ganzen Tag ohne Schwierigkeit Urlaub, jedoch kein Geld für die kleine Eisenbahnfahrt nach Lächstetten erhalten. Darum machte er sich zeitig am Vormittag auf den Weg und war bis zur verabredeten Stunde lang genug unterwegs, um sich die bevorstehenden Freuden und Ehren in reichlicher Fülle und Schönheit ausdenken zu können. Daneben tat er an günstigen Orten auch den eben reifenden Kirschen Ehre an und kam bequem zur rechten Zeit in Lächstetten an, das er noch nie gesehen hatte. Nach den Schilderungen seines Freundes Remppis hatte er sich diese Stadt in vollem Gegensatz zu dem schlechten, spießigen Gerbersau als einen glänzenden Ort herrlichster Lebenslust vorgestellt und war nun etwas enttäuscht, die Gassen, Plätze, Häuser und Brunnen eher geringer und schmuckloser zu finden als in der Vaterstadt. Auch das Geschäftshaus Johann Löhle, in welchem sein Freund die Geheimnisse des Handels erlernen sollte, konnte sich mit dem stattlichen Hause der Brüder Dreiß in Gerbersau nicht messen. Dies alles stimmte Emils Erwartungen und Freudebereitschaft einigermaßen herab, doch stärkten diese kritischen Wahrnehmungen seinen Mut und seine Hoffnung, er würde neben der weltgewandten Jugend dieser Stadt bestehen können.

 Eine Weile umstrich der Ankömmling das Handelshaus, ging hin und wider und wagte nur hie und da schüchtern einen Liedanfang zu pfeifen, der in früheren Zeiten als Signal zwischen Remppis und ihm gegolten hatte. Nach einiger Zeit erschien der Gesuchte denn auch in einem Mansardenfensterchen, winkte hinab und wies den Freund durch Zeichen an, ihn nicht vor dem Hause, sondern unten am Marktplatz zu erwarten.

 Bald kam Franz daher, und sogleich sank Emils Kritiklust zusammen, da er den Schulfreund in einem neuen Anzug mit einem steifen, unmäßig hohen Hemdkragen und sogar mit Manschetten geschmückt sah.

 »Servus!« rief der junge Remppis fröhlich. »Jetzt kann es also losgehen. Hast du Zigarren?«

Und da Emil keine hatte, schob er ihm eine kleine Handvoll in die Brusttasche.

»Schon recht, du bist ja mein Gast. Ums Haar hätte ich heut nicht freigekriegt, der Alte war verflucht scharf. Aber jetzt wollen wir marschieren.«

So sehr das flotte Wesen Emil gefiel, so konnte er eine Enttäuschung doch nicht verbergen. Er war zu einem Vereinsausflug eingeladen, er hatte Fahnen und vielleicht sogar Musik erwartet.

»Ja, wo ist denn euer Verein jüngerer Angehöriger des Handelsstandes?« fragte er mißtrauisch.

»Der wird schon kommen. Wir können doch nicht unter den Fenstern der Prinzipale ausrücken! Die gönnen einem sowieso kein Vergnügen. Nein, wir treffen uns vor der Stadt.«

Bald hatten sie ein kleines Gehölz und ein altes schäbiges Wirtshaus erreicht, wo sie rasch eintraten, nachdem Franz sich scharf umgesehen hatte, ob niemand ihn beobachte. Drinnen wurden sie von sechs oder sieben anderen Lehrlingen empfangen, die alle vor hohen Biergläsern saßen und Zigarren rauchten. Remppis stellte seinen Landsmann den Kameraden vor, und Emil ward feierlich willkommen geheißen.

»Sie gehören wohl alle zu dem Verein?« fragte er.

»Gewiß«, wurde ihm geantwortet. »Wir haben diesen Verein ins Leben gerufen, um die Interessen unseres Standes zu fördern, vor allem aber, um unter uns die Geselligkeit zu pflegen. Wenn Sie einverstanden sind, Herr Kolb, so wollen wir jetzt aufbrechen.«

Schüchtern fragte Emil seinen Freund nach den Damen, die doch eingeladen seien, und erfuhr, daß man diese später im Wald zu treffen hoffe.

Munter wanderten die jungen Leute in den glänzenden Sommertag hinein. Es fiel Emil auf, mit welchem Eifer Franz sich seiner Vaterstadt rühmte, die er in seinen Briefen beinahe verleugnet hatte.

»Ja, unser Gerbersau!« pries der Freund. »Nicht wahr, Emil, da geht es anders zu als hierzuland! Und was es dort für schöne Mädchen gibt!«

Emil stimmte etwas befangen zu, wurde dann gesprächig und erzählte freimütig, wie wenig groß und schön er Lächstetten im Vergleich mit Gerbersau finde. Einige von den jungen Leuten, die schon in Gerbersau gewesen waren, gaben ihm recht. Bald sprach ein jeder drauf los, rühmte ein jeder seine Stadt und Herkunft, wie es da ein anderes und flotteres Leben sei als in diesem verdammten Nest, und die paar geborenen Lächstetter, die dabei waren, gaben ihnen recht und schimpften auf die eigene Heimat.

Sie alle waren voll unerlöster Kindlichkeit und zielloser Freiheitsliebe, sie rauchten ihre Zigarren und rückten an ihren hohen Stehkragen und taten so männlich und wild als sie konnten. Emil Kolb fand sich rasch in diesen Ton, den er daheim wohl auch schon gehört und ein wenig geübt hatte, und wurde mit allen gut Freund.

Eine halbe Stunde weiter draußen erwartete sie eine kleine Gesellschaft von vier halbwüchsigen Mädchen in hellen Sonntagskleidern. Es waren Töchter geringer Häuser, denen es an Beaufsichtigung fehlte und die zum Teil schon als Schulmädel mit Schülern oder Lehrbuben zärtliche Verhältnisse unterhielten. Sie wurden dem Emil Kolb als Fräulein Berta, Luise, Emma und Agnes vorgestellt. Zwei von ihnen hatten schon feste Verhältnisse und hängten sich sofort an ihre Verehrer, die beiden anderen gingen lose nebenher und gaben sich Mühe, die ganze Gesellschaft zu unterhalten. Es war nämlich nach dem Hinzutritt der Damen die frühere lärmende Gesprächigkeit der Jünglinge plötzlich erkaltet und an deren Stelle eine verlegen schweigsame Liebenswürdigkeit getreten, in deren Bann auch Franz und Emil fielen. Alle diese jungen Leute waren eigentlich noch Kinder, und ihnen allen fiel es leichter, die Manieren von Männern nachzuahmen, als sich ihrem eigenen Alter und Wesen gemäß zu benehmen. Sie alle wären im Grunde lieber ohne Mädchen gewesen oder hätten doch mit diesen wie mit ihresgleichen geschwatzt und gescherzt, aber das schien nicht anzugehen, und da sie alle wohl wußten, daß die Mädchen ohne Erlaubnis ihrer Eltern und unter Gefahren für ihren Ruf diese Wege gingen, suchte ein jeder von diesen jungen Handelsleuten das zu spielen, was er sich nach Hörensagen und Lektüre unter einem Kavalier vorstellte. Die Mädchen waren überlegen und gaben den Ton an, der auf eine empfindsame Schwärmerei gestimmt war, und sie alle, die nach Verlust der Kindesunschuld doch der Liebe noch nicht fähig waren, bewegten sich recht ängstlich und befangen in einer phantastisch verlogenen Sphäre zierlicher Sentimentalität.

Emil genoß als Fremder besondere Aufmerksamkeit, und Fräulein Emma verstrickte ihn bald in ein Gespräch über seine Herkunft und Lebensumstände, wobei Emil sich nicht übel bewährte, da er nur Fragen zu beantworten hatte. Bald wußte das Mädchen alles Wissenswerte über den jungen Mann, den sie sich zum Kavalier für diesen Tag erlesen hatte; nur war freilich des Jünglings Auskunft über sich und sein Leben nur ein poetischer Zeitvertreib. Denn wenn Fräulein Emma nach dem Stande seines Vaters fragte, schien ihm das Wort Flickschuster gar zu schroff, und er umschrieb die Sache, indem er erklärte, sein Papa habe ein Schuhgeschäft. Alsbald sah des Fräuleins Phantasie ein glänzendes Schaufenster voll schwarzer und farbiger Schuhwaren, dem ein solcher Duft von Wohlhabenheit entstieg, daß ihre weiteren Fragen immer schon einen guten Teil solchen Glanzes als vorhanden voraussetzten und den Schusterssohn unvermerkt zu immer kräftigeren Beschönigungen der Wirklichkeit nötigten. Es entstand aus Fragen und Antworten eine angenehme Legende. Nach derselben war Emil der etwas streng gehaltene, doch geliebte Sohn wohlhabender Eltern, den seine Neigung und Begabung früh von den Schulstunden zum Handel hingeführt hatte. Er erlernte als Volontär, welches Wort auf Rechnung der Emma kam, in einem mächtigen alten Handelshaus die Obliegenheiten seines künftigen Berufes und war heute, durch das herrliche Wetter verlockt, herübergekommen, um seinen Schulfreund Franz zu besuchen. Was die Zukunft betraf, so konnte Emil ohne Gefahr die Farben verschwenden, und je weniger von Wirklichkeit und Gegenwart, je mehr von Zukunft und Hoffnung die Rede war, desto mehr kam er ins Feuer, und desto besser gefiel er dem Fräulein Emma. Diese hatte von ihrer Abstammung nichts und von ihren übrigen Verhältnissen nur so viel erzählt, daß sie als zartfühlende Tochter einer wenig begüterten und leider auch etwas herrischen Witwe manches zu leiden habe, das sie jedoch kraft eines tapferen Herzens zu ertragen wisse.

Auf den jungen Kolb machten sowohl diese moralischen Eigenschaften wie auch das Äußere des Fräuleins einen starken Eindruck. Vielleicht und vermutlich hätte er sich in irgendeine andere, sofern sie nicht gerade häßlich war, ebenso verliebt. Es war das erstemal, daß er so mit einem Mädchen ging und daß ein Mädchen solches Interesse für ihn zeigte. Feierlich lauschte er den Erzählungen der Emma und gab sich Mühe, keine Höflichkeit zu versäumen. Es blieb ihm nicht verborgen, daß sein Auftreten und sein Erfolg bei Emma ihm Ansehen verlieh und daß es namentlich dem Franz imponierte.

Da man der Damen wegen nicht wagte, in einer Herberge einzukehren, wurden in der Nähe eines Dorfes zwei von den Jünglingen um Proviant ausgeschickt. Sie kehrten mit Brot und Käse, Bierflaschen und Gläsern wieder, und es ergab sich ein heiteres Gelage im Grünen. Emil, der den ganzen Tag auf den Beinen und ohne Mittagbrot gewesen war, griff nun mit eifrigem Hunger nach den guten Sachen und war der fröhlichste von allen. Doch mußte er die bittere Erfahrung machen, daß nicht alles Wohlschmeckende auch wohltut und daß seine Kräfte im Schlürfen männlicher Genüsse noch die eines Kindes waren. Er erlag mit Schmach dem dritten oder vierten Glas Bier und mußte den Heimweg nach Lächstetten als Nachzügler unter des Freundes Obhut zurücklegen.

Wehmütig nahm er am Abend von dem Franz Abschied und trug ihm Grüße an die Kameraden und an die lieben Fräulein auf, die er nicht mehr zu Gesicht bekommen hatte. Großmütig hatte ihm Franz Remppis ein Billett für die Eisenbahn geschenkt, und während er im Fahren durchs Fenster die Landschaft abendlich werden und verglühen sah, empfand er alle Ernüchterung der Rückkehr zur Arbeit und Entbehrung voraus.

Nach vier Tagen schrieb er seinem Freunde:

»Lieber Freund!

In Anbetracht des verflossenen Sonntags möchte nicht unterlassen, Dir nochmals meinen Dank auszusprechen. Zu meinem lebhaften Bedauern ist mir unterwegs jenes Versehen passiert, und hoffe ich sehr, es möchte Dir und den Herren und Damen den schönen Festtag nicht gestört haben. Namentlich wäre ich Dir äußerst verpflichtet, wenn Du die Güte haben wolltest, dem Fräulein Emma einen Gruß von mir und meine Bitte um Entschuldigung für jenes Unglück zu bestellen. Zugleich wäre ich sehr gespannt, Deine Ansicht über Fräulein Emma erfahren zu dürfen, da ich nicht verhehlen kann, daß ebendiese mir völlig zugesagt und ich eventuell nicht abgeneigt wäre, bei späterem Anlaß an selbe mit ernsteren Anträgen heranzutreten. Diesbezüglich Deine strengste Diskretion erbittend und voraussetzend verbleibe mit besten Grüßen in freundschaftlicher Ergebenheit

Dein Emil Kolb.«

Franz gab hierauf nie eine richtige Antwort. Er ließ wissen, daß der Gruß ausgerichtet sei und daß die Herren vom Verein sich freuen würden, Emil bald einmal wieder bei sich zu sehen. Der Sommer ging hin, und die Freunde sahen sich in Monaten nur ein einziges Mal bei einer Zusammenkunft im Dorfe Walzenbach, das in der Mitte zwischen Lächstetten und Gerbersau liegt und wohin Emil den Schulfreund bestellt hatte. Es kam jedoch keine richtige Wiedersehensfreude auf, denn Emil hatte keinen anderen Gedanken, als etwas über das Fräulein Emma zu erfahren, und Franz wußte seinen Fragen nach ihr immer wieder auszuweichen. Er hatte nämlich seit jenem Sonntag selbst seine Blicke auf diese Jungfer gerichtet und seinen Freund bei ihr auszustechen versucht. Unschönerweise hatte er damit begonnen, daß er dessen Legende zerstört und seine geringe Herkunft ohne Schonung dargetan hatte. Zum Teil wegen dieses Verrates am Freunde, noch mehr aber wegen einer sogenannten Hasenscharte, welche Franz am Mund hatte und die der Emma mißfiel, wies sie ihn sehr kühl ab, wovon Emil jedoch nichts erfuhr. Und nun saßen die alten Freunde einander unoffen und enttäuscht gegenüber und waren beim Auseinandergehen am Abend nur darin einig, daß keiner von beiden eine baldige Wiederholung dieser Zusammenkunft für notwendig hielt.

Im Geschäft der Brüder Dreiß hatte sich Emil indessen nützlich gemacht und so viel Vertrauen erworben, daß im Herbst, nach dem Avancement des ältesten Lehrlings und dem Eintritt eines neuen, die Prinzipale dem Jüngling die Portokasse übergaben. Es wurde ihm ein Stehpult angewiesen und zugleich Büchlein und Kasse übergeben, ein flaches Kästlein aus grünem Drahtgeflecht, worin oben die Bogen mit Briefmarken, unten aber das bare Geld lagen.

Der Jüngling, am Ziele langer Wünsche und Pläne angelangt, verwaltete in der ersten Zeit die paar Taler seiner Kasse mit Gewissenhaftigkeit. Seit Monaten mit dem Gedanken vertraut, aus dieser Quelle zu schöpfen, nahm er nun doch keinen Pfennig an sich. Diese Ehrlichkeit wurzelte nur zum Teil in der Furcht und in der klugen Voraussetzung, man werde seine Führung in dieser ersten Zeit besonders genau beobachten. Vielmehr war es ein Gefühl von Feierlichkeit und innerer Befriedigung, das ihn gut machte und vom Bösen abhielt. Emil sah sich, im Besitz eines eigenen Stehpultes im Kontor und als Verwalter baren Geldes, in die Reihe der Erwachsenen und Geachteten emporgerückt; er genoß diese Stellung mit Andacht und sah auf den soeben neu eingetretenen jüngsten Lehrling mit Mitleid hernieder. Diese gütige und weiche Stimmung hielt ihn gefangen. Allein wie den schwachen Burschen eine Stimmung vom Bösen abzuhalten vermochte, so genügte auch eine Stimmung, ihn an seine üblen Vorsätze zu erinnern und diese zur Ausführung zu bringen.

Es begann, wie alle Sünden junger Geschäftsleute, an einem Montag. Dieser Tag, an welchem nach kurzer Sonntagsfreiheit und mancher Lustbarkeit die Nebel des Dienstes, des Gehorchenmüssens und der Arbeit sich wieder für so lange Tage senken, ist auch für fleißige und tüchtige junge

Menschen eine Prüfung, zumal wenn auch die Vorgesetzten den Sonntag der Lust geweiht und alle gute Laune einer Woche im voraus verbraucht haben.

Es war ein Montag zu Anfang des November. Die beiden älteren Lehrlinge waren tags zuvor samt dem Volontär in der Vorstellung einer durchreisenden Theatergruppe gewesen und hatten nun, durch das gemeinsame seltene Erlebnis heimlich verbunden, viel untereinander zu flüstern. Der Volontär, ein junger Lebemann aus der Hauptstadt, ahmte an seinem Stehpult Grimassen und Gebärden eines Komikers nach und weckte die Erinnerung an gestrige Genüsse jeden Augenblick von neuem. Emil, der den regnerischen Sonntag zu Hause hingebracht hatte, horchte mit Neid und Ärger hinüber. Der jüngere Chef hatte ihn am frühen Morgen schon in bitterer Montagslaune angebrummt, allein und ausgeschlossen stand er an seinem Platz, während die anderen ans Theater dachten und ihn ohne Zweifel bemitleideten.

In diesem Augenblick erschallte draußen auf dem Marktplatz ein schmetternder Trompetenstoß, der sich zweimal wiederholte. Das Signal, seit einigen Tagen der ganzen Stadt vertraut, kündete den Ausrufer der Schauspielerfamilie an, der auch sogleich auf dem Platz erschien, sich auf die Vortreppe des Rathauses schwang und mit rollender Stimme verkündete: »Meine Herrschaften! Damen und Herren! Es findet heute abend die unwiderruflich letzte Vorstellung der bekannten Truppe Elvira statt. Zur Aufführung gelangt das berühmte Stück ›Der Graf von Felsheim oder Vaterfluch und Brudermord‹. Zu dieser unwiderruflich allerletzten Hauptgalavorstellung wird alt und jung hiermit ergebenst eingeladen. Trara! Trara! Am Schlusse findet eine Verlosung wertvoller Gegenstände statt! Jeder Inhaber einer Karte zum ersten und zweiten Rang erhält vollständig gratis ein Los. Trara! Trara! Letztes Auftreten der berühmten Truppe! Letztes Auftreten auf Wunsch zahlreicher Kunstfreunde! Heute abend halb acht Uhr Kassenöffnung!«

Dieser Lockruf mitten in der Trübe des nüchternen Montagmorgens traf den Lehrling ins Herz. Die Gebärden und Gesichter des Volontärs, das Tuscheln der Kollegen, bunte wirre Vorstellungen von Glanz und Genuß flossen zu dem glühenden Verlangen zusammen, endlich auch einmal dies alles zu sehen und zu genießen, und das Verlangen ward alsbald zum Vorsatz, denn die Mittel waren ja in seiner Hand.

An diesem Tage schrieb Emil Kolb zum erstenmal falsche Zahlen in sein kleines sauberes Kassabüchlein und nahm einige Nickelstücke von dem ihm Anvertrauten weg. Aber obwohl dies schlimmer war als vor Monaten jener Diebstahl einer Briefmarke, blieb doch diesmal sein Herz ruhig. Er hatte sich seit langem an den Gedanken dieser Tat gewöhnt, er fürchtete keine Entdeckung, ja er fühlte einen leisen Triumph, als er sich abends vom Prinzipal verabschiedete. Da ging er nun hinweg, das Geld des Mannes in seiner Tasche, und er würde es noch oft so machen, und der dumme Kerl würde nichts merken.

Das Theater machte ihn sehr glücklich. In großen Städten, hatte er sagen hören, gab es noch weit größere und glänzendere Theater, und da gab es Leute, die jeden Abend hineingingen, immer auf die besten Plätze. So wollte er es auch einmal haben.

Von da an hatte die Portokasse des Hauses Dreiß ein unsichtbares Loch, durch welches immerzu ein kleiner dünner Geldfluß entwich und dem Lehrling Kolb gute Tage machte. Das Theater freilich zog hinweg in andere Städte, und ähnliches kam sobald nicht wieder. Aber da war bald eine Kirchweih in Hängstett, bald auf dem Brühel ein Karussell, und außer dem Fahrgeld und Bier oder Kuchen war meistens dazu auch ein neuer Hemdkragen oder Schlips unentbehrlich. Ganz allmählich wurde der arme junge Mensch zu einem verwöhnten Manne, der sich überlegt, wo er am kommenden Sonntag vergnügt sein will. Er hatte bald gelernt, daß es beim Vergnügen auf anderes ankommt, als aufs Notwendige, und tat mit Genuß Dinge, die er früher für Sünde und Dummheit gehalten hätte. Beim Bier schrieb er an die jungen Herren in Lächstetten Ansichtskarten, und wo er sonst ein trockenes Brot verzehrt hatte, fragte er nun nach Wurst und Käse dazu, er lernte in Wirtschaften herrisch nach Senf und Zündhölzern verlangen und den Zigarettenrauch durch die Nase blasen.

Immerhin mußte er in solchem Verbrauch seines Wohlstandes vorsichtig sein und durfte nicht immer auftreten, wie es ihm gerade Spaß gemacht hätte. Die paar ersten Male spürte er auch vor dem Monatsende und der Kontrolle seiner Kasse ziemliches Bangen. Aber stets ging alles gut, und nirgends fand sich eine Nötigung, den begonnenen Unfug einzustellen. So wurde Kolb, wie jeder Gewohnheitsdieb, trotz aller Vorsicht am Ende sicher und blind.

Und eines Tages, da er wieder das Portogeld für sieben Briefe statt für vier aufgeschrieben hatte und da sein Herr ihm den falschen Eintrag vorhielt, blieb er frech dabei, es müßten sieben Briefe gewesen sein. Und da der Herr Dreiß sich dabei zu beruhigen schien, ging Emil friedlich seiner Wege. Am Abend aber setzte sich der Herr, ohne daß der Schelm davon wußte, hinter sein Büchlein und studierte es sorgsam durch. Denn es war ihm nicht nur der größere Portoverbrauch in letzter Zeit aufgefallen, sondern es hatte ihm heute ein Gastwirt aus der Vorstadt erzählt, der junge Kolb komme neuerdings am Sonntag öfter zu ihm und scheine mehr für Bier auszugeben, als der Vater ihm dafür geben könne. Und nun hatte der Kaufherr geringe Mühe, das Übel zu übersehen und die Ursache mancher Veränderung im Wesen und Treiben seines jungen Kassierers zu erkennen.

Da der ältere Bruder Dreiß gerade auf Reisen war, ließ der jüngere der Sache zunächst ihren Lauf, indem er nur täglich in der Stille die kleinen Unterschlagungen betrachtete und notierte. Er sah, daß sein Verdacht dem jungen Mann nicht Unrecht getan hatte, und wunderte sich ärgerlich über die geschickte Sachlichkeit, mit der ihn der Bursche so lange Zeit hintergangen und bestohlen hatte.

Der Bruder kehrte zurück, und am folgenden Morgen beriefen die beiden Herren den Sünder in ihr Privatkontor. Da versagte denn doch die erworbene Sicherheit des Gewissens; kaum hatte Emil Kolb die beiden ernsten Gesichter der Prinzipale und in des einen Händen sein Kassenbüchlein erblickt, so wurde er weiß im Gesicht und verlor den Atem.

Hier begannen Emils schlimme Tage. Als würde ein schmucker Marktplatz durchsichtig und man sähe unterm Boden Kloaken und trübes Wasser rinnen, von Gewürm bevölkert und übelriechend, so lag der unreine Grund dieses scheinbar harmlosen jungen Lebens häßlich aufgedeckt vor seinen und seiner Herren Augen da. Das Schlimmste, was er je gefürchtet, war hereingebrochen, und es war übler, als er gedacht hätte. Alles Saubere, Ehrliche, das bisher in seinem Leben gewesen war, versank und war weg, sein Fleiß und Gehorsam war nicht gewesen, es blieb von einem fleißigen Leben zweier Jahre nichts übrig als die Schmach seines Vergehens.

Emil Kolb, der bis dahin einfach ein kleiner Schelm und bescheidener Hausdieb gewesen war, wurde nun zu dem, was die Zeitungen ein Opfer der Gesellschaft nennen.

Denn die beiden Brüder Dreiß waren nicht darauf eingerichtet, in ihren vielen Lehrbuben junge Menschen mit jungen wartenden Schicksalen zu sehen, sondern nur eben Arbeiter, deren Unterhalt wenig kostete und die für Jahre eines nicht leichten Dienstes noch dankbar sein mußten. Sie konnten nicht sehen, daß hier ein verwahrlostes junges Leben an der Wende stand, wo es ins Dunkel hinabgeht, wenn nicht ein guter Mensch zu helfen bereit ist. Einem jungen Dieb zu helfen wäre ihnen im Gegenteil als Sünde und Torheit erschienen. Sie hatten einem Buben aus armem Hause Vertrauen geschenkt und ihr Haus geöffnet, nun hatte dieser Mensch sie hintergangen und ihr Vertrauen mißbraucht – das war eine klare Sache. Die Herren Dreiß waren sogar edel und kamen überein, den armen Kerl nicht der Polizei zu übergeben. Sie entließen ihn vielmehr, ausgescholten und zerschmettert, und trugen ihm auf, er möge zu seinem Vater gehen und ihm selber sagen, weshalb man ihn in einem anständigen Handelshause nicht mehr brauchen könne.

Die Brüder Dreiß waren ehrenwerte Männer und auf ihre Art wohlmeinend, sie waren nur gewohnt, in allem Geschehenden »Fälle« zu sehen, auf welche sie je nachdem eine der Regeln bürgerlichen Tuns anwenden mußten. So war auch Emil Kolb für sie nicht ein gefährdeter und untersinkender Mensch, sondern ein bedauerlicher Fall, welchen sie nach allen Regeln ohne Härte erledigten.

Sie waren sogar über das notwendige Maß pflichtbewußt und gingen am folgenden Tag selber zu Emils Vater, um mit ihm zu reden, die Sache zu erzählen und etwa mit einem Rat zu dienen. Aber der Vater Kolb wußte noch gar nichts von dem Unglück. Sein Sohn war gestern nicht nach Hause gekommen, er war davongelaufen und hatte die Nacht im Freien hingebracht. Zur Stunde, da seine Prinzipale ihn beim Vater suchten, stand er frierend und hungrig überm Tal am Waldrand und hatte sich, im Selbsterhaltungsdrang gegen die Versuchung freiwilligen Untergangs, so hart und trotzig gemacht, wie es dem schwachen Jungen sonst in Jahren nicht möglich gewesen wäre.

Sein erster Gedanke war gewesen, nur zu flüchten, sich zu verbergen und die Augen zu schließen, da er die Schande wie einen giftigen Schatten über sich fühlte. Erst allmählich, da er einsah, er müsse zurückkehren und irgendwie das Leben weiterführen, hatte sein Lebenswille sich zu Trotz verhärtet, und er hatte sich vorgenommen, den Brüdern Dreiß das Haus anzuzünden. Indessen war auch diese Rachlust vergangen. Emil sah ein, wie sehr er sich den weiteren Weg zu jedem Glück erschwert habe, und kam mit seinen Gedanken zu dem Schluß, es sei ihm nun doch jeder lichte Pfad verbaut und er müsse nun erst recht und mit verdoppelten Kräften den Weg des Bösen gehen, um doch noch auf seine Weise recht zu behalten und das Schicksal zu zwingen.

Der entsetzte kleine Flüchtling von gestern kehrte nach einer durchfrorenen Nacht als ein junger Bösewicht nach der Heimat zurück, auf Schmach und üble Behandlung gefaßt und zum Krieg gegen die Gesetze dieser schnöden Welt gewillt.

Nun wäre es an seinem Vater gewesen, ihn in eine ernsthafte Kur zu nehmen und den geschwächten Willen nicht vollends zu brechen, sondern langsam wieder zu erheben und zum Guten zu wenden. Das war indessen mehr, als der Schuster Kolb vermochte. So wenig wie sein Sohn vermochte dieser Mann das Gesetz des Zusammenhanges von Ursache und Wirkung zu erkennen oder doch zu fühlen. Statt die Entgleisung seines Sprößlings als eine Folge seiner schlechten Erziehung zu nehmen und den Versuch einer Besserung an sich und dem Kind zu beginnen, tat Herr Kolb so, als sei von seiner Seite her alles in Ordnung und als habe er Grund gehabt, von seinem Söhnlein nur Gutes zu erwarten. Freilich, Vater Kolb hatte nie gestohlen, doch war in seinem Hause der Geist nie gewesen, der allein in den Seelen der Kinder das Gewissen wecken und der Lust zur Entartung trotzen kann.

Der zornige, gekränkte Mann empfing den heimkehrenden Sünder wie ein Höllenwächter bellend und fauchend, er rühmte ohne Grund den guten Ruf seines Hauses, ja er rühmte seine redliche Armut, die er sonst hundertmal verwünscht hatte, und lud alles Elend, alle Last und Enttäuschung seines Lebens auf den halbwüchsigen Sohn, der sein Haus in Schande gebracht und seinen Namen in den Schmutz gezogen habe. Alle diese Ausdrücke kamen nicht aus seinem erschrockenen und völlig ratlosen Herzen, sondern er befolgte damit eine Regel und erledigte einen Fall ähnlich und trauriger, als es die Herren Dreiß getan hatten.

Emil hielt den Kopf gesenkt und schwieg, er fühlte sich elend, aber doch dem ohnmächtig wetternden Alten überlegen. Alles was der Vater vom besudelten Namen und vom Zuchthaus schrie, kam ihm nichtig vor; wenn er irgendeine andere Unterkunft der Welt gewußt hätte, wäre er ohne Antwort hinweggegangen. Er war in der überlegenen Lage dessen, dem alles einerlei ist, weil er soeben von dem bittern Wasser der Verzweiflung und des Grauens getrunken hat. Dagegen verstand er die Mutter wohl, die hinten am Tische saß und still weinte; aber er fand keinen Weg zu ihr, der er am wehesten getan hatte und von der er doch am ehesten Mitleid erwartete.

Das Haus Kolb war nicht in der Lage, einen nahezu erwachsenen Sohn unbeschäftigt herumsitzen zu haben.

Der Meister Kolb, als er sich vom ersten Schrecken aufgerafft hatte, hatte zwar noch alles versucht, dem Schlingel trotz allem eine Zukunft zu ermöglichen. Aber ein Lehrling, den die Brüder Dreiß weggejagt hatten, fand in Gerbersau keinen Boden mehr. Nicht einmal der Schreinermeister Kiderle, der doch im Blatt einen Lehrbuben bei freier Kost gesucht hatte, konnte sich entschließen, den Emil aufzunehmen.

Schließlich, als eine Woche nutzlos verstrichen war, sagte der Vater: »Ja, wenn alles nicht hilft, mußt du halt in die Fabrik!«

Er war auf Widerstand gefaßt, aber Emil sagte: »Mir ist's recht. Aber den Hiesigen mach ich die Freude nicht, daß sie mich in die Fabrik gehen sehen.«

Daraufhin fuhr Herr Kolb mit seinem Sohn nach Lächstetten hinüber. Da sprach er beim Fabrikanten Erler vor, der tannene Faßspunden herstellte, fand aber kein Gehör, und dann beim Walkmüller, der ebenfalls dankte, und ging schließlich auch noch in die Maschinenstrickerei, wo er im Werkführer zu seiner Überraschung einen alten Bekannten fand, der nach wenig Worten den jungen Menschen auf Probe zu nehmen einwilligte.

Vater Kolb war froh, als am folgenden Montag sein Sohn das Haus verließ, um sein Fabriklerleben in Lächstetten zu beginnen. Auch dem Sohn war es wohl, daß er aus den Augen der Eltern kam. Er nahm Abschied, als wäre es für wenige Tage, und hatte doch fest im Sinne, sich daheim nicht mehr zu zeigen.

Der Eintritt in die Fabrik fiel ihm trotz aller desperaten Vorsätze doch nicht leicht. Wer einmal gewohnt war, über den Pöbel die Nase zu rümpfen, dem ist es ein saurer Bissen, wenn er selber den guten Rock ausziehen und zu den Verachteten zählen soll.

Emil hatte sich darauf verlassen, daß er an seinem Freund Remppis einen Trost finden werde. Er hatte nicht gewagt, seinen Freund im Hause des Prinzipals aufzusuchen, begegnete ihm aber gleich am zweiten Abend auf der Gasse. Erfreut trat er auf ihn zu und rief ihn beim Namen.

»Grüß Gott, Franz, das freut mich aber! Denk, ich bin jetzt auch in Lächstetten!«

Der Freund aber machte gar kein frohes Gesicht. »Ich weiß schon«, sagte er kühl, »man hat es mir geschrieben.«

Sie gingen miteinander die Gasse hinab. Emil suchte einen leichten Ton anzustimmen, aber die Mißachtung, die der Freund ihm zeigte, drückte ihn nieder. Er versuchte zu erzählen, zu fragen, ein Zusammentreffen am

Sonntag zu verabreden; aber auf alles antwortete Franz Remppis kühl und vorsichtig. Er habe jetzt so wenig Zeit, und gerade heut erwarte ihn ein Kamerad in einer wichtigen Angelegenheit, und auf einmal war er weg, und Emil ging allein durch den Abend zu seiner ärmlichen Schlafstelle, erzürnt und traurig. Er nahm sich vor, dem Freunde bald seine Untreue in einem bewegten Brief vorzuhalten, und fand in diesem Vorsatz einigen Trost.

Allein auch hierin kam ihm Franz zuvor. Schon am folgenden Tag erhielt der Fabrikler beim abendlichen Nachhausekommen einen Brief, den er mit Sorge öffnete und mit Schrecken las:

»Geehrter Emil!
Unter Bezugnahme auf unser Mündliches von gestern möchte ich Dir nahelegen, künftighin auf unsere bisherigen angenehmen Beziehungen zu verzichten. Ohne Dir zu nahe treten zu wollen, dürfte es doch angezeigt sein, daß jeder von uns seinen Umgang im Kreise seiner Standesgenossen sucht. Ebendaher erlaube mir auch vorzuschlagen, uns künftig gegebenenfalls lieber mit dem höflichen Sie anzureden.
Ergebenst grüßend Ihr ehemaliger
                Franz Remppis.«

Auf dem Weg des jungen Kolb, der von da an stetig abwärts führte, war hier der Punkt des letzten Zurückschauens, der letzten Besinnung, ob es nicht auch anders hätte gehen können, ja ob nicht jetzt noch eine Wandlung möglich wäre. Nach einigen Tagen lag dies alles abgetan dahinten, und der junge Mensch lief vollends blindlings in der engen Sackgasse seines Schicksals weiter.

Die Arbeit in der Fabrik war nicht so schlimm, wie sie ihm geschildert worden war. Er hatte zu Anfang nur Handlangerdienste zu tun, Kisten zu öffnen und zu vernageln, Körbe mit Wolle in die Säle zu tragen, Gänge zum Magazin und zur Reparaturwerkstätte zu besorgen. Es dauerte jedoch nicht lange, so bekam er probeweise einen Strickstuhl zu besorgen, und da er sich anstellig zeigte, saß er in Bälde an seinem eigenen Stuhl und arbeitete im Akkord, so daß es ganz von seinem Fleiß und Willen abhing, wieviel Geld er in der Woche verdienen wollte. Dieses Verhältnis gefiel dem jungen Burschen sehr wohl, und er genoß seine Freiheit mit grimmigem Behagen, indem er am Feierabend und Sonntag mit den wildesten Kameraden aus der Fabrik bummeln ging. Da gab es keinen Prinzipal mehr, der in häßlicher Nähe kontrollierend saß, und keine Hausordnung eines alten strengen Handelshauses, keine Eltern und nicht einmal ein Standesbewußtsein, das störende Forderungen machen konnte. Geld verdienen und Geld verbrauchen war des Lebens Sinn, und das Vergnügen bestand neben Bier und Tanzen und Zigarren vor allem im Gefühl frecher Unabhängigkeit, womit man am Sonntag den schwarzgekleideten Kaufleuten und anderen Philistern ins Gesicht grinsen konnte, ohne daß es jemand gab, der einem verbieten und befehlen durfte.

Dafür, daß es ihm mißlungen war, aus seinem geringen Vaterhaus in die höheren Stände emporzugelangen, rächte sich Emil Kolb nun an diesen höheren Ständen. Er fing, wie billig, oben an und ließ den lieben Gott seine Verachtung fühlen, indem er weder Predigt noch Katechese je besuchte und dem Pfarrer, den er zu grüßen gewohnt gewesen war, beim Begegnen auf der Straße vergnügt den Rauch seiner Zigarre ins Gesicht blies. Schön war es auch, am Abend sich vor das beleuchtete Schaufenster zu stellen, hinter welchem der Lehrling Remppis noch saure Abendstunden an der Arbeit war, oder in den Laden selbst hineinzugehen und mit dem baren Geld in der Hosentasche eine gute Wurst zu verlangen.

Das Schönste aber waren ohne Zweifel die Mädchen. In der ersten Zeit hielt sich Emil den Frauensälen der Fabrik fern, bis er eines Tages in der Mittagspause aus dem Saal der Sortiererinnen eine junge Mädchengestalt hervortreten sah, die er alsbald wiedererkannte. Er lief hinüber und rief sie an.

»Fräulein Emma! Kennen Sie mich noch?«

Erst in diesem Augenblick fiel ihm ein, unter welch anderen Umständen er das Mädchen im vorigen Jahre kennengelernt hatte und wie wenig sein jetziger Zustand dem entsprach, was er ihr damals von sich erzählt hatte. Auch sie schien sich jener Unterhaltungen noch wohl zu erinnern, denn sie grüßte ihn ziemlich kalt und meinte: »So, Sie sind's? Ja, was tun denn Sie hier?«

Doch gewann er das Spiel, indem er mit lebhafter Galanterie antwortete: »Es versteht sich doch von selbst, daß ich nur Ihretwegen hier bin!«

Das Fräulein Emma hatte seit dem Sonntagsausflug mit dem Verein jüngerer Angehöriger des Handelsstandes ein wenig an Anmut verloren, hingegen sehr an Lebenserfahrung und Kühnheit gewonnen. Nach einer kurzen Prüfungszeit bemächtigte sie sich des jungen Liebhabers entschieden, der nun seine Sonntage stolz und herrisch am Arm der Schönen verbummelte und an Tanzplätzen und Ausflugsorten seine junge Mannheit sehen ließ.

Genug Geld zu haben und ohne lästige Kontrolle nach seinem Belieben ausgehen zu dürfen, war für Kolb ein lang ersehntes Vergnügen, dessen er jetzt schwelgerisch genoß. Trotzdem aber und trotz seines Liebesfrühlings war es ihm nicht völlig wohl. Was ihm fehlte, war die Lust des unrechtmäßigen Besitzes und der Kitzel des schlechten Gewissens. Zum Stehlen gab es in seinem jetzigen Leben kaum eine Gelegenheit. Nichts ist dem Menschen schwerer zu entbehren als ein Laster, und wenige Laster sind so zäh wie das der Diebe. Außerdem hatte der junge Mensch einen Haß gegen die Reichen und Angesehenen in sich gebildet, aus deren Reihen er ausgestoßen war, und mit dem Haß ein Verlangen, diese Leute nach Möglichkeit zu überlisten und zu schädigen. Das Gefühl, am Samstagabend mit einigen wohlverdienten Talern im Beutel aus der Fabrik zu gehen, war ganz angenehm. Aber jenes Gefühl, heimlich über fremde Gelder zu verfügen und einen dummen Kerl von Prinzipal beliebig prellen zu können, war doch köstlicher gewesen.

Darum sann Emil Kolb mitten in seinem Glücke immer gieriger auf neue Möglichkeiten zu unehrlichem Erwerb. Es kam neuerdings manchmal vor, daß er ohne Geld war, obwohl er über seinen Bedarf verdiente. Die Energie eines planmäßigen Denkens, welche er zu redlichen Zwecken kaum aufbrachte, fand er in seinen Diebesplänen wieder. Geduldig suchte er Gelegenheit und Ort eines größeren Unternehmens ausfindig zu machen, und da er durch die heimatlichen Erfahrungen gewitzt war, schien es ihm richtig, diesmal das eigene Geschäft zu schonen und etwas Entlegeneres zu suchen. Da stach ihm der Laden ins Auge, wo Franz Remppis als Lehrling diente, das größte Geschäft des Städtchens.

Das Haus Johann Löhle in Lächstetten entsprach etwa dem der Brüder Dreiß in Gerbersau. Es führte außer Kolonialwaren und landwirtschaftlichen Geräten alle Artikel des täglichen Gebrauches, vom Briefpapier und Siegellack bis zu Kleiderstoffen und eisernen Öfen, und hielt nebenher eine kleine Bank. Den Laden kannte Emil Kolb genau, er war oft genug darin gewesen und über die Standorte mancher Kiste und Lade sowie über Ort und Beschaffenheit der Kasse wohl unterrichtet. Über die sonstigen Räume des Hauses wußte er durch frühere Erzählungen seines Freundes einigermaßen Bescheid, und was ihm zu wissen noch unentbehrlich schien, erfragte er bei gelegentlichen Besuchen des Ladens. Er sagte etwa, wenn er abends gegen sieben Uhr den Laden betrat, zum Hausknecht oder jüngsten Lehrling: »Na, jetzt ist bald Feierabend!« Sagte er dann: »Noch lange nicht, es kann halb neun werden«, so fragte Emil weiter. »So, so; aber dann kannst du wenigstens gleich weglaufen, das Ladenschließen wird nicht deine Sache sein.« Und dann erfuhr er, daß der Prokurist oder der Sohn des Prinzipals immer als letzter das Geschäft verlasse, und richtete nach alledem seine Pläne ein.

Darüber verging die Zeit, und es war seit seinem Eintritt in die Fabrik schon ein Jahr vergangen. Diese lange Zeit war auch an dem Fräulein Emma nicht spurlos vorübergegangen. Sie begann etwas gealtert und unfrisch auszusehen; was aber ihren Liebhaber am meisten erschreckte, war der nicht mehr zu verbergende Umstand, daß sie ein Kind erwartete. Das verdarb ihm die Lächstettener Luft, und je näher die Niederkunft heranrückte, desto fester wurde in Kolb der Vorsatz, noch vor diesem Ereignis den Ort zu verlassen. Er erkundigte sich daher fleißig nach auswärtigen Arbeitsgelegenheiten und stellte fest, daß er gute Aussichten habe, wenn er sich der Schweiz zuwenden würde.

Auf den Plan einer Erleichterung des Johann Löhleschen Ladens jedoch dachte er deswegen nicht zu verzichten. Es schien ihm gut und schlau, seinen Abgang aus der Stadt mit der Tat zu verbinden. Darum hielt er eine letzte Übersicht über alle seine Mittel und Aussichten, schloß die Rechnung befriedigt ab und vermißte zur Ausführung seines Unternehmens nichts als ein wenig Mut. Der kam ihm jedoch während einer sehr unfrohen Unterredung mit der Emma, so daß er im Ärger der Stunde ungesäumt den Weg des Schicksals betrat und beim Aufseher für die nächste Woche kündigte. Es wurde ihm ohne Erfolg zum Dableiben geraten, und da er vom Wandern nicht abzubringen war, versprach ihm der Aufseher ein gutes Zeugnis und eine Empfehlung an mehrere Schweizer Fabriken mitzugeben.

So setzte er denn den Tag seiner Abreise fest, und am Abend zuvor beschloß er den Handstreich bei Johann Löhle auszuführen. Er war auf den Einfall gekommen, sich am Abend in das Haus einschließen zu lassen. So suchte er denn, gegen Abend vor dem Hause lungernd, schon mit seinem Zeugnis und Wanderpaß in der Tasche, einen Eingang und fand ihn in einem Augenblick, da niemand in der Nähe schien, durch das große, weit offen stehende Hoftor. Vom Hof schlich er sich still in das Magazin hinüber, das mit dem Laden in unmittelbarer Verbindung stand, und blieb zwischen Fässern und hohen Kisten verborgen, bis es nachtete und das Leben im Geschäft erlosch. Gegen acht Uhr war es in dem Raum schon völlig dunkel, eine Stunde später verließ der junge Herr Löhle das Geschäft, schloß hinter sich ab und verschwand nach dem oberen Stockwerk, wo seine Wohnung lag.

Der im finstern Magazin versteckte Dieb wartete zwei ganze Stunden, ehe er den Mut fand, einen Schritt zu tun. Dann wurde es ringsum still, auch von Straße und Marktplatz her war kaum ein Ton mehr zu hören, und Emil trat vorsichtig im Finstern aus seinem Loch hervor. Die Stille des großen, verödeten Raumes beengte ihm das Herz, und als er an der Türe zum Laden hin den Riegel zurückschob, kam ihm plötzlich zum Bewußtsein, daß Einbruch ein schweres Verbrechen sei und schwer bestraft werde. Nun aber, im Laden drinnen, nahm die Fülle der guten und schönen Dinge seine Aufmerksamkeit ganz gefangen. Es wurde ihm feierlich zumute, da er die Laden und Wandfächer voller Waren ansah. Da lagen in einem Glaskasten, nach Sorten geordnet, Hunderte von schönen Zigarren; Zuckerhüte und Feigenkränze, geräucherte lange Würste schauten ihn heiter an, und er konnte nicht widerstehen, fürs erste wenigstens eine Handvoll feiner Zigarren in seine Brusttasche zu stopfen.

Beim schwachen Schein seiner winzigen Laterne suchte er alsdann die Kasse auf, eine einfache Holzschieblade im Ladentisch, die jedoch verschlossen war. Aus Vorsicht, damit es ihn nicht verriete, hatte er keinerlei Werkzeuge mitgebracht und suchte sich nun im Laden selbst Stemmeisen, Zange und Schraubenzieher aus. Damit machte er das Schloß der Lade los und hatte bald die Kasse geöffnet. Begierig schaute er beim schwachen Licht hinein und sah in kleinen Abteilungen geordnet die Münzen liegen, leise glänzend, Zehner bei Zehner und Pfennig bei Pfennig. Er begann das Ausräumen mit den größeren Münzstücken, deren aber sehr wenige da waren, und hatte bald zu seiner zornigen Enttäuschung überrechnet, daß der ganze Inhalt höchstens zwanzig Mark betrage. Mit so wenigem hatte er nicht gerechnet und kam sich nun elend betrogen vor. Sein Zorn war so groß, daß er das Haus hätte anzünden mögen. Da war er nun, so sorgfältig vorbereitet, zum erstenmal in seinem Leben eingebrochen, hatte seine Freiheit riskiert und sich in schwere Gefahr begeben, um die paar elenden Geldstücke zu erbeuten! Den Haufen Kupfergeld ließ er verächtlich liegen, tat das andere in seinen Geldbeutel und hielt nun Umschau, was etwa sonst noch des Mitnehmens wert sein möchte. Da war nun genug des

Begehrenswerten, aber lauter große und schwere Sachen, die ohne Hilfe nicht hinwegzubringen waren. Wieder kam er sich betrogen vor und war vor Enttäuschung und Kränkung dem Weinen nahe, als er, ohne mehr dabei zu denken, noch einige Zigarren und von einem großen Vorrat, der auf dem Tisch gestapelt lag, eine Handvoll Ansichtskarten zu sich steckte und den Laden verließ. Ängstlich suchte er, ohne Licht, den Weg durch das Magazin in den Hof zurück und erschrak nicht wenig, als das schwere Hoftor seinen Bemühungen nicht gleich nachgeben wollte. Verzweifelt arbeitete er am großen Riegel, der in seiner Steinritze am Boden spannte, und atmete tief auf, als er nachgab und das Tor langsam aufging. Er zog es hinter sich notdürftig zu und schritt nun mit einem merkwürdig kühlen Gefühl von Ernüchterung und Bangigkeit durch die toten nächtigen Gassen zu seiner Schlafstelle. Hier lag er ohne Schlaf, bis der Morgen graute. Da sprang er auf, wusch sich die Augen klar und trat mit dem alten kekken Gesicht bei den Hauswirten ein, um adieu zu sagen. Er bekam einen Kaffee eingeschenkt und viele gute Reisewünsche, nahm sein Bündel am Stock über die Schulter und ging zum Bahnhof. Und als im Städtchen der Tag erwachte und der Löhlesche Hausknecht beim Ladenöffnen die Kasse aufgebrochen fand, da fuhr Emil Kolb schon ein paar Meilen weiter durch ein schönes Waldland, das er vom Wagenfenster mit Neugierde betrachtete, denn es war die erste Reise seines Lebens.

Im Hause Johann Löhle erregte die Entdeckung des Verbrechens großen Sturm, und auch nachdem der Schaden festgestellt und als geringfügig erkannt war, summte die lüsterne Aufregung weiter und verbreitete sich durch die ganze Stadt. Polizei und Landjägerschaft erschien, nahm die übliche Reihe von symbolischen Handlungen vor und stieß die vor dem Hause sich drängende Menschenmenge hin und wider.

Auch der Amtsrichter erschien und besah sich die Sache, aber auch er konnte den Täter nicht finden noch ahnen. Es ward der Hausknecht und der Packer und die ganze Reihe der erschrockenen und dennoch über das Unerhörte heimlich entzückten Lehrlinge ins Verhör genommen, es wurde nach allen Käufern gefragt, die gestern den Laden beehrt hatten, doch alles war vergebens. An Emil Kolb dachte niemand.

Indessen dachte dieser selbst sehr häufig an das Haus Löhle zurück. Er las mit tiefem Bangen, hernach mit Genugtuung die heimatlichen Zeitungen, deren mehrere sich mit dem Fall beschäftigten, und da er sah, daß auf ihn gar kein Verdacht gefallen sei, freute er sich geschmeichelt seiner

Geriebenheit und war trotz der kleinen Beute mit seinem ersten Einbruch zufrieden.

Noch war er auf der Wanderschaft und hielt sich gerade in der Gegend des Bodensees auf, denn er hatte wenig Eile und wollte unterwegs auch etwas sehen. Seine erste Empfehlung lautete nach Winterthur, wo er erst einzutreffen gedachte, wenn sein Geld knapp werden würde.

Behaglich saß er im Wirtshaus bei einer Wurst, deren Scheiben er bedachtsam und reichlich mit Senf bestrich, dessen Schärfe er sodann mit einem kühlen guten Bier bekämpfte. Darüber ward ihm wohl und fast wehmütig vor Erinnerung, so daß er ohne Groll an seine Emma denken konnte. Es schien ihm nun, sie habe es doch gut mit ihm gemeint. Je länger er daran kaute, desto mehr tat ihm das Mädel leid, und während er das dritte oder vierte Glas von dem guten Bier bestellte und erwartete, kam er zu dem Entschluß, ihr einen Gruß zu schreiben.

Vergnügt griff er in die Tasche, wo noch ein kleiner Vorrat von den Löhleschen Zigarren übrig war, und zog das kleine steife Päcklein heraus, worin die Lächstettener Ansichtspostkarten waren. Die Kellnerin lieh ihm einen Bleistift, und während er ihn mit der Zungenspitze befeuchtete, schaute er das Bildchen auf der Karte zum erstenmal genauer an. Es stellte die untere Brücke in Lächstetten vor und war auf eine ganz neue Manier mit glänzenden Farben gedruckt, wie sie die arme Wirklichkeit nicht hat.

Mit Deutlichkeit malte er die Adresse, wobei ihm der Stift abbrach. Doch ließ er sich die Laune dadurch nicht verderben, schnitzte den Bleistift wieder zurecht und schrieb dann unter das schönfarbene Bild: »Gedenke Deiner in der Fremde und bin mit viel Grüßen Dein getreuer E. K.«

Diese zärtliche Karte bekam Emma zwar zu Gesicht, jedoch nicht ohne Verzögerung und nicht aus den Händen des Briefboten, sondern aus denen des Amtsrichters, der das Mädchen durch die plötzliche Vorladung auf sein Amtszimmer nicht wenig erschreckt hatte.

Es waren nämlich jene Ansichtskarten erst vor ganz wenigen Tagen in den Löhleschen Laden gekommen, und von dem ganzen Vorrat waren erst drei oder vier Stück verkauft worden, deren Käufer man hatte feststellen können. Es war daher auf die vom Dieb mitgenommenen Karten die Hoffnung seiner Entdeckung gesetzt worden, und die davon unterrichteten Postbeamten hatten die vom Bodensee her eintreffende Postkarte sofort erkannt und angehalten.

Damit ist die Geschichte Emil Kolbs zu Ende. Seine Einlieferung in

Emil Kolb

Lächstetten verlief wie ein Volksfest, wobei der Triumph der Einwohnerschaft über den gefesselt einhergeführten achtzehnjährigen Dieb einer kleinen Ladenkasse alle jene Züge zeigt, welche dem Leser solcher Berichte den Verbrecher bemitleidenswert und die Einwohnerschaft verächtlich machen. Sein Prozeß dauerte nicht lange. Ob er nun aus dem Gefängnis, das ihn aufgenommen hat, zu längerem Aufenthalt in unsere Welt zurückkehren oder den Rest seines Lebens mit kleinen Pausen vollends in solchen Strafanstalten hinbringen wird, jedenfalls wird seine Geschichte uns wenig mehr zu sagen und zu lehren haben.

(1910)

Pater Matthias

I

An der Biegung des grünen Flusses, ganz in der Mitte der hügeligen alten Stadt, lag im Vormittagslicht eines sonnigen Spätsommertages das stille Kloster. Von der Stadt durch den hoch ummauerten Garten, vom ebenso großen und stillen Nonnenkloster durch den Fluß getrennt, ruhte der dunkle breite Bau in behaglicher Ehrwürdigkeit am gekrümmten Ufer und schaute mit vielen blinden Fensterscheiben hochmütig in die entartete Zeit. In seinem Rücken an der schattigen Hügelseite stieg die fromme Stadt mit Kirchen, Kapellen, Kollegien und geistlichen Herrenhäusern bergan bis zum hohen Dom; gegenüber aber jenseits des Wassers und des einsam stehenden Schwesterklosters lag helle Sonne auf der steilen Halde, deren lichte Matten und Obsthänge da und dort von goldbraun schimmernden Geröllwällen und Lehmgruben unterbrochen wurden.

An einem offenen Fenster des zweiten Stockwerkes saß lesend der Pater Matthias, ein blondbärtiger Mann im besten Alter, der im Kloster und anderwärts den Ruf eines freundlichen, wohlwollenden und sehr achtbaren Herrn genoß. Es spielte jedoch unter der Oberfläche seines hübschen Gesichtes und ruhigen Blickes ein Schatten von verheimlichter Dunkelheit und Unordnung, den die Brüder, sofern sie ihn wahrnahmen, als einen gelinden Nachklang der tiefen Jugendmelancholie betrachteten, welche vor zwölf Jahren den Pater in dieses stille Kloster getrieben hatte und seit geraumer Zeit immer mehr untergesunken und in liebenswürdige Gemütsruhe verwandelt schien. Aber der Schein trügt, und Pater Matthias selbst war der einzige, der um die verborgenen Ursachen dieses Schattens wußte.

Nach heftigen Stürmen einer leidenschaftlichen Jugend hatte ein Schiffbruch diesen einst glühenden Menschen in das Kloster geführt, wo er Jahre in zerstörender Selbstverleugnung und Schwermut hinbrachte, bis die geduldige Zeit und die ursprüngliche kräftige Gesundheit seiner Natur ihm Vergessen und neuen Lebensmut brachte. Er war ein beliebter Bruder geworden und stand im gesegneten Ruf, er habe eine besondere Gabe, auf Missionsreisen und in frommen Häusern ländlicher Gemeinden die Herzen zu rühren und die Hände zu öffnen, so daß er von solchen Zügen stets mit reichlichen Erträgen an barem Gut und rechtskräftigen Legaten in das beglückte Kloster heimkehrte.

Ohne Zweifel war dieser Ruf wohlerworben, sein Glanz jedoch und der des klingenden Geldes hatte die Väter für einige andere Züge im Bild ihres lieben Bruders blind gemacht. Denn wohl hatte Pater Matthias die Seelenstürme jener dunklen Jugendzeiten überwunden und machte den Eindruck eines ruhig gewordenen, doch vorwiegend frohgesinnten Mannes, dessen Wünsche und Gedanken im Frieden mit seinen Pflichten beisammen wohnten; wirkliche Seelenkenner aber hätten doch wohl sehen müssen, daß die angenehme Bonhommie des Paters nur einen Teil seines inneren Zustandes wirklich ausdrückte, über manchen verschwiegenen Unebenheiten aber nur als eine hübsche Maske lag. Der Pater Matthias war nicht ein Vollkommener, in dessen Brust alle Schlacken des Ehemals untergegangen waren; vielmehr hatte mit der Gesundung seiner Seele auch der alte, eingeborene Kern dieses Menschen wieder eine Genesung begangen und schaute, wenn auch aus veränderten und beherrschten Augen, längst wieder mit heller Begierde nach dem funkelnden Leben der Welt.

Um es ohne Umschweife zu sagen: Der Pater hatte schon mehrmals die Klostergelübde gebrochen. Seiner reinlichen Natur widerstrebte es zwar, unterm Mantel der Frömmigkeit Weltlust zu suchen, und er hatte seine Kutte nie befleckt. Wohl aber hatte er sie, wovon kein Mensch etwas wußte, schon mehrmals beiseite getan, um sie säuberlich zu erhalten und nach einem Ausflug ins Weltliche wieder anzulegen.

Pater Matthias hatte ein gefährliches Geheimnis. Er besaß, an sicherem Orte verborgen, eine angenehme, ja elegante Bürgerkleidung samt Wäsche, Hut und Schmuck, und wenn er auch neunundneunzig von hunderten seiner Tage durchaus ehrbar in Kutte und Pflichtübung hinbrachte, so weilten seine heimlichen Gedanken doch allzuoft bei jenen seltenen, geheimnisvollen Tagen, die er da und dort als Weltmann unter Weltmenschen verlebt hatte.

Dieses Doppelleben, dessen Ironie auszukosten des Paters Gemüt viel zu redlich war, lastete als ungebeichtetes Verbrechen auf seiner Seele. Wäre er ein schlechter, uneifriger und unbeliebter Pater gewesen, so hätte er längst den Mut gefunden, sich des Ordenskleides unwürdig zu bekennen und eine ehrliche Freiheit zu gewinnen. So aber sah er sich geachtet und geliebt und tat seinem Orden die trefflichsten Dienste, neben welchen ihm sogar zuweilen seine Verfehlungen beinahe verzeihlich erscheinen wollten. Ihm war wohl und frei ums Herz, wenn er in ehrlicher Arbeit für die Kirche und seinen Orden wirken konnte. Wohl war ihm auch, wenn er auf verbotenen Wegen den Begierden seiner Natur Genüge tun und lang unterdrückte Wünsche ihres Stachels berauben konnte. In allen müßigen Zwischenzeiten jedoch erschien in seinem guten Blick der unliebsame Schatten, da schwankte seine nach Sicherheit begehrende Seele zwischen Reue und Trotz, Mut und Angst hin und wider, und bald beneidete er jeden Mitbruder um seine Unschuld, bald jeden Städter draußen um seine Freiheit.

So saß er auch jetzt, vom Lesen nicht erfüllt, an seinem Fenster und sah häufig vom Buche weg ins Freie hinaus. Indem er mit müßigem Auge den lichten frohen Hügelhang gegenüber betrachtete, sah er einen merkwürdigen Menschenzug dort drüben erscheinen, der von der Höhenstraße her auf einem Fußpfad näher kam.

Es waren vier Männer, von denen der eine fast elegant, die anderen schäbig und kümmerlich gekleidet waren, ein Landjäger in glitzernder Uniform ging ihnen voraus, und zwei andere Landjäger folgten hinten nach. Der neugierig zuschauende Pater erkannte bald, daß es Verurteilte waren, welche vom Bahnhof her auf diesem nächsten Wege dem Kreisgefängnis zugeführt wurden, wie er es öfter gesehen hatte.

Erfreut durch die Ablenkung, beschaute er sich die betrübte Gruppe, jedoch nicht ohne in seinem heimlichen Mißmut unzufriedene Betrachtungen daran zu knüpfen. Er empfand zwar wohl ein Mitleid mit diesen armen Teufeln, von welchen namentlich einer den Kopf hängen ließ und jeden Schritt voll Widerstreben tat; doch meinte er, es ginge ihnen eigentlich nicht gar so übel wie ihre augenblickliche Lage andeute.

»Jeder von diesen Gefangenen«, dachte er, »hat als ersehntes Ziel den Tag vor Augen, da er entlassen und wieder frei wird. Ich aber habe keinen solchen Tag vor mir, nicht nah noch fern, sondern eine endlose bequeme Gefangenschaft, nur durch seltene gestohlene Stunden einer eingebildeten Freiheit unterbrochen. Der eine oder andere von den armen Kerlen da drüben mag mich jetzt hier sitzen sehen und mich herzlich beneiden. Sobald sie aber wieder frei sind und ins Leben zurückkehren, hat der Neid ein Ende, und sie halten mich lediglich für einen armen Tropf, der wohlgenährt hinter dem zierlichen Gitter sitzt.«

Während er noch, in den Anblick der Dahingeführten und Soldaten verloren, solchen Gedanken nachhing, trat ein Bruder bei ihm ein und meldete, er werde vom Guardian in dessen Amtszimmer erwartet. Freundlich kam der gewohnte Gruß und Dank von seinen Lippen, lächelnd erhob er sich, tat das Buch an seinen Ort, wischte über den braunen Ärmel seiner Kutte, auf dem ein Lichtreflex vom Wasser herauf in rostfarbenen Flecken tanzte, und ging sogleich mit seinem unfehlbar anmutig würdigen Schritt über die langen kühlen Korridore zum Guardian hinüber.

Dieser empfing ihn mit gemessener Herzlichkeit, bot ihm einen Stuhl an und begann ein Gespräch über die schlimme Zeit, über das scheinbare Abnehmen des Gottesreiches auf Erden und die zunehmende Teuerung. Pater Matthias, der dieses Gespräch seit langem kannte, gab ernsthaft die erwarteten Antworten und Einwürfe von sich und sah mit froher Erregung dem Endziel entgegen, welchem sich denn auch der würdige Herr ohne Eile näherte. Es sei, so schloß er seufzend, eine Ausfahrt ins Land sehr notwendig, auf welcher Matthias den Glauben treuer Seelen ermuntern, den Wankelmut ungetreuer vermahnen solle und von welcher er, wie man hoffe, eine erfreuliche Beute von Liebesgaben heimbringen werde. Der Zeitpunkt sei nämlich ungewöhnlich günstig, da ja soeben in einem fernen südlichen Lande bei Anlaß einer politischen Revolution Kirchen und Klöster mörderlich heimgesucht worden, wovon alle Zeitungen meldeten. Und er gab dem Pater eine sorgfältige Auswahl von teils schrecklichen, teils rührenden Einzelheiten aus diesen neuesten Martyrien der kämpfenden Kirche.

Dankend zog sich der erfreute Pater zurück, schrieb Notizen in sein kleines Taschenbüchlein, überdachte mit geschlossenen Augen seine Aufgabe und fand eine glückliche Wendung und Lösung um die andere, ging zur gewohnten Stunde munter zu Tisch und brachte alsdann den Nachmittag mit den vielen kleinen Vorbereitungen zur Reise hin. Sein unscheinbares Bündel war bald beisammen; weit mehr Zeit und Sorgfalt erforderten die Anmeldungen in Pfarrhäusern und bei treuen gastfreien Anhängern, deren er manche wußte. Gegen Abend trug er eine Handvoll Briefe zur Post und hatte dann noch eine Weile auf dem Telegrafenamt zu tun. Schließlich legte er noch einen tüchtigen Taschenvorrat von kleinen Traktaten, Flugblättern und frommen Bildchen bereit und schlief danach fest und friedvoll als ein Mann, der wohlgerüstet einer ehrenvollen Arbeit entgegengeht.

2

Am Morgen gab es, gerade vor seiner Abreise, noch eine kleine unerfreuliche Szene. Es lebte im Kloster ein junger Laienbruder von geringem Verstand, der früher an Epilepsie gelitten hatte, aber seiner zutraulichen Unschuld und rührenden Dienstwilligkeit wegen von allen im Hause geliebt wurde. Dieser einfältige Bursche begleitete den Pater Matthias zur Eisenbahn, seine kleine Reisetasche tragend. Schon unterwegs zeigte er ein etwas erregtes und gestörtes Wesen, auf dem Bahnhof aber zog er plötzlich mit flehenden Mienen den reisefertigen Pater in eine menschenleere Ecke und bat ihn mit Tränen in den Augen, er möge doch um Gottes willen von dieser Reise abstehen, deren unheilvollen Ausgang ihm eine sichere Ahnung vorausverkünde.

»Ich weiß, Ihr kommt nicht wieder!« rief er weinend mit verzerrtem Gesicht. »Ach, ich weiß gewiß, Ihr werdet nimmer wiederkommen!«

Der gute Matthias hatte alle Mühe, dem Trostlosen, dessen Zuneigung er kannte, zuzureden; er mußte sich am Ende beinahe mit Gewalt losreißen und sprang in den Wagen, als der Zug schon die Räder zu drehen begann. Und im Wegfahren sah er von draußen das angstvolle Gesicht des Halbklugen mit Wehmut und Sorge auf sich gerichtet. Der unscheinbare Mensch in seiner schäbigen und verflickten Kutte winkte ihm noch lange nach, Abschied nehmend und beschwörend, und es ging dem Abreisenden noch eine Weile ein leiser kühler Schauder nach.

Bald indessen überkam ihn die hintangehaltene Freude am Reisen, das er über alles liebte, so daß er die peinliche Szene rasch vergaß und mit zufriedenem Blick und gespannten Seelenkräften den Abenteuern und Siegen seines Beutezuges entgegenfuhr. Die hügelige und waldreiche Landschaft leuchtete ahnungsvoll einem glänzenden Tag entgegen, schon von ersten herbstlichen Feuern überflogen, und der reisende Pater ließ bald das Brevier wie das kleine wohlgerüstete Notizbuch ruhen und schaute in wohliger Erwartung durchs offne Wagenfenster in den siegreichen Tag, der über Wälder hinweg und aus noch nebelverschleierten Tälern emporwuchs und Kraft gewann, um bald in Blau und Goldglanz makellos zu erstehen. Seine Gedanken gingen elastisch zwischen diesem Reisevergnügen und den ihm bevorstehenden Aufgaben hin und wider. Wie wollte er die fruchtbringende Schönheit dieser Erntetage hinmalen, und den nahen sicheren Ertrag an Obst und Wein, und wie würde sich von diesem paradiesischen Grunde das Entsetzliche abheben, das er von den heimgesuchten Gläubigen in dem fernen gottlosen Lande zu berichten hatte!

Die zwei oder drei Stunden der Eisenbahnfahrt vergingen schnell. An dem bescheidenen Bahnhof, an welchem Pater Matthias ausstieg und welcher einsam neben einem kleinen Gehölz im freien Felde lag, erwartete ihn ein hübscher Einspänner, dessen Besitzer den geistlichen Gast mit Ehrerbietung begrüßte. Dieser gab leutselig Antwort, stieg vergnügt in das bequeme Gefährt und fuhr sogleich an Ackerland und schöner Weide vorbei dem stattlichen Dorf entgegen, wo seine Tätigkeit beginnen sollte und das ihn bald einladend und festlich anlachte, zwischen Weinbergen und Gärten gelegen. Der fröhliche Ankommende betrachtete das hübsche gastliche Dorf mit Wohlwollen. Da wuchs Korn und Rübe, gedieh Wein und Obst, stand Kartoffel und Kohl in Fülle, da war überall Wohlsein und feiste Gedeihlichkeit zu spüren; wie sollte nicht von diesem Born des Überflusses ein voller Opferbecher auch dem anklopfenden Gast zugute kommen?

Der Pfarrherr empfing ihn und bot ihm Quartier im Pfarrhaus an, teilte ihm auch mit, daß er schon auf den heutigen Abend des Paters Gastpredigt in der Dorfkirche angekündigt habe und daß, bei dem Ruf des Herrn Paters, ein bedeutender Zulauf auch aus dem Filialdorfe zu erwarten sei. Der Gast nahm die Schmeichelei mit Liebenswürdigkeit auf und gab sich Mühe, den Kollegen mit Höflichkeit einzuspinnen, da er die Neigung kleiner Landpfarrer wohl kannte, auf wortgewandte und erfolgreiche Gastspieler ihrer Kanzeln eifersüchtig zu werden.

Hinwieder hielt der Geistliche mit einem recht üppigen Mittagessen im Hinterhalt, das alsbald nach der Ankunft im Pfarrhause aufgetragen wurde. Und auch hier wußte Matthias die Mittelstraße zwischen Pflicht und Neigung zu finden, indem er unter schmeichelnder Anerkennung hiesiger Küchenkünste dem Dargebotenen mit gesunder Begierde zusprach, ohne doch – zumal beim Wein – ein ihm bekömmliches Maß zu überschreiten und seiner Aufgabe zu vergessen. Gestärkt und fröhlich konnte er schon nach einer ganz kurzen Ruhepause dem Gastgeber mitteilen, er fühle sich nun ganz in der Stimmung, seine Arbeit im Weinberg des Herrn zu beginnen. Hatte also der Wirt etwa den schlimmen Plan gehabt, unseren Pater durch die so reichliche Bewirtung lahmzulegen, so war er ihm völlig mißlungen.

Dafür hatte nun allerdings der Pfarrer dem Gast eine Arbeit eingefädelt, welche an Schwierigkeit und Delikatesse nichts zu wünschen ließ. Seit kurzem lebte im Dorf, als am Heimatort ihres Mannes, in einem neu erbauten Landhaus die Witwe eines reichen Bierbrauers, die wegen ihres skeptischen Verstandes und ihrer anmutig gewandten Zunge nicht minder bekannt und mit Scheu geachtet war als wegen ihres Geldes. Diese Frau Franziska Tanner stand zuoberst auf der Liste derer, deren spezielle Heimsuchung der Pfarrer dem Pater Matthias ans Herz legte.

So erschien, auf das zu Gewärtigende vom geistlichen Kollegen wenig vorbereitet, der satte Pater zu guter Nachmittagsstunde im Landhause und begehrte mit der Frau Tanner zu sprechen. Eine nette Magd führte ihn in das Besuchszimmer, wo er eine längere Weile warten mußte, was ihn als eine ungewohnte Respektlosigkeit verwirrte und warnte. Alsdann trat zu seinem Erstaunen nicht eine ländliche Person und schwarzgekleidete Witwe, sondern eine grauseidene damenhafte Erscheinung in das Zimmer, die ihn gelassen willkommen hieß und nach seinem Begehren fragte.

Und nun versuchte er der Reihe nach alle Register, und jedes versagte, und Schlag um Schlag ging ins Leere, während die geschickte Frau lächelnd entglitt und von Satz zu Satz neue Angeln auslegte. War er weihevoll, so begann sie zu scherzen; neigte er zu geistlichen Bedrohungen, so ließ sie harmlos ihren Reichtum und ihre Lust zu mildtätigen Werken glänzen, so daß er aufs neue Feuer fing und ins Disputieren kam, denn sie ließ ihn deutlich merken, sie kenne seine Endabsicht genau und sei auch bereit, Geld zu geben, wenn es ihm nur gelänge, ihr die tatsächliche Nützlichkeit einer solchen Gabe zu beweisen. War es ihr kaum gelungen, den gar nicht ungeschickten Herrn in einen leichten geselligen Weltton zu verstricken, so redete sie ihn plötzlich wieder devot mit Hochwürden an, und begann er sie wieder geistlicherweise als Tochter zu ermahnen, so war sie unversehens eine kühle Dame.

Trotz dieser Maskenspiele und Redekämpfe hatten die beiden ein Gefallen aneinander. Sie schätzte an dem hübschen Pater die männliche Aufmerksamkeit, mit der er ihrem Spiel zu folgen und sie im Besiegen zu schonen suchte, und er hatte mitten im Schweiß der Bedrängnis eine heimliche natürliche Freude an dem Schauspiel weiblich beweglicher Koketterie, so daß es trotz schwieriger Augenblicke zu einer ganz guten Unterhaltung kam und der lange Besuch in gutem Frieden verlief, wobei unausgesprochenerweise freilich der moralische Sieg auf der Seite der Dame blieb. Sie übergab zwar dem Pater am Ende eine Banknote und sprach ihm und seinem Orden ihre Anerkennung aus, doch geschah es in ganz gesellschaftlichen Formen und beinahe mit einem Hauch von Ironie, und auch sein Dank und Abschied fiel so diskret und weltmännisch aus, daß er sogar den üblichen feierlichen Segensspruch vergaß.

Die weiteren Besuche im Dorf wurden etwas abgekürzt und verliefen nach der Regel. Pater Matthias zog sich noch eine halbe Stunde in seine Stube zurück, aus welcher er wohlbereitet und frisch zur Abendpredigt wieder hervorging.

Diese Predigt gelang vortrefflich. Zwischen den im entlegenen Süden geplünderten Altären und Klöstern und dem Bedürfnis des eigenen Klosters nach einigen Geldern entstand ganz zauberhaft ein inniger Zusammenhang, der weniger auf kühlen logischen Folgerungen als auf einer mit Kunst erzeugten und gesteigerten Stimmung des Mitleids und unbestimmter frommer Erregung beruhte. Die Frauen weinten, und die Opferbüchsen klangen, und der Pfarrer sah mit Erstaunen die Frau Tanner unter den Andächtigen sitzen und dem Vortrag zwar ohne Aufregung, doch mit freundlichster Aufmerksamkeit lauschen.

Damit hatte der feierliche Beutezug des beliebten Paters seinen glänzenden Anfang genommen. Auf seinem Angesicht glänzte Pflichteifer und herzliche Befriedigung, in seiner verborgenen Brusttasche ruhte und wuchs der kleine Schatz, in einige gefällige Banknoten und Goldstücke umgewechselt. Daß inzwischen die größeren Zeitungen draußen in der Welt berichteten, es stehe um die bei jener Revolution geschädigten Klöster bei weitem nicht so übel, als es im ersten Wirrwarr geschienen habe, das wußte der Pater nicht und hätte sich dadurch wohl auch wenig stören lassen.

Sechs, sieben Gemeinden hatten die Freude, ihn bei sich zu sehen, und die ganze Reise verlief aufs erfreulichste. Nun, indem er sich schon gegen die protestantische Nachbargegend hin dem letzten kleinen Weiler näherte, den zu besuchen ihm noch oblag, nun dachte er mit Stolz und Wehmut an den Glanz dieser Triumphtage und daran, daß nun für eine ungewisse Weile Klosterstille und mißmutige Langeweile den genußreichen Erregungen seiner Fahrt nachfolgen würden.

Diese Zeiten waren dem Pater stets verhaßt und gefährlich gewesen, da das Geräusch und die Leidenschaft einer frohen außerordentlichen Tätigkeit sich legte und hinter den prächtigen Kulissen der klanglose Alltag hervorschaute. Die Schlacht war geschlagen, der Lohn im Beutel, nun blieb nichts Lockendes mehr als die kurze Freude der Ablieferung und Anerkennung daheim, und diese Freude war auch schon keine richtige mehr.

Hingegen war von hier der Ort nicht weit entfernt, wo er sein merkwürdiges Geheimnis verwahrte, und je mehr die Feststimmung in ihm verglühte und je näher die Heimkehr bevorstand, desto heftiger ward seine Begierde, die Gelegenheit zu nützen und einen wilden frohen Tag ohne Kutte zu genießen. Noch gestern hätte er davon nichts wissen mögen, allein so ging es jedesmal, und er war es schon müde, dagegen anzukämpfen: am Schluß einer solchen Reise stand immer der Versucher plötzlich da, und fast immer war er ihm unterlegen.

So ging es auch dieses Mal. Der kleine Weiler wurde noch besucht und gewissenhaft erledigt, dann wanderte Pater Matthias zu Fuß nach dem nächsten Bahnhof, ließ den nach seiner Heimat führenden Zug trotzig davonfahren und kaufte sich ein Billett nach der nächsten größeren Stadt, welche in protestantischem Land lag und für ihn sicher war. In der Hand aber trug er einen kleinen hübschen Reisekoffer, den gestern noch niemand bei ihm gesehen hatte.

3

Am Bahnhof eines lebhaften Vorortes, wo beständig viele Züge aus- und einliefen, stieg Pater Matthias aus, den Koffer in der Hand und bewegte sich ruhig, von niemandem beachtet, einem kleinen hölzernen Gebäude zu, auf dessen weißem Schild die Inschrift »Für Männer« stand. An diesem Ort verhielt er sich wohl eine Stunde, bis gerade wieder mehrere ankommende Züge ein Gewühl von Menschen ergossen, und da er in diesem Augenblick wieder hervortrat, trug er wohl noch denselben Koffer bei sich, war aber nicht der Pater Matthias mehr, sondern ein angenehmer, blühender Herr in guter, wenn schon nicht ganz modischer Kleidung, der sein Gepäck am Schalter in Verwahrung gab und alsdann ruhig der Stadt entgegenschlenderte, wo er bald auf der Plattform eines Trambahnwagens, bald vor einem Schaufenster zu sehen war und endlich im Straßengetöse sich verlor.

Mit diesem vielfach zusammengesetzten, ohne Pause schwingenden Getöne, mit dem Glanz der Geschäfte, dem durchsonnten Staub der Straßen atmete Herr Matthias die berauschende Vielfältigkeit und liebe Farbigkeit der törichten Welt, für welche seine wenig verdorbenen Sinne empfänglich waren, und gab sich jedem frohen Eindruck willig hin. Es schien ihm herrlich, die eleganten Damen in Federhüten spazieren oder in feinen Equipagen fahren zu sehen, und köstlich, als Frühstück in einem schönen Laden von marmornem Tische eine Tasse Schokolade und einen zarten, süßen französischen Likör zu nehmen. Und daraufhin, innerlich erwärmt und erheitert, hin und wider zu gehen, sich an Plakatsäulen über die für den Abend versprochenen Unterhaltungen zu unterrichten und darüber nachzudenken, wo es nachher sich am besten zu Mittag werde speisen lassen; das tat ihm in allen Fasern wohl. Allen diesen größeren und kleineren Genüssen ging er ohne Eile in dankbarer Kindlichkeit nach, und wer ihn dabei beobachtet hätte, wäre niemals auf den Gedanken gekommen, dieser schlichte, sympathische Herr könnte verbotene Wege gehen.

Ein treffliches Mittagessen zog Matthias beim schwarzen Kaffee und einer Zigarre weit in den Nachmittag hinein. Er saß nahe an einer der gewaltigen bis zum Fußboden reichenden Fensterscheiben des Restaurants und sah durch den duftenden Rauch seiner Zigarre mit Behagen auf die belebte Straße hinaus. Vom Essen und Sitzen war er ein wenig schwer geworden und schaute gleichmütig auf den Strom der Vorübergehenden. Nur einmal reckte er sich plötzlich auf, leicht errötend, und blickte aufmerksam einer schlanken Frauengestalt nach, in welcher er einen Augenblick lang die Frau Tanner zu erkennen glaubte. Er sah jedoch, daß er sich getäuscht habe, fühlte eine leise Ernüchterung und erhob sich, um weiterzugehen.

Unschlüssig stand er eine Stunde später vor den Reklametafeln eines kinematografischen Theaters und las die großgedruckten Titel der versprochenen Darbietungen. Dabei hielt er eine brennende Zigarre in der Hand und wurde plötzlich im Lesen durch einen jungen Mann unterbrochen, der ihn mit Höflichkeit um Feuer für seine Zigarette bat.

Bereitwillig erfüllte er die kleine Bitte, sah dabei den Fremden an und sagte: »Mir scheint, ich habe Sie schon gesehen. Waren Sie nicht heute früh im Café Royal?«

Der Fremde bejahte, dankte freundlich, griff an den Hut und wollte weitergehen, besann sich aber plötzlich anders und sagte lächelnd: »Ich glaube, wir sind beide fremd hier. Ich bin auf der Reise und suche hier nichts als ein paar Stunden gute Unterhaltung und vielleicht ein bißchen holde Weiblichkeit für den Abend. Wenn es Ihnen nicht zuwider ist, könnten wir ja zusammenbleiben.«

Das gefiel Herrn Matthias durchaus, und die beiden Müßiggänger flanierten nun nebeneinander weiter, wobei der Fremde sich dem Älteren stets höflich zur Linken hielt. Er fragte ohne Zudringlichkeit ein wenig nach Herkunft und Absichten des neuen Bekannten, und da er merkte, daß Matthias hierüber nur undeutlich und beinahe etwas befangen sich äußerte, ließ er die Frage lässig fallen und begann ein munteres Geplauder, das Herrn Matthias sehr wohl gefiel. Der junge Herr Breitinger schien viel gereist zu sein und die Kunst wohl zu verstehen, wie man in fremden Städten sich einen vergnügten Tag macht. Auch am hiesigen Ort war er schon je und je gewesen und erinnerte sich einiger Vergnügungslokale, wo er damals recht nette Gesellschaft gefunden und köstliche Stunden verlebt habe. So ergab es sich bald von selbst, daß er mit des Herrn Matthias dankbarer Einwilligung die Führung übernahm. Nur einen heiklen Punkt erlaubte sich Herr Breitinger im voraus zu berühren. Er bat, es ihm nicht zu verübeln, wenn er darauf bestehe, daß jeder von ihnen beiden überall seine Zeche sofort aus dem eigenen Beutel bezahle. Denn, so fügte er entschuldigend bei, er sei zwar kein Rechner und Knicker, habe jedoch in Geldsachen gern reinliche Ordnung und sei zudem nicht gesonnen, seinem heutigen Vergnügen mehr als ein paar Goldfüchse zu opfern, und wenn etwa sein Begleiter großartigere Gewohnheiten habe, so würde es besser sein, sich in Frieden zu trennen, statt etwaige Enttäuschungen und Ärgerlichkeiten zu wagen.

Auch dieser Freimut war ganz nach Matthias' Geschmack. Er erklärte, auf einen goldenen Zwanziger hin oder her komme es ihm allerdings nicht an, doch sei er gerne einverstanden und im voraus überzeugt, daß sie beide aufs beste miteinander auskommen würden.

Darüber hatte Breitinger, wie er sagte, einen kleinen Durst bekommen, und ohnehin war es jetzt nach seiner Meinung Zeit, die angenehme Bekanntschaft durch Anstoßen mit einem Glase Wein zu feiern. Er führte den Freund durch unbekannte Gassen nach einer kleinen, abseits gelegenen Gastwirtschaft, wo man sicher sein dürfe, einen raren Tropfen zu bekommen, und sie traten durch eine klirrende Glastüre in die enge niedere Stube, in der sie die einzigen Gäste waren. Ein etwas unfreundlicher Wirt brachte auf Breitingers Verlangen eine Flasche herbei, die er öffnete und woraus er den Gästen einen hellgelben kühlen, leicht prickelnden Wein einschenkte, mit welchem sie denn anstießen. Darauf zog sich der Wirt zurück, und bald erschien statt seiner ein großes hübsches Mädchen, das die Herrn lächelnd begrüßte und, da eben das erste Glas geleert war, das Einschenken übernahm.

»Prosit!« sagte Breitinger zu Matthias, und indem er sich zu dem Mädchen wandte: »Prosit, schönes Fräulein!«

Sie lachte und hielt scherzweise dem Herrn ein Salzfaß zum Anstoßen hin.

»Ach, Sie haben ja nichts zum Anstoßen«, rief Breitinger und holte selbst von der Kredenz ein Glas für sie. »Kommen Sie, Fräulein, und leisten Sie uns ein bißchen Gesellschaft!«

Damit schenkte er ihr Glas voll und hieß sie, die sich nicht sträubte, zwischen ihm und seinem Bekannten sitzen. Diese zwanglose Leichtigkeit der Anknüpfung machte Herrn Matthias Eindruck. Er stieß nun auch seinerseits mit dem Mädchen an und rückte seinen Stuhl dem ihren nahe. Es war indessen in dem unfrohen Raume schon dunkel geworden, die Kellnerin zündete ein paar Gasflammen an und bemerkte nun, daß kein Wein mehr in der Flasche sei.

»Die zweite Bouteille geht auf meine Kosten!« rief Herr Breitinger. Aber der andere wollte das nicht dulden, und es gab einen kleinen Wortkrieg, bis er sich unter der Bedingung fügte, daß nachher auf seine Rechnung noch eine Flasche Champagner getrunken werde. Fräulein Meta hatte inzwischen die neue Flasche herbeigebracht und ihren Platz wieder eingenommen, und während der Jüngere mit dem Korkziehen beschäftigt war, streichelte sie unterm Tische leise die Hand des Herrn Matthias, der alsbald mit Feuer auf diese Eroberung einging und sie weiter verfolgte, indem er seinen Fuß auf ihren setzte. Nun zog sie den Fuß zwar zurück, liebkoste dafür aber wieder seine Hand, und so blieben sie in stillem Einverständnis triumphierend beieinander sitzen. Matthias ward jetzt gesprächig, er redete vom Wein und erzählte von Zechgelagen, die er früher mitgemacht habe, stieß immer wieder mit den beiden an, und der erhitzende falsche Wein machte seine Augen glänzen.

Als eine Weile später Fräulein Meta meinte, sie habe in der Nachbarschaft eine sehr nette und lustige Freundin, da hatte keiner von den Kavalieren etwas dagegen, daß sie diese einlade, den Abend mitzufeiern. Eine alte Frau, die inzwischen den Wirt abgelöst hatte, wurde mit dem Auftrag weggeschickt. Als nun Herr Breitinger sich für Minuten zurückzog, nahm Matthias die hübsche Meta an sich und küßte sie heftig auf den Mund. Sie ließ es still und lächelnd geschehen, da er aber stürmisch ward und mehr begehrte, leuchtete sie ihn aus feurigen Augen an und wehrte: »Später, du, später!«

Die klappernde Glastüre mehr als ihre beschwichtigende Gebärde hielt ihn zurück, und es kam mit der Alten nicht nur die erwartete Freundin herein, sondern auch noch eine zweite mit ihrem Bräutigam, einem halbeleganten Jüngling mit steifem Hütchen und glatt in der Mitte gescheiteltem schwarzem Haar, dessen Mund unter einem gezwickelten Schnauzbärtchen hervor hochmütig und gewalttätig ausschaute. Zugleich trat auch Breitinger wieder ein, es entstand eine Begrüßung und man rückte zwei Tische aneinander, um gemeinsam zu Abend zu essen. Matthias sollte bestellen und war für einen Fisch mit nachfolgendem Rindsbraten, dazu kam auf Metas Vorschlag noch eine Platte mit Kaviar, Lachs und Sardinen, sowie auf den Wunsch ihrer Freundin eine Punschtorte. Der Bräutigam aber erklärte mit merkwürdig gereizter Verächtlichkeit, ohne Geflügel tauge ein Abendessen nichts, und wenn auf das Rindfleisch nicht ein Fasanenbraten folge, so esse er schon lieber gar nicht mit. Meta wollte ihm zureden, aber Herr Matthias, der inzwischen zu einem Burgunderwein übergegangen war, rief munter dazwischen: »Ach was, man soll doch den Fasan bestellen! Die Herrschaften sind doch hoffentlich alle meine Gäste?«

Das wurde angenommen, die Alte verschwand mit dem Speisezettel, der Wirt tauchte auch wieder auf. Meta hatte sich nun ganz an Matthias angeschlossen, ihre Freundin saß gegenüber neben Herrn Breitinger. Das Essen, das nicht im Hause gekocht, sondern über die Straße herbeigeholt schien, wurde rasch aufgetragen und war gut. Beim Nachtisch machte Fräulein Meta ihren Verehrer mit einem neuen Genusse bekannt: er bekam in einem großen fußlosen Glase ein delikates Getränk dargereicht, das sie ihm eigens zubereitet hatte und das, wie sie erzählte, aus Champagner, Cherry und Kognak gemischt war. Es schmeckte gut, nur etwas schwer und süß, und sie nippte jedesmal selber am Glase, wenn sie ihn zum Trinken einlud. Matthias wollte nun auch Herrn Breitinger ein solches Glas anbieten. Der lehnte jedoch ab, da er das Süße nicht liebe, auch habe dies Getränk den leidigen Nachteil, daß man darauf hin nur noch Champagner genießen könne.

»Hoho, das ist doch kein Nachteil!« rief Matthias überlaut. »Ihr Leute, Champagner her!«

Er brach in ein heftiges Gelächter aus, wobei ihm die Augen voll Wasser liefen, und war von diesem Augenblick an ein hoffnungslos betrunkener Mann, der beständig ohne Ursache lachte, Wein über den Tisch vergoß und rechenschaftslos auf einem breiten Strome von Rausch und Wohlleben dahintrieb. Nur zuweilen besann er sich für eine Minute, blickte verwundert in die Lustbarkeit und griff nach Metas Hand, die er küßte und streichelte, um sie bald wieder loszulassen und zu vergessen. Einmal erhob er sich, um einen Trinkspruch auszubringen, doch fiel ihm das schwankende Glas aus der Hand und zersprang auf dem überschwemmten Tisch, worüber er wieder ein herzliches, doch schon ermüdetes Gelächter begann. Meta zog ihn in seinen Stuhl zurück, und Breitinger bot ihm mit ernsthafter Zurede ein Glas Kirschwasser an, das er leerte und dessen scharfer brennender Geschmack das letzte war, was ihm von diesem Abend dunkel im Gedächtnis blieb.

4

Nach einem todschweren Schlaf erwachte Herr Matthias blinzelnd zu einem schauderhaften Gefühl von Leere, Zerschlagenheit, Schmerz und Ekel. Kopfweh und Schwindel hielten ihn nieder, die Augen brannten trocken und entzündet, an der Hand schmerzte ihn ein breiter verkrusteter Riß, von dessen Herkunft er keine Erinnerung hatte. Nur langsam erholte sich sein Bewußtsein, da richtete er sich plötzlich auf, sah an sich nieder und suchte Stützen für sein Gedächtnis zu gewinnen. Er lag, nur halb entkleidet, in einem fremden Zimmer und Bett, und da er erschreckend aufsprang und zum Fenster trat, blickte er in eine morgendliche unbekannte Straße hinab. Stöhnend goß er ein Waschbecken voll und badete das entstellte heiße Gesicht, und während er mit dem Handtuch darüber fuhr, schlug ihm plötzlich ein böser Argwohn wie ein Blitz ins Gehirn. Hastig stürzte er sich auf seinen Rock, der am Boden lag, riß ihn an sich, betastete und wendete ihn, griff in alle Taschen und ließ ihn erstarrt aus zitternden Händen sinken. Er war beraubt. Die schwarzlederne Brustmappe war fort.

Er besann sich und wußte alles plötzlich wieder. Es waren über tausend Kronen in Papier und Gold gewesen.

Still legte er sich wieder auf das Bett und blieb wohl eine halbe Stunde wie ein Erschlagener liegen. Weindunst und Schlaftrunkenheit waren völlig verflogen, auch die Schmerzen spürte er nicht mehr, nur eine große Müdigkeit und Trauer. Langsam erhob er sich wieder, wusch sich mit Sorgfalt, klopfte und schabte seine beschmutzten Kleider nach Möglichkeit zurecht, zog sich an und schaute in den Spiegel, wo ein gedunsenes trauriges Gesicht ihm fremd entgegensah. Dann faßte er alle Kraft mit einem heftigen Entschluß zusammen und überdachte seine Lage. Und dann tat er ruhig und bitter das Wenige, was ihm zu tun übrigblieb.

Vor allem durchsuchte er seine ganze Kleidung, auch Bett und Fußboden genau. Der Rock war leer, im Beinkleid jedoch fand sich ein zerknitterter Schein von fünfzig Kronen und zehn Kronen in Gold. Sonst war kein Geld mehr da.

Nun zog er die Glocke und fragte den erscheinenden Kellner, um welche Zeit er heute nacht angekommen sei. Der junge Mensch sah ihm lächelnd ins Gesicht und meinte, wenn der Herr selber sich nimmer erinnern könne, so werde einzig der Portier Bescheid wissen.

Und er ließ den Portier kommen, gab ihm das Goldstück und fragte ihn aus. Wann er ins Haus gebracht worden sei? – Gegen zwölf Uhr. – Ob er bewußtlos gewesen? – Nein, nur anscheinend bezecht. – Wer ihn hergebracht habe? – Zwei junge Männer. Sie hätten erzählt, der Herr habe sich bei einem Gastmahl übernommen und begehre hier zu schlafen. Er habe ihn zuerst nicht aufnehmen wollen, sei jedoch durch ein schönes Trinkgeld doch dazu bestimmt worden. – Ob der Portier die beiden Männer wiedererkennen würde? – Ja, das heißt wohl nur den einen, den mit dem steifen Hut.

Matthias entließ den Mann und bestellte seine Rechnung samt einer Tasse Kaffee. Den trank er heiß hinunter, bezahlte und ging weg.

Er kannte den Teil der Stadt, in dem sein Gasthaus lag, nicht, und ob er wohl nach längerem Gehen bekannte und halbbekannte Straßen traf, so gelang es ihm doch in mehreren Stunden angestrengter Wanderung nicht, jenes kleine Wirtshaus wiederzufinden, wo das Gestrige passiert war.

Doch hatte er sich ohnehin kaum Hoffnung gemacht, etwas von dem Verlorenen wiederzugewinnen. Von dem Augenblick an, da er in plötzlich aufzuckendem Verdacht seinen Rock untersucht und die Brusttasche leer gefunden hatte, war er von der Erkenntnis durchdrungen, es sei nicht das Kleinste mehr zu retten. Dieses Gefühl hatte durchaus mit der Empfindung eines ärgerlichen Zufalls oder Unglücks nichts zu tun, sondern war frei von jeder Auflehnung und glich mehr einer zwar bitteren, doch entschiedenen Zustimmung zu dem Geschehenen. Dies Gefühl vom Einklang des Geschehens mit dem eigenen Gemüt, der äußeren und inneren Notwendigkeit, dessen ganz geringe Menschen niemals fähig sind, rettete den armen betrogenen Pater vor der Verzweiflung. Er dachte nicht einen Augenblick daran, sich etwa durch List reinzuwaschen und wieder in Ehre und Achtung zurückzustehlen, noch auch trat ihm der Gedanke nahe, sich ein Leid anzutun. Nein, er fühlte nichts als eine völlig klare und gerechte Notwendigkeit, die ihn zwar traurig machte, gegen welche er jedoch mit keinem Gedanken protestierte. Denn stärker als Bangnis und Sorge, wenn auch noch verborgen und außerhalb des Bewußtseins, war in ihm die Empfindung einer großen Erlösung vorhanden, da jetzt unzweifelhaft seiner bisherigen Unzufriedenheit und dem unklaren, durch Jahre geführten und verheimlichten Doppelleben ein Ende gesetzt war. Er fühlte wie früher zuweilen nach kleineren Verfehlungen die schmerzliche innere Befreitheit eines Mannes, der vor dem Beichtstuhl kniet und dem zwar eine Demütigung und Bestrafung bevorsteht, dessen Seele aber die beklemmende Last verheimlichter Taten schon weichen fühlt.

Dennoch aber war er über das, was nun zu tun sei, keineswegs im klaren. Hatte er innerlich seinen Austritt aus dem Orden schon genommen und Verzicht auf alle Ehren getan, so schien es ihm doch ärgerlich und recht unnütz, nun alle häßlichen und schmerzenden Szenen einer feierlichen Ausstoßung und Verurteilung auskosten zu sollen. Schließlich hatte er, weltlich gedacht, kein gar so schändliches Verbrechen begangen, und das viele Klostergeld hatte ja nicht er gestohlen, sondern offenbar jener Herr Breitinger.

Klar war ihm zunächst nur, daß noch heute etwas Entscheidendes zu geschehen habe; denn blieb er länger als noch diesen Tag dem Kloster fern, so entstand Verdacht und Untersuchung und es war ihm die Freiheit des Handelns abgeschnitten. Ermüdet und hungrig suchte er ein Speisehaus, aß einen Teller Suppe und schaute alsdann, rasch gesättigt und von verwirrten Erinnerungsbildern gequält, mit müden Augen durchs Fenster auf die Straße hinaus, genau wie er es gestern ungefähr um dieselbe Zeit getan hatte.

Indem er seine Lage hin und her bedachte, fiel es ihm grausam auf die Seele, daß er auf Erden keinen einzigen Menschen habe, dem er mit Vertrauen und Hoffnung seine Not klagen könnte, der ihm hülfe und riete, der ihn zurechtweise, rette oder doch tröste. Ein Auftritt, den er erst vor einer Woche erlebt und schon völlig wieder vergessen hatte, stieg unversehens rührend und wunderlich in seinem Gedächtnis auf; der junge halbgescheite Laienbruder in seiner geflickten Kutte, wie er am heimischen Bahnhof stand und ihm nachschaute, angstvoll und beschwörend.

Heftig wendete er sich von diesem Bilde ab und zwang seinen Blick, dem Straßenleben draußen zu folgen. Da trat ihm, auf seltsamen Umwegen der Erinnerung, mit einem Male ein Name und eine Gestalt vor die Seele, woran sie sich sofort mit instinktivem Zutrauen klammerte.

Diese Gestalt war die der Frau Franziska Tanner, jener reichen jungen Witwe, deren Geist und Takt er erst kürzlich bewundert und deren anmutig strenges Bild ihn heimlich begleitet hatte. Er schloß die Augen und sah sie, im grauseidenen Kleide, mit dem klugen und beinahe spöttischen Mund im hübschen blassen Gesicht, und je genauer er zuschaute und je deutlicher nun auch der kräftig entschlossene Ton ihrer hellen Stimme und der feste, ruhig beobachtende Blick ihrer grauen Augen ihm wieder vorschwebte, desto leichter, ja selbstverständlicher schien es ihm, das Vertrauen dieser ungewöhnlichen Frau in seiner ungewöhnlichen Lage anzurufen.

Dankbar und froh, das nächste Stück seines Weges endlich klar vor sich zu sehen, machte er sich sofort daran, seinen Entschluß auszuführen. Von dieser Minute an bis zu jener, da er wirklich vor Frau Tanner stand, tat er jeden Schritt sicher und rasch, nur ein einzigesmal geriet er ins Zaudern. Das war, als er jenen Bahnhof des Vorortes wieder erreichte, wo er gestern seinen Sündenwandel begonnen hatte und wo seither sein Köfferchen in Verwahrung stand. Er war des Sinnes gewesen, wieder als Pater in der Kutte vor die hochgeschätzte Frau zu treten, schon um sie nicht allzusehr zu erschrecken, und hatte deshalb den Weg hierher genommen. Nun jedoch, da er nur eines Schrittes bedurfte, um am Schalter sein Eigentum wiederzufordern, kam diese Absicht ihm plötzlich töricht und unredlich vor, ja er empfand, wie nie zuvor, vor der Rückkehr in die klösterliche Tracht einen wahren Schreck und Abscheu, so daß er seinen Plan im Augenblick änderte und vor sich selber schwor, die Kutte niemals wieder anzulegen, es komme, wie es wolle.

Daß mit den übrigen Wertsachen ihm auch der Gepäckschein entwendet worden war, wußte und bedachte er dabei gar nicht.

Darum ließ er sein Gepäck liegen, wo es lag, und reiste denselben Weg, den er gestern in der Frühe noch als Pater gefahren, im schlichten Bürgerrocke zurück. Dabei schlug ihm das Herz immerhin, je näher er dem Ziel kam, desto peinlicher; denn er fuhr nun schon wieder durch die Gegend, welcher er vor Tagen noch gepredigt hatte, und mußte in jedem neu einsteigenden Fahrgaste den beargwöhnen, der ihn erkennen und als erster seine Schande sehen würde. Doch war der Zufall und der einbrechende Abend ihm günstig, so daß er die letzte Station unerkannt und unbelästigt erreichte.

Bei sinkender Nacht wanderte er auf müden Beinen den Weg zum Dorf hin, den er zuletzt bei Sonnenschein im Einspänner gefahren war, und zog, da er noch überall Licht hinter den Läden bemerkte, noch am selben Abend die Glocke am Tore des Tannerschen Landhauses.

Die gleiche Magd wie neulich tat ihm auf und fragte nach seinem Begehren, ohne ihn zu erkennen. Matthias bat, die Hausfrau noch heute abend sprechen zu dürfen, und gab dem Mädchen ein verschlossenes Billett mit, das er vorsorglich noch in der Stadt geschrieben hatte. Sie ließ ihn, der späten Stunde wegen, ängstlich, im Freien warten, schloß das Tor wieder ab und blieb eine bange Weile aus. Dann aber schloß sie rasch wieder auf, hieß ihn mit verlegener Entschuldigung ihrer vorigen Ängstlichkeit eintreten und führte ihn in das Wohnzimmer der Frau, die ihn dort allein erwartete.

»Guten Abend, Frau Tanner«, sagte er mit etwas befangener Stimme, »darf ich Sie nochmals für eine kleine Weile stören?«

Sie grüßte gemessen und sah ihn an.

»Da Sie, wie Ihr Billett mir sagt, in einer sehr wichtigen Sache kommen, stehe ich gerne zur Verfügung. – Aber wie sehen Sie denn aus?«

»Ich werde Ihnen alles erklären, bitte, erschrecken Sie nicht! Ich wäre nicht zu Ihnen gekommen, wenn ich nicht das Zutrauen hätte, Sie würden mich in einer sehr schlimmen Lage nicht ohne Rat und Teilnahme lassen. Ach, verehrte Frau, was ist aus mir geworden!«

Seine Stimme brach, und es schien, als würgten ihn Tränen. Doch hielt er sich tapfer, entschuldigte sich mit großer Erschöpfung und begann alsdann, in einem bequemen Sessel ruhend, seine Erzählung. Er fing damit an, daß er schon seit mehreren Jahren des Klosterlebens müde sei und sich mehrere Verfehlungen vorzuwerfen habe. Dann gab er eine kurze Darstellung seines früheren Lebens und seiner Klosterzeit, seiner Predigtreisen und auch seiner letzten Mission. Und darauf berichtete er ohne viel Einzelheiten, aber ehrlich und verständlich sein Abenteuer in der Stadt.

5

Es folgte auf seine Erzählung eine lange Pause. Frau Tanner hatte aufmerksam und ohne jede Unterbrechung zugehört, zuweilen gelächelt und zuweilen den Kopf geschüttelt, schließlich aber jedes Wort mit einem gleichbleibenden gespannten Ernst verfolgt. Nun schwiegen sie beide eine Weile.

»Wollen Sie jetzt nicht vor allem andern einen Imbiß nehmen?« fragte sie endlich. »Sie bleiben jedenfalls die Nacht hier und können in der Gärtnerwohnung schlafen.«

Die Herberge nahm der Pater dankbar an, wollte jedoch von Essen und Trinken nichts wissen.

»Was wollen Sie nun von mir haben?« fragte sie langsam.

»Vor allem Ihren Rat. Ich weiß selber nicht genau, woher mein Vertrauen zu Ihnen kommt. Aber in allen diesen schlimmen Stunden ist mir niemand sonst eingefallen, auf den ich hätte hoffen mögen. Bitte, sagen Sie mir, was ich tun soll!«

Nun lächelte sie ein wenig.

»Es ist eigentlich schade«, sagte sie, »daß Sie mich das nicht neulich schon gefragt haben. Daß Sie für einen Mönch zu gut oder doch zu lebenslustig sind, kann ich wohl begreifen. Es ist aber nicht schön, daß Sie Ihre Rückkehr ins Weltleben so heimlich betreiben wollten. Dafür sind Sie nun gestraft. Denn Sie müssen den Austritt aus Ihrem Orden, den Sie freiwillig und in Ehren hätten suchen sollen, jetzt eben unfreiwillig tun. Mir scheint, Sie können gar nichts anderes tun, als Ihre Sache mit aller Offenheit Ihren Oberen anheimstellen. Ist das nicht Ihre Meinung?«

»Ja, das ist sie; ich habe es mir nicht anders gedacht.«

»Gut also. Und was wird dann aus Ihnen werden?«

»Das ist es eben! Ich werde ohne Zweifel nicht im Orden behalten werden, was ich auch keinesfalls annehmen würde. Mein Wille ist, ein stilles Leben als ein fleißiger und ehrlicher Mensch anzufangen; denn ich bin zu jeder anständigen Arbeit bereit und habe manche Kenntnisse, die mir nützen können.«

»Recht so, das habe ich von Ihnen erwartet.«

»Ja. Aber nun werde ich nicht nur aus dem Kloster entlassen werden, sondern muß auch für die mir anvertrauten Summen, die dem Kloster gehören, mit meiner Person eintreten. Da ich diese Summen in der Hauptsache nicht selber veruntreut, sondern an Schelme verloren habe, wäre es mir doch gar bitter, für sie wie ein gemeiner Betrüger zur Rechenschaft gezogen zu werden.«

»Das verstehe ich wohl. Aber wie wollen Sie das verhüten?«

»Das weiß ich noch nicht. Ich würde, wie es selbstverständlich ist, das Geld so bald und so vollkommen als möglich zu ersetzen suchen. Wenn es möglich wäre, dafür eine einstweilige Bürgschaft zu stellen, so könnte wohl ein gerichtliches Verfahren ganz vermieden werden.«

Die Frau sah ihn forschend an.

»Was wären in diesem Falle Ihre Pläne?« fragte sie dann ruhig.

»Dann würde ich außer Landes eine Arbeit suchen und mich bemühen, vor allem jene Summe abzutragen. Sollte jedoch die Person, welche für mich bürgt, mir anders raten und mich anders zu verwenden wünschen, so wäre mir natürlich dieser Wunsch Befehl.«

Frau Tanner erhob sich und tat einige erregte Schritte durchs Zimmer. Sie blieb außerhalb des Lichtkreises der Lampe in der Dämmerung stehen und sagte leise von dort herüber: »Und die Person, von der Sie reden und die für Sie bürgen soll, die soll ich sein?«

Herr Matthias war ebenfalls aufgestanden.

»Wenn Sie wollen – ja«, sagte er tief atmend. »Da ich mich Ihnen, die ich noch kaum kannte, so weit geöffnet habe, mag auch das gewagt sein. Ach, liebe Frau Tanner, es ist mir wunderlich, wie ich in meiner elenden Lage zu solcher Kühnheit komme. Aber ich weiß keinen Richter, dem ich mich so leicht und gerne zu jedem Urteilsspruch überließe, wie Ihnen. Sagen Sie ein Wort, so gehe ich heute noch für immer aus Ihren Augen.«

Sie trat an den Tisch zurück, wo vom Abend her noch eine feine Stickarbeit und eine umgefalzte Zeitung lag, und verbarg ihre leicht zitternden Hände hinter ihrem Rücken. Dann lächelte sie ganz leicht und sagte: »Danke für Ihr Vertrauen, Herr Matthias, es soll in guten Händen sein. Aber Geschäfte tut man nicht so in einer Abendstimmung ab. Wir wollen jetzt zur Ruhe gehen, die Magd wird Sie ins Gärtnerhaus führen. Morgen früh um sieben wollen wir hier frühstücken und weiterreden, dann können Sie noch leicht den ersten Bahnzug erreichen.«

In dieser Nacht hatte der flüchtige Pater einen weit besseren Schlaf als seine gütige Wirtin. Er holte in einer tiefen achtstündigen Ruhe das Versäumte zweier Tage und Nächte ein und erwachte zur rechten Zeit ausgeruht und helläugig, so daß ihn die Frau Tanner beim Frühstück erstaunt und wohlgefällig betrachten mußte.

Diese verlor über der Sache Matthias den größeren Teil ihrer Nachtruhe. Die Bitte des Paters hätte, soweit sie nur das verlorene Geld betraf, ihr dies nicht angetan. Aber es war ihr sonderbar zu Herzen gegangen, wie da ein fremder Mensch, der nur ein einzigesmal zuvor flüchtig ihren Weg gestreift, in der Stunde peinlicher Not so voll Vertrauen zu ihr gekommen war, fast wie ein Kind zur Mutter. Und daß ihr selber dies doch eigentlich nicht erstaunlich gewesen war, daß sie es ohne weiteres verstanden und beinahe wie etwas Erwartetes aufgenommen hatte, während sie sonst eher zum Mißtrauen neigte, das schien ihr darauf zu deuten, daß zwischen ihr und dem Fremden ein Zug von Geschwisterlichkeit und heimlicher Harmonie bestehe.

Der Pater hatte ihr schon bei seinem ersten Besuch neulich einen angenehmen Eindruck gemacht. Sie mußte ihn für einen lebenstüchtigen, harmlosen Menschen halten, dazu war er ein hübscher und gebildeter Mann. An diesem Urteil hatte das seither Erfahrene nichts geändert, nur daß die Gestalt des Paters dadurch in ein etwas schwankendes Licht von Abenteuer gerückt und in seinem Charakter immerhin eine gewisse Schwäche enthüllt schien.

Dies alles hätte hingereicht, dem Mann ihre Teilnahme zu gewinnen, wobei sie die geforderte Bürgschaft oder Geldsumme gar nicht beachtet haben würde. Durch die merkwürdige Sympathie jedoch, die sie mit dem Fremden verband und die auch in den sorgenvollen Gedanken dieser Nacht nicht abgenommen hatte, war alles in eine andere Beleuchtung getreten, wo das Geschäftliche und Persönliche gar eng aneinanderhing und wo sonst harmlose Dinge ein bedeutendes, ja schicksalhaftes Aussehen gewannen. Wenn dieser Mann so viel Macht über sie hatte und so viel Anziehung zwischen ihnen beiden bestand, so war es mit einem Geschenk nicht getan, sondern es mußten daraus dauernde Verhältnisse und Beziehungen entstehen, die immerhin auf ihr Leben großen Einfluß gewinnen konnten.

Dem gewesenen Pater schlechthin mit einer Geldgabe aus der Not und ins Ausland zu helfen, unter Ausschluß aller weiteren Beteiligung an seinem Schicksal als einfache Abfindung, das ging nicht an, dazu stand ihr der Mann zu hoch. Andererseits trug sie Bedenken, ihn auf seine immerhin seltsamen Geständnisse hin ohne weiteres in ihr Leben aufzunehmen, dessen Freiheit und Übersicht sie liebte. Und wieder tat es ihr weh und schien ihr unmöglich, den Armen ganz ohne Hilfe zu lassen.

So sann sie mehrere Stunden hin und wider, und als sie nach kurzem Schlaf in guter Toilette das Frühstückszimmer betrat, sah sie ein wenig geschwächt und müde aus. Matthias begrüßte sie und blickte ihr so klar in die Augen, daß ihr Herz sich rasch wieder erwärmte. Sie sah, es war ihm mit allem, was er gestern gesagt, vollkommen ernst, und er würde zuverlässig dabei bleiben.

Sie schenkte ihm Kaffee und Milch ein, ohne mehr als die notwendigen geselligen Worte dazu zu sagen, und gab Auftrag, daß später für ihren Gast der Wagen angespannt werde, da er zum Bahnhof müsse. Zierlich aß sie aus silbernem Becherlein ein Ei und trank eine Schale Milch dazu, und erst als sie damit und der Gast ebenfalls mit seinem Morgenkaffee fertig war, begann sie zu sprechen.

»Sie haben mir gestern«, sagte sie, »eine Frage und Bitte vorgelegt, über die ich mich nun besonnen habe. Sie haben auch ein Versprechen gegeben, nämlich in allem und jedem es so zu halten, wie ich es gutfinden werde. Ist das Ihr Ernst gewesen und wollen Sie sich noch dazu bekennen?«

Er sah sie ernsthaft und innig an und sagte einfach: »Ja.«

»Gut, so will ich Ihnen sagen, was ich mir zurechtgelegt habe. Sie wissen selbst, daß Sie mit Ihrer Bitte nicht nur mein Schuldner werden, sondern mir und meinem Leben auf eine Weise nähertreten wollen, deren Bedeutung und Folgen für uns beide wichtig werden können. Sie wollen nicht ein Geschenk von mir haben, sondern mein Vertrauen und meine Freundschaft. Das ist mir lieb und ehrenvoll, doch müssen Sie selbst zugeben, daß Ihre Bitte in einem Augenblick an mich gekommen ist, wo Sie nicht völlig tadelfrei dastehen und wo manches Bedenken wider Sie erlaubt und möglich ist.«

Matthias nickte errötend, lächelte aber ein klein wenig dazu, weshalb sie ihren Ton sofort um einen Schatten strenger werden ließ.

»Eben darum kann ich leider Ihren Vorschlag nicht annehmen, werter Herr. Es ist mir für die Zuverlässigkeit und Dauer Ihrer guten Gesinnung zu wenig Gewähr vorhanden. Wie es mit Ihrer Freundschaft und Treue beschaffen ist, das kann nur die Zeit lehren, und was aus meinem Geld würde, kann ich auch nicht wissen, seit Sie mir das mit Ihrem Freunde Breitinger erzählt haben. Ich bin daher gesonnen, Sie beim Wort zu nehmen. Sie sind mir zu gut, als daß ich Sie mit Geld abfinden möchte, und

Sie sind mir wieder zu fremd und unsicher, als daß ich Sie ohne weiteres in meinen Lebenskreis aufnehmen könnte. Darum stelle ich Ihre Treue auf eine vielleicht schwere Probe, indem ich Sie bitte: Reisen Sie heim, übergeben Sie Ihren ganzen Handel dem Kloster, fügen Sie sich in alles, auch in eine Bestrafung durch die Gerichte! Wenn Sie das tapfer und ehrlich tun wollen, ohne mich in der Sache irgend zu nennen, so verspreche ich Ihnen dagegen, nachher keinen Zweifel mehr an Ihnen zu haben und Ihnen zu helfen, wenn Sie mit Mut und Fröhlichkeit ein neues Leben anfangen wollen. – Haben Sie mich verstanden und soll es gelten?«

Herr Matthias nahm ihre ausgestreckte Hand, blickte ihr mit Bewunderung und tiefer Rührung in das schön erregte bleiche Gesicht und machte eine sonderbare stürmische Bewegung, beinahe als wollte er sie in die Arme schließen. Statt dessen verbeugte er sich sehr tief und drückte auf die schmale Damenhand einen festen Kuß. Dann ging er aufrecht aus dem Zimmer, ohne weiteren Abschied zu nehmen, und schritt durch den Garten und stieg in das draußen wartende Kabriolett, während die überraschte Frau seiner großen Gestalt und entschiedenen Bewegung in sonderbar gemischter Empfindung nachschaute.

6

Als der Pater Matthias in seinem städtischen Anzug und mit einem merkwürdig veränderten Gesicht wieder in sein Kloster gegangen kam und ohne Umweg den Guardian aufsuchte, da zuckte Schrecken, Erstaunen und lüsterne Neugierde durch die alten Hallen. Doch erfuhr niemand etwas Gewisses. Hingegen fand schon nach einer Stunde eine geheime Sitzung der Oberen statt, in welcher die Herren trotz manchen Bedenkens schlüssig wurden, den übeln Fall mit aller Sorgfalt geheimzuhalten, die verlorenen Gelder zu verschmerzen und den Pater lediglich mit einer längeren Buße in einem ausländischen Kloster zu bestrafen.

Da er hereingeführt und ihm dieser Entscheid mitgeteilt wurde, setzte er die milden Richter durch seine Weigerung, ihren Spruch anzuerkennen, in kein geringes Erstaunen. Allein es half kein Drohen und kein gütiges Zureden, Matthias blieb dabei, um seine Entlassung aus dem Orden zu bitten. Wolle man ihm, fügte er hinzu, die durch seinen Leichtsinn verlorengegangene Opfersumme als persönliche Schuld stunden und deren allmähliche Abtragung erlauben, so würde er dies dankbar als eine große Gnade annehmen, andernfalls jedoch ziehe er es vor, daß seine Sache vor einem weltlichen Gericht ausgetragen werde.

Da war guter Rat teuer, und während Matthias Tag um Tag einsam in strengem Zellenarrest gehalten wurde, beschäftigte seine Angelegenheit die Vorgesetzten bis nach Rom hin, ohne daß der Gefangene über den Stand der Dinge das geringste erfahren konnte.

Es hätte auch noch viele Zeit darüber hingehen können, wäre nicht durch einen unvermuteten Anstoß von außen her plötzlich alles in Fluß gekommen und nach einer ganz anderen Entwicklung hin gedrängt worden.

Es wurde nämlich, zehn Tage nach des Paters unseliger Rückkehr, amtlich und eilig von der Behörde angefragt, ob etwa dem Kloster neuestens ein Insasse oder doch eine so und so beschriebene Ordenskleidung abhanden gekommen, da diese Gewandung soeben als Inhalt eines auf dem und dem Bahnhof abgegebenen rätselhaften Handkoffers festgestellt worden sei. Es habe dieser Koffer, der seit genau zwölf Tagen in jener Station lagerte, infolge eines schwebenden Prozesses geöffnet werden müssen, da ein unter schwerem Verdacht verhafteter Gauner neben anderem gestohlenen Gute auch den auf obigen Koffer lautenden Gepäckschein bei sich getragen habe.

Eilig lief nun einer der Väter zur Behörde, bat um nähere Auskünfte und reiste, da er diese nicht erhielt, unverweilt in die benachbarte Provinzhauptstadt, wo er sich viele, doch vergebliche Mühe gab, die Person und die Spuren des guten Pater Matthias als mit dem Gaunerprozesse unzusammenhängend darzustellen. Der Staatsanwalt zeigte im Gegenteil für diese Spuren ein lebhaftes Interesse und eine große Lust, den einstweilen als krankliegend entschuldigten Pater Matthias selber kennenzulernen.

Durch diese Ereignisse kam plötzlich eine schroffe Änderung in die Taktik der Väter. Es wurde nun, um zu retten, was noch zu retten wäre, der Pater Matthias mit aller Feierlichkeit aus dem Orden ausgestoßen, der Staatsanwaltschaft übergeben und wegen Veruntreuung von Klostergeldern angeklagt. Und von dieser Stunde an füllte der Prozeß des Paters nicht nur die Aktenmappen der Richter und Anwälte, sondern auch als Skandalgeschichte alle Zeitungen, so daß sein Name im ganzen Lande widerhallte.

Da niemand sich des Mannes annahm, da sein Orden ihn völlig preisgab und die öffentliche Meinung, dargestellt durch die Artikel der liberalen

Tagesblätter, den Pater keineswegs schonte und den Anlaß zu einer kleinen frohen Hetze wider die Klöster benutzte, kam der Angeklagte in eine wahre Hölle von Verdacht und Verleumdung und bekam eine schlimmere Suppe auszuessen, als er sich eingebrockt zu haben meinte. Er hielt sich aber in aller Bedrängnis brav und tat keine einzige Aussage, die sich nicht bewährt hätte.

Im übrigen nahmen die beiden ineinander verwickelten Prozesse ihren raschen Verlauf. Mit wunderlichen Gefühlen sah sich Matthias bald als Angeklagter den Pfarrern und Mesnern jener Missionsgegend, bald als Zeuge der hübschen Meta und dem Herrn Breitinger gegenübergestellt, der gar nicht Breitinger hieß und in weiten Kreisen als Gauner und Zuhälter unter dem Namen des dünnen Jakob bekannt war. Sobald sein Anteil an der Breitingerschen Affäre klargestellt war, entschwand dieser und seine Gefolgschaft aus des Paters Augen, und es wurde in wenigen kräftigen Verhandlungen sein eigenes Urteil vorbereitet.

Er war auf eine Verurteilung von allem Anfang an gefaßt gewesen. Inzwischen hatte die Enthüllung der Einzelheiten jenes Tages in der Stadt, das Verhalten seiner Oberen und die öffentliche Stimmung auf seine allgemeine Beurteilung gedrückt, so daß die Richter auf sein unbestrittenes Vergehen den gefährlichsten Paragraphen anwendeten und ihn zu einer recht langen Gefängnisstrafe verurteilten.

Das war ihm nun doch ein empfindlicher Schlag, und es wollte ihm scheinen, eine so harte Buße habe sein in keiner eigentlichen Bosheit beruhendes Vergehen doch nicht verdient. Am meisten quälte ihn dabei der Gedanke an die Frau Tanner und ob sie ihn, wenn er nach Verbüßung einer so langwierigen Strafe und überhaupt nach diesem unerwartet viel beschriebenen Skandal sich ihr wieder vorstelle, noch überhaupt werde kennen wollen.

Zu gleicher Zeit bekümmerte und empörte sich Frau Tanner kaum weniger über diesen Ausgang der Sache und machte sich Vorwürfe darüber, daß sie ihn doch eigentlich ohne Not da hineingetrieben habe. Sie schrieb auch ein Brieflein an ihn, worin sie ihn ihres unveränderten Zutrauens versicherte und die Hoffnung aussprach, er werde gerade in der unverdienten Härte seines Urteils eine Mahnung sehen, sich innerlich ungebeugt und unverbittert für bessere Tage zu erhalten. Allein dann fand sie wieder, es sei kein Grund vorhanden, an Matthias zu zweifeln, und sie müsse es nun erst recht darauf ankommen lassen, wie er die Probe bestehe. Und sie legte den geschriebenen Brief, ohne ihn nochmals anzusehen, in ein Fach ihres Schreibtisches, das sie sorgfältig verschloß.

Über alledem war es längst völlig Herbst geworden und der Wein schon gekeltert, als nach einigen trüben Wochen der Spätherbst noch einmal warme, blaue, zart verklärte Tage brachte. Friedlich lag, vom Wasser in gebrochenen Linien gespiegelt, an der Biegung des grünen Flusses das alte Kloster und schaute mit vielen Fensterscheiben in den zartgolden blühenden Tag. Da zog in dem schönen Spätherbstwetter wieder einmal ein trauriges Trüpplein unter der Führung einiger bewaffneter Landjäger auf dem hohen Weg überm steilen Ufer dahin.

Unter den Gefangenen war auch der ehemalige Pater Matthias, der zuweilen den gesenkten Kopf aufrichtete und in die sonnige Weite des Tales und zum stillen Kloster hinunter sah. Er hatte keine guten Tage, aber seine Hoffnung stand immer wieder, von allen Zweifeln unzerstört, auf das Bild der hübschen blassen Frau gerichtet, deren Hand er vor dem bitteren Gang in die Schande gehalten und geküßt hatte. Und indem er unwillkürlich jenes Tages vor seiner Schicksalsreise gedachte, da er noch aus dem Schutz und Schatten des Klosters in Langeweile und Mißmut hier herübergeblickt hatte, da ging ein feines Lächeln über sein mager gewordenes Gesicht, und es schien ihm das halbzufriedene Damals keineswegs besser und wünschenswerter als das hoffnungsvolle Heute.

(1910)

Ein Wandertag vor hundert Jahren

Eine Idylle

I

Auf der Höhe eines lichten, nach Süden hin mit Rebgärten bedeckten Hügels tauchten, in schlanken Sprüngen laufend wie mutwillige Schulknaben, rasch hintereinander zwei Jünglinge auf, in Reisekleidern und jeder sein Wandergepäck am Riemen über der Schulter tragend.

»Hallo, ich bin der erste!« rief Jonas Finckh lachend und triumphierend als Sieger in dem scherzhaften Wettlauf um den Hügelgrat und den ersten Anblick des Bodensees.

Sein Freund, nach dem Jonas sich rufend umschaute, war schon dicht hinter ihm und trat nun, vom Laufen gerötet und tief aufatmend, neben ihm hervor, vom Anblick der vor ihm zurückweichenden ungeheuren Weite betroffen.

»Der Bodensee!« sagte er leise zu sich selber, glücklich und ungläubig sich bestätigend, daß er nun dieses berühmte Wasser, von dem er von Kind auf viel gehört hatte, wahrhaftig vor Augen und nahezu erreicht habe.

»Jawohl, der Bodensee«, fiel Jonas ein. »Diesmal war also unser Rennen nicht vergebens wie heut schon zweimal. Dafür gönnen wir uns aber jetzt eine Viertelstunde Rast und sehen die Herrlichkeit in allem Behagen an.«

Sie warfen ihre Ranzen ab und setzten sich am erhöhten Straßenrand auf das moosige Gemäuer. Sie beide waren auf der ersten größeren Reise ihres jungen Lebens begriffen, voll ungeduldiger Empfänglichkeit für die Schönheit der Welt und voll ahnungsvoller Erwartung ihrer Wunder, zu lauter Hingabe und Bewunderung bereit, und zugleich voll Eroberungslust und Siegergefühl. Seit vier Tagen nun war ihnen Stund um Stunde ein neues Stück Welt aufgegangen, davon sie zuvor noch nichts oder nur vom Hörensagen und aus ungeliebter Schulweisheit gewußt hatten; sie waren durch Täler und über Flüsse gekommen, deren Namen sie seit Jahren wohl gekannt, ohne sich bei ihrem fremden Klang etwas gedacht zu haben, und hatten Tag für Tag sich begierig darauf gefreut, nun bald die Grenze und den großen See zu erreichen und in neue, fremde Länder zu kommen. Denn ihre Absicht war, auf dem Wege über einige Alpenstraßen Italien aufzusuchen, wohin ihre Sehnsucht längst das Paradies verlegt hatte.

Soviel sie indessen auf ihren bisherigen Wegen davon geredet hatten, und so begehrlich sie ihr Italien und Sehnsuchtsland in der Seele hegten, auf dieser freien Hügelhöhe vergaßen sie es doch für eine Weile völlig und verloren sich im Taumel ersten Erlebens in die Größe und unendliche Mannigfaltigkeit der Aussicht, die zu ihren Füßen und weithin nach drei Himmelsgegenden sich farbig prangend erstreckte. Vor ihnen fiel in sanften Hügelstufen mit Reben und Obstgärten das Land gegen den See hin abwärts, dessen blaue und manchmal blendend spiegelnde Fläche nahezu regungslos in großer Ausdehnung leuchtete und das ganze Land unermeßlich weit, licht und klar machte. Kleinere Hügel mit weichen Waldrücken umschlossen zur Rechten das riesige Seebecken, auf ihren Höhen leuchteten Burgen, Klöster und Gehöfte, zu ihren Füßen schmiegte sich das blaue Wasser zärtlich in runde, weich verfließende Buchten. An diesen Buchten da und dort lagen klein, still und säuberlich die Dörfer im Obstgartendunkel und die Städtchen mit Kirchenturm und Schloß, einzelne träumerische Landhäuser, winzig und merkwürdig klar zu schauen, und auf der Seeseite, sparsam verteilt, schwammen die Fahrzeuge der Schiffer und Fischer.

»O, ein Segel!« rief Gustav Weizsäcker mit Entzücken, da er, zum erstenmal in seinem Leben, in einem Sonnenblitze das schwebende weiße Dreieck eines schlanken Segels scharf aufglänzen sah.

Da berührte ihn sein Freund Finckh leise am Arm und deutete in die Ferne und Höhe, gegen Süden, und Gustav folgte mit froh erschrockenem Blick und sah schweigend, den Arm um seines Kameraden Schulter gelegt, das längst erwartete, besprochene und ersehnte Gebirge, das ihnen beiden nun doch vollkommen überraschend und neu entgegentrat. Dort jenseits lagen wolkige Nebel grau und weiß dampfend um den Fuß und die halbe Höhe der Alpen, und nur die Gipfel ragten zartklar und gläsern in ihrer schweigenden, ehrwürdigen Reihe in die Bläue des sommerlichen Himmels, unirdisch, an Form und Farben mehr dem Luftreich als der Erde verwandt und trotzdem gewaltig und wie drohend.

Unwillkürlich waren sie aufgesprungen und standen lange, beglückt und gebannt, in der tief erregenden, leise und rätselhaft schmerzenden Erweiterung des Herzens, mit der die Jugend auf mächtige und überraschende Anblicke und Erlebnisse antwortet.

Sie waren voneinander weggetreten und schauten eine lange Zeit, von der Größe des Anblicks benommen, schweigend hinab und über den See und die Buchten entlang, und immer wieder hinüber gegen die Alpen, deren dunkle Felstürme und weiße Schneefelder, Grate, Scharten und Gipfel im Spiegel des Sonnenlichtes ihre tausendfältigen Formen und Geheimnisse der Ahnung darboten.

Eine Scham hielt die Freunde ab, einander anzublicken, zu umarmen und ihre Ergriffenheit zu äußern, bis Jonas Finckh, nicht länger fähig, sich zurückzuhalten, unter Tanzen und Hutschwenken laut jubelnd und jodelnd seiner übermäßigen Lust den Lauf ließ. Er warf Hut und Stab in die Lüfte, fing sie laufend wieder auf, drückte den Freund heftig an seine Brust, ließ ihn sofort wieder los und sank atemlos und lachend auf die Wegmauer hin. Der knabenhafte Ausbruch, hinter dem er seine Ergriffenheit verbarg, kam auch dem andern zugute, der sich nun gefaßt und freudig mit glänzenden Augen zu ihm wandte.

Zum Gebirge hinüberdeutend, rief er begeistert: »Das muß der Säntis sein, der hohe, spitzige da vorn, und dort links hinüber geht unser Weg, morgen oder übermorgen sind wir mitten in den Alpen drin! Du, es ist alles gerade so, wie ich es mir immer gedacht habe, und noch schöner!«

Sie nahmen ihre Ranzen wieder auf und wanderten langsam weiter, bergabwärts gegen den klar heraufblauenden See, und so durstig sie immer wieder die Ferne maßen und dieser ganzen Schönheit froh und Herr zu werden verlangten, fanden sie doch keine innere Rast und kein beschauliches Stehenbleiben mehr, sondern mußten, vom Wanderrausch getrieben, rasch und rascher gehen, um selber mitten darin zu sein. Bald schwand ihnen Schneegebirg und Länderferne hinter Obstbaumkronen dahin, die sich immer enger und dunkelgrüner über ihnen anhäuften, bis der abstürzende Weg sich gemach verflachte und sie langsamer gegen den warmen Seerand hin führte. Hier nahm Tor und Gasse einer kleinen hübschen Stadt die Wanderer freundlich grüßend auf, mit Blumenbrettern vor blitzenden Fenstern, kleinem Handwerksgeräusch und einladenden Wirtsschildern.

Allein so hübsch die sonnige Gasse lachte und so vertraulich der »Hecht« und »Anker«, die »Linde« und der »Adler« grüßten, die jungen Menschen gingen in einmütiger Ungeduld vorüber, dem See entgegen. Der blitzte ihnen unversehens am Ende einer Nachbargasse ins Gesicht; eilig nahmen sie den Weg dahin und ins Freie und machten, geblendet, vor dem strahlenden Wasser halt. Da umgab sie neu und köstlich fremd der wunderliche

Seegeruch und das nie gesehene Strandleben: barfüßige Buben mit langen Angelstöcken, aufgespannte, funkelnde Fischernetze, leichte Rudergondeln, an Pflöcke gebunden und milde schaukelnd, weiter draußen verankert Barken und Segelboote; andere, ans Trockene gezogen, lagen groß und dunkel am schrägen Strand.

Und weithin lag in hundert Perlmutterfarben der mächtige See, über den sie fahren sollten. War es auch noch nicht der Hafen von Genua und noch kein südliches Meer, so gaben doch Wasserweite, Seeduft, Silhouetten der Boote und Segel einen kräftigen Vorgeschmack, und ohne es zu sagen oder dessen nur recht bewußt zu sein, dachten die Jünglinge im stillen an Homer und an den Seefahrer Odysseus.

Nun gingen sie den Schiffsmann zu erfragen, der sie über das große Wasser fergen sollte. Sie fanden ihn, einen graubärtigen kleinen Mann, an seiner Fährbarke beschäftigt, und fragten ihn, ob er sie hinüberfahren wolle und wie lange er dazu wohl brauche.

»Ein paar Stunden schon«, sagte er langsam. »Aber die jungen Herren müssen noch warten; dafür gibt es nachher Gesellschaft. Es ist schon eine fremde Herrschaft da, ein Herr und eine Jungfer; die haben ihren Wagen gestern vorausgeschickt und wollen heute zu Wasser weiter. Und in einer halben Stunde kommt die Post an; die bringt wohl auch noch Fahrgäste mit.«

Gustav Weizsäcker zeigte sich über den Bescheid ein wenig enttäuscht. »Ich hatte es mir so schön gedacht«, sagte er betrübt, »diese Fahrt nur zu zweien in einem kleinen Boot zu machen.«

»Das können Sie ja haben«, meinte der Alte freundlich, »wenn Sie darauf bestehen und einige Geduld haben wollen. Nur kostet es halt vier Gulden, und auf der großen Fähre, die ohnehin geht, zahlt ein jeder bloß zwanzig Kreuzer und hat die Gesellschaft umsonst. Und es ist auch im kleinen Boot schon manchem ungut geworden, wenn eine Oberluft kam und er kein Seeheld war.«

»Ach was!« rief Jonas, »natürlich fahren wir mit den andern. Die Gulden haben wir sowieso nicht im Überfluß, und Seehelden sind wir auch nicht. Ich wenigstens bin keiner.«

Der Freund stimmte bei; sie bestellten Plätze und ließen ihre Bündel und Mäntel gleich auf der stattlichen Barke liegen. Dann gingen sie behutsam in das Städtchen zurück, besahen den Marktplatz und die sauberen Gassen, lächelten den vom Spiel weg nach ihnen umschauenden Kindern zu, kauften beim Bäcker Brot, beim Metzger eine Wurst und ließen in der »Linde« ihre neuen Reiseflaschen mit einheimischem Rotwein füllen. Danach fanden sie noch Zeit, den Kirchturm zu ersteigen und von seiner Höhe Ausschau zu halten, bis schwerer Pferdetrab, Schellengeläute und Räderknirschen auf dem Pflaster die Anfahrt des Postwagens verkündeten. Da eilten sie vom Turm und den nächsten Weg zum Strand und Hafen hinab, um ja die Fähre nicht zu versäumen.

Damit hatte es indessen gute Weile. Die vornehme fremde Herrschaft zwar, die der schönen Wasserfahrt zuliebe ihren Wagen leer hatte weiterfahren lassen, stand schon reisebereit im Hinterteil des Bootes bei ihrem ledernen Koffer; zwei andere Mitreisende aber gingen noch ruhig am Strand hin und wider, während über den Ländesteg allerlei Frachtgüter auf das Fährboot gebracht wurden. Es wurden mehrere Kisten, Ballen und Körbe herübergeschleppt und verstaut, sodann ein großer Wasserbottich voll lebender Fische und schließlich noch einige Fässer, und die jungen Reisenden sahen dieser einfachen Hantierung mit dem Eifer und Vergnügen zu, mit dem alle Landbewohner das Schiffahrtsgewerbe betrachten, wenn sie es noch nie oder selten gesehen haben. Sie sahen es beide zum erstenmal, und es schien ihnen diese Art des Reisens schöner und verlockender als jede andere.

Sorgfältig stiegen sie ins Schiff hinüber, sobald der Steg frei ward. Die säumigen Mitfahrer wurden nun zur Eile ermahnt und stiegen ein wie Leute, die das nicht zum ersten Male tun; sie riefen den am Lande Stehenden Grüße, Aufträge und Scherzworte zu, und die schwere Barke ward von zwei Ruderknechten mit einer Stange vom Ufer abgestoßen. Dann wurden die großen, breitschaufeligen Stehruder taktmäßig bewegt und die Fahrt begann.

2

Der fremde Herr hatte inzwischen mit seiner Tochter in der Mitte des Schiffes den Ehrenplatz eingenommen. Für ihn und sie waren da eigens zwei bequeme, niedere Polstersessel aufgestellt worden, indes die gewöhnlichen Fahrgäste zwei hölzerne Bänklein benützen konnten. Der Fremde war ein bequem, doch fein gekleideter Mann von wohl sechzig Jahren, die Tochter ein junges, sehr wohlgewachsenes Mädchen, dessen Gesicht jedoch zur Hälfte von einem bläulichen Schleier verhüllt war. Sie saßen beide mit den lässigen Gebärden reicher Leute in ihren Ehrenstühlen, der Vater mit einem lederumkleideten Fernrohr versehen, betrachteten den See und die Ferne und sprachen zuweilen halblaut miteinander. Jonas war geneigt gewesen, sie für Engländer zu halten, und hatte für den noblen Alten schon den Ehrennamen »der Lord« erfunden. Es erwies sich jedoch später, daß sie Deutsche waren und aus Bremen stammten, worauf Jonas den Lord mit einigem Bedauern in einen Senator verwandelte.

Nach einigem Umherstöbern hatten auch die Freunde sich gesetzt, im stillen Dahinfahren sank ihre vorige Erregung und Ungeduld wieder, und sie gewöhnten sich daran, auf dem blauen Wasser und mitten im schönen Bilde zu sein.

Von den übrigen Fahrtgenossen hielt sich der eine bei den Ruderern und Waren auf und sank später, bei zunehmender Wärme, über einem Bündel leerer Säcke in Schlaf. Der andere nahm bei den Wanderern Platz; bald gesellte sich der alte Schiffsmann dazu, und indem die jungen Leute sich um die Namen mancher Ortschaften und Berge, um Wetter und Entfernungen erkundigten, entstand ein lässiges Gespräch und schuf Vertrauen. Da nun Jonas Finckh seine Wurst zerschnitten, dem Freunde und sich vorgelegt und gespeist, den Becher mit Wein aber auch dem Schiffer und dem andern Mann angeboten hatte, sagte der kleine Schiffsmann zutraulich: »So, ihr jungen Herren, nun haben wir von Ihrem Wein getrunken und wollen die Gastfreundschaft beim nächsten Anlaß gern erwidern. Wir beide sind in der Seegegend daheim; ich habe mein Schiff und Gewerbe hier, und der dort ist Gastwirt in Appenzell. Sie aber kommen von weiter her, und man kennt Sie nicht. Wenn Sie also Lust dazu haben, an der Zeit wird es nicht fehlen, so erzählen Sie uns ein wenig, wer Sie sind und woher und was Sie da auf Reisen suchen.«

»Das kann geschehen und ist bald gesagt«, gab Finckh Antwort. »Was mich betrifft, ich habe vier Jahre lang (es kommt mir aber viel länger vor) Philologie studiert und soll später den Schulbuben daheim das Latein beibringen. Studiert habe ich in Heidelberg und Tübingen; meine Heimat aber ist in Reutlingen, obwohl man das, hoffe ich, meiner Sprache nicht anhört. Und meine Reise geht mit einem kleinen Umweg nach Rom, wo der Papst regiert und wo früher das beste Latein gesprochen wurde. Ich habe mir mit Stundengeben und Abschreiben ein Reisegeld verdient, und weil das bis nach Rom nicht gereicht hätte, hat ein alter Onkel, dem meine

Reiselust besser gefällt als mein Schulmeisterberuf, das Fehlende dazugelegt und mir diesen guten Stock hier mit dem Hirschhorngriff geschenkt, mit dem er selber vor Zeiten als junger Goldschmied sich in der Welt herumgetrieben und das Handwerk begrüßt hat. – Jetzt kommst du dran, Gustav!«

Der angerufene Freund lächelte und wurde rot, er war weder Philologe noch sonst so redegewandt wie Jonas. Auch hatte er bemerkt, daß die beiden vornehmen Fremden mit Behagen und leiser Belustigung von ihrer Unterhaltung Kenntnis nahmen. Doch überwand er schnell das Husten und brachte seinen Spruch nicht übel heraus. Seine Heimat sei im untern Neckartal, und wenn sein Vater noch am Leben wäre, so hätte wohl auch er ein ordentliches Fach studieren und ein Amt erlernen müssen. So aber sei sein Vater früh gestorben, und er habe beim besten Willen an der Schule und am Lernen keine Freude haben können. Und da seine Mutter ihn schon immer verwöhnt, habe sie mit Seufzen ihm schließlich erlaubt, das zu werden, was er von Kind auf habe werden wollen, nämlich ein Maler. Nun habe er die Kunstschule hinter sich, auch ein kleines Stipendium erhalten und sei auf dem Wege nach Italien, dem Paradies der Maler, wohin sein lieber Jugendfreund und halber Vetter ihn begleite. Noch sei er gegen diesen im Vorteil, denn Finckh müsse nach zwei, drei Monaten wieder heimkehren und Schullehrer werden, während er selbst in voller Freiheit dahinziehe und im schönen Italien nach Herzenslust werde wandern und malen dürfen.

Wieder hatten die Fremden zugehört, gelächelt und einander zugenickt, und nun trat der »Lord« zu der kleinen Gesellschaft herüber und sagte: »Da wir bei so naher Nachbarschaft unsere Unterhaltungen doch nicht wohl isolieren können, bitte ich um die Erlaubnis, an der Ihren teilzunehmen.« Der Appenzeller zog den Hut, die Freunde standen auf und verbeugten sich, und mit ihrer Hilfe wurden die beiden Prunksessel herbeigezogen und die Lager vereinigt.

»Wer die Herren sind, weiß ich nun schon«, sagte der Fremde höflich in seiner nordischen Sprache. »Von uns beiden ist nicht viel zu sagen. Ich komme aus Bremen und bin weder ein Gelehrter noch gar ein Künstler, sondern nur ein Kaufmann. Ich habe Geschäfte in Mailand, und da meine Tochter viel von Italien gehört und große Lust zur Reise hatte, nahm ich sie mit und wählte diesen schönen Weg. Im Vorübergehen kann ich mir dann auch die Stadt Chur besehen, wo ein alter Freund von mir, ein Graubündner, sein Geschäft und seinen Wohnsitz hat. Mit dem bin ich vor vielen Jahren in Ostindien gewesen.«

»Wohl, da sind Sie schon ein gutes Stück umeinand gefahren«, anerkannte der Schiffsmann, und man sprach darüber, wie wunderlich Menschen sich treffen, verlieren und wieder begegnen können, wozu jeder irgendein Beispiel zu erzählen wußte.

Der Philologe kam mit seinem Senator in ein lebhaftes Gespräch, dem auch die andern zuhörten und worin die Lebenserfahrung des alten Kaufmanns der Fragelust und Belesenheit des Kandidaten lustig die Waage hielt. Der Maler hielt sich ganz ruhig und schaute in die glänzende Weite, an der Bremerin vorüber, und wenn er den Blick nur ein wenig neigte, konnte er ihren im Blauen ruhenden Kopf und ihr seitwärts abgewendetes Gesicht betrachten, von dem sie den Schleier weggenommen hatte und das mit bräunlicher Blässe unter dunkelblonden Haaren gleichmütig vor seinem entzückten Auge stand. Er sah die vornehme Haltung des schmalen Nackens, die starke Braue über dem ernsten Auge, die feine schlanke Nase und den dünn geschnittenen, kräftig roten Mund. Dies alles war ganz anders, als er sich eine Schönheit von der Nordsee vorgestellt hätte, aber es war im ganzen und einzelnen überaus reizend. Er bewunderte ihre freie Haltung und die Noblesse ihrer Bewegungen, er bewunderte den stillen Gleichmut, mit dem sie an den Gesprächen vorbei den klugen Kopf in die Landschaft wendete, er bewunderte die Ruhe, Kühle und wohlabgemessene Form einer reichen, wohlerzogenen, reise- und weltgewohnten Dame. Und dennoch rührte ihn etwas an ihr, als müsse er zärtliches Mitleid mit ihr haben, die ihm so weit überlegen war und gewiß in ihm nichts anderes sehen konnte als einen jungen, unfein gekleideten, schüchternen und tappigen Menschen, der seine erste Reise macht. Was ihn so rührte, war vielleicht der leise Widerspruch zwischen ihrer damenhaft vollendeten, kühl beherrschten Erscheinung und ihrer großen Jugend. Er selber, der neben ihr so schülerhaft und schlechthin nichtig saß, war gewiß wohl drei, vier Jahre älter als sie.

Am jenseitigen Ufer leuchteten Städte im Grünen, in den Bergen brodelte Wolkendunst. Möwen strichen über das Schiff hinweg und stießen zuweilen kurze, scharfe, etwas krächzende Schreie aus.

Während die Unterhaltung eine Weile ruhte, hörte man fern vom Lande, aus den Bergen her, mehrmals einen vollen, melodisch reinen Jodler tönen und über dem stillen Wasser verklingen.

»Hast du gehört?« rief der Kandidat begierig. »Das war gejodelt, von der Schweiz her! Nicht wahr, Schiffsmann?«

»Jawohl«, lächelte der alte Mann. »Haben Sie das noch nie gehört?«

»Nein, wir hören es zum erstenmal. Wie das klingt!«

»Nun, wenn Sie dergleichen so gerne hören, dann wenden Sie sich nur an meinen Freund Tobler da! Der ist ein Appenzeller und versteht die Sache.«

Nun wurde der Appenzeller, der sich während der Gespräche bisher in bescheidenem, doch aufmerksamem Schweigen verhalten hatte, von den drei Reisenden lebhaft gebeten, seine Kunst hören zu lassen.

»Na ja«, lachte er munter, »wenn es nicht zu grob ist und das Fräulein nicht verdrießt.«

»Was sagst du dazu, Christa?« fragte der Bremer, und nun bat auch sie den Schweizer, und der stand auf, trat ein wenig zur Seite und begann einen Jodler. Er ließ den Ton anschwellen, sich überschlagen, langsam hinklingen und eilig sprudeln, klagen und wild frohlocken, daß das ganze unendliche Seetal davon erfüllt schien. Alle lauschten verwundert und eigentümlich ergriffen; der sonderbare Gesang war so urtümlich und dabei so abgemessen kunstvoll, so vom Sinn eines fröhlichen, doch trotzigen Hirtenvolkes erfüllt, als käme er aus alten Jahrhunderten herüber und paßte doch in den Tag und in die Landschaft wie Seeblau, Sonne und Wolkenspiel.

Noch einmal hob der Appenzeller an: eine verschlungene, vielfältige, rasche Tonfolge, die zuweilen ein völlig wilder, raubvogelhafter Schrei durchriß und die melodisch in langen, schwellenden Klagetönen endete. Darauf setzte er sich an seinen vorigen Platz zurück und gab auf die lebhaften Lobreden seiner Zuhörer nur durch ein stilles, bauernschlaues Lächeln Antwort.

Das Fräulein schien ein besonderes Gefallen an den Tönen zu haben. Ihr Vater nickte ihr fröhlich zu und meinte: »Nirgends tönt doch Gesang besser und würdiger als auf dem Wasser! Schade, daß wir nicht alle Sänger sind!«

Hier zwinkerte Jonas Finckh dem Maler bedeutsam zu. Der winkte errötend und abwehrend zurück, jedoch zu spät, denn schon wandte sein Freund sich gegen die Fremden und bat um Gehör für ein einfaches, altes Lied. Kunstmäßige Sänger seien sie freilich nicht, er und sein Freund, und es könne keiner von ihnen Triller schlagen, aber an schönen einfachen Volksweisen hätten sie immer ihre Lust gehabt und sie oft miteinander gesungen.

»Welches denn?« fragte Gustav schüchtern. Als aber Jonas ein derbes altes Scholarenlied vorschlug, das am besten auf sie beide und ihren Zustand passen werde, wehrte der Maler entrüstet ab und fing, um allen Widerspruch zu vereiteln, nun selber unversehens an zu singen:

»Innsbruck, ich muß dich lassen
ich fahr dahin mein Straßen,
in fremde Land dahin ...«

Es zeigte sich, daß der schweigsame junge Mensch nicht auf den Mund gefallen sei, wenn es ans Singen ging. Vor sich niederschauend, sang er mit einem festen, schönen Tenor die alte herrliche Weise sicher und kraftvoll durch; der Philolog nahm die zweite Stimme auf sich; sie machten dem wunderbaren Liede alle Ehre.

Der Maler hätte dem Lied noch zwanzig Verse statt der bloßen drei gewünscht; er blühte im Singen auf und hatte dabei ein köstlich zartes Gefühl des Glückes, als sei sein Gesang einzig an die schöne Bremerin gerichtet und ein Gruß und Bekenntnis an sie. Und als er am Schlusse sang: »Bis daß ich wiederum kumm«, da wollte ihm das Wort im Halse bleiben und im Herzen weh tun. Denn wie lange noch, so mußte dies Schiff an den Strand stoßen, so fuhr der Schiffer heimwärts, die schöne Liebe in ihrem Wagen davon, er selber zu Fuß einen anderen Weg, und alles ging in alle Winde auseinander und war, als wäre es nie gewesen!

Vorerst war jedoch der holde Augenblick noch Gegenwart, und ihm ward das Glück, ein Echo seines Liedes auf dem Gesicht des Mädchens wahrnehmen zu dürfen. Den mündlichen Dank zwar überließ sie ihrem Vater, der sogleich um ein neues Lied bat, doch war die Fremdheit und Kälte einigermaßen von ihrem Gesicht gewichen, und sie blickte zu ihm, den sie bisher durch ihre strenge Vornehmheit in einer eisigen Ferne gehalten hatte, ganz warm, anerkennend und dankbar herüber. Der Maler fühlte zwar wohl, daß sie auch so noch ihn keineswegs für ihresgleichen ansehe, doch war immerhin die Starrheit gebrochen und eine Art von menschlichem Verstehen, von wohlwollendem Geltenlassen, ja von Bewunderung an ihre Stelle gerückt.

Nun hätte er noch manche zarte, schöne Lieder gewußt, die er ihr gar zu gerne alle gesungen hätte, allein Jonas Finckh bestand diesmal darauf; es sei genug der Rührung, und es müsse nun auch etwas Lustiges an die

Reihe kommen. Damit waren auch der Schiffer und der Schweizer einverstanden, und so sangen die beiden denn ein kräftiges Studentenlied von Bier und Schlägerklappern und Schulden, das dem Maler nicht sehr von Herzen kam. Und diesmal lachte die Schöne und klatschte in die Hände und wurde sehr vergnügt. Ihm aber, so gern er ihren Beifall hörte und ihr eine Freude machte, ihm war ihr voriger nachdenklicher Blick doch weit lieber gewesen. Jetzt war plötzlich die Schranke wieder da, und er nahm es dummerweise so, als lache sie nicht bloß über das Lied, sondern ebenso über die Sänger, die sie für windige Studentlein halte.

Jener letzte Passagier, der vorne auf den Säcken geschlafen hatte, kam jetzt ermuntert hinzu und zog den Appenzeller in eine geschäftliche Unterhaltung. Die Bremer rückten mit ihrem herrschaftlichen Gestühl wieder ein wenig beiseite, wenn auch nicht in die frühere Unnahbarkeit zurück.

3

»Es ist ein sonderbares Gefühl«, sagte Finckh zum Bremer, »so auf Reisen eine kleine Weile mit ganz fremden Menschen beisammenzusein, die man vermutlich niemals wieder sehen wird.« Der Kaufherr lächelte und nickte: »Ja, das ist auf Reisen nicht anders. Da muß man lernen, sich ineinander zu schicken und womöglich sich aneinander zu freuen, und darf aus keiner Begegnung mehr als den augenblicklichen Nutzen ziehen wollen.«

Dies war freundlich und vollkommen absichtslos gesagt. Nur der junge Maler, in der mißtrauischen Empfindlichkeit der Verliebten, wollte darin eine Mahnung und Warnung des Alten wittern, als fürchte dieser, sie möchten die Gunst dieser Reisebekanntschaft etwa mißbrauchen und ungebührlich zu verlängern trachten.

»Mir scheint«, sagte er langsam, »da ich ein Maler bin, der gegenwärtige Augenblick wie ein sehr schönes Gemälde. Der herrliche See, die fernen Alpen – und um sich und uns ein Vergnügen zu machen, hat nun heute der Herrgott nicht bloß einen extraschönen Tag geschaffen, sondern hat auch noch auf diesem Schiff ein paar Menschen zusammengeführt, die das Schöne lieben und zu genießen wissen. So sind denn diese paar Stunden unserer Seefahrt, die ich nie vergessen will, wie ein schönes, in sich vollkommenes Bild, das man wohl im Gedächtnis behalten mag, das aber – wie jedes Bild – eben nur einen einzelnen losgelösten Augenblick darstellt. Es ist reine Gegenwart, durch keine vergangenen Beziehungen und durch keine Absicht oder auch nur Hoffnung auf künftige gestört.«

Etwas verwundert hörte der freundliche Herr diese unerwartete Rede des bisher so schweigsamen Jünglings an. Dann gab er mit einer höflichen Gebärde die Antwort: »Sehr gut, Herr Künstler. Ich habe Sie, wie ich hoffe, so ziemlich verstanden und will Ihnen gerne recht geben. Übrigens können Sie mit unsrer heutigen Fahrt guten Gewissens zufrieden sein, da Sie nicht nur genossen haben, sondern auch Gebender waren. Ich dagegen kann mir nicht verhehlen, daß ich in diesen Stunden zwar viel Schönes genossen, meinerseits aber nicht das mindeste geleistet habe.«

Die Jünglinge unterbrachen ihn mit einigen abwehrenden Höflichkeiten, und namentlich der Maler war keineswegs der Meinung, auf dieser Seereise weniger empfangen als gegeben zu haben. Doch wagte er diese Überzeugung, die in einen Lobpreis des schönen Mädchens hätte austönen müssen, nicht kundzugeben.

»Nun«, fuhr der alte Herr fort, »jedenfalls möchte ich die einzige Gelegenheit, Ihnen meine Dankbarkeit und gute Gesinnung zu zeigen, ja nicht versäumen und bitte die Herren, uns nach der Ankunft am Land noch bei einer fröhlichen Mahlzeit Gesellschaft zu leisten.«

Weizsäcker war, so sehr ihn die Aussicht auf eine weitere Stunde in des Fräuleins Nähe verlocken wollte, durch seine Abschiedsgedanken schon allzu tief in Selbstquälerei versunken, als daß er freimütig hätte annehmen und sich freuen können. Hatten sie durch ihren Gesang den Herrschaften eine Freude machen und sich ihrer Gesellschaft würdig erweisen können, so sollte ihnen dies Vergnügen jetzt nicht durch ein Mittag- oder Abendessen abgekauft werden. Es schien ihm, dadurch gäbe er der schönen Fremden gar vollends das Recht, ihn mit Geringschätzung als einen armen Schlucker und fahrenden Schüler anzusehen. Darum gab er durch seine Antwort von neuem Anlaß zur Verwunderung.

»Verehrter Herr«, sagte er ernsthaft, »Ihre gütige Einladung ist mehr, als wir je verdient haben. Wir haben ja doch zu unserem eigenen Vergnügen gesungen. Es würde mir leid tun, von Ihnen etwas annehmen zu sollen, was ich weder verdient noch beabsichtigt habe.«

»Aber, lieber Herr«, rief der Kaufmann mit Erstaunen, »dies wird doch nicht Ihr Ernst sein!«

Aber Jonas Finckh fiel sofort entschieden ein: »Natürlich ist es nicht sein Ernst! Er muß nur immer so feierlich tun. Lieber Gustel, warum sollten wir denn nicht mit den Herrschaften speisen? Komm, sei nicht komisch, gleich sind wir an Land.«

Dabei blieb es, während nun jedermann nach vorne drängte und sich die Landungsstelle beschaute, wo unter hohen Ulmenbäumen, den Weg zum nahen Städtchen verbergend, ein behagliches Gasthaus mit schimmernden Fenstern lag.

Es war im halben Nachmittag, als das fröhliche Boot am Lande anlegte und seine Gäste entließ. Der Schiffsmann trug selbst das wenige Gepäck der Herrschaft nach dem Gasthaus hinüber und kehrte wohlzufrieden mit der Belohnung in sein Fahrzeug zurück, wo er sogleich die beiden kostbaren Stühle beiseite tat und sorgsam mit einer schützenden Leinwand zudeckte.

Der Appenzeller und der andre Mann verließen grüßend die Gesellschaft und gingen davon. Die beiden Freunde bezahlten dem Schiffer das Notwendige, nahmen Abschied von ihm und gaben den Ruderknechten, wie sie den Senator hatten tun sehen, ein Trinkgeld. Dann trugen sie ihre Ranzen zum Wirtshaus hin, in dem das Fräulein schon verschwunden war. Ihr Vater verhandelte im Hausflur mit dem Wirt. Dann trat er umschauend hervor, nahm die Wartenden wahr und rief ihnen zu:»Leider muß ich die Herren um ein wenig Geduld bitten, wir können erst in einer Stunde essen. Aber ich rechne auf Sie! Lassen Sie sich die Zeit nicht zu lange werden, während ich inzwischen ein wenig ruhen will.«

Sie nahmen flüchtig Abschied, und Finckh erklärte, große Lust zu einer Ruderpartie zu haben. Leicht beredete ihn Weizsäcker, daß er sich allein in die Gondel des Wirtes setze, wo er zum Vergnügen zweier zuschauender Knaben sich so heftig und ungeschickt mit dem ungewohnten Ruderzeug zu schaffen machte, daß das Wasser um ihn spritzte. Der Maler ging indessen am Strande hin bis zum äußersten Vorsprung der kleinen Bucht, von wo das breit daliegende Gasthaus samt den Ulmenbäumen, dem kleinen Bootshafen und einem Stück See als ein friedevoll abgeschlossenes Bildchen zu sehen war. Er hatte aus seinem Bündel einiges Malzeug und ein Blatt vom feinsten, teuersten Papier mitgenommen, dessen Faser und zartes Korn er besonders schätzte. Nun setzte er sich, im Herzen unruhig bewegt, auf den hell schimmernden Stumpf eines wohl erst kürzlich abgesägten Baumes und fing behutsam an, die kleine hübsche Landschaft mit dem Haus, darin er das Fräulein ruhen wußte, zu zeichnen.

Er hatte eine ordentliche Schule genossen und war namentlich im genauen Zeichnen und zarten Kolorieren von Landschaften wohl geübt. Seine Art war es nicht, die Ansicht einer Landschaft oder Architektur mit heftiger Kohle zu umreißen, kühne Schatten darein zu werfen und in Schnelligkeit und Sturm etwas Geniemäßiges hinzuzaubern. Vielmehr liebte er und übte es, mit feinem Stift in Treue jeden Umriß und jede erfreuliche Artigkeit einer Gegend sorgfältig nachzuzeichnen, auch auf dem Zweig den singenden Vogel nicht zu versäumen und überall nach Kräften die freudige Ehrfurcht auszudrücken, die er vor jeder Schöpfung Gottes, auch der kleinsten, empfand.

Diese Tätigkeit, dies fromme und gewissenhafte Tun übte auch jetzt seinen sänftigenden Zauber, und während sein unerfahrenes und noch kindliches Herz sich gegen den Pfeil einer hoffnungslosen Verliebtheit wehrte, kam ihm von allen Seiten, vom friedlichen Wasser, von den vollen weichen Baumkronen und Gebüschen, vom Gestein und Kies des Ufers der leise Trost entgegen, der keinem reinen Herzen verwehrt bleibt, solange es Gott in seinen Werken zu ehren versteht. Liebevoll umschrieb sein Bleistift die anmutigen Formen der Seebucht und die strengen des ruhenden Fährbootes, liebevoll auch jedes Fenster und Gesims des Hauses. Da er sah, es werde ihm die Zeit nicht hinreichen, das Blatt zu kolorieren, wandte er doppelte Sorgfalt an die Zeichnung und Schattierung, gab dem Ulmenlaub und dem Kastanienlaub sein Recht und ließ keinen von den vielen Pfählen des Gartenhages seinen Schatten entbehren.

Die Frucht seines Fleißes, wenn sie hinreichend schön gelänge, hatte er als Andenken und Abschiedsgeschenk dem Fräulein aus Bremen zugedacht, indem er damit auch die angebotene Mahlzeit ihres vielleicht doch etwas almosenhaften Charakters zu entkleiden meinte. Es schien ihm wünschenswert, daß die junge Dame irgend etwas von ihm in Händen habe, damit doch ein schwaches Zeugnis des Gewesenen und ein leiser Antrieb zur Erinnerung vorhanden sei. Dies stimmte keineswegs zu den klugen Worten, die er kürzlich über den Wert der Gegenwart gesprochen hatte, wohl aber stimmte es durchaus zu seinem jetzigen Gefühl und auch zu dem Lied, das ihm vom Schiff her noch nachtönte und das er nun, während er die letzten sauberen Striche an seiner Kunstarbeit tat, nochmals ganz leise, und doch vielleicht bis zum Hause hin hörbar, anstimmte und zu Ende sang:

> »Innsbruck, ich muß dich lassen,
> ich fahr dahin mein Straßen,
> in fremde Land dahin;
> mein Freud ist mir genommen,
> die ich nit weiß bekommen,
> wo ich im Elend bin.
>
> Groß Leid muß ich jetzt tragen,
> das ich allein tu klagen
> dem liebsten Buhlen mein;
> ach Lieb, nun laß mich Armen
> im Herzen dein erbarmen,
> daß ich muß dannen sein!
>
> Mein Trost ob allen Weiben,
> dein tu ich ewig bleiben,
> stet, treu, der Ehren fromm;
> nun muß dich Gott bewahren,
> in aller Tugend sparen,
> bis daß ich wieder komm!«

Mit dem Gesang zugleich war auch die Zeichnung zur Vollendung gediehen und schien dem Künstler zwar lange nicht gut und wertvoll genug, doch immerhin nicht ganz unwürdig, ihn bei dem Mädchen zu vertreten und sie als ein Zeichen uneingestandener Neigung und als Andenken an schöne Reisestunden so lange und weit zu begleiten, als es ihr gefallen würde.

Indem er noch, das Blatt betrachtend, grübelte und manchen begehrlichen Gedanken mit dem Unmöglichen spielen ließ, kam der Kandidat Finckh um die Bucht gerudert, sicherer schon als vor einer Stunde, doch auch ermüdet und sehr auf die Mahlzeit wartend.

»Noch fleißig?« rief er zu dem Freunde hinüber, der scheu aus seiner Verlorenheit emporschrak.

Rasch wollte der Maler vom Sitz aufspringen, fiel jedoch mit einem abscheulichen Gefühl unerklärlicher Lähmung zurück, und da er erschrocken und verwirrt unter den Blicken des lachenden Kameraden nochmals sich aufzurichten versuchte, hielt dasselbe unheimliche Hindernis ihn wieder fest.

Entsetzt begriff Gustav Weizsäcker urplötzlich seine Lage ganz und gar. Ach, er war weder gelähmt noch angenagelt, sondern sein Beinkleid hing fest verwachsen an dem noch harzigen Baumstumpf, auf dem er saß. Noch einmal versuchte er vorsichtig loszukommen. Es gelang nicht, und jetzt rief er kläglich den Freund zu Hilfe. Halb erschrocken suchte dieser in Eile eine nahe Landestelle, fuhr auf den Sand und kam fragend gelaufen.

Da er sah und hörte, wie es um den Maler stand, mußte er anfangs nicht wenig lachen. Bald aber wurde auch ihm das Verhängnisvolle der Lage klar.

»Ich weiß nichts anderes«, sagte er entschlossen, »als daß du aus der Hose schlüpfst. Die werden wir dann mit einiger Vorsicht wohl unbeschädigt losbringen. Wenn du dich losreißt, geht sie in Fetzen.«

Dazu war indessen Gustav nicht zu bewegen. Zwar schien kein Mensch in der Nähe zu sein, doch war sein Sitz vom Hause her aus allen Fenstern sichtbar. Und lieber hätte er sich selber umgebracht, als es etwa erleben zu müssen, daß die Bremerin in ein Fenster träte und ihn, schmachvoll rückwärts kriechend, sein angewachsenes Beinkleid verlassen sähe. Nein, es mußte ein edlerer Weg gewählt werden.

Er beschwor den Freund, allein zu dem Mahl zu gehen. Er möge den Leuten sagen, er sei krank, sei fortgelaufen, sei ersoffen. Aber Jonas war anderer Meinung. Und er setzte sie durch.

Er zählte auf drei, und mit seiner Hilfe zerrte Gustav sich mit verzweifeltem Ruck gewaltsam von dem tückischen Sitze los. Das Wunder geschah, daß das neue Beinkleid aus derbem Lodenstoff dem Ansturm siegreich widerstand. Es war unverletzt und hatte bloß einige Flecken, um welche man sich jetzt nicht bekümmern konnte.

Aufatmend schritt der Erlöste mit seinem Freund gegen das Wirtshaus, nach kurzem Warten wurden sie von der Wirtsfrau abgeholt und nach einem heiteren, kleinen Saal im oberen Geschoß geleitet.

4

Hier fanden sie inmitten des freundlichen Raumes eine Tafel für viere, schön und reichlich gedeckt, mit schimmernden Fußgläsern und Silberzeug auf frischem Damast, mehrere Teller übereinander und Flaschen mit rotem und weißem Wein handgerecht stehend. Das war nun freilich eine andere Art zu reisen und zu speisen, als es die sparsamen Fußwanderer gewohnt waren. Der Maler hatte seine Zeichnung unter daliegendem Leinenzeug auf einem Tisch des Vorzimmers vorläufig verborgen, hatte auch Zeit gefunden, auf der dunklen Treppe sein Gesäß mit Taschentuch und Sackmesser etwas abzuschaben. Er machte jetzt den vorsichtigen Versuch, sich auf einem Stuhl niederzulassen, und fand zu seiner großen Freude die Klebkraft des Harzes so weit gebrochen, daß er bei einiger Sorgfalt wohl hoffen durfte, jederzeit mit Ehren sich wieder erheben zu können.

An einem Fenster stehend, warteten die beiden in leichter Befangenheit des weiteren. Der See, der noch in voller Sonne lag, warf ein schon abendliches, warmes Licht zurück und an die Wände des Raumes, die mit einer neuen, figurenreichen Tapete voll mythologischer Darstellungen bezogen waren.

Die Wirtin in sauberer Schürze trug die Suppe auf, und gleichzeitig traten die Gastgeber herein, der Alte nur gebürstet, rasiert und geglättet, die Tochter aber umgekleidet, in einem dunkelblauen schweren Abendkleid und sorgfältig frisiert, so daß alsbald, trotz einiger Scheu der Gäste, ein Flug von Festlichkeit und Glanz mit hereinzog. Man begrüßte sich eifrig und vergnügt und nahm ungesäumt an der schönen Tafel Platz. Die Frau trug das Essen auf, der Wirt selbst im Tuchrock sorgte für das Einschenken; auf die kräftige Suppe folgte eine Schüssel vorzüglicher Fische aus dem See, über deren eigentliche, zoologisch richtige Namen man aber nicht einig wurde.

Als an die Stelle der Fischplatte ein zarter Kalbsbraten gesetzt wurde, hatten die Gäste ihre weltungewandte Befangenheit schon so ziemlich abgelegt, namentlich der Reutlinger gab sich Mühe um ein großzügiges, nicht eben gelehrtes, doch würdiges Tischgespräch. Der Maler, der zuzeiten ungesehen die Adhäsionskraft seines Beinkleides prüfte und nötigenfalls verstohlen mit der flachen Linken zwischen sich und seiner Sitzgelegenheit auf Sonderung drang, hatte das Glück, die schöne Fremde im besten Licht gegenübersitzen zu sehen. Er hatte die zierliche Fertigkeit bewundert, mit der sie das weiße Fleisch der Fische von den Gräten löste (die die Wirtin entschuldigend »Dornen« nannte), und fühlte bei ihrem Anblick, so sehr sie ihm in jedem Betracht überlegen schien, doch wieder jene unerklärliche Rührung, als bedürfe dieses schmucke Geschöpf eines besonderen Schutzes und einer besonders zärtlichen Liebe. Sie gab ihm indessen zu irgendwelcher Beschützung und Hilfe keinerlei Anlaß, bediente vielmehr wiederholt seinen Teller mit guten Bissen, wenn er selbst sich zu sparsam bedacht hatte. Sie fragte nach den Absichten seiner Reise, und wie er denn alsdann in dem fernen wilden Land so allein zu leben gedenke. Da tat er ihr erzählend ein Fensterlein in sein bescheidenes Malerleben auf, und sie erfuhr belustigt, wie er seinen kleinen Haushalt zu führen und sogar ein wenig zu kochen verstehe.

Ihr schienen diese kleinen Angelegenheiten spaßhaft und unterhaltend, und sooft er ablenkend von anderem zu reden begann, von den Bildern, die er zu malen hoffte, und dergleichen, was ihm groß und ernst und wichtig war, brachte sie ihn immer wieder auf jene hausfraulichen Kleinigkeiten zurück und erfuhr von ihm und seinem Leben in aller Geschwindigkeit unendlich viel mehr als er von dem ihren. Doch bemerkte er selbst das nicht, denn Geben und Nehmen ist ja für Verliebte einerlei.

Unten stand schon die hübsche Reisekutsche des Bremers bereit, und auch die jungen Freunde wollten vor Nacht noch eine Strecke wandern. Der Herr bemerkte im Gespräch, es wäre ja wohl möglich, daß man sich nochmals begegne, vielleicht in Mailand, doch vermochte der aufmerksam horchende Maler in seinen Worten keinerlei Aufforderung zu erkennen, auch war von einer mailändischen Adresse keine Rede. Es war nicht anders, der Abschied stand bevor, und auf ein Wiedersehen war nicht zu hoffen.

Als man denn mit guten Wünschen für eine weitere fröhliche Reise mit dem letzten Glase anstieß und sich von der behaglichen Tafel erhob, enteilte Weizsäcker in das Vorzimmer, holte seine Zeichnung hervor und überreichte sie dem Fräulein. Sie betrachtete das Blatt mit Überraschung, wollte nicht glauben, daß es ein Geschenk für sie sein solle, reichte es dem Alten hin und meinte, das dürfe sie nicht annehmen. Auch der Vater machte einige Einwände, gab sich jedoch bald zufrieden und meinte freundlich: »Sie wollen uns zeigen, daß ein Künstler immer der Reichere und Geber ist, wenn er mit gewöhnlichen Bürgern zusammenkommt. Damit haben Sie recht. Ich bin kein Kunstverständiger, lieber Herr, und kann Ihnen keine Elogen über Ihr Talent machen, es wäre anmaßend. Aber wenn ich Sie beide jungen Leute ansehe, wie Sie da Ihre erste Reise in die Fremde tun, so muß ich meine Lust daran haben und muß Ihnen beiden wünschen: bleiben Sie so gute Freunde und so muntere Reisende noch lange Zeit!«

Damit schieden sie voneinander, und nach wenigen Augenblicken marschierten Jonas und Gustav zum Hof und Garten hinaus der abendfarbenen Weite entgegen, der eine vom guten Wein froh erregt und munter pfeifend, der andre schweigsam und ergeben. Er dachte sich ein Bild, das er später malen würde: ein leuchtender Sommerhimmel, in dem ferne hohe Gebirge ragen, und unten eine warme, schillernde Seebreite und im Vordergrund die Brüstung eines Schiffes, an der ein schönes, bräunlichblasses Mädchen ausschauend steht, die halbe Stirn vom blauen Schleier bedeckt.

Sie waren noch keine halbe Stunde gewandert, da klang hinter ihnen auf der harten Straße Pferdetrab und leichtes Räderrollen; sie traten wartend an den Straßenrand, und kurz bevor das rasche, gute Fahrzeug sie erreichte, stimmten sie kräftig an:

»Ach Gott, wie weh tut Scheiden,
hat mir mein Herz verwundt;
so trab ich über die Heiden ...«

Aus der braunen Kutsche grüßten nickend und lächelnd im Vorüberfahren das graubärtige Gesicht des Kaufherrn und das junge seiner Tochter; beide winkten lebhaft heraus, und da sie schon weit waren, wehte noch einmal auf der Seite des Mädchens ein blauer Schleier aus dem dahinfahrenden und bald entschwindenden Wagen.

»Hätt' mir ein Gärtlein bauen ...«, stimmte Jonas Finckh den zweiten Vers des begonnenen Liedes an, denn sie waren beide als rechte Sänger gewohnt, nichts Halbes von sich zu geben. Allein der Maler tat nicht mit, er ging gesenkten Kopfes dahin, und da ihn sein Freund anrief und zum Weitersingen mahnte, schüttelte er den Kopf, zog sein Taschentuch hervor und begann sich heftig zu schneuzen.

(1910)

Der Weltverbesserer

Berthold Reichardt war vierundzwanzig Jahre alt. Er hatte die Eltern früh verloren, und von seinen Erziehern hatte nur ein einziger Einfluß auf ihn bekommen, ein edler, doch fanatischer Mensch und frommer Freigeist, welcher dem Jüngling früh die Gewohnheit eines Denkens beibrachte, das bei scheinbarer Gerechtigkeit doch nicht ohne Hochmut den Dingen seine Form aufzwang. Nun wäre es für den jungen Menschen Zeit gewesen, seine Kräfte im Spiel der Welt zu versuchen, um ohne Hast sich nach dem ihm zukömmlichen und erreichbaren Lebensglück umzusehen, auf das er als ein gescheiter, hübscher und wohlhabender Mann gewiß nicht lange hätte zu warten brauchen.

Berthold hatte keinen bestimmten Beruf gewählt. Seinen Neigungen gemäß hatte er bei guten Lehrern, auf Reisen und aus Büchern Philosophie und Geschichte studiert mit einer Tendenz nach den ästhetischen Fächern. Sein ursprünglicher Wunsch, Baumeister zu werden, war dabei in den Studienjahren abwechselnd erkaltet und wieder aufgeflammt; schließlich war er bei der Kunstgeschichte stehengeblieben und hatte vorläufig seine Lehrjahre durch eine Doktorarbeit abgeschlossen. Als junger Doktor traf er nun in München ein, wo er am ehesten die Menschen und die Tätigkeit zu finden hoffte, zu denen seine Natur auf noch verdunkelten Wegen doch immer stärker hinstrebte. Er dürstete danach, am Entstehen neuer Zeiten und Werke mitzuraten und mitzubauen und im Werden und Emporkommen seiner Generation mitzuwachsen. Des Vorteiles, den jeder Friseurgehilfe hat: durch Beruf und Stellung von allem Anfang an ein festes, klares Verhältnis zum Leben und eine berechtigte Stelle im Gefüge der menschlichen Tätigkeiten zu haben, dieses Vorteils also mußte Berthold bei seinem Eintritt in die Welt und ins männliche Alter entraten.

In München, wo er schon früher ein Jahr als Student gelebt hatte, war der junge Doktor in mehreren Häusern eingeführt, hatte es aber mit den Begrüßungen und Besuchen nicht eilig, da er seinen Umgang in aller Freiheit suchen und unabhängig von früheren Verpflichtungen sein Leben einrichten wollte. Vor allem war er auf die Künstlerwelt begierig, welche zur Zeit eben wieder voll neuer Ideen gärte und beinahe täglich Zustände, Gesetze und Sitten entdeckte, welchen der Krieg zu erklären war.

Er geriet bald in näheren Umgang mit einem kleinen Kreise junger Künstler dieser Art. Man traf sich bei Tisch und im Kaffeehaus, bei öffentlichen Vorträgen und bald auch freundschaftlich in den Wohnungen und Ateliers, meistens in dem des Malers Hans Konegen, der eine Art geistiger Führerschaft in dieser Künstlergruppe ausübte.

Im weiteren Umgang mit diesen Künstlern fand er manchen Anlaß zur Verwunderung, ohne darüber den guten Willen zum Lernen zu verlieren. Es fiel ihm vor allem auf, daß die paar berühmten Maler und Bildhauer, deren Namen er stets in enger Verbindung mit den jungen künstlerischen Revolutionen nennen gehört hatte, offenbar diesem reformierenden Denken und Treiben der Jungen weit ferner standen, als er gedacht hätte, daß sie vielmehr in einer gewissen Einsamkeit und Unsichtbarkeit nur ihrer Arbeit zu leben schienen. Ja, diese Berühmtheiten wurden von den jungen Kollegen keineswegs als Vorbilder bewundert, sondern mit Schärfe, ja mit Lieblosigkeit kritisiert und zum Teil sogar verachtet. Es schien, als begehe jeder Künstler, der unbekümmert seine Werke schuf, damit einen Verrat an der Sache der revolutionierenden Jugend.

Es entsprach dieser Verirrung ein gewisser jugendlich-pedantischer Zug in Reichardts Wesen selbst, so daß er trotz gelegentlicher Bedenken dieser ganzen Art sehr bald zustimmte. Es fiel ihm nicht auf, wie wenig und mit wie geringer Leidenschaft in den Ateliers seiner Freunde gearbeitet wurde. Da er selbst ohne Beruf war, gefiel es ihm wohl, daß auch seine Malerfreunde fast immer Zeit und Lust zum Reden und Theoretisieren hatten. Namentlich schloß er sich an Hans Konegen an, dessen kaltblütige Kritiklust ihm ebensosehr imponierte wie sein unverhohlenes Selbstbewußtsein. Mit ihm durchstreifte er häufig die vielen Kunstausstellungen und hatte die Überzeugung, dabei viel zu lernen, denn es gab kaum ein Kunstwerk, an dem Konegen nicht klar und schön darzulegen wußte, wo seine Fehler lagen. Anfangs hatte es Berthold oft weh getan, wenn der andere über ein Bild, das ihm gefiel und in das er sich eben mit Freude hineingesehen hatte, gröblich und schonungslos hergefallen war; mit der Zeit gefiel ihm jedoch dieser Ton und färbte sogar auf seinen eigenen ab.

Da hing eine zarte grüne Landschaft, ein Flußtal mit bewaldeten Hügeln, von Frühsommerwolken überflogen, treu und zart gemalt, das Werk eines noch jungen, doch schon rühmlich bekannten Malers. »Das schätzen und kaufen nun die Leute«, sagte Hans Konegen dazu, »und es ist ja ganz nett, die Wolkenspiegel im Wasser sind sogar direkt gut. Aber wo ist da

Der Weltverbesserer 1073

Größe, Wucht, Linie, kurz – Rhythmus? Eine nette kleine Arbeit, sauber und lieb, gewiß, aber das soll nun ein Berühmter sein! Ich bitte Sie: wir sind ein Volk, das den größten Krieg der modernen Geschichte gewonnen hat, das Handel und Industrie im größten Maßstab treibt, das reich geworden ist und Machtbewußtsein hat, das eben noch zu den Füßen Bismarcks und Nietzsches saß – und das soll nun unsere Kunst sein!«

Ob ein hübsches waldiges Flußtal geeignet sei, mit monumentaler Wucht gemalt zu werden, oder ob das Gefühl für einfache Schönheiten der ländlichen Natur unseres Volkes unwürdig sei, davon sprach er nicht.

Doktor Reichardt wußte nicht, daß seine Bekannten keineswegs die Blüte der Künstlerjugend darstellten, denn nach ihren Reden, ihrem Auftreten und ihren vielen theoretischen Kenntnissen taten sie das entschieden. Er wußte nicht, daß sie höchstens einen mäßigen Durchschnitt, ja vielleicht nur eine launige Luftblase und Zerrform bedeuteten. Er wußte auch nicht, wie wenig gründlich und gewissenhaft die Urteile Konegens waren, der von schlichten Landschaften den großen Stil, von Riesenkartons aber tonige Weichheit, von Studienblättern Bildwirkung und von Staffeleibildern größere Naturnähe verlangte, so daß freilich seine Ansprüche stets weit größer blieben als die Kunst aller Könner. Und er fragte nicht, ob eigentlich Konegens eigene Arbeiten so mächtig seien, daß sie ihm das Recht zu solchen Ansprüchen und Urteilen gäben. Wie es Art und schönes Recht der Jugend ist, unterschied er nicht zwischen seiner Freunde Idealen und ihren Taten.

Ihre Arbeit galt meistens recht anspruchslosen Dingen, kleinen Gegenständen und Spielereien dekorativer und gewerblicher Art. Aber wie das Können des größten Malers klein wurde und elend dahinschmolz, wenn man es an ihren Forderungen und Urteilen maß, so wuchsen ihre eigenen Geschäftigkeiten ins Gewaltige, wenn man sie darüber sprechen hörte. Der eine hatte eine Zeichnung zu einer Vase oder Tasse gemacht und wußte nachzuweisen, daß diese Arbeit, so unscheinbar sie sei, doch vielleicht mehr bedeute als mancher Saal voll Bilder, da sie in ihrem schlichten Ausdruck das Gepräge des Notwendigen trage und auf einer Erkenntnis der statischen und konstruktiven Grundgesetze jedes gewerblichen Gegenstandes, ja des Weltgefüges selbst, beruhe. Ein anderer versah ein Stück graues Papier, das zu Büchereinbänden dienen sollte, mit regellos verteilten gelblichen Flecken und konnte darüber eine Stunde lang philosophieren, wie die Art der Verteilung jener Flecken etwas Kosmisches zeige und ein Gefühl von Sternhimmel und Unendlichkeit zu wecken vermöge.

Dergleichen Unfug lag in der Luft und wurde von der Jugend als eine Mode betrieben; mancher kluge, doch schwache Künstler mochte es auch ernstlich darauf anlegen, mangelnden natürlichen Geschmack durch solche Räsonnements zu ersetzen oder zu entschuldigen. Reichardt aber in seiner Gründlichkeit nahm alles eine Zeitlang ernst und lernte dabei von Grund auf die Müßiggängerkunst eines intellektualistischen Beschäftigtseins, das der Todfeind jeder wertvollen Arbeit ist.

Über diesem Treiben aber konnte er doch auf die Dauer nicht alle gesellschaftlichen Verpflichtungen vergessen, und so erinnerte er sich vor allem eines Hauses, in dem er einst als Student verkehrt hatte, da der Hausherr vor Zeiten mit Bertholds Vater in näheren Beziehungen gestanden war. Es war dies ein Justizrat Weinland, der als leidenschaftlicher Freund der Kunst und der Geselligkeit ein glänzendes Haus geführt hatte. Dort wollte nun Reichardt, nachdem er schon einen Monat in der Stadt wohnte, einen Besuch machen und sprach in sorgfältiger Toilette in dem Hause vor, dessen erste Etage der Rat einst bewohnt hatte. Da fand er zu seinem Erstaunen einen fremden Namen auf dem Türschild stehen, und als er einen heraustretenden Diener fragte, erfuhr er, der Rat sei vor mehr als Jahresfrist gestorben.

Die Wohnung der Witwe, die Berthold sich aufgeschrieben hatte, lag weit draußen in einer unbekannten Straße am Rande der Stadt, und ehe er dorthin ging, suchte er durch Kaffeehausbekannte, deren er einige noch von der Studentenzeit her vorgefunden hatte, über Schicksal und jetzigen Zustand des Hauses Weinland Bericht zu erhalten. Das hielt nicht schwer, da der verstorbene Rat ein weithin gekannter Mann gewesen war, und so erfuhr Berthold eine ganze Geschichte: Weinland hatte allezeit weit über seine Verhältnisse gelebt und war so tief in Schulden und mißliche Finanzgeschäfte hineingeraten, daß niemand seinen plötzlichen Tod für einen natürlichen hatte halten mögen. Jedenfalls habe sofort nach diesem unerklärlichen Todesfall die Familie alle Habe verkaufen müssen und sei, obwohl noch in der Stadt wohnhaft, so gut wie vergessen und verschollen. Schade sei es dabei um die Tochter, der man ein besseres Schicksal gegönnt hätte.

Der junge Mann, von solchen Nachrichten überrascht und mitleidig ergriffen, wunderte sich doch über das Dasein dieser Tochter, welche je gesehen zu haben er sich nicht erinnern konnte, und es geschah zum Teil aus Neugierde auf das Mädchen, als er nach einigen Tagen beschloß, die Weinlands zu besuchen. Er nahm einen Mietwagen und fuhr hinaus, durch eine unvornehme Vorstadt bis an die Grenze des freien Feldes. Der Wagen hielt vor einem einzeln stehenden mehrstöckigen Miethaus, das trotz seiner Neuheit in Fluren und Treppen schon den trüben Duft der Ärmlichkeit angenommen hatte.

Etwas verlegen trat er in die kleine Wohnung im zweiten Stockwerk, deren Türe ihm eine Küchenmagd geöffnet hatte. Sogleich erkannte er in der einfachen Stube die Frau Rätin, deren strenge magere Gestalt ihm beinahe unverändert und nur um einen Schatten reservierter und kühler geworden schien. Neben ihr aber tauchte die Tochter auf, und nun wußte er genau, daß er diese noch nie gesehen habe, denn sonst hätte er sie gewiß nicht so ganz vergessen können. Sie hatte die Figur der Mutter und sah mit dem gesunden Gesicht, in der strammen, elastischen Haltung und einfachen, doch tadellosen Toilette wie eine junge Offiziersfrau oder Sportsdame aus. Bei längerem Betrachten ergab sich dann, daß in dem frischen, herben Gesicht dunkelbraune Augen ihre Stätte hatten, und in diesen ruhigen Augen sowohl wie in manchen Bewegungen der beherrschten Gestalt schien erst der wahre Charakter des schönen Mädchens zu wohnen, den das übrige Äußere härter und kälter vermuten ließ, als er war.

Reichardt blieb eine halbe Stunde bei den Frauen. Das Fräulein Agnes war, wie er nun erfuhr, während der Zeit seines früheren Verkehrs in ihrem Vaterhause im Ausland gewesen. Doch vermieden sie es alle, näher an die Vergangenheit zu rühren, und so kam es von selbst, daß vor allem des Besuchers Person und Leben besprochen wurde. Beide Frauen zeigten sich ein wenig verwundert, ihn so zuwartend und unschlüssig an den Toren des Lebens stehen zu sehen, und Agnes meinte geradezu, wenn er einiges Talent zum Baumeister in sich fühle, so sei das ein so herrlicher Beruf, daß sie sein Zaudern nicht begreife. Beim Abschied wurde er eingeladen, nach Belieben sich wieder einzufinden.

Von den veränderten Umständen der Familie hatte zwar die Lage und Bescheidenheit ihrer Wohnung Kunde gegeben, die Frauen selbst aber hatten dessen nicht nur mit keinem Worte gedacht, sondern auch in ihrem ganzen Wesen kein Wissen von Armut oder Bedrücktheit gezeigt, vielmehr den Ton bewahrt, der in ihrer früheren Lebensführung ihnen geläufig gewesen war. Reichardt nahm eine Teilnahme und Bewunderung für die schöne, tapfere Tochter mit sich in die abendliche Stadt hinein und fühlte sich bis zur Nacht und zum Augenblick des Einschlafens von einer wohlig reizenden Atmosphäre umgeben, wie vom tiefen, warmen Braun ihrer Blicke.

Dieser sanfte Reiz spornte den Doktor auch zu neuen Arbeitsgedanken und Lebensplänen an. Er hatte darüber ein langes Gespräch mit dem Maler Konegen, das jedoch zu einer Abkühlung dieser Freundschaft führte. Hans Konegen hatte auf Reichardts Klagen hin sofort einen Arbeitsplan entworfen, er war in dem großen Atelier heftig hin und wider geschritten, hatte seinen Bart mit nervösen Händen gedreht und sich alsbald, wie es seine unheimliche Gabe war, in ein flimmerndes Gehäuse eingesponnen, das aus lauter Beredsamkeit bestand und dem Regendache jenes Meisterfechters im Volksmärchen glich, unter welchem jener trocken stand, obwohl es aus nichts bestand als dem rasenden Kreisschwung seines Degens.

Er rechtfertigte zuerst die Existenz seines Freundes Reichardt, indem er den Wert solcher Intelligenzen betonte, die als kritische und heimlich mitschöpferische Berater der Kunst helfen und dienen könnten. Es sei also dessen Pflicht, seine Kräfte der Kunst dienstbar zu machen. Er möge daher trachten, an einer angesehenen Kunstzeitschrift oder noch besser an einer Tageszeitung kritischer Mitarbeiter zu werden und zu Einfluß zu kommen. Dann würde er, Hans Konegen, ihm durch eine Gesamtausstellung seiner Schöpfungen Gelegenheit geben, einer guten Sache zu dienen und der Welt etwas Neues zu zeigen.

Als Berthold ein wenig mißmutig den Freund daran erinnerte, wie verächtlich sich dieser noch kürzlich über alle Zeitungen und über das Amt des Kritikers geäußert habe, legte der Maler dar, wie eben bei dem traurig tiefen Stand der Kritik ein wahrhaft freier Geist auf diesem Gebiete zum Reformator werden könne, zum Lessing unserer Zeit. Übrigens stehe dem Kunstschriftsteller auch noch ein anderer und schönerer Weg offen, nämlich der des Buches. Er selbst habe schon manchmal daran gedacht, die Herausgabe einer Monographie über ihn, Hans Konegen, zu veranlassen; nun sei in Reichardt der Mann für diese nicht leichte Aufgabe gefunden. Berthold solle den Text schreiben, die Illustration des Buches übernehme er selbst.

Reichardt hörte die wortreichen Vorschläge mit zunehmender Verstimmung an. Heute, da er das Übel seiner berufslosen Entbehrlichkeit besonders stark empfand, tat es ihm weh zu sehen, wie der Maler in diesem Zustand nichts anderes fand als eine Verlockung, ihn seinem persönlichen Ruhm oder Vorteil dienstbar zu machen.

Aber als er ihm ins Wort fiel und diese Pläne kurz von der Hand wies, war Hans Konegen keineswegs geschlagen.

»Gut, gut«, sagte er wohlwollend, »ich verstehe Sie vollkommen und muß Ihnen eigentlich recht geben. Sie wollen Werte schaffen helfen, nicht wahr? Tun Sie das! Sie haben Kenntnisse und Geschmack, Sie haben mich und einige Freunde und dadurch eine direkte Verbindung mit dem schaffenden Geist der Zeit. Gründen Sie also ein Unternehmen, mit dem Sie einen unmittelbaren Einfluß auf das Kunstleben ausüben können! Gründen Sie zum Beispiel einen Kunstverlag, eine Stelle für Herstellung und Vertrieb wertvoller Graphik, ich stelle dazu das Verlagsrecht meiner Holzschnitte und zahlreicher Entwürfe zur Verfügung, ich richte Ihre Druckerei und Ihr Privatbüro ein, die Möbel etwa in Ahornholz mit Messingbeschlägen. Oder noch besser, hören Sie! Beginnen wir eine kleine Werkstätte für vornehmes Kunstgewerbe! Nehmen Sie mich als Berater oder Direktor, für gute Hilfskräfte werde ich sorgen, ein Freund von mir modelliert zum Beispiel prachtvoll und versteht sich auch auf Bronzeguß.«

Und so ging es weiter, munter Plan auf Plan, bis Reichardt beinahe wieder lachen konnte. Überall sollte er der Unternehmer sein, das Geld aufbringen und riskieren, Konegen aber war der Direktor, der technische Leiter, kurz die Seele von allem. Zum erstenmal erkannte er deutlich, wie eng alle Kunstgedanken des Malergenies nur um dessen eigene Person und Eitelkeit kreisten, und er sah nachträglich mit Unbehagen, wie wenig schön die Rolle war, die er in der Vorstellung und den Absichten dieser Leute gespielt hatte.

Doch überschätzte er sie immer noch, indem er nun darauf dachte, sich von diesem Umgang unter möglichster Delikatesse und Schonung zurückzuziehen. Denn kaum hatte Herr Konegen nach mehrmals wiederholten Beredungsversuchen eingesehen, daß Reichardt wirklich nicht gesonnen war, diese Unternehmergelüste zu befriedigen, so fiel die ganze Bekanntschaft dahin, als wäre sie nie gewesen. Der Doktor hatte diesen Leuten ihre paar Holzschnitte und Töpfchen längst abgekauft, einigen auch kleine Geldbeträge geliehen; wenn er nun seiner Wege gehen wollte, hielt niemand ihn zurück. Reichardt, mit den Sitten der Bohème noch wenig vertraut, sah sich mit unbehaglichem Erstaunen von seinen Künstlerfreunden vergessen und kaum mehr gegrüßt, während er sich noch damit quälte, eine ebensolche Entfremdung vorsichtig einzuleiten.

Zuweilen sprach Doktor Reichardt in dem öden Vorstadthause bei der Frau Rat Weinland vor, wo es ihm jedesmal merkwürdig wohl wurde. Der vornehme Ton dort bildete einen angenehmen Gegensatz zu den Reden und Sitten des Zigeunertums, und immer ernsthafter beschäftigte ihn die Tochter, die ihn zweimal allein empfing und deren strenge Anmut ihn jedesmal entzückte und verwirrte. Denn er fand es unmöglich, mit ihr jemals über Gefühle zu reden oder doch die ihren kennenzulernen, da sie bei all ihrer damenhaften Schönheit die Verständigkeit selbst zu sein schien. Und zwar besaß sie jene praktische, auf das Notwendige und Nächste gerichtete Klugheit, welche das nur spielerische Sichabgeben mit den Dingen nicht kennt.

Agnes zeigte eine freundliche, sachliche Teilnahme für den Zustand, in dem sie ihn befangen sah, und wurde nicht müde, ihn auszufragen und ihm zuzureden, ja sie machte gar kein Hehl daraus, daß sie es eines Mannes unwürdig finde, sich seinen Beruf so im Weiten zu suchen, wie man Abenteuer suche, statt mit festem Willen an einem bestimmten Punkt zu beginnen. Von den Weisheiten des Malers Konegen hielt sie ebensowenig wie von dessen Holzschnitten, die ihr Reichardt mitgebracht hatte.

»Das sind Spielereien«, sagte sie bestimmt, »und ich hoffe, Ihr Freund treibe dergleichen nur in Mußestunden. Es sind, soviel ich davon verstehe, Nachahmungen japanischer Arbeiten, die vielleicht den Wert von Stilübungen haben können. Mein Gott, was sind denn das für Männer, die in den besten Jugendjahren sich daran verlieren, ein Grün und ein Grau gegeneinander abzustimmen! Jede Frau von einigem Geschmack leistet ja mehr, wenn sie sich ihre Kleiderstoffe aussucht!«

Die wehrhafte Gestalt bot selber in ihrem sehr einfachen, doch sorgfältig und bewußt zusammengestellten Kostüm das Beispiel einer solchen Frau. Recht als wolle es ihn mit der Nase darauf stoßen, hatte sein Glück ihm diese prächtige Figur in seinen Weg gestellt, daß er sich an sie halte. Aber der Mensch ist zu nichts schwerer zu bringen als zu seinem Glück.

Bei einem öffentlichen Vortrag über das Thema »Neue Wege zu einer künstlerischen Kultur« hatte Berthold etwas erfahren, was er um so bereitwilliger aufnahm, als es seiner augenblicklichen enttäuschten Gedankenlage entsprach, nämlich daß es not tue, aus allen ästhetischen und intellektualistischen Interessantheiten herauszukommen. Fort mit der formalistischen und negativen Kritik unserer Kultur, fort mit dem kraftlosen Geistreichtun auf Kosten heiliger Güter und Angelegenheiten unserer Zeit! Dies war der

Der Weltverbesserer

Ruf, dem er wie ein Erlöster folgte. Er folgte ihm in einer Art von Bekehrung sofort und unbedingt, einerlei wohin er führe.

Und er führte auf eine Straße, deren Pflaster für Bertholds Steckenpferde wie geschaffen war, nämlich zu einer neuen Ethik. War nicht ringsum alles faul und verdorben, wohin der Blick auch fallen mochte? Unsere Häuser, Möbel und Kleider geschmacklos, auf Schein berechnet und unecht, unsere Geselligkeit hohl und eitel, unsere Wissenschaft verknöchert, unser Adel vertrottelt und unser Bürgertum verfettet? Beruhte nicht unsere Industrie auf einem Raubsystem, und war es nicht ebendeshalb, daß sie das häßliche Widerspiel ihres wahren Ideals darstellte? Warf sie etwa, wie sie könnte und sollte, Schönheit und Heiterkeit in die Massen, erleichterte sie das Leben, förderte sie Freude und Edelmut?

Der gelehrige Gelehrte sah sich rings von Falschheit und Schwindel umgeben, er sah die Städte vom Kohlenrauch beschmutzt und vom Geldhunger korrumpiert, das Land entvölkert, das Bauerntum aussterbend, jede echte Lebensregung an der Wurzel bedroht. Dinge, die er noch vor Tagen mit Gleichmut, ja mit Vergnügen betrachtet hatte, enthüllten ihm nun ihre innere Fäulnis. Berthold fühlte sich für dies alles mitverantwortlich und zur Mitarbeit an der neuen Ethik und Kultur verpflichtet.

Als er dem Fräulein Weinland zum erstenmal davon berichtete, wurde sie aufrichtig betrübt. Sie hatte Berthold gerne und traute es sich zu, ihm zu einem tüchtigen und schönen Leben zu verhelfen, und nun sah sie ihn, der sie doch sichtlich liebte, blind in diese Lehren und Umtriebe stürzen, für die er nicht der Mann war und bei denen er nur zu verlieren hatte. Sie sagte ihm ihre Meinung recht deutlich und meinte, jeder, der auch nur eine Stiefelsohle mache oder einen Knopf annähe, sei der Menschheit gewiß nützlicher als diese Propheten. Es gebe in jedem kleinen Menschenleben Anlaß genug, edel zu sein und Mut zu zeigen, und nur wenige seien dazu berufen, das Bestehende anzugreifen und Lehrer der Menschheit zu werden.

Er antwortete dagegen mit Feuer, ebendiese Gesinnung, die sie äußere, sei die übliche weltkluge Lauheit, mit welcher es zu halten sein Gewissen ihm verbiete. Es war der erste kleine Streit, den die beiden hatten, und Agnes sah mit Betrübnis, wie der liebe Mensch immer weiter von seinem eigenen Leben und Glück abgedrängt und in endlose Wüsten der Theorie und Einbildungen verschlagen wurde. Schon war er im Begriff, blind und stolz an der hübschen Glücksinsel vorüberzusegeln, wo sie auf ihn wartete.

Die Sache wurde um so übler, als Reichardt jetzt in den Einfluß eines wirklichen Propheten geriet, den er in einem »ethischen Verein« kennengelernt hatte. Dieser Mann, welcher Eduard van Vlissen hieß, war erst Theologe, dann Künstler gewesen und hatte überall, wohin er kam, rasch eine große Macht in den Kreisen der Suchenden gewonnen, welche ihm auch zukam, da er nicht nur unerbittlich im Erkennen und Verurteilen sozialer Übelstände, sondern persönlich zu jeder Stunde bereit war, für seine Gedanken einzustehen und sich ihnen zu opfern. Als katholischer Theologe hatte er eine Schrift über den heiligen Franz von Assisi veröffentlicht, worin er den Untergang seiner Ideen aus seinem Kompromiß mit dem Papsttum erklärt und den Gegensatz von heiliger Intuition und echter Sittlichkeit gegen Dogma und Kirchenmacht auf das schroffste ausgemalt hatte. Von der Kanzel deshalb vertrieben, nahm er seinen Austritt aus der Kirche und tauchte bald darauf in belgischen Kunstausstellungen als Urheber seltsamer mystischer Gemälde auf, die viel von sich reden machten. Seit Jahren aber lebte er nun auf Reisen, ganz dem Drang seiner Mission hingegeben. Er gab einem Armen achtlos sein letztes kleines Geldstück, um dann selbst zu betteln. In den Häusern der Reichen verkehrte er unbefangen, stets in dasselbe überaus einfache Lodenkleid gehüllt, das er auch auf seinen Fußwanderungen und Reisen trug. Seine Lehre war ohne Dogmen, er liebte und empfahl vor allem Bedürfnislosigkeit und Wahrhaftigkeit, so daß er auch die kleinste Höflichkeitslüge verabscheute. Wenn er daher zu jemand, den er kennenlernte, sagte: »Es freut mich«, so galt das für eine Auszeichnung, und ebendas hatte er zu Reichardt gesagt.

Seit dieser den merkwürdigen Mann gesehen hatte und seinen Umgang genoß, wurde sein Verhältnis zu Agnes Weinland immer lockerer und unsicherer. Der Prophet sah in Reichardt einen begabten jungen Mann, der im Getriebe der Welt keinen richtigen Platz finden konnte und den er keineswegs zu beruhigen und zu versöhnen dachte, denn er liebte und brauchte solche Unzufriedene, deren Not er teilte und aus deren Bedürfnis und Auflehnung er die Entstehung der besseren Zeiten erwartete. Während dilettantische Weltverbesserer stets an ihren eigenen Unzulänglichkeiten leiden, war dieser holländische Prophet gegen sein eigenes Wohl oder Wehe unempfindlich und richtete alle seine Kraft gegen jene Übel, die er als Feinde und Zerstörer menschlichen Friedens ansah. Er haßte den Krieg und die Machtpolitik, er haßte das Geld und den Luxus, und er sah seine Mission darin, seinen Haß auszubreiten und aus dem Funken zur Flamme zu machen, damit sie einst das Übel vernichte. In der Tat kannte er Hunderte und Tausende von notleidenden und suchenden Seelen in der Welt, und seine Verbindungen reichten vom russischen Gutshof des Grafen Tolstoi bis in die Friedens- und Vegetarierkolonien an der italienischen Küste und auf Madeira.

Van Vlissen hielt sich drei Wochen in München auf und wohnte bei einem schwedischen Maler, in dessen Atelier er sich nachts eine Hängematte ausspannte und dessen mageres Frühstück er teilte, obwohl er genug reiche Freunde hatte, die ihn mit Einladungen bedrängten. Öffentliche Vorträge hielt er nicht, war aber von früh bis spät und selbst bei Gängen auf der Straße umgeben von einem Kreis Gleichgesinnter oder Ratsuchender, mit denen er einzeln oder in Gruppen redete, ohne zu ermüden. Mit einer einfachen, volkstümlichen Dialektik wußte er alle Propheten und Weisen als seine Bundesgenossen darzustellen und ihre Sprüche als Belege für seine Lehre zu zitieren, nicht nur den heiligen Franz, sondern ebenso Jesus selbst, Sokrates, Buddha, Konfuzius. Berthold unterlag willig dem Einfluß einer so starken und anziehenden Persönlichkeit. Wie ihm ging es auch hundert anderen, die sich in van Vlissens Nähe hielten. Aber Reichardt war einer von den wenigen, die sich nicht mit der Sensation des Augenblicks begnügten, sondern eine Umkehrung des Willens in sich erlebten.

In dieser Zeit besuchte er Agnes Weinland und ihre Mutter nur ein einziges Mal. Die Frauen bemerkten die Veränderung seines Wesens alsbald; seine Begeisterung, die keinen kleinsten Widerspruch ertragen konnte, und die fanatisierte Gehobenheit seiner Sprache mißfielen ihnen beiden, und indem er ahnungslos mit seinem Eifer sich immer heißer und immer weiter von Agnes wegredete, sorgte der böse Feind dafür, daß gerade heute ihn das denkbar unglücklichste Thema beschäftigen mußte.

Dieses war die damals viel besprochene Reform der Frauenkleidung, welche von vielen Seiten fanatisch gefordert wurde, von Künstlern aus ästhetischen Gründen, von Hygienikern aus hygienischen, von Ethikern aus ethischen. Während eine lärmende Jugend, von manchen ernsthaften Männern und Frauen bedeutsam unterstützt, gegen die bisherigen Frauenkleider auftrat und der Mode ihre Lebensberechtigung absprach, sah man freilich die schönen und eleganten Frauen nach wie vor sich mit dem schönen Schein dieser verfolgten Mode schmücken; und diese eleganten Frauen gefielen sich und der Welt entschieden besser als die Erstlingsopfer der neuen Reform, die mutig in ungewohnten faltenlosen Kostümen einhergingen.

Reichardt stand neuerdings unbedingt auf der Seite der Reformer. Die anfangs humoristischen, dann ernster werdenden und schließlich indignierten Einwürfe der beiden Damen beantwortete er in einem überlegenen Ton, wie ein Weiser, der zu Kindern spricht. Die alte Dame versuchte mehrmals das Gespräch in andere Gleise zu lenken, doch vergebens, bis schließlich Agnes mit Entschiedenheit sagte: »Sprechen wir nicht mehr davon! Ich bin darüber erstaunt, Herr Doktor, wieviel Sie von diesem Gebiet verstehen, auf dem ich mich auch ein wenig auszukennen glaubte, denn ich mache alle meine Kleider selber. Da habe ich denn also, ohne es zu ahnen, Ihre Gesinnungen und Ihren Geschmack durch meine Trachten fortwährend beleidigt.«

Erst bei diesen Worten ward Reichardt inne, wie anmaßend sein Predigen gewesen sei, und errötend bat er um Entschuldigung. »Meine Überzeugung zwar bleibt bestehen«, sagte er ernsthaft, »aber es ist mir niemals eingefallen, auch nur einen Augenblick dabei an Ihre Person zu denken, die mir für solche Kritik viel zu hoch steht. Auch muß ich gestehen, daß ich selbst wider meine Anschauungen sündige, indem Sie mich in einer Kleidung sehen, deren Prinzip ich verwerfe. Mit anderen Änderungen meiner Lebensweise, die ich schon vorbereite, werde ich auch zu einer anderen Tracht übergehen, mit deren Beschreibung ich Sie jedoch nicht belästigen darf.«

Unwillkürlich musterte bei diesen Worten Agnes seine Gestalt, die in ihrer Besuchskleidung recht hübsch und nobel aussah, und sie rief mit einem Seufzer: »Sie werden doch nicht im Ernst hier in München in einem Prophetenmantel herumlaufen wollen!«

»Nein«, sagte der Doktor, »aber ich habe eingesehen, daß ich überhaupt nicht in das Stadtleben tauge, und will mich in Bälde auf das Land zurückziehen, um in schlichter Tätigkeit ein einfaches und naturgemäßes Leben zu führen.«

Eine gewisse Befangenheit, der sie alle drei verfielen, lag lähmend über der weiteren Unterhaltung, so daß Reichardt nach wenigen Minuten Abschied nahm. Er reichte der Rätin die Hand, dann der Tochter, die jedoch erklärte, ihn hinausbegleiten zu wollen. Sie ging, was sie noch nie getan hatte, mit ihm in den engen Flur hinaus und wartete, bis er im Überzieher war. Dann öffnete sie die Tür zur Treppe, und als er ihr nun Abschied nehmend die Hand gab, hielt sie diese einen Augenblick fest, sah ihn mit dunklen Augen aus dem erbleichten Gesicht durchdringend an und sagte:

»Tun Sie das nicht! Tun Sie nichts von dem, was Ihr Prophet verlangt! Ich meine es gut.«

Unter ihrem halb flehenden, halb befehlenden Blick überlief ihn ein süßer, starker Schauder von Glück, und im Augenblick schien es ihm Erlösung, sein Leben dieser Frau in die Hände zu geben. Er fühlte, wie weit aus ihrer spröden Selbständigkeit sie ihm hatte entgegenkommen müssen, und einige Sekunden lang schwankte, von diesem Wort und Blick erschüttert, das ganze Gebäude seiner Gedankenwelt, als wolle es einstürzen.

Indessen hatte sie seine Hand losgelassen und die Türe hinter ihm geschlossen.

Am folgenden Tag merkte van Vlissen wohl, daß sein Jünger unsicher geworden und von fremden Einflüssen gestört war. Er sah ihm lächelnd ins Gesicht, mit seinen klaren, doch leidvollen Augen, doch tat er keine Frage und lud ihn stattdessen zu einem Spaziergang ein. Berthold ließ alsbald einen Wagen kommen, in dem sie weit vor die Stadt hinaus isaraufwärts fuhren. Im Walde ließ van Vlissen halten und schickte den Wagen zurück. Der Wald stand vorwinterlich verlassen unter dem bleichen grauen Himmel, nur aus großer Ferne her hörten sie die Axtschläge von Holzhauern durch die graue Kühle klingen.

Auch jetzt begann der Apostel kein Gespräch. Er schritt mit leichtem, wandergewohntem Gange dahin, aufmerksam mit allen Sinnen die Waldstille einatmend und durchdringend. Wie er die Luft eintrank und den Boden trat, wie er einem entfliehenden Eichhorn nachblickte und mit lautloser Gebärde den Begleiter auf einen nahe sitzenden Specht aufmerksam machte, da war etwas still Zwingendes in seinem Wesen, eine ungetrübte Wachheit und überall mitlebende Unschuld, in welche der mächtige Mann wie in einen Zaubermantel gehüllt ein Reich zu durchwandern schien, dessen heimlicher König er war. Aus dem Walde tretend sahen sie Äcker ausgebreitet, ein Bauer fuhr am Horizont langsam mit schweren Gäulen dahin, und langsam begann van Vlissen zu sprechen, von Saat und Ernte und lauter bäuerlichen Dingen, und entfaltete in einfachen Worten ein Bild des ländlichen Lebens, das der stumpfe Bauer unbewußt führe, das aber, von bewußten und dankbaren Menschen geführt, voll Heiligung und geheimer Kraft sein müsse. Und der Jünger fühlte, wie die Weite und Stille und der ruhige große Atem der ländlichen Natur Sprache gewann und sich seines Herzens bemächtigte. Erst gegen Abend kehrten sie in die Stadt zurück.

Wenige Tage später fuhr van Vlissen zu Freunden nach Tirol, und Reichardt reiste mit ihm, und in einem südlichen Tal kaufte er einen Obstgarten und ein kleines, etwas verfallenes Weinberghäuschen, in das er ohne Säumen einziehen wollte, um sein neues Leben zu beginnen. Er trug ein einfaches Kleid aus grauem Loden, wie das des Holländers, und fuhr in diesem Kleide auch nach München zurück, wo er sein Zelt abbrechen und Abschied nehmen wollte.

Schon aus seinem langen Wegbleiben hatte Agnes geschlossen, daß ihr Rettungsversuch vergeblich gewesen sei. Das stolze Mädchen war betrübt, den Mann und die an ihn geknüpften Hoffnungen zu verlieren, doch nicht minder in ihrem Selbstgefühl verletzt, sich von ihm verschmäht zu sehen, dem sie nicht ohne Selbstüberwindung so weit entgegengekommen war.

Als jetzt Berthold Reichardt gemeldet wurde, hatte sie alle Lust, ihn gar nicht zu empfangen, bezwang jedoch ihre Verstimmung und sah ihm mit einer gewissen Neugierde entgegen. Die Mutter lag mit einer Erkältung zu Bett.

Mit Verwunderung sah Agnes den Mann eintreten, um den sie mit einem Luftgespinst zu kämpfen hatte und der nun etwas verlegen und wunderlich verändert vor ihr stand. Er trug nämlich die Tracht van Vlissens, Wams und Beinkleider von grobem Filztuch und statt steifgebügelter Wäsche ein Hemd aus naturfarbenem Linnen.

Agnes, die ihn nie anders als im schwarzen Besuchsrock oder im modischen Straßenanzug gesehen hatte, betrachtete ihn einen Augenblick, dann bot sie ihm einen Stuhl an und sagte mit einem kleinen Anklang von Spott: »Sie haben sich verändert, Herr Doktor.«

Er lächelte befangen und sagte: »Allerdings, und Sie wissen ja auch, was diese Veränderung bedeutet. Ich komme, um Abschied zu nehmen, denn ich übersiedele dieser Tage nach meinem kleinen Gut in Tirol.«

»Sie haben Güter in Tirol? Davon wußten wir ja gar nichts.«

»Es ist nur ein Garten und Weinberg und gehört mir erst seit einer Woche. Sie haben die große Güte gehabt, sich um mein Vorhaben und Ergehen zu kümmern, darum glaube ich Ihnen darüber Rechenschaft schuldig zu sein. Oder darf ich nun auf jene Teilnahme nicht mehr rechnen?«

Agnes Weinland zog die Brauen zusammen und sah ihn an.

»Ihr Ergehen«, sagte sie leise und klar, »hat mich interessiert, solange ich so etwas wie einen tätigen Anteil daran nehmen konnte. Für die Versuche mit Tolstoischer Lebensweise, die Sie vorhaben, kann ich aber leider nur wenig Interesse aufbringen.«

»Seien Sie nicht zu streng!« sagte er bittend. »Aber wie Sie auch von mir denken mögen, Fräulein Agnes, ich werde Sie nicht vergessen können, und ich hoffe, Sie werden mir das, was ich tue, verzeihen, sobald Sie mich hierin ganz verstehen.«

»O, zu verzeihen habe ich Ihnen nichts.«

Berthold beugte sich vor und fragte leise: »Und wenn wir beide guten Willens wären, glauben Sie nicht, daß Sie dann vielleicht diesen Weg mit mir gemeinsam gehen könnten?«

Sie stand auf und sagte ohne Erregung: »Nein, Herr Reichardt, das glaube ich nicht. Ich kann Ihnen alles Glück wünschen. Aber ich bin in all meiner Armut gar nicht so unglücklich, daß ich Lust hätte, einen Weg zu teilen, der aus der Welt hinaus ins Unsichere führt.«

Und plötzlich aufflammend rief sie fast heftig: »Gehen Sie nur Ihren Weg! Gehen Sie ihn!«

Mit einer zornig-stolzen, prachtvollen Gebärde lud sie ihn ein, sich zu verabschieden, was er betroffen und bekümmert tat, und indessen er draußen die Türe öffnete und schloß und die Treppe hinabstieg, hatte sie, die seine Schritte verklingen hörte, genau dasselbe bittere Gefühl im Herzen wie der davongehende Mann, als gehe hier einer Torheit wegen eine schöne und köstliche Sache zugrunde; nur daß jeder dabei an die Torheit des andern dachte.

Es begann jetzt Berthold Reichardts Martyrium. In den ersten Anfängen sah es gar nicht übel aus. Wenn er ziemlich früh am Morgen das Lager verließ, das er sich selber bereitete, schaute durch das kleine Fenster seiner Schlafkammer das stille morgendliche Tal herein. Der Tag begann mit angenehmen und kurzweiligen Betätigungen des Einsiedlerlehrlings, mit dem Waschen oder auch Baden im Brunnentrog, mit dem Feuermachen im Steinherd, dem Herrichten der Kammer, dem Milchkochen. Sodann erschien der Knecht und Lehrmeister Xaver aus dem Dorf, der auch das Brot mitbrachte. Mit ihm ging Berthold nun an die Arbeit, bei gutem Wetter im Freien, sonst im Holzschuppen oder im Stall. Emsig lernte er unter des Knechtes Anleitung die wichtigsten Geräte handhaben, die Geiß melken und füttern, den Boden graben, Obstbäume putzen, den Gartenzaun flicken, Scheitholz für den Herd spalten und Reisig für den Ofen bündeln, und war es kalt und wüst, so wurden im Hause Wände und Fenster verstopft, Körbe und Strohseile geflochten, Spatenstiele geschnitzt und ähnliche Dinge betrieben, wobei der Knecht seine Holzpfeife rauchte und aus dem Gewölk hervor eine Menge Geschichten erzählte.

Wenn Berthold mit dem von ihm selbst gespaltenen Holz in der urtümlichen Feuerstelle unterm Schlund des Rauchfanges Feuer anmachte und das Wasser oder die Milch im viel zu großen Hängekessel zu sieden begann, dann konnte er ein Gefühl robinsonschen Behagens in den Gliedern spüren, das er seit fernen Knabenzeiten nicht gekannt hatte und in dem er schon die ersten Atemzüge der ersehnten inneren Erlösung zu kosten meinte.

In der Tat mag es für den Städter nichts Erfrischenderes geben, als eine Weile mit bäuerlicher Arbeit zu spielen, die Glieder zu ermüden, früh schlafen zu gehen und früh aufzustehen. Es lassen sich jedoch ererbte und erworbene Gewohnheiten und Bedürfnisse nicht wie Hemden wechseln, das mußte auch Reichardt erfahren.

Abends ging der Knecht nach Hause oder ins Wirtshaus, um unter seinesgleichen froh zu sein und von dem Treiben seines wunderlichen Brotgebers zu erzählen; der Herr aber saß bei der Lampe und las in den Büchern, die er mitgebracht hatte und die vom Garten und Obstbau handelten. Diese vermochten ihn aber nicht lange zu fesseln. Er las und lernte gläubig, daß das Steinobst die Neigung hat, mit seinen Wurzeln in die Breite zu gehen, das Kernobst aber mehr in die Tiefe und daß dem Blumenkohl nichts so bekömmlich sei wie eine gleichmäßig feuchte Wärme. Er interessierte sich auch noch dafür, daß die Samen von Lauch und Zwiebeln ihre Keimkraft nach zwei Jahren verlieren, während die Kerne von Gurken und Melonen ihr geheimnisvolles Leben bis ins sechste Jahr behalten. Bald aber ermüdeten und langweilten ihn diese Dinge, die er von Xaver doch besser lernen konnte, und er gab diese Lektüre auf.

Dafür nahm er jetzt einen kleinen Bücherstoß hervor, der sich in der letzten Münchener Zeit bei ihm angesammelt, da er dies und jenes Zeitbuch auf dringende Empfehlungen hin gekauft hatte, zum Lesen aber nie gekommen war. Da waren Bücher von Tolstoi, van Vlissens Abhandlung über den Heiligen von Assisi, Schriften wider den Alkohol, wider die Laster der Großstadt, wider den Luxus, den Industrialismus, den Krieg.

Von diesen Büchern fühlte sich der Weltflüchtige wieder in allen seinen Prinzipien bestätigt, er sog sich mit erbittertem Vergnügen voll an der Philosophie der Unzufriedenen, Asketen und Idealisten, aus deren Schriften her ein Heiligenschein über sein eigenes jetziges Leben fiel. Und als nun bald der Frühling begann, erlebte Berthold mit Wonne den Segen natürlicher Arbeit und Lebensweise, er sah unter seinem Rechen hübsche Beete entstehen, tat zum erstenmal in seinem Leben die schöne, vertrauensvolle Arbeit des Säens und hatte seine Lust am Keimen und Gedeihen der Gewächse. Die Arbeit hielt ihn jetzt bis weit in die Abende hinein gefangen, die müßigen Stunden wurden selten, und in den Nächten schlief er tief. Wenn er jetzt, in einer Ruhepause auf den Spaten gestützt oder am Brunnen das Vollwerden der Gießkanne abwartend, an Agnes Weinland denken mußte, so zog sich wohl sein Herz ein wenig zusammen, aber er dachte das mit der Zeit vollends zu überwinden, und er meinte, es wäre doch schade gewesen, hätte er sich in der argen Welt zurückhalten lassen.

Dazu kam, daß jetzt sich auch die Einsamkeit mehr und mehr verlor wie ein Winternebel. Es erschienen je und je unerwartete, freundlich aufgenommene Gäste verschiedener Art, lauter fremde Menschen, von denen er nie gewußt hatte und deren eigentümliche Klasse er nun kennenlernte, da sie alle aus unbekannter Quelle seine Adresse wußten und keiner ihres Ordens durch das Tal zog, ohne ihn heimzusuchen. Es waren dies verstreute Angehörige jener großen Schar von Sonderlingsexistenzen, die außerhalb der gewöhnlichen Weltordnung ein kometenhaftes Wanderleben führen und deren einzelne Typen nun Berthold allmählich unterscheiden lernte.

Der erste, der sich zeigte, war ein ziemlich bürgerlich aussehender Herr aus Leipzig, der die Welt mit Vorträgen über die Gefahren des Alkohols bereiste und auf einer Ferientour unterwegs war. Er blieb nur eine Stunde oder zwei, hinterließ aber bei Reichardt ein angenehmes Gefühl, er sei nicht völlig in der Welt vergessen und gehöre einer heimlichen Gesellschaft edel strebender Menschen an.

Der nächste Besucher sah schon aparter aus, es war ein regsamer, begeisterter Herr in einem weiten altmodischen Gehrock, zu welchem er keine Weste, dafür aber ein Jägerhemd, gelbe karierte Beinkleider und auf dem Kopf einen breitrandigen Filzhut trug. Dieser Mann, welcher sich Salomon Adolfus Wolff nannte, benahm sich mit einer so leutseligen Fürstlichkeit und nannte seinen Namen so bescheiden lächelnd und alle zu hohen Ehrenbezeigungen im voraus etwas nervös ablehnend, daß Reichardt in eine kleine Verlegenheit geriet, da er ihn nicht kannte und seinen Namen nie gehört hatte.

Der Fremde war, soweit aus seinem eigenen Berichte hervorging, ein hervorragendes Werkzeug Gottes und vollzog wundersame Heilungen, wegen deren er zwar von Ärzten und Gerichten beargwöhnt und angefeindet, ja grimmig verfolgt, von der kleinen Schar der Weisen und Gerechten aber desto höher verehrt wurde. Er hatte soeben in Italien einer Gräfin, deren Namen er nicht verraten dürfe, durch bloßes Händeauflegen das schon verlorengegebene Leben wiedergeschenkt. Nun war er, als ein Verächter der modernen Hastigkeit, zu Fuß auf dem Rückweg nach der Heimat, wo ihn zahlreiche Bedürftige erwarteten. Leider sehe er sich die Reise durch Geldmangel erschwert, denn es sei ihm unmöglich, für seine Heilungen anderen Entgelt anzunehmen als die Dankestränen der Genesenen, und er schäme sich daher nicht, seinen Bruder Reichardt, zu welchem Gott ihn gewiesen, um ein kleines Darlehen zu bitten, welches nicht seiner Person – an welcher nichts gelegen sei –, sondern eben den auf seine Rückkunft harrenden Bedürftigen zugute kommen sollte.

Das Gegenteil dieses Heilandes stellte ein junger Mann von russischem Aussehen vor, welcher eines Abends vorsprach und dessen feine Gesichtszüge und Hände in Widerspruch standen mit seiner äußerst dürftigen Arbeiterkleidung und den zerrissenen groben Schuhen. Er sprach nur wenige Worte Deutsch, und Reichardt erfuhr nie, ob er einen verfolgten Anarchisten, einen heruntergekommenen Künstler oder einen Heiligen beherbergt habe. Der Fremdling begnügte sich damit, einen glühend forschenden Blick in Reichardts Gesicht zu tun und ihn dann mit einem geheimen Signal der aufgehobenen Hände zu begrüßen. Er ging schweigend durch das ganze Häuschen, von dem verwunderten Wirt gefolgt, zeigte dann auf eine leerstehende Kammer mit einer breiten Wandbank und fragte demütig: »Ich hier kann schlafen?« Reichardt nickte, lud ihn zur Abendsuppe ein und machte ihm auf jener Bank ein Nachtlager zurecht. Am nächsten Morgen nahm der Fremde noch eine Tasse Milch an, sagte mit tiefem Gurgelton »Danke« und ging fort.

Bald nach ihm erschien ein halbnackter Vegetarier, der erste einer langen Reihe, in Sandalen und einer Art von baumwollener Hemdhose. Er hatte, wie die meisten Brüder seiner Zunft, außer einiger Arbeitsscheu keine Laster, sondern war ein kindlicher Mensch von rührender Bedürfnislosigkeit, der in seinem sonderbaren Gespinst von hygienischen und sozialen Erlösungsgedanken ebenso frei und natürlich dahinlebte, wie er äußerlich seine etwas theatralische Wüstentracht nicht ohne Würde trug.

Dieser einfache, kindliche Mann machte Eindruck auf Reichardt. Er predigte nicht Haß und Kampf, sondern war in stolzer Demut überzeugt, daß auf dem Grunde seiner Lehre ganz von selbst ein neues paradiesisches Menschendasein erblühen werde, dessen er selbst sich schon teilhaftig fühlte. Sein oberstes Gebot war: »Du sollst nicht töten!«, was er nicht nur auf Mitmenschen und Tiere bezog, sondern als eine grenzenlose Verehrung alles Lebendigen auffaßte. Ein Tier zu töten, schien ihm scheußlich, und er glaubte fest daran, daß nach Ablauf der jetzigen Periode von Entartung und Blindheit die Menschheit von diesem Verbrechen wieder völlig ablassen werde. Er fand es aber auch mörderisch, Blumen abzureißen und Bäume zu fällen. Reichardt wandte ein, daß wir, ohne Bäume zu fällen, ja keine Häuser bauen könnten, worauf der Frugivore eifrig nickte: »Ganz recht! Wir sollen ja auch keine Häuser haben, so wenig wie Kleider, das alles trennt uns von der Natur und führt uns weiter zu allen den Bedürfnissen, um derentwillen Mord und Krieg und alle Laster entstanden sind.« Und als Reichardt wieder einwarf, es möchte sich kaum irgendein Mensch finden, der in unserem Klima ohne Haus und ohne Kleider einen Winter überleben könnte, da lächelte sein Gast abermals freudig und sagte: »Gut so, gut so! Sie verstehen mich ausgezeichnet. Ebendas ist ja die Hauptquelle alles Elends in der Welt, daß der Mensch seine Wiege und natürliche Heimat im Schoß Asiens verlassen hat. Dahin wird der Weg der Menschheit zurückführen, und dann werden wir alle wieder im Garten Eden sein.«

Berthold hatte, trotz der offenkundigen Untiefen, eine gewisse Freude an dieser idyllischen Philosophie, die er noch von manchen anderen Verkündern in anderen Tönungen zu hören bekam, und er hätte ein Riese sein müssen, wenn nicht allmählich jedes dieser Bekenntnisse ihm, der außerhalb der Welt lebte, Eindruck gemacht und sein eigenes Denken gefärbt hätte. Die Welt, wie er sie jetzt sah und nicht anders sehen konnte, bestand aus dem kleinen Kreis primitiver Tätigkeiten, denen er oblag, darüberhinaus war nichts vorhanden als auf der einen Seite eine verderbte, verfaulende und daher von ihm verlassene Kultur, auf der anderen eine über die Welt verteilte kleine Gemeinde von Zukünftigen, welcher er sich zurechnen mußte und zu der auch alle die Gäste zählten, deren manche tagelang bei ihm blieben. Nun begriff er auch wohl den sonderbar religiös-schwärmerischen Anhauch, den alle diese seine Gäste und Brüder hatten. Sie waren das Salz der Erde, die Umschaffenden und Zukunftbringenden, geheime geistige Kräfte hatten sich mit ihnen verbündet, vom Fasten und den Mysterien der Ägypter und Inder bis zu den Phantasien der langhaarigen Obstesser und den Heilungswundern der Magnetiseure oder Gesundbeter.

Daß aus diesen Erlebnissen und Beobachtungen alsbald wieder eine systematische Theorie oder Weltanschauung werde, dafür sorgte nicht nur des Doktors eigenes Geistesbedürfnis, sondern auch eine ganze Literatur von Schriften, die ihm von diesen Gästen teils mitgebracht, teils zugesandt, teils als notwendig empfohlen wurden. Eine seltsame Bibliothek entstand in dem kleinen Häuschen, beginnend mit vegetarischen Kochbüchern und endend mit den tollsten mystischen Systemen, über Platonismus, Gnostizismus, Spiritismus und Theosophie hinweg alle Gebiete geistigen Lebens in einer allen diesen Autoren gemeinsamen Neigung zu okkultistischer Wichtigtuerei umfassend. Der eine Autor wußte die Identität der pythagoreischen Lehre mit dem Spiritismus darzutun, der andere Jesus als Verkünder des Vegetarismus zu deuten, der dritte das lästige Liebesbedürfnis als eine Übergangsstufe der Natur zu erweisen, welche sich der Fortpflanzung nur vorläufig bediene, in ihren Endabsichten aber die leibliche Unsterblichkeit der Individuen anstrebe.

Mit dieser Büchersammlung fand sich Berthold schließlich bei rasch abnehmenden Tagen seinem zweiten Tiroler Winter gegenübergestellt. Mit dem Eintritt der kühlen Zeit hörte der Gästeverkehr, an den er sich gewöhnt hatte, urplötzlich auf wie mit der Schere abgeschnitten. Die Apostel und Brüder saßen jetzt entweder im eigenen Winternest oder hielten sich, soweit sie heimatlos von Wanderung und Bettel lebten, an andere Gegenden und an die Adressen städtischer Gesinnungsgenossen.

Um diese Zeit las Reichardt in der einzigen Zeitung, die er bezog, die Nachricht vom Tode des Eduard van Vlissen. Der hatte in einem Dorf an der russischen Grenze, wo er der Cholera wegen in Quarantäne gehalten, aber kaum bewacht wurde, in der Bauernschenke gegen den Schnaps gepredigt und war im ausbrechenden Tumult erschlagen worden.

Vereinsamt sah Berthold dem Einwintern in seinem Tale zu. Seit einem Jahr hatte er sein Stücklein Boden nimmer verlassen und sich zugeschworen, auch ferner dem Leben der Welt den Rücken zu kehren. Die Genügsamkeit und erste Kinderfreude am Neuen war aber nicht mehr in seinem Herzen, er trieb sich viel auf mühsamen Spaziergängen im Schnee herum, denn der Winter war viel härter als der vorjährige, und überließ die häusliche Handarbeit immer häufiger dem Xaver, der sich längst in dem kleinen Haushalt unentbehrlich wußte und das Gehorchen so ziemlich verlernt hatte.

Mochte sich aber Reichardt noch so viel draußen herumtreiben, so mußte er doch alle die unendlich langen Abende allein in der Hütte sitzen, und ihm gegenüber mit furchtbaren großen Augen saß die Einsamkeit wie ein Wolf, den er nicht anders zu bannen wußte als durch ein stets waches Starren in seine leeren Augen, und der ihn doch von hinten überfiel, sooft er den Blick abwandte. Die Einsamkeit saß nachts auf seinem Bett, wenn er durch leibliche Ermüdung den Schlaf gefunden hatte, und vergiftete ihm Schlaf und Träume. Und wenn am Abend der Knecht das Haus verließ und pfeifend durch den Obstgarten hinab gegen das Dorf verschwand, sah ihm sein Herr nicht selten mit nacktem Neide nach. Nichts ist gefährlicher und seelenmordender als die beständige Beschäftigung mit dem eigenen Wesen und Ergehen, der eigenen einsamen Unzufriedenheit und Schwäche. Die ganze Krankheit dieses Zustandes mußte der Eremit an sich erleben, und durch die Lektüre so manches mystischen Buches geschult, konnte er nun an sich selbst beobachten, wie unheimlich wahr alle die vielen Legenden von den Nöten und Versuchungen der frommen Einsiedler in der Wüste Thebais waren.

So brachte er trostlose Monate hin, dem Leben entfremdet und an der Wurzel krank. Er sah übel aus, und seine früheren Freunde hätten ihn nicht mehr erkannt; denn über dem wetterfarbenen, aber eingesunkenen Gesicht waren Bart und Haar lang gewachsen, und aus dem hohlen Gesicht brannten hungrig und durch die Einsamkeit scheu geworden die Augen, als hätten sie niemals gelacht und niemals sich unschuldig an der Buntheit der Welt gefreut.

Es blies schon der erste Föhnwind, da brachte eines Tages der Knecht mit der Zeitung auch einen Brief herauf, die gedruckte Einladung zu einer Versammlung aller derer, die mit Wort oder Tat sich um eine Reform des Lebens und der Menschheit mühten. Die Versammlung, zu deren Einberufung theosophische, vegetarische und andere Gesellschaften sich vereinigt hatten, sollte zu Ende des Februar in München abgehalten werden. Wohlfeile Wohnungen und fleischfreie Kosttische zu vermitteln, erbot sich ein dortiger Verein.

Mehrere Tage schwankte Reichardt ungewiß, dann aber faßte er seinen Entschluß und meldete sich in München an. Und nun dachte er drei Wochen lang an nichts anderes als an dieses Unternehmen. Schon die Reise, so einfach sie war, machte ihm, der länger als ein Jahr eingesponnen hier gehaust hatte, Gedanken und Sorgen. Gern hätte er auch zum Bader geschickt und sich Bart und Haar zuschneiden lassen, doch scheute er davor zurück, da es ihm als eine feige Konzession an die Weltsitten erschien und da er wußte, daß manche der ihm befreundeten Sektierer auf nichts einen so hohen Wert legten wie auf die religiös eingehaltene Unbeschnittenheit des Haarwuchses. Dafür ließ er sich im Dorf einen neuen Anzug machen, gleich in Art und Schnitt wie sein van Vlissensches Büßerkleid, aber von gutem Tuche und einen landesüblichen Lodenkragen als Mantel.

Am vorbestimmten Tag verließ er früh am kalten Morgen sein Häuschen, dessen Schlüssel er im Dorf bei Xaver abgab, und wanderte in der Dämmerung das stille Tal hinab bis zum nächsten Bahnhof. Dann saß er mit einer lang nicht mehr gekosteten frohen Reiseunruhe im Münchener Zug und fuhr aufmerksam durch das schöne Land, unendlich froh, dem unerträglichen heimischen Zustand für ungewisse Tage entronnen zu sein.

Es war der Tag vor dem Beginn der Versammlung, und es begrüßten den Ankommenden gleich am Bahnhof die ersten Zeichen derselben. Aus einem Zug, der mit dem seinen zugleich ankam, stieg eine ganze Gesellschaft von Naturverehrern in malerisch exotischen Kostümen und auf Sandalen, mit Christusköpfen und Apostelköpfen, und mehrere Entgegenkömmlinge gleicher Art aus der Stadt begrüßten die Brüder, bis alle sich in einer ansehnlichen Prozession in Bewegung setzten. Reichardt, den ein ebenfalls heute zugereister Buddhist, einer seiner Sommerbesucher, erkannt hatte, mußte sich anschließen, und so hielt er seinen Wiedereinzug in München in einem Aufzug von Erscheinungen, deren Absonderlichkeit ihm hier peinlich auffiel. Unter dem lauten Vergnügen einer nachfolgenden Knabenhorde und den belustigten Blicken aller Vorübergehenden wallte die seltsame Schar stadteinwärts zur Begrüßung im Empfangssaale.

Reichardt erfragte so bald als möglich die ihm zugewiesene Wohnung und bekam einen Zettel mit der Adresse in die Hand gedrückt. Er verabschiedete sich, nahm an der nächsten Straßenecke einen Wagen und fuhr, ermüdet und verwirrt, nach der ihm unbekannten Straße. Da rauschte um ihn her das Leben der wohlbekannten Stadt, da standen die Ausstellungsgebäude, in denen er einst mit Kollegen Kunstkritik getrieben hatte, dort lag seine ehemalige Wohnung, mit erleuchteten Fenstern, da drüben hatte früher der Justizrat Weinland gewohnt. Er aber war vereinsamt und beziehungslos geworden und hatte nichts mehr mit alledem zu tun, und doch bereitete jede von den wieder erweckten Erinnerungen ihm einen süßen Schmerz. Und in den Straßen lief und fuhr das Volk wie ehemals und immer, als sei nichts Arges dabei und sei keine Sorge noch Gefahr in der Welt, elegante Wagen fuhren auf lautlosen Rädern zu den Theatern, und Soldaten hatten ihre Mädel im Arm.

Das alles erregte den Einsamen, das wogende rötliche Licht, das im feuchten Pflaster sich mit froher Eitelkeit abspiegelte, und das Gesumme der Wagen und Schritte, das ganze wie selbstverständlich spielende Getriebe. Da war Laster und Not, Luxus und Selbstsucht, aber da war auch Freude und Glanz, Geselligkeit und Liebe, und vor allem war da die naive Rechenschaftslosigkeit und gleichmütige Lebenslust einer Welt, deren mahnendes Gewissen er hatte sein wollen und die ihn einfach beiseite getan hatte, ohne einen Verlust zu fühlen, während sein bißchen Glück darüber in Scherben gegangen war. Und dies alles sprach zu ihm, zog mit ungelösten Fäden an seinen Gefühlen und machte ihn traurig.

Sein Wagen hielt vor einem großen Miethaus, seinem Zettel folgend stieg er zwei Treppen hinan und wurde von einer Frau, die ihn mißtrauisch musterte, in ein überaus kahles Zimmerchen geführt, das ihn kalt und ungastlich empfing.

»Für wieviel Tage ist es?« fragte die Vermieterin kühl und bedeutete ihm, daß das Mietgeld im voraus zu erlegen sei.

Unwillig zog er die Geldtasche und fragte, während sie auf die Zahlung lauerte, nach einem besseren Zimmer.

»Für anderthalb Mark am Tag gibt es keine besseren Zimmer, in ganz München nicht«, sagte die Frau. Nun mußte er lächeln.

»Es scheint hier ein Mißverständnis zu walten«, sagte er rasch. »Ich suche ein bequemes Zimmer, nicht eine Schlafstelle. Mir liegt nichts am Preis, wenn Sie ein schöneres Zimmer haben.«

Die Vermieterin ging wortlos durch den Korridor voran, öffnete ein anderes Zimmer und drehte das elektrische Licht an. Zufrieden sah der Gast sich in dem weit größeren und wohnlich eingerichteten Zimmer um, legte den Mantel ab und gab der Frau ihr Geld für einige Tage voraus.

Erst am Morgen, da er in dem ungewohnt weichen fremden Bett erwachte und sich auf den vorigen Abend besann, ward ihm bewußt, daß seine Unzufriedenheit mit der einfachen Schlafstelle und sein Verlangen nach größerer Bequemlichkeit eigentlich wider sein Gewissen sei. Allein er nahm es sich nicht zu Herzen, stieg vielmehr munter aus dem Bett und sah dem

Tag mit Spannung entgegen. Früh ging er aus, und beim nüchternen Gehen durch die noch ruhigen Straßen erkannte er auf Schritt und Tritt bekannte Bilder wieder. Es war herrlich, hier umherzugehen und als kleiner Mitbewohner dem Getriebe einer schönen Stadt anzugehören, statt im verzauberten Ring der Einsamkeit zu lechzen und immer nur vom eigenen Gehirn zu zehren.

Die großen Kaffeehäuser und Läden waren noch geschlossen, er suchte daher eine volkstümliche Frühstückshalle, um eine Schale Milch zu genießen.

»Kaffee gefällig?« fragte der Kellner und begann schon einzugießen. Lächelnd ließ Reichardt ihn gewähren und roch mit heimlichem Vergnügen den Duft des Trankes, den er ein Jahr lang entbehrt hatte. Doch ließ er es bei diesem kleinen Genusse bewenden, aß nur ein Stück Brot dazu und nahm eine Zeitung zur Hand.

Dann suchte er den Versammlungssaal auf, den er mit Palmen und Lorbeer geschmückt und schon von vielen Gästen belebt fand. Die Naturburschen waren sehr in der Minderzahl, und die alttestamentlichen oder tropischen Kostüme fielen auch hier als Seltsamkeiten auf, dafür sah man manchen feinen Gelehrtenkopf und viel Künstlerjugend. Die gestrige Gruppe von langhaarigen Barfüßern stand fremd als wunderliche Insel im Gewoge.

Ein eleganter Wiener trat als erster Redner auf und sprach den Wunsch aus, die Angehörigen der vielen Einzelgruppen möchten sich hier nicht noch weiter auseinanderreden, sondern das Gemeinsame suchen und Freunde werden. Dann sprach er parteilos über die religiösen Neubildungen der Zeit und ihr Verhältnis zur Frage des Weltfriedens. Ihm folgte ein greiser Theosoph aus England, der seinen Glauben als universale Vereinigung der einzelnen Lichtpunkte aller Weltreligionen empfahl. Ihn löste ein Rassentheoretiker ab, der mit scharfer Höflichkeit für die Belehrung dankte, jedoch den Gedanken einer internationalen Weltreligion als eine gefährliche Utopie brandmarkte, da jede Nation das Bedürfnis und Recht auf einen eigenen, nach ihrer Sonderart geformten und gefärbten Glauben habe.

Während dieser Rede wurde eine neben Reichardt sitzende Frau unwohl, und er begleitete sie durch den Saal bis zum nächsten Ausgang. Um nicht weiter zu stören, blieb er alsdann hier stehen und suchte den Faden des Vortrages wieder zu erhaschen, während sein Blick über die benachbarten Stuhlreihen wanderte.

Da sah er gar nicht weit entfernt in aufmerksamer Haltung eine schöne Frauenfigur sitzen, die seinen Blick gefangenhielt, und während sein Herz unruhig wurde und jeder Gedanke an die Worte des Redners ihn jäh verließ, erkannte er Agnes Weinland. Heftig zitternd lehnte er sich an den Türbalken und hatte keine andere Empfindung als die eines Verirrten, dem in Qual und Verzweiflung unerwartet die Türme der Heimat winken. Denn kaum hatte er die stolze Haltung ihres Kopfes erkannt und von hinten den verlorenen Umriß ihrer Wange erfühlt, so wußte er nichts auf der Welt als sich und sie, und wußte, der Schritt zu ihr und der Blick ihrer braunen Augen und der Kuß ihres Mundes seien das einzige, was seinem Leben fehle und ohne welche keine Weisheit ihm helfen könne. Und dies alles schien ihm möglich und in Treue aufbewahrt; denn er fühlte mit liebender Ahnung, daß sie nur seinetwegen oder doch im Gedanken an ihn diese Versammlung aufgesucht habe.

Als der Redner zu Ende war, meldeten sich viele zur Erwiderung, und es machte sich bereits die erste Woge der Rechthaberei und Unduldsamkeit bemerklich, welche fast allen diesen ehrlichen Köpfen die Weite und Liebe nahm und woran auch dieser ganze Kongreß, statt der Welterlösung zu dienen, kläglich scheitern sollte.

Berthold Reichardt jedoch hatte für diese Vorboten naher Stürme kein Ohr. Er starrte auf die Gestalt seiner Geliebten, als sei sein ganzes Wesen sich bewußt, daß es einzig von ihr gerettet werden könne. Mit dem Schluß jener Rede erhob sich das Fräulein, schritt dem Ausgang zu und zeigte ein ernstkühles Gesicht, in welchem sichtlich ein Widerwille gegen diese ganzen Verhandlungen unterdrückt wurde. Sie ging nahe an Berthold vorbei, ohne ihn zu beachten, und er konnte deutlich sehen, wie ihr beherrschtes kühles Gesicht noch immer in frischer Farbe blühte, doch um einen feinen lieben Schatten älter und stiller geworden war. Zugleich bemerkte er mit Stolz, wie die Vorüberschreitende überall von bewundernden und achtungsvollen Blicken begleitet wurde.

Sie trat ins Freie und ging die Straße hinab, wie sonst in tadelloser Kleidung und mit ihrem sportmäßigen Schritt, nicht eben fröhlich, aber aufrecht und elastisch. Ohne Eile ging sie dahin, von Straße zu Straße, nur vor einem prächtig prangenden Blumenladen eine Weile sich vergnügend, ohne zu ahnen, daß ihr Berthold immerzu folgte und in ihrer Nähe war. Und er blieb hinter ihr bis zur Ecke der fernen Vorstadtstraße, wo er sie im Tor ihrer alten Wohnung verschwinden sah.

Dann kehrte er um, und im langsamen Gehen blickte er an sich nieder. Er war froh, daß sie ihn nicht gesehen hatte, und die ganze ungepflegte Dürftigkeit seiner Erscheinung, die ihn schon seit gestern bedrückt hatte, schien ihm jetzt unerträglich. Sein erster Gang war zu einem Barbier, der ihm das Haar scheren und den Bart abnehmen mußte, und als er in den Spiegel sah und dann wieder auf die Gasse trat und die Frische der rasierten Wangen im leisen Winde spürte, fiel alle einsiedlerische Scheu vollends von ihm ab. Eilig fuhr er nach einem großen Kleidergeschäft, kaufte einen modischen Anzug und ließ ihn so sorgfältig wie möglich seiner Figur anpassen, kaufte nebenan weiße Wäsche, Halsbinde, Hut und Schuhe, sah sein Geld zu Ende gehen und fuhr zur Bank um neues, fügte dem Anzug einen Mantel und den Schuhen Gummischuhe hinzu und fand am Abend, als er in angenehmer Ermüdung heimkehrte, alles schon in Schachteln und Paketen daliegen und auf ihn warten.

Nun konnte er nicht widerstehen, sofort eine Probe zu machen, und zog sich alsbald von Kopf zu Füßen an, lächelte sich etwas verlegen im Spiegel zu und konnte sich nicht erinnern, je in seinem Leben eine so knabenhafte Freude über neue Kleider gehabt zu haben. Daneben hing, unsorglich über einen Stuhl geworfen, sein asketisches Lodenzeug, grau und entbehrlich geworden wie die Puppenhülle eines jungen Schmetterlings.

Während er so vor dem Spiegel stand, unschlüssig, ob er noch einmal ausgehen sollte, wurde an seine Tür geklopft, und er hatte kaum Antwort gegeben, so trat geräuschvoll ein stattlicher Mann herein, in welchem er sofort den Herrn Salomon Adolfus Wolff erkannte, jenen reisenden Wundertäter, der ihn vor Monaten in der Tiroler Einsiedelei besucht hatte.

Wolff begrüßte den »Freund« mit heftigem Händeschütteln und nahm mit Verwunderung dessen frische Eleganz wahr. Er selbst trug den braunen Hut und alten Gehrock von damals, jedoch diesmal auch eine schwarze Weste dazu und graue Beinkleider, die jedoch für längere Beine als die seinen gearbeitet schienen, da sie oberhalb der Stiefel eine harmonikaähnliche Anordnung von widerwilligen Querfalten aufwiesen. Er beglückwünschte den Doktor zu seinem guten Aussehen und hatte nichts dagegen, als dieser ihn zum Abendessen einlud.

Schon unterwegs auf der Straße begann Salomon Adolfus mit Leidenschaft von den heutigen Reden und Verhandlungen zu sprechen und konnte es kaum glauben, daß Reichardt ihnen nicht beigewohnt habe. Am Nachmittag hätte ein schöner langlockiger Russe über Pflanzenkost und soziales Elend gesprochen und dadurch Skandal erregt, daß er beständig den nichtvegetarianischen Teil der Menschheit als Leichenfresser bezeichnet hatte. Darüber waren die Leidenschaften der Parteien erwacht, mitten im Gezänke hatte sich ein Anarchist des Wortes bemächtigt und mußte durch Polizeigewalt von der Tribüne entfernt werden. Die Buddhisten hatten stumm in geschlossenem Zuge den Saal verlassen, die Theosophen vergebens zum Frieden gemahnt. Ein Redner habe das von ihm selbst verfaßte »Bundeslied der Zukunft« vorgetragen, mit dem Refrain:

»Ich laß der Welt ihr Teil,
Im All allein ist Heil!«

und das Publikum sei schließlich unter Lachen und Schimpfen auseinandergegangen.

Erst beim Essen beruhigte sich der erregte Mann und wurde dann gelassen und heiter, indem er ankündigte, er werde morgen selbst im Saale sprechen. Es sei ja traurig, all diesen Streit um nichts mitanzusehen, wenn man selbst im Besitz der so einfachen Wahrheit sei. Und er entwickelte seine Lehre, die vom »Geheimnis des Lebens« handelte und in der Weckung der in jedem Menschen vorhandenen magischen Seelenkräfte das Heilmittel für die Übel der Welt erblickte.

»Sie werden doch dabei sein, Bruder Reichardt?« sagte er einladend.

»Leider nicht, Bruder Wolff«, meinte dieser lächelnd. »Ich kenne ja Ihre Lehre schon, der ich guten Erfolg wünsche. Ich selber bin in Familiensachen hier in München und morgen leider nicht frei. Aber wenn ich Ihnen sonst irgendeinen Dienst erweisen kann, tue ich es sehr gerne.«

Wolff sah ihn mißtrauisch an, konnte aber in Reichardts Mienen nur Freundliches entdecken.

»Nun denn«, sagte er rasch. »Sie haben mir diesen Sommer mit einem Darlehen von zehn Kronen geholfen, die nicht vergessen sind, wenn ich auch bis jetzt nicht in der Lage war, sie zurückzugeben. Wenn Sie mir nun nochmals mit einer Kleinigkeit aushelfen wollten – mein Aufenthalt hier im Dienst unserer Sache ist mit Kosten verbunden, die niemand mir ersetzt.«

Berthold gab ihm ein Goldstück und wünschte nochmals Glück für morgen, dann nahm er Abschied und ging nach Hause, um zu schlafen.

Kaum lag er jedoch im Bett und hatte das Licht gelöscht, da waren Müdigkeit und Schlaf plötzlich dahin, und er lag die ganze Nacht brennend in Gedanken an Agnes.

Früh am Morgen verließ er das Haus, unruhig und von der schlaflosen Nacht erschöpft. Er brachte die frühen Stunden auf einem Spaziergang und im Schwimmbad zu, saß dann noch eine ungeduldige halbe Stunde vor einer Tasse Tee und fuhr, sobald ein Besuch möglich schien, in einem hübschen Wagen an der Weinlandschen Wohnung vor.

Nachdem er die Glocke gezogen, mußte er eine Weile warten, dann fragte ihn ein kleines neues Mädchen, keine richtige Magd, unbeholfen nach seinem Begehren. Er fragte nach den Damen, und die Kleine lief, die Tür offen lassend, nach der Küche davon. Dort wurde nun ein Gespräch hörbar und zur Hälfte verständlich.

»Es geht nicht«, sagte Agnesens Stimme, »du mußt sagen, daß die gnädige Frau krank ist. – Wie sieht er denn aus?«

Schließlich aber kam Agnes selbst heraus, in einem blauen leinenen Küchenkleid, sah ihn fragend an und sprach kein Wort, da sie ihn unverweilt erkannte.

Er streckte ihr die Hand entgegen. »Darf ich hereinkommen?« fragte er, und ehe weiteres gesagt wurde, traten sie in das bekannte Wohnzimmer, wo die Frau Rat in einen Wollschal gehüllt im Lehnstuhl saß und sich bei seinem Anblick alsbald steif und tadellos aufrichtete.

»Der Herr Doktor Reichardt ist gekommen«, sagte Agnes zur Mutter, die dem Besuch die Hand gab.

Sie selbst aber sah nun im Morgenlicht der hellen Stube den Mann an, las die Not eines verfehlten und schweren Jahres in seinem mageren Gesicht und den Willen einer geklärten Liebe in seinen Augen.

Sie ließ seinen Blick nicht mehr los, und eines vom andern wortlos angezogen, gaben sie einander nochmals die Hand.

»Kind, aber Kind!« rief die Rätin erschrocken, als unversehens ihre Tochter große Tränen in den Augen hatte und ihr erbleichtes Gesicht neben dem der Mutter im Lehnstuhl verbarg.

Das Mädchen richtete sich aber mit neu erglühten Wangen sogleich wieder auf und lächelte noch mit Tränen in den Augen.

»Es ist schön, daß Sie wiedergekommen sind«, begann nun die alte Dame. Da stand das hübsche Paar schon Hand in Hand bei ihr und sah dabei so gut und lachend aus, als habe es schon seit langem zusammengehört.

(1910)

Seenacht

Seit wenigen Tagen hatte der Sommer seine volle Höhe erreicht und brannte in prächtigen Farben mit der leidenschaftlichen Glut schöner Vergänglichkeit. Tag um Tag stieg blau und heiß in zartem Dunst herauf, leuchtete in kristallenen Morgenstunden, loderte in der Mittagspracht und prangte gegen den Abend hin, in sehnsüchtig weichen, seligen Farben verblutend, indes die Nächte schon mit scharfer Kühle und in der ersten Frühe mit dichten Nebeln den Herbst heranführten. Tag um Tag stieg auf und verglühte, jeder blau und prangend und seinen Brüdern wie ein Zwilling ähnlich, doch jeder um einen unmerklichen Schatten herbstlicher gestimmt und jeder um schöne, ungefühlte Augenblicke ärmer als der vorige.

Es kam der Tag heran, an welchem jedes Jahr das Land sich der Begründung seiner Verfassung in festlicher Dankbarkeit erinnert. Am Abend dieses Tages brennen auf allen Höhen die großen, schlichten Reisigfeuer der Dorfgemeinden, die reicheren Städte tun sich durch Beleuchtungen und Musik hervor. Am heftigsten jedoch brennt Festbegier und Prachtliebe an diesem Abend an den berühmten Gestaden der herrlichen Seen, wo reiche Bürger und eifrige Gastwirte einander mit Lustbarkeiten überbieten und große Scharen von ausländischen Sommergästen den Festlichkeiten beiwohnen. Es fällt alsdann unter diesen müßiggehenden Fremden manches Witzwort über das kleine Volk und Land, dessen Selbstgefühl sich am liebsten in bunten Festen äußere, deren goldener Niederschlag in den Beuteln der Wirte dann wieder die auf Wohlhabenheit ruhende Sicherheit und Ehre des Landes festige, und mancher Kluge, der das Land nur von seiner Schauseite her kennt, glaubt damit etwas Bedeutendes und Zutreffendes gesagt zu haben. Alle die müßigen Sommergäste, und auch die meisten der prachtliebenden festlichen Städter, hören niemals den schönen, einfältigen Ruf der kleinen Kirchenglocken armer Alpendörfer, der an diesem Abend durch Finsternis und Nebel von Alp zu Alp über Schluchten und Steinwüsten hin Friede läutet und Einigkeit verkündet; und sie sehen niemals oder nur aus gleichgültiger Ferne die still glimmenden Feuer auf hohen Bergen, die Feuer, deren Holz von Dorfbuben, Sennen und Geißhirten stundenweit über Stein und Geröll herzugetragen wurde und bei deren

Schein einfache, starke und genügsame Menschen, der Kern des Volkes, mit wenig Lärm ihr bescheidenes Jahresfest begehen.

Am Ufer eines berühmten Sees, wo in stattlichen alten Häusern und Gärten viele wohlig lebende Bürger, dazu in guten Gasthöfen Tausende von Fremden wohnten, war der vaterländische Ehrenabend mit besonderer Pracht, ja Verschwendung vorbereitet worden. Schon seit dem Beginn der Dämmerung waren allerorten einzelne verfrühte Schüsse ertönt, und als nun mit der sinkenden Nacht, hier wie auf jedem Turm des Landes, die Kirchenglocken feierlich zu läuten anfingen, strahlte der schon zuvor aus vielen Fenstern her erhellte Strand plötzlich in reichem Lichte auf, Schüsse fielen überall, bengalische Flammen erstanden in dunstigem Rot oder geisterhaft bleichem Grün, und kaum waren die vielen Glocken verstummt, so brach große und kleine Musik überall aus den gastlichen Gärten.

Um diese Stunde bestieg, wohl eine Stunde von der Stadt entfernt, an der Gartentreppe eines bescheidenen Landhauses eine kleine Gesellschaft ihr Boot, eine leichte Gondel mit zwei Ruderpaaren. Die beiden jungen Männer, ein Student und ein Maler aus Deutschland, hatten quer über dem Steuersitz des kleinen Bootes einen Bogen aus Haselnußgerten befestigt und ihn leicht mit hellrot blühenden Schlingrosen umwunden; in der Mitte des leise schwankenden Bogens hing eine sanft leuchtende runde Laterne aus rotem Papier. Auf den Ehrenplatz unter diesem laubigen Schmuckgerüst wurde das junge Mädchen gebeten, eine zwanzigjährige Blonde aus der Steiermark, ein stillfrohes Geschöpf mit dicken, dicht um das schöne Haupt gewundenen Zöpfen, mit klaren, kindlich erstaunten Augen und einem kleinen, kindlichen, herzförmigen Mund. Sie tat ihren großen weißen Strohhut ab und legte ihn hinter sich auf die tiefe Bank, setzte sich lächelnd unter die schaukelnde Laterne und blickte erstaunt und erwartungsvoll in die seltsam unruhige, von tausend Lichtern und Lichtspiegeln flackernde Seenacht.

Den letzten Sitz, in der Spitze des Kahnes, nahm ihr Bruder ein. Er war ein schöner, bräunlich blonder Mann von bald dreißig Jahren, schlank und hoch von Gestalt, und trug an einem alten, frohfarbigen Bande die Gitarre mit sich.

Die beiden Jüngeren tauchten die Ruder ein, und das geschmückte Boot schwamm still aus der Bucht in den weiten, schwarzen See hinaus und der von ferne zauberhaft schimmernden Stadt entgegen. Die mächtige Wasserfläche lag windstill in vollkommener Glätte und spiegelte jedes von den vieltausend Lichtern treulich wider. Vom fernen Gestade her liefen unzählige schmale Stege aus weißem, rotem, blauem, gelbem, grünem Licht in den dunkeln See, zitternd von dem Ruderschlag der Boote, im Kielwasser jedes Schiffes zerbrechend, tausendmal in Funken zersplittert und immer wieder erstehend. Und unermüdlich stiegen in jedem Augenblick aus dem Lichtmeer hoch und freudig die Raketen. Manche zischten rasch und wunderlich schräg über den Himmel, dessen matte Sterne niemand betrachtete, und erloschen plötzlich mit leisem, fernem Knall. Andere sandten in schlanken Bogen glühende Kugeln empor, die in schönen, tiefen Farben wie feurige Edelsteine erglühten und allzufrüh lautlos vergingen. Noch andere stiegen schmal empor, schwebten für Sekunden wie ermüdet in der Höhe und entfalteten im Niedersinken große Sterne, Ringe und Riesenblumenkelche aus golden träufelndem Licht. Und einige, von unzufriedenen Strebern ersonnene, durchschnitten die Nacht in völlig unerwarteten, grotesken Bahnen, wie die Wünsche haltloser Menschen sinnlos und taumelnd in der Zukunft wühlen.

Lange Zeit wurde in dem rasch und gleichmäßig bewegten Boot kein Wort gesprochen. Die drei jungen Männer, die sich in wenigen Sommerwochen herzlich aneinander geschlossen hatten, waren alle, ein jeder auf besondere Weise, der ungetrübten Jugendfröhlichkeit entfremdet und zur Stille genötigt worden. Dem ältesten, dem Offizier aus der Steiermark, war im ersten glücklichen Ehejahr die langbegehrte und umworbene Frau gestorben. Der Student wiederum war von Natur wenig froh und hatte sich in einsamen Jünglingsjahren der Resignation eines vorzeitigen Pessimismus überlassen. Und der Maler, ein dankbarer, zarter Mensch mit feinen Sinnen, trug eine unheilbare Krankheit als Bleigewicht im jungen Leben. Er hatte gelernt, mit Heiterkeit zu entsagen und das Schöne unbegehrlich zu lieben, und er war, obwohl der Jüngste, den beiden andern zum Lehrer geworden.

So saßen die vier im Nachen, und von allen blickte einzig das junge Mädchen unbekümmert in reiner Lebenshoffnung auf die Schönheit der glänzenden Nacht. Sie saß, allein im kleinen Lichtkreis der Laterne, lässig und beglückt unter ihrem Rosenbogen, im weißen Kleide matt leuchtend, zufrieden im Schimmer der guten Stunde und im dämmerhaften, noch kindlichen Gefühl der eigenen Schönheit. Alle drei Männer sahen sie mit froher Rührung an und empfanden, jeder auf seine Art, die schöne, lichte Gestalt im Rosenbogen als ein Bild aller Jugendunschuld und ahnungslosen Lebenskraft, die ihnen selbst verlorengegangen und zu Ferne und Sehnsucht geworden war.

In der Nähe des strahlenden Hafens, noch ein wenig abseits vom Getümmel der hundert Boote und Schiffe, machten sie Halt und zogen die Ruder ein. Der Österreicher hatte die Gitarre gestimmt und begann zu singen. Er sang ein altes, geistliches Trinklied der frommen Nonnen, dessen Text und Melodie in verhaltener Sinnenkraft und bangem Himmelsheimweh tiefgolden leuchten wie die farbigen Bilder in alten Kirchenfenstern. Es glüht darin eine zur Lust geschaffene Lebensfülle, die sich hinweg ins Unsinnliche wendet und dennoch alle Bilder der ersehnten Seligkeit aus dem frohen Kreise der natürlichen Sinnenwelt entleihen muß. Der schöne, geheimnisvolle Gesang, der zwischen dem Getöse der vielfältigen Lustbarkeit wie eine Blumeninsel aufblühte, zog manche Hörer heran, die leise in kleinen Gondeln das Rosenboot umkreisten, und wen das Lied nicht bewegte, den freute und zog doch der Anblick des schönen Mädchens in der Laube, dessen Schifflein in rosigem Halblicht mit leiser Musik dahinschwamm.

Indessen kamen sie dem Getriebe näher, als ihre Absicht gewesen war, und der hübsche Anblick zog auch unholde Gäste an. Aus manchen Gondeln waren Blumen in das kleine Boot geworfen worden, nun aber drängten sich Barken hinzu, deren Gäste schon trunken waren und einen schönen Anblick nicht ertragen konnten, ohne ihm gröblich mit plumpen Scherzen und Huldigungen nahezurücken. Ein mächtiges Feuerwerk flammte allzu nahe mit Geprassel empor, und das ganze Festgestade, das von fern so verklärt und herrlich zu schauen gewesen war, verwandelte sich in eine Stätte lärmender Lust und ungezügelter Volkslaune.

Enttäuscht hatte des Mädchens Bruder längst zu singen aufgehört und die Gitarre verborgen. Da trotzdem die Neugierde nicht abzuwehren und aus dem Wirrwarr so vieler Boote auch ein rasches Entrinnen unmöglich war, gab er dem Maler einen Wink, worauf dieser die Laterne rasch auslöschte.

Die Zudringlichen waren nun um ihre Lust gebracht und verschwanden bald, und die viere trachteten zurück in den freien See zu gelangen. Da jedoch das Gedränge groß war und ihrem lampenlosen Boote niemand richtig auswich, kamen sie nur langsam weiter.

Unter mancherlei unerfreulichen Erscheinungen des Festgetriebes war ihnen längst ein großes Maschinenboot aufgefallen, dessen am hohen Bord zechende Insassen den allgemeinen Lärm in trunkenem Behagen zu vermehren trachteten. Sie führten in ihrem raschen Schiff einen jener vom Teufel erfundenen Mechanismen mit sich, die man Grammophone nennt, und ließen die grelle Musik eines Militärorchesters, eines Jodlerquartetts und anderer solcher Stücke abwechselnd unter Gelächter ertönen.

»O die Schweine«, rief der Student am Ende, ernstlich erzürnt.

»Lassen Sie sie«, sagte der Offizier. »Es ist unser Fehler, daß wir uns dahinein gewagt haben.«

Jenes große Vergnügungsboot war eben in der Nähe, und nun wendete es und schien gegen den offenen See zu steuern. Die beiden Ruderer nahmen dieselbe Richtung, um hinter dem Schiff her alsdann leichter ins Freie zu kommen. So kamen die beiden Fahrzeuge einander ganz nahe, daß die in der dunkeln Gondel die roten Gesichter der Zecher auf dem erleuchteten Verdeck sehen konnten.

In diesem Augenblick machte das große Boot eine unerwartete Wendung, seine Maschine tickte plötzlich ganz nahe, Gondeln wichen überall zur Seite. Das kleine Boot ohne Laterne aber, das der Mann am Steuerrad nicht sehen konnte, stand unversehens quer vor dem großen; der Offizier tat einen raschen Warnungsruf, den niemand hörte. Das Ruder des Malers, der erschrocken ausgriff, um eilig zu wenden, stieß schon an die Wand des Motorbootes, welches in der nächsten Sekunde schon über die umgeworfene Gondel hinwegfuhr, indessen auf seinem Verdeck noch das Grammophon eine kecke Musik schmetterte.

Im Nu war Schrecken und hastige Bewegung ringsum: Ein junger Mensch sprang, ohne nur den Hut abzuwerfen, vom Boot ins Wasser hinab. Ruderboote eilten von allen Seiten herbei, Signale schrillten, die niemand verstand, Schwimmende tauchten auf und wurden von den Bootsführern herausgezogen. In wenigen Minuten, noch ehe die Kunde von einem Unglücksfall das Ufer erreicht hatte, war alles schon vorbei, die Schwimmer gerettet, die lecke Gondel beiseite geschleppt, sogar die Gitarre und des Malers Mütze gefunden.

Längere Zeit aber dauerte es, bis die Verunglückten, die von verschiedenen Booten aufgenommen worden waren, zueinander fanden. Da waren sie endlich, an Bord des Motorschiffes, dessen Musikwerk nun endlich schwieg. Da waren sie, naß und bleich, doch unbeschädigt: Der Maler, der Student, der Offizier. Da war die Gitarre, der Hut des Studenten, die Mütze des Malers, und schließlich fand auch der breite, lichte Strohhut des Fräuleins sich dazu.

Es fehlte nichts als das Fräulein selbst. Zwar gab noch niemand die Hoffnung verloren, von Boot zu Boot gingen Fragen und Rufe, ihr Name lief erwartungsvoll durch den ganzen Hafen. Sie selbst indessen, die schöne, noble Blonde im Rosenbogen, sie war zwischen Musik und Pulverdunst, zwischen Raketengefunkel und selig erblühenden Leuchtkugeln still und schnell versunken und hinweggekommen aus dem Land der Lust und Jugendfülle, dessen lachende Farbenlichter sie allein von allen vieren mit ungetrübten Augen und ungebrochenen Hoffnungen begrüßt hatte. Und von den drei Männern war keiner, der nicht gerne selber in der Tiefe verschwunden wäre, um ihre liebe, leichte Gestalt und ihre frohen kindlichen Augen wieder oben am Lichte zu wissen.

Auf dem Verdeck des Zecherschiffes, dessen laute Gäste sich verloren hatten, fuhren spät in der Nacht die drei nach dem Landhaus zurück. Sie sprachen wenig, sie standen, ein jeder für sich allein, an Bord und schauten in die Seenacht. Der Himmel stand voll heller Sterne, die ferne Stadt erlosch allmählich, Licht um Licht. Nur selten klang verspätet und vereinsamt der schwache Knall eines letzten Freudenschusses herüber, und im letzten Augenblick, da sie schon zur Gartenbucht ins Dunkle einbogen, stieg eine letzte Rakete einsam in den Himmel. Sie wuchs in einem wunderschlanken Bogen hinan, ruhte einen Augenblick wie ermüdet in der Höhe, entfaltete im Niedersinken eine große, stille Blume aus golden tropfendem Feuer und erlosch lautlos in der Nachtstille wie das ganze Fest.

(1911)

Das Nachtpfauenauge

Mein Gast und Freund Heinrich Mohr war von seinem Abendspaziergang heimgekehrt und saß nun bei mir im Studierzimmer, noch beim letzten Tageslicht. Vor den Fenstern lag weit hinaus der bleiche See, scharf vom hügeligen Ufer gesäumt. Wir sprachen, da eben mein kleiner Sohn uns gute Nacht gesagt hatte, von Kindern und von Kindererinnerungen.

»Seit ich Kinder habe«, sagte ich, »ist schon manche Liebhaberei der eigenen Knabenzeit wieder bei mir lebendig geworden. Seit einem Jahr etwa habe ich sogar wieder eine Schmetterlingssammlung angefangen. Willst du sie sehen?«

Er bat darum, und ich ging hinaus, um zwei oder drei von den leichten Pappkästen hereinzuholen. Als ich den ersten öffnete, merkten wir beide erst, wie dunkel es schon geworden war; man konnte kaum noch die Umrisse der aufgespannten Falter erkennen.

Ich griff zur Lampe und strich ein Zündholz an, und augenblicklich versank die Landschaft draußen, und die Fenster standen voll von undurchdringlichem Nachtblau.

Meine Schmetterlinge aber leuchteten in dem hellen Lampenlicht prächtig aus dem Kasten. Wir beugten uns darüber, betrachteten die schönfarbigen Gebilde und nannten ihre Namen.

»Das da ist ein gelbes Ordensband«, sagte ich, »lateinisch *fulminea*, das gilt hier für selten.«

Heinrich Mohr hatte vorsichtig einen der Schmetterlinge an seiner Nadel aus dem Kasten gezogen und betrachtete die Unterseite seiner Flügel.

»Merkwürdig«, sagte er, »kein Anblick weckt die Kindheitserinnerungen so stark in mir wie der von Schmetterlingen.«

Und, indem er den Falter wieder an seinem Ort ansteckte und den Kastendeckel schloß: »Genug davon!«

Er sagte es hart und rasch, als wären diese Erinnerungen ihm unlieb. Gleich darauf, da ich den Kasten weggetragen hatte und wieder hereinkam, lächelte er mit seinem braunen, schmalen Gesicht und bat um eine Zigarette.

»Du mußt mir's nicht übelnehmen«, sagte er dann, »wenn ich deine

Sammlung nicht genauer angeschaut habe. Ich habe als Junge natürlich auch eine gehabt, aber leider habe ich mir selber die Erinnerung daran verdorben. Ich kann es dir ja erzählen, obwohl es eigentlich schmählich ist.«

Er zündete seine Zigarette über dem Lampenzylinder an, setzte den grünen Schirm über die Lampe, so daß unsre Gesichter in Dämmerung sanken, und setzte sich auf das Gesims des offenen Fensters, wo seine schlanke hagere Figur sich kaum von der Finsternis abhob. Und während ich eine Zigarette rauchte und draußen das hochtönige ferne Singen der Frösche die Nacht erfüllte, erzählte mein Freund das Folgende.

Das Schmetterlingssammeln fing ich mit acht oder neun Jahren an und trieb es anfangs ohne besonderen Eifer wie andre Spiele und Liebhabereien auch. Aber im zweiten Sommer, als ich etwa zehn Jahre alt war, da nahm dieser Sport mich ganz gefangen und wurde zu einer solchen Leidenschaft, daß man ihn mir mehrmals meinte verbieten zu müssen, da ich alles darüber vergaß und versäumte. War ich auf Falterfang, dann hörte ich keine Turmuhr schlagen, sei es zur Schule oder zum Mittagessen, und in den Ferien war ich oft, mit einem Stück Brot in der Botanisierbüchse, vom frühen Morgen bis zur Nacht draußen, ohne zu einer Mahlzeit heimzukommen.

Ich spüre etwas von dieser Leidenschaft noch jetzt manchmal, wenn ich besonders schöne Schmetterlinge sehe. Dann überfällt mich für Augenblicke wieder das namenlose, gierige Entzücken, das nur Kinder empfinden können, und mit dem ich als Knabe meinen ersten Schwalbenschwanz beschlich. Und dann fallen mir plötzlich ungezählte Augenblicke und Stunden der Kinderzeit ein, glühende Nachmittage in der trockenen, stark duftenden Heide, kühle Morgenstunden im Garten oder Abende an geheimnisvollen Waldrändern, wo ich mit meinem Netz auf der Lauer stand wie ein Schatzsucher und jeden Augenblick auf die tollsten Überraschungen und Beglückungen gefaßt war. Und wenn ich dann einen schönen Falter sah, er brauchte nicht einmal besonders selten zu sein, wenn er auf einem Blumenstengel in der Sonne saß und die farbigen Flügel atmend auf und ab bewegte und mir die Jagdlust den Atem verschlug, wenn ich näher und näher schlich und jeden leuchtenden Farbenfleck und jede kristallene Flügelader und jedes feine braune Haar der Fühler sehen konnte, das war eine Spannung und Wonne, eine Mischung von zarter Freude mit wilder Begierde, die ich später im Leben selten mehr empfunden habe.

Meine Sammlung mußte ich, da meine Eltern arm waren und mir nichts dergleichen schenken konnten, in einer gewöhnlichen alten Kartonschachtel aufbewahren. Ich klebte runde Korkscheiben, aus Flaschenpfropfen geschnitten, auf den Boden, um die Nadeln darein zu stecken, und zwischen den zerknickten Pappdeckelwänden dieser Schachtel hegte ich meine Schätze. Anfangs zeigte ich gern und häufig meine Sammlung den Kameraden, aber andere hatten Holzkästen mit Glasdeckeln, Raupenschachteln mit grünen Gazewänden und anderen Luxus, so daß ich mit meiner primitiven Einrichtung mich nicht eben brüsten konnte. Auch war mein Bedürfnis danach nicht groß und ich gewöhnte mir an, sogar wichtige und aufregende Fänge zu verschweigen und die Beute nur meinen Schwestern zu zeigen. Einmal hatte ich den bei uns seltenen blauen Schillerfalter erbeutet und aufgespannt, und als er trocken war, trieb mich der Stolz, ihn doch wenigstens meinem Nachbarn zu zeigen, dem Sohn eines Lehrers, der überm Hof wohnte. Dieser Junge hatte das Laster der Tadellosigkeit, das bei Kindern doppelt unheimlich ist. Er besaß eine kleine unbedeutende Sammlung, die aber durch ihre Nettigkeit und exakte Erhaltung zu einem Juwel wurde. Er verstand sogar die seltene und schwierige Kunst, beschädigte und zerbrochene Falterflügel wieder zusammenzuleimen, und war in jeder Hinsicht ein Musterknabe, weshalb ich ihn denn mit Neid und halber Bewunderung haßte.

Diesem jungen Idealknaben zeigte ich meinen Schillerfalter. Er begutachtete ihn fachmännisch, anerkannte seine Seltenheit und sprach ihm einen Barwert von etwa zwanzig Pfennigen zu; denn der Knabe Emil wußte alle Sammelobjekte, zumal Briefmarken und Schmetterlinge, nach ihrem Geldwert zu taxieren. Dann fing er aber an zu kritisieren, fand meinen Blauschiller schlecht aufgespannt, den rechten Fühler gebogen, den linken ausgestreckt, und entdeckte richtig auch noch einen Defekt, denn dem Falter fehlten zwei Beine. Ich schlug zwar diesen Mangel nicht hoch an, doch hatte mir der Nörgler die Freude an meinem Schiller einigermaßen verdorben und ich habe ihm nie mehr meine Beute gezeigt.

Zwei Jahre später, wir waren schon große Buben, aber meine Leidenschaft war noch in voller Blüte, verbreitete sich das Gerücht, jener Emil habe ein Nachtpfauenauge gefangen. Das war nun für mich weit aufregender als wenn ich heute höre, daß ein Freund von mir eine Million geerbt oder die verlorenen Bücher des Livius gefunden habe. Das Nachtpfauenauge hatte noch keiner von uns gefangen, ich kannte es überhaupt nur aus der Abbildung eines alten Schmetterlingsbuches, das ich besaß und dessen mit der Hand kolorierte Kupfer unendlich viel schöner und eigentlich auch exakter waren als alle modernen Farbendrucke. Von allen Schmetterlingen, deren Namen ich kannte und die in meiner Schachtel noch fehlten, ersehnte ich keinen so glühend wie das Nachtpfauenauge. Oft hatte ich die Abbildung in meinem Buch betrachtet, und ein Kamerad hatte mir erzählt: Wenn der braune Falter an einem Baumstamm oder Felsen sitze und ein Vogel oder anderer Feind ihn angreifen wolle, so ziehe er nur die gefalteten dunkleren Vorderflügel auseinander und zeige die schönen Hinterflügel, deren große helle Augen so merkwürdig und unerwartet aussähen, daß der Vogel erschrecke und den Schmetterling in Ruhe lasse.

Dieses Wundertier sollte der langweilige Emil haben! Als ich es hörte, empfand ich im ersten Augenblick nur die Freude, endlich das seltene Tier zu Gesicht zu bekommen, und eine brennende Neugierde darauf. Dann stellte sich freilich der Neid ein, und es schien mir schnöde zu sein, daß gerade dieser Langweiler und Mops den geheimnisvollen kostbaren Falter hatte erwischen müssen. Darum bezwang ich mich auch und tat ihm die Ehre nicht an, hinüberzugehen und mir seinen Fang zeigen zu lassen. Doch brachte ich meine Gedanken von der Sache nicht los, und am nächsten Tage, als das Gerücht sich in der Schule bestätigte, war ich sofort entschlossen, doch hinzugehen.

Nach Tisch, sobald ich vom Hause wegkonnte, lief ich über den Hof und in den dritten Stock des Nachbarhauses hinauf, wo neben Mägdekammern und Holzverschlägen der Lehrerssohn ein oft von mir beneidetes kleines Stübchen für sich allein bewohnen durfte. Niemand begegnete mir unterwegs, und als ich oben an die Kammertür klopfte, erhielt ich keine Antwort. Emil war nicht da, und als ich die Türklinke versuchte, fand ich den Eingang offen, den er sonst während seiner Abwesenheit peinlich verschloß.

Ich trat ein, um das Tier doch wenigstens zu sehen, und nahm sofort die beiden großen Schachteln vor, in welchen Emil seine Sammlung verwahrte. In beiden suchte ich vergebens, bis mir einfiel, der Falter werde noch auf dem Spannbrett sein. Da fand ich ihn denn auch: die braunen Flügel mit schmalen Papierstreifen überspannt, hing das Nachtpfauenauge am Brett, ich beugte mich darüber und sah alles aus nächster Nähe an, die behaarten hellbraunen Fühler, die eleganten und unendlich zart gefärbten Flügelränder, die feine wollige Behaarung am Innenrand der unteren Flügel. Nur gerade die Augen konnte ich nicht sehen, die waren vom Papierstreifen verdeckt.

Mit Herzklopfen gab ich der Versuchung nach, die Streifen loszumachen, und zog die Stecknadel heraus. Da sahen mich die vier großen merkwürdigen Augen an, weit schöner und wunderlicher als auf der Abbildung, und bei ihrem Anblick fühlte ich eine so unwiderstehliche Begierde nach dem Besitz des herrlichen Tieres, daß ich unbedenklich den ersten Diebstahl meines Lebens beging, indem ich sachte an der Nadel zog und den Schmetterling, der schon trocken war und die Form nicht verlor, in der hohlen Hand aus der Kammer trug. Dabei hatte ich kein Gefühl als das einer ungeheuren Befriedigung.

Das Tier in der rechten Hand verborgen, ging ich die Treppe hinab. Da hörte ich, daß von unten mir jemand entgegenkam, und in dieser Sekunde wurde mein Gewissen wach, ich wußte plötzlich, daß ich gestohlen hatte und ein gemeiner Kerl war; zugleich befiel mich eine ganz schreckliche Angst vor der Entdeckung, so daß ich instinktiv die Hand, die den Raub umschlossen hielt, in die Tasche meiner Jacke steckte. Langsam ging ich weiter, zitternd und mit einem kalten Gefühl von Verworfenheit und Schande, ging angstvoll an dem heraufkommenden Dienstmädchen vorbei und blieb an der Haustüre stehen, mit klopfendem Herzen und schwitzender Stirn, fassungslos und vor mir selbst erschrocken.

Alsbald wurde mir klar, daß ich den Falter nicht behalten könne und dürfe, daß ich ihn zurücktragen und alles nach Möglichkeit ungeschehen machen müsse. So kehrte ich denn, trotz aller Angst vor einer Begegnung und Entdeckung, schnell wieder um, sprang mit Eile die Stiege hinan und stand eine Minute später wieder in Emils Kammer. Vorsichtig zog ich die Hand aus der Tasche und legte den Schmetterling auf den Tisch, und ehe ich ihn wieder sah, wußte ich das Unglück schon und war dem Weinen nah, denn das Nachtpfauenauge war zerstört. Es fehlte der rechte Vorderflügel und der rechte Fühler, und als ich den abgebrochenen Flügel vorsichtig aus der Tasche zu ziehen suchte, war er zerschlissen und an kein Flicken mehr zu denken.

Beinahe noch mehr als das Gefühl des Diebstahls peinigte mich nun der Anblick des schönen seltenen Tieres, das ich zerstört hatte. Ich sah an meinen Fingern den zarten braunen Flügelstaub hängen und den zerrissenen Flügel daliegen, und hätte jeden Besitz und jede Freude gern hingegeben, um ihn wieder ganz zu wissen.

Traurig ging ich nach Hause und saß den ganzen Nachmittag in unsrem kleinen Garten, bis ich in der Dämmerung den Mut fand, meiner Mutter alles zu erzählen. Ich merkte wohl, wie sie erschrak und traurig wurde, aber sie mochte fühlen, daß schon dies Geständnis mich mehr gekostet habe als die Erduldung jeder Strafe.

»Du mußt zum Emil hinübergehen«, sagte sie bestimmt, »und es ihm selber sagen. Das ist das einzige, was du tun kannst, und ehe das nicht geschehen ist, kann ich dir nicht verzeihen. Du kannst ihm anbieten, daß er sich irgendetwas von deinen Sachen aussucht, als Ersatz, und du mußt ihn bitten, daß er dir verzeiht.«

Das wäre mir nun bei jedem anderen Kameraden leichter gefallen als bei dem Musterknaben. Ich fühlte im voraus genau, daß er mich nicht verstehen und mir womöglich gar nicht glauben würde, und es wurde Abend und beinahe Nacht, ohne daß ich hinzugehen vermochte. Da fand mich meine Mutter unten im Hausgang und sagte leise: »Es muß heut noch sein, geh jetzt!«

Und da ging ich hinüber und fragte im untern Stock nach Emil, er kam und erzählte sofort, es habe ihm jemand das Nachtpfauenauge kaputt gemacht, er wisse nicht, ob ein schlechter Kerl oder vielleicht ein Vogel oder die Katze, und ich bat ihn, mit mir hinaufzugehen und es mir zu zeigen. Wir gingen hinauf, er schloß die Kammertür auf und zündete eine Kerze an, und ich sah auf dem Spannbrett den verdorbenen Falter liegen. Ich sah, daß er daran gearbeitet hatte, ihn wieder herzustellen, der kaputte Flügel war sorgfältig ausgebreitet und auf ein feuchtes Fließpapier gelegt, aber er war unheilbar, und der Fühler fehlte ja auch.

Nun sagte ich, daß ich es gewesen sei, und versuchte zu erzählen und zu erklären.

Da pfiff Emil, statt wild zu werden und mich anzuschreien, leise durch die Zähne, sah mich eine ganze Weile still an und sagte dann: »So so, also so einer bist du.«

Ich bot ihm alle meine Spielsachen an, und als er kühl blieb und mich immer noch verächtlich ansah, bot ich ihm meine ganze Schmetterlingssammlung an. Er sagte aber:

»Danke schön, ich kenne deine Sammlung schon. Man hat ja heut wieder sehen können, wie du mit Schmetterlingen umgehst.«

In diesem Augenblicke fehlte nicht viel, so wäre ich ihm an die Gurgel gesprungen. Es war nichts zu machen, ich war und blieb ein Schuft, und Emil stand kühl in verächtlicher Gerechtigkeit vor mir wie die Weltordnung. Er schimpfte nicht einmal, er sah mich nur an und verachtete mich.

Da sah ich zum erstenmal, daß man nichts wieder gut machen kann, was einmal verdorben ist. Ich ging weg und war froh, daß die Mutter mich nicht ausfragte, sondern mir einen Kuß gab und mich in Ruhe ließ. Ich sollte zu Bett gehen, es war schon spät für mich. Vorher aber holte ich heimlich im Eßzimmer die große braune Schachtel, stellte sie aufs Bett und machte sie im Dunkeln auf. Und dann nahm ich die Schmetterlinge heraus, einen nach dem andern, und drückte sie mit den Fingern zu Staub und Fetzen.

(1911)

Der schöne Traum

Als der Gymnasiast Martin Haberland im Alter von siebzehn Jahren an einer Lungenentzündung starb, sprach jedermann von ihm und seinen reichen Talenten mit Bedauern und hielt ihn für sehr unglücklich, daß er gestorben war, ehe er aus diesen Talenten hatte Erfolge und Zinsen und bares Geld lösen können.

Es ist wahr, der Tod des hübschen, begabten Jünglings hat auch mir leid getan, und ich dachte mir mit einem gewissen Bedauern: wie unheimlich viel Talent muß es doch in der Welt geben, daß die Natur damit so um sich werfen kann! Aber es ist der Natur einerlei, was wir über sie denken, und was das Talent angeht, so ist es ja tatsächlich in solchem Überfluß vorhanden, daß unsre Künstler bald nur noch Kollegen und gar kein Publikum mehr haben werden.

Indessen kann ich den Tod des jungen Mannes nicht in dem Sinne bedauern, als sei ihm selbst dadurch ein Schaden zugefügt und sei er des Besten und Schönsten grausam beraubt worden, das noch für ihn bestimmt gewesen wäre.

Wer mit Glück und in Gesundheit siebzehn Jahre alt geworden ist und gute Eltern hatte, der hat ohnehin in gar vielen Fällen gewiß den schöneren Teil des Lebens hinter sich, und wenn sein Leben so früh endet und aus Mangel an großem Schmerz und grellem Erlebnis und wilder Lebensweise kein Beethovensches Symphoniestück geworden ist, so kann es doch eine kleine Haydnsche Kammermusik gewesen sein, und das kann man nicht von vielen Menschenleben sagen.

Im Falle Haberland bin ich meiner Sache ganz sicher. Der junge Mensch hat tatsächlich das Schönste erlebt, was ihm zu erleben möglich war, er hat ein paar Takte von so unirdischer Musik geschlürft, daß sein Tod notwendig war, weil kein Leben daraufhin etwas anderes als einen Mißklang ergeben hätte. Daß der Schüler sein Glück nur im Traum erlebt hat, ist gewiß keine Abschwächung, denn die meisten Menschen erleben ihre Träume viel heftiger als ihr Leben.

Am zweiten Tag seiner Krankheit, drei Tage vor seinem Tode, hatte der Gymnasiast bei schon beginnendem Fieber folgenden Traum:

Der schöne Traum

Sein Vater legte ihm die Hand auf die Schulter und sagte: »Ich begreife ganz gut, daß du bei uns nicht mehr viel lernen kannst. Du mußt ein großer und guter Mann werden und ein besonderes Glück gewinnen, das findet man nicht daheim im Nest. Paß auf: du mußt jetzt zuerst auf den Berg der Erkenntnis steigen, dann mußt du Taten tun, und dann mußt du die Liebe finden und glücklich werden.«

Während der Vater die letzten Worte sagte, schien sein Bart länger und sein Auge größer, er sah für einen Augenblick wie ein greiser König aus. Dann gab er dem Sohn einen Kuß auf die Stirne und hieß ihn gehen, und der Sohn ging eine breite schöne Treppe hinab wie aus einem Palast, und als er über die Straße ging und gerade das Städtlein verlassen wollte, begegnete ihm seine Mutter und rief ihn an: »Ja Martin, willst du denn fortgehen und mir nicht einmal Adieu sagen?« Bestürzt sah er sie an und schämte sich, zu sagen, er habe gemeint, sie sei schon lang gestorben, denn er sah sie ja lebend vor sich stehen, und sie war schöner und jünger als er sie in Erinnerung gehabt hatte, ja sie hatte fast etwas Mädchenhaftes an sich, so daß er, als sie ihn küßte, rot wurde und sie nicht wiederzuküssen wagte. Sie sah ihm in die Augen mit einem hellen, blauen Blick, der wie ein Licht in ihn überging, und nickte ihm zu, als er verwirrt und in Hast davonging.

Vor der Stadt fand er ohne Erstaunen statt der Landstraße und dem Tal mit der Eschenallee einen Meerhafen liegen, wo ein großes altmodisches Schiff mit bräunlichen Segeln bis in den goldenen Himmel ragte, wie auf seinem Lieblingsbild von Claude Lorrain, und wo er sich alsbald nach dem Berg der Erkenntnis einschiffte.

Das Schiff und der goldene Himmel entschwanden jedoch unvermerkt wieder aus der Sichtbarkeit, und nach einer Weile fand sich der Schüler Haberland wie erwachend, wandernd auf der Landstraße, schon weit von daheim, und einem Berge entgegen gehen, der in der Ferne abendrot glühte und nicht näher zu kommen schien, so lange er auch wanderte. Zum Glück schritt neben ihm der Professor Seidler und sagte väterlich: »Hier ist keine andere Konstruktion am Platze als der Ablativus absolutus, nur mit seiner Benützung kommen Sie plötzlich medias in res.« Er folgte alsbald, und es fiel ihm ein Ablativus absolutus ein, der gewissermaßen die ganze Vergangenheit seiner selbst und der Welt in sich begriff und mit jeder Art von Vergangenheit so gründlich aufräumte, daß alles hell voll Gegenwart und Zukunft wurde. Und damit stand er plötzlich auf dem Berge, aber neben ihm auch der Professor Seidler, und dieser sagte auf einmal Du zu ihm, und Haberland duzte auch den Professor, und der vertraute ihm an, er sei eigentlich sein Vater, und indem er sprach, wurde er dem Vater immer ähnlicher, und die Liebe zum Vater und die Liebe zur Wissenschaft wurde in dem Schüler eins, und beide wurden stärker und schöner, und während er saß und sann und von lauter ahnender Verwunderung umgeben war, sagte sein Vater neben ihm: »So, jetzt sieh um dich!«

Da war eine unsägliche Klarheit rings umher, und alles auf der Welt war in bester Ordnung und sonnenklar; er begriff vollkommen, warum seine Mutter gestorben war und doch noch lebte; er begriff bis ins Innerste, warum die Menschen an Aussehen, Gebräuchen und Sprachen so verschieden und doch aus einem Wesen und nahe Brüder waren; er begriff Not und Leid und Häßlichkeit so sehr als notwendig und von Gott gewollt oder gemußt, daß sie schön und hell wurden und laut von der Ordnung und Freude der Welt sprachen. Und ehe er noch ganz klar darüber war, daß er nun auf dem Berg der Erkenntnis gewesen und weise geworden sei, fühlte er sich zu einer Tat berufen, und obwohl er seit zwei Jahren immerzu über verschiedene Berufe nachgedacht und sich nie für einen entschieden hatte, wußte er jetzt ganz genau und fest, daß er ein Baumeister war, und es war herrlich, das zu wissen und nicht den kleinsten Zweifel mehr zu haben.

Alsbald lag da weißer und grauer Stein, lagen Balken und standen Maschinen, viele Menschen standen umher und wußten nicht, was tun; er aber wies mit den Händen und erklärte und befahl, hielt Pläne in Händen und brauchte nur zu winken und zu deuten, so liefen die Menschen und waren glücklich, eine verständige Arbeit zu tun, hoben Steine und schoben Karren, richteten Stangen auf und meißelten an Blöcken, und in allen Händen und in jedem Auge war der Wille des Baumeisters tätig. Das Haus aber entstand und wurde ein Palast, der mit Giebelfeldern und Vorhallen, mit Höfen und Bogenfenstern eine ganz selbstverständliche, einfache, freudige Schönheit verkündigte, und es war klar, daß man nur noch einige solche Sachen zu bauen brauchte, damit Leid und Not, Unzufriedenheit und Verdruß von der Erde verschwänden.

Mit der Vollendung des Bauwerks war Martin schläfrig geworden und hatte nicht mehr genau auf alles acht, er hörte etwas wie Musik und Festlichkeit um sich tosen und gab sich mit Ernsthaftigkeit und seltsamer Befriedigung einer tiefen, schönen Müdigkeit hin. Aus ihr tauchte sein Bewußtsein erst dann empor, als wieder seine Mutter vor ihm stand und

Der schöne Traum

ihn an der Hand nahm. Da wußte er, daß sie nun mit ihm in das Land der Liebe gehen wolle, und er wurde still und erwartungsvoll und vergaß alles, was er auf dieser Reise schon erlebt und getan hatte; nur glänzte ihm vom Berge der Erkenntnis und von seinem Palastbau her eine Helligkeit und ein bis in den Grund hinab gereinigtes Gewissen nach.

Die Mutter lächelte und hielt ihn an der Hand, sie ging bergabwärts in eine abendliche Landschaft hinein, ihr Kleid war blau, und im wohligen Gehen entschwand sie ihm, und was ihr blaues Kleid gewesen war, das war das Blau der tiefen Talferne, und indem er das erkannte und nicht mehr wußte, war die Mutter wirklich bei ihm gewesen oder nicht, befiel ihn eine Traurigkeit, er setzte sich in die Wiese und begann zu weinen, ohne Schmerzen, hingegeben und ernsthaft wie er vorher im Schaffensdrang gebaut und in der Müdigkeit geruht hatte. In seinen Tränen fühlte er, daß ihm nun das Süßeste begegnen solle, was ein Mensch erleben kann, und wenn er darüber nachzusinnen versuchte, wußte er zwar wohl, daß das die Liebe sei, aber er konnte sie sich nicht recht vorstellen und endete mit dem Gefühl, die Liebe sei wie der Tod, sie sei eine Erfüllung und ein Abend, auf welchen nichts mehr folgen dürfe.

Er hatte es noch nicht zu Ende gedacht, da war wieder alles anders, es spielte unten im blauen Tal eine köstliche ferne Musik, und es kam über die Wiese her Fräulein Voßler gegangen, die Tochter des Stadtschultheißen, und plötzlich wußte er, daß er diese lieb habe. Sie hatte dasselbe Gesicht wie immer, aber sie trug ein ganz einfaches, edles Kleid wie eine Griechin, und kaum war sie da, so war es Nacht, und man sah nichts mehr als einen Himmel voll großer, heller Sterne.

Das Mädchen blieb vor Martin stehen und lächelte. »So, bist du da?« sagte sie freundlich, als habe sie ihn erwartet.

»Ja«, sagte er, »die Mutter hat mir den Weg gezeigt. Ich bin jetzt mit allem fertig, auch mit dem großen Haus, das ich bauen mußte. Da mußt du drin wohnen.«

Sie lächelte aber nur und sah fast mütterlich aus, überlegen und ein wenig traurig, wie eine Erwachsene.

»Was soll ich jetzt tun?« fragte Martin und legte seine Hände auf die Schultern des Mädchens. Sie neigte sich vor und sah ihm aus solcher Nähe in die Augen, daß er ein wenig erschrak, und er sah jetzt nichts mehr als ihre großen ruhigen Augen, und darüber in einem Goldnebel die vielen Sterne. Sein Herz schlug heftig und tat weh.

Das schöne Mädchen legte seinen Mund auf Martins Mund, und indessen sein Wesen schmolz und aller Wille von ihm wich, begannen oben in der blauen Finsternis die Sterne leise zu tönen, und während Martin fühlte, daß er jetzt die Liebe und den Tod und das Süßeste koste, was ein Mensch erleben kann, hörte er die Welt um ihn her in einem feinen Reigen klingen und sich bewegen, und ohne seine Lippen vom Mund des Mädchens zu lösen, und ohne mehr irgend etwas in der Welt zu wollen und zu begehren, fühlte er sich und sie und alles in den Reigen mitgenommen, er schloß die Augen und flog mit sanftem Schwindel eine tönende, ewig vorbestimmte Straße dahin, auf welcher keine Erkenntnis und keine Tat und nichts Zeitliches mehr auf ihn wartete.

(1912)

Robert Aghion

Im Laufe des achtzehnten Jahrhunderts wuchs in Großbritannien eine neue Art von Christentum und christlicher Betätigung heran, die sich aus einer winzigen Wurzel ziemlich rasch zu einem großen exotischen Baume auswuchs und welche einem jeden heute unter dem Namen der evangelischen Heidenmission bekannt ist.

Für die von England ausgehende protestantische Missionsbewegung war äußerlich nicht wenig Grund und Anlaß vorhanden. Seit dem glorreichen Zeitalter der Entdeckungen hatte man allerwärts auf Erden entdeckt und erobert, und es war das wissenschaftliche Interesse an der Form entfernter Inseln und Gebirge ebenso wie das seefahrende und abenteuernde Heldentum überall einem modernen Geist gewichen, der sich in den entdeckten exotischen Gegenden nicht mehr für aufregende Taten und Erlebnisse, für seltsame Tiere und romantische Palmenwälder interessierte, sondern für Pfeffer und Zucker, für Seide und Felle, für Reis und Sago, kurz für die Dinge, mit denen der Welthandel Geld verdient. Darüber war man häufig etwas einseitig und hitzig geworden und hatte manche Regeln vergessen und verletzt, die im christlichen Europa Geltung hatten. Man hatte eine Menge von erschrockenen Eingeborenen da draußen wie Raubzeug verfolgt und niedergeknallt, und der gebildete christliche Europäer hatte sich in Amerika, Afrika und Indien benommen wie der in den Hühnerstall eingebrochene Marder. Es war, auch wenn man die Sache ohne besondere Empfindsamkeit betrachtete, recht scheußlich hergegangen und recht grob und säuisch geräubert worden, und zu den Regungen der Scham und Entrüstung im Heimatvolk gehörte auch die Missionsbewegung, fußend auf dem schönen Wunsche, es möchte den Heidenvölkern von Europa her doch auch etwas anderes, Besseres und Höheres mitgebracht werden als nur Schießpulver und Branntwein.

Es kam in der zweiten Hälfte des vorvorigen Jahrhunderts in England nicht allzuselten vor, daß wohlmeinende Privatleute sich dieses Missionsgedankens tätig annahmen und Mittel zu seiner Ausführung hergaben. Geordnete Gesellschaften und Betriebe dieses Behufes aber, wie sie heute blühen, gab es zu jener Zeit noch nicht, sondern es versuchte eben ein jeder nach eigenem Vermögen und auf eigenem Wege die gute Sache zu fördern, und wer damals als Missionar in ferne Länder auszog, der fuhr nicht wie ein heutiger gleich einem wohladressierten Poststück durch die Meere und einer geregelten und organisierten Arbeit entgegen, sondern er reiste mit Gottvertrauen und ohne viel Anleitung geradenwegs in ein zweifelhaftes Abenteuer hinein.

In den neunziger Jahren entschloß sich ein Londoner Kaufherr, dessen Bruder in Indien reich geworden und dort ohne Kinder gestorben war, eine bedeutende Geldsumme für die Ausbreitung des Evangeliums in jenem Lande zu stiften. Ein Mitglied der mächtigen Ostindischen Kompagnie sowie mehrere Geistliche wurden als Ratgeber herbeigezogen und ein Plan ausgearbeitet, nach welchem zunächst drei oder vier junge Männer, mit einer hinlänglichen Ausrüstung und gutem Reisegeld versehen, als Missionare ausgesandt werden sollten.

Die Ankündigung dieses Unternehmens zog alsbald einen Schwarm von abenteuerlustiger Mannheit heran, erfolglose Schauspieler und entlassene Barbiergehilfen glaubten sich zu der verlockenden Reise berufen, und das fromme Kollegium hatte alle Mühe, über die Köpfe dieser Zudringlichen hinweg nach würdigen Männern zu fahnden. Unter der Hand suchte man vor allem junge Theologen zu gewinnen, doch war die englische Geistlichkeit durchweg keineswegs der Heimat müde oder auf anstrengende, ja gefährliche Unternehmungen erpicht; die Suche zog sich in die Länge, und der Stifter begann schon ungeduldig zu werden.

Da verlor sich die Kunde von seinen Absichten und Mißerfolgen endlich auch in ein Bauerndorf in der Gegend von Lancaster und in das dortige Pfarrhaus, dessen ehrwürdiger Herr seinen jungen Bruderssohn namens Robert Aghion als Amtsgehilfen bei sich in Kost und Wohnung hatte. Robert Aghion war der Sohn eines Schiffskapitäns und einer frommen fleißigen Schottin, er hatte den Vater früh verloren und kaum gekannt und war als ein Knabe von guten Gaben durch seinen Onkel auf Schulen geschickt und ordnungsgemäß auf den Beruf eines Geistlichen vorbereitet worden, dem er nunmehr so nahestand, als ein Kandidat mit guten Zeugnissen, aber ohne Vermögen, es eben konnte. Einstweilen stand er seinem Oheim und Wohltäter als Vikarius bei und hatte auf eine eigene Pfarre bei dessen Lebzeiten nicht zu rechnen. Da nun der Pfarrer Aghion noch ein rüstiger Mann war, sah des Neffen Zukunft nicht allzu glänzend aus.

Als ein armer Jüngling, der nach aller Voraussicht nicht vor dem mittleren Mannesalter auf ein eigenes Amt und Einkommen zu rechnen hatte, war er für junge Mädchen kein begehrenswerter Mann, wenigstens nicht für ehrbare, und mit anderen als solchen war er nie zusammengetroffen.

Als Sohn einer herzlich frommen Mutter hatte er einen schlichten Christensinn und Glauben, welchen als Prediger zu bekennen ihm eine Freude war. Seine eigentlichen geistigen Vergnügungen aber fand er im Betrachten der Natur, wofür er ein feines Auge besaß. Als ein bescheidener frischer Junge mit tüchtigen Augen und Händen fand er Befriedigung im Sehen und Kennen, Sammeln und Untersuchen der natürlichen Dinge, die sich ihm darboten. Als Knabe hatte er Blumen gezüchtet und botanisiert, hatte dann eine Weile sich eifrig mit Steinen und Versteinerungen abgegeben, und neuerdings, zumal seit seinem Aufenthalt in der ländlichen Umgebung, war ihm die vielfarbige Insektenwelt vor allem andern lieb geworden. Das Allerliebste aber waren ihm die Schmetterlinge, deren glänzende Verwandlung aus dem Raupen- und Puppenstand ihn immer wieder innig entzückte und deren Zeichnung und Farbenschmelz ihm ein so reines Vergnügen bereiteten, wie es geringer befähigte Menschen nur in den Jahren der frühen Kindheit erleben können.

So war der junge Theologe beschaffen, der als erster auf die Kunde von jener Stiftung hin alsbald aufhorchte und ein Verlangen in seinem Innersten gleich einem Kompaßzeiger gegen Indien hinweisen fühlte. Seine Mutter war vor wenigen Jahren gestorben, ein Verlöbnis oder auch nur ein heimlicher Verspruch mit einem Mädchen bestand nicht. Er schrieb nach London, bekam ermunternde Antwort und das Reisegeld für die Fahrt nach der Hauptstadt zugestellt und fuhr gleich darauf mit einer kleinen Bücherkiste und einem Kleiderbündel getrost nach London, wobei es ihm nur leid tat, daß er seine Herbarien, Versteinerungen und Schmetterlingskästen nicht mitnehmen konnte.

Bänglich betrat in der düsteren brausenden Altstadt von London der Kandidat das hohe ernste Haus des frommen Kaufherrn, wo ihm im düsteren Korridor eine gewaltige Wandkarte der östlichen Erdhälfte und gleich im ersten Zimmer ein großes fleckiges Tigerfell das ersehnte Land vor Augen führte. Beklommen und verwirrt ließ er sich von dem vornehmen Diener in das Zimmer führen, wo ihn der Hausherr erwartete. Es empfing ihn ein großer, ernster, schön rasierter Herr mit eisblauen scharfen Augen und strengen alten Mienen, dem der schüchterne Bewerber jedoch nach wenigen Reden recht wohl gefiel, so daß er ihn zum Sitzen einlud und sein Examen mit Vertrauen und Wohlwollen zu Ende führte. Darauf ließ der Herr sich seine Zeugnisse übergeben und schellte den Diener herbei, der den Theologen stillschweigend hinwegführte und in ein Gastzimmer brachte, wo unverweilt ein zweiter Diener mit Tee, Wein, Schinken, Butter und Brot erschien. Mit diesem Imbiß ward der junge Mann allein gelassen und tat seinem Hunger und Durst Genüge. Dann blieb er beruhigt in dem blausamtenen Armstuhl sitzen, dachte über seine Lage nach und musterte mit müßigen Augen das Zimmer, wo er nach kurzem Umherschauen zwei weitere Entgegenkömmlinge aus dem fernen heißen Lande entdeckte, nämlich in einer Ecke neben dem Kamin einen ausgestopften rotbraunen Affen und über ihm aufgehängt an der blauen Seidentapete das gegerbte Fell einer riesig großen Schlange, deren augenloser Kopf blind und schlaff herabhing. Das waren Dinge, die er schätzte und die er sofort aus der Nähe zu betrachten und zu befühlen eilte. War ihm auch die Vorstellung der lebendigen Boa, die er durch das Zusammenbiegen der glänzend silbrigen Haut zu einem Rohre zu unterstützen versuchte, einigermaßen grauenvoll und zuwider, so ward doch seine Neugierde auf die geheimnisvolle Ferne durch ihren Anblick noch geschürt. Er dachte sich weder von Schlangen noch von Affen schrecken zu lassen und malte sich mit Wollust die fabelhaften Blumen, Bäume, Vögel und Schmetterlinge aus, die in solchen gesegneten Ländern gedeihen mußten.

Es ging indessen schon gegen Abend, und ein stummer Diener trug eine angezündete Lampe herein. Vor dem hohen Fenster stand neblige Dämmerung. Die Stille des vornehmen Hauses, das ferne schwache Wogen der großen Stadt, die Einsamkeit des hohen kühlen Zimmers, in dem er sich wie gefangen fühlte, der Mangel an jeder Beschäftigung und die Ungewißheit seiner romanhaften Lage verbanden sich mit der zunehmenden Dunkelheit der Londoner Herbstnacht und stimmten die Seele des jungen Menschen von der Höhe seiner Hoffnung immer weiter herab, bis er nach zwei Stunden, die er horchend und wartend in seinem Lehnstuhl hingebracht hatte, für heute jede Erwartung aufgab und sich kurzerhand müde in das vortreffliche Gastbett legte, wo er in kurzem einschlief.

Es weckte ihn, wie ihm schien, mitten in der Nacht, ein Diener mit der Nachricht, der junge Herr werde zum Abendessen erwartet und möge sich beeilen. Verschlafen kroch Aghion in seine Kleider und taumelte mit blöden Augen hinter dem Manne her durch Zimmer und Korridore und eine Treppe hinab bis in das große, grell von Kronleuchtern erhellte Speisezimmer, wo ihn die in Sammet gekleidete und von Schmuck funkelnde Hausfrau durch ein Augenglas betrachtete und der Herr ihn zwei Geistlichen vorstellte, die ihren jungen Bruder gleich während der Mahlzeit in eine scharfe Prüfung nahmen und vor allem sich über die Echtheit seiner christlichen Gesinnung zu unterrichten suchten. Der schlaftrunkene Apostel hatte Mühe, alle Fragen zu verstehen und gar zu beantworten; aber die Schüchternheit kleidete ihn gut, und die Männer, die an ganz andere Aspiranten gewöhnt waren, wurden ihm alle wohlgesinnt. Nach Tische wurden im Nebenzimmer Landkarten vorgelegt, und Aghion sah zum erstenmal die Gegend, der er Gottes Wort verkündigen sollte, auf der indischen Karte als einen gelben Fleck südlich von der Stadt Bombay liegen.

Am folgenden Tag wurde er zu einem ehrwürdigen alten Herrn gebracht, der des Kaufherrn oberster geistlicher Berater war. Dieser Greis fühlte sich sofort von dem harmlosen jungen Menschen angezogen. Er wußte Roberts Sinn und Wesen rasch zu erkennen, und da er wenig geistlichen Unternehmungsgeist in ihm wahrnahm, wollte der Junge ihm leid tun, und er stellte ihm die Gefahren der Seereise und die Schrecken der südlichen Zonen eindringlich vor Augen; denn es schien ihm sinnlos, daß ein junger Mensch sich da draußen opfere und zugrunde richte, wenn er nicht durch besondere Gaben und Neigungen zu einem solchen Dienst bestimmt schien. So legte er denn dem Kandidaten die Hand auf die Schulter, sah ihm mit eindringlicher Güte in die Augen und sagte: »Was Sie mir sagen, ist gut und mag richtig sein; aber ich kann noch immer nicht ganz verstehen, was Sie nun eigentlich nach Indien zieht. Seien Sie offen, lieber Freund, und sagen Sie mir ohne Hinterhalt: ist es irgendein weltlicher Wunsch und Drang, der Sie treibt, oder ist es lediglich der innige Wunsch, den armen Heiden unser liebes Evangelium zu bringen?« Auf diese Anrede wurde Robert Aghion so rot wie ein ertappter Schwindler. Er schlug die Augen nieder und schwieg eine Weile, dann aber bekannte er freimütig, mit jenem frommen Willen sei es ihm zwar völlig ernst, doch wäre er wohl nie auf den Gedanken gekommen, sich für Indien zu melden und überhaupt Missionar zu werden, wenn nicht ein Gelüst nach den herrlichen seltenen Pflanzen und Tieren der tropischen Länder, zumal nach deren Schmetterlingen, ihn dazu verlockt hätte. Der alte Mann sah wohl, daß der Jüngling ihm nun sein letztes Geheimnis preisgegeben und nichts mehr zu bekennen habe. Lächelnd nickte er ihm zu und sagte freundlich: »Nun, mit dieser Sünde müssen Sie selber fertigwerden. Sie sollen nach Indien fahren, lieber Junge!« Und alsbald ernst werdend, legte er ihm beide Hände aufs Haupt und segnete ihn feierlich mit den Worten des biblischen Segens.

Drei Wochen später reiste der junge Missionar, mit Kisten und Koffern wohl ausgerüstet, auf einem schönen Segelschiff als Passagier hinweg, sah sein Heimatland im grauen Meer versinken und lernte in der ersten Woche, noch ehe Spanien erreicht war, die Launen und Gefahren des Meeres kennen. In jenen Zeiten konnte ein Indienfahrer noch nicht so grün und unerprobt sein Ziel erreichen wie heute, wo man in Europa seinen bequemen Dampfer besteigt, sich auf dem Suezkanal um Afrika drückt und nach kurzer Zeit, verwundert und träg vom vielen Schlafen und Essen, die indische Küste erblickt. Damals mußten die Segelschiffe sich um das ungeheure Afrika herum monatelang quälen, von Stürmen gefährdet und von toten langen Windstillen gelähmt, und es galt zu schwitzen und zu frieren, zu hungern und des Schlafes zu entbehren, und wer die Reise siegreich vollendet hatte, der war nun längst kein unerprobter Neuling mehr, sondern hatte gelernt, sich einigermaßen auf den Beinen zu halten. So ging es auch dem Missionar. Er war zwischen England und Indien hundertsechsundfünfzig Tage unterwegs und stieg in der Hafenstadt Bombay als ein gebräunter und gemagerter Seefahrer an Land.

Indessen hatte er seine Freude und Neugierde nicht verloren, obwohl sie stiller geworden war, und wie er schon auf der Reise jeden Strand mit Forschersinn betreten und jede fremde Palmeninsel mit ehrfürchtiger Neugierde betrachtet hatte, so betrat er das indische Land mit begierig offenen Augen und hielt seinen Einzug in der schönen leuchtenden Stadt mit ungebrochenem Mut.

Zunächst suchte und fand er das Haus, an das er empfohlen war; es lag in einer stillen vorstädtischen Gasse, von Kokospalmen überragt. Beim Eintreten streifte sein Blick den kleinen Vorgarten und fand, obwohl jetzt eben Wichtigeres zu tun und zu beachten war, gerade noch Zeit, einen dunkelbelaubten Strauch mit großen goldgelben Blüten zu bemerken, der von einer zierlichen Schar weißer Falter auf das fröhlichste umgaukelt wurde. Dies Bild noch im leicht geblendeten Auge, trat er über einige flache Stufen in den Schatten der breiten Veranda und durch die offenstehende Haustüre. Ein dienender Hindu in einem weißen Kleid mit nackten dunkelbraunen Beinen lief über den kühlen roten Ziegelboden herbei, machte eine ergebene Verbeugung und begann in singendem Tonfall hindostanische Worte zu näseln, merkte aber rasch, daß der Fremde ihn nicht verstehe, und führte ihn mit neuen weichen Verbeugungen und schlangenhaften Gebärden der Ergebenheit und Einladung tiefer ins Haus und vor eine Türöffnung, die statt der Tür mit einer lose herabhängenden Bastmatte verschlossen war. Zur gleichen Zeit ward diese Matte von innen beiseite gezogen, und es erschien ein großer, hagerer, herrisch aussehender Mann in weißen Tropenkleidern und mit Strohsandalen an den nackten Füßen. Er richtete in einer unverständlichen indischen Sprache eine Reihe von Scheltworten an den Diener, der sich klein machte und der Wand entlang davonschlich, dann wandte er sich an Aghion und hieß ihn auf englisch eintreten.

Der Missionar suchte zuerst seine unangemeldete Ankunft zu entschuldigen und den armen Diener zu rechtfertigen, der nichts verbrochen habe. Aber der andere winkte ungeduldig ab und sagte: »Mit den Schlingeln von Dienern werden Sie ja bald umzugehen lernen. Treten Sie ein! Ich erwarte Sie.«

»Sie sind wohl Mister Bradley?« fragte der Ankömmling höflich, während doch bei diesem ersten Schritt in die exotische Wirtschaft und beim Anblick des Ratgebers, Lehrers und Mitarbeiters eine Fremdheit und Kälte in ihm aufstieg.

»Ich bin Bradley, gewiß, und Sie sind ja wohl Aghion. Also, Aghion, kommen Sie nun endlich herein! Haben Sie schon Mittagbrot gehabt?«

Der große knochige Mann nahm alsbald mit aller kurz angebundenen, herrischen Praxis eines bewährten Überseers und Handelsagenten den Lebenslauf seines Gastes in seine braunen, dunkelbehaarten Hände. Er ließ ihm eine Reismahlzeit mit Hammelfleisch und brennendem Curry bringen, er wies ihm ein Zimmer an, zeigte ihm das Haus, nahm ihm seine Briefe und Aufträge ab, beantwortete seine ersten neugierigen Fragen und gab ihm die ersten notwendigen indischen Lebensregeln. Er setzte die vier braunen Hindudiener in Bewegung, befahl und schnauzte in seiner kalten Zornigkeit durch das schallende Haus, ließ auch einen indischen Schneidermeister kommen, der sofort ein Dutzend landesüblicher Kleidungen für Aghion machen mußte. Dankbar und etwas eingeschüchtert nahm der Neuling alles hin, obwohl es seinem Sinne mehr entsprochen hätte, seinen Einzug in Indien stiller und friedlicher zu begehen, sich erst einmal ein bißchen heimisch zu machen und sich in einem freundlichen Gespräch seiner ersten Eindrücke und seiner vielen starken Reiseerinnerungen zu entladen.

Indessen lernt man auf einer halbjährigen Seereise sich bescheiden und sich in viele Lagen finden, und als gegen Abend Mister Bradley wegging, um seiner kaufmännischen Arbeit in der Stadt nachzugehen, atmete der evangelische Jüngling fröhlich auf und dachte nun allein in stillem Behagen seine Ankunft zu feiern und das Land Indien zu begrüßen.

Feierlich verließ er sein luftiges Zimmer, das weder Tür noch Fenster, sondern nur leere geräumige Öffnungen in allen Wänden hatte, und ging ins Freie, einen großrandigen Hut mit langem Sonnenschleier auf dem blonden Kopf und einen tüchtigen Stock in der Hand. Beim ersten Schritt in den Garten blickte er mit einem tiefen Atemzug ringsum und sog mit witternden Sinnen die Lüfte und Düfte, Lichter und Farben des fremden, sagenhaften Landes, das er als ein bescheidener Mitarbeiter erobern helfen sollte und dem er sich willig hinzugeben gesonnen war.

Was er um sich sah und verspürte, gefiel ihm alles wohl und kam ihm wie eine tausendfältige strahlende Bestätigung vieler Träume und Ahnungen vor. Dichte hohe Gebüsche standen im heftigen Sonnenlicht und strotzten von großen, wunderlich starkfarbigen Blumen; auf säulenschlanken, glatten Stämmen ragten in erstaunlicher Höhe die stillen runden Wipfel der Kokospalmen, eine Fächerpalme stand hinter dem Hause und hielt ihr sonderbar strenges, gleichmäßiges Riesenrad von gewaltigen mannslangen Blättern steif in die Lüfte, am Rand des Weges aber nahm sein naturfreundliches Auge ein kleines lebendiges Wesen wahr, dem er sich vorsichtig näherte. Es war ein grünes Chamäleon mit einem dreieckigen Kopf und boshaften kleinen Augen. Er beugte sich darüber und fühlte sich wie ein Knabe beglückt.

Eine fremdartige Musik weckte ihn aus seiner andächtigen Versunkenheit. Aus der flüsternden Stille der tiefen grünen Baum- und Gartenwildnis brach der rhythmische Lärm metallener Trommeln und Pauken und schneidend helltöniger Blasinstrumente. Erstaunt lauschte der fromme Naturfreund hinüber und machte sich, da nichts zu sehen war, neugierig auf den Weg, die Art und Herkunft dieser barbarisch-festlichen Klänge auszukundschaften. Immer den Tönen folgend, verließ er den Garten, dessen Tor weit offen stand, und verfolgte den grasigen Fahrweg durch eine freundliche Landschaft von Hausgärten, Palmenpflanzungen und lachend hellgrünen Reisfeldern, bis er, um die hohe Ecke eines Gartens biegend, in eine dörflich anmutende Gasse von indischen Hütten gelangte. Die kleinen Häuschen waren aus Lehm oder auch nur aus Bambusgestänge erbaut, die Dächer mit trockenen Palmblättern gedeckt, in allen Türöffnungen standen und hockten braune Hindufamilien. Mit Neugierde sah er die Leute an und tat den ersten Blick in das dörfliche Leben des fremden Naturvolkes, und vom ersten Augenblick an gewann er die braunen Menschen lieb, deren schöne kindliche Augen wie in einer unbewußten und unerlösten Traurigkeit blickten. Schöne Frauen schauten aus mächtigen Flechten langen, tiefschwarzen Haares hervor, still und rehhaft; sie trugen mitten im Gesicht sowie an den Hand- und Fußgelenken silbernen Schmuck und Ringe an den Fußzehen.

Kleine Kinder standen vollkommen nackt und trugen nichts am Leibe als an dünner Bastschnur ein seltsames Amulett aus Silber oder aus Horn.

Noch immer schallte die tolle Musik, nun ganz in der Nähe, und an der Ecke der nächsten Gasse hatte er gefunden, was er suchte. Da stand ein unheimlich sonderbares Gebäude von äußerst phantastischer Form und beängstigender Höhe, ein ungeheures Tor in der Mitte, und indem er daran empor staunte, fand er die ganze riesengroße Fläche des Bauwerks aus lauter steinernen Figuren von fabelhaften Tieren, Menschen und Göttern oder Teufeln zusammengesetzt, die sich zu Hunderten bis an die ferne schmale Spitze des Tempels hinantürmten, ein Wald und wildes Geflecht von Leibern, Gliedern und Köpfen. Dieser erschreckende Steinkoloß, ein großer Hindutempel, leuchtete heftig in den waagrechten Strahlen der späten Abendsonne und erzählte dem verblüfften Fremdling deutlich, daß diese tierhaft sanften, halbnackten Menschen eben doch keineswegs ein paradiesisches Naturvolk waren, sondern seit einigen tausend Jahren schon Gedanken und Götter, Künste und Religionen besaßen.

Die schallende Paukenmusik war soeben verstummt, und es kamen aus dem Tempel viele fromme Inder in weißen und farbigen Gewändern, voran und vornehm abgetrennt eine kleine feierliche Schar von Brahmanen, hochmütig in tausendjährig erstarrter Gelehrsamkeit und Würde. Sie schritten an dem weißen Manne so stolz vorüber wie Edelleute an einem Handwerksburschen, und weder sie noch die bescheideneren Gestalten, die ihnen folgten, sahen so aus, als hätten sie die geringste Neigung, sich von einem zugereisten Fremdling über göttliche und menschliche Dinge des Rechten belehren zu lassen.

Als der Schwarm verlaufen und der Ort stiller geworden war, näherte sich Robert Aghion dem Tempel und begann in verlegener Teilnahme das Figurenwerk der Fassade zu studieren, ließ jedoch bald mit Betrübnis und

Schrecken davon wieder ab; denn die groteske Allegoriensprache dieser Bildwerke verwirrte und ängstigte ihn nicht minder als der Anblick einiger Szenen von schamloser Obszönität, die er naiv mitten zwischen dem Göttergewimmel dargestellt fand.

Während er sich abwandte und nach einem Rückweg ausblickte, erloschen der Tempel und die Gassen plötzlich; ein kurzes zuckendes Farbenspiel lief über den Himmel, und rasch brach die Nacht herein. Das unheimlich schnelle Eindunkeln, obwohl er es längst kannte, überfiel den jungen Missionar mit einem leichten Schauder. Zugleich mit dem Anbruch der Dämmerung begann aus allen Bäumen und Gebüschen ringsum ein grelles Singen und Lärmen von Tausenden Insekten, und in der Ferne erhob sich das Wut- oder Klagegeschrei eines Tieres mit fremden wilden Tönen. Eilig suchte Aghion seinen Heimweg, fand ihn glücklich wieder und hatte die kleine Strecke Weges noch nicht völlig zurückgelegt, als schon das ganze Land in tiefer Nachtfinsternis und der hohe schwarze Himmel voll von Sternen stand.

Im Hause, wo er nachdenklich und zerstreut ankam und sich dem ersten erleuchteten Raume näherte, empfing ihn Mister Bradley mit den Worten: »So, da sind Sie. Sie sollten aber fürs erste so spät am Abend nicht mehr ausgehen, es ist nicht ohne Gefahr. Übrigens, können Sie gut mit dem Gewehr umgehen?«

»Mit dem Gewehr? Nein, das habe ich nicht gelernt.«

»Dann lernen Sie es bald ... Wo waren Sie denn heut abend?«

Aghion erzählte voll Eifer. Er fragte begierig, welcherlei Religion jener Tempel angehöre und welcherlei Götter- oder Götzendienst darin getrieben werde, was die vielen Figuren bedeuteten und was die seltsame Musik, ob die schönen stolzen Männer in weißen Kleidern Priester seien und wie denn ihre Götter hießen. Allein hier erlebte er die erste Enttäuschung. Von allem, was er da fragte, wollte sein Ratgeber gar nichts wissen. Er erklärte, daß kein Mensch sich in dem scheußlichen Wirrwarr und Unflat dieser Götzendienste auskenne, daß die Brahmanen eine heillose Bande von Ausbeutern und Faulenzern seien und daß überhaupt diese Inder alle zusammen ein schweinisches Pack von Bettlern und Unholden wären, mit denen ein anständiger Engländer lieber gar nichts zu tun habe.

»Aber«, meinte Aghion zaghaft, »meine Bestimmung ist es doch gerade, diese verirrten Menschen auf den rechten Weg zu führen! Dazu muß ich sie kennen und lieben und alles von ihnen wissen ...«

»Sie werden bald mehr von ihnen wissen, als Ihnen lieb sein wird. Natürlich müssen Sie Hindostani und später vielleicht noch andere von diesen infamen Niggersprachen lernen. Aber mit der Liebe werden Sie nicht weit kommen.«

»Oh, die Leute sehen aber doch recht gutartig aus!«

»Finden Sie? Nun, Sie werden ja sehen. Von dem, was Sie mit den Hindus vorhaben, verstehe ich nichts und will nicht darüber urteilen. Unsere Aufgabe ist es, diesem gottlosen Pack langsam ein wenig Kultur und einen schwachen Begriff von Anständigkeit beizubringen; weiter werden wir vielleicht niemals kommen!«

»Unsere Moral, oder was Sie Anständigkeit heißen, ist aber die Moral Christi, mein Herr!«

»Sie meinen die Liebe. Ja, sagen Sie nur einmal einem Hindu, daß Sie ihn lieben. Dann wird er Sie heute anbetteln und Ihnen morgen das Hemd aus dem Schlafzimmer stehlen!«

»Ist das möglich?«

»Das ist sogar ganz sicher, lieber Herr. Sie haben es hier gewissermaßen mit Unmündigen zu tun, die noch keine Ahnung von Ehrlichkeit und Recht haben, nicht mit gutartigen englischen Schulkindern, sondern mit einem Volk von schlauen braunen Lausbuben, denen jede Schändlichkeit einen Hauptspaß macht. Sie werden noch an mich denken!«

Aghion verzichtete traurig auf ein weiteres Fragen und nahm sich vor, nun einmal vor allem fleißig und gehorsam alles zu lernen, was hier zu lernen wäre. Doch ob nun der strenge Bradley recht hatte oder nicht, schon seit dem Anblick des ungeheuern Tempels und der unnahbar stolzen Brahmanen war ihm sein Vorhaben und Amt in diesem Lande unendlich viel schwieriger erschienen, als er je zuvor gedacht hätte.

Am nächsten Morgen wurden die Kisten ins Haus gebracht, in denen der Missionar sein Eigentum aus der Heimat mit sich geführt hatte. Sorglich packte er aus, legte Hemden zu Hemden und Bücher zu Büchern und fand sich durch manche Gegenstände nachdenklich gestimmt. Es fiel ihm ein kleiner Kupferstich in schwarzem Rahmen in die Hände, dessen Glas unterwegs zerbrochen war und der ein Bildnis des Herrn Defoe, des Verfassers von Robinson Crusoe, darstellte, und das alte, ihm von der frühen Kindheit an vertraute Gebetbuch seiner Mutter, alsdann aber als ermunternder Wegweiser in die Zukunft eine Landkarte von Indien, die ihm sein Oheim geschenkt, und zwei stählerne Netzbügel für den Schmetterlingsfang, die er sich selber noch in London hatte machen lassen. Einen von diesen legte er sogleich zum Gebrauch in den nächsten Tagen beiseite.

Am Abend war seine Habe verteilt und verstaut, der kleine Kupferstich hing über seinem Bett, und das ganze Zimmer war in saubere Ordnung gebracht. Die Beine seines Tisches und seiner Bettstatt hatte er, wie es ihm empfohlen worden war, in kleine irdene Näpfe gestellt und die Näpfe mit Wasser gefüllt, zum Schutz gegen die Ameisen. Mister Bradley war den ganzen Tag in Geschäften abwesend, und es war dem jungen Manne sonderbar, vom ehrfürchtigen Diener durch Zeichen zu den Mahlzeiten gelockt und dabei bedient zu werden, ohne daß er ein einziges Wort mit ihm reden konnte.

In der Frühe des folgenden Tages begann Aghions Arbeit. Es erschien und wurde ihm von Bradley vorgestellt der schöne dunkeläugige Jüngling Vyardenya, der sein Lehrmeister in der Hindostani-Sprache werden sollte. Der lächelnde junge Inder sprach nicht übel Englisch und hatte die besten Manieren; nur schreckte er ängstlich zurück, als der arglose Engländer ihm freundlich die Hand zur Begrüßung entgegenstreckte, und vermied auch künftighin jede körperliche Berührung mit dem Weißen, die ihn verunreinigt haben würde, da er einer hohen Kaste angehörte. Er wollte sich auch niemals auf einen Stuhl setzen, den vor ihm ein Fremder benutzt hatte, sondern brachte jeden Tag zusammengerollt unterm Arm seine eigene hübsche Bastmatte mit, die er auf dem Ziegelboden ausbreitete und auf welcher er mit gekreuzten Beinen edel und aufrecht saß. Sein Schüler, mit dessen Eifer er zufrieden sein konnte, suchte auch diese Kunst von ihm zu lernen und kauerte während seiner Lektionen stets auf einer ähnlichen Matte am Boden, obwohl ihm dabei in der ersten Zeit alle Glieder weh taten, bis er daran gewöhnt wurde. Fleißig und geduldig lernte er Wort für Wort, mit den alltäglichen Begrüßungsformeln beginnend, die ihm der Jüngling unermüdet und lächelnd vorsprach, und stürzte sich jeden Tag mit neuem Mut in den Kampf mit den indischen Girr- und Gaumenlauten, die ihm zu Anfang als ein unartikuliertes Röcheln erschienen waren und die er nun alle zu unterscheiden und nachzuahmen lernte.

So merkwürdig das Hindostani war und so rasch die Vormittagsstunden mit dem höflichen Sprachlehrer vergingen, so waren doch die Nachmittage und gar die Abende lang genug, um den strebsamen Herrn Aghion die Einsamkeit fühlen zu lassen, in der er lebte. Sein Wirt, zu dem er in einem unklaren Verhältnisse stand und der ihm halb als Gönner, halb als eine Art Vorgesetzter entgegentrat, war wenig zu Hause; er kam meistens gegen Mittag zu Fuß oder zu Pferde aus der Stadt zurück, präsidierte als Hausherr beim Essen, zu dem er manchmal einen englischen Schreiber mitbrachte, und legte sich dann zwei, drei Stunden zum Rauchen und Schlafen auf die Veranda, um gegen Abend nochmals für einige Stunden in sein Kontor oder Magazin zu gehen. Zuweilen mußte er für mehrere Tage verreisen, um Produkte einzukaufen, und sein neuer Hausgenosse hatte wenig dagegen, da er mit dem besten Willen sich dem rauhen und wortkargen Geschäftsmann nicht befreunden konnte. Auch gab es manches in der Lebensführung Mister Bradleys, was dem Missionar nicht gefallen konnte. Unter anderem kam es zuweilen vor, daß Bradley am Feierabend mit jenem Schreiber zusammen bis zur Trunkenheit eine Mischung von Wasser, Rum und Limonadensaft genoß; dazu hatte er in der ersten Zeit den jungen Geistlichen mehrmals eingeladen, aber stets von ihm eine sanfte Absage erhalten.

Bei diesen Umständen war Aghions tägliches Leben nicht gerade kurzweilig. Er hatte versucht, seine ersten schwachen Sprachkenntnisse anzuwenden, indem er an den langen öden Nachmittagen, wo das hölzerne Haus ringsum von der stechenden Hitze belagert lag, sich zur Dienerschaft in die Küche begab und sich mit den Leuten zu unterhalten suchte. Der mohammedanische Koch zwar gab ihm keine Antwort und war so hochmütig, daß er ihn gar nicht zu sehen schien, der Wasserträger aber und der Hausjunge, die beide stundenlang müßig auf ihren Matten hockten und Betel kauten, hatten nichts dagegen, sich an den angestrengten Sprechversuchen des Masters zu belustigen.

Eines Tages erschien aber Bradley in der Küchentür, als gerade die beiden Schlingel sich über einige Irrtümer und Wortverwechslungen des Missionars vor Vergnügen auf die mageren Schenkel klatschten. Bradley sah der Lustbarkeit mit verbissenen Lippen zu, gab blitzschnell dem Boy eine Ohrfeige, dem Wasserträger einen Fußtritt und zog den erschrockenen Aghion stumm mit sich davon. In seinem Zimmer sagte er dann ärgerlich: »Wie oft muß ich Ihnen noch sagen, daß Sie sich nicht mit den Leuten einlassen sollen! Sie verderben mir die Burschen, selbstverständlich in der besten Absicht, und ohnehin geht es nicht an, daß ein Engländer sich vor diesen braunen Schelmen zum Hanswurst macht!« Er war wieder davongegangen, noch ehe der beleidigte Aghion sich rechtfertigen konnte.

Unter Menschen kam der vereinsamte Missionar nur am Sonntag, wo er regelmäßig zur Kirche ging, auch selbst einmal für den wenig arbeitsamen englischen Pfarrer die Predigt übernahm. Aber er, der daheim vor den Bauern und Wollwebern seiner Gegend mit Liebe gepredigt hatte, fand sich hier, vor einer kühlen Gemeinde von reichen Geschäftsleuten, müden, kränklichen Damen und lebenslustigen jungen Angestellten, fremd und ernüchtert.

Wenn er nun über dem Betrachten seiner Lage zuweilen recht betrübt wurde und sich erbarmenswert vorkam, so gab es einen Trost für sein Gemüt, der niemals versagte. Dann rüstete er sich zu einem Ausflug, hängte die Botanisierbüchse um und nahm das Netz zur Hand, das er mit einem langen schlanken Bambusstab versehen hatte. Gerade das, worüber die meisten anderen Engländer sich bitter zu beklagen pflegten, die glühende Sonnenhitze und das ganze indische Klima, war ihm lieb und schien ihm herrlich; denn er hielt sich an Leib und Seele frisch und ließ keine Erschlaffung aufkommen. Für seine Naturstudien und Liebhabereien vollends war dieses Land eine unermeßliche Weide, auf Schritt und Tritt hielten unbekannte Bäume, Blumen, Vögel, Insekten ihn auf, die er mit der Zeit alle namentlich kennenzulernen beschloß. Seltsame Eidechsen und Skorpione, riesengroße dicke Tausendfüßler und anderes Koboldzeug erschreckte ihn selten mehr, und seit er eine dicke Schlange in der Badekammer mutig mit dem hölzernen Eimer erschlagen hatte, fühlte er seine Bangnis vor unheimlicher Tiergefahr immer mehr dahinschwinden.

Als er zum erstenmal mit seinem Netz nach einem großen prächtigen Schmetterling schlug, als er ihn gefangen sah und mit vorsichtigen Fingern das stolze strahlende Tier an sich nahm, dessen breite Flügel alabastern glänzten und mit dem duftigsten Farbenflaum behaucht waren, da schlug ihm das Herz in einer unbändigen Freude, wie er sie nicht mehr empfunden hatte, seit er als Knabe seinen ersten Schwalbenschwanz erbeutet hatte. Fröhlich gewöhnte er sich an die Unbequemlichkeiten des Dschungels und verzagte nicht, wenn er im Urwald tief in versteckte Schlammgruben einbrach, von heulenden Affenherden verhöhnt und von wütenden Ameisenvölkern überfallen wurde. Nur einmal lag er zitternd und betend hinter einem ungeheuren Gummibaum auf den Knien, während in der Nähe wie ein Gewitter und Erdbeben ein Trupp von Elefanten durchs dichte Gehölz brach. Er gewöhnte sich daran, in seinem luftigen Schlafzimmer frühmorgens vom rasenden Affengebrüll aus dem nahen Walde geweckt zu werden und bei Nacht das heulende Schreien der Schakale zu hören.

Seine Augen glänzten hell und wachsam aus dem gemagerten, braun und männlich gewordenen Gesicht.

Auch in der Stadt und noch lieber in den friedlichen gartenartigen Außendörfern sah er sich immer besser um, und die Hinduleute gefielen ihm desto mehr, je mehr er von ihnen sah. Störend und äußerst peinlich war ihm nur die Sitte der unteren Stände, ihre Frauen mit nacktem Oberkörper laufen zu lassen. Nackte Frauenhälse und -arme und Frauenbrüste auf der Gasse zu sehen, daran konnte der Missionar sich schwer gewöhnen, obgleich es häufig sehr hübsch aussah.

Nächst dieser Anstößigkeit machte nichts ihm so viel zu schaffen und zu denken wie die Rätsel, die ihm das geistige Leben dieser Menschen entgegenhielt. Wohin er blicken mochte, überall war Religion. In London konnte man gewiß am höchsten kirchlichen Feiertag nicht so viel Frömmigkeit wahrnehmen wie hier an jedem Werktag und in jeder Gasse; überall waren Tempel und Bilder, war Gebet und Opfer, waren Umzüge und Zeremonien, Büßer und Priester zu sehen. Aber wer wollte sich jemals in diesem wirren Knäuel von Religionen zurechtfinden? Da waren Brahmanen und Mohammedaner, Feueranbeter und Buddhisten, Diener des Schiwa und des Krischna, Turbanträger und Gläubige mit glattrasierten Köpfen, Schlangenanbeter und Diener heiliger Schildkröten.

Wo war der Gott, dem alle diese Verirrten dienten? Wie sah er aus, und welcher Kultus von den vielen war der ältere, heiligere, reinere? Das wußte niemand, und namentlich den Indern selber war dies vollkommen einerlei; wer von dem Glauben seiner Väter nicht befriedigt war, der ging zu einem andern über oder zog als Büßer dahin, um eine neue Religion zu finden oder gar zu schaffen. Göttern und Geistern, deren Namen niemand wußte, wurden Speisen in kleinen Schalen geopfert, und alle diese hundert Gottesdienste, Tempel und Priesterschaften lebten vergnügt nebeneinander hin, ohne daß es den Anhängern des einen Glaubens einfiel, die anderen zu hassen oder totzuschlagen, wie es daheim in den Christenländern Sitte war. Vieles sogar sah sich hübsch und lieblich an, Flötenmusik und zarte Blumenopfer, und auf vielen frommen Gesichtern wohnte ein Friede und heiter stiller Glanz, den man in den Gesichtern der Engländer vergeblich suchte. Schön und heilig schien ihm auch das von den Hindus streng gehaltene Gebot, kein Tier zu töten, und er schämte sich zuweilen und suchte Rechtfertigung vor sich selbst, wenn er ohne Erbarmen einige schöne Schmetterlinge und Käfer umgebracht und auf Nadeln gespießt hatte. Andererseits waren unter diesen selben Völkern, denen jeder Wurm als Geschöpf Gottes heilig galt und die sich innig in Gebeten und Tempeldienst hingaben, Diebstahl und Lüge, falsches Zeugnis und Vertrauensbruch ganz alltägliche Dinge, über die keine Seele sich empörte oder nur wunderte. Je mehr es der wohlmeinende Glaubensbote bedachte, desto mehr schien ihm dieses Volk zum undurchdringlichen Rätsel zu werden, das jeder Logik und Theorie hohnsprach. Der Diener, mit dem er trotz Bradleys Verbot bald wieder Gespräche pflog und der soeben ein Herz und eine Seele mit ihm zu sein schien, stahl ihm eine Stunde später ein baumwollenes Hemd, und als er ihn mit liebreichem Ernst zur Rede stellte, leugnete er zuerst unter Schwüren, gab dann lächelnd alles zu, zeigte das Hemd her und sagte zutraulich, es habe ja schon ein kleines Loch, und so habe er gedacht, der Master werde es gewiß nimmer tragen mögen.

Ein anderes Mal setzte ihn der Wasserträger in Erstaunen. Dieser Mann erhielt seinen Lohn und sein Essen dafür, daß er täglich die Küche und die Badekammer aus der nächsten Zisterne her mit Wasser versorgte. Er tat diese Arbeit stets am frühen Morgen und am Abend, den ganzen übrigen Tag saß er in der Küche oder in der Dienerhütte und kaute entweder Betel oder ein Stückchen Zuckerrohr. Einmal, da der andere Diener ausgegangen war, gab ihm Aghion ein Beinkleid zum Ausbürsten, das von einem Spaziergang her voll von Grassamen hing. Der Mann lachte nur und streckte die Hände auf den Rücken, und als der Missionar unwillig wurde und ihm streng befahl, sofort die kleine Arbeit zu tun, folgte er zwar endlich, tat die Verrichtung aber unter Murren und Tränen, setzte sich dann trostlos in die Küche und schalt und tobte eine Stunde lang wie ein Verzweifelter. Mit unendlicher Mühe und nach Überwindung vieler Mißverständnisse brachte Aghion an den Tag, daß er den Menschen schwer beleidigt habe durch den Befehl zu einer Arbeit, die nicht zu seinem Amte gehörte.

Alle diese kleinen Erfahrungen traten, sich allmählich verdichtend, wie zu einer Glaswand zusammen, die den Missionar von seiner Umgebung abtrennte und in eine immer peinlichere Einsamkeit verwies. Desto heftiger, ja mit einer gewissen verzweifelten Gier lag er seinen Sprachstudien ob, in denen er gute Fortschritte machte und die ihm, wie er sehnlichst hoffte, dies fremde Volk doch noch erschließen sollten. Immer häufiger konnte er es nun wagen, Eingeborene auf der Straße anzureden, er ging ohne Dolmetscher zum Schneider, zum Krämer, zum Schuhmacher. Manchmal gelang es ihm, mit einfachen Leuten ins Geplauder zu kommen, etwa indem er einem Handwerker sein Werk, einer Mutter ihren Säugling freundlich betrachtete und lobte, und aus Worten und Blicken dieser Heidenmenschen, namentlich aber aus ihrem guten, kindlichen, seligen Lachen, sprach ihn oft die Seele des fremden Volkes so klar und brüderlich an, daß für Augenblicke alle Schranken fielen und das Gefühl der Fremdheit sich verlor.

Schließlich meinte er entdeckt zu haben, daß Kinder und einfache Leute vom Lande ihm fast immer zugänglich seien, ja, daß alle Schwierigkeiten, alles Mißtrauen und alle Verderbnis der Städter nur von der Berührung mit den europäischen Schiffs- und Handelsleuten herkomme. Von da an wagte er sich, häufig zu Pferde, auf Ausflügen immer weiter ins Land hinein. Er trug Kupfermünzen und manchmal auch Zuckerstücke für die Kinder in der Tasche, und wenn er weit drinnen im hügeligen Lande vor einer bäuerlichen Lehmhütte sein Pferd an eine Palme band und, unter das Schilfdach tretend, grüßte und um einen Trunk Wasser oder Kokosmilch bat, so ergab sich fast jedesmal eine harmlos freundliche Bekanntschaft und ein Geplauder, bei dem Männer, Weiber und Kinder, über seine noch mangelhafte Kenntnis der Sprache oft im fröhlichsten Erstaunen hellauf lachten, was er gar nicht ungerne sah.

Noch machte er keinerlei Versuche, den Leuten bei solchen Anlässen vom lieben Gott zu erzählen. Es schien ihm das nicht nur nicht eilig, sondern auch überaus heikel und fast unmöglich zu sein, da er für alle die geläufigen Ausdrücke des biblischen Glaubens durchaus keine indischen Worte finden konnte. Außerdem fühlte er kein Recht, sich zum Lehrer dieser Leute aufzuwerfen und sie zu wichtigen Änderungen in ihrem Leben aufzufordern, ehe er dieses Leben genau kannte und fähig war, mit den Hindus einigermaßen auf gleichem Fuße zu leben und zu reden.

Dadurch dehnten seine Studien sich weiter aus. Er suchte Leben, Arbeit und Erwerb der Eingeborenen kennenzulernen, er ließ sich Bäume und Früchte zeigen und benennen, Haustiere und Geräte; er erforschte nach und nach die Geheimnisse des nassen und des trockenen Reisbaues, der Gewinnung des Bastes und der Baumwolle, er betrachtete Hausbau und Töpferei, Strohflechten und Webearbeiten, worin er von der Heimat her Bescheid wußte. Er sah dem Pflügen schlammiger Reisfelder mit rosenroten fetten Wasserbüffeln zu, er lernte die Arbeit des gezähmten Elefanten kennen und sah zahme Affen für ihre Herren die Kokosnüsse von den Bäumen holen.

Auf einem seiner Ausflüge, in einem friedvollen Tal zwischen hohen grünen Hügeln, überraschte ihn einst ein wilder Gewitterregen, vor welchem er in der nächsten Hütte, die er erreichen konnte, einen Unterstand suchte. Er fand in dem engen Raum zwischen lehmbekleideten Bambuswänden eine kleine Familie versammelt, die den hereintretenden Fremdling mit scheuem Erstaunen begrüßte. Die Hausmutter hatte ihr graues Haar mit Henna feurigrot gefärbt und zeigte, da sie zum Empfang aufs freundlichste lächelte, einen Mund voll ebenso roter Zähne, die ihre Leidenschaft für das Betelkauen verrieten. Ihr Mann war ein großer, ernst blickender Mensch mit langen, noch dunklen Haaren. Er erhob sich vom Boden und nahm eine königlich aufrechte Haltung an, tauschte Begrüßungsworte mit dem Gast und bot ihm alsbald eine frisch geöffnete Kokosnuß an, von deren süßlichem Saft der Engländer einen Schluck genoß. Ein kleiner Knabe, der bei seinem Eintritt still in die Ecke hinter der steinernen Feuerstelle geflohen war, blitzte von dort unter einem Wald von glänzend schwarzen Haaren hervor mit ängstlich neugierigen Augen; auf seiner dunkeln Brust schimmerte ein messingenes Amulett, das seinen einzigen Schmuck und seine einzige Kleidung bildete. Einige große Bananenbündel schwebten über der Türe zur Nachreife aufgehängt; in der ganzen Hütte, die all ihr Licht nur durch die offene Tür erhielt, war keine Armut, wohl aber die äußerste Einfachheit und eine hübsche, reinliche Ordnung zu bemerken.

Ein leises, aus allerfernsten Kindererinnerungen emporduftendes Heimatgefühl, das den Reisenden so leicht beim Anblick zufriedener Häuslichkeit übernimmt, ein leises Heimatgefühl, das er in dem Bungalow des Herrn Bradley niemals gespürt hatte, kam über den Missionar, und es schien ihm beinahe so, als sei seine Einkehr hier nicht nur die eines vom Regen überfallenen Wanderers, sondern als wehe ihm, der sich in trüben Lebenswirrsalen verlaufen, endlich einmal wieder Sinn und Frohmut eines richtigen, natürlichen, in sich begnügten Lebens entgegen. Auf dem dichten Schilfblätterdach der Hütte rauschte und trommelte leidenschaftlich der wilde Regen und hing vor der Tür dick und blank wie eine Glaswand.

Die Alten unterhielten sich mit ihrem ungewöhnlichen Gast, und als sie am Ende mit Höflichkeit die natürliche Frage stellten, was denn seine Ziele und Absichten in diesem Lande seien, kam er in Verlegenheit und begann von anderem zu reden. Wieder, wie schon oft, wollte es dem bescheidenen Aghion als eine ungeheuerliche Frechheit und Überhebung erscheinen, daß er als Abgesandter eines fernen Volkes hierhergekommen sei mit der

Absicht, diesen Menschen ihren Gott und Glauben zu nehmen und einen anderen dafür aufzunötigen. Immer hatte er gedacht, diese Scheu würde sich verlieren, sobald er nur die Hindusprache besser beherrsche; aber heute ward ihm unzweifelhaft klar, daß dies eine Täuschung gewesen war und daß er, je besser er das braune Volk verstand, desto weniger Recht und Lust in sich verspürte, herrisch in das Leben dieses Volkes einzugreifen.

Der Regen ließ nach, und das mit der fetten roten Erde durchsetzte Wasser in der hügeligen Gasse lief davon, Sonnenstrahlen drangen zwischen den naß glänzenden Palmenstämmen hervor und spiegelten sich grell und blendend in den blanken Riesenblättern der Pisangbäume. Der Missionar bedankte sich bei seinen Wirten und machte Miene sich zu verabschieden, da fiel ein Schatten auf den Boden, und der kleine Raum verfinsterte sich. Schnell wandte er sich um und sah durch die Tür eine Gestalt lautlos auf nackten Sohlen hereintreten, eine junge Frau oder ein Mädchen, die bei seinem unerwarteten Anblick erschrak und zu dem Knaben hinter die Feuerstatt floh.

»Sag dem Herrn guten Tag!« rief ihr der Vater zu, und sie trat schüchtern zwei Schritte vor, kreuzte die Hände vor der Brust und verneigte sich mehrmals. In ihrem dicken tiefschwarzen Haar schimmerten Regentropfen; der Engländer legte freundlich und befangen seine Hand darauf und sprach einen Gruß, und während er das weiche geschmeidige Haar lebendig in seinen Fingern fühlte, hob sie das Gesicht zu ihm auf und lächelte freundlich aus wunderschönen Augen. Um den Hals trug sie eine Korallenkette und am einen Fußgelenk einen schweren goldenen Ring, sonst nichts als das dicht unter den Brüsten gegürtete rotbraune Untergewand. So stand sie in ihrer Schönheit vor dem erstaunten Fremden; die Sonnenstrahlen spiegelten sich matt in ihrem Haar und auf ihren braunen blanken Schultern, blitzend funkelten die Zähne aus dem jungen Mund. Robert Aghion sah sie mit Entzücken an und suchte tief in ihre stillen sanften Augen zu blicken, wurde aber schnell verlegen; der feuchte Duft ihrer Haare und der Anblick ihrer nackten Schultern und Brüste verwirrte ihn, so daß er bald vor ihrem unschuldigen Blick die Augen niederschlug. Er griff in die Tasche und holte eine kleine stählerne Schere hervor, mit der er sich Nägel und Bart zu schneiden pflegte und die ihm auch beim Pflanzensammeln diente; die schenkte er dem schönen Mädchen und wußte wohl, daß dies eine recht kostbare Gabe sei. Sie nahm das Ding denn auch befangen und in beglücktem Erstaunen an sich, während die Eltern sich in Dankesworten erschöpften, und als er nun Abschied nahm und ging, da folgte sie ihm bis unter das Vordach der Hütte, ergriff seine linke Hand und küßte sie. Die laue, zärtliche Berührung dieser blumenhaften Lippen rann dem Manne ins Blut, am liebsten hätte er sie auf den Mund geküßt. Statt dessen nahm er ihre beiden Hände in seine Rechte, sah ihr in die Augen und sagte: »Wie alt bist du?«

»Das weiß ich nicht«, gab sie zur Antwort.

»Und wie heißt du denn?«

»Naissa.«

»Leb wohl, Naissa, und vergiß mich nicht!«

»Naissa vergißt den Herrn nicht.«

Er ging von dannen und suchte den Heimweg, tief in Gedanken, und als er spät in der Dunkelheit ankam und in seine Kammer trat, bemerkte er erst jetzt, daß er heute keinen einzigen Schmetterling oder Käfer, nicht Blatt noch Blume von seinem Ausflug mitgebracht hatte. Seine Wohnung aber, das öde Junggesellenhaus mit den herumlungernden Dienern und dem kühlen mürrischen Herrn Bradley, war ihm noch nie so unheimlich und trostlos erschienen wie in dieser Abendstunde, da er bei seiner kleinen Öllampe am wackligen Tischlein saß und in der Bibel zu lesen versuchte.

In dieser Nacht, als er nach langer Gedankenunruhe und trotz der singenden Moskitos endlich den Schlaf gefunden hatte, wurde der Missionar von sonderbaren Träumen heimgesucht.

Er wandelte in einem dämmernden Palmenhain, wo gelbe Sonnenflekken auf dem rotbraunen Boden spielten. Papageien riefen aus der Höhe, Affen turnten tollkühn an den unendlich hohen Baumsäulen, kleine edelsteinblitzende Vögel leuchteten kostbar auf, Insekten jeder Art gaben durch Töne, Farben oder Bewegungen ihre Lebensfreude kund. Der Missionar spazierte dankbar und beglückt inmitten dieser Pracht; er rief einen seiltanzenden Affen an, und siehe, das flinke Tier kletterte gehorsam zur Erde und stellte sich wie ein Diener mit Gebärden der Ergebenheit vor Aghion auf. Dieser sah ein, daß er in diesem seligen Bezirk der Kreatur zu gebieten habe, und alsbald berief er die Vögel und Schmetterlinge um sich, und sie kamen in großen glänzenden Scharen, er winkte und taktierte mit den Händen, nickte mit dem Kopf, befahl mit Blicken und Zungenschnalzen, und gefügig ordneten sich alle die herrlichen Tiere in der goldenen Luft zu schönen schwebenden Reigen und Festzügen, pfiffen und summten, zirpten und rollten in feinen Chören, suchten und flohen, verfolgten und haschten einander, beschrieben feierliche Kreise und schalkhafte Spiralen in der Luft. Es war ein glänzendes herrliches Ballett und Konzert und ein wiedergefundenes Paradies, und der Träumer verweilte in dieser harmonischen Zauberwelt, die ihm gehorchte und zu eigen war, mit einer beinahe schmerzlichen Lust; denn in all dem Glück war doch schon ein leises Ahnen oder Wissen enthalten, ein Vorgeschmack von Unverdientheit und Vergänglichkeit, wie ihn ein frommer Missionar ohnehin bei jeder Sinnenlust auf der Zunge haben muß.

Dieser ängstliche Vorgeschmack trog dann auch nicht. Noch schwelgte der entzückte Naturfreund im Anblick einer Affenquadrille und liebkoste einen ungeheuren blauen Sammetfalter, der sich vertraulich auf seine linke Hand gesetzt hatte und sich wie ein Täubchen streicheln ließ, aber schon begannen Schatten der Angst und Auflösung in dem Zauberhain zu flattern und das Gemüt des Träumers zu umhüllen. Einzelne Vögel schrien plötzlich grell und angstvoll auf, unruhige Windstöße erbrausten in den hohen Wipfeln, das frohe warme Sonnenlicht wurde fahl und siech, die Vögel huschten nach allen Seiten davon, und die schönen großen Falter ließen sich in wehrlosem Schrecken vom Winde davonführen. Regentropfen klatschten erregt auf den Baumkronen, ein ferner leiser Donner rollte langsam austönend über das Himmelsgewölbe.

Da betrat Mister Bradley den Wald. Der letzte bunte Vogel war entflogen. Hünenhaft groß von Gestalt und finster wie der Geist eines erschlagenen Königs kam Bradley heran, spuckte verächtlich vor dem Missionar aus und begann ihm in verletzenden, höhnischen, feindseligen Worten vorzuwerfen, er sei ein Gauner und Tagedieb, der sich von seinem Londoner Patron für die Bekehrung der Heiden anstellen und bezahlen lasse, statt dessen aber nichts tue als müßig gehen, Käfer fangen und spazierenlaufen. Und Aghion mußte in Zerknirschung eingestehen, jener habe recht und er sei all dieser Versäumnisse schuldig.

Es erschien nun jener mächtige reiche Patron aus England, Aghions Brotgeber, sowie mehrere englische Geistliche, und diese zusammen mit Bradley trieben und hetzten den Missionar vor sich her durch Busch und Dorn, bis sie auf eine volkreiche Straße und in jene Vorstadt von Bombay kamen, wo der turmhohe groteske Hindutempel stand. Hier flutete eine bunte Menschenmenge aus und ein, nackte Kulis und weißgekleidete stolze Brahmanen; dem Tempel gegenüber aber war eine christliche Kirche errichtet, und über ihrem Portal war Gottvater in Stein gebildet, in Wolken schwebend mit ernstem Vaterauge und fließendem Bart.

Der bedrängte Missionar schwang sich auf die Stufen des Gotteshauses, winkte mit den Armen und begann den Hinduleuten zu predigen. Mit lauter Stimme forderte er sie auf, herzuschauen und zu vergleichen, wie anders der wahre Gott beschaffen sei als ihre armen Fratzengötter mit den vielen Armen und Rüsseln. Mit ausgestrecktem Finger wies er auf das verschlungene Figurenwerk der indischen Tempelfassade, und dann wies er einladend auf das Gottesbild seiner Kirche. Aber wie sehr erschrak er da, als er seiner eigenen Gebärde folgend emporblickte; denn Gottvater hatte sich verändert, er hatte drei Köpfe und sechs Arme bekommen und hatte statt des etwas blöden und machtlosen Ernstes ein überlegen vergnügtes Lächeln in den Gesichtern, genau wie es die indischen Götterbilder nicht selten zeigten. Verzagend sah sich der Prediger nach Bradley, nach dem Patron und der Geistlichkeit um; sie waren aber alle verschwunden, er stand allein und kraftlos auf den Stufen der Kirche, und nun verließ ihn auch Gottvater selbst, denn er winkte mit seinen sechs Armen zu dem Tempel hinüber und lächelte den Hindugöttern mit göttlicher Heiterkeit zu.

Vollständig verlassen, geschändet und verloren stand Aghion auf seiner Kirchentreppe. Er schloß die Augen und blieb aufrecht stehen, jede Hoffnung war in seiner Seele erloschen, und er wartete mit verzweifelter Ruhe darauf, von den Heiden gesteinigt zu werden. Statt dessen aber fühlte er sich, nach einer furchtbaren Pause, von einer starken, doch sanften Hand beiseite geschoben, und als er die Augen aufriß, sah er den steinernen Gottvater groß und ehrwürdig die Stufen herabschreiten, während gegenüber die Götterfiguren des Tempels in ganzen Scharen von ihren Schauplätzen herabstiegen. Sie alle wurden von Gottvater begrüßt, der sodann in den Hindutempel eintrat und mit freundlicher Gebärde die Huldigung der weißgekleideten Brahmanen entgegennahm. Die Heidengötter aber mit ihren Rüsseln, Ringellocken und Schlitzaugen besuchten einmütig die Kirche, fanden alles gut und hübsch und zogen viele Beter nach sich, und so entstand ein Umzug der Götter und Menschen zwischen Kirche und Tempel; Gong und Orgel tönten geschwisterlich ineinander, und stille dunkle Inder brachten auf nüchternen englisch-christlichen Altären Lotosblumen dar.

Mitten im festlichen Gedränge aber schritt mit den glatten, glänzend schwarzen Haaren und den großen kindlichen Augen die schöne Naissa. Sie kam zwischen vielen anderen Gläubigen vom Tempel herübergegangen, stieg die Stufen zur Kirche empor und blieb vor dem Missionar stehen. Sie sah ihm ernst und lieblich in die Augen, nickte ihm zu und bot ihm eine Lotosblüte hin. Er aber, in überwallendem Entzücken, beugte sich über ihr klares stilles Gesicht herab, küßte sie auf die Lippen und schloß sie in seine Arme.

Noch ehe er hatte sehen können, was Naissa dazu sagte, erwachte Aghion aus seinem Traum und fand sich müde und erschrocken in tiefer Dunkelheit auf seinem Lager hingestreckt. Eine schmerzliche Verwirrung aller Gefühle und Triebe quälte ihn bis zur Verzweiflung. Der Traum hatte ihm sein eigenes Selbst unverhüllt gezeigt, seine Schwäche und Verzagtheit, den Unglauben an seinen Beruf, seine Verliebtheit in die braune Heidin, seinen unchristlichen Haß gegen Bradley, sein schlechtes Gewissen dem englischen Brotgeber gegenüber.

Eine Weile lag er traurig und bis zu Tränen erregt im Dunkeln. Er versuchte zu beten und vermochte es nicht, er versuchte sich die Naissa als Teufelin vorzustellen und seine Neigung als verworfen zu erkennen und konnte auch das nicht. Am Ende erhob er sich, einer halbbewußten Regung folgend und noch von den Schatten und Schauern des Traumes umgeben; er verließ sein Zimmer und suchte Bradleys Stube auf, ebensosehr im triebhaften Bedürfnis nach Menschenanblick und Trost wie in der frommen Absicht, sich seiner Abneigung gegen diesen Mann zu schämen und durch Offenheit ihn zum Freunde zu machen.

Leise schlich er auf dünnen Bastsohlen die dunkle Veranda entlang bis zum Schlafzimmer Bradleys, dessen leichte Tür aus Bambusgestäbe nur bis zur halben Höhe der Türöffnung reichte und den hohen Raum schwach erleuchtet zeigte; denn jener pflegte, gleich vielen Europäern in Indien, die ganze Nacht hindurch ein kleines Öllicht zu brennen. Behutsam drückte Aghion die dünnen Türflügel nach innen und ging hinein.

Der kleine Öldocht schwelte in einem irdenen Schüsselchen am Boden des Gemachs und warf schwache ungeheure Schatten an den kahlen Wänden aufwärts. Ein brauner Nachtfalter umsurrte das Licht in kleinen Kreisen. Um die umfangreiche Bettstatt her war der große Moskitoschleier sorgfältig zusammengezogen. Der Missionar nahm die Lichtschale in die Hand, trat ans Bett und öffnete den Schleier eine Spanne weit. Eben wollte er des Schläfers Namen rufen, da sah er mit heftigem Erschrecken, daß Bradley nicht allein sei. Er lag, vom dünnen, seidenen Nachtkleide bedeckt, auf dem Rücken, und sein Gesicht mit dem emporgereckten Kinn sah um nichts zarter oder freundlicher aus als am Tage. Neben ihm aber lag nackt eine zweite Gestalt, eine Frau mit langen schwarzen Haaren. Sie lag auf der Seite und wendete dem Missionar das schlafende Gesicht zu, und er erkannte sie: es war das starke große Mädchen, das jede Woche die Wäsche abzuholen pflegte.

Ohne den Vorhang wieder zu schließen, floh Aghion hinaus und in sein Zimmer zurück. Er versuchte wieder zu schlafen, doch gelang es ihm nicht; das Erlebnis des Tages, der seltsame Traum und endlich der Anblick der nackten Schläferin hatten ihn gewaltig erregt. Zugleich war seine Abneigung gegen Bradley viel stärker geworden, ja er scheute sich vor dem Augenblick des Wiedersehens und der Begrüßung beim Frühstück. Am meisten aber quälte und bedrückte ihn die Frage, ob es nun seine Pflicht sei, dem Hausgenossen wegen seiner Lebensführung Vorwürfe zu machen und seine Besserung zu versuchen. Aghions ganze Natur war dagegen, aber sein Amt schien von ihm zu fordern, daß er seine Feigheit überwinde und dem Sünder unerschrocken ins Gewissen rede. Er zündete seine Lampe an und las, von den singenden Mücken umschwärmt und gepeinigt, stundenlang im Neuen Testament, ohne doch Sicherheit und Trost zu gewinnen. Beinahe hätte er ganz Indien fluchen mögen oder doch seiner Neugierde und Wanderlust, die ihn hierher und in diese Sackgasse geführt hatte. Nie war ihm die Zukunft so düster erschienen, und nie hatte er sich so wenig zum Bekenner und Märtyrer geschaffen gefühlt wie in dieser Nacht.

Zum Frühstück kam er mit unterhöhlten Augen und müden Zügen, rührte unfroh mit dem Löffel im duftenden Tee und schälte in verdrossener Spielerei lange Zeit an einer Banane herum, bis Herr Bradley erschien. Dieser grüßte kurz und kühl wie sonst, setzte den Boy und den Wasserträger durch laute Befehle in Trab, suchte sich mit langwieriger Umsicht die goldenste Frucht aus dem Bananenbüschel und aß dann rasch und herrisch, während im sonnigen Hof der Diener sein Pferd vorführte.

»Ich hatte noch etwas mit Ihnen zu besprechen«, sagte der Missionar, als der andere eben aufbrechen wollte. Argwöhnisch blickte Bradley auf.

»So? Ich habe sehr wenig Zeit. Muß es gerade jetzt sein?«

»Ja, es ist besser. Ich fühle mich verpflichtet, Ihnen zu sagen, daß ich von dem unerlaubten Umgang weiß, den Sie mit einem Hinduweib haben. Sie können sich denken, wie peinlich es mir ist ...«

»Peinlich!« rief Bradley aufspringend und brach in ein zorniges Gelächter aus. »Herr, Sie sind ein größerer Esel, als ich je gedacht hätte! Was Sie von mir halten, ist mir natürlich durchaus einerlei, daß Sie aber in meinem

Hause herumschnüffeln und spionieren, finde ich niederträchtig. Machen wir die Sache kurz! Ich lasse Ihnen Zeit bis Sonntag. Bis dahin suchen Sie sich freundlichst eine neue Unterkunft in der Stadt; denn in diesem Haus werde ich Sie keinen Tag länger dulden!«

Aghion hatte eine barsche Abfertigung, nicht aber diese Antwort erwartet. Doch ließ er sich nicht einschüchtern.

»Es wird mir ein Vergnügen sein«, sagte er mit guter Haltung, »Sie von meiner lästigen Einquartierung zu befreien. Guten Morgen, Herr Bradley!«

Er ging weg, und Bradley sah ihm aufmerksam nach, halb betroffen, halb belustigt. Dann strich er sich den harten Schnurrbart, rümpfte die Lippen, pfiff seinem Hunde und stieg die Holztreppe zum Hof hinab, um in die Stadt zu reiten.

Beiden Männern war die kurze gewitterhafte Aussprache und Klärung der Lage willkommen. Aghion allerdings sah sich unerwartet vor Sorgen und Entschlüsse gestellt, die ihm bis vor einer Stunde noch in angenehmer Ferne geschwebt hatten. Aber je ernstlicher er seine Angelegenheiten bedachte und je deutlicher es ihm wurde, daß der Streit mit Bradley eine Nebensache, die Lösung seines ganzen verworrenen Zustandes aber nun eine unerbittliche Notwendigkeit geworden sei, desto klarer und wohler wurde ihm in den Gedanken. Das Leben in diesem Hause, das Brachliegen seiner Kräfte, alle die ungestillten Begierden und toten Stunden waren ihm zu einer Qual geworden, die seine einfältige Natur ohnehin nicht lange mehr ertragen hätte.

Es war noch früh am Morgen, und eine Ecke des Gartens, sein Lieblingsplatz, lag noch kühl im Schatten. Hier hingen die Zweige verwilderter Gebüsche über einen ganz kleinen, gemauerten Weiher nieder, der einst als Badestelle angelegt, aber verwahrlost und nun von einem Völkchen gelber Schildkröten bewohnt war. Hierher trug er seinen Bambusstuhl, legte sich nieder und sah den schweigsamen Tieren zu, welche träg und wohlig im lauen grünen Wasser schwammen und still aus klugen kleinen Augen blickten. Jenseits im Wirtschaftshof kauerte in seinem Winkel der unbeschäftigte Stalljunge und sang; sein eintöniges näselndes Lied klang wie Wellenspiel herüber und zerfloß in der warmen Luft, und unversehens überfiel nach der schlaflosen erregten Nacht den Liegenden die Müdigkeit, er schloß die Augen, ließ die Arme sinken und schlief ein.

Als ein Mückenstich ihn weckte, sah er mit Beschämung, daß er fast den ganzen Vormittag verschlafen hatte. Aber er fühlte sich nun frisch und ging ungesäumt daran, seine Gedanken und Wünsche zu ordnen und die Wirrnis seines Lebens sachte auseinander zu falten. Da wurde ihm unzweifelhaft klar, was unbewußt seit langem ihn gelähmt und seine Träume beängstigt hatte, daß nämlich seine Reise nach Indien zwar durchaus gut und klug gewesen war, daß aber zum Missionar ihm der richtige innere Beruf und Antrieb fehle. Er war bescheiden genug, darin eine Niederlage und einen betrübenden Mangel zu sehen; aber zur Verzweiflung war kein Grund vorhanden. Vielmehr schien ihm jetzt, da er entschlossen war, sich eine angemessenere Arbeit zu suchen, das reiche Indien erst recht eine gute Zuflucht und Heimat zu sein. Mochte es traurig sein, daß alle diese Eingeborenen sich falschen Göttern verschrieben hatten – sein Beruf war es nicht, das zu ändern. Sein Beruf war, dieses Land für sich zu erobern und für sich und andere das Beste daraus zu holen, indem er sein Auge, seine Kenntnis, seine zur Tat gewillte Jugend darbrachte und überall bereitstand, wo eine Arbeit für ihn sich böte.

Noch am Abend desselben Tages wurde er, nach einer kurzen Besprechung, von einem in Bombay wohnhaften Herrn Sturrock als Sekretär und Aufseher für eine benachbarte Kaffeepflanzung angestellt. Einen Brief an seine bisherigen Brotgeber, worin Aghion sein Tun erklärte und sich zum späteren Ersatz des Empfangenen verpflichtete, versprach Sturrock nach London zu besorgen. Als der neue Aufseher in seine Wohnung zurückkehrte, fand er Bradley in Hemdärmeln allein beim Abendessen sitzen. Er teilte ihm, noch ehe er neben ihm Platz nahm, das Geschehene mit. Bradley nickte mit vollem Munde, goß etwas Whisky in sein Trinkwasser und sagte fast freundlich: »Sitzen Sie, und bedienen Sie sich, der Fisch ist schon kalt. Nun sind wir ja eine Art von Kollegen. Na, ich wünsche Ihnen Gutes. Kaffee bauen ist leichter als Hindus bekehren, das ist gewiß, und möglicherweise ist es ebenso wertvoll. Ich hätte Ihnen nicht so viel Vernunft zugetraut, Aghion!«

Die Pflanzung, die er beziehen sollte, lag zwei Tagereisen weit landeinwärts, und übermorgen sollte Aghion in Begleitung einer Kulitruppe dorthin aufbrechen; so blieb ihm zum Besorgen seiner Angelegenheiten nur ein einziger Tag. Zu Bradleys Verwunderung erbat er sich für morgen ein Reitpferd, doch enthielt sich jener aller Fragen, und die beiden Männer saßen, nachdem sie die von tausend Insekten umflügelte Lampe hatten wegtragen lassen, in dem lauen, schwarzen indischen Abend einander gegenüber und fühlten sich einander näher als in all diesen vielen Monaten eines gezwungenen Zusammenlebens.

»Sagen Sie«, fing Aghion nach einem langen Schweigen an, »Sie haben sicher von Anfang an nicht an meine Missionspläne geglaubt?«

»O doch«, gab Bradley ruhig zurück. »Daß es Ihnen damit Ernst war, konnte ich ja sehen.«

»Aber Sie konnten gewiß auch sehen, wie wenig ich zu dem paßte, was ich hier tun und vorstellen sollte! Warum haben Sie mir das nie gesagt?«

»Ich war von niemand dazu angestellt. Ich liebe es nicht, wenn mir jemand in meine Sachen hineinredet; so tue ich das auch bei anderen nicht. Außerdem habe ich hier in Indien schon die verrücktesten Dinge unternehmen und gelingen sehen. Das Bekehren war Ihr Beruf, nicht meiner. Und jetzt haben Sie ganz von selber einige Ihrer Irrtümer eingesehen! So wird es Ihnen auch noch mit anderen gehen …«

»Mit welchen zum Beispiel?«

»Zum Beispiel in dem, was Sie heut morgen mir an den Kopf geworfen haben.«

»O, wegen des Mädchens!«

»Gewiß. Sie sind ein Geistlicher gewesen; trotzdem werden Sie zugeben, daß ein gesunder Mann nicht jahrelang leben und arbeiten und gesund bleiben kann, ohne gelegentlich eine Frau bei sich zu haben. Mein Gott, darum brauchen Sie doch nicht rot zu werden! Nun sehen Sie: als Weißer in Indien, der sich nicht gleich eine Frau mit aus England herübergebracht hat, hat man wenig Auswahl. Es gibt keine englischen Mädchen hier. Die hier geboren werden, die schickt man schon als Kinder nach Europa heim. Es bleibt nur die Wahl zwischen den Matrosendirnen und den Hindufrauen, und die sind mir lieber. Was finden Sie daran schlimm?«

»O, hier verstehen wir uns nicht, Herr Bradley! Ich finde, wie es die Bibel und unsere Kirche vorschreibt, jede uneheliche Verbindung schlimm und unrecht!«

»Wenn man aber nichts anderes haben kann?«

»Warum sollte man nicht können? Wenn ein Mann ein Mädchen wirklich lieb hat, so soll er es heiraten.«

»Aber doch nicht ein Hindumädchen?«

»Warum nicht?«

»Aghion, Sie sind weitherziger als ich! Ich will mir lieber einen Finger abbeißen als eine Farbige heiraten, verstehen Sie? Und so werden Sie später auch einmal denken!«

»O bitte, das hoffe ich nicht. Da wir so weit sind, kann ich es Ihnen ja sagen: ich liebe ein Hindumädchen, und es ist meine Absicht, sie zu meiner Frau zu machen.«

Bradleys Gesicht wurde ernsthaft. »Tun Sie das nicht!« sagte er fast bittend.

»Doch, ich werde es tun«, fuhr Aghion begeistert fort. »Ich werde mich mit dem Mädchen verloben und sie dann so lange erziehen und unterrichten, bis sie die christliche Taufe erhalten kann; dann lassen wir uns in der englischen Kirche trauen.«

»Wie heißt sie denn?« fragte Bradley nachdenklich.

»Naissa.«

»Und ihr Vater?«

»Das weiß ich nicht.«

»Na, bis zur Taufe hat es ja noch Zeit; überlegen Sie sich das lieber noch einmal! Natürlich kann sich unsereiner in ein indisches Mädel verlieben, sie sind oft hübsch genug. Sie sollen auch treu sein und zahme Frauen abgeben. Aber ich kann sie doch immer nur wie eine Art Tierchen ansehen, wie lustige Ziegen oder schöne Rehe, nicht wie meinesgleichen.«

»Ist das nicht ein Vorurteil? Alle Menschen sind Brüder, und die Inder sind ein altes edles Volk.«

»Ja, das müssen Sie besser wissen, Aghion. Was mich betrifft, ich habe sehr viel Achtung vor Vorurteilen.«

Er stand auf, sagte gute Nacht und ging in sein Schlafzimmer, in dem er gestern die hübsche große Wäscheträgerin bei sich gehabt hatte. »Wie eine Art Tierchen«, hatte er gesagt, und Aghion lehnte sich nachträglich in Gedanken dagegen auf.

Früh am andern Tage, noch ehe Bradley zum Frühstück gekommen war, ließ Aghion das Reitpferd vorführen und ritt davon, während noch in den Baumwipfeln die Affen ihr Morgengeschrei verübten. Und noch stand die Sonne nicht hoch, als er schon in der Nähe jener Hütte, wo er die hübsche Naissa kennengelernt hatte, sein Tier anband und zu Fuß sich der Behausung näherte. Auf der Türschwelle saß nackt der kleine Sohn und spielte mit einer jungen Ziege, von der er sich lachend immer wieder vor die Brust stoßen ließ.

Eben als der Besucher vom Weg abbiegen wollte, um in die Hütte zu treten, stieg über den kauernden Jungen hinweg vom Innern der Hütte her ein junges Mädchen, das er sofort als Naissa erkannte. Sie trat auf die

Gasse, einen hohen irdenen Wasserkrug leer in der losen Rechten tragend, und ging, ohne ihn zu beachten, vor Aghion her, der ihr mit Entzücken folgte. Bald hatte er sie eingeholt und rief ihr einen Gruß zu. Sie hob den Kopf, indem sie das Grußwort leise erwiderte, und sah aus den schönen braungoldenen Augen kühl auf den Mann, als kenne sie ihn nicht, und als er ihre Hand ergriff, zog sie sie erschrocken zurück und lief mit beschleunigten Schritten weiter. Er begleitete sie bis zu dem gemauerten Wasserbehälter, wo das Wasser einer schwachen Quelle dünn und sparsam über moosig-alte Steine rann; er wollte ihr helfen, den Krug zu füllen und emporzuziehen, aber sie wehrte ihn schweigend ab und machte ein trotziges Gesicht. Er war über so viel Sprödigkeit erstaunt und enttäuscht, und jetzt suchte er aus seiner Tasche das Geschenk hervor, das er für sie mitgebracht hatte, und es tat ihm nun doch ein wenig weh, zu sehen, wie sie alsbald die Abwehr vergaß und nach dem Dinge griff, das er ihr anbot. Es war eine emaillierte kleine Dose mit hübschen Blumenbildchen darauf, und die innere Seite des runden Deckels bestand aus einem kleinen Spiegel. Er zeigte ihr, wie man ihn öffne, und gab ihr das Ding in die Hand.

»Für mich?« fragte sie mit Kinderaugen.

»Für dich!« sagte er, und während sie mit der Dose spielte, streichelte er ihren sammetweichen Arm und ihr langes schwarzes Haar.

Da sie ihm nun Dank sagte und mit unentschlossener Gebärde den vollen Wasserkrug ergriff, versuchte er, ihr etwas Liebes und Zärtliches zu sagen, was sie jedoch offenbar nur halb verstand, und indem er sich auf Worte besann und unbeholfen neben ihr stand, schien ihm plötzlich die Kluft zwischen ihm und ihr ungeheuer, und er dachte mit Trauer, wie wenig doch vorhanden sei, das ihn mit ihr verbinde, und wie lange, lange es dauern mochte, bis sie einmal seine Braut und seine Freundin sein, seine Sprache verstehen, sein Wesen begreifen, seine Gedanken teilen könnte.

Mittlerweile hatte sie langsam den Rückweg angetreten, und er ging neben ihr her, der Hütte entgegen. Der Knabe war mit der Ziege in einem atemlosen Jagdspiel begriffen; sein schwarzbrauner Rücken glänzte metallisch in der Sonne, und sein geblähter Reisbauch ließ die Beine zu dünn erscheinen. Mit einem Anflug von Befremdung dachte der Engländer daran, daß, wenn er Naissa heirate, dieses Naturkind sein Schwager sein würde. Um sich diesen Vorstellungen zu entziehen, sah er das Mädchen wieder an. Er betrachtete ihr entzückend feines, großäugiges Gesicht mit dem kühlen kindlichen Mund und mußte denken, ob es ihm wohl glücken werde, heute noch von diesen Lippen den ersten Kuß zu erhalten.

Aus diesem lieblichen Gedanken schreckte ihn eine Erscheinung, die plötzlich aus der Hütte trat und wie ein Spuk vor seinen ungläubigen Augen stand. Es erschien im Türrahmen, schritt über die Schwelle und stand vor ihm eine zweite Naissa, ein Spiegelbild der ersten, und das Spiegelbild lächelte ihm zu und grüßte ihn, griff in ihr Hüftentuch und zog etwas hervor, das sie triumphierend über ihrem Haupte schwang, das blank in der Sonne glitzerte und das er nach einer Weile denn auch erkannte. Es war die kleine Schere, die er kürzlich Naissa geschenkt hatte, und das Mädchen, dem er heute die Spiegeldose gegeben, in dessen schöne Augen er geblickt und dessen Arm er gestreichelt hatte, war gar nicht Naissa, sondern deren Schwester, und wie die beiden Mädchen nebeneinander standen, noch immer kaum voneinander zu unterscheiden, da kam sich der verliebte Aghion unsäglich betrogen und irregegangen vor. Zwei Rehe konnten einander nicht ähnlicher sein, und wenn man ihm in diesem Augenblick freigestellt hätte, eine von ihnen zu wählen und mit sich zu nehmen und für immer zu behalten, er hätte nicht gewußt, welche von beiden es war, die er liebte. Wohl konnte er allmählich erkennen, daß die wirkliche Naissa die ältere und ein wenig kleinere sei; aber seine Liebe, deren er vor Augenblicken noch so sicher zu sein gemeint hatte, war ebenso auseinandergebrochen und zu zwei Hälften zerfallen wie das Mädchenbild, das sich vor seinen Augen so unerwartet und unheimlich verdoppelt hatte.

Bradley erfuhr nichts von dieser Begebenheit, er stellte auch keine Fragen, als zu Mittag Aghion heimkehrte und schweigsam beim Essen saß. Und am nächsten Morgen, als Aghions Kulis anrückten und seine Kisten und Säcke aufpackten und wegtrugen und als der Abreisende dem Dableibenden noch einmal Dank sagte und die Hand hinbot, da faßte Bradley die Hand kräftig und sagte: »Gute Reise, mein Junge! Es wird später eine Zeit kommen, wo Sie vor Sehnsucht vergehen werden, statt der süßen Hinduschnauzen wieder einmal einen ehrlichen ledernen Engländerkopf zu sehen! Dann kommen Sie zu mir, und dann werden wir über alles Mögliche einig sein, worüber wir heute noch verschieden denken!«

(1912)

Die Braut

Signora Ricciotti, die mit ihrer Tochter Margherita vor kurzem im Waldstätterhof in Brunnen abgestiegen war, gehörte zu jenen blonden, weichen, etwas trägen Italienerinnen, die man in der Gegend von Venedig und in der Lombardei häufig antrifft. Sie trug viele schöne Ringe an ihren fetten Fingerchen, und ihr höchst charakteristischer Gang, der zur Zeit noch ein elastisch-üppiges Wiegen genannt werden konnte, entwickelte sich sichtlich mehr und mehr zu jenem Typ von Fortbewegung, den man Watscheln heißt. Elegant und offenbar einst an Huldigungen gewöhnt, machte sie eine gute, repräsentative Figur, sie trug schicke Toiletten und manchmal sang sie am Abend zum Klavier, mit einer wohlgebildeten, kleinen, ein wenig schmalzigen Stimme, wobei sie mit den kurzen, vollen Armen und stark auswärts gebogenen Handgelenken die Noten von sich weg hielt. Sie stammte aus Padua, wo ihr verstorbener Mann einst ein bekannter Geschäftsmann und Politiker gewesen war. Bei ihm hatte sie in einer Atmosphäre von blühender Bonhomie und stark über ihre Verhältnisse gelebt, was sie nach seinem Tode mit verzweifeltem Mut fortsetzte.

Trotz alledem würde sie uns kaum interessieren, hätte sie nicht ihre hübsche, kleine Tochter bei sich gehabt, Margherita, die kaum über das Backfischalter hinaus war und von der Pensionszeit her noch mit ein wenig Bleichsucht und Appetitlosigkeit zu tun hatte. Sie war ein entzückend schlankes, stilles, blasses Wesen mit dunkelblonden dichten Haaren, und jedermann sah ihr mit Vergnügen nach, wenn sie in ihren einfachen, weißen oder blaßblauen Sommertoiletten durch den Garten und über die Straße ging. Es war das erste Jahr, daß Frau Ricciotti das Mädchen mit sich in die Welt nahm – denn in Padua lebten sie ziemlich zurückgezogen –, und der Schimmer von Resignation, mit dem sie sich den meisten Hotelbekanntschaften gegenüber von ihrer Tochter in den Schatten gestellt sah, stand ihr recht gut. Frau Ricciotti war bisher zwar stets eine gute Mutter, jedoch nicht ohne geheimen Anspruch auf ein eigenes Schicksal, ja vielleicht noch auf eine eigene Zukunft gewesen; jetzt begann sie diese stillen Hoffnungen von sich abzutun und ihre Kleine damit zu schmücken, wie eine gute Mutter etwa den Schmuck, den sie von der eigenen

Hochzeit her besaß, vom Halse nimmt und der herangewachsenen Tochter umhängt.

Von allem Anfang an fehlte es nicht an Männern, die sich für die schlanke, blonde Paduanerin interessierten. Die Mutter aber war auf der Wacht und umgab sich mit einem Wall von Achtbarkeit und soliden Ansprüchen, der manchen Abenteurer erschreckte. Ihre Tochter sollte einen Mann bekommen, bei dem sie es gut hätte, und da nun einmal die Schönheit ihre einzige Mitgift war, galt es doppelt auf der Hut zu sein.

Es tauchte jedoch schon nach kürzester Zeit der zukünftige Held dieses Romans in Brunnen auf, und alles ging viel rascher und einfacher, als die besorgte Mutter je gedacht hätte. Eines Tages traf im Waldstätterhof ein junger Herr aus Deutschland ein, der sich auf den ersten Blick in Margherita verliebte und alsbald seine Absichten so entschieden zum Ausdruck brachte, wie es nur Leute tun, die wenig Zeit haben und keine Umwege machen können. Herr Statenfoß hatte in der Tat sehr wenig Zeit. Er war Manager einer Teeplantage auf Ceylon und auf Urlaub in Europa, das er in zwei Monaten wieder würde verlassen müssen und wohin er dann frühestens wieder in drei, vier Jahren zurückkehren konnte.

Dieser hagere, braungebrannte, herrisch auftretende junge Mann gefiel Frau Ricciotti nicht besonders, er gefiel aber der schönen Margherita, die er von der ersten Stunde an mit dringlicher Werbung umgab. Er sah nicht übel aus, und er hatte die sorglos herrschaftliche Art des Auftretens, die sich der Europäer in den Tropen aneignet; er war übrigens erst sechsundzwanzig Jahre alt. Daß er von dem fernen Wundereiland Ceylon kam, war schon ein Stück Romantik, und sein Überseegefühl verlieh ihm auch eine tatsächliche Überlegenheit über den Durchschnitt des hiesigen täglichen Lebens. Statenfoß trug sich vollkommen englisch; vom Smoking bis zum Tennisanzug, vom Frack bis zur Bergausrüstung waren seine Sachen alle von erster Qualität, er führte für einen Junggesellen erstaunlich viele und große Koffer mit sich und schien in jeder Hinsicht an ein Leben erster Klasse gewöhnt zu sein. Er widmete sich den Beschäftigungen und Vergnügungen der Sommerfrische mit ruhiger Sachlichkeit, er tat sachlich und gut, was getan werden mußte, aber er schien nirgends mit Leidenschaft dabei zu sein, nicht beim Bergsteigen und nicht beim Rudern, nicht beim Tennis und nicht beim Whist, sondern schien in dieser Umgebung nur als ein flüchtiger Gast zu weilen, ein Gast aus einer fernen, fabelhaften Welt, wo es Palmen und Krokodile gibt, und wo Leute seiner Art sich in weißen, sauberen Landhäusern von ameisenhaft zahlreichen farbigen Dienern fächeln und mit Eiswasser bedienen ließen. Einzig Margherita gegenüber verließ ihn seine Ruhe und exotische Überlegenheit, er sprach mit ihr in einem leidenschaftlichen Gemisch von Deutsch, Italienisch, Französisch und Englisch, er belauerte die Damen Ricciotti vom Morgen bis zum Abend, er las ihnen Zeitungen vor und trug ihnen Strandstühle nach, und er gab sich so wenig Mühe, seine Verehrung für Margherita vor anderen Leuten zu verbergen, daß bald jedermann seinen Bemühungen um die schöne Italienerin mit Spannung zusah. Man verfolgte seinen Roman mit sportlichem Interesse und schloß gelegentlich Wetten darüber ab.

Das alles mißfiel der Mutter Ricciotti nicht wenig, und es gab Tage, an denen sie in beleidigter Majestät einherrauschte, während Margherita verweint aussah und Herr Statenfoß mit verschlossener Miene auf der Veranda Sodawasser mit Whisky trank. Indessen war er bald mit dem Mädchen einig, daß sie nicht mehr voneinander lassen wollten, und als Frau Ricciotti an einem schwülen Morgen ihrer Tochter zornig vorstellte, daß ihr vertrauter Umgang mit dem jungen Teepflanzer ihren Ruf beflecke und daß überhaupt ein Mann ohne großes Vermögen für sie nicht in Betracht komme, da schloß sich die reizende Margherita in ihr Zimmer ein und trank ein Fläschchen mit Fleckenwasser aus, das sie für giftig hielt und das in der Tat ihren kaum etwas gehobenen Appetit wieder völlig verdarb und ihr Gesicht noch um einen Schatten bleicher und geistiger machte.

Noch am selben Tage, nachdem Margherita stundenlang leidend auf einem Diwan verharrt war und ihre Mama in einem dazu gemieteten Ruderboot eine ebensolange Unterredung mit Herrn Statenfoß gehabt hatte, fand die Verlobung statt, und andern Tages sah man den energischen Überseer sein Frühstück am Tisch der beiden Damen einnehmen. Margherita war glücklich; ihre Mutter hingegen betrachtete diese Verlobung als ein zwar notwendiges, doch hoffentlich vorübergehendes Übel. ›Schließlich‹, dachte sie, ›wußte daheim niemand davon, und wenn sich nächstens eine bessere Gelegenheit fände, so säße der Bräutigam weit fort in Ceylon und brauchte nicht gefragt zu werden.‹ So bestand sie denn auch darauf, daß Statenfoß seine Rückreise nicht verschiebe, und drohte mit Abreise und völligem Bruch, als der Verlobte sein Verlangen aussprach, noch diesen Sommer getraut zu werden und seine junge Frau gleich mit nach Indien zu nehmen.

Er mußte sich fügen, und er tat es knirschend, denn vom Augenblick der Verlobung an schienen die Damen Ricciotti wie zusammengewachsen und er mußte Listen über Listen aufwenden, um auch nur für Minuten mit seiner Braut allein zu sein. Er kaufte ihr in Luzern die schönsten Brautgeschenke, bald darauf riefen ihn geschäftliche Telegramme nach England, und er sah seine schöne Braut erst wieder, als sie in Begleitung ihrer Mutter ihn am Bahnhof in Genua abholte, um noch einen Abend mit ihm zusammen zu sein und ihn in der Frühe des nächsten Morgens zum Hafen zu begleiten.

»In längstens drei Jahren komme ich zurück, und dann ist Hochzeit«, rief er noch von der Landungstreppe herab, die hinter ihm weggezogen wurde. Dann spielte die Schiffsmusik, und langsam schob sich der Lloyddampfer aus dem Hafen.

Die Hinterbliebenen reisten still nach Padua zurück und nahmen ihr gewohntes Leben wieder auf. Frau Ricciotti gab noch nichts verloren; ›übers Jahr‹, dachte sie, ›würde alles anders aussehen, und dann würden sie wieder einen feinen Kurort aufsuchen, und ohne Zweifel würden alsdann bald neue und glänzendere Aussichten sich zeigen.‹ Inzwischen schrieb der ferne Verlobte häufig lange Briefe, und Margherita war glücklich. Sie erholte sich von den Anstrengungen dieses unruhigen Sommers vollkommen, sie blühte sichtlich auf, und von Bleichsucht und schlechtem Appetit war nicht mehr die Rede. Ihr Herz war gebunden, ihr Schicksal gesichert, und in der bescheidenen Behaglichkeit ihres ruhigen Lebens gab sie sich angenehmen Träumen hin, lernte ein wenig Englisch und legte ein schönes Album an, worein sie die prächtigen Photographien von Palmen, Tempeln und Elefanten klebte, die der Bräutigam ihr schickte.

Im nächsten Sommer reiste man nicht ins Ausland, sondern weilte nur wenige Wochen in einer bescheidenen Sommerfrische in den euganäischen Bergen, und allmählich ergab sich auch die Mutter und gab es auf, über das Herzensglück ihrer standhaften Tochter hinweg ehrgeizige Pläne zu bauen. Zuweilen kamen Sendungen aus Indien mit feinem Musselin und hübschen Spitzen, Schachteln aus Stachelschweinborsten und kleine Elfenbeinspielereien; die zeigte man den Bekannten und hatte bald die gute Stube voll davon stehen. Und als einmal die Nachricht kam, Statenfoß liege krank und müsse sich zur Erholung ins Gebirge transportieren lassen, da knüpfte Mutter Ricciotti keine Hoffnungen mehr daran und betete gemeinsam mit der Tochter für die Genesung des lieben Fernen, die denn auch glücklich zustande kam.

Die Braut

Für beide Damen war dieses stille Zufriedensein ein ungewohnter Zustand. Die Signora wurde bürgerlicher als sie in ihrem Leben je gewesen war, sie alterte ein wenig und wurde so fett, daß das Singen ihr beschwerlich wurde. Es lag keine Veranlassung mehr vor, sich zu zeigen und den Anschein der Wohlhabenheit zu erwecken, man gab wenig mehr für Toiletten aus und gefiel sich in einer zwanglosen Häuslichkeit, man sparte nicht mehr für kostbare Reisen und tat dafür mehr für das tägliche Behagen.

Dabei zeigte sich, ohne daß die Beteiligten es sonderlich beachtet hätten, wie sehr Margherita die Tochter ihrer Mutter war. Seit dem Fleckenwasser und dem Abschied in Genua hatte kaum mehr eine ernstliche Trübsal an ihr gezehrt, sie war aufgeblüht und nahm beständig zu, und da weder seelische Trübungen noch körperliche Anstrengungen – auch das Tennis war längst aufgegeben – ihre Entwicklung mehr störten, verlor sich nicht nur der Zug von Schwermut oder Schwärmerei aus ihrem blassen, hübschen Gesicht, sondern es veränderte sich auch ihre schlanke Gestalt mehr und mehr und wuchs sich zu einer friedlichen Fülle aus, die niemand ihr einstmals zugetraut hätte. Noch immer erschien, was bei der Mutter drollig und grotesk aussah, bei der Jungfrau frisch und von Jugendanmut gemildert, aber es war kein Zweifel, sie neigte zum Fettwerden und war im Begriff, sich zu einer respektablen Kolossaldame auszuwachsen.

Drei Jahre waren vergangen und der Bräutigam schrieb verzweifelt, es sei ihm unmöglich, dieses Jahr einen Urlaub zu erhalten. Hingegen habe sein Einkommen sich vergrößert und er fordere, falls ihm auch im nächsten Jahr kein Besuch in Europa möglich werden sollte, sein liebes Mädchen auf, alsdann zu ihm hinüber zu kommen und als Herrin in das hübsche Landhaus einzuziehen, das er eben zu erbauen im Begriffe sei.

Man überwand die Enttäuschung und ging auf den Vorschlag ein. Signora Ricciotti konnte sich nicht verhehlen, daß ihr Kind an äußerem Reiz einiges verloren habe und daß es sinnlos gewesen wäre, durch Einwände ihre sichere Zukunft zu gefährden.

Soweit ist diese Geschichte mir später erzählt worden; den Rest habe ich zufällig als Augenzeuge mit angesehen.

Ich bestieg eines Tages in Genua ein Schiff des Norddeutschen Lloyd, das nach Ostasien ausfuhr. Unter den nicht sehr zahlreichen Passagieren der ersten Klasse fiel eine junge Italienerin auf, die mit mir in Genua an Bord gegangen war und als Braut nach Colombo fuhr. Sie sprach ein wenig Englisch, und da noch andere Bräute an Bord waren, die nach Penang, nach Schanghai und Manila reisten, bildeten diese jungen, tapferen Mädchen eine angenehme und beliebte Gruppe, an der jedermann seine harmlose Freude hatte. Noch ehe wir durch den Suezkanal waren, hatten wir jungen Leute uns freundschaftlich zusammengeschlossen, und häufig probierten wir an der stattlichen Paduanerin, die wir den Koloß nannten, unser Italienisch.

Leider wurde sie, als hinter dem Kap Guardafui die See etwas rauh zu werden begann, hoffnungslos seekrank und sie, die wir bisher durchaus als ein komisches Naturspiel angesehen hatten, lag tagelang so jammervoll hingemäht in ihrem Deckstuhl, daß wir sie in allgemeinem Mitleid lieb gewannen und ihr alle Aufmerksamkeit zuteil werden ließen, wobei wir manchmal ein Lächeln über ihr erstaunliches Gewicht nicht unterdrücken konnten. Wir brachten ihr Tee und Bouillon, wir lasen ihr italienisch vor, was sie gelegentlich zum Lächeln brachte, und trugen sie jeden Morgen und jeden Mittag in ihrem Rohrstuhl an die schattigste und ruhigste Stelle des Decks. Doch kam sie erst kurz vor Colombo wieder einigermaßen in Ordnung und lag auch dann noch teilnahmslos und ermattet da, mit einem kindlichen Zug von Leiden und Schwäche in dem dicken, gutmütigen Gesicht.

Ceylon kam in Sicht, und wir alle hatten mitgeholfen, die Koffer des Kolosses zu packen, sie standen schon mitschiffs zum Ausladen bereit, und nun kam, nach vierzehntägiger Fahrt, über das ganze Schiff jene wilde Unruhe, mit der man den ersten wichtigen Hafen erwartet.

Jedermann begehrte an Land, man hatte Tropenhelme und Sonnenschirme ausgepackt, hielt Karten und Reisebücher in Händen, schaute mit Fernrohren nach der nahenden Küste und vergaß die Menschen, von denen man vor einer Stunde mit Herzlichkeit Abschied genommen hatte, noch während ihrer Anwesenheit vollständig. Niemand hatte mehr einen anderen Gedanken als an Land zu kommen, möglichst rasch an Land, sei es, um nach langer Reise zu Arbeit und Heim zurückzukehren, sei es, um mit Neugierde den ersten tropischen Strand, die ersten Kokospalmen und dunklen Eingeborenen zu sehen, sei es auch nur, um das plötzlich ganz uninteressant gewordene Schiff für Stunden zu verlassen und auf festem Boden in einem komfortablen Hotel seinen Whisky zu trinken. Und jeder war eifrig beschäftigt, seine Kabine abzuschließen oder seine Rauchsalonrechnung zu bezahlen, nach der eben an Bord gebrachten Post zu fragen und die ersten wichtigen Nachrichten aus Welt und Politik anzuhören und weiterzugeben.

Mitten in diesem lieblosen Getümmel lag die fette Paduanerin scheinbar uninteressiert an ihrem Platz, noch übel aussehend und vom Fasten geschwächt, mit eingefallenen Wangen und schläfrigen Augen. Je und je trat jemand, der längst von ihr Abschied genommen hatte, nochmals zu ihr, wie das Gedränge ihn schob, gab ihr nochmals die Hand und gratulierte ihr zur Ankunft. Und nun schmetterte die Musik gewaltig los, der zweite Offizier stellte sich kommandierend an die Falltreppe, der Kapitän erschien, wunderlich fremd und verwandelt, in einem grauen Straßenanzug mit steifem Hütchen, das Boot des Agenten nahm ihn und wenige bevorzugte Gäste auf, die anderen drängten hinterher nach den Motorbooten und Ruderbarken, die sich zur Überfahrt anboten.

In diesem Augenblick erschien ein Herr im weißen Tropenanzug mit silbernen Knöpfen, der von Land gekommen war.

Er sah nicht übel aus, das verbrannte junge Gesicht unter dem Sonnenhelm hatte jene stille Härte und Selbständigkeit, die man bei den meisten Überseern findet. In der Hand trug dieser Mann einen ungeheuren Blumenstrauß von mächtigen indischen Blumen, der ihm vom Bauch bis zum Kinn reichte. Er stürzte mit dem Schritt eines Menschen, der sich auf diesen Schiffen auskennt, durch die Menge, mit erregten Blicken suchend, und als er mich anrannte, fiel mir einen Augenblick ein, dies sei ohne Zweifel der Bräutigam des Kolosses. Er eilte weiter, auf und ab und zweimal an seiner Braut vorbei, verschwand im Rauchzimmer, kehrte atemlos wieder, rief nach dem Gepäckmeister und stieß endlich auf den Obersteward, den er festhielt und dringlich in Anspruch nahm. Ich sah ihn ein Trinkgeld geben und eifrig flüsternd fragen, und der Obersteward lächelte, nickte fröhlich und deutete auf den Stuhl, wo unsere Paduanerin noch immer mit halbgeschlossenen Augen ausgestreckt lag. Der Fremde kam näher. Er betrachtete die liegende Gestalt, lief zum Steward zurück, der bestätigend nickte, kehrte wieder und warf aus kleiner Entfernung nochmals einen prüfenden Blick auf das dicke Mädchen. Dann biß er die Zähne zusammen, drehte sich langsam um und ging unschlüssig weg.

Er ging ins Rauchzimmer, das eben geschlossen werden sollte. Er gab dem Rauchzimmersteward ein Trinkgeld und erhielt einen großen Whisky, zu dem setzte er sich und trank ihn sinnend aus. Dann drängte der Steward ihn höflich hinaus und schloß seine Bude.

Der Fremde marschierte, bleich und teuflisch aussehend, um das Vorderdeck, wo die Bläser ihre Instrumente zusammenpackten. Er trat an die Reling, ließ sachte seinen großen Blumenstrauß hinab ins schmutzige Wasser fallen, lehnte sich über und spuckte hinterher.

Nun schien er zu einem Entschluß gekommen zu sein. Langsam schritt er nochmals rund um das Deck bis zum Platz der Paduanerin, die inzwischen aufgestanden war und nun müde und etwas verängstigt um sich blickte. Er näherte sich, nahm den Helm vom Kopf, dessen Stirn nun weiß über dem braunen Gesicht leuchtete, und gab dem Koloß die Hand.

Aufschluchzend fiel sie ihm um den Hals und blieb eine Weile da liegen, während er gespannt und finster über ihren hingebend gebeugten Nakken hinweg nach der Küste starrte. Dann lief er zur Reling, brüllte eine grimmige Flut von Befehlen in gurgelnd singhalesischer Sprache hinab und nahm nun schweigend den Arm seiner Braut, um sie zu seinem Boot hinabzuführen.

Wie es ihnen geht, weiß ich nicht. Aber daß die Hochzeit vollzogen wurde, erfuhr ich bei meiner Rückreise auf dem Konsulat von Colombo.

(1913)

Der Zyklon

Es war in der Mitte der neunziger Jahre, und ich tat damals Volontärdienst in einer kleinen Fabrik meiner Vaterstadt, die ich noch im selben Jahre für immer verließ. Ich war etwa achtzehn Jahre alt und wußte nichts davon, wie schön meine Jugend sei, obwohl ich sie täglich genoß und um mich her fühlte wie der Vogel die Luft. Ältere Leute, die sich der Jahrgänge im einzelnen nicht mehr besinnen mögen, brauche ich nur daran zu erinnern, daß in dem Jahre, von dem ich erzähle, unsere Gegend von einem Zyklon oder Wettersturm heimgesucht wurde, dessengleichen in unserm Lande weder vorher noch später gesehen worden ist. In jenem Jahr ist es gewesen. Ich hatte mir vor zwei oder drei Tagen einen Stahlmeißel in die linke Hand gehauen. Sie hatte ein Loch und war geschwollen, ich mußte sie verbunden tragen und durfte nicht in die Werkstatt gehen.

Es ist mir erinnerlich, daß jenen ganzen Spätsommer hindurch unser enges Tal in einer unerhörten Schwüle lag und daß zuweilen tagelang ein Gewitter dem andern folgte. Es war eine heiße Unruhe in der Natur, von welcher ich freilich nur dumpf und unbewußt berührt wurde und deren ich mich doch noch in Kleinigkeiten entsinne. Abends zum Beispiel, wenn ich zum Angeln ging, fand ich von der wetterschwülen Luft die Fische seltsam aufgeregt, sie drängten unordentlich durcheinander, schlugen häufig aus dem lauen Wasser empor und gingen blindlings an die Angel. Nun war es endlich ein wenig kühler und stiller geworden, die Gewitter kamen seltener, und in der Morgenfrühe roch es schon ein wenig herbstlich.

Eines Morgens verließ ich unser Haus und ging meinem Vergnügen nach, ein Buch und ein Stück Brot in der Tasche. Wie ich es in der Bubenzeit gewohnt gewesen war, lief ich zuerst hinters Haus in den Garten, der noch im Schatten lag. Die Tannen, die mein Vater gepflanzt und die ich selber noch ganz jung und stangendünn gekannt hatte, standen hoch und stämmig, unter ihnen lagen hellbraune Nadelhaufen, und es wollte dort seit Jahren nichts mehr wachsen als Immergrün. Daneben aber in einer langen, schmalen Rabatte standen die Blumenstauden meiner Mutter, die leuchteten reich und fröhlich, und es wurden von ihnen auf jeden Sonntag große Sträuße gepflückt. Da war ein Gewächs mit zinnoberroten Bündeln kleiner Blüten, das hieß brennende Liebe, und eine zarte Staude trug an dünnen Stengeln hängend viele herzförmige rote und weiße Blumen, die nannte man Frauenherzen, und ein anderer Strauch hieß die stinkende Hoffart. Nahebei standen hochstielige Astern, welche aber noch nicht zur Blüte gekommen waren, und dazwischen kroch am Boden mit weichen Stacheln die fette Hauswurz und der drollige Portulak, und dieses lange schmale Beet war unser Liebling und unser Traumgarten, weil da so vielerlei seltsame Blumen beieinander standen, welche uns merkwürdiger und lieber waren als alle Rosen in den beiden runden Beeten. Wenn hier die Sonne schien und auf der Efeumauer glänzte, dann hatte jede Staude ihre ganz eigene Art und Schönheit, die Gladiolen prahlten fett mit grellen Farben, der Heliotrop stand grau und wie verzaubert in seinen schmerzlichen Duft versunken, der Fuchsschwanz hing ergeben welkend herab, die Akelei aber stellte sich auf die Zehen und läutete mit ihren vierfältigen Sommerglocken. An den Goldruten und im blauen Phlox schwärmten laut die Bienen, und über dem dicken Efeu rannten kleine braune Spinnen heftig hin und wider; über den Levkoien zitterten in der Luft jene raschen, launisch schwirrenden Schmetterlinge mit dicken Leibern und gläsernen Flügeln, die man Schwärmer oder Taubenschwänze heißt.

In meinem Feiertagsbehagen ging ich von einer Blume zur andern, roch da und dort an einer duftenden Dolde oder tat mit vorsichtigem Finger einen Blütenkelch auf, um hineinzuschauen und die geheimnisvollen bleichfarbenen Abgründe und die stille Ordnung von Adern und Stempeln, von weichhaarigen Fäden und kristallenen Rinnen zu betrachten. Dazwischen studierte ich den wolkigen Morgenhimmel, wo ein sonderbar verwirrtes Durcheinander von streifigen Dunstfäden und wollig flockigen Wölkchen herrschte. Mir schien, es werde gewiß heute wieder einmal ein Gewitter geben, und ich nahm mir vor, am Nachmittag ein paar Stunden zu angeln. Eifrig wälzte ich, in der Hoffnung, Regenwürmer zu finden, ein paar Tuffsteine aus der Wegeinfassung beiseite, aber es krochen nur Scharen von grauen, trockenen Mauerasseln hervor und flüchteten verstört nach allen Seiten.

Ich besann mich, was nun zu unternehmen sei, und es wollte mir nicht sogleich etwas einfallen. Vor einem Jahre, als ich zum letztenmal Ferien gehabt hatte, da war ich noch ganz ein Knabe gewesen. Was ich damals am liebsten getrieben hatte, mit Haselnußbogen ins Ziel schießen, Drachen steigen lassen und die Mauslöcher auf den Feldern mit Schießpulver sprengen, das hatte alles den damaligen Reiz und Schimmer nicht mehr, als sei ein Teil meiner Seele müde geworden und antworte nimmer auf die Stimmen, die ihr einst lieb waren und Freude brachten.

Verwundert und in einer stillen Beklemmung blickte ich in dem wohlbekannten Bezirk meiner Knabenfreuden umher. Der kleine Garten, die blumengeschmückte Altane und der feuchte sonnenlose Hof mit seinem moosgrünen Pflaster sahen mich an und hatten ein anderes Gesicht als früher, und sogar die Blumen hatten etwas von ihrem unerschöpflichen Zauber eingebüßt. Schlicht und langweilig stand in der Gartenecke das alte Wasserfaß mit der Leitungsröhre; da hatte ich früher zu meines Vaters Pein halbe Tage lang das Wasser laufen lassen und hölzerne Mühlräder eingespannt, ich hatte auf dem Weg Dämme gebaut und Kanäle und mächtige Überschwemmungen veranstaltet. Das verwitterte Wasserfaß war mir ein treuer Liebling und Zeitvertreiber gewesen, und indem ich es ansah, zuckte sogar ein Nachhall jener Kinderwonne in mir auf, allein sie schmeckte traurig, und das Faß war kein Quell, kein Strom und kein Niagara mehr.

Nachdenklich kletterte ich über den Zaun, eine blaue Windenblüte streifte mir das Gesicht, ich riß sie ab und steckte sie in den Mund. Ich war nun entschlossen, einen Spaziergang zu machen und vom Berg herunter auf unsere Stadt zu sehen. Spazierengehen war auch so ein halbfrohes Unternehmen, das mir in früheren Zeiten niemals in den Sinn gekommen wäre. Ein Knabe geht nicht spazieren. Er geht in den Wald als Räuber, als Ritter oder Indianer, er geht an den Fluß als Flößer und Fischer oder Mühlenbauer, er läuft in die Wiesen zur Schmetterlings- und Eidechsenjagd. Und so erschien mir mein Spaziergang als das würdige und etwas langweilige Tun eines Erwachsenen, der nicht recht weiß, was er mit sich anzufangen hat.

Meine blaue Winde war bald welk und weggeworfen, und ich nagte jetzt an einem Buchsbaumzweig, den ich mir abgerissen hatte, er schmeckte bitter und gewürzig. Beim Bahndamm, wo der hohe Ginster stand, lief mir eine grüne Eidechse vor den Füßen weg, da wachte doch das Knabentum wieder in mir auf, und ich ruhte nicht und lief und schlich und lauerte, bis ich das ängstliche Tier sonnenwarm in meinen Händen hielt. Ich sah ihm in die blanken kleinen Edelsteinaugen und fühlte mit einem Nachhall ehemaliger Jagdseligkeit den geschmeidigen kräftigen Leib und die harten Beine zwischen meinen Fingern sich wehren und stemmen. Dann aber war die Lust erschöpft, und ich wußte nimmer, was ich mit dem gefangenen Tier beginnen sollte. Es war nichts damit, es war kein Glück mehr dabei. Ich bückte mich nieder und öffnete meine Hand, die Eidechse hielt verwundert einen Augenblick mit heftig atmenden Flanken still und verschwand eifrig im Grase. Ein Zug fuhr auf den glänzenden Eisenschienen daher und an mir vorbei, ich sah ihm nach und fühlte einen Augenblick ganz klar, daß mir hier keine wahre Lust mehr blühen könne, und wünschte inbrünstig, mit diesem Zuge fort und in die Welt zu fahren.

Ich hielt Umschau, ob nicht der Bahnwärter in der Nähe sei, und da nichts zu sehen noch zu hören war, sprang ich schnell über die Geleise und kletterte jenseits an den hohen roten Sandsteinfelsen empor, in welchen da und dort noch die geschwärzten Sprenglöcher vom Bahnbau her zu sehen waren. Der Durchschlupf nach oben war mir bekannt, ich hielt mich an den zähen, schon verblühten Ginsterbesen fest. In dem roten Gestein atmete eine trockene Sonnenwärme, der heiße Sand rieselte mir beim Klettern in die Ärmel, und wenn ich über mich sah, stand über der senkrechten Steinwand erstaunlich nah und fest der warme leuchtende Himmel. Und plötzlich war ich oben, ich konnte mich an dem Steinrand aufstemmen, die Knie nachziehen, mich an einem dünnen, dornigen Akazienstämmchen festhalten und war nun auf einem verlorenen, steil ansteigenden Grasland.

Diese stille kleine Wildnis, unter welcher in steiler Verkürzung die Eisenbahnzüge wegfahren, war mir früher ein lieber Aufenthalt gewesen. Außer dem zähen, verwilderten Gras, das nicht gemäht werden konnte, wuchsen hier kleine, feindornige Rosensträucher und ein paar vom Wind ausgesäte, kümmerliche Akazienbäumchen, durch deren dünne, transparente Blätter die Sonne schien. Auf dieser Grasinsel, die auch von oben her durch ein rotes Felsenband abgeschnitten war, hatte ich einst als Robinson gehaust, der einsame Landstrich gehörte niemandem, als wer den Mut und die Abenteuerlaune hatte, ihn durch senkrechtes Klettern zu erobern. Hier hatte ich als Zwölfjähriger mit dem Meißel meinen Namen in den Stein gehauen, hier hatte ich einst die Rosa von Tannenburg gelesen und ein kindliches Drama gedichtet, das vom tapferen Häuptling eines untergehenden Indianerstammes handelte.

Das sonnverbrannte Gras hing in bleichen, weißlichen Strähnen an der steilen Halde, das durchglühte Ginsterlaub roch stark und bitter in der windstillen Wärme. Ich streckte mich in die trockene Dürre, sah die feinen Akazienblätter in ihrer peinlich zierlichen Anordnung grell durchsonnt in dem satten blauen Himmel ruhen und dachte nach. Es schien mir die rechte Stunde zu sein, um mein Leben und meine Zukunft vor mir auszubreiten.

Doch vermochte ich nichts Neues zu entdecken. Ich sah nur die merkwürdige Verarmung, die mich von allen Seiten bedrohte, das unheimliche Erblassen und Hinwelken erprobter Freuden und liebgewordener Gedanken. Für das, was ich widerwillig hatte hingeben müssen, für die ganze verlorene Knabenseligkeit war mein Beruf mir kein Ersatz, ich liebte ihn wenig und bin ihm auch nicht lange treu geblieben. Er war für mich nichts als ein Weg in die Welt hinaus, wo ohne Zweifel irgendwo neue Befriedigungen zu finden wären. Welcher Art konnten diese sein?

Man konnte die Welt sehen und Geld verdienen, man brauchte Vater und Mutter nicht mehr zu fragen, ehe man etwas tat und unternahm, man konnte sonntags Kegel schieben und Bier trinken. Dieses alles aber, sah ich wohl, waren nur Nebensachen und keineswegs der Sinn des neuen Lebens, das mich erwartete. Der eigentliche Sinn lag anderswo, tiefer, schöner, geheimnisvoller, und er hing, so fühlte ich, mit den Mädchen und mit der Liebe zusammen. Da mußte eine tiefe Lust und Befriedigung verborgen sein, sonst wäre das Opfer der Knabenfreuden ohne Sinn gewesen.

Von der Liebe wußte ich wohl, ich hatte manches Liebespaar gesehen und wunderbar berauschende Liebesdichtungen gelesen. Ich hatte mich auch selber schon mehrere Male verliebt und in Träumen etwas von der Süßigkeit empfunden, um die ein Mann sein Leben einsetzt und die der Sinn seines Tuns und Strebens ist. Ich hatte Schulkameraden, die schon jetzt mit Mädchen gingen, und ich hatte in der Werkstatt Kollegen, die von den sonntäglichen Tanzböden und von nächtlich erstiegenen Kammerfenstern ohne Scheu zu erzählen wußten. Mir selbst indessen war die Liebe noch ein verschlossener Garten, vor dessen Pforte ich in schüchterner Sehnsucht wartete.

Erst in der letzten Woche, kurz vor meinem Unfall mit dem Meißel, war der erste klare Ruf an mich ergangen, und seitdem war ich in diesem unruhig nachdenklichen Zustand eines Abschiednehmenden, seitdem war mein bisheriges Leben mir zur Vergangenheit und war der Sinn der Zukunft mir deutlich geworden. Unser zweiter Lehrbube hatte mich eines Abends beiseite genommen und mir auf dem Heimweg berichtet, er wisse mir eine schöne Liebste, sie habe noch keinen Schatz gehabt und wolle keinen andern als mich, und sie habe einen seidenen Geldbeutel gestrickt, den wolle sie mir schenken. Ihren Namen wollte er nicht sagen, ich werde ihn schon selber erraten können. Als ich dann drängte und fragte und schließlich geringschätzig tat, blieb er stehen – wir waren eben auf dem Mühlensteg überm Wasser – und sagte leise: »Sie geht gerade hinter uns.« Verlegen drehte ich mich um, halb hoffend und halb fürchtend, es sei doch alles nur ein dummer Scherz. Da kam hinter uns die Brückenstufen herauf ein junges Mädchen aus der Baumwollspinnerei gegangen, die Berta Vögtlin, die ich vom Konfirmandenunterricht her noch kannte. Sie blieb stehen, sah mich an und lächelte und wurde langsam rot, bis ihr ganzes Gesicht in Flammen stand. Ich lief schnell weiter und nach Hause.

Seither hatte sie mich zweimal aufgesucht, einmal in der Spinnerei, wo wir Arbeit hatten, und einmal abends beim Heimgehen, doch hatte sie nur grüß Gott gesagt und dann: »Auch schon Feierabend?« Das bedeutet, daß man ein Gespräch anzuknüpfen willens ist, ich hatte aber nur genickt und ja gesagt und war verlegen fortgegangen.

An dieser Geschichte hingen nun meine Gedanken fest und fanden sich nicht zurecht. Ein hübsches Mädchen liebzuhaben, davon hatte ich schon oft mit tiefem Verlangen geträumt. Da war nun eine, hübsch und blond und etwas größer als ich, die wollte von mir geküßt sein und in meinen Armen ruhen. Sie war groß und kräftig gewachsen, sie war weiß und rot und hübsch von Gesicht, an ihrem Nacken spielte schattiges Haargekräusel, und ihr Blick war voll Erwartung und Liebe. Aber ich hatte nie an sie gedacht, ich war nie in sie verliebt gewesen, ich war ihr nie in zärtlichen Träumen nachgegangen und hatte nie mit Zittern ihren Namen in mein Kissen geflüstert. Ich durfte sie, wenn ich wollte, liebkosen und zu eigen haben, aber ich konnte sie nicht verehren und nicht vor ihr knien und anbeten. Was sollte daraus werden? Was sollte ich tun?

Unmutig stand ich von meinem Graslager auf. Ach, es war eine üble Zeit. Wollte Gott, mein Fabrikjahr wäre schon morgen um und ich könnte wegreisen, weit von hier, und neu anfangen und das alles vergessen.

Um nur etwas zu tun und mich leben zu fühlen, beschloß ich, vollends auf den Berg zu steigen, so mühsam es von hier aus war. Da droben war man hoch über dem Städtchen und konnte in die Ferne sehen. Im Sturm lief ich die Halde hinan bis zum oberen Felsen, klemmte mich zwischen den Steinen empor und zwängte mich auf das hohe Gelände, wo der unwirtliche Berg in Gesträuch und lockeren Felstrümmern verlief. In Schweiß und Atemklemme kam ich hinan und atmete befreiter im schwachen Luft-

Der Zyklon

zug der sonnigen Höhe. Verblühende Rosen hingen locker an den Ranken und ließen müde blasse Blätter sinken, wenn ich vorüberstreifte. Grüne kleine Brombeeren wuchsen überall und hatten nur an der Sonnenseite den ersten schwachen Schimmer von metallischem Braun. Distelfalter flogen ruhig in der stillen Wärme einher und zogen Farbenblitze durch die Luft; auf einer bläulich überhauchten Schafgarbendolde saßen zahllose rot und schwarz gefleckte Käfer, eine sonderbare lautlose Versammlung, und bewegten automatenhaft ihre langen, hageren Beine. Vom Himmel waren längst alle Wolken verschwunden, er stand in reinem Blau, von den schwarzen Tannenspitzen der nahen Waldberge scharf durchschnitten.

Auf dem obersten Felsen, wo wir als Schulknaben stets unsere Herbstfeuer angezündet hatten, hielt ich an und wendete mich um. Da sah ich tief im halbschattigen Tal den Fluß aufglänzen und die weißschaumigen Mühlenwehre blitzen, und eng in die Tiefe gebettet, unsere alte Stadt mit braunen Dächern, über denen still und steil der blaue mittägliche Herdrauch in die Lüfte stieg. Da stand meines Vaters Haus und die alte Brücke, da stand unsere Werkstatt, in der ich klein und rot das Schmiedefeuer glimmen sah, und weiter flußab die Spinnerei, auf deren flachem Dache Gras wuchs und hinter deren blanken Scheiben mit vielen andern auch die Berta Vögtlin ihrer Arbeit nachging. Ach die! Ich wollte nichts von ihr wissen.

Die Vaterstadt sah wohlbekannt in der alten Vertrautheit zu mir herauf mit allen Gärten, Spielplätzen und Winkeln, die goldenen Zahlen der Kirchenuhr glänzten listig in der Sonne auf, und im schattigen Mühlkanal standen Häuser und Bäume klar in kühler Schwärze gespiegelt. Nur ich selber war anders geworden, und nur an mir lag es, daß zwischen mir und diesem Bilde ein gespenstischer Schleier der Entfremdung hing. In diesem kleinen Bezirk von Mauern, Fluß und Wald lag mein Leben nicht mehr sicher und zufrieden eingeschlossen, es hing wohl noch mit starken Fäden an diese Stätten geknüpft, war aber nicht mehr eingewachsen und umfriedet, sondern schlug überall mit Wogen der Sehnsucht über die engen Grenzen ins Weite. Indem ich mit einer eigentümlichen Trauer hinuntersah, stiegen alle meine geheimen Lebenshoffnungen feierlich in meinem Gemüt auf, Worte meines Vaters und Worte der verehrten Dichter zusammen mit meinen eigenen heimlichen Gelübden, und es schien mir eine ernsthafte, doch köstliche Sache, ein Mann zu werden und mein eigenes Schicksal bewußt in Händen zu halten. Und alsbald fiel dieser Gedanke wie ein Licht in die

Zweifel, die mich wegen der Angelegenheit mit Berta Vögtlin bedrängten. Mochte sie hübsch sein und mich gern haben; es war nicht meine Sache, das Glück so fertig und unerworben mir von Mädchenhänden schenken zu lassen.

Es war nicht mehr lange bis Mittag. Die Lust am Klettern war mir verflogen, nachdenklich stieg ich den Fußweg nach der Stadt hinab, unter der kleinen Eisenbahnbrücke durch, wo ich in früheren Jahren jeden Sommer in den dichten Brennesseln die dunkeln pelzigen Raupen der Pfauenaugen erbeutet hatte, und an der Friedhofmauer vorbei, vor deren Pforte ein moosiger Nußbaum dichten Schatten streute. Das Tor stand offen, und ich hörte von drinnen den Brunnen plätschern. Gleich nebenan lag der Spiel- und Festplatz der Stadt, wo beim Maienfest und am Sedanstag gegessen und getrunken, geredet und getanzt wurde. Jetzt lag er still und vergessen im Schatten der uralten, mächtigen Kastanien, mit grellen Sonnenflecken auf dem rötlichen Sand.

Hier unten im Tal, auf der sonnigen Straße den Fluß entlang, brannte eine erbarmungslose Mittagshitze, hier standen, auf der Flußseite den grell bestrahlten Häusern gegenüber, die spärlichen Eschen und Ahorne dünnlaubig und schon spätsommerlich angegilbt. Wie es meine Gewohnheit war, ging ich auf der Wasserseite und schaute nach den Fischen aus. Im glashellen Flusse wedelte mit langen, wallenden Bewegungen das dichte bärtige Seegras, dazwischen in dunkeln, mir genau bekannten Lücken stand da und dort vereinzelt ein dicker Fisch träge und regungslos, die Schnauze gegen die Strömung gerichtet, und obenhin jagten zuweilen in kleinen dunkeln Schwärmen die jungen Weißfische hin. Ich sah, daß es gut gewesen war, diesen Morgen nicht zum Angeln zu gehen, aber die Luft und das Wasser und die Art, wie zwischen zwei großen runden Steinen eine dunkle alte Barbe ausruhend im klaren Wasser stand, sagte mir verheißungsvoll, es werde heut am Nachmittag wahrscheinlich etwas zu fangen sein. Ich merkte es mir und ging weiter und atmete tief auf, als ich von der blendenden Straße durch die Einfahrt in den kellerkühlen Flur unseres Hauses trat.

»Ich glaube, wir werden heute wieder ein Gewitter haben«, sagte bei Tisch mein Vater, der ein zartes Wettergefühl besaß. Ich wandte ein, daß kein Wölkchen am Himmel und kein Hauch von Westwind zu spüren sei, aber er lächelte und sagte: »Fühlst du nicht, wie die Luft gespannt ist? Wir werden sehen.«

Der Zyklon

Es war allerdings schwül genug, und der Abwasserkanal roch heftig wie bei Föhnbeginn. Ich spürte von dem Klettern und von der eingeatmeten Hitze nachträglich eine Müdigkeit und setzte mich gegen den Garten auf die Veranda. Mit schwacher Aufmerksamkeit und oft von leichtem Schlummer unterbrochen, las ich in der Geschichte des Generals Gordon, des Helden von Chartum, und immer mehr schien es nun auch mir, es müsse bald ein Gewitter kommen. Der Himmel stand nach wie vor im reinsten Blau, aber die Luft wurde immer bedrückender, als lägen durchglühte Wolkenschichten vor der Sonne, die doch klar in der Höhe stand. Um zwei Uhr ging ich in das Haus zurück und begann mein Angelzeug zu rüsten. Während ich meine Schnüre und Haken untersuchte, fühlte ich die innige Erregung der Jagd voraus und empfand mit Dankbarkeit, daß doch dieses eine, tiefe, leidenschaftliche Vergnügen mir geblieben sei.

Die sonderbar schwüle, gepreßte Stille jenes Nachmittags ist mir unvergeßlich geblieben. Ich trug meinen Fischeimer flußabwärts bis zum unteren Steg, der schon zur Hälfte im Schatten der hohen Häuser lag. Von der nahen Spinnerei hörte man das gleichmäßige, einschläfernde Surren der Maschinen, einem Bienenfluge ähnlich, und von der Obermühle her schnarrte jede Minute das böse, schartige Kreischen der Kreissäge. Sonst war es ganz still, die Handwerker hatten sich in den Schatten der Werkstätten zurückgezogen, und kein Mensch zeigte sich auf der Gasse. Auf der Mühlinsel watete ein kleiner Bub nackt zwischen den nassen Steinen umher. Vor der Werkstatt des Wagnermeisters lehnten rohe Holzdielen an der Wand und dufteten in der Sonne überstark, der trockene Geruch kam bis zu mir herüber und war durch den satten, etwas fischigen Wasserduft hindurch deutlich zu spüren.

Die Fische hatten das ungewöhnliche Wetter auch bemerkt und verhielten sich launisch. Ein paar Rotaugen gingen in der ersten Viertelstunde an die Angel, ein schwerer breiter Kerl mit schönen roten Bauchflossen riß mir die Schnur ab, als ich ihn schon beinahe in Händen hatte. Gleich darauf kam eine Unruhe in die Tiere, die Rotaugen gingen tief in den Schlamm und sahen keinen Köder mehr an, oben aber wurden Schwärme von jungem, einjährigem Fischzeug sichtbar und zogen in immer neuen Scharen wie auf einer Flucht flußaufwärts. Alles deutete darauf, daß anderes Wetter im Anzug sei, aber die Luft stand still wie Glas, und der Himmel war ohne Trübung.

Mir schien, es müsse irgendein schlechtes Abwasser die Fische vertrieben haben, und da ich noch nicht nachzugeben gesonnen war, besann ich mich auf einen neuen Standort und suchte den Kanal der Spinnerei auf. Kaum hatte ich dort einen Platz bei dem Schuppen gefunden und meine Sachen ausgepackt, so tauchte an einem Treppenfenster der Fabrik die Berta auf, schaute herüber und winkte mir. Ich tat aber, als sähe ich es nicht, und bückte mich über meine Angel.

Das Wasser strömte dunkel in dem gemauerten Kanal, ich sah meine Gestalt darin mit wellig zitternden Umrissen gespiegelt, sitzend, der Kopf zwischen den Fußsohlen. Das Mädchen, das noch drüben am Fenster stand, rief meinen Namen herüber, ich starrte aber regungslos ins Wasser und wendete den Kopf nicht um.

Mit dem Angeln war es nichts, auch hier trieben sich die Fische hastig wie in eiligen Geschäften umher. Von der bedrückenden Wärme ermüdet, blieb ich auf dem Mäuerlein sitzen, nichts mehr von diesem Tag erwartend, und wünschte, es möchte schon Abend sein. Hinter mir summte in den Sälen der Spinnerei das ewige Maschinengetöne, der Kanal rieb sich leise rauschend an den grünbemoosten, feuchten Mauern. Ich war voll schläfriger Gleichgültigkeit und blieb nur sitzen, weil ich zu träge war, meine Schnur schon wieder aufzuwickeln.

Aus dieser faulen Dämmerung erwachte ich, vielleicht nach einer halben Stunde, plötzlich mit einem Gefühl von Sorge und tiefem Unbehagen. Ein unruhiger Windzug drehte sich gepreßt und widerwillig um sich selber, die Luft war dick und schmeckte fad, ein paar Schwalben flogen erschreckt dicht über dem Wasser hinweg. Mir war schwindlig, und ich meinte, vielleicht einen Sonnenstich zu haben, das Wasser schien stärker zu riechen, und mir begann ein übles Gefühl, wie vom Magen her, den Kopf einzunehmen und den Schweiß zu treiben. Ich zog die Angelschnur heraus, um meine Hände an den Wassertropfen zu erfrischen, und begann mein Zeug zusammenzupacken.

Als ich aufstand, sah ich auf dem Platz vor der Spinnerei den Staub in kleinen spielenden Wölkchen wirbeln, plötzlich stieg er hoch und in eine einzige Wolke zusammen, hoch oben in den erregten Lüften flohen Vögel wie gepeitscht davon, und gleich darauf sah ich talherabwärts die Luft weiß werden wie in einem dicken Schneesturm. Der Wind, sonderbar kühl geworden, sprang wie ein Feind auf mich herab, riß die Fischleine aus dem Wasser, nahm meine Mütze und schlug mich wie mit Fäusten ins Gesicht.

Der Zyklon

Die weiße Luft, die eben noch wie eine Schneewand über fernen Dächern gestanden hatte, war plötzlich um mich her, kalt und schmerzhaft, das Kanalwasser spritzte hoch auf wie unter schnellen Mühlradschlägen, die Angelschnur war fort, und um mich her tobte schnaubend und vernichtend eine weiße brüllende Wildnis, Schläge trafen mir Kopf und Hände, Erde spritzte an mir empor, Sand und Holzstücke wirbelten in der Luft.

Alles war mir unverständlich; ich fühlte nur, daß etwas Furchtbares geschehe und daß Gefahr sei. Mit einem Satz war ich beim Schuppen und drinnen, blind vor Überraschung und Schrecken. Ich hielt mich an einem eisernen Träger fest und stand betäubte Sekunden atemlos in Schwindel und animalischer Angst, bis ich zu begreifen begann. Ein Sturm, wie ich ihn nie gesehen oder für möglich gehalten hatte, riß teuflisch vorüber, in der Höhe klang ein banges oder wildes Sausen, auf das flache Dach über mir und auf den Erdboden vor dem Eingang stürzte weiß in dicken Haufen ein grober Hagel, dicke Eiskörner rollten zu mir herein. Der Lärm von Hagel und Wind war furchtbar, der Kanal schäumte gepeitscht und stieg in unruhigen Wogen an den Mauern auf und nieder.

Ich sah, alles in einer Minute, Bretter, Dachschindeln und Baumzweige durch die Luft dahingerissen, fallende Steine und Mörtelstücke, alsbald von der Masse der darüber geschleuderten Hagelschloßen bedeckt; ich hörte wie unter raschen Hammerschlägen Ziegel brechen und stürzen, Glas zersplittern, Dachrinnen stürzen.

Jetzt kam ein Mensch dahergelaufen, von der Fabrik her quer über den eisbedeckten Hof, mit flatternden Kleidern schräg wider den Sturm gelegt. Kämpfend taumelte die Gestalt näher, mir entgegen, mitten aus der scheußlich durcheinandergewühlten Sintflut. Sie trat in den Schuppen, lief auf mich zu, ein stilles fremd-bekanntes Gesicht mit großen liebevollen Augen schwebte mit schmerzlichem Lächeln dicht vor meinem Blick, ein stiller warmer Mund suchte meinen Mund und küßte mich lange in atemloser Unersättlichkeit, Hände umschlangen meinen Hals, und blondes feuchtes Haar preßte sich an meine Wangen, und während ringsum der Hagelsturm die Welt erschütterte, überfiel ein stummer, banger Liebessturm mich tiefer und schrecklicher.

Wir saßen auf einem Bretterstoß, ohne Worte, eng umschlungen, ich streichelte scheu und verwundert Bertas Haar und drückte meine Lippen auf ihren starken, vollen Mund, ihre Wärme umschloß mich süß und schmerzlich. Ich tat die Augen zu, und sie drückte meinen Kopf an ihre klopfende Brust, in ihren Schoß und strich mit leisen, irren Händen über mein Gesicht und Haar.

Da ich die Augen aufschlug, von einem Sturz in Schwindelfinsternis erwachend, stand ihr ernstes, kräftiges Gesicht in trauriger Schönheit über mir, und ihre Augen sahen mich verloren an. Von ihrer hellen Stirne lief, unter den verwirrten Haaren hervor, ein schmaler Streifen hellroten Blutes über das ganze Gesicht und bis in den Hals hinab.

»Was ist? Was ist denn geschehen?« rief ich angstvoll.

Sie sah mir tiefer in die Augen und lächelte schwach.

»Ich glaube, die Welt geht unter«, sagte sie leise, und der dröhnende Wetterlärm verschlang ihre Worte.

»Du blutest«, sagte ich.

»Das ist vom Hagel. Laß nur! Hast du Angst?«

»Nein. Aber du?«

»Ich habe keine Angst. Ach du, jetzt fällt die ganze Stadt zusammen. Hast du mich denn gar nicht lieb, du?«

Ich schwieg und schaute gebannt in ihre großen, klaren Augen, die waren voll betrübter Liebe, und während sie sich über meine senkten und während ihr Mund so schwer und zehrend auf meinem lag, sah ich unverwandt in ihre ernsten Augen, und am linken Auge vorbei lief über die weiße, frische Haut das dünne hellrote Blut. Und indessen meine Sinne trunken taumelten, strebte mein Herz davon und wehrte sich mit Verzweiflung dagegen, so im Sturm und wider seinen Willen weggenommen zu werden. Ich richtete mich auf, und sie las in meinem Blick, daß ich Mitleid mit ihr habe.

Da bog sie sich zurück und sah mich wie zürnend an, und da ich ihr in einer Bewegung von Bedauern und Sorge die Hand hinstreckte, nahm sie die Hand mit ihren beiden, senkte ihr Gesicht darein, sank kniend nieder und begann zu weinen, und ihre Tränen liefen warm über meine zuckende Hand. Verlegen schaute ich zu ihr nieder, ihr Kopf lag schluchzend über meiner Hand, auf ihrem Nacken spielte schattig ein weicher Haarflaum. Wenn das nun eine andere wäre, dachte ich heftig, eine, die ich wirklich liebte und der ich meine Seele hingeben könnte, wie wollte ich in diesem süßen Flaum mit liebenden Fingern wühlen und diesen weißen Nacken küssen! Aber mein Blut war stiller geworden, und ich litt Qualen der Scham darüber, diese da zu meinen Füßen knien zu sehen, welcher ich nicht gewillt war, meine Jugend und meinen Stolz hinzugeben.

Dieses alles, das ich durchlebte wie ein verzaubertes Jahr und das mir heute noch mit hundert kleinen Regungen und Gebärden wie ein großer Zeitraum im Gedächtnis steht, hat in der Wirklichkeit nur wenige Minuten gedauert. Eine Helligkeit brach unvermutet herein, Stücke blauen Himmels schienen feucht in versöhnlicher Unschuld hervor, und plötzlich, messerscharf abgeschnitten, fiel das Sturmgetöse in sich zusammen, und eine erstaunliche, unglaubhafte Stille umgab uns.

Wie aus einer phantastischen Traumhöhle trat ich aus dem Schuppen hervor an den wiedergekehrten Tag, verwundert, daß ich noch lebte. Der öde Hof sah übel aus, die Erde zerwühlt und wie von Pferden zertreten, überall Haufen von großen eisigen Schloßen, mein Angelzeug war fort und auch der Fischeimer verschwunden. Die Fabrik war voll Menschengetöse, ich sah durch hundert zerschlagene Scheiben in die wogenden Säle, aus allen Türen drängten Menschen hervor. Der Boden lag voll von Glasscherben und zerborstenen Ziegelsteinen, eine lange blecherne Dachrinne war losgerissen und hing schräg und verbogen über das halbe Haus herab.

Nun vergaß ich alles, was eben noch gewesen war, und fühlte nichts als eine wilde, ängstliche Neugierde, zu sehen, was eigentlich passiert wäre und wieviel Schlimmes das Wetter angerichtet habe. Alle die zerschlagenen Fenster und Dachziegel der Fabrik sahen im ersten Augenblick recht wüst und trostlos aus, aber schließlich war doch das alles nicht gar so gräßlich und stand nicht recht im Verhältnis zum furchtbaren Eindruck, den der Zyklon mir gemacht hatte. Ich atmete auf, befreit und halb auch wunderlich enttäuscht und ernüchtert: die Häuser standen wie zuvor, und zu beiden Seiten des Tales waren auch die Berge noch da. Nein, die Welt war nicht untergegangen.

Indessen, als ich den Fabrikhof verließ und über die Brücke in die erste Gasse kam, gewann das Unheil doch wieder ein schlimmeres Ansehen. Das Sträßlein lag voll von Scherben und zerbrochenen Fensterläden, Schornsteine waren herabgestürzt und hatten Stücke der Dächer mitgerissen, Menschen standen vor allen Türen, bestürzt und klagend, alles, wie ich es auf Bildern belagerter und eroberter Städte gesehen hatte. Steingeröll und Baumäste versperrten den Weg. Fensterlöcher starrten überall hinter Splittern und Scherben, Gartenzäune lagen am Boden oder hingen klappernd über Mauern herab. Kinder wurden vermißt und gesucht, Menschen sollten auf den Feldern vom Hagel erschlagen worden sein. Man zeigte Hagelstücke herum, groß wie Talerstücke und noch größere.

Noch war ich zu erregt, um nach Hause zu gehen und den Schaden im eigenen Hause und Garten zu betrachten; auch fiel mir nicht ein, daß man mich vermissen könnte, es war mir ja nichts geschehen. Ich beschloß, noch einen Gang ins Freie zu tun, statt weiter durch die Scherben zu stolpern, und mein Lieblingsort kam mir verlockend in den Sinn, der alte Festplatz neben dem Friedhof, in dessen Schatten ich alle großen Feste meiner Knabenjahre gefeiert hatte. Verwundert stellte ich fest, daß ich erst vor vier, fünf Stunden auf dem Heimweg von den Felsen dort vorübergegangen sei; es schienen mir lange Zeiten seither vergangen.

Und so ging ich die Gasse zurück und über die untere Brücke, sah unterwegs durch eine Gartenlücke unsern roten sandsteinernen Kirchturm wohlerhalten stehen und fand auch die Turnhalle nur wenig beschädigt. Weiter drüben stand einsam ein altes Wirtshaus, dessen Dach ich von weitem erkannte. Es stand wie sonst, sah aber doch sonderbar verändert aus, ich wußte nicht gleich warum. Erst als ich mir Mühe gab, mich genau zu besinnen, fiel mir ein, daß vor dem Wirtshaus immer zwei hohe Pappeln gestanden waren. Diese Pappeln waren nicht mehr da. Ein uralt vertrauter Anblick war zerstört, eine liebe Stelle geschändet.

Da stieg mir eine böse Ahnung auf, es möchte noch mehr und noch Edleres verdorben sein. Mit einemmal fühlte ich mit beklemmender Neuheit, wie sehr ich meine Heimat liebte, wie tief mein Herz und Wohlsein abhängig war von diesen Dächern und Türmen, Brücken und Gassen, von den Bäumen, Gärten und Wäldern. In neuer Erregung und Sorge lief ich rascher, bis ich drüben bei dem Festplatz war.

Da stand ich still und sah den Ort meiner liebsten Erinnerungen namenlos verwüstet in völliger Zerstörung liegen. Die alten Kastanien, in deren Schatten wir unsere Festtage gehabt hatten und deren Stämme wir als Schulknaben zu dreien und vieren kaum hatten umarmen können, die lagen abgebrochen, geborsten, mit den Wurzeln ausgerissen und umgestülpt, daß hausgroße Löcher im Boden klafften. Nicht einer stand mehr an seinem Platz, es war ein schauerhaftes Schlachtfeld, und auch die Linden und die Ahorne waren gefallen, Baum an Baum. Der weite Platz war ein ungeheurer Trümmerhaufen von Ästen, gespaltenen Stämmen, Wurzeln und Erdblöcken, mächtige Stämme standen noch im Boden, aber ohne Krone, abgeknickt und abgedreht mit tausend weißen, nackten Splittern.

Es war nicht möglich weiterzugehen, Platz und Straße waren haushoch von durcheinandergeworfenen Stämmen und Baumtrümmern gesperrt, und wo ich seit den ersten Kinderzeiten nur tiefen heiligen Schatten und hohe Baumtempel gekannt hatte, starrte der leere Himmel über der Vernichtung.

Mir war, als sei ich selber mit allen geheimen Wurzeln ausgerissen und in den unerbittlich grellen Tag gespieen worden. Tagelang ging ich umher und fand keinen Waldweg, keinen vertrauten Nußbaumschatten, keine von den Eichen der Bubenkletterzeit mehr wieder, überall weit um die Stadt nur Trümmer, Löcher, gebrochene Waldhänge wie Gras hingemäht, Baumleichen klagend mit entblößtem Wurzelwerk zur Sonne gekehrt. Zwischen mir und meiner Kindheit war eine Kluft aufgebrochen, und meine Heimat war nicht die alte mehr. Die Lieblichkeit und die Torheit der gewesenen Jahre fielen von mir ab, und bald darauf verließ ich die Stadt, um ein Mann zu werden und das Leben zu bestehen, dessen erste Schatten mich in diesen Tagen gestreift hatten.

(1913)

Im Presselschen Gartenhaus

Eine Erzählung aus dem alten Tübingen

Es war in den zwanziger Jahren des vorigen Jahrhunderts, und wenn die Weltläufte damals andere waren als heute, so schien doch die Sonne und lief der Wind nicht anders über das grüne friedvolle Tal des Neckars als heute und gestern. Ein schöner, freudiger Frühsommertag war über die Alb heraufgestiegen und stand festlich über der Stadt Tübingen, über Schloß und Weinbergen, Neckar und Ammer, über Stift und Stiftskirche, spiegelte sich im frischen, blanken Flusse und schickte spielende, zarte Wolkenschatten über das grellsonnige Pflaster des Marktplatzes.

Im theologischen Stift war die lärmende Jugend soeben vom Mittagstisch aufgestanden. In plaudernden, lachenden, streitenden Gruppen schlenderten die Studenten durch die alten hallenden Gänge und über den gepflasterten Hof, den eine zackige Schattenlinie in der Quere teilte. Freundespaare standen in Fenstern und offenen Stubentüren beieinander; aus frohen, ernsten, heiteren oder träumerischen Jünglingsgesichtern leuchtete der schöne warme Sonnentag wider, und in ahnungsvoll durchglühter Jugend strahlte da manche noch so knabenhafte Stirn, deren Träume noch heute lebendig sind, und deren Namen heute wieder von dankbaren und schwärmerischen Jünglingen verehrt werden.

An einem Korridorfenster, gegen den Neckar hinausgelehnt, stand der junge Student Eduard Mörike und blickte zufrieden in die grüne, mittägliche Gegend hinüber; ein Schwalbenpaar schwang sich jauchzend in launisch spielerischen Bogen durch die sonnige Luft vorbei, und der junge Mensch lächelte gedankenlos mit den eigenwillig hübschen, gekräuselten Lippen.

Dem etwa Zwanzigjährigen, den seine Freunde einer unerschöpflich frohsprudelnden Laune wegen liebten, begegnete es nicht selten, daß in frohen, guten Augenblicken ihm plötzlich die ganze Umgebung zu einem verzauberten Bild erstarrte, in dem er mit staunenden Augen stand und die rätselhafte Schönheit der Welt wie eine Mahnung und beinahe wie einen feinen, heimlichen Schmerz empfand. Wie eine bereitstehende Salzlösung oder ein stilles Wintergewässer nur einer leisen Berührung bedarf, um plötzlich in Kristallen zusammenzuschießen und gebannt zu erstarren, so war mit jenem Schwalbenfluge dem jungen Dichtergemüt plötzlich der Neckar, die grüne Zeile der stillen Baumwipfel und die schwachdunstige Berglandschaft dahinter zu einem verklärten und geläuterten Bild erstarrt, das mit der erhobenen, feierlich-milden Stimme einer höheren, dichterischen Wirklichkeit zu seinen zarten Sinnen sprach. Schöner und herzlicher spielte nun das frohe Licht in den schweren, laubigen Wipfeln, beseelter und bedeutsamer floß die Kette der Berge in die verschleierte Ferne hinüber, geistiger lächelte vom Ufer Gras und Gebüsch herauf, und dunkler, mächtiger redete der strömende Fluß wie aus urwelthaften Götterträumen her, als werbe Baumgrün und Gebirge, Flußrauschen und Wolkenzug dringlich um Erlösung und ewigen Fortbestand in der Seele des Dichters.

Noch verstand der befangene Jüngling die flehenden Stimmen nicht ganz, noch ruhte der innere Beruf, ein verklärender Spiegel für die Schönheit der Welt zu sein, erst halb bewußt in den Ahnungen dieser schönen, heiter-nachdenklichen Stirn, und noch war das Wissen um eine vereinsamende Auszeichnung nicht mit seinem Schmerzen in des Dichters Seele gedrungen. Wohl floh er oft aus solchen geisterhaft gebannten Stunden plötzlich mit ausbrechendem Weh und Trostbedürfnis wie ein erschrecktes Kind zu seinen Freunden, verlangte in nervöser Einsamkeit heftig nach Musik und Gespräch und innigster Geselligkeit, doch war noch die unter hundert Launen verborgene Schwermut und das in allen Freuden weiterdürstende Ungenügen seinem Bewußtsein fremd geblieben. Und noch lächelten Mund und Auge in ungebrochener Lebensfrische, und von jenen geheimen Zügen der Gebundenheit und Lebensscheu, die wir im Bild des geliebten Dichters kennen, war noch keiner in das reine Gesicht gekommen, es sei denn als ein flüchtig vorübergleitender Schatten.

Indem er stand und schaute und mit zarten, witternden Sinnen den jungen Sommertag einsog, für Augenblicke ganz allein und abgerückt und außerhalb der Zeit, kam ein Student in lärmender Wildheit die Treppe herabgerannt. Er sah den Versunkenen stehen, kam mit stürmischen Sätzen einhergesprungen und schlug dem Träumer heftig beide Hände auf die schmalen Schultern.

Erschrocken und aus tiefen Träumen gerüttelt, wendete Mörike sich um, Abwehr und einen Schatten von Beleidigung im Gesicht, die großen, milden Augen noch vom Glanz der kurzen Entrückung überflogen. Doch alsbald lächelte er wieder, griff eine der um seinen Hals gelegten Hände und hielt sie fest.

»Waiblinger! Ich hätte mir's denken können. Was machst du? Wo rennst du wieder hin?«

Wilhelm Waiblinger blitzte ihn aus hellblauen Augen an, und seine vollen, aufgeworfenen Lippen verzogen sich schmollend wie ein verwöhnter und etwas blasierter Weibermund.

»Wohin?« rief er in seiner heftigen und rastlosen Art. »Wohin soll ich denn fliehen, von euch prädestinierten Pfaffenbäuchen weg, wenn nicht zu meinem chinesischen Refugium draußen im Weinberg, oder vielleicht lieber gleich in irgendeine Kneipe, um meine Seele mit Bier und Wein zu überschwemmen, bis nur die höchsten Gebirge noch aus dem Dreck und Schlamm hinausragen? O Meerigel, du wärst ja noch der einzige, mit dem ich gehen könnte, aber weißt du, am Ende bist vielleicht auch du bloß so ein Heimtücker und fauler Philister. Nein, ich habe niemand mehr hier in dieser Hölle, ich habe keinen Freund, es wird nächstens gar keiner mehr mit mir gehen wollen! Bin ich nicht ein Hanswurst, ein räudiger Egoist und wüster Saufbold! Bin ich nicht ein Verräter, der die Seelen seiner Freunde verkauft, jede arme Seele für einen Dukaten an den Verleger Franckh in Stuttgart?«

Mörike lächelte und sah dem Freund in das erregte, wilde Gesicht, das ihm so vertraut und so merkwürdig war mit seiner Mischung von brutaler Offenheit und pathetischer Schauspielerei. Die langen, wehenden Locken, mit denen Waiblinger in Tübingen aufgetreten war und die ihm so viel Ruhm und Spott eingebracht hatten, waren seit einiger Zeit gefallen. Er hatte sie sich in einer gerührten Stunde von der Frau eines Bekannten mit der Schere abschneiden lassen.

»Ja, Waiblinger«, sagte Mörike langsam, »du machst es einem eigentlich nicht leicht. Deine Locken hast du damals geopfert, aber daß du dir vorgenommen hast, vor Mittag kein Bier mehr zu trinken, das hast du, scheint's, wieder vergessen.«

Mit einer übertriebenen Gebärde der Verachtung sah der andere ihn an und warf den Athletenkopf zurück.

»Ach du! Jetzt fängst auch du noch das Predigen an! Das ist gerade, was mir noch gefehlt hat. Es ist ein Elend. Ich aber sage dir, du Gesalbter des Herrn, du wirst eines Tages in einer stinkigen Landpfarre sitzen und wirst sieben Jahre um die saure Tochter deines Brotherrn dienen und einen Bauch dabei bekommen und wirst das Gedächtnis deiner besseren Tage verkaufen um ein Linsengericht, und wirst deinen Jugendfreund verleugnen um einer Gehaltsaufbesserung willen. Denn siehe, es wird eine Schande und Todsünde sein, für den Freund des Waiblinger zu gelten, und sein Name soll ausgetilgt werden im Gedächtnis der Guten und Frommen. Meerigel, du bist ein Heimlichtuer, und es ist mein Fluch, daß ich dein Freund sein muß, denn auch du hältst mich für einen Verworfenen, und wenn ich in der Verzweiflung meiner Seele zu dir komme und mich an dein Herz werfe, dann wirfst du mir vor, daß ich Bier getrunken habe! Nein, ich habe nur noch einen Freund, einen einzigen, und zu dem will ich gehen. Der ist meinesgleichen, und das Hemd hängt ihm aus den Hosen, und er ist seit zwanzig Jahren so verrückt, wie ich es bald auch sein werde.«

Er hielt inne, nestelte heftig an seinem lang herabhängenden Halstuch, das er unter die Weste stopfte, und fuhr plötzlich viel sanfter und beinahe bittend fort: »Du, ich will zum Hölderlin gehen. Gelt, du kommst mit?«

Mörike zeigte mit der Hand durchs offene Fenster, mit einer unbestimmten, weiten Gebärde. »Da guck einmal hinaus! Das ist so schön, wie das alles im Frieden liegt und in der Sonne atmet. So hat es der Hölderlin auch einmal gesehen, wie er seine Ode vom Neckartal gedichtet hat. Ja, ich komme mit, natürlich.«

Er ging voran, Waiblinger aber blieb einen Augenblick stehen und blickte hinaus, als habe wirklich erst Mörike ihm die Schönheit des vertrauten Bildes gezeigt. Dann legte er im Nacheilen dem Freunde die Hand auf den Arm und nickte mehrmals nachdenklich, und sein unstetes Gesicht war still und gespannt geworden.

»Bist du mir bös?« fragte er kurz.

Mörike lachte nur und ging weiter.

»Ja, es ist schön da draußen«, fuhr Waiblinger fort, »und da hat der Hölderlin vielleicht seine schönsten Sachen gedichtet, wie er anfing, das Griechenland seiner Seele in der Heimat zu suchen. Du verstehst das auch besser als ich, du kannst so ein Stück Schönheit ganz still aufnehmen und wegtragen und dann einmal wieder ausstrahlen. Das kann ich nicht, noch nicht, ich kann nicht so ruhig und still und so verflucht geduldig sein. Vielleicht einmal später, wenn ich kühl und ausgetobt und alt geworden bin.«

Sie traten auf den Stiftshof hinaus und überschritten die Schattengrenze. Waiblinger nahm den Hut vom Kopf und atmete begierig die warme Sonnenluft. An alten, stillen Häusern vorbei, deren grüne Holzläden auf der

Mittagsseite gegen die Hitze geschlossen waren, gingen sie die Gasse hinab bis zum Hause des Schreinermeisters Zimmer, wo eine saubergeschichtete Ladung von frischen tannenen Brettern in der blanken Wärme glänzte und duftete. Die Haustür stand offen, und alles war still, der Meister hielt noch Mittagspause.

Als die Jünglinge ins Haus traten und sich zur Treppe wandten, die zu des wahnsinnigen Dichters Erkerzimmer hinaufführte, öffnete sich in dem dunklen Hausflur eine Türe, aus einem durchsonnten Wohnraum her drang weiches Licht in Strahlenbündeln heraus, und darin erschien ein junges Mädchen, die Tochter des Schreiners.

»Grüß Gott, Jungfer Lotte!« sagte Mörike freundlich.

Sie schaute einen Augenblick lichtblind in den schattigen Raum, dann kam sie näher. »Grüß Gott, ihr Herren! Ach, Sie sind's? Grüß Gott, Herr Waiblinger! Ja, er ist droben.«

»Wir wollen ihn mit spazieren nehmen, wenn wir dürfen?« sagte Waiblinger mit einer einschmeichelnden Stimme, die er gegen alle jungen und hübschen Mädchen im Gebrauch hatte.

»Das ist recht, bei dem schönen Wetter. Gehen die Herren wieder ins Presselsche Gartenhaus?«

»Jawohl, Jungfer Lotte. Kann ihn vielleicht später jemand dort abholen? Ich frage nur. Wenn's nicht gut geht, bringen wir ihn selber wieder her. Man kommt immer gern zu Ihnen ins Haus, Jungfer.«

»Ei was! Nein, ich komme dann schon und hole ihn. Daß er nur nicht zu lange in der heißen Sonne bleibt, es tut ihm nicht gut.«

»Danke, ich will daran denken. Also auf Wiedersehen!«

Sie verschwand, und mit ihr floh die Lichtflut hinter die Stubentür zurück. Die beiden Studenten stiegen die Treppe hinauf und fanden die Tür zu Hölderlins Zimmer halb offenstehen. Mit der leichten Scheu und Befangenheit, die er trotz wiederholter Besuche jedesmal vor dieser Schwelle empfand, näherte Mörike sich langsam. Waiblinger ging rascher voraus und pochte an den Türpfosten, und da keine Antwort herauskam, schob er die leise in den Angeln reibende Tür behutsam weiter auf, und beide traten ein.

Sie sahen in dem sehr einfachen, aber hübschen und lichten Raum, dessen Fenster auf den Neckar gingen, die hohe Gestalt des Unglücklichen in ein Fenster gelehnt, auf den unmittelbar unter dem Erker dahinströmenden Fluß blickend. Hölderlin stand ohne Rock in Hemdärmeln, den schlanken Hals bloß, das Haupt leicht gegen den Fluß hinabgebeugt. Nahe beim Fenster stand sein Schreibtisch; Gänsefedern staken in einem Behältnis, eine lag quer über mehrere beschriebene Papiere hinweggelegt. Ein schwacher Luftzug lief vom Fenster her und raschelte in den Blättern.

Bei dem Geräusch wendete der Dichter sich um, er nahm die Eingetretenen wahr und blickte ihnen aus seinen schönen, reinen Augen entgegen, indem sein Blick zuerst auf Mörike fiel, den er nicht zu erkennen schien.

Verlegen machte dieser einen kleinen Bückling und sagte schüchtern: »Guten Tag, Herr Bibliothekar! Wie geht es Ihnen?«

Der Dichter schlug den Blick zu Boden, ließ die noch auf dem Fenstersims ruhende Hand sinken und verneigte sich sehr tief, indem er unverständliche demütige Worte murmelte. Wieder und wieder verneigte er sich in schauerlich mechanischer Ergebenheit, bückte sein schönes, schwach ergrautes Haupt tief hinab und legte die Hände über der Brust zusammen.

Waiblinger trat vor, legte ihm die Hand auf den Arm und sagte: »Lassen Sie's gut sein, verehrter Herr Bibliothekar!«

Nochmals bückte Hölderlin sich tief und murmelte halblaut: »Ja, Königliche Majestät. Wie Eure Majestät befehlen.«

Und indem er Waiblinger in die Augen sah, erkannte er ihn, der sein Freund und häufiger Besucher war; er hörte auf, seine Verbeugungen zu machen, ließ sich die Hand schütteln und wurde ruhig.

»Wir wollen spazierengehen!« rief der Student ihm zu, der diesem Kranken gegenüber etwas von seinem reizbar ungleichen Wesen verlor und im Umgang mit dem verehrten Schatten eine ihm sonst kaum eigene Güte und sanfte Überlegenheit zeigte, wie er denn überhaupt zu keinem Menschen in einem so gleichmäßigen und liebenden Verhältnis lebte wie zu dem geisteskranken Dichter, der mehr als dreißig Jahre älter war und den er bald sanft und schonend wie ein gutes Kind, bald ernst und verehrend wie einen edlen Freund anzufassen wußte.

Mit Verwunderung und verlegener Rührung sah nun der Studiosus Mörike zu, wie sein ungestümer und hochfahrender Freund sich mit seltsam zarter Teilnahme und mit einer gewissen Übung und Geschicklichkeit des kranken Menschen annahm.

Waiblinger schien sich in Hölderlins Zimmer genau auszukennen. Von einem Nagel hinter der Tür brachte er des Wahnsinnigen Gehrock, aus einer Schublade sein wollenes Halstuch hervor und half dem folgsamen Kranken in seine Kleider wie eine Mutter dem Kind. Er wischte mit seinem Taschentuch den Staub von Hölderlins Knien, er suchte dessen großen schwarzen Hut hervor und bürstete ihn sorglich rein, und dazwischen redete er ihm zu und ermunterte ihn beständig: »So, so, Herr Bibliothekar, jetzt haben wir's gleich, jawohl. So, so ist's recht, so ist's gut. Dann gehen wir an die Luft hinaus und zu den Bäumen und Blumen, es ist schön Wetter heut. So, jetzt noch den Hut auf, s'il vous plaît.« Worauf der alte Dichter nichts erwiderte als etwa einmal in höflich zerstreutem Tone die Worte: »Euer Gnaden befehlen es. Je vous remercie mille fois, Herr von Waiblinger.« Er ließ sich betreuen und hielt willig stand, und sein ehrwürdiges Gesicht mit den nur teilweise zerstörten, adlig schönen Zügen schien bald voll zerstreuter Gleichgültigkeit, bald in einer heimlich belustigten hohen Überlegenheit zuzuschauen.

Mörike war unterdessen an den Schreibtisch getreten und las, ohne das Blatt jedoch in die Hände zu nehmen, stehend in einem der offenliegenden Manuskripte. In metrisch tadellosen, wohlgebauten Versen stand da ein Stück von des zerstörten Dichtergeistes Schattenleben aufgezeichnet: flüchtige, oft von Unsinn unterbrochene Gedanken und sanfte Klagen, dazwischen Bilder voll reiner Anschaulichkeit, in einer empfindlichen, feingepflegten Sprache voll Musik, aber immer wieder gestört und vernichtet durch plötzlich hineingeflossene Worte und Sätze eines harmlos ledernen Kanzleistils.

»So, jetzt können wir ja gehen«, rief Waiblinger, als sie fertig waren, und Hölderlin folgte ihm willig, nicht ohne noch im Gehen zu wiederholen: »Der Herr Baron befehlen. Euer Gnaden untertänig zu Diensten.«

Hager und groß schritt Friedrich Hölderlin hinter Waiblinger her die Treppe hinab, über den umzäunten Hof und durch die Gasse, den großen Hut bis dicht über die Augen herabgezogen, leise vor sich hinmurmelnd und scheinbar ohne einen Blick für die Welt. Bei der Neckarbrücke aber, wo zwei kleine barfüßige Büblein kauerten und mit einer toten Eidechse spielten, blieb die schlanke, würdevolle Gestalt einen Augenblick stehen, um vor den beiden Kindern tief den Hut zu ziehen. Mörike ging neben ihm und da und dort blickte man aus Fenstern und Haustüren dem grotesken kleinen Zuge nach, jedoch ohne viel Erregung und Neugierde, denn jedermann kannte den verrückten Dichter und wußte von seinem Schicksal.

Sie stiegen an hübschen buschigen Gartenhängen und Weinbergmäuerchen vorbei den sonnigen Österberg hinan. Voraus ging stattlich die kraftvolle Gestalt Waiblingers, welcher längst aus Erfahrung wußte, daß Hölderlin niemals vorangehe und einer Führung bedürfe. Dieser schritt langsam und ernsthaft, den Blick meist am Boden, und neben ihm ging der zarte Mörike her, gleich seinem Kameraden schwarz gekleidet. In den Ritzen der Rebbergmauern blühte da und dort blauroter Storchschnabel und weiße Schafgarbe, davon riß Hölderlin zuweilen einige Stengel ab und nahm sie mit sich. Die Hitze schien ihn nicht anzufechten, und als sie oben haltmachten, blickte er befriedigt um sich.

Hier stand das chinesische Gartenhäuschen des Oberhelfers Pressel, das im Sommer stets an Studenten abgetreten wurde und jetzt schon seit längerer Zeit, solange es die Witterung erlaubte, tagsüber von Waiblinger bewohnt wurde. Dieser zog einen großen geschmiedeten Schlüssel aus der Tasche, stieg die paar Steinstufen zum Eingang empor, schloß die Türe auf und wandte sich mit einer feierlich einladenden Gebärde an den Gast: »Treten Sie ein, Herr Bibliothekar, und seien Sie willkommen!«

Der Dichter nahm seinen Hut ab, stieg hinan und trat in das kleine putzige Häuschen, das er längst kannte und liebte. Kaum war auch Waiblinger hereingekommen, so wandte sich Hölderlin an diesen mit einer tiefen, respektvollen Verbeugung und sprach mit mehr Lebhaftigkeit als sonst: »Euer Gnaden haben befohlen. Ich empfehle mich Ihnen, Herr Baron. Eure Herrlichkeit wird mich in dero Schutz nehmen. Votre très humble serviteur.«

Darauf trat er vor den Schreibtisch und starrte mit angelegentlichem Interesse nach der Wand empor, wo Waiblinger in großen griechischen Schriftzeichen den geheimnisvollen Spruch »Ein und All« angebracht hatte. Vor diesen Zeichen verweilte er minutenlang in gespannter Nachdenklichkeit. Mörike, in der leisen Hoffnung, ihn jetzt einem Gespräch zugänglich zu finden, näherte sich ihm und fragte behutsam: »Sie scheinen diesen Spruch zu kennen, Herr Bibliothekar!«

Dieser wich aber alsbald zurück und verschanzte sich in sein undurchdringliches Hofzeremoniell. »Majestät«, sagte er mit großer Feierlichkeit, »dieses kann und darf ich nicht beantworten.«

Er trug den unordentlich zusammengerafften Blumenstrauß noch in der Hand, den er nun langsam mit den Fingern zerpflückte und in die Taschen seines Rockes stopfte. Währenddessen war er an das breite, niedere Fenster getreten, das über den lichten Weinberg und die tieferliegenden Gärten hinweg eine weite stille Aussicht auf das Flußtal und auf die hohen Berge der Alb darbot. In den Anblick der hellen, friedevollen Sommerlandschaft versunken, blieb er stehen, tief die reine, von Sonnenschein und Rebenblüte erfüllte Luft atmend, und an seinen entspannten und beglückten Mienen war zu merken, daß diesem schönen Bilde seine Seele noch in der alten Zartheit und heiligen Empfänglichkeit offenstehe und Antwort gebe.

Waiblinger nahm ihm den Hut aus der Hand und sprach ihm zu, sich aufs Gesims des Fensters zu setzen, was er sogleich tat. Darauf erhielt erst Hölderlin, dann Mörike vom Hausherrn eine wohlzubereitete Tabakspfeife überreicht, und nun saß der kranke Dichter begnügt und zufrieden rauchend, schwieg und blickte ruhig in das sommerliche Tal hinaus. Sein rastloses Murmeln war verstummt, und vielleicht hatte sein ermüdeter Geist zu den hohen Sternbildern seiner Erinnerung zurückgefunden, unter welchen er einst die kurze herrliche Blüte seines Lebens gefeiert und deren Namen seit zwei Jahrzehnten niemand mehr ihn hatte nennen hören.

Schweigend hatten die Freunde eine Weile den Rauch aus ihren Pfeifen gesogen und dem stillen Mann am Fenster zugeschaut. Dann erhob sich Waiblinger, nahm ein Schreibheft zu Händen, das auf dem Tisch lag, und begann mit feierlicher Stimme zu reden: »Verehrter Gast, es ist Ihnen wohl bekannt, daß wir drei ein Kollegium von Dichtern vorstellen, wenn auch keiner von uns jungen Anfängern sich mit dem Dichter des unsterblichen Hyperion vergleichen darf. Was könnte nun natürlicher und schöner sein, als daß ein jeder von uns etwas von seinen Gedichten oder Gedanken vortrage? In diesem Heft hier habe ich allerlei aus Ihren neueren Schriften gesammelt, Herr Bibliothekar, und ich bitte Sie herzlich, lesen Sie uns etwas daraus vor!«

Er gab Hölderlin das Schreibheft in die Hand, das dieser sogleich wiederzuerkennen schien. Er stand auf, begann in dem kleinen Raum hin und wider zu schreiten, und plötzlich hob er mit lauter Stimme und mit einer gewissen ergreifenden Leidenschaftlichkeit an, folgendes vorzulesen: »Wenn einer in den Spiegel siehet, ein Mann, und siehet darin sein Bild wie abgemalt: es gleicht dem Manne. Augen hat des Menschen Bild, hingegen Licht der Mond. Der König Ödipus hat ein Auge zuviel vielleicht. Die Leiden dieses Mannes, sie scheinen unbeschreiblich, unaussprechlich, unausdrücklich. Wenn das Schauspiel ein solches darstellt, kommt's daher. Wie ist mir's aber, gedenk ich deiner jetzt? Wie Bäche reißt das Ende von etwas mich dahin, welches sich wie Asien ausdehnet. Natürlich, dieses Leiden, das hat Ödipus. Natürlich ist's darum. Hat auch Herkules gelitten? Wohl. Die Dioskuren in ihrer Freundschaft, haben sie Leiden nicht auch getragen? Nämlich, wie Herkules mit Gott streiten, das ist Leiden. Doch das ist auch ein Leiden, wenn mit Sommerflecken ist bedeckt ein Mensch, mit manchen Flecken ganz überdeckt zu sein! Das tut die schöne Sonne. Die Jünglinge führt sie die Bahn mit Reizen ihrer Strahlen wie mit Rosen. Die Leiden scheinen so, die Ödipus getragen, als wie ein armer Mann klagt, daß ihm etwas fehle. Sohn Laios', armer Fremdling in Griechenland! Leben ist Tod, und Tod ist auch ein Leben ...«

Während des Lesens hatte sein Pathos sich noch immer gesteigert, und die Studenten waren den seltsamen, zuweilen tief und schrecklich bedeutsam lautenden Worten nicht ohne Bangigkeit und geheimen Schauder gefolgt.

»Wir danken Ihnen!« sagte Mörike. »Wann haben Sie das geschrieben?«

Allein der Kranke liebte es nicht, gefragt zu werden, er ging nicht darauf ein. Statt dessen hielt er dem Jüngling das Schreibheft vor die Augen. »Sehen Sie, Hoheit, hier steht ein Semikolon. Euer Hoheit Wunsch ist mir Befehl. Non, votre Altesse, die Gedichte bedürfen des Kommas und des Punktes. Euer Gnaden befehlen, daß ich mich zurückziehe.« Damit setzte er sich wieder ins Fenster, begann an der erloschenen Pfeife zu saugen und richtete seinen Blick auf den fernen Roßberg, über dem eine lange, schmale Wolke mit goldenen Rändern stand.

»Du hast doch auch etwas zum Vorlesen?« fragte Waiblinger seinen Freund.

Mörike schüttelte den Kopf und fuhr mit den Fingern durch sein blondes, frauenhaft zartes Haar. In seinem kleinen Stehpult verborgen, bewahrte er daheim in seiner Stiftsstube seit kurzem zwei neue Gedichte auf, welche »An Peregrina« überschrieben waren und von denen keiner seiner Freunde wußte. Wohl wußten einige von ihnen um die sonderbare romantische Liebe, deren schönes Zeugnis jene Lieder waren; vor Waiblinger aber hatte er nie davon gesprochen. »Du bist doch ein Querkopf!« rief Waiblinger enttäuscht. »Warum hältst du dich eigentlich vor mir so verborgen? Von deinen Gedichten höre ich nichts mehr, und hier oben hat man den Herrn auch seit Wochen nimmer gesehen. Der Louis Bauer macht es gerade so. Ihr seid verfluchte Feiglinge, ihr Tugendhelden!«

Mörike wiegte unruhig seinen Kopf hin und wider. »Wir wollen uns lieber vor dem da nicht zanken«, sagte er leise mit einer Gebärde gegen das Fenster. »Was indessen den Tugendhelden betrifft, da hast du dich getäuscht. Mein Werter, ich habe letzte Woche wieder einmal acht Stunden im Karzer gesessen. Das sollte mich bei dir rehabilitieren. Und nächstens kann ich dir auch wieder etwas vorlesen.«

Waiblinger hatte seinen Hemdkragen weit aufgeknöpft und den Rock ausgezogen, seine mächtige, dunkelbehaarte Brust schaute durch den Hemdspalt. »Du bist ein Diplomat!« rief er feindselig, und alles, woran er seit Wochen litt und womit er nicht fertig wurde, stieg wieder mit neu ausbrechender Heftigkeit in ihm auf. »Man weiß nie, wie man bei dir steht. Aber ich will es jetzt wissen, du. Warum weicht ihr mir alle aus. Warum kommt keiner mehr zu mir in den Weinberg da heraus? Warum läuft mir der Gfrörer davon, wenn ich ihn anreden will? Ach, ich weiß ja alles! Angst habt ihr, elende lumpige Stiftlerangst! Ihr seid genau wie die Ratten, die ein Schiff vor dem Untergang verlassen! Denn daß ich nächstens einmal aus dem Stift hinausgeworfen werde, das wißt ihr ja besser als ich selber. Ich bin gezeichnet wie ein Baum, der gefällt werden soll, und ihr zieht euch zurück und seht zu, die Hände in den Taschen, wie lang ich's wohl noch treibe. Und wenn sie mich dann absägen, dann seid ihr die Schlauen und könnt sagen: haben wir's nicht schon lang gesagt? Wenn der Bürgersmann einen rechten Spaß haben soll, dann muß einer gehenkt werden, und der bin diesmal ich. Und du, du stehst auch bei denen drüben, und von dir ist es nicht recht, du bist doch bei Gott mehr wert als die ganze Rotte. Du und ich, wir könnten miteinander das ganze Pack in die Luft sprengen. Aber nein, du hast deinen Bauer und deinen Hartlaub, die laufen dir nach und bilden sich ein, sie wären auch so eine Art von Genies, wenn sie sich an deinem Feuer wärmen. Und ich kann allein herumlaufen und an mir selber ersticken, bis ich kaputtgehe! Es ist nur gut, daß ich den Hölderlin habe. Ich glaube, dem haben sie auch seinerzeit im Tübinger Stift das Rückgrat gebrochen.«

»Ja, da muß ich beinahe lachen«, fing Mörike besänftigend an. »Du schimpfst, ich käme nimmer zu dir ins Gartenhaus. Aber wo sitzen wir denn gerade jetzt? Und ich bin auch ein paarmal schon den Österberg heraufgestiegen, aber der Waiblinger war nicht da, der Waiblinger hatte in der Beckei und beim Lammwirt und in andern Kneipen zu tun. Vielleicht hat er auch hier drinnen gesessen und hat bloß nicht auftun mögen, wie ich geklopft habe, so wie er's einmal dem Ludwig Uhland auch gemacht hat.« Er streckte dem Kameraden die Hand hinüber. »Sieh, Wilhelm, du weißt, daß ich nicht immer mit dir einverstanden sein kann – du bist es ja selber nicht. Aber wenn du meinst, ich habe dich nimmer gern, oder wenn du gar behauptest, mir sei mein Plätzlein im Stift zu lieb und ich habe Angst, für deinen Freund zu gelten, dann muß ich einfach lachen. Lieber soll man mich acht Tage in den Karzer stecken, als daß ich an einem Freunde den Judas mache. Weißt du's jetzt?«

Waiblinger drückte die hingebotene Hand so heftig, daß sein Freund schmerzlich den Mund verzog. Stürmisch fiel er ihm um den Hals, der sich seiner kaum erwehren konnte, und plötzlich hatte er die Augen voll Tränen stehen, und seine umschlagende Stimme klang hoch und knabenhaft. »Ich weiß ja«, rief er schluchzend, »ach, ich weiß, ich bin deiner gar nicht wert. Das dumme Saufen hat mich heruntergebracht. Du weißt ja nicht, wie elend ich bin, du kennst das alles nicht, was ich durchmache und was mich noch tötet, du kennst das Weib nicht, diese wunderbare, rätselhafte Frau, an der ich mich verblute.«

»Ich kenne sie schon!« meinte Eduard trocken, und er dachte, mit einer kleinen Erbitterung gegen den Freund, an seine eigenen Schmerzen um Peregrina.

»Du kennst sie nicht, sag ich, wenn du sie auch schon gesehen hast und ihren Namen weißt. Du, ist sie nicht wahnsinnig schön? Kann sie denn etwas dafür, daß sie eine Jüdin ist, und könnte sie so rasend schön sein, wenn sie's nicht wäre? Ich verbrenne an ihr, ich kann nicht lesen mehr, nicht schlafen, nicht dichten; erst seit ich ihren Busen geküßt und an ihrem Hals geweint habe, weiß ich, was Schicksal ist.«

»Schicksal ist immer Liebe«, sagte Mörike leise und dachte mehr an Peregrina als an den Freund, dessen stürmende Selbstentblößung ihm quälend war.

»Ach du«, rief jener schmerzlich und sank in seinen Sitz zurück, »du bist ein Heiliger! Du stehst überall nur wie ein Wächter dabei und hast überall nur teil am Schönen und Zarten und nicht am Giftigen und Häßlichen. Du bist so ein stiller guter Stern, aber ich, ich bin eine wilde nutzlose Fakkel und verbrenne in der Nacht. Und ich will es auch so, ich will verflakkern und verbrennen, es ist gut so und ist nicht schade um mich. Wenn ich nur vorher noch einmal etwas Gutes und Großes schaffen könnte, nur ein einziges edles, reifes Werk. Es ist ja alles nichts, was ich gemacht habe, alles schwach und eitel und in mir selbst befangen! Der hat es gekonnt, der dort drüben am Fenster! Der hat seinen Hyperion hingestellt, ein Sternbild und ein Denkmal seiner großen Seele! Und du kannst es auch, du wirst in aller Stille große und gute Werke schaffen, du Unheimlicher, dem ich nie ganz ins Herz sehen kann! O, ich kenne sie alle durch und durch, die Freunde, den Pfizer in Stuttgart und den Bauer und alle miteinander, ich habe sie durchschaut und ausgeleert und verbraucht – wie Nüsse, wie Nüsse! Nur du hast immer standgehalten, nur du hast dein Geheimnis in dir bewahrt. Dich kenn ich noch immer nicht, dich kann ich nicht aufknacken und verbrauchen! Mit mir geht es schon abwärts, und du stehst noch im Anfang. Mir wird es gehen wie unserm Hölderlin, und die Kinder werden mich auslachen. Aber ich habe keinen Hyperion gedichtet!«

Mörike war sehr ernst geworden. »Du hast den Phaethon gedichtet«, sagte er zart.

»Den Phaethon! Da wollte ich griechisch sein, und wie verlogen, wie widerlich ist das Zeug geworden! Sprich mir nimmer vom Phaethon! Dir kann ich's nicht glauben, wenn du ihn noch lobst, du stehst so hoch über dieser Spottgeburt! Nein, er ist nichts wert, und ich bin ein Stümper, ein jammervoller Stümper! Es geht mir immer so, ich fange eine Dichtung in heller Freude an, und es blüht und sprudelt in mir und läßt mich Tag und Nacht nicht los, bis ich den Strich unters letzte Kapitel gemacht habe. Dann meine ich wunder was ich geleistet hätte, und nach einer Weile, wenn ich's wieder ansehe, ist alles fad und grau oder alles grell und falsch und übertrieben. Ich weiß, bei dir ist das ganz anders, du machst wenig und brauchst Zeit dazu, aber dann ist es auch gut und kann sich sehen lassen. Bei mir wird aus jedem Einfall immer gleich ein Buch, und ich muß sagen, es gibt nichts Herrlicheres, als so sich hinzustürmen und auszugießen, im Rausch und Feuer des Schaffens. Aber nachher, nachher! Da steht der Satan da und grinst und zeigt den Pferdefuß, und die Begeisterung war Schwindel, und der edle Rausch war Einbildung! Es ist ein Fluch!«

»Du mußt nicht so reden«, fing Mörike gütig an, die Stimme voll von Trost. »Wir sind ja noch fast Kinder, du und ich, wir dürfen noch jeden Tag das wegwerfen, was wir gestern gemacht und schön gefunden haben. Wir müssen noch probieren und lernen und warten. Der Goethe hat auch Sachen geschrieben, von denen er nichts mehr wissen will.«

»Natürlich, der Goethe!« rief Waiblinger gereizt. »Das ist auch so ein Ritter von der Geduld, vom Abwarten und Zusammensparen! Ich mag ihn nicht!«

Plötzlich hielt er inne, und beide Jünglinge schauten verwundert auf.

Hölderlin hatte seinen Fensterplatz verlassen, durch die laute, heftige Unterhaltung beunruhigt, nun stand er und schaute Mörike an; sein Gesicht zuckte unruhig, und seine hagere, lange Figur sah bedürftig und leidend aus.

Da beide betroffen schwiegen, neigte sich Hölderlin über Mörikes Stuhl, berührte ihn vorsichtig an der Schulter und sagte mit sonderbar hohler Stimme: »Nein, Euer Gnaden, der Herr von Goethe in Weimar, der Herr von Goethe – ich kann und darf mich darüber nicht äußern.«

Das gespenstische Dazwischentreten des Wahnsinnigen und sein scheinbares Eingehen auf ihr Gespräch, was bei ihm äußerst selten war, hatte die Freunde unheimlich berührt und beinahe erschreckt.

Jetzt fing Hölderlin wieder an, durch die kleine Stube zu wandern, traurig und geängstet hin und her zu wandern wie ein gefangener großer Vogel, und unverständliche Worte vor sich hin zu sagen.

»Wir hatten ihn ganz vergessen!« rief Waiblinger voll Reue und war wie verwandelt. Wieder nahm er sich des Dichters wie ein sanfter Pfleger an, führte ihn ans Fenster zurück, lobte die Aussicht und die herrliche Luft, brachte die am Boden liegende Pfeife wieder in Ordnung, tröstete und begütigte mütterlich. Und wieder gewann Mörike den anspruchsvollen und unbequemen Freund, da er ihn so herzlich und gütevoll bemüht sah, von neuem seltsam lieb und machte sich stille Vorwürfe, ihn seit langem wirklich vernachlässigt zu haben. Er kannte Waiblingers phantastische Übertreibungssucht und das unheimlich rasche Auf und Nieder seiner Stimmungen, aber was Mörike von jener gefährlichen Jüdin durch Hörensagen wußte, war freilich bedenklich, und des Freundes voriger Ausbruch hatte ihn ernstlich geängstigt. Der zarte und empfindliche Mörike hatte in Waiblinger stets ein Urbild unverwüstlichen Jugendübermuts und üppig schwellender Kraft gesehen; nun aber machte der von Trunk und seelischer Selbstzerstörung beschädigte und entstellte Mensch auch ihm einen beklemmenden Eindruck, als gehe er verzweifelnd auf einem abschüssigen Pfade tiefer und tiefer einem unholden Schicksal entgegen. Auch die seltsame Vertrautheit, ja Freundschaft des Freundes mit dem Geisteskranken erschien ihm heute in einer unheimlichen Bedeutsamkeit.

Friedlich saß indessen der Freund neben seinem armen Gast im Fenster, der strotzend junge neben dem ergrauten und erloschenen Mann; die tiefer gerückte Sonne strahlte wärmer und farbiger am Gebirge wider, im Tal fuhr ein langes Floß aus Tannenstämmen den Fluß abwärts, Studenten saßen darauf, schwangen blitzende Trinkkelche im Sonnenlicht und sangen ein kräftig frohes Lied, daß es bis in diese stille Höhe heraufschallte.

Mörike trat zu den beiden und blickte mit hinaus. Schön und milde lag die geliebte Gegend zu seinen Füßen, mit blanken Lichtern blitzte der Neckar herauf, und mit der satten lauen Luft wehte Gesang und ungebärdige Jugendlust wie mit warmem Lebensatem herauf. Warum saßen sie hier so arm und beraubt, diese Dichter des Überschwanges, der alte und der junge, und warum stand er selber, von schwankenden Freundschaften und von einer beschämend hoffnungslosen Liebe erschüttert, so unbefriedigt und traurig daneben? War das nur seine Empfindlichkeit und Schwäche, daß er trüben Stimmungen so oft unterlag? Oder war es wirklich das Schicksal der Dichter, daß ihnen keine Sonne scheinen konnte, deren Schatten sie nicht in der eigenen Seele sammeln mußten?

Mitleidig dachte er dem Leben Hölderlins nach, der einst nicht nur ein Dichter, sondern auch ein begabter Philolog und hochgesinnter Erzieher gewesen war, mit Schiller in Verkehr gestanden und als Hofmeister im Hause der Frau von Kalb gelebt hatte. Hölderlin war, gerade wie Mörike auch, ein Zögling des theologischen Stifts gewesen und hätte Pfarrer werden sollen, und dagegen hatte er sich gesträubt, wie auch Mörike sich dagegen zu sträuben gedachte. Seinen Willen nun hatte jener durchgesetzt, aber er hatte die besten Kräfte dabei verbraucht! Und wie hatte die Welt den untreu gewordenen Stiftler, den zartherzigen, schüchternen Dichter empfangen! Nichts war ihm geworden als Armut, Demütigung, Hunger, Heimatlosigkeit, bis er aufgerieben war und der jahrzehntelangen Krankheit verfiel, welche weniger ein Wahnsinn zu sein schien als eine tiefe Ermüdung und hoffnungslose Resignation des verbrauchten Geistes und Herzens. Da saß er nun mit der göttlichen Stirn und den noch immer ergreifend rein blickenden Augen, das Gespenst seiner selbst, in eine taube, entwicklungslose Kindheit zurückgesunken; und wenn er noch Bogen Papiers vollschrieb, aus denen zuweilen ein wahrhaft schöner Vers wie ein helles Auge aufblickte, so war es doch nichts mehr als das Spiel eines Kindes mit bunten Mosaiksteinen.

Wie Mörike so ergriffen und nachsinnend hinter den beiden stand, wendete Hölderlin sich ihm zu und schaute eine Weile starr und suchend in das feinzügige, überaus zart belebte, etwas weiche Jünglingsgesicht, dessen Stirn und Augen voll von Geist und voll von seelischer Kindheit waren. Vielleicht fühlte der Alte, wie ähnlich dieser Junge ihm selbst sei; vielleicht erinnerte ihn die Reinheit und beseelte Helligkeit dieser Stirn und der tiefe, noch keines zartesten Hauches beraubte Jünglingstraum in diesen herrlichen Augen an seine eigene Jugend; doch ist es zweifelhaft, ob nicht auch diese einfache Gedankenfolge schon zu ermüdend für sein Denken war, vielleicht ruhte sein unergründlicher ernster Blick nur in rein sinnlichem Vergnügen auf dem Gesicht des Studenten.

Während sie alle drei eine Weile schwiegen und jeder den Nachhall der vorigen lebhaften Aussprache in sich fortschwingen fühlte, kam den Weinberg herauf die Jungfer Lotte Zimmer gestiegen. Waiblinger sah sie von weitem und schaute dem Herankommen der kräftigen Mädchengestalt mit stillem Vergnügen zu, und als sie näher kam und ihm, der sie mit lautem Zuruf begrüßte, mit Lächeln zunickte, tat er einen Sprung durchs niedrige Fenster und ging ihr die letzten Schritte entgegen.

»Es ist mir eine Ehre«, rief er überschwenglich und wies einladend die Steinstufen hinauf, »es ist mir eine Ehre, in dieser Klause auch einmal ein so hübsches Fräulein begrüßen zu dürfen. Kommen Sie herein, werte Jungfer Lotte, drei Dichter werden zu Ihren Füßen knien.«

Das Mädchen lachte, und ihr gesundes Gesicht glühte rot vom raschen Bergansteigen. Sie blieb auf der kleinen Treppe stehen und hörte dem Getöne des Studenten belustigt zu, schüttelte dann aber kurz den blonden Kopf. »Bleiben Sie lieber stehen, Herr Waiblinger, ich bin ans Knien nicht gewöhnt. Und geben Sie mir meinen Dichter heraus, ich habe genug an dem einen.«

»Aber Sie werden doch wenigstens einen Augenblick hereinkommen! Es ist ein Tempel, Fräulein, und keine Räuberhöhle. Sind Sie denn gar nicht neugierig?«

»Ich kann's aushalten, Herr Waiblinger. Eigentlich hab ich mir einen Tempel immer anders vorgestellt.«

»So? Und wie denn?«

»Ja, das weiß ich nicht. Jedenfalls feierlicher und ohne Tabakrauch, wissen Sie. Nein, geben Sie sich keine Mühe mehr, es ist ja doch nicht Ihr Ernst. Ich komme nicht hinein, ich muß gleich wieder umkehren. Bringen Sie mir nur den Hölderlin heraus, bitte, daß ich ihn heimbringen kann.«

Nach einigen weiteren Scherzen und Umständlichkeiten ging er denn hinein und winkte dem Kranken zum Aufbruch, gab ihm seinen Hut in die Hand und führte ihn zur Tür. Hölderlin schien ungern wegzugehen, man sah es seinem Blick und seinen zögernden Bewegungen an, doch sagte er kein Wort der Bitte oder des Bedauerns.

Mit der tadellosen Artigkeit, hinter welcher er seit so vielen Jahren sich vor aller Welt verschanzte und verborgen hielt, wendete er sich mit Blick und Verneigung erst an Mörike, dann an Waiblinger, schritt folgsam zur Tür und wandte sich dort mit einer letzten Verbeugung um: »Empfehle mich Euer Exzellenz ganz ergebenst. Euer Exzellenz haben befohlen. Ergebenster Diener, dero Herrschaften.«

Freundlich nahm ihn draußen Lotte Zimmer bei der Hand und führte ihn hinweg, und die zwei Studenten blieben auf den Stufen stehen und sahen den Hinweggehenden nach, wie sie zwischen den Reben den Berg hinabgingen und rasch kleiner wurden, der lange feierliche Mann an der Hand seiner Pflegerin. Ihr blaues Kleid und sein großer schwarzer Hut waren noch lange zu sehen.

Mörike sah, wie sein Freund mit traurigen Blicken dem entschwindenden Unglücklichen folgte. Ihm lag daran, den empfindlichen und erregten Menschen erheiternd zu zerstreuen; auch wollte er selbst es vermeiden, in der Rührung einer unbewachten Stunde etwa allzuviel von seinem Innern zu enthüllen, denn Waiblinger hatte seit Monaten aufgehört, sein unbedingter Vertrauter zu sein. Mörike, der an einsamen Tagen stundenlang einer grundlosen Wehmut nachhängen konnte, liebte es nicht und hütete sich davor, diese Seite seines komplizierten Wesens anderen zu zeigen, am wenigsten diesem Freunde, der selber so gern in einer fast widerlichen Preisgabe seines Innersten zu schwelgen liebte.

Kurzentschlossen, den Bann zu brechen und sich selbst samt dem Kameraden auf die heitere Seite des Lebens hinüberzuretten, schlug er sich klatschend aufs Knie, setzte ein geheimnisvolles Gesicht auf und sagte im Ton schlecht geheuchelter Gleichgültigkeit: »Übrigens, dieser Tage habe ich einen alten Bekannten wiedergetroffen.«

Waiblinger sah ihn an und sah sein bewegliches Gesicht vom leise zukkenden Wetterleuchten hervorbrechenden Humors überflogen, die gekräuselten Mundwinkel spielten wie probend in sarkastischen Faltungen, die magern Wangen spannten sich über den starken Backenknochen in spitzbübischer Laune, und die eingekniffenen Augen schienen vor verhaltener Munterkeit zu knistern.

»Ja, wen denn?« fragte Waiblinger in froher Spannung. »Komm, wir wollen hineingehen.«

Im Stübchen zog Mörike die Fensterladen halb zu, daß sie in wohlig warmer Dämmerung saßen. Er ging elastisch hin und her, plötzlich blieb

Im Presselschen Gartenhaus 1187

er vor Waiblinger stehen, lachte lustig auf und fing an: »Ja, weiß Gott, der Mann nannte sich Vogeldunst, Museumsdirektor Joachim Andreas Vogeldunst aus Samarkand, und er behauptete, auf einer wichtigen, äußerst wichtigen, folgenreichen Geschäftsreise zu sein. Er kam von Stuttgart mit Empfehlungen von Schwab und Matthisson – unmöglich, ihn abzuweisen! – und er wollte noch am selben Abend mit Extrapost nach Zürich weiterreisen, wo er von hochstehenden Gönnern mit Ungeduld erwartet werde. Nur der Ruf dieses entzückenden Musensitzes, sagte er, und der spezielle Ruhm und Glanz des theologischen Stifts, dieser ehrwürdigen Pflanzstätte der exzellentesten Geister, habe ihn veranlassen können, seine eilige Reise für wenige Stunden zu unterbrechen, und er bereue es nicht, nein, wahrlich, er hoffe es nie zu bereuen, obwohl seine Freunde in Zürich, Mailand und Paris ihm keine Stunde des Zuspätkommens verzeihen würden. In der Tat, Tübingen sei ganz charmant, und vornehmlich so gegen Abend in den Alleen am Neckar herrsche ein geradezu ravissantes Helldunkel von einer höchst pittoresken Delikatesse, sozusagen romantisch-poetisch. Der Emir von Belutschistan, von dem er beauftragt sei, die Abbildungen aller schönen Städte Europas in Kupferstich zu sammeln und seiner Hoheit mitzubringen, er werde entzückt sein, und wo denn ein guter Kupferstecher wohne, un bon graveur sur cuivre, aber versteht sich, ein Meister, ein rechter Künstler voll Esprit und Gemüt. Ja, ob es übrigens hier warme Quellen gebe? Nicht? Er glaube doch davon gehört zu haben – oder nein, das sei in Baden-Baden, das müsse ja von hier ganz nahe sein. Und ob der Dichter Schubart noch lebe – er meine jenen Unglücklichen, der von Friedrich dem Gütigen an die Hottentotten verkauft worden sei und dort die afrikanische Nationalhymne gedichtet habe. Oh, er sei gestorben? Hélas! der Beklagenswerte! Indessen war mir doch ganz sonderbar zumute, wie der Kerl seine Suada herunterrasselte und dazu mit den langen, dünnen Fingern an seinen silbernen Rockknöpfen drehte. Du hast ihn schon gesehen, dachte ich immer, diesen Direktorem Vogeldunst mit seinen warmen Quellen und seinen langen, dünnen Spinnenfingern! Da holt der Mann eine Dose aus seinem blauen, langen Tuchrock, der ihm hinten bis an die Schuhe hinabhing, eine hölzerne gedrechselte Dose, und wie er sie aufschraubt und in den gespenstischen Händen dreht und eine Prise nimmt und dazu in seiner heillos aufgeregten Vergnügtheit so hell und hoch zu meckern beginnt, und wie er dann so süß und äußerst angenehm zu lächeln weiß und mit den Fingernägeln auf der Dose den Pariser Marsch trommelt, da ist mir's wie im Traum, und ich quäle mich und rätsele herum wie ein Kandidat im Examen, wenn's brenzlig wird, daß ihm der Schweiß ausbricht und die Brillengläser anlaufen. Der Herr Joachim Andreas Vogeldunst aus Samarkand ließ mir aber keinen Augenblick zum Nachdenken, ordentlich als wisse er, wie mir zumute sei, und habe seine tückische Freude daran und wolle mich ja wohl recht lange schmoren lassen. Von Stuttgart erzählte er, und von den amönen Gedichten des Herrn Matthisson, die er ihm selber eigenhändig vorgelesen habe und welchen eine gewisse interessant-pikante Bleichsüchtigkeit von Kennern nicht abzusprechen sei, und im gleichen Atem fragt er aufs angelegentlichste, ob die direkte Postroute von hier nach Zürich nicht über Blaubeuren führe, er habe nämlich von einem Stück Blei gehört, das dort irgendwo liegen müsse und das vortrefflich in seine erstklassige Sammlung von Sehenswürdigkeiten passen möchte. Den Bodensee gedenke er dann auch aufzusuchen, um dort en passant am Grabe des Herrn Doktor Mesmer seine Andacht zu verrichten. Von dem tierischen Magnetismus nämlich sei er ein alter, treuer Anhänger, wie er denn auch dem Professor Schelling die Bekanntschaft mit dem Geiste des universi verdanke und überhaupt ein aufrichtiger Freund der Bildung dürfe genannt werden. Wenigstens habe er die Phantasiestücke von Hoffmann ins Persische übersetzt und lasse alle seine Kleider in Paris arbeiten, sei auch vom seligen Pascha von Assuan mit einem wertvollen Orden dekoriert worden. Er stelle einen Stern dar, dessen Zacken von Krokodilzähnen gebildet werden, und früher habe er ihn gern auf der Brust getragen, einst aber einer Berliner Hofdame damit beim Tanzen den Hals verwundet, weshalb er auf das Tragen dieser hübschen Dekoration seitdem resigniert habe. Aber indem er das sagt, fährt sich der Herr Museumsdirektor mit der flachen Hand sacht über den Scheitel, und das tat das Männlein so kosend und zephirhaft, daß ich um ein Haar laut hätte hinauslachen müssen. Denn jetzt kannte ich ihn – wer war's?«

»Wispel!« rief Waiblinger entzückt auf.

»Richtig geraten. Es war Wispel. Aber er hatte sich verändert, das muß ich sagen. Ganz leise begann ich also meine Entdeckung anzudeuten und sagte vorerst, mir sei, ich habe ihn schon früher einmal gesehen. Er lächelt. Er sei zum erstenmal in seinem Leben in diesem charmanten Lande und in dieser entzückenden Stadt, deren Bild in Kupferstich mitzunehmen er übrigens ja nicht vergessen dürfe, aber obschon er sehr bedaure, sich nicht erinnern zu können, möchte es ja doch immerhin wohl möglich sein, daß ich ihn schon gesehen hätte. In Berlin vielleicht? Oder am Ende in Petersburg? Nein? Oder in Venedig? Auf Korfu? Nicht? Ja, dann tue es ihm leid, es müsse wohl ein angenehmer Irrtum des Herrn Magisters sein. Nein, sagte ich, jetzt eben fällt mir's ein, es ist in Orplid gewesen. Er stutzt einen Augenblick. Orplid? Ja, richtig, da sei er auch einmal gewesen, als Gesellschafter bei dem alten König Ulmon, der aber leider inzwischen gestorben sein solle. – Da kennen Sie vielleicht auch unsern Freund Wispel? frage ich jetzt und sehe ihm gerade in die Augen. Ich kann schwören, er war's, aber meinst du, er hätte mit einer Wimper gezuckt? Nichts dergleichen! Wi – Wips – Wipf – sagte er nachdenklich und tut, als könne er den wildfremden Namen absolut nicht aussprechen.«

»Großartig!« jubelte Waiblinger. »Das sieht ihm gleich, dem Windbeutel, dem Vogeldunst! Aber was hat er denn eigentlich von dir gewollt?«

»Ach, nichts Besonderes«, lachte Mörike. »Ich erzähl dir's dann. Aber jetzt muß ich einen Augenblick hinausgehen.«

Er stieß die Laden wieder auf, golden lag der Abend draußen und die Berge blau im Duft.

Er ging hinaus, kam aber schon nach einer Minute wieder zur Tür herein, vollkommen verwandelt, das Gesicht seltsam schlaff, mit süßlich zugespitztem Munde, die Augen leer und rastlos, das Haar ein wenig in die Stirn herabgestrichen, was ihn ungemein veränderte, mit schwebenden, vogelartigen Bewegungen der Arme und Hände, mit auswärts gespreizten Füßen auf den Zehenspitzen hüpfend, ganz Wispel. Dazu hatte er eine hohe, seltsam fade, flatterhafte Stimme angenommen.

»Schönen guten Abend, Herr Magister!« fing er an und machte ein weltmännisches Kompliment, den Hut mit den Fingerspitzen der Linken am Rande haltend. »Schönen guten Abend, ich habe die Ehre und das Vergnügen, mich Ihnen als den Museumsdirektor Vogeldunst aus Samarkand vorzustellen. Sie erlauben wohl, daß ich mich ein wenig bei Ihnen umsehe? Ein angenehmer Aufenthalt hier oben, en effet, erlauben Sie mir, Ihnen zu diesem deliziösen Tuskulum zu gratulieren.«

»Was führt Ihn denn her, Wispel?« fragte nun Waiblinger.

»Vogeldunst, bitte, Direktor Vogeldunst. Auch muß ich ergebenst bitten, mich nicht mit Er anzureden, nicht meiner unbedeutenden Person wegen, sondern aus Respekt vor den diversen hohen und distinguierten Herrschaften, in deren Dienst zu stehen ich die Ehre habe.«

»Also, Herr Direktor, womit kann ich dienen?«

»Sie sind der Herr Magister Waiblinger?« »Jawohl.«

»Sehr gut. Sie sind Dichter. Sie sind ein poetisches Genie. O, bitte, keine überflüssige Bescheidenheit! Man ist von Ihren Meriten unterrichtet. Ich kenne Ihre unsterblichen Werke, mein Herr. Drei Tage im Phaethon oder die Griechenlieder in der Unterwelt. Wie? Nein, bemühen Sie sich nicht, ich bin vollkommen unterrichtet.«

»Also weiter, zum Teufel, Sie Direktor in der Oberwelt!«

»Der Herr Magister gehören in das Tübinger Stift? Da möchte ich ganz ergebenst recherchieren, ob der Herr denn dort auch zufrieden ist?«

»Zufrieden? Im Stift? Mann, da müßte ich ja ein Vieh sein. Indessen hat die Sache zwei Seiten: die Herren vom Stift sind nämlich mit mir ebensowenig zufrieden wie ich mit ihnen.«

»Sehr gut, très bien, Verehrtester! Ganz wie ich es mir gewünscht habe. Ich bin nämlich in der aimablen Lage, dem Herrn Magister eine recht angenehme Verbesserung seiner Umstände offerieren zu können.«

»O, sehr verbunden. Darf ich fragen –?«

Mörike-Wispel trat einen kleinen Schritt zurück, setzte vorsichtig seinen Hut auf ein Bücherbrett nieder, führte mit den Armen die sublimsten Flugbewegungen aus und flötete im höchsten Diskant, doch geheimnisvoll gedämpften Tons: »Sie sehen in mir, Verehrter, einen bescheidenen Mann, einen Mann von wenig Verdiensten vielleicht, aber einen Mann, mein Herr, der das Seine ohne Ruhmredigkeit zu tun weiß und der schon die höchsten Herrschaften zu dero Zufriedenheit bedient hat. Erlauben Sie mir, mich ganz kurz zu fassen, wie es einem Manne geziemt, dessen Zeit überaus kostbar ist. Ich trage die schmeichelhaftesten Empfehlungsbriefe von den Herren Matthisson und Schwab in meiner Tasche. Es handelt sich um eine nicht unwichtige Angelegenheit. Hören Sie, und achten Sie wohl auf meine Worte. Ich suche einen Ersatz für Friedrich Schiller.«

»Für Schiller! Ja, mein werter Mann –«

»Sie werden mich verstehen, ja ich schmeichle mir, Sie werden mich billigen. Hören Sie! Zu den hervorragenden Männern, denen ich gelegentlich meine schwachen Dienste widme, gehört der Herr Lord Fox in London, einer der distinguiertesten und reichsten Männer von England, Pair von Großbritannien, Freund und Vertrauter Seiner Majestät des Königs, Schwager des Ministers der Finanzen, Pate des Prinzen Jakob von Cumberland, Besitzer der Grafschaften –«

»Ja, ja, schon recht. Und was ist's mit diesem Herrn Lord?«

Im Presselschen Gartenhaus

»Der Lord weiß meine Talente zu schätzen, ja, ich darf mich seinen Freund nennen, Herr Magister. Es war einmal auf einer Hofjagd in Wales, da stellte er mich dem Baron Castlewood vor mit den wahrhaft jovialen Worten: Dieser Mann ist ein Juwel, lieber Baron! Ein andermal, als die Prinzessin Victoria gerade zur Welt gekommen war – ich war damals von Spanien zurückgekehrt –«

»Gut, gut, aber fahren Sie fort! Der Lord Fox –«

»Der Lord Fox ist ein ungewöhnlicher Mann, Herr Magister. Ich hatte damals die Ehre, ihn in seinem eigenen Wagen zur Jagd begleiten zu dürfen. Es war eine Fuchsjagd, mein Herr, und der Fuchs wird in England zu Pferde gejagt, es ist das Lieblingsvergnügen des Adels, vous savez. Auch der berühmte Lord Chesterfield soll ein großer Fuchsjäger gewesen sein, ebenso Lord Bolingbroke. Er starb an Blutvergiftung.«

»Kommen Sie doch zur Sache, Herr!«

»Ich bin stets bei der Sache. Eine Fuchsjagd ist sogar eine ganz charmante Sache, wenn schon vielleicht eine russische Büffeljagd noch interessanter sein mag. Ich habe einer solchen Büffeljagd im Ural beigewohnt. Aber, um mich kurz zu fassen, die großen Herren in England haben sonderbare und, je vous assure, kostspielige Passionen. Ich kannte einen Herrn von der Ostindischen Kompagnie, der tat nichts anderes, als daß er wegen eines Schmerzes im linken Knie alle Ärzte von ganz Europa zu sich kommen ließ. Ich empfahl ihm damals den Leibarzt des Kurfürsten von Braunschweig – nun habe ich seinen Namen vergessen –«

»Welchen Namen? Des Kurfürsten –«

»Nein, des Leibarztes. Ich bin untröstlich, ich hätte es niemals für möglich gehalten; es ist in der Tat selten, daß mein Gedächtnis mich im Stiche läßt. Er war ein sehr geschickter Mensch, der sein Handwerk verstand. Übrigens hat er dem Herrn in England doch nicht helfen können, und er behauptete nachher, die Schmerzen jenes Mannes seien überhaupt nicht zu heilen, da sie lediglich in seiner Einbildung bestünden. Immerhin, der Engländer war unzufrieden, es war für mich ein rechter embarras. – Aber Sie haben mich unterbrochen. Also, es handelt sich darum, einen Ersatz für Friedrich Schiller zu finden. Der Lord Fox will nämlich einen deutschen Dichter in seiner Sammlung haben. Ich selbst habe ihn dazu überredet, und warum soll er nicht? Er besitzt einen tibetanischen Priester, einen japanischen Schwerttänzer, einen Zauberer aus dem Mondgebirge und zwei echte Hexen aus Salamanca. Sie wissen, ich bin gewissermaßen selbst ein Stück von einem homme de lettres, und da ich mancherlei Reisen mache und vielerlei Bekanntschaften habe, konnte ich die vielleicht nicht ganz uninteressante Beobachtung machen, daß sehr viele von den deutschen Dichtern Schwaben sind, und daß sehr viele von diesen schwäbischen Dichtern dem theologischen Stift angehören, und daß sehr viele von ihnen wenig mit ihren Glücksumständen zufrieden zu sein scheinen. Eh bien! da dachte ich mir, ich könnte dem Lord Fox einen schwäbischen Dichter besorgen. Er bezahlt die Reise und gibt zweitausend Taler jährlich. Es ist nicht eben viel, aber man kann davon leben. Meine Erkundigungen im Ausland haben zu dem Resultat geführt, daß Friedrich Schiller der berühmteste schwäbische Dichter ist, und ich bin nach Jena gereist, um ihm meine Reverenz zu machen. Leider erfuhr ich, daß Herr Schiller schon vor längerer Zeit gestorben sei. Lord Fox will aber einen lebendigen Dichter haben, vous comprenez –«

Mitten im Satz hielt Mörike plötzlich inne. Von der Stadt herauf schlug die Stiftskirchenuhr, die Sonne stand schon tief. Es war sieben Uhr.

»O weh, das gibt wieder eine Note!« rief Mörike ein wenig bekümmert. »Wir kommen nimmer rechtzeitig ins Stift heim, und ich habe eben erst im Karzer gesessen.«

»Ach was«, meinte Waiblinger ärgerlich, »es ist bloß schade um den Wispel. Die dumme Kirchenuhr! Komm, wir fangen noch einmal an!«

Aber Mörike schüttelte den Kopf; er war plötzlich ernüchtert. Bedächtig strich er seine Haare zurecht und schloß einen Augenblick die Augen; sein Gesicht sah müde aus. »Kommst du mit?« fragte er dann. »Wenn ich beim Torwart ein bißchen bettle, läßt er uns vielleicht doch noch hinein.«

Waiblinger stand unschlüssig. Jene schöne Jüdin, sein böses Schicksal, erwartete ihn auf den Abend. Er hatte sie seit einer Stunde ganz vergessen, seit langem war ihm nicht so wohl gewesen. Einstweilen begann er die Läden zu schließen, Mörike half mit, dann traten sie beide aus dem dunkelgewordenen Gartenhaus in den warmen Abend, der auf den steinernen Treppenstufen rötlich glühte.

Nun verschloß Waiblinger die Tür von außen. »Nein«, sagte er, während er den Schlüssel abzog, »ich bleibe heute abend draußen. Aber ich begleite dich noch in die Stadt. Es ist hübsch gewesen heute nachmittag, ich war schon lange nimmer so vergnügt. Weißt du, es geht mir schlecht, und du mußt mir's nicht nachtragen, wenn ich dich vielleicht ein wenig angeschrien habe. Es gilt alles mir selber, auch was etwa an dich adressiert war, und wenn du schlecht von mir denkst, so kannst du doch gewiß nicht schlechter von mir denken, als ich's selber tue.«

Sie gingen im Abendlicht bergabwärts der Stadt entgegen, die mit rauchenden Kaminen und schrägbesonnten Dächern bescheiden und eng um die mächtig ragende Stiftskirche her gedrängt lag.

»Du, komm lieber mit ins Stift!« fing Mörike nach einer langen Pause bittend an. »Es ist nicht wegen des Torwarts. Aber wir könnten dann den Abend etwas miteinander lesen, im Hyperion oder im Shakespeare, es wäre hübsch.«

»Ja, es wäre hübsch«, seufzte Waiblinger. »Aber ich habe schon eine Verabredung; es geht nicht. Wir wollen bald wieder einmal zusammen hier draußen sein, dann mußt du auch deine Gedichte mitbringen. Es sind doch gute Zeiten gewesen, wie der Louis Bauer und der Gfrörer noch kamen und wie wir da im Gartenhaus unsere Kindereien getrieben haben! Wer weiß, wie oft wir noch beieinander sein können, gar lang kann's nimmer dauern. Für mich ist in Tübingen keine Luft und kein Boden mehr.«

»So mußt du nicht denken. Du hast jetzt eine Zeitlang ein bißchen wüst gelebt und dir Feinde gemacht; das kann alles wieder anders werden.«

Seine Stimme klang leicht und tröstlich, aber der Freund schüttelte überzeugt den mächtigen Kopf, und sein eigenwilliges, etwas gedunsenes Gesicht wurde bitter.

»Sag selber: was hätte ich schließlich davon, wenn sie mich wirklich im Stift behielten? Am Ende müßte ich mein Examen machen und Pfarrer werden oder etwa Schulmeister. Vikar Waiblinger! Pfarrverweser Waiblinger! Ich weiß ja nicht, was einmal aus mir werden soll, aber das nicht, das ganz gewiß nicht! Zu lernen ist hier auch nicht gerade viel, unsere Professoren sind ja Leimsieder, der Haug vielleicht ausgenommen. Nein, ich lasse es jetzt vollends darauf ankommen! Ich muß es auf eigenen Füßen probieren, wie der arme Hölderlin seinerzeit auch, und ich bin stärker als er. Ich bin nicht so rein und nobel wie er, leider, aber ich hab mehr Kraft und ein heißeres Blut. Am besten wär's, ich ginge gleich jetzt davon, freiwillig, man kann nicht jung genug anfangen, wenn man sich sein eigenes Leben erobern will. Aber du weißt ja, was mich in Tübingen hält – an dieser Liebe will ich groß werden oder zugrunde gehen!«

Er schwieg plötzlich, als habe er zuviel gesagt, und an der nächsten Ecke bot er dem andern die Hand.

»Also gute Nacht, Mörike, und einen Gruß an den Wispel!«

»Den will ich ausrichten.«

Sie hatten sich die Hände geschüttelt, da wandte Mörike sich noch einmal zurück. Er blickte dem Freunde voll in die Augen und sagte mit ungewöhnlich ernsthaftem Ton: »Du darfst nicht vergessen, was für Gaben du hast! Glaub mir, man muß auf viel verzichten können, wenn man groß werden und etwas Rechtes schaffen will.«

Damit ging er, und sein Freund blieb stehen und sah ihm nach, wie der schmächtige Jüngling nun mit plötzlicher Hast gegen die Bursagasse und das Stift hineilte. Waiblinger, der sonst keine Ermahnungen vertrug, war für diese Worte unendlich dankbar, denn er fühlte wohl ihren heimlichsten, köstlichen Sinn: daß Mörike an ihn glaube. Das war für ihn, der so oft an sich selbst irre ward, ein Trost und eine tiefe Mahnung.

Langsam ging er weiter, nach dem Haus seiner schönen Jüdin, der fatalen Schwester des Professors Michaelis.

Zur selben Stunde ging Friedrich Hölderlin in seinem Erkerzimmer rastlos auf und nieder. Er hatte seine Abendsuppe verzehrt und den Teller, wie es seine Gewohnheit war, vor die Tür auf den Boden gestellt. Er mochte nichts in seiner Klause dulden, was nicht sein Eigentum war, und zur Enge seines in sich zurückgezogenen Daseins gehörte nicht Teller noch Glas, nicht Bild noch Buch.

Der Nachmittag klang stark in ihm nach: das geliebte stille Häuschen im Weinberg, die weite, sommersatte Landschaft, Flußblinken und Studentengesang, Anblick und Gespräch der beiden jungen Menschen, namentlich jenes schönen, zarten, dessen Namen er nicht wußte. Unruhe trieb ihn, obschon er müde war, immer wieder auf und ab, hin und her, und manchmal blieb er am Fenster stehen und schaute verloren in den Abend.

Wieder einmal hatte er heute die Stimme des Lebens vernommen, und sie klang fremd und aufreizend in seiner Schattenwelt nach. Jugend und Schönheit, geistiges Gespräch und ferne Gedankenwelten hatten zu ihm gesprochen, zu ihm, der einst Schillers Gast und ein Geladener an der Tafel der Götter gewesen war. Aber er war müde, er vermochte nicht mehr nach den goldenen Fäden zu greifen, nicht mehr dem vielstimmigen Gesang des Lebens zu folgen. Er vermochte nur noch die dünne, vereinzelte Melodie seiner eigenen Vergangenheit zu hören, und die war nichts als unendliche Sehnsucht ohne Erfüllung gewesen. Er war alt, er war alt und müde.

Beim letzten Licht des hinsterbenden Tages nahm der kranke Mann

nochmals die Feder zur Hand, und unter wirre, klanglose Verse, mit denen ein daliegender Bogen groben Papiers bedeckt war, schrieb er mit seiner schönen, eleganten Handschrift diese kurze, traurige Klage:

»Das Angenehme dieser Welt hab ich genossen,
Der Jugend Freuden sind wie lang! wie lang! verflossen.
April und Mai und Julius sind ferne,
Ich bin nichts mehr, ich lebe nicht mehr gerne.«

Nicht lange nach dieser Zeit mußte Wilhelm Waiblinger das Stift und Tübingen verlassen. Ihm war beschieden, das Glück und das Elend der Freiheit in raschen durstigen Zügen zu trinken und früh zu verlodern. Er wanderte nach Italien aus und hat die Heimat und die Freunde nicht wiedergesehen. Arm und verlassen ist er als ein gemiedener Abenteurer in Rom erloschen und verschollen.

Mörike blieb im Stift, konnte sich am Ende seiner Studienzeit aber nicht entschließen, Pfarrer zu werden. Nach mißglückten Versuchen in der Welt und hoffnungslosen Kämpfen mußte er endlich doch zu Kreuze kriechen. Aber wie er niemals ein ganzer Pfarrer wurde, so ist ihm nie ein ganzes Leben und Glück zuteil geworden. Unter Schmerzen beschied er sich und formte in erdarbten guten Stunden seine unverwelklichen Gedichte.

Friedrich Hölderlin blieb in seinem Tübinger Erkerzimmer und hat noch gegen zwanzig Jahre in seiner toten Dämmerung dahingelebt.

(1913)

Autorenabend

Als ich gegen Mittag in dem Städtchen Querburg ankam, empfing mich am Bahnhof ein Mann mit einem breiten grauen Backenbart. »Mein Name ist Schievelbein«, sagte er, »ich bin der Vorstand des Vereins.«

»Freut mich«, sagte ich. »Es ist großartig, daß es hier in dem kleinen Querburg einen Verein gibt, der literarische Abende veranstaltet.«

»Na, wir leisten uns hier allerlei«, bestätigte Herr Schievelbein. »Im Oktober war zum Beispiel ein Konzert, und im Karneval geht es schon ganz toll zu. – Und Sie wollen uns also heut abend durch Vorträge unterhalten?«

»Ja, ich lese ein paar von meinen Sachen vor, kürzere Prosastücke und Gedichte, wissen Sie.«

»Ja, sehr schön. Sehr schön. Wollen wir einen Wagen nehmen?«

»Wie Sie meinen. Ich bin hier ganz fremd; vielleicht zeigen Sie mir ein Hotel, wo ich absteigen kann.«

Der Vereinsvorstand musterte jetzt den Koffer, den der Träger hinter mir herbrachte. Dann ging sein Blick prüfend über mein Gesicht, über meinen Mantel, meine Schuhe, meine Hände, ein ruhig prüfender Blick, so wie man etwa einen Reisenden ansieht, mit dem man eine Nacht das Coupé teilen soll. Seine Prüfung fing eben an, mir aufzufallen und peinlich zu werden, da verbreiteten sich wieder Wohlwollen und Höflichkeit über seine Züge.

»Wollen Sie bei mir wohnen?« fragte er lächelnd. »So gut wie im Gasthaus finden Sie es da auch und sparen die Hotelkosten.«

Er begann mich zu interessieren; seine Patronatsmiene und wohlhabende Würde waren drollig und lieb, und hinter dem etwas herrischen Wesen schien viel Gutmütigkeit verborgen. Ich nahm also die Einladung an; wir setzten uns in einen offenen Wagen, und nun konnte ich wohl sehen, neben wem ich saß, denn in den Straßen von Querburg war beinahe kein Mensch, der meinen Patron nicht mit Ergebenheit gegrüßt hätte. Ich mußte beständig die Hand am Hute haben und bekam eine Vorstellung davon, wie es Fürsten zumute ist, wenn sie sich durch ihr Volk hindurchsalutieren müssen.

Um ein Gespräch zu beginnen, fragte ich: »Wieviel Plätze hat wohl der Saal, in dem ich sprechen soll?«

Schievelbein sah mich beinahe vorwurfsvoll an: »Das weiß ich wirklich nicht, lieber Herr; ich habe mit diesen Sachen gar nichts zu tun.«

»Ich dachte nur, weil Sie ja doch Vorstand – –«

»Gewiß; aber das ist nur so ein Ehrenamt, wissen Sie. Das Geschäftliche besorgt alles unser Sekretär.«

»Das ist wohl der Herr Giesebrecht, mit dem ich korrespondiert habe?«

»Ja, der ist's. Jetzt passen Sie auf, da kommt das Kriegerdenkmal, und dort links, das ist das neue Postgebäude. Fein, nicht?«

»Sie scheinen hier in der Gegend keinen eigenen Stein zu haben«, sagte ich, »da Sie alles aus Backstein machen?«

Herr Schievelbein sah mich mit runden Augen an, dann brach er in ein Gelächter aus und schlug mir kräftig aufs Knie.

»Aber Mann, das ist ja eben unser Stein! Haben Sie nie vom Querburger Backstein gehört? Ist ja berühmt. Von dem leben wir hier alle.«

Da waren wir schon vor seinem Hause. Es war mindestens ebenso schön wie das Postgebäude. Wir stiegen aus, und über uns ging ein Fenster auf und eine Frauenstimme rief herunter: »So, hast du also den Herrn doch mitgebracht? Na, schön. Komm nur, wir essen gleich.«

Bald darauf erschien die Dame an der Haustür und war ein vergnügtes rundes Wesen, voll von Grübchen und mit kleinen, dicken, kindlichen Wurstfingern. Wenn man gegen den Herrn Schievelbein etwa noch Bedenken hätte hegen können, diese Frau zerstreute jeden Zweifel, sie atmete nichts als wohligste Harmlosigkeit. Erfreut nahm ich ihre warme, gepolsterte Hand.

Sie musterte mich wie ein Fabeltier und sagte dann halb lachend: »Also Sie sind der Herr Hesse! Na, ist schön, ist schön. Nein, aber daß Sie eine Brille tragen!«

»Ich bin etwas kurzsichtig, gnädige Frau.«

Sie schien die Brille trotzdem sehr komisch zu finden, was ich nicht recht begriff. Aber sonst gefiel mir die Hausfrau sehr. Hier war solides Bürgertum; es würde gewiß ein vorzügliches Essen geben.

Einstweilen wurde ich in den Salon geführt, wo eine Palme einsam zwischen unechten Eichenmöbeln stand. Die ganze Einrichtung zeigte sich lückenlos in jenem schlechtbürgerlichen Stil unserer Väter und älteren Schwestern, den man selten mehr in solcher Reinheit antrifft. Mein Auge blieb gebannt an einem gleißenden Gegenstand hängen, den ich bald als einen ganz und gar mit Goldbronze bestrichenen Stuhl erkannte.

»Sind Sie immer so ernst?« fragte die Dame mich nach einer flauen Pause.

»O nein«, rief ich schnell, »aber entschuldigen Sie: warum haben Sie eigentlich diesen Stuhl vergolden lassen?«

»Haben Sie das noch nie gesehen? Es war eine Zeitlang sehr in Mode, natürlich nur als Ziermöbel, nicht zum Draufsitzen. Ich finde es sehr hübsch.«

Herr Schievelbein hustete: »Jedenfalls hübscher als das verrückte moderne Zeug, was man jetzt bei jung verheirateten Leuten sehen muß. – Aber können wir noch nicht essen?«

Die Hausfrau erhob sich, und eben kam das Mädchen, uns zum Essen zu bitten. Ich bot der Gnädigen den Arm, und wir wandelten durch ein ähnlich prunkvoll aussehendes Gemach in das Speisezimmer und einem kleinen Paradies von Frieden, Stille und guten Sachen entgegen, das zu beschreiben ich mich nicht fähig fühle.

Ich sah bald, daß man hier nicht gewohnt war, sich neben dem Essen her mit Unterhaltung anzustrengen, und meine Furcht vor etwaigen literarischen Gesprächen fand sich angenehm enttäuscht. Es ist undankbar von mir, aber ich lasse mir ungern ein gutes Essen von den Wirten dadurch verderben, daß man mich fragt, ob ich den »Jörn Uhl« auch schon gelesen habe und ob ich Tolstoi oder Ganghofer hübscher finde. Hier war Sicherheit und Friede. Man aß gründlich und gut, sehr gut, und auch den Wein muß ich loben, und unter sachlichen Tafelgesprächen über Weinsorten, Geflügel und Suppen verrann selig die Zeit. Es war herrlich, und nur einmal gab es eine Unterbrechung. Man hatte mich um meine Meinung über das Füllsel der jungen Gans gefragt, an der wir aßen, und ich sagte so etwas wie: das seien Gebiete des Wissens, mit welchen wir Schriftsteller meist allzu wenig zu tun bekämen.

Da ließ Frau Schievelbein ihre Gabel sinken und starrte mich aus großen runden Kinderaugen an:

»Ja, sind Sie denn auch Schriftsteller?«

»Natürlich«, sagte ich ebenfalls verwundert. »Das ist ja mein Beruf. Was hatten Sie denn geglaubt?«

»O, ich dachte, Sie reisen eben immer so herum und halten Vorträge. Es war einmal einer hier – Emil, wie hieß er gleich? Weißt du, der, der damals diese bayrischen Volkslieder vorgetragen hat.«

»Ach, der mit den Schnadahüpferln –« Aber auch er konnte sich des Namens nicht mehr erinnern. Und auch er sah mich verwundert an und gewissermaßen mit etwas mehr Respekt, und dann nahm er sich zusammen, erfüllte seine gesellschaftliche Pflicht und fragte vorsichtig: »Ja, und was schreiben Sie da eigentlich? Wohl fürs Theater?«

Nein, sagte ich, das hätte ich noch nie probiert. Nur so Gedichte, Novellen und solche Sachen.

»Ach so«, seufzte er erleichtert. Und sie fragte: »Ist das nicht furchtbar schwer?«

Ich sagte nein, es ginge an. Herr Schievelbein aber hegte noch immer irgendein Mißtrauen.

»Aber nicht wahr«, fing er nochmals zögernd an, »ganze Bücher schreiben Sie doch nicht?«

»Doch«, mußte ich bekennen, »ich habe auch schon ganze Bücher geschrieben.« Das stimmte ihn sehr nachdenklich. Er aß eine Weile schweigend fort, dann hob er sein Glas und rief mit etwas angestrengter Munterkeit: »Na, prosit!«

Gegen den Schluß der Tafel wurden die Leute beide zusehends stiller und schwerer, sie seufzten verschiedene Male tief und ernst, und Herr Schievelbein legte eben die Hände über der Weste zusammen und wollte einschlafen, da mahnte ihn seine Frau: »Erst wollen wir noch den schwarzen Kaffee trinken.« Aber auch sie hatte schon ganz kleine Augen.

Der Kaffee war nebenan serviert; man saß in blauen Polstermöbeln zwischen zahlreichen stillblickenden Familienphotographien. Nie hatte ich eine Einrichtung gesehen, welche dem Wesen der Bewohner so vollkommen entsprach und Ausdruck verlieh. Mitten im Zimmer stand ein ungeheurer Vogelkäfig, und drinnen saß regungslos ein großer Papagei.

»Kann er sprechen?« fragte ich.

Frau Schievelbein verkniff ein Gähnen und nickte. »Sie werden ihn vielleicht bald hören. Nach Tisch ist er immer am muntersten.«

Es hätte mich interessiert zu wissen, wie er sonst aussah, denn weniger munter hatte ich noch nie ein Tier gesehen. Er hatte die Lider halb über die Augen gezogen und sah aus wie von Porzellan.

Aber nach einer Weile, als der Hausherr entschlummert war und auch die Dame bedenklich im Sessel nickte, da tat der versteinerte Vogel wahrhaftig den Schnabel auf und sprach in gähnendem Tonfall mit gedehnter und äußerst menschenähnlicher Stimme die Worte, die er konnte: »O Gott ogott ogott ogott – –«

Frau Schievelbein wachte erschrocken auf; sie glaubte, es sei ihr Mann gewesen, und ich benutzte den Augenblick, um ihr zu sagen, ich möchte mich jetzt gern ein wenig in mein Zimmer zurückziehen.

»Vielleicht geben Sie mir irgend etwas zu lesen mit«, setzte ich hinzu.

Sie lief und kam mit einer Zeitung wieder. Aber ich dankte und sagte: »Haben Sie nicht irgendein Buch? Einerlei was.«

Da stieg sie seufzend mit mir die Treppe zum Gastzimmer hinauf, zeigte mir meine Stube und öffnete dann mit Mühe einen kleinen Schrank im Korridor. »Bitte, bedienen Sie sich hier«, sagte sie und zog sich zurück. Ich glaubte, es handle sich um einen Likör, aber vor mir stand die Bibliothek des Hauses, eine kleine Reihe staubiger Bücher. Begierig griff ich zu, man findet in solchen Häusern oft ungeahnte Schätze. Es waren aber nur zwei Gesangbücher, drei alte Bände von »Über Land und Meer«, ein Katalog der Weltausstellung in Brüssel von Anno soundso und ein Taschenlexikon der französischen Umgangssprache.

Eben war ich nach einer kurzen Siesta am Waschen, da wurde geklopft, und das Dienstmädchen führte einen Herrn herein. Es war der Vereinssekretär, der mich sprechen wollte. Er klagte, der Vorverkauf sei sehr schlecht, sie schlügen kaum die Saalmiete heraus. Und ob ich nicht mit weniger Honorar zufrieden wäre. Aber er wollte nichts davon wissen, als ich vorschlug, die Vorlesung lieber zu unterlassen. Er seufzte nur sorgenvoll, und dann meinte er: »Soll ich für etwas Dekoration sorgen?«

»Dekoration? Nein, ist nicht nötig.«

»Es wären zwei Fahnen da«, lockte er unterwürfig. Endlich ging er wieder, und meine Stimmung begann sich erst wieder zu heben, als ich mit meinen nun wieder munter gewordenen Gastgebern beim Tee saß. Es gab Buttergebackenes dazu und Rum und Benediktiner.

Am Abend gingen wir dann alle drei in den »Goldenen Anker«. Das Publikum strömte in Scharen nach dem Hause, so daß ich ganz erstaunt war; aber die Leute verschwanden alle hinter den Flügeltüren eines Saales im Parterre, während wir in die zweite Etage hinaufstiegen, wo es viel stiller zuging.

»Was ist denn da unten los?« fragte ich den Sekretär.

»Ach, die Biermusik. Das ist jeden Samstag.«

Ehe Schievelbeins mich verließen, um in den Saal zu gehen, ergriff die gute Frau in einer plötzlichen Wallung meine Hand, drückte sie begeistert und sagte leise: »Ach, ich freue mich ja so furchtbar auf diesen Abend.«

»Warum denn?« konnte ich nur sagen, denn mir war ganz anders zumute.

»Nun«, rief sie herzlich, »es gibt doch nichts Schöneres, als wenn man sich wieder einmal so richtig auslachen kann!«

Damit eilte sie davon, froh wie ein Kind am Morgen seines Geburtstages.

Das konnte gut werden.

Ich stürzte mich auf den Sekretär. »Was denken sich die Leute eigentlich unter diesem Vortrag?« rief ich hastig. »Mir scheint, sie erwarten etwas ganz anderes als einen Autoren-Abend.«

Ja, stammelte er kleinlaut, das könne er unmöglich wissen. Man nehme an, ich werde lustige Sachen vortragen, vielleicht auch singen, das andere sei meine Sache – und überhaupt, bei diesem miserablen Besuch – –

Ich jagte ihn hinaus und wartete allein in bedrückter Stimmung in einem kalten Stübchen, bis der Sekretär mich wieder abholte und in den Saal führte. Da standen etwa zwanzig Stuhlreihen, von denen drei oder vier besetzt waren. Hinter dem kleinen Podium war eine Vereinsfahne an die Wand genagelt. Es war scheußlich. Aber ich stand nun einmal da, die Fahne prunkte, das Gaslicht blitzte in meiner Wasserflasche, die paar Leute saßen und warteten, ganz vorne Herr und Frau Schievelbein. Es half alles nichts; ich mußte beginnen.

So las ich denn in Gottes Namen ein Gedicht vor. Alles lauschte erwartungsvoll – aber als ich glücklich im zweiten Vers war, da brach unter unseren Füßen mit Pauken und Tschinellen die große Biermusik los. Ich war so wütend, daß ich mein Wasserglas umwarf. Man lachte herzlich über diesen Scherz.

Als ich drei Gedichte vorgelesen hatte, tat ich einen Blick in den Saal. Eine Reihe von grinsenden, fassungslosen, enttäuschten, zornigen Gesichtern sah mich an, etwa sechs Leute erhoben sich verstört und verließen diese unbehagliche Veranstaltung. Ich wäre am liebsten mitgegangen. Aber ich machte nur eine Pause und sagte dann, soweit ich gegen die Musik ankam, es scheine leider hier ein Mißverständnis zu walten, ich sei kein humoristischer Rezitator, sondern ein Literat, eine Art von Sonderling und Dichter, und ich wolle ihnen jetzt, da sie doch einmal da seien, eine Novelle vorlesen.

Da standen wieder einige Leute auf und gingen fort. Aber die Übriggebliebenen rückten jetzt aus den lichtgewordenen Reihen näher beim Podium zusammen; es waren immer noch etwa zwei Dutzend Leute, und ich las weiter und tat meine Schuldigkeit, nur kürzte ich das Ganze tüchtig ab, so daß wir nach einer halben Stunde fertig waren und gehen konnten. Frau Schievelbein begann mit dicken Händchen wütend zu klatschen, aber es klang so allein nicht gut, und so hörte sie errötend wieder auf.

Der erste literarische Abend von Querburg war zu Ende. Mit dem Sekretär hatte ich noch eine kurze ernste Unterredung; dem Mann standen Tränen in den Augen. Ich warf einen Blick in den leeren Saal zurück, wo das Gold der Fahne einsam leuchtete, dann ging ich mit meinen Wirten nach Hause. Sie waren so still und feierlich wie nach einem Begräbnis, und plötzlich, als wir so blöd und schweigend nebeneinander hergingen, mußte ich laut hinauslachen, und nach einer kleinen Weile stimmte Frau Schievelbein mit ein. Daheim stand ein ausgesuchtes kleines Essen bereit, und nach einer Stunde waren wir drei in der besten Stimmung. Die Dame sagte mir sogar, meine Gedichte seien herzig und ich möchte ihr eins davon abschreiben.

Das tat ich zwar nicht, aber vor dem Schlafengehen schlich ich mich ins Nebenzimmer, drehte Licht an und trat vor den großen Vogelkäfig. Ich hätte gerne den alten Papagei noch einmal gehört, dessen Stimme und Tonfall dies ganze liebe Bürgerhaus sympathisch auszudrücken schien. Denn was irgendwo drinnen ist, will sich zeigen; Propheten haben Gesichte, Dichter machen Verse, und dieses Haus ward Klang und offenbarte sich im Ruf dieses Vogels, dem Gott eine Stimme verlieh, daß er die Schöpfung preise.

Der Vogel war beim Aufblitzen des Lichtes erschrocken und sah mich aus verschlafenen Augen starr und glasig an. Dann fand er sich zurecht, dehnte den Flügel mit einer unsäglich schläfrigen Gebärde und gähnte mit fabelhaft menschlicher Stimme: »O Gott ogott ogott ogott – –«

(1913)

Der Waldmensch

Im Anfang der ersten Zeitalter, noch ehe die junge Menschheit sich über die Erde verbreitet hatte, waren die Waldmenschen. Diese lebten eng und scheu in der Dämmerung der tropischen Urwälder, stets im Streit mit ihren Verwandten, den Affen, und über ihrem Tun und Sein stand als einzige Gottheit und einziges Gesetz: der Wald. Der Wald war Heimat, Schutzort, Wiege, Nest und Grab, und außerhalb des Waldes vermochte man sich kein Leben zu denken. Man vermied es, bis an seine Ränder vorzudringen, und wer je durch besondere Schicksale auf der Jagd oder Flucht dorthin verschlagen worden war, der erzählte zitternd und geängstigt von der weißen Leere draußen, wo man das furchtbare Nichts im tödlichen Sonnenbrande gleißen sähe. Es lebte ein alter Waldmann, der war vor Jahrzehnten, durch wilde Tiere verfolgt, über den äußersten Rand des Waldes hinaus geflohen und alsbald blind geworden. Er war jetzt eine Art Priester und Heiliger und hieß mata dalam (der das Auge inwendig hat); er hatte das heilige Waldlied gedichtet, das bei großen Gewittern gesungen wurde, und auf ihn hörten die Waldleute. Daß er die Sonne mit Augen gesehen hatte, ohne daran zu sterben, das war sein Ruhm und sein Geheimnis.

Die Waldmenschen waren klein und braun und stark behaart, sie gingen vorgebückt und hatten scheue Wildaugen. Sie konnten wie Menschen und wie Affen gehen und fühlten sich hoch im Geäst des Waldes ebenso sicher wie am Boden. Häuser und Hütten kannten sie noch nicht, wohl aber mancherlei Waffen und Gerätschaften, auch Schmuck. Sie verstanden Bogen, Pfeile, Lanzen und Streitkolben aus harten Hölzern zu machen, Halsbänder aus Bast und mit getrockneten Beeren oder Nüssen behängt, auch trugen sie um den Hals oder im Haar ihre Kostbarkeiten: Eberzahn, Tigerkralle, Papageienfeder, Flußmuschel.

Mitten durch den unendlichen Wald floß der große Strom, die Waldmenschen wagten sein Ufer aber nur in dunkler Nacht zu betreten, und viele hatten ihn nie gesehen. Die Mutigeren schlichen zuweilen des Nachts aus dem Dickicht hervor, scheu und lauernd, dann sahen sie im schwachen Schimmer die Elefanten baden, blickten durch die überhängenden Baumwipfel und sahen erschrocken im Netzwerk der vielarmigen Mangrovenbäume die glänzenden Sterne hängen. Die Sonne sahen sie niemals, und es galt schon für äußerst gefährlich, ihr Spiegelbild im Sommer zu erblicken.

Zu jenem Stamme der Waldleute, welchen der blinde mata dalam vorstand, gehörte auch der Jüngling Kubu, und er war der Führer und Vertreter der Jungen und Unzufriedenen. Es gab nämlich Unzufriedene, seit mata dalam älter und herrschsüchtiger geworden war. Bisher war es sein Vorrecht gewesen, daß er, der Blinde, von den andern mit Speise versorgt wurde, auch fragte man ihn um Rat und sang sein Waldlied. Allmählich aber führte er allerlei neue und lästige Bräuche ein, welche ihm, wie er sagte, von der Gottheit des Waldes im Traum waren geoffenbart worden. Ein paar Junge und Zweifler aber behaupteten, der Alte sei ein Betrüger und suche nur seinen eigenen Vorteil.

Das Neueste, was mata dalam eingeführt hatte, war eine Neumondfeier, wobei er in der Mitte eines Kreises saß und die Rindentrommel schlug. Die anderen Waldleute aber mußten so lange im Kreise tanzen und das Lied golo elah dazu singen, bis sie todmüde waren und in die Knie sanken. Dann mußte ein jeder sich das linke Ohr mit einem Dorn durchbohren, und die jungen Weiber mußten zu dem Priester geführt werden, und er durchbohrte einer jeden das Ohr mit einem Dorn.

Dieser Sitte hatte sich Kubu samt einigen seiner Altersgenossen entzogen, und ihr Bestreben war, auch die jungen Mädchen zum Widerstand zu überreden. Einmal hatten sie Aussicht, zu siegen und die Macht des Priesters zu brechen. Der Alte nämlich hielt wieder Neumondfest und durchbohrte den Weibchen das linke Ohr. Eine kräftige Junge aber schrie dabei furchtbar und leistete Widerstand, und darüber passierte es dem Blinden, daß er ihr mit dem Dorn ins Auge stach, und das Auge lief aus. Jetzt schrie das Mädchen so verzweifelt, daß alle herbeiliefen, und als man sah, was geschehen war, schwieg man betroffen und unwillig. Als aber die Jungen sich triumphierend darein mischten und als Kubu den Priester an der Schulter zu packen wagte, da stand der Alte vor seiner Trommel auf und sagte mit krähend höhnischer Stimme einen so grauenhaften Fluch, daß alle entsetzt zurückflohen und dem Jüngling selber das Herz vor Entsetzen gefror. Der alte Priester sagte Worte, deren genauen Sinn niemand verstehen konnte, deren Art und Ton aber wild und grausig an die gefürchteten heiligen Worte der Gottesdienste anklang. Und er verfluchte des Jünglings Augen, die er dem Geier zum Fraße zusprach, und verfluchte seine Eingeweide, von

Der Waldmensch

welchen er prophezeite, sie würden eines Tages im freien Felde in der Sonne rösten. Dann aber befahl der Priester, der im Augenblick mehr Macht hatte als jemals, das junge Mädchen nochmals zu sich und stieß ihr den Dorn auch ins zweite Auge, und jedermann sah es mit Entsetzen, und niemand wagte zu atmen.

»Du wirst draußen sterben«, hatte der Alte den Kubu verflucht, und seither mied man den Jüngling als einen Hoffnungslosen. »Draußen« – das hieß: außerhalb der Heimat, außerhalb des dämmernden Waldes! »Draußen«, das bedeutete Schrecken, Sonnenbrand und glühende, tödliche Leere.

Entsetzt war Kubu weit hinweg geflohen, und als er sah, daß jedermann vor ihm zurückwich, da verbarg er sich in einem hohlen Baumstamm und gab sich verloren. Tage und Nächte lag er, wechselnd zwischen Todesangst und Trotz, und ungewiß, ob nun die Leute seines Stammes kommen würden, ihn zu erschlagen, oder ob die Sonne selbst durch den Wald brechen, ihn belagern, erjagen und erlegen werde. Es kam aber weder Pfeil noch Lanze, weder Sonne noch Blitzstrahl, es kam nichts als eine tiefe Erschlaffung und die brüllende Stimme des Hungers.

Da stand Kubu wieder auf und kroch aus dem Baum, nüchtern und beinahe mit einem Gefühl von Enttäuschung.

»Es ist nichts mit dem Fluch des Priesters«, dachte er verwundert, und dann suchte er sich Speise, und als er gegessen hatte und wieder das Leben durch seine Glieder kreisen fühlte, da kam Stolz und Haß in seine Seele zurück. Jetzt *wollte* er nicht mehr zu den Seinen zurückkehren. Jetzt wollte er ein Einsamer und Ausgestoßener sein, einer, den man haßte und dem der Priester, das blinde Vieh, ohnmächtige Verfluchungen nachrief. Er wollte allein sein und allein bleiben, zuvor aber wollte er seine Rache nehmen.

Und er ging und sann. Er dachte über alles nach, was ihm jemals Zweifel erweckt hatte und als Trug erschienen war, und vor allem über die Trommel des Priesters und seine Feste, und je mehr er dachte und je länger er allein war, desto klarer konnte er sehen: ja, es war Trug, es war alles nur Trug und Lüge. Und da er schon so weit war, dachte er noch weiter und richtete sein wachsam gewordenes Mißtrauen vollends auf alles, was als wahr und heilig galt. Wie stand es zum Beispiel mit dem Waldgott und mit dem heiligen Waldlied? Oh, auch damit war es nichts, auch das war Schwindel! Und ein heimliches Entsetzen überwindend, stimmte er das Waldlied an, höhnisch mit verächtlicher Stimme und alle Worte verdrehend, und er rief dreimal den Namen der Waldgottheit, den außer dem Priester niemand bei Todesstrafe nennen durfte, und es blieb alles ruhig, und kein Sturm brach los, und kein Blitz zuckte nieder!

Manche Tage und Wochen irrte der Vereinsamte so umher, Falten über den Augen und mit stechendem Blick. Er ging auch, was noch niemand gewagt hatte, bei Vollmond an das Ufer des Stromes. Dort blickte er erst dem Spiegelbild des Mondes und dann dem Vollmond selber und allen Sternen lang und kühn in die Augen, und es geschah ihm kein Leid. Ganze Mondnächte saß er am Ufer, schwelgte im verbotenen Lichtrausch und pflegte seine Gedanken. Viele kühne und schreckliche Pläne stiegen in seiner Seele auf. Der Mond ist mein Freund, dachte er, und der Stern ist mein Freud, aber der alte Blinde ist mein Feind. Also ist das »Draußen« vielleicht besser als unser Drinnen, und vielleicht ist die ganze Heiligkeit des Waldes auch nur ein Gerede! Und er kam, um Generationen vor allen Menschen voraus, eines Nachts auf die verwegene und fabelhafte Idee, man könne ganz wohl einige Baumäste mit Bast zusammenbinden, sich darauf setzen und den Strom hinunterschwimmen. Seine Augen funkelten, und sein Herz schlug gewaltig. Aber es war nichts damit; der Strom war voll von Krokodilen.

Dann gab es also keinen anderen Weg in die Zukunft als den, den Wald an seinem Rande zu verlassen, falls es überhaupt ein Ende des Waldes gab, und sich alsdann der glühenden Leere, dem bösen »Draußen« anzuvertrauen. Jenes Ungeheuer, die Sonne, mußte aufgesucht und bestanden werden. Denn wer weiß? Am Ende war auch die uralte Lehre von der Furchtbarkeit der Sonne nur so eine Lüge!

Dieser Gedanke, der letzte in einer kühnen, fiebrig wilden Reihe, machte den Kubu erzittern. Das hatte in allen Weltaltern noch niemals ein Waldmensch gewagt, freiwillig den Wald zu verlassen und sich der schrecklichen Sonne auszusetzen. Und wieder ging er Tage um Tage, seinen Gedanken tragend. Und endlich faßte er Mut. Er schlich mit Zittern am hellen Mittag gegen den Fluß, näherte sich lauernd dem glitzernden Ufer und suchte mit bangen Augen das Bildnis der Sonne im Wasser. Der Glanz schmerzte heftig in den geblendeten Augen, er mußte sie rasch wieder schließen, aber nach einer Weile wagte er es wieder und dann nochmals, und es gelang. Es war möglich, es war zu ertragen, und es machte sogar froh und mutig. Kubu hatte Vertrauen zur Sonne gefaßt. Er liebte sie, auch wenn sie ihn töten sollte, und er haßte den alten, finsteren, faulen Wald, wo die Priester quäkten und wo er, der Junge und Mutige, verfemt und ausgestoßen worden war.

Jetzt war sein Entschluß reif geworden, und er pflückte die Tat wie eine süße Frucht. Mit einem neuen, zügigen Hammer aus Eisenholz, dem er einen ganz dünnen und leichten Stiel gegeben hatte, ging er in der nächsten Morgenfrühe dem mata dalam nach, fand seine Spur und fand ihn selbst, schlug ihm den Hammer auf den Kopf und sah seine Seele aus dem gekrümmten Maul entfliehen. Er legte ihm seine Waffe auf die Brust, damit man wisse, durch wen der Alte gestorben sei, und auf die glatte Fläche des Hammers hatte er mit einer Muschelscherbe mühsam eine Schilderung geritzt, einen Kreis mit mehreren geraden Strahlen: das Bildnis der Sonne.

Mutig trat er seine Wanderschaft nach dem fernen »Draußen« an und ging vom Morgen bis zur Nacht in gerader Richtung und schlief nachts im Gezweige und setzte in der Frühe sein Wandern fort, viele Tage lang, über Bäche und schwarze Sümpfe, und schließlich über ansteigendes Land und moosige Steinbänke, wie er sie nie gesehen hatte, und endlich steiler hinan, von Schluchten aufgehalten, ins Gebirge hinein, immer durch den ewigen Wald, so daß er am Ende zweifelhaft und traurig wurde und den Gedanken erwog, vielleicht möchte es doch den Geschöpfen des Waldes von einem Gott verboten sein, ihre Heimat zu verlassen.

Und da kam er eines Abends, nachdem er seit langem immerzu gestiegen und in immer höhere, trocknere, leichtere Lüfte gekommen war, unversehens an ein Ende. Der Wald hörte auf, aber mit ihm auch der Erdboden, es stürzte hier der Wald ins Leere der Luft hinab, als wäre an dieser Stelle die Welt entzweigebrochen. Zu sehen war nichts als eine ferne schwache Röte und oben einige Sterne, denn die Nacht hatte schon begonnen.

Kubu setzte sich an den Rand der Welt und band sich an den Schlingpflanzen fest, daß er nicht hinunterfalle. In Grauen und wilder Erregung verbrachte er kauernd die Nacht, ohne ein Auge zu schließen, und beim ersten Grauen der Frühe sprang er ungeduldig auf seine Füße und wartete, über das Leere gebeugt, auf den Tag.

Gelbe Streifen schönen Lichtes erglommen in der Ferne, und der Himmel schien in Erwartung zu zittern wie Kubu zitterte, der noch niemals das Werden des Tages im weiten Luftraum gesehen hatte. Und gelbe Lichtbündel flammten auf, und plötzlich sprang jenseits der ungeheuren Weltenschlucht die Sonne groß und rot in den Himmel. Sie sprang empor aus einem endlosen grauen Nichts, welches alsbald blauschwarz wurde: das Meer.

Und vor dem zitternden Waldmann lag entschleiert das »Draußen«. Vor seinen Füßen stürzte der Berg hinab bis in unkenntliche rauchende Tiefen, gegenüber sprang rosig und juwelenhaft ein Felsgebirge empor, zur Seite lag fern und riesig das dunkle Meer, und die Küste lief weiß und schaumig mit kleinen nickenden Bäumen darum her. Und über dies alles, über diese tausend neuen, fremden gewaltigen Formen zog die Sonne herauf und wälzte einen glühenden Strom von Licht über die Welt, die in lachenden Farben entbrannte.

Kubu vermochte nicht, der Sonne ins Gesicht zu sehen. Aber er sah ihr Licht in farbigen Fluten um die Berge und Felsen und Küsten und fernen blauen Inseln strömen, und er sank nieder und neigte sein Gesicht zur Erde vor den Göttern dieser strahlenden Welt. Ach, wer war er, Kubu?! Er war ein kleines schmutziges Tier, das sein ganzes dumpfes Leben im dämmerigen Sumpfloch des dicken Waldes hingebracht hatte, scheu und finster und niederträchtigen Winkelgottheiten untertan. Aber hier war die Welt, und ihr oberster Gott war die Sonne, und der lange schmähliche Traum seines Waldlebens lag dahinten und begann schon jetzt in seiner Seele zu erlöschen wie das fahle Bild des toten Priesters. Auf Händen und Füßen kletterte Kubu den steilen Abgrund hinab, dem Licht und dem Meer entgegen, und über seine Seele zitterte in flüchtigem Glücksrausch die traumhafte Ahnung einer hellen, von der Sonne regierten Erde, auf welcher helle, befreite Wesen im Lichte lebten und niemand untertan wären als der Sonne.

(1914)

Das Haus der Träume

Ein Fragment

Erster Teil

Krokus war vergangen, Schneeglöckchen war verschwunden, im erwartenden bangen Spätfrühling blühte allein die alte Magnolie. Aus dem großblätterigen, schwach silberscheinenden Laub des runden Baumes quoll Amselgesang, und die reinen weißen Blüten blickten sanft und befremdet wie schöne kränkliche Kinder. Rund und feierlich blühte der Magnolienbaum in der kleinen, ovalen Wiese; darüber stand in der Sonne freundlich mit dem gewölbten Vordach die Südseite des niederen Hauses, verwittert, grün und grauer Kalkbewurf, rundes Giebelgewölb und schmaler Ziegelrand des Daches im feuchten Blauen ruhend, breite Altane tausendmal vom leidenschaftlichen Astgeschlinge der großen Glyzine umarmt. Aber alles tief und innig in grüne und kahle Wipfel und Kronen gebettet, hoch überragt vom beschützenden Ulmenbaum, der mit greisen, ungeheuren Ästen weit über das ganze Dach hin griff, und zu Seiten die ausländischen Föhren mit den feierlichen und durchdachten Pyramiden ihrer langhaarigen Äste, wo vorjährige aufgesprungene Zapfenfrüchte harzig an der Wärme dufteten und im gefleckten Schatten kleine Baumläufer und Spechtmeisen um die dicken, roten Stämme liefen, jetzt grauschattig, jetzt edelsteinern aufglänzend.

Der Grasplatz mit der Magnolie, dem Wacholder und den Rosenstämmen lag zwischen Haus, Ulme, Föhren und der dicht verwirrten Buschwildnis hoher Fliedergesträuche vor Staub und Wind der Welt beschützt und tief in seinen grünen Schrein versenkt. Offen war er einzig nach Süden: da fiel der Garten in Stufen und kleinen Terrassen abwärts, der Sonne zugeneigt. Dahinter lag weit und grün das wellige Weideland, auf seine offene Tafel gezeichnet stand eine lange, launig gekrümmte Linie von breitkronigen Eichen, die Grenze des Nachbargutes. Das grüne Wiesenland war von einem unsichtbaren Flußtal begrenzt, jenseits lag grünes Waldgebirg in langen, stillen Zügen, dahinter ein neuer Zug von grünen

Höhen, schon bläulich bedünstet, und hinter ihm ganz blau, mit herausleuchtenden, nackten Felsflühen, eine steile Vorbergkette. Und erst jenseits von diesem dritten blauen Gebirgszug, unendlich fern und hoch im Wechsel der Gewölke, schwebten die traumfarbenen Schneeberge, verklärt in vielfältig gedämpfter und entrückter Wirklichkeit, eine erinnerungslose, bleiche Geisterwelt, aber wahrer und beständiger als alle Nähe.

Der Alte stand bei den Rosenstämmen; es war Zeit, sie aufzubinden. In den Gürtel der grünen Schürze gesteckt, trug er eine lange, blonde Locke von hellem Bast und in der Hand eine Schere. Mit zögernden Fingern suchte und wählte er in den braunen, dornigen Zweigen, schnitt mit Sorgfalt abgestorbene Spitzen ab und sammelte sie in einen flachen Weidenkorb. Abendliches Sonnenlicht floß warm in schrägen Strahlen zwischen den knospenden, hohen Sträuchern, Flieder und Hasel, herein. Der Alte hatte auf den Augenblick gewartet; nun tat er Korb und Schere beiseite, trat auf die Abendseite der kleinen Wiese und beging seine einfache Abendfeier, indem er still im strömenden Sonnenfeuer stand und den Magnolienbaum belauschte. Der hielt seine bleichen, weißen Blüten noch weit atmend geöffnet, und von den höchsten Zweigen abwärts überfloß ihn das satte späte Licht, und schnell und zart sprang das abendliche Rosenrot auf jede Blüte. Das müde Weiß glühte in heimlicher Zärtlichkeit auf, und minutenlang hing über dem verzauberten Baume ein magischer Schleier, dünn und wesenlos, und jede bleiche Blume schaute still und warm mit erwachter Seele aus dem sanften Kelch und feierte ihr kleines, banges Fest.

Mit den stillgewordenen Augen betrachtete der Blumenvater freundlich und forschend das bescheidene Wunder, ihm sandte jede Blüte errötend ihren Abendgruß ins Herz, und mit fühlender Teilnahme atmete er die Gerüche der drängenden Jahreszeit, spürte witternd ihre gespannte Bereitschaft und das süße, knospende Erwartungsfieber ungeduldiger Keime.

Die Welt ist kleiner geworden, dachte er mit einem Schein von Lächeln. Ein Leben lang war dieser alte Mensch in tausend tätigen Beziehungen und hohen Ämtern gestanden, hatte die Welt umreist und immer wieder die Sehnsucht in sich genährt, wie Goethe »allen Sonnenschein und alle Bäume, alles Meergestad und alle Träume in sein Herz zu fassen miteinander« – nun fand er sich auf den engen Bezirk seines Gartens beschränkt, wo Baum und Gras, Strauch und Beet ihm vertraut und zu eigen, von ihm gepflegt, von ihm erdacht, von ihm geschaffen, geformt und geleitet lebten, und die Fülle war nicht kleiner geworden, und ein Beet Rosen war für Sinne und Gedanken so wenig auszuschöpfen als Meergestade und weite Welt. Alles Besitzen war Beschränkung, alles Verstehen war Verzicht, und alles Verzichtenmüssen suchte seine Verklärung in Lächeln und in Andacht.

Langsam schritt Neander um den Rasen bis zu der Stelle, wo der Kiesweg zwischen Gebüschen, die ihn dicht umschlossen, plötzlich gegen die Steintreppe nach dem unteren Garten mündete. Da drang Himmel und grenzenlose Weite in die enge Weltflucht des buschigen Winkels, und über Gärten, Bäume, Hecken, Weiden, grüne Bergzüge und blaue Bergzüge hinweg stürzte der Blick in die luftige Welt, an deren Ende fern und ehrwürdig die Alpen standen. Dasselbe Licht, das im Magnolienbaum die armen Blumenschwestern verklärte, floß dort im Weiten mit demselben Zauber über Wolken- und Schneeberge. Jenseits der abendlichen Wiesenwelt und Bergwälder glühte diamanten das Gebirge in unirdischen Zaubern, Märchenbauten aus Glas und Edelstein, von wallenden Lichtfeuern durchströmt, nicht mit der Erde zusammenhängend, sondern hoch über den Dünsten der Ferne strahlend, Berghäupter brüderlich zwischen Wolkenhäuptern.

Oft gedachte Gedanken besuchten den Alten. Von suchender Unrast geistigen Erraffens einst bis weit in fremde Erdteile hinein auf schnellen, gierigen Reisen verschlagen, hatte er doch beinahe sein ganzes Leben nahe bei diesen verklärten Bergen hingebracht, ihre Schönheit und ihre Rätsel waren seit frühen Jugendzeiten seinem Gemüt heimisch geworden; der große Wall der Alpen war ihm ewiges Sinnbild des Zwiespaltes und Hemmnisses in der eigenen Seele, wo der sehnsüchtige Kampf von Süden und Norden zum Mittelpunkt aller Bewegung geworden war wie in der Geschichte der Menschheit.

Drüben hinter der gläsernen Zaubermauer wußte er die schönen Paradiese liegen, dort floß das Leben gut und leicht in der Unschuld angeborenen Reichtums; und das Schöne wuchs dort mit der kindlichen Natürlichkeit anmutiger Blumen empor, das der Norden nur aus Qualen der Sehnsucht und Abgründen grübelnden Trotzes gebar. Aber die nordische Schönheit klang inniger und erschütternder und flatterte kühner in göttlicher Trunkenheit.

Wieder umfaßte Neander im Anblick der vielfarbigen, fernschwebenden Gipfel den Umfang seines inneren Lebens. Er stand auf der Seite des Nordens, er stand auf der Seite des Verzichtes und der unstillbaren Sehnsucht. Der Kampf aber war eingeschlummert. Seit er die Lebenshöhe überschritten hatte und tiefer ins Tal der langen Schatten hinabgestiegen war, hatten seine Gedanken die Flucht vor dem Tode aufgegeben. Von wo er kam, und wohin er ging, schien ihm ein und dasselbe Land. Die lockende Stimme des Lebens, die ihn seit Kinderzeiten jeden Tag gerufen und seine Schritte vorwärts und vorwärts getrieben hatte, war ihm allmählich zur Stimme des Todes geworden, welche von jenseits rief und der zu folgen nicht minder schön und seltsam war. Leben oder Tod, das waren nur Namen, aber die lockende Stimme war da und sang und zog und hieß ihn im guten Takt der Tage schreiten, und der Weg führte nach der Heimat.

Abendatem wehte aus der Weite her, am Weiher rührte sich Schilfgesang. Nacht rief dem Tage, Tag rief der Nacht, ein und aus wehte ewig der Atem Gottes.

Mit aufmerksamen Blicken betrachtete der alte Mann, aus der farbigen Himmelsferne zurück ins Nahe kehrend, seinen Garten. Er sah ihn nicht in seiner augenblicklichen Wirklichkeit, ihn verband mit Bäumen und Gesträuch ein liebevoller Umgang seit vielen Jahren. Was hier stand und wuchs, in diesem kleinen, gepflegten Bezirk zwischen Haus und Holunderecke, in dieser grünen Garteninsel, die kein Blick von außen zu erreichen vermochte, das war alles von ihm gedacht und gewollt, auf Übernommenem weitergebaut und nirgends fertig, vielmehr voll von heranwachsenden Gedanken und Erfüllungen für die Zukunft. Daß an der Ecke zwischen Haselnuß und Holunder die hohen wilden Rosen mit langen Ranken schwebten, daß unter dem blühenden Palmkätzchenbaum der schwarze, dicke Efeu kroch, daß zwischen dem Gekräusel der Glyzinenranken nur zartes, spitzblättriges Fliederlaub sich wölben durfte, das war sein Werk, und es war nicht nur schön, es war in zärtlichen Jahren aus hundert besorgten Gärtnerträumen lebendig in langsamer Wahl und Ordnung entstanden. Wo jetzt durch dünne Äste frei der Himmel schaute, da wußte Neander aus Laub und Blüten, aus Früchten und Schlingpflanzen viel schöne, geistvolle Dinge für den Mai, für den Juli, für September heranwachsen und warten: Ebereschenbeeren blank im Blauen hängend, rote Blüten aus dunkelstem Grün aufglühend, Bienenwinkel und Schmetterlingsrastorte für alle Jahreszeiten vorbereitet, innige Pflanzenfreundschaften, von Menschenhand geschützt und begünstigt. Sommermorgenfrühe und schwüle Augustnacht, Aprilmittag und Herbstabend fanden hier und dort ihren

Lieblingsplatz und Rahmen bereitet, und im kleinen Treibhause grünte kein winziger Pflanzenkeim, der nicht in des Gartendichters Gedanken schon als Laub und Blume, als Lichtfleck oder Schattenecke, als satte, rote Blütenfarbe dort und da sein Amt und seine Bestimmung hatte.

Aber tiefer und inniger noch lebte der Greis in seinen grünen Träumen, ihm nur bekannt und deutbar wurzelten im Garten und überall Erinnerungen und Sinnbilder seines innern Lebens, Trauermale und Dankopfer, Gedenkzeichen der Jugend und hinausdeutende Ahnungen von Tod und Wiederkehr. Wie er die Zeiten des Jahres und Tages im Leben des Gartens inniger mitbeging, so fühlte er über die Jahre hinweg dieses tausendfältig lebende Gebilde als ein Bildnis seiner selbst, als das geheimnisvolle Werk und Abbild seiner Seele. Hier waren Lebensträume gestorben und verwandelt, hier war Gottesdienst begangen und Gefühl der Ewigkeit gepflegt, und wo dem fremden Auge nur ein schöner Wipfel, ein wohliges Gebüsch stand, da lebte ihm, dem Dichter, unvergessenes Sein und Kämpfen, Suchen und Überwinden fort. Wie ein einsamer Regierender in fernen Bewegungen der Menschen und ihrer Güter die Folgen und Früchte seiner Gedanken und Pläne erkennt, so fühlte der alte Gartenfreund jedes Wachstum, jedes stille Geschehen seines sanften Reiches als Fortklang und ferne fruchtbare Schwingung seines Inneren.

Wartend saß Neander auf der niedrigen Mauer, den Blick auf den Bergen. Schon gab es laue Abende und feuchtes Ferneblau, ein Winter und Vorfrühling war überwunden, und vor den Gedanken des Alten lag wieder ein wachsendes Jahr, ein neues, ahnungsreiches Gartenjahr: Sternblumen, Fliederzeit, Rosengehänge über der weißen Mauer!

Kräftige Schritte klangen auf dem Weg vom Hause her. Neander erhob sich, um entgegenzugehen, da stand frisch und lachend sein zweiter Sohn vor ihm, den Hut in der Linken, und griff nach seiner Hand, die er mit zärtlicher Ehrfurcht festhielt.

»Hans! Du bist schon da!«

»Ja, Vater, einen Tag früher, als ich euch schrieb. Mama fand ich nicht, sie ist in die Stadt gegangen. Geht es dir gut, Vater?«

»Es geht uns allen gut, Hans. Ich bin vielleicht ein bißchen alt geworden, aber du wirst sehen, Mama ist noch so jung wie immer.«

»Ach, und der Garten, unser alter Garten! Die Magnolie blüht, ich sah es gleich. Du bist hier immer noch fleißig – ich glaube, ich habe mein Leben lang nie an dich gedacht, ohne daß ich dich im Garten sah, bei den Rosen oder mit der Gießkanne. Es ist so schön bei dir, schöner als ich wußte. Es gibt auf der Welt keinen solchen Garten mehr.«

Hans Neander stellte den Fuß auf die Mauer und blickte fröhlich umher.

»Es stimmt nicht ganz«, sagte der Vater, »unsereiner meint es ja gut, aber wir sind hierzulande keine Gärtner, leider. Man muß sehen, wie Japaner das verstehen! Aber für dich ist hier Heimat und Kindheit, da ist alles schön und vollkommen.«

»Es war mir ganz ernst damit«, rief Hans, »du hast deine Bäume und Beete und alles so merkwürdig richtig und lebendig verteilt und abgestimmt, ich glaube wirklich nicht, daß man es besser machen könnte.«

»Weil du die Fehler nicht siehst, mein Junge. Zum Beispiel da unten, neben dem Pavillon, habe ich zwischen die Akazien ein paar Ebereschen gepflanzt und den ganzen schönen Baumschlag damit verdorben. Die Bäumchen sind groß geworden, ehe ich das merkte, und jetzt stehen sie und hängen im Hochsommer ihre roten Beeren in den Himmel, es wäre grausam, sie wieder abzutun. Aber die Akazien allein wären viel, viel schöner und richtiger. Und so ist noch vieles, überall. Es ist nicht leicht, einen guten Garten zu pflanzen. Es ist so schwer wie ein Reich zu regieren. Man muß sich entschließen, auch die Unvollkommenheiten zu lieben, sonst ist man betrogen. Du hast das besser gekonnt als ich. Weißt du, wenn jemand die heikle Geschichte mit der Willensfreiheit ganz ausstudieren will, dann muß er sich auf Gärtnerei legen. Nicht bloß, daß kein Strauch so wächst, wie du ihn dir gedacht hast! Nein, nach Jahren siehst du erst, daß du den Strauch gar nicht frei gewählt und gepflanzt hast; es steckte ein unbewußter Wunsch, eine Erinnerung, ein Zwang dahinter. Auch mit den Ebereschen war es so. Ich meinte sie damals zu wählen, weil Wuchs und Laub mir zu den Akazien zu passen schienen. Erst viel später ging mir auf, daß ich die Bäumchen bloß darum haben wollte, weil ihr Standort in der Pflanzschule, wo ich sie kaufte, mich an eine Ecke im Garten der Großeltern erinnerte. Als ich damals zum Baumzüchter ging, war ich noch gar nicht für Eschen entschlossen. Erst dort, zwischen den jungen Stämmen, fand ich mich plötzlich an den Großvater und an ein Stück Kinderheimat erinnert und kaufte darum die Bäume.«

Er lachte still.

»Und dabei weiß ich nicht einmal, ob es wirklich die Eschen waren, die

Das Haus der Träume

mir jene liebe Erinnerung weckten. Ich deutete es damals so. Es kann aber etwas ganz anderes gewesen sein, ein Geruch, oder die Beleuchtung, irgend etwas, vielleicht eine eigentümliche Wolke vor der Sonne. Aber ich dachte, es seien die Eschen, und da stehen sie nun seit zwanzig Jahren und sind groß geworden.« Hans horchte mit Behagen auf die vertraute, ehrwürdige Stimme und dachte an keine Antwort.

»Nun ja«, sagte er langsam, »ich glaube auch, daß wir immerfort aus einem Dickicht von untergesunkenen Erinnerungen heraus leben und empfinden. Vielleicht ist das, was wir unsre Seele nennen, nichts als dieses Geschiebe von dunklem Erinnerungsgut. Ich bin kein Denker und ich bin froh, daß ich darüber nicht zu grübeln brauche. Aber eben, als ich durchs Haus gegangen war und hinten auf den Kiesplatz kam und den Brunnen sah, hat mich auch plötzlich solch eine frühe Erinnerung überfallen. Ich weiß nicht, ob du dich noch darauf besinnen kannst. Ich war fünf oder sechs Jahre alt und spielte im Hof bei der Ulme und wurde da zu laut und lästig, da riefst du mich zu dir und sagtest, ich möchte jetzt artig sein, dann würdest du mir etwas Merkwürdiges zeigen. Dann brachst du ein großes Blatt von einer Kapuzinerkresse ab und tauchtest es in den Brunnentrog, und ich sah mit einem unvergeßlichen Erstaunen und Entzücken, wie das breite, grüne Blatt sich ganz mit dickflüssigem Silber überzog. Ich konnte mich lange Zeit immer wieder mit diesem Wunder beschäftigen und fühlte dabei eine so merkwürdig satte, volle Kinderwonne, und lange Zeit schien mir so ein Kapuzinerblatt im Wasser das Schönste, was es auf der Welt geben könne.«

Der alte Mann wiegte den greisen Kopf hin und her und blickte über die erblaßten Berge hinweg in die noch braun und blaurötlich nachschimmernden Wolken. Er deutete hinüber: eine graue, lange Wolke, quer über den Horizont gezogen, schimmerte matt in hundert Farbenstufen wie ein Taubenhals.

»Da sitzen wir«, rief der Alte lachend, »und schwatzen, und du kommst von der Reise und bist am Ende hungrig. Oder magst du ein Glas Wein haben? Und erzählt hast du auch noch nichts, wir haben uns doch ein halbes Jahr nicht gesehen. Du bist ja jetzt so eine Art Beamter geworden?«

»O nein, Papa, der Regierungsbaumeister ist bloß ein Titel, ich bleibe natürlich selbständig und suche kein Amt. Aber ein Glas Wein nehme ich ganz gern. Hast du noch von dem Elsässer?«

Sie gingen ins Haus, und überall traten dem Heimgekehrten die Andenken der Kindheit und Heimatzeit entgegen. Im Eßzimmer schimmerte der hellgelbe Wein in der geschliffenen Flasche auf dem großen Schiefertafeltisch, da setzte sich Hans, nahm einen Schluck Wein und aß ein Stück Brot dazu behaglich aus der Hand. Neben ihm saß lächelnd der Vater, mit seiner eigentümlich klaren Greisenfrische im weißen Haar, von den Wänden blickten die wohlbekannten Bilder, der holländische Nelkenstrauß und die kleine goldene Madonna aus Italien, auf den Fenstergesimsen standen Geraniumstöcke, durch die halboffene Schiebeluke hörte man nebenan in der Küche die Magd mit dem Messer auf Holz etwas schneiden und schaben. Hans sog alles tief mit dankbarer Wonne ein: Heimkehr, holder Erinnerungssturm, geliebte Räume, vertraute Gerüche, und inmitten der klaren, heimatlichen Welt still und allein der alte Vater, erfreut über seine Rückkunft, doch fest und unstörbar in seiner innern Welt beharrend.

»Und was macht Albert?« fragte der Baumeister, indem er sich im Sessel zurücklehnte. »Seht ihr euch oft?«

»Nein«, sagte Neander zögernd, »er sitzt manchmal einen Abend bei Mama, und dann kommt er ja sonntags immer zu uns zu Tisch. Es macht mir etwas Mühe, mit ihm zu reden; daran sehe ich, daß ich alt geworden bin. Früher hatten wir oft lange Gespräche miteinander, es war mir interessant, ihm in seinen Gedanken zu folgen, er ist ja ein eigener Kopf. Aber seine Mythologie ist mir immer fremder geworden, die Schuld mag bei mir liegen. Ich schätze nichts höher als Frömmigkeit, aber Albert wird immer gleich dogmatisch. Merkwürdig ist es schon, wie das bei ihm mit den Jahren herausgekommen ist. Mamas Familie war ja ganz pietistisch, sowenig sie selber es ist. Das hat nun Albert geerbt. Nun, du weißt ja. Er hat sogar Wandsprüche in sein Arbeitszimmer gehängt. Sonst ist er ja ein guter, treuer Mensch, und auf mich nimmt er viel Rücksicht. Bist du eigentlich im Briefwechsel mit ihm?«

»Nein, geschrieben haben wir uns nur selten, bei Geburtstagen und so. Übrigens hat er für mich immer mehr Ähnlichkeit mit dir gehabt als mit der Mutter, auch äußerlich.«

»Wirklich? Es kann wohl sein. Als er ein kleiner Junge war, fand jedermann, er sei mir sehr ähnlich. Freilich nicht so ähnlich, wie du der Mutter. Darin hat er ja gewiß meine Art, daß er mehr in Gedanken lebt als in der Wirklichkeit. Nur die Neigung zum Fanatismus, die er doch wohl hat, kann ich bei mir nicht finden. Vielleicht auch Täuschung.«

»Nein, Vater, gewiß nicht. Du bist ja so frei, von dir habe ich ja alles, was ich von Freiheit weiß. Albert ist vielleicht doch ein wenig Pedant, ein wenig Schulmeister – mir war es immer etwas unheimlich, daß er ausgerechnet Gymnasiallehrer werden mußte. Und du, Vater, du bist ein Künstler, du bist ganz und gar ein Künstler. Nicht daß Albert gelehrter oder klüger wäre, o nein, aber bei dir wird aus den Gedanken immer ein Bild, etwas Schönes und Liebenswertes.«

Der alte Herr nickte dem Sohne freundschaftlich zu. »Geschmack hat dein Bruder aber doch«, sagte er munter. »Du wirst dir sehr Mühe geben müssen, Hans, wenn du mir einmal eine hübschere Schwiegertochter heimbringen willst.«

»O, diese Mühe will ich mir gern machen. Aber es ist wahr, Betty ist eine feine und aparte Frau. Schade, man lernt sie schwer kennen. Anfangs hielt ich sie für hochmütig, wie sie immer so schweigsam und kühl blieb. Das war ein Irrtum. Aber fremd ist sie mir immer noch.«

»Es war ein großer Irrtum«, bestätigte der Alte mit Wärme. »Sie ist das Gegenteil, sie ist schüchtern und fast demütig. Man würde sie besser kennen, wenn sie nicht so schön wäre. Sie bleibt hinter ihrer Schönheit versteckt. Und es bedrückt sie, daß sie keine Kinder hat.«

»Ja, das ist schade. Aber es kann ja noch kommen.«

Plötzlich sprang Hans auf, er hatte die Haustüre gehen hören. Im halbdunklen Flur überraschte er die heimkommende Mutter und fiel ihr um den Hals.

»Mama, Mama!«

Zweiter Teil

Aufrecht und frisch saß die Mutter am Tisch, die hohe bronzene Erdöllampe brannte mit stillem, gelbem Licht, das Abendessen war abgetragen, und Hans hatte eine Zigarette angezündet.

»Papa wird wohl wieder herunterkommen?« fragte er, und sein Blick hing vergnügt am Gesicht der Mutter, wie sie mit emporgezogenen Brauen und weitab gestreckten Händen bemüht war, ihre Nadel einzufädeln. Als sie fertig war, lächelte sie zu Hans hinüber, wurde aber alsbald wieder nachdenklich.

»Ich glaube nicht«, sagte sie, und schwieg und nähte eine Weile, dann legte sie die Arbeit von sich und stützte die Ellbogen auf den Tisch. Hans aber hatte seine Freude an jeder ihrer Bewegungen, an ihrer festen, strammen Haltung, an ihren langen, weißen Händen, am hellgrauen Seidenkleid mit den kleinen, gekräuselten Manschetten.

»Wie hast du Papa gefunden?« fragte sie plötzlich.

»O, ganz wie sonst. Er sieht prächtig aus. Ich fand ihn im Garten bei den Rosen.«

»Ja, er fühlt sich wohl. Bloß stiller ist er geworden. Fandest du nicht? Was habt ihr gesprochen?«

Hans besann sich. Er wußte sofort, was sie meinte.

»Er war recht gesprächig. Es war vom Garten die Rede, von Akazien und Ebereschen. Ich habe nie so deutlich gefühlt, wie seltsam er mit alledem verwachsen ist. Es ist wie ein Märchen, und er ist der Zauberer und geheimnisvolle Weise darin.«

»Und hat er dich ausgefragt? Nach deinem Examen, nach deinen Arbeiten? Nach deinen Freunden?«

»Das nicht, nein, aber ich hatte das auch nicht erwartet. Ich merkte doch, daß mein Kommen ihn freute. Sehr stark hat er sich ja nie für das interessiert, was nicht zu seinem engeren Kreis gehört. Er sagte das auch selber. Wir sprachen von Albert, und da meinte er, dem gehe es wie ihm selber, daß er mehr in Gedanken als in der Wirklichkeit lebe.«

Die Mutter nickte und sah ins Lampenlicht.

»Das ist richtig«, sagte sie und suchte nach den Worten. »Es war immer so, aber es ist mit der Zeit stärker geworden. Papa hat etwas Eigenes, etwas von einem Sonderling, und das ist ja ganz gut. Aber er ist in den letzten Jahren so einsam geworden. Er bringt fast den ganzen Tag im Garten zu, oder im Treibhaus, und läßt sich dort nicht gerne stören. Manchmal kann ich bei den Blumen helfen und eine Stunde dabeisein, aber eigentlich ist er immer am liebsten allein, und während er pflanzt oder Blumen schneidet, ist er in seinen Gedanken. Das war immer so, seit er damals sein Amt aufgegeben hat. Aber die Abende haben wir dann fast immer gemeinsam zugebracht, wir lasen einander vor oder er diktierte mir seine Briefe, oft haben wir auch musiziert oder Schach gespielt. Das alles hat nun so allmählich aufgehört, siehst du, und das macht mir manchmal Sorgen. Jetzt geht er jeden Tag bald nach dem Abendessen weg, meistens ins Studierzimmer oben oder in seine chinesische Stube, und ein paarmal hat er auch den ganzen Abend im Treibhaus im Dunkeln gesessen.«

Hans legte seine Hand auf die der Mutter.

»Da sitzt du also viel allein?«

»Ach, das ist es nicht. Oft kommt Albert oder sonst Besuch, und zu tun ist ja immer genug. Es quält mich nur manchmal, wenn ich Papa so viel allein und in seinen weltfernen Gedanken sehe. Denn siehst du, ganz kann ich es doch nicht begreifen, wie er immer so in seiner Stille leben mag. Ich weiß ja, daß er ein Gelehrter und Denker ist. Aber zuweilen wird es mir einfach traurig und beinah unheimlich, wie er so außerhalb der Welt leben mag. Er zieht seine Blumen, aber nicht um sie jemand zu zeigen oder zu schenken, und er denkt seine Gedanken, aber nicht um sie mitzuteilen.«

»Ganz so schlimm ist es nicht«, sagte der Sohn begütigend, »du weißt, Papa hat es sehr gern, wenn man sich seine Beete ansieht und sie lobt. Er ist eben ein Künstler, oder ein Dichter. Über dem, was seine Gedanken beschäftigt, vergißt er alles. Ich kann das gut begreifen, aber freilich auch dich. Wir wollen ihn schon zuweilen wieder herauslocken und aufmuntern! Und dich auch, Mama, und überhaupt bleibe ich jetzt unendlich lang daheim bei dir. Bei euch ist es so schön und gut, daß ich gar nicht daran glauben kann, es gebe auch hier Sorgen und Schwierigkeiten! Weißt du, wie ich heut abend zu Fuß von der Bahn herauskam, durch die Felder und an den Eichen und am Friedhof vorbei, und wie ich von weitem unsre Ulme sah und das Dach und dann den Zaun und die Treppe und die Haustür, und wie dann im Haus der alte, kühle Geruch wieder war, und die Lisa kam und meldete, die gnädige Frau sei ausgegangen, lieber Gott, ich hätte das korrekte alte Mädchen beinah vor Freude und Rührung umarmt! Und dann beschlich ich den Vater im Garten, bei der Magnolie, und die Fliederbüsche bei der Veranda streiften mir die Haare, und der Brunnen klang so alt und gut und war alle die Monate und Jahre immerzu treulich in sein altes Becken gelaufen, und dann stand Papa bei der Treppe, wo die Aussicht ist, und gab mir die Hand und fing an, von der Magnolie zu sprechen, als wäre ich nie von Hause fort gewesen. Da wußte ich erst wieder so richtig, wie schön das alles ist und daß kein Mensch auf der Welt eine schönere Heimat hat als ich. Und Papa plauderte mit mir, und es gab gar kein Fragen und Besinnen, ich war einfach wieder bei ihm und hörte zu, wie er aus seiner stillen, noblen Welt heraus sprach – und ich wußte dabei, nachher kommt Mama, und dann ist für die Fragen und Sorgen und alles Zeitliche gesorgt! Ich kann dir gar nicht sagen, wie froh ich war!«

Jetzt lachte die Mutter leise, und wie ihre hellblauen Augen warm und strahlend wurden und der feste Mund im Lächeln weich und geschmeidig, sah sie dem Sohn ähnlich wie eine ältere Schwester.

»Jetzt möchte ich noch etwas zu naschen haben«, rief Hans lustig. »Wenn du lieb bist und ein Auge zudrückst, geh ich schnell einmal in die Speisekammer und hol mir noch ein Stück von dem schönen Kuchen. Darf ich?«

Sie schloß ein Auge und nickte unmerklich mit derselben Gebärde, mit der sie ihm in Kinderzeiten solche Wünsche gewährt hatte. Und er lief in die Küche, zündete die Kerze an und kam mit einem kleinen Teller wieder.

»Zum Dank will ich dir aber auch etwas Schönes erzählen«, sagte er beim Essen. »Nämlich ich will bei euch nicht etwa auf der faulen Haut liegen, sondern fleißig sein. Ich habe eine schöne Arbeit vor.«

»Etwas zu bauen? Ja hast du denn schon einen Auftrag?«

»Das nicht, aber es kann vielleicht einer werden. Es ist ein Preisausschreiben, und zwar eins, das noch gar nicht ausgeschrieben ist. Man hat es mir verraten, weißt du, und das ist ein gutes Zeichen. Es soll ein Bankgebäude werden, in einer Stadt in der Schweiz.«

»Da wünsche ich Glück, Hans.«

»Ja, aber das Beste ist: es ist da wirklich etwas Feines zu machen. Nämlich ich bin vorgestern schnell dort gewesen, um zu sehen, ob ich überhaupt mitmachen soll. Nun denke dir, eine kleine, stille Seitenstraße, lauter alte, feine Häuser in einem bescheidenen, noblen Barock, und ein hübscher Baumgarten dazwischen, ganz entzückend. Der Garten freilich kommt weg, denn dort soll das Haus hingebaut werden. Man kann sich nichts Hübscheres ausdenken. Das ist etwas anderes, als in eine moderne Stadtstraße hinein ein beliebiges Haus mehr zu bauen.«

»Famos, Hans! Aber gewiß nicht leicht.«

»Doch, es ist leicht. Es ist ganz leicht. Es soll ja eine Bank werden, kein Warenhaus. Das kann man ganz fein und anständig zwischen die schönen alten Sachen hineinstellen, wahrscheinlich brauchen wir nicht einmal höher zu bauen als die Nebenhäuser, jedenfalls nicht viel. Ich nehme den Bau ein klein wenig zurück, hinter ein schmales Rasenplätzchen, und dann wird die Fassade ein ganz klein wenig geschweift, nur eine Idee, so –«

Er hatte sein Taschenbuch herausgenommen und zeichnete eifrig. Die Mutter stand darübergebeugt und fühlte sich wieder ganz mit ihrem Lieblingskind vereinigt. Es gab keine Sorgen mehr, es waren keine Mißklänge in der Welt. Hans war da, und es ging ihm gut, er war glücklich.

»Wie schön, mein Junge! Sieh, das habe ich mir oft in Gedanken ausgemalt, den Augenblick, wo du zum erstenmal einen schönen Bau beginnst. Aber stört dich das nicht, daß du dich an die Nachbarhäuser so sehr anpassen mußt?«

»Ach, das ist ja gerade fein! So ein maßvolles, bürgerliches, gar nicht theaterhaftes Barock, das ist etwas ganz Köstliches. Diese Art von moderner Bauerei, die bloß recht originell sein will, ist mir so unsäglich zuwider! Ich denke mir oft, wenn alle Häuser und Straßen hübsch und ruhig und edel aussehen würden, da müßten auch die Leute alle freundlich und liebenswürdig sein. Aber wenn da jeder kleine Frechling von Architekt so tun darf, wie wenn er Michelangelo wäre und eine neue Ära einleiten müsse, wenn das eine Haus fast ohne Fenster und das daneben fast ganz aus Glas ist, wenn man Stein und Holz und Eisen, Keramik und Mosaik und alles durcheinander schmeißt und einer den andern bloß mit recht heftigen Trümpfen stechen will, da kann ja die Welt nicht in Ordnung sein. Wir heißen das unter uns Freunden Konzert-Architektur. – Ich weiß ja nicht, wie weit ich es als Baumeister bringe und ob es mir gelingt, es so zu machen, wie ich möchte. Aber wenn ich einmal beim Bauen Einfälle habe und originell sein will, dann darf es keine Originalität sein, die einem von weitem in die Augen schreit. Nichts auf der Welt ist so verleidig und wird einem so zuwider wie aufdringliche Architekturen.« Er sah, wie die Mutter über seinen Eifer lächelte, und brach lachend ab.

»Also ich mache mein Barockhaus so gut ich kann, und häßlich wird es nicht, das kann ich versprechen. Ich glaube, sogar Papa wird einverstanden sein, wenn erst die Zeichnungen fertig sind. Und er ist sicher der strengste Richter, den ich mir suchen kann. Nur muß ich mit der Arbeit noch warten, bis die Bedingungen veröffentlicht sind; sonst fange ich schließlich etwas an, was die Bankleute nicht brauchen können, und hätte dann die schöne erste Schaffensfreude vergebens verpufft. Es gibt also zunächst eine kleine Weile Ferien! Ich will wieder einmal bei euch daheim sein wie in den Knabenzeiten, mit dir und Papa, ohne Besuche und Einladungen, und will gar nichts tun als spüren, wie schön es hier ist.«

Die große Uhr schlug zehn, und Frau Neander packte, wie der Sohn sie es tausendmal hatte tun sehen, ihre Nähsachen zusammen, tat die Brille ins Lederfutteral, schloß die hohen Schranktüren ab und schaute nach, ob im Hausflur auf dem Kaminsims die Leuchter bereitständen. Dann bat sie Hans, nach der Haustür zu sehen, ob sie geschlossen sei, und wünschte ihm gute Nacht.

»Geh nur ins Bett«, mahnte sie, »du findest in deinem Zimmer alles bereit. Wir haben halt immer noch die alte Wirtschaft mit den Lampen und Kerzen, Vater will das Elektrische nicht im Haus haben.«

Sie zündete zwei Leuchter an, den einfachen, messingenen für sich und den silbernen Gastleuchter mit drei dicken Kerzen für Hans, und löschte die Lampe aus.

Hans mochte noch nicht schlafen. Fröhlich stieg er die runde Steintreppe hinauf und sah im Kerzenlicht hier und dort die bekannten lieben Sachen grüßend funkeln, Bilderrahmen und hohe Vasen, blanke Türklinken und Zinngerät auf hohen Wandborden. In seinem Zimmer dufteten Veilchen, hinterm offnen Fenster stand schwarz das Geäst der Ulme.

Er stellte den Leuchter auf den Tisch neben den unausgepackten Koffer und ging langsam durchs Zimmer hin und her, darin er so viel Knabenjahre, Jünglingsjahre, Studentenferien verlebt hatte und wo alles vertraulich in der alten Ordnung stand, Bücherreihen und Tonmodelle, Schmetterlingssammlung und Windbüchse, Mappen voll Photographien von den Reisen seiner Schülerzeiten, die Büste Goethes und die Totenmaske von Beethoven, Notenschrank und Gitarre.

Aufmerksam blickte er in der warm durchfluteten Dämmerung umher. O wie recht hatte der Vater, der kein elektrisches Licht in diesem Haus haben wollte! Alles Zarteste dieser Stunde wäre weg gewesen ohne den Gang durch die Finsternis des Flurs und der Treppe, ohne das launische Spiel kleiner Glanzlichter auf Metall und Glas, ohne das warme, milde Licht der drei Kerzen im hohen Leuchter.

Ihm fiel ein, wie verwandt er hierin seinem Vater sei, in der Liebe zur zarten Haut und Oberfläche der Dinge, im Sinn für das Magische alles Sichtbaren, des Lichtes, der Farben. Wie die messingnen Kofferbeschläge das Licht widerstrahlten, wie der geknickte Schatten des hohen Ofens über Wand und Stubendecke floh, das war ihm lieb und zauberhaft, das tat ihm wohl, reizte ihn und gab ihm Gedanken. Vielmehr nicht Gedanken, sondern ein reizendes, klangvolles Gefühl vom Lebendigsein der Welt, vom stillen, zähen Eigenleben der Sachen, ein gutes, nachdenkliches und zärtliches Gefühl, ohne das er nicht hätte leben mögen. Das hatte der Vater ebenso, mehr als alle anderen Menschen, die er kannte, dies gelegentliche Verlorensein an das selbstlose Schauen, diese Ahnung vom Lebendigsein aller Dinge, wobei die Bewußtheit eines Menschenlebens oft wie ein Unrecht, wie eine Härte, wie eine Schuld erschien. Eine nicht zu sühnende

Schuld, zu sühnen nur für Augenblicke durch eine gesteigerte Liebe zu den Dingen, durch ein flüchtiges, schnell hinschauerndes Empfinden von Einsamkeit und Vergänglichkeit.

Ein Schritt auf der Terrasse neben seinem Fenster schreckte ihn empor. Hans lief hinüber. Da war der Vater aus dem Studierzimmer getreten und stand atemholend in der bleichen Nacht, zwischen den noch kahlen Glyzinenranken der Brüstung, und blickte mit emporgerecktem Gesicht in das dunkle Astgebäude der Ulme.

Hans wollte ihn nicht stören. Er wußte, der Vater kam aus der Einsamkeit seiner Gedanken und suchte nach seiner Gewohnheit am Ende des Tages noch einen Anblick, einen Duft, einen Ton, ein Stück unschuldiger Natur, um seine Sinne daran zu stillen und es mit in den Schlaf und Traum zu nehmen.

Doch bezwang ihn ein Nachklang aus den Gesprächen mit der Mutter und ein aufwallender Schauer von Liebe zu dem alten, stillen Mann, und er stieg wie in früheren Zeiten durchs Fenster zu ihm hinaus.

»Gut Nacht, Vater«, rief er behutsam.

Der Alte wendete sich um.

»Gut Nacht, mein Junge. Bist du zufrieden?«

Hans nahm seine hagere, noch seltsam kraftvolle Hand.

»Du bist so viel allein, Vater.«

Der alte Mann schüttelte den Kopf und lächelte. »Du täuschst dich, Hans, ich bin nicht allein. Das ist man nur in der Jugend.«

»Aber Mutter wartet gewiß manchmal auf dich, denke ich, so am Abend.«

»Meinst du? Es ist gut, daß du mich erinnerst.«

Neander ließ die Hand seines Sohnes los und ging ein paar Schritte weiter, blieb stehen, kam zurück und sagte: »In der Jugend, Hans, ist man viel allein, und man spürt, daß das Alleinsein nicht gut ist. Darum sucht man Freunde, und verliebt sich, und entdeckt Familie und Vaterland. Das ist sehr gut, dabei gedeiht die Welt. Aber wenn man alt genug geworden ist, dann genügt das der Seele nicht mehr. Dann ist Freundschaft und Liebe und Vaterland auch bloß wieder eine Schale, die uns vom andern trennt, die uns vom Ganzen trennt. Dann wollen wir zum Ganzen. Das Ganze ist Gott. – Hast du nie chinesische Erzählungen gelesen?«

»Ich glaube nicht. Nein. Warum?«

»Einerlei. In den chinesischen Geschichten kommt immer und immer wieder derselbe Mann vor, in verschiedenen Gestalten. Als Jüngling gehorcht er den Eltern und lernt einen Beruf. Als Mann heiratet er und sorgt für seine Familie. Darüber lernt er das Vaterland lieben und bei allem an Ahnen und an Nachkommen denken. Er wird tätig und nützlich, er hilft den Staat leiten. Aber zuletzt, in der letzten Reife, da erkennt er, daß auch alles das noch Einsamkeit und Selbstsucht ist. Dann verläßt er eines Nachts seine Hütte und sein Feld, sein Weib und seine Untertanen, sein Amt und seine Bücher, und verschwindet. Seine Zeit ist gekommen. Er geht in die Berge, um von Tau und Blumenblättern zu leben und um alles abzustreifen, was noch Schale an ihm ist. Dann geht er zu den Unsterblichen ein.«

Wieder ging er einige ruhige Schritte auf und nieder, sein weißes Haar schimmerte blaß in der Nacht. Dann gab er Hans nochmals die Hand. »Schlaf wohl, Hans. Du wirst einmal Freude an diesen Chinesenbüchern haben, es stehen gute Sachen drin. Das und der alte Goethe, der ganz alte Goethe, ist mir von allen Büchern jetzt am liebsten. Aber das hat noch Zeit für dich, noch viel Zeit. Du bist noch kaum über den Werther hinaus, noch in den Lehrjahren.«

Damit ging er, und aus der Tür zum Studierzimmer, die er öffnete, drang Lichtflut und umströmte seine Gestalt. Gleich darauf ward es dunkel und Hans hörte ihn in sein Schlafzimmer gehen.

Dritter Teil

Auf stillgraue Tage mit lauem Regengeriesel war Südwind und feuchter Himmel mit greller Wolkenjagd gefolgt, rußig schwarze Schatten und weißes, stechendes Sonnenlicht, zwischen zornig ineinander verrannten Wolkenlagen sanfte Himmelsinseln von sehnsuchtsvollem Frühlingsblau. In der nassen, schwarzen Erde standen fett und grell die roten, drallen Tulpen in starren Reihen und Kreisen.

Hans stand beim Vater im Treibhaus, durch viele halbgeöffnete Scheiben trieb die kräftigfeuchte kühlere Luft herein, nur der Anbau mit den ausländischen Pflanzen stand noch fest verschlossen. Der Gärtner mischte Erde aus verschiedenen Behältern durch ein Sieb zusammen und füllte sie in kleine Töpfe, und in jeden Topf pflanzte der alte Neander mit zartem Fingerdruck eine kleine, junge Pflanze ein, die Sommerblumen für Fenster, Balkonbrüstung und Terrasse. Durch die schrägen Glasscheiben des Daches spielte das unruhige Licht des windigen Tages mit hastigen Wolkenschatten herein.

»Ich muß noch immer an das denken«, sagte Hans, »was du mir neulich am Abend von jenen alten Chinesen gesagt hast.«

Neander gab keine Antwort. Sorgfältig drückte er die dunkle Erde um die Wurzeln einer Pflanze fest.

»Glaubst du wirklich, daß sie dann von Blumenblättern gelebt haben?« Der Vater griff nach einer neuen Pflanze.

»Ich weiß nicht«, sagte er. »Ich glaube, das ist nicht wichtig. Aber ich kann mich täuschen. Ich bin kein Chinese, und ich bin lange nicht so weit, wie die es waren, die sich in die Berge zurückzogen und zu den Unsterblichen eingingen. Wir haben es vielleicht schwerer, und über die Unsterblichen wissen wir so gut wie nichts. Unsre Zeit ist anders, wir haben leider keine Götter, und wir werden daran einmal zugrunde gehen. Aber wir haben viel in der Natur herum studiert, und es zeigt sich, daß die Welt doch nicht ärmer geworden ist. Gottheiten haben wir nicht, aber wir haben einige solche Geheimnisse wie die Röntgenstrahlen. Die reißen plötzlich ein Loch in die bekannte Welt und zeigen, daß alles noch viel wunderbarer ist als die uns bekannten Mythologien. Ärmer sind wir nicht geworden, nein, wir sind im Gegenteil etwas schnell reich geworden, darum fehlt uns die Hauptsache.«

Er hob den kleinen Topf empor und prüfte, ob die Pflanze schön aufrecht stehe.

»Und was wäre denn die Hauptsache?« fragte Hans zögernd.

»Die Einfachheit«, sagte der Vater kurz und bestimmt. Dann setzte er spielender hinzu: »Im Neuen Testament heißt es Einfalt.«

Ein Schatten fiel herein, und durchs nächste offene Fenster blickte mit braunen Augen ein schönes Frauengesicht.

»Da ist ja Hans«, rief Betty freundlich. »Du wolltest uns gestern besuchen, als wir spazierengegangen waren. Grüß Gott, Hans. Grüß Gott, Papa.«

Sie kam herein, etwas gebückt zwischen den herabhängenden Ranken der Ampelgewächse, und gab beiden die Hand.

»Es hat Albert sehr leid getan, wir kommen dafür heut abend her.«

Hans sah Betty neugierig an, die im hellbraunen Tuchkleid schmal auf dem nassen Laufbrett stand. Wieder fiel ihm ihr Haar auf, schwarzes, vom Nacken her straff hochgekämmtes Haar. Er erinnerte sich, daß auf berühmten Blättern von Utamaro und andern japanischen Meistern die Kenner besonders die regelmäßige Feinheit des Haaransatzes rühmten, er besaß selbst ein solches Blatt, und stellte nun mit stillem Vergnügen dieselbe Vollkommenheit an Betty fest.

»Aber ich störe dich, Papa«, sagte sie rasch, »ich will gleich wieder gehen.«

»Dann nimm Hans mit«, rief Neander, »er spricht mir zu viel. Ich muß hier noch arbeiten.«

»Laß uns noch einen Augenblick dableiben«, bat Hans. »Es ist so hübsch, wie die kleinen, strammen Pflanzen nebeneinander in ihren Töpfchen stehen. Sieh nur, Betty!«

Nun standen sie eine Weile, während der Vater in seiner zarten Arbeit fortfuhr, und sahen seinen geübten, kundigen Fingern zu und den kleinen Pflanzen, die aus dem Gedränge eines Saatkastens kamen und nun, jede plötzlich vereinzelt, mit einem Ausdruck von Ängstlichkeit und Verwunderung an ihren neuen Plätzen standen.

»Wie wenn sie sich fürchteten«, sagte Betty.

Der Alte nickte.

»Das tun sie auch.«

Dann ging Betty auf dem feuchten Brett voraus ins Freie, ihre Jacke zuknöpfend.

»Wie geht's, Frau Schwägerin?« fragte Hans, als sie draußen waren.

Sie ging auf den leichten Ton nicht ein.

»Danke, gut«, sagte sie ernsthaft. »Ich bin froh, daß ich dich traf. Ich möchte dir etwas sagen.«

Im Aufblicken sah er sie leicht erröten und sah über ihren Augen und in den Nasenflügeln einen sonderbaren Ausdruck, den er kannte und den er früher an ihr gar nicht hatte leiden mögen. Es sah aus wie Hochmut und drückte doch, wie er jetzt deutlicher als jemals fühlte, nichts anderes aus als die Anspannung, mit der Betty ihre eigene Schüchternheit bekämpfte.

Ohne zu sprechen, blickte er ihr einladend und ermunternd in die Augen, mit einem Ausdruck von Vertrauen, den er ihr gegenüber sonst nie gefunden hatte. Ihre Schüchternheit war ihm zum erstenmal nicht mehr hinderlich und störend, sondern lieb und rührend durch kindliche Reize.

Wie er alsbald spürte, empfand sie ohne weiteres aus Blick und Haltung seine Freundlichkeit, seinen guten Willen, und beide ahnten in diesem Augenblick, daß sie einander verwandt und einer dem andern zu Verständnis und Hilfe bestimmt seien. Von ihr wich die ängstliche Scheu; von ihm fiel die schlechte Gewohnheit ab, sie burschenhaft und ein wenig spöttisch zu behandeln.

Statt weiter gegen das Haus zu gehen, bog Betty in den Obstgang gegen das Wäldchen ein, an dessen Rand die Gesträuche schon lichtgrün schimmerten.

»Es ist wegen Albert«, begann sie mit freierer Stimme wieder. »Ich will dich nicht bitten, öfter als früher zu ihm zu kommen. Aber du weißt, er ist eigen und empfindlich, und vielleicht ist es gerade sein Bestes, was er immer verbirgt und verschweigt. Laß mich offen reden! Albert ist schwerer als du, weniger offen, weniger heiter, und was er geworden ist, hat ihn Mühe gekostet. Dir fiel alles leichter, schon in der Schule. Er leidet vielleicht nicht darunter, aber er empfindet es doch, und es quält ihn ernstlich, daß er zu Papa kein so freies und vertrauliches Verhältnis mehr hat.«

Hans nickte und schwieg. Er fühlte, sie wolle noch etwas anderes sagen. Im Wäldchen blieb sie stehen.

»Ich weiß nicht, Hans, ob du es richtig findest, daß ich dir davon sage. Es ist dir ja auch nicht neu. Aber du darfst nicht glauben, ich wolle irgend jemandem Schuld geben. Wenn jemand Schuld dabei hat, dann bin nur ich es.«

»Du?« rief Hans verwundert.

»Ja. Es wäre meine Aufgabe, Alberts Leben heiterer und leichter zu machen. Stattdessen bin ich selber behindert und ungeschickt. Er müßte jemand um sich haben, der alles leichter nimmt, der fünfe grade sein lassen kann. Ich weiß, wie sehr er sich Kinder gewünscht hat, auch diese Enttäuschung drückt auf ihn. Er ist ja nicht so, wie er jetzt oft scheint, er hat auch viel von Papa in sich, aber das Grübeln und Quälen hat immer mehr die Oberhand gewonnen.«

»Er soll froh sein, daß er dich hat!« wollte Hans rufen. Aber er fühlte, wie töricht es klänge. Und er sagte nur: »Du sorgst ja so gut für ihn.«

Das war nicht, was sie hören wollte. Mit der gewohnten Gebärde reckte sie abwehrend den Kopf hoch und zog die Brauen empor.

»Was kann ich denn tun?« meinte Hans kleinlaut.

Sofort ließ sie den Kopf wieder sinken.

»Ich weiß nicht. Du solltest nur davon wissen.« Und nach einer Pause: »Damit du mir helfen kannst.«

Bei den Worten hatte er ein Gefühl, wie wenn eine kleine Kinderhand sich vertraulich in seine schöbe. Er lächelte froh und sagte, ohne zu überlegen: »Recht so, Betty. Natürlich will ich dir helfen.«

Von Hans begleitet, schlug sie den Feldweg ein. Er kam mit bis zum Rande der Stadt, wo die Trambahn hielt. Sie gaben sich die Hände nur flüchtig, aber beide empfanden ein Erlebnis. Sie waren Freunde geworden.

Am Abend kam sie mit Albert, sie saßen bei Tische Hans gegenüber, der den Bruder mit einer neuen Teilnahme beobachtete. Albert, wenig über dreißig Jahre alt, hatte nichts Jugendliches mehr im Äußeren, er trug in Stirnfalten und im schon leicht verfärbten Schläfenhaar die Spuren einer nervösen Schwäche und eines für seine Natur nicht leichten Amtes an sich. Aber er war heute gut gelaunt, gesprächig und leidlich heiter. Wieder beobachtete der Bruder an ihm die alte Gewohnheit, daß er unfrei und unbequem im Stuhle saß und beständig seine Haltung veränderte. Auch erkannte er gleich beim ersten Wortgeplänkel mit einem leichten Mißbehagen die Gebärde wieder, mit welcher Albert bei jeder ihm unerwarteten und unliebsamen Wendung des Gesprächs mit der Fläche der linken Hand über die Schläfe strich, wie um einen sich meldenden Schmerz zu beruhigen. Diese Gebärde war es vor allem gewesen, an welcher Hans in den Jahren knabenhafter Empfindlichkeit Anstoß genommen hatte, ihretwegen war ihm der unverstandene ältere Bruder zuzeiten völlig zuwider gewesen. Dies Schläfenstreichen sah so aus, als klage Albert über einen ungerechten Angriff auf seine Ruhe und mache den Angreifer für sein Wehgefühl verantwortlich. Hans sah es mit Lächeln, aber ein Nachgeschmack ehemaliger Ablehnung war doch in ihm vorhanden.

Im übrigen betrachtete er wieder mit Aufmerksamkeit Alberts auffallendes Gesicht, das von beiden Eltern eigenartige Züge übernommen hatte und übertrieb; namentlich trat bei ihm im Lächeln der Zug von leicht spöttischer Skepsis, der beim Vater liebenswerteste Geistigkeit ausdrückte, beinahe häßlich hervor. Vom Vater stammte auch Alberts Nase und Ohr, nur war bei ihm die reiche Formung, namentlich der Nüstern, bis zu einer unruhigen und leidenden Sensibilität gesteigert. Die hellblauen Augen, von Schnitt und Farbe genau die der Mutter, wohnten fremd in diesem Gesicht, in dem sie doch das Schönste waren.

Je weniger sich Hans den Bruder als Freund vorstellen konnte, desto schonender dachte er über ihn, desto stärker sprachen die elterlichen Züge in Alberts Gesicht zu ihm, desto magischer erschien ihm das Geheimnis des Blutes, das ihn mit jenem verband.

Nach dem Abendessen bat Hans seine Brudersfrau, etwas zu singen. Neander hatte es kaum gehört, als er die Bitte eifrig unterstützte. Ihm schlug Betty keinen Wunsch ab.

»Gern«, sagte sie. »Was möchtest du hören, Vater?«

Sie wußte, daß Neander nur dann nach Musik begehrte, wenn er Verlangen nach dem Wiederhören eines ganz bestimmten Stückes trug.

»Wenn ihr einverstanden seid«, sagte der Alte höflich, »bitte ich um die Händel-Arie, die du im Winter einmal gesungen hast: Quel fiore, che ride.«

»Die Noten sind nicht da«, sagte Betty zögernd, »ich muß es aus dem Gedächtnis versuchen und mich selber begleiten. Aber es ist nur ein Bruchstück, was ihr zu hören bekommt. Es ist ein Duett für zwei Soprane und eigentlich ist es eine Barbarei, wenn ich es so singe, wie ich es mir für mich allein aus dem zweistimmigen Satz heraus kombiniert habe.«

»Bitte sing nur«, rief Albert.

Sie setzte sich ans Klavier, einen kleinen, altmodischen Flügel, und suchte leise die Begleitung zusammen. Nun blickte sie den Alten an, sah dann vor sich nieder und sang mit einer leichten, klaren Mädchenstimme rein und korrekt das Lied von der Blume, die in der Morgenfrühe lacht und nur bis zum Abend lebt:

> Quel fior che all'alba ride,
> Il sole poi l'uccide,
> E tomba ha nella sera.
>
> E un fior la vita ancora:
> L'occaso ha nell'aurora
> E perde in un sol dì
> La primavera.

»Wie schön!« sagte Hans nach einer Pause. »Und lauter Sachen, die kein Mensch kennt. Wo hast du das wieder gefunden?«

»Es war auf einer Reise. Ich war in Bern und kam im Spazierengehen gegen Abend vor das alte Münster, sah Leute hineingehen und erfuhr, daß ein Orgelkonzert darin sei. Da hörte ich das Lied von zwei Sängerinnen zur Orgel singen. – Magst du noch etwas hören, Papa?«

»Danke, Kind, ich denke, es ist genug. Du mußt mit einem alten Mann

Geduld haben, der nicht mehr viel Musik vertragen kann. Übrigens – darf ich sagen, daß das Lied mich beim zweiten Hören doch etwas enttäuscht? Es ist wie sein Text: mehr hübsch als originell.«

»Du bist grausam«, rief Hans lebhaft. »Es kann doch nicht jedes kleine, hübsche Lied auch gleich eine Offenbarung sein.«

Neander ließ seine hellen, blauen Augen glänzen.

»Junge, da hast du vermutlich recht. Aber es ist ganz merkwürdig, wie entbehrlich die Kunst einem mit den Jahren werden kann. Tausend Kompositionen und Gemälde und Dichtungen, ohne die ich mir in alten Zeiten das Leben gar nicht mehr denken konnte, sind jetzt so gleichgültig geworden. Ich sehe mich noch dazu kommen, daß ein einziges Buch und ein einziges Musikstück meinem Bedarf an Kunst genügen.«

»Die möchte ich wohl kennen«, sagte Albert kritisch.

»Das Buch möchte ich lieber nicht nennen«, fuhr der Alte unbeirrt fort. »Aber das Musikstück wüßte ich schon.« Albert sah ihn fragend an, und auch die andern blickten erwartungsvoll.

»Es ist der Actus Tragicus von Bach – aber freilich, während ich das sage, fällt mir schon ein andrer Gipfel dazu ein: das Ave verum corpus von Mozart. Darüber hinaus geht keine Musik.«

»Ich finde das aber doch ungerecht«, sagte Hans nachdenklich. »Du könntest schließlich grade so gut die Cherubini-Arie ›Voi che sapete‹ oder zwanzig andere Stücke vom gleichen Rang nennen.«

Neander strich seinen weißen Bart, und sein freundlicher Blick verlor sich zu Betty hinüber und über ihr schwarzglänzendes, hochfrisiertes Haar hinweg ins Ziellose.

»Zugegeben«, nickte er langsam. »Es war eine Sentimentalität von mir. Immer wieder klammert man sich ans Liebgewordene und meint, es sei Treue, es ist aber bloß Trägheit. – Natürlich muß es auch ohne Actus Tragicus gehen und ohne Mozart und ohne all das. Es muß überhaupt ohne Kunst gehen. Sie ist eine feine und sensible Haut zwischen uns und dem Herzen der Welt, und es ist gewiß besser, diese dünne Haut zu haben als einen Panzer – aber um ganz ins Herz der Welt hineinzukommen, muß man auch diese zarteste Haut schließlich durchstoßen.«

Er lachte aus seinen etwas weitsichtigen Augen …

(1914)
[Hier endet das Manuskript.]

Wenn der Krieg noch zwei Jahre dauert

Seit meiner Jugend hatte ich die Gewohnheit, von Zeit zu Zeit zu verschwinden und zur Erfrischung in andere Welten unterzutauchen, man pflegte mich dann zu suchen und nach einiger Zeit als vermißt auszuschreiben, und wenn ich schließlich wiederkam, so war es mir stets ein Vergnügen, die Urteile der sogenannten Wissenschaft über mich und meine »Abwesenheit« – oder Dämmerzustände anzuhören. Während ich nichts anderes tat als das, was meiner Natur selbstverständlich war und was früher oder später die meisten Menschen werden tun können, wurde ich von diesen seltsamen Menschen für eine Art Phänomen angesehen, von den einen als Besessener, von den andern als ein mit Wunderkräften Begnadeter.

Kurz, ich war also wieder eine Weile fortgewesen. Nach zwei oder drei Kriegsjahren hatte die Gegenwart viel an Reiz für mich verloren, und ich drückte mich hinweg, um eine Weile andere Luft zu atmen. Auf dem gewohnten Wege verließ ich die Ebene, in der wir leben, und hielt mich gastweise auf anderen Ebenen auf. Ich war eine Zeitlang in fernen Vergangenheiten, jagte unbefriedigt durch Völker und Zeiten, sah den üblichen Kreuzigungen, Händeln, Fortschritten und Verbesserungen auf Erden zu und zog mich dann für einige Zeit ins Kosmische zurück.

Als ich wiederkam, war es 1920, und zu meiner Enttäuschung standen sich überall noch immer mit der gleichen geistlosen Hartnäckigkeit die Völker im Kriege gegenüber. Es waren einige Grenzen verschoben, einige ausgesuchte Regionen älterer höherer Kulturen mit Sorgfalt zerstört worden, aber alles in allem hatte sich äußerlich auf der Erde nicht viel geändert.

Groß war der erreichte Fortschritt in der Gleichheit auf Erden. Wenigstens in Europa sah es in allen Ländern, wie ich hörte, genau gleich aus, auch der Unterschied zwischen Kriegführenden und Neutralen war fast ganz verschwunden. Seit man die Beschießung der Zivilbevölkerung mechanisch durch Freiballons betrieb, welche aus Höhen von 15 000 bis 20 000 Metern im Dahintreiben ihre Geschosse fallenließen, seither waren die Landesgrenzen, obwohl nach wie vor scharf bewacht, so ziemlich illusorisch geworden. Die Streuung dieser vagen Schießerei aus der Luft herab war so groß, daß die Absender solcher Ballons ganz zufrieden waren, wenn sie nur ihr eigenes Gebiet nicht trafen, und sich nicht mehr darum kümmerten, wie viele ihrer Bomben auf neutrale Länder oder schließlich auch auf das Gebiet von Bundesgenossen fielen.

Dies war eigentlich der einzige Fortschritt, den das Kriegswesen selbst gemacht hatte; in ihm sprach sich endlich einigermaßen klar der Sinn des Krieges aus. Die Welt war eben in zwei Parteien geteilt, welche einander zu vernichten suchten, weil sie beide das gleiche begehrten, nämlich die Befreiung der Unterdrückten, die Abschaffung der Gewalttat und die Aufrichtung eines dauernden Friedens. Gegen einen Frieden, der möglicherweise nicht ewig währen könnte, war man überall sehr eingenommen – wenn der ewige Friede nicht zu haben war, so zog man mit Entschiedenheit den ewigen Krieg vor, und die Sorglosigkeit, mit welcher die Munitionsballons aus ungeheuren Höhen ihren Segen über Gerechte und Ungerechte regnen ließen, entsprach dem Sinn dieses Krieges vollkommen. Im übrigen wurde er jedoch auf die alte Weise mit bedeutenden, aber unzulänglichen Mitteln weitergeführt. Die bescheidene Phantasie der Militärs und Techniker hatte noch einige wenige Vernichtungsmittel erfunden – jener Phantast aber, der den mechanischen Streuballon ausgedacht hatte, war der letzte seiner Art gewesen; denn seither hatten die Geistigen, die Phantasten, Dichter und Träumer sich mehr und mehr vom Interesse für den Krieg zurückgezogen. Er blieb, wie gesagt, den Militärs und Technikern überlassen und machte also wenig Fortschritte. Mit ungeheurer Ausdauer standen und lagen sich überall die Heere gegenüber, und obwohl der Materialmangel längst dazu geführt hatte, daß die soldatischen Auszeichnungen nur noch aus Papier bestanden, hatte die Tapferkeit sich nirgends erheblich vermindert.

Meine Wohnung fand ich zum Teil durch Flugzeuggeschosse zertrümmert, doch ließ es sich noch darin schlafen. Immerhin war es kalt und unbehaglich, der Schutt am Boden und der feuchte Schimmel an den Wänden mißfielen mir, und ich ging bald wieder weg, um einen Spaziergang zu machen.

Ich ging durch einige Gassen der Stadt, die sich stark gegen früher verändert hatten. Vor allem waren keine Läden mehr zu sehen. Die Straßen waren ohne Leben. Ich war noch nicht lange unterwegs, da trat ein Mann mit einer Blechnummer am Hut auf mich zu und fragte, was ich da tue. Ich sagte, ich gehe spazieren. Er: »Haben Sie Erlaubnis?« Ich verstand ihn nicht, es gab einen Wortwechsel, und er forderte mich auf, ihm in das nächste Amtshaus zu folgen.

Wir kamen in eine Straße, deren Häuser alle mit weißen Schildern behängt waren, auf denen ich Bezeichnungen von Ämtern mit Nummern und Buchstaben las.

»Beschäftigungslose Zivilisten« stand auf einem Schilde, und die Nummer 2487 B 4 dabei. Dort gingen wir hinein. Es waren die üblichen Amtsräume, Wartezimmer und Korridore, in welchen es nach Papier, nach feuchten Kleidern und Amtsluft roch. Nach manchen Fragen wurde ich auf Zimmer 72 d abgeliefert und dort verhört.

Ein Beamter stand vor mir und musterte mich. »Können Sie nicht strammstehen?« fragte er streng. Ich sagte: »Nein.« Er fragte: »Warum nicht?« »Ich habe es nie gelernt«, sagte ich schüchtern.

»Also Sie sind dabei festgenommen worden, wie Sie ohne Erlaubnisschein spazierengegangen sind. Geben Sie das zu?«

»Ja«, sagte ich, »das stimmt wohl. Ich hatte es nicht gewußt. Sehen Sie, ich war längere Zeit krank –.«

Er winkte ab. »Sie werden dadurch bestraft, daß Ihnen für drei Tage das Gehen in Schuhen untersagt wird. Ziehen Sie Ihre Schuhe aus!«

Ich zog meine Schuhe aus.

»Mensch!« rief der Beamte da entsetzt. »Mensch, Sie tragen ja Lederschuhe! Woher haben Sie die? Sind Sie denn völlig verrückt?«

»Ich bin geistig vielleicht nicht völlig normal, ich kann das selbst nicht genau beurteilen. Die Schuhe habe ich früher einmal gekauft.«

»Ja, wissen Sie nicht, daß das Tragen von Leder in jedweder Form den Zivilpersonen streng verboten ist? – Ihre Schuhe bleiben hier, die werden beschlagnahmt. Zeigen Sie übrigens doch einmal Ihre Ausweispapiere!«

Lieber Gott, ich hatte keine.

»Das ist mir doch seit einem Jahr nimmer vorgekommen!« stöhnte der Beamte und rief einen Schutzmann herein. »Bringen Sie den Mann ins Amt Nummer 194, Zimmer 8!«

Barfuß wurde ich durch einige Straßen getrieben, dann traten wir wieder in ein Amtshaus, gingen durch Korridore, atmeten den Geruch von Papier und Hoffnungslosigkeit, dann wurde ich in ein Zimmer gestoßen und von einem andern Beamten verhört. Dieser trug Uniform.

»Sie sind ohne Ausweispapiere auf der Straße betroffen worden. Sie bezahlen zweitausend Gulden Buße. Ich schreibe sofort die Quittung.«

»Um Vergebung«, sagte ich zaghaft, »so viel habe ich nicht bei mir. Können Sie mich nicht statt dessen einige Zeit einsperren?«

Er lachte hell auf.

»Einsperren? Lieber Mann, wie denken Sie sich das? Glauben Sie, wir hätten Lust, Sie auch noch zu füttern? – Nein, mein Guter, wenn Sie die Kleinigkeit nicht zahlen können, bleibt Ihnen die härteste Strafe nicht erspart. Ich muß Sie zum provisorischen Entzug der Existenzbewilligung verurteilen. Bitte geben Sie mir Ihre Existenzbewilligungskarte!«

Ich hatte keine.

Der Beamte war nun ganz sprachlos. Er rief zwei Kollegen herein, flüsterte lange mit ihnen, deutete mehrmals auf mich, und alle sahen mich mit Furcht und tiefem Erstaunen an. Dann ließ er mich, bis mein Fall beraten wäre, in ein Haftlokal abführen.

Dort saßen oder standen mehrere Personen herum, vor der Tür stand eine militärische Wache. Es fiel mir auf, daß ich, abgesehen von dem Mangel an Stiefeln, weitaus der am besten Gekleidete von allen war. Man ließ mich mit einer gewissen Ehrfurcht sitzen, und sogleich drängte ein kleiner scheuer Mann sich neben mich, bückte sich vorsichtig zu meinem Ohr herab und flüsterte mir zu: »Sie, ich mache Ihnen ein fabelhaftes Angebot. Ich habe zu Hause eine Zuckerrübe! Eine ganze, tadellose Zuckerrübe! Sie wiegt beinahe drei Kilo. Die können Sie haben. Was bieten Sie?«

Er bog sein Ohr zu meinem Munde, und ich flüsterte: »Machen Sie mir selbst ein Angebot! Wieviel wollen Sie haben?«

Leise flüsterte er mir ins Ohr: »Sagen wir hundertfünfzehn Gulden!«

Ich schüttelte den Kopf und versank in Nachdenken.

Ich sah, ich war zu lange weggewesen. Es war schwer, sich wieder einzuleben. Viel hätte ich für ein Paar Schuhe oder Strümpfe gegeben, denn ich hatte an den bloßen Füßen, mit denen ich durch die nassen Straßen hatte gehen müssen, schrecklich kalt. Aber es war niemand in dem Zimmer, der nicht barfuß gewesen wäre.

Nach einigen Stunden holte man mich ab. Ich wurde in das Amt Nr. 285, Zimmer 19 f, geführt. Der Schutzmann blieb diesmal bei mir; er stellte sich zwischen mir und dem Beamten auf. Es schien mir ein sehr hoher Beamter zu sein.

»Sie haben sich in eine recht böse Lage gebracht«, fing er an. »Sie halten sich in hiesiger Stadt auf und sind ohne Existenzbewilligungsschein. Es wird Ihnen bekannt sein, daß die schwersten Strafen darauf stehen.«

Ich machte eine kleine Verbeugung.

»Erlauben Sie«, sagte ich, »ich habe eine einzige Bitte an Sie. Ich sehe

Wenn der Krieg noch zwei Jahre dauert

vollkommen ein, daß ich der Situation nicht gewachsen bin und daß meine Lage nur immer schwieriger werden muß. – Ginge es nicht an, daß Sie mich zum Tode verurteilen? Ich wäre sehr dankbar dafür!«

Milde sah der hohe Beamte mir in die Augen.

»Ich begreife«, sagte er sanft. »Aber so könnte schließlich jeder kommen! Auf alle Fälle müßten Sie vorher eine Sterbekarte lösen. Haben Sie Geld dafür? Sie kostet viertausend Gulden.«

»Nein, so viel habe ich nicht. Aber ich würde alles geben, was ich habe. Ich habe großes Verlangen danach, zu sterben.«

Er lächelte sonderbar.

»Das glaube ich gerne, da sind Sie nicht der einzige. Aber so einfach geht das mit dem Sterben nicht. Sie gehören einem Staate an, lieber Mann, und sind diesem Staat verpflichtet, mit Leib und Leben. Das dürfte Ihnen doch bekannt sein. Übrigens – ich sehe da eben, daß Sie als Sinclair, Emil, eingetragen sind. Sind Sie vielleicht der Schriftsteller Sinclair?«

»Gewiß, der bin ich.«

»O, das freut mich sehr. Ich hoffe, Ihnen gefällig sein zu können. Schutzmann, Sie können inzwischen abtreten.«

Der Schutzmann ging hinaus, der Beamte bot mir die Hand. »Ich habe Ihre Bücher mit viel Interesse gelesen«, sagte er verbindlich, »und ich will Ihnen gern nach Möglichkeit behilflich sein. – Aber sagen Sie mir doch, lieber Gott, wie Sie in diese unglaubliche Lage geraten konnten?«

»Ja, ich war eben eine Zeitlang weg. Ich flüchtete mich für einige Zeit ins Kosmische, es mögen so zwei, drei Jahre gewesen sein, und offen gestanden hatte ich so halb und halb angenommen, der Krieg würde inzwischen sein Ende gefunden haben. – Aber sagen Sie, können Sie mir eine Sterbekarte verschaffen? Ich wäre Ihnen fabelhaft dankbar.«

»Es wird vielleicht gehen. Vorher müssen Sie aber eine Existenzbewilligung haben. Ohne sie wäre natürlich jeder Schritt aussichtslos. Ich gebe Ihnen eine Empfehlung an das Amt 127 mit, da werden Sie auf meine Bürgschaft hin wenigstens eine provisorische Existenzkarte bekommen. Sie gilt allerdings nur zwei Tage.«

»O, das ist mehr als genug!«

»Nun gut! Kommen Sie dann bitte zu mir zurück.«

Ich drückte ihm die Hand.

»Noch eines!« sagte ich leise. »Darf ich noch eine Frage an Sie stellen? Sie können sich denken, wie schlecht orientiert ich in allem Aktuellen bin.«

»Bitte, bitte.«

»Ja, also – vor allem würde es mich interessieren zu wissen, wie es möglich ist, daß bei diesen Zuständen das Leben überhaupt noch weitergeht. Hält denn ein Mensch das aus?«

»O ja. Sie sind ja in einer besonders schlimmen Lage, als Zivilperson, und gar ohne Papiere! Es gibt sehr wenig Zivilpersonen mehr. Wer nicht Soldat ist, der ist Beamter. Schon damit wird für die meisten das Leben viel erträglicher, viele sind sogar sehr glücklich. Und an die Entbehrungen hat man sich eben so allmählich gewöhnt. Als das mit den Kartoffeln allmählich aufhörte und man sich an den Holzbrei gewöhnen mußte – er wird jetzt leicht geteert und dadurch recht schmackhaft –, da dachte jeder, es sei nicht mehr auszuhalten. Und jetzt geht es eben doch. Und so ist es mit allem.«

»Ich verstehe«, sagte ich. »Es ist eigentlich weiter nicht erstaunlich. Nur eins begreife ich nicht ganz. Sagen Sie mir: wozu eigentlich macht nun die ganze Welt diese riesigen Anstrengungen? Diese Entbehrungen, diese Gesetze, diese tausend Ämter und Beamte – was ist es eigentlich, was man damit beschützt und aufrechterhält?«

Erstaunt sah der Herr mir ins Gesicht.

»Ist das eine Frage!« rief er mit Kopfschütteln. »Sie wissen doch, daß Krieg ist, Krieg in der ganzen Welt! Und das ist es, was wir erhalten, wofür wir Gesetze geben, wofür wir Opfer bringen. Der Krieg ist es. Ohne diese enormen Anstrengungen und Leistungen könnten die Armeen keine Woche länger im Felde stehen. Sie würden verhungern – es wäre unausstehlich!«

»Ja«, sagte ich langsam, »das ist allerdings ein Gedanke! Also der Krieg ist das Gut, das mit solchen Opfern aufrechterhalten wird! Ja, aber – erlauben Sie eine seltsame Frage – warum schätzen Sie den Krieg so hoch? Ist er denn das alles wert? Ist denn der Krieg überhaupt ein Gut?«

Mitleidig zuckte der Beamte die Achseln. Er sah, ich verstand ihn nicht.

»Lieber Herr Sinclair«, sagte er, »Sie sind sehr weltfremd geworden. Aber bitte, gehen Sie durch eine einzige Straße, reden Sie mit einem einzigen Menschen, strengen Sie Ihre Gedanken nur ein klein wenig an und fragen Sie sich: Was haben wir noch? Worin besteht unser Leben? Dann müssen Sie doch sofort sagen: Der Krieg ist das einzige, was wir noch haben! Vergnügen und persönlicher Erwerb, gesellschaftlicher Ehrgeiz, Habgier,

Liebe, Geistesarbeit – alles existiert nicht mehr. Der Krieg ist es einzig und allein, dem wir es verdanken, daß noch so etwas wie Ordnung, Gesetz, Gedanke, Geist in der Welt vorhanden ist. – Können Sie denn das nicht sehen?«

Ja, nun sah ich es ein, und ich dankte dem Herrn sehr.

Dann ging ich davon und steckte die Empfehlung an das Amt 127 mechanisch in meine Tasche. Ich hatte nicht im Sinne, von ihr Gebrauch zu machen, es war mir nichts daran gelegen, noch irgendeines dieser Ämter zu belästigen. Und noch ehe ich wieder bemerkt und zur Rede gestellt werden konnte, sprach ich den kleinen Sternensegen in mich hinein, stellte meinen Herzschlag ab, ließ meinen Körper im Schatten eines Gebüsches verschwinden und setzte meine vorherige Wanderung fort, ohne mehr an Heimkehr zu denken.

(1917)

Der Maler

Ein Maler namens Albert konnte in seinen jungen Jahren mit den Bildern, die er malte, den Erfolg und die Wirkung nicht erreichen, nach denen er begehrte. Er zog sich zurück und beschloß, sich selbst genug zu sein. Das versuchte er jahrelang. Aber es zeigte sich mehr und mehr, daß er sich nicht selbst genug war. Er saß und malte an einem Heldenbild, und während dem Malen fiel ihm je und je wieder der Gedanke ein: »Ist es eigentlich nötig, das zu tun, was du tust? Müssen eigentlich diese Bilder wirklich gemalt sein? Wäre es nicht für dich und für jedermann ebenso gut, wenn du bloß spazierengehen oder Wein trinken würdest? Tust du eigentlich für dich selbst etwas anderes mit deinem Malen, als daß du dich ein wenig betäubst, ein wenig vergißt, dir die Zeit ein wenig vertreibst?«

Diese Gedanken waren der Arbeit nicht förderlich. Mit der Zeit hörte Alberts Malerei fast ganz auf. Er ging spazieren, er trank Wein, er las Bücher, er machte Reisen. Aber zufrieden war er auch bei diesen Dingen nicht.

Oft mußte er darüber nachdenken, mit welchen Wünschen und Hoffnungen er einst die Malerei begonnen hatte. Er erinnerte sich: sein Gefühl und Wunsch war gewesen, daß zwischen ihm und der Welt eine schöne, starke Beziehung und Strömung entstehe, daß zwischen ihm und der Welt etwas Starkes und Inniges beständig schwinge und leise musiziere. Mit seinen Helden und heroischen Landschaften hatte er sein Inneres ausdrücken und befriedigen wollen, damit es ihm von außen her, im Urteil und Dank der Betrachter seiner Bilder, wieder lebendig und dankbar entgegenkomme und strahle.

Ja, das hatte er also nicht gefunden. Das war ein Traum gewesen, und auch der Traum war so allmählich schwach und dünn geworden. Jetzt, wo Albert durch die Welt schweifte, oder an entlegenen Orten einsam hauste, auf Schiffen fuhr oder über Gebirgspässe wanderte, jetzt kam der Traum häufiger und häufiger wieder, anders als früher, aber ebenso schön, ebenso mächtig lockend, ebenso begehrend und strahlend in junger Wunschkraft.

O, wie sehnte er sich oft danach – Schwingung zu fühlen zwischen sich und allen Dingen der Welt! Zu fühlen, daß sein Atem und der Atem der Winde und Meere derselbe sei, daß Brüderschaft und Verwandtschaft, daß Liebe und Nähe, daß Klang und Harmonie zwischen ihm und allem sei!

Er begehrte nicht mehr Bilder zu malen, in denen er selbst und seine Sehnsucht dargestellt wären, welche ihm Verständnis und Liebe bringen, ihn erklären, rechtfertigen und rühmen sollten. Er dachte an keine Helden und Aufzüge mehr, die als Bild und Rauch sein eigenes Wesen ausdrücken und umschreiben sollten. Er begehrte nur nach dem Fühlen jener Schwingungen, jenes Kraftstroms, jener heimlichen Innigkeit, in der er selbst zu nichts werden und untergehen, sterben und wiedergeboren werden würde. Schon der neue Traum davon, schon die neue, erstarkte Sehnsucht danach machte das Leben erträglich, brachte etwas wie Sinn hinein, verklärte und erlöste.

Die Freunde Alberts, soweit er noch welche hatte, begriffen diese Phantasien nicht gut. Sie sahen bloß, daß dieser Mensch mehr und mehr in sich hinein lebte, daß er stiller und sonderbarer sprach und lächelte, daß er so viel fort war, und daß er keinen Teil an dem hatte, was anderen Leuten lieb und wichtig ist, nicht an Politik noch Handel, nicht an Schützenfest und Ball, nicht an klugen Gesprächen über die Kunst, und an nichts von dem, woran sie ihre Freude fanden. Er war ein Sonderling und halber Narr geworden. Er lief durch die graue kühle Winterluft und atmete hingegeben die Farben und Gerüche dieser Lüfte, er lief einem kleinen Kinde nach, das Lala vor sich hin sang, er starrte stundenlang in ein grünes Wasser, auf ein Blumenbeet, oder er versank, wie ein Leser in sein Buch, in die Linien, die er in einem durchschnittenen Stückchen Holz, in einer Wurzel oder Rübe fand.

Es kümmerte sich niemand mehr um ihn. Er lebte damals in einer kleinen ausländischen Stadt, und dort ging er eines Morgens durch eine Allee, und sah von da zwischen den Stämmen auf einen kleinen trägen Fluß, auf ein steiles, gelbes, lehmiges Ufer, wo über Erdrutschen und mineralischer Kahlheit Gebüsch und Dorngekräut sich staubig verzweigten. Da klang etwas in ihm auf, er blieb stehen, er fühlte in seiner Seele ein altes Lied aus sagenhaften Zeiten wieder angestimmt. Lehmgelb und staubiges Grün, oder träger Fluß und jähe Ufersteile, irgendein Verhältnis der Farben oder Linien, irgendein Klang, eine Besonderheit in dem zufälligen Bilde war schön, war unglaublich schön, rührend und erschütternd, sprach zu ihm, war ihm verwandt. Und er fühlte Schwingung und innigste Beziehung zwischen Wald und Fluß, zwischen Fluß und ihm selbst, zwischen Himmel, Erde und Gewächs, alles schien einzig und allein da zu sein, um in dieser Stunde so vereinigt in seinem Auge und Herzen sich zu spiegeln, sich zu treffen und zu begrüßen. Sein Herz war der Ort, wo Fluß und Kraut, Baum und Luft zueinander kommen, einswerden, sich aneinander steigern und Liebesfeste feiern konnten.

Als dieses herrliche Erlebnis sich wenigemal wiederholt hatte, umgab den Maler ein herrliches Glücksgefühl, dicht und voll wie ein Abendgold oder ein Gartenduft. Er kostete es, es war süß und schwer, aber er konnte es nicht lange dabei aushalten, es war zu reich, es wurde in ihm zu Fülle und Spannung, zu Erregung und beinahe zu Angst und Wut. Es war stärker als er, es nahm ihn hin, riß ihn weg, er fürchtete, darin unterzusinken. Und das wollte er nicht. Er wollte leben, eine Ewigkeit leben! Nie, nie hatte er so innig zu leben gewünscht wie jetzt!

Wie nach einem Rausche fand er sich eines Tages still und allein in einer Kammer. Er hatte einen Kasten mit Farben vor sich stehen und ein Stückchen Karton ausgespannt – nach Jahren saß er nun wieder und malte.

Und dabei blieb es. Der Gedanke »Warum tue ich das?« kam nicht wieder. Er malte. Er tat nichts mehr als sehen und malen. Entweder war er draußen an die Bilder der Welt verloren oder er saß in seiner Kammer und ließ die Fülle wieder abströmen. Bild um Bild dichtete er auf seine kleinen Kartons, einen Regenhimmel mit Weiden, eine Gartenmauer, eine Bank im Wald, eine Landstraße, auch Menschen und Tiere, und Dinge, die er nie gesehen hatte, vielleicht Helden oder Engel, die aber waren und lebten wie Mauer und Wald.

Als er wieder zu Menschen kam, wurde es bekannt, daß er wieder male. Man fand ihn ziemlich verrückt, aber man war neugierig, seine Bilder zu sehen. Er wollte sie niemand zeigen. Aber man ließ ihm keine Ruhe, man plagte und zwang ihn. Da gab er einem Bekannten die Schlüssel zu seinem Zimmer, er selber aber reiste weg und wollte nicht dabei sein, wenn andere Leute seine Bilder ansahen.

Die Leute kamen, und es entstand ein großes Geschrei, man habe ein Mordsgenie von einem Maler entdeckt, einen Sonderling zwar, aber einen von Gottes Gnaden, und wie die Sprüche der Kenner und Redner alle heißen.

Der Maler Albert war inzwischen in einem Dorf abgestiegen, hatte ein Zimmer bei Bauern gemietet und seine Farben und Pinsel ausgepackt.

Wieder ging er beglückt durch Tal und Berge, und strahlte später in seine Bilder zurück, was er erlebt und gefühlt hatte.

Da erfuhr er durch eine Zeitung davon, daß alle Welt zu Hause seine Bilder angesehen habe. Im Wirtshaus bei einem Glas Wein las er einen langen, schönen Artikel in der Zeitung der Hauptstadt. Sein Name stand dick gedruckt darüber, und überall troffen feiste Lobwörter aus den Spalten. Aber je weiter er las, desto seltsamer wurde ihm.

»Wie herrlich leuchtet in dem Bild mit der blauen Dame das Gelb des Hintergrundes – eine neue, unerhört kühne, bezaubernde Harmonie!«

»Wunderbar ist auch die Plastik des Ausdrucks in dem Rosenstilleben. – Und gar die Reihe der Selbstbildnisse! Wir dürfen sie den besten Meisterwerken psychologischer Porträtkunst an die Seite stellen.«

Sonderbar, sonderbar! Er konnte sich nicht erinnern, je ein Rosenstilleben gemalt zu haben, noch eine blaue Dame, und nie hatte er seines Wissens ein Selbstporträt gemacht. Dagegen fand er weder das Lehmufer noch die Engel, weder den Regenhimmel noch die anderen ihm so lieben Bilder erwähnt.

Albert reiste in die Stadt zurück. Im Reisekleid ging er nach seiner Wohnung, die Leute gingen dort aus und ein. Ein Mann saß unter der Tür, und Albert mußte eine Karte lösen, um eintreten zu dürfen.

Da waren seine Bilder, wohlbekannt. Jemand aber hatte Zettel an sie gehängt, auf denen stand allerlei, wovon Albert nichts gewußt hatte. ›Selbstbildnis‹ stand auf manchen und andere Titel. Eine Weile stand er nachdenklich vor den Bildern und ihren unbekannten Namen. Er sah, man konnte diese Bilder auch ganz anders nennen, als er es getan hatte. Er sah, in der Gartenmauer hatte er etwas erzählt, was anderen eine Wolke schien, und die Klüfte seiner Steinlandschaft konnten für andere auch ein Menschengesicht bedeuten.

Schließlich lag nicht viel daran. Aber Albert zog es doch vor, still wieder fortzugehen und abzureisen und nicht mehr in diese Stadt zurückzukehren. Er malte noch viele Bilder und gab ihnen noch viele Namen, und war glücklich dabei; aber er zeigte sie niemandem.

(1918)

Wenn der Krieg noch fünf Jahre dauert

Im »Regierungsblatt«, der einzigen Zeitung, welche im Jahre 1925 noch im Königreich Sachsen erschien (einmal in der Woche), stand im Herbst 1925 einst folgender kleiner Artikel mit der etwas gesuchten Überschrift:

»Ein neuer Kaspar Hauser.«

Im Vogtland, in der Ronneburger Gegend, wurde kürzlich ein ebenso rätselhafter wie bedenklicher Fund gemacht, ein Fund, von dem sich erst zeigen muß, ob er nur als ein Kuriosum aufzufassen sei oder möglicherweise doch ein weitergreifendes Interesse habe.

Bei der »amtlichen Abschaffung der nicht zivildienstfähigen Bevölkerung«, die bei uns so wohlorganisiert und trotz unvermeidlicher Härten so human durchgeführt worden ist, kam in der Ronneburger Gegend einer der ja nicht allzu seltenen Fälle vor, in welchen eine Privatperson trotz erwiesener Unfähigkeit, dem Staat und Gemeinwohl irgendwie noch zu nützen, die ihr gesetzte Existenzzeit ganz wesentlich (es soll sich um Monate handeln) überschritt. Der Privatmann Philipp Gaßner, der in der Nähe eines Dorfes ein einsam gelegenes kleines Landhaus bewohnt, war schon vor Jahresfrist bei der Altersmusterung als unbrauchbar bezeichnet und in üblicher Weise durch staffelweise Herabsetzung seiner Rationen an seine Untertanenpflicht erinnert worden. Als nach Ablauf des letzten Termins weder sein Hingang gemeldet noch die kreisamtliche Chloroformstelle für ihn in Anspruch genommen worden war, begab sich der Unteroffizier Kille im Auftrag des Bezirkskommandos in die Wohnung des Gaßner, um ihn in der vorgeschriebenen Form unter Strafandrohung an die Erfüllung seiner Bürgerpflicht zu erinnern.

Obwohl nun diese Mahnung völlig ordnungsgemäß erfolgte, auch das übliche Angebot kostenloser Erleichterungen nicht versäumt wurde, geriet dennoch Gaßner, ein Mann von bald siebzig Jahren, in eine außergewöhnliche Erregung und weigerte sich hartnäckig, dem Gesetz Folge zu leisten. Vergeblich stellte der Unteroffizier ihm vor, welchen Mangel an vaterländischer Gesinnung er damit bekunde und wie betrübend es sei, wenn ein alter, in bürgerlichen Ehren ergrauter Mann sich sperre, das notwendige Opfer zu bringen, zu welchem täglich die gesamte hoffnungsvolle Jungmannschaft an der Front bereit sei. Gaßner setzte sich, als er abgeführt werden sollte, sogar tätlich zur Wehr. Der Unteroffizier, dem schon die auffallende Körperkraft des seit Jahresfrist auf abnehmende Rationen gesetzten Mannes auffiel, schritt nun zu einer Haussuchung. Und da ergab sich das Unglaubliche: In einem gegen den Garten gehenden Zimmer des ersten Stockwerks wurde eine junge Mannsperson entdeckt, die der Alte seit Jahren bei sich verborgen hielt!

Der junge Mensch, sechsundzwanzig Jahre alt und kerngesund, entpuppte sich als Alois Gaßner, Sohn des Hausbesitzers. Auf welche Weise es dem durchtriebenen Alten gelungen ist, seinen Sohn jahrelang der Dienstpflicht zu entziehen und bei sich verborgen zu halten, bleibt noch aufzuklären; es dürfte sich dabei eine verbrecherische Urkundenfälschung mit Wahrscheinlichkeit ergeben. Die einsame Lage des Hauses, die Vermöglichkeit des Vaters und ein großer und sehr sorgfältig angebauter Hausgarten, aus dessen Erträgen die beiden vorzugsweise lebten, erklären immerhin einiges.

Was uns hier interessiert, ist nicht so sehr der ungewöhnliche Fall einer schweren Hinterziehung und Dienstpflichtverletzung als eine psychologische Merkwürdigkeit, welche dabei zutage kam und zur Zeit von Sachverständigen untersucht wird. Es ist kaum zu glauben, aber die bisher vorliegenden Berichte lassen keinen Zweifel. Man höre!

Alois Gaßner scheint, nach übereinstimmender Aussage aller Fachleute, geistig vollkommen normal zu sein. Er schreibt, liest und rechnet nicht nur gewandt, er ist sogar geistig hoch gebildet und hat mit Hilfe einer recht guten Privatbibliothek sich dem Studium der Philosophie gewidmet. Er hat eine Reihe von Arbeiten aus verschiedenen Gebieten der Philosophiegeschichte und der Erkenntnistheorie verfaßt, außerdem Gedichte und belletristische Versuche, welche alle zumindest ein klares Denken und einen geschulten Geist bekunden.

Aber dieser seltsame Verborgene zeigt in seinem geistigen und seelischen Leben eine äußerst merkwürdige Lücke – er weiß nichts vom Krieg! Er hat alle diese Jahre außerhalb der Welt gelebt, die uns alle umgibt! Wie er bürgerlich für die Welt nicht vorhanden war, so lebte er geistig außerhalb unserer Zeit und Welt, in Europa wohl der einzige erwachsene Mensch, der bei voller Zurechnungsfähigkeit doch ohne jedes Wissen von seiner

Zeit, vom Weltkrieg, von den Geschehnissen und Umwälzungen dieser zehn Jahre geblieben ist!

So möchten wir diesen eigentümlichen Philosophen mit jenem Kaspar Hauser vergleichen, welcher einst die ganze Jugend außerhalb der Menschen- und Tageswelt in einer einsamen Dämmerung verlebte!

Der verhältnismäßig einfache Fall des Vaters G. wird vermutlich nicht lange auf seine Aufklärung und Aburteilung warten lassen. Er hat sich eines schweren Vergehens schuldig gemacht und wird die Folgen davon zu tragen haben. Über die Schuld oder Schuldbeteiligung des Sohnes hingegen gehen die Ansichten weit auseinander. Zur Zeit weilt er noch in einer Heilanstalt zur Untersuchung. Das wenige, was er bis jetzt dort vom Weltlauf, vom Staat und seinen staatsbürgerlichen Verpflichtungen erfahren hat, erregte bei ihm zunächst lediglich eine kindliche und etwas ängstliche Verwunderung. Es ist deutlich erkennbar, daß er die Versuche, ihn in diese Zusammenhänge einzuführen, nur teilweise ernst nimmt, er scheint in ihnen Fiktionen zu sehen, mit welchen er in Beziehung auf seinen Geisteszustand auf die Probe gestellt werden soll. Fragen und Assoziationsversuche mit den häufigsten, jedem Kinde geläufigen politischen Schlagwörtern blieben ohne jedes Ergebnis.

Wie wir in letzter Stunde noch erfahren, hat sich die philosophische Fakultät der Universität Leipzig soeben des Falles angenommen. Die Studien und Arbeiten Gaßners sollen dort einer Prüfung unterzogen werden. Aber auch abgesehen vom Wert oder Unwert dieser Arbeiten legt die Fakultät großen Wert darauf, den Mann kennenzulernen, ja ihn unter Umständen gewissermaßen zu erwerben, als einziges Exemplar einer Spezies von Mensch, welche nicht mehr auf Erden existiert. Dieser »Vorkriegsmensch« soll einem gründlichen Studium unterzogen und womöglich der Wissenschaft erhalten werden.

(1918)

Der Mann mit den vielen Büchern

Es war ein Mann, der hatte schon in früher Jugend sich aus dem Lärm des Lebens, der ihm Furcht machte, zu den Büchern zurückgezogen. Er lebte in seinem Hause, dessen Zimmer mit Büchern angefüllt waren, und hatte kaum einen Umgang und Verkehr außer mit seinen Büchern. Es schien ihm, da er von der Leidenschaft für das Wahre und Schöne erfüllt war, weit richtiger zu sein, daß er mit den edelsten Geistern der Menschheit in nahem Umgang lebe, als sich den Zufälligkeiten und den zufälligen Menschen auszusetzen, die das Leben ihm sonst etwa zugeführt hätte.

Seine Bücher waren alle aus der alten Zeit, von den Weisen und Dichtern der Griechen und Römer, deren Sprachen er liebte und deren Welt ihm so klar und wohlgestaltet erschien, daß er oft kaum begriff, warum die Menschheit diese hohen Pfade längst verlassen und so viel Irrsale dafür eingetauscht habe. In allen Dingen des Wissens und des Dichtens hatten jene Alten das Beste schon getan, es war später weniges mehr hinzugekommen, Goethe etwa, und wenn die Menschheit inzwischen Fortschritte gemacht hatte, so war es nur auf den Gebieten, die ihn nicht berührten und ihm entbehrlich und oberflächlich schienen, im Bauen von Maschinen und Kriegswaffen und im Verwandeln des Lebenden in das Tote, im Verwandeln der Natur in Zahlen oder in Geld.

Ein klares, stilles, gleichmäßiges Leben führte dieser Leser. Er ging durch seinen kleinen Garten, Verse von Theokrit auf den Lippen, er sammelte Sprüche der Alten und ging ihre schönen Gedankenwege, namentlich die des Platon, nachgenießend mit. Manchmal empfand er in seinem Leben eine gewisse Armut und Einschränkung, allein er wußte von den alten Weisen, daß das Glück des Menschen nicht vom Vielerlei abhänge und daß in Treue und Selbstbeschränkung der Kluge sein Heil finde.

Einst erfuhr dies ungetrübte Leben eine Unterbrechung dadurch, daß der Leser auf einer Reise, die er nach einer Bibliothek des Nachbarstaates unternahm, einen Abend in einem Theater verbrachte. Es wurde ein Drama von Shakespeare aufgeführt, den er wohl von den Schulen her kannte, aber nur eben so, wie man die Dinge auf den Schulen lernen kann. Nun saß er in dem hohen dämmernden Hause, etwas bedrückt und gestört, denn er liebte Menschenansammlungen nicht, aber bald fand er sich angerufen und hingerissen durch den Geist dieser Dichtung. Er erkannte, daß die Darsteller ihre Sache nur mäßig machten, und war überhaupt kein Freund des Theaters, aber durch all diese Hemmnisse hindurch traf ihn dennoch ein Strahl, eine Kraft, ein mächtiger Reiz, den er noch nie gekostet hatte. Betäubt lief er nach dem Schluß des Dramas aus dem Hause, setzte pflichtgemäß seine Reise fort und brachte von ihr alle Werke des englischen Dichters mit nach Hause. Da las er nun, saß wie betäubt und las den »Lear«, den »Othello«, den »Romeo« und alle diese Stücke, und ein Sturm von Leidenschaft, Dämonie und phantastischem Leben drang auf ihn ein. Im Taumel vergingen ihm die Tage, glücklich empfand er, daß ein neues Stück Welt ihm erschlossen worden sei, und lange Zeit lebte er in Haus und Garten, beständig umgeben von den Gestalten dieses unbegreiflichen Dichters, der alles auf den Kopf zu stellen schien, was die Griechen festgestellt, und der dennoch recht hatte und jeden Widerspruch besiegte.

Zum erstenmal war die Welt des Lesers durchbrochen, war Luft von draußen in seine klassische Ruhe gedrungen – oder war es vielleicht eher etwas in ihm selber drinnen, das erwacht war und mit unruhigen Flügeln schlug? Wie war dies merkwürdig, wie war dies neu! Dieser Dichter, welcher doch auch schon lange tot war, schien gar keine Ideale zu haben, oder ganz andre als die der Alten, für diesen Shakespeare war anscheinend die Menschheit kein Gedankentempel, sondern ein Meer voll von Stürmen, auf welchem zuckende Menschen dahintrieben, selig in ihrem Hingenommensein, trunken von ihrem Schicksal! Diese Menschen bewegten sich wie Sternbilder, jeder im vorbestimmten Schwung seiner Bahn, mit unverminderter Wucht, mit ewigem Drang, auch wo die Bahn in Absturz und Untergang führte.

Als endlich der Leser, wie ein Erwachender nach einem Bacchanal, sich wieder auf sich selbst und das Ehemals besann und zu seinen Lateinern und Griechen zurückkehrte, da schmeckten sie anders, schmeckten ein wenig fade, ein wenig alt, ein wenig fremd. Darauf versuchte er es mit einigen Büchern von heutigen Dichtern. Die gefielen ihm aber nicht, es schien sich alles um kleine und belanglose Dinge zu drehen, und es schien alles nur halb ernstgemeint zu sein.

Den Hunger nach großen, neuen Reizen und Aufrüttelungen aber wurde der Mann nicht mehr los. Wer sucht, findet. Und so war das Nächste, was er fand, ein Buch von einem Norweger, namens Hamsun. Ein sonderbares Buch und ein sonderbarer Dichter. Dieser Mensch schien sein Leben lang – es hieß, er lebe noch – sich allein und stürmisch in der Welt umherzutreiben, ohne ein Ziel, ohne einen Glauben, halb verwöhnt und halb verwildert, auf ewiger Suche nach einem Gefühl, das er da und dort für Augenblicke im Zusammenklang seines Herzens mit der umgebenden Welt zu finden schien. Dieser Dichter gestaltete keine Menschenwelt wie Shakespeare, er sprach meistens von sich selbst. Aber an vielen Stellen überfiel den Leser eine tiefe Rührung und oft ein bitteres Weh, und manchmal mußte er auf einmal, und auf eine neue Art, plötzlich lachen. Welch ein Kind war dieser Dichter, welch ein trotziger Knabe war er! Aber er war herrlich, und wer ihn las, fühlte Sternschnuppen fallen und hörte ferne Brandungen donnern.

Weiter fand der Büchermann ein dickes Buch, das »Anna Karenina« hieß, und dann Gedichte von Richard Dehmel. Und er fand wenig später die Bücher von Dostojewski. Seit er mit Shakespeare begonnen hatte, war es, als liefe die Dichtung ihm nach, als käme ihm da und dort, sobald er eine Leere zu spüren begann, gerade das durch Magie entgegen, was jetzt zu ihm sprechen, was jetzt ihn hinreißen konnte. Er weinte und lag schlaflos über diesen russischen Büchern, er schleuderte den Horaz von sich und gab eine Menge von seinen alten Büchern weg. Eines fiel ihm dabei in die Hand, ein lateinisches, das er früher wenig geschätzt hatte. Jetzt legte er es beiseite und las es bald. Es waren die Bekenntnisse des Augustinus. Von ihm kehrte er wieder zu Dostojewski zurück.

Eines Tages gegen Abend, er hatte sich müde gelesen und fühlte Augenschmerzen, war auch nicht mehr jung, da fiel er in Nachdenken. Über einem seiner hohen Bücherschäfte stand von früher her in Goldschrift jenes griechische Wort, welches bedeutet: »Erkenne dich selbst!« Das arbeitete in ihm. Denn er kannte sich selbst nicht, seit langem wußte er nichts mehr von sich. Nun ging er jede erfühlbare Spur zurück, er suchte mit Inbrunst nach den Zeiten, da ihn ein Vers von Horaz entzückt, ein Gesang des Pindar ihn beseligt hatte. Damals hatte er, aus jenen alten Büchern her, in sich etwas gewußt, das Menschheit hieß, er war mit den Dichtern Held, Herrscher, Weiser gewesen, er hatte Gesetze gegeben und Gesetze geachtet, und in herrlicher Würde war er, der Mensch, aus der Wirrnis der seelenlosen Natur hervorgetreten, dem klaren Licht entgegen. – Jetzt war dies alles zerstört und dahingeschmolzen. Er hatte nicht nur Räuber- und

Liebesgeschichten gelesen und Freude daran gehabt, nein, er hatte mit geliebt, mit gemordet, mit geweint, mit gesündigt, mit gelacht, er war in Abgründe des Verbrechens, der Not, der irren, flatternden Instinkte und Gelüste geraten, er hatte mit zuckender Angst und Wonne im Gräßlichen und Verbotenen gewühlt!

Sein Nachdenken ergab keine Früchte. Bald hing er wieder fiebernd über seltsamen Büchern. Er schlürfte die lasterhafte Luft aufregender Geschichten von Oscar Wilde, er verlor sich in die wehmütig skeptischen Sucherwege Flauberts, er las Gedichte und Dramen junger und jüngster Dichter, welche allem Geordneten, allem Griechischen und Klassischen todfeind schienen, welche Auflehnung und Anarchie predigten, Häßlichstes verherrlichten, Furchtbarstes belächelten. Und er fand: auch sie hatten irgendwie recht, auch das war im Menschen, auch das mußte sein. Es war Lüge, es zu verheimlichen. Es war Lüge, sich um das ganze blutige Chaos des Lebens zu drücken.

Eine große Abspannung und Ermüdung folgte. Es gab keine Bücher mehr, die ihm entgegenkamen, in denen Neues, Mächtiges ihn anrief. Er war krank, er fühlte sich alt und betrogen. Ein Traum zeigte ihm seinen Zustand. Er träumte: Er war damit beschäftigt, eine hohe Mauer aus lauter Büchern aufzurichten. Sie wuchs empor, er sah nichts als sie, es war seine Aufgabe, alle Bücher der Welt hier zu einem großen Bau aufzustapeln. Da plötzlich geriet ein Teil des Gebäudes ins Wanken, Bücher glitten hinweg, rumpelten ins Bodenlose, ein seltsames Licht fiel durch klaffende Lücken herein, und jenseits der Büchermauer sah er etwas Ungeheures, sah er in Licht und Dunst ein riesiges Chaos, einen Knäuel von Gestalten und Bildungen, Menschen und Landschaften, Sterbende und Gebärende, Kinder und Tiere, Schlangen und Soldaten, brennende Städte und untergehende Schiffe, Schreie und wildes Jauchzen klang irr herüber, Blut floß, Wein strömte, Fackeln strahlten grell und frech, – und er erwachte und sprang auf, von einem schweren Druck auf dem Herzen gepeinigt, und wie er im Mondlicht verstört in seinem stillen Zimmer stand, die Bäume hinterm Fenster und das Buch auf dem Nachttisch erkannte, da wußte und spürte er plötzlich alles:

Er war betrogen, er war um alles betrogen! Er hatte gelesen, er hatte Seiten umgedreht, er hatte Papier gefressen – ach, und dahinter, hinter der schändlichen Büchermauer, war das Leben gewesen, hatten Herzen gebrannt, Leidenschaften getobt, war Blut und Wein geflossen, war Liebe und Verbrechen geschehen. Und nichts von alledem hatte ihm gehört, nichts war sein gewesen, nichts hatte er in Händen gehabt, nichts als dünne flache Schatten und Papier, in Büchern!

Er ging nicht erst wieder zu Bett. Er rannte, flüchtig angekleidet, in die Stadt, lief durch hundert Straßen im Laternenschein, sah in tausend blinde schwarze Fenster, lauschte an hundert geschlossenen Türen. Der Morgen kam, die Gassen erwachten, wie ein übriggebliebner Trunkner irrte er durch das bleiche Morgenlicht, nahe am Zusammenbrechen. Ein bleiches, schwach und kränklich aussehendes Mädchen begegnete ihm, er sank vor ihr nieder, sie nahm ihn mit sich.

In ihrer Kammer saß er, auf einem ärmlichen Bett, über dem ein japanischer Fächer aufgespannt war, voller Staub und Spinnweb. Er saß und sah, wie sie mit seinen Talern spielte, und wieder nahm er ihre Hand und sagte: »Laß mich nicht allein, du! Hilf mir! Ich bin alt, ich habe niemand als dich. Bleib bei mir! Vielleicht habe ich nichts mehr zu erwarten als Krankheit und Tod, aber wenigstens das will ich auskosten, wenigstens leiden und sterben will ich selber, will ich mit meinem eigenen Blut und Herzen. Wie bist du schön! Tut es weh, wenn ich dich anfasse? Nein? O, du bist gütig. Denke, ich war mein Leben lang begraben, in lauter Papier begraben! Weißt du, wie das ist? Nicht? Desto besser! O, wir wollen noch leben, wir wollen leben. Ist die Sonne schon aufgegangen? Zum erstenmal werde ich die Sonne sehen.«

Das Mädchen lächelte, streichelte seine unruhigen Hände und hörte zu. Sie verstand ihn nicht, und sie sah im grauen Morgenlicht verfallen und elend aus, auch sie war die ganze Nacht auf den Gassen gegangen. Sie lächelte, und sie sagte: »Ja, ja, ich werde dir helfen. Sei nur ruhig, ich werde dir schon helfen.«

(1918)

Kinderseele

Manchmal handeln wir, gehen aus und ein, tun dies und das, und es ist alles leicht, unbeschwert und gleichsam unverbindlich, es könnte scheinbar alles auch anders sein. Und manchmal, zu anderen Stunden, könnte nichts anders sein, ist nichts unverbindlich und leicht, und jeder Atemzug, den wir tun, ist von Gewalten bestimmt und schwer von Schicksal.

Die Taten unseres Lebens, die wir die guten nennen und von denen zu erzählen uns leicht fällt, sind fast alle von jener ersten, »leichten« Art, und wir vergessen sie leicht. Andere Taten, von denen zu sprechen uns Mühe macht, vergessen wir nie mehr, sie sind gewissermaßen mehr unser als andere, und ihre Schatten fallen lang über alle Tage unseres Lebens.

Unser Vaterhaus, das groß und hell an einer hellen Straße lag, betrat man durch ein hohes Tor, und sogleich war man von Kühle, Dämmerung und steinern feuchter Luft umfangen. Eine hohe, düstere Halle nahm einen schweigsam auf, der Boden von roten Sandsteinfliesen führte leicht ansteigend gegen die Treppe, deren Beginn zuhinterst tief im Halbdunkel lag. Viele tausend Male bin ich durch dies hohe Tor eingegangen, und niemals hatte ich acht auf Tor und Flur, Fliesen und Treppe: dennoch war es immer ein Übergang in eine andere Welt, in »unsere« Welt. Die Halle roch nach Stein, sie war finster und hoch, hinten führte die Treppe aus der dunklen Kühle empor und zu Licht und hellem Behagen. Immer aber war erst die Halle und die ernste Dämmerung da: etwas von Vater, etwas von Würde und Macht, etwas von Strafe und schlechtem Gewissen. Tausendmal ging man lachend hindurch. Manchmal aber trat man herein und war sogleich erdrückt und zerkleinert, hatte Angst, suchte rasch die befreiende Treppe.

Als ich elf Jahre alt war, kam ich eines Tages von der Schule her nach Hause, an einem von den Tagen, wo Schicksal in den Ecken lauert, wo leicht etwas passiert. An diesen Tagen scheint jede Unordnung und Störung der eigenen Seele sich in unserer Umwelt zu spiegeln und sie zu entstellen. Unbehagen und Angst beklemmen unser Herz, und wir suchen und finden ihre vermeintlichen Ursachen außer uns, sehen die Welt schlecht eingerichtet und stoßen überall auf Widerstände.

Ähnlich war es an jenem Tage. Von früh an bedrückte mich – wer weiß woher? vielleicht aus Träumen der Nacht – ein Gefühl wie schlechtes Gewissen, obwohl ich nichts Besonderes begangen hatte. Meines Vaters Gesicht hatte am Morgen einen leidenden und vorwurfsvollen Ausdruck gehabt, die Frühstücksmilch war lau und fad gewesen. In der Schule war ich zwar nicht in Nöte geraten, aber es hatte alles wieder einmal trostlos, tot und entmutigend geschmeckt und hatte sich vereinigt zu jenem mir schon bekannten Gefühl der Ohnmacht und Verzweiflung, das uns sagt, daß die Zeit endlos sei, daß wir ewig und ewig klein und machtlos und im Zwang dieser blöden, stinkenden Schule bleiben werden, Jahre und Jahre, und daß dies ganze Leben sinnlos und widerwärtig sei.

Auch über meinen derzeitigen Freund hatte ich mich heute geärgert. Ich hatte seit kurzem eine Freundschaft mit Oskar Weber, dem Sohn eines Lokomotivführers, ohne recht zu wissen, was mich zu ihm zog. Er hatte neulich damit geprahlt, daß sein Vater sieben Mark am Tage verdiene, und ich hatte aufs Geratewohl erwidert, der meine verdiene vierzehn. Daß er sich dadurch hatte imponieren lassen, ohne Einwände zu machen, war der Anfang der Sache gewesen. Einige Tage später hatte ich mit Weber einen Bund gegründet, indem wir eine gemeinsame Sparkasse anlegten, aus welcher später eine Pistole gekauft werden sollte. Die Pistole lag im Schaufenster eines Eisenhändlers, eine massive Waffe mit zwei bläulichen Stahlrohren. Und Weber hatte mir vorgerechnet, daß man nur eine Weile richtig zu sparen brauche, dann könne man sie kaufen. Geld gebe es ja immer, er bekomme sehr oft einen Zehner für Ausgänge, oder sonst ein Trinkgeld, und manchmal finde man Geld auf der Gasse, oder Sachen mit Geldeswert, wie Hufeisen, Bleistücke und anderes, was man gut verkaufen könne. Einen Zehner hatte er auch sofort für unsere Kasse hergegeben, und der hatte mich überzeugt und mir unseren ganzen Plan als möglich und hoffnungsvoll erscheinen lassen.

Indem ich an jenem Mittag unseren Hausflur betrat und mir in der kellerig kühlen Luft dunkle Mahnungen an tausend unbequeme und hassenswerte Dinge und Weltordnungen entgegenwehten, waren meine Gedanken mit Oskar Weber beschäftigt. Ich fühlte, daß ich ihn nicht liebte, obwohl sein gutmütiges Gesicht, das mich an eine Waschfrau erinnerte, mir sympathisch war. Was mich zu ihm hinzog, war nicht seine Person, sondern etwas anderes, ich könnte sagen, sein Stand – es war etwas, das er mit fast allen Buben von seiner Art und Herkunft teilte: eine gewisse freche Lebenskunst, ein dickes Fell gegen Gefahr und Demütigung, eine Vertrautheit mit den kleinen praktischen Angelegenheiten des Lebens, mit Geld, mit Kaufläden und Werkstätten, Waren und Preisen, mit Küche und Wäsche und dergleichen. Solche Knaben wie Weber, denen die Schläge in der Schule nicht weh zu tun schienen und die mit Knechten, Fuhrleuten und Fabrikmädchen verwandt und befreundet waren, die standen anders und gesicherter in der Welt als ich; sie waren gleichsam erwachsener, sie wußten, wieviel ihr Vater am Tag verdiene, und wußten ohne Zweifel auch sonst noch vieles, worin ich unerfahren war. Sie lachten über Ausdrücke und Witze, die ich nicht verstand. Sie konnten überhaupt auf eine Weise lachen, die mir versagt war, auf eine dreckige und rohe, aber unleugbar erwachsene und »männliche« Weise. Es half nichts, daß man klüger war als sie und in der Schule mehr wußte. Es half nichts, daß man besser als sie gekleidet, gekämmt und gewaschen war. Im Gegenteil, eben diese Unterschiede kamen ihnen zugute. In die »Welt«, wie sie mir in Dämmerschein und Abenteuerschein vorschwebte, schienen mir solche Knaben wie Weber ganz ohne Schwierigkeiten eingehen zu können, während mir die »Welt« so sehr verschlossen war und jedes ihrer Tore durch unendliches Älterwerden, Schulesitzen, durch Prüfungen und Erzogenwerden mühsam erobert werden mußte. Natürlich fanden solche Knaben auch Hufeisen, Geld und Stücke Blei auf der Straße, bekamen Lohn für Besorgungen, kriegten in Läden allerlei geschenkt und gediehen auf jede Weise.

Ich fühlte dunkel, daß meine Freundschaft zu Weber und seiner Sparkasse nichts war als wilde Sehnsucht nach jener »Welt«. An Weber war nichts für mich liebenswert als sein großes Geheimnis, kraft dessen er den Erwachsenen näher stand als ich, in einer schleierlosen, nackteren, robusteren Welt lebte als ich mit meinen Träumen und Wünschen. Und ich fühlte voraus, daß er mich enttäuschen würde, daß es mir nicht gelingen werde, ihm sein Geheimnis und den magischen Schlüssel zum Leben zu entreißen.

Eben hatte er mich verlassen, und ich wußte, er ging nun nach Hause, breit und behäbig, pfeifend und vergnügt, von keinen Ahnungen verdüstert. Wenn er die Dienstmägde und Fabrikler antraf und ihr rätselhaftes, vielleicht wunderbares, vielleicht verbrecherisches Leben führen sah, so war es ihm kein Rätsel und ungeheures Geheimnis, keine Gefahr, nichts Wildes und Spannendes, sondern selbstverständlich, bekannt und heimatlich wie der Ente das Wasser. So war es. Und ich hingegen, ich würde immer nebendraußen stehen, allein und unsicher, voll von Ahnungen, aber ohne Gewißheit.

Überhaupt, das Leben schmeckte an jenem Tage wieder einmal hoffnungsvoll fade, der Tag hatte etwas von einem Montag an sich, obwohl es ein Samstag war, er roch nach Montag, dreimal so lang und dreimal so öde als die anderen Tage. Verdammt und widerwärtig war dies Leben, verlogen und ekelhaft war es. Die Erwachsenen taten, als sei die Welt vollkommen und als seien sie selber Halbgötter, wir Knaben aber nichts als Auswurf und Abschaum. Diese Lehrer –! Man fühlte Streben und Ehrgeiz in sich, man nahm redliche und leidenschaftliche Anläufe zum Guten, sei es nun zum Lernen der griechischen Unregelmäßigen oder zum Reinhalten seiner Kleider, zum Gehorsam gegen die Eltern oder zum schweigenden, heldenhaften Ertragen aller Schmerzen und Demütigungen – ja, immer und immer wieder erhob man sich, glühend und fromm, um sich Gott zu widmen und den idealen, reinen, edlen Pfad zur Höhe zu gehen, Tugend zu üben, Böses stillschweigend zu dulden, anderen zu helfen – ach, und immer und immer wieder blieb es ein Anlauf, ein Versuch und kurzer Flatterflug! Immer wieder passierte schon nach Tagen, o schon nach Stunden etwas, was nicht hätte sein dürfen, etwas Elendes, Betrübendes und Beschämendes. Immer wieder fiel man mitten aus den trotzigsten und adligsten Entschlüssen und Gelöbnissen plötzlich unentrinnbar in Sünde und Lumperei, in Alltag und Gewöhnlichkeiten zurück! Warum war es so, daß man die Schönheit und Richtigkeit guter Vorsätze so wohl und tief erkannte und im Herzen fühlte, wenn doch beständig und immerzu das ganze Leben (die Erwachsenen einbegriffen) nach Gewöhnlichkeit stank und überall darauf eingerichtet war, das Schäbige und Gemeine triumphieren zu lassen? Wie konnte es sein, daß man morgens im Bett auf den Knien oder nachts vor angezündeten Kerzen sich mit heiligem Schwur dem Guten und Lichten verbündete, Gott anrief und jedem Laster für immer Fehde ansagte – und daß man dann, vielleicht bloß ein paar Stunden später, an diesem selben heiligen Schwur und Vorsatz den elendsten Verrat üben konnte, sei es auch nur durch das Einstimmen in ein verführerisches Gelächter, durch das Gehör, das man einem dummen Schulbubenwitze lieh? Warum war das so? Ging es andern anders? Waren die Helden, die Römer und Griechen, die Ritter, die ersten Christen – waren diese alle andere Menschen gewesen als ich, besser, vollkommener, ohne schlechte Triebe, ausgestattet mit irgendeinem Organ, das mir fehlte, das sie hinderte, immer wieder aus dem Himmel in den Alltag, aus dem Erhabenen ins Unzulängliche und Elende zurückzufallen? War die Erbsünde jenen Helden und Heiligen unbekannt? War das Heilige und Edle nur Wenigen, Seltenen, Auserwählten möglich? Aber warum war mir, wenn ich nun also kein Auserwählter war, dennoch dieser Trieb nach dem Schönen und Adligen eingeboren, diese wilde, schluchzende Sehnsucht nach Reinheit, Güte, Tugend? War das nicht zum Hohn? Gab es das in Gottes Welt, daß ein Mensch, ein Knabe, gleichzeitig alle hohen und alle bösen Triebe in sich hatte und leiden und verzweifeln mußte, nur so als eine unglückliche und komische Figur, zum Vergnügen des zuschauenden Gottes? Gab es das? Und war dann nicht – ja war dann nicht die ganze Welt ein Teufelsspott, gerade wert, sie anzuspucken?! War dann nicht Gott ein Scheusal, ein Wahnsinniger, ein dummer, widerlicher Hanswurst? – Ach, und während ich mit einem Beigeschmack von Empörerwollust diese Gedanken dachte, strafte mich schon mein banges Herz durch Zittern für die Blasphemie!

Wie deutlich sehe ich, nach dreißig Jahren, jenes Treppenhaus wieder vor mir, mit den hohen, blinden Fenstern, die gegen die nahe Nachbarmauer gingen und so wenig Licht gaben, mit den weißgescheuerten, tannenen Treppen und Zwischenböden und dem glatten, harthölzernen Geländer, das durch meine tausend sausenden Abfahrten poliert war! So fern mir die Kindheit steht, und so unbegreiflich und märchenhaft sie mir im ganzen erscheint, so ist mir doch alles genau erinnerlich, was schon damals, mitten im Glück, in mir an Leid und Zwiespalt vorhanden war. Alle diese Gefühle waren damals im Herzen des Kindes schon dieselben, wie sie es immer blieben: Zweifel am eigenen Wert, Schwanken zwischen Selbstschätzung und Mutlosigkeit, zwischen weltverachtender Idealität und gewöhnlicher Sinneslust – und wie damals, so sah ich auch hundertmal später noch in diesen Zügen meines Wesens bald verächtliche Krankheit, bald Auszeichnung, habe zu Zeiten den Glauben, daß mich Gott auf diesem qualvollen Wege zu besonderer Vereinsamung und Vertiefung führen wolle, und finde zu andern Zeiten wieder in alledem nichts als die Zeichen einer schäbigen Charakterschwäche, einer Neurose, wie Tausende sie mühsam durchs Leben schleppen.

Wenn ich alle die Gefühle und ihren qualvollen Widerstreit auf ein Grundgefühl zurückführen und mit einem einzigen Namen bezeichnen sollte, so wüßte ich kein anderes Wort als: Angst. Angst war es, Angst und Unsicherheit, was ich in allen jenen Stunden des gestörten Kinderglücks empfand: Angst vor Strafe, Angst vor dem eigenen Gewissen, Angst vor Regungen meiner Seele, die ich als verboten und verbrecherisch empfand.

Auch in jener Stunde, von der ich erzähle, kam dies Angstgefühl wieder über mich, als ich in dem heller und heller werdenden Treppenhause mich der Glastür näherte. Es begann mit einer Beklemmung im Unterleib, die bis zum Hals emporstieg und dort zum Würgen oder zu Übelkeit wurde. Zugleich damit empfand ich in diesen Momenten stets, und so auch jetzt, eine peinliche Geniertheit, ein Mißtrauen gegen jeden Beobachter, einen Drang zu Alleinsein und Sichverstecken.

Mit diesem üblen und verfluchten Gefühl, einem wahren Verbrechergefühl, kam ich in den Korridor und in das Wohnzimmer. Ich spürte: es ist heut der Teufel los, es wird etwas passieren. Ich spürte es, wie das Barometer einen veränderten Luftdruck spürt, mit rettungsloser Passivität. Ach, nun war es wieder da, dies Unsägliche! Der Dämon schlich durchs Haus, Erbsünde nagte am Herzen, riesig, und unsichtbar stand hinter jeder Wand ein Geist, ein Vater und Richter.

Noch wußte ich nichts, noch war alles bloß Ahnung, Vorgefühl, nagendes Unbehagen. In solchen Lagen war es oft das beste, wenn man krank wurde, sich erbrach und ins Bett legte. Dann ging es manchmal ohne Schaden vorüber, die Mutter oder Schwester kam, man bekam Tee und spürte sich von liebender Sorge umgeben, und man konnte weinen oder schlafen, um nachher gesund und froh in einer völlig verwandelten, erlösten und hellen Welt zu erwachen.

Meine Mutter war nicht im Wohnzimmer, und in der Küche war nur die Magd. Ich beschloß, zum Vater hinaufzugehen, zu dessen Studierzimmer eine schmale Treppe hinaufführte. Wenn ich auch Furcht vor ihm hatte, zuweilen war es doch gut, sich an ihn zu wenden, dem man so viel abzubitten hatte. Bei der Mutter war es einfacher und leichter, Trost zu finden; beim Vater aber war der Trost wertvoller, er bedeutete einen Frieden mit dem richtenden Gewissen, eine Versöhnung und ein neues Bündnis mit den guten Mächten. Nach schlimmen Auftritten, Untersuchungen, Geständnissen und Strafen war ich oft aus des Vaters Zimmer gut und rein hervorgegangen, bestraft und ermahnt zwar, aber voll neuer Vorsätze, durch die Bundesgenossenschaft des Mächtigen gestärkt gegen das feindliche Böse. Ich beschloß, den Vater aufzusuchen und ihm zu sagen, daß mir übel sei.

Und so stieg ich die kleine Treppe hinauf, die zum Studierzimmer führte.

Diese kleine Treppe mit ihrem eigenen Tapetengeruch und dem trockenen Klang der hohlen, leichten Holzstufen war noch unendlich viel mehr als der Hausflur ein bedeutsamer Weg und ein Schicksalstor; über diese Stufen hatten viele wichtige Gänge mich geführt, Angst und Gewissensqual hatte ich hundertmal dort hinaufgeschleppt, Trotz und wilden Zorn, und nicht selten hatte ich Erlösung und neue Sicherheit zurückgebracht. Unten in unserer Wohnung waren Mutter und Kind zu Hause, dort wehte harmlose Luft; hier oben wohnten Macht und Geist, hier waren Gericht und Tempel und das »Reich des Vaters«.

Etwas beklommen wie immer drückte ich die altmodische Klinke nieder und öffnete die Tür halb. Der väterliche Studierzimmergeruch floß mir wohlbekannt entgegen: Bücher- und Tintenduft, verdünnt durch blaue Luft aus halboffnen Fenstern, weiße, reine Vorhänge, ein verlorner Faden von Kölnisch-Wasser-Duft und auf dem Schreibtisch ein Apfel. – Aber die Stube war leer.

Mit einer Empfindung halb von Enttäuschung und halb von Aufatmen trat ich ein. Ich dämpfte meinen Schritt und trat nur mit Zehen auf, so wie wir hier oben manchmal gehen mußten, wenn der Vater schlief oder Kopfweh hatte. Und kaum war dies leise Gehen mir bewußt geworden, so bekam ich Herzklopfen und spürte verstärkt den angstvollen Druck im Unterleib und in der Kehle wieder. Ich ging schleichend und angstvoll weiter, einen Schritt und wieder einen Schritt, und schon war ich nicht mehr ein harmloser Besucher und Bittsteller, sondern ein Eindringling. Mehrmals schon hatte ich heimlich in des Vaters Abwesenheit mich in seine beiden Zimmer geschlichen, hatte sein geheimes Reich belauscht und erforscht und hatte zweimal auch etwas daraus entwendet.

Die Erinnerung daran war alsbald da und erfüllte mich, und ich wußte sofort: jetzt war das Unglück da, jetzt passierte etwas, jetzt tat ich Verbotenes und Böses. Kein Gedanke an Flucht! Vielmehr, ich dachte wohl daran, dachte sehnlich und inbrünstig daran, davonzulaufen, die Treppe hinab und in mein Stübchen oder in den Garten – aber ich wußte, ich werde das doch nicht tun, nicht tun können. Innig wünschte ich, mein Vater möchte sich im Nebenzimmer rühren und hereintreten und den ganzen grauenvollen Bann durchbrechen, der mich dämonisch zog und fesselte. O käme er doch! Käme er doch, scheltend meinetwegen, aber käme er nur, eh es zu spät ist!

Ich hustete, um meine Anwesenheit zu melden, und als keine Antwort kam, rief ich leise: »Papa!« Es blieb alles still, an den Wänden schwiegen die vielen Bücher, ein Fensterflügel bewegte sich im Wind und warf einen hastigen Sonnenspiegel über den Boden. Niemand erlöste mich, und in mir selber war keine Freiheit, anders zu tun, als der Dämon wollte. Verbrechergefühl zog mir den Magen zusammen und machte mir die Fingerspitzen kalt, mein Herz flatterte angstvoll. Noch wußte ich keineswegs, was ich tun würde. Ich wußte nur, es würde etwas Schlechtes sein.

Nun war ich beim Schreibtisch, nahm ein Buch in die Hand und las einen englischen Titel, den ich nicht verstand. Englisch haßte ich – das sprach der Vater stets mit der Mutter, wenn wir es nicht verstehen sollten und auch wenn sie Streit hatten. In einer Schale lagen allerlei kleine Sachen, Zahnstocher, Stahlfedern, Stecknadeln. Ich nahm zwei von den Stahlfedern und steckte sie in die Tasche, Gott weiß wozu, ich brauchte sie nicht und hatte keinen Mangel an Federn. Ich tat es nur, um dem Zwang zu folgen, der mich fast erstickt hätte, dem Zwang, Böses zu tun, mir selbst zu schaden, mich mit Schuld zu beladen. Ich blätterte in meines Vaters Papieren, sah einen angefangenen Brief liegen, ich las die Worte: »es geht uns und den Kindern, Gott sei Dank, recht gut«, und die lateinischen Buchstaben seiner Handschrift sahen mich an wie Augen.

Dann ging ich leise und schleichend in das Schlafzimmer hinüber. Da stand Vaters eisernes Feldbett, seine braunen Hausschuhe darunter, ein Taschentuch lag auf dem Nachttisch. Ich atmete die väterliche Luft in dem kühlen, hellen Zimmer ein, und das Bild des Vaters stieg deutlich vor mir auf, Ehrfurcht und Auflehnung stritten in meinem beladenen Herzen. Für Augenblicke haßte ich ihn und erinnerte mich seiner mit Bosheit und Schadenfreude, wie er zuweilen an Kopfwehtagen still und flach in seinem niederen Feldbett lag, sehr lang und gestreckt, ein nasses Tuch über der Stirn, manchmal seufzend. Ich ahnte wohl, daß auch er, der Gewaltige, kein leichtes Leben habe, daß ihm, dem Ehrwürdigen, Zweifel an sich selbst und Bangigkeit nicht unbekannt waren. Schon war mein seltsamer Haß verflogen, Mitleid und Rührung folgten ihm. Aber inzwischen hatte ich eine Schieblade der Kommode herausgezogen. Da lag Wäsche geschichtet und eine Flasche Kölnisches Wasser, das er liebte; ich wollte daran riechen, aber die Flasche war noch ungeöffnet und fest verstöpselt, ich legte sie wieder zurück. Daneben fand ich eine kleine runde Dose mit Mundpastillen, die nach Lakritzen schmeckten, von denen steckte ich einige in den Mund. Eine gewisse Enttäuschung und Ernüchterung kam über mich, und zugleich war ich doch froh, nicht mehr gefunden und genommen zu haben.

Schon im Ablassen und Verzichten zog ich noch spielend an einer andern Lade, mit etwas erleichtertem Gefühl und mit dem Vorsatz, nachher die zwei gestohlenen Stahlfedern drüben wieder an ihren Ort zu legen. Vielleicht waren Rückkehr und Reue möglich, Wiedergutmachung und Erlösung. Vielleicht war Gottes Hand über mir stärker als alle Versuchung ...

Da sah ich mit schnellem Blick noch eilig in den Spalt der kaum aufgezogenen Lade. Ach, wären Strümpfe oder Hemden oder alte Zeitungen darin gewesen! Aber da war nun die Versuchung, und sekundenschnell kehrte der kaum gelockerte Krampf und Angstbann wieder, meine Hände zitterten, und mein Herz schlug rasend. Ich sah in einer aus Bast geflochtenen, indischen oder sonst exotischen Schale etwas liegen, etwas Überraschendes, Verlockendes, einen ganzen Kranz von weiß bezuckerten, getrockneten Feigen!

Ich nahm ihn in die Hand, er war wundervoll schwer. Dann zog ich zwei, drei Feigen heraus, steckte eine in den Mund, einige in die Tasche. Nun waren alle Angst und alles Abenteuer doch nicht umsonst gewesen. Keine Erlösung, keinen Trost konnte ich mehr von hier fortnehmen, so wollte ich wenigstens nicht leer ausgehen. Ich zog noch drei, vier Feigen von dem Ring, der davon kaum leichter wurde, und noch einige, und als meine Taschen gefüllt und von dem Kranz wohl mehr als die Hälfte verschwunden war, ordnete ich die übriggebliebenen Feigen auf dem etwas klebrigen Ring lockerer an, so daß weniger zu fehlen schienen. Dann stieß ich, in plötzlichem hellem Schrecken, die Lade heftig zu und rannte davon, durch beide Zimmer, die kleine Stiege hinab und in mein Stübchen, wo ich stehenblieb und mich auf mein kleines Stehpult stützte, in den Knien wankend und nach Atem ringend.

Bald darauf tönte unsre Tischglocke. Mit leerem Kopf und ganz von Ernüchterung und Ekel erfüllt, stopfte ich die Feigen in mein Bücherbrett, verbarg sie hinter Büchern und ging zu Tisch. Vor der Eßzimmertür merkte ich, daß meine Hände klebten. Ich wusch sie in der Küche. Im Eßzimmer fand ich alle schon am Tische warten. Ich sagte schnell Gutentag, der Vater sprach das Tischgebet, und ich beugte mich über meine Suppe. Ich hatte keinen Hunger, jeder Schluck machte mir Mühe. Und neben mir saßen meine Schwestern, die Eltern gegenüber, alle hell und munter und in Ehren, nur ich Verbrecher elend dazwischen, allein und unwürdig, mich fürchtend vor jedem freundlichen Blick, den Geschmack der Feigen noch im Mund. Hatte ich oben die Schlafzimmertür auch zugemacht? Und die Schublade?

»Nun war das Elend da. Ich hätte mir die Hand abhauen lassen, wenn dafür meine Feigen wieder oben in der Kommode gelegen hätten. Ich beschloß, sie fortzuwerfen, sie mit in die Schule zu nehmen und zu verschenken. Nur daß sie wegkämen, daß ich sie nie wieder sehen müßte!

»Du siehst heut schlecht aus«, sagte mein Vater über den Tisch weg. Ich sah auf meinen Teller und fühlte seine Blicke auf meinem Gesicht. Nun würde er es merken. Er merkte ja alles, immer. Warum quälte er mich vorher noch? Mochte er mich lieber gleich abführen und meinetwegen totschlagen.

»Fehlt dir etwas?« hörte ich seine Stimme wieder. Ich log, ich sagte, ich habe Kopfweh.

»Du mußt dich nach Tisch ein wenig hinlegen«, sagte er. »Wieviel Stunden habt ihr heute nachmittag?«

»Bloß Turnen.«

»Nun, turnen wird dir nicht schaden. Aber iß auch, zwinge dich ein bißchen! Es wird schon vergehen.«

Ich schielte hinüber. Die Mutter sagte nichts, aber ich wußte, daß sie mich anschaute. Ich aß meine Suppe hinunter, kämpfte mit Fleisch und Gemüse, schenkte mir zweimal Wasser ein. Es geschah nichts weiter. Man ließ mich in Ruhe. Als zum Schluß mein Vater das Dankgebet sprach: »Herr, wir danken dir, denn du bist freundlich, und deine Güte währet ewiglich«, da trennte wieder ein ätzender Schnitt mich von den hellen, heiligen, vertrauensvollen Worten und von allen, die am Tische saßen: mein Händefalten war Lüge, und meine andächtige Haltung war Lästerung.

Als ich aufstand, strich mir die Mutter übers Haar und ließ ihre Hand einen Augenblick auf meiner Stirn liegen, ob sie heiß sei. Wie bitter war das alles!

In meinem Stübchen stand ich dann vor dem Bücherbrett. Der Morgen hatte nicht gelogen, alle Anzeichen hatten recht gehabt. Es war ein Unglückstag geworden, der schlimmste, den ich je erlebt hatte. Schlimmeres konnte kein Mensch ertragen. Wenn noch Schlimmeres über einen kam, dann mußte man sich das Leben nehmen. Man müßte Gift haben, das war das beste, oder sich erhängen. Es war überhaupt besser, tot zu sein, als zu leben. Es war ja alles so falsch und häßlich. Ich stand und sann und griff zerstreut nach den verborgenen Feigen und aß davon, eine und mehrere, ohne es recht zu wissen.

Unsre Sparkasse fiel mir in die Augen, sie stand im Bord unter den Büchern. Es war eine Zigarrenkiste, die ich fest zugenagelt hatte; in den Deckel hatte ich mit einem Taschenmesser einen ungefügen Schlitz für die Geldstücke geschnitten. Er war schlecht und roh geschnitten, der Schlitz, Holzsplitter standen heraus. Auch das konnte ich nicht richtig. Ich hatte Kameraden, die konnten so etwas mühsam und geduldig und tadellos machen, daß es aussah wie vom Schreiner gehobelt. Ich aber pfuschte immer nur, hatte es eilig und machte nichts sauber fertig. So war es mit meinen Holzarbeiten, so mit meiner Handschrift und meinen Zeichnungen, so war es mit meiner Schmetterlingssammlung und mit allem. Es war nichts mit mir. Und nun stand ich da und hatte wieder gestohlen, schlimmer als je. Auch die Stahlfedern hatte ich noch in der Tasche. Wozu? Warum hatte ich sie genommen – nehmen *müssen*? Warum mußte man, was man gar nicht wollte?

In der Zigarrenkiste klapperte ein einziges Geldstück, der Zehner von Oskar Weber. Seither war nichts dazugekommen. Auch diese Sparkassengeschichte war so eine meiner Unternehmungen! Alles taugte nichts, alles mißriet und blieb im Anfang stecken, was ich begann! Mochte der Teufel diese unsinnige Sparkasse holen! Ich mochte nichts mehr von ihr wissen.

Diese Zeit zwischen Mittagessen und Schulbeginn war an solchen Tagen wie heute immer mißlich und schwer herumzubringen. An guten Tagen, an friedlichen, vernünftigen liebenswerten Tagen, war es eine schöne und erwünschte Stunde; ich las dann entweder in meinem Zimmer an einem Indianerbuch oder lief sofort nach Tisch wieder auf den Schulplatz, wo ich immer einige unternehmungslustige Kameraden traf, und dann spielten wir, schrien und rannten und erhitzten uns, bis der Glockenschlag uns in die völlig vergessene »Wirklichkeit« zurückrief. Aber an Tagen wie heute – mit wem wollte man da spielen und wie die Teufel in der Brust betäuben? Ich sah es kommen – noch nicht heute, aber ein nächstes Mal, vielleicht bald. Da würde mein Schicksal vollends zum Ausbruch kommen. Es fehlte ja nur noch eine Kleinigkeit, eine winzige Kleinigkeit mehr an Angst und Leid und Ratlosigkeit, dann lief es über, dann mußte es ein Ende mit Schrecken nehmen. Eines Tages, an gerade so einem Tag wie heute, würde ich vollends im Bösen untersinken, ich würde in Trotz und Wut und wegen der sinnlosen Unerträglichkeit dieses Lebens etwas Gräßliches und Entscheidendes tun, etwas Gräßliches, aber Befreiendes, das der Angst und Quälerei ein Ende machte, für immer. Ungewiß war, was es sein würde; aber Phantasien und vorläufige Zwangsvorstellungen davon waren mir schon mehrmals verwirrend durch den Kopf gegangen, Vorstellungen von Verbrechen, mit denen ich an der Welt Rache nehmen und zugleich mich selbst preisgeben und vernichten würde. Manchmal war es mir so, als würde ich unser Haus anzünden: ungeheure Flammen schlugen mit Flügeln durch die Nacht, Häuser und Gassen wurden vom Brand ergriffen, die ganze Stadt loderte riesig gegen den schwarzen Himmel. Oder zu anderen Zeiten war das Verbrechen meiner Träume eine Rache an meinem Vater, ein Mord und grausiger Totschlag. Ich aber würde mich dann benehmen wie jener Verbrecher, jener einzige, richtige Verbrecher, den ich einmal hatte durch die Gassen unsrer Stadt führen sehen. Es war ein Einbrecher, den man gefangen hatte und in das Amtsgericht führte, mit Handschellen gefesselt, einen steifen Melonenhut schief auf dem Kopf, vor ihm und hinter ihm ein Landjäger. Dieser Mann, der durch die Straßen und durch einen riesigen Volksauflauf von Neugierigen getrieben wurde, an tausend Flüchen, boshaften Witzen und herausgeschrienen bösen Wünschen vorbei, dieser Mann hatte in nichts jenen armen, scheuen Teufeln geglichen, die man zuweilen vom Polizeidiener über die Straße begleitet sah und welche meistens bloß arme Handwerksburschen waren, die gebettelt hatten. Nein, dieser war kein Handwerksbursche und sah nicht windig, scheu und weinerlich aus, oder flüchtete in ein verlegen-dummes Grinsen, wie ich es auch schon gesehen hatte – dieser war ein echter Verbrecher und trug den etwas zerbeulten Hut kühn auf einem trotzigen und ungebeugten Schädel, er war bleich und lächelte still verachtungsvoll, und das Volk, das ihn beschimpfte und anspie, wurde neben ihm zu Pack und Pöbel. Ich hatte damals selbst mitgeschrien: »Man hat ihn, der gehört gehängt!«; aber dann sah ich seinen aufrechten, stolzen Gang, wie er die gefesselten Hände vor sich trug, und wie er auf dem zähen, bösen Kopf den Melonenhut kühn wie eine phantastische Krone trug – und wie er lächelte! und da schwieg ich. So wie dieser Verbrecher aber würde auch ich lächeln und den Kopf steif halten, wenn man mich ins Gericht und auf das Schafott führte, und wenn die vielen Leute um mich her drängten und hohnvoll aufschrien – ich würde nicht ja und nicht nein sagen, einfach schweigen und verachten.

Und wenn ich hingerichtet und tot war und im Himmel vor den ewigen

Richter kam, dann wollte ich mich keineswegs beugen und unterwerfen. O nein, und wenn alle Engelscharen ihn umstanden und alle Heiligkeit und Würde aus ihm strahlte! Mochte er mich verdammen, mochte er mich in Pech sieden lassen! Ich wollte mich nicht entschuldigen, mich nicht demütigen, ihn nicht um Verzeihung bitten, nichts bereuen! Wenn er mich fragte: »Hast du das und das getan?«, so würde ich rufen: »Jawohl habe ich's getan, und noch mehr, und es war recht, daß ich's getan habe, und wenn ich kann, werde ich es wieder und wieder tun. Ich habe totgeschlagen, ich habe Häuser angezündet, weil es mir Spaß machte, und weil ich dich verhöhnen und ärgern wollte. Ja, denn ich hasse dich, ich spucke dir vor die Füße, Gott. Du hast mich gequält und geschunden, du hast Gesetze gegeben, die niemand halten kann, du hast die Erwachsenen angestiftet, uns Jungen das Leben zu versauen.«

Wenn es mir glückte, mir dies vollkommen deutlich vorzustellen und fest daran zu glauben, daß es mir gelingen würde, genau so zu tun und zu reden, dann war mir für Augenblicke finster wohl. Sofort aber kehrten die Zweifel wieder. Würde ich nicht schwach werden, würde mich einschüchtern lassen, würde doch nachgeben? Oder, wenn ich auch alles tat, wie es mein trotziger Wille war – würde nicht Gott einen Ausweg finden, eine Überlegenheit, einen Schwindel, so wie es den Erwachsenen und Mächtigen ja immer gelang, am Ende noch mit einem Trumpf zu kommen, einen schließlich doch noch zu beschämen, einen nicht für voll zu nehmen, einen unter der verfluchten Maske des Wohlwollens zu demütigen? Ach, natürlich würde es so enden.

Hin und her gingen meine Phantasien, ließen bald mich, bald Gott gewinnen, hoben mich zum unbeugsamen Verbrecher und zogen mich wieder zum Kind und Schwächling herab.

Ich stand am Fenster und schaute auf den kleinen Hinterhof des Nachbarhauses hinunter, wo Gerüststangen an der Mauer lehnten und in einem kleinen winzigen Garten ein paar Gemüsebeete grünten. Plötzlich hörte ich durch die Nachmittagsstille Glockenschläge hallen, fest und nüchtern in meine Visionen hinein, einen klaren, strengen Stundenschlag, und noch einen. Es war zwei Uhr, und ich schreckte aus den Traumängsten in die der Wirklichkeit zurück. Nun begann unsre Turnstunde, und wenn ich auch auf Zauberflügeln fort und in die Turnhalle gestürzt wäre, ich wäre doch schon zu spät gekommen. Wieder Pech! Das gab übermorgen Aufruf, Schimpfworte und Strafe. Lieber ging ich gar nicht mehr hin, es war doch nichts mehr gutzumachen. Vielleicht mit einer sehr guten, sehr feinen und glaubhaften Entschuldigung – aber es wäre mir in diesem Augenblick keine eingefallen, so glänzend mich auch unsre Lehrer zum Lügen erzogen hatten; ich war jetzt nicht imstande, zu lügen, zu erfinden, zu konstruieren. Besser war es, vollends ganz aus der Stunde wegzubleiben. Was lag daran, ob jetzt zum großen Unglück noch ein kleines kam!

Aber der Stundenschlag hatte mich geweckt und meine Phantasiespiele gelähmt. Ich war plötzlich sehr schwach, überwirklich sah mein Zimmer mich an, Pult, Bilder, Bett, Bücherschaft, alles geladen mit strenger Wirklichkeit, alles Zurufe aus der Welt, in der man leben mußte, und die mir heut wieder einmal so feindlich und gefährlich geworden war. Wie denn? Hatte ich nicht die Turnstunde versäumt? Und hatte ich nicht gestohlen, jämmerlich gestohlen, und hatte die verdammten Feigen im Bücherbrett liegen, soweit sie nicht schon aufgegessen waren? Was gingen mich jetzt der Verbrecher, der liebe Gott und das jüngste Gericht an! Das würde alles dann schon kommen, zu seiner Zeit – aber jetzt, jetzt im Augenblick konnte das Verbrechen entdeckt werden. Vielleicht war es schon soweit, vielleicht hatte mein Vater droben schon jene Schublade gezogen und stand vor meiner Schandtat, beleidigt und erzürnt, und überlegte sich, auf welche Art mir der Prozeß zu machen sei. Ach, er war möglicherweise schon unterwegs zu mir, und wenn ich nicht sofort entfloh, hatte ich in der nächsten Minute schon sein ernstes Gesicht mit der Brille vor mir. Denn er wußte natürlich sofort, daß ich der Dieb war. Es gab keine Verbrecher in unserm Haus außer mir, meine Schwestern taten nie so etwas, Gott weiß warum. Aber wozu brauchte mein Vater da in seiner Kommode solche Feigenkränze verborgen zu haben?

Ich hatte mein Stübchen schon verlassen und mich durch die hintere Haustür und den Garten davongemacht. Die Gärten und Wiesen lagen in heller Sonne, Zitronenfalter flogen über den Weg. Alles sah jetzt schlimm und drohend aus, viel schlimmer als heut morgen. Oh, ich kannte das schon, und doch meinte ich, es nie so qualvoll gespürt zu haben: wie da alles in seiner Selbstverständlichkeit und mit seiner Gewissensruhe mich ansah, Stadt und Kirchturm, Wiesen und Weg, Grasblüten und Schmetterlinge, und wie alles Hübsche und Fröhliche, was man sonst mit Freuden sah, nun fremd und verzaubert war! Ich kannte das, ich wußte, wie es schmeckt, wenn man in Gewissensangst durch die gewohnte Gegend läuft! Jetzt konnte der seltenste Schmetterling über die Wiese fliegen und sich vor meinen Füßen hinsetzen – es war nichts, es freute nicht, reizte nicht, tröstete nicht. Jetzt konnte der herrlichste Kirschbaum mir seinen vollsten Ast herbieten – es hatte keinen Wert, es war kein Glück dabei. Jetzt gab es nichts als fliehen, vor dem Vater, vor der Strafe, vor mir selber, vor meinem Gewissen, fliehen und rastlos sein, bis dennoch unerbittlich und unentrinnbar alles kam, was kommen mußte.

Ich lief und war rastlos, ich lief bergan und hoch bis zum Wald, und vom Eichenberg nach der Hofmühle hinab, über den Steg und jenseits wieder bergauf und durch Wälder hinan. Hier hatten wir unser letztes Indianerlager gehabt. Hier hatte letztes Jahr, als der Vater auf Reisen war, unsre Mutter mit uns Kindern Ostern gefeiert und im Wald und Moos die Eier für uns versteckt. Hier hatte ich einst mit meinen Vettern in den Ferien eine Burg gebaut, sie stand noch halb. Überall Reste von einstmals, überall Spiegel, aus denen mir ein andrer entgegensah, als der ich heute war! War ich das alles gewesen? So lustig, so zufrieden, so dankbar, so kameradschaftlich, so zärtlich mit der Mutter, so ohne Angst, so unbegreiflich glücklich? War das ich gewesen? Und wie hatte ich so werden können, wie ich jetzt war, so anders, so ganz anders, so böse, so voll Angst, so zerstört? Alles war noch wie immer, Wald und Fluß, Farnkräuter und Blumen, Burg und Ameisenhaufen, und doch alles wie vergiftet und verwüstet. Gab es denn gar keinen Weg zurück, dorthin, wo das Glück und die Unschuld waren? Konnte es nie mehr werden, wie es gewesen war? Würde ich jemals wieder so lachen, so mit den Schwestern spielen, so nach Ostereiern suchen?

Ich lief und lief, den Schweiß auf der Stirn, und hinter mir lief meine Schuld und lief groß und ungeheuer der Schatten meines Vaters als Verfolger mit.

An mir vorbei liefen Alleen, sanken Waldränder hinab. Auf einer Höhe machte ich halt, abseits vom Weg, ins Gras geworfen, mit Herzklopfen, das vom Bergaufwärtsrennen kommen konnte, das vielleicht bald besser wurde. Unten sah ich Stadt und Fluß, sah die Turnhalle, wo jetzt die Stunde zu Ende war und die Buben auseinanderliefen, sah das lange Dach meines Vaterhauses. Dort war meines Vaters Schlafzimmer und die Schublade, in der die Feigen fehlten. Dort war mein kleines Zimmer. Dort würde, wenn ich zurückkam, das Gericht mich treffen. – Aber wenn ich nicht zurückkam?

Ich wußte, daß ich zurückkommen würde. Man kam immer zurück, jedesmal. Es endete immer so. Man konnte nicht fort, man konnte nicht nach Afrika fliehen oder nach Berlin. Man war klein, man hatte kein Geld, niemand half einem. Ja, wenn alle Kinder sich zusammentaten und einander hülfen! Sie waren viele, es gab mehr Kinder als Eltern. Aber nicht alle Kinder waren Diebe und Verbrecher. Wenige waren so wie ich. Vielleicht war ich der einzige. Aber nein, ich wußte, es kamen öfters solche Sachen vor wie meine – ein Onkel von mir hatte als Kind auch gestohlen und viele Sachen angestellt, das hatte ich irgendwann einmal erlauscht, heimlich aus einem Gespräch der Eltern, heimlich, wie man alles Wissenswerte erlauschen mußte. Doch das alles half mir nicht, und wenn jener Onkel selber da wäre, er würde mir auch nicht helfen! Er war jetzt längst groß und erwachsen, er war Pastor, und er würde zu den Erwachsenen halten und mich im Stich lassen. So waren sie alle. Gegen uns Kinder waren sie alle falsch und verlogen, spielten eine Rolle, gaben sich anders als sie waren. Die Mutter vielleicht nicht, oder weniger.

Ja, wenn ich nun nicht mehr heimkehren würde? Es könnte ja etwas passieren, ich konnte mir den Hals brechen oder ertrinken oder unter die Eisenbahn kommen. Dann sah alles anders aus. Dann brachte man mich nach Hause, und alles war still und erschrocken und weinte, und ich tat allen leid, und von den Feigen war nicht mehr die Rede. Ich wußte sehr gut, daß man sich selber das Leben nehmen konnte. Ich dachte auch, daß ich das wohl einmal tun würde, später, wenn es einmal ganz schlimm kam. Gut wäre es gewesen, krank zu werden, aber nicht bloß so mit Husten, sondern richtig todkrank, so wie damals, als ich Scharlachfieber hatte.

Inzwischen war die Turnstunde längst vorüber, und auch die Zeit war vorüber, wo man mich zu Hause zum Kaffee erwartete. Vielleicht riefen und suchten sie jetzt nach mir in meinem Zimmer, im Garten und Hof, auf dem Estrich. Wenn aber der Vater meinen Diebstahl schon entdeckt hatte, dann wurde nicht gesucht, dann wußte er Bescheid.

Es war mir nicht möglich, länger liegenzubleiben. Das Schicksal vergaß mich nicht, es war hinter mir her. Ich nahm das Laufen wieder auf. Ich kam an einer Bank in den Anlagen vorüber, an der hing wieder eine Erinnerung, wieder eine, die einst schön und lieb gewesen war und jetzt wie Feuer brannte. Mein Vater hatte mir ein Taschenmesser geschenkt, wir waren zusammen spazierengegangen, froh und in gutem Frieden, und er hatte sich auf diese Bank gesetzt, während ich im Gebüsch mir eine lange Haselrute schneiden wollte. Und da brach ich im Eifer das neue Messer ab, die Klinge dicht am Heft, und kam entsetzt zurück, wollte es erst verheimlichen, wurde aber gleich danach gefragt. Ich war sehr unglücklich, wegen des Messers und weil ich Scheltworte erwartete. Aber da hatte mein Vater nur gelächelt, mir leicht die Schulter berührt und gesagt: »Wie schade, du armer Kerl!« Wie hatte ich ihn da geliebt, wieviel ihm innerlich abgebeten! Und jetzt, wenn ich an das damalige Gesicht meines Vaters dachte, an seine Stimme, an sein Mitleid – was war ich für ein Ungeheuer, daß ich diesen Vater so oft betrübt, belogen und heut bestohlen hatte!

Als ich wieder in die Stadt kam, bei der oberen Brücke und weit von unserm Hause, hatte die Dämmerung schon begonnen. Aus einem Kaufladen, hinter dessen Glastür schon Licht brannte, kam ein Knabe gelaufen, der blieb plötzlich stehen und rief mich mit Namen an. Es war Oskar Weber. Niemand konnte mir ungelegener kommen. Immerhin erfuhr ich von ihm, daß der Lehrer mein Fehlen in der Turnstunde nicht bemerkt habe. Aber wo ich denn gewesen sei?

»Ach nirgends«, sagte ich, »ich war nicht recht wohl.«

Ich war schweigsam und zurückweisend, und nach einer Weile, die ich empörend lang fand, merkte er, daß er mir lästig sei. Jetzt wurde er böse.

»Laß mich in Ruhe«, sagte ich kalt, »ich kann allein heimgehen.«

»So?« rief er jetzt. »Ich kann geradesogut allein gehen wie du, dummer Fratz! Ich bin nicht dein Pudel, daß du's weißt. Aber vorher möchte ich doch wissen, wie das jetzt eigentlich mit unserer Sparkasse ist! Ich habe einen Zehner hineingetan und du nichts.«

»Deinen Zehner kannst du wiederhaben, heut noch, wenn du Angst um ihn hast. Wenn ich dich nur nimmer sehen muß. Als ob ich von dir etwas annehmen würde!«

»Du hast ihn neulich gern genommen«, meinte er höhnisch, aber nicht, ohne einen Türspalt zur Versöhnung offen zu lassen.

Aber ich war heiß und böse geworden, alle in mir angehäufte Angst und Ratlosigkeit brach in hellen Zorn aus. Weber hatte mir nichts zu sagen! Gegen ihn war ich im Recht, gegen ihn hatte ich ein gutes Gewissen. Und ich brauchte jemand, gegen den ich mich fühlen, gegen den ich stolz und im Recht sein konnte. Alles Ungeordnete und Finstere in mir strömte wild in diesen Ausweg. Ich tat, was ich sonst so sorgfältig vermied, ich kehrte den Herrensohn heraus, ich deutete an, daß es für mich keine Entbehrung sei, auf die Freundschaft mit einem Gassenbuben zu verzichten. Ich sagte ihm, daß für ihn jetzt das Beerenessen in unserm Garten und das Spielen mit meinen Spielsachen ein Ende habe. Ich fühlte mich aufglühen und aufleben: Ich hatte einen Feind, einen Gegner, einen, der schuld war, den man packen konnte. Alle Lebenstriebe sammelten sich in diese erlösende, willkommene, befreiende Wut, in die grimmige Freude am Feind, der diesmal nicht in mir selbst wohnte, der mir gegenüberstand, mich mit erschreckten, dann mit bösen Augen anglotzte, dessen Stimme ich hörte, dessen Vorwürfe ich verachten, dessen Schimpfworte ich übertrumpfen konnte.

Im anschwellenden Wortwechsel, dicht nebeneinander, trieben wir die dunkelnde Gasse hinab; da und dort sah man uns aus einer Haustüre nach. Und alles, was ich gegen mich selber an Wut und Verachtung empfand, kehrte sich gegen den unseligen Weber. Als er damit zu drohen begann, er werde mich dem Turnlehrer anzeigen, war es Wollust für mich: er setzte sich ins Unrecht, er wurde gemein, er stärkte mich.

Als wir in der Nähe der Metzgergasse handgemein wurden, blieben gleich ein paar Leute stehen und sahen unserm Handel zu. Wir hieben einander in den Bauch und ins Gesicht und traten mit den Schuhen gegeneinander. Nun hatte ich für Augenblicke alles vergessen, ich war im Recht, war kein Verbrecher, Kampfrausch beglückte mich, und wenn Weber auch stärker war als ich, so war ich flinker, klüger, rascher, feuriger. Wir wurden heiß und schlugen uns wütend. Als er mir mit einem verzweifelten Griff den Hemdkragen aufriß, fühlte ich mit Inbrunst den Strom kalter Luft über meine glühende Haut laufen.

Und im Hauen, Reißen und Treten, Ringen und Würgen hörten wir nicht auf, uns weiter mit Worten anzufeinden, zu beleidigen und zu vernichten, mit Worten, die immer glühender, immer törichter und böser, immer dichterischer und phantastischer wurden. Und auch darin war ich ihm über, war böser, dichterischer, erfinderischer. Sagte er Hund, so sagte ich Sauhund. Rief er Schuft, so schrie ich Satan. Wir bluteten beide, ohne etwas zu fühlen, und dabei häuften unsre Worte böse Zauber und Wünsche, wir empfahlen einander dem Galgen, wünschten uns Messer, um sie einander in die Rippen zu jagen und darin umzudrehen, wir beschimpften einer des andern Namen, Herkunft und Vater.

Es war das erste und einzige Mal, daß ich einen solchen Kampf im vollen Kriegsrausch bis zu Ende ausfocht, mit allen Hieben, allen Grausamkeiten, allen Beschimpfungen. Zugesehen hatte ich oft und mit grausender Lust diese vulgären, urtümlichen Flüche und Schandworte angehört; nun schrie ich sie selber heraus, als sei ich ihrer von klein auf gewohnt und in ihrem Gebrauch geübt. Tränen liefen mir aus den Augen und Blut über den Mund. Die Welt aber war herrlich, sie hatte einen Sinn, es war gut zu leben, gut zu hauen, gut zu bluten und bluten zu machen.

Niemals vermochte ich in der Erinnerung das Ende dieses Kampfes wieder zu finden. Irgendeinmal war es aus, irgendeinmal stand ich allein in der stillen Dunkelheit, erkannte Straßenecken und Häuser, war nahe bei unserm Hause. Langsam floh der Rausch, langsam hörte das Flügelbrausen und Donnern auf, und Wirklichkeit drang stückweise vor meine Sinne, zuerst nur vor die Augen. Da der Brunnen. Die Brücke. Blut an meiner Hand, zerrissene Kleider, herabgerutschte Strümpfe, ein Schmerz im Knie, einer im Auge, keine Mütze mehr da – alles kam nach und nach, wurde Wirklichkeit und sprach zu mir. Plötzlich war ich tief ermüdet, fühlte meine Knie und Arme zittern, tastete nach einer Hauswand.

Und da war unser Haus. Gott sei Dank! Ich wußte nichts auf der Welt mehr, als daß dort Zuflucht war, Friede, Licht, Geborgenheit. Aufatmend schob ich das hohe Tor zurück.

Da mit dem Duft von Stein und feuchter Kühle überströmte mich plötzlich Erinnerung, hundertfach. O Gott! Es roch nach Strenge, nach Gesetz, nach Verantwortung, nach Vater und Gott. Ich hatte gestohlen. Ich war kein verwundeter Held, der vom Kampf heimkehrte. Ich war kein armes Kind, das nach Hause findet und von der Mutter in Wärme und Mitleid gebettet wird. Ich war Dieb, ich war Verbrecher. Da droben waren nicht Zuflucht, Bett und Schlaf für mich, nicht Essen und Pflege, nicht Trost und Vergessen. Auf mich wartete Schuld und Gericht.

Damals in dem finstern abendlichen Flur und im Treppenhaus, dessen viele Stufen ich unter Mühen erklomm, atmete ich, wie ich glaube, zum erstenmal in meinem Leben für Augenblicke den kalten Äther, die Einsamkeit, das Schicksal. Ich sah keinen Ausweg, ich hatte keine Pläne, auch keine Angst, nichts als das kalte, rauhe Gefühl: »Es muß sein.« Am Geländer zog ich mich die Treppe hinauf. Vor der Glastür fühlte ich Lust, noch einen Augenblick mich auf die Treppe zu setzen, aufzuatmen, Ruhe zu haben. Ich tat es nicht, es hatte keinen Zweck. Ich mußte hinein. Beim Öffnen der Tür fiel mir ein, wie spät es wohl sei?

Ich trat ins Eßzimmer. Da saßen sie um den Tisch und hatten eben gegessen, ein Teller mit Äpfeln stand noch da. Es war gegen acht Uhr. Nie war ich ohne Erlaubnis so spät heimgekommen, nie hatte ich beim Abendessen gefehlt.

»Gott sei Dank, da bist du!« rief meine Mutter lebhaft. Ich sah, sie war in

Sorge um mich gewesen. Sie lief auf mich zu und blieb erschrocken stehen, als sie mein Gesicht und die beschmutzten und zerrissenen Kleider sah. Ich sagte nichts und blickte niemanden an, doch spürte ich deutlich, daß Vater und Mutter sich mit Blicken meinetwegen verständigten. Mein Vater schwieg und beherrschte sich; ich fühlte, wie zornig er war. Die Mutter nahm sich meiner an, Gesicht und Hände wurden mir gewaschen, Pflaster aufgeklebt, dann bekam ich zu essen. Mitleid und Sorgfalt umgaben mich, ich saß still und tief beschämt, fühlte die Wärme und genoß sie mit schlechtem Gewissen. Dann ward ich zu Bett geschickt. Dem Vater gab ich die Hand, ohne ihn anzusehen.

Als ich schon im Bett lag, kam die Mutter noch zu mir. Sie nahm meine Kleider vom Stuhl und legte mir andere hin, denn morgen war Sonntag. Dann fing sie behutsam zu fragen an, und ich mußte von meiner Rauferei erzählen. Sie fand es zwar schlimm, schalt aber nicht und schien ein wenig verwundert, daß ich dieser Sache wegen so sehr gedrückt und scheu war. Dann ging sie.

Und nun, dachte ich, war sie überzeugt, daß alles gut sei. Ich hatte Händel ausgefochten und war blutiggehauen worden, aber das würde morgen vergessen sein. Von dem andern, dem Eigentlichen, wußte sie nichts. Sie war betrübt gewesen, aber unbefangen und zärtlich. Auch der Vater wußte also vermutlich noch nichts.

Und nun überkam mich ein furchtbares Gefühl von Enttäuschung. Ich merkte jetzt, daß ich seit dem Augenblick, wo ich unser Haus betreten hatte, ganz und gar von einem einzigen, sehnlichen, verzehrenden Wunsch erfüllt gewesen war. Ich hatte nichts anderes gedacht, gewünscht, ersehnt, als daß das Gewitter nun ausbrechen möge, daß das Gericht über mich ergehe, daß das Furchtbare zur Wirklichkeit werde und die entsetzliche Angst davor aufhöre. Ich war auf alles gefaßt, zu allem bereit gewesen. Mochte ich schwer gestraft, geschlagen und eingesperrt werden! Mochte er mich hungern lassen! Mochte er mich verfluchen und verstoßen! Wenn nur die Angst und Spannung ein Ende nahmen!

Statt dessen lag ich nun da, hatte noch Liebe und Pflege genossen, war freundlich geschont und für meine Unarten nicht zur Rechenschaft gezogen worden und konnte aufs neue warten und bangen. Sie hatten mir die zerrissenen Kleider, das lange Fortbleiben, das versäumte Abendessen vergeben, weil ich müde war und blutete und ihnen leid tat, vor allem aber, weil sie das andere nicht ahnten, weil sie nur von meinen Unarten, nichts von meinem Verbrechen wußten. Es würde mir doppelt schlimm gehen, wenn es ans Licht kam! Vielleicht schickte man mich, wie man früher einmal gedroht hatte, in eine Besserungsanstalt, wo man altes, hartes Brot essen und während der ganzen Freizeit Holz sägen und Stiefel putzen mußte, wo es Schlafsäle mit Aufsehern geben sollte, die einen mit dem Stock schlugen und morgens um vier mit kaltem Wasser weckten. Oder man übergab mich der Polizei?

Jedenfalls aber, es komme wie es möge, lag wieder eine Wartezeit vor mir. Noch länger mußte ich die Angst ertragen, noch länger mit meinem Geheimnis herumgehen, vor jedem Blick und Schritt im Hause zittern und niemand ins Gesicht sehen können.

Oder war es am Ende möglich, daß mein Diebstahl gar nicht bemerkt wurde? Daß alles blieb, wie es war? Daß ich mir alle diese Angst und Pein vergebens gemacht hatte? – O, wenn das geschehen sollte, wenn dies Unausdenkliche, Wundervolle möglich war, dann wollte ich ein ganz neues Leben beginnen, dann wollte ich Gott danken und mich dadurch würdig zeigen, daß ich Stunde für Stunde ganz rein und fleckenlos lebte! Was ich schon früher versucht hatte und was mir mißglückt war, jetzt würde es gelingen, jetzt waren mein Vorsatz und Wille stark genug, jetzt nach diesem Elend, dieser Hölle voll Qual! Mein ganzes Wesen bemächtigte sich dieses Wunschgedankens und sog sich inbrünstig daran fest. Trost regnete vom Himmel, Zukunft tat sich blau und sonnig auf. In diesen Phantasien schlief ich endlich ein und schlief unbeschwert die ganze, gute Nacht hindurch.

Am Morgen war Sonntag, und noch im Bett empfand ich, wie den Geschmack einer Frucht, das eigentümliche, sonderbar gemischte, im ganzen aber so köstliche Sonntagsgefühl, wie ich es seit meiner Schulzeit kannte. Der Sonntagmorgen war eine gute Sache: Ausschlafen, keine Schule, Aussicht auf ein gutes Mittagessen, kein Geruch nach Lehrer und Tinte, eine Menge freie Zeit. Dies war die Hauptsache. Schwächer nur klangen andere, fremdere, fadere Töne hinein: Kirchgang oder Sonntagsschule, Familienspaziergang, Sorge um die schönen Kleider. Damit wurden der reine, gute, köstliche Geschmack und Duft ein wenig verfälscht und zersetzt – so, wie wenn zwei gleichzeitig gegessene Speisen, etwa ein Pudding und der Saft dazu, nicht ganz zusammenpaßten, oder wie zuweilen Bonbons oder Backwerk, die man in kleinen Läden geschenkt bekam, einen fatalen leisen Beigeschmack von Käse oder von Erdöl hatten. Man aß sie, und sie waren gut, aber es war nichts Volles und Strahlendes, man mußte ein Auge dabei zudrücken. Nun, so ähnlich war meistens der Sonntag, namentlich wenn ich in die Kirche oder Sonntagsschule gehen mußte, was zum Glück nicht immer der Fall war. Der freie Tag bekam dadurch einen Beigeschmack von Pflicht und von Langeweile. Und bei den Spaziergängen mit der ganzen Familie, wenn sie auch oft schön sein konnten, passierte gewöhnlich irgend etwas, es gab Streit mit den Schwestern, man ging zu rasch oder zu langsam, man brachte Harz an die Kleider; irgendein Haken war meistens dabei.

Nun, das mochte kommen. Mir war wohl. Seit gestern war eine Masse Zeit vergangen. Vergessen hatte ich meine Schandtat nicht, sie fiel mir schon am Morgen wieder ein, aber es war nun so lange her, die Schrecken waren ferngerückt und unwirklich geworden. Ich hatte gestern meine Schuld gebüßt, wenn auch nur durch Gewissensqualen, ich hatte einen bösen, jammervollen Tag durchlitten. Nun war ich wieder zu Vertrauen und Harmlosigkeit geneigt und machte mir wenig Gedanken mehr. Ganz war es ja noch nicht abgetan, es klangen noch ein wenig Drohung und Peinlichkeit nach, so wie in den schönen Sonntag jene kleinen Pflichten und Kümmernisse mit hineinklangen.

Beim Frühstück waren wir alle vergnügt. Es wurde mir die Wahl zwischen Kirche und Sonntagsschule gelassen. Ich zog, wie immer, die Kirche vor. Dort wurde man wenigstens in Ruhe gelassen und konnte seine Gedanken laufen lassen; auch war der hohe, feierliche Raum mit den bunten Fenstern oft schön und ehrwürdig, und wenn man mit eingekniffenen Augen dort das lange dämmernde Schiff gegen die Orgel sah, dann gab es manchmal wundervolle Bilder; die aus dem Finstern ragenden Orgelpfeifen erschienen oft wie eine strahlende Stadt mit hundert Türmen. Auch war es mir oft geglückt, wenn die Kirche nicht voll war, die ganze Stunde ungestört in einem Geschichtenbuch zu lesen.

Heut nahm ich keines mit und dachte auch nicht daran, mich um den Kirchgang zu drücken, wie ich es auch schon getan hatte. So viel klang von gestern abend noch in mir nach, daß ich gute und redliche Vorsätze hatte und gesonnen war, mich mit Gott, Eltern und Welt freundlich und gefügig zu vertragen. Auch mein Zorn gegen Oskar Weber war ganz und gar verflogen. Wenn er gekommen wäre, ich hätte ihn aufs beste aufgenommen.

Der Gottesdienst begann, ich sang die Choralverse mit, es war das Lied »Hirte deiner Schafe«, das wir auch in der Schule auswendig gelernt hatten. Es fiel mir dabei wieder einmal auf, wie ein Liedervers beim Singen, und gar bei dem schleppend langsamen Gesang in der Kirche, ein ganz anderes Gesicht hatte als beim Lesen oder Hersagen. Beim Lesen war so ein Vers ein Ganzes, hatte einen Sinn, bestand aus Sätzen. Beim Singen bestand er nur noch aus Worten, Sätze kamen nicht zustande, Sinn war keiner da, aber dafür gewannen die Worte, die einzelnen, gesungenen, langhin gedehnten Worte, ein sonderbar starkes, unabhängiges Leben, ja, oft waren es nur einzelne Silben, etwas an sich ganz Sinnloses, die im Gesang selbständig wurden und Gestalt annahmen. In dem Vers »Hirte deiner Schafe, der von keinem Schlafe etwas wissen mag« war zum Beispiel heute beim Kirchengesang gar kein Zusammenhang und Sinn, man dachte auch weder an einen Hirten noch an Schafe, man dachte durchaus gar nichts. Aber das war keineswegs langweilig. Einzelne Worte, namentlich das »Schla-afe«, wurden so seltsam voll und schön, man wiegte sich ganz darin, und auch das »mag« tönte geheimnisvoll und schwer, erinnerte an »Magen« und an dunkle, gefühlsreiche, halbbekannte Dinge, die man in sich innen im Leibe hat. Dazu die Orgel!

Und dann kam der Stadtpfarrer und die Predigt, die stets so unbegreiflich lang war, und das seltsame Zuhören, wobei man oft lange Zeit nur den Ton der redenden Stimme glockenhaft schweben hörte, dann wieder einzelne Worte scharf und deutlich samt ihrem Sinn vernahm und ihnen zu folgen bemüht war, solange es ging. Wenn ich nur im Chor hätte sitzen dürfen, statt unter all den Männern auf der Empore. Im Chor, wo ich bei Kirchenkonzerten schon gesessen war, da saß man tief in schweren, isolierten Stühlen, deren jeder ein kleines festes Gebäude war, und über sich hatte man ein sonderbar reizvolles, vielfältiges, netzartiges Gewölbe, und hoch an der Wand war die Bergpredigt in sanften Farben gemalt, und das blaue und rote Gewand des Heilands auf dem blaßblauen Himmel war so zart und beglückend anzusehen.

Manchmal knackte das Kirchengestühl, gegen das ich eine tiefe Abneigung hegte, weil es mit einer gelben, öden Lackfarbe gestrichen war, an der man immer ein wenig klebenblieb. Manchmal summte eine Fliege auf und gegen eines der Fenster, in deren Spitzbogen blaurote Blumen und grüne Sterne gemalt waren. Und unversehens war die Predigt zu Ende, und ich streckte mich vor, um den Pfarrer in seinen engen, dunklen Treppenschlauch verschwinden zu sehen. Man sang wieder, aufatmend und sehr laut, und man stand auf und strömte hinaus; ich warf den mitgebrachten

Fünfer in die Opferbüchse, deren blecherner Klang so schlecht in die Feierlichkeit paßte, und ließ mich vom Menschenstrom mit ins Portal ziehen und ins Freie treiben.

Jetzt kam die schönste Zeit des Sonntags, die zwei Stunden zwischen Kirche und Mittagessen. Da hatte man seine Pflicht getan, man war im langen Sitzen auf Bewegung, auf Spiele oder Gänge begierig geworden, oder auf ein Buch, und war völlig frei bis zum Mittag, wo es meistens etwas Gutes gab. Zufrieden schlenderte ich nach Hause, angefüllt mit freundlichen Gedanken und Gesinnungen. Die Welt war in Ordnung, es ließ sich in ihr leben. Friedfertig trabte ich durch Flur und Treppe hinauf.

In meinem Stübchen schien Sonne. Ich sah nach meinen Raupenkästen, die ich gestern vernachlässigt hatte, fand ein paar neue Puppen, gab den Pflanzen frisches Wasser.

Da ging die Tür.

Ich achtete nicht gleich darauf. Nach einer Minute wurde die Stille mir sonderbar; ich drehte mich um. Da stand mein Vater. Er war blaß und sah gequält aus. Der Gruß blieb mir im Halse stecken. Ich sah: er wußte! Er war da. Das Gericht begann. Nichts war gut geworden, nichts abgebüßt, nichts vergessen! Die Sonne wurde bleich, und der Sonntagmorgen sank welk dahin.

Aus allen Himmeln gerissen starrte ich dem Vater entgegen. Ich haßte ihn, warum war er nicht gestern gekommen? Jetzt war ich auf nichts vorbereitet, hatte nichts bereit, nicht einmal Reue und Schuldgefühl. – Und wozu brauchte er oben in seiner Kommode Feigen zu haben?

Er ging zu meinem Bücherschrank, griff hinter die Bücher und zog einige Feigen hervor. Es waren wenige mehr da. Dazu sah er mich an, mit stummer, peinlicher Frage. Ich konnte nichts sagen. Leid und Trotz würgten mich.

»Was ist denn?« brachte ich dann heraus.

»Woher hast du diese Feigen?« fragte er, mit einer beherrschten, leisen Stimme, die mir bitter verhaßt war.

Ich begann sofort zu reden. Zu lügen. Ich erzählte, daß ich die Feigen bei einem Konditor gekauft hätte, es sei ein ganzer Kranz gewesen. Woher das Geld dazu kam? Das Geld kam aus einer Sparkasse, die ich gemeinsam mit einem Freunde hatte. Da hatten wir beide alles kleine Geld hineingetan, das wir je und je bekamen. Übrigens – hier war die Kasse. Ich holte die Schachtel mit dem Schlitz hervor. Jetzt war bloß noch ein Zehner darin, eben weil wir gestern die Feigen gekauft hatten.

Mein Vater hörte zu, mit einem stillen, beherrschten Gesicht, dem ich nichts glaubte.

»Wieviel haben denn die Feigen gekostet?« fragte er mit der zu leisen Stimme.

»Eine Mark und sechzig.«

»Und wo hast du sie gekauft?«

»Beim Konditor.«

»Bei welchem?«

»Bei Haager.«

Es gab eine Pause. Ich hielt die Geldschachtel noch in frierenden Fingern. Alles an mir war kalt und fror.

Und nun fragte er, mit einer Drohung in der Stimme: »Ist das wahr?«

Ich redete wieder rasch. Ja, natürlich war es wahr, und mein Freund Weber war im Laden gewesen, ich hatte ihn nur begleitet. Das Geld hatte hauptsächlich ihm, dem Weber, gehört, von mir war nur wenig dabei.

»Nimm deine Mütze«, sagte mein Vater, »wir wollen miteinander zum Konditor Haager gehen. Er wird ja wissen, ob es wahr ist.«

Ich versuchte zu lächeln. Nun ging mir die Kälte bis in Herz und Magen. Ich ging voran und nahm im Korridor meine blaue Mütze. Der Vater öffnete die Glastür, auch er hatte seinen Hut genommen.

»Noch einen Augenblick!« sagte ich, »ich muß schnell hinausgehen.«

Er nickte. Ich ging auf den Abtritt, schloß zu, war allein, war noch einen Augenblick gesichert. O, wenn ich jetzt gestorben wäre!

Ich blieb eine Minute, blieb zwei. Es half nichts. Man starb nicht. Es galt standzuhalten. Ich schloß auf und kam. Wir gingen die Treppe hinunter.

Als wir eben durchs Haustor gingen, fiel mir etwas Gutes ein, und ich sagte schnell:

»Aber heut ist ja Sonntag, da hat der Haager gar nicht offen.«

Das war eine Hoffnung, zwei Sekunden lang. Mein Vater sagte gelassen: »Dann gehen wir zu ihm in die Wohnung. Komm.«

Wir gingen. Ich schob meine Mütze gerade, steckte eine Hand in die Tasche und versuchte neben ihm daherzugehen, als sei nichts Besonderes los. Obwohl ich wußte, daß alle Leute mir ansahen, ich sei ein abgeführter Verbrecher, versuchte ich doch mit tausend Künsten, es zu verheimlichen. Ich bemühte mich, einfach und harmlos zu atmen; es brauchte niemand zu sehen, wie es mir die Brust zusammenzog. Ich war bestrebt, ein argloses Gesicht zu machen, Selbstverständlichkeit und Sicherheit zu heucheln. Ich zog einen Strumpf hoch, ohne daß er es nötig hatte, und lächelte, während ich wußte, daß dies Lächeln furchtbar dumm und künstlich aussehe. In mir innen, in Kehle und Eingeweiden, saß der Teufel und würgte mich.

Wir kamen am Gasthaus vorüber, beim Hufschmied, beim Lohnkutscher, bei der Eisenbahnbrücke. Dort drüben hatte ich gestern abend mit Weber gekämpft. Tat nicht der Riß beim Auge noch weh? Mein Gott! Mein Gott!

Willenlos ging ich weiter, unter Krämpfen um meine Haltung bemüht. An der Adlerscheuer vorbei, die Bahnhofstraße hinaus. Wie war diese Straße gestern noch gut und harmlos gewesen! Nicht denken! Weiter! Weiter!

Wir waren ganz nahe bei Haagers Haus. Ich hatte in diesen paar Minuten einige hundertmal die Szene voraus erlebt, die mich dort erwartete. Nun waren wir da. Nun kam es.

Aber es war mir unmöglich, das auszuhalten. Ich blieb stehen.

»Nun? Was ist?« fragte mein Vater.

»Ich gehe nicht hinein«, sagte ich leise.

Er sah zu mir herab. Er hatte es ja gewußt, von Anfang an. Warum hatte ich ihm das alles vorgespielt und mir so viel Mühe gegeben? Es hatte ja keinen Sinn.

»Hast du die Feigen nicht bei Haager gekauft?« fragte er.

Ich schüttelte den Kopf.

»Ach so«, sagte er mit scheinbarer Ruhe. »Dann können wir ja wieder nach Hause gehen.«

Er benahm sich anständig, er schonte mich auf der Straße, vor den Leuten. Es waren viele Leute unterwegs, jeden Augenblick wurde mein Vater gegrüßt. Welches Theater! Welche dumme, unsinnige Qual! Ich konnte ihm für diese Schonung nicht dankbar sein.

Er wußte ja alles! Und er ließ mich tanzen, ließ mich meine nutzlosen Kapriolen vollführen, wie man eine gefangene Maus in der Drahtfalle tanzen läßt, ehe man sie ersäuft. Ach, hätte er mir gleich zu Anfang, ohne mich überhaupt zu fragen und zu verhören, mit dem Stock über den Kopf gehauen, das wäre mir im Grunde lieber gewesen als diese Ruhe und Gerechtigkeit, mit der er mich in meinem dummen Lügengespinst einkreiste und langsam erstickte. Überhaupt, vielleicht war es besser, einen groben Vater zu haben als so einen feinen und gerechten. Wenn ein Vater, so wie es in Geschichten und Traktätchen vorkam, im Zorn oder in der Betrunkenheit seine Kinder furchtbar prügelte, so war er eben im Unrecht, und wenn die Prügel auch weh taten, so konnte man doch innerlich die Achseln zucken und ihn verachten. Bei meinem Vater ging das nicht, er war zu fein, zu einwandfrei, er war nie im Unrecht. Ihm gegenüber wurde man immer klein und elend.

Mit zusammengebissenen Zähnen ging ich vor ihm her ins Haus und wieder in mein Zimmer. Er war noch immer ruhig und kühl, vielmehr er stellte sich so, denn in Wahrheit war er, wie ich deutlich spürte, sehr böse. Nun begann er in seiner gewohnten Art zu sprechen.

»Ich möchte nur wissen, wozu diese Komödie dienen soll? Kannst du mir das nicht sagen? Ich wußte ja gleich, daß deine ganze hübsche Geschichte erlogen war. Also wozu die Faxen? Du hältst mich doch nicht im Ernst für so dumm, daß ich sie dir glauben würde?«

Ich biß weiter auf meine Zähne und schluckte. Wenn er doch aufhören wollte! Als ob ich selber gewußt hätte, warum ich ihm diese Geschichte vorlog! Als ob ich selber gewußt hätte, warum ich nicht mein Verbrechen gestehen und um Verzeihung bitten konnte! Als ob ich auch nur gewußt hätte, warum ich diese unseligen Feigen stahl! Hatte ich das denn gewollt, hatte ich es denn mit Überlegung und Wissen und aus Gründen getan?! Tat es mir denn nicht leid? Litt ich denn nicht mehr darunter als er?

Er wartete und machte ein nervöses Gesicht voll mühsamer Geduld. Einen Augenblick lang war mir selbst die Lage vollkommen klar, im Unbewußten, doch hätte ich es nicht wie heut mit Worten sagen können. Es war so: Ich hatte gestohlen, weil ich trostbedürftig in Vaters Zimmer gekommen war und es zu meiner Enttäuschung leer gefunden hatte. Ich hatte nicht stehlen wollen. Ich hatte, als der Vater nicht da war, nur spionieren wollen, mich unter seinen Sachen umsehen, seine Geheimnisse belauschen, etwas über ihn erfahren. So war es. Dann lagen die Feigen da, und ich stahl. Und sofort bereute ich, und den ganzen Tag gestern hatte ich Qual und Verzweiflung gelitten, hatte zu sterben gewünscht, hatte mich verurteilt, hatte neue, gute Vorsätze gefaßt. Heut aber – ja, heut war es nun anders. Ich hatte diese Reue und all das nun ausgekostet, ich war jetzt nüchterner, und ich spürte unerklärliche, aber riesenstarke Widerstände gegen den Vater und gegen alles, was er von mir erwartete und verlangte.

Hätte ich ihm das sagen können, so hätte er mich verstanden. Aber auch Kinder, so sehr sie den Großen an Klugheit überlegen sind, stehen einsam und ratlos vor dem Schicksal.

Steif vor Trotz und verbissenem Weh schwieg ich weiter, ließ ihn klug reden und sah mit Leid und seltsamer Schadenfreude zu, wie alles schiefging und schlimm und schlimmer wurde, wie er litt und enttäuscht war, wie er vergeblich an alles Bessere in mir appellierte.

Als er fragte: »Also hast du die Feigen gestohlen?«, konnte ich nur nikken. Mehr als ein schwaches Nicken brachte ich auch nicht über mich, als er wissen wollte, ob es mir leid tue. – Wie konnte er, der große, kluge Mann, so unsinnig fragen! Als ob es mir etwa nicht leid getan hätte! Als ob er nicht hätte sehen können, wie mir das Ganze weh tat und das Herz umdrehte! Als ob es mir möglich gewesen wäre, mich etwa gar noch meiner Tat und der elenden Feigen zu freuen!

Vielleicht zum erstenmal in meinem kindlichen Leben empfand ich fast bis zur Schwelle der Einsicht und des Bewußtwerdens, wie namenlos zwei verwandte, gegeneinander wohlgesinnte Menschen sich mißverstehen und quälen und martern können, und wie dann alles Reden, alles Klugseinwollen, alle Vernunft bloß noch Gift hinzugießen, bloß neue Qualen, neue Stiche, neue Irrtümer schaffen. Wie war das möglich? Aber es war möglich, es geschah. Es war unsinnig, es war toll, es war zum Lachen und zum Verzweifeln – aber es war so.

Genug nun von dieser Geschichte! Es endete damit, daß ich über den Sonntagnachmittag in der Dachkammer eingesperrt wurde. Einen Teil ihrer Schrecken verlor die harte Strafe durch Umstände, welche freilich mein Geheimnis waren. In der dunkeln, unbenutzten Bodenkammer stand nämlich tief verstaubt eine Kiste, halb voll mit alten Büchern, von denen einige keineswegs für Kinder bestimmt waren. Das Licht zum Lesen gewann ich durch das Beiseiteschieben eines Dachziegels.

Am Abend dieses traurigen Sonntags gelang es meinem Vater, kurz vor Schlafengehen mich noch zu einem kurzen Gespräch zu bringen, das uns versöhnte. Als ich im Bett lag, hatte ich die Gewißheit, daß er mir ganz und vollkommen verziehen habe – vollkommener als ich ihm.

(1918/19)

Klein und Wagner

I

Im Schnellzug, nach den raschen Handlungen und Aufregungen der Flucht und der Grenzüberschreitung, nach einem Wirbel von Spannungen und Ereignissen, Aufregungen und Gefahren, noch tief erstaunt darüber, daß alles gut gegangen war, sank Friedrich Klein ganz und gar in sich zusammen. Der Zug fuhr mit seltsamer Geschäftigkeit – nun wo doch keine Eile mehr war – nach Süden und riß die wenigen Reisenden eilig an Seen, Bergen, Wasserfällen und andern Naturwundern vorüber, durch betäubende Tunnels und über sanft schwankende Brücken, alles fremdartig, schön und etwas sinnlos, Bilder aus Schulbüchern und aus Ansichtskarten, Landschaften, die man sich erinnert einmal gesehen zu haben, und die einen doch nichts angehen. Dieses war nun die Fremde, und hierher gehörte er nun, nach Hause gab es keine Rückkehr. Das mit dem Geld war in Ordnung, es war da, er hatte es bei sich, alle die Tausenderscheine, und trug es jetzt wieder in der Brusttasche verwahrt.

Den Gedanken, daß ihm jetzt nichts mehr geschehen könne, daß er jenseits der Grenze und durch seinen falschen Paß vorläufig vor aller Verfolgung gesichert sei, diesen angenehmen und beruhigenden Gedanken zog er zwar immer wieder hervor, voll Verlangen, sich an ihm zu wärmen und zu sättigen; aber dieser hübsche Gedanke war wie ein toter Vogel, dem ein Kind in die Flügel bläst. Er lebte nicht, er tat kein Auge auf, er fiel einem wie Blei aus der Hand, er gab keine Lust, keinen Glanz, keine Freude her. Es war seltsam, es war ihm dieser Tage schon mehrmals aufgefallen: er konnte durchaus nicht denken, an was er wollte, er hatte keine Verfügung über seine Gedanken, sie liefen wie sie wollten, und sie verweilten trotz seinem Sträuben mit Vorliebe bei Vorstellungen, die ihn quälten. Es war, als sei sein Gehirn ein Kaleidoskop, in dem der Wechsel der Bilder von einer fremden Hand geleitet wurde. Vielleicht war es nur die lange Schlaflosigkeit und Erregung, er war ja auch schon längere Zeit nervös. Jedenfalls war es häßlich, und wenn es nicht bald gelang, wieder etwas Ruhe und Freude zu finden, war es zum Verzweifeln.

Friedrich Klein tastete nach dem Revolver in seiner Manteltasche. Das war auch so ein Stück, dieser Revolver, das zu seiner neuen Ausrüstung und Rolle und Maske gehörte. Wie war es im Grunde lästig und ekelhaft, all das mit sich zu schleppen und bis in den dünnen, vergifteten Schlaf hinein bei sich zu tragen, ein Verbrechen, gefälschte Papiere, heimlich eingenähtes Geld, den Revolver, den falschen Namen. Es schmeckte so nach Räubergeschichten, nach einer schlechten Romantik, und es paßte alles so gar nicht zu ihm, zu Klein, dem guten Kerl. Es war lästig und ekelhaft, und nichts von Aufatmen und Befreiung dabei, wie er es erhofft hatte.

Mein Gott, warum hatte er eigentlich das alles auf sich genommen, er, ein Mann von fast vierzig Jahren, als braver Beamter und stiller harmloser Bürger mit gelehrten Neigungen bekannt, Vater von lieben Kindern? Warum? Er fühlte: ein Trieb mußte dagewesen sein, ein Zwang und Drang von genügender Stärke, um einen Mann wie ihn zu dem Unmöglichen zu bewegen – und erst wenn er das wußte, wenn er diesen Zwang und Trieb kannte, wenn er wieder Ordnung in sich hatte, erst dann war etwas wie Aufatmen möglich.

Heftig setzte er sich aufrecht, drückte die Schläfen mit den Daumen und gab sich Mühe zu denken. Es ging schlecht, sein Kopf war wie von Glas, und ausgehöhlt von Aufregungen, Ermüdung und Mangel an Schlaf. Aber es half nichts, er mußte nachdenken. Er mußte suchen, und mußte finden, er mußte wieder einen Mittelpunkt in sich wissen und sich selber einigermaßen kennen und verstehen. Sonst war das Leben nicht mehr zu ertragen.

Mühsam suchte er die Erinnerungen dieser Tage zusammen, wie man kleine Porzellanscherben mit einer Pinzette zusammenpickt, um den Bruch an einer alten Dose wieder zu kitten. Es waren lauter kleine Splitter, keiner hatte Zusammenhang mit den andern, keiner deutete durch Struktur und Farbe aufs Ganze. Was für Erinnerungen! Er sah eine kleine blaue Schachtel, aus der er mit zitternder Hand das Amtssiegel seines Chefs herausnahm. Er sah den alten Mann an der Kasse, der ihm seinen Scheck mit braunen und blauen Banknoten ausbezahlte. Er sah eine Telephonzelle, wo er sich, während er ins Rohr sprach, mit der linken Hand gegen die Wand stemmte, um aufrecht zu bleiben. Vielmehr er sah nicht sich, er sah einen Menschen dies alles tun, einen fremden Menschen, der Klein hieß und nicht er war. Er sah diesen Menschen Briefe verbrennen, Briefe schreiben. Er sah ihn in einem Restaurant essen. Er sah ihn – nein, das war kein Fremder, das war er, das war Friedrich Klein selbst! – nachts über das Bett eines schlafenden Kindes gebückt. Nein, das war er selbst gewesen! Wie weh das tat, auch jetzt wieder in der Erinnerung! Wie weh das tat, das Gesicht des schlafenden Kindes zu sehen und seine Atemzuge zu hören und zu wissen: nie mehr würde man diese lieben Augen offen sehen, nie mehr diesen kleinen Mund lachen und essen sehen, nie mehr von ihm geküßt werden. Wie weh das tat! Warum tat jener Mensch Klein sich selber so weh?

Er gab es auf, die kleinen Scherben zusammenzusetzen. Der Zug hielt, ein fremder großer Bahnhof lag da, Türen schlugen, Koffer schwankten am Wagenfenster vorüber, Papierschilder blau und gelb riefen laut: Hotel Milano – Hotel Kontinental! Mußte er darauf achten? War es wichtig? War eine Gefahr? Er schloß die Augen und sank eine Minute lang in Betäubung, schreckte sofort wieder auf, riß die Augen weit auf, spielte den Wachsamen. Wo war er? Der Bahnhof war noch da. Halt – wie heiße ich? Zum tausendstenmal machte er die Probe. Also: Wie heiße ich? Klein. Nein, zum Teufel! Fort mit Klein, Klein existierte nicht mehr. Er tastete nach der Brusttasche, wo der Paß steckte.

Wie war das alles ermüdend! Überhaupt – wenn man wüßte, wie wahnsinnig mühsam es ist, ein Verbrecher zu sein – –! Er ballte die Hände vor Anstrengung. Das alles hier ging ihn ja gar nichts an, Hotel Milano, Bahnhof, Kofferträger, das alles konnte er ruhig weglassen – nein, es handelte sich um anderes, um Wichtiges. Um was?

Im Halbschlummer, der Zug fuhr schon wieder, kam er zu seinen Gedanken zurück. Es war ja so wichtig, es handelte sich ja darum, ob das Leben noch länger zu ertragen sein würde. Oder – war es nicht einfacher, dem ganzen ermüdenden Unsinn ein Ende zu machen? Hatte er denn nicht Gift bei sich? Das Opium? – Ach nein, er erinnerte sich, das Gift hatte er ja nicht bekommen. Aber er hatte den Revolver. Ja richtig. Sehr gut. Ausgezeichnet.

»Sehr gut« und »ausgezeichnet« sagte er laut vor sich hin und fügte mehr solche Worte hinzu. Plötzlich hörte er sich sprechen, erschrak, sah in der Fensterscheibe sein entstelltes Gesicht gespiegelt, fremd, fratzenhaft und traurig. Mein Gott, schrie er in sich hinein, mein Gott! Was tun? Wozu noch leben? Mit der Stirn in dies bleiche Fratzenbild hinein, sich in diese trübe blöde Scheibe stürzen, sich ins Glas verbeißen, sich am Glase den Hals abschneiden. Mit dem Kopf auf die Bahnschwelle schlagen, dumpf und dröhnend, von den Rädern der vielen Wagen aufgewickelt werden, alles zusammen, Därme und Hirn, Knochen und Herz, auch die Augen – und auf den Schienen zerrieben, zu Nichts gemacht, ausradiert. Dies war das einzige, was noch zu wünschen war, was noch Sinn hatte.

Während er verzweifelt in sein Spiegelbild starrte, mit der Nase ans Glas stieß, schlief er wieder ein. Vielleicht Sekunden, vielleicht Stunden. Hin und her schlug sein Kopf, er öffnete die Augen nicht.

Er erwachte aus einem Traum, dessen letztes Stück ihm im Gedächtnis blieb. Er saß, so träumte ihm, vorn auf einem Automobil, das fuhr rasch und ziemlich waghalsig durch eine Stadt, bergauf und -ab. Neben ihm saß jemand, der den Wagen lenkte. Dem gab er im Traum einen Stoß in den Bauch, riß ihm das Steuerrad aus den Händen und steuerte nun selber, wild und beklemmend über Stock und Stein, knapp an Pferden und an Schaufenstern vorbei, an Bäume streifend, daß ihm Funken vor den Augen stoben.

Aus diesem Traum erwachte er. Sein Kopf war freier geworden. Er lächelte über die Traumbilder. Der Stoß in den Bauch war gut, er empfand ihn freudig nach. Nun begann er den Traum zu rekonstruieren und über ihn nachzudenken. Wie das an den Bäumen vorbei gepfiffen hatte! Vielleicht kam es von der Eisenbahnfahrt? Aber das Steuern war, bei aller Gefahr, doch eine Lust gewesen, ein Glück, eine Erlösung! Ja, es war besser, selber zu steuern und dabei in Scherben zu gehen, als immer von einem andern gefahren und gelenkt zu werden.

Aber – wem hatte er eigentlich im Traum diesen Stoß gegeben? Wer war der fremde Chauffeur, wer war neben ihm am Steuer des Automobils gesessen? Er konnte sich an kein Gesicht, an keine Figur erinnern – nur an ein Gefühl, eine vage dunkle Stimmung ... Wer konnte es gewesen sein? Jemand, den er verehrte, dem er Macht über sein Leben einräumte, den er über sich duldete, und den er doch heimlich haßte, dem er doch schließlich den Tritt in den Bauch gab! Vielleicht sein Vater? Oder einer seiner Vorgesetzten? Oder – oder war es am Ende –?

Klein riß die Augen auf. Er hatte ein Ende des verlorenen Fadens gefunden. Er wußte alles wieder. Der Traum war vergessen. Es gab Wichtigeres. Jetzt wußte er! Jetzt begann er zu wissen, zu ahnen, zu schmecken, warum er hier im Schnellzug saß, warum er nicht mehr Klein hieß, warum er Geld unterschlagen und Papiere gefälscht hatte. Endlich, endlich!

Ja, es war so. Es hatte keinen Sinn mehr, es vor sich zu verheimlichen. Es war seiner Frau wegen geschehen, einzig seiner Frau wegen. Wie gut, daß er es endlich wußte!

Vom Turme dieser Erkenntnis aus meinte er plötzlich weite Strecken seines Lebens zu überblicken, das ihm seit langem immer in lauter kleine, wertlose Stücke auseinandergefallen war. Er sah auf eine lange durchlaufene Strecke zurück, auf seine ganze Ehe, und die Strecke erschien ihm wie eine lange, müde, öde Straße, wo ein Mann allein im Staub sich mit schweren Lasten schleppt. Irgendwo hinten, unsichtbar jenseits des Staubes, wußte er leuchtende Höhen und grüne rauschende Wipfel der Jugend verschwunden. Ja, er war einmal jung gewesen, und kein Jüngling wie alle, er hatte große Träume geträumt, er hatte viel vom Leben und von sich verlangt. Seither aber nichts als Staub und Lasten, lange Straße, Hitze und müde Knie, nur im vertrocknenden Herzen ein verschlafenes, alt gewordenes Heimweh lauernd. Das war sein Leben gewesen. Das war sein Leben gewesen.

Er blickte durchs Fenster und zuckte erstaunt zusammen. Ungewohnte Bilder sahen ihn an. Er sah plötzlich aufzuckend, daß er im Süden war. Verwundert richtete er sich auf, lehnte sich hinaus, und wieder fiel ein Schleier, und das Rätsel seines Schicksals ward ein wenig klarer. Er war im Süden! Er sah Reblauben auf grünen Terrassen stehn, goldbraunes Gemäuer halb in Ruinen, wie auf alten Stichen, blühende rosenrote Bäume! Ein kleiner Bahnhof schwand vorbei, mit einem italienischen Namen, irgend etwas auf ogno oder ogna.

Soweit vermochte Klein jetzt die Wetterfahne seines Schicksals zu lesen. Es ging fort von seiner Ehe, seinem Amt, von allem, was bisher sein Leben und seine Heimat gewesen war. Und es ging nach Süden! Nun erst begriff er, warum er, mitten in Hetze und Rausch seiner Flucht, jene Stadt mit dem italienischen Namen zum Ziel gewählt hatte. Er hatte es nach einem Hotelbuch getan, anscheinend wahllos und auf gut Glück, er hätte ebensogut Amsterdam, Zürich oder Malmö sagen können. Erst jetzt war es kein Zufall mehr. Er war im Süden, er war durch die Alpen gefahren. Und damit hatte er den strahlendsten Wunsch seiner Jugendzeit erfüllt, jener Jugend, deren Erinnerungszeichen ihm auf der langen öden Straße eines sinnlosen Lebens erloschen und verlorengegangen waren. Eine unbekannte Macht hatte es so gefügt, daß ihm die beiden brennendsten Wünsche seines Lebens sich erfüllten: die längst vergessene Sehnsucht nach dem Süden, und das heimliche, niemals klar und frei gewordene Verlangen nach Flucht und Freiheit aus dem Frondienst und Staub seiner Ehe. Jener Streit mit seinem Vorgesetzten, jene überraschende Gelegenheit zu der Unterschlagung des Geldes – all das, was ihm so wichtig erschienen war, fiel jetzt zu kleinen Zufällen zusammen. Nicht sie hatten ihn geführt. Jene beiden großen Wünsche in seiner Seele hatten gesiegt, alles andre war nur Weg und Mittel gewesen.

Klein erschrak vor dieser neuen Einsicht tief. Er fühlte sich wie ein Kind, das mit Zündhölzern gespielt und ein Haus dabei angezündet hat. Nun brannte es. Mein Gott! Und was hatte er davon? Und wenn er bis nach Sizilien oder Konstantinopel fuhr, konnte ihn das um zwanzig Jahre jünger machen?

Indessen lief der Zug, und Dorf um Dorf lief ihm entgegen, fremdartig schön, ein heiteres Bilderbuch, mit allen den hübschen Gegenständen, die man vom Süden erwartet und aus Ansichtskarten kennt: steinerne schön gewölbte Brücken über Bach und braunen Felsen, Weinbergmauern von kleinen Farnen überwachsen, hohe schlanke Glockentürme, die Fassaden der Kirchen bunt bemalt oder von gewölbten Hallen mit leichten, edlen Bogen beschattet, Häuser mit rosenrotem Anstrich und dickgemauerte Arkadenhallen mit dem kühlsten Blau gemalt, zahme Kastanien, da und dort schwarze Zypressen, kletternde Ziegen, vor einem Herrschaftshaus im Rasen die ersten Palmen kurz und dickstämmig. Alles merkwürdig und ziemlich unwahrscheinlich, aber alles zusammen war doch überaus hübsch und verkündete etwas wie Trost. Es gab diesen Süden, er war keine Fabel. Die Brücken und Zypressen waren erfüllte Jugendträume, die Häuser und Palmen sagten: du bist nicht mehr im Alten, es beginnt lauter Neues. Luft und Sonnenschein schienen gewürzt und verstärkt, das Atmen leichter, das Leben möglicher, der Revolver entbehrlicher, das Ausradiertwerden auf den Schienen minder dringlich. Ein Versuch schien möglich, trotz allem. Das Leben konnte vielleicht ertragen werden.

Wieder übernahm ihn die Erschlaffung, leichter gab er sich jetzt hin, und schlief, bis es Abend war und der volltönende Name der kleinen Hotelstadt ihn weckte. Hastig stieg er aus.

Ein Diener mit dem Schild »Hotel Milano« an der Mütze redete ihn deutsch an, er bestellte ein Zimmer und ließ sich die Adresse geben. Schlaftrunken taumelte er aus der Glashalle und dem Rauch in den lauen Abend.

»So habe ich mir etwa Honolulu gedacht«, ging ihm durch den Kopf. Eine phantastisch unruhige Landschaft, schon beinahe nächtlich, schwankte ihm fremd und unbegreiflich entgegen. Vor ihm fiel der Hügel steil hinab, da lag unten tief geschachtelt die Stadt, senkrecht blickte er auf erleuchtete Plätze hinunter. Von allen Seiten stürzten steile spitze Zuckerhutberge jäh herab in einen See, der am Widerschein unzähliger Quai-Laternen kenntlich wurde. Eine Seilbahn senkte sich wie ein Korb den Schacht hinunter zur Stadt, halb gefährlich, halb spielzeughaft. Auf einigen der hohen Bergkegel glühten erleuchtete Fenster bis zum Gipfel in launischen Reihen, Stufen und Sternbildern geordnet. Von der Stadt wuchsen die Dächer großer Hotels herauf, dazwischen schwarzdunkle Gärten, ein warmer sommerhafter Abendwind voll Staub und Duft flatterte wohlgelaunt unter den grellen Laternen. Aus der wirr durchfunkelten Finsternis am See schwoll taktfest und lächerlich eine Blechmusik heran.

Ob das nun Honolulu, Mexiko oder Italien war, konnte ihm einerlei sein. Es war Fremde, es war neue Welt und neue Luft, und wenn sie ihn auch verwirrte und heimlich in Angst versetzte, sie duftete doch auch nach Rausch und Vergessen und neuen, unerprobten Gefühlen.

Eine Straße schien ins Freie zu führen, dorthin schlenderte er, an Lagerschuppen und leeren Lastfuhrwerken vorüber, dann bei kleinen Vorstadthäusern vorbei, wo laute Stimmen italienisch schrien und im Hof eines Wirtshauses eine Mandoline schrillte. Im letzten Hause klang eine Mädchenstimme auf, ein Duft von Wohllaut beklemmte ihm das Herz, viele Worte konnte er zu seiner Freude verstehen und den Refrain sich merken:

> Mama non vuole, papa ne meno,
> Come faremo a fare l'amor?

Es klang wie aus Träumen seiner Jugend her. Bewußtlos schritt er die Straße weiter, floß hingerissen in die warme Nacht, in der die Grillen sangen. Ein Weinberg kam, und bezaubert blieb er stehen: Ein Feuerwerk, ein Reigen von kleinen, grün glühenden Lichtern erfüllte die Luft und das duftende, hohe Gras, tausend Sternschnuppen taumelten trunken durcheinander. Es war ein Schwarm von Leuchtkäfern, langsam und lautlos geisterten sie durch die warm aufzuckende Nacht. Die sommerliche Luft und Erde schien sich phantastisch in leuchtenden Figuren und tausend kleinen, beweglichen Sternbildern auszuleben.

Lange stand der Fremde dem Zauber hingegeben und vergaß die ängstliche Geschichte dieser Reise und die ängstliche Geschichte seines Lebens über der schönen Seltsamkeit. Gab es noch eine Wirklichkeit? Noch Geschäfte und Polizei? Noch Assessoren und Kursberichte? Stand zehn Minuten von hier ein Bahnhof?

Langsam wandte sich der Flüchtling, der aus seinem Leben heraus in ein Märchen gereist war, gegen die Stadt zurück. Laternen glühten auf. Menschen riefen ihm Worte zu, die er nicht verstand. Unbekannte Riesenbäume standen voll Blüten, eine steinerne Kirche hing mit schwindelnder Terrasse über dem Absturz, helle Straßen, von Treppen unterbrochen, flossen rasch wie Bergbäche in das Städtchen hinab.

Klein fand sein Hotel, und mit dem Eintritt in die überhellen nüchternen Räume, Halle und Treppenhaus schwand sein Rausch dahin, und es kehrte die ängstliche Schüchternheit zurück, sein Fluch und Kainszeichen. Betreten drückte er sich an den wachen, taxierenden Blicken des Concierge, der Kellner, des Liftjungen, der Hotelgäste vorbei in die ödeste Ecke eines Restaurants. Er bat mit schwacher Stimme um die Speisekarte, und las, als wäre er noch arm und müßte sparen, bei allen Speisen sorgfältig die Preise mit, bestellte etwas Wohlfeiles, ermunterte sich künstlich zu einer halben Flasche Bordeaux, der ihm nicht schmeckte, und war froh, als er endlich hinter verschlossener Tür in seinem schäbigen kleinen Zimmer lag. Bald schlief er ein, schlief gierig und tief, aber nur zwei, drei Stunden. Noch mitten in der Nacht wurde er wieder wach.

Er starrte, aus den Abgründen des Unbewußten kommend, in die feindselige Dämmerung, wußte nicht, wo er war, hatte das drückende und schuldhafte Gefühl, Wichtiges vergessen und versäumt zu haben. Wirr umhertastend, erfühlte er einen Drücker und drehte Licht an. Das kleine Zimmer sprang ins grelle Licht, fremd, öde, sinnlos. Wo war er? Böse glotzten die Plüschsessel. Alles blickte ihn kalt und fordernd an. Da fand er sich im Spiegel und las das Vergessene aus seinem Gesicht. Ja, er wußte. Dies Gesicht hatte er früher nicht gehabt, nicht diese Augen, nicht diese Falten, nicht diese Farben. Es war ein neues Gesicht, schon einmal war es ihm aufgefallen, im Spiegel einer Glasscheibe, irgendwann im gehetzten Theaterstück dieser wahnsinnigen Tage. Es war nicht sein Gesicht, das gute, stille und etwas duldende Friedrich-Klein-Gesicht. Es war das Gesicht eines Gezeichneten, vom Schicksal mit neuen Zeichen gestempelt, älter und auch jünger als das frühere, maskenhaft und doch wunderlich durchglüht. Niemand liebte solche Gesichter.

Da saß er im Zimmer eines Hotels im Süden mit seinem gezeichneten

Gesicht. Daheim schliefen seine Kinder, die er verlassen hatte. Nie mehr würde er sie schlafen, nie mehr sie aufwachen sehen, nie mehr ihre Stimmen hören. Er würde niemals mehr aus dem Wasserglas auf jenem Nachttisch trinken, auf dem bei der Stehlampe die Abendpost und ein Buch lag, und dahinter an der Wand überm Bett die Bilder seiner Eltern, und alles, und alles. Statt dessen starrte er hier im ausländischen Hotel in den Spiegel, in das traurige und angstvolle Gesicht des Verbrechers Klein, und die Plüschmöbel blickten kalt und schlecht, und alles war anders, nichts war mehr in Ordnung. Wenn sein Vater das noch erlebt hätte!

Niemals seit seiner Jugendzeit war Klein so unmittelbar und so einsam seinen Gefühlen überlassen gewesen, niemals so in der Fremde, niemals so nackt und senkrecht unter der unerbittlichen Sonne des Schicksals. Immer war er mit irgend etwas beschäftigt gewesen, mit etwas anderm als mit sich selbst, immer hatte er zu tun und zu sorgen gehabt, um Geld, um Beförderung im Amt, um Frieden im Hause, um Schulgeschichten und Kinderkrankheiten; immer waren große, heilige Pflichten des Bürgers, des Gatten, des Vaters um ihn her gestanden; in ihrem Schutz und Schatten hatte er gelebt, ihnen hatte er Opfer gebracht, von ihnen her war seinem Leben Rechtfertigung und Sinn gekommen. Jetzt hing er plötzlich nackt im Weltraum, er allein Sonne und Mond gegenüber, und fühlte die Luft um sich dünn und eisig.

Und das Wunderliche war, daß kein Erdbeben ihn in diese bange und lebensgefährliche Lage gebracht hatte, kein Gott und kein Teufel, sondern er allein, er selber! Seine eigene Tat hatte ihn hierher geschleudert, hier allein mitten in die fremde Unendlichkeit gestellt. In ihm selbst war alles gewachsen und entstanden, in seinem eigenen Herzen war das Schicksal groß geworden, Verbrechen und Auflehnung, Wegwerfen heiliger Pflichten, Sprung in den Weltenraum, Haß gegen sein Weib, Flucht, Vereinsamung und vielleicht Selbstmord. Andere mochten wohl auch Schlimmes und Umstürzendes erlebt haben, durch Brand und Krieg, durch Unfall und bösen Willen anderer – er jedoch, der Verbrecher Klein, konnte sich auf nichts dergleichen berufen, auf nichts hinausreden, nichts verantwortlich machen, höchstens vielleicht seine Frau. Ja, sie, sie allerdings konnte und mußte herangezogen und verantwortlich gemacht werden, auf sie konnte er deuten, wenn einmal Rechenschaft von ihm verlangt wurde!

Ein großer Zorn brannte in ihm auf, und mit einemmal fiel ihm etwas ein, brennend und tödlich, ein Knäuel von Vorstellungen und Erlebnissen.

Es erinnerte ihn an den Traum vom Automobil, und an den Stoß, den er seinem Feinde dort in den Bauch gegeben hatte.

Woran er sich nun erinnerte, das war ein Gefühl, oder eine Phantasie, ein seltsamer und krankhafter Seelenzustand, eine Versuchung, ein wahnsinniges Gelüst, oder wie immer man es bezeichnen wollte. Es war die Vorstellung oder Vision einer furchtbaren Bluttat, die er beging, indem er sein Weib, seine Kinder und sich selbst ums Leben brachte. Mehrmals, so besann er sich jetzt, während noch immer der Spiegel ihm sein gestempeltes, irres Verbrechergesicht zeigte, – mehrmals hatte er sich diesen vierfachen Mord vorstellen müssen, vielmehr sich verzweifelt gegen diese häßliche und unsinnige Vision gewehrt, wie sie ihm damals erschienen war. Genau damals hatten die Gedanken, Träume und quälenden Zustände in ihm begonnen, so schien ihm, welche dann mit der Zeit zu der Unterschlagung und zu seiner Flucht geführt hatten. Vielleicht – es war möglich – war es nicht bloß die übergroß gewordene Abneigung gegen seine Frau und sein Eheleben gewesen, die ihn von Hause fortgetrieben hatte, sondern noch mehr die Angst davor, daß er eines Tages doch noch dies viel furchtbarere Verbrechen begehen möchte: sie alle töten, sie schlachten und in ihrem Blut liegen sehen. Und weiter: auch diese Vorstellung noch hatte eine Vorgeschichte. Sie war zuzeiten gekommen, wie etwa ein leichter Schwindelanfall, wo man meint, sich fallen lassen zu müssen. Das Bild aber, die Mordtat, stammte aus einer besonderen Quelle her! Unbegreiflich, daß er das erst jetzt sah!

Damals, als er zum erstenmal die Zwangsvorstellung vom Töten seiner Familie hatte, und über diese teuflische Vision zu Tode erschrocken war, da hatte ihn, gleichsam höhnisch, eine kleine Erinnerung heimgesucht. Es war diese: Vor Jahren, als sein Leben noch harmlos, ja beinahe glücklich war, sprach er einmal mit Kollegen über die Schreckenstat eines süddeutschen Schullehrers namens W. (er kam nicht gleich auf den Namen), der seine ganze Familie auf eine furchtbar blutige Weise abgeschlachtet und dann die Hand gegen sich selber erhoben hatte. Es war die Frage gewesen, wie weit bei einer solchen Tat von Zurechnungsfähigkeit die Rede sein könne, und im weiteren darüber, ob und wie man überhaupt eine solche Tat, eine solche grausige Explosion menschlicher Scheußlichkeit verstehen und erklären könne. Er, Klein, war damals sehr erregt gewesen und hatte gegen einen Kollegen, welcher jenen Totschlag psychologisch zu erklären versuchte, überaus heftig geäußert: einem so scheußlichen Verbrechen gegenüber gebe es für einen anständigen Mann keine andere Haltung als Entrüstung und Abscheu, eine solche Bluttat könne nur im Gehirn eines Teufels entstehen, und für einen Verbrecher dieser Art sei überhaupt keine Strafe, kein Gericht, keine Folter streng und schwer genug. Er erinnerte sich noch heut genau des Tisches, an dem sie saßen, und des verwunderten und etwas kritischen Blickes, mit dem jener ältere Kollege ihn nach diesem Ausbruch seiner Entrüstung gestreift hatte.

Damals nun, als er sich selber zum erstenmal in einer häßlichen Phantasie als Mörder der Seinigen sah und vor dieser Vorstellung mit einem Schauder zurückschreckte, da war ihm dies um Jahre zurückliegende Gespräch über den Verwandtenmörder W. sofort wieder eingefallen. Und seltsam, obwohl er hätte schwören können, daß er damals völlig aufrichtig seine wahrste Empfindung ausgesprochen habe, war jetzt in ihm innen eine häßliche Stimme da, die ihn verhöhnte und ihm zurief: schon damals, schon damals vor Jahren bei dem Gespräch über den Schullehrer W. habe sein Innerstes dessen Tat verstanden, verstanden und gebilligt, und seine so heftige Entrüstung und Erregung sei nur daraus entstanden, daß der Philister und Heuchler in ihm die Stimme des Herzens nicht habe gelten lassen wollen. Die furchtbaren Strafen und Foltern, die er dem Gattenmörder wünschte, und die entrüsteten Schimpfworte, mit denen er dessen Tat bezeichnete, die hatte er eigentlich gegen sich selber gerichtet, gegen den Keim zum Verbrechen, der gewiß damals schon in ihm war! Seine große Erregung bei diesem ganzen Gespräch und Anlaß war nur daher gekommen, daß in Wirklichkeit er sich selbst sitzen sah, der Bluttat angeklagt, und daß er sein Gewissen zu retten suchte, indem er auf sich selber jede Anklage und jedes schwere Urteil häufte. Als ob er damit, mit diesem Wüten gegen sich selbst, das heimliche Verbrechertum in seinem Innern bestrafen oder übertäuben könnte.

So weit kam Klein mit seinen Gedanken, und er fühlte, daß es sich da für ihn um Wichtiges, ja um das Leben selber handle. Aber es war unsäglich mühsam, diese Erinnerungen und Gedanken auseinanderzufädeln und zu ordnen. Eine aufzuckende Ahnung letzter, erlösender Erkenntnisse unterlag der Müdigkeit und dem Widerwillen gegen seine ganze Situation. Er stand auf, wusch sich das Gesicht, ging barfuß auf und ab, bis ihn fröstelte, und dachte nun zu schlafen.

Aber es kam kein Schlaf. Er lag unerbittlich seinen Empfindungen ausgeliefert, lauter häßlichen, schmerzenden und demütigenden Gefühlen:

dem Haß gegen seine Frau, dem Mitleid mit sich selber, der Ratlosigkeit, dem Bedürfnis nach Erklärungen, Entschuldigungen, Trostgründen. Und da ihm für jetzt keine andern Trostgründe einfielen, und da der Weg zum Verständnis so tief und schonungslos in die heimlichsten und gefährlichsten Dickichte seiner Erinnerungen führte, und der Schlaf nicht wiederkommen wollte, lag er den Rest der Nacht in einem Zustand, den er in diesem häßlichen Grad noch nicht gekannt hatte. Alle die widerlichen Gefühle, die in ihm stritten, vereinigten sich zu einer furchtbaren, erstickenden, tödlichen Angst, zu einem teuflischen Alpdruck auf Herz und Lunge, der sich immer von neuem bis an die Grenze des Unerträglichen steigerte. Was Angst war, hatte er ja längst gewußt, seit Jahren schon, und seit den letzten Wochen und Tagen erst! Aber so hatte er sie noch nie an der Kehle gefühlt! Zwanghaft mußte er an die wertlosesten Dinge denken, an einen vergessenen Schlüssel, an die Hotelrechnung, und daraus Berge von Sorgen und peinlichen Erwartungen schaffen. Die Frage, ob dies schäbige Zimmerchen für die Nacht wohl mehr als dreieinhalb Franken kosten würde, und ob er in diesem Fall noch länger im Hause bleiben solle, hielt ihn wohl eine Stunde lang in Atem, Schweiß und Herzklopfen. Dabei wußte er genau, wie dumm diese Gedanken seien, und sprach immer wieder sich selbst vernünftig und begütigend zu, wie einem trotzigen Kind, rechnete sich an den Fingern die völlige Haltlosigkeit seiner Sorgen vor – vergebens, vollkommen vergebens! Vielmehr dämmerte auch hinter diesem Trösten und Zureden etwas wie blutiger Hohn auf, als sei auch das bloß Getue und Theater, geradeso wie damals sein Getue wegen des Mörders W. Daß die Todesangst, daß dies grauenhafte Gefühl einer Umschnürung und eines Verurteiltseins zu qualvollem Ersticken nicht von der Sorge um die paar Franken oder von ähnlichen Ursachen herkomme, war ihm ja klar. Dahinter lauerte Schlimmeres, Ernsteres – aber was? Es mußten Dinge sein, die mit dem blutigen Schullehrer, mit seinen eigenen Mordwünschen und mit allem Kranken und Ungeordneten in ihm zu tun hatten. Aber wie daran rühren? Wie den Grund finden? Da gab es keine Stelle in ihm innen, die nicht blutete, die nicht krank und faul und wahnsinnig schmerzempfindlich war. Er spürte: Lange war das nicht zu ertragen. Wenn es so weiter ging, und namentlich wenn noch manche solche Nächte kamen, dann wurde er wahnsinnig oder nahm sich das Leben.

Angespannt setzte er sich im Bett aufrecht und suchte das Gefühl seiner Lage auszuschöpfen, um einmal damit fertig zu werden. Aber es war immer dasselbe: Einsam und hilflos saß er, mit fieberndem Kopf und schmerzlichem Herzdruck, in Todesbangigkeit dem Schicksal gegenüber wie ein Vogel der Schlange, festgebannt und von Furcht verzehrt. Schicksal, das wußte er jetzt, kam nicht von irgendwo her, es wuchs im eigenen Innern. Wenn er kein Mittel dagegen fand, so fraß es ihn auf – dann war ihm beschieden, Schritt für Schritt von der Angst, von dieser grauenhaften Angst verfolgt und aus seiner Vernunft verdrängt zu werden, Schritt für Schritt, bis er am Rande stand, den er schon nahe fühlte.

Verstehen können – das wäre gut, das wäre vielleicht die Rettung! Er war noch lange nicht am Ende mit dem Erkennen seiner Lage und dessen, was mit ihm vorgegangen war. Er stand noch ganz im Anfang, das fühlte er wohl. Wenn er sich jetzt zusammenraffen und alles ganz genau zusammenfassen, ordnen und überlegen könnte, dann würde er vielleicht den Faden finden. Das Ganze würde einen Sinn und ein Gesicht bekommen und würde dann vielleicht zu ertragen sein. Aber diese Anstrengung, dieses letzte Sichaufraffen war ihm zu viel, es ging über seine Kräfte, er konnte einfach nicht. Je angespannter er zu denken versuchte, desto schlechter ging es, er fand Löcher, nichts fiel ihm ein, und dabei verfolgte ihn schon wieder die quälende Angst, er möchte gerade das Wichtigste vergessen haben. Er störte und suchte in sich herum wie ein nervöser Reisender, der alle Taschen und Koffer nach seiner Fahrkarte durchwühlt, die er vielleicht am Hut oder gar in der Hand hat. Aber was half es, das Vielleicht?

Vorher, vor einer Stunde oder länger – hatte er da nicht eine Erkenntnis gehabt, einen Fund getan? Was war es gewesen, was? Es war fort, er fand es nicht wieder. Verzweifelnd schlug er sich mit der Faust an die Stirn. Gott im Himmel, laß mich den Schlüssel finden! Laß mich nicht so umkommen, so jammervoll, so dumm, so traurig! In Fetzen gelöst wie Wolkentreiben im Sturm floh seine ganze Vergangenheit an ihm vorüber, Millionen Bilder, durcheinander und übereinander, unkenntlich und höhnend, jedes an irgend etwas erinnernd – an was? An was?

Plötzlich fand er den Namen »Wagner« auf seinen Lippen. Wie bewußtlos sprach er ihn aus: »Wagner – Wagner.« Wo kam der Name her? Aus welchem Schacht? Was wollte er? Wer war Wagner? Wagner?

Er biß sich an den Namen fest. Er hatte eine Aufgabe, ein Problem, das war besser als dies Hangen im Gestaltlosen. Also: Wer ist Wagner? Was geht mich Wagner an? Warum sagen meine Lippen, die verzogenen Lippen in meinem Verbrechergesicht, jetzt in der Nacht den Namen Wagner vor sich hin? Er nahm sich zusammen. Allerlei fiel ihm ein. Er dachte an Lohengrin, und damit an das etwas unklare Verhältnis, das er zu dem Musiker Wagner hatte. Er hatte ihn, als Zwanzigjähriger, rasend geliebt. Später war er mißtrauisch geworden, und mit der Zeit hatte er gegen ihn eine Menge von Einwänden und Bedenken gefunden. An Wagner hatte er viel herumkritisiert, und vielleicht galt diese Kritik weniger dem Richard Wagner selbst als seiner eigenen, einstigen Liebe zu ihm? Haha, hatte er sich wieder erwischt? Hatte er da wieder einen Schwindel aufgedeckt, eine kleine Lüge, einen kleinen Unrat? Ach ja, es kam einer um den andern zum Vorschein – in dem tadellosen Leben des Beamten und Gatten Friedrich Klein war es gar nicht tadellos, gar nicht sauber gewesen, in jeder Ecke lag ein Hund begraben! Ja, richtig, also so war es auch mit Wagner. Der Komponist Richard Wagner wurde von Friedrich Klein scharf beurteilt und gehaßt. Warum? Weil Friedrich Klein es sich nicht verzeihen konnte, daß er als junger Mensch für diesen selben Wagner geschwärmt hatte. In Wagner verfolgte er nun seine eigene Jugendschwärmerei, seine eigne Jugend, seine eigne Liebe. Warum? Weil Jugend und Schwärmerei und Wagner und all das ihn peinlich an Verlorenes erinnerten, weil er sich von einer Frau hatte heiraten lassen, die er nicht liebte, oder doch nicht richtig, nicht genug. Ach, und so, wie er gegen Wagner verfuhr, so verfuhr der Beamte Klein noch gegen viele und vieles. Er war ein braver Mann, der Herr Klein, und hinter seiner Bravheit versteckte er nichts als Unflat und Schande! Ja, wenn er ehrlich sein wollte – wieviel heimliche Gedanken hatte er vor sich selber verbergen müssen! Wieviel Blicke nach hübschen Mädchen auf der Gasse, wieviel Neid gegen Liebespaare, die ihm abends begegneten, wenn er vom Amt zu seiner Frau nach Hause ging! Und dann die Mordgedanken. Und hatte er nicht den Haß, der ihm selber hätte gelten sollen, auch gegen jenen Schullehrer – – –

Er schrak plötzlich zusammen. Wieder ein Zusammenhang! Der Schullehrer und Mörder hatte ja – Wagner geheißen! Also da saß der Kern! Wagner – so hieß jener Unheimliche, jener wahnsinnige Verbrecher, der seine ganze Familie umgebracht hatte. War nicht mit diesem Wagner irgendwie sein ganzes Leben seit Jahren verknüpft gewesen? Hatte nicht dieser üble Schatten ihn überall verfolgt?

Nun, Gott sei Dank, der Faden war wieder gefunden. Ja, und über diesen Wagner hatte er einst, in lang vergangener besserer Zeit, sehr zornig und empört gescholten und ihm die grausamsten Strafen gewünscht. Und dennoch hatte er später selber, ohne mehr an Wagner zu denken, denselben Gedanken gehabt und hatte mehrmals in einer Art von Vision sich selber gesehen, wie er seine Frau und seine Kinder ums Leben brachte.

Und war denn das nicht eigentlich sehr verständlich? War es nicht richtig? Konnte man nicht sehr leicht dahin kommen, daß die Verantwortung für das Dasein von Kindern einem unerträglich wurde, ebenso unerträglich wie das eigene Wesen und Dasein, das man nur als Irrtum, nur als Schuld und Qual empfand?

Aufseufzend dachte er diesen Gedanken zu Ende. Es schien ihm jetzt ganz gewiß, daß er schon damals, als er ihn zuerst erfuhr, im Herzen jenen Wagnerschen Totschlag verstanden und gebilligt habe, gebilligt natürlich nur als Möglichkeit. Schon damals, als er noch nicht sich unglücklich und sein Leben verpfuscht fühlte, schon damals vor Jahren, als er noch meinte, seine Frau zu lieben und an ihre Liebe glaubte, schon damals hatte sein Innerstes den Schullehrer Wagner verstanden und seinem entsetzlichen Schlachtopfer heimlich zugestimmt. Was er damals sagte und meinte, war immer nur die Meinung seines Verstandes gewesen, nicht die seines Herzens. Sein Herz – jene innerste Wurzel in ihm, aus der das Schicksal wuchs – hatte schon immer und immer eine andere Meinung gehabt, es hatte Verbrechen begriffen und gebilligt. Es waren immer zwei Friedrich Klein dagewesen, ein sichtbarer und ein heimlicher, ein Beamter und ein Verbrecher, ein Familienvater und ein Mörder.

Damals aber war er im Leben stets auf der Seite des »besseren« Ich gestanden, des Beamten und anständigen Menschen, des Ehemannes und rechtlichen Bürgers. Die heimliche Meinung seines Innersten hatte er nie gebilligt, er hatte sie nicht einmal gekannt. Und doch hatte diese innerste Stimme ihn unvermerkt geleitet und schließlich zum Flüchtling und Verworfenen gemacht!

Dankbar hielt er diesen Gedanken fest. Da war doch ein Stück Folgerichtigkeit, etwas wie Vernunft. Es genügte noch nicht, es blieb alles Wichtige noch so dunkel, aber eine gewisse Helligkeit, eine gewisse Wahrheit war doch gewonnen. Und Wahrheit – das war es, worauf es ankam. Wenn ihm nur das kurze Ende des Fadens nicht wieder verlorenging!

Zwischen Wachen und Schlaf vor Erschöpfung fiebernd, immer an der Grenze zwischen Gedanke und Traum, verlor er hundertmal den Faden wieder, fand ihn hundertmal neu. Bis es Tag war und der Gassenlärm zum Fenster hereinscholl.

2

Den Vormittag lief Klein durch die Stadt. Er kam vor ein Hotel, dessen Garten ihm gefiel, ging hinein, sah Zimmer an und mietete eines. Erst im Weggehen sah er sich nach dem Namen des Hauses um und las: Hotel Kontinental. War ihm dieser Name nicht bekannt? Nicht vorausgesagt worden? Ebenso wie Hotel Milano? Er gab es indessen bald auf, zu suchen, und war zufrieden in der Atmosphäre von Fremdheit, Spiel und eigentümlicher Bedeutsamkeit, in die sein Leben zu geraten schien.

Der Zauber von gestern kam allmählich wieder. Es war sehr gut, daß er im Süden war, dachte er dankbar. Er war gut geführt worden. Wäre dies nicht gewesen, dieser liebenswerte Zauber überall, dies ruhige Schlendern und Sichvergessenkönnen, dann wäre er Stunde um Stunde vor dem furchtbaren Gedankenzwang gestanden und wäre verzweifelt. So aber gelang es ihm, stundenlang in angenehmer Müdigkeit dahin zu vegetieren, ohne Zwang, ohne Angst, ohne Gedanken. Das tat ihm wohl. Es war sehr gut, daß es diesen Süden gab, und daß er ihn sich verordnet hatte. Der Süden erleichterte das Leben. Er tröstete. Er betäubte.

Auch jetzt am hellen Tage sah die Landschaft unwahrscheinlich und phantastisch aus, die Berge waren alle zu nah, zu steil, zu hoch, wie von einem etwas verschrobenen Maler erfunden. Schön aber war alles Nahe und Kleine: ein Baum, ein Stück Ufer, ein Haus in schönen heitern Farben, eine Gartenmauer, ein schmales Weizenfeld unter Reben stehend, klein und gepflegt wie ein Hausgarten. Dies alles war lieb und freundlich, heiter und gesellig, es atmete Gesundheit und Vertrauen. Diese kleine, freundliche, wohnliche Landschaft samt ihren stillheitern Menschen konnte man lieben. Etwas lieben zu können – welche Erlösung!

Mit dem leidenschaftlichen Willen, zu vergessen und sich zu verlieren, schwamm der Leidende, auf der Flucht vor den lauernden Angstgefühlen, hingegeben durch die fremde Welt. Er schlenderte ins Freie, in das anmutige, fleißig bestellte Bauernland hinein. Es erinnerte ihn nicht an das Land und Bauerntum seiner Heimat, sondern mehr an Homer und an die Römer, er fand etwas Uraltes, Kultiviertes und doch Primitives darin, eine Unschuld und Reife, die der Norden nicht hat. Die kleinen Kapellen und Bildstöcke, die farbig und zum Teil zerfallend, fast alle von Kindern mit Feldblumen geschmückt, überall an den Wegen zu Ehren von Heiligen standen, schienen ihm denselben Sinn zu haben und vom selben Geist zu stammen wie die vielen kleinen Tempel und Heiligtümer der Alten, die in jedem Hain, Quell und Berg eine Gottheit verehrten und deren heitere Frömmigkeit nach Brot und Wein und Gesundheit duftete. Er kehrte in die Stadt zurück, lief unter hallenden Arkaden, ermüdete sich auf rauhem Steinpflaster, blickte neugierig in offene Läden und Werkstätten, kaufte italienische Zeitungen, ohne sie zu lesen, und geriet endlich müde in einen herrlichen Park am See. Hier schlenderten Kurgäste und saßen lesend auf Bänken, und alte ungeheure Bäume hingen wie in ihr Spiegelbild verliebt überm schwarzgrünen Wasser, das sie dunkel überwölbten. Unwahrscheinliche Gewächse, Schlangenbäume und Perückenbäume, Korkeichen und andre Seltsamkeiten standen frech oder ängstlich oder trauernd im Rasen, der voll Blumen war, und an den fernen jenseitigen Seeufern schwammen weiß und rosig lichte Dörfer und Landhäuser.

Als er auf einer Bank zusammengesunken saß und nah am Einnicken war, riß ein fester elastischer Schritt ihn wach. Auf hohen rotbraunen Schnürstiefeln, im kurzen Rock über dünnen durchbrochenen Strümpfen lief eine Frau vorbei, ein Mädchen, kräftig und taktfest, sehr aufrecht und herausfordernd, elegant, hochmütig, ein kühles Gesicht mit geschminkter Lippenröte und einem hohen dichten Haarbau von hellem, metallischem Gelb. Ihr Blick traf ihn im Vorbeigehen eine Sekunde, sicher und abschätzend wie die Blicke des Portiers und Boys im Hotel, und lief gleichgültig weiter.

Allerdings, dachte Klein, sie hat recht, ich bin kein Mensch, den man beachtet. Unsereinem schaut so eine nicht nach. Dennoch tat die Kürze und Kühle ihres Blickes ihm heimlich weh, er kam sich abgeschätzt und mißachtet vor von jemand, der nur Oberfläche und Außenseite sah, und aus den Tiefen seiner Vergangenheit wuchsen ihm Stacheln und Waffen empor, um sich gegen sie zu wehren. Schon war vergessen, daß ihr feiner belebter Schuh, ihr so sehr elastischer und sicherer Gang, ihr straffes Bein im dünnen Seidenstrumpf ihn einen Augenblick gefesselt und beglückt hatte. Ausgelöscht war das Rauschen ihres Kleides und der dünne Wohlgeruch, der ihr Haar und an ihre Haut erinnerte. Weggeworfen und zerstampft war der schöne holde Hauch von Geschlecht und Liebesmöglichkeit, der ihn von ihr gestreift hatte. Stattdessen kamen viele Erinnerungen. Wie oft hatte er solche Wesen gesehen, solche junge, sichere und herausfordernde Personen, seien es nun Dirnen oder eitle Gesellschaftsweiber, wie oft hatte ihre schamlose Herausforderung ihn geärgert, ihre Sicherheit ihn irritiert, ihr kühles, brutales Sichzeigen ihn angewidert! Wie manchmal hatte er, auf Ausflügen und in städtischen Restaurants, die Empörung seiner Frau über solche unweibliche und hetärenhafte Wesen von Herzen geteilt!

Mißmutig streckte er die Beine von sich. Dieses Weib hatte ihm seine gute Stimmung verdorben! Er fühlte sich ärgerlich, gereizt und benachteiligt, er wußte: wenn diese mit dem gelben Haar nochmals vorüberkommen und ihn nochmals mustern würde, dann würde er rot werden und sich in seinen Kleidern, seinem Hut, seinen Schuhen, seinem Gesicht, Haar und Bart unzulänglich und minderwertig vorkommen! Hol sie der Teufel! Schon dies gelbe Haar! Es war falsch, es gab nirgends in der Welt so gelbe Haare. Geschminkt war sie auch. Wie nur ein Mensch sich dazu hergeben konnte, seine Lippen mit Schminke anzumalen – negerhaft! Und solche Leute liefen herum, als gehörte ihnen die Welt, sie besaßen das Auftreten, die Sicherheit, die Frechheit und verdarben anständigen Leuten die Freude.

Mit den wieder aufwogenden Gefühlen von Unlust, Ärger und Befangenheit kam abermals ein Schwall von Vergangenheit heraufgekocht, und plötzlich dazwischen der Einfall: du berufst dich ja auf deine Frau, du gibst ihr ja recht, du ordnest dich ihr wieder unter! Einen Augenblick lang überfloß ihn ein Gefühl wie: ich bin ein Esel, daß ich noch immer mich unter die »anständigen Menschen« rechne, ich bin ja keiner mehr, ich gehöre geradeso wie diese Gelbe zu einer Welt, die nicht mehr meine frühere und nicht mehr die anständige ist, in eine Welt, wo anständig oder unanständig nichts mehr bedeutet, wo jeder für sich das schwere Leben zu leben sucht. Einen Augenblick lang empfand er, daß seine Verachtung für die Gelbe ebenso oberflächlich und unaufrichtig war wie seine einstige Empörung über den Schullehrer und Mörder Wagner, und auch seine Abneigung gegen den andern Wagner, dessen Musik er einst als allzu sinnenschwül empfunden hatte. Eine Sekunde lang tat sein verschütteter Sinn, sein verlorengegangenes Ich die Augen auf und sagte ihm mit seinem alleswissenden Blick, daß alle Empörung, aller Ärger, alle Verachtung ein Irrtum und eine Kinderei sei und auf den armen Kerl von Verächter zurückfalle.

Dieser gute, alleswissende Sinn sagte ihm auch, daß er hier wieder vor einem Geheimnis stehe, dessen Deutung für sein Leben wichtig sei, daß diese Dirne oder Weltdame, daß dieser Duft von Eleganz, Verführung und Geschlecht ihm keineswegs zuwider und beleidigend sei, sondern daß er sich diese Urteile nur eingebildet und eingehämmert habe, aus Angst vor seiner wirklichen Natur, aus Angst vor Wagner, aus Angst vor dem Tier oder Teufel, den er in sich entdecken konnte, wenn er einmal die Fesseln und Verkleidungen seiner Sitte und Bürgerlichkeit abwürfe. Blitzhaft zuckte etwas wie Lachen, wie Hohnlachen in ihm auf, das aber alsbald wieder schwieg. Es siegte wieder das Mißgefühl. Es war unheimlich, wie jedes Erwachen, jede Erregung, jeder Gedanke ihn immer wieder unfehlbar dorthin traf, wo er schwach und nur zu Qualen fähig war. Nun saß er wieder mitten darin und hatte es mit seinem fehlgeratenen Leben, mit seiner Frau, mit seinem Verbrechen, mit der Hoffnungslosigkeit seiner Zukunft zu tun. Angst kam wieder, das allwissende Ich sank unter wie ein Seufzer, den niemand hört. O welche Qual! Nein, daran war nicht die Gelbe schuld. Und alles, was er gegen sie empfand, tat ihr ja nicht weh, traf nur ihn selber.

Er stand auf und fing zu laufen an. Früher hatte er oft geglaubt, er führe ein ziemlich einsames Leben, und hatte sich mit einiger Eitelkeit eine gewisse resignierte Philosophie zugeschrieben, galt auch unter seinen Kollegen für einen Gelehrten, Leser und heimlichen Schöngeist. Mein Gott, er war nie einsam gewesen! Er hatte mit den Kollegen, mit seiner Frau, mit den Kindern, mit allen möglichen Leuten geredet, und der Tag war dabei vergangen und die Sorgen erträglich geworden. Und auch wenn er allein gewesen war, war es keine Einsamkeit gewesen. Er hatte die Meinungen, die Ängste, die Freuden, die Tröstungen vieler geteilt, einer ganzen Welt. Stets war um ihn her und bis in ihn hinein Gemeinsamkeit gewesen, und auch noch im Alleinsein, im Leid und in der Resignation hatte er stets einer Schar und Menge angehört, einem schützenden Verband, der Welt der Anständigen, Ordentlichen und Braven. Jetzt aber, jetzt schmeckte er Einsamkeit. Jeder Pfeil fiel auf ihn selber, jeder Trostgrund erwies sich als sinnlos, jede Flucht vor der Angst führte nur in jene Welt hinüber, mit der er gebrochen hatte, die ihm zerbrochen und entglitten war. Alles, was sein Leben lang gut und richtig gewesen war, war es jetzt nicht mehr. Alles mußte er aus sich selber holen, niemand half ihm. Und was fand er denn in sich selber? Ach, Unordnung und Zerrissenheit!

Ein Automobil, dem er auswich, lenkte seine Gedanken ab, warf ihnen neues Futter zu; er fühlte im unausgeschlafenen Schädel Leere und Schwindel. »Automobil«, dachte er, oder sagte es, und wußte nicht, was es bedeute. Da sah er, einen Augenblick im Schwächegefühl die Augen schließend, ein Bild wieder, das ihm bekannt schien, das ihn erinnerte und seinen Gedanken neues Blut zuführte. Er sah sich auf einem Auto sitzen und es steuern, das war ein Traum, den er einmal geträumt hatte. In jenem Traumgefühl, da er den Lenker hinabgestoßen und sich selber der Steuerung bemächtigt hatte, war etwas wie Befreiung und Triumph gewesen. Es gab da einen Trost, irgendwo, schwer zu finden. Aber es gab einen. Es gab, und sei es auch nur in der Phantasie oder im Traum, die wohltätige Möglichkeit, sein Fahrzeug ganz allein zu steuern, jeden andern Führer hohnlachend vom Bock zu werfen, und wenn das Fahrzeug dann auch Sprünge machte und über Trottoirs oder in Häuser und Menschen hineinfuhr, so war es doch köstlich und war viel besser, als geschützt unter fremder Führung zu fahren und ewig ein Kind zu bleiben.

Ein Kind! Er mußte lächeln. Es fiel ihm ein, daß er als Kind und Jüngling seinen Namen Klein manchmal verflucht und gehaßt hatte. Jetzt hieß er nicht mehr so. War das nicht von Bedeutung – ein Gleichnis, ein Symbol? Er hatte aufgehört, klein und ein Kind zu sein und sich von andern führen zu lassen.

Im Hotel trank er zu seinem Essen einen guten, sanften Wein, den er auf gut Glück bestellt hatte und dessen Namen er sich merkte. Wenige Dinge gab es, die einem halfen, wenige, die trösteten und das Leben erleichterten; diese wenigen Dinge zu kennen war wichtig. Dieser Wein war so ein Ding, und die südliche Luft und Landschaft war eines. Was noch? Gab es noch andre? Ja, das Denken war auch so ein tröstliches Ding, das einem wohltat und leben half. Aber nicht jedes Denken! O nein, es gab ein Denken, das war Qual und Wahnsinn. Es gab ein Denken, das wühlte schmerzvoll im Unabänderlichen und führte zu nichts als Ekel, Angst und Lebensüberdruß. Ein anderes Denken war es, das man suchen und lernen mußte. War es überhaupt ein Denken? Es war ein Zustand, eine innere Verfassung, die immer nur Augenblicke dauerte und durch angestrengtes Denkenwollen nur zerstört wurde. In diesem höchst wünschenswerten Zustand hatte man Einfälle, Erinnerungen, Visionen, Phantasien, Einsichten von besonderer Art. Der Gedanke (oder Traum) vom Automobil war von dieser Art, von dieser guten und tröstlichen Art, und die plötzlich gekommene Erinnerung an den Totschläger Wagner und an jenes Gespräch, das er vor Jahren über ihn geführt hatte. Der seltsame Einfall mit dem Namen Klein war auch so. Bei diesen Gedanken, diesen Einfällen wich für Augenblicke die Angst und das scheußliche Unwohlsein einer rasch aufleuchtenden Sicherheit – es war dann, als sei alles gut, das Alleinsein war stark und stolz, die Vergangenheit überwunden, die kommende Stunde ohne Schrecken.

Er mußte das noch erfassen, es mußte sich begreifen und lernen lassen! Er war gerettet, wenn es ihm gelang, häufig Gedanken von jener Art in sich zu finden, in sich zu pflegen und hervorzurufen. Und er sann und sann. Er wußte nicht, wie er den Nachmittag verbrachte, die Stunden schmolzen ihm weg wie im Schlaf, und vielleicht schlief er auch wirklich, wer wollte das wissen. Immerzu kreisten seine Gedanken um jenes Geheimnis. Er dachte sehr viel und mühsam über seine Begegnung mit der Gelben nach. Was bedeutete sie? Wie kam es, daß in ihm diese flüchtige Begegnung, das sekundenkurze Wechseln eines Blickes mit einem fremden, schönen, aber ihm unsympathischen Weibe für lange Stunden zur Quelle von Gedanken, von Gefühlen, von Erregungen, Erinnerungen, Selbstpeinigungen, Anklagen wurde? Wie kam das? Ging das andern auch so? Warum hatte die Gestalt, der Gang, das Bein, der Schuh und Strumpf der Gelben ihn einen winzigen Moment entzückt? Warum hatte dann ihr kühl abwägender Blick ihn so sehr ernüchtert? Warum hatte dieser fatale Blick ihn nicht bloß ernüchtert und aus der kurzen erotischen Bezauberung geweckt, sondern ihn auch beleidigt, empört und vor sich selbst entwertet? Warum hatte er gegen diesen Blick lauter Worte und Erinnerungen ins Feld geführt, welche seiner einstigen Welt angehörten, Worte, die keinen Sinn mehr hatten, Gründe, an die er nicht mehr glaubte? Er hatte Urteile seiner Frau, Worte seiner Kollegen, Gedanken und Meinungen seines einstigen Ich, des nicht mehr vorhandenen Bürgers und Beamten Klein, gegen jene gelbe Dame und ihren unangenehmen Blick aufgeboten, er hatte das Bedürfnis gehabt, sich gegen diesen Blick mit allen erdenklichen Mitteln zu rechtfertigen, und hatte einsehen müssen, daß seine Mittel lauter alte Münzen waren, welche nicht mehr galten. Und aus allen diesen langen, peinlichen Erwägungen war ihm nichts geworden als Beklemmung, Unruhe und leidvolles Gefühl des eigenen Unrechts! Nur einen einzigen Moment aber hatte er jenen andren, so sehr zu wünschenden Zustand wieder empfunden, einen Moment lang hatte er innerlich zu all jenen peinlichen Erwägungen den Kopf geschüttelt und es besser gewußt. Er hatte gewußt, eine Sekunde lang: Meine Gedanken über die Gelbe sind dumm und unwürdig, Schicksal steht über ihr wie über mir, Gott liebt sie, wie er mich liebt.

Woher war diese holde Stimme gekommen? Wo konnte man sie wiederfinden, wie sie wieder herbeilocken, auf welchem Ast saß dieser seltne, scheue Vogel? Diese Stimme sprach die Wahrheit, und Wahrheit war Wohltat, Heilung, Zuflucht. Diese Stimme entstand, wenn man im Herzen mit dem Schicksal einig war und sich selber liebte; sie war Gottes Stimme, oder war die Stimme des eigenen, wahrsten, innersten Ich, jenseits von allen Lügen, Entschuldigungen und Komödien.

Warum konnte er diese Stimme nicht immer hören? Warum flog die Wahrheit an ihm immer vorbei wie ein Gespenst, das man nur mit halbem Blick im Vorbeihuschen sehen kann und das verschwindet, wenn man den vollen Blick darauf richtet? Warum sah er wieder und wieder diese Glückspforte offenstehen, und wenn er hineinwollte, war sie doch geschlossen!

In seinem Zimmer aus einem Schlummer aufwachend, griff er nach einem Bändchen Schopenhauer, das auf dem Tischchen lag und das ihn meistens auf Reisen begleitete. Er schlug blindlings auf und las einen Satz: »Wenn wir auf unsern zurückgelegten Lebensweg zurücksehn und zumal unsre unglücklichen Schritte, nebst ihren Folgen, ins Auge fassen, so begreifen wir oft nicht, wie wir haben dieses tun, oder jenes unterlassen können; so daß es aussieht, als hätte eine fremde Macht unsre Schritte gelenkt. Goethe sagt im Egmont: Es glaubt der Mensch sein Leben zu leiten, sich selbst zu führen; und sein Innerstes wird unwiderstehlich nach seinem Schicksal gezogen.« – Stand da nicht etwas, was ihn anging? Was mit seinen heutigen Gedanken nah und innig zusammenhing? – Begierig las er weiter, doch es kam nichts mehr, die folgenden Zeilen und Sätze ließen ihn unberührt. Er legte das Buch weg, sah auf die Taschenuhr, fand sie unaufgezogen und abgelaufen, stand auf und blickte durchs Fenster, es schien gegen Abend zu sein.

Er fühlte sich etwas angegriffen wie nach starker geistiger Anstrengung, aber nicht unangenehm und fruchtlos erschöpft, sondern sinnvoll ermüdet wie nach befriedigender Arbeit. Ich habe wohl eine Stunde oder mehr geschlafen, dachte er, und trat vor den Spiegelschrank, um sein Haar zu bürsten. Es war ihm seltsam frei und wohl zumute, und im Spiegel sah er sich lächeln! Sein bleiches überanstrengtes Gesicht, das er seit langem nur noch verzerrt und starr und irr gesehen hatte, stand in einem sanften, freundlichen, guten Lächeln. Verwundert schüttelte er den Kopf und lächelte sich selber zu.

Er ging hinab, im Restaurant wurde an einigen Tischen schon soupiert. Hatte er nicht eben erst gegessen? Einerlei, er hatte große Lust, es sofort wieder zu tun, und er bestellte, mit Eifer den Kellner befragend, eine gute Mahlzeit.

»Will der Herr vielleicht heut abend nach Castiglione fahren?« fragte ihn der Kellner beim Vorlegen. »Es geht ein Motorboot vom Hotel.«
Klein dankte mit Kopfschütteln. Nein, solche Hotelveranstaltungen waren nichts für ihn. – Castiglione? Davon hatte er schon sprechen hören. Es war ein Vergnügungsort mit einer Spielbank, so etwas wie ein kleines Monte Carlo. Lieber Gott, was sollte er dort tun?

Während der Kaffee gebracht wurde, nahm er aus dem Blumenstrauß, der in einer Kristallvase vor ihm stand, eine kleine weiße Rose und steckte sie an. Von einem Nebentische her streifte ihn der Rauch einer frisch angezündeten Zigarre. Richtig, eine gute Zigarre wollte er auch haben.

Unschlüssig stieg er dann vor dem Hause hin und her. Ganz gerne wäre er wieder in jene dörfliche Gegend gegangen, wo er gestern abend beim Gesang der Italienerin und dem magischen Funkentanz der Leuchtkäfer zum erstenmal die süße Wirklichkeit des Südens gespürt hatte. Aber es zog ihn auch zum Park, an das schattig überlaubte stille Wasser, zu den seltsamen Bäumen, und wenn er die Dame mit dem gelben Haar wieder angetroffen hätte, so würde ihr kalter Blick ihn jetzt nicht ärgern noch beschämen. Übrigens – wie unausdenklich lang war es seit gestern! Wie fühlte er sich in diesem Süden schon heimisch! Wieviel hatte er erlebt, gedacht, erfahren!

Er schlenderte eine Straße weit, umflossen von einem guten, sanften Sommerabendwind. Nachtfalter kreisten leidenschaftlich um die eben entzündeten Straßenlaternen, fleißige Leute schlossen spät ihre Geschäfte zu und klappten Eisenstangen vor die Läden, viele Kinder trieben sich noch herum und rannten bei ihren Spielen zwischen den kleinen Tischen der Cafés herum, an denen mitten auf der Straße Kaffee und Limonaden getrunken wurden. Ein Marienbild in einer Wandnische lächelte im Schein brennender Lichter. Auch auf den Bänken am See war noch Leben, wurde gelacht, gestritten, gesungen, und auf dem Wasser schwamm hier und dort noch ein Boot mit hemdärmeligen Ruderern und Mädchen in weißen Blusen.

Klein fand leicht den Weg zum Park wieder, aber das hohe Tor stand geschlossen. Hinter den hohen Eisenstangen stand die schweigende Baumfinsternis fremd und schon voll Nacht und Schlaf. Er blickte lang hinein. Dann lächelte er, und es wurde ihm nun erst der heimliche Wunsch bewußt, der ihn an diese Stelle vor das verschlossene Eisentor getrieben hatte. Nun, es war einerlei, es ging auch ohne Park.

Auf einer Bank am See saß er friedlich und sah dem vorübertreibenden Volk zu. Er entfaltete im hellen Laternenlicht eine italienische Zeitung und versuchte zu lesen. Er verstand nicht alles, aber jeder Satz, den er zu übersetzen vermochte, machte ihm Spaß. Erst allmählich begann er, über die Grammatik weg, auf den Sinn zu achten, und fand mit einem gewissen Erstaunen, daß der Artikel eine heftige, erbitterte Schmähung seines Volkes und Vaterlandes war. Wie seltsam, dachte er, das alles gibt es noch! Die Italiener schrieben über sein Volk, genau so wie die heimischen Zeitungen es immer über Italien getan hatten, genauso richtend, genauso empört, genauso unfehlbar vom eigenen Recht und fremden Unrecht überzeugt! Auch daß diese Zeitung mit ihrem Haß und ihrem grausamen Aburteilen ihn nicht zu empören und zu ärgern vermochte, war ja seltsam. Oder nicht? Nein, wozu sich empören? Das alles war ja die Art und Sprache einer Welt, zu der er nicht mehr gehörte. Sie mochte die gute, die bessere, die richtige Welt sein – es war nicht mehr die seine.

Er ließ die Zeitung auf der Bank liegen und ging weiter. Aus einem Garten strahlten über dicht blühende Rosenstämme hinweg hundert bunte Lichter. Menschen gingen hinein, er schloß sich an, eine Kasse, Aufwärter, eine Wand mit Plakaten. Mitten im Garten war ein Saal ohne Wände, nur ein großes Zeltdach, von welchem alle die zahllosen vielfarbigen Lampen niederhingen. Viele halbbesetzte Gartentische füllten den luftigen Saal; im Hintergrund silbern, grün und rosa in grellen Farben glitzerte überhell eine schmale erhöhte Bühne. Unter der Rampe saßen Musikanten, ein kleines Orchester. Beschwingt und licht atmete die Flöte in die bunte warme Nacht hinaus, die Oboe satt und schwellend, das Cello sang dunkel, bang und warm. Auf der Bühne darüber sang ein alter Mann komische Lieder, sein gemalter Mund lachte starr, in seinem kahlen bekümmerten Schädel spiegelte das üppige Licht.

Klein hatte nichts dergleichen gesucht, einen Augenblick fühlte er etwas wie Enttäuschung und Kritik und die alte Scheu vor dem einsamen Sitzen inmitten einer frohen und eleganten Menge; die künstliche Lustbarkeit schien ihm schlecht in den duftenden Gartenabend zu stimmen. Doch setzte er sich, und das aus so vielen buntfarbigen gedämpften Lampen niederrinnende Licht versöhnte ihn alsbald, es hing wie ein Zauberschleier über dem offenen Saal. Zart und innig glühte die kleine Musik herüber, gemischt mit dem Duft der vielen Rosen. Die Menschen saßen heiter und geschmückt in gedämpfter Fröhlichkeit; über Tassen, Flaschen und Eisbechern schwebten, von dem milden farbigen Licht hold behaucht und bepudert, helle Gesichter und schillernde Frauenhüte, und auch das gelbe und rosige Eis in den Bechern, die Gläser mit roten, grünen, gelben Limonaden klangen in dem Bilde festlich und juwelenhaft mit.

Niemand hörte dem Komiker zu. Der dürftige Alte stand gleichgültig und vereinsamt auf seiner Bühne und sang, was er gelernt hatte, das köstliche Licht floß an seiner armen Gestalt herab. Er endete sein Lied und schien zufrieden, daß er gehen konnte. An den vordersten Tischen klatschten zwei, drei Menschen mit den Händen. Der Sänger trat ab und erschien bald darauf durch den Garten im Saal, an einem der ersten Tische beim Orchester nahm er Platz. Eine junge Dame schenkte ihm Sodawasser in ein Glas, sie erhob sich dabei halb, und Klein blickte hin. Es war die mit den gelben Haaren.

Jetzt tönte von irgendwo her eine schrille Klingel lang und dringlich, es entstand Bewegung in der Halle. Viele gingen ohne Hut und Mantel hinaus. Auch der Tisch beim Orchester leerte sich, die Gelbe lief mit den andern hinaus, ihr Haar glänzte hell noch draußen in der Gartendämmerung. An dem Tisch blieb nur der alte Sänger sitzen.

Klein gab sich einen Stoß und ging hinüber. Er grüßte den Alten höflich, der nickte nur.

»Können Sie mir sagen, was dies Klingeln bedeutet?« fragte Klein.

»Pause«, sagte der Komiker.

»Und wohin sind all die Leute gegangen?«

»Spielen. Jetzt ist eine halbe Stunde Pause, und so lange kann man im Kursaal drüben spielen.«

»Danke. – Ich wußte nicht, daß auch hier eine Spielbank ist.«

»Nicht der Rede wert. Nur für Kinder, höchster Einsatz fünf Franken.«

»Danke sehr.«

Er hatte schon wieder den Hut gezogen und sich umgedreht. Da fiel ihm ein, er könnte den Alten nach der Gelben fragen. Der kannte sie.

Er zögerte, den Hut noch in der Hand. Dann ging er weg. Was wollte er eigentlich? Was ging sie ihn an? Doch spürte er, sie ging ihn trotzdem an. Es war nur Schüchternheit, irgendein Wahn, eine Hemmung. Eine leise Welle von Unmut stieg in ihm auf, eine dünne Wolke. Schwere war wieder im Anzug, jetzt war er wieder befangen, unfrei, und über sich selbst ärgerlich. Es war besser, er ging nach Hause. Was tat er hier, unter den vergnügten Leuten? Er gehörte nicht zu ihnen.

Ein Kellner, der Zahlung verlangte, störte ihn. Er war ungehalten.

»Können Sie nicht warten, bis ich rufe?«

»Entschuldigen, ich dachte, der Herr wolle gehen. Mir ersetzt es niemand, wenn einer drausläuft.«

Er gab mehr Trinkgeld, als nötig war.

Als er die Halle verließ, sah er aus dem Garten her die Gelbe zurückkommen. Er wartete und ließ sie an sich vorübergehen. Sie schritt aufrecht, stark und leicht wie auf Federn. Ihr Blick traf ihn, kühl, ohne Erkennen. Er sah ihr Gesicht hell beleuchtet, ein ruhiges und kluges Gesicht, fest und blaß, ein wenig blasiert, der geschminkte Mund blutrot, graue Augen voll Wachsamkeit, ein schönes, reich ausgeformtes Ohr, an dem ein grüner länglicher Stein blitzte. Sie ging in weißer Seide, der schlanke Hals sank in Opalschatten hinab, von einer dünnen Kette mit grünen Steinen umspannt.

Er sah sie an, heimlich erregt, und wieder mit zwiespältigem Eindruck. Etwas an ihr lockte, erzählte von Glück und Innigkeit, duftete nach Fleisch und Haar und gepflegter Schönheit, und etwas anderes stieß ab, schien unecht, ließ Enttäuschung fürchten. Es war die alte, anerzogene und ein Leben lang gepflegte Scheu vor dem, was er als dirnenhaft empfand, vor dem bewußten Sichzeigen des Schönen, vor dem offenen Erinnern an Geschlecht und Liebeskampf. Er spürte wohl, daß der Zwiespalt in ihm selbst lag. Da war wieder Wagner, da war wieder die Welt des Schönen, aber ohne Zucht, des Reizenden, aber ohne Verstecktheit, ohne Scheu, ohne schlechtes Gewissen. Da steckte ein Feind in ihm, der ihm das Paradies verbot.

Die Tische in der Halle wurden jetzt von Dienern umgestellt und ein freier Raum in der Mitte geschaffen. Ein Teil der Gäste war nicht wiedergekommen.

»Dableiben«, rief ein Wunsch in dem einsamen Mann. Er spürte voraus, was für eine Nacht ihm bevorstand, wenn er jetzt fortging. Eine Nacht wie die vorige, wahrscheinlich eine noch schlimmere. Wenig Schlaf, mit bösen Träumen, Hoffnungslosigkeit und Selbstquälerei, dazu das Geheul der Sinne, der Gedanke an die Kette von grünen Steinen auf der weißen und perlfarbigen Frauenbrust. Vielleicht war schon bald, bald der Punkt erreicht, wo das Leben nicht mehr auszuhalten war. Und er hing doch am Leben, sonderbar genug. Ja, tat er das? Wäre er denn sonst hier? Hätte er seine Frau verlassen, hätte er die Schiffe hinter sich verbrannt, hätte er diesen ganzen bösartigen Apparat in Anspruch genommen, alle diese Schnitte ins eigene

Fleisch, und wäre er schließlich in diesen Süden hergereist, wenn er nicht am Leben hinge, wenn nicht Wunsch und Zukunft in ihm waren? Hatte er es nicht heut gefühlt, klar und wunderschön, bei dem guten Wein, vor dem geschlossenen Parktor, auf der Bank am Kai?

Er blieb und fand Platz am Tisch neben jenem, wo der Sänger und die Gelbe saßen. Dort waren sechs, sieben Menschen beisammen, welche sichtlich hier zu Hause waren, gewissermaßen ein Teil dieser Veranstaltung und Lustbarkeit waren. Er blickte beständig zu ihnen hinüber. Zwischen ihnen und den Stammgästen dieses Gartens bestand Vertraulichkeit, auch die Leute vom Orchester kannten sie und gingen an ihrem Tische ab und zu oder riefen Witze herüber, sie nannten die Kellner du und mit den Vornamen. Es wurde deutsch, italienisch und französisch durcheinander gesprochen.

Klein betrachtete die Gelbe. Sie blieb ernst und kühl, er hatte sie noch nicht lächeln sehen, ihr beherrschtes Gesicht schien unveränderlich. Er konnte sehen, daß sie an ihrem Tische etwas galt, Männer und Mädchen hatten gegen sie einen Ton von kameradschaftlicher Achtung. Er hörte nun auch ihren Namen nennen: Teresina. Er besann sich, ob sie schön sei, ob sie ihm eigentlich gefalle. Er konnte es nicht sagen. Schön war ohne Zweifel ihr Wuchs und ihr Gang, sogar ungewöhnlich schön, ihre Haltung beim Sitzen und die Bewegungen ihrer sehr gepflegten Hände. An ihrem Gesicht und Blick aber beschäftigte und irritierte ihn die stille Kühle, die Sicherheit und Ruhe der Miene, das fast maskenhaft Starre. Sie sah aus wie ein Mensch, der seinen eigenen Himmel und seine eigene Hölle hat, welche niemand mit ihm teilen kann. Auch in dieser Seele, welche durchaus hart, spröde und vielleicht stolz, ja böse schien, auch in dieser Seele mußte Wunsch und Leidenschaft brennen. Welcherlei Gefühle suchte und liebte sie, welche floh sie? Wo waren ihre Schwächen, ihre Ängste, ihr Verborgenes? Wie sah sie aus, wenn sie lachte, wenn sie schlief, wenn sie weinte, wenn sie küßte?

Und wie kam es, daß sie nun seit einem halben Tag seine Gedanken beschäftigte, daß er sie beobachten, sie studieren, sie fürchten, sich über sie ärgern mußte, während er noch nicht einmal wußte, ob sie ihm gefalle oder nicht?

War sie vielleicht ein Ziel und Schicksal für ihn? Zog eine heimliche Macht ihn zu ihr, wie sie ihn nach dem Süden gezogen hatte? Ein eingeborener Trieb, eine Schicksalslinie, ein lebenslanger unbewußter Drang? War die Begegnung mit ihr ihm vorbestimmt? Über ihn verhängt?

Er hörte ein Bruchstück ihres Gesprächs mit angestrengtem Lauschen aus dem vielstimmigen Geplauder heraus. Zu einem hübschen, geschmeidigen, eleganten Jüngling mit gewelltem schwarzem Haar und glattem Gesicht hörte er sie sagen. »Ich möchte noch einmal richtig spielen, nicht hier, nicht um Pralinés, drüben in Castiglione oder in Monte Carlo.« Und dann, auf seine Antwort hin, nochmals: »Nein, Sie wissen ja gar nicht, wie das ist! Es ist vielleicht häßlich, es ist vielleicht nicht klug, aber es ist hinreißend.«

Nun wußte er etwas von ihr. Es machte ihm großes Vergnügen, sie beschlichen und belauscht zu haben. Durch ein erleuchtetes kleines Fenster hatte er, der Fremde, von außen her, auf Posten stehend, einen kurzen Späherblick in ihre Seele werfen können. Sie hatte Wünsche. Sie wurde von Verlangen gequält nach etwas, was erregend und gefährlich war, nach etwas, an das man sich verlieren konnte. Es war ihm lieb, das zu wissen. – Und wie war das mit Castiglione? Hatte er davon nicht heut schon einmal reden hören? Wann? Wo?

Einerlei, er konnte jetzt nicht denken. Aber er hatte jetzt wieder, wie schon mehrmals in diesen seltsamen Tagen, die Empfindung, daß alles, was er tat, hörte, sah und dachte, voll von Beziehung und Notwendigkeit war, daß ein Führer ihn leite, daß lange, ferne Ursachenreihen ihre Früchte trugen. Nun, mochten sie ihre Früchte tragen. Es war gut so.

Wieder überflog ihn ein Glücksgefühl, ein Gefühl von Ruhe und Sicherheit des Herzens, wunderbar entzückend für den, der die Angst und das Grauen kennt. Er erinnerte sich eines Wortes aus seiner Knabenzeit. Sie hatten, Schulknaben, miteinander darüber gesprochen, wie es wohl die Seiltänzer machen, daß sie so sicher und angstlos auf dem Seil gehen konnten. Und einer hatte gesagt: »Wenn du auf dem Stubenboden einen Kreidestrich ziehst, ist es gerade so schwer, genau auf diesem Kreidestrich vorwärtszugehen, wie auf dem dünnsten Seil. Und doch tut man es ruhig, weil keine Gefahr dabei ist. Wenn du dir vorstellst, es sei bloß ein Kreidestrich, und die Luft daneben sei Fußboden, dann kannst du auf jedem Seil sicher gehen.« Das fiel ihm ein. Wie schön war das! War es bei ihm nicht vielleicht umgekehrt? Ging es ihm nicht so, daß er auch auf keinem ebenen Boden mehr ruhig und sicher gehen konnte, weil er ihn für ein Seil hielt?

Er war innig froh darüber, daß solche tröstliche Sachen ihm einfallen konnten, daß sie in ihm schlummerten und je und je zum Vorschein kamen. In sich innen trug man alles, worauf es ankam, von außen konnte niemand einem helfen. Mit sich selbst nicht im Krieg liegen, mit sich selbst in Liebe und Vertrauen leben – dann konnte man alles. Dann konnte man nicht nur seiltanzen, dann konnte man fliegen.

Eine Weile hing er, alles um sich her vergessend, diesen Gefühlen auf weichen, schlüpfrigen Pfaden der Seele in sich nachtastend wie ein Jäger und Pfadfinder, mit auf die Hand gestütztem Kopfe wie entrückt über seinem Tisch. In diesem Augenblick sah die Gelbe herüber und sah ihn an. Ihr Blick verweilte nicht lang, aber er las aufmerksam in seinem Gesicht, und als er es fühlte und ihr entgegenblickte, spürte er etwas wie Achtung, etwas wie Teilnahme und auch etwas wie Verwandtschaft. Diesmal tat ihr Blick ihm nicht weh, tat ihm nicht Unrecht. Diesmal, so fühlte er, sah sie ihn, ihn selbst, nicht seine Kleider und Manieren, seine Frisur und seine Hände, sondern das Echte, Unwandelbare, Geheimnisvolle an ihm, das Einmalige, Göttliche, das Schicksal.

Er bat ihr ab, was er heut Bittres und Häßliches über sie gedacht hatte. Aber nein, da war nichts abzubitten. Was er Böses und Törichtes über sie gedacht, gegen sie gefühlt hatte, das waren Schläge gegen ihn selbst gewesen, nicht gegen sie. Nein, es war gut so.

Plötzlich erschreckte ihn der Wiederbeginn der Musik. Das Orchester stimmte einen Tanz an. Aber die Bühne blieb leer und dunkel, statt auf sie waren die Blicke der Gäste nach dem leeren Viereck zwischen den Tischen gerichtet. Er erriet, es würde getanzt werden. Aufblickend sah er am Nebentisch die Gelbe und den jungen bartlosen Elegant sich erheben. Er lächelte über sich, als er bemerkte, wie er auch gegen diesen Jüngling Widerstände fühlte, wie er nur mit Widerwillen seine Eleganz, seine sehr netten Manieren, sein hübsches Haar und Gesicht anerkannte. Der Jüngling bot ihr die Hand, führte sie in den freien Raum, ein zweites Paar trat an, und nun tanzten die beiden Paare elegant, sicher und hübsch einen Tango. Er verstand nicht viel davon, aber er sah bald, daß Teresina wunderbar tanze. Er sah: sie tat etwas, was sie verstand und bemeisterte, was in ihr lag und natürlich aus ihr herauskam. Auch der Jüngling mit dem gewellten schwarzen Haar tanzte gut, sie paßten zusammen. Ihr Tanz erzählte den Zuschauern lauter angenehme, lichte, einfache und freundliche Dinge. Leicht und zart lagen ihre Hände ineinander, willig und froh taten ihre Knie, ihre Arme, ihre Füße und Leiber die zartkräftige Arbeit. Ihr Tanz drückte Glück und Freude aus, Schönheit und Luxus, gute Lebensart und Lebenskunst. Er drückte auch Liebe und Geschlechtlichkeit aus, aber nicht wild und glühend, sondern eine Liebe voll Selbstverständlichkeit, Naivität und Anmut. Sie tanzten den reichen Leuten, den Kurgästen das Schöne vor, das in deren Leben lag und das diese selber nicht ausdrücken und ohne eine solche Hilfe nicht einmal empfinden konnten. Diese bezahlten, geschulten Tänzer dienten der guten Gesellschaft zu einem Ersatz. Sie, die selber nicht so gut und geschmeidig tanzten, die angenehme Spielerei ihres Lebens nicht recht genießen konnten, ließen sich von diesen Leuten vortanzen, wie gut sie es hatten. Aber das war es nicht allein. Sie ließen sich nicht nur eine Schwerelosigkeit und heitere Selbstherrlichkeit des Lebens vorspielen, sie wurden auch an Natur und Unschuld der Gefühle und Sinne gemahnt. Aus ihrem überhasteten und überarbeiteten oder auch faulen und übersättigten Leben, das zwischen wilder Arbeit, wildem Vergnügen und erzwungener Sanatoriumspönitenz pendelte, blickten sie lächelnd, dumm und heimlich gerührt auf den Tanz dieser hübschen und gewandten jungen Menschen wie auf einen holden Lebensfrühling hin, wie auf ein fernes Paradies, das man verloren hat und von dem man nur noch an Feiertagen den Kindern erzählt, an das man kaum mehr glaubt, von dem man aber nachts mit brennendem Begehren träumt.

Und nun ging während des Tanzes mit dem Gesicht der Gelbhaarigen eine Veränderung vor, welcher Friedrich Klein mit reinem Entzücken zuschaute. Ganz allmählich und unmerklich, wie das Rosenrot über einen Morgenhimmel, kam über ihr ernstes, kühles Gesicht ein langsam wachsendes, langsam sich erwärmendes Lächeln. Gradaus vor sich hinblickend, lächelte sie wie erwachend, so als sei sie, die Kühle, erst nun durch den Tanz zum vollen Leben erwärmt worden. Auch der Tänzer lächelte, und auch das zweite Paar lächelte, und auf allen vier Gesichtern war es wunderhübsch, obwohl es wie maskenhaft und unpersönlich erschien – aber bei Teresina war es am schönsten und geheimnisvollsten, niemand lächelte so wie sie, so unberührt von außen, so im eigenen Wohlgefühl von innen her aufblühend. Er sah es mit tiefer Rührung, es ergriff ihn wie die Entdeckung eines heimlichen Schatzes.

»Was für wundervolles Haar sie hat!« hörte er in der Nähe jemand leise rufen. Er dachte daran, daß er dies wundervolle blondgelbe Haar geschmäht und bezweifelt hatte.

Der Tango war zu Ende, Klein sah Teresina einen Augenblick neben ihrem Tänzer stehen, der ihre linke Hand mit den Fingern noch in Schulterhöhe hielt, und sah den Zauber auf ihrem Gesicht nachleuchten und langsam schwinden. Es wurde halblaut geklatscht, und jedermann blickte den beiden nach, als sie mit schwebendem Schritt an ihren Tisch zurückkehrten.

Der nächste Tanz, der nach einer kurzen Pause begann, wurde nur von einem einzigen Paar ausgeführt, von Teresina und ihrem hübschen Partner. Es war ein freier Phantasietanz, eine kleine komplizierte Dichtung, beinahe schon eine Pantomime, die jeder Tänzer für sich allein spielte und die nur in einigen aufleuchtenden Höhepunkten und im galoppierend raschen Schlußsatz zum Paartanz wurde.

Hier schwebte Teresina, die Augen voll von Glück, so aufgelöst und innig dahin, folgte mit schwerelosen Gliedern so selig den Werbungen der Musik, daß es still in der Halle wurde und alle hingegeben auf sie schauten. Der Tanz endete mit einem heftigen Wirbel, wobei Tänzer und Tänzerin sich nur mit Händen und Fußspitzen berührten und sich, weit hintenüber hängend, bacchantisch im Kreise drehten.

Bei diesem Tanz hatte jedermann das Gefühl, daß die beiden Tanzenden in ihren Gebärden und Schritten, in Trennung und Wiedervereinigung, in immer erneutem Wegwerfen und Wiedergreifen des Gleichgewichtes Empfindungen darstellten, die allen Menschen vertraut und zutiefst erwünscht sind, die aber nur von wenigen Glücklichen so einfach, stark und unverbogen erlebt werden: die Freude des gesunden Menschen an sich selber, die Steigerung dieser Freude in der Liebe zum andern, das gläubige Einverstandensein mit der eigenen Natur, die vertrauensvolle Hingabe an die Wünsche, Träume und Spiele des Herzens. Viele empfanden für einen Augenblick nachdenkliche Trauer darüber, daß zwischen ihrem Leben und ihren Trieben so viel Zwiespalt und Streit bestand, daß ihr Leben kein Tanz, sondern ein mühsames Keuchen unter Lasten war – Lasten, die schließlich nur sie selber sich aufgebürdet hatten.

Friedrich Klein blickte, während er dem Tanz folgte, durch viele vergangene Jahre seines Lebens hindurch wie durch einen finstern Tunnel, und jenseits lag in Sonne und Wind grün und strahlend das Verlorene, die Jugend, das starke einfache Fühlen, die gläubige Bereitschaft zum Glück – und all dies lag wieder seltsam nah, nur einen Schritt weit, durch Zauber herangezogen und gespiegelt.

Das innige Lächeln des Tanzes noch auf dem Gesicht, kam Teresina jetzt an ihm vorüber. Ihn durchfloß Freude und entzückte Hingabe. Und als habe er sie gerufen, blickte sie ihn plötzlich innig an, noch nicht erwacht, die Seele noch voll Glück, das süße Lächeln noch auf den Lippen. Und auch er lächelte ihr zu, dem nahen Glücksschimmer, durch den finstern Schacht so vieler verlorener Jahre.

Zugleich stand er auf, und gab ihr die Hand, wie ein alter Freund, ohne ein Wort zu sagen. Die Tänzerin nahm sie und hielt sie einen Augenblick fest, ohne stehenzubleiben. Er folgte ihr. Am Tisch der Künstler wurde ihm Platz gemacht, nun saß er neben Teresina und sah die länglichen grünen Steine auf der hellen Haut ihres Halses schimmern.

Er nahm nicht an den Gesprächen teil, von denen er das wenigste verstand. Hinter Teresinas Kopf sah er, im grelleren Licht der Gartenlaternen, die blühenden Rosenstämme, dunkle volle Kugeln, abgezeichnet, hier und da von Leuchtkäfern überflogen. Seine Gedanken ruhten, es gab nichts zu denken. Die Rosenkugeln schaukelten leicht im Nachtwind, Teresina saß neben ihm, an ihrem Ohr hing glitzernd der grüne Stein. Die Welt war in Ordnung.

Jetzt legte Teresina die Hand auf seinen Arm.

»Wir werden miteinander sprechen. Nicht hier. Ich erinnere mich jetzt, Sie im Park gesehen zu haben. Ich bin morgen dort, um die gleiche Zeit. Ich bin jetzt müde und muß bald schlafen. Gehen Sie lieber vorher, sonst pumpen meine Kollegen Sie an.«

Da ein Kellner vorüberlief, hielt sie ihn an:

»Eugenio, der Herr will zahlen.«

Er zahlte, gab ihr die Hand, zog den Hut, und ging davon, dem See nach, er wußte nicht wohin. Unmöglich, jetzt sich in sein Hotelzimmer zu legen. Er lief die Seestraße weiter, zum Städtchen und den Vororten hinaus, bis die Bänke am Ufer und die Anlagen ein Ende nahmen. Da setzte er sich auf die Ufermauer und sang vor sich hin, ohne Stimme, verschollene Liederbruchstücke aus Jugendjahren. Bis es kalt wurde und die steilen Berge eine feindselige Fremdheit annahmen. Da ging er zurück, den Hut in der Hand.

Ein verschlafener Nachtportier öffnete ihm die Tür.

»Ja, ich bin etwas spät«, sagte Klein und gab ihm einen Franken.

»O, wir sind das gewohnt. Sie sind noch nicht der Letzte. Das Motorboot von Castiglione ist auch noch nicht zurück.«

3

Die Tänzerin war schon da, als Klein sich im Park einfand. Sie ging mit ihrem federnden Schritt im Innern des Gartens um die Rasenstücke und stand plötzlich am schattigen Eingang eines Gehölzes vor ihm.

Teresina musterte ihn aufmerksam mit den hellgrauen Augen, ihr Gesicht war ernst und etwas ungeduldig. Sofort im Gehen fing sie zu sprechen an.

»Können Sie mir sagen, was das gestern war? Wie kommt das, daß wir uns so in den Weg liefen? Ich habe darüber nachgedacht. Ich sah Sie gestern im Kursaalgarten zweimal. Das erste Mal standen Sie am Ausgang und sahen mich an, Sie sahen gelangweilt oder geärgert aus, und als ich Sie sah, fiel mir ein: dem bin ich schon einmal im Park begegnet. Es war kein guter Eindruck, und ich gab mir Mühe, Sie gleich wieder zu vergessen. Dann sah ich Sie wieder, kaum eine Viertelstunde später. Sie saßen am Nebentisch und sahen plötzlich ganz anders aus, ich merkte nicht gleich, daß Sie derselbe seien, der mir vorher begegnet war. Und dann, nach meinem Tanz, standen sie auf einmal vor mir und hielten mich an der Hand, oder ich Sie, ich weiß nicht recht. Wie ging das zu? Sie müssen doch etwas wissen. Aber ich hoffe, Sie sind nicht etwa gekommen, um mir Liebeserklärungen zu machen?«

Sie sah ihn befehlend an.

»Ich weiß nicht«, sagte Klein. »Ich bin nicht mit bestimmten Absichten gekommen. Ich liebe Sie, seit gestern, aber wir brauchen ja nicht davon zu sprechen.«

»Ja, sprechen wir von anderm. Es war gestern einen Augenblick etwas zwischen uns da, was mich beschäftigt und auch erschreckt hat, als hätten wir irgend etwas Ähnliches oder Gemeinsames. Was ist das? Und, die Hauptsache: Was war das für eine Verwandlung mit Ihnen? Wie war es möglich, daß Sie innerhalb einer Stunde zwei so ganz verschiedene Gesichter haben konnten? Sie sahen aus wie ein Mensch, der sehr Wichtiges erlebt hat.«

»Wie sah ich aus?« fragte er kindlich.

»O, zuerst sahen Sie aus wie ein älterer, etwas vergrämter, unangenehmer Herr. Sie sahen aus wie ein Philister, wie ein Mann, der gewohnt ist, den Zorn über seine eigene Unfähigkeit an andern auszulassen.«

Er hörte mit gespannter Teilnahme zu und nickte lebhaft. Sie fuhr fort.

»Und dann, nachher, das läßt sich nicht gut beschreiben. Sie saßen etwas vorgebückt; als Sie mir zufällig in die Augen fielen, dachte ich in der ersten Sekunde noch: Herrgott, haben diese Philister traurige Haltungen! Sie hatten den Kopf auf die Hand gestützt, und das sah nun plötzlich so seltsam aus: es sah aus, als wären Sie der einzige Mensch in der Welt, und als sei es Ihnen ganz und gar einerlei, was mit Ihnen und mit der ganzen Welt geschähe. Ihr Gesicht war wie eine Maske, schauderhaft traurig oder auch schauderhaft gleichgültig –«

Sie brach ab, schien nach Worten zu suchen, sagte aber nichts.

»Sie haben recht«, sagte Klein bescheiden. »Sie haben so richtig gesehen, daß ich erstaunt sein müßte. Sie haben mich gelesen wie einen Brief. Aber eigentlich ist es ja nur natürlich und richtig, daß Sie das alles sahen.«

»Warum natürlich?«

»Weil Sie, auf eine etwas andere Art, beim Tanzen ganz das gleiche ausdrücken. Wenn Sie tanzen, Teresina, und auch sonst in manchen Augenblicken, sind Sie wie ein Baum oder ein Berg oder Tier, oder ein Stern, ganz für sich, ganz allein, Sie wollen nichts anderes sein, als was Sie sind, einerlei ob gut oder böse. Ist es nicht das gleiche, was Sie bei mir sahen?«

Sie betrachtete ihn prüfend, ohne Antwort zu geben.

»Sie sind ein wunderlicher Mensch«, sagte sie dann zögernd. »Und wie ist das nun: sind Sie wirklich so, wie Sie da aussahen? Ist Ihnen wirklich alles einerlei, was mit Ihnen geschieht?«

»Ja. Nur nicht immer. Ich habe oft auch Angst. Aber dann kommt es wieder, und die Angst ist fort, und dann ist alles einerlei. Dann ist man stark. Oder vielmehr: einerlei ist nicht das Richtige: alles ist köstlich und willkommen, es sei, was es sei.«

»Einen Augenblick hielt ich es sogar für möglich, daß Sie ein Verbrecher wären.«

»Auch das ist möglich. Es ist sogar wahrscheinlich. Sehen Sie, ein ›Verbrecher‹, das sagt man so, und man meint damit, daß einer etwas tut, was andre ihm verboten haben. Er selber aber, der Verbrecher, tut ja nur, was in ihm ist. – Sehen Sie, das ist die Ähnlichkeit, die wir beide haben: wir beide tun hie und da, in seltnen Augenblicken, das, was in uns ist. Nichts ist seltener, die meisten Menschen kennen das überhaupt nicht. Auch ich kannte es nicht, ich sagte, dachte, tat, lebte nur Fremdes, nur Gelerntes, nur Gutes und Richtiges, bis es eines Tages damit zu Ende war. Ich konnte nicht mehr, ich mußte fort, das Gute war nicht mehr gut, das Richtige war nicht mehr richtig, das Leben war nicht mehr zu ertragen. Aber ich möchte es dennoch ertragen, ich liebe es sogar, obwohl es soviel Qualen bringt.«

»Wollen Sie mir sagen, wie Sie heißen und wer Sie sind?«

»Ich bin der, den Sie vor sich sehen, sonst nichts. Ich habe keinen Namen und keinen Titel und auch keinen Beruf. Ich mußte das alles aufgeben. Mit mir steht es so, daß ich nach einem langen braven und fleißigen Leben eines Tages aus dem Nest gefallen bin, es ist noch nicht lange her, und jetzt muß ich untergehen oder fliegen lernen. Die Welt geht mich nichts mehr an, ich bin jetzt ganz allein.«

Etwas verlegen fragte sie: »Waren Sie in einer Anstalt?«

»Verrückt, meinen Sie? Nein. Obwohl auch das ja möglich wäre.« Er wurde zerstreut, Gedanken packten ihn von innen. Mit beginnender Unruhe sprach er fort: »Wenn man darüber redet, wird auch das Einfachste gleich kompliziert und unverständlich. Wir sollten gar nicht davon sprechen! – Man tut das ja auch nur, man spricht nur dann darüber, wenn man es nicht verstehen will.«

»Wie meinen Sie das? Ich will wirklich verstehen. Glauben Sie mir! Es interessiert mich sehr.«

Er lächelte lebhaft.

»Ja, ja. Sie wollen sich darüber unterhalten. Sie haben etwas erlebt und wollen jetzt darüber reden. Ach, es hilft nichts. Reden ist der sichere Weg dazu, alles mißzuverstehen, alles seicht und öde zu machen. – Sie wollen mich ja nicht verstehen und auch sich selber nicht! Sie wollen bloß Ruhe haben vor der Mahnung, die Sie gespürt haben. Sie wollen mich und die Mahnung damit abtun, daß Sie die Etikette finden, unter der Sie mich einreihen können. Sie versuchen es mit dem Verbrecher und mit dem Geisteskranken, Sie wollen meinen Stand und Namen wissen. Das alles führt aber nur weg vom Verstehen, das alles ist Schwindel, liebes Fräulein, ist schlechter Ersatz für Verstehen, ist vielmehr Flucht vor dem Verstehenwollen, vor dem Verstehenmüssen.«

Er unterbrach sich, strich gequält mit der Hand über die Augen, dann schien ihm etwas Freundliches einzufallen, er lächelte wieder. »Ach, sehen Sie, als Sie und ich gestern einen Augenblick lang genau das gleiche fühlten, da sagten wir nichts und fragten nichts und dachten auch nichts – auf einmal gaben wir einander die Hand, und es war gut. Jetzt aber – jetzt reden wir und denken und erklären – und alles ist seltsam und unverständlich geworden, was so einfach war. Und doch wäre es ganz leicht für Sie, mich ebenso gut zu verstehen wie ich Sie.«

»Sie glauben mich so gut zu verstehen?«

»Ja, natürlich. Wie Sie leben, weiß ich nicht. Aber Sie leben, wie ich es auch getan habe und wie alle es tun, meistens im Dunkeln und an sich selber vorbei, irgendeinem Zweck, einer Pflicht, einer Absicht nach. Das tun fast alle Menschen, daran ist die ganze Welt krank, daran wird sie auch untergehen. Manchmal aber, beim Tanzen zum Beispiel, geht die Absicht oder Pflicht Ihnen verloren, und Sie leben auf einmal ganz anders. Sie fühlen auf einmal so, als wären Sie allein auf der Welt, oder als könnten Sie morgen tot sein, und da kommt alles heraus, was Sie wirklich sind. Wenn Sie tanzen, stecken Sie damit sogar andere an. Das ist Ihr Geheimnis.«

Sie ging eine Strecke weit rascher. Zu äußerst auf einem Vorsprung überm See blieb sie stehen.

»Sie sind sonderbar«, sagte sie. »Manches kann ich verstehen. Aber – was wollen Sie eigentlich von mir?«

Er senkte den Kopf und sah einen Augenblick traurig aus.

»Sie sind es so gewohnt, daß man immer etwas von Ihnen haben will. Teresina, ich will von Ihnen nichts, was nicht Sie selber wollen und gerne tun. Daß ich Sie liebe, kann Ihnen gleichgültig sein. Es ist kein Glück, geliebt zu werden. Jeder Mensch liebt sich selber, und doch quälen sich Tausende ihr Leben lang. Nein, geliebt werden ist kein Glück. Aber lieben, das ist Glück!«

»Ich würde Ihnen gern irgendeine Freude machen, wenn ich könnte«, sagte Teresina langsam, wie mitleidig.

»Das können Sie, wenn Sie mir erlauben, Ihnen irgendeinen Wunsch zu erfüllen.«

»Ach, was wissen Sie von meinen Wünschen!«

»Allerdings, Sie sollten keine haben. Sie haben ja den Schlüssel zum Paradies, das ist Ihr Tanz. Aber ich weiß, daß Sie doch Wünsche haben, und das ist mir lieb. Und nun wissen Sie: da ist einer, dem macht es Spaß, Ihnen jeden Wunsch zu erfüllen.«

Teresina besann sich. Ihre wachsamen Augen wurden wieder scharf und kühl. Was konnte er von ihr wissen? Da sie nichts fand, begann sie vorsichtig:

»Meine erste Bitte an Sie wäre, daß Sie aufrichtig sind. Sagen Sie mir, wer Ihnen etwas von mir erzählt hat.«

»Niemand. Ich habe niemals mit einem Menschen über Sie gesprochen. Was ich weiß – es ist sehr wenig –, weiß ich von Ihnen selbst. Ich hörte Sie gestern sagen, daß Sie sich wünschen, einmal in Castiglione zu spielen.«
Ihr Gesicht zuckte.
»Ach so, Sie haben mich belauscht.«
»Ja, natürlich. Ich habe Ihren Wunsch verstanden. Weil Sie nicht immer einig mit sich sind, suchen Sie nach Erregung und Betäubung.«
»O nein, ich bin nicht so romantisch, wie Sie meinen. Ich suche beim Spiel nicht Betäubung, sondern einfach Geld. Ich möchte einmal reich sein oder doch sorgenfrei, ohne mich dafür verkaufen zu müssen. Das ist alles.«
»Das klingt so richtig, und doch glaube ich es nicht. Aber wie Sie wollen! Sie wissen ja im Grunde ganz gut, daß Sie sich nie zu verkaufen brauchen. Reden wir nicht davon! Aber wenn Sie Geld haben wollen, sei es nun zum Spielen oder sonst, so nehmen Sie es doch von mir! Ich habe mehr, als ich brauche, glaube ich, und lege keinen Wert darauf.«
Teresina zog sich wieder zurück.
»Ich kenne Sie ja kaum. Wie soll ich Geld von Ihnen nehmen?«
Er zog plötzlich den Hut, wie von einem Schmerz befallen, und brach ab.
»Was haben Sie?« rief Teresina.
»Nichts, nichts. – Erlauben Sie, daß ich gehe! Wir haben zuviel gesprochen, viel zuviel. Man sollte nie so viel sprechen.«
Und da lief er schon, ohne Abschied genommen zu haben, rasch und wie von Verzweiflung hingeweht durch den Baumgang fort. Die Tänzerin sah ihm mit gestauten, uneinigen Empfindungen nach, aufrichtig verwundert über ihn und über sich.
Er aber lief nicht aus Verzweiflung, sondern nur aus unerträglicher Spannung und Gefülltheit. Es war ihm plötzlich unmöglich geworden, noch ein Wort zu sagen, noch ein Wort zu hören, er mußte allein sein, mußte notwendig allein sein, denken, horchen, sich selber zuhören. Das ganze Gespräch mit Teresina hatte ihn selbst in Erstaunen gesetzt und überrascht, die Worte waren ohne seinen Willen so gekommen, es hatte ihn wie ein Würgen das heftige Bedürfnis befallen, seine Erlebnisse und Gedanken mitzuteilen, zu formen, auszusprechen, sie sich selber zuzurufen. Er war erstaunt über jedes Wort, das er sich sagen hörte, aber mehr und mehr fühlte er, wie er sich in etwas hineinredete, was nicht mehr einfach und

richtig war, wie er unnützerweise das Unbegreifliche zu erklären versuchte – und mit einemmal war es ihm unerträglich geworden, er hatte abbrechen müssen.

Jetzt aber, wo er sich der vergangenen Viertelstunde wieder zu erinnern suchte, empfand er dies Erlebnis freudig und dankbar. Es war ein Fortschritt, eine Erlösung, eine Bestätigung.

Die Zweifelhaftigkeit, in welche die ganze gewohnte Welt für ihn gefallen war, hatte ihn furchtbar ermüdet und gepeinigt. Er hatte das Wunder erlebt, daß das Leben am sinnvollsten wird in den Augenblicken, wo alle Sinne und Bedeutungen uns verlorengehen. Immer wieder aber war ihm der peinliche Zweifel gekommen, ob diese Erlebnisse wirklich wesentlich seien, ob sie mehr seien als kleine zufällige Kräuselungen an der Oberfläche eines ermüdeten und erkrankten Gemütes, Launen im Grunde, kleine Nervenschwankungen. Jetzt hatte er gesehen, gestern abend und heute, daß sein Erlebnis wirklich war. Es hatte aus ihm gestrahlt und ihn verändert, es hatte einen andern Menschen zu ihm hergezogen. Seine Vereinsamung war durchbrochen, er liebte wieder, es gab jemand, dem er dienen und Freude machen wollte, er konnte wieder lächeln, wieder lachen!

Die Welle ging durch ihn hin wie Schmerz und wie Wollust, er zuckte vor Gefühl, Leben klang in ihm auf wie eine Brandung, unbegreiflich war alles. Er riß die Augen auf und sah: Bäume an einer Straße, Silberflocken im See, ein rennender Hund, Radfahrer – und alles war sonderbar, märchenhaft und beinahe allzu schön, alles wie nagelneu aus Gottes Spielzeugschachtel genommen, alles nur für ihn da, für Friedrich Klein, und er selbst nur dazu da, diesen Strom von Wunder und Schmerz und Freude durch sich hinzucken zu fühlen. Überall war Schönheit, in jedem Dreckhaufen am Weg, überall war tiefes Leiden, überall war Gott. Ja, das war Gott, und so hatte er ihn, vor unausdenklichen Zeiten, als Knabe einst empfunden und mit dem Herzen gesucht, wenn er »Gott« und »Allgegenwart« dachte. Herz, brich nicht vor Fülle!

Wieder schossen aus allen vergessenen Schächten seines Lebens freigewordene Erinnerungen zu ihm empor, unzählbare: an Gespräche, an seine Verlobungszeit, an Kleider, die er als Kind getragen, an Ferienmorgen der Studentenzeit, und ordneten sich in Kreisen um einige feste Mittelpunkte: um die Gestalt seiner Frau, um seine Mutter, um den Mörder Wagner, um Teresina. Stellen aus klassischen Schriftstellern fielen ihm ein und lateinische Sprichwörter, die ihn als Schüler einst ergriffen hatten, und törichte sentimentale Verse aus Volksliedern. Der Schatten seines Vaters stand hinter ihm, er erlebte wieder den Tod seiner Schwiegermutter. Alles, was je durch Auge und Ohr, durch Menschen und Bücher, mit Wonne oder Leid in ihn eingegangen und in ihm untergesunken war, alles schien wieder da zu sein, alles zugleich, aufgerührt und durcheinander gewirbelt, ohne Ordnung, doch voller Sinn, alles wichtig, alles bedeutungsvoll, alles unverloren.

Der Andrang wurde zur Qual, zu einer Qual, die von höchster Wollust nicht zu unterscheiden war. Sein Herz schlug rasch, Tränen standen ihm in den Augen. Er begriff, daß er nahe am Wahnsinn stehe, und wußte doch, daß er nicht wahnsinnig werden würde, und blickte zugleich in dies neue Seelenland des Irrsinns mit demselben Erstaunen und Entzücken wie in die Vergangenheit, wie in den See, wie in den Himmel: auch hier war alles zauberhaft, wohllaut und voll Bedeutung. Er begriff, warum im Glauben edler Völker der Wahnsinn für heilig galt. Er begriff alles, alles sprach zu ihm, alles war ihm erschlossen. Es gab keine Worte dafür, es war falsch und hoffnungslos, irgend etwas in Worten ausdenken und verstehen zu wollen! Man mußte nur offenstehen, nur bereit sein: dann konnte jedes Ding, dann konnte in unendlichem Zug wie in eine Arche Noahs die ganze Welt in einen hineingehen, und man besaß sie, verstand sie und war eins mit ihr.

Trauer ergriff ihn. O, wenn alle Menschen dies wüßten, dies erlebten! Wie wurde drauflos gelebt, drauflos gesündigt, wie blind und maßlos wurde gelitten! Hatte er nicht gestern noch sich über Teresina geärgert? Hatte er nicht gestern noch seine Frau gehaßt, sie angeklagt und für alles Leid seines Lebens verantwortlich machen wollen? Wie traurig, wie dumm, wie hoffnungslos! Alles war doch so einfach, so gut, so sinnvoll, sobald man es von innen sah, sobald man hinter jedem Ding das Wesen stehen sah, ihn, Gott.

Hier bog ein Weg zu neuen Vorstellungsgärten und Bilderwäldern ein. Wendete er sein heutiges Gefühl der Zukunft zu, sprühten hundert Glücksträume auf, für ihn und für alle. Sein vergangenes, dumpfes, verdorbenes Leben sollte nicht beklagt, nicht angeklagt, nicht gerichtet werden, sondern erneut und ins Gegenteil verwandelt, voll Sinn, voll Freude, voll Güte, voll Liebe. Die Gnade, die er erlebt, mußte widerstrahlen und weiter wirken. Bibelsprüche kamen ihm in den Sinn, und alles, was er von begnadeten Frommen und Heiligen wußte. So hatte es immer begonnen, bei allen. Sie waren denselben harten und finstern Weg geführt worden wie er, feig und voll Angst, bis zur Stunde der Umkehr und Erleuchtung. »In der Welt habet ihr Angst«, hatte Jesus zu seinen Jüngern gesagt. Wer aber die Angst überwunden hatte, der lebte nicht mehr in der Welt, sondern in Gott, in der Ewigkeit.

So hatten alle gelehrt, alle Weisen der ganzen Welt, Buddha und Schopenhauer, Jesus, die Griechen. Es gab nur eine Weisheit, nur einen Glauben, nur ein Denken: das Wissen von Gott in uns. Wie wurde das in den Schulen, Kirchen, Büchern und Wissenschaften verdreht und falsch gelehrt!

Mit weiten Flügelschlägen flog Kleins Geist durch die Bezirke seiner innern Welt, seines Wissens, seiner Bildung. Auch hier, wie in seinem äußern Leben, lag Gut um Gut, Schatz um Schatz, Quelle um Quelle, aber jedes für sich, abgesondert, tot und wertlos. Nun aber, mit dem Strahl des Wissens, mit der Erleuchtung, zuckte auch hier plötzlich Ordnung, Sinn und Formung durch das Chaos, Schöpfung begann, Leben und Beziehung sprang von Pol zu Pol. Sprüche entlegenster Kontemplation wurden selbstverständlich, Dunkles wurde hell, und das Einmaleins wurde zum mystischen Bekenntnis. Beseelt und liebeglühend ward auch diese Welt. Die Kunstwerke, die er in jüngeren Jahren geliebt hatte, klangen mit neuem Zauber herauf. Er sah: die rätselhafte Magie der Kunst öffnete sich demselben Schlüssel. Kunst war nichts andres als Betrachtung der Welt im Zustand der Gnade, der Erleuchtung. Kunst war: hinter jedem Ding Gott zeigen.

Flammend schritt der Beseligte durch die Welt, jeder Zweig an jedem Baum hatte teil an einer Ekstase, strebte edler empor, hing inniger herab, war Sinnbild und Offenbarung. Dünne violette Wolkenschatten liefen über den Seespiegel, schaudernd in zärtlicher Süße. Jeder Stein lag bedeutungsvoll neben seinem Schatten. So schön, so tief und heilig liebenswert war die Welt noch nie gewesen, oder nie mehr seit den geheimnisvollen, sagenhaften Jahren der ersten Kindheit. »So ihr nicht werdet wie die Kinder«, fiel ihm ein, und er fühlte: ich bin wieder Kind geworden, ich bin ins Himmelreich eingegangen.

Als er Müdigkeit und Hunger zu spüren begann, fand er sich weit von der Stadt. Nun erinnerte er sich, woher er kam, was gewesen war, und daß er ohne Abschied von Teresina weggelaufen war. Im nächsten Dorf suchte er ein Wirtshaus. Ein kleiner ländlicher Weinschank, mit einem eingepflockten Holztisch im Gärtchen unterm Kirschlorbeer, zog ihn an. Er verlangte Essen, man hatte aber nichts als Wein und Brot. Eine Suppe, bat er, oder Eier, oder Schinken. Nein, es gab solche Sachen hier nicht. Niemand aß hier dergleichen bei der teuren Zeit. Er hatte erst mit der Wirtin, dann mit einer Großmutter verhandelt, die auf der Steinschwelle der Haustür saß und Wäsche flickte. Nun setzte er sich in den Garten unter den tiefschattenden Baum, mit Brot und herbem Rotwein. Im Nachbargarten, unsichtbar hinter Reblaub und aufgehängter Wäsche, hörte er zwei Mädchenstimmen singen. Plötzlich fuhr ein Wort des Liedes ihm ins Herz, ohne daß er es doch festhalten konnte. Es kam im nächsten Vers wieder, es war der Name Teresina. Das Lied, ein Couplet von halb komischer Art, handelte von einer Teresina. Er verstand:

> La sua mama alla finestra
> Con una voce serpentina:
> Vieni a casa, o Teresina,
> Lasc' andare quel traditor!

Teresina! Wie liebte er sie! Wie herrlich war es, zu lieben! Er legte den Kopf auf den Tisch und dämmerte, schlummerte ein und erwachte wieder, mehrmals, oftmals. Es war Abend. Die Wirtin kam und stellte sich vor den Tisch, über den Gast verwundert. Er legte Geld hin, erbat noch ein Glas Wein, fragte sie nach jenem Lied. Sie wurde freundlich, brachte den Wein und blieb bei ihm stehen. Er ließ sich das ganze Teresina-Lied vorsagen und hatte große Freude an dem Vers:

> Io non sono traditore
> E ne meno lusinghiero,
> Io son' figlio d'un ricco signore,
> Son' venuto per fare l'amor.

Die Wirtin meinte, jetzt könnte er eine Suppe haben, sie koche ohnehin für ihren Mann, den sie erwarte.

Er aß Gemüsesuppe und Brot, der Wirt kam heim, an den grauen Steindächern des Dorfes verglühte die späte Sonne. Er fragte nach einem Zimmer, es wurde ihm eines angeboten, eine Kammer mit dicken nackten Steinwänden. Er nahm es. Noch nie hatte er in einer solchen Kammer geschlafen, sie kam ihm vor wie das Gelaß aus einem Räuberdrama. Nun ging er durch das abendliche Dorf, fand einen kleinen Kramladen noch offen, bekam Schokolade zu kaufen und verteilte sie an Kinder, die in Mengen durch die Gasse schwärmten. Sie liefen ihm nach, Eltern grüßten ihn, jedermann wünschte ihm gute Nacht, und er gab es zurück, nickte allen den alten und jungen Menschen zu, die auf den Schwellen und Vortreppen der Häuser saßen.

Mit Freude dachte er an seine Kammer im Wirtshaus, an diese primitive, höhlenhafte Unterkunft, wo der alte Kalk von den grauen Mauern blätterte und nichts Unnützes an den nackten Wänden hing, nicht Bild noch Spiegel, nicht Tapete noch Vorhang. Er lief durch das abendliche Dorf wie durch ein Abenteuer, alles war beglänzt, alles voll geheimer Versprechung.

In die Osteria zurückkehrend, sah er vom leeren und dunkeln Gastzimmer aus Licht in einem Türspalt, ging ihm nach und kam in die Küche. Der Raum erschien ihm wie eine Märchenhöhle, das wenige dünne Licht floß über einen roten steinernen Boden und verlief sich, ehe es die Wände und Decke erreichte, in dichte warme Dämmerung, und von dem ungeheuer und tiefschwarz herabhängenden Rauchfang schien eine unerschöpfliche Quelle von Finsternis auszufließen.

Die Frau saß da mit der Großmutter, sie saßen beide gebückt, klein und schwach auf niederen demütigen Schemeln, die Hände auf den Knien ausruhend. Die Wirtsfrau weinte, niemand kümmerte sich um den Eintretenden. Er setzte sich auf den Rand eines Tisches neben Gemüseresten, ein stumpfes Messer blinkte bleiern auf, im Lichtschein glühte blankes Kupfergeschirr rot an den Wänden. Die Frau weinte, die alte Graue stand ihr bei und murmelte mit ihr in der Mundart, er verstand allmählich, daß Hader im Hause und der Mann nach einem Streit wieder fortgegangen war. Er fragte, ob er sie geschlagen habe, bekam aber keine Antwort. Allmählich fing er an zu trösten. Er sagte, der Mann werde gewiß schon bald wiederkommen. Die Frau sagte scharf: »Heut nicht und vielleicht auch morgen nicht.« Er gab es auf, die Frau setzte sich aufrechter, man saß schweigend, das Weinen war verstummt. Die Einfachheit des Vorgangs, zu dem keine Worte gemacht wurden, schien ihm wundervoll. Man hatte Streit gehabt, man hatte Schmerz empfangen, man hatte geweint. Jetzt war es vorbei, jetzt saß man still und wartete. Das Leben würde schon weitergehen. Wie bei Kindern. Wie bei Tieren. Nur nicht reden, nur nicht das Einfache kompliziert machen, nur nicht die Seele nach außen drehen.

Klein lud die Großmutter ein, Kaffee zu kochen, für sie alle drei. Die Frauen leuchteten auf, die Alte legte sofort Reisig in den Kamin, es knisterte von brechenden Zweigen, von Papier, von aufprasselnder Flamme. Im jäh aufflammenden Feuerschein sah er das Gesicht der Wirtin, von unten her beleuchtet, etwas vergrämt und doch beruhigt. Sie schaute ins Feuer, zwischenein lächelte sie, plötzlich stand sie auf, ging langsam zum Wasserhahn und wusch sich die Hände.

Dann saßen sie alle drei am Küchentisch und tranken den heißen schwarzen Kaffee, und einen alten Wacholderlikör dazu. Die Weiber wurden lebendiger, sie erzählten und fragten, lachten über Kleins mühsame und fehlerhafte Sprache. Ihm schien, er sei schon sehr lange hier. Wunderlich, was in diesen Tagen alles Platz hatte! Ganze Zeiträume und Lebensabschnitte fanden Raum in einem Nachmittag, jede Stunde schien mit Lebensfracht überladen. Sekundenlang zuckte Furcht in ihm wetterleuchtend auf, es könnte plötzlich Müdigkeit und Verbrauch der Lebenskraft ihn verhundertfacht überfallen und ihn aussaugen, wie Sonne einen Tropfen vom Felsen leckt. In diesen sehr flüchtigen, doch zuweilen wiederkehrenden Augenblicken, in diesem fremden Wetterleuchten sah er sich selbst leben, fühlte und sah in sein Gehirn und sah dort in beschleunigten Schwingungen einen unsäglich komplizierten, zarten, kostbaren Apparat vor tausendfacher Arbeit vibrieren, wie hinter Glas ein höchst sensibles Uhrwerk, das zu stören ein Stäubchen genügt.

Es wurde ihm erzählt, daß der Wirt sein Geld in unsichere Geschäfte stecke, viel außer Hause sei und da und dort Verhältnisse mit Frauen unterhalte. Kinder waren nicht da. Während Klein sich Mühe gab, die italienischen Worte für einfache Fragen und Auskünfte zu finden, arbeitete hinterm Glas das zarte Uhrwerk rastlos in feinem Fieber fort, jeden gelebten Moment sofort in seine Abrechnungen und Abwägungen einbeziehend.

Zeitig erhob er sich, um schlafen zu gehen. Er gab den beiden Frauen die Hand, der alten und der jungen, die ihn durchdringend ansah, während die Großmutter mit dem Gähnen kämpfte. Dann tastete er sich die dunkle Steintreppe hinauf, erstaunlich hohe Riesenstufen, in seine Kammer. Dort fand er Wasser in einem Tonkrug bereit, wusch sich das Gesicht, vermißte einen Augenblick Seife, Hausschuhe, Nachthemd, lag noch eine Viertelstunde im Fenster, auf das granitne Gesimse gestützt, zog sich dann vollends aus und legte sich in das harte Bett, dessen grobe Leinwand ihn entzückte und einen Schwall von holden ländlichen Vorstellungen weckte.

War es nicht das einzig Richtige, stets so zu leben, in einem Raum aus vier Steinwänden, ohne den lächerlichen Kram der Tapeten, des Schmucks, der vielen Möbel, ohne all das übertriebene und im Grund barbarische Zubehör? Ein Dach überm Kopf, gegen den Regen, eine einfache Decke um sich, gegen die Kälte, etwas Brot und Wein oder Milch, gegen den Hunger, morgens die Sonne zum Wecken, abends die Dämmerung zum Einschlafen – brauchte der Mensch mehr?

Aber kaum hatte er das Licht gelöscht, so war Haus und Kammer und Dorf in ihm versunken. Er stand wieder am See bei Teresina und sprach mit ihr, konnte sich des heutigen Gespräches nur mit Mühe erinnern und wurde zweifelhaft, was er ihr eigentlich gesagt habe, ja ob nicht das ganze Gespräch nur ein Traum und Phantom von ihm gewesen sei. Die Dunkelheit tat ihm wohl – weiß Gott, wo er morgen aufwachen würde?

Ein Geräusch an der Tür weckte ihn. Leise wurde die Klinke gedreht, ein Faden dünnen Lichtes sank herein und zögerte im Spalt. Verwundert und doch im Augenblick wissend, blickte er hinüber, noch nicht in der Gegenwart. Da ging die Türe auf, mit einem Licht in der Hand stand die Wirtsfrau, barfuß, lautlos. Sie blickte zu ihm her, durchdringend, und er lächelte und streckte die Arme aus, tief erstaunt, gedankenlos. Da war sie schon bei ihm, und ihr dunkles Haar lag neben ihm auf dem rauhen Kissen.

Sie sprachen kein Wort. Von ihrem Kuß entzündet, zog er sie an sich. Die plötzliche Nähe und Wärme eines Menschen an seiner Brust, der fremde starke Arm um seinen Nacken erschütterte ihn seltsam – wie war diese Wärme ihm unbekannt, wie fremd, wie schmerzlich neu war ihm diese Wärme und Nähe –, wie war er allein gewesen, wie sehr allein, wie lang allein! Abgründe und Flammenhöllen hatten zwischen ihm und aller Welt geklafft – und nun war da ein fremder Mensch gekommen, in wortlosem Vertrauen und Trostbedürfnis, eine arme, vernachlässigte Frau, so wie er selbst jahrelang ein vernachlässigter und verschüchterter Mann gewesen war, und hing an seinem Hals und gab und nahm und sog mit Gier den Tropfen Wonne aus dem kargen Leben, suchte trunken und doch schüchtern seinen Mund, spielte mit traurig zärtlichen Fingern in den seinen, rieb ihre Wange an seiner. Er richtete sich über ihrem blassen Gesicht auf und küßte sie auf beide geschlossene Augen und dachte: sie glaubt zu nehmen und weiß nicht, daß sie gibt, sie flüchtet ihre Vereinsamung zu mir und ahnt die meine nicht! Erst jetzt sah er sie, neben der er den ganzen Abend blind gesessen hatte, sah, daß sie lange, schlanke Hände und Finger hatte, hübsche Schultern und ein Gesicht voll von Schicksalsangst und blindem Kinderdurst, und ein halb ängstliches Wissen um kleine, holde Wege und Übungen der Zärtlichkeit.

Er sah auch und wurde traurig darüber, daß er selbst in der Liebe ein Knabe und Anfänger geblieben war, in langer, lauer Ehe resigniert, schüchtern und doch ohne Unschuld, begehrlich und doch voll von schlechtem Gewissen. Noch während er mit durstigen Küssen an Mund und Brust des Weibes hing, noch während er ihre Hand zärtlich und fast mütterlich auf seinen Haaren fühlte, empfand er im voraus Enttäuschung und Druck im Herzen, er fühlte das Schlimme wiederkommen: die Angst, und es durchfloß ihn schneidend kalt die Ahnung und Furcht, daß er tief in seinem Wesen nicht zur Liebe fähig sei, daß Liebe ihm nur Qual und bösen Zauber bringen könne. Noch ehe der kurze Sturm der Wollust vertobt war, schlug in seiner Seele Bangigkeit und Mißtrauen das böse Auge auf, Widerwille dagegen, daß er genommen worden sei statt selbst zu nehmen und zu erobern, und Vorgefühl von Ekel.

Lautlos war die Frau wieder davongeschlüpft, samt ihrem Kerzenlicht. Im Dunkeln lag Klein, und es kam mitten in der Sättigung der Augenblick, den er schon vorher, schon vor Stunden in so viel ahnenden wetterleuchtenden Sekunden gefürchtet, der schlimme Augenblick, wo die überreiche Musik seines neuen Lebens in ihm nur noch müde und verstimmte Saiten fand und tausend Lustgefühle plötzlich mit Müdigkeit und Angst bezahlt werden mußten. Mit Herzklopfen fühlte er alle Feinde auf der Lauer liegen, Schlaflosigkeit, Depression und Alpdruck. Das rauhe Linnen brannte an seiner Haut, bleich sah die Nacht durchs Fenster. Unmöglich, hierzubleiben und wehrlos den kommenden Qualen standzuhalten! Ach, es kam wieder, die Schuld und Angst kam wieder und die Traurigkeit und die Verzweiflung! Alles Überwundene, alles Vergangene kam wieder. Es gab keine Erlösung.

Hastig kleidete er sich an, ohne Licht, suchte vor der Tür seine staubigen Stiefel, schlich hinab und aus dem Hause und lief, auf müden, einsinkenden Beinen, verzweifelt durch Dorf und Nacht davon, von sich selbst verhöhnt, von sich selbst verfolgt, von sich selbst gehaßt.

4

Ringend und verzweifelnd schlug sich Klein mit seinem Dämon. Was ihm seine Schicksalstage an Neuem, an Erkenntnis und Erlösung gebracht hatten, war in der trunkenen Gedankenhast und Hellsichtigkeit des vergangenen Tages zu einer Welle gestiegen, deren Höhe ihm unverlierbar erschienen war, während er schon wieder aus ihr zu sinken begann. Jetzt lag er wieder im Tal und Schatten, noch kämpfend, noch heimlich hoffend, aber tief verwundet. Einen Tag lang, einen kurzen, glänzenden Tag lang war es ihm gelungen, die einfache Kunst zu üben, die jeder Grashalm kann. Einen armen Tag lang hatte er sich selbst geliebt, sich selbst als Eines und Ganzes gefühlt, nicht in feindliche Teile zerspalten, er hatte sich geliebt, und in sich die Welt und Gott, und nichts als Liebe, Bestätigung und Freude war ihm von überall her entgegengekommen. Hätte gestern ein Räuber ihn überfallen, ein Polizist ihn verhaftet, es wäre Bestätigung, Lächeln, Harmonie gewesen! Und nun, mitten im Glück war er wieder umgefallen und klein geworden. Er ging mit sich ins Gericht, während sein Innerstes wußte, daß jedes Gericht falsch und töricht sei. Die Welt, welche einen herrlichen Tag lang durchsichtig und ganz von Gott erfüllt gewesen war, lag wieder hart und schwer, und jedes Ding hatte seinen eigenen Sinn, und jeder Sinn widersprach jedem andern. Die Begeisterung dieses Tages hatte wieder weichen, hatte sterben können! Sie, die heilige, war eine Laune gewesen, und die Sache mit Teresina eine Einbildung, und das Abenteuer im Wirtshaus eine zweifelhafte und anrüchige Geschichte.

Er wußte bereits, daß das würgende Angstgefühl nur dann verging, wenn er nicht an sich schulmeisterte und Kritik übte, nicht in den Wunden stocherte, in den alten Wunden. Er wußte: alles Schmerzende, alles Dumme, alles Böse wurde zum Gegenteil, wenn man es als Gott erkennen konnte, wenn man ihm in seine tiefsten Wurzeln nachging, die weit über das Weh und Wohl und Gut und Böse hinaufreichten. Er wußte es. Aber es war nichts dagegen zu tun, der böse Geist war in ihm, Gott war wieder ein Wort, schön und fern. Er haßte und verachtete sich, und dieser Haß kam, wenn es Zeit war, ebenso ungewollt und unabwendbar über ihn wie zu andern Zeiten die Liebe und das Vertrauen. Und so mußte es immer wieder gehen! Immer und immer wieder würde er die Gnade und das Selige erleben, und immer wieder das verfluchte Gegenteil, und nie würde sein Leben die Straße gehen, die sein eigener Wille ihm vorschrieb. Spielball und schwimmender Kork, würde er ewig hin und wider geschlagen werden. Bis es zu Ende war, bis einmal eine Welle sich überschlug und Tod oder Wahnsinn ihn aufnahm. O, möchte es bald sein!

Zwangsweise kehrten die ihm längst so bitter vertrauten Gedanken wieder, unnütze Sorgen, unnütze Ängste, unnütze Selbstanklagen, deren Unsinn einzusehen nur eine Qual mehr war. Eine Vorstellung kehrte wieder, die er kürzlich (ihm schien, es seien Monate dazwischen) auf der Reise gehabt hatte: Wie gut es wäre, sich auf die Schienen unter einen Bahnzug zu stürzen, den Kopf voran! Diesem Bild ging er begierig nach, atmete es wie Äther ein: den Kopf voran, alles in Splitter und Fetzen gehauen und gemahlen, alles auf die Räder gewickelt und auf den Schienen zu nichts zerrieben! Tief fraß sein Leid sich in diese Visionen ein, mit Beifall und Wollust hörte, sah und schmeckte er die gründliche Zerstörung des Friedrich Klein, fühlte sein Herz und Gehirn zerrissen, verspritzt, zerstampft, den schmerzenden Kopf zerkracht, die schmerzenden Augen ausgelaufen, die Leber zerknetet, die Nieren zerrieben, das Haar wegrasiert, die Knochen, Knie und Kinn zerpulvert. Das war es, was der Totschläger Wagner hatte fühlen wollen, als er seine Frau, seine Kinder und sich selbst im Blut ersäufte. Genau dies war es. O, er verstand ihn so gut! Er selbst war Wagner, war ein Mensch von guten Gaben, fähig, das Göttliche zu fühlen, fähig zu lieben, aber allzu beladen, allzu nachdenklich, allzu leicht zu ermüden, allzu wohl unterrichtet über seine Mängel und Krankheiten. Was in aller Welt hatte solch ein Mensch, solch ein Wagner, solch ein Klein denn zu tun? Immer die Kluft vor Augen, die ihn von Gott trennte, immer den Riß der Welt durch sein eignes Herz gehen fühlend, ermüdet, aufgerieben vom ewigen Aufschwung zu Gott, der ewig mit Rückfall endete – was sollte solch ein Wagner, solch ein Klein anderes tun als sich auslöschen, sich und alles was an ihn erinnern konnte, und sich zurückwerfen in den dunkeln Schoß, aus dem der Unausdenkliche immer und ewig wieder die vergängliche Welt der Gestaltungen ausstieß? Nein, es war nichts anderes möglich! Wagner mußte gehen, Wagner mußte sterben, Wagner mußte sich aus dem Buch des Lebens ausstreichen. Es mochte vielleicht nutzlos sein, sich umzubringen, es mochte vielleicht lächerlich sein. Vielleicht war alles das ganz richtig, was die Bürger, in jener anderen Welt drüben, über den Selbstmord sagten. Aber gab es irgend etwas für den Menschen in diesem Zustand, das nicht nutzlos, das nicht lächerlich war? Nein, nichts. Immer noch besser, den Schädel unter den Eisenrädern zu haben, ihn krachen zu fühlen und mit Willen in den Abgrund zu tauchen.

Auf schwankenden Knien hielt er sich Stunde um Stunde rastlos unterwegs. Auf den Schienen einer Bahnlinie, an die der Weg ihn geführt hatte, lag er einige Zeit, schlummerte sogar ein, den Kopf auf dem Eisen, erwachte wieder und hatte vergessen, was er wollte, stand auf, wehte taumelnd weiter, Schmerzen an den Sohlen, Qualen im Kopf, zuweilen fallend, von einem Dorn verletzt, zuweilen leicht und wie schwebend, zuweilen Schritt um Schritt mühsam bezwingend.

»Jetzt reitet mich der Teufel reif!« sang er heiser vor sich hin. Reif werden! Unter Qualen fertig gebraten, zu Ende geröstet werden, wie der Kern im Pfirsich, um reif zu sein, um sterben zu können!

Ein Funke schwamm hier in seiner Finsternis, an den hing er alsbald alle Inbrunst seiner zerrissenen Seele. Ein Gedanke: es war nutzlos, sich zu töten, sich jetzt zu töten, es hatte keinen Wert, sich Glied für Glied auszurotten und zu zerschlagen, es war nutzlos! Gut aber und erlösend war es, zu leiden, unter Qualen und Tränen reif gegoren, unter Schlägen und Schmerzen fertig geschmiedet zu werden. Dann durfte man sterben, und dann war es ein gutes Sterben, schön und sinnvoll, das Seligste der Welt, seliger als jede Liebesnacht: ausgeglüht und völlig hingegeben in den Schoß zurückzufallen, zum Erlöschen, zum Erlösen, zur Neugeburt. Solch ein Tod, solch ein reifer und guter, edler Tod allein hatte Sinn, nur er war Erlösung, nur er war Heimkehr. Sehnsucht weinte in seinem Herzen auf. O, wo war der schmale, schwere Weg, wo war die Pforte? Er war bereit, er sehnte sich mit jeder Zuckung seines von Ermattung zitternden Leibes, seiner von Todespein geschüttelten Seele.

Als der Morgen am Himmel aufgraute und der bleierne See im ersten kühlen Silberblitz erwachte, stand der Gejagte in einem kleinen Kastanienwald, hoch über See und Stadt, zwischen Farnkraut und hohen, blühenden Spiräen, feucht vom Tau. Mit erloschenen Augen, doch lächelnd, starrte er in die wunderliche Welt. Er hatte den Zweck seiner triebhaften Irrfahrt erreicht: er war so todmüde, daß die geängstigte Seele schwieg. Und, vor allem, die Nacht war vorbei! Der Kampf war gekämpft, eine Gefahr war überstanden. Von der Erschöpfung gefällt, sank er wie ein Toter zwischen Farn und Wurzeln auf den Waldboden, den Kopf ins Heidelbeerkraut, vor seinen versagenden Sinnen schmolz die Welt hinweg. Die Hände ins Gekräut geballt, Brust und Gesicht an der Erde, gab er sich hungernd dem Schlafe hin, als sei es der ersehnte letzte.

In einem Traum, von dem nur wenige Bruchstücke ihm nachher erinnerlich waren, sah er folgendes: An einem Tor, das wie der Eingang zu einem Theater aussah, hing ein großes Schild mit einer riesigen Aufschrift: sie hieß (das war unentschieden) entweder »Lohengrin« oder »Wagner«. Zu diesem Tor ging er hinein. Drinnen war eine Frau, die glich der Wirtsfrau von heute nacht, aber auch seiner eigenen Frau. Ihr Kopf war entstellt, er war zu groß, und das Gesicht zu einer fratzenhaften Maske verändert. Widerwille gegen diese Frau ergriff ihn mächtig, er stieß ihr ein Messer in den Leib. Aber eine andere Frau, wie ein Spiegelbild der ersten, kam von hinten über ihn, rächend, schlug ihm scharfe, starke Krallen in den Hals und wollte ihn erwürgen.

Beim Aufwachen aus diesem tiefen Schlaf sah er verwundert Wald über sich und war steif vom harten Liegen, doch erfrischt. Mit leiser Beängstigung klang der Traum in ihm nach. Was für seltsame, naive und negerhafte Spiele der Phantasie! dachte er, einen Augenblick lächelnd, als ihm die Pforte mit der Aufforderung zum Eintritt in das Theater »Wagner« wieder einfiel. Welche Idee, sein Verhältnis zu Wagner so darzustellen! Dieser Traumgeist war roh, aber genial. Er traf den Nagel auf den Kopf. Und er schien alles zu wissen. Das Theater mit der Aufschrift »Wagner«, war das nicht er selbst, war es nicht die Aufforderung, in sich selbst einzutreten, in das fremde Land seines wahren Innern? Denn Wagner war er selber – Wagner war der Mörder und Gejagte in ihm, aber Wagner war auch der Komponist, der Künstler, das Genie, der Verführer, die Neigung zu Lebenslust, Sinnenlust, Luxus – Wagner war der Sammelname für alles Unterdrückte, Untergesunkene, zu kurz Gekommene in dem ehemaligen Beamten Friedrich Klein. Und »Lohengrin« – war nicht auch das er selbst, Lohengrin, der irrende Ritter mit dem geheimnisvollen Ziel, den man nicht nach seinem Namen fragen darf? Das weitere war unklar, die Frau mit dem furchtbaren Maskenkopf und die andere mit den Krallen – der Messerstoß in ihren Bauch erinnerte ihn auch noch an irgend etwas, er hoffte es noch zu finden –, die Stimmung von Mord und Todesgefahr war seltsam und grell vermischt mit der von Theater, Masken und Spiel.

Beim Gedanken an die Frau und das Messer sah er einen Augenblick deutlich sein eheliches Schlafzimmer vor sich. Da mußte er an die Kinder denken – wie hatte er die vergessen können! Er dachte an sie, wie sie morgens in ihren Nachthemdchen aus den kleinen Betten kletterten. Er mußte an ihre Namen denken, besonders an Elly. Oh, die Kinder! Langsam liefen ihm Tränen aus den Augen über das übernächtigte Gesicht. Er schüttelte den Kopf, erhob sich mit einiger Mühe und begann Laub und Erdkrumen von seinen zerdrückten Kleidern zu lesen. Nun erst erinnerte er sich klar dieser Nacht, der kahlen Steinkammer in der Dorfschenke, der fremden Frau an seiner Brust, seiner Flucht, seiner gehetzten Wanderung. Er sah dies kleine, entstellte Stück Leben an wie ein Kranker die abgezehrte Hand, den Ausschlag an seinem Bein anschaut.

In gefaßter Trauer, noch mit Tränen in den Augen, sagte er leise vor sich hin: »Gott, was hast du noch mit mir im Sinn?« Aus den Gedanken der Nacht klang nur die eine Stimme voll Sehnsucht in ihm fort: nach Reifsein, nach Heimkehr, nach Sterbendürfen. War denn sein Weg noch weit? War die Heimat noch fern? War noch viel, viel Schweres, war noch Unausdenkliches zu leiden? Er war bereit dazu, er bot sich hin, sein Herz stand offen: Schicksal, stoß zu!

Langsam kam er durch Bergwiesen und Weinberge gegen die Stadt hinabgeschritten. Er suchte sein Zimmer auf, wusch und kämmte sich, wechselte die Kleider. Er ging speisen, trank etwas von dem guten Wein, und spürte die Ermüdung in den steifen Gliedern sich lösen und wohlig werden. Er erkundigte sich, wann im Kursaal getanzt werde, und ging zur Teestunde hin.

Teresina tanzte eben, als er eintrat. Er sah das eigentümlich glänzende Tanzlächeln auf ihrem Gesicht wieder und freute sich. Er begrüßte sie, als sie zu ihrem Tisch zurückging, und nahm dort Platz.

»Ich möchte Sie einladen, heute abend mit mir nach Castiglione zu fahren«, sagte er leise.

Sie besann sich.

»Gleich heut?« fragte sie. »Eilt es so sehr?«

»Ich kann auch warten. Aber es wäre hübsch. Wo darf ich Sie erwarten?«

Sie widerstand der Einladung nicht und nicht dem kindlichen Lachen, das für Augenblicke seltsam hübsch in seinem zerfurchten, einsamen Gesicht hing, wie an der letzten Wand eines abgebrannten und eingerissenen Hauses noch eine frohe bunte Tapete hängt.

»Wo waren Sie denn?« fragte sie neugierig. »Sie waren gestern so plötzlich verschwunden. Und jedesmal haben Sie ein anderes Gesicht, auch heute wieder. – Sie sind doch nicht Morphinist?«

Er lachte nur, mit einem seltsam hübschen und etwas fremdartigen Lachen, bei dem sein Mund und Kinn ganz knabenhaft aussah, während über Stirn und Augen unverändert der Dornenreif lag.

»Bitte, holen Sie mich gegen neun Uhr ab, im Restaurant des Hotel Esplanade. Ich glaube, um neun geht ein Boot. Aber sagen Sie, was haben Sie seit gestern gemacht?«

»Ich glaube, ich war spazieren, den ganzen Tag, und auch die ganze Nacht. Ich habe eine Frau in einem Dorf trösten müssen, weil ihr Mann fortgelaufen war. Und dann habe ich mir viel Mühe mit einem italienischen Lied gegeben, das ich lernen wollte, weil es von einer Teresina handelt.«

»Was ist das für ein Lied?«

»Es fängt an: Su in cima di quel boschetto.«

»Um Gottes willen, diesen Gassenhauer kennen Sie auch schon? Ja, der ist jetzt in Mode bei den Ladenmädchen.«

»O, ich finde das Lied sehr hübsch.«

»Und eine Frau haben Sie getröstet?«

»Ja, sie war traurig, ihr Mann war weggelaufen und war ihr untreu.«

»So? Und wie haben Sie sie getröstet?«

»Sie kam zu mir, um nicht mehr allein zu sein. Ich habe sie geküßt und bei mir liegen gehabt.«

»War sie denn hübsch?«

»Ich weiß nicht, ich sah sie nicht genau. – Nein, lachen Sie nicht, nicht hierüber! Es war so traurig.«

Sie lachte dennoch. »Wie sind Sie komisch! Nun, und geschlafen haben Sie überhaupt nicht? Sie sehen danach aus.«

»Doch, ich habe mehrere Stunden geschlafen, in einem Wald dort oben.«

Sie blickte seinem Finger nach, der in die Saaldecke deutete, und lachte laut.

»In einem Wirtshaus?«

»Nein, im Wald. In den Heidelbeeren. Sie sind schon beinahe reif.«

»Sie sind ein Phantast. – Aber ich muß tanzen, der Direktor klopft schon. – Wo sind Sie, Claudio?«

Der schöne, dunkle Tänzer stand schon hinter ihrem Stuhl, die Musik begann. Am Schluß des Tanzes ging er.

Abends holte er sie pünktlich ab und war froh, den Smoking angezogen zu haben, denn Teresina hatte sich überaus festlich gekleidet, violett mit vielen Spitzen, und sah wie eine Fürstin aus.

Am Strande führte er Teresina nicht zum Kursschiff, sondern in ein hübsches Motorboot, das er für den Abend gemietet hatte. Sie stiegen ein, in der halboffenen Kajüte lagen Decken für Teresina bereit und Blumen. Mit scharfer Kurve schnob das rasche Boot zum Hafen hinaus in den See.

Draußen in der Nacht und Stille sagte Klein: »Teresina, ist es nicht eigentlich schade, jetzt dort hinüber unter die vielen Menschen zu gehen? Wenn Sie Lust haben, fahren wir weiter, ohne Ziel, solang es uns gefällt, oder wir fahren in irgendein hübsches stilles Dorf, trinken einen Landwein und hören zu, wie die Mädchen singen. Was meinen Sie?«

Sie schwieg, und er sah alsbald Enttäuschung auf ihrem Gesicht. Er lachte.

»Nun, es war ein Einfall von mir, verzeihen Sie. Sie sollen vergnügt sein und haben, was Ihnen Spaß macht, ein andres Programm haben wir nicht. In zehn Minuten sind wir drüben.«

»Interessiert Sie denn das Spiel gar nicht?« fragte sie.

»Ich werde ja sehen, ich muß es erst probieren. Der Sinn davon ist mir noch etwas dunkel. Man kann Geld gewinnen und Geld verlieren. Ich glaube, es gibt stärkere Sensationen.«

»Das Geld, um das gespielt wird, braucht ja nicht bloß Geld zu sein. Es ist für jeden ein Sinnbild, jeder gewinnt oder verliert nicht Geld, sondern all die Wünsche und Träume, die es für ihn bedeutet. Für mich bedeutet es Freiheit. Wenn ich Geld habe, kann niemand mir mehr befehlen. Ich lebe, wie ich will. Ich tanze, wann und wo und für wen ich will. Ich reise, wohin ich will.«

Er unterbrach sie.

»Was sind Sie für ein Kind, liebes Fräulein! Es gibt keine solche Freiheit, außer in Ihren Wünschen. Werden Sie morgen reich und frei und unabhängig – übermorgen verlieben Sie sich in einen Kerl, der Ihnen das Geld wieder abnimmt oder der Ihnen bei Nacht den Hals abschneidet.«

»Reden Sie nicht so scheußlich! Also: wenn ich reich wäre, würde ich vielleicht einfacher leben als jetzt, aber ich täte es, weil es mir Spaß machte, freiwillig und nicht aus Zwang. Ich hasse Zwang! Und sehen Sie, wenn ich nun mein Geld im Spiel einsetze, dann sind bei jedem Verlust und Gewinn alle meine Wünsche beteiligt, es geht um alles, was mir wertvoll und begehrenswert ist, und das gibt ein Gefühl, das man sonst nicht leicht findet.«

Klein sah sie an, während sie sprach, ohne sehr auf ihre Worte zu achten.

Ohne es zu wissen, verglich er Teresinas Gesicht mit dem Gesicht jener Frau, von der er im Wald geträumt hatte.

Erst als das Boot in die Bucht von Castiglione einfuhr, wurde es ihm bewußt, denn jetzt erinnerte ihn der Anblick des beleuchteten Blechschildes mit dem Stationsnamen heftig an das Schild im Traum, auf welchem »Lohengrin« oder »Wagner« gestanden hatte. Genau so hatte jenes Schild ausgesehen, genau so groß, so grau und weiß, so grell beleuchtet. War dies hier die Bühne, die auf ihn wartete? Kam er hier zu Wagner? Nun fand er auch, daß Teresina der Traumfrau glich, vielmehr den beiden Traumfrauen, deren eine er mit dem Messer totgestochen, deren andre ihn tödlich mit den Krallen gewürgt hatte. Ein Schrecken lief ihm über die Haut. Hing denn das alles zusammen. Wurde er wieder von unbekannten Geistern geführt? Und wohin? Zu Wagner? Zu Mord? Zu Tod?

Beim Aussteigen nahm Teresina seinen Arm, und so Arm in Arm gingen sie durch den kleinen bunten Lärm der Schifflände, durchs Dorf und in das Kasino. Hier gewann alles jenen halb reizenden, halb ermüdenden Schimmer von Unwahrscheinlichkeit, den die Veranstaltungen gieriger Menschen stets da bekommen, wo sie fern den Städten in stille Landschaften verirrt stehen. Die Häuser waren zu groß und zu neu, das Licht zu reichlich, die Säle zu prächtig, die Menschen zu lebhaft. Zwischen den großen, finsteren Bergzügen und dem weiten, sanften See hing der kleine dichte Bienenschwarm begehrlicher und übersättigter Menschen so ängstlich gedrängt, als sei er keine Stunde seiner Dauer gewiß, als könne jeden Augenblick etwas geschehen, das ihn wegwischte. Aus Sälen, wo gespeist und Champagner getrunken wurde, quoll süße überhitzte Geigenmusik heraus, auf Treppen zwischen Palmen und laufenden Brunnen glühten Blumengruppen und Frauenkleider durcheinander, bleiche Männergesichter über offnen Abendröcken, blaue Diener mit Goldknöpfen geschäftig, dienstbar und vielwissend, duftende Weiber mit südlichen Gesichtern bleich und glühend, schön und krank, und nordische derbe Frauen drall, befehlend und selbstbewußt, alte Herren wie aus Illustrationen zu Turgenjew und Fontane.

Klein fühlte sich unwohl und müde, sobald sie die Säle betraten. Im großen Spielsaal zog er zwei Tausenderscheine aus der Tasche.

»Wie nun?« fragte er. »Wollen wir gemeinsam spielen?«

»Nein, nein, das ist nichts. Jeder für sich.«

Er gab ihr einen Schein und bat sie, ihn zu führen. Sie standen bald an einem Spieltisch. Klein legte seine Banknote auf eine Nummer, das Rad wurde gedreht, er verstand nichts davon, sah nur seinen Einsatz weggewischt und verschwunden. Das geht schnell, dachte er befriedigt, und wollte Teresina zulachen. Sie war nicht mehr neben ihm. Er sah sie bei einem andern Tisch stehen und ihr Geld wechseln. Er ging hinüber. Sie sah nachdenklich, besorgt und sehr beschäftigt aus wie eine Hausfrau. Er folgte ihr an einen Spieltisch und sah ihr zu. Sie kannte das Spiel und folgte ihm mit scharfer Aufmerksamkeit. Sie setzte kleine Summen, nie mehr als fünfzig Franken, bald hier, bald dort, gewann einige Male, steckte Scheine in ihre perlengestickte Handtasche, zog wieder Scheine heraus.

»Wie geht's?« fragte er zwischenein.

Sie war empfindlich über die Störung.

»O, lassen Sie mich spielen! Ich werde es schon gut machen.« Bald wechselte sie den Tisch, er folgte ihr, ohne daß sie ihn sah. Da sie so sehr beschäftigt war und seine Dienste nie in Anspruch nahm, zog er sich auf eine Lederbank an der Wand zurück. Einsamkeit schlug über ihm zusammen. Er versank wieder in Nachdenken über seinen Traum. Es war sehr wichtig, ihn zu verstehen. Vielleicht würde er nicht oft mehr solche Träume haben, vielleicht waren sie wie im Märchen die Winke der guten Geister: zweimal, auch dreimal wurde man gelockt, oder wurde gewarnt, war man dann immer noch blind, so nahm das Schicksal seinen Lauf, und keine befreundete Macht griff mehr ins Rad. Von Zeit zu Zeit blickte er nach Teresina aus, sah sie an einem Tische bald sitzen, bald stehen, hell schimmerte ihr gelbes Haar zwischen den Fräcken.

Wie lang sie mit den tausend Franken ausreicht! dachte er gelangweilt, bei mir ging das schneller.

Einmal nickte sie ihm zu. Einmal, nach einer Stunde, kam sie herüber, fand ihn in sich versunken und legte ihm die Hand auf den Arm.

»Was machen Sie? Spielen Sie denn nicht?«

»Ich habe schon gespielt.«

»Verloren?«

»Ja. O, es war nicht viel.«

»Ich habe etwas gewonnen. Nehmen Sie von meinem Geld.«

»Danke, heut nicht mehr. – Sind Sie zufrieden?«

»Ja, es ist schön. Nun, ich gehe wieder. Oder wollen Sie schon nach Hause?«

Sie spielte weiter, da und dort sah er ihr Haar zwischen den Schultern der Spieler aufglänzen. Er brachte ihr ein Glas Champagner hinüber und trank selbst ein Glas. Dann setzte er sich wieder auf die Lederbank an der Wand.

Wie war das mit den beiden Frauen im Traum? Sie hatten seiner eigenen Frau geglichen und auch der Frau im Dorfwirtshaus und auch Teresina. Von andern Frauen wußte er nicht, seit Jahren nicht. Die eine Frau hatte er erstochen, voll Abscheu über ihr verzerrtes geschwollenes Gesicht. Die andre hatte ihn überfallen, von hinten, und erwürgen wollen. Was war nun richtig? Was war bedeutsam? Hatte er seine Frau verwundet, oder sie ihn? Würde er an Teresina zugrunde gehen, oder sie an ihm? Konnte er eine Frau nicht lieben, ohne ihr Wunden zu schlagen und ohne von ihr verwundet zu werden? War das sein Fluch? Oder war das allgemein? Ging es allen so? War alle Liebe so?

Und was verband ihn mit dieser Tänzerin? Daß er sie liebte? Er hatte viele Frauen geliebt, die nie davon erfahren hatten. Was band ihn an sie, die drüben stand und das Glücksspiel wie ein ernstes Geschäft betrieb? Wie war sie kindlich in ihrem Eifer, in ihrer Hoffnung, wie war sie gesund, naiv und lebenshungrig! Was würde sie davon verstehen, wenn sie seine tiefste Sehnsucht kannte, das Verlangen nach Tod, das Heimweh nach Erlöschen, nach Rückkehr in Gottes Schoß! Vielleicht würde sie ihn lieben, schon bald, vielleicht würde sie mit ihm leben – aber würde es anders sein, als es mit seiner Frau gewesen war? Würde er nicht, immer und immer, mit seinen innigsten Gefühlen allein sein?

Teresina unterbrach ihn. Sie blieb bei ihm stehen und gab ihm ein Bündel Banknoten in die Hand.

»Bewahren Sie mir das auf, bis nachher.«

Nach einer Zeit, er wußte nicht, war es lang oder kurz, kam sie wieder und erbat das Geld zurück.

Sie verliert, dachte er, Gott sei Dank! Hoffentlich ist sie bald fertig.

Kurz nach Mitternacht kam sie, vergnügt und etwas erhitzt. »So, ich höre auf. Sie Armer sind gewiß müde. Wollen wir nicht noch einen Bissen essen, eh wir heimfahren?«

In einem Speisesaal aßen sie Schinkeneier und Früchte und tranken Champagner. Klein erwachte und wurde munter. Die Tänzerin war verändert, froh und in einem leichten süßen Rausch. Sie sah und wußte wieder, daß sie schön war und schöne Kleider trug, sie spürte die Blicke der Männer, die von benachbarten Tischen herüber warben, und auch Klein fühlte die Verwandlung, sah sie wieder von Reiz und holder Verlockung umgeben, hörte wieder den Klang von Herausforderung und Geschlecht in ihrer Stimme, sah wieder ihre Hände weiß und ihren Hals perlfarben aus den Spitzen steigen.

»Haben Sie auch tüchtig gewonnen?« fragte er lachend.

»Es geht, noch nicht das große Los. Es sind etwa fünftausend.«

»Nun, das ist ein hübscher Anfang.«

»Ja, ich werde natürlich fortfahren, das nächstemal. Aber das richtige ist es noch nicht. Es muß auf einmal kommen, nicht tropfenweise.«

Er wollte sagen: »Dann müßten Sie auch nicht tropfenweise setzen, sondern alles auf einmal« – aber er stieß statt dessen mit ihr an, auf das große Glück, und lachte und plauderte weiter.

Wie war das Mädchen hübsch, gesund und einfach in seiner Freude! Vor einer Stunde noch hatte sie an den Spieltischen gestanden, streng, besorgt, faltig, böse, rechnend. Jetzt sah sie aus, als habe nie eine Sorge sie berührt, als wisse sie nichts von Geld, Spiel, Geschäften, als kenne sie nur Freude, Luxus und müheloses Schwimmen an der schillernden Oberfläche des Lebens. War das alles wahr, alles echt? Er selbst lachte ja auch, war ja auch vergnügt, warb ja auch um Freude und Liebe aus heitern Augen – und doch saß zugleich einer in ihm, der an das alles nicht glaubte, der dem allem mit Mißtrauen und mit Hohn zusah. War das bei andern Menschen anders? Ach, man wußte so wenig, so verzweifelt wenig von den Menschen! Hundert Jahreszahlen von lächerlichen Schlachten und Namen von lächerlichen alten Königen hatte man in den Schulen gelernt, und man las täglich Artikel über Steuern oder über den Balkan, aber vom Menschen wußte man nichts! Wenn eine Glocke nicht schellte, wenn ein Ofen rauchte, wenn ein Rad in einer Maschine stockte, so wußte man sogleich, wo zu suchen sei, und tat es mit Eifer, und fand den Schaden und wußte, wie er zu heilen war. Aber das Ding in uns, die geheime Feder, die allein dem Leben den Sinn gibt, das Ding in uns, das allein lebt, das allein fähig ist, Lust und Weh zu fühlen, Glück zu begehren, Glück zu erleben – das war unbekannt, von dem wußte man nichts, gar nichts, und wenn es krank wurde, so gab es keine Heilung. War es nicht wahnsinnig?

Während er mit Teresina trank und lachte, stiegen in andern Bezirken seiner Seele solche Fragen auf und nieder, dem Bewußtsein bald näher, bald ferner. Alles war zweifelhaft, alles schwamm im Ungewissen. Wenn er nur das Eine gewußt hätte: ob diese Unsicherheit, diese Not, diese Verzweiflung mitten in der Freude, dieses Denkenmüssen und Fragenmüssen auch in andern Menschen so war, oder nur in ihm allein, in dem Sonderling Klein?

Eines fand er, darin unterschied er sich von Teresina, darin war sie anders als er, war kindlich und primitiv gesund. Dies Mädchen rechnete, wie alle Menschen, und wie auch er selbst es früher getan hatte, immerzu instinktiv mit Zukunft, mit morgen und übermorgen, mit Fortdauer. Hätte sie sonst spielen und das Geld so ernst nehmen können? Und da, das fühlte er tief, da stand es bei ihm anders. Für ihn stand hinter jedem Gefühl und Gedanken das Tor offen, das ins Nichts führte. Wohl litt er an Angst, an Angst vor sehr vielem, vor dem Wahnsinn, vor der Polizei, der Schlaflosigkeit, auch an Angst vor dem Tod. Aber alles, wovor er Angst empfand, das begehrte und ersehnte er dennoch zugleich – er war voll brennender Sehnsucht und Neugierde nach Leid, nach Untergang, nach Verfolgung, nach Wahnsinn und Tod.

»Komische Welt«, sagte er vor sich hin, und meinte damit nicht die Welt um ihn her, sondern dies innere Wesen. Plaudernd verließen sie den Saal und das Haus, kamen im blassen Laternenlicht an das schlafende Seeufer, wo sie ihren Bootsmann wecken mußten. Es dauerte eine Weile, bis das Boot abfahren konnte, und die beiden standen nebeneinander, plötzlich aus der Lichtfülle und farbigen Geselligkeit des Kasinos in die dunkle Stille des verlassenen nächtlichen Ufers verzaubert, das Lachen von drüben noch auf erhitzten Lippen und schon kühl berührt von Nacht, Schlafnähe und Furcht vor Einsamkeit. Sie fühlten beide dasselbe. Unversehens hielten sie sich bei den Händen, lächelten irr und verlegen in die Dunkelheit, spielten mit zuckenden Fingern einer auf Hand und Arm des andern. Der Bootsmann rief, sie stiegen ein, setzten sich in die Kabine, und mit heftigem Griff zog er den blonden schweren Kopf zu sich her und in die ausbrechende Glut seiner Küsse.

Zwischenein sich erwehrend, setzte sie sich aufrecht und fragte: »Werden wir wohl bald wieder hier herüber fahren?«

Mitten in der Liebeserregung mußte er heimlich lachen. Sie dachte bei allem noch ans Spiel, sie wollte wiederkommen und ihr Geschäft fortsetzen.

»Wann du willst«, sagte er werbend, »morgen und übermorgen und jeden Tag, den du willst.«

Als er ihre Finger in seinem Nacken spielen fühlte, durchzuckte ihn Erinnerung an das furchtbare Gefühl im Traum, als das rächende Weib ihm die Nägel in den Hals krallte. »Jetzt sollte sie mich plötzlich töten, das wäre das Richtige«, dachte er glühend – »oder ich sie.«

Ihre Brust mit tastender Hand umspannend, lachte er leise vor sich hin. Unmöglich wäre es ihm gewesen, noch Lust und Weh zu unterscheiden. Auch seine Lust, seine hungrige Sehnsucht nach der Umarmung mit diesem schönen starken Weibe, war von Angst kaum zu unterscheiden, er ersehnte sie wie der Verurteilte das Beil. Beides war da, flammende Lust und trostlose Trauer, beides brannte, beides zuckte in fiebernden Sternen auf, beides wärmte, beides tötete.

Teresina entzog sich geschmeidig einer zu kühnen Liebkosung, hielt seine beiden Hände fest, brachte ihre Augen nah an seine und flüsterte wie abwesend: »Was bist du für ein Mensch, du? Warum liebe ich dich? Warum zieht mich etwas zu dir? Du bist schon alt und bist nicht schön – wie ist das? Höre, ich glaube doch, daß du ein Verbrecher bist. Bist du nicht einer? Ist dein Geld nicht gestohlen?«

Er suchte sich loszumachen: »Rede nicht, Teresina! Alles Geld ist gestohlen, alle Habe ist ungerecht. Ist denn das wichtig? Wir sind alle Sünder, wir sind alle Verbrecher, nur schon weil wir leben. Ist denn das wichtig?«

»Ach, was ist wichtig?« zuckte sie auf.

»Wichtig ist, daß wir diesen Becher austrinken«, sagte Klein langsam, »nichts anderes ist wichtig. Vielleicht kommt er nicht wieder. Willst du mit mir schlafen kommen, oder darf ich mit zu dir gehen?«

»Komm zu mir«, sagte sie leise. »Ich habe Angst vor dir, und doch muß ich bei dir sein. Sage mir dein Geheimnis nicht! Ich will nichts wissen!«

Das Abklingen des Motors weckte sie, sie riß sich los, strich sich klärend über Haar und Kleider. Das Boot lief leise an den Steg, Laternenlichter spiegelten splitternd im schwarzen Wasser. Sie stiegen aus.

»Halt, meine Tasche!« rief Teresina nach zehn Schritten. Sie lief zum Steg zurück, sprang ins Boot, fand auf dem Polster die Tasche mit ihrem Geld liegen, warf dem mißtrauisch blickenden Fährmann einen der Scheine hin und lief Klein in die Arme, der sie am Kai erwartete.

5

Der Sommer hatte plötzlich begonnen, in zwei heißen Tagen hatte er die Welt verändert, die Wälder vertieft, die Nächte verzaubert. Heiß drängte sich Stunde an Stunde, schnell lief die Sonne ihren glühenden Halbkreis ab, schnell und hastig folgten ihr die Sterne, Lebensfieber glühte hoch, eine lautlose gierige Eile jagte die Welt.

Ein Abend kam, da wurde Teresinas Tanz im Kursaal durch ein rasend hertobendes Gewitter unterbrochen. Lampen erloschen, irre Gesichter grinsten sich im weißen Flackern der Blitze an, Weiber schrien, Kellner brüllten, Fenster zerklirrten im Sturm.

Klein hatte Teresina sofort zu sich an den Tisch gezogen, wo er neben dem alten Komiker saß.

»Herrlich!« sagte er. »Wir gehen. Du hast doch keine Angst?«

»Nein, nicht Angst. Aber du darfst heute nicht mit mir kommen. Du hast drei Nächte nicht geschlafen, und du siehst scheußlich aus. Bring mich nach Haus, und dann geh schlafen in dein Hotel! Nimm Veronal, wenn du es brauchst. Du lebst wie ein Selbstmörder.«

Sie gingen, Teresina im geborgten Mantel eines Kellners, mitten durch Sturm und Blitze und aufheulende Staubwirbel durch die leergefegten Straßen, hell und frohlockend knallten die prallen Donnerschläge durch die aufgewühlte Nacht, plötzlich brauste Regen los, auf dem Pflaster zerspritzend, voll und voller mit dem erlösenden Schluchzen wilder Güsse im dicken Sommerlaub.

Naß und durchschüttelt kamen sie in die Wohnung der Tänzerin, Klein ging nicht nach Hause, es wurde nicht mehr davon gesprochen. Aufatmend traten sie ins Schlafzimmer, taten lachend die durchnäßten Kleider ab, durchs Fenster schrillte grell das Licht der Blitze, in den Akazien wühlte Sturm und Regen sich müde.

»Wir waren noch nicht wieder in Castiglione«, spottete Klein. »Wann gehen wir?«

»Wir werden wieder gehen, verlaß dich drauf. Hast du Langeweile?«

Er zog sie an sich, beide fieberten, und Nachglanz des Gewitters loderte in ihrer Liebkosung. In Stößen kam durchs Fenster die gekühlte Luft, mit bittrem Geruch von Laub und stumpfem Geruch von Erde. Aus dem Liebeskampf fielen sie beide schnell in Schlummer. Auf dem Kissen lag sein ausgehöhltes Gesicht neben ihrem frischen, sein dünnes trockenes Haar neben ihrem vollen blühenden. Vor dem Fenster glühte das Nachtgewitter in letzten Flammen auf, wurde müde und erlosch, der Sturm schlief ein, beruhigt rann ein stiller Regen in die Bäume.

Bald nach ein Uhr erwachte Klein, der keinen längern Schlaf mehr kannte, aus einem schweren schwülen Traumgewirre, mit wüstem Kopf und schmerzenden Augen. Regungslos lag er eine Weile, die Augen aufgerissen, sich besinnend, wo er sei. Es war Nacht, jemand atmete neben ihm, er war bei Teresina.

Langsam richtete er sich auf. Nun kamen die Qualen wieder, nun war ihm wieder beschieden, Stunde um Stunde zu liegen, Weh und Angst im Herzen, allein, nutzlose Leiden leiden, nutzlose Gedanken denken, nutzlose Sorgen sorgen. Aus dem Alpdrücken, das ihn geweckt hatte, krochen schwere fette Gefühle ihm nach, Ekel und Grauen, Übersättigung, Selbstverachtung.

Er tastete nach dem Licht und drehte an. Die kühle Helligkeit floß übers weiße Kissen, über die Stühle voll Kleider, schwarz hing das Fensterloch in der schmalen Wand. Über Teresinas abgewandtes Gesicht fiel Schatten, ihr Nacken und Haar glänzte hell.

So hatte er einst auch seine Frau zuweilen liegen sehen, auch neben ihr war er zuzeiten schlaflos gelegen, ihren Schlummer beneidend, von ihrem satten zufriedenen Atemholen wie verhöhnt. Nie, niemals war man von seinem Nächsten so ganz und gar, so vollkommen verlassen, als wenn er schlief! Und wieder, wie schon oft, fiel ihm das Bild des leidenden Jesus ein, im Garten Gethsemane, wo die Todesangst ihn ersticken will, seine Jünger aber schlafen, schlafen.

Leise zog er das Kissen mehr zu sich herüber, samt dem schlafenden Kopf Teresinas. Nun sah er ihr Gesicht, im Schlaf so fremd, so ganz bei sich selbst, so ganz von ihm abgewandt. Eine Schulter und Brust lag bloß, unter dem Leintuch wölbte sich sanft ihr Leib bei jedem Atemzug. Komisch, fiel ihm ein, wie man in Liebesworten, in Gedichten, in Liebesbriefen immer und immer von den süßen Lippen und Wangen sprach, und nie von Bauch und Bein! Schwindel! Schwindel! Er betrachtete Teresina lang. Mit diesem schönen Leib, mit dieser Brust und diesen weißen, gesunden, starken, gepflegten Armen und Beinen würde sie ihn noch oft verlocken und ihn umschlingen und Lust von ihm nehmen und dann ruhen und schlafen, satt und tief, ohne Schmerzen, ohne Angst, ohne Ahnung, schön und stumpf und dumm wie ein gesundes schlafendes Tier. Und er würde neben ihr liegen, schlaflos, mit flackernden Nerven, das Herz voll Pein. Noch oft? Noch oft? Ach nein, nicht oft mehr, nicht viele Male mehr, vielleicht keinmal mehr! Er zuckte zusammen. Nein, er wußte es: keinmal mehr!

Stöhnend bohrte er den Daumen in seine Augenhöhle, wo zwischen Auge und Stirn diese teuflischen Schmerzen saßen. Gewiß hatte auch Wagner diese Schmerzen gehabt, der Lehrer Wagner. Er hatte sie gehabt, diese wahnsinnigen Schmerzen, gewiß jahrelang, und hatte sie getragen und erlitten, und sich dabei reifen und Gott näher kommen gemeint in seinen Qualen, seinen nutzlosen Qualen. Bis er eines Tages es nicht mehr ertragen konnte – so wie auch er, Klein, es nicht mehr ertragen konnte. Die Schmerzen waren ja das wenigste, aber die Gedanken, die Träume, das Alpdrücken! Da war Wagner eines Nachts aufgestanden und hatte gesehen, daß es keinen Sinn habe, noch mehr, noch viele solche Nächte voll Qual aneinander zu reihen, daß man dadurch nicht zu Gott komme, und hatte das Messer geholt. Es war vielleicht unnütz, es war vielleicht töricht und lächerlich von Wagner, daß er gemordet hatte. Wer seine Qualen nicht kannte, wer seine Pein nicht gelitten hatte, der konnte es ja nicht verstehen.

Er selbst hatte vor kurzem, in einem Traum, eine Frau mit dem Messer erstochen, weil ihr entstelltes Gesicht ihm unerträglich gewesen war. Entstellt war freilich jedes Gesicht, das man liebte, entstellt und grausam aufreizend, wenn es nicht mehr log, wenn es schwieg, wenn es schlief. Da sah man ihm auf den Grund und sah nichts von Liebe darin, wie man auch im eigenen Herzen nichts von Liebe fand, wenn man auf den Grund sah. Da war nur Lebensgier und Angst, und aus Angst, aus dummer Kinderangst vor der Kälte, vor dem Alleinsein, vor dem Tod floh man zueinander, küßte sich, umarmte sich, rieb Wange an Wange, legte Bein zu Bein, warf neue Menschen in die Welt. So war es. So war er einst zu seiner Frau gekommen. So war die Frau des Wirtes in einem Dorf zu ihm gekommen, einst, am Anfang seines jetzigen Weges, in einer kahlen steinernen Kammer, barfuß und schweigend, getrieben von Angst, von Lebensgier, von Trostbedürfnis. So war auch er zu Teresina gekommen, und sie zu ihm. Es war stets derselbe Trieb, dasselbe Begehren, dasselbe Mißverständnis. Es war auch stets dieselbe Enttäuschung, dasselbe grimme Leid. Man glaubte, Gott nah zu sein, und hielt ein Weib in den Armen. Man glaubte, Harmonie erreicht zu haben, und hatte nur seine Schuld und seinen Jammer weggewälzt, auf ein fernes zukünftiges Wesen! Ein Weib hielt man in den Armen, küßte ihren Mund, streichelte ihre Brust und zeugte mit ihr ein Kind, und einst würde das Kind, vom selben Schicksal ereilt, in einer Nacht ebenso neben einem Weibe liegen und ebenso aus dem Rausch erwachen und mit schmerzenden Augen in den Abgrund sehen, und das Ganze verfluchen. Unerträglich, das zu Ende zu denken!

Sehr aufmerksam betrachtete er das Gesicht der Schlafenden, die Schulter und Brust, das gelbe Haar. Das alles hatte ihn entzückt, hatte ihn getäuscht, hatte ihn verlockt, das alles hatte ihm Lust und Glück vorgelogen. Nun war es aus, nun wurde abgerechnet. Er war in das Theater Wagner eingetreten, er hatte erkannt, warum jedes Gesicht, sobald die Täuschung dahinfiel, so entstellt und unausstehlich war.

Klein stand vom Bett auf und ging auf die Suche nach einem Messer. Im Vorbeischleichen streifte er Teresinas lange hellbraune Strümpfe vom Stuhl – dabei fiel ihm blitzschnell ein, wie er sie das erste Mal gesehen, im Park, und wie von ihrem Gang und von ihrem Schuh und straffen Strumpf der erste Reiz ihm zugeflogen war. Er lachte leise, wie schadenfroh, und nahm Teresinas Kleider, Stück um Stück, in die Hand, befühlte sie und ließ sie zu Boden fallen. Dann suchte er weiter, dazwischen für Momente alles vergessend. Sein Hut lag auf dem Tisch, er nahm ihn gedankenlos in die Hände, drehte ihn, fühlte, daß er naß war, und setzte ihn auf. Beim Fenster blieb er stehen, sah in die Schwärze hinaus, hörte Regen singen, es klang wie aus verschollenen anderen Zeiten her. Was wollte das alles von ihm, Fenster, Nacht, Regen – was ging es ihn an, das alte Bilderbuch aus der Kinderzeit.

Plötzlich blieb er stehen. Er hatte ein Ding in die Hand genommen, das auf einem Tische lag, und sah es an. Es war ein silberner ovaler Handspiegel, und aus dem Spiegel schien ihm sein Gesicht entgegen, das Gesicht Wagners, ein irres verzogenes Gesicht mit tiefen schattigen Höhlen und zerstörten, zersprungenen Zügen. Das geschah ihm jetzt so merkwürdig oft, daß er sich unversehens in einem Spiegel sah, ihm schien, er habe früher jahrzehntelang nie in einen geblickt. Auch das, schien es, gehörte zum Theater Wagner.

Er blieb stehen und blickte lang in das Glas. Dies Gesicht des ehemaligen Friedrich Klein war fertig und verbraucht, es hatte ausgedient, Untergang schrie aus jeder Falte. Dies Gesicht mußte verschwinden, es mußte ausgelöscht werden. Es war sehr alt, dies Gesicht, viel hatte sich in ihm gespiegelt, allzu viel, viel Lug und Trug, viel Staub und Regen war darüber gegangen. Es war einmal glatt und hübsch gewesen, er hatte es einst geliebt und gepflegt und Freude daran gehabt, und hatte es oft auch gehaßt. Warum? Beides war nicht mehr zu begreifen.

Und warum stand er jetzt da, nachts in diesem kleinen fremden Zimmer, mit einem Glas in der Hand und einem nassen Hut auf dem Kopf, ein seltsamer Hanswurst – was war mit ihm? Was wollte er? Er setzte sich auf den Tischrand. Was hatte er gewollt? Was suchte er? Er hatte doch etwas gesucht, etwas sehr Wichtiges gesucht?

Ja, ein Messer.

Plötzlich ungeheuer erschüttert sprang er empor und lief zum Bett. Er beugte sich über das Kissen, sah das schlafende Mädchen im gelben Haare liegen. Sie lebte noch! Er hatte es noch nicht getan! Grauen überfloß ihn eisig. Mein Gott, nun war es da! Nun war es so weit, und es geschah, was er schon immer und immer in seinen furchtbarsten Stunden hatte kommen sehen. Nun war es da. Nun stand er, Wagner, am Bett einer Schlafenden, und suchte das Messer! – Nein, er wollte nicht. Nein, er war nicht wahnsinnig! Gott sei Dank, er war nicht wahnsinnig! Nun war es gut.

Es kam Friede über ihn. Langsam zog er seine Kleider an, die Hosen, den Rock, die Schuhe. Nun war es gut.

Als er nochmals zum Bett treten wollte, fühlte er Weiches unter seinem Fuß. Da lagen Teresinas Kleider am Boden, die Strümpfe, das hellgraue Kleid. Sorgfältig hob er sie auf und legte sie über den Stuhl.

Er löschte das Licht und ging aus dem Zimmer. Vor dem Hause troff Regen still und kühl, nirgends Licht, nirgends ein Mensch, nirgends ein Laut, nur der Regen. Er wandte das Gesicht nach oben und ließ sich den Regen über Stirn und Wangen laufen. Kein Himmel zu finden. Wie dunkel es war! Gern, gern hätte er einen Stern gesehen.

Ruhig ging er durch die Straßen, vom Regen durchweicht. Kein Mensch, kein Hund begegnete ihm, die Welt war ausgestorben. Am Seeufer ging er von Boot zu Boot, sie waren alle hoch ans Land gezogen und stramm mit Ketten befestigt. Erst ganz in der Vorstadt außen fand er eins, das locker am Strick hing und sich lösen ließ. Das machte er los und hängte die Ruder ein. Schnell war das Ufer vergangen, es floß ins Grau hinweg wie nie gewesen, nur Grau und Schwarz und Regen war noch auf der Welt, grauer See, nasser See, grauer See, nasser Himmel, alles ohne Ende.

Draußen, weit im See, zog er die Ruder ein. Es war nun so weit, und er war zufrieden. Früher hatte er, in den Augenblicken, wo Sterben ihm unvermeidlich schien, doch immer gern noch ein wenig gezögert, die Sache auf morgen verschoben, es erst noch einmal mit dem Weiterleben probiert. Davon war nichts mehr da. Sein kleines Boot, das war er, das war sein kleines, umgrenztes, künstlich versichertes Leben – rundum aber das weite Grau, das war die Welt, das war All und Gott, dahinein sich fallen zu lassen war nicht schwer, das war leicht, das war froh.

Er setzte sich auf den Rand des Bootes nach außen, die Füße hingen ins Wasser. Er neigte sich langsam vor, neigte sich vor, bis hinter ihm das Boot elastisch entglitt. Er war im All.

In die kleine Zahl von Augenblicken, welche er von da an noch lebte, war viel mehr Erlebnis gedrängt als in die vierzig Jahre, die er zuvor bis zu diesem Ziel unterwegs gewesen war.

Es begann damit: Im Moment, wo er fiel, wo er einen Blitz lang zwischen Bootsrand und Wasser schwebte, stellte sich ihm dar, daß er einen Selbstmord begehe, eine Kinderei, etwas zwar nicht Schlimmes, aber Komisches und ziemlich Törichtes. Das Pathos des Sterbenwollens und das Pathos des Sterbens selbst fiel in sich zusammen, es war nichts damit. Sein Sterben war nicht mehr notwendig, jetzt nicht mehr. Es war erwünscht, es war schön und willkommen, aber notwendig war es nicht mehr. Seit dem Moment, seit dem aufblitzenden Sekundenteil, wo er sich mit ganzem Wollen, mit ganzem Verzicht auf jedes Wollen, mit ganzer Hingabe hatte vom Bootsrand fallen lassen, in den Schoß der Mutter, in den Arm Gottes – seit diesem Augenblick hatte das Sterben keine Bedeutung mehr. Es war ja alles so einfach, es war ja alles so wunderbar leicht, es gab ja keine Abgründe, keine Schwierigkeiten mehr. Die ganze Kunst war: sich fallen lassen! Das leuchtete als Ergebnis seines Lebens hell durch sein ganzes Wesen: sich fallen lassen! Hatte man das einmal getan, hatte man einmal sich dahingegeben, sich anheimgestellt, sich ergeben, hatte man einmal auf alle Stützen und jeden festen Boden unter sich verzichtet, hörte man ganz und gar nur noch auf den Führer im eigenen Herzen, dann war alles gewonnen, dann war alles gut, keine Angst mehr, keine Gefahr mehr.

Dies war erreicht, dies Große, Einzige: er hatte sich fallen lassen! Daß er sich ins Wasser und in den Tod fallen ließ, wäre nicht notwendig gewesen, ebensogut hätte er sich ins Leben fallen lassen können. Aber daran lag nicht viel, wichtig war dies nicht. Er würde leben, er würde wiederkommen. Dann aber würde er keinen Selbstmord mehr brauchen und keinen von all diesen seltsamen Umwegen, keine von all diesen mühsamen und schmerzlichen Torheiten mehr, denn er würde die Angst überwunden haben.

Wunderbarer Gedanke: ein Leben ohne Angst! Die Angst überwinden, das war die Seligkeit, das war die Erlösung. Wie hatte er sein Leben lang Angst gelitten, und nun, wo der Tod ihn schon am Halse würgte, fühlte er nichts mehr davon, keine Angst, kein Grauen, nur Lächeln, nur Erlösung, nur Einverstandensein. Er wußte nun plötzlich, was Angst ist, und daß sie nur von dem überwunden werden kann, der sie erkannt hat. Man hatte vor tausend Dingen Angst, vor Schmerzen, vor Richtern, vor dem eigenen Herzen, man hatte Angst vor dem Schlaf, Angst vor dem Erwachen, vor dem Alleinsein, vor der Kälte, vor dem Wahnsinn, vor dem Tode – namentlich vor ihm, vor dem Tod. Aber all das waren nur Masken und Verkleidungen. In Wirklichkeit gab es nur eines, vor dem man Angst hatte: das Sichfallenlassen, den Schritt in das Ungewisse hinaus, den kleinen Schritt hinweg über all die Versicherungen, die es gab. Und wer sich einmal, ein einziges Mal hingegeben hatte, wer einmal das große Vertrauen geübt und sich dem Schicksal anvertraut hatte, der war befreit. Er gehorchte nicht mehr den Erdgesetzen, er war in den Weltraum gefallen und schwang im Reigen der Gestirne mit. So war das. Es war so einfach, jedes Kind konnte das verstehen, konnte das wissen.

Er dachte dies nicht, wie man Gedanken denkt, er lebte, fühlte, tastete, roch und schmeckte es. Er schmeckte, roch, sah und verstand, was Leben war. Er sah die Erschaffung der Welt, er sah den Untergang der Welt, beide wie zwei Heerzüge beständig gegeneinander in Bewegung, nie vollendet, ewig unterwegs. Die Welt wurde immerfort geboren, sie starb immerfort. Jedes Leben war ein Atemzug, von Gott ausgestoßen. Jedes Sterben war ein Atemzug, von Gott eingesogen. Wer gelernt hatte, nicht zu widerstreben, sich fallen zu lassen, der starb leicht, der wurde leicht geboren. Wer widerstrebte, der litt Angst, der starb schwer, der wurde ungern geboren.

Im grauen Regendunkel über dem Nachtsee sah der Untersinkende das Spiel der Welt gespiegelt und dargestellt: Sonnen und Sterne rollten herauf, rollten hinab, Chöre von Menschen und Tieren, Geistern und Engeln standen gegeneinander, sangen, schwiegen, schrien, Züge von Wesen zogen gegeneinander, jedes sich selbst mißkennend, sich selbst hassend, und sich in jedem andern Wesen hassend und verfolgend. Ihrer aller Sehnsucht war nach Tod, war nach Ruhe, ihr Ziel war Gott, war die Wiederkehr zu Gott und das Bleiben in Gott. Dies Ziel schuf Angst, denn es war ein Irrtum. Es gab kein Bleiben in Gott! Es gab keine Ruhe! Es gab nur das ewige, ewige, herrliche, heilige Ausgeatmetwerden und Eingeatmetwerden, Gestaltung und Auflösung, Geburt und Tod, Auszug und Wiederkehr, ohne Pause, ohne Ende. Und darum gab es nur Eine Kunst, nur Eine Lehre, nur Ein Geheimnis: sich fallen lassen, sich nicht gegen Gottes Willen sträuben, sich an nichts klammern, nicht an Gut noch Böse. Dann war man erlöst, dann war man frei von Leid, frei von Angst, nur dann.

Sein Leben lag vor ihm wie ein Land mit Wäldern, Talschaften und Dörfern, das man vom Kamm eines hohen Gebirges übersieht. Alles war gut gewesen, einfach und gut gewesen, und alles war durch seine Angst, durch sein Sträuben zu Qual und Verwicklung, zu schauerlichen Knäueln und Krämpfen von Jammer und Elend geworden! Es gab keine Frau, ohne die man nicht leben konnte – und es gab auch keine Frau, mit der man nicht hätte leben können. Es gab kein Ding in der Welt, das nicht ebenso schön, ebenso begehrenswert, ebenso beglückend war wie sein Gegenteil! Es war selig zu leben, es war selig zu sterben, sobald man allein im Weltraum hing. Ruhe von außen gab es nicht, keine Ruhe im Friedhof, keine Ruhe in Gott, kein Zauber unterbrach je die ewige Kette der Geburten, die unendliche Reihe der Atemzüge Gottes. Aber es gab eine andere Ruhe, im eigenen Innern zu finden. Sie hieß: Laß dich fallen! Wehre dich nicht! Stirb gern! Lebe gern!

Alle Gestalten seines Lebens waren bei ihm, alle Gesichter seiner Liebe, alle Wechsel seines Leidens. Seine Frau war rein und ohne Schuld wie er selbst, Teresina lächelte kindlich her. Der Mörder Wagner, dessen Schatten so breit über Kleins Leben gefallen war, lächelte ihm ernst ins Gesicht, und sein Lächeln erzählte, daß auch Wagners Tat ein Weg zur Erlösung gewesen war, auch sie ein Atemzug, auch sie ein Symbol, und daß auch Mord und Blut und Scheußlichkeit nicht Dinge sind, welche wahrhaft existieren, sondern nur Wertungen unsrer eigenen, selbstquälerischen Seele. Mit dem Morde Wagners hatte er, Klein, Jahre seines Lebens hingebracht, in Verwerfen und Billigen, Verurteilen und Bewundern, Verabscheuen und Nachahmen hatte er sich aus diesem Mord unendliche Ketten von Qualen, von Ängsten, von Elend geschaffen. Er hatte hundertmal voll Angst seinem eigenen Tod beigewohnt, er hatte sich auf dem Schafott sterben sehen, er hatte den Schnitt des Rasiermessers durch seinen Hals gefühlt und die Kugel in seiner Schläfe – und nun, da er den gefürchteten Tod wirklich starb, war es so leicht, war es so einfach, war es Freude und Triumph! Nichts in der Welt war zu fürchten, nichts war schrecklich – nur im Wahn machten wir uns all diese Furcht, all dies Leid, nur in unsrer eignen, geängsteten Seele entstand Gut und Böse, Wert und Unwert, Begehren und Furcht.

Die Gestalt Wagners versank weit in der Ferne. Er war nicht Wagner, nicht mehr, es gab keinen Wagner, das alles war Täuschung gewesen. Nun, mochte Wagner sterben! Er, Klein, würde leben.

Wasser floß ihm in den Mund, und er trank. Von allen Seiten, durch alle Sinne floß Wasser herein, alles löste sich auf. Er wurde angesogen, er wurde eingeatmet. Neben ihm, an ihn gedrängt, so eng beisammen wie die Tropfen im Wasser, schwammen andere Menschen, schwamm Teresina, schwamm der alte Sänger, schwamm seine einstige Frau, sein Vater, seine Mutter und Schwester, und tausend, tausend, tausend andre Menschen, und auch Bilder und Häuser, Tizians Venus und das Münster von Straßburg, alles schwamm, eng aneinander, in einem ungeheuren Strom dahin, von Notwendigkeit getrieben, rasch und rascher, rasend – und diesem ungeheuern, rasenden Riesenstrom der Gestaltungen kam ein anderer Strom entgegen, ungeheuer, rasend, ein Strom von Gesichtern, Beinen, Bäuchen, von Tieren, Blumen, Gedanken, Morden, Selbstmorden, geschriebenen Büchern, geweinten Tränen, dicht, dicht, voll, voll, Kinderaugen und schwarze Locken und Fischköpfe, ein Weib mit langem starrem Messer im blutigen Bauch, ein junger Mensch, ihm selbst ähnlich, das Gesicht voll heiliger Leidenschaft, das war er selbst, zwanzigjährig, jener verschollene Klein von damals! Wie gut, daß auch diese Erkenntnis nun zu ihm kam: daß es keine Zeit gab! Das einzige, was zwischen Alter und Jugend, zwischen Babylon und Berlin, zwischen Gut und Böse, Geben und Nehmen stand, das einzige, was die Welt mit Unterschieden, Wertungen, Leid, Streit, Krieg erfüllte, war der Menschengeist, der junge ungestüme und grausame Menschengeist im Zustand der tobenden Jugend, noch fern vom Wissen, noch weit von Gott. Er erfand Gegensätze, er erfand Namen. Dinge nannte er schön, Dinge häßlich, diese gut, diese schlecht. Ein Stück Leben wurde Liebe genannt, ein andres Mord. So war dieser Geist, jung, töricht, komisch. Eine seiner Erfindungen war die Zeit. Eine feine Erfindung, ein raffiniertes Instrument, sich noch inniger zu quälen und die Welt vielfach und schwierig zu machen! Von allem, was der Mensch begehrte, war er immer nur durch Zeit getrennt, nur durch diese Zeit, diese tolle Erfindung. Sie war eine der Stützen, eine der Krücken, die man vor allem fahren lassen mußte, wenn man frei werden wollte.

Weiter quoll der Weltstrom der Gestaltungen, der von Gott eingesogene, und der andere, ihm entgegen, der ausgeatmete. Klein sah Wesen, die sich dem Strom widersetzten, die sich unter furchtbaren Krämpfen aufbäumten und sich grauenhafte Qualen schufen: Helden, Verbrecher, Wahnsinnige, Denker, Liebende, Religiöse. Andre sah er, gleich ihm selbst, rasch und leicht in inniger Wollust der Hingabe, des Einverstandenseins dahingetrieben, Selige wie er. Aus dem Gesang der Seligen und aus dem endlosen Qualschrei der Unseligen baute sich über den beiden Weltströmen eine durchsichtige Kugel oder Kuppel aus Tönen, ein Dom von Musik, in dessen Mitte saß Gott, saß ein heller, vor Helle unsichtbarer Glanzstern, ein Inbegriff von Licht, umbraust von der Musik der Weltchöre, in ewiger Brandung.

Helden und Denker traten aus dem Weltstrom, Propheten, Verkünder. »Siehe, das ist Gott der Herr, und sein Weg führt zum Frieden«, rief einer, und viele folgten ihm. Ein andrer verkündete, daß Gottes Bahn zum Kampf und Krieg führe. Einer nannte ihn Licht, einer nannte ihn Nacht, einer Vater, einer Mutter. Einer pries ihn als Ruhe, einer als Bewegung, als Feuer, als Kühle, als Richter, als Tröster, als Schöpfer, als Vernichter, als Verzeiher, als Rächer. Gott selbst nannte sich nicht. Er wollte genannt, er wollte geliebt, er wollte gepriesen, verflucht, gehaßt, angebetet sein, denn die Musik der Weltchöre war sein Gotteshaus und war sein Leben – aber es galt ihm gleich, mit welchen Namen man ihn pries, ob man ihn liebte oder haßte, ob man bei ihm Ruhe und Schlaf, oder Tanz und Raserei suchte. Jeder konnte suchen. Jeder konnte finden.

Jetzt vernahm Klein seine eigene Stimme. Er sang. Mit einer neuen, gewaltigen, hellen, hallenden Stimme sang er laut, sang er laut und hallend Gottes Lob, Gottes Preis. Er sang im rasenden Dahinschwimmen, inmitten der Millionen Geschöpfe, ein Prophet und Verkünder. Laut schallte sein Lied, hoch stieg das Gewölbe der Töne auf, strahlend saß Gott im Innern. Ungeheuer brausten die Ströme hin.

(1919)

Klingsors letzter Sommer

Vorbemerkung

Den letzten Sommer seines Lebens brachte der Maler Klingsor, im Alter von zweiundvierzig Jahren, in jenen südlichen Gegenden in der Nähe von Pampambio, Kareno und Laguno hin, die er schon in früheren Jahren geliebt und oft besucht hatte. Dort entstanden seine letzten Bilder, jene freien Paraphrasen zu den Formen der Erscheinungswelt, jene seltsamen, leuchtenden und doch stillen, traumstillen Bilder mit den gebogenen Bäumen und pflanzenhaften Häusern, welche von den Kennern denen seiner »klassischen« Zeit vorgezogen werden. Seine Palette zeigte damals nur noch wenige, sehr leuchtende Farben: Kadmium gelb und rot, Veronesergrün, Emerald, Kobalt, Kobaltviolett, französischen Zinnober und Geraniumlack.

Die Nachricht von Klingsors Tode erschreckte seine Freunde im Spätherbst. Manche seiner Briefe hatten Vorahnungen oder Todeswünsche enthalten. Hieraus mag das Gerücht entstanden sein, er habe sich selbst das Leben genommen. Andre Gerüchte, wie sie eben einem umstrittenen Namen anfliegen, sind kaum weniger haltlos als jenes. Viele behaupten, Klingsor sei schon seit Monaten geisteskrank gewesen, und ein wenig einsichtiger Kunstschriftsteller hat versucht, das Verblüffende und Ekstatische in seinen letzten Bildern aus diesem angeblichen Wahnsinn zu erklären! Mehr Grund als diese Redereien hat die anekdotenreiche Sage von Klingsors Neigung zum Trunk. Diese Neigung war bei ihm vorhanden, und niemand nannte sie offenherziger mit Namen als er selbst. Er hat zu gewissen Zeiten, und so auch in den letzten Monaten seines Lebens, nicht nur Freude am häufigen Pokulieren gehabt, sondern auch den Weinrausch bewußt als Betäubung seiner Schmerzen und einer oft schwer erträglichen Schwermut gesucht. Li Tai Po, der Dichter der tiefsten Trinklieder, war sein Liebling, und im Rausche nannte er oft sich selbst Li Tai Po und einen seiner Freunde Thu Fu.

Seine Werke leben fort, und nicht minder lebt, im kleinen Kreis seiner Nächsten, die Legende seines Lebens und jenes letzten Sommers weiter.

Klingsor

Ein leidenschaftlicher und raschlebiger Sommer war angebrochen. Die heißen Tage, so lang sie waren, loderten weg wie brennende Fahnen, den kurzen schwülen Mondnächten folgten kurze schwüle Regennächte, wie Träume schnell und mit Bildern überfüllt, fieberten die glänzenden Wochen dahin.

Klingsor stand nach Mitternacht, von einem Nachtgang heimgekehrt, auf dem schmalen Steinbalkon seines Arbeitszimmers. Unter ihm sank tief und schwindelnd der alte Terrassengarten hinab, ein tief durchschattetes Gewühl dichter Baumwipfel, Palmen, Zedern, Kastanien, Judasbaum, Blutbuche, Eukalyptus, durchklettert von Schlingpflanzen, Lianen, Glyzinien. Über der Baumschwärze schimmerten blaßspiegelnd die großen blechernen Blätter der Sommermagnolien, riesige schneeweiße Blüten dazwischen halbgeschlossen, groß wie Menschenköpfe, bleich wie Mond und Elfenbein, von denen durchdringend und beschwingt ein inniger Zitronengeruch herüberkam. Aus unbestimmter Ferne her mit müden Schwingen kam Musik geflogen, vielleicht eine Gitarre, vielleicht ein Klavier, nicht zu unterscheiden. In den Geflügelhöfen schrie plötzlich ein Pfau auf, zwei- und dreimal, und durchriß die waldige Nacht mit dem kurzen, bösen und hölzernen Ton seiner gepeinigten Stimme, wie wenn das Leid aller Tierwelt ungeschlacht und schrill aus der Tiefe schellte. Sternlicht floß durch das Waldtal, hoch und verlassen blickte eine weiße Kapelle aus dem endlosen Walde, verzaubert und alt. See, Berge und Himmel flossen in der Ferne ineinander.

Klingsor stand auf dem Balkon, im Hemd, die nackten Arme auf die Eisenbrüstung gestützt, und las halb unmutig, mit heißen Augen, die Schrift der Sterne auf dem bleichen Himmel und der milden Lichter auf dem schwarzen klumpigen Gewölk der Bäume. Der Pfau erinnerte ihn. Ja, es war wieder Nacht, spät, und man hätte nun schlafen sollen, unbedingt und um jeden Preis. Vielleicht, wenn man eine Reihe von Nächten wirklich schlafen würde, sechs oder acht Stunden richtig schlafen, so würde man sich erholen können, so würden die Augen wieder gehorsam und geduldig sein, und das Herz ruhiger, und die Schläfen ohne Schmerzen. Aber dann war dieser Sommer vorüber, dieser tolle flackernde Sommertraum, und mit ihm tausend ungetrunkene Becher verschüttet, tausend ungesehene

Liebesblicke gebrochen, tausend unwiederbringliche Bilder ungesehen erloschen!

Er legte die Stirn und die schmerzenden Augen auf die kühle Eisenbrüstung, das erfrischte für einen Augenblick. In einem Jahr vielleicht, oder früher, waren diese Augen blind, und das Feuer in seinem Herzen gelöscht. Nein, kein Mensch konnte dies flammende Leben lang ertragen, auch nicht er, auch nicht Klingsor, der zehn Leben hatte. Niemand konnte eine lange Zeit hindurch Tag und Nacht alle seine Lichter, alle seine Vulkane brennen haben, niemand konnte mehr als eine kurze Zeit lang Tag und Nacht in Flammen stehen, jeden Tag viele Stunden, glühender Arbeit, jede Nacht viele Stunden glühender Gedanken, immerzu genießend, immerzu schaffend, immerzu in allen Sinnen und Nerven hell und überwach wie ein Schloß, hinter dessen sämtlichen Fenstern Tag für Tag Musik erschallt, Nacht für Nacht tausend Kerzen funkeln. Es wird zu Ende gehen, schon ist viel Kraft vertan, viel Augenlicht verbrannt, viel Leben hingeblutet.

Plötzlich lachte er und reckte sich auf. Ihm fiel ein: oft schon hatte er so empfunden, oft schon so gedacht, so gefürchtet. In allen guten, fruchtbaren, glühenden Zeiten seines Lebens, auch in der Jugend schon, hatte er so gelebt, hatte seine Kerze an beiden Enden brennen gehabt, mit einem bald jubelnden, bald schluchzenden Gefühl von rasender Verschwendung, von Verbrennen, mit einer verzweifelten Gier, den Becher ganz zu leeren, und mit einer tiefen, verheimlichten Angst vor dem Ende. Oft schon hatte er so gelebt, oft schon den Becher geleert, oft schon lichterloh gebrannt. Zuweilen war das Ende sanft gewesen, wie ein tiefer bewußtloser Winterschlaf. Zuweilen auch war es schrecklich gewesen, unsinnige Verwüstung, unleidliche Schmerzen, Ärzte, trauriger Verzicht, Triumph der Schwäche. Und allerdings war von Mal zu Mal das Ende einer Glutzeit schlimmer geworden, trauriger, vernichtender. Aber immer war auch das überlebt worden, und nach Wochen oder Monaten, nach Qual oder Betäubung war die Auferstehung gekommen, neuer Brand, neuer Ausbruch der unterirdischen Feuer, neue glühendere Werke, neuer glänzender Lebensrausch. So war es gewesen, und die Zeiten der Qual und des Versagens, die elenden Zwischenzeiten, waren vergessen worden und untergesunken. Es war gut so. Es würde gehen, wie es oft gegangen war.

Lächelnd dachte er an Gina, die er heut abend gesehen hatte, mit der auf dem ganzen nächtlichen Heimweg seine zärtlichen Gedanken gespielt hatten. Wie war dies Mädchen schön und warm in seiner noch unerfahrenen und ängstlichen Glut! Spielend und zärtlich sagte er vor sich hin, als flüstere er ihr wieder ins Ohr: »Gina! Gina! Cara Gina! Carina Gina! Bella Gina!«

Er trat ins Zimmer zurück und drehte das Licht wieder an. Aus einem kleinen wirren Bücherhaufen zog er einen roten Band Gedichte; ein Vers war ihm eingefallen, ein Stück eines Verses, der ihm unsäglich schön und liebevoll schien. Er suchte lange, bis er ihn fand:

> Laß mich nicht so der Nacht, dem Schmerze,
> Du Allerliebste, du mein Mondgesicht!
> Oh, du mein Phosphor, meine Kerze,
> Du meine Sonne, du mein Licht!

Tief genießend schlürfte er den dunklen Wein dieser Worte. Wie schön, wie innig und zauberhaft war das: Oh, du mein Phosphor! Und: Du mein Mondgesicht!

Lächelnd ging er vor den hohen Fenstern auf und ab, sprach die Verse, rief sie der fernen Gina zu: »Oh, du mein Mondgesicht!« und seine Stimme wurde dunkel vor Zärtlichkeit.

Dann schloß er die Mappe auf, die er nach dem langen Arbeitstage noch den ganzen Abend mit sich getragen hatte. Er öffnete das Skizzenbuch, das kleine, sein liebstes, und suchte die letzten Blätter, die von gestern und heut, auf. Da war der Bergkegel mit den tiefen Felsenschatten; er hatte ihn ganz nahe an ein Fratzengesicht heran modelliert, er schien zu schreien, der Berg, vor Schmerz zu klaffen. Da war der kleine Steinbrunnen, halbrund im Berghang, der gemauerte Bogen schwarz mit Schatten gefüllt, ein blühender Granatbaum darüber blutig glühend. Alles nur für ihn zu lesen, nur Geheimschrift für ihn selbst, eilige gierige Notiz des Augenblicks, rasch herangerissene Erinnerung an jeden Augenblick, in dem Natur und Herz neu und laut zusammenklangen. Und jetzt die größern Farbskizzen, weiße Blätter mit leuchtenden Farbflächen in Wasserfarben: die rote Villa im Gehölz, feurig glühend wie ein Rubin auf grünem Sammet und die eiserne Brücke bei Castiglia, rot auf blaugrünem Berg, der violette Damm daneben, die rosige Straße. Weiter: der Schlot der Ziegelei, rote Rakete vor kühlhellem Baumgrün, blauer Wegweiser, hellvioletter Himmel mit der dicken wie gewalzten Wolke. Dies Blatt war gut, das konnte bleiben. Um die Stalleinfahrt war es schade, das Rotbraun vor dem stählernen Himmel war richtig, das sprach und klang: aber es war nur halb fertig, die Sonne hatte ihm aufs Blatt geschienen und wahnsinnige Augenschmerzen gemacht. Er hatte nachher lange das Gesicht in einem Bach gebadet. Nun, das Braunrot vor dem bösen metallenen Blau war da, das war gut, das war um keine kleine Tönung, um keine kleinste Schwingung gefälscht oder mißglückt. Ohne caput mortuum hätte man das nicht herausbekommen. Hier, auf diesem Gebiet, lagen die Geheimnisse. Die Formen der Natur, ihr Oben und Unten, ihr Dick und Dünn konnte verschoben werden, man konnte auf alle die biederen Mittel verzichten, mit denen die Natur nachgeahmt wird. Auch die Farben konnte man fälschen, gewiß, man konnte sie steigern, dämpfen, übersetzen, auf hundert Arten. Aber wenn man mit Farbe ein Stück Natur umdichten wollte, so kam es darauf an, daß die paar Farben genau, haargenau im gleichen Verhältnis, in der gleichen Spannung zueinander standen wie in der Natur. Hier blieb man abhängig, hier blieb man Naturalist, einstweilen, auch wenn man statt Grau Orange und statt Schwarz Krapplack nahm.

Also, ein Tag war wieder vertan, und der Ertrag spärlich. Das Blatt mit dem Fabrikschlot und der rotblaue Klang auf dem andern Blatt und vielleicht die Skizze mit dem Brunnen. Wenn morgen bedeckter Himmel war, ging er nach Carabbina; dort war die Halle mit den Wäscherinnen. Vielleicht regnete es auch wieder einmal, dann blieb er zu Haus und fing das Bachbild in Öl an. Und jetzt zu Bett! Es war wieder ein Uhr vorbei.

Im Schlafzimmer riß er das Hemd ab, goß sich Wasser über die Schultern, daß es auf dem roten Steinboden klatschte, sprang ins hohe Bett und löschte das Licht. Durchs Fenster sah der blasse Monte Salute herein, tausendmal hatte Klingsor vom Bett aus seine Form abgelesen. Ein Eulenruf aus der Waldschlucht tief und hohl, wie Schlaf, wie Vergessen.

Er schloß die Augen und dachte an Gina und an die Halle mit den Wäscherinnen. Gott im Himmel, so viel tausend Dinge warteten, so viel tausend Becher standen eingeschenkt! Kein Ding auf der Erde, das man nicht hätte malen müssen! Keine Frau in der Welt, die man nicht hätte lieben müssen! Warum gab es Zeit? Warum immer nur dies idiotische Nacheinander und kein brausendes, sättigendes Zugleich? Warum lag er jetzt wieder allein im Bett wie ein Witwer, wie ein Greis? Das ganze kurze Leben hindurch konnte man genießen, konnte man schaffen, aber man sang immer nur Lied um Lied, nie klang die ganze volle Symphonie mit allen hundert Stimmen und Instrumenten zugleich.

Vor langer Zeit, im Alter von zwölf Jahren, war er Klingsor mit den zehn Leben gewesen. Es gab da bei den Knaben ein Räuberspiel, und jeder von den Räubern hatte zehn Leben, von denen er jedesmal eines verlor, wenn er vom Verfolger mit der Hand oder mit dem Wurfspeer berührt wurde. Mit sechs, mit drei, mit einem einzigen Leben konnte man noch davonkommen und sich befreien, erst mit dem zehnten war alles verloren. Er aber, Klingsor, hatte seinen Stolz darein gesetzt, sich mit allen, allen seinen zehn Leben durchzuschlagen, und es für eine Schande erklärt, wenn er mit neun, mit sieben davonkam. So war er als Knabe gewesen, in jener unglaublichen Zeit, wo nichts auf der Welt unmöglich, nichts auf der Welt schwierig war, wo alle Klingsor liebten, wo Klingsor allen befahl, wo alles Klingsor gehörte. Und so hatte er es weiter getrieben und immer mit zehn Leben gelebt. Und wenn auch nie die Sättigung, niemals die volle brausende Symphonie zu erreichen war – einstimmig und arm war sein Lied noch nicht gewesen, immer doch hatte er ein paar Saiten mehr auf seinem Spiel gehabt als andere, ein paar Eisen mehr im Feuer, ein paar Taler mehr im Sack, ein paar Rosse mehr am Wagen! Gott sei Dank!

Wie klang die dunkle Gartenstille voll und durchpulst herein, wie Atem einer schlafenden Frau! Wie schrie der Pfau! Wie brannte das Feuer in der Brust, wie schlug das Herz und schrie und litt und jubelte und blutete. Es war doch ein guter Sommer hier oben in Castagnetta, herrlich wohnte er in seiner alten noblen Ruine; herrlich blickte er auf die raupigen Rücken der hundert Kastanienwälder hinab; schön war es, je und je aus dieser edlen alten Wald- und Schloßwelt gierig hinabzusteigen und das farbige frohe Spielzeug drunten anzuschauen und in seiner guten frohen Grellheit zu malen: die Fabrik, die Eisenbahn, den blauen Tramwagen, die Plakatsäule am Kai, die stolzierenden Pfauen, Weiber, Priester, Automobile. Und wie schön und peinigend und unbegreiflich war dies Gefühl in seiner Brust, diese Liebe und flackernde Gier nach jedem bunten Band und Fetzen des Lebens, dieser süße wilde Zwang zu schauen und zu gestalten, und doch zugleich heimlich, unter dünnen Decken, das innige Wissen von der Kindlichkeit und Vergeblichkeit all seines Tuns! Fiebernd schmolz die kurze Sommernacht hinweg, Dampf stieg aus der grünen Taltiefe, in hunderttausend Bäumen kochte der Saft, hunderttausend Träume quollen in Klingsors leichtem Schlummer auf, seine Seele schritt durch den Spiegelsaal seines Lebens, wo alle Bilder vervielfacht und jedesmal mit neuem Gesicht und neuer Bedeutung sich begegneten und neue Verbindungen eingingen, als würde ein Sternhimmel im Würfelbecher durcheinander geschüttelt.

Ein Traumbild unter den vielen entzückte und erschütterte ihn: Er lag in einem Wald und hatte ein Weib mit rotem Haar auf seinem Schoß, und eine Schwarze lag an seiner Schulter, und eine andere kniete neben ihm, hielt seine Hand und küßte seine Finger, und überall und rundum waren Frauen und Mädchen, manche noch Kinder, mit dünnen hohen Beinen, manche in voller Blüte, manche reif und mit den Zeichen des Wissens und der Ermüdung in den zuckenden Gesichtern, und alle liebten ihn, und alle wollten von ihm geliebt sein. Da brach Krieg und Flamme zwischen den Weibern aus, da griff die Rote mit rasender Hand in das Haar der Schwarzen und riß sie daran zu Boden und ward selber hinabgerissen, und alle stürzten sich aufeinander, jede schrie, jede riß, jede biß, jede tat weh, jede litt Weh, Gelächter, Wutschrei und Schmerzgeheul klangen ineinander verwickelt und verknotet, Blut floß überall, Krallen schlugen blutig in feistes Fleisch.

Mit einem Gefühl von Wehmut und Beklemmung erwachte Klingsor für Minuten, weit offen starrten seine Augen nach dem lichten Loch in der Wand. Noch standen die Gesichter der rasenden Weiber vor seinem Blick, und viele von ihnen kannte und nannte er mit Namen: Nina, Hermine, Elisabeth, Gina, Edith, Berta und sagte mit heiserer Stimme noch aus dem Traum heraus: »Kinder, hört auf. Ihr lügt ja, ihr lügt mich ja an; nicht euch müßt ihr zerreißen, sondern mich, mich!«

Louis

Louis der Grausame war vom Himmel gefallen, plötzlich war er da, Klingsors alter Freund, der Reisende, der Unberechenbare, der in der Eisenbahn wohnte und dessen Atelier sein Rucksack war. Gute Stunden tropften vom Himmel dieser Tage, gute Winde wehten. Sie malten gemeinsam, auf dem Ölberg und in Cartago.

»Ob diese ganze Malerei eigentlich einen Wert hat?« sagte Louis auf dem Ölberg, nackt im Grase liegend, den Rücken rot von der Sonne. »Man malt doch bloß faute de mieux, mein Lieber. Hättest du immer das Mädchen auf dem Schoß, das dir gerade gefällt, und die Suppe im Teller, nach der heute dein Sinn steht, du würdest dich nicht mit dem wahnsinnigen

Kinderspiel plagen. Die Natur hat zehntausend Farben, und wir haben uns in den Kopf gesetzt, die Skala auf zwanzig zu reduzieren. Das ist die Malerei. Zufrieden ist man nie, und muß noch die Kritiker ernähren helfen. Hingegen eine gute Marseiller Fischsuppe, caro mio, und ein kleiner lauer Burgunder dazu, und nachher ein Mailänder Schnitzel, zum Dessert Birnen und einen Gorgonzola, und ein türkischer Kaffee – das sind Realitäten, mein Herr, das sind Werte! Wie ißt man schlecht in eurem Palästina hier! Ach Gott, ich wollte, ich wär in einem Kirschbaum, und die Kirschen wüchsen mir ins Maul, und grade über mir auf der Leiter stünde das braune heftige Mädchen, dem wir heut früh begegnet sind. Klingsor, gib das Malen auf! Ich lade dich zu einem guten Essen in Laguno ein, es wird bald Zeit.«

»Gilt es?« fragte Klingsor blinzelnd.

»Es gilt. Ich muß nur vorher noch schnell an den Bahnhof. Nämlich, offen gestanden, ich habe einer Freundin telegraphiert, daß ich am Sterben sei, sie kann um elf Uhr da sein.«

Lachend riß Klingsor die begonnene Studie vom Brett.

»Recht hast du, Junge. Gehen wir nach Laguno! Zieh dein Hemd an, Luigi. Die Sitten hier sind von großer Unschuld, aber nackt kannst du leider nicht in die Stadt gehen.«

Sie gingen ins Städtchen, sie gingen zum Bahnhof, eine schöne Frau kam an, sie aßen schön und gut in einem Restaurant, und Klingsor, der dies in seinen ländlichen Monaten ganz vergessen hatte, war erstaunt, daß es alle diese Dinge noch gab, diese lieben heiteren Dinge: Forellen, Lachsschinken, Spargeln, Chablis, Walliser Dôle, Benediktiner.

Nach dem Essen fuhren sie, alle drei, in der Seilbahn durch die steile Stadt hinauf, quer durch die Häuser, an Fenstern und hängenden Gärten vorüber, es war sehr hübsch, sie blieben sitzen und fuhren wieder hinab, und noch einmal hinauf und hinab. Sonderbar schön und seltsam war die Welt, sehr farbig, etwas fragwürdig, etwas unwahrscheinlich, jedoch wunderschön. Klingsor nur war ein wenig befangen, er trug Kaltblütigkeit zur Schau, wollte sich nicht in Luigis schöne Freundin verlieben. Sie gingen nochmals in ein Café, sie gingen in den leeren mittäglichen Park, legten sich am Wasser unter die Riesenbäume. Vieles sahen sie, was hätte gemalt werden müssen: rote edelsteinerne Häuser in tiefem Grün, Schlangenbäume und Perückenbäume, blau und braun berostet.

»Du hast sehr liebe und lustige Sachen gemalt, Luigi«, sagte Klingsor,

»die ich alle sehr liebe: Fahnenstangen, Clowns, Zirkusse. Aber das Liebste von allem ist mir ein Fleck auf deinem nächtlichen Karussellbild. Weißt du, da weht über dem violetten Gezelt und fern von all den Lichtern hoch oben in der Nacht eine kühle kleine Fahne hellrosa, so schön, so kühl, so einsam, so scheußlich einsam! Das ist wie ein Gedicht von Li Tai Pe oder von Paul Verlaine. In dieser kleinen, dummen Rosafahne ist alles Weh und Resignation der Welt, und auch noch alles gute Lachen über Weh und Resignation. Daß du dieses Fähnchen gemalt hast, damit ist dein Leben gerechtfertigt, ich rechne es dir hoch an, das Fähnchen.«

»Ja, ich weiß, daß du es gern hast.«

»Du selber hast es auch gern. Schau, wenn du nicht einige solche Sachen gemalt hättest, dann würden alle guten Essen und Weine und Weiber und Kaffees dir nichts helfen, du wärest ein armer Teufel. So aber bist du ein reicher Teufel, und bist ein Kerl, den man liebhat. Sieh, Luigi, ich denke oft wie du: unsere ganze Kunst ist bloß ein Ersatz, ein mühsamer und zehnmal zu teuer bezahlter Ersatz für versäumtes Leben, versäumte Tierheit, versäumte Liebe. Aber es ist doch nicht so. Es ist ganz anders. Man überschätzt das Sinnliche, wenn man das Geistige nur als einen Notersatz für fehlendes Sinnliches ansieht. Das Sinnliche ist um kein Haar mehr wert als der Geist, so wenig wie umgekehrt. Es ist alles eins, es ist alles gleich gut. Ob du ein Weib umarmst oder ein Gedicht machst, ist dasselbe. Wenn nur die Hauptsache da ist, die Liebe, das Brennen, das Ergriffensein, dann ist es einerlei, ob du Mönch auf dem Berg Athos bist oder Lebemann in Paris.«

Louis blickte langsam aus den spöttischen Augen herüber. »Junge, brich dir man keine Verzierungen ab!«

Mit der schönen Frau durchstreiften sie die Gegend. Im Sehen waren sie beide stark, das konnten sie. Im Umkreis der paar Städtchen und Dörfer sahen sie Rom, sahen Japan, sahen die Südsee, und zerstörten die Illusionen wieder mit spielendem Finger; ihre Laune zündete Sterne am Himmel an und löschte sie wieder aus. Durch die üppigen Nächte ließen sie ihre Leuchtkugeln steigen: die Welt war Seifenblase, war Oper, war froher Unsinn.

Louis, der Vogel, schwebte auf seinem Fahrrad durch die Hügelgegend, war da und dort, während Klingsor malte. Manche Tage opferte Klingsor, dann saß er wieder verbissen draußen und arbeitete. Louis wollte nicht arbeiten. Louis war plötzlich abgereist, samt der Freundin, schrieb eine Karte aus weiter Ferne. Plötzlich war er wieder da, als Klingsor ihn schon verlorengegeben hatte, stand im Strohhut und offnen Hemd vor der Tür, als wäre er nie weggewesen. Noch einmal sog Klingsor aus dem süßesten Becher seiner Jugendzeit den Trank der Freundschaft. Viele Freunde hatte er, viele liebten ihn, vielen hatte er gegeben, vielen sein rasches Herz geöffnet, aber nur zwei von den Freunden hörten auch in diesem Sommer noch den alten Herzensruf von seinen Lippen: Louis der Maler und der Dichter Hermann, genannt Thu Fu.

An manchen Tagen saß Louis im Feld auf seinem Malstuhl, im Birnbaumschatten, im Pflaumenbaumschatten, und malte nicht. Er saß und dachte und hielt Papier auf das Malbrett geheftet, und schrieb, schrieb viel, schrieb viele Briefe. Sind Menschen glücklich, die so viele Briefe schreiben? Er schrieb angestrengt, Louis, der Sorglose, sein Blick hing eine Stunde lang peinlich am Papier. Viel Verschwiegenes trieb ihn um. Klingsor liebte ihn dafür.

Anders tat Klingsor. Er konnte nicht schweigen. Er konnte sein Herz nicht verbergen. Von den heimlichen Leiden seines Lebens, von denen wenige wußten, ließ er doch die Nächsten wissen. Oft litt er an Angst, an Schwermut, oft lag er im Schacht der Finsternis gefangen, Schatten aus seinem frühern Leben fielen zuzeiten übergroß in seine Tage und machten sie schwarz. Dann tat es ihm wohl, Luigis Gesicht zu sehen. Dann klagte er ihm zuweilen.

Louis aber sah diese Schwächen nicht gerne. Sie quälten ihn, sie forderten Mitleid. Klingsor gewöhnte sich daran, dem Freund sein Herz zu zeigen, und begriff zu spät, daß er ihn damit verliere.

Wieder begann Louis von Abreise zu sprechen. Klingsor wußte, nun würde er ihn noch für Tage halten können, für drei, für fünf; plötzlich aber würde er ihm den gepackten Koffer zeigen und abreisen, um lange Zeit nicht wiederzukommen. Wie war das Leben kurz, wie unwiederbringlich war alles! Den einzigen seiner Freunde, der seine Kunst ganz verstand, dessen eigene Kunst der seinen nah und ebenbürtig war, diesen einzigen hatte er nun erschreckt und belästigt, ihn verstimmt und abgekühlt, bloß aus dummer Schwäche und Bequemlichkeit, bloß aus dem kindlichen und unanständigen Bedürfnis, einem Freund gegenüber sich keine Mühe geben zu müssen, keine Geheimnisse vor ihm zu hüten, keine Haltung vor ihm zu bewahren. Wie dumm, wie knabenhaft war das gewesen! So strafte sich Klingsor, zu spät.

Den letzten Tag wanderten sie zusammen durch die goldenen Täler,

Louis war sehr guter Laune, Abreise war Lebenslust für sein Vogelherz. Klingsor machte mit, sie hatten wieder den alten, leichten, spielenden und spöttischen Ton gefunden, und ließen ihn nicht mehr los. Abends saßen sie im Garten des Wirtshauses. Fische ließen sie sich backen, Reis mit Pilzen kochen und gossen Maraschino über Pfirsiche.

»Wohin reist du morgen?« fragte Klingsor.

»Ich weiß nicht.«

»Fährst du zu der schönen Frau?«

»Ja. Vielleicht. Wer kann das wissen? Frag nicht soviel. Wir wollen jetzt, zum Schluß, noch einen guten Weißwein trinken. Ich bin für Neuenburger.«

Sie tranken; plötzlich rief Louis: »Es ist schon gut, daß ich abreise, alter Seehund. Manchmal, wenn ich so neben dir sitze, zum Beispiel jetzt, fällt mir plötzlich etwas Dummes ein. Es fällt mir ein, daß jetzt da die zwei Maler sitzen, die unser gutes Vaterland hat, und dann habe ich ein scheußliches Gefühl in den Knien, wie wenn wir beide aus Bronze wären und Hand in Hand auf einem Denkmal stehen müßten, weißt du, so wie der Goethe und der Schiller. Die können schließlich auch nichts dafür, daß sie ewig dastehen und einander an der Bronzehand halten müssen, und daß sie uns allmählich so fatal und verhaßt geworden sind. Vielleicht waren sie ganz feine Kerle und reizende Burschen, vom Schiller habe ich früher einmal ein Stück gelesen, das war direkt hübsch. Und doch ist jetzt das aus ihm geworden, daß er ein berühmtes Vieh ist und neben seinem siamesischen Zwilling stehen muß, Gipskopf neben Gipskopf, und daß man ihre gesammelten Werke herumstehen sieht und sie in den Schulen erklärt. Es ist schauderhaft. Denke dir, ein Professor in hundert Jahren, wie er den Gymnasiasten predigt: Klingsor, geboren 1877, und sein Zeitgenosse Louis, genannt der Vielfraß, Erneuerer der Malerei, Befreiung vom Naturalismus der Farbe, bei näherer Betrachtung zerfällt dieses Künstlerpaar in drei deutlich unterscheidbare Perioden! Lieber komme ich noch heut unter eine Lokomotive.«

»Gescheiter wäre es, es kämen die Professoren darunter.«

»So große Lokomotiven gibt es nicht. Du weißt, wie kleinlich unsre Technik ist.«

Schon kamen Sterne herauf. Plötzlich stieß Louis sein Glas an das des Freundes.

»So, wir wollen anstoßen und austrinken. Dann setze ich mich auf mein

Rad und adieu. Nur keinen langen Abschied! Der Wirt ist bezahlt. Prosit, Klingsor!«

Sie stießen an, sie tranken aus, im Garten stieg Louis aufs Zweirad, schwang den Hut, war fort. Nacht, Sterne. Louis war in China. Louis war eine Legende.

Klingsor lächelte traurig. Wie liebte er diesen Zugvogel! Lange stand er im Kies des Wirtsgartens, sah die leere Straße hinab.

Der Kareno-Tag

Zusammen mit den Freunden aus Barengo und mit Agosto und Ersilia unternahm Klingsor die Fußreise nach Kareno. Sie sanken in der Morgenstunde, zwischen den stark duftenden Spiräen und umzittert von den noch betauten Spinngeweben der Waldränder, durch den steilen warmen Wald hinab in das Tal von Pampambio, wo vom Sommertag betäubt an der gelben Straße grelle gelbe Häuser schliefen, vornübergeneigt und halb tot, und am versiegten Bach die weißen metallenen Weiden hingen mit schweren Flügeln über den goldenen Wiesen. Farbig schwamm die Karawane der Freunde auf der rosigen Straße durch das dampfende Talgrün; die Männer weiß und gelb in Leinen und Seide, die Frauen weiß und rosa, der herrliche veronesergrüne Sonnenschirm Ersilias funkelte wie ein Kleinod im Zauberring.

Melancholisch klagte der Doktor mit der menschenfreundlichen Stimme: »Es ist ein Jammer, Klingsor, Ihre wunderbaren Aquarelle werden in zehn Jahren alle weiß sein; diese Farben, die Sie bevorzugen, halten alle nicht.«

Klingsor: »Ja, und was noch schlimmer ist: Ihre schönen braunen Haare, Doktor, werden in zehn Jahren alle grau sein, und eine kleine Weile später liegen unsere hübschen frohen Knochen irgendwo in einem Loch in der Erde, leider auch Ihre so schönen und gesunden Knochen, Ersilia. Kinder, wir wollen nicht so spät im Leben noch anfangen, vernünftig zu werden. Hermann, wie spricht Li Tai Pe?«

Hermann der Dichter blieb stehen und sprach:

»Das Leben vergeht wie ein Blitzstrahl,
Dessen Glanz kaum so lange währt, daß man ihn sehen kann.
Wenn die Erde und der Himmel ewig unbeweglich stehen,
Wie rasch fliegt die wechselnde Zeit über das Antlitz der Menschen!
O du, der du beim vollen Becher sitzest, und nicht trinkst,
O sage mir, auf wen wartest du noch?«

»Nein«, sagte Klingsor, »ich meine den andern Vers, mit Reimen, von den Haaren, die am Morgen noch dunkel waren —«
Hermann sagte alsbald den Vers:

»Noch am Morgen glänzten deine Haare wie schwarze Seide,
Abend hat schon Schnee auf sie getan,
Wer nicht will, daß er lebendigen Leibes sterbend leide,
Schwinge den Becher und fordre den Mond als Kumpan!«

Klingsor lachte laut, mit seiner etwas heiseren Stimme.
»Braver Li Tai Pe! Er hatte Ahnungen, er wußte allerlei. Auch wir wissen allerlei, er ist unser alter kluger Bruder. Dieser trunkene Tag würde ihm gefallen, es ist gerade so ein Tag, an dessen Abend es schön wäre, den Tod Li Tai Pes zu sterben, im Boot auf dem stillen Fluß. Ihr werdet sehen, alles wird heut wunderbar sein.«
»Was war das für ein Tod, den Li Tai Pe auf dem Fluß gestorben ist?« fragte die Malerin.
Aber Ersilia unterbrach, mit ihrer guten tiefen Stimme: »Nein, jetzt, hört auf! Wer noch ein Wort von Tod und Sterben sagt, den habe ich nicht mehr lieb. Finisca adesso, brutto Klingsor!«
Klingsor kam lachend zu ihr herüber: »Wie haben Sie recht, bambina! Wenn ich noch ein Wort vom Sterben sage, dürfen Sie mir mit dem Sonnenschirm in beide Augen stoßen. Aber im Ernst, es ist heut wunderbar, liebe Menschen! Ein Vogel singt heut, der ist ein Märchenvogel, ich hab ihn schon am Morgen gehört. Ein Wind geht heut, der ist ein Märchenwind, das himmlische Kind, der weckt die schlafenden Prinzessinnen auf und schüttelt den Verstand aus den Köpfen. Heut blüht eine Blume, die ist eine Märchenblume, die ist blau und blüht nur einmal im Leben, und wer sie pflückt, der hat die Seligkeit.«
»Meint er etwas damit?« fragte Ersilia den Doktor. Klingsor hörte es.

»Ich meine damit: dieser Tag kommt niemals wieder, und wer ihn nicht ißt und trinkt und schmeckt und riecht, dem wird er in aller Ewigkeit kein zweites Mal angeboten. Niemals wird die Sonne so scheinen wie heut, sie hat eine Konstellation am Himmel, eine Verbindung mit Jupiter, mit mir, mit Agosto und Ersilia und uns allen, die kommt nie, niemals wieder, nicht in tausend Jahren. Darum möchte ich jetzt, weil das Glück bringt, ein wenig an Ihrer linken Seite gehen und Ihren smaragdenen Sonnenschirm tragen, in seinem Licht wird mein Schädel aussehen wie ein Opal. Sie aber müssen auch mittun und müssen ein Lied singen, eines von Ihren schönsten.«

Er nahm Ersilias Arm, sein scharfes Gesicht tauchte weich in den blaugrünen Schatten des Schirmes, in den er verliebt war und dessen grellsüße Farbe ihn entzückte.

Ersilia fing an zu singen:

>»Il mio papa non vuole
> Ch' io spos' un bersaglier —«

Stimmen schlossen sich an, man schritt singend bis zum Walde und in den Wald hinein, bis die Steigung zu groß wurde, der Weg führte wie eine Leiter steil bergan durch die Farnkräuter, den großen Berg empor.

»Wie wundervoll gradlinig ist dieses Lied!« lobte Klingsor. »Der Papa ist gegen die Liebenden, wie er es immer ist. Sie nehmen ein Messer, das gut schneidet, und machen den Papa tot. Weg ist er. Sie machen es in der Nacht, niemand sieht sie als der Mond, der verrät sie nicht, und die Sterne, die sind stumm, und der liebe Gott, der wird ihnen schon verzeihen. Wie schön und aufrichtig ist das! Ein heutiger Dichter würde dafür gesteinigt werden.«

Man klomm im durchsonnten spielenden Kastanienschatten den engen Bergweg hinan. Wenn Klingsor aufblickte, sah er vor seinem Gesicht die dünnen Waden der Malerin rosig aus durchsichtigen Strümpfen scheinen. Sah er zurück, so wölbte sich über dem schwarzen Negerkopf Ersilias der Türkis des Sonnenschirmes. Darunter war sie violett in Seide, die einzige Dunkle unter allen Figuren.

Bei einem Bauernhaus, blau und orange, lagen gefallene grüne Sommeräpfel in der Wiese, kühl und sauer, von denen probierten sie. Die Malerin erzählte schwärmend von einem Ausflug auf der Seine, in Paris, einst, vor dem Kriege. Ja, Paris, und das selige Damals!

»Das kommt nicht wieder. Nie mehr.«

»Es soll auch nicht«, rief der Maler heftig und schüttelte grimmig den scharfen Sperberkopf. »Nichts soll wiederkommen! Wozu denn? Was sind das für Kinderwünsche! Der Krieg hat alles, was vorher war, zu einem Paradies umgemalt, auch das Dümmste, auch das Entbehrlichste. Gut so, es war schön in Paris und schön in Rom und schön in Arles. Aber ist es heut und hier weniger schön? Das Paradies ist nicht Paris und nicht die Friedenszeit, das Paradies ist hier, da oben liegt es auf dem Berg, und in einer Stunde sind wir mitten drin und sind die Schächer, zu denen gesagt wird: Heut wirst du mit mir im Paradiese sein.«

Sie brachen aus dem durchsprenkelten Schatten des Waldpfades auf die offene breite Fahrstraße hinaus, die führte licht und heiß in großen Spiralen zur Höhe. Klingsor, die Augen mit der dunkelgrünen Brille geschützt, ging als letzter und blieb oft zurück, um die Figuren sich bewegen und ihre farbigen Konstellationen zu sehen. Er hatte nichts zum Arbeiten mitgenommen, absichtlich, nicht einmal das kleine Notizbuch, und stand doch hundertmal still, bewegt von Bildern. Einsam stand seine hagere Gestalt, weiß auf der rötlichen Straße, am Rand des Akaziengehölzes. Sommer hauchte heiß über den Berg, Licht floß senkrecht herab, Farbe dampfte hundertfältig aus der Tiefe herauf. Über die nächsten Berge, die grün und rot mit weißen Dörfern aufklangen, schauten bläuliche Bergzüge und lichter und blauer dahinter neue und neue Züge und ganz fern und unwirklich die kristallenen Spitzen von Schneebergen. Über dem Wald von Akazien und Kastanien trat freier und mächtiger der Felsrücken und höckrige Gipfel des Salute hervor, rötlich und hellviolett. Schöner als alles waren die Menschen, wie Blumen standen sie im Licht unterm Grün, wie ein riesiger Skarabäus leuchtete der smaragdne Sonnenschirm, Ersilias schwarzes Haar darunter, die weiße schlanke Malerin, mit rosigem Gesicht, und alle andern. Klingsor trank sie mit durstigem Auge, seine Gedanken aber waren bei Gina. Erst in einer Woche konnte er sie wiedersehen, sie saß in einem Büro in der Stadt und schrieb auf der Maschine, selten nur glückte es, daß er sie sah, und nie allein. Und sie liebte er, gerade sie, die nichts von ihm wußte, die ihn nicht kannte, nicht verstand, für die er nur ein seltner seltsamer Vogel, ein fremder berühmter Maler war. Wie seltsam war das, daß gerade an ihr sein Verlangen hängenblieb, daß kein anderer Liebesbecher ihm genügte. Er war es nicht gewohnt, lange Wege um eine Frau zu gehen. Um Gina ging er sie, um eine Stunde neben ihr zu sein, ihre schlanken kleinen

Finger zu halten, seinen Schuh unter ihren zu schieben, einen schnellen Kuß auf ihren Nacken zu drücken. Er sann darüber nach, sich selbst ein drolliges Rätsel. War dies schon die Wende? Schon das Alter? War es nur das, nur der Johannistrieb des Vierzigjährigen zur Zwanzigjährigen?

Der Bergrücken war erreicht, und jenseits brach eine neue Welt dem Blick entgegen: hoch und unwirklich der Monte Gennaro, aufgebaut aus lauter steilen spitzen Pyramiden und Kegeln, die Sonne schräg dahinter, jedes Plateau emailglänzend auf tief violetten Schatten schwimmend. Zwischen dort und hier die flimmernde Luft, und unendlich tief verloren der schmale blaue Seearm, kühl hinter grünen Waldflammen ruhend.

Ein winziges Dorf auf dem Berggrat: ein Herrschaftsgut mit kleinem Wohnhaus, vier, fünf andere Häuser, steinern, blau und rosig bemalt, eine Kapelle, ein Brunnen, Kirschbäume. Die Gesellschaft hielt in der Sonne am Brunnen, Klingsor ging weiter, durch einen Torbogen in ein schattiges Gehöft, drei bläuliche Häuser standen hoch, mit wenigen kleinen Fenstern, Gras und Geröll dazwischen, eine Ziege, Brennesseln. Ein Kind lief vor ihm fort, er lockte es, zog Schokolade aus der Tasche. Es hielt, er fing es ein, streichelte und fütterte es, es war scheu und schön, ein kleines schwarzes Mädchen, erschrockene schwarze Tieraugen, schlanke nackte Beine braun und glänzend. »Wo wohnt ihr?« fragte er, sie lief zur nächsten Tür, die in dem Häusergeklüft sich öffnete. Aus einem finstern Steinraum wie aus Höhlen der Urzeit trat ein Weib, die Mutter, auch sie nahm Schokolade. Aus schmutzigen Kleidern stieg der braune Hals, ein festes breites Gesicht, sonnverbrannt und schön, breiter voller Mund, großes Auge, roher süßer Liebreiz, Geschlecht und Mutterschaft sprach breit und still aus großen asiatischen Zügen. Er neigte sich verführend zu ihr, sie wich lächelnd aus, schob das Kind zwischen sich und ihn. Er ging weiter, zu einer Wiederkehr entschlossen. Diese Frau wollte er malen, oder ihr Geliebter sein, sei es nur eine Stunde lang. Sie war alles: Mutter, Kind, Geliebte, Tier, Madonna.

Langsam kehrte er zur Gesellschaft zurück, das Herz voll von Träumen. Auf der Mauer des Gutes, dessen Wohnhaus leer und geschlossen schien, waren alte rauhe Kanonenkugeln befestigt, eine launische Treppe führte durch Gebüsch zu einem Hain und Hügel, zu oberst ein Denkmal, da stand barock und einsam eine Büste, Kostüm Wallenstein, Locken, gewellter Spitzbart. Spuk und Phantastik umglühte den Berg im gleißenden Mittagslicht, Wunderliches lag auf der Lauer, auf eine andere, ferne Tonart war die Welt gestimmt. Klingsor trank am Brunnen, ein Segelfalter flog her und sog an den verspritzten Tropfen auf dem kalksteinernen Brunnenrand.

Dem Grat nach führte die Bergstraße weiter, unter Kastanien, unter Nußbäumen, sonnig, schattig. An einer Biegung eine Wegkapelle, alt und gelb, in der Nische verblichene alte Bilder, ein Heiligenkopf engelsüß und kindlich, ein Stück Gewand rot und braun, der Rest verbröckelt. Klingsor liebte alte Bilder sehr, wenn sie ihm ungesucht entgegenkamen, er liebte solche Fresken, er liebte die Wiederkehr dieser schönen Werke zum Staub und zur Erde.

Wieder Bäume, Reben, heiße Straße blendend; wieder eine Biegung: da war das Ziel, plötzlich, unverhofft: ein dunkler Torgang, eine große hohe Kirche aus rotem Stein, froh und selbstbewußt in den Himmel hinan geschmettert, ein Platz voll Sonne, Staub und Frieden, rot verbrannter Rasen, der unterm Fuße brach, Mittagslicht von grellen Wänden zurückgeworfen, eine Säule, eine Figur darauf, unsichtbar vor Sonnenschwall, eine Steinbrüstung um weiten Platz über blauer Unendlichkeit. Dahinter das Dorf, Kareno, uralt, eng, finster, sarazenisch, düstere Steinhöhlen unter verblichen braunem Ziegelstein, Gassen bedrückend traumschmal und voll Finsternis, kleine Plätze plötzlich in weißer Sonne aufschreiend, Afrika und Nagasaki, darüber der Wald, darunter der blaue Absturz, weiße, fette, satte Wolken oben.

»Es ist komisch«, sagte Klingsor, »wie lange man braucht, bis man sich in der Welt ein bißchen auskennt! Als ich einmal nach Asien fuhr, vor Jahren, kam ich im Schnellzug in der Nacht sechs Kilometer von hier vorbeigefahren, oder zehn, und wußte nichts. Ich fuhr nach Asien, und es war damals sehr notwendig, daß ich es tat. Aber alles, was ich dort fand, das finde ich heut auch hier: Urwald, Hitze, schöne fremde Menschen ohne Nerven, Sonne, Heiligtümer. Man braucht so lang, bis man lernt, an einem einzigen Tag drei Erdteile zu besuchen. Hier sind sie. Willkommen, Indien! Willkommen, Afrika! Willkommen, Japan!«

Die Freunde kannten eine junge Dame, die hier oben hauste, und Klingsor freute sich auf den Besuch bei der Unbekannten sehr. Er nannte sie die Königin der Gebirge, so hatte eine geheimnisvolle morgenländische Erzählung in den Büchern seiner Knabenjahre geheißen.

Erwartungsvoll brach die Karawane durch die blaue Schattenschlucht der Gassen, kein Mensch, kein Laut, kein Huhn, kein Hund. Aber im Halbschatten eines Fensterbogens sah Klingsor lautlos eine Gestalt stehen, ein schönes Mädchen, schwarzäugig, rotes Kopftuch um schwarzes Haar. Ihr Blick, still nach den Fremden lauernd, traf den seinen, einen langen Atemzug lang schauten sie, Mann und Mädchen, sich in die Augen, voll und ernst, zwei fremde Welten einen Augenblick lang einander nah. Dann lächelten sie beide kurz und innig den ewigen Gruß der Geschlechter zu, die alte, süße, gierige Feindschaft, und mit einem Schritt um die Kante des Hauses war der fremde Mann hinweggeflossen und lag in des Mädchens Truhe, Bild bei vielen Bildern, Traum bei vielen Träumen. In Klingsors nie ersättigtem Herzen stach der kleine Stachel, einen Augenblick zögerte er und dachte umzukehren, Agosto rief ihn, Ersilia fing zu singen an, eine Schattenmauer schwand hinweg, und ein kleiner greller Platz mit zwei gelben Palästen lag still und blendend im verzauberten Mittag, schmale steinerne Balkone, geschlossene Läden, herrliche Bühne für den ersten Akt einer Oper.

»Ankunft in Damaskus«, rief der Doktor. »Wo wohnt Fatme, die Perle unter den Frauen?«

Antwort kam überraschend aus dem kleineren Palast. Aus der kühlen Schwärze hinter der abgeschlossenen Balkontür sprang ein seltsamer Ton, noch einer und zehnmal der gleiche, dann die Oktave dazu, zehnmal – ein Flügel, der gestimmt wurde, ein singender Flügel voller Töne mitten in Damaskus.

Hier mußte es sein, hier wohnte sie. Das Haus schien aber ohne Tor zu sein, nur rosig gelbe Mauer mit zwei Balkonen, darüber am Verputz des Giebels eine alte Malerei: Blumen blau und rot und ein Papagei. Eine gemalte Tür hätte hier sein müssen, und wenn man dreimal an sie pochte und den Schlüssel Salomonis dazu sprach, ging die gemalte Pforte auf, und den Wanderer empfing der Duft von persischen Ölen, hinter Schleiern thronte hoch die Königin der Gebirge. Sklavinnen kauerten auf den Stufen zu ihren Füßen, der gemalte Papagei flog kreischend auf die Schulter der Herrin.

Sie fanden eine winzige Tür in einer Nebengasse, eine heftige Glocke, teuflischer Mechanismus, schrillte böse auf, eng wie eine Leiter führte eine steile Treppe empor. Unausdenklich, wie der Flügel in dies Haus gekommen war. Durchs Fenster? Durchs Dach?

Ein großer schwarzer Hund kam gestürzt, ein kleiner blonder Löwe ihm nach, großer Lärm, die Stiege klapperte, hinten sang der Flügel elfmal den gleichen Ton. Aus einem rosig getünchten Raum quoll sanftsüßes Licht, Türen schlugen. War da ein Papagei?

Plötzlich stand die Königin der Gebirge da, schlanke elastische Blüte, straff und federnd, ganz in Rot, brennende Flamme, Bildnis der Jugend. Vor Klingsors Auge stoben hundert geliebte Bilder hinweg, und das neue sprang strahlend auf. Er wußte sofort, daß er sie malen würde, nicht nach der Natur, sondern den Strahl in ihr, den er empfangen hatte, das Gedicht, den holden herben Klang: Jugend, Rot, Blond, Amazone. Er würde sie ansehen, eine Stunde lang, vielleicht mehrere Stunden lang. Er würde sie gehen sehen, sitzen sehen, lachen sehen, vielleicht tanzen sehen, vielleicht singen hören. Der Tag war gekrönt, der Tag hatte seinen Sinn gefunden. Was weiter dazu kommen mochte, war Geschenk, war Überfluß. Immer war es so: das Erlebnis kam nie allein, immer flogen ihm Vögel voraus, immer gingen ihm Boten und Vorzeichen voran, der mütterlich asiatische Tierblick unter jener Tür, die schwarze Dorfschöne im Fenster, dies und das.

Eine Sekunde lang empfand er aufzuckend: »Wäre ich zehn Jahre jünger, zehn kurze Jahre, so könnte diese mich haben, mich fangen, mich um den Finger wickeln! Nein, du bist zu jung, du kleine rote Königin, du bist zu jung für den alten Zauberer Klingsor! Er wird dich bewundern, er wird dich auswendig lernen, er wird dich malen, er wird das Lied deiner Jugend für immer aufzeichnen; aber er wird keine Wallfahrt um dich tun, keine Leiter nach dir steigen, keinen Mord um dich begehen und kein Ständchen vor deinem hübschen Balkon bringen. Nein, leider wird er dies alles nicht tun, der alte Maler Klingsor, das alte Schaf. Er wird dich nicht lieben, er wird nicht den Blick nach dir werfen, den er nach der Asiatin, den er nach der Schwarzen im Fenster warf, die vielleicht keinen Tag jünger ist als du. Für sie ist er nicht zu alt, nur für dich, Königin der Gebirge, rote Blume am Berg. Für dich, Steinnelke, ist er zu alt. Für dich genügt die Liebe nicht, die Klingsor zwischen einem Tag voll Arbeit und einem Abend voll Rotwein zu verschenken hat. Desto besser wird mein Auge dich trinken, schlanke Rakete, und von dir wissen, wenn du mir lang erloschen bist.«

Durch Räume mit Steinböden und offenen Bogen kam man in einen Saal, wo barocke wilde Stuckfiguren über hohen Türen emporflackerten und rundum auf dunklem Fries gemalte Delphine, weiße Rosse und rosenrote Amoretten durch ein dicht bevölkertes Sagenmeer schwammen. Ein paar Stühle und am Boden die Teile des zerlegten Flügels, sonst war nichts in dem großen Raum, aber zwei verlockende Türen führten auf die zwei kleinen Balkone über dem strahlenden Opernplatz hinaus, und gegenüber über Eck brüsteten sich die Balkone des Nachbarpalastes, auch sie mit Bildern bemalt, dort schwamm ein roter feister Kardinal wie ein Goldfisch in der Sonne.

Man ging nicht wieder fort. Im Saale wurden Vorräte ausgepackt und ein Tisch gedeckt, Wein kam, seltener Weißwein aus dem Norden, Schlüssel für Heere von Erinnerungen. Der Klavierstimmer hatte die Flucht ergriffen, der zerstückte Flügel schwieg. Nachdenklich starrte Klingsor in das entblößte Saitengedärme, dann tat er leise den Deckel zu. Seine Augen schmerzten, aber in seinem Herzen sang der Sommertag, sang die sarazenische Mutter, sang blau und schwellend der Traum von Kareno. Er aß und stieß mit seinem Glase an Gläser, er sprach hell und froh, und hinter all dem arbeitete der Apparat in seiner Werkstatt, sein Blick war um die Steinnelke, um die Feuerblume ringsum wie das Wasser um den Fisch, ein fleißiger Chronist saß in seinem Gehirn und schrieb Formen, Rhythmen, Bewegungen genau wie in ehernen Zahlensäulen auf.

Gespräch und Gelächter füllten den leeren Saal. Klug und gütig lachte der Doktor, tief und freundlich Ersilia, stark und unterirdisch Agosto, vogelleicht die Malerin, klug sprach der Dichter, spaßhaft sprach Klingsor, beobachtend und ein wenig scheu ging die rote Königin unter ihren Gästen, Delphinen und Rossen umher, war hier und dort, stand am Flügel, kauerte auf einem Kissen, schnitt Brote, schenkte Wein mit unerfahrener Mädchenhand. Freude scholl im kühlen Saal, Augen glänzten schwarz und blau, vor den lichten hohen Balkontüren lag starr der blendende Mittag auf Wache.

Hell floß der edle Wein in die Gläser, holder Gegensatz zum einfachen kalten Mahl. Hell floß der rote Schein vom Kleid der Königin durch den hohen Saal, hell und wachsam folgten ihm die Blicke aller Männer. Sie verschwand, kam wieder und hatte ein grünes Brusttuch umgebunden. Sie verschwand, kam wieder und hatte ein blaues Kopftuch umgebunden.

Nach Tische, ermüdet und gesättigt, brach man fröhlich auf, in den Wald, legte sich in Gras und Moos, Sonnenschirme leuchteten, unter Strohhüten glühten Gesichter, gleißend brannte der Sonnenhimmel. Die Königin der Gebirge lag rot im grünen Gras, hell stieg ihr feiner Hals aus der Flamme, satt und belebt saß ihr hoher Schuh am schlanken Fuß. Klingsor, ihr nahe, las sie, studierte sie, füllte sich mit ihr, wie er als Knabe die Zaubergeschichte von der Königin der Gebirge gelesen und sich mit ihr gefüllt hatte. Man ruhte, man schlummerte, man plauderte, man kämpfte mit Ameisen, glaubte Schlangen zu hören, stachlige Kastanienschalen blieben in Frauenhaaren hängen. Man dachte an abwesende Freunde, die in diese Stunde gepaßt hätten, es waren nicht viele, Louis der Grausame wurde herbeigesehnt, Klingsors Freund, der Maler der Karusselle und Zirkusse, sein phantastischer Geist schwebte nah über der Runde.

Der Nachmittag ging hin wie ein Jahr im Paradies. Beim Abschied wurde viel gelacht, Klingsor nahm alles in seinem Herzen mit: die Königin, den Wald, den Palast und Delphinensaal, die beiden Hunde, den Papagei.

Im Bergabwandern zwischen den Freunden überkam ihn allmählich die frohe und hingerissene Laune, die er nur an den seltenen Tagen kannte, an denen er freiwillig die Arbeit hatte ruhen lassen. Hand in Hand mit Ersilia, mit Hermann, mit der Malerin tanzte er die besonnte Straße hinab, stimmte Lieder an, ergötzte sich kindlich an Witzen und Wortspielen, lachte hingegeben. Er rannte den andern voraus und versteckte sich in einen Hinterhalt, um sie zu erschrecken.

So rasch man ging, die Sonne ging rascher, schon bei Palazzetto sank sie hinter den Berg, und unten im Tale war es schon Abend. Sie hatten den Weg verfehlt und waren zu tief gestiegen, man war hungrig und müde und mußte die Pläne aufgeben, die man für den Abend gesponnen hatte: Spaziergang durchs Korn nach Barengo, Fischessen im Wirtshaus des Seedorfes.

»Liebe Leute«, sagte Klingsor, der sich auf eine Mauer am Weg gesetzt hatte, »unsre Pläne waren ja sehr schön, und ein gutes Abendessen bei den Fischern oder im Monte d'oro würde gewiß mich dankbar finden. Aber wir kommen nicht mehr so weit, ich wenigstens nicht. Ich bin müde, und ich habe Hunger. Ich gehe von hier aus keinen Schritt mehr weiter als bis zum nächsten Grotto, der gewiß nicht weit ist. Dort gibt es Wein und Brot, das genügt. Wer kommt mit?«

Sie kamen alle. Der Grotto wurde gefunden, im steilen Bergwald auf schmaler Terrasse standen Steinbänke und Tische im Baumdunkel, aus dem Felsenkeller brachte der Wirt den kühlen Wein, Brot war da. Nun saß man schweigend und essend, froh, endlich zu sitzen. Hinter den hohen Baumstämmen erlosch der Tag, der blaue Berg wurde schwarz, die rote Straße wurde weiß, man hörte unten auf der nächtlichen Straße einen Wagen fahren und einen Hund bellen, da und dort gingen am Himmel Sterne und an der Erde Lichter auf, nicht voneinander zu unterscheiden.

Glücklich saß Klingsor, ruhte, sah in die Nacht, füllte sich langsam mit

Schwarzbrot, leerte still die bläulichen Tassen mit Wein. Gesättigt fing er wieder zu plaudern und zu singen an, schaukelte sich im Takt der Lieder, spielte mit den Frauen, witterte im Duft ihrer Haare. Der Wein schien ihm gut. Alter Verführer, redete er leicht die Vorschläge zum Weitergehen nieder, trank Wein, schenkte Wein ein, stieß zärtlich an, ließ neuen Wein kommen. Langsam stiegen aus den irdenen bläulichen Tassen, Sinnbild der Vergänglichkeit, die bunten Zauber, wandelten die Welt, färbten Stern und Licht.

Hoch saßen sie in schwebender Schaukel überm Abgrund der Welt und Nacht, Vögel in goldenem Käfig, ohne Heimat, ohne Schwere, den Sternen gegenüber. Sie sangen, die Vögel, sangen exotische Lieder, sie phantasierten aus berauschten Herzen in die Nacht, in den Himmel, in den Wald, in das fragwürdige, bezauberte Weltall hinein. Antwort kam von Stern und Mond, von Baum und Gebirg, Goethe saß da und Hafis, heiß duftete Ägypten und innig Griechenland herauf, Mozart lächelte, Hugo Wolf spielte den Flügel in der irren Nacht.

Lärm krachte erschreckend auf, Licht blitzte knallend: unter ihnen mitten durch das Herz der Erde flog mit hundert blendenden Lichtfenstern ein Eisenbahnzug in den Berg und in die Nacht hinein, oben vom Himmel her läuteten Glocken einer unsichtbaren Kirche. Lauernd stieg der halbe Mond über den Tisch, blickte spiegelnd in den dunkeln Wein, riß Mund und Auge einer Frau aus der Finsternis, lächelte, stieg weiter, sang den Sternen zu. Der Geist Louis' des Grausamen hockte auf einer Bank, einsam, schrieb Briefe.

Klingsor, König der Nacht, hohe Krone im Haar, rückgelehnt auf steinernem Sitz, dirigierte den Tanz der Welt, gab den Takt an, rief den Mond hervor, ließ die Eisenbahn verschwinden. Fort war sie, wie ein Sternbild übern Rand des Himmels fällt. Wo war die Königin der Gebirge? Klang nicht ein Flügel im Wald, bellte nicht fern der kleine mißtrauische Löwe? Hatte sie nicht eben noch ein blaues Kopftuch getragen? Hallo, alte Welt, trage Sorge, daß du nicht zusammenfällst! Hierher, Wald! Dorthin, schwarzes Gebirg! Im Takt bleiben! Sterne, wie seid ihr blau und rot, wie im Volkslied: »Deine roten Augen und dein blauer Mund!«

Malen war schön. Malen war ein schönes, ein liebes Spiel für brave Kinder. Anders war es, größer und wuchtiger, die Sterne zu dirigieren, Takt des eigenen Blutes, Farbenkreise der eigenen Netzhaut in die Welt hinein fortzusetzen, Schwebungen der eigenen Seele ausschwingen zu lassen im

Wind der Nacht. Weg mit dir, schwarzer Berg! Sei Wolke, fliege nach Persien, regne über Uganda! Her mit dir, Geist Shakespeares, sing uns dein besoffenes Narrenlied vom Regen, der regnet jeglichen Tag!

Klingsor küßte eine kleine Frauenhand, er lehnte sich an eine wohlig atmende Frauenbrust. Ein Fuß unterm Tisch spielte mit seinem. Er wußte nicht, wessen Hand oder wessen Fuß, er spürte Zärtlichkeit um sich, fühlte alten Zauber neu und dankbar: er war noch jung, es war noch weit vom Ende, noch ging Strahlung und Verlockung von ihm aus, noch liebten sie ihn, die guten ängstlichen Weibchen, noch zählten sie auf ihn.

Er blühte höher auf. Mit leiser, singender Stimme begann er zu erzählen, ein ungeheures Epos, die Geschichte einer Liebe, oder eigentlich einer Reise nach der Südsee, wo er in Begleitung von Gauguin und Robinson die Papageieninsel entdeckt und den Freistaat der glückseligen Inseln begründet hatte. Wie hatten die tausend Papageien im Abendlicht gefunkelt, wie hatten ihre blauen Schwänze sich in der grünen Bucht gespiegelt! Ihr Geschrei und das hundertstimmige Geschrei der großen Affen hat ihn wie ein Donner begrüßt, ihn, Klingsor, als er seinen Freistaat ausrief. Dem weißen Kakadu hatte er die Bildung eines Kabinetts aufgetragen, und mit dem mürrischen Nashornvogel hatte er Palmwein aus schweren Kokosbechern getrunken. Oh, Mond von damals, Mond der seligen Nächte, Mond über der Pfahlhütte im Schilf! Sie hieß Kül Kalüa, die braune scheue Prinzessin, schlank und langgliedrig schritt sie im Pisanggehölz, honigglänzend unterm saftigen Dach der Riesenblätter, Rehauge im sanften Gesicht, Katzenglut im starken biegsamen Rücken, Katzensprung im federnden Knöchel und sehnigen Bein. Kül Kalüa, Kind, Urglut und Kinderunschuld des heiligen Südostens, tausend Nächte lagst du an Klingsors Brust, und jede war neu, jede war inniger, war holder als alle gewesen. O, Fest des Erdgeistes, wo die Jungfern der Papageieninsel vor dem Gotte tanzten!

Über Insel, Robinson und Klingsor, über Geschichte und Zuhörer wölbte sich die weiß gestirnte Nacht, zärtlich schwoll der Berg wie ein sanfter atmender Bauch und Busen unter den Bäumen und Häusern und Füßen der Menschen, im Eilschritt tanzte fiebernd der feuchte Mond über die Himmelshalbkugel, von den Sternen im wilden schweigenden Tanz verfolgt. Ketten von Sternen waren aufgereiht, gleißende Schnur der Drahtseilbahn zum Paradies. Urwald dunkelte mütterlich, Schlamm der Urwelt duftete Verfall und Zeugung, Schlange kroch und Krokodil, ohne Ufer ergoß sich der Strom der Gestaltungen.

»Ich werde doch wieder malen«, sagte Klingsor, »schon morgen. Aber nicht mehr diese Häuser und Leute und Bäume. Ich male Krokodile und Seesterne, Drachen und Purpurschlangen, und alles im Werden, alles in der Wandlung, voll Sehnsucht, Mensch zu werden, voll Sehnsucht, Stern zu werden, voll Geburt, voll Verwesung, voll Gott und Tod.«

Mitten durch seine leisen Worte und durch die aufgewühlte trunkne Stunde klang tief und klar Ersilias Stimme, still sang sie das Lied vom »bel mazzo di fiori« vor sich hin, Friede strömte von ihrem Liede aus, Klingsor hörte es wie von einer fernen schwimmenden Insel über Meere von Zeit und Einsamkeit herüber. Er drehte seine leere Weintasse um, er schenkte nicht mehr ein. Er hörte zu. Ein Kind sang. Eine Mutter sang. War man nun ein verirrter und verruchter Kerl, im Schlamm der Welt gebadet, ein Strolch und Luder, oder war man ein kleines dummes Kind?

»Ersilia«, sagte er mit Ehrerbietung, »du bist unser guter Stern.«

Durch steilen finstern Wald bergan, an Zweig und Wurzel geklammert, quoll man hinweg, den Heimweg suchend. Lichter Waldrand ward erreicht, Feld geentert, schmaler Weg im Maisfeld atmete Nacht und Heimkehr, Mondblick im spiegelnden Blatt des Maises, Rebenreihen schräg entfliehend. Nun sang Klingsor, leise, mit der etwas heiseren Stimme, sang leise und viel, deutsch und malaiisch, mit Worten und ohne Worte. Im leisen Gesang strömte er gestaute Fülle aus, wie eine braune Mauer am Abend gesammeltes Tageslicht ausstrahlt.

Hier nahm einer der Freunde Abschied, und dort einer, schwand im Rebenschatten auf kleinem Pfad dahin. Jeder ging, jeder war für sich, suchte Heimkehr, war allein unterm Himmel. Eine Frau küßte Klingsor zur guten Nacht, brennend sog ihr Mund an seinem. Weg rollten sie, weg schmolzen sie, alle. Als Klingsor allein die Treppe zu seiner Wohnung erstieg, sang er noch immer. Er besang und lobte Gott und sich selbst, er pries Li Tai Pe und pries den guten Wein von Pampambio. Wie ein Götze ruhte er auf Wolken der Bejahung.

»Inwendig«, sang er, »bin ich wie eine Kugel von Gold, wie die Kuppel eines Domes, man kniet darin, man betet, Gold strahlt von der Wand, auf altem Bilde blutet der Heiland, blutet das Herz der Maria. Wir bluten auch, wir Anderen, wir Irrgegangenen, wir Sterne und Kometen, sieben und vierzig Schwerter gehn durch unsre selige Brust. Ich liebe dich, blonde und schwarze Frau, ich liebe alle, auch die Philister; ihr seid arme Teufel wie ich, ihr seid arme Kinder und fehlgeratene Halbgötter wie der betrunkne Klingsor. Sei mir gegrüßt, geliebtes Leben! Sei mir gegrüßt, geliebter Tod!«

Klingsor an Edith

Lieber Stern am Sommerhimmel!

Wie hast Du mir gut und wahr geschrieben, und wie ruft Deine Liebe mir schmerzlich zu, wie ewiges Leid, wie ewiger Vorwurf. Aber Du bist auf gutem Wege, wenn Du mir, wenn du Dir selbst jede Empfindung des Herzens eingestehst. Nur nenne keine Empfindung klein, keine Empfindung unwürdig! Gut, sehr gut ist jede, auch der Haß, auch der Neid, auch die Eifersucht, auch die Grausamkeit. Von nichts andrem leben wir als von unsern armen, schönen, herrlichen Gefühlen, und jedes, dem wir unrecht tun, ist ein Stern, den wir auslöschen.

Ob ich Gina liebe, weiß ich nicht. Ich zweifle sehr daran. Ich würde kein Opfer für sie bringen. Ich weiß nicht, ob ich überhaupt lieben kann. Ich kann begehren und kann mich in andern Menschen suchen, nach Echo aushorchen, nach einem Spiegel verlangen, kann Lust suchen, und alles das kann wie Liebe aussehen.

Wir gehen beide, Du und ich, im selben Irrgarten, im Garten unsrer Gefühle, die in dieser üblen Welt zu kurz gekommen sind, und wir nehmen dafür, jeder nach seiner Art, Rache an dieser bösen Welt. Wir wollen aber einer des andern Träume bestehen lassen, weil wir wissen, wie rot und süß der Wein der Träume schmeckt.

Klarheit über ihre Gefühle und über die »Tragweite« und Folgen ihrer Handlungen haben nur die guten, gesicherten Menschen, die an das Leben glauben und keinen Schritt tun, den sie nicht auch morgen und übermorgen werden billigen können. Ich habe nicht das Glück, zu ihnen zu zählen, und ich fühle und handle so wie einer, der nicht an morgen glaubt und jeden Tag für den letzten ansieht.

Liebe schlanke Frau, ich versuche ohne Glück meine Gedanken auszudrücken. Ausgedrückte Gedanken sind immer so tot! Lassen wir sie leben! Ich fühle tief und dankbar, wie Du mich verstehst, wie etwas in Dir mir verwandt ist. Wie das im Buch des Lebens zu buchen sei, ob unsre Gefühle Liebe, Wollust, Dankbarkeit, Mitleid, ob sie mütterlich oder kindlich sind, das weiß ich nicht. Oft sehe ich jede Frau an wie ein alter gewiegter

Wüstling und oft wie ein kleiner Knabe. Oft hat die keuscheste Frau für mich die größte Verlockung, oft die üppigste. Alles ist schön, alles ist heilig, alles ist unendlich gut, was ich lieben darf. Warum, wie lange, in welchem Grad, das ist nicht zu messen.

Ich liebe nicht Dich allein, das weißt Du, ich liebe auch nicht Gina allein, ich werde morgen und übermorgen andre Bilder lieben, andere Bilder malen. Bereuen aber werde ich keine Liebe, die ich je gefühlt, und keine Weisheit oder Dummheit, die ich ihretwegen begangen. Dich liebe ich vielleicht, weil Du mir ähnlich bist. Andre liebe ich, weil sie so anders sind als ich.

Es ist spät in der Nacht, der Mond steht überm Salute. Wie lacht das Leben, wie lacht der Tod!

Wirf den dummen Brief ins Feuer, und wirf ins Feuer

Deinen Klingsor

Die Musik des Untergangs

Der letzte Tag des Juli war gekommen, Klingsors Lieblingsmonat, die hohe Festzeit Li Tai Pes, war verblüht, kam nimmer wieder, Sonnenblumen schrien vom Garten golden ins Blau empor. Zusammen mit dem treuen Thu Fu pilgerte Klingsor an diesem Tage durch eine Gegend, die er liebte: verbrannte Vorstädte, staubige Straßen unter hoher Allee, rot und orange bemalte Hütten am sandigen Ufer, Lastwagen und Ladeplätze der Schiffe, lange violette Mauern, farbiges armes Volk. Am Abend dieses Tages saß er am Rand einer Vorstadt im Staub und malte die farbigen Zelte und Wagen eines Karussells, am Straßenbord auf kahlem, versengtem Anger saß er hingekauert, angesogen von den starken Farben der Zelte. Tief biß er sich fest im verschossenen Lila einer Zeltborte, im freudigen Grün und Rot der schwerfälligen Wohnwagen, in den blau-weiß gestrichnen Gerüststangen. Grimmig wühlte er im Kadmium, wild im süßkühlen Kobalt, zog die verfließenden Striche Krapplack durch den gelb und grünen Himmel. Noch eine Stunde, o, weniger, dann war Schluß, die Nacht kam, und morgen begann schon der August, der brennende Fiebermonat, der so viel Todesfurcht und Bangnis in seine glühenden Becher mischt. Die Sense war geschärft, die Tage neigten sich, der Tod lachte versteckt im bräunenden Laub. Klinge hell und schmettre, Kadmium! Prahle laut, üppiger Krapplack! Lache grell, Zitronengelb! Her mit dir, tiefblauer Berg der Ferne! An mein Herz ihr, staubgrüne matte Bäume! Wie seid ihr müd, wie laßt ihr ergebene fromme Äste sinken! Ich trinke euch, holde Erscheinungen! Ich täusche euch Dauer und Unsterblichkeit vor, ich, der Vergänglichste, der Ungläubigste, der Traurigste, der mehr als ihr alle an der Angst vor dem Tode leidet. Juli ist verbrannt, August wird schnell verbrannt sein, plötzlich fröstelt uns aus gelbem Laub am betauten Morgen das große Gespenst entgegen. Plötzlich fegt November über den Wald. Plötzlich lacht das große Gespenst, plötzlich friert uns das Herz, plötzlich fällt uns das liebe rosige Fleisch von den Knochen, in der Wüste heult der Schakal, heiser singt sein verfluchtes Lied der Aasgeier. Ein verfluchtes Blatt der Großstadt bringt mein Bild, und darunter steht: »Vortrefflicher Maler, Expressionist, großer Kolorist, starb am sechzehnten dieses Monats.«

Voll Haß riß er eine Furche Pariserblau unter den grünen Zigeunerwagen. Voll Erbitterung schlug er die Kante Chromgelb auf die Prellsteine. Voll tiefer Verzweiflung setzte er Zinnober in einen ausgesparten Fleck, vertilgte das fordernde Weiß, kämpfte blutend um Fortdauer, schrie hellgrün und neapelgelb zum unerbittlichen Gott. Stöhnend warf er mehr Blau in das fade Staubgrün, flehend zündete er innigere Lichter im Abendhimmel an. Die kleine Palette voll reiner, unvermischter Farben von hellster Leuchtkraft, sie war sein Trost, sein Turm, sein Arsenal, sein Gebetbuch, seine Kanone, aus der er nach dem bösen Tode schoß. Purpur war Leugnung des Todes, Zinnober war Verhöhnen der Verwesung. Gut war sein Arsenal, glänzend stand seine kleine tapfere Truppe, strahlend läuteten die raschen Schüsse seiner Kanonen auf. Es half nichts, alles Schießen war ja vergebens, aber Schießen war doch gut, war Glück und Trost, war noch Leben, war noch Triumphieren.

Thu Fu war gegangen, einen Freund zu besuchen, der dort zwischen Fabrik und Ladeplatz seine Zauberwohnung bewohnte. Nun kam er und brachte ihn mit, den armenischen Sterndeuter.

Klingsor, mit dem Bilde fertig, atmete tief auf, als er die beiden Gesichter bei sich sah, das blonde gute Haar Thu Fus, den schwarzen Bart und den mit weißen Zähnen lächelnden Mund des Magiers. Und da kam mit ihnen auch der Schatten, der lange, dunkle, mit den weit zurückgeflohenen Augen in den tiefen Höhlen. Willkommen auch du, Schatten, lieber Kerl!

»Weißt du, was für ein Tag heut ist?« fragte Klingsor seinen Freund.

»Der letzte Juli, ich weiß.«

»Ich stellte heut ein Horoskop«, sagte der Armenier, »und da sah ich, daß dieser Abend etwas bringen wird. Saturn steht unheimlich, Mars neutral, Jupiter dominiert. Li Tai Pe, sind Sie nicht ein Julikind?«

»Ich bin am zweiten Juli geboren.«

»Ich dachte es. Ihre Sterne stehen verwirrt, Freund, nur Sie selbst können sie deuten. Fruchtbarkeit umgibt Sie wie eine Wolke, die nahe am Bersten ist. Seltsam stehen Ihre Sterne, Klingsor, Sie müssen es fühlen.«

Li packte sein Gerät zusammen. Erloschen war die Welt, die er gemalt hatte, erloschen der gelb und grüne Himmel, ertrunken die blaue helle Fahne, ermordet und verwelkt das schöne Gelb. Er war hungrig und durstig, die Kehle hing ihm voll Staub.

»Freunde«, sagte er herzlich, »wir wollen diesen Abend beisammen bleiben. Wir werden nicht mehr zusammen sein, wir alle vier, ich lese das nicht aus den Sternen, es steht mir im Herzen geschrieben. Mein Julimond ist vorüber, dunkel glühen seine letzten Stunden, in der Tiefe ruft die große Mutter. Nie war die Welt so schön, nie war ein Bild von mir so schön, Wetterleuchten zuckt, Musik des Untergangs ist angestimmt. Wir wollen sie mitsingen, die süße bange Musik, wir wollen hier beisammen bleiben und Wein trinken und Brot essen.«

Neben dem Karussell, dessen Zelt eben abgedeckt und für den Abend gerüstet wurde, standen einige Tische unter Bäumen, eine hinkende Magd ging ab und zu, ein kleines Wirtshaus lag im Schatten. Hier blieben sie und saßen am Brettertisch, Brot wurde gebracht und Wein in die irdenen Schalen geschenkt, unter den Bäumen glommen Lichter auf, drüben begann die Orgel des Karussells zu erdröhnen, heftig warf sie ihre bröckelnde gelle Musik in den Abend.

»Dreihundert Becher will ich heute leeren«, rief Li Tai Pe und stieß mit dem Schatten an. »Sei gegrüßt, Schatten, standhafter Zinnsoldat! Seid gegrüßt, Freunde! Seid gegrüßt, elektrische Lichter, Bogenlampen und funkelnde Pailletten am Karussell! O, daß Louis da wäre, der flüchtige Vogel! Vielleicht ist er uns schon vorausgeflogen in den Himmel. Vielleicht auch kommt er morgen wieder, der alte Schakal, und findet uns nicht mehr und lacht und pflanzt Bogenlampen und Fahnenstangen auf unser Grab.«

Still ging der Magier und holte neuen Wein, froh lächelten seine weißen Zähne aus dem roten Mund.

»Schwermut«, sagte er mit einem Blick zu Klingsor hinüber, »ist eine

Sache, die man nicht mit sich tragen sollte. Es ist so leicht – es ist das Werk einer Stunde, einer kurzen intensiven Stunde mit zusammengebissenen Zähnen, dann ist man mit der Schwermut für immer fertig.«

Klingsor sah aufmerksam auf seinen Mund, auf die hellen klaren Zähne, welche einst in einer glühenden Stunde die Schwermut erwürgt und totgebissen hatten. War auch ihm möglich, was dem Sterndeuter möglich gewesen war? O, kurzer süßer Blick in ferne Gärten: Leben ohne Angst, Leben ohne Schwermut! Er wußte, diese Gärten waren ihm unerreichbar. Er wußte, ihm war andres bestimmt, anders blickte zu ihm Saturn herüber, andre Lieder wollte Gott auf seinen Saiten spielen.

»Jeder hat seine Sterne«, sagte Klingsor langsam, »jeder hat seinen Glauben. Ich glaube nur an eines: an den Untergang. Wir fahren in einem Wagen überm Abgrund, und die Pferde sind scheu geworden. Wir stehen im Untergang, wir alle, wir müssen sterben, wir müssen wieder geboren werden, die große Wende ist für uns gekommen. Es ist überall das gleiche: der große Krieg, die große Wandlung in der Kunst, der große Zusammenbruch der Staaten des Westens. Bei uns im alten Europa ist alles das gestorben, was bei uns gut und unser eigen war; unsre schöne Vernunft ist Irrsinn geworden, unser Geld ist Papier, unsre Maschinen können bloß noch schießen und explodieren, unsre Kunst ist Selbstmord. Wir gehen unter, Freunde, so ist es uns bestimmt, die Tonart Tsing Tse ist angestimmt.«

Der Armenier schenkte Wein ein.

»Wie Sie wollen«, sagte er. »Man kann ja sagen, und man kann nein sagen, das ist nur Kinderspiel. Untergang ist etwas, das nicht existiert. Damit Untergang oder Aufgang wäre, müßte es unten und oben geben. Unten und oben aber gibt es nicht, das lebt nur im Gehirn des Menschen, in der Heimat der Täuschungen. Alle Gegensätze sind Täuschungen: weiß und schwarz ist Täuschung, Tod und Leben ist Täuschung, gut und böse ist Täuschung. Es ist das Werk einer Stunde, einer glühenden Stunde mit zusammengebissenen Zähnen, dann hat man das Reich der Täuschungen überwunden.«

Klingsor hörte seiner guten Stimme zu.

»Ich spreche von uns«, gab er Antwort, »ich spreche von Europa, von unsrem alten Europa, das zweitausend Jahre lang das Gehirn der Welt zu sein glaubte. Dies geht unter. Meinst du, Magier, ich kenne dich nicht? Du bist ein Bote aus dem Osten, ein Bote auch an mich, vielleicht ein Spion, vielleicht ein verkleideter Feldherr. Du bist hier, weil hier das Ende beginnt, weil du hier Untergang witterst. Aber wir gehen gerne unter, du, wir sterben gerne, wir wehren uns nicht.«

»Du kannst auch sagen: gerne werden wir geboren«, lachte der Asiate. »Dir scheint es Untergang, mir scheint es vielleicht Geburt. Beides ist Täuschung. Der Mensch, der an die Erde glaubt als an die feststehende Scheibe unterm Himmel, der sieht und glaubt Anfang und Untergang – und alle, fast alle Menschen glauben an die feste Scheibe! Die Sterne selbst wissen kein Auf und Unter.«

»Sind nicht Sterne untergegangen?« rief Thu Fu.

»Für uns, für unsre Augen.«

Er schenkte die Tassen voll, immer machte er den Schenken, immer war er dienstfertig und lächelte dazu. Er ging mit dem leeren Krug weg, neuen Wein zu holen. Schmetternd schrie die Karussellmusik.

»Gehen wir hinüber, es ist so schön«, bat Thu Fu, und sie gingen hin, standen an der bemalten Barriere, sahen im stechenden Glanz der Pailletten und Spiegel das Karussell im Kreise wüten, hundert Kinder mit den Augen gierig am Glanze hängen. Einen Augenblick fühlte Klingsor tief und lachend das Urtümliche und Negerhafte dieser kreiselnden Maschine, dieser mechanischen Musik, dieser grellen wilden Bilder und Farben, Spiegel und irrsinnigen Schmucksäulen, alles trug Züge von Medizinmann und Schamane, von Zauber und uralter Rattenfängerei, und der ganze wilde wüste Glanz war im Grund nichts andres als der zuckende Glanz des Blechlöffels, den der Hecht für ein Fischlein hält und an dem man ihn herauszieht.

Alle Kinder mußten Karussell fahren. Allen Kindern gab Thu Fu Geld, alle Kinder lud der Schatten ein. In Knäueln umgaben sie die Schenkenden, hingen sich an, flehten, dankten. Ein schönes blondes Mädchen, zwölfjährig, dem gaben sie alle, sie fuhr jede Runde. Im Lichterglanz wehte hold der kurze Rock um ihre schönen Knabenbeine. Ein Knabe weinte. Knaben schlugen sich. Peitschend knallten zur Orgel die Tschinellen, gossen Feuer in den Takt, Opium in den Wein. Lange standen die vier im Getümmel.

Wieder saßen sie dann unterm Baum, in die Tassen goß der Armenier den Wein, schürte Untergang, lächelte hell.

»Dreihundert Becher wollen wir heute leeren«, sang Klingsor; sein verbrannter Schädel glühte gelb, laut schallte sein Gelächter hin; Schwermut kniete, ein Riese, auf seinem zuckenden Herzen. Er stieß an, er pries den Untergang, das Sterbenwollen, die Tonart Tsing Tse. Brausend erscholl die

Karussellmusik. Aber innen im Herzen saß Angst, das Herz wollte nicht sterben, das Herz haßte den Tod.

Plötzlich klirrte eine zweite Musik wütend in die Nacht, schrill, hitzig, aus dem Hause her. Im Erdgeschoß, neben dem Kamin, dessen Gesimse voll schön geordneter Weinflaschen stand, knallte ein Maschinenklavier los, Maschinengewehr, wild, scheltend, überstürzt. Leid schrie aus verstimmten Tönen, Rhythmus bog mit schwerer Dampfwalze stöhnende Dissonanzen nieder. Volk war da, Licht, Lärm, Burschen tanzten und Mädchen, auch die hinkende Magd, auch Thu Fu. Er tanzte mit dem blonden kleinen Mädchen, Klingsor sah zu, leicht und hold wehte ihr kurzes Sommerkleid um die dünnen schönen Beine, freundlich lächelte Thu Fus Gesicht, voll Liebe. An der Kaminecke saßen die andern, vom Garten hereingekommen, nah bei der Musik, mitten im Lärm. Klingsor sah Töne, hörte Farben. Der Magier nahm Flaschen vom Kamin, öffnete, schenkte ein. Hell stand sein Lächeln auf dem braunen klugen Gesicht. Furchtbar donnerte die Musik im niedern Saal. In die Reihe der alten Flaschen überm Kamin brach der Armenier langsam eine Bresche, wie ein Tempelräuber Kelch um Kelch die Geräte eines Altars wegnimmt.

»Du bist ein großer Künstler«, flüsterte der Sterndeuter Klingsor zu, indem er seine Tasse füllte. »Du bist einer der größten Künstler dieser Zeit. Du hast das Recht, dich Li Tai Pe zu nennen. Aber du bist, Li Tai, du bist ein gehetzter, armer, ein gepeinigter und angstvoller Mensch. Du hast die Musik des Untergangs angestimmt, du sitzt singend in deinem brennenden Haus, das du selber angezündet hast, und es ist dir nicht wohl dabei, Li Tai Pe, auch wenn du jeden Tag dreihundert Becher leerst und mit dem Mond anstößt. Es ist dir nicht wohl dabei, es ist dir sehr weh dabei, Sänger des Untergangs, willst du nicht innehalten? Willst du nicht leben? Willst du nicht fortdauern?«

Klingsor trank und flüsterte mit seiner etwas heisern Stimme zurück: »Kann man denn Schicksal wenden? Gibt es denn Freiheit des Wollens? Kannst denn du, Sterndeuter, meine Sterne anders lenken?«

»Nicht lenken, nur deuten kann ich sie. Lenken kannst nur du dich selbst. Es gibt Freiheit des Wollens. Sie heißt Magie.«

»Warum soll ich Magie treiben, wenn ich Kunst treiben kann? Ist Kunst nicht ebenso gut?«

»Alles ist gut. Nichts ist gut. Magie hebt Täuschungen auf. Magie hebt jene schlimmste Täuschung auf, die wir ›Zeit‹ heißen.«

»Tut das die Kunst nicht auch?«

»Sie versucht es. Ist dein gemalter Juli, den du in deinen Mappen hast, dir genug? Hast du Zeit aufgehoben? Bist du ohne Angst vor dem Herbst, vor dem Winter?«

Klingsor seufzte und schwieg, schweigend trank er, schweigend füllte der Magier seine Tasse. Irrsinnig tobte die entfesselte Klaviermaschine, zwischen den Tanzenden schwebte engelhaft Thu Fus Gesicht. Der Juli war zu Ende.

Klingsor spielte mit den leeren Flaschen auf dem Tisch, ordnete sie im Kreise.

»Dies sind unsre Kanonen«, rief er, »mit diesen Kanonen schießen wir die Zeit kaputt, den Tod kaputt, das Elend kaputt. Auch mit Farben habe ich auf den Tod geschossen, mit dem feurigen Grün, mit dem knallenden Zinnober, mit dem süßen Geraniumlack. Oft habe ich ihn auf den Schädel getroffen, Weiß und Blau habe ich ihm ins Auge gejagt. Oft habe ich ihn in die Flucht geschlagen. Noch oft werde ich ihn treffen, ihn besiegen, ihn überlisten. Seht den Armenier, wieder öffnet er eine alte Flasche, und die eingeschlossene Sonne vergangener Sommer schießt uns ins Blut. Auch der Armenier hilft uns, auf den Tod zu schießen, auch der Armenier weiß keine andere Waffe gegen den Tod.«

Der Magier brach Brot und aß.

»Gegen den Tod brauche ich keine Waffe, weil es keinen Tod gibt. Es gibt aber eines: Angst vor dem Tod. Die kann man heilen, gegen die gibt es eine Waffe. Es ist die Sache einer Stunde, die Angst zu überwinden. Aber Li Tai Pe will nicht. Li liebt ja den Tod, er liebt ja seine Angst vor dem Tode, seine Schwermut, sein Elend, nur die Angst hat ihn ja all das gelehrt, was er kann und wofür wir ihn lieben.«

Spöttisch stieß er an, seine Zähne blitzten, immer heiterer ward sein Gesicht, Leid schien ihm fremd. Niemand gab Antwort. Klingsor schoß mit der Weinkanone gegen den Tod. Groß stand der Tod vor den offenen Türen des Saales, der von Menschen, Wein und Tanzmusik geschwollen war. Groß stand der Tod vor den Türen, leise rüttelte er am schwarzen Akazienbaum, finster stand er im Garten auf der Lauer. Alles war draußen voll Tod, voll von Tod; nur hier im engen schallenden Saal ward noch gekämpft, ward noch herrlich und tapfer gekämpft gegen den schwarzen Belagerer, der nah durch die Fenster greinte.

Spöttisch blickte der Magier über den Tisch, spöttisch schenkte er die

Schalen voll. Viele Schalen schon hatte Klingsor zerbrochen, neue hatte er ihm gegeben. Viel hatte auch der Armenier getrunken, aber aufrecht saß er wie Klingsor.

»Laß uns trinken, Li«, höhnte er leise. »Du liebst ja den Tod, gerne willst du ja untergehen, gerne den Tod sterben. Sagtest du nicht so, oder habe ich mich getäuscht – oder hast du mich und dich selber am Ende getäuscht? Laß uns trinken, Li, laß uns untergehen!«

Zorn quoll in Klingsor empor. Auf stand er, stand aufrecht und hoch, der alte Sperber mit dem scharfen Kopf, spie in den Wein, zerschmiß seine volle Tasse am Boden. Weithin spritzte der rote Wein in den Saal, die Freunde wurden bleich, fremde Menschen lachten.

Aber schweigend und lächelnd holte der Magier eine neue Tasse, schenkte sie lächelnd voll, bot sie lächelnd Li Tai an. Da lächelte Li, da lächelte auch er. Über sein verzerrtes Gesicht lief das Lächeln wie Mondlicht.

»Kinder«, rief er, »laßt diesen Fremdling reden! Er weiß viel, der alte Fuchs, er kommt aus einem versteckten und tiefen Bau. Er weiß viel, aber er versteht uns nicht. Er ist zu alt, um Kinder zu verstehen. Er ist zu weise, um Narren zu verstehen. Wir, wir Sterbenden, wissen mehr vom Tod als er. Wir sind Menschen, nicht Sterne. Seht da meine Hand, die eine kleine blaue Schale voll Wein hält! Sie kann viel, diese Hand, diese braune Hand. Sie hat mit vielen Pinseln gemalt, sie hat neue Stücke der Welt aus dem Finstern gerissen und vor die Augen der Menschen gestellt. Diese braune Hand hat viele Frauen unterm Kinn gestreichelt, und hat viele Mädchen verführt, viel ist sie geküßt worden, Tränen sind auf sie gefallen, ein Gedicht hat Thu Fu auf sie gedichtet. Diese liebe Hand, Freunde, wird bald voll Erde und voll Maden sein, keiner von euch würde sie mehr anrühren. Wohl, eben darum liebe ich sie. Ich liebe meine Hand, ich liebe meine Augen, ich liebe meinen weißen, zärtlichen Bauch, ich liebe sie mit Bedauern und mit Spott und mit großer Zärtlichkeit, weil sie alle so bald verwelken und verfaulen müssen. Schatten, du dunkler Freund, alter Zinnsoldat auf dem Grabe Andersens, auch dir ergeht es so, lieber Kerl! Stoß mit mir an, unsre lieben Glieder und Eingeweide sollen leben!«

Sie stießen an, dunkel lächelte der Schatten aus seinen tiefen Höhlenaugen – und plötzlich ging etwas durch den Saal, wie ein Wind, wie ein Geist. Verstummt war unversehens die Musik, plötzlich, wie erloschen, weggeflossen waren die Tänzer, von der Nacht verschlungen, und die Hälfte der Lichter war verlöscht. Klingsor blickte nach den schwarzen Türen.

Draußen stand der Tod. Er sah ihn stehen. Er roch ihn. Wie Regentropfen in Landstraßenstaub, so roch der Tod.

Da rückte Li die Schale von sich weg, stieß den Stuhl von sich und ging langsam aus dem Saal, in den dunklen Garten hinaus und fort, im Finstern, Wetterleuchten überm Haupt, allein. Schwer lag ihm das Herz in der Brust, wie der Stein auf einem Grab.

Abend im August

Im sinkenden Abend kam Klingsor – er hatte den Nachmittag in Sonne und Wind bei Manuzzo und Veglia gemalt – sehr müde im Wald über Veglia zu einem kleinen, schlafenden Canvetto. Es gelang ihm, eine greise Wirtsfrau herbeizurufen, sie brachte ihm eine irdene Tasse voll Wein, er setzte sich auf einen Nußbaumstumpf vor der Tür und packte den Rucksack aus, fand noch ein Stück Käse und einige Pflaumen darin, und hielt sein Nachtmahl. Die alte Frau saß dabei, weiß, gebückt und zahnlos, und erzählte mit faltig arbeitendem Halse und stillgewordenen alten Augen vom Leben ihres Weilers und ihrer Familie, vom Krieg und der Teuerung und vom Stand der Felder, von Wein und Milch und was sie kosten, von gestorbenen Enkeln und ausgewanderten Söhnen; alle Lebenszeiten und Sternbilder dieses kleinen Bauernlebens lagen klar und freundlich ausgebreitet, rauh in dürftiger Schönheit, voll Freude und Sorge, voll Angst und Leben. Klingsor aß, trank, ruhte, hörte zu, fragte nach Kindern und Vieh, Pfarrer und Bischof, lobte freundlich den ärmlichen Wein, bot eine letzte Pflaume an, gab die Hand, wünschte eine glückliche Nacht und stieg, am Stock und mit dem Sack beschwert, langsam in den lichten Wald bergaufwärts, dem Nachtlager entgegen.

Es war die spätgoldene Stunde, noch glühte Licht des Tages überall, doch gewann der Mond schon Schimmer, und erste Fledermäuse schwammen in der grünen Flimmerluft. Ein Waldrand stand sanft im letzten Licht, helle Kastanienstämme vor schwarzen Schatten, eine gelbe Hütte strahlte leise das eingesogene Tageslicht von sich, sanftglühend wie ein gelber Topas, rosenrot und violett führten die kleinen Wege durch Wiesen, Reben und Wald, da und dort schon ein gelber Akazienzweig, der Westhimmel golden und grün über sammetblauen Bergen.

O, jetzt noch arbeiten zu können, in der letzten, verzauberten Viertelstunde des reifen Sommertages, der nie wieder kam! Wie namenlos schön war alles jetzt, wie ruhig, gut und spendend, wie voll von Gott!

Klingsor setzte sich ins kühle Gras, griff mechanisch nach dem Bleistift und ließ die Hand lächelnd wieder sinken. Er war todmüde. Seine Finger betasteten das trockene Gras, die trockene mürbe Erde. Wie lange noch, dann war dies liebe erregende Spiel vorbei! Wie lange noch, dann hatte man Hand und Mund und Augen voll Erde! Thu Fu hatte ihm dieser Tage ein Gedicht gesandt, dessen erinnerte er sich und sagte es langsam vor sich hin:

»Vom Baum des Lebens fällt
Mir Blatt um Blatt
O taumelbunte Welt,
Wie machst du satt,
Wie machst du satt und müd,
Wie machst du trunken!
Was heut noch glüht,
Ist bald versunken.
Bald klirrt der Wind
Über mein braunes Grab,
Über das kleine Kind
Beugt sich die Mutter herab.
Ihre Augen will ich wiedersehn,
Ihr Blick ist mein Stern,
Alles andre mag gehn und verwehn,
Alles stirbt, alles stirbt gern.
Nur die ewige Mutter bleibt,
Von der wir kamen,
Ihr spielender Finger schreibt
In die flüchtige Luft unsre Namen.«

Nun, es war gut so. Wie viele hatte Klingsor noch von seinen zehn Leben? Drei? Zwei? Mehr als eines war es, immer noch, immer noch mehr als ein braves, gewöhnliches Allerwelts- und Bürgerleben. Und viel hatte er getan, viel gesehen, viel Papier und Leinwand bemalt, viele Herzen in Liebe und Haß erregt, in Kunst und Leben viel Ärgernis und frischen Wind in die Welt gebracht. Viele Frauen hatte er geliebt, viele Traditionen und Heiligtümer zerstört, viel neue Dinge gewagt. Viele volle Becher hatte er leergesogen, viel Tage und Sternennächte geatmet, unter vielen Sonnen gebrannt, in vielen Wassern geschwommen. Nun saß er hier, in Italien oder Indien oder China, der Sommerwind stieß launisch in die Kastanienkronen, gut und vollkommen war die Welt. Es war gleichgültig, ob er noch hundert Bilder malte oder zehn, ob er noch zwanzig Sommer lebte oder einen. Müde war er geworden, müde. Alles stirbt, alles stirbt gern. Braver Thu Fu!

Es war Zeit, nach Hause zu kommen. Er würde ins Zimmer wanken, vom Wind durch die Balkontür empfangen. Er würde Licht machen und seine Skizzen auspacken. Das Waldinnere mit dem vielen Chromgelb und Chinesischblau war vielleicht gut, es würde einmal ein Bild geben. Auf denn, es war Zeit.

Er blieb dennoch sitzen, den Wind im Haar, in der wehenden, beschmierten Leinenjacke, Lächeln und Weh im abendlichen Herzen. Weich und schlaff wehte der Wind, weich und lautlos taumelten die Fledermäuse im erlöschenden Himmel. Alles stirbt, alles stirbt gern. Nur die ewige Mutter bleibt.

Er konnte auch hier schlafen, wenigstens eine Stunde, es war ja warm. Er legte den Kopf auf den Rucksack und sah in den Himmel. Wie ist die Welt schön, wie macht sie satt und müd!

Schritte kamen den Berg herab, kräftig auf losen hölzernen Sohlen. Zwischen den Farnen und Ginstern erschien eine Gestalt, eine Frau, schon waren die Farben ihrer Kleider nicht mehr zu erkennen. Sie kam näher, in gesundem, gleichmäßigem Tritt. Klingsor sprang auf und rief guten Abend. Sie erschrak ein wenig und blieb einen Augenblick stehen. Er sah ihr ins Gesicht. Er kannte sie, er wußte nicht, woher. Sie war hübsch und dunkel, hell blitzten ihre schönen, festen Zähne.

»Sieh da!« rief er und gab ihr die Hand. Er spürte, daß ihn etwas mit dieser Frau verband, irgendeine kleine Erinnerung. »Kennt man sich noch?«

»Madonna! Ihr seid ja der Maler von Castagnetta! Habt Ihr mich noch gekannt?«

Ja, jetzt wußte er. Sie war eine Bauernfrau vom Tavernetal; bei ihrem Hause hatte er einst, in der schon so schattentiefen und verwirrten Vergangenheit dieses Sommers, einige Stunden gemalt, hatte Wasser an ihrem Brunnen geschöpft, eine Stunde im Schatten des Feigenbaumes geschlummert, und zum Schluß einen Becher Wein und einen Kuß von ihr bekommen.

»Ihr seid nie mehr wiedergekommen«, klagte sie. »Ihr hattet es mir doch so sehr versprochen.«

Mutwille und Herausforderung klangen in ihrer tiefen Stimme. Klingsor wurde lebendig.

»Ecco, desto besser, daß du nun zu mir gekommen bist! Was für ein Glück ich habe, jetzt, wo ich so allein und traurig war!«

»Traurig? Macht mir nichts vor, Herr, Ihr seid ein Spaßmacher, kein Wort darf man Euch glauben. Na, ich muß aber weiter.«

»O, dann begleite ich dich.«

»Es ist nicht Euer Weg und ist auch nicht nötig. Was soll mir passieren?«

»Dir nichts, aber mir. Wie leicht könnte einer kommen und dir gefallen und ginge mit dir und küßte deinen lieben Mund und deinen Hals und deine schöne Brust, ein andrer statt meiner. Nein, das darf nicht sein.«

Er hatte die Hand um ihren Nacken gelegt und ließ sie nicht mehr los.

»Stern, mein kleiner! Schatz! Meine kleine süße Pflaume! Beiß mich, sonst esse ich dich.«

Er küßte sie, die sich lachend zurückbog, auf den offenen, starken Mund, zwischen Sträuben und Widerreden gab sie nach, küßte wieder, schüttelte den Kopf, lachte, suchte sich freizumachen. Er hielt sie an sich gezogen, seinen Mund auf ihrem, seine Hand auf ihrer Brust, ihr Haar roch wie Sommer, nach Heu, Ginster, Farnkraut, Brombeeren. Einen Augenblick tief Atem schöpfend, bog er den Kopf zurück, da sah er am verglühten Himmel klein und weiß den ersten Stern aufgegangen. Die Frau schwieg, ihr Gesicht war ernst geworden, sie seufzte, sie legte ihre Hand auf seine und drückte sie fester um ihre Brust. Er bückte sich sanft, drückte ihr den Arm in die Kniekehlen, die nicht widerstrebten, und bettete sie ins Gras.

»Hast du mich lieb?« fragte sie wie ein kleines Mädchen. »Povera me!«

Sie tranken den Becher, Wind strich über ihr Haar und nahm ihren Atem mit.

Ehe sie Abschied nahmen, suchte er im Rucksack, in seinen Rocktaschen, ob er ihr nichts zu schenken habe, fand eine kleine silberne Taschendose, noch halb voll von Zigarettentabak, die leerte er aus und gab sie ihr.

»Nein, kein Geschenk, gewiß nicht!« versicherte er. »Nur ein Andenken, daß du mich nicht vergißt.«

»Ich vergesse dich nicht«, sagte sie. Und: »Kommst du wieder?«
Er wurde traurig. Langsam küßte er sie auf beide Augen.
»Ich komme wieder«, sagte er.

Noch eine Weile hörte er, regungslos stehend, ihre Schritte auf den Holzsohlen bergabwärts klingen, über den Wiesengrund, durch den Wald, auf Erde, auf Fels, auf Laub, auf Wurzeln. Nun war sie fort. Schwarz stand der Wald in der Nacht, lau strich der Wind über die erloschene Erde. Irgend etwas, vielleicht ein Pilz, vielleicht ein welkes Farnkraut, roch scharf und bitter nach Herbst.

Klingsor konnte sich nicht zur Heimkehr entschließen. Wozu jetzt den Berg hinaufsteigen, wozu in seine Zimmer zu all den Bildern gehen? Er streckte sich ins Gras und lag und sah die Sterne an, schlief endlich ein und schlief, bis spät in der Nacht ein Tierschrei oder ein Windstoß oder die Kühle des Taus ihn weckten. Dann stieg er nach Castagnetta hinauf, fand sein Haus, seine Tür, seine Zimmer. Briefe lagen da und Blumen, es war Freundesbesuch dagewesen.

So müde er war, er packte doch, nach der alten, zähen Gewohnheit, in aller Nacht noch seine Sachen aus und sah beim Lampenlicht die Skizzenblätter des Tages an. Das Waldinnere war schön, Gekräut und Gestein im lichtdurchzuckten Schatten glänzten kühl und köstlich wie eine Schatzkammer. Es war richtig gewesen, daß er nur mit Chromgelb, Orange und Blau gearbeitet und das Zinnobergrün weggelassen hatte. Lange sah er das Blatt an.

Aber wozu? Wozu alle die Blätter voll Farbe? Wozu all die Mühe, all der Schweiß, all die kurze, trunkene Schaffenslust? Gab es Erlösung? Gab es Ruhe? Gab es Frieden?

Erschöpft sank er, kaum entkleidet, ins Bett, löschte das Licht, suchte nach Schlaf und summte leise die Verse Thu Fus vor sich hin:

»Bald klirrt der Wind
Über mein braunes Grab.«

Klingsor schreibt an Louis den Grausamen

Caro Luigi! Lange hat man Deine Stimme nicht mehr gehört. Lebst Du noch am Lichte? Nagt schon der Geier Dein Gebein?

Hast Du einmal mit einer Stricknadel in einer stehengebliebenen Wanduhr gestochert? Ich tat es einmal, und habe es erlebt, daß plötzlich der Teufel in das Werk fuhr und die ganze vorhandene Zeit abrasselte, die Zeiger machten Wettrennen ums Zifferblatt, mit einem unheimlichen Geräusch drehten sie sich wahnsinnig fort, prestissimo, bis ebenso plötzlich alles abschnappte und die Uhr den Geist aufgab. Genau so ist es zur Zeit hier bei uns: Sonne und Mond rennen gehetzt wie Amokläufer über den Himmel, die Tage jagen sich, die Zeit läuft einem davon, wie durch ein Loch im Sack. Hoffentlich wird auch das Ende dann ein plötzliches sein und diese betrunkene Welt untergehen, statt wieder in ein bürgerliches Tempo zu fallen.

Die Tage über bin ich zu sehr beschäftigt, als daß ich etwas denken könnte (wie komisch das übrigens klingt, wenn man einen solchen sogenannten »Satz« einmal laut vor sich hinsagt: »als daß ich etwas denken könnte«)! Aber am Abend fehlst Du mir oft. Ich sitze dann meistens irgendwo im Wald in einem der vielen Keller und trinke den beliebten Rotwein, der zwar meistens nicht gut ist, aber doch auch das Leben tragen hilft und den Schlaf befördert. Einige Male bin ich sogar am Tisch im Grotto eingeschlafen und habe unter dem Grinsen der Eingeborenen bewiesen, daß es mit meiner Neurasthenie doch nicht so schlimm stehen kann. Manchmal sind Freunde und Mädchen dabei, und man übt seine Finger am Plastizin weiblicher Glieder und spricht über Hüte und Absätze und die Kunst. Manchmal glückt es, daß eine gute Temperatur erreicht wird, dann schreien und lachen wir die ganze Nacht, und die Leute freuen sich, daß Klingsor so ein lustiger Bruder ist. Es gibt hier eine sehr hübsche Frau, die jedesmal, wenn ich sie sehe, heftig nach Dir fragt.

Die Kunst, die wir beide treiben, hängt, wie ein Professor sagen würde, noch immer zu eng am Gegenstand (wäre fein als Bilderrätsel darzustellen). Wir malen immer noch, wenn auch mit etwas freier Handschrift und für den Bourgeois aufregend genug, die Dinge der »Wirklichkeit«: Menschen, Bäume, Jahrmärkte, Eisenbahnen, Landschaften. Darin fügen wir uns noch einer Konvention. »Wirklich« nennt ja der Bürger die Dinge, die von allen oder doch vielen ähnlich wahrgenommen und beschrieben werden. Ich habe im Sinn, sobald dieser Sommer herum ist, eine Zeitlang nur noch Phantasien zu malen, namentlich Träume. Es wird darin zum Teil auch nach Deinem Sinn zugehen, nämlich wahnsinnig lustig und überraschend, etwa so wie in den Geschichten Collofinos des Hasenjägers vom Kölner Dom. Wenn ich auch fühle, daß der Boden unter mir etwas dünn geworden ist, und wenn ich auch im ganzen mich wenig nach weitern Jahren und Taten sehne, möchte ich doch immerhin noch einige heftige Raketen dieser Welt in den Rachen jagen. Ein Bilderkäufer schrieb mir kürzlich, er sehe mit Bewunderung, wie ich in meinen neuesten Arbeiten eine zweite Jugend erlebe. Etwas daran ist ja richtig. Zu malen habe ich eigentlich erst dies Jahr recht angefangen, scheint mir. Aber es ist weniger ein Frühling, was ich da erlebe, als eine Explosion. Erstaunlich, wie viel Dynamit in mir noch steckt; aber Dynamit läßt sich schlecht im Sparherd brennen.

Lieber Louis, schon oft habe ich mich im stillen darüber gefreut, daß wir zwei alten Wüstlinge im Grunde so rührend schamhaft sind und einander lieber die Gläser an den Kopf schmeißen, als etwas von unsern Gefühlen gegeneinander merken zu lassen. Möge es so bleiben, alter Igel!

Wir haben dieser Tage in jenem Grotto bei Barengo ein Fest mit Brot und Wein gefeiert, herrlich klang unser Gesang im hohen Wald in der Mitternacht, die alten römischen Lieder. Man braucht so wenig zum Glück, wenn man älter wird und an den Füßen zu frieren beginnt: acht bis zehn Stunden Arbeit am Tag, einen Liter Piemonteser, ein halbes Pfund Brot, eine Virginia, ein paar Freundinnen, und allerdings Wärme und gutes Wetter. Die haben wir, die Sonne funktioniert prachtvoll, mein Schädel ist verbrannt wie der einer Mumie.

An manchen Tagen habe ich das Gefühl, mein Leben und Arbeiten beginne eben erst, manchmal aber kommt es mir vor, ich habe achtzig Jahre schwer gearbeitet und habe bald einen Anspruch auf Ruhe und Feierabend. Jeder kommt einmal an ein Ende, mein Louis, auch ich, auch Du. Weiß Gott, was ich Dir da schreibe, man sieht, daß ich etwas unwohl bin. Es sind wohl Hypochondrien, ich habe viel Augenschmerzen, und manchmal verfolgt mich die Erinnerung an eine Abhandlung über Netzhautablösung, die ich vor Jahren gelesen habe.

Wenn ich durch meine Balkontür hinuntersehe, die Du kennst, dann wird mir klar, daß wir noch eine gute Weile fleißig sein müssen. Die Welt ist unsäglich schön und mannigfaltig, durch diese grüne hohe Tür läutet sie Tag und Nacht zu mir herauf und schreit und fordert, und immer wieder renne ich hinaus und reiße ein Stück davon an mich, ein winziges Stück. Die grüne Gegend hier ist durch den trocknen Sommer jetzt wunderbar licht und rötlich geworden, ich hätte nie gedacht, daß ich wieder zu Englischrot und Siena greifen würde. Dann steht der ganze Herbst bevor, Stoppelfelder, Weinlese, Maisernte, rote Wälder. Ich werde das alles noch einmal mitmachen, Tag für Tag, und noch einige hundert Studien malen. Dann aber, das fühle ich, werde ich den Weg nach innen gehen und noch einmal, wie ich es als junger Kerl eine Weile tat, ganz aus der Erinnerung und Phantasie malen, Gedichte machen und Träume spinnen. Auch das muß sein.

Ein großer Pariser Maler, den ein junger Künstler um Ratschläge bat, hat ihm gesagt: »Junger Mann, wenn Sie ein Maler werden wollen, so vergessen Sie nicht, daß man vor allem gut essen muß. Zweitens ist die Verdauung wichtig, sorgen Sie für einen regelmäßigen Stuhlgang! Und drittens: halten Sie sich stets eine hübsche kleine Freundin!« Ja, man sollte meinen, diese Anfänge der Kunst habe ich gelernt, und es könne mir hieran eigentlich kaum fehlen. Aber dies Jahr, es ist verflucht, stimmt es bei mir auch in diesen einfachen Dingen nicht mehr recht. Ich esse wenig und schlecht, oft ganze Tage nur Brot, ich habe zuzeiten mit dem Magen zu tun (ich sage Dir: das Unnützeste, was man zu tun haben kann!), und ich habe auch keine richtige kleine Freundin, sondern habe mit vier, fünf Frauen zu tun und bin ebensooft erschöpft wie hungrig. Es fehlt etwas am Uhrwerk, und seit ich mit der Nadel hineingestochen habe, läuft es zwar wieder, aber rasch wie der Satan, und rasselt so unvertraut dabei. Wie einfach ist das Leben, wenn man gesund ist! Du hast noch nie einen so langen Brief von mir bekommen, außer vielleicht damals in der Zeit, wo wir über die Palette disputierten. Ich will aufhören, es geht gegen fünf Uhr, das schöne Licht fängt an. Sei gegrüßt von Deinem

Klingsor.

Nachschrift: Ich erinnere mich, daß Du ein kleines Bild von mir gern hattest, das am meisten chinesische, das ich gemacht habe, mit der Hütte, dem roten Weg, den veronesergrünen Zackenbäumen und der fernen Spielzeugstadt im Hintergrund. Ich kann es jetzt nicht schicken, weiß auch nicht, wo Du bist. Aber es gehört Dir, das möchte ich Dir für alle Fälle sagen.

Klingsor schickt seinem Freunde Thu Fu ein Gedicht
(aus den Tagen, in welchen er an seinem Selbstbildnis malte)

Trunken sitz ich des Nachts im durchwehten Gehölz,
An den singenden Zweigen hat Herbst genagt;
Murmelnd läuft in den Keller,
Meine leere Flasche zu füllen, der Wirt.

Morgen, morgen haut mir der bleiche Tod
Seine klirrende Sense ins rote Fleisch,
Lange schon auf der Lauer
Weiß ich ihn liegen, den grimmen Feind.

Ihn zu höhnen, sing ich die halbe Nacht,
Lalle mein trunkenes Lied in den müden Wald;
Seiner Drohung zu lachen
Ist meines Liedes und meines Trinkens Sinn.

Vieles tat und erlitt ich, Wandrer auf langem Weg.
Nun am Abend sitz ich, trinke und warte bang,
Bis die blitzende Sichel
Mir das Haupt vom zuckenden Herzen trennt.

Das Selbstbildnis

In den ersten Septembertagen, nach vielen Wochen einer ungewöhnlichen trocknen Sonnenglut, gab es einige Regentage. In diesen Tagen malte Klingsor, in dem hochfenstrigen Saal seines Palazzos in Castagnetta, sein Selbstporträt, das jetzt in Frankfurt hängt.

Dies furchtbare und doch so zauberhaft schöne Bild, sein letztes ganz zu Ende geführtes Werk, steht am Ende der Arbeit jenes Sommers, am Ende einer unerhört glühenden, rasenden Arbeitszeit, als deren Gipfel und Krönung. Vielen ist es aufgefallen, daß jeder, der Klingsor kannte, ihn auf diesem Bild sofort und unfehlbar wiedererkannte, obwohl niemals ein Bildnis sich so weit von jeder naturalistischen Ähnlichkeit entfernte.

Wie alle späteren Werke Klingsors, so kann man auch dies Selbstbildnis aus den verschiedensten Standpunkten betrachten. Für manche, zumal solche, die den Maler nicht kannten, ist das Bild vor allem ein Farbenkonzert, ein wunderbar gestimmter, trotz aller Buntheit still und edel wirkender Teppich. Andre sehen darin einen letzten kühnen, ja verzweifelten Versuch zur Befreiung vom Gegenständlichen: ein Antlitz wie eine Landschaft gemalt, Haare an Laub und Baumrinde erinnernd, Augenhöhlen wie Felsspalten – sie sagen, dies Bild erinnere an die Natur nur so wie mancher Bergrücken an ein Menschengesicht, mancher Baumast an Hände und Beine erinnert, nur von ferne her, nur gleichnishaft. Viele aber sehen im Gegenteil gerade in diesem Werk nur den Gegenstand, das Gesicht Klingsors, von ihm selbst mit unerbittlicher Psychologie zerlegt und gedeutet, eine riesige Konfession, ein rücksichtsloses, schreiendes, rührendes, erschreckendes Bekenntnis. Noch andere, und darunter einige seiner erbittertsten Gegner, sehen in diesem Bildnis lediglich ein Produkt und Zeichen von Klingsors angeblichem Wahnsinn. Sie vergleichen den Kopf des Bildes mit dem naturalistisch gesehenen Original, mit Photographien, und finden in den Deformationen und Übertreibungen der Formen negerhafte, entartete, atavistische, tierische Züge. Manche von diesen halten sich auch über das Götzenhafte und Phantastische dieses Bildes auf, sehen eine Art von monomanischer Selbstanbetung darin, eine Blasphemie und Selbstverherrlichung, eine Art von religiösem Größenwahn. Alle diese Arten der Betrachtung sind möglich und noch viele andere.

Während der Tage, die er an diesem Bilde malte, ging Klingsor nicht aus, außer des Nachts zum Wein, aß nur Brot und Obst, das ihm die Hauswirtin brachte, blieb unrasiert und sah mit den unter der verbrannten Stirn tief eingesunkenen Augen in dieser Verwahrlosung in der Tat erschreckend aus. Er malte sitzend und auswendig, nur von Zeit zu Zeit, fast nur in den Arbeitspausen, ging er zu dem großen, altmodischen, mit Rosenranken bemalten Spiegel an der Nordwand, streckte den Kopf vor, riß die Augen auf, schnitt Gesichter.

Viele, viele Gesichter sah er hinter dem Klingsor-Gesicht im großen Spiegel zwischen den dummen Rosenranken, viele Gesichter malte er in sein Gesicht hinein: Kindergesichter süß und erstaunt, Jünglingsschläfen voll Traum und Glut, spöttische Trinkeraugen, Lippen eines Dürstenden, eines Verfolgten, eines Leidenden, eines Suchenden, eines Wüstlings, eines enfant perdu. Den Kopf aber baute er majestätisch und brutal, einen Urwaldgötzen, einen in sich verliebten, eifersüchtigen Jehova, einen Popanz, vor dem man Erstlinge und Jungfrauen opfert. Dies waren einige seiner Gesichter. Ein andres war das des Verfallenden, des Untergehenden, des mit seinem Untergang Einverstandenen: Moos wuchs auf seinem Schädel, schief standen die alten Zähne, Risse durchzogen die welke Haut, und in den Rissen stand Schorf und Schimmel. Das ist es, was einige Freunde an dem Bild besonders lieben. Sie sagen: es ist der Mensch, ecce homo, der müde, gierige, wilde, kindliche und raffinierte Mensch unsrer späten Zeit, der sterbende, sterbenwollende Europamensch: von jeder Sehnsucht verfeinert, von jedem Laster krank, vom Wissen um seinen Untergang enthusiastisch beseelt, zu jedem Fortschritt bereit, zu jedem Rückschritt reif, ganz Glut und auch ganz Müdigkeit, dem Schicksal und dem Schmerz ergeben wie der Morphinist dem Gift, vereinsamt, ausgehöhlt, uralt, Faust zugleich und Karamasow, Tier und Weiser, ganz entblößt, ganz ohne Ehrgeiz, ganz nackt, voll von Kinderangst vor dem Tode und voll von müder Bereitschaft, ihn zu sterben.

Und noch weiter, noch tiefer hinter all diesen Gesichtern schliefen fernere, tiefere, ältere Gesichter, vormenschliche, tierische, pflanzliche, steinerne, so als erinnere sich der letzte Mensch auf Erden im Augenblick vor dem Tode nochmals traumschnell an alle Gestaltungen seiner Vorzeit und Weltenjugend.

In diesen rasend gespannten Tagen lebte Klingsor wie ein Ekstatiker. Nachts füllte er sich schwer mit Wein und stand dann, die Kerze in der Hand, vor dem alten Spiegel, betrachtete das Gesicht im Glas, das schwermütig grinsende Gesicht des Säufers. Den einen Abend hatte er eine Geliebte bei sich, auf dem Diwan im Studio, und während er sie nackt an sich gedrückt hielt, starrte er über ihre Schulter weg in den Spiegel, sah neben ihrem aufgelösten Haar sein verzerrtes Gesicht, voll Wollust und voll Ekel vor der Wollust, mit geröteten Augen. Er hieß sie morgen wiederkommen, aber Grauen hatte sie gefaßt, sie kam nicht wieder.

Nachts schlief er wenig. Oft erwachte er aus angstvollen Träumen, Schweiß im Gesicht, wild und lebensmüde, und sprang doch alsbald auf, starrte in den Schrankspiegel, las die wüste Landschaft dieser verstörten Züge ab, düster, haßvoll, oder lächelnd, wie schadenfroh. Er hatte einen Traum, in dem sah er sich selbst, wie er gefoltert wurde, in die Augen wurden Nägel geschlagen, die Nase mit Haken aufgerissen; und er zeichnete dies gefolterte Gesicht, mit den Nägeln in den Augen, mit Kohle auf einem

Buchdeckel, der ihm zur Hand lag; wir fanden das seltsame Blatt nach seinem Tode. Von einem Anfall von Gesichtsneuralgien befallen, hing er krumm über die Lehne eines Stuhles, lachte und schrie vor Pein und hielt sein entstelltes Gesicht vor das Glas des Spiegels, betrachtete die Zuckungen, verhöhnte die Tränen.

Und nicht sein Gesicht allein, oder seine tausend Gesichter, malte er auf das Bild, nicht bloß seine Augen und Lippen, die leidvolle Talschlucht des Mundes, den gespaltenen Felsen der Stirn, die wurzelhaften Hände, die zuckenden Finger, den Hohn des Verstandes, den Tod im Auge. Er malte in seiner eigenwilligen, überfüllten, gedrängten und zuckenden Pinselschrift sein Leben dazu, seine Liebe, seinen Glauben, seine Verzweiflung. Scharen nackter Frauen malte er mit, im Sturm vorbeigetrieben wie Vögel, Schlachtopfer vor dem Götzen Klingsor, und einen Jüngling mit dem Gesicht des Selbstmörders, ferne Tempel und Wälder, einen alten bärtigen Gott, mächtig und dumm, eine Frauenbrust, vom Dolch gespalten, Schmetterlinge mit Gesichtern auf den Flügeln, und zuhinterst im Bilde, am Rande des Chaos den Tod, ein graues Gespenst, der mit einem Speer, klein wie eine Nadel, in das Gehirn des gemalten Klingsor stach.

Wenn er stundenlang gemalt hatte, trieb Unruhe ihn auf, rastlos lief er und flackernd durch sein Zimmer, die Türen wehten hinter ihm, er riß Flaschen aus dem Schrank, riß Bücher aus den Schäften, Teppiche von den Tischen, lag lesend am Boden, lehnte sich tief atmend aus den Fenstern, suchte alte Zeichnungen und Photographien und füllte Böden und Tische und Betten und Stühle aller Zimmer mit Papieren, Bildern, Büchern, Briefen an. Alles wehte wirr und traurig durcheinander, wenn der Regenwind durch die Fenster kam. Er fand sein Kinderbildnis unter alten Sachen, Lichtbild aus seinem vierten Jahr, in einem weißen Sommeranzug, unterm weißlich hellblonden Haar ein süßtrotziges Knabengesicht. Er fand die Bilder seiner Eltern, Photographien von Jugendgeliebten. Alles beschäftigte, reizte, spannte, quälte ihn, riß ihn hin und her, alles riß er an sich, warf es wieder hin, bis er wieder davon zuckte, über seiner Holztafel hing und weitermalte. Tiefer zog er die Furchen durch das Geklüft seines Bildnisses, breiter baute er den Tempel seines Lebens auf, mächtiger sprach er die Ewigkeit jedes Daseins aus, schluchzender seine Vergänglichkeit, holder sein lächelndes Gleichnis, höhnischer seine Verurteilung zur Verwesung. Dann sprang er wieder auf, gejagter Hirsch, und lief den Trab des Gefangenen durch seine Zimmer. Freude durchzuckte ihn und tiefe

Schöpfungswonne wie ein feuchtes frohlockendes Gewitter, bis Schmerz ihn wieder zu Boden warf und ihm die Scherben seines Lebens und seiner Kunst ins Gesicht schmiß. Er betete vor seinem Bild, und er spie es an. Er war irrsinnig, wie jeder Schöpfer irrsinnig ist. Aber er tat im Irrsinn des Schaffens unfehlbar klug wie ein Nachtwandler alles, was sein Werk förderte. Er fühlte gläubig, daß in diesem grausamen Kampf um sein Bildnis nicht nur Geschick und Rechenschaft eines Einzelnen sich vollziehe, sondern Menschliches, sondern Allgemeines, Notwendiges. Er fühlte, nun stand er wieder vor einer Aufgabe, vor einem Schicksal, und alle vorhergegangene Angst und Flucht und aller Rausch und Taumel waren nur Angst und Flucht vor dieser seiner Aufgabe gewesen. Nun gab es nicht Angst noch Flucht mehr, nur noch Vorwärts, nur noch Hieb und Stich, Sieg und Untergang. Er siegte, und er ging unter, und litt und lachte und biß sich durch, tötete und starb, gebar und wurde geboren.

Ein französischer Maler wollte ihn besuchen, die Wirtin führte ihn ins Vorzimmer, Unordnung und Schmutz grinsten im überfüllten Raum. Klingsor kam, Farbe an den Ärmeln, Farbe im Gesicht, grau, unrasiert, mit langen Schritten rannte er durch den Raum. Der Fremde brachte Grüße aus Paris und Genf, sprach seine Verehrung aus. Klingsor ging auf und ab, schien nicht zu hören. Verlegen schwieg der Gast und begann sich zurückzuziehen, da trat Klingsor zu ihm, legte ihm die farbenbedeckte Hand auf die Schulter, sah ihm nah ins Auge. »Danke«, sagte er langsam, mühsam, »danke, lieber Freund. Ich arbeite, ich kann nicht sprechen. Man spricht zu viel, immer. Seien Sie mir nicht böse, und grüßen Sie mir meine Freunde, sagen Sie ihnen, daß ich sie liebe.« Und verschwand wieder ins andere Zimmer.

Das fertige Bild stellte er, am Ende dieser gepeitschten Tage, in die unbenützte leere Küche und schloß ab. Er hat es nie gezeigt. Dann nahm er Veronal und schlief einen Tag und eine Nacht hindurch. Dann wusch er sich, rasierte sich, legte neue Wäsche und Kleider an, fuhr zur Stadt und kaufte Obst und Zigaretten, um sie Gina zu schenken.

(1919)

Gespräch mit dem Ofen

Er stellte sich mir vor, dick, breit, das große Maul voll Feuer. Er hieß Franklin. »Bist du Benjamin Franklin?« fragte ich.

»Nein, nur Franklin. Francolino. Ich bin ein italienischer Ofen, eine vorzügliche Erfindung. Ich wärme zwar nicht besonders, aber als Erfindung, als Erzeugnis einer hochentwickelten Industrie ...«

»Ja, das ist mir bekannt. Alle Öfen mit schönen Namen heizen mäßig, sind aber vorzügliche Erfindungen, manche sind sogar Ruhmestaten der Industrie, wie ich aus Prospekten weiß. Ich liebe sie sehr, sie verdienen Bewunderung. Aber sage, Franklin, wie kommt das, daß ein italienischer Ofen einen amerikanischen Namen hat? Ist das nicht sonderbar?«

»Nein, das ist eines der geheimen Gesetze, weißt du. Die feigen Völker haben Volkslieder, in denen der Mut verherrlicht wird. Die lieblosen Völker haben Theaterstücke, in denen die Liebe verherrlicht wird. So ist es auch mit uns, mit den Öfen. Ein italienischer Ofen heißt meistens amerikanisch, so wie ein deutscher Ofen meistens griechisch heißt. Sie sind deutsch, und sie wären um nichts besser als ich, aber sie heißen Heureka oder Phönix oder Hektors Abschied. Er weckt große Erinnerungen. So heiße auch ich Franklin. Ich bin ein Ofen, aber ich könnte ebensogut ein Staatsmann sein. Ich habe einen großen Mund, wärme wenig, speie Rauch durch ein Rohr, trage einen guten Namen und wecke große Erinnerungen. So ist das mit mir.«

»Gewiß«, sagte ich, »ich habe die größte Achtung vor Ihnen. Da Sie ein italienischer Ofen sind, kann man gewiß auch Kastanien in Ihnen braten?«

»Man kann es, gewiß, es steht jedem frei, es zu versuchen. Es ist ein Zeitvertreib, viele lieben das. Manche machen auch Verse oder spielen Schach. Gewiß kann man Kastanien in mir braten. Sie verbrennen zwar und sind dann nicht mehr eßbar, aber der Zeitvertreib ist da. Die Menschen lieben nichts so sehr wie den Zeitvertreib, und ich bin ein Menschenwerk und soll den Menschen dienen. Wir tun eben unsre Pflicht, unsre einfache Pflicht, wir Denkmäler, nicht mehr und nicht weniger.«

»Denkmäler, sagen Sie? Betrachten Sie sich als ein Denkmal?«

»Wir alle sind Denkmäler. Wir Erzeugnisse der Industrie sind alle Denkmäler einer menschlichen Eigenschaft oder Tugend, einer Eigenschaft, welche in der Natur selten ist und in höherer Ausbildung nur bei den Menschen gefunden wird.«

»Welche Eigenschaft meinen Sie denn da, Herr Franklin?«

»Den Sinn für das Unzweckmäßige. Ich bin, neben vielen meinesgleichen, ein Denkmal dieses Sinnes. Ich heiße Franklin, ich bin ein Ofen, ich habe einen großen Mund, der das Holz frißt, und ein großes Rohr, durch das die Wärme den raschesten Weg ins Freie findet. Ich habe auch, was ebenso wichtig ist, Ornamente, Löwen und andere, und ich habe einige Klappen, die man öffnen und schließen kann, was viel Genuß gewährt. Auch dies dient dem Zeitvertreib, ähnlich wie die Klappen an einer Flöte, die der Spieler nach Belieben öffnen und schließen kann. Es gibt ihm die Illusion, er tue etwas Sinnvolles, und am Ende tut er das ja auch.«

»Sie entzücken mich, Franklin. Sie sind der klügste Ofen, den ich je gesehen habe. Aber wie ist das nun: sind Sie nun eigentlich ein Ofen oder ein Denkmal?«

»Wieviel Sie fragen! Sie wissen doch, der Mensch ist das einzige Wesen, das den Dingen einen Sinn beilegt. So ist der Mensch nun einmal, ich stehe in seinem Dienst, ich bin sein Werk, ich begnüge mich damit, Tatsachen festzustellen. Der Mensch ist Idealist, er ist Denker. Für das Tier ist die Eiche eine Eiche, der Berg ein Berg, der Wind ein Wind und kein himmlisches Kind. Für den Menschen aber ist alles göttlich, alles sinnvoll, alles Symbol. Alles bedeutet noch etwas ganz anderes, als was es ist. Das Sein und das Scheinen stehen im Streit. Die Sache ist eine alte Erfindung, sie geht, glaube ich, auf Plato zurück. Ein Totschlag ist eine Heldentat, eine Seuche ist Gottes Finger, ein Krieg ist Verherrlichung Gottes, ein Magenkrebs ist Evolution. Wie sollte da ein Ofen nur ein Ofen sein können? Nein, er ist Symbol, er ist Denkmal, er ist Verkünder. Er scheint wohl ein Ofen zu sein, er ist es sogar in gewissem Sinne, aber geheimnisvoll lächelt Ihnen aus seinem einfachen Gesicht die uralte Sphinx entgegen. Auch er ist Träger einer Idee, auch er ist eine Stimme des Göttlichen. Darum liebt man ihn, darum zollt man ihm Achtung. Darum heizt er wenig und nur nebenbei. Darum heißt er Franklin.«

(1919)

Innen und Außen

Es war ein Mann mit Namen Friedrich, der beschäftigte sich mit geistigen Dingen und besaß vielerlei Kenntnisse. Doch war ihm nicht eine Kenntnis wie die andere und ein Gedanke wie der andere, sondern er liebte eine gewisse Art des Denkens, und die anderen verachtete und verabscheute er. Was er liebte und verehrte, das war die Logik, jene so vortreffliche Methode, und weiterhin überhaupt das, was er »Wissenschaft« nannte.

»Zweimal zwei ist vier«, pflegte er zu sagen, »daran glaube ich, und von dieser Wahrheit aus muß der Mensch das Denken betreiben.«

Daß es auch andere Arten des Denkens und der Erkenntnis gab, war ihm zwar nicht unbekannt, aber »Wissenschaft« war das nicht, und er hielt nichts davon. Er war, obwohl Freidenker, nicht unduldsam gegen die Religion. Dies beruhte auf einer schweigenden Übereinstimmung der Wissenschaftlichen. Ihre Wissenschaft hatte sich seit manchen Jahrhunderten nahezu mit allem befaßt, was auf der Erde vorhanden und wissenswert ist, mit Ausschluß eines einzigen Gegenstandes, der menschlichen Seele. Diese der Religion zu überlassen, und deren Spekulationen über die Seele zwar nicht ernst zu nehmen, doch aber gewähren zu lassen, war mit der Zeit so Sitte geworden. Gegen die Religion also verhielt auch Friedrich sich duldsam, tief verhaßt und zuwider aber war ihm alles, was er als Aberglaube erkannte. Mochten fremde, ungebildete und zurückgebliebene Völker sich damit befassen, mochte im fernen Altertum ein mystisches oder magisches Denken vorhanden gewesen sein – seit es eine Wissenschaft und Logik gab, hatte es keinen Sinn mehr, diese veralteten und zweifelhaften Werkzeuge zu gebrauchen.

So sagte er und so dachte er, und wenn ihm in seinem Umkreis Spuren von Aberglauben zu Gesicht kamen, wurde er ärgerlich und fühlte sich wie von etwas Feindseligem berührt.

Am meisten aber erboste es ihn, wenn er solche Spuren unter seinesgleichen antreffen mußte, unter gebildeten Männern, welchen die Grundsätze des wissenschaftlichen Denkens vertraut waren. Und nichts war ihm schmerzlicher und unerträglicher als jener lästerliche Gedanke, welchen er neuerdings zuweilen auch unter Männern von hoher Bildung mußte aussprechen und erörtern hören, jener absurde Gedanke: daß das »wissenschaftliche Denken« möglicherweise keine höchste, keine zeitlose, ewige, vorbestimmte und unerschütterliche Denkart sei, sondern nur eine von vielen, eine zeitliche, vor Veränderung und vor Untergang nicht geschützte Art des Denkens. Dieser unehrerbietige, vernichtende, vergiftende Gedanke war da, das konnte auch Friedrich nicht leugnen, er war da und dort, angesichts der durch Krieg, Umsturz und Hunger in aller Welt entstandenen Not, wie eine Mahnung aufgetaucht, wie ein Geisterspruch, von weißer Hand an weiße Wand geschrieben.

Je mehr Friedrich darunter litt, daß dieser Gedanke vorhanden war und ihn so tief beunruhigen konnte, desto leidenschaftlicher befeindete er ihn und jene, welche er im Verdacht hatte, heimlich an ihn zu glauben. Denn offen und gerade heraus hatten sich aus dem Kreise der wahrhaft Gebildeten bis dahin nur ganz wenige zu dieser neuen Lehre bekannt, einer Lehre, welche, wenn sie sich verbreitete und Macht gewann, bestimmt schien, jede geistige Kultur auf Erden zu vernichten und das Chaos heraufzuführen. Nun, so weit war es noch nicht gekommen, und jene Vereinzelten, die sich offen zu jenem Gedanken bekannten, waren noch so wenige, daß man sie als Sonderlinge und schrullige Originale auffassen konnte. Ein Tropfen von dem Gift aber, eine Ausstrahlung jenes Gedankens, war bald da, bald dort wahrzunehmen. Unter den Leuten vom Volk und den Halbgebildeten war ohnehin eine Unzahl von neuen Lehren, Geheimlehren, Sekten und Jüngerschaften zu bemerken, davon war die Welt voll, überall waren Aberglaube, Mystik, Geisterkult und andre dunkle Mächte spürbar, welche zu bekämpfen not getan hätte, welche aber die Wissenschaft, wie aus einem Gefühl heimlicher Schwäche, einstweilen mit Schweigen gewähren ließ.

Eines Tages kam Friedrich in das Haus eines seiner Freunde, mit welchem er schon manche gemeinsamen Studien betrieben hatte. Jetzt hatte er diesen Freund eine längere Zeit nicht mehr gesehen, wie sich das ja so fügen kann. Während er die Treppe jenes Hauses emporstieg, suchte er sich zu erinnern, wann und wo er das letztemal mit diesem Freund zusammengewesen sei. Sosehr er sich aber sonst seines Gedächtnisses rühmen durfte, er konnte sich nicht mehr darauf besinnen. Unmerklich geriet er darüber in eine gewisse Verstimmung und Ärgerlichkeit, aus der er sich, vor der Tür des Freundes stehend, gewaltsam emporreißen mußte.

Kaum aber hatte er Erwin, seinen Freund, begrüßt, so fiel ihm in dessen freundlichem Gesicht ein gewisses, wie schonendes Lächeln auf, das er früher nicht an ihm gekannt zu haben meinte. Und kaum hatte er dies Lächeln gesehen, das er trotz seiner Freundlichkeit sofort als irgendwie spöttisch oder feindlich empfand, so erinnerte er sich augenblicklich auch an das, wonach er soeben noch so ganz vergeblich in seinem Gedächtnis gesucht hatte, an sein letztes Zusammensein mit Erwin, vor längerer Zeit, und daß sie sich damals zwar ohne Streit, doch in innerer Uneinigkeit und Mißstimmung getrennt hatten, weil Erwin, wie ihm schien, seine damaligen Angriffe auf das Reich des Aberglaubens allzu wenig unterstützt hatte.

Es war seltsam. Wie hatte er das ganz vergessen können! Und nun wußte er auch, daß er nur darum so lange Zeit seinen Freund nicht mehr aufgesucht hatte, nur jener Verstimmung wegen, und daß er das selbst die ganze Zeit wohl gewußt habe, obwohl er vor sich selbst eine Menge anderer Gründe für das immer neue Verschieben dieses Besuches aufgezählt hatte.

Nun standen sie sich gegenüber, und es schien Friedrich, als habe die kleine Kluft und Spaltung von damals sich inzwischen unheimlich vergrößert. Zwischen ihm und Erwin fehlte, so schien ihm gefühlhaft, in diesem Augenblick irgendetwas, was sonst immer dagewesen war, eine Luft der Gemeinsamkeit, des unmittelbaren Verstehens, ja selbst der Zuneigung. Statt ihrer war Leere da, eine Kluft, eine Fremde. Sie begrüßten sich, sprachen von der Jahreszeit, von Bekannten, von ihrem Befinden – und, Gott weiß wie es kam, bei jedem Wort hatte Friedrich das beängstigende Gefühl, den andern nicht ganz zu verstehen, von ihm nicht richtig gekannt zu sein, seine Worte an ihm abgleiten zu sehen, keinen gemeinsamen Boden für ein richtiges Gespräch finden zu können. Auch trug Erwin immerzu jenes freundliche Lächeln im Gesicht, das Friedrich schon beinahe zu hassen begann.

In einer Pause des mühsamen Gesprächs blickte sich Friedrich in dem wohlbekannten Studierzimmer um und sah an der Wand, mit einer Stecknadel lose angeheftet, ein Blatt Papier hängen. Der Anblick berührte ihn seltsam und weckte alte Erinnerungen, denn alsbald fiel ihm ein, daß dies einst in den Studentenjahren, vor langer Zeit, eine Gewohnheit Erwins gewesen war, von Zeit zu Zeit den Ausspruch eines Denkers oder den Vers eines Dichters in dieser Weise sich vor Augen und in Erinnerung zu halten. Er stand auf und trat an die Wand, um das Blatt zu lesen.

Da standen in Erwins hübscher Schrift die Worte: »Nichts ist außen, nichts ist innen, denn was außen ist, ist innen.«

Erbleichend blieb er einen Augenblick stehen. Da war es! Da stand er vor dem Gefürchteten! Zu einer andern Zeit hätte er dies Blatt gelten lassen, hätte es nachsichtig geduldet, als eine Laune, als eine harmlose und schließlich jedem erlaubte Liebhaberei, vielleicht als eine kleine, der Schonung bedürftige Sentimentalität. Jetzt aber war das anders. Er fühlte, diese Worte waren nicht um einer flüchtigen poetischen Stimmung willen aufgeschrieben, nicht einer Laune wegen war Erwin nach so vielen Jahren zu einer Gewohnheit der Jugend zurückgekehrt. Was hier stand, als Bekenntnis dessen, was seinen Freund zur Zeit beschäftigte, war Mystik! Erwin war abtrünnig.

Langsam wendete er sich ihm zu, dessen Lächeln wieder hell aufleuchtete.

»Erkläre mir dies!« forderte er ihn auf.

Erwin nickte voll Freundlichkeit.

»Hast du diesen Spruch nie gelesen?«

»Doch«, rief Friedrich, »natürlich kenne ich ihn. Es ist Mystik, es ist Gnostizismus. Vielleicht poetisch, aber – –. Nun, ich bitte dich, erkläre mir den Spruch, und warum er an deiner Wand hängt.«

»Gerne«, sagte Erwin. »Der Spruch ist eine erste Einführung in eine Erkenntnislehre, mit der ich zur Zeit beschäftigt bin und der ich schon viel Beglückung verdanke.«

Friedrich bezwang seinen Unmut. Er fragte: »Eine neue Erkenntnislehre? Gibt es das? Und wie nennt sie sich?«

»O«, sagte Erwin, »neu ist sie nur für mich. Sie ist schon sehr alt und ehrwürdig. Sie heißt Magie.«

Das Wort war gesprochen. Friedrich, von einem so offenen Bekenntnis nun doch tief überrascht und erschreckt, fühlte sich mit furchtbarem Schauder dem Urfeind in der Person seines Freundes gegenübergestellt, Auge in Auge. Er schwieg. Er wußte nicht, ob ihm der Zorn oder das Weinen näher stehe, das Gefühl unausfüllbaren Verlustes erfüllte ihn bitter. Lange schwieg er.

Dann begann er, mit künstlichem Spott in der Stimme: »Du willst jetzt also ein Magier werden?«

»Ja«, sagte Erwin ohne Zögern.

»Eine Art Zauberlehrling, nicht?«

»Gewiß.«

Wieder schwieg Friedrich. Man hörte eine Uhr vom Nebenzimmer herüber ticken, so still war es.

Dann sagte er: »Du weißt, daß du damit jede Gemeinschaft mit der ernsten Wissenschaft preisgibst und damit auch jede Gemeinschaft mit mir?«

»Ich hoffe das nicht«, gab Erwin Antwort. »Doch wenn es durchaus so sein müßte – was bliebe mir da zu tun?«

Friedrich schrie, ausbrechend: »Was dir zu tun bleibt? Mit dieser Spielerei, mit diesem traurigen und unwürdigen Zauberglauben zu brechen, ganz und für immer brechen! Das bleibt dir zu tun, wenn du meine Achtung behalten willst.«

Erwin lächelte ein wenig, obwohl auch er nun nicht mehr heiter schien.

»Du sprichst so«, sagte er so leise, daß Friedrichs zornige Stimme noch während seiner stillen Worte im Zimmer nachzutönen schien – »du sprichst so, als ob das in meinem Wollen läge, als ob mir Wahl zustünde, Friedrich. Es ist nicht so. Mir steht keine Wahl zu. Nicht ich bin es, der Magie gewählt hat. Sie wählte mich.«

Friedrich seufzte tief auf: »Dann lebe wohl«, sagte er mühsam, und erhob sich, ohne dem andern die Hand zu bieten.

»Nicht so!« rief nun Erwin laut. »Nein, nicht so sollst du von mir fortgehen. Nimm an, einer von uns sei ein Sterbender – und so ist es! – und wir müßten Abschied nehmen.«

»Aber wer von uns, Erwin, ist dann der Sterbende?«

»Heute bin ich es wohl, Freund. Wer Neugeburt will, muß zum Sterben bereit sein.«

Nochmals trat Friedrich vor das Blatt und las den Spruch vom Innen und Außen.

»Gut denn«, sagte er schließlich. »Du hast recht, es nützt ja nichts, sich im Zorn zu trennen. Ich will tun wie du sagst, und will annehmen, daß einer von uns ein Sterbender sei. Auch ich könnte ja der Sterbende sein. Ich will, ehe ich dich verlasse, eine letzte Bitte an dich tun.«

»Das ist mir lieb«, sagte Erwin. »Sprich, was kann ich dir zum Abschied Liebes erweisen?«

»Ich wiederhole meine erste Frage, das ist zugleich meine Bitte: erkläre mir diesen Spruch, so gut du kannst!«

Erwin besann sich kurze Zeit und sprach dann:

»Nichts ist außen, nichts ist innen. Der religiöse Sinn davon ist dir bekannt: Gott ist überall. Er ist im Geist, und ist auch in der Natur. Alles ist göttlich, weil Gott das All ist. Wir nannten das früher Pantheismus. Dann der philosophische Sinn: die Scheidung von außen und innen ist unserm Denken gewohnt, ist ihm aber nicht notwendig. Es gibt die Möglichkeit für unsern Geist, sich hinter die Grenze zurückzuziehen, die wir ihm gezogen haben, ins Jenseits. Jenseits der Gegensatzpaare, aus denen unsre Welt besteht, fangen neue, andere Erkenntnisse an. – Aber, lieber Freund, ich muß dir bekennen: seit mein Denken sich geändert hat, gibt es keine eindeutigen Worte und Sprüche mehr für mich, sondern jedes Wort hat zehnerlei, hunderterlei Sinn. Hier eben beginnt, was du fürchtest: Magie.«

Friedrich runzelte die Stirn und wollte ihn unterbrechen, aber Erwin sah ihn begütigend an und fuhr mit hellerer Stimme fort: »Erlaube mir, daß ich dir ein Beispiel mitgebe! Nimm etwas von mir mit, irgendeinen Gegenstand, und beobachte ihn je und je ein wenig, so wird dir der Satz von Innen und Außen bald einen seiner vielen Sinne zeigen.«

Er blickte um sich, griff von einem Wandgesims eine kleine Figur aus Ton mit glasiger Oberfläche und gab sie Friedrich. Dazu sagte er: »Nimm dies hier mit als meine Abschiedsgabe. Wenn dies Ding, das ich dir da in die Hand lege, aufhören wird, außer dir zu sein, und in dir sein wird, dann komme wieder zu mir! Bleibt es aber außer dir, immer so wie jetzt, dann soll auch der Abschied für immer gelten, den du von mir nimmst!«

Friedrich wollte noch vieles sagen, aber Erwin bot ihm die Hand, drückte sie und sagte Lebewohl mit einer Miene, welche kein Wort mehr zuließ.

Friedrich ging fort, die Treppe hinab (– wie ungeheuer lange war das her, seit er diese Treppe hinaufgestiegen war!), er ging über die Straßen und nach Hause, die kleine tönerne Figur in der Hand, ratlos und im Herzen unglücklich. Vor seinem Haus blieb er stehen, schüttelte einen Augenblick ingrimmig die Faust, in welcher er das Figürchen hielt, und fühlte große Lust, das lächerliche Ding auf dem Boden zu zerschmettern. Er tat es nicht, biß sich auf die Lippen und ging in seine Wohnung. Nie war er so erregt, so von widerstreitenden Gefühlen gepeinigt gewesen.

Er suchte nach einem Platz für das Geschenk seines Freundes und stellte die Figur auf den oberen Schaft eines Bücherbretts. Da blieb sie zunächst stehen.

Manchmal sah er sie im Lauf der Tage an, über sie und ihre Herkunft grübelnd, und grübelnd über den Sinn, den dies törichte Ding für ihn haben sollte. Es war eine kleine Menschen- oder Götter- oder Götzenfigur, mit zwei Gesichtern, wie sie der römische Gott Janus hatte, aus Ton ziemlich roh geformt und mit einer gebrannten, etwas rissig gewordenen Glasur bedeckt. Das kleine Bildnis sah grob und gering aus, es war ganz gewiß keine Arbeit aus Römer- oder Griechenhand, eher die eines zurückgebliebenen Naturvolkes in Afrika oder aus den Inseln der Südsee. Auf den beiden Gesichtern, die einander völlig gleich waren, lag ein dumpfes, träges, ein wenig grinsendes Lächeln – es war geradezu häßlich, wie der kleine Kobold immerzu sein albernes Lächeln vergeudete.

Friedrich konnte sich an diese Figur nicht gewöhnen. Sie war ihm durchaus zuwider und unangenehm, sie war ihm im Wege, sie störte ihn. Er nahm sie schon am nächsten Tage herab und stellte sie auf den Ofen, und eines anderen Tages stellte er sie auf einen Schrank. Immer wieder kam sie ihm vor Augen, als drängte sie sich vor, lächelte ihn kalt und stumpfsinnig an, machte sich wichtig, verlangte Beachtung. Nach zwei oder drei Wochen nahm er sie und stellte sie ins Vorzimmer, zwischen die Photographien aus Italien und die kleinen spielerischen Andenken, welche dort herumstanden und welche nie jemand betrachtete. Jetzt sah er den Götzen wenigstens nur noch in den Augenblicken, wenn er ausging oder heimkehrte, und ging dann rasch an ihm vorüber, ohne ihn jemals mehr näher anzusehen. Aber auch hier störte ihn das Ding noch, ohne daß er es sich eingestand. Mit diesem Scherben, mit dieser zweigesichtigen Mißgeburt war Verdruß und Qual in sein Leben gekommen.

Eines Tages, nach Monaten, kehrte er von einer kurzen Reise heim – er unternahm jetzt von Zeit zu Zeit solche Ausflüge, als triebe etwas ihn rastlos um –, trat in sein Haus, ging durchs Vorzimmer, ward von der Magd empfangen, las Briefe, die auf ihn gewartet hatten. Aber er war unruhig und zerstreut, als habe er Wichtiges vergessen; kein Buch lockte ihn, auf keinem Stuhl fand er sich bequem. Er begann, sich zu untersuchen, bemühte sich zu erinnern – wie war das plötzlich entstanden? Hatte er etwas Wichtiges versäumt? Einen Ärger gehabt? Etwas Schädliches gegessen? Er riet und suchte, es fiel ihm ein, daß dies störende Gefühl ihn beim Eintritt in die Wohnung, im Vorzimmer, ergriffen hatte. Er lief hinüber, und unwillkürlich suchte sein erster Blick die Tonfigur.

Ein sonderbarer Schreck fuhr ihm über die Haut, als er den Götzen nicht mehr sah. Er war verschwunden. Er fehlte. War er auf seinen kleinen irdenen Beinen fortgegangen? Weggeflogen? Hatte ein Zauber ihn dorthin zurückgerufen, woher er gekommen war?

Friedrich raffte sich zusammen, lächelte, schüttelte verweisend den Kopf über seine Ängstlichkeit. Dann begann er ruhig zu suchen, durchs ganze Zimmer. Als er nichts fand, rief er die Magd. Sie kam, war verlegen und gestand sogleich, das Ding sei ihr beim Aufräumen aus der Hand gefallen.

»Wo ist es?«

Es war nicht mehr da. Es schien so fest, dies kleine Ding, sie hatte es ja oft in Händen gehabt, und doch war es in lauter kleine Stücke und Splitter zerbrochen, nicht mehr zu heilen; sie hatte die Trümmer dem Glaser gezeigt, der sie auslachte, und sie dann weggeworfen.

Friedrich entließ die Magd. Er lächelte. Er hatte nichts dagegen. Es war bei Gott nicht schade um den Götzen. Und nun war das Scheusal fort, nun würde er Ruhe haben. Hätte er das Ding damals gleich, am ersten Tage, in Stücke gehauen! Was hatte er in all dieser Zeit gelitten! Wie hatte dieser Götze ihn so träge, so fremdartig, so verschlagen, so böse, so teuflisch angelächelt! Nun, da er fort war, konnte er es sich ja gestehen: er hatte ihn gefürchtet, richtig und aufrichtig gefürchtet, diesen Tongott! War er nicht Sinnbild und Zeichen für alles, was ihm, Friedrich, zuwider und unerträglich war, was er als schädlich, feindlich und bekämpfenswert von jeher erkannt hatte, für allen Aberglauben, alle Finsternis, allen Gewissens- und Geisteszwang? Stellte er nicht jene unheimliche Macht dar, welche man unterirdisch zuweilen wühlen fühlte, jenes ferne Erdbeben, jenen nahenden Untergang der Kultur, jenes heraufdrohende Chaos? Hatte ihm diese schnöde Figur nicht den besten Freund geraubt – nein, nicht bloß geraubt – zum Feind gemacht! – Nun, jetzt war das Ding weg. Fort. Zerschmissen. Erledigt. Es war gut so, es war viel besser, als wenn er selbst ihn zerschlagen hätte.

So dachte er, oder sagte, und ging wie sonst seinen Beschäftigungen nach.

Es war aber wie ein Fluch. Jetzt, wo er sich gerade einigermaßen an die lächerliche Figur gewöhnt hatte, wo ihr Anblick am gewohnten Platz auf dem Vorzimmertisch ihm so allmählich ein wenig vertraut und gleichgültig geworden war – jetzt begann ihr Fehlen ihn zu peinigen! Ja, sie fehlte ihm, so oft er durch jenen Raum ging, er sah dort nichts mehr als die leere Stelle, wo sie sonst gestanden hatte, und von dieser Stelle ging Leere aus und füllte das ganze Zimmer mit Fremdheit und Starre.

Schlimme Tage und schlimmere Nächte begannen für Friedrich. Durch das Vorzimmer konnte er nicht mehr gehen, ohne an den Götzen mit den zwei Gesichtern zu denken, ohne ihn zu vermissen, ohne seine Gedanken an ihn gebunden zu fühlen. Das wurde ihm zu einem quälenden Zwang. Und längst nicht nur in den Augenblicken, wo er durch jenes Zimmer ging, war er von diesem Zwang besessen, ach nein, so wie von jener Stelle auf dem leer gewordenen Tische Leere und Öde ausstrahlte, so strahlte dieser Gedankenzwang in seinem Innern aus, verdrängte langsam alles andere, fraß um sich und füllte auch hier alles mit Leere und Fremdheit.

Immer wieder stellte er sich jene Figur mit aller Deutlichkeit vor, schon um sich klarzumachen, wie unsinnig es sei, sich um ihren Verlust zu grämen. Er stellte sie sich vor in ihrer ganzen dummen Häßlichkeit und Barbarei, mit ihrem leeren oder auch listigen Lächeln, mit den beiden Gesichtern – ja, es geschah, daß er, wie im Zwang, mit verzerrtem Munde haßvoll jenes Lächeln nachzubilden suchte. Es verfolgte ihn die Frage, ob wirklich beide Gesichter vollkommen einander gleich gewesen seien. Hatte nicht das eine, vielleicht nur durch eine kleine Rauhigkeit oder einen Sprung in der Glasur, einen etwas anderen Ausdruck gehabt? Etwas Fragendes? Etwas von der Sphinx? Und wie unheimlich oder doch seltsam war die Farbe jener Glasur gewesen! Grün, auch Blau, auch Grau, aber auch Rot war darin, eine Glasur, die er nun oft in anderen Gegenständen wiederfand, im Aufglänzen eines Fensters in der Sonne, im Spiegel eines feuchten Straßenpflasters.

An dieser Glasur sann er viel herum, auch des Nachts. Es fiel ihm auch auf, was für ein sonderbares, fremd und ungut klingendes, unvertrautes, fast böses Wort das war: »Glasur!« Er zerlegte das Wort, er spaltete es haßvoll auseinander, und einmal drehte er es auch um. Da hieß es »Rusalg«. Weiß der Teufel, woher dies Wort nun wieder seinen Klang nahm? Er kannte dies Wort »Rusalg«, ganz bestimmt, er kannte es, und zwar war es ein feindliches, ein ungutes, ein Wort mit häßlichen und störenden Nebenbedeutungen. Lange quälte er sich damit, endlich kam er darauf, daß Rusalg ihn an ein Buch erinnerte, das er vor Jahren auf einer Reise gekauft und gelesen hatte, und das ihn entsetzt, gequält und doch heimlich fasziniert, und das »Fürstin Russalka« geheißen hatte. Es war schon wie ein Fluch – alles, was mit der Figur, mit der Glasur, mit dem Blau, mit dem Grün, dem Lächeln zusammenhing, bedeutete Feindliches, stach, quälte, enthielt Gift! Und wie höchst eigentümlich hatte er damals gelächelt, Erwin, sein einstiger Freund, als er ihm den Götzen in die Hand gegeben hatte! Wie höchst eigentümlich, wie höchst bedeutsam, wie höchst feindlich!

Friedrich wehrte sich mannhaft und an vielen Tagen nicht ohne Erfolg gegen diese Zwangsläufigkeit seiner Gedanken. Er fühlte deutlich die Gefahr – er wollte nicht wahnsinnig werden! Nein, lieber sterben. Vernunft tat not. Leben tat nicht not. Und es fiel ihm ein, daß vielleicht eben dies Magie sei, daß Erwin ihn mit Hilfe dieser Figur irgendwie verzaubert habe, und daß er als Opfer, als Verteidiger der Vernunft und Wissenschaft gegen diese dunklen Mächte, falle. Aber – wenn dies so war, wenn er das auch nur als möglich denken konnte –, dann gab es ja Magie, dann gab es ja Zauber! Nein, lieber sterben!

Ein Arzt empfahl ihm Spaziergänge und Waschungen, auch suchte er zuweilen am Abend Zerstreuung in einem Wirtshaus. Es half jedoch wenig. Er fluchte Erwin, er fluchte sich selbst.

Eines Nachts lag er, wie es ihm zu jener Zeit oft geschah, vorzeitig und ängstlich erwacht im Bett, ohne den Schlaf wiederfinden zu können. Er fühlte sich überaus unwohl und beängstigt. Er wollte nachdenken, er wollte Trost suchen, wollte sich selber irgendwelche Sätze zusprechen, gute Sätze, beruhigende, tröstliche, etwas von der aufrichtenden Ruhe und Klarheit wie der Satz »Zweimal zwei ist vier«. Es fiel ihm nichts ein, doch stammelte er, halb irr in seinem Zustand, Töne und Silben vor sich hin, allmählich bildeten sich Worte auf seinen Lippen, und mehrmals sagte er, ohne einen Sinn dabei zu empfinden, denselben kleinen Satz vor sich hin, der da irgendwie in ihm entstanden war. Er lallte ihn vor sich hin, wie um sich an ihm zu betäuben, um sich an ihm wie an einer Brüstung wieder zum verlorenen Schlaf hinüberzutasten, auf dem schmalen, schmalen Weg, neben dem der Abgrund lag.

Aber plötzlich, indem er etwas lauter sprach, drangen die gelallten Worte in sein Bewußtsein. Er kannte sie. Sie lauteten: »Ja, jetzt bist du in mir drin!« Und blitzschnell wußte er. Er wußte, was das bedeutete, daß es dem tönernen Götzen gelte, und daß er nun, in dieser grauen Nachtstunde, genau und pünktlich das erfüllt habe, was Erwin ihm an jenem unheimlichen Tage vorausgesagt hatte: daß jetzt diese Figur, die er damals verächtlich in den Fingern gehalten hatte, nicht mehr außer ihm, sondern in ihm innen war! »Denn was außen ist, ist innen.«

Mit einem Satz aufspringend, fühlte er sich von Eis und Feuer durchströmt. Die Welt drehte sich rund um ihn, wahnsinnig starrten die Planeten ihn an. Er riß Kleider an sich, machte Licht, verließ Bett und Haus und lief mitten in aller Nacht zum Hause Erwins. Da sah er Licht brennen hinterm wohlbekannten Studierzimmerfenster, die Haustür unverschlossen, alles schien ihn zu erwarten. Er stürzte die Treppe hinan. Er trat flackernd in Erwins Studierzimmer, stützte zitternde Hände auf seinen Tisch. Erwin saß bei der Lampe im milden Licht, nachdenkend, lächelnd.

Freundlich erhob sich Erwin. »Du bist gekommen. Das ist gut.«

»Hast du mich erwartet?« flüsterte Friedrich.

»Ich habe dich erwartet, wie du ja weißt, seit jener Stunde, wo du von hier fortgingst und meine kleine Gabe mit dir nahmst. Ist das geschehen, was ich damals sagte?«

Friedrich sagte mit leiser Stimme: »Es ist geschehen. Das Götzenbild ist jetzt in mir innen. Ich ertrage es nicht länger.«

»Kann ich dir helfen?« fragte Erwin.

»Ich weiß nicht. Tu, wie du willst. Sage mir mehr von deiner Magie! Sage mir, du, wie der Götze wieder aus mir herauskommen kann.«

Erwin legte seinem Freunde die Hand auf die Schulter. Er führte ihn zu einem Lehnstuhl, in den er ihn drückte.

Dann sprach er herzlich zu Friedrich, mit Lächeln und mit einer beinahe mütterlichen Stimme:

»Der Götze wird wieder aus dir herauskommen. Vertraue mir. Vertraue dir selbst. Du hast an ihn glauben gelernt. Jetzt lerne: ihn lieben! Er ist in dir innen, aber er ist noch tot, er ist noch ein Gespenst für dich. Erwecke ihn, sprich mit ihm, frage ihn! Er ist ja du selbst! Hasse ihn nicht mehr, fürchte ihn nicht, quäle ihn nicht – wie hast du diesen armen Götzen gequält, der doch du selber warst! Wie hast du dich selber gequält!«

»Ist dies der Weg zur Magie?« fragte Friedrich. Er saß tief in den Sessel versunken, wie gealtert, seine Stimme war sanft.

Erwin sprach: »Dies ist der Weg, und den schwersten Schritt hast du vielleicht schon getan. Du hast erlebt: Außen kann innen werden. Du bist jenseits der Gegensatzpaare gewesen. Es schien dir eine Hölle: lerne, Freund, daß sie Himmel ist! Denn es ist der Himmel, was dir bevorsteht. Siehe, das ist Magie: Außen und Innen vertauschen, nicht aus Zwang, nicht leidend, wie du es getan hast, sondern frei, wollend. Rufe Vergangenheit, rufe Zukunft herbei: beide sind in dir! Du bist bis heute der Sklave deines Innern gewesen. Lerne sein Herr sein. Dies ist Magie.«

(1919)

Tage aus Marios Leben

Mario war sechs Jahre alt. Alle seine Altersgenossen, die bisher mit ihm täglich den Kindergarten besucht hatten, gingen jetzt in die Schule, hatten Schreibtafeln unterm Arm, trugen keine Schürzen mehr. Mario aber ging noch immer jeden Morgen in den Kindergarten. Man hatte ihn gefragt, ob er in die Schule gehen wolle, aber er wollte nicht, er wollte bleiben wo er war, es war gut so, er brauchte keine Schreibtafel. Der Lehrer hatte ihn ausgelacht, die Kindergärtnerin hatte ihn in Schutz genommen und hatte mit seiner Mutter gesprochen. Die Mutter war zuerst erschrocken und begriff nicht, daß ihr Sohn hinter anderen zurückstehen solle – er sei weder schwächlich noch dumm, also bitte, und er werde es bereuen, wenn er später hinter den Kameraden seines Alters zurück sei. Die Lehrerin vom Kindergarten hatte ihn verteidigt, er sei weder dumm noch schwächlich, aber er sei ein zähes und langsames Kind, es sei besser ihm Zeit zu lassen, er werde alles nachholen. Da war Mario im Kindergarten geblieben, und die Mutter sagte nichts mehr, dem Lehrer streckte er die Zunge heraus.

Geblieben aber war er nicht wegen der Lehrerin, noch weil er hinter den andern zurück gewesen wäre, sondern weil er es wollte. Wenn Mario etwas wollte, wirklich wollte, dann tat er es stets. Er hätte den Kindergarten noch vor ein paar Monaten ohne Klage verlassen, jetzt aber konnte er ihn nicht mehr verlassen, denn jetzt war Ersilia da, das entzückendste kleine Mädchen im Dorf, ein Jahr jünger als er, ein vornehmes Kind, das aus Rom kam und bei seinem Onkel, dem Sindaco, in der schneeweißen Villa hinter den vielen Cypressen wohnte. Seit sie da war, liebte er sie, und seitdem begann er auch zu ahnen, daß Liebe wichtiger ist als andere Dinge; seither war auch er ein Jahr jünger, gab nichts mehr auf Kameraden, Schule und Schreibtafel, trug gerne die Schürze, spielte gerne die Kinderspiele weiter. Seither war er auch damit zufrieden, eine Art Herrensohn zu sein, vorher war ihm das lästig gewesen und er hatte die Armenkinder mit den zerrissenen Hosen und den Läusen stets beneidet. Jetzt aber war es sehr gut, daß seine Mutter eine Signora war und ein kleines Landhaus besaß, wo Glasvasen mit Strohblumen auf einem alten Klavier standen, denn in solche Häuser durfte auch Ersilia gehen, durfte mit Kindern aus solchen Häusern befreundet sein.

Es war im Kindergarten. Hinter dem Drahtgitter, auf kleinen Bänken unter zwei Pflaumenbäumchen saßen die Kinder, spielten mit Holzblöckchen, bauten Häuser, setzten Mosaikbilder zusammen. Es war gleich Mittag, einige Kinder begannen schon ihre blauen Schulschürzen auszuziehen und halfen einem Kleinen, das es noch nicht allein konnte.

Mario stand bei Ersilia, sie flocht an einer Arbeit aus bunten Papierstreifen, er sah ihren dünnen klugen Fingern zu und roch ihr braunes Haar.

»Ersilia«, sagte er, »heut Nachmittag mußt du mit mir in den Wald kommen.«

»In den Wald? Ich darf nicht allein in den Wald.«

»Ist das allein, wenn ich dabei bin?«

»Ich darf nicht, auch nicht mit dir. Komm du zu uns in unsern Garten. Wir haben Pfirsiche.«

»Pfirsiche! Pfirsiche haben wir auch. Also paß auf: ich hole dich ab, dann gehen wir hinterm Schulhaus vorbei, man meint wir seien im Kindergarten. Ich muß dir viel zeigen!«

»Was denn?«

»O du wirst sehen, das kann man gar nicht sagen. Ich weiß auch wo eine Schlange wohnt.«

»Pfui, nein, keine Schlange!«

»Nein, also keine Schlange. Aber lauter schöne, schöne Sachen zeige ich dir, lauter Geheimnisse, ein kleines Haus zum Drinwohnen, ein Bett zum Drinschlafen, einen amerikanischen Urwald, dort machen wir uns später einmal ein Zelt. Ich werde dich abholen.«

»Wenn ich doch nicht darf.«

»Es ist auch eine Schaukel dort.«

»Im Wald?«

»Ja, eine feine Schaukel, du wirst sehen. Und schöne Blumen, besondere, die gibt es bloß dort. Ich bringe auch ein Boot mit, das lassen wir schwimmen, und setzen Matrosen hinein, die fahren damit fort.«

»Richtige Matrosen?«

»Aber ja. Manchmal geht das Schiff unter, dann müssen die Matrosen schwimmen, und wer nicht schwimmen kann, der ersäuft.«

Ersilia ließ ihn reden und hörte zu. Gerne hörte sie ihm zu, wenn er so redete, sie kannte den Ton. Sie verstand nicht alles, aber es war schön, wenn Mario so redete, wenn er Geheimnisse hatte, wenn er sie zu Abenteuern einlud. Gerne hörte sie ihm zu, kein anderer hatte diesen Ton, dieses so Komische und Schöne, und bei allem fühlte sie, daß es ihr galt, daß er das zu niemand sagen würde als zu ihr, daß sie es war, deren Gegenwart ihm das alles eingab. Er war so lieb, und so drollig, und er liebte sie sehr, das spürte sie. Doch versprach sie nichts. »Es geht nicht«, sagte sie bedauernd.

Die Lehrerin klatschte in die Hände, es war Mittagszeit, man zog die Schürzen aus und hängte sie im Gang auf, man lief auseinander. Auch Ersilia sprang auf und lief, hörte nicht mehr auf Mario, gab keine Antwort mehr. Als er seine Schürze versorgt hatte und auf die Straße kam, sah er sie schon unter den Cypressen in die Torfahrt hüpfen, im hellblauen Kleidchen.

Aus dem Schulhause kamen eben die Schüler gelaufen, mit den Schreibtafeln. Tito Beretta war unter den Vordersten, er lief auf Mario zu, schnitt eine Grimasse und schrie verächtlich: »Kinderschüler! Kinderschülerchen!«

Mario blickte auf. Das Schimpfwort hatte ihn nicht berührt, aber Titos höhnisches Gesicht machte ihn zornig. Mit blitzschnellem Griff zog er ihm die Schiefertafel unterm Arm weg und hieb sie ihm auf den Kopf. Sofort fing Tito zu heulen an. Mario schmiß ihm die Tafel vor die Füße.

»Da hast du sie wieder, deine Schülertafel.«

Die Tafel hatte Sprünge bekommen, und als Tito sie aufhob und die Sprünge sah, heulte er noch heftiger los. Ein Kreis von zuschauenden Schülern zog sich um sie zusammen, aber Mario schlich und kniff sich hindurch und lief nach Hause, alles alsbald vergessend, nichts im Kopf als Ersilia und den Waldausflug.

Dies war Marios eigenste Gabe und Fähigkeit, zu Zeiten, öfter und inniger als andre, sich völlig in Verliebtheit, in Liebe zu verlieren, sich und die alltäglichen Dinge ganz darüber zu vergessen, aufzubrennen in einer Flamme von Entzückung und Hingegebenheit. Nicht nur in Menschen konnte er sich dergestalt verlieben, nein in alles, in eine reife Traube, in eine Melodie, in eine Katze, in eine gewisse holde Luft und Bläue morgens nach einer Gewitternacht, in einen Namen, in ein Spiel, in Blumen, in Gerüche, in alles und jedes. Irgend etwas, ein Klang oder Duft, ein Geschmack oder Gefühl erweckte, entzückte, erregte ihn, in diesen Schwingungen löste sein kleines Herz sich auf, ging sich selbst verloren, schwamm hinströmend in die Welt hinüber, in Tier und Stein, Haus und Mensch, Wald und See, Ton und Geruch, kannte nichts Fremdes mehr, war nicht mehr abgesondert, ließ sich in Liebe von den Dingen, vom Zauber der Dinge einschlürfen.

Heute war es der Gedanke, seinen Wald Ersilia zu zeigen, der den Knaben entzündet hatte. Mochte nun Sonne oder Regen sein, der Mutter Gesicht hold oder sauer, das Essen zart oder grob, solang der Zauber währte, hatte dies alles keine Macht, keine Stimme, hatte gar keine Wirklichkeit, fand irgendwo im Wesenlosen statt, in einer Zeit, die nicht heute, an einem Ort, der nicht hier war.

Während Mario noch mit der Mutter am Essen saß, kam Tito Beretta, von seinem älteren Bruder geleitet, zeigte die zerschlagene Tafel vor, klagte an, behauptete ein Loch im Kopf zu haben, forderte Genugtuung, wollte eine neue Tafel haben. Mario leugnete nichts, erzählte, wie er beleidigt worden war, erzählte glücklich und lobend seine Rache, seinen Sieg. Tito fing zu keifen an, redete heftig, schwenkte die Arme, drohte mit der Kraft seines großen Bruders, der sich aber schämte und stumm blieb. Er konnte nicht einmal erreichen, daß Mario böse wurde und ihn ernst nahm. Er saß ruhig am Tisch und fing wieder zu essen an. Seine Mutter, nach einigem Verhandeln, bewunderte ihn heimlich, billigte den Schlag und die Rache und das Loch in Titos Kopf, sie gab dem Tito ein kleines Geldstück und seinem Bruder eine Birne, schob sie zur Tür hinaus und fing zu lachen an.

(um 1921)
[Hier endet das Manuskript.]

Das schreibende Glas

Mit Balmelli und Emmy stieg ich durch den steilen Wald nach dem Bergdorf, wo meine Freunde wohnen. Am glühenden Hang pflückten wir warme glänzende Brombeeren, aßen Brot, saßen im spärlichen dürren Gras unterm Waldschatten, tranken Wasser am kleinen steinernen Brunnen, stiegen weiter durch verwachsene Fußwege und leergetrocknete Bachläufe. Müde kamen wir auf der kühlern Höhe an, es ging Wind, und Regentropfen wehten schräg. Im Haus der Freunde waren nur die Frauen da, der Vater verreist. Wir ruhten und wurden gespeist, es gab Wein, Kaffee, Zigaretten.

So hatte ich nun Balmellis mit Frau Lisa zusammengebracht, wie sie es sich gewünscht hatte. Stets ein wunderlicher Augenblick, wenn zwei uns nahestehende, unter sich fremde Lebenskreise und Freundesgruppen sich berühren. Selten werden Erwartungen erfüllt, noch seltener wird uns der holde Trost, unsere »Persönlichkeit« bestätigt und aufs neue als Einheit sehen zu dürfen: meistens erscheint in diesen Lagen das Ich lediglich als leichtes Zelt, als vergänglicher Schnittpunkt vieler Beziehungen, ohne Dauer, ohne An-Sich, ohne Eigenwert. Heut und hier indessen war es hübsch, Frau Lisa befreundete sich sichtlich mit Emmy, die ihr so nahe verwandt und doch ihr Gegenpol im Leben ist. Balmelli, wie immer aufgeschlossen, rücksichtsvoll, ritterlich, vortrefflicher Zuhörer, war bald mit Rebekka und Maria im Gespräch. Es ging gut. Es war geglückt. Und ich wunderte mich wieder, wieviel Glück ich seit Jahren, seit dem Beginn meiner Schicksalsjahre habe, wie wenig kleines Malheur mir passiert, wie viel freundliche kleine Erfüllungen und Erleichterungen es für mich gibt, während das Ganze so dunkel und tödlich ist.

Wir hatten geruht und gegessen, nun wollten wir »eigentlich« in den Garten gehen. Man tut ja aber niemals das, was man eigentlich wollte, und so taten auch wir es nicht, sondern sprachen nur davon, blieben aber im Hause, tippten am Klavier, betrachteten den alten Kamin und die Barockportale, sprachen dies und das, sahen unten auf der Schattenseite der Piazza schöne Mädchen und viele kleine Kinder stehen und wandeln, fremd und ernsthaft. Wo, dachte ich, wo war nun Leben, wo war Wirklichkeit? War sie bei jenen schönen stillen Puppen drüben, die ihren Gang gingen und in eine Folge immer gleicher, gesicherter Tage hineinlebten? War sie bei Balmellis, in der glühenden Stille geistiger Arbeit und geistlicher Weihe? War sie bei mir, in dem fernen, unterirdischen Schicksalsdonner, der mich nun schon so lange umtönte, in dem bangen heißen Warten vor dem Vorhang, der noch immer nicht aufging? Sie war nirgends, auch nicht bei Frau Lisa, auch nicht bei der schönen Rebekka. Wirklichkeit ist ein Blitz, der in jedem Steine gefangen zuckt. Weckst du ihn nicht, so bleibt der Stein ein Stein, die Stadt eine Stadt, die Schönheit schön, die Langeweile langweilig, und alles schläft den Traum der Dinge, bis du, aus deinen hochgespannten Strömen her, sie mit dem Gewitter »Wirklichkeit« überflutest.

Man sprach auch von spiritistischen Techniken, von Kristallsehen, von Psychographie. Frau Lisa erzählte von einer sehr einfachen Methode magnetischen Schreibens, dem Tischrücken ähnlich. Wir wurden lebhafter, wir beschlossen, diese Methode zu versuchen. Sie wurde, ebenso wie das Tischrücken, als eine Art Gesellschaftsspiel geübt, man konnte sich Fragen beantworten lassen, konnte Urteile über Personen verlangen, auch Aufsätze oder Gedichte machen. Dies wollten wir also nun versuchen.

Es wurde ein großes Blatt Papier auf den Tisch gelegt, ein weiter Kreis darauf gezeichnet, rund um den Kreis die Buchstaben des Alphabets geschrieben. Um Raum zu gewinnen, ließen wir zwei oder drei entbehrlich scheinende Buchstaben weg, darunter das Ypsilon. In den Kreis wurde ein Wasserglas gesetzt, umgedreht, den Boden nach oben. Auf den Boden dieses Glases mußten die Mitspieler je einen oder zwei Finger lose auflegen. Vom Vibrieren der Fingerspitzen sollte dann das Glas sich in Bewegung setzen. Jeder Buchstabe, den es berührte, sollte notiert werden.

Wir begannen, Neulinge und ungeschickt, indem wir alle unsre Finger an das Glas legten. Eine Weile blieb es regungslos stehen, dann begann es sich zu rühren, zuckte taumelnd dahin und dorthin, stockte, stand, sprang aufs neue. Die Buchstaben aber, die das Glas bezeichnete, gaben keinen Sinn. Das einzige erkennbare Wort, das herauskam, war »Rhythmus«, aber statt des Ypsilon standen ein *I* und ein *E*, als wolle das Glas uns wegen der weggelassenen Zeichen höhnen oder mahnen.

Ich habe alle solche Spielereien stets gemieden und mich oft über sie lustig gemacht. Die heutige war mir willkommen. Sie schien mir geeignet, um sechs Menschen, die sich zum Teil noch kaum kannten, in einer gemeinsamen Stimmung zu einigen. Auch war ich, weil unter diesen mir befreundeten Menschen alle ernst zu nehmen und weder Betrug noch Leichtfertigkeit zu befürchten waren, neugierig auf die Ergebnisse. Auch war ich sehr schweren Herzens; Schicksal lauerte auf mich, schwül lag mein Lebenssommer über verbrannten Fluren, hinter jeder Nähe grollte der still wartende Donner. In der Beklemmnis und tiefen Bangigkeit einer schicksalvollen Zeit war ich durchaus geneigt, auf jede magische Stimme zu hören. Daß ich keine andere Geistesstimme zu hören bekommen würde als zurückkehrende Klänge meines eigenen Innern, wußte ich natürlich wohl.

Von uns sechsen nahmen nur fünf an dem Spiele teil; Frau Maria war müde und lag nebenan auf dem Diwan. Von uns fünf Mitspielenden, drei Frauen und zwei Männern, machten drei (Balmelli, Emmy und ich) das Spiel zum erstenmal, nur Frau Lisa und Rebekka kannten es schon. Am besten gelangen die Versuche, wenn die drei Frauen allein sie machten, doch ging es kaum weniger leicht, wenn auch nur zwei von ihnen spielten. Wir Männer hemmten; es brauchte nur einer von uns mitzutun, so blieb das Glas entweder stehen oder zuckte ängstlich und sinnlos hin und wider. Emmy, entsprechend meinen Erwartungen, zeigte sich als ein höchst sensibles Medium; das Glas kaum berührend, fühlte sie jede Schwingung, Bewegung und Hemmung heftig mit und war glücklich und begeistert. Rebekka war die einzige, welche ich zu Zeiten in Verdacht hatte, das Glas unbewußt zu schieben, jedoch nur in Augenblicken, wo allen der Buchstabe bekannt war, der jetzt kommen mußte. Daß Frau Lisa die stärkste Kraft besitze und daß ihre Sinnesart auch die Antworten des Orakels färbe, schien uns allen gewiß. Doch saß sie nicht immer mit am Glas; ihre Seele schwang mit, auch wenn ihre Finger das Glas nicht berührten.

Im Anfang also kam nichts zustande, außer jenem »Rietmus«. Aber schon nach wenigen Versuchen lief das Glas, oft so rasch, daß das Nachschreiben Mühe machte. Nach den ersten Mißerfolgen schlug ich vor, dem Glas die Frage zu stellen, warum es nicht spreche. Jetzt kamen die ersten deutlichen und fehlerlosen Worte »Keine Frage.« Ich deutete es so, daß das Glas nicht sprechen könne, wenn man ihm nicht Fragen vorlege.

Heimlich für mich dachte ich nun, daß ich die Frage wohl wüßte, die ich dem Orakel am liebsten stellen möchte, äußerte aber nichts davon. Gleichzeitig spielten die andern weiter, und das Glas schrieb das Wort: »Lebensfrage.«

Wieder kamen schlechte Resultate, teils sinnlose Buchstabenreihen, teils banal ausgedrückte Allgemeinheiten, wie: »Männer sind schwer verständlich.«

Ich hatte jedoch gespürt, daß das Glas meinen stillen Fragen nicht verschlossen war. Oft schien es mir Antworten zu schreiben, die mein eigenes Ahnungsvermögen diktierte, obwohl es stets andere Worte wählte, als ich getan hätte. Über mich und die Personen, die mir am nächsten standen, sagte das Glas stets in einem Sinne aus, der mir bedeutsam, ermunternd, warnend, stets aber wohlwollend schien. Ich selbst spielte nur ganz wenige Male am Glase mit, und immer gab es dann Störungen.

Ich bekam, während ich heimlich mein schon vorgeschrittenes Alter mit dem der beiden jungen Frauen verglich, vom Orakel den Spruch: »Jung sein und alt sein ist gut, schön sein ist gut, gut sein ist das beste.«

Balmelli, welcher zurzeit mit einer großen wissenschaftlichen Arbeit kämpft, stellte die Frage, wann diese fertig werden würde. Er war erstaunt und betroffen, als das Glas die Antwort gab: »Wenn du weißt, was du willst.« Auf die Frage, welches die schlechteste Tat seines Lebens gewesen sei, erhielt er die Antwort: »Rückwärts gegangen.«

Bei dieser selben Frage, die wir für uns alle stellten, war mir bange. Ich dachte an eine Tat, vielmehr an ein Versäumnis, das mich aus der Vergangenheit her zuweilen quälend ansieht, und ich erwartete, diese Wunde berührt zu sehen. Im Augenblick, wo die Antwort bevorstand, war ich bereit, mit der Faust nach dem Glase zu schlagen, falls es mich verraten würde. Aber es war mir nicht gegeben, Gläser zu zerschlagen und Wirklichkeit zu schaffen, der Bann ging weiter, unter dem ich lebte. Und das Orakel gab mir eine ausweichende und schonende Antwort mit dem Spruch: »Verstehst du Wahrheit, so verstehst du dich, traust du dir, so traust du andern.« Die Schlußworte konnte ich wieder auf meine »Lebensfrage« beziehen.

Eigentümlich schelmisch-hübsch beantwortete das Glas die Frage nach dem getanen Bösen für Rebekka, die Jüngste von uns, das hübsche Kind. Sie bekam den Trost: »Zwergengleich ist deine Sünde.« Ausdrücke wie dies »zwergengleich« waren mir besonders merkwürdig, da keiner von uns sie im bewußten Reden und Schreiben gebraucht hätte.

Schön waren die Antworten auf unsere Frage: »Welches ist meine beste Tugend?« Sie waren alle schlagend deutlich und wahr, nur ich bekam die vertröstende Auskunft: »Noch in der Knospe.« Dagegen hieß die Antwort für Rebekka »Schicksalsglaube«, für Emmy »Begeisterung«, für Balmelli »Rücksicht« und für Frau Maria »Dienen andren«.

Balmelli stellte noch eine verschwiegene Frage und bekam die Antwort: »Dein Weg war falsch.« Auch Frau Maria tat noch eine Frage, und ihr wurde der Bescheid: »Du warst nicht du, du warst niemand.« Und sie sagte still: »Das ist es, damit ist alles gesagt«, und mir schien, als sei auch ihr Irrsal und Schatten über alle Wirklichkeit gefallen.

Es war schon nahezu Nacht geworden, als wir nun doch noch in den Garten gingen. Bald kamen schon die ersten Sterne aus der Dämmerung, und bald war es dunkel geworden, wir saßen in einer Laube hoch überm nächtigen Seetal, alle etwas nachdenklich, alle etwas ermüdet. Eine Weile war alles still, niemand sagte ein Wort. Da fing Rebekka mit hoher Stimme zu singen an.

(1922)

Tragisch

Als dem Chefredakteur gemeldet wurde, der Setzer Johannes warte seit einer Stunde im Vorzimmer und lasse sich durchaus nicht abweisen oder auf ein anderes Mal vertrösten, nickte er mit einem etwas melancholischen und ergebenen Lächeln und drehte sich auf seinem runden Bürostuhl dem leise Eintretenden entgegen. Er wußte im voraus, welcherlei Anliegen den treuen weißbärtigen Schriftsetzer zu ihm führte, wußte, daß dies Anliegen eine hoffnungslose, ebenso sentimentale wie langweilige Sache sei, daß er dieses Mannes Wünsche nicht erfüllen und ihm keinen andern Gefallen erweisen könne als den, ihn mit artiger Miene anzuhören, und da der Bittsteller, ein seit vielen Jahren bei der Zeitung arbeitender Schriftsetzer, nicht nur ein sympathischer und achtungswerter Mensch, sondern auch ein Mann von Bildung war, nämlich ein in der vormodernen Periode sehr geschätzter, beinahe berühmter Schriftsteller, empfand der Redakteur bei seinen Besuchen, welche erfahrungsgemäß ein- bis zweimal im Jahre erfolgten und stets dieselbe Absicht und denselben Erfolg, vielmehr Mißerfolg hatten, ein Gefühl, aus Mitleid und Verlegenheit gemischt, das sich bis zu starkem Unbehagen steigerte, als nun der Gemeldete leise eintrat und mit behutsamer Höflichkeit völlig geräuschlos die Türe hinter sich schloß.

»Setzen Sie sich, Johannes«, sagte der Chefredakteur in ermunterndem Tone (beinahe demselben Ton, den er vor Zeiten als Feuilletonredakteur gegen die jungen Literaten angewandt hatte und heut jungen Politikern gegenüber verwendete). »Wie geht es denn? Haben Sie etwas zu klagen?«

Johannes blickte ihn aus den von ungeheuer vielen winzigen Hautfalten umgebenen Augen, Kinderaugen im Gesicht eines Greises, schüchtern und traurig an.

»Es ist stets dasselbe«, sagte er mit einer trauernd sanften Stimme. »Und es wird immer schlimmer, es geht rasch dem völligen Untergang entgegen. Ich habe neuerdings furchtbare Symptome festgestellt. Was vor zehn Jahren noch selbst dem Durchschnittsleser die Haare gesträubt hätte, das wird heute nicht bloß vom Leser willig hingenommen, in den vermischten Nachrichten und im Sportbericht, vom Inserat gar nicht zu reden – nein, selbst im Feuilleton, selbst im Leitartikel ist es eingerissen, auch bei guten, geschätzten Literaten sind heute diese Fehler, diese Ungeheuerlichkeiten und Entartungserscheinungen etwas Selbstverständliches, sind die Regel geworden. Auch bei Ihnen, Herr Chefredakteur, verzeihen Sie, auch bei Ihnen! Ich will ja längst nichts mehr darüber sagen, daß unsere Schriftsprache nur noch ein Bettlerjargon ist, verarmt und verlaust, daß alle schönen, reichen, seltenen, hochkultivierten Formen verschwunden sind, daß ich seit Jahren in keinem Leitartikel mehr ein Futurum exaktum, geschweige denn einen reichen, vollatmigen, edel gebauten, elastisch schreitenden Satz, eine gediegene, ihrer Struktur bewußte, schön ansteigende, anmutig abklingende Periode mehr angetroffen habe. Ich weiß, dies ist dahin. Wie sie auf Borneo und all jenen Inseln den Paradiesvogel, den Elefanten, den Königstiger ausgerottet haben, so haben sie all die holden Sätze, all die Inversionen, all die zarten Spiele und Schattierungen unserer lieben Sprache vernichtet und ausgerissen. Ich weiß, da ist nichts mehr zu retten. Aber die direkten Fehler, die stehengebliebenen krassen Flüchtigkeiten, die völlige Gleichgültigkeit auch den Grundregeln der grammatischen Logik gegenüber! Ach, Herr Doktor, da fängt man einen Satz, aus alter Gewohnheit, mit ›Obschon‹ oder mit ›Einerseits‹ an und vergißt, nach kaum zwei Zeilen, die doch gewiß nicht komplizierten Verpflichtungen, die man sich mit diesem Satzanfang auferlegt hat, man unterschlägt den Nachsatz, biegt in eine andre Konstruktion ein, und es sind noch die Besten, die den Skandal wenigstens hinter einen Gedankenstrich zu verbergen, ihn durch die Kulisse einer kleinen Punktreihe abzudämpfen suchen. Sie wissen, Herr Chefredakteur, auch zu Ihrem Rüstzeug gehört dieser Gedankenstrich. Er war mir einst, vor Jahren, fatal, er war mir verhaßt, aber es ist dahin gekommen, daß ich ihn heute mit Rührung begrüße, wenn er sich einmal zeigt, daß ich Ihnen für jeden solchen Gedankenstrich tief dankbar bin, denn er ist immerhin ein Rest des Ehemals, er ist ein Zeichen von Kultur, von schlechtem Gewissen, er ist ein abgekürztes, chiffriertes Bekenntnis des Schreibenden, daß er sich einer gewissen Verpflichtung gegen die Gesetze der Sprache bewußt ist, daß er es gewissermaßen bereut und bedauert, wenn er, von beklagenswerten Notwendigkeiten gezwungen, allzuoft sich am heiligen Geist der Sprache versündigen muß.«

Der Redakteur, welcher während dieser Rede mit geschlossenen Augen an den Kalkulationen weitergerechnet hatte, in denen ihn der Besuch unterbrach, öffnete langsam seine Augen, ließ sie heiter auf Johannes ruhen, lächelte mit Wohlwollen und sagte langsam, begütigend, dem Alten zuliebe um anständige Formulierung sichtlich bemüht:

»Sehen Sie, Johannes, Sie haben vollkommen recht, ich habe Ihnen dies schon früher stets gerne zugegeben. Sie haben recht: jene Sprache der älteren Zeit, jene kultivierte, schön gepflegte Sprache, die vor zwei, drei Jahrzehnten noch von zahlreichen Autoren wenigstens annähernd gekannt war und gekonnt wurde, diese Sprache ist untergegangen. Sie ging unter, wie die Bauten der Ägypter und die Systeme der Gnostiker untergegangen sind, wie Athen und Byzanz untergehen mußten. Das ist traurig, lieber Freund, es ist tragisch – (bei diesem Wort zuckte der Setzer zusammen und öffnete die Lippen wie zu einem Ausruf, bezwang sich jedoch und sank ergeben in seine vorherige Haltung zurück) –, aber es ist unsre Bestimmung und muß unser Streben sein, nicht wahr, das Notwendige, das schicksalhaft sich Vollziehende hinzunehmen, sei es noch so traurig. Wie ich Ihnen ja auch früher schon sagte: es ist schön, dem Gewesenen eine gewisse Treue zu bewahren, und in Ihrem Falle kann ich diese Treue nicht nur verstehen, sondern muß sie bewundern. Aber das Festhalten an Dingen und Zuständen, welche nun einmal dem Untergang geweiht sind, muß seine Grenzen haben; das Leben selbst steckt uns diese Grenzen, und wenn wir darüber hinausgehen, wenn wir allzu zäh am Alten hängen, geraten wir eben in Widerspruch mit dem Leben, das stärker ist als wir. Ich verstehe Sie sehr gut, glauben Sie mir das. Sie, der als ein ausgezeichneter Beherrscher jener Sprache, jener ererbten schönen Tradition bekannt sind, Sie, der einstige Dichter, müssen natürlich mehr als andre unter dem Verfalls- oder Übergangszustand leiden, in dem unsere Sprache, unsere ganze ehemalige Kultur sich befindet. Daß Sie als Setzer diesen Verfall täglich mitansehen, ja an ihm teilnehmen und gewissermaßen mitarbeiten müssen, hat etwas Bitteres, etwas von Trag... – (bei diesen Worten zuckte Johannes wieder zusammen, so daß der Redakteur unwillkürlich ein andres Wort suchte) – hat etwas von Schicksalsironie. Aber so wenig wie Sie selbst, so wenig kann ich oder irgendein andrer da helfen. Wir müssen die Dinge gehen lassen und uns fügen.«

Der Redakteur betrachtete das ebenso kindliche wie sorgenvolle Gesicht des alten Setzers mit Sympathie. Es war zuzugeben, diese allmählich aussterbenden Vertreter der alten Welt, der vormodernen, sogenannten »sentimentalen« Epoche hatten etwas für sich, sie waren angenehme Menschen, trotz ihren Wehleidigkeiten. Mit gütigem Tone fuhr er fort:

»Sie wissen, vor etwa zwanzig Jahren, lieber Freund, wurden in unserem Lande die letzten Dichtungen gedruckt, teils noch in Form von Büchern, was freilich damals schon sehr selten geworden war, teils in den Feuilletons der Zeitungen. Dann kam, eigentlich ganz plötzlich, über uns alle die Einsicht, daß mit diesen Dichtungen etwas nicht stimme, daß sie entbehrlich, daß sie eigentlich töricht seien. Wir merkten damals etwas, es wurde uns etwas bewußt, was im stillen sich längst vollzogen hatte und nun plötzlich als erkannte Tatsache vor uns stand: daß die Zeit der Kunst vorüber, daß Kunst und Dichtung in unsrer Welt abgestorben waren, und daß es besser sei, sie ganz zu verabschieden, als sie, tot wie sie doch waren, weiter mit uns zu schleppen. Für uns alle, auch für mich, war dies damals eine recht bittere Erkenntnis. Und doch haben wir recht daran getan, ihr nachzuleben. Wer Goethe oder so etwas lesen will, kann es tun wie zuvor, ihm geht nichts dadurch verloren, daß nicht mehr Tag für Tag ein Berg von neuer, schwächlicher, entnervter Dichtungen nachwächst. Wir haben uns alle damit abgefunden. Auch Sie taten es, Johannes, als Sie damals Ihren poetischen Beruf niederlegten und sich eine schlichte Brotarbeit suchten. Und wenn Sie nun heute in Ihrem Alter allzusehr darunter leiden, daß Sie als Setzer so oft in Konflikt mit der Ihnen heilig gebliebenen Tradition und Kultur der Sprache geraten, dann, lieber Freund, mache ich Ihnen den Vorschlag: Geben Sie diese mühsame und wenig dankbare Arbeit auf! – Warten Sie noch, lassen Sie mich reden! Sie fürchten, Ihr Brot zu verlieren? Aber nein, da müßten wir ja Barbaren sein! Nein, von Hunger keine Rede. Sie sind altersversichert, und darüber hinaus wird unsere Firma – ich gebe Ihnen mein Wort – Ihnen lebenslang eine Pension gewähren, so daß Sie stets desselben Einkommens sicher sein können, das Sie zur Zeit haben.« Er war mit sich zufrieden. Diese Lösung, mit der Pensionierung, war ihm erst während des Sprechens eingefallen.

»Nun, was sagen Sie dazu?« fragte er lächelnd.

Johannes konnte nicht sogleich antworten. Bei den letzten Worten des gütigen Herrn hatte sein altes Kindergesicht den Ausdruck furchtbarer Angst angenommen, die welken Lippen waren ganz erbleicht, die Augen schauten starr und ratlos. Nur langsam fand er die Fassung wieder. Enttäuscht betrachtete ihn der Chef. Und so fing der Alte an zu reden, redete sehr leise, aber mit ungeheurer angstvoller Dringlichkeit, leidenschaftlich bemüht, seine Sache zum richtigen, überzeugenden, unwiderstehlichen Ausdruck zu bringen. Kleine rote Flecken kamen und vergingen auf Stirn und Wangen, flehentlich bat Auge und schräge Kopfhaltung um Gehör, um Gnade, der faltige dürre Hals wand sich lang, bittstellend, sehnlich aus dem weiten Hemdkragen. Johannes sprach:

»Herr Chefredakteur, verzeihen Sie doch bitte, daß ich Sie belästigt habe! Ich will es nicht wieder tun, nie wieder. Es geschah ja um einer guten Sache willen, aber ich begreife, daß ich Ihnen damit lästig werde. Ich begreife auch, daß Sie mir nicht helfen können, daß das Rad über uns alle weggeht. Aber um Gottes willen, nehmen Sie mir meine Arbeit nicht! Sie beruhigen mich darüber, daß ich nicht zu hungern brauche – aber das habe ich nie gefürchtet! Ich will auch gerne für geringeren Lohn arbeiten, meine Arbeitskraft ist ja wohl nicht mehr groß. Aber lassen Sie mir meine Arbeit, lassen Sie mir meinen Dienst, sonst töten Sie mich!« Und ganz leise, mit glühenden Augen, heiser und angespannt fuhr er fort: »Ich habe ja nichts als diesen Dienst, er ist ja das einzige, wofür ich gerne lebe! Ach, Herr Doktor, wie konnten Sie mir diesen furchtbaren Vorschlag machen, Sie, der einzige, der mich noch kennt, der noch weiß, wer ich einst war!«

Der Redakteur suchte die beängstigende Erregung des Mannes zu beruhigen, indem er ihm mehrmals unter wohlwollendem Brummen auf die Schultern klopfte. Nicht beruhigt, jedoch das Wohlwollen des andern und seine Teilnahme spürend, begann Johannes nach kurzer Pause wieder zu sprechen:

»Herr Chefredakteur, ich weiß, daß Sie einst, in Ihrer ersten Jugendzeit, Bücher von Nietzsche gelesen haben. Nun, auch ich habe ihn gelesen. Mit siebzehn Jahren, eines Abends in meiner lieben Schülerdachstube, kam ich beim Lesen des Zarathustra an jene Seiten, auf denen das Nachtlied steht. Nie, in diesen fast sechzig Jahren, habe ich jene Stunde vergessen, da ich zum ersten Male die Worte las: »Nacht ist es, nun reden lauter alle springenden Brunnen« –! Denn in jener Stunde war es, wo mein Leben seinen Sinn bekam, wo ich den Dienst begann, in dem ich noch heute stehe, in jener Stunde ging mir wie in einem Blitzstrahl das Wunder der Sprache auf, der unsägliche Zauber des Wortes; geblendet sah ich in ein unsterbliches Auge, fühlte eine göttliche Gegenwart, und ergab mich in sie als in mein Schicksal, meine Liebe, mein Glück und Verhängnis. Andere Dichter las ich dann, fand noch edlere, noch heiligere Worte als jenes Nachtlied, fand, vom Magnet gezogen, unsere großen Dichter, die niemand mehr kennt, fand den traumsüßen, traumschweren Novalis, dessen magische Worte alle wie nach Wein und wie nach Blut schmecken, und den feurigen jungen Goethe, und den alten mit dem geheimnisvollen Lächeln, ich fand den dunkelhastigen, schwer atmenden Kleist, den trunkenen Brentano, den raschen, zuckenden Hoffmann, den holden Mörike, den langsamen sorgfältigen Stifter, und alle, alle die Herrlichen: Jean Paul! Arnim! Büchner! Eichendorff! Heine! An sie hielt ich mich, ihr kleinerer Bruder zu sein wurde mein Verlangen, ihre Sprache zu schlürfen mein Sakrament, der hohe heilige Wald dieser Dichtung ward mein Tempel. In ihrer Welt habe ich gelebt, hielt mich eine Zeitlang beinahe für ihresgleichen, kannte tief die wunderbare Wollust, im geschmeidigen Stoff der Worte zu wühlen wie Wind im zärtlichen Sommerlaub, die Worte klingen zu machen, tanzen zu machen, sie knistern, schauern, knallen, singen, schreien, frieren, zittern, zucken, erstarren zu machen. Es fanden sich Menschen, die in mir einen Dichter erkannten, in deren Herzen meine Melodien wie in Harfen wohnten. Nun, genug davon, genug. Es kam jene Zeit, von der auch Sie vorher zu sprechen beliebten, jene Zeit, wo sich unser ganzes Geschlecht von der Dichtung abwandte, wo wir alle wie in einem herbstlichen Schauder spürten: Nun sind die Tempeltüren zugeschlagen, nun ist es Abend, und die heiligen Wälder der Dichtung sind verdunkelt, kein Heutiger mehr findet die Zauberpfade ins göttliche Innere. Still wurde es, still verloren wir Dichter uns in das ernüchterte Land, dem der große Pan gestorben war.«

Der Redakteur reckte seine Schultern in einem Gefühl tiefen Unbehagens, in einem zwiespältigen, quälenden Gefühl. Wohin verlor sich dieser arme alte Mann?! Er warf ihm einen heimlichen Blick zu, in dem geschrieben stand: »Nun ja, laß schon gut sein, wir wissen ja!« Aber Johannes war noch nicht am Ende.

»Damals«, fuhr er fort, leise und angestrengt zu reden, »damals nahm auch ich Abschied von der Dichtung, deren Herz nicht mehr schlug. Eine Weile lebte ich gelähmt und gedankenlos dahin, bis mich die Verringerung und endlich das Ausbleiben der gewohnten Einkünfte aus meinen Schriften zwang, mir ein anderes Brot zu suchen. Ich wurde Setzer, weil ich zufällig diese Arbeit einst als Volontär bei einem Verleger gelernt hatte. Und ich habe es nicht bereut, wenn auch das Handwerk mir in den ersten Jahren recht bitter schmeckte. Aber ich fand in ihm das, was ich brauchte, was jeder Mensch braucht, um leben zu können: eine Aufgabe, einen Sinn meines Daseins. Verehrter Herr, auch ein Setzer dient im Tempel der Sprache, auch sein Handwerk gehört zum Dienst am Wort. Ich darf es Ihnen heute, wo ich ein alter Mann bin, gestehen: ich habe in Leitartikeln, in Feuilletons, in Parlamentsberichten, im Gerichtssaal, im Lokalen und in den Inseraten durch alle die Jahre viele Tausende und Zehntausende von Sprachsünden stillschweigend verbessert, viele Tausende von schlechtgebauten Sätzen eingerenkt und auf die Füße gestellt. O welche Freude mir das machte! Wie schön war es, wenn aus dem hingeschleuderten Diktat eines überanstrengten Redakteurs, aus dem verstümmelten Zitat eines halbgebildeten Parlamentsredners, aus der deformierten, paralytischen Syntax eines Reporters mich, nach wenigen magischen Strichen und Eingriffen, die holde Sprache wieder mit unverstellten, gesunden Zügen ansah! Aber mit der Zeit wurde dies immer schwieriger, der Unterschied zwischen meiner und der modischen Schriftsprache immer größer, die Risse im Bau immer breiter. Ein Leitartikel, den ich vor zwanzig Jahren durch zehn, zwölf kleine Liebesdienste leidlich heilen konnte, würde heute hundert und tausend Korrekturen erfordern, um in meinem Sinne leserlich zu werden. Es ging nicht mehr, immer häufiger mußte ich resignieren. Nun ja, Sie sehen, auch ich bin nicht völlig starr und reaktionär, auch ich lernte, leider, Konzessionen zu machen, dem großen Übel nicht mehr zu widerstehen.

Aber nun ist noch das andere da, das, was ich früher meinen ›kleinen‹ Dienst nannte und was längst mein einziger geworden ist. Vergleichen Sie, Herr Doktor, einmal eine von mir gesetzte Spalte mit einer beliebigen andern Zeitung, so wird Ihnen der Unterschied in die Augen springen. Die heutigen Setzer, alle ohne Ausnahme, haben sich längst der Sprachverderbnis angepaßt, ja unterstützen und beschleunigen sie geradezu. Kaum einer weiß mehr, daß es ein zartes und inniges Gesetz gibt, ein ungeschriebenes künstlerisches Gesetz, nach welchem hier ein Komma, hier ein Doppelpunkt, hier ein Semikolon stehen muß. Und wie scheußlich, wie geradezu mörderisch werden, schon in den maschinengeschriebenen Manuskripten, und dann von den Setzern, jene Wörter behandelt, welche am Schluß einer Zeile stehen und das unverschuldete Unglück haben, zu lang zu sein, und in zwei Teile zerlegt werden müssen! Es ist grauenvoll. In unserer eigenen Zeitung habe ich, mit den Jahren stets zunehmend, Hunderttausende von solchen armen Wörtern, erwürgten, falsch geteilten, zerfetzten und geschändeten Wörtern antreffen müssen: Umst-ände – Betrachtungen, ja einmal gab es einen Schlup-fwinkel! Hier nun ist mein Feld, hier kann ich auch heute noch den täglichen Kampf kämpfen, im Kleinen das Gute tun. Und Sie wissen nicht, Sie ahnen nicht, Herr, wie schön das ist, wie gut, wie dankbar ein von der Folterbank erlöstes Wort, ein durch richtige Interpunktion geklärter Satz den Setzer anblickt! Nein, bitte verlangen Sie nie wieder von mir, daß ich dies alles wegwerfe und im Stich lasse!«

Der Redakteur, obwohl er Johannes seit Jahrzehnten kannte, hatte ihn doch noch niemals so lebhaft und persönlich sprechen hören, und während er sich innerlich gegen das Närrische und Übertriebene dieser Rede wehrte und kalt machte, empfand er doch auch einen kleinen geheimen Wert in diesem Bekenntnis. Auch entging ihm nicht, wie hoch immerhin bei einem Setzer eine so zarte Gewissenhaftigkeit und Arbeitsfreude zu schätzen sei. Von neuem füllte er sein kluges Gesicht ganz mit Freundlichkeit und sagte:

»Nun ja, Johannes, Sie haben mich ja längst überzeugt. Unter diesen Umständen nehme ich meinen Vorschlag – er war ja gut gemeint – natürlich zurück. Setzen Sie weiter, bleiben Sie in Ihrem Dienst! Und wenn ich Ihnen etwa sonst irgendeinen kleinen Gefallen erweisen kann, so sagen Sie es mir.« – Er erhob sich und streckte dem Setzer die Hand hin, überzeugt, daß dieser nun endlich gehen werde.

Aber Johannes, die dargebotene Hand mit Innigkeit ergreifend, schloß sein Herz aufs neue auf, indem er sagte: »Danke von Herzen, Herr Chefredakteur, wie gütig sind Sie! Ach, allerdings hätte ich eine Bitte, eine kleine Bitte. Wenn Sie mir da ein wenig helfen möchten!«

Ohne wieder Platz zu nehmen, forderte der Redakteur ihn durch einen etwas ungeduldigen Blick zu sprechen auf.

»Es handelt sich«, sagte Johannes, »es handelt sich wieder um ›tragisch‹, Herr Doktor, Sie wissen ja, wir sprachen früher mehrmals darüber. Sie kennen ja die Unsitte der Berichterstatter, jeden Unglücksfall tragisch zu nennen, während doch tragisch – nun, ich muß mich kurz fassen, genug hiervon. Also jeder gestürzte Radfahrer, jedes am Herd verbrannte Kind, jeder Sturz eines Kirschenpflückers von der Leiter wird mit dem entweihten Worte »tragisch« bezeichnet. Unserm früheren Reporter hatte ich es beinahe abgewöhnt, ich ließ ihm keine Ruhe, jede Woche war ich einmal bei ihm, und er war ein guter Mann, er lachte und gab häufig nach, möglicherweise verstand er sogar, wenigstens teilweise, um was es mir zu tun war. Aber nun der neue Herr Redakteur für die kleinen Nachrichten – ich will sonst nicht über ihn urteilen, aber ich übertreibe kaum, wenn ich sage: jedes überfahrene Huhn wird ihm zum willkommenen Anlaß, jenes heilige Wort zu mißbrauchen. Wenn Sie mir die Möglichkeit verschaffen könnten, mit ihm einmal ernstlich zu reden, ihn bitten, daß er mich wenigstens ein einziges Mal richtig anhört –.« Der Redakteur trat zum Schaltbrett, drückte eine Taste nieder und sprach einige Worte in die Sprechmuschel.

»Herr Stettiner wird um zwei Uhr da sein und einige Minuten für Sie übrig haben. Ich werde ihn noch informieren. Aber fassen Sie sich kurz, wenn Sie bei ihm sind!«

Dankbar verabschiedete sich der alte Setzer. Der Redakteur sah ihn durch die Tür hinausschleichen, sah über den alten, drolligen Tuchrock das weiße dünne Haar hinabstechen, sah den gekrümmten Rücken des treuen Dieners, und hatte nichts mehr dagegen, daß es ihm mißglückt war, den Alten in den Ruhestand zu verlocken. Mochte er bleiben! Mochte er weiterhin einmal, zweimal im Jahre diese Audienzen wiederholen! Er war ihm nicht böse. Er konnte sich recht wohl in ihn hineinfühlen. Eben dieses konnte jedoch Herr Stettiner nicht, bei welchem Johannes sich um zwei Uhr einfand, und den zu informieren allerdings der Chef im Drang der Geschäfte vergessen hatte.

Herr Stettiner, ein äußerst brauchbarer jüngerer Mitarbeiter der Zeitung, der sich rasch vom Lokalberichterstatter zum Mitglied der Redaktion emporgeschwungen hatte, war kein Unmensch, und als Reporter hatte er gelernt, mit Menschen jeder Art umzugehen. Allein dem Phänomen Johannes stand dieser Kundige vollkommen fremd und ratlos gegenüber, er hatte in der Tat nicht gewußt, nie geahnt, daß es eine solche Art von Menschen gibt, oder gab. Auch fühlte er sich als Redakteur, begreiflich genug, keineswegs verpflichtet, von einem Setzer Ratschläge und Belehrungen anzunehmen, sei dieser auch hundert Jahre alt und sei er auch früher, im sentimentalen Zeitalter, eine Berühmtheit, ja sei er Aristoteles selber gewesen. So geschah denn das Unabänderliche, daß Johannes nach wenigen Minuten, von dem rot und zornig gewordenen Herrn hastig zur Türe gebracht, dessen Büro verlassen mußte. Es geschah ferner, daß eine halbe Stunde später der alte Johannes im Setzersaal, nachdem er eine Viertelspalte voll unerhörter Fehler zusammengesetzt, über seinem Manuskript mit einem wimmernden Klagelaut zusammensank und eine Stunde später tot war.

Die Leute im Setzersaal, so plötzlich ihres Seniors beraubt, wurden nach kurzem Flüstern einig, ihm gemeinsam einen Kranz auf den Sarg zu stiften. Herrn Stettiner aber fiel die Aufgabe zu, in einer kleinen Notiz über den Todesfall zu berichten, denn immerhin war Johannes einst, vor dreißig oder vierzig Jahren, eine Art von Berühmtheit gewesen.

Er schrieb »Tragisches Ende eines Dichters« – dann fiel ihm ein, daß Johannes eine Idiosynkrasie gegen das Wort »tragisch« gehabt habe, und immerhin hatte die seltsame Gestalt des Greises und sein plötzlicher Tod kurz nach ihrer Unterredung ihm so viel Eindruck gemacht, daß er sich verpflichtet fand, den Toten ein wenig zu ehren. In diesem Gefühl also strich er die Überschrift seiner Notiz wieder durch, ersetzte sie durch die Worte »Bedauerlicher Todesfall«, fand plötzlich auch dies ungenügend und schal, wurde ärgerlich, nahm sich zusammen und schrieb nun über seine Notiz endgültig die Worte »Einer von der alten Garde«.

(1923)

Was der Dichter am Abend sah

Der südliche Julitag sank glühend hinab, die Berge schwammen im blauen Sommerdunst mit rosigen Gipfeln, im Gefilde kochte schwül das schwere Wachstum, strotzend stand der hohe fette Mais, in vielen Kornfeldern war das Korn schon geschnitten, in den lauen, mehlig satten Staubgeruch der Landstraße flossen aus Feldern und Gärten süß und überreif die vielen Blumendüfte. Im dicken Grün hielt die Erde noch die Tageswärme zurück, die Dörfer strahlten aus goldenen Giebeln warmen Nachglanz in die beginnende Dämmerung.

Von einem Dorfe zum andern ging auf der heißen Straße ein Liebespaar, ging langsam und ziellos, den Abschied verzögernd, manchmal lose Hand in Hand, manchmal umschlungen, Schulter an Schulter. Schön und schwebend gingen sie, in leichten Sommerkleidern schimmernd, auf weißen Schuhen, barhaupt, gezogen von Liebe, im leisen Abendfieber, das Mädchen mit weißem Gesicht und Hals, der Mann braun verbrannt, beide schlank und aufrecht, beide schön, beide im Gefühl der Stunde eins geworden und wie aus einem Herzen genährt und getrieben, beide doch tief verschieden und weit voneinander. Es war die Stunde, in der eine Kameradschaft zur Liebe und ein Spiel zum Schicksal werden wollte. Beide lächelten sie, und waren beide ernst bis fast zur Traurigkeit.

Kein Mensch ging zu dieser Stunde die Straße zwischen den beiden Dörfern, die Feldarbeiter hatten schon Feierabend. Nahe einem Landhaus, das hell durch Bäume schien, als stünde es noch in der Sonne, blieben die Liebenden stehen und umarmten sich. Sanft führte der Mann das Mädchen zum Rand der Straße, da lief eine niedere Mauer hin, auf die setzten sie sich, um noch beisammen zu bleiben, um nicht ins Dorf und zu Menschen zu müssen, um nicht den Rest des gemeinsamen Weges schon zu verbrauchen. Still saßen sie auf der Mauer, in Nelken und Steinbrech, Reblaub über sich. Durch Staub und Duft kamen Töne vom Dorf her, Kinderspiel, Ruf einer Mutter, Männergelächter, ein altes Klavier fern und schüchtern. Still saßen sie, lehnten aneinander, sprachen nicht, fühlten gemeinsam Laub über sich dunkeln, Düfte um sich irren, warme Luft in erster Ahnung von Tau und Kühle schauern.

Das Mädchen war jung, war sehr jung und schön, schlank und herrlich kam aus dem leichten Kleid der hohe lichte Hals, schlank und lang aus weiten kurzen Ärmeln die hellen Arme und Hände. Sie liebte ihren Freund, sie glaubte ihn sehr zu lieben. Sie wußte viel von ihm, sie kannte ihn so gut, sie waren lange Zeit Freunde gewesen. Oft hatten sie, einen Augenblick lang, sich auch ihrer Schönheit und ihres Geschlechts erinnert, hatten einen Händedruck zärtlich verzögert, hatten sich kurz und spielend geküßt. Er war ihr Freund gewesen, auch ein wenig ihr Ratgeber und Vertrauter, der Ältere, der Wissendere, und nur manchmal, für Augenblicke, war ein schwaches Wetterleuchten über den Himmel ihrer Freundschaft gezuckt, kurze holde Erinnerung, daß zwischen ihnen nicht bloß Vertrauen und Kameradschaft bestand, daß auch Eitelkeit, auch Machtbegierde, auch süße Feindschaft und Anziehung der Geschlechter spielte. Nun wollte das reif werden, nun brannte dies andere auf.

Schön war auch der Mann, doch ohne die Jugend und innige Blüte des Mädchens. Er war viel älter als sie, er hatte Liebe und Schicksal gekostet, Schiffbruch und neue Ausfahrt erlebt. Streng stand Nachdenken und Selbstbewußtsein in seinem magern braunen Gesicht geschrieben, Schicksal in Stirn und Wangen gefaltet. An diesem Abend aber blickte er sanft und hingegeben. Seine Hand spielte mit der Mädchenhand, lief leise und schonend über Arm und Nacken, über Schultern und Brust der Freundin, kleine spielende Wege der Zärtlichkeit. Und während ihr Mund ihm aus dem stillen dämmernden Abendgesicht entgegenkam, innig und wartend wie eine Blume, während Zärtlichkeit in ihm aufwallte und aufsteigender Hunger der Leidenschaft, dachte er doch immerzu daran und wußte davon, daß viele andere Geliebte ebenso mit ihm durch Sommerabende gegangen waren, daß auf anderen Armen, auf anderen Haaren, um andre Schultern und Hüften seine Finger dieselben zarten Wege gegangen waren, daß er Gelerntes übte, daß er Erlebtes wiederholte, daß für ihn das ganze strömende Gefühl dieser Stunde etwas anderes war als für das Mädchen, etwas Schönes und Liebes, aber nicht mehr Neues, nicht mehr Unerhörtes, nicht mehr Erstes und Heiliges.

Auch diesen Trank kann ich schlürfen, dachte er, auch er ist süß, auch er ist wunderbar, und ich kann diese junge Blüte vielleicht besser lieben, wissender, schonender, feiner als ein junger Bursch es könnte, als ich selber es vor zehn, vor fünfzehn Jahren gekonnt hätte. Ich kann sie zarter, klüger, freundlicher über die Schwelle der ersten Erfahrung heben als irgendein andrer, ich kann diesen holden edlen Wein edler und dankbarer kosten als irgendein Junger. Aber ich kann ihr nicht verbergen, daß nach dem Rausch die Sattheit kommt, ich kann ihr nicht über den ersten Rausch hinaus einen Liebenden vorspielen, wie sie ihn träumt, einen nie Ernüchterten. Ich werde sie zittern und weinen sehen und werde kühl und heimlich ungeduldig sein. Ich werde mich vor dem Augenblick fürchten und fürchte mich jetzt schon vor dem Augenblick, da sie mit erwachenden Augen die Ernüchterung kosten muß, da ihr Gesicht keine Blume mehr sein und im aufzuckenden Schreck über das verlorene Mädchentum sich verziehen wird.

Sie saßen schweigend auf der Mauer im blühenden Gekräut, aneinander geschmiegt, hin und wieder von Wollust überschauert und enger aneinander getrieben. Sie sprachen nur selten ein Wort, ein lallendes kindisches Wort: Lieber – Schatz – Kind – hast du mich lieb?

Da kam aus dem Landhaus, dessen Schein im Laubdunkel nun auch zu erblassen begann, ein Kind gegangen, ein kleines Mädchen, vielleicht zehn Jahre alt, barfuß, auf schlanken bräunlichen Beinen, im kurzen dunklen Kleid, mit dunklem langen Haar überm bleichbräunlichen Gesicht. Spielend kam sie daher, unschlüssig, etwas verlegen, ein Springseil in der Hand, lautlos liefen die kleinen Füße über die Straße. Sie kam spielerisch daher, schrittwechselnd, gegen den Ort, wo die Liebenden saßen. Sie ging langsamer, als sie zu ihnen kam, als ginge sie ungern vorüber, als zöge etwas hier sie an, wie einen Abendfalter die Phloxblume anzieht. Leise sang sie ihren Gruß »buona sera«. Freundlich nickte das große Mädchen von der Mauer herüber, freundlich rief der Mann ihr zu: »Ciao, cara mia.«

Das Kind ging vorüber, langsam, ungern, und zögerte mehr und mehr, blieb nach fünfzig Schritten stehen, kehrte um, zögernd, kam wieder näher, ging nah an dem Liebespaar vorüber, blickte verlegen und lächelnd her, ging weiter, verschwand im Garten des Landhauses.

»Wie hübsch sie war!« sagte der Mann.

Wenig Zeit verging, wenig hatte die Dämmerung sich vertieft, da kam das Kind von neuem aus der Gartenpforte hervor. Es blieb einen Augenblick stehen, äugte heimlich die Straße entlang, erspähte die Mauer, das Reblaub, das Liebespaar. Dann begann das Kind zu rennen, lief in schnellem Trab auf nackten federnden Sohlen die Straße heran, am Paar vorbei, kehrte rennend um, lief bis zum Gartentor, machte eine Minute halt, und rannte nochmals und noch zweimal, dreimal ihren stillen einsamen Trab.

Schweigend sahen die Liebenden ihr zu, wie sie lief, wie sie umkehrte, wie der kurze dunkle Rock um die schlanken Kinderbeine schlug. Sie fühlten, daß dies Traben ihnen galt, daß Zauber von ihnen ausstrahlte, daß dies kleine Mädchen in seinem Kindertraum die Ahnung von Liebe und schweigendem Rausch des Gefühls empfinde.

Der Lauf des Mädchens wurde nun zu einem Tanz, schwebend kam sie näher, wiegend, schrittwechselnd. Einsam tanzte die kleine Gestalt im Abend auf der weißen Straße. Ihr Tanz war eine Huldigung, ihr kleiner Kindertanz war ein Lied und Gebet an die Zukunft, an die Liebe. Ernst und hingegeben vollzog sie ihr Opfer, schwebte her, schwebte davon, und verlor sich am Ende in den dunklen Garten zurück.

»Sie war von uns bezaubert«, sagte die Liebende. »Sie spürt Liebe.«

Der Freund schwieg. Er dachte: Vielleicht hat dies Kind in seinem kleinen Tanzrausch von der Liebe Schöneres und Volleres genossen, als es je erleben wird. Er dachte: Vielleicht haben auch wir beide von unsrer Liebe das Beste und Innigste nun schon genossen, und was noch kommen kann, ist schale Neige.

Er stand auf und hob seine Freundin von der Mauer.

»Du mußt gehen«, sagte er, »es ist spät geworden. Ich begleite dich bis zum Kreuzweg.«

Umschlungen gingen sie bis zum Kreuzweg. Zum Abschied küßten sie sich heiß, rissen sich los, gingen auseinander, kehrten beide nochmals um, küßten sich nochmals, der Kuß gab kein Glück mehr, nur heißeren Durst. Das Mädchen begann rasch davonzugehen, lange sah er ihr nach. Und auch in diesem Augenblick stand Vergangenheit bei ihm, sah ihm Gewesenes in die Augen: andre Abschiede, andre nächtliche Küsse, andre Lippen, andre Namen. Traurigkeit überfiel ihn, langsam ging er seine Straße zurück, Sterne kamen über den Bäumen hervor.

In dieser Nacht, die er nicht schlief, kamen seine Gedanken zu diesem Schluß:

Es ist nutzlos, Gewesenes zu wiederholen. Noch manche Frau könnte ich lieben, noch manches Jahr vielleicht ist mein Auge hell und meine Hand zärtlich, und mein Kuß den Frauen lieb. Dann muß Abschied genommen werden. Dann muß der Abschied, den ich heute freiwillig nehmen kann, in Niederlage und Verzweiflung genommen werden. Dann ist der Verzicht, der heut ein Sieg ist, nur noch schmählich. Darum muß ich heute schon verzichten, muß heut schon Abschied nehmen.

Viel habe ich heut gelernt, viel muß ich noch lernen. Von dem Kind muß ich lernen, das uns mit seinem stillen Tanz entzückt hat. In ihm ist Liebe aufgeblüht, als es ein Liebespaar am Abend sah. Eine frühe Welle, eine bangschöne Vorahnung der Lust floß diesem Kind durchs Blut, und es begann zu tanzen, da es noch nicht lieben kann. So muß auch ich tanzen lernen, muß Lustbegierde in Musik verwandeln, Sinnlichkeit in Gebet. Dann werde ich immer lieben können, dann werde ich nie mehr Gewesenes unnütz wiederholen müssen. Diesen Weg will ich gehen.

(um 1924)

Die Fremdenstadt im Süden

Diese Stadt ist eine der witzigsten und einträglichsten Unternehmungen modernen Geistes. Ihre Entstehung und Einrichtung beruht auf einer genialen Synthese, wie sie nur von sehr tiefen Kennern der Psychologie des Großstädters ausgedacht werden konnte, wenn man sie nicht geradezu als eine direkte Ausstrahlung der Großstadtseele, als deren verwirklichten Traum bezeichnen will. Denn diese Gründung realisiert in idealer Vollkommenheit alle Ferien- und Naturwünsche jeder durchschnittlichen Großstädterseele. Bekanntlich schwärmt der Großstädter für nichts so sehr wie für Natur, für Idylle, Friede und Schönheit. Bekanntlich aber sind alle diese schönen Dinge, die er so sehr begehrt und von welchen bis vor kurzem die Erde noch übervoll war, ihm völlig unbekömmlich, er kann sie nicht vertragen. Und da er sie nun dennoch haben will, da er sich die Natur nun einmal in den Kopf gesetzt hat, so hat man ihm hier, wie es koffeinfreien Kaffee und nikotinfreie Zigarren gibt, eine naturfreie, eine gefahrlose, hygienische, denaturierte Natur aufgebaut. Und bei alledem war jener oberste Grundsatz des modernen Kunstgewerbes maßgebend, die Forderung nach absoluter »Echtheit«. Mit Recht betont ja das moderne Gewerbe diese Forderung, welche in früheren Zeiten nicht bekannt war, weil damals jedes Schaf in der Tat ein echtes Schaf war und echte Wolle gab, jede Kuh echt war und echte Milch gab und künstliche Schafe und Kühe noch nicht erfunden waren. Nachdem sie aber erfunden waren und die echten nahezu verdrängt hatten, wurde in Bälde auch das Ideal der Echtheit erfunden. Die Zeiten sind vorüber, wo naive Fürsten sich in irgendeinem deutschen Tälchen künstliche Ruinen, eine nachgemachte Einsiedelei, eine kleine unechte Schweiz, einen imitierten Posilipo bauen ließen. Fern liegt heutigen Unternehmern der absurde Gedanke, dem großstädtischen Kenner etwa ein Italien in der Nähe Londons, eine Schweiz bei Chemnitz, ein Sizilien am Bodensee vortäuschen zu wollen. Der Naturersatz, den der heutige Städter verlangt, muß unbedingt echt sein, echt wie das Silber, mit dem er tafelt, echt wie die Perlen, die seine Frau trägt, und echt wie die Liebe zu Volk und Republik, die er im Busen hegt.

Dies alles zu verwirklichen, war nicht leicht. Der wohlhabende Großstädter verlangt für den Frühling und Herbst einen Süden, der seinen Vorstellungen und Bedürfnissen entspricht, einen echten Süden mit Palmen und Zitronen, blaue Seen, malerische Städtchen, und dies alles war ja leicht zu haben. Er verlangt aber auch außerdem Gesellschaft, verlangt Hygiene und Sauberkeit, verlangt Stadtatmosphäre, verlangt Musik, Technik, Eleganz, er erwartet eine dem Menschen restlos unterworfene und von ihm umgestaltete Natur, eine Natur, die ihm zwar Reize und Illusionen gewährt, aber lenkbar ist und nichts von ihm verlangt, in die er sich mit allen seinen großstädtischen Gewohnheiten, Sitten und Ansprüchen bequem hineinsetzen kann. Da nun die Natur das Unerbittlichste ist, was wir kennen, scheint das Erfüllen solcher Ansprüche nahezu unmöglich; aber menschlicher Tatkraft ist bekanntlich nichts unmöglich. Der Traum ist erfüllt.

Die Fremdenstadt im Süden konnte natürlich nicht in einem einzigen Exemplar hergestellt werden. Es wurden dreißig oder vierzig solche Idealstädte gemacht, an jedem irgend geeigneten Ort sieht man eine stehen, und wenn ich eine dieser Städte zu schildern versuche, ist es natürlich nicht diese oder jene, sie trägt keinen Eigennamen, so wenig wie ein Ford-Automobil, sie ist ein Exemplar, ist eine von vielen.

Zwischen langhin gedehnten, sanft geschwungenen Kaimauern liegt mit kleinen, kurzen Wellchen ein See aus blauem Wasser, an dessen Rand findet der Naturgenuß statt. Am Ufer schwimmen unzählige kleine Ruderboote mit farbig gestreiften Sonnendächern und bunten Fähnchen, elegante hübsche Boote mit kleinen netten Kissen und sauber wie Operationstische. Ihre Besitzer gehen auf dem Kai auf und nieder und bieten allen Vorübergehenden unaufhörlich ihre Schiffchen zum Mieten an. Diese Männer gehen in matrosenähnlichen Anzügen mit bloßer Brust und bloßen braunen Armen, sie sprechen echtes Italienisch, sind jedoch imstande, auch in jeder anderen Sprache Auskunft zu geben, sie haben leuchtende Südländeraugen, rauchen lange, dünne Zigarren und wirken malerisch.

Längs dem Ufer schwimmen die Boote, längs dem Seerand läuft die Seepromenade, eine doppelte Straße, der seewärts gekehrte Teil unter sauber geschnittenen Bäumen ist den Fußgängern reserviert, der innere Teil ist eine blendende und heiße Verkehrsstraße, voll von Hotelomnibussen, Autos, Trambahnen und Fuhrwerken. An dieser Straße steht die Fremdenstadt, welche eine Dimension weniger hat als andere Städte, sie erstreckt

Die Fremdenstadt im Süden

sich nur in die Länge und Höhe, nicht in die Tiefe. Sie besteht aus einem dichten, stolzen Gürtel von Hotelgebäuden. Hinter diesem Gürtel aber, eine nicht zu übersehende Attraktion, findet der echte Süden statt, dort nämlich steht tatsächlich ein altes italienisches Städtchen, wo auf engem, stark riechendem Markt Gemüse, Hühner und Fische verkauft werden, wo barfüßige Kinder mit Konservenbüchsen Fußball spielen und Mütter mit fliegenden Haaren und heftigen Stimmen die wohllautenden klassischen Namen ihrer Kinder ausbrüllen. Hier riecht es nach Salami, nach Wein, nach Abtritt, nach Tabak und Handwerken, hier stehen in Hemdsärmeln joviale Männer unter offenen Ladentüren, sitzen Schuhmacher auf offener Straße, das Leder klopfend, alles echt und sehr bunt und originell, es könnte auf dieser Szene jederzeit der erste Akt einer Oper beginnen. Hier sieht man die Fremden mit großer Neugierde Entdeckungen machen und hört häufig von Gebildeten verständnisvolle Äußerungen über die fremde Volksseele. Eishändler fahren mit kleinen rasselnden Karren durch die engen Gassen und brüllen ihre Näschereien aus, da und dort beginnt in einem Hof oder auf einem Plätzchen ein Drehklavier zu spielen. Täglich bringt der Fremde in dieser kleinen, schmutzigen und interessanten Stadt eine Stunde oder zwei zu, kauft Strohflechtereien und Ansichtskarten, versucht Italienisch zu sprechen und sammelt südliche Eindrücke. Hier wird auch sehr viel photographiert.

Noch weiter entfernt, hinter dem alten Städtchen, liegt das Land, da liegen Dörfer und Wiesen, Weinberge und Wälder, die Natur ist dort noch wie sie immer war, wild und ungeschliffen, doch bekommen die Fremden davon wenig zu sehen, denn wenn sie je und je in Automobilen durch diese Natur fahren, sehen sie die Wiesen und Dörfer genau so verstaubt und feindselig am Rand der Autostraße liegen wie überall.

Bald kehrt daher der Fremde von solchen Exkursionen wieder in die Idealstadt zurück. Dort stehen die großen, vielstöckigen Hotels, von intelligenten Direktoren geleitet, mit wohlerzogenem, aufmerksamem Personal. Dort fahren niedliche Dampfer über den See und elegante Wagen auf der Straße, überall tritt der Fuß auf Asphalt und Zement, überall ist frisch gefegt und gespritzt, überall werden Galanteriewaren und Erfrischungen angeboten. Im Hotel Bristol wohnt der frühere Präsident von Frankreich und im Parkhotel der deutsche Reichskanzler, man geht in elegante Cafés und trifft da die Bekannten aus Berlin, Frankfurt und München an, man liest die heimatlichen Zeitungen und ist aus dem Operetten-Italien der

Altstadt wieder in die gute, solide Luft der Heimat getreten, der Großstadt; man drückt frischgewaschene Hände, lädt einander zu Erfrischungen ein, ruft zwischenein am Telephon die heimatliche Firma an, bewegt sich nett und angeregt zwischen netten, gutgekleideten, vergnügten Menschen. Auf Hotelterrassen hinter Säulenbalustraden und Oleanderbäumen sitzen berühmte Dichter und starren mit sinnendem Auge auf den Spiegel des Sees, zuweilen empfangen sie Vertreter der Presse, und bald erfährt man, an welchem Werk dieser und jener Meister nun arbeitet. In einem feinen, kleinen Restaurant sieht man die beliebteste Schauspielerin der heimatlichen Großstadt sitzen, sie trägt ein Kostüm, das ist wie ein Traum, und füttert einen Pekinghund mit Dessert. Auch ist sie entzückt von der Natur und oft bis zur Andacht gerührt, wenn sie abends in Nr. 178 des Palace-Hotels ihr Fenster öffnet und die endlose Reihe der schimmernden Lichter sieht, die sich dem Ufer entlang zieht und träumerisch jenseits der Bucht verliert.

Sanft und befriedigt wandelt man auf der Promenade, Müllers aus Darmstadt sind auch da, und man hört, daß morgen ein italienischer Tenor im Kursaale auftreten wird, der einzige, der sich nach Caruso wirklich hören lassen kann. Man sieht gegen Abend die Dampferchen heimkehren, mustert die Aussteigenden, trifft wieder Bekannte, bleibt eine Weile vor einem Schaufenster voll alter Möbel und Stickereien stehen, dann wird es kühl, und nun kehrt man ins Hotel zurück, hinter die Wände von Beton und Glas, wo der Speisesaal schon von Porzellan, Glas und Silber funkelt und wo nachher ein kleiner Ball stattfinden wird. Musik ist ohnehin schon da, kaum hat man Abendtoilette gemacht, so wird man schon vom süßen, wiegenden Klang empfangen.

Vor dem Hotel erlischt langsam im Abend die Blumenpracht. Da stehen in Beeten, zwischen Betonmauern dicht und bunt die blühendsten Gewächse, Kamelien und Rhododendren, hohe Palmen dazwischen, alles echt, und voll dicker kühlblauer Kugeln die fetten Hortensien. Morgen findet eine große Gesellschaftsfahrt nach -aggio statt, auf die man sich freut. Und sollte man morgen aus Versehen statt nach -aggio an irgendeinen anderen Ort gelangen, nach -iggio oder -ino, so schadet das nichts, denn man wird dort ganz genau die gleiche Idealstadt antreffen, denselben See, denselben Kai, dieselbe malerisch-drollige Altstadt und dieselben guten Hotels mit den hohen Glaswänden, hinter welchen uns die Palmen beim Essen zuschauen, und dieselbe gute weiche Musik und all das, was so zum Leben des Städters gehört, wenn er es gut haben will.

(1925)

Traumfährte

Es war ein Mann, der übte den wenig angesehenen Beruf eines Unterhaltungsschriftstellers aus, gehörte aber immerhin zu jener kleineren Zahl der Literaten, die ihren Beruf nach Möglichkeit ernst nehmen und welchen von einigen Schwärmern eine ähnliche Verehrung entgegengebracht wird, wie sie in früheren Zeiten, als es noch eine Dichtung und Dichter gab, den wirklichen Dichtern dargebracht zu werden pflegte. Dieser Literat schrieb allerlei hübsche Sachen, er schrieb Romane, Erzählungen und auch Gedichte, und gab sich dabei die erdenklichste Mühe, seine Sache gut zu machen. Es glückte ihm jedoch selten, seinem Ehrgeiz Genüge zu tun, denn er machte, obwohl er sich für bescheiden hielt, den Fehler, sich anmaßenderweise nicht mit seinen Kollegen und Zeitgenossen, den andern Unterhaltungsschriftstellern, zu vergleichen und an ihnen zu messen, sondern an den Dichtern der vergangenen Zeit – an jenen also, welche sich schon über Generationen hinweg bewährt hatten, und da mußte er denn zu seinem Schmerze immer wieder bemerken, daß auch die beste und geglückteste Seite, die er je geschrieben, noch hinter dem verlorensten Satz oder Vers jedes wirklichen Dichters weit zurückstand. So wurde er immer unzufriedener und verlor alle Freude an seiner Arbeit, und wenn er noch je und je eine Kleinigkeit schrieb, so tat er es nur, um dieser Unzufriedenheit und inneren Dürre in Form von bitterer Kritiken an seiner Zeit und an sich selbst ein Ventil und einen Ausdruck zu geben, und natürlich wurde dadurch nichts besser. Manchmal auch versuchte er wieder in die verzauberten Gärten der reinen Dichtung zurückzufinden und huldigte der Schönheit in hübschen Sprachgebilden worin er der Natur, den Frauen, der Freundschaft sorgfältige Denkmäler errichtete, und diese Dichtungen hatten in der Tat eine gewisse Musik in sich und eine Ähnlichkeit mit den echten Dichtungen echter Dichter, an welche sie erinnerten wie etwa eine flüchtige Verliebtheit oder Rührung einen Geschäfts- und Weltmann gelegentlich an seine verlorene Seele erinnern kann.

Eines Tages in der Zeit zwischen Winter und Frühling saß dieser Schriftsteller, der so gern ein Dichter gewesen wäre, und sogar von manchen für einen gehalten wurde, wieder an seinem Schreibtisch. Wie gewohnt, war er spät aufgestanden, erst gegen Mittag, nachdem er die halbe Nacht gelesen hatte. Nun saß er und starrte auf die Stelle des Papiers, an welcher er gestern zu schreiben aufgehört hatte. Es standen kluge Dinge auf diesem Papier, in einer geschmeidigen und kultivierten Sprache vorgetragen, feine Einfälle, kunstvolle Schilderungen, manche schöne Rakete und Leuchtkugel stieg aus diesen Zeilen und Seiten auf, manches zarte Gefühl klang an – dennoch aber war der Schreibende enttäuscht von dem, was er auf seinem Papier las, ernüchtert saß er vor dem, was er gestern abend mit einer gewissen Freude und Begeisterung begonnen hatte, was gestern eine Abendstunde lang wie Dichtung ausgesehen und sich nun über Nacht doch eben wieder in Literatur verwandelt hatte, in leidiges beschriebenes Papier, um das es eigentlich schade war.

Wieder auch fühlte und bedachte er in dieser etwas kläglichen Mittagsstunde, was er schon manche Male gefühlt und bedacht hatte, nämlich die sonderbare Tragikomik seiner Lage, die Torheit seines heimlichen Anspruches auf echtes Dichtertum (da es doch echtes Dichtertum in der heutigen Wirklichkeit nicht gab noch geben konnte) und die Kindlichkeit und dumme Vergeblichkeit seiner Anstrengungen, mit Hilfe seiner Liebe zur alten Dichtung, mit Hilfe seiner hohen Bildung, mit Hilfe seines feinen Gehörs für die Worte der echten Dichter etwas erzeugen zu wollen, was echter Dichtung gleichkam oder doch bis zum Verwechseln ähnlich sah (da er doch recht wohl wußte, daß aus Bildung und aus Nachahmung überhaupt nichts erzeugt werden kann).

Halb und halb war ihm auch bekannt und bewußt, daß die hoffnungslose Streberei und kindliche Illusion all seiner Bemühungen keineswegs nur eine vereinzelte und persönliche Angelegenheit sei, sondern daß jeder Mensch, auch der scheinbar Normale, auch der scheinbar Glückliche und Erfolgreiche ebendieselbe Torheit und hoffnungslose Selbsttäuschung in sich hege, daß jeder Mensch beständig und immerzu nach irgend etwas Unmöglichem strebe, daß auch der Unscheinbarste das Ideal des Adonis, der Dümmste das Ideal des Weisen, der Ärmste das Wunschbild des Krösus in sich trage. Ja, halb und halb wußte er sogar daß es auch mit jenem so hochverehrten Ideal der »echten Dichtung« nichts sei, daß Goethe zu Homer oder Shakespeare ganz ebenso hoffnungslos als zu etwas Unerreichbarem emporgeblickt haben, wie ein heutiger Literat etwa zu Goethe emporblicken mochte, und daß der Begriff »Dichter« nur eine holde Abstraktion sei, daß auch Homer und Shakespeare nur Literaten gewesen seien, begabte Spezialisten, welchen es gelungen war, ihren Werken jenen Anschein des Überpersönlichen und Ewigen zu geben. Halb und halb wußte er dies alles, so wie kluge und des Denkens gewohnte Menschen diese selbstverständlichen und schrecklichen Dinge eben zu wissen vermögen. Er wußte oder ahnte, daß auch ein Teil seiner eigenen Schreibversuche auf Leser einer späteren Zeit vielleicht den Eindruck einer »echten Dichtung« machen würde, daß spätere Literaten vielleicht zu ihm und seiner Zeit mit Sehnsucht zurückblicken würden wie zu einem goldenen Zeitalter, wo es noch wirkliche Dichter, wirkliche Gefühle, wirkliche Menschen, eine wirkliche Natur und einen wirklichen Geist gegeben habe. Es hatte, wie ihm bekannt war, der behäbige Kleinstädter der Biedermeierzeit und der feiste Kleinbürger eines mittelalterlichen Städtchens schon ebenso kritisch und ebenso sentimental seine eigene, raffinierte, verdorbene Zeit in Gegensatz gebracht zu einem unschuldigen, naiven, seligen Gestern, und hatte seine Großväter und ihre Lebensweise mit derselben Mischung aus Neid und Mitleid betrachtet, mit welcher der heutige Mensch die selige Zeit vor der Erfindung der Dampfmaschine zu betrachten geneigt ist.

Alle diese Gedanken waren dem Literaten geläufig, alle diese Wahrheiten waren ihm bekannt. Er wußte: dasselbe Spiel, dasselbe gierige, edle, hoffnungslose Streben nach etwas Gültigem, Ewigem, an sich selbst Wertvollem, das ihn zum Vollschreiben von Papierblättern antrieb, trieb auch alle anderen an: den General, den Minister, den Abgeordneten, die elegante Dame, den Kaufmannslehrling. Alle Menschen strebten irgendwie, sei es noch so klug oder noch so dumm, über sich selbst und über das Mögliche hinaus, befeuert von heimlichen Wunschbildern, geblendet von Vorbildern, gelockt von Idealen. Kein Leutnant, der nicht den Gedanken an Napoleon in sich trug – und kein Napoleon, der nicht zuzeiten sich selbst als Affen, seine Erfolge als Spielmünzen, seine Ziele als Illusionen empfunden hätte. Keiner, der nicht diesen Tanz mitgetanzt hätte. Keiner auch, der nicht irgendwann in irgendeiner Spalte das Wissen um diese Täuschung gespürt hätte. Gewiß, es gab Vollendete, es gab Menschgötter, es gab einen Buddha, es gab einen Jesus, es gab einen Sokrates. Aber auch sie waren vollendet und vom Allwissen ganz und gar durchdrungen gewesen nur in einem einzigen Augenblick, im Augenblick ihres Sterbens. Ihr Sterben war ja nichts anderes gewesen als das letzte Durchdrungenwerden vom Wissen, als die letzte, endlich geglückte Hingabe. Und möglicherweise hatte jeder Tod diese Bedeutung, möglicherweise war jeder Sterbende ein sich Vollendender, der den Irrtum des Strebens ablegte, der sich hingab, der nichts mehr sein wollte.

Diese Art von Gedanken, so wenig kompliziert sie auch ist, stört den Menschen sehr im Streben, im Tun, im Weiterspielen seines Spiels. Und so ging es auch mit der Arbeit des strebsamen Dichters in dieser Stunde nicht vorwärts. Es gab kein Wort, das würdig gewesen wäre, niedergeschrieben zu werden, es gab keinen Gedanken, dessen Mitteilung wirklich notwendig gewesen wäre. Nein, es war schade um das Papier, es war besser, es unbeschrieben zu lassen.

Mit diesem Gefühl legte der Literat seine Feder weg und steckte seine Papierblätter in die Schublade; wäre ein Feuer zur Hand gewesen, so hätte er sie ins Feuer gesteckt. Die Situation war ihm nicht neu, es war eine schon oft gekostete, eine gleichsam schon gezähmte und geduldig gewordene Verzweiflung. Er wusch sich die Hände, zog Hut und Mantel an und ging aus. Ortsveränderung war eines seiner längst bewährten Hilfsmittel, er wußte, daß es nicht gut war, in solcher Stimmung lange im selben Raum mit all dem beschriebenen und unbeschriebenen Papier zu bleiben. Besser war es, auszugehen, die Luft zu fühlen und die Augen am Bilderspiel der Straße zu üben. Es konnte sein, daß schöne Frauen ihm begegneten, oder daß er einen Freund antraf, daß eine Horde Schulkinder oder irgendeine drollige Spielerei in einem Schaufenster ihn auf andere Gedanken brachten, es konnte sich begeben, daß das Automobil eines der Herren dieser Welt, eines Zeitungsverlegers oder eines reichen Bäckermeisters, ihn an einer Straßenecke überfuhr: lauter Möglichkeiten zur Änderung der Lage, zur Schaffung neuer Zustände.

Langsam schlenderte er durch die Vorfrühlingsluft, sah in den traurigen kleinen Rasenstücken vor den Mietshäusern nickende Büsche von Schneeglöckchen stehen, atmete feuchte laue Märzluft, die ihn verführte, in einen Park einzubiegen. Dort an der Sonne zwischen den kahlen Bäumen setzte er sich auf eine Bank, schloß die Augen und gab sich dem Spiel der Sinne in dieser verfrühten Frühlingssonnenstunde hin: wie weich die Luft sich an die Wangen legte, wie voll versteckter Glut die Sonne schon kochte, wie streng und bang der Erdboden duftete, wie freundlich spielerisch zuweilen kleine Kinderschuhe über den Kies der Wege trappelten, wie hold und allzu süß irgendwo im nackten Gehölz eine Amsel sang. Ja, dies alles war sehr schön, und da der Frühling, die Sonne, die Kinder, die Amsel lauter uralte Dinge waren, an welchen schon vor tausend und tausend Jahren der

Mensch seine Freude hatte, so war es eigentlich nicht zu verstehen, warum man nicht am heutigen Tage ebensogut ein schönes Frühlingsgedicht sollte machen können wie vor fünfzig oder hundert Jahren. Und doch war es nichts damit. Die leiseste Erinnerung an Uhlands Frühlingslied (allerdings mit der Schubertmusik, deren Vorspiel so fabelhaft durchdringend und erregend nach Vorfrühling schmeckt) war hinreichend, um einem heutigen Dichter auf das eindringlichste zu zeigen, daß jene entzückenden Dinge für eine Weile zu Ende gedichtet seien und daß es keinen Sinn habe, jene so unausschöpflich vollen, selig atmenden Gestaltungen irgend nachahmen zu wollen.

In diesem Augenblick, als des Dichters Gedanken eben im Begriffe waren, wieder in jene alten unfruchtbaren Spuren einzulenken, blinzelte er hinter geschlossenen Lidern hervor aus schmaler Augenspalte und nahm, nicht mit den Augen allein, ein lichtes Wehen und Blinken wahr, Sonnenscheininseln, Lichtreflexe, Schattenlöcher, weiß durchwehtes Blau am Himmel, einen flimmernden Reigen bewegter Lichter, wie jeder ihn beim Blinzeln gegen die Sonne sieht, nur aber irgendwie betont, auf irgendeine Art wertvoll und einzig, durch irgendeinen geheimen Gehalt aus bloßer Wahrnehmung zu Erlebnis geworden. Was da vielleicht aufblitzte, wehte, verschwamm, wellte und mit Flügeln schlug, das war nicht bloß Lichtsturm von außen, und sein Schauplatz war nicht bloß das Auge, es war zugleich Leben, aufwallender Trieb von innen, und sein Schauplatz war die Seele, war das eigene Schicksal. Auf diese Weise sehen die Dichter, die »Seher«, auf diese entzückende und erschütternde Art sehen jene, die vom Eros angerührt worden sind. Verschwunden war der Gedanke an Uhland und Schubert und Frühlingslieder, es gab keinen Uhland, keine Dichtung, keine Vergangenheit mehr, alles war ewiger Augenblick, war Erlebnis, war innerste Wirklichkeit.

Dem Wunder hingegeben, das er nicht zum ersten Male erlebte, zu welchem er die Berufung und Gnade längst verscherzt zu haben gemeint hatte, schwebte er unendliche Augenblicke im Zeitlosen, im Einklang von Seele und Welt, fühlte seinen Atem die Wolken leiten, fühlte die warme Sonne in seiner Brust sich drehen.

Indem er aber, dem seltenen Erlebnis hingegeben, aus blinzelnden Augen vor sich hinabstarrte, alle Sinnestore halb geschlossen haltend, weil er wohl wußte, daß der holde Strom von innen käme – nahm er in seiner Nähe am Boden etwas wahr, was ihn fesselte. Es war, wie er nur langsam und allmählich erkannte, der kleine Fuß eines Mädchens, eines Kindes noch, er stak in einem braunem Lederhalbschuh und trat auf dem Sand des Weges fest und fröhlich einher, mit dem Gewicht auf dem Absatz. Dieser kleine Mädchenschuh, dies Braun des Leders, dieses kindlich frohe Auftreten der kleinen Sohle, dieses Stückchen Seidenstrumpf überm zarten Knöchel erinnerte den Dichter an etwas, überwallte sein Herz plötzlich und mahnend wie das Gedächtnis eines wichtigen Erlebnisses, doch vermochte er den Faden nicht zu finden. Ein Kinderschuh, ein Kinderfuß, ein Kinderstrumpf – was ging dies ihn an? Wo war dazu der Schlüssel? Wo war die Quelle in seiner Seele, die gerade diesem Bilde unter Millionen Antwort gab, es liebte, es an sich zog, es als wichtig empfand? Einen Augenblick schlug er das Auge ganz auf, sah einen halben Herzschlag lang die ganze Figur des Kindes, eines hübschen Kindes, spürte aber sofort, daß dies schon nicht mehr jenes Bild sei, das ihn anginge, das für ihn wichtig sei, und kniff unwillkürlich blitzschnell die Augen wieder so weit zu, daß er nur noch für den Rest eines Augenblickes den entschwindenden Kinderfuß sehen konnte. Dann schloß er die Augen ganz und gar, dem Fuß nachsinnend, seine Bedeutung fühlend, doch nicht wissend, gepeinigt vom vergeblichen Suchen, beglückt von der Kraft dieses Bildes in seiner Seele. Irgendwo, irgendwann war dieses Bildchen, dieser kleine Fuß im braunen Schuh von ihm erlebt und mit Erlebniswert durchtränkt worden. Wann war das gewesen? Oh, es mußte vor langer Zeit gewesen sein, vor Urzeiten, so weit schien es zu liegen, so von fern, so aus unausdenklicher Raumtiefe herauf blickte es ihn an, so tief war es in den Brunnen seines Gedächtnisses gesunken. Vielleicht trug er es, verloren und bis heute nie wiedergefunden, schon seit der ersten Kindheit in sich herum, seit jener fabelhaften Zeit, deren Erinnerungen alle so verschwommen und unbildlich sind, und so schwer zu rufen, und doch farbenstärker, wärmer, voller als alle späteren Erinnerungen. Lange wiegte er den Kopf, mit geschlossenen Augen, lang sann er hin und wider, sah diesen, sah jenen Faden in sich aufblitzen diese Reihe, jene Kette von Erlebnissen, aber in keiner war das Kind, war der braune Kinderschuh zu Hause. Nein, es war nicht zu finden, es war hoffnungslos, dies Suchen fortzusetzen.

Es ging ihm mit dem Erinnerungen-Suchen wie es einem geht, der das dicht vor ihm Stehende nicht zu erkennen vermag, weil er es für weit entfernt hält und darum alle Formen umdeutet. In dem Augenblick nun aber, da er seine Bemühungen aufgab und eben bereit war, dies lächerliche kleine Blinzel-Erlebnis fallenzulassen und zu vergessen, rückte die Sache sich um und der Kinderschuh an seine rechte Stelle. Mit einem tiefen Aufseufzen empfand der Mann plötzlich, daß im angehäuften Bildersaal seines Innern der Kinderschuh nicht zuunterst lag, nicht zum uralten Gut gehörte, sondern ganz frisch und neu war. Eben erst hatte er mit diesem Kinde zu tun gehabt, eben erst, so schien ihm, hatte er diesen Schuh hinweglaufen sehen.

Und nun mit einem Schlag hatte er es. Ja, ach ja, da war es, da stand das Kind, zu dem der Schuh gehörte, und war ein Stück aus einem Traum, den der Schriftsteller in der vergangenen Nacht geträumt hatte. Mein Gott, wie war ein solches Vergessen möglich? Mitten in der Nacht war er aufgewacht, beglückt und erschüttert von der geheimnisvollen Kraft seines Traumes, war erwacht und hatte das Gefühl gehabt, ein wichtiges, herrliches Erlebnis gehabt zu haben – und dann war er nach kurzem wieder eingeschlafen, und eine Stunde Morgenschlaf hatte genügt, das ganze herrliche Erlebnis wieder auszulöschen, so daß er erst in dieser Sekunde wieder, durch den flüchtigen Anblick des Kinderfußes geweckt, daran gedacht hatte. So flüchtig, so vergänglich, so ganz dem Zufall preisgegeben waren die tiefsten, die wunderbarsten Erlebnisse unserer Seele! Und siehe, auch jetzt gelang es ihm nicht mehr, den ganzen Traum dieser Nacht vor sich aufzubauen. Nur vereinzelte Bilder, zum Teil ohne Zusammenhang, waren noch zu finden, einige frisch und voll Lebensglanz, andre schon grau und bestaubt, schon im Verschwimmen begriffen. Und was für ein schöner, tiefer, beseelter Traum war das doch gewesen! Wie hatte ihm bei jenem ersten Erwachen in der Nacht das Herz geschlagen, entzückt und bang wie an Festtagen der Kinderzeit! Wie hatte ihn das lebendige Gefühl durchströmt, mit diesem Traum etwas Edles, Wichtiges, Unvergeßliches, Unverlierbares erlebt zu haben! Und jetzt, diese paar Stunden später, war gerade noch dieses Bruchstückchen da, diese paar schon verwehenden Bildchen, dieser schwache Nachhall im Herzen – alles andre war verloren, war vergangen, hatte kein Leben mehr!

Immerhin, dies wenige war nun gerettet. Der Schriftsteller faßte alsbald den Entschluß, in seinem Gedächtnis alles zusammenzusuchen, was von dem Traum noch darin übrig wäre, um es aufzuschreiben, so treu und genau wie möglich. Alsbald zog er ein Notizbuch aus der Tasche und machte die ersten Aufzeichnungen in Stichworten, um womöglich den Aufbau und Umriß des ganzen Traumes, die Hauptlinien wieder aufzufinden.

Aber auch dies glückte nicht. Weder Anfang noch Ende des Traumes war mehr zu erkennen, und von den meisten der noch vorhandenen Bruchstücke wußte er nicht, an welche Stelle der Traumgeschichte sie gehörten. Nein, er mußte anders beginnen. Er mußte vor allem das retten, was noch erreichbar war, mußte die paar noch nicht erloschenen Bilder, vor allem den Kinderschuh, sofort festhalten, ehe auch sie entflogen, diese scheuen Zaubervögel.

So wie ein Totengräber die gefundene Inschrift auf einem uralten Stein abzulesen versucht, ausgehend von den wenigen noch erkennbaren Buchstaben oder Bildzeichen, so suchte unser Mann seinen Traum zu lesen, indem er Stückchen um Stückchen zusammensetzte.

Er hatte im Traum irgend etwas mit einem Mädchen zu tun gehabt, einem seltsamen, vielleicht nicht eigentlich schönen, aber irgendwie wunderbaren Mädchen, das vielleicht dreizehn oder vierzehn Jahre alt, aber an Gestalt kleiner als in diesem Alter war. Ihr Gesicht war gebräunt gewesen. Ihre Augen? Nein, die sah er nicht. Ihr Name? Nicht bekannt. Ihre Beziehung zu ihm, dem Träumer? Halt, da war der braune Schuh! Er sah diesen Schuh samt seinem Zwillingsbruder sich bewegen, sah ihn tanzen, sah ihn Tanzschritte machen, die Schritte eines Boston. O ja, nun wußte er eine Menge wieder. Er mußte von neuem beginnen.

Also: Er hatte im Traum mit einem wunderbaren, fremden, kleinen Mädchen getanzt, einem Kinde mit gebräuntem Gesicht, in braunen Schuhen – war nicht alles an ihr braun gewesen? Auch das Haar? Auch die Augen? Auch die Kleider? Nein, das wußte er nicht mehr – es war zu vermuten, es schien möglich, aber gewiß war es nicht. Er mußte beim Gewissen bleiben, bei dem, worauf sich sein Gedächtnis tatsächlich stützte, sonst kam er ins Uferlose. Schon jetzt begann er zu ahnen, daß diese Traumsuche ihn weit hinwegführen würde, daß er da einen langen, einen endlosen Weg begonnen habe. Und eben jetzt wieder fand er ein Stück.

Ja, er hatte mit der Kleinen getanzt, oder tanzen wollen, oder sollen, und sie hatte, noch für sich allein, eine Reihe von frischen, sehr elastischen und entzückend straffen Tanzschritten getan. Oder hatte er doch mit ihr getanzt, war sie nicht allein gewesen? Nein. Nein, er hatte nicht getanzt, er hatte es nur gewollt, vielmehr es war so verabredet worden, von ihm und irgend jemandem, daß er mit dieser kleinen Braunen tanzen solle. Aber zu tanzen hatte dann doch nur sie allein begonnen, ohne ihn, und er hatte sich ein wenig vor dem Tanzen gefürchtet oder geniert, es war ein Boston, den konnte er nicht gut. Sie aber hatte zu tanzen begonnen, allein, spielend, wundervoll rhythmisch, mit ihren kleinen braunen Schuhen hatte sie sorgfältig die Figuren des Tanzes auf den Teppich geschrieben. Aber warum hatte er selbst nicht getanzt? Oder warum hatte er ursprünglich tanzen wollen?

Was war das für eine Verabredung gewesen? Das konnte er nicht finden.

Es meldete sich eine andere Frage: Wem hatte das liebe kleine Mädchen geglichen, an wen erinnerte sie? Lange suchte er vergeblich, alles schien wieder hoffnungslos, und einen Augenblick wurde er geradezu ungeduldig und verdrießlich, beinahe hätte er alles wieder aufgegeben. Aber da war schon wieder ein Einfall da, eine neue Spur glänzte auf. Die Kleine hatte seiner Geliebten geglichen – o nein, geglichen hatte sie ihr nicht, er war sogar darüber erstaunt gewesen, sie ihr so wenig ähnlich zu finden, obwohl sie doch ihre Schwester war. Halt! Ihre Schwester? O da sprang ja die ganze Spur wieder leuchtend auf, alles bekam Sinn, hingerissen von der plötzlich hervortretenden Inschrift, wie entzückt von der Wiederkehr der verloren geglaubten Bilder.

So war es gewesen: Im Traum war seine Geliebte dagewesen, Magda, und zwar war sie nicht wie in der letzten Zeit zänkisch und böser Laune gewesen, sondern überaus freundlich, etwas still, aber vergnügt und hübsch. Magda hatte ihn mit einer besonderen stillen Zärtlichkeit begrüßt, ohne Kuß, sie hatte ihm die Hand gegeben und ihm erzählt, jetzt wolle sie ihn endlich mit ihrer Mutter bekannt machen, und dort bei der Mutter werde er dann ihre jüngere Schwester kennenlernen, die ihm später zur Geliebten und Frau bestimmt sei. Die Schwester sei sehr viel jünger als sie und tanze sehr gern, er werde sie am raschesten gewinnen, wenn er mit ihr tanzen gehe.

Wie schön war Magda in diesem Traum gewesen! Wie hatte alles Besondere, Liebliche, Seelenvolle, Zarte ihres Wesens, so wie es in seinen Vorstellungen von ihr zur Zeit seiner größten Liebe gelebt hatte, aus ihren frischen Augen, aus ihrer klaren Stirn, aus ihrem vollen duftenden Haar geleuchtet!

Und dann hatte sie ihn im Traume in ein Haus geführt, in ihr Haus, ins Haus ihrer Mutter und Kindheit, in ihr Seelenhaus, um ihm dort ihre Mutter zu zeigen und ihre kleine schönere Schwester, damit er diese Schwester kennenlerne und liebe, denn sie sei ihm zur Geliebten bestimmt. Er konnte sich aber des Hauses nicht mehr erinnern, nur einer leeren Vorhalle, in welcher er hatte warten müssen, und auch der Mutter konnte er sich nicht mehr entsinnen, nur eine alte Frau, eine grau oder schwarzgekleidete Bonne oder Pflegerin war im Hintergrunde sichtbar gewesen. Dann aber war die Kleine gekommen, die Schwester, ein entzückendes Kind, ein Mädchen von etwa zehn oder elf Jahren, im Wesen aber wie eine Vierzehnjährige. Besonders ihr Fuß in dem braunen Schuh war so kindlich gewesen, so völlig unschuldig, lachend und unwissend, so noch gar nicht damenhaft und doch so weiblich! Sie hatte seine Begrüßung freundlich aufgenommen, und Magda war von diesem Augenblick an verschwunden, es war nur noch die Kleine da. Sich an Magdas Rat erinnernd, schlug er ihr vor, zu tanzen. Und da hatte sie alsbald aufstrahlend genickt und ohne Zögern zu tanzen begonnen, allein, und er hatte sich nicht getraut, sie zu umfassen und mitzutanzen, einmal, weil sie so schön und vollkommen war in ihrem kindlichen Tanz, und dann auch, weil das, was sie tanzte, ein Boston war, ein Tanz, in dem er sich nicht sicher fühlte.

Mitten zwischen seinen Bemühungen, der Traumbilder wieder habhaft zu werden, mußte der Literat einen Augenblick über sich selbst lächeln. Es fiel ihm ein, daß er soeben noch gedacht hatte, wie unnütz es sei, sich um ein neues Frühlingsgedicht zu bemühen, da doch dies alles längst unübertrefflich gesagt sei – aber wenn er an den Fuß des tanzenden Kindes dachte, an die leichten holden Bewegungen der braunen Schuhe, an die Sauberkeit der Tanzfigur, die sie auf den Teppich schrieben, und daran, wie über all dieser hübschen Grazie und Sicherheit doch ein Hauch von Befangenheit, ein Duft von Mädchenscheu gelegen hatte, dann war ihm klar, daß man bloß diesem Kinderfuß ein Lied zu singen brauchte, um alles zu übertreffen, was die früheren Dichter je über Frühling und Jugend und Liebesahnung gesagt hatten. Aber kaum waren seine Gedanken auf dies Gebiet hinüber abgeirrt, kaum hatte er begonnen, flüchtig mit dem Gedanken an ein Gedicht »An einen Fuß im braunen Schuh« zu spielen, da fühlte er mit Schrecken, daß der ganze Traum ihm wieder entgleiten wollte, daß all die seligen Bilder undicht wurden und wegschmolzen. Ängstlich zwang er seine Gedanken zur Ordnung, und fühlte doch, daß der ganze Traum, mochte er seinen Inhalt auch aufgeschrieben haben, ihm in diesem Augenblick doch schon nicht mehr ganz und gar gehöre, daß er fremd und alt zu werden beginne. Und er fühlte auch sofort, daß dies immer so sein werde: daß diese entzückenden Bilder ihm stets nur so lange zu eigen gehören und seine Seele mit ihrem Duft erfüllen würden, als er mit ganzem Herzen bei ihnen verweilte, ohne Nebengedanken, ohne Absichten, ohne Sorgen.

Nachdenklich trat der Dichter seinen Heimweg an, den Traum vor sich her tragend wie ein unendlich krauses, unendlich zerbrechliches Spielzeug aus dünnstem Glase. Er war voll Bangen um seinen Traum. Ach, wenn es ihm nur glücken würde, die Gestalt der Traumgeliebten ganz wieder in sich aufzubauen! Aus dem braunen Schuh, aus der Tanzfigur, aus dem Schimmer von Braun im Gesicht der Kleinen, aus diesen wenigen kostbaren Resten das Ganze wiederherzustellen, das schien ihm wichtiger als alles andere auf der Welt. Und mußte es nicht in der Tat unendlich wichtig für ihn sein? War nicht diese anmutige Frühlingsgestalt ihm zur Geliebten versprochen, war sie nicht aus den tiefsten und besten Quellen seiner Seele geboren, ihm als Sinnbild seiner Zukunft, als Ahnung seiner Schicksalsmöglichkeiten, als sein eigenster Traum vom Glück entgegengetreten? – Und während er bangte, war er doch im Innersten unendlich froh. War es nicht wunderbar, daß man solche Dinge träumen konnte, daß man diese Welt aus lustigstem Zaubermaterial in sich trug, daß innen in unserer Seele, in der wir so oft verzweifelt wie in einem Trümmerhaufen vergebens nach irgendeinem Rest von Glauben, von Freude, von Leben gesucht haben, daß innen in dieser Seele solche Blumen aufwachsen konnten?

Zu Hause angekommen, schloß der Literat die Tür hinter sich ab und legte sich auf einen Ruhestuhl. Das Notizbuch mit seinen Aufzeichnungen in der Hand, las er aufmerksam die Stichworte durch, und fand, daß sie wertlos seien, daß sie nichts gaben, daß sie nur hinderten und verbauten. Er riß die Blätter aus und vernichtete sie sorgfältig, und beschloß, nichts mehr aufzuschreiben. Unruhig lag er und suchte Sammlung, und plötzlich kam ein Stück des Traumes wieder hervor, plötzlich sah er sich wieder im fremden Hause in jener kahlen Vorhalle warten, sah im Hintergrund eine besorgte alte Dame im dunkeln Kleid hin und wider gehen, fühlte noch einmal den Augenblick des Schicksals: daß jetzt Magda gegangen sei, um ihm seine neue, jüngere, schönere, seine wahre und ewige Geliebte zuzuführen. Freundlich und besorgt blickte die alte Frau zu ihm herüber – und hinter ihren Zügen und hinter ihrem grauen Kleide tauchten andere Züge und andre Kleider auf, Gesichter von Wärterinnen und Pflegerinnen aus seiner eigenen Kindheit, das Gesicht und graue Hauskleid seiner Mutter. Und aus dieser Schicht von Erinnerungen, aus diesem mütterlichen, schwesterlichen Kreis von Bildern also fühlte er die Zukunft, die Liebe ihm entgegenwachsen. Hinter dieser leeren Vorhalle, unter den Augen besorgter, lieber, treuer Mütter und Mägde war das Kind herangediehen, dessen Liebe ihn beglücken, dessen Besitz sein Glück, dessen Zukunft seine eigne sein sollte.

Auch Magda sah er nun wieder, wie sie ihn ohne Kuß so sonderbar zärtlich-ernst begrüßte, wie ihr Gesicht noch einmal, wie im Abendgoldlicht, allen Zauber umschloß, den es einst für ihn gehabt, wie sie im Augenblick des Verzichtens und Abschiednehmens noch einmal in aller Liebenswürdigkeit ihrer seligsten Zeiten strahlte, wie ihr vertieftes und verdichtetes Gesicht die Jüngere, Schönere, Wahre, Einzige vorausverkündete, welche ihm zuzuführen und gewinnen zu helfen sie gekommen war. Sie schien ein Sinnbild der Liebe selbst zu sein, ihrer Demut, ihrer Wandlungsfähigkeit, ihrer halb mütterlichen, halb kindlichen Zauberkraft. Alles, was er je in diese Frau hineingesehen, hineingeträumt, hineingewünscht und gedichtet hatte, alle Verklärung und Anbetung, die er ihr einst in der hohen Zeit seiner Liebe dargebracht hatte, war in ihrem Gesicht gesammelt, ihre ganze Seele, samt seiner eigenen Liebe war Gesicht geworden, strahlte sichtbar aus ernsten, holden Zügen, lächelte traurig und freundlich aus ihren Augen. War es möglich, von einer solchen Geliebten Abschied zu nehmen? Aber ihr Blick sagte: es muß Abschied genommen werden, es muß Neues geschehen.

Und herein auf kleinen flinken Kinderfüßen kam das Neue, kam die Schwester, aber ihr Gesicht war nicht zu sehen, nichts von ihr war deutlich zu sehen als daß sie klein und zierlich war, in braunen Schuhen stak, Braunes im Gesicht und Braunes im Gewand hatte, und daß sie mit einer entzückenden Vollendung tanzen konnte. Und zwar Boston – den Tanz, den ihr zukünftiger Geliebter gar nicht gut konnte. Mit gar nichts anderem konnte die Überlegenheit des Kindes über den Erwachsenen, Erfahrenen, oft Enttäuschten besser ausgedrückt werden als damit, daß sie so frei und schlank und fehlerlos tanzte, und ausgerechnet den Tanz, worin er schwach, worin er ihr hoffnungslos unterlegen war!

Den ganzen Tag blieb der Literat mit seinem Traum beschäftigt, und je tiefer er in ihn eindrang, desto schöner schien er ihm, desto mehr schien er ihm alle Dichtungen der besten Dichter zu übertreffen. Lange Zeit, manche Tage lang hing er dem Wunsche und Plan nach, diesen Traum so aufzuschreiben, daß er nicht nur für den Träumer selbst, sondern auch für andere diese unnennbare Schönheit, Tiefe und Innigkeit habe. Spät erst gab er diese Wünsche und Versuche auf, und sah, daß er sich damit begnügen müsse, in seiner Seele ein echter Dichter zu sein, ein Träumer, ein Seher, daß sein Handwerk aber das eines bloßen Literaten bleiben müsse.

(1926)

Bei den Massageten

So sehr auch ohne Zweifel mein Vaterland, falls ich wirklich ein solches hätte, alle übrigen Länder der Erde an Annehmlichkeiten und herrlichen Einrichtungen überträfe, spürte ich vor kurzem doch wieder einmal Wanderlust und tat eine Reise in das ferne Land der Massageten, wo ich seit der Erfindung des Schießpulvers nie mehr gewesen war. Es gelüstete mich, zu sehen, inwieweit dieses so berühmte und tapfere Volk, dessen Krieger einst den großen Cyrus überwunden haben, sich inzwischen verändert und den Sitten der jetzigen Zeit möchte angepaßt haben.

Und in der Tat, ich hatte in meinen Erwartungen die wackeren Massageten keineswegs überschätzt. Gleich allen Ländern, welche zu den vorgeschrittenern zu zählen den Ehrgeiz haben, sendet auch das Land der Massageten neuerdings jedem Fremdling, der sich seiner Grenze nähert, einen Reporter entgegen – abgesehen natürlich von jenen Fällen, in denen es bedeutende, ehrwürdige und distinguierte Fremde sind, denn ihnen wird, je nach Rang, selbstverständlich weit mehr Ehre erwiesen. Sie werden, wenn sie Boxer oder Fußballmeister sind, vom Hygieneminister, wenn sie Wettschwimmer sind, vom Kultusminister, und wenn sie Inhaber eines Weltrekords sind, vom Reichspräsidenten oder von dessen Stellvertreter empfangen. Nun, mir blieb es erspart, solche Aufmerksamkeiten auf mich gehäuft zu sehen, ich war Literat, und so kam mir denn ein einfacher Journalist an der Grenze entgegen, ein angenehmer junger Mann von hübscher Gestalt, und ersuchte mich, vor dem Betreten des Landes ihn einer kurzen Darlegung meiner Weltanschauung und speziell meiner Ansichten über die Massageten zu würdigen. Dieser hübsche Brauch war also auch hier inzwischen eingeführt worden.

»Mein Herr«, sagte ich, »lassen Sie mich, der ich Ihre herrliche Sprache nur unvollkommen beherrsche, mich auf das Unerläßlichste beschränken. Meine Weltanschauung ist diejenige des Landes, in welchem ich jeweils reise, dies versteht sich ja wohl von selbst. Was nun meine Kenntnisse über Ihr hochberühmtes Land und Volk betrifft, so stammen sie aus der denkbar besten und ehrwürdigsten Quelle, nämlich aus dem Buch ›Klio‹ des großen Herodot. Erfüllt von tiefer Bewunderung für die Tap-

Bei den Massageten

ferkeit Ihres gewaltigen Heeres und für das ruhmreiche Andenken Ihrer Heldenkönigin Tomyris, habe ich schon in früheren Zeiten Ihr Land zu besuchen die Ehre gehabt, und habe diesen Besuch nun endlich erneuern wollen.«

»Sehr verbunden«, sprach etwas düster der Massagete. »Ihr Name ist uns nicht unbekannt. Unser Propagandaministerium verfolgt alle Äußerungen des Auslandes über uns mit größter Sorgfalt, und so ist uns nicht entgangen, daß Sie der Verfasser von dreißig Zeilen über massagetische Sitten und Bräuche sind, die Sie in einer Zeitung veröffentlicht haben. Es wird mir eine Ehre sein, Sie auf Ihrer diesmaligen Reise durch unser Land zu begleiten und dafür zu sorgen, daß Sie bemerken können, wie sehr manche unsrer Sitten sich seither verändert haben.«

Sein etwas finsterer Ton zeigte mir an, daß meine früheren Äußerungen über die Massageten, die ich doch so sehr liebte und bewunderte, hier im Lande keineswegs vollen Beifall gefunden hatten. Einen Augenblick dachte ich an Umkehr, ich erinnerte mich an jene Königin Tomyris, die den Kopf des großen Cyrus in einen mit Blut gefüllten Schlauch gesteckt hatte, und an andere rassige Äußerungen dieses lebhaften Volksgeistes. Aber schließlich hatte ich meinen Paß und das Visum, und die Zeiten der Tomyris waren vorüber.

»Entschuldigen Sie«, sagte mein Führer nun etwas freundlicher, »wenn ich darauf bestehen muß, Sie erst im Glaubensbekenntnis zu prüfen. Nicht daß etwa das Geringste gegen Sie vorläge, obwohl Sie unser Land schon früher einmal besucht haben. Nein, nur der Formalität wegen, und weil Sie sich etwas einseitig auf Herodot berufen haben. Wie Sie wissen, gab es zur Zeit jenes gewiß hochbegabten Ioniers noch keinerlei offiziellen Propaganda- und Kulturdienst, so mögen ihm seine immerhin etwas fahrlässigen Äußerungen über unser Land hingehen. Daß hingegen ein heutiger Autor sich auf Herodot berufe, und gar ausschließlich auf ihn, können wir nicht zugeben. – Also bitte, Herr Kollege, sagen Sie mir in Kürze, wie Sie über die Massageten denken und was Sie für sie fühlen.«

Ich seufzte ein wenig. Nun ja, dieser junge Mann war nicht gesonnen, es mir leicht zu machen, er bestand auf den Förmlichkeiten. Hervor also mit den Förmlichkeiten! Ich begann:

»Selbstverständlich bin ich darüber genau unterrichtet, daß die Massageten nicht nur das älteste, frömmste, kultivierteste und zugleich tapferste Volk der Erde sind, daß ihre unbesieglichen Heere die zahlreichsten, ihre

Flotte die größte, ihr Charakter der unbeugsamste und zugleich liebenswürdigste, ihre Frauen die schönsten, ihre Schulen und öffentlichen Einrichtungen die vorbildlichsten der Welt sind, sondern daß sie auch jene in der ganzen Welt so hochgeschätzte und manchen anderen großen Völkern so sehr mangelnde Tugend in höchstem Maße besitzen, nämlich gegen Fremde im Gefühl ihrer eigenen Überlegenheit gütig und nachsichtig zu sein und nicht von jedem armen Fremdling zu erwarten, daß er, einem geringeren Lande entstammend, sich selbst auf der Höhe der massagetischen Vollkommenheit befinde. Auch hierüber werde ich nicht ermangeln, in meiner Heimat wahrheitsgetreu zu berichten.«

»Sehr gut«, sprach mein Begleiter gütig, »Sie haben in der Tat bei der Aufzählung unserer Tugenden den Nagel, oder vielmehr die Nägel auf den Kopf getroffen. Ich sehe, daß Sie über uns besser unterrichtet sind, als es anfangs den Anschein hatte, und heiße Sie aus treuem massagetischem Herzen aufrichtig in unserem schönen Lande willkommen. Einige Einzelheiten in Ihrer Kenntnis bedürfen ja wohl noch der Ergänzung. Namentlich ist es mir aufgefallen, daß Sie unsre hohen Leistungen auf zwei wichtigen Gebieten nicht erwähnt haben: im Sport und im Christentum. Ein Massagete, mein Herr, war es, der im internationalen Hüpfen nach rückwärts mit verbundenen Augen den Weltrekord mit 11,098 erzielt hat.«

»In der Tat«, log ich höflich, »wie konnte ich daran nicht denken! Aber Sie erwähnten auch noch das Christentum als ein Gebiet, auf dem Ihr Volk Rekorde aufgestellt habe. Darf ich darüber um Belehrung bitten?«

»Nun ja«, sagte der junge Mann. »Ich wollte ja nur andeuten, daß es uns willkommen wäre, wenn Sie über diesen Punkt Ihrem Reisebericht den einen oder andern freundlichen Superlativ beifügen könnten. Wir haben zum Beispiel in einer kleinen Stadt am Araxes einen alten Priester, der in seinem Leben nicht weniger als 63000 Messen gelesen hat, und in einer andern Stadt gibt es eine berühmte moderne Kirche, in welcher alles aus Zement ist, und zwar aus einheimischem Zement: Wände, Turm, Böden, Säulen, Altäre, Dach, Taufstein, Kanzel usw., alles bis auf den letzten Leuchter, bis auf die Opferbüchsen.«

Na, dachte ich, da habt ihr wohl auch einen zementierten Pfarrer auf der Zementkanzel stehen. Aber ich schwieg.

»Sehen Sie«, fuhr mein Führer fort, »ich will offen gegen Sie sein. Wir haben ein Interesse daran, unseren Ruf als Christen möglichst zu propagieren. Obgleich nämlich unser Land ja seit Jahrhunderten die christliche Religion angenommen hat und von den einstigen massagetischen Göttern und Kulten keine Spur mehr vorhanden ist, gibt es doch eine kleine, allzu hitzige Partei im Lande, welche darauf ausgeht, die alten Götter aus der Zeit des Perserkönigs Cyrus und der Königin Tomyris wieder einzuführen. Es ist dies lediglich die Schrulle einiger Phantasten, wissen Sie, aber natürlich hat sich die Presse der Nachbarländer dieser lächerlichen Sache bemächtigt und bringt sie mit der Reorganisation unseres Heerwesens in Verbindung. Wir werden verdächtigt, das Christentum abschaffen zu wollen, um im nächsten Krieg auch noch die paar letzten Hemmungen im Anwenden aller Vernichtungsmittel leichter fallenlassen zu können. Dies ist der Grund, warum eine Betonung der Christlichkeit unseres Landes uns willkommen wäre. Es liegt uns natürlich fern, Ihre objektiven Berichte im geringsten beeinflussen zu wollen, doch kann ich Ihnen immerhin unter vier Augen anvertrauen, daß Ihre Bereitschaft, etwas Weniges über unsere Christlichkeit zu schreiben, eine persönliche Einladung bei unserm Reichskanzler zur Folge haben könnte. Dies nebenbei.«

»Ich will es mir überlegen«, sagte ich. »Eigentlich ist Christentum nicht mein Spezialfach. – Und nun freue ich mich sehr darauf, das herrliche Denkmal wiederzusehen, das Ihre Vorväter dem heldenhaften Spargapises errichtet haben.«

»Spargapises?« murmelte mein Kollege. »Wer soll das denn sein?«

»Nun, der große Sohn der Tomyris, der die Schmach, von Cyrus überlistet worden zu sein, nicht ertragen konnte und sich in der Gefangenschaft das Leben nahm.«

»Ach ja, natürlich«, rief mein Begleiter, »ich sehe, Sie landen immer wieder bei Herodot. Ja, dies Denkmal soll in der Tat sehr schön gewesen sein. Es ist auf sonderbare Weise vom Erdboden verschwunden. Hören Sie! Wir haben, wie Ihnen bekannt ist, ein ganz ungeheures Interesse für Wissenschaft, speziell für Altertumsforschung, und was die Zahl der zu Forschungszwecken aufgegrabenen oder unterhöhlten Quadratmeter Landes betrifft, steht unser Land in der Weltstatistik an dritter oder vierter Stelle. Diese gewaltigen Ausgrabungen, welche vorwiegend prähistorischen Funden galten, führten auch in die Nähe jenes Denkmals aus der Tomyris-Zeit, und da gerade jenes Terrain große Ausbeute, namentlich an massagetischen Mammutknochen, versprach, versuchte man in gewisser Tiefe das

Denkmal zu untergraben. Und dabei ist es eingestürzt! Reste davon sollen aber im Museum Massageticum noch zu sehen sein.«

Er führte mich zum bereitstehenden Wagen, und in lebhafter Unterhaltung fuhren wir dem Innern des Landes entgegen.

(1927)

Vom Steppenwolf

Dem rührigen Besitzer einer kleinen Menagerie war es gelungen, für kurze Zeit den bekannten Steppenwolf Harry zu engagieren. Er kündigte dies in der ganzen Stadt durch Plakate an und versprach sich davon einen vermehrten Besuch seiner Schaubude, und in dieser Hoffnung wurde er auch nicht enttäuscht. Überall hatten die Leute vom Steppenwolf sprechen hören, die Sage von dieser Bestie war ein beliebter Gesprächsstoff in den gebildeten Kreisen geworden, jeder wollte dies oder jenes über dies Tier wissen, und die Meinungen darüber waren sehr geteilt. Einige waren der Ansicht, ein Vieh wie der Steppenwolf sei unter allen Umständen eine bedenkliche, gefährliche und ungesunde Erscheinung, es treibe seinen Hohn mit der Bürgerschaft, reiße die Ritterbilder von den Wänden der Bildungstempel, mache sich sogar über Johann Wolfgang von Goethe lustig, und da diesem Steppenvieh nichts heilig sei und es auf einen Teil der Jugend ansteckend und aufreizend wirke, sollte man sich endlich zusammentun und diesen Steppenwolf zur Strecke bringen; ehe er totgeschlagen und verscharrt sei, werde man keine Ruhe vor ihm haben. Diese einfache, biedere und wahrscheinlich richtige Ansicht wurde aber keineswegs von allen geteilt. Es gab eine zweite Partei, welche einer ganz anderen Auffassung huldigte; diese Partei war der Ansicht, daß der Steppenwolf zwar kein ungefährliches Tier sei, daß er aber nicht nur seine Daseinsberechtigung, sondern sogar eine moralische und soziale Mission habe. Jeder von uns, so behaupteten die meist hochgebildeten Anhänger dieser Partei, jeder von uns trage ja heimlich und uneingestanden so einen Steppenwolf im Busen. Die Busen, auf welche bei diesen Worten die Sprecher zu deuten pflegten, waren die hochachtbaren Busen von Damen der Gesellschaft, von Rechtsanwälten und Industriellen, und diese Busen waren von seidenen Hemden und modern geschnittenen Gilets bedeckt. Jedem von uns, so sagten diese liberal denkenden Leute, seien im Innersten die Gefühle, Triebe und Leiden des Steppenwolfs recht wohl bekannt, jeder von uns habe mit ihnen zu kämpfen und jeder von uns sei eigentlich im Grunde auch so ein armer, heulender, hungriger Steppenwolf. So sagten sie, wenn sie sich, von seidenen Hemden bedeckt, über den Steppenwolf unterhielten, und auch viele öffentliche

Kritiker sagten so, und dann setzten sie ihre schönen Filzhüte auf, zogen ihre schönen Pelzmäntel an, stiegen in ihre schönen Automobile und fuhren zurück an ihre Arbeit, in ihre Büros und Redaktionen, Sprechzimmer und Fabriken. Einer von ihnen machte sogar eines Abends beim Whisky den Vorschlag, einen Verein der Steppenwölfe zu gründen.

Am Tage, an dem die Menagerie ihr neues Programm eröffnete, kamen denn auch viele Neugierige, um das berüchtigte Tier zu sehen, dessen Käfig nur gegen einen Extragroschen gezeigt wurde. Einen kleinen Käfig, den vormals ein leider früh verstorbener Panther bewohnt hatte, hatte der Unternehmer nach Möglichkeit dem Anlaß entsprechend ausgestattet. Der rührige Mann war dabei ein wenig in Verlegenheit gewesen, denn immerhin war dieser Steppenwolf ein etwas ungewohntes Tier. So wie jene Herren Anwälte und Fabrikanten hinter Hemd und Frack angeblich einen Wolf in der Brust verborgen trugen, so trug angeblich dieser Wolf hier in seiner festen haarigen Brust heimlich einen Menschen verborgen, differenzierte Gefühle, Mozartmelodien und dergleichen. Um den ungewöhnlichen Umständen und den Erwartungen des Publikums möglichst Rechnung zu tragen, hatte der kluge Unternehmer (welcher seit Jahren wußte, daß auch die wildesten Tiere nicht so launisch, gefährlich und unberechenbar sind wie das Publikum) dem Käfig eine etwas sonderbare Ausstattung gegeben, indem er einige Embleme des Wolfsmenschen darin anbrachte. Es war ein Käfig wie alle anderen, Eisengitter und etwas Stroh am Boden, aber an einer der Wände hing ein hübscher Empirespiegel, und mitten im Käfig war ein kleines Klavier aufgestellt, ein Pianino, mit offener Tastatur, und oben auf dem etwas wackligen Möbel stand eine Gipsbüste des Dichterfürsten Goethe.

An dem Tier selbst, das so viel Neugierde erregte, war durchaus nichts Auffallendes wahrzunehmen. Es sah genauso aus wie eben der Steppenwolf, lupus campestris, aussehen muß. Er lag meistens regungslos in einer Ecke, möglichst weit von den Zuschauern entfernt, kaute an seinen Vorderpfoten und starrte vor sich hin, als wäre da statt der Gitterstäbe die ganze unendliche Steppe. Zuweilen stand er auf und ging einige Male im Käfig auf und ab, dann wackelte auf dem unebenen Boden das Pianino, und oben wackelte der gipserne Dichterfürst bedenklich mit. Um die Besucher kümmerte sich das Tier wenig, und die meisten waren eigentlich von seinem Anblick eher enttäuscht. Aber auch über diesen Anblick gab es verschiedene Meinungen. Viele sagten, das Tier sei eine ganz gewöhnliche Bestie, ohne Ausdruck, ein stumpfsinniger ordinärer Wolf und damit basta, und »Steppenwolf« sei überhaupt kein zoologischer Begriff. Dagegen behaupteten andere, das Tier habe schöne Augen und sein ganzes Wesen drücke eine ergreifende Beseeltheit aus, daß es einem vor Mitgefühl das Herz umdrehe. Den paar Klugen blieb indessen nicht verborgen, daß diese Äußerungen über den Anblick des Steppenwolfes ebensogut auf jedes andere Tier der Menagerie gepaßt hätten.

Gegen Nachmittag wurde der abgesonderte Raum der Schaubude, der den Wolfskäfig enthielt, von einer kleinen Gruppe besucht, die sich lange bei seinem Anblick aufhielt. Es waren drei Menschen, zwei Kinder und deren Erzieherin. Von den Kindern war das eine ein hübsches, ziemlich schweigsames Mädchen von acht Jahren, das andre ein etwa zwölfjähriger kräftiger Knabe. Beide gefielen dem Steppenwolf gut, ihre Haut roch jung und gesund, nach den schönen straffen Beinen des Mädchens äugte er häufig hinüber. Die Gouvernante, nun ja, das war etwas anderes, es schien ihm besser, sie möglichst wenig zu beachten.

Um der hübschen Kleinen näher zu sein und sie besser zu riechen, hatte der Wolf Harry sich dicht an das Gitter der Schauseite gelagert. Während er mit Vergnügen die Witterung der beiden Kinder einsog, hörte er etwas gelangweilt den Äußerungen der drei zu, die sich sehr für Harry zu interessieren schienen und sich höchst lebhaft über ihn unterhielten. Ihr Verhalten war dabei sehr verschieden. Der Knabe, ein schneidiger und gesunder Kerl, teilte durchaus die Ansicht, welche er zu Hause seinen Vater hatte äußern hören. Solch ein Wolfsvieh, meinte er, sei hinterm Gitter einer Menagerie gerade am richtigen Ort, ihn dagegen frei herumlaufen zu lassen, wäre eine unverantwortliche Torheit. Eventuell könne man ja den Versuch machen, ob das Tier sich dressieren lasse, etwa zum Schlittenziehen wie ein Polarhund, aber es werde schwerlich gelingen. Nein, er, der Knabe Gustav, würde diesen Wolf, wo immer er ihm begegnen würde, ohne weiteres niederknallen.

Der Steppenwolf hörte zu und leckte sich freundlich das Maul. Der Knabe gefiel ihm. »Hoffentlich«, dachte er, »wirst du, falls wir uns einmal plötzlich begegnen, auch eine Flinte zur Hand haben. Und hoffentlich begegne ich dir draußen in der Steppe und trete dir nicht etwa einmal unvermutet aus deinem eigenen Spiegel entgegen.« Der Junge war ihm sympathisch. Er würde ein schneidiger Kerl werden, ein tüchtiger und erfolgreicher Ingenieur oder Fabrikant oder Offizier, und Harry würde nichts dagegen haben, sich gelegentlich mit ihm zu messen und nötigenfalls von ihm niedergeschossen zu werden.

Wie das hübsche kleine Mädchen sich zum Steppenwolf stelle, war nicht so leicht zu erkennen. Es schaute ihn sich zunächst einmal an und tat das viel neugieriger und gründlicher, als die beiden andern es taten, welche alles über ihn schon zu wissen glaubten. Das kleine Mädchen stellte fest, daß Harrys Zunge und Gebiß ihr gefielen, und auch seine Augen sagten ihr zu, während sie den etwas ungepflegten Pelz mit Mißtrauen betrachtete und den scharfen Raubtiergeruch mit einer Erregung und Befremdung wahrnahm, in welcher Ablehnung und Ekel mit neugieriger Lüsternheit vermischt waren. Nein, im ganzen gefiel er ihr, und es entging ihr keineswegs, daß Harry ihr sehr zugetan war und sie mit bewundernder Begierde ansah; sie sog seine Bewunderung mit sichtlichem Behagen ein. Hier und da stellte sie eine Frage.

»Bitte, Fräulein, warum muß denn dieser Wolf ein Klavier im Käfig haben?« fragte sie. »Ich glaube, es wäre ihm lieber, wenn er etwas zu fressen drin hätte.«

»Es ist kein gewöhnlicher Wolf«, sagte das Fräulein, »es ist ein musikalischer Wolf. Aber das kannst du noch nicht verstehen, Kind.«

Die Kleine verzog den hübschen Mund ein wenig und sagte: »Es scheint wirklich so, als ob ich vieles noch nicht verstehen könnte. Wenn der Wolf musikalisch ist, so soll er natürlich ein Klavier haben, meinetwegen zwei. Aber daß auf dem Klavier auch noch so eine Figur stehen muß, finde ich schon komisch. Was soll er mit ihr anfangen, bitte?«

»Es ist ein Symbol«, wollte die Erzieherin zu erklären beginnen. Aber der Wolf kam der Kleinen zu Hilfe. Er blinzelte sie aus verliebten Augen höchst offenherzig an, dann sprang er auf, daß alle drei einen Augenblick erschraken, reckte sich lang und hoch und begab sich zum wackligen Klavier, an dessen Kante er sich zu reiben und zu scheuern begann, und dies tat er mit zunehmender Kraft und Heftigkeit, bis die wacklige Büste das Gleichgewicht verlor und herunterstürzte. Der Boden dröhnte, und der Goethe zerfiel, gleich dem Goethe mancher Philologen, in drei Teile. An jedem dieser drei Teile roch der Wolf einen Augenblick, wandte ihnen dann gleichgültig den Rücken und kehrte in die Nähe des Mädchens zurück.

Jetzt trat die Erzieherin in den Vordergrund der Ereignisse. Sie gehörte zu denen, welche trotz Sportkleid und Bubikopf in ihrem eigenen Busen einen Wolf entdeckt zu haben meinten, sie gehörte zu den Leserinnen und Verehrerinnen Harrys, für dessen Seelenschwester sie sich hielt; denn auch sie hatte allerlei verkniffene Gefühle und Lebensprobleme in ihrer Brust. Eine schwache Ahnung sagte ihr zwar, daß ihr wohlbehütetes, geselliges und gutbürgerliches Leben doch eigentlich keine Steppe und keine Einsamkeit sei, daß sie niemals den Mut oder die Verzweiflung aufbringen würde, dies wohlbehütete Leben zu durchbrechen und gleich Harry den Todessprung ins Chaos zu wagen. O nein, das würde sie natürlich niemals tun. Aber stets würde sie dem Steppenwolfe Sympathie und Verständnis entgegenbringen, und sehr gerne hätte sie ihm das auch gezeigt. Sie hatte große Lust, diesen Harry, sobald er wieder Menschengestalt annähme und einen Smoking trüge, etwa zu einem Tee einzuladen oder vierhändig mit ihm Mozart zu spielen. Und sie beschloß, nach dieser Richtung einen Versuch zu wagen.

Die kleine Achtjährige hatte inzwischen dem Wolf ihre ungeteilte Zuneigung geschenkt. Sie war entzückt darüber, daß das kluge Tier die Büste umgeworfen hatte, und begriff sehr genau, daß dies ihr galt, daß er ihre Worte verstanden und für sie gegen die Erzieherin deutlich Partei ergriffen hatte. Würde er wohl auch noch das dumme Klavier demolieren? Ach, er war großartig, sie hatte ihn einfach gern.

Harry hatte indessen das Interesse fürs Klavier verloren, er hatte sich dicht vor dem Kind, ans Gitter gepreßt, niedergekauert, hatte die Schnauze ganz am Boden wie ein schmeichelnder Hund zwischen den Stäben dem Mädchen zugekehrt und sah sie werbend aus entzückten Augen an. Da konnte das Kind nicht widerstehen. Es streckte gebannt und vertrauensvoll sein Händchen aus und streichelte die dunkle Tiernase. Harry aber äugelte ihr aufmunternd zu und begann ganz sachte die kleine Hand mit seiner warmen Zunge zu lecken.

Als dies die Gouvernante sah, war ihr Entschluß gefaßt. Auch sie wollte sich dem Harry als verständnisvolle Schwester zu erkennen geben, auch sie wollte sich mit ihm verbrüdern. Eilig nestelte sie ein kleines elegantes Päckchen aus Seidenpapier und Goldfaden auf, enthülste aus Stanniol einen hübschen Leckerbissen, ein Herz aus feiner Schokolade, und streckte es mit bedeutungsvollem Blick dem Wolfe hin.

Harry blinzelte und leckte still an der Kinderhand; gleichzeitig achtete er haarscharf auf jede Bewegung der Gouvernante. Und genau in dem Augenblick, wo deren Hand mit dem Schokoladeherzen nahe genug war, schnappte er blitzschnell zu und hatte Herz und Hand zwischen den blanken Zähnen. Die drei Menschen schrien alle gleichzeitig auf und sprangen zurück, aber die Erzieherin konnte nicht, sie war von ihrem Bruder Wolf gefangen, und es dauerte noch bange Augenblicke, bis sie ihre blutende Hand loszerren und entsetzt betrachten konnte. Sie war durch und durch gebissen.

Nochmals schrie das arme Fräulein gellend auf. Von ihrem Seelenkonflikt aber war sie in diesem Augenblick vollständig geheilt. Nein, sie war keine Wölfin, sie hatte nichts mit diesem rüden Scheusal gemein, das jetzt interessiert an dem blutigen Schokoladeherzen schnupperte. Und sie setzte sich sogleich zur Wehr.

Inmitten der fassungslosen Gruppe, die sich alsbald um sie gebildet hatte und in welcher der schreckensbleiche Menageriebesitzer ihr Gegenspieler war, stand das Fräulein hochaufgerichtet, hielt die blutende Hand von sich ab, um das Kleid zu schonen, und beteuerte mit blendender Rednergabe, daß sie nicht ruhen werde, bis dies rohe Attentat gerächt sei, und man werde sich wundern, welche Summe an Schadenersatz sie für die Entstellung ihrer schönen und des Klavierspielens kundigen Hand verlangen werde. Und der Wolf müsse getötet werden, darunter tue sie es nicht, man werde schon sehen.

Schnell gefaßt, machte der Unternehmer sie auf die Schokolade aufmerksam, die noch vor Harry lag. Das Füttern der Raubtiere sei durch Plakat aufs strengste verboten, er sei jeder Verantwortung enthoben. Sie möge ihn nur ruhig verklagen, kein Gericht der Welt würde ihr recht geben. Übrigens sei er haftpflichtversichert. Die Dame möge doch lieber jetzt zu einem Arzt gehen.

Das tat sie auch; aber vom Arzt fuhr sie, kaum war die Hand verbunden, zu einem Advokaten. Harrys Käfig wurde an den folgenden Tagen von Hunderten besucht.

Der Prozeß aber zwischen der Dame und dem Steppenwolf beschäftigt seither Tag für Tag die Öffentlichkeit. Die klagende Partei nämlich macht den Versuch, den Wolf Harry selbst, und erst an zweiter Stelle den Unternehmer, haftbar zu machen. Denn, so führt die Klageschrift weitläufig aus, dieser Harry sei keineswegs als verantwortungsloses Tier zu betrachten; es führe einen richtigen, bürgerlichen Eigennamen, sei nur zeitweise als Raubtier in Stellung und habe seine eigenen Memoiren als Buch herausgegeben. Mag das zuständige Gericht nun so oder so entscheiden, der

Prozeß wird ohne Zweifel durch alle Instanzen bis vor das Reichsgericht gelangen.

Wir können also in absehbarer Zeit von der maßgebendsten amtlichen Stelle eine endgültige Entscheidung über die Frage erwarten, ob der Steppenwolf nun eigentlich ein Tier sei oder ein Mensch.

(1927)

Ein Abend bei Doktor Faust

Zusammen mit seinem Freunde Doktor Eisenbart (dem Urgroßvater übrigens des nachmals so berühmten Mediziners) saß Doktor Johann Faustus in seinem Speisezimmer. Das üppige Abendessen war abgetragen, in den schweren, vergoldeten Pokalen duftete alter Rheinwein, eben waren die beiden Musikanten verschwunden, die zum Essen aufgespielt hatten, ein Flötenbläser und ein Lautenschläger. »Also jetzt will ich dir die versprochene Probe geben«, sagte Doktor Faust und goß einen Schluck von dem alten Wein in seine etwas fett gewordene Kehle. Er war kein junger Mann mehr, es war zwei oder drei Jahre vor seinem schrecklichen Ende.

»Ich sagte dir ja schon, daß mein Famulus zuweilen so drollige Apparate herstellt, mit denen man dies und jenes sehen und hören kann, was weit von uns entfernt, oder längst vergangen, oder noch Zukunft ist. Wir wollen es heute mit der Zukunft versuchen. Der Bursche hat da etwas sehr Amüsantes und Kurioses erfunden, weißt du. So, wie er uns öfter in magischen Spiegeln die Helden und Schönen der Vergangenheit gezeigt hat, so hat er jetzt etwas für die Ohren erfunden, einen Schalltrichter, der gibt uns die Geräusche zu hören, welche in ferner Zukunft an ebendem Ort einmal erklingen werden, an dem der Schallapparat aufgestellt ist.«

»Sollte dein dienender Geist, lieber Freund, dich da nicht vielleicht etwas beschwindeln?«

»Ich glaube es nicht«, sagte Faust. »Für die schwarze Magie ist ja die Zukunft keineswegs unerreichbar. Du weißt, wir sind immer von der Voraussetzung ausgegangen, daß die Geschehnisse auf Erden ohne Ausnahme dem Gesetz von Ursache und Wirkung unterliegen. Es kann also an der Zukunft ebensowenig etwas geändert werden, wie an der Vergangenheit: auch die Zukunft ist durch das Kausalgesetz festgelegt, sie ist also schon da, nur sehen und schmecken wir sie noch nicht. Ebenso wie der Mathematiker und Astronom genau den Eintritt einer Sonnenfinsternis weit vorausberechnen kann, ebenso könnte, wenn wir eine Methode dafür erfunden hätten, jeder beliebige andere Teil der Zukunft uns sichtbar und hörbar gemacht werden. Mephistopheles hat nun eine Art Wünschelrute für das Ohr erfunden, er hat eine Falle gebaut, in welcher die Töne eingefangen

Ein Abend bei Doktor Faust

werden, welche in einigen hundert Jahren hier in diesem Raum ertönen werden. Wir haben es wiederholt probiert. Manchmal freilich ertönt gar nichts, dann sind wir eben in der Zukunft auf eine Leere gestoßen, auf einen Zeitpunkt, in dem nichts Hörbares sich in unserem Raume abspielt. Andere Male haben wir allerlei gehört, zum Beispiel hörten wir einmal einige Menschen, die in ferner Zukunft leben werden, von einem Gedicht sprechen, in dem die Taten des Doktor Faust, also die meinen, besungen werden. Aber genug, wir wollen es probieren.«

Auf seinen Ruf erschien in der gewohnten grauen Mönchskutte der Hausgeist, er setzte eine kleine Maschine mit einem Schalltrichter auf die Tafel, schärfte den Herren dringlichst ein, daß sie ja während des ganzen Vorganges sich jeder Bemerkung enthalten sollten, dann drehte er an der Maschine, die mit einem leisen, zarten Sausen zu arbeiten begann.

Längere Zeit hörte man nichts als dieses spannende Sausen, dem die beiden Doktoren erwartungsvoll lauschten. Dann schrillte plötzlich ein nie gehörter Ton auf: ein böses, wildes, teuflisches Geheule, von dem nicht zu sagen war, ob es von einem Lindwurm oder etwa von einem wütenden Dämon stamme; ungeduldig, warnend, zornig, befehlend schrie der böse Ton, in kurzen, heftigen Stößen sich wiederholend, als pfeife ein verfolgter Drache durch den Raum. Doktor Eisenbart wurde blaß und atmete auf, als der scheußliche Schrei sich, in immer größerer Entfernung noch oftmals wiederholt, in der Ferne verlor.

Es folgte Stille, dann aber erklang ein neuer Laut: eine Männerstimme, wie aus großer Ferne kommend, in eindringlich predigendem Ton. Die Hörer konnten Bruchstücke der Rede verstehen und sich auf die bereitgelegten Schreibtafeln notieren, zum Beispiel die Sätze:

»– und so schreitet nach dem leuchtenden Vorbild Amerikas das Ideal wirtschaftlichen Betriebes unaufhaltsam seiner siegreichen Vollendung und Verwirklichung entgegen. – – Während einerseits der Komfort im Leben des Arbeiters eine nie erlebte Höhe erreicht hat, – – und können wir ohne Überheblichkeit sagen, daß die kindlichen Träume früherer Zeitalter von einem Paradiese durch die heutige Produktionstechnik mehr als – –«

Wieder Stille. Dann kam eine neue Stimme, eine tiefe, ernste Stimme, die sprach: »Meine Herrschaften, ich bitte um Gehör für ein Gedicht, eine Schöpfung des großen Nikolaus Unterschwang, von dem man ja wohl sagen darf, daß er wie kein anderer das Innerste unserer Zeit hinausgestülpt, den Sinn und Unsinn unseres Daseins am weisesten erschaut hat.

> Den Schornstein hält er in der Hand,
> An beiden Backen trägt er Flossen,
> Und nach dem Barometerstand
> Steigt er auf Leitern ohne Sprossen.
>
> So steigt er lange Leitern lang
> Mit Wolken in dem Mantelfutter,
> Nach einem Leben wird ihm bang,
> Ihn überkommt die Wankelmutter.«

Doktor Faust konnte den größeren Teil dieses Gedichtes niederschreiben. Auch Eisenbart notierte fleißig.

Eine schläfrige Stimme, ohne Zweifel die Stimme einer älteren Frau oder Jungfer, wurde hörbar, sie sagte: »Langweiliges Programm! Als ob man nur dazu das Radio erfunden hätte! Na, jetzt kommt wenigstens Musik.«

In der Tat brach jetzt eine Musik los, eine wilde, geile, sehr taktfeste Musik, schmetternd bald, bald schmachtend, eine ganz und gar unbekannte, fremdartige unanständige, bösartige Musik, von heulenden, quäkenden und gaksenden Blasinstrumenten, durchschüttert von Gongschlägen, überklettert zuweilen von einer singenden, heulenden Sängerstimme, welche Worte oder Verse in unbekannter Sprache von sich gab.

Zwischenein ertönte in regelmäßigen Abständen der geheimnisvolle Vers:

> Bewunderung dein Haar erregt,
> Wird stets mit Gögö es gepflegt!

Auch jener erste, bösartige, wütende, warnende Ton, jenes Drachengeheul voll Qual und Zorn wurde zwischenein immer je und je wieder laut.

Als der Hausgeist lächelnd seine Maschine zum Stillstand brachte, blickten die beiden Gelehrten einander merkwürdig an, in einem peinlichen Gefühl von Verlegenheit und Scham, als seien sie ungewollt Zeugen eines unanständigen, verbotenen Vorganges geworden. Beide überlasen ihre Notizen und zeigten sie einander.

»Was hältst du davon?« sagte Faust endlich.

Doktor Eisenbart trank einen langen Schluck aus seinem Becher, er blickte zu Boden und blieb lange nachdenklich und schweigsam. Endlich sagte er, mehr zu sich selbst als zu seinem Freunde: »Es ist schauderhaft! Es kann gar kein Zweifel darüber herrschen, daß die Menschheit, von deren Leben wir da ein Probestück gehört haben, irrsinnig ist. Es sind unsere Nachkommen, die Söhne unserer Söhne, die Urenkel unserer Urenkel, die wir da so bedenkliche, traurige, verwirrte Dinge sprechen hören, die so Entsetzen erregende Schreie ausstoßen, so unverständliche Idiotenverse singen. Unsere Nachkommen, Freund Faust, werden im Wahnsinn enden.«

»Das möchte ich nicht so bestimmt behaupten«, meinte Faust. »Deine Ansicht hat ja nichts Unwahrscheinliches, aber sie ist doch pessimistischer als nötig. Wenn hier, an einem einzigen beschränkten Ort der Erde, solche wilde, verzweifelte, unanständige und zweifellos verrückte Töne erklingen, so braucht das noch nicht zu bedeuten, daß die ganze Menschheit geisteskrank geworden sei. Es kann ja sein, daß an dem Ort, an dem wir uns befinden, in einigen hundert Jahren ein Irrenhaus stehen wird und daß wir Bruchstücke davon zu hören bekommen haben. Es kann auch sein, daß eine Gesellschaft von schwer Betrunkenen da ihre Einfälle zum besten gegeben hat. Denke an das Gebrüll einer vergnügten Volksmenge, etwa an einem Karnevalsfest! Das klingt ganz ähnlich. Aber was mich stutzig macht, das sind jene anderen Töne, jene Schreie, die weder von Menschenstimmen noch von Musikinstrumenten erzeugt sein können. Sie klingen, so scheint mir, absolut teuflisch. Es können nur Dämonen sein, die solche Töne ausstoßen.«

Er wandte sich an Mephistopheles: »Weißt du vielleicht etwas darüber? Kannst du uns sagen, was für Töne wir da gehört haben?«

»Wir haben«, sagte der Hausgeist und lächelte, »in der Tat dämonische Töne gehört. Die Erde, meine Herren, welche ja schon heute zur guten Hälfte Eigentum des Teufels ist, wird bis in einer gewissen Zeit ihm ganz gehören, und wird einen Teil, eine Provinz der Hölle bilden. Sie haben sich über die Ton- und Wortsprache dieser Erdhölle etwas hart und ablehnend geäußert, meine Herren. Es scheint mir aber immerhin bemerkenswert und hübsch, daß es auch in der Hölle Musik und Dichtung geben wird. Es ist Belial, dem diese Abteilung untersteht. Ich finde, er macht seine Sache recht hübsch.«

(1927)

Schwäbische Parodie

Im schönen Schwabenlande gibt es eine Menge von schönen und merkwürdigen Städten und Dörfern voll denkwürdiger Erinnerungen, und viele davon haben denn auch ausgezeichnete, ja klassische Schilderungen gefunden. Ich erinnere nur an Megerles dreibändige Geschichte von Bopfingen und an Mörikes tiefschürfende Forschungen über die Familie Wispel. Als erste Anregung und Grundlage für eine spätere heimatkundliche Darstellung von berufener Hand möchten nachstehende historische Notizen über Knörzelfingen, die Perle des Knörzeltales, angesehen werden. Denn wahrlich, es dürfte an der Zeit sein, endlich einmal eine Lanze für Knörzelfingen zu brechen und diese Perle eines unserer schönsten Heimattäler aus ihrem jahrhundertlangen Dornröschenschlaf zu wecken.

Jedem schwäbischen Schulknaben aus der Heimatkunde wohlbekannt, entspringt in diesem großenteils mit Laubwald bestandenen, von Kalkschichten romantisch durchzogenen Tale ein munterer kleiner Fluß oder Bach, die Knörzel. Es ist eine bekannte Anekdote aus Württembergs glorreicher Geistesgeschichte, wie Ludwig Uhland am Ende seiner Schuljahre bei der Reifeprüfung vor seinem verehrten Professor Hosiander stand und von diesem nach dem einundzwanzigsten linken Nebenfluß des Neckars befragt wurde und zum tiefen Bedauern des verdienstvollen Lehrers die Antwort schuldig blieb. Heute mag es uns bedeutsam erscheinen, daß gerade unser großer Uhland, der so manche Flur- und Dorfnamen Schwabens in seinen Dichtungen für die Ewigkeit aufbewahrt hat, diese merkwürdige Lücke in seinem sonst so reichen Wissen aufwies. So wie der große Dichter die Knörzel vergessen hatte, so wurde sie seit langem von der Literatur sowohl wie vom öffentlichen Interesse vernachlässigt. Und doch rauschte einst auch hier der große Strom der Geschichte, und heute noch weiß der Volksmund zahlreiche Merkwürdigkeiten und Sagen über diese Gegend zu berichten, deren Sammlung tunlichst in Angriff genommen werden sollte, noch ehe die alles nivellierende Flut der gewaltigen Neuzeit auch diese Zeugen der Vorzeit vernichtend überspült hat.

Ursprünglich, das heißt bis zum verhängnisvollen Jahr 1231, gehörte das Tal zu den gewaltigen Besitzungen der Grafen von Calw, während die Burg Knörzelfingen nicht von diesen, sondern schon in grauer Vorzeit von Knorz dem Ersten errichtet worden sein soll. Ihre wohlgelungene Abbildung finden wir noch in den Kupferstichen Merians, heute indessen ist sie vom Erdboden verschwunden, und es kündet nur noch der sogenannte Brennesselberg, eine von Unkraut überwucherte, für den Botaniker beachtenswerte Schutthalde, von dem ehrwürdigen Bauwerk. Die Frage, ob Knorz der Erste, der Erbauer der Burg, identisch sei mit Knorz dem Wunderlichen, der Lieblingsfigur so mancher Volkserzählungen, ist von der Wissenschaft nicht nur nicht gelöst, sondern sogar mit einer gewissen Ängstlichkeit umgangen worden. Ritter Knorz, der Held so vieler gemütvoller Volkssagen, ist indessen von der neueren Forschung als eine lediglich mythische Persönlichkeit erkannt worden, und so lassen wir die zahlreichen Spuren, welche diese ehrwürdige Figur in Sitte und Sage, in Sprache und Brauch der Knörzelfinger hinterlassen hat, besser auf sich beruhen. Erwähnt sei nur, daß die wunderlichen Ausdrücke »knorzen« und »Knorzer« nach den genialen Forschungen Fischers und Bohnenbergers zweifellos jenem Sagenkreise entstammen; sie haben sich inzwischen das gesamte schwäbische Sprachgebiet erobert. Unter den heimatkundlichen Volkserzählungen, welche unser geschätzter Erzähler Martin Kurtz zwar nachweislich geplant, aber beklagenswerterweise nicht geschrieben hat, soll auch ein Roman über Knorz den Wunderlichen gewesen sein.

Ebenfalls noch dem Gebiete sagenhafter Volksüberlieferung entstammt die Erzählung vom Bade Herzog Eugens des Langhaarigen in der Knörzel, wie denn überhaupt die Knörzel vor Zeiten als Heilbad sich eines hohen Ansehens erfreute, worauf wir noch zurückkommen werden. Bekanntlich soll bei diesem Bade Herzog Eugen die hübsche Bauerntochter Barbara Klemm, die sogenannte »Klemmin«, auf seinem Rücken durch die schäumenden Wellen der Knörzel getragen haben, und wir möchten es immerhin als voreilig bezeichnen, wenn Hammelehle in seiner sonst verdienstvollen Dissertation »Herzog Eugen der Langhaarige in seinen Beziehungen zum Humanismus« in diesem Bericht lediglich eine humanistisch-klassizistische Nachdichtung des Abenteuers zwischen Zeus und der Europa glaubt erkennen zu dürfen. Ist doch wahrlich diese Barbara Klemmin als Geliebte des prachtliebenden und verblendeten Fürsten historisch genugsam bezeugt, zum Beispiel in dem anonymen Spottgedicht »Des Herzogs Beklemmung« von 1523. Damals war es ja Achilles Zwilling, der Archidiakon von Stuttgart und Eugens tapferer Hofprediger, der des

Herzogs zornigen Befehl, die Klemmin alsbald in öffentlicher Predigt zu rehabilitieren, mit den echt schwäbischen Mannesworten zurückwies: »Ob sie Sie geklemmt hat, Durchlaucht, oder von Ihnen geklemmt worden ist, dies zu untersuchen wird jeder schwäbische Theologe als seiner unwürdig zurückweisen.«

Im achtzehnten Jahrhundert war es ein Knörzelfinger, der Taglöhnerssohn Adam Wulle, der als beliebter Laienprediger und Wortführer einer von ihm begründeten pietistischen Sekte einen großen Ruf im Lande genoß und namentlich allgemeines Staunen erregte durch seine improvisierte anderthalbstündige Predigt voll Zündkraft über das Bibelwort: »Und Joram zeugete den Usia.« Es ist ebenderselbe Adam Wulle, von welchem die drollige Geschichte überliefert worden ist, daß einst ein Kamerad ihn über das Zeichen belehrt habe, an welchem unfehlbar erkannt werden könne, ob eine Frau eine Hexe sei oder nicht. Eine Hexe, so wurde ihm gesagt, sei sofort an den schneeweißen Knien zu erkennen. Einem Verdacht folgend, betrachtete am Abend Wulle die Knie seiner Ehefrau und sprach sie des Verdachtes ledig mit den Worten: »E Hex bisch net, aber e dreckats Säule.«

Überhaupt scheinen die Bürger von Knörzelfingen, nach gut schwäbischem Brauch, sich einer glücklichen Gabe im Prägen kurzer und eindrucksvoller Kernworte erfreut zu haben. Der Schultheiß von Knörzelfingen war es, der die treuherzige Meinung des Volkes über den Pfarrer und Dichter Eduard Mörike zu klassischem Ausdruck gebracht hat. Mörike war einige Zeit in einem Dorf jener Gegend Pfarrvikar, und als der Schultheiß einst gefragt wurde, ob er denn auch wisse, daß sein Nachbar, der Vikar Mörike, so schöne Gedichte mache, da nickte der brave Mann und sagte: »Der Kerle könnt' au ebbes G'scheiters tun.«

Eine eigene, ausführliche Darstellung verdiente die Geschichte Knörzelfingens als Heilbad. In alten Zeiten soll ein Graf von Württemberg sich auf der Jagd in das Knörzeltal verirrt haben, und, obwohl er und seine Mannen ringsum Hasen, Hirsche, Fasanen und anderes Wild in Menge erlegten, wurden sie doch dieser erlegten Beute nur selten habhaft und entdeckten, als sie der Sache nachgingen, daß die verwundeten Tiere sich zur murmelnden Knörzel schleppten, aus ihr tranken oder sich in ihr wuschen und alsbald gesund wieder in die prächtigen Wälder liefen, die noch heute der Schmuck der Gegend sind. So entstand der Ruf des Knörzelwassers und seiner Heilkraft, und das Tal wurde jahrhundertelang, ähnlich wie so manches andere begnadete Tal unserer Heimat, von Kranken aller Art besucht, namentlich aber von Leuten, welche an Gicht und Rheumatismen litten. Sei es nun, daß der Charakter des Wassers sich im Laufe der Zeiten verändert hat oder daß es auf Menschen nicht dieselbe Wirkung übte wie auf die Tiere des Waldes – kurz, es wurden in diesem Bad ebensowenig wie in andern Bädern Heilungen erzielt, sehr zum Vorteil der Badewirte, denn die Kranken wurden nicht gesund und blieben weg, sondern sie blieben krank und heilungsbegierig und kamen Jahr für Jahr zur Badekur wieder, wie es ja auch in andern Bädern die Sitte ist. Wirte und Kranke waren mit diesem Zustande zufrieden; die Wirte verdienten, und die Kranken konnten Jahr für Jahr wiederkommen, einander ihre Schmerzen klagen und einige Sommerwochen teils in Liegestühlen, teils an den mit den Rebhühnern und Forellen der Gegend wohlbesetzten Wirtstafeln sitzen.

Daß dies angenehme Badeleben ein Ende fand, daran war der Schwabenstreich eines Knörzelfingers schuld, der als Arzt in seinem Städtchen lebte. Er war ein Zeitgenosse und Gesinnungsgenosse des Justinus Kerner, des Dr. Passavant und anderer romantischer Schwarmgeister, und er hätte als Badearzt sein gutes Auskommen haben können, wenn er nicht ein Heißsporn, Idealist und rüder Wahrheitsfanatiker gewesen wäre. Dieser merkwürdige Arzt (sein Name darf bis zum heutigen Tage in Knörzelfingen nicht ausgesprochen werden) hat innerhalb weniger Jahre das beliebte Heilbad vollkommen stillgelegt und ruiniert. Er lachte die Kranken aus, die ihn befragten, wieviel und wie lange Bäder sie nehmen sollten und ob die Bade- oder die Trinkkur wirksamer sei. Er setzte den Badegästen, gestützt auf unleugbare große Kenntnisse und eine zündende Beredsamkeit, auseinander, daß alle diese Gicht- und Gliederschmerzen keineswegs von leiblicher, sondern von seelischer Herkunft seien, und daß weder das Schlucken von Arzneien noch das Baden in irgendwelchen Wässern da irgend nützen könne, denn diese lästigen Krankheiten entstünden nicht aus dem Stoffwechsel und vermittels der Harnsäure, wie eine materialistische Wissenschaft vorgebe, sondern seien eine Folge von Charakterfehlern und daher nur mit seelischen Mitteln heilbar, insofern nämlich überhaupt von »heilbaren« Krankheiten gesprochen werden könne. Und die werten Herrschaften möchten daher sich von den Bädern nichts versprechen, sondern ihre Charakterschwächen bereuen oder sich mit ihnen abfinden. Es gelang diesem Arzt, in wenigen Jahren den Ruf des uralten Heilbades zu vernichten. Eine spätere Generation hat sich zwar energisch um die Wiedereröffnung dieser Geldquelle bemüht. Aber inzwischen hatte die allgemeine Bildung große Fortschritte gemacht, und kein Arzt schickte mehr einen Kranken in ein Bad, bloß um dessen guten Rufes willen, sondern es wurden genaue chemische Analysen des Wassers verlangt. Diese Analysen ergaben beim Knörzelwasser zwar dessen lobenswerte Beschaffenheit als Trinkwasser, weitere Lockmittel für die Ärzte und Patienten aber fanden sich in dem Wasser nicht. Darum reisen die Gichtkranken Jahr um Jahr in andere Bäder, unterhalten sich dort über ihre Leiden und legen Wert auf gute Verpflegung und Kurmusik, nach Knörzelfingen aber geht keiner mehr.

Vieles wäre noch zu berichten, aber angesichts des ungeheuren Stoffes begnüge ich mich mit dem Bewußtsein, den Gegenstand zwar keineswegs erschöpft, aber doch die Anregung zu dessen weiterer Behandlung gegeben zu haben. Meine kleine Schrift über Knörzelfingen gedenke ich der hochverehrten, angeblich von Knorz dem Ersten gestifteten Universität zum Zweck der Erlangung der Rektorswürde vorzulegen, doch bleibt die Wahl der Fakultät noch weiterer Überlegung vorbehalten.

(1928)

Edmund

Edmund, ein begabter Jüngling aus gutem Hause, war während mehrerer Studienjahre zum Lieblingsschüler des damals wohlbekannten Professors Zerkel geworden.

Es war zu jener Epoche, wo die sogenannte Nachkriegszeit sich ihrem Ende zuneigte, wo die großen Kriege, die große Übervölkerung und das vollkommene Verschwinden von Sitte und Religion Europa jenes verzweifelte Gesicht gegeben hatten, welches uns aus beinahe allen Bildnissen der Repräsentanten jener Zeit entgegenblickt. Noch hatte jene Epoche nicht eigentlich begonnen, welche unter dem Namen »Wiedergeburt des Mittelalters« bekannt ist, aber es war immerhin alles das, was seit mehr als hundert Jahren allgemeine Verehrung und Geltung genossen hatte, schon tief erschüttert, und es war in den weitesten Kreisen eine rasch wachsende Müdigkeit und Unlust gegenüber jenen Zweigen des Wissens und Könnens zu spüren, die man seit der Mitte des neunzehnten Jahrhunderts bevorzugt hatte. Man hatte genug und übergenug von den analytischen Methoden, von der Technik als Selbstzweck, von den rationalistischen Erklärungskünsten, von der dünnen Vernünftigkeit jenes Weltbildes, das einige Jahrzehnte vorher die Höhe europäischer Bildung bezeichnet hatte und unter dessen Vätern einst die Namen Darwin, Marx und Haeckel hervorragten. In fortgeschrittenen Kreisen wie denen, welchen Edmund angehörte, herrschte sogar eine gewisse allgemeine Geistesmüdigkeit, eine skeptische, von Eitelkeit übrigens nicht freie Lust an illusionsloser Selbstkritik, an einer kultivierten Selbstverachtung der Intelligenz und ihrer herrschenden Methoden.

Zugleich wandte sich in diesen Kreisen ein fanatisches Interesse den damals hoch entwickelten Religionsforschungen zu. Man betrachtete die Zeugnisse der gewesenen Religionen nicht mehr wie bisher vor allem historisch, soziologisch oder weltanschaulich, sondern suchte ihre unmittelbaren Lebenskräfte, die psychologische und magische Wirkung ihrer Formen, Bilder und Gebräuche kennenzulernen. Immerhin herrschte bei den Älteren und Lehrern noch mehr als die etwas blasierte Neugierde reiner Wissenschaftlichkeit, eine gewisse Freude am Sammeln, Vergleichen, Erklären, Einordnen und Besserwissen; die Jüngeren und Schüler hingegen betrieben diese Studien in einem neuen Geist, nämlich voll Hochachtung, ja voll Neid gegen die Erscheinungen religiösen Lebens, voll Hunger nach den Inhalten jener Kulte und Formeln, die uns die Geschichte überliefert hat, und voll heimlicher, halb lebensmüder, halb zum Glauben bereiter Begierde nach dem Kern aller jener Erscheinungen, nach einem Glauben und einer Seelenhaltung, die es ihnen vielleicht ermöglichen würde, gleich ihren fernen Vorfahren aus starken und hohen Antrieben heraus und mit jener verlorengegangenen Frische und Intensität zu leben, wie sie aus den religiösen Kulten und aus den Kunstwerken der Vorzeit strahlt.

Berühmt wurde zum Beispiel der Fall jenes jungen Privatdozenten in Marburg, der sich vorgenommen hatte, das Leben und Sterben des frommen Dichters Novalis zu beschreiben. Bekanntlich hat dieser Novalis nach dem Tode seiner Braut den Beschluß gefaßt, ihr nachzusterben, und hat dazu als echter Frommer und Dichter nicht mechanische Mittel wie Gift oder Schußwaffen benutzt, sondern hat sich langsam durch rein seelische und magische Mittel dem Tode entgegengeführt und ist ganz früh gestorben. Der Privatdozent nun geriet in den Bann dieses merkwürdigen Lebens und Sterbens, und es ergriff ihn darüber der Wunsch, es diesem Dichter nachzutun und ihm nachzusterben, einfach durch seelische Nachahmung und Gleichrichtung. Der Antrieb dazu war nicht eigentlich Lebensüberdruß, vielmehr das Verlangen nach dem Wunder, das heißt nach Beeinflussung und Beherrschung des körperlichen Lebens durch die Kräfte der Seele. Und richtig lebte und starb er dem Dichter nach, noch nicht dreißigjährig. Der Fall erregte damals Aufsehen und wurde von allen konservativen Kreisen ebenso heftig verurteilt wie von jenem Teil der Jugend, welcher in Sport und materiellem Lebensgenuß seine Genüge fand. Aber genug davon; wir wollen hier nicht jene Zeit analysieren, sondern nur die Seelenhaltung und Stimmung der Kreise andeuten, zu welchen der Kandidat Edmund gehörte.

Dieser also studierte unter Professor Zerkel Religionswissenschaft, und sein Interesse galt beinahe ausschließlich jenen teils religiösen, teils magischen Übungen, durch welche andere Zeiten und Völker versucht hatten, sich des Lebens geistig zu bemächtigen und die Menschenseele gegen Natur und Schicksal stark zu machen. Es handelte sich ihm nicht, wie seinem Lehrer, um die denkerische und literarische Schauseite der Religionen, um ihre sogenannten Weltanschauungen, sondern was er zu erkennen und zu ergründen suchte, waren die echten, direkt ins Leben wirkenden Praktiken, Übungen und Formeln: das Geheimnis von der Gewalt der Symbole und Sakramente, die Techniken der seelischen Konzentration, die Mittel zur Erzeugung schöpferischer Seelenzustände. Die oberflächliche Art, mit der man ein Jahrhundert lang diese Phänomene wie Askese, Exorzismen, Mönchtum und Eremitentum erklärt hatte, war längst einem ernsten Studium gewichen. Zur Zeit war Edmund bei Zerkel in einem exklusiven Seminar, an welchem außer ihm nur noch ein einziger vorgeschrittener Schüler teilnahm, mit dem Eindringen in gewisse magische Formeln und Tantras beschäftigt, die man neuerdings im nördlichen Indien gefunden hatte. Sein Professor hatte für diese Studien ein rein forscherisches Interesse, er sammelte und ordnete diese Erscheinungen, wie ein anderer Insekten sammeln mag. Dagegen spürte er recht wohl, daß seinen Schüler Edmund eine ganz andere Art von Begierde zu diesen Zaubersprüchen und Gebetsformeln treibe, und er hatte auch längst bemerkt, daß der Schüler in manches Geheimnis, das dem Lehrer verschlossen geblieben war, durch die frömmere Art seines Studiums eingedrungen war; er hoffte, diesen guten Schüler noch lange zu behalten und sich seiner Mitarbeit zu bedienen.

Zur Zeit entzifferten, übersetzten und deuteten sie die Texte jener indischen Tantras, und soeben hatte Edmund einen dieser Sprüche aus der Ursprache folgendermaßen zu übertragen versucht:

»Wenn du in eine Lage kommst, wo deine Seele krank wird und dessen vergißt, was sie zum Leben bedarf, und du willst erkennen, was es ist, dessen sie bedarf und das du ihr geben mußt: dann mache dein Herz leer, beschränke deine Atmung auf das Mindestmaß, stelle dir das Zentrum deines Hauptes als eine leere Höhle vor, richte auf diese Höhle deinen Blick und sammle dich zu ihrer Betrachtung, so wird die Höhle plötzlich aufhören, leer zu sein, und wird dir das Bild dessen zeigen, wessen deine Seele bedarf, um weiterleben zu können.«

»Gut«, sagte der Professor und nickte. »Wo Sie ›Vergessen‹ sagen, müßte es wohl noch etwas genauer ›Verlieren‹ heißen. Und haben Sie bemerkt, daß das Wort für ›Höhle‹ dasselbe ist, das diese gerissenen Priester oder Zauberdoktoren auch für den Mutterschoß gebrauchen. Diese Burschen haben es wahrhaftig fertiggebracht, aus einer ziemlich nüchternen Gebrauchsanweisung zur Heilung von Melancholikern einen verzwickten Zauberspruch zu machen. Dieses ›mar pegil trafu gnoki‹ mit seinen Anklängen an die Formel des großen Schlangenzaubers mag für den armen

Bengalen, den sie damit geprellt haben, unheimlich und grausig genug geklungen haben! Die Anweisung selbst mit dem Leermachen des Herzens, der Atembeschränkung und dem Nach-Innen-Richten des Blickes bietet uns ja freilich nichts Neues, sie ist zum Beispiel im Spruch Nummer 83 entschieden präziser formuliert. Nun, Edmund, Sie sind natürlich wieder ganz anderer Ansicht? Was meinen Sie dazu?«

»Herr Professor«, sagte Edmund leise, »ich meine, daß Sie auch in diesem Fall den Wert der Formel selbst unterschätzen; es kommt hier nicht auf die wohlfeilen Ausdeutungen an, die wir den Worten geben, sondern es kommt auf die Worte selbst an, es muß zum nackten Sinn des Spruches noch etwas dazukommen, sein Klang, die Wahl seltener und altertümlicher Worte, das Assoziationen weckende Anklingen an den Schlangenzauber – erst all dieses zusammen gab dem Spruch seine magische Gewalt.«

»Falls er sie wirklich hatte!« lachte der Professor. »Es ist eigentlich schade, daß Sie nicht damals gelebt haben, als diese Sprüche noch lebendig waren. Sie wären ein höchst dankbares Objekt für die Zauberkünste dieser Spruchdichter gewesen. Aber Sie sind nun leider einige tausend Jahre zu spät gekommen, und ich möchte mit Ihnen wetten: Sie mögen sich noch so sehr bemühen, die Vorschriften dieses Spruches auszuführen, es wird nicht das mindeste Ergebnis herauskommen.«

Er wandte sich dem andern Schüler zu und sprach interessant und in guter Laune weiter.

Inzwischen überlas Edmund seinen Spruch nochmals; er hatte ihm besonderen Eindruck gemacht durch seine Eingangsworte, die ihm auf ihn selbst und seine Lage zu passen schienen. Wort für Wort sprach er sich die Formel im Innern vor, und versuchte zugleich, ihre Vorschriften genau zu erfüllen:

»Wenn du in eine Lage kommst, wo deine Seele krank wird und dessen vergißt, was sie zum Leben bedarf, und du willst erkennen, was es ist, dessen sie bedarf und das du ihr geben mußt: dann mache dein Herz leer, beschränke deine Atmung ...« und so weiter.

Es gelang ihm besser als bei früheren Versuchen, sich zu konzentrieren. Er befolgte die Anweisungen, und ein Gefühl sagte ihm, es sei dafür wirklich der Augenblick gekommen, seine Seele sei in Gefahr und habe das Wichtigste vergessen. Schon kurz nach Beginn des einfachen Atem-Yoga, das er oft geübt hatte, fühlte er etwas in seinem Innern geschehen, fühlte dann in der Mitte seines Kopfes eine kleine Höhlung entstehen, sah sie klein und dunkel gähnen, richtete mit zunehmender Glut seine Aufmerksamkeit auf die nußgroße Höhle, oder den »Mutterschoß«. Und die Höhle begann sich zögernd von innen her zu erhellen, und die Helligkeit nahm allmählich zu, und klar und klarer enthüllten sich seinem Blick in der Höhle das Bild dessen, was zu tun ihm nötig war, damit er das Leben weiterleben könne. Er erschrak nicht über das Bild, er zweifelte keinen Augenblick an seiner Echtheit; er spürte im Innersten, daß das Bild recht habe, daß es ihm nichts zeige als das »vergessene« tiefste Bedürfnis seiner Seele.

So folgte er denn, von dem Bilde mit nie gekannten Kräften gespeist, freudig und sicher dem Befehl des Bildes und führte die Tat aus, deren Vorbild er in der Höhle erblickt hatte. Er schlug die während der Übung gesenkten Lider wieder auf, er erhob sich von der Bank, trat einen Schritt vor, streckte die Hände aus, legte sie beide um den Hals des Professors und drückte ihn so lange zusammen, bis er fühlte, daß es genug sei. Er ließ den Erdrosselten zu Boden sinken, wendete sich weg, und wurde erst jetzt daran erinnert, daß er nicht allein sei: sein Mitschüler saß totenbleich in der Bank, Schweißtropfen auf der Stirn, und starrte ihn mit Entsetzen an.

»Es hat sich alles wörtlich und buchstäblich erfüllt!« rief Edmund begeistert. »Ich machte mein Herz leer, ich atmete flach, ich dachte an die Höhle im Kopf, ich richtete meinen Blick nach ihr, bis er wirklich nach innen ging, und gleich kam auch schon das Bild; ich sah den Lehrer und sah mich selbst, und sah meine Hände um seinen Hals und alles. Ganz von selber gehorchte ich dem Bilde, es brauchte keine Kraft, es bedurfte keines Entschlusses. Und jetzt ist mir so wunderbar wohl wie noch nie in meinem ganzen Leben!«

»Mensch«, rief der andere, »komm doch zu dir und besinne dich! Du hast getötet! Du bist ein Mörder! Sie werden dich dafür hinrichten!«

Edmund hörte nicht zu. Vorerst drangen diese Worte nicht bis zu ihm. Er sagte leise die Worte der Formel vor sich hin: »mar pegil trafu gnoki« und sah vor sich weder tote noch lebende Lehrer, sondern die unbeschränkte Weite der Welt und des Lebens, die ihm offenstand.

(1930)

Bericht aus Normalien

Ein Fragment

Lieber und ergebenst hochgeschätzter Freund,
    da Sie in Ihrer Güte mich dazu ermuntern, will ich denn unsern Briefwechsel, der ja stets mehr ein von mir bestrittener Monolog als ein Gespräch und nun während dieser Unglücksjahre unterbrochen war, wieder aufnehmen und Ihnen wieder einmal von meinem Leben und von den hiesigen Zuständen berichten. Ich weiß zwar freilich nicht, ob Sie über uns, unsern Staat und seine Einrichtungen nicht besser unterrichtet sind als ich, der ich, in meiner Subjektivität befangen, mich hier zwar wohl und zuhause fühle, aber doch nicht ohne durch manches Eigentümliche, Widerspruchsvolle oder Befremdende in unsrer Gemeinschaft und unsrem Leben mich gelegentlich bald überrascht oder auch erschreckt, bald auch verhöhnt und überlistet oder an der Nase herumgeführt zu fühlen. Nun, so ist es eben, möglicherweise ist und war es überall und jederzeit auf Erden so, und wie gesagt, fühle ich mich hier wohl und habe nicht die Absicht und das Bedürfnis, Kritik an den Zuständen zu üben oder gar mich über sie zu beklagen. Im Gegenteil, es lebt sich gut in unsrer so gewaltig ausgedehnten Anstalt, und die Rätsel, die unser Leben in Normalien uns aufgibt, sind vielleicht von denen in Ihrem Nordblock, oder wie Ihr Land sich zur Zeit nun nennen mag, nicht allzu sehr verschieden. Uns beschäftigt und beunruhigt zum Beispiel die Frage, wer nun eigentlich unser Direktor – – aber lassen Sie mich über diese Kardinalfrage vorläufig lieber noch schweigen! Sehr wenig unterrichtet sind wir auch über die Frage, wie es bei uns nach dem Sturz der letzten Tyrannis eigentlich zu der »Diktatur der Stände« gekommen sei, als die wir uns offiziell bezeichnen. Aber Sie dürften sich eher für eine andre Frage, vielmehr einen Komplex von Fragen interessieren, für jene Frage nämlich, die sich auf die Legende von der Vorgeschichte unsrer Anstalt – nein, unsres so umfangreichen und dicht bevölkerten Gemeinwesens bezieht. Sie wissen: wir Normalier leben hier als freiwillige und sich autonom regierende Insassen eines Länderkomplexes, der dem westöstlichen, föderativ-diktatorischen Staatenkonglomerat angehört. Hervorge-

Bericht aus Normalien 1473

gangen aber ist unser Land und Gemeinwesen aus einer kleinen, kaum eine Quadratmeile umfassenden Parklandschaft im Norden Aquitaniens, und dieser Park mit seinem Dutzend Gebäuden war zur Zeit vor den letzten politischen und kriegerischen Umwälzungen nichts anderes als eine mittelgroße, sehr gut geführte Irrenanstalt. Das Anwachsen dieser Anstalt zu einem ganzen Staat und Lande wird von den offiziellen Historikern daraus erklärt, daß infolge der Angst- und Massenpsychosen seit dem Beginn der Gloriosen Epoche jene weitbekannte Anstalt einen solchen Zustrom an Patienten zu bewältigen hatte, daß aus der Siedlung ein Dorf, ein Komplex von Dörfern, endlich ein Komplex von Landschaften und Städten, kurz unser jetziges Land entstanden sei. Dabei sei den Bedürfnissen der reich abgestuften Kategorien von Patienten entsprechend ein System von Anstalten für schwer und weniger schwer Gestörte, für Süchtige, für Neurotiker, für nur Nervöse etc. etc. entstanden, und während die Heilstätten für ernstlich Kranke nach wie vor von Ärzten nach den Spielregeln der damaligen Psychiatrie geleitet wurden, habe sich um sie herum eine kleine Welt von Siedlungen und Wohngemeinschaften gebildet, in welchen es weder Arzt noch Psychiatrie gab, und welche infolge ihrer eher angenehmen Existenzbedingungen einen gewaltigen Zulauf von Ruhesuchenden aus dem ganzen Abendlande erfuhr. Und so sei es, so glauben wir und so berichtet die Legende, kurz nach der Stabilisierung des W.O. Staatenkonglomerats zur Entstehung unsrer Gemeinschaft auf der Basis der Diktatur der Stände gekommen, eines dreißig Millionen fassenden Instituts für Vernünftige und Vollsinnige, in welches jeder Vernünftige und Vollsinnige, einige Prüfungen und Verpflichtungen vorausgesetzt, einzutreten das Recht hat. Es sind also, im Gegensatz zur ursprünglichen Bestimmung der Anstalt, in unsrem zum Staate erweiterten Institut die Gesunden und Normalen vereinigt, während der übrige und sehr viel größere Teil des von Ost-Westwinden zusammengewehten Konglomerats von den mehr oder weniger Kranken und Gestörten bevölkert und regiert wird. So sagt die Legende, und im Grunde sind wir damit zufrieden und glauben wir an sie wie jedes lebende Wesen an seine eigene Existenz glaubt und glauben muß. Nur hat sich in neuerer Zeit, Hand in Hand mit anderen irritierenden Theorien und Gedanken, auch folgender lästige Gedanke bei uns eingeschlichen: es sei ein uraltes Erkennungszeichen der Verrückten, daß sie sich gern als die Normalen und Gesunden vorkommen oder aufspielen, und so sei es auch bei uns in unserem Staat; wir seien keineswegs vernünftig und vollsinnig, sondern seien Geisteskranke, und unser Aufenthalt in diesem Scheinstaat sei kein freiwilliger und unser Staat kein Staat, sondern wir seien ganz einfach eine große Anstalt voll Verrückter. Wie gesagt, es ist dies eine Frage, mit der sich nur gelegentlich einige von uns ernster befassen, diese gehören aber allerdings zu den feineren und begabteren Köpfen unter uns, und die Frage, ob wir oder die andern die Verrückten seien, bildet den Hauptinhalt für die Philosophien und Spekulationen unsrer Genies. Wir andern, wir Kühleren und Älteren, halten uns allerdings mehr an die allgemeinen Spielregeln und glauben entweder treu und schlicht an die überlieferte Legende, also an unsre Vernünftigkeit und an die Freiwilligkeit unsres Aufenthaltes in Normalien, oder aber wir sind der Meinung, es führe zu nichts, sich über diese unlösbaren Fragen aufzuregen, und es komme nicht so sehr darauf an festzustellen, ob man verrückt oder normal, ob man Affe im Affenkäfig oder durch das Gitter glotzender Abonnent des zoologischen Gartens sei, sondern es sei richtiger und bekömmlicher, sowohl das Dasein wie die Metaphysik als ein zwar nicht problemloses, doch recht sinnvolles und charmantes Spiel aufzufassen und sich des vielen Guten und Schönen zu freuen, das wir innerhalb dieses Spieles erleben können. Nur allerdings, was die Person und die Funktionen unsres Herrn Direktors betrifft, kann auch ich mir allerlei Zweifel und vielleicht vorlaute Deutungsversuche nicht versagen. Doch davon vorerst kein Wort, es muß sich da noch so vieles erst beruhigen und klären, ehe man sich an dies heikelste Problem mit den groben Mitteln der Sprache und Logik heranwagen könnte. Halten wir uns, verehrter Gönner, an das Nahe und scheinbar Gewisse, und suchen wir das Spekulieren möglichst in bekömmlichen Grenzen zu halten.

Ich lebe zur Zeit, nach manchen Ortswechseln, wieder wie vor Jahren im eigentlichen Herzen von Normalien, nämlich auf dem Terrain des ehemaligen Irrenhauses, in einem neueren Nebengebäude nicht weit von der Hecke, die den berühmten alten Park vom großen Nutzgarten trennt. Dieser Wohnort hat, wie jeder andre in unserem Staat, seine Vorzüge und Nachteile, seine besonderen örtlichen Traditionen, Privilegien und Servitute, wie denn in einem relativ noch jungen, aus Landesteilen mit äußerst verschiedener Vorgeschichte zusammengesetzten Föderativstaat auch die mächtigste Verfassung und Ideologie die Fortdauer starken provinzialen Eigenlebens nicht vernichten kann. Zum Beispiel brauchen wir Insassen von Alt- und Urnormalien uns um die staatsbürgerlichen Pflichten nicht sehr viel zu kümmern, das heißt wir haben das Wahlrecht, aber keine

Wahlpflicht, und die wichtigste staatsbürgerliche Tätigkeit, das Bezahlen der Steuern, besorgt die Anstaltsleitung für uns, wir brauchen uns darum nicht zu kümmern, die Beträge werden uns auf die Rechnung geschrieben, solange wir noch ein Guthaben stehen haben, und ist dieses erschöpft, nun so sendet uns der Staat, damit wir wieder zu Steuerquellen werden, in eine andre Gegend, in irgendeinen seiner Betriebe, selbstverständlich mit voller Wahrung des Prinzips der Freiwilligkeit und Selbstbestimmung. Vorläufig, soweit ich unterrichtet bin, reicht mein Guthaben noch für manche Quartalsrechnung und manche Steuerzahlung aus, es sei denn, es komme wieder einmal zu einer jener recht ernsten Krisen, bei welchen die Bevölkerung in einmütiger Empörung ihr gesamtes Vermögen auf die Steuerämter trägt und diese unter Bedrohung und eventueller Anwendung von Gewalt zur Annahme zwingt, sehr zum Mißvergnügen der Beamten, denn nach unsrer Verfassung wird jedesmal, wenn der Staat Alleinbesitzer allen Vermögens geworden ist, die gesamte Beamtenschaft entlassen, da nichts mehr zum Einziehen da ist. Doch das sind Einrichtungen, über welche Sie, verehrter Freund, vermutlich besser Bescheid wissen als ich, denn ich bin, innerhalb gewisser Grenzen, auch im heutigen so sehr vervollkommneten Konglomerats-Staatsleben ein Individualist und Träumer, ein Ignorant und uninteressierter Mitläufer geblieben. Lassen Sie mich, nach einer so langen Unterbrechung unsres Austausches, nur erst die Vertraulichkeit wiedergewinnen und zum Schildern und Erzählen gelangen, so werde ich Ihnen Interessanteres mitteilen können, ich meine damit Einzelheiten meines und unseres Lebens, die Ihnen vielleicht neu sind und Spaß machen können. Dazu gehört unter anderm, wie ich schon andeutete, das Vorhandensein so mancher regionaler Eigentümlichkeiten und Eigengesetzlichkeiten in unseren verschiedenen Distrikten, Provinzen und Städten, Eigentümlichkeiten von historischer, zum Teil uralter Bedingtheit, welche ungeachtet der freiwillig-diktatorischen Einigkeit mit großer Zähigkeit fortbestehen. So war ich zum Beispiel vor drei oder vier Jahren einst, von den Amtsorganen zur Betätigung des freiwilligen und spontanen Ortswechsels ermahnt, nach der Stadt Flachsenfingen gezogen, über die ich manches Interessante gelesen hatte. Ich hatte einen Gartenpavillon gemietet und bezogen, einige Spaziergänge gemacht und soeben, auf einer angenehmen Bank im Grünen, mit der Niederschrift einer kleinen Dichtung begonnen, als mit der Schnelligkeit des Sturmwindes ein Polizeimann auf dem Motorrad herangebraust kam und mich fragte, was ich da treibe.

»Ich dichte«, sagte ich, »wenn Sie nichts dagegen haben.«

»O«, sagte er mit korrigierendem Ton, »ich wäre meines Amtes recht wenig würdig, wenn ich nichts dagegen hätte. Sie dichten, sagen Sie? Nun, und wo ist der Ausweis Ihrer Berechtigung und Zulassung? Wo ist Ihr Zunftausweis?«

Eingeschüchtert gestand ich, daß ich nichts dergleichen besitze, erlaubte mir aber doch hinzuzufügen, daß meines Wissens nirgends in der Verfassung Normaliens von Zunftzwang und Zunftausweisen die Rede sei.

»Sie wollen mich belehren?« rief er unwillig. »Normalien hin und Normalien her, wir sind hier in Flachsenfingen. Sie haben also keinen Ausweis? Wollen Sie damit etwa sagen, daß Sie überhaupt keiner Zunft angehören?«

So stand es in der Tat mit mir, und ich erfuhr nun, daß in dieser Stadt nichts so absolut verpönt und unmöglich war, als irgendwelche Tätigkeit auszuüben, ohne einer Zunft anzugehören. Ich mußte Papier und Bleistift ausliefern und dem strengen Manne folgen, ich wurde aufs Rathaus und zum Bürgermeister geführt, einem recht sympathischen Mann übrigens, mußte ihm Rede und Antwort stehen und bat, nachdem ich begriffen hatte, um was es gehe, um meine Zuweisung zur Dichter- oder Literatenzunft. Nun war es der Bürgermeister, der etwas in Verlegenheit geriet, denn eine solche Zunft gab es in seiner Stadt nicht. Es wurde denn eine Ratssitzung einberufen, nachdem man mich eidlich verpflichtet hatte, bis zu meiner Einreihung in eine Zunft keinerlei Tätigkeit auszuüben, und in der Sitzung wurde nach umständlichem und lebhaftem Debattieren beschlossen, es sei die Schneiderzunft, in welche ich am ehesten zu passen scheine und welche also ersucht werden solle, mich aufzunehmen. Wieder vergingen einige Tage, bis die Obmänner der Schneiderzunft mich aufsuchten und mir erzählten, sie hätten mich ihren Statuten gemäß eigentlich weder aufnehmen können noch wollen, aber nun sei soeben ihr ältestes Mitglied gestorben und damit ein Platz für mich frei geworden, falls ich vom Plenum genehmigt werde und willig sei, mich für meinen Gehorsam gegen die Zunftgesetze zu verbürgen. Ich versprach natürlich alles, wenn es irgend mit meiner Ehre als Mensch und Dichter vereinbar sei. Und wieder nach einer Sitzung, bei welcher ich der Zunft zur Besichtigung vorgeführt wurde, lud man mich ein, probeweise einem feierlichen Akte der Innung beizuwohnen, nämlich der Beerdigung jenes ältesten Zunftbruders. So schritt ich denn etwas bangen Herzens mit im Leichenzug hinter der Zunftfahne her;

sie soll noch in Flachsenfingens Glanzzeit unter des Legationsrats Richter Auspizien gestiftet worden sein. Nach stattgehabter Feier und Niederlegung unsres Kranzes zogen wir in das Gasthaus zur Linde zu einem Imbiß mit gutem Weißwein, von dem wir ziemlich viel genossen. Ich benützte die eingetretene heitere, gelöste und lebensfrohe Stimmung, um einen der würdigen Männer beiseite zu nehmen und ihn zu fragen, ob ich nun wohl Aussicht habe, als Mitglied aufgenommen zu werden.

»Ach«, sagte er wohlwollend, »warum eigentlich nicht? Sie gefallen uns soweit ganz gut, und daß wir bisher einen Dichter noch nicht unter uns gehabt haben, ist im Grunde auch kein Hindernis. Offen gesagt, was meine Person betrifft, so war ich bisher immer der Meinung, ein Dichter sei jemand, der gesammelte Werke geschrieben hat und schon lange tot ist. Nur sollten Sie freilich Ihrerseits auch etwas tun, was Sie beliebt macht und Ihre gute Gesinnung beweist.«

Ich erklärte, dazu sei ich von Herzen bereit, und bat ihn, mir zu raten, wie ich mich bei den Herren am besten einführen könne.

»Nun«, meinte er, »es braucht nicht gleich die Welt zu kosten. Sie könnten zum Beispiel ans Glas klopfen, sich erheben und den Kameraden erklären, aus Sympathie mit der Zunft und ihrem in Gott ruhenden Senior empfänden Sie Lust, ein Gedicht auf den Entschlafenen anzufertigen und den heutigen Verbrauch an Weißwein zu bezahlen.«

»Die Idee mit dem Wein«, sagte ich dankbar, »gefällt mir sehr. Aber wie soll ich ein Gedicht auf einen verstorbenen alten Herrn machen, den ich nicht gekannt und nie gesehen habe und von dem ich nichts weiß, als daß er Schneider war und die Ehre hatte, Ihrer Zunft anzugehören?«

»Sie sind fremd hier«, sagte mein Gönner, »sonst würden Sie wissen, daß unser Senior kein Schneider war, so wenig wie der Zunftmeister oder ich oder irgendein anderes Mitglied. Sie selbst sind ja auch nicht Schneider und wollen doch unser Mitglied werden.«

»Aber was war denn der Verstorbene von Beruf?«

»Ich weiß es nicht genau, ich glaube, er hat früher eine Likörfabrik geleitet oder besessen, er war ein Mann von Bildung und besten Manieren. Aber wegen Ihres Gedichtes machen Sie sich ganz unnötige Sorgen, es brauchen keine Schneider darin vorzukommen, nur vielleicht die rotseidene Fahne mit der goldenen Schere, und irgend so etwas Schönes vom Tod und vom Menschenleben und Wiedersehen und dergleichen. Das ist es, was man bei einem solchen Anlaß gern hören mag.«

Er begann ungeduldig zu werden, wir standen im Haustor, und drinnen im kleinen Saale klangen die Gläser. Ich hatte nicht den Mut, ihn noch weiter aufzuhalten, ich ließ ihn zurückkehren, folgte ihm nach einer Weile recht kleinlaut, fand aber bei den Brötchen und dem guten Wein allmählich die Courage und gute Laune wieder, erhob mich und rhapsodierte aus dem Stegreif ein Gedicht, von dem es vielleicht schade ist, daß es nie aufgeschrieben wurde. Es hatte viel mehr Kraft, Schwung und Volkstümlichkeit als meine anderen Gedichte, und es gefiel den Herren ganz unbändig, sie wurden richtig tiefsinnig, nickten schwer mit gerührter Zustimmung, riefen Bravo und erhoben sich allesamt, um mit mir anzustoßen, mir Komplimente zu machen und mich als ihren Zunftgenossen willkommen zu heißen. Ich war zu Tränen gerührt und wollte nach all den Händedrücken nun auch noch die Weinspende ankündigen, als mir einer jener lichten Momente, wie sie nach reichlichem Zechen richtig gleich Blitzen aufzucken können, die Einsicht schenkte, daß es dieser Spende, vor der mein schmaler Beutel sich doch etwas fürchtete, ja gar nicht mehr bedürfe. So schwieg ich überwältigt und glücklich und hielt mein Glas den vielen mir Zutrinkenden stumm entgegen. Sie nahmen mich mit Ehren in ihre altehrwürdige Zunft auf, ich war geborgen, niemals mehr wurde meine Arbeit überwacht oder verboten, es war der Ordnung und Form Genüge geschehen. Und auch von der Schneiderzunft hörte ich niemals wieder. Dieses einzige Mal war ich ihrer schönen seidenen Fahne gefolgt, hatte, ein Nichtschneider unter Nichtschneidern, Brötchen gegessen und Wein getrunken, hatte den Kameraden Verse aufgetischt und mich mit ihnen verbrüdert. Wohl geschah es zu seltenen Malen, daß ein Gesicht mir wie bekannt erscheinen wollte und ich mich besann, ob es nicht das eines Zunftgenossen sei, doch der Träger des Gesichtes ging an mir vorüber und verschwand, und so blieb von dem ganzen Erlebnis nichts in mir haften als die Erinnerung an jene zwei Stunden im Kreise der trauernden Zecher.

Was aber das Gedicht betrifft, das ich bei jenem Anlaß auf so ungewöhnliche Art hervorbrachte und das so viel Beifall fand, so muß ich bei nüchterner Betrachtung doch sagen: es ist besser und ist ein Glück, daß es nicht aufgeschrieben und aufbewahrt worden ist. Es war das Produkt von Umständen, die zu mir nicht passen, und zu deren Vermeidung und Verhütung ich mein Leben lang viele Opfer gebracht hatte: es war entstanden aus notgedrungener Anpassung an ein mir Fremdes und Ungemäßes, und war entstanden aus einem Zustand der Berauschtheit, und zwar Berauschtheit nicht so sehr durch den vortrefflichen Weißwein, der mir in angenehmster Erinnerung geblieben ist, als vielmehr durch das ungewohnte Klima von Geselligkeit, Zugehörigkeit, Gemeinschaft, Brust an Brust und Schulter an Schulter, ein gutes Klima vielleicht für Politiker, Pastoren und die Löwen der Vortragssäle, nicht aber für Dichter oder Leute mit ähnlichen Berufen, denen nicht die Gemeinschaft, sondern die Verborgenheit und Einsamkeit förderlich ist. Ich habe das Gedicht, das so schön schien und so viel Erfolg hatte, zwar vergessen, was allein schon beweist, daß die Verse schlecht waren, aber nicht vergessen, sondern mit einiger Reue und Scham im Gedächtnis behalten habe ich den Schlußgedanken jenes gereimten Sermons, den törichten und feigen, fatalen und geschmacklosen Gedanken, daß zwar der Tod auf uns alle warte, daß es aber ein Trost sei, Kameraden zu wissen, welche, wenn uns das Grab verschlugen hat, unter der teuren alten Fahne gemeinsam unsrer gedenken und unsrem Gedächtnis ein Trankopfer darbringen. Solches Öl, solch salbungsvoller Blödsinn war von meinen Lippen geflossen, zum Entzücken der ehrbaren Tafelrunde, deren Herzen dabei höher schlugen; und so wie mein Gefühl von Zugehörigkeit und Geborgenheit in dieser Runde ein Schwindel war und mich genau so einsam, wach und gegen den Geselligkeitszauber mißtrauisch zurückließ, wie ich es immer gewesen war, so war vermutlich auch die Begeisterung, Kameradschaft und Menschenfreundlichkeit der anderen nur eine Seifenblase und hübsche Lüge gewesen. Und wie ich nachher sehr damit einverstanden gewesen war, daß meine Aufnahme in die Zunft der »Schneider« ohne störende Folgen blieb, daß keine neuen Zusammenkünfte, Verbrüderungen und Feste stattfanden, keine Bindungen und Pflichten für mich sich ergaben, so hatten ja auch sie, die teuren Brüder und Mitschneider, die ergriffenen und dankbar begeisterten Zuhörer meiner Verse, die wackeren Schüttler meiner Hände sich nachher den Teufel um mich gekümmert. Dies gerade war ja das Hübsche, das Entzückende an meiner Zunftgeschichte, daß sich da wieder einmal die Gesellschaft, die Allgemeinheit, die offizielle Welt mir mit drohenden Ansprüchen genähert hatte, daß es nach dem Erscheinen des Polizisten auf dem knatternden Rade ausgesehen hatte, als wolle mir die Welt meinen Beruf wieder einmal entweder verbieten, oder mich seine Duldung mit unverhältnismäßigen, mit übergroßen und unerträglichen Opfern bezahlen lassen – und daß dann alles auf eine Zeremonie und auf einen Spaß hinauslief und die Welt nichts weiter von mir verlangte als zwei oder drei Stunden Zecherei mit einer Stube voll harmloser Leute, die mich am nächsten Tag nicht mehr kannten noch von mir verlangten, daß ich sie kenne.

Dies, Verehrter, war mein Flachsenfinger Erlebnis. Ganz anders wieder ging es mir bald darauf im West-Kulturgau, wohin ich, wiederum zur Betätigung des freiwilligen und spontanen Ortswechsels ermahnt, übersiedelt war. Bei der Wahl dieses Bezirkes wirkte mitbestimmend der Ruf besonders eifriger kultureller Interessiertheit und Unternehmungslust, in welchem der Gau steht, und allerdings auch die weitverbreitete, wenn schon unverbürgte Sage, daß hier der mit Scheu und Ehrfurcht genannte Direktor von Normalien sich häufig aufhalte. Offen gesagt, waren es immerhin in erster Linie opportunistische Erwägungen, die mich zu diesem Versuch mit dem Westgau bestimmten. Meine ökonomischen Verhältnisse bedurften einer Neuordnung. Nicht nur hatte ich in Flachsenfingen es zu nennenswerten Einkünften nicht bringen können, ich hatte dort auch Schulden gemacht, und daß ich schon nach einem verhältnismäßig kurzen Aufenthalt die Einladung zu freiwilligem Ortswechsel erhielt, dürfte wohl mehr diesen ökonomischen Unregelmäßigkeiten als anderen Gründen zuzuschreiben sein. Im West-Kulturgau nun waren, wenn meine Informationen nicht alle logen, Künste und Wissenschaften geschätzt und in Blüte, es sollten dort Schule, Universität, Kunstpflege, Museen und Bibliotheken, Verlags- und Zeitschriftenwesen auf hoher Stufe stehen, es sollte daselbst Wettbewerbe, Staatsaufträge, Akademien geben. Gelang es mir dort, sei es durch meine Leistungen, sei es auf Grund meiner früheren geachteten Stellung im literarischen Leben, Fuß zu fassen und meinem einst wohlbekannten Namen wieder Geltung zu verschaffen, so konnte auch der materielle Erfolg nicht ausbleiben. Ob ich dann fernerhin, ein geachteter und wohlgeborgener Mann des Erfolges, im Westgau bleiben und mich eines satten und befriedeten Lebens erfreuen, hohe Steuern zahlen und hohes Ansehen genießen, oder aber mit dem hier Erworbenen in die mir so teure Parklandschaft von Urnormalien zurückkehren und mich dort wieder auf lange, auf Lebenszeit als Pensionär einkaufen würde, darüber machte ich mir vorläufig noch nicht viele Gedanken. Die Lockung zurück zum Park, zur Urzelle unsres Staates, hatte mich niemals ganz aus ihrem Bann entlassen, und bei allem Respekt vor der geistigen Hochblüte des Kulturgaues schien mir doch das Glück des Mitschwimmens in einer emsigen kulturellen Betriebsamkeit nicht unbedingt der damit verbundenen Anstrengungen wert, es mochte dies »Glück« für jüngere und ehrgeizigere Leute mehr bedeuten als für alte und ruheliebende. Aber anderseits besaß der Gau für mich eine starke Anziehungskraft durch jene schon erwähnten Gerüchte über das besondere Verhältnis, in dem der Herr Direktor zu dieser Provinz seines Reiches stehen sollte. Von ihm, dem großen Unbekannten, mehr zu erfahren, zu ihm oder doch zu seinen höheren Funktionären und Mitarbeitern in Beziehungen zu treten und etwa von den vielen ihn umgebenden Geheimnissen das eine oder andre gedeutet zu bekommen, das hätte mir, wie Sie, verehrter Gönner, sich ja denken können, viel bedeutet.

Im Flachsenfinger Sammellager für freiwillige Umsiedler hatte ich nur wenige Tage zu warten, bis ein Transport nach dem West-Kulturgau abging. Der Omnibus mochte dreißig bis vierzig Personen fassen, und alle waren wir Intellektuelle oder Künstler, nur zwei junge Leute mit heiteren und angenehmen Gesichtern und Manieren gehörten, wie ich durch einen mitreisenden Journalisten erfuhr, dem Stand der Barbiere an. Diese beiden gefielen mir besser als die Mehrzahl meiner Kollegen, unter welchen eigentlich nur zwei mir sympathisch waren, zwei greise, langhaarige und langbärtige Männer von jenem verschollenen und heute nur noch sehr selten anzutreffenden Künstlertyp, den, nächst Haar, Bart und Kostüm, eine edle Weltfremdheit und arglose Zerstreutheit kennzeichnet und für den ich, wie beschämt gestehe, immer eine gewisse Zuneigung empfunden habe, während allerdings gerade diese beiden edel-weltfremden, schönen Greise ihrer gänzlich unmodischen Frisur und Kleidung wegen von den jungen Barbieren mit Spott und unverhohlener Verachtung angesehen wurden. Es fehlte den muntern Jungen eben das Wissen um die künstlerische Tradition, welche die trefflichen Greise zumindest in ihrer äußeren Erscheinung fortzuführen sich berufen wußten. Übrigens war der eine von diesen Silberhaarigen ein Kollege von mir, ein Dichter. Ich erfuhr es durch jenen mitteilsamen Journalisten, und ich hatte, während wir an einer Rast- und Tankstelle im Saal eines Gasthauses gefüttert wurden, sogar das Glück, einen Blick in eine, wie es schien, von ihm eben erst begonnene Dichtung werfen zu können. Er saß nämlich neben mir an der Tafel und hatte vor sich ein kleines Notizbüchlein liegen, es war noch neu und leer, nur auf der ersten Seite standen ein paar in koketter Schönschrift geschriebene Zeilen, die ich mit von der Neugierde geschärftem Späherauge entzifferte. Sie lauteten:

Papagallo
Vor kurzem wurde, so hörten wir berichten, in der Gegend von Morbio ein Papagei geboren, der übertraf, noch während er die Schule besuchte, schon alle seine Brüder und Kollegen an Alter, Weisheit, Verstand, Tugend und Wohlgefallen vor Gott und den Menschen so gewaltig, daß sein Ruhm die Städte und Länder zu erfüllen begann, ähnlich dem Ruhm Achmed des Weisen oder dem des nur mit höchster Ehrerbietung zu nennenden Scheich Ibrahim.

Ich war voll Bewunderung für den Stil dieser Erzählung, der die Gepflegtheit, Rundung und Glätte einer klassischen Überlieferung mit dem modernen Sinn für das Einfache und Monumentale in glücklicher Weise verband. Ich hätte dem Silberbart, so gut er mir auch gefiel, diese Leistung nicht zugetraut, und es wäre mir ein Vergnügen gewesen, seine nähere Bekanntschaft zu machen, aber leider muß sein empfindlicher Künstlersinn gespürt haben, daß seine im Entstehen begriffene Dichtung vom Blick eines Neugierigen, vielleicht eines Banausen, vielleicht gar eines neidischen Kollegen belauert werde. Er klappte sein Heftchen plötzlich und mit Heftigkeit zu und strafte mich mit einem Genieblick voll so unsäglicher Verachtung, daß ich beschämt und traurig in mich zurücksank und den Tisch noch vor der Beendigung des Mahles verließ.

(1948)
[Hier endet das Manuskript.]

Der Bettler

Vor Jahrzehnten, wenn ich an die »Geschichte mit dem Bettler« dachte, war sie für mich eine Geschichte, und es schien mir nicht unwahrscheinlich und auch nicht besonders schwierig, daß ich sie eines Tages erzählen würde. Aber daß das Erzählen eine Kunst sei, deren Voraussetzungen uns Heutigen, oder doch mir, fehlen und deren Ausübung darum nur noch das Nachahmen überkommener Formen sein kann, ist mir inzwischen immer klarer geworden, wie denn ja unsre ganze Literatur, soweit sie von den Autoren ernst gemeint und wirklich verantwortet wird, immer schwieriger, fragwürdiger und dennoch waghalsiger geworden ist. Denn keiner von uns Literaten weiß heute, wie weit sein Menschentum und Weltbild, seine Sprache, seine Art von Glauben und Verantwortung, seine Art von Gewissen und Problematik den anderen, den Lesern und auch den Kollegen, vertraut und verwandt, erfaßbar und verständlich ist. Wir sprechen zu Menschen, die wir wenig kennen und von denen wir wissen, daß sie unsre Worte und Zeichen schon wie eine Fremdsprache lesen, mit Eifer und Genuß vielleicht, aber mit sehr ungefährem Verständnis, während die Struktur und Begriffswelt einer politischen Zeitung, eines Filmes, eines Sportberichts ihnen weit selbstverständlicher, zuverlässiger und lückenloser zugänglich sind.

So schreibe ich diese Blätter, welche ursprünglich nur die Erzählung einer kleinen Erinnerung aus meiner Kinderzeit sein sollten, nicht für meine Söhne oder Enkel, die wenig mit ihnen anfangen könnten, noch für irgendwelche andere Leser, wenn nicht etwa die paar Menschen, deren Kinderzeit und Kinderwelt ungefähr dieselbe wie die meine gewesen ist, und die zwar nicht den Kern dieser nicht erzählbaren Geschichte (der mein persönliches Erlebnis ist), doch aber wenigstens die Bilder, den Hintergrund, die Kulissen und Kostüme der Szene wiedererkennen werden.

Aber nein, auch an sie wendet meine Aufzeichnung sich nicht, und auch das Vorhandensein dieser einigermaßen Vorbereiteten und Eingeweihten vermag meine Blätter nicht zur Erzählung zu erheben, denn Kulissen und Kostüme machen noch längst keine Geschichte aus. Ich schreibe also meine leeren Blätter mit Buchstaben voll, nicht in der Absicht und Hoffnung, damit jemanden zu erreichen, dem sie Ähnliches wie mir bedeuten könnten, sondern aus dem bekannten, wenn auch nicht erklärbaren Trieb zu einsamer Arbeit, einsamem Spiel, dem der Künstler gehorcht wie einem Naturtrieb, obwohl er gerade den sogenannten Naturtrieben zuwiderläuft, wie sie heute von der Volksmeinung oder der Psychologie oder der Medizin definiert werden. Wir stehen ja an einem Ort, einer Strecke oder Biegung des Menschenweges, zu dessen Kennzeichen auch das gehört, daß wir über den Menschen nichts mehr wissen, weil wir uns zuviel mit ihm beschäftigt haben, weil zuviel Material über ihn vorliegt, weil eine Anthropologie, eine Kunde vom Menschen, einen Mut zur Vereinfachung voraussetzt, den wir nicht aufbringen. So wie die erfolgreichsten und modernsten theologischen Systeme dieser Zeit nichts so sehr betonen als die völlige Unmöglichkeit irgendeines Wissens über Gott, so hütet sich unsere Menschenkunde ängstlich, über das Wesen des Menschen irgend etwas wissen und aussagen zu wollen. Es geht also den modern eingestellten Theologen und Psychologen ganz ebenso wie uns Literaten: die Grundlagen fehlen, es ist alles fragwürdig und zweifelhaft geworden, alles relativiert und durchwühlt, und dennoch besteht jener Trieb zu Arbeit und Spiel ungebrochen fort, und wie wir Künstler, so bemühen sich auch die Männer der Wissenschaft eifrig weiter, ihre Beobachtungswerkzeuge und ihre Sprache zu verfeinern und dem Nichts oder Chaos wenigstens einige sorgfältig beobachtete und beschriebene Aspekte abzugewinnen.

Nun, möge man dies alles als Zeichen des Untergangs oder als Krise und notwendige Durchgangsstation ansehen – da jener Trieb in uns fortbesteht und da wir, indem wir ihm folgen und unsre einsamen Spiele trotz aller Fragwürdigkeit auch unter allen Erschwerungen weitertreiben, ein zwar einsames und melancholisches, aber doch ein Vergnügen empfinden, ein kleines Mehr an Lebensgefühl oder an Rechtfertigung, haben wir uns nicht zu beklagen, obwohl wir jene unsrer Kollegen recht wohl verstehen, welche, des einsamen Treibens müde, der Sehnsucht nach Gemeinschaft, nach Ordnung, Klarheit und Einfügung nachgeben und sich der Zuflucht anvertrauen, welche als Kirche und Religion oder als deren moderner Ersatz sich anbietet. Wir Einzelgänger und störrischen Nichtkonvertiten haben an unserer Vereinsamung nicht nur einen Fluch, eine Strafe zu tragen, sondern haben in ihr auch trotz allem eine Art von Lebensmöglichkeit, und das heißt für den Künstler Schaffensmöglichkeit.

Was mich betrifft, so ist meine Einsamkeit zwar nahezu vollkommen, und was an Kritik oder Anerkennung, an Anfeindung oder Duzbrüderschaft aus dem Kreise der mir durch die Sprache Verbundenen an mich gelangt, trifft zumeist an mir vorbei, so wie einem dem Tode nahen Kranken etwa die Wünsche besuchender Freunde für Genesung und langes Leben am Ohr vorbei tönen mögen. Aber diese Einsamkeit, dies Herausgefallensein aus den Ordnungen und Gemeinschaften und dies Sichnichtanpassenwollen oder -können an eine vereinfachte Daseinsform und Lebenstechnik bedeutet darum noch lange nicht Hölle und Verzweiflung. Meine Einsamkeit ist weder eng noch ist sie leer, sie erlaubt mir zwar das Mitleben in einer der heute gültigen Daseinsformen nicht, erleichtert mir aber zum Beispiel das Mitleben in hundert Daseinsformen der Vergangenheit, vielleicht auch der Zukunft, es hat ein unendlich großes Stück Welt in ihr Raum. Und vor allem ist diese Einsamkeit nicht leer. Sie ist voll von Bildern. Sie ist eine Schatzkammer von angeeigneten Gütern, ichgewordener Vergangenheit, assimilierter Natur. Und wenn der Trieb zum Arbeiten und Spielen noch immer ein wenig Kraft in mir hat, so ist es dieser Bilder wegen. Eines dieser tausend Bilder festzuhalten, auszuführen, aufzuzeichnen, ein Gedenkblatt mehr zu so vielen andern zu fügen, ist zwar mit den Jahren immer schwieriger und mühevoller geworden, aber nicht weniger lockend. Und besonders lockend ist der Versuch des Aufzeichnens und Fixierens bei jenen Bildern, die aus den Anfängen meines Lebens stammen, die, von Millionen späterer Eindrücke und Erlebnisse überdeckt, dennoch Farbe und Licht bewahrt haben. Es wurden ja diese frühen Bilder in einer Zeit empfangen, in der ich noch ein Mensch, ein Sohn, ein Bruder, ein Kind Gottes war und noch nicht ein Bündel von Trieben, Reaktionen und Beziehungen, noch nicht der Mensch des heutigen Weltbildes.

Ich versuche die Zeit, den Schauplatz und die Personen der kleinen Szene festzustellen. Nicht alles ist genau nachweisbar, nicht zum Beispiel das Jahr und die Jahreszeit, auch nicht ganz genau die Zahl der miterlebenden Personen. Es ist ein Nachmittag wahrscheinlich im Frühling oder Sommer, und ich war damals zwischen fünf und sieben, mein Vater zwischen fünfunddreißig und siebenunddreißig Jahre alt. Es war ein Spaziergang des Vaters mit den Kindern, die Personen waren: der Vater, meine Schwester Adele, ich, möglicherweise auch meine jüngere Schwester Marulla, was nicht mehr nachweisbar ist, ferner hatten wir den Kinderwagen mit, in dem wir entweder eben diese jüngere Schwester oder aber, wahrscheinlicher, unsern jüngsten Bruder Hans mitführten, der noch nicht der Sprache und des Gehens mächtig war. Schauplatz des Spaziergangs waren die paar Straßen des äußeren Spalenquartiers im Basel der achtziger Jahre, zwischen denen unsre Wohnung lag, nahe dem Schützenhaus im Spalenringweg, der damals noch nicht seine spätere Breite hatte, denn zwei Drittel von ihr nahm die ins Elsaß führende Eisenbahnlinie ein. Es war eine kleinbürgerliche, heitere und ruhige Stadtgegend, am äußersten Rande des damaligen Basel, ein paar hundert Schritte weiter lag schon die damals endlose Prärie der Schützenmatte, der Steinbruch und erste Bauernhöfe am Wege nach Allschwil, wo wir Kinder manchmal in einem der dunklen warmen Ställe die Milch frisch von der Kuh zu trinken bekamen und von wo wir ein Körbchen Eier mit nach Hause trugen, ängstlich und stolz darauf, daß uns dies anvertraut wurde. Es wohnten harmlose Bürgersleute um uns herum, einige wenige Handwerker, meistens aber Leute, die in die Stadt zu ihrer Arbeit gingen und feierabends in den Fenstern lagen und Pfeifen rauchten oder in den kleinen Gärtchen vor ihren Häusern mit Rasen und Kies sich zu schaffen machten. Einigen Lärm machte die Eisenbahn, und zu fürchten waren die Bahnwärter, die am Bahnübergang zwischen Austraße und Allschwiler Straße in einer Bretterhütte mit winzigem Fensterchen hausten und wie die Teufel herbeigestürzt kamen, wenn wir einen hineingefallenen Ball oder Hut oder Pfeil aus dem Graben retten wollten, der die Bahnlinie von der Straße trennte und den zu betreten niemand das Recht hatte als eben jene Wärter, die wir fürchteten und an denen nichts mir gefiel als das allerdings entzückende, messingene Hörnchen, das sie an einem Bandelier über die Schulter hängen hatten und auf dem sie, obwohl es nur einen einzigen Ton hatte, alle Stufen ihrer jeweiligen Aufregung oder Schläfrigkeit auszudrücken vermochten. Übrigens war dennoch einmal einer dieser Männer, die für mich die ersten Vertreter der Macht, des Staates, des Gesetzes und der Polizeigewalt waren, überraschenderweise sehr menschlich und nett mit mir gewesen; er hatte mich, der ich mit Peitsche und Kreisel auf der sonnigen Straße beschäftigt war, herbeigewinkt, hatte mir ein Geldstück in die Hand gegeben und mich freundlich gebeten, ihm aus dem nächsten Laden einen Limburger Käse zu holen. Ich gehorchte ihm freudig, bekam im Laden den Käse eingewickelt und überreicht, dessen Konsistenz und Geruch mir allerdings unheimlich und verdächtig waren, kehrte mit dem Päckchen und dem Überrest des Geldes zurück und wurde zu meiner großen Genugtuung vom Bahnwärter im Innern seiner Hütte erwartet, das ich zu sehen längst begierig gewesen war und nun betreten durfte. Es enthielt jedoch außer dem schönen gelben Hörnchen, das zur Zeit an einem Wandnagel hing, und dem daneben an die Bretterwand gehefteten, aus einer Zeitung geschnittenen Bildnis eines schnurrbärtigen Mannes in Uniform keine Kostbarkeiten. Leider endete mein Besuch bei Gesetz und Staatsgewalt schließlich doch mit einer Enttäuschung und Verlegenheit, die mir äußerst peinlich gewesen sein muß, da ich sie nicht vergessen konnte. Der heute so gutgelaunte und freundliche Wärter wollte, nachdem er Käse und Geld in Empfang genommen hatte, mich nicht ohne Dank und Lohn entlassen, er holte aus einer schmalen Sitztruhe ein Laibchen Brot heraus, schnitt ein Stück ab, schnitt auch vom Käse ein tüchtiges Stück und legte oder klebte es auf das Brot, das er mir darreichte und das er mir mit Appetit zu essen empfahl. Ich wollte mich samt dem Brot aus dem Staube machen und dachte es wegzuwerfen, sobald ich den Augen des Spenders entronnen sein würde. Aber er witterte, wie es schien, meine Absicht, oder er wollte nun einmal gern bei seinem Imbiß einen Kameraden haben; er machte große und, wie mir scheinen wollte, drohende Augen und bestand darauf, daß ich gleich hier hineinbeiße. Ich hatte mich artig bedanken und in Sicherheit bringen wollen, denn ich begriff sehr wohl, allzu wohl, daß er mein Verschmähen seiner Gabe und gar meinen Widerwillen gegen die von ihm geliebte Speise als Beleidigung empfinden würde. Und so war es auch. Ich stammelte erschrocken und unglücklich irgend etwas Unbedachtes heraus, legte das Brot auf den Truhenrand, drehte mich um und ging drei, vier Schritte von dem Manne weg, den ich nicht mehr anzusehen wagte, dann schlug ich meinen schnellsten Trab ein und entfloh nach Hause.

Die Begegnungen mit den Wärtern, den Vertretern der Macht, waren in unsrer Nachbarschaft, in der kleinen heiteren Welt, in der ich lebte, das einzige Unvertraute, das einzige Loch und Fenster nach den Dunkelheiten, Abgründen und Gefahren hin, deren Vorhandensein in der Welt mir schon damals nicht mehr unbekannt war. Zum Beispiel hatte ich einmal aus einer Schenke weiter innen in der Stadt das Gegröle betrunkener Zecher vernommen, hatte einmal einen Menschen mit zerrissener Jacke von zwei Polizisten abführen sehen und ein andermal in der abendlichen Spalenvorstadt die teils schrecklich eindeutigen, teils ebenso schrecklich rätselhaften Geräusche einer Schlägerei zwischen Männern mit angehört und mich dabei so gefürchtet, daß unsre Magd Anna, die mich begleitete, mich eine Strecke weit auf den Arm nehmen mußte. Und dann gab es noch etwas, was mir unstreitig böse, scheußlich und durchaus diabolisch vorkam, es war der fatale Geruch im Umkreis einer Fabrik, an der ich mit älteren Kameraden mehrere Male vorbeigekommen war und deren Dunstkreis eine bestimmte Art von Ekel, Beklemmung, Empörung und tiefer Furcht in mir wachrief, welche auf irgendeine wunderliche Weise mit dem Gefühl verwandt war, das Bahnwärter und Polizei mir verursachten, einem Gefühl, an dem außer der bangen Empfindung von Gewalterleiden und Machtlosigkeit auch noch ein Zuschuß oder Unterton von schlechtem Gewissen teilhatte. Denn zwar hatte ich in Wirklichkeit noch nie eine Begegnung mit der Polizei erlebt und ihre Gewalt zu spüren bekommen, aber oft hatte ich von Dienstboten oder Kameraden die geheimnisvolle Drohung gehört: »Wart, ich hole die Polizei«, und ebenso wie bei den Konflikten mit den Bahnwärtern war da jedesmal irgend etwas wie eine Schuld auf meiner Seite, die Übertretung eines mir bekannten oder auch nur geahnten und imaginierten Gesetzes vorgelegen. Aber jene Unheimlichkeiten, jene Eindrücke, Töne und Gerüche hatten mich weit von Hause erreicht, im Innern der Stadt, wo es ohnehin lärmig und aufregend, wenn auch freilich höchst interessant zuging. Unsere stille und saubere Kleinwelt vorstädtischer Wohnstraßen mit ihren Gärtchen an der Front und ihren Wäscheleinen an der Rückseite war arm an Eindrücken und Mahnungen dieser Art, sie begünstigte eher den Glauben an eine wohlgeordnete, freundliche und arglose Menschheit, um so mehr als zwischen diesen Angestellten, Handwerkern und Rentnern da und dort auch Kollegen meines Vaters oder Freundinnen meiner Mutter wohnten, Leute, die mit der Heidenmission zu tun hatten, Missionare im Ruhestand, Missionare auf Urlaub, Missionarswitwen, deren Kinder die Schulen des Missionshauses besuchten, lauter fromme, freundliche, aus Afrika, Indien und China heimgekehrte Leute, die ich zwar keineswegs in meiner Einteilung der Welt an Rang und Würde meinem Vater gleichstellen konnte, die aber ein ähnliches Leben führten wie er und die sich untereinander mit Du und Bruder oder Schwester anredeten.

Damit bin ich denn bei den Personen meiner Geschichte angelangt, deren es drei Hauptpersonen: mein Vater, ein Bettler und ich, und zwei bis drei Nebenpersonen sind, nämlich meine Schwester Adele, möglicherweise auch meine zweite Schwester und der von uns im Wagen geschobene kleine Bruder Hans. Über ihn habe ich ein anderes, früheres Mal schon

Der Bettler 1489

Erinnerungen aufgeschrieben; bei diesem Basler Spaziergang war er nicht Mitspieler oder Miterlebender, sondern nur eben die kleine, der Rede noch unmächtige, von uns sehr geliebte Kostbarkeit im Kinderwagen, den zu schieben wir alle als ein Vergnügen und eine Auszeichnung betrachteten, den Vater nicht ausgenommen. Auch Schwester Marulla, sofern sie überhaupt an jenem Nachmittag mit an unsrem Spaziergang teilnahm, kommt als Mitspielerin nicht eigentlich in Betracht, auch sie war noch zu klein. Immerhin mußte sie erwähnt werden, wenn auch nur die Möglichkeit bestand, daß sie uns damals begleitete, und mit ihrem Namen Marulla, der noch mehr als der ebenfalls in unsrer Umgebung kaum bekannte Name Adele als fremd und wunderlich auffiel, ist auch etwas von der Atmosphäre und dem Kolorit unsrer Familie gegeben. Denn Marulla war eine aus dem Russischen stammende Koseform von Maria und drückte, neben vielen anderen Kennzeichen, etwas vom Wesen der Fremdheit und Einmaligkeit unsrer Familie und ihrer Nationenmischung aus. Unser Vater war zwar gleich der Mutter, dem Großvater und der Großmutter in Indien gewesen, hatte dort ein wenig Indisch gelernt und im Dienst der Mission seine Gesundheit eingebüßt, aber das war in unsrem Milieu so wenig besonders und auffallend, wie wenn wir eine Familie von Seefahrern in einer Hafenstadt gewesen wären. In Indien, am Äquator, bei fremden dunkeln Völkern und an fernen Palmenküsten waren auch alle die andern »Brüder« und »Schwestern« von der Mission gewesen, auch sie konnten das Vaterunser in einigen fremden Sprachen sprechen, hatten lange Seereisen und lange, von uns Kindern trotz ihrer großen Mühsal höchst beneidete Landreisen auf Eseln oder Ochsenkarren gemacht und konnten zu den wunderbaren Sammlungen des Missionsmuseums genaue und zuweilen abenteuerreiche Erzählungen und Erklärungen geben, wenn wir dies Museum im Erdgeschoß des Missionshauses unter ihrer Führung besuchen durften.

Aber ob Indien oder China, Kamerun oder Bengalen, die andern Missionare und ihre Frauen waren zwar weit herumgekommen, schließlich waren sie aber doch beinahe alle entweder Schwaben oder Schweizer, es fiel schon auf, wenn einmal ein Bayer oder Österreicher sich unter sie verirrt hatte. Unser Vater aber, der seine kleine Tochter Marulla rief, kam aus einer fremderen, unbekannteren Ferne, er kam aus Rußland, er war ein Balte, ein Deutschrusse, und hat bis zu seinem Tode von den Mundarten, die um ihn herum und auch von seiner Frau und seinen Kindern gesprochen wurden, nichts angenommen, sondern sprach in unser Schwäbisch und

Schweizerdeutsch hinein sein reines, gepflegtes, schönes Hochdeutsch. Dieses Hochdeutsch, obwohl es für manche Einheimische unser Haus an Vertraulichkeit und Behagen einbüßen ließ, liebten wir sehr und waren stolz darauf, wir liebten es ebenso wie die schlanke, gebrechlich zarte Gestalt, die hohe edle Stirn und den reinen, oft leidenden, aber stets offenen, wahrhaftigen und zu gutem Benehmen und Ritterlichkeit verpflichtenden, an das Bessere im andern appellierenden Blick des Vaters. Es war, das wußten seine wenigen Freunde, und das wußten schon sehr früh wir Kinder, nicht ein Allerweltsmann, sondern ein Fremdling, ein edler und seltener Schmetterling oder Vogel aus anderen Zonen zu uns verflogen, durch seine Zartheit und sein Leiden und nicht minder durch ein verschwiegenes Heimweh ausgezeichnet und isoliert. Wenn wir die Mutter mit einer natürlichen, auf Nähe, Wärme und Gemeinschaft gegründeten Zärtlichkeit liebten, so liebten wir den Vater mit einem leisen Beiklang von Ehrfurcht, von Scheu, von einer Bewunderung, wie sie die Jugend nicht für das Eigene und Heimatliche, sondern nur für das Fremde hat.

Sei das Bemühen um Wahrheit noch so enttäuschend, sei es noch so illusorisch, es ist dies Bemühen ebenso wie das Streben nach Form und Schönheit dennoch unentbehrlich bei Aufzeichnungen dieser Art, welche sonst auf keinerlei Wert Anspruch machen könnten. Es mag recht wohl sein, daß mein Bemühen um Wahrheit mich zwar der Wahrheit nicht näher führt, aber es wird, auf diese oder jene mir selbst vielleicht nicht erkennbare Weise dennoch nicht völlig vergeblich sein. So war ich, als ich die ersten Zeilen dieses Berichtes schrieb, der Meinung, es wäre einfacher und könne nichts schaden, wenn ich Marulla überhaupt nicht erwähnen würde, da es ja höchst zweifelhaft war, ob sie in diese Geschichte hineingehöre. Aber siehe, sie war eben doch nötig, schon ihres Namens wegen. Es hat schon mancher Schreiber oder Künstler sich in einem Werke um dies oder jenes ihm teure Ziel treulich und geduldig bemüht und hat zwar nicht dieses Ziel, wohl aber andere Ziele und Wirkungen erreicht, die ihm gar nicht oder doch weit weniger bewußt und wichtig waren. Man könnte sich etwa recht wohl denken, daß Adalbert Stifter in seinem »Nachsommer« nichts so ernst und heilig genommen, nichts so geduldig und treulich angestrebt habe wie gerade das, was uns an diesem Werk heute langweilig ist. Und dennoch wäre das andere, der neben und trotz der Langeweile vorhandene, der die Langeweile weit überstrahlende hohe Wert dieses Werkes nicht zustande gekommen ohne dies Bemühen, diese Treue und Geduld, diesen Kampf um das dem Schreibenden so Wichtige. So muß auch ich mich bemühen, so viel Wahrheit einzufangen als irgend möglich ist. Dazu gehört unter anderem, daß ich versuchen muß, meinen Vater noch einmal so zu sehen, wie er an jenem Tag unsres Spazierganges wirklich war, denn das Ganze seiner Persönlichkeit war ja meinem Kinderblick längst nicht übersehbar, ist es auch heute kaum, sondern ich muß versuchen, ihn noch einmal so zu sehen, wie ich ihn als Knabe an jenen Tagen sah. Ich sah ihn als etwas nahezu Vollkommenes und Unnachahmliches, als eine Gestalt gewordene Reinheit und Würde der Seele, als einen Kämpfer, Ritter und Dulder, dessen Überlegenheit durch seine Fremdheit, seine Heimatlosigkeit, seine leibliche Zartheit gemildert und der wärmsten Liebe und Zärtlichkeit zugänglich wurde. Irgendeinen Zweifel an ihm, irgendeine Kritik an ihm kannte ich nicht, damals noch nicht, wenn auch Konflikte mit ihm mir leider nichts Unbekanntes waren. Aber bei diesen Konflikten stand er mir zwar als Richter, Warner, Bestrafer oder Verzeihender gegenüber, zu meiner Not und Beschämung, aber stets war er es, der recht hatte, stets fand ich Tadel oder Strafe durch mein eigenes Wissen bestätigt und anerkannt; noch war ich nie in Gegensatz oder Kampf mit ihm und seiner Gerechtigkeit und Tugend geraten, dazu führten erst viel spätere Konflikte. Zu keinem andern Menschen, er möge mir noch so sehr überlegen gewesen sein, habe ich dies Verhältnis einer natürlichen, durch Liebe des Stachels beraubten Unterordnung je wieder gehabt, oder wenn ich, wie etwa bei meinem Göppinger Lehrer, ein ähnliches Verhältnis einmal wiederfand, so war es nicht auf lange Dauer und stellte sich mir später beim Rückblick deutlich als eine Wiederholung, als ein Zurückbegehren in jenes Vater-Sohn-Verhältnis dar.

Was ich von unsrem Vater damals wußte, war großenteils aus seinen eigenen Erzählungen gespeist. Er, der im übrigen keine Künstlernatur und an Phantasie und Temperament weniger reich war als unsre Mutter, fand ein Vergnügen und erwarb eine gewisse Künstlerschaft darin, von Indien oder von seiner Heimat zu erzählen, von den großen Zeiten seines Lebens. Vor allem war es seine Kindheit in Estland, das Leben in seinem Vaterhaus und auf den Landgütern, mit Reisen im Planwagen und Besuchen an der See, wovon er uns nicht genug erzählen konnte. Eine überaus heitere, bei aller Christlichkeit sehr lebensfrohe Welt tat sich da vor uns auf, nichts wünschten wir sehnlicher, als auch einmal dies Estland und Livland zu sehen, wo das Leben so paradiesisch, so bunt und lustig war. Wir hatten Basel, das Spalenquartier, das Missionshaus, unsern Müllerweg und die Nachbarn und Kameraden recht gern, aber wo wurde man hier auf weit entfernte Güter eingeladen, mit Bergen von Kuchen und Körben voll Obst bewirtet, auf junge Pferdchen gesetzt, in Planwagen weit über Land gefahren? Einiges von jenem baltischen Leben und seinen Gebräuchen hatte der Vater auch hier einführen können, es gab bei uns Worte wie Marulla, es gab einen Samowar, ein Bild des Zaren Alexander, und es gab einige aus des Vaters Heimat stammende Spiele, die er uns gelehrt hatte, vor allem das österliche Eierrollen, zu dem wir etwa auch ein Nachbarkind mitbringen durften, um ihm mit diesen Sitten und Gebräuchen Eindruck zu machen. Aber es war wenig, was Vater hier in der Fremde seiner Jugendheimat anzugleichen vermocht hatte, auch der Samowar stand am Ende mehr wie ein Museumsstück da, als daß er benutzt wurde, und so waren es die Erzählungen vom russischen Vaterhaus, von Weißenstein, Reval und Dorpat, vom heimatlichen Garten, von den Festen und Reisen, in denen der Vater nicht nur sich selber des Geliebten und Entbehrten wieder erinnerte, sondern auch in uns Kindern ein kleines Estland anbaute und die ihm teuren Bilder auch in unsre Seelen senkte.

Damit, mit diesem gewissen Kult, den er seiner Heimat und ersten Jugend widmete, mochte es auch zusammenhängen, daß er ein ganz ausgezeichneter Spieler, Spielkamerad und Spiellehrer geworden war. In keinem Hause, das wir kannten, wurden so zahlreiche Spiele gekannt und gekonnt, wurden ihnen so viele und witzige Variationen ersonnen, wurden so viele neue Spiele erfunden. An dem Geheimnis, daß unser Vater, der Ernste, der Gerechte, der Fromme, uns nicht entschwand und zur Altarfigur wurde, daß er trotz aller Ehrfurcht durchaus ein Mensch und unsrem Kindersinn nah und erreichbar blieb, daran hatte sein Spieltalent großen Anteil, ebenso großen wie seine Schilderungen und Geschichten. Für mich, das Kind, war natürlich all das, was ich heute über die biographische und die psychologische Deutung dieser Spielfreude vermute, nicht vorhanden. Vorhanden und lebendig wirksam war für uns Kinder nur dieser sein Kult der Spiele selbst, und er hat nicht nur in unsrer Erinnerung seinen Platz, er ist auch literarisch dokumentiert: unser Vater hat bald nach der Zeit, von der hier die Rede ist, ein volkstümliches Spielbüchlein mit dem Titel »Das Spiel im häuslichen Kreise« geschrieben, das im Verlag unsres Onkels Gundert in Stuttgart erschienen ist. Bis ins Alter und bis in die Jahre der

Blindheit hinein blieb die Begabung zum Spielen ihm treu. Wir Kinder wußten es nicht anders und hielten es für selbstverständlich, zum Charakter und zu den Funktionen eines Vaters gehörig: wären wir mit dem Vater auf eine wilde Insel verschlagen oder in den Kerker geworfen worden oder, in Wäldern verirrt, in der Zuflucht einer Höhle gelandet, so wären zwar vielleicht Not und Hunger, gewiß aber nicht Leere und Langeweile zu fürchten gewesen, Vater hätte Spiel um Spiel für uns erfunden, und dies auch noch, wenn wir in Fesseln oder im Dunkeln hätten weilen müssen, denn gerade die Spiele, zu denen es keines Apparates bedurfte, waren ihm die liebsten, zum Beispiel Rätselraten, Rätselerfinden, mit Worten spielen, Gedächtnisübungen anstellen. Und bei den Spielen, bei welchen Spielzeug und Hilfsmittel nicht entbehrlich waren, hat er stets Freude am Einfachsten und Selbstgefertigten und eine Abneigung gegen das von der Industrie Gemachte und im Laden Gekaufte gehabt. Viele Jahre lang haben wir Brettspiele wie Go Bang oder Halma auf Brettern und mit Figuren gespielt, die er selbst angefertigt und bemalt hatte.

Übrigens ist dieser sein Hang zum Zusammensein, zur Geselligkeit im Schutz und unter dem sanften Zwang von Spielregeln später auch bei einem seiner Kinder, seinem Jüngsten, zu einem Kennzeichen und Charakterzug geworden: Bruder Hans war darin dem Vater ähnlich, daß auch er im Umgang und Spiel mit Kindern seine beste Erholung, seine Freude und einen Ersatz für vieles fand, was ihm das Leben vorenthielt. Er, der schüchterne und zuzeiten etwas ängstliche Hans, blühte, sobald er mit Kindern allein gelassen, sobald ihm Kinder anvertraut wurden, zu allen Gipfeln seiner Phantasie und Lebensfreude empor, entzückte und bezauberte die Kinder und versetzte sich selbst in einen paradiesischen Zustand von Gelöstheit und Glück, in dem er unwiderstehlich liebenswürdig war und von dem nach seinem Tode selbst nüchterne und kritische Augenzeugen mit einer betonten Wärme sprachen.

Vater also führte uns spazieren. Er war es, der den Kinderwagen die größte Strecke schob, obwohl er keineswegs rüstig war. Im Wagen lag, lächelnd und ins Licht staunend, der kleine Hans, Adele ging an Vaters Seite, während ich mich dem gemessenen Andante des Spazierschrittes weniger anzupassen vermochte und bald voraus lief, bald einer interessanten Entdeckung wegen zurückblieb und darum bettelte, den Wagen schieben zu dürfen, bald mich ohne Rücksicht auf seine Ermüdbarkeit an Vaters Arm oder Rock klammerte und ihn mit Fragen bestürmte. Was auf jenem Spaziergang, einem von tausend ähnlichen, gesprochen wurde, davon ist mir nichts im Gedächtnis geblieben. Geblieben ist mir, und auch Adele, von diesem Tag und Spaziergang nichts als das Erlebnis mit dem Bettler. Im Bilderbuch meiner frühen Erinnerungen gehört es zu den eindrücklichsten und anregendsten Bildern, anregend zu Gedanken und Grübeleien verschiedenster Art, wie es denn noch heute, wohl fünfundsechzig Jahre später, mich zu diesen Gedanken angeregt und zu der Bemühung mit diesen Aufzeichnungen gezwungen hat.

Wir wandelten gemächlich dahin, die Sonne schien und malte neben jede der in Kugelform geschnittenen Akazien des Weges ihren Schatten, was den Eindruck von Pedanterie, Regelmäßigkeit und Linealästhetik noch verstärkte, den diese Pflanzung mir immer machte. Es geschah nichts als das Gewohnte und Alltägliche: daß ein Briefträger den Vater grüßte und ein vierspänniger Bierbrauerwagen mit schweren, schönen Rossen beim Bahnübergang warten mußte und uns Zeit ließ, die herrlichen Tiere zu bestaunen, die einen ansehen konnten, als wollten sie Gruß und Rede mit uns tauschen, und an denen mir nur das Geheimnis unheimlich war, daß ihre Füße es ertrugen, wie Holz gehobelt und mit diesen klobigen Eisen beschlagen zu werden. Aber als wir schon uns wieder unsrer Straße näherten, geschah doch noch etwas Neues und Besonderes.

Es kam uns ein Mann entgegen, der ein wenig mitleiderregend und ein wenig ungut aussah, ein noch ziemlich junger Mensch mit einem bärtigen, vielmehr seit langer Zeit unrasierten Gesicht. Zwischen dem dunklen Haar und Bartwuchs waren Wangen und Lippen von lebhaftem Rot, die Kleidung und Haltung des Mannes hatte etwas Verwahrlostes und Verwildertes, sie machte uns ebenso bange wie neugierig, gern hätte ich mir diesen Mann genauer betrachtet und etwas über ihn erfahren. Er gehörte, das sah ich beim ersten Blick, zu der geheimnisvollen und abgründigen Seite der Welt, er mochte einer von jenen rätselhaften und gefährlichen, aber nicht minder unglücklichen und schwierigen Menschen sein, von denen man gelegentlich als von Herumtreibern, Vaganten, Bettlervolk, Trinkern, Verbrechern sprechen hörte, in Gesprächen der Erwachsenen, welche sofort unterbrochen oder zum Flüstern gedämpft wurden, wenn man bemerkte, daß eins von uns Kindern zuhörte. So klein ich war, so hatte ich doch für eben jene drohende und beklemmende Seite der Welt nicht nur die natürliche, knabenhafte Neugierde, sondern, so glaube ich heute, ich ahnte auch schon etwas davon, daß diese wunderbar zwielichtigen, ebenso armen wie gefährlichen, ebenso Abwehr wie Brudergefühle aufrufenden Erscheinungen, diese Zerlumpten, Verwahrlosten und Entgleisten ebenso »richtig« und gültig, daß ihr Dasein in der Mythologie durchaus notwendig, daß im großen Weltspiel der Bettler so unentbehrlich sei wie der König, der Abgerissene ebensoviel gelte wie der Mächtige und Uniformierte. So sah ich denn mit einem Schauder, an dem Entzücken und Furcht gleichen Anteil hatten, den zottigen Mann uns entgegenkommen und seine Schritte auf uns zulenken, sah ihn die etwas scheuen Augen auf unsern Vater richten und mit halbgezogener Mütze vor ihm stehenbleiben.

Artig erwiderte Vater seinen gemurmelten Gruß, und mit der größten Spannung sah ich, während der Kleine im Wägelchen beim Halten erwachte und langsam die Augen auftat, der Szene zwischen den beiden einander scheinbar so sehr fremden Männern zu. Stärker noch, als es auch sonst schon des öftern geschah, empfand ich die Mundart des einen und die gepflegte, genau akzentuierende Sprache des andern als Ausdruck eines inneren Gegensatzes, als Sichtbarwerden einer zwischen dem Vater und seiner Umwelt bestehenden Scheidewand. Andrerseits war es aufregend und hübsch, zu sehen, wie der Angesprochene den Bettler so höflich und ohne Ablehnung oder Zurückzucken empfing und als Menschenbruder anerkannte. Der Unbekannte versuchte nun, nachdem die paar ersten Worte getauscht waren, das Herz des Vaters, in dem er einen gutmütigen und vielleicht leicht zu rührenden Menschen vermuten mochte, mit einer Schilderung seiner Armut, seines Hungers und Elendes zu bestürmen, es kam etwas Singendes und Beschwörendes in seine Redeweise, als klage er dem Himmel seine Not: kein Stückchen Brot habe er, kein Dach überm Kopf, keine ganzen Schuhe mehr, es sei ein Elend, er wisse nicht mehr, wohin sich wenden, und er bitte inständig um ein wenig Geld, es sei schon lang keines mehr in seiner Tasche gewesen. Er sagte nicht Tasche, sondern Sack, während mein Vater in seiner Antwort den Ausdruck Tasche vorzog. Ich verstand übrigens mehr die Musik und Mimik des Auftrittes, von den Worten nur wenige.

Schwester Adele, zwei Jahre älter als ich, war nun in einer Hinsicht über Vater besser unterrichtet als ich. Sie wußte, was mir noch lange Jahre verborgen blieb, schon damals: daß nämlich unser Vater so gut wie niemals Geld bei sich trug und daß er, wenn es doch einmal geschah, ziemlich hilflos und auch leichtsinnig damit umging, Silber statt Nickel und große statt kleine Münzen hingab. Sie zweifelte vermutlich nicht daran, daß er kein Geld bei sich habe. Ich dagegen neigte sehr zu der Erwartung, er werde nun, beim nächsten Ansteigen und Schluchzen der Töne in des Bettlers Klagelied, in die Tasche greifen und dem Mann eine ganze Menge von halben und ganzen Frankenstücken in die Hände drücken oder in die Mütze schütten, genug, um Brot, Limburger Käse, Schuhe und alles andre zu kaufen, dessen der Fremdling bedürftig war. Statt dessen aber hörte ich den Vater auf alle Anrufe mit derselben höflichen und beinah herzlichen Stimme antworten und hörte seine beruhigend und beschwichtigend gemeinten Worte sich schließlich zu einer kleinen, gut formulierten Rede verdichten. Der Sinn dieser Rede war, wie wir Geschwister uns später zu erinnern meinten, dieser: er sei nicht imstande, Geld zu geben, da er keines bei sich habe, auch sei mit Geld nicht immer geholfen, man könne es leider auf so verschiedene Arten verwenden, zum Beispiel statt zum Essen zum Trinken, und dazu wolle er in keiner Weise behilflich sein; dagegen sei es ihm nicht möglich, einen wirklich Hungernden von sich zu weisen, darum schlage er vor, der Mann möge ihn bis zum nächsten Kaufladen begleiten, dort werde er soviel Brot bekommen, daß er mindestens für diesen Tag nicht zu hungern brauche.

Während dieses Gesprächs standen wir die ganze Zeit am selben Fleck auf der breiten Straße, und ich konnte die beiden Männer mir gut ansehen, sie miteinander vergleichen und mir auf Grund ihres Aussehens, ihres Tonfalls und ihrer Worte meine Gedanken machen. Unangetastet natürlich blieb die Überlegenheit und Autorität des Vaters in diesem Wettstreit, er war ohne Zweifel nicht nur der Anständige, ordentlich Gekleidete, sich gut Benehmende, er war auch der, welcher sein Gegenüber ernster nahm, der besser und genauer auf den Partner einging und seine Worte unumwunden ehrlich meinte. Dafür hatte der andere aber diesen Beiklang von Wildheit und hatte hinter sich und seinen Worten etwas sehr Starkes und Wirkliches stehen, stärker und wirklicher als alle Vernunft und Artigkeit: sein Elend, seine Armut, seine Rolle als Bettler, sein Amt als Sprecher für alles verschuldete und unverschuldete Elend der Welt, und das gab ihm ein Gewicht, das half ihm Töne und Gebärden finden, die dem Vater nicht zur Verfügung standen. Und außerdem und über dies alles hinweg entstand während der so schönen und spannenden Bettelszene Zug um Zug zwischen dem Bettler und dem Angebettelten eine gewisse nicht zu benennende Ähnlichkeit, ja Brüderlichkeit. Sie beruhte zum Teil darauf, daß

Der Bettler

der Vater, von dem Armen angesprochen, ohne Sträuben und Stirnrunzeln den andern anhörte und gelten ließ, daß er keinen Abstand zwischen ihn und sich legte und sein Recht auf Angehörtwerden und Mitleid als ein selbstverständliches anerkannte. Aber dies war das wenigste. War dieser halbbärtige dunkelhaarige Arme aus der Welt der zufriedenen, arbeitenden und jeden Tag satt werdenden Leute herausgefallen, machte er inmitten dieser reinlichen kleinbürgerlichen Wohnhäuser und Vorgärtchen den Eindruck eines Fremdlings, so war ja Vater längst schon, wenn auch auf so ganz andere Weise, ein Fremdling, ein Mann von anderswoher, der mit Leuten, unter denen er lebte, nur in einer losen, auf Übereinkommen beruhenden, nicht gewachsenen und erdhaften Gemeinschaft stand. Und wie der Bettler hinter seinem eher trotzigen und desperadohaften Aussehen doch etwas Kindliches, Naturhaftes und Unschuldiges zu haben schien, so war ja auch bei Vater hinter der Fassade des Frommen, des Höflichen, des Vernünftigen viel Kindhaftes verborgen. Jedenfalls – denn alle diese klugen Gedanken hatte ich damals natürlich nicht – empfand ich, je länger die beiden miteinander und vielleicht aneinander vorbeiredeten, desto mehr eine wunderliche Art von Zusammengehörigkeit zwischen ihnen. Und Geld hatten sie also beide keines.

Vater stützte sich auf den Rand des Kinderwagens, während er dem Fremden Rede stand. Er machte ihm klar, daß er gesonnen sei, ihm einen Laib Brot zu geben, doch müsse dies Brot in einem Laden geholt werden, wo man ihn kenne, und der Mann sei nun eingeladen, dahin mitzukommen. Damit setzte der Vater den Wagen wieder in Bewegung, drehte um und schlug die Richtung nach der Austraße ein, und der Fremde marschierte ohne Widerrede mit, war aber wieder etwas scheu geworden und fühlte sich sichtlich nicht recht zufrieden, das Ausbleiben der Geldspende hatte ihn enttäuscht. Wir Kinder hielten uns dicht neben dem Vater und dem Wagen, dem Fremden nicht zu nahe, der sein Pathos aufgegeben hatte und jetzt still und eher mürrisch geworden war. Ich betrachtete ihn aber im geheimen und machte mir Gedanken, es war mit diesem Menschen so viel in unsre nächste Nähe getreten, so viel Bedenkliches, im Sinn des zu Bedenkenden sowohl wie in dem des Bangemachenden, und jetzt, wo der Bettler schweigsam und anscheinend schlechter Laune geworden war, gefiel er mir wieder weniger und glitt wieder mehr und mehr aus jener Zusammengehörigkeit mit dem Vater heraus und ins Unvertraute hinüber. Es war ein Stück Leben, dem ich zusah, Leben der Großen, der Erwachsenen, und da dies Leben der Erwachsenen um uns Kinder her äußerst selten so primitive und elementare Formen annahm, war ich tief davon gefesselt, aber die Fröhlichkeit und Zuversicht von vorher war hingeschwunden, wie an einem heitern Tag plötzlich ein Wolkenschleier Licht und Wärme dämpfen und hinwegzaubern kann.

Unser guter Vater freilich schien keine solchen Gedanken zu haben, heiter und freundlich blieb sein klares Gesicht, heiter und gleichmäßig sein Schritt. So zogen wir, Vater, Kinder, Wagen und Bettler, eine kleine Karawane, nach der Austraße weiter und in ihr fort bis zu einem Kaufladen, den wir alle kannten und wo es die verschiedensten Dinge zu kaufen gab, vom Wecken und Brot bis zu Schiefertafeln, Schulheften und Spielzeug. Hier hielten wir an, und Vater bat den Fremden, hier eine kleine Weile bei uns Kindern zu warten, bis er aus dem Laden zurückkäme. Adele und ich sahen einander an, es war uns beiden gar nicht wohl zumute, wir hatten etwas Angst, oder vielmehr ziemlich große Angst, und ich glaube, wir fanden es auch vom Vater sonderbar und nicht recht begreiflich, daß er uns da mit dem fremden Manne so allein ließ, als könne uns unmöglich etwas geschehen, als seien noch niemals Kinder von bösen Männern umgebracht oder entführt und verkauft oder zum Betteln und Stehlen gezwungen worden. Und beide hielten wir uns, zum eigenen Schutz wie auch zu dem unsres Kleinsten, dicht zu beiden Seiten an den Wagen geklammert, den wir unter keinen Umständen loszulassen gedachten. Schon war der Vater die paar Steinstufen zur Ladentür hinangestiegen, schon legte er die Hand auf die Klinke, schon war er verschwunden. Wir waren mit dem Bettler allein, in der ganzen langen und geraden Straße war kein Mensch zu sehen. Ich redete mir, in der Form eines Gelübdes, innerlich zu, tapfer und männlich zu sein.

So standen wir alle, eine Minute lang vielleicht, und wohl ums Herz war keinem von uns außer dem Brüderchen, das den Fremden überhaupt nicht wahrgenommen hatte und vergnügt mit seinen winzigen Fingerchen spielte. Ich wagte es, aufzublicken, nach dem Unheimlichen hin, und sah auf seinem roten Gesicht die Unruhe und Unzufriedenheit noch gesteigert, er gefiel mir nicht, er machte mir richtig Angst, deutlich sah man widersprechende Triebe in ihm kämpfen und nach Taten drängen.

Aber da war er auch schon mit seinen Gedanken und Gefühlen zu einem Ende gekommen, ein Entschluß durchzuckte ihn, und man konnte das Aufzucken mit Augen sehen. Aber wozu er sich entschlossen hatte und was er jetzt tat, war von allem, woran ich etwa gedacht oder was ich gehofft oder gefürchtet hatte, das Gegenteil, es war das Unerwartetste von allem, was geschehen konnte, es überrumpelte uns beide, Adele und mich, vollkommen, daß wir starr und sprachlos standen. Der Bettler, nachdem der Zuck in ihn gefahren war, hob einen seiner Füße mit den mitleiderregenden Schuhen, zog das Knie an, erhob beide zu Fäusten geballte Hände bis in Schulterhöhe und lief in einem Schnellauf, den man seiner Figur kaum zugetraut hätte, die lange gerade Straße hinunter, er hatte die Flucht ergriffen und rannte, rannte wie ein Verfolgter, bis er die nächste Querstraße erreicht hatte und für immer unsern Augen entschwand.

Was ich bei diesem Anblick empfand, läßt sich nicht beschreiben, es war ebensosehr Schrecken wie Aufatmen, ebenso Verblüffung wie Dankbarkeit, aber zur selben Sekunde auch Enttäuschung, ja Bedauern. Und nun kehrte heiteren Gesichtes, mit einem langen Laib Weißbrot in der Hand, Vater aus dem Laden zurück, staunte einen Augenblick, ließ sich berichten, was geschehen war, und lachte. Es war am Ende das Beste, was er tun konnte. Mir aber war, als sei meine Seele mit dem Bettler fortgerannt, ins Unbekannte, in die Abgründe der Welt, und es dauerte lange, bis ich zum Nachdenken darüber kam, warum wohl der Mann vor dem Brotlaib davongelaufen war, so wie einst ich vor dem mir dargereichten Bissen des Bahnwärters durchgebrannt war. Tage- und wochenlang behielt das Erlebnis seine Frische und Unausschöpfbarkeit und hat sie, so einleuchtende Begründungen wir später auch dafür ausdenken mochten, bis heute behalten. Die Welt der Abgründe und Geheimnisse, in die der flüchtende Bettler uns entschwunden war, wartete auch auf uns. Sie hat jenes hübsche und harmlose Leben des Vordergrundes überwuchert und ausgelöscht, sie hat unsern Hans verschlungen, und auch wir Geschwister, die wir bis heute und bis ins Alter standzuhalten versucht haben, wissen uns und den Funken in unsern Seelen von ihr umdrängt und umdunkelt.

(1948)

Unterbrochene Schulstunde

Es scheint, als müsse ich in meinen späten Tagen nicht nur, wie alle alten Leute, mich wieder den Erinnerungen aus den Kinderjahren zuwenden, sondern als müsse ich auch, zur Strafe gewissermaßen, die fragwürdige Kunst des Erzählens noch einmal mit umgekehrten Vorzeichen ausüben und abbüßen. Das Erzählen setzt Zuhörer voraus und fordert vom Erzähler eine Courage, welche er nur aufbringt, wenn ihn und seine Zuhörer ein gemeinsamer Raum, eine gemeinsame Gesellschaft, Sitte, Sprache und Denkart umschließt. Die Vorbilder, die ich in meiner Jugend verehrte (und heute noch verehre und liebe), vor allem den Erzähler der Seldwyler Geschichten, haben mich damals lange Zeit in dem frommen Glauben unterstützt, daß auch mir diese Zugehörigkeit und Gemeinsamkeit angeboren und überkommen sei, daß auch ich, wenn ich Geschichten erzählte, mit meinen Lesern eine gemeinsame Heimat bewohne, daß ich für sie auf einem Instrumente und nach einem Notensystem musiziere, das ihnen wie mir vollkommen vertraut und selbstverständlich sei. Da waren Hell und Dunkel, Freude und Trauer, Gut und Böse, Tat und Leiden, Frömmigkeit und Gottlosigkeit zwar nicht ganz so kategorisch und grell voneinander getrennt und abgehoben wie in den moralischen Erzählungen der Schul- und Kinderbücher, es gab Nuancen, es gab Psychologie, es gab namentlich auch Humor, aber es gab nicht den grundsätzlichen Zweifel, weder am Verständnis der Zuhörer noch an der Erzählbarkeit meiner Geschichten, welche denn auch meist ganz artig abliefen mit Vorbereitung, Spannung, Lösung, mit einem festen Gerüst von Handlung, und mir und meinen Lesern beinah ebensoviel Vergnügen machten wie das Erzählen einst dem großen Meister von Seldwyla und das Zuhören seinen Lesern gemacht hatte. Und nur sehr langsam und widerwillig kam ich mit den Jahren zur Einsicht, daß meine Art zu leben und meine Art zu erzählen einander nicht entsprachen, daß ich dem guten Erzählen zuliebe die Mehrzahl meiner Erlebnisse und Erfahrungen mehr oder weniger vergewaltigt hatte, und daß ich entweder auf das Erzählen verzichten oder mich entschließen müsse, statt eines guten ein schlechter Erzähler zu werden. Die Versuche dazu, etwa von Demian bis zur Morgenlandfahrt, führten mich denn auch im-

Unterbrochene Schulstunde

mer mehr aus der guten und schönen Tradition des Erzählens hinaus. Und wenn ich heute irgendein noch so kleines, noch so gut isoliertes Erlebnis aufzuzeichnen versuche, dann rinnt mir alle Kunst unter den Händen weg, und das Erlebte wird auf eine beinah gespenstische Weise vielstimmig, vieldeutig, kompliziert und undurchsichtig. Ich muß mich darein ergeben, es sind in den letzten Jahrzehnten größere und ältere Werte und Kostbarkeiten als nur die Erzählkunst fragwürdig und zweifelhaft geworden.

In unserm wenig geliebten Klassenzimmer der Calwer Lateinschule saßen wir Schüler eines Vormittags über einer schriftlichen Arbeit. Es war in den ersten Tagen nach längeren Ferien, kürzlich erst hatten wir unsere blauen Zeugnishefte abgeliefert, die unsere Väter hatten unterschreiben müssen, wir waren noch nicht so recht wieder an die Gefangenschaft und Langeweile gewöhnt und empfanden sie darum stärker. Auch der Lehrer, ein Mann von noch längst nicht vierzig Jahren, der uns Elf- und Zwölfjährigen aber uralt erschien, war eher gedrückt als schlechter Laune, wir sahen ihn auf seinem erhöhten Thron sitzen, gelben Gesichtes, über Hefte gebeugt, mit leidenden Zügen. Er lebte, seit ihm seine junge Frau gestorben war, mit einem einzigen Söhnchen allein, einem blassen Knaben mit hoher Stirn und blauwäßrigen Augen. Angestrengt und unglücklich saß der ernste Mann in seiner erhabenen Einsamkeit, geachtet, aber auch gefürchtet; wenn er ärgerlich oder gar zornig war, konnte ein Strahl höllischer Wildheit die klassische Humanistenhaltung durchbrechen und Lügen strafen. Es war still in der nach Tinte, Knaben und Schuhleder riechenden Stube, nur selten gab es ein erlösendes Geräusch: das Klatschen eines fallengelassenen Buches auf dem staubigen Tannenbretterboden, das Flüstern eines heimlichen Zwiegesprächs, das kitzelnde, zum Umschauen nötigende Keuchen eines mühsam gedämmten Lachens, und jedes solche Geräusch wurde vom Thronenden wahrgenommen und sofort zur Ruhe gebracht, meistens nur durch einen Blick, ein Warnen des Gesichtes mit vorgerecktem Kinn oder einen drohend erhobenen Finger, zuweilen durch ein Räuspern oder ein kurzes Wort. Zwischen Klasse und Professor herrschte an jenem Tage, Gott sei Dank, nicht gerade eine Gewitterstimmung, aber doch jene gelinde Spannung der Atmosphäre, aus der dies und jenes Überraschende und vermutlich Unerwünschte entstehen kann. Und ich wußte nicht recht, ob dies mir nicht lieber war als die vollkommenste Harmonie und Ruhe. Es war vielleicht gefährlich, es konnte vielleicht etwas geben, aber am Ende lauerten wir Knaben, namentlich während einer solchen schriftlichen Arbeit, auf nichts so begierig als auf Unterbrechungen und Überraschungen, seien sie wie immer geartet, denn die Langeweile und die unterdrückte Unruhe in den allzu lang und streng zum Stillsitzen und Schweigen gezwungenen Knaben war groß.

Was für eine Arbeit es gewesen sei, mit der unser Lehrer uns beschäftigte, während er hinter der bretternen Verschanzung seines Hochsitzes sich mit Amtsgeschäften befaßte, weiß ich nicht mehr. Auf keinen Fall war es Griechisch, denn es war die ganze Klasse beisammen, während in den Griechischstunden nur wir vier oder fünf »Humanisten« dem Meister gegenübersaßen. Es war das erste Jahr, in dem wir Griechisch lernten, und die Abtrennung von uns »Griechen« oder »Humanisten« von der übrigen Schulklasse hatte dem ganzen Schulleben eine neue Note gegeben. Einerseits fanden wir paar Griechen, wir künftigen Pfarrer, Philologen und anderen Akademiker, uns schon jetzt vom großen Haufen der künftigen Gerber, Tuchmacher, Kaufleute oder Bierbrauer abgehoben und gewissermaßen ausgezeichnet, was eine Ehre und einen Anspruch und Ansporn bedeutete, denn wir waren die Elite, die für Höheres als Handwerk und Geldverdienen Bestimmten, doch hatte diese Ehre wie billig auch ihre bedenkliche und gefährliche Seite. Wir wußten in ferner Zukunft Prüfungen von sagenhafter Schwere und Härte auf uns warten, vor allem das gefürchtete Landexamen, in dem die humanistische Schülerschaft des ganzen Schwabenlandes zum Wettkampf nach Stuttgart einberufen wurde und dort in mehrtägiger Prüfung die engere und wirkliche Elite auszusieben hatte, ein Examen, von dessen Ergebnis für die Mehrzahl der Kandidaten die ganze Zukunft abhing, denn von jenen, welche diese enge Pforte nicht passierten, waren die meisten damit auch zum Verzicht auf das geplante Studium verurteilt. Und seit ich selber zu den Humanisten, zu den vorläufig für die Elite in Aussicht genommenen und vorgemerkten Schülern gehörte, war mir schon mehrmals, angeregt vermutlich durch Gespräche meiner älteren Brüder, der Gedanke gekommen, daß es für einen Humanisten, einen Berufenen, aber längst noch nicht Auserwählten, recht peinlich und bitter sein müsse, seinen Ehrentitel wieder abzulegen und die letzte und oberste Klasse unserer Schule wieder als Banause zwischen den vielen andern Banausen abzusitzen, herabgesunken und ihresgleichen geworden.

Wir paar Griechen also waren seit dem Beginn des Schuljahres auf diesem schmalen Pfad zum Ruhm und damit in ein neues, viel intimeres und damit auch viel heikleres Verhältnis zum Klassenlehrer gekommen. Denn er gab uns die Griechisch-Stunden, und da saßen nun wir wenigen nicht mehr innerhalb der Klasse und Masse, die als Ganzes der Macht des Lehrers wenigstens ihre Quantität entgegenzusetzen hatte, sondern einzeln, schwach und exponiert dem Manne gegenüber, der nach kurzer Zeit jeden von uns sehr viel genauer kannte als alle übrigen Klassenkameraden. Uns gab er in diesen oft erhebenden und noch öfter schrecklich bangen Stunden sein Bestes an Wissen, an Überwachung und Sorgfalt, an Ehrgeiz und Liebe, aber auch an Laune, Mißtrauen und Empfindlichkeit; wir waren die Berufenen, waren seine künftigen Kollegen, waren die zum Höheren bestimmte kleine Schar der Begabteren oder Ehrgeizigeren, uns galt mehr als der ganzen übrigen Klasse seine Hingabe und seine Sorge, aber von uns erwartete er auch ein Mehrfaches an Aufmerksamkeit, Fleiß und Lernlust, und auch ein Mehrfaches an Verständnis für ihn selbst und seine Aufgabe. Wir Humanisten sollten nicht Allerweltsschüler sein, die sich vom Lehrer in Gottes Namen bis zum vorgeschriebenen Mindestmaß an Schulbildung schleppen und zerren ließen, sondern strebsame und dankbare Mitgänger auf dem steilen Pfad, unsrer auszeichnenden Stellung im Sinne einer hohen Verpflichtung bewußt. Er hätte sich Humanisten gewünscht, die ihm die Aufgabe gestellt hätten, ihren brennenden Ehrgeiz und Wissensdurst beständig zu zügeln und zu bremsen, Schüler, welche jeden kleinsten Bissen der Geistesspeise mit Heißhunger erwarteten und aufnahmen und alsbald in neue geistige Energien verwandelten. Ich weiß nun nicht, wieweit etwa der eine oder andere meiner paar Mitgriechen diesem Ideal zu entsprechen gewillt und veranlagt gewesen ist, doch nehme ich an, es werde den andern nicht viel anders gegangen sein als mir, und sie werden zwar aus ihrem Humanistentum einen gewissen Ehrgeiz ebenso wie einen gewissen Standesdünkel gezogen, sie werden sich als etwas Besseres und Kostbareres empfunden und aus diesem Hochmut in guten Stunden auch eine gewisse Verpflichtung und Verantwortung entwickelt haben; alles in allem aber waren wir eben doch elf- bis zwölfjährige Schulknaben und vorläufig von unseren nichthumanistischen Klassenbrüdern äußerst wenig verschieden, und keiner von uns stolzen Griechen hätte, vor die Wahl zwischen einem freien Nachmittag und einer griechischen Extralektion gestellt, einen Augenblick gezögert, sondern sich entzückt für den freien Nachmittag entschieden. Ja, das hätten wir ohne Zweifel getan – und dennoch war etwas von jenem Andern in unseren jungen Seelen auch vorhanden, etwas von dem, was der Professor von uns so sehnlich und oft so ungeduldig erwartete und forderte. Was mich anging, so war ich nicht klüger als andere und nicht reifer als meine Jahre, und mit weit weniger als dem Paradies eines freien Nachmittags hätte man mich leicht von Kochs griechischer Grammatik und dem Würdegefühl des Humanisten weglocken können – und dennoch war ich zuzeiten und in gewissen Bezirken meines Wesens auch ein Morgenlandfahrer und Kastalier und bereitete mich unbewußt darauf vor, Mitglied und Historiograph aller platonischen Akademien zu werden. Manchmal, beim Klang eines griechischen Wortes oder beim Malen griechischer Buchstaben in meinem von des Professors unwirschen Korrekturen durchpflügten Schreibheft empfand ich den Zauber einer geistigen Heimat und Zugehörigkeit und war ohne alle Vorbehalte und Nebengelüste willig, dem Ruf des Geistes und der Führung des Meisters Folge zu leisten. Und so wohnte unserem dummstolzen Elitegefühl ebenso wie unserer tatsächlichen Herausgehobenheit, wohnte unserer Isolierung und unserem bangen Ausgeliefertsein an den so oft gefürchteten Scholarchen eben doch ein Strahl echten Lichtes, eine Ahnung echter Berufung, ein Anhauch echter Sublimierung inne.

Augenblicklich freilich, in dieser unfrohen und langweiligen Schulmorgenstunde, da ich über meine längst fertige Schreibarbeit hinweg den kleinen geduckten Geräuschen des Raumes und den fernen, heiteren Tönen der Außenwelt und Freiheit lauschte: dem Flügelknattern eines Taubenfluges, dem Krähen eines Hahnes etwa oder dem Peitschenknall eines Fuhrmanns, sah es nicht so aus, als hätten jemals gute Geister in dieser niederen Stube gewaltet. Eine Spur von Adel, ein Strahl von Geist weilte einzig über dem etwas müden und sorgenvollen Gesicht des Professors, den ich heimlich mit einer Mischung von Teilnahme und schlechtem Gewissen beobachtete, stets bereit, seinem sich etwa erhebenden Blick mit dem meinen rechtzeitig auszuweichen. Ohne mir eigentlich Gedanken dabei zu machen, und ohne Absichten irgendwelcher Art, war ich nur dem Schauen hingegeben, der Aufgabe, dieses unschöne, aber nicht unedle Lehrergesicht meinem Bilderbuch einzuverleiben, und es ist denn auch über sechzig Jahre hinweg darin erhalten geblieben: der dünne strähnige Haarschopf über der fahlen scharfkantigen Stirn, die etwas welken Lider mit spärlichen Wimpern, das gelblich-blasse, hagere Gesicht mit dem höchst ausdrucksvollen Mund, der so klar zu artikulieren und so resigniert-spöttisch zu lächeln verstand,

Unterbrochene Schulstunde

und dem energischen, glattrasierten Kinn. Das Bild blieb mir eingeprägt, eines von vielen, es ruhte Jahre und Jahrzehnte unbenützt in seinem raumlosen Archiv und erwies sich, wenn seine Stunde einmal wieder kam und es angerufen wurde, jedesmal als vollkommen gegenwärtig und frisch, als wäre vor einem Augenblick und Liderblinzeln noch sein Urbild selbst vor mir gestanden. Und indem ich, den Mann auf dem Katheder beobachtend, seine leidenden und von Leidenschaftlichkeit durchzuckten, aber von geistiger Arbeit und Zucht beherrschten Züge in mich aufnahm und in mir zum langdauernden Bilde werden ließ, war die öde Stube doch nicht so öde und die scheinbar leere und langweilige Stunde doch nicht so leer und langweilig. Seit vielen Jahrzehnten ist dieser Lehrer unter der Erde, und wahrscheinlich bin von den Humanisten jenes Jahrgangs ich der einzige noch lebende und der, mit dessen Tod erst dieses Bildnis für immer auslöschen wird. Mit keinem meiner Mitgriechen, deren Kamerad ich damals nur kurze Zeit gewesen bin, hat mich Freundschaft verbunden. Von einem weiß ich nur, daß er längst nicht mehr lebt, von einem andern, daß er im Jahre 1914 im Kriege umgekommen ist. Und von einem dritten, einem, den ich gern mochte und dem einzigen von uns, der unser aller damaliges Ziel wirklich erreicht hat und Theologe und Pfarrer geworden ist, erfuhr ich später Bruchstücke seines merkwürdigen und eigensinnigen Lebenslaufes: er, der die Muße jeder Arbeit vorzog und viel Sinn für die kleinen sinnlichen Genüsse des Lebens hatte, wurde als Student von seinen Verbindungsbrüdern »die Materie« genannt, er blieb unvermählt, brachte es als Theologe bis zu einer Dorfpfarre, war viel auf Reisen, wurde beständiger Versäumnisse in seinem Amte bezichtigt, ließ sich noch bei jungen und gesunden Jahren in den Ruhestand versetzen und lag seiner Pensionsansprüche wegen lange mit der Kirchenbehörde im Prozeß, begann an Langeweile zu leiden (er war schon als Knabe außerordentlich neugierig gewesen) und bekämpfte sie teils durch Reisen, teils durch die Gewohnheit, täglich einige Stunden als Zuhörer in den Gerichtssälen zu sitzen, und hat sich, da er die Leere und Langeweile dennoch immer mehr wachsen sah, als beinahe Sechzigjähriger im Neckar ertränkt.

Ich erschrak und senkte wie ertappt den auf des Lehrers Schädel ruhenden Blick, als dieser sein Gesicht erhob und über die Klasse weg spähte.

»Weller« hörten wir ihn rufen, und gehorsam stand hinten in einer der letzten Bänke Otto Weller auf. Wie eine Maske schwebte sein großes rotes Gesicht über den Köpfen der andern.

Der Professor winkte ihn zu sich an den Katheder, hielt ihm ein blaues kleines Heft vors Gesicht und stellte ihm leise ein paar Fragen. Weller antwortete ebenfalls flüsternd und sichtlich beunruhigt, mir schien, er verdrehe die Augen ein wenig, und das gebe ihm ein bekümmertes und ängstliches Aussehen, woran wir bei ihm nicht gewöhnt waren. Er war eine gelassene Natur und stak in einer Haut, an welcher vieles ohne Schaden ablief, was anderen schon wehtat. Übrigens war es ein eigentümliches und unverwechselbares Gesicht, dem er jetzt diesen sorgenvollen Ausdruck gab, ein ganz unverwechselbares und für mich ebenso unvergeßliches Gesicht wie das meines ersten Griechischlehrers. Es waren damals manche Mitschüler meiner Klasse, von denen weder Gesicht noch Namen eine Spur in mir hinterlassen haben; ich wurde ja auch schon im nächsten Jahr in eine andere Stadt und Schule geschickt. Das Gesicht Otto Wellers aber kann ich mir in vollkommener Deutlichkeit noch heute vergegenwärtigen. Es fiel, wenigstens zu jener Zeit, vor allem durch seine Größe auf, es war nach den Seiten und nach unten hin vergrößert, denn die Partien unterhalb der Kinnbacken waren stark geschwollen und diese Geschwulst machte das Gesicht um vieles breiter, als es sonst gewesen wäre. Ich erinnere mich, daß ich, von dieser Erscheinung beunruhigt, ihn einmal gefragt habe, was denn eigentlich mit seinem Gesicht los sei, und erinnere mich seiner Antwort: »Das sind die Drüsen, weißt du. Ich habe Drüsen.« Nun, auch von diesen Drüsen abgesehen war Wellers Gesicht recht malerisch, es war voll und kräftig rot, die Haare dunkel, die Augen gutmütig und die Bewegungen der Augäpfel sehr langsam, und dann hatte er einen Mund, der trotz seiner Röte dem einer alten Frau glich. Vermutlich der Drüsen wegen hielt er das Kinn etwas gehoben, so daß man den ganzen Hals sehen konnte; diese Haltung trug dazu bei, die obere Gesichtshälfte zurückzudrängen und beinahe vergessen zu lassen, während die vergrößerte untere trotz des vielen Fleisches zwar vegetativ und ungeistig, aber wohlwollend, behaglich und nicht unliebenswürdig aussah. Mir war er mit seinem breiten Dialekt und gutartigen Wesen sympathisch, doch kam ich nicht sehr viel mit ihm zusammen; wir lebten in verschiedenen Sphären: in der Schule gehörte ich zu den Humanisten und hatte meinen Sitz nahe dem Katheder, während Weller zu den vergnügten Nichtstuern gehörte, die ganz hinten saßen, selten eine Antwort auf Lehrerfragen wußten, häufig Nüsse, gedörrte Birnen und dergleichen aus den Hosentaschen zogen und verzehrten und durch ihre Passivität ebenso wie durch unbeherrschtes Schwatzen und Kichern nicht selten dem Lehrer lästig wurden. Und auch außerhalb der Schule gehörte Otto Weller einer anderen Welt zu als ich, er wohnte draußen in der Nähe des Bahnhofs, weit von meiner Gegend entfernt, und sein Vater war Eisenbahner, ich kannte ihn nicht einmal vom Sehen.

Otto Weller wurde nach kurzem Geflüster wieder an seinen Platz zurückgeschickt, er schien unzufrieden und bedrückt. Der Professor aber war aufgestanden, er hielt jenes kleine dunkelblaue Heft in der Hand und blickte suchend durch die ganze Stube. Auf mir blieb sein Blick haften, er kam auf mich zu, nahm mein Schreibheft, betrachtete es und fragte: »Du bist mit deiner Arbeit fertig?« Und als ich ja gesagt hatte, winkte er mir, ihm zu folgen, ging zur Tür, die er zu meiner Verwunderung öffnete, winkte mich hinaus und schloß die Tür hinter uns wieder.

»Du kannst mir einen Auftrag besorgen«, sagte er und übergab mir das blaue Heft. »Hier ist das Zeugnisheft von Weller, das nimmst du und gehst damit zu seinen Eltern. Dort sagst du, ich lasse fragen, ob die Unterschrift unter Wellers Zeugnis wirklich von der Hand seines Vaters sei.«

Ich schlüpfte hinter ihm nochmals ins Schulzimmer zurück und holte meine Mütze vom hölzernen Rechen, steckte das Heft in die Tasche und machte mich auf den Weg.

Es war also ein Wunder geschehen. Es war, mitten während der langweiligen Stunde, dem Professor eingefallen, mich spazieren zu schicken, in den schönen lichten Vormittag hinaus. Ich war benommen vor Überraschung und Glück; nichts Erwünschteres hätte ich mir denken können. In Sprüngen nahm ich die beiden Treppen mit den tief ausgetretenen fichtenen Stufen, hörte aus einem der anderen Schulräume die eintönige, diktierende Stimme eines Lehrers schallen, sprang durchs Tor und die flachen Sandsteinstufen hinab und schlenderte dankbar und glücklich in den hübschen Morgen hinein, der eben noch so ermüdend lang und leer geschienen hatte. Hier draußen war er es nicht, hier war weder von der Öde noch von den geheimen Spannungen etwas zu spüren, die im Klassenzimmer den Stunden das Leben aussog und sie so erstaunlich in die Länge zog. Hier wehte Wind und flogen eilige Wolkenschatten über das Pflaster des breiten Marktplatzes, Taubenschwärme erschreckten kleine Hunde und brachten sie zum Bellen, Pferde standen vor Bauernwagen gespannt, hatten eine hölzerne Krippe vor sich stehen und fraßen Heu, die Handwerker waren an der Arbeit oder unterhielten sich durch ihre niedrig gelegenen Werkstättenfenster mit der Nachbarschaft. Im kleinen

Schaufenster der Eisenhandlung lag immer noch die derbe Pistole mit dem blaustählernen Lauf, die zweieinhalb Mark kosten sollte und mir seit Wochen in die Augen stach. Verlockend und schön war auch die Obstbude der Frau Haas auf dem Markt und der winzige Spielzugladen des Herrn Jenisch, und nebenan blickte aus dem offenen Werkstattfenster das weißbärtige und rotleuchtende Gesicht des Kupferschmiedes, wetteifernd an Glanz und Röte mit dem blanken Metall des Kessels, an dem er hämmerte. Dieser stets muntere und stets neugierige alte Mann ließ selten jemand an seinem Fenster vorübergehen, ohne ihn anzusprechen oder mindestens einen Gruß mit ihm zu tauschen. Auch mich sprach er an: »Ja, ist denn eure Schule schon aus?« und als ich ihm erzählt hatte, daß ich einen Auftrag meines Lehrers zu besorgen habe, riet er mir verständnisvoll: »Na, dann pressier du nur nicht zuviel, der Vormittag ist noch lang.« Ich folgte seinem Rat und blieb eine gute Weile auf der alten Brücke stehen. Auf die Brüstung gestützt, blickte ich ins still ziehende Wasser hinab und beobachtete ein paar kleine Barsche, die ganz tief, nah am Boden, scheinbar schlafend und regungslos am selben Fleck verweilten, in Wirklichkeit aber unmerklich die Plätze miteinander tauschten. Sie hielten die Mäuler nach unten gekehrt, den Boden absuchend, und wenn sie zuweilen wieder flach und unverkürzt zu erblicken waren, konnte ich auf ihren Rücken das helldunkle Streifenmuster erkennen. Über das nahe Wehr rann mit sanftem helltönigem Rauschen das Wasser, weiter unten auf der Insel lärmten in Scharen die Enten, auf diese Entfernung tönte auch ihr Geschwader und Gequake sanft und eintönig und hatte gleich dem Strömen des Flusses übers Wehr jenen zauberischen Klang von Ewigkeit, in den man versinken und von dem man sich einschläfern und zudecken lassen konnte wie vom nächtlichen Sommerregenrauschen oder vom leisen dichten Sinken des Schneefalles. Ich stand und schaute, stand und lauschte, zum erstenmal an diesem Tage war ich für eine kleine Weile wieder in jener holden Ewigkeit, in der man von Zeit nichts weiß.

Schläge der Kirchenuhr weckten mich. Ich schrak auf, fürchtete, viel Zeit vertan zu haben, erinnerte mich meines Auftrags. Und jetzt erst fing dieser Auftrag und was mit ihm zusammenhing meine Aufmerksamkeit und Teilnahme ein. Indem ich ohne weiteres Säumen der Bahnhofsgegend zustrebte, fiel mir Wellers unglückliches Gesicht wieder ein, wie er mit dem Professor geflüstert hatte, jenes Verdrehen der Augen und der Ausdruck seines Rückens und seines Ganges, wie er so langsam und wie geschlagen in seine Bank zurückgekehrt war.

Daß einer nicht zu allen Stunden derselbe sein, daß er manche Gesichter, mancherlei Ausdruck und Haltung haben könne, nun, das war nichts Neues, das wußte man längst und kannte es, an anderen wie an sich selber. Neu aber war, daß es diese Unterschiede, diesen wunderlichen und bedenklichen Wechsel zwischen Mut und Angst, Freude und Jammer auch bei ihm gab, bei dem guten Weller mit dem Drüsengesicht und den Hosentaschen voll Eßbarem, bei einem von jenen dort hinten in den letzten beiden Bänken, die sich so gar keine Schulsorgen zu machen und von der Schule nichts als ihre Langeweile zu fürchten schienen, einem von jenen im Lernen so gleichgültigen, mit den Büchern so unvertrauten Kameraden, die dafür, sobald es um Obst und Brot, Geschäfte und Geld und andere Angelegenheiten der Erwachsenen ging, uns andern so weit voraus und beinah schon selber wie Erwachsene waren – das beunruhigte mich nun, indem ich meine Gedanken damit beschäftigte, recht sehr.

Ich erinnerte mich einer seiner sachlichen und lakonischen Mitteilungen, mit der er mich noch vor kurzem überrascht und beinah in Verlegenheit gebracht hatte. Es war auf dem Weg zur Bachwiese, wo wir im Schwarm der Kameraden eine kleine Strecke weit nebeneinander gingen. Das Röllchen mit Handtuch und Badehose unter den Arm geklemmt, schritt er in seiner gelassenen Weise neben mir, und plötzlich blieb er eine Sekunde stehen, wandte mir sein großes Gesicht zu und sagte die Worte: »Mein Vater verdient sieben Mark am Tag.«

Ich hatte bisher von niemandem gewußt, wieviel er am Tag verdiene, und wußte auch nicht so recht, wieviel sieben Mark eigentlich seien, es schien mir immerhin eine recht schöne Summe, und er hatte sie auch mit einem Ton von Befriedigung und Stolz genannt. Aber da das Auftrumpfen mit irgendwelchen Zahlen und Größen eine der Spielarten im Unterhaltungston zwischen uns Schülern war, ließ ich, obwohl er vermutlich die Wahrheit gesagt hatte, mir nicht imponieren. Wie man einen Ball zurückschlägt, warf ich ihm meine Entgegnung hin und teilte ihm mit, daß mein Vater am Tag zwölf Mark verdiene. Das war gelogen, war frei erfunden, machte mir aber keine Skrupel, denn es war eine rein rhetorische Übung. Weller dachte einen Augenblick nach, und als er sagte: »Zwölf? Das ist bei Gott nicht schlecht!« ließ sein Blick und Ton es fraglich, ob er meine Auskunft ernst genommen habe oder nicht. Er bestand nicht darauf, mich zu entlarven, er ließ es gut sein, ich hatte da etwas behauptet, woran sich vielleicht zweifeln ließ, er nahm es hin und fand es keiner Auseinandersetzung wert, und damit war er wieder der Überlegene und Erfahrene, der Praktiker und beinah Erwachsene, und ich erkannte das ohne Widerspruch an. Es war, als habe ein Zwanzigjähriger mit einem Elfjährigen gesprochen. Aber waren wir denn nicht beide elfjährig?

Ja, und noch eine andere seiner so erwachsen und sachlich hingesprochenen Mitteilungen fiel mir ein, die mich noch mehr erstaunt und bestürzt hatte. Sie bezog sich auf einen Schlossermeister, dessen Werkstatt nicht weit von meinem großväterlichen Hause entfernt lag. Dieser Mann hatte sich eines Tages, wie ich mit Entsetzen von den Nachbarn erzählen hörte, das Leben genommen, etwas, was in der Stadt seit manchen Jahren nicht vorgekommen und mir, wenigstens in solcher Nähe von uns, mitten zwischen den vertrauten lieben Umgebungen meines Knabenlebens, bisher völlig undenkbar gewesen war. Es hieß, er habe sich erhängt, doch wurde darüber noch gestritten, man wollte ein so seltenes und großes Ereignis nicht gleich registrieren und zu den Akten legen, sondern erst sein Grausen und Schaudern daran haben, und so wurde der arme Tote schon am ersten Tag nach seinem Ende von den Nachbarsfrauen, Dienstmägden, Briefträgern mit einem Sagenkreis umsponnen, von dem auch mich einige Strähnen erreichten. Andern Tages aber traf Weller mich auf der Straße, wie ich scheu nach dem Schlosserhause mit der verstummten und geschlossenen Werkstatt hinüberblickte, und fragte, ob ich wissen wolle, wie es der Schlosser gemacht habe. Dann gab er mir freundlich und mit einem überzeugenden Anschein von absolutem Wissen Auskunft: »Also, weil er doch Schlosser gewesen ist, hat er keinen Strick nehmen wollen, er hat sich an einem Draht aufgehängt. Er hat den Draht und Nägel und Hammer und Zange mitgenommen, ist den Teichelweg hinausgegangen, fast ganz bis zur Waldmühle, dort hat er den Draht zwischen zwei Bäumen gut festgemacht und sogar noch die übrigen Enden sorgfältig mit der Zange abgezwickt, und dann hat er sich an dem Draht aufgehängt. Wenn sich aber einer aufhängt, nicht wahr, dann hängt er sich meistens unten am Hals auf, und dann treibt es ihm die Zunge heraus, das sieht scheußlich aus, und das wollte er nicht haben. Also, was hat er getan? Er hat sich nicht unten am Hals aufgehängt, sondern ganz vorn beim Kinn, und darum hat ihm die Zunge nachher nicht herausgegangen. Aber blau im Gesicht ist er doch geworden.«

Und nun hatte dieser Weller, der so gut in der Welt Bescheid wußte und sich um die Schule so wenig kümmerte, offenbar eine schwere Sorge. Es

Unterbrochene Schulstunde

bestand ein Zweifel, ob die Unterschrift seines Vaters unter dem letzten Zeugnis wirklich echt sei. Und da Weller so sehr bedrückt ausgesehen und bei seinem Rückweg durchs Schulzimmer einen so geschlagenen Ausdruck gehabt hatte, konnte man wohl annehmen, es habe mit jenem Zweifel seine Richtigkeit, und wenn dem so war, dann war es ja nicht nur ein Zweifel, sondern ein Verdacht oder eine Anklage, daß nämlich Otto Weller selbst seines Vaters Namenszug nachzuahmen versucht habe. Erst jetzt, wo ich nach dem kurzen Freuden- und Freiheitsrausch wieder wach und zum Denken fähig geworden war, begann ich den gequälten und verdrehten Blick meines Kameraden zu verstehen und zu ahnen, daß da eine fatale und häßliche Geschichte spiele, ja ich begann zu wünschen, ich möchte lieber nicht der glückliche Auserwählte sein, den man während der Schulstunde spazieren geschickt hatte. Der heitere Vormittag mit seinem Wind und seinen jagenden Wolkenschatten und die heitere hübsche Welt, durch die ich spaziert war, hatten sich verändert, meine Freude sank und sank, und statt ihrer füllten die Gedanken an Weller und seine Geschichte mich aus, lauter unangenehme und traurigmachende Gedanken. War ich auch noch ohne Weltkenntnis und ein Kind neben Wellers sachlicher Erfahrenheit, so wußte ich doch, und zwar aus frommen moralischen Erzählungen für die reifere Jugend, daß das Fälschen einer Unterschrift etwas ganz Schlimmes, etwas Kriminelles war, eine jener Etappen auf dem Wege, der die Sünder ins Gefängnis und zum Galgen führte. Und doch war unser Schulkamerad Otto ein Mensch, den ich gern hatte, ein gutartiger und netter Kerl, den ich nicht für einen Verworfenen und zum Galgen Bestimmten halten konnte. Ich hätte dies und jenes dafür gegeben, wenn sich herausstellen würde, daß die Unterschrift echt und der Verdacht ein Irrtum sei. Aber hatte ich nicht sein bekümmert-erschrockenes Gesicht gesehen, hatte er nicht recht deutlich merken lassen, daß er Angst und also ein schlechtes Gewissen habe?

Ich näherte mich schon, wieder ganz langsam gehend, jenem Hause, in dem lauter Leute von der Eisenbahn wohnten, als mir der Gedanke kam, ob ich nicht vielleicht etwas für Otto tun könne. Wenn ich nun, dachte ich, gar nicht in dieses Haus hineinginge, sondern in die Klasse zurück, und dem Professor melden würde, die Unterschrift sei in Ordnung? Kaum war mir der Einfall gekommen, da spürte ich schwere Beklemmungen: ich hatte mich selber in diese schlimme Geschichte eingeschaltet, ich würde, wenn ich meinem Einfall folgte, nicht mehr zufälliger Bote und Nebenfigur, sondern Mitspieler und Mitschuldiger sein. Ich ging immer langsamer, ging schließlich an dem Hause vorbei und langsam weiter, ich mußte Zeit gewinnen, ich mußte es mir noch überlegen. Und nachdem ich mir die rettende und edle Lüge, zu der ich schon halb entschlossen war, als wirklich ausgesprochen dachte und mich in ihre Folgen verstrickt vorgestellt hatte, sah ich ein, daß das über meine Kräfte gehe. Nicht aus Klugheit, aus Furcht vor den Folgen verzichtete ich auf die Rolle des Helfers und Retters. Ein zweiter, harmloserer Ausweg fiel mir noch ein: ich konnte umkehren und melden, daß bei Wellers niemand zu Hause gewesen sei. Aber siehe, auch zu dieser Lüge reichte mein Mut nicht aus. Der Professor würde mir zwar glauben, aber er würde fragen, warum ich dann so lange ausgeblieben sei. Betrübt und mit schlechtem Gewissen ging ich endlich in das Haus hinein, rief nach Herrn Weller und wurde von einer Frau in den oberen Stock gewiesen, dort wohnt Herr Weller, aber er sei im Dienst und ich werde nur seine Frau antreffen. Ich stieg die Treppe hinan, es war ein kahles und eher unfreundliches Haus, es roch nach Küche und nach einer scharfen Lauge oder Seife. Und oben fand ich richtig Frau Weller; sie kam aus der Küche, war eilig und fragte kurz, was ich wolle. Als ich aber berichtet hatte, daß der Klassenlehrer mich geschickt habe und es sich um Ottos Zeugnis handle, trocknete sie die Hände an ihrer Schürze ab und führte mich in die Stube, bot mir einen Stuhl an und fragte sogar, ob sie mir etwas vorsetzen könne, ein Butterbrot etwa oder einen Apfel. Ich hatte aber schon das Zeugnisheft aus der Tasche gezogen, hielt es ihr hin und sagte ihr, der Professor lasse fragen, ob die Unterschrift wirklich von Ottos Vater sei. Sie verstand nicht gleich, ich mußte es wiederholen, angestrengt hörte sie zu und hielt sich nun das aufgeschlagene Heft vor die Augen. Ich konnte sie mir in Muße ansehen, denn sie saß sehr lange Zeit regungslos, starrte in das Heft und sagte kein Wort. So betrachtete ich sie denn, und ich fand, daß ihr Sohn ihr sehr ähnlich sehe, nur die Drüsen fehlten. Sie war frisch und rot im Gesicht, aber während sie so saß, nichts sagte und das Büchlein in Händen hielt, sah ich dies Gesicht ganz langsam schlaff und müde, welk und alt werden, es dauerte Minuten, und als sie endlich das Ding in ihren Schoß sinken ließ und mich wieder ansah oder ansehen wollte, liefen ihr aus beiden weit offenen Augen still und stetig große Tränen herab. Während sie das Heft noch in Händen gehalten und sich den Anschein gegeben hatte, als studiere sie es, waren, wie ich zu wissen meinte, eben jene Vorstellungen vor ihr aufgetaucht und in traurigem und schrecklichem Zuge vor ihrem innern Blick vorbeigezogen, die auch mich heimgesucht hatten, die Vorstellungen vom Weg des Sünders ins Böse und vors Gericht, ins Gefängnis und zum Galgen.

Tief beklommen saß ich ihr, die für meinen Kinderblick eine alte Frau war, gegenüber, sah die Tränen über ihre roten Backen laufen und wartete, ob sie etwas sagen würde. Das lange Schweigen war so schwer zu ertragen. Sie sagte aber nichts. Sie saß und weinte, und als ich, da ich es nicht mehr aushielt, endlich selbst das Schweigen durchbrach und nochmals fragte, ob Herr Weller seinen Namen selbst in das Heft geschrieben habe, machte sie ein noch mehr bekümmertes und trauriges Gesicht und schüttelte mehreremal den Kopf. Ich stand auf, und auch sie erhob sich, und als ich ihr die Hand hinreichte, nahm sie sie und hielt sie eine Weile in ihren kräftigen warmen Händen. Dann nahm sie das unselige blaue Heft, wischte ein paar Tränen von ihm ab, ging zu einer Truhe, zog eine Zeitung daraus hervor, riß sie in zwei Stücke, legte eines in die Truhe zurück und machte aus dem andern säuberlich einen Umschlag um das Heft, das ich nicht wieder in meine Jackentasche zu stecken wagte, sondern sorgfältig in der Hand davontrug.

Ich kehrte zurück und sah unterwegs weder Wehr noch Fische, weder Schaufenster noch Kupferschmied, stattete meinen Bericht ab, war eigentlich enttäuscht darüber, daß mir mein langes Ausbleiben nicht vorgeworfen wurde, denn das wäre in Ordnung gewesen und hätte mir eine Art von Trost bedeutet, so als würde ich zu einem kleinen Teil mitbestraft, und habe mir in der folgenden Zeit alle Mühe gegeben, diese Geschichte zu vergessen.

Ob und wie mein Mitschüler bestraft wurde, habe ich nie erfahren, wir beide haben über diese Angelegenheit nie ein Wort miteinander gesprochen, und wenn ich je einmal auf der Straße von weitem seiner Mutter gewahr wurde, war mir kein Umweg zu weit, um die Begegnung zu vermeiden.

(1948)

Die Dohle

Wenn ich wieder nach Baden zur Kur komme, bin ich längst nicht mehr auf Überraschungen gefaßt. Es wird einmal der Tag kommen, an dem das letzte Stückchen der Goldwand überbaut, der schöne Kurpark Fabrikgebäude geworden sein wird, doch werde ich das nicht mehr erleben. Und nun hat mich diesmal auf der häßlichen schrägen Brücke nach Ennetbaden dennoch eine wunderliche und entzückende Überraschung erwartet. Ich pflege mir auf dieser Brücke, die nur ein paar Schritte von den Badehotels entfernt liegt, jeden Tag ein paar Minuten reinen Vergnügens zu gönnen, indem ich mit ein paar Stückchen Brot die Möwen füttere. Sie sind nicht zu jeder Tageszeit da und sind, auch wenn sie da sind, nicht immer zu sprechen. Es gibt Zeiten, da sitzen sie in langer Reihe auf dem Dach des städtischen Thermalbades, bewachen die Brücke und warten darauf, daß einer der Vorübergehenden stehenbleibe, Brot aus der Tasche ziehe und es ihnen zuwerfe. Die Jugendlichen und Akrobaten unter ihnen haben es dann gern, wenn man ihnen die Brotbrocken in die Höhe wirft, sie halten sich, solang es nur glücken will, über dem Kopf des Brotspenders schwebend, man kann jede einzelne beobachten und dafür sorgen, daß möglichst jede an die Reihe kommt; man ist dann von einem betäubenden Gebrause und Geblitze umbrandet, einem wirbelnden und knatternden Schwarm heftigen Lebens, bestürmt und umworben steht man in der weißgrau flügelnden Wolke, aus der ohne Pause die kurzen schrillen Schreie schießen. Eine Anzahl bedächtigerer und unsportlicher Möwen jedoch findet sich jedesmal, welche dem Getümmel fernbleiben und gemächlich in der Tiefe überm strömenden Limmatwasser kreuzen, wo es ruhig zugeht und wohin doch immer noch dies und jenes Bröckchen Brot hinabfällt, das den wetteifernden Akrobaten oben entgangen ist. Andre Tageszeiten gibt es, da ist hier keine Möwe zu sehen. Sei es, daß sie einen Ausflug unternommen haben, eine Schul- oder Vereinsreise, sei es, daß weiter limmatabwärts eine besonders reichliche Fütterung stattfinde, sie sind allesamt verschwunden. Und dann gibt es wieder Stunden, da ist das Möwenvolk zwar vorhanden, aber es sitzt weder auf Dächern, noch drängt es sich überm Kopf des Fütternden, sondern es schwärmt und lärmt wichtig und aufgeregt dicht über dem Wasser ein Stück flußabwärts. Da hilft kein Winken noch Brotwerfen, sie pfeifen darauf, sie sind beschäftigt, mit Vogel- und vielleicht auch mit Menschenspielen, mit Volksversammlung, Rauferei, Stimmabgabe, Börse, wer weiß womit, und du könntest sie nicht mit Körben voll Leckerbissen von ihren aufregenden und wichtigen Geschäften und Spielen weglocken.

Als ich diesmal auf die Brücke kam, saß auf dem Geländer ein schwarzer Vogel, eine Dohle von sehr kleiner Statur, und da sie bei meinem Näherkommen nicht aufflog, pirschte ich mich, immer langsamer, Schrittchen um Schrittchen auf sie zu, und sie zeigte weder Furcht noch auch nur Mißtrauen, nur Aufmerksamkeit und Neugierde, sie ließ mich bis auf einen halben Schritt herankommen, musterte mich aus munteren Vogelaugen und legte den graulich überpuderten Kopf auf die Seite, als wollte sie sagen: »Na, alter Herr, da staunst du!« Ich staunte in der Tat. Diese Dohle war an den Umgang mit Menschen gewohnt, man konnte mit ihr sprechen, und schon kamen auch ein paar Leute vorbei, die sie kannten und mit »Salut, Jakob« begrüßten. Ich suchte sie auszufragen und habe seither manche Auskünfte über Jakob bekommen, die aber alle voneinander etwas abwichen. Die Hauptfrage blieb unbeantwortet: Wo der Vogel zu Hause und wie er zu dieser Vertrautheit mit uns Menschen gekommen sei. Einer meinte, er sei gezähmt und gehöre einer Frau in Ennetbaden. Andre sagten, er treibe sich frei herum, wo es ihm passe, fliege auch manchmal durch ein offenes Fenster in eine Stube, picke etwas Eßbares oder rupfe ein herumliegendes Strickzeug in Fetzen. Ein Welscher, offenbar ein Vogelkenner, stellte fest, er gehöre zu einer seltenen Dohlenart, die seines Wissens nur in den Fryburger Bergen vorkomme und dort in den Felsen lebe.

Ich habe dann die Dohle Jakob bald allein, bald mit meiner Frau beinahe jeden Tag angetroffen, begrüßt und mich mit ihr unterhalten. Einmal trug meine Frau Schuhe mit einem ins Oberleder geschnittenen Muster, dessen Löcher ein Stückchen Strumpf durchschimmern ließen. Diese Schuhe, und vor allem diese Strumpfinselchen, interessierten Jakob sehr; er ließ sich auf den Boden nieder, zielte mit funkelnden Augen und pickte mit Leidenschaft hinein. Viele Male habe ich ihn auf dem Arm und auf der Schulter sitzen gehabt, er hat mich in den Mantel und Kragen, in die Wange und in den Nacken gepickt und am Rand meines Hutes gezerrt. Brot schätzt er nicht, wird aber doch eifersüchtig und manchmal richtig böse, wenn man es in seiner Gegenwart an die Möwen verteilt. Nüsse oder

Erdnüsse nimmt er und pickt sie geschickt aus der Hand des Gebers. Am liebsten aber pickt, rupft, zerkleinert und zerstört er irgend etwas, stellt sich mit einem Fuße drauf und hackt mit dem Schnabel rasch und ungeduldig drauflos, auf ein zerknülltes Papier, einen Brissagorest, ein Stückchen Karton oder Stoff. Und all dies wieder, man spürt es, geschieht nicht allein um seiner selbst willen, es geschieht auch der Zuschauer wegen, deren er stets einige und oft viele um sich versammelt. Er hüpft vor ihnen am Boden oder auf dem Brückengeländer hin und her, freut sich des Zulaufs, flattert einem der Zuschauer auf den Kopf oder auf die Schulter, läßt sich wieder auf die Erde nieder, studiert unsre Schuhe und pickt kräftig in sie hinein. Das Picken und Rupfen, Zerren und Zerstören macht ihm Spaß, er tut es mit spitzbübischem Vergnügen, aber das Publikum gehört auch dazu, es muß bewundern, lachen, aufschreien, sich durch seine Freundschaftsbeweise geschmeichelt fühlen und dann wieder erschrecken, wenn er in Strümpfe, Hüte, Hände pickt.

Die Möwen, die doppelt so groß und vielmal so stark sind wie er, fürchtet er nicht im geringsten; manchmal fliegt er mitten zwischen ihnen hoch empor. Und sie tun ihm nichts. Einmal ist er, der Brot kaum anrührt, kein Konkurrent und Spielverderber für sie, und dann ist er, wie ich vermute, auch für sie ein Phänomen, etwas Seltenes, Rätselhaftes und ein wenig Unheimliches. Er ist allein, er gehört keinem Volk an, gehorcht keiner Sitte, keinem Befehl, keinem Gesetz; er hat das Dohlenvolk verlassen, wo er einer von vielen war, und hat sich dem Menschenvolk zugewandt, das ihn bestaunt und ihm Opfer bringt, dem er als Hanswurst und Seiltänzer Dienste tut, wenn es ihm paßt, über das er sich lustig macht und von dessen Bewunderung er doch nicht genug bekommen kann. Schwarz, frech und einsam sitzt er zwischen den hellen Möwen und den bunten Menschen, der einzige seiner Art, durch Schicksal oder eigenen Willen volklos und heimatlos; keck und scharfäugig sitzt er, bewacht den Verkehr auf der Brücke und hat Freude daran, daß nur wenige achtlos vorbeilaufen, daß die meisten eine Weile, und oft eine lange Weile, seinetwegen stehenbleiben, ihn anstaunen, sich über ihn die Köpfe zerbrechen, ihn Jakob nennen und sich nur zögernd zum Weitergehen entschließen. Er nimmt die Menschen nicht ernster, als es einer Dohle zukommt, und doch scheint er sie nicht entbehren zu können. Wenn ich, was sehr selten geschah, mit ihm allein war, konnte ich ein wenig mit ihm sprechen, in einer Vogelsprache, die ich als Knabe und Jüngling im jahrelangen vertrauten Umgang mit unserm

Papagei teils erlernt, teils erfunden hatte und die aus kurzen melodischen Tonfolgen mit gutturalem Klang bestand. Ich beugte mich dem Vogel Jakob entgegen und besprach ihn in meinem Halbvogeldialekt in brüderlichem Ton, er legte den schönen Kopf zurück, hörte gerne zu und machte sich seine Gedanken dabei, aber unversehens kam der Schelm und Kobold wieder in ihm obenauf, er schwang sich auf meine Schulter, krallte sich fest und hämmerte mit spechtartigem Klopfen seinen Schnabel in meinen Hals oder meine Wange, bis es mir zuviel wurde und ich mich durch eine rasche Bewegung befreite, worauf er sich mir gegenüber aufs Geländer setzte, belustigt und zu neuen Spielen bereit. Zugleich aber bestrich er nach beiden Seiten den Gehsteig mit raschen Blicken, ob nicht neues Menschenvolk im Anmarsch und neue Triumphe für ihn zu ernten seien. Er kannte seine Lage genau, seine Macht über uns große plumpe Tiere, seine Einzigkeit und Auserwähltheit mitten in einem fremden ungeschlachten Volk, und er genoß es sehr, der Seiltänzer und Schauspieler, wenn es um ihn herum dicht und dunkel wurde von bewundernden, gerührten oder lachenden Riesen. Bei mir zum mindesten hatte er erreicht, daß ich ihn gern hatte und daß ich, wenn ich ihn besuchen kam und nicht vorfand, enttäuscht und traurig war. Ich interessierte mich für ihn stärker als für die Mehrzahl meiner Mitmenschen. Und so sehr ich die Möwen schätzte und ihre schönen, wilden, heftigen Lebensäußerungen liebte, wenn ich von ihnen umflattert stand, sie waren keine Personen, sie waren ein Volk, eine Schar, und wenn ich auch bei genauem Hinsehen eine von ihnen als Einzelwesen betrachten und bewundern konnte, so erkannte ich sie doch niemals wieder, wenn sie einmal aus meinem Blickfeld entglitten war.

Nie werde ich erfahren, wo und auf welche Weise Jakob seinem Volk und der Sicherheit seiner Anonymität entfremdet worden ist, ob er sein außerordentliches und ebenso tragisches wie glänzendes Schicksal selbst gewählt oder gewaltsam erlitten hat. Wahrscheinlicher ist das letztere. Vermutlich wurde er ganz jung, verwundet vielleicht oder noch unflügge aus dem Nest gefallen, von Menschen gefunden und mitgenommen, gepflegt und aufgezogen. Doch ist unsre Phantasie nicht immer mit dem Wahrscheinlichen zufrieden und spielt gerne auch mit dem Entlegenen und Sensationellen, und so habe ich mir außer jener wahrscheinlichen auch noch zwei andre Möglichkeiten ausgedacht. Es war denkbar oder doch phantasierbar, daß dieser Jakob ein Genie und von früh an nach einem übernormalen Grade von Individuation und Differenzierung lüstern war, daß ihm von Leistungen, Erfolgen und Ehrungen träumte, welche das Dohlenleben und Dohlenvolk nicht kannte, daß er darüber zum Outsider und Einzelgänger wurde, daß er wie Schillers Jüngling der Brüder wilde Reihen floh und allein irrte, bis die Welt ihm durch irgendwelchen glücklichen Zufall jene Tür ins Reich des Schönen, der Kunst, des Ruhmes öffnete, von der alle jungen Genies seit jeher träumen.

Die andre von mir erdachte Fabel aber war diese: Jakob war ein Tunichtgut, ein Lausbub und Schlingel gewesen, was das Geniewesen ja keineswegs ausschließt. Er hatte Vater und Mutter, Geschwister und Verwandte, hatte schließlich die Gesamtheit seines Volkes oder doch seiner Siedlung durch seine frechen Einfälle und Streiche erst verblüfft und zuweilen ergötzt, hatte schon früh für einen Tausendsasa und gerissenen Kerl gegolten, war frech und frecher geworden und hatte am Ende Vaterhaus, Nachbarschaft, Volk und Rat so geärgert und gegen sich aufgebracht, daß er feierlich und mit Bannfluch aus der Gemeinschaft ausgestoßen und gleich dem Sündenbock in die Wüste getrieben wurde. Doch waren ihm, ehe er verschmachtete und umkam, Menschen begegnet, und er hatte, seine natürliche Furcht vor den plumpen Riesen überwindend, sich ihnen genähert und angeschlossen, sie bezaubert durch sein munteres Wesen und seine Singularität, deren er ja längst bewußt war, und hatte so den Weg in die Stadt und Menschenwelt und in ihr seinen Platz als Spaßvogel, Schauspieler, Sehenswürdigkeit und Wunderkind gefunden. Er war geworden, was er heute ist: Liebling eines zahlreichen Publikums, umworbener Charmeur namentlich älterer Damen und Herren, Menschenfreund ebenso wie Menschenverächter, monologisierender Artist auf dem Podium, Sendbote einer fremden, den plumpen Riesen unbekannten Welt, Hanswurst für die einen, dunkle Mahnung für die andern, belacht, beklatscht, geliebt, bewundert, bemitleidet, ein Schauspiel für alle, ein Problem für die Nachdenklichen.

Wir Nachdenklichen – denn es gibt ohne Zweifel außer mir noch viele – richten unsre Gedanken und Vermutungen, unsern Wissens- und Fabuliertrieb aber nicht nur auf die rätselhafte Herkunft und Vergangenheit Jakobs. Seine die Phantasie so sehr anregende Erscheinung zwingt uns, auch seiner Zukunft manche Betrachtung zu widmen. Und wir tun dies zögernd und mit einem Gefühl von Abwehr und Trauer; denn das mutmaßliche und wahrscheinliche Ende unsres Lieblings wird ein gewaltsames sein. Mögen wir noch so sehr versuchen, uns einen natürlichen und friedlichen Tod für ihn auszumalen, etwa in der warmen Stube und Pflege jener sagenhaften Frau in Ennetbaden, der er »gehören« soll, so spricht doch alle Wahrscheinlichkeit dagegen. Ein aus der Freiheit und Wildnis, ein aus der Geborgenheit in einer Gemeinschaft und Sippe unter die Menschen und in die Zivilisation geratenes Tier mag sich noch so begabt der fremden Umwelt anpassen, es mag noch so genial alle Vorteile seiner einzigartigen Lage wahrnehmen, diese Lage birgt dennoch so unzählige Gefahren, daß es ihnen schwerlich entgehen wird. Man schaudert, wenn man beginnt, sich auf das Imaginieren dieser furchtbaren Gefahren einzulassen, vom elektrischen Strom bis zum Eingesperrtsein in einer Stube mit Katze oder Hund oder dem Gefangenwerden und Gequältwerden durch grausame Buben.

Es gibt Berichte von Völkern der Vorzeit, die sich jedes Jahr einen König wählten oder auslosten. Da wurde ein hübscher, namenloser und armer Jüngling, ein Sklave vielleicht, plötzlich mit Prachtgewändern angetan und zum König erhoben, Palast oder Prunkzelt der Majestät empfingen ihn, dienstbereite Dienerschaft, schöne Mädchen, Küche, Keller, Marstall und Orchester, das ganze Märchen von Königtum, Macht, Reichtum und Pracht wurde dem Erwählten zur Wirklichkeit. So lebte der neue Herrscher festliche Tage, Wochen, Monde, bis ein Jahr um war. Da wurde er gebunden, zur Richtstätte geführt und geschlachtet.

An diese Geschichte, die ich vor Jahrzehnten einmal gelesen habe und deren Glaubwürdigkeit nachzuprüfen ich weder Gelegenheit noch Verlangen habe, an diese glänzende und grausige, märchenschöne und todtrunkene Geschichte mußte ich manchmal denken, wenn ich Jakob betrachtete, wie er Erdnüsse aus Damenhänden pickte, ein zu täppisches Kind mit einem Schnabelhieb zurechtwies, meinem papageiischen Schwatzen interessiert und etwas gönnerhaft zuhörte oder vor einem Parterre von entzückten Zuschauern eine Papierkugel zerpflückte, indem er sie mit den Krallen eines Fußes festhielt, während sein eigensinniger Kopf und sein sich sträubendes graues Kopfgefieder gleichzeitig Zorn und Vergnügen auszudrücken schienen.

(1951)

Kaminfegerchen

Am Karnevals-Dienstagnachmittag mußte meine Frau rasch nach Lugano. Sie redete mir zu, ich möchte mitkommen, dann könnten wir eine kleine Weile dem Flanieren der Masken oder vielleicht einem Umzug zusehen. Mir war es nicht danach zumute, seit Wochen von Schmerzen in allen Gelenken geplagt und halb gelähmt spürte ich Widerwillen schon beim Gedanken, den Mantel anziehen und in den Wagen steigen zu müssen. Aber nach einigem Widerstreben bekam ich doch Courage und sagte zu. Wir fuhren hinunter, ich wurde bei der Schifflände abgesetzt, dann fuhr meine Frau weiter, einen Parkplatz zu suchen, und ich wartete mit Kato, der Köchin, in einem dünnen und doch spürbaren Sonnenschein, inmitten eines lebhaft, aber gelassen flutenden Verkehrs. Lugano ist schon an gewöhnlichen Tagen eine ausgesprochen fröhliche und freundliche Stadt, heute aber lachte sie einen auf allen Gassen und Plätzen übermütig und lustig an, die bunten Kostüme lachten, die Gesichter lachten, die Häuser an der Piazza mit menschen- und maskenüberfüllten Fenstern lachten, und es lachte heut sogar der Lärm. Er bestand aus Schreien, aus Wogen von Gelächter und Zurufen, aus Fetzen von Musik, aus komischem Gebrüll eines Lautsprechers, aus Gekreische und nicht ernst gemeinten Schreckensrufen von Mädchen, die von den Burschen mit Fäusten voll Konfetti beworfen wurden, wobei die Hauptabsicht offenbar die war, den Beschossenen möglichst einen Haufen der Papierschnitzel in den Mund zu zwingen. Überall war das Straßenpflaster mit dem vielfarbigen Papierkram bedeckt, unter den Arkaden ging man darauf weich wie auf Sand oder Moos.

Bald war meine Frau zurück, und wir stellten uns an einer Ecke der Piazza Riforma auf. Der Platz schien Mittelpunkt des Festes zu sein. Platz und Trottoirs standen voll Menschen, zwischen deren bunten und lauten Gruppen aber außerdem ein fortwährendes Kommen und Gehen von flanierenden Paaren oder Gesellschaften lief, eine Menge kostümierter Kinder darunter. Und am jenseitigen Rande des Platzes war eine Bühne aufgeschlagen, auf der vor einem Lautsprecher mehrere Personen lebhaft agierten: Ein Conférencier, ein Volkssänger mit Gitarre, ein feister Clown und andre. Man hörte zu oder nicht, verstand oder verstand nicht, lachte aber auf jeden Fall mit, wenn der Clown wieder einen wohlbekannten Nagel auf den wohlbekannten Kopf getroffen hatte, Akteure und Volk spielten zusammen, Bühne und Publikum regten einander gegenseitig an, es war ein dauernder Austausch von Wohlwollen, Anfeuerung, Spaßlust und Lachbereitschaft. Auch ein Jüngling wurde vom Conférencier seinen Mitbürgern vorgestellt, ein junger Künstler, Dilettant von bedeutenden Gaben, er entzückte uns durch die virtuose Nachahmung von Tierstimmen und anderen Geräuschen.

Höchstens eine Viertelstunde, hatte ich mir ausbedungen, wollten wir in der Stadt bleiben. Wir blieben aber eine gute halbe Stunde, schauend, hörend, zufrieden. Für mich ist schon der Aufenthalt in einer Stadt, unter Menschen, und gar in einer festlichen Stadt, etwas ganz Ungewohntes und halb Beängstigendes, halb Berauschendes, ich lebe wochen- und monatelang allein in meinem Atelier und meinem Garten, sehr selten noch raffe ich mich auf, den Weg bis in unser Dorf, oder auch nur bis ans Ende unsres Grundstücks, zurückzulegen. Nun auf einmal stand ich, von einer Menge umdrängt, inmitten einer lachenden und spaßenden Stadt, lachte mit und genoß den Anblick der Menschengesichter, der so vielartigen, abwechslungs- und überraschungsreichen, wieder einmal einer unter vielen, dazugehörig, mitschwingend. Es würde natürlich nicht lange dauern, bald würden die kalten schmerzenden Füße, die müden schmerzenden Beine genug haben und heimbegehren, bald auch würde der kleine holde Rausch des Sehens und Hörens, das Betrachten der tausend so merkwürdigen, so schönen, so interessanten und liebenswerten Gesichter und das Horchen auf die vielerlei Stimmen, die sprechenden, lachenden, schreienden, kekken, biederen, hohen, tiefen, warmen oder scharfen Menschenstimmen mich ermüdet und erschöpft haben; der heiteren Hingabe an die üppige Fülle der Augen- und Ohrengenüsse würde die Ermattung und jene dem Schwindel nah verwandte Furcht vor dem Ansturm der nicht mehr zu bewältigenden Eindrücke folgen. »Kenne ich, kenne ich«, würde hier Thomas Mann den Vater Briest zitieren. Nun, es war, wenn man sich die Mühe nahm, ein wenig nachzudenken, nicht allein die Altersschwäche schuld an dieser Furcht vor dem Zuviel, vor der Fülle der Welt, vor dem glänzenden Gaukelspiel der Maja. Es war auch nicht bloß, um mit dem Vokabular der Psychologen zu sprechen, die Scheu des Introvertierten vor dem Sichbewähren der Umwelt gegenüber. Es lagen auch andre, gewissermaßen bessere Gründe für diese leise, dem Schwindel so ähnliche Angst und Ermüdbarkeit vor. Wenn ich meine Nachbarn ansah, die während jener halben Stunde auf der Piazza Riforma neben mir standen, so wollte es mir scheinen, sie weilten wie Fische im Wasser, lässig, müde, zufrieden, zu nichts verpflichtet; es wollte mir scheinen, als nähmen ihre Augen die Bilder und ihre Ohren die Laute so auf, als säße nicht hinter dem Auge ein Film, ein Gehirn, ein Magazin und Archiv und hinterm Ohr eine Platte oder ein Tonband, in jeder Sekunde beschäftigt, sammelnd, raffend, aufzeichnend, verpflichtet nicht nur zum Genuß, sondern weit mehr zum Aufbewahren, zum etwaigen späteren Wiedergeben, verpflichtet zu einem Höchstmaß an Genauigkeit im Aufmerken. Kurz, ich stand hier wieder einmal nicht als Publikum, nicht als verantwortungsloser Zuschauer und Zuhörer, sondern als Maler mit dem Skizzenbuch in der Hand, arbeitend, angespannt. Denn eben dies war ja unsre, der Künstler, Art von Genießen und Festefeiern, sie bestand aus Arbeit, aus Verpflichtung, und war dennoch Genuß – so weit eben die Kraft hinreichte, soweit eben die Augen das fleißige Hin und Her zwischen Szene und Skizzenbuch ertrugen, soweit eben die Archive im Gehirn noch Raum und Dehnbarkeit besaßen. Ich würde das meinen Nachbarn nicht erklären können, wenn es von mir verlangt würde, oder wenn ich es versuchen wollte, so würden sie vermutlich lachen und sagen: »Caro uomo, beklagen Sie sich nicht zu sehr über Ihren Beruf! Er besteht im Anschauen und eventuellen Abschildern lustiger Dinge, wobei Sie sich angestrengt und fleißig vorkommen mögen, während wir andern für Sie Feriengenießer, Gaffer und Faulenzer sind. Wir haben aber tatsächlich Ferien, Herr Nachbar, und sind hier, um sie zu genießen, nicht um unsern Beruf auszuüben wie Sie. Unser Beruf aber ist nicht so hübsch wie der Ihre, Signore, und wenn Sie ihn gleich uns einen einzigen Tag lang in unseren Werkstätten, Kaufläden, Fabriken und Büros ausüben müßten, wären Sie schnell erledigt.« Er hat recht, mein Nachbar, vollkommen recht; aber es hilft nichts, auch ich glaube recht zu haben. Doch sagen wir einander unsre Wahrheiten ohne Groll, freundlich und mit etwas Spaß; jeder hat nur den Wunsch, sich ein wenig zu rechtfertigen, nicht aber den Wunsch, dem andern weh zu tun.

Immerhin, das Auftauchen solcher Gedanken, das Imaginieren solcher Gespräche und Rechtfertigungen war schon der Beginn des Versagens und Ermüdens; es würde gleich Zeit sein heimzukehren und die versäumte Mittagsruhe nachzuholen. Ach, und wie wenige von den schönen Bildern dieser halben Stunde waren ins Archiv gelangt und gerettet! Wieviel hunderte, vielleicht die schönsten, waren meinen untüchtigen Augen und Ohren schon ebenso spurlos entglitten wie denen, die ich glaubte als Genießer und Gaffer ansehen zu dürfen!

Eins der tausend Bilder ist mir dennoch geblieben und soll für die Freunde ins Skizzenbüchlein gebracht werden.

Beinahe die ganze Zeit meines Aufenthalts auf der festlichen Piazza stand mir nahe eine sehr stille Gestalt, ich hörte sie während jener halben Stunde kein Wort sagen, sah sie kaum einmal sich bewegen, sie stand in einer merkwürdigen Einsamkeit oder Entrücktheit mitten in dem bunten Gedränge und Getriebe, ruhig wie ein Bild, und sehr schön. Es war ein Kind, ein kleiner Knabe, wohl höchstens etwa sieben Jahre alt, ein hübsches kleines Figürchen mit unschuldigem Kindergesicht, für mich dem liebenswertesten Gesicht unter den hunderten. Der Knabe war kostümiert, er steckte in schwarzem Gewand, trug ein schwarzes Zylinderhütchen und hatte den einen seiner Arme durch ein Leiterchen gesteckt, auch eine Kaminfegerbürste fehlte nicht, es war alles sorgfältig und hübsch gearbeitet, und das kleine liebe Gesicht war ein wenig mit Ruß oder andrem Schwarz gefärbt. Davon wußte er aber nichts. Im Gegensatz zu allen den erwachsenen Pierrots, Chinesen, Räubern, Mexikanern und Biedermeiern, und ganz und gar im Gegensatz zu den auf der Bühne agierenden Figuren, hatte er keinerlei Bewußtsein davon, daß er ein Kostüm trage und einen Kaminfeger darstelle, und noch weniger davon, daß das etwas Besonderes und Lustiges sei und ihm so gut stehe. Nein, er stand klein und still auf seinem Platz, auf kleinen Füßen in kleinen braunen Schuhen, das schwarz lackierte Leiterchen über der Schulter, vom Gewoge umdrängt und manchmal ein wenig gestoßen, ohne es zu merken, er stand und staunte mit träumerisch entzückten, hellblauen Augen aus dem glatten Kindergesicht mit den geschwärzten Wangen empor zu einem Fenster des Hauses, vor dem wir standen. Dort im Fenster, eine Mannshöhe über unsern Köpfen, war eine vergnügte Gesellschaft von Kindern beisammen, etwas größer als er, die lachten, schrien und stießen sich, alle in bunten Vermummungen, und von Zeit zu Zeit ging aus ihren Händen und Tüten ein Regen von Konfetti über uns nieder. Gläubig, entrückt, in seliger Bewunderung blickten die Augen des Knaben staunend empor, gefesselt, nicht zu sättigen, nicht loszulösen. Es war kein Verlangen in diesem Blick, keinerlei Begierde, nur staunende Hingabe, dankbares Entzücken. Ich vermochte nicht zu erkennen, was es sei, das diese Knabenseele so staunen und das einsame Glück des Schauens und

Bezaubertseins erleben ließ. Es mochte die Farbenpracht der Kostüme sein, oder ein erstmaliges Innewerden der Schönheit von Mädchengesichtern, oder das Lauschen eines Einsamen und Geschwisterlosen auf das gesellige Gezwitscher der hübschen Kinder dort droben, vielleicht auch waren die Knabenaugen nur entzückt und behext von dem sacht rieselnden Farbenregen, der von Zeit zu Zeit aus den Händen jener Bewunderten herabsank, sich dünn auf unsern Köpfen und Kleidern und dichter auf dem Steinboden sammelte, den er schon wie feiner Sand bedeckte.

Und ähnlich wie dem Knaben ging es mir. So wie er weder von sich selbst und den Attributen und Intentionen seiner Verkleidung noch von der Menge, dem Clownstheater und den das Volk wie in Wogengängen durchpulsenden Schwellungen des Gelächters und Beifalls etwas wahrnahm, einzig dem Anblick im Fenster hörig, so war auch mein Blick und mein Herz mitten im werbenden Gedränge so vieler Bilder immer wieder dem einen Bilde zugehörig und hingegeben, dem Kindergesicht zwischen schwarzem Hut und schwarzem Gewand, seiner Unschuld, seiner Empfänglichkeit für das Schöne, seinem unbewußten Glück.

(1953)

Ein Maulbronner Seminarist

Im Kloster Maulbronn, wo seit etwa anderthalb Jahrhunderten schwäbische Knaben als Stipendiaten wohnen und, zu evangelischen Theologen bestimmt, in Latein, Hebräisch, klassischem und neutestamentlichem Griechisch unterrichtet werden, tragen die Arbeitsräume dieser Knaben schöne, vorwiegend humanistische Namen; sie heißen etwa Forum, Athen, Sparta, und einer von ihnen heißt Hellas. In dieser Stube Hellas steht an zwei Wänden mit kleinen Zwischenräumen etwa ein Dutzend Arbeitspulte, an denen die Seminaristen ihre Schulaufgaben besorgen, ihre Aufsätze schreiben, ihre Wörterbücher und Grammatiken stehen haben, aber auch eine Photographie der Eltern oder der Schwester, und unter dem Pultdeckel werden neben den Schulheften auch Freundes- und Elternbriefe, Lieblingsbücher, gesammelte Mineralien und die eßbaren Gaben der Mutter aufbewahrt, die jeweils mit dem Wäschepaket kommen und das trockene Vesperbrot veredeln, ein Topf Konfitüre etwa oder eine haltbare Wurst, ein Glas Honig oder ein Stück Geräuchertes.

Ziemlich in der Mitte der Längswand, unter einer mit Glas gerahmten Zeichnung mit einer allegorisch-klassischen Idealfrauengestalt, dem Wahrzeichen der Stube Hellas, stand oder saß an seinem Pult in der Zeit um 1910 ein Knabe namens Alfred, ein Lehrerssohn aus dem Schwarzwald, ein Fünfzehnjähriger, der heimlich Gedichte machte und öffentlich wegen seiner glänzenden deutschen Aufsätze berühmt war; sie wurden des öfteren vom Repetenten der Klasse als Musterstücke vorgelesen. Im übrigen machte sich Alfred, wie mancher junge Poet, durch allerlei sonderlinghafte Züge und Gewohnheiten teils merkwürdig, teils unbeliebt; beim Aufstehen am Morgen war er meist der letzte seines Schlafsaals, der aus dem Bett zu bringen war; sein einziger Sport war das Lesen, auf Neckereien konnte er bald mit schneidendem Hohn, bald mit beleidigtem Schweigen und Sicheinkapseln antworten.

Unter den Büchern, die er am meisten liebte und beinahe auswendig wußte, war auch der Roman »Unterm Rad«, ein nicht geradezu verbotenes, von den Autoritäten aber wenig geschätztes Buch. Vom Verfasser dieses Buches wußte Alfred, daß er auch einmal, vor etwa zwanzig Jahren,

Seminarist in Maulbronn und Bewohner der Stube Hellas gewesen war. Er kannte auch Gedichte dieses Verfassers und war heimlich gesonnen, in dessen Fußstapfen zu treten und ein bekannter und von den Philistern beargwöhnter Schriftsteller und Dichter zu werden. Allerdings war jener Verfasser von »Unterm Rad« einst nicht sehr lang im Kloster und in der Stube Hellas geblieben, er war entsprungen und hatte schwierige Jahre zu überstehen gehabt, ehe er seinen Kopf durchgesetzt hatte und ein sogenannter freier Schriftsteller geworden war. Nun, wenn Alfred bisher auch diesen Sprung ins Ungewisse nicht getan hatte, sei es aus Verzagtheit, sei es aus Rücksicht auf seine Eltern, wenn er Seminarist geblieben war und vielleicht in Gottes Namen auch noch Theologie studieren würde, einmal würde doch der Tag kommen, an dem er die Welt mit Romanen und Gedichten beschenken und an denen, die ihn heute verkannten, edle Rache nehmen würde.

Eines Nachmittags nun, während der Zeit der »stillen Beschäftigung«, hatte der Jüngling den Deckel seines Pultes hochgeschlagen, nach irgendetwas im Innern dieser Schatzkammer suchend, die neben dem Honigtöpfchen von zu Hause auch seine lyrischen und anderen Manuskripte barg.

Er war in träumerischer Stimmung und fing an, die vielen mit Tinte oder Bleistift geschriebenen oder mit dem Taschenmesser eingekratzten Namen früherer Nutznießer dieses Pultes zu studieren, lauter Namen, die mit dem Buchstaben H begannen, denn die durch alle Stuben laufende Reihe der Schülerplätze war nach dem Alphabet geordnet, und die mittleren Pulte hatten durch Jahrzehnte immer Seminaristen gedient, deren Name mit H begann. Es war unter ihnen der verdienstvolle Otto Hartmann und auch jener Wilhelm Häcker, der heute im Kloster als Professor für Griechisch und Geschichte amtete. Und im gedankenlosen Starren auf das Durcheinander der alten Inschriften zuckte er plötzlich auf: Da stand in ungefüger Handschrift mit Tinte ins helle Holz des Pultdeckels gekritzelt ein Name, den er kannte und hochhielt, der mit H beginnende Name jenes Dichters, den er zum Liebling und Vorbild erkoren hatte. Also hier, genau an seinem, an Alfreds Pult hatte der merkwürdige Mann einst seine Lieblingsdichter gelesen und seine lyrischen Versuche geschrieben, in diesem Fach hatte er sein lateinisches und griechisches Wörterbuch, den Homer und den Livius stehen gehabt, hier hatte er gehockt und die Pläne für seine Zukunft ausgesponnen, von hier war er eines Tages zu jenem Spaziergang aufgebrochen, von dem er der Legende nach als Gefangener eines Landjägers anderntags zurückgekehrt war! War das nicht wunderbar? Und war es nicht wie ein Vorzeichen, ein Schicksalswink und hieß: Auch du bist ein Dichter und etwas Besonderes, Schwieriges, aber Kostbares, auch du bist berufen, auch du wirst einst der Stern junger Nachfolger und ihr Vorbild sein!

Kaum konnte Alfred das Ende der Schweigestunde erwarten. Die Glocke schlug an, alsbald kam Bewegung und Lärm in die stille Stube, Geschrei, Gelächter, Zuschlagen von Pultdeckeln. Ungeduldig winkte der Jüngling seinen nächsten Nachbarn heran, mit dem er sonst kaum etwas zu teilen pflegte, und als der nicht sofort herüber kam, rief er aufgeregt: »Du, komm, ich muß dir etwas zeigen.« Gelassen näherte sich der andere, und Alfred zeigte ihm begeistert die von ihm entdeckte Inschrift mit dem Namen des Mannes, der vor zwanzig Jahren hier gehaust hatte und im Kloster Maulbronn eine ganz eigene, leidenschaftlich umstrittene Berühmtheit genoß.

Aber der Kamerad war kein Dichter und kein Schwärmer, auch war er bei seinem Pultnachbarn an Phantastereien gewohnt. Ungerührt betrachtete er die Buchstaben, die ihm des anderen Zeigefinger wies, wandte sich ab und sagte mit einer Art spöttischen Mitleids nur: »Ach, den Namen hast ja doch du selber da hingemalt.« Erbleichend wandte Alfred sich ab, wütend über die Abfuhr und wütend über sich selber, daß er seinen Fund nicht hatte für sich behalten können und ihn gerade diesem Theodor hatte zeigen müssen. Man wurde nicht verstanden, man lebte auf einer anderen Ebene, man war allein. Lange fraßen der Groll und die Enttäuschung in ihm fort.

Von Alfreds Maulbronner Taten und Leiden ist uns weiter nichts bekannt, auch seine Aufsätze und Verse haben sich nicht erhalten. Doch wissen wir über den Ablauf seines späteren Lebens in großen Zügen Bescheid. Er durchlief die beiden Seminare, bestand jedoch die Aufnahmeprüfung ins Tübinger Stift nicht. Ohne Begeisterung, der Mutter zuliebe, studierte er Theologie, zog als Freiwilliger in den ersten Weltkrieg, kehrte als Feldwebel zurück, scheint aber nie im Kirchendienst gewesen zu sein, sondern wandte sich einer kaufmännischen Tätigkeit zu. Im Jahr 1933 machte er den großen Rausch nicht mit, setzte sich gegen die Hitlerleute zur Wehr, wurde verhaftet und vermutlich schmachvoll behandelt, denn nach der Entlassung erlitt er einen Nervenzusammenbruch und wurde kurzerhand in eine Irrenanstalt gesteckt, von wo seine Angehörigen keinerlei Nachricht mehr erhielten, außer im Jahre 1939 eine kurze Todesanzeige. Keiner seiner einstigen Mitseminaristen, keiner seiner Tübinger Bundesbrüder stand mehr mit ihm in Verbindung. – Vergessen aber ist er trotzdem nicht.

Durch Zufall erfuhr eben jener Theodor, sein Maulbronner Stubenkamerad und Pultnachbar, die traurige Geschichte seines erfolglosen Lebens und seines elenden Untergangs. Und da Alfreds Lieblingsdichter und Vorbild, der Autor von »Unterm Rad«, noch am Leben und erreichbar war, hatte Theodor das drängende Gefühl, es sei hier etwas gutzumachen und es müsse irgendwie und irgendwo das Gedächtnis dieses begabten Unglücklichen und seiner jünglingshaften Liebe zu jenem Dichter fortleben. Er setzte sich hin und schrieb jenem H. H., der in unvordenklicher Zeit Alfreds Vorgänger an jenem Pult in der Stube Hellas gewesen war, einen langen Brief mit der Geschichte seines armen Maulbronner Mitschülers. Es ist ihm gelungen, den alten Mann für seine Geschichte so zu interessieren, daß er, damit die Kunde vom Seminaristen Alfred noch eine Weile fortlebe, diesen Bericht aufgesetzt hat. Denn das Bewahren und Erhalten und der Protest gegen Vergänglichkeit und Vergessenheit gehören ja, neben andern, zu den Aufgaben des Dichters.

(1955)

Die Märchen

Die Märchen

Der Zwerg

So begann der alte Geschichtenerzähler Cecco eines Abends am Kai:
Wenn es euch recht ist, meine Herrschaften, will ich heute einmal eine ganz alte Geschichte erzählen, von einer schönen Dame, einem Zwerg und einem Liebestrank, von Treue und Untreue, Liebe und Tod, wovon ja alle alten und neuen Abenteuer und Geschichten handeln.

Das Fräulein Margherita Cadorin, die Tochter des Edlen Battista Cadorin, war zu ihrer Zeit unter den schönen Damen von Venedig die schönste, und die auf sie gedichteten Strophen und Lieder waren zahlreicher als die Bogenfenster der Paläste am Großen Kanal und als die Gondeln, die an einem Frühlingsabend zwischen dem Ponte del Vin und der Dogana schwimmen. Hundert junge und alte Edelleute, von Venedig wie von Murano, und auch solche aus Padua, konnten in keiner Nacht die Augen schließen, ohne von ihr zu träumen, noch am Morgen erwachen, ohne sich nach ihrem Anblick zu sehnen, und in der ganzen Stadt gab es wenige unter den jungen Gentildonnen, die noch nie auf Margherita Cadorin eifersüchtig gewesen wären. Sie zu beschreiben steht mir nicht zu, ich begnüge mich damit, zu sagen, daß sie blond und groß und schlank wie eine junge Zypresse gewachsen war, daß ihren Haaren die Luft und ihren Sohlen der Boden schmeichelte und daß Tizian, als er sie sah, den Wunsch geäußert haben soll, er möchte ein ganzes Jahr lang nichts und niemand malen als nur diese Frau.

An Kleidern, an Spitzen, an byzantinischem Goldbrokat, an Steinen und Schmuck litt die Schöne keinen Mangel, vielmehr ging es in ihrem Palast reich und prächtig her: der Fuß trat auf farbige dicke Teppiche aus Kleinasien, die Schränke verbargen silbernes Gerät genug, die Tische erglänzten von feinem Damast und herrlichem Porzellan, die Fußböden der Wohnzimmer waren schöne Mosaikarbeit, und die Decken und Wände bedeckten teils Gobelins auf Brokat und Seide, teils hübsche, heitere Malereien. An Dienerschaft war ebenfalls kein Mangel, noch an Gondeln und Ruderern.

Alle diese köstlichen und erfreulichen Dinge gab es aber freilich auch in anderen Häusern; es gab größere und reichere Paläste als den ihren, vollere

Schränke, köstlichere Geräte, Tapeten und Schmucksachen. Venedig war damals sehr reich. Das Kleinod jedoch, welches die junge Margherita ganz allein besaß und das den Neid vieler Reicheren erregte, war ein Zwerg, Filippo genannt, nicht drei Ellen hoch und mit zwei Höckerchen versehen, ein phantastischer kleiner Kerl. Filippo war aus Zypern gebürtig und hatte, als ihn Herr Vittoria Battista von Reisen heimbrachte, nur Griechisch und Syrisch gekonnt, jetzt aber sprach er ein so reines Venezianisch, als wäre er an der Riva oder im Kirchspiel von San Giobbe zur Welt gekommen. So schön und schlank seine Herrin war, so häßlich war der Zwerg; neben seinem verkrüppelten Wuchse erschien sie doppelt hoch und königlich, wie der Turm einer Inselkirche neben einer Fischerhütte. Die Hände des Zwerges waren faltig, braun und in den Gelenken gekrümmt, sein Gang unsäglich lächerlich, seine Nase viel zu groß, seine Füße breit und einwärts gestellt. Gekleidet aber ging er wie ein Fürst, in lauter Seide und Goldstoff.

Schon dies Äußere machte den Zwerg zu einem Kleinod; vielleicht gab es nicht bloß in Venedig, sondern in ganz Italien, Mailand nicht ausgenommen, keine seltsamere und possierlichere Figur; und manche Majestät, Hoheit oder Exzellenz hätte gewiß den kleinen Mann gern mit Gold aufgewogen, wenn er dafür feil gewesen wäre.

Aber wenn es auch vielleicht an Höfen oder in reichen Städten einige Zwerge geben mochte, welche dem Filippo an Kleinheit und Häßlichkeit gleichkamen, so blieben doch an Geist und Begabung alle weit hinter ihm zurück. Wäre es allein auf die Klugheit angekommen, so hätte dieser Zwerg ruhig im Rat der Zehn sitzen oder eine Gesandtschaft verwalten können. Nicht allein sprach er drei Sprachen, sondern er war auch in Historien, Ratschlägen und Erfindungen wohlerfahren, konnte ebensowohl alte Geschichten erzählen wie neue erfinden und verstand sich nicht weniger auf guten Rat als auf böse Streiche und vermochte jeden, wenn er nur wollte, so leicht zum Lachen wie zum Verzweifeln zu bringen.

An heiteren Tagen, wenn die Donna auf ihrem Söller saß, um ihr wundervolles Haar, wie es damals allgemein die Mode war, an der Sonne zu bleichen, war sie stets von ihren beiden Kammerdienerinnen, von ihrem afrikanischen Papagei und von dem Zwerg Filippo begleitet. Die Dienerinnen befeuchteten und kämmten ihr langes Haar und breiteten es über dem großen Schattenhut zum Bleichen aus, besprützten es mit Rosentau und mit griechischen Wassern, und dazu erzählten sie alles, was in der

Stadt vorging und vorzugehen im Begriff war: Sterbefälle, Feierlichkeiten, Hochzeiten und Geburten, Diebstähle und komische Ereignisse. Der Papagei schlug mit seinen schönfarbigen Flügeln und machte seine drei Kunststücke: ein Lied pfeifen, wie eine Zicke meckern und »gute Nacht« rufen. Der Zwerg saß daneben, still in der Sonne gekauert, und las in alten Büchern und Rollen, auf das Mädchengeschwätz so wenig achtend wie auf die schwärmenden Mücken. Alsdann geschah es jedesmal, daß nach einiger Zeit der bunte Vogel nickte, gähnte und entschlief, daß die Mägde langsamer plauderten und endlich verstummten und ihren Dienst lautlos mit müden Gebärden versahen; denn gibt es einen Ort, wo die Mittagssonne heißer und schläfernder brennen kann als auf dem Söller eines venezianischen Palastdaches? Dann wurde die Herrin mißmutig und schalt heftig, sobald die Mädchen ihre Haare zu trocken werden ließen oder gar ungeschickt anfaßten. Und dann kam der Augenblick, wo sie rief: »Nehmt ihm das Buch weg!«

Die Mägde nahmen das Buch von Filippos Knien, und der Zwerg schaute zornig auf, bezwang sich aber sogleich und fragte höflich, was die Herrin beliebe.

Und sie befahl: »Erzähl mir eine Geschichte!«

Darauf antwortete der Zwerg: »Ich will nachdenken«, und dachte nach.

Hierbei geschah es zuweilen, daß er ihr allzulange zögerte, so daß sie ihn scheltend anrief. Er schüttelte aber gelassen den schweren Kopf, der für seine Gestalt viel zu groß war, und antwortete mit Gleichmut: »Ihr müßt noch ein wenig Geduld haben. Gute Geschichten sind wie ein edles Wild. Sie hausen verborgen, und man muß oft lange am Eingang der Schluchten und Wälder stehen und auf sie lauern. Laßt mich nachdenken!«

Wenn er aber genug gesonnen hatte und zu erzählen anfing, dann hielt er nicht mehr inne, bis er zu Ende war, ununterbrochen lief seine Erzählung dahin, wie ein vom Gebirge kommender Fluß, in welchem alle Dinge sich spiegeln, von den kleinen Gräsern bis zum blauen Gewölbe des Himmels. Der Papagei schlief, im Traume zuweilen mit dem krummen Schnabel knarrend; die kleinen Kanäle lagen unbeweglich, so daß die Spiegelbilder der Häuser feststanden wie wirkliche Mauern; die Sonne brannte auf das flache Dach herab, und die Mägde kämpften verzweifelt gegen die Schläfrigkeit. Der Zwerg aber war nicht schläfrig und wurde zum Zauberer und König, sobald er seine Kunst begann. Er löschte die Sonne aus und führte seine still zuhörende Herrin bald durch schwarze, schauerliche Wälder, bald auf den blauen kühlen Grund des Meeres, bald durch die Straßen fremder und fabelhafter Städte, denn er hatte die Kunst des Erzählens im Morgenlande gelernt, wo die Erzähler viel gelten und Magier sind und mit den Seelen der Zuhörer spielen, wie ein Kind mit seinem Ball spielt.

Beinahe niemals begannen seine Geschichten in fremden Ländern, wohin die Seele des Zuhörenden nicht leicht aus eigenen Kräften zu fliegen vermag. Sondern er begann stets mit dem, was man mit Augen sehen kann, sei es mit einer goldenen Spange, sei es mit einem seidenen Tuche, immer begann er mit etwas Nahem und Gegenwärtigem und leitete die Einbildung seiner Herrin unmerklich, wohin er wollte, indem er von früheren Besitzern solcher Kleinode oder von ihren Meistern und Verkäufern zu berichten anhob, so daß die Geschichte, natürlich und langsam rinnend, vom Söller des Palastes in die Barke des Händlers, von der Barke in den Hafen und auf das Schiff und an jeden entferntesten Ort der Welt sich hinüberwiegte. Wer ihm zuhörte, der glaubte selbst die Fahrt zu machen, und während er noch ruhig in Venedig saß, irrte sein Geist schon fröhlich oder ängstlich auf fernen Meeren und in fabelhaften Gegenden umher. Auf eine solche Art erzählte Filippo.

Außer solchen wunderbaren, zumeist morgenländischen Märchen berichtete er auch wirkliche Abenteuer und Begebenheiten aus alter und neuer Zeit, von des Königs Äneas Fahrten und Leiden, vom Reiche Zypern, vom König Johannes, vom Zauberer Virgilius und von den gewaltigen Reisen des Amerigo Vespucci. Obendrein verstand er selbst die merkwürdigsten Geschichten zu erfinden und vorzutragen. Als ihn eines Tages seine Herrin beim Anblick des schlummernden Papageien fragte: »Du Alleswisser, wovon träumt jetzt mein Vogel?«, da besann er sich nur eine kleine Weile und begann sogleich einen langen Traum zu erzählen, so, als wäre er selbst der Papagei, und als er zu Ende war, da erwachte gerade der Vogel, meckerte wie eine Ziege und schlug mit den Flügeln. Oder nahm die Dame ein Steinchen, warf es über die Brüstung der Terrasse ins Wasser des Kanals hinab, daß man es klatschen hörte, und fragte: »Nun Filippo, wohin kommt jetzt mein Steinchen?« Und sogleich hob der Zwerg zu berichten an, wie das Steinchen im Wasser zu Quallen, Fischen, Krabben und Austern kam, zu ertrunkenen Schiffern und Wassergeistern, Kobolden und Meerfrauen, deren Leben und Begebenheiten er wohl kannte und die er genau und umständlich zu schildern wußte.

Obwohl nun das Fräulein Margherita, gleich so vielen reichen und schönen Damen, hochmütig und harten Herzens war, hatte sie doch zu ihrem Zwerg viele Zuneigung und achtete darauf, daß jedermann ihn gut und ehrenhaft behandle. Nur sie selber machte sich zuweilen einen Spaß daraus, ihn ein wenig zu quälen, war er doch ihr Eigentum. Bald nahm sie ihm alle seine Bücher weg, bald sperrte sie ihn in den Käfig ihres Papageien, bald brachte sie ihn auf dem Parkettboden eines Saales zum Straucheln. Sie tat dies jedoch alles nicht in böser Absicht, auch beklagte sich Filippo niemals, aber er vergaß nichts und brachte zuweilen in seinen Fabeln und Märchen kleine Anspielungen und Winke und Stiche an, welche das Fräulein sich denn auch ruhig gefallen ließ. Sie hütete sich wohl, ihn allzusehr zu reizen, denn jedermann glaubte den Zwerg im Besitz geheimer Wissenschaften und verbotener Mittel. Mit Sicherheit wußte man, daß er die Kunst verstand, mit mancherlei Tieren zu reden, und daß er im Vorhersagen von Witterungen und Stürmen unfehlbar war. Doch schwieg er zumeist still, wenn jemand mit solchen Fragen in ihn drang, und wenn er dann die schiefen Achseln zuckte und den schweren steifen Kopf zu schütteln versuchte, vergaßen die Fragenden ihr Anliegen vor lauter Lachen.

Wie ein jeder Mensch das Bedürfnis hat, irgendeiner lebendigen Seele zugetan zu sein und Liebe zu erweisen, so hatte auch Filippo außer seinen Büchern noch eine absonderliche Freundschaft, nämlich mit einem schwarzen kleinen Hündlein, das ihm gehörte und sogar bei ihm schlief. Es war das Geschenk eines unerhört gebliebenen Bewerbers an das Fräulein Margherita und war dem Zwerge von seiner Dame überlassen worden, allerdings unter besonderen Umständen. Gleich am ersten Tage nämlich war das Hündchen verunglückt und von einer zugeschlagenen Falltüre getroffen worden. Es sollte getötet werden, da ihm ein Bein gebrochen war; da hatte der Zwerg das Tier für sich erbeten und zum Geschenk erhalten. Unter seiner Pflege war es genesen und hing mit großer Dankbarkeit an seinem Retter. Doch war ihm das geheilte Bein krumm geblieben, so daß es hinkte und dadurch noch besser zu seinem verwachsenen Herrn paßte, worüber Filippo manchen Scherz zu hören bekam.

Mochte nun diese Liebe zwischen Zwerg und Hund den Leuten lächerlich erscheinen, so war sie doch nicht minder aufrichtig und herzlich, und ich glaube, daß mancher reiche Edelmann von seinen besten Freunden nicht so innig geliebt wurde wie der krummbeinige Bologneser von Filippo. Dieser nannte ihn Filippino, woraus der abgekürzte Kosename Fino entstand, und behandelte ihn so zärtlich wie ein Kind, sprach mit ihm, trug ihm leckere Bissen zu, ließ ihn in seinem kleinen Zwergbett schlafen und spielte oft lange mit ihm, kurz, er übertrug alle Liebe seines armen und heimatlosen Lebens auf das kluge Tier und nahm seinetwegen vielen Spott der Dienerschaft und der Herrin auf sich. Und ihr werdet in Bälde sehen, wie wenig lächerlich diese Zuneigung war, denn sie hat nicht allein dem Hunde und dem Zwerge, sondern dem ganzen Hause das größte Unheil gebracht. Es möge euch darum nicht verdrießen, daß ich so viele Worte über einen kleinen lahmen Schoßhund verlor, sind doch die Beispiele nicht selten, daß durch viel geringere Ursachen große und schwere Schicksale hervorgerufen wurden.

Während so viele vornehme, reiche und hübsche Männer ihre Augen auf Margherita richteten und ihr Bild in ihrem Herzen trugen, blieb sie selbst so stolz und kalt, als gäbe es keine Männer auf der Welt. Sie war nämlich nicht nur bis zum Tod ihrer Mutter, einer gewissen Donna Maria aus dem Hause der Giustiniani, sehr streng erzogen worden, sondern hatte auch von Natur ein hochmütiges, der Liebe widerstrebendes Wesen und galt mit Recht für die grausamste Schöne von Venedig. Ihretwegen fiel ein junger Edler aus Padua im Duell mit einem Mailänder Offizier, und als sie es vernahm und man ihr die an sie gerichteten letzten Worte des Gefallenen berichtete, sah man auch nicht den leisesten Schatten über ihre weiße Stirn laufen. Mit den auf sie gedichteten Sonetten trieb sie ewig ihren Spott, und als fast zu gleicher Zeit zwei Freier aus den angesehensten Familien der Stadt sich feierlich um ihre Hand bewarben, zwang sie trotz seines eifrigen Widerstrebens und Zuredens ihren Vater, beide abzuweisen, woraus eine langwierige Familienzwistigkeit entstand.

Allein der kleine geflügelte Gott ist ein Schelm und läßt sich ungern eine Beute entgehen, am wenigsten eine so schöne. Man hat es oft genug erlebt, daß gerade die unzugänglichen und stolzen Frauen sich am raschesten und heftigsten verlieben, so wie auf den härtesten Winter gewöhnlich auch der wärmste und holdeste Frühling folgt. Es geschah bei Gelegenheit eines Festes in den Muraneser Gärten, daß Margherita ihr Herz an einen jungen Ritter und Seefahrer verlor, der eben erst aus der Levante zurückgekehrt war. Er hieß Baldassare Morosini und gab der Dame, deren Blick auf ihn gerichtet war, weder an Adel noch an Stattlichkeit der Figur etwas nach. An ihr war alles licht und leicht, an ihm aber dunkel und stark, und man konnte ihm ansehen, daß er lange Zeit auf der See und in fremden Ländern gewesen und ein Freund der Abenteuer war; über seine gebräunte Stirn zuckten die Gedanken wie Blitze, und über seiner kühnen, gebogenen Nase brannten dunkle Augen heiß und scharf.

Es war nicht anders möglich, als daß auch er Margherita sehr bald bemerkte, und sobald er ihren Namen in Erfahrung gebracht hatte, trug er sogleich Sorge, ihrem Vater und ihr selber vorgestellt zu werden, was unter vielen Höflichkeiten und schmeichelhaften Worten geschah. Bis zum Ende der Festlichkeit, welche nahezu bis Mitternacht dauerte, hielt er sich, soweit der Anstand es nur erlaubte, beständig in ihrer Nähe auf, und sie hörte auf seine Worte, auch wenn sie an andere als an sie selbst gerichtet waren, eifriger als auf das Evangelium. Wie man sich denken kann, war Herr Baldassare des öftern genötigt, von seinen Reisen und Taten und bestandenen Gefahren zu erzählen, und er tat dies mit so viel Anstand und Heiterkeit, daß jeder ihn gern anhörte. In Wirklichkeit waren seine Worte alle nur einer einzigen Zuhörerin zugedacht, und diese ließ sich nicht einen Hauch davon entgehen. Er berichtete von den seltensten Abenteuern so leichthin, als müßte ein jeder sie selber schon erlebt haben, und stellte seine Person nicht allzusehr in den Vordergrund, wie es sonst die Seefahrer und zumal die jungen zu machen pflegen. Nur einmal, da er von einem Gefecht mit afrikanischen Piraten erzählte, erwähnte er eine schwere Verwundung, deren Narbe quer über seine linke Schulter laufe, und Margherita hörte atemlos zu, entzückt und entsetzt zugleich.

Zum Schluß begleitete er sie und ihren Vater zu ihrer Gondel, verabschiedete sich und blieb noch lange stehen, um dem Fackelzug der über die dunkle Lagune entgleitenden Gondel nachzublicken. Erst als er diesen ganz aus den Augen verloren hatte, kehrte er zu seinen Freunden in ein Gartenhaus zurück, wo die jungen Edelleute, und auch einige hübsche Dirnen dabei, noch einen Teil der warmen Nacht beim gelben Griechenwein und beim roten süßen Alkermes verbrachten. Unter ihnen war ein Giambattista Gentarini, einer der reichsten und lebenslustigsten jungen Männer von Venedig. Dieser trat Baldassare entgegen, berührte seinen Arm und sagte lachend:

»Wie sehr hoffte ich, du würdest uns heute nacht die Liebesabenteuer deiner Reisen erzählen! Nun ist es wohl nichts damit, da die schöne Cadorin dein Herz mitgenommen hat. Aber weißt du auch, daß dieses schöne Mädchen von Stein ist und keine Seele hat? Sie ist wie ein Bild des Giorgione, an dessen Frauen wahrhaftig nichts zu tadeln ist, als daß sie kein Fleisch und Blut haben und nur für unsere Augen existieren. Im Ernst, ich rate dir, halte dich ihr fern – oder hast du Lust, als dritter abgewiesen und zum Gespött der Cadorinschen Dienerschaft zu werden?«

Baldassare aber lachte nur und hielt es nicht für notwendig, sich zu rechtfertigen. Er leerte ein paar Becher von dem süßen, ölfarbigen Zypernwein und begab sich früher als die andern nach Hause.

Schon am nächsten Tage suchte er zu guter Stunde den alten Herrn Cadorin in seinem hübschen kleinen Palaste auf und bestrebte sich auf jede Weise, sich ihm angenehm zu machen und seine Zuneigung zu gewinnen. Am Abend brachte er mit mehreren Sängern und Spielleuten der schönen jungen Dame eine Serenata, mit gutem Erfolg: sie stand zuhörend am Fenster und zeigte sich sogar eine kleine Weile auf dem Balkon. Natürlich sprach sofort die ganze Stadt davon, und die Bummler und Klatschbasen wußten schon von der Verlobung und vom mutmaßlichen Tag der Hochzeit zu schwatzen, noch ehe Morosini sein Prachtkleid angelegt hatte, um dem Vater Margheritas seine Werbung vorzutragen; er verschmähte es nämlich, der damaligen Sitte gemäß nicht in eigener Person, sondern durch einen oder zwei seiner Freunde anzuhalten. Doch bald genug hatten jene gesprächigen Alleswisser die Freude, ihre Prophezeiungen bestätigt zu sehen.

Als Herr Baldassare dem Vater Cadorin seinen Wunsch aussprach, sein Schwiegersohn zu werden, kam dieser in nicht geringe Verlegenheit.

»Mein teuerster junger Herr«, sagte er beschwörend, »ich unterschätze bei Gott die Ehre nicht, die Euer Antrag für mein Haus bedeutet. Dennoch möchte ich Euch inständig bitten, von Eurem Vorhaben zurückzutreten, es würde Euch und mir viel Kummer und Beschwernis ersparen. Da Ihr so lange auf Reisen und fern von Venedig gewesen seid, wißt Ihr nicht, in welche Nöte das unglückselige Mädchen mich schon gebracht hat, indem sie bereits zwei ehrenvolle Anträge ohne alle Ursache abgewiesen. Sie will von Liebe und Männern nichts wissen. Und ich gestehe, ich habe sie etwas verwöhnt und bin zu schwach, um ihre Hartnäckigkeit durch Strenge zu brechen.«

Baldassare hörte höflich zu, nahm aber seine Werbung nicht zurück, sondern gab sich alle Mühe, den ängstlichen alten Herrn zu ermutigen und in bessere Laune zu bringen. Endlich versprach dann der Herr, mit seiner Tochter zu sprechen.

Man kann sich denken, wie die Antwort des Fräuleins ausfiel. Zwar machte sie zur Wahrung ihres Hochmutes einige geringfügige Einwände und spielte namentlich vor ihrem Vater noch ein wenig die Dame, aber in ihrem Herzen hatte sie ja gesagt, noch eh sie gefragt worden war. Gleich nach Empfang ihrer Antwort erschien Baldassare mit einem zierlichen und kostbaren Geschenk, steckte seiner Verlobten einen goldenen Brautring an den Finger und küßte zum erstenmal ihren schönen stolzen Mund.

Nun hatten die Venezianer etwas zu schauen und zu schwatzen und zu beneiden. Niemand konnte sich erinnern, jemals ein so prächtiges Paar gesehen zu haben. Beide waren groß und hoch gewachsen und die Dame kaum um Haaresbreite kleiner als er. Sie war blond, er war schwarz, und beide trugen ihre Köpfe hoch und frei, denn sie gaben einander, wie an Adel, so an Hochmut nicht das geringste nach.

Nur eines gefiel der prächtigen Braut nicht, daß nämlich ihr Herr Verlobter erklärte, in Bälde nochmals nach Zypern reisen zu müssen, um daselbst wichtige Geschäfte zum Abschluß zu bringen. Erst nach der Rückkehr von dort sollte die Hochzeit stattfinden, auf die schon jetzt die ganze Stadt sich wie auf eine öffentliche Feier freute. Einstweilen genossen die Brautleute ihr Glück ohne Störung; Herr Baldassare ließ es an Veranstaltungen jeder Art, an Geschenken, an Ständchen, an Überraschungen nicht fehlen, und so oft es irgend anging, war er mit Margherita zusammen. Auch machten sie, die strenge Sitte umgehend, manche verschwiegene gemeinsame Fahrt in verdeckter Gondel.

Wenn Margherita hochmütig und ein klein wenig grausam war, wie bei einer verwöhnten jungen Edeldame nicht zu verwundern, so war ihr Bräutigam, von Hause aus hochfahrend und wenig an Rücksicht auf andere gewöhnt, durch sein Seefahrerleben und seine jungen Erfolge nicht sanfter geworden. Je eifriger er als Freier den Angenehmen und Sittsamen gespielt hatte, desto mehr gab er jetzt, da das Ziel erreicht war, seiner Natur und ihren Trieben nach. Von Haus aus ungestüm und herrisch, hatte er als Seemann und reicher Handelsherr sich vollends daran gewöhnt, nach eigenen Gelüsten zu leben und sich um andere Leute nicht zu kümmern. Es war seltsam, wie ihm von Anfang an in der Umgebung seiner Braut mancherlei zuwider war, am meisten der Papagei, das Hündchen Fino und der Zwerg Filippo. So oft er diese sah, ärgerte er sich und tat alles, um sie zu quälen oder sie ihrer Besitzerin zu entleiden. Und sooft er ins Haus trat und seine starke Stimme auf der gewundenen Treppe erklang, entfloh das Hündchen heulend und fing der Vogel an zu schreien und mit den Flügeln um sich zu schlagen; der Zwerg begnügte sich damit, die Lippen zu verziehen und hartnäckig zu schweigen. Um gerecht zu sein, muß ich sagen, daß Margherita, wenn nicht für die Tiere, so doch für Filippo manches Wort einlegte und den armen Zwerg zuweilen zu verteidigen suchte; aber freilich wagte sie ihren Geliebten nicht zu reizen und konnte oder wollte manche kleine Quälerei und Grausamkeit nicht verhindern.

Mit dem Papagei nahm es ein schnelles Ende. Eines Tages, da Herr Morosini ihn wieder quälte und mit einem Stäbchen nach ihm stieß, hackte der erzürnte Vogel nach seiner Hand und riß ihm mit seinem starken und scharfen Schnabel einen Finger blutig, worauf jener ihm den Hals umdrehen ließ. Er wurde in den schmalen finstern Kanal an der Rückseite des Hauses geworfen und von niemand betrauert.

Nicht besser erging es bald darauf dem Hündchen Fino. Es hatte sich, als der Bräutigam seiner Herrin einst das Haus betrat, in einem dunklen Winkel der Treppe verborgen, wie es denn gewohnt war, stets unsichtbar zu werden, wenn dieser Herr sich nahte. Herr Baldassare aber, vielleicht weil er irgend etwas in seiner Gondel hatte liegenlassen, was er keinem Diener anvertrauen mochte, stieg gleich darauf unvermutet wieder die Stufen der Treppe hinab. Der erschrockene Fino bellte in seiner Überraschung laut auf und sprang so hastig und ungeschickt empor, daß er um ein Haar den Herrn zu Fall gebracht hätte. Stolpernd erreichte dieser, gleichzeitig mit dem Hunde, den Flur, und da das Tierlein in seiner Angst bis zum Portal weiterrannte, wo einige breite Steinstufen in den Kanal hinabführten, versetzte er ihm unter grimmigem Fluchen einen so heftigen Fußtritt, daß der kleine Hund weit ins Wasser hinausgeschleudert wurde.

In diesem Augenblick erschien der Zwerg, der Finos Bellen und Winseln gehört hatte, im Torgang und stellte sich neben Baldassare, der mit Gelächter zuschaute, wie das halblahme Hündchen angstvoll zu schwimmen versuchte. Zugleich erschien auf den Lärm hin Margherita auf dem Balkon des ersten Stockwerks.

»Schickt die Gondel hinüber, bei Gottes Güte«, rief Filippo ihr atemlos zu. »Laßt ihn holen, Herrin, sofort! Er ertrinkt mir! O Fino, Fino!«

Aber Herr Baldassare lachte und hielt den Ruderer, der schon die Gondel lösen wollte, durch einen Befehl zurück. Nochmals wollte sich Filippo an seine Herrin wenden und sie anflehen, aber Margherita verließ in diesem Augenblick den Balkon, ohne ein Wort zu sagen. Da kniete der

Zwerg vor seinem Peiniger nieder und flehte ihn an, dem Hund das Leben zu lassen. Der Herr wandte sich unwillig ab, befahl ihm streng, ins Haus zurückzukehren, und blieb an der Gondeltreppe so lange stehen, bis der kleine keuchende Fino untersank.

Filippo hatte sich auf den obersten Boden unterm Dach begeben. Dort saß er in einer Ecke, stützte den großen Kopf auf die Hände und starrte vor sich hin. Es kam eine Kammerjungfer, um ihn zur Herrin zu rufen, und dann kam und rief ein Diener, aber er rührte sich nicht. Und als er spät am Abend immer noch dort oben saß, stieg seine Herrin selber mit einer Ampel in der Hand zu ihm hinauf. Sie blieb vor ihm stehen und sah ihn eine Weile an.

»Warum stehst du nicht auf?« fragte sie dann. Er gab keine Antwort. »Warum stehst du nicht auf?« fragte sie nochmals. Da blickte der kleine Verwachsene sie an und sagte leise: »Warum habt Ihr meinen Hund umgebracht?«

»Ich war es nicht, die es tat«, rechtfertigte sie sich.

»Ihr hättet ihn retten können und habt ihn umkommen lassen«, klagte der Zwerg. »O mein Liebling! O Fino, o Fino!«

Da wurde Margherita ärgerlich und befahl ihm scheltend, aufzustehen und zu Bett zu gehen. Er folgte ihr, ohne ein Wort zu sagen, und blieb drei Tage lang stumm wie ein Toter, berührte die Speisen kaum und achtete auf nichts, was um ihn her geschah und gesprochen wurde.

In diesen Tagen wurde die junge Dame von einer großen Unruhe befallen. Sie hatte nämlich von verschiedenen Seiten Dinge über ihren Verlobten vernommen, welche ihr schwere Sorge bereiteten. Man wollte wissen, der junge Herr Morosini sei auf seinen Reisen ein schlimmer Mädchenjäger gewesen und habe auf Zypern und andern Orten eine ganze Anzahl von Geliebten sitzen. Wirklich war dies auch die Wahrheit, und Margherita wurde voll Zweifel und Angst und konnte namentlich an die bevorstehende neue Reise ihres Bräutigams nur mit den bittersten Seufzern denken. Am Ende hielt sie es nicht mehr aus, und eines Morgens, als Baldassare bei ihr in ihrem Hause war, sagte sie ihm alles und verheimlichte ihm keine von ihren Befürchtungen.

Er lächelte. »Was man dir, Liebste und Schönste, berichtet hat, mag zum Teil erlogen sein, das meiste daran ist aber wahr. Die Liebe ist gleich einer Woge, sie kommt und erhebt uns und reißt uns mit sich fort, ohne daß wir widerstehen können. Dennoch aber weiß ich wohl, was ich meiner Braut und Tochter eines so edlen Hauses schuldig bin, du magst daher ohne Sorge sein. Ich habe hier und dort manche schöne Frau gesehen und mich in manche verliebt, aber dir kommt keine gleich.«

Und weil von seiner Kraft und Kühnheit ein Zauber ausging, gab sie sich stille und lächelte und streichelte seine harte, braune Hand. Aber sobald er von ihr ging, kehrten alle ihre Befürchtungen wieder und ließen ihr keine Ruhe, so daß diese so überaus stolze Dame nun das geheime, demütigende Leid der Liebe und Eifersucht erfuhr und in ihren seidenen Decken halbe Nächte nicht schlafen konnte.

In ihrer Bedrängnis wandte sie sich ihrem Zwerg Filippo zu. Dieser hatte inzwischen sein früheres Wesen wieder angenommen und stellte sich, als hätte er den schmählichen Tod seines Hündleins nun vergessen. Auf dem Söller saß er wieder wie sonst. In Büchern lesend oder erzählend, während Margherita ihr Haar an der Sonne bleichte. Nur einmal erinnerte sie sich noch an jene Geschichte. Da sie ihn nämlich einmal fragte, worüber er denn so tief nachsinne, sagte er mit seltsamer Stimme: »Gott segne dieses Haus, gnädige Herrin, das ich tot oder lebend bald verlassen werde.« – »Warum denn?« entgegnete sie. Da zuckte er auf seine lächerliche Weise die Schultern: »Ich ahne es, Herrin. Der Vogel ist fort, der Hund ist fort, was soll der Zwerg noch da?« Sie untersagte ihm darauf solche Reden ernstlich, und er sprach nicht mehr davon. Die Dame war der Meinung, er denke nicht mehr daran, und zog ihn wieder ganz in ihr Vertrauen. Er aber, wenn sie ihm von ihrer Sorge redete, verteidigte Herrn Baldassare und ließ auf keine Weise merken, daß er ihm noch etwas nachtrage. So gewann er die Freundschaft seiner Herrin in hohem Grade wieder.

An einem Sommerabend, als vom Meer her ein wenig Kühlung wehte, bestieg Margherita samt dem Zwerg ihre Gondel und ließ sich ins Freie rudern. Als die Gondel in die Nähe von Murano kam und die Stadt nur noch wie ein weißes Traumbild in der Ferne auf der glatten, schillernden Lagune schwamm, befahl sie Filippo, eine Geschichte zu erzählen. Sie lag auf dem schwarzen Pfühle ausgestreckt, der Zwerg kauerte ihr gegenüber am Boden, den Rücken dem hohen Schnabel der Gondel zugewendet. Die Sonne hing am Rand der fernen Berge, die vor rosigem Dunst kaum sichtbar waren; auf Murano begannen einige Glocken zu läuten. Der Gondoliere bewegte, von der Wärme betäubt, lässig und halb schlafend sein langes Ruder, und seine gebückte Gestalt samt der Gondel spiegelte sich in dem von Tang durchzogenen Wasser. Zuweilen fuhr in der Nähe eine

Frachtbarke vorüber oder eine Fischerbarke mit einem lateinischen Segel, dessen spitziges Dreieck für einen Augenblick die fernen Türme der Stadt verdeckte.

»Erzähl mir eine Geschichte!« befahl Margherita, und Filippo neigte seinen schweren Kopf, spielte mit den Goldfransen seines seidenen Leibrocks, sann eine Weile nach und erzählte dann folgende Begebenheit:

»Eine merkwürdige und ungewöhnliche Sache erlebte einst mein Vater zu der Zeit, da er noch in Byzanz lebte, lang ehe ich noch geboren wurde. Er betrieb damals das Geschäft eines Arztes und Ratgebers in schwierigen Fällen, wie er denn sowohl die Heilkunde wie die Magie von einem Perser, der in Smyrna lebte, erlernt und in beidem große Kenntnisse erworben hatte. Da er aber ein ehrlicher Mann war und sich weder auf Betrügereien noch auf Schmeicheleien, sondern einzig auf seine Kunst verließ, hatte er vom Neid mancher Schwindler und Kurpfuscher viel zu leiden und sehnte sich schon lange nach einer Gelegenheit, in seine Heimat zurückzukehren. Doch wollte mein armer Vater das durchaus nicht eher tun, als bis er sich wenigstens ein geringes Vermögen in der Fremde erworben hätte, denn er wußte zu Hause die Seinigen in ärmlichen Verhältnissen schmachten. Je weniger daher sein Glück in Byzanz blühen wollte, während er doch manche Betrüger und Nichtskönner ohne Mühe zu Reichtümern gelangen sah, desto trauriger wurde mein guter Vater und verzweifelte nahezu an der Möglichkeit, ohne marktschreierische Mittel sich aus seiner Not zu ziehen. Denn es fehlte ihm keineswegs an Klienten, und er hat Hunderten in den schwierigsten Lagen geholfen, aber es waren zumeist arme und geringe Leute, von denen er sich geschämt hätte, mehr als eine Kleinigkeit für seine Dienste anzunehmen.

In so betrübter Lage war mein Vater schon entschlossen, die Stadt zu Fuß und ohne Geld zu verlassen oder Dienste auf einem Schiff zu suchen. Doch nahm er sich vor, noch einen Monat zu warten, denn es schien ihm nach den Regeln der Astrologie wohl möglich, daß ihm innerhalb dieser Frist ein Glücksfall begegnete. Aber auch diese Zeit verstrich, ohne daß etwas Derartiges geschehen wäre. Traurig packte er also am letzten Tag seine wenigen Habseligkeiten zusammen und beschloß, am nächsten Morgen aufzubrechen.

Am Abend des letzten Tages wandelte er außerhalb der Stadt am Meeresstrande hin und her, und man kann sich denken, daß seine Gedanken dabei recht trostlos waren. Die Sonne war längst untergegangen, und schon breiteten die Sterne ihr weißes Licht über das ruhige Meer.

Da vernahm mein Vater plötzlich in nächster Nähe ein lautes klägliches Seufzen. Er schaute rings um sich, und da er niemand erblicken konnte, erschrak er gewaltig, denn er nahm es als böses Vorzeichen für seine Abreise. Als jedoch das Klagen und Seufzen sich noch lauter wiederholte, ermannte er sich und rief: ›Wer ist da?‹ Und sogleich hörte er ein Plätschern am Meeresufer, und als er sich dorthin wandte, sah er im blassen Schimmer der Sterne eine helle Gestalt daliegen. Vermeinend, es sei ein Schiffbrüchiger oder Badender, trat er hilfreich hinzu und sah nun mit Erstaunen die schönste, schlanke und schneeweiße Wasserfrau mit halbem Leib aus dem Wasser ragen. Wer aber beschreibt seine Verwunderung, als nun die Nereide ihn mit flehender Stimme anredet: ›Bist du nicht der griechische Magier, welcher in der gelben Gasse wohnt?‹

›Der bin ich‹, antwortete er aufs freundlichste, ›was wollt Ihr von mir?‹

Da begann das junge Meerweib von neuem zu klagen und ihre schönen Arme zu recken und bat unter vielen Seufzern, mein Vater möge doch ihrer Sehnsucht barmherzig sein und ihr einen starken Liebestrank bereiten, da sie sich in vergeblichem Verlangen nach ihrem Geliebten verzehre. Dazu blickte sie ihn aus ihren schönen Augen so flehentlich und traurig an, daß es ihm das Herz bewegte. Er beschloß sogleich, ihr zu helfen; doch fragte er zuvor, auf welche Weise sie ihn belohnen wolle. Da versprach sie ihm eine Kette von Perlen, so lang, daß ein Weib sie achtmal um den Hals zu schlingen vermöge. ›Aber diesen Schatz‹, fuhr sie fort ›sollst du nicht eher erhalten, als bis ich gesehen habe, daß dein Zauber seine Wirkung getan hat.‹

Darum brauchte sich nun mein Vater nicht zu sorgen, seiner Kunst war er sicher. Er eilte in die Stadt zurück, brach seine wohlverpackten Bündel wieder auf und bereitete den gewünschten Liebestrank in solcher Eile, daß er schon bald nach Mitternacht wieder an jener Stelle des Ufers war, wo die Meerfrau auf ihn wartete. Er händigte ihr eine winzig kleine Phiole mit dem kostbaren Saft ein, und unter lebhaften Danksagungen forderte sie ihn auf, in der folgenden Nacht sich wieder einzufinden, um die versprochene reiche Belohnung in Empfang zu nehmen. Er ging davon und brachte die Nacht und den Tag in der stärksten Erwartung zu. Denn wenn er auch an der Kraft und Wirkung seines Trankes keinerlei Zweifel hegte, so wußte er doch nicht, ob auf das Wort der Nixe Verlaß sein werde. In solchen Gedanken verfügte er sich bei Einbruch der folgenden Nacht wieder an denselben Ort, und er brauchte nicht lange zu warten, bis auch das Meerweib in seiner Nähe aus den Wellen tauchte.

Wie erschrak jedoch mein armer Vater, als er sah, was er mit seiner Kunst angerichtet hatte! Als nämlich die Nixe lächelnd näher kam und ihm in der Rechten die schwere Perlenkette entgegenhielt, erblickte er in ihrem Arm den Leichnam eines ungewöhnlich schönen Jünglings, welchen er an seiner Kleidung als einen griechischen Schiffer erkannte. Sein Gesicht war totenblaß, und seine Locken schwammen auf den Wellen, die Nixe drückte ihn zärtlich an sich und wiegte ihn wie einen kleinen Knaben auf den Armen.

Sobald mein Vater dies gesehen hatte, tat er einen lauten Schrei und verwünschte sich und seine Kunst, worauf das Weib mit ihrem toten Geliebten plötzlich in die Tiefe versank. Auf dem Sand des Ufers lag die Perlenkette, und da nun doch das Unheil nicht wiedergutzumachen war, nahm er sie an sich und trug sie unter dem Mantel in seine Wohnung, wo er sie zertrennte, um die Perlen einzeln zu verkaufen. Mit dem erlösten Geld begab er sich auf ein nach Zypern abgehendes Schiff und glaubte nun, aller Not für immer entronnen zu sein. Allein das an dem Geld hängende Blut eines Unschuldigen brachte ihn von einem Unglück ins andere, so daß er, durch Stürme und Seeräuber aller seiner Habe beraubt, seine Heimat erst nach zwei Jahren als ein schiffbrüchiger Bettler erreichte.«

Während dieser ganzen Erzählung lag die Herrin auf ihrem Polster und hörte mit großer Aufmerksamkeit zu. Als der Zwerg zu Ende war und schwieg, sprach auch sie kein Wort und verharrte in tiefem Nachdenken, bis der Ruderer innehielt und auf den Befehl zur Heimkehr wartete. Dann schrak sie wie aus einem Traume auf, winkte dem Gondoliere und zog die Vorhänge vor sich zusammen. Das Ruder drehte sich eilig, die Gondel flog wie ein schwarzer Vogel der Stadt entgegen, und der allein dahockende Zwerg blickte ruhig und ernsthaft über die dunkelnde Lagune, als sänne er schon wieder einer neuen Geschichte nach. In Bälde war die Stadt erreicht, und die Gondel eilte durch den Rio Panada und mehrere kleine Kanäle nach Hause.

In dieser Nacht schlief Margherita sehr unruhig. Durch die Geschichte vom Liebestrank war sie, wie der Zwerg vorausgesehen hatte, auf den Gedanken gekommen, sich desselben Mittels zu bedienen, um das Herz ihres Verlobten sicher an sich zu fesseln. Am nächsten Tag begann sie mit Filippo darüber zu reden, aber nicht geradeheraus, sondern indem sie aus Scheu allerlei Fragen stellte. Sie legte Neugierde an den Tag, zu erfahren, wie denn ein solcher Liebestrank beschaffen sei, ob wohl heute noch jemand das Geheimnis seiner Zubereitung kenne, ob er keine giftigen und schädlichen Säfte enthalte und ob sein Geschmack nicht derart sei, daß der Trinkende Argwohn schöpfen müsse. Der schlaue Filippo gab auf alle diese Fragen gleichgültig Antwort und tat, als merke er nichts von den geheimen Wünschen seiner Herrin, so daß diese immer deutlicher reden mußte und ihn schließlich geradezu fragte, ob sich wohl in Venedig jemand finden würde, der imstande wäre, jenen Trank herzustellen.

Da lachte der Zwerg und rief: »Ihr scheint mir sehr wenig Fertigkeit zuzutrauen, meine Herrin, wenn Ihr glaubt, daß ich von meinem Vater, der ein so großer Weiser war, nicht einmal diese einfachsten Anfänge der Magie erlernt habe.«

»Also vermöchtest du selbst einen solchen Liebestrank zu bereiten?« rief die Dame mit großer Freude.

»Nichts leichter als dieses«, erwiderte Filippo. »Nur kann ich allerdings nicht einsehen, wozu Ihr meiner Kunst bedürfen solltet, da Ihr doch am Ziel Eurer Wünsche seid und einen der schönsten und reichsten Männer zum Verlobten habt.«

Aber die Schöne ließ nicht nach, in ihn zu dringen, und am Ende fügte er sich unter scheinbarem Widerstreben. Der Zwerg erhielt Geld zur Beschaffung der nötigen Gewürze und geheimen Mittel, und für später, wenn alles gelungen wäre, wurde ihm ein ansehnliches Geschenk versprochen.

Er war schon nach zwei Tagen mit seinen Vorbereitungen fertig und trug den Zaubertrank in einem kleinen blauen Glasfläschchen, das vom Spiegeltisch seiner Herrin genommen war, bei sich. Da die Abreise des Herrn Baldassare nach Zypern schon nahe bevorstand, war Eile geboten. Als nun an einem der folgenden Tage Baldasarre seiner Braut eine heimliche Lustfahrt am Nachmittag vorschlug, wo der Hitze wegen in dieser Jahreszeit sonst niemand Spazierfahrten unternahm, da schien dies sowohl Margheriten wie dem Zwerge die geeignete Gelegenheit zu sein.

Als zur bezeichneten Stunde am hintern Tor des Hauses Baldassares Gondel vorfuhr, stand Margherita schon bereit und hatte Filippo bei sich, welcher eine Weinflasche und ein Körbchen Pfirsiche in das Boot brachte und, nachdem die Herrschaften eingestiegen waren, sich gleichfalls in die Gondel verfügte und hinten zu den Füßen des Ruderers Platz nahm. Dem jungen Herrn mißfiel es, daß Filippo mitfuhr, doch enthielt er sich, etwas darüber zu sagen, da er in diesen letzten Tagen vor seiner Abreise mehr als sonst den Wünschen seiner Geliebten nachzugeben für gut hielt.

Der Ruderer stieß ab. Baldassare zog die Vorhänge dicht zusammen und koste im versteckten und überdachten Sitzraum mit seiner Braut. Der Zwerg saß ruhig im Hinterteil der Gondel und betrachtete die alten, hohen und finsteren Häuser des Rio dei Barcaroli, durch welchen der Ruderer das Fahrzeug trieb, bis es beim alten Palazzo Giustiniani, neben welchem damals noch ein kleiner Garten lag, die Lagune am Ausgang des Canal Grande erreichte. Heute steht, wie jedermann weiß, an jener Ecke der schöne Palazzo Barozzi.

Zuweilen drang aus dem verschlossenen Raum ein gedämpftes Gelächter oder das leise Geräusch eines Kusses oder das Bruchstück eines Gesprächs. Filippo war nicht neugierig. Er blickte übers Wasser bald nach der sonnigen Riva, bald nach dem schlanken Turm von San Giorgio Maggiore, bald rückwärts gegen die Löwensäule der Piazzetta. Zuweilen blinzelte er dem fleißig arbeitenden Ruderer zu, zuweilen plätscherte er mit einer dünnen Weidengerte, die er am Boden gefunden hatte, im Wasser. Sein Gesicht war so häßlich und unbeweglich wie immer und spiegelte nichts von seinen Gedanken wider. Er dachte eben an sein ertrunkenes Hündchen Fino und an den erdrosselten Papagei und erwog bei sich, wie allen Wesen, Tieren wie Menschen, beständig das Verderben so nahe ist und daß wir auf dieser Welt nichts vorhersehen und -wissen können als den sicheren Tod. Er gedachte seines Vaters und seiner Heimat und seines ganzen Lebens, und ein Spott überflog sein Gesicht, da er bedachte, wie fast überall die Weisen im Dienste der Narren stehen und wie das Leben der meisten Menschen einer schlechten Komödie gleicht. Er lächelte, indem er an seinem reichen seidenen Kleide niedersah.

Und während er noch stille saß und lächelte, geschah das, worauf er schon die ganze Zeit gewartet hatte. Unter dem Gondeldach erklang die Stimme Baldassares und gleich darauf die Margheritas, welche rief: »Wo hast du den Wein und den Becher, Filippo?« Herr Baldassare hatte Durst, und es war nun Zeit, ihm mit dem Weine jenen Trank beizubringen.

Er öffnete sein kleines blaues Fläschchen, goß den Saft in einen Trinkbecher und füllte ihn mit rotem Wein nach. Margherita öffnete die Vorhänge, und der Zwerg bediente sie, indem er der Dame die Pfirsiche, dem Bräutigam aber den Becher darbot. Sie warf ihm fragende Blicke zu und schien von Unruhe erfüllt.

Herr Baldassare hob den Becher und führte ihn zum Munde. Da fiel sein Blick auf den noch vor ihm stehenden Zwerg, und plötzlich stieg ein Argwohn in seiner Seele auf.

»Halt«, rief er, »Schlingeln von deiner Art ist nie zu trauen. Ehe ich trinke, will ich dich vorkosten sehen.«

Filippo verzog keine Miene. »Der Wein ist gut«, sagte er höflich.

Aber jener blieb mißtrauisch. »Wagst du etwa nicht zu trinken, Kerl?« fragte er böse.

»Verzeiht, Herr«, erwiderte der Zwerg, »ich bin nicht gewohnt, Wein zu trinken.«

»So befehle ich es dir. Ehe du nicht davon getrunken hast, soll mir kein Tropfen über die Lippen kommen.«

»Habt keine Sorge«, lächelte Filippo, verneigte sich, nahm den Becher aus Baldassares Händen, trank einen Schluck daraus und gab ihn zurück. Baldassare sah ihm zu, dann trank er den Rest des Weines mit einem starken Zug aus.

Es war heiß, die Lagune glänzte mit blendendem Schimmer. Die Liebenden suchten wieder den Schatten der Gardinen auf, der Zwerg aber setzte sich seitwärts auf den Boden der Gondel, fuhr sich mit der Hand über die breite Stirn und kniff seinen häßlichen Mund zusammen wie im Schmerz.

Er wußte, daß er in einer Stunde nicht mehr am Leben sein würde. Der Trank war Gift gewesen. Eine seltsame Erwartung bemächtigte sich seiner Seele, die so nahe vor dem Tor des Todes stand. Er blickte nach der Stadt zurück und erinnerte sich der Gedanken, denen er sich vor kurzem hingegeben hatte. Schweigend starrte er über die gleißende Wasserfläche und überdachte sein Leben. Es war eintönig und arm gewesen – ein Weiser im Dienste von Narren, eine schale Komödie. Als er spürte, daß sein Herzschlag ungleich wurde und seine Stirn sich mit Schweiß bedeckte, stieß er ein bitteres Gelächter aus.

Niemand hörte darauf. Der Ruderer stand halb im Schlaf, und hinter den Vorhängen war die schöne Margherita erschrocken um den plötzlich erkrankten Baldassare beschäftigt, der ihr in den Armen starb und kalt wurde. Mit einem lauten Weheschrei stürzte sie hervor. Da lag ihr Zwerg, eingeschlummert, in seinem prächtigen Seidenkleid tot am Boden der Gondel.

Das war Filippos Rache für den Tod seines Hündleins. Die Heimkehr der unseligen Gondel mit den beiden Toten brachte ganz Venedig in Entsetzen.

Donna Margherita verfiel in Wahnsinn, lebte aber noch manche Jahre.

Der Zwerg

Zuweilen saß sie an der Brüstung ihres Balkons und rief jeder vorüberfahrenden Gondel oder Barke zu: »Rettet ihn! Rettet den Hund! Rettet den kleinen Fino!« Aber man erkannte sie schon und achtete nicht darauf.

(1903)

Schattenspiel

Die breite Stirnseite des Schlosses war von lichtem Stein und blickte mit großen Fenstern auf den Rhein und auf das Ried und weit in eine helle, luftige Landschaft von Wasser, Schilf und Weiden, und in weiter Ferne bildeten die bläulichen Waldberge einen zartgeschwungenen Bogen, dem der Lauf der Wolken folgte, und dessen lichte Schlösser und Gehöfte man nur bei Föhnwind klein und weiß in der Ferne glänzen sah. Die Schloßfront spiegelte sich im leise strömenden Wasser eitel und vergnügt wie ein junges Weib, seine Ziersträucher ließen hellgrüne Zweige bis ins Wasser hängen, und längs der Mauer schaukelten weißgemalte Lustgondeln auf dem Strome. Diese heitere Sonnenseite des Schlosses war nicht bewohnt. Die Zimmer standen seit dem Verschwinden der Baronin leer, nur das kleinste nicht; in dem wohnte nach wie vor der Dichter Floribert. Die Herrin hatte Schande über ihren Mann und sein Schloß gebracht, und von ihrem heiteren und zahlreichen Hofstaat war nichts übriggeblieben als die weißen Lustboote und der stille Versmacher.

Der Schloßherr wohnte, seit das Unglück ihn getroffen hatte, auf der Rückseite des Gebäudes. Hier verfinsterte den engen Hof ein ungeheurer, frei stehender Turm aus Römerzeiten, die Mauern waren dunkel und feucht, die Fenster schmal und nieder, und dicht an den schattigen Hof stieß der dunkle Park mit großen Gruppen von alten Ahornen, alten Pappeln und alten Buchen.

Der Dichter lebte in ungestörter Einsamkeit auf seiner Sonnenseite. Sein Essen erhielt er in der Küche, und den Baron bekam er oft tagelang nicht zu sehen.

»Wir leben in diesem Schloß wie Schatten«, sagte er zu einem Jugendfreund, der ihn einmal besuchte und der es in den ungastlichen Räumen des toten Hauses nur einen Tag lang aushielt. Floribert hatte seinerzeit für die Gesellschaft der Baronin Fabeln und galante Reime gedichtet und war nach der Auflösung des lustigen Haushalts ungefragt dageblieben, weil sein schlichtes Gemüt die Gassen der Welt und den Kampf ums Brot viel mehr fürchtete als die Einsamkeit des traurigen Schlosses. Er machte schon lange keine Gedichte mehr. Wenn er bei Westwind über den Strom und das gelbe Ried hinweg den fernen Kreis der bläulichen Gebirge und die Züge der Wolken betrachtete, und wenn er abends im alten Park die hohen Bäume sich wiegen hörte, sann er lange Poesien aus, die aber keine Worte hatten und niemals aufgeschrieben werden konnten. Eines dieser Gedichte hieß »Der Atem Gottes« und handelte vom warmen Südwind, und eines hatte den Namen »Seelentrost« und war eine Betrachtung über die farbigen Frühlingswiesen. Floribert konnte diese Dichtungen nicht sprechen oder singen, weil sie ohne Worte waren, aber er träumte und fühlte sie zuweilen, namentlich am Abend. Im übrigen brachte er seine Tage meistens im Dorfe zu, wo er mit den kleinen blonden Kindern spielte oder die jungen Frauen und Jungfern lachen machte, indem er den Hut vor ihnen zog wie vor Ehrendamen. Seine glücklichsten Tage waren die, an denen ihm Frau Agnes begegnete, die schöne Frau Agnes, die berühmte Frau Agnes mit dem schmalen Mädchengesicht. Dann grüßte er tief und verneigte sich, und die schöne Frau nickte und lachte, sah ihm in die verlegenen Augen und ging lächelnd weiter wie ein Sonnenstrahl.

Die Frau Agnes wohnte in dem einzigen Hause, das an den verwildernden Schloßpark stieß und früher ein Kavalierhaus der Barone gewesen war. Ihr Vater war Förster gewesen und hatte das Haus für irgendwelche besonderen Dienste vom Vater des jetzigen Herrn geschenkt bekommen. Sie hatte sehr jung geheiratet und war als junge Witwe heimgekehrt, nun bewohnte sie nach ihres Vaters Tode das einsame Haus allein mit einer Magd und einer blinden Tante.

Frau Agnes trug einfache, aber schöne und immer neue Kleider von sanften Farben, ihr Gesicht war mädchenhaft jung und schmal, und ihr dunkelbraunes Haar lag in dicken Zöpfen um das feine Haupt gewunden. Der Baron war in sie verliebt gewesen, noch ehe er seine Frau in Schanden von sich gestoßen hatte, und jetzt liebte er sie von neuem. Er traf sie morgens im Wald und führte sie nachts im Boot über den Strom in eine Schilfhütte im Ried, da lag ihr lächelndes Mädchengesicht an seinem früh ergrauenden Bart, und ihre zarten Finger spielten mit seiner grausamen und harten Jägerhand.

Frau Agnes ging jeden Feiertag in die Kirche, betete und gab den Bettlern. Sie kam zu den armen alten Weibern im Dorf, schenkte ihnen Schuhe, kämmte ihre Enkelkinder, half ihnen beim Nähen und ließ beim Weitergehen den milden Glanz einer jungen Heiligen in ihren Hütten zurück. Frau Agnes wurde von allen Männern begehrt, und wer ihr gefiel und wer zur rechten Stunde kam, dem wurde zum Handkuß auch ein Kuß auf den Mund gewährt, und wer Glück hatte und schön gewachsen war, der mochte es wagen und ihr nachts ins Fenster steigen.

Alle wußten es, auch der Baron, und dennoch ging die schöne Frau ihren Weg lächelnd und unschuldigen Blickes wie ein Mädchen, das kein Männerwunsch berühren kann. Zuweilen tauchte ein neuer Liebhaber auf, umwarb sie vorsichtig wie eine unerreichbare Schönheit, schwelgte im seligen Stolz einer köstlichen Eroberung und wunderte sich, daß die Männer sie ihm gönnten und lächelten. Ihr Haus lag still am Rande des finstern Parkes, von Kletterrosen bewachsen und einsam wie ein Waldmärchen, und sie wohnte darin und trat daraus hervor und kehrte darein zurück, frisch und zart wie eine Rose am Sommermorgen, ein reines Glänzen im kinderhaften Gesicht und die schweren Haarzöpfe im Kranz um das feine Haupt gelegt. Die armen alten Weiber segneten sie und küßten ihr die Hände, die Männer grüßten tief und schmunzelten hinterher, die Kinder liefen zu ihr hin und bettelten und ließen sich die Backen von ihr streichen.

»Warum bist du so, du?« fragte der Baron zuweilen und drohte ihr mit finsteren Augen.

»Hast du denn ein Recht auf mich?« fragte sie verwundert und flocht an ihren dunkelbraunen Haaren. Am meisten liebte sie Floribert, der Dichter. Ihm schlug das Herz, wenn er sie sah. Wenn er Böses über sie hörte, wurde er betrübt, schüttelte den Kopf und glaubte es nicht. Wenn die Kinder von ihr redeten, leuchtete er auf und lauschte wie auf ein Lied. Und von seinen Phantasien war das die schönste, daß er von Frau Agnes träumte. Dann nahm er alles zu Hilfe, was er liebte und was ihm schön erschien, den Westwind und die blaue Ferne und alle lichten Frühlingswiesen, umgab sie damit und tat alle Sehnsucht und Innigkeit seines nutzlosen Kinderlebens in dies Bild. An einem Frühsommerabend kam nach langer Stille ein wenig neues Leben in das tote Schloß. Ein Horn rief schmetternd im Hofe, ein Wagen fuhr herein und hielt klirrend an. Der Bruder des Schloßherrn kam zu Besuch, allein mit einem Leibdiener, ein großer schöner Mann mit einem Spitzbart und zornigen Soldatenaugen. Er schwamm im strömenden Rhein, schoß Vergnügens halber nach den silbernen Möwen, ritt öfters in die nahe Stadt und kam betrunken heim, hänselte gelegentlich den guten Dichter und hatte alle paar Tage Lärm und Streit mit seinem Bruder. Dem riet er tausend Dinge an, schlug Umbau und neue Anlagen vor, empfahl

Änderungen und Besserungen und hatte gut reden, denn er war dank seiner Heirat reich, und der Schloßherr war arm und hatte zumeist in Unglück und Ärger gelebt.

Sein Besuch auf dem Schlosse war eine Laune gewesen und reute ihn schon in der ersten Woche. Dennoch blieb er da und sprach kein Wort vom Weitergehen, so wenig das seinem Bruder leid gewesen wäre. Er hatte die Frau Agnes gesehen und angefangen, ihr nachzustellen.

Es dauerte nicht lang, da trug die Magd der schönen Frau ein neues Kleid, das ihr der fremde Baron geschenkt hatte. Es dauerte nicht lang, da nahm an der Parkmauer die Magd dem Leibdiener des Fremden Briefe und Blumen ab. Und wieder gingen wenig Tage hin, da traf der fremde Baron die Frau Agnes in einer Waldhütte am Sommermittag und küßte ihr die Hand und den kleinen Mund und den weißen Hals. Wenn sie aber ins Dorf ging und er ihr begegnete, dann zog er tief den Reiterhut, und sie dankte wie ein Kind von siebzehn Jahren.

Es ging wieder nur eine kleine Zeit, so sah der fremde Baron an einem Abend, da er einsam blieb, einen Kahn stromüber fahren, darin saß ein Ruderer und eine lichte Frau. Und was der Neugierige in der Dämmerung nicht für gewiß erkennen konnte, das wurde ihm nach wenig Tagen gewisser, als ihm lieb war. Die er am Mittag in der Waldhütte am Herzen gehabt und mit seinen Küssen entzündet hatte, die fuhr am Abend mit seinem Bruder über den dunklen Rhein und verschwand mit ihm jenseits am Schilfstrand.

Der Fremde wurde finster und hatte arge Träume. Er hatte die Frau Agnes nicht geliebt wie ein lustiges Stück Freiwild, sondern wie einen kostbaren Fund. Bei jedem Kusse war er vor Freude und Verwundern erschrocken, daß so viel zarte Reinheit seinem Werben erlegen war. Darum hatte er ihr mehr gegeben als anderen Weibern, er hatte seiner Jünglingszeit gedacht und diese Frau mit Dankbarkeit und Rücksicht und Zartheit umarmt, sie, die bei Nacht mit seinem Bruder dunkle Wege ging. Nun biß er sich auf den Bart und funkelte mit den zornigen Augen.

Unberührt von allem, was geschah, und unbedrückt von der geheim auf dem Schlosse gelagerten Schwüle lebte der Dichter Floribert seine ruhigen Tage hin. Es freute ihn nicht, daß der Herr Gast ihn zuweilen aufzog und plagte, doch war er ähnliches von früheren Zeiten her gewohnt. Er mied den Fremden, war die ganzen Tage im Dorf oder bei den Fischern am Rheinufer, und sann am Abend in der duftenden Wärme schweifende Phantasien. Und eines Morgens nahm er wahr, daß an der Wand des Schloßhofes die ersten Teerosen im Aufblühen waren. In den drei letzten Sommern hatte er die Erstlinge dieser seltenen Rosen der Frau Agnes auf die Türschwelle gelegt, und er freute sich, ihr diesen bescheidenen und namenlosen Gruß zum viertenmal darbringen zu dürfen.

Am Mittag dieses selben Tages traf der Fremde im Buchenwald mit der schönen Frau zusammen. Er fragte sie nicht, wo sie gestern und vorgestern am späten Abend gewesen sei. Er sah ihr mit einem fast grausenden Erstaunen in die ruhigen Unschuldsaugen, und ehe er fortging, sagte er: »Ich komme heut abend zu dir, wenn es dunkel ist. Laß ein Fenster offen!«

»Heut nicht«, sagte sie sanft, »heut nicht.«

»Ich will aber, du.«

»Ein andermal, ja? Heut nicht, ich kann nicht.«

»Heut abend komme ich, heut abend oder nie mehr. Tu, was du willst.«

Sie entwand sich ihm und ging davon.

Am Abend lag der Fremde am Strom auf der Lauer, bis es dunkelte. Es kam aber kein Boot. Da ging er zum Haus seiner Geliebten, verbarg sich im Gesträuch und hielt die Büchse übers Knie gelegt.

Es war still und warm, der Jasmin duftete stark, und der Himmel füllte sich hinter weißen Streifwölkchen mit kleinen, matten Sternen. Ein Vogel sang tief im Park, ein einziger Vogel.

Als es fast völlig dunkel war, kam leisen Schrittes ein Mann um die Ecke des Hauses, fast schleichend. Er hatte den Hut tief in die Stirne vorgerückt, doch war es so finster, daß es dessen nicht bedurft hätte. In der Rechten trug er einen Strauß weißer Rosen, die matt schimmerten. Der Lauernde äugte scharf und spannte den Hahn.

Der Daherkommende schaute am Haus empor, in dem nirgends ein Licht mehr brannte. Dann ging er zur Türe, bückte sich und drückte einen Kuß auf den eisernen Griff des Schlosses.

In diesem Augenblick flammte es auf, krachte und hallte schwach im Parkinnern nach. Der Rosenträger brach in die Knie, stürzte rücklings in den Kies und blieb leise zuckend liegen.

Der Schütze wartete eine gute Weile im Versteck, doch kam kein Mensch, und auch im Haus blieb es still. Da trat er vorsichtig hinzu und beugte sich über den Erschossenen, dem der Hut vom Kopf gefallen war. Beklommen und verwundert erkannte er den Dichter Floribert.

Schattenspiel

»Auch der!« stöhnte er und ging davon. Die Teerosen lagen verstreut am Boden, eine davon mitten im Blut des Gefallenen. Im Dorf schlug die Glocke eine Stunde. Der Himmel bezog sich dichter mit weißlichem Gewölk, gegen das der ungeheure Schloßturm sich wie ein im Stehen entschlafener Riese reckte. Der Rhein sang mild im langsamen Strömen, und im Innern des schwarzen Parkes sang der einsame Vogel noch bis nach Mitternacht.

(1906)

Der geheimnisvolle Berg

Der Monte Giallo stand inmitten eines Kreises von schönen und berühmten Bergen wenig bekannt und ungeliebt. Er galt für unbesteiglich, doch reizte das niemanden, da ringsum Dutzende von leichten, schweren und ganz schweren Gipfeln standen. Man hatte ihn von jeher vernachlässigt, sein Name war nur in der nächsten Umgebung bekannt, die Zugänge waren weit und mühsam, der Aufstieg und vermutlich auch die Aussicht wenig lohnend. Dafür war er durch Steinschläge, schlimme Windecken, schlechte Schneeverhältnisse und brüchiges Gestein in einen üblen Ruf gekommen. So stand er zwischen seinen berühmten Brüdern ungeschätzt und vergessen da, als ein ruppiger und langweiliger Steinhaufen ohne Schönheit und Anziehungskraft. Er blieb ohne Ruhm und Ehren, aber er blieb auch von Weganlagen, Hüttenbauten, Drahtseilen und Zahnradbahnprojekten verschont. An seinem südlichen Fuße gab es wohl einige Weiden und Sennhütten, an Touren oder gar an eine Besteigung war aber von dieser Seite aus nicht zu denken. Dort zog sich durch die ganze Bergseite in halber Höhe eine lange, senkrechte Wand von brüchigem Gestein, das im Sommer braungelb schimmerte und dem der Berg auch seinen Namen verdankte.

Wenn bei Bergen die Physiognomik nicht ebenso trügerisch wäre wie bei Menschengesichtern, so hätte der Monte Giallo ein mißgünstiger und feindseliger Patron sein müssen. Auf der einen Seite die lange, neidische, einförmige Wand, auf der anderen ein wirres, fleckiges Unwesen von Geröllhalden, Moränen und Schneefeldern und oben ein schartiger Felsgrat ohne einen richtigen säuberlichen Gipfel.

Er verharrte jedoch gleichmütig in seiner wilden Verlassenheit, sah der Beliebtheit seiner Nachbarn ungereizt und schweigend zu und meinte es mit niemand böse. Er hatte genug anderes zu tun. Der Kampf mit dem Sturm und dem Wasser, das Offenhalten der Steinrinnen und der Bäche, im Frühjahr das Hinwegschaffen des Schnees, das Lawinenrollen, das kümmerliche Pflegen der verzagten Arven und Legföhren und das Beschützen der sorglosen, lachenden Blumenpracht, das ließ ihn nicht zu Gedanken kommen. Und im Sommer lag er die kurze Ruhezeit hindurch atmend in der Sonne, trocknete und wärmte sich, sah träumerisch dem Spiel der Murmeltiere zu und hörte aus der Tiefe das goldene Herdengeläut und mitunter die fernen, seltsamen Töne der Menschen heraufhallen, unverstandene, ahnungsvolle Klänge einer kleinen, spielerischen Welt. Er hörte sie gerne, doch ohne Neugierde, und nickte während seiner kurzen Sommerrast fremd und freundlich zu den Juchzern, Glockentönen, Pfiffen, Schüssen und anderen harmlosen Grüßen aus der Tiefe, wo ihm eine sorglos kindliche Welt ihr Wesen zu treiben schien. Wenn er an die ersten Föhntage im Vorfrühling und an die Frühsommernächte dachte, wo hier oben nichts als Not und Stöhnen und Untergang war, wo Steinwände sich senkten, Felsen wie Bälle ins Tal sprangen, Wasserfluten alles Festgefügte unterspülten und sein Leben zu einem atemlosen, bald zornigen, bald entsetzten Kampf mit hundert riesenstarken Feinden machten, dann konnte er das leise, zahme Treiben in den Tiefen anhören wie die Stimmen kleiner Kinder, die sich einen Sommertag vertreiben und nicht wissen, wie dünn der Boden dieses Lebens ist, das sie für felsenfest und ewig sicher halten.

Aber es ist nichts in der Welt, auf das nicht am Ende Menschen ihre Begierde richten. Es blüht kein winziges Kraut im Spalt und liegt kein verworfener Stein am Wege, so kommt am Ende ein Mensch und nimmt und beschaut und befingert sie, neugierig und unersättlich, wie eben Kinder sind.

Der Sohn eines Uhrmachers im Dorf, Cesco Biondi, war ein leidenschaftlicher, aber ungeselliger junger Mensch, dem es nicht gelang, auf die übliche und richtige Weise seines Lebens froh zu werden. Namentlich vermochten die Mädchen ihn nicht zu fesseln und glücklich zu machen, obwohl er ihnen gefiel und Macht über sie hatte. Cesco war stolz und launisch; er griff nach den Mädchen, wenn die Lust ihn überfiel, herrisch und ohne zarte Werbung, und kaum hatte er eine im Arm gehabt und sich bei ihr ein wenig erheitert und vergessen, so kam die Düsterkeit wieder über ihn, daß er kalt wurde und weglief. Damit hatte er sich schließlich überall Feinde gemacht, und nur ein paar Kameraden, die ihn brauchten und auch fürchteten, hielten noch zu ihm. Er rief ihnen, wenn er sie zu einem Trinkabend oder zu einem Gewaltstreich brauchte, und ließ sie stehen, sobald er sie satt hatte. Sein Vater hatte ihn die Uhrmacherei gelehrt, die jedoch den großen und starken Mann wenig befriedigte. Er arbeitete, seit er erwachsen war, nur gelegentlich in strengen Zeiten wie aus Gnade mit, im übrigen trieb er, was ihm gerade einfiel, und verdiente sich sein Sackgeld fürs ganze Jahr im Sommer, wo er je und je fremde Touristen als Bergführer begleitete. Er ging aber nicht mit jedem, und ein Ausländer sagte einmal verwundert zu ihm: »Anderwärts müssen die Führer sich über ihr Examen ausweisen, ehe man sie anstellt; aber hier ist es ja so, daß der Tourist zuerst sein Patent vorzeigen muß, bis Ihr ihn mitnehmt.«

Er hatte sich neben anderen Sonderlingsbräuchen längst auch das einsame Umherstreifen in den Bergen angewöhnt, wo er mit der Leidenschaft seiner launischen Unersättlichkeit den Pflanzen, Steinen und Tieren nachging und Freude darin suchte, seine Kräfte zu fühlen und sich im Kampf mit Beschwerden und Gefahren zu bewähren. Hier, in den Bergen allein, war dieser unbeherrschte und unbefriedigte Mensch kaltblütig und zäh und durch nichts zu erschrecken. Ihm, der seines Daseins nur in seltenen gesteigerten Augenblicken froh zu werden wußte, tat Gefahr und Anspannung im Herzen wohl. Wenn er zu kurzer, eisiger Rast allein auf einem mühsam erreichten Gipfel den Pickel in den Firn stach und, auf ihn gestützt und vorgebeugt, die Kurven seines Aufstiegs mit den hellen grauen Augen verfolgte, oder wenn er in einer nie begangenen Schlucht als Pfadsucher und Eroberer den Stein untersuchte und seine Seilschlinge um einen schwarzen alten Felszahn warf, dann leuchtete zuweilen sein hartes Gesicht mit einem sonderbaren, knabenhaften und wilden Ausdruck, wie in Schadenfreude, und sein herrschsüchtiges Gemüt feierte heimliche Triumphe.

Mit der Zeit kam er, der ohnehin gern eigene Wege ging und besuchtere Orte vermied, immer häufiger in das unwirtliche Gebiet des Monte Giallo, wo kaum jemals ein Mensch anzutreffen und kaum ein entlegenes, unberührtes Stück Land zu entdecken war. Der schlecht beleumdete Berg wurde ihm allmählich lieb, und da keine Liebe ganz vergeblich ist, tat sich auch der finstere Berg nach und nach vor dem Wanderer auf, zeigte ihm verhüllte Schätze und hatte nichts darwider, daß dieser einsame Mann ihn besuchte und ihm hinter seine Geheimnisse zu kommen trachtete. Es entstand langsam ein halbvertrauliches Verhältnis zwischen Cesco und dem Berge, man lernte einander kennen und ließ einander gelten. Biondi fand manche abschreckend aussehende Stelle zugänglich, entdeckte manche kleine, sommerliche Blumeninsel zwischen dem Geröll, nahm hier und da einen schönen Glimmer, ein paar Blumen mit sich heim, und der alte Berg sah ihm zu und ließ ihn still gewähren.

Das dauerte länger als ein Jahr. Aber der Mensch kann nun einmal ein Stück Natur nicht unbegehrlich und rein brüderlich lieben; sondern kaum

Der geheimnisvolle Berg

fühlt er sich wohl und einigermaßen gastlich aufgenommen, so will er der Herr sein, will an sich reißen, besiegen und über den bisherigen Freund triumphieren. So ging es auch dem Biondi. Er hatte den Monte Giallo lieb, er wanderte gerne in seinen Tälern und an seinen Lehnen herum, lag gerne rastend zu seinen Füßen; aber kaum war eine gewisse Vertraulichkeit da, so begann er auch schon unzufrieden zu werden und Herrschergelüste zu spüren.

Bisher hatte er sich damit begnügt, den unbekannten Berg ein wenig zu erforschen, je und je ein paar Stunden in seinem Gebiet zu streifen, die Wasserläufe und Lawinenbahnen kennenzulernen, Gestein und Pflanzenwuchs zu betrachten. Gelegentlich hatte er auch einen vorsichtigen Versuch gemacht, der Höhe näher zu kommen und etwa doch einen Weg zum verrufenen Gipfel zu erkunden. Dann hatte der Monte Giallo sich still zugeknöpft und die Vertraulichkeit ruhig abgewiesen. Er hatte dem Wanderer ein paar Steinschläge entgegengeschickt, hatte ihn ein paarmal tüchtig irregeführt und müde gemacht, ihm den Nordwind in den Nacken gejagt und unter seinen begehrlichen Sohlen leise ein paar morsche Steine weggezogen. Und Cesco war alsdann etwas enttäuscht, doch verständig und gutwillig umgekehrt. Er fand zwar den Berg ein wenig launisch, aber da er selber zu den Sonderlingen gehörte, konnte er das nicht übelnehmen.

Jetzt aber wurde es damit anders, als Cesco gegen das Ende des zweiten Sommers seinen Berg mit immer gierigeren Augen ansah und sich daran gewöhnte, in ihm nicht einen Freund und gelegentlichen Zufluchtsort, sondern einen Feind zu finden, der ihm trotzte, und den er nun beharrlich belagerte und auskundschaftete, um ihn eines Tages anzugreifen und zu unterwerfen. Sein Wille war darauf gerichtet, den spröden Berg unter sich zu bekommen, auf jede Weise, durch Kraft und durch List, auf graden und auf krummen Wegen. Seine Liebe war eifersüchtig und mißtrauisch geworden, und da der Berg sich still, doch entschieden widersetzte, sah das bisherige Liebhaben bald mehr wie Verbitterung und Haß aus.

Drei-, viermal drang der hartnäckige Wanderer empor, jedesmal mit einem kleinen, neuen Fortschritt und mit wachsendem Verlangen, in diesem zähen Kampf Sieger zu bleiben. Die Abwehr des Berges aber wurde nun auch entschiedener, und der Sommer endete damit, daß Cesco Biondi nach einem Absturz halb erfroren und verhungert mit einem gebrochenen Arm ins Dorf heimkehrte, wo man ihn schon vermißt und totgesagt hatte. Er lag eine Weile im Bett, inzwischen gab es am Monte Giallo Neuschnee, und es war in diesem Jahre nichts mehr zu machen. Desto grimmiger nahm Cesco sich vor, nicht nachzulassen und den ungastlichen Berg, den er nun wirklich haßte, doch noch zu unterjochen. Er wußte jetzt, durch welche Rinne er sich anschleichen wollte, und meinte einem Zugang zum Gipfel auf der Spur zu sein.

Im nächsten Frühsommer sah der Monte Giallo mit Unbehagen seinen ehemaligen Freund wieder anrücken und die Veränderungen studieren, die der Winter und die Schneeschmelze angerichtet hatten. Er kam und untersuchte, zuweilen von einem Kameraden begleitet, fast jeden Tag. Und schließlich erschien er, wieder in Gesellschaft des andern, eines Nachmittags mit reichlichem Gepäck, stieg ohne Eile ein Drittel der Höhe hinan und richtete sich an einem wohlausgesuchten Ort mit Wolldecke und Kognak zum Übernachten ein. Und am frühen Morgen machten sich die beiden vorsichtig auf den Weg durch die unbetretenen Halden.

Einen steilen Hang, der um die Mittagszeit vom fallenden Steingeriesel unwegsam gemacht wurde und den er schon kannte, passierten sie leicht und ohne Gefahr noch in der Morgenkühle. Erst nach drei Stunden begannen die Schwierigkeiten. Zäh und schweigend stiegen die beiden am Seil hinan, umgingen senkrechte Schroffen, verstiegen sich und kehrten mühsam wieder um. Dann kam eine gute, gangbare Strecke, sie lösten ihr Seil und schritten eifrig voran. Es kam ein Schneefeld, das leicht zu nehmen war, und danach eine glatte, senkrechte Felswand, die von weitem bedenklich ausgesehen hatte. Nun aber zeigte sich, so weit zu sehen war, die ganze Fluh entlang ein kleines Steingesimse, zum Teil mit Gras bewachsen und eben breit genug, um Fuß hinter Fuß darauf zu setzen. Cesco dachte nun wenig Hindernisse mehr zu finden. Daß er dieses Mal den Gipfel nicht ganz erreichen werde, sah er ein. Aber die größte Schwierigkeit schien überwunden, und das nächstemal, wenn er die heutigen Fehlgänge sparen konnte, würde er hinaufkommen. Und er überlegte schon, daß das auch ohne Begleiter möglich sein müsse, und beschloß, am nächsten guten Tage allein wiederzukommen. Wenn er als Erster auf dem Monte Giallo stand, wollte er niemand neben sich haben.

Frohlockend betrat er den schmalen Steig und ging behend und leicht wie eine Ziege voraus.

Aber er war noch nicht oben. Die Wand machte eine Biegung, und im Augenblick, da Cesco um die Krümme schritt, fuhr ihm von jenseits unerwartet ein heftiger Sturmwind entgegen. Er wandte das Gesicht ab,

Der geheimnisvolle Berg

griff nach seinem wegfliegenden Hut, tat einen winzigen Fehltritt und verschwand vor den Augen des Kameraden plötzlich in die mächtige Tiefe.

Der Begleiter beugte sich ängstlich vor, er glaubte ihn noch fallen, glaubte ihn unten liegen zu sehen, sehr tief in einer Geröllwüste, vielleicht tot. Er irrte bange Stunden mit Gefahr umher, fand aber keinen Zugang zu dem Gestürzten und mußte endlich ermüdet den Heimweg suchen, um nicht selber noch vom Berg verschlungen zu werden. Erschöpft und traurig kam er spät am Abend ins Dorf zurück, wo sich nun eine Gesellschaft von fünf Männern zur Auffindung und Rettung des Cesco aufmachte. Sie gingen mitten in der Nacht und nahmen Decken und Kochzeug mit, um am Berge zu nächtigen und in der Frühe auf die Streife zu gehen.

Indessen lag Cesco Biondi lebend, aber mit zerschmetterten Beinen und Rippen zu Füßen jener Wand auf einem Steinhaufen. Er hörte seinen Begleiter rufen und gab, so gut er konnte, Antwort, die jener nicht vernahm. Dann lauschte er stundenlang und hörte zuweilen, daß der Kamerad noch auf der Suche war. Je und je versuchte er nochmals zu rufen und ärgerte sich über den Kameraden, der fehlgegangen schien. Er glaubte die Stelle, auf der er lag, zu kennen und meinte, sie müsse nicht gar so schwer zu finden sein. Endlich aber begriff er, daß jener habe umkehren müssen und daß in den nächsten zwölf, fünfzehn Stunden an keine Rettung zu denken sei.

Seine Beine waren beide gebrochen, und ein Splitter war in den Unterleib gedrungen, wo er verzweifelt wühlte und schmerzte. Cesco spürte, daß er übel verletzt sei, und machte sich wenig Hoffnung. Er zweifelte nicht daran, daß man ihn finden würde, aber ob er dann noch leben werde, schien ihm fraglich. Bewegen konnte er sich nicht, die kalte lange Nacht stand bevor, und seine Verletzung schien ihm tödlich.

Leise stöhnend lag er eine Stunde um die andere und dachte an lauter Dinge, die ihm jetzt nichts helfen konnten. Er dachte an ein Mädchen, das einst mit ihm das Tanzen gelernt hatte und das jetzt längst verheiratet war. Die Zeit, da er es nicht sehen konnte, ohne Herzklopfen zu bekommen, schien ihm jetzt wunderbar schön und selig gewesen zu sein. Und er dachte an einen Schulkameraden, den er einst ebendieses Mädchens wegen halbtot geprügelt hatte. Jener Kamerad war in die Fremde gegangen und hatte studieren dürfen, und jetzt saß er als einziger Arzt weiter unten im Tal, und der würde ihn nun verbinden müssen oder ihm den Totenschein ausstellen.

Er erinnerte sich seiner vielen Wanderungen, und er gedachte des Tages, da er zum erstenmal an den Monte Giallo geraten war. Und es fiel ihm wieder ein, wie er damals hier in der weltfernen Wüste einsam und trotzig umherging und den Berg liebgewann, dem er sich näher fühlte als den Menschen. Unter Schmerzen wendete er den Kopf und schaute umher und in die Höhe, und der Berg sah ihm ruhig in die Augen. Cesco sah den alten Gesellen an, der in der Abenddämmerung geheimnisvoll und traurig stand, mit verwitterten und zerwühlten Flanken, uralt und müde, in seiner kurzen Sommerrast zwischen den brausenden Todeskämpfen des Frühjahrs und den Schneewettern des Herbstes. Die Nacht kam, und in den Höhen dämmerte ein blasses Licht hintersterbend fort, eine ungeheure Fremde und Einsamkeit lag auf der steinernen Einöde. Nebelbänder zogen langsam und zögernd da und dort die schweigenden Wände entlang, dazwischen erschienen hoch und fern kühle Sternbilder, in einer entfernten Schlucht sang dumpf und wirr das stürzende Wasser.

Cesco Biondi sah mit seinen sterbenden Augen das alles, als wäre es zum ersten Male. Er sah seinen Berg, den Monte Giallo, den er so wohl zu kennen geglaubt hatte, zum erstenmal in seiner tausendjährigen Einsamkeit und traurigen Würde stehen und sah und wußte zum erstenmal, daß alle Wesen, Berg und Mensch, Gemse und Vogel, alle Sterne und alles Erschaffene – daß das alles in einem großen Drang unentrinnbarer Notwendigkeit sein Leben dahinführt und sein Ende sucht und daß Leben und Tod eines Menschen nichts anderes ist und nichts anderes bedeutet, als der Fall eines Steines, den das Wasser im Gebirge löst und der von Hang zu Hang niederstürzt, bis er irgendwo in Splitter geht oder langsam in Sonne und Regen verwittert. Und während er stöhnte und dem Tode mit frierendem Herzen entgegensah, fühlte er dasselbe Stöhnen und dieselbe namenlose, trostlose Kälte durch den Berg und durch die Erde und durch die Lüfte und Sternenräume gehen. Und so sehr er litt, er fühlte sich nicht völlig einsam, und so grauenvoll und sinnlos sein schwächliches Sterben in der Einöde ihm erschien, es erschien ihm doch nicht grauenvoller und nicht sinnloser als alles, was jeden Tag und überall geschieht.

Und er, der sein Leben lang unzufrieden gewesen war und Widersetzlichkeit gegen alle Welt in sich gefühlt hatte, er vernahm zum erstenmal mit erstaunter Seele etwas von der Harmonie und ewigen Schönheit der Welt, und er war mit seinem Sterben seltsam einverstanden. Er sah noch einmal den schartigen Bergrücken sternbeschienen in der kalten Nachtbläue stehen, er hörte noch einmal das vielstimmige Rauschen und Quirlen der unsichtbaren Wasser in den Schluchten, und während er seine Hände erstarren fühlte, verzog er das harte Gesicht zu einem kurzen, wilden und befriedigten Lächeln, das beinahe wie Schadenfreude aussah und doch nichts anderes bedeutete, als daß er das Geschehene begriff und billigte und daß diesmal sein Eigensinn nicht widersprach und nicht anders begehrte, sondern einverstanden war und alles guthieß.

Der Berg behielt ihn bei sich, er konnte nicht gefunden werden. Im Dorfe wurde er darum sehr beklagt, da jeder ihm das Begräbnis und die Ruhe im Friedhof gegönnt hätte. Aber er ruhte im Gestein des Berges nicht schlechter und vollzog die Gebote der Notwendigkeit nicht anders, als wenn er nach einem langen und fröhlichen Leben im Schatten der heimatlichen Kirche begraben worden wäre.

(1908)

Der Dichter

Es wird erzählt, daß der chinesische Dichter Han Fook in seiner Jugend von einem wunderbaren Drang beseelt war, alles zu lernen und sich in allem zu vervollkommnen, was zur Dichtkunst irgend gehört. Er war damals, da er noch in seiner Heimat am Gelben Flusse lebte, auf seinen Wunsch und mit Hilfe seiner Eltern, die ihn zärtlich liebten, mit einem Fräulein aus gutem Hause verlobt worden, und die Hochzeit sollte nun bald auf einen glückverheißenden Tag festgesetzt werden. Han Fook war damals etwa zwanzig Jahre alt und ein hübscher Jüngling, bescheiden und von angenehmen Umgangsformen, in den Wissenschaften unterrichtet und trotz seiner Jugend schon durch manche vorzügliche Gedichte unter den Literaten seiner Heimat bekannt. Ohne gerade reich zu sein, hatte er doch ein auskömmliches Vermögen zu erwarten, das durch die Mitgift seiner Braut noch erhöht wurde, und da diese Braut außerdem sehr schön und tugendhaft war, schien an dem Glücke des Jünglings nichts mehr zu fehlen. Dennoch war er nicht ganz zufrieden, denn sein Herz war von dem Ehrgeiz erfüllt, ein vollkommener Dichter zu werden.

Da geschah es an einem Abend, da ein Lampenfest auf dem Flusse begangen wurde, daß Han Fook allein am jenseitigen Ufer des Flusses wandelte. Er lehnte sich an den Stamm eines Baumes, der sich über das Wasser neigte, und sah im Spiegel des Flusses tausend Lichter schwimmen und zittern, er sah auf den Booten und Flößen Männer und Frauen und junge Mädchen einander begrüßen und in festlichen Gewändern wie schöne Blumen glänzen, er hörte das schwache Gemurmel der beleuchteten Wasser, den Gesang der Sängerinnen, das Schwirren der Zither und die süßen Töne der Flötenbläser, und über dem allen sah er die bläuliche Nacht wie das Gewölbe eines Tempels schweben. Dem Jüngling schlug das Herz, da er als einsamer Zuschauer, seiner Laune folgend, all diese Schönheit betrachtete. Aber so sehr es ihn verlangte, hinüberzugehen und dabeizusein und in der Nähe seiner Braut und seiner Freunde das Fest zu genießen, so begehrte er dennoch weit sehnlicher, dies alles als ein feiner Zuschauer aufzunehmen und in einem ganz vollkommenen Gedicht widerzuspiegeln: die Bläue der Nacht und das Lichterspiel des Wassers sowohl wie die Lust der Festgäste und die Sehnsucht des stillen Zuschauers, der am Stamm des Baumes über dem Ufer lehnt. Er empfand, daß ihm bei allen Festen und aller Lust dieser Erde doch niemals ganz und gar wohl und heiter ums Herz sein könnte, daß er auch inmitten des Lebens ein Einsamer und gewissermaßen ein Zuschauer und Fremdling bleiben würde, und er empfand, daß seine Seele unter vielen anderen allein so beschaffen sei, daß er zugleich die Schönheit der Erde und das heimliche Verlangen des Fremdlings fühlen mußte. Darüber wurde er traurig und sann dieser Sache nach, und das Ziel seiner Gedanken war dieses, daß ihm ein wahres Glück und eine tiefe Sättigung nur dann zuteil werden könnte, wenn es ihm einmal gelänge, die Welt so vollkommen in Gedichten zu spiegeln, daß er in diesen Spiegelbildern die Welt selbst geläutert und verewigt besäße.

Kaum wußte Han Fook, ob er noch wache oder eingeschlummert sei, als er ein leises Geräusch vernahm und neben dem Baumstamm einen Unbekannten stehen sah, einen alten Mann in einem violetten Gewand und mit ehrwürdigen Mienen. Er richtete sich auf und begrüßte ihn mit dem Gruß, der den Greisen und Vornehmen zukommt; der Fremde aber lächelte und sprach einige Verse, in denen war alles, was der junge Mann soeben empfunden hatte, so vollkommen und schön und nach den Regeln der großen Dichter ausgedrückt, daß dem Jüngling vor Staunen das Herz stillstand.

»Oh, wer bist du«, rief er, indem er sich tief verneigte, »der du in meine Seele sehen kannst und schönere Verse sprichst, als ich je von allen meinen Lehrern vernommen habe?«

Der Fremde lächelte abermals mit dem Lächeln der Vollendeten und sagte: »Wenn du ein Dichter werden willst, so komm zu mir. Du findest meine Hütte bei der Quelle des großen Flusses in den nordwestlichen Bergen. Mein Name ist Meister des vollkommenen Wortes.«

Damit trat der alte Mann in den schmalen Schatten des Baumes und war alsbald verschwunden, und Han Fook, der ihn vergebens suchte und keine Spur von ihm mehr fand, glaubte nun fest, daß alles ein Traum der Müdigkeit gewesen sei. Er eilte zu den Booten hinüber und wohnte dem Feste bei, aber zwischen Gespräch und Flötenklang vernahm er immerzu die geheimnisvolle Stimme des Fremden, und seine Seele schien mit jenem dahingegangen, denn er saß fremd und mit träumenden Augen unter den Fröhlichen, die ihn mit seiner Verliebtheit neckten.

Wenige Tage später wollte Han Fooks Vater seine Freunde und Verwandten berufen, um den Tag der Vermählung zu bestimmen. Da widersetzte sich der Bräutigam und sagte: »Verzeihe mir, wenn ich gegen den Gehorsam zu verstoßen scheine, den der Sohn dem Vater schuldet. Aber du weißt, wie sehr es mein Verlangen ist, in der Kunst der Dichter mich auszuzeichnen, und wenn auch einige meiner Freunde meine Gedichte loben, so weiß ich doch wohl, daß ich noch ein Anfänger und noch auf den ersten Stufen des Weges bin. Darum bitte ich dich, laß mich noch eine Weile in die Einsamkeit gehen und meinen Studien nachhängen, denn mir scheint, wenn ich erst eine Frau und ein Haus zu regieren habe, wird dies mich von jenen Dingen abhalten. Jetzt aber bin ich noch jung und ohne andere Pflichten und möchte noch eine Zeit allein für meine Dichtkunst leben, von der ich Freude und Ruhm erhoffe.«

Die Rede setzte den Vater in Erstaunen, und er sagte: »Diese Kunst muß dir wohl über alles lieb sein, da du ihretwegen sogar deine Hochzeit verschieben willst. Oder ist etwas zwischen dich und deine Braut gekommen, so sage es mir, daß ich dir helfen kann, sie zu versöhnen oder dir eine andere zu verschaffen.«

Der Sohn schwor aber, daß er seine Braut nicht weniger liebe als gestern und immer und daß nicht der Schatten eines Streites zwischen ihn und sie gefallen sei. Und zugleich erzählte er seinem Vater, daß ihm durch einen Traum am Tag des Lampenfestes ein Meister kundgeworden sei, dessen Schüler zu werden er sehnlicher wünsche als alles Glück der Welt.

»Wohl«, sprach der Vater, »so gebe ich dir ein Jahr. In dieser Zeit magst du deinem Traum nachgehen, der vielleicht von einem Gott zu dir gesandt worden ist.«

»Es mögen auch zwei Jahre werden«, sagte Han Fook zögernd, »wer will das wissen?«

Da ließ ihn der Vater gehen und war betrübt; der Jüngling aber schrieb seiner Braut einen Brief, verabschiedete sich und zog davon.

Als er sehr lange gewandert war, erreichte er die Quelle des Flusses und fand in großer Einsamkeit eine Bambushütte stehen, und vor der Hütte saß auf einer geflochtenen Matte der alte Mann, den er am Ufer bei dem Baumstamm gesehen hatte. Er saß und spielte die Laute, und als er den Gast sich mit Ehrfurcht nähern sah, erhob er sich nicht, noch grüßte er ihn, sondern lächelte nur und ließ die zarten Finger über die Saiten laufen, und eine zauberhafte Musik floß wie eine silberne Wolke durch das Tal, daß der Jüngling stand und sich verwunderte und in süßem Erstaunen alles andere vergaß, bis der Meister des vollkommenen Wortes seine kleine Laute beiseite legte und in die Hütte trat. Da folgte ihm Han Fook mit Ehrfurcht und blieb bei ihm als sein Diener und Schüler.

Ein Monat verging, da hatte er gelernt, alle Lieder, die er zuvor gedichtet hatte, zu verachten, und er tilgte sie aus seinem Gedächtnis. Und wieder nach Monaten tilgte er auch die Lieder, die er daheim von seinen Lehrern gelernt hatte, aus seinem Gedächtnis. Der Meister sprach kaum ein Wort mit ihm, er lehrte ihn schweigend die Kunst des Lautenspieles, bis das Wesen des Schülers ganz von Musik durchflossen war.

Einst machte Han Fook ein kleines Gedicht, worin er den Flug zweier Vögel am herbstlichen Himmel beschrieb und das ihm wohlgefiel. Er wagte nicht, es dem Meister zu zeigen, aber er sang es eines Abends abseits von der Hütte, und der Meister hörte es wohl. Er sagte jedoch kein Wort. Er spielte nur leise auf seiner Laute, und alsbald ward die Luft kühl und die Dämmerung beschleunigt, ein scharfer Wind erhob sich, obwohl es mitten im Sommer war, und über den grau gewordenen Himmel flogen zwei Reiher in mächtiger Wandersehnsucht, und alles dies war so viel schöner und vollkommener als des Schülers Verse, daß dieser traurig wurde und schwieg und sich wertlos fühlte. Und so tat der Alte jedesmal, und als ein Jahr vergangen war, da hatte Han Fook das Lautenspiel beinahe vollkommen erlernt, die Kunst der Dichtung aber sah er immer schwerer und erhabener stehen.

Als zwei Jahre vergangen waren, spürte der Jüngling ein heftiges Heimweh nach den Seinigen, nach der Heimat und nach seiner Braut, und er bat den Meister, ihn reisen zu lassen.

Der Meister lächelte und nickte. »Du bist frei«, sagte er, »und kannst gehen, wohin du willst. Du magst wiederkommen, du magst wegbleiben, ganz wie es dir gefällt.«

Da machte sich der Schüler auf die Reise und wanderte rastlos, bis er eines Morgens in der Dämmerung am heimatlichen Ufer stand und über die gewölbte Brücke nach seiner Vaterstadt hinübersah. Er schlich verstohlen in seines Vaters Garten und hörte durchs Fenster des Schlafzimmers seines Vaters Atem gehen, der noch schlief, und er stahl sich in den Baumgarten beim Hause seiner Braut und sah vom Wipfel eines Birnbaumes, den er erstieg, seine Braut in der Kammer stehen und ihre Haare kämmen. Und indem er dies alles, wie er es mit seinen Augen sah, mit dem Bilde verglich, das er in seinem Heimweh davon gemalt hatte, ward es ihm deutlich, daß er doch zum Dichter bestimmt sei, und er sah, daß in den Träumen der Dichter eine Schönheit und Anmut wohnt, die man in den Dingen der Wirklichkeit vergeblich sucht. Und er stieg von dem Baum herab und floh aus dem Garten und über die Brücke aus seiner Vaterstadt und kehrte in das hohe Tal im Gebirge zurück. Da saß wie einstmals der alte Meister vor seiner Hütte auf der bescheidenen Matte und schlug mit seinen Fingern die Laute, und statt der Begrüßung sprach er zwei Verse von den Beglückungen der Kunst, bei deren Tiefe und Wohllaut dem Jünger die Augen voll Tränen wurden.

Wieder blieb Han Fook bei dem Meister des vollkommenen Wortes, der ihn nun, da er die Laute beherrschte, auf der Zither unterrichtete, und die Monate schwanden hinweg wie Schnee im Westwind. Noch zweimal geschah es, daß ihn das Heimweh übermannte. Das eine Mal lief er heimlich in der Nacht davon, aber noch ehe er die letzte Krümmung des Tales erreicht hatte, lief der Nachtwind über die Zither, die in der Tür der Hütte hing, und die Töne flohen ihm nach und riefen ihn zurück, daß er nicht widerstehen konnte. Das andere Mal aber träumte ihm, er pflanze einen jungen Baum in seinen Garten, und sein Weib stünde dabei, und seine Kinder begössen den Baum mit Wein und Milch. Als er erwachte, schien der Mond in seine Kammer, und er erhob sich verstört und sah nebenan den Meister im Schlummer liegen und seinen greisen Bart sachte zittern; da überfiel ihn ein bitterer Haß gegen diesen Menschen, der, wie ihm schien, sein Leben zerstört und ihn um seine Zukunft betrogen habe. Er wollte sich über ihn stürzen und ihn ermorden. Da schlug der Greis die Augen auf und begann alsbald mit einer feinen, traurigen Sanftmut zu lächeln, die den Schüler entwaffnete.

»Erinnere dich, Han Fook«, sagte der Alte leise, »du bist frei, zu tun, was dir beliebt. Du magst in deine Heimat gehen und Bäume pflanzen, du magst mich hassen und erschlagen, es ist wenig daran gelegen.«

»Ach, wie könnte ich dich hassen«, rief der Dichter in heftiger Bewegung. »Das ist, als ob ich den Himmel selbst hassen wollte.«

Und er blieb und lernte die Zither spielen, und danach die Flöte, und später begann er unter des Meisters Anweisung Gedichte zu machen, und er lernte langsam jene heimliche Kunst, scheinbar nur das Einfache und Schlichte zu sagen, damit aber in des Zuhörers Seele zu wühlen wie der Wind in einem Wasserspiegel. Er beschrieb das Kommen der Sonne, wie sie am Rand des Gebirges zögert, und das lautlose Huschen der Fische, wenn sie wie Schatten unter dem Wasser hinfliehen, oder das Wiegen einer jungen Weide im Frühlingswind, und wenn man es hörte, so war es nicht die Sonne und das Spiel der Fische und das Flüstern der Weide allein, sondern es schien der Himmel und die Welt jedesmal für einen Augenblick in vollkommener Musik zusammenzuklingen, und jeder Hörer dachte dabei mit Lust oder Schmerzen an das, was er liebte oder haßte, der Knabe ans Spiel, der Jüngling an die Geliebte und der Alte an den Tod.

Han Fook wußte nicht mehr, wie viele Jahre er bei dem Meister an der Quelle des großen Flusses verweilt habe; oft schien es ihm, als sei er erst gestern abend in dieses Tal getreten und vom Saitenspiel des Alten empfangen worden, oft auch war ihm, als seien hinter ihm alle Menschenalter und Zeiten hinabgefallen und wesenlos geworden.

Da erwachte er eines Morgens allein in der Hütte, und wo er auch suchte und rief, der Meister war verschwunden. Über Nacht schien plötzlich der Herbst gekommen, ein rauher Winter rüttelte an der alten Hütte, und über den Grat des Gebirges flogen große Scharen von Zugvögeln, obwohl es noch nicht ihre Zeit war.

Da nahm Han Fook die kleine Laute mit sich und stieg in das Land seiner Heimat hinab, und wo er zu den Menschen kam, begrüßten sie ihn mit dem Gruß, der den Alten und Vornehmen zukommt, und als er in seine Vaterstadt kam, da waren sein Vater und seine Braut und seine Verwandtschaft gestorben, und andere Menschen wohnten in ihren Häusern. Am Abend aber wurde das Lampenfest auf dem Flusse gefeiert, und der Dichter Han Fook stand jenseits auf dem dunkleren Ufer, an den Stamm eines alten Baumes gelehnt, und als er auf seiner kleinen Laute zu spielen begann, da seufzten die Frauen und blickten entzückt und beklommen in die Nacht, und die jungen Mädchen riefen nach dem Lautenspieler, den sie nirgends finden konnten, und riefen laut, daß noch keiner von ihnen jemals solche Töne einer Laute gehört habe. Han Fook aber lächelte. Er schaute in den Fluß, wo die Spiegelbilder der tausend Lampen schwammen; und wie er die Spiegelbilder nicht mehr von den wirklichen zu unterscheiden wußte, so fand er in seiner Seele keinen Unterschied zwischen diesem Fest und jenem ersten, da er hier als ein Jüngling gestanden war und die Worte des fremden Meisters vernommen hatte.

(1913)

Flötentraum

»Hier«, sagte mein Vater, und übergab mir eine kleine, beinerne Flöte, »nimm das und vergiß deinen alten Vater nicht, wenn du in fernen Ländern die Leute mit deinem Spiel erfreust. Es ist hohe Zeit, daß du die Welt siehst und etwas lernst. Ich habe dir diese Flöte machen lassen, weil du doch keine andre Arbeit tun und immer nur singen magst. Nur denke auch daran, daß du immer hübsche und liebenswürdige Lieder vorträgst, sonst wäre es schade um die Gabe, die Gott dir verliehen hat.«

Mein lieber Vater verstand wenig von der Musik, er war ein Gelehrter; er dachte, ich brauchte nur in das hübsche Flötchen zu blasen, so werde es schon gut sein. Ich wollte ihm seinen Glauben nicht nehmen, darum bedankte ich mich, steckte die Flöte ein und nahm Abschied.

Unser Tal war mir bis zur großen Hofmühle bekannt; dahinter fing denn also die Welt an, und sie gefiel mir sehr wohl. Eine müdgeflogene Biene hatte sich auf meinen Ärmel gesetzt, die trug ich mit mir fort, damit ich später bei meiner ersten Rast gleich einen Boten hätte, um Grüße in die Heimat zurückzusenden.

Wälder und Wiesen begleiteten meinen Weg, und der Fluß lief rüstig mit; ich sah, die Welt war von der Heimat wenig verschieden. Die Bäume und Blumen, die Kornähren und Haselbüsche sprachen mich an, ich sang ihre Lieder mit, und sie verstanden mich, gerade wie daheim; darüber wachte auch meine Biene wieder auf, sie kroch langsam bis auf meine Schulter, flog ab und umkreiste mich zweimal mit ihrem tiefen süßen Gebrumme, dann steuerte sie geradeaus rückwärts der Heimat zu.

Da kam aus dem Wald hervor ein junges Mädchen gegangen, das trug einen Korb am Arm und einen breiten, schattigen Strohhut auf dem blonden Kopf.

»Grüß Gott«, sagte ich zu ihr, »wo willst denn du hin?«

»Ich muß den Schnittern das Essen bringen«, sagte sie und ging neben mir. »Und wo willst du heut noch hinaus?«

»Ich gehe in die Welt, mein Vater hat mich geschickt. Er meint, ich solle den Leuten auf der Flöte vorblasen, aber das kann ich noch nicht richtig, ich muß es erst lernen.«

»So so. Ja, und was kannst du denn eigentlich? Etwas muß man doch können.«

»Nichts Besonderes. Ich kann Lieder singen.«

»Was für Lieder denn?«

»Allerhand Lieder, weißt du, für den Morgen und für den Abend und für alle Bäume und Tiere und Blumen. Jetzt könnte ich zum Beispiel ein hübsches Lied singen von einem jungen Mädchen, das kommt aus dem Wald heraus und bringt den Schnittern ihr Essen.«

»Kannst du das? Dann sing's einmal!«

»Ja, aber wie heißt du eigentlich?«

»Brigitte.«

Da sang ich das Lied von der hübschen Brigitte mit dem Strohhut, und was sie im Korbe hat, und wie die Blumen ihr nachschauen, und die blaue Winde vom Gartenzaun langt nach ihr, und alles was dazugehörte.

Sie paßte ernsthaft auf und sagte, es wäre gut. Und als ich ihr erzählte, daß ich hungrig sei, da tat sie den Deckel von ihrem Korb und holte mir ein Stück Brot heraus. Als ich da hineinbiß und tüchtig dazu weitermarschierte, sagte sie aber: »Man muß nicht im Laufen essen. Eins nach dem andern.«

Und wir setzten uns ins Gras, und ich aß mein Brot, und sie schlang die braunen Hände um ihre Knie und sah mir zu.

»Willst du mir noch etwas singen?« fragte sie dann, als ich fertig war.

»Ich will schon. Was soll es sein?«

»Von einem Mädchen, dem ist sein Schatz davongelaufen, und es ist traurig.«

»Nein, das kann ich nicht. Ich weiß ja nicht, wie das ist, und man soll auch nicht so traurig sein. Ich soll immer nur artige und liebenswürdige Lieder vortragen, hat mein Vater gesagt. Ich singe dir vom Kuckucksvogel oder vom Schmetterling.«

»Und von der Liebe weißt du gar nichts?« fragte sie dann.

»Von der Liebe? O doch, das ist ja das Allerschönste.«

Alsbald fing ich an und sang von dem Sonnenstrahl, der die roten Mohnblumen liebhat, und wie er mit ihnen spielt und voller Freude ist. Und vom Finkenweibchen, wenn es auf den Finken wartet, und wenn er kommt, dann fliegt es weg und tut erschrocken. Und sang weiter von dem Mädchen mit den braunen Augen und von dem Jüngling, der daherkommt und singt und ein Brot dafür geschenkt bekommt; aber nun will er kein Brot mehr haben, er will einen Kuß von ihr und will in ihre braunen Augen sehen, und er singt so lange fort und hört nicht auf, bis sie anfängt zu lächeln und bis sie ihm den Mund mit ihren Lippen schließt.

Da neigte Brigitte sich herüber und schloß mir den Mund mit ihren Lippen und tat die Augen zu und tat sie wieder auf, und ich sah in die nahen braungoldenen Sterne, darin war ich selber gespiegelt und ein paar weiße Wiesenblumen.

»Die Welt ist sehr schön«, sagte ich, »mein Vater hat recht gehabt. Jetzt will ich dir aber tragen helfen, daß wir zu deinen Leuten kommen.«

Ich nahm ihren Korb, und wir gingen weiter, ihr Schritt klang mit meinem Schritt und ihre Fröhlichkeit mit meiner gut zusammen, und der Wald sprach fein und kühl vom Berg herunter; ich war noch nie so vergnügt gewandert. Eine ganze Weile sang ich munter zu, bis ich aufhören mußte vor lauter Fülle; es war allzu vieles, was vom Tal und vom Berg und aus Gras und Laub und Fluß und Gebüschen zusammenrauschte und erzählte.

Da mußte ich denken: wenn ich alle diese tausend Lieder der Welt zugleich verstehen und singen könnte, von Gräsern und Blumen und Menschen und Wolken und allem, vom Laubwald und vom Föhrenwald und auch von allen Tieren, und dazu noch alle Lieder der fernen Meere und Gebirge, und die der Sterne und Monde, und wenn das alles zugleich in mir innen tönen und singen könnte, dann wäre ich der liebe Gott, und jedes neue Lied müßte als ein Stern am Himmel stehen.

Aber wie ich eben so dachte und davon ganz still und wunderlich wurde, weil mir das früher noch nie in den Sinn gekommen war, da blieb Brigitte stehen und hielt mich an dem Korbhenkel fest.

»Jetzt muß ich da hinauf«, sagte sie, »da droben sind unsere Leute im Feld. Und du, wo gehst du hin? Kommst du mit?«

»Nein, mitkommen kann ich nicht. Ich muß in die Welt. Schönen Dank für das Brot, Brigitte, und für den Kuß; ich will an dich denken.«

Sie nahm ihren Eßkorb, und über dem Korb neigten sich ihre Augen im braunen Schatten noch einmal mir zu, und ihre Lippen hingen an meinen, und ihr Kuß war so gut und lieb, daß ich vor lauter Wohlsein beinah traurig werden wollte. Da rief ich schnell Lebewohl und marschierte eilig die Straße hinunter.

Das Mädchen stieg langsam den Berg hinan, und unter dem herabhängenden Buchenlaub am Waldrand blieb sie stehen und sah herab und mir nach, und als ich ihr winkte und den Hut überm Kopf schwang, da nickte sie noch einmal und verschwand still wie ein Bild in den Buchenschatten hinein.

Ich aber ging ruhig meine Straße und war in Gedanken, bis der Weg um eine Ecke bog.

Da stand eine Mühle, und bei der Mühle lag ein Schiff auf dem Wasser, darin saß ein Mann allein und schien nur auf mich zu warten, denn als ich den Hut zog und zu ihm in das Schiff hinüberstieg, da fing das Schiff sogleich zu fahren an und lief den Fluß hinunter. Ich saß in der Mitte des Schiffs, und der Mann saß hinten am Steuer, und als ich ihn fragte, wohin wir führen, da blickte er auf und sah mich aus verschleierten grauen Augen an.

»Wohin du magst«, sagte er mit einer gedämpften Stimme. »Den Fluß hinunter und ins Meer, oder zu den großen Städten, du hast die Wahl. Es gehört alles mir.«

»Es gehört alles dir? Dann bist du der König?«

»Vielleicht«, sagte er. »Und du bist ein Dichter, wie mir scheint? Dann singe mir ein Lied zum Fahren!«

Ich nahm mich zusammen, es war mir bange vor dem ernsten grauen Mann, und unser Schiff schwamm so schnell und lautlos den Fluß hinab. Ich sang vom Fluß, der die Schiffe trägt und die Sonne spiegelt und am Felsenufer stärker aufrauscht und freudig seine Wanderung vollendet.

Des Mannes Gesicht blieb unbeweglich, und als ich aufhörte, nickte er still wie ein Träumender. Und alsdann begann er zu meinem Erstaunen selber zu singen, und auch er sang vom Fluß und von des Flusses Reise durch die Täler, und sein Lied war schöner und mächtiger als meines, aber es klang alles ganz anders.

Der Fluß, wie er ihn sang, kam als ein taumelnder Zerstörer von den Bergen herab, finster und wild; knirschend fühlte er sich von den Mühlen gebändigt, von den Brücken überspannt, er haßte jedes Schiff, das er tragen mußte, und in seinen Wellen und langen grünen Wasserpflanzen wiegte er lächelnd die weißen Leiber der Ertrunkenen.

Das alles gefiel mir nicht und war doch so schön und geheimnisvoll von Klang, daß ich ganz irre wurde und beklommen schwieg. Wenn das richtig war, was dieser alte, feine und kluge Sänger mit seiner gedämpften Stimme sang, dann waren alle meine Lieder nur Torheit und schlechte Knabenspiele gewesen. Dann war die Welt auf ihrem Grund nicht gut und licht wie

Gottes Herz, sondern dunkel und leidend, böse und finster, und wenn die Wälder rauschten, so war es nicht aus Lust, sondern aus Qual.

Wir fuhren dahin, und die Schatten wurden lang, und jedesmal, wenn ich zu singen anfing, tönte es weniger hell, und meine Stimme wurde leiser, und jedesmal erwiderte der fremde Sänger mir ein Lied, das die Welt noch rätselhafter und schmerzlicher machte und mich noch befangener und trauriger.

Mir tat die Seele weh, und ich bedauerte, daß ich nicht an Land und bei den Blumen geblieben war oder bei der schönen Brigitte, und um mich in der wachsenden Dämmerung zu trösten, fing ich mit lauter Stimme wieder an und sang durch den roten Abendschein das Lied von Brigitte und ihren Küssen.

Da begann die Dämmerung, und ich verstummte, und der Mann am Steuer sang, und auch er sang von der Liebe und Liebeslust, von braunen und von blauen Augen, von roten feuchten Lippen, und es war schön und ergreifend, was er leidvoll über dem dunkelnden Fluß sang, aber in seinem Lied war auch die Liebe finster und bang und ein tödliches Geheimnis geworden, an dem die Menschen irr und wund in ihrer Not und Sehnsucht tasteten, und mit dem sie einander quälten und töteten.

Ich hörte zu und wurde so müde und betrübt, als sei ich schon Jahre unterwegs und sei durch lauter Jammer und Elend gereist. Von dem Fremden her fühlte ich immerzu einen leisen, kühlen Strom von Trauer und Seelenangst zu mir herüber und in mein Herz schleichen.

»Also ist denn nicht das Leben das Höchste und Schönste«, rief ich endlich bitter, »sondern der Tod. Dann bitte ich dich, du trauriger König, singe mir ein Lied vom Tode!«

Der Mann am Steuer sang nun vom Tode, und er sang schöner, als ich je hatte singen hören. Aber auch der Tod war nicht das Schönste und Höchste, es war auch bei ihm kein Trost. Der Tod war Leben, und das Leben war Tod, und sie waren ineinander verschlungen in einem ewigen rasenden Liebeskampf, und dies war das Letzte und der Sinn der Welt, und von dorther kam ein Schein, der alles Elend noch zu preisen vermochte, und von dorther kam ein Schatten, der alle Lust und alle Schönheit trübte und mit Finsternis umgab. Aber aus der Finsternis brannte die Lust inniger und schöner, und die Liebe glühte tiefer in dieser Nacht.

Ich hörte zu und war ganz still geworden, ich hatte keinen Willen mehr in mir als den des fremden Mannes. Sein Blick ruhte auf mir, still und mit einer gewissen traurigen Güte, und seine grauen Augen waren voll vom Weh und von der Schönheit der Welt. Er lächelte mich an, und da faßte ich mir ein Herz und bat in meiner Not: »Ach, laß uns umkehren, du! Mir ist angst hier in der Nacht, und ich möchte zurück und dahin gehen, wo ich Brigitte finden kann, oder heim zu meinem Vater.«

Der Mann stand auf und deutete in die Nacht, und seine Laterne schien hell auf sein mageres und festes Gesicht. »Zurück geht kein Weg«, sagte er ernst und freundlich, »man muß immer vorwärts gehen, wenn man die Welt ergründen will. Und von dem Mädchen mit den braunen Augen hast du das Beste und Schönste gehabt, und je weiter du von ihr bist, desto besser und schöner wird es werden. Aber fahre du immerhin, wohin du magst, ich will dir meinen Platz am Steuer geben!«

Ich war zu Tod betrübt und sah doch, daß er recht hatte. Voll Heimweh dachte ich an Brigitte und an die Heimat und an alles, was eben noch nahe und licht und mein gewesen war, und was ich nun verloren hatte. Aber jetzt wollte ich den Platz des Fremden nehmen und das Steuer führen. So mußte es sein.

Darum stand ich schweigend auf und ging durch das Schiff zum Steuersitz, und der Mann kam mir schweigend entgegen, und als wir beieinander waren, sah er mir fest ins Gesicht und gab mir seine Laterne.

Aber als ich nun am Steuer saß und die Laterne neben mir stehen hatte, da war ich allein im Schiff. Ich erkannte es mit einem tiefen Schauder, der Mann war verschwunden, und doch war ich nicht erschrocken, ich hatte es geahnt. Mir schien, es sei der schöne Wandertag und Brigitte und mein Vater und die Heimat nur ein Traum gewesen, und ich sei alt und betrübt und sei schon immer und immer auf diesem nächtlichen Fluß gefahren.

Ich begriff, daß ich den Mann nicht rufen dürfe, und die Erkenntnis der Wahrheit überlief mich wie ein Frost.

Und um zu wissen, was ich schon ahnte, beugte ich mich über das Wasser hinaus und hob die Laterne, und aus dem schwarzen Wasserspiegel sah mir ein scharfes und ernstes Gesicht mit grauen Augen entgegen, ein altes, wissendes Gesicht, und das war ich.

Und da kein Weg zurückführte, fuhr ich auf dem dunkeln Wasser weiter durch die Nacht.

(1913)

Augustus

In der Mostackerstraße wohnte eine junge Frau, die hatte durch ein Unglück bald nach der Hochzeit ihren Mann verloren, und jetzt saß sie arm und verlassen in ihrer kleinen Stube und wartete auf ihr Kind, das keinen Vater haben sollte. Und weil sie so ganz allein war, so verweilten immer alle ihre Gedanken bei dem erwarteten Kinde, und es gab nichts Schönes und Herrliches und Beneidenswertes, was sie nicht für dieses Kind ausgedacht und gewünscht und geträumt hätte. Ein steinernes Haus mit Spiegelscheiben und einem Springbrunnen im Garten schien ihr für den Kleinen gerade gut genug, und was seine Zukunft anging, so mußte er mindestens ein Professor oder König werden.

Neben der armen Frau Elisabeth wohnte ein alter Mann, den man nur selten ausgehen sah, und dann war er ein kleines, graues Kerlchen mit einer Troddelmütze und einem grünen Regenschirm, dessen Stangen noch aus Fischbein gemacht waren wie in der alten Zeit. Die Kinder hatten Angst vor ihm, und die Großen meinten, er werde schon seine Gründe haben, sich so sehr zurückzuziehen. Oft wurde er lange Zeit von niemand gesehen, aber am Abend hörte man zuweilen aus seinem kleinen, baufälligen Hause eine feine Musik wie von sehr vielen kleinen, zarten Instrumenten erklingen. Dann fragten Kinder, wenn sie dort vorübergingen, ihre Mütter, ob da drinnen die Engel oder vielleicht die Nixen sängen, aber die Mütter wußten nichts davon und sagten: »Nein, nein, das muß eine Spieldose sein.«

Dieser kleine Mann, welcher von den Nachbarn als Herr Binßwanger angeredet wurde, hatte mit der Frau Elisabeth eine sonderbare Art von Freundschaft. Sie sprachen nämlich nie miteinander, aber der kleine alte Herr Binßwanger grüßte jedesmal auf das freundlichste, wenn er am Fenster seiner Nachbarin vorüberkam, und sie nickte ihm wieder dankbar zu und hatte ihn gern, und beide dachten: Wenn es mir einmal ganz elend gehen sollte, dann will ich gewiß im Nachbarhaus um Rat vorsprechen. Und wenn es dunkel zu werden anfing und die Frau Elisabeth allein an ihrem Fenster saß und um ihren toten Liebsten trauerte oder an ihr kleines Kind dachte und ins Träumen geriet, dann machte der Herr Binßwanger leise einen Fensterflügel auf, und aus seiner dunkeln Stube kam leis und silbern eine tröstliche Musik geflossen wie Mondlicht aus einem Wolkenspalt. Hinwieder hatte der Nachbar an seinem hinteren Fenster einige alte Geranienstöcke stehen, die er immer zu gießen vergaß und welche doch immer grün und voll Blumen waren und nie ein welkes Blatt zeigten, weil sie jeden Tag in aller Frühe von Frau Elisabeth gegossen und gepflegt wurden.

Als es nun gegen den Herbst ging und einmal ein rauher, windiger Regenabend und kein Mensch in der Mostackerstraße zu sehen war, da merkte die arme Frau, daß ihre Stunde gekommen sei, und es wurde ihr angst, weil sie ganz allein war. Beim Einbruch der Nacht aber kam eine alte Frau mit einer Handlaterne gegangen, trat in das Haus und kochte Wasser und legte Leinwand zurecht und tat alles, was getan werden muß, wenn ein Kind zur Welt kommen soll. Frau Elisabeth ließ alles still geschehen, und erst als das Kindlein da war und in neuen feinen Windeln seinen ersten Erdenschlaf zu schlummern begann, fragte sie die alte Frau, woher sie denn käme.

»Der Herr Binßwanger hat mich geschickt«, sagte die Alte, und darüber schlief die müde Frau ein, und als sie am Morgen wieder erwachte, da war die Milch für sie gekocht und stand bereit, und alles in der Stube war sauber aufgeräumt, und neben ihr lag der kleine Sohn und schrie, weil er Hunger hatte; aber die alte Frau war fort. Die Mutter nahm ihren Kleinen an die Brust und freute sich, daß er so hübsch und kräftig war. Sie dachte an seinen toten Vater, der ihn nicht mehr hatte sehen können, und bekam Tränen in die Augen, und sie herzte das kleine Waisenkind und mußte wieder lächeln, und darüber schlief sie samt dem Büblein wieder ein, und als sie aufwachte, war wieder Milch und eine Suppe gekocht und das Kind in neue Windeln gebunden.

Bald aber war die Mutter wieder gesund und stark und konnte für sich und den kleinen Augustus selber sorgen, und da kam ihr der Gedanke, daß nun der Sohn getauft werden müsse und daß sie keinen Paten für ihn habe. Da ging sie gegen Abend, als es dämmerte und aus dem Nachbarhäuschen wieder die süße Musik klang, zu dem Herrn Binßwanger hinüber. Sie klopfte schüchtern an die dunkle Türe, da rief er freundlich »herein!« und kam ihr entgegen, die Musik aber war plötzlich zu Ende, und im Zimmer stand eine kleine alte Tischlampe vor einem Buch, und alles war wie bei andern Leuten.

»Ich bin zu Euch gekommen«, sagte Frau Elisabeth, »um Euch zu danken, weil Ihr mir die gute Frau geschickt habt. Ich will sie auch gerne bezahlen, wenn ich nur erst wieder arbeiten und etwas verdienen kann. Aber jetzt habe ich eine andere Sorge. Der Bub muß getauft werden und soll Augustus heißen, wie sein Vater geheißen hat; aber ich kenne niemand und weiß keinen Paten für ihn.«

»Ja, das habe ich auch gedacht«, sagte der Nachbar und strich an seinem grauen Bart herum. »Es wäre schon gut, wenn er einen guten und reichen Paten bekäme, der für ihn sorgen kann, wenn es Euch einmal schlechtgehen sollte. Aber ich bin auch nur ein alter, einsamer Mann und habe wenig Freunde, darum kann ich Euch niemand raten, wenn Ihr nicht etwa mich selber zum Paten nehmen wollt.«

Darüber war die arme Mutter froh und dankte dem kleinen Mann und nahm ihn zum Paten. Am nächsten Sonntag trugen sie den Kleinen in die Kirche und ließen ihn taufen, und dabei erschien auch die alte Frau wieder und schenkte ihm einen Taler, und als die Mutter das nicht annehmen wollte, da sagte die alte Frau: »Nehmt nur, ich bin alt und habe, was ich brauche. Vielleicht bringt ihm der Taler Glück. Dem Herrn Binßwanger habe ich gern einmal einen Gefallen getan, wir sind alte Freunde.«

Da gingen sie miteinander heim, und Frau Elisabeth kochte für ihre Gäste Kaffee, und der Nachbar hatte einen Kuchen mitgebracht, daß es ein richtiger Taufschmaus wurde. Als sie aber getrunken und gegessen hatten und das Kindlein längst eingeschlafen war, da sagte Herr Binßwanger bescheiden: »Jetzt bin ich also der Pate des kleinen Augustus und möchte ihm gern ein Königsschloß und einen Sack voll Goldstücke schenken, aber das habe ich nicht, ich kann ihm nur einen Taler neben den der Frau Gevatterin legen. Indessen, was ich für ihn tun kann, das soll geschehen. Frau Elisabeth, Ihr habt Eurem Buben gewiß schon viel Schönes und Gutes gewünscht. Besinnt Euch jetzt, was Euch das Beste für ihn zu sein scheint, so will ich dafür sorgen, daß es wahr werde. Ihr habt einen Wunsch für Euren Jungen frei, welchen Ihr wollt, aber nur einen, überlegt Euch den wohl, und wenn Ihr heut abend meine kleine Spieldose spielen hört, dann müßt Ihr den Wunsch Eurem Kleinen ins linke Ohr sagen, so wird er in Erfüllung gehen.«

Damit nahm er schnell Abschied, und die Gevatterin ging mit ihm weg, und Frau Elisabeth blieb allein und ganz verwundert zurück, und wenn die beiden Taler nicht in der Wiege gelegen und der Kuchen auf dem

Tisch gestanden wäre, so hätte sie alles für einen Traum gehalten. Da setzte sie sich neben die Wiege und wiegte ihr Kind und sann und dachte sich schöne Wünsche aus. Zuerst wollte sie ihn reich werden lassen, oder schön, oder gewaltig stark, oder gescheit und klug, aber überall war ein Bedenken dabei, und schließlich dachte sie: Ach, es ist ja doch nur ein Scherz von dem alten Männlein gewesen.

Es war schon dunkel geworden, und sie wäre beinahe sitzend bei der Wiege eingeschlafen, müde von der Bewirtung und von den Sorgen und den vielen Wünschen, da klang vom Nachbarhause herüber eine feine, sanfte Musik, so zart und köstlich, wie sie noch von keiner Spieldose gehört worden ist. Bei diesem Klang besann sich Frau Elisabeth und kam zu sich, und jetzt glaubte sie wieder an den Nachbar Binßwanger und sein Patengeschenk, und je mehr sie sich besann und je mehr sie wünschen wollte, desto mehr geriet ihr alles in den Gedanken durcheinander, daß sie sich für nichts entscheiden konnte. Sie wurde ganz bekümmert und hatte Tränen in den Augen, da klang die Musik leiser und schwächer, und sie dachte, wenn sie jetzt im Augenblick ihren Wunsch nicht täte, so wäre es zu spät und alles verloren.

Da seufzte sie auf und bog sich zu ihrem Knaben hinunter und flüsterte ihm ins linke Ohr: »Mein Söhnlein, ich wünsche dir – wünsche dir –«, und als die schöne Musik schon ganz am Verklingen war, erschrak sie und sagte schnell: »Ich wünsche dir, daß alle Menschen dich liebhaben müssen.«

Die Töne waren jetzt verklungen, und es war totenstill in dem dunklen Zimmer. Sie aber warf sich über die Wiege und weinte und war voll Angst und Bangigkeit und rief: »Ach, nun habe ich dir das Beste gewünscht, was ich weiß, und doch ist es vielleicht nicht das Richtige gewesen. Und wenn auch alle, alle Menschen dich liebhaben werden, so kann doch niemand mehr dich so liebhaben wie deine Mutter.«

Augustus wuchs nun heran wie andre Kinder, er war ein hübscher, blonder Knabe mit hellen, mutigen Augen, den die Mutter verwöhnte und der überall wohlgelitten war. Frau Elisabeth merkte schon bald, daß ihr Tauftagswunsch sich an dem Kind erfülle, denn kaum war der Kleine so alt, daß er gehen konnte und auf die Gasse und zu andern Leuten kam, so fand ihn jedermann hübsch und keck und klug wie selten ein Kind, und jedermann gab ihm die Hand, sah ihm in die Augen und zeigte ihm seine Gunst. Junge Mütter lächelten ihm zu, und alte Weiblein schenkten ihm Äpfel, und wenn er irgendwo eine Unart verübte, glaubte niemand, daß er es gewesen sei, oder wenn es nicht zu leugnen war, zuckte man die Achseln und sagte: »Man kann dem netten Kerlchen wahrhaftig nichts übelnehmen.«

Es kamen Leute, die auf den schönen Knaben aufmerksam geworden waren, zu seiner Mutter, und sie, die niemand gekannt und früher nur wenig Näharbeit ins Haus bekommen hatte, wurde jetzt als die Mutter des Augustus wohlbekannt und hatte mehr Gönner, als sie sich je gewünscht hätte. Es ging ihr gut und dem Jungen auch, und wohin sie miteinander kamen, da freute sich die Nachbarschaft, grüßte und sah den Glücklichen nach.

Das Schönste hatte Augustus nebenan bei seinem Paten; der rief ihn zuweilen am Abend in sein Häuschen, da war es dunkel, und nur im schwarzen Kaminloch brannte eine kleine, rote Flamme, und der kleine, alte Mann zog das Kind zu sich auf ein Fell am Boden und sah mit ihm in die stille Flamme und erzählte ihm lange Geschichten. Aber manchmal, wenn so eine lange Geschichte zu Ende und der Kleine ganz schläfrig geworden war und in der dunklen Stille mit halboffenen Augen nach dem Feuer schaute, dann kam aus der Dunkelheit eine süße, vielstimmige Musik hervorgeklungen, und wenn die beiden ihr lange und verschwiegen zugehört hatten, dann geschah es oft, daß unversehens die ganze Stube voll kleiner glänzender Kinder war, die flogen mit hellen, goldenen Flügeln in Kreisen hin und wieder und wie in schönen Tänzen kunstvoll umeinander und in Paaren. Und dazu sangen sie, und es klang hundertfach voll Freude und heiterer Schönheit zusammen. Das war das Schönste, was Augustus je gehört und gesehen hatte, und wenn er später an seine Kindheit dachte, so war es die stille, finstere Stube des alten Paten und die rote Flamme im Kamin mit der Musik und mit dem festlichen, goldenen Zauberflug der Engelwesen, die ihm in der Erinnerung wieder emporstieg und Heimweh machte.

Indessen wurde der Knabe größer, und jetzt gab es für seine Mutter zuweilen Stunden, wo sie traurig war und an jene Taufnacht zurückdenken mußte. Augustus lief fröhlich in den Nachbargassen umher und war überall willkommen, er bekam Nüsse und Birnen, Kuchen und Spielsachen geschenkt, man gab ihm zu essen und zu trinken, ließ ihn auf dem Knie reiten und in den Gärten Blumen pflücken, und oft kam er erst spät am Abend wieder heim und schob die Suppe der Mutter widerwillig beiseite. Wenn sie dann betrübt war und weinte, fand er es langweilig und ging mürrisch in sein Bettlein; und wenn sie ihn einmal schalt und strafte, schrie er heftig und beklagte sich, daß alle Leute lieb und nett zu ihm seien, bloß seine Mutter nicht. Da hatte sie oft betrübte Stunden, und manchmal erzürnte sie sich ernstlich über ihren Jungen, aber wenn er nachher schlafend in seinen Kissen lag und auf dem unschuldigen Kindergesicht ihr Kerzenlicht schimmerte, dann verging alle Härte in ihrem Herzen und sie küßte ihn vorsichtig, daß er nicht erwache. Es war ihre eigene Schuld, daß alle Leute den Augustus gern hatten, und sie dachte manchmal mit Trauer und beinahe mit einem Schrecken, daß es vielleicht besser gewesen wäre, sie hätte jenen Wunsch niemals getan.

Einmal stand sie gerade beim Geranienfenster des Herrn Binßwanger und schnitt mit einer kleinen Schere die verwelkten Blumen aus den Stöcken, da hörte sie in dem Hof, der hinter den beiden Häusern war, die Stimme ihres Jungen, und sie bog sich vor, um hinüberzusehen. Sie sah ihn an der Mauer lehnen, mit seinem hübschen und ein wenig stolzen Gesicht, und vor ihm stand ein Mädchen, größer als er, das sah ihn bittend an und sagte: »Gelt, du bist lieb und gibst mir einen Kuß?«

»Ich mag nicht«, sagte Augustus und steckte die Hände in die Taschen.

»O doch, bitte«, sagte sie wieder. »Ich will dir ja auch etwas Schönes schenken.«

»Was denn?« fragte der Junge.

»Ich habe zwei Äpfel«, sagte sie schüchtern.

Aber er drehte sich um und schnitt eine Grimasse.

»Äpfel mag ich keine«, sagte er verächtlich und wollte weglaufen.

Das Mädchen hielt ihn aber fest und sagte schmeichelnd: »Du, ich habe auch einen schönen Fingerring.«

»Zeig ihn her!« sagte Augustus.

Sie zeigte ihm ihren Fingerring her, und er sah ihn genau an, dann zog er ihn von ihrem Finger und tat ihn auf seine eigenen, hielt ihn ans Licht und fand Gefallen daran.

»Also, dann kannst du ja einen Kuß haben«, sagte er obenhin und gab dem Mädchen einen flüchtigen Kuß auf den Mund.

»Willst du jetzt mit mir spielen kommen?« fragte sie zutraulich und hing sich an seinen Arm.

Aber er stieß sie weg und rief heftig: »Laß mich jetzt doch endlich in Ruhe! Ich habe andre Kinder, mit denen ich spielen kann.«

Während das Mädchen zu weinen begann und vom Hofe schlich, schnitt er ein gelangweiltes und ärgerliches Gesicht; dann drehte er seinen Ring um den Finger und beschaute ihn, und dann fing er an zu pfeifen und ging langsam davon.

Seine Mutter aber stand mit der Blumenschere in der Hand und war erschrocken über die Härte und Verächtlichkeit, mit welcher ihr Kind die Liebe der andern hinnahm. Sie ließ die Blumen stehen und stand kopfschüttelnd und sagte immer wieder vor sich hin: »Er ist ja böse, er hat ja gar kein Herz.«

Aber bald darauf, als Augustus heimkam und sie ihn zur Rede stellte, da schaute er sie lachend aus blauen Augen an und hatte kein Gefühl einer Schuld, und dann fing er an zu singen und ihr zu schmeicheln und war so drollig und nett und zärtlich mit ihr, daß sie lachen mußte und wohl sah, man dürfe bei Kindern nicht alles gleich so ernst nehmen.

Indessen gingen dem Jungen seine Übeltaten nicht ohne alle Strafe hin. Der Pate Binßwanger war der einzige, vor dem er Ehrfurcht hatte, und wenn er am Abend zu ihm in die Stube kam und der Pate sagte: »Heute brennt kein Feuer im Kamin, und es gibt keine Musik, die kleinen Engelkinder sind traurig, weil du so böse warst«, dann ging er schweigend hinaus und heim und warf sich auf sein Bett und weinte, und nachher gab er sich manchen Tag lang Mühe, gut und lieb zu sein.

Jedoch das Feuer im Kamin brannte seltener und seltener, und der Pate war nicht mit Tränen und nicht mit Liebkosungen zu bestechen. Als Augustus zwölf Jahre alt war, da war ihm der zauberische Engelflug in der Patenstube schon ein ferner Traum geworden, und wenn er ihn einmal in der Nacht geträumt hatte, dann war er am nächsten Tag doppelt wild und laut und kommandierte seine vielen Kameraden als Feldherr über alle Hecken weg.

Seine Mutter war es längst müde, von allen Leuten das Lob ihres Knaben zu hören, und wie fein und herzig er sei, sie hatte nur noch Sorgen um ihn. Und als eines Tages sein Lehrer zu ihr kam und ihr erzählte, er wisse jemand, der erbötig sei, den Knaben in fremde Schulen zu schicken und studieren zu lassen, da hatte sie eine Besprechung mit dem Nachbar, und bald darauf, an einem Frühlingsmorgen, kam ein Wagen gefahren, und Augustus in einem neuen, schönen Kleide stieg hinein und sagte seiner Mutter und dem Paten und den Nachbarsleuten Lebewohl, weil er in die Hauptstadt reisen und studieren durfte. Seine Mutter hatte ihm zum letzten Male die blonden Haare schön gescheitelt und den Segen über ihn gesprochen, und nun zogen die Pferde an, und Augustus reiste in die fremde Welt.

Nach manchen Jahren, als der junge Augustus ein Student geworden war und rote Mützen und einen Schnurrbart trug, da kam er einmal wieder in seine Heimat gefahren, weil der Pate ihm geschrieben hatte, seine Mutter sei so krank, daß sie nicht mehr lange leben könne. Der Jüngling kam am Abend an, und die Leute sahen mit Bewunderung zu, wie er aus dem Wagen stieg und wie der Kutscher ihm einen großen ledernen Koffer in das Häuschen nachtrug. Die Mutter aber lag sterbend in dem alten, niederen Zimmer, und als der schöne Student in weißen Kissen ein weißes, welkes Gesicht liegen sah, das ihn nur noch mit stillen Augen begrüßen konnte, da sank er weinend an der Bettstatt nieder und küßte seiner Mutter kühle Hände und kniete bei ihr die ganze Nacht, bis die Hände kalt und die Augen erloschen waren.

Und als sie die Mutter begraben hatten, da nahm ihn der Pate Binßwanger am Arm und ging mit ihm in sein Häuschen, das schien dem jungen Menschen noch niedriger und dunkler geworden, und als sie lange beisammengesessen waren und nur die kleinen Fenster noch schwach in der Dunkelheit schimmerten, da strich der kleine alte Mann mit hageren Fingern über seinen grauen Bart und sagte zu Augustus: »Ich will ein Feuer im Kamin anmachen, dann brauchen wir die Lampe nicht. Ich weiß, du mußt morgen wieder davonreisen, und jetzt, wo deine Mutter tot ist, wird man dich ja so bald nicht wiedersehen.«

Indem er das sagte, zündete er ein kleines Feuer im Kamin an und rückte seinen Sessel näher hinzu, und der Student den seinen, und dann saßen sie wieder eine lange Weile und blickten auf die verglühenden Scheite, bis die Funken spärlicher flogen, und da sagte der Alte sanft: »Lebe wohl, Augustus, ich wünsche dir Gutes. Du hast eine brave Mutter gehabt, und sie hat mehr an dir getan, als du weißt. Gern hätte ich dir noch einmal Musik gemacht und die kleinen Seligen gezeigt, aber du weißt, das geht nicht mehr. Indessen sollst du sie nicht vergessen und sollst wissen, daß sie noch immer singen und daß auch du sie vielleicht einmal wieder hören kannst, wenn du einst mit einem einsamen und sehnsüchtigen Herzen nach ihnen verlangst. Gib mir jetzt die Hand, mein Junge, ich bin alt und muß schlafen gehen.«

Augustus gab ihm die Hand und konnte nichts sagen, er ging traurig in das verödete Häuschen hinüber und legte sich zum letzten Male in der alten Heimat schlafen, und ehe er einschlief, meinte er von drüben ganz fern und leise die süße Musik seiner Kindheit wieder zu hören. Am nächsten Morgen ging er davon, und man hörte lange nichts mehr von ihm.

Bald vergaß er auch den Paten Binßwanger und seine Engel. Das reiche Leben schwoll rings um ihn, und er fuhr auf seinen Wellen mit. Niemand konnte so wie er durch schallende Gassen reiten und die aufschauenden Mädchen mit spöttischen Blicken grüßen, niemand verstand so leicht und hinreißend zu tanzen, so flott und fein im Wagen zu kutschieren, so laut und prangend eine Sommernacht im Garten zu verzechen. Die reiche Witwe, deren Geliebter er war, gab ihm Geld und Kleider und Pferde und alles, was er brauchte und haben wollte, mit ihr reiste er nach Paris und Rom und schlief in ihrem seidenen Bett. Seine Liebe aber war eine sanfte, blonde Bürgerstochter, die er nachts mit Gefahr in ihres Vaters Garten besuchte und die ihm lange, heiße Briefe schrieb, wenn er auf Reisen war.

Aber einmal kam er nicht wieder. Er hatte Freunde in Paris gefunden, und weil die reiche Geliebte ihm langweilig geworden und das Studium ihm längst verdrießlich war, blieb er im fernen Land und lebte wie die große Welt, hielt Pferde, Hunde, Weiber, verlor Geld und gewann Geld in großen Goldrollen, und überall waren Menschen, die ihm nachliefen und sich ihm zu eigen gaben und ihm dienten, und er lächelte und nahm es hin, wie er einst als Knabe den Ring des kleinen Mädchens hingenommen hatte. Der Wunschzauber lag in seinen Augen und auf seinen Lippen, Frauen umgaben ihn mit Zärtlichkeit und Freunde schwärmten für ihn, und niemand sah – er selber fühlte es kaum –, wie sein Herz leer und habgierig geworden war und seine Seele krank und leidend war. Zuweilen wurde er es müde, so von allen geliebt zu sein, und ging allein verkleidet durch fremde Städte, und überall fand er die Menschen töricht und allzu leicht zu gewinnen, und überall schien ihm die Liebe lächerlich, die ihm so eifrig nachlief und mit so wenigem zufrieden war. Frauen und Männer wurden ihm oft zum Ekel, daß sie nicht stolzer waren, und ganze Tage brachte er allein mit seinen Hunden hin oder in schönen Jagdgebieten im Gebirge, und ein Hirsch, den er beschlichen und geschossen hatte, machte ihn froher als die Werbung einer schönen und verwöhnten Frau.

Da sah er einstmals auf einer Seereise die junge Frau eines Gesandten, eine strenge, schlanke Dame aus nordländischem Adel, die stand zwischen vielen andern vornehmen Frauen und weltmännischen Menschen wundervoll abgesondert, stolz und schweigsam, als wäre niemand ihresgleichen, und als er sie sah und beobachtete und wie ihr Blick auch ihn nur flüchtig und gleichgültig zu streifen schien, war ihm so, als erfahre er jetzt zum allerersten Male, was Liebe sei, und er nahm sich vor, ihre Liebe zu

Augustus 1585

gewinnen, und war von da an zu jeder Stunde des Tages in ihrer Nähe und unter ihren Augen; und weil er selbst immerzu von Frauen und Männern umgeben war, die ihn bewunderten und seinen Umgang suchten, stand er mit der schönen Strengen inmitten der Reisegesellschaft wie ein Fürst mit seiner Fürstin, und auch der Mann der Blonden zeichnete ihn aus und bemühte sich, ihm zu gefallen.

Nie war es ihm möglich, mit der Fremden allein zu sein, bis in einer Hafenstadt des Südens die ganze Reisegesellschaft vom Schiffe ging, um ein paar Stunden in der fremden Stadt umherzugehen und wieder eine Weile Erde unter den Sohlen zu fühlen. Da wich er nicht von der Geliebten, bis es ihm gelang, sie im Gewühl eines bunten Marktplatzes im Gespräch zurückzuhalten. Unendlich viele kleine, finstere Gassen mündeten auf diesen Platz; in eine solche Gasse führte er sie, die ihm vertraute, und da sie plötzlich sich mit ihm allein fühlte und scheu wurde und ihre Gesellschaft nicht mehr sah, wandte er sich ihr leuchtend zu, nahm ihre zögernden Hände in seine und bat sie flehend, hier mit ihm an Land zu bleiben und zu fliehen.

Die Fremde war bleich geworden und hielt den Blick zu Boden gewendet. »O, das ist nicht ritterlich«, sagte sie leise. »Lassen Sie mich vergessen, was Sie da gesagt haben!«

»Ich bin kein Ritter«, rief Augustus, »ich bin ein Liebender, und ein Liebender weiß nichts anderes als die Geliebte, und hat keinen Gedanken, als bei ihr zu sein. Ach, du Schöne, komm mit, wir werden glücklich sein.«

Sie sah ihn aus ihren hellblauen Augen ernst und strafend an: »Woher konnten Sie denn wissen«, flüsterte sie klagend, »daß ich Sie liebe? Ich kann nicht lügen: ich habe Sie lieb und habe oft gewünscht, Sie möchten mein Mann sein. Denn Sie sind der erste, den ich von Herzen geliebt habe. Ach, wie kann Liebe sich so weit verirren! Ich hätte niemals gedacht, daß es mir möglich wäre, einen Menschen zu lieben, der nicht rein und gut ist. Aber tausendmal lieber will ich bei meinem Manne bleiben, den ich wenig liebe, der aber ein Ritter und voll Ehre und Adel ist, welche Sie nicht kennen. Und nun reden Sie kein Wort mehr zu mir und bringen Sie mich an das Schiff zurück, sonst rufe ich fremde Menschen um Hilfe gegen Ihre Frechheit an.«

Und ob er bat und ob er knirschte, sie wandte sich von ihm und wäre allein gegangen, wenn er nicht schweigend sich zu ihr gesellt und sie zum Schiff begleitet hätte. Dort ließ er seine Koffer an Land bringen und nahm von niemand Abschied.

Von da an neigte sich das Glück des Vielgeliebten. Tugend und Ehrbarkeit waren ihm verhaßt geworden, er trat sie mit Füßen, und es wurde sein Vergnügen, tugendhafte Frauen mit allen Künsten seines Zaubers zu verführen und arglose Menschen, die er rasch zu Freunden gewann, auszubeuten und dann mit Hohn zu verlassen. Er machte Frauen und Mädchen arm, die er dann alsbald verleugnete, und er suchte sich Jünglinge aus edlen Häusern aus, die er verführte und verdarb. Kein Genuß, den er nicht suchte und erschöpfte; kein Laster, das er nicht lernte und wieder wegwarf. Aber es war keine Freude mehr in seinem Herzen, und von der Liebe, die ihm überall entgegenkam, klang nichts in seiner Seele wider.

In einem schönen Landhaus am Meer wohnte er finster und verdrossen und quälte die Frauen und die Freunde, die ihn dort besuchten, mit den tollsten Launen und Bosheiten. Er sehnte sich danach, die Menschen zu erniedrigen und ihnen alle Verachtung zu zeigen; er war es satt und überdrüssig, von unerbetener, unverlangter, unverdienter Liebe umgeben zu sein; er fühlte den Unwert seines vergeudeten und zerstörten Lebens, das nie gegeben und immer nur genommen hatte. Manchmal hungerte er eine Zeit, nur um doch wieder einmal ein rechtes Begehren zu fühlen und ein Verlangen stillen zu können. Es verbreitete sich unter seinen Freunden die Nachricht, er sei krank und bedürfe der Ruhe und Einsamkeit. Es kamen Briefe, die er niemals las, und besorgte Menschen fragten bei der Dienerschaft nach seinem Befinden. Er aber saß allein und tief vergrämt im Saal über dem Meer, sein Leben lag leer und verwüstet hinter ihm, unfruchtbar und ohne Spur der Liebe wie die graue wogende Salzflut. Er sah häßlich aus, wie er da im Sessel am hohen Fenster kauerte und mit sich selber Abrechnung hielt. Die weißen Möwen trieben im Strandwind vorüber, er folgte ihnen mit leeren Blicken, aus denen jede Freude und jede Teilnahme verschwunden war. Nur seine Lippen lächelten hart und böse, als er mit seinen Gedanken zu Ende war und dem Kammerdiener schellte. Und nun ließ er alle seine Freunde auf einen bestimmten Tag zu einem Fest einladen; seine Absicht aber war, die Ankommenden durch den Anblick eines leeren Hauses und seiner eigenen Leiche zu erschrecken und zu verhöhnen. Denn er war entschlossen, sich vorher mit Gift das Leben zu nehmen.

Am Abend nun vor dem vermeintlichen Fest sandte er seine ganze Dienerschaft aus dem Hause, daß es still in den großen Räumen wurde, und begab sich in sein Schlafzimmer, mischte ein starkes Gift in ein Glas Zyperwein und setzte es an die Lippen.

Als er eben trinken wollte, wurde an seine Türe gepocht, und da er nicht Antwort gab, ging die Tür auf, und es trat ein kleiner alter Mann herein. Der ging auf Augustus zu, nahm ihm sorglich das volle Glas aus den Händen und sagte mit einer wohlbekannten Stimme: »Guten Abend, Augustus, wie geht es dir?«

Der Überraschte, ärgerlich und beschämt, lächelte voll Spott und sagte: »Herr Binßwanger, leben Sie auch noch? Es ist lange her, und Sie scheinen wahrhaftig nicht älter geworden zu sein. Aber im Augenblick stören Sie hier, lieber Mann, ich bin müde und will eben einen Schlaftrunk nehmen.«

»Das sehe ich«, antwortete der Pate ruhig. »Du willst einen Schlaftrunk nehmen, und du hast recht, es ist dies der letzte Wein, der dir noch helfen kann. Zuvor aber wollen wir einen Augenblick plaudern, mein Junge, und da ich einen weiten Weg hinter mir habe, wirst du nicht böse sein, wenn ich mich mit einem kleinen Schluck erfrische.«

Damit nahm er das Glas und setzte es an den Mund, und ehe Augustus ihn zurückhalten konnte, hob er es hoch und trank es in einem raschen Zuge aus.

Augustus war todesbleich geworden. Er stürzte auf den Paten los, schüttelte ihn an den Schultern und schrie gellend: »Alter Mann, weißt du, was du da getrunken hast?«

Herr Binßwanger nickte mit dem klugen grauen Kopf und lächelte: »Es ist Zyperwein, wie ich sehe, und er ist nicht schlecht. Mangel scheinst du nicht zu leiden. Aber ich habe wenig Zeit und will dich nicht lange belästigen, wenn du mich anhören magst.«

Der verstörte Mensch sah dem Paten mit Entsetzen in die hellen Augen und erwartete von Augenblick zu Augenblick, ihn niedersinken zu sehen.

Der Pate setzte sich indessen mit Behagen auf einen Stuhl und nickte seinem jungen Freunde gütig zu.

»Hast du Sorge, der Schluck Wein könnte mir schaden? Da sei nur ruhig! Es ist freundlich von dir, daß du Sorge um mich hast, ich hätte es gar nicht vermutet. Aber jetzt laß uns einmal reden wie in der alten Zeit! Mir scheint, du hast das leichte Leben satt bekommen? Das kann ich verstehen, und wenn ich weggehe, kannst du ja dein Glas wieder vollmachen und austrinken. Aber vorher muß ich dir etwas erzählen.«

Augustus lehnte sich an die Wand und horchte auf die gute, wohlige Stimme des uralten Männleins, die ihm von Kinderzeiten her vertraut war und die Schatten der Vergangenheit in seiner Seele wachrief. Eine tiefe Scham und Trauer ergriff ihn, als sähe er seiner eigenen unschuldigen Kindheit in die Augen.

»Dein Gift habe ich ausgetrunken«, fuhr der Alte fort, »weil ich es bin, der an deinem Elend schuldig ist. Deine Mutter hat bei deiner Taufe einen Wunsch für dich getan, und ich habe ihr den Wunsch erfüllt, obwohl er töricht war. Du brauchst ihn nicht zu kennen, er ist ein Fluch geworden, wie du ja selber gespürt hast. Es tut mir leid, daß es so gegangen ist, und es möchte mich wohl freuen, wenn ich es noch erlebte, daß du einmal wieder bei mir daheim vor dem Kamin sitzest und die Englein singen hörst. Das ist nicht leicht, und im Augenblick scheint es dir vielleicht unmöglich, daß dein Herz je wieder gesund und rein und heiter werden könne. Es ist aber möglich, und ich möchte dich bitten, es zu versuchen. Der Wunsch deiner armen Mutter ist dir schlecht bekommen, Augustus. Wie wäre es nun, wenn du mir erlaubtest, auch dir noch einen Wunsch zu erfüllen, irgendeinen? Du wirst wohl nicht Geld und Gut begehren, und auch nicht Macht und Frauenliebe, davon du genug gehabt hast. Besinne dich, und wenn du meinst, einen Zauber zu wissen, der dein verdorbenes Leben wieder schöner und besser und dich wieder einmal froh machen könnte, dann wünsche ihn dir!«

In tiefen Gedanken saß Augustus und schwieg, er war aber zu müde und hoffnungslos, und so sagte er nach einer Weile: »Ich danke dir, Pate Binßwanger, aber ich glaube, mein Leben läßt sich mit keinem Kamm wieder glattstreichen. Es ist besser, ich tue, was ich zu tun gedachte, als du hereinkamst. Aber ich danke dir doch, daß du gekommen bist.«

»Ja«, sagte der Alte bedächtig, »ich kann mir denken, daß es dir nicht leichtfällt. Aber vielleicht kannst du dich noch einmal besinnen, Augustus, vielleicht fällt dir das ein, was dir bis jetzt am meisten gefehlt hat, oder vielleicht kannst du dich an die früheren Zeiten erinnern, wo die Mutter noch lebte, und wo du manchmal am Abend zu mir gekommen bist. Da bist du doch zuweilen glücklich gewesen, nicht?«

»Ja, damals«, nickte Augustus, und das Bild seiner strahlenden Lebensfrühe sah ihm fern und bleich wie aus einem uralten Spiegel entgegen. »Aber das kann nicht wiederkommen. Ich kann nicht wünschen, wieder ein Kind zu sein. Ach, da finge doch alles wieder von vorne an!«

»Nein, das hätte keinen Sinn, da hast du recht. Aber denke noch einmal an die Zeit bei uns daheim und an das arme Mädchen, das du als Student bei Nacht in ihres Vaters Garten besucht hast, und denke auch an die schöne blonde Frau, mit der du einmal auf dem Meerschiff gefahren bist, und denke an alle Augenblicke, wo du einmal glücklich gewesen bist und wo das Leben dir gut und wertvoll erschien. Vielleicht kannst du das erkennen, was dich damals glücklich gemacht hat, und kannst dir das wünschen. Tu es, mir zuliebe, mein Junge!«

Augustus schloß die Augen und sah auf sein Leben zurück, wie man aus einem dunklen Gang nach jenem fernen Lichtpunkt sieht, von dem man hergekommen ist, und er sah wieder, wie es einst hell und schön um ihn gewesen und dann langsam dunkler und dunkler geworden war, bis er ganz im Finstern stand und nichts ihn mehr erfreuen konnte. Und je mehr er nachdachte und sich erinnerte, desto schöner und liebenswerter und begehrenswerter blickte der ferne kleine Lichtschein herüber, und schließlich erkannte er ihn, und Tränen stürzten aus seinen Augen.

»Ich will es versuchen«, sagte er zu seinem Paten. »Nimm den alten Zauber von mir, der mir nicht geholfen hat, und gib mir dafür, daß ich die Menschen liebhaben kann!«

Weinend kniete er vor seinem alten Freunde und fühlte schon im Niedersinken, wie die Liebe zu diesem alten Manne in ihm brannte und nach vergessenen Worten und Gebärden rang. Der Pate aber nahm ihn sanft, der kleine Mann, auf seine Arme und trug ihn zum Lager, da legte er ihn nieder und strich ihm die Haare aus der heißen Stirn.

»Es ist gut«, flüsterte er ihm leise zu, »es ist gut, mein Kind, es wird alles gut werden.«

Darüber fühlte Augustus sich von einer schweren Müdigkeit überfallen, als sei er im Augenblick um viele Jahre gealtert, er fiel in einen tiefen Schlaf, und der alte Mann ging still aus dem verlassenen Haus.

Augustus erwachte von einem wilden Lärm, der das hallende Haus erfüllte, und als er sich erhob und die nächste Tür öffnete, fand er den Saal und alle Räume voll von seinen ehemaligen Freunden, die zu dem Fest gekommen waren und das Haus leer gefunden hatten. Sie waren erbost und enttäuscht, und er ging ihnen entgegen, um sie alle wie sonst mit einem Lächeln und einem Scherzwort zurückzugewinnen; aber er fühlte plötzlich, daß diese Macht von ihm gewichen war. Kaum sahen sie ihn, so begannen sie alle zugleich auf ihn einzuschreien, und als er hilflos lächelte und abwehrend die Hände ausstreckte, fielen sie wütend über ihn her.

»Du Gauner«, schrie einer, »wo ist das Geld, das du mir schuldig bist?«

Und ein anderer: »Und das Pferd, das ich dir geliehen habe?« Und eine hübsche, zornige Frau: »Alle Welt weiß meine Geheimnisse, die du ausgeplaudert hast. O wie ich dich hasse, du Scheusal!« Und ein hohläugiger junger Mensch schrie mit verzerrtem Gesicht: »Weißt du, was du aus mir gemacht hast, du Satan, du Jugendverderber?«

Und so ging es weiter, und jeder häufte Schmach und Schimpf auf ihn, und jeder hatte recht, und viele schlugen ihn, und als sie gingen und im Gehen die Spiegel zerschlugen und viele von den Kostbarkeiten mitnahmen, erhob sich Augustus vom Boden, geschlagen und gedemütigt, und als er in sein Schlafzimmer trat und in den Spiegel blickte, um sich zu waschen, da schaute sein Gesicht ihm welk und häßlich entgegen, die roten Augen tränten, und von der Stirne tropfte Blut.

»Das ist die Vergeltung«, sagte er zu sich selber und wusch das Blut von seinem Gesicht, und kaum hatte er sich ein wenig besonnen, da drang von neuem Lärm ins Haus und Menschen kamen die Treppen heraufgestürmt: Geldleiher, denen er sein Haus verpfändet hatte, und ein Gatte, dessen Frau er verführt hatte, und Väter, deren Söhne durch ihn verlockt ins Laster und Elend gekommen waren, und entlassene Diener und Mägde, Polizei und Advokaten; und eine Stunde später saß er gefesselt in einem Wagen und wurde ins Gefängnis geführt. Hinterher schrie das Volk und sang Spottlieder, und ein Gassenjunge warf durchs Fenster dem Davongeführten eine Handvoll Kot ins Gesicht.

Da war die Stadt voll von den Schandtaten dieses Menschen, den so viele gekannt und geliebt hatten. Kein Laster, dessen er nicht angeklagt war, und keines, das er verleugnete. Menschen, die er lange vergessen hatte, standen vor den Richtern und sagten Dinge aus, die er vor Jahren getan hatte; Diener, die er beschenkt und die ihn bestohlen, erzählten die Geheimnisse seiner Laster, und jedes Gesicht war voll von Abscheu und Haß, und keiner war da, der für ihn sprach, der ihn lobte, der ihn entschuldigte, der sich an Gutes von ihm erinnerte.

Er ließ alles geschehen, ließ sich in die Zelle und aus der Zelle vor die Richter und vor die Zeugen führen, er blickte verwundert und traurig aus kranken Augen in die vielen bösen, entrüsteten, gehässigen Gesichter, und in jedem sah er unter der Rinde von Haß und Entstellung einen heimlichen Liebreiz und Schein des Herzens glimmen. Alle diese hatten ihn einst geliebt, und er keinen von ihnen, nun tat er allen Abbitte und suchte bei jedem sich an etwas Gutes zu erinnern.

Am Ende wurde er in ein Gefängnis gesteckt, und niemand durfte zu ihm kommen, da sprach er in Fieberträumen mit seiner Mutter und mit seiner ersten Geliebten, mit dem Paten Binßwanger und mit der nordischen Dame vom Schiff, und wenn er erwachte und furchtbare Tage einsam und verloren saß, dann litt er alle Pein der Sehnsucht und Verlassenheit und schmachtete nach dem Anblick von Menschen, wie er nie nach irgendeinem Genusse oder nach irgendeinem Besitz geschmachtet hatte.

Und als er aus dem Gefängnis kam, da war er krank und alt, und niemand kannte ihn mehr. Die Welt ging ihren Gang, man fuhr und ritt und promenierte in den Gassen, Früchte und Blumen, Spielzeug und Zeitungen wurden feilgeboten, nur an Augustus wandte sich niemand. Schöne Frauen, die er einst bei Musik und Champagner in seinen Armen gehalten hatte, fuhren in Equipagen an ihm vorbei, und hinter ihren Wagen schlug der Staub über Augustus zusammen.

Die furchtbare Leere und Einsamkeit aber, in welcher er mitten in seinem prächtigen Leben erstickt war, die hatte ihn ganz verlassen. Wenn er in ein Haustor trat, um sich für Augenblicke vor der Sonnenglut zu schützen, oder wenn er im Hof eines Hinterhauses um einen Schluck Wasser bat, dann wunderte er sich darüber, wie mürrisch und feindselig ihn die Menschen anhörten, dieselben, die ihm früher auf stolze und lieblose Worte dankbar und mit leuchtenden Augen geantwortet hatten. Ihn aber freute und ergriff und rührte jetzt der Anblick jedes Menschen, er liebte die Kinder, die er spielen und zur Schule gehen sah, und er liebte die alten Leute, die vor ihrem Häuschen auf der Bank saßen und die welken Hände an der Sonne wärmten. Wenn er einen jungen Burschen sah, der ein Mädchen mit sehnsüchtigen Blicken verfolgte, oder einen Arbeiter, der heimkehrend am Feierabend seine Kinder auf die Arme nahm, oder einen feinen, klugen Arzt, der still und eilig im Wagen dahinfuhr und an seine Kranken dachte, oder auch eine arme, schlechtgekleidete Dirne, die am Abend in der Vorstadt bei einer Laterne wartete und sogar ihm, dem Verstoßenen, ihre Liebe anbot, dann waren alle diese seine Brüder und Schwestern, und jeder trug die Erinnerung an eine geliebte Mutter und an eine bessere Herkunft oder das heimliche Zeichen einer schöneren und edleren Bestimmung an sich und jeder war ihm lieb und merkwürdig und gab ihm Anlaß zum Nachdenken, und keiner war schlechter, als er selbst sich fühlte.

Augustus beschloß, durch die Welt zu wandern und einen Ort zu suchen, wo es ihm möglich wäre, den Menschen irgendwie zu nützen und ihnen seine Liebe zu zeigen. Er mußte sich daran gewöhnen, daß sein Anblick niemanden mehr froh machte; sein Gesicht war eingefallen, seine Kleider und Schuhe waren die eines Bettlers, auch seine Stimme und sein Gang hatten nichts mehr von dem, was die Leute erfreut und bezaubert hatte. Die Kinder fürchteten ihn, weil sein struppiger grauer Bart lang herunterhing, die Wohlgekleideten scheuten seine Nähe, in der sie sich unwohl und beschmutzt fühlten, und die Armen mißtrauten ihm als einem Fremden, der ihnen ihre paar Bissen wegschnappen wollte. So hatte er Mühe, den Menschen zu dienen. Aber er lernte und ließ sich nichts verdrießen. Er sah ein kleines Kind sich nach der Türklinke des Bäckerladens strecken und sie mit dem Händchen nicht erreichen. Dem konnte er helfen, und manchmal fand sich auch einer, der noch ärmer war als er selbst, ein Blinder oder Gelähmter, dem er ein wenig auf seinem Weg helfen und wohltun konnte. Und wo er das nicht konnte, da gab er doch freudig das Wenige, was er hatte, einen hellen, gütigen Blick und einen brüderlichen Gruß, eine Gebärde des Verstehens und des Mitleidens. Er lernte es auf seinen Wegen den Leuten ansehen, was sie von ihm erwarteten, woran sie Freude haben würden: der eine an einem lauten, frischen Gruß, der andere an einem stillen Blick und wieder einer daran, daß man ihm auswich und ihn nicht störte. Er wunderte sich täglich, wieviel Elend es auf der Welt gäbe, und wie vergnügt doch die Menschen sein können, und er fand es herrlich und begeisternd, immer wieder zu sehen, wie neben jedem Leid ein frohes Lachen, neben jedem Totengeläut ein Kindergesang, neben jeder Not und Gemeinheit eine Artigkeit, ein Witz, ein Trost, ein Lächeln zu finden war.

Das Menschenleben schien ihm vorzüglich eingerichtet. Wenn er um die Ecke bog, und es kam ihm eine Horde Schulbuben entgegengesprungen, wie blitzte da Mut und Lebenslust und junge Schönheit aus allen Augen, und wenn sie ihn ein wenig hänselten und plagten, so war das nicht so schlimm: es war sogar zu begreifen, er fand sich selber, wenn er sich in einem Schaufenster oder beim Trinken im Brunnen gespiegelt sah, recht welk und dürftig von Ansehen. Nein, für ihn konnte es sich nicht mehr darum handeln, den Leuten zu gefallen oder Macht auszuüben, davon hatte er genug gehabt. Für ihn war es jetzt schön und erbaulich, andere auf jenen Bahnen streben und sich fühlen zu sehen, die er einst gegangen war, und wie alle Menschen so eifrig und mit so viel Kraft und Stolz und Freude ihren Zielen nachgingen, das war ihm ein wunderbares Schauspiel.

Indessen wurde es Winter und wieder Sommer, Augustus lag lange

Zeit in einem Armenspital krank, und hier genoß er still und dankbar das Glück, arme, niedergeworfene Menschen mit hundert zähen Kräften und Wünschen am Leben hängen und den Tod überwinden zu sehen. Herrlich war es, in den Zügen der Schwerkranken die Geduld und in den Augen der Genesenden die helle Lebenslust gedeihen zu sehen, und schön waren auch die stillen, würdigen Gesichter der Gestorbenen, und schöner als dies alles war die Liebe und Geduld der hübschen, reinlichen Pflegerinnen. Aber auch diese Zeit ging zu Ende, der Herbstwind blies, und Augustus wanderte weiter, dem Winter entgegen, und eine seltsame Ungeduld ergriff ihn, als er sah, wie unendlich langsam er vorwärts kam, da er doch noch überall hinkommen und noch so vielen, vielen Menschen in die Augen sehen wollte. Sein Haar war grau geworden, und seine Augen lächelten blöde hinter roten, kranken Lidern, und allmählich war auch sein Gedächtnis trübe geworden, so daß ihm schien, er habe die Welt niemals anders gesehen als heute; aber er war zufrieden und fand die Welt durchaus herrlich und liebenswert.

So kam er mit dem Einbruch des Winters in eine Stadt; der Schnee trieb durch die dunkeln Straßen, und ein paar späte Gassenbuben warfen dem Wanderer Schneebällen nach, sonst aber war alles schon abendlich still. Augustus war sehr müde, da kam er in eine schmale Gasse, die schien ihm wohlbekannt und wieder in eine, und da stand seiner Mutter Haus und das Haus des Paten Binßwanger, klein und alt im kalten Schneetreiben, und beim Paten war ein Fenster hell, das schimmerte rot und friedlich durch die Winternacht.

Augustus ging hinein und pochte an die Stubentür, und der kleine Mann kam ihm entgegen und führte ihn schweigend in seine Stube, da war es warm und still und ein kleines, helles Feuer brannte im Kamin.

»Bist du hungrig?« fragte der Pate. Aber Augustus war nicht hungrig, er lächelte nur und schüttelte den Kopf.

»Aber müde wirst du sein?« fragte der Pate wieder, und er breitete sein altes Fell auf dem Boden aus, und da kauerten die beiden alten Leute nebeneinander und sahen ins Feuer.

»Du hast einen weiten Weg gehabt«, sagte der Pate.

»O, es war sehr schön, ich bin nur ein wenig müde geworden. Darf ich bei dir schlafen? Dann will ich morgen weitergehen.«

»Ja, das kannst du. Und willst du nicht auch die Engel wieder tanzen sehen?«

»Die Engel? O ja, das will ich wohl, wenn ich einmal wieder ein Kind sein werde.«

»Wir haben uns lange nicht mehr gesehen«, fing der Pate wieder an. »Du bist so hübsch geworden, deine Augen sind wieder so gut und sanft wie in der alten Zeit, wo deine Mutter noch am Leben war. Es war freundlich von dir, mich zu besuchen.«

Der Wanderer in seinen zerrissenen Kleidern saß zusammengesunken neben seinem Freunde. Er war noch nie so müde gewesen, und die schöne Wärme und der Feuerschein machten ihn verwirrt, so daß er zwischen heute und damals nicht mehr deutlich unterscheiden konnte.

»Pate Binßwanger«, sagte er, »ich bin wieder unartig gewesen, und die Mutter hat daheim geweint. Du mußt mit ihr reden und ihr sagen, daß ich wieder gut sein will. Willst du?«

»Ich will«, sagte der Pate, »sei nur ruhig, sie hat dich ja lieb.«

Nun war das Feuer kleingebrannt, und Augustus starrte mit denselben großen schläfrigen Augen in die schwache Röte, wie einstmals in seiner früheren Kindheit, und der Pate nahm seinen Kopf auf den Schoß, eine feine, frohe Musik klang zart und selig durch die finstere Stube, und tausend kleine, strahlende Geister kamen geschwebt und kreisten frohmütig in kunstvollen Verschlingungen umeinander und in Paaren durch die Luft. Und Augustus schaute und lauschte und tat alle seine zarten Kindersinne weit in dem wiedergefundenen Paradiese auf.

Einmal war ihm, als habe ihn seine Mutter gerufen; aber er war zu müde, und der Pate hatte ihm ja versprochen, mit ihr zu reden. Und als er eingeschlafen war, legte ihm der Pate die Hände zusammen und lauschte an seinem still gewordenen Herzen, bis es in der Stube völlig Nacht geworden war.

(1913)

Der Traum von den Göttern*

Ich ging allein und hilflos und sah es überall dunkel und gestaltlos werden und suchte und lief, um zu finden, wohin denn alle Helligkeit entflohen sei. Da stand ein neues Gebäude, dessen Fenster strahlten, und über den Türen brannte taghelles Licht, und ich ging durch ein Tor hinein und kam in einen erleuchteten Saal. Viele Menschen hatten sich hier versammelt und saßen schweigend und voll Aufmerksamkeit, denn sie waren gekommen, um bei den Priestern der Wissenschaft Trost und Licht zu suchen.

Auf einem erhöhten Boden vor dem Volke stand ein Priester der Wissenschaft, ein schwarzgekleideter, stiller Mann mit klugen, ermüdeten Augen, und er sprach mit einer klaren, milden, bezwingend ruhigen Stimme zu den vielen Zuhörern. Vor ihm aber standen auf hellen Tafeln viele Abbilder von Göttern, und er trat soeben vor den Gott des Krieges und erzählte, wie einst in älteren Zeiten dieser Gott entstanden sei, aus den Bedürfnissen und Wünschen jener damaligen Menschen, welche noch nicht die Einheit aller Weltkräfte erkannt hatten. Nein, sie sahen stets nur das Einzelne und Augenscheinliche, jene früheren Menschen, und so brauchten und schufen

---

* Anmerkung des Herausgebers: Als Hesse 1924 sein »Bilderbuch« (mit dem Untertitel »Schilderungen«) vorbereitete, wo der »Traum von den Göttern« zwei Jahre später erstmals in Buchform erschien, versah er den Text mit der nachfolgenden »Vorbemerkung«: »Es sind jetzt zehn Jahre her seit dem Beginn des Weltkrieges. Unter den vielen Erinnerungen, die an jene Zeit mahnen, finden sich in aller Welt auch sehr zahlreiche Fälle von Vorahnungen, von Prophezeiungen, Wahrträumen, Visionen, die sich auf den Krieg bezogen. Es wird mit diesen Erlebnissen mancher Humbug getrieben, und mir liegt nichts ferner als mich unter die vielen Vorauswisser und Propheten des Krieges einzureihen! Ich war im August 1914 ebenso überrascht und entsetzt von den Ereignissen wie jedermann. Und dennoch habe ich, ebenso wie Tausende von Menschen, die neue Katastrophe kurz vorher gefühlt. Wenigstens hatte ich, etwa acht Wochen vor dem Beginn des Krieges, einen sehr merkwürdigen Traum und habe diesen Traum noch Ende Juni 1914 aufgezeichnet. Allerdings ist diese Aufzeichnung keine aktenmäßige, wörtlich treue Darstellung des Traumes mehr, sondern es ist mir damals eine kleine Dichtung daraus entstanden. Das Wesentliche aber, die Erscheinung des Kriegsgottes und seines Gefolges, ist nicht von mir bewußt erfunden, sondern ist wirkliches Traumerlebnis gewesen. Nicht der Kuriosität wegen, sondern weil sich für manchen ernste Gedanken daran knüpfen mögen, teile ich jene Aufzeichnungen vom Juni 1914 hier mit.«

sie je eine besondere Gottheit für das Meer und für das feste Land, für die Jagd und für den Krieg, für den Regen und für die Sonne. Und so war also auch der Gott des Krieges entstanden, und der Diener der Weisheit erzählte fein und klar, wo seine ersten Bildnisse errichtet und wann ihm die ersten Opfer dargebracht worden seien, bis dann später mit dem Sieg der Erkenntnis dieser Gott entbehrlich geworden wäre.

Und er bewegte die Hand, und der Gott des Krieges erlosch und fiel dahin, und es stand statt seiner auf der Tafel ein Bild des Schlafgottes, und auch dieses Bild wurde erklärt, o allzu rasch, denn gerne hätte ich von diesem holden Gott noch lange gehört. Sein Bild sank dahin, und nach ihm erschien der Gott der Trunkenheit und der Gott der Liebesfreude und die Göttinnen des Ackerbaues, der Jagd, der Häuslichkeit. Jede von diesen Gottheiten leuchtete in ihrer besonderen Form und Schönheit auf als ein Gruß und Widerschein aus den fernen Jugendaltern der Menschheit, und jede wurde erklärt und warum sie längst entbehrlich geworden sei, und ein Bildnis um das andere erlosch und sank dahin, und jedesmal zuckte in uns ein kleiner, feiner Triumph des Geistes auf und zugleich ein leises Mitleid und Bedauern im Herzen. Einige aber lachten immerzu und klatschten in die Hände und riefen »Weg damit!«, so oft wieder ein Götterbild vor dem Wort des gelehrten Mannes auslosch.

Auch Geburt und Tod, so erfuhren wir aufhorchend, bedurften keiner besonderen Sinnbilder mehr, nicht Liebe noch Neid, nicht Haß noch Zorn, denn die Menschheit war seit kurzem all dieser Götter satt geworden und hatte erkannt, daß es weder in der Seele des Menschen noch im Innern der Erde und Meere einzelne Kräfte und Eigenschaften gäbe, vielmehr nur *ein* großes Hin und Wider der *einen* Urkraft, deren Wesen zu erforschen nunmehr die nächste große Aufgabe des menschlichen Geistes sein werde.

Mittlerweile war es im Saale, sei es durch das Erlöschen der Bildnisse, sei es aus anderen mir unbekannten Ursachen, immer dunkler und dämmernder geworden, so daß ich sah, es strahle mir auch hier in diesem Tempel keine reine und ewige Quelle, und ich beschloß, aus diesem Hause zu fliehen und lichtere Orte zu suchen.

Aber ehe der Entschluß in mir zur Bewegung geworden war, sah ich die Dämmerung im Saale noch viel trüber werden, und die Menschen begannen unruhig zu werden, zu schreien und sich durcheinander zu drängen wie Schafe, wenn ein plötzlich ausbrechendes Gewitter sie erschreckt, und niemand wollte mehr auf die Worte des Weisen hören. Eine gräßliche

Der Traum von den Göttern

Angst und Schwüle war auf die Menge herabgesunken, ich hörte Seufzer und Schreie und sah die Menschen wütend zu den Toren drängen. Die Luft wurde voll Staub und so dick wie Schwefeldampf, es war ganz nächtig geworden, aber hinter den hohen Fenstern sah man eine unruhige Glut in trüber Röte flackern wie bei einem Brand.

Mir vergingen die Sinne, ich lag am Boden, und unzählige Flüchtlinge traten mit ihren Schuhen auf mich.

Als ich erwachte und mich auf blutenden Händen emporrichtete, war ich ganz allein in einem leeren und zerstörten Haus, dessen Wände zerfallend klafften und über mich zu stürzen drohten. In der Ferne hörte ich Lärm und Donner und wüsten Schall undeutlich toben, und der durch zerbrochene Wände scheinende Luftraum zuckte von Gluten wie ein schmerzvolles, blutendes Antlitz. Aber jene erstickende Schwüle war geschwunden.

Da ich nun aus dem zertrümmerten Tempel des Wissens hervorkroch, sah ich die halbe Stadt in Brand stehen und den Nachthimmel von Flammensäulen und Rauchfahnen durchweht. Erschlagene Menschen lagen hier und dort zwischen den Trümmern der Bauwerke, es war still umher, und ich konnte das Knistern und Blasen der entfernten Flammenmeere vernehmen, dahinter aber hörte ich, aus großer Ferne her, ein wildes und angstvolles Geheul, wie wenn alle Völker der Erde sich in einem unendlichen Schrei oder Seufzer erhöben.

Die Welt geht unter, dachte ich, und ich war so wenig darüber verwundert, als ob ich seit langem gerade darauf gewartet hätte.

Mitten aus der brennenden und einstürzenden Stadt hervor aber sah ich jetzt einen Knaben kommen, der hatte die Hände in den Taschen stecken und hüpfte tänzelnd von einem Bein aufs andere, elastisch und lebensfroh, und dann blieb er stehen und stieß einen kunstvollen Pfiff aus, das war unser Freundschaftspfiff aus der Lateinschülerzeit, und der Knabe war mein Freund Gustav, der sich als Student erschossen hat. Alsbald war gleich ihm auch ich wieder ein Knabe von zwölf Jahren, und die brennende Stadt und der ferne Donner und das sausende Sturmgeheul von allen Ecken der Welt klang uns jetzt wunderbar köstlich in die wachen Ohren. O, jetzt war alles gut, und weg und versunken war der finstere Alptraum, in dem ich so viele verzweifelte Jahre gelebt hatte.

Lachend deutete mir Gustav auf ein Schloß und einen hohen Turm, welche soeben drüben zusammenstürzten. Mochte das Zeug untergehen, es war nicht schade darum. Man konnte Neues und Schöneres bauen. Gott sei Dank, daß Gustav wieder da war! Jetzt hatte das Leben wieder einen Sinn.

Aus der riesigen Wolke, die sich über dem Zusammenbruch der Prachtgebäude erhoben hatte und die wir beide erwartungsvoll und schweigend anstarrten, aus der Staubwolke löste sich ein ungeheures Gebilde, reckte ein Götterhaupt und riesige Arme empor und schritt siegreich in die rauchende Welt. Es war der Gott des Krieges, genau wie ich ihn im Tempel der Wissenschaft hatte vorzeigen sehen. Aber er war lebendig und riesengroß, und sein flammenbestrahltes Gesicht lächelte stolz in frohem Knabenübermut. Wir waren alsbald ohne Worte einig, ihm zu folgen, und wir folgten ihm wie auf Flügeln rasch und stürmend über Stadt und Brand hinweg in die weite flatternde Sturmnacht, der unsere Herzen entzückt entgegenschlugen.

Auf der Höhe des Gebirges blieb der Kriegsgott jubelnd stehen und schüttelte seinen runden Schild, und siehe, von allen Enden des Erdkreises erhoben sich ferne große, heilige Gestalten und kamen ihm groß und herrlich entgegen: Götter und Göttinnen, Dämonen und Halbgötter. Schwebend kam der Gott der Liebe und taumelnd der Gott des Schlafes und schlank und streng die Göttin der Jagd gegangen und Götter ohne Ende; und da ich geblendet vor dem Adel ihrer Gestalten die Augen niederschlug, war ich nicht mehr allein mit meinem lieben Freunde, sondern mit ihm und mit mir beugte ringsum ein neues Menschenvolk in der Nacht seine Knie vor den heimkehrenden Göttern.

(1914)

Merkwürdige Nachricht von einem andern Stern

In einer der Südprovinzen unseres schönen Sterns war ein gräßliches Unglück geschehen. Ein von furchtbaren Gewitterstürmen und Überschwemmungen begleitetes Erdbeben hatte drei große Dörfer und alle ihre Gärten, Felder, Wälder und Pflanzungen beschädigt. Eine Menge von Menschen und Tieren war umgekommen, und, was am meisten traurig war, es fehlte durchaus an der notwendigen Menge von Blumen, um die Toten einzuhüllen und ihre Ruhestätten geziemend zu schmücken.

Für alles andere war natürlich sofort gesorgt worden. Boten mit dem großen Liebesruf hatten alsbald nach der schrecklichen Stunde die benachbarten Gegenden durcheilt, und von allen Türmen der ganzen Provinz hörte man die Vorsänger jenen rührenden und herzbewegenden Vers singen, der seit alters als der Gruß an die Göttin des Mitleids bekannt ist und dessen Tönen niemand widerstehen konnte. Es kamen aus allen Städten und Gemeinden her alsbald Züge von Mitleidigen und Hilfsbereiten herbei, und die Unglücklichen, welche das Dach über dem Haupte verloren hatten, wurden mit freundlichen Einladungen und Bitten überhäuft, hier und dort bei Verwandten, bei Freunden, bei Fremden Wohnung zu nehmen. Speise und Kleider, Wagen und Pferde, Werkzeuge, Steine und Holz und viele andere Dinge wurden von allen Seiten her zu Hilfe gebracht, und während die Greise, Weiber und Kinder noch von mildtätigen Händen tröstlich und gastlich hinweggeführt wurden, während man die Verletzten sorgfältig wusch und verband und unter den Trümmern nach den Toten suchte, da waren andere schon darangegangen, eingestürzte Dächer abzuräumen, wankende Mauern mit Balken abzustützen und alles Notwendige für den raschen Neubau vorzubereiten. Und obwohl von dem Unglück her noch ein Hauch von Grauen in den Lüften hing und von allen den Toten eine Mahnung zu Trauer und ehrerbietigem Schweigen ausging, war dennoch in allen Gesichtern und Stimmen eine freudige Bereitschaft und eine gewisse zarte Festlichkeit zu verspüren; denn die Gemeinsamkeit eines fleißigen Tuns und die erquickende Gewißheit, etwas so ungemein Notwendiges, etwas so Schönes und Dankenswertes zu tun, strömte in alle Herzen über. Anfangs war alles noch in Scheu und Schweigen geschehen, bald aber wurde da und dort eine fröhliche Stimme, ein leises zur gemeinsamen Arbeit gesungenes Lied hörbar, und wie man sich denken kann, waren unter allem, was gesungen wurde, obenan die beiden alten Spruchverse: »Selig, Hilfe zu bringen dem frisch von der Not Überfallenen; trinkt nicht sein Herz die Wohltat wie ein dürrer Garten den ersten Regen, und gibt Antwort in Blumen der Dankbarkeit?« Und jener andere: »Heiterkeit Gottes strömt aus gemeinsamem Handeln.«

Aber nun entstand ebenjener beklagenswerte Mangel an Blumen. Die Toten zwar, die man zuerst gefunden hatte, waren mit den Blumen und Zweigen geschmückt worden, welche man aus den zerstörten Gärten gesammelt hatte. Dann hatte man begonnen, aus den benachbarten Orten alle erreichbaren Blumen zu holen. Aber dies war eben das besondere Unglück, daß gerade die drei zerstörten Gemeinden die größten und schönsten Gärten für die Blumen dieser Jahreszeit besessen hatten. Hierher war man in jedem Jahre gekommen, um die Narzissen und die Krokus zu sehen, deren es nirgends sonst solche unabsehbare Mengen gab und so gepflegte, wunderbar gefärbte Arten; und das alles war nun zerstört und verdorben. So stand man bald ratlos und wußte nicht, wie man an allen diesen Toten das Gebot der Sitte erfüllen sollte, welches doch verlangt, daß jeder gestorbene Mensch und jedes gestorbene Tier festlich mit den Blumen der Jahreszeit geschmückt und daß seine Bestattung desto reicher und prangender begangen werde, je plötzlicher und trauriger einer ums Leben gekommen ist.

Der Älteste der Provinz, der als einer der ersten von den Hilfebringenden in seinem Wagen erschienen war, fand sich bald so sehr von Fragen, Bitten und Klagen bestürmt, daß er Mühe hatte, seine Ruhe und Heiterkeit zu bewahren. Aber er hielt sein Herz in festen Händen, seine Augen blieben hell und freundlich, seine Stimme klar und höflich und seine Lippen unter dem weißen Barte vergaßen nicht einen Augenblick das stille und gütige Lächeln, das ihm als einem Weisen und Ratgeber anstand.

»Meine Freunde«, sagte er, »es ist ein Unglück über uns gekommen, mit welchem die Götter uns prüfen wollen. Alles, was hier vernichtet ist, werden wir unseren Brüdern bald wieder aufbauen und zurückgeben können, und ich danke den Göttern, daß ich im hohen Alter dies noch erleben durfte, wie ihr alle gekommen seid und das Eure habt liegenlassen, um unsern Brüdern zu helfen. Wo aber nehmen wir nun die Blumen her, um alle diese Toten schön und anständig für das Fest ihrer Verwandlung zu schmücken? Denn es darf, solange wir da sind und leben, nicht geschehen, daß ein einziger von diesen müden Pilgern ohne sein richtiges Blumenopfer begraben werde. Dies ist ja wohl eure Meinung.«

»Ja«, riefen alle, »das ist auch unsere Meinung.«

»Ich weiß es«, sagte der Älteste mit seiner väterlichen Stimme. »Ich will nun sagen, was wir tun müssen, ihr Freunde. Wir müssen alle jene Ermüdeten, welche wir heute nicht begraben können, in den großen Sommertempel hoch ins Gebirge bringen, wo jetzt noch der Schnee liegt. Dort sind sie sicher und werden sich nicht verändern, bis ihre Blumen herbeigeschafft sind. Aber da ist nur einer, der uns zu so vielen Blumen in dieser Jahreszeit verhelfen könnte. Das kann nur der König. Darum müssen wir einen von uns zum König senden, daß er ihn um Hilfe bitte.«

Und wieder nickten alle und riefen: »Ja, ja, zum König!«

»So ist es«, fuhr der Älteste fort, und unter dem weißen Bart sah jedermann mit Freude sein schönes Lächeln glänzen. »Wen aber sollen wir zum König schicken? Er muß jung und rüstig sein, denn der Weg ist weit, und wir müssen ihm unser bestes Pferd mitgeben. Er muß aber auch hübsch und guten Herzens sein und viel Glanz in den Augen haben, damit ihm das Herz des Königs nicht widerstehen kann. Worte braucht er nicht viele zu sagen, aber seine Augen müssen reden können. Am besten wäre es wohl, ein Kind zu senden, das hübscheste Kind aus der Gemeinde, aber wie könnte das eine solche Reise tun? Ihr müßt mir helfen, meine Freunde, und wenn einer da ist, der die Botschaft auf sich nehmen will, oder wenn jemand einen kennt und weiß, so bitte ich ihn, es zu sagen.«

Der Älteste schwieg und blickte mit seinen hellen Augen umher, es trat aber niemand vor, und keine Stimme meldete sich.

Als er seine Frage nochmals und zum drittenmal wiederholte, da kam ihm aus der Menge ein Jüngling entgegen, sechzehn Jahre alt und beinahe noch ein Knabe. Er schlug die Augen zu Boden und wurde rot, als er den Ältesten begrüßte.

Der Älteste sah ihn an und sah im Augenblick, daß dieser der rechte Bote sei. Aber er lächelte und sagte: »Das ist schön, daß du unser Bote sein willst. Aber wie kommt es denn, daß unter all diesen vielen gerade du es bist, der sich anbietet?«

Da hob der Jüngling seine Augen zu dem alten Manne auf und sagte: »Wenn kein andrer da ist, der gehen will, so laßt mich gehen.«

Einer aus der Menge aber rief: »Schickt ihn, Ältester, wir kennen ihn. Er stammt aus diesem Dorfe hier, und das Erdbeben hat seinen Blumengarten verwüstet, es war der schönste Blumengarten in unserem Ort.«

Freundlich blickte der Alte dem Knaben in die Augen und fragte: »Tut es dir so leid um deine Blumen?«

Der Jüngling gab ganz leise Antwort: »Es tut mir leid, aber nicht darum habe ich mich gemeldet. Ich habe einen lieben Freund gehabt, und auch ein junges schönes Lieblingspferd, die sind beide im Erdbeben umgekommen, und sie liegen in unsrer Halle, und es müssen Blumen dasein, damit sie begraben werden können.«

Der Älteste segnete ihn mit aufgelegten Händen, und alsbald wurde das beste Pferd für ihn ausgesucht, und er sprang augenblicklich auf den Rükken des Pferdes, klopfte ihm den Hals und nickte Abschied, dann sprengte er aus dem Dorfe und quer über die nassen und verwüsteten Felder hin von dannen.

Den ganzen Tag war der Jüngling geritten. Um schneller zu der fernen Hauptstadt und zum König zu kommen, schlug er den Weg über die Gebirge ein, und am Abend, als es zu dunkeln anfing, führte er sein Roß am Zügel einen steilen Weg durch Wald und Felsen hinan.

Ein großer dunkler Vogel, wie er noch keinen gesehen hatte, flog ihm voraus, und er folgte ihm, bis der Vogel sich auf dem Dach eines kleinen offenen Tempels niederließ. Der Jüngling ließ sein Roß im Waldgras stehen und trat zwischen den hölzernen Säulen in das einfache Heiligtum. Als Opferstein fand er nur einen Felsblock aufgestellt, einen Block aus schwarzem Gestein, wie man es in der Gegend nicht fand, und darauf das seltene Sinnbild einer Gottheit, die der Bote nicht kannte: ein Herz, an welchem ein wilder Vogel fraß.

Er bezeigte der Gottheit seine Ehrfurcht und brachte als Opfergabe eine blaue Glockenblume dar, die er am Fuß des Berges gepflückt und in sein Kleid gesteckt hatte. Alsdann legte er sich in einer Ecke nieder, denn er war sehr müde und gedachte zu schlafen.

Aber er konnte den Schlaf nicht finden, der sonst jeden Abend ungerufen an seinem Lager stand. Die Glockenblume auf dem Felsen, oder der schwarze Stein selbst, oder was es sonst war, strömte einen sonderbar tiefen und schmerzlichen Duft aus, das unheimliche Sinnbild des Gottes schimmerte geisterhaft in der finstern Halle, und auf dem Dach saß der fremde Vogel und schlug von Zeit zu Zeit gewaltig mit seinen ungeheuren Flügeln, daß es rauschte wie der Sturm in den Bäumen.

So kam es, daß mitten in der Nacht sich der Jüngling erhob und aus dem Tempel trat und zu dem Vogel emporschaute. Der schlug mit den Flügeln und blickte den Jüngling an.

»Warum schläfst du nicht?« fragte der Vogel.

»Ich weiß nicht«, sagte der Jüngling. »Vielleicht, weil ich Leid erfahren habe.«

»Was für ein Leid hast du denn erfahren?«

»Mein Freund und mein Lieblingsroß sind beide umgekommen.«

»Ist denn Sterben so schlimm?« fragte der Vogel höhnend.

»Ach nein, großer Vogel, es ist nicht so schlimm, es ist nur ein Abschied, aber nicht darüber bin ich traurig. Schlimm ist, daß wir meinen Freund und mein schönes Pferd nicht begraben können, weil wir gar keine Blumen mehr haben.«

»Es gibt Schlimmeres als dies«, sagte der Vogel, und seine Flügel rauschten unwillig.

»Nein, Vogel, Schlimmeres gibt es gewiß nicht. Wer ohne Blumenopfer begraben wird, dem ist es verwehrt, nach seines Herzens Wunsche wiedergeboren zu werden. Und wer seine Toten begräbt und feiert nicht das Blumenfest dazu, der sieht die Schatten seiner Gestorbenen im Traum. Du siehst, schon kann ich nicht mehr schlafen, weil meine Toten noch ohne Blumen sind.«

Der Vogel schnarrte kreischend mit dem gebogenen Schnabel. »Junger Knabe, du weißt nichts von Leid, wenn du sonst nichts erfahren hast als dieses. Hast du denn nie von den großen Übeln reden hören? Vom Haß, vom Mord, von der Eifersucht?«

Der Jüngling, da er diese Worte aussprechen hörte, glaubte zu träumen. Dann besann er sich und sagte bescheiden: »Wohl, du Vogel, ich erinnere mich; davon steht in den alten Geschichten und Märchen geschrieben. Aber das ist ja außerhalb der Wirklichkeit, oder vielleicht war es einmal vor langer Zeit so auf der Welt, als es noch keine Blumen und noch keine guten Götter gab. Wer wird daran denken!«

Der Vogel lachte leise mit seiner scharfen Stimme. Dann reckte er sich höher und sagte zu dem Knaben: »Und nun willst du also zum König gehen, und ich soll dir den Weg zeigen?«

»O, du weißt es schon«, rief der Jüngling freudig. »Ja, wenn du mich führen willst, so bitte ich dich darum.«

Da senkte sich der große Vogel lautlos auf den Boden nieder, breitete seine Flügel lautlos auseinander und befahl dem Jüngling sein Pferd hier zurückzulassen und mit ihm zum König zu fahren.

Der Königsbote setzte sich und ritt auf dem Vogel. »Schließe die Augen!« befahl der Vogel, und er tat es, und sie flogen durch die Finsternis des Himmels lautlos und weich wie Eulenflug, nur die kalte Luft brauste an des Boten Ohren. Und sie flogen und flogen die ganze Nacht.

Als es früh am Morgen war, da hielten sie still, und der Vogel rief: »Tu deine Augen auf!« Und der Jüngling tat seine Augen auf. Da sah er, daß er am Rande eines Waldes stand, und unter ihm in der ersten Morgenhelle die glänzende Ebene, daß ihr Licht ihn blendete.

»Hier am Wald findest du mich wieder«, rief der Vogel. Er schoß in die Höhe wie ein Pfeil und war alsbald im Blauen verschwunden.

Seltsam war es dem jungen Boten, als er vom Walde in die weite Ebene hineinwanderte. Alles rings um ihn her war so verändert und verwandelt, daß er nicht wußte, ob er wach oder im Traum sei. Wiesen und Bäume standen ähnlich wie daheim, und Sonne schien, und Wind spielte in blühenden Gräsern, aber nicht Mensch noch Tier, nicht Haus noch Garten war zu sehen, sondern es schien hier gerade wie in des Jünglings Heimat ein Erdbeben gewütet zu haben; denn Trümmer von Gebäuden, zerbrochene Äste und umgerissene Bäume, zerstörte Zäune und verlorene Werkzeuge der Arbeit lagen am Boden verstreut, und plötzlich sah er da, mitten im Feld, einen toten Menschen liegen, der war nicht bestattet worden und lag grauenhaft in halber Verwesung. Der Jüngling fühlte bei diesem Anblick ein tiefes Grauen und einen Hauch von Ekel in sich aufsteigen, denn nie hatte er so etwas gesehen. Dem Toten war nicht einmal das Gesicht bedeckt, es schien von den Vögeln und von der Fäulnis schon halb zerstört, und der Jüngling brach mit abgewandten Blicken grüne Blätter und einige Blumen und deckte damit das Angesicht des Toten zu.

Ein namenlos scheußlicher und herzbeklemmender Geruch lag lau und zäh über der ganzen Ebene. Wieder lag ein Toter im Grase, von Rabenflug umkreist, und ein Pferd ohne Kopf, und Knochen von Menschen und Tieren, und alle lagen verlassen in der Sonne, niemand schien an Blumenfest und Bestattung zu denken. Der Jüngling fürchtete, es möchte am Ende unausdenkliches Unglück alle und jeden Menschen in diesem Lande getötet haben, und es waren der Toten so viele, daß er aufhören mußte, ihnen Blumen zu brechen und das Gesicht zu bedecken. Ängstlich, mit halbgeschlossenen Augen wanderte er weiter, und von allen Seiten strömte Aasgestank und Blutgeruch, und von tausend Trümmerstätten und Leichenstätten her flutete eine immer mächtigere Woge von unsäglichem Jammer und Leid. Der Bote meinte in einem argen Traume befangen zu sein und fühlte darin eine Mahnung der Himmlischen, weil seine Toten noch ohne Blumenfest und ohne Begräbnis waren. Da kam ihm wieder in den Sinn, was heute nacht der dunkle Vogel auf dem Dach des Tempels gesprochen hatte, und er meinte wieder seine scharfe Stimme zu hören, wie er sagte: »Es gibt viel Schlimmeres.«

Nun erkannte er, daß der Vogel ihn auf einen anderen Stern gebracht habe und daß alles das, was seine Augen sahen, Wirklichkeit und Wahrheit sei. Er erinnerte sich an das Gefühl, mit dem er einigemal als Knabe schaurige Märchen aus der Urzeit hatte erzählen hören. Dieses nämliche Gefühl empfand er jetzt wieder: ein fröstelndes Grausen, und hinter dem Grausen einen stillen frohen Trost im Herzen, denn dies alles war ja unendlich fern und lang vergangen. Alles war hier wie ein Gruselmärchen, diese ganze seltsame Welt der Greuel und Leichen und Aasvögel schien ohne Sinn und ohne Zucht unverständlichen Regeln untertan, tollen Regeln, nach welchen immer das Schlechte, das Törichte, das Häßliche geschah statt des Schönen und Guten.

Indessen sah er nun einen lebendigen Menschen über das Feld gehen, einen Bauern oder Knecht, und er lief schnell zu ihm hinüber und rief ihn an. Als er ihn in der Nähe sah, erschrak der Jüngling, und sein Herz wurde von Mitleid überfallen, denn dieser Bauer sah furchtbar häßlich und kaum mehr wie ein Kind der Sonne aus. Er sah aus wie ein Mensch, der daran gewöhnt war, nur an sich selber zu denken, der daran gewöhnt war, daß überall stets das Falsche, das Häßliche und Schlimme geschah, wie ein Mensch, der immerfort in grauenvollen Angstträumen lebte. In seinen Augen und in seinem ganzen Gesicht und Wesen war nichts von Heiterkeit oder Güte, nichts von Dankbarkeit und Vertrauen, jede einfachste und selbstverständliche Tugend schien diesem Unglücklichen zu mangeln.

Aber der Jüngling nahm sich zusammen, er näherte sich dem Menschen mit großer Freundlichkeit, als einem vom Unglück Gezeichneten, grüßte ihn brüderlich und redete ihn mit Lächeln an. Der Häßliche stand wie erstarrt und blickte verwundert aus großen, trüben Augen. Seine Stimme war roh und ohne Musik wie das Gebrüll niederer Wesen; aber es war ihm doch nicht möglich, der Heiterkeit und dem demütigen Vertrauen in des

Jünglings Blick zu widerstehen. Und als er eine Weile auf den Fremdling gestarrt hatte, brach aus seinem zerklüfteten und rohen Gesicht eine Art von Lächeln oder Grinsen – häßlich genug, aber sanft und erstaunt, wie das erste kleine Lächeln einer wiedergeborenen Seele, die soeben aus dem untersten Bezirk der Erde gekommen wäre.

»Was willst du von mir?« fragte der Mensch den fremden Jüngling.

Nach der heimatlichen Sitte gab der Jüngling Antwort: »Ich danke dir, Freund, und ich bitte dich, mir zu sagen, ob ich dir einen Dienst erweisen kann.«

Als der Bauer schwieg und staunte und verlegen lächelte, fragte ihn der Bote: »Sag mir, Freund, was ist das hier, dieses Entsetzliche und Furchtbare?« und wies mit der Hand ringsum.

Der Bauer bemühte sich, ihn zu verstehen, und als der Bote seine Frage wiederholt hatte, sagte er: »Hast du das nie gesehen? Das ist der Krieg. Das ist ein Schlachtfeld.« Er zeigte auf einen schwarzen Trümmerhaufen und rief: »Das da war mein Haus«, und als der Fremde ihm voll herzlicher Teilnahme in die Augen blickte, schlug er sie nieder und sah zu Boden.

»Habt ihr keinen König?« fragte der Jüngling weiter, und als der Bauer bejahte, fragte er: »Wo ist er denn?« Der Mensch wies mit der Hand hinüber, wo ganz in der Weite ein Zeltlager klein und fern zu sehen war. Da nahm der Bote Abschied, indem er seine Hand auf des Menschen Stirn legte, und ging weiter. Der Bauer aber befühlte seine Stirn mit beiden Händen, schüttelte bekümmert den schweren Kopf und stand noch lange Zeit und starrte dem Fremden nach.

Der lief und lief über Schutt und Greuel hinweg, bis er an dem Zeltlager angekommen war. Da standen und liefen bewaffnete Männer überall, niemand wollte ihn sehen, und er ging zwischen den Menschen und Zelten hindurch, bis er das größte und schönste Zelt des Lagers fand, welches das Zelt des Königs war. Da ging er hinein.

Im Zelte saß auf einem einfachen niedern Lager der König, sein Mantel lag neben ihm, und hinten im tieferen Schatten hockte ein Diener, der war eingeschlafen. Der König saß gebeugt in tiefen Gedanken. Sein Gesicht war schön und traurig, ein Büschel grauen Haares hing über seine gebräunte Stirn, sein Schwert lag vor ihm auf dem Boden.

Der Jüngling grüßte stumm in tiefer Ehrerbietung, wie er seinen eigenen König begrüßt hätte, und er blieb wartend mit auf der Brust gekreuzten Armen stehen, bis der König ihn erblickte.

»Wer bist du?« fragte er streng und zog die dunklen Brauen zusammen, aber sein Blick blieb an den reinen und heitern Zügen des Fremden hängen, und der Jüngling blickte ihn so vertrauensvoll und freundlich an, daß des Königs Stimme milder wurde.

»Ich habe dich schon einmal gesehen«, sagte er nachsinnend, »oder du gleichst jemand, den ich in meiner Kindheit kannte.«

»Ich bin ein Fremder«, sagte der Bote.

»Dann ist es ein Traum gewesen«, sagte leise der König. »Du erinnerst mich an meine Mutter. Sprich zu mir. Erzähle mir.«

Der Jüngling begann: »Ein Vogel hat mich hergebracht. In meinem Lande war ein Erdbeben, da wollten wir unsre Toten bestatten, und keine Blumen waren da.«

»Keine Blumen?« sagte der König.

»Nein, gar keine Blumen mehr. Und nicht wahr, es ist doch schlimm, wenn man einen Toten bestatten soll und kann ihm kein Blumenfest feiern; denn er soll doch in Pracht und Freuden zu seiner Verwandlung eingehen.«

Da fiel dem Boten plötzlich ein, wie viele noch nicht bestattete Toten draußen auf dem schrecklichen Felde lagen, und er hielt inne, und der König sah ihn an und nickte und seufzte schwer.

»Ich wollte zu unserm König gehen und ihn um viele Blumen bitten«, fuhr der Bote fort, »aber als ich im Tempel auf dem Gebirge war, da kam der große Vogel und sagte, er wolle mich zum König bringen, und er brachte mich durch die Lüfte zu dir. O, lieber König, es war der Tempel einer unbekannten Gottheit, auf dessen Dach der Vogel saß, und ein höchst seltsames Sinnbild hatte dieser Gott auf seinem Steine stehen: ein Herz, und an dem Herzen fraß ein wilder Vogel. Mit jenem großen Vogel aber hatte ich in der Nacht ein Gespräch, und erst jetzt kann ich seine Worte verstehen, denn er sagte, es gebe viel, viel mehr Leid und Schlimmes in der Welt, als ich wüßte. Und nun bin ich hier und bin über das große Feld hergekommen und habe in diesen Stunden unendliches Leid und Unglück gesehen, ach, viel mehr, als in unsren grausigsten Märchen steht. Da bin ich zu dir gekommen, o König, und ich möchte dich fragen, ob ich dir irgendeinen Dienst erweisen kann.«

Der König, welcher aufmerksam zugehört hatte, versuchte zu lächeln, aber sein schönes Gesicht war so ernst und so bitter traurig, daß er nicht lächeln konnte.

»Ich danke dir«, sagte er, »du kannst mir einen Dienst erweisen. Du hast mich an meine Mutter erinnert, dafür danke ich dir.«

Der Jüngling war betrübt darüber, daß der König nicht lächeln konnte. »Du bist so traurig«, sagte er zu ihm, »ist das wegen dieses Krieges?«

»Ja«, sagte der König.

Der Jüngling konnte sich nicht enthalten, diesem tiefbedrückten und doch, wie er spürte, edlen Menschen gegenüber eine Regel der Höflichkeit zu verletzen, indem er ihn fragte: »Aber sage mir, ich bitte darum, warum ihr denn auf eurem Sterne solche Kriege führt? Wer hat denn Schuld daran? Hast du selbst eine Schuld daran?«

Der König starrte lange auf den Boten, er schien über die Dreistigkeit seiner Frage unwillig. Doch vermochte er nicht, seinen finstern Blick lange in dem hellen und arglosen Blick des Fremden zu spiegeln.

»Du bist ein Kind«, sagte der König, »und das sind Dinge, die du nicht verstehen könntest. Der Krieg ist niemandes Schuld, er kommt von selber wie Sturm und Blitz, und wir alle, die ihn kämpfen müssen, wir sind nicht seine Anstifter, wir sind nur seine Opfer.«

»Dann sterbt ihr wohl sehr leicht?« fragte der Jüngling. »Bei uns in der Heimat ist zwar der Tod nicht eben sehr gefürchtet, und die meisten gehen willig, und viele gehen freudig zur Verwandlung ein: doch würde niemals ein Mensch es wagen, einen andern zu töten. Auf eurem Stern muß das anders sein.«

Der König schüttelte den Kopf. »Bei uns wird zwar nicht selten getötet«, sagte er, »doch sehen wir das als das schwerste Verbrechen an. Einzig im Kriege ist es erlaubt, weil im Kriege keiner aus Haß oder Neid zum eignen Vorteil tötet, sondern alle nur das tun, was die Gemeinschaft von ihnen verlangt. Aber es ist ein Irrtum, wenn du glaubst, sie stürben leicht. Wenn du in die Gesichter unsrer Toten schaust, kannst du es sehen. Sie sterben schwer, sie sterben schwer und widerwillig.«

Der Jüngling hörte dies alles und erstaunte über die Traurigkeit und Schwere des Lebens, das auf diesem Stern die Menschen zu führen schienen. Viele Fragen hätte er noch stellen mögen, aber er fühlte deutlich voraus, daß er den ganzen Zusammenhang dieser dunklen und schrecklichen Dinge nie begreifen würde, ja er fühlte in sich auch nicht den vollen Willen, sie zu verstehen. Entweder waren diese Beklagenswerten Wesen einer niedern Ordnung, waren noch ohne die lichten Götter und wurden von Dämonen regiert, oder aber es war auf diesem Sterne ein eignes Mißgeschick, ein Fehler und Irrtum waltend. Und es schien ihm allzu peinlich und grausam, diesen König weiter auszufragen und ihn zu Antworten und Bekenntnissen zu nötigen, deren jedes nur bitter und demütigend sein konnte. Diese Menschen, welche in dunkler Bangigkeit vor dem Tode lebten und dennoch einander in Menge erschlugen, diese Menschen, deren Gesichter einer so würdelosen Roheit fähig waren wie das des Bauern, und einer so tiefen und furchtbaren Trauer wie das des Königs, sie taten ihm leid und schienen ihm doch sonderbar und beinahe lächerlich, auf eine betrübende und beschämende Art lächerlich und töricht.

Aber eine Frage konnte er dennoch nicht unterdrücken. Wenn diese armen Wesen hier Zurückgebliebene waren, verspätete Kinder, Söhne eines späten friedlosen Sternes, wenn das Leben dieser Menschen so als ein zukkender Krampf verlief und in verzweifelten Totschlägen endete, wenn sie ihre Toten auf den Feldern liegenließen, ja sie vielleicht auffraßen – denn auch davon war in einigen jener Schreckensmärchen aus der Vorzeit die Rede –, so mußte doch immerhin eine Ahnung der Zukunft, ein Traum von den Göttern, etwas wie ein Keim von Seele in ihnen vorhanden sein. Sonst wäre diese ganze unschöne Welt ja nur ein Irrtum und ohne Sinn gewesen.

»Verzeihe, König«, sagte der Jüngling mit schmeichelnder Stimme, »verzeihe, wenn ich noch eine Frage an dich richte, ehe ich dein merkwürdiges Land wieder verlasse.«

»Frage nur!« lud der König ein, dem es mit diesem Fremdling sonderbar erging; denn er erschien ihm in vielen Dingen wie ein feiner, reifer und unübersehbar geweiteter Geist, in andern aber wie ein kleines Kind, das man schonen muß und nicht ganz ernst nimmt.

»Du fremder König«, war nun des Boten Rede, »du hast mich traurig gemacht. Sieh, ich komme aus einem andern Land, und der große Vogel auf dem Dach des Tempels hat recht gehabt: es gibt hier bei euch unendlich viel mehr Jammer, als ich mir hätte erdenken können. Ein Traum der Angst scheint euer Leben zu sein, und ich weiß nicht, ob ihr von Göttern oder von Dämonen regiert werdet. Sieh, König, bei uns ist eine Sage, und ich habe sie früher für Märchenwust und leeren Rauch gehalten, es ist eine Sage, daß einstmals auch bei uns solche Dinge bekannt gewesen seien wie Krieg und Mord und Verzweiflung. Diese schaudervollen Worte, welche unsre Sprache seit langem nicht mehr kennt, lesen wir in den alten Märchenbüchern, und sie klingen uns grausig und auch ein wenig lächerlich.

Heute habe ich gelernt, daß dies alles Wirklichkeit ist, und ich sehe dich und die Deinigen das tun und erleiden, was ich nur aus den schrecklichen Sagen der Vorzeit gekannt hatte. Aber nun sage mir: Habt ihr nicht in eurer Seele eine Ahnung, daß ihr nicht das Richtige tut? Habt ihr nicht eine Sehnsucht nach hellen, heitern Göttern, nach verständigen und fröhlichen Führern und Lenkern? Träumet ihr niemals im Schlaf von einem andern und schöneren Leben, wo keiner will, was nicht alle wollen, wo Vernunft und Ordnung herrscht, wo die Menschen einander nicht anders begegnen als mit Heiterkeit und Schonung? Habt ihr niemals den Gedanken gedacht, es möchte die Welt ein Ganzes sein, und es möchte beglückend und heilend sein, das Ganze ahnend zu verehren und ihm in Liebe zu dienen? Wißt ihr denn nichts von dem, was wir bei uns Musik nennen, und Gottesdienst, und Seligkeit?«

Der König hatte beim Anhören dieser Worte sein Haupt gesenkt. Als er es nun erhob, da war sein Gesicht verwandelt und mit einem Schimmer von Lächeln umglänzt, obwohl ihm Tränen in den Augen standen.

»Schöner Knabe«, sagte der König, »ich weiß nicht recht, ob du ein Kind oder ein Weiser oder vielleicht eine Gottheit bist. Aber ich kann dir Antwort geben, daß wir das alles kennen und in der Seele tragen, wovon du sprachest. Wir ahnen Glück, wir ahnen Freiheit, wir ahnen Götter. Wir haben eine Sage von einem Weisen der Vorzeit, er habe die Einheit der Welt als einen harmonischen Zusammenklang der Himmelsräume vernommen. Genügt dir dies? Sieh, vielleicht bist du ein Seliger aus dem Jenseits, aber du magst Gott selber sein, so ist doch in deinem Herzen kein Glück, keine Macht, kein Wille, davon nicht eine Ahnung und ein Widerschein und ferner Schatten auch in unsern Herzen lebte.«

Und plötzlich richtete er sich in die Höhe, und der Jüngling stand überrascht, denn einen Augenblick war des Königs Gesicht in ein helles, schattenloses Lächeln getaucht wie in Morgenschein.

»Geh nun«, rief er dem Boten zu, »geh und laß uns kriegen und morden! Du hast mir das Herz weich gemacht, du hast mich an meine Mutter erinnert. Genug, genug davon, du lieber hübscher Knabe. Geh nun und fliehe, ehe die neue Schlacht beginnt! Ich werde an dich denken, wenn das Blut fließt und die Städte brennen, und ich werde daran denken, daß die Welt ein Ganzes ist, davon unsre Torheit und unser Zorn und unsre Wildheit uns doch nicht abtrennen kann. Leb wohl, und grüße mir deinen Stern, und grüße mir jene Gottheit, deren Sinnbild ein Herz ist, daran der Vogel frißt! Ich kenne dies Herz und kenne den Vogel wohl. Und merke dir, mein hübscher Freund aus der Ferne: Wenn du an deinen Freund, den armen König im Kriege, denkst, so denke nicht an ihn, wie er auf dem Lager saß und in Trauer versunken war, sondern denke an ihn, wie er mit Tränen im Auge und mit Blut an den Händen gelächelt hat!«

Der König hob das Zelttuch, ohne den Diener zu wecken, mit eigener Hand und ließ den Fremden hinaustreten. In neuen Gedanken schritt der Jüngling über die Ebene zurück, und sah im Abendschein am Rande des Himmels eine große Stadt in Flammen stehen, und stieg über tote Menschen und zerfallene Leichen von Pferden hinweg, bis es dunkel ward und er den Rand des Waldgebirges erreichte.

Da senkte sich auch schon der große Vogel aus den Wolken herab, er nahm ihn auf seine Flügel, und sie flogen durch die Nacht zurück, lautlos und weich wie Eulenflug.

Als der Jüngling aus einem unruhigen Schlaf erwachte, lag er in dem kleinen Tempel im Gebirge, und vor dem Tempel stand im feuchten Grase sein Pferd und wieherte dem Tag entgegen. Von dem großen Vogel aber und von seiner Reise nach einem fremden Stern, von dem König und von dem Schlachtfeld wußte er nichts mehr. Es war nur ein Schatten in seiner Seele geblieben, ein kleiner verborgener Schmerz wie ein feiner Dorn, so wie hilfloses Mitleid schmerzt, und ein kleiner, unbefriedigter Wunsch, wie er in Träumen uns quälen kann, bis wir endlich dem begegnen, dem Liebe zu erzeigen, dessen Freude zu teilen, dessen Lächeln zu sehen unser heimliches Verlangen war.

Der Bote stieg zu Pferd und ritt den ganzen Tag und kam in die Hauptstadt zu seinem König, und es zeigte sich, daß er der rechte Bote gewesen war. Denn der König empfing ihn mit dem Gruß der Gnade, indem er seine Stirn berührte und ihm zurief: »Deine Augen haben zu meinem Herzen gesprochen, und mein Herz hat ja gesagt. Deine Bitte hat sich erfüllt, noch ehe ich sie angehört habe.«

Alsbald erhielt der Bote einen Freibrief des Königs, daß ihm alle Blumen des ganzen Landes, deren er bedürfte, zu Gebote ständen, und Begleiter und Boten zogen mit, und Pferde und Wagen schlossen sich ihnen an, und als er, das Gebirge umgehend, nach wenigen Tagen auf der ebenen Landstraße in seine Provinz und seine Gemeinde heimkehrte, da führte er Wagen und Karren und Körbe, Pferde und Maultiere mit sich, und alles war beladen mit den schönsten Blumen aus Gärten und Treibhäusern, deren es im Norden viele gab, und es waren ihrer genug vorhanden, sowohl um die Körper der Toten zu bekränzen und ihre Grabstätten reichlich zu schmücken, wie auch um für eines jeden Toten Andenken eine Blume, einen Strauch und einen jungen Fruchtbaum zu pflanzen, wie es die Sitte erfordert. Und der Schmerz um seinen Freund und sein Lieblingspferd wich von ihm und sank im stillen heiteren Andenken unter, nachdem er auch sie geschmückt und begraben und über ihren Stätten zwei Blumen, zwei Büsche und zwei Fruchtbäume gepflanzt hatte.

Nachdem er so seinem Herzen Genüge getan und seine Pflichten erfüllt hatte, begann die Erinnerung an die Reise in jener Nacht sich in seiner Seele zu rühren, und er bat seine Nächsten um einen Tag der Einsamkeit und saß unter dem Gedankenbaum einen Tag und eine Nacht, und breitete die Bilder dessen, was er auf dem fremden Stern gesehen, rein und faltenlos in seinem Gedächtnis aus. Darauf trat er eines Tages zum Ältesten, bat ihn um ein geheimes Gespräch und erzählte ihm alles.

Der Älteste hörte zu, blieb in Gedanken sitzen und fragte dann: »Hast du, mein Freund, nun dieses alles mit deinen Augen gesehen, oder ist es ein Traum gewesen?«

»Ich weiß es nicht«, sagte der Jüngling. »Ich glaube wohl, daß es ein Traum gewesen sein mag. Indessen, mit deiner Erlaubnis sei es gesagt, es scheint mir kaum einen Unterschied zu bedeuten, sollte die Sache nun auch meinen Sinnen in aller Wirklichkeit begegnet sein. Es ist ein Schatten von Traurigkeit in mir geblieben, und mitten in das Glück des Lebens weht mir von jenem Sterne her ein kühler Wind hinein. Darum frage ich dich, Verehrter, was ich tun soll.«

»Gehe morgen«, sprach der Älteste, »nochmals in das Gebirge und an jenen Ort hinauf, wo du den Tempel gefunden hast. Seltsam scheint mir das Sinnbild jenes Gottes, von dem ich nie gehört habe, und es mag wohl sein, daß es ein Gott von einem andern Stern ist. Oder aber ist jener Tempel und sein Gott vielleicht so alt, daß er von unsern frühesten Vorfahren stammt und aus den fernen Zeiten, da es unter uns noch Waffen, Furcht und Todesangst gegeben haben soll. Gehe du zu jenem Tempel, Lieber, und dort bringe Blumen, Honig und Lieder dar.«

Der Jüngling dankte und gehorchte dem Rat des Ältesten. Er nahm eine Schale mit feinem Honig, wie man ihn im Frühsommer beim ersten Immenfest den Ehrengästen vorzusetzen pflegt, und nahm seine Laute mit. Im Gebirge fand er die Stelle wieder, wo er damals eine blauen Glokkenblume gepflückt hatte, und fand den steilen Felsenpfad, der im Wald bergan führte und wo er kürzlich vor seinem Pferd her zu Fuß gegangen war. Die Stelle des Tempels aber und den Tempel selbst, den schwarzen Opferstein, die hölzernen Säulen, das Dach und den großen Vogel auf dem Dache konnte er nicht wiederfinden, heute nicht und nicht am nächsten Tage, und niemand wußte ihm etwas von einem solchen Tempel, wie er ihn beschrieb, zu sagen.

Da kehrte er in seine Heimat zurück, und da er am Heiligtum des liebevollen Gedenkens vorüberkam, trat er hinein, brachte den Honig dar, sang sein Lied zur Laute und empfahl der Gottheit des liebevollen Gedenkens seinen Traum, den Tempel und den Vogel, den armen Bauern und die Toten auf dem Schlachtfeld, und am meisten den König in seinem Kriegszelt. Danach ging er mit erleichtertem Herzen in seine Wohnung, hängte im Schlafzimmer das Sinnbild von der Einheit der Welten auf, ruhte in tiefem Schlafe von den Erlebnissen dieser Tage aus und begann am nächsten Morgen den Nachbarn zu helfen, welche in Gärten und Feldern unter Gesang die letzten Spuren des Erdbebens hinwegzutilgen bemüht waren.

(1915)

Faldum

Der Jahrmarkt

Die Straße, die nach der Stadt Faldum führte, lief weit durch das hüglige Land, bald an Wäldern hin oder an grünen, weiten Weiden, bald an Kornfeldern vorbei, und je mehr sie sich der Stadt näherte, desto häufiger standen Gehöfte, Meiereien, Gärten und Landhäuser am Weg. Das Meer lag weit entfernt, man sah es nicht, und die Welt schien aus nichts anderm zu bestehen als aus kleinen Hügeln, kleinen hübschen Tälern, aus Weiden, Wald, Ackerland und Obstwiesen. Es war ein Land, das an Frucht und Holz, an Milch und Fleisch, an Äpfeln und Nüssen keinen Mangel litt. Die Dörfer waren recht hübsch und sauber, und die Leute waren im ganzen brav und fleißig und keine Freunde von gefährlichen oder aufregenden Unternehmungen, und ein jeder war zufrieden, wenn es seinem Nachbarn nicht besser ging als ihm selber. So war das Land Faldum beschaffen, und ähnlich sind die meisten Länder in der Welt, solange nicht besondere Dinge sich ereignen.

Die hübsche Straße nach der Stadt Faldum (sie hieß wie das Land) war an diesem Morgen seit dem ersten Hahnenschrei so lebhaft begangen und befahren, wie es nur einmal im Jahre zu sehen war, denn in der Stadt sollte heute der große Markt abgehalten werden, und auf zwanzig Meilen rundum war kein Bauer und keine Bäuerin, kein Meister und kein Gesell noch Lehrbube, kein Knecht und keine Magd und kein Junge oder Mädchen, die nicht seit Wochen an den großen Markt gedacht und davon geträumt hätten, ihn zu besuchen. Alle konnten ja nun nicht gehen; es mußte auch für Vieh und kleine Kinder, für Kranke und Alte gesorgt werden, und wen das Los getroffen hatte, daß er dableiben mußte, um Haus und Hof zu hüten, dem schien fast ein Jahr seines Lebens verloren, und es tat ihm leid um die schöne Sonne, die schon seit aller Frühe warm und festlich am blauen Spätsommerhimmel stand.

Mit kleinen Körbchen am Arm kamen die Frauen und Mägde gegangen, und die Burschen mit rasierten Wangen, und jeder mit einer Nelke oder Aster im Knopfloch, alles im Sonntagsputz, und die Schulmädchen mit sorgfältig gezöpften Haaren, die noch feucht und fett in der Sonne glänzten. Wer kutschierte, der trug eine Blume oder ein rotes Bändchen an den Peitschenstiel gebunden, und wer es vermochte, dessen Rosse hatten bis zu den Knien am breiten Schmuckleder die blankgeputzten Messingscheiben hängen. Es kamen Leiterwagen gefahren, über denen aus rundgebogenen Buchenästen ein grünes Dach gebaut war, und darunter saßen dicht gedrängt die Leute, mit Körben oder Kindern auf dem Schoß, und die meisten sangen laut im Chor, und dazwischen kam hin und wieder, besonders geschmückt mit Fahnen und mit Papierblumen rot und blau und weiß im grünen Buchenlaub, ein Wagen, aus dem quoll eine schallende Dorfmusik hervor, und zwischen den Ästen im Halbschatten sah man die goldenen Hörner und Trompeten leise und köstlich funkeln. Kleine Kinder, die schon seit Sonnenaufgang hatten laufen müssen, fingen zu weinen an und wurden von schwitzenden Müttern getröstet, manches fand bei einem gutmütigen Fuhrmann Aufnahme. Eine alte Frau schob ein Paar Zwillinge im Kinderwagen mit, und beide schliefen, und zwischen den schlafenden Kinderköpfen lagen auf dem Kissen nicht weniger rund und rotwangig zwei schöngekleidete und gestrählte Puppen.

Wer da am Wege wohnte und nicht selber heute nach dem Jahrmarkt unterwegs war, der hatte einen unterhaltsamen Morgen und beständig beide Augen voll zu schauen. Es waren aber wenige. Auf einer Gartentreppe saß ein zehnjähriger Junge und weinte, weil er allein bei der Großmutter daheim bleiben sollte. Als er aber genug gesessen und geweint hatte und gerade ein paar Dorfbuben vorübertraben sah, da sprang er mit einem Satz auf die Straße und schloß sich ihnen an. Nicht weit davon wohnte ein alter Junggeselle, der nichts vom Jahrmarkt wissen wollte, weil das Geld ihn reute. Er hatte sich vorgenommen, am heutigen Tage, wo alles feierte, ganz still für sich die hohe Weißdornhecke an seinem Garten zu beschneiden, denn sie hatte es nötig, und er war auch, kaum daß der Morgentau ein wenig vergangen war, mit seiner großen Hagschere munter ans Werk gegangen. Aber schon nach einer kleinen Stunde hatte er wieder aufgehört und sich zornig ins Haus verkrochen, denn es war kein Bursch vorübergegangen oder -gefahren, der nicht dem Heckenschneiden verwundert zugesehen und dem Manne einen Witz über seinen unzeitigen Fleiß zugeworfen hatte, und die Mädchen hatten dazu gelacht; und wenn er wütend wurde und mit seiner langen Schere drohte, dann hatte alles die Hüte geschwenkt und ihm lachend zugewinkt. Nun saß er drinnen hinter geschlossenen Läden, äugte aber neidisch durch die Spalten hinaus, und als sein Zorn mit der Zeit vergangen war und er die letzten spärlichen Marktgänger vorübereilen und -hasten sah, als ginge es um die Seligkeit, da zog er Stiefel an, tat einen Taler in den Beutel, nahm den Stock und wollte gehen. Da fiel ihm schnell ein, ein Taler sei doch viel Geld; er nahm ihn wieder heraus, tat statt seiner einen halben Taler in den ledernen Beutel und schnürte ihn zu. Dann steckte er den Beutel in die Tasche, verschloß das Haus und die Gartentür und lief so hurtig, daß er bis zur Stadt noch manchen Fußgänger und sogar zwei Wagen überholte.

Fort war er, und sein Haus und Garten standen leer, und der Staub über der Straße begann sich sacht zu legen, Pferdegetrab und Blechmusiken waren verklungen und verflogen, schon kamen die Sperlinge von den Stoppelfeldern herüber, badeten sich im weißen Staub und besahen, was von dem Tumult übriggeblieben war. Die Straße lag leer und tot und heiß, ganz aus der Ferne wehte zuweilen noch schwach und verloren ein Jauchzer und ein Ton wie von Hörnermusik.

Da kam aus dem Walde hervor ein Mann gegangen, den breiten Hutrand tief über die Augen gezogen, und wanderte ganz ohne Eile allein auf der verödeten Landstraße fort. Er war groß gewachsen und hatte den festen, ruhigen Schritt, wie ihn Wanderer haben, welche sehr viel zu Fuß gereist sind. Gekleidet war er grau und unscheinbar, und aus dem Hutschatten blickten seine Augen sorgfältig und ruhig wie die Augen eines Menschen, der weiter nichts von der Welt begehrt, aber jedes Ding mit Aufmerksamkeit betrachtet und keines übersieht. Er sah alles, er sah die unzähligen verwirrten Wagenspuren dahinlaufen, er sah die Hufspuren eines Rosses, das den linken Hinterhuf nachgeschleift hatte, er sah in der Ferne aus einem staubigen Dunst klein mit schimmernden Dächern die Stadt Faldum am Hügel ragen, er sah in einem Garten eine kleine Frau voll Angst und Not umherirren und hörte sie nach jemand rufen, der nicht Antwort gab. Er sah am Wegrand einen winzigen Metallglanz zucken und bückte sich und hob eine blanke runde Messingscheibe auf, die ein Pferd vom Kummet verloren hatte. Die steckte er zu sich. Und dann sah er an der Straße einen alten Hag von Weißdorn, der war ein paar Schritt weit frisch beschnitten, und zu Anfang schien die Arbeit genau und sauber und mit Lust getan, mit jedem halben Schritt aber schlechter; denn bald war ein Schnitt zu tief gegangen, bald standen vergessene Zweige borstig und stachlig heraus. Weiterhin fand der Fremde auf der Straße eine Kinderpuppe liegen, über deren Kopf ein Wagenrad gegangen sein mußte, und ein Stück Roggenbrot, das noch von der weggeschmolzenen Butter glänzte; und zuletzt fand er einen starken ledernen Beutel, in dem stak ein halber Taler. Die Puppe lehnte er am Straßenrande gegen einen Prellstein, das Stück Brot verkrümelte er und fütterte es den Sperlingen, den Beutel mit dem halben Taler steckte er in die Tasche.

Es war unsäglich still auf der verlassenen Straße, der Rasenbord zu beiden Seiten lag dick verstaubt und sonnverbrannt. Nebenan in einem Gutshof liefen die Hühner herum, kein Mensch weit und breit, und gackelten und stotterten träumerisch in der Sonnenwärme. In einem bläulichen Kohlgarten stand gebückt ein altes Weib und raufte Unkraut aus dem trockenen Boden. Der Wanderer rief sie an, wie weit es noch bis zur Stadt sei. Sie aber war taub, und als er lauter rief, blickte sie nur hilflos herüber und schüttelte den grauen Kopf.

Im Weitergehen hörte er hin und wieder Musik von der Stadt herüber aufrauschen und verstummen, und immer öfter und länger, und zuletzt klang es ununterbrochen wie ein entfernter Wasserfall, Musik und Stimmengewirr, als wäre da drüben das sämtliche Menschenvolk vergnügt beieinander. Ein Bach lief jetzt neben der Straße hin, breit und still, mit Enten darauf und grünbraunem Seegras unterm blauen Spiegel. Da begann die Straße zu steigen, der Bach bog sich zur Seite, und eine steinerne Brücke führte hinüber. Auf der niederen Brückenmauer saß ein Mann, eine dünne Schneiderfigur, und schlief mit hängendem Kopf; sein Hut war ihm in den Staub gefallen, und neben ihm saß ein kleiner drolliger Hund, der ihn bewachte. Der Fremde wollte den Schläfer wecken, er konnte sonst im Schlaf über den Brückenrand fallen. Doch blickte er erst hinunter und sah, daß die Höhe gering und das Wasser seicht sei; da ließ er den Schneider sitzen und weiterschlafen.

Jetzt kam nach einer kleinen steilen Steige das Tor der Stadt Faldum, das stand weit offen, und kein Mensch war dort zu sehen. Der Mann schritt hindurch, und seine Tritte hallten plötzlich laut in einer gepflasterten Gasse wider, wo allen Häusern entlang zu beiden Seiten eine Reihe von leeren, abgespannten Wagen und Kaleschen stand. Aus andern Gassen her schallte Lärm und dumpfes Getriebe, hier aber war kein Mensch zu sehen, das Gäßlein lag voll Schatten, und nur die oberen Fenster spiegelten den goldenen Tag. Hier hielt der Wanderer eine kurze Rast, auf der Deichsel eines Leiterwagens sitzend. Als er weiterging, legte er auf die Fuhrmannsbank die messingene Roßscheibe, die er draußen gefunden hatte.

Kaum war er noch eine Gasse weit gegangen, da hallte rings um ihn Lärm und Jahrmarktsgetöse; in hundert Buden hielten schreiende Händler ihre Waren feil, Kinder bliesen in versilberte Trompeten, Metzger fischten ganze Ketten von frischen, nassen Würsten aus großen kochenden Kesseln, ein Quacksalber stand hoch auf einer Tribüne, blickte eifrig aus einer dicken Hornbrille und hatte eine Tafel aller menschlichen Krankheiten und Gebrechen aufgehängt. An ihm vorüber zog ein Mensch mit schwarzen langen Haaren, dieser führte am Strick ein Kamel hinter sich. Das Tier blickte von seinem langen Halse hochmütig auf die Volksmenge herunter und schob die gespalteten Lippen kauend hin und her.

Der Mann aus dem Walde schaute mit Aufmerksamkeit dem allen zu, er ließ sich vom Gedränge stoßen und schieben, blickte hier in den Stand eines Bilderbogenmannes und las dort die Sprüche und Devisen auf den bezuckerten Lebkuchen, doch blieb er nirgends verweilen und schien das, was er etwa suchte, noch nicht gefunden zu haben. So kam er langsam vorwärts und auf den großen Hauptplatz, wo an der Ecke ein Vogelhändler horstete. Da lauschte er eine Weile den Stimmen, die aus den vielen kleinen Käfigen kamen, und gab ihnen Antwort und pfiff ihnen leise zu, dem Hänfling, der Wachtel, dem Kanarienvogel, der Grasmücke.

Plötzlich sah er es in seiner Nähe so hell und blendend aufblinken, als wäre aller Sonnenschein auf diesen einzigen Fleck zusammengezogen, und als er näher ging, war es ein großer Spiegel, der in einer Meßbude hing, und neben dem Spiegel hingen andre Spiegel, zehn und hundert und noch mehr, große und kleine, viereckige, runde und ovale, Spiegel zum Aufhängen und zum Aufstellen, auch Handspiegel und kleine, dünne Taschenspiegel, die man bei sich tragen konnte, damit man sein eignes Gesicht nicht vergesse. Der Händler stand und fing in einem blitzenden Handspiegel die Sonne auf und ließ den funkelnden Widerschein über seine Bude tanzen; dazu rief er unermüdlich: »Spiegel, meine Herrschaften, hier kauft man Spiegel! Die besten Spiegel, die billigsten Spiegel von Faldum! Spiegel, meine Damen, herrliche Spiegel! Blicken Sie nur hinein, alles echt, alles bester Kristall!«

Bei der Spiegelbude blieb der Fremde stehen, wie einer, der gefunden hat, was er suchte. Unter den Leuten, die sich die Spiegel besahen, waren drei junge Mädchen vom Lande; neben diese stellte er sich und schaute ihnen zu. Es waren frische, gesunde Bauernmädchen, nicht schön und nicht häßlich, in stark gesohlten Schuhen und weißen Strümpfen, mit blonden, etwas sonngebleichten Zöpfen und eifrigen jungen Augen. Jede von den dreien hatte einen Spiegel zur Hand genommen, doch keine von den großen und teuren, und indem sie den Kauf noch zögernd überlegten und die holde Qual des Wählens kosteten, blickte jede zwischenein verloren und träumerisch in die blanke Spiegeltiefe und betrachtete ihr Bild, den Mund und die Augen, den kleinen Schmuck am Halse, die paar Sommersprossen über der Nase, den glatten Scheitel, das rosige Ohr. Darüber wurden sie still und ernsthaft; der Fremde, welcher hinter den Mädchen stand, sah ihre Bilder großäugig und beinah feierlich aus den drei Gläsern blicken.

»Ach«, hörte er die erste sagen, »ich wollte, ich hätte ganz goldrotes Haar und so lang, daß es mir bis an die Knie reichte!«

Das zweite Mädchen, als es den Wunsch der Freundin hörte, seufzte leise auf und blickte inniger in ihren Spiegel. Dann gestand auch sie mit Erröten, wovon ihr Herz träumte, und sagte schüchtern: »Ich, wenn ich wünschen dürfte, ich möchte die allerschönsten Hände haben, ganz weiß und zart, mit langen, schmalen Fingern und rosigen Fingernägeln.« Sie blickte dabei auf ihre Hand, die den ovalen Spiegel hielt. Die Hand war nicht häßlich, aber sie war ein wenig kurz und breit und von der Arbeit grob und hart geworden.

Die dritte, die kleinste und vergnügteste von allen dreien, lachte dazu und rief lustig: »Das ist kein übler Wunsch. Aber weißt du, auf die Hände kommt es nicht so sehr an. Mir wäre es am liebsten, wenn ich von heut an die beste und flinkste Tänzerin vom ganzen Land Faldum wäre.«

Da erschrak das Mädchen plötzlich und drehte sich um, denn aus dem Spiegel blickte hinter ihrem eignen Gesicht hervor ein fremdes mit schwarzen, glänzenden Augen. Es war das Gesicht des fremden Mannes, der hinter sie getreten war, und den sie alle drei bisher gar nicht beachtet hatten. Jetzt sahen sie ihm verwundert ins Gesicht, als er ihnen zunickte und sagte: »Da habt ihr ja drei schöne Wünsche getan, ihr Jungfern. Ist's euch auch richtig ernst damit?«

Die Kleine hatte den Spiegel weggelegt und die Hände hinterm Rücken verborgen. Sie hatte Lust, den Mann ihren kleinen Schrecken entgelten zu lassen, und besann sich schon auf ein scharfes Wort; aber wie sie ihm ins Gesicht sah, hatte er so viel Macht in den Augen, daß sie verlegen wurde. »Geht's Euch was an, was ich mir wünsche?« sagte sie bloß und wurde rot.

Aber die andre, die sich die feinen Hände gewünscht hatte, faßte Vertrauen zu dem großen Manne, der etwas Väterliches und Würdiges in seinem Wesen hatte. Sie sagte: »Jawohl, es ist uns ernst damit. Kann man sich denn etwas Schöneres wünschen?«

Der Spiegelhändler war herzugetreten, auch andre Leute hörten zu. Der Fremde hatte den Hutrand emporgeschlagen, daß man eine helle, hohe Stirn und gebieterische Augen sah. Jetzt nickte er den drei Mädchen freundlich zu und rief lächelnd: »Seht, ihr habt ja schon alles, was ihr euch gewünscht habt!«

Die Mädchen blickten einander an, und dann jede schnell in einen Spiegel, und alle drei erbleichten vor Erstaunen und Freude. Die eine hatte dichte goldene Locken bekommen, die ihr bis zu den Knien reichten. Die zweite hielt ihren Spiegel in den weißesten, schlanksten Prinzessinnenhänden, und die dritte stand plötzlich in rotledernen Tanzschuhen und auf so schlanken Knöcheln wie ein Reh. Sie konnten noch gar nicht fassen, was geschehen war; aber die mit den vornehmen Händen brach in selige Tränen aus, sie lehnte sich auf die Schulter ihrer Freundin und weinte glückselig in ihr langes, goldenes Haar hinein.

Jetzt sprach und schrie sich die Geschichte von dem Wunder in dem Umkreis der Bude herum. Ein junger Handwerksgeselle, welcher alles mit angesehen, stand mit aufgerissenen Augen da und starrte den Fremden wie versteinert an.

»Willst du dir nicht auch etwas wünschen?« fragte ihn plötzlich der Fremde. Der Geselle schrak zusammen, er war ganz verwirrt und ließ die Blicke hilflos ringsum laufen, um etwas zu erspähen, was er etwa wünschen könnte. Da sah er vor der Bude eines Schweinemetzgers einen gewaltigen Kranz von dicken, roten Knackwürsten ausgehängt, und er stammelte, indem er hinüberdeutete: »So einen Kranz Knackwürste möcht' ich gern haben.« Siehe, da hing der Kranz ihm um den Hals, und alle, die es sahen, begannen zu lachen und zu schreien, und jeder suchte sich näher heranzudrücken, und jeder wollte jetzt auch einen Wunsch tun. Das durften sie auch, und der nächste, der an die Reihe kam, war schon kecker und wünschte sich ein neues tuchenes Sonntagsgewand von oben bis unten; und kaum gesagt, steckte er in einer feinen, nagelneuen Kleidung, wie sie der Bürgermeister nicht besser hatte. Dann kam eine Frau vom Lande, die faßte sich ein Herz und verlangte geradehin zehn Taler, und die Taler klirrten alsbald in der Tasche.

Nun sahen die Leute, daß da in allem Ernst Wunder geschähen, und sofort wälzte sich die Kunde davon weiter über den Marktplatz und durch die Stadt, und die Menschen bildeten schnell einen riesigen Klumpen rings um die Bude des Spiegelhändlers. Viele lachten und machten Witze, andre glaubten nichts und redeten mißtrauisch. Viele aber waren schon vom Wunschfieber befallen und kamen mit glühenden Augen und heißen Gesichtern gelaufen, die von Begierde und Sorge verzerrt waren, denn jeder fürchtete, der Quell möchte versiegen, noch ehe er selber zum Schöpfen käme. Knaben wünschten sich Kuchen, Armbrüste, Hunde, Säcke voll Nüsse, Bücher und Kegelspiele; Mädchen gingen beglückt mit neuen Kleidern, Bändern, Handschuhen und Sonnenschirmen davon. Ein zehnjähriger kleiner Junge aber, der seiner Großmutter davongelaufen war und vor lauter Herrlichkeit und Jahrmarktsglanz aus Rand und Band gekommen war, der wünschte sich mit heller Stimme ein lebendiges Pferdchen, es müsse aber ein schwarzes sein; und alsbald wieherte hinter ihm ein schwarzes Füllen und rieb den Kopf vertraulich an seiner Schulter.

Durch die vom Zauber ganz berauschte Menge zwängte sich darauf ein ältlicher Junggeselle mit einem Spazierstock in der Hand, der trat zitternd vor und konnte vor Aufregung kaum ein Wort über die Lippen bringen.

»Ich wünsche«, sagte er stammelnd, »ich wü-ünsche mir zweimal hundert — —«

Da sah ihn der Fremde prüfend an, zog einen ledernen Beutel aus seiner Tasche und hielt ihn dem erregten Männlein vor die Augen. »Wartet noch!« sagte er. »Habt Ihr nicht etwa diesen Geldbeutel verloren? Es ist ein halber Taler drin.«

»Ja, das hab' ich«, rief der Junggeselle. »Der ist mein.«

»Wollt Ihr ihn wiederhaben?«

»Ja, ja, gebt her!«

Da bekam er seinen Beutel, und damit hatte er seinen Wunsch vertan, und als er das begriff, hieb er voll Wut mit seinem Stock nach dem Fremden, traf ihn aber nicht und schlug bloß einen Spiegel herunter; und das Scherbenklingen war noch nicht verrasselt, da stand schon der Händler und verlangte Geld, und der Junggeselle mußte bezahlen.

Jetzt aber trat ein feister Hausbesitzer vor und tat einen Kapitalwunsch, nämlich um ein neues Dach auf sein Haus. Da glänzte es ihm schon mit nagelneuen Ziegeln und weißgekalkten Schornsteinen aus seiner Gasse entgegen. Da wurden alle aufs neue unruhig, und ihre Wünsche stiegen höher, und bald sah man einen, der schämte sich nicht und wünschte in aller Bescheidenheit ein neues vierstöckiges Haus am Marktplatz, und eine Viertelstunde später lag er schon überm Sims zum eignen Fenster heraus und sah von dort den Jahrmarkt an.

Es war nun eigentlich kein Jahrmarkt mehr, sondern alles Leben in der Stadt ging wie der Fluß von der Quelle nur noch von jenem Orte bei der Spiegelbude aus, wo der Fremde stand und wo man seine Wünsche tun durfte. Bewunderungsgeschrei, Neid oder Gelächter folgte auf jeden Wunsch, und als ein kleiner hungriger Bub sich nichts als einen Hut voll Pflaumen gewünscht hatte, da wurde ihm der Hut von einem, der weniger bescheiden gewesen, mit Talerstücken nachgefüllt. Großen Jubel und Beifall fand sodann eine fette Krämerfrau, die sich von einem schweren Kropf freiwünschte. Hier zeigte sich aber, was Zorn und Mißgunst vermag. Denn der eigne Mann dieser Krämerin, der mit ihr in Unfrieden lebte und sich eben mit ihr gezankt hatte, verwandte seinen Wunsch, der ihn hätte reich machen können, darauf, daß der verschwundene Kropf wieder an seine alte Stelle kam. Aber das Beispiel war einmal gegeben, man brachte eine Menge von Gebrechlichen und Kranken herbei, und die Menge geriet in einen neuen Taumel, als die Lahmen zu tanzen begannen und die Blinden mit beseligten Augen das Licht begrüßten.

Die Jugend war unterdessen längst überall herumgelaufen und hatte das herrliche Wunder verkündigt. Man erzählte da von einer treuen alten Köchin, daß sie am Herde stand und für ihre Herrschaft eben eine Gans briet, als durchs Fenster auch sie der Ruf erreichte. Da konnte sie nicht widerstehen und lief davon und auf den Marktplatz, um sich schnell fürs Leben reich und glücklich zu wünschen. Je weiter sie aber durch die Menge vordrang, desto vernehmlicher schlug ihr das Gewissen, und als sie an die Reihe kam und wünschen durfte, da gab sie alles preis und begehrte nur, die Gans möge nicht anbrennen, bis sie wieder bei ihr sei.

Der Tumult nahm kein Ende. Kindermädchen kamen aus den Häusern gestürzt und schleppten ihre Kleinen auf den Armen mit, Bettlägerige rannten vor Eifer im Hemd auf die Gassen. Es kam auch ganz verwirrt und verzweifelt vom Lande herein eine kleine Frau gepilgert, und als sie von den Wünschen hörte, da bat sie schluchzend, daß sie ihren verlorengegangenen Enkel heil wiederfinden möchte. Schau, da kam unverweilt der Knabe auf einem kleinen schwarzen Roß geritten und fiel ihr lachend in die Arme.

Am Ende war die ganze Stadt versammelt und von einem Rausch ergriffen. Arm in Arm wandelten Liebespaare, deren Wünsche in Erfüllung gegangen waren, arme Familien fuhren in Kaleschen einher und hatten noch die geflickten alten Kleider von heute morgen an. Alle die vielen, die schon jetzt einen unklugen Wunsch bereuten, waren entweder traurig fortgegangen oder tranken sich Vergessen am alten Marktbrunnen, den ein Spaßvogel durch seinen Wunsch mit dem besten Wein gefüllt hatte.

Und schließlich gab es in der Stadt Faldum nur noch zwei einzige Menschen, die nichts von dem Wunder wußten und sich nichts gewünscht hatten. Es waren zwei Jünglinge, und sie staken hoch in der Dachkammer eines alten Hauses in der Vorstadt bei verschlossenen Fenstern. Der eine stand mitten in der Kammer, hielt die Geige unterm Kinn und spielte mit hingegebener Seele; der andre saß in der Ecke, hielt den Kopf zwischen den Händen und war ganz und gar im Zuhören versunken. Durch die kleinen Fensterscheiben strahlte die Sonne schon schräg und abendlich und glühte tief in einem Blumenstrauß, der auf dem Tische stand, und spielte an der Wand auf den zerrissenen Tapeten. Die Kammer war ganz vom warmen Licht und von den glühenden Tönen der Geige erfüllt, wie eine kleine geheime Schatzkammer vom Glanz der Edelsteine. Der Geiger wiegte sich im Spielen hin und her und hatte die Augen geschlossen. Der Zuhörer sah still zu Boden und saß so starrend und verloren, als wäre kein Leben in ihm.

Da tappten laute Schritte auf der Gasse, und das Haustor ward aufgestoßen, und die Schritte kamen schwer und polternd über alle Treppen herauf bis vor die Dachkammer. Das war der Hausherr, und er riß die Tür auf und schrie lachend in die Kammer hinein, daß das Geigenlied plötzlich abriß und der stumme Zuhörer wild und gepeinigt in die Höhe sprang. Auch der Geigenspieler war betrübt und zornig darüber, daß er gestört worden war, und blickte dem Manne vorwurfsvoll in das lachende Gesicht. Aber der achtete nicht darauf, er schwenkte die Arme wie ein Trunkener und schrie: »Ihr Narren, da sitzet ihr und geigt, und draußen hat sich die ganze Welt verwandelt. Wacht auf und lauft, daß ihr nicht zu spät kommt; am Marktplatz steht ein Mann, der macht, daß jedermann einen Wunsch erfüllt bekommt. Da braucht ihr nicht länger unterm Dach zu wohnen und das bißchen Miete schuldig zu bleiben. Auf und vorwärts, eh's zu spät ist! Auch ich bin heut ein reicher Mann geworden.«

Verwundert hörte das der Geiger, und da der Mensch ihm keine Ruhe ließ, legte er die Geige weg und drückte sich den Hut auf den Kopf; sein

Freund kam schweigend hinterher. Kaum waren sie aus dem Hause, da sahen sie schon die halbe Stadt aufs merkwürdigste verwandelt und gingen beklommen wie im Traum an Häusern vorüber, die noch gestern grau und schief und niedrig gewesen waren, jetzt aber standen sie hoch und schmuck wie Paläste. Leute, die sie als Bettler kannten, fuhren vierspännig in Kutschen einher oder schauten breit und stolz aus den Fenstern schöner Häuser. Ein hagerer Mensch, der wie ein Schneider aussah und dem ein winziges Hündlein nachlief, schleppte sich ermüdet und schwitzend mit einem großen, schweren Sack, und aus dem Sack tropften durch ein kleines Loch einzelne Goldstücke auf das Pflaster.

Wie von selber kamen die beiden Jünglinge auf den Marktplatz und vor die Bude mit den Spiegeln. Da stand der unbekannte Mann und sagte zu ihnen: »Ihr habt es nicht eilig mit dem Wünschen. Gerade wollte ich fortgehen. Also sagt, was ihr haben wollt, und tut euch keinen Zwang an.«

Der Geiger schüttelte den Kopf und sagte: »Ach, hättet Ihr mich in Ruhe gelassen! Ich brauche nichts.«

»Nein? Besinne dich!« rief der Fremde. »Du darfst dir wünschen, was du dir nur ausdenken kannst.«

Da schloß der Geiger eine Weile die Augen und dachte nach. Und sagte dann leise: »Ich wünsche mir eine Geige, auf der ich so wunderbar spielen kann, daß die ganze Welt mit ihrem Lärm nicht mehr an mich kommt.«

Und sieh, er hielt eine schöne Geige in Händen und einen Geigenbogen, und er drückte die Geige an sich und begann zu spielen: das klang süß und mächtig wie das Lied vom Paradiese. Wer es hörte, der blieb stehen und lauschte und bekam ernste Augen. Der Geiger aber, wie er immer inniger und herrlicher spielte, ward von den Unsichtbaren emporgenommen und verschwand in den Lüften, und noch von weiter Ferne klang seine Musik mit leisem Glanz wie Abendrot herüber.

»Und du? Was willst du dir wünschen?« fragte der Mann den andern Jüngling.

»Jetzt habt Ihr mir den Geiger auch noch genommen!« sagte der Jüngling. »Ich mag vom Leben nichts haben als Zuhören und Zuschauen und mag nur an das denken, was unvergänglich ist. Darum wünsche ich, ich möchte ein Berg sein, so groß wie das Land Faldum und so hoch, daß mein Gipfel über die Wolken ragt.«

Da begann es unter der Erde zu donnern, und alles fing an zu schwanken; ein gläsernes Klirren ertönte, die Spiegel fielen einer um den andern auf dem Pflaster in Scherben, der Marktplatz hob sich schwankend, wie ein Tuch sich hebt, unter dem eine eingeschlafene Katze erwacht und den Rücken in die Höhe bäumt. Ein ungeheurer Schrecken kam über das Volk, Tausende flohen schreiend aus der Stadt in die Felder. Die aber, die auf dem Marktplatz geblieben waren, sahen hinter der Stadt einen gewaltigen Berg emporsteigen bis in die Abendwolken, und unterhalb sahen sie den stillen Bach sich in ein weißes, wildes Gebirgswasser verwandeln, das hoch vom Berge schäumend in vielen Fällen und Sprüngen zu Tale kam.

Ein Augenblick war vergangen, da war das ganze Land Faldum ein riesiger Berg geworden, an dessen Fuß die Stadt lag, und fern in der Tiefe sah man das Meer. Es war aber niemand beschädigt worden.

Ein alter Mann, der bei der Spiegelbude gestanden und alles mit angesehen hatte, sagte zu seinem Nachbar: »Die Welt ist närrisch geworden; ich bin froh, daß ich nicht mehr lang zu leben habe. Nur um den Geiger tut mir's leid, den möchte ich noch einmal hören.«

»Jawohl«, sagte der andre. »Aber sagt, wo ist denn der Fremde hingekommen?«

Sie blickten sich um, er war verschwunden. Und als sie an dem neuen Berge emporschauten, sahen sie den Fremden hoch oben hinweggehen, in einem wehenden Mantel, und sahen ihn einen Augenblick riesengroß gegen den Abendhimmel stehen und um eine Felsenecke verschwinden.

Der Berg

Alles vergeht, und alles Neue wird alt. Lange war der Jahrmarkt vergangen, und mancher war längst schon wieder arm, der sich damals zum reichen Manne gewünscht hatte. Das Mädchen mit den langen goldroten Haaren hatte schon lang einen Mann und hatte Kinder, welche selber schon die Jahrmärkte in der Stadt in jedem Spätsommer besuchten. Das Mädchen mit den flinken Tanzfüßen war eine Meistersfrau in der Stadt geworden, die noch immer prachtvoll tanzen konnte und besser als manche junge, und soviel Geld sich auch ihr Mann damals gewünscht hatte, es hatte doch den Anschein, als würden die beiden lustigen Leute noch bei ihren Lebzeiten damit fertig werden. Das dritte Mädchen aber, die mit den schönen Händen, die war es, die von allen noch am meisten an den fremden Mann bei der Spiegelbude dachte. Dieses Mädchen hatte nämlich nicht geheiratet und war nicht reich geworden, aber die feinen Hände hatte sie immer noch und tat der Hände wegen keine Bauernarbeit mehr, sondern sie hütete die Kinder in ihrem Dorfe, wo es eben not tat, und erzählte ihnen Märchen und Geschichten, und sie war es, von der alle Kinder die Geschichte von dem wunderbaren Jahrmarkt erfahren hatten, und wie die Armen reich geworden waren und das Land Faldum ein Gebirge. Wenn sie diese Geschichte erzählte, dann blickte sie lächelnd vor sich hin und auf ihre schlanken Prinzessinnenhände und war so bewegt und liebevoll, daß man glauben konnte, niemand habe damals bei den Spiegeln ein strahlenderes Glückslos gezogen als sie, die doch arm und ohne Mann geblieben war und ihre schönen Geschichten fremden Kindern erzählen mußte.

Wer damals jung gewesen war, der war jetzt alt, und wer damals alt gewesen, war jetzt gestorben. Unverändert und ohne Alter stand nur der Berg, und wenn der Schnee auf seinem Gipfel durch die Wolken blendete, schien er zu lächeln und froh zu sein, daß er kein Mensch mehr war und nicht mehr nach menschlichen Zeiten zu rechnen brauchte. Hoch über Stadt und Land leuchteten die Felsen des Berges, sein gewaltiger Schatten wanderte mit jedem Tage über das Land, seine Bäche und Ströme verkündigten unten das Kommen und Schwinden der Jahreszeiten, der Berg war der Hort und Vater aller geworden. Wald wuchs auf ihm, und Wiesen mit wehendem Gras und mit Blumen; Quellen kamen aus ihm und Schnee und Eis und Steine, und auf den Steinen wuchs farbiges Moos, und an den Bächen Vergißmeinnicht. In seinem Innern waren Höhlen, da tropfte Wasser wie Silberfäden Jahr um Jahr in wechselloser Musik vom Gestein auf Gestein, und in seinen Klüften gab es heimliche Kammern, wo mit tausendjähriger Geduld die Kristalle wuchsen. Auf dem Gipfel des Berges war nie ein Mensch gewesen. Aber manche wollten wissen, es sei dort ganz oben ein kleiner runder See, darin habe sich niemals etwas andres gespiegelt als die Sonne, der Mond, die Wolken und die Sterne. Nicht Mensch noch Tier habe je in diese Schale geblickt, die der Berg dem Himmel entgegenhalte, denn auch die Adler flögen nicht so hoch.

Die Leute von Faldum lebten fröhlich in der Stadt und in den vielen Tälern; sie tauften ihre Kinder, sie trieben Markt und Gewerbe, sie trugen einander zu Grabe. Und alles, was von den Vätern zu den Enkeln kam und weiterlebte, das war ihr Wissen und Träumen vom Berge. Hirten und Gemsjäger, Wildheuer und Blumensucher, Sennen und Reisende mehrten den Schatz, und Liederdichter und Erzähler gaben ihn weiter; sie wußten von unendlichen finsteren Höhlen, von sonnenlosen Wasserfällen in verborgenen Klüften, von tiefgespaltenen Gletschern, sie lernten die Lawinenbahnen und die Wetterluken kennen, und was dem Lande zukam an Wärme und Frost, an Wasser und Wuchs, an Wetter und Winden, das kam alles vom Berge.

Von den früheren Zeiten wußte niemand mehr. Da gab es wohl die schöne Sage von dem wundersamen Jahrmarkt, an welchem jede Seele in Faldum sich wünschen durfte, was sie mochte. Aber daran, daß an jenem Tage auch der Berg entstanden sei, wollte kein Mensch mehr glauben. Der Berg, das war gewiß, stand von Anbeginn der Dinge an seinem Ort und würde in Ewigkeit dastehen. Der Berg war die Heimat, der Berg war Faldum. Aber die Geschichte von den drei Mädchen und von dem Geiger, die hörte man gern, und zu allen Zeiten gab es hier oder dort einen Jüngling, der bei verschlossener Tür sich tief ins Geigenspiel verlor und davon träumte, einmal in seinem schönsten Liede so zu vergehen und dahinzuwehen wie der zum Himmel gefahrene Geiger.

Der Berg lebte still in seiner Größe dahin. Jeden Tag sah er fern und rot die Sonne aus dem Weltmeer steigen und ihren runden Gang um seinen Gipfel tun, von Osten nach Westen, und jede Nacht denselben stillen Weg die Sterne. Jedes Jahr umhüllte ihn der Winter tief mit Schnee und Eis, und jedes Jahr zu ihrer Zeit suchten die Lawinen ihren Weg und lachten am Rand ihrer Schneereste die helläugigen Sommerblumen blau und gelb, und die Bäche sprangen voller, und die Seen blauten warm im Licht. In unsichtbaren Klüften donnerten dumpf die verlorenen Wasser, und der kleine runde See zuoberst auf dem Gipfel lag schwer mit Eis bedeckt und wartete das ganze Jahr, um in der kurzen Zeit der Sommerhöhe sein lichtes Auge aufzutun und wenige Tage lang die Sonne und wenige Nächte lang die Sterne zu spiegeln. In dunklen Höhlen standen die Wasser und läutete das Gestein im ewigen Tropfenfall, und in geheimen Schlünden wuchsen die tausendjährigen Kristalle treulich ihrer Vollkommenheit entgegen.

Am Fuße des Berges und wenig höher als die Stadt lag ein Tal, da floß ein breiter Bach mit klarem Spiegel zwischen Erlen und Weiden hin. Dorthin gingen die jungen Menschen, die sich liebhatten, und lernten vom Berg und von den Bäumen die Wunder der Jahreszeiten. In einem andern Tale hielten die Männer ihre Übungen mit Pferden und Waffen, und auf einer steilen, hohen Felsenkuppe brannte in der Sommersonnenwendnacht jedes Jahres ein gewaltiges Feuer.

Die Zeiten rannen dahin, und der Berg beschützte Liebestal und Waffenplatz, er bot den Sennen Raum und den Holzfällern, den Jägern und den Flößern; er gab Steine zum Bauen und Eisen zum Schmelzen. Gleichmütig sah er zu und ließ gewähren, wie das erste Sommerfeuer auf der Kuppe loderte, und sah es hundertmal und wieder manche hundert Male wiederkehren. Er sah die Stadt da unten mit kleinen stumpfen Armen um sich greifen und über die alten Mauern hinauswachsen; er sah die Jäger ihre Armbrüste vergessen und mit Feuerwaffen schießen. Die Jahrhunderte liefen ihm dahin wie Jahreszeiten, und die Jahre wie Stunden.

Ihn kümmerte es nicht, daß einmal im langen Lauf der Jahre das rote Sonnwendfeuer auf der Felsenplatte nicht mehr aufglühte und von da an vergessen blieb. Ihm schuf es keine Sorgen, als im langen Lauf der Zeiten das Tal der Waffenübungen verödete und auf der Rennbahn Wegerich und Distel heimisch wurden. Und er hinderte es nicht, als einmal im langen Lauf der Jahrhunderte ein Bergsturz seine Form veränderte und daß unter den davongerollten Felsen die halbe Stadt Faldum in Trümmern liegenblieb. Er blickte kaum hinab, und er nahm nicht wahr, daß die zertrümmerte Stadt liegenblieb und nicht wieder aufgebaut wurde.

Ihn kümmerte dies alles nicht. Aber andres begann ihn zu kümmern. Die Zeiten rannen, und siehe, der Berg war alt geworden. Wenn er die Sonne kommen und wandern und davongehen sah, so war es nicht wie einst, und wenn die Sterne sich im fahlen Gletscher spiegelten, so fühlte er sich nicht mehr ihresgleichen. Ihm war die Sonne und waren die Sterne jetzt nicht mehr sonderlich wichtig. Wichtig war ihm jetzt, was an ihm selber und in seinem Innern vorging. Denn er fühlte, wie tief unter seinen Felsen und Höhlen eine fremde Hand Arbeit tat, wie hartes Urgestein mürbe ward und in schieferigen Lagen verwitterte, wie die Bäche und Wasserfälle sich tieferfraßen. Gletscher waren geschwunden und Seen gewachsen, Wald war in Steinfelder verwandelt und Wiesen in schwarzes Moor; unendlich weit hinaus in spitzen Zungen liefen die kahlen Bänder seiner Moränen und Geröllrinnen in das Land, und das Land dort unten war seltsam anders geworden, seltsam steinig, seltsam verbrannt und still. Der Berg zog sich mehr und mehr in sich selber zurück. Er fühlte wohl, nicht Sonne und Gestirne waren seinesgleichen. Seinesgleichen war Wind und Schnee, Wasser und Eis. Seinesgleichen war, was ewig scheint und was doch langsam schwindet, was langsam vergeht.

Inniger leitete er seine Bäche zu Tal, sorglicher rollte er seine Lawinen hinab, zärtlicher bot er seine Blumenwiesen der Sonne hin. Und es geschah, daß er sich in seinem hohen Alter auch der Menschen wieder erinnerte. Nicht daß er die Menschen für seinesgleichen geachtet hätte, aber er begann nach ihnen auszuschauen, er begann sich verlassen zu fühlen, er begann an Vergangenes zu denken. Allein die Stadt war nicht mehr da, und kein Gesang im Liebestal, und keine Hütten mehr auf den Almen. Es waren keine Menschen mehr da. Auch sie waren vergangen. Es war still geworden, es war welk geworden, es lag ein Schatten in der Luft.

Der Berg erbebte, als er fühlte, was Vergehen sei; und als er erbebte, sank sein Gipfel zur Seite und stürzte hinab, und Felstrümmer rollten ihm nach über das Liebestal hinweg, das längst mit Steinen ausgefüllt war, bis in das Meer hinunter.

Ja, die Zeiten waren anders geworden. Wie kam das nur, daß er sich jetzt immer der Menschen erinnern und an sie denken mußte? War das nicht einst wunderschön gewesen, wie die Sommerfeuer gebrannt hatten, und wie im Liebestal die jungen Menschen in Paaren gingen? O, und wie hatte ihr Gesang oft süß und warm geklungen!

Der greise Berg war ganz in Erinnerung versunken, er fühlte kaum, wie die Jahrhunderte wegflossen, wie es da und dort in seinen Höhlen mit leisem Donner stürzte und sich schob. Wenn er der Menschen gedachte, so schmerzte ihn ein dumpfer Anklang aus vergangenen Weltaltern, eine unverstandene Bewegung und Liebe, ein dunkler, schwebender Traum, als wäre einst auch er ein Mensch oder den Menschen ähnlich gewesen, hätte gesungen und singen hören, als sei ihm der Gedanke der Vergänglichkeit schon in seinen frühesten Tagen einmal durchs Herz gegangen.

Die Zeitalter flossen weg. Herabgesunken und von rauhen Steinwüsten rings umgeben, hing der sterbende Berg seinen Träumen nach. Wie war das einst gewesen? War da nicht ein Klang, ein feiner Silberfaden, der ihn mit der vergangenen Welt verband? Mühsam wühlte er in der Nacht vermoderter Erinnerungen, tastete ruhelos zerrissenen Fäden nach, beugte sich immer wieder weit über den Abgrund des Gewesenen. – Hatte nicht auch ihm einst in der Zeitenferne eine Gemeinschaft, eine Liebe geglüht? War nicht auch er einst, der Einsame, der Große, gleich unter Gleichen gewesen? – Hatte nicht auch ihm einst, im Anfang der Dinge, eine Mutter gesungen?

Er sann und sann, und seine Augen, die blauen Seen, wurden trüb und schwer und verwandelten sich in Moor und Sumpf, und über die Grasbänder und kleinen Blumenplätze hin rieselte Steingeschiebe. Er sann, und aus undenklicher Ferne herüber hörte er es klingen, fühlte Töne schweben, ein Lied, ein Menschenlied, und er erzitterte vor schmerzlicher Lust im Wiedererkennen. Er hörte die Töne, und sah einen Menschen, einen Jüngling, ganz in Töne gehüllt durch die Lüfte in den sonnigen Himmel schweben, und hundert vergrabene Erinnerungen waren erschüttert und begannen zu rieseln und zu rollen. Er sah ein Menschengesicht mit dunklen Augen, und die Augen fragten ihn zwinkernd: »Willst du nicht einen Wunsch tun?«

Und er tat einen Wunsch, einen stillen Wunsch, und indem er ihn tat, fiel jede Qual von ihm ab, daß er sich auf so ferne und verschollene Dinge besinnen mußte, und alles fiel von ihm ab, was ihm weh getan hatte. Es stürzten der Berg und das Land in sich zusammen, und wo Faldum gewesen war, da wogte weit und rauschend das unendliche Meer, und darüber gingen im Wechsel die Sonne und die Sterne hin.

(1915)

Der schwere Weg

Am Eingang der Schlucht, bei dem dunkeln Felsentor, stand ich zögernd und drehte mich zurückblickend um.

Sonne schien in dieser grünen wohligen Welt, über den Wiesen flimmerte wehend die bräunliche Grasblüte. Dort war gut sein, dort war Wärme und liebes Behagen, dort summte die Seele tief und befriedigt wie eine wollige Hummel im satten Duft und Licht. Und vielleicht war ich ein Narr, daß ich das alles verlassen und ins Gebirge hinaufsteigen wollte.

Der Führer berührte mich sanft am Arm. Ich riß meine Blicke von der geliebten Landschaft los, wie man sich gewaltsam aus einem lauen Bade losmacht. Nun sah ich die Schlucht in sonnenloser Finsternis liegen, ein kleiner schwarzer Bach kroch aus der Spalte, bleiches Gras wuchs in kleinen Büscheln an seinem Rand, auf seinem Boden lag herabgespültes Gestein von allen Farben tot und blaß wie Knochen von Wesen, welche einst lebendig waren.

»Wir wollen rasten«, sagte ich zum Führer.

Er lächelte geduldig, und wir setzten uns nieder. Es war kühl, und aus dem Felsentor kam ein leiser Strom von finsterer, steinig kalter Luft geflossen.

Häßlich, häßlich, diesen Weg zu gehen! Häßlich, sich durch dies unfrohe Felsentor zu quälen, über diesen kalten Bach zu schreiten, diese schmale schroffe Kluft im Finstern hinanzuklettern!

»Der Weg sieht scheußlich aus«, sagte ich zögernd.

In mir flatterte wie ein sterbendes Lichtlein die heftige, ungläubige, unvernünftige Hoffnung, wir könnten vielleicht wieder umkehren, der Führer möchte sich noch überreden lassen, es möchte uns dies alles erspart bleiben. Ja, warum eigentlich nicht? War es dort, von wo wir kamen, nicht tausendmal schöner? Floß nicht dort das Leben reicher, wärmer, liebenswerter? Und war ich nicht ein Mensch, ein kindliches und kurzlebiges Wesen mit dem Recht auf ein bißchen Glück, auf ein Eckchen Sonne, auf ein Auge voll Blau und Blumen?

Nein, ich wollte dableiben. Ich hatte keine Lust, den Helden und Märtyrer zu spielen! Ich wollte mein Leben lang zufrieden sein, wenn ich im Tal und an der Sonne bleiben durfte.

Schon fing ich an zu frösteln; hier war kein langes Bleiben möglich.
»Du frierst«, sagte der Führer, »es ist besser, wir gehen.«
Damit stand er auf, reckte sich einen Augenblick zu seiner ganzen Höhe aus und sah mich mit Lächeln an. Es war weder Spott noch Mitleid in dem Lächeln, weder Härte noch Schonung. Es war nichts darin als Verständnis, nichts als Wissen. Dies Lächeln sagte: »Ich kenne dich. Ich kenne deine Angst, die du fühlst, und habe deine Großsprecherei von gestern und vorgestern keineswegs vergessen. Jeder verzweifelte Hasensprung der Feigheit, den deine Seele jetzt tut, und jedes Liebäugeln mit dem lieben Sonnenschein da drüben ist mir bekannt und vertraut, noch ehe du's ausführst.«

Mit diesem Lächeln sah mich der Führer an und tat den ersten Schritt ins dunkle Felsental voraus, und ich haßte ihn und liebte ihn, wie ein Verurteilter das Beil über seinem Nacken haßt und liebt. Vor allem aber haßte und verachtete ich sein Wissen, seine Führerschaft und Kühle, seinen Mangel an lieblichen Schwächen, und haßte alles das in mir selber, was ihm recht gab, was ihn billigte, was seinesgleichen war und ihm folgen wollte.

Schon war er mehrere Schritte weit gegangen, auf Steinen durch den schwarzen Bach, und war eben im Begriff, mir um die erste Felsenecke zu entschwinden.

»Halt!« rief ich so voller Angst, daß ich zugleich denken mußte: Wenn das hier ein Traum wäre, dann würde ihn in diesem Augenblick mein Entsetzen zersprengen, und ich würde aufwachen. »Halt«, rief ich, »ich kann nicht, ich bin noch nicht bereit.«

Der Führer blieb stehen und blickte still herüber, ohne Vorwurf, aber mit diesem seinem furchtbaren Verstehen, mit diesem schwer zu ertragenden Wissen, Ahnen, Schon-im-voraus-verstanden-Haben.

»Wollen wir lieber umkehren?« fragte er, und er hatte noch das letzte Wort nicht ausgesprochen, da wußte ich schon voll Widerwillen, daß ich »nein« sagen würde, nein würde sagen müssen. Und zugleich rief alles Alte, Gewohnte, Liebe, Vertraute in mir verzweiflungsvoll: »Sag ja, sag ja«, und es hängte sich die ganze Welt und Heimat wie eine Kugel an meine Füße.

Ich wollte »ja« rufen, obschon ich genau wußte, daß ich es nicht würde tun können.

Da wies der Führer mit der ausgestreckten Hand in das Tal zurück, und ich wandte mich nochmals nach den geliebten Gegenden um. Und jetzt sah ich das Peinvollste, was mir begegnen konnte: ich sah die geliebten

Der schwere Weg

Täler und Ebenen unter einer weißen entkräfteten Sonne fahl und lustlos liegen, die Farben klangen falsch und schrill zusammen, die Schatten waren rußig schwarz und ohne Zauber, und allem, allem war das Herz herausgeschnitten, war der Reiz und Duft genommen – alles roch und schmeckte nach Dingen, an denen man sich längst bis zum Ekel übergessen hat. O, wie ich das kannte, wie ich das befürchtete und haßte, diese schreckliche Art des Führers, mir das Geliebte und Angenehme zu entwerten, den Saft und Geist daraus weglaufen zu lassen, Düfte zu verfälschen und Farben leise zu vergiften! Ach, ich kannte das: was gestern noch Wein gewesen, war heut Essig. Und nie wieder wurde der Essig zu Wein. Nie wieder.

Ich schwieg und folgte traurig dem Führer nach. Er hatte ja recht, jetzt wie immer. Gut, wenn er wenigstens bei mir und sichtbar blieb, statt – wie so oft – im Augenblick einer Entscheidung plötzlich zu verschwinden und mich allein zu lassen – allein mit jener fremden Stimme in meiner Brust, in die er sich dann verwandelt hatte.

Ich schwieg, aber mein Herz rief inbrünstig: »Bleib nur, ich folge ja!«

Die Steine im Bach waren von einer scheußlichen Schlüpfrigkeit, es war ermüdend und schwindelerregend, so zu gehen, Fuß über Fuß auf schmalem, nassem Stein, der sich unter der Sohle klein machte und auswich. Dabei begann der Bachpfad rasch zu steigen, und die finstern Felsenwände traten näher zusammen, sie schwollen mürrisch an, und jede ihrer Ecken zeigte die tückische Absicht, uns einzuklemmen und für immer vom Rückweg abzuschneiden. Über warzige gelbe Felsen rann zäh und schleimig eine Haut von Wasser. Kein Himmel, nicht Wolke noch Blau mehr über uns.

Ich ging und ging, dem Führer nach, und schloß oft vor Angst und Widerwillen die Augen. Da stand eine dunkle Blume am Weg, sammetschwarz mit traurigem Blick. Sie war schön und sprach vertraut zu mir, aber der Führer ging rascher und ich fühlte: Wenn ich einen Augenblick verweilte, wenn ich noch einen einzigen Blick in dies traurige Sammetauge senkte, dann würde die Betrübtheit und hoffnungslose Schwermut allzu schwer und würde unerträglich, und mein Geist würde alsdann immer in diesen höhnischen Bezirk der Sinnlosigkeit und des Wahns gebannt bleiben.

Naß und schmutzig kroch ich weiter, und als die feuchten Wände sich näher über uns zusammenklemmten, da fing der Führer sein altes Trostlied an zu singen. Mit seiner hellen, festen Jünglingsstimme sang er bei jedem Schritt im Takt die Worte: »Ich will, ich will, ich will!« Ich wußte wohl, er wollte mich ermutigen und anspornen, er wollte mich über die häßliche Mühsal und Trostlosigkeit dieser Höllenwanderung hinwegtäuschen. Ich wußte, er wartete darauf, daß ich mit in seinen Singsang einstimme. Aber dies wollte ich nicht, diesen Sieg wollte ich ihm nicht gönnen. War mir denn zum Singen zumute? Und war ich nicht ein Mensch, ein armer einfacher Kerl, der da wider sein Herz in Dinge und Taten hineingezerrt wurde, die Gott nicht von ihm verlangen konnte? Durfte nicht jede Nelke und jedes Vergißmeinnicht am Bach bleiben, wo es war, und blühen und verwelken, wie es in seiner Art lag?

»Ich will, ich will, ich will«, sang der Führer unentwegt. O, wenn ich hätte umkehren können! Aber ich war, mit des Führers wunderbarer Hilfe, längst über Wände und Abstürze geklettert, über die es keinen, keinen Rückweg gab. Das Weinen würgte mich von innen, aber weinen durfte ich nicht, dies am allerwenigsten. Und so stimmte ich trotzig und laut in den Sang des Führers ein, im gleichen Takt und Ton, aber ich sang nicht seine Worte mit, sondern immerzu: »Ich muß, ich muß, ich muß!« Allein es war nicht leicht, so im Steigen zu singen, ich verlor bald den Atem und mußte keuchend schweigen. Er aber sang unermüdet fort: »Ich will, ich will, ich will«, und mit der Zeit bezwang er mich doch, daß auch ich seine Worte mitsang. Nun ging das Steigen besser, und ich mußte nicht mehr, sondern wollte in der Tat, und von einer Ermüdung durch das Singen war nichts mehr zu spüren.

Da wurde es heller in mir, und wie es heller in mir wurde, wich auch der glatte Fels zurück, ward trockener, ward gütiger, half oft dem gleitenden Fuß, und über uns trat mehr und mehr der hellblaue Himmel hervor, wie ein kleiner blauer Bach zwischen den Steinufern, und bald wie ein blauer kleiner See, der wuchs und Breite gewann.

Ich versuchte es, stärker und inniger zu wollen, und der Himmelssee wuchs weiter, und der Pfad wurde gangbarer, ja ich lief zuweilen eine ganze Strecke leicht und beschwerdelos neben dem Führer her. Und unerwartet sah ich den Gipfel nahe über uns, steil und gleißend in durchglühter Sonnenluft.

Wenig unterhalb des Gipfels entkrochen wir dem engen Spalt, Sonne drang in meine geblendeten Augen, und als ich sie wieder öffnete, zitterten mir die Knie vor Beklemmung, denn ich sah mich frei und ohne Halt an den steilen Grat gestellt, ringsum unendlichen Himmelsraum und blaue bange Tiefe, nur der schmale Gipfel dünn wie eine Leiter vor uns ragend. Aber es war wieder Himmel und Sonne da, und so stiegen wir auch die letzte beklemmende Stelle empor, Fuß vor Fuß mit zusammengepreßten Lippen und gefalteten Stirnen. Und standen oben, schmal auf durchglühtem Stein, in einer strengen, spöttisch dünnen Luft.

Das war ein sonderbarer Berg und ein sonderbarer Gipfel! Auf diesem Gipfel, den wir über so unendliche nackte Steinwände erklommen hatten, auf diesem Gipfel wuchs aus dem Steine ein Baum, ein kleiner, gedrungener Baum mit einigen kurzen, kräftigen Ästen. Da stand er, unausdenklich einsam und seltsam, hart und starr im Fels, das kühle Himmelsblau zwischen seinen Ästen. Und zuoberst im Baume saß ein schwarzer Vogel und sang ein rauhes Lied.

Stiller Traum einer kurzen Rast, hoch über der Welt: Sonne lohte, Fels glühte, Raum starrte streng, Vogel sang rauh. Sein rauhes Lied hieß: Ewigkeit, Ewigkeit! Der schwarze Vogel sang, und sein blankes hartes Auge sah uns an wie ein schwarzer Kristall. Schwer zu ertragen war sein Blick, schwer zu ertragen war sein Gesang, und furchtbar war vor allem die Einsamkeit und Leere dieses Ortes, die schwindelnde Weite der öden Himmelsräume. Sterben war unausdenkbare Wonne, Hierbleiben namenlose Pein. Es mußte etwas geschehen, sofort, augenblicklich, sonst versteinerten wir und die Welt vor Grauen. Ich fühlte das Geschehnis drücken und glühend einherhauchen wie den Windstoß vor einem Gewitter. Ich fühlte es mir über Leib und Seele flattern wie ein brennendes Fieber. Es drohte, es kam, es war da.

– – Es schwang sich der Vogel jäh vom Ast, warf sich stürzend in den Weltraum.

Es tat mein Führer einen Sprung und Sturz ins Blaue, fiel in den zuckenden Himmel, flog davon.

Jetzt war die Welle des Schicksals auf der Höhe, jetzt riß sie mein Herz davon, jetzt brach sie lautlos auseinander.

Und ich fiel schon, ich stürzte, sprang, ich flog; kalte Luftwirbel geschnürt schoß ich selig und vor Qual der Wonne zuckend durchs Unendliche hinabwärts, an die Brust der Mutter.

(1916)

Iris

Im Frühling seiner Kindheit lief Anselm durch den grünen Garten. Eine Blume unter den Blumen der Mutter hieß Schwertlilie, die war ihm besonders lieb. Er hielt seine Wange an ihre hohen hellgrünen Blätter, drückte tastend seine Finger an ihre scharfen Spitzen, roch atmend an der großen wunderbaren Blüte und sah lange hinein. Da standen lange Reihen von gelben Fingern aus dem bleichbläulichen Blumenboden empor, zwischen ihnen lief ein lichter Weg hinweg und hinabwärts in den Kelch und das ferne, blaue Geheimnis der Blüte hinein. Die liebte er sehr, und blickte lange hinein, und sah die gelben feinen Glieder bald wie einen goldenen Zaun am Königsgarten stehen, bald als doppelten Gang von schönen Traumbäumen, die kein Wind bewegt, und zwischen ihnen lief hell und von glaszarten lebendigen Adern durchzogen der geheimnisvolle Weg ins Innere. Ungeheuer dehnte die Wölbung sich auf, nach rückwärts verlor der Pfad zwischen den goldenen Bäumen sich unendlich tief in unausdenkliche Schlünde, über ihm bog sich die violette Wölbung königlich und legte zauberisch dünne Schatten über das stille wartende Wunder. Anselm wußte, daß dies der Mund der Blume war, daß hinter den gelben Prachtgewächsen im blauen Schlunde ihr Herz und ihre Gedanken wohnten, und daß über diesen holden, lichten, glasig geäderten Weg ihr Atem und ihre Träume aus und ein gingen.

Und neben der großen Blüte standen kleinere, die noch nicht aufgegangen waren, sie standen auf festen, saftigen Stielen in einem kleinen Kelch aus bräunlich grüner Haut, aus ihnen drang die junge Blüte still und kräftig hinan, in lichtes Grün und Lila fest gewickelt, oben aber schaute straff und zart gerollt das junge tiefe Violett mit feiner Spitze hervor. Auch schon auf diesen festgerollten, jungen Blütenblättern war Geäder und hundertfache Zeichnung zu sehen.

Am Morgen, wenn er aus dem Hause und aus dem Schlaf und Traum und fremden Welten wiederkam, da stand unverloren und immer neu der Garten und wartete auf ihn, und wo gestern eine harte blaue Blütenspitze dicht gerollt aus grüner Schale gestarrt hatte, da hing nun dünn und blau wie Luft ein junges Blatt, wie eine Zunge und wie eine Lippe, suchte tastend seine Formung und Wölbung, von der es lang geträumt, und zuunterst, wo es noch im stillen Kampf mit seiner Hülle lag, da ahnte man schon feine gelbe Gewächse, lichte geäderte Bahn und fernen, duftenden Seelenabgrund bereitet. Vielleicht am Mittag schon, vielleicht am Abend war sie offen, wölbte blaues Seidenzelt über goldenem Traumwald, und ihre ersten Träume, Gedanken und Gesänge kamen still aus dem zauberhaften Abgrund hervorgeatmet.

Es kam ein Tag, da standen lauter blaue Glockenblumen im Gras. Es kam ein Tag, da war plötzlich ein neuer Klang und Duft im Garten, und über rötlichem durchsonntem Laub hing weich und rotgolden die erste Teerose. Es kam ein Tag, da waren keine Schwertlilien mehr da. Sie waren gegangen, kein goldbezäunter Pfad mehr führte zart in duftende Geheimnisse hinab, fremd standen starre Blätter spitz und kühl. Aber rote Beeren waren in den Büschen reif, und über den Sternblumen flogen neue, unerhörte Falter frei und spielend hin, rotbraune mit perlmutternen Rücken und schwirrende, glasflüglige Schwärmer.

Anselm sprach mit den Faltern und mit den Kieselsteinen, er hatte zum Freund den Käfer und die Eidechse; Vögel erzählten ihm Vogelgeschichten, Farnkräuter zeigten ihm heimlich unterm Dach der Riesenblätter den braunen gesammelten Samen, Glasscherben grün und kristallen fingen ihm den Sonnenstrahl und wurden Paläste, Gärten und funkelnde Schatzkammer. Waren die Lilien fort, so blühten die Kapuziner, waren die Teerosen welk, so wurden die Brombeeren braun, alles verschob sich, war immer da und immer fort, verschwand und kam zur Zeit wieder, und auch die bangen, wunderlichen Tage, wo der Wind kalt in der Tanne lärmte und im ganzen Garten das welke Laub so fahl und erstorben klirrte, brachten noch ein Lied, ein Erlebnis, eine Geschichte mit, bis wieder alles hinsank, Schnee vor den Fenstern fiel und Palmenwälder an den Scheiben wuchsen, Engel mit silbernen Glocken durch den Abend flogen und Flur und Boden nach gedörrtem Obst dufteten. Niemals erlosch Freundschaft und Vertrauen in dieser guten Welt, und wenn einmal unversehens wieder Schneeglöckchen neben dem schwarzen Efeulaub strahlten und erste Vögel hoch durch neue blaue Höhen flogen, so war es, als sei alles immerfort dagewesen. Bis eines Tages, nie erwartet und doch immer genau wie es sein mußte und immer gleich erwünscht, wieder eine erste bläuliche Blütenspitze aus den Schwertlilienstengeln schaute.

Alles war schön, alles war Anselm willkommen, befreundet und vertraut, aber der größte Augenblick des Zaubers und der Gnade war in jedem Jahr für den Knaben die erste Schwertlilie. In ihrem Kelch hatte er irgendeinmal, im frühsten Kindestraum, zum erstenmal im Buch der Wunder gelesen, ihr Duft und wehendes vielfaches Blau war ihm Anruf und Schlüssel der Schöpfung gewesen. So ging die Schwertlilie mit ihm durch alle Jahre seiner Unschuld, war in jedem neuen Sommer neu, geheimnisreicher und rührender geworden. Auch andre Blumen hatten einen Mund, auch andre Blumen sandten Duft und Gedanken aus, auch andre lockten Biene und Käfer in ihre kleinen, süßen Kammern. Aber die blaue Lilie war dem Knaben mehr als jede andre Blume lieb und wichtig geworden, sie wurde ihm Gleichnis und Beispiel alles Nachdenkenswerten und Wunderbaren. Wenn er in ihren Kelch blickte und versunken diesem hellen träumerischen Pfad mit seinen Gedanken folgte, zwischen den gelben wunderlichen Gestäuden dem verdämmernden Blumeninnern entgegen, dann blickte seine Seele in das Tor, wo die Erscheinung zum Rätsel und das Sehen zum Ahnen wird. Er träumte auch bei Nacht zuweilen von diesem Blumenkelch, sah ihn ungeheuer groß vor sich geöffnet wie das Tor eines himmlischen Palastes, ritt auf Pferden, flog auf Schwänen hinein, und mit ihm flog und ritt und glitt die ganze Welt leise, von Magie gezogen, in den holden Schlund hinein und hinab, wo jede Erwartung zur Erfüllung und jede Ahnung Wahrheit werden mußte.

Jede Erscheinung auf Erden ist ein Gleichnis, und jedes Gleichnis ist ein offenes Tor, durch welches die Seele, wenn sie bereit ist, in das Innere der Welt zu gehen vermag, wo du und ich und Tag und Nacht alle eines sind. Jedem Menschen tritt hier und dort in seinem Leben das geöffnete Tor in den Weg, jeden fliegt irgendeinmal der Gedanke an, daß alles Sichtbare ein Gleichnis sei, und daß hinter dem Gleichnis der Geist und das ewige Leben wohne. Wenige freilich gehen durch das Tor und geben den schönen Schein dahin für die geahnte Wirklichkeit des Innern.

So erschien dem Knaben Anselm sein Blumenkelch als die aufgetane, stille Frage, der seine Seele in quellender Ahnung einer seligen Antwort entgegendrängte. Dann wieder zog das liebliche Vielerlei der Dinge ihn hinweg, in Gesprächen und Spielen zu Gras und Steinen, Wurzeln, Busch, Getier und allen Freundlichkeiten seiner Welt. Oft sank er tief in Betrachtung seiner selbst hinab, saß hingegeben an die Merkwürdigkeiten seines Leibes, fühlte mit geschlossenen Augen beim Schlucken, beim Singen, beim Atmen sonderbare Regungen, Gefühle und Vorstellungen im Munde und im Hals, fühlte auch dort dem Pfad und dem Tore nach, auf denen Seele zu Seele gehen kann. Mit Bewunderung beobachtete er die bedeutsamen Farbenfiguren, die bei geschlossenen Augen ihm oft aus purpurfarbenem Dunkel erschienen, Flecken und Halbkreise von Blau und tiefem Rot, glasig-helle Linien dazwischen. Manchmal empfand Anselm mit froh erschrockener Bewegung die feinen, hundertfachen Zusammenhänge zwischen Auge und Ohr, Geruch und Getast, fühlte für schöne flüchtige Augenblicke Töne, Laute, Buchstaben verwandt und gleich mit Rot und Blau, mit Hart und Weich, oder wunderte sich beim Riechen an einem Kraut oder an einer abgeschälten grünen Rinde, wie sonderbar nahe Geruch und Geschmack beisammen waren und oft ineinander übergingen und eins wurden.

Alle Kinder fühlen so, wennschon nicht alle mit derselben Stärke und Zartheit, und bei vielen ist dies alles schon hinweg und wie nie gewesen, noch ehe sie den ersten Buchstaben haben lesen lernen. Andern bleibt das Geheimnis der Kindheit lange nah, und einen Rest und Nachhall davon nehmen sie bis zu den weißen Haaren und den späten müden Tagen mit sich. Alle Kinder, solange sie noch im Geheimnis stehen, sind ohne Unterlaß in der Seele mit dem einzig Wichtigen beschäftigt, mit sich selbst und mit dem rätselhaften Zusammenhang ihrer eignen Person mit der Welt ringsumher. Sucher und Weise kehren mit den Jahren der Reife zu diesen Beschäftigungen zurück, die meisten Menschen aber vergessen und verlassen diese innere Welt des wahrhaft Wichtigen schon früh für immer und irren lebenslang in den bunten Irrsalen von Sorgen, Wünschen und Zielen umher, deren keines in ihrem Innersten wohnt, deren keines sie wieder zu ihrem Innersten und nach Hause führt.

Anselms Kindersommer und -herbste kamen sanft und gingen ungehört, wieder und wieder blühte und verblühte Schneeglocke, Veilchen, Goldlack, Lilie, Immergrün und Rose, schön und reich wie je. Er lebte mit, ihm sprachen Blume und Vogel, ihm hörten Baum und Brunnen zu, und er nahm seinen ersten geschriebenen Buchstaben und seinen ersten Freundschaftskummer in alter Weise mit hinüber zum Garten, zur Mutter, zu den bunten Steinen am Beet.

Aber einmal kam ein Frühling, der klang und roch nicht wie die frühern alle, die Amsel sang, und es war nicht das alte Lied, die blaue Iris blühte auf, und keine Träume und Märchengestalten wandelten aus und ein auf dem goldgezäunten Pfad ihres Kelches. Es lachten die Erdbeeren versteckt aus ihrem grünen Schatten, und die Falter taumelten glänzend über den hohen Dolden, und alles war nicht mehr wie immer, und andre Dinge gingen den Knaben an, und mit der Mutter hatte er viel Streit. Er wußte selber nicht, was es war, und warum ihm etwas weh tat und etwas immerfort ihn störte. Er sah nur, die Welt war verändert, und die Freundschaften der bisherigen Zeit fielen von ihm ab und ließen ihn allein.

So ging ein Jahr, und es ging noch eines, und Anselm war kein Kind mehr, und die bunten Steine um das Beet waren langweilig, und die Blumen stumm, und die Käfer hatte er auf Nadeln in einem Kasten stecken, und seine Seele hatte den langen, harten Umweg angetreten und die alten Freuden waren versiegt und verdorrt.

Ungestüm drang der junge Mensch ins Leben, das ihm nun erst zu beginnen schien. Verweht und vergessen war die Welt der Gleichnisse; neue Wünsche und Wege lockten ihn hinweg. Noch hing Kindheit wie ein Duft im blauen Blick und im weichen Haar, doch liebte er es nicht, wenn er daran erinnert wurde, und schnitt die Haare kurz und tat in seinen Blick so viel Kühnheit und Wissen als er vermochte. Launisch stürmte er durch die bangen, wartenden Jahre, guter Schüler bald und Freund, bald allein und scheu, einmal wild und laut bei ersten Jünglingsgelagen. Die Heimat hatte er verlassen müssen und sah sie nur selten auf kurzen Besuchen wieder, wenn er verändert, gewachsen und fein gekleidet heim zur Mutter kam. Er brachte Freunde mit, brachte Bücher mit, immer anderes, und wenn er durch den alten Garten ging, war der Garten klein und schwieg vor seinem zerstreuten Blick. Nie mehr las er Geschichten im bunten Geäder der Steine und der Blätter, nie mehr sah er Gott und die Ewigkeit im Blütengeheimnis der blauen Iris wohnen.

Anselm war Schüler, war Student, er kehrte in die Heimat mit einer roten und dann mit einer gelben Mütze, mit einem Flaum auf der Lippe und mit einem jungen Bart. Er brachte Bücher in fremden Sprachen mit, und einmal einen Hund, und in einer Ledermappe auf der Brust trug er bald verschwiegene Gedichte, bald Abschriften uralter Weisheiten, bald Bildnisse und Briefe hübscher Mädchen. Er kehrte wieder und war weit in fremden Ländern gewesen und hatte auf großen Schiffen auf dem Meer gewohnt. Er kehrte wieder und war ein junger Gelehrter, trug einen schwarzen Hut und dunkle Handschuhe, und die alten Nachbarn zogen die Hüte vor ihm und nannten ihn Professor, obschon er noch keiner war. Er kam wieder und trug schwarze Kleider, und ging schlank und ernst hinter dem langsamen Wagen her, auf dem seine alte Mutter im geschmückten Sarge lag. Und dann kam er selten mehr.

In der Großstadt, wo Anselm jetzt die Studenten lehrte und für einen berühmten Gelehrten galt, da ging er, spazierte, saß und stand genau wie andre Leute der Welt, im feinen Rock und Hut, ernst oder freundlich, mit eifrigen und manchmal etwas ermüdeten Augen, und war ein Herr und ein Forscher, wie er es hatte werden wollen. Nun ging es ihm ähnlich, wie es ihm am Ende seiner Kindheit gegangen war. Er fühlte plötzlich viele Jahre hinter sich weggeglitten und stand seltsam allein und unbefriedigt mitten in der Welt, nach der er immer getrachtet hatte. Es war kein rechtes Glück, Professor zu sein, es war keine volle Lust, von Bürgern und Studenten tief gegrüßt zu werden. Es war alles wie welk und verstaubt, und das Glück lag wieder weit in der Zukunft, und der Weg dahin sah heiß und staubig und gewöhnlich aus.

In dieser Zeit kam Anselm viel in das Haus eines Freundes, dessen Schwester ihn anzog. Er lief jetzt nicht mehr leicht einem hübschen Gesichte nach, auch das war anders geworden, und er fühlte, daß das Glück für ihn auf besondere Weise kommen müsse und nicht hinter jedem Fenster liegen könne. Die Schwester seines Freundes gefiel ihm sehr, und oft glaubte er zu wissen, daß er sie wahrhaft liebe. Aber sie war ein besonderes Mädchen, jeder Schritt und jedes Wort von ihr war eigen gefärbt und geprägt, und es war nicht immer leicht, mit ihr zu gehen und den gleichen Schritt mit ihr zu finden. Wenn Anselm zuweilen in seiner einsamen Wohnung am Abend auf und nieder ging und nachdenklich seinem eigenen Schritt durch die leeren Stuben zuhörte, dann stritt er viel mit sich selber wegen seiner Freundin. Sie war älter, als er sich seine Frau gewünscht hätte. Sie war sehr eigen, und es würde schwierig sein, neben ihr zu leben und seinem gelehrten Ehrgeiz zu folgen, denn von dem mochte sie nichts hören. Auch war sie nicht sehr stark und gesund, und konnte namentlich Gesellschaft und Feste schlecht ertragen. Am liebsten lebte sie, mit Blumen und Musik und etwa einem Buch um sich, in einsamer Stille, wartete, ob jemand zu ihr käme, und ließ die Welt ihren Gang gehen. Manchmal war sie so zart und empfindlich, daß alles Fremde ihr weh tat und sie leicht zum Weinen brachte. Dann wieder strahlte sie still und fein in einem einsamen Glück, und wer es sah, der fühlte, wie schwer es sei, dieser schönen seltsamen Frau etwas zu geben und etwas für sie zu bedeuten. Oft glaubte Anselm, daß sie ihn liebhabe, oft schien ihm, sie habe niemanden lieb, sei nur mit allen zart und freundlich, und begehre von der Welt nichts, als in Ruhe gelassen zu werden. Er aber wollte anderes vom Leben, und wenn er eine Frau haben würde, so müßte Leben und Klang und Gastlichkeit im Hause sein.

»Iris«, sagte er zu ihr, »liebe Iris, wenn doch die Welt anders eingerichtet wäre! Wenn es gar nichts gäbe als eine schöne, sanfte Welt mit Blumen, Gedanken und Musik, dann wollte ich mir nichts andres wünschen als mein Leben lang bei dir zu sein, deine Geschichten zu hören und in deinen Gedanken mitzuleben. Schon dein Name tut mir wohl, Iris ist ein wundervoller Name, ich weiß gar nicht, woran er mich erinnert.«

»Du weißt doch«, sagte sie, »daß die blauen Schwertlilien so heißen.«

»Ja«, rief er in einem beklommenen Gefühl, »das weiß ich wohl, und schon das ist sehr schön. Aber immer wenn ich deinen Namen sage, will er mich noch außerdem an irgend etwas mahnen, ich weiß nicht was, als sei er mir mit ganz tiefen, fernen, wichtigen Erinnerungen verknüpft, und doch weiß und finde ich nicht, was das sein könnte.«

Iris lächelte ihn an, der ratlos stand und mit der Hand seine Stirn rieb.

»Mir geht es jedesmal so«, sagte sie mit ihrer vogelleichten Stimme zu Anselm, »wenn ich an einer Blume rieche. Dann meint mein Herz jedesmal, mit dem Duft sei ein Andenken an etwas überaus Schönes und Kostbares verbunden, das einmal vorzeiten mein war und mir verlorengegangen ist. Mit der Musik ist es auch so, und manchmal mit Gedichten – da blitzt auf einmal etwas auf, einen Augenblick lang, wie wenn man eine verlorene Heimat plötzlich unter sich im Tale liegen sähe, und ist gleich wieder weg und vergessen. Lieber Anselm, ich glaube, daß wir zu diesem Sinn auf Erden sind, zu diesem Nachsinnen und Suchen und Horchen auf verlorene ferne Töne, und hinter ihnen liegt unsere wahre Heimat.«

»Wie schön du das sagst«, schmeichelte Anselm, und er fühlte in der eigenen Brust eine fast schmerzende Bewegung, als weise dort ein verborgener Kompaß unweigerlich seinem fernen Ziele zu. Aber dieses Ziel war ganz ein andres, als er es seinem Leben geben wollte, und das tat weh, und war es denn seiner würdig, sein Leben in Träumen hinter hübschen Märchen her zu verspielen?

Indessen kam ein Tag, da war Herr Anselm von einer einsamen Reise heimgekehrt und fand sich von seiner kahlen Gelehrtenwohnung so kalt und bedrückend empfangen, daß er zu seinen Freunden lief und gesonnen war, die schöne Iris um ihre Hand zu bitten.

»Iris«, sagte er zu ihr, »ich mag so nicht weiterleben. Du bist immer meine gute Freundin gewesen, ich muß dir alles sagen. Ich muß eine Frau haben, sonst fühle ich mein Leben leer und ohne Sinn. Und wen sollte ich mir zur Frau wünschen, als dich, du liebe Blume? Willst du, Iris? Du sollst Blumen haben, so viele nur zu finden sind, den schönsten Garten sollst du haben. Magst du zu mir kommen?«

Iris sah ihm lang und ruhig in die Augen, sie lächelte nicht und errötete nicht, und gab ihm mit fester Stimme Antwort: »Anselm, ich bin über deine Frage nicht erstaunt. Ich habe dich lieb, obschon ich nie daran gedacht habe, deine Frau zu werden. Aber sieh, mein Freund, ich mache große Ansprüche an den, dessen Frau ich werden soll. Ich mache größere Ansprüche, als die meisten Frauen machen. Du hast mir Blumen geboten, und meinst es gut damit. Aber ich kann auch ohne Blumen leben, und auch ohne Musik, ich könnte alles das und viel andres wohl entbehren, wenn es sein müßte. Eins aber kann und will ich nie entbehren: ich kann niemals auch nur einen Tag lang so leben, daß nicht die Musik in meinem Herzen mir die Hauptsache ist. Wenn ich mit einem Manne leben soll, so muß es einer sein, dessen innere Musik mit der meinen gut und fein zusammenstimmt, und daß seine eigene Musik rein und daß sie gut zu meiner klinge, muß sein einziges Begehren sein. Kannst du das, Freund? Du wirst dabei wahrscheinlich nicht weiter berühmt werden und Ehren erfahren, dein Haus wird still sein, und die Falten, die ich auf deiner Stirn seit manchem Jahr her kenne, müssen alle wieder ausgetan werden. Ach, Anselm, es wird nicht gehen. Sieh, du bist so, daß du immer neue Falten in deine Stirn studieren und dir immer neue Sorgen machen mußt, und was ich sinne und bin, das liebst du wohl und findest es hübsch, aber es ist für dich wie für die meisten doch bloß ein feines Spielzeug. Ach, höre mich wohl: alles, was dir jetzt Spielzeug ist, ist mir das Leben selbst und müßte es auch dir sein, und alles, woran du Mühe und Sorge wendest, das ist für mich Spielzeug, ist für meinen Sinn nicht wert, daß man dafür lebe. – Ich werde nicht mehr anders werden, Anselm, denn ich lebe nach einem Gesetz, das in mir ist. Wirst aber du anders werden können? Und du müßtest ganz anders werden, damit ich deine Frau sein könnte.«

Anselm schwieg betroffen vor ihrem Willen, den er schwach und spielerisch gemeint hatte. Er schwieg und zerdrückte achtlos in der erregten Hand eine Blume, die er vom Tisch genommen hatte.

Da nahm ihm Iris sanft die Blume aus der Hand – es fuhr ihm wie ein schwerer Vorwurf ins Herz – und lächelte nun plötzlich hell und liebevoll, als habe sie ungehofft einen Weg aus dem Dunkel gefunden.

»Ich habe einen Gedanken«, sagte sie leise und errötete dabei. »Du wirst ihn sonderbar finden, er wird dir eine Laune scheinen. Aber er ist keine Laune. Willst du ihn hören? Und willst du ihn annehmen, daß er über dich und mich entscheiden soll?«

Ohne sie zu verstehen, blickte Anselm seine Freundin an, Sorge in den blassen Zügen. Ihr Lächeln bezwang ihn, daß er Vertrauen faßte und ja sagte.

»Ich möchte dir eine Aufgabe stellen«, sagte Iris und wurde rasch wieder sehr ernst.

»Tu das, es ist dein Recht«, ergab sich der Freund.

»Es ist mein Ernst«, sagte sie, »und mein letztes Wort. Willst du es hinnehmen, wie es mir aus der Seele kommt, und nicht daran markten und feilschen, auch wenn du es nicht sogleich verstehst?«

Anselm versprach es. Da sagte sie, indem sie aufstand und ihm die Hand gab:

»Mehrmals hast du mir gesagt, daß du beim Aussprechen meines Namens jedesmal dich an etwas Vergessenes erinnert fühlst, was dir einst wichtig und heilig war. Das ist ein Zeichen, Anselm, und das hat dich alle die Jahre zu mir hingezogen. Auch ich glaube, daß du in deiner Seele Wichtiges und Heiliges verloren und vergessen hast, was erst wieder wach sein muß, ehe du ein Glück finden und das dir Bestimmte erreichen kannst. – Leb wohl, Anselm! Ich gebe dir die Hand und bitte dich: Geh und sieh, daß du das in deinem Gedächtnis wiederfindest, woran du durch meinen Namen erinnert wirst. Am Tage, wo du es wiedergefunden hast, will ich als deine Frau mit dir hingehen, wohin du willst, und keine Wünsche mehr haben als deine.«

Bestürzt wollte der verwirrte Anselm ihr ins Wort fallen und diese Forderung eine Laune schelten, aber sie mahnte ihn mit einem klaren Blick an sein Versprechen, und er schwieg still. Mit niedergeschlagenen Augen nahm er ihre Hand, zog sie an seine Lippen und ging hinaus.

Manche Aufgaben hatte er in seinem Leben auf sich genommen und gelöst, aber keine war so seltsam, wichtig und dabei so entmutigend gewesen wie diese. Tage und Tage lief er umher und sann sich daran müde, und immer wieder kam die Stunde, wo er verzweifelt und zornig diese ganze Aufgabe eine verrückte Weiberlaune schalt und in Gedanken von sich warf. Dann aber widersprach tief in seinem Innern etwas, ein sehr feiner, heimlicher Schmerz, eine ganz zarte, kaum hörbare Mahnung. Diese feine

Stimme, die in seinem eigenen Herzen war, gab Iris recht und tat dieselbe Forderung wie sie.

Allein diese Aufgabe war allzu schwer für den gelehrten Mann. Er sollte sich an etwas erinnern, was er längst vergessen hatte, er sollte einen einzelnen, goldenen Faden aus dem Spinnweb untergesunkener Jahre wiederfinden, er sollte etwas mit Händen greifen und seiner Geliebten darbringen, was nichts war als ein verwehter Vogelruf, ein Anflug von Lust oder Trauer beim Hören einer Musik, was dünner, flüchtiger und körperloser war als ein Gedanke, nichtiger als ein nächtlicher Traum, unbestimmter als ein Morgennebel.

Manchmal, wenn er verzagend das alles von sich geworfen und voll übler Laune aufgegeben hatte, dann wehte ihn unversehens etwas an wie ein Hauch aus fernen Gärten, er flüsterte den Namen Iris vor sich hin, zehnmal und mehrmals, leise und spielend, wie man einen Ton auf einer gespannten Saite prüft. »Iris«, flüsterte er, »Iris«, und mit feinem Weh fühlte er in sich innen etwas sich bewegen, wie in einem alten verlassenen Hause ohne Anlaß eine Tür aufgeht und ein Laden knarrt. Er prüfte seine Erinnerungen, die er wohlgeordnet in sich zu tragen geglaubt hatte, und er kam dabei auf wunderliche und bestürzende Entdeckungen. Sein Schatz an Erinnerungen war unendlich viel kleiner, als er je gedacht hätte. Ganze Jahre fehlten und standen leer wie unbeschriebene Blätter, wenn er zurückdachte. Er fand, daß er große Mühe hatte, sich das Bild seiner Mutter wieder deutlich vorzustellen. Er hatte vollkommen vergessen, wie ein Mädchen hieß, das er als Jüngling wohl ein Jahr lang mit brennender Werbung verfolgt hatte. Ein Hund fiel ihm ein, den er einst als Student in einer Laune gekauft und der eine Zeitlang mit ihm gewohnt und gelebt hatte. Er brauchte Tage, bis er wieder auf des Hundes Namen kam.

Schmerzvoll sah der arme Mann mit wachsender Trauer und Angst, wie zerronnen und leer sein Leben hinter ihm lag, nicht mehr zu ihm gehörig, ihm fremd und ohne Beziehung zu ihm wie etwas, was man einst auswendig gelernt hat und wovon man nur mit Mühe noch öde Bruchstücke zusammenbringt. Er begann zu schreiben, er wollte, Jahr um Jahr zurück, seine wichtigsten Erlebnisse niederschreiben, um sie einmal wieder fest in Händen zu haben. Aber wo waren seine wichtigsten Erlebnisse? Daß er Professor geworden war? Daß er einmal Doktor, einmal Schüler, einmal Student gewesen war? Oder daß ihm einmal, in verschollenen Zeiten, dies Mädchen oder jenes eine Weile gefallen hatte? Erschreckend blickte er auf:

war das das Leben? War dies alles? Und er schlug sich vor die Stirn und lachte gewaltsam.

Indessen lief die Zeit, nie war sie so schnell und unerbittlich gelaufen! Ein Jahr war um, und ihm schien, er stehe noch genau am selben Ort wie in der Stunde, da er Iris verlassen. Doch hatte er sich in dieser Zeit sehr verändert, was außer ihm ein jeder sah und wußte. Er war sowohl älter wie jünger geworden. Seinen Bekannten war er fast fremd geworden, man fand ihn zerstreut, launisch und sonderbar, er kam in den Ruf eines seltsamen Kauzes, für den es schade sei, aber er sei zu lange Junggeselle geblieben. Es kam vor, daß er seine Pflichten vergaß und daß seine Schüler vergebens auf ihn warteten. Es geschah, daß er gedankenvoll durch eine Straße schlich, den Häusern nach, und mit dem verwahrlosten Rock im Hinstreifen den Staub von den Gesimsen wischte. Manche meinten, er habe zu trinken angefangen. Andre Male aber hielt er mitten in einem Vortrag vor seinen Schülern inne, suchte sich auf etwas zu besinnen, lächelte kindlich und herzbezwingend, wie es niemand an ihm gekannt hatte, und fuhr mit einem Ton der Wärme und Rührung fort, der vielen zu Herzen ging.

Längst war ihm auf dem hoffnungslosen Streifzug hinter den Düften und verwehten Spuren ferner Jahre her ein neuer Sinn zugekommen, von dem er jedoch selbst nichts wußte. Es war ihm öfter und öfter vorgekommen, daß hinter dem, was er bisher Erinnerungen genannt, noch andre Erinnerungen lagen, wie auf einer alten bemalten Wand zuweilen hinter den alten Bildern noch ältere, einst übermalte verborgen schlummern. Er wollte sich auf irgend etwas besinnen, etwa auf den Namen einer Stadt, in der er als Reisender einmal Tage verbracht hatte, oder auf den Geburtstag eines Freundes, oder auf irgend etwas, und indem er nun ein kleines Stück Vergangenheit wie Schutt durchgrub und durchwühlte, fiel ihm plötzlich etwas ganz anderes ein. Es überfiel ihn ein Hauch, wie ein Aprilmorgenwind oder wie ein Septembernebeltag, er roch einen Duft, er schmeckte einen Geschmack, er fühlte dunkle zarte Gefühle irgendwo, auf der Haut, in den Augen, im Herzen, und langsam wurde ihm klar: es müsse einst ein Tag gewesen sein, blau, warm, oder kühl, grau, oder irgend sonst ein Tag, und das Wesen dieses Tages müsse in ihm sich verfangen haben, als dunkle Erinnerung hängengeblieben sein. Er konnte den Frühlings- oder Wintertag, den er deutlich roch und fühlte, nicht in der wirklichen Vergangenheit wiederfinden, es waren keine Namen und Zahlen dabei, vielleicht war es in der Studentenzeit, vielleicht noch in der Wiege gewesen, aber der Duft war da, und er fühlte etwas in sich lebendig, wovon er nicht wußte und was er nicht nennen und bestimmen konnte. Manchmal schien ihm, es könnten diese Erinnerungen wohl auch über das Leben zurück in Vergangenheiten eines vorigen Daseins reichen, obwohl er darüber lächelte.

Vieles fand Anselm auf seinen ratlosen Wanderungen durch die Schlünde des Gedächtnisses. Vieles fand er, was ihn rührte und ergriff, und vieles, was erschreckte und Angst machte, aber das eine fand er nicht, was der Name Iris für ihn bedeute.

Einstmals suchte er auch, in der Qual des Nichtfindenkönnens, seine alte Heimat wieder auf, sah die Wälder und Gassen, die Stege und Zäune wieder, stand im alten Garten seiner Kindheit und fühlte die Wogen über sein Herz fluten, Vergangenheit umspann ihn wie Traum. Traurig und still kam er von dort zurück. Er ließ sich krank sagen und jeden wegschicken, der zu ihm begehrte.

Einer kam dennoch zu ihm. Es war sein Freund, den er seit seiner Werbung um Iris nicht mehr gesehen hatte. Er kam und sah Anselm verwahrlost in seiner freudlosen Klause sitzen.

»Steh auf«, sagte er zu ihm, »und komm mit mir, Iris will dich sehen.« Anselm sprang empor.

»Iris! Was ist mit ihr? – O ich weiß, ich weiß!«

»Ja«, sagte der Freund, »komm mit! Sie will sterben, sie liegt seit langem krank.«

Sie gingen zu Iris, die lag auf einem Ruhebett leicht und schmal wie ein Kind, und lächelte hell aus vergrößerten Augen. Sie gab Anselm ihre weiße leichte Kinderhand, die lag wie eine Blume in seiner, und ihr Gesicht war wie verklärt.

»Anselm«, sagte sie, »bist du mir böse? Ich habe dir eine schwere Aufgabe gestellt, und ich sehe, du bist ihr treu geblieben. Suche weiter, und gehe diesen Weg, bis du am Ziele bist! Du meintest ihn meinetwegen zu gehen, aber du gehst ihn deinetwegen. Weißt du das?«

»Ich ahnte es«, sagte Anselm, »und nun weiß ich es. Es ist ein langer Weg, Iris, und ich wäre längst zurückgegangen, aber ich finde keinen Rückweg mehr. Ich weiß nicht, was aus mir werden soll.«

Sie blickte ihm in die traurigen Augen und lächelte licht und tröstlich, er bückte sich über ihre dünne Hand und weinte lang, daß ihre Hand naß von seinen Tränen wurde.

»Was aus dir werden soll«, sagte sie mit einer Stimme, die nur wie

Erinnerungsschein war, »was aus dir werden soll, mußt du nicht fragen. Du hast viel gesucht in deinem Leben. Du hast die Ehre gesucht, und das Glück, und das Wissen, und hast mich gesucht, deine kleine Iris. Das alles sind nur hübsche Bilder gewesen, und sie verließen dich, wie ich dich nun verlassen muß. Auch mir ist es so gegangen. Immer habe ich gesucht, und immer waren es schöne liebe Bilder, und immer wieder fielen sie ab und waren verblüht. Ich weiß nun keine Bilder mehr, ich suche nichts mehr, ich bin heimgekehrt und habe nur noch einen kleinen Schritt zu tun, dann bin ich in der Heimat. Auch du wirst dorthin kommen, Anselm, und wirst dann keine Falten mehr auf deiner Stirn haben.«

Sie war so bleich, daß Anselm verzweifelt rief: »O warte noch, Iris, geh noch nicht fort! Laß mir ein Zeichen da, daß du mir nicht ganz verlorengehst!«

Sie nickte und griff neben sich in ein Glas und gab ihm eine frisch aufgeblühte blaue Schwertlilie.

»Da, nimm meine Blume, die Iris, und vergiß mich nicht. Suche mich, suche die Iris, dann wirst du zu mir kommen.«

Weinend hielt Anselm die Blume in Händen und nahm weinend Abschied. Als der Freund ihm Botschaft sandte, kam er wieder und half ihren Sarg mit Blumen schmücken und zur Erde bringen.

Dann brach sein Leben hinter ihm zusammen, es schien ihm nicht möglich, diesen Faden fortzuspinnen. Er gab alles auf, verließ Stadt und Amt und verscholl in der Welt. Hier und dort wurde er gesehen, in seiner Heimat tauchte er auf und lehnte sich über den Zaun des alten Gartens, aber wenn die Leute nach ihm fragten und sich seiner annehmen wollten, war er weg und verschwunden.

Die Schwertlilie blieb ihm lieb. Oft bückte er sich über eine, wo immer er sie stehen sah, und wenn er lang den Blick in ihren Kelch versenkte, schien ihm aus dem bläulichen Grunde Duft und Ahnung alles Gewesenen und Künftigen entgegenzuwehen, bis er traurig weiterging, weil die Erfüllung nicht kam. Ihm war, als lauschte er an einer halb offenstehenden Tür und höre lieblichstes Geheimnis hinter ihr atmen, und wenn er eben meinte, jetzt müsse alles sich ihm geben und erfüllen, war die Tür zugefallen und der Wind der Welt strich kühl über seine Einsamkeit.

In seinen Träumen sprach die Mutter zu ihm, deren Gestalt und Gesicht er nun so deutlich und nahe fühlte wie in langen Jahren nie. Und Iris sprach zu ihm, und wenn er erwachte, klang ihm etwas nach, woran zu sinnen er den ganzen Tag verweilte. Er war ohne Stätte, fremd lief er durch die Lande, schlief in Häusern, schlief in Wäldern, aß Brot oder aß Beeren, trank Wein oder trank Tau aus den Blättern der Gebüsche, er wußte nichts davon. Vielen war er ein Narr, vielen war er ein Zauberer, viele fürchteten ihn, viele lachten über ihn, viele liebten ihn. Er lernte, was er nie gekonnt, bei Kindern sein und an ihren seltsamen Spielen teilhaben, mit einem abgebrochenen Zweig und mit einem Steinchen reden. Winter und Sommer liefen an ihm vorbei, in Blumenkelche schaute er und in Bach und See.

»Bilder«, sagte er zuweilen vor sich hin, »alles nur Bilder.«

Aber in sich innen fühlte er ein Wesen, das nicht Bild war, dem folgte er, und das Wesen in ihm konnte zuzeiten sprechen, und seine Stimme war die der Iris und die der Mutter, und sie war Trost und Hoffnung.

Wunder begegneten ihm, und sie wunderten ihn nicht. Und so ging er einst im Schnee durch einen winterlichen Grund, und an seinem Bart war Eis gewachsen. Und im Schnee stand spitz und schlank eine Irispflanze, die trieb eine schöne einsame Blüte, und er bückte sich zu ihr und lächelte, denn nun erkannte er das, woran ihn die Iris immer und immer gemahnt hatte. Er erkannte seinen Kindertraum wieder, und sah zwischen goldenen Stäben die lichtblaue Bahn hellgeädert in das Geheimnis und Herz der Blume führen, und wußte, dort war das, was er suchte, dort war das Wesen, das kein Bild mehr ist.

Und wieder trafen ihn Mahnungen, Träume führten ihn, und er kam zu einer Hütte, da waren Kinder, die gaben ihm Milch, und er spielte mit ihnen, und sie erzählten ihm Geschichten, und erzählten ihm, im Wald bei den Köhlern sei ein Wunder geschehen. Da sehe man die Geisterpforte offenstehen, die nur alle tausend Jahre sich öffne. Er hörte zu und nickte dem lieben Bilde zu, und ging weiter, ein Vogel sang vor ihm im Erlengebüsch, der hatte eine seltene, süße Stimme, wie die Stimme der gestorbenen Iris. Dem folgte er, er flog und hüpfte weiter und weiter, über den Bach und weit in alle Wälder hinein.

Als der Vogel schwieg und nicht mehr zu hören noch zu sehen war, da blieb Anselm stehen und sah sich um. Er stand in einem tiefen Tal im Walde, unter breiten grünen Blättern rann leise ein Gewässer, sonst war alles still und wartend. In seiner Brust aber sang der Vogel fort, mit der geliebten Stimme, und trieb ihn weiter, bis er vor einer Felswand stand, die war mit Moos bewachsen, und in ihrer Mitte klaffte ein Spalt, der führte schmal und eng ins Innere des Berges.

Ein alter Mann saß vor dem Spalt, der erhob sich, als er Anselm kommen sah, und rief. »Zurück! Das ist das Geistertor. Es ist noch keiner wiedergekommen, der da hineingegangen ist.«

Anselm blickte empor und in das Felsentor, da sah er tief in den Berg einen blauen Pfad sich verlieren, und goldene Säulen standen dicht zu beiden Seiten, und der Pfad sank nach innen hinabwärts wie in den Kelch einer ungeheuren Blume hinunter.

In seiner Brust sang der Vogel hell, und Anselm schritt an dem Wächter vorüber in den Spalt und durch die goldnen Säulen hin bis ins blaue Geheimnis des Innern. Es war Iris, in deren Herz er drang, und es war die Schwertlilie im Garten der Mutter, in deren blauen Kelch er schwebend trat, und als er still der goldenen Dämmerung entgegenging, da war alle Erinnerung und alles Wissen mit einem Male bei ihm, er fühlte seine Hand, und sie war klein und weich, Stimmen der Liebe klangen nah und vertraut in sein Ohr, und sie klangen so, und die goldnen Säulen glänzten so, wie damals in den Frühlingen der Kindheit alles ihm getönt und geleuchtet hatte.

Und auch sein Traum war wieder da, den er als kleiner Knabe geträumt, daß er in den Kelch hinabschritt, und hinter ihm schritt und glitt die ganze Welt der Bilder mit, und versank im Geheimnis, das hinter allen Bildern liegt.

Leise fing Anselm an zu singen, und sein Pfad sank leise abwärts in die Heimat.

(1916)

Eine Traumfolge

Mir schien, ich verweile schon eine Menge von unnützer dickflüssiger Zeit in dem blauen Salon, durch dessen Nordfenster der falsche See mit den unechten Fjorden blickte und wo nichts mich hielt und anzog als die Gegenwart der schönen, verdächtigen Dame, die ich für eine Sünderin hielt. Ihr Gesicht einmal richtig zu sehen, war mein unerfülltes Verlangen. Ihr Gesicht schwebte undeutlich zwischen dunklen, offenen Haaren und bestand einzig aus süßer Blässe, sonst war nichts vorhanden. Vielleicht waren die Augen dunkelbraun, ich fühlte Gründe in mir, das zu erwarten, aber dann paßten die Augen nicht zu dem Gesicht, das mein Blick aus der unbestimmten Blässe zu lesen wünschte und dessen Gestaltung ich bei mir in tiefen, unzugänglichen Erinnerungsschichten ruhen wußte.

Endlich geschah etwas. Die beiden jungen Männer traten ein. Sie begrüßten die Dame mit sehr guten Formen und wurden mir vorgestellt. Affen, dachte ich und zürnte mir selber, weil des einen rotbrauner Rock mit seinem hübsch koketten Sitz und Schnitt mich beschämte und neidisch machte. Scheußliches Gefühl des Neides gegen die Tadellosen, Ungenierten, Lächelnden! »Beherrsche dich!« rief ich mir leise zu. Die beiden jungen Leute griffen gleichgültig nach meiner dargereichten Hand – warum hatte ich sie hingeboten?! – und machten spöttische Gesichter.

Da spürte ich, daß etwas an mir nicht in Ordnung sei, und fühlte lästige Kälte an mir aufsteigen. Hinunterblickend sah ich mit Erbleichen, daß ich ohne Schuhe in bloßen Strümpfen stand. Immer wieder diese öden, kläglichen, dürftigen Hindernisse und Widerstände! Andern passierte es nie, daß sie nackt oder halb nackt in Salons vor dem Volk der Tadellosen und Unerbittlichen standen! Traurig suchte ich den linken Fuß wenigstens mit dem rechten zu decken, dabei fiel mein Blick durchs Fenster, und ich sah die steilen Seeufer blau und wild in falschen düsteren Tönen drohen, sie wollten dämonisch sein. Betrübt und hilfsbedürftig blickte ich die Fremden an, voll Haß gegen diese Leute und voll von größerem Haß gegen mich – es war nichts mit mir, es glückte mir nichts. Und warum fühlte ich mich für den dummen See verantwortlich? Ja, wenn ich es fühlte, dann war ich's auch. Flehentlich sah ich dem Rotbraunen ins Gesicht, seine Wangen glänzten gesund und zart gepflegt, und wußte doch so gut, daß ich mich unnütz preisgebe, daß er nicht zu rühren sei.

Eben jetzt bemerkte er meine Füße in den groben dunkelgrünen Strümpfen – ach, ich mußte noch froh sein, daß sie ohne Löcher waren – und lächelte häßlich. Er stieß seinen Kameraden an und zeigte auf meine Füße. Auch der andre grinste voller Spott.

»Sehen Sie doch den See!« rief ich und deutete durchs Fenster.

Der Rotbraune zuckte die Achseln, es fiel ihm nicht ein, sich nur gegen das Fenster zu wenden, und sagte zum andern etwas, das ich nur halb verstand, das aber auf mich gemünzt war und von Kerlen in Strümpfen handelte, die man in einem solchen Salon gar nicht dulden sollte. Dabei war »Salon« für mich wieder so etwas wie in Bubenjahren, mit einem etwas schönen und etwas falschen Klang von Vornehmheit und Welt.

Nahe am Weinen bückte ich mich zu meinen Füßen hinab, ob da etwas zu bessern sei, und sah jetzt, daß ich aus weiten Hausschuhen geglitten war; wenigstens lag ein sehr großer, weicher, dunkelroter Pantoffel hinter mir am Boden. Ich nahm ihn unschlüssig in die Hand, beim Absatz packend, noch ganz weinerlich. Er entglitt mir, ich erwischte ihn noch im Fallen – er war inzwischen noch größer geworden – und hielt ihn nun am vorderen Ende.

Dabei fühlte ich plötzlich, innig erlöst, den tiefen Wert des Pantoffels, der in meiner Hand ein wenig federte, vom schweren Absatz hinabgezogen. Herrlich, so ein roter schlapper Schuh, so weich und schwer! Versuchsweise schwang ich ihn ein wenig durch die Luft, es war köstlich und durchfloß mich mit Wonnen bis in die Haare. Eine Keule, ein Gummischlauch war nichts gegen meinen großen Schuh. Calziglione nannte ich ihn auf italienisch.

Als ich dem Rotbraunen einen ersten spielerischen Schlag mit dem Calziglione an den Kopf gab, sank der junge Tadellose schon taumelnd auf den Diwan, und die andern und das Zimmer und der schreckliche See verloren alle Macht über mich. Ich war groß und stark, ich war frei, und beim zweiten Schlag auf den Kopf des Rotbraunen war schon nichts mehr von Kampf, nichts mehr von schäbiger Notwehr in meinem Zuhauen, sondern lauter Jauchzen und befreite Herrenlaune. Auch haßte ich den erlegten Feind nicht im mindesten mehr, er war mir interessant, er war mir wertvoll und lieb, ich war ja sein Herr und sein Schöpfer. Denn jeder gute Schlag mit meiner welschen Schuhkeule formte diesen unreifen und affi-

Eine Traumfolge

gen Kopf, schmiedete ihn, baute ihn, dichtete ihn, mit jedem formenden Hieb ward er angenehmer, wurde hübscher, feiner, wurde mein Geschöpf und Werk, das mich befriedigte und das ich liebte. Mit einem letzten zärtlichen Schmiedehieb trieb ich ihm den spitzen Hinterkopf gerade hinlänglich nach innen. Er war vollendet. Er dankte mir und streichelte mir die Hand. »Schon gut«, winkte ich. Er kreuzte die Hände vor der Brust und sagte schüchtern: »Ich heiße Paul.«

Wundervoll machtfrohe Gefühle dehnten meine Brust und dehnten den Raum von mir hinweg, das Zimmer – nichts mehr von »Salon«! – wich beschämt davon und verkroch sich nichtig; ich stand am See. Der See war schwarzblau, Stahlwolken drückten auf die finsteren Berge, in den Fjorden kochte dunkles Wasser schaumig auf, Föhnstöße irrten zwanghaft und ängstlich in Kreisen. Ich blickte empor und reckte die Hand aus zum Zeichen, daß der Sturm beginnen möge. Ein Blitz knallte hell und kalt aus der harten Bläue; senkrecht herab heulte ein warmer Orkan; am Himmel schoß graues Formengetümmel zerfließend in Marmoradern auseinander. Große runde Wogen stiegen angstvoll aus dem gepeitschten See, von ihren Rücken riß der Sturm Schaumbärte und klatschende Wasserfetzen und warf sie mir ins Gesicht. Die schwarz erstarrten Berge rissen Augen voll Entsetzen auf. Ihr Aneinanderkauern und Schweigen klang flehentlich.

In dem prachtvoll auf Gespenster-Riesenpferden jagenden Sturm klang neben mir eine schüchterne Stimme. O, ich hatte dich nicht vergessen, bleiche Frau im langschwarzen Haar. Ich neigte mich zu ihr, sie sprach kindlich – der See komme, man könne hier nicht sein. Noch schaute ich gerührt auf die sanfte Sünderin, ihr Gesicht war nichts als stille Blässe in breiter Haardämmerung, da schlug schon klatschendes Gewoge an meine Knie und schon an meine Brust, und die Sünderin schwankte wehrlos und still auf steigenden Wellen. Ich lachte ein wenig, legte den Arm um ihre Knie und hob sie zu mir empor. Auch dies war schön und befreiend. Die Frau war seltsam leicht und klein, voll frischer Wärme und die Augen herzlich, vertrauensvoll und erschrocken, und ich sah, sie war gar keine Sünderin und keine ferne unklare Dame. Keine Sünden, kein Geheimnis; sie war einfach ein Kind.

Aus den Wellen trug ich sie über Felsen und durch den regenfinsteren, königlich trauernden Park, wohin der Sturm nicht reichte und wo aus gesenkten Kronen alter Bäume lauter sanft-menschliche Schönheit sprach, lauter Gedichte und Symphonien, Welt der holden Ahnungen und lieblich gezähmten Genüsse, gemalte liebenswerte Bäume von Corot und ländlich-holde Holzbläsermusik von Schubert, die mich mit flüchtig aufzukkendem Heimweh mild in ihre geliebten Tempel lockte. Doch umsonst, viele Stimmen hat die Welt, und für alles hat die Seele ihre Stunden und Augenblicke.

Weiß Gott, wie die Sünderin, die bleiche Frau, das Kind, ihren Abschied nahm und mir verlorenging. Es war eine Vortreppe aus Stein, es war ein Haustor, Dienerschaft war da, alles schwächlich und milchig wie hinter trübem Glase, und andres, noch wesenloser, noch trüber, Gestalten windhaft hingeweht; ein Ton von Tadel und Vorwurf gegen mich verleidete mir das Schattengestöber. Nichts blieb von ihm zurück als die Figur Paul, mein Freund und Sohn Paul, und in seinen Zügen zeigte und verbarg sich ein nicht mit Namen zu nennendes, dennoch unendlich wohlbekanntes Gesicht, ein Schulkameradengesicht, ein vorgeschichtlich sagenhaftes Kindermagdgesicht, genährt aus den guten nahrhaften Halberinnerungen fabelhafter erster Jahre.

Gutes, inniges Dunkel, warme Seelenwiege und verlorne Heimat tut sich auf, Zeit des ungestalteten Daseins, unentschlossene erste Wallung überm Quellgrund, unter dem die Ahnenvorzeit mit den Urwaldträumen schläft. Taste nur, Seele, irre nur, wühle blind im satten Bad schuldloser Dämmertriebe! Ich kenne dich, bange Seele, nichts ist dir notwendiger, nichts ist so sehr Speise, so sehr Trank und Schlaf für dich wie die Heimkehr zu deinen Anfängen. Da rauscht Welle um dich, und du bist Welle, Wald, und du bist Wald, es ist kein Außen und Innen mehr, du fliegst Vogel in Lüften, schwimmst Fisch im Meer, saugst Licht und bist Licht, kostest Dunkel und bist Dunkel. Wir wandern, Seele, wir schwimmen und fliegen und lächeln und knüpfen mit zarten Geistfingern die zerrissenen Fäden wieder an; selig tönen die zerstörten Schwingungen aus. Wir suchen Gott nicht mehr. Wir sind Gott. Wir sind die Welt. Wir töten und sterben mit, wir schaffen und auferstehen mit unsern Träumen. Unser schönster Traum, der ist der blaue Himmel, unser schönster Traum, der ist das Meer, unser schönster Traum, der ist die sternhelle Nacht, und ist der Fisch, und ist der helle frohe Schall, und ist das helle frohe Licht – alles ist unser Traum, jedes ist unser schönster Traum. Eben sind wir gestorben und zu Erde geworden. Eben haben wir das Lachen erfunden. Eben haben wir ein Sternbild geordnet.

Stimmen tönen, und jede ist die Stimme der Mutter. Bäume rauschen, und jeder hat über unsrer Wiege gerauscht. Straßen laufen in Sternform auseinander, und jede Straße ist der Heimweg.

Eine Traumfolge

Der, der sich Paul nannte, mein Geschöpf und Freund, war wieder da und war so alt wie ich geworden. Er glich einem Jugendfreund, doch wußt' ich nicht welchem, und ich war darum gegen ihn etwas unsicher und zeigte einige Höflichkeit. Daraus zog er Macht. Die Welt gehorchte nicht mehr mir, sie gehorchte ihm, darum war alles vorige verschwunden und in demütiger Unwahrscheinlichkeit untergegangen, beschämt durch ihn, der nun regierte.

Wir waren auf einem Platz, der Ort hieß Paris, und vor mir stand ein eiserner Balken in die Höhe, der war eine Leiter und hatte zu beiden Seiten schmale eiserne Sprossen, an denen konnte man sich mit den Händen halten und mit den Füßen auf sie treten. Da Paul es wollte, kletterte ich hinan und er daneben auf einer ebensolchen Leiter. Als wir so hoch geklettert waren wie ein Haus und wie ein sehr hoher Baum, begann ich Bangigkeit zu fühlen. Ich sah zu Paul hinüber, der fühlte keine Bangigkeit, aber er erriet die meine und lächelte.

Einen Atemzug lang, während er lächelte und ich ihn ansah, war ich ganz nahe daran, sein Gesicht zu erkennen und seinen Namen zu wissen, eine Kluft von Vergangenheit riß auf und spaltete sich bis zur Schülerzeit hinab, zurück bis da, wo ich zwölfjährig war, herrlichste Zeit des Lebens, alles voll Duft, alles genial, alles mit einem eßbaren Duft von frischem Brot und mit einem berauschenden Schimmer von Abenteuer und Heldentum vergoldet – zwölfjährig war Jesus, als er im Tempel die Gelehrten beschämte, mit zwölf Jahren haben wir alle unsre Gelehrten und Lehrer beschämt, waren klüger als sie, genialer als sie, tapferer als sie. Anklänge und Bilder stürmten in Knäueln auf mich ein: vergessene Schulhefte, Arrest in der Mittagsstunde, ein mit der Schleuder getöteter Vogel, eine Rocktasche klebrig voll gestohlener Pflaumen, wildes Bubengeplätscher im Schwimmbad, zerrissene Sonntagshosen und innig schlechtes Gewissen, heißes Abendgebet um irdische Sorgen, wunderbar heldische Prachtgefühle bei einem Vers von Schiller. – –

Es war nur ein Sekundenblitz, gierig hastende Bilderfolge ohne Mittelpunkt, im nächsten Augenblick sah Pauls Gesicht mich wieder an, quälend halb bekannt. Ich war meines Alters nicht mehr sicher, möglich, daß wir Knaben waren. Tiefer und tiefer unter unsern dünnen Leitersprossen lag die Straßenmasse, welche Paris hieß. Als wir höher waren als jeder Turm, gingen unsre Eisenstangen zu Ende und zeigten sich jede mit einem waagrechten Brett gekrönt, einer winzig kleinen Plattform. Es schien unmöglich, sie zu erklimmen. Aber Paul tat es gelassen, und ich mußte auch.

Oben legte ich mich flach aufs Brett und sah über den Rand hinunter, wie von einer kleinen hohen Wolke. Mein Blick fiel wie ein Stein ins Leere hinab und kam an kein Ziel, da machte mein Kamerad eine deutende Gebärde, und ich blieb an einem wunderlichen Anblick haften, der mitten in den Lüften schwebte. Da sah ich, über einer breiten Straße in der Höhe der höchsten Dächer, aber noch unendlich tief unter uns, eine fremdartige Gesellschaft in der Luft, es schienen Seiltänzer zu sein, und wirklich lief eine der Figuren auf einem Seil oder einer Stange dahin. Dann entdeckte ich, daß es sehr viele waren und fast lauter junge Mädchen, und sie schienen mir Zigeuner oder wanderndes Volk zu sein. Sie gingen, lagerten, saßen, bewegten sich in Dachhöhe auf einem luftigen Gerüste aus dünnsten Latten und laubenähnlichem Gestänge, sie wohnten dort und waren heimisch in dieser Region. Unter ihnen war die Straße zu ahnen, ein feiner schwebender Nebel reichte von unten her bis nahe an ihre Füße.

Paul sagte etwas darüber. »Ja«, antwortete ich, »es ist rührend, alle die Mädchen.«

Wohl war ich viel höher als jene, aber ich klebte angstvoll auf meinem Posten, sie indessen schwebten leicht und angstlos, und ich sah, ich war zu hoch, ich war am falschen Ort. Jene hatten die richtige Höhe, nicht am Boden und doch nicht so teuflisch hoch und fern wie ich, nicht unter den Leuten und doch nicht so ganz vereinsamt, außerdem waren sie viele. Ich sah wohl, daß sie eine Seligkeit darstellten, die ich noch nicht erreicht hatte.

Aber ich wußte, daß ich irgendeinmal wieder an meiner ungeheuren Leiter würde hinabklettern müssen, und der Gedanke daran war so beklemmend, daß ich Übelkeit spürte und es keinen Augenblick mehr hier oben aushalten konnte. Verzweiflungsvoll und zitternd vor Schwindel tastete ich mit den Füßen unter mir nach den Leitersprossen – sehen konnte ich sie vom Brett aus nicht – und hing grauenvolle Minuten, krampfhaft angeklammert, in der schlimmen Höhe. Niemand half mir, Paul war fort.

In tiefer Bangigkeit tat ich gefährliche Tritte und Griffe, und ein Gefühl hüllte mich wie Nebel ein, ein Gefühl, daß nicht die hohe Leiter und der Schwindel es waren, was ich auszukosten und durchzumachen habe. Alsbald verlor sich denn auch die Sichtbarkeit und Ähnlichkeit der Dinge, es war alles Nebel und unbestimmt. Bald hing ich noch in den Sprossen und spürte Schwindel, bald kroch ich klein und bang durch furchtbar enge Erdschächte und Kellergänge, bald watete ich hoffnungslos im Sumpf und

Eine Traumfolge

Kot und fühlte wüsten Schlamm mir bis zum Munde steigen. Dunkel und Hemmung überall. Furchtbare Aufgaben mit ernstem, doch verhülltem Sinn. Angst und Schweiß, Lähmung und Kälte. Schweres Sterben, schweres Geborenwerden.

Wieviel Nacht ist um uns her! Wieviel bange, arge Qualenwege gehen wir, geht tief im Schacht unsre verschüttete Seele, ewiger armer Held, ewiger Odysseus! Aber wir gehen, wir gehen, wir bücken uns und waten, wir schwimmen erstickend im Schlamm, wir kriechen die glatten bösen Wände hinan. Wir weinen und verzagen, wir jammern bang und heulen leidend auf. Aber wir gehen weiter, wir gehen und leiden, wir gehen und beißen uns durch.

Wieder stellte aus dem trüben Höllenqualm Bildlichkeit sich her, wieder lag ein kleines Stück des finsteren Pfades vom gestaltenden Licht der Erinnerungen beschienen, und die Seele drang aus dem Urweltlichen in den heimatlichen Bezirk der Zeit.

Wo war das? Bekannte Dinge sahen mich an, ich atmete Luft, die ich wiedererkannte. Ein Zimmer, groß im Halbdunkel, eine Erdöllampe auf dem Tisch, meine eigne Lampe, ein großer runder Tisch, etwas wie ein Klavier. Meine Schwester war da und mein Schwager, vielleicht bei mir zu Besuch oder vielleicht ich bei ihnen. Sie waren still und sorgenvoll, voll Sorgen um mich. Und ich stand im großen und düsteren Zimmer, ging hin und her und stand und ging in einer Wolke von Traurigkeit, in einer Flut von bitterer, erstickender Traurigkeit. Und nun fing ich an, irgend etwas zu suchen, nichts Wichtiges, ein Buch oder eine Schere oder so etwas, und konnte es nicht finden. Ich nahm die Lampe in die Hand, sie war schwer, und ich war furchtbar müde, ich stellte sie bald wieder ab und nahm sie doch wieder, und wollte suchen, suchen, obwohl ich wußte, daß es vergeblich sei. Ich würde nichts finden, ich würde alles nur noch mehr verwirren, die Lampe würde mir aus den Händen fallen, sie war so schwer, so quälend schwer, und so würde ich weitertasten und suchen und durchs Zimmer irren, mein ganzes armes Leben lang.

Mein Schwager sah mich an, ängstlich und etwas tadelnd. Sie merken, daß ich wahnsinnig werde, dachte ich schnell und nahm wieder die Lampe. Meine Schwester trat zu mir, still, mit bittenden Augen, voller Angst und Liebe, daß mir das Herz brechen wollte. Ich konnte nichts sagen, ich konnte nur die Hand ausstrecken und abwinken, abwehrend winken, und ich dachte: Laßt mich doch! Laßt mich doch! Ihr könnt ja nicht wissen, wie mir ist, wie weh mir ist, wie furchtbar weh! Und wieder: Laßt mich doch! Laßt mich doch!

Das rötliche Lampenlicht floß schwach durchs große Zimmer, Bäume stöhnten draußen im Wind. Einen Augenblick glaubte ich die Nacht draußen innerlichst zu sehen und zu fühlen: Wind und Nässe, Herbst, bitterer Laubgeruch, Blättergestiebe vom Ulmenbaum, Herbst, Herbst! Und wieder einen Augenblick lang war ich nicht ich selber, sondern sah mich wie ein Bild: ich war ein bleicher, hagerer Musiker mit flackernden Augen, der hieß Hugo Wolf und war an diesem Abend im Begriff, wahnsinnig zu werden.

Dazwischen mußte ich wieder suchen, hoffnungslos suchen und die schwere Lampe heben, auf den runden Tisch, auf den Sessel, auf einen Bücherstoß. Und mußte mit flehenden Gebärden abwehren, wenn meine Schwester mich wieder traurig und behutsam anblickte, mich trösten wollte, mir nahe sein und helfen wollte. Die Trauer in mir wuchs und füllte mich zum Zerspringen, und die Bilder um mich her waren von einer ergreifend beredten Deutlichkeit, viel deutlicher, als jede Wirklichkeit sonst ist; ein paar Herbstblumen im Wasserglas, eine dunkelrotbraune Georgine darunter, glühten in so schmerzlich schöner Einsamkeit; jedes Ding und auch der blinkende Messingfuß der Lampe war so verzaubert schön und von so schicksalsvoller Einsamkeit umdrungen wie auf den Bildern der großen Maler.

Ich spürte mein Schicksal deutlich. Noch ein Schatten mehr in diese Traurigkeit, noch ein Blick der Schwester, noch ein Blick der Blumen, der schönen seelenvollen Blumen – dann floß es über, und ich sank im Wahnsinn unter. »Laßt mich! Ihr wißt ja nicht!« Auf der polierten Wand des Klaviers lag ein Strahl Lampenlicht im schwärzlichen Holz gespiegelt, so schön, so geheimnisvoll, so gesättigt von Schwermut!

Jetzt erhob sich meine Schwester wieder, sie ging gegen das Klavier hinüber. Ich wollte bitten, wollte innig abwehren, aber ich konnte nicht, es reichte keinerlei Macht mehr aus meiner Vereinsamung heraus und zu ihr hinüber. O, ich wußte, was jetzt kommen mußte. Ich kannte die Melodie, die jetzt zu Wort kommen und alles sagen und alles zerstören mußte. Ungeheure Spannung zog mein Herz zusammen, und während die ersten glühenden Tropfen mir aus den Augen sprangen, stürzte ich mit Kopf und Händen über den Tisch hin und hörte und empfand mit allen Sinnen und mit neuen Sinnen dazu, Text und Melodie zugleich, Wolfsche Melodie, den Vers:

Was wisset ihr, dunkle Wipfel,
Von der alten schönen Zeit?
Die Heimat hinter den Gipfeln,
Wie liegt sie so weit, so weit!

Damit glitt vor mir und in mir die Welt auseinander, versank in Tränen und Tönen, nicht zu sagen, wie hingegossen, wie strömend, wie gut und schmerzlich! O Weinen, o süßes Zusammenbrechen, seliges Schmelzen. Alle Bücher der Welt voll Gedanken und Gedichten sind nichts gegen eine Minute Schluchzen, wo Gefühl in Strömen wogt, Seele tief sich selber fühlt und findet. Tränen sind schmelzendes Seeleneis, dem Weinenden sind alle Engel nah.

Ich weinte mich, alle Anlässe und Gründe vergessend, von der Höhe unerträglicher Spannung in die müde Dämmerung alltäglicher Gefühle hinab, ohne Gedanken, ohne Zeugen. Dazwischen flatternde Bilder: ein Sarg, darin lag ein mir so lieber, so wichtiger Mensch, doch wußte ich nicht wer. Vielleicht du selber, dachte ich; da fiel ein andres Bild mir ein, aus großer zarter Ferne her. Hatte ich nicht einmal, vor Jahren oder in einem früheren Leben, ein wunderbares Bild gesehen: ein Volk von jungen Mädchen hoch in Lüften hausend, wolkig und schwerelos, schön und selig, leicht schwebend wie Luft und satt wie Streichmusik?

Jahre flogen dazwischen, drängten mich sanft und mächtig von dem Bilde weg. Ach, vielleicht hatte mein ganzes Leben nur den Sinn gehabt, diese holden schwebenden Mädchen zu sehen, zu ihnen zu kommen, ihresgleichen zu werden! Nun sanken sie fern dahin, unerreichbar, unverstanden, unerlöst, von verzweifelnder Sehnsucht müd umflattert.

Jahre fielen wie Schneeflocken herab, und die Welt war verändert. Betrübt wanderte ich einem kleinen Hause entgegen. Mir war recht elend zumut, und ein banges Gefühl im Munde hielt mich gefangen, ängstlich tastete ich mit der Zunge an einen zweifelhaften Zahn, da sank er schon schräg weg und war ausgefallen. Der nächste – auch er! Ein ganz junger Arzt war da, dem ich klagte, dem ich bittend einen Zahn mit den Fingern entgegenhielt. Er lachte leichtherzig, winkte mit fataler Berufsgebärde ab und schüttelte den jungen Kopf – das mache nichts, ganz harmlos, komme jeden Tag vor. Lieber Gott, dachte ich. Aber er fuhr fort und deutete auf mein linkes Knie: da sitze es, da sei hingegen nicht mehr zu spaßen. Furchtbar schnell griff ich ans Knie hinab – da war es! Da war ein Loch, in das ich den Finger legen konnte, und statt Haut und Fleisch nichts zu ertasten als eine gefühllose, weiche, lockere Masse, leicht und faserig wie welkes Pflanzengewebe. O mein Gott, das war der Verfall, das war Tod und Fäulnis! »Da ist nichts mehr zu machen?« fragte ich mit mühsamer Freundlichkeit. »Nichts mehr«, sagte der junge Arzt und war weg.

Ich ging erschöpft dem Häuschen entgegen, nicht so verzweifelt, wie ich hätte sein müssen, sogar fast gleichgültig. Ich mußte jetzt in das Häuschen gehen, wo meine Mutter mich erwartete – hatte ich nicht ihre Stimme schon gehört? ihr Gesicht gesehen? Stufen führten hinauf, wahnsinnige Stufen, hoch und glatt ohne Geländer, jede ein Berg, ein Gipfel, ein Gletscher. Es wurde gewiß zu spät – sie war vielleicht schon fort, vielleicht schon tot? Hatte ich sie eben nicht wieder rufen hören? Schweigend rang ich mit dem steilen Stufengebirge, fallend und gequetscht, wild und schluchzend, klomm und preßte mich, stemmte brechende Arme und Knie auf, und war oben, war am Tor, und die Stufen waren wieder klein und hübsch und von Buchsbaum eingefaßt. Jeder Schritt ging zäh und schwer wie durch Schlamm und Leim, kein Vorwärtskommen, das Tor stand offen, und drinnen ging in einem grauen Kleid meine Mutter, ein Körbchen am Arm, still und in Gedanken. O, ihr dunkles, schwach ergrautes Haar im kleinen Netz! Und ihr Gang, die kleine Gestalt! Und das Kleid, das graue Kleid – hatte ich denn alle die vielen, vielen Jahre ihr Bild ganz verloren, gar niemals richtig mehr an sie gedacht?! Da war sie, da stand und ging sie, nur von hinten zu sehen, ganz wie sie war, ganz klar und schön, lauter Liebe, lauter Liebesgedanke!

Wütend watete mein lahmer Schritt in der zähen Luft, Pflanzenranken wie dünne starke Seile umschlangen mich mehr und mehr, feindselige Hemmnis überall, kein Vorwärtskommen! »Mutter!« rief ich – aber es gab keinen Ton … Es klang nicht. Es war Glas zwischen ihr und mir.

Meine Mutter ging langsam weiter, ohne zurückzublicken, still in schönen, sorglichen Gedanken, strich mit der wohlbekannten Hand einen unsichtbaren Faden vom Kleid, bückte sich über ihr Körbchen zum Nähzeug. O das Körbchen! Darin hatte sie mir einmal Ostereier versteckt. Ich schrie verzweifelt und lautlos. Ich lief und kam nicht vom Ort! Zärtlichkeit und Wut zerrten an mir.

Und sie ging langsam weiter durch das Gartenhaus, stand in der jenseitigen offenen Tür, schritt ins Freie hinaus. Sie senkte den Kopf ein wenig zur Seite, sanft und horchend, ihren Gedanken nach, hob und senkte das

Körbchen – ein Zettel fiel mir ein, den ich als Knabe einmal in ihrem Körbchen fand, darauf stand von ihrer leichten Hand aufgeschrieben, was sie für den Tag zu tun und zu bedenken vorhatte – »Hermanns Hosen ausgefranst – Wäsche einlegen – Buch von Dickens entlehnen – Hermann hat gestern nicht gebetet.« Ströme der Erinnerung, Lasten von Liebe!

Umschnürt und gefesselt stand ich am Tor, und drüben ging die Frau im grauen Kleide langsam hinweg, in den Garten, und war fort.

(1916)

Der Europäer

Endlich hatte Gott der Herr ein Einsehen und machte dem Erdentage, der mit dem blutigen Weltkrieg geendet, selber ein Ende, indem er die große Flut sandte. Mitleidig spülten die Wasserfluten hinweg, was das alternde Gestirn schändete, die blutigen Schneefelder und die von Geschützen starrenden Gebirge, die verwesenden Leichen zusammen mit denen, die um sie weinten, die Empörten und Mordlustigen zusammen mit den Verarmten, die Hungernden zusammen mit den geistig Irrgewordenen.

Freundlich sah der blaue Weltenhimmel auf die blanke Kugel herab.

Übrigens hatte sich die europäische Technik bis zuletzt glänzend bewährt. Wochenlang hatte sich Europa gegen die langsam steigenden Wasser umsichtig und zäh gehalten. Erst durch ungeheure Dämme, an welchen Millionen von Kriegsgefangenen Tag und Nacht arbeiteten, dann durch künstliche Erhöhungen, die mit fabelhafter Schnelligkeit emporstiegen und anfangs das Aussehen riesiger Terrassen hatten, dann aber mehr und mehr zu Türmen gipfelten. Von diesen Türmen aus bewährte sich menschlicher Heldensinn mit rührender Treue bis zum letzten Tage. Während Europa und alle Welt versunken und ersoffen war, gleißten von den letzten ragenden Eisentürmen noch immer grell und unbeirrt die Scheinwerfer durch die feuchte Dämmerung der untergehenden Erde, und aus den Geschützen sausten in eleganten Bogen die Granaten hin und her. Zwei Tage vor dem Ende entschlossen sich die Führer der Mittelmächte, durch Lichtzeichen ein Friedensangebot an die Feinde zu richten. Die Feinde verlangten jedoch sofortige Räumung der noch stehenden befestigten Türme, und dazu konnten auch die entschlossensten Friedensfreunde sich nicht bereit erklären. So wurde heldenhaft geschossen bis zur letzten Stunde.

Nun war alle Welt überschwemmt. Der einzige überlebende Europäer trieb auf einem Rettungsgürtel in der Flut und war mit seinen letzten Kräften damit beschäftigt, die Ereignisse der letzten Tage aufzuschreiben, damit eine spätere Menschheit wisse, daß sein Vaterland es gewesen war, das den Untergang der letzten Feinde um Stunden überdauert und sich so für ewig die Siegespalme gesichert hatte.

Da erschien am grauen Horizont schwarz und riesig ein schwerfälliges

Der Europäer

Fahrzeug, das sich langsam dem Ermatteten näherte. Er erkannte mit Befriedigung eine gewaltige Arche und sah, ehe er in Ohnmacht sank, den uralten Patriarchen groß mit wehendem Silberbart an Bord des schwimmenden Hauses stehen. Ein gigantischer Neger fischte den Dahintreibenden auf, er lebte und kam bald wieder zu sich. Der Patriarch lächelte freundlich. Sein Werk war geglückt, es war von allen Gattungen der irdischen Lebewesen je ein Exemplar gerettet.

Während die Arche gemächlich vor dem Winde lief und auf das Sinken der trüben Wasser wartete, entspann sich an Bord ein buntes Leben. Große Fische folgten dem Fahrzeug in dichten Schwärmen, in bunten, traumhaften Geschwadern schwärmten die Vögel und Insekten über dem offenen Dach, jedes Tier und jeder Mensch war voll inniger Freude, gerettet und einem neuen Leben vorbehalten zu sein. Hell und schrill kreischte der bunte Pfau seinen Morgenruf über die Gewässer, lachend spritzte der frohe Elefant sich und sein Weib aus hochgerecktem Rüssel zum Bade, schillernd saß die Eidechse im sonnigen Gebälk; der Indianer spießte mit raschem Speerstoß glitzernde Fische aus der unendlichen Flut, der Neger rieb am Herde Feuer aus trockenen Hölzern und schlug vor Freude seiner fetten Frau in rhythmischer Taktfolge auf die klatschenden Schenkel, mager und steil stand der Hindu mit verschränkten Armen und murmelte uralte Verse aus den Gesängen der Weltschöpfung vor sich hin. Der Eskimo lag dampfend in der Sonne und schwitzte, aus kleinen Augen lachend, Wasser und Fett von sich, beschnuppert von einem gutmütigen Tapir, und der kleine Japaner hatte sich einen dünnen Stab geschnitzt, den er sorgfältig bald auf seiner Nase, bald auf seinem Kinn balancieren ließ. Der Europäer verwendete sein Schreibzeug dazu, ein Inventar der vorhandenen Lebewesen aufzustellen.

Gruppen und Freundschaften bildeten sich, und wo je ein Streit ausbrechen wollte, wurde er von dem Patriarchen durch einen Wink beseitigt. Alles war gesellig und froh; nur der Europäer war mit seiner Schreibarbeit einsam beschäftigt.

Da entstand unter all den vielfarbigen Menschen und Tieren ein neues Spiel, indem jeder im Wettbewerb seine Fähigkeiten und Künste zeigen wollte. Alle wollten die ersten sein, und es mußte vom Patriarchen selber Ordnung geschaffen werden. Er stellte die großen Tiere und die kleinen Tiere für sich, und wieder für sich die Menschen, und jeder mußte sich melden und die Leistung nennen, mit welcher er zu glänzen dachte, dann kam einer nach dem andern an die Reihe.

Dieses famose Spiel dauerte viele Tage lang, da immer wieder eine Gruppe weglief und ihr Spiel unterbrach, um einer andern zuzusehen. Und jede schöne Leistung wurde von allen mit lautem Beifall bewundert. Wieviel Wundervolles gab es da zu sehen! Wie zeigte da jedes Geschöpf Gottes, was für Gaben in ihm verborgen waren! Wie tat sich da der Reichtum des Lebens auf! Wie wurde gelacht, wie wurde Beifall gerufen, gekräht, geklatscht, gestampft, gewiehert!

Wunderbar lief das Wiesel, und zauberhaft sang die Lerche, prachtvoll marschierte der geblähte Truthahn, und unglaublich flink kletterte das Eichhorn. Der Mandrill ahmte den Malaien nach, und der Pavian den Mandrill! Läufer und Kletterer, Schwimmer und Flieger wetteiferten unermüdet, und jeder war in seiner Weise unübertroffen und fand Geltung. Es gab Tiere, die konnten durch Zauber wirken, und Tiere, die konnten sich unsichtbar machen. Viele taten sich durch Kraft hervor, viele durch List, manche durch Angriff, manche durch Verteidigung. Insekten konnten sich schützen, indem sie wie Gras, wie Holz, wie Moos, wie Felsgestein aussahen, und andere unter den Schwachen fanden Beifall und trieben lachende Zuschauer in die Flucht, indem sie sich durch grausame Gerüche vor Angriffen zu schützen wußten. Niemand blieb zurück, niemand war ohne Gaben. Vogelnester wurden geflochten, gekleistert, gewebt, gemauert. Raubvögel konnten aus grausiger Höhe das winzigste Ding erkennen.

Und auch die Menschen machten ihre Sache vortrefflich. Wie der große Neger leicht und mühelos am Balken in die Höhe lief, wie der Malaie mit drei Griffen aus einem Palmblatt ein Ruder machte und auf winzigem Brett zu steuern und zu wenden wußte, das war des Zuschauens wert. Der Indianer traf mit leichtem Pfeil das kleinste Ziel, und sein Weib flocht eine Matte aus zweierlei Bast, die hohe Bewunderung erregte. Alles schwieg lange und staunte, als der Hindu vortrat und einige Zauberstücke zeigte. Der Chinese aber zeigte, wie man die Weizenernte durch Fleiß verdreifachen konnte, indem man die ganz jungen Pflanzen auszog und in gleichen Zwischenräumen verpflanzte.

Mehrmals hatte der Europäer, der erstaunlich wenig Liebe genoß, den Unwillen seiner Menschenvettern erregt, da er die Taten anderer mit hartem und verächtlichem Urteil bemängelte. Als der Indianer einen Vogel hoch aus dem Blau des Himmels herunterschoß, hatte der weiße Mann die Achseln gezuckt und behauptet, mit zwanzig Gramm Dynamit schieße man dreimal so hoch! Und als man ihn aufforderte, das einmal vorzumachen, hatte er es nicht gekonnt, sondern hatte erzählt, ja wenn er das und dies und jenes und noch zehn andere Sachen hätte, dann könnte er es schon machen. Auch den Chinesen hatte er verspottet und gesagt, daß das Umpflanzen von jungem Weizen zwar gewiß unendlichen Fleiß erfordere, daß aber doch wohl eine so sklavische Arbeit ein Volk nicht glücklich machen könne. Der Chinese hatte unter Beifall erwidert, glücklich sei ein Volk, wenn es zu essen habe und die Götter ehre; der Europamann aber hatte auch hierzu spöttisch gelacht.

Weiter ging das fröhliche Wettspiel, und am Ende hatten alle, Tiere und Menschen, ihre Talente und Künste gezeigt. Der Eindruck war groß und freudig, auch der Patriarch lachte in seinen weißen Bart und sagte lobend, nun möge das Wasser ruhig verlaufen und ein neues Leben auf dieser Erde beginnen; denn noch sei jeder bunte Faden in Gottes Kleid vorhanden, und nichts fehle, um ein unendliches Glück auf Erden zu begründen.

Einzig der Europäer hatte noch kein Kunststück gezeigt, und nun verlangten alle andern stürmisch, er möge vortreten und das Seine tun, damit man sehe, ob auch er ein Recht habe, Gottes schöne Luft zu atmen und in des Patriarchen schwimmendem Hause zu fahren.

Lange weigerte sich der Mann und suchte Ausflüchte. Aber nun legte ihm Noah selbst den Finger auf die Brust und mahnte ihn, ihm zu folgen.

»Auch ich«, so begann nun der weiße Mann, »auch ich habe eine Fähigkeit zu hoher Tüchtigkeit gebracht und ausgebildet. Nicht das Auge ist es, das bei mir besser wäre als bei andern Wesen, und nicht das Ohr oder die Nase oder die Handfertigkeit oder irgend etwas dergleichen. Meine Gabe ist von höherer Art. Meine Gabe ist der Intellekt.«

»Vorzeigen!« rief der Neger, und alle drängten näher hinzu.

»Da ist nichts zu zeigen«, sagte der Weiße mild. »Ihr habt mich wohl nicht recht verstanden. Das, wodurch ich mich auszeichne, ist der Verstand.«

Der Neger lachte munter und zeigte schneeweiße Zähne, der Hindu kräuselte spöttisch die dünnen Lippen, der Chinese lächelte schlau und gutmütig vor sich hin.

»Der Verstand?« sagte er langsam. »Also zeige uns bitte deinen Verstand. Bisher war nichts davon zu sehen.«

»Zu sehen gibt es da nichts«, wehrte sich der Europäer mürrisch. »Meine Gabe und Eigenart ist diese: ich speichere in meinem Kopf die Bilder der

Außenwelt auf und vermag aus diesen Bildern ganz allein für mich neue Bilder und Ordnungen herzustellen. Ich kann die ganze Welt in meinem Gehirn denken, also neu schaffen.«

Noah fuhr sich mit der Hand über die Augen.

»Erlaube«, sagte er langsam, »wozu soll das gut sein? Die Welt noch einmal schaffen, die Gott schon erschaffen hat, und ganz für dich allein in deinem kleinen Kopf innen – wozu kann das nützen?«

Alle riefen Beifall und brachen in Fragen aus.

»Wartet!« rief der Europäer. »Ihr versteht mich nicht richtig. Die Arbeit des Verstandes kann man nicht so leicht vorzeigen wie irgendeine Handfertigkeit.«

Der Hindu lächelte.

»O doch, weißer Vetter, das kann man wohl. Zeige uns doch einmal eine Verstandesarbeit, zum Beispiel Rechnen. Laß uns einmal um die Wette rechnen! Also: ein Paar hat drei Kinder, von welchem jedes wieder eine Familie gründet. Jedes von den jungen Paaren bekommt jedes Jahr ein Kind. Wieviel Jahre vergehen, bis die Zahl 100 erreicht ist?«

Neugierig horchten alle zu, begannen an den Fingern zu zählen und krampfhaft zu blicken. Der Europäer begann zu rechnen. Aber schon nach einem Augenblick meldete sich der Chinese, der die Rechnung gelöst hatte.

»Sehr hübsch«, gab der Weiße zu, »aber das sind bloße Geschicklichkeiten. Mein Verstand ist nicht dazu da, solch kleine Kunststücke zu machen, sondern große Aufgaben zu lösen, auf denen das Glück der Menschheit beruht.«

»O, das gefällt mir«, ermunterte Noah. »Das Glück zu finden, ist gewiß mehr als alle andern Geschicklichkeiten. Da hast du recht. Schnell sage uns, was du über das Glück der Menschheit zu lehren hast, wir werden dir alle dankbar sein.«

Gebannt und atemlos hingen nun alle an den Lippen des weißen Mannes. Nun kam es. Ehre sei ihm, der uns zeigen wird, wo das Glück der Menschheit ruht! Jedes böse Wort sei ihm abgebeten, dem Magier! Was brauchte er die Kunst und Geschicklichkeit von Auge, Ohr und Hand, was brauchte er den Fleiß und die Rechenkunst, wenn er solche Dinge wußte!

Der Europäer, der bisher eine stolze Miene gezeigt hatte, begann bei dieser ehrfürchtigen Neugierde allmählich verlegen zu werden.

»Es ist nicht meine Schuld!« sagte er zögernd, »aber ihr versteht mich immer falsch! Ich sagte nicht, daß ich das Geheimnis des Glückes kenne. Ich sagte nur, mein Verstand arbeitet an Aufgaben, deren Lösung das Glück der Menschheit fördern wird. Der Weg dahin ist lang, und nicht ich noch ihr werdet sein Ende sehen. Viele Geschlechter werden noch über diesen schweren Fragen brüten!«

Die Leute standen unschlüssig und mißtrauisch. Was redete der Mann? Auch Noah schaute zur Seite und runzelte die Stirn.

Der Hindu lächelte dem Chinesen zu, und als alle andern verlegen schwiegen, sagte der Chinese freundlich: »Liebe Brüder, dieser weiße Vetter ist ein Spaßvogel. Er will uns erzählen, daß in seinem Kopfe eine Arbeit geschieht, deren Ertrag die Urenkel unserer Urenkel vielleicht einmal zu sehen bekommen werden, oder auch nicht. Ich schlage vor, wir anerkennen ihn als Spaßmacher. Er sagt uns Dinge, die wir alle nicht recht verstehen können; aber wir alle ahnen, daß diese Dinge, wenn wir sie wirklich verstünden, uns Gelegenheit zu unendlichem Gelächter geben würden. Geht es euch nicht auch so? – Gut denn, ein Hoch auf unsern Spaßmacher!«

Die meisten stimmten ein und waren froh, diese dunkle Geschichte zu einem Schluß gebracht zu sehen. Einige aber waren ungehalten und verstimmt, und der Europäer blieb allein und ohne Zuspruch stehen.

Der Neger aber, begleitet vom Eskimo, vom Indianer und dem Malaien, kam gegen Abend zu dem Patriarchen und sprach also:

»Verehrter Vater, wir haben eine Frage an dich zu richten. Dieser weiße Bursche, der sich heut über uns lustig gemacht hat, gefällt uns nicht. Ich bitte dich, überlege dir: alle Menschen und Tiere, jeder Bär und jeder Floh, jeder Fasan und jeder Mistkäfer sowie wir Menschen, alle haben irgend etwas zu zeigen gehabt, womit wir Gott Ehre darbieten und unser Leben schützen, erhöhen oder verschönen. Wunderliche Gaben haben wir gesehen, und manche waren zum Lachen; aber jedes kleinste Vieh hatte doch irgend etwas Erfreuliches und Hübsches darzubringen – einzig und allein dieser bleiche Mann, den wir zuletzt auffischten, hat nichts zu geben als sonderbare und hochmütige Worte, Anspielungen und Scherze, welche niemand begreift und welche niemand Freude machen können. – Wir fragen dich daher, lieber Vater, ob es wohl richtig ist, daß ein solches Geschöpf mithelfe, ein neues Leben auf dieser lieben Erde zu begründen? Könnte das nicht ein Unheil geben? Sieh ihn doch nur an! Seine Augen sind trüb, seine Stirn ist voller Falten, seine Hände sind blaß und schwächlich, sein Gesicht blickt böse und traurig, kein heller Klang geht von ihm aus! Gewiß, es ist nicht richtig mit ihm – weiß Gott, wer uns diesen Burschen auf unsere Arche geschickt hat!«

Freundlich hob der greise Erzvater seine hellen Augen zu den Fragenden.

»Kinder«, sagte er leise und voll Güte, so daß ihre Mienen sofort lichter wurden, »liebe Kinder! Ihr habt recht, und habet auch unrecht mit dem, was ihr saget! Aber Gott hat schon seine Antwort darauf gegeben, noch ehe ihr gefragt habt. Ich muß euch zustimmen, der Mann aus dem Kriegslande ist kein sehr anmutiger Gast, und man sieht nicht recht ein, wozu solche Käuze dasein müssen. Aber Gott, der diese Art nun einmal geschaffen hat, weiß gewiß wohl, warum er es tat. Ihr alle habt diesen weißen Männern viel zu verzeihen, sie sind es, die unsere arme Erde wieder einmal bis zum Strafgericht verdorben haben. Aber sehet, Gott hat ein Zeichen dessen gegeben, was er mit dem weißen Manne im Sinne hat. Ihr alle, du Neger und du Eskimo, habet für das neue Erdenleben, das wir bald zu beginnen hoffen, eure lieben Weiber mit, du deine Negerin, du deine Indianerin, du dein Eskimoweib. Einzig der Mann aus Europa ist allein. Lange war ich traurig darüber, nun aber glaube ich, den Sinn davon zu ahnen. Dieser Mann bleibt uns aufbehalten als eine Mahnung und ein Antrieb, als ein Gespenst vielleicht. Fortpflanzen aber kann er sich nicht, es sei denn, er tauche wieder in den Strom der vielfarbigen Menschheit unter. Euer Leben auf der neuen Erde wird er nicht verderben dürfen. Seid getrost!«

Die Nacht brach ein, und am nächsten Morgen stand im Osten spitz und klein der Gipfel des heiligen Berges aus den Wassern.

(1917/18)

Märchen vom Korbstuhl

Ein junger Mensch saß in seiner einsamen Mansarde. Er hatte Lust, ein Maler zu werden; aber da war manches recht Schwierige zu überwinden, und fürs erste wohnte er ruhig in seiner Mansarde, wurde etwas älter und hatte sich daran gewöhnt, stundenlang vor einem kleinen Spiegel zu sitzen und versuchsweise sein Selbstbildnis zu zeichnen. Er hatte schon ein ganzes Heft mit solchen Zeichnungen angefüllt, und einige von diesen Zeichnungen hatten ihn sehr befriedigt.

»Dafür, daß ich noch völlig ohne Schulung bin«, sagte er zu sich selbst, »ist dieses Blatt doch eigentlich recht gut gelungen. Und was für eine interessante Falte da neben der Nase. Man sieht, ich habe etwas vom Denker an mir, oder doch so etwas Ähnliches. Ich brauche nur die Mundwinkel ein klein wenig herunterzuziehen, dann gibt es einen so eigenen Ausdruck, direkt schwermütig.«

Nur wenn er die Zeichnungen dann einige Zeit später wieder betrachtete, gefielen sie ihm meistens gar nicht mehr. Das war unangenehm, aber er schloß daraus, daß er Fortschritte mache und immer größere Forderungen an sich selber stelle.

Mit seiner Mansarde und mit den Sachen, die er in seiner Mansarde stehen und liegen hatte, lebte dieser junge Mann nicht ganz im wünschenswertesten und innigsten Verhältnis, doch immerhin auch nicht in einem schlechten. Er tat ihnen nicht mehr und nicht weniger Unrecht an, als die meisten Leute tun, er sah sie kaum und kannte sie schlecht.

Wenn ihm wieder ein Selbstbildnis nicht recht gelungen war, dann las er zuweilen in Büchern, aus welchen er erfuhr, wie es anderen Leuten ergangen war, welche gleich ihm als bescheidene und gänzlich unbekannte junge Leute angefangen hatten und dann sehr berühmt geworden waren. Gern las er solche Bücher, und las in ihnen seine eigene Zukunft.

So saß er eines Tages wieder etwas mißmutig und bedrückt zu Hause und las über einen sehr berühmten holländischen Maler. Er las, daß dieser Maler von einer wahren Leidenschaft, ja Raserei besessen gewesen sei, ganz und gar beherrscht von dem einen Drang, ein guter Maler zu werden. Der junge Mann fand, daß er mit diesem holländischen Maler manche

Ähnlichkeit habe. Im Weiterlesen entdeckte er alsdann mancherlei, was auf ihn selbst weniger paßte. Unter anderem las er, wie jener Holländer bei schlechtem Wetter, wenn man draußen nicht malen konnte, unentwegt und voll Leidenschaft alles, auch das geringste, abgemalt habe, was ihm unter die Augen gekommen sei. So habe er einmal ein altes Paar Holzschuhe gemalt, und ein andermal einen alten, schiefen Stuhl, einen groben, rohen Küchen- und Bauernstuhl aus gewöhnlichem Holz, mit einem aus Stroh geflochteten, ziemlich zerschlissenen Sitz. Diesen Stuhl, welchen gewiß sonst niemals ein Mensch eines Blickes gewürdigt hätte, habe nun der Maler mit so viel Liebe und Treue, mit so viel Leidenschaft und Hingabe gemalt, daß das eines seiner schönsten Bilder geworden sei. Viele schöne und geradezu rührende Worte fand der Schriftsteller über diesen gemalten Strohstuhl zu sagen.

Hier hielt der Lesende inne und besann sich. Da war etwas Neues, was er versuchen mußte. Er beschloß, sofort – denn er war ein junger Mann von äußerst raschen Entschlüssen – das Beispiel dieses großen Meisters nachzuahmen und einmal diesen Weg zur Größe zu probieren.

Nun blickte er in seiner Dachstube umher und merkte, daß er die Sachen, zwischen denen er wohnte, eigentlich noch recht wenig angesehen habe. Einen krummen Stuhl mit einem aus Stroh geflochtenen Sitz fand er nirgends, auch keine Holzschuhe standen da, er war darum einen Augenblick betrübt und mutlos und es ging ihm beinahe wieder wie schon so oft, wenn er über dem Lesen vom Leben großer Männer den Mut verloren hatte: er fand dann, daß gerade alle die Kleinigkeiten und Fingerzeige und wunderlichen Fügungen, welche im Leben jener anderen eine so schöne Rolle spielten, bei ihm ausblieben und vergebens auf sich warten ließen. Doch raffte er sich bald wieder auf und sah ein, daß es jetzt erst recht seine Aufgabe sei, hartnäckig seinen schweren Weg zum Ruhm zu verfolgen. Er musterte alle Gegenstände in seinem Stübchen und entdeckte einen Korbstuhl, der ihm recht wohl als Modell dienen könnte.

Er zog den Stuhl mit dem Fuß ein wenig näher zu sich, spitzte seinen Künstlerbleistift, nahm das Skizzenbuch auf die Knie und fing an zu zeichnen. Ein paar leise erste Striche schienen ihm die Form genügend anzudeuten, und nun zog er rasch und kräftig aus und hieb mit ein paar Strichen dick die Umrisse hin. Ein tiefer, dreieckiger Schatten in einer Ecke lockte ihn, er gab ihn kraftvoll an, und so fuhr er fort, bis irgendetwas ihn zu stören begann.

Er machte noch eine kleine Weile weiter, dann hielt er das Heft von sich weg und sah seine Zeichnung prüfend an. Da sah er, daß der Korbstuhl stark verzeichnet war.

Zornig riß er eine neue Linie hinein und heftete dann den Blick grimmig auf den Stuhl. Es stimmte nicht. Das machte ihn böse.

»Du Satan von einem Korbstuhl«, rief er heftig, »so ein launischiges Vieh habe ich doch noch nie gesehen!«

Der Stuhl knackte ein wenig und sagte gleichmütig: »Ja, sieh mich nur an! Ich bin, wie ich bin, und werde mich nicht mehr ändern.«

Der Maler stieß ihn mit der Fußspitze an. Da wich der Stuhl zurück und sah jetzt wieder ganz anders aus.

»Dummer Kerl von einem Stuhl«, rief der Jüngling, »an dir ist ja alles krumm und schief.« – Der Korbstuhl lächelte ein wenig und sagte sanft: »Das nennt man Perspektive, junger Herr.«

Da sprang der Jüngling auf. »Perspektive!« schrie er wütend. »Jetzt kommt dieser Bengel von einem Stuhl und will den Schulmeister spielen! Die Perspektive ist meine Angelegenheit, nicht deine, merke dir das!«

Da sagte der Stuhl nichts mehr. Der Maler ging einige Male heftig auf und ab, bis von unten her mit einem Stock zornig gegen seinen Fußboden geklopft wurde. Dort unten wohnte ein älterer Mann, ein Gelehrter, der keinen Lärm vertrug.

Er setzte sich und nahm sein letztes Selbstbildnis wieder vor. Aber es gefiel ihm nicht. Er fand, daß er in Wirklichkeit hübscher und interessanter aussehe, und das war die Wahrheit.

Nun wollte er in seinem Buch weiterlesen. Aber da stand noch mehr von jenem holländischen Strohsessel und das ärgerte ihn. Er fand, daß man von jenem Sessel doch wirklich reichlich viel Lärm mache, und überhaupt …

Der junge Mann suchte seinen Künstlerhut und beschloß, ein wenig auszugehen. Er erinnerte sich, daß ihm schon vor längerer Zeit einmal das Unbefriedigende der Malerei aufgefallen war. Man hatte da nichts als Plage und Enttäuschungen, und schließlich konnte ja auch der beste Maler der Welt bloß die simple Oberfläche der Dinge darstellen. Für einen Menschen, der das Tiefe liebte, war das am Ende kein Beruf. Und er faßte wieder, wie schon mehrmals, ernstlich den Gedanken ins Auge, doch noch einer früheren Neigung zu folgen und lieber Schriftsteller zu werden.

Der Korbstuhl blieb allein in der Mansarde zurück. Es tat ihm leid, daß sein junger Herr schon gegangen war. Er hatte gehofft, es werde sich nun endlich einmal ein ordentliches Verhältnis zwischen ihnen anspinnen. Er hätte recht gern zuweilen ein Wort gesprochen, und er wußte, daß er einen jungen Menschen wohl manches Wertvolle zu lehren haben würde. Aber es wurde nun leider nichts daraus.

(1918)

Das Reich

Es war ein großes, schönes, doch nicht eben reiches Land, darin wohnte ein braves Volk, bescheiden, doch kräftig, und war mit seinem Los zufrieden. Reichtum und gutes Leben, Eleganz und Pracht gab es nicht eben viel, und reichere Nachbarländer sahen zuweilen nicht ohne Spott oder spöttisches Mitleid auf das bescheidene Volk in dem großen Lande.

Einige Dinge jedoch, die man nicht für Geld kaufen kann und welche dennoch von den Menschen geschätzt werden, gediehen in dem sonst ruhmlosen Volke gut. Sie gediehen so gut, daß mit der Zeit das arme Land trotz seiner geringen Macht berühmt und geschätzt wurde. Es gediehen da solche Dinge wie Musik, Dichtung und Gedankenweisheit, und wie man von einem großen Weisen, Prediger oder Dichter nicht fordert, daß er reich, elegant und sehr gesellschaftsfähig sei, und ihn in seiner Art dennoch ehrt, so taten es die mächtigen Völker mit diesem wunderlichen armen Volk. Sie zuckten die Achseln über seine Armut und sein etwas schwerfälliges und ungeschicktes Wesen in der Welt, aber sie sprachen gern und ohne Neid von seinen Denkern, Dichtern und Musikern.

Und allmählich geschah es, daß das Land der Gedanken zwar arm blieb und oft von seinen Nachbarn unterdrückt wurde, daß aber über die Nachbarn und über alle Welt hin ein beständiger, leiser, befruchtender Strom von Wärme und Gedanklichkeit sich ergoß.

Eines aber war da, ein uralter und auffallender Umstand, wegen dessen das Volk nicht bloß von den Fremden verspottet wurde, sondern auch selbst litt und Pein empfand: die vielen verschiedenen Stämme dieses schönen Landes konnten sich von alters her nur schlecht miteinander vertragen. Beständig gab es Streit und Eifersucht. Und wenn auch je und je der Gedanke aufstand und von den besten Männern des Volkes ausgesprochen wurde, man sollte sich einigen und sich in freundlicher, gemeinsamer Arbeit zusammentun, so war doch schon der Gedanke, daß dann einer der vielen Stämme, oder dessen Fürst, sich über die andern erheben und die Führung haben würde, den meisten so zuwider, daß es nie zu einer Einigung kam.

Der Sieg über einen fremden Fürsten und Eroberer, welcher das Land schwer unterdrückt hatte, schien diese Einigung endlich doch bringen zu wollen. Aber man verzankte sich schnell wieder, die vielen kleinen Fürsten wehrten sich dagegen, und die Untertanen dieser Fürsten hatten von ihnen so viele Gnaden in Form von Ämtern, Titeln und farbigen Bändchen erhalten, daß man allgemein zufrieden und nicht zu Neuerungen geneigt war.

Inzwischen ging in der ganzen Welt jene Umwälzung vor sich, jene seltsame Verwandlung der Menschen und Dinge, welche wie ein Gespenst oder eine Krankheit aus dem Rauch der ersten Dampfmaschinen sich erhob und das Leben allüberall veränderte. Die Welt wurde voll von Arbeit und Fleiß, sie wurde von Maschinen regiert und zu immer neuer Arbeit angetrieben. Große Reichtümer entstanden, und der Weltteil, der die Maschinen erfunden hatte, nahm noch mehr als früher die Herrschaft über die Welt an sich, verteilte die übrigen Erdteile unter seine Mächtigen, und wer nicht mächtig war, ging leer aus.

Auch über das Land, von dem wir erzählen, ging die Welle hin, aber sein Anteil blieb bescheiden, wie es seiner Rolle zukam. Die Güter der Welt schienen wieder einmal verteilt, und das arme Land schien wieder einmal leer ausgegangen zu sein.

Da nahm plötzlich alles einen andern Lauf. Die alten Stimmen, die nach einer Einigung der Stämme verlangten, waren nie verstummt. Ein großer, kraftvoller Staatsmann trat auf, ein glücklicher, überaus glänzender Sieg über ein großes Nachbarvolk stärkte und einigte das ganze Land, dessen Stämme sich nun alle zusammenschlossen und ein großes Reich begründeten. Das arme Land der Träumer, Denker und Musikanten war aufgewacht, es war reich, es war groß, es war einig geworden und trat seine Laufbahn als ebenbürtige Macht neben den großen älteren Brüdern an. Draußen in der weiten Welt war nicht mehr viel zu rauben und zu erwerben, in den fernen Weltteilen fand die junge Macht die Lose schon verteilt. Aber der Geist der Maschine, der bisher in diesem Land nur langsam zur Macht gekommen war, blühte nun erstaunlich auf. Das ganze Land und Volk verwandelte sich rasch. Es wurde groß, es wurde reich, es wurde mächtig und gefürchtet. Es häufte Reichtum an, und es umgab sich mit einer dreifachen Schutzwehr von Soldaten, Kanonen und Festungen. Bald kamen bei den Nachbarn, die das junge Wesen beunruhigte, Mißtrauen und Furcht auf, und auch sie begannen Palisaden zu bauen und Kanonen und Kriegsschiffe bereitzustellen.

Dies war jedoch nicht das Schlimmste. Man hatte Geld genug, diese

Das Reich

ungeheuren Schutzwälle zu bezahlen, und an einen Krieg dachte niemand, man rüstete nur so für alle Fälle, weil reiche Leute gern Eisenwände um ihr Geld sehen.

Viel schlimmer war, was innerhalb des jungen Reiches vor sich ging. Dies Volk, das so lang in der Welt halb verspottet, halb verehrt worden war, das so viel Geist und so wenig Geld besessen hatte – dies Volk erkannte jetzt, was für eine hübsche Sache es sei um Geld und Macht. Es baute und sparte, trieb Handel und lieh Geld aus, keiner konnte schnell genug reich werden, und wer eine Mühle oder Schmiede hatte, mußte jetzt schnell eine Fabrik haben, und wer drei Gesellen gehabt hatte, mußte jetzt zehn oder zwanzig haben, und viele brachten es schnell zu Hunderten und Tausenden. Und je schneller die vielen Hände und Maschinen arbeiteten, desto schneller häufte das Geld sich auf – bei jenen einzelnen, die das Geschick zum Aufhäufen hatten. Die vielen, vielen Arbeiter aber waren nicht mehr Gesellen und Mitarbeiter eines Meisters, sondern sanken in Fron und Sklaverei.

Auch in andern Ländern ging es ähnlich, auch dort wurde aus der Werkstatt die Fabrik, aus dem Meister der Herrscher, aus dem Arbeiter der Sklave. Kein Land der Welt konnte sich diesem Geschick entziehen. Aber das junge Reich hatte das Schicksal, daß dieser neue Geist und Trieb in der Welt mit seiner Entstehung zusammenfiel. Es hatte keine alte Zeit hinter sich, keinen alten Reichtum, es lief in diese rasche neue Zeit hinein wie ein ungeduldiges Kind, hatte die Hände voll Arbeit und voll Gold.

Mahner und Warner zwar sagten dem Volk, daß es auf Abwegen sei. Sie erinnerten an die frühere Zeit, an den stillen heimlichen Ruhm des Landes, an die Sendung geistiger Art, die es einst verwaltet, an den steten edlen Geistesstrom von Gedanken, von Musik und Dichtung, mit dem es einst die Welt beschenkt hatte. Aber dazu lachte man im Glück des jungen Reichtums. Die Welt war rund und drehte sich, und wenn die Großväter Gedichte gemacht und Philosophien geschrieben hatten, so war das ja sehr hübsch, aber die Enkel wollten zeigen, daß man hierzulande auch anderes könne und vermöge. Und so hämmerten und kesselten sie in ihren tausend Fabriken neue Maschinen, neue Eisenbahnen, neue Waren, und für alle Fälle auch stets neue Gewehre und Kanonen. Die Reichen zogen sich vom Volk zurück, die armen Arbeiter sahen sich allein gelassen und dachten auch nicht mehr an ihr Volk, dessen Teil sie waren, sondern sorgten, dachten und strebten auch wieder für sich allein. Und die Reichen und Mächtigen, welche gegen äußere Feinde all die Kanonen und Flinten angeschafft hatten, freuten sich über ihre Vorsorge, denn es gab jetzt im Innern Feinde, die vielleicht gefährlicher waren.

Dies alles nahm sein Ende in dem großen Kriege, der jahrelang die Welt so furchtbar verwüstete und zwischen dessen Trümmern wir noch stehen, betäubt von seinem Lärm, erbittert von seinem Unsinn und krank von seinen Blutströmen, die durch all unsere Träume rinnen.

Und der Krieg ging so zu Ende, daß jenes junge blühende Reich, dessen Söhne mit Begeisterung, ja mit Übermut in die Schlachten gegangen waren, zusammenbrach. Es wurde besiegt, furchtbar besiegt. Die Sieger aber verlangten, noch ehe von einem Frieden die Rede war, schweren Tribut von dem besiegten Volk. Und es geschah, daß Tage und Tage lang, während das geschlagene Heer zurückflutete, ihm entgegen aus der Heimat in langen Zügen die Sinnbilder der bisherigen Macht geführt wurden, um dem siegreichen Feind überliefert zu werden. Maschinen und Geld flossen in langem Strom aus dem besiegten Lande hinweg, dem Feind in die Hand.

Währenddessen hatte aber das besiegte Volk im Augenblick der größten Not sich besonnen. Es hatte seine Führer und Fürsten fortgejagt und sich selbst für mündig erklärt. Es hatte Räte aus sich selbst gebildet und seinen Willen kundgegeben, aus eigener Kraft und aus eigenem Geist sich in sein Unglück zu finden.

Dieses Volk, das unter so schwerer Prüfung mündig geworden ist, weiß heute noch nicht, wohin sein Weg führt und wer sein Führer und Helfer sein wird. Die Himmlischen aber wissen es, und sie wissen, warum sie über dies Volk und über alle Welt das Leid des Krieges gesandt haben.

Und aus dem Dunkel dieser Tage leuchtet ein Weg, der Weg, den das geschlagene Volk gehen muß.

Es kann nicht wieder Kind werden. Das kann niemand. Es kann nicht einfach seine Kanonen, seine Maschinen und sein Geld hinweggeben und wieder in kleinen friedlichen Städtchen Gedichte machen und Sonaten spielen. Aber es kann den Weg gehen, den auch der einzelne gehen muß, wenn sein Leben ihn in Fehler und tiefe Qual geführt hat. Es kann sich seines bisherigen Weges erinnern, seiner Herkunft und Kindheit, seines Großwerdens, seines Glanzes und seines Niederganges, und kann auf dem Wege dieses Erinnerns die Kräfte finden, die ihm wesentlich und unverlierbar angehören. Es muß »in sich gehen«, wie die Frommen sagen. Und in sich, zuinnerst, wird es unzerstört sein eigenes Wesen finden, und dies Wesen wird seinem Schicksal nicht entfliehen wollen, sondern ja zu ihm sagen und aus seinem wiedergefundenen Besten und Innersten neu beginnen.

Und wenn es so geht, und wenn das niedergedrückte Volk den Weg des Schicksals willig und aufrichtig geht, so wird etwas von dem sich erneuern, was einst gewesen ist. Es wird wieder ein steter stiller Strom von ihm ausgehen und in die Welt dringen, und die heut noch seine Feinde sind, werden in der Zukunft diesem stillen Strom von neuem ergriffen lauschen.

(1918)

Kindheit des Zauberers

Wieder steig ich und wieder
In deinen Brunnen, holde Sage von einst,
Höre fern deine goldnen Lieder,
Wie du lachst, wie du träumst, wie du leise weinst.
Mahnend aus deiner Tiefe
Flüstert das Zauberwort;
Mir ist, ich sei trunken und schliefe
Und du riefest mir fort und fort ...

Nicht von Eltern und Lehrern allein wurde ich erzogen, sondern auch von höheren, verborgeneren und geheimnisvolleren Mächten, unter ihnen war auch der Gott Pan, welcher in Gestalt einer kleinen, tanzenden indischen Götzenfigur im Glasschrank meines Großvaters stand. Diese Gottheit, und noch andre, haben sich meiner Kinderjahre angenommen und haben mich, lange schon ehe ich lesen und schreiben konnte, mit morgenländischen, uralten Bildern und Gedanken so erfüllt, daß ich später jede Begegnung mit indischen und chinesischen Weisen als eine Wiederbegegnung, als eine Heimkehr empfand. Und dennoch bin ich Europäer, bin sogar im aktiven Zeichen des Schützen geboren, und habe mein Leben lang tüchtig die abendländischen Tugenden der Heftigkeit, der Begehrlichkeit und der unstillbaren Neugierde geübt. Zum Glück habe ich, gleich den meisten Kindern, das fürs Leben Unentbehrliche und Wertvollste schon vor dem Beginn der Schuljahre gelernt, unterrichtet von Apfelbäumen, von Regen und Sonne, Fluß und Wäldern, Bienen und Käfern, unterrichtet vom Gott Pan, unterrichtet vom tanzenden Götzen in der Schatzkammer des Großvaters. Ich wußte Bescheid in der Welt, ich verkehrte furchtlos mit Tieren und Sternen, ich kannte mich in Obstgärten und im Wasser bei den Fischen aus und konnte schon eine gute Anzahl von Liedern singen. Ich konnte auch zaubern, was ich dann leider früh verlernte und erst in höherem Alter von neuem lernen mußte, und verfügte über die ganze sagenhafte Weisheit der Kindheit.

Hinzu kamen nun also die Schulwissenschaften, welche mir leichtfielen und Spaß machten. Die Schule befaßte sich klugerweise nicht mit jenen ernsthaften Fertigkeiten, welche für das Leben unentbehrlich sind,

Kindheit des Zauberers

sondern vorwiegend mit spielerischen und hübschen Unterhaltungen, an welchen ich oft mein Vergnügen fand, und mit Kenntnissen, von welchen manche mir lebenslänglich treu geblieben sind; so weiß ich heute noch viele schöne und witzige lateinische Wörter, Verse und Sprüche sowie die Einwohnerzahlen vieler Städte in allen Erdteilen, natürlich nicht die von heute, sondern die der achtziger Jahre.

Bis zu meinem dreizehnten Jahre habe ich mich niemals ernstlich darüber besonnen, was einmal aus mir werden und welchen Beruf ich erlernen könnte. Wie alle Knaben, liebte und beneidete ich manche Berufe: den Jäger, den Flößer, den Fuhrmann, den Seiltänzer, den Nordpolfahrer. Weitaus am liebsten aber wäre ich ein Zauberer geworden. Dies war die tiefste, innigst gefühlte Richtung meiner Triebe, eine gewisse Unzufriedenheit mit dem, was man die »Wirklichkeit« nannte und was mir zuzeiten lediglich wie eine alberne Vereinbarung der Erwachsenen erschien; eine gewisse bald ängstliche, bald spöttische Ablehnung dieser Wirklichkeit war mir früh geläufig, und der brennende Wunsch, sie zu verzaubern, zu verwandeln, zu steigern. In der Kindheit richtete sich dieser Zauberwunsch auf äußere, kindliche Ziele: ich hätte gern im Winter Äpfel wachsen und meine Börse sich durch Zauber mit Gold und Silber füllen lassen, ich träumte davon, meine Feinde durch magischen Bann zu lähmen, dann durch Großmut zu beschämen, und zum Sieger und König ausgerufen zu werden; ich wollte vergrabene Schätze heben, Tote auferwecken und mich unsichtbar machen können. Namentlich dies, das Unsichtbarwerden, war eine Kunst, von der ich sehr viel hielt und die ich aufs innigste begehrte. Auch nach ihr, wie nach all den Zaubermächten, begleitete der Wunsch mich durchs ganze Leben in vielen Wandlungen, welche ich selbst oft nicht gleich erkannte. So geschah es mir später, als ich längst erwachsen war und den Beruf eines Literaten ausübte, daß ich häufige Male den Versuch machte, hinter meinen Dichtungen zu verschwinden, mich umzutaufen und hinter bedeutungsreiche spielerische Namen zu verbergen – Versuche, welche mir seltsamerweise von meinen Berufsgenossen des öfteren verübelt und mißdeutet wurden. Blicke ich zurück, so ist mein ganzes Leben unter dem Zeichen dieses Wunsches nach Zauberkraft gestanden; wie die Ziele der Zauberwünsche sich mit den Zeiten wandelten, wie ich sie allmählich der Außenwelt entzog und mich selbst einsog, wie ich allmählich dahin strebte, nicht mehr die Dinge, sondern mich selbst zu verwandeln, wie ich danach trachten lernte, die plumpe Unsichtbarkeit unter der Tarnkappe zu ersetzen durch die Unsichtbarkeit des Wissenden, welcher erkennend stets unerkannt bleibt – dies wäre der eigentlichste Inhalt meiner Lebensgeschichte.

Ich war ein lebhafter und glücklicher Knabe, spielend mit der schönen farbigen Welt, überall zu Hause, nicht minder bei Tieren und Pflanzen wie im Urwald meiner eigenen Phantasie und Träume, meiner Kräfte und Fähigkeiten froh, von meinen glühenden Wünschen mehr beglückt als verzehrt. Manche Zauberkunst übte ich damals, ohne es zu wissen, viel vollkommener, als sie mir je in späteren Zeiten wieder gelang. Leicht erwarb ich Liebe, leicht gewann ich Einfluß auf andre, leicht fand ich mich in die Rolle des Anführers, oder des Umworbenen, oder des Geheimnisvollen. Jüngere Kameraden und Verwandte hielt ich jahrelang im ehrfürchtigen Glauben an meine tatsächliche Zaubermacht, an meine Herrschaft über Dämonen, an meinen Anspruch auf verborgene Schätze und Kronen. Lange habe ich im Paradies gelebt, obwohl meine Eltern mich frühzeitig mit der Schlange bekannt machten. Lange dauerte mein Kindestraum, die Welt gehörte mir, alles war Gegenwart, alles stand zum schönen Spiel um mich geordnet. Erhob sich je ein Ungenügen und eine Sehnsucht in mir, schien je einmal die freudige Welt mir beschattet und zweifelhaft, so fand ich meistens leicht den Weg in die andere, freiere, widerstandslose Welt der Phantasien und fand, aus ihr wiedergekehrt, die äußere Welt aufs neue und hold und liebenswert. Lange lebte ich im Paradies.

Es war ein Lattenverschlag in meines Vaters kleinem Garten, da hatte ich Kaninchen und einen gezähmten Raben leben. Dort hauste ich unendliche Stunden, lang wie Weltzeitalter, in Wärme und Besitzerwonne; nach Leben dufteten die Kaninchen, nach Gras und Milch, Blut und Zeugung; und der Rabe hatte im schwarzen, harten Auge die Lampe des ewigen Lebens leuchten. Am selben Orte hauste ich andere, endlose Zeiten, abends, bei einem brennenden Kerzenrest, neben den warmen schläfrigen Tieren, allein oder mit einem Kameraden, und entwarf die Pläne zur Hebung ungeheurer Schätze, zur Gewinnung der Wurzel Alraun und zu siegreichen Ritterzügen durch die erlösungsbedürftige Welt, wo ich Räuber richtete, Unglückliche erlöste, Gefangene befreite, Raubburgen niederbrannte, Verräter ans Kreuz schlagen ließ, abtrünnigen Vasallen verzieh, Königstöchter gewann und die Sprache der Tiere verstand.

Es gab ein ungeheuer großes, schweres Buch im großen Büchersaal meines Großvaters, darin suchte und las ich oft. Es gab in diesem unausschöpflichen Buche alte wunderliche Bilder – oft fielen sie einem gleich beim ersten Aufschlagen und Blättern hell und einladend entgegen, oft auch suchte man sie lang und fand sie nicht, sie waren weg, verzaubert, wie nie dagewesen. Es stand eine Geschichte in diesem Buch, unendlich schön und unverständlich, die las ich oft. Auch sie war nicht immer zu finden, die Stunde mußte günstig sein, oft war sie ganz und gar verschwunden und hielt sich versteckt, oft schien sie Wohnort und Stelle gewechselt zu haben, manchmal war sie beim Lesen sonderbar freundlich und beinahe verständlich, ein andres Mal ganz dunkel und verschlossen wie die Tür im Dachboden, hinter welcher man in der Dämmerung manchmal die Geister hören konnte, wie sie kicherten oder stöhnten. Alles war voll Wirklichkeit und alles war voll Zauber, beides gedieh vertraulich nebeneinander, beides gehörte mir.

Auch der tanzende Götze aus Indien, der in des Großvaters schätzereichem Glasschrank stand, war nicht immer derselbe Götze, hatte nicht immer dasselbe Gesicht, tanzte nicht zu allen Stunden denselben Tanz. Zuzeiten war er ein Götze, eine seltsame und etwas drollige Figur, wie sie in fremden unbegreiflichen Ländern von anderen, fremden und unbegreiflichen Völkern gemacht und angebetet wurden. Zu anderen Zeiten war er ein Zauberwerk, bedeutungsvoll und namenlos unheimlich, nach Opfern gierig, bösartig, streng, unzuverlässig, spöttisch, er schien mich dazu zu reizen, daß ich etwa über ihn lache, um dann Rache an mir zu nehmen. Er konnte den Blick verändern, obwohl er aus gelbem Metall war; manchmal schielte er. Wieder in anderen Stunden war er ganz Sinnbild, war weder häßlich noch schön, war weder böse noch gut, weder lächerlich noch furchtbar, sondern einfach, alt und unausdenklich wie eine alte Rune, wie ein Moosfleck am Felsen, wie die Zeichnung auf einem Kiesel, und hinter seiner Form, hinter seinem Gesicht und Bild wohnte Gott, weste das Unendliche, das ich damals, als Knabe, ohne Namen nicht minder verehrte und kannte als später, da ich es Shiva, Vishnu, da ich es Gott, Leben, Brahman, Atman, Tao oder ewige Mutter nannte. Es war Vater, war Mutter, es war Weib und Mann, Sonne und Mond.

Und in der Nähe des Götzen im Glasschrank, und in anderen Schränken des Großvaters stand und hing und lag noch viel anderes Wesen und Gerät, Ketten aus Holzperlen wie Rosenkränze, palmblätterne Rollen mit eingeritzter alter indischer Schrift beschrieben, Schildkröten aus grünem

Speckstein geschnitten, kleine Götterbilder aus Holz, aus Glas, aus Quarz, aus Ton, gestickte seidene und leinene Decken, messingene Becher und Schalen, und dieses alles kam aus Indien und aus Ceylon, der Paradiesinsel mit den Farnbäumen und Palmenufern und den sanften, rehäugigen Singalesen, aus Siam kam es und aus Birma, und alles roch nach Meer, Gewürz und Ferne, nach Zimmet und Sandelholz, alles war durch braune und gelbe Hände gegangen, befeuchtet von Tropenregen und Gangeswasser, gedörrt an Äquatorsonne, beschattet von Urwald. Und alle diese Dinge gehörten dem Großvater, und er, der Alte, Ehrwürdige, Gewaltige, im weißen breiten Bart, allwissend, mächtiger als Vater und Mutter, er war im Besitz noch ganz anderer Dinge und Mächte, sein war nicht nur das indische Götter- und Spielzeug, all das Geschnitzte, Gemalte, mit Zaubern Geweihte, Kokosnußbecher und Sandelholztruhe, Saal und Bibliothek, er war auch ein Magier, ein Wissender, ein Weiser. Er verstand alle Sprachen der Menschen, mehr als dreißig, vielleicht auch die der Götter, vielleicht auch der Sterne, er konnte Pali und Sanskrit schreiben und sprechen, er konnte kanaresische, bengalische, hindostanische, singalesische Lieder singen, kannte die Gebetsübungen der Mohammedaner und der Buddhisten, obwohl er Christ war und an den dreieinigen Gott glaubte, er war viele Jahre und Jahrzehnte in östlichen, heißen, gefährlichen Ländern gewesen, war auf Booten und in Ochsenkarren gereist, auf Pferden und Mauleseln, niemand wußte so wie er Bescheid darum, daß unsre Stadt und unser Land nur ein sehr kleiner Teil der Erde war, daß tausend Millionen Menschen anderen Glaubens waren als wir, andere Sitten, Sprachen, Hautfarben, andre Götter, Tugenden und Laster hatten als wir. Ihn liebte, verehrte und fürchtete ich, von ihm erwartete ich alles, ihm traute ich alles zu, von ihm und von seinem verkleideten Gotte Pan im Gewand des Götzen lernte ich unaufhörlich. Dieser Mann, der Vater meiner Mutter, stak in einem Wald von Geheimnissen, wie sein Gesicht in einem weißen Bartwalde stak; aus seinen Augen floß Welttrauer und floß heitere Weisheit, je nachdem, einsames Wissen und göttliche Schelmerei. Menschen aus vielen Ländern kannten, verehrten und besuchten ihn, sprachen mit ihm englisch, französisch, indisch, italienisch, malaiisch, und reisten nach langen Gesprächen wieder spurlos hinweg, vielleicht seine Freunde, vielleicht seine Gesandten, vielleicht seine Diener und Beauftragten. Von ihm, dem Unergründlichen, wußte ich auch das Geheimnis herstammen, das meine Mutter umgab, das Geheime, Uralte, und auch sie war lange in Indien gewesen, auch sie sprach und sang Malajalam und Kanaresisch, wechselte mit dem greisen Vater Worte und Sprüche in fremden, magischen Zungen. Und wie er, besaß auch sie zuzeiten das Lächeln der Fremde, das verschleierte Lächeln der Weisheit.

Anders war mein Vater. Er stand allein. Weder der Welt des Götzen und des Großvaters gehörte er an, noch dem Alltag der Stadt, abseits stand er, einsam, ein Leidender und Suchender, gelehrt und gütig, ohne Falsch und voll von Eifer im Dienst der Wahrheit, aber weit weg von jenem Lächeln, edel und zart, aber klar, ohne jenes Geheimnis. Nie verließ ihn die Güte, nie die Klugheit, aber niemals verschwand er in diese Zauberwolke des Großväterlichen, nie verlor sich sein Gesicht in diese Kindlichkeit und Göttlichkeit, dessen Spiel oft wie Trauer, oft wie feiner Spott, oft wie stumm in sich versunkene Göttermaske aussah. Mein Vater sprach mit der Mutter nicht in indischen Sprachen, sondern sprach englisch und ein reines, klares, schönes, leise baltisch gefärbtes Deutsch. Diese Sprache war es, mit der er mich anzog und gewann und unterrichtete, ihm strebte ich zuzeiten voll Bewunderung und Eifer nach, allzu eifrig, obwohl ich wußte, daß meine Wurzeln tiefer im Boden der Mutter wuchsen, im Dunkeläugigen und Geheimnisvollen. Meine Mutter war voll Musik, mein Vater nicht, er konnte nicht singen.

Neben mir wuchsen Schwestern und zwei ältere Brüder, große Brüder, beneidet und verehrt. Um uns her war die kleine Stadt, alt und bucklig, um sie her die waldigen Berge, streng und etwas finster, und mittendurch floß ein schöner Fluß, gekrümmt und zögernd, und dies alles liebte ich und nannte es Heimat, und im Walde und Fluß kannte ich Gewächs und Boden, Gestein und Höhlen, Vogel, Eichhorn, Fuchs und Fisch genau. Dies alles gehörte mir, war mein, war Heimat – aber außerdem war der Glasschrank und die Bibliothek da, und der gütige Spott im allwissenden Gesicht des Großvaters, und der dunkelwarme Blick der Mutter, und die Schildkröten und Götzen, die indischen Lieder und Sprüche, und diese Dinge sprachen mir von einer weiteren Welt, einer größeren Heimat, einer älteren Herkunft, einem größeren Zusammenhang. Und oben auf seinem hohen, drahtenen Gehäuse saß unser graurroter Papagei, alt und klug, mit gelehrtem Gesicht und scharfem Schnabel, sang und sprach und kam, auch er, aus dem Fernen, Unbekannten her, flötete Dschungelsprachen und roch nach Äquator. Viele Welten, viele Teile der Erde streckten Arme und Strahlen aus und trafen und kreuzten sich in unserem Hause.

Und das Haus war groß und alt, mit vielen, zum Teil leeren Räumen, mit Kellern und großen hallenden Korridoren, die nach Stein und Kälte dufteten, und unendlichen Dachböden voll Holz und Obst und Zugwind und dunkler Leere. Viele Welten kreuzten ihre Strahlen in diesem Hause. Hier wurde gebetet und in der Bibel gelesen, hier wurde studiert und indische Philologie getrieben, hier wurde viel gute Musik gemacht, hier wußte man von Buddha und Laotse, Gäste kamen aus vielen Ländern, den Hauch von Fremde und Ausland an den Kleidern, mit absonderlichen Koffern aus Leder und aus Bastgeflecht und dem Klang fremder Sprachen, Arme wurden hier gespeist und Feste gefeiert, Wissenschaft und Märchen wohnten nah beisammen. Es gab auch eine Großmutter, die wir etwas fürchteten und wenig kannten, weil sie kein Deutsch sprach und in einer französischen Bibel las. Vielfach und nicht überall verständlich war das Leben dieses Hauses, in vielen Farben spielte hier das Licht, reich und vielstimmig klang das Leben. Es war schön und gefiel mir, aber schöner noch war die Welt meiner Wunschgedanken, reicher noch spielten meine Wachträume. Wirklichkeit war niemals genug, Zauber tat not.

Magie war heimisch in unsrem Hause und in meinem Leben. Außer den Schränken des Großvaters gab es noch die meiner Mutter, voll asiatischer Gewebe, Kleider und Schleier, magisch war auch das Schielen des Götzen, voll Geheimnis der Geruch manch alter Kammern und Treppenwinkel. Und in mir innen entsprach vieles diesem Außen. Es gab Dinge und Zusammenhänge, die nur in mir selber und für mich allein vorhanden waren. Nichts war so geheimnisvoll, so wenig mitteilbar, so außerhalb des alltäglich Tatsächlichen wie sie, und doch war nichts wirklicher. Schon das launische Auftauchen und wieder Sichverbergen der Bilder und Geschichten in jenem großen Buche war so, und die Wandlungen im Gesicht der Dinge, wie ich sie zu jeder Stunde sich vollziehen sah. Wie anders sahen Haustür, Gartenhaus und Straße an einem Sonntagabend aus als an einem Montagmorgen! Welch völlig anderes Gesicht zeigten Wanduhr und Christusbild im Wohnzimmer an einem Tage, wo Großvaters Geist dort regierte, als wenn es der Geist des Vaters war, und wie sehr verwandelte sich alles aufs neue in den Stunden, wo überhaupt kein fremder Geist den Dingen ihre Signatur gab, sondern mein eigener, wo meine Seele mit den Dingen spielte und ihnen neue Namen und Bedeutungen gab! Da konnte ein wohlbekannter Stuhl oder Schemel, ein Schatten beim Ofen, der gedruckte Kopf einer Zeitung schön oder häßlich und böse werden, bedeutungsvoll oder banal, sehnsuchtweckend oder einschüchternd, lächerlich oder traurig. Wie wenig Festes, Stabiles, Bleibendes gab es doch! Wie lebte alles, erlitt Veränderung, sehnte sich nach Wandlung, lag auf der Lauer nach Auflösung und Neugeburt!

Von allen magischen Erscheinungen aber die wichtigste und herrlichste war »der kleine Mann«. Ich weiß nicht, wann ich ihn zum ersten Male sah, ich glaube, er war schon immer da, er kam mit mir zur Welt. Der kleine Mann war ein winziges, grau schattenhaftes Wesen, ein Männlein, Geist oder Kobold, Engel oder Dämon, der zuzeiten da war und vor mir herging, im Traum wie auch im Wachen, und dem ich folgen mußte, mehr als dem Vater, mehr als der Mutter, mehr als der Vernunft, ja oft mehr als der Furcht. Wenn der Kleine mir sichtbar wurde, gab es nur ihn, und wohin er ging oder was er tat, das mußte ich ihm nachtun: Bei Gefahren zeigte er sich. Wenn mich ein böser Hund, ein erzürnter größerer Kamerad verfolgte und meine Lage heikel wurde, dann, im schwierigsten Augenblick, war das kleine Männlein da, lief vor mir, zeigte mir den Weg, brachte Rettung. Er zeigte mir die lose Latte im Gartenzaun, durch die ich im letzten bangen Augenblick den Ausweg gewann, er machte mir vor, was gerade zu tun war: sich fallen lassen, umkehren, davonlaufen, schreien, schweigen. Er nahm mir etwas, das ich essen wollte, aus der Hand, er führte mich an den Ort, wo ich verlorengegangene Besitztümer wiederfand. Es gab Zeiten, da sah ich ihn jeden Tag. Es gab Zeiten, da blieb er aus. Diese Zeiten waren nicht gut, dann war alles lau und unklar, nichts geschah, nichts ging vorwärts.

Einmal, auf dem Marktplatz, lief der kleine Mann vor mir her und ich ihm nach, und er lief auf den riesigen Marktbrunnen zu, in dessen mehr als mannstiefes Steinbecken die vier Wasserstrahlen sprangen, turnte an der Seitenwand empor bis zur Brüstung, und ich ihm nach, und als er von da mit einem hurtigen Schwung hinein ins tiefe Wasser sprang, sprang auch ich, es gab keine Wahl, und wäre ums Haar ertrunken. Ich ertrank aber nicht, sondern wurde herausgezogen, und zwar von einer jungen hübschen Nachbarsfrau, die ich bis dahin kaum gekannt hatte, und zu der ich nun in ein schönes Freundschafts- und Neckverhältnis kam, das mich lange Zeit beglückte.

Einmal hatte mein Vater mich für eine Missetat zur Rede zu stellen. Ich redete mich so halb und halb heraus, wieder einmal darunter leidend, daß es so schwer war, sich den Erwachsenen verständlich zu machen. Es gab einige Tränen und eine gelinde Strafe, und zum Schluß schenkte mir der Vater, damit ich die Stunde nicht vergesse, einen hübschen kleinen Taschenkalender. Etwas beschämt und von der Sache nicht befriedigt, ging ich weg und ging über die Flußbrücke, plötzlich lief der kleine Mann vor mir, er sprang auf das Brückengeländer und befahl mir durch seine Gebärde, das Geschenk meines Vaters wegzuwerfen, in den Fluß. Ich tat es sofort, Zweifel und Zögern gab es nicht, wenn der Kleine da war, die gab es nur, wenn er fehlte, wenn er ausblieb und mich im Stich ließ. Ich erinnere mich eines Tages, da ging ich mit meinen Eltern spazieren, und der kleine Mann erschien, er ging auf der linken Straßenseite, und ich ihm nach, und so oft mein Vater mich zu sich auf die andere Seite hinüberbefahl, der Kleine kam nicht mit, beharrlich ging er links, und ich mußte jedesmal sofort wieder zu ihm hinüber. Mein Vater ward der Sache müde und ließ mich schließlich gehen, wo ich mochte, er war gekränkt, und erst später, zu Hause, fragte er mich, warum ich denn durchaus habe ungehorsam sein und auf der andern Straßenseite gehen müssen.

In solchen Fällen kam ich sehr in Verlegenheit, ja richtig in Not, denn nichts war unmöglicher, als irgendeinem Menschen ein Wort vom kleinen Mann zu sagen. Nichts wäre verbotener, schlechter, todsündiger gewesen, als den kleinen Mann zu verraten, ihn zu nennen, von ihm zu sprechen. Nicht einmal an ihn denken, nicht einmal ihn rufen oder herbeiwünschen konnte ich. War er da, so war es gut, und man folgte ihm. War er nicht da, so war es, als sei er nie gewesen. Der kleine Mann hatte keinen Namen. Das Unmöglichste auf der Welt aber wäre es gewesen, dem kleinen Mann, wenn er einmal da war, nicht zu folgen. Wohin er ging, dahin ging ich ihm nach, auch ins Wasser, auch ins Feuer. Es war nicht so, daß er mir dies oder jenes befahl oder riet. Nein, er tat einfach dies oder das, und ich tat es nach. Etwas, was er tat, nicht nachzutun, war ebenso unmöglich, wie es meinem Schlagschatten unmöglich wäre, meine Bewegungen nicht mitzumachen. Vielleicht war ich nur der Schatten oder Spiegel des Kleinen, oder er der meine; vielleicht tat ich, was ich ihm nachzutun meinte, vor ihm, oder zugleich mit ihm. Nur war er nicht immer da, leider, und wenn er fehlte, so fehlte auch meinem Tun die Selbstverständlichkeit und Notwendigkeit, dann konnte alles auch anders sein, dann gab es für jeden Schritt die Möglichkeit des Tuns oder Lassens, des Zögerns, der Überlegung. Die guten, frohen und glücklichen Schritte meines damaligen Lebens sind aber alle ohne Überlegung geschehen. Das Reich der Freiheit ist auch das Reich der Täuschungen, vielleicht.

Wie hübsch war meine Freundschaft mit der lustigen Nachbarsfrau, die mich damals aus dem Brunnen gezogen hatte! Sie war lebhaft, jung und hübsch und dumm, von einer liebenswerten, fast genialen Dummheit. Sie ließ sich von mir Räuber- und Zauber-Geschichten erzählen, glaubte mir bald zu viel, bald zu wenig und hielt mich mindestens für einen der Weisen aus dem Morgenland, womit ich gern einverstanden war. Sie bewunderte mich sehr. Wenn ich ihr etwas Lustiges erzählte, lachte sie laut und inbrünstig, noch lange ehe sie den Witz begriffen hatte. Ich hielt ihr das vor, ich fragte sie: »Höre, Frau Anna, wie kannst du über einen Witz lachen, wenn du ihn noch gar nicht verstanden hast? Das ist sehr dumm, und es ist außerdem beleidigend für mich. Entweder verstehst du meine Witze und lachst, oder du kapierst sie nicht, dann brauchst du aber nicht zu lachen und zu tun, als hättest du verstanden.«

Sie lachte weiter. »Nein«, rief sie, »du bist schon der gescheiteste Junge, den ich je gesehen habe, großartig bist du. Du wirst ein Professor werden oder Minister oder ein Doktor. Das Lachen, weißt du, daran ist nichts übelzunehmen. Ich lache einfach, weil ich eine Freude an dir habe und weil du der spaßigste Mensch bist, den es gibt. Aber jetzt erkläre mir also deinen Witz!« Ich erklärte ihn umständlich, sie mußte noch dies und jenes fragen, schließlich begriff sie ihn wirklich, und wenn sie vorher herzlich und reichlich gelacht hatte, so lachte sie jetzt erst recht, lachte ganz toll und hinreißend, daß es auch mich ansteckte. Wie haben wir oft miteinander gelacht, wie hat sie mich verwöhnt und bewundert, wie war sie von mir entzückt! Es gab schwierige Sprechübungen, die ich ihr manchmal vorsagen mußte, ganz schnell dreimal hintereinander, zum Beispiel: »Wiener Wäscher waschen weiße Wiener Wäsche« oder die Geschichte vom Cottbuser Postkutschkasten. Auch sie mußte es probieren, ich bestand darauf, aber sie lachte schon vorher, keine drei Worte brachte sie richtig heraus, wollte es auch gar nicht, und jeder begonnene Satz verlief in neues Gelächter. Frau Anna ist der vergnügteste Mensch gewesen, den ich gekannt habe. Ich hielt sie, in meiner Knabenklugheit, für namenlos dumm, und am Ende war sie es auch, aber sie ist ein glücklicher Mensch gewesen, und ich neige manchmal dazu, glückliche Menschen für heimliche Weise zu halten, auch wenn sie dumm scheinen. Was ist dümmer und macht unglücklicher als Gescheitheit!

Jahre vergingen, und mein Verkehr mit Frau Anna war schon eingeschlafen, ich war schon ein großer Schulknabe und unterlag schon den

Versuchungen, Leiden und Gefahren der Gescheitheit, da brauchte ich sie eines Tages wieder. Und wieder war es der kleine Mann, der mich zu ihr führte. Ich war seit einiger Zeit verzweifelt mit der Frage nach dem Unterschied der Geschlechter und der Entstehung der Kinder beschäftigt, die Frage wurde immer brennender und quälender, und eines Tages schmerzte und brannte sie so sehr, daß ich lieber gar nicht mehr leben wollte, als dies bange Rätsel ungelöst lassen. Wild und verbissen ging ich, von der Schule heimkehrend, über den Marktplatz, den Blick am Boden, unglücklich und finster, da war plötzlich der kleine Mann da! Er war ein seltner Gast geworden, er war mir seit langem untreu, oder ich ihm – nun sah ich ihn plötzlich wieder, klein und flink lief er am Boden vor mir her, nur einen Augenblick sichtbar, und lief ins Haus der Frau Anna hinein. Er war verschwunden, aber schon war ich ihm in dies Haus gefolgt, und schon wußte ich warum, und Frau Anna schrie auf, als ich unerwartet ihr ins Zimmer gelaufen kam, denn sie war eben beim Umkleiden, aber sie ward mich nicht los, und bald wußte ich fast alles, was zu wissen mir damals so bitter notwendig war. Es wäre eine Liebschaft daraus geworden, wenn ich nicht noch allzu jung dafür gewesen wäre.

    Diese lustige dumme Frau unterschied sich von den meisten andern Erwachsenen dadurch, daß sie zwar dumm, aber natürlich und selbstverständlich war, immer gegenwärtig, nie verlogen, nie verlegen. Die meisten Erwachsenen waren anders. Es gab Ausnahmen, es gab die Mutter, Inbegriff des Lebendigen, rätselhaft Wirksamen, und den Vater, Inbegriff der Gerechtigkeit und Klugheit, und den Großvater, der kaum mehr ein Mensch war, den Verborgenen, Allseitigen, Lächelnden, Unausschöpflichen. Die allermeisten Erwachsenen aber, obwohl man sie verehren und fürchten mußte, waren sehr tönerne Götter. Wie waren sie komisch mit ihrer ungeschickten Schauspielerei, wenn sie mit Kindern redeten! Wie falsch klang ihr Ton, wie falsch war ihr Lächeln! Wie nahmen sie sich wichtig, sich und ihre Verrichtungen und Geschäfte, wie übertrieben ernst hielten sie, wenn man sie über die Gasse gehen sah, ihre Werkzeuge, ihre Mappen, ihre Bücher unter den Arm geklemmt, wie warteten sie darauf, erkannt, gegrüßt und verehrt zu werden! Manchmal kamen am Sonntag Leute zu meinen Eltern, um »Besuch zu machen«, Männer mit Zylinderhüten in ungeschickten Händen, die in steifen Glacéhandschuhen staken, wichtige, würdevolle, vor lauter Würde verlegene Männer, Anwälte und Amtsrichter, Pfarrer und Lehrer, Direktoren und Inspektoren, mit ihren etwas ängstlichen, etwas unterdrückten Frauen. Sie saßen steif auf den Stühlen, zu allem mußte man sie nötigen, bei allem ihnen behilflich sein, beim Ablegen, beim Eintreten, beim Niedersitzen, beim Fragen und Antworten, beim Fortgehen. Diese kleinbürgerliche Welt nicht so ernst zu nehmen, wie sie verlangte, war mir leichtgemacht, da meine Eltern ihr nicht angehörten und sie selber komisch fanden. Aber auch wenn sie nicht Theater spielten, Handschuhe trugen und Visiten machten, waren die meisten Erwachsenen mir reichlich seltsam und lächerlich. Wie taten sie wichtig mit ihrer Arbeit, mit ihren Handwerken und Ämtern, wie groß und heilig kamen sie sich vor! Wenn ein Fuhrmann, Polizist oder Pflasterer die Straße versperrte, das war eine heilige Sache, da war es selbstverständlich, daß man auswich und Platz machte oder gar mithalf. Aber Kinder mit ihren Arbeiten und Spielen, die waren nicht wichtig, die wurden beiseite geschoben und angebrüllt. Taten sie denn weniger Richtiges, weniger Gutes, weniger Wichtiges als die Großen? O nein, im Gegenteil, aber die Großen waren eben mächtig, sie befahlen, sie regierten. Dabei hatten sie, genau wie die Kinder, ihre Spiele, sie spielten Feuerwehrübung, spielten Soldaten, sie gingen in Vereine und Wirtshäuser, aber alles mit jener Miene von Wichtigkeit und Gültigkeit, als müsse das alles so sein und als gäbe es nichts Schöneres und Heiligeres.

Gescheite Leute waren unter ihnen, zugegeben, auch unter den Lehrern. Aber war nicht das eine schon merkwürdig und verdächtig, daß unter allen diesen »großen« Leuten, welche doch alle vor einiger Zeit selbst Kinder gewesen waren, so sehr wenige sich fanden, die es nicht vollkommen vergessen und verlernt hatten, was ein Kind ist, wie es lebt, arbeitet, spielt, denkt, was ihm lieb und leid ist? Wenige, sehr wenige, die das noch wußten! Es gab nicht nur Tyrannen und Grobiane, die gegen Kinder böse und häßlich waren, sie überall wegjagten, sie scheel und haßvoll ansahen, ja manchmal anscheinend etwas wie Furcht vor ihnen hatten. Nein, auch die andern, die es gut meinten, die gern zuweilen zu einem Gespräch mit Kindern sich herabließen, auch sie wußten meistens nicht mehr, worauf es ankam, auch sie mußten fast alle sich mühsam und verlegen zu Kindern herunterschrauben, wenn sie sich mit uns einlassen wollten, aber nicht zu richtigen Kindern, sondern zu erfundenen, dummen Karikaturkindern.

Alle diese Erwachsenen, fast alle, lebten in einer andern Welt, atmeten eine andere Art von Luft als wir Kinder. Sie waren häufig nicht klüger als wir, sehr oft hatten sie nichts vor uns voraus als jene geheimnisvolle Macht.

Sie waren stärker, ja, sie konnten uns, wenn wir nicht freiwillig gehorchten, zwingen und prügeln. War das aber eine echte Überlegenheit? War nicht jeder Ochs und Elefant viel stärker als so ein Erwachsener? Aber sie hatten die Macht, sie befahlen, ihre Welt und Mode galt als die richtige. Dennoch, und das war mir ganz besonders merkwürdig und einige Male beinah grauenhaft – dennoch gab es viele Erwachsene, die uns Kinder zu beneiden schienen. Manchmal konnten sie es ganz naiv und offen aussprechen und etwa mit einem Seufzer sagen: »Ja, ihr Kinder habt es noch gut!« Wenn das nicht gelogen war – und es war nicht gelogen, das spürte ich zuweilen bei solchen Aussprüchen –, dann waren also die Erwachsenen, die Mächtigen, die Würdigen und Befehlenden gar nicht glücklicher als wir, die wir gehorchen und ihnen Hochachtung erweisen mußten. In einem Musikalbum, aus dem ich lernte, stand auch richtig ein Lied mit dem erstaunlichen Kehrreim: »O selig, o selig, ein Kind noch zu sein!« Dies war ein Geheimnis. Es gab etwas, was wir Kinder besaßen und was den Großen fehlte, sie waren nicht bloß größer und stärker, sie waren in irgendeinem Betracht auch ärmer als wir! Und sie, die wir oft um ihre lange Gestalt, ihre Würde, ihre anscheinende Freiheit und Selbstverständlichkeit, um ihre Bärte und langen Hosen beneideten, sie beneideten zuzeiten, sogar in Liedern, die sie sangen, uns Kleine!

Nun, einstweilen war ich trotz allem glücklich. Es gab vieles in der Welt, was ich gern anders gesehen hätte, und gar in der Schule; aber ich war dennoch glücklich. Es wurde mir zwar von vielen Seiten versichert und eingebleut, daß der Mensch nicht bloß zu seiner Lust auf Erden wandle und daß wahres Glück erst jenseits den Geprüften und Bewährten zuteil werde, es ging dies aus vielen Sprüchen und Versen hervor, die ich lernte und die mir oft sehr schön und rührend erschienen. Allein diese Dinge, welche auch meinem Vater viel zu schaffen machten, brannten mich nicht sehr, und wenn es mir einmal schlechtging, wenn ich krank war oder unerfüllte Wünsche hatte, oder Streit und Trotz mit den Eltern, dann flüchtete ich selten zu Gott, sondern hatte andere Schleichwege, die mich wieder ins Helle führten. Wenn die gewöhnlichen Spiele versagten, wenn Eisenbahn, Kaufladen und Märchenbuch verbraucht und langweilig waren, dann fielen mir oft gerade die schönsten neuen Spiele ein. Und wenn es nichts anderes war, als daß ich abends im Bett die Augen schloß und mich in den märchenhaften Anblick der vor mir erscheinenden Farbenkreise verlor – wie zuckte da Beglückung und Geheimnis aufs neue auf, wie ahnungsvoll und vielversprechend wurde die Welt!

Die ersten Schuljahre gingen hin, ohne mich sehr zu verändern. Ich machte die Erfahrung, daß Vertrauen und Aufrichtigkeit uns Schaden bringen kann, ich lernte unter einigen gleichgültigen Lehrern das Notwendigste im Lügen und Sichverstellen; von da an kam ich durch. Langsam aber welkte auch mir die erste Blüte hin, langsam lernte auch ich, ohne es zu ahnen, jenes falsche Lied des Lebens, jenes Sichbeugen unter die »Wirklichkeit«, unter die Gesetze der Erwachsenen, jene Anpassung an die Welt, »wie sie nun einmal ist«. Ich weiß seit langem, warum in den Liederbüchern der Erwachsenen solche Verse stehen wie der: »O selig, ein Kind noch zu sein«, und auch für mich gab es viele Stunden, in welchen ich die beneidete, die noch Kinder sind.

Als es sich, in meinem zwölften Jahre, darum handelte, ob ich Griechisch lernen solle, sagte ich ohne weiteres ja, denn mit der Zeit so gelehrt zu werden wie mein Vater, und womöglich wie mein Großvater, schien mir unerläßlich. Aber von diesem Tage an war ein Lebensplan für mich da; ich sollte studieren und entweder Pfarrer oder Philologe werden, denn dafür gab es Stipendien. Auch der Großvater war einst diesen Weg gegangen.

Scheinbar war dies ja nichts Schlimmes. Nur hatte ich jetzt auf einmal eine Zukunft, nur stand jetzt ein Wegweiser an meinem Wege, nur führte mich jetzt jeder Tag und Monat dem angeschriebenen Ziele näher, alles wies dorthin, alles führte weg, weg von der Spielerei und Gegenwärtigkeit meiner bisherigen Tage, die nicht ohne Sinn, aber ohne Ziel, ohne Zukunft gewesen waren. Das Leben der Erwachsenen hatte mich eingefangen, an einer Haarlocke erst oder an einem Finger, aber bald würde es mich ganz gefangen haben und festhalten, das Leben nach Zielen, nach Zahlen, das Leben der Ordnung und der Ämter, des Berufs und der Prüfungen; bald würde auch mir die Stunde schlagen, bald würde ich Student, Kandidat, Geistlicher, Professor sein, würde Besuche mit einem Zylinderhut machen, lederne Handschuhe tragen, die Kinder nicht mehr verstehen, sie vielleicht beneiden. Und ich wollte nicht fort aus meiner Welt, wo es gut und köstlich war. Ein ganz heimliches Ziel allerdings gab es für mich, wenn ich an die Zukunft dachte. Eines wünschte ich mir sehnlich, nämlich ein Zauberer zu werden.

Der Wunsch und Traum blieb mir lange treu. Aber er begann an Allmacht zu verlieren, er hatte Feinde, es stand ihm anderes entgegen. Wirkliches, Ernsthaftes, nicht zu Leugnendes. Langsam, langsam welkte die Blüte hin, langsam kam mir aus dem Unbegrenzten etwas Begrenztes entgegen, die wirkliche Welt, die Welt der Erwachsenen. Langsam wurde mein Wunsch, ein Zauberer zu werden, obwohl ich ihn noch sehnlich weiterwünschte, vor mir selber wertloser, wurde vor mir selber zur Kinderei. Schon gab es etwas, worin ich nicht mehr Kind war. Schon war die unendliche, tausendfältige Welt des Möglichen mir begrenzt, in Felder geteilt, von Zäunen durchschnitten. Langsam verwandelte sich der Urwald meiner Tage, es erstarrte das Paradies um mich her. Ich blieb nicht, was ich war, Prinz und König im Lande des Möglichen, ich wurde nicht Zauberer, ich lernte Griechisch, in zwei Jahren würde Hebräisch hinzukommen, in sechs Jahren würde ich Student sein.

Unmerklich vollzog sich die Einschnürung, unmerklich verrauschte ringsum die Magie. Die wunderbare Geschichte im Großvaterbuch war noch immer schön, aber sie stand auf einer Seite, deren Zahl ich wußte, und da stand sie heute und morgen und zu jeder Stunde, es gab keine Wunder mehr. Gleichmütig lächelte der tanzende Gott aus Indien und war aus Bronze, selten sah ich ihn mehr an, nie mehr sah ich ihn schielen. Und – das Schlimmste – seltener und seltener sah ich den Grauen, den kleinen Mann. Überall war ich von Entzauberung umgeben, vieles wurde eng, was einst weit, vieles wurde ärmlich, was einst kostbar gewesen war.

Doch spürte ich das nur im Verborgenen, unter der Haut; noch war ich fröhlich und herrschsüchtig, lernte schwimmen und Schlittschuhlaufen, ich war der erste im Griechischen, alles ging scheinbar vortrefflich. Nur hatte alles eine etwas blassere Farbe, einen etwas leereren Klang, nur war es mir langweilig geworden, zu Frau Anna zu gehen, nur ging ganz sachte aus allem, was ich lebte, etwas verloren, etwas nicht Bemerktes, nicht Vermißtes, das aber doch weg war und fehlte. Und wenn ich jetzt einmal wieder mich selber ganz und glühend fühlen wollte, dann bedurfte ich stärkerer Reize dazu, mußte mich rütteln und einen Anlauf nehmen. Ich gewann Geschmack an stark gewürzten Speisen, ich naschte häufig, ich stahl zuweilen Groschen, um mir irgendeine besondere Lust zu gönnen, weil es sonst nicht lebendig und schön genug war. Auch begannen die Mädchen mich anzuziehen; es war kurz nach der Zeit, da der kleine Mann noch einmal erschienen und mich noch einmal zu Frau Anna geführt hatte.

(1921/1923)

Piktors Verwandlungen

Kaum hatte Piktor das Paradies betreten, so stand er vor einem Baume, der war zugleich Mann und Frau. Piktor grüßte den Baum mit Ehrfurcht und fragte: »Bist du der Baum des Lebens?« Als aber statt des Baumes die Schlange ihm Antwort geben wollte, wandte er sich ab und ging weiter. Er war ganz Auge, alles gefiel ihm so sehr. Deutlich spürte er, daß er in der Heimat und am Quell des Lebens sei.

Und wieder sah er einen Baum, der war zugleich Sonne und Mond.

Sprach Piktor: »Bist du der Baum des Lebens?«

Die Sonne nickte und lachte, der Mond nickte und lächelte.

Die wunderbarsten Blumen blickten ihn an, mit vielerlei Farben und Lichtern, mit vielerlei Augen und Gesichtern. Einige nickten und lachten, einige nickten und lächelten, andere nickten nicht und lächelten nicht: sie schwiegen trunken, in sich selbst versunken, im eigenen Dufte wie ertrunken. Eine sang das Lila-Lied, eine sang das dunkelblaue Schlummerlied. Eine von den Blumen hatte große blaue Augen, eine andre erinnerte ihn an seine erste Liebe. Eine roch nach dem Garten der Kindheit, wie die Stimme der Mutter klang ihr süßer Duft. Eine andere lachte ihn an und streckte ihm eine gebogene rote Zunge lang entgegen. Er leckte daran, es schmeckte stark und wild, nach Harz und Honig, und auch nach dem Kuß einer Frau.

Zwischen all den Blumen stand Piktor voll Sehnsucht und banger Freude. Sein Herz, als ob es eine Glocke wäre, schlug schwer, schlug sehr; es brannte ins Unbekannte, ins zauberhaft Geahnte sehnlich sein Begehr.

Einen Vogel sah Piktor sitzen, sah ihn im Grase sitzen und von Farben blitzen, alle Farben schien der schöne Vogel zu besitzen. Den schönen bunten Vogel fragte er: »O Vogel, wo ist denn das Glück?«

»Das Glück«, sprach der schöne Vogel und lachte mit seinem goldenen Schnabel, »das Glück, o Freund, ist überall, in Berg und Tal, in Blume und Kristall.«

Mit diesen Worten schüttelte der frohe Vogel sein Gefieder, ruckte mit dem Hals, wippte mit dem Schwanz, zwinkerte mit dem Auge, lachte noch einmal, dann blieb er regungslos sitzen, saß still im Gras, und siehe: der

Vogel war jetzt zu einer bunten Blume geworden, die Federn Blätter, die Krallen Wurzeln. Im Farbenglanze, mitten im Tanze, ward er zur Pflanze. Verwundert sah es Piktor.

Und gleich darauf bewegte die Vogelblume ihre Blätter und Staubfäden, hatte das Blumentum schon wieder satt, hatte keine Wurzeln mehr, rührte sich leicht, schwebte langsam empor, und war ein glänzender Schmetterling geworden, der wiegte sich schwebend, ohne Gewicht, ohne Licht, ganz leuchtendes Gesicht. Piktor machte große Augen.

Der neue Falter aber, der frohe bunte Vogelblumenschmetterling, das lichte Farbengesicht flog im Kreise um den erstaunten Piktor, glitzerte in der Sonne, ließ sich sanft wie eine Flocke zur Erde nieder, blieb dicht vor Piktors Füßen sitzen, atmete zart, zitterte ein wenig mit den glänzenden Flügeln, und war alsbald in einen farbigen Kristall verwandelt, aus dessen Kanten ein rotes Licht strahlte. Wunderbar leuchtete aus dem grünen Gras und Gekräute, hell wie Festgeläute, der rote Edelstein. Aber seine Heimat, das Innere der Erde, schien ihn zu rufen; schnell ward er kleiner und drohte zu versinken.

Da griff Piktor, von übermächtigem Verlangen getrieben, nach dem schwindenden Steine und nahm ihn an sich. Mit Entzücken blickte er in sein magisches Licht, das ihm Ahnung aller Seligkeit ins Herz zu strahlen schien.

Plötzlich am Ast eines abgestorbenen Baumes ringelte sich die Schlange und zischte ihm ins Ohr: »Der Stein verwandelt dich in was du willst. Schnell sage ihm deinen Wunsch, eh es zu spät ist!«

Piktor erschrak und fürchtete sein Glück zu versäumen. Rasch sagte er das Wort und verwandelte sich in einen Baum. Denn ein Baum zu sein, hatte er schon manchmal gewünscht, weil die Bäume ihm so voll Ruhe, Kraft und Würde zu sein schienen.

Piktor wurde ein Baum. Er wuchs mit Wurzeln in die Erde ein, er reckte sich in die Höhe, Blätter trieben und Zweige aus seinen Gliedern. Er war damit sehr zufrieden. Er sog mit durstigen Fasern tief in der kühlen Erde und wehte mit seinen Blättern hoch im Blauen. Käfer wohnten in seiner Rinde, zu seinen Füßen wohnten Hase und Igel, in seinen Zweigen die Vögel.

Der Baum Piktor war glücklich und zählte die Jahre nicht, welche vergingen. Sehr viele Jahre gingen hin, eh er merkte, daß sein Glück nicht vollkommen sei. Langsam nur lernte er mit den Baum-Augen sehen. Endlich war er sehend, und wurde traurig.

Er sah nämlich, daß rings um ihn her im Paradiese die meisten Wesen sich sehr häufig verwandelten, ja daß alles in einem Zauberstrome ewiger Verwandlung floß. Er sah Blumen zu Edelsteinen werden, oder als blitzende Schwirrvögel dahinfliegen. Er sah neben sich manchen Baum plötzlich verschwinden: der eine war zur Quelle zerronnen, der andre zum Krokodil geworden, ein andrer schwamm froh und kühl, voll Lustgefühl, mit muntern Sinnen als Fisch von hinnen, in neuen Formen neue Spiele zu beginnen. Elefanten tauschten ihr Kleid mit Felsen, Giraffen ihre Gestalt mit Blumen.

Er selbst aber, der Baum Piktor, blieb immer derselbe, er konnte sich nicht mehr verwandeln. Seit er dies erkannt hatte, schwand sein Glück dahin; er fing an zu altern und nahm immer mehr jene müde, ernste und bekümmerte Haltung an, die man bei vielen alten Bäumen beobachten kann. Auch bei Pferden, bei Vögeln, bei Menschen und allen Wesen kann man es ja täglich sehen: Wenn sie nicht die Gabe der Verwandlung besitzen, verfallen sie mit der Zeit in Traurigkeit und Verkümmerung, und ihre Schönheit geht verloren.

Eines Tages nun verlief sich ein junges Mädchen in jene Gegend des Paradieses, im blonden Haar, im blauen Kleid. Singend und tanzend lief die Blonde unter den Bäumen hin, und hatte bisher noch nie daran gedacht, sich die Gabe der Verwandlung zu wünschen.

Mancher kluge Affe lächelte hinter ihr her, mancher Strauch streifte sie zärtlich mit einer Ranke, mancher Baum warf ihr eine Blüte, eine Nuß, einen Apfel nach, ohne daß sie darauf achtete.

Als der Baum Piktor das Mädchen erblickte, ergriff ihn eine große Sehnsucht, ein Verlangen nach Glück, wie er es noch nie gefühlt hatte. Und zugleich nahm ein tiefes Nachsinnen ihn gefangen, denn ihm war, als riefe sein eigenes Blut ihm zu: »Besinne dich! Erinnere dich in dieser Stunde deines ganzen Lebens, finde den Sinn, sonst ist es zu spät, und es kann nie mehr ein Glück zu dir kommen.« Und er gehorchte. Er entsann sich all seiner Herkunft, seiner Menschenjahre, seines Zuges nach dem Paradiese, und ganz besonders jenes Augenblicks, ehe er ein Baum geworden war, jenes wunderbaren Augenblicks, da er den Zauberstein in Händen gehalten hatte. Damals, da jede Verwandlung ihm offenstand, hatte das Leben in ihm geglüht wie niemals! Er gedachte des Vogels, welcher damals gelacht hatte, und des Baumes mit der Sonne und dem Monde; es ergriff ihn die Ahnung, daß er damals etwas versäumt, etwas vergessen habe, und daß der Rat der Schlange nicht gut gewesen sei.

Das Mädchen hörte in den Blättern des Baumes Piktor ein Rauschen, es blickte zu ihm empor und empfand, mit plötzlichem Weh im Herzen, neue Gedanken, neues Verlangen, neue Träume sich im Innern regen. Von der unbekannten Kraft gezogen, setzte sie sich unter den Baum. Einsam schien er ihr zu sein, einsam und traurig, und dabei schön, rührend und edel in seiner stummen Traurigkeit; betörend klang ihr das Lied seiner leise rauschenden Krone. Sie lehnte sich an den rauhen Stamm, fühlte den Baum tief erschauern, fühlte denselben Schauer im eigenen Herzen. Seltsam weh tat ihr das Herz; über den Himmel ihrer Seele liefen Wolken hin, langsam sanken aus ihren Augen die schweren Tränen. Was war doch dies? Warum mußte man so leiden? Warum begehrte das Herz die Brust zu sprengen und hinüberzuschmelzen zu ihm, in ihn, den schönen Einsamen?

Der Baum zitterte leise bis in die Wurzeln, so heftig zog er alle Lebenskraft in sich zusammen, dem Mädchen entgegen, in dem glühenden Wunsch nach Vereinigung. Ach, daß er von der Schlange überlistet, sich für immer allein in einen Baum festgebannt hatte! O wie blind, o wie töricht war er gewesen! Hatte er denn so gar nichts gewußt, war er dem Geheimnis des Lebens so fremd gewesen? Nein, wohl hatte er es damals dunkel gefühlt und geahnt – ach, und mit Trauer und tiefem Verstehen dachte er jetzt des Baumes, der aus Mann und Weib bestand!

Ein Vogel kam geflogen, ein Vogel rot und grün, ein Vogel schön und kühn kam geflogen, im Bogen kam er gezogen. Das Mädchen sah ihn fliegen, sah aus seinem Schnabel etwas niederfallen, das leuchtete rot wie Blut, rot wie Glut, es fiel ins grüne Kraut und leuchtete im grünen Kraut so tief vertraut, sein rotes Leuchten warb so laut, daß das Mädchen sich niederbückte und das Rote aufhob. Da war es ein Kristall, war ein Karfunkelstein, und wo der ist, kann es nicht dunkel sein.

Kaum hielt das Mädchen den Zauberstein in seiner weißen Hand, da ging alsbald der Wunsch in Erfüllung, von dem sein Herz so voll war. Die Schöne wurde entrückt, sie sank dahin und wurde eins mit dem Baume, trieb als ein starker junger Ast aus seinem Stamm, wuchs rasch zu ihm empor.

Nun war alles gut, die Welt war in Ordnung, nun erst war das Paradies gefunden. Piktor war kein alter bekümmerter Baum mehr, jetzt sang er laut Piktoria, Viktoria.

Er war verwandelt. Und weil er dieses Mal die richtige, die ewige Verwandlung erreicht hatte, weil er aus einem Halben ein Ganzes geworden

Piktors Verwandlungen

war, konnte er sich von Stund an weiterverwandeln, soviel er wollte. Ständig floß der Zauberstrom des Werdens durch sein Blut, ewig hatte er Teil an der allstündlich erstehenden Schöpfung.

Er wurde Reh, er wurde Fisch, er wurde Mensch und Schlange, Wolke und Vogel. In jeder Gestalt aber war er ganz, war ein Paar, hatte Mond und Sonne, hatte Mann und Weib in sich, floß als Zwillingsfluß durch die Länder, stand als Doppelstern am Himmel.

(1922)

König Yu

Eine Geschichte aus dem alten China

Nicht häufig sind in der alten chinesischen Geschichte die Beispiele von Regenten und Staatsmännern, welche ihren Untergang dadurch fanden, daß sie unter den Einfluß eines Weibes und einer Verliebtheit gerieten. Eins dieser seltenen Beispiele, ein sehr merkwürdiges, ist das des Königs Yu von Dschou und seiner Frau Bau Si.

Das Land Dschou stieß im Westen an die Länder der mongolischen Barbaren, und seine Residenz Fong lag mitten in einem unsichern Gebiet, das von Zeit zu Zeit den Überfällen und Raubzügen jener Barbarenstämme ausgesetzt war. Darum mußte daran gedacht werden, den Grenzschutz möglichst zu verstärken und namentlich die Residenz besser zu schützen.

Von König Yu nun, der kein schlechter Staatsmann war und auf gute Ratgeber zu hören wußte, berichten uns die Geschichtsbücher, daß er es verstand, durch sinnreiche Einrichtungen die Nachteile seiner Grenze auszugleichen, daß aber alle diese sinnreichen und bewundernswerten Einrichtungen durch die Launen einer hübschen Frau wieder zunichte gemacht wurden.

Der König nämlich richtete mit Hilfe aller seiner Lehnsfürsten an der Westgrenze einen Grenzschutz ein, und dieser Grenzschutz hatte gleich allen politischen Gebilden eine doppelte Gestalt: eine moralische nämlich und eine mechanische. Die moralische Grundlage des Übereinkommens war der Schwur und die Zuverlässigkeit der Fürsten und ihrer Beamten, deren jeder sich verpflichtete, sofort auf den ersten Notruf hin mit seinen Soldaten der Residenz und dem König zu Hilfe zu eilen. Die Mechanik aber, deren der König sich bediente, bestand in einem wohlausgedachten System von Türmen, die er an seiner Westgrenze bauen ließ. Auf jedem dieser Türme sollte Tag und Nacht Wachdienst getan werden, und die Türme waren mit sehr starken Trommeln ausgerüstet. Geschah nun an irgendeiner Stelle der Grenze ein feindlicher Einbruch, so schlug der nächste Turm seine Trommel, und von Turm zu Turm flog das Trommelzeichen in kürzester Zeit durch das ganze Land.

Lange Zeit war König Yu mit dieser klugen und verdienstvollen Einrichtung beschäftigt, hatte Unterredungen mit seinen Fürsten, hörte die Berichte der Baumeister, ordnete das Einexerzieren des Wachdienstes an.

Nun hatte er aber eine Lieblingsfrau mit Namen Bau Si, eine schöne Frau, die es verstand, sich mehr Einfluß auf Herz und Sinn des Königs zu verschaffen, als für einen Herrscher und sein Reich gut ist. Bau Si verfolgte gleich ihrem Herrn die Arbeiten an der Grenze mit großer Neugier und Teilnahme, so wie zuweilen ein lebhaftes und kluges Mädchen den Spielen der Knaben mit Bewunderung und Eifer zusieht. Einer der Baumeister hatte ihr, um die Sache recht anschaulich zu machen, von dem Grenzschutz ein zierliches Modell aus Ton verfertigt, bemalt und gebrannt; da war die Grenze dargestellt und das System von Türmen, und in jedem der kleinen zierlichen Tontürme stand ein unendlich kleiner tönerner Wächter, und statt der Trommel war ein kleinwinziges Glöckchen eingehängt. Dieses hübsche Spielzeug machte der Königsfrau unendliches Vergnügen, und wenn sie zuweilen schlechter Laune war, so schlugen ihre Dienerinnen ihr meistens vor, »Barbarenüberfall« zu spielen. Dann stellten sie alle die Türmchen auf, zogen an den Zwergglöckchen und wurden dabei sehr vergnügt und ausgelassen.

Es war ein großer Tag in des Königs Leben, als endlich die Bauten fertig, die Trommeln aufgestellt und ihre Bediener eingedrillt waren und als nun nach vorheriger Verabredung an einem glückbringenden Kalendertag der neue Grenzschutz auf die Probe gestellt wurde. Der König, stolz auf seine Taten, war voll Spannung; die Hofbeamten standen zum Glückwunsch bereit, am meisten von allen aber war die schöne Frau Bau Si in Erwartung und Aufregung und konnte es kaum erwarten, bis alle vorbereitenden Zeremonien und Anrufungen vollendet waren.

Endlich war es soweit, und es sollte zum erstenmal im Großen und in Wirklichkeit jenes Turm- und Trommelspiel gespielt werden, das der Königsfrau so oft Vergnügen bereitet hatte. Kaum konnte sie sich zurückhalten, selbst in das Spiel einzugreifen und Befehle zu geben, so groß war ihre freudige Erregung. Mit ernstem Gesicht gab ihr der König einen Wink, und sie beherrschte sich. Die Stunde war gekommen; es sollte nun im Großen und mit wirklichen Türmen, mit wirklichen Trommeln und Menschen »Barbarenüberfall« gespielt werden, um zu sehen, wie alles sich bewährte. Der König gab das Zeichen, der erste Hofbeamte übergab den Befehl dem Hauptmann der Reiterei, der Hauptmann ritt vor den ersten Wachturm und gab Befehl, die Trommel zu rühren. Gewaltig dröhnte der tiefe Trommelton, feierlich und tief beklemmend rührte der Klang an jedes Ohr. Bau Si war vor Erregung bleich geworden und fing zu zittern an. Gewaltig sang die große Kriegstrommel ihren rauhen Erdbebengesang, einen Gesang voll Mahnung und Drohung, voll von Zukünftigem, von Krieg und Not, von Angst und Untergang. Alle hörten ihn mit Ehrfurcht. Nun begann er zu verklingen, da hörte man vom nächsten Turm die Antwort, fern und schwach und rasch ersterbend, und dann hörte man nichts mehr, und nach einer kleinen Weile nahm das feierliche Schweigen ein Ende, man sprach wieder, man ging auf und ab und begann sich zu unterhalten.

Unterdessen lief der tiefe, drohende Trommelklang vom zweiten zum dritten und zehnten und dreißigsten Turm, und wo er hörbar wurde, mußte nach strengem Befehl jeder Soldat alsbald bewaffnet und mit gefülltem Brotbeutel am Treffpunkt antreten, mußte jeder Hauptmann und Oberst, ohne einen Augenblick zu verlieren, den Abmarsch rüsten und aufs äußerste beschleunigen, mußte gewisse vorbestimmte Befehle ins Innere des Landes senden. Überall wo der Trommelklang gehört worden war, wurden Arbeit und Mahlzeit, Spiel und Schlaf unterbrochen, wurde gepackt, wurde gesattelt, gesammelt, marschiert und geritten. In kürzester Frist waren aus allen Nachbarbezirken eilige Truppen unterwegs zur Residenz Fong.

In Fong, inmitten des Hofes, hatte die Ergriffenheit und Spannung, welche beim Ertönen der furchtbaren Trommel sich jedes Gemüts bemächtigt hatte, bald wieder nachgelassen. Angeregt und plaudernd bewegte man sich in den Gärten der Residenz, die ganze Stadt hatte Feiertag, und als nach weniger als drei Stunden schon von zwei Seiten her kleine und größere Kavalkaden sich näherten, und dann von Stunde zu Stunde neue eintrafen, was den ganzen Tag und die beiden folgenden Tage andauerte, ergriff den König, die Beamten und Offiziere eine immer wachsende Begeisterung. Der König wurde mit Ehrungen und Glückwünschen überhäuft, die Baumeister bekamen ein Gastmahl, und der Trommler von Turm I, der den ersten Trommelschlag getan hatte, wurde vom Volk bekränzt, in den Straßen umhergeführt und von jedermann beschenkt.

Völlig hingerissen und wie berauscht aber war jene Frau des Königs, Bau Si. Herrlicher als sie es sich je vorzustellen vermocht hatte, war ihr Türmchen-und-Glöckchen-Spiel Wirklichkeit geworden. Magisch war der Befehl, gehüllt in die weite Tonwelle des Trommelklangs, in das leere Land hinein entschwunden; und lebendig, lebensgroß, ungeheuer kam seine

Wirkung aus den Fernen zurückgeströmt, aus dem herzbeklemmenden Geheul jener Trommel war ein Heer geworden, ein Heer von wohlbewaffneten Hunderten und Tausenden, die in stetigem Strom, in stetiger eiliger Bewegung vom Horizont her geritten und marschiert kamen: Bogenschützen, leichte und schwere Reiter, Lanzenträger erfüllten mit zunehmendem Getümmel allmählich allen Raum rund um die Stadt herum, wo sie empfangen und an ihre Standorte gewiesen, wo sie begrüßt und bewirtet wurden, wo sie sich lagerten, Zelte aufschlugen und Feuer anzündeten. Tag und Nacht dauerte es an, wie ein Märchenspuk kamen sie aus dem grauen Erdboden heraus, fern, winzig, in Staubwölkchen gehüllt, um zuletzt hier, dicht vor den Augen des Hofes und der entzückten Bau Si, in überwältigender Wirklichkeit aufgereiht zu stehen.

König Yu war sehr zufrieden, und besonders zufrieden war er mit dem Entzücken seiner Lieblingsfrau; sie strahlte vor Glück wie eine Blume und war ihm noch niemals so schön erschienen.

Feste haben keine Dauer. Auch dies große Fest verklang und wich dem Alltag; keine Wunder geschahen mehr, keine Märchenträume wurden erfüllt. Müßigen und launischen Menschen scheint dies unerträglich. Bau Si verlor einige Wochen nach dem Fest alle ihre gute Laune wieder. Das kleine Spiel mit den tönernen Türmchen und den an Bindfäden gezogenen Glöcklein war so fad geworden, seit sie das große Spiel gekostet hatte. O wie berauschend war das gewesen! Und da lag nun alles bereit, das beseligende Spiel zu wiederholen; da standen die Türme und hingen die Trommeln, da zogen die Soldaten auf Wache und saßen die Trommler in ihren Uniformen, alles wartend, alles auf den großen Befehl gespannt, und alles tot und unnütz, solange der Befehl nicht kam!

Bau Si verlor ihr Lachen, sie verlor ihre strahlende Laune; mißmutig sah der König sich seiner liebsten Gespielin, seines Abendtrostes beraubt. Er mußte seine Geschenke aufs höchste steigern, um nur ein Lächeln bei ihr erreichen zu können. Es wäre nun der Augenblick für ihn gewesen, die Lage zu erkennen und die kleine süße Zärtlichkeit seiner Pflicht zu opfern. Yu aber war schwach. Daß Bau Si wieder lache, schien ihm wichtiger als alles andre.

So erlag er ihrer Versuchung, langsam und unter Widerstand, aber er erlag. Bau Si brachte ihn so weit, daß er seine Pflicht vergaß. Tausendmal wiederholten Bitten erliegend, erfüllte er ihr den einzigen großen Wunsch ihres Herzens; er willigte ein, der Grenzwache das Signal zu geben, als sei der Feind in Sicht. Alsbald erklang die tiefe, erregende Stimme der Kriegstrommel. Furchtbar schien sie diesmal dem König zu tönen, und auch Bau Si erschrak bei dem Klang. Dann aber wiederholte sich das ganze entzükkende Spiel: es tauchten am Rand der Welt die kleinen Staubwolken auf, es kamen die Truppen geritten und marschiert, drei Tage lang, es verneigten sich die Feldherrn, es schlugen die Soldaten ihre Zelte auf. Bau Si war selig, ihr Lachen strahlte. König Yu aber hatte schwere Stunden. Er mußte bekennen, daß kein Feind ihn überfallen habe, daß alles ruhig sei. Er suchte zwar den falschen Alarm zu rechtfertigen, indem er ihn als eine heilsame Übung erklärte. Es wurde ihm nicht widersprochen, man verbeugte sich und nahm es hin. Aber es sprach sich unter den Offizieren herum, man sei auf einen treulosen Streich des Königs hereingefallen, nur seiner Buhlfrau zuliebe habe er die ganze Grenze alarmiert und sie alle in Bewegung gesetzt, alle die Tausende. Und die meisten Offiziere wurden unter sich einig, einem solchen Befehl künftig nicht mehr zu folgen. Inzwischen gab der König sich Mühe, den verstimmten Truppen durch reichliche Bewirtung die Laune zu heilen. So hatte Bau Si ihr Ziel erreicht.

Noch ehe sie aber von neuem in Launen verfallen und das gewissenlose Spiel abermals erneuern konnte, traf ihn und sie die Strafe. Die Barbaren im Westen, vielleicht zufällig, vielleicht auch weil die Kunde von jener Geschichte zu ihnen gedrungen war, kamen eines Tages plötzlich in großen Schwärmen über die Grenze geritten. Unverzüglich gaben die Türme ihr Zeichen, dringlich mahnte der tiefe Trommelklang und lief bis zur fernsten Grenze. Aber das vortreffliche Spielzeug, dessen Mechanik so sehr zu bewundern war, schien jetzt zerbrochen zu sein – wohl tönten die Trommeln, nichts aber tönte diesmal in den Herzen der Soldaten und Offiziere des Landes. Sie folgten der Trommel nicht, und vergebens spähte der König mit Bau Si nach allen Seiten; nirgends erhoben sich Staubwolken, nirgendher kamen die kleinen grauen Züge gekrochen, niemand kam ihm zu Hilfe.

Mit den wenigen Truppen, welche gerade vorhanden waren, eilte der König den Barbaren entgegen. Aber diese waren in großer Zahl; sie schlugen die Truppen, sie nahmen die Residenz Fong ein, sie zerstörten den Palast, zerstörten die Türme. König Yu verlor sein Reich und sein Leben, und nicht anders erging es seiner Lieblingsfrau Bau Si, von deren verderblichem Lachen noch heute die Geschichtsbücher erzählen.

Fong wurde zerstört, das Spiel war Ernst geworden. Es gab kein Trommelspiel mehr, und keinen König Yu, und keine lächelnde Frau Bau Si. Yus Nachfolger, König Ping, fand keinen andern Ausweg, als daß er Fong aufgab und die Residenz weit nach Osten verlegte; er mußte die künftige Sicherheit seiner Herrschaft durch Bündnisse mit Nachbarfürsten und durch Abtretung großer Landstrecken an diese erkaufen.

(1929)

Vogel

Vogel lebte in früheren Zeiten in der Gegend des Montagsdorfes. Er war weder besonders bunt noch sang er besonders schön, noch war er etwa groß und stattlich; nein, die ihn noch gesehen haben, nennen ihn klein, ja winzig. Er war auch nicht eigentlich schön, eher war er sonderbar und fremdartig, er hatte eben das Sonderbare und Großartige an sich, was alle jene Tiere und Wesen an sich haben, welche keiner Gattung noch Art angehören. Er war nicht Habicht noch Huhn, er war nicht Meise noch Specht, noch Fink, er war der Vogel vom Montagsdorf, es gab nirgends seinesgleichen, es gab ihn nur dieses eine Mal, und man wußte von ihm seit Urzeiten und Menschengedenken, und wenn auch nur die Leute der eigentlichen Montagsdörfer Gegend ihn wirklich kannten, so wußte doch auch weithin die Nachbarschaft von ihm, und die Montagsdörfler wurden, wie jeder, der etwas ganz Besonderes zu eigen hat, manchmal auch mit ihm gehänselt. »Die Leute vom Montagsdorf«, hieß es, »haben eben ihren Vogel.«

Über Careno bis nach Morbio und weiter wußte man von ihm und erzählte Geschichten von ihm. Aber wie das oft so geht: erst in neuerer Zeit, ja eigentlich erst seit er nicht mehr da ist, hat man versucht, ganz genaue und zuverlässige Auskünfte über ihn zu bekommen, viele Fremde fragten nach ihm, und schon mancher Montagsdörfler hat sich von ihnen mit Wein bewirten und ausfragen lassen, bis er endlich gestand, daß er selber den Vogel nie gesehen habe. Aber hatte auch nicht jeder mehr ihn gesehen, so hatte doch jeder mindestens noch einen gekannt, der Vogel einmal oder öfter gesehen und von ihm erzählt hatte. Das alles wurde nun ausgeforscht und aufgeschrieben, und es war sonderbar, wie verschieden alle die Berichte und Beschreibungen lauteten, sowohl über Aussehen, Stimme und Flug des Vogels wie über seine Gewohnheiten und über die Art seines Umganges mit den Menschen.

In früheren Zeiten soll man Vogel viel öfter gesehen haben, und wem er begegnete, der hatte immer eine Freude, es war jedesmal ein Erlebnis, ein Glücksfall, ein kleines Abenteuer, so wie es ja auch für Freunde der Natur schon ein kleines Erlebnis und Glück ist, wenn sie je und je einen

Fuchs oder Kuckuck zu Gesicht bekommen und beobachten können. Es ist dann, wie wenn für Augenblicke entweder die Kreatur ihre Angst vor dem mörderischen Menschen verloren hätte, oder wie wenn der Mensch selbst wieder in die Unschuld eines vormenschlichen Lebens einbezogen wäre. Es gab Leute, welche wenig auf Vogel achteten, wie es auch Leute gibt, die sich aus dem Fund eines ersten Enzians und aus der Begegnung mit einer alten klugen Schlange wenig machen, andre aber liebten ihn sehr, und jedem war es eine Freude und Auszeichnung, wenn er ihm begegnete. Gelegentlich, wenn auch selten, hörte man die Meinung aussprechen, er sei vielleicht eher schädlich oder doch unheimlich: wer ihn erblickt habe, der sei eine Zeitlang so aufgeregt und träume nachts viel und unruhig, und spüre etwas wie Unbehagen oder Heimweh im Gemüt. Andre stellten das durchaus in Abrede und sagten, es gebe kein köstlicheres und edleres Gefühl als jenes, das Vogel nach jeder Begegnung hinterlasse, es sei einem dann ums Herz wie nach dem Sakrament oder wie nach dem Anhören eines schönen Liedes, man denke an alles Schöne und Vorbildliche und nehme sich im Innern vor, ein anderer und besserer Mensch zu werden.

Ein Mann namens Schalaster, ein Vetter des bekannten Sehuster, der manche Jahre Bürgermeister des Montagsdorfes war, kümmerte sich zeitlebens besonders viel um Vogel. Jedes Jahr, erzählte er, sei er ihm ein oder zwei oder auch mehrere Male begegnet, und es sei ihm dann jedesmal tagelang sonderbar zumute gewesen, nicht eigentlich fröhlich, aber eigentümlich bewegt und erwartungs- oder ahnungsvoll, das Herz schlage an solchen Tagen anders als sonst, beinahe tue es ein klein wenig weh, auf jeden Fall spüre man es in der Brust, während man ja sonst kaum wisse, daß man ein Herz habe. Überhaupt, meinte Schalaster gelegentlich, wenn er darauf zu sprechen kam, es sei eben doch keine Kleinigkeit, diesen Vogel in der Gegend zu haben, man dürfe wohl stolz auf ihn sein, er sei eine große Seltenheit, und man sollte meinen: ein Mensch, dem sich dieser geheimnisvolle Vogel öfter als anderen zeige, der habe wohl etwas Besonderes und Höheres in sich.

(Über Schalaster sei für den Leser der höher gebildeten Stände bemerkt: Er war der Kronzeuge und die vielzitierte Hauptquelle jener eschatologischen Deutung des Vogel-Phänomens, welche inzwischen schon wieder in Vergessenheit geraten ist; außerdem war Schalaster nach dem Verschwinden Vogels der Wortführer jener kleinen Partei im Montagsdorfe, welche unbedingt daran glaubte, daß Vogel noch am Leben sei und sich wieder zeigen werde.)

»Als ich ihn das erstemal gesehen habe«, berichtete Schalaster*, »war ich ein kleiner Knabe und ging noch nicht in die Schule. Hinter unserem Haus im Obstgarten war gerade das Gras geschnitten, und ich stand bei einem Kirschenbaum, der einen niederen Ast bis zu mir herunterhangen hatte, und sah mir die harten grünen Kirschen an, da flog Vogel aus dem Baum herunter, und ich merkte gleich, daß er anders sei als die Vögel, die ich sonst gesehen hatte, und er setzte sich in die Grasstoppeln und hüpfte da herum; ich lief ihm neugierig und bewundernd durch den ganzen Garten nach, er sah mich öfter aus seinen Glanzaugen an und hüpfte wieder weiter, es war, wie wenn einer für sich allein tanzt und singt, ich merkte ganz gut, daß er mich damit locken und mir eine Freude machen wolle. Am Hals hatte er etwas Weißes. Er tanzte auf dem Grasplan hin bis zum hinteren Zaun, wo die Brennesseln stehen, über die schwang er sich weg und setzte sich auf einen Zaunpfahl, zwitscherte und sah mich noch einmal sehr freundlich an, dann war er so plötzlich und unversehens wieder verschwunden, daß ich ganz erschrak. Auch später habe ich das oft bemerkt: kein andres Tier vermag so blitzschnell und immer im Augenblick, wo man nicht darauf gefaßt ist, zu erscheinen und wieder zu verschwinden wie Vogel. Ich lief hinein und zur Mutter und erzählte ihr, was mir geschehen war, da sagte sie gleich, das sei der Vogel ohne Namen, und es sei gut, daß ich ihn gesehen habe, es bringe Glück.«

Schalaster beschreibt, hierin von manchen anderen Schilderungen etwas abweichend, Vogel als klein, kaum größer als ein Zaunkönig, und das winzigste an ihm sei sein Kopf, ein wunderlich kleines, kluges und bewegliches Köpfchen, er sehe unscheinbar aus, man kenne ihn aber sofort an seinem graublonden Schopf und daran, daß er einen anschaue, das täten andere Vögel nie. Der Schopf sei, wenn auch weit kleiner, dem eines Hähers ähnlich und wippe oft lebhaft auf und ab, überhaupt sei Vogel sehr beweglich, im Flug wie auch zu Fuße, seine Bewegungen seien geschmeidig und ausdrucksvoll; es scheine immer, als habe er mit den Augen, dem Kopfnicken, dem Schopfrücken, mit Gang und Flug etwas mitzuteilen, einen an etwas zu erinnern, er erscheine immer wie im Auftrag, wie ein Bote, und so oft man ihn gesehen habe, müsse man eine Zeitlang an ihn denken und über ihn nachsinnen, was er wohl gewollt habe und bedeute. Auskundschaften und belauern lasse er sich nicht gern, nie wisse man, woher er komme, im-

---

* Anm. des Autors: Siehe Avis montagnolens. res. gestae ex recens. Ninonis pag. 285 ff.

mer sei er ganz plötzlich da, sitze in der Nähe und tue, als sei er da immer gesessen, und dann habe er diesen freundlichen Blick. Man wisse doch, daß die Vögel sonst harte, scheue und glasige Augen haben und einen nicht anschauen, er aber blicke ganz heiter und gewissermaßen wohlwollend.

Von alters her gab es über Vogel auch verschiedene Gerüchte und Sagen. Heute hört man ja seltener von ihm sprechen, die Menschen haben sich verändert, und das Leben ist härter geworden, die jungen Leute gehen fast alle zur Arbeit in die Stadt, die Familien sitzen nicht mehr die Sommerabende auf der Türstufe und die Winterabende am Herdfeuer beisammen, man hat zu nichts mehr Zeit, kaum kennt so ein junger Mensch von heute noch ein paar Waldblumen oder einen Schmetterling mit Namen. Dennoch hört man auch heute noch gelegentlich eine alte Frau oder einen Großvater den Kindern Vogelgeschichten erzählen.

Eine von diesen Vogelsagen, vielleicht die älteste, berichtet: Vogel vom Montagsdorf sei so alt wie die Welt, er sei einstmals dabeigewesen, als Abel von seinem Bruder Kain erschlagen wurde, und habe einen Tropfen von Abels Blut getrunken, dann sei er mit der Botschaft von Abels Tod davongeflogen und teile sie heute noch den Leuten mit, damit man die Geschichte nicht vergesse und sich von ihr mahnen lasse, das Menschenleben heiligzuhalten und brüderlich miteinander zu leben. Diese Abelsage ist auch schon in alten Zeiten aufgezeichnet worden und es gibt Lieder über sie, aber die Gelehrten sagen, die Sage vom Abelvogel sei zwar uralt, sie werde in vielen Ländern und Sprachen erzählt, aber auf den Vogel vom Montagsdorf sei sie wohl nur irrtümlich übertragen worden. Sie geben zu bedenken, daß es doch ungereimt wäre, wenn der vieltausendjährige Abelvogel sich später in dieser einzigen Gegend niedergelassen und nirgends sonst sich mehr gezeigt hätte.

Wir könnten nun zwar unsrerseits »zu bedenken geben«, daß es in den Sagen nicht immer so vernünftig zuzugehen braucht wie an Akademien, und könnten fragen, ob es nicht gerade die Gelehrten sind, durch welche in die Frage nach Vogel so viel Ungewißheit und Widersprüche hineingekommen sind; denn früher ist, soweit wir wissen, über Vogel und seine Sagen niemals Streit entstanden, und wenn einer über Vogel anderes erzählte als sein Nachbar, so nahm man das gelassen hin, und es diente sogar Vogel zur Ehre, daß die Menschen über ihn so verschieden denken und erzählen konnten. Man könnte noch weitergehen und gegen die Gelehrten den Vorwurf erheben, sie hätten nicht nur die Ausrottung Vogels auf dem

Gewissen, sondern seien durch ihre Untersuchungen jetzt auch noch bestrebt, die Erinnerung an ihn und die Sagen von ihm in nichts aufzulösen, wie ja denn das Auflösen, bis nichts übrigbleibe, zu den Beschäftigungen der Gelehrten zu gehören scheine. Allein wer von uns hätte den traurigen Mut, die Gelehrten so gröblich anzugreifen, denen doch die Wissenschaft so manches, wenn nicht alles verdankt?

Nein, kehren wir zu den Sagen zurück, welche früher über Vogel erzählt wurden und von welchen auch heute noch Reste beim Landvolk zu finden sind. Die meisten von ihnen erklärten Vogel für ein verzaubertes, verwandeltes oder verwünschtes Wesen. Auf den Einfluß der Morgenlandfahrer, in deren Geschichte die Gegend zwischen Montagsdorf und Morbio eine gewisse Rolle spielt und deren Spuren man dort allerorten antrifft, mag die Sage zurückzuführen sein, Vogel sei ein verzauberter Hohenstaufe, nämlich jener letzte große Kaiser und Magier aus diesem Geschlecht, der in Sizilien geherrscht und die Geheimnisse der arabischen Weisheit gekannt hat. Meistens hört man sagen, Vogel sei früher ein Prinz gewesen oder auch (wie z. B. Sehuster gehört haben will) ein Zauberer, welcher einst ein rotes Haus am Schlangenhügel bewohnte und in der Gegend Ansehen genoß, bis das neue Flachsenfingische Landrecht in der Gegend eingeführt wurde, wonach mancher brotlos wurde, weil das Zaubern, Versemachen, Sichverwandeln und andre solche Gewerbe für verboten erklärt und mit Infamie belegt wurden. Damals habe der Zauberer Brombeeren und Akazien um sein rotes Haus gesät, das denn auch bald in Dornen verschwand, habe sein Grundstück verlassen und sei, von den Schlangen in langem Zuge begleitet, in den Wäldern verschwunden. Als Vogel kehre er von Zeit zu Zeit wieder, um Menschenseelen zu berücken und wieder Zauberei zu üben. Nichts anderes als Zauber sei natürlich der eigentümliche Einfluß, den er auf viele habe; der Erzähler wolle es dahingestellt sein lassen, ob es Zauberei von der weißen oder der schwarzen Art sei, die er treibe.

Ebenfalls auf die Morgenlandfahrer zurückzuführen sind ohne Zweifel jene merkwürdigen, auf eine Schicht mutterrechtlicher Kultur deutenden Sagenreste, in welchen die »Ausländerin«, auch Ninon genannt, eine Rolle spielt. Manche dieser Fabeleien berichten, dieser Ausländerin sei es gelungen, Vogel einzufangen und jahrelang gefangenzuhalten, bis das Dorf sich einst empört und seinen Vogel wieder befreit habe. Es gibt auch das Gerücht, Ninon, die Ausländerin, habe Vogel, noch lange ehe er in Vogelgestalt verwunschen wurde, noch als Magier gekannt und habe im roten

Hause mit ihm gewohnt, sie hätten dort lange schwarze Schlangen und grüne Eidechsen mit blauen Pfauenköpfen gezüchtet, und noch heute sei der Brombeerenhügel überm Montagsdorf voller Schlangen, und noch heute könne man deutlich sehen, wie jede Schlange und jede Eidechse, wenn sie über jene Stelle komme, wo einst die Schwelle zur Zauberwerkstatt des Magiers gewesen, einen Augenblick innehalte, den Kopf emporhebe und sich dann verneige. Eine längst verstorbene uralte Frau im Dorf namens Nina soll diese Version erzählt und darauf geschworen haben, sie habe oft und oft auf jenem Dornenhügel Kräuter gesucht und dabei die Nattern sich an jener Stelle verneigen sehen, wo noch jetzt der vielhundertjährige Strunk eines Rosenbäumchens den Eingang zum einstigen Zaubererhaus bezeichne. Dagegen versichern andre Stimmen auf das bestimmteste, Ninon habe mit dem Zauberer nicht das mindeste zu tun gehabt, sie sei erst viel, viel später im Gefolge der Morgenlandfahrer in diese Gegend gekommen, als Vogel längst ein Vogel gewesen sei.

Noch ist kein volles Menschenalter hingegangen, seit Vogel zuletzt gesehen worden ist. Aber die alten Leute sterben so unversehens weg, auch der »Baron« ist jetzt tot und auch der vergnügte Mario geht längst nicht mehr so aufrecht einher, wie wir ihn gekannt haben, und eines Tages wird plötzlich keiner mehr da sein, der die Vogelzeit noch miterlebt hat, darum wollen wir, so verworren sie scheint, die Geschichte aufzeichnen, wie es mit Vogel stand und wie es dann mit ihm ein Ende genommen hat.

Liegt auch das Montagsdorf ziemlich abseits und sind die stillen kleinen Waldschluchten jener Gegend nicht vielen bekannt, wo der Milan den Wald regiert und der Kuckuck allerenden ruft, so sind doch des öfteren auch Fremde Vogels ansichtig und mit seinen Legenden bekannt geworden; der Maler Klingsor soll lange in einer Palastruine dort gehaust haben, die Schlucht von Morbio wurde durch den Morgenlandfahrer Leo bekannt (von ihm soll übrigens, nach einer eher absurden Variante der Sage, Ninon das Rezept des Bischofsbrotes erhalten haben, mit dem sie Vogel fütterte und wodurch sie ihn zähmte). Kurz, es sprach sich über unsre jahrhundertelang so unbekannte und unbescholtene Gegend manches in der Welt herum, und es gab fern von uns in Großstädten und an Hochschulen Leute, welche Dissertationen über den Weg Leos nach Morbio schrieben und sich sehr für die verschiedenen Erzählungen vom Montagsdörfer Vogel interessierten. Es wurde dabei allerlei Voreiliges gesagt und geschrieben, das die ernstere Sagenforschung wieder auszumerzen bemüht ist. Unter andrem tauchte mehr als einmal die absurde Behauptung auf, Vogel sei identisch mit dem bekannten Piktorvogel, welcher in Beziehungen zum Maler Klingsor stand und die Gabe der Verwandlung sowie viel geheimes Wissen besaß. Aber jener durch Piktor bekanntgewordene »Vogel rot und grün, ein Vogel schön und kühn« ist in den Quellen* so genau beschrieben, daß man die Möglichkeit einer solchen Verwechslung kaum begreift.

Und endlich spitzte sich dieses Interesse der gelehrten Welt für uns Montagsdörfler und unsern Vogel, und damit zugleich die Geschichte Vogels folgendermaßen zu. Es lief eines Tages bei unsrem damaligen Bürgermeister, es war der schon erwähnte Sehuster, ein Schreiben seiner vorgesetzten Behörde ein des Inhalts, durch seine H. G., den Herrn Gesandten des Ostgotischen Kaiserreichs, werde, im Auftrage von Geheimrat Lützkenstett dem Vielwissenden, dem dasigen Bürgermeisteramt folgendes mitgeteilt und zur Bekanntmachung in seiner Gemeinde dringlich empfohlen: Ein gewisser Vogel ohne Namen, in mundartlichen Redewendungen als »Vogel vom Montagsdorf« bezeichnet, werde unter Unterstützung des Kultusministeriums von Geheimrat Lützkenstett erforscht und gesucht. Wer Mitteilungen über den Vogel, seine Lebensweise, seine Nahrung, über die von ihm handelnden Sprichwörter, Sagen usw. zu machen habe, möge sie durch das Bürgermeisteramt an die Kaiserlich Ostgotische Gesandtschaft in Bern richten. Ferner: wer genanntem Bürgermeisteramt, zur Übermachung an eben jene Gesandtschaft, fraglichen Vogel lebendig und gesund einliefere, solle dafür eine Belohnung von tausend Dukaten in Gold bekommen; für den toten Vogel hingegen oder seinen wohlerhaltenen Balg käme nur eine Entlohnung von hundert Dukaten in Betracht.

Lange saß der Bürgermeister und studierte dieses amtliche Schreiben. Es schien ihm unbillig und lächerlich, zu was allem die Behörden sich da wieder hergaben. Wäre ihm, Sehustern, dieses selbe Ansinnen von seiten des gelehrten Goten selber oder auch von seiten der ostgotischen Gesandtschaft zugegangen, so hätte er es unbeantwortet vernichtet, oder er hätte den Herren kurz angedeutet, für solche Spielereien sei Bürgermeister Sehuster nicht zu haben und sie möchten ihm freundlichst in die Schuhe blasen. So aber kam das Ansinnen von seiner eigenen Behörde, es war ein Befehl, und dem Befehl mußte er Folge leisten. Auch der alte Gemeindeschreiber

---

* Anm. des Autors: Pictoris cuiusdam de mutationibus, Bibl. av. Montagn. codex LXI.

Balmelli, nachdem er das Schreiben mit weitsichtigen Augen und lang ausgestreckten Armen gelesen, unterdrückte das spöttische Lächeln, dessen ihm diese Affäre würdig schien, und stellte fest: »Wir müssen gehorchen, Herr Sehuster, es hilft nichts. Ich werde den Text für einen öffentlichen Anschlag aufsetzen.«

Nach einigen Tagen erfuhr es also die ganze Gemeinde durch Anschlag am Rathausbrett: Vogel war vogelfrei, das Ausland begehrte ihn und setzte Preise auf seinen Kopf, Eidgenossenschaft und Kanton hatten es unterlassen, den sagenhaften Vogel in Schutz zu nehmen, wie immer kümmerten sie sich den Teufel um den kleinen Mann und das, was ihm lieb und wert ist. Dies war wenigstens die Meinung Balmellis und vieler. Wer den armen Vogel fangen oder totschießen wollte, dem winke hoher Lohn, und wem es gelang, der war ein wohlhabender Mann. Alle sprachen davon, alle standen beim Rathaus, drängten sich um das Anschlagbrett und äußerten sich lebhaft. Die jungen Leute waren höchst vergnügt, sie beschlossen alsbald Fallen zu stellen und Ruten zu legen. Die alte Nina schüttelte den greisen Sperberkopf und sagte: »Es ist eine Sünde, und der Bundesrat sollte sich schämen. Sie würden den Heiland selber ausliefern, diese Leute, wenn es Geld einbrächte. Aber sie kriegen ihn nicht, Gott sei Dank, sie kriegen ihn nicht!«

Ganz still verhielt sich Schalaster, des Bürgermeisters Vetter, als auch er den Anschlag gelesen hatte. Er sagte kein Wort, las sehr aufmerksam ein zweites Mal, unterließ darauf den Kirchgang, den er an jenem Sonntagmorgen im Sinn gehabt hatte, schritt langsam gegen das Haus des Bürgermeisters, trat in dessen Garten, besann sich plötzlich eines andern, kehrte um und lief nach Hause.

Schalaster hatte zeitlebens zu Vogel ein besonderes Verhältnis gehabt. Er hatte ihn öfter als andre gesehen und besser beobachtet, er gehörte, wenn man so sagen darf, zu denen, welche an Vogel glaubten, ihn ernst nahmen und ihm eine Art von höherer Bedeutung zuschrieben. Darum wirkte auf diesen Mann die Bekanntmachung sehr heftig und sehr zwiespältig. Im ersten Augenblick freilich empfand er nichts anderes als die alte Nina und als die meisten bejahrten und ans Hergebrachte anhänglichen Bürger: er war erschrocken und war empört darüber, daß auf ausländisches Begehren hin sein Vogel, ein Schatz und Wahrzeichen von Dorf und Gegend, sollte ausgeliefert und gefangen oder getötet werden! Wie, dieser seltene und geheimnisvolle Gast aus den Wäldern, dieses märchenhafte, seit alters bekannte Wesen, wegen dessen das Montagsdorf berühmt und auch bespöttelt worden war und von dem es so mancherlei Erzählungen und Sagen vererbte – dieser Vogel sollte um Geldes und der Wissenschaft willen der mörderischen Neugierde eines Gelehrten hingeopfert werden? Es schien unerhört und schlechthin undenkbar. Es war ein Sakrileg, wozu man da aufgefordert wurde. Indessen jedoch andrerseits, wenn man alles erwog und dies und jenes in diese und jene Waagschale warf: war nicht demjenigen, der das Sakrileg vollzöge, ein außerordentliches und glänzendes Schicksal zugesagt? Und bedurfte es, um des gepriesenen Vogels habhaft zu werden, nicht vermutlich eines besonderen, auserwählten und von lange her vorbestimmten Mannes, eines, der schon von Kindesbeinen an in einem geheimeren und vertrauteren Umgang mit Vogel stand und in dessen Schicksale verflochten war? Und wer konnte dieser auserwählte und einzigartige Mann sein, wer anders als er, Schalaster? Und wenn es ein Sakrileg und ein Verbrechen war, sich an Vogel zu vergreifen, ein Sakrileg vergleichbar dem Verrat des Judas Ischariot am Heilande – war denn nicht ebendieser Verrat, war nicht des Heilands Tod und Opferung notwendig und heilig und seit den ältesten Zeiten vorbestimmt und prophezeit gewesen? Hätte es, so fragte Schalaster sich und die Welt, hätte es das geringste genutzt, hätte es Gottes Ratschluß und Erlösungswerk etwa im mindesten ändern oder hindern können, wenn jener Ischariot sich aus Moral- und Vernunftgründen seiner Rolle entzogen und des Verrats geweigert hätte?

Solche Wege etwa liefen die Gedanken Schalasters, und sie wühlten ihn gewaltig auf. In demselben heimatlichen Obstgarten, wo er einst als kleiner Knabe Vogel zum erstenmal erblickt und den wunderlichen Glücksschauer dieses Abenteuers gespürt hatte, wandelte er jetzt auf der Rückseite seines Hauses unruhig auf und nieder, am Ziegenstall, am Küchenfenster, am Kaninchenverschlag vorbei, mit dem Sonntagsrock die an der Scheunenrückwand aufgehängten Heurechen, Gabeln und Sensen streifend, von Gedanken, Wünschen und Entschlüssen bis zur Trunkenheit erregt und benommen, schweren Herzens, an jenen Judas denkend, tausend schwere Traumdukaten im Sack.

Inzwischen ging im Dorfe die Aufregung weiter. Dort hatte sich seit dem Bekanntwerden der Nachricht fast die ganze Gemeinde vor dem Rathaus versammelt, von Zeit zu Zeit trat einer ans Brett, um den Anschlag nochmals anzustarren, alle brachten ihre Meinungen und Absichten kraftvoll und mit gutgewählten Beweisen aus Erfahrung, Mutterwitz und Heiliger

Schrift zum Ausdruck, nur wenige gab es, welche nicht vom ersten Augenblick an ja oder nein zu diesem Anschlag sagten, der das ganze Dorf in zwei Lager spaltete. Wohl ging es manchem so wie Schalastern, daß er nämlich die Jagd auf Vogel scheußlich fand, die Dukaten indessen doch gern gehabt hätte, allein es war nicht eines jeden Sache, diesen Zwiespalt so sorgfältig und kompliziert in sich zum Austrag zu bringen. Die jungen Burschen nahmen es am leichtesten. Moralische oder heimatschützlerische Bedenken konnten ihre Unternehmungslust nicht anfechten. Sie meinten, man müsse es mit Fallen probieren, vielleicht habe man Glück und erwische den Vogel, wenn auch die Hoffnung vielleicht nicht groß sei, man wisse ja nicht, mit welchen Ködern Vogel zu locken sei. Bekäme ihn aber einer zu Gesicht, so tue er wohl daran, unverzüglich zu schießen, denn schließlich seien hundert Dukaten im Beutel immerhin besser als tausend in der Einbildung. Laut wurde ihnen zugestimmt, sie genossen ihre Taten im voraus und stritten sich schon über die Einzelheiten der Vogeljagd. Man solle ihm ein gutes Gewehr geben, schrie einer, und eine kleine Anzahlung von einem halben Dukaten, so sei er bereit, sofort loszuziehen und den ganzen Sonntag zu opfern. Die Gegner aber, zu denen fast alle älteren Leute gehörten, fanden das alles unerhört und riefen oder murmelten Sprüche der Weisheit und Verwünschungen über dies Volk von heute, dem nichts mehr heilig und Treu und Glauben abhanden gekommen sind. Ihnen erwiderten lachend die Jungen, daß es sich hier nicht um Treu und Glauben handle, sondern um das Schießenkönnen, und daß sich ja immer die Tugend und Weisheit bei jenen finde, deren halbblinde Augen auf keine Vögel mehr zielen und deren Gichtfinger keine Flinte mehr halten könnten.

Und so ging es munter hin und wider, und das Volk übte seinen Witz an dem neuen Problem, beinah hätten sie die Mittags- und Essensstunde vergessen. In mehr oder weniger naher Beziehung zu Vogel berichteten sie leidenschaftlich und beredt von Erfolgen und von Mißerfolgen in ihren Familien, erinnerten jedermann eindringlich an den seligen Großvater Nathanael, an den alten Schuster, an den sagenhaften Durchmarsch der Morgenlandfahrer, führten Verse aus dem Gesangbuch und gute Stellen aus Opern an, fanden einander unausstehlich und konnten sich doch voneinander nicht trennen, beriefen sich auf Wahlsprüche und Erfahrungssätze ihrer Vorfahren, hielten Monologe über frühere Zeiten, über den verstorbenen Bischof, über durchlittene Krankheiten. Ein alter Bauer z. B. wollte während eines schweren Leidens vom Krankenlager aus durchs Fenster

Vogel erblickt haben, nur einen Augenblick, aber von diesem Augenblick an sei es ihm besser gegangen. Sie redeten, teils jeder für sich und an innere Gesichte hingegeben, teils den Dorfgenossen zugewendet, werbend oder anklagend, zustimmend oder verhöhnend, sie hatten im Streit wie in der Einigkeit ein wohltuendes Gefühl von der Stärke, dem Alter, dem ewigen Bestand ihrer Zusammengehörigkeit, kamen sich alt und klug, kamen sich jung und klug vor, hänselten einander, verteidigten mit Wärme und vollem Recht die guten Sitten der Väter, zogen mit Wärme und vollem Recht die guten Sitten der Väter in Zweifel, pochten auf ihre Vorfahren, lächelten über ihre Vorfahren, rühmten ihr Alter und ihre Erfahrung, rühmten ihre Jugend und ihren Übermut, ließen es bis nahe zur Prügelei kommen, brüllten, lachten, kosteten Gemeinschaft und Reibung, wateten alle bis zum Halse in der Überzeugung, recht zu haben und es den andern tüchtig gesagt zu haben.

Mitten in diesen Redeübungen und Parteibildungen, während gerade die neunzigjährige Nina ihren blonden Enkel beschwor, seiner Ahnen zu gedenken und sich doch nicht dieser gottlosen und grausamen, dazu gefährlichen Vogeljagd anzuschließen, und während die Jungen ehrfurchtslos vor ihrem greisen Angesicht eine Jagdpantomime aufführten, imaginäre Büchsen an ihre Wangen legten, mit eingekniffenem Auge zielten und dann piff, paff! schrien, da ereignete sich etwas so ganz Unerwartetes, daß alt und jung mitten im Wort verstummten und wie versteinert stehenblieben.

Auf einen Ausruf des alten Balmelli hin folgten alle Blicke der Richtung seines ausgestreckten Armes und Fingers, und sie sahen, in plötzlich eingetretenem tiefen Schweigen, wie vom Dach des Rathauses sich Vogel, der vielbesprochene Vogel, herabschwang, auf der Kante des Anschlagbrettes sich niedersetzte, den runden kleinen Kopf am Flügel rieb, den Schnabel wetzte und eine kurze Melodie zwitscherte, wie er mit dem flinken Schwänzchen auf- und niederwippend Triller schlug, wie er das Schöpfchen in die Höhe sträubte und sich, den manche von den Dorfleuten nur vom Hörensagen kannten, vor aller Augen eine ganze Weile putzte und zeigte und den Kopf neugierig hinunterbog, als wolle auch er diesen Anschlag der Behörde lesen und erfahren, wie viele Dukaten auf ihn geboten seien. Es mochten vielleicht bloß ein paar Augenblicke sein, daß er sich aufhielt, es kam aber allen wie ein feierlicher Besuch und eine Herausforderung vor, und niemand machte jetzt piff, paff!, sondern sie standen alle und staunten bezaubert auf den kühnen Gast, der da zu ihnen geflogen gekommen war und diesen Ort und Augenblick sichtlich nur gewählt hatte, um sich über sie lustig zu machen.

Verwundert und verlegen glotzten sie auf ihn, der sie so überrascht hatte, beseligt und mit Wohlwollen starrten sie den feinen kleinen Burschen an, von welchem da eben soviel gesprochen worden, wegen dessen ihre Gegend berühmt war, der einst ein Zeuge von Abels Tod oder ein Hohenstaufe oder Prinz oder Zauberer gewesen war und in einem roten Haus am Schlangenhügel gewohnt hatte, dort wo noch jetzt die vielen Nattern lebten, ihn, der die Neugierde und Habgier ausländischer Gelehrter und Großmächte erweckt hatte, ihn, auf dessen Gefangennahme ein Preis von tausend Goldstücken gesetzt war. Sie bewunderten und liebten ihn alle sehr, auch die, welche schon eine Sekunde später vor Ärger fluchten und stampften, daß sie nicht ihr Jagdgewehr bei sich gehabt hätten, sie liebten ihn und waren auf ihn stolz, er gehörte ihnen, er war ihr Ruhm, ihre Ehre, er saß, mit dem Schwanze wippend, mit gesträubtem Schöpfchen, dicht über ihren Köpfen auf der Brettkante wie ihr Fürst oder ihr Wappen. Und erst als er plötzlich entschwunden und die von allen angestarrte Stelle leer war, erwachten sie langsam aus der Bezauberung, lachten einander zu, riefen bravo, priesen den Vogel hoch, schrien nach Flinten, fragten, nach welcher Richtung er entflogen sei, erinnerten sich, daß dies derselbe Vogel sei, von dem der alte Bauer einst geheilt worden, den der Großvater der neunzigjährigen Nina schon gekannt hatte, fühlten etwas Wunderliches, etwas wie Glück und Lachlust und aber zugleich etwas wie Geheimnis, Zauber und Grausen, und fingen plötzlich alle an, auseinanderzulaufen, um zur Suppe nach Haus zu kommen und um jetzt dieser aufregenden Volksversammlung ein Ende zu machen, in welcher alle Gemütskräfte des Dorfes in Wallung gekommen waren und deren König offenbar Vogel gewesen war. Es wurde still vor dem Rathaus, und als eine Weile später das Mittagsläuten anhob, lag der Platz leer und ausgestorben, und auf das weiße besonnte Papier des Anschlags sank langsam Schatten herab, der Schatten der Leiste, auf welcher eben noch Vogel gesessen war.

Schalaster schritt unterdessen, in Gedanken versunken, hinter seinem Hause auf und ab, an den Rechen und Sensen, am Kaninchen- und am Ziegenstall vorbei; seine Schritte waren allmählich ruhig und gleichmäßig geworden, seine theologischen und moralischen Erwägungen kamen immer näher zum Gleichgewicht und Stillstand. Die Mittagsglocke weckte ihn, leicht erschrocken und ernüchtert kehrte er zum Augenblick zurück, erkannte den Glockenruf, wußte, daß nun sogleich die Stimme seiner Frau ihn zum Essen rufen werde, schämte sich ein klein wenig seiner Versponnenheit und trat härter mit den Stiefeln auf. Und jetzt, gerade in dem Augenblick, da die Stimme seiner Frau sich erhob, um die Dorfglocke zu bestätigen, war es ihm mit einemmal, als flimmere es ihm vor den Augen. Ein schwirrendes Geräusch pfiff dicht an ihm vorbei und etwas wie ein kurzer Luftzug, und im Kirschbaum saß Vogel, saß leicht wie eine Blüte am Zweig und wippte spielend mit seinem Federschopf, drehte das Köpfchen, piepte leise, schaute dem Mann in die Augen, er kannte den Vogelblick seit seinen Kinderjahren, und war schon wieder aufgehüpft und durch Gezweig und Lüfte entschwunden, noch ehe der starr blickende Schalaster Zeit gehabt hatte, das Schnellerwerden seines Herzschlags richtig zu spüren.

Von dieser sonntäglichen Mittagsstunde an, in welcher Vogel auf Schalasters Kirschbaum saß, ist er nur noch ein einziges Mal von einem Menschen erblickt worden, und zwar nochmals von ebendiesem Schalaster, dem Vetter des damaligen Bürgermeisters. Er hatte es sich fest vorgenommen, Vogels habhaft zu werden und die Dukaten zu bekommen, und da er, der alte Vogelkenner, genau wußte, daß es niemals glücken würde, ihn einzufangen, hatte er eine alte Flinte instand gesetzt und sich einen Vorrat Schrot vom feinsten Kaliber verschafft, den man Vogeldunst nannte. Würde er, so war seine Rechnung, mit diesem feinen Schrot auf ihn schießen, so war es wahrscheinlich, daß Vogel nicht getötet und zerstückt herabfiele, sondern daß eins der winzigen Schrotkörnchen ihn leicht verletzen und der Schreck ihn betäuben würde. So war es möglich, ihn lebendig in die Hände zu bekommen. Der umsichtige Mann bereitete alles vor, was seinem Vorhaben dienen konnte, auch einen kleinen Singvogelkäfig zum Einsperren des Gefangenen, und von nun an gab er sich die erdenklichste Mühe, sich niemals weit von seiner stets geladenen Flinte zu entfernen. Wo immer es anging, führte er sie bei sich, und wo es nicht anging, etwa beim Kirchgang, tat es ihm leid um den Gang.

Trotzdem hatte er in dem Augenblick, da ihm Vogel wieder begegnete – es war im Herbst jenes Jahres –, seine Flinte gerade nicht zur Hand. Es war ganz in der Nähe seines Hauses, Vogel war wie gewohnt lautlos aufgetaucht und hatte ihn erst, nachdem er sich niedergesetzt, mit dem vertrauten Zwitschern begrüßt; er saß vergnügt auf einem knorrigen Aststrunk der alten Weide, von welcher Schalaster stets die Zweige zum Aufbinden des Spalierobstes schnitt. Da saß er, keine zehn Schritte weit, und zwitscherte und schwatzte, und während sein Feind im Herzen noch einmal jenes wunderliche Glücksgefühl spürte (selig und weh zugleich, als würde man an ein Leben gemahnt, das zu leben man doch nicht fähig war), lief ihm zugleich der Schweiß in den Nacken vor Bangigkeit und Sorge, wie er rasch genug zu seinem Schießgewehr kommen sollte. Er wußte ja, daß Vogel niemals lange blieb. Er eilte ins Haus, kam mit der Flinte zurück, sah Vogel noch immer in der Weide sitzen und pirschte sich nun langsam und leise auftretend näher und näher zu ihm hin. Vogel war arglos, ihm machte weder die Flinte noch das wunderliche Benehmen des Mannes Sorge, eines aufgeregten Mannes mit stieren Augen, geduckten Bewegungen und schlechtem Gewissen, dem es sichtlich viel Mühe machte, den Unbefangenen zu spielen. Vogel ließ ihn nahe herankommen, blickte ihn vertraulich an, suchte ihn zu ermuntern, schaute schelmisch zu, wie der Bauer die Flinte hob, wie er ein Auge zudrückte und lange zielte. Endlich krachte der Schuß, und noch hatte das Rauchwölkchen sich nicht in Bewegung gesetzt, so lag Schalaster schon auf den Knien unter der Weide und suchte. Von der Weide bis zum Gartenzaun und zurück, bis zu den Bienenständen und zurück, bis zum Bohnenbeet und zurück suchte er das Gras ab, jede Handbreit, zweimal, dreimal, eine Stunde lang, zwei Stunden lang, und am nächsten Morgen wieder und wieder. Er konnte Vogel nicht finden, er konnte nicht eine einzige Feder von ihm finden. Er hatte sich davongemacht, es war ihm hier zu plump zugegangen, es hatte zu laut geknallt, Vogel liebte die Freiheit, er liebte die Wälder und die Stille, es hatte ihm hier nicht mehr gefallen. Fort war er, auch diesmal hatte Schalaster nicht sehen können, nach welcher Richtung er entflogen war. Vielleicht war er ins Haus am Schlangenhügel heimgekehrt, und die blaugrünen Eidechsen verneigten sich an der Schwelle vor ihm. Vielleicht war er noch weiter in die Bäume und Zeiten zurück entflohen, zu den Hohenstaufen, zu Kain und Abel, ins Paradies.

Seit jenem Tag ist Vogel nicht mehr gesehen worden. Gesprochen wurde noch viel von ihm, das ist auch heute nach all den Jahren noch nicht verstummt, und in einer ostgotischen Universitätsstadt erschien ein Buch über ihn.

Wenn in den alten Zeiten allerlei Sagen über ihn erzählt wurden, so ist er seit seinem Verschwinden selber eine Sage geworden, und bald wird niemand mehr sein, der es wird beschwören können, daß Vogel wirklich gelebt hat, daß er einst der gute Geist seiner Gegend war, daß einst hohe Preise auf ihn ausgesetzt waren, daß einst auf ihn geschossen worden ist. Das alles wird einst, wenn in spätern Zeiten wieder ein Gelehrter diese Sage erforscht, vielleicht als Erfindung der Volksphantasie nachgewiesen und aus den Gesetzen der Mythenbildung Zug um Zug erklärt werden. Denn es ist freilich nicht zu leugnen: überall und immer wieder gibt es Wesen, die von den andern als besonders, als hübsch und anmutig empfunden und von manchen als gute Geister verehrt werden, weil sie an ein schöneres, freieres, beschwingteres Leben mahnen, als wir es führen, und überall geht es dann ähnlich: daß die Enkel sich über die guten Geister der Großväter lustig machen, daß die hübschen anmutigen Wesen eines Tages gejagt und totgeschlagen werden, daß man Preise auf ihre Köpfe oder Bälge setzt, und daß dann ein wenig später ihr Dasein zu einer Sage wird, die mit Vogelflügeln weiterfliegt.

Niemand kann sagen, welche Formen einst die Kunde von Vogel noch annehmen wird. Daß Schalaster erst in jüngster Zeit auf eine schreckliche Art verunglückt ist, höchstwahrscheinlich durch Selbstmord, sei der Ordnung wegen noch berichtet, ohne daß wir uns erlauben möchten, Kommentare daran zu knüpfen.

(1933)

Die beiden Brüder*

Es war einmal ein Vater, der hatte zwei Söhne. Der eine war schön und stark, der andere klein und verkrüppelt, darum verachtete der Große den Kleinen. Das gefiel dem Jüngeren nun gar nicht, und er beschloß, in die weite, weite Welt zu wandern. Als er eine Strecke weit gegangen war, begegnete ihm ein Fuhrmann, und als er den fragte, wohin er fahre, sagte der Fuhrmann, er müsse den Zwergen ihre Schätze in einen Glasberg fahren. Der Kleine fragte ihn, was der Lohn sei. Er bekam die Antwort, er bekomme als Lohn einige Diamanten. Da wollte der Kleine auch gern zu den Zwergen gehen. Darum fragte er den Fuhrmann, ob er glaube, daß die Zwerge ihn aufnehmen wollten. Der Fuhrmann sagte, das wisse er nicht, aber er nahm den Kleinen mit sich. Endlich kamen sie an den Glasberg, und der Aufseher der Zwerge belohnte den Fuhrmann reichlich für seine Mühe und entließ ihn. Da bemerkte er den Kleinen und fragte ihn, was er wolle. Der Kleine sagte ihm alles. Der Zwerg sagte, er solle ihm nur nachgehen. Die Zwerge nahmen ihn gern auf, und er führte ein herrliches Leben.

Nun wollen wir auch nach dem anderen Bruder sehen. Diesem ging es lang daheim sehr gut. Aber als er älter wurde, kam er zum Militär und mußte in den Krieg. Er wurde am rechten Arm verwundet und mußte betteln. – So kam der Arme auch einmal an den Glasberg und sah einen Krüppel dastehen, ahnte aber nicht, daß es sein Bruder sei. Der aber erkannte ihn gleich und fragte ihn, was er wolle. »O mein Herr, ich bin an jeder Brotrinde froh, so hungrig bin ich.« »Komm mit mir«, sagte der Kleine und ging in eine Höhle, deren Wände von lauter Diamanten glitzerten. »Du kannst dir davon eine Handvoll nehmen, wenn du die Steine ohne Hilfe herunterbringst«, sagte der Krüppel. Der Bettler versuchte nun mit seiner einen gesunden Hand etwas von dem Diamantenfelsen loszumachen, aber es ging natürlich nicht. Da sagte der Kleine: »Du hast vielleicht einen Bruder, ich erlaube dir, daß er dir hilft.« Da fing der Bettler an zu

---

* Dies ist die früheste bisher bekannte Prosaarbeit Hermann Hesses, die er im Alter von 10 Jahren zum 7. Geburtstag seiner Schwester Marulla (am 27.11.1887) schrieb.

weinen und sagte: »Wohl hatte ich einst einen Bruder, klein und verwachsen, wie Sie, aber so gutmütig und freundlich, er hätte mir gewiß geholfen, aber ich habe ihn lieblos von mir gestoßen, und ich weiß schon lang nichts mehr von ihm.« Da sagte der Kleine: »Ich bin ja dein Kleiner, du sollst keine Not leiden, bleib bei mir.«

(1887)

Anhang

Anhang

Nachwort

Das erzählerische Werk von Hermann Hesse – rechnet man seine Märchen und Legenden hinzu – ist kaum weniger facetten- und umfangreich als das der Romane. Doch kaum die Hälfte der in diesem Band versammelten Erzählungen hat der Dichter in die 1952 und 1957 von ihm selbst besorgte Ausgabe seiner *Gesammelten Schriften* aufgenommen. Denn manches ist Fragment geblieben, anderes schien ihm der Überlieferung nicht würdig. Von seinen insgesamt 125 Erzählungen und Märchen sind die meisten zuerst in Zeitungen und Zeitschriften veröffentlicht worden. Nur eine Auswahl davon hat Hesse in seine Erzählbände *Diesseits* (1907), *Nachbarn* (1908), *Umwege* (1912), *Klingsors letzter Sommer* (1920), *Kleine Welt* (1933), *Fabulierbuch* (1935) und *Märchen* (1919 u. 1955) aufgenommen. Andere dieser Geschichten publizierte er gemeinsam mit Betrachtungen und autobiographischen Schilderungen in Sammelbänden wie *Am Weg* (1915), *Kleiner Garten* (1919), *Sinclairs Notizbuch* (1923), *Bilderbuch* (1926), *Späte Prosa* (1951) und *Beschwörungen* (1955). Zwei weitere, eigens als Erzählbände konzipierte Sammlungen sind nie erschienen. So vermerkt das umfangreiche handschriftliche Verzeichnis »Auswärts angebotene Manuskripte«, das Hesse vom Dezember 1901 bis Mai 1962 führte (und das sich mit Ausnahme der Jahrgänge 1906 bis Juni 1910 erhalten hat), am 3.5.1902 das Manuskript eines Novellenbandes »Spiegelungen«, das er damals ohne Erfolg dem Leipziger Verlag Seemann gesandt hatte. Auch ein Band »Kleine Erzählungen« mit 26 Geschichten, die Hesse 1924 zusammenstellte, konnte nicht realisiert werden. Einige dieser Arbeiten wurden drei Jahre nach dem Tod des Dichters von seiner Witwe Ninon Hesse in dem Band *Prosa aus dem Nachlaß* 1965 veröffentlicht, anderes in den 1973 erschienenen Sammelausgaben *Die Erzählungen* und *Gesammelte Erzählungen*, 1977.

Die vorliegende, auf Vollständigkeit bedachte Edition berücksichtigt auch die vielen anderen, nur in Zeitungen und Zeitschriften (oft unter verschiedenen Titeln) veröffentlichten Arbeiten und die wichtigsten der unvollendet gebliebenen Erzählungen, die vorwiegend aus Hesses Nachlaß stammen. Dafür daß sie Fragment blieben, gab es triftige Gründe, denn seit dem Ersten Weltkrieg hatte sich vieles geändert und gewandelt in seinem Leben und Weltbild. Mit dem unbefangenen Schildern der Vorkriegsjahre war es vorbei. Der selbstkritische *Blick ins Chaos* (Titel eines 1920 erschienenen Bändchens mit seinen Dostojewski-Essays) brachte ihm zuvor unerreichte erzählerische Freiheiten, aber auch Komplikationen und Widerstände, die sich nicht mehr in der Kurzform der Erzählung, sondern eher in größeren epischen Zusammenhängen sowie in Tagebüchern oder Bekenntnisschriften wie *Kurgast* und *Die Nürnberger Reise* meistern ließen.

So ist es nicht verwunderlich, daß der größte Teil von Hesses Erzählungen zwischen 1900 und 1914 entstand und nur ein knappes Drittel in den Jahrzehnten danach. Obwohl in diesen letzten Zeitraum so bedeutende Novellen wie KINDERSEELE, KLEIN UND KAGNER und KLINGSORS LETZTER SOMMER fallen, die man wie *Unterm Rad*, *Demian* und *Der Steppenwolf* auch als Seelenbiographien bezeichnen könnte, sind die Erzählungen aus Hesses erster Lebenshälfte, die sich mit Außenseitern, sperrigen Originalen und widersprüchlichen Persönlichkeiten befassen, thematisch ungleich reicher. Ein Bilderbogen der unterschiedlichsten Naturelle und Schicksale wird darin ausgebreitet, der nicht nur die Vielfalt menschlicher Charaktere und Verhaltensweisen spiegelt, sondern zugleich ein unwiederbringliches Stück deutscher Vergangenheit. Wohl nirgendwo sonst findet man das Leben, die Idiome und Sitten der fahrenden Handwerksleute und gleichzeitig den Umbruch der vorindustriellen Welt im süddeutsch-alemannischen Raum am Ende des 19. Jahrhunderts vom Agrar- und Handwerkeralltag zum Fabrikzeitalter derart eindringlich und anschaulich dargestellt wie in Hesses Kleinstadtschilderungen. Hier ist der Lokalgeist so gegenwärtig, daß man sich nicht nur in die Zeit vor der Jahrhundertwende zurückversetzt, sondern zugleich einbezogen fühlt in einen Reichtum zwischenmenschlicher Beziehungen, der in der Anonymität unserer Ballungszentren fast ganz verlorengegangen ist. Man kannte einander nicht bloß vom Hörensagen, sondern wie Menschen sich kennen, die aufeinander angewiesen sind. Aber auch die Schattenseiten der provinziellen Nähe: Klatschsucht, Mißgunst, Engherzigkeit und Aversionen gegen alles Andersartige werden nicht ausgespart.

Beginnend mit stark autobiographischen, zumeist in Ich-Form erzählten Reminiszenzen aus Hesses Maulbronner Seminaristenzeit (ERWIN) und Kindheitserinnerungen (DER KAVALIER AUF DEM EISE, DER HAUSIERER, EIN

Nachwort

KNABENSTREICH), die er zuerst einem »Calwer Tagebuch« anvertraut hat, kehren seine späten Erzählungen aus den vierziger und fünfziger Jahren (DER BETTLER, UNTERBROCHENE SCHULSTUNDE und EIN MAULBRONNER SEMINARIST) auf komplexerer Entwicklungsstufe wieder zu diesen Anfängen zurück. Dazwischen liegt ein vielgestaltiger Kosmos voll erlebter, erfundener oder durch Identifikation vergegenwärtigter literarischer und historischer Stoffe, der Hesse, auch quantitativ, als einen der produktivsten Erzähler seiner Generation ausweist.

Thematisch könnte man dieses Werk sechs unterschiedlichen, sich gelegentlich überschneidenden Gruppen zuordnen. Die ergiebigste entfällt auf die in seinem Geburtsstädtchen Calw spielenden Geschichten. Es sind teils autobiographische, teils nach dem Leben gezeichnete Milieu- und Charakterstudien aus dem Alltag einer schwäbischen Kleinstadt, die Gerbersau genannt wird, nach den Gerbereibetrieben, die noch in Hesses Kindheit das Hauptgewerbe im Ort waren und die Ufer des heimatlichen Flüßchens Nagold besiedelten. Man hat diese Geschichten immer wieder mit Gottfried Kellers Erzählungen *Die Leute von Seldwyla* (1856) verglichen, was auf die anschaulichen und oft humorvollen Genrebilder dieser Schilderungen durchaus zutrifft, nicht aber auf den Ortsnamen, der bei Gottfried Keller weniger eindeutig lokalisierbar ist. Doch gemeinsam ist ihnen, daß Seldwyla wie Gerbersau uns merkwürdig vertraut vorkommen, obwohl sie auf keiner Landkarte zu finden sind. Die Realität wird zur Fiktion, der geographische Ort zum Prototyp, der Hesse als ein »Vor- und Urbild aller Menschenheimaten und Menschengeschicke« vorkam.

Den zweitgrößten Teil der Erzählungen bilden erfundene Geschichten, die oft eine Idee oder Maxime (wie z. B. bei INNEN UND AUSSEN oder DER WALDMENSCH) in eine Handlung einkleiden, zuweilen aber auch Denkwürdigkeiten, die Hesse den Nachrichten entnommen hat (wie z. B. bei DER WOLF oder PATER MATTHIAS), aufgreifen. Fast ebenso umfangreich ist die Gruppe der zumeist von einem Ich-Erzähler vorgetragenen Begebenheiten, welche authentische Erlebnisse aus den unterschiedlichsten Lebensabschnitten des Autors schildern (u. a. DER NOVALIS, DAS RATHAUS, EINE BILLARDGESCHICHTE, AUTORENABEND, HAUS ZUM FRIEDEN, KAMINFEGERCHEN). Einer vierten Gruppe liegen zwar auch reale Anlässe und Erfahrungen zugrunde, doch wurden sie fiktional verfremdet, transformiert oder dramatisch zugespitzt (wie in WENKENHOF, TAEDIUM VITAE, HEUMOND, KLEIN UND WAGNER). Weniger umfangreich ist der Typus jener

Erzählungen, die kulturgeschichtliche oder literarische Themen zum Leben erwecken (wie u. a. CASANOVAS BEKEHRUNG, AUS DEM BRIEFWECHSEL EINES DICHTERS, IM PRESSELSCHEN GARTENHAUS). Der fünfte und kleinste Themenkreis reaktiviert Episoden, die Hesse von seinen ersten Italienreisen mitgebracht hat (wie DER LUSTIGE FLORENTINER, DER ERZÄHLER). Die letzte Gruppe bilden Parodien wie EINE RARITÄT, ANTON SCHIEVELBEYN'S OHN-FREYWILLIGE REISSE, DIE WUNDER DER TECHNIK, seine satirischen Stimmungsbilder aus dem Ersten Weltkrieg, das GESPRÄCH MIT DEM OFEN, oder Karikaturen wie DIE FREMDENSTADT IM SÜDEN, BEI DEN MASSAGETEN, die SCHWÄBISCHE PARODIE und der BERICHT AUS NORMALIEN.

Hesses frühe Erzählbücher *Diesseits* (1907), *Nachbarn* (1908) und *Umwege* (1912) erreichten bis 1921 zahlreiche Auflagen: *Diesseits* (28), *Nachbarn* (16), *Umwege* (18). Danach verzichtete der Autor lange Zeit auf weitere Nachdrucke und unterzog die Erzählungen einer Überarbeitung, die vorwiegend aus Kürzungen bestand, um sie 1930 und 1933 in zwei definitiven Sammelbänden *Diesseits* und *Kleine Welt* in die Reihe seiner »Gesammelten Werke in Einzelausgaben« einbeziehen zu können. Für diese revidierten Ausgaben verzichtete er auf die Erzählungen KARL EUGEN EISELEIN und GARIBALDI (aus *Nachbarn*) sowie PATER MATTHIAS (aus *Umwege*), die künftig zu Hesses Lebzeiten nie mehr erschienen. Statt dessen wurden in die definitive Ausgabe von *Diesseits* die Erzählung ROBERT AGHION und in die Sammlung *Kleine Welt* die Erzählungen SCHÖN IST DIE JUGEND und DER ZYKLON aufgenommen. 1935 folgte in der Reihe der Gesammelten Werke u. d. T. *Fabulierbuch* noch ein weiterer Band mit zumeist frühen, dort erstmals in Buchform zusammengefaßten Geschichten, Märchen und Legenden aus den Jahren 1903 bis 1926.

Durch den in unserer Ausgabe angestrebten chronologischen Abdruck, der auch die von Hesse nicht publizierten und die nur in Zeitungen und Zeitschriften veröffentlichten Erzählungen einbezieht, ergeben sich in der Abfolge der Texte Veränderungen gegenüber der Anordnung, wie der Autor selbst sie in den Bänden *Diesseits*, *Nachbarn* und *Umwege* vorgenommen hat. Sie wurden von ihm weniger in zeitlicher Folge als nach kompositorischen und thematischen Kriterien angeordnet. So enthält *Diesseits* Erzählungen, worin mehr oder weniger verfremdet authentische Erlebnisse aus seiner Jugend geschildert werden, Begebenheiten, die »diesseits« des Erwachsenenalters liegen. In *Nachbarn* dagegen tritt das autobiographische Element zurück, indem fast ausschließlich Schicksale und Charaktere aus seiner Heimatstadt dargestellt werden. Das gilt auch für die späteren Erzählungen, die Hesse 1912 in den Sammelband *Umwege* aufnahm. Diese Trennung von jugendlichen Selbstporträts und Fremdporträts hat Hesse auch später nach der Revision seiner Erzählungen für die erweiterten Ausgaben von *Diesseits* (1930) und *Kleine Welt* (1933) in etwa beibehalten.

Die vorliegende Edition bringt die von Hesse bearbeiteten Texte in der von ihm revidierten Version, die von ihm zurückgezogenen im Wortlaut ihrer ersten Buchfassung. Bei solchen Erzählungen, die Hesse nicht in seine Bücher aufgenommen hat, war die Entscheidung schwieriger, da eine ganze Reihe der nur in Zeitungen und Zeitschriften veröffentlichten Geschichten von ihm mehrfach und unter teilweise voneinander abweichenden Titeln bearbeitet wurde. Hier galt es unter den vom Verfasser autorisierten Varianten die prägnanteste Version herauszufinden und die zahlreichen, von den Redaktionen willkürlich gekürzten oder mit eigenen Titeln versehenen Nachdrucke auszusondern. Es gibt Erzählungen, die zu Hesses Lebzeiten unter verschiedenen Titeln bis zu dreißigmal von deutschen, schweizerischen, Wiener und Prager Blättern nachgedruckt wurden und auf deren Redaktion, Publikationszeitpunkt und -ort die Autoren immer dann keinen Einfluß mehr hatten, wenn ihr Vertrieb von einer der gängigen Agenturen wie z. B. »Vierzehn Federn«, Berlin, oder dem Feuilletonvertrieb von Cecilie Tandler, Wien, Zeitungen angeboten wurde, mit denen die Verfasser nicht in Kontakt standen.

Die Erzählungen werden hier in der leider nicht überall sicher bestimmbaren Reihenfolge ihrer Entstehung abgedruckt, wobei sich geringfügige Abweichungen zwischen den vom Herausgeber ermittelten Entstehungsdaten und Hesses eigenen Datierungen ergaben. In einem Brief an einen seiner ersten Biographen, Hans Rudolf Schmidt, schrieb Hesse dazu am 18.1.1925: »Jahresangaben kommen in meinem sonst guten Gedächtnis kaum vor, und ich sehe mein Leben nie historisch an, sondern als Märchen, in dem keine Zahlen vorkommen.«

Nahezu die Hälfte aller Erzählungen Hesses sind Erinnerungen an Kindheit und Schuljahre, an die Spannung zwischen Domestizierung und Freiheit, zwischen Gemeinschaft und Individuation, Neugierde und Tabus, instinktiven und althergebrachten Verhaltensmustern. Sie schildern Begebenheiten, die in einem Alter erlebt wurden, in welchem die Psychoanalyse die nachhaltigsten und für die spätere Entwicklung der Persönlichkeit entscheidenden Prägungen zu suchen gelernt hat. Hesse selbst hat es so formuliert: »Der Mensch erlebt das, was ihm zukommt, nur in der Jugend, in seiner ganzen Schärfe und Frische, so bis zum dreizehnten, vierzehnten Jahr und davon zehrt er sein Leben lang.« (*Roßhalde*)

Die ersten fünfzehn Jahre seiner schriftstellerischen Tätigkeit könnte man wie Marcel Proust geradezu »à la recherche du temps perdu«, als ein Aufarbeiten und möglichst genaues Rekonstruieren dieser frühen und prägenden Eindrücke bezeichnen. Erst nachdem sie gestaltet und aus den halbbewußten Speichern der Erinnerung befreit, ins Bild und Bewußtsein der Gegenwart übersetzt waren, erwies sich die Basis als tragfähig genug für künftige Entwicklungen und Metamorphosen. Doch hat Hesses intensive Beschäftigung mit Themen der Kindheit, Pubertät und Entwicklung auch noch andere Gründe. Pubertät, also der Drang nach Entfaltung, Veränderung und Emanzipation war für ihn nichts Einmaliges, auf ein bestimmtes Alter Festgelegtes, sondern eine lebenslange Grunddisposition. Seine gesamte Biographie und somit auch seine schriftstellerische Entwicklung und Wirkung stand unter diesem Vorzeichen, das sein späterer Verleger Peter Suhrkamp einmal so beschrieben hat: »Es gibt unter den lebenden Autoren kaum einen, der so oft seinen eigenen Leichnam hinter sich begrub und jedesmal auf einer anderen Stufe wieder neu anfing. Und jedesmal geschah das aus einer wirklichen und ehrlichen Not heraus, und wenn man die ganze Existenz dann überblickt, so ist sie doch eine Einheit geblieben.«

Obwohl ein knappes Drittel der Erzählungen in Hesses Geburtstadt spielen, hat er keineswegs seine ganze Kindheit dort zugebracht. Sein drittes bis achtes Lebensjahr war er in Basel, wohin sein Vater, der Theologe Johannes Hesse (1847-1916), im April 1881 von der evangelischen Missionsgesellschaft berufen wurde, um dort ein Missionsmagazin herauszugeben und einen Lehrauftrag zu übernehmen. Erst im Juli 1886 kehrte die Familie wieder nach Calw zurück. Hermann Hesse war damals gerade neun Jahre alt geworden und verbrachte dort, unterbrochen von längeren Aufenthalten in der Lateinschule von Göppingen, dem Maulbronner Seminar, den Heilanstalten von Boll und Stetten sowie einer neunmonatigen Gymnasialzeit in Cannstatt insgesamt nur noch drei Jahre. Dennoch wurde Calw für ihn, was das französische Provinzstädtchen Illiers für Marcel Proust oder was die Metropolen Dublin und Prag für James Joyce bzw. Franz Kafka bedeuteten: Schauplatz der frühesten Eindrücke und Erlebnisse, Nährboden für ein Lebenswerk, das im Lokalen das Überregionale, im Zeitgebundenen das zeitlos Menschliche sichtbar macht. Das ländliche Städtchen an der Nagold, auf der (in Hesses Kindheit und darüber hinaus noch bis 1911) Flößer die Baumstämme aus dem Schwarzwald durch die Enz, den Neckar und Rhein bis nach Holland befördert haben, mit dem nahen Wald, den Brücken, Wehren, Schleusen und Schilfufern war ein in sich geschlossener Mikrokosmos, ebenso schwäbisch wie international. Denn in dieser kleinen Welt standen den fahrenden Händlern, den Flößern und Landstreichern die Seßhaften gegenüber, und Hesses schwäbischer, doch als Missionarstochter in Indien geborener Mutter (1842-1902) der baltische Vater mit russischer Staatsangehörigkeit. Sie betrieben den Calwer Verlagsverein, den damals größten deutschen Verlag für evangelische »Heidemission«, ein Zentrum für Missionare und zum Christentum Bekehrte aus aller Welt. In diesen multikulturellen Kraftfeldern ist er aufgewachsen und hat nicht erst in den Gerbersau-Erzählungen, sondern bereits in *Unterm Rad*, später in der Landstreichergeschichte *Knulp*, in *Demian* und dem für *Das Glasperlenspiel* vorgesehenen SCHWÄBISCHEN LEBENSLAUF ein Bild seiner Vaterstadt überliefert, dessen topographische Anschaulichkeit ebenso besticht wie die psychologische. Was dort an »Märchenduft von Heimat«, an Lokalkolorit und unverwechselbar schwäbischem Aroma eingefangen ist, von der lichtlosen Winkelwelt der Falkengasse mit ihren feuchten Fluren, schadhaften Dachrinnen, geflickten Fenstern und Türen, den Hinterhöfen mit ihren Scheunen, Pferdefuhrwerken, Mansarden, Speichern, Flaschenzügen, Kellern und Mostpressen, den Lohgruben der Gerber, den Stellfallen der Flößer bis hin zu den Stuben der Kleinstadtnoblesse, den Missions- und Mäßigkeitsvereinen der pietistischen Stundenbrüder oder dem »Frauenzimmer-Liederkranz-Frohsinn«, das alles wird mit derselben Anschaulichkeit überliefert wie die durch solche Verhältnisse geprägte Zoologie der Einwohner und ihrer Gewerbe. Da gibt es noch Seiler und Sattler, Steinhauer und Scherenschleifer, Seifensieder, Korb- und Hutmacher, Küfer, Flaschner, Kolonialwarenhändler und Fuhrleute, Brunnenmacher, Taglöhner und Winkelreiniger. Sie alle, ob sie nun Joseph Giebenrath, Andreas Sauberle, Hans Dierlamm, Friedrich Trefz, Karl Hürlin, Stefan Finkenbein, Karl Schlotterbeck oder Präzeptor Brüstlein heißen, sind dort in ihrer Eigenart verewigt. Und ihre in diesen Geschichten mehr oder weniger abgewandelten Namen kann man noch heute bei einem Gang über den Calwer Friedhof wiederfinden.

Hesse wußte um die Vergänglichkeit, den fortschreitenden Verfall und die Unwiederbringlichkeit dieser »kleinen Welt« vor der Jahrhundertwende, und er hat nicht geruht, bis sie so komplett und lebensnah wie möglich festgehalten war. Doch hat seine Art der Überlieferung nichts Nostalgisches. Keine heile (weil vergangene) Welt wird darin verklärt, noch weniger werden die Verhältnisse simplifiziert zur Beförderung einer Botschaft oder politischen Tendenz. Diese ist zwar immanent, aber so unaufdringlich, daß es überflüssig ist, sein Diktum zu bemühen: »Ich bin immer für die Unterdrückten, für den Angeklagten gegen den Richter, für die Hungernden gegen die Fresser gewesen«, um die Wahl seiner Stoffe zu charakterisieren. Eine Welt von Handwerkern, Lehrlingen, Fabrikarbeitern, Verkäufern, Dienstmägden, Fuhrleuten, Hausierern, Asylinsassen, Schiffbrüchigen und Ausrangierten wird geschildert, weil er sich als ihresgleichen fühlte, wahre Prachtexemplare von »Proletariern«, jedoch in naturalistischem Wildwuchs: »Ich habe zum Leben der Kleinen und Anspruchslosen«, schrieb Hesse 1912 in einem Brief, »von Kind auf ein halb humoristisches, halb neidisches Verhältnis, das mich immer wieder locken wird ... Ein Lehrbub, der seinen ersten Sonntagsrausch erlebt, und ein Ladenmädel, das sich verliebt, sind mir, offen gestanden, eigentlich ganz ebenso interessant wie ein Held oder Künstler oder Politiker oder Faust, denn sie leben nicht auf den Gipfeln seltener Ausnahmeexistenzen, sondern atmen die Luft aller und stehen allen Dingen näher, auf denen das natürliche menschliche Leben ruht und aus denen wir in schlechten Zeiten den Trost der Gemeinsamkeit und Zugehörigkeit schöpfen ... So habe ich zu dem Kreis der Bescheidenen, Umfriedeten, in enge feste Verhältnisse Beschränkten eine sehnsüchtige Liebe behalten ... oft scheint mir, es gäbe überhaupt nur Nebenfiguren, den Faust und Hamlet inbegriffen ... wie ja wir Ungläubigen auch die Unsterblichkeit nicht mehr in der Tasche tragen und sie doch verehren und an ihr teilzuhaben meinen, indem wir sie überindividuell sehen.«

Auch ohne ideologische Absicht sind diese Erzählungen gesellschaftskritisch. Das zeigen die Reaktionen der Calwer Zeitgenossen, die kaum weniger gereizt waren als z. B. die der Bürger Lübecks auf das Personal von Thomas Manns *Buddenbrooks*. »Wenn der Verfasser der Buddenbrooks«, schrieb Friedrich Mann 1912 in einer Lübecker Zeitung, »in karikierender Weise seine allernächsten Verwandten in den Schmutz zieht und deren Lebensschicksale eklatant preisgibt, so wird jeder rechtdenkende Mensch finden, daß dieses verwerflich ist. Ein trauriger Vogel, der sein eigenes Nest beschmutzt.« In merkwürdiger Übereinstimmung damit lesen wir in Hesses 1907 entstandener Erzählung IN EINER KLEINEN STADT: »Er wußte wohl, daß man seine Karikaturen für die Missetaten des Vogels ansah, der sein eigenes Nest beschmutzt ... daß seine unerbittliche und liebevolle Kenntnis des hiesigen Lebens gerade das war, was ihn von seinen Mitbürgern schied ... doch wenn er den alten Tapezierer Linkenheil oder den jungen Friseur Wackenhut karikierte, so schnitt er mit jedem Strich weit mehr ins eigene Fleisch als in das des Gezeichneten.«

Kein Wunder, daß es in den Pressereaktionen auf Hesses Erzählbände nicht an Stimmen fehlte, welche seine »proletarischen« Protagonisten beanstandet oder von einer »skandalösen Harmlosigkeit« des Verfassers gesprochen haben. In einem Brief vom Dezember 1908 an Helene Welti rechtfertigt sich Hesse: »Namentlich aber wollen sie [die Kritiker] meine Stoffe nicht gelten lassen und meinen, ich solle von Herrenmenschen und Genies erzählen, nicht von Gemüshändlern und Idioten. Da freut es mich, daß Sie mich gelten lassen und es verstehen, daß in meiner scheinbaren Bescheidenheit auch Stolz liegt und daß der Verzicht auf das Glänzende seine Gründe hat.« Durchschaut haben das in der Belle Époque des großspurigen letzten deutschen Kaisers nur wenige, und Stimmen wie die von Carl Busse (über die Geschichten des Erzählbandes *Umwege* 1912) waren an der Tagesordnung: »Warum mißbraucht ein Dichter seine guten Gaben dazu, in aller Ausführlichkeit einen Menschen zu entwickeln, dessen höchstes Ziel im Bartkratzen und Zöpfeflechten besteht? Man fragt sich händeringend, was der Erzähler eigentlich an den dürftigen Philistern findet, mit deren billigen Zielen er uns vertraut macht!« Aber es gab auch andere Stimmen. Wohl am genauesten unter Hesses Zeitgenossen traf es der Dichter Max Herrmann-Neiße. In der Berliner Wochenschrift die »Literarische Welt« schrieb er am 5.5.1931 anläßlich der Neuausgabe von *Diesseits*: »Die deutsche Kleinstadt der Vorkriegszeit wird hier von einem gleicherweise zärtlichen wie wahrheitsstrengen Kenner gemalt, als der krause, unterschiedliche, nicht ganz ungefährliche, im Grunde doch fruchtbare Gottes-Tiergarten, der sie damals war. Mit ihren Käuzen und kleinen Abenteurern, soliden und wurmstichigen Geschöpfen, geachteten und zweifelhaften Existenzen, mit Schreibern, Handlungsgehilfen, Missionsanwärtern, Friseuren, Pfarrerstöchtern und Gerichtsvollzieherwitwen, Vereinsausflügen, Schützenfesten und Schmierentheater ... mit Griff in die Portokasse, Entgleisung und Selbstmord. Auch mit aller gegenseitiger Belauerung, Verlästerung, mit Bosheit, Klatschsucht, säuerlicher Selbstgerechtigkeit und grausamem Unverständnis ... Menschen, Eigengewächse leben hier noch mit ungehetzter, ausführlicher Selbständigkeit ihr unverwechselbares, wesentliches Einzelschicksal. Das kann harmonisch mit dem subalternen Alltagsglück einer Verlobung enden, aber auch im Gefängnis ... auch mit dem Verlust des seelischen Gleichgewichtes und völliger Verzweiflung am Sinn des Daseins. Denn die Himmel und Höllen dieser kleinen Welt sind nicht weniger hoch und tief als die Abgründe anspruchsvollerer Zonen. Und die Tragödien und Komödien des Lebens haben allenthalben ihre dunkle Glut, ihr vielfältiges Funkeln, ihre immerwährende Bedeutung, ihre Würde und Wirklichkeit, wenn ein echter Dichter sie aufzuspüren und zu gestalten weiß.«

Die Erzählungen im einzelnen

Die erste vollendete Erzählung Hermann Hesses ist aller Wahrscheinlichkeit nach die posthum veröffentlichte Geschichte ERWIN. Sie ist uns in einer undatierten Handschrift und einer Schreibmaschinen-Transkription seiner Frau Ninon überliefert, der Druckvorlage der Erstausgabe, die 1965 in der Reihe der Oltener Liebhaberdrucke in einer Auflage von 760 Exemplaren erschien. In ihrem kurzen Nachwort schreibt die Herausgeberin: »Das Manuskript fand sich im Nachlaß Hermann Hesses, es ist bisher noch niemals veröffentlicht worden. Die Erzählung, die vermutlich 1907 oder 1908 geschrieben wurde, berichtet von der Zeit und Welt, die in *Unterm Rad* (1903) geschildert ist. Die Gestalt des Freundes und seiner Mutter erinnern von Ferne an ›Demian‹ und Frau Eva. Aber der Durchbruch zu *Demian* erfolgte erst im Jahre 1916.« Sowohl graphologische als auch inhaltliche Anhaltspunkte weisen darauf hin, daß diese Erzählung früher, möglicherweise schon nach Abschluß von Hesses Buchhandelslehre in Tübingen oder nach seinem Umzug, also in Basel, entstanden sein könnte. Hesse war damals gerade 22 Jahre alt und hatte kurz zuvor, im Juni 1899, sein erstes Prosabuch, die Traumdichtungen *Eine Stunde hinter Mitternacht,* veröffentlicht, auf deren Symbolismus und Ästhetizismus auch die poetischen Vorlieben des lungenkranken Erwin hinweisen. Nach einem vermutlich 1895 entstandenen Vorläufer-Fragment »Die Fremde«

(siehe *Sämtliche Werke*,* Band 1, *Jugendschriften*, S. 86 f.) wendet sich Hesse hier erstmals seiner Maulbronner Seminarzeit zu, Erfahrungen, die drei Jahre später in *Unterm Rad* ihre definitive Gestalt finden sollten. Manches, wie die Begegnung des Ich-Erzählers Hermann mit Erwin am herbstlichen Weiher, scheint Passagen aus *Unterm Rad* vorwegzunehmen, in dessen drittem Kapitel sich Hans Giebenrath und Hermann Heilner dort treffen und anfreunden, oder die Episode mit den Spott-Epigrammen an der Tür des Waschsaales, die im vierten Kapitel des Romans wiederkehren. Anderes, wie die Beschreibung des Klosters, des Seminars, der Schulkameraden und ihrer Beschäftigungen, gibt neue Details, die sich mit den überlieferten biographischen Dokumenten aus Hesses Kindheit und Jugend decken, wie z. B. sein in Maubronn geführtes »großes Heft, in welches ich die Helden, die uns täglich aus Livius und dem Geschichtsunterricht bekannt wurden mit Bleistift und Wasserfarben nach Art der Moritatenbilder karikierte«. Dieses Heft ist erhalten und kann noch heute in Maulbronn besichtigt werden. Wie Hesse selbst flieht auch der Ich-Erzähler aus dem Seminar. Dagegen verweist die Hermes-Büste, die Erwin ihm schenkt, auf Hesses Tübinger Jahre, wo er sich für sein Zimmer in der Herrenberger Straße einen Gipsabguß der Hermes-Büste des Praxiteles anschaffte. Und auch einen Schulfreund Erwin hat es gegeben, doch nicht in Hesses Maulbronner Jahren, sondern im Gymnasium von Cannstatt. Er hieß Erwin Moser und hat über jene Jahre berichtet (vgl. *Hermann Hesse in Augenzeugenberichten*, Frankfurt am Main, 1987 u. 1991). Es ist nicht ausgeschlossen, daß der Dichter bei der Wahl des Namens an ihn gedacht hat.

Erzählungen wie DER NOVALIS und EINE RARITÄT wenden sich literarischen Themen zu. DER NOVALIS, die Geschichte eines Büchersammlers, ist wohl um die Jahrhundertwende in Basel entstanden und enthält gleichfalls autobiographische Elemente. Im Nachwort zu einer Einzelausgabe schrieb Hesse im Frühjahr 1940: »Ich habe mich [im ersten Kapitel] dieser Erzählung als einen Bibliophilen bezeichnet, der ich damals und noch lange nachher wirklich war, und habe mir damals ... meine alten Tage als die eines einsamen Hagestolzen vorgestellt, dessen einzige Liebe und einziger Umgang die Bücher sind. Dies nun hat das Leben anders gefügt, und von den seltenen alten Büchern, von denen in der Einleitung meiner Erzählung

---

* Hermann Hesse, *Sämtliche Werke* in 20 Bänden (SW). Herausgegeben von Volker Michels. Suhrkamp Verlag, Frankfurt am Main 2001-2005.

die Rede ist, etwa von den Italienern der Renaissance in Aldus-Drucken, ist heute nichts mehr in meinem Besitz; ja, ich muß sogar bekennen, daß der zweibändige Novalis, den ich in Tübingen erwarb und von dem meine Erzählung handelt, längst nicht mehr mir gehört ... mein Leben sieht nun ziemlich anders aus, als ich mir es damals phantasierend ausmalte. Wenn ich aber auch heute mich nicht mehr einen eigentlichen Bibliophilen und in seine Bücher verliebten Sammler nennen darf, so kann ich doch meine jugendliche Bücherliebhaberei nicht belächeln, sie gehört unter den Leidenschaften, die ich im Leben kennen lernte, nicht nur zu den harmlosen und hübschen, sondern auch zu den fruchtbaren.« In sechs Kapiteln wird der Weg, den diese Novalis-Ausgabe von 1837 bis zur Jahrhundertwende genommen hat, anhand der Lebensgeschichte ihrer sechs Besitzer geschildert, wobei jener Käufer der Ausgabe, der sich »seit kurzem teils durch Rezensionen, teils durch kleinere Zeitschriftenartikel am literarischen Leben beteiligte«, an den Verfasser erinnert. Denn zur Zeit der Niederschrift begann mit ersten Buchbesprechungen für die Basler »Allgemeine Zeitung« Hesses lebenslange Rezensententätigkeit. Seine früheste, einem einzelnen Dichter gewidmete Würdigung vom 21. 1. 1900 galt tatsächlich Novalis und der ersten Gesamtausgabe dieses Dichters, die 1898 (herausgegeben von Carl Meißner) bei Eugen Diederichs in Leipzig erschienen war. Doch was das Autobiographische in dieser wie in den meisten von Hesses Erzählungen betrifft, ist zu bedenken, was der Dichter im September 1948 an seinen Sohn Heiner schrieb: »Übrigens wäre es natürlich unvorsichtig, das Ich des Erzählers mit meiner Person gleichzusetzen. Auch [Peter] Camenzind erzählt ja seine Geschichte selbst und [Josef] Knecht seine Lebensläufe, und an jedem bin ich beteiligt, aber keiner ist Ich«. DER NOVALIS ist einer der Texte, die Hesse in keinen seiner Erzählbände aufgenommen hat. Erst 1952 wurde diese Geschichte gemeinsam mit *Eine Stunde hinter Mitternacht* und *Hermann Lauscher* von ihm unter der Rubrik »Frühe Prosa« in die geschlossene Ausgabe seiner *Gesammelten Dichtungen* und deren erweiterte Nachauflage *Gesammelte Schriften* (1957) einbezogen.

Die erstmals 2001 in den *Jugendschriften* der Hesse-Gesamtausgabe veröffentlichte Erzählung DER DICHTER. EIN BUCH DER SEHNSUCHT ist eigentlich ein kleiner Roman, den Hesse am 12. 3. 1902 an die führende belletristische Zeitschrift »Neue Deutsche Rundschau« seines künftigen Verlegers Samuel Fischer nach Berlin gesandt hat. Nachdem das Manuskript von Oskar Bie, dem damaligen Redakteur des Blattes, abgelehnt wurde, unternahm der

Nachwort

Autor keinen weiteren Versuch mehr, diese Arbeit zu veröffentlichen, doch hat er das Manuskript aufbewahrt.

Der Untertitel »Ein Buch der Sehnsucht« verweist auf den Wunschtraum des Verfassers, die ein Jahr ältere Elisabeth La Roche (1876-1965) für sich gewinnen zu können, die er Anfang 1900 im gastfreundlichen Haus des Basler Staatsarchivars und Geschichtsschreibers Dr. Rudolf Wackernagel als Pianistin von Beethovens »Kreutzersonate« kennengelernt hatte. Sie war die Tochter eines mit seinen Eltern befreundeten Pfarrers, der er sechsjährig bei einem Familienausflug auf den Rechtenberg bei Basel schon einmal begegnet ist. Inzwischen war sie zu einer 25jährigen »schlanken Botticelli-Schönheit« herangewachsen, in die sich Hesse sofort verliebte. Doch die Zuneigung des schüchternen jungen Dichters mußte unerwidert bleiben, weil Elisabeth zu diesem Zeitpunkt dem Geiger Dr. Carl Christoph Bernoulli verfallen war.

Was die Realität dem jungen Autor nicht gewährte, erfüllte er sich in der Phantasie mit diesem »Buch der Sehnsucht«. Er tat es auf eine so phantastisch-exzessive Weise, daß man begreift, warum er es nach dem ersten mißglückten Publikationsversuch auch später nie veröffentlicht hat. Dennoch ist die Erzählung ein für die kulturellen Strömungen des Fin du siècle und für Hesses Entwicklungsgeschichte bemerkenswertes Dokument, weil es deutlicher als sein erstes Prosabändchen *Eine Stunde hinter Mitternacht* (1899) zeigt, wie eigenständig er die neue Ästhetik rezipiert hat, die sich in England als Gegenströmung zum Puritanismus des viktorianischen Zeitalters herausgebildet hatte. Er selber, der im sinnenfeindlichen Milieu des schwäbischen Pietismus aufgewachsen war, mochte darin eine ihm wahlverwandte Reformbewegung begrüßt haben.

In Übereinstimmung mit den Idealen der an die Renaissance und Spätromantik anknüpfenden Präraffaeliten versucht sich der Dichter Martin einen Traum zu verwirklichen, der das Spirituelle der Kunst mit körperlicher Schönheit, sakrale Ästhetik mit weltlicher Liebeskunst zu vereinbaren hofft. Die ernüchternden Erfahrungen der Realität werden dabei entweder ausgeblendet oder harmonisiert. So erscheint der Violinvirtuose, der die historische Elisabeth bei der Aufführung der »Kreutzersonate« begleitet, nicht als unüberwindbarer Konkurrent, sondern als Martins bester Freund Burkhard, den er aber, sobald er sich der fiktiven Elisabeth zu nähern versucht, unter Androhung eines Duells von der Geliebten fernzuhalten versteht. Damit wird der Weg frei für eine ersehnte Beziehung, worin er »allen

Glanz eines künstlerisch geschaffenen Glücks« mit dem Rausch elementarer Sinnenfreude verbinden möchte.

Martin, der Dichter, ist in der Erzählung kein armer Schlucker wie sein Autor, der sich mit einem Salär von monatlich 110 Franken als Buchhandelsgehilfe durchschlagen mußte, sondern ein vermögender junger Ästhet mit Hausdiener, wie Hugo von Hofmannsthal, der Verfasser des in der Geschichte erwähnten *Tod des Tizian*. Das war eine bessere Voraussetzung, die berühmte Pianistin zu gewinnen, zumal sie mit ihm ein merkwürdig hochmütiges Elitebewußtsein und »einen starken Widerwillen gegen das gewöhnliche Leben teilte«, das beide als grau und langweilig empfanden. Selbst an einem so vornehmen Treffpunkt wie dem Luzerner Hotel »Schweizerhof« macht sich ihre Aversion gegen alles Stil- und Geistlose bemerkbar, in dessen distinguierter englischer Tischgesellschaft sich die Pianistin und der Dichter vorkommen »wie zwei Paradiesvögel auf einem Hühnerhof«. Um dieser Ansammlung »von Geld und Stumpfsinn« zu entrinnen, hat Martin in verwegener Vorausschau für sich und die noch ahnungslose Elisabeth ein einsames Chalet bei Vitznau gemietet, wohin er die Geliebte zu entführen gedenkt. Er will damit eines seiner Märchen wahr werden lassen, das er ihr in Basel vorgelesen hatte. Es war die wildromantische und wohl vom *Ossian* des schottischen Dichters Macpherson (1736-1796) und der *Frithjofs-Saga* des schwedischen Romantikers Elias Tegnér (1782-1846) inspirierte Geschichte von einem wellenumbrandeten Lustschloß der Wikinger im Nordmeer, worauf sie mit ungewöhnlicher Anteilnahme reagiert hatte. Seine Hoffnung, damit einer uneingestandenen Sehnsucht Elisabeths entgegenzukommen, erfüllt sich. Denn so spröde sie sich zunächst gab und so schüchtern der Dichter ihr anfangs vorgekommen ist, erweist sich einmal mehr, daß Zurückhaltung und Hemmung die Leidenschaftlichkeit nicht ausschließen, sondern, daß im Gegenteil Emotionen um so tiefer sein können, je weniger sie zur Schau getragen werden. Sobald dieses Eis gebrochen ist, glückt es den beiden, zwei in jeder Hinsicht phantastische Sommermonate in Martins einsamem Chalet zu verbringen. Sie führen dort ein sinnenfrohes Traumleben, bei dem er ihr klassische und eigene Dichtungen vorliest, während sie auf dem Flügel improvisiert. Sie erfüllen sich damit das Ideal, Erotik mit geistigem Höhenflug und körperliche Schönheit mit der ästhetischen Perfektionierung ihrer Kunst zu verschwistern, nach dem Motto des Novalis: »Das Sinnliche muß geistig, das Geistige sinnlich werden.«

Ansteigend mit der Glut des Hochsommers vollzieht sich die Fieberkurve dieser Beziehung, bis sie im Herbst mehr und mehr verklingt und erlischt. Denn nachdem Elisabeth erotisch geweckt ist, tritt eine Wende ein. Das Sexuelle in ihrem Austausch beginnt zu überwiegen, und die Balance zu produktiver Kreativität geht nach und nach verloren. »Damals war die Musik mein Herrgott und ich seine fromme Magd. Jetzt bin ich der Herrgott und meine Kunst soll mir tanzen«, sagt sie dem ernüchterten Dichter. Als er kurz darauf erfährt, daß sie plötzlich wieder eine Konzerteinladung angenommen hat und ihn auffordert, nun auch seinerseits das Erlebnis ihres gemeinsamen Sommers aufzuschreiben, zu publizieren und marktgerecht auszumünzen, empfindet er dies als einen Verrat an ihren Idealen. Die Presse dagegen bejubelt Elisabeths Bereitschaft zu extrovertierter Selbstdarstellung und kommentiert ihre Auftritte: »Anstelle der fast herben Klassizität ist ein bewegter hinreißender Vortrag getreten. Wir beglückwünschen die große Künstlerin zu einer neuen, glänzenden Epoche ihres Könnens.« Befriedigt, sich das Publikum erobert zu haben, kehrt Elisabeth nicht mehr zu Martin zurück. Er dagegen, zerknirscht über das Scheitern ihrer gemeinsamen Ambitionen, vernichtet seine Manuskripte und verschwindet spurlos im Hochgebirge.

Was der Dichter Martin sich versagte, die Geschichte seines Erlebnisses mit Elisabeth darzustellen, hat der 24jährige Hesse durchgeführt in diesem »Buch der Sehnsucht«. Es korrespondiert auf erstaunliche Weise mit den gleichfalls erst posthum aufgetauchten, nicht abgesandten »Briefen an Elisabeth« (SW 1, *Jugendschriften*, S. 484 ff.) und zeigt, wie vielfältig die Liebe zu Elisabeth La Roche in sein Frühwerk eingegangen ist, deren Spur man auch im *Hermann Lauscher* (1900), im *Peter Camenzind* (1903) bis hinein in die drei Fassungen des Musikromans *Gertrud* (1906-1909) verfolgen kann. Zudem sagt die Erzählung etwas Charakteristisches aus über sein Verhältnis zum anderen Geschlecht sowie seine Furcht vor dem Konflikt zwischen Kreativität und partnerschaftlicher Hingabe. Durch nichts als Einbildungskraft nimmt Hesse in dieser nur zum kleinsten Teil auf Erfahrung beruhenden Geschichte eine Problematik vorweg, die ihm künftig in der Realität noch schwer zu schaffen machen wird.

Kaum etwas von dem, was in diesem »Buch der Sehnsucht« geschildert wird, hatte der junge Verfasser tatsächlich schon erlebt, so vital und schlüssig es passagenweise auch wirkt. Doch das Motiv vom »Reich der Sehnsucht«, wie Hesse eines seiner damaligen Gedichte überschrieb, hat fortgewirkt. Es wurde zum Motto für eine ganze Generation nachwachsender Dichter, die sich heraussehnten aus den Fesseln der Prüderie und dem amusischen Zweckdenken des beginnenden Industriezeitalters. Der mit Hesse befreundete Lyriker Karl Ernst Knodt (1865-1917), Mittelpunkt eines Künstlerkreises im Odenwalddorf Oberklingen (wo Hesse ihn 1901 zweimal besuchte), hat es aufgegriffen und zum Titel einer repräsentativen Gedicht-Anthologie gemacht. Neben Lyrik von Hermann Hesse enthielt diese dreihundert Seiten umfassende Sammlung *Wir sind die Sehnsucht. Liederlese moderner Sehnsucht*, die 1903, ausgestattet mit Jugendstil-Arabesken von Heinrich Vogeler, erschien, u. a. zeitgenössische Lyrik seiner Freunde Hans Bethge, Ludwig Finckh, Alfons Paquet, Emil von Schönaich-Carolath, Jeanne-Berta Semmig und Helene Voigt-Diederichs, aber auch solche von Ricarda Huch, Börries von Münchhausen und Rainer Maria Rilke.

Die frühesten der in Hesses Heimatstadt Calw spielenden Erzählungen sind die vier Kurzgeschichten DER KAVALIER AUF DEM EISE, ERLEBNIS AUS DER KNABENZEIT, DER HAUSIERER und EIN KNABENSTREICH. Sie wurden in den Winterwochen vor Hesses erster Italienreise (25. 3. - 19. 5. 1901) in einem »Calwer Tagebuch« festgehalten, als er nach langer Abwesenheit wieder einmal seine Eltern besuchte. Es sind Erinnerungen an Begebenheiten, die er vor Ort erlebt hatte, so z. B. sein erstes, damals zwölf Jahre zurückliegendes Liebesabenteuer, als er im Winter 1889/90 beim Eislaufen unter der Nikolausbrücke mit Emma Meier, dem für ihn schönsten Mädchen der Stadt, zusammenstieß. Diese fast gleichaltrige Tochter eines Kupferschmiedes hieß in Wirklichkeit Emma Widmaier und war 1891 mit Hesse konfirmiert worden.

Die traurige Geschichte vom Schlosserbuben Mohrle, ERLEBNIS AUS DER KNABENZEIT, greift noch ein halbes Jahr weiter zurück und schildert Hesses erste Begegnung mit dem Tod am Beispiel des kaum zehnjährigen Spielkameraden Hermann Mohr, der im Juni 1899 an einer Hirnhautentzündung gestorben ist.

Die beiden Erzählfragmente DAS RATHAUS und SOMMERIDYLL sind Bestandteile eines unvollendeten Manuskriptes, das »Zukunftsland« heißen sollte. Ein kurzes einführendes Gespräch zwischen dem Dichter Veit und dem Architekten Niklas (SW 1, *Jugendschriften*, S. 503 f.) stellt einen Bezug her zur Erzählung DER DICHTER. EIN BUCH DER SEHNSUCHT, worin »die

Insel im allerfernsten blauen Meer« als ein »Land der Seligen und Auserwählten« bezeichnet wird. Das erste der beiden Fragmente ist bis auf die fehlenden Schlußverse abgeschlossen und wurde deshalb bereits 1977 innerhalb der Ausgabe der *Gesammelten Erzählungen* abgedruckt. SOMMERIDYLL dagegen bricht an einer Stelle ab, wo der Konflikt zwischen dem Dichter und Moralisten Veit und seinem Freund, dem eloquenten Bankierssohn und Realpolitiker Gerhard, ausgetragen werden muß. In seinem pädagogischen Alterswerk *Das Glasperlenspiel* hat Hesse diese Konstellation in den Figuren von Josef Knecht und seinem Gegenspieler Plinio Designori wieder aufgegriffen und zu Ende geführt. Das zivilisationsferne Sommeridyll, ein am Meer gelegener Landstrich »an der Grenze des der städtischen Republik gehörigen Gebietes«, soll (wie später im *Glasperlenspiel* die pädagogische Provinz Kastalien) als ökologisches und kulturelles Reservat ein Zukunftsland werden, das es in Schutz zu nehmen gilt vor dem Zugriff der Spekulanten, der industriellen und touristischen Zerstörung. Initiatoren dieser Reformbewegung sind der auch in der RATHAUS-Erzählung agierende städtische Chronist Veit und der Arzt Ugel, Freunde des Architekten Niklas, die sich gemeinsam gegen die konservativen Kräfte der Kommune zu behaupten versuchen. Ebendies ist dem Ausländer Niklas mit dem Rathaus-Neubau in der Metropole der städtischen Republik geglückt. Gegen die Konkurrenz der einheimischen Mitbewerber konnte er seinen ungleich weitblickenderen und architektonisch reizvolleren Plan realisieren, wobei er allerdings das Risiko eingehen mußte, die realen Baukosten gegenüber denen seines Kostenvoranschlages um das Doppelte zu überziehen. Die in der RATHAUS-Erzählung dargestellten Konflikte zwischen Ideal und Wirklichkeit, den Interessenverflechtungen von Industrie und Wirtschaft und die anschauliche Schilderung baukünstlerischer Detailfragen verraten für einen 24jährigen Verfasser erstaunliche kommunalpolitische und architektonische Kenntnisse. Sie gehen zurück auf Hesses Freundschaft mit dem Architekten Heinrich Jennen (1872-1920), mit dem er ab Dezember 1899 in der Basler Holbeinstraße 21 eine Drei-Zimmer-Wohngemeinschaft teilte. Der aus dem Rheinland stammende Jennen hatte 1900 den ersten Preis in der Konkurrenz um die Erweiterungsbauten des Basler Rathauses gewonnen, die ein Jahr später vollendet wurden. Im Juni 1902 ist er von Basel nach Berlin gezogen, danach verliert sich seine Spur. Der Arzt Ugel trägt Züge von Hesses Jugendfreund, dem damaligen Medizinstudenten Ludwig Finckh, der Chronist Veit, der die Bevölkerung mit einer Flugschrift zu einer Unterschriften- und Spendenaktion zur Baukostenfinanzierung aufruft, dagegen solche des Verfassers.

Gleichfalls Fragment geblieben ist die undatierte, vermutlich 1901/02 entstandene Erzählung JULIUS ABDEREGGS ERSTE UND ZWEITE KINDHEIT, mit der Ninon Hesse den 1965 erschienenen, von ihr herausgegebenen Band *Prosa aus dem Nachlaß* eröffnet hat. Warum Hesse das Manuskript ursprünglich mit dem Titel »Der Antiquar« versehen wollte, ist aus dem überlieferten Teil der Geschichte, worin die Kindheit und Schulzeit des kleinen Julius geschildert wird, noch nicht zu ersehen. Hesse hat diese Überschrift denn auch gestrichen und durch den jetzigen Titel ersetzt. Möglicherweise bezog er sich auf die weitere Entwicklung des Protagonisten. Vielleicht sollte Julius Abdereggs »zweite Kindheit« in diesen Beruf münden, der Hesse durch seine damalige Tätigkeit in einem Basler Antiquariat ja bestens vertraut war. Die Erzählung, aus der ursprünglich wohl ein Roman werden sollte, spielt in Basel, wo die Familie Hesse von 1881 bis 1886 gelebt hatte. Sie erinnert an das Kindheitskapitel seiner zweiten Prosadichtung *Hermann Lauscher*, welches ebenfalls »im Gebiet der großen Rheinecke«, dem Grenzland zwischen dem Elsaß, dem Schwarzwald und der Schweiz, angesiedelt ist. Deren verschiedene Volksstämme, die Markgräfler, Schwarzwälder, Elsässer und Basler werden dort ebenso treffend charakterisiert wie in Wilhelm Hauffs Märchen »Das kalte Herz«. Auch in seinem »Alemannischen Bekenntnis« von 1919 hat Hesse diesem Landstrich ein wahlverwandtes Loblied gesungen.

Das musikalische Kind Julius im Mittelpunkt der Erzählung mit seiner Spielbegabung, Tierliebe und Schüchternheit, dessen »erste Kindheit« mit dem Eintritt in die Schule endet, erinnert in vielen Detailschilderungen an Hesses jüngeren Bruder Hans. Ihm hat der Weg aus der Unbegrenztheit der Vorschuljahre in den einengenden Alltag des Unterrichts mit ihrer damals noch drakonischen Pädagogik ähnlich zu schaffen gemacht wie dem kleinen Julius.

Auch die Erzählungen GRINDELWALD (1902), EINE BILLARDGESCHICHTE (1902), WENKENHOF (1902) und DER WOLF (1903) entstanden in den Jahren, die auf Hesses Umzug von Tübingen nach Basel folgten, wo er seine Ausbildung zunächst in der Buchhandlung Reich, danach im Antiquariat Wattenwyl fortsetzte. Sie verarbeiten Eindrücke, die er in seiner spärlich bemessenen Freizeit teils vor Ort, teils bei Wochenendfahrten in die nähere Umgebung gewann.

Nachwort

In die Gletscherwelt des Berner Oberlandes führte ihn ein Winterausflug, den er Ende Januar 1902 mit seinem fünf Jahre jüngeren Bruder Hans unternahm. Der Gasthof Bellary in Grindelwald verwahrt noch heute ein Übernachtungsverzeichnis, worin sich der 24jährige Buchhandelsgehilfe am 1. 2. 1902 mit der Berufsbezeichnung: »Schriftsteller« eingetragen hat. Das Haus kommt als »Villa Bellary« in der Erzählung GRINDELWALD vor. Jedoch gibt es für einen real existierenden englischen Freund, den lungenkranken Globetrotter Petrus Ogilvie, der den Erzähler damals in das Nobelhotel »Bär« eingeladen hat, bisher keine Anhaltspunkte, obwohl die Ich-Erzählung, in welcher der Verfasser sogar mit seinem eigenen Namen auftritt, dies nahelegen könnte. Die Beschreibung des damals vorwiegend von englischen Gästen besuchten Luftkurortes, des Kontrastes zwischen der weißen Einsamkeit des Hochgebirgswinters, neben der sich der Trödel der Andenkenauslagen denkbar deplaciert ausnimmt, und der Lichteffekte auf den Gletschern der mächtigen Massive des Wetterhorns, des Mettenberges und Eigers, die das Hochgebirgstal umschließen, ist auf eine Weise vergegenwärtigt, daß man sich geradezu hineinversetzt fühlt. Auch der parallel zu der Erzählung entstandene kleine Gedichtzyklus »Hochgebirgswinter« (Aufstieg, Berggeist, Grindelwald, Schlittenfahrt, vgl. SW 10, *Die Gedichte*) knüpft an dieses Erlebnis an.

Die kenntnisreiche und mit allerlei Fachausdrücken durchsetzte BILLARDGESCHICHTE dagegen spielt wieder in Basel, im damaligen Gasthaus »Storchen«, das, wie das »Metropol«, ein Mekka für Billardfreunde gewesen sein muß. Hesses Chef, der Antiquar E. von Wattenwyl, zählte zu ihnen und noch manch anderer seiner Kollegen und Freunde, deren spezielle Spieltechniken Hesse damals in einem gereimten »Billard-ABC für Basel« festgehalten hat (vgl. SW 10, *Die Gedichte*). Er selber frönte dieser Passion noch lange Zeit mit solcher Leidenschaft, daß man den gewaltsamen Ausgang dieser Geschichte nachvollziehen kann.

Ähnlich wie die Erzählung DER NOVALIS schildert die 1902 entstandene Kurzgeschichte EINE RARITÄT die Schicksale eines Buches. Es geht um den lyrischen Erstling eines später durch Lustspiele bekannt gewordenen Dichters. Dieses von allen Verlegern abgelehnte und vom Verfasser schließlich auf eigene Kosten gedruckte Gedichtbändchen erfährt eine späte, tragikomische Karriere. Sie entspricht genau dem Werdegang von Hesses literarischem Debüt, dem schmalen, in 600 Exemplaren erschienenen Bändchen *Romantische Lieder,* deren wenige noch vorhandene Exemplare schon zu seinen Lebzeiten, vor allem aber nachdem er den Nobelpreis erhalten hatte, als kostbare Raritäten gehandelt wurden. Auch die Kapriolen des Marktes, die das Bändchen nach Hesses Tod erlebte, »seit einige amerikanische Sammler danach fahnden«, sind in der Geschichte vorweggenommen, ja sogar die Prognose von einem Reprint als Faksimile-Druck hat sich erfüllt in Form eines originalgetreuen Nachdrucks der Erstausgabe, der 1977, anläßlich von Hesses 100. Geburtstag in Japan erschien. Beachtenswert ist auch die Feststellung, daß sein Ruhm als »Lustspieldichter« dies bewirkt haben soll. Zeigt es doch Hesses Verhältnis zur Öffentlichkeit, die, im Gegensatz zu ihm selbst, seine Romane, die er hier mit der Beliebtheit von Lustspielen gleichsetzt, deutlich höher schätzte als seine Lyrik. Mit schönem Understatement heißt es in einer »Literarischen Grabschrift«, die er sich als Dreißigjähriger notierte: »Hier ruht der Lyriker H. Er wurde zwar als solcher nicht anerkannt, dafür aber als Unterhaltungsschriftsteller stark überschätzt«.

Eine Reminiszenz von seiner ersten fünfwöchigen Italienreise (März bis April 1901) ist die Geschichte DER LUSTIGE FLORENTINER. In dieser 1902 geschriebenen Posse finden wir das wohl eindrucksvollste Fest wieder, das der Dichter kurz zuvor in Florenz erlebt hatte, den sogenannten »Wagenschuß«, die Beförderung einer raketengetriebenen Heilig-Geist-Taube in das Kircheninnere, womit alljährlich vor dem Florentiner Dom das Osterfest eingeleitet wird. In den Tagebüchern seiner beiden ersten Italienreisen, insbesondere aber der Schilderung »Lo scoppio del carro« von 1901 (vgl. SW 1, *Jugendschriften*, S. 576 ff.), hat er noch ausführlicher davon berichtet. Auch das Erlebnis mit dem Porträt, das der Maler Costa von jenem »lustigen Florentiner« gemalt hat, mit dem sich der Ich-Erzähler dann plötzlich leibhaftig konfrontiert sah, ist authentisch. Am 13.4.1901 hat Hesse diese Episode in seinem ersten italienischen Reisetagebuch festgehalten (vgl. SW 11, *Autobiographische Schriften*, S. 222).

Die märchenhafte Spukgeschichte WENKENHOF spielt in einem Nebengebäude des gleichnamigen in Riehen bei Basel gelegenen barocken Gutshofes, dem ehemaligen Landsitz des Basler Staatsarchivars Dr. Rudolf Wackernagel. Zu seinen Gesellschaften waren Hesse und seine Architektenfreunde häufig eingeladen. Er hat auf dem »Riehenhof« (so nennt er das Gebäude in *Hermann Lauscher* und in der Erstfassung des *Gertrud*-Romans) mitunter auch übernachtet, wenn es abends zu spät wurde, um noch in die fünf Kilometer entfernte Stadt zurückzulaufen. Die auf dem

Tisch der Gastgeber aufgeschlagene Geschichte der *Prinzessin Brambilla* von E. T. A. Hoffmann mit Kupferstichen von Jacques Callot mag den Ich-Erzähler zu jenem eifersüchtigen Traum von dem nach Mitternacht um die schöne Pianistin werbenden Vorfahren des Gastgebers angeregt haben, der dann auf so unsanfte Weise hinauskomplimentiert wird.

Die im selben Jahr entstandene Erzählung PETER BASTIANS JUGEND gehört noch nicht in den engeren Kreis von Hesses in seiner schwäbischen Heimat angesiedelten »Gerbersau«-Geschichten, wenngleich sie im gleichen Umfeld spielt. In PETER BASTIANS JUGEND werden die Lokalitäten noch unverfremdet bei ihrem wirklichen Namen genannt. Der Ich-Erzähler aus dem nahe bei von Calw gelegenen Bergstädtchen Zavelstein verbringt seine Schulzeit und Lehrjahre in Hesses Geburtsort, bevor er sein abenteuerliches Wanderleben als Schlossergeselle beginnt.

PETER BASTIANS JUGEND, das ergiebigste der Fragmente seiner »Geschichten um Quorm« (vgl. SW 1, *Jugendschriften*, S. 578 ff.), entstand »in der Zeit des *Peter Camenzind*«, wie Hesse in einer Vorbemerkung zur Maschinenabschrift der Erzählung bemerkt, die er 1927 an »Velhagen & Klasings Monatshefte« sandte. »Peter Bastian« sei parallel zu seinem ersten Roman, »ja eigentlich in Konkurrenz mit ihm entstanden, denn erst als ich endgültig auf den Peter Bastian verzichtete, war es mir möglich, den Camenzind fertig zu schreiben.« Diese Erzählung, fährt er fort, sei aber weniger ein Bruder des *Camenzind* »als vielmehr ein Vorläufer des Vagabundenromans ›Knulp‹. Die Figur des Landstreichers Quorm sollte, nach meinem damaligen Plan, die Hauptfigur des Buches werden. Was mit ihr gemeint war, habe ich im ›Knulp‹ viele Jahre später dargestellt«. Das zeigt auch das im Typoskript fehlende Ende des Fragmentes, welches mit den Sätzen abschließt: wichtiger als alles andere sei ihm gewesen, »frei zu sein und gehen zu können, wohin es ihm paßte. Lange hielt er es nirgends aus. Es gab Orte, die er so liebte, wie man sonst wohl ein Weib liebhat; diese besuchte er oft und immer wieder, aber nach wenig Tagen war er immer schon wieder aus der Gegend«. Die bis ins Mittelalter zurückreichenden Bräuche der wandernden Handwerksgesellen, ihre Eigenarten und das Rotwelsch ihrer Sprache sind darin – kurz bevor das Industriezeitalter diesen Traditionen ein Ende setzte – noch einmal ähnlich eindringlich festgehalten wie später auch in den Schilderungen des Kesselschmiedes und Arbeiterdichters Heinrich Lersch (1899-1936). Doch nicht nur an *Knulp* erinnert die Erzählung. Auch Züge des künftigen Max Demian werden in den Schulepisoden mit Bastians anfänglichem Widersacher Otto Renner vorweggenommen, welche die von Kraftproben bestimmte Hierarchie unter Schülern darstellt. Hesses Kommentar für die Redaktion von »Velhagen & Klasings Monatsheften«, welche die Erzählung dann doch nicht publizierte, schließt mit dem Satz: »Wenn ich dieses Fragment heute veröffentliche, so tue ich es besonders aus dem Grunde, weil darin ein Stück deutschen Volkstums, das Handwerk und das Handwerksburschentum geschildert wird, das zu meiner Knaben- und Jünglingszeit noch nahezu in den selben Formen und mit den selben Bräuchen lebendig war wie vorher Jahrhunderte lang, während es inzwischen untergegangen ist.«

Die nächste Erzählung ist Hesses wohl populärste Kurzgeschichte: DER WOLF. Diese anrührende und häufig in Schullesebücher aufgenommene Geschichte entdämonisiert die angebliche Bestialität dieses in Mitteleuropa fast ausgerotteten Tieres, indem sie den Menschen gefährlicher als den Wolf darstellt. Ort der Handlung ist der 1600 Meter hohe Chasseral-Gebirgszug bei Saint Imier (St. Immer) nordwestlich von Neuchâtel. Die Schilderung entstand, wie Hesse 1955 auf Anfrage einer Schulklasse berichtete, »aus zwei Anlässen. Erstens fuhr ich damals um 1900 als junger Mann zuweilen mit Kameraden im Winter für einen Sonntag von Basel in den Jura; einige eisig glitzernde Mondnächte in den verschneiten Wäldern sind mir noch jetzt im Gedächtnis. Und dann las ich, ein Jahr oder zwei später in der Zeitung vom Auftauchen einiger Wölfe im westlichen Jura und daß einer von den Bauern erschlagen worden sei. Das sind die einfachen Tatsachen«. Durch seine Identifikation mit dem verfolgten Einzelgänger gab Hesse der beiläufigen Pressenotiz eine neue Dimension, welche auch seine eigene, die künftige *Steppenwolf*-Problematik vorwegnimmt, als ein von den Medien diskreditierter Spielverderber inmitten des kriegsvergessenen Lebensrausches der 1920er Jahre.

Die im renommierenden Tonfall einer studentischen Burschenschaft vorgetragene Rahmenerzählung HANS AMSTEIN ist nicht selbst erlebt, sondern greift auf Begebenheiten zurück, die der Autor aus Berichten seiner Mutter kannte. Laut den Recherchen des Calwer Forschers Siegfried Greiner kam zwei Jahre vor Hesses Geburt eine in Indien geborene Engländerin in sein Elternhaus, die in Wirklichkeit nicht Salome, sondern Bessie Thomas hieß. Das damals 17jährige Mädchen soll so attraktiv gewesen sein, daß es allen Männern den Kopf verdrehte und dies auf eine Weise ausnützte, daß Hesses Großvater Hermann Gundert »die teuflische Person« nach einem Jahr wieder loszuwerden versuchte. Das Spiel mit dem Feuer ihrer Reize scheint für sie nicht nur Koketterie, sondern eine Art sadistischer Zeitvertreib gewesen zu sein. Daß Salome, wie es am Ende der Erzählung heißt, »keinen leichten Weg gehabt« habe, trifft auch auf Bessie Thomas zu. »Denn sie lebte jahrelang ... von ihrem Mann getrennt und die fünf Stief- und ihre fünf leiblichen Kinder waren auf viele Orte verteilt.« (Siegfried Greiner, *Hermann Hesse. Jugend in Calw*, Thorbecke, Sigmaringen 1981, S. 73). Die Gestalt des Medizinstudenten Hans Amstein (nach einem Sekretär der Basler Mission benannt, den Hesse kannte) und sein trauriges Schicksal dagegen ist wohl erfunden in dieser den gefährlichen Typus der biblischen Salome (Markus 6, 21 ff.) aktualisierenden Novelle.

Die in der Art von Boccaccios *Decamerone* geschilderte Rahmengeschichte DER ERZÄHLER spielt in Florenz, aller Wahrscheinlichkeit nach in der nahe gelegenen Certosa di Val d'Ema, die Hesse damals besuchte und wo er den greisen Herrn Piero (eine Neuinkarnation des großen italienischen Novellisten) nach einem Abendessen beim Abt des Klosters vor zwei Besuchern aus Rom und Venedig eine schmerzhafte Liebesgeschichte fabulieren läßt. Die 1903, nach Hesses zweiter Italienreise, entstandene Erzählung ist ein Ergebnis seiner intensiven Beschäftigung mit Boccaccio, über den er ein Jahr später eine Monographie verfaßte (vgl. SW 1, *Jugendschriften*, S. 593 ff.) und dessen *Decamerone* er mit einem großen Essay in der »Frankfurter Zeitung« anläßlich einer 1904 im Insel-Verlag erschienenen bibliophilen Neuausgabe des Buches gewürdigt hat.

Die mit viel Ironie vorgetragene Lebensgeschichte des KARL EUGEN EISELEIN, vermutlich kurz vor *Unterm Rad*, Ende 1903 in Calw entstanden, spielt wie auch ein Großteil des Romans, im hier erstmals auftauchenden fiktiven »Gerbersau«. Man könnte diese Erzählung als eine selbstkritische Variante zu *Unterm Rad* verstehen, da der junge Dandy Eiselein Züge des genialischen Hermann Heilner aufweist und nicht (wie der überforderte Hans Giebenrath) an seiner Umwelt zerbricht. Als Hesse diese Satire auf das literarische Ästhetentum schrieb, war er selber gerade erst den Versuchungen entronnen, denen Karl Eugen Eiselein auf den Leim geht. »Daß er zum Dichter und nur zum Dichter geboren sei«, glaubt Karl Eugen ebenso früh wie der 12jährige Hesse zu wissen, der seine Eltern mit der Absicht schockierte, daß er »entweder ein Dichter oder gar nichts werden« wolle (»Kurzgefaßter Lebenslauf«). Doch im Gegensatz zu ihm selber vergeudet Karl Eugen seine Zeit mit kultiviertem Müßiggang. Modisch wie er sich kleidet, gilt auch in der Literatur seine Vorliebe dem letzten Schrei, der symbolistischen Moderne. So preziös seine Gedichte, so prekär werden seine Schulden. Getreu seinen Vorbildern George, Hofmannsthal, d'Annunzio und Maeterlinck, bemüht er sich »um die Pflege einer priesterlich reinen, feiertäglichen Sprache«, bis diese Höhenflüge im Alltag des väterlichen Lebensmittelladens wieder Grund unter den Füßen finden. Während Eiseleins Manuskript »Das Tal der bleichen Seelen« nicht über die ersten Seiten hinausgekommen ist, vermochte Hesse die ähnlich enthobenen Prosastudien seiner *Stunde hinter Mitternacht* (1899) immerhin zu vollenden und damit ein für allemal das schöngeistige Schwelgen in artifiziellen Traumgefilden abzulegen. Weitere lokale, lebensgeschichtliche und verwandtschaftliche Bezüge, so z. B. zum Werdegang von Hesses Halbbruder Theo Isen(=Eisen)berg, der sich zum Sänger berufen fühlte, doch schließlich als Apotheker resignieren mußte, erfährt man aus Siegfried Greiners Buch *Hermann Hesse. Jugend in Calw.*

An den frühen Tod des Schlosserbuben Mohrle in der Kurzgeschichte ERLEBNIS AUS DER KNABENZEIT erinnert die Erzählung AUS KINDERZEITEN. Sie schildert das traurige Ende einer Knabenfreundschaft, eine Begebenheit, die vermutlich in das Jahr 1883, also noch in Hesses Vorschulzeit an der Basler Schützenmatte, zurückreicht. Die frühlingshafte Aufbruchstimmung in der Natur gemahnt den Ich-Erzähler an den Frühling eines Menschenlebens, dem es nicht vergönnt war, sich zu entfalten. Eine spröde Zärtlichkeit durchzieht diese Erzählung über seine Erlebnisse mit dem phantasievollen Spielkameraden Brosi. Autobiographische Anhaltspunkte, außer der wirklichkeitsgetreuen Schilderung seiner Mutter, der Erwähnung seines jüngeren Bruders und des familieneigenen Papageis (der als Geschenk eines Afrika-Missionars nicht schon in Basel, sondern erst ab 1891 in Calw zum kurzweiligen Mitglied der Hesse-Familie wurde) sind bisher noch nicht nachweisbar. Die einzige bis heute auffindbare Äußerung des Verfassers dazu ist die Bemerkung, daß die Symbolik mit der Hyazinthe frei erfunden und diese Geschichte ihm persönlich die wichtigste des Erzählbandes *Diesseits* sei.

Die nicht in Gerbersau, sondern in einer Marmorschleiferei an dem nur wenige Kilometer entfernten Sattelbach (in Wirklichkeit dem Flüßchen Teinach bei Calw) spielende Novelle DIE MARMORSÄGE schildert den dramatischen Gewissenskonflikt einer jungen Frau. Der Tochter des Inhabers der Marmorsäge Helene ist die Freiheit genommen, ihre Zukunft selbst zu bestimmen, da sie einem Gutsverwalter versprochen ist, dem gegenüber ihr Vater in einem Abhängigkeitsverhältnis steht. Ohne davon zu wissen, verliebt sich der 24jährige Ich-Erzähler, der noch dazu mit jenem Gutsverwalter befreundet ist, in das Mädchen, und dieser genießt das Schauspiel in der Gewißheit, daß Helene ihm ohnehin sicher ist. Da auch Helene den Ich-Erzähler liebt, gerät sie darüber in solche Bedrängnis, daß sie aus Angst vor ihrem Vater schließlich keinen anderen Ausweg sieht, als sich das Leben zu nehmen. Faktische Anhaltspunkte, ob sich die Geschichte in Wirklichkeit so zugetragen hat, konnten bisher noch nicht nachgewiesen werden, wenngleich sie, wie alle gut erfundenen Erzählungen, auch psychologisch so realitätsnah geschildert ist wie die Topographie ihres Schauplatzes. Die Marmorschleiferei an der Teinach besteht noch heute.

Die wohl bekannteste von Hesses »Gerbersau«-Erzählungen IN DER ALTEN SONNE verdankt ihren Erfolg dem Humor ihres 26jährigen Verfassers. Man merkt ihr das Vergnügen an, das die Niederschrift ihm bereitet hat. Die Geschichte von den Armenhäuslern, antwortete Hesse 1908 auf eine Umfrage von »Westermanns Monatsheften«, habe ihm mehr Freude gemacht als das meiste, was er bisher geschrieben habe. Am Beispiel einiger Obdachloser – Insassen des zum Armenasyl umfunktionierten ehemaligen Gasthauses »Zur alten Sonne« – schildert er das tragikomische Zusammenleben dieser von der Gesellschaft ausrangierten Existenzen. Hier stoßen zunächst nur zwei, schließlich vier ältere Männer mit den unterschiedlichsten Vorgeschichten und Temperamenten aufeinander: ein arbeitsscheuer Kleinfabrikant, ein alkoholsüchtiger Seiler, der in seinem Schwachsinn glückliche Holdria und der lebensfrohe Landstreicher Finkenbein. Neid, Bosheit, Dünkel und Starrsinn machen das kleine Asyl zu einer Zweiparteien-Gesellschaft. Diese Gruppendynamik wird ohne jegliche moralische Wertung dargestellt wie Naturkräfte, die sich nach ihren eigenen Gesetzen ausleben müssen. Die Sympathie des Erzählers liegt auf Finkenbein, der sich als freier Mann wieder auf Wanderschaft begibt und der, wie sein späterer Vetter *Knulp*, den Hackordnungen des Käfigs zu entrinnen vermag.

Die Erinnerung an den wunderlichen Calwer Nachbarn GARIBALDI, die sich 1904 beim Gespräch zweier Fahrgäste im Abteil eines Zuges entzündet, ist weniger eine Erzählung als ein Gedenkblatt von der Art, wie sie Hesse 1937 in einem gleichnamigen Sammelband vorgelegt hat. Denn außer den Personennamen ist kaum etwas darin erfunden. »Garibaldi«, ein bereits im fünften Kapitel von *Unterm Rad* vorkommendes etwas unheimliches Calwer Original mit dem Blick eines gefangenen Raubvogels, das der zehnjährige Hesse von dem Fenster seines Zimmers aus beobachten konnte, hat ihn damals bis in die Träume hinein verfolgt. Dieser Garibaldi, in der Erzählung Schorsch Großjohann genannt, hieß in Wirklichkeit Georg Großhans, war als Tagelöhner bei der Straßenreinigung beschäftigt und wurde von Hesses Mutter, seiner Statur und Barttracht wegen, nach dem italienischen Freiheitskämpfer (1807-1882) benannt. Ob er für den Tod eines in der Nagold ertrunkenen Mühlenbauers verantwortlich war, den Hesse im Dezember 1890 am Rahen der Spitalmühle hängen sah, bleibt offen in dieser nur einmal, in den Sammelband *Nachbarn* (1908), aufgenommenen Charakterstudie.

Jeder Leser von *Unterm Rad* oder der Novelle DER ZYKLON erinnert sich an die dort beschriebenen Sommerferien und die Leidenschaft des Erzählers fürs Angeln. Die 1904 entstandene und nach einer Formulierung aus dem »Sonnengesang« des hl. Franz von Assisi benannte Schilderung SOR AQUA (Schwester Wasser) ist eine Laudatio auf das Wasser in allen seinen Erscheinungsformen. Ein alter Mann blickt zurück auf seine zumeist erfreulichen Erfahrungen mit dem feuchten Element, dem er als Schwimmer, Segler, Ruderer, vor allem aber als Angler so sehr verfallen war, daß er bereits nach fünfzehn Jahren seinen Beruf aufgab, um die schönsten Gewässer in aller Herren Länder kennenzulernen. Drei seiner Angelerlebnisse gibt er dabei zum Besten, den Fang eines Karpfens im Elsaß, eine Forellenjagd im Schwarzwald und ein Erlebnis beim Lachsfang am Oberrhein.

Die traumhafte, wie hingetuscht wirkende Impression NOCTURNO ES-DUR erinnert an Hesses Chopin-Gedichte und greift zurück auf sein Elisabeth-Erlebnis in den Basler Jahren, das er auch im »Tagebuch 1900« des *Hermann Lauscher* und in der Erzählung DER DICHTER. EIN BUCH DER SEHNSUCHT sowie in den »Briefen an Elisabeth« festgehalten hat (siehe SW 1, *Jugendschriften*).

Einen weiteren Einblick in Hesses Basler Lehrjahre gibt die 1905 im Rückblick geschriebene Schilderung DER STÄDTEBAUER. Erwähnt wird darin der »Klub der Entgleisten«, den Hesse damals ins Leben rief und für den er ein poetisches Clubbuch anlegte, das »unserem toten Bruder Verlaine« gewidmet war. Bei der Gestalt des Städtebauers dachte er vermutlich an den jungen Architekten Hans Drach. Mit ihm und dem fünf Jahre älteren Rathausbaumeister Heinrich Jennen teilte Hesse vom Oktober 1899 bis

April 1900 eine Wohngemeinschaft in der Basler Holbeinstraße (siehe die Erzählung DAS RATHAUS). Treffpunkt der beiden ist das ehemalige, später auch im *Steppenwolf* (»als Stahlhelm«) vorkommende »Restaurant Helm« am Basler Fischmarkt. Die architektonischen Träume des Städtebauers, die sich abheben von der Anlage der Certosa di Pavia (einem toskanischen Kartäuserkloster, das Hesse im März 1901 besucht hatte), wirken wie eine Vorwegnahme seiner Vorstellungen vom Aussehen der Landschulheime seiner Gelehrtenprovinz Kastalien, die Hesse dreißig Jahre später im *Glasperlenspiel* entwerfen wird.

Wie »Peter Bastian« aus Zavelstein muß auch DER LATEINSCHÜLER Karl Bauer als Pensionär in die nächstgrößere Stadt ziehen, um das Gymnasium besuchen zu können. Wichtiger freilich als die Schule ist ihm seine erste Liebe zu Tine, einem Mädchen, das ihm an Alter und Reife überlegen ist. Wie behutsam das Mädchen den Lateinschüler aus der Traumwolke einer unerfüllbaren Liebe befreit (unter der lebensklugen Obhut einer bravourös gezeichneten herzensguten Magd), ist mit so viel Einfühlungsvermögen geschildert, daß man den Erfolg dieser Erzählung als eine der populärsten deutschen Liebesgeschichten versteht.

Die kurze Reisegeschichte über einen geschäftstüchtigen Anekdotenerzähler ERINNERUNG AN MWAMBA, deren Niederschrift man auf den ersten Blick in die Jahre 1911/1912 datieren möchte, als Hesse seine erste und einzige längere Schiffsreise über Port Said durch den Suez-Kanal nach Indonesien unternahm, ist – wie sein Datennotizbuch unwiderleglich ausweist – bereits 1905 entstanden. Darin nimmt er in der Phantasie schon lange vor Antritt seiner Indienreise »die fade Zerstreuungssucht und Melancholie« vorweg, welche die Passagiere auf dieser wochenlangen Seefahrt befällt und die er sechs Jahre später in seinem Reisetagebuch (SW 11, *Autobiographische Schriften*) noch anschaulicher festhalten wird. Sogar sein Fazit ist dasselbe: »daß auch Reise, Fremde und neue Bilderfülle nicht heilen kann, was die Heimat krank gemacht hat«. Denn diese Expedition nach Ostindien (dem heutigen Malaysia) war für Hesse in der Tat u. a. ein Ausbruchs- und Distanzierungsversuch von der ihm mittlerweile allzu bürgerlich vorkommenden Rolle als Hausbesitzer und Familienvater nach sechsjähriger Ehe.

Zur selben Zeit, also bereits im Jahre 1905, entstand auch die Posse ANTON SCHIEVELBEYN'S OHN-FREYWILLIGE REISSE NACHER OST-INDIEN in der Art der Reisebeschreibungen aus dem 17. Jahrhundert, eine Moritat, die Hesse als stilistisches Spiel und literarischen Spaß bezeichnet hat. Noch zwanzig Jahre später plante er einen Sammelband mit dem Titel »Orientreisen« herauszugeben. Im Nachwort zu dieser niemals erschienenen Anthologie nennt er die Quellen, die ihn vermutlich auch zur Niederschrift der Schievelbeyn-Burleske angeregt hatten: *Diarium, oder Tage-Buch über Dasjenige, so sich Zeit einer neunjährigen Reise zu Wasser und Lande, meistenteils im Dienst der vereinigten geoktroyerten Niederländischen Ost-Indianischen Copagnie, besonders in denselbigen Ländern täglich begeben und zugetragen.* Von Johann von der Behr. Jena, anno 1668.

Walter Schultzen, *Gedenckwürdige Reis nach Ostindien gethan*, Amsterdam 1676.

Neue Reisbeschreibung nacher Jerusalem undt Dem H[eiligen] Landte, geschrieben durch Laurentium Slisansky. Anno 1662.

Über den Stil dieser Berichte bemerkt Hesse in seinem Nachwort: »Alle diese Reisebücher des 17. Jahrhunderts haben gemeinsam die Abenteuerlust und Reisefreude jener Zeit der großen Entdeckungen und der beginnenden Ausbeutung der indischen Welt durch Europa, sie haben auch gemeinsam den Stil des Barock, einen gewandten, schmissigen und selbstbewußten Stil. Zu diesem Stil scheint mir, als besonderer Duft, die Schreibweise jener Zeit zu gehören, und so habe ich diese Stücke völlig in der Orthographie der Originale wiedergegeben.«

Die Handlung beginnt in Südafrika und schildert die unfreiwilligen Abenteuer eines Siedlers in der Kap-Provinz, die damals von der niederländischen Handelskompagnie besetzt war. Dank der Tüchtigkeit seiner Frau ist der Farmer Anton Schievelbeyn so wohlhabend, träge und leichtsinnig geworden, daß seine resolute Gattin ihn bei Nacht und Nebel auf ein Schiff nach Java verfrachten läßt, damit er nüchtern werde, wieder arbeiten und den Ernst des Lebens kennenlerne. Diese Moritat, aufgezeichnet in der barocken Rechtschreibung und drastischen Sprache eines Abraham a Santa Clara, hat Hesse unter dem Titel »Der verbannte Ehemann« kurz vor seiner eigenen Ostindien-Reise auch als Komische Oper in fünf Akten bearbeitet (siehe SW 9, *Dramatisches*). Eine Einzelausgabe der Erzählung erschien 1914 als Münchner Liebhaberdruck des Bachmair Verlages. Erst 1935 hat Hesse sie in das *Fabulierbuch* aufgenommen und damit in den Kontext seiner »Gesammelten Werke in Einzelausgaben« einbezogen. Drei Jahre später gab er dem damals 22jährigen, staaten- und mittellosen Emigranten Peter Weiss (1916-1982) den Auftrag (um ihm finanziell über die Monate seiner Schweizer Aufenthaltsbewilligung hinwegzuhelfen), die Moritat (als Geschenk für Hesses Freund H.C. Bodmer) zu illustrieren. Diese Bilderhandschrift erschien erstmals 1977, gemeinsam mit dem Opernlibretto *Der verbannte Ehemann* unter diesem Titel als Taschenbuch.

In HEUMOND werden zwei Sommerferientage im Leben eines Schülers geschildert. Sie verändern den 16jährigen Paul mehr als ganze Monate gleichgültigen Alltags. Dessen Einerlei wird unterbrochen durch den Besuch der gleichaltrigen Berta, die sich in Paul, und ihrer aparten Begleiterin, in die sich Paul verliebt. Damit entstehen Kraftfelder, worin »unausgesprochene Leidenschaften sich kreuzen und bekämpfen«. Ohne zueinander finden zu können, erfahren die Beteiligten zum ersten Mal ein Gefühl, »wobei der ganze Leib brannte und fror zugleich ... aber es war angenehm, so weh es tat«. »Das Seelische«, schrieb Heinrich Wiegand 1930, werde in dieser kunstvoll mit derselben Szene einsetzenden und schließenden Erzählung »mit Proust'schem Raffinement in Arabesken der Landschaft und Witterung aufgelöst«. Schauplatz der Geschichte ist nicht Calw, sondern Bad Boll, wo Hesse kurz zuvor, nachdem er aus dem Maulbronner Seminar entflohen war, im Heil- und Erweckungszentrum des Pfarrers Christoph Blumhardt (1842-1919) von seinem Eigensinn kuriert werden sollte. Dort lernte er zwei junge Baltinnen kennen, eine davon 30jährig, namens Tiesenhausen. In einem an Salome Wilhelm gerichteten Brief vom 24.5.1944 erinnert sich der Autor: »Boll war einer der großen Eindrücke und eines der großen Erlebnisse für mich in jenen Jahren, wo man Eindrücke und Erlebnisse noch voll und wirksam in sich aufnimmt, wo sie zu dauernden Vorstellungen, fast zu Urbildern werden. Ich habe einmal in der Erzählung ›Heumond‹ Boll zwar in ein Privathaus verwandelt, aber das Lokale und den humanen Boller Geist doch mit hineingenommen, und wenn ich heut an Boll denke, wo ich als 15jähriger, glaube ich, zuletzt gewesen bin, dann geht mir das reale Boll von damals mit dem Haus und Garten meiner Erzählung wunderlich durcheinander.«

Eine Hommage an seine eigene Mutter, die der Dichter einen neunzigjährigen Freund aufzeichnen läßt, ist der Rückblick AUS DER ERINNERUNG EINES ALTEN JUNGGESELLEN, den Hesse, wie 1901 den *Hermann Lauscher*, als fiktiver Herausgeber dem Druck übergibt. Diese Memoiren spielen im 18. Jahrhundert und beginnen mit einer Reminiszenz des Verfassers, der wie Hesse selbst an der Beerdigung seiner Mutter nicht teilgenommen hat. Beim Betrachten der vier von ihr erhaltenen Porträtgemälde und -zeichnungen schildert der Neunzigjährige jene Erinnerungen an diese so fromme wie lebenskluge Frau, die sich ihm besonders eingeprägt haben: u. a. einen ihrer pietistischen Träume, ihren Kummer über die Ungläubigkeit ihres Sohnes und wie sie es angestellt hatte, ihn vor einem vorschnellen Verlöbnis zu bewahren. Auch hier durchdringen sich Autobiographisches und Erfundenes zu einer kunstvollen Stimmigkeit, von deren nostalgischer Sentimentalität sich Hesse durch die Rolle des Herausgebers distanziert.

Wieder in den Umkreis von Gerbersau gehören die Novellen, welche Begebenheiten überliefern, die Hesse im Verlauf der fünfzehn Monate seiner Schlosserlehre in der Turmuhrenfabrik von Heinrich Perrot erlebt hat. Die ausführlichsten dieser Darstellungen stehen in den letzten beiden Kapiteln von *Unterm Rad* und in der Erzählung HANS DIERLAMMS LEHRZEIT. Aber auch die vier kurzen Ich-Erzählungen AUS DER WERKSTATT, DER SCHLOSSERGESELLE und EIN ERFINDER geben ein anschauliches Bild vom Alltag einer Mechanikerlehre, von den Spannungen und Kraftproben zwischen Meistern, Gesellen und Lehrjungen, von ihren Eigenarten und Konflikten. Nie wieder ist Hesse in so engen Kontakt mit dem arbeitenden Volk gekommen wie damals, als er, der Klosterschule entlaufen, nach Abschluß der mittleren Reife an einem Cannstatter Gymnasium, zurückgekehrt in seine Heimatstadt, und dort von den ehemaligen Schulkameraden als »Landexamensschlosser« verspottet, sich 17jährig im Handwerkermilieu zu behaupten versuchte.

Die nun folgenden Geschichten sind alle in Hesses Bodenseejahren entstanden, der Anfangszeit seiner nun endlich freiberuflichen Schriftstellerei. Damals erschien auch seine erste, im April 1907 ausgelieferte Erzählsammlung *Diesseits* und erreichte bis Jahresende zwölf Auflagen (also mehr als sein erster Roman *Peter Camenzind* in vergleichbarer Zeit). Kein Wunder, daß Hesses Verleger Samuel Fischer großes Interesse an weiteren Erzählbänden zeigte. Im Oktober 1908 folgte die nächste Sammlung: *Nachbarn*, wobei der Autor wie beim Sammelband *Diesseits* auf seine vordem in Zeitungen und Zeitschriften publizierten Arbeiten aus den Jahren 1903 bis 1907 zurückgreifen konnte. Dieser zweite Erzählband war noch erfolgreicher, denn bereits drei Monate nach Erscheinen konnte schon die zwölfte Auflage gedruckt werden. Gleichwohl plagten den Verfasser Zweifel, ob er wirklich ein Erzähler sei. Das zeigt sich in einem Schreiben vom März 1908 an den Redakteur der »Württembergischen Zeitung«, worin er den

Gattungsbegriff »Erzählungen« als »eine notgedrungene Bezeichnung« relativiert und bemerkt, jede dieser Geschichten sei eher »ein Versuch, Erlebtes in geklärter Form festzuhalten. Ich weiß besser als mancher zu wohlwollende Kritiker, daß ich eigentlich kein Erzähler bin. Auch neun Zehntel und mehr von allen heutigen Romanen sind keine Erzählungen. Wir ›Erzähler‹ von heute treiben alle eine Kunst von übermorgen, deren Formgesetze noch nicht da sind. Was man eigentlich Erzählung nennt, ist die Darstellung vom Geschehen zwischen handelnden Menschen, während wir jetzt ein Bedürfnis fühlen, den einsamen Einzelnen darzustellen. Vielleicht wird aus diesen Versuchen eine neue Kunst werden, aber auch hier wird das A und O sehr nahe beieinander liegen. Und wenn auch diese neue Art einmal ihren Homer bekommt, so wird er trotz alles Neuen dem alten Homer wie ein Bruder gleichen.« Und auf eine Umfrage von »Westermanns Monatsheften« antwortete er zur selben Zeit anläßlich der Sammlung *Nachbarn*: »Strenge Richter werden freilich finden, es [das Erzählen] sei mir auch hier wieder mißglückt, und sie werden wohl recht haben, da ich selber mich nicht für einen richtigen Erzähler halten kann. Ich benutze darum gern, wie z. B. in den beiden letzten Erzählungen [WALTER KÖMPFF und IN DER ALTEN SONNE], die Freiheit unserer Novellenform, um statt des eigentlichen Erzählens einem beschaulichen Betrachten der Natur und merkwürdiger Menschenseelen nachzugehen. Daß dabei wie in allen meinen bisherigen Büchern das Idyllische vorwiegt, mag zum großen Teil in meinem Wesen liegen, dem das Dramatische fremd ist; zum Teil ist es aber auch bewußte Beschränkung auf ein Gebiet, dem ich mich bis jetzt noch besser gewachsen fühle als der Darstellung mancher gar nicht idyllischer Stoffe, zu der mir das Vertrauen noch fehlt. Mehr kann ich in der Kürze nicht sagen, nur noch das, daß ich trotz der letzten Notiz keineswegs der Meinung bin, ein aufrichtiger Autor könne seine ›Stoffe‹ absolut frei wählen. Vielmehr bin ich durchaus davon überzeugt, daß die Stoffe zu uns kommen, nicht wir zu ihnen, und daß daher die scheinbare ›Wahl‹ kein Akt eines losgebundenen persönlichen Willens, sondern gleich jeder Entschließung Folge eines lückenlosen Determinismus ist. Nur möchte ich damit nicht den Anschein erwecken, als halte ich nun jeden Einfall und jede Arbeit eines Dichters für sanktioniert, sondern gebe gern und mit Überzeugung zu, daß hier wie im übrigen Leben der Glaube an die Determination keineswegs die persönliche Verantwortung aufhebt. Dafür haben wir einen untrüglichen Maßstab im Gewissen, und das dichterische

Gewissen ist darum das einzige Gesetz, dem der Dichter unbedingt folgen muß, und dessen Umgehung ihn und seine Arbeit schädigt.«

Dies war auch eine Absage an die bei Redakteuren so beliebten Einladungen an Autoren, sich Themen zuzuwenden, die sie selbst den Schriftstellern vorgeben und meist besser honorieren als das, was diese aus eigenem Antrieb schreiben. Solchen Anregungen hat sich Hesse fast immer entzogen und darauf u. a. in einem Brief an Josef von Vintschger (vom 30. 8. 1944) geantwortet: »Ich schreibe fast nie etwas im Auftrag und kann nichts weniger leiden, als wenn Dichter und Dilettanten über irgendein Gebiet, auf dem sie Laien sind, Worte machen.« Daß in Hesses Erzählungen das lyrische Element das dramatische übertrifft und die Handlungen zwanglos und organisch mit dem Ambiente der Natur, der Witterung und dem jeweiligen Genius loci harmonieren, macht das Unverwechselbare seiner Darstellungen aus, wobei es ihm gleichgültig ist, ob er damit gegen normative oder gegen modische Bewertungskriterien verstößt. Denn auch ohne extravagante Erfindungen, künstliche Dramaturgie, sensationelle Handlung und Stilmittel bemühen zu müssen, ist Hesse ein mitreißender Erzähler, da er das Besondere im Alltäglichen, im Gewöhnlichen das Symptomatische und im Banalen das Exemplarische zu sehen und zu zeigen vermag. In einem Essay über deutsche Erzähler zieht Hesse das Fazit: »Am höchsten werden uns immer jene Werke stehen, von welchen wir uns ebenso menschlich bestärkt wie ästhetisch befriedigt fühlen. Und der ideale Autor wäre der, bei welchem sowohl Talent wie Charakter ein Maximum darstellte. Nun ist es niemandem gegeben, seine eigene Natur wesentlich zu steigern. Der einzige Weg zu einer solchen Steigerung liegt für den Künstler eben im Ringen nach einer möglichen Angleichung von Talent und Charakter. Der Könner, dem wir zutrauen, er hätte von allen seinen Sachen ebenso wohl das Gegenteil machen können, ist uns verdächtig und wird uns bald zuwider. Und stets siegt am Ende das menschliche Urteil über das ästhetische. Denn wir verzeihen dem Talent nicht leicht, daß es sich mißbraucht, wohl aber verzeihen wir dem menschlich wertvollen Werke manchen offenkundigen Formfehler. Wir rechnen der groß gewollten Dichtung ein formales Scheitern (wozu das Nichtfertigwerden vieler großer Werke gehört), wir rechnen dem aufrichtigen Gefühl eine unbeholfene Gebärde nicht unerbittlich an; hingegen verzeihen wir es dem Könner niemals, wenn er etwa versucht, seelisch und gedanklich mehr zu geben als er hat. Jenen Einklang von Talent und Charakter kann man einfacher als Treue zum eigenen Wesen bezeichnen. Wo wir sie finden, haben wir Vertrauen. Wir sehen nur mit Mißbehagen zu, wenn ein biederer Erzähler ohne Not versucht, witzig zu sein. Aber wir lieben und bewundern an einem starken Dichter den Aufstieg zum Humor, und der Schwächere, intellektuell Überlastete bleibt uns lieb und wert, wenn wir ihn den Notausgang in die Ironie gewinnen sehen.«

Etwa die Hälfte der nun entstehenden Erzählungen sind Liebesgeschichten. Nur eine davon, SCHÖN IST DIE JUGEND, hat der Autor selbst in seine *Gesammelten Schriften* aufgenommen. Handelt es sich bei den Kurzgeschichten LIEBESOPFER, LIEBE, BRIEF EINES JÜNGLINGS, EINE SONATE, MALER BRAHM, und EIN BRIEFWECHSEL auch eher um vorläufige Annäherungsversuche an dieses Thema, so enthalten sie doch Konstellationen, die später wiederaufgegriffen und vertieft werden, wie in der tragischen Geschichte des Malers Brahm. Sie schildert das Schicksal eines Künstlers, der durch die unerwiderte Liebe zu einer Sängerin den Halt in seiner Arbeit verliert und die innere Balance erst dann wiederfindet, als er endlich die Aussichtslosigkeit seiner Neigung erkennt: eine trotz ihrer Kürze eindringliche Parabel über die Entstehungsbedingungen von Kunst. Dieser Maler ist – wie der glücklichere Held in der dreizehn Jahre später entstandenen Novelle KLINGSORS LETZTER SOMMER – ein Besessener und Vorläufer des Expressionisten Klingsor. Auch sein Schaffen endet mit einem furiosen Selbstporträt.

In der zwei Jahre nach seiner Heirat und dem gleichzeitigen Umzug an den Bodensee geschriebenen Kurzgeschichte LIEBESOPFER blickt Hesse zurück auf seine Antiquariatslehrzeit in Basel. In diesem Beruf, »einem Asyl für Entgleiste jeder Art«, hatte er durch einen älteren Kollegen, am Abend seines Geburtstages im Juli, von einer Spielart der Liebe erfahren, die sein ganzes Leben auf den Kopf stellte. Die im selben Jahr 1906 entstandenen Geschichten LIEBE, BRIEF EINES JÜNGLINGS, EINE SONATE und EINE FUSSREISE IM HERBST variieren dieses Thema, das ihm damals durch seine Ehe wieder zum Problem geworden war (siehe auch die beiden Frühfassungen des Romans *Gertrud*, SW 2). Denn das Erreichte, auch und gerade die Ehe, befriedigte Hesse nicht so sehr wie der Reiz des Ungebundenseins. Zu lieben und abgewiesen zu werden, aber auch der freiwillige Verzicht gehören in diesen Geschichten zusammen. Nur die Leidenschaft selbst, das erhöhte Lebensgefühl, zählt. Die Angst vor einer Erniedrigung des Ideals ist stärker als der Wunsch nach Erfüllung, wie in der Erzählung EINE SONATE, worin die Ernüchterung aus dem Blickwinkel einer Frau geschildert wird. Hedwig Dillenius ertappt sich bei einer Lüge, um die Entbehrungen, die sie in der Ehe erleidet, nicht nach außen dringen zu lassen. Zum Gefühl des Mangels tritt das der Scham.

Auch der fiktive Bericht über EINE FUSSREISE IM HERBST, dessen erstes Kapitel »Seeüberfahrt« bereits im September 1905 geschrieben wurde, endet mit einer Ernüchterung. Der Ich-Erzähler begibt sich darin auf eine sentimentale Reise, um nach zehnjähriger Abwesenheit zu sehen, was aus der stolzen und prächtigen Julie geworden ist, die einstmals seine »phantastisch kühnen Ansichten und Lebenspläne verstanden und geteilt hatte«. Er trifft auf eine gesetzte verheiratete Frau, deren ehemaliger Charme fast ganz verblüht ist und die ihn am liebsten gar nicht empfangen hätte, ihn mit »Sie« anredet, um dann von nichts anderem als ihren Kindern, deren Krankheiten, Schul- und Erziehungssorgen zu plaudern. Der Frühnebel, der ihn bei seiner Abreise umgibt und der »alles Benachbarte und scheinbar Zusammengehörige trennt«, paßt zu dieser Erfahrung mit Julie (die den Vornamen von Hesses im *Hermann Lauscher* als »Lulu« vorkommender, jedoch unverheiratet gebliebener Jugendliebe Julie Hellmann trägt). Unauslöschlich jedoch bleibt die Erinnerung an das, was er dieser Liebe damals verdankte: »die fröhliche Kraft, für sie zu leben, zu streiten, durch Feuer und Wasser zu gehen. Sich wegwerfen können für das Lächeln einer Frau, das ist Glück und das ist mir unverloren.«

Eine Liebesgeschichte ganz anderer Art ist der Dialog EIN BRIEFWECHSEL zwischen den ehemaligen Studenten Hans und Theodor. Der gutmütige Hans, der als Privatlehrer in seine Heimatstadt zurückgekehrt ist, versucht seine Freundschaft mit dem nach München verzogenen und dort auf großem Fuß lebenden Theodor wenigstens brieflich aufrechtzuerhalten. Doch die räumliche Distanz zwischen den beiden macht die Verschiedenartigkeit ihrer Naturelle deutlicher, als es ihnen während ihres gemeinsamen Studiums in Tübingen aufgefallen war. Theodor nutzt die Anhänglichkeit seines Freundes aus, indem er ihn für seine weltmännischen Eskapaden um Geld anpumpt und es Hans überläßt, sich um das von ihm im Stich gelassene Mädchen zu kümmern, dem er die Ehe versprochen hat. Als Hans ihm deshalb Vorhaltungen macht, trennen sich ihre Wege, weil sich ihre Gemeinsamkeiten als Illusion erwiesen haben.

HANS DIERLAMMS LEHRZEIT, die spannendste dieser Liebesgeschichten, hat Hesse merkwürdigerweise in keinem seiner Erzählbände überliefert.

Nachwort

Sie spielt wieder im Schlosser- und Mechanikermilieu von Gerbersau. Der gescheiterte Gymnasiast Dierlamm, der wie der ihm ähnliche junge Giebenrath in *Unterm Rad* den Vornamen Hans trägt, absolviert (wie Hesse selbst) im Alter von 18 Jahren eine Mechanikerlehre, die er auf Betreiben seines Vaters nicht auswärts antritt, sondern in seiner Heimatstadt, damit man ihn besser unter Kontrolle hat. Bei Reparaturen an den Maschinen der benachbarten Weberei lernt er die italienische Gastarbeiterin Maria Testolini kennen, die ihn dazu bringt, zum unfreiwilligen Nebenbuhler des mit ihr bereits liierten Niklas Trefz zu werden, der als Obergeselle mit Hans in derselben Werkstatt beschäftigt ist. Als Maria zudem mit dem Inhaber der Firma zu kokettieren beginnt, bemerkt Niklas ihre Untreue und kündigt seine Stelle. Sobald ihm zu alledem auch noch Gerüchte über ihr Verhältnis zu dem zehn Jahre jüngeren Praktikanten Hans kolportiert werden, platzt ihm der Kragen. Auf einem Ausflug mit Hans verlangt er darüber Gewißheit und plant, ihn mit einem Hammer zu erschlagen, falls sich das Gemunkel bestätigen sollte. Doch nach dessen redlicher Schilderung der Begebenheiten bringt er es nicht mehr über sich, die Tat zu begehen, verläßt die Stadt und ist auch von seiner Liebe zu Maria kuriert. Anhaltspunkte dafür, ob diese Erzählung auf eine authentische Begebenheit zurückgeht, konnten bisher noch nicht nachgewiesen werden. Unübersehbar jedoch ist die Übereinstimmung der Tätigkeiten Hans Dierlamms mit Hesses Selbstzeugnissen aus der Zeit seiner eigenen Schlosserlehre. Das zeigt u. a. sein Brief vom 29.5.1895 an Theodor Rümelin, worin es heißt: »In der Mechanik habe ich immerhin einiges gelernt, verstehe, eine Nähmaschine zu zerlegen, eine Drahtleitung zu ziehen, Eisen zu drehen, Schrauben zu machen, eine Säge zu hauen, kann Stahl, Eisen, Messing, Kupfer, Zinn, Zink, Antimonium etc. unterscheiden, Elementleutwerke einrichten, Most trinken, trocken Brot essen, Lehrlinge kommandieren, von Leitern herabfallen, Hosen zerreißen und was sonst zur Mechanik gehört.« Wie detailgetreu diese und die übrigen »Gerbersau«-Geschichten mit der lokalen Topographie verbunden sind, findet man in Siegfried Greiners Darstellung *Hermann Hesses Jugend in Calw* belegt.

Auf die Frage Erika Manns nach dem Verhältnis zwischen Dichtung und Wahrheit in der Schlossergeschichte DAS ERSTE ABENTEUER antwortete Hesse am 3.6.1958: »Mit der Erzählung von jenem jugendlichen Liebeserlebnis ist es so: sie ist wahr und erlebt, aber die Personen sind vertauscht: nicht die Dame der Erzählung war es, die mir Avancen machte, sondern eine andere Frau und die liebte ich nicht.«

Fast unverfremdet autobiographisch dagegen ist der Rückblick auf Hesses Sommerferien im Jahr 1899 in der Erzählung SCHÖN IST DIE JUGEND. Nach erfolgreich abgeschlossener Buchhändlerlehre sehen wir den für verloren gegebenen Ich-Erzähler nach langer Abwesenheit als einen fast schon gemachten Mann in seine Heimat zurückkehren, die er zuvor »als schüchternes Sorgenkind« verlassen hatte. Denn mehr als vier Jahre lang »war unweigerlich alles schief gegangen, was man mit mir unternehmen wollte«, erinnert sich Hesse in seinem »Kurzgefaßten Lebenslauf«: »Keine Schule wollte mich behalten. Jeder Versuch, einen brauchbaren Menschen aus mir zu machen, endete mit Mißerfolg, mehrmals mit Schande und Skandal, mit Flucht oder Ausweisung« (siehe SW 12, *Autobiographische Schriften*). Vor diesem Hintergrund muß man die hier geschilderte Ferienidylle vom letzten Augustmonat des 19. Jahrhunderts lesen. Die hoffnungsfrohe, nun erstmals errungene Akzeptanz des Erzählers durch seine besorgten Angehörigen erklärt die Lebensfreude jener Wochen des endgültigen Abschieds von der Kindheit ebenso wie den etwas euphemistischen Volksliedtitel »Schön ist die Jugend«, den Hesse für diese Geschichte gewählt hat. Denn hier läßt er seine Herkunft und Heimat in einem Licht erscheinen, »als wäre damals alles gut und vollkommen gewesen«. So wollte sich Hesse das Elternhaus in der Erinnerung bewahren, und noch 1946 schrieb er an seine Schwester Adele (sie ist die Lotte in dieser Erzählung): »›Schön ist die Jugend‹ ist mir und wohl auch Dir die liebste von meinen frühen Erzählungen aus der Zeit vor den Kriegen und Krisen, weil sie unsere Jugend, unser Elternhaus und unsere damalige Heimat recht treu aufbewahrt und geschildert hat.«

Eine andere Art von Abschied überliefert die kurze, in Briefform gekleidete Geschichte ABSCHIEDNEHMEN. 1901/02 mußte sich Hesse wegen unerträglicher Augenschmerzen einer Operation unterziehen, wobei seine zu engen Tränenkanäle aufgeschlitzt wurden. Dieser Eingriff erwies sich als kontraproduktiv. Die lebenslange Folge waren beidseitige Bügelmuskelkrämpfe und Neuralgien in der oberen Gesichtshälfte, die periodisch wiederkehrten und dazu führten, daß er zuweilen monatelang weder lesen noch schreiben konnte. So fiel es ihm leicht, sich in die Lage eines Menschen zu versetzen, der befürchten muß, sein Augenlicht einzubüßen, wie der Ich-Erzähler, der kurz vor der befürchteten Erblindung zehnfach zu schätzen beginnt, was er verlieren soll.

Von den Ursachen, warum ein Mensch zum Sonderling und Außenseiter werden kann, handelt die Geschichte WALTER KÖMPFF. Sie entrollt das tragische Schicksal eines gutwilligen jungen Mannes, der daran gehindert wird, seine individuellen Anlagen zu entfalten. Er wird zum Opfer der Erwartungen seines Vaters, der ihm noch auf dem Sterbebett das Versprechen abverlangt, die berufliche Familientradition fortzusetzen und sein Geschäft zu übernehmen. Bei dieser Problematik, der Hesse selber in seiner Jugend ausgesetzt war und die er dank seines Eigen-Sinns nur mit knapper Not zu bewältigen vermochte, konnte er zu keiner souverän humorvollen Erzählhaltung wie in der Geschichte von den Sonnenbrüdern finden. Walter Kömpff, der für das Kaufmannsgewerbe nicht geschaffen ist, wird darüber immer wunderlicher und im Kontakt mit den pietistischen Stundenbrüdern auf merkwürdige Weise religiös und »geisteskrank«. Da seine Mitbürger ihn für verrückt halten, kommt er vollends aus der Balance und nimmt sich das Leben. In der Erstfassung des Manuskriptes hieß die Erzählung »Der letzte Kömpff vom Markt«, ein Hinweis, daß der Autor dabei an den Sohn eines Kaufmannes dachte, der bis 1887 Inhaber eines Ladens im Erdgeschoß seines Geburtshauses am Calwer Marktplatz gewesen war. Das Schicksal dieses unfreiwilligen Krämers (sein wirklicher Name war Emil Dreiß) nimmt Hesse zum Anlaß, um damit einmal mehr die Bedeutung der Selbstbestimmung, ein Leitmotiv vieler seiner Schriften, vor Augen zu führen.

Die gleichfalls in Gerbersau angesiedelte Geschichte IN EINER KLEINEN STADT ist lange Zeit unbekannt geblieben, weil Hesse sie nur einmal in einer Zeitschrift veröffentlicht hat. In ihrer Hauptgestalt, dem Maler, Karikaturisten und Schmetterlingssammler Hermann Lautenschlager ist unschwer der Verfasser selbst zu erkennen. Im Verhalten seines Antipoden, des feisten Emporkömmlings Trefz, zeigt er die Reaktionen der Einheimischen auf seine (damals ja schon in Zeitungen und Zeitschriften veröffentlichten) »Gerbersau«-Erzählungen. Hermann Lautenschlager, dessen Reputation weit über die Heimat hinausreicht, da seine Arbeiten in überregionalen Blättern, ja sogar von dem in der Hauptstadt erscheinenden »Hans Sachs« (einer an den »Simplicissimus« erinnernden Revue) veröffentlicht werden, ist den Ansässigen ein Ärgernis, weil er sein Talent nicht weltläufigen Themen zuwendet, sondern es in einer seltsamen Art von Anhänglichkeit und Heimatliebe der Schilderung von Charakteren seiner Mitbürger widmet. »Obwohl er seine Heimatstadt besser kannte und mehr liebte« als irgendeine, gilt er dort als Nestbeschmutzer, da er deren Originale »mit einer leisen grausamen Übertreibung ins Komische zog«. Die Gestalt des gleichaltrigen Karrieristen und späteren Notars Trefz, mit dem er aufgewachsen war, wird ihm zum Inbegriff engstirnigen Lokalgeistes. Trefz ist einer jener Philister, die ihm von Kindheit an zu schaffen machten und die er so lange darstellen und karikieren muß, bis es ihm gelingt, »sie mit einer abschließenden Arbeit für immer zu bezwingen und sich vom Hals zu schaffen.« Bis dies möglich war, sollte auch für Hesse noch eine beträchtliche Zeit vergehen. Sei es, weil er den ironischen Blick auf die Kleinstadtnoblesse seiner Herkunft nicht weiter ausspinnen wollte, sei es, weil diese ursprünglich als Roman konzipierte Erzählung unvollendet blieb, hat er diese »Roman-Hälfte«, als welche der einmalige Abdruck in »Velhagen & Klasings Monatsheften« deklariert wurde, nicht in seine Erzählbände aufgenommen.

Die amüsante, zu Hesses Lebzeiten gleichfalls nie in Buchform veröffentlichte Erzählung CASANOVAS BEKEHRUNG greift eine Episode aus Giacomo Casanovas *Geschichte meines Lebens* (1774 ff.) auf. Sie schildert dessen Flucht vor den Offizieren des württembergischen Herzogs Karl Eugen, die den venezianischen Abenteurer 1791 in Spielschulden verwickelt hatten. Hesses Erzählung hält sich ziemlich genau an die Schilderung in Casanovas Memoiren, worin die ihm vertrauten Stationen der Reise von Stuttgart über Tübingen, Donaueschingen (=Fürstenberg), Schaffhausen nach Zürich und Einsiedeln festgehalten werden. Manche der in Casanovas Lebenserinnerungen nur angedeuteten Szenen, wie der Flirt dieses galanten Virtuosen der Gefühle mit den Wirtstöchtern in Fürstenberg, werden von Hesse mit humorvoller Detailfreude ausgemalt. Sie tragen dazu bei, daß sich die Erzählung mit ihren psychologischen Finessen mitunter pikanter liest als das Original, zumal Hesse den Routinier des Liebesspiels, »dem zur Liebe, die kein Spiel mehr ist, etwas fehlt«, mit der Phantasie des Asketen ähnlich detailkundig zu porträtieren vermag wie die barocke Lebensfreude des Fürstabtes Nikolaus II. von Kloster Einsiedeln, dessen Fastenspeise aus delikaten Waldschnepfen und Lachsforellen besteht. Dieser heitere, dem galanten Charmeur und gerissenen Lebenskünstler wie angegossene Erzählton ist selten bei Hesse, da ihm seine sonst vorwiegend autobiographischen Themen solch kokette Ausdrucksformen nur ausnahmsweise erlaubt haben.

Die große Erzählung BERTHOLD ist der Beginn eines unvollendet gebliebenen Romans, dessen Niederschrift Hesse rückblickend in mehreren

Briefen unterschiedlich zwischen 1906 und 1908 datiert. Am präzisesten äußert er sich darüber in einem Schreiben vom 27.9.1943 an Otto Basler: »Vor einigen Tagen habe ich einen merkwürdigen Fund gemacht, zwar nicht eines der verlorenen Bücher des Livius, aber das Fragment eines Romans von mir, dessen Existenz ich völlig vergessen hatte. Es sind etwa 50 Seiten Schreibmaschine (die Urhandschrift fand sich bisher nicht), die ich beim Ausräumen einer Schublade entdeckte. Die Geschichte beschäftigte mich damals (es war in Gaienhofen etwa im Jahr 1907) etwa ein halbes Jahr lang intensiv, blieb dann aber liegen und wurde nie fortgesetzt. Es ist eine Art Vorstufe zum Goldmund.«

Wie Goldmund ist Berthold ein für den Priesterberuf bestimmter Sinnenmensch, introvertiert zwar, doch zugleich wach, gescheit, kritisch, dabei körperlich kräftig und bei Provokationen reizbar bis zur Gewalttätigkeit. Das zeigt sich schon in seiner Kindheit, wo er seinen Herausforderer bei einer Schlägerei fast umbringt und zehn Jahre später am Ende seiner Studienzeit bei einem Vorfall auf dem Priesterseminar in Köln. Dort erwürgt er seinen Freund, den ehrgeizigen und weltmännischen Johannes, als dieser sein Vertrauen mißbraucht und die von Berthold geliebte Kaufmannstochter Agnes für sich selbst zu gewinnen versucht. Interessant an dieser aus drei Abschnitten bestehenden Erzählung sind besonders die in Köln spielenden letzten beiden Kapitel, worin Bertholds Erfahrungen mit der Liebe geschildert werden. Dabei kommt es zwischen dem Pragmatiker Johannes und dem Idealisten Berthold zu bemerkenswerten Dialogen. Denn die Unvereinbarkeit der Positionen von Johannes, der auch bei Frauen vor allem auf sein Vergnügen und seine Karriere bedacht ist und Bertholds ernsthafteres, auf Langfristigkeit angelegtes Ideal der Liebe lächerlich macht, ist ergiebig und konfliktreich, zumal ausgerechnet der Idealist darüber zum Mörder wird. Anders als Goldmund, der als Bildhauer seine Liebe in Kunst zu sublimieren vermag, flieht Berthold vor den Konsequenzen seiner Affekthandlung und verliert sich als Söldner in die Abenteuer des Dreißigjährigen Krieges. Daß Hesse an dieser Stelle das Manuskript abbrechen mußte, begründet er in einer Fußnote zum Erstdruck des Romanfragmentes in der »Neuen Schweizer Rundschau« vom Mai/Juni 1944 damit, daß es ihm damals noch »nicht gelang, eine halb historische, halb imaginäre Zeit spürbar zu machen, wie ich es zwanzig Jahre später in *Narziß und Goldmund* wieder versucht habe.«

Der fiktive Brief VON DER ALTEN ZEIT, worin ein betagter Gymnasiallehrer gegenüber einem seiner ehemaligen Schüler die Schattenseiten des Fortschritts beklagt, ist, abgesehen von einigen altertümlichen Wendungen, aktuell geblieben bis auf den heutigen Tag. Er erinnert an ein im selben Jahr entstandenes Antwortschreiben Hesses an Jakob Schaffner, worin es heißt: »Mit den Maschinen ist es wie mit allem, die paar guten und freien Menschen werden gefördert, aber den Millionen Lumpen wird ihr Betrieb ebenfalls erleichtert.« Die vielgerühmten Vorteile der Mechanisierung und der angebliche Gewinn an Zeit, den die Technologie uns beschert, waren Hesse schon damals nicht geheuer, weil ihm der ganzen Beschleunigung ja kein Zuwachs an Lebensqualität zu entsprechen schien.

Die Erzählung FREUNDE fällt in die Zeit von Hesses erster intensiver Beschäftigung mit den Schriften Arthur Schopenhauers. Sie brachte ihn auf ganz andere Weise als seine indienmissionierende Familie in Berührung mit dem Buddhismus. Den Weg über Schopenhauer, der aus dem materialistischen Weltbild der westlichen Industrienationen herausführt, muß auch der junge Hans Calwer, Hauptfigur dieser 1907 begonnenen Erzählung nehmen, die im Tübinger Studentenmilieu spielt und erstmals die Problematik des Mitläufertums thematisiert. Durch seinen Austritt aus der fragwürdigen Geborgenheit einer Couleurstudentenverbindung bringt Hans seinen anhänglichen Freund und Bundesbruder Erwin in erhebliche Konflikte. Doch anderthalb Semester Burschenschaft mit ihrer Hierarchie nach Herkunft und Geld, ihrer Uniformierung, den Trink- und Hauboden-Ritualen und dem »fahnenweihmäßigen, an Männergesangsvereine erinnernden Redenhalten« sind nichts für den eigenwilligen und künstlerisch begabten Hans. Er muß sich lösen und kann keine Rücksicht mehr nehmen auf seinen Freund und Trabanten Erwin, der sich nicht entschließen kann, diese Scheingeborgenheit zu verlassen. Auch in seinem Studium orientiert Hans sich neu, belegt das Buddha-Kolleg eines Orientalisten und befreundet sich dort mit dem etwas extravaganten, drei Jahre älteren Studenten Heinrich Wirth, der ihm imponiert, weil er nicht des Examens, sondern um der Sache selbst willen studiert und sein Wissen zu praktizieren versucht. Daß er den spartanischen Kurs seines neuen Freundes, durch Askese unabhängig von den Reizen des äußeren Lebens werden zu wollen, nur ein Stück weit begleiten kann, bis sich die Wege gabeln und er seine eigene Richtung verfolgen muß, ist charakteristisch für den Autor wie für seine künftigen Helden.

1948 entdeckte Hesse das verloren geglaubte Manuskript dieser Erzählung unter seinen Papieren wieder und publizierte sie im Januar 1949 in der »Neuen Zürcher Zeitung«. Auf Zuschriften von Eugen Zeller und Walther Meier antwortete er damals: »Daß ich sie noch einmal drucken ließ, geschah, weil ich mit einem gewissen Erstaunen sah, wie schon diese frühe ziemlich kunstlose und in der Form konventionelle Erzählung sich aufs Ernstlichste mit den Problemen des Individuums, den Problemen Demians etc. befaßt ... ein zeitloses Paradigma, der Anruf an den Menschen, über Konvention und Durchschnitt hinweg, den Mut zu sich selbst zu haben.«

Auch diese besonders erfolgreiche Erzählung hat Hesse in keinen seiner Sammelbände aufgenommen und erst 1957, anläßlich seines 80. Geburtstages, also fünfzig Jahre nach ihrer Entstehung, in kleiner Auflage als bibliophile Einzelausgabe veröffentlicht. Ihren erstaunlichen Erfolg verdankt sie (die 1986 veröffentlichte Taschenbuchausgabe ist inzwischen in mehr als 100 Tsd. Exemplaren verbreitet) wohl auch dem wirklichkeitsnahen Abbild des deutschen Universitätslebens, dessen Rituale sich bis auf den heutigen Tag erhalten haben. Bezeichnend ist, was Hesse, der weder Student war noch je mit dem Korpsgeist der Burschenschaften sympathisiert hatte, am 20.3.1903 dem Schriftstellerfreund Alfons Paquet mitteilte: »Mir sind sowohl die gelehrten wie die burschikosen Studenten zumeist ein Greuel ... In Tübingen, wo ich volle vier Jahre war und sehr viel mit Studenten zusammenlebte, bekam ich die ganze Sache gründlich über.« Auch seine Haltung zur »rationalisierten Geistigkeit« des Universitätsbetriebes hatte er schon 1895 zu Beginn seiner Tübinger Jahre den Freund Theodor Rümelin wissen lassen: »Hätte ich in der Literatur, zum Beispiel an einer Hochschule auch nur ein Pünktchen mehr lernen können als privatim? Gewiß nicht. Das Wissen liegt ja auf dem Markt und Selbststudium macht urteilsfähig. Speziell in Dingen, wo Ethik und Ästhetik mitspielt, ist eigenes Forschen weit wertvoller als Kolleghören ... auch Nationalökonomie lerne ich in Fabriken mehr als irgendwo anders.«

Ähnlich wie der melancholische Rückblick VON DER ALTEN ZEIT handeln die Kurzgeschichten ABSCHIED, DIE WUNDER DER TECHNIK und DIE STADT von der Zweischneidigkeit des industriellen Fortschritts, einem Thema, dem sich Hesse hier teils auf humoristische, teils auf phantastische Weise nähert. Am überzeugendsten ist ihm dies wohl in der kleinen Erzählung DIE STADT geglückt, die zu den artistisch gelungensten und zugleich populärsten seiner Kurzgeschichten zählt. Im Zeitraffertempo auf nur fünf

Seiten entrollt sie einen kompletten kultur- und entwicklungsgeschichtlichen Abriß unserer Zivilisation. In prototypischer Reihenfolge wird der Aufstieg und Niedergang eines menschlichen Siedlungsgebietes gezeigt. Was da unter der Devise »Es geht vorwärts!« mit der Erschließung von Erdölfeldern aus dem Boden gestampft wird und sich in profitorientierter Folgerichtigkeit von der Natur zur Kultur entwickelt und von ersten Wellblechhütten zu einer Metropole gedeiht, die vom Pariser Schneider bis zur bayrischen Bierhalle, von Taschendieben, Zuhältern und Einbrechern, vom Spiritistenverein bis zum Alkoholgegnerbund alles zu bieten hat, was ein Ballungszentrum ausmacht, ist eine Vorwegnahme von Fragestellungen, die heute, hundert Jahre nach der Entstehung dieser Parabel, aktueller sind denn je. Terroristische Angriffe auf die Raffinerien, mehrere Erdbeben, die das Versiegen der Ölquellen und eine Verlagerung des Flußlaufes bewirken, setzen dem Boom ein Ende, bis andernorts derselbe Prozeß von neuem beginnen kann. Der Schluß der Erzählung, die darauf hinausläuft, daß die Natur und der Wald sich schließlich das verwüstete und unprofitabel gewordene Terrain zurückerobern, so daß nun ein Specht angesichts des »herrlich grünenden Fortschritts« den Ausruf des Ingenieurs »Es geht vorwärts!« wiederholen kann, ist von einer 1910 noch möglichen Zuversicht, als die Überbevölkerung und Zerstörung unseres Planeten weniger absehbar waren.

ABSCHIED, das schwermütige Resümee eines Lebensmüden, erschien zu Hesses Lebzeiten unter Titeln wie »Das Lied des Lebens« und »Der Dilettant« nur in Zeitungen und Zeitschriften, während er die als Rahmenerzählung vorgetragene Posse von seinem ungeschickten Freund Olaf über DIE WUNDER DER TECHNIK begreiflicherweise niemals veröffentlicht hat. Es ist eine Chaplinade, vermutlich dem befreundeten Karikaturisten Olaf Gulbransson in den Mund gelegt. Sie fand sich als Typoskript in Hesses Nachlaß.

Daß die Realität zuweilen groteskere Blüten treibt, als die blühendste Phantasie sie sich auszumalen vermag, zeigt die Erzählung AUS DEM BRIEFWECHSEL EINES DICHTERS, in der nur die Namen erfunden sind. Brief für Brief dieser tragikomischen Korrespondenz, die der junge Schriftsteller Hans Schwab mit Verlegern, Redakteuren und Autorenkollegen führt, könnte man anhand von Hesses eigenem Schriftwechsel aus den Jahren 1903 bis 1908 als realitätsgetreu belegen. Sie zeigen die publizistischen Erfahrungen, die kaum einem jungen und noch unbekannten Autor erspart bleiben, bis er etabliert ist und die Medien ihm das, was sie zunächst weit von sich gewiesen haben, plötzlich aus den Händen reißen. Gleich das erste Schreiben, worin Hans Schwab dem künftigen Verleger seinen Roman »Paul Weigel« anbietet, ist inhaltlich fast identisch mit Hesses Begleitbrief zum *Peter Camenzind*-Manuskript. Wie Hesse ist Hans Schwab das Gegenteil von selbstbewußt und geradezu kontraproduktiv bescheiden. Statt sich ins rechte Licht zu rücken, warnt er seinen Verleger fast vor einer Veröffentlichung: »Fürs große Publikum wird es keine Speise sein und erhebliche Geschäfte werden sich damit nicht machen lassen.« Daß der Verlag es dennoch damit wagt, grenzt fast an ein Wunder. Die Zeitschrift »Dichterlust«, welche für Gotteslohn Schwabs erste lyrische Talentproben abgedruckt hat, und sobald er um ein Honorar bittet, weitere Veröffentlichungen ablehnt, entspricht der Wiener Monatsschrift »Das deutsche Dichterheim«, wo Hesse 1896 seine ersten Verse publiziert hatte. Der Verlagsbuchhändler Biersohn, der sich von seinen Autoren die Herstellungskosten der Bücher finanzieren läßt, ist niemand anders als Edgar Pierson in Dresden, in dessen Verlag neben Hesse mit seinen *Romantischen Liedern* (1898/99) auch Autoren wie Max Dauthendey, Arthur Schnitzler und Carl Sternheim als Selbstzahler debütiert haben. Schon in der vier Jahre zuvor entstandenen Erzählung DAS ERSTE ABENTEUER kommt Pierson als ein Autorenfänger vor, dem er auf den Leim gegangen sei, weil dieser sich zwar die Druckkosten bezahlen ließ, die Autoren jedoch, entgegen seiner Zusage, nicht am Erlös der verkauften Bücher beteiligte. »Lump, schreibt und zahlt nie!«, lautet eine Randnotiz im Datennotizbuch des Verfassers.

Als dann Hans Schwabs Roman »Paul Weigel« ein Bestseller geworden war, erkundigt sich dieselbe Zeitschrift, die kurz zuvor noch eine seiner Novellen als »zu lyrisch« abgelehnt hatte, ob er vielleicht auch Novellen schreibe, die zu drucken ihr ein Vergnügen wäre. Authentisch ist auch der Vorschlag eines Redakteurs, der Hans Schwab darum gebeten hat, seinen gar zu schlichten Verfassernamen etwas extravaganter zu verfremden, oder der erpresserische Plagiatsvorwurf eines Schriftstellerkollegen, der von Schwab eine positive Besprechung seines eigenen Romans erwartet und im Gegenzug den »Paul Weigel« zu rezensieren verspricht.

Hans Schwabs Weigerung, seinem Verleger ein Porträtfoto für die Buchwerbung zu überlassen, da sein Äußeres das Publikum nichts anginge, findet seine Entsprechung in einem enttäuschten Antwortschreiben Samuel Fischers an Hesse vom 3.1.1904: »Es tut mir leid, daß sie den Abdruck

Ihres Portraits, wie es scheint, als Indiskretion auffassen. Hätte ich ahnen können, daß Sie grundsätzlich gegen den Abdruck Ihres Portraits etwas einzuwenden haben, so hätte ich es gewiß unterlassen. Ich habe aber die Erfahrung gemacht, daß Autoren meines Verlages, deren Portrait ich im Prospekt nicht abdrucke, sich vernachlässigt fühlen. Also reden wir nicht mehr darüber, es wird geschehen, wie Sie es wünschen.« Außerdem begegnet man in Schwabs Korrespondenz wie in Hesses Schriftwechsel mit S. Fischer der Abneigung des auf Verkaufserfolge bedachten Verlegers, Gedichtbände zu veröffentlichen. Hesse, der sich zeitlebens mehr als Lyriker denn als Romancier verstand, mußte deshalb auch noch als arrivierter Autor seine Gedichtbücher fast zwei Jahrzehnte lang anderen Verlegern überlassen. Erst ab den zwanziger Jahren nahm sich endlich auch S. Fischer seiner Lyrik an.

Diese Geschichte, so speziell ihr Thema auch sein mag, schildert am Beispiel des Verlagswesens amüsant und detailgenau die Mechanismen des Kulturbetriebs, die bis auf den heutigen Tag dieselben geblieben sind. Nicht unerhörte Begebenheiten, sondern das Unerhörte des Alltäglichen und Unscheinbaren ist es, was die zeitlose Aktualität solcher Erzählungen ausmacht. Es ist die Glaubwürdigkeit des Authentischen und Selbsterlebten, die vom Spezialfall zum Symptomatischen vordringt.

Zu einer Zäsur in Hesses Bodensee-Jahren kam es 1907 durch den Bau seines ersten und einzigen eigenen Hauses in Gaienhofen. Denn im Dezember 1906 hatte der Besitzer des Bauernhäuschens, in dessen Wohnhälfte Hesses seit 1904 zur Miete wohnten, Eigenbedarf angemeldet. Und durch den Familienzuwachs war es ohnehin zu eng geworden in den wenigen Stuben ohne Strom und Wasserleitung. Doch statt daß der mit dem neuen Haus verbundene erste Wohlstand und Komfort den Dichter beflügelt hätten, führte die damit einhergehende Anbindung und Verbürgerlichung den Dreißigjährigen in eine nachhaltige Krise. »Warum bist du so tot? Wann bist du das letztemal jung gewesen?« fragt sich der gleichaltrige Ich-Erzähler zu Beginn der Geschichte TAEDIUM VITAE und hofft auf die regenerierende Wirkung einer Reise. Sein Ziel ist München, das auch Hesse gut kannte. Denn als Mitarbeiter der Zeitschrift »Simplicissimus« und der neuen Halbmonatsschrift »März«, deren Kulturteil er damals herausgab, waren in den Jahren 1906 bis 1908 mindestens zehn, oft mehrtägige Fahrten nach München erforderlich. Hier im Milieu der Schwabinger Boheme lernt der Erzähler die Kunstgewerbeschülerin Maria kennen, die ihm das Gefühl gibt, »wieder 19 Jahre alt und unversehrt zu sein«. Doch der Traum, mit ihrer Hilfe sein Leben noch einmal »mitten in den Strom lenken zu können«, zerschlägt sich, denn sie bevorzugt ein Ambiente, das nicht zu ihm paßt. Mit etwas anderer Versuchsanordnung ist dieser Stoff eine Variante der »Elisabeth«-Problematik, die Hesse sieben Jahre zuvor in Basel zu schaffen machte und die er nun parallel zu TAEDIUM VITAE mit den verschiedenen Fassungen des *Gertrud*-Romans erneut zu bewältigen versuchte.

Im April 1907, während Hesses Haus errichtet wurde, unternahm der Dichter eine Expedition auf den Monte Verità bei Ascona, in der Hoffnung, sein inneres Gleichgewicht durch eine vierwöchige Fastenkur und Rauchabstinenz stabilisieren zu können. Außerdem interessierte ihn das Experiment des belgischen Industriellen-Sohnes Henri Oedenkoven, der diese Enklave von Aussteigern und exzentrischen Menschheitsbeglückern zu einer streng vegetarischen Freikörper- und Naturheil-Kolonie entwickelt hatte. Dort entstand sein Bericht »In den Felsen. Notizen eines Naturmenschen« (SW 11, *Autobiographische Schriften*). Auf dem mit Edelkastanien bewachsenen »Berg der Wahrheit« über dem Lago Maggiore bezog er eine kleine Bretterbude, lebte dort 7 Tage ohne feste Nahrung, begrub sich bis unter die Achseln in den Boden, um so die gepriesene »Heilkraft der Erde« zu erproben, wobei es ihm vorkam, als müsse er »erstarren, Wurzeln schlagen und in ein pflanzliches oder mineralisches Dasein zurücksinken«. Doch der Gewinn, den diese Experimente ihm brachten, war eher dürftig. Außer etwas mehr Geduld und Bescheidenheit habe er davon wenig profitiert, notierte er nach seiner Rückkehr. Die drei Jahre später entstandenen Erzählungen DOKTOR KNÖLGES ENDE und DER WELTVERBESSERER schildern seine Erfahrungen mit dieser aus aller Herren Länder zusammengewürfelten Gesellschaft von »Kohlrabiaposteln« auf liebevoll ironische Weise: »Da gab es Vegetarier, Vegetarianer, Vegetabisten, Rohkostler, Frugivoren und Gemischtkostler, deren Bestrebungen einer Art von vegetarischem Zionismus waren. Da kamen Priester und Lehrer aller Kirchen, falsche Hindus, Okkultisten, Masseure, Magnetopathen, Zauberer, Gesundbeter. Die meisten dieser in Amerika und Europa entgleisten Menschen trugen als einziges Laster die so vielen Aussteigern eigene Arbeitsscheu mit sich.« Doch 14 Jahre nach seiner asketischen Abstinenz auf dem Berg der Wahrheit wird Hesse in seiner Buddhalegende *Siddhartha* auf diese Exerzitien wieder zurückkommen und der durch die Askese gewonnenen Selbstdisziplin, der

Fähigkeit, zu »denken, warten und fasten«, eine für die Entwicklung seines Helden wegweisende Bedeutung einräumen.

In der Satire DOKTOR KNÖLGES ENDE wird das »Zurück zur Natur«-Ideal in Gestalt eines wieder zum Affen gewordenen Naturmenschen auf die Spitze getrieben und der Philologe Knölge zum Opfer des atavistischen Experimentes, die Evolution rückgängig machen zu wollen. Die Figur des zum Ausgangspunkt der Menschwerdung zurückkehrenden Affenmenschen Jonas geht auf einen Doktor Lerchel zurück, der sich, Allodola (ital.=Lerche) nannte. Hesse lernte ihn auf dem Monte Verità kennen. Dort lebte Lerchel aus Angst vor Verfolgern in den Bäumen, denn er war, irgendeines Vergehens wegen, selbst dort noch auf der Flucht.

Die Krise, in die sein nomadenhaftes Naturell Hesse seit 1907 getrieben hatte, als durch den Hausbau eine Festlegung und Konsolidierung seiner Existenz vorprogrammiert schien, war indessen keineswegs überwunden. Die Depressionen nahmen auf eine Weise zu, daß er sich, um organische Ursachen auszuschließen, nun nach ärztlicher Hilfe umsah. Im Juni 1909 begab er sich nach Badenweiler in das Sanatorium von Professor Albert Fraenkel zu einer Kur, die ihren Niederschlag u. a. in der Erzählung HAUS ZUM FRIEDEN gefunden hat. Es ist eine lockere, fast tagebuchähnliche Chronik, die mit dem Porträt des Arztes einsetzt und unter den zwanzig Mitpatienten drei Charaktere genauer umreißt: einen Schriftsteller, eine vermögende Dame, die durch Selbstmorddrohungen die besondere Zuwendung des Arztes zu erzwingen versucht, und einen schwedischen Archivar, der von seiner Trunksucht geheilt werden will. Der nicht namentlich genannte Arzt und Gründer des Sanatoriums, das in Wirklichkeit Villa Hedwig heißt und bis auf den heutigen Tag existiert, wird als ein Therapeut geschildert, »der nicht Krankheiten, sondern Menschen behandelt«, indem er versucht, den Patienten »innerhalb der Bedingungen ihrer beschränkten und beschädigten Natur eine möglichst günstige und erträgliche Lebensweise zu bieten oder anzuerziehen«.

Die Schilderung seiner Beobachtungen als Fiktion ermöglicht es Hesse, sich selbst im Porträt des Schriftstellers gewissermaßen von außen, aus dem Blickwinkel seiner Mitmenschen zu sehen und darzustellen. Die Fiktion in diesem ansonsten ziemlich wirklichkeitsnahen Bericht beginnt damit, daß der Ich-Erzähler sich als Dauergast vorstellt, der »seit etwa einem Jahr« das Sanatorium in Anspruch nimmt, während sich Hesse selbst nur fünf Wochen in der Villa Hedwig aufhielt. Den Schriftsteller schildert er als den

Nachwort

menschenscheuen Verfasser eines Jugendwerkes, das »ein Schlager gewesen war«, weshalb alles Spätere an dieser Publikation gemessen wurde. Unschwer läßt sich in ihm der Verfasser des *Peter Camenzind* wiedererkennen, auch wenn es in der Erzählung ein Theaterstück ist, das seinen fiktiven Doppelgänger bekannt gemacht hat. Der Arzt kann ihn von der Befürchtung befreien, ein körperliches Leiden sei Ursache seiner Beschwerden. Vor die Wahl gestellt, die psychischen Anlässe seines Leidens zu therapieren auf die Gefahr hin, dabei »die schöpferische Kraft als Künstler zu verlieren«, entscheidet sich sein Protagonist wie Hesse selbst dafür, »auf das stabilere Glück der Ruhe zu verzichten« und zu »Dionysos zurückzukehren«. Der Arzt, Professor Albert Fraenkel, der es verstand, bei den Beschwerden seiner Patienten stets die Kausalkette zu durchschauen, die Dinge an ihren Platz zu rücken, Wichtiges von Beiläufigem zu unterscheiden und »was eben noch Last und Bleigewicht war«, in eine Seifenblase zu verwandeln, ist nicht nur ein erfahrener Menschenkenner, sondern auch ein namhafter Internist gewesen, der 1906 durch seine Herztherapie mit Digitalis bekannt wurde, die intravenöse Strophantintherapie begründet und damit Medizingeschichte geschrieben hat. In den »Erinnerungen an Ärzte« hat ihm Hesse u. d. T. »Ein Arzt großen Stils« auch eines seiner Gedenkblätter gewidmet (vgl. SW 12, *Gedenkblätter*).

Die märchenhafte Erzählung EIN MENSCH MIT NAMEN ZIEGLER ist, wie die Kurzgeschichte DER WOLF, eine Parteinahme zugunsten der vom Menschen vergewaltigten Tierwelt. Beim Besuch eines historischen Museums entwendet Ziegler von den Exponaten einer Alchimistenküche eine geheimnisvolle Pille. Bevor er daraufhin einen Zoo besucht, geht er zum Mittagessen. Obwohl er das rückständige Mittelalter mit seinen vergeblichen Goldmacherkünsten verachtet, kann er der Versuchung nicht widerstehen, mit einem Schluck Bier diese rätselhafte Tablette hinunterzuspülen, und bald schon muß er bemerken, was es damit auf sich hat. Denn im Zoo versteht er plötzlich die Sprache der Tiere. Dabei wird ihm bewußt, wieviel diese gefangenen und unterdrückten Wesen ihren Peinigern, den Menschen, voraus haben. Das bringt sein bisheriges Weltbild so sehr ins Wanken, daß er darüber den Verstand verliert und von seinen Artgenossen gleichfalls in eine Anstalt, also in eine andere Art von Zoo, interniert wird.

Wieder zurück in Hesses Heimatstadt Calw führen die letzten seiner »Gerbersau«-Erzählungen DIE VERLOBUNG, DIE HEIMKEHR, LADIDEL, EMIL KOLB und DER ZYKLON.

Ein Thomas Mann verwandtes Sensorium für die innere Bedeutung äußerer Erscheinungsformen zeigt DIE VERLOBUNG, der wohl tragikomischsten Liebesgeschichte, die Hesse geschrieben hat. Hier werden die Erfahrungen eines kleinwüchsigen und etwas linkischen Kurzwarenhändlers festgehalten, dem erst nach bitteren Demütigungen die Augen für das Nächstliegende aufgehen: die Zuneigung eines unscheinbaren Mädchens, mit deren praktischer Lebensklugheit ihm mehr gedient ist als mit seiner Vorliebe für Teenager, die ihm unerreichbar sind. Schließlich nimmt die von ihm kaum Beachtete das Heft in die Hand, und die Kette seiner Demütigungen findet ein Ende. Auf diese junge Frau wie fast alle Frauengestalten in Hesses Werken trifft Joseph Milecks Feststellung zu: »Sie unterscheiden sich völlig von den Männern. Sie sind aus derberem Stoff gemacht, stehen mit sich selbst im Einklang und werden besser mit dem Leben fertig. Ob Mutter oder Geliebte, sie sind reif, stark, geduldig, praktisch, vorsichtig und entschlossen. Sie ergreifen die Initiative in der Liebe und sind die leitende und stabilisierende Kraft im Leben der Männer.« (Joseph Mileck, *Hermann Hesse. Dichter, Sucher, Bekenner*, Frankfurt am Main 1987, S. 54).

Die 1909 entstandene Geschichte DIE HEIMKEHR hat Hesse erst in den dritten, 1912 erschienenen Auswahlband seiner Erzählungen *Umwege* aufgenommen, welche die Irrgänge schildern, die nicht wenige Menschen machen müssen, um zu sich selber, ihrem Beruf, ihrer Liebe und ihrem Schicksal zu finden. »Diese Umwege«, schrieb Theodor Heuss in seiner Besprechung des Bandes vom 10. 8. 1912 in der Neckarzeitung, Heilbronn, »sind Leidenswege, Abirrungen, Kraftverschwendung. Sie führen leicht an Lüge und Verbrechen vorbei, aber dort, wo die Quelle des eigenen Wesens nicht verschüttet wurde, dort, wo liebreiche Frauenhände Steine und Geröll wegschaffen können, bahnt sich der Fluß des Lebens doch noch seine eigene Bahn.«

Der Sohn des Gerbers Schlotterbeck kehrt erst nach beträchtlichen Abschweifungen in seine Vaterstadt zurück. Schon als junger Mann hatte er sie verlassen und zunächst als Kaufmann in der Schweiz, in England und Amerika, schließlich als Fabrikant in Rußland ein Vermögen gemacht und dabei ein gutes Stück Welt gesehen. Als er nun, einer nostalgischen Regung folgend, nach dreißigjähriger Abwesenheit seinen Lebensabend in der Heimat beschließen will, lernt er sie aus einem Blickwinkel kennen, der ihn rasch von den Illusionen heilt, die ihn nach Gerbersau zurückgeführt hatten. Kaum ist er dort eingetroffen, verbreitet sich die Nachricht von seiner Rückkehr wie »durch eine geheimnisvolle, drahtlose Telegraphie«. Ein Vetter, der ihn zu beerben hofft, stellt sich ein, und der verlorene, wenn auch nicht gerade vermißte Sohn wird zum Mittelpunkt des Interesses, der Spekulation und Phantasie der Ortsansässigen. Doch als vermögender und weltläufiger Mann ist er der Mißgunst und dem legendenbildenden Rufmord, womit man in Gerbersau allen Nestflüchtigen und Andersgearteten begegnet, bei weitem nicht so ausgeliefert wie seine darüber menschenscheu gewordene Nachbarin Entriß. Auf welche Weise der Heimkehrer diese Frau und sich selbst vor weiterer Anteilnahme der Einheimischen zu bewahren versteht, erzählt Hesse mit der liebevollen Ironie eines selber Betroffenen, dem die Distanzierung geglückt ist.

Wie in allen Erzählungen des Themenbandes *Umwege* (LADIDEL, DIE HEIMKEHR, DER WELTVERBESSERER, EMIL KOLB und PATER MATTHIAS) gelangt auch die Hauptfigur der Geschichte LADIDEL erst auf Abwegen zu einem Ziel, das seinen Talenten gerecht wird. Diesmal behandelt Hesse das heikle Problem eines gesellschaftlichen Abstiegs, der sich jedoch als ein Glücksfall erweist. Alfred Ladidel, ein etwas bequemer, selbstgefälliger, doch liebenswerter junger Stutzer, der als halbherziger Notariatskandidat des Prestiges wegen eine Beamtenlaufbahn anstrebt, gerät durch ein Mädchen, das ihm Liebe vortäuscht, um dabei einen Geldbetrag zu erlangen, auf die schiefe Bahn. Er entwendet das Geld seines Lehrherrn, gesteht aber die Tat, nachdem er erkannt hat, daß auch er betrogen wurde. Aus seiner Position entlassen, entdeckt er seine eigentliche Begabung, und statt ein unzufriedener, mittelmäßiger Beamter wird er ein talentierter, tüchtiger und zufriedener Friseur. Auch diese mit dem Wohlwollen eines erfahrenen Menschenfreundes vorgetragene Geschichte zeugt von anschaulicher Milieukenntnis und bemerkenswertem Einfühlungsvermögen.

Die letzte der »Gerbersau«-Erzählungen, EMIL KOLB, nimmt im Gegensatz zu LADIDEL einen ungünstigen Verlauf. Der Vater Emil Kolbs, ein unzufriedener Flickschuster, sucht in seinem Sohn wettzumachen, was er selbst im Leben nicht erreichte. Doch die Hoffnung des leichtfertigen Emil auf eine steile Karriere verläuft in umgekehrter Richtung. Beginnend mit einem Griff in die Portokasse wird er zum Kleptomanen, Gewohnheitsdieb und Einbrecher. Weil es ihm mißglückt war, in die höheren Stände aufzusteigen, glaubt er sich an deren Vertretern rächen zu müssen. Und bald ist der Moment erreicht, wo für den 18jährigen kein intensiveres Lebensgefühl mehr denkbar ist als der Kitzel der kriminellen Tat, wie für den Süchtigen die Droge. Da sich im entscheidenden Augenblick weder zu Hause noch unter seinen Vorgesetzten jemand findet, der Menschenkenner genug ist, um ihn aus seiner verfahrenen Lage heraushelfen zu können, sinkt er herab vom Kaufmann zum Fabrikarbeiter und Zuchthäusler.

Freude und Bedauern über den Zauber und die Flüchtigkeit von Reisebekanntschaften mischen sich im Liebestraum der Erzählung WÄRISBÜHEL, die einmal mehr das Gefälle zwischen Imagination und Wirklichkeit thematisiert. Werkgeschichtlich bemerkenswert bei dieser in humoristischem Tonfall vorgetragenen Episode, die von einer hoffnungsvollen, doch trügerischen Blickbekanntschaft mit einer attraktiven jungen Frau handelt, ist der Name, den sich der Ich-Erzähler für sie ausdenkt. Er nennt sie Gertrud und verweist damit auf den Titel eines Romanmanuskriptes des Verfassers, das zu Beginn der Erzählung erwähnt wird. Um die Arbeit daran fortzusetzen, begibt er sich in die Ungestörtheit eines Landaufenthaltes. Tatsächlich vollendete Hesse 1909, also zur Zeit der Niederschrift des Wärisbühel-Erlebnisses, die dritte und definitive Fassung seines Romans *Gertrud*, dessen zwei vorangegangene Versionen (vgl. SW 2, Seite 437 ff. u. 499 ff.) in der Kurzgeschichte vermerkt werden, wo von den »verschiedenen Dispositionen und Anfängen« die Rede ist, die er »noch heute als ein Andenken an schöne Jugendjahre aufbewahre«. Die Parallelität der Namen der weiblichen Hauptgestalten im Roman wie in der Wärisbühel-Geschichte ist natürlich kein Zufall, denn hier wird die Fernliebe des scheuen Ich-Erzählers zu den Gertrud genannten Frauen für die Handlung bedeutsam.

Was diese Erzählungen abgesehen vom Inhaltlichen ausmacht, ist die Kunst, mit der ihr Verfasser Natur- und Seelenstimmungen wiederzugeben vermag. Überzeugend ist auch, wie lebendig und glaubwürdig seine Menschen vor uns stehen, so daß wir sofort ein Verhältnis zu ihnen gewinnen. Er zeigt nicht die Oberfläche, sondern erfaßt seine Gestalten von innen heraus. Stoffhungrige Leser kommen dabei kaum auf ihre Kosten. Denn nicht *was* seine Helden erlebt, sondern *wie* sie es wahrgenommen haben, ist ihm wichtig.

Einen glimpflicheren Ausgang als Hesses »Gerbersau«-Geschichte vom Kleptomanen und späteren Gewohnheitsdieb Emil Kolb nimmt der Fehltritt des PATER MATTHIAS in der gleichnamigen Erzählung, die den Sammelband *Umwege* abgeschlossen hat. Obwohl sie von allen die amüsanteste ist, hat Hesse sie später in keines seiner Bücher mehr aufgenommen. Den Stoff dieser Geschichte verdankt er – den Angaben des Journalisten Kurt Marti zufolge (»Neue Zürcher Zeitung« vom 1. 2. 1911) – einem realen Vorgang, »der sich in der Hauptsache in Zürich abspielte und seinerzeit die Gerichte wie die Zeitungen beschäftigt« hat. Geschildert wird das Doppelleben eines Ordensbruders, der sich auf den Reisen, die er im Interesse der Wohltätigkeit seines Klosters unternimmt, gelegentliche Eskapaden ins Weltleben gestattet. Dabei wird er in einer Nacht, die er in einem zwielichtigen Etablissement verbringt, in einen Zustand berauschter Bewußtlosigkeit und um die ganze für seinen Orden gesammelte Kollekte gebracht. In seiner Verzweiflung wendet er sich um Rat an eine der Geldspenderinnen, eine tüchtige junge Witwe, die Gefallen an dem eloquenten Bettelmönch gefunden hatte. Obwohl sie dem originellen Mann gewogen ist, ersetzt sie ihm den Verlust keineswegs, sondern ermutigt ihn, zu seiner Tat zu stehen, ins Kloster zurückzukehren und seine Abwege zu bekennen. Realitätsnah wird nun beschrieben, wie die Ordensleitung, um die Sache zu vertuschen, seine Bitte um Entlassung aus dem Kloster ablehnt und ihn erst dann verstößt, als der Fall in die Presse kommt. Er wird inhaftiert und zu einer Gefängnisstrafe verurteilt, die abzusitzen ihm nicht schwerfällt, da er auf eine Liaison mit der nun von seiner Redlichkeit überzeugten Gönnerin hoffen darf.

Ein kleiner Hymnus auf die Landschaft am Bodensee ist die Romanze EIN WANDERTAG VOR HUNDERT JAHREN. Zwei Freunde, ein aus Reutlingen stammender Student (dessen Name, Herkunft und Naturell auf Hesses Jugendfreund Ludwig Finckh hinweist) und ein junger Maler, der in seiner Schüchternheit an den Verfasser erinnert, kommen auf ihrer Wanderschaft nach Italien erstmals an den Bodensee, über den sie sich auf einem Fährschiff an das Schweizer Ufer rudern lassen. Es ist ein prachtvoller Sommertag. Die kleine, buntgemischte Reisegesellschaft rückt zusammen. Ein Älpler aus Appenzell beginnt urtümlich zu jodeln, es wird gesungen und erzählt. Auch ein Kaufmann aus Bremen ist dabei, in dessen reizvolle Tochter der Maler sich verliebt. Um nicht zu rasch von ihr vergessen zu werden, schenkt er ihr, bevor sich ihre Wege trennen, eine Zeichnung des pittoresken Gasthofes, in den sie auf Einladung des Kaufmanns zum Abschied auf ein Abendessen geladen waren. Freude und Kummer über den Zauber und die Flüchtigkeit solcher Begegnungen mischen sich in dieser Idylle auf melancholische Weise.

Bevor Hesse im September 1911 vom Bodensee aus zur weitesten Reise seines Lebens aufbrach, in die damals Ostindien genannte Inselwelt von Sumatra und das heutige Malaysia, schrieb er noch drei Kurzgeschichten: SEENACHT, DER SCHÖNE TRAUM, DAS NACHTPFAUENAUGE.

Die enge Verbindung des Schönen mit dem Vergänglichen wird thematisiert in der melodramatischen Geschichte SEENACHT. Sie spielt an einem ersten August, dem Nationalfeiertag der Schweizer, der in Erinnerung an den Zusammenschluß der drei Urkantone Uri, Schwyz und Unterwalden im August 1291 seit 1891 alljährlich mit Freudenfeuern und Leuchtraketen gefeiert wird. Drei befreundete junge Männer, jeder vom Leben bereits gezeichnet, und ein unbeschwertes zwanzigjähriges Mädchen rudern über einen nächtlichen See der nächstgelegenen, festlich beleuchteten Stadt zu, wo mit Musik und Feuerwerk der Ausklang des Festtages begangen wird. Je näher sie dem belebten Hafen kommen, desto schwerer wird es, angesichts der vielen Boote zu manövrieren, bis ein Motorschiff mit seiner bereits angetrunkenen Mannschaft ihren unbeleuchteten Kahn zum Kentern bringt und ausgerechnet das Mädchen ertrinkt: »Zwischen Musik und Pulverdunst, zwischen Raketengefunkel und selig erblühenden Leuchtkugeln [war sie] hinweggekommen aus dem Land der Lust und Jugendfülle, dessen lachende Farbenlichter sie allein von allen vieren mit ungetrübten Augen und ungebrochenen Hoffnungen begrüßt hatte. Und von den drei Männern war keiner, der nicht gerne selber in der Tiefe verschwunden wäre, um ihre liebe leichte Gestalt und ihre frohen kindlichen Augen wieder oben im Lichte zu wissen.«

Der frühe Tod des Schülers Martin Haberland in der nächsten Erzählung hingegen hat für Hesse nichts Tragisches. Denn DER SCHÖNE TRAUM, den Martin träumt, bevor er einer Lungenentzündung erliegt, bietet ihm alles ungetrübt, was, wenn er noch länger gelebt hätte, nur mit Rückschlägen erreichbar gewesen wäre. »Wer mit Glück und mit Gesundheit 17 Jahre alt geworden ist und gute Eltern hatte«, resümiert der Verfasser, »der hat ohnehin ja in vielen Fällen den schöneren Teil des Lebens hinter sich«. Ein Bedauern, daß ihm selber dieses Schicksal nicht vergönnt war und er auch künftig den »Infamitäten des Lebens« standhalten muß, ist unüberhörbar in dieser kurzen Geschichte, die einmal mehr auf Hesses labile innere Verfassung während seiner letzten in Deutschland verbrachten Jahre hinweist.

In der kleinen Erzählung DAS NACHTPFAUENAUGE, die wie DER WOLF

Nachwort

und DIE STADT zu Hesses beliebtesten Kurzgeschichten gehört, versucht er ein traumatisches Kindheitserlebnis zu bewältigen. Es kommt ihm in den Sinn, als sein ältester Sohn das Alter erreicht, in welchem auch bei ihm die Leidenschaft für das Sammeln von Schmetterlingen begonnen hatte. Er sei etwa zehnjährig gewesen, berichtet der Erzähler, »da nahm dieser Sport mich ganz gefangen, und wurde zu einer solchen Leidenschaft, daß man ihn mir mehrmals verbieten zu müssen glaubte, da ich alles darüber vergaß und versäumte ... Von allen Schmetterlingen, deren Namen ich kannte und die mir in meiner Schachtel noch fehlten, ersehnte ich keinen so glühend wie das Nachtpfauenauge.« Als es ausgerechnet einem wenig sympathischen Schüler aus der Nachbarschaft glückt, diesen Falter zu fangen, gerät der Ich-Erzähler außer Kontrolle. Die brennende Neugier, das seltene Tier zu Gesicht zu bekommen, überspringt alle Hemmungen und bringt ihn dazu, den ersten Diebstahl seines Lebens zu begehen. Fassungslos und vor sich selbst erschrocken, wird er sich der Tat bewußt, noch ehe sie zu Ende geführt ist. In seiner Angst, ertappt zu werden, passiert es ihm, daß er das Nachtpfauenauge beschädigt. Mehr als das Gefühl des Diebstahls jedoch peinigt ihn der Anblick des zerstörten Falters, so daß er »jeden Besitz und jede Freude gern hingegeben hätte, um ihn wieder ganz zu wissen«. Daß er sich schließlich überwindet, dem Besitzer des Schmetterlings, »einen pedantischen Mitschüler«, den das »Laster der Tadellosigkeit« auszeichnete und den er »mit Neid und halber Bewunderung haßte«, seine Tat zu gestehen, und ihm als Entschädigung sein liebstes Spielzeug, ja seine ganze Schmetterlingssammlung anbietet, hilft ihm wenig. Und so vernichtet er Stück für Stück seine eigene Sammlung, wütend über die arrogante Verachtung des Schulkameraden und verzweifelt über sich selbst, daß ihn die Leidenschaft zu einem Diebstahl hinreißen konnte.

Ein erst vor wenigen Jahren aufgetauchter Brief eines Augenzeugen dieser Begebenheit wirft ein aufschlußreiches Licht auf das Verhältnis von Dichtung und Wahrheit in jenen Erzählungen, die autobiographische Konstellationen überliefern. In einem Schreiben vom 31.5.1952 (an Alfred Leuschner, Basel, Missionsstraße 21) erinnert sich der damals achtzigjährige Pfarrer Benedikt Hartmann an den vier Jahre jüngeren Hermann Hesse, mit dem er 1884 bis 1886 die Basler Missionsschule besucht hatte. Dort habe sich »der kleine, gut gewachsene Hermann, der ein schwäbelndes Hochdeutsch sprach«, nicht sonderlich ausgezeichnet: »Für mich und andere hervorgetreten ist er nur durch ein unter uns Buben Aufsehen erregendes Ereignis, das seinen Kredit bei uns in peinlicher Weise schädigte.«

Einer ihrer Lehrer, ein versierter Stenograph, Topfblumenpfleger, Briefmarken- und geschickter Schmetterlingssammler habe einen »wundervollen Nachtfalter von ganz ungewöhnlicher Größe und Farbenpracht« besessen. Plötzlich sei das sorgfältig aufgespannte und präparierte Tier verschwunden, »aus dem unverschlossenen Zimmer der Lehrer, das zwischen zwei Schulräumen lag. Als Täter erwies sich schließlich Hermann Hesse, dem seine Begeisterung für ein Kunstwerk der Natur mit den Eigentumsbegriffen durchgebrannt war. Ich glaube nicht, daß er eine exemplarische Strafe erhielt, aber das war in einer Internatsbubenschar auch nicht mehr nötig, und er holte es dann selbst als Schriftsteller nach, wie der Heilige Augustin in seinen Confessionen.« In der fiktionalen Darstellung dieser Begebenheit, die von einem Gast des Ich-Erzählers vorgetragen wird, lenkt der Autor die Sympathie des Lesers (wie später auch in der Erzählung KINDERSEELE) nicht auf den Bestohlenen, sondern den schuldig Gewordenen. Gut möglich, daß jener Lehrer ihn mit den gleichen, demütigenden Phrasen erniedrigt hat wie der erfundene Musterschüler, dem er sie in den Mund legt.

Die Freude an Schmetterlingen, die in Hesses letzten Bodensee-Jahren mit dem Heranwachsen seiner Söhne wiederaufgelebt und u. a. von Wilhelm Schussen überliefert ist (vgl. *Hermann Hesse in Augenzeugenberichten* Frankfurt am Main 1991, S. 498 ff.), war auch einer der Beweggründe, die ihm die bald darauf unternommene Reise nach Ceylon und Indonesien so verlockend machten. Es ging ihm dabei wie dem Protagonisten seiner Erzählung ROBERT AGHION. Dieser läßt sich vor allem deshalb als Missionar nach Indien entsenden, weil er sich in den Tropen auch Beute für seine naturkundlichen Liebhabereien, insbesondere exotische Falter verspricht.

Die Geschichte vom Irrweg eines »sich zur Mitarbeit an einer neuen Kultur und Ethik verpflichtet fühlenden« Kunsthistorikers, der in den Bann eines Naturapostels gerät und darüber zum WELTVERBESSERER wird, knüpft an Hesses Monte Verità-Erlebnis an, dessen autobiographische Einzelheiten er bereits 1907 in seinen »Notizen eines Naturmenschen« (SW II, S. 314 ff.) und in der Satire DOKTOR KNÖLGES ENDE dargestellt hatte. Doch begreiflicherweise hat er nicht diese beiden Schilderungen in den Themenband *Umwege* und seine späteren Erzählsammlungen aufgenommen, sondern den »Weltverbesserer«, weil diese mit authentischem Kolorit aus der Münchener Boheme gefärbte Fabel ihren Helden nach einem dornenreichen Abweg ernüchtert und geläutert wieder zu seinem Ausgangspunkt zurückführt.

Nachwort

Wie DER WELTVERBESSERER zählt die zwei Jahre später entstandene Erzählung ROBERT AGHION zu Hesses wichtigen fiktionalen Arbeiten. Sie war das erste bedeutende Ergebnis seiner dreimonatigen Asienreise und eine Auseinandersetzung mit der Familientradition seiner in Indien missionierenden Vorfahren und Eltern. Der ursprüngliche und wohl aus Rücksicht auf seinen damals noch lebenden Vater gestrichene Titel lautete »Der Missionar«. Gleich zu Beginn der Erzählung wird in einem kurzen historischen Abriß der Werdegang der »Evangelischen Heidenmission« skizziert, welche von England aus mit der Verbreitung des christlichen Evangeliums wiedergutzumachen versuchte, was dort im Laufe der Kolonialisierung mit Schießpulver und Branntwein geräubert und angerichtet worden war.

Wie Hesses Großvater Hermann Gundert, der 1836 von England aus im Auftrag eines Londoner Kaufmanns zunächst als Hauslehrer nach Madras, dann als Missionsprediger an die indische Westküste gesandt wurde, bricht der junge Vikar Robert Aghion (gleichfalls finanziert von einem Londoner Geschäftsmann, dessen Vermögen aus den indischen Kolonien stammt) als Missionar nach Bombay auf. Dort eingetroffen, macht er (wie Hesse in Ceylon und Indonesien) ernüchternde Erfahrungen mit dem üppigen Lebensstil und den selbstherrlichen Allüren der europäischen Kolonialherren und ihrem kaltschnäuzigen Umgang mit der dortigen Bevölkerung, die als stumme Diener und devote Arbeitskräfte wie eine Art Nutzvieh behandelt wurde. Deshalb bedient sich Robert Aghion im Gegensatz zu seinen weißen Landsleuten nicht eines Dolmetschers, um seinen Auftrag erfüllen zu können, sondern unterzieht sich der Mühe, die Landessprache zu lernen. Denn »er fühlte kein Recht, sich zum Lehrer dieser Leute aufzuwerfen und sie zu wichtigen Änderungen in ihrem Leben aufzufordern, ehe er dieses Leben genau kannte und fähig war, mit den Hindus einigermaßen auf gleichem Fuße zu leben und zu reden.« Dabei muß er bald schon erkennen, daß die stolzen Brahmanen keineswegs jenes ignorante Naturvolk waren, »das darauf wartet, sich von den Europäern über die göttliche Ordnung belehren zu lassen.« Gleich Hesse erlebt Robert Aghion den dortigen Alltag so stark von Religion und frommer Symbolik durchdrungen wie nirgendwo bei den Kolonialmächten und findet dabei eine Toleranz gegen Andersgläubige, die ihn beschämt. »Wohin er blickte, war Religion. In London konnte man am höchsten christlichen Feiertag nicht soviel Frömmigkeit wahrnehmen wie hier an jedem Werktag.« Und je besser er die Sprache beherrscht, desto mehr scheint es ihm »eine Frechheit und Überhebung, als Abgesandter eines fernen Volkes diesen Menschen ihren Gott und ihren Glauben zu nehmen«.

Ein Traum von großer Bildkraft, in welchem sich mono- und polytheistische Symbole durchdringen, beendet den Konflikt Robert Aghions. Er sieht sich darin auf den Stufen eines Missionskirchleins gegenüber einem turmhohen Hindutempel den Einheimischen predigen. Doch als er beginnt die skurrilen, mit Rüsseln, mehreren Köpfen und Armen ausgestatteten Hindugottheiten gegen seinen eigenen Gott auszuspielen, nimmt auch der Christengott deren Gestalt an, und es beginnt eine wechselseitige Wallfahrt der indischen Götter zur christlichen Kirche und Gottvaters zum Hindutempel, wobei »Gong und Orgel geschwisterlich ineinander tönten und stille dunkle Inder auf nüchternen anglikanischen Altären Lotosblumen opferten«. Angesichts der gelassenen Weitherzigkeit und Selbstverständlichkeit, mit der sein christlicher Traumgott diese Zeremonie begeht, verliert Aghion vollends die Überzeugung vom Sinn seiner Mission und bittet die Londoner Kirchenbehörde um Entlassung aus ihrem Dienst, um fortan sein Glück in einem weltlichen Beruf zu suchen.

Wie zu erwarten, war das Echo auf diese Erzählung, mit der Hesses 1913 erschienenes Reisebuch *Aus Indien* abschloß, vor allem in Kirchenkreisen gespalten. »Diese phantasievolle Geschichte«, schrieb Missionsdirektor Albrecht Oepke in seiner Publikation »Moderne Indienfahrer und die Weltreligionen« (Leipzig, 1921), »ist eine durchsichtige, für die Mission wenig schmeichelhafte Allegorie. In Wahrheit ist Robert Aghion kein anderer als Hermann Hesse ... Es ist schmerzlich zu sagen. Er ist der Sohn des bekannten Missionsschriftstellers Johannes Hesse und mütterlicherseits ein Enkel des berühmten missionarischen Sprachforschers Dr. Gundert ... Ob dem Dichter seine gott- und heilandlose Mystik, ... die vor der Praxis des Durchschnittseuropäers in den Tropen so hilflos die Segel streicht, wirklich in seinem persönlichen Leben ein starker Halt geworden ist?«

Der österreichische Schriftsteller Leo Greiner dagegen schrieb am 1.6.1913 im »Berliner Börsen-Courier«: »Wie der christliche Ideologe ... jenes fremde Leben um seiner inneren Wahrheit willen achten lernt, das ist fein, klar und mit so blitzender Raffung des Stoffes geschrieben, daß der geistige Umfang der Novelle, die in schärfster Verkürzung zwei gewaltige Kulturen konfrontiert, ihren äußeren um vieles übertrifft.«

Ein weiteres erzählerisches Ergebnis von Hesses Fernostreise, die tragikomische Reiseerinnerung DIE BRAUT, mutet dagegen eher feuilletonistisch an. Er selbst hat diese in ihrer Thematik und Erzählweise an Thomas Mann erinnernde Geschichte in keines seiner Bücher aufgenommen. Die lethargische Kolossaldame aus Padua, deren Schicksal darin beschrieben wird, hatte Hesse im Verlauf seiner Schiffsreise von Genua nach Colombo kennengelernt und ihre Vorgeschichte erst im nachhinein erfahren. Sie handelt von der Unbeständigkeit äußerer Reize und dem, was Verliebten unter Umständen zustoßen kann, wenn sie zu sehr auf deren Dauerhaftigkeit bauen, wie dem fassungslosen Teepflanzer aus Ceylon, der nach dreijähriger Trennung seine einst reizvolle Verlobte auf eine Weise verändert findet, daß er sie kaum wiedererkennt.

Die im Jahr darauf entstandene Kurzgeschichte DER WALDMENSCH wäre ohne Hesses Expedition in den äquatorialen Urwald (vgl. SW 11, seine Berichte und Tagebuchaufzeichnungen *Aus Indien*) gewiß weniger anschaulich ausgefallen. Sie handelt vom Eingeborenen-Jüngling Kubu, dessen Stamm sich aus Angst vor der vermeintlich tödlichen Kraft der Sonne nicht aus den Mangrovenwäldern heraustraut. Er ahnt, daß das Verbot, im Licht zu leben, mit der Erblindung des Stammeshäuptlings zu tun hat. Um sein Volk ans Licht zu führen, muß Kubu den despotischen Häuptling töten. Kubu ist ein Prototyp des mutigen Einzelgängers, der in einer Art Notwehr dazu getrieben wird, mit sinnlosen Überlieferungen zu brechen und damit unwillkürlich auch Impulse zu setzen, welche die Emanzipation und zivilisatorische Entwicklung einen Schritt vorwärtsbringen. Das Milieu, in dem diese Geschichte spielt, hat Hesse zwanzig Jahre später in der Erzählung vom »Regenmacher« und seinem Sohn Turu wiederaufgegriffen (vgl. SW 5, *Das Glasperlenspiel*, S. 409 ff.).

Vier Monate nach seiner Rückkehr aus Indonesien wurde Hesse wieder einmal zu einem AUTORENABEND eingeladen. Unmittelbar danach schrieb er in einem Brief an Liddy Gregori: »Meine [Asien-] Reise verlief vollends gut, nur der Dichterabend in Saarbrücken verunglückte vollständig.« Und am 2. 6. 1912: »Der Tag bei Ihnen ist mir in schönster Erinnerung, in besserer als Saarbrücken, wo ich vorlesen mußte und wo man, ich weiß nicht warum, in mir einen komischen Rezitator erwartet hatte!« Was ihn bei dieser kuriosen Begebenheit so heilsam über die wirklichen Bedürfnisse des Publikums belehren sollte, ging auf die Vorankündigung seiner Lesung in der Lokalpresse zurück, die Hesse vermutlich nie zu Gesicht bekam, sonst hätte ihn wohl kaum überrascht, was ihn hier erwartete. In einer Zeitungsannonce mit der Ankündigung »Wollen Sie lachen? Dann gehen Sie in die Tonhalle und hören sich die humoristische Künstler-Kapelle Fritz Grothe an« wurde dort auf den im selben Gebäude stattfindenden Hermann-Hesse-Abend hingewiesen, was dann zu jener folgenreichen Verwechslung geführt hat, wie sie die Erzählung schildert. »Es ist alles wörtlich wahr«, erinnert sich Hesse noch 1957 in einem Brief an seinen Göppinger Schulkameraden Karl Dettinger, »Philisterhaus mit goldenem Stuhl und Papagei, Vorlesung im halbleeren Sälchen überm Riesensaal mit Bierkonzert«. Doch im Gegensatz zu seiner eigenen Schilderung der Begebenheiten ist im Pressebericht der »Saarbrücker Zeitung« vom 25. 4. 1912 wenig über die Komik der Veranstaltung zu erfahren. Die Besprechung schließt mit der Feststellung: »Die verhältnismäßig recht kleine Gemeinde der Erschienenen hatte die notwendige Sammlung und Andacht mitgebracht und konnte dem Dichter zum Schluß für eine schöne Stunde mit herzlichem Beifall danken.« (Vgl. die Dokumentation von Ralph Schock, *Hermann Hesse – Autorenabend in Saarbrücken. Verlauf und Folgen der Lesung am 22. 4. 1912.* Gollenstein Verlag, Blieskastel 2000.)

An eine viel länger zurückliegende Begebenheit erinnert die 1913 entstandene Novelle DER ZYKLON. Das darin geschilderte Erlebnis aus der Zeit von Hesses Calwer Schlosserlehre läßt sich bereits in einem Jugendbrief nachweisen, den er am 1. 7. 1895 an den Maulbronner Schulfreund Theo Rümelin gerichtet hat. »Und dann hab ich heute ein Wetter erlebt wie selten«, notiert er darin am Vorabend seines 18. Geburtstags. »Es war großartig, ein einziger Windstoß, ein kurzer Hagel, alles zusammen kaum drei Minuten dauernd. Da flogen Scherben überall, zerstörte Läden, Dächer, Ziegel, Fenster etc. In einer einzigen Minute wurden massenhaft starke Bäume entwurzelt oder abgebrochen, ganze Felder und Gärten total vernichtet. In unserem Haus allein, wo es noch gnädig ging, sind über dreißig Scheiben zertrümmert, das Dach stellenweise zerstört etc. Ich maß Hagelkörner von 39 und 40 mm Durchmesser ... Hier auf dem Brühl sah ich mehrere starke Bäume total umgerissen.«

Ungleich suggestiver als im Brief wird in der Erzählung dieses Naturphänomen geschildert, wie es sich vorbereitet mit drückender Schwüle, dem plötzlichen Tiefflug der Vögel, dem merkwürdigen Verhalten der Flußfische, den Ausdünstungen des Abwasserkanals, bis zur eruptiven Entladung des Wirbelsturmes, die einhergeht mit einem ebenso stürmischen Liebeserlebnis. Den entfesselten Naturgewalten entspricht eine Entladung von Sinnlichkeit, die der Ernüchterung weicht, sobald der Ausnahmezustand vorbei ist. Obwohl die Novelle in Hesses Heimatstadt spielt, wird dieser Ort zum erstenmal nicht mehr »Gerbersau« genannt. Wie auch in den künftigen Calwer Geschichten (KINDERSEELE und UNTERBROCHENE SCHULSTUNDE) beschränkt sich die Fiktionalisierung auf eine Verfremdung der Personennamen, wie Siegfried Greiner am Beispiel der hoffnungslos liebenden Berta Vögtlin aus der Baumwollspinnerei nachgewiesen hat, die in Wirklichkeit die Tochter eines Zimmermanns war, Maria Voegele hieß und im April 1891 mit Hesse konfirmiert wurde.

Ein eindrucksvolles Beispiel für das Einfühlungsvermögen des Verfassers in historische Stoffe ist die mit großer Sach-, Orts- und Menschenkenntnis geschriebene Erzählung IM PRESSELSCHEN GARTENHAUS. Sie versetzt den Leser zurück in das Tübingen des Jahres 1823, wo im evangelischen Stift die damals 21jährigen Dichter Eduard Mörike und Wilhelm Waiblinger auf den Theologenberuf vorbereitet werden sollten. Waiblinger, der soeben einen Briefroman über sein Idol Friedrich Hölderlin (*Phaeton*, Stuttgart 1823) veröffentlicht hatte, kümmerte sich mit rührender Anhänglichkeit um diesen gleichfalls in Tübingen, doch seit zwei Jahrzehnten in geistiger Umnachtung lebenden Dichter. An einem prächtigen Sommertag beschließen die beiden Studenten, den kranken Hölderlin zu besuchen und mit ihm einen Ausflug auf den Österberg zu unternehmen. Dort hatte Waiblinger, um dann und wann der strengen Disziplin des Stifts zu entkommen, in den Sommermonaten das von Weinreben umgebene Gartenhäuschen des Oberhelfers Pressel gemietet. Die Erzählung schildert nicht viel mehr als diesen Ausflug der drei Dichter. Doch die mit wahlverwandtem Gespür für ihre ganz verschiedenen Naturelle wiedergegebenen Beobachtungen und Gespräche bedürfen keiner weiteren Handlung. Drei Welten und Schicksale stoßen aufeinander: das des exzentrisch-genialen Waiblinger, der, ungestüm, leicht reizbar und mit dem Herz auf der Zunge, schon bald aus dem Stift entlassen, in Italien ein frühes Ende finden sollte; das des schüchtern-schwermütigen Mörike, »ein Frühvollendeter, der zu spät gestorben ist«, doch auf ganz andere Weise als Hölderlin, dem es bestimmt war, sich vor den Zumutungen des Lebens, sobald es unerträglich wurde, mit einer Isolierschicht von Wahnsinn zu schützen. Es ist die Zeit der Restauration. Der Wiener Kongreß hatte versucht, die Folgen der Französischen Revolution und Napoleons hegemoniale Französisierung Europas rückgängig zu machen. Aber so rasch lassen sich dreißig Jahre Fremdbestimmung nicht auslöschen. So begrüßt der ehemalige Republikaner Hölderlin in seiner

Umnachtung jeden, der sich ihm nähert, in zeremonieller Unterwürfigkeit wie einen Vertreter des Hochadels, mit Wendungen, die von französischen Ergebenheitsfloskeln durchsetzt sind. Nur einmal erwacht er aus seiner freundlichen Apathie, als Waiblinger den Namen Goethes ins Gespräch wirft, der für Hölderlin mit einer Verletzung verbunden ist, die so stark gewesen sein muß, daß sie selbst noch die Schutzhülle seiner Krankheit durchdringt

Auch andere Details dieser Schilderung, wie der griechische Schriftzug an der Wand des Gartenhäuschens »Ein und All« oder die Szene mit der Tabakspfeife, korrespondieren mit Waiblingers Tagebuchnotizen vom 9. 6. 1823. Weniger authentisch, doch kongenial erfunden, ist das drollige Rollenspiel, mit welchem Mörike Waiblinger von seinen schlimmen Zukunftsahnungen abzulenken versucht. Er versetzt sich dabei in die Phantasiefigur seines Barbiers Wispel, der Waiblinger nahelegt, dem Gesuch eines Direktors Vogeldunst Folge zu leisten und als Ersatzmann für den verstorbenen Friedrich Schiller einzuspringen. Denn sein Auftraggeber, ein kurioser englischer Lord, suche für seine Sammlung extravaganter Zeitgenossen, mit denen er sich umgebe, noch einen lebenden deutschen Dichter.

Mit seinem Vorläufer Mörike, der sich berufen fühlt, »ein verklärender Spiegel für die Schönheit der Welt zu sein«, kann Hesse sich offensichtlich am meisten identifizieren, doch ist ihm auch Waiblingers aufbrausender Freiheitsdrang nicht fremd. Bis dieser erneut auch bei Hesse zum Ausbruch kommen konnte, bedurfte es der bald darauf einsetzenden Bedrängnis durch die Zeitgeschichte.

Kurz vor Beginn des Ersten Weltkriegs hatte Hesse im Berner Haus seines 1912 verstorbenen Malerfreundes Albert Welti einen neuen Roman begonnen, der wie eines der Bilder Weltis den Titel DAS HAUS DER TRÄUME erhalten sollte. Das Manuskript ist Fragment geblieben. Im Geleitwort für die Einzelausgabe, die 1936 in 150 numerierten Exemplaren bei den Oltener Bücherfreunden erschien, erinnert sich der Autor: »Die 1914 begonnene und unvollendet gebliebene Dichtung ›Das Haus der Träume‹ folgt in der Reihe meiner Werke auf die *Roßhalde*. Unterbrochen und schließlich unmöglich gemacht wurde die Arbeit an dieser Dichtung durch den Krieg, der im Sommer 1914 ausbrach, und der ja größere und unersetzlichere Dinge in Menge zerschlagen hat.

Nachwort

Der alte Neander, die Hauptgestalt der unvollendet gebliebenen Dichtung, sollte die Verleiblichung eines idealen Menschentypus sein: des Weisen nämlich, der im Alter, am Ende eines tätigen und bedeutenden Lebens nach asiatischem Vorbild den Weg nach Innen geht und einen reifen kontemplativen Lebensabend durchschreitet. Ich war damals im Wissen um die menschlichen Möglichkeiten gerade soweit, um diesen Weg nach Innen nicht mehr als Müdigkeit und Resignation, sondern als sublime Aktivität zu empfinden. Ich war vorher manche Jahre lang mit indischen Studien beschäftigt gewesen und hatte erst vor kurzem den anderen Pol des asiatischen Geistes, den chinesischen, zu entdecken begonnen, anhand der ersten Ausgaben chinesischer Klassiker in der Verdeutschung Richard Wilhelms, welche in jenen Jahren zu erscheinen begannen.«

Es sei ihm damals wichtig gewesen, schrieb Hesse in einem Brief vom April 1958 an Hermann Herrigel, »die Gestalt eines altgewordenen Menschen zu zeichnen, der das Seine in der Welt getan und erlebt, sich auf vielen Gebieten differenziert hat und jetzt im Lebensabend langsam und ohne Krampf das Differenzierte sich wieder vereinfachen und auflösen läßt. Wichtig war mir ferner: für dies Bild eine Sprache zu modulieren, die ihm adäquat wäre.«

Das Romanfragment handelt von einem Rentner, der sich nach einem arbeitsreichen Leben ganz seiner Liebhaberei, dem Gartenbau, widmet und im Umgang mit den Pflanzen immer bedürfnisloser und gelassener wird. Wie der alte Goethe oder der chinesische Weise Lao Tse erkennt er dabei die Grenzen der Willensfreiheit und daß sich nichts erzwingen läßt gegen die Gesetze der Natur. Dies zu erfahren steht seinem Sohn Albert, einem zum Dogmatismus neigenden Gymnasiallehrer, noch bevor. Nach der Schilderung der unterschiedlichen Charaktere Neanders, seiner Frau, der beiden Söhne und der Schwiegertochter Betty bricht die Erzählung an jener Stelle ab, wo das Schicksal des problematischen Sohnes Albert dargestellt werden sollte. »Als mich der Krieg und die durch ihn erschütterte Welt um Jahre später wieder losließ und mir die Konzentration zu neuer Arbeit erlaubte«, schließt Hesse sein Geleitwort von 1936, »war ich längst nicht mehr der, der 1914 die Geschichte von Neander begonnen hat.« Die drei vollendeten Kapitel des Fragmentes geben ein anschauliches Bild vom damaligen Wohnsitz der Hesse-Familie vor dem Ersten Weltkrieg, dem nach Süden ausgerichteten alten Berner Landhaus und Garten, mit Blick auf den Grenzwall der Alpen, der dem Dichter schon damals zum Sinnbild eines »Zwiespaltes und Hemmnisses« wurde für den »sehnsüchtigen Kampf zwischen Norden und Süden«. Denn jenseits des Gebirges »wußte er die schönen Paradiese liegen, dort floß das Leben reich und gut in der Unschuld angeborenen Reichtums; und das Schöne wuchs dort mit der kindlichen Natürlichkeit anmutiger Blumen empor, das der Norden nur aus Qualen der Sehnsucht und Abgründen grübelnden Trotzes gebar. Aber die nordische Schönheit klang inniger und erschütternder«.

Der Verlauf des Ersten Weltkriegs und die Angriffe als Drückeberger und »vaterlandsloser Gesell«, die Hesse für seine publizistischen Appelle zur Völkerverständigung hinnehmen mußte, hatten ihn 1917 dazu bewogen, seine zeitkritischen Arbeiten fortan pseudonym zu veröffentlichen. Das geschah weniger, um weiteren Attacken entgehen zu können, sondern vielmehr weil Hesse befürchten mußte, aus Deutschland keine Gelder mehr für seine 1915 begonnene Fürsorgetätigkeit zugunsten der Kriegsgefangenen zu bekommen. Auch fühlte er sich nach einer Psychoanalyse, die ihm die schwere Krise überwinden half, die seine Diskriminierung in der deutschen Presse ausgelöst hatte, so stark gewandelt, daß es ihm selbstverständlich erschien, dieser neuen Identität auch mit einem neuen Namen zu entsprechen. Doch sein Plan, nach dem *Demian* auch künftige Werke unter dem Verfassernamen Emil Sinclair zu veröffentlichen, zerschlug sich, nachdem es Otto Flake gelang, im Mai 1920 das Pseudonym aufzudecken (vgl. *Materialien zu Hermann Hesse »Demian«*, Frankfurt/Main 1993, S. 164 ff.).

Hesses erste pseudonym veröffentlichte Erzählung war die im September 1917 entstandene Farce WENN DER KRIEG NOCH ZWEI JAHRE DAUERT. In dieser makabren Vision hat sich »der Vater aller Dinge« so sehr verselbständigt, daß der Staat und seine Militärbürokratie keine Zivilisten mehr, sondern nur noch Soldaten und Beamte dulden. Unter solchen Umständen vergeht Emil Sinclair jede Lust, weiterzuleben. Aber um das Zeitliche segnen zu dürfen, bedarf es einer »Sterbekarte«, welche die Behörden nur gegen Vorlage eines »Existenzbewilligungsscheins« auszustellen befugt sind. Um diesen zu erlangen, muß der Antragsteller von Dienststelle zu Dienststelle antichambrieren, so daß es Sinclair schließlich vorzieht, sich wie sein Autor (im »Kurzgefaßten Lebenslauf«, SW 11) mit der weißen Magie der Phantasie ins Kosmische zurückzuziehen. In Hesses Gedicht »Auf einem Polizeibüro« (SW 10, *Die Gedichte*) hat dieser Alptraum auch lyrischen Ausdruck gefunden.

Noch kafkaesker ist die ein Jahr darauf entstandene Fortsetzungsgeschichte WENN DER KRIEG NOCH FÜNF JAHRE DAUERT. Sie schildert in Form des Kommuniqués einer Staatsregierung den unerhörten Fall eines Privatmannes, der bei der Altersmusterung als unbrauchbar befunden wurde und es versäumt hat, anläßlich der mittlerweile verordneten Abschaffungsmaßnahmen »der nicht zivildienstfähigen Bevölkerung«, die zu diesem Zweck eingerichtete »kreisamtliche Chloroformstelle« in Anspruch zu nehmen. Nur weil sich die Universität für dieses letzte Exemplar der Spezies »Vorkriegsmensch« interessiert, wird er zu wissenschaftlichen Zwecken am Leben erhalten. Satirisch, doch mit ahnungsvollem Grauen findet man hier an die Wand gemalt, was im nächsten Weltkrieg mit der haarsträubenden Anweisung über den »Umgang mit lebensunwürdigem Leben« auf kaum vorstellbare Weise realisiert und perfektioniert werden sollte.

Zu den Ergebnissen der Psychoanalyse gehörten für Hesse nicht nur die neue Identität als Emil Sinclair, sondern auch die Versuche, seine Träume bildnerisch auszudrücken. Darüber entdeckte er sein Talent zu malen. In der kleinen Geschichte DER MALER zeigen sich die Selbstzweifel, die ihm dabei anfangs zu schaffen machten. Schließlich überwindet auch sein Protagonist diese Skrupel. Denn die Fragen nach dem Sinn seines Tuns sind wie verflogen, als es ihm glückt, vor der Natur einzufangen und auszudrücken, was dort mit ihm selbst und seinem Bedürfnis harmoniert, »Schwingungen zu fühlen zwischen sich und allen Dingen der Welt«. Nun beginnt sich auch die Öffentlichkeit für den Maler zu interessieren. Weil der aber wenig Lust hat, seine Arbeiten publik zu machen, stellen Freunde seine Bilder aus, und durch die Presse erfährt er, was für sonderbare Bedeutungen ihnen zugeschrieben werden. Das macht ihn vollends unabhängig vom Urteil seiner Zeitgenossen, die ihn selbst zwar für verrückt erklären, seine Bilder aber auf eine Weise rühmen, die mehr mit ihren eigenen Vorstellungen als mit dem Maler zu tun hat.

Die im selben Jahr 1918 entstandene Kurzgeschichte DER MANN MIT DEN VIELEN BÜCHERN zeigt einen Menschen, der sich mit seiner Lektüre, insbesondere den Werken der klassischen Antike, vor dem »blutigen Chaos« seiner Zeit abzuschotten versucht. Das hält ihn davon ab, »sich seines Verstandes ohne Leitung eines anderen zu bedienen« (Kant). Ein Zufall führt ihn zu Shakespeare, Hamsun und schließlich zu den Werken Dostojewskis. Dabei wird ihm plötzlich bewußt, daß er über den Büchern sich selbst und die Wirklichkeit verpaßt hat. Er stürzt sich ins Leben und hofft, gemeinsam mit einem Mädchen das Versäumte nachholen zu können. In Hesses ein Jahr nach der Niederschrift dieser Kurzgeschichte entstandenen Essays über Dostojewskis Romane *Der Idiot* und *Die Brüder Karamasow*, die 1920 unter dem Titel *Blick ins Chaos* erschienen, wird die Sehnsucht, einen vitaleren Realitätsbezug zu finden, erneut und auf überzeugendere Weise thematisiert.

KINDERSEELE ist Hesses letzte in Bern entstandene Erzählung. Darin schildert der Dichter ein Erlebnis aus seinem zwölften Lebensjahr. Daß sich der Ich-Erzähler hier als elfjährig bezeichnet, mag daran liegen, daß zum Zeitpunkt der Niederschrift die Tagebuchnotizen seiner Mutter, die uns heute eine präzisere Altersangabe ermöglichen, noch bei Hesses Schwester Adele lagen. Er schrieb dieses Psychogramm zwei Jahre nach dem Tod seines Vaters und der u. a. durch diesen Anlaß ausgelösten Depression, die eine Psychoanalyse unumgänglich gemacht hatte. Es geht ihm darum, einen Konflikt zu bewältigen, dessen Darstellung er 1916 in seinem bewegenden Nachruf »Zum Gedächtnis des Vaters« (vgl. SW 12, *Gedenkblätter*) ausgespart hatte. Denn es betrifft eine frühe Kraftprobe mit dem Vater, die auch für ihn selbst kein Ruhmesblatt war. Wie in der Kurzgeschichte DAS NACHTPFAUENAUGE geht es um einen Diebstahl, der hier aber nicht mehr in einer Rahmengeschichte verfremdet, sondern voll eingestanden und mit einer »Psychologie von äußerster Subtilität« (Alexander Mitscherlich) motiviert wird. Die Erzählung spielt in den ersten Novembertagen des Jahres 1889 in Hesses Elternhaus in der Calwer Lederstraße und erinnert in vielem (u. a. mit Figuren wie dem Schulkameraden Oskar Weber) an das Ambiente des 1917 entstandenen Romans *Demian*. Im Konflikt zwischen Ehrfurcht und Auflehnung gegen einen Vater, der »nie im Unrecht war« und dessen provozierend musterhafte Lebensführung das Unregelmäßige geradezu herausfordert, verwickelt sich der Sohn wie unter hypnotischem Zwang in eine Tat, »die er gar nicht wollte«. Interessant dabei ist, daß er – als die erwartete Strafe zu lange ausbleibt – eine Prügelei mit einem Schulkameraden provoziert, um sich durch Selbstbestrafung von seinem Gewissensdruck zu befreien. Die Blessuren, die er dabei davonträgt, betrachtet er als Sühne. Als dann der Diebstahl doch noch entdeckt wird, erweist sich diese Ersatzhandlung als Sackgasse. Weniger daß er dem Vater eine Handvoll getrockneter Feigen entwendet hat, wird ihm zum Problem, als vielmehr, daß er die Tat nun abstreitet und sich damit in eine Lage manövriert, deren Aussichtslosigkeit ihm von Anfang an bewußt war. Der

Vater hat ihn durchschaut und kommt ihm nicht helfend entgegen, sondern zwingt ihn, sich zu demütigen. Auch nachdem die Bestrafung vorbei und alles scheinbar wieder in Ordnung ist, bleibt die Wunde über dreißig Jahre lang offen, bis Hesse dieses frühe Trauma darzustellen vermochte. Selten sind die dämonischen Antriebe eines hellwachen Gewissens, das als Unrecht Erkannte dennoch zu tun, so gründlich durchleuchtet worden wie in diesem »Drama des begabten Kindes« (Alice Miller), einer Fallstudie, die auch wegen ihres Nutzwertes für Pädagogen mittlerweile zu Hesses bekanntesten Erzählungen gehört. Am 7. 2. 1920 schrieb er dazu in einem Brief an seine Schwester Adele: »Ich bin in der Dichtung den Weg der ›Kinderseele‹, das heißt den Weg einer möglichst graden Psychologie und Wahrheitsliebe weitergegangen und damit zu Resultaten gekommen, welche die Leser meiner früheren Bücher zumeist abschrecken werden. Aber das ist einerlei.«

Noch bis 1914 hatte der Dichter seine frühere Produktionslust fortsetzen können. Doch seit Beginn des Ersten Weltkriegs war sie ins Stocken geraten. Soziale Initiativen wie der Aufbau einer »Zentrale für deutsche Kriegsgefangenenfürsorge«, eines Verlages und drei Zeitschriften für Internierte mit den damit verbundenen Redaktionsarbeiten brachten die bisherige erzählerische Kontinuität fast zum Erliegen.

Ein halbes Jahr nach dem Waffenstillstand, im April 1919, konnte Hesse endlich seine Tätigkeit für die Kriegsgefangenen beenden. Vier aufreibende Dienstjahre der Büro- und Organisationsarbeit lagen hinter ihm und hatten nachhaltige Spuren hinterlassen. Denn auch ihm, der niemals Uniform trug noch an die Front eingezogen wurde, hatte der Krieg alles zerstört, was sich zuvor noch einigermaßen im Lot befand. Kaum war nach anderthalbjähriger Psychoanalyse seine eigene Krise überstanden, fiel seine Frau in eine so gravierende Gemütskrankheit, daß sie, mit Rückfällen bis ins Jahr 1925, in verschiedenen Heilanstalten interniert werden mußte. Die sieben-, neun- und dreizehnjährigen Söhne brachte Hesse bei Freunden und in Landerziehungsheimen unter. Denn inzwischen war für ihn DAS HAUS DER TRÄUME, wie er sein Berner Heim in der gleichnamigen, 1914 entstandenen Erzählung noch genannt hatte, zu einem Ort der Alpträume geworden. Ein Zurück gab es nicht mehr. Es zog ihn nach Süden zum Wagnis eines radikalen Neubeginns. Die Energie eines jahrelang aufgestauten Ausdruckswillens drängte nach Entladung mit einer expressiven Wucht und neuen Kraft der Sprache, die wenig gemein hatte mit dem oft unartikulierten Pathos der Autorengeneration des inzwischen salonfähig gewordenen Expressionismus.

Doch die Hypothek seiner inzwischen unberechenbar gewordenen Familienverhältnisse belastete ihn schwer. Die Vorstellung, seine Frau und die gemeinsamen Kinder auf dem Gewissen und sich selbst für seine Arbeit in Sicherheit gebracht zu haben, ist das Thema der Novelle KLEIN UND WAGNER und wird dort als imaginärer, vierfacher Mord beschrieben. Begangen hat ihn der Beamte Klein, der sich mit gefälschten Papieren, einem Revolver und unterschlagenem Geld den Folgen seines Verhaltens zu entziehen und südlich der Alpen unterzutauchen versucht. In dem einige Jahre zuvor begangenen Verbrechen des württembergischen Lehrers Ernst August Wagner (1874-1938), der 1913 seine Frau und seine vier Kinder umgebracht hat (jedoch keinen Suizid beging, sondern als Geistesgestörter inhaftiert wurde), sah Hesse so deutliche Parallelen, daß er sich als dessen Doppelgänger empfand.

Friedrich Klein ist ein Philister, den es in die Welt des Abenteuers, in die Sphäre des Unsicheren und Gefährlichen verschlägt und der darin untergeht. »Schön und holdselig ist diese Dichtung nicht, mehr wie Zyankali«, berichtet Hesse am 24. 7. 1919, eine Woche nach Abschluß des Manuskriptes, seinem Malerfreund Louis Moilliet. »Sie schreiben mir«, beantwortete er kurz darauf einen Brief von Carl Seelig, »daß Sie verstehen können, wie ein Mensch unter Umständen zum Mörder wird. Nun, gerade damit war auch ich, der ich ja kein Weiser, sondern ein sehr leidender und rastloser Mensch bin, diesen Sommer beschäftigt, mit dem Mörder nämlich, der auch in mir lebt, und ich habe versucht, ihn in eine gefährliche und kühne Dichtung zu bringen, vielleicht um ihn für eine Weile aus dem eigenen Herzen loszuwerden ... Auch ich schlage mich bald mit dem Mörder, mit dem Tier und Verbrecher in mir beständig herum, aber ebenso auch mit dem Moralisten, mit dem allzufrüh zur Harmonie Gelangenwollen ... Beides muß sein, ohne das Tier und den Mörder in uns sind wir kastrierte Engel ... Ich habe darüber meinen früheren schönen harmonischen Stil verloren, ich mußte neue Töne suchen, ich mußte mich mit allem Unerlösten und Uralten in mir selber blutig herumschlagen, nicht um es auszurotten, sondern um es zu verstehen, um es zur Sprache zu bringen, denn ich glaube längst nicht mehr an Gutes und Böses, sondern ich glaube, daß alles gut ist, auch was wir Verbrechen, Schmutz und Grauen heißen. Dostojewski hat das auch gewußt. Je weniger wir uns vor unserer eigenen

Phantasie scheuen, die im Wachen und Traum uns zu Verbrechern und Tieren macht, desto kleiner ist die Gefahr, daß wir in der Wirklichkeit an diesem Bösen zugrunde gehen.«

Im Manuskript hatte sich Hesse neben den definitiven Titel der Novelle als alternative Überschrift noch das Bibelzitat »In der Welt habt ihr Angst« notiert. Die Angst, ein Leitmotiv auch der Erzählung KINDERSEELE, vermochte er nur mit knapper Not in Schach zu halten. Friedrich Klein alias Wagner ist ihr erlegen. Sein Erfinder überlebte dank der Übertragung in diesen Spiegel. Und die Bilanz, die er daraufhin am 31. 8. 1919 in einem Brief an Georg Reinhart zog, zeigt etwas von der Erleichterung, das Trauma wenigstens fiktiv gemeistert zu haben: »Aber ein Gutes, einen großen Segen haben solche Zeiten, wie ich sie seit Monaten durchlebe: eine Glut und Konzentration der künstlerischen Arbeit, die man im Wohlsein nie erreicht. Mit dem Gefühl, im Kern seiner Existenz brüchig zu sein und nicht mehr mit langer Dauer rechnen zu dürfen, nimmt man seine Kraft zusammen wie ein alter Baum, der vor dem Umbrechen noch einmal Laub treiben und sich in Samen verewigen will. Ich habe hier viel und gut gearbeitet und habe noch Mehreres vor, wichtige und zum Teil aufregende Dinge, wenigstens für mich. Ich habe die Sünden mancher früherer Jahre, in denen es mir zu gut ging, abgebüßt und versucht, im Geistigen und Künstlerischen den Schiffbruch wieder auszugleichen, den ich im persönlichen und bürgerlichen Leben erlitt.«

Im Mai 1919 hatte der damals 25jährige Jurastudent und Journalist Carl Seelig Hesse gebeten, ihm für eine geplante Buchreihe eine Monographie über den Maler Vincent van Gogh zu schreiben. Als vermögender Erbe eines Züricher Seidenfabrikanten war dieser literaturbegeisterte junge Mann einer der ersten, die Hesses Kriegsgefangenenfürsorge durch den Kauf seiner frühen Pastelle, Zeichnungen und illustrierten Gedichthandschriften unterstützte. Hesses malerische Anfänge, die in ihrer Unbeholfenheit und Intensität an diejenigen van Goghs erinnern, hatten Seelig auf den Gedanken gebracht, daß zwischen ihm und Hesse, der gleichfalls aus einem Pfarrhaus entlaufen war, wahlverwandte und vielversprechende Gemeinsamkeiten bestanden. Tatsächlich winkte Hesse, der sonst alle thematischen Anregungen von sich wies, die von außen an ihn herangetragen wurden, diesmal nicht grundsätzlich ab. In seiner Antwort vom 26. 5. 1919 an Carl Seelig heißt es: »Ob ich etwas über ihn schreiben kann, ist mir noch nicht klar, auch sollte ich wissen, ob es erlaubt ist, einzelne Briefe oder größere

Stücke [aus den erstmals ins Deutsche übersetzten Briefbänden van Goghs, die 1911 und 1914 im Berliner Cassirer-Verlag erschienen waren] abzudrukken. Wenn ich etwas schreiben würde, wäre es eine Einführung für die Jugend, ganz naiv, wobei van Goghs Malerei gar nicht technisch und ästhetisch gewürdigt würde, sondern nur sein Charaker und seine Leidenschaft für die Malerei in seiner heiligen Besessenheit.«

Obwohl diese Monographie nicht zustande gekommen ist, war das Thema van Gogh für Hesse keineswegs erledigt. Zu vieles verband ihn mit diesem Maler, den er als »seltsamen Vagabunden und Dulder« bezeichnet, der »aus übergroßer Liebe zu den Menschen einsam, und aus übergroßer Vernunft wahnsinnig wurde«. In der gleich nach der Niederschrift von KLEIN UND WAGNER in Angriff genommenen Erzählung KLINGSORS LETZTER SOMMER ist er zugegen, auf vitalere Weise vielleicht, als es in einer Biographie möglich gewesen wäre. Denn auch die Parallelen zwischen van Goghs Neubeginn in der Provence und denjenigen Hesses im Tessin waren frappant. Was für den Holländer der erlösende Kontrast zwischen dem düsteren Norden seiner Herkunft und dem mediterranen Licht Südfrankreichs, war für Hesse der Standortwechsel in die Südschweiz. Seit er dort eingetroffen und Quartier in der »noblen Ruine« der Casa Camuzzi bezogen hatte, überfiel den Maler in ihm ein Schaffensrausch ohnegleichen: »Ein Sommer von einer Kraft und Glut, einer Lockung und Strahlung«, wie er noch keinen erlebt hatte, forderte ihn heraus und durchdrang ihn »wie ein starker Wein. Die glühenden Tage wanderte ich durch die Dörfer und Kastanienwälder, saß auf dem Klappstühlchen und versuchte mit Wasserfarben etwas von dem flutenden Zauber aufzubewahren; die warmen Nächte saß ich bis zu später Stunde in Klingsors Schlößchen und versuchte etwas erfahrener und besonnener als ich es mit dem Pinsel konnte, mit Worten das Lied dieses unerhörten Sommers zu singen. So entstand die Erzählung vom Maler Klingsor.« (»Erinnerung an Klingsors Sommer«, 1938)

Wer die Briefe van Goghs nach seiner Ankunft in Arles mit denjenigen Hesses aus seinen ersten Monaten in Montagnola vergleicht, wird überrascht sein von den vielen Entsprechungen. Die ersehnte Arbeitsgemeinschaft Klingsors mit »Louis dem Grausamen« (Hesses Bezeichnung für den Expressionisten und Schweizer Malerfreund Louis Moilliet, der mit August Macke und Paul Klee die kunstgeschichtlich so folgenreiche Tunis-Reise unternommen und finanziert hatte) ist für van Gogh seine unglückliche Symbiose mit Paul Gauguin gewesen. Die malerischen Fortschritte, die der Süden ihnen brachte, waren ähnlich rapid. Das mediterrane Licht bewirkte eine Aufhellung und zunehmende Farbigkeit ihrer Palette, den Verzicht auf Mischtöne zugunsten einer immer kühneren Verwendung der Grundfarben. Die Klingsor-Erzählung, insbesondere das Selbstbildnis-Kapitel, auf das sie sich zuspitzt und worin sie gipfelt, liest sich wie ein van-Gogh-Porträt in Worten. Alle Leidenschaftlichkeit, alles was dieser von seinen Visionen gejagte Maler und konzessionslose Menschenfreund mit »seiner eigenwilligen, überfüllten, gedrängten und zuckenden Pinselschrift« an Zukunft vorweggenommen hat, ist darin enthalten, »der müde, gierige, kindliche und raffinierte Mensch unserer späten Zeit, der sterbende, sterbenwollende Europamensch: von jeder Sehnsucht verfeinert, von jedem Laster krank, vom Wissen um seinen Untergang enthusiastisch beseelt, zu jedem Fortschritt bereit, zu jedem Rückschritt reif, ganz Glut und auch ganz Müdigkeit, dem Schicksal und dem Schmerz ergeben wie der Morphinist dem Gift, vereinsamt, ausgehöhlt, uralt, Faust zugleich und Karamasow, Tier und Weiser ... voll von Kinderangst vor dem Tode und voll von müder Bereitschaft, ihn zu sterben.«

Etwas Bacchantisches, ein letztes Aufglühen vor dem Erlöschen, hat dieser moderne Klingsor, der wie sein Namenspatron, der Zauberer aus Wolfram von Eschenbachs *Parzival*, Töne zu sehen und Farben zu hören vermag. So verwundert es nicht, daß auch Hesse befürchtete, dieser Sommer sei für ihn der letzte, und am 27.8.1919, kurz nach Vollendung der Erzählung, seinem Verleger eine Art literarisches Testament mitteilte: »Ich habe zuweilen das Gefühl, es könne mir etwas zustoßen. Für diesen Fall bitte ich zu notieren, daß unbedingt folgende Bücher von mir noch erscheinen müssen: Ein Buch mit drei Novellen, den neuesten, revolutionären Arbeiten ...«

Für Hesses Verleger war dieses expressive Malerporträt »sicher eine der schönsten Novellen, die seit vielen Jahren entstanden, und wenn sie als expressionistisch bezeichnet werden soll, die erste, die mir den Expressionismus über das Programm hinaus zur Erfüllung gebracht hat«, wie Samuel Fischer dem Autor im Oktober 1919 schrieb. Damit fand der Expressionismus, dem van Gogh drei Jahrzehnte zuvor den Weg bereitet hatte und der in Deutschland von den Malern der »Brücke« und des »Blauen Reiter« auf die Spitze getrieben wurde, seinen sprachlichen Ausdruck und in Hesses aquarellistischer Entdeckung der Tessiner Landschaft eine neue Provinz.

Die Namen der Schauplätze sind meist nur leicht verfremdet (Pambambio=Pambio, Kareno=Carona, Laguno=Lugano, Carabina=Carabbia, Monte Salute=Monte Salvatore, Monte Geranno=Monte Generoso, Castagnetta=Montagnola, Barengo=Sorengo, Manuzzo=Muzzano etc.). Verfremdeter als die Namen der Lokalitäten sind begreiflicherweise die der Personen, soweit sie nicht absichtsvoll unverändert blieben, wie die der altchinesischen Dichter Li Tai Pe und Thu Fu. So handelt es sich bei der Freundin Edith vermutlich um die damals 31jährige Schriftstellerin, Juristin und spätere Völkerkundlerin Elisabeth Rupp (1882-1972), bei Agosto und Erselia um den Schweizer Bildhauer Paolo Osswald (1883-1935) und seine Frau, die italienische Malerin Margherita Osswald-Toppi, beim Doktor und der anderen Malerin um Hesses Locarneser Arzt Hermann Bodmer (1876-1948) und seine Frau Anny, bei Rebekka, der »Königin der Gebirge«, um Ruth (1897-1994), die jüngere Tochter der Schweizer Schriftstellerin Lisa Wenger (1858-1941), beim armenischen Sterndeuter um den Architekten und Igenieur Joseph Englert (1874-1957) etc.

Viele der beschriebenen Szenen lassen sich in Hesses Briefen als authentisch nachweisen, wie zum Beispiel die im Kapitel »Kareno-Tag« geschilderten Begebenheiten: »Auch in Carona waren wir, sahen die Kanonenkugeln und den violetten Generoso wieder und das feine Mädchen Ruth [Wenger, die 1924 Hesses zweite Frau wurde] lief in einem feuerroten Kleidchen herum, begleitet von einer Tante, zwei Hunden und einem leider wahnsinnigen Klavierstimmer, es war eine herrliche Menagerie. Das Ganze endete in einem finsteren Grotto [Weinschenke im Wald], der irgendwo steil in der Luft hing, unten sausten beleuchtete Eisenbahnen vorbei, man küßte Weiber und Baumstämme, es war grauenhaft schön.« (Brief vom 24.7.1919 an Louis Moilliet).

Nichts zeige deutlicher den erstaunlichen Sprung, den Hesse inzwischen genommen habe, schrieb Stefan Zweig 1923 über die Klingsor-Erzählungen: von einer Art Hans Thoma, dem naturgetreuen und auf Harmonie bedachten Malerpoeten aus dem Schwarzwald, zum Sprachkünstler, der sich von der Akribie des Abbildens befreit und »bewußt van Goghsche Farben in Prosa umkomponiert ... zu jener besessenen Magie der Farben, zum leidenschaftlichen Disput von Dunkel und Licht ... Die merkwürdige Reinheit der Prosa, die Meisterschaft des Aussagens gerade dieser unsagbarsten Zustände, gibt Hermann Hesse einen ganz besonderen Rang in der deutschen Dichtung, die sonst nur in chaotischen Formen oder

Unformen, im Schrei und der Ekstase das Übermäßige zu schildern und zu reflektieren sucht.«

Ähnlich wie Zweig reagierten auch die meisten anderen Rezensenten auf den im Mai 1920 erschienenen Erzählband *Klingsors letzter Sommer*, von welchem innerhalb eines Jahres 16 Auflagen gedruckt werden konnten. In der Zeitschrift »Der Bücherwurm« schrieb 1920 der Schriftstellerkollege Klabund: »Hermann Hesse ist der einzige aus seiner Generation, der es fertig bekommen hat, an der Schwelle der vierziger Jahre ein neues Reis anzusetzen und zu einer zweiten feurigen Jugend emporzublühen. Thomas Mann, Jakob Wassermann, Wilhelm Schäfer haben sich in ihren letzten Schriften immer nur bestätigt. Hesse ist ein anderer geworden. Der zarte Hesse der Kleinstadtgeschichten und des Knulp ist nicht mehr. Wie seine Aquarelle vom Luganer See vor Freude schreien: So brennen und brannten seine neuen Erzählungen, deren prinzipiellste der Demian, deren vollkommenste Klein und Wagner aus dem Buche Klingsor. Hesses Stern, der früher milde strahlte, rotiert jetzt wie eine rote Sonne am Himmel der deutschen Dichtung. Er, der Vierzigjährige, steht in den Reihen der neuen deutschen, der wieder romantischen Jugend an erster Stelle.«

In der satirischen Kurzgeschichte GESPRÄCH MIT DEM OFEN über ein italienisches Kanonenöfchen der Marke »Benjamin Franklin« (Francolino), das Hesse zum Überwintern in seiner kaum beheizbaren Mietwohnung in der Casa Camuzzi geschenkt bekommen hatte, läßt er dieses neueste Industrieerzeugnis zu Wort kommen: »Ich bin ein Ofen, aber ich könnte ebenso gut ein Staatsmann sein. Ich habe einen großen Mund, wärme wenig, speie Rauch durch ein Rohr, trage einen guten Namen und wecke große Erinnerungen.« Seine Unzweckmäßigkeit macht diesen Ofen zum Prototyp des Zeitgeistes, des Auseinanderklaffens von Schein und Sein.

Die im selben Jahr 1919 entstandene Erzählung INNEN UND AUSSEN versucht die gnostische Weisheit des Hermes Trismegistos (griechischer Name des für Bildung, Kunst und Wissenschaft zuständigen ägyptischen Gottes Thot): »Nichts ist innen, nichts ist außen, denn was außen ist, ist innen« in eine Handlung zu kleiden. Schon seinen frühen, um 1900 entstandenen »Notturni«-Gedichtzyklen hatte Hesse eine der Anweisungen aus der »Smaragdenen Tafel« dieses zauberkundigen Gesetzgebers als Motto vorangestellt: »Die Erde mußt du scheiden vom Feuer, das Subtile vom Groben, liebreicher Weise mit großem Verstande.« Die nicht jedermann nachvollziehbare Erkenntnis, daß Rationalität und Magie sich nicht ausschließen und daß ein Leben, welches deren fruchtbare Polarität abwehrt, keineswegs gefeit vor Einbrüchen aus dem Irrationalen ist, konnte der Dichter erst vier Jahre später in seiner »Psychologia Balnearia«, die später u. d. T. *Kurgast* (vgl. SW 11, *Autobiographische Schriften*) erschien, in eine humorvoll einprägsamere Form bringen.

Zu Lebzeiten Hesses noch unveröffentlicht blieb das kleine Erzählfragment TAGE AUS MARIOS LEBEN, das mit dem Märchen KINDHEIT DES ZAUBERERS und dem »Kurzgefaßten Lebenslauf« (SW 11, *Autobiographische Schriften*) zusammenhängt. Das gestrichene und später für KINDHEIT DES ZAUBERERS verwandte Motto-Gedicht »Urwald der Kindheit« weist darauf hin (»Wieder steig ich und wieder / In deinen Brunnen, holde Sage von einst ...«). Doch im Gegensatz zu diesen Relikten eines damals geplanten Romans *Aus dem Leben eines Zauberers* berichtet kein Ich-Erzähler über die Tage aus Marios Leben, und die Geschichte spielt auch nicht in sämtlichen Lebenslandschaften des Verfassers, sondern nur im Tessin (vgl. hierzu »Ein Tessiner Lebenslauf«, SW 5).

Im Tessin spielen auch die drei Kurzgeschichten DAS SCHREIBENDE GLAS, WAS DER DICHTER AM ABEND SAH und DIE FREMDENSTADT IM SÜDEN. Die erste berichtet von einem Ausflug, den Hesse aller Wahrscheinlichkeit nach am 8. 4. 1921 gemeinsam mit dem befreundeten Schriftsteller-Ehepaar Emmy Ball-Hennings und Hugo Ball unternommen hatte. Kennengelernt hat Hesse seinen künftigen Biographen (der 1927 die erste Monographie über ihn veröffentlichte) Anfang 1920 bei Joseph Englert, dem astrologiekundigen Ingenieur, der als »armenischer Sterndeuter« im »Klingsor« und als »Jup der Magier« in der *Morgenlandfahrt* vorkommt. Seit Februar 1921 lebten Emmy und Hugo Ball in dem zwei Kilometer von Hesse entfernten Nachbardorf Agnuzzo. Ziel ihres Ausfluges war die Casa Costanza, das Sommerhaus des Delsberger Fabrikanten Theo Wenger und seiner Frau, der Schriftstellerin Lisa Wenger, die dort mit ihren Töchtern Ruth (der Rebekka der Geschichte) und Eva (der Marie der Geschichte) die Ferien verbrachte. Hesse nennt das malerische alte Gebäude an der Piazza von Carona das »Papageienhaus« (nach einer Freskomalerei unter dem Giebel). Seine erste Begegnung mit der schönen Rebekka ist, wie bereits erwähnt, festgehalten im »Kareno«-Kapitel der KLINGSOR-Erzählung.

Da der Dichter »in der Beklemmnis jener schicksalsvollen Zeit durchaus geneigt war, auf jede magische Stimme zu hören«, beteiligt sich der Ich-Erzähler in DAS SCHREIBENDE GLAS am Spiel der von Rebekkas Mutter vorgeschlagenen Psychographie, von deren Orakel er freilich keine anderen Auskünfte erwartet als Antworten, die zur derzeitigen Befindlichkeit der Mitspieler paßten. Entsprechend fallen die Ergebnisse ihres magnetischen Schreibens aus, die jeden der Mitspieler erstaunlich genau charakterisieren. Balmelli (Hugo Ball) zum Beispiel, dessen »große wissenschaftliche Arbeit« (sein Buch über das *Byzantinische Christentum*, 1923) damals ins Stocken geraten war, bekommt auf seine Frage, wann er damit fertig werde, die Auskunft »wenn du weißt, was du willst«, und auch die Antworten auf die Fragen des Ich-Erzählers sollten sich für Hesse als zutreffend erweisen. In seinem Bericht »Okkulte Erlebnisse« (1923) hat Thomas Mann ein Jahr später ganz ähnliche Seancen geschildert.

Die kleine Erzählung WAS DER DICHTER AM ABEND SAH gibt ein gutes Bild von Hesses damaligem Verhältnis zu seiner 20 Jahre jüngeren Freundin Ruth Wenger, also von den Skrupeln eines erfahrenen, doch in der Ehe gescheiterten Mannes gegenüber einer jungen Frau, die sich noch alles im Leben von der Ehe verspricht und der auch die körperliche Liebe noch ein »Sakrament« bedeutet. Geschildert wird nichts als ein abendlicher Spaziergang, auf dem der Dichter seine Geliebte bis zu den ersten Häusern ihres Heimatdorfes begleitet. Trotz des Unterschiedes an Alter und ihrer unvereinbaren Erwartungen geht vom Verhalten der beiden Liebenden ein Zauber aus, dem sich der Beobachter nicht zu entziehen vermag. Ein zehnjähriges Mädchen, welches die beiden belauert, fühlt sich von ihrem Anblick so beschwingt, daß es unbewußt Tanzschritte versucht, ein »Kindertanz«, der den Erwachsenen vorkommt wie »ein Lied und ein Gebet an die Zukunft«.

Die Satire DIE FREMDENSTADT IM SÜDEN dagegen hat nichts Elegisches. Sie ist eine parodistische Vorwegnahme des heutigen Massentourismus und einer Freizeitgestaltung, der sich die Agenturen des Fremdenverkehrs bemächtigen sollten. Ihr Geschäft ist es, an den schönsten Flecken der Erde durch Denaturierung der Natur künstliche Paradiese zu schaffen, welche zwar Ursprünglichkeit vorgaukeln, das Charakteristische aber vernichten und durch Komfortkulissen ersetzen. Am Beispiel der unweit von seinem Wohnort gelegenen Touristenstadt Lugano beschwört Hesse hier bereits 1925 eine Zukunft, in welcher die Reiseunternehmer damit wetteifern, serienmäßig Ferienfabriken zu entwickeln, die es den Städtern ermöglichen, sich von der Stadt auf städtische Weise zu erholen.

Ein zeitkritisches Anliegen hat auch die 1923 entstandene Erzählung

TRAGISCH, die am Beispiel der inflationären Entwertung der Begriffe und Worte den Niedergang der Sprache durch den Feuilletonismus thematisiert. Ein ehemaliger Dichter lebt in einem Land, in welchem »die Dichtung entbehrlich schien«. Einem Don Quixote vergleichbar, begibt er sich in die Höhle des Löwen, um wenigstens als Schriftsetzer bei einer Zeitung die sprachliche Verwahrlosung aufzuhalten, indem er »zehntausende von Sprachsünden stillschweigend verbessert und viele tausend schlecht gebaute Sätze einrenkt und auf die Füße stellt«. Nach einer Konfrontation mit einem jungen Redakteur über fehlerhafte Trennungen, Interpunktion und die falsche Verwendung des Wortes »tragisch« erregt er sich dermaßen, daß er schließlich einem Kollaps erliegt. Größere Wirkung als mit dieser Erzählung erzielte Hesse mit seinem berühmten, ein ähnliches Thema aufgreifenden »Brief an einen Korrektor« vom Oktober 1946.

Ein selbstkritisches Innehalten auf der Höhe der Lebensmitte läßt die fiktive Betrachtung TRAUMFÄHRTE erkennen, die Hesse als Titelgeschichte für eine erst 1945 erschienene Sammlung mit »Neuen Erzählungen und Märchen« bestimmt hat. Sie erlaubt einen Einblick in die schwierige, zwischen Traum und Wirklichkeit, Emotion und Vernunft fluktuierende Produktionsweise eines Dichters, der im labyrinthischen Bilder- und Bildungsmagazin seines Inneren dem Authentischen und Eigenen auf der Spur ist.

In das Umfeld des von 1925 bis 1927 entstandenen *Steppenwolf*-Romans gehören die Kurzgeschichten BEI DEN MASSAGETEN, VOM STEPPENWOLF und EIN ABEND BEI DOKTOR FAUST. Von diesen Arbeiten hat der Autor nur die beiden letzten in die von ihm selbst zusammengestellten Erzählbände aufgenommen. Die Satire BEI DEN MASSAGETEN erschien zu Lebzeiten des Verfassers jedoch in mehreren Tageszeitungen. Sie war eines der Ergebnisse der Lesereisen, die Hesse in den Jahren 1924 bis 1926 erstmals seit dem Krieg wieder für einige Wochen nach Deutschland geführt hatten. Obwohl die Handlung in einen inzwischen untergegangenen Staat verlegt wird (der sich 500 Jahre vor unserer Zeitrechnung zwischen Kaspischem Meer und dem Aralsee tatsächlich befand), sind die autobiographischen Bezüge offensichtlich. Denn das Land der Massageten wird vom Ich-Erzähler als eine Gegend bezeichnet, wo er »seit der Erfindung des Schießpulvers nicht mehr gewesen war«. Und da er weder ein Box- noch ein Fußballstar ist, die von Ministern empfangen werden, sondern bloß ein Literat, begrüßt ihn an der Grenze nur ein Journalist, der ihn, damit er einreisen kann, über seine Weltanschauung und Wertschätzung des Massageten-Staates verhört. Obwohl das Urteil schmeichelhaft ausfällt, haftet sich der Journalist an seine Fersen, um ihn auf die Fortschritte hinzuweisen, welche das Land seit seinem letzten Besuch gemacht habe. Denn es sei dem Propagandaministerium keineswegs entgangen, daß der Literat sich damals kritisch über das Massagetenreich geäußert habe. Was er von seinem lästigen Reisebegleiter nun erfährt, sind die erstaunlichen Rekorde, denen dieser Staat sein neues Renommee verdankt. Dazu gehören vor allem die Weltmeisterschaften im Sport (z. B. beim Rückwärtshüpfen mit verbundenen Augen) und im Christentum (das nach der Anzahl der Messen berechnet wird, die ein Pfarrer im Laufe seines Lebens zu absolvieren imstande ist). Besonderen Nachdruck legt der Pressevertreter auf diese »christliche« Komponente, weil »eine hitzige kleine Partei« bestrebt sei, die alten Götter wieder einzusetzen, was von den Medien des Auslandes leider mit einer Reorganisation des Heereswesens in Verbindung gebracht werde.

Die zeitgeschichtlichen Bezüge sind offensichtlich in dieser Parodie auf das Deutschland der zwanziger Jahre: den Bemühungen, das verlorene Selbstbewußtsein nach der Niederlage im Ersten Weltkrieg durch die absurdesten Superlative wettzumachen, dem paramilitärischen Erstarken jener »hitzigen kleinen Partei«, die nur allzubald dafür sorgen sollte, daß unter dem Zeichen des Hakenkreuzes die Kirche zugunsten germanischer Kulte drangsaliert, daß aus dem Kultur- ein Propagandaministerium und aus der Republik ein Polizeistaat werden sollte, den der Erzähler im Massageten-Reich bereits vorweggenommen sieht. Der nächste Krieg, auf den Deutschland zusteuerte, war kurz zuvor im *Steppenwolf* prognostiziert worden, einem Roman, der zu Hesses 50. Geburtstag erschien, drei Monate vor seinem Reisebericht ins Land der Massageten, welcher erstmals am 25. 9. 1927 vom »Berliner Tageblatt« veröffentlicht wurde.

Mit dem zwiespältigen Echo, das *Der Steppenwolf* nicht so sehr in der deutschen Presse als bei Hesses bisherigem Leserpublikum fand, beschäftigt sich die Parabel VOM STEPPENWOLF, die im November 1927 entstand. In seinem lesenswerten Aufsatz »Eine kritische Allegorie«, schreibt Theodore Ziolkowski dazu: Solange es in seinem ästhetischen Käfig bleibe, werde dieses Zwitterwesen geduldet, aber es müsse »unbarmherzig niedergeschossen werden, wenn es sich unterstehen sollte, in die reale Welt einzudringen«. In der Gouvernante erkennt der amerikanische Literaturwissenschaftler seine sich um den Roman bemühenden Kollegen wieder: »Werden auch sie sich alarmiert zurückziehen, sobald das Tier die Hand beißt, die es mit Schokoladenherzen füttert – d. h. sobald sie Hesse gut genug verstehen um zu erkennen, daß er ihre Zöglinge anspornt, gegen sie zu rebellieren?« (vgl. Theodore Ziolkowski, *Der Schriftsteller Hermann Hesse*, Frankfurt am Main 1979). Daß man nicht mit dem Steppenwolf heulen soll, wenn man selber keiner ist, war für seinen Autor wohl der Anlaß, diese Geschichte zu schreiben.

»Ein Stück Heimatkunde« war der ursprüngliche Titel einer später unter der Überschrift SCHWÄBISCHE PARODIE veröffentlichten Persiflage auf Publikationen lokalpatriotischer Historiker, die hinter einer Fassade von hochtrabender Gelehrsamkeit groteske Stilblüten und wichtigtuerische Schildbürgerstreiche verzapfen. Diese mit Jean-Paulschem Anspielungsreichtum ironisierte Travestie einer 1926 tatsächlich (in Neuauflage) erschienenen »Calwer Heimatkunde« zeigt eine Facette von Hesses Humor, die auch in vielen Scherzgedichten und einer Heidegger-Stilprobe überliefert ist. In seinem bereits mehrfach erwähnten Buch *Hermann Hesse – Jugend in Calw* hat Siegfried Greiner die meisten der zahlreichen in diese Humoreske hineinverwobenen Anspielungen, historischen und erfundenen Personen entschlüsseln können. (Thorbecke, Sigmaringen 1981, S. 108 ff.)

Auch die Kurzgeschichte EIN ABEND BEI DOKTOR FAUST gehört in den Kontext des *Steppenwolf*-Romans und ergänzt mit der Zukunftsmusik, die Fausts Hausgeist ihm und seinem Gast, dem Doktor Eisenbart, vorspielt, die Ausführungen des Saxophonspielers Pablo über die Musik.

Noch ein Stück weiter in den gefährlichen Bereich der Magie führt die 1930 entstandene Erzählung über den fundamentalistisch gesinnten Studenten EDMUND, der sich mit Religionswissenschaft beschäftigt. Im Gegensatz zu seinem Professor, dessen komparatistische Interpretationen sich eher mit der Schauseite seiner Disziplin begnügen, interessiert sich Edmund für die direkt ins Leben wirkenden religiösen Praktiken und die Nutzanwendung indischer Yoga-Methoden. Er möchte die magischen Formeln der Tantras erproben, welche mit esoterischen Mitteln eine Beeinflussung und Beherrschung des Körpers durch die Kräfte der Seele, ja sogar die Befreiung von allen materiellen Bindungen und eine Vereinigung mit dem Absoluten versprechen. Edmunds Lehrer, der solche Wirkungen bezweifelt und die Ambitionen seines Schülers verspottet, wird dabei zum Opfer seiner risikoscheuen Skepsis und akademischen Präpotenz. Denn die Tantras, deren Kraft er ignoriert, bedienen sich Edmunds als Medium, um ihre Macht zu beweisen.

Nachwort

Folgt man der Chronologie, dann wären hier noch die Erzählungen aus den »Hinterlassenen Schriften von Josef Knecht« zu erwähnen, drei autonome Geschichten, die Hesse als fiktive Lebensläufe an das Ende seines opus magnum *Das Glasperlenspiel* gestellt hat. Es sind die 1934, 1936 und 1937 abgeschlossenen Erzählungen »Der Regenmacher«, »Der Beichtvater« und »Indischer Lebenslauf«, aber auch noch zwei weitere, Fragment gebliebene Erfindungen Josef Knechts, ein »Tessiner Lebenslauf« und der bedeutsame »Schwäbische Lebenslauf«, die sich in Hesses Nachlaß fanden. Da sie zum *Glasperlenspiel* gehören, sind sie in diese Sammlung nicht einbezogen worden und finden sich im entsprechenden Band 5 der *Sämtlichen Werke*.

Fragment geblieben ist auch Hesses in die Form eines Briefes gekleideter parodistischer BERICHT AUS NORMALIEN. Um dem Spektakel zu entgehen, das mit der Verleihung des Nobelpreises verbunden war, hatte der Dichter von Oktober 1946 bis März 1947 sein Haus in Montagnola für ein halbes Jahr geschlossen und sich in eine private Nervenheilanstalt zurückgezogen. In einem Nebengebäude der am Neuenburger See gelegenen Klinik Préfargier wurde er vor der Öffentlichkeit abgeschirmt.

Die Idee, sich ein Gemeinwesen auszudenken, in welchem das Vernünftige für anormal und das Absurde als normal erachtet wird, mag Hesse hier gekommen sein. Der Schauplatz ist die Provinz »Normalien«, die sich aus einer Irrenanstalt zu einem autonomen und sich bedenklich ausweitenden Staatsgebiet entwickelt hat, worin das Kranke als gesund, das Unsinnige als vernünftig und das Deformierte als natürlich gilt. Aber auch dort ist »die wichtigste staatsbürgerliche Tätigkeit das Bezahlen von Steuern«, und zu Krisen kommt es nur dann, wenn »die Bevölkerung in einmütiger Empörung ihr gesamtes Vermögen auf die Steuerämter trägt und diese unter Bedrohung und eventueller Anwendung von Gewalt zur Annahme zwingt«. Denn soviel Vaterlandsliebe hätte ja das Schlimmste zur Folge, was einer Bürokratie passieren kann, daß nämlich die gesamte Beamtenschaft entlassen werden müßte, weil der Staat nun Alleinbesitzer allen Vermögens wäre »und nichts mehr zum Einziehen da ist«. Die beiläufige und solche Verhältnisse mit größter Selbstverständlichkeit vermerkende Art der Berichterstattung macht ihre Komik aus. Das gilt auch für die Vorstellung der Behörden vom Beruf des Schriftstellers und die vereinsmeierischen Hürden, die solch ein Individuum zu nehmen hat, um eine Arbeitserlaubnis zu erhalten. Je realitätsnäher das Absurde, desto wirkungsvoller ist der humoristische Effekt.

Die ersten nicht Fragment gebliebenen Erzählungen seit dem im April 1942 abgeschlossenen Alterswerk *Das Glasperlenspiel* sind die sechs Jahre später entstandenen Kindheitserinnerungen DER BETTLER und UNTERBROCHENE SCHULSTUNDE. Bevor deren Handlung einsetzt, meldet sich der Autor mit ausführlichen Erwägungen über die mittlerweile veränderten inneren und äußeren Bedingungen des Erzählens wieder zurück. Denn das Erfinden von Geschichten hat er inzwischen ganz aufgegeben. Der ungebrochen biographische Charakter seiner künftigen Arbeiten erinnert an die *Gedenkblätter* (vgl. SW 12, *Autobiographische Schriften*). Doch hat er sie bewußt seinen Erzählungen zugerechnet, da die Anlässe ihrer Niederschrift spontane und freiwillige waren, während die *Gedenkblätter* auf Anstöße von außen, meist Todesfälle, reagierten. Je näher auch Hesse selbst sein Ende heranrücken spürte, desto wichtiger wurde es ihm, Begebenheiten seines Lebens zu überliefern, die noch nicht dargestellt und gestaltet waren. Dieses möglichst getreue Festhalten des Vergänglichen und Vergehenden im Wort sei zwar ein etwas donquichottesker Kampf gegen den Tod, gegen das Versinken und Vergessen, schrieb er im Mai 1953 an seinen Vetter Wilhelm Gundert, »bezieht seinen Sinn aber doch wohl aus dem jetzigen Weltaspekt, wo ungefähr alles, was vor zwei Generationen noch wahr und recht und selbstverständlich war, erledigt und antiquiert erscheint«.

In der Geschichte TRAUMFÄHRTE wurde gezeigt, welche Geduld und Beharrlichkeit erforderlich sind, um aus der Fülle sich überlagernder Erinnerungsschichten zuverlässige Kausalketten und Abläufe auch solcher Begebenheiten zu rekonstruieren, die keineswegs lange zurückliegen müssen. Erst recht als Geschenk empfindet er es, wenn es ihm glückt, einer mehr als sechzig Jahre zurückliegenden und längst vergessen geglaubten Erfahrung auf die Spur zu kommen und sie in allen Einzelheiten zu reanimieren. Besonders verlockend sei der Versuch des Aufzeichnens und Fixierens, bemerkt Hesse in der Bettlergeschichte, »bei jenen Bildern, die aus den Anfängen meines Lebens stammen, die von Millionen späterer Eindrücke überdeckt, dennoch Farbe und Licht bewahrt haben. Das Wiederauftauchen solch einer versunkenen Kindheitserinnerung schätze ich höher als das Ausgraben von sechs Römerlagern«, vermerkt er am 20.11.1958 in einem Brief an seine Cousine Fanny Schiler.

Das trifft zu auf das Erlebnis mit dem BETTLER und reicht zurück in Hesses sechstes, die Begebenheiten in der Lateinschule in sein elftes Lebensjahr. Sein Ausreißen vor dem merkwürdigen Geruch des Käsebrotes, das der Bahnwärter mit dem Sechsjährigen teilen wollte, und die Flucht des Bettlers, als ihn sein Vater statt mit dem erhofften Geldbetrag mit einem Laib Weißbrot abfinden wollte, sind kunstvoll miteinander verflochten und erklären die mit Grauen gemischte Sympathie des Kindes für den Flüchtling. Zwei Welten stoßen hier aufeinander: die wohlbehütete einer ehrbaren Missionarsfamilie, deren gleichwohl spannungsreich heterogene Zusammensetzung den Erzähler dazu veranlaßt, aufschlußreiche Einblicke in die baltendeutsche Herkunft seines Vaters preiszugeben, und die verlockend zwielichtige Kehrseite der Verwahrlosten und Entgleisten mit ihren »ebenso Abwehr- wie Brudergefühle aufrufenden Erscheinungen«.

Vom Basel vor der Jahrhundertwende, wo diese Geschichte spielt (wie auch die Erzählungen AUS KINDERZEITEN und DAS NACHTPFAUENAUGE), versetzt uns die Erinnerung an die UNTERBROCHENE SCHULSTUNDE ein letztes Mal nach Calw in Hesses Lateinschuljahre, also in die Zeit und das Milieu der beiden Eingangskapitel seines Schülerromans *Unterm Rad*. Es ist der erste Schultag nach den Herbstferien des Jahres 1888. Die den Eltern zur Kenntnisnahme und Unterschrift ausgehändigten Zeugnishefte sind wieder eingesammelt und die 29 Schüler der vierten Klasse mit einer schriftlichen Arbeit beschäftigt. Der Ich-Erzähler ist längst damit fertig und beginnt sich zu langweilen. Da gibt ihm sein Lehrer das Zeugnisheft eines Mitschülers und den Auftrag, bei dessen Eltern anzufragen, ob die Unterschrift des Vaters echt oder gefälscht sei. Erfreut über die Möglichkeit, der beklemmenden Öde des Klassenzimmers für eine Weile mit einem Gang durch das belebte Städtchen entrinnen zu können, genießt er die unverhoffte Freiheit in vollen Zügen. Erst als er sich der Wohnung des Mitschülers nähert, wird ihm die Verfänglichkeit seines Auftrages bewußt, und die Zeit beginnt sich ähnlich zu verlangsamen wie zuvor in der Schule. Die emotionsbestimmte Relativität unserer Wahrnehmung, die Diskrepanz zwischen der inneren Uhr des Erlebens und der objektiven Zeitmessung ist selten so eindringlich dargestellt worden wie in dieser bewegenden Geschichte, worin der Ich-Erzähler eine Zuneigung für den ihm ansonsten eher unsympathischen Mitschüler entwickelt, als habe er selbst etwas Verbotenes begangen. In *Hermann Hesse – Jugend in Calw* (a.a.O. S. 111 f.) hat Siegfried Greiner den Wahrheitsgehalt dieser Erzählung bis ins Detail nachgewiesen und sämtliche Figuren, vom Klassenlehrer Wilhelm Schmidt (1858-1911) über Oskar Weller, in Wirklichkeit der Sohn des Eisenbahnkonducteurs Severin Weber, bis hin zum Selbstmord des Schlossermeisters (Julius Brenner) samt ihrem Werdegang zurückverfolgt.

Die in den Kurzgeschichten DIE DOHLE und KAMINFEGERCHEN geschilderten Begebenheiten dagegen spielen in der Gegenwart. Es sind Erlebnisberichte, der eine von Hesses Kur in Baden bei Zürich, wo er von 1923 bis 1952 fast alljährlich einige Spätherbstwochen im Thermenhotel »Verenahof« verbrachte, der andere über einen Ausflug ins Karnevalstreiben von Lugano. Das Erlebnis mit der zutraulichen Dohle auf der Limmatbrücke in Baden gewinnt seinen Reiz aus dem riskanten Einzelgängertum des kecken Vogels im Gegensatz zum Volk der Möwen, dessen gruppendynamisches Verhalten zwar eine bezaubernde Akrobatik, aber fast keine individuellen Lebensäußerungen zuläßt. In der Dohle dagegen kann der Autor sich wiedererkennen und sich vorstellen, sie habe durch ihre kühnen Streiche die Nestbewohner und ihr Volk so gegen sich aufgebracht, daß sie, aus der Gemeinschaft ausgestoßen, zum »Liebling eines zahlreichen Publikums« geworden ist: Menschenfreund und Menschenverächter, »monologisierender Artist auf dem Podium, Sendbote einer fremden, den plumpen Riesen unbekannten Welt, Hanswurst für die einen, dunkle Mahnung für die anderen, ein Schauspiel für alle.«

Sympathien ganz anderer Art weckt im Erzähler die stille Gestalt eines als Kaminfegerchen verkleideten Kindes. Auch in einem Brief an seinen Sohn Heiner vom 13. 2. 1953 berichtet Hesse darüber: »Aus lauter Schlechtbefinden und Müdigkeit haben wir uns heut Nachmittag einen Ruck gegeben und sind für eine halbe Stunde nach Lugano zum Karneval gefahren ... Das Schönste war für mich ein etwa achtjähriges Bübchen, als Kaminfeger kostümiert, mit Leiter, Bürste und Cylinderchen und etwas geschwärztem Kindergesicht; der stand die ganze Zeit nahe bei mir und staunte entzückt zu einem Fenster über uns hinauf, wo ein paar maskierte Kinder standen und immer wieder einen farbigen Confetti-Regen niedergehen ließen.« Wie dieses Kind, ohne Bewußtsein davon, daß es verkleidet sei und etwas Besonderes und Lustiges darstelle, ernst und entrückt inmitten des turbulenten Faschingstreibens stand, wo alles lachte, die Gesichter, die bunten Kostüme »und sogar der Lärm zu lachen schien«, gefesselt und traumverloren den bunten Konfettiregen bestaunte, berührt den Dichter auf wahlverwandte Weise. Ähnlich wie dem Knaben ging es ihm selbst. Auch sein Blick war »mitten im werbenden Gedränge so vieler Bilder dem Kindergesicht hingegeben, seiner Unschuld, seiner Empfänglichkeit für das Schöne, seinem unbewußten Glück«. Doch auch hier ist der Erzähler nicht Publikum, nicht passiver Zuschauer, sondern Stenograph mit dem

Skizzenbuch in der Hand. »Denn eben dies war ja unsere, der Künstler, Art von Genießen und Festefeiern, sie bestand aus Arbeit und war dennoch Genuß – soweit eben die Kraft hinreichte und die Archive im Gehirn noch Raum und Dehnbarkeit besaßen.« In dieser unscheinbaren, nur wenige Seiten beanspruchenden Impression glückt es dem Erzähler, mit einem Minimum am Aktion und Handlung den Leser so zu fesseln, als ginge es um einen weit gewichtigeren Stoff.

Anlaß zu Hesses letzter, im April 1954 entstandener Erzählung EIN MAULBRONNER SEMINARIST war die briefliche Mitteilung eines Lesers, der etwa zwanzig Jahre nach Hesse dasselbe Seminar besucht hatte. Der Dichter sah sich darin noch einmal mit *Unterm Rad* und einem Beispiel für die Wirkungen seines Frühwerkes konfrontiert, welches so symptomatisch war, daß es ihn reizte, dieses mit seinen Büchern verbundene Schicksal aufzugreifen und in einer Erzählung zu überliefern. Das Ergebnis ist mehr als eine Inhaltsangabe des Berichtes über den Maulbronner Seminaristen Alfred H., der wie Hesse der Stube »Hellas« zugeteilt war und das von den Lehrern wenig geschätzte Buch *Unterm Rad* so liebte, daß er selbst ein Schriftsteller werden wollte und, statt das Tübinger Stift zu besuchen, einen kaufmännischen Beruf ergriff. In den dreißiger Jahren opponierte er gegen den Nationalsozialismus, wurde inhaftiert und danach in eine Irrenanstalt gesteckt, wo er 1939 auf rätselhafte Weise ums Leben kam. Es ist eine Art von Hesse-Rezeption, die den Dichter – weil er sich für dieses Schicksal mitverantwortlich fühlte – so bewegte, daß er, »damit die Kunde vom Seminaristen Alfred noch eine Weile fortlebe«, dessen Geschichte festgehalten und mit weiteren Details über seine eigene Maulbronner Zeit angereichert hat. »Denn das Bewahren und Erhalten und der Protest gegen Vergänglichkeit und Vergessenheit gehören ja, neben andern, zu den Aufgaben des Dichters.« Mit diesem Bekenntnis klingt Hesses letzte Erzählung aus. In den acht bis zu seinem Tode verbleibenden Jahren wandte er sich wieder mehr der Lyrik, den Legenden, der kontemplativen Prosa und den Rundbriefen zu, vor allem aber den Forderungen des Tages, die das Echo auf sein Werk ihm abverlangte.

Die Märchen

Die erste Erzählung, die Hermann Hesse verfaßt hat, ist ein Märchen, seine letzte eine Legende. Das Märchen DIE BEIDEN BRÜDER schrieb er im Alter von zehn Jahren im November 1887, eine »chinesische Legende« mehr als achtzigjährig im Mai 1959. Beide Arbeiten, nur etwa eine Seite lang, sind frei fabuliert: die erste mit einem autobiographischen Kern noch ganz im Ton der *Grimmschen Märchen*, die letzte als eine Antwort auf die literarische Avantgarde und den Kulturbetrieb der fünfziger Jahre, bewußt historisierend im gleichnishaften Stil des taoistischen Dichters Dschuang Dsi (365-290 v. Chr.). Daß beide Geschichten orientalische Motive enthalten – DIE BEIDEN BRÜDER: den Glasberg aus *Tausendundeine Nacht*, die Legende: das Milieu altchinesischer Mandarine –, ist mehr als Zufall bei einem Dichter, der wie kein anderer auf das Zusammenführen von abendländischen und asiatischen Traditionen bedacht war.

Die für die Erzählform der Märchen typischen Eigenarten des Phantastischen, Magischen, Übernatürlichen und Wunderbaren sind zwar auch in manchen von Hesses Erzählungen anzutreffen, doch hat er sie nicht eigens als Märchen deklariert und in seine 1919 veröffentlichte Märchensammlung aufgenommen. So finden sich märchenhafte Begebenheiten im »Lulu«-Kapitel von *Hermann Lauschers hinterlassenen Schriften* (vgl. SW 1, *Jugendschriften*), aber auch in Erzählungen wie WENKENHOF, EIN MENSCH MIT NAMEN ZIEGLER, INNEN UND AUSSEN, EIN ABEND BEI DOKTOR FAUST. Ja, selbst *Der Steppenwolf* und *Die Morgenlandfahrt* hat er im Manuskript und in Briefen als Märchen bezeichnet.

In unserem Band beginnt das Märchenkapitel mit der Geschichte DER ZWERG, die dem Typus der althergebrachten Volkserzählung noch am nächsten steht, obwohl natürlich auch sie, wie alle von Hesse als »Märchen« bezeichneten Texte frei erfunden und somit Kunstmärchen sind. Den Stoff dazu hat er sich auf seiner zweiten Italienreise bei einem erneuten Besuch in Venedig ausgedacht. Am 22.4.1903 notierte er in sein Reisetagebuch: »Den ganzen Tag war ich in Gedanken mit dem Plan einer venezianischen Novelle beschäftigt: ein Zwerg (klug, verbittert, schwermütig) verliert durch die Grausamkeit seiner Herrschaft (Haus Loredan) sein Hündchen und vergiftet aus Rache Frau und Liebhaber, nachdem er sie auf einer Gondelfahrt nach einem angeblichen Liebestrank durch eine Erzählung lüstern gemacht [hat]. Er selbst aber muß – der Liebhaber will es – vorkosten und stirbt mit. Einkleidung grotesk und farbig.« Nur Kleinigkeiten wurden bei der Niederschrift geändert. Der schönen Magherita Cadorin (also nicht aus dem Hause Loredan) bleibt es erspart, den vergifteten Wein trinken zu müssen, doch wird sie über den Tod ihres Verlobten und des ihr unentbehrlichen Zwerges Filippo wahnsinnig. Mit dem Ausruf: »Rettet den kleinen Fino!« geht ihr lebenslang das Vergehen ihres hartherzigen Liebhabers an Filippos hinkendem Hündchen Fino nach. Die im Ton der italienischen Renaissance-Novellen des von Hesse hochgeschätzten Matteo Bandello (1485-1562) vorgetragene Rahmengeschichte spielt im Venedig des 16. Jahrhunderts und schildert das orientalisch anmutende Ambiente der mittelalterlichen Lagunenstadt mit einer Bildhaftigkeit, die auch an die Geschichten aus *Tausendundeine Nacht* erinnert. Diese 1903 entstandene und ein Jahr später in Wilhelm Schäfers Zeitschrift »Die Rheinlande« veröffentlichte Geschichte vom häßlichen Weisen, der seine Talente im Dienst wohlgestalteter Narren verschleudern muß, hat Hesse erst 1935 in den Sammelband *Fabulierbuch* und somit in die Edition seiner »Gesammelten Werke« aufgenommen.

Märchenhafte Züge haben auch die Geschichten SCHATTENSPIEL und DER GEHEIMNISVOLLE BERG, die zu Lebzeiten des Dichters in keinem seiner Bücher erschienen sind. Über die Gründe kann man nur mutmaßen: das SCHATTENSPIEL wohl aus qualitativen Bedenken, das Bergsteigermärchen, weil er es oft auf Lesereisen vortrug und dem Publikum etwas noch Unbekanntes bieten wollte. In diesem Märchen zeige sich, schrieb die Heilbronner »Neckarzeitung« am 15. 4. 1909, Hesses Kunst, »die Natur zu beseelen und zu beleben, ein feines Gefühl für ihr stilles und ehrwürdiges Leben, das sich dem unruhigen und vorlauten Menschentreiben mit überragender Größe entgegenstellt«. Die »Eisenacher Zeitung« vom 12. 11. 1915 vermerkt, daß hier »das scheinbar Leblose, der Stein, der Berg Atem und Leben empfängt, die Natur zum Menschen in Beziehung und Freundschaft tritt, der Mensch dagegen sich ganz zum Herrn dessen, was er liebt, machen, es beherrschen will« und durch diese Anmaßung unterliegen müsse.

Vollgültige Märchen im traditionellen Sinn der Gattung sind erst die in Hesses Berner Jahren entstandenen sieben Geschichten AUGUSTUS, DER DICHTER, MERKWÜRDIGE NACHRICHT VON EINEM ANDERN STERN, DER SCHWERE WEG, EINE TRAUMFOLGE, FALDUM und IRIS, die im Juni 1919 unter dem Titel *Märchen* erschienen sind, übrigens im selben Monat wie der pseudonyme *Demian*. Alle diese Märchen wie auch der *Demian* sind aus den Lebensumständen hervorgegangen, die dem Dichter in seiner Berner Zeit (1912-1919) zu schaffen machten und ihn nach dem Ersten Weltkrieg und seiner Psychoanalyse (1916/17) zu einer Zäsur in Arbeit und Leben nötigten. »Die Märchen«, schrieb Hesse zwei Monate nach ihrem Erscheinen an Franz Karl Ginzkey, »waren für mich ein Übergang zu einer anderen, neuen Art von Dichtung, ich mag sie schon nicht mehr, ich mußte noch viele Schritte weitergehen und bin darauf gefaßt, daß selbst die Nächsten nicht mehr mitkommen und mich verlassen.« Die Hauptkonflikte, die Hesse damals nach seinem Eheroman *Roßhalde* umtrieben, waren die Frage, »ob ein Künstler oder Denker, ein Mann, der das Leben nicht nur instinktiv leben, sondern möglichst objektiv betrachten und darstellen will, ob so einer überhaupt zur Ehe fähig sei« (16.3.1914 an seinen Vater), und die sich bald schon verändernde Position seiner Loyalität gegenüber Deutschland im Verlauf des Ersten Weltkriegs.

In den von der altchinesischen Parabelsammlung *Liä Dsi* (um 350 n. Chr.) beeinflußten Märchen DER DICHTER, FLÖTENTRAUM und IRIS wird der Konflikt zwischen Partnerbindung und Kunst erneut thematisiert und schweren Herzens das private Glück zugunsten der Kunst, also zugunsten einer objektiven und für die Allgemeinheit bestimmten Lebensführung zurückgestellt.

Gegen den Krieg und für die Gewaltlosigkeit plädieren die Märchen MERKWÜRDIGE NACHRICHT VON EINEM ANDERN STERN, DER EUROPÄER und DAS REICH.

Der katalysierende Einfluß der Psychoanalyse kommt in DER SCHWERE WEG, EINE TRAUMFOLGE und IRIS zum Ausdruck. Sie alle beruhen auf persönlichen Erfahrungen und weniger auf phantastischen Erfindungen als die traditionellen Kunstmärchen.

Phantasiedichtungen der Wunscherfüllung dagegen sind AUGUSTUS und FALDUM, beide angesiedelt in einer historisch kaum spezifizierbaren Zeit. Und zeitlos gültig ist denn auch ihre Aussage über die Vergeblichkeit jener Wünsche, die auf ein Glück abzielen, das materiell oder äußerlich ist, oder auf Wünsche, die auf persönliche Vorteile bedacht sind und allenfalls demjenigen nützen, der ihnen gewachsen ist. Wer etwas besitzen will, das ihm nicht zukommt, oder etwas sein will, was er nicht ist, muß mit Verstrickungen rechnen, die nur ein Zauber zu lösen vermag.

Dem neugeborenen Augustus wünscht seine verwitwete und vereinsamte Mutter das Beste, was sie sich vorstellen kann: daß alle Menschen ihn lieben müssen. So gut gemeint diese Absicht auch war, ihre Erfüllung erweist sich als Fluch, weil Augustus, dank der Anziehungskraft seiner äußeren Erscheinung, alles in den Schoß fällt. Das hindert ihn daran, die Menschen lieben zu können, und führt dazu, daß er alle, die sich ihm nähern, mißbrauchen und unglücklich machen muß. Aber allmählich »kommt es dazu, daß er den Unwert seines vergeudeten und zerstörten Lebens fühlte, das nie gegeben und immer nur genommen hatte«. Die Probleme, die daraus entstehen, sind so gravierend, daß er den Entschluß faßt, sich das Leben zu nehmen. Nun erst, auf dem Höhepunkt seiner Verzweiflung, kann das von Hesse gern angeführte Gesetz in Kraft treten: »Bevor nicht das Äußerste erreicht ist, kehrt sich nichts ins Gegenteil« (*Liä Dsi*). Doch weil Augustus (im Gegensatz zu Oscar Wildes *Dorian Gray*) nicht selbst es gewesen war, der durch den Wunsch, alle Menschen zu bezaubern, das Unheil verursacht hatte, wird schließlich auch ihm ein Wunsch gewährt. Dabei entscheidet er sich für das Gegenteil dessen, was seine Mutter für ihn erbeten hatte. Fortan ist er es, der alle Menschen lieben muß, was sich trotz mancher Nachteile letztlich als förderlicher erweist. Auch im Märchen FALDUM ist einzig der selbstvergessene Geiger, dem es genügt, die Menschen durch sein Spiel zu erfreuen, sicher vor den fatalen Begleiterscheinungen der Erfüllung von Träumen, die nur dem Wünschenden Vorteile bringen und das Land Faldum daran gehindert haben, weiterhin ein blühender Staat zu bleiben, wo jeder zufrieden war, »wenn es seinem Nachbar nicht besser ging als ihm selber«.

Auf diese Erkenntnis laufen auch die vier Märchen hinaus, die den Schrecken des Krieges thematisieren: DER TRAUM VON DEN GÖTTERN, MERKWÜRDIGE NACHRICHT VON EINEM ANDERN STERN, DER EUROPÄER und DAS REICH. Zwar sind die ersten beiden 1914/15 entstandenen Geschichten keineswegs affirmativ und für die damalige Kriegspropaganda zweckdienlich gewesen: weder der den Krieg vorausahnende Traum vom atavistischen Rückfall in die Vielgötterei, die es dem Kriegsgott ermöglicht, sich wieder zu behaupten, noch der Blick von einem friedliebenden Stern auf einen militanten Planeten, wo der Krieg als eine unverschuldete Naturkatastrophe hingenommen wird. Deutlich kritischer sind die Märchen vom Europäer« und seinem Reich. Denn dort ist konkret von den Ursachen des Krieges die Rede: der Perfektion der Technik, der kolonialpolitischen Überheblichkeit und Habgier, der intellektuellen und industriellen Hybris des Europäers, der sich anmaßt, die Welt verbessern und seinen neureichen Besitzstand durch Rüstung sichern zu können, »weil reiche Leute gern Eisenwände um ihr Geld sehen«. Dieses 1917 entstandene und gegen die Präpotenz Europas gerichtete Märchen zu veröffentlichen war damals noch so riskant, daß Hesse es pseudonym erscheinen lassen mußte. Die Geschichte vom »Reich« dagegen (eine Kurzfassung der deutschen Historie von der Kleinstaaterei seiner 22 Fürstentümer über die Reichsgründung Bismarcks bis zur Kapitulation im Ersten Weltkrieg) konnte er wieder unter seinem Namen veröffentlichen, weil kurz zuvor der Waffenstillstand beschlossen worden war. Doch das Fazit dieser Geschichte, die Hoffnung auf eine selbstkritische Bilanz und Besinnung des Reiches auf seine bewährten Traditionen, war, wie viele Märchen, offensichtlich zu schön, um wahr werden zu können.

Um dorthin zu kommen, bedurfte es für Hesse einer Psychoanalyse. Ausgelöst durch den Leidensdruck der gegen ihn gerichteten Pressekampagne von 1915 (vgl. SW 15, *Politische Schriften*), den Tod seines Vaters (am 8. 3. 1916) und die zunehmenden Spannungen in seiner Ehe, zwangen ihn unerträgliche Kopfschmerzen, Schwindel und Angstzustände im April 1916 ein Sanatorium aufzusuchen, wo er, nachdem keine organischen Ursachen diagnostiziert werden konnten, an den zuständigen Psychiater Josef Bernhard Lang, einen Kollegen von C. G. Jung, überwiesen wurde. Einen Eindruck von dieser sich über anderthalb Jahre hinziehenden Prozedur gibt das Märchen DER SCHWERE WEG, das im Gleichnis einer Bergbesteigung den Ablauf der Theapie darstellt, wobei der beharrliche Bergführer die Funktion des Arztes symbolisiert. Erst als es diesem gelingt, das widerspenstige »Ich muß« seines Begleiters in ein motiviertes »Ich will« umzustimmen, kann die Steigung überwunden und schließlich wie im Flug eine zuvor unerreichbar geglaubte Freiheit erlangt werden.

Daß Hesse auch dem Traum märchenhafte Qualitäten zubilligt, war bereits aus den Geschichten DER TRAUM VON DEN GÖTTERN und FLÖTENTRAUM zu ersehen. Denn wie die Phantasie vermag auch der Traum das Gefälle zwischen objektiver und subjektiver Realität, Außen- und Innenwelt zu vereinbaren. Die 1916 entstandene Aufzeichnung EINE TRAUMFOLGE erlaubt einen Blick in diesen Prozeß, also in das turbulente Labor des Unterbewußten, das wie durch Magie die Schranken zwischen Zeit und Ort aufhebt, wodurch Vergangenes gegenwärtig, Entlegenes nah erscheint und größte Entfernungen mühelos überwunden werden. Sogar Wege, die »in

Sternform auseinanderlaufen«, können dabei auf märchenhafte Weise dahin führen, daß »jede Straße der Heimweg ist«. In einem Traumtagebuch, das Hesse für seinen in Luzern lebenden Therapeuten Dr. Josef Bernhard Lang geführt hat (vgl. SW 11, *Autobiographische Schriften*), zeigt sich dieser Vorgang im ersten, noch unstilisierten Aggregatzustand.

Das der Mutter seiner drei Söhne gewidmete Märchen IRIS kann als eine Hommage an Hesses erste Frau Mia gelesen werden. Wie sie hat auch die von Anselm umworbene Iris noch alles, was ihrem komplizierter veranlagten Verehrer verlorengegangen zu sein scheint. Ihr ist sein gelehrter Ehrgeiz, das Leben nicht nur bestehen, sondern auch noch verstehen und gestalten zu wollen, fremd. Deshalb scheint ihr nur dann eine Verbindung mit Anselm möglich, wenn es ihm gelingt, zu der ihr eigenen kindhaften Unbefangenheit zurückzukehren, also das wiederzufinden, was er über seinen Ambitionen verloren hat. Aber ein Mensch mit den Talenten Anselms vermag dieses Ziel nur über einen Entwicklungsprozeß zu erreichen, der aus dem Urvertrauen der Kindheit erst durch ein Labyrinth von Schuld und Verzweiflung führt, bis schließlich auf differenzierterer Stufe das verlorene Gleichgewicht wiedererlangt werden kann. (Vgl. die Drei-Stufen-Regel in Hesses Essay »Ein Stückchen Theologie«, SW 12 oder Heinrich von Kleists Aufsatz »Über das Marionettentheater«.) Dieser Umweg bleibt Iris erspart, denn ohne intellektuelle Ambitionen, hat sie sich ihr ursprüngliches inneres Lot bewahrt und verkörpert für Anselm, was ihr Name bezeichnet, die blaue Blume seiner Sehnsucht: des Einklangs von Natur und Kultur. Diesen Einklang zu erreichen ist für Anselm ein so langwieriger Prozeß, daß Iris das Ergebnis nicht mehr erlebt. Sie stirbt, noch bevor er die Aufgabe lösen kann. Doch in der Gestalt eines wegweisenden, seine innere Stimme verkörpernden Vogels begleitet sie ihn auch über den Tod hinaus und führt ihn zu jener geheimnisvollen Pforte, die jeder passieren muß, der die höhere Stufe der Gelassenheit erlangen will. Ein Wächter versucht ihm den Zugang zu verwehren. Doch im Gegensatz zu Franz Kafkas 1914 entstandener Parabel »Vor dem Gesetz« vermag der Türhüter Anselm nicht einzuschüchtern. Sein innerer Kompaß steuert ihn sicher durch alle äußeren Turbulenzen, bis es ihm glückt, sich selbst in Iris wiederzufinden, also Geist und Natur, Ambition und Urvertrauen zum Ausgleich zu bringen und den schönen Schein preiszugeben »für die geahnte Wirklichkeit des Inneren«.

Die Geschichte von Anselm, dessen Name nicht zufällig an den Studenten Anselmus in E.T.A. Hoffmanns Märchen vom »Goldenen Topf« erinnert und mit der Gestalt der Iris auf das zentrale Motiv der Romantik, die blaue Blume des Novalis, verweist, modernisiert das aus den traditionellen Märchen bekannte Muster von der Erfüllung eines Auftrags als Bedingung künftigen Glücks. Daß Iris erst sterben muß, bis Anselm die Märchenprobe bestehen kann, ist – biographisch gesehen – eine fiktive Vorwegnahme der (erst sieben Jahre später erfolgten) Trennung von Hesses Frau Mia und aktualisiert die traditionelle Märchenharmonie durch den Realitätsbezug des authentisch Erlebten.

Mit IRIS schließt Hesses 1919 erschienene Märchensammlung ab. Die ein Jahr zuvor entstandene leichtgewichtige Skizze MÄRCHEN VOM KORBSTUHL, der einen jungen Maler an die Gesetze der Perspektive erinnert, hat Hesse in diese Sammlung nicht einbezogen. Sie zeigt etwas von den Schwierigkeiten, die auch ihm selbst zu schaffen machten, als er 1917 begann, sich nach dem Vorbild Vincent van Goghs (dessen Biographie und Briefe er damals studierte) auf autodidaktischem Weg die Malerei zu erschließen. Sowohl die erwähnten Selbstporträt-Versuche als auch die an van Goghs bekanntes Stuhlmotiv mit strohgeflochtenem Sitz von 1888 (Tate Gallery, London) korrespondierenden Korbstuhlskizzen fanden sich im Nachlaß des Dichters. Doch im Gegensatz zum resignierenden Maler des kleinen Märchens sollte es Hesse im Laufe der Jahre doch noch glükken, als Aquarellist eine ganz eigene Bildsprache zu entwickeln, wie seine mehr als 2000 bisher überlieferten Blätter, darunter auch sein Stuhlmotiv mit Büchern vom April 1921, beweisen.

Fragment geblieben ist das Märchen KINDHEIT DES ZAUBERERS, als Bestandteil einer um 1920 geplanten märchenhaften Autobiographie mit dem Titel »Aus dem Leben eines Zauberers«. In dessen Umkreis gehört auch der »Kurzgefaßte Lebenslauf« (vgl. SW 12, S. 46), worin es heißt: »Ich gestehe, daß mein eigenes Leben mir sehr häufig genau wie ein Märchen vorkommt, oft sehe und fühle ich die Außenwelt mit meinem Inneren in einem Zusammenhang und Einklang, den ich magisch nennen muß.« Unter dem Titel »Der Zauberer« (SW 12) war dieser Lebenslauf ursprünglich mit dem späteren Märchen KINDHEIT DES ZAUBERERS verwoben. 1977, anläßlich von Hesses 100. Geburtstag, hat Bernhard Zeller im Rahmen der »Marbacher Schriften« einen Faksimile-Druck vom Manuskript dieses Textes veröffentlicht und dessen Entstehungsgeschichte rekonstruiert.

Mit gutem Grund hat Hesse den Torso KINDHEIT DES ZAUBERERS trotz seines fragmentarischen Charakters 1945 in seinen Sammelband *Traumfährte* (mit dem Untertitel: »Neue Erzählungen und Märchen«) aufgenommen. Denn dieses Anfangskapitel zu einem phantastischen Roman zeigt etwas vom Ursprung aller Märchendichtung: die Unzufriedenheit des Erzählers und seiner Zuhörer mit dem, »was man Wirklichkeit nannte, und den Wunsch sie zu verzaubern, zu verwandeln und zu steigern«. In der Rolle des Magiers protestiert er gegen die fortschreitende Entzauberung der Welt, die nie stärker empfunden wird als in der Kindheit, wo von der Schulzeit an Schritt für Schritt das zuvor unbegrenzte »Reich des Möglichen durch ein Leben nach Zielen, Zahlen, Ordnungen und Ämtern begrenzt, in Felder geteilt und von Zäunen durchschnitten wird«, bis es immer größerer Energien bedarf, um die Einbußen an Phantasie und Beweglichkeit zu regenerieren. So ist das Magische und Märchenhafte in dieser Geschichte eigentlich nichts Übernatürliches. Es besteht aus der Verwandlung der uns umgebenden alltäglichen Dinge, die dem Betrachter bei verschiedenen Stimmungen und Beleuchtungen wie verzaubert vorkommen, ob an einem Werktag oder einem Sonntag, ob in bedrückter oder gelöster Verfassung. Und selbst der unberechenbare, zumeist in gefährlichen Situationen als »kleiner Mann« auftauchende Kobold, dem der Ich-Erzähler wie unter Zwang und oft zu seinem Schaden folgen muß, ist kein überwirkliches Gespenst, sondern eine Inkarnation des anarchischen, je nach Begabung unterschiedlich stark ausschlagenden inneren Seismographen, den Hesse in seiner Betrachtung »Eigensinn« als Treue zu sich selbst, als Sinn des Eigenen oder als hilfreichen Geist und Dämon, wie in seinem Roman *Demian*, dargestellt hat. Er ist das von der Psychoanalyse C. G. Jungs als »Schatten« bezeichnete eigentliche Ich. Je stärkeren Einfluß das pragmatische Zweckdenken mit seiner Nivellierung des Unverwechselbaren gewinnt, desto seltener läßt sich der »kleine Mann« blicken, der die erstarrten Normen durchbricht und dafür sorgt, daß das unmöglich Erscheinende dennoch möglich werden kann. Die Magie des Zauberers besteht darin, daß er dabei sich selbst und damit auch die Wahrnehmung der Außenwelt zu verwandeln lernt.

Dies ist das Neue und Unkonventionelle in Hesses Märchen, daß sie ohne irrationale Willkür die in der Realität schlummernden zauberhaft erscheinenden »Zufälle« und Wandlungskräfte darstellen. Von der Routine gefesselt, können sie sich nicht entfalten, es sei denn, sie werden unter persönlichem Leidensdruck oder durch hilfreiche Einwirkungen von außen befreit und bewirken damit vermeintliche Wunder. Im Unterschied zu den romantischen Vorläufern Hesses, u. a. Goethes symbolüberladenem »Märchen«, das ohne Kommentar kaum mehr verständlich ist, und im Gegensatz zu den Märchendichtungen von Ludwig Tieck, E.T.A. Hoffmann und Clemens Brentano, welche das Prinzip der »romantischen Verwirrung« (Friedrich Schlegel) zugrundelegen, sind Hesses Märchen stets lebensbezogen und haften leicht in der Erinnerung. Zwar sind auch sie Kunstmärchen, aber alles andere als künstlich. Das Magische darin zielt auf eine Aktivierung der Entwicklungs- und Wandlungsfähigkeit des Menschen, die für ihn mit der Pubertät durchaus nicht erschöpft ist.

In seinem nächsten Märchen PIKTORS VERWANDLUNGEN wird dieses Motiv zum zentralen Thema. Daß es die Liebe ist, die dort den Entwicklungsprozeß vorantreibt, hat ebenfalls vital-autobiographische Gründe. Im Juli 1919 hatte Hesse die damals 21jährige Tochter Ruth der Schweizer Schriftstellerin Lisa Wenger kennengelernt. Der Ausflug zum Wengerschen Sommerhaus im Tessiner Nachbardorf Carona ist im Kapitel »Der Kareno-Tag« der Erzählung KLINGSORS LETZTER SOMMER beschrieben. »Ein Vogel singt heut«, heißt es darin, »der ist ein Märchenvogel…, der weckt die schlafenden Prinzessinnen auf und schüttelt den Verstand aus den Köpfen. Heut blüht eine Blume, die ist blau und blüht nur einmal im Leben, und wer sie pflückt, der hat die Seligkeit.« Als er Ruth Wenger, der »schlafenden Prinzessin«, begegnet, wird ihm bewußt »immer war es so: das Erlebnis kam nie allein, immer flogen ihm Vögel voraus, immer gingen ihm Boten und Vorzeichen voran«.

Bei ihr fühlt sich Piktor (= Maler) wie im Paradies, von dessen Beschaffenheit das Märchen seiner Verwandlungen handelt. Es besteht aus der bunten Vielfalt des Lebens und aus der Freiheit, sich beliebig verändern zu können. Die ganze Evolution ist dort in ständigen Vorwärts- und Rückwärtsmetamorphosen in Bewegung, vom Mineralischen zum Pflanzlichen, vom Pflanzlichen ins Tierische, analog der Beobachtung in KINDHEIT DES ZAUBERERS: »Wie wenig Festes, Stabiles und Bleibendes gab es doch! Wie lebte alles, erlitt Veränderung und sehnte sich nach Wandlung, lag auf der Lauer nach Auflösung und Neugeburt«. Am meisten faszinieren Piktor die Bäume, denn einige von ihnen haben etwas Besonderes, was ihm fehlt, sie vereinbaren Männliches und Weibliches, Sonne und Mond, also den altchinesischen Dualismus des taoistischen Yin und Yang, die Bipolarität des Lebens. Aber es gibt auch abgestorbene Bäume. Auf einem von ihnen lauert die Paradiesschlange und macht sich Piktors Sehnsucht zunutze, indem sie ihm rät, sich mit Hilfe eines Zaubersteins den Wunsch zu erfüllen, ein Baum zu werden und seine Laufbahn damit abzuschließen. Er gibt der Versuchung nach, wird zum Baum und ist dabei so lange glücklich, bis er feststellen muß, daß er die Fähigkeit zu weiteren Metamorphosen eingebüßt hat. Von da an beginnt er zu altern. Erst die Sehnsucht eines Mädchens zu diesem einsamen Baum erlöst ihn aus der Erstarrung. Und weil es nicht die Schlange, sondern der Zaubervogel ist, der ihr den Wunschkristall zuträgt, erfüllt sich ihr Verlangen nach dem Einsamen, der nun aus dem Halben ein Ganzes, aus dem Einzelnen ein Paar werden läßt und ihm als »Baum des Lebens« die Freiheit des Paradieses, also die unbegrenzte Verwandlungsfähigkeit zurückgibt.

Diese 1922 für Ruth Wenger geschriebene Geschichte ist Hesses fröhlichstes und zuversichtlichstes Märchen, denn es ist auf dem Höhepunkt ihrer beider Liebe entstanden und zeigt etwas von den Hoffnungen, die er (vor seiner zwei Jahre später erfolgten Wiederverheiratung) in dieser Lebensphase hatte. Er nennt es eine aus den Bildern heraus entwickelte »west-östliche Phantasie, für Wissende eine ernste Paraphrase über das Geheimnis des Lebens, für Kindliche ein heiteres Märchen« (in einem Brief vom Oktober 1922 an Anny Bodmer). In der Tat sind alle Manuskript- und Typoskript-Abschriften, die er davon herstellte, nach dem Vorbild der illuminierten Handschriften orientalischer Dichter mit farbenfrohen Illustrationen versehen, wie er es in seiner Erzählung vom Maler Klingsor angekündigt hatte: »Ich male Krokodile und Seesterne, Drachen und Purpurschlangen und alles im Werden, alles in Wandlung, voll Sehnsucht, Mensch zu werden, voll Sehnsucht, Stern zu werden, voll Geburt, voll Verwesung, voll Gott und Tod.« Und auch die Binnenreime erinnern an fernöstliche Vorbilder, z. B. an Tuti Namehs indisches *Papageienbuch*, das in einer mehr als 500 Jahre alten persischen Nachbildung überliefert ist. Dieser Reime wegen empfahl Hesse seinen Freunden, das Märchen laut zu lesen, weil dann erst seine Musik zur Geltung komme.

Der früheste Druck von PIKTORS VERWANDLUNGEN erschien 1925 in einer von Rudolf Koch entworfenen Typographie (Frühlingsschrift) als bibliophile Jahresgabe der Gesellschaft für Bücherfreunde Chemnitz in 650 numerierten Exemplaren. Die dem Text gegenüberliegenden Seiten wurden freigelassen, damit der Autor sie eigenhändig illustrieren konnte. Doch scheint Hesse keinen ausgiebigen Gebrauch davon gemacht zu haben. Bis heute sind nur zwei von ihm selbst bebilderte Exemplare davon aufgetaucht. Statt dessen hat er es vorgezogen, das Märchen für Liebhaber und Sammler wohl hundertmal selber abzuschreiben und jedesmal in etwas anderer Form zu illustrieren. Die reizvollste dieser illuminierten Handschriften (das Exemplar, das er Ruth Wenger 1923 zu Ostern schenkte) erschien 1975 als Taschenbuch, dem 1980 bei Suhrkamp eine Faksimile-Ausgabe im Originalformat folgte. Von 1922 bis 1954 diente Hesse das Piktor-Märchen als Prosa-Pendant zu seinen gleichfalls mit kleinen Aquarellen geschmückten »Zwölf Gedichten«, die er seit 1917 zugunsten der Kriegsgefangenenfürsorge an Liebhaber verkaufte und deren Erlös er in den Jahrzehnten danach zur finanziellen Unterstützung Notleidender nutzte, seien es nun Künstlerkollegen, Emigranten, politisch Verfolgte, begabte Studenten oder Flüchtlinge aus der DDR. Erst im Herbst 1954 erschien auf Drängen seines Verlegers Peter Suhrkamp eine erste bebilderte Faksimile-Ausgabe nach der für Hesses dritte Frau Ninon hergestellten Handschrift, und ein Jahr später wurde PIKTORS VERWANDLUNGEN (ohne Illustrationen) in die erweiterte Neuausgabe seiner *Märchen,* somit also auch in die »Gesammelten Werke« aufgenommen.

Das 1929 entstandene Märchen KÖNIG YU trägt den Untertitel »Eine Geschichte aus dem alten China«. Hesse verwendet darin einen Stoff, den er aus Leo Greiners 1913 erschienener Sammlung *Chinesische Abende* mit »Märchen und Geschichten aus dem alten China« kannte, ein Buch, das er mehrfach (auch in der 1920 von Emil Orlik illustrierten Neuausgabe) rezensiert und empfohlen hat. Es ist – wie der chinesische Literaturwissenschaftler Adrian Hsia in seinem Buch *Hermann Hesse und China,* Frankfurt am Main 1974, nachweist – eine die Botschaft des chinesischen Originals aus der Mingdynastie (1368-1628) noch verstärkende Neufassung der Geschichte »Die Tochter aus Drachensamen«: »Hesse hat aus dem Stoff eine psychologische Studie gemacht und die Geschichte für heutige Leser glaubwürdiger erzählt« (Adrian Hsia). Schon Heinrich Heine kannte den Stoff von jener chinesischen Prinzessin, einer »personifizierten Kaprice, in deren kleinem kichernden Herzen die allertollsten Launen nisteten« (*Romantische Schule,* Drittes Buch), und spielte sie aus gegen die Fabulier-Willkür der Märchen von Clemens Brentano. Sechzig Jahre später machte Otto Julius Bierbaum dieselbe Geschichte vom verliebten König, der durch die Laune seiner Lieblingsfrau sein Leben und Reich verliert, zum Thema des 1899 erschienenen Romans *Das schöne Mädchen von Pao.*

Nachwort

Das letzte Märchen, das Hesse schrieb, entstand im März 1933, kurz nachdem in Deutschland der Nationalsozialismus ans Ruder gekommen war, ein Regime, das jeden, der sich seiner Hybris widersetzte, für vogelfrei erklären sollte. Die Jagd auf solch einen Nestbeschmutzer antizipiert das Märchen VOGEL, das Hesse seiner dritten Frau Ninon (1895-1966), der Tochter eines jüdischen Rechtsanwalts aus Czernowitz, mit der er seit 1931 verheiratet war, gewidmet hat. »Vogel« war übrigens auch der Kosename, mit dem sie ihn rief, weil neben einer physiognomischen Ähnlichkeit mit dem Autor auch in seinen Werken immer wieder Vögel als Symbolträger und Boten der Zukunft vorkommen. Sie verkörpern für ihn alles Kecke, Kühne und Zutrauliche, aber auch alles Unberechenbare, Scheue und Entschwebende, den Wandertrieb, die Schwerelosigkeit und den Überblick aus distanzierter Höhe. Sowohl autobiographische als auch zeitgeschichtliche Elemente sind in diesem Märchen verwoben: die Umstände von Hesses zunächst nicht ganz freiwilliger Wiederverheiratung, der Umzug innerhalb Montagnolas aus seinem pittoresken Casa Camuzzi-Domizil in den vergleichsweise komfortablen Neubau am »Schlangenhügel«, den ein Freund und Mäzen finanziert und dem Dichter auf Lebzeiten zur Verfügung gestellt hatte. Vor allem aber beschwört es die existenzbedrohenden Entwicklungen im benachbarten »Ostgotenreich«, welches ein Kopfgeld auf Vogels Ergreifung und Auslieferung ausgesetzt hat. Daß merkwürdigerweise auch manche von Vogels Freunden anfällig für diese Verlockung waren, wird darin vorweggenommen, u. a. in den Gestalten des vielwissenden Geheimrats Lützkenstett – Anspielung auf den Schriftsteller und Journalisten Felix Lützkendorf (1906-1990), der 1932 eine Dissertation über Hesse veröffentlicht hatte und später in die NSDAP eintrat, oder Vogels Bewunderer Schalaster (altdeutsches Wort für »Elster«) – Anspielung auf den Schriftsteller Hanns Martin Elster (1888-1983), der sich in den Jahren vor Hitlers Machtergreifung mehrfach publizistisch für Hesse eingesetzt hatte, sich nach 1933 aber als Schriftleiter von NS-Zeitschriften betätigte. Selbst den zwei Jahre nach der Niederschrift des Märchens erfolgten Verrat seines Jugendfreundes Ludwig Finckh (1876-1964), der Will Vesper, dem Herausgeber des literarischen Parteiorgans »Die Neue Literatur«, Informationen für eine NS-Pressekampagne gegen Hesse lieferte, scheint der Dichter vorausgeahnt zu haben.

Das VOGEL-Märchen erschien erstmals im August 1933 in der schweizerisch-deutschen Kulturzeitschrift »Corona«. Immerhin zwölf Jahre Herrschaft des Nationalsozialismus mußten vergehen, bis es in ein Buch aufgenommen werden konnte (in den Sammelband *Traumfährte*, Zürich 1945). Ein Typoskript davon hatte Hesse zum 38. Geburtstag seiner Frau Ninon am 18.9.1933 von dem nach Montagnola emigrierten jungen Dresdner Maler Gunter Böhmer (1911-1986) illustrieren lassen. Diese zauberhaften Illustrationen erschienen im Jahr 2000 in einer Einzelausgabe des Märchens mit einem Nachwort, welches die Hintergründe der Geschichte detaillierter ausleuchtet, als es an dieser Stelle möglich ist.

Was Hesse mit den traditionellen Märchenerzählern verbindet, ist nicht nur die Freude am Fabulieren und die Einbindung seiner Stoffe in das passende historische Ambiente, sondern auch sein pädagogisches Anliegen: »Damit das Mögliche entsteht, muß immer wieder das Unmögliche versucht werden«, also die Hoffnung, »eine bessere Welt und einen besseren Menschen heraufzubeschwören« (Joseph Mileck). Die zumeist enttäuschende Realität wird nicht fatalistisch hingenommen, sondern von der Phantasie verwandelt und einerseits durch eine Aufgeschlossenheit für die Botschaften der Träume, andererseits durch die evolutionäre Kraft künstlerischer Magie als veränder- und verbesserbar dargestellt. Die ans Wunderbare grenzenden Fügungen, die sich in diesen Märchen ergeben, entsprechen dem, was wir gemeinhin als sogenannten Zufall erleben, Fügungen, die daran erinnern, »daß trotz allen gegenteiligen Anscheins in der Welt Sinn und klare Gesetzmäßigkeiten bestehen« (Theodore Ziolkowski)

Volker Michels

Zeittafel

1877   geboren am 2. Juli in Calw/Württemberg als Sohn des baltischen Missionars und späteren Leiters des »Calwer Verlagsvereins« Johannes Hesse (1847-1916) und dessen Frau Marie verw. Isenberg, geb. Gundert (1841-1901), der ältesten Tochter des namhaften Indologen und Missionars Hermann Gundert.

1881-1886   wohnt Hermann Hesse mit seinen Eltern in Basel, wo der Vater bei der »Basler Mission« unterrichtet und 1883 die Schweizer Staatsangehörigkeit erwirbt (zuvor: russische Staatsangehörigkeit).

1886-1889   Rückkehr der Familie nach Calw (Juli), wo Hermann Hesse das Reallyzeum besucht.

1890-1891   Lateinschule in Göppingen zur Vorbereitung auf das Württembergische Landexamen (Juli 1891), der Voraussetzung für eine kostenlose Ausbildung zum ev. Theologen im »Tübinger Stift«. Als Stipendiat muß Hesse auf sein Schweizer Bürgerrecht verzichten. Deshalb erwirbt ihm der Vater (als einzigem Mitglied der Familie) im November 1890 die württembergische und damit die deutsche Staatsangehörigkeit.

1891-1892   Seminarist im ev. Klosterseminar Maulbronn (ab Sept. 1891), aus dem er nach Monaten ausreißt, weil er »entweder Dichter oder gar nichts werden wollte«.

1892   Therapie bei Christoph Blumhardt im Herrnhuter Erweckungs- und Heilungszentrum in Bad Boll (April bis Mai); Selbstmordversuch (Juni), Einweisung in die Nervenheilanstalt Stetten (Juni-August). Aufnahme in das Gymnasium von Cannstatt (Nov. 1891); wo er

1893   im Juli das Einjährig-Freiwilligen-Examen (Obersekundareife) absolviert. »Werde Sozialdemokrat und laufe ins Wirtshaus. Lese fast nur Heine, den ich sehr nachahmte.« Im Oktober Beginn einer Buchhändlerlehre in Esslingen, die er aber schon nach drei Tagen aufgibt.

1894-1895   15 Monate als Praktikant in der Calwer Turmuhrenfabrik Perrot, wo er mit dem Gedanken spielt, nach Brasilien auszuwandern.

1895-1898   Buchhändlerlehre in Tübingen (Buchhandlung Heckenhauer). 1896 erste Gedichtveröffentlichungen in »Das deutsche Dichterheim«, Wien. Die erste Buchpublikation *Romantische Lieder* erscheint im Oktober 1898.

1899   Beginn der Niederschrift eines Romans *Schweinigel* (Manuskript verschollen). Der Prosaband *Eine Stunde hinter Mitternacht* erscheint im Juni bei Diederichs, Jena. Im September: Übersiedlung nach Basel, wo Hesse bis Januar 1901 als Sortimentsgehilfe in der Reich'schen Buchhandlung beschäftigt ist.

1900	beginnt er für die »Allgemeine Schweizer Zeitung« Artikel und Rezensionen zu schreiben, die ihm mehr noch als seine Bücher »einen gewissen lokalen Ruf brachten, der mich im gesellschaftlichen Leben sehr unterstützte«.
1901	Von März bis Mai erste Italienreise. (Mailand/Genua, Pisa, Florenz, Ravenna, Venedig).
1901-1903	Buchhändler im Basler Antiquariat Wattenwyl. Die *Hinterlassenen Schriften und Gedichte von Hermann Lauscher* erscheinen im Herbst 1901 bei R. Reich.
1902	*Gedichte* erscheinen bei Grote, Berlin, seiner Mutter gewidmet, die kurz vor Erscheinen des Bändchens stirbt.
1903	Nach Aufgabe der Buchhändler- und Antiquariatsstellung zweite Italienreise, gemeinsam mit Maria Bernoulli, mit der er sich im Mai verlobt. Kurz davor Abschluß der Niederschrift des *Camenzind*-Manuskripts, das Hesse auf Einladung des S. Fischer Verlags nach Berlin sendet. Ab Oktober (bis Juni 1904) u. a. Niederschrift von *Unterm Rad* in Calw.
1904	*Peter Camenzind* erscheint bei S. Fischer, Berlin. Eheschließung mit Maria Bernoulli und Umzug nach Gaienhofen am Bodensee (Juli) in ein leerstehendes Bauernhaus. Freier Schriftsteller und Mitarbeiter an zahlreichen Zeitungen und Zeitschriften (u. a. in »Münchner Zeitung«; »Die Rheinlande«; »Simplicissimus«; »Württemberger Zeitung«). Die biographischen Studien *Boccaccio* und *Franz von Assisi* erscheinen bei Schuster & Loeffler, Berlin und Leipzig.
1905	im Dezember Geburt des Sohnes Bruno.
1906	*Unterm Rad* (1903-1904 entstanden) erscheint bei S. Fischer, Berlin. Gründung der liberalen, gegen das persönliche Regiment Wilhelms II. gerichteten Zeitschrift »März« (Verlag Albert Langen, München), als deren Mitherausgeber Hesse bis 1911 zeichnet.
1907	*Diesseits* (Erzählungen) erscheint bei S. Fischer, Berlin. In Gaienhofen baut und bezieht Hesse ein eigenes Haus »Am Erlenloh«.
1908	*Nachbarn* (Erzählungen) erscheint bei S. Fischer, Berlin.
1909	im März Geburt des zweiten Sohnes Heiner.
1910	*Gertrud* (Roman) erscheint bei Albert Langen, München.
1911	im Juli Geburt des dritten Sohnes Martin. *Unterwegs* (Gedichte) erscheint bei Georg Müller, München; Sept. bis Dez. Indienreise mit dem befreundeten Schweizer Maler Hans Sturzenegger.
1912	*Umwege* (Erzählungen) erscheint bei S. Fischer, Berlin. Hesse verläßt Deutschland und übersiedelt mit seiner Familie nach Bern in das Haus des verstorbenen befreundeten Schweizer Malers Albert Welti.
1913	*Aus Indien. Aufzeichnungen einer indischen Reise* erscheint bei S. Fischer, Berlin.
1914	*Roßhalde* (Roman) erscheint im März bei S. Fischer, Berlin. Bei Kriegsbeginn meldet sich Hesse freiwillig, wird aber wegen Kurz-

sichtigkeit als dienstuntauglich zurückgestellt und 1915 der deutschen Gesandtschaft in Bern zugeteilt, wo er die »Deutsche Gefangenenfürsorge« aufbaut, die bis 1919 Hunderttausende von Kriegsgefangene und Internierte in Frankreich, England, Rußland und Italien mit Lektüre versorgt, Gefangenenzeitschriften (z. B. die »Deutsche Interniertenzeitung«) herausgibt, redigiert und 1917 einen eigenen Verlag für Kriegsgefangene (»Verlag der Bücherzentrale für deutsche Kriegsgefangene«) einrichtet, in welchem bis 1919, von Hermann Hesse ediert, 22 Bände erscheinen.

Zahlreiche politische Aufsätze, zeitkritische Mahnrufe, offene Briefe etc. in deutschen, schweizerischen und österreichischen Zeitungen und Zeitschriften, die ihm in Deutschland den Ruf eines Verräters und »vaterlandslosen Gesellen« einbringen.

1915 *Knulp.* Drei Geschichten aus dem Leben Knulps (Teilvorabdruck bereits 1908), erscheint bei S. Fischer, Berlin.
Am Weg (Erzählungen) erscheint bei Reuß & Itta, Konstanz.
Musik des Einsamen. Neue Gedichte erscheint bei Eugen Salzer, Heilbronn.
Schön ist die Jugend (Erzählungen) erscheint bei S. Fischer, Berlin.

1916 Der Tod des Vaters, eine beginnende Gemütskrankheit seiner Frau und eine schwere Erkrankung des jüngsten Sohnes führen zu einem Nervenzusammenbruch Hesses. Erste Psychotherapie bei Dr. J. B. Lang während einer Kur in Sonnmatt bei Luzern. Gründung der »Deutschen Interniertenzeitung« und des »Sonntagsboten für die deutschen Kriegsgefangenen«.

1917 wird Hesse nahegelegt, seine zeitkritische Publizistik zu unterlassen. Erste pseudonyme Zeitungs- und Zeitschriftenpublikationen unter dem Decknamen Emil Sinclair. Niederschrift des *Demian* (Sept. bis Okt.).

1919 Die politische Flugschrift *Zarathustras Wiederkehr. Ein Wort an die deutsche Jugend von einem Deutschen,* erscheint anonym im Verlag Stämpfli, Bern.
Auflösung des Berner Haushalts (April). Trennung von seiner in einer Heilanstalt internierten Frau. Unterbringung der Kinder bei Freunden. Im Mai Übersiedlung nach Montagnola/Tessin in die Casa Camuzzi, die er bis 1931 bewohnt.
Kleiner Garten. Erlebnisse und Dichtungen erscheint bei E. P. Tal & Co., Wien und Leipzig.
Demian. Die Geschichte einer Jugend (unter dem Pseudonym Emil Sinclair) und die Sammlung *Märchen* erscheinen bei S. Fischer, Berlin. Gründung und Herausgabe der Zeitschrift »Vivos voco« (Leipzig und Bern).

1920 *Gedichte des Malers* (zehn Gedichte mit farbigen Zeichnungen) und

die Dostojewski-Essays u.d.T. *Blick ins Chaos* erscheinen im Verlag Seldwyla, Bern.
Klingsors letzter Sommer (Erzählungen) erscheint bei S. Fischer, Berlin; danach, ebenfalls bei S. Fischer, *Wanderung*, Aufzeichnungen mit farbigen Bildern vom Verfasser. *Zarathustras Wiederkehr*, Neuauflage bei S. Fischer, diesmal mit dem Namen des Verfassers.

1921 *Ausgewählte Gedichte* erscheinen bei S. Fischer, Berlin.
Krise mit fast anderthalbjähriger Unproduktivität zwischen der Niederschrift des ersten und der des zweiten Teils von *Siddhartha*.
Psychoanalyse bei C.G. Jung in Küsnacht bei Zürich.
Elf Aquarelle aus dem Tessin erscheint bei O.C. Recht, München.

1922 *Siddhartha. Eine indische Dichtung* erscheint bei S. Fischer, Berlin.

1923 *Sinclairs Notizbuch* erscheint bei Rascher, Zürich.
Erster Kuraufenthalt in Baden bei Zürich, das er fortan (bis 1951) alljährlich im Spätherbst aufsucht. Die Ehe mit Maria Bernoulli wird geschieden (Juni).

1924 Hesse wird wieder Schweizer Staatsbürger.
Bibliotheks- und Editionsarbeiten an zahlreichen Herausgeberprojekten in Basel. Heirat mit Ruth Wenger, Tochter der Schriftstellerin Lisa Wenger. Ende März Rückkehr nach Montagnola.
Psychologia Balnearia (oder Glossen eines Badener Kurgastes) erscheint als Privatdruck; ein Jahr später als erster Band in der Ausstattung der »Gesammelten Werke in Einzelausgaben« u.d.T.:

1925 *Kurgast* bei S. Fischer, Berlin. Lesereise u.a. nach Ulm, München, Augsburg, Nürnberg (im November).
Bilderbuch (Schilderungen) erscheint bei S. Fischer, Berlin. Hesse wird als auswärtiges Mitglied in die Sektion für Dichtkunst der Preußischen Akademie der Künste gewählt, aus der er 1931 austritt: »Ich habe das Gefühl, beim nächsten Krieg wird diese Akademie viel zur Schar jener 90 oder 100 Prominenten beitragen, welche das Volk wieder wie 1914 im Staatsauftrag über alle lebenswichtigen Fragen belügen werden.«

1927 *Die Nürnberger Reise* und *Der Steppenwolf* erscheinen bei S. Fischer, Berlin, gleichzeitig – zum 50. Geburtstag Hesses – die erste Hesse-Biographie (von Hugo Ball). Auf Wunsch seiner zweiten Frau, Ruth, Scheidung der 1924 geschlossenen Ehe.

1928 *Betrachtungen* und *Krisis. Ein Stück Tagebuch* erscheinen bei S. Fischer, Berlin, letzteres in einmaliger, limitierter Auflage.

1929 *Trost der Nacht. Neue Gedichte* erscheint bei S. Fischer, Berlin; *Eine Bibliothek der Weltliteratur* als Nr. 7003 in Reclams Universalbibliothek bei Reclam, Leipzig.

1930 *Narziß und Goldmund* (Erzählung) erscheint bei S. Fischer, Berlin.

1931 Umzug innerhalb Montagnolas in ein neues, ihm auf Lebzeiten zur Verfügung gestelltes Haus, das H.C. Bodmer für ihn gebaut hat. Ehe-

Zeittafel

schließung mit der Kunsthistorikerin Ninon Dolbin, geb. Ausländer, aus Czernowitz.
Weg nach innen. Vier Erzählungen (»Siddhartha«, »Kinderseele«, »Klein und Wagner«, »Klingsors letzter Sommer«) erscheint als preiswerte und auflagenstarke Sonderausgabe bei S. Fischer, Berlin.

1932   *Die Morgenlandfahrt* erscheint bei S. Fischer, Berlin.

1932-1943   Entstehung des *Glasperlenspiels*.

1933   *Kleine Welt* (Erzählungen aus »Nachbarn«, »Umwege« und »Aus Indien«, leicht bearbeitet) erscheint bei S. Fischer, Berlin.

1934   Hesse wird Mitglied des Schweizerischen Schriftstellervereins (zwecks besserer Abschirmung von der NS-Kulturpolitik und effektiverer Interventionsmöglichkeiten für die emigrierten Kollegen).
Vom Baum des Lebens (Ausgewählte Gedichte) erscheint im Insel Verlag, Leipzig.

1935   *Fabulierbuch* (Erzählungen) erscheint bei S. Fischer, Berlin.
Politisch erzwungene Spaltung des S. Fischer Verlags in einen reichsdeutschen (von Peter Suhrkamp geleiteten) Teil und den Emigrationsverlag von Gottfried Bermann Fischer, dem die NS-Behörden nicht erlauben, die Verlagsrechte am Werk Hermann Hesses ins Exil zu übernehmen.

1936   läßt Hesse dennoch seine Hexameterdichtung *Stunden im Garten* in Bermann Fischers Exilverlag in Wien erscheinen. Im September erste persönliche Begegnung mit seinem künftigen deutschen Verleger Peter Suhrkamp.

1937   *Gedenkblätter* und *Neue Gedichte* erscheinen bei S. Fischer, Berlin.
Der lahme Knabe, ausgestattet von Alfred Kubin, erscheint als Privatdruck in Zürich.

1939-1945   gelten Hesses Werke in Deutschland als unerwünscht. *Unterm Rad, Der Steppenwolf, Betrachtungen, Narziß und Goldmund* und *Eine Bibliothek der Weltliteratur* dürfen nicht mehr nachgedruckt werden. Die von S. Fischer begonnenen »Gesammelten Werke in Einzelausgaben« müssen deshalb von nun an in der Schweiz, im Verlag Fretz & Wasmuth, fortgesetzt werden.

1942   Dem S. Fischer Verlag, Berlin, wird die Druckerlaubnis für *Das Glasperlenspiel* verweigert. *Die Gedichte*, erste Gesamtausgabe von Hesses Lyrik, erscheinen bei Fretz & Wasmuth, Zürich.

1943   *Das Glasperlenspiel* erscheint bei Fretz & Wasmuth, Zürich.

1944   Die Gestapo verhaftet Hesses deutschen Verleger Peter Suhrkamp.

1945   *Berthold* (Romanfragment) und *Traumfährte* (Neue Erzählungen und Märchen) erscheinen bei Fretz & Wasmuth, Zürich.

1946   *Krieg und Frieden* (Betrachtungen zu Krieg und Politik seit dem Jahr 1914) erscheint bei Fretz & Wasmuth, Zürich. Danach können Hesses Werke auch in Deutschland wieder gedruckt werden, zunächst im

»Suhrkamp Verlag vorm. S. Fischer« (ab 1951 dann im Suhrkamp Verlag Frankfurt am Main).
Goethe-Preis der Stadt Frankfurt am Main.
Nobelpreis für Literatur.

1950 Hesse ermutigt und ermöglicht es Peter Suhrkamp, einen eigenen Verlag zu gründen, der im Juli eröffnet wird.

1951 *Späte Prosa* und *Briefe* erscheinen bei Suhrkamp, Frankfurt am Main.

1952 *Gesammelte Dichtungen* in sechs Bänden als Festgabe zu Hesses 75. Geburtstag erscheinen bei Suhrkamp, Frankfurt am Main.

1954 *Piktors Verwandlungen. Ein Märchen*, faksimiliert, erscheint bei Suhrkamp, Frankfurt am Main.
Der *Briefwechsel: Hermann Hesse – Romain Rolland* erscheint bei Fretz & Wasmuth, Zürich.

1955 *Beschwörungen* (Späte Prosa/Neue Folge) erscheint bei Suhrkamp, Frankfurt am Main.
Friedenspreis des Deutschen Buchhandels.

1956 Stiftung eines Hermann-Hesse-Preises durch die Förderungsgemeinschaft der deutschen Kunst Baden-Württemberg e. V.

1957 *Gesammelte Schriften* in sieben Bänden, erscheinen bei Suhrkamp.

1961 *Stufen*, alte und neue Gedichte in Auswahl, erscheint bei Suhrkamp.

1962 *Gedenkblätter* (um fünfzehn Texte erweitert gegenüber der 1937 erschienenen Ausgabe) erscheint bei Suhrkamp.
9. August: Tod Hermann Hesses in Montagnola.

Quellennachweis

Die Erzählungen

Erwin: Geschrieben um 1899/1900. Manuskript im Deutschen Literaturarchiv, Marbach. Erstdruck im Sommer 1965 als achter »Oltener Liebhaberdruck« in 765 numerierten Exemplaren. Herausgegeben von Ninon Hesse.

Der Novalis. Aus den Papieren eines Bücherliebhabers: Geschrieben um 1900. Erstdruck in »März«, München, März 1907. Erstmals in Buchform u. d. T. »Ein altes Buch. Aus den Papieren eines Altmodischen« in der Anthologie »Sieben Schwaben«. Ein neues Dichterbuch. Eingeleitet von Theodor Heuss. Erste Separatausgabe als sechste Veröffentlichung der Oltener Bücherfreunde in 1221 numerierten Exemplaren 1940. Aufgenommen in H. Hesse, »Frühe Prosa«. Frankfurt a. M. 1960.

Der Dichter. Ein Buch der Sehnsucht: Entstanden 1900/1901. Manuskript im Deutschen Literaturarchiv, Marbach. Aufgenommen in H. Hesse, »Sämtliche Werke«. Bd. 1 (»Jugendschriften«). Frankfurt a. M. 2001.

Der Kavalier auf dem Eise: Geschrieben im Februar 1901. Aus seinem [»Calwer Tagebuch«]. Manuskript im Deutschen Literaturarchiv, Marbach. Erstdruck in »Rheinisch-Westfälische Zeitung«, Essen, 29.12.1901. Unter verschiedenen Titeln (»Emma Meier«, »Auf dem Eise«) in Zeitungen und Zeitschriften mehrfach veröffentlicht. Erstmals in Buchform u. d. T. »Auf dem Eise« in H. Hesse, »Die Kunst des Müßiggangs«. Frankfurt a. M. 1973.

Erlebnis in der Knabenzeit: Geschrieben im Februar 1901. Aus seinem [»Calwer Tagebuch«]. Manuskript im Deutschen Literaturarchiv, Marbach. Erstdruck in »Rheinisch-Westfälische Zeitung«, Essen, 5.1.1902. Unter verschiedenen Titeln (»Aus der Knabenzeit«, »Knabenerlebnis«, »Knabe und Tod«, »Erinnerung an einen Mohrle«) mehrfach in Zeitungen und Zeitschriften veröffentlicht. Erstdruck u. d. T. »Der kleine Mohr«. U. d. T. »Der Mohrle« aufgenommen in H. Hesse, »Gedenkblätter«. Berlin 1937.

Der Hausierer: Geschrieben im Februar 1901 u. d. T. »Hotte Hotte Putzpulver«. Aus seinem [»Calwer Tagebuch«]. Manuskript im Deutschen Literaturarchiv, Marbach. Erstdruck in »Rheinisch-Westfälische Zeitung«, Essen, 20.4.1902. Unter verschiedenen Titeln (»Aus der Knabenzeit«, »Eine Gestalt aus der Kinderzeit«, »Eine Gestalt aus der Kindheit«, »Der Zwerg aus der Falkengasse«, »Der alte Hausierer«, »Jugenderinnerung«, »Begegnung mit Hotte Hotte Putzpulver«, »Der Knabe und der Alte«) in Zeitungen und Zeitschriften mehrfach veröffentlicht. Erstmals in Buchform u. d. T. »Eine Gestalt aus der Kindheit« in H. Hesse, »Am Weg«. Konstanz 1915.

Ein Knabenstreich: Geschrieben im März 1901 u. d.T. »Der Sammetwedel«. Aus seinem [»Calwer Tagebuch«]. Manuskript im Deutschen Literaturarchiv, Marbach. Erstdruck u.d.T. »Aus der Knabenzeit: Der Sammetwedel« in »Rheinisch-Westfälische Zeitung«, Essen, 6.4.1902. Unter verschiedenen Titeln (»Ein Knabenstreich«, »Schneeberger Schnupftabak«, »Sammetwedel und sein Schnupftabak«) in Zeitungen und Zeitschriften mehrfach veröffentlicht. Erstmals in Buchform in H. Hesse, »Die Kunst des Müßiggangs«. Frankfurt a. M. 1973.

Das Rathaus: Entstanden 1901. Geschrieben 1903. Aufgenommen in H. Hesse, »Gesammelte Erzählungen«. Frankfurt a. M. 1977 und »Sämtliche Werke«. Bd. 1 (»Jugendschriften«). Frankfurt a. M. 2001.

Sommeridyll: Entstanden 1901. Manuskript im Deutschen Literaturarchiv, Marbach. Aufgenommen in H. Hesse, »Sämtliche Werke«. Bd. 1 (»Jugendschriften«). Frankfurt a. M. 2001.

Julius Abdereggs erste und zweite Kindheit: Entstanden 1901/02. Erstdruck in »Prosa aus dem Nachlaß«. Herausgegeben von Ninon Hesse. Frankfurt a. M. 1965. Manuskript im Deutschen Literaturarchiv, Marbach. Aufgenommen in H. Hesse, »Sämtliche Werke«. Bd. 1 (»Jugendschriften«). Frankfurt a. M. 2001.

Grindelwald: Geschrieben 1902. Manuskript im Deutschen Literaturarchiv, Marbach. Erstdruck in »Die Zeit«, Wien, 19.3.1904. Aufgenommen in H. Hesse, »Gesammelte Erzählungen«. Bd. 4 (»Innen und Außen«). Frankfurt a. M. 1977.

Eine Rarität: Geschrieben 1902. Erstdruck u.d.T. »Das Büchlein«. Eine Geschichte für Bibliophile in »Österreichische Rundschau«, Wien, 8.6.1905. Unter verschiedenen Titeln mehrfach in Zeitungen und Zeitschriften gedruckt. Erstmals in Buchform in H. Hesse, »Die Kunst des Müßiggangs«. Frankfurt a. M. 1973.

Der lustige Florentiner: Geschrieben 1902. Erstdruck u.d.T. »Ercole Aglietti« in »Schwäbischer Merkur«, Stuttgart, 24.9.1904. Erstmals in Buchform in H. Hesse, »Gesammelte Erzählungen«. Bd. 4 (»Innen und Außen«). Frankfurt a. M. 1977.

Eine Billardgeschichte: Geschrieben um 1902. Erstdruck in »Neues Wiener Tagblatt«, 10.6.1906. Erstmals in Buchform in H. Hesse, »Gesammelte Erzählungen«. Bd. 4 (»Innen und Außen«). Frankfurt a. M. 1977.

Wenkenhof. Eine romantische Jugenddichtung: Geschrieben um 1902. Manuskript im Deutschen Literaturarchiv, Marbach. Erstdruck u.d.T. »Eine Nacht auf Wenkenhof« in »Jugend«, München, Januar 1905. Unter verschiedenen Titeln (»Das Landgut«, »In einem alten Landhaus«, »Das alte Landgut«, »Eine sommerliche Spukgeschichte«, »Eine Nacht auf dem Wenkenhof«) in Zeitungen und Zeitschriften mehrfach gedruckt. Erstmals in Buchform in H. Hesse, »Gesammelte Erzählungen«. Bd. 1 (»Aus Kinderzeiten«). Frankfurt a. M. 1977.

Peter Bastians Jugend: Geschrieben 1902. Manuskript im Deutschen Literaturarchiv, Marbach. Erstdruck in H. Hesse, »Prosa aus dem Nachlaß«. Herausgegeben von Ninon Hesse. Frankfurt a. M. 1965.

Der Wolf: Geschrieben im Januar 1903 u. d.T. »Ein Untergang«. Typoskript u. d.T. »Wolf im Jura« im Deutschen Literaturarchiv, Marbach. Erstdruck in »Rheinisch-Westfälische Zeitung«, Essen, 17.7.1904. Unter verschiedenen Ti-

Quellennachweis

teln (»Des Wolfes Ende«, »Wolf im Jura«, »Der Wolf im Chasseral«) mehrfach in Zeitungen und Zeitschriften gedruckt. Erstmals in Buchform in H. Hesse, »Am Weg«. Konstanz 1915.

Hans Amstein: Geschrieben im Juli 1903. Typoskript im Deutschen Literaturarchiv, Marbach. Erstdruck in »Die Neue Rundschau«, Berlin, September 1904. Erstmals in Buchform in H. Hesse, »Zwei jugendliche Erzählungen«. Siebzigste Publikation der Oltener Bücherfreunde in 750 Exemplaren. Pfingsten 1956.

Der Erzähler: Geschrieben 1903. Erstdruck u. d.T. »Des Herrn Piero Erzählung von den zwei Küssen« in »Die Schweiz«, Zürich, November 1904. Erstmals in Buchform in H. Hesse, »Fabulierbuch«. Berlin 1935.

Karl Eugen Eiselein: Geschrieben 1903. Erstdruck in »Neue Zürcher Zeitung«, 27.-31.12.1903. U.d.T. »Ein Dichter« in »Neues Wiener Tagblatt«, 2.-4.10.1906. Erstmals in Buchform in H. Hesse, »Nachbarn«. Berlin 1908.

Aus Kinderzeiten: Geschrieben im Herbst 1903. Manuskript im Deutschen Literaturarchiv, Marbach. Erstdruck in »Die Rheinlande«, Düsseldorf, August 1904. Erstmals in Buchform in H. Hesse, »Diesseits«. Berlin 1907.

Die Marmorsäge: Geschrieben im Dezember 1903. Manuskript im H. Hesse-Editionsarchiv, Volker Michels, Offenbach. Erstdruck in »Über Land und Meer«, Stuttgart, September 1904. Erstmals in Buchform in H. Hesse, »Diesseits«. Berlin 1907.

In der alten Sonne: Geschrieben im Januar/Februar 1904. Manuskript u. d.T. »Die ersten Sonnenbrüder« im Deutschen Literaturarchiv, Marbach. Erstdruck in »Süddeutsche Monatshefte«, München, Mai/Juni 1905. Erstmals in Buchform in H. Hesse, »Nachbarn«. Berlin 1908.

Garibaldi: Geschrieben 1904. Erstdruck in »Die Neue Rundschau«, Berlin, Dezember 1904. Erstmals in Buchform in H. Hesse, »Nachbarn«. Berlin 1908.

Aus der Werkstatt: Geschrieben 1904. Typoskript im Deutschen Literaturarchiv, Marbach. Erstdruck in »Neue Freie Presse«, Wien, 25.12.1904. Unter verschiedenen Titeln (»Eine Schlossergeschichte«, »In der Werkstatt«) mehrfach in Zeitungen und Zeitschriften gedruckt. Erstmals in Buchform in H. Hesse, »Prosa aus dem Nachlaß«. Herausgegeben von Ninon Hesse. Frankfurt a. M. 1965.

Sor Aqua: Geschrieben 1904. Erstdruck im »März«, München, Januar 1907. Unter Titeln wie »Der alte Angler« und »Angelsport« sind außerdem etwa fünf weitere Nachdrucke überliefert. Erstmals in Buchform (zusammen mit *Hans Amstein*) in H. Hesse, »Zwei jugendliche Erzählungen«. Siebzigste Publikation der Oltener Bücherfreunde in 750 Exemplaren. Pfingsten 1956.

Nocturno Es-Dur: Geschrieben 1904. Erstdruck in »Frankfurter Zeitung«, 25.12. 1904. Erstmals in Buchform in H. Hesse, »Kleiner Garten«. Leipzig/Wien 1919.

Der Lateinschüler: Geschrieben Januar bis Juli 1905. Manuskript im Deutschen Literaturarchiv, Marbach. Erstdruck in »Über Land und Meer«, Stuttgart, Juni 1906. Erstmals in Buchform in H. Hesse, »Diesseits«. Berlin 1907.

Anton Schievelbeyn's Ohn-freywillige Reisse nacher Ost-Indien: Erstdruck in »Die Schweiz«, Zürich, Oktober 1905. Unter verschiedenen Titeln (»Die Ostindien-reise«. Ein Manuskript aus dem 17. Jahrhundert) in Zeitungen und Zeitschriften mehrfach gedruckt. 1914 erschien im Münchner Bachmair Verlag eine bibliophil ausgestattete Broschur dieser Erzählung in 750 Exemplaren. Erstmals in Buchform in H. Hesse, »Fabulierbuch«. Berlin 1935.

Der Schlossergeselle: Geschrieben 1905. Typoskript im Deutschen Literaturarchiv, Marbach. Erstdruck in »Simplicissimus«, München, 11.4.1905. Unter verschiedenen Titeln (»Der fremde Schlosser«, »Der Eisendreher erzählt«, »Geselle Zbinden«, »Der scheinheilige Bruder«, »Der fremde Geselle«) in Zeitungen und Zeitschriften mehrfach gedruckt. Erstmals in Buchform in H. Hesse, »Prosa aus dem Nachlaß«. Herausgegeben von Ninon Hesse. Frankfurt a. M. 1965.

Heumond: Geschrieben 1905. Manuskript in der Österreichischen Nationalbibliothek, Wien (Sammlung Stefan Zweig). Erstdruck in »Die Neue Rundschau«, Berlin, April 1905. Erstmals in Buchform in H. Hesse, »Diesseits«. Berlin 1907.

Aus den Erinnerungen eines alten Junggesellen: Geschrieben 1905. Manuskript im Deutschen Literaturarchiv, Marbach. Erstdruck u.d.T. »Aus den Erinnerungen eines Neunzigjährigen« in »Neue Freie Presse«, Wien, 23.4.1905. Erstmals in Buchform in H. Hesse, »Gesammelte Erzählungen«. Bd. 4 (»Innen und Außen«). Frankfurt a. M. 1977.

Der Städtebauer: Geschrieben 1905. Erstdruck in »Neue Freie Presse«, Wien, 31.3.1905. Erstmals in Buchform in H. Hesse, »Gesammelte Erzählungen«. Bd. 4 (»Innen und Außen«). Frankfurt a. M. 1977.

Ein Erfinder: Geschrieben 1905. Typoskript im Deutschen Literaturarchiv, Marbach. Erstdruck in »Neue Freie Presse«, Wien, 11.6.1905. Unter verschiedenen Titeln (»Silbernagel«, »Freund Silbernagel«, »Kamerad Silbernagel«, »Der Geselle Konstantin«) in Zeitungen und Zeitschriften mehrfach gedruckt. Erstmals in Buchform in H. Hesse, »Gesammelte Erzählungen«. Bd. 4 (»Innen und Außen«). Frankfurt a. M. 1977.

Erinnerung an Mwamba: Geschrieben 1905. Erstdruck u.d.T. »Mwamba« in »Neues Wiener Tagblatt«, 7.1.1906. Unter verschiedenen Titeln (u.a. »Der Nigger«) in Zeitungen und Zeitschriften mehrfach gedruckt. Erstmals in Buchform in H. Hesse, »Gesammelte Erzählungen«. Bd. 4 (»Innen und Außen«). Frankfurt a. M. 1977.

Das erste Abenteuer: Geschrieben 1905. Typoskript im Deutschen Literaturarchiv, Marbach. Erstdruck in »Simplicissimus«, München, 12.3.1906. Unter verschiedenen Titeln (»Erlebnis«, »Liebe wie im Traum«, »Mit achtzehn Jahren«, »Achtzehnjährig«, »Liebes-Erlebnis«) in Zeitungen und Zeitschriften mehrfach gedruckt. Erstmals in Buchform in H. Hesse, »Die Kunst des Müßiggangs«. Frankfurt a. M. 1973.

Liebesopfer: Geschrieben 1906. Erstdruck im »Simplicissimus-Kalender«, München 1907. Erstmals in Buchform in H. Hesse, »Die Kunst des Müßiggangs«. Frankfurt a. M. 1973.

Liebe: Geschrieben 1906. Erstdruck in »Neue Freie Presse«, Wien, 15.4.1906. Erstmals in Buchform in H. Hesse, »Die Kunst des Müßiggangs«. Frankfurt a. M. 1973.

Brief eines Jünglings: Typoskript im Deutschen Literaturarchiv, Marbach. Erstdruck in »Simplicissimus«, München, u. d.T. »Ein Brief«, 2.7.1906. Erstmals in Buchform in H. Hesse, »Die Kunst des Müßiggangs«. Frankfurt a. M. 1973.
Abschiednehmen: Erstdruck in »Simplicissimus«, München, 7.9.1906. Erstmals in Buchform in H. Hesse, »Sämtliche Werke«. Band 6 (»Die Erzählungen 1900-1906«). Frankfurt a. M. 2001.
Eine Sonate: Geschrieben 1906. Typoskript im Deutschen Literaturarchiv, Marbach. Erstdruck in »Simplicissimus«, München, 4.3.1907. Erstmals in Buchform in H. Hesse, »Die Kunst des Müßiggangs«. Frankfurt a. M. 1973.
Walter Kömpff: Geschrieben 1906. Erstdruck u. d.T. »Der letzte Kömpff vom Markt« in »Über Land und Meer«, Stuttgart, Dezember 1907 bis Januar 1908. Erstmals in Buchform in H. Hesse, »Nachbarn«. Berlin 1908.
Casanovas Bekehrung: Erstdruck in »Süddeutsche Monatshefte«, München, April 1906. Erstmals in Buchform in H. Hesse, »Legenden«. Frankfurt a. M. 1975.
Maler Brahm: Typoskript im Deutschen Literaturarchiv, Marbach. Erstdruck in »Simplicissimus«, München, 22.12.1906. Erstmals in Buchform in H. Hesse, »Gesammelte Erzählungen«. Bd. 4 (»Innen und Außen«). Frankfurt a. M. 1974.
Eine Fußreise im Herbst: Geschrieben 1906. Erstdruck der später bearbeiteten Fassung u. d.T. »Ein Reiseabend« in »Neue Freie Presse«, Wien, 12.10.1905 und u. d.T. »Aus einem Reisetagebuch« in »Neues Wiener Tagblatt«, 19.11.1905. Die vorliegende Version in »Die Rheinlande«, Düsseldorf, Februar-März 1906. Erstmals in Buchform in H. Hesse, »Diesseits«. Berlin 1907.
In einer kleinen Stadt: Eine unvollendete Romanhälfte: Geschrieben vermutlich 1906/07. Erstdruck in »Velhagen & Klasings Monatsheften«, Braunschweig, Januar 1918. Erstmals in Buchform in H. Hesse, »Die Erzählungen«. Frankfurt a. M. 1973.
Hans Dierlamms Lehrzeit: Geschrieben im Februar 1907. Manuskript im Deutschen Literaturarchiv, Marbach. Erstdruck in »Über Land und Meer«, Stuttgart, Oktober 1908. Erstmals in Buchform in H. Hesse, »Die Erzählungen«. Frankfurt a. M. 1973.
Schön ist die Jugend. Eine Sommeridylle: Geschrieben 1907. Erstdruck in »März«, München, Juli bis September 1907. Einzelausgabe 1916 bei S. Fischer, Berlin.
Ein Briefwechsel: Erstdruck in »Velhagen & Klasings Monatshefte«, Braunschweig, September 1907. Erstmals in Buchform in H. Hesse, »Sämtliche Werke«. Band 7 (»Die Erzählungen 1907-1910«). Frankfurt a. M. 2001.
Von der alten Zeit: Druckfassung des Manuskriptes »Mein Bilderbuch« im Deutschen Literaturarchiv, Marbach. Erstdruck in »Württemberger Zeitung«, Stuttgart, 22.10.1907. Erstmals in Buchform in H. Hesse, »Gesammelte Erzählungen«. Bd. 4 (»Innen und Außen«). Frankfurt a. M. 1977.
Berthold: Ein Romanfragment. Geschrieben um 1907. Typoskript im Deutschen Literaturarchiv, Marbach. Erstdruck in »Neue Schweizer Rundschau«, Zürich, Mai/Juni 1944. Einzelausgabe 1945 bei Fretz & Wasmuth, Zürich.
Freunde: Geschrieben 1907/08. Manuskript im Deutschen Literaturarchiv, Mar-

bach. Erstdruck in »Velhagen & Klasings Monatshefte«, Braunschweig, Mai 1909. Einzelausgabe im Sommer 1957 als 75. Publikation der Oltener Bücherfreunde in 750 numerierten Exemplaren.
Abschied: Geschrieben 1908. Typoskript im Deutschen Literaturarchiv, Marbach. Erstdruck u. d.T. »Das Lied des Lebens« im Jahrbuch »Patria«, Berlin 1909. Erstmals in Buchform in H. Hesse, »Gesammelte Erzählungen«. Bd. 4 (»Innen und Außen«). Frankfurt a. M. 1977.
Die Wunder der Technik: Geschrieben um 1908. Manuskript im Deutschen Literaturarchiv, Marbach. Erstmals in Buchform in H. Hesse, »Gesammelte Erzählungen«. Bd. 4 (»Innen und Außen«). Frankfurt a. M. 1977.
Aus dem Briefwechsel eines Dichters: Geschrieben um 1908. Erstdruck in »Die Gegenwart«, Berlin, 25. 9. - 2. 10. 1909. Erstmals in Buchform in H. Hesse, »Gesammelte Erzählungen«. Bd. 4 (»Innen und Außen«). Frankfurt a. M. 1977.
Taedium vitae: Erstdruck in »Die Neue Rundschau«, Berlin, Juli 1908. Erstmals in Buchform in H. Hesse, »Die Erzählungen«. Frankfurt a. M. 1973.
Die Verlobung: Manuskript u. d.T. »Die Jugendzeit des kleinen Ohngelt« im Deutschen Literaturarchiv, Marbach. Erstdruck u. d.T. »Eine Liebesgeschichte« in »März«, München, September-Oktober 1908. Erstmals in Buchform in H. Hesse, »Nachbarn«. Berlin 1908.
Ladidel: Geschrieben im September 1908. Erstdruck in »März«, München, Juli-September 1909. Erstmals in Buchform in H. Hesse, »Umwege«. Berlin 1912.
Ein Mensch mit Namen Ziegler: Typoskript im Deutschen Literaturarchiv, Marbach. Erstdruck in »Simplicissimus«, München, 21. 12. 1908. Erstmals in Buchform in H. Hesse, »Gedenkblätter«. Berlin 1935.
Die Heimkehr: Typoskript im H. Hesse-Editionsarchiv, Volker Michels, Offenbach. Erstdruck in »Die Neue Rundschau«, Berlin, April 1909. Erstmals in Buchform in H. Hesse, »Umwege«. Berlin 1912.
Haus zum Frieden. Aufzeichnungen eines Herrn im Sanatorium: Geschrieben Juli 1909. Manuskript im Deutschen Literaturarchiv, Marbach. Erstdruck in »Süddeutsche Monatshefte«, Mai 1910. Erstmals in Buchform in »Phaidon«. Ein Lesebuch. Herausgegeben von Ludwig Goldscheider. Wien 1925 und H. Hesse, »Prosa aus dem Nachlaß«. Herausgegeben von Ninon Hesse. Frankfurt a. M. 1965.
Wärisbühel: Typoskript im Deutschen Literaturarchiv, Marbach. Erstdruck in »Licht und Schatten«, München, Februar 1910. Erstmals in Buchform in H. Hesse, »Gesammelte Erzählungen«. Bd. 3 (»Der Europäer«). Frankfurt a. M. 1977.
Die Stadt: Skizze. Geschrieben im Februar 1910. Erstdruck in »Licht und Schatten«, München, März 1910. Erstmals in Buchform u. d.T. »Wie eine Stadt entsteht und vergeht« in »Der deutschen Jugend Wunderhorn«. Berlin 1927 und H. Hesse, »Traumfährte«. Zürich 1945.
Doktor Knölges Ende: Geschrieben 1910. Typoskript im Deutschen Literaturarchiv, Marbach. Erstdruck in »Jugend«, München, Oktober 1910. Erstmals in Buchform in H. Hesse, »Die Erzählungen«. Frankfurt a. M. 1973.
Emil Kolb: Geschrieben 1910. Erstdruck in »Die Neue Rundschau«, Berlin, März 1911. Erstmals in Buchform in H. Hesse, »Umwege«. Berlin 1912.

Quellennachweis

Pater Matthias: Geschrieben 1910. Manuskript in Privatbesitz. Erstdruck in »März«, München, November bis Dezember 1911. Erstmals in Buchform in H. Hesse, »Umwege«. Berlin 1912.

Ein Wandertag vor hundert Jahren. Eine Idylle: Geschrieben im Januar 1910. Manuskript in Privatbesitz. Typoskript im Deutschen Literaturarchiv, Marbach. Erstdruck in »März«, München, August 1910. Bibliophile Einzelausgabe mit einer Illustration von Hans Bohn als Weihnachtsgabe der Mitglieder des Corps Rhenania, Freiburg im Breisgau 1919 in 475 Expl. Erstmals in Buchform in H. Hesse, »Fabulierbuch«. Berlin 1935.

Der Weltverbesserer: Geschrieben 1910. Erstdruck in »März«, München, April-Mai 1911. Erstmals in Buchform in H. Hesse, »Umwege«. Berlin 1912.

Seenacht: Geschrieben 1911. Typoskript im Deutschen Literaturarchiv, Marbach. Erstdruck in »Simplicissimus«, München, 9. 10. 1911. Erstmals in Buchform in H. Hesse, »Gesammelte Erzählungen«. Bd. 3 (»Der Europäer«). Frankfurt a. M. 1977.

Das Nachtpfauenauge: Erstdruck in »Jugend«, München, 6. 6. 1911. Unter verschiedenen Titeln wie »Der Schmetterling«, »Der Nachtfalter«, »Der kleine Nachtfalter«, »Geschichte vom kleinen Nachtfalter« in Zeitungen und Zeitschriften mehrfach gedruckt. Erstmals in Buchform in H. Hesse, »Kleiner Garten«. Leipzig/Wien 1919.

Der schöne Traum: Erstdruck in »Licht und Schatten«, München, September 1912. Erstmals in Buchform in H. Hesse. »Kleiner Garten«. Leipzig/Wien 1919.

Robert Aghion: Geschrieben 1912. Manuskript im Deutschen Literaturarchiv, Marbach. Erstdruck in »Die Schweiz«, Zürich, Januar 1913. Erstmals in Buchform in H. Hesse, »Aus Indien«. Berlin 1913.

Die Braut: Geschrieben im Februar 1913. Erstdruck in »Neues Wiener Tagblatt«, 21. 9. 1913. Erstmals in Buchform in H. Hesse, »Die Erzählungen«. Frankfurt a. M. 1973.

Der Zyklon: Geschrieben 1913. Typoskript im Deutschen Literaturarchiv, Marbach. Erstdruck in »Die Neue Rundschau«, Berlin, Juli 1913. Erstmals in Buchform in H. Hesse, »Schön ist die Jugend«. Berlin 1916.

Im Presselschen Gartenhaus: Entstanden 1913. Erstdruck in »Westermanns Monatshefte«, Braunschweig, Juli 1914. Erstmals in Buchform als Faksimile nach der Handschrift in der Lehmannschen Verlagsbuchhandlung, Dresden 1920. Aufgenommen in H. Hesse, »Fabulierbuch«. Berlin 1935.

Autorenabend: Geschrieben 1912. Manuskript im Deutschen Literaturarchiv, Marbach. Erstdruck in »Simplicissimus«, München, 13. 7. 1914. Erstmals in Buchform in H. Hesse, »Bilderbuch«. Berlin 1926.

Der Waldmensch: Geschrieben 1914. Erstdruck u. d. T. »Kubu« in »Simplicissimus«, München, 24. 4. 1917. Erstmals in Buchform in H. Hesse, »Fabulierbuch«. Berlin 1935.

Das Haus der Träume. Ein Fragment: Geschrieben Anfang 1914. Manuskript im Deutschen Literaturarchiv, Marbach. Erstdruck in »Der Schwäbische Bund«,

Stuttgart, November 1920. Erstmals in Buchform 1936 als Einzelausgabe in 150 numerierten Exemplaren der Vereinigung Oltener Bücherfreunde.

Wenn der Krieg noch zwei Jahre dauert: Geschrieben im November 1917. Erstdruck u. d.T. »Im Jahre 1920« unter dem Pseudonym Emil Sinclair in »Neue Zürcher Zeitung«, 15./16.11.1917. Erstmals in Buchform in H. Hesse, »Sinclairs Notizbuch«. Zürich 1923.

Der Maler: Geschrieben 1918. Typoskript im Deutschen Literaturarchiv, Marbach. Erstdruck in »Vossische Zeitung«, Berlin, 23.6.1918. Erstmals in H. Hesse, »Kleiner Garten«. Leipzig/Wien 1919.

Wenn der Krieg noch fünf Jahre dauert: Geschrieben im Juni 1918. Erstdruck u. d.T. »Aus dem Jahre 1925« unter dem Pseudonym Emil Sinclair in »Neue Zürcher Zeitung«, 20.5.1919. Erstmals in Buchform in H. Hesse, »Sinclairs Notizbuch«. Frankfurt a. M. 2001.

Der Mann mit den vielen Büchern: Geschrieben im Juli 1918. Erstdruck u. d.T. »Der Leser« in »Vossische Zeitung«, Berlin, 3.8.1918. Erstmals in Buchform in H. Hesse, »Kleiner Garten«. Leipzig/Wien 1919.

Kinderseele: Geschrieben von Dezember 1918 bis Februar 1919. Typoskript in der Hesse-Sammlung von Alice und Fritz Leuthold der Eidgenössischen Technischen Hochschule, Zürich. Erstdruck in »Deutsche Rundschau«, Berlin, November 1919. Erstmals in Buchform in »Alemannenbuch«. Herausgegeben von H. Hesse. Bern 1919.

Klein und Wagner: Geschrieben von Mitte Mai bis 18.7.1919. Manuskript im Deutschen Literaturarchiv, Marbach. Erstdruck in »Vivos voco«, Leipzig/Bern, Oktober bis Dezember 1919. Erstmals in Buchform in H. Hesse, »Klingsors letzter Sommer«. Berlin 1920.

Klingsors letzter Sommer: Geschrieben Juli bis August 1919. Manuskript im Deutschen Literaturarchiv, Marbach. Erstdruck in »Die Neue Rundschau«, Berlin, Dezember 1919. Erstmals in Buchform in H. Hesse, »Klingsors letzter Sommer«. Berlin 1920.

Gespräch mit dem Ofen: Geschrieben im November 1919. Manuskript im Deutschen Literaturarchiv, Marbach. Erstdruck unter dem Pseudonym Emil Sinclair in »Vivos voco«, Leipzig/Bern, Januar 1920. Erstmals in Buchform in H. Hesse, »Sinclairs Notizbuch«. Frankfurt a. M. 2001.

Innen und Außen: Geschrieben am 19./20.12.1919. Manuskript im Heinrich Heine-Institut, Düsseldorf. Erstdruck in »Der Bund«, Bern, 14.3.1920. Erstmals in Buchform in H. Hesse, »Fabulierbuch«. Berlin 1935.

Tage aus Marios Leben: Fragment, geschrieben um 1921. Manuskript im Deutschen Literaturarchiv, Marbach. Erstmals in Buchform in H. Hesse, »Sämtliche Werke«. Band 8 (»Die Erzählungen 1911-1954«). Frankfurt a. M. 2001.

Das schreibende Glas: Geschrieben am 11.6.1922. Manuskript im Deutschen Literaturarchiv, Marbach. Erstdruck in »Neue Zürcher Zeitung«, 30.7.1922. Erstmals in Buchform in H. Hesse, »Bilderbuch«. Berlin 1926.

Tragisch: Geschrieben am 2.5.1923. Typoskript im Deutschen Literaturarchiv,

Marbach. Erstdruck in »Neue Zürcher Zeitung«, 2.-4.7.1923. Aufgenommen in H. Hesse, »Traumfährte«. Zürich 1945.
Was der Dichter am Abend sah: Geschrieben um 1924. Manuskript im Deutschen Literaturarchiv, Marbach. Erstmals in Buchform in H. Hesse, »Die Kunst des Müßiggangs«. Frankfurt a. M. 1973.
Die Fremdenstadt im Süden: Geschrieben im Mai 1925. Manuskript im Deutschen Literaturarchiv, Marbach. Erstdruck in »Berliner Tageblatt«, 31.5.1925. Erstmals in Buchform in »Materialien zu Hermann Hesse ›Der Steppenwolf‹«. Frankfurt a. M. 1972.
Traumfährte: Geschrieben 1926. U.d.T. »Inneres Erlebnis« in »Die Horen«, Berlin, 3.10.1926. Aufgenommen als Titelgeschichte in H. Hesse, »Traumfährte«. Zürich 1945.
Bei den Massageten: Geschrieben 1927. Manuskript im Deutschen Literaturarchiv, Marbach. Erstdruck in »Berliner Tageblatt«, 25.9.1927. Danach unter verschiedenen Titeln wie »Ironische Reise«, »Reise zu einem verschollenen Volke«, »Ironischer Reisebericht« mehrfach in Tageszeitungen abgedruckt. Erstmals in Buchform in »Materialien zu Hermann Hesse ›Der Steppenwolf‹«. Frankfurt a. M. 1972.
Vom Steppenwolf: Geschrieben im November 1927. Typoskript u.d.T. »Neues vom Steppenwolf« im Deutschen Literaturarchiv, Marbach. Erstdruck in »Die Neue Rundschau«, Berlin, April 1928. Erstmals in Buchform in H. Hesse, »Traumfährte«. Zürich 1945.
Ein Abend bei Doktor Faust: Geschrieben 1927. Erstdruck im »Berliner Tageblatt«, 31.7.1928. Danach unter verschiedenen Titeln wie »Eine Geschichte vom Zauberer Dr. Faust«, »Eine sonderbare Geschichte«, »Neues über Dr. Faust« mehrfach in Tageszeitungen abgedruckt. Erstmals in Buchform in H. Hesse, »Fabulierbuch«. Berlin 1935.
Schwäbische Parodie: Geschrieben 1928. Erstdruck u.d.T. »Ein Stück Heimatkunde« im »Berliner Tageblatt«, 31.8.1928. Erstmals in Buchform in H. Hesse, »Traumfährte«. Zürich 1945.
Edmund: Geschrieben 1930. Manuskript in der Bancroft Library der University of California, Berkeley. Erstdruck in »Berliner Tageblatt«, 9.10.1930. Erstmals in Buchform in H. Hesse, »Traumfährte«. Zürich 1945.
Bericht aus Normalien. Ein Fragment: Geschrieben im Juni 1948. Manuskript u.d.T. »Normalien. Briefe aus einer Heilanstalt«. Typoskript im Deutschen Literaturarchiv, Marbach. Erstdruck in »Schweizer Monatshefte«, Zürich, November 1951. Erstmals in Buchform in H. Hesse, »Beschwörungen«. Frankfurt a. M. 1955.
Der Bettler: Geschrieben im Juli 1948. Typoskript im Deutschen Literaturarchiv, Marbach. Erstdruck in »Neue Zürcher Zeitung«, 7.-11.10.1948. Erstmals in Buchform in H. Hesse, »Späte Prosa«. Frankfurt a. M. 1951.
Unterbrochene Schulstunde: Geschrieben 1948. Typoskript im Deutschen Literaturarchiv, Marbach. Erstdruck in »Schweizer Monatshefte«, Zürich, November 1951. Erstmals in Buchform in H. Hesse, »Späte Prosa«. Frankfurt a. M. 1951.

Die Dohle: Geschrieben 2.-3.12.1951. Manuskript im Deutschen Literaturarchiv, Marbach. Erstdruck in »Neue Zürcher Zeitung«, 8.12.1951. Erstmals in Buchform in H. Hesse, »Beschwörungen«. Frankfurt a. M. 1955.

Kaminfegerchen: Geschrieben im Februar 1953. Erstdruck in »Neue Zürcher Zeitung«, 24.2.1953 u. d.T. »Skizzenblatt«. Erstmals in Buchform in H. Hesse, »Beschwörungen«. Frankfurt a. M. 1955.

Ein Maulbronner Seminarist: Geschrieben im April 1955. Typoskript im Deutschen Literaturarchiv, Marbach. Erstdruck in »Stuttgarter Zeitung«, 7.5.1955. Erstmals in Buchform in H. Hesse, »Beschwörungen«. Frankfurt a. M. 1955.

Die Märchen

Der Zwerg: Geschrieben 1903. Typoskript im Deutschen Literaturarchiv, Marbach. Erstdruck u. d.T. »Donna Margherita und der Zwerg Filippo. Eine alte venezianische Aventiure« in »Die Rheinlande«, Düsseldorf, Jan./Febr. 1904. Unter den Titeln »Eine alte Geschichte aus Venedig«, »Der Zwerg. Eine alte venezianische Geschichte«, »Eine Venezianische Geschichte«, »Der Zwerg. Eine venezianische Novelle« und »Venezianische Geschichte« sind mindestens sieben spätere Nachdrucke in Zeitschriften und Zeitungen nachweisbar. Erstmals in Buchform in H. Hesse, »Fabulierbuch«. Berlin 1935.

Schattenspiel: Erstdruck in »Simplicissimus«, München, 7.5.1906. Erstmals in Buchform in H. Hesse, »Die Märchen«. Frankfurt a. M. 1995.

Der geheimnisvolle Berg: Geschrieben 1908. Typoskript im Deutschen Literaturarchiv, Marbach. Erstdruck u. d.T. »Der Monte Giallo« in »Simplicissimus«, München, 23.5.1910. Unter den Titeln »Der Berg«, »Der umworbene Berg«, »Cesco und der Berg«, »Der geheimnisvolle Berg«, »Der Sonderling« sind etwa zwanzig spätere Nachdrucke in Zeitschriften und Zeitungen nachweisbar. Erstmals in Buchform in der Anthologie »Die Macht des Berges«. Herausgegeben von J.J. Schätz mit Illustrationen von Gunter Böhmer. München 1936.

Der Dichter: Erstdruck u. d.T. »Der Weg zur Kunst« in »Der Tag«, Berlin, 2.4.1913. Erstmals in Buchform in H. Hesse, »Märchen«. Berlin 1919.

Flötentraum: Erstdruck u. d.T. »Märchen« in »Licht und Schatten«, München, Dezember 1913. Unter den Titeln »Flötentraum«, »Lieder des Herzens«, »Es führt kein Weg zurück«, »Märchen aus vergangener Zeit«, »Ein Traum« sind etwa zehn spätere Nachdrucke in Zeitschriften und Zeitungen nachweisbar. Erstmals in Buchform u. d.T. »Märchen« in H. Hesse, »Am Weg«. Konstanz 1915.

Augustus: Geschrieben im September 1913. Erstdruck in »Die Grenzboten«, Berlin, Dezember 1913. Erstmals in Buchform in H. Hesse, »Märchen«. Berlin 1919.

Der Traum von den Göttern: Geschrieben im Juni 1914. Manuskript im Deutschen Literaturarchiv, Marbach. Erstdruck u. d.T. »Ein Traum von den Göttern« in »Jugend«, München, 15.9.1914. Erstmals in Buchform in H. Hesse, »Bilderbuch«. Berlin 1926.

Quellennachweis 1833

Merkwürdige Nachricht von einem andern Stern: Geschrieben 22./24. April 1915. Erstdruck in »Neue Zürcher Zeitung«, 9.-13. 5. 1915. Erstmals in Buchform in H. Hesse, »Märchen«. Berlin 1919.

Faldum: Geschrieben im August 1915. Manuskript im Deutschen Literaturarchiv, Marbach. Erstdruck u. d.T. »Das Märchen von Faldum« in »Westermanns Monatshefte«, Braunschweig, Februar 1916. Erstmals in Buchform in H. Hesse, »Märchen«. Berlin 1919.

Der schwere Weg: Geschrieben von Mai bis Juni 1916 in Luzern, Sanatorium Sonnmatt und Winterthur. Manuskript im Deutschen Literaturarchiv, Marbach. Erstdruck in »Die neue Rundschau«, Berlin, April 1917. Erstmals in Buchform in H. Hesse, »Märchen«. Berlin 1919.

Iris: Geschrieben 1916. Erstdruck u.d.T. »Iris. Ein Märchen« in »Die neue Rundschau«, Berlin, Dezember 1918. Erstmals in Buchform in H. Hesse, »Märchen«. Berlin 1919.

Eine Traumfolge: Geschrieben 1916, ursprünglich mit den vom Verfasser verworfenen Titeln »Der Traum« bzw. »Traum-Pfad«. Manuskript im Deutschen Literaturarchiv, Marbach. Erstdruck in »Die weißen Blätter«, Leipzig, Dezember 1916. Erstmals in Buchform in H. Hesse, »Märchen«. Berlin 1919.

Der Europäer: Geschrieben im Dezember 1917. Erstdruck u. d. Pseudonym Emil Sinclair in »Neue Zürcher Zeitung«, 4. und 6. 8. 1918. Erstmals in Buchform (ebenfalls pseudonym: »Eine Fabel von Emil Sinclair«) in »Alemannenbuch«. Herausgegeben von H. Hesse. Bern 1919.

Märchen vom Korbstuhl: Geschrieben im Januar 1918. Typoskript im Deutschen Literaturarchiv, Marbach. Erstdruck in »Wieland«, Berlin, Juni 1918. Unter verschiedenen Titeln wie »Der Korbstuhl«, »Der junge Mann und sein Stuhl«, »Der alte Korbstuhl« und »Korbstuhl-Märchen« mehrfach in Zeitungen gedruckt. Erstmals in Buchform u.d.T. »Der Korbstuhl« in H. Hesse, »Kleiner Garten«. Leipzig/Wien 1919.

Das Reich: Geschrieben am 4. 12. 1918. Typoskript im Deutschen Literaturarchiv, Marbach. Erstdruck in »Neue Zürcher Zeitung«, 8. 12. 1918. Erstmals in Buchform in H. Hesse, »Betrachtungen«. Berlin 1928.

Kindheit des Zauberers: Geschrieben 1921/23 u. d.T. »Zauberwelt der Kindheit«. Manuskript im Deutschen Literaturarchiv, Marbach. Erstdruck in »Corona«, Zürich/München/ Berlin, Sommer 1937. Erstmals in Buchform in H. Hesse, »Traumfährte«. Zürich 1945.

Piktors Verwandlungen: Geschrieben im September 1922. Manuskript im H. Hesse-Editionsarchiv, Volker Michels, Offenbach. Erstdruck 1925 als »Jahresgabe der Gesellschaft für Bücherfreunde zu Chemnitz« in 650 Exemplaren (ohne Illustrationen). Faksimile-Ausgabe des für Ninon Hesse illustrierten Exemplars 1954 im Suhrkamp Verlag, Berlin und Frankfurt a. M. Erstmals in Buchform in H. Hesse, »Märchen« (ohne Illustrationen). Frankfurt a. M. 1955.

König Yu. Eine Geschichte aus dem alten China: Geschrieben 1929. Originalhandschrift im H. Hesse-Editionsarchiv, Volker Michels, Offenbach. Erstdruck u. d.T.

»Wie König Yu unterging« in der »Kölnischen Zeitung«, 22.10.1929. Unter den Titeln »Bau Si«, »Es trommelt von den Türmen«, »König Yus Untergang«, »König Yus Trommeln«, »Die Trommeln des Königs Yu« sind etwa zehn spätere Nachdrucke in Zeitungen und Zeitschriften nachweisbar. Erstmals in Buchform in H. Hesse, »Traumfährte«. Zürich 1945.

Vogel: Geschrieben im März 1933. Manuskript in der Stadt- und Landesbibliothek Dortmund. Erstdruck in »Corona«, Zürich/München/Berlin, August 1933. Erstmals in Buchform in H. Hesse, »Traumfährte«. Zürich 1945.

Die beiden Brüder: Entstanden 1887 zum 7. Geburtstag von Hesses Schwester Marulla am 27.12.1887. Erstdruck in Hesses Betrachtung »Weihnacht mit zwei Kindergeschichten« in »Neue Zürcher Zeitung«, 6.1.1951. Manuskript im Deutschen Literaturarchiv, Marbach.

Inhaltsverzeichnis

Die Erzählungen

Erwin	9
Der Novalis	27
Der Dichter. Ein Buch der Sehnsucht	48
Der Kavalier auf dem Eise	95
Erlebnis in der Knabenzeit	99
Der Hausierer	104
Ein Knabenstreich	108
Das Rathaus	112
Sommeridyll	136
Julius Abdereggs erste und zweite Kindheit	154
Grindelwald	178
Eine Rarität	186
Der lustige Florentiner	189
Eine Billardgeschichte	195
Wenkenhof	200
Peter Bastians Jugend	203
Der Wolf	232
Hans Amstein	236
Der Erzähler	251
Karl Eugen Eiselein	266
Aus Kinderzeiten	293
Die Marmorsäge	310
In der alten Sonne	335
Garibaldi	373
Aus der Werkstatt	385
Sor aqua	391
Nocturno Es-Dur	402
Der Lateinschüler	404
Anton Schievelbeyn's Ohn-freywillige Reisse nacher Ost-Indien	433
Der Schlossergeselle	446

Heumond	451
Aus den Erinnerungen eines alten Junggesellen	485
Der Städtebauer	499
Ein Erfinder	505
Erinnerung an Mwamba	510
Das erste Abenteuer	514
Liebesopfer	519
Liebe	524
Brief eines Jünglings	528
Abschiednehmen	532
Eine Sonate	537
Walter Kömpff	543
Casanovas Bekehrung	576
Maler Brahm	600
Eine Fußreise im Herbst	606
In einer kleinen Stadt	632
Hans Dierlamms Lehrzeit	656
Schön ist die Jugend	681
Ein Briefwechsel	714
Von der alten Zeit	726
Berthold	730
Freunde	769
Abschied	828
Die Wunder der Technik	833
Aus dem Briefwechsel eines Dichters	841
Taedium vitae	851
Die Verlobung	870
Ladidel	887
Ein Mensch mit Namen Ziegler	927
Die Heimkehr	932
Haus zum Frieden	964
Wärisbühel	978
Die Stadt	988
Doktor Knölges Ende	993
Emil Kolb	999
Pater Matthias	1026
Ein Wandertag vor hundert Jahren	1052

Inhaltsverzeichnis

Der Weltverbesserer 1071
Seenacht 1099
Das Nachtpfauenauge 1105
Der schöne Traum 1112
Robert Aghion 1117
Die Braut 1147
Der Zyklon 1155
Im Presselschen Gartenhaus 1170
Autorenabend 1196
Der Waldmensch 1203
Das Haus der Träume 1209
Wenn der Krieg noch zwei Jahre dauert 1231
Der Maler 1238
Wenn der Krieg noch fünf Jahre dauert 1242
Der Mann mit den vielen Büchern 1245
Kinderseele 1250
Klein und Wagner 1278
Klingsors letzter Sommer 1346
Gespräch mit dem Ofen 1392
Innen und Außen 1394
Tage aus Marios Leben 1405
Das schreibende Glas 1409
Tragisch 1414
Was der Dichter am Abend sah 1424
Die Fremdenstadt im Süden 1429
Traumfährte 1433
Bei den Massageten 1446
Vom Steppenwolf 1451
Ein Abend bei Doktor Faust 1458
Schwäbische Parodie 1462
Edmund 1467
Bericht aus Normalien 1472
Der Bettler 1483
Unterbrochene Schulstunde 1500
Die Dohle 1514
Kaminfegerchen 1520
Ein Maulbronner Seminarist 1525

Die Märchen

Der Zwerg 1531
Schattenspiel. 1550
Der geheimnisvolle Berg 1556
Der Dichter 1564
Flötentraum 1570
Augustus. 1576
Der Traum von den Göttern 1595
Merkwürdige Nachricht von einem andern Stern 1599
Faldum 1614
Der schwere Weg 1631
Iris 1636
Eine Traumfolge 1651
Der Europäer 1662
Märchen vom Korbstuhl 1669
Das Reich 1673
Kindheit des Zauberers 1678
Piktors Verwandlungen 1693
König Yu. 1698
Vogel. 1704
Die beiden Brüder. 1719

Nachwort 1723
Zeittafel 1817
Quellennachweis 1823